Das Ufa-Buch

Zweitausendeins

Die Ufa-Betriebe in Tempelhof 1930

Die Aufnahmehallen und Werk

tten der Ufa in Neubabelsberg

Die internationale Geschichte von
Deutschlands größtem Film-Konzern,
mit 611 Abbildungen

Das Ufa-Buch

Kunst und Krisen
Stars und Regisseure
Wirtschaft und Politik

Herausgegeben von
Hans-Michael Bock und Michael Töteberg
in Zusammenarbeit mit
CineGraph - Hamburgisches Centrum für
Filmforschung e.V.

Zweitausendeins

Herausgeber:
Hans-Michael Bock
Michael Töteberg

Redaktion:
Veronika Göke, Schlußredaktion
Jörg Schöning, Filmografie
Conny E. Voester, Abbildungen

Filmografie:
Rolf Aurich
Rüdiger Koschnitzki
Ingrun Spazier

Mitarbeit:
Manfred Behn
Peter Körte
Peer Moritz
Nicolaus Schröder
Anne Waldschmidt
Matthias Winkler

Übersetzungen:
Marie-Luise Bolte
Esther Heißenbüttel
Uli Jung
Mariella Ludovico
Sibylle Sturm

Fachberatung:
Thomas Elsaesser
Wolfgang Jacobsen

Fotoberatung:
Peter Latta
Wolfgang Theis

In Zusammenarbeit mit:
Stiftung Deutsche Kinemathek Berlin,
sowie
Bundesarchiv-Filmarchiv,
Berlin und Koblenz
CineGraph Babelsberg - Brandenburgisches
Centrum für Filmforschung e.V.,
Potsdam
Deutsches Institut für Filmkunde,
Frankfurt
Gesellschaft für Filmstudien e.V.,
Hannover

Buchgestaltung und Typografie:
Bertron & Schwarz
Gruppe für Gestaltung
Schwäbisch Gmünd
Mitarbeit:
Arne Beck
Beate Becker

Herstellung:
Dieter Kohler & Bernd Leberfinger
Nördlingen

Lithographie:
Repro-Technik Günter Mayr
Donauwörth

Druck:
Wagner GmbH
Nördlingen

Einband:
G. Lachenmaier
Reutlingen

1. Auflage, Dezember 1992.
2. Auflage, Juli 1994.

Copyright
© 1992 Zweitausendeins,
Postfach, D-60381 Frankfurt am Main.

Alle Rechte vorbehalten, insbesondere das Recht der mechanischen, elektronischen oder fotografischen Vervielfältigung, der Einspeicherung und Verarbeitung in elektronischen Systemen, des Nachdrucks in Zeitschriften oder Zeitungen, des öffentlichen Vortrags, der Verfilmung oder Dramatisierung, der Übertragung durch Rundfunk, Fernsehen oder Video, auch einzelner Text- und Bildteile. Der gewerbliche Weiterverkauf und der gewerbliche Verleih von Platten, Büchern, Videos oder anderen Sachen aus der Zweitausendeins-Produktion bedarf in jedem Fall der schriftlichen Genehmigung durch die Geschäftsleitung vom Zweitausendeins Versand in Frankfurt.

Dieses Buch gibt es nur bei
Zweitausendeins
im Versand (Postfach,
D-60381 Frankfurt am Main)
oder in den Zweitausendeins-Läden
in Berlin, Essen, Frankfurt, Freiburg,
Hamburg, Köln, München, Nürnberg,
Saarbrücken, Stuttgart.

In der Schweiz über buch 2000,
Postfach 89, CH-8910 Affoltern a.A.

ISBN 3-86150-065-5

Für Hans N. Feld
15. 7. 1902 – 15. 7. 1992

Er erlebte und genoß die Anfänge,
er beobachtete und kommentierte die Höhepunkte,
er erlitt die Vertreibung und erzählte die Geschichten.

**Hans Feld
bei Dreharbeiten 1928**

Inhalt

	Vorwort		15
Axel Schildt	**Siegfrieden oder Steckrüben**	1917 – Das Jahr der Ufa-Gründung	18
Hans-Michael Bock	**Die Glashäuser**	Ateliergelände Tempelhof	22
Michael Hanisch	**Nationaler deutscher Unternehmer**	Oskar Messter	24
Manfred Behn	**Krieg der Propagandisten**	Die Deutsche Lichtspiel-Gesellschaft Dokument: Gustav Stresemann über Die Filmpropaganda für die deutsche Sache...	28
Manfred Behn	**Filmfreunde**	Die Gründung der Ufa 1917 Dokument: Der Ludendorff-Brief	30
Manfred Behn	**Großeinkauf**	Die Grundlagen des Ufa-Konzerns Dokument: Was will die Ufa? Das erste Interview mit Ufa-Direktor Carl Bratz Dokument: Was Herr Bratz leider nicht gesagt hat Eine Zuschrift von E. A. Dupont	36
Michael Töteberg	**Der Mann von der Bank**	Emil Georg von Stauß	42
Hans-Michael Bock	**Wahrheit in drei Teilen**	Joe May	46
Corinna Müller	**Der verkaufte Star**	Henny Porten – Schauspielerin und Kapitalanlage	48
Bernard Eisenschitz	**Der Stolz der Firma**	Ernst Lubitsch zwischen Komödie und Historienfilm	52
Hans Helmut Prinzler	**Der Reichspräsident bei Anna Boleyn**	Ebert, Lubitsch und die Statisten	56
Hans-Michael Bock	**Die Veredelung des Kintopp**	Paul Davidson und die PAGU	60
Michael Töteberg	**Wie werde ich stark**	Die Kulturfilm-Abteilung	64
Thomas J. Saunders	**Von Dafco zu Damra**	Spekulation mit amerikanischen Filmen	70
Michael Töteberg	**Ohne Rücksicht auf die Qualität**	Ein Blick in die Geschäftsbücher des Verleihs	74
Jan-Christopher Horak	**Die Anti-Ufa**	Amerikaner gründen die EFA	78
Ursula Hardt	**Kon-Fusion**	Ufa übernimmt die Decla-Bioscop	80
Hans-Michael Bock	**Die Filmstadt**	Ateliergelände Neubabelsberg	86
Ursula Hardt	**Kunst für Waschfrau Minna Schulze**	Die Produktions-Konzepte des Erich Pommer	90
Rolf Aurich, Rainer Rother	**Die Marke ernster Arbeit**	Gloria-Film GmbH	94
Thomas Elsaesser	**Kunst und Krise**	Die Ufa in den 20er Jahren	96
Michael Töteberg	**Warenhaus des Films**	Filmpaläste in Berlin	106
Peter Körte	**Geschichte in Bewegung**	»Der letzte Mann«	108
Peter Körte	**Die Kraft des Lichts**	Friedrich Wilhelm Murnau	112
Michael Esser	**Poeten der Filmarchitektur**	Robert Herlth und Walter Röhrig	118
Thomas Brandlmeier	**Deutsche Bilderwelten**	Karl Freund, Carl Hoffmann und die Kamerakunst	126

Autor	Titel	Untertitel	Seite
Nicolaus Schröder	**Visuelle Logik**	Der »Filmdichter« Carl Mayer	134
Rolf Aurich	**Ein Däne bei der Ufa**	»Michael« von Carl Theodor Dreyer	136
Anne Waldschmidt	**Sendboten deutschen Wesens**	Fritz Lang, Thea von Harbou und »Die Nibelungen«	138
Michael Esser	**Zombies im Zauberwald**	»Die Nibelungen« von Fritz Lang	142
Erich Kettelhut	**Tonnenweise Drachenblut und ein tändelndes Lindenblatt**	Aus den Erinnerungen des Filmarchitekten Erich Kettelhut	146
Marie-Luise Bolte	**Sinfonik und Tarifvertrag**	Kinomusik für Stummfilme Dokument: Guido Bagier über Komponieren für »Der verlorenene Schuh«	148
Michael Töteberg	**Schöne nackte Körper**	Wege zu Kraft und Schönheit Dokument: Friedrich Wolf über Gymnasten über euch	152
Peter Nau	**Der Mann heißt Emil**	Ufa-Star Emil Jannings	156
Michael Esser	**Der Sprung über den großen Teich**	Ewald André Duponts »Varieté«	160
Fred Gehler	**Die Summe der Weisheit des Kindermundes**	Ludwig Berger	166
Axel Schildt	**Auf Expansionskurs**	Aus der Inflation in die Krise	170
Thomas J. Saunders	**Rettung in den Verlust**	Die Parufamet-Verträge	174
Michael Töteberg	**Turmbau zu Babelsberg**	Fritz Langs »Metropolis«	180
Ilja Ehrenburg	**Jeannes Tränen**	Ilja Ehrenburg über »Die Liebe der Jeanne Ney«	186
Axel Schildt	**Hugenberg ante portas**	Rationalisierung mit nationalem Besen	190
Arnold Sywotteck	**Mann im Dunkel**	Geheimrat Alfred Hugenberg	196
Michael Töteberg	**Ein treuer Diener seines Herrn**	Ludwig Klitzsch, Hugenbergs Spitzenmanager	200
Michael Töteberg	**Vermintes Gelände**	Geschäft und Politik: »Der Weltkrieg«	204
Hermann Kappelhoff	**Lebendiger Rhythmus der Welt**	Die Erich Pommer-Produktion der Ufa	208
Michael Töteberg	**Nie wieder Fritz Lang!**	Ein schwieriges Verhältnis und sein Ende	218
Michael Töteberg	**Kein Rokokoschloß für Buster Keaton**	Erich Mendelsohn baut das Universum-Kino	224
Leonardo Quaresima	**Geheimnisse dreier Seelen**	Joe Mays »Heimkehr«	230
Leonardo Quaresima	**Die Ufa und die Dichter**	Dramaturgiedebatte in der Weltbühne	234
Lenny Borger	**Ufas Russen**	Die Emigranten von Montreuil bis Babelsberg	236
Michael Töteberg	**Wir hier oben, ihr da unten**	Die Herren in der Vorstandsetage und die kleinen Angestellten	240
Guido Bagier	**»Ton mehr aufdrehen – verstärken«**	Die Triergon-Versuche der Ufa	244
Wolfgang Jacobsen	**Schimmerndes Schwarz und leuchtendes Weiß**	Betty Amann in Joe Mays »Asphalt« Dokument: Erich Kettelhut über die Dreharbeiten zu »Asphalt	248
Leonardo Quaresima	**Arnold Fanck – Avantgardist**	»Der heilige Berg«	250
Hans Michael Bock	**Keine dramatischen Maggiwürfel**	Die Einführung des Tonfilms	256
Jochen Meyer-Wendt	**Die Fassade der Moral**	»Der blaue Engel«	260
Marko Paysan	**Angejazzt**	Friedrich Hollaender und die Filmmusik	264
Erich Kästner	**Die Ästhetik des Tonfilms**	»Der Schuß im Tonfilmatelier«	270

Rainer Rother	**Zwischen Parodie und poetischem Wachtraum**	»Die Drei von der Tankstelle«	272
Michael Töteberg	**Prügelei im Parkett**	»Das Flötenkonzert von Sanssouci«	276
Nicolaus Schröder	**Vorwiegend deutsch**	Ton für die Ufa-Wochenschau	280
Michael Töteberg	**Schokolade, Waschpulver und Politik**	Die Abteilung Werbefilm	284
Michael Töteberg	**Europas größtes Kino**	Der hamburger Ufa-Palast	290
Michael Töteberg	**Gekonnte Mache**	»Der Kongreß tanzt«	294
Michael Töteberg, Marko Paysan	**Wir machen in Musik**	Die Ufa-Musikverlage	302
Günter Agde	**Schulden für Winnetou**	Wilhelm Dieterle und die Ufa	306
Fred Gehler	**Zwischen Kabarett und KZ**	Die Karriere Kurt Gerrons	310
Michael Töteberg	**Immer Ärger mit Brigitte**	Der Fall Brigitte Helm Dokument: Kurt Gerrons Schiedsspruch	314
Evelyn Hampicke	**Auf Feindfahrt**	»Morgenrot« von Gustav Ucicky	320
Rainer Rother	**Action, national**	Gustav Ucicky	324
Michael Töteberg	**Affären, Intrigen, Politik**	Personalakte Ernst Hugo Correll	328
Jan-Christopher Horak	**Wo liegt Deutschland**	»Hitlerjunge Quex«	332
Anne Waldschmidt	**Stütze der Gesellschaft**	Der Ufa-Star Heinrich George	334
Manfred Behn	**Gleichgeschaltet in die »neue Zeit«**	Filmpolitik zwischen SPIO und NS	340
Michael Töteberg	**Person minderen Rechts**	Die »Entjudung« der Ufa Dokument: Vorstandsprotokoll	344
Rolf Aurich	**Lachen mit Sondererlaubnis** »Won't you come and play with me?«	Reinhold Schünzel Renate Müller	350
Rolf Aurich	**Vom Fahren beim Stehenbleiben**	»Leichte Kavallerie« von Werner Hochbaum	356
Karel Dibbetts, Michael Töteberg	**In ander theater niet!**	Die Ufa in Holland	360
Rolf Aurich	**Glückskekse**	Lilian Harvey und Willy Fritsch	366
Hans-Michael Bock	**Aus den Wolken**	Technische Neuerungen bei »Amphitryon«	368
Leonardo Quaresima	**Kino als rituelle Erfahrung**	»Triumph des Willens« im Ufa-Palast	372
Dietrich Kuhlbrodt	**Der renitente Star**	Hans Albers	376
Jochen Meyer-Wendt	**Ich brauchte etwas mehr Kino**	Detlef Siercks deutsche Melodramen	382
Renate Helker	**Körper in der Stimme**	Zarah Leander	386
Manfred Behn	**Diskrete Transaktionen** Die graue Eminenz	Cautio Treuhand GmbH Bürgermeister Winkler	388
Nicolaus Schröder	**Der Beichtvater des Promi**	Der Nazi-Film und sein oberster Kritiker	392
Michael Töteberg	**Nationalsozialistischer Musterbetrieb**	Die »Gefolgschaft« im Dritten Reich	394
Manfred Lichtenstein	**Lebenslauf des Films**	Die Ufa-Lehrschau	396
Marko Paysan	**Das Ufa-Baby**	Marika Rökk	402
Georges Sturm	**UFrAnce 1940-44**	Kollaboration und Filmproduktion in Frankreich	408

Rainer Rother	**Hier erhielt der Gedanke eine feste Form**	Karl Ritters Regie-Karriere	422
Manfred Behn	**Der neue Riese**	Ufa-Film GmbH: die UFI	428
Rainer Rother	**Grauen Panik Untergang**	Karl Ritters »GPU«	430
Claudia Dillmann	**Ewige Jugend**	Der Jubiläumsfilm »Münchhausen«	434
Michael Töteberg	**Im Auftrag der Partei**	Deutsche Kulturfilm-Zentrale und Ufa-Sonderproduktion	438
Dietrich Kuhlbrodt	**Der Kult des Unpolitischen**	Produktionschef Wolfgang Liebeneiner	446
Michael Töteberg	**Der Pressechef und die Gestapo**	Die Akte Richard Düwell	450
Rainer Rother	**Suggestion der Farben**	»Immensee« und »Opfergang«	452
Michael Töteberg	**Karriere im Dritten Reich**	Regisseur Veit Harlan	458
Rolf Aurich	**Film als Durchhalteration**	»Kolberg«	462
Michael Töteberg	**Unter den Brücken**	Kino im »totalen Krieg«	466
Kurt Maetzig	**Neuer Zug auf alten Gleisen**	Die Gründung der DEFA	470
Hans Abich	**Noch immer nach Hugenberg riechend**	Die Anfänge im Westen	474
Ralf Schenk	**Auferstanden aus Ruinen**	Von der Ufa zur DEFA	476
Claudia Dillmann	**Schurkenstücke**	Entflechtung und Lex UFI	482
Rudolf Worschech	**Ein schwaches Remake**	Arno Hauke und die Ufa der 50er Jahre	486
Rudolf Worschech	**Rauhe Wasser**	Georg Tresslers »Das Totenschiff«	488
Rudolf Worschech	**Ausverkauf**	Die Ufa schlingert	490
Reinald Gußmann	**Freiheit im Tonkreuz**	Atelier Babelsberg heute	498

	Anhang	Bildquellennachweis	508
		Anmerkungen	508
		Literaturhinweise	512
		Personenregister	513
		Filmregister	517
		Autoren	527
		Dank	528

	Filmografie	Kurzfilme der Ufa	1918-20	43
			1921-26	68
			1927-28	227
			1929-30	287
			1931-33	319
			1934-36	359
			1937-38	399
			1939-41	433
			1942-45	443
		Filme im Verleih der Ufa	1918-22	76
			1923	105
			1924-26	125
			1927	179
			1928	223
			1929	271
			1930-32	279
			1933-45	347
		Tschechische Ufa-Filme	1933-40	363
		Filme der Continental		415

»Die Ufa war ein riesiges Warenhaus, in dem es alles gab, die Platitüde und das Experiment, Kitsch und Kunst«, notiert Axel Eggebrecht, in den 20er Jahren Mitarbeiter in der Dramaturgie. Es gab Ramschware und teure Luxusgüter, billige Konfektion und Markenprodukte. Der Kaufhaus-Flaneur hofft immer, neben den bekannten Dingen bislang unbeachtete Trouvaillen im hintersten Regal zu entdecken; er hat Zeit für die Spielwarenabteilung, die Trickkisten der Traumfabrik, und erfreut sich an Glitzer und Glamour, fragt aber immer auch nach dem Preis.

Dieses Buch sucht alle Abteilungen auf: Klassiker der Filmgeschichte und die längst vergessene billige Massenproduktion, die Trendsetter und die Ladenhüter; Kulturfilm, Wochenschau und Werbespots; die Filmpaläste und Vorstadtkinos, die Verleihorganisation und das Varieté-Programm. Und unser Rundgang macht auch nicht halt vor jenen Türen, wo das Schild »Nur für Personal« den Besucher abweist: Kantine, Werkstätten, Import-Export und – besonders gut abgeschirmt – die Chefetage. Zum Innenleben des Konzerns gehören Bilanzbesprechungen und Geschäftsstrategien, aber auch die Intrigen und Affären. Die Interna stammen aus den Vorstandsprotokollen, vertraulichen Aktennotizen und streng geheimen Unterlagen des Propagandaministeriums.

Die Ufa ist eine Kriegsgründung, 1917 von Ludendorff als Propagandainstrument ins Leben gerufen und von der Deutschen Bank mit einem Kapital von 25 Millionen Mark ausgestattet. Höchste militärische Stellen und mächtige Wirtschaftskapitäne waren beteiligt – doch wer hat nun eigentlich wen über den Tisch gezogen? Der Konzern wurde zusammengekauft, das gilt für die Kinos ebenso wie für die Ateliers und die Produktionsfirmen einschließlich der dort beschäftigten Künstler. So kamen Lubitsch, Lang und Murnau zur Ufa. Aber Geld allein macht es nicht: Teuer eingekaufte Stars erfüllen nicht immer die Erwartungen, große Budgets sind keine Garantie für Spitzenleistungen. Der Hang zur Gigantomanie wurde gerade der Ufa oft zum Verhängnis, und über weite Strecken ist die Firmengeschichte nichts anderes als ein Taumeln von einer Krise zur nächsten.

Für die Linke in der Weimarer Republik war die Ufa ein Feindbild: Als reaktionäre Ideologie-Fabrik wurde sie pauschal verdächtigt und undifferenziert angegriffen. Bis heute wirken die polemischen Attacken der *Weltbühne* nach, bestimmt Siegfried Kracauers wohl doch zu simple Kausalkette »Von Caligari zu Hitler« die Diskussion. Deutschnational eingestellt waren die Ufa-Herren gewiß, borniert und engstirnig, doch verstanden sie es, kreative Künstler an die Firma zu binden und ungewöhnliche Projekte zu initiieren. DER BLAUE ENGEL, die Verfilmung von Heinrich Manns »Professor Unrat«, paßte gewiß nicht ins politische Konzept, brachte Hugenberg nur Ärger mit seinen Parteifreunden und Gesinnungsgenossen. Und selbst als Goebbels die »deutschnationalen Pappköpfe« ausgeschaltet, die Ufa als reichsmittelbaren Betrieb unter seine Regie gebracht hatte, gab es noch genügend Reibungsflächen. Zumindest was das Geld angeht, verstand man sich durchaus als eigene Firma und forderte vom Staat Entschädigung, wenn ein Film wegen veränderter politischer Lage verboten wurde.

Die Ufa, das war ihr Erfolgsrezept, agierte als Medienverbund. Produktion, Verleih und Kino lagen in einer Hand; publizistische Schützenhilfe leisteten die hauseigenen Magazine (und die Zeitungen aus Hugenbergs Presse-Imperium). Der Konzern lieferte den Filmtheatern nicht nur ein komplettes Programm, sondern auch die Apparaturen und das Gestühl. In den großen Ufa-Palästen leistete man sich 70-Mann-Orchester, Akrobatik und eine hauseigene Girltruppe; auf den Ozeanriesen lud das Ufa-Bordkino zum Besuch ein. Die Auslandsaktivitäten, etwa in Budapest oder Amsterdam, gehörten seit den 20er Jahren zur Konzernstrategie (und nicht erst seit Hitlers Eroberungskriegen). Gleich mit dem Aufkommen des Tonfilms wurde der Ufa-Musikverlag gegründet; die Tantiemen fließen noch immer, heute streicht sie Bertelsmann ein. Doch selbst kleine Geschäfte wie den Schmalfilmvertrieb nahm die Ufa mit. Zudem verstand man sich schon damals im Merchandising: vom Quartettspiel bis zum Ufa-Kalender, von Filmromanen bis zu Starpostkarten.

Die Ufa-Geschichte ist 1945 nicht zuende. Das Erbe wurde geteilt: Die Geschichte der DEFA, das schwache Remake im Westen werden in diesem Buch ebenfalls abgehandelt. In der Gegenwart ist Ufa kaum mehr als ein Markenzeichen, das in den Händen von Bertelsmann und Riech viel von dem ehemaligen Glanz eingebüßt hat. Dies muß nicht so bleiben. Das Ende ist offen: Ob Babelsberg wieder zu Europas führender Filmstadt wird, steht noch in den Sternen.

Hamburg, November 1992
Hans-Michael Bock, Michael Töteberg

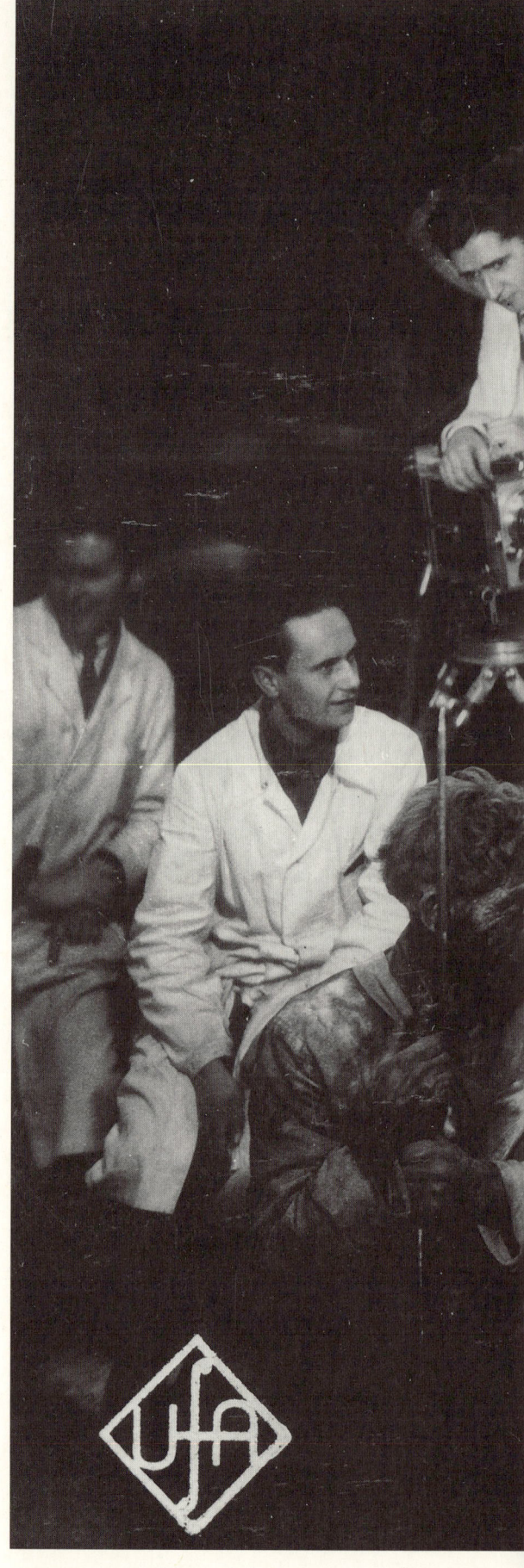

Ein Engel in Preußen: Marlene Dietrich, aufstrebende Schauspielerin, während der Dreharbeiten zu DER BLAUE ENGEL zu Gast im Nachbaratelier. Hier steht Conrad Veidt als preußischer Hauptmann Burk in DIE LETZTE KOMPAGNIE vor der Kamera. Regisseur dieses Heldenliedes aus den Napoleonischen Kriegen ist Kurt Bernhardt. Nur wenige Jahre später macht er als Curtis Bernhardt mit Melodramen in Hollywood Karriere, wo sich auch Dietrich und Veidt wiedersehen: Drei Emigranten aus Nazi-Deutschland.

»Zuerst, wenn die Leinwand noch dunkel ist, ist ferner Trommelwirbel zu hören, fernes Gewehrgeknatter, ferne Kommandorufe. Lärm. Schreie. – Dann schweigen Töne und Geräusche. Und lautlos, schweigend, in diffusem verschleierten Licht ziehen die traurigen Überreste eines Schlachtfeldes vorüber. Ein Rabe krächzt. Schweigen. Schweigende Bilder.«
Das Kino an der Grenze vom Stummfilm zum Ton: Experimente mit vollendeter Bildkraft und noch unbekannter Wirkung der Töne. 1930 hat Filmarchitekt Andrej Andrejew für DIE LETZTE KOMPAGNIE – Regie: Kurt Bernhardt, Kamera: Günther Krampf – im Ufa-Atelier Neubabelsberg das Schlachtfeld von Jena aus dem Jahre 1806 gestaltet.

Ein preußisches Heldenlied in der Tradition der »nationalen Filme« der Ufa und zugleich ein Zwiespalt: »Daß nämlich trotz des kriegerischen Stoffes keine kriegerische Tendenz aufkommt. Im Gegenteil: der Krieg ist ein sinnloses Grauen... Die Pathetik des Sterbens dieses verlorenen Postens wird unterhöhlt. Warum aber auch in die Ferne schweifen – in die vergilbte Historie, wenn das Grauen so nahe liegt, warum die Kriegshandlung anzulegen wie eine Operette mit herzigem Mädel... Die Ufa zuckt vor der Gegenwart zurück, sie sucht Stoffe im Vorgestern, sie ist uns darum so fern, wie die Schlacht bei Jena.«
(Hamburger Echo, 7.6.1930)

Die Filmografien

Die allgemeine Filmografie dokumentiert die von der Ufa und den ihr zugehörigen Firmen produzierten Spielfilme der Jahre 1917-1945, ausgewählte Dokumentarfilme sowie Ufa-Auftragsproduktionen anderer Hersteller so vollständig wie in diesem Rahmen möglich. Bei den Kurzspielfilmen 1929-1940 wurde auf Inhaltswiedergaben verzichtet. Ergänzende Titellisten im Textteil verzeichnen filmografische Kurzangaben zu den Kurz- und Kulturfilmen der Ufa (ohne Wochenschauen und deren Sonderausgaben) sowie zu jenen (frühen) Filmen, zu denen weitergehende Informationen nicht vorlagen. Angegeben sind in der Regel Produktionsjahr und Länge, zudem verkürzte Stabangaben, jedoch keine Nachweise zu Entstehung, Uraufführung, Inhalt etc. Die Monatsangaben verweisen auf das Datum der Zensur. Die Verleih-Filmografie weist die von der Ufa verliehenen in- und ausländischen Filme nach (ab einer Länge von 3 Akten, bzw. 1000 m; das Jahr 1930 wurde exemplarisch vollständig dokumentiert) mit Produktionsland und -jahr, Produktionsfirma und, soweit recherchierbar, Regisseur und Hauptdarstellern. Die Spielfilme der tschechischen Ufa-Produktion 1933-1940 sind gesondert aufgeführt.

Als Erhebungsgrundlage für alle Filmografien dienten die Nachweise in den veröffentlichten Zensurlisten. Einheitlichkeit und Vollständigkeit wurden angestrebt, konnten aber – vor allem für die frühen Filme – nicht in jedem Fall erreicht werden.

Folgende Handbücher wurden vor allem benutzt:
Alfred Bauer: Deutscher Filmalmanach 1929-1950. Berlin (West): Filmblätter-Verlag 1950; Reprint: München: Winterberg 1976. – Herbert Birett (Hg.): Verzeichnis in Deutschland gelaufener Filme. Entscheidungen der Filmzensur 1911-1920. München, New York, London, Paris: Saur 1980. – Hans-Michael Bock (Hg.): CineGraph. Lexikon zum deutschsprachigen Film. München: edition text + kritik 1984 ff. Ulrich J. Klaus: Deutsche Tonfilme. 3 Bände (1929-1932). Berlin, Berchtesgaden: Klaus 1988-1990. – Günter Knorr: Deutscher Kurzspielfilm 1929-1940. Wien: Action 1977. – Gerhard Lamprecht: Deutsche Stummfilme. 9 Bände und Registerband. Berlin (West): Deutsche Kinemathek e.V. 1967-1970. – Raymond Chirat: Catalogue des films français de long métrage. Films de fiction 1919-1929. Cinémathèque de Toulouse 1984. – Raymond Chirat: Catalogue des films français de long métrage. Films sonores de fiction 1929-1939. Brüssel: Cinémathèque Royale de Belgique 1975. – Aldo Bernardini (Hg.): Archivio del Cinema Italiano. Band 1: Il Cinema Muto 1905-1931. Rom: Edizioni Anica 1991. – Marguerite Engberg: Registrant over danske film 1915-1930. Band 4 und 5: 1915-1930. Kopenhagen: Institut for Filmvidenskab / Reitzels 1982. – Denis Gifford: The British Film Catalogue 1895-1970. Newton Abbot: David & Charles 1973. – Patricia King (Hg.): The American Film Institute Catalog of Motion Pictures Produced in the United States. Feature Films 1911-1920. Berkeley, Los Angeles, London: University of California Press 1988. – Kenneth W. Munden (Hg.): The American Film Institute Catalog of Motion Pictures Produced in the United States. Feature Films 1921-1930. New York, London: Bowker 1971.

Ausgewertet wurden ferner die Ausgaben des Illustrierten Film-Kuriers und andere Kino-Programme, diverse Fachzeitschriften der Jahrgänge 1917-44 sowie Zensurkarten und Verleihmitteilungen und -kataloge.

Abkürzungen
AA Außenaufnahmen. **AD** Adaption. **ARR** Arrangement. **ASS** Assistenz. **AT** Arbeitstitel. **AUL** Aufnahmeleitung. **AUS** Ausführung. **AUT** Buch. **BAU** Bauten. **BER** Beratung. **CHO** Choreografie. **DAR** Darsteller. **DEA** Deutsche Erstaufführung. **DIA** Dialoge. **DIA-REG** Dialog-Regie. **DRO** Drehort. **DRZ** Drehzeit. **GAR** Garderobe. **GES** Gesang. **HEL** Herstellungsleitung. **KAM** Kamera. **KAS** Kamera-Assistenz. **KF** Künstlerische Oberleitung. **KOS** Kostüme. **LNG** Filmlänge. **LT** Lied-Texte. **MAS** Maske. **MIT** Mitarbeit. **ML** Musikalische Leitung. **MUS** Musik. **MT** Musik-Titel. **MW** Mitwirkende. **PRL** Produktionsleitung. **PRO** Produktion. **PRT** Produzent. **RAS** Regie-Assistenz. **REG** Regie. **SCH** Schnitt. **SPE** Spezial-Effekte (Tricks). **SPR** Sprecher. **STF** Standfotos. **SUP** Supervision. **TON** Ton. **URA** Uraufführung. **ZEN** Zensur.

Siegfrieden oder Steckrüben

1917: Das Jahr der Ufa-Gründung

Das Jahr 1917, an dessen Ende die Gründung der Ufa erfolgt, soll Bewegung in die erstarrten Fronten und eine für Deutschland siegreiche Entscheidung des Weltkrieges bringen, der real angesichts der drückenden Materialüberlegenheit der Westmächte schon nicht mehr zu gewinnen ist.

Die III. Oberste Heeresleitung (OHL) mit Generalfeldmarschall Hindenburg und General Ludendorff an der Spitze tritt im Herbst 1916 mit einem gigantischen Rüstungsprogramm an. Bis zum Frühjahr 1917 soll die Produktion von Munition verdoppelt, von Geschützen und Maschinengewehren verdreifacht werden.

Gustav Stresemann, Funktionär des Bundes der Industriellen und nationaler Abgeordneter im Reichstag, fordert, daß »ganz Deutschland eine einzige Munitionsfabrik« werden müsse (Stresemann). Nach langwierigen Verhandlungen um das »Hindenburgprogramm« zur Mobilisierung der Arbeit für Kriegszwecke stimmt der Reichstag am 2. Dezember 1916 dem »Gesetz über den Vaterländischen Hilfsdienst« zu (Reichsgesetzblatt 1916, S. 1333). Danach werden alle Arbeiter vom 17. bis zum 60. Lebensjahr zur Arbeit in kriegswichtigen Betrieben verpflichtet. Die freie Wahl der Arbeitsstelle wird aufgehoben, harte Strafen bedrohen jeden, der seiner Arbeitspflicht nicht nachkommt.

Die Rüstungsanstrengungen werden Ende 1916 mit einer deutschen (im Namen der Mittelmächte abgegebenen) Note verbunden, in der der feindlichen Entente Friedensverhandlungen vorgeschlagen werden. Vorausgegangen sind einige militärische Erfolge: Am 6. Dezember 1916 besetzen deutsche Truppen Bukarest und besiegen damit das zuvor auf die feindliche Seite gewechselte Rumänien; in der Schlacht an der Somme gelingt es den Westmächten trotz massiven Einsatzes von Tanks nicht, die deutschen Linien zu durchbrechen, und auch in der Schlacht um Verdun zeichnet sich ein Patt ab.

Am 5. Januar 1917 trifft die gemeinsame Antwortnote der Entente-Mächte ein. In scharfem Ton wird das »angebliche Angebot Deutschlands« als unaufrichtiges und bedeutungsloses »Kriegsmanöver« verworfen, weil der Aggressor der berechtigten »Sühne«, den »Wiedergutmachungen und Bürgschaften« listig ausweichen wolle. Diese erwartete Antwort soll Deutschland die Legitimation für den endgültigen Einsatz einer Kriegswaffe liefern, die schon zweimal nach internationalem Protest zurückgezogen worden ist.

Der Kaiser und seine Feldherrn: Wilhelm II. mit Generalfeldmarschall Paul von Hindenburg und dem 1. Generalquartiermeister Erich Ludendorff – im dritten Kriegsjahr die eigentlichen Herrscher in Deutschland.

Am 1. Februar 1917 wird auf Drängen der OHL der unbeschränkte U-Boot-Krieg verkündet, der alle Schiffe in den Gewässern um England, Frankreich, Italien, Nordrußland und im östlichen Mittelmeer mit warnungsloser Versenkung bedroht. Diese Maßnahme, die zum Kriegseintritt der noch neutralen Vereinigten Staaten führen muß, stützt sich auf Gutachten der Marine, nach denen England wegen der Unterbrechung seiner Handels- und Nachschubwege innerhalb weniger Monate um Frieden bitten müsse; in dieser Zeitspanne wiederum könnten die USA keine nennenswerten Mengen an Material nach Europa schaffen. Der Reichskanzler Bethmann-Hollweg, der diesem Wunschdenken der Militärs skeptisch gegenübersteht, wird bei der Entscheidung vor vollendete Tatsachen gestellt.

Nur zwei Tage später brechen die USA die diplomatischen Beziehungen zum Deutschen Reich ab und drohen mit Kriegserklärung, die dann schließlich am 6. April 1917 erfolgt. Im Hauptausschuß des Reichstags, dem wichtigsten Gremium zwischen den nur noch selten stattfindenden Sitzungen des Parlamentsplenums, entwickelt sich daraufhin eine erbitterte Diskussion. Während Sozialdemokraten, Fortschrittler und Vertreter des Zentrums die Erfolgsmeldungen über versenkte Schiffstonnage bezweifeln, beschwören die verantwortlichen Militärs und Regierungsvertreter, daß »der uneingeschränkte U-Boot-Krieg allein geeignet sei, unsere Gegner zur Vernunft zu bringen und den Krieg abzukürzen.« Karl Helfferich, Staatssekretär im Reichsamt des Innern, der sich derart in der Sitzung des Hauptausschusses am 1. Februar 1917 äußert, schließt: »Der Würfel ist gefallen, jetzt heißt es die Zähne aufeinanderbeißen, alle Kräfte zusammennehmen, jetzt heißt es festen Tritt und ›durch‹.« Und Gustav Stresemann meint in der gleichen Sitzung, »daß er selbst den Einsatz einer Giftbombe und den Tod einer halben Million Londoner Einwohner in Kauf nehmen würde, wenn dadurch der Frieden erreicht und das Leben einer halben Million Deutscher bewahrt würde.« (Für einen Zeppelin-Einsatz mit Giftbombe gegen London hat sich im April 1916 schon Matthias Erzberger als Abgeordneter des katholischen Zentrums im gleichen Gremium ausgesprochen).

Der erhoffte Erfolg des U-Boot-Kriegs, England in die Knie zu zwingen, bleibt aus, obwohl allein im April 1917 mehr als eine Million Tonnen versenkt werden. Aber auch die Pläne der Entente, im Frühjahr jenes Jahres durch koordinierte Anstrengungen an allen Fronten eine entscheidende Offensive zu entfesseln, gehen nicht auf. Zum einen werden im März die deutschen Linien in Frankreich zwischen Arras und Soissons um 45 km verkürzt und auf eine zuvor aufwendig ausgebaute »Siegfriedstellung« zurückgenommen, zum anderen kommt es in Rußland am 12. März zur sog. »Februarrevolution« (nach russischem Kalender), so daß der östliche Verbündete der Entente vorübergehend ausgeschaltet ist. Durch den Transfer von Lenin und anderen Bolschewiki aus dem Schweizer Exil mit der Reichsbahn durch Deutschland nach Petrograd im Mai 1917 setzt die deutsche Seite auf eine weitere Destabilisierung in Rußland, das auch nach der Abdankung des Zaren im Lager der Entente geblieben ist.

Aber auch in den anderen kriegführenden Ländern wachsen Unzufriedenheit und Friedenssehnsucht der Menschen im gleichen Maß, wie Lebensbedingungen schwieriger werden. Im französischen Heer kommt es zu ausgedehnten Meutereien, in England streiken Munitionsarbeiter. In Deutschland verschlechtert sich im »Steckrübenwinter« 1916/17 die Versorgungslage rapide. An die Stelle von Kartoffeln und Getreide ist weitgehend die unbeliebte Rübe getreten. Sie wird für die Brot- und Marmeladeherstellung ebenso verwandt wie für die Zubereitung als Suppe, Gemüse oder Nachtisch. Andere Lebensmittel, Brot,

1917. Dem Licht entgegen.
REG Georg Jacoby. AUT Georg Jacoby, Leo Lasko.
DAR Ossi Oswalda.
PRO PAGU (Union-Film der Ufa). DRO Ufa-Union-Atelier Berlin-Tempelhof. LNG 3 Akte, 1211 m. ZEN Januar 1918, B.41423, Jf. URA April 1918, Berlin (Kammerlichtspiele).
– Propagandafilm, für das BUFA gedreht, von der Ufa in den allgemeinen Verleih gebracht.
Einsatz von Sanitätshunden im Krieg.

1917. Die Kunst zu heiraten.
REG Viggo Larsen. AUT nach dem Lustpiel von Max Kretzer.
DAR Viggo Larsen, Ria Jende, Käthe Dorsch, Hugo Fischer-Köppe, Berthold Rosé.
PRO Messter-Film der Ufa. DRO Messter-Atelier Berlin Blücherstraße 32. LNG 3 Akte, 1074 m. ZEN Januar 1918, B.41454, Jv.
Ein heiratslustiger Mann liest eine Heiratsanleitung: ›Das passende Weib erkennst Du daran, wie sie Dienstboten behandelt.‹ Also verkleidet er sich entsprechend – und alles geht schief. Er wird erkannt und gequält, solange, bis er die Frau heiratet.

1917. Fred Roll. 2 Teile.
REG, AUT Ernst Marischka.
DAR Louis Ralph (Fred Roll), Sylvia Marion (Jenny Vasetta), Anton Matscheg (John Pollmann), Ida Marsen (Mary, seine Tochter), Anton Tiller (Detektiv Paul Walter).
PRO Sascha-Messter-Film der Ufa. LNG 4 Akte, 1500 m / 4 Akte, 1640 m. ZEN Januar 1918. URA 4.1.1918, Wien.
Als Graf Fellwald begibt sich Fred Roll in betrügerischer Absicht in die besten Gesellschaftskreise, so auch zu Baron Wendburg, dessen Gattin er um eine wertvolle Halskette erleichtert. Mit viel Geschick und unter Zuhilfenahme modernster Technik gelingt es Roll/Fellwald zunächst, den von Wendburg engagierten Detektiven zu entkommen.

1917. Um ein Weib.
REG, AUT Ernst Marischka, Hubert Marischka.
DAR Magda Sonja (Rita), Hubert Marischka (Sepp Reisenberger).
PRO Sascha-Messter-Film der Ufa. LNG 4 Akte, 1600 m.
ZEN Januar 1918. URA 11.1.1918, Wien.

1917/18. Der Märtyrer seines Herzens / Beethoven.
REG Emil Justitz. AUT Emil Justitz, Emil Kolberg, Fritz Kortner. BAU, KOS Fundus des Hofburgtheaters.
DAR Fritz Kortner (Beethoven).
PRO Sascha-Messter-Film der Ufa. LNG 5 Akte, 1700 m.
URA 8.2.1918, Wien.

1917/18. Das neue Leben.
REG ? AUT Herma Skoda.
DAR Friedrich Feher.
PRO Sascha-Messter-Film der Ufa. LNG 5 Akte.
URA 18.2.1918, Wien.

1917/18. Frank Boyers Diener.
REG Konrad Wiene.
DAR Karl Götz, Alfred Schreiber.
PRO Sascha-Messter-Film der Ufa. LNG 4 Akte, 1632 m. ZEN Februar 1918, B.41392, Jv. URA 22.2.1918, Wien.
Frank Boyer kommt nach langer Abwesenheit als reicher, aber etwas sonderlicher Mann in die Heimat zurück. Er lebt einsam, nur betreut von seinem Diener. Als dieser stirbt, wird der Totenschein versehentlich auf Frank ausgestellt.
Folge: Die Verwandtschaft will erben. Sein Protest nützt nichts, man steckt ihn in eine Irrenanstalt, wo er zuletzt ein friedliches Leben verbringt.

1917/18. Edelsteine.
REG Rudolf Biebrach. AUT Robert Wiene.
KAM Karl Freund (?). BAU Ludwig Kainer.
KINO-MUS Giuseppe Becce.
DAR Paul Bildt (der alte Dergan), Henny Porten (Maddalena, seine Tochter), Paul Hartmann (Graf Forrest), Hanna Brohm (Gräfin Forrest), Theodor Loos (Pieter Swawndam).
PRO Messter-Film der Ufa. DRO Messter-Atelier Berlin Blücherstraße 32. LNG 4 Akte, 1425 m. ZEN Februar 1918, B.41510, Jv. URA 15.2.1918, Berlin (Mozartsaal).
Der alte Dergan, Antiquitätenhändler, lebt mit seiner Tochter Maddalena zusammen. Graf Forrest will ein Diadem beleihen, das auf Maddalena geradezu magische Wirkung ausübt. Sie stiehlt es. Der Vater stirbt. Maddalena wird Pflegerin der kränklichen Grafen-Gattin. Die Gräfin stirbt, und nach einem Jahr der Trauer legt Forrest Maddalena das Diadem aufs Haar. Sie erleidet am Traualtar einen Herzschlag.

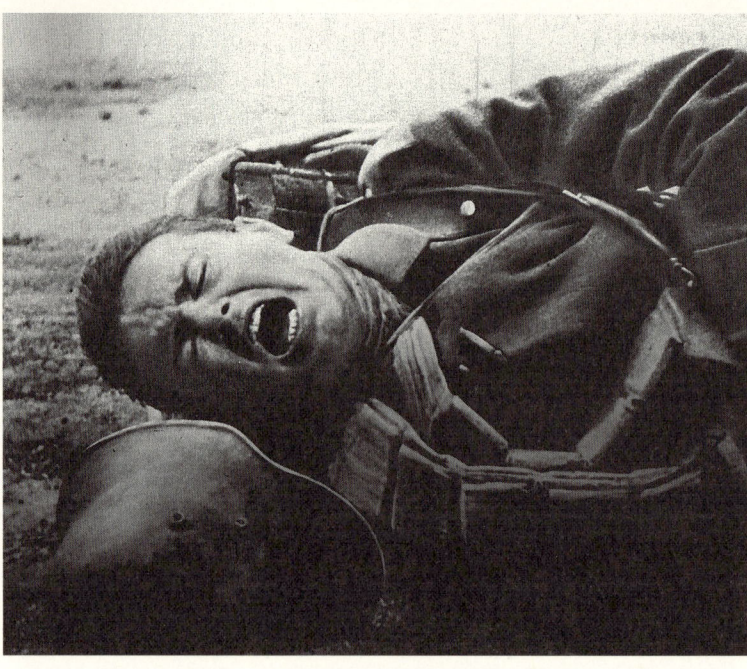

Die schonungslos realistische Darstellung des Weltkriegs macht Erich Maria Remarques Roman zum Welterfolg: IM WESTEN NICHTS NEUES. Die Verfilmung löst in Berlin Krawalle aus und macht den Film zum Symbol für den Anfang vom Ende der Weimarer Republik.

Milch, Butter, Fleisch, werden immer knapper. Zur Mangelernährung tritt das Fehlen von Heizmaterial, der Gesundheitszustand zumal vieler Kinder und älterer Menschen ist besorgniserregend.

Die Diskrepanz zwischen den steigenden Lebenshaltungskosten und den viel langsamer folgenden Löhnen wird immer größer. Im März 1917 erreichen sie für männliche Arbeiter – gemessen am Stand vom März 1914 – real noch 76% in den Zweigen der »Kriegs«- und 58% in denen der »Friedensindustrien«. Dem kontrastieren die hohen Profite vor allem in der Schwerindustrie. 30% Dividende zahlt die Bismarckhütte nach Abschluß des Geschäftsjahres 1916/17, 25% der Bochumer Verein, aber auch bei Hoesch sind es noch 10,2%, bei Mannesmann 12,8% und bei Phoenix 16,7%. Propaganda-Phrasen von »Volksgemeinschaft« und »Kriegssozialismus« bewirken angesichts der »Klassengesellschaft im Krieg« (Kocka) eher gegenteilige Wirkungen. Im Frühjahr 1917 kommt es in mehreren deutschen Städten gleichzeitig zum Streik von Rüstungsarbeitern – 300.000 sind es in Berlin am 16. April. Kurz zuvor findet in Gotha der Gründungsparteitag der Unabhängigen Sozialdemokraten (USPD) statt, die die loyale Mitarbeit von Mehrheitssozialdemokratie und Gewerkschaften im Rahmen der »Burgfriedenspolitik« bekämpfen. Innerhalb eines Jahres gewinnt die neue Partei 100.000 Mitglieder, während die MSPD 1917 mit etwa 250.000 Mitgliedern nur noch ein Viertel der Stärke von 1914 aufzuweisen hat. Daß mit der Verschmelzung von sozialen und politischen Forderungen angesichts von Hunger und Krieg – jeder Tag kostet durchschnittlich 1000 Tote und 1000 Verwundete – ein gefährlicher Zündstoff entsteht, ist Militärs und Regierungsvertretern bewußt. General Groener soll »rücksichtslos gegen die Drahtzieher« der Streiks vorgehen, aber gänzlich eindämmen läßt sich die radikale sozialistische Opposition bereits nicht mehr. Seit dem Frühjahr 1917 stehen drei Kontroversen im Vordergrund der Öffentlichkeit. Umstritten sind die Form des anzustrebenden Friedens, die innere Reform des Reiches und das Verhältnis von Privatwirtschaft und Staatsinteresse.

Die öffentliche Diskussion in Deutschland um die Kriegsziele verläuft »seit dem Frühjahr 1917 unter den Parolen des Verständigungsfriedens oder Siegfriedens, des Scheidemann-Friedens oder des Hindenburg-Friedens heftiger denn je« (Fischer). Während die Sozialdemokraten um Ebert und Scheidemann – auch angesichts des Massendrucks – einen »Frieden ohne Annexionen und Kontributionen« (Ebert im Hauptausschuß) fordern, argumentieren die Vertreter der Reichsregierung, eben dies werde von der Entente nur als Zeichen der Schwäche gedeutet werden. Im Hintergrund dieses taktischen Einwands stehen Rücksichten auf die OHL, schwerindustrielle Interessenvertreter und nationalistische »alldeutsche« Kreise, die nach wie vor umfangreiche Gebietsforderungen gegenüber Frankreich, Belgien und Rußland vertreten. Die parlamentarischen Gewichte neigen sich in dieser Diskussion zunächst auf die Seite der Befürworter eines Verständigungsfriedens, auch deshalb, weil der zuvor annexionistisch denkende Zentrumsabgeordnete Erzberger seine Auffassung unter dem Eindruck des Kriegsverlaufs umkehrt und zu einem der gewichtigsten Propagandisten für einen Verständigungsfrieden wird.

Die Friedensdebatte hängt eng zusammen mit der Diskussion um die Parlamentarisierung des Reiches, die nicht zufällig im Frühjahr 1917, mit der Revolution in Rußland, verstärkt einsetzt. Die Verteidigung gegen den politisch reaktionären und militärisch aggressiven Zarismus war im August 1914 nicht zuletzt für die Sozialdemokraten eine wichtige Begründung für die Zustimmung zu den Kriegskrediten gewesen, die nun entfällt. Dagegen steht die Pro-

paganda der Westmächte gegen das autoritäre Regime der preußischen Hohenzollern. In dieser Situation tritt Kaiser Wilhelm II. mit einer »Osterbotschaft«, einem Erlaß an den Reichskanzler, vor die Öffentlichkeit. Darin wird für die »Zeit der Heimkehr unserer Krieger« versprochen, das preußische Dreiklassenwahlrecht abzuschaffen. Die vagen Versprechungen einer Demokratisierung sind vor allem als »große Geste« zur Unterstützung der »loyalen Haltung der Mehrheitssozialdemokratie« gedacht (Fischer), werden aber von den Konservativen scharf kritisiert. In einer parteiamtlichen Erklärung schreiben sie, das gleiche Wahlrecht entspreche »nicht den Eigenarten und der historischen Vergangenheit des preußischen Staates« und werde diesen der »völligen Demokratisierung« ausliefern. Die Sozialdemokraten wiederum fordern, bereits im Krieg erste Schritte der Reform zu gehen.

Die dritte Kontroverse wird während des Jahres 1917 mit wachsender Schärfe in politischen Gremien erörtert, dringt allerdings weniger an die Öffentlichkeit. Seit Kriegsbeginn hat der Staat versucht, die Produktion von kriegswichtigen Rohstoffen und Kriegsmaterial durch entsprechende Auftragserteilung, eigene Unternehmungen, vor allem aber durch Kredite an private Firmen zu fördern. Angesichts der ehrgeizigen Ziele des Hindenburgprogramms, die nicht im entferntesten erreicht werden, fordern vor allem einflußreiche Militärs, die Rolle des Staates zu erhöhen. In einer Denkschrift fordert General Groener eine Revision der bestehenden Lieferverträge, um die Wucherpreise der Rüstungsproduzenten zu drücken; weiter soll die Kriegsgewinnsteuer stark heraufgesetzt und ein Zwangsgesetz geschaffen werden, mit dem für bestimmte Betriebe Arbeitslöhne und Unternehmergewinne festgesetzt werden können. Gegen die Forderungen nach einer Beschneidung privater Profite und Vorwürfe, Großindustrielle hätten aus eigennützigen Motiven ein Interesse am Krieg, wendet sich 1917 pikiert auch der Chef der Krupp-Werke, Geheimrat Alfred Hugenberg: »All dies Blut und Elend persönlichen Vorteils halber wollen? Es gibt keine größere Gemeinheit als diese Zumutung gegenüber Männern, die immerhin bewiesen haben, daß sie nicht zu den geistig verkümmerten Gestalten des deutschen Volkes gehören.«

Die heftigen Diskussionen um Frieden und Parlamentarisierung kumulieren in der »Julikrise« des Jahres 1917. Der Kronrat vom 9. Juli 1917, an dem die preußischen Minister und die Staatssekretäre des Reichs teilnehmen, entzweit sich über dem Vorschlag von Reichskanzler Bethmann-Hollweg, das gleiche Wahlrecht für Preußen zu verkünden. Nachdem Wilhelm II. am 11. Juli Bethmann-Hollweg seine Unterstützung erklärt, treten fünf Minister zurück. Die Vertreter der OHL, die nun offen davon sprechen, daß man sich auf einen vierten Winterfeldzug einzustellen habe, verstärken den Druck der Konservativen auf den Kaiser. General Ludendorff reicht am 12. Juni sogar sein Abschiedsgesuch ein. Am gleichen Tag fordert Generalfeldmarschall Hindenburg in einem Fernschreiben vom Kaiser in scharfem Ton, die Regierung zu veranlassen, eine im Reichstag von der Mehrheit aus SPD, Linksliberalen und Zentrum geplante Resolution für einen Verständigungsfrieden zu verhindern. Am 13. Juli gibt Bethmann-Hollweg auf und tritt zurück; sein Nachfolger wird der Unterstaatssekretär im Preußischen Finanzministerium und Staatssekretär für Volksernährung Michaelis, ein farbloser Ressortbeamter, der als Strohmann Ludendorffs gilt. Auch Michaelis kann zwar nicht verhindern, daß im Reichstag eine Woche später die Friedensresolution von nahezu zwei Dritteln der anwesenden Abgeordneten angenommen wird – der reaktionäre Philosoph Oswald Spengler bezeichnet dies später als den »Staatsstreich des englischen Elements«, aber eine größere Wirkung bleibt aus. Das amtliche Wolffsche Nachrichtenbüro meldet das Ereignis eher beiläufig und räumt den Argumenten der Resolutionsgegner zwei Drittel des Platzes ein. In den nächsten Monaten folgt eine innenpolitische Verhärtung. Während an der Westfront, in Flandern und wieder bei Verdun, verlustreiche Schlachten toben, wird im August eine Rebellion in der Hochseeflotte brutal niedergeschlagen – fast 400 Jahre Gefängnis und Zuchthaus sowie 10 Todesurteile werden verhängt. Ein Schreiben des Papstes Benedict XV. an die kriegführenden Mächte mit einem Appell zum Frieden vom 1. August, in dem auch die Rückgabe besetzter Gebiete gefordert wird, erhält von deutscher Seite eine ausweichende Antwort.

Am 2. September gründen Admiral Alfred von Tirpitz und der preußische Generallandschaftsdirektor Wolfgang Kapp (er macht als Anführer eines antirepublikanischen Putsches 1920 von sich sich reden) die Deutsche Vaterlandspartei, in der sich die Anhänger eines »Siegfriedens« sammeln. Hemmungslose, antisemitisch unterlegte, nationalistische Tiraden gegen den »anglo-amerikanischen« Kapitalismus sollen dem bedrängten monarchistisch-militaristischen Regime eine opferbereite Massenbasis schaffen. Die Gründung der Vaterlandspartei, sie sammelt in den folgenden Monaten Hunderttausende von Anhängern, zeigt, daß nun – angesichts der objektiv immer schlechteren Kriegslage – »Propagandamethoden einer massiven psychologischen Kriegführung nach innen« (Fischer) zunehmende Beachtung finden; schon im Juni 1917 fordert Mathias Erzberger »eine Art geistiges Kriegsernährungsamt«. Bei der Suche nach Mitteln, innen wie außen, vor allem in den neutralen Ländern, die deutsche Regierungspropaganda zu verstärken, findet auch das Filmwesen starke Beachtung. Für den Kriegsausgang hat dies allerdings schon keine Bedeutung mehr.

Axel Schildt

1918. Der Rodelkavalier.
REG Ernst Lubitsch. AUT Erich Schönfelder, Ernst Lubitsch. BAU Kurt Richter.
DAR Ernst Lubitsch (Sally Pinner), Ferry Sikla (Kommerzienrat Hannemann), Ossi Oswalda (Ossi, seine Tochter), Erich Schönfelder (Heiratskandidat), Julius Falkenstein (Liebhaber), Harry Liedtke.
PRO PAGU (Union-Film der Ufa). DRZ Februar 1918. DRO Ufa-Union-Atelier Berlin-Tempelhof. LNG 3 Akte, 1277 m. ZEN Februar 1918, B.41546, Jv. URA 1.3.1918, Berlin (U.T. Kurfürstendamm, U.T. Nollendorfplatz).
Die verwöhnte Ossi will nicht den Mann heiraten, den der Herr Papa, seines Zeichens Kommerzienrat, für sie ausgesucht hat. Deshalb büchst sie aus, fährt nach Krummhübel, wo es schön ist, wo viel Schnee liegt und wo Sally Pinner regiert. Man treibt Sport. Dagegen ist der Vater machtlos.

1917/18. Nach zwanzig Jahren.
REG Willy Zeyn. AUT Emil Rameau, Hanns Kräly.
DAR Emil Jannings (Lundin / Korn), Dagny Servaes (Ellen).
PRO PAGU (Union-Film der Ufa). DRO Ufa-Union-Atelier Berlin-Tempelhof. LNG 3 Akte, 1242 m. ZEN Februar 1918, B.41575, Jv.
Der Zuchthäusler Korn kann entfliehen. Er rettet Ellen, der Tochter des Fabrikanten Eifel, das Leben und wird zum Dank unter dem Namen Horst Lundin eingestellt. Nach 20 Jahren haben Horst und Ellen geheiratet, er leitet die Firma. Ein ehemaliger Mithäftling erkennt in Lundin Korn und denunziert ihn. Doch sein Schwiegersohn wird beweisen, daß er seinerzeit unschuldig verurteilt wurde.

1917/18. Rotterdam – Amsterdam.
REG Viggo Larsen.
DAR Viggo Larsen, Robert Wüllner.
PRO Messter-Film der Ufa. DRO Messter-Atelier Berlin Blücherstraße 32. LNG 4 Akte, 1145 m. ZEN Februar 1918, B.41595, Jv.
Detektiv Holms muß das rätselhafte Verschwinden von Edelsteinen aufklären, die stets in großen Transporten verladen, mit allen Sicherungen versehen, am Ziel nicht ankommen.

1918. Wogen des Schicksals.
REG, AUT Joe May. KAM Curt Courant.
DAR Mia May, Erich Kaiser-Titz, Georg John, Rolf Brunner, Frida Richard, Elga Beck, Hermann Vallentin.
PRO May-Film der Ufa. PRT Joe May. LNG 4 Akte, 1542 m. ZEN März 1918, B.41615, Jv.
– Mia May-Serie 1917/18.

1918. Auf Probe gestellt.
REG Rudolf Biebrach. AUT Robert Wiene. KAM Karl Freund (?). BAU Ludwig Kainer (?). KINO-MUS Dr. Bechstein (= Giuseppe Becce). Plakatentwürfe: Ludwig Kainer.
DAR Henny Porten (Gräfin Marlene von Steinitz), Heinrich Schroth (Graf von Steinitz, ihr Schwager), Reinhold Schünzel (Reichsgraf Adolar von Warowingen), Hermann Thimig (Frank Merwin, Maler), Rudolf Biebrach (Haushofmeister), Kurt Vespermann, Kurt Ehrle.
PRO Messter-Film der Ufa. DRZ Februar 1918. DRO Messter-Atelier Berlin Blücherstraße 32. LNG 4 Akte, 1584 m. ZEN März 1918, B.41613, Jf. URA 15.3.1918, Berlin (Mozartsaal).
Gräfin Marlene von Steinitz bleibt nach dem Tode ihres Mannes mittellos zurück und soll von der feudalen Familie an den Trottel (aber sehr reichen Standesgenossen) Adolar von Warowingen verheiratet werden. In der achttägigen Bedenkzeit verliebt sie sich in Frank Merwin, einen jungen Maler, den sie auf die Probe stellt und heiratet.

1918. Der Stärkere.
REG, AUT Konrad Wiene.
DAR Magda Sonja, Fritz Kortner, Franz Höbling.
PRO Sascha-Messter-Film der Ufa. LNG 4 Akte.
URA 12.4.1918, Wien.

1918. Das Abenteuer einer Ballnacht.
REG Viggo Larsen.
DAR Viggo Larsen, Gertrud Welcker, Paul Bildt, Paul Biensfeldt.
PRO Messter-Film der Ufa. DRO Messter-Atelier Berlin Blücherstraße 32. LNG 3 Akte, 914 m. ZEN April 1918, B.41683, Jv.
Die Braut eines Barons ist spurlos verschwunden, alles Suchen ist vergebens. Durch die Hilfe eines nicht unsympathischen Verbrechers kommt man auf die Fährte eines irrsinnigen Verwandten, der die Baronin abgöttisch liebt und permanent verfolgt.

Die Glashäuser
Ateliergelände Tempelhof

Das Literaria-Glashaus, nach der Übernahme in Messter-Glashaus umbenannt, umfaßt neben großen Fundus- und Werkstättenbauten in seinen unteren Etagen Kopieranstalt, Bureaus und Ankleideräume. Darüber, durch drei Treppen oder mit einem Lastfahrstuhl erreichbar, der einen großen Möbelwagen komplett fassen kann, die Glashalle mit einer Grundfläche von etwa 20 x 40 m, mit Versenkung, Wasserbassins, fahrbarer Kranbrücke und einem umfangreichen Lampenpark

Das in den Abmessungen und der Gebäudestruktur nahezu identische Union-Glashaus auf dem Nachbargrundstück am Südrand des Tempelhofer Feldes

Die Bauhöhe in beiden Ateliers beträgt etwa 12 Meter. Die Grundfläche von 800 Quadratmetern erlaubt es, daß mehrere Teams gleichzeitig drehen

Dreharbeiten zu SUMURUN 1918 im Union-Glashaus: Auf dem Thron Paul Wegener, an der Kamera im weißen Hemd Fritz Arno Wagner, davor Ernst Lubitsch

»Am südlichen Rande des Tempelhofer Feldes, dort, wo über die Gleise der Ringbahn hinweg bisher die militärische Wüste in eine bürgerliche Wüste überging, beginnt jetzt neues Leben sich zu regen. Es scheint, daß dort ein Industrieviertel aus den mehr oder weniger grünen Feldern emporwachsen soll. Am weitesten in die Wüste vorgeschoben ist vorläufig ein Komplex, der einer der neumodischsten Fabrikationen gewidmet ist.

Wenn man von der Tempelhofer Chaussee herkommt, sieht man schon aus weiter Ferne zwei seltsame Gebilde emporragen, die wie riesenhafte Vogelkäfige aussehen. Es sind zwei hochgelegene, sehr große Hallen, die vollkommen von Glaswänden eingeschlossen sind und auch ein gläsernes Dach haben. Frei kann von allen Seiten das Licht hier hinein fluten, und man kann sich gleich denken, daß diese Anlagen jenem Gewerbe dienen, für das der Grundsatz gilt: ›Am Lichte hängt, zum Lichte drängt doch alles!‹: der Filmfabrikation.« (Lichtbild-Bühne, 14.6.1913)

Die ersten Filme entstehen – solange die Sonne die einzige brauchbare Lichtquelle ist – entweder im Freien oder in umgewidmeten Foto-Ateliers der Innenstadt. Als die Dekorationen aufwendiger werden, beginnt man geeignete Dachgeschosse den Bedürfnissen anzupassen. Das berühmteste und wohl auch am längsten genutzte Dachatelier ist das Messter-Atelier in der Blücherstraße 32.

Eine weitere, großzügigere Alternative ist das Glashaus, das speziell für die Filmarbeit errichtet wird. Da hierfür ein größerer Platzbedarf besteht – und vermutlich auch wegen der weniger durch Qualm verschmutzten Luft – finden sich diese vorwiegend in den berliner Vorstädten: Muto-Atelier in Lankwitz (1904), Bioscop in Neubabelsberg (1912), dann 1913 Vitascope in Weißensee, Eiko in Marienfelde und die beiden Glashäuser in Tempelhof.

Während in Neubabelsberg und Weißensee die technischen Gebäude mit Werkstätten und Labors neben den Glasateliers stehen, bevorzugen die anderen eine Art Kompaktbauweise mit der Glashalle oben auf massiven Sockeln, in denen die Nebenräume untergebracht sind.

Initiator in Tempelhof ist Alfred Duskes, der 1912 mit Beteiligung der französischen Firma Pathé Frères die Literaria-Film GmbH gründet, die im Frühjahr das erste Glashaus an der Oberlandstraße errichtet. Kurz darauf entsteht direkt daneben ein fast identischer Bau im Auftrag von Paul Davidsons Projektions-AG »Union« (PAGU). Das Literaria-Atelier wird 1917 von der Messter-Film GmbH übernommen, die auch das Union-Glashaus pachtet. Messter bringt das so entstandene Filmgelände, zu dem auch Freiflächen für Außenbauten gehören, im März 1918 in die Ufa ein. Es bildet das erste Produktionszentrum der Ufa.

Hans-Michael Bock

1918. Wer niemals einen Rausch gehabt.
REG Heinrich Bolten-Baeckers.
DAR Melita Petri, Leo Peukert, Herbert Paulmüller.
PRO BB-Film der Ufa. PRT Heinrich Bolten-Baeckers.
DRO Oliver/BB-Atelier Berlin Lindenstraße 32-34.
LNG 3 Akte, 1128 m. ZEN April 1918, B.41695, Jf.

1918. Das Geschlecht derer von Ringwall.
REG Rudolf Biebrach. AUT Robert Wiene; aus seinem Zyklus ›Seltsame Menschen‹. KAM Karl Freund. BAU Jack Winter, Ludwig Kainer. KINO-MUS Giuseppe Becce.
DAR Henny Porten (Magdalena von Ringwall), Bruno Decarli (Ewald, ihr Vormund), Kurt Vespermann (Argad, ihr Bruder), Hans Burckart (Hans von Sendling), Rudolf Biebrach (Wieland), Frida Richard (Brigitte).
PRO Messter-Film der Ufa. DRZ März - April 1918.
DRO Messter-Atelier Berlin Blücherstraße 32;
AA Bayerische Alpen (bei Garmisch-Partenkirchen).
LNG 4 Akte, 1436 m. ZEN April 1918, B.41750, Jv.
URA 19.4.1918, Berlin (Mozartsaal).
Vom besagten Geschlecht haben nur die Geschwister Magdalena und Argad überlebt. Doch auch Argad wird, sobald er in die Welt zieht, ermordet. Die Schwester sucht den Mörder, trifft auf einen Mann, in den sie sich verliebt und der sich als der Mörder erweist.

1918. Das Nachtlager von Mischli-Mischloch.
REG, AUT Fritz Freisler.
DAR Heinrich Eisenbach (Bombenwerfer), Paul Morgan (Filmdramaturg), Magda Sonja.
PRO Sascha-Messter-Film der Ufa. LNG 4 Akte.
URA 24.5.1918, Wien.

1918. Der Weg zum Reichtum.
REG ?
DAR Lena Amsel, Paul Morgan.
PRO Sascha-Messter-Film der Ufa. LNG 2 Akte.
URA 31.5.1918, Wien.

1918. Opfer.
REG, AUT Joe May. KAM Curt Courant.
DAR Mia May (Maria), Fritz Westfried, Anton Edthofer, Ernst Bernburg, Elga Hess (?), Hans Mierendorff, Harry Liedtke, Marie West, Lina Paulsen.
PRO May-Film der Ufa. PRT Joe May. DRZ März - April 1918. LNG 4 Akte, 1574 m. ZEN Mai 1918, B.41809, Jv.
URA 10.5.1918, Berlin (Tauentzien-Palast).
Marias Traummann verlobt sich mit einem reichen Mädchen und geht in den Krieg. Er gilt als verschollen. Maria, traurig, heiratet einen Witwer. Der Geliebte kehrt aber aus der Gefangenschaft zurück.

1918. Sein letzter Seitensprung.
REG Viggo Larsen.
DAR Viggo Larsen (Fritz Sentheim), Gertrud Welcker (Luise, seine Frau), Marie von Bülow (seine Schwiegermutter), Georg Baselt (Gefängnisdirektor), Käthe Dorsch (seine Frau), Paul Biensfeldt (Gauner).
PRO Messter-Film der Ufa. DRO Messter-Atelier Berlin Blücherstraße 32. LNG 3 Akte, 1171 m. ZEN Mai 1918, B.41846, Jv.
So schön hatte Sentheim sich die Ehe gar nicht vorgestellt: eine hübsche junge Frau, die ihn zärtlich küßt, und eine Schwiegermutter, die nicht an den Nerven zerrt. Beim Stammtisch werden pikante Erlebnisse zum Besten gegeben. Als die Reihe an Sentheim ist, erklärt er großspurig, bald von einem ganz frischen Erlebnis berichten zu können. Das ist der Anfang des Komplotts gegen ihn.

1918. Agnes Arnau und ihre drei Freier.
REG Rudolf Biebrach. AUT Robert Wiene. KAM Karl Freund. BAU, KOS Ludwig Kainer. KINO-MUS Giuseppe Becce.
DAR Henny Porten (Agnes Arnau), Hermann Thimig (Tonny), Kurt Ehrle (Hans), Arthur Menzel (Rittergutsbesitzer Hermannitz), Bertha Monnard (Luise, seine Frau), Rudolf Biebrach (Arnau, Gutsbesitzer), Paul Westermeier (Schauspieler), Paul Passarge.
PRO Messter-Film der Ufa. DRO Messter-Atelier Berlin Blücherstraße 32. LNG 4 Akte, 1392 m. ZEN Mai 1918, B.41868, Jv. URA 24.5.1918, Berlin (Mozartsaal).
Wenn Väter Hochzeitspläne schmieden: Zwar haben zwei reiche Männer heimlich die Heirat ihrer Kinder beschlossen, doch verliebt sich Tochter Agnes nicht in den Sohn Tonny, sondern in dessen Bruder Hans. Plötzlich stehen drei Freier vor Agnes, sie ist weise und wählt den ersten.

Nationaler deutscher Unternehmer

Der »Vater des deutschen Films«: Oskar Messter

Dreharbeiten 1916 im Messter-Atelier, Blücherstraße 32

Er ist technischer Tüftler, Erfinder und erfolgreicher Unternehmer. So ist er mit den Pionieren des Films durchaus vergleichbar, mit den Gebrüdern Lumière, mit den Skladanowskys. Möglicherweise hat ihm einst vorgeschwebt, ein deutscher Thomas Alva Edison zu werden. Wie die anderen übernimmt auch er das Geschäft des Vaters, Eduard Messter, ein vielseitiges, erfolgreiches Unternehmen: »Mechan. und optisches Institut – Spez. ärztliche Instrumente und Apparate Eduard Messter, Berlin NW, Friedrichstraße 95 pt.«

Auch der Vater ist ein Erfinder, ein Tüftler. Zu einer Zeit, da es noch keinen Strom aus der Steckdose gibt, konstruiert er Bühnenbeleuchtungen; die Siegesparade 1871 beleuchten Scheinwerfer von Eduard Messter, die ihren Strom aus 120 Batterien erhalten. Doch die Spezialität der Firma sind optische Instrumente für medizinische Zwecke. In der Charité forscht Robert Koch mit Mikroskopen der Firma Messter. Als Vertreter bringt sie oft Sohn Oskar an die Mediziner, der 1884 ins Geschäft eingetreten ist, das er 1892 übernimmt.

Oskar Messter ist vielseitig. Er führt viele Ärzte in die Kunst des Mikroskopierens ein, und er interessiert sich für die Entdeckungen anderer. 1895 entdeckt Wilhelm Röntgen seine X-Strahlen. Im März 1896 meldet Oskar Messter sein Patent für Aufnahmen mit Hilfe von X-Strahlen an. Doch als er Ende 1895 oder Anfang 1896 mit den »lebenden Photographien« in Kontakt kommt, entdeckt er darin seine Passion.

Am 26. April 1896 eröffnet in der Linden-Passage Unter den Linden 21 ein »Isolargraph« seine Pforten. Messter, der bereits mit der Konstruktion von Filmprojektoren beschäftigt ist, interessiert sich sofort für dieses Kino und übernimmt es schließlich selbst am 19. September 1896. Zuvor hat er bereits mehrere Projektoren konstruiert und verkauft. Aus London hat er sich Edison-Filme sowie Rohfilmmaterial besorgt. Da ihm niemand einen Filmaufnahmeapparat verkaufen will, experimentiert er. Gustav Schönwald, einer der ersten »Filmklärer« Deutschlands und auch einer der frühen deutschen Filmregisseure, berichtet: »Messter wohnte damals in der Georgenstraße gegenüber dem ›Bahnhof Friedrichstraße‹. Einen Aufnahmeapparat hatte er nicht, ein solcher war auch nicht zu haben. Da kam er auf folgende Idee: Er verdunkelte eines seiner Zimmer, das nach dem Bahnkörper zu lag. Am Fenster ließ er eine ganz kleine Öffnung frei, und vor diese Öffnung stellte er seinen Vorführungsapparat. Er setzte einen Negativfilm ein, und während nun ein Zug vorüberfuhr, ließ er

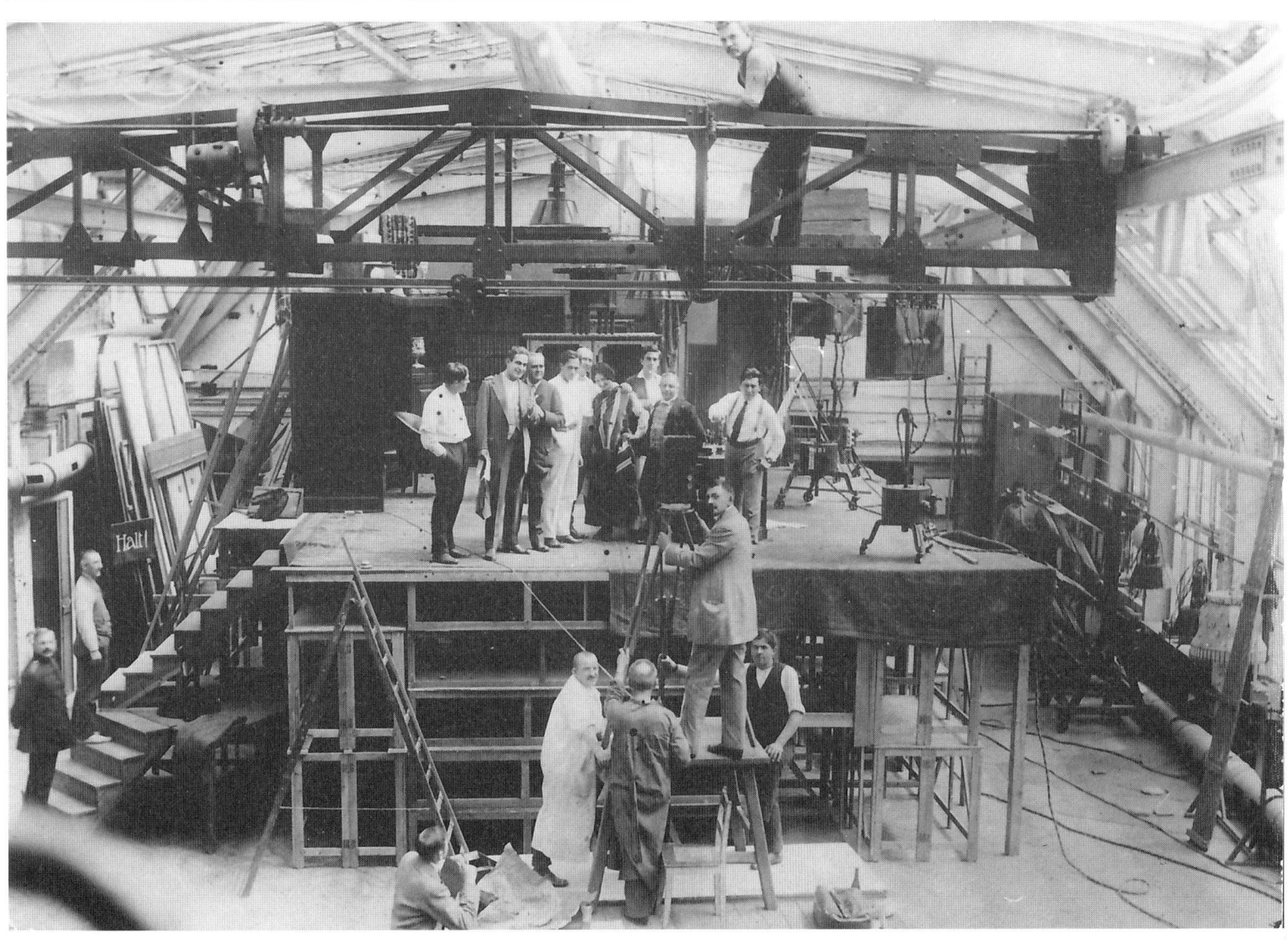

den Apparat arbeiten. Was dabei herauskam, war ganz befriedigend, wenn auch nicht verwendbar. Der Film existiert heute noch. Immerhin war dieses Experiment die Veranlassung, daß Messter sich mit dem Bau eines Aufnahmeapparates befaßte.« (Der Kinematograph, 10.5.1916)

Im Herbst 1896 hat Messter ein Kino, in dem er mit einem technisch wesentlich verbesserten Projektor in der Hauptsache fremde Filme vorführt. Keine Frage, daß er alsbald sein Interesse auf die Produktion eigener Filme lenkt. Eine Kamera baut er schließlich auch. Und so zieht er im Oktober/November 1896 los und dreht seinen ersten Film: AM BRANDENBURGER TOR ZU BERLIN. Ein Jahr später gibt er – genau wie die Lumières in Paris – einen Katalog seiner Filme heraus. AM BRANDENBURGER TOR ZU BERLIN ist Position Nr. 1, die Nr. 2 LUSTIGES TREIBEN AUF DER BERLINER WESTEISBAHN.

Ende 1896 ist Optiker Eduard Messters Sohn bereits ein Unternehmer, der in vier Bereichen der Filmindustrie tätig ist: als Filmproduzent, Filmverleiher, Kinobesitzer und Apparatebauer. Ein Jahr nach den ersten öffentlichen Filmvorführungen in Berlin und Paris gibt es bereits einen Unternehmer, der in seiner Firma die Grundstruktur eines vertikal gegliederten Filmkonzerns entworfen hat.

Oskar Messter, der Erfinder und Oskar Messter, der Unternehmer und Produzent. Als Erfinder ist er mäßig erfolgreich, aber er perfektioniert das für den Filmtransport in den Projektoren wichtige Malteserkreuz. Im Jahre 1896 richtet er in der Friedrichstraße das erste deutsche Kunstlichtfilmatelier ein, das erste Glashaus in Berlin. Er hat keine Ambitionen, selbst Filme zu drehen. Er ist der Unternehmer, der Produzent – und als solcher außerordentlich erfolgreich. Nicht er will Filme drehen, er findet Leute, die sie für ihn drehen. Es ist nicht zuletzt sein Talent, Künstler aus allen möglichen Bereichen für das neue Medium zu interessieren. Ohne jeden Zweifel ist Oskar Messter einer der ersten deutschen Filmproduzenten – und zweifellos der erfolgreichste, dem es gelingt, sein Unternehmen aus dem Stadium der Manufaktur in das eines Konzerns zu überführen.

Von Beginn an interessiert er sich für die beiden Bereiche des Films: Er läßt »Aktualitäten« und »Spielszenen« drehen, Dokumentaraufnahmen und Spielfilme kommen aus der noch kleinen Filmfabrik von »Meister« Messter. Die zu jener Zeit ›wichtigsten‹ Sujets für Dokumentaraufnahmen liefern natürlich die Hohenzollern. Voller Stolz erwähnt der national gesinnte Messter in seinen im Jahre 1936 erschienenen Memoiren, daß er endlich im März 1897 ›seinen‹ Kaiser aus Anlaß der Feierlichkeiten zum 100. Geburtstag von Wilhelm I. unter Schwierigkeiten filmen kann. Am 4. Mai 1897 gelingt ihm sogar in Stettin die erste gute Großaufnahme des Kaisers!

Das Geschäft floriert. Oskar Messter läßt in der Friedrichstraße Filme aller Art drehen. Sie finden reißenden Absatz. Doch sein Kino in der Straße Unter den Linden ist bald schon nicht mehr die Attraktion, die es noch 1896 gewesen ist. Und so richtet der geschäftstüchtige Unternehmer sein Augenmerk auf andere Abspielstätten seiner Filme. Von Anfang an sucht der Kinematograph die Nähe zum Varieté. Seit die Skladanowskys im Wintergarten ihre ersten »lebenden Bilder« vorgeführt haben, gehören »Films« zum Programm dieses Varieté-Theaters am Bahnhof Friedrichstraße. Messter jedoch geht die Friedrichstraße weiter südlich hinunter: Im Haus Nr. 218 hat ein anderes Varieté-Theater sein Domizil, das Apollo-Theater. Hier ist Paul Lincke, der Vater der Berliner Operette, der ungekrönte König. Im Apollo-Theater führt Messter viele seiner Filme vor. Auch die Stars dieser Bühne, Komiker wie Otto Reutter, Henry Binder oder Claire Waldoff treten vor seine Kameras. Seit Oktober 1896 zählt Messters »Kosmograph« zu den Attraktio-

1918. Der Rubin-Salamander.
REG Rudolf Biebrach. AUT Irene Daland, Carl Froelich; nach dem Roman ›Die Brüder‹ von Paul Lindau. DAR Bruno Decarli (Martin Hellberg), Mechthild Thein (Nelly Sand, Operettensängerin), Hugo Flink (Templin, reicher Börsianer), Heinrich Schroth (Attenhofer, Landstreicher), Rudolf Biebrach (Landgerichtsrat Gottfried Hellberg), Richard Wirth (Juwelier Ottrot), Gertrud Hoffman (Freundin der Nelly Sand). PRO Messter-Film der Ufa. DRO Messter-Atelier Berlin Blücherstraße 32. LNG 4 Akte, 1269 m. ZEN Mai 1918, B.41914, Jv.
Landgerichtsrat Hellberg ist gegen eine Verbindung seines Bruders Martin mit der Operettensängerin Nelly Sand. Die wird auch vom reichen Börsianer Templin umworben, hat sich aber längst für Martin entschieden. Eine tödliche Intrige wird gesponnen, an deren Ende Hellberg über seinen Bruder zu richten haben wird.

1918. Der Tribut des Künstlers.
REG ? DAR Hubert Marischka. PRO Sascha-Messter-Film der Ufa. LNG 1 Akt. URA 4.6.1918, Wien.

1918. Der vorsichtige Kapitalist.
REG, AUT Konrad Wiene. PRO Sascha-Messter-Film der Ufa. LNG 1 Akt. URA 4.6.1918, Wien.

1918. Die beiden Meier.
REG, AUT Louis Ralph. DAR Emil Guttmann. PRO Sascha-Messter-Film der Ufa. LNG 2 Akte. URA 11.6.1918, Wien.

1918. Wer zuletzt lacht.
REG, AUT Fritz Freisler. DAR Franz Glawatsch, Eugen Neumann. PRO Sascha-Messter-Film der Ufa. LNG 3 Akte. URA 7.6.1918, Wien.

1918. Fünf Minuten zu spät.
REG Uwe Jens Krafft. KO Joe May. AUT Joe May, Rudolf Báron. KAM Max Lutze. DAR Mia May (Jana Vermöhlen), Johannes Riemann (Reinhold), Bruno Kastner, Grete Diercks, Hermann Picha, Frau Pütz. PRO May-Film der Ufa. PRT Joe May. LNG 4 Akte, 1533 m. ZEN Juni 1918, B.41899, Jv. URA 6.9.1918, Berlin (Unionpalast).
Jana hört zufällig, daß sie in Kürze sterben müsse. Die verbleibende Lebenszeit will sie reichlich nutzen. Als sie erfährt, daß die Todesdiagnose jeder Grundlage entbehrt, und sie zudem schwanger ist, stellt sie ihrem Jugendgeliebten ein Ultimatum. Weil seine Uhr falsch geht, kommt er zu spät. Jana stürzt sich aus dem Fenster.

1918. Der Glücksjunge.
REG Viggo Larsen. DAR Viggo Larsen. PRO Messter-Film der Ufa. DRO Messter-Atelier Berlin Blücherstraße 32. LNG 3 Akte, 1116 m. ZEN Juni 1918, B.41972, Jv.
Wenn einem Jungen das Glück bei einer schönen Frau lächelt, was kann er nicht alles erringen? Er muß alle erdenklichen Mittel ersinnen, um in ihrer Nähe zu sein. Verwandlungen helfen immer, als Kellner, Diener, Probiermamsell usw. wird man Erfolg verbuchen können. So auch hier.

1918. Das Mädel vom Ballett.
REG Ernst Lubitsch. AUT Hanns Kräly. KAM Theodor Sparkuhl. BAU Kurt Richter. DAR Ossi Oswalda (Ossi, eine junge Tänzerin), Margarete Kupfer (ihre Mutter), Ferry Sikla (Fürst Adolf von Dillingen), Harry Liedtke (Dr. Fersen, Intendant des Hoftheaters), Julietta Brandt (Prima Ballerina), Victor Janson (Carambo di Gracho, Lebemann), Reinhold Schünzel (Eduard Stutzig, Lebemann), Joe Konradi (Brilliant, Theater-Agent). PRO PAGU (Union-Film der Ufa). DRO Ufa-Union-Atelier Berlin-Tempelhof. LNG 3 Akte, 890 m. ZEN Juni 1918, B.41982, Jv. URA 6.12.1918, Berlin (U.T. Nollendorfplatz, U.T. Friedrichstraße, U.T. Alexanderplatz).
Dr. Fersen, der neue Intendant des Dillinger Hoftheaters und rundherum ein fescher Junggeselle, engagiert eine neue Primaballerina Ossi. Die noch freien Damen und Herren des Städtchens haben mit diesen beiden neue Hoffnung bekommen, was eine Verlobung zwischen Dr. Fersen und Ossi allerdings nicht verhindern kann.

Auch in Uniform alles im Griff: Oskar Messter mit Henny Porten (l) bei den Dreharbeiten zu AUF DER ALM, DA GIBTS KA SÜND *(1915)*

nen des Apollo. Hier führt er auch 1903 erstmals seine »Tonbilder« auf, Filmstreifen, die zusammen mit einer Grammophonplatte ablaufen.

Welch eine Sensation: Die Stars von Apollo und vom Metropol, Fritzi Massary und Josef Giampietro ›stellen eine Szene aus der Operette dar, in der sie allabendlich auf der Bühne stehen, und dazu erklingt die Musik von einer Platte. Plötzlich gibt es überall im Land Massary-Gastspiele. 1904 ist Messter sein Atelier in der Nähe des Bahnhof Friedrichstraße bereits wieder zu klein, so daß er weiter südlich, ganz in die Nähe des Apollo-Theaters zieht. Friedrichstraße 16, in diesem Haus bezieht Messter zwei Etagen. Hier beginnt auch der Weg der Henny Porten, die über viele Jahre hinweg der Star von Messters Firma ist. Bald kommen auch die Stars der Berliner Bühnen in sein Atelier. Harry Liedtke, Eduard von Winterstein und 1911 auch Adele Sandrock. Auch die russische Primaballerina Anna Pawlowa kommt in Messters Atelier und spielt die poetische Tanzszene DIE NACHT nach Arthur Rubinstein.

Doch dies ereignet sich schon wieder in einem anderen Atelier. 1911 wechselt Messter von der Friedrichstraße 16 nach Kreuzberg in die Blücherstraße 31/32: »Nach wenigen Jahren reichten meine Räume in der Friedrichstraße 16 wiederum nicht mehr aus. Ich mietete die gesamten Fabrikräume der 4. und 5. Etage in den Häusern Blücherstraße 31 und 32 und ließ sie für meine Zwecke umbauen. Das neue Glasatelier hatte hier 14 x 24 m Bodenfläche, bei einer Höhe von 7,5 m. Hier hatte ich eine Schwebebühne mit motorischem Antrieb einbauen lassen, die es mir gestattete, während der Aufnahmen die Kamera oder die Aufnahmeobjekte zu bewegen.«

Vor Ausbruch des Ersten Weltkriegs gehört Messters Projektion GmbH. zu den größten deutschen Filmgesellschaften. Neben ihr können lediglich die Union, die Deutsche Bioscop und die Vitascope bestehen.

Der Krieg ändert auch in der deutschen Filmindustrie nahezu alles. Natürlich hat auch der vaterländisch gesinnte Messter sofort den »Geist der Zeit« erkannt: Er meldet sich freiwillig zum Militär – und läßt Filme drehen, die später als »feldgrauer Filmkitsch« in die Geschichte eingehen. 1914 belebt Henny Porten die Offiziers-Tragödie EIN ÜBERFALL IM FEINDESLAND (ERINNERUNG AN DIE HELDENKÄMPFE 1870/71), dazu wird die Groteske WIE MAX DAS EISERNE KREUZ ERWARB aufgeführt. Doch diese Filme haben keine allzugroße Bedeutung. Das Publikum hält wenig von diesen patriotischen Gesängen. Sehr bald verschwinden diese Filme wieder aus den Kinos. Messter konzentriert seine Kräfte auf ein anderes Gebiet.

Anfang August 1914 beginnt der Weltkrieg. Ende Oktober vergibt der Große Generalstab an verschiedene Filmfirmen Lizenzen für die Bildberichterstattung von bestimmten Frontabschnitten. Mitarbeiter des Großen Generalstabes ist Filmproduzent Oskar Messter. Somit hat er selbst über die Vergabe der Monopole zu entscheiden. Als der lukrativste Teil der Frontberichterstattung gilt die Arbeit an der Westfront – dafür erhält Messter selbst das Monopol. Er läßt Carl Froelich, seinen Mitarbeiter aus den ersten Tagen, seine Berichte von der Westfront drehen. Bereits im September sind Messters DOKUMENTE ZUM WELTKRIEG in den Kinos zu sehen.

Am 1. Oktober 1914 erscheint erstmals eine MESSTER-WOCHE in den Kinos – der Zeit entsprechend natürlich eine reine Kriegswochenschau. Oskar Messter betont später voller Stolz, daß er mit dieser Wochenschau ein »wichtiges politisches Propagandamittel« geschaffen habe. Damals, im Kriege, behauptet man noch, objektive Berichterstattung zu liefern.

Die MESSTER-WOCHE ist die dritte deutsche Wochenschau, nach DER TAG IM FILM und der mit dem Scherl-Verlag kooperierenden EIKO-WOCHE. Die Wochenschau von Oskar Messter zählt vor allem in den Jahren

Es darf auch gelacht werden: Die Arnold Rieck-Komödie HABEN SIE FRITZCHEN NICHT GESEHEN? passiert die Zensur im Oktober 1918, als in Kiel und Wilhelmshaven die Matrosen revoltieren

des Weltkrieges zum Programm zahlreicher deutscher Kinos. Sie sind ein wichtiges Propagandamittel von Heer und Regierung. Bis zuletzt noch wird auch mit Hilfe der Wochenschau versucht, den Kriegswillen des Volkes wachzuhalten, die Stimmung anzuheizen. Noch 1918 wirbt die MESSTER-WOCHE mit ihren packenden »Kriegsbildern«. Doch da gehört diese Wochenschau bereits zu der soeben gegründeten Ufa.

Wie andere deutsche Filmproduzenten auch ist Messter ein Unternehmer, der am Krieg und durch den Krieg verdient. Vor ausländischen Produktionen ist der deutsche Markt geschützt. So kann sich der deutsche Film nahezu in einem Schutzgebiet entwickeln. Und Filme werden gebraucht. Die kurze Periode des feldgrauen Kitsches ist vorüber. Jetzt sind wieder die Melodramen mit Henny Porten gefragt, die Lustspiele mit Leo Peukert. Und davor präsentiert die MESSTER-WOCHE die neuesten Kriegsbilder. Messter führt seine neuen Filme in Berlin vor allem im Admiralspalast-Kino am Bahnhof Friedrichstraße auf. Zeitweise – ab etwa 1915 – gehört ihm eines der repräsentativen berliner Kinos, der Mozartsaal am Nollendorfplatz. Für den Verleih seiner Filme hat er den Hansa-Verleih gegründet. Messter hat einen florierenden Konzern entwickelt, der fast alle Bereiche der Filmindustrie umfaßt.

Den Film für das Heer, für das Vaterland nutzbar zu machen – das ist das oberste Prinzip von Messter. Schon 1899 hat der Erfinder für »Deutschlands Waffenschmiede«, für Krupp in Essen, ein Spezialgerät entwickelt, mit dessen Hilfe Geschoßeinschläge von Panzertürmen aus registriert werden können. Später konstruiert er im Auftrag des Heeres, der Marine und der Flugzeugindustrie ein Gerät, mit dem man Aufnahmen aus Flugzeugen heraus machen kann. Diese Aufnahmen dienen der Feindaufklärung. Dafür erhält der tapfere Erfinder das Eiserne Kreuz II. Klasse. Schließlich entwickelt er eine Maschinengewehrkamera, die als Zielübungsgerät für Kampfflieger genutzt wird. In seinem Buch »Mein Weg mit dem Film« beklagt sich Messter bitter darüber, daß diese Kamera später – wegen des Versailler Vertrages – nicht einmal mehr bei »friedlichen Luftwettkämpfen« verwendet werden darf, obwohl doch »unsere ersten Kampfflieger, u.a. die damaligen Hauptleute Hermann Göring, Bruno Lörzer und unser Udet, meine Idee gut hießen«. Darüberhinaus beklagt er sich in seinem Buch, daß er seine Erfindungen nicht habe patentieren lassen und somit allein mit der Genugtuung lebe, mit seinen bescheidenen Arbeiten für die Verteidigung seines Vaterlandes Wertvolles geschaffen zu haben. Um den Lohn seiner Arbeit haben ihn vor allem die Machthaber der Novemberrevolution gebracht, die neue Gesetze geschaffen haben.

Film und Militär haben sich in den Jahren des Weltkrieges mit Riesenschritten aufeinanderzuentwickelt. Wer im Oktober 1917 in der deutschen Filmpresse die Elogen auf Generalfeldmarschall von Hindenburg gelesen hat, wer liest, wie General von Ludendorff als der große Förderer des deutschen Films gefeiert wird, für den ist die Gründung der Ufa durch die Oberste Heeresleitung keine Überraschung mehr.

Als dann am 18. Dezember 1917 die Ufa gegründet wird, ist auch Oskar Messters Filmgesellschaft einer der Grundsteine dieses Imperiums. Für 5.3 Millionen DM geht Messters Firma an die Ufa. Der Kriegsgewinnler bringt auch das Literaria-Atelier ein, das er im letzten Kriegsjahr übernommen hat. Mit einem Jahresgehalt von 24.000 Mark plus Gewinnbeteiligung wird Oskar Messter technischer Beirat der Ufa.

Oskar Messter, der sich immer mehr von der Filmindustrie auf seinen Ruhesitz am Tegernsee zurückzieht, genießt seinen Ruhm als »Vater des deutschen Films«. 1936 erscheinen seine Memoiren. Am 7. Dezember 1943 stirbt er im 77. Lebensjahr.

Michael Hanisch

**1918. Mania.
Die Geschichte einer Zigarettenarbeiterin.**
REG Eugen Illés. AUT Hans Brennert. KAM Eugen Illés.
BAU Paul Leni.
DAR Pola Negri (Mania, Zigarettenarbeiterin), Arthur Schröder (Hans van den Hof, Tondichter), Ernst Wendt (Alex, Kunstmaler), Hollmann (Morelli, reicher Kunstmäzen).
PRO PAGU (Union-Film der Ufa). DRO Ufa-Union-Atelier Berlin-Tempelhof. LNG 5 Akte, 1682 m (1622 m bei Neuzensur 1921). ZEN Juni 1918, B.42041, Jv. / 12.10.1921, B.4383, Jv. URA 8.11.1918, Berlin (Kammerlichtspiele).
Zwei Rivalen buhlen um die schöne Zigarettenarbeiterin Mania: Der Kunstmäzen Morelli scheint keine Chance zu haben gegen den Komponisten Hans van den Hop. Daraufhin verhindert er die Premiere einer Hop-Oper und erpreßt Mania, am Tage der Uraufführung die Seine zu werden. Als die Oper schließlich angenommen wird, nimmt Mania die Rolle der Tänzerin ein und läßt sich während der Aufführung mit einer echten Pistole erschießen.

1918. Ihr großes Geheimnis.
REG Joe May, Leopold Bauer. AUT Joe May; nach einer Idee von Mia May und Rudolf Bárón. KAM Max Lutze.
DAR Mia May (Tatjana), Käte Haack (Klärchen Lehner), Johannes Riemann (Helmut Karsten), Hermann Picha (Hausbesitzer Lehner).
PRO May-Film der Ufa. PRT Joe May. LNG 4 Akte, 1408 m. ZEN Juli 1918, B.42022, Jv. URA 10.10.1918, Berlin (U.T. Kurfürstendamm).
Ein armer heidelberger Student trifft auf eine Kommilitonin, die inkognito Medizin studiert, denn eigentlich ist sie Tochter eines Fürsten. Der Student wird von ihr finanziell unterstützt, bis sie zur Familie gerufen wird. Nach dem Tod des Vater und ihrer Rückkehr ist der Student verheiratet. Im Krieg treffen sich die beiden abermals. Er stirbt, als er seine Frau aus einem brennenden Schloß retten will.

**1918. Fantasie des Aristide Caré.
1. Der Geburtstag des Meisterdetektivs.
2. Die drei van Hells. 3. Der Schmuck der Gräfin.**
REG Arthur Brenken. AUT Hanns Kräly.
DAR Kurt Götz /= Curt Goetz/ (Gentleman-Einbrecher Aristide Caré), Ginetta Traini.
PRO PAGU (Union-Film der Ufa). DRO Ufa-Union-Atelier Berlin-Tempelhof. LNG 3 Akte, 1019 m / 3 Akte, 985 m / 4 Akt, 1121 m. ZEN Juli 1918, B. 42109 / Juli 1918, B.42093 / Dezember 1918, B.42744, Jv.

1918. Ich möchte kein Mann sein.
REG, AUT Ernst Lubitsch. KAM Theodor Sparkuhl.
BAU Kurt Richter.
DAR Ferry Silka (Onkel), Ossi Oswalda (seine Nichte), Kurt Götz /= Curt Goetz/ (Dr. Kersten), Margarete Kupfer (Gouvernante), Victor Janson.
PRO PAGU (Union-Film der Ufa). DRO Ufa-Union-Atelier Berlin-Tempelhof. LNG 3 Akte, 1024 m. ZEN Juli 1918, B.41975, Jv. URA Oktober 1918.
Der verzogene Backfisch Ossi ist von Erziehungsmaßnahmen weitgehend unbeleckt geblieben. Der neue Hauslehrer, Dr. Kersten, verspricht ihr, sie bald ›soo klein‹ zu bekommen. Ossi, immer darauf erpicht, alle Privilegien der Männerwelt kennen und genießen zu lernen, zieht Männerkleidung an und dreht den Spieß um: ›Soo klein‹ werde sie den Lehrer bald haben.

1918. Der Fall Rosentopf.
REG, AUT Ernst Lubitsch, Hanns Kräly. BAU Kurt Richter, (Paul Leni ?).
DAR Ferry Sikla (Rentier Klingelmann), Margarete Kupfer (Rosa, sein Dienstmädchen), Ernst Lubitsch (Sally, der junge Mann des Detektivs Ceeps), Trude Hesterberg (Bella Spaketti, Tänzerin), Elsa Wagner (Frau Hintze).
PRO PAGU (Union-Film der Ufa). DRO Ufa-Union-Atelier Berlin-Tempelhof. LNG 3 Akte, 1163 m (1083 m bei Neuzensur 1921). ZEN Juli 1918, B.42069, Jv. / 23.8.1921, B.4084, Jv. URA 20.9.1918, Berlin (U.T. Friedrichstraße).
Detektivposse um Sally, den gewitzten Jüngling vom Hausvogteiplatz, der dem Detektiv Ceeps hilft und im ›Fall Rosentopf‹ zwar seinen ganzen Spürsinn aufbringt, doch erst auf den Zufall warten muß, bevor die Lösung naht.

1918. Seine tapfere Frau.
REG, AUT Ernst Marischka, Heinrich Korff.
DAR Auguste Wittels, Maria Mayen, Marietta Hofer, Eugen Frank, Ralf Ronay.
PRO Sascha-Messter-Film der Ufa. LNG 5 Akte, 1489 m. ZEN Juli 1918, B.42071, Jv. URA 10.5.1918.

Krieg der Propagandisten
Die Deutsche Lichtspiel-Gesellschaft

Wohl nur durch den Ausbruch des Krieges scheitert 1914 die Konstituierung eines Interessenverbandes zur kommerziellen Ausnutzung des Films. Im Juli 1914 treffen sich in den Räumen des Verlagshauses J. J. Weber in Leipzig auf Einladung von Ludwig Klitzsch Vertreter von 120 Verbänden (Industrieverbände, Kulturvereine, Vertreter staatlicher Stellen), um ein Referat des Einladenden zur möglichen Funktion des Films zu hören.

Die wesentliche Forderung des schon seit einigen Jahren mit den Möglichkeiten der Filmpropaganda befaßten Redners lautet, man solle sich mit Hilfe des Films »in der öffentlichen Meinung der fremden Nationen einen Platz erobern«. Die anwesenden Herren sind so beeindruckt, daß man erst einmal zur Gründung des »Arbeitsausschusses zum Studium der Frage einer deutschen Film- und Lichtbildvortrags-Propaganda im Ausland« schreitet. Zum Vorsitzenden wird der jung-dynamische Manager Klitzsch gewählt. Zehn Tage später beginnt der Krieg, dringlichere Aufgaben binden die Energien der Filmfreunde.

Erst 1916 kommen die Interessenten auf Initiative des Vorsitzenden des Direktoriums der Krupp AG, Geheimrat Alfred Hugenberg, und dessen Vertrauten aus Verlagsgeschäften, Ludwig Klitzsch, wieder zusammen. Man trifft sich – ausgestattet mit erheblicher ökonomischer und politischer Macht und durch die ersten beiden Kriegsjahre gereift – nun auch mit klaren Zielvorstellungen. Vertreter von Krupp und Thyssen, von Teilen der rheinisch-westfälischen Großindustrie finden sich hier ebenso wie der Reichsverband Deutscher Städte, der Messe-Ausschuß der Handelskammer, der Deutsche Landwirtschaftsrat, der Verein für das Deutschtum im Ausland u.a.

Die Deutsche Lichtspielgesellschaft e.V. (DLG) wird aus der Taufe gehoben. Man erhofft sich nunmehr – ausländische Konkurrenten haben es vorgemacht – von der Filmpropagandaarbeit eine höchst effektive Wirkung im Ausland: Deutsche Wirtschaftskraft (nicht zuletzt die der Rüstungsindustrie), deutsche Kultur, die Schönheit deutscher Städte und Landschaften sollen in eindrucksvollen Bildern dem erstaunten Ausland als vorbildhaft vorgeführt werden.

Die Bildsprache des Films scheint sich für solche Zwecke geradezu aufzudrängen, weil man, besonders interessiert an der Festigung und Ausdehnung des eigenen Einflusses auf dem Balkan, ein Publikum anzusprechen hat, das noch weitgehend analphabetisch ist: vom Bild durchs Herz zur Deutschland-Apologie. Dazu bedarf es nach Vorstellung der Herren von der DLG nur einer ausreichenden Menge von propagandistischen Werbefilmen und Kulturfilmen; der ohnehin ideologisch suspekte Spielfilm ist da überflüssig.

Der Erfolg scheint ihnen Recht zu geben. 1917 werden 21, 1918 schon 129 Filme im Auftrag der DLG hergestellt. Hat der Anteil der 1913/14 in Konstantinopel vorgeführten deutschen Filme noch 13% betragen, so steigt er unter Federführung der DLG 1917/18 auf stattliche 60%. Auch in Schweden ist man erfolgreich tätig, baut dort einen Filmvertrieb auf und gerät somit zwangsläufig der Nordisk ins Gehege.

Die Interessenwidersprüche zwischen den Kreisen, die hinter der DLG stehen und den Gruppen der Industrie, die von der Deutschen Bank angeführt werden, werden nicht in direkter Konfrontation, sondern vielmehr über ein unterschiedliches Verhalten gegenüber dem Staatsapparat und der Obersten Heeresleitung ausgetragen. Die DLG besteht – immanent gedacht durchaus logisch – auf einer Eigenständigkeit gegenüber dem Staatsapparat, muß man doch fürchten, die Sozialdemokratie könne eines Tages, spätestens aber nach Kriegsende, Einfluß auf diesen Apparat ausüben. Aus einem Gespräch, das Vertreter der DLG mit von Haeften führen, wird die Distanz zum Bufa *(Bild- und Filmamt)* deutlich: »Wie denken Sie sich eigentlich die Zukunft, wenn man ein solches Machtmittel in die Hand dieser Regierung legen würde? – Wie denken Sie sich z.B. die Niederhaltung der Sozialdemokratie und ihrer Ansprüche durch eine solche Regierung wie die gegenwärtige?«

Zudem scheinen der DLG nicht alle Vertreter des Bufa, schon gar nicht der Regierung, Garanten einer expansionistischen Politik zu sein. In der offiziösen Darstellung Traubs von 1943 – der ansonsten die Konflikte zwischen Ufa-Gründern und DLG herunterspielt, weil man sich ja inzwischen zügig aufeinanderzubewegt hat – reflektiert sich diese Skepsis gegenüber den Betreibern der Ufa-Gründung in den markigen Worten: »Man sieht nicht die Kräfte am Werk, die einen unbedingten Siegeswillen verbürgen.«

Der Obersten Heeresleitung (OHL) und der Reichsregierung wiederum ist die DLG suspekt, weil ihre Aktivitäten auf dem Balkan zwar nationalistisch tönend, aber zu wenig kriegspropagandistisch sind. Während sich die DLG der deutschen Sendungsarbeit hingibt und unterstellt, den zuständigen Stellen fehle es an Durchsetzungswillen nach außen und innen, weiß man bei der OHL und der Reichsregierung genauer um die festgefahrene Situation an der Westfront und die schwierige Stimmungslage im Inland. Im Inland aber ist die DLG nur insoweit präsent, als die Hugenberg-Presse fleißig die Filmpolitik der Regierung kritisiert. Die Gruppierung um die DLG setzt ausschließlich auf Repression nach innen, während man beim Bufa auf Überzeugungsarbeit, sprich: moralische Aufrüstung, setzt.

Vor diesem Hintergrund mögen Schachzüge wie die geschickt eingefädelte Übernahme der Balkan-Orient GmbH durch die DLG im Jahre 1917, die gerade erst (am 1. Dezember 1916) staatlicherseits gegründet worden ist, die Vorbehalte gegen die DLG eher noch verstärken. Der Reichskanzler weist denn auch am 13. Januar 1917 alle Behörden an, nicht mit der DLG in Verbindung zu treten, das Auswärtige Amt fordert die Gesandtschaften auf, die Aktivitäten der DLG genauer zu observieren.

Verletzte Eitelkeiten sind vielleicht im Spiel, hat es doch Klitzsch General Ludendorff gegenüber abgelehnt, die ihm angetragene Leitung des Bufa zu übernehmen. Aus der OHL heißt es unmutig, man stehe »am Scheideweg und vor der Frage, ob der Staat oder die Schwerindustrie die Sache in der Hand behalten soll.«

Realistischer, wenn auch keineswegs liberal, sondern ebenfalls stockkonservativ, die Gruppe um die Deutsche Bank: realistisch bei der Bewertung staatlicher Intervention, wenn sie eben den eigenen Interessen dient; realistisch auch insofern, als man eine politische Beteiligung weiterer Bevölkerungsgruppen nach dem Krieg (Wahlrechtreform) nicht ausschließt. Stauß, Kolonialist aus Überzeugung, kaisertreu ohnehin, braucht sich nicht zu verstellen, wenn er sich nationalistisch gebärdet. Es ist dies, im dritten Kriegsjahr zumindest, ein Nationalismus, der eine Hoffnung auf einen baldigen Frieden ohne Niederlage einschließt, damit man Geschäfte wieder ungebremst international abwickeln kann. Die DLG ist wohl kaum willens, wie dies bei den Ufa-Gründern der Fall ist, ausländisches Kapital (Nordisk) in einem deutschen Unternehmen zu dulden; wenn man eine Firma übernimmt, dann, wie Hugenberg es 1927 tut, fest in deutsche Hände.

Wenn es, wie Anfang 1917, zu Kompromissen zwischen Regierung und DLG kommt, erweisen sich diese als wenig haltbar. Schon am 29. März 1917 kündigt die Regierung ein Abkommen, mit dem sie den Balkan als Einflußgebiet der DLG akzeptiert hat. Begründung: Die DLG unternehme zu wenig im Interesse der Regierung, lediglich ihr Vertreter in Rumänien, Leutnant Erich Pommer, leiste gute Arbeit. Die DLG aber ist so nicht zu disziplinieren. Entgegen anderslautenden Absprachen mit dem Bufa produziert sie 1918 Kriegsfilme, wohl um ihr besseres Niveau zu demonstrieren.

Im Frühjahr 1918 immerhin kommt es zwischen den Kontrahenten Ufa und DLG zu einem Agreement. Die Ufa kann es sich aus einer Position der Stärke heraus leisten: sie verzichtet auf die Herstellung von Wirtschaftspropagandafilmen. Die DLG und die Ufa gründen zusammen die Auslandsfilm GmbH. Die Ufa verpflichtet sich darüber hinaus, Filme der DLG in ihren Theatern zu zeigen, die DLG erklärt sich bereit, eventuelle Verluste mitzutragen.

Und 1918 entdeckt die DLG gar ihr Herz für den Frieden: Sie dreht DER FRIEDENSREITER – EIN ZEITBILD AUS DEM 30JÄHRIGEN KRIEG mit Werner Krauß. Ufa und DLG gelangen aber auch nach dem Krieg nicht zu einer symbiotischen Beziehung, nicht einmal, als die DLG seit Oktober 1920 Deulig heißt. Hugenberg verwahrt sein Kind lieber unter dem Dach des eigenen Pressekonzerns.

Manfred Behn

Die Filmpropaganda für die deutsche Sache im Auslande

Von Dr. Gustav Stresemann, Mitglied des Reichstages

Wenn sich heute der Deutsche oft verwundert fragt, woher es denn komme, daß dieses Deutschland in der Welt so wenig Sympathien genieße, und wie es denn kommen konnte, daß dieses Deutschland, das 44 Jahre hindurch stets die Politik des Friedens getrieben und sich bestrebt hat, der Welt den Frieden zu erhalten, eine so geschlossene Phalanx von Feinden allüberall im Erdenrund, und wie die jüngsten Tage wieder gezeigt haben, bis hinauf in den fernsten Osten sich erwerben konnte, wenn er die Ursachen rückblickend wägt, die zu dieser Weltkatastrophe geführt haben, dann übersieht er neben anderen meist die außerordentlich wirkungskräftige Film-Propaganda, welche unsere Feinde sehr im Gegensatz zu uns überall in der Welt getrieben haben. Sehr im Gegensatze zu Deutschland, wo man das Kino nur mehr unter dem Gesichtswinkel eines Vergnügungsmittels würdigte und mehr in dessen Bekämpfung als in seiner Förderung sich erschöpfte, haben unsere Feinde, namentlich England und Frankreich, schon frühzeitig den Film als eines der *machtvollsten Werbemittel der Gegenwart* erkannt. Die Saat, die England und Frankreich in der Verbreitung deutschfeindlicher Stimmungen allüberall in der Welt gesät haben, ist jetzt aufgegangen. Planmäßig sind England und Frankreich seit vielen Jahren daran gegangen, das Ausland in ihrem Sinne zu beeinflussen, und noch ganz besonders verschärft haben sie diese Anstrengungen im Weltkriege. Tausende und Abertausende von Kilometern Ententefilms sind in die Neutralen losgelassen worden, Films, die dazu bestimmt waren, eine deutschfeindliche Stimmung zu verbreiten und die noch neutralen Länder zum Eintritt in den Weltkrieg an der Seite der Entente zu verleiten.

Daß in diesen Films nicht immer die reine Wahrheit sich behauptet hat, dieser Feststellung bedarf es bei dem Charakter unserer Feinde ja wohl nicht erst. (...) Leider muß man ihnen bestätigen, daß ihr heiß' Bemühen nicht ohne Erfolg war. Die *suggestive Kraft des Bildes*, des Kinobildes zumal, bringt es zuwege, daß derlei Lügen, und mögen sie auch noch so ungeheuerlich erscheinen, oder vielmehr gerade je ungeheuerlicher sie sind, desto leichter Glauben finden. (...)

Wie man bereits durch die Filmpropaganda den Boden zu dem künftigen Wirtschaftskrieg vorbereitet, zeigt die Tatsache, daß beispielsweise vor Monaten ein französischer Filmtheaterunternehmer nach Südamerika abgereist ist, um in ganz Brasilien, Argentinien und den übrigen führenden südamerikanischen Staaten französische Films vorzuführen. Auch hier wird eine doppelte Wirkung versucht. Einmal soll durch diesen Film die Erregung gegen Deutschland geschürt und der Haß zum Abneigungsfaktor gegen künftigen Bezug deutscher Waren gemacht werden, andererseits versucht man positiv durch Darstellung französischer Industrieunternehmungen Frankreich als die geeignete überlegene Produktionsstätte für den Bezug von Waren hinzustellen. (...)

Die »Deutsche Lichtbild-Gesellschaft« ist kein Erwerbsunternehmen, sondern sie ist von Organisationen der deutschen Industrie und der deutschen Landwirtschaft, von den deutschen Bäder- und Verkehrsvereinigungen geschaffen worden, um das, was Deutschland bietet an landschaftlichen Schönheiten, an wunderbarem Fleiß seiner Städte, an der gewaltigen Leistung seiner Industrie usw. im Auslande vorzuführen. (...) *Das deutsche Lichtspiel aber soll hinausziehen in die Welt, um eine Propaganda zu sein des neuen Deutschland!*

Der Film, 7.4.1917

1918. Ringende Seelen.
REG Eugen Illés. AUT nach einem Roman von Lothar Schmidt. KAM Eugen Illés.
DAR Gilda Langer.
PRO PAGU (Union-Film der Ufa). DRO Ufa-Union-Atelier Berlin-Tempelhof. LNG 4 Akte, 1432 m. ZEN Juli 1918, B.42074, Jv. URA 18.10.1918, Berlin (U.T. Kurfürstendamm).
›Das Manuskript ist spannend, einzelne Ideen sind sogar neu. Es kommen da Wendungen vor (z.B. Lösung der angeblichen Mordfrage), die den Unterhaltungsfilm direkt sehenswert erscheinen lassen. Der Inhalt ist zu verzwickt, als daß man ihn hier mit einzelnen Strichen nicht wiedergeben kann.‹ (Kinematograph, 23.10.1918).

1918. Die Testamentsheirat.
REG Georg Schubert.
DAR Paul Heidemann, Charlotte Böcklin.
PRO Oliver-Film der Ufa. DRO Oliver/BB-Atelier Berlin Lindenstraße 32-34. LNG 3 Akte, 1115 m. ZEN Juli 1918, B.42143, Jv. URA 16.8.1918, Berlin (Marmorhaus).

1918. Keimendes Leben. 2 Teile.
REG Georg Jacoby. AUT Paul Meissner, Georg Jacoby. KAM Theodor Sparkuhl. BAU Kurt Richter. KOS Freiherr von Drecoll. Überwachung des medizinischen Teils: Dr. Paul Meissner.
DAR Emil Jannings (James Fraenkel, Börsenmakler / John Smith, amerikanischer Ingenieur), Hanna Ralph (Marietta Fraenkel, gen. Marietta Marietto, Schauspielerin, seine Frau), Hans Junkermann (Friedrich Wechmar, Besitzer der Wechmar-Werke), Maja Angerstein (Frau Wechmar im 1. Teil), Frau Licho (Frau Wechmar im 2. Teil), Marga Lindt (Frau von Borowicz, Dame der Gesellschaft), Adolf Klein (Dr. Thiel, Hausarzt bei Wechmars), Grete Diercks (Liese Bräuer, Arbeiterin), Grete Sellin (Anna Beckmann), Toni Zimmerer (Karl Beckmann, technischer Leiter der Wechmar-Werke), Margarete Kupfer, Victor Janson (Graf Moros, Attaché), Adolf Edgar Licho (Treugold, Literat).
PRO PAGU (Union-Film der Ufa). Technische Leitung Leo Lasko. DRO Ufa-Union-Atelier Berlin-Tempelhof. LNG 6 Akte, 2238 m / 6 Akte, 2569 m. ZEN August 1918 / November 1918, Jv. URA Oktober 1918, Berlin (U. T. Kurfürstendamm, Teil 1).
Der Börsenmakler James Fraenkel benutzt seine Frau Marietta als Lockvogel für dunkle Geschäfte. Er muß sich erschießen, als das ruchbar wird. Auch der Fabrikant Wechmar hat Sorgen: Während eines Opernbesuchs stürzt sein einziges Kind und zertrümmert sich die Schädeldecke. Seine Frau kann keine weiteren Kinder bekommen. Obwohl er weiß, daß eine Fabrikarbeiterin von ihm ein Kind bekam, bleibt diese Tatsache für ihn ohne Belang. Um einen Großauftrag durchführen zu können, engagiert Wechmar den amerikanischen Ingenieur John Smith, der der Geliebte von Marietta Fraenkel ist, die wiederum auch ein Techtelmechtel mit Wechmar hat. Smith macht sich an Lisa heran, jenes Mädchen, das von Wechmar ein Kind hat. Ein Tunneleinsturz kostet beide das Leben. Wechmar anerkennt daraufhin das Kind als sein eigenes.

1918. Die Ratte.
REG Harry Piel. KO Joe May. AUT Richard Hutter, Harry Piel; nach einer Idee von Philipp Silber. KAM Max Lutze.
DAR Heinrich Schroth (Joe Deebs), Olga Engl (Fürstin Klankenstein), Stefan Vacano (Baron Bassano), Lina Girola-Paulsen (Gräfin Dürfeld), Mechtildis Thain (Baronin Orlowska), Leo Burg (Grauhofer), Hermann Picha (Vinzenz Krüger, Domtürmer), Werner Albes (Dr. Hans Krüger, sein Sohn), Käte Haack (›Die Ratte‹).
PRO May-Film der Ufa. PRT Joe May. DRZ Juni 1918. DRO Ufa-Union-Atelier Berlin-Tempelhof. LNG 4 Akte, 1470 m (1337 m bei Neuzensur 1922). ZEN August 1918, B.42006, Jv. URA 11.10.1918, Berlin (Kammerlichtspiele).
– Joe Deebs-Detektivserie 1918/19 - Nr. 2.
Mit Hilfe eines Mädchens (›die Ratte‹) verüben der Ganove Grauhofer und sein Kumpan ›Baron Bassano‹ Einbrüche bei Mitgliedern des Hochadels. Joe Deebs kommt ihnen auf die Spur, kann aber dem Mädchen auch nicht helfen, wieder auf den geraden Weg zu gelangen.

1918. Das rollende Hotel.
REG Harry Piel. KO Joe May. AUT Richard Hutter, Harry Piel; nach einer Idee von Eric Kay. KAM Max Lutze.
DAR Heinrich Schroth (Joe Deebs), Käte Haack, Stefan Vacano, Wilhelm Diegelmann.
PRO May-Film der Ufa. PRT Joe May. DRZ Juli - August 1918. DRO Ufa-Union-Atelier Berlin-Tempelhof. LNG 4 Akte, 1805 m. ZEN August 1918, B.42252, Jv. URA 27.9.1918, Berlin (U.T. Friedrichstraße).
– Joe Deebs-Detektivserie 1918/19 - Nr. 1.

Filmfreunde
Die Gründung der Ufa 1917

Ein Beispiel »antideutscher Propaganda« aus der Denkschrift der DLG, 1917

Das Bild zeigt eine jener verleumderischen Darstellungen, die ausschließlich der Phantasie des Zeichners entstammen, aber beanspruchen, als Tatsachen gewertet zu werden.

Zwei Gründungsszenarien der Ufa werden seit Jahrzehnten gehandelt:

1. Szenario:
Ludendorff erkennt im zweiten Kriegsjahr, spätestens aber nach seiner Ernennung zum Ersten Generalquartiermeister der Obersten Heeresleitung (OHL) am 28. August 1916, die Bedeutung filmischer Propagandaarbeit. Er richtet Anfang 1917 das Bild- und Filmamt (Bufa) ein, findet im Leiter der Militärstelle des Auswärtigen Amtes, Oberstleutnant von Haeften, und seinem persönlichen Referenten und Pressechef des Kriegsministeriums, Major Grau, zwei entschlußstarke Mitarbeiter, verfaßt mit ihnen am 4. Juli 1917 ein Memorandum zur Situation des deutschen Films im Kriege, läßt Kontakte zum Aufsichtsratsvorsitzenden der Deutschen Bank Emil Georg Stauß herstellen, beauftragt ihn mit der Kapitalbeschaffung, überredet zaudernde Vertreter anderer Reichsministerien (Reichsschatzamt, Außenministerium, Ministerium des Innern), macht 7,5 (in anderen Darstellungen 8) Millionen Mark aus der Reichskasse flüssig und wird somit am 18. Dezember 1917 zum Vater der Ufa.

2. Szenario:
Der umtriebige Bankier Emil Georg Stauß, mißtrauischer Beobachter der Krupp/Hugenberg-Gruppe und insbesondere ihrer eigennützigen propagandistischen Balkan- und Orient-Aktivitäten, erkennt die Zeichen der Zeit: Die Filmindustrie scheint ein lohnendes Nachkriegsgeschäft. Er läßt seine Beziehungen zu einschlägigen finanzkräftigen zukunftsorientierten Unternehmen, zum Kaiserhaus, zum Außenministerium spielen, findet endlich in Major Grau noch einen Vertrauten Ludendorffs. Er ist sich für nationalistisches Pathos nicht zu schade – das Kriegsende scheint nahe –, denkt aber im wesentlichen daran, wie an Gelder aus der Reichskasse heranzukommen sei, um das Risiko der Deutschen Bank möglichst kleinzuhalten. Der 1918 frisch geadelte Dr. von Stauß wird zum Vater der Ufa.
Statt Aporien der Filmgeschichtsschreibung zu erneuern, bietet sich ein pragmatisches Verfahren an: ein Blick in die amtliche Geburtsurkunde der Ufa, in die Eintragung ins Handelsregister am 14. Februar 1918:

Kriegskino 1915 an der Westfront

»Universum-Film Aktiengesellschaft Berlin. Gegenstand des Unternehmens: Betrieb aller Zweige des Filmgewerbes, insbesondere der Filmfabrikation, des Filmmietgeschäftes und des Filmtheatergeschäftes sowie Fabrikation und Handel jeder Art, der mit dem Film- und Lichtbildgewerbe im Zusammenhang steht. Innerhalb dieser Grenzen ist die Gesellschaft zu allen Geschäften und Maßnahmen berechtigt, die zur Erreichung des Gesellschaftszweckes notwendig oder nützlich erscheinen, insbesondere zum Erwerb und zur Veräußerung von Grundstücken, zur Beteiligung an fremden Unternehmungen gleiches oder verwandter Art, zur Errichtung von Zweigniederlassungen an allen Orten des In- und Auslandes sowie zum Abschluß von Interessengemeinschaftsverträgen mit anderen Gesellschaften. Grund- oder Stammkapital: Mark 25.000.000. Vorstand: Max Strauss, Berlin (Direktor).«

Lapidar und unzweideutig – eine Sensation für die Öffentlichkeit, die erstmals in der Geschichte des deutschen Films mit einem Filmkonzern konfrontiert ist, der, ausgestattet mit einem Grundkapital, das in seiner Dimension dem des größten europäischen Konzerns (Pathé) entspricht, horizontal und vertikal strukturiert, in allen Bereichen des Filmwesens den in- und ausländischen Konkurrenten Paroli bieten soll. Die Väter sind nicht auszumachen, aber das Riesenkind ist da.

Bei Kriegsbeginn 1914 ist der deutsche Film mit einem Anteil von 30% am Markt. Durch das Verbot, Filme der Ententemächte, die nach Kriegsbeginn produziert worden sind, zu zeigen, verschieben sich die Marktanteile zugunsten der dänischen und damit neutralen Nordisk-Film, denn die wenig kapitalkräftigen deutschen Gesellschaften vermögen die Lücke nicht zu füllen. 1916 ist ein gutes Fünftel der zensierten Filme im Verleih der Nordisk. Dies erzeugt Unmut bei sich patriotisch nennenden Kreisen; aber wie gegen eine Filmmacht aus einem neutralen Staat vorgehen, ohne die militärischen und politischen Interessen zu verletzen? Die Ufa-Gründer sollen Ende 1917 die Lösung finden.

Als Ludendorff im August 1916 in die OHL berufen wird, findet er die deutsche Filmpropaganda in einem beklagenswerten Zustand – nur »dürftige Einrichtungen«, die »nicht den Namen Propagandaorganisation« verdienen. Die Zentralstelle für den Auslandsdienst hat schon im Juli 1916 bemängelt, man habe im Ausland ganze 230.000m Film zeigen können, davon wiederum nur 100.000 m Wochenschauen. Skepsis der deutschen Militärs gegen den Einsatz des neuen Mediums – man sieht in den Filmleuten eher potentielle Spione als wichtige Propagandisten-, Skepsis, herrührend aus der Erfahrung mit dem als eher unmoralisch angesehenen Spielfilm, behindert die Entwicklung der deutschen Filmproduktion.

Am 15. Dezember 1914 hat das preussisch-königliche Kriegsministerium in seiner Zensurverordnung bestimmt, daß alle Filme zu verbieten seien, »die infolge ihrer Oberflächlichkeit und Seichtheit in die jetzige ernste Zeit nicht hineinpassen«. Filmproduzenten wie Messter, der in einer Denkschrift die Produktion von Spielfilmen als unerläßlich zur Finanzierung von Wochenschauen und Kriegsfilmen bezeichnet, können zwar ihre Vorbehalte äußern, doch ist damit die alltägliche Willkür der für die Zensur zuständigen lokalen Polizeibehörden nicht aufgehoben.

Ganz anders verfahren die Ententemächte. Die staatlichen Stellen in Frankreich erkennen die Nützlichkeit des Mediums. Seit Juni 1915 darf an der Front gedreht werden, in vielen Fällen gelangen die Filme schon zwei Tage später in die Kinos. Ins Ausland werden die Wochenschauen kostenlos abgegeben. Der Markt im neutralen Ausland ist fest in der Hand der Entente.

1918. Der Sohn des Hannibal.
REG Viggo Larsen. AUT Carl Singer, Rudolf Strauss; nach dem Roman von Ludwig Wolff.
DAR Viggo Larsen, Franz Verdier.
PRO Messter-Film der Ufa. DRO Messter-Atelier Berlin Blücherstraße 32. LNG 4 Akte, 1214 m. ZEN August 1918, B.42186, Jv.

1918. Der müde Theodor.
REG Leo Peukert.
DAR Konrad Dreher, Melita Petri.
PRO Oliver-Film der Ufa. DRO Oliver/BB-Atelier Berlin Lindenstraße 32-34. LNG 3 Akte, 918 m. ZEN August 1918, B.42197, Jv.
Um die Gesangsstunden seiner Frau bezahlen zu können, arbeitet der deshalb stets ›müde‹ Theodor als Nachtkellner in einem Hotel, bis sein Doppelleben entdeckt wird.

1918. Die Augen der Mumie Mâ.
REG Ernst Lubitsch. AUT Hanns Kräly, Emil Rameau.
KAM Alfred Hansen. BAU Kurt Richter.
DAR Pola Negri (Mâ), Emil Jannings (Radu), Harry Liedtke (Alfred Wendland, Maler), Max Laurence (Graf Hohenfels), Margarete Kupfer.
PRO PAGU (Union-Film der Ufa). DRO Ufa-Union-Atelier Berlin-Tempelhof; AA Union-Freigelände. LNG 4 Akte, 1221 m. ZEN August 1918, B.42222, Jv. URA 3.10.1918, Berlin (U.T. Kurfürstendamm, U.T. Nollendorfplatz).
Der deutsche Maler Alfred Wendland verliebt sich während einer Studienreise in eine ägyptische Schönheit, die von dem Tempelwächter Radu gezwungen wird, die Mumie Mâ mit der lebenden Augen zu spielen, um Touristen anzulocken. In Deutschland, wohin Wendland sie mitgenommen hat, werden beide von Graf Hohenfels, ebenfalls Ägypten-Besucher, und Radu verfolgt.

1918. Der falsche Demetrius.
REG Willy Grunwald.
DAR Arnold Rieck, Armin Schweizer.
PRO Messter-Film der Ufa. DRO Messter-Atelier Berlin Blücherstraße 32. LNG 3 Akte, 945 m. ZEN August 1918, B.42223, Jv.

1918. Das Maskenfest des Lebens.
REG Rudolf Biebrach. AUT Wilhelm Röllinghoff; nach Motiven von Honoré de Balzac. KAM Karl Freund (?). BAU Jack Winter (?), Ludwig Kainer (?).
KINO-MUS Giuseppe Becce.
DAR Henny Porten (Gräfin Jolanthe von Brissac), Bruno Decarli (Dr. Wolfgang Sanders), Ernst Wendt (Graf Falken), Carl Zickner (Großherzog), Olga Engl (Großherzogin), Bruno Eichgrün (Baron Düren), Elsa Wagner (die alte Sabine), Wohlfried Mellin (der kleine Rolf).
PRO Messter-Film der Ufa. DRO Messter-Atelier Berlin Blücherstraße 32. LNG 4 Akte, 1440 m. ZEN August 1918, B.42255, Jv. URA 30.8.1918, Berlin (Mozartsaal).
Gräfin Jolanthe de Brissac, Hofdame der Großherzogin, geht eine Scheinehe mit Graf Falken ein. Er gewinnt ihre Sympathie, doch ahnt er davon nichts und nimmt sich das Leben. Jolanthes Trauer währt Jahre. Dann, auf einem Maskenfest, lernt sie einen Tänzer kennen. Wieder Jahre später wird ihr todkrankes Kind von einem Chirurgen gerettet, der eben dieser Tänzer war. Es ist sein eigenes Kind, das er ins Leben zurückholt.

1918. Der Flieger von Goerz.
REG Georg Jacoby. AUT Hans Brennert, Georg Jacoby.
KAM Theodor Sparkuhl.
DAR Ellen Richter (Guinetta), Harry Liedtke (Fliegeroberleutnant), Johannes Müller (Mario).
PRO PAGU (Union-Film der Ufa). DRO Semmering, Triest, Goerz, Miramare, Alpen, Adria. LNG 4 Akte, 1455 m. ZEN August 1918, B.42301, Jv.
Der Film verdankt seine Entstehung dem ›Bundeshilfeverein Berlin für Goerz und ungarische Karpathenortschaften‹ und ist gedacht als Werbefilm. Die Handlung: Ein österreichischer Fliegerleutnant erhält den Befehl, ein Flugzeug über die Alpen nach Goerz zu führen. In der von den Italienern zerstörten Stadt lernt er Guinetta, eine gebürtige Österreicherin, die mit dem Italiener Mario liiert ist. In der Luft und auf dem Boden kommt es zu furchtbaren Kämpfen zwischen den beiden Männern. Nationalismus und Eifersucht: eine explosive Kombination.

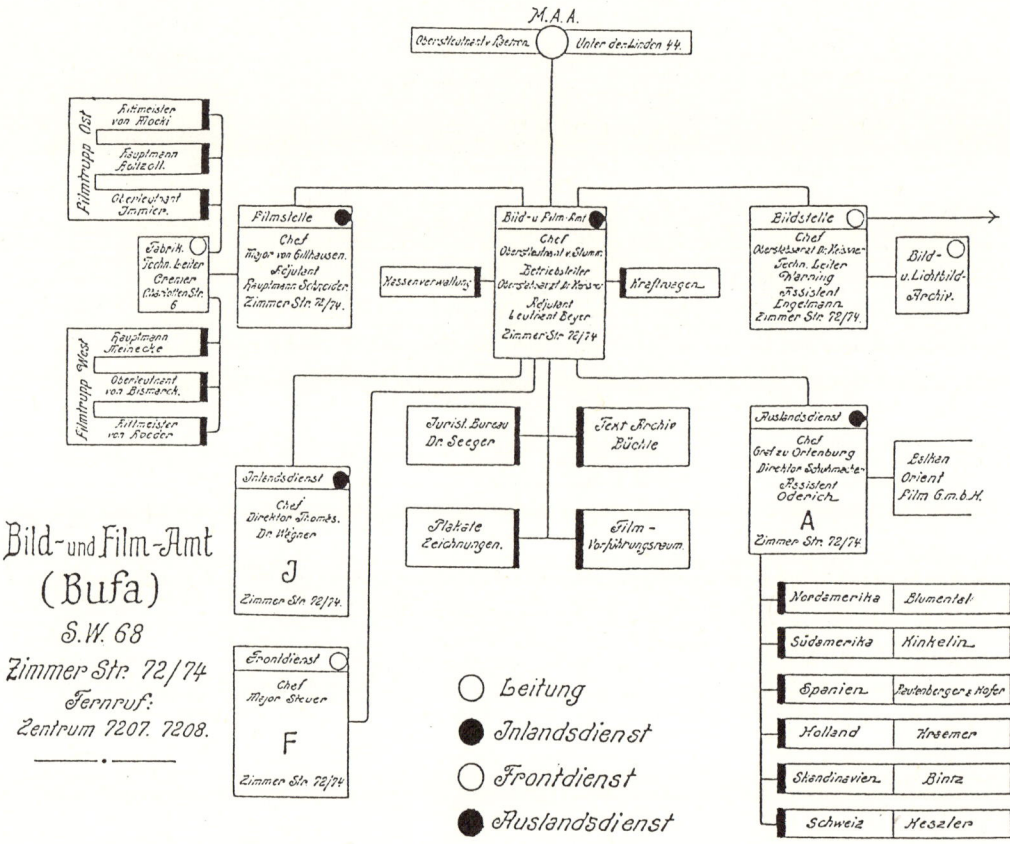

Der offizielle Strukturplan des Bild- und Film-Amts

Ludendorff und seine Berater, nun realistisch insofern, als sie die Kriegssituation an der Front und in Deutschland als äußerst kompliziert werten (der Krieg im Westen ist in einen verlustreichen Stellungskrieg übergegangen, Kriegsmüdigkeit, Unmutsäußerungen bis hin zum politischen Widerstand in der Zivilbevölkerung, katastrophale Versorgungslage, im Reichstag wird offen über mögliche Kriegsziele gesprochen), erkennen, es kommt unter diesen Bedingungen auf das politisch-psychische Durchhaltevermögen an. Der gezielte Einsatz des Films zur moralischen Aufrüstung scheint sich anzubieten. Daß man die Massen erreichen könne, dafür böten die ungefähr 3000 Filmtheater in Deutschland die Garantie.

Um die Propagandaarbeit zentral zu steuern, plant Ludendorff (bzw. seine Berater) zunächst ein Reichspropagandaamt; doch Rivalitäten zwischen Regierung und militärischer Führung verhindern dies. Ludendorff läßt bis Kriegsende diese Idee nicht ganz fallen, doch erst Goebbels verwirklicht sie. Immerhin gelingt den militärischen Stellen unter maßgeblicher Beteiligung der Militärabteilung des Auswärtigen Amtes (Leitung: von Haeften) die Gründung des Bild- und Filmamts (Bufa) am 30. Januar 1917.

Das Bufa, nachgeordnet der Militärischen Stelle des Außenministeriums, nicht aber dem Außenminister unterstellt, ist gleichsam die fünfte Kolonne der Militärs im Außenamt. (Ab 21. Januar 1918 wird es der Nachrichtenabteilung des Kriegsministeriums unterstellt.) Das Bufa vereint alle regierungsamtlichen und militärischen Film- und Presseabteilungen: das Photo- und Filmzensurbüro, das Pressebüro des Generalstabes und das Filmbüro des Auswärtigen Amtes. Schnell kann ein Stab von 450 Mitarbeitern rekrutiert werden, darunter zahlreiche Fachleute aus der Filmindustrie, die ihren Militärdienst nun branchenspezifisch ableisten können. Die Aufgabe des Bufa ist es, »Filmstellen im Inland mit vollkommen eingerichteten Filmfabriken, sechs Filmstellen an der Ost- und Westfront sowie im Orient ins Leben zu rufen, die Truppen mit Bildern und Filmen zu betreuen, 900 Feldkinos zu bedienen und einen Auslandsdienst zu organisieren. (...) Das Bufa sichert sich nun die Vertriebsmöglichkeiten in den besetzten Gebieten, tritt in eine Abwehrstellung gegen die Deutsche Lichtbild-Gesellschaft (DLG), betreut die deutschen Wochenschauen, übernimmt seit 1918 die Verteilung des Rohfilmmaterials der Agfa, versieht wöchentlich das Ausland mit Bildern, Karten, Flugschriften, Filmen und ist bemüht, die Zensur aller aus- und einzuführenden Filme bei sich zu vereinigen. Das Bufa betreibt eine eigene Filmproduktion, indem es Filme in Auftrag gibt, stellt in eigener Kopieranstalt Theaterkopien her und sorgt für den Einsatz der Filme und ihre Verbreitung im In- und Ausland.«

Durch die Rohfilmverteilung und die gleichzeitige Übernahme der Papierzuteilung ist der staatliche Zugriff auf die Medien gewährleistet; die staatlich gelenkte Kriegswirtschaft (»Hindenburg-Programm«) hat einen zuvor kaum berücksichtigten Bereich erfaßt.

Die herausragende Stellung des Bufa, dem für 1917 immerhin 18 Millionen Mark aus dem Reichsetat zur Verfügung stehen, führt in der Öffentlichkeit zu dem Gerücht, man wolle die Filmindustrie verstaatlichen. Auf eine entsprechende Anfrage hin im Reichstag am 17. Oktober 1917 hin dementiert man, um das freie Unternehmertum nicht zu irritieren. Man dementiert auch, weil ein starkes finanzielles Engagement aus der Reichskasse bei gegebener Mittelknappheit für ein derart dubioses Unternehmen wie den Film kaum ohne politischen Schaden würde vermittelt werden können. Verdeckt aber laufen die Vorbereitungen für eine staatliche Intervention auf Hochtouren.

Unterdes beklagt das Bufa in einem »nur zum Dienstgebrauch« verfertigten 20seitigen Gutachten mit dem Titel »Der Propagandafilm und seine Bedingungen, Ziele und Wege« die unzureichende Wirkung des deutschen Propagandafilms im In- und Ausland. Die Erwartungen des Publikums an den Film seien durch die Vorkriegssituation geprägt: »Die verfeinerte und elegante Pariser Theaterkultur mit ihren reizvollen Frauen und die trainierten Gestalten der Amerikaner sind von vornherein im Film ihrer Wirkung sicher, die dem französischen und amerikanischen Film seinen riesigen Welterfolg bringt… Es ist bereits ein Filmgeschmack geschaffen, der bestimmte Spielarten des Films bevorzugt, der längst die witzigen Pariser Kombinationen, die verlogenen Sentimentalitäten und die verblüffenden Aufmachungen des Yankee-Films zum willkommenen Maßstab der Unterhaltung gemacht hat und der bereits der Geschmack der ganzen Welt ist, als Deutschland sowie der Norden und Italien anfangen, Films zu erzeugen.« Das Gutachten reflektiert den Erwartungshorizont, den ein effektiver Propagandafilm zu berücksichtigen habe; dieser müsse so geschaffen sein, »daß er den reinen Unterhaltungsfilm schlägt«. Ziel der Gutachter ist also nicht die Produktion von Unterhaltungsfilmen mit propagandistischen (aktuell politischen) Inhalten, sondern der Propagandafilm, der Unterhaltungsbedürfnisse besser befriedigt, sich auf die Sehgewohnheiten der Filmbesucher einläßt.

Kriegsmüdigkeit darf jedoch als Begriff nicht in einem offiziösen Papier vorkommen; also kleiden die recht ernüchterten Beobachter der Filmszene ihre Vorschläge in die Worte: »Je länger der Krieg dauert, desto empfindlicher wird der Zuschauer für alle Versuche zur Aufklärung und Belehrung, und um so mehr wird von Fall zu Fall zu prüfen sein, ob der Gegenstand innerlich sich auch an die Seele des Zuschauers wendet.« Um besser an diese Seele heranzukommen, gilt es, so die Gutachter, qualifiziertere Autoren, Regisseure und Schauspieler für die Arbeit des Bufa zu gewinnen. Diese aber fühlen sich offenbar beim Unterhaltungsfilm ganz wohl. Das Dilemma: der ›reine‹ Spielfilm soll es nicht sein, der Propagandafilm kommt nicht sonderlich gut an, der Propagandafilm mit höherem Unterhaltungswert ist noch nicht in Sicht oder kann noch nicht die Massen ins Kino locken. Dennoch lobt der Bufa-Gutachter den ersten vom Bufa in Kommission übernommenen Spielfilm DIE ENTDECKUNG DEUTSCHLANDS DURCH DIE MARSBEWOHNER (Marsfilm, 1917) ausdrücklich wegen seiner »phantasievollen Handlung«. Die Inhaltsangabe läßt freilich kaum vermuten, er habe die Seelen der Zuschauer erreicht: »Die Herren vom anderen Stern landen just in Deutschland. Und reisen umher, zur Infanterie, zu den Ulanen, zur Feldartillerie, zu den U-Boot-Fahrern, zu den Luftschiff-Kriegern, zu den Rot-Kreuz-Stationen, zu den Fernsprechern und zu den Radfahrern. Und sie finden alles ausgezeichnet und alles großartig. Endlich stellen sie kategorisch fest: »Das deutsche Volk ist das beste Volk der Welt! Die deutschen Soldaten können nicht besiegt werden!«.

Mag *Der Kinematograph* auch ständig von Publikumserfolgen der Bufa-Produkte berichten, bei der Reichsführung und der OHL ist man besser informiert. Klagen über die fehlende Aktualität (es dauert zuweilen Monate, bis die Bürokratie ihr Placet gibt) und dilettantische Machart der Propagandafilme erregen eher Belustigung als patriotische Gefühle.

Das Bufa aber vertreibt weiter seine etwa 300 Filme mit so vielversprechenden Titeln wie DIE ABRICHTUNG UND ARBEIT EINES BLINDENHUNDES, PFERDE UND VIEHREICHTUM IN RUMÄNIEN. An Spielfilmen hat man ganze 14 Titel im Verleih, darunter DEM LICHT ENTGEGEN (über den Einsatz von Sanitätshunden) mit Ossi Oswalda und Leo Slezak, hergestellt von der PAGU – und bald schon im Verleihprogramm der Ufa.

Wie aber eine Propaganda jenseits des Bufa-Konzepts verbessern, wie finanzkräftige Unterstützer finden? Erfahrungen mit dem Bufa haben gezeigt, daß man so nur unzureichend an die Produktionsfirmen herankommt. Ein glorreicher Sieg wird immer unwahrscheinlicher; es muß über einen Friedensschluß und die Nachkriegssituation nachgedacht werden. Propaganda würde auch dann eine wichtige Aufgabe bleiben; sie müßte aber über den nur militärischen Bereich hinaus ausgedehnt werden. Die

Deutsche Lichtbildgesellschaft hat ihre Wirksamkeit auf dem Balkan unter Beweis gestellt; warum also nicht eine Institution schaffen, die ein umfassenderes Konzept als das Bufa haben müßte? Einflußsphären sind in Europa zu sichern und auszudehnen, eines Tages wird man auch in den USA präsent sein müssen.

Major Grau und Oberstleutnant von Haeften ist es vorbehalten, ein Memorandum zu verfassen, das diese Probleme anpackt. Ludendorff unterschreibt und sendet es dem Kriegsministerium zu: Der »Ludendorff-Brief« ist geboren. Hier nun wird der Film nicht nur als »Aufklärungs-«, sondern als »Beeinflussungsmittel« definiert. Von der »Macht des Bildes« ist die Rede. Dies alles ist zwar noch gebunden an die Realisierung der Kriegsziele, doch auch erweitert um Reflektionen über die Beeinflussung von Friedensverhandlungen und eine wünschenswerte Einwirkung auf das Ausland nach dem Krieg.

Es kann kein Zweifel darüber bestehen, daß die Verfasser des Memorandums mit dem »Beeinflussungsmittel« Film Ideen wie Propagierung deutscher Kultur, deutscher Lebensart, deutscher politischer und wirtschaftlicher Macht verbinden. Ideen, die sich mit Begriffen wie Kunst, Unterhaltung, Ablenkung, Freizeit umschreiben lassen, sind in ihrem Weltbild nicht vorgesehen: denn warum sollen sie ausgerechnet in Kriegszeiten ihr Verhältnis zum dubiosen Medium ändern?

Filmfreunde sind also zusammengetroffen, um eine patriotische Großtat zu verabreden. Endlich kann so auch ein ungeliebter ausländischer Konzern, die Nordisk, ausgeschaltet werden. Kaufen oder durch eine Vereinigung der wichtigsten deutschen Produktionsfirmen eine starke Gegenmacht aufbauen, die Nordisk und ihre deutschen Töchter »neutralisieren«? Die Antwort heißt: kaufen!

Die kapitalschwache deutsche Filmindustrie (das höchste Stammkapital weist die PAGU mit gerade 2,2 Millionen Mark auf), so ist man sicher, wäre nicht gram, wenn man sie mit einer Kapitaltransfusion belebte.

Es gibt keinen Hinweis darauf, daß die Geldgeber sich eine genauere Vorstellung von dem Aussehen der zukünftigen Produktion machen. Im ersten Arbeitsbericht der Ufa vom Jahresbeginn 1918 findet sich die Leerformel, man habe einen Zusammenschluß in der Filmindustrie schaffen wollen, »der einerseits ein lebenskräftiges und aussichtsvolles Wirtschaftsunternehmen darstellen sollte, andererseits die Garantien dafür bot, daß wichtige Aufgaben auf dem Gebiet deutscher Propaganda, deutscher Kultur- und Volkserziehung im Sinne der Reichsregierung gelöst werden.«

1918. Der siebente Kuß.
REG ?. AUT Marie Luise Droop. KAM Kurt Lande.
KINO-MUS Alexander Schirmann.
DAR Hilde Wörner (Dolly Markgraf), Charles Willy Kayser (Dr. Hürten), Vilma von Mayburg (Frau Markgraf), Richard Kirsch (Baron Telmanyi), Bruno Eichgrün.
PRO Oliver-Film der Ufa. DRO Oliver/BB-Atelier Berlin Lindenstraße 32-34. LNG 4 Akte, 1739 m. ZEN August 1918, B.42302, Jv. URA 20.9.1918, Berlin (U.T. Kurfürstendamm).
Sieben Verse hat das Lied: ›Der erste Kuß beim Mondenschein, Der zweite Kuß beim Ringelreih'n. Der dritte Kuß beim ersten Streit, Der vierte Kuß, wenn er dich freit, Der fünfte Kuß – ein Abschiedskuß, Der sechste, Mägdlein weinen muß, Der siebente – nimm seine Hand, Nun geht Ihr in ein Wunderland.‹ Die treue alte Kinderfrau sang es der kleinen Dolly einst vor, und so kam es auch: Ihrer Mutter, der Hochstaplerin Frau Markgraf, ist die junge Frau nun durch die Hilfe eines edlen Menschen glücklich entkommen – nach dem siebenten Kuß und kurz bevor sie ihrem Leben ein Ende setzen wollte.

1918. Emmahu, der Schrecken Afrikas.
REG ?. KAM Wilhelm Hechy.
DAR Arnold Rieck.
PRO Messter-Film der Ufa. DRO Messter-Atelier Berlin Blücherstraße 32. LNG 3 Akte, 750 m. ZEN August 1918, B.42305, Jv.
Keine Groteske exotischer Färbung, sondern eher eine kleineuropäische Burleske, ein heiteres Lustspiel.

1918. Die blonden Mädels vom Lindenhof.
REG Heinrich Bolten-Baeckers. KAM Kurt Lande.
DAR Leo Peukert, Melita Petri, Konrad Dreher, Fritz Spira.
PRO BB-Film der Ufa. PRT Heinrich Bolten-Baeckers.
DRO BB-Atelier Berlin Lindenstraße 32-34. LNG 3 Akte, 1448 m. ZEN August 1918, B.42244, Jv.

1918. Meine Tochter – deine Tochter.
REG ?
DAR Lena Amsel.
PRO Sascha-Messter-Film der Ufa. LNG 3 Akte, 1002 m.
ZEN Juni 1919 B.43146, Jv. URA 20.11.1918, Wien.

1918. Der gelbe Schein.
REG Victor Janson, Eugen Illés. AUT Hans Brennert, Hanns Kräly. KAM Eugen Illés. BAU Kurt Richter.
DAR Pola Negri (Lea), Harry Liedtke (Dimitri, Student), Victor Janson (Ossip Storki, Leas Lehrer), Adolf Edgar Licho (Professor Schukowski), Werner Bernhardy (Astanow, Student), Guido Herzfeld (Scholem Raab), Margarete Kupfer (Besitzerin eines Ballhauses), Marga Lind (Vera).
PRO PAGU (Union-Film der Ufa). DRO Ufa-Union-Atelier Berlin-Tempelhof. LNG 4 Akte, 1624 m. ZEN September 1918, B.42333, Jv. URA 22.11.1918, Berlin (U.T. Kurfürstendamm, U.T. Friedrichstraße).
In Petersburg wird keiner Jüdin Aufenthalt gewährt, sofern sie nicht im Besitz eines gelben Passes ist. Lena, ein uneheliches Kind, das seine Pflegeeltern verloren hat, will ihr Studium in Petersburg zu Ende führen und muß den diskriminierenden Schein annehmen. Sie studiert, findet auch einen seriösen Freund, wird aber von ihrer Wirtin in schlechte Gesellschaft gezogen. Daraufhin wendet sich ihr Freund ab. Lenas Suizid scheitert. Gerettet wird sie von ihrem Vater, der endlich seine Tochter gefunden hat.

1918. Meyer aus Berlin.
REG Ernst Lubitsch. AUT Erich Schönfelder, Ernst Lubitsch.
KAM Alfred Hansen. KINO-MUS Hanns Kräly.
DAR Ernst Lubitsch (Sally Meyer), Ethel Orff (Paula), Heinz Landsmann (Harry), Trude Troll (Kitty).
PRO PAGU (Union-Film der Ufa). DRO Ufa-Union-Atelier Berlin-Tempelhof. LNG 3 Akte, 1189 m. ZEN September 1918, B.42337, Jv. URA 17.1.1919, Berlin (U.T. Nollendorfplatz).
Einen vom Arzt verschriebenen wie einen ehelichen, von keinem Arzt verordneten Seitensprung unternimmt der kranke Herr Meyer aus Berlin. In Bayern lernt er Trude Troll kennen und man versteht sich solange prächtig, bis Meyers Ehefrau Paula und Trudes Bräutigam Harry nachkommen.

1918. Der Mann mit den sieben Masken.
REG Viggo Larsen. AUT Erich Wulffen; nach seinem Roman.
DAR Viggo Larsen (Niklas Györki, Hochstapler), Paul Conrady (Graf Bathiani), Alma Sorell (Fräulein von Bathory), Franz Verdier.
PRO Messter-Film der Ufa. DRO Messter-Atelier Berlin Blücherstraße 32. LNG 4 Akte, 1123 m. ZEN September 1918, B.42369, Jv.

Der Ludendorff-Brief

Chef des Generalstabes des Feldheeres
Gr.Hpt.Qu., d. 4. Juli 1917 M.J. Nr. 20851 P.

An das Königliche Kriegsministerium, Berlin

Der Krieg hat die überragende Macht des Bildes und Films als Aufklärungs- und Beeinflussungsmittel gezeigt. Leider haben unsere Feinde den Vorsprung, den sie auf diesem Gebiet hatten, so gründlich ausgenutzt, daß schwerer Schaden für uns entstanden ist. Auch für die fernere Kriegsdauer wird der Film seine gewaltige Bedeutung als politisches und militärisches Beeinflussungsmittel nicht verlieren. Gerade aus diesem Grunde ist es für einen glücklichen Abschluß des Krieges unbedingt erforderlich, daß der Film überall da, wo die deutsche Einwirkung noch möglich ist, mit dem höchsten Nachdruck wirkt. Es wird deshalb zu untersuchen sein,
1. wie dieser Einfluß erzielt werden kann und
2. welche Mittel anzuwenden sind.

Zu 1. Die Stärkung der deutschen Werbemöglichkeiten hat sich im Film
a) auf die Einwirkung der Filmversorgung im neutralen Ausland und
b) auf eine Vereinheitlichung der deutschen Filmindustrie zu erstrecken, um nach einheitlichen großen Gesichtspunkten eine planmäßige und nachdrückliche Beeinflussung der großen Massen im staatlichen Interesse zu erzielen.

Zu a) Außer der feindlichen Filmindustrie besitzt in den neutralen Ländern die Nordische Gesellschaft besonderen Einfluß. Diese Gesellschaft hat sowohl in Skandinavien als auch in Deutschland und der Schweiz zahlreiche erstklassige Filmtheater. Die Nordische Gesellschaft ist somit für die deutsche Propaganda eine Macht, die schon dadurch großen Schaden anzurichten vermag, daß sie in ihrem Verhalten Deutschland gegenüber feindlich auftreten kann. Hinzu kommt noch, daß die Nordische Gesellschaft zur Zeit in der Lage ist, Filme nach Rußland zu bringen. Was dieser Einfluß, sofern er im deutschfreundlichen Sinne durchgeführt wird, bedeuten kann, läßt sich bei der leichtbeweglichen Volksstimmung, die augenblicklich in Rußland herrscht, kaum abwägen. Zu bedenken ist ferner, daß aller Wahrscheinlichkeit nach Skandinavien den Schauplatz für die künftigen Friedensverhandlungen abgeben wird. Gerade zu dieser Zeit bedarf es der besonderen Anstrengungen der deutschen Propaganda, um eine wirkungsvolle Aufklärung zu erzielen und manche für den Friedensschluß hindernde Auffassung zu beseitigen. Aus diesem Grunde ist es zur Durchführung der Kriegsaufgaben eine unabweisliche Notwendigkeit, schnellstens einen unmittelbaren Einfluß auf die nordische Gesellschaft zu suchen. Das einfachste und beste Mittel besteht darin, daß die Hauptanteile der Nordischen Gesellschaft käuflich übernommen werden. Gelingt das nicht, so muß eine andere Form des Anschlusses gesucht werden, die darin besteht, daß das Interesse der Nordischen Gesellschaft am deutschen Filmmarkt in höherem Maße ausgenutzt wird. Möglich ist eine derartige Vereinbarung nur, wenn es gelingt, die deutsche Filmfabrikation so zu vereinheitlichen, daß sie der Nordischen als eine geschlossene Vortragsmacht entgegentritt.

Zu b) Abgesehen von der Erzielung eines vertraglichen Verhältnisses zur Nordischen Gesellschaft gibt es noch andere Gründe, die es erfordern, daß die deutsche Filmindustrie zu einem einheitlichen Ganzen zusammengeschlossen wird. Je länger der Krieg dauert, desto notwendiger wird die planmäßige Beeinflussung der Massen im Inland. Es müssen deshalb alle in Betracht kommenden Werbemittel systematisch zur Erreichung des Erfolges benutzt werden. Bei dem Film hat bisher nur eine gelegentliche Beeinflussung der Volksstimmung stattgefunden. – Hinzu tritt das Bestreben mancher Kreise, den Film für ihre Sonderzwecke zu verwenden. So haben die Schwerindustrie in der Deutschen Lichtspiel-Gesellschaft und die Alldeutschen in der Gesellschaft für künstlerische Lichtspiele »Deutsche Kunst« eine Stelle geschaffen, die zu einer Zersplitterung in der Beeinflussung durch den Film führen muß. Ferner kommt noch der sehr tätige Ausschuß für Lichtspielreform in Stettin in Betracht, der bereits eine Kulturfilmgesellschaft gegründet hat. Jede dieser Gruppen sucht, die Filmindustrie durch große Aufträge an sich zu reißen, so daß die Durchführung der Filmaufgaben des Bufa gefährdet ist. Auch aus diesen Gesichtspunkten heraus ist es dringend erforderlich, daß die deutsche Filmindustrie vereinheitlicht wird, um nicht eine wirkungsvolle Kriegswaffe durch Zersplitterung wirkungslos zu machen.

Zu 2. Welche Mittel sind aufzuwenden? Da faktisch zur Beeinflussung einer Gesellschaft nur die absolute Majorität erforderlich ist, so bedarf es nicht immer des Ankaufs sämtlicher Anteile. Bekannt werden darf aber nicht, daß der Staat der Käufer ist. Die gesamte finanzielle Transaktion muß durch eine fachkundige, einflußreiche, erfahrene, zuverlässige und vor allen Dingen der Regierung unbedingt ergebene private Hand (Bankhaus) erfolgen. Die Unterhändler dürfen in keiner Form wissen, wer der wirkliche Auftraggeber des Beauftragten ist. Bei einer Beteiligung von etwa 55% des Gesellschaftskapitals würden für die Nordische Gesellschaft in Kopenhagen etwa 20 Millionen Mark und für die deutschen Filmfabriken etwa 8 Millionen Mark aufzuwenden sein. An deutschen Filmfabriken kommen insbesondere in Betracht:
1. die Deutsche Bioskop-Gesellschaft
2. die Messter-Film GmbH.
3. die Eiko-Film GmbH.
4. die Projektions A.G.-Union
5. die Deutsche Mutoskop und Biograph GmbH.
6. die Nationalfilm GmbH.
und andere.
Wenn man beachtet, welche Summen das Ausland für Filmpropaganda ausgibt, so erscheint die vorstehende Forderung als durchaus gering. Es darf nur daran erinnert werden, daß im Lauf des letzten Vierteljahres von Seiten der Entente außerordentlich hohe Summen, über 100 Millionen Mark, für Propaganda-Zwecke bewilligt wurden, von denen der größte Teil für die Filmwerbung Verwendung findet.

Die Verwirklichung der vorstehenden Ausführungen betrachte ich als dringende Kriegsnotwendigkeit und ersuche um baldige Durchführung durch das Bild- und Filmamt. Ich wäre dankbar, wenn ich über das dort Veranlaßte in geeigneter Form unterrichtet werden könnte.
Ich füge hinzu, daß es sich um werbende Ausgaben handelt.   I.A. gez. Ludendorff

Erich Ludendorff und Paul von Hindenburg, außer Diensten.

Es ist eine offene Frage, wann Emil Georg von Stauß als Vertreter der Deutschen Bank beginnt, die möglichen Perspektiven einer starken deutschen Filmindustrie zu bedenken. Wenig wahrscheinlich dürfte die Version sein, die – inspiriert durch eine entsprechende Formulierung im »Ludendorff-Brief« – davon ausgeht, Stauß habe innerhalb weniger Monate die nötigen Kapitalien beschafft und Schwer- und Elektroindustrielle sowie Reedereien dafür gewonnen, sich auf das Abenteuer Film einzulassen.

Nachdem das Auswärtige Amt diskret beim Reichsamt des Innern darum gebeten hat, »im Interesse unserer Auslandspropaganda den Kampf gegen die Nordische Filmcompagnie zurückzustellen«, gelingt der entscheidende Coup: die deutschen Töchter der Nordisk gehen in eine von deutschem Kapital majorisierte Firma über; daß die Nordisk im Tausch ein dickes Paket Ufa-Aktien erhält, muß der Öffentlichkeit ebenso vorenthalten werden wie die Reichsbeteiligung. Diese wiederum darf nicht zur Kenntnis der Nordisk gelangen; also bedient man sich für die Verhandlungen mit der Nordisk eines Strohmanns: Max Strauss, Direktor der deutsch-schwedischen Grammophonbaugesellschaft Karl Lindström AG.

Als dann auch der Kauf der Projektions-AG »Union« und des Messter-Konzerns arrangiert ist, kann am 18. Dezember 1917 die Universum-Film AG gegründet werden.

Wie die Aktienpakete der 25 Millionen Stammkapital genau verteilt sind, ist bis heute nicht ausreichend aufgeschlüsselt worden. Lipschütz gibt 1932 an, Nordisk, Deutsches Reich und ein »Finanzkonsortium unter Führung der Deutschen Bank« hätten über je ein Drittel des Stammkapitals verfügt, Kreimeier (1992) bleibt eine genauere Aufschlüsselung schuldig.

Sicher ist nur, daß weder die Deutsche Bank noch die Nordisk noch das Reich als Aktiennehmer auftreten. Offiziell wird vielmehr folgende Aktienverteilung lanciert: Jacquier und Securius o.H.: 6,6 Mill. Mark; Wassermann o.H.: 3,5 Mill. Mark; Kommanditgesellschaft Schwarz, Goldschmidt und Co.: 6,3 Mill. Mark; Carl Lindström AG: 0,6 Mill. Mark; Fürst von Donnersmarck'sche Generaldirektion: 6,0 Mill. Mark; Dr. Robert Bosch: 2,0 Mill. Mark.

Hingegen zeigt die Zusammensetzung des Aufsichtsrats an, wer die zukünftige Strategie kontrollieren will: Vorsitzender ist Emil Georg von Stauß von der Deutschen Bank, seine Stellvertreter Landrat a.D. Ernst Gerlach (Generaldirektion des schlesischen Hüttenbetriebs Henkel-Donnersmarck) und der Elektroindustrielle Dr. Robert Bosch; außerdem Guidotto Fürst von Henkel-Donnersmarck, Herbert M. Gutmann (Dresdner Bank), Kommerzienrat Max von Wassermann (Bankhaus A. E. Wassermann), Kommerzienrat Paul Mamroth (AEG), Geheimer Kommerzienrat Hermann Frenkel (Bankhaus Jacquier und Securius), Oberregierungsrat Dr. Wilhelm Cuno (Hamburg-Amerika-Linie; später Reichskanzler), Geheimer Oberregierungsrat Carl Joachim Stimming (Norddeutscher Lloyd), Direktor Jacob Goldschmidt (Bankhaus Schwar, Goldschmidt und Co.; später Direktor der Nationalbank), Konsul Salomon Marx (Grammophonbaugesellschaft Karl Lindström AG), Carl Bratz (Kriegsausschuß des Deutschen Jute-Großhandels) und der Stellvertretende Direktor der Deutschen Bank, Johannes Kiehl.

Frenkel und Wassermann sind Strohmänner, die die Reichsbeteiligung zu vertreten haben; zudem haben sich die Gründer in einem geheimen Kontrollvertrag verpflichtet, »gegen alle Maßnahmen zu stimmen, die den Regierungsvertretern, die zu Sitzungen eingeladen werden müssen, nicht recht sind.« Als Vertreter der Regierung, die zu den Sitzungen des Aufsichtsrats und des am 15. Januar 1918 konstituierten Arbeitsausschusses (Vorsitz: von Stauß, Stellvertreter: Gerlach, Bosch, weitere Mitglieder: Gutmann, Goldschmidt, Bratz, Kiehl) zu laden sind, werden benannt: von Haeften (Militärische Stelle des Auswärtigen Amtes), Major van den Bergh, Major Grau (Kriegsministerium), Walther (Reichsschatztum), von Jakobi (Reichsamt des Innern). Die Kontrolle scheint gesichert; aber was bedeutet Kontrolle für die Arbeit relativ autonomer Produktionsgesellschaften unter dem Ufa-Dach, die auch weiterhin ihre eingeführten Markennamen – »Union«, »Messter«, »May« – beibehalten?

So erscheinen im ersten Ufa-Programm unter anderem von der Union: vier Melodramen mit Pola Negri, sechs Komödien mit Ossi Osswalda, zwei Komödien mit Ernst Lubitsch, zwei phantastische Filme mit Paul Wegener; vom Messter-Konzern: acht Komödien mit Henny Porten; von Joe May: zwei Abenteuerfilme, vier bis sechs romantische Mia May-Filme; außerdem sechs Detektivfilme mit Lotte Neumann und sechs Komödien mit Fern Andra.

Bleibt zu klären, warum – wie in fast allen Darstellungen der Ufa-Gründungsphase kolportiert – Ludendorff bei der Vorlage dieses Programms getobt haben soll, gleiches aber vom Aktionär Stauß nicht übermittelt wird. Es muß wohl an der Perspektive liegen. Bankier Stauß kann gelassen und über das Kriegsende hinaus im Amt bleiben, General Ludendorff nicht.

Manfred Behn

Mit den verschiedensten Masken und Namen taucht der Abenteurer und Hochstapler Niklas Györki in der Damenwelt auf, um sie zu verwirren. Das junge Fräulein von Bathory ist nur eine von denen, die auf ihn hereinfallen und sich hemmungslos verlieben. Niklas nimmt – unter falschen Identitäten und nur gegen Quittung – von überallher viel Geld an, kann also gut leben. Auch nach einem dreijährigen Gefängnisaufenthalt kann er das Maskenspiel nicht sein lassen. Als er der jungen Frau wieder begegnet und sie ihm ihre ganze Anklage ins Gesicht schleudert, scheint er zur Besinnung zu kommen. Gerade dann bricht ein Feuer aus.

1918. Die Sieger.
REG Rudolf Biebrach. AUT Felix Philippi; nach seinem Roman. KAM Karl Freund (?). BAU Jack Winter.
KINO-MUS Dr. Bechstein /= Giuseppe Becce/.
DAR Henny Porten (Konstanze Assing), Arthur Bergen (Camille Düpaty), Bruno Decarli (Siegmund Freystetter), Rudolf Biebrach (Musikprofessor Assing), Elsa Wagner (Frau Freystetter), Paul Biensfeldt (Buchbindermeister Gerum).
PRO Messter-Film der Ufa. DRZ September 1918.
DRO Messter-Atelier Berlin Blücherstraße 32.
LNG 4 Akte, 1536 m. ZEN September 1918, B.42407, Jv.
URA 27.9.1918, Berlin (Mozartsaal).
Der sterbende Musikprofessor Assing trägt seinem Schüler Camille Düpaty auf, seine große Oper ›Die Sieger‹ herauszubringen. Düpaty liebt Assings Tochter Konstanze, die in eine Heirat aber erst dann einwilligen wird, wenn er sich als würdiger Schüler ihres Vaters erwiesen hat. Düpatys Schwindel, die Oper Assings als eigene auszugeben, wird von Konstanzes Jugendfreund Freystetter aufgedeckt. Das führt zu neuer alter Liebe.

1918. Der fremde Fürst.
REG, AUT Paul Wegener. KAM Frederik Fuglsang.
BAU Rochus Gliese.
DAR Paul Wegener, Lyda Salmonova, Elsa Wagner, Rochus Gliese.
PRO PAGU (Union-Film der Ufa). DRO Ufa-Union-Atelier Berlin-Tempelhof. LNG 4 Akte, 2069 m. ZEN September 1918, B.42415, Jv.
Drama der Rassengegensätze: Ein farbiger Fürstensohn lernt auf Geschäftsreise in Europa Eva, die Tochter seines Vertragspartners kennen und lieben. Der Geschäftsmann Brodersen will davon nichts wissen, sperrt den beiden das Geld und zwingt sie zum Auszug in die weite Welt des Varietés. Dort wird der Exot erst eifersüchtig, dann verrückt. Er stirbt, als Eva zum Vater zurückkehrt.

1918. Die blaue Mauritius.
REG Viggo Larsen.
DAR Viggo Larsen, Ria Jende, Käthe Dorsch, Grete Hollmann, Elsa Wagner, Georg Baselt, Werner Bernhardy, Berthold Rosé, Hedwig Lehmann, Hugo Fischer-Köppe.
PRO Messter-Film der Ufa. DRO Messter-Atelier Berlin Blücherstraße 32. LNG 3 Akte, 1085 m. ZEN Oktober 1918, B.42291, Jv.

Van der Zuiden, Präsident eines Briefmarkenclubs, will die ›Blaue Mauritius‹ für seinen Verein erwerben – egal, unter welchen Bedingungen, notfalls durch Heirat der Tochter des derzeitigen Besitzers.

1918. Der Rattenfänger.
REG, AUT Paul Wegener. KAM Frederik Fuglsang.
BAU Rochus Gliese. **Titelsilhouetten** Lotte Reiniger.
DAR Paul Wegener (Fremder Spielmann), Lyda Salmonova (Ursula), Clemens Kaufung (Schinderknecht), Wilhelm Diegelmann (Bürgermeister), Elsa Wagner (sein Eheweib), Armin Schweitzer (magerer Ratsherr), Jakob Tiedtke (Ratsapotheker), Märte Rossow (Märte), Hans Sturm (Henker).

Großeinkauf
Die Grundlagen des Ufa-Konzerns

Die Ufa-Gründer erwerben Ende 1917 drei Filetstücke der deutschen Filmindustrie und vereinen damit Produktion, Verleih und Theaterbetrieb unter einem Dach.

Für 10 Millionen Mark – und damit ist man deutlich unter den im »Ludendorff-Brief« veranschlagten 20 Millionen geblieben – gehen am 2. Dezember 1917 folgende Tochterfirmen der dänischen Nordisk-Film Co. in den Besitz der Ufa über:

· die Oliver Film GmbH, Berlin, die 1916 49 Filme produziert hat;

· die Verleih-Organisation Nordische Film-GmbH, Berlin, mit Filialen in Breslau, Düsseldorf, Hamburg, Leipzig und München, die seit 1915 auch die Produktion der Union im Verleih hat;

· 56 Theater in 13 deutschen Städten (die Angaben schwanken zwischen 30 und 60), darunter u.a. die Kammer-Lichtspiele am Potsdamer Platz in Berlin;

· Theatergesellschaften in Zürich und Amsterdam.

Von zentraler Bedeutung für die weitere Entwicklung der Ufa-Strategie ist der Erwerb der Nutzungsrechte für alle Produktionen der Nordisk und ihrer schwedischen Tochter A. S. Svenska im Inland und im Ausland über die vormaligen Nordisk-Verleihfirmen in Wien (mit Niederlassungen in Prag und Budapest), Amsterdam und Zürich. Später kommen die Rechte für Polen und die Balkanländer hinzu. Damit hat man Stützpunkte für die europäische Expansion geschaffen.

Da seit dem 17. Februar 1916 Importe aus dem Ausland endgültig verboten sind oder einer strikten Genehmigungspflicht unterliegen – nur die Nordisk kann aufgrund guter Verbindungen noch Einfuhrgenehmigungen erwirken – fallen jetzt auch diese Rechte an die Ufa.

Die Ufa-Gründer haben für ihre Pläne einen günstigen Zeitpunkt erwischt, da der Expansionskurs der Nordisk diese vor nicht geringe Finanzierungsprobleme gestellt hat. Die Gewinnmargen sind deutlich zurückgegangen: Die Dividenden fallen zwischen 1912 und 1917 von 60% auf 8%. Die Nordisk kann sich mit Hilfe des Verkaufs konsolidieren. Auch der deutsche Geschäftsführer der Nordischen Film GmbH, David Oliver, muß nicht darben. Die Ufa

Die neue Firma stellt sich vor und bleibt zugleich anonym: Anzeigenserie der Ufa-Verleihfirma Nordische-Film Co., 1918

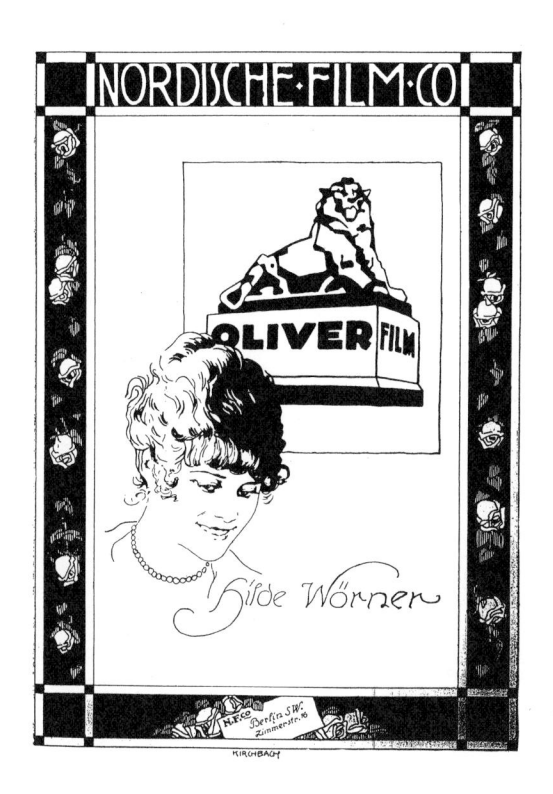

garantiert ihm 44.000 Mark Jahresgehalt und Gewinnbeteiligung.

Für gut 5 Millionen Mark wird der Messter-Konzern aufgekauft. Die Firma produziert 1916 100 Filme, vorwiegend im 1917 erworbenen Glashaus in Tempelhof; ein nicht zu unterschätzender ›Kapitalfaktor‹ ist außerdem ein mehrjähriger Vertrag mit dem Star Henny Porten. Zum Messter-Konzern zählen:
· die Messter-Film GmbH, Berlin;
· die Messter's Projektions Maschinenbau GmbH (Vorführgeräte), Berlin;
· die Autor-Film Co mbH, Berlin;
· die Meisterdirigenten-Konzert GmbH, Berlin;
· die Messter Film- und Apparate GmbH, Wien;
· die Sascha-Messter Filmfabrik GmbH, Wien;
· der Hansa Film-Verleih GmbH, Berlin;
· die Mozartlichtspiele GmbH, Berlin.

Film-Pionier und Propagandaoffizier Oskar Messter erhält als technischer Beirat der Ufa ein garantiertes Jahreseinkommen von 24.000 Mark plus Gewinnbeteiligung.

Mit einer Kaufsumme von 1,11 Millionen Mark erwirbt die Ufa die Mehrheit am Stammkapital der Projektions AG »Union« (PAGU), Berlin (2,2 Millionen Stammkapital). Ihr Besitzer Paul Davidson hat es immerhin schon 1906 geschafft, Frankfurter Bankiers für seine Filmprojekte zu interessieren. Die PAGU produziert 1916 41 Filme, u.a. im eigenen Glashaus in Tempelhof. Über diesen Kauf kommen Ernst Lubitsch, Ossi Oswalda und Fern Andra zur Ufa. Zum Union-Konzern gehören ferner:
· die Vitascope GmbH (seit 1914);
· die Pax-Film GmbH, Berlin;
· der Lichtspiel-Vertrieb des Verbandes deutscher Bühnenschriftsteller GmbH, Berlin, der sich 1917 aber schon in Liquidation befindet.

Von größter Bedeutung ist der Zugriff auf die beiden Theater-Ketten der Union mit 56 Theatern:
· Union-Theater GmbH und
· UT-Provinz-Lichtspielhäuser.

Davidson wird für 30.000 Mark als »Sachverständiger für die Aufnahmen« von der Ufa beschäftigt und bleibt zunächst der für die künstlerische Linie der Ufa wichtigste Mann.

Ob die Internationale Film-Vertriebs GmbH, Berlin und Wien, über die PAGU oder über die Nordisk an die Ufa kommt, ist unklar.

Des weiteren werden im Laufe der nächsten Monate wichtige Arrondierungen des neuen Giganten vorgenommen, teils durch totale Übernahme, teils durch Majorisierung. Unter den Einfluß der Ufa geraten so: Die Produktionsfirmen Maxim-Film GmbH, die Gloria-Film GmbH, die Meinert-Film GmbH, der Verleih Frankfurter Film Co., die norddeutsche Kinokette James Henschel GmbH, Hamburg, die Martin Dentler GmbH, Braunschweig (Produktion, Verleih, Theater) sowie im Juli 1918 die Winterfeldsche Bank für Grundbesitz und Handel AG, Berlin, Besitzerin des Gebäudekomplexes »Haus Vaterland«, der ab 1919 zum Geschäftssitz der Ufa am Potsdamer Platz wird.

Vorübergehend – vom 18. Februar 1918 bis zum 14. März 1919 – gehört auch die May-Film-GmbH zur Ufa und damit die modernen Ateliers in Berlin-Weißensee sowie das Freigelände in Woltersdorf; nach der Trennung bleibt May durch Verleih-Verträge mit der Ufa verbunden.

Mit der Einrichtung der Verleihfirma Universal-Film-Verleih GmbH, der Gründung der Kulturabteilung (Lehrfilmabteilung) am 1. Juli 1918 und der Ufa-Theater-Betriebs GmbH am 10. Juli 1918 ist die Konstituierungsphase der Ufa abgeschlossen.

Manfred Behn

PRO PAGU (Union-Film der Ufa). DRO Ufa-Union-Atelier Berlin-Tempelhof; AA Bautzen und Umgebung, Hildesheim. LNG 4 Akte, 1865 m. ZEN Oktober 1918, B.42450, Jf. URA 1918 (nach Kriegsende), Berlin (U.T. Kurfürstendamm).
Die alte Sage vom fahrenden Spielmann, der mit seinem Flötenspiel die Stadt Hameln von der Rattenplage befreit. Der Hexerei angeklagt, muß er ohne den verdienten Lohn fortziehen. Er übt Rache an den Kindern der Stadt, die er mit seiner Flöte betört und in einen Berg lockt, der sich für immer hinter ihnen schließt.

1918. Die Heimkehr des Odysseus.
REG Rudolf Biebrach. AUT Robert Wiene. KAM Karl Freund. BAU Jack Winter. KINO-MUS Giuseppe Becce. DAR Henny Porten (Josepha, die Wirtin zu den ›Drei Mohren‹), Bruno Decarli (Hans Immerhofer, Bergführer / der Fremde), Rudolf Biebrach (Jakob Schluifer / Mond?), Justus Glatz (Helli Nazi, der Erbe vom Nazhof), Joseph Uhl (Schneider Vincenz), Arthur Bergen (Alois Buttermilch aus Berlin, Margarinereisender), Marie Fuchs (Magd). PRO Messter-Film der Ufa. DRO Messter-Atelier Berlin Blücherstraße 32. LNG 4 Akte, 1390 m. ZEN Oktober 1918, B.42511, Jv. URA 25.10.1918, Berlin (Mozartsaal).
Josepha will den Bergführer Hans unbedingt heiraten, stellt aber die Bedingung, daß er seinen gefährlichen Beruf aufgibt. Er willigt ein, kann das Versprechen aber nicht halten und verläßt seine Frau wieder. Um Josepha scharen sich etliche Freier, allesamt erfolglos. Als sie eine Entscheidung treffen muß, gibt sie den Bewerbern eine Aufgabe, die nur ihr Hans lösen könnte. Mit Vollbart versehen, mischt dieser sich unerkannt unters Freiervolk.

1918. Haben Sie Fritzchen nicht gesehen?
REG Willy Grunwald. AUT Emil Sondermann. AD Willy Grunwald, Willy Helwig. KAM Wilhelm Hechy. DAR Arnold Rieck (Bremmel, Konditor), Lotte Harden (Anna, seine Frau), (Fritzchen, der Säugling), Ida Perry (Katinka, seine Amme), Elsa Schartner (Laura Terlaglofski, Tänzerin), Hedwig Lehmann (Frau Knautschke, Waschfrau), Paul Hildburg (Soldat Bumke, ihr Schatz), Juliette Brandt. PRO Messter-Film der Ufa. DRO Messter-Atelier Berlin Blücherstraße 32. LNG 3 Akte, 905 m. ZEN Oktober 1918, B.42544, Jv.
Ein Täufling wird herumgereicht: Von der Amme Katinka an den Soldaten Bumke, von dort an die Köchin Betty, von der an Frau Knautschke und schließlich ins Findelhaus. Die Taufgesellschaft ist verzweifelt – der Vater aber, Konditor Bremmel, faßt sich ein Herz und macht sich auf eine erfolgreiche Suche.

1918. Die blaue Laterne.
REG Rudolf Biebrach. AUT Irene Daland; nach dem Roman von Paul Lindau. KAM Karl Freund. BAU Jack Winter. KINO-MUS Giuseppe Becce. CHO Erik Charell. DAR Henny Porten (Sabine ›Saby‹ Steinhardt), Ferdinand von Alten (von Guntershausen, Legationsrat), Rudolf Biebrach (Korachi, Besitzer der ›Blauen Laterne‹), Bruno Eichgrün (Kurt, Privatgelehrter), Johanna Zimmermann (Ellen, Sabines Schwester), Karl Elzer (Fören, Bankier), Clara Heinrich (Frau Geheimrat Franzius), Gertrud Hoffmann (Hilde, ihre Tochter), Walfried Mellin (Klein Herbert), Paul Biensfeldt (Schweydam, Tanzlehrer). PRO Messter-Film der Ufa. DRO Messter-Atelier Berlin Blücherstraße 32. LNG 5 Akte, 1518 m. ZEN November 1918, B.42602, Jv. URA 29.11.1918, Berlin (Mozartsaal).
Weil sie ihre Geliebte, Legationsrat von Guntersheim, sitzen gelassen hat, muß die Tänzerin ›Saby‹ Steinhardt in der ›Blauen Laterne‹ als Animierdame arbeiten. Sie lernt einen netten Mann mit Kind kennen, den ihr Beruf nicht stört. Sie jedoch glaubt, seiner nicht wert und dem Kind keine gute Mutter sein zu können. Sie geht in den Tod, ist also ganz und gar nicht ›steinhart‹.

1918. Die Bettelgräfin.
REG Joe May, Bruno Ziener. AUT Ruth Goetz, Joe May. KAM Max Lutze. DAR Mia May (Ulla Dulters), Heinrich Peer (Henryk van Deuwen), Käte Wittenberg (Stella van Deuwen), Hermann Picha, Hermann Seldeneck, Theodor Burgarth, Johannes Riemann. PRO May-Film der Ufa. PRT Joe May. DRZ Juni - Juli 1918. LNG 4 Akte, 1569 m. ZEN November 1918, B.42596, Jv. URA 29.11.1918, Berlin (U.T. Kurfürstendamm).
Ulla Dulters lebt nach dem Tode ihres Vaters allein im Gebirge. Die Liebe zu ihrem verheirateten Vetter Henryk van Deuwen endet jäh, als es heißt, Henryk sei verunglückt. Ulla erbt sein Vermögen. Henryks Witwe Stella versucht, eine Ehe zwischen Ulla und Robert van Glimm zu hintertreiben. Plötzlich meldet sich Henryk zurück

Was will die Ufa?
Das erste Interview mit Ufa-Direktor Carl Bratz

In den weitesten Kreisen unserer Branche und darüber hinaus in der Öffentlichkeit beschäftigt man sich mit den großen Problemen, welche die Konzentration einiger unserer ersten Firmen in die Universum-Film Aktien-Gesellschaft aufgeworfen haben. Da nun von den verschiedensten Seiten der Wunsch an uns herangetreten ist, Klarheit über Ziele und Aufgaben dieses bedeutsamen Unternehmens zu erhalten, so hat unser Schriftleiter Herr Dr. jur. Walther Friedmann, Veranlassung genommen, den Delegierten des Aufsichtsrats im Vorstand der Ufa, Herrn Carl Bratz, um eine Unterredung über schwebende Fragen zu bitten, welche ihm freundlichst gewährt worden ist und folgenden Verlauf genommen hat.

Frage: Welche Motive waren für die Zusammensetzung des Aufsichtsrates und des Vorstandes der Ufa leitend?

Antwort: Wie bekannt sind im Aufsichtsrat der Universum-Film AG die ersten Kreise der deutschen Bankwelt, der deutschen Industrie, von Schiffahrt und Handel vertreten. Auf diese Zusammensetzung mußte bei Begründung der Ufa und bei dem Grundgedanken, daß sie in möglichst engem Zusammenwirken mit Reichs- und Staatsinteressen arbeiten solle, besonderer Wert gelegt werden. Denn nur diese Kreise boten die Garantie dafür, daß die Aktien nicht zu irgendeinem Spekulationsobjekt und zum flüchtigen Eigentum wechselnder Aktionäre wurden, sondern daß die Kapitalstärke der Ufa mit ihren 25 Millionen eng geschlossen in einem potenten Kreise verblieb, der fähig und willens ist, sein Programm auch bei Wechselfällen der Konjunktur durchzuführen. Dementsprechend wurde auch der Vorstand konstruiert. Es ist vorbehalten, daß bei weiterer Ausdehnung der Ufa eine Persönlichkeit in unsern Vorstand eintritt, welche im Zusammenwirken mit Reichsbehörden, Parlament und überhaupt öffentlichen Körperschaften bereits Schulung und Erfahrung besitzt. Bis dahin ist in der Hauptsache zur Wahrnehmung gerade dieser Interessen aus dem Aufsichtsrat Herr Carl Bratz in den Vorstand delegiert worden.

Frage: Sie werden sich erinnern, daß auf dem letzten Verbandstage am 13. Februar 1918 in der Handelskammer aus den hinteren Regionen die Frage gestellt wurde: »Wer ist Herr Bratz?« Es erscheint mir daher notwendig, die Filmwelt etwas mehr mit Ihnen und Ihrer Bewährung im öffentlichen Leben bekannt zu machen. Vielleicht haben sie daher die Güte, jene Frage zu beantworten, die ja öffentlich gewiß nur von einer Persönlichkeit gestellt worden ist, tatsächlich aber auch weitere Kreise interessiert.

Antwort: Ich ergreife mit Vergnügen die Gelegenheit, mich der Filmwelt gewissermaßen vorzustellen, und bedaure nur, daß dies nicht schon auf dem Verbandstage möglich gewesen ist. Vielleicht interessieren Sie folgende Angaben: Ich bin der Vertrauensmann namhafter Kapitalkreise, die maßgebend an der Ufa interessiert sind, und habe im Einvernehmen auch mit staatlichen Stellen die Verhandlungen für die Begründung der Ufa in der Hauptsache geführt, insbesondere die grundlegenden Verhandlungen mit dem Nordischen Konzern. Vordem habe ich mich namentlich im Kalisyndikat und im Vorstand bekannter Kaliwerke, sowie als Geschäftsführer der »Vereinigung Deutscher Jutegroßhändler« und anderer kriegswirtschaftlicher Organisationen betätigt und auch mit den maßgebenden Kreisen des Lindström-Konzerns stets in Fühlung gestanden. Grade letztere hat bei dem bekannten großen Auslandsgeschäft des Lindström-Konzerns in der einigermaßen verwandten Grammophonbranche dazu geführt, daß in den Vorstand der Ufa nicht zuletzt auch in Rücksicht auf das spätere Auslandsgeschäft der Direktor der Lindström-AG, Herr Max Strauss, berufen worden ist, der es bekanntlich verstanden hat, die Carl Lindström-AG aus kleinen Anfängen zu ihrer heutigen bedeutenden Höhe zu bringen. Diese verfügte vor dem Kriege über große eigene Organisationen in London, Paris und insbesondere auch in Südamerika, sowie über eine Vertretung an allen internationalen Plätzen. Auch diese wird für die künftige Auslandtätigkeit der Ufa von Bedeutung sein. Es ist gewiß nicht unbekannt, daß sich die Lindström-AG gerade in ihren Anfangsstadien auch kinematographischen Problemen zugewandt hatte und u.a. einen »Home-Film« (Kino im Hause) herausbringen wollte. Damals war die günstige Entwicklung für die kinematographische Branche indessen noch nicht recht gegeben.

Frage: Würden Sie die Freundlichkeit haben, sich nunmehr etwas näher über das Arbeitsprogramm der Ufa zu äußern?

Antwort: Die Ufa hat bereits bei ihrer Begründung mit den Reichs- und Staatsbehörden Fühlung gehalten, von dem Gesichtspunkte ausgehend, daß in dieser Kriegszeit ein jedes großes industrielles Unternehmen mit den leitenden vaterländischen Faktoren im Einklang sein müsse, um abzuwägen, was im Ausland und im Inland der großen nationalen Sache dienen kann, die heute allem voranstehen muß. Daneben galt es, mit diesen vaterländischen und kulturellen Aufgaben ein kaufmännisches und auf den Erwerb gerichtetes und die gute Verzinsung eines so großen Kapitals sicherndes Programm aufzustellen. Dieses wurde gefunden in der Zusammenfassung der bisher in der Kinobranche auf den verschiedenen Gebieten tätigen Faktoren Union (Fabrikation), Messter (Produktion mit Verleih), Nordischer Konzern (in der Hauptsache Theater). Auf diesen 3 Pfeilern sollte das Ufa-Programm basieren. Wenn sich in der Filmbranche angesichts des großen Kapitals alsbald der Ruf: »Achtung, Trust« erhob, so ist die Ufa dem in ihren Kreisen nach Kräften engegengetreten. Trustbestrebungen waren und sind ihr fremd. Sie hat nicht einen Konzern zur Konkurrenz der bestehenden Filmfirmen geschaffen, sondern sie hat lediglich Gruppen zusammengefaßt, die schon an und für sich und eine jede einzeln einen starken

Machtfaktor gegenüber kleineren in der Industrie darstellten, und mit denen jeder in der Industrie rechnen mußte, nicht aber, um damit gegen die übrigen zu wirken, sondern lediglich, um aus dieser Konzentration das Rationellste in bezug auf Programm und Betrieb herauszuholen. Allerdings hat die Ufa selbstverständlich kein Gelübde abgelegt, auf diesen drei Pfeilern stehen zu bleiben, sondern will fortfahren, sich Gutes zu sichern, sei es zur Vervollständigung der Theatergruppe, sei es zur Kräftigung des Verleihgeschäfts, sei es zur künstlerischen Besserung in Fabrikation und Regie. Von diesem Gedanken ausgehend, hat sie während der ersten zwei Monate ihrer Wirksamkeit eine Anzahl Theater erworben, so in Hamburg, Hannover, Kiel und im Industrierevier, sie wünscht, auf diesem Gebiete auch noch einige Ergänzungen vorzunehmen. Ihr Ziel ist, in den großen Hauptstädten und wirtschaftlichen Konzentrationspunkten vertreten zu sein, aber nicht, um dort das ganze Geschäft aufzusaugen, sondern sie wird ihre Erwerbstätigkeit in bezug auf den Theaterbetrieb für abgeschlossen erachten, wenn sie an den Mittelpunkten deutschen provinziellen oder wirtschaftlichen Verkehrs in guter Weise vertreten ist. Das gleiche gilt insbesondere in bezug auf Regiekräfte und führende Darsteller. Aus diesem Grunde erfolgte die Angliederung der May-Film-GmbH, und aus dem gleichen Grunde wird wohl künftig noch der eine oder der andere bedeutende Star im Rahmen des Universumskonzerns wirken.

Gerade auf diesen Grundlagen hofft die Ufa, ihr eigentliches Programm durchzuführen, nämlich neben einer selbstverständlich im Vordergrund stehenden guten Verzinsung des ihr anvertrauten Kapitals gerade durch das Wachstum ihrer kapitalistischen Mittel die allgemeinen Interessen fördern zu können, also: verstärkte Heranziehung des Lichtspiels für alle Aufgaben der Volkserziehung, der Schule, der Belehrung, für Heer und gemeinnützige Zwecke und weiterhin insbesondere auch der Propaganda für den deutsch-nationalen Gedanken und für den Güteraustausch im Auslande. Denn in diesen Punkten ist vor dem Kriege leider alles versäumt worden und gerade die Erfahrungen des Krieges drängen dazu, daß Deutschland die am Weltmarkt teils verlorene, teils gefährdete, teils in Zukunft stark bekämpfte Position wiedererobern muß, auch mit tätiger Hilfe dieses modernsten und so überaus wirksamen Machtmittels, des Films und des Kinos. Nach dieser Richtung glaubt die Ufa nicht nur im allgemeinen Interesse des deutschen Volkes, sondern damit auch im Interesse der ganzen Kinobranche vorzugehen. Denn das, was die Ufa durch ihre Verbindungen und Aufgaben an behördlichen Anregungen, Aufträgen und Wohlwollen für die Filmindustrie heranziehen wird, das wird naturgemäß nicht allein ihr selbst, die ja schließlich nicht alles allein machen kann, sondern auch den übrigen Filminteressenten zugute kommen. Hierbei sieht die Ufa ganz davon ab, daß ja schließlich nicht sie allein zu einem Konzern zusammengefaßt ist, sondern daß auch andere Gruppen, teils abgeschlossen, teils im Werden, sich bereits konzentrieren. Auch diese anderen Gruppen haben Theater aufgekauft, haben Verleihkonzerne geschaffen, ohne daß die Ufa darin irgendeine Beeinträchtigung für sich oder die ganze Branche hätte sehen können. Schließlich ist es auch nicht die Ufa, welche ihre Arme nach den anderen ausstreckt, sondern — das muß auch einmal gesagt werden — manche von denen, die teils offen, teils im stillen ihre Angriffe gegen die Konzernbildung richten, haben teils selbst, teils durch Mittelsleute ihre Betriebe zum Anschluß an den Ufakonzern angeboten...

Frage: Diese Erklärungen werden die Interessenten gewiß beruhigen, aber es dürfte Ihnen doch gewiß nicht unbekannt sein, daß weite Kreise von banger Sorge um die Zukunft erfüllt sind, weil sie befürchten, daß die Machtstellung der Ufa ihre Betriebe lahmlegen und vor allem in den Aufnahmemöglichkeiten (Atelierbenutzung) und in der Rohfilmversorgung beschränken oder sie von Atelier und Rohfilm überhaupt ausschließen könne.

Antwort: Diese Befürchtungen sind uns auch von anderen Kreisen bereits entgegengehalten worden. So sagt man, daß die Ufa mit ihrer Machtstellung in bezug auf Atelier- und Theaterzweige schädigend oder drückend wirken könnte, die bisher ein lohnendes Geschäft innerhalb der Branche ihr eigen

Filmball 1919:
Lu Synd, Paul Ebner, Ressel Orla, Joe May, Stella Harf, Lotte Neumann, Maxim Galitzenstein (hinten); Mia May, Lya Mara, Else Berner, Ossi Oswalda, Carl Bratz (Mitte); Friedrich Zelnik, Hanni Weisse (vorn)

1918. Apokalypse.
REG Rochus Gliese. AUT Paul Wegener. KAM Frederik Fuglsang. BAU Rochus Gliese. AUS Kurt Richter. Titelsilhouetten Lotte Reiniger. Künstlerischer Beirat Hans Cürlis.
DAR Paul Wegener, Lyda Salmonova, Ernst Deutsch, Paul Hartmann, Maria Fein.
PRO PAGU (Union-Film der Ufa). ZEN November 1918.
Film über die Schrecken des Krieges, kurz nach Kriegsende im Auftrag des Auswärtigen Amtes hergestellt.

1918. Carmen.
REG Ernst Lubitsch. AUT Hanns Kräly; nach der Novelle von Prosper Mérimée. KAM Alfred Hansen. BAU Kurt Richter. MIT Karl Machus.
KOS Ali Hubert. KINO-MUS Arthur Vieregg.
DAR Pola Negri (Carmen), Harry Liedtke (Don José Novarro), Leopold von Ledebur (Escamillo, Stierfechter), Grete Diercks (Dolores), Wilhelm Diegelmann (Gefängniswärter), Heinrich Peer (englischer Offizier), Paul Biensfeldt (Garcia, Schmuggler), Margarete Kupfer (Wirtin), Sophie Pagay (Don Josés Mutter), Paul Conradi (Don Cairo, Schmuggler), Max Kronert (Remendato, Schmuggler), Victor Janson, Magnus Stifter, Albert Venohr.
PRO PAGU (Union-Film der Ufa). DRO Ufa-Union-Atelier Berlin-Tempelhof; AA Rüdersdorfer Kalkberge.
LNG 6 Akte, 2133 m. ZEN November 1918, B.42598, Jv. URA 20.12.1918, Berlin (U.T. Kurfürstendamm).
Die Liebes- und Eifersuchtsgeschichte von Carmen und Don José, wie aus der Erzählung Mérimées und der Oper Bizets bekannt.

1918. Die Vase der Semirames.
REG Willy Grunwald. AUT Willy Grunwald, Willy Helwig; nach einer Idee von Richard Hutter.
DAR Eva Speyer (Semiramis), Heinz Salfner (moderner Künstler), Maria Leiko (Tochter des Altertumsforschers), Eugen Klöpfer (Magier).
PRO Messter-Film der Ufa. LNG 4 Akte, 1415 m.
ZEN November 1918, B.42648.
Das mystische Erlebnis eines jungen Architekten pendelt in seinen Geschehnissen zwischen den Reizen des alten assyrischen Reiches und dem modernen, auch nicht reizlosen Leben.

1918. Das Baby.
REG ?
DAR Rudi Mehrstallinger, Frl. Frank.
PRO Sascha-Messter-Film der Ufa. LNG 1 Akt, 400 m.
ZEN Mai 1919 B.43107. URA 27.12.1918, Wien.

1918. Diplomaten.
REG Harry Piel. KO Joe May. AUT Richard Hutter, (Harry Piel). KAM Max Lutze.
DAR Heinrich Schroth (Joe Deebs), Max Ruhbeck.
PRO May-Film der Ufa. PRT Joe May. DRZ August 1918.
DRO Ufa-Union-Atelier Berlin-Tempelhof; AA an und auf der Ostsee. LNG 4 Akte, 1443 m. ZEN Dezember 1918, B.42672, Jv.
Joe Deebs als Friedensengel zwischen der Monarchie Westland und der Republik Balkanien muß mehrfach Identität und Maske wechseln, um an sein Ziel zu gelangen. Daß es dabei turbulent zugeht, um den Frieden zu retten, versteht sich.

1918. Die platonische Ehe.
REG Paul Leni. AUT Richard Hutter, Joe May; nach einer Idee von Ruth Goetz. BAU, AUS Paul Leni.
DAR Mia May, Georg Alexander, Albert Paulig, Ferry Sikla, Kitty Dewal, Hermann Picha.
PRO May-Film der Ufa. PRT Joe May. DRZ Dezember 1918. LNG 4 Akte, 1560 m (1578 m bei Neuzensur 1921).
ZEN Dezember 1918, B.42736, Jv. / 2.3.1921, M.248, Jv.
URA 31.1.1919, Berlin (U.T. Friedrichstraße).
Eine vergnügliche Schulden- und Erbschaftsgeschichte: Ein Graf heiratet, um sich zu sanieren, ein reiches, angeblich häßliches Mädchen. Die Ehe ist platonisch gedacht, doch als er die Frau richtig kennen lernt, ist die Liebe groß.

nannten. Beispielsweise könnte der Ateliermangel, wie Sie darlegen, dazu führen, daß gewisse kleinere Betriebe den Bedingungen der Ufa ausgeliefert würden. Bisher sind uns Vorgänge dieser Art nicht bekannt geworden. Sollten sich nach dieser Richtung aber Reibungen ergeben, so kann der Vorstand der Ufa nichts anderes tun als loyal erklären, daß er stets bereit sein werde, in solchen Fällen nach Billigkeit neben den eigenen Erwerbsinteressen der Ufa auch die Interessen der kleineren Firmen oder Gruppen zu respektieren. Mögen sich also die Herren, wenn derartige Reibungsflächen etwa vorliegen, vertrauensvoll an den Vorstand der Ufa wenden, der beweisen wird, daß er mit der Branche gemeinsam zur Hebung aller allgemeinen Interessen zusammenwirken will, und das nicht etwa nur theoretisch gesprochen, sondern auch in der Praxis!

Ähnliches dürfte sich auch für die Verleiherinteressen sagen lassen, soweit sich jene Befürchtungen auch darauf erstrecken, daß auch diese durch die Ausdehnung des Theaterkonzerns der Ufa eingeengt werden können.

Frage: Was können Sie mir über das Auslandsgeschäft der Ufa verraten?

Antwort: Darüber will ich Ihnen gern sagen, daß sich die Ufa demnächst mit den Fabrikanten und sonstigen Interessenten in Verbindung setzen zu können hofft, um eine Basis zu schaffen, auf der gemeinschaftlich mit der Ufa eine Interessengemeinschaft im Auslandsgeschäft begründet werden kann. Wir gehen dabei von dem Gesichtspunkte aus, daß im Auslande Wettbewerbe zwischen Deutschen, wenn angängig, vermieden werden müssen.

Frage: Und nun hätte ich noch eine letzte Frage an Sie. Ich hatte die Ehre, Sie auf dem von unserer Zeitschrift »Der Film« zum Besten der Deutschen Soldatenheime veranstalteten großen Wohltätigkeitstee zu begrüßen. Sie sind dort gewiß auch Zeuge der außerordentlichen Popularität unserer Filmkünstlerinnen und Filmkünstler gewesen. Legt diese Erfahrung nun nicht auch Ihnen den Wunsch nahe, der mich schon lange beschäftigt, daß unsere Künstlerinnen und Künstler vom schemenhaften Wesen auf der Leinwand nunmehr auch leibhaftig zu den »upper ten«, in die Salons des »tout Berlin« steigen mögen, in denen früher meist die »Nur-Bühnensterne« zu thronen pflegten? Wie kann dem Wunsche »Unsere Künstler ins Volk!« wohl Erfüllung werden, und was kann die Ufa tun, um ihm Erfüllung zu verschaffen?

Antwort: Diese Ihre Frage, ob es nicht im Interesse der künstlerischen Entwicklung und des Eindringens der Filmkunst auf die Massen liegt, daß die führenden Darsteller und Darstellerinnen nicht nur auf der weißen Wand, sondern auch in ihrer Person darstellend mit dem Publikum in Fühlung treten, hält der Vorstand für außerordentlich beachtenswert. Er glaubt da auch bereits Wege gefunden zu haben, die Ihrem Gedanken nahe kommen, insofern als nämlich die Ufa an einem Theater Interesse nimmt, das, wohl in der Hauptsache auf dem Wege des Sketch, unseren führenden Filmdarstellern die Möglichkeit gibt, auch mit ihrer Person auf das Publikum zu wirken und hierdurch die Filmkunst auch in der direkten Wirkung der Darstellung auf das Publikum der Bühnenkunst nahezubringen. Dies kann gewiß auch meiner Meinung nach nur ebenfalls dazu dienen, den wünschenswerten Kontakt der besten geistigen Kräfte unseres Volkes mit dem Film- und Kinowesen zu verstärken.

Diese Erklärungen des Herrn Bratz bzw. der Ufa werden von der ganzen Branche gewiß mit großem Interesse aufgenommen werden. Zweifellos werden sie dazu beitragen, über Wesen, Ziel und Aufgaben der Ufa, sowie über ihr Arbeitsprogramm einige Aufklärung zu verbreiten. Wir hoffen insbesondere, daß diese Erklärungen auch geeignet sein werden, die unzweifelhaft vorhandene große Beunruhigung weiter Kreise zu mildern, welche sich, sei es aus der bisherigen Wirksamkeit der Ufa oder vielmehr richtiger aus den Möglichkeiten einer großen Expansion der Ufa herleiten. Wir geben dem Wunsche Ausdruck, daß dieser schöne Geist des Suchens nach Verständigung, nach Vereinigung oder doch Anpassung der Ufa-Interessen mit denen bzw. an die der Gesamtheit auch durch die Tat bewiesen werden möge.

Mit erfreulicher Deutlichkeit ist die Ufa von allen Trustbestrebungen abgerückt. Wir haben keinen Grund an der Verwirklichung all' dessen zu zweifeln, was Herr Bratz, ihn und die Ufa bindend, programmatisch hier verkündet hat. Dann, aber auch nur dann werden uns Kämpfe erspart bleiben, die gewiß zwar das belehrende Element im Gleichmaß unserer Tage bilden, die gewiß notwendig und unvermeidlich sind, die andererseits aber auch schwere Erschütterungen in sich bergen, welche naturgemäß alle diejenigen minder leicht ertragen können, denen Macht und Einfluß nicht in dem auch ihnen erwünschten Maße zur Seite stehen. Auf der anderen Seite möge man aber auch mit Angriffen gegen ein doch immerhin bedeutsames Unternehmen zurückhaltender sein, dessen Tätigkeit unseres Erachtens doch nur im Rahmen der Gesetze sich vollzieht.

So geben wir denn der Hoffnung Ausdruck, daß das Wirken der Ufa allen denen, die im eisernen Ringen durch Fleiß und Geist zu einer Existenz es gebracht haben, Dasein und Entwicklungsmöglichkeiten in keiner Weise verwehren werde. Insbesondere wertvoll erscheint uns der Gedanke des Herrn Bratz, zur Erreichung dieses im Interesse der Branche liegenden einträchtigen Nebeneinanders u. Miteinanderwirkens zwischen Ufa und den außerhalb ihres Millionenbereiches stehenden Firmen den Weg vertrauensvoller Aussprache zu erschließen. Und wenn in einer solchen Aussprache, wie sie ja demnächst stattfinden soll, eine Einigung in bezug auf den Auslandsmarkt erzielt werden sollte, wie das Herr Bratz bedeutungsvoll oben angekündigt hat, so wird hoffentlich der Inlandsmarkt nicht den Schauplatz wilder Kämpfe oder gar einer Erdrosselung zahlreicher kleinerer und mittlerer Betriebe bilden, wie das, nach den Erklärungen des Herrn Bratz gewiß mit Unrecht, Gegenstand so lebhafter Befürchtungen in unseren Reihen ist.

Der Film, 2.3.1918

Was Herr Bratz leider nicht gesagt hat

Eine Zuschrift des Filmjournalisten und Regisseurs E. A. Dupont

Die Ausführungen des Herrn Bratz über die Bestrebungen der Ufa in der letzten Nummer des »Film« haben in den Interessentenkreisen ein lebhaftes Echo geweckt. Aus den Ausführungen, die Herr Bratz dem Redakteur des »Film«, Herrn Dr. Friedmann, gemacht hat, spricht das offenkundige Bestreben, mit der deutschen Industrie eine möglichst gangbare Form des Zusammenarbeitens zu finden und für die oft gegeneinanderstehenden Interessen, wo nur irgend angängig, einen Ausgleich zu schaffen. Dieses Bemühen desHerrn Bratz muß auch von denen anerkannt werden, die sich mit der sachlichen Seite seiner Ausführungen zu identifizieren nicht vermögen. Die Angelegenheit ist wichtig genug, um einmal in bezug auf das Gegenwarts- und Zukunfts-Programm der Ufa ein offenes Wort zu reden, und wenn die Ufa wirklich ein so warmes Interesse auch an der Entwicklung der Kreise nimmt, die ihr nicht angeschlossen sind, so wird sie selbst Stimmung und Bemerkungen aus dem anderen Lager dankbar begrüßen müssen.

Die Ufa ist, wie bekannt, eine mit 25 Millionen Mark ausgestattete Aktiengesellschaft, die, vorsichtig ausgedrückt, eine »Konzentration« der deutschen »Filmindustrie« bezweckt und – zur Ehre ihrer Organisatoren sei es gesagt – diese in überraschend kurzer Zeit durchgeführt hat. Heute bereits ist sie die unumstrittene Beherrscherin des deutschen Filmmarktes, und wenn sie ihre Arbeit in dem gleichen Sturmschritt wie bisher fortsetzt, so werden in ganz kurzer Zeit die deutsche Filmindustrie und die Universum-Film-A.-G. ein Begriff sein. Was man heute auf deutsch »konzentrieren« nennt, bezeichnete man früher mit einem fremdländischen Ausdruck, »vertrusten«. Die Ufa, die als Trust gedacht war, ist als Trust ins Leben getreten und hat m.E. im Sinne und in der Art eines Trustes bisher gearbeitet. Daß sie selbst heute so überaus eifrig das Gegenteil behauptet, ändert an dieser Tatsache, die jeden Moment einwandfrei zu beweisen ist, nicht das geringste, sondern zeigt nur, daß sich die Ufa des peinlichen Beigeschmacks, den der Begriff »Trust« nun einmal hat, vollkommen bewußt ist. Auch Herr Bratz bestreitet in seinen Ausführungen energisch, daß es sich bei der Ufa um einen Trust handle. »Wenn sich in der Filmindustrie«, so äußert er, »angesichts des großen Kapitals alsbald der Ruf ›Achtung Trust!‹ erhob, so ist die Ufa dem in ihren Kreisen nach Kräften engegengetreten.« Das ist an sich richtig. Die Ufa hat denen, die von einem Trust sprachen, widersprochen, aber sie ist bei diesem Widerspruch den Beweis schuldig geblieben, daß es sich tatsächlich um keinen Trust handelt. Die Dinge liegen bereits heute so, daß sich jeder Fabrikant und Verleiher, der nicht der Ufa angeschlossen ist, in einer Zwangslage befindet. Heute schon ist die Ufa mit Leichtigkeit in der Lage, auf die Preisregulierung im Filmmarkt entscheidend einzuwirken, ganz abgesehen davon, daß durch die überaus großen Ankäufe, die die Ufa in der letzten Zeit gemacht hat, ganze Verleihbezirke, wie Norddeutschland, für den freien Verkehr nahezu gesperrt worden sind. Da Norddeutschland in überwiegendem Maße von der Ufa beherrscht wird, so ist es für Fabrikanten nicht mehr möglich, nach Norddeutschland ihre Kopien zu höheren Preisen abzusetzen, da die Verleiher dieses Bezirks keine Möglichkeit mehr haben, diese Filme in der nötigen Anzahl von Theatern zu plazieren. So hat z.B. in Bremen die von der Ufa eingeleitete »Konzentration« bereits den Erfolg gezeigt, daß andere als Ufa-Filme dort nicht mehr gespielt werden können. In Berlin liegen die Dinge nur wenig besser, denn es ist ja bekannt, daß den Fabrikanten außerhalb des Ufa-Konzerns nur zwei Erstaufführungs-Theater zur Verfügung stehen. Man wird nun gewiß zugeben, daß das für eine Millionenstadt und für eine Millionen-Industrie ein wenig erbaulicher Zustand ist.

Am bedenklichsten jedoch ist der durch Gründung der Ufa noch erheblich verstärkte Ateliermangel. Die Ufa hat bei ihrer Gründung zunächst diejenigen Fabriken aufgekauft, die im Besitze möglichst großer und modern eingerichteter Betriebsanlagen (Ateliers, Kopieranstalten usw.) waren. Die wenigen Fabrikanten, die der Ufa nicht angehören, sind auf die Benutzung einiger kleiner Ateliers angewiesen, welche für die Herstellung großer konkurrenzfähiger Films kaum in Frage kommen. Zu diesem Punkte hat sich nun Herr Bratz Herrn Dr. Friedmann gegenüber, wie folgt, geäußert:

»Beispielsweise könnte der Ateliermangel, wie Sie darlegen, dazu führen, daß gewisse kleinere Betriebe den Bedingungen der Ufa ausgeliefert würden. Bisher sind uns Vorgänge dieser Art nicht bekannt geworden. Sollten sich nach dieser Richtung aber Reibereien ergeben, so kann der Vorstand der Ufa nichts anderes tun als loyal erklären, daß er stets bereit sein werde, nach Billigkeit neben den eigenen Erwerbsinteressen der Ufa auch die Interessen der kleinen Firmen oder Gruppen zu respektieren. Mögen sich also die Herren, wenn derartige Reibungsflächen vorliegen, vertrauensvoll an den Vorstand der Ufa wenden, der beweisen wird, daß er mit der Branche gemeinsam zur Hebung aller gemeinsamen Interessen zusammenwirken will, und das nicht nur etwa theoretisch gesprochen, sondern auch in der Praxis.«

Auf diese Ausführungen läßt sich einiges erwidern. Zunächst liegen »derartige Reibungsflächen« nicht »nur etwa« vor, sondern sie sind ganz bestimmt vorhanden, und daran ändert sich auch dadurch nichts, daß »Vorgänge dieser Art« der Leitung der Ufa bisher nicht bekannt geworden sind. Wenn Herr Bratz heute nicht im Vorstand der Ufa säße, sondern das zweifelhafte Vergnügen hätte, von einer anderen Interessentengruppe mit der Gründung einer großen, kapitalkräftigen Filmfabrik betreut zu werden, so würde er seinen Auftraggebern das Geld wahrscheinlich zurückgeben müssen, da es ihm einfach unmöglich ist, außerhalb des Ufa-Konzerns – zumindest für die Dauer eines Jahres – große, künstlerisch wertvolle Films herzustellen. Herr Bratz spricht von »gewissen kleineren Betrieben«, die den Bedingungen der Ufa ausgeliefert würden. Dem ist entgegenzuhalten, daß nicht nur kleinere, sondern auch sehr große Betriebe den Bedingungen der Ufa ausgeliefert sind. Die Begriffe »klein« und »groß« sind in der Filmindustrie sehr imaginär. Es gibt zwar gewiß keinen Fabrikanten und keinen Regisseur, der sich für »klein« hielte, aber man darf doch wohl nicht vergessen, daß der Film ja nicht nur eine geschäftliche, sondern auch eine künstlerische Seite hat, und aus diesen Gründen können kleine Firmen unter Umständen sehr groß sein, und es gibt andererseits viele große Firmen, die in künstlerischer Beziehung nur einen sehr kleinen Machtfaktor darstellen. Wenn ich mich heute als Fabrikant selbständig machen würde, und ich würde mir Asta Nielsen, Olaf Fönss und Erna Morena engagieren und mit jedem dieser drei Künstler nur drei Films im Jahre machen, so würde ich ja einerseits in gewissem Sinne nur ein kleiner Fabrikant sein, da ich ja nur eine Produktion von neun Films habe, aber ich glaube, daß ich mit diesem Dreigestirn mindestens genau dieselbe Berechtigung hätte Films aufzunehmen, wie eine andere Firma, die im Jahre 25 Purzel- und Knurzelfilms macht. Herr Bratz wird vielleicht der letzte sein, der mir diese Berechtigung abspräche, aber hierauf kann ich ihm nur erwidern, daß ich die Möglichkeit nicht besitze, weil es mir einfach nicht gelingen wird, brauchbare Ateliers zu erhalten. Dieser Zustand birgt, abgesehen davon, daß er die Gewerbefreiheit in erheblichem Maße beschränkt, die Gefahren in sich, daß unter Umständen wertvolle künstlerische Kräfte, sofern es ihnen nicht gelingt, Anschluß an die Ufa zu finden, brachgelegt werden. Herr Bratz fordert auf, sich vertrauensvoll an den Vorstand der Ufa zu wenden, der beweisen werde, daß er mit der Branche gemeinsam zur Hebung aller gemeinsamen Interessen zusammenwirken will. Ich unterstreiche diese Aufforderung des Herrn Bratz ausdrücklich und kann den augenblicklich so atelierarmen Fabrikanten nur empfehlen, die Probe aufs Exempel zu machen und sich »vertrauensvoll« an den Vorstand der Ufa um leihweise Überlassung eines ihrer fünf Ateliers zu wenden. Wenn die in Frage kommenden Herren der freundlichen Aufforderung des Herrn Bratz wirklich Folge leisten, so dürfte die Leitung der Ufa überrascht sein, welch' zahlreichen Besuch sie in den nächsten Tagen empfangen wird.

Es sollte mich außerordentlich freuen, wenn durch diese »vertrauensvollen Aussprachen« mein Mißtrauen beseitigt würde.

Mit vorzüglicher Hochachtung
E. A. Dupont

Der Film, 9. 3. 1918

**1918/19. Veritas vincit. Die Wahrheit siegt!
Eine Filmtrilogie.**
REG Joe May. AUT Ruth Goetz, Richard Hutter; nach Ideen von Michelangelo Baron Zois und Joe May. KAM Max Lutze. BAU Paul Leni. AUS Siegfried Wroblewsky. KOS Diringer (München). KINO-MUS Ferdinand Hummel. DAR 1. Teil (Rom zur Zeit des Decius): Mia May (Helena), Johannes Riemann (Lucius), Magnus Stifter (Decius), Emil Albes (Flavius), Wilhelm Diegelmann (Tullulus), Ferry Sikla (Fucius Asinius), Paul Biensfeldt (Digulus), Georg John (blinder Senator), Hermann Picha (Zauberin), Maria Forescu. –
2. Teil (Um 1500): Mia May (Ellinor), Johannes Riemann (Ritter Lutz von Ehrenfried), Leopold Bauer (Meister Heinrich, der Goldschmied), Lina Paulsen (Ursula), Friedrich Kühne (Florian). –
3. Teil (Neuzeit): Mia May (Komtesse Helene), Johannes Riemann (Prinz Ludwig), Bernhardt Goetzke (Inder), Adolf Klein (Fürst), Olga Engl (Fürstin), Josef Klein (General von der Tanne), Max Gülstorff (Wilddieb), Max Laurence (Untersuchungsrichter), Anders Wikmann (Vicomte René de Monmorte), Hermann Picha (Zeremonienmeister), Emmy Wyda.
PRO May-Film der Ufa. PRT Joe May. DRZ Juli – September 1918. DRO Greenbaum-Atelier Berlin-Weißensee; AA Trabrennbahn Weißensee (Außenbauten), Berlin (Nationalgalerie, Altes Museum u.a.), Schloß Solitüde. LNG 8 Akte, 3421 m (3448 m bei Neuzensur 1920). ZEN Dezember 1918, B.42815, Jv. / 24.11.1920, B.267, Jv. URA 4.4.1919, Berlin (U.T. Kurfürstendamm, U.T. Nollendorfplatz, U.T. Friedrichstraße, Kammerlichtspiele).
– *Bei der Neuzensur 1920 ist in der Neuzeit-Episode der Name ›von der Tanne‹ in ›von der Eiche‹ geändert.*
Im Rom zur Zeit des Decius, in einem deutschen Städtchen um 1500 und an einem kleinen Fürstenhof vor dem Ersten Weltkrieg wiederholt sich die gleiche Geschichte: Ein Mädchen und ein junger Mann lieben sich heimlich, der Mann gerät in eine riskante Situation, das Mädchen kann ihn retten, aber nur, wenn sie das Geheimnis ihrer Liebe verrät und damit Ehre und Leben riskiert. In den ersten beiden Episoden schweigt das Mädchen, der Geliebte findet den Tod. In der dritten bekennt sie sich zur Wahrheit, die Liebenden werden glücklich.

1918. Papas Junge.
REG Heinrich Bolten-Baeckers.
DAR Leo Peukert, Melita Petri.
PRO BB-Film der Ufa. PRT Heinrich Bolten-Baeckers. DRO BB-Atelier Berlin Lindenstraße 32-34. LNG 3 Akte, 975 m. ZEN Dezember 1918, B.42684, Jv.

1918. Das Schwabemädle.
REG Georg Jacoby. AUT Paul Meissner, Georg Jacoby. DAR Ossi Oswalda, Carl Auen.
PRO PAGU (Union-Film der Ufa). DRO Ufa-Union-Atelier Berlin-Tempelhof. LNG 4 Akte, 1190 m. ZEN Dezember 1918, B.42690, Jf.
Ein Operetten-, aber auch ein Volksstück. Erzählt mit besonders schönen Aufnahmen aus dem Schwabenland.

1918. Die Edelsteinsammlung.
REG Viggo Larsen. AUT Hans Hyan.
DAR Viggo Larsen, Hilde Wolter.
PRO Messter-Film der Ufa. DRO Messter-Atelier Berlin Blücherstraße 32. LNG 4 Akte, 1316 m. ZEN Dezember 1918, B.42705, Jv.
Ein Kriminalkommissar fängt den Dieb der Kostbarkeiten in Gestalt des Neffen der Bestohlenen. Allerdings stellt sich heraus, daß es gar nicht der Neffe ist, sondern daß der Verbrecher nur unter dessen Namen aufgetreten ist.

Der Mann von der Bank

Emil Georg von Stauß

*Filmball 1936:
Ludwig Klitzsch,
Dr. Otto Kriegk,
Emil Georg von Stauß*

Am 19. Dezember 1917, die Gründung der Ufa ist perfekt, erhält der Bankier Emil Georg von Stauß ein Schreiben aus dem Großen Hauptquartier: »Ich weiß, mit welcher Hingabe Euer Hochwohlgeboren für die Erreichung dieses Zieles unablässig bemüht gewesen sind und das ganze Gewicht Ihrer reichen Erfahrungen und Ihres Könnens in den Dienst dieser nationalen Aufgabe gestellt haben. Ich möchte daher nicht verfehlen, Euer Hochwohlgeboren für die tatkräftige Förderung dieses grossen Unternehmens den Dank der Obersten Heeresleitung auszusprechen.« Gezeichnet Chef des Generalstabes, von Hindenburg.

Hochwohlgeboren ist der Industriekapitän noch nicht sehr lange: Gerade erst ist er in den Adelsstand versetzt worden - wegen seiner Verdienste als Eisenbahn-Bauer. Der Petroleumtrust der Deutschen Bank steckt hinter der Anatolischen Eisenbahn-Gesellschaft, und Stauß betreibt energisch den Ausbau der strategisch wichtigen Bagdadbahn.

Der Bankier weiß um die Bedeutung von Verkehrswegen: zu Lande, zu Wasser und in der Luft. Für den Ausbau der Schiffahrtsstraße, auf der das rumänische Öl nach Deutschland kommt, gründet die Deutsche Bank – mit staatlicher Unterstützung – die Bayerische Lloyd und finanziert die süddeutschen Kanalbaupläne. Nach dem Krieg saniert und fusioniert er die beiden Firmen Daimler und Benz; fortan wird der Automobilkonzern von der Bank beherrscht (Aufsichtsratvorsitzender: von Stauß). Auch die Bayerischen Motorenwerke hängen am Tropf der Bank und gesunden nach einer kräftigen Finanzspritze, zumal es bald einen neuen Abnehmer für die BMW-Flugzeugmotoren gibt: Die Deutsche Luft Hansa AG ist eine weitere Gründung des Herrn von Stauß, wo er ebenfalls dem Aufsichtsrat vorsitzt.

In der Ufa-Krise 1927, als die Deutsche Bank nicht länger die Verluste des Filmkonzerns tragen will, hält er seine einzige filmpolitische Rede. Es beginnt wie üblich: »Die Generalversammlung wurde um 1/4 5 Uhr von Herrn von Stauß eröffnet. Der Sitzungssaal der Deutschen Bank ist gut gefüllt. Die Presse ist äußerst zahlreich erschienen. Herr von Stauß gibt bekannt, daß 198.115 Stimmen der Serie A und 20.000 Stimmen der Serie B, die bei verschiedenen Fragen zwölffaches Stimmrecht besitzen, vertreten sind.« (Film-Kurier, 22.4.1927) Der Bankier rekapituliert die Geschichte der Firma, ihre Fehler und Versäumnisse. »Heute sind wir der Ansicht, daß man mit zu hohen Einstandsziffern in die Deflationsperiode eintrat. Aber schlimmer war es, daß immer noch die realen Erfahrungen für die wesentlichsten Grundlagen der neuen Industrie fehlten.«

Auch wenn er, rhetorisch nicht ungeschickt, eine große Attacke gegen die überhöhte Lustbarkeitssteuer reitet, letztlich läuft sein Bericht auf einen Offenbarungseid hinaus: Weder hat man die Produktionskosten unter Kontrolle gehabt noch hat der Verleih auch nur die Hälfte des erwarteten Umsatzes erzielt. Am Ende steht das Eingeständnis: »Für die Reorganisation des Unternehmens mußten wir an neue Kräfte appellieren.«
Von Stauß hat sich einen ehrenvollen Abgang verschafft. Der *Film-Kurier* lobt die Pionierleistungen des Vorsitzenden. Zwar greifen in der Generalversammlung ein paar Redner den Aufsichtsrat an, aber die Machtverhältnisse sind eindeutig: Mit 217.801 gegen 318 Stimmen wird Entlastung erteilt. In den nächsten Wochen scheidet die alte Führungsmannschaft aus, auch mit der Vetternwirtschaft ist Schluß: Eugen Stauß scheidet im Januar 1928 aus dem Vorstand aus. Auf den Bankier kann man jedoch nicht verzichten (und bei wichtigen Entscheidungen stimmt sich Generaldirektor Klitzsch mit ihm ab).

In der wechselvollen Geschichte der Ufa steht der Bankier für Kontinuität. Von der Gründung bis zur Umwandlung in einen staatsmittelbaren Konzern unter den Nazis: Emil Georg von Stauß ist und bleibt im Aufsichtsrat.

Der Bankier gehört zu jenen Industriellen, die früh schon auf Hitler setzen und die NSDAP finanzieren. Später dankt es ihm die Partei: 1934 wird er zum Preußischen Staatsrat ernannt und außerdem Vizepräsident des Reichstags. Was das Dritte Reich an Ehrungen und Auszeichnungen – vom Ehrendoktor bis zur Goethe-Medaille – zu vergeben hat, von Stauß erhält es. Bei seinem Begräbnis spielt die Staatskapelle, und Reichswirtschaftsminister Funk würdigt die Verdienste des Verstorbenen. »Unter den Klängen des Liedes vom guten Kameraden legte der Minister den Kranz des Führers nieder«, berichtet der *Berliner Lokal-Anzeiger* am 17. Dezember 1942. »Dann wurde die sterbliche Hülle des Dahingeschiedenen unter Vorantritt der Kranzträger aus dem Saal getragen, flankiert von einem aus Angehörigen der Lufthansa und der Ufa gebildeten Ehrengeleit.«

Michael Töteberg

Kurzfilme der Ufa von 1918-20

1918

Januar. ★ 1917/18. **Der grüne Diamant.** PRO Sascha-Messter. 3 Akte, 1248 m. ★ 1917/18. **Die Nacht des 24. August.** PRO Oliver. 4 Akte, 1429 m. ★ 1917/18. **Schweizer Kadetten.** PRO Oliver. 1 Akt, 160 m. ★ **Februar.** ★ 1917/18. **Panzerschrank Nr. 13.** PRO PAGU. 3 Akte, 1103 m. ★ 1917/18. **Pinselputzi rendevouzelt.** PRO PAGU. 1 Akt, 375 m. ★ 1917/18. **Der unwiderstehliche Theodor.** DAR Arnold Rieck, Lotte Werckmeister. PRO Messter. 3 Akte, 983 m. ★ 1917/18. **Albert und der falsche Max.** PRO PAGU. 1 Akt, 385 m. ★ 1917/18. **Die Verräterin.** PRO BB-Film. ★ **März.** ★ 1917/18. **Pinselputzi stiftet Unheil und eine Ehe.** PRO PAGU. 1 Akt, 410 m. ★ 1917/18. **Schockschwerenöter.** PRO Oliver. 1 Akt, 275 m. ★ 1917/18. **Sie gewinnt sich ihren Mann.** PRO Oliver. 3 Akte, 998 m. ★ 1917/18. **Ein unheimlicher Nachtbesuch.** PRO BB-Film. 3 Akte, 985 m. ★ 1917/18. **Die Königin einer Nacht.** PRO Oliver. 1 Akt, 1017 m. ★ 1918. **Das Geheimnis des Ingenieurs Branting.** REG Rudolf Biebrach. PRO Messter. 3 Akte. ★ 1917. **Er rächt seine Schwiegermutter.** PRO Sascha-Messter. 2 Akte, 578 m. Neuzensur. ★ **April.** ★ 1918. **Die Liebe, ja die Liebe.** PRO Oliver. 3 Akte, 812 m. ★ **Mai.** ★ 1918. **Stöpsel.** PRO Oliver. 2 Akte, 694 m. ★ 1918. **Zwanzig Minuten Aufenthalt.** PRO BB-Film. 2 Akte, 682 m. ★ 1918. **Paulchen Pechnelke.** PRO Oliver. 2 Akte, 797 m. ★ 1918. **Blinder Eifer.** PRO Oliver. 1 Akt, 255 m. ★ 1918. **Schnurps.** PRO Oliver. 1 Akt, 438 m. ★ 1918. **Oh, diese Frauen.** PRO BB-Film. 2 Akte, 633 m. ★ 1918. **Wenn der Vater mit dem Sohne.** PRO BB-Film. 2 Akte, 732 m. ★ 1918. **Wie er weint und lacht.** PRO Oliver. 3 Akte, 865 m. ★ 1918. **Merseburg.** PRO Oliver. 1 Akt, 161 m. ★ **Juni.** ★ 1918. **Wer zuletzt lacht.** REG Fritz Freisler. PRO Sascha-Messter. 3 Akte. ★ 1918. **Wiener Modeschau.** PRO Sascha-Messter. 1 Akt, 188 m. ★ 1918. **Eine Partie Schach.** PRO Oliver. 1 Akt, 461 m. ★ 1918. **Die Geschichte der Maria Petöffy.** PRO Oliver. 3 Akte, 1105 m. ★ 1918. **Hochzeitsreisende.** PRO Oliver. 2 Akte, 678 m. ★ 1918. **Droschke.** PRO Oliver. 1 Akt, 412 m. ★ 1918. **Die Frau des Inspektors.** PRO Oliver. 1 Akt, 448 m. ★ 1918. **Mady will einen Affen haben.** PRO Oliver. 1 Akt, 460 m. ★ 1918. **Oesterr.-ungar. Artillerie war an der Westfront.** PRO Sascha-Messter. 1 Akt, 174 m. ★ 1918. **Verkaufte Herzen.** PRO Oliver. 3 Akte, 965 m. ★ 1918. **Wenn die Liebe...** PRO Sascha-Messter. 3 Akte, 1189 m. ★ 1918. **Stöpsch Indianerreise.** PRO Oliver. 2 Akte, 707 m. ★ 1918. **Empfang der Wiener Philharmoniker durch die Kgl. Kommandantur Berlin.** PRO PAGU. 1 Akt, 215 m. ★ **Juli.** ★ 1918. **Bad Elster, die Perle in Sachsen.** PRO Oliver. 1 Akt, 126 m. ★ 1918. **Sein eigenes Begräbnis.** PRO Oliver. 3 Akte, 881 m. ★ 1918. **Die verflixte Ähnlichkeit.** PRO Oliver. 1 Akt, 474 m. ★ **August.** ★ 1918. **Logierbuch in der Sommernacht.** PRO Oliver. 2 Akte, 809 m. ★ **September.** ★ 1918. **Hofgunst.** PRO Oliver. 4 Akte, 1494 m. ★ 1918. **Der Liebe Macht, des Rechtes Sieg.** PRO Sascha-Messter. 5 Akte, 1545 m. ★ 1918. **Der preisgekrönte Storch.** PRO Oliver. 1 Akt, 405 m. ★ 1918. **Die Reise S. M. König Ludwigs von Bayern nach Sofia.** REG Oskar Messter. PRO Messter. 1 Akt, 355 m. ★ **Oktober.** ★ 1918. **Donaureise König Ludwigs.** PRO Messter. ★ 1918. **Alte und junge Geister.** PRO Sascha-Messter. 2 Akte, 812 m. ★ 1918. **Erst das Geschäft und dann das Vergnügen.** PRO Messter. 3 Akte, 868 m. ★ 1918. **Reesemanns Brautfahrt.** PRO Oliver. 3 Akte, 1185 m. ★ 1918. **Vater wider Willen.** PRO Oliver. 3 Akte, 973 m. ★ 1918. **Der Seyer Toni.** PRO Oliver. 1 Akt, 382 m. ★ 1918. **Moritz Schnörche.** PRO Oliver. 2 Akte, 770 m. ★ 1918. **Auf Tischlers Rappen.** PRO Oliver. 1 Akt, 320 m. ★ 1918. **Barmherzige Hände.** PRO PAGU. 4 Akte, 1241 m. ★ **November.** ★ 1918. **Ich versichere Sie.** PRO PAGU. 2 Akte, 619 m. ★ 1918. **Das Fräulein von der Kavallerie.** PRO Oliver. 3 Akte, 960 m. ★ 1918. **Die Frau des Staatsanwalts.** PRO Oliver. 3 Akte, 836 m. ★ 1918. **Nachbarin.** PRO Oliver. 2 Akte, 500 m. ★ 1918. **Mädis Herzenswunsch (Mädis Weihnachtswunsch).** PRO Oliver. 2 Akte, 692 m. ★ **Dezember.** ★ 1918. **Die Rivalin.** PRO Oliver. 5 Akte, 1868 m. ★ 1918. **Mausi.** PRO Oliver. 3 Akte, 885 m. ★ 1918. **Der Kampf mit dem Drachen.** DAR Paul Heidemann. 3 Akte, 805 m. ★ 1918. **Der zerbrochene Schlüssel.** PRO PAGU. 3 Akte, 980 m. ★ 1918. **Drei Kreuze.** PRO Oliver. 3 Akte, 1084 m. ★ 1918. **Das Haus zum blauen Löwen.** PRO Sascha-Messter.

1919

Januar. ★ 1918. **Gegen den Bruderkrieg.** REG Paul Wegener. PRO PAGU. 1 Akt, 225 m. ★ 1918/19. **Wenn der Bräutigam mit der Braut.** PRO Oliver. 3 Akte, 1020 m. ★ 1918. **Das Todestelephon.** AUT Jan Gramatzki. DAR Resl Orla, Erich Kaiser-Titz. PRO Messter. 3 Akte, 1100 m. Neuzensur. ★ 1914/15. **Die blaue Maus. Teil 2.** REG Max Mack. AUT J. Horst, A. Engel. KAM Hermann Böttger. DAR Magde Lessing. PRO PAGU. 4 Akte, 1113 m. Neuzensur. ★ 1918. **Der Millionenbauer.** PRO Oliver. 4 Akte, 1475 m. ★ 1918/19. **Die Hochzeitsreise.** PRO Messter. 3 Akte, 871 m. ★ 1918/19. **Sein einziger Patient.** PRO PAGU. 1 Akt, 418 m. ★ **Februar.** ★ 1918/19. **Papas Seitensprung.** PRO Oliver. 3 Akte, 1019 m. ★ 1918/19. **Zwei Fliegen und ein Schlag.** PRO Oliver. 2 Akte, 632 m. ★ 1918/19. **Ein Stelldichein.** PRO Oliver. 1 Akt, 440 m. ★ 1918/19. **Scheidung ausgeschlossen.** PRO Oliver. 3 Akte, 1133 m. ★ 1918/19. **Unsere kleine Nachbarin.** PRO Oliver. 2 Akte, 725 m. ★ 1918/19. **Otto Tastenschwingers Verlobung.** PRO Oliver. 1 Akt, 418 m. ★ 1918/19. **Die Höllenmaschine.** PRO Oliver. 2 Akte, 583 m. ★ 1918/19. **Der Weiberfeind.** PRO Oliver. 3 Akte, 1017 m. ★ **März.** ★ 1917/18. **Keine Hose ohne Dornen.** PRO BB-Film. 2 Akte, 471 m. ★ 1918/19. **Der Onkel aus Hinterindien.** PRO Oliver. 3 Akte, 1122 m. ★ **April.** ★ 1919. **Lache Bajazzo.** PRO PAGU. 3 Akte, 1060 m. ★ 1919. **Die fesche Sassa.** PRO PAGU. 3 Akte, 887 m. ★ 1919. **Othello in Nöten.** PRO Oliver. 1 Akt, 310 m. ★ 1919. **Ein intimes Souper.** PRO Oliver. 3 Akte, 953 m. ★ **Mai.** ★ 1919. **Ein tüchtiger Beamter.** PRO Oliver. 1 Akt, 450 m. ★ 1919. **Wie man zu einer Braut kommt.** PRO Oliver. 1 Akt, 440 m. ★ **Juni.** ★ 1919. **Bubi verlobt sich.** PRO Oliver. 1 Akt, 393 m. ★ 1919. **Ein fixer Junge.** PRO Oliver. 1 Akt, 360 m. ★ **August.** ★ 1919. **Treff-Sieben.** PRO Messter. 3 Akte, 1175 m. ★ 1919. **Um ein Haar.** PRO Messter. 3 Akte, 1067 m. ★ 1919. **Paulchen Fingerhut.** PRO Messter. 2 Akte, 669 m. ★ 1919. **Ein schwaches Weib.** PRO Messter. 3 Akte, 887 m. ★ **September.** ★ 1919. **Die Geliebte des Verbrecherkönigs.** PRO BB-Film. 2 Akte, 837 m. ★ **Oktober.** ★ 1919. **Aus dem Leben der Bienen.** PRO Ufa-Kultur. 1 Akt, 142 m. ★ 1919. **Aus der Kinderstube der Forelle.** PRO Ufa-Kultur. 1 Akt, 156 m. ★ 1919. **Brotbäckerei in einem Großbetrieb.** PRO Ufa-Kultur. 1 Akt, 135 m. ★ 1919. **Säuglingspflege: Pflege des gesunden Kindes.** PRO Ufa-Kultur. 1 Akt, 160 m. ★ 1919. **Das Pferd in der Bewegung (Zeitlupenaufnahmen).** PRO Ufa-Kultur. 1 Akt, 115 m. ★ 1919. **Ein Lehrfilm über den Ringkampf.** PRO Ufa-Kultur. 1 Akt, 147 m. ★ 1919. **Negertänze.** PRO Ufa-Kultur. 1 Akt, 115 m. ★ 1919. **Wie Bienenhonig gewonnen wird.** PRO Ufa-Kultur. 1 Akt, 146 m. ★ **November.** ★ 1919. **Unsere Schwiegertochter.** PRO BB-Film. 4 Akte, 1156 m. ★ **Dezember.** ★ 1919. **Seine Seelige.** PRO BB-Film. 3 Akte, 930 m. ★ 1919. **Das Unglücksgeschenk.** PRO BB-Film. 1 Akt, 345 m. ★ 1919. **Die Briefe der schönen Clothilde.** PRO BB-Film. 1 Akt, 345 m.

1920

Januar. ★ 1915. **Der letzte Hohenhaus.** KAM Hermann Böttger. PRO BB-Film. 5 Akte, 1883 m. Neuzensur. ★ 1919/20. **Abenteuerblut.** PRO PAGU. 4 Akte, 1125 m. ★ **Februar.** ★ 1919/20. **Was tut man nicht alles für's Kind.** PRO BB-Film. 3 Akte, 840 m. ★ 1919/20. **Ein tüchtiger Kerl.** PRO BB-Film. 1 Akt, 342 m. ★ 1919/20. **Ganz der Großpapa.** PRO BB-Film. 2 Akte, 617 m. ★ **März.** ★ 1919/20. **Leo, der Entführer.** PRO BB-Film. 2 Akte, 560 m. ★ **Juli.** ★ 1920. **Der Wasserfloh.** PRO Ufa-Kultur. 1 Akt, 135 m. ★ **August.** ★ 1920. **Arnold auf Brautschau.** PRO BB-Film. 2 Akte, 600 m. ★ 1920. **Säuglingspflege.** PRO Ufa-Kultur. 8 Akte, 1755 m. ★ **September.** ★ 1920. **Fischerei im Steinhuder Meer.** PRO Ufa-Kultur. 1 Akt, 190 m. ★ 1920. **Bei einem Bienenvater.** PRO Ufa-Kultur. 1 Akt, 273 m. ★ 1920. **Der Spreewald.** PRO Ufa-Kultur. 1 Akt, 260 m. ★ 1920. **Brotbäckerei.** PRO Ufa-Kultur. 1 Akt, 217 m. ★ **Dezember.** ★ 1920. **Ein glücklicher Finder.** PRO BB-Film. 1 Akt, 380 m. ★ 1920. **Das Märchen von der schönen Melusine.** PRO Ufa-Kultur. 3 Akte, 850 m. ★ 1920. **Im Reiche der Zwerge.** PRO Ufa-Kultur. 4 Akte, 604 m. ★ 1920. **Der Raub der Sabinerinnen.** PRO BB-Film. 4 Akte, 1313 m. ★ 1920. **Die Pocken, ihre Gefahren und ihre Bekämpfung.** PRO Ufa-Kultur. 4 Akte, 1167 m.

1918. Der Mann der Tat.
REG Victor Janson. **AUT** Robert Wiene.
KAM Frederik Fuglsang. **BAU** Kurt Richter.
DAR Emil Jannings (Jan Miller), Hanna Ralph
(Hendrica van Looy), Hermann Böttcher.
PRO PAGU (Union-Film der Ufa). **DRO** Ufa-Union-Atelier
Berlin-Tempelhof. **LNG** 4 Akte, 1471 m.
ZEN Dezember 1918, B.42716, Jv.
Eine Liebes- und Börsengeschichte: Die schöne und
begehrte Witwe Hendrica will nur noch einmal heiraten,
wenn sie einem ›Mann der Tat‹ begegnet. Der Amerikaner
Miller interessiert sich für sie, wirkt auf sie allerdings ein
wenig lächerlich. Dennoch meint er es ernst – auch in
Herzensdingen.

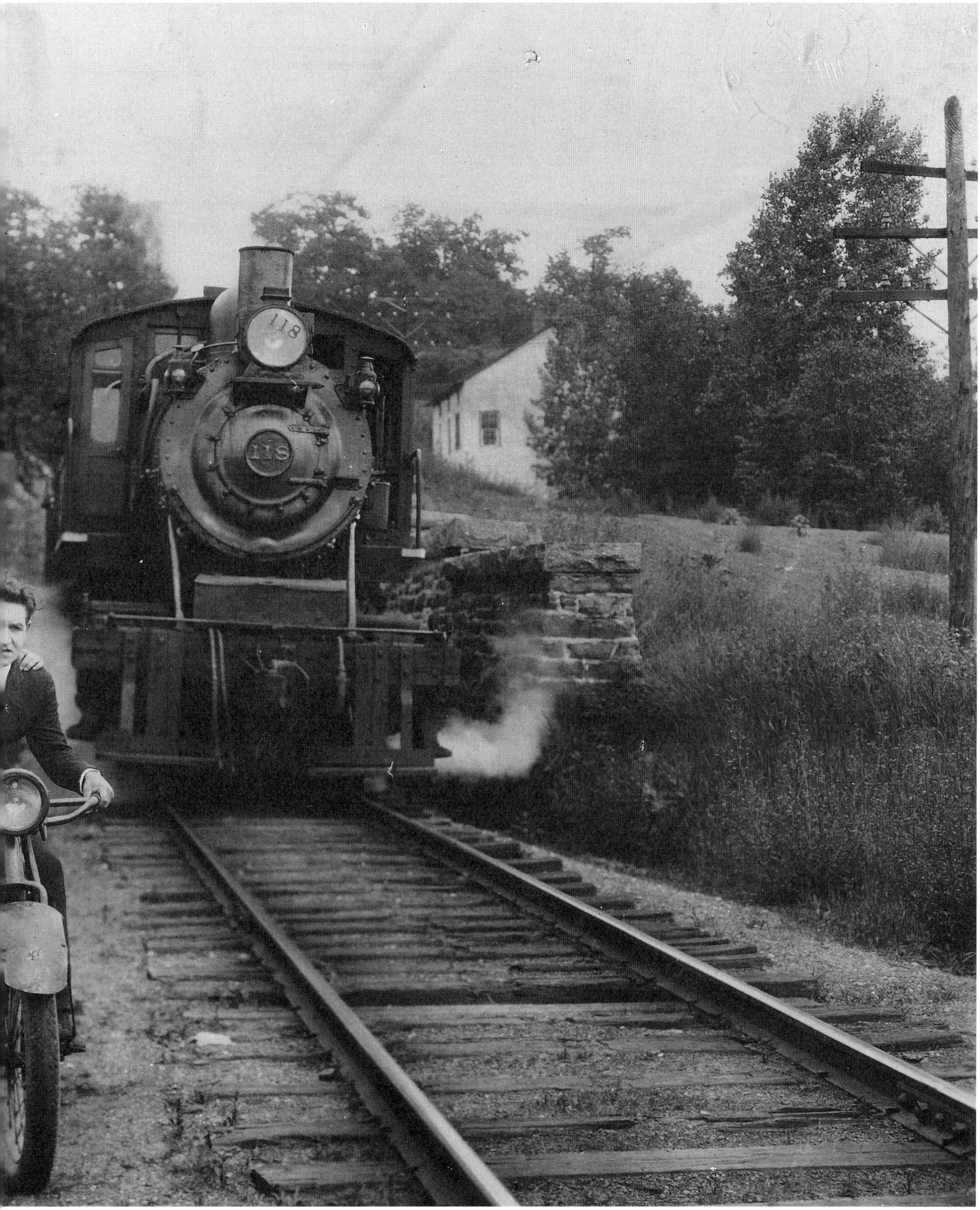
118
118

1918. Das Geheimnis des Cecilienhütte.
REG Hermann Schüller. KO Joe May. AUT Ruth Goetz.
DAR Hanna Ralph, Theodor Burgath, Fritz Delius, Hermann Picha, Lina Paulsen, Lucie Friedrich.
PRO May-Film der Ufa. PRT Joe May. DRZ Juli – August 1918. DRO Gablonz, Aussig.
– Der Film ist vermutlich nicht herausgekommen.

1919. Das Mädchen aus dem Wilden Westen / Das Valutamädchen.
REG Erich Schönfelder.
DAR Ossi Oswalda, Hans Junkermann, Julius Falkenstein, Victor Janson, Fritz Beckmann, Alfred Walters.
PRO PAGU (Union-Film der Ufa). DRO Ufa-Union-Atelier Berlin-Tempelhof. ZEN Januar 1919.

1918. Die Krone von Palma.
REG Harry Piel. KO Joe May. AUT Richard Hutter, (Harry Piel). KAM Max Lutze.
DAR Heinrich Schroth (Joe Deebs).
PRO May-Film der Ufa. PRT Joe May.
DRZ Oktober – November 1918. DRO Ufa-Union-Atelier Berlin-Tempelhof; AA Berlin und Umgebung. LNG 4 Akte, 1438 m. ZEN Januar 1919, B.42734, Jv.
– Joe Deebs-Detektivserie 1918/19.
Professor Queri benimmt sich auffällig verschwenderisch. Joe Deebs spürt ihm nach und erkennt in ihm Keleni, einen seit langem gesuchten Verbrecher. Beim Versuch Queris, den Herzog von Palma zu betrügen, stellt ihn Deebs. Queri stirbt bei einer Explosion.

1918. Das Auge des Götzen.
REG Harry Piel. KO Joe May. AUT Richard Hutter, (Harry Piel); nach einer Idee von Richard Kühle. KAM Max Lutze.
DAR Heinrich Schroth (Joe Deebs).
PRO May-Film der Ufa. PRT Joe May. DRZ November 1918. DRO Ufa-Union-Atelier Berlin-Tempelhof; AA Berlin. LNG 4 Akte, 1355 m. ZEN Januar 1919, B.42799, Jv.
– Joe Deebs-Detektivserie 1918/19.

1918. Die Dame, der Teufel und die Probiermamsell.
REG Rudolf Biebrach. AUT Robert Wiene. KAM Karl Freund. BAU Kurt Richter. KINO-MUS Giuseppe Becce.
DAR Henny Porten (Probiermamsell), Ida Perry (Dame), Alfred Abel (Baron), Eugen Rex (Fritz), Rudolf Biebrach.
PRO Messter-Film der Ufa. DRZ Dezember 1918.
DRO Ufa-Messter-Atelier Berlin-Tempelhof;
AA Berlin (u.a. Leipziger Straße). LNG 4 Akte, 1378 m. ZEN Januar 1919, B.42733, Jv. URA 17.1.1919, Berlin (Mozartsaal).
Ein einfaches Probiermädel sehnt sich nach einem bestimmten Pelz, den sie um jeden Preis der Welt besitzen möchte. Im Traum folgt sie den Verlockungen des Teufels in die Hölle, wendet sich dort aber enttäuscht ab. Nach ihrem Erwachen beginnt eine Vertauschungsgeschichte, in der das Mädchen eine Woche lang die Rolle einer Millionärin spielen darf mit Wunscherfüllungen jeder Art. Das wichtigste, den Hermelinmantel, vergißt sie darüber – nicht aber die Einsicht, als einfaches Mädchen glücklicher zu sein denn als große Dame.

1918. Bräutigam auf Aktien.
REG Viggo Larsen. AUT Arthur Lippschütz.
DAR Viggo Larsen (Baron Hans Eberhard von Weininger), Hilde Wolter (Lisa Förster), Marga Köhler (Theodosia Simpelheim-Büringen), Luise Werckmeister (Clara Tübbecke).
PRO Messter-Film der Ufa. DRO Ufa-Messter-Atelier Berlin-Tempelhof. LNG 3 Akte, 937 m. ZEN Januar 1919, B.42778, Jv.
Ein verschuldeter Baron markiert vor seinen Gläubigern einen Selbstmordversuch. Gerührt geben sie ihm einen weiteren Kredit, bis er durch eine reiche Heirat seine Schulden begleichen kann: Dank einer Erbtante lernte er das richtige Mädchen kennen.

1918/19. Die närrische Fabrik.
REG Harry Piel. KO Joe May. AUT Richard Hutter, (H. Piel). DAR Heinrich Schroth (Joe Deebs). PRO May-Film der Ufa. PRT Joe May. DRZ September – Oktober 1918. DRO Ufa-Union-Atelier Berlin-Tempelhof; AA Umgebung von Berlin, Westfalen. LNG 4 Akte, 1429 m. ZEN Februar 1919, B.42860, Jv. URA 16.5.1919, Berlin (U.T. Friedrichstraße).
– Joe Deebs-Detektivserie 1918/19.
Der Erfinder Dr. Holz und die Diamant-Co. aus Amsterdam konkurrieren bei der Erzeugung von künstlichen Edelsteinen. Die hinterhältige Spionage des Konzerns bei Dr. Holz dreht Joe Deebs um. Er sorgt dafür, daß nicht dessen Fabrik in die Luft fliegt, sondern jene der Company.

Wahrheit in drei Teilen

Joe May und die Ufa

»Sechs Monate wartete die deutsche Filmindustrie, das deutsche und zumal das Berliner Publikum auf den Augenblick, da der gewaltigste deutsche Film in die Öffentlichkeit gelangen sollte – bis Presse und Anschlagsäule, bis überlebensgroße Plakate und gar Flugzeuge den Berlinern den Termin bekanntgaben, an welchem VERITAS VINCIT aus der Taufe gehoben werden sollte. Der 4. April: ein Denktag für die deutsche Filmindustrie. Weil wir an diesem Tage vor der Öffentlichkeit bewiesen haben, daß wir den Mut und die Mittel, das Können und die Köpfe haben, es ›dem gefürchteten Ausland‹ gleichzutun... Joe May hat für die Universum-Film-Aktiengesellschaft diesen Film inszeniert. Den größten deutschen Film. Ein Werk, welches wie die berühmten Vorbilder QUO VADIS, CLEOPATRA und andere Weltruhm erlangen wird.« (Carl Boese, Der Film, 12.4.1919)

Diese Fanfare begrüßt den ersten deutschen Monumentalfilm: Die dreieinhalb Stunden Laufzeit übertreffen alles bis dahin gezeigte, ebenso die Herstellungskosten von 900.711,89 RM (wie die Ufa-Revisionsabteilung mit spitzem Bleistift errechnet hat). Der Wiener Joe May (geborener Julius Otto Mandl), Sproß einer reichen Industriellenfamilie, ist durch seine Frau, die Operettendiseuse Mia May (geborene Hermine Pfleger) zum Film gekommen. Das Paar hat seit 1912 in der berliner Filmindustrie schnell Karriere gemacht: mit Mia May-Melodramen und Serien um die Detektive Stuart Webbs und Joe Deebs. Seit Mai 1915 entstehen die Filme in der eigenen Produktionsfirma May-Film, deren Ateliers in Berlin-Weißensee und später in der Filmstadt Woltersdorf sich als Brutkasten für Filmtalente erweisen: Die Autoren und Regisseure E. A. Dupont, Fritz Lang und Thea von Harbou gehen durch seine Schule, die Architekten Paul Leni, Martin Jacoby-Boy, Erich Kettelhut und Fritz Maurischat gehören zu seinem Stab.

Am 18. Februar 1918 erwirbt die junge Ufa zum Kaufpreis von 1 Million Mark sämtliche Anteile der May-Film GmbH. Wie die anderen aufgekauften Produzenten – PAGU, Messter – setzt auch May seine bisherige Erfolgslinie fort. Und, mit der finanziellen Rückendeckung der Ufa, beginnt er noch während des Krieges, im Sommer 1918, mit den Arbeiten zum Episodenfilm VERITAS VINCIT. Filmarchitekt Paul Leni errichtet im Doppelglashaus von Weißensee großzügige Innendekorationen, auf der nahegelegenen Rennbahn Weißensee entsteht der Circus Maximus, in dem durch geschickte Arrangements von Gräben und Gittern Schauspieler und lebende Raubtiere gleichzeitig agieren. Daneben nutzt der Film existierende Bauten: Eine Filmexpedition begibt sich nach Süddeutschland und dreht auf Schloß Solitüde, andere Szenen der römischen Episode entstehen mitten in Berlin auf den Stufen des Alten Museums und in den Säulengängen an der Nationalgalerie.

Die Verbindung zwischen der Ufa und Joe May endet am 14. März 1919 mit dem Rückkauf der Firmenanteile der May-Film. Da May nur einen Teil der Rückkauf-Summe aufbringen kann, sichert sich die Ufa vertraglich Anteile an zukünftigen Einnahmen als Pfand. »Von nun an fand zwischen Ufa und Joe May eine Gewinnverrechnung statt. Der große Konzern betrachtete sein Darlehen als ›Pfandrecht‹, und seine kaufmännische Abteilung errechnete emsig die Gewinne, die Joe May für die Ufa einspielte. Für das Produktionsjahr 1918/19 zum Beispiel war dies ein Gewinnanteil von knapp 245.000 Reichsmark. Eine relativ bescheidene Summe – aber gleichzeitig spekulierte die Revisionsabteilung auf einen Lizenzgewinn für die 10 Filme des Produktionsjahres von insgesamt 1.575.000 Mark; davon allein 1.200.000 Mark für VERITAS VINCIT.« (Klaus Kreimeier)

1924 – die May-AG ist inzwischen in finanzielle Schwiergkeiten geraten – kommt es wieder zu einer engeren Verbindung. Nachdem Mays Ufa-Produktion FARMER AUS TEXAS zu einem organisatorischen und finanziellen Desaster gerät, endet praktisch seine Karriere als freier Produzent. Er arbeitet für die Phöbus-Film, während die Ufa die Atelier-Anlagen in Weißensee pachtet; dorthin weicht beispielsweise 1925 die Tri-Ergon-Abteilung der Ufa aus, um in Ruhe ihre Tonexperimente durchzuführen. May arbeitet ab 1928 nach der Rückkehr Erich Pommers für dessen Produktionsgruppe bei der Ufa unter dem Pseudonym Fred Majo als Autor und als Regisseur (HEIMKEHR, ASPHALT), betreut als Produktionsleiter einige der ersten Tonfilme der Ufa (DER UNSTERBLICHE LUMP, DIE LETZTE KOMPAGNIE), wobei er als erster in Deutschland mit den technischen Möglichkeiten der Synchronisation zur Herstellung von Exportfassungen experimentiert. Nachdem er (für das Deutsche Lichtspiel-Syndikat) mit IHRE MAJESTÄT DIE LIEBE beweist, daß er sein Talent erhalten hat, qualitätsvolle Publikumsfilme herzustellen, ist der Jan-Kiepura-Film EIN LIED FÜR DICH sein letzter Film für die Ufa. Der Film hat am 11. April 1933 in Berlin Premiere, May muß emigrieren.

Sein erster Film in Hollywood ist 1934 MUSIC IN THE AIR, Produktionsleiter dort ist Erich Pommer, der Kollege von der Ufa.

Hans-Michael Bock

»Veritas vincit – die Wahrheit siegt. Dies ist der bekannte Grundgedanke, das Motto, auf welches sich die dreigeteilte Fabel aufbaut. Die Römerin Helena spricht eine Lüge, um Lucius, ihren Geliebten zu retten. Vergebens. Beide gehen um der Lüge willen zugrunde. Ellinor, das Goldschmiedstöchterlein, duldet eine Lüge, die ihre Liebe decken soll – und sie muß büßen: Der Geliebte wird ermordet; sie selbst muß hinter Klostermauern ihr freudloses Leben beschließen. Und dann: Komtesse Helene, die, in seltsamen Träumen umfangen, diese beiden Menschenschicksale in ihrer ganzen Tragik erlebte, kommt auch in die Lage, durch eine Lüge sich vor der Schande zu retten. Aber sie findet den Mut zur Wahrheit: sie tritt vor den Richter und erbringt das Alibi für den des Mordes angeklagten Prinzen: ›er war die ganze Nacht bei mir‹... Nicht Schande, sondern Anerkennung für ihren Mut zur Wahrheit und ihre Liebe ist der Lohn: sie darf glücklich werden – Veritas vincit...!«
(Carl Boese, 1919)

1918/19. Meine Frau, die Filmschauspielerin.
REG Ernst Lubitsch. AUT Hanns Kräly, Erich Schönfelder, Ernst Lubitsch. KAM Theodor Sparkuhl. BAU Kurt Richter. DAR Ossi Oswalda (Ossi, der Filmstar der Fabrik), Victor Janson (Lachmann, Generaldirektor), Hanns Kräly, Paul Biensfeldt (Dramaturgen der Firma), Julius Dewald (Erich von Schwindt), Max Kronert (Wastel, Hotelportier). PRO (Union-Film der Ufa). DRO Ufa-Union-Atelier Berlin-Tempelhof; AA Berchtesgaden am Königssee. LNG 3 Akte, 1127 m. ZEN Februar 1919, B.42781, Jv. URA 24.1.1919, Berlin (U.T. Kurfürstendamm).
Baron Erich von Schwindt, gerade im Urlaub in den Tiroler Bergen, hält Ossi, den Filmstar, für ein Bauernmädel, als das sie ihm bei Dreharbeiten begegnet. Von Schwindt ist ein Feind des modernen Stadtweibes – verliebt sich aber trotzdem in sie, als er sie später auf der Kinoleinwand wiedersieht. Er macht sie zur Baronin.

1918/19. Irrungen.
REG Rudolf Biebrach. AUT Robert Heymann. KAM Willibald Gaebel. KINO-MUS Giuseppe Becce. DAR Henny Porten (Maria), Harry Liedtke (Erwin Stassen), Ernst Deutsch (Franz, Arbeiter), Paul Passarge (der alte Jürgen, Vorarbeiter), Gustav Czimeg (Rudolf Stassen, Fabrikbesitzer), Harry Liedtke (Erwin, sein Sohn), Gerd Bergener (von Thüringen, Erwins Freund). PRO Messter-Film der Ufa. DRZ Winter 1918/19. DRO Ufa-Messter-Atelier Berlin-Tempelhof; AA Werkgelände (Dokumentaraufnahmen). LNG 4 Akte, 1492 m. ZEN Februar 1919, B.42814, Jv. URA 14.2.1919, Berlin (Mozartsaal).
Arbeiter und Kapitalisten stehen sich unversöhnlich gegenüber und haben doch eine vermittelnde Instanz: die Liebe. Weil Maria Jürgen, bestärkt durch den aufrührerischen Arbeiter Franz, der festen Überzeugung ist, die Firma des jungen Herrn Erwin Stassen trage die Hauptschuld am tödlichen Arbeitsunfall ihres Vaters, haßt sie den Fabrikherrn und dessen Familie. So sehr, daß sie ihn der Form nach heiratet, nur um den Vater zu rächen. Doch Maria wird schwankend, als Erwin einem Menschen in Not hilft. Franz ist eifersüchtig auf Erwin und wiegelt die Arbeiter auf. Ein Streik naht, Maria beschwichtigt die aufgebrachte Schar. Ein Schuß streckt sie zu Boden, sie landet in Erwins Armen – leicht verletzt und für immer.

1918/19. Karussell des Lebens.
REG Georg Jacoby. AUT Hans Brennert, Georg Jacoby. DAR Pola Negri, Harry Liedtke, Reinhold Schünzel, Albert Patry. PRO PAGU (Union-Film der Ufa). LNG 4 Akte, 1665 m. ZEN Februar 1919, B.42864, Jv. URA März 1919.
Liebestragödie, in der eine Entscheidung um die begehrte Frau zwischen Vater, Sohn und Sekretär so schwer fällt, daß nur Selbstmord eine Lösung bringt.

1918/19. Der Einbrecher wider Willen.
REG Viggo Larsen. DAR Viggo Larsen, Paul Biensfeldt. PRO Messter-Film der Ufa. DRO Messter-Atelier Berlin Blücherstraße 32. LNG 4 Akte, 1170 m. ZEN Februar 1919, B.42869, Jv.

1918/19. Der Muff.
REG Harry Piel. KO Joe May. AUT Richard Hutter, (Harry Piel); nach einer Idee von Alfred Fekete. KAM Max Lutze. DAR Heinrich Schroth (Joe Deebs), Stefan Vacano, Hella Ingrid. PRO May-Film der Ufa. PRT Joe May. DRZ Dezember 1918. DRO Ufa-Union-Atelier Berlin-Tempelhof; AA Berlin und Umgebung. LNG 4 Akte, 1381 m. ZEN März 1919, B.42937, Jv. URA 21.3.1919, Berlin (U.T. Nollendorfplatz).
Joe Deebs will die Unschuld eines Bankkassierers beweisen, dem ein Diebstahl von 100.000 Franken angelastet wird. Seine Nachforschungen führen ihn zum stark verdächtigen Forrest, dem ehemaligen Geliebten der Freundin des Kassierers.

1918. Opfer der Gesellschaft.
REG Willy Grunwald. AUT Robert Wiene, Robert Heymann. DAR Conrad Veidt, Vilma Born-Junge, Kurt Brenkendorf, Anneliese Halbe, Carl Wallauer, Willy Grunwald. PRO Messter-Film der Ufa. DRO Messter-Atelier Berlin Blücherstraße 32. LNG 5 Akte, 1654 m. ZEN März 1919, B.42913, Jv.

Der verkaufte Star

Henny Porten – Schauspielerin und Kapitalanlage

Alfred Abel und Henny Porten in DIE DAME, DER TEUFEL UND DIE PROBIERMAMSELL: »Denn sie lernt doch, daß sie als einfaches Probiermädel mit ihrem Bräutigam Fritz viel glücklicher ist, als als Millionärin zwischen Sammet und Seide... Alles, Hausvogteimilieu, Hölle und Teufel, Tanzbar und Sekt, Reichtum und Kavaliere, dreht sich um diesen Mittelpunkt: Henny Porten.« (CARL BOESE, 1919)

Mit Henny Porten verbindet sich zunächst eine atemberaubende Popularität. Bei ihren persönlichen Auftritten zu Filmpremieren hat sie Volksaufläufe produziert, die den Alltag außer Kraft setzten und allen Verkehr lahmlegten. Diese Popularität hat Jahrzehnte überdauert, hat alles getragen, Mißerfolg, schlechte Filme und sogar keine Filme. Henny Porten ist lange Jahre der zuverlässigste deutsche Film-Exportartikel. Was vom deutschen Film während des Ersten Weltkriegs in Schweden mit Sicherheit in die Kinos kommt (und sie füllt), ist Henny Porten, und Ende der 20er Jahre heißt es aus Sowjetrussland, man fände in den Kinos nicht den Russenfilm, sondern – Henny Portens DIE DAME, DER TEUFEL UND DIE PROBIERMAMSELL (1918)!

Henny Porten ist von Anfang an – seit 1906/07 – dabei. Sie ist in Deutschland das Symbol für den Aufstieg des Mediums Film, steht für die Liebe, die ein frühes Kinopublikum zu seinem Vergnügen empfindet. Aber sie steht auch dafür, daß der Film als ›Kunst‹ nicht ganz ernstzunehmen ist. Das Verhältnis ihres Publikums zu Henny Porten ist von einer außerordentlichen Nähe geprägt, denn man verehrt sie nicht wie ein Ideal, dem man nacheifern möchte, sondern man liebt sie, »unsere Henny«, so, wie man sich selber liebt, am tiefsten Grund der Seele – kritiklos und innig. Henny Porten gehört zu den Schauspielern, die eine Filmszene nur zu betreten brauchen, um sie zu beherrschen, was man vor allem an ihren frühesten Filmen wie WEM GEHÖRT DAS KIND oder PIERROT UND COLOMBINE von 1910 beobachten kann. Sie hat nicht die mindeste Scheu vor der Kamera und eine Spielfreude, deren Charme, Verve und Anmut aus dem Bild springt. Als ihre Rollen größer und komplexer werden, entwickelt sie, die nie eine Schauspielausbildung erhalten hat, den ihr eigentümlichen, fast überdeutlichpathetischen Ausdrucksstil für den stummen Film. Sie zerlegt komplizierte psychologische Abläufe in präzise ausgespielte Einzelsegmente, die, »additiv« (Knut Hickethier) zusammengesetzt, ganz genau erklären, was im Seelenleben der Figur vor sich geht. In gewisser Weise lehrt sie ein frühes Stummfilm-Publikum sehen und verstehen – und wirkt stilbildend, denn die portentypischen Gesten und Manierismen werden von Scharen deutscher Filmschauspieler übernommen, selten das Original erreichend, das an seinen Mitteln stets weiterarbeitet.

Was Henny Porten außerdem auszeichnet, ist ein sozial- und gesellschaftskritisches Bemühen, das sie in ihren Filmen schon früh thematisiert. Sie ist der einzige

Henny Porten läßt sich nicht einfach heiraten, weder als junge Fürstin (HÖHENLUFT mit Reinhold Schünzel) noch als Milliardenerbin (DIE PRINZESSIN VON NEUTRALIEN). Sie weiß, was sie will und wen sie will. So unterwürfig und einfältig ihre Dienstmädchen und Mägde auch oft sind, so emanzipiert und stark sind Henny Portens reiche Bürgerstöchter und Adelige.

1919 ist das Kino längst noch nicht als ernstzunehmende Kunstform anerkannt. Da wagen sich Henny Porten und ihr Regisseur Alfred Halm an ein Lieblingswerk des deutschen Bildungsbürgertums. Mit ROSE BERND, nach dem Stück von Gerhard Hauptmann, erringt Porten einen ihrer größten künstlerischen Erfolge und wird endgültig – und klassenübergreifend – zum erklärten Liebling aller.

Filmstar, der sich 1913/14 frankophil für Völkerverständigung und gegen Krieg einsetzt (und dabei Skandal-Erfolg macht). Ihre Filme werden nicht wegen »sex and crime«, sondern aus gesellschaftspolitischen Gründen von der Zensur verboten. Vor allem setzen sich ihre Rollen immer wieder mit der Unterdrückung der Frau in einer patriarchalischen Gesellschaft auseinander. Um diese Kritik vortragen zu können, wird »Henny Porten« zu einer idealen Lichtgestalt stilisiert, deren moralische Integrität unanfechtbar ist und die vorbildlich wirken soll. Zugleich aber ist Henny Porten stets auf die Wahrung ihres Status als Superstar bedacht, was Widersprüche provoziert: Obwohl sie in ihren Filmen für Frieden und Versöhnung plädiert, wirbt der Star der Frontkinos 1917 für Kriegsanleihe. Ebenso heißt es für den Star Henny Porten auch 1933 zunächst: ALLE MACHEN MIT.

Die Vielschichtigkeit Henny Portens hat aus ihr am Ende des Ersten Weltkriegs einen überdimensionalen Mythos gemacht: die erste Manifestation des Kinotraumes vom grandiosen Supermann – weiblichen Geschlechts. »Henny Porten« ist ein Komplex aus ebenso schwachen wie starken, sensibel-verwundbaren wie selbstbewußten und kämpferischen Zügen, der Traum vom absoluten Individuum, das im Kern unzerstörbar ist. Vor den Trümmern des Ersten Weltkriegs ist Henny Porten eine Hoffnungsträgerin mit einem Identifikationspotential »bei jung und alt, in allen Ständen und Schichten«, wie Kurt Pinthus schreibt, der fordert: »Man mache Henny Porten zum Reichspräsidenten!«.

Die Ufa braucht Henny Porten, um jeden Preis. Sie selber will nicht zur Ufa, hat aber den Leichtsinn begangen, sich im Februar 1917 für drei Jahre vertraglich an Oskar Messter zu binden. Eines Tages schenkt er ihr schuldbewußt einen kostbaren Ring mit den Worten: »Ich habe mich verkauft, Hennychen. Und ich habe dich mitverkauft. Daran ist jetzt nichts mehr zu ändern.« So erzählt Henny Porten später, die indes sehr bald den Nutzen und die Möglichkeiten des Filmwirtschafts-Giganten für ihre Arbeit und Karriere erkennt. Sie setzt durch, was niemand für möglich hält: Die Verfilmungs-Freigabe der ROSE BERND (1919) durch Nobelpreisträger Gerhart Hauptmann. Der teure, bestens besetzte Großfilm wird ihr Durchbruch zur anerkannten Film-»Künstlerin«, untermauert durch den Welterfolg der ANNA BOLEYN (1920).

Solchermaßen ermutigt, gründet Henny Porten eine eigene Filmgesellschaft, um unabhängiger zu werden und sich ihrem Anliegen, den Zielen der bürgerlichen Frauenbewegung, widmen zu können. Die ersten Filme, die sie produziert, sind thematisch und künstlerisch recht einsame Leistungen im deutschen Stummfilm: Das große Plädoyer für die Gleichstellung und friedliche Koexistenz von Mann und Frau DIE GEYER-WALLY (1921), die einzige der drei Verfilmungen, die das gesellschaftskritische Potential der Story ausschöpft. Im Kammerspiel HINTERTREPPE (1921) formuliert Porten erstmals ihre pessimistische Sicht einer friedlichen Lösung des Geschlechterkampfes: In der »doppelten Lesart« angelegt, läßt der Film die Konfliktlösung auf der Handlungsebene scheitern, während sie nur auf der künstlerischen Ebene, in einer idealistischen Kunst-Welt, möglich scheint. Der hochambitionierte Film wird, wie auch die folgenden drei (verschollenen) Produktionen, zum finanziellen Mißerfolg, und Portens Versuch, mehr als nur ein schöner Star zu sein, endet im Konkurs.

So ernüchtert, wird ihre nächste, mit ihrem Mann, Wilhelm von Kaufmann, und Carl Froelich gegründete Firma zur »Porten-Froelich-Erfolgs-GmbH« (Helga Belach). Zwar bleibt Henny Porten als Produzentin ihren »frauenbewegten« Themen immer treu, aber sie werden zum »subplot« und im Vordergrund steht nun der Star. Als der soll sie, wiewohl sie auch wunderschön zu

1919. Die schwarze Locke.
REG Willy Grunwald. KAM Wilhelm Hechy.
DAR Arnold Rieck (Christoff Lavendel, Liebhaberdetektiv), Hermann Thimig (Fritz Rebhuhn, Ingenieur), Grete Weixler (Klementine, seine Frau), Käte Haack (Elly, deren Schwester), Hedwig Lehman, Julius Markow.
PRO Messter-Film der Ufa. AUL Walter Zeiske.
DRO Messter-Atelier Berlin Blücherstraße 32.
LNG 3 Akte, 1091 m. ZEN März 1919, B.42972, Jv.
Eine gute Ehe führen Ingenieur Rebhuhn und seine Frau Klementine – wenn nur nicht seine krankhafte Eifersucht wäre! Um die zu kurieren, bringen Klementine und ihre Schwester Elly den Gatten soweit, aufgrund einer ominösen schwarzen Locke den Detektiv Lavendel zu engagieren. Der vermutet den Nebenbuhler unter den ›wilden Bewohnern‹ der wilden Bezirke, findet dort aber nur einen Pudel. Alles wird gut, Elly verliebt sich in Lavendel und die alte Ehe ist gerettet.

1919. Ihr Sport.
REG Rudolf Biebrach. AUT Robert Wiene. KAM Willibald Gaebel. BAU Ludwig Kainer. KINO-MUS Giuseppe Becce.
DAR Henny Porten (Adelina von Gentz), Georg Heinrich Schnell (Rudolf Walters), Wally Koch (Helga Walters), Hermann Thimig (Rudi Walters), Rudolf Biebrach.
PRO Messter-Film der Ufa. DRZ März 1919. DRO Ufa-Messter-Atelier Berlin-Tempelhof; AA Krummhübel (Karpacz) im Riesengebirge. LNG 4 Akte, 1483 m.
ZEN März 1919, B.42985, Jv. URA 12.4.1919, Berlin (Mozartsaal).
Die Männerfeindin Adelina von Gentz und Helga sind solange Freundinnen, bis Helga Rudi heiratet. Ein vorwurfsvoller Brief Adelinas an Helga sät Zwietracht in die junge Ehe, denn er bezweckt die Trennung des Paars. Am Ort der Flitterwochen erwartet Adelina ihre Freundin bereits, um gemeinsam über die Männer herzuziehen. Rudi trifft derweil auf einen Namensvetter, an welchen auch Adelina später gerät in der Annahme, es mit Helgas Rudi zu tun zu haben. Er treibt ihr die merkwürdigen Ansichten gründlich aus.

1919. Moral und Sinnlichkeit.
REG Georg Jacoby. AUT Paul Meissner, Georg Jacoby.
DAR Erika Glässner (Margit), Hanna Ralph (Marietta Gerstner, Schauspielerin), Käthe Dorsch (Lisbeth), Margarete Kupfer (weise Frau), Grete Sellin (Anna Brückner), Marga Lindt (Frau von Brandenfels, Mariettas Freundin), Paul Otto (Dr. Weise, Sexualpathologe), Harry Liedtke (Hans Jochen Hellbrand, Bibliophiler), Hermann Thimig (Fred Hasse, sein Freund), Carl Auen (Kurt), Kurt Ehrle (Werner Hartwig, Fabrikbesitzer), Toni Zimmerer (Karl Brückner, sein Prokurist), Wally Koch (Zofe der Frau Gerstner).
PRO PAGU (Union-Film der Ufa). DRO Ufa-Union-Atelier Berlin-Tempelhof. LNG 5 Akte, 1775 m. ZEN März 1919, B.42999, Jv. URA 6.6.1919, Berlin (Tauentzien-Palast).
Dritter Teil von ›Keimendes Leben‹: ›Man sah Dessous, sah Höschen, Spitzen, sah weiße Schultern, schlanke Beine, sah Rendezvous im Dämmerscheine, man sah Verführer und Verführte, wobei man selbst sich animierte.‹ (Film-Kurier, 13.6.1919).

1919. Die rollende Kugel.
REG Rudolf Biebrach. AUT Heinrich /= Henrik / Galeen; nach Motiven des Romans ›Igrok‹ (›Der Spieler‹) von Fedor Dostoevskij.
DAR Ernst Hofmann (Vanja), Rudolf Biebrach (General Sagorianskij), Marthe Angerstein-Licho (Pauline, seine Tochter), Olga Limburg (Blanche), Georg Heinrich Schnell (Marquis de Grillet).
PRO Messter-Film der Ufa. DRO Ufa-Messter-Atelier Berlin-Tempelhof. LNG 5 Akte, 1524 m. ZEN April 1919, B.43050, Jv. URA 9.5.1919, Berlin (Mozartsaal).
Der russische General Sagorianskij, ein Lebemann und Spieler, ruiniert seine Familie und bricht zusammen, als aus einer Erbschaftshoffnung nichts wird. Der Hauslehrer, Vanja, liebt Pauline, die Tochter des Generals, ist aber arm und hat wenig Hoffnung auf das Mädchen. Er beginnt zu spielen und ist erfolgreich. Jetzt aber ist Pauline nicht mehr interessiert, denn sie liebte sein reines Herz. Vanja tötet sich.

Reichlich Raum für Selbstzitat und Ironie erhält Henny Porten in Ernst Lubitschs KOHLHIESELS TÖCHTER. In der bayerischen Variante von Shakespeares »Der Widerspenstigen Zähmung« spielt sie in einer Doppelrolle die brave und die böse Tochter. Die Widerspenstige wird – Jannings sei Dank – »butterweich, lieblich und freundlich, als ihr Gatte den Tyrannen mimt«, wie ein Kritiker 1920 erleichtert feststellt.

weinen vermag, für den erstrebten Erfolgskurs verstärkt lachen. Es entstehen Komödien mit Doppel- und Verkleidungsrollen, die an Portens Sensationserfolg als schöne und häßliche Schwester in KOHLHIESELS TÖCHTER (1920) anknüpfen. In diesem Film hat Ernst Lubitsch die »Superfrau« Porten erstmals in säuberlich getrennte »Hälften« gespalten: Den häßlichen, bärenstarken Rotzlöffel Liesl, die es liebt, die Männer das Fürchten zu lehren, und das schöne, sanfte und dümmlich-kokette Weibchen Gretl. Diese Spaltung wird von den Komödien der 20er Jahre aufgegriffen und die beides verkörpernde »Superfrau« endgültig demontiert, indem die proletig-subversive »Liesl« eine pejorative Eigenexistenz am Rande des schönen, bürgerlich-domestizierten Stars führt. Von dem einst gewaltigen Mythos der Porten bleibt dennoch viel: Die integre und zuverlässige »Mutter des deutschen Films« einerseits und der Star der zwei Gesichter andererseits. Henny Porten ist der einzige weibliche Filmstar, für den Doppelrollen und die Koexistenz von »schönen« und »häßlichen« Seiten im Menschen nicht nur Episode, sondern Signum sind.
Mit der Nazizeit endet die Karriere dieses Superstars. Henny Porten weigert sich, in eine Trennung und Scheidung von dem nach NS-Auffassung jüdischen Wilhelm von Kaufmann einzuwilligen und steht zwölf Jahre lang zu ihrem Wort, obwohl sie deshalb kaum mehr im Film besetzt wird, auch wenn sie durch Fürsprache von Göring und Hitler Verträge und eine Gage bekommt. Auf seltsame Art ist diese bittere Situation für Henny Porten jedoch auch eine Befreiung. Ohne den Druck zum Erfolg, unter dem sie als selbständige Unternehmerin und Superstar gestanden hat, wird sie jetzt auch in ihren Filmen zu der so integren Persönlichkeit, die zu sein man ihr nachsagt. Sie entwickelt eine Würde, die kaum ihresgleichen hat und die sie ihren Figuren auch dann noch mitteilt, wenn das Drehbuch eigentlich peinlich-denunziatorische Bilder vorschreibt. Und sie nimmt sich heraus, was man im NS-Film sonst wohl vergeblich sucht: Verweigerung ihrer Schauspielkunst, wo die Filme schlecht und dumme NS-Ideologie sind. Sie bleibt sich treu.
Der bundesdeutsche Nachkriegsfilm bietet dieser außergewöhnlichen Darstellerpersönlichkeit keinen Platz. Den erhält Porten 1954/55 mit ihren beiden letzten großen Rollen bei der DEFA, aber sie ist wohl schon zu zermürbt für ein nachhaltiges Comeback. Fast auf den Tag ein Jahr nach Wilhelm von Kaufmann stirbt Henny Porten am 15. Oktober 1960 in Berlin.

Corinna Müller

Die Verkleidung in der Verkleidung, das Spiel mit wechselnden Identitäten – als falsche Gräfin weiß das Dienstmädchen in GRÄFIN KÜCHENFEE (unten) ebenso zu überzeugen wie die echte Millionenerbin als Kellnerin in AGNES ARNAU UND IHRE DREI FREIER. Getäuscht werden vor allem die Männer, die Henny anbeten – in jeder Verkleidung.

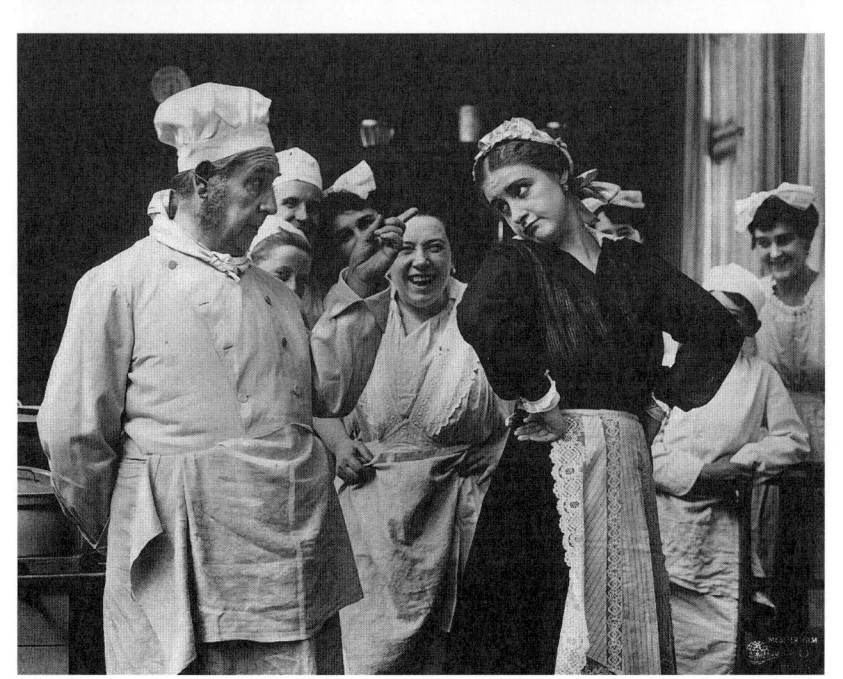

»Sie ist Deutschlands populärste Filmschauspielerin. Vielleicht mit Mary Pickford in Amerika zu vergleichen. Eine der wenigen, sehr wenigen, deren Name ein zuverlässiger Kassenmagnet ist. Das Publikum kennt sie, ist mit ihr vertraut, hat sie zwanzig Jahre lang geliebt. Es ist wie eine langandauernde Ehe – eine Ehe zwischen ihr und einer ganzen Generation deutscher Filmzuschauer. Neu-Hinzukommende oder Fremde würden wohl eine ganze Menge nicht recht verstehen. Am Tage der Silberhochzeit noch verliebt zu sein, das scheint albern, gespielt, abgeschmackt – für den Außenseiter. Die sollten sich schämen, sagen die Jüngeren: Nichtbedenkend, daß Augen, die zwanzig Jahre auf die Welt geschaut haben, nicht die Gegenwart sehen, sondern die Vergangenheit – eine zeitlos idealisierte Vergangenheit.«
(Andor Kraszna-Krausz, 1928)

1919. Die Diamanten des Zaren.
REG Viggo Larsen. AUT Hans Hyan.
KAM Willibald Gaebel.
DAR Viggo Larsen (Victor Mellenthin), Gertrud Welcker (Beatrice Vigeur), Rose Lichtenstein (Rosa Mortensen).
PRO Messter-Film der Ufa. DRO Ufa-Messter-Atelier Berlin-Tempelhof; AA Berlin (u.a. Leipziger Straße).
LNG 5 Akte, 1516 m. ZEN April 1919, B.43024, Jv.
Der Hochstapler Victor Mellenthin wird nach langjähriger Haft entlassen. Bei seiner Tochter Rosa lernt er die Varietétänzerin Beatrice kennen und er verliebt sich sie. Aber noch stärker locken ihn die Diamanten des Exzaren von Rußland. Der Diebstahl gelingt, die Liebe ist vergeben. Rosa rettet den gebrochenen Mann und stirbt. Beatrice begreift! Zu spät.

1919. Vendetta.
REG Georg Jacoby. AUT Georg Jacoby, Leo Lasko.
KAM Theodor Sparkuhl (?), Fritz Arno Wagner (2. Kamera) (?).
DAR Pola Negri (Mariana Paoli), Harry Liedtke (Edwin Alcott), Emil Jannings (Tomasso), Magnus Stifter (Graf Danella), Emil Birron (englischer Offizier), Fred Immler, Käthe Dorsch.
PRO PAGU (Union-Film der Ufa). DRO Ufa-Union-Atelier Berlin-Tempelhof. LNG 5 Akte, 1692 m. ZEN April 1919, B.43180, Jv. URA 22.8.1919, Berlin (U.T. Kurfürstendamm).
Die Geschichte einer Blutrache im Grafenschloß.

1919. Die Tochter des Mehemed.
REG Alfred Halm. BAU Kurt Richter.
DAR Max Trübsand-Kronert (Mehemed, ein alter Schuhmacher), Emilie Kurz (Biskra, sein Weib), Ellen Richter (Leila, deren Tochter), Emil Jannings (Vaco Juan Riberda, Besitzer einer Faktorei am Nordrand der Sahara), Harry Liedtke (Dr. Jan van Zuylen, Geologe), Albert Patry (Minister), Ernst Immler (Alinzo Diaz, Direktor der Banca Commerciale), Lotte Davis (seine Frau).
PRO PAGU (Union-Film der Ufa). DRO Ufa-Union-Atelier Berlin-Tempelhof. LNG 4 Akte, 1365 m. ZEN Mai 1919, B.432h, Jv. URA 15.8.1919.
Dr. van Zuylen und der Portugiese Riberda sehen auf einem Sklavenmarkt Leila, die dort zum Kauf angeboten wird. Riberda kauft sie und will sie dem Doktor schenken, doch der lehnt entrüstet ab. Nach Jahren trifft er beide in Europa wieder – als Ehepaar. Riberda ist ruiniert, doch Leila will bei ihm bleiben, obwohl sie ihn nicht liebt. Als Riberda das bemerkt, begeht er Selbstmord und macht den Weg frei für Leila und van Zuylen.

1919. Das Mädchen mit dem Goldhelm.
REG Victor Janson. AUT nach dem Roman von Hans Land.
DAR Gilda Langer, Margarete Kupfer, Hugo Flink.
PRO PAGU (Union-Film der Ufa). DRO Ufa-Union-Atelier Berlin-Tempelhof. LNG 3 Akte, 957 m. ZEN Mai 1919, B.43098, Jv.

1919. Die Schuld.
REG Rudolf Biebrach. AUT Manja Kralowa.
KAM Willibald Gaebel. BAU Jack Winter, Kurt Dürnhöfer.
KINO-MUS Giuseppe Becce (?).
DAR Henny Porten (Maria Helga Nansen), Georg Heinrich Schnell (Graf Jürgen), Hugo Falke (Eugen Gedon, Bildhauer), Olga Engl (Gräfin Halström), Senta Eichstaedt (Lydia Güllmeister), Grete Reinwald, Hildegard Müller (?).
PRO Messter-Film der Ufa. DRZ Mai 1919. DRO Ufa-Messter-Atelier Berlin-Tempelhof. LNG 4 Akte, 1516 m. ZEN Mai 1919, B.43103, Jv. URA 6.6.1919, Berlin (Mozartsaal).
›Die Schuld‹ heißt die Skulptur, für die Maria Helga Nansen dem Bildhauer Eugen Gedon Modell steht. Später heiratet sie Graf Jürgen Halström und bekommt ein Kind. Nach einigen Jahren sieht Jürgen die Skulptur und reimt sich eifersüchtig eine Geschichte zusammen. Dennoch solle Maria Helga wegen des Kindes bei der Familie bleiben. Sie aber will geliebt, nicht geduldet werden und vergiftet sich.

Der Stolz der Firma

Ernst Lubitsch zwischen Komödie und Historienfilm

»Too jewish slapstick«, so disqualifiziert Lotte H. Eisner die frühen Komödien Ernst Lubitschs. Die Wiederentdeckung von Filmen, die der Filmmacher zu Beginn seiner Karriere und darüber hinaus während seiner ganzen deutschen Periode geschaffen hat, wirft ein neues Licht auf das Gesamtwerk dieses »deutschen Meisters der amerikanischen Komödie«.

Die vorherrschende Meinung sieht in seinen frühen Filmen nur erste primitive kommerzielle Versuche – in Erwartung des Fortschritts und der Verfeinerung, die Hollywood bringen sollte, nach dem Motto: »Goodbye slapstick, hello nonchalance«. Dagegen muß es heute erlaubt sein, in ihnen eine eigenständige Konzeption des Komischen zu entdecken, und viel allgemeiner noch: eine eigenständige Erzählweise. Lubitsch wird sein Leben lang dieser Konzeption treu bleiben, einer Erzählweise, in der die Triebkräfte der Handlung eine bestimmte typische Spielweise fordern. Eine Konzeption von Kino, gebunden an eine Lebenskonzeption, die er in seinen letzten Filmen deutlich macht: TO BE OR NOT TO BE, HEAVEN CAN WAIT, CLUNY BROWN – wo das Leben das wertvollste Gut ist, wo alles dem Charme des Augenblicks untergeordnet ist.

Lubitsch wird am 29. Januar 1892 in Berlin geboren. Sein Vater ist Damenschneider, handelt mit Kleidern, Blusen und Mänteln. Er stammt, wie Lotte Eisner schreibt, »aus jenem Milieu voll Lokalkolorit, das man in dieser Stadt die ›Konfektion‹ nannte und das einer strengen Hierarchie unterworfen war... Diese ›Konfektionäre‹ hatten ihren Jargon, ihre Redeweise und ihre Mentalität, die man ›Hausvogteiplatz‹ nannte, nach dem Ort, um den sich ihre Häuser gruppierten. Man muß übrigens betonen, daß der Geist dieses Milieus... nicht unbedingt jüdisch war, sondern ausgesprochen berlinerisch.«

Dies ist das Milieu, das ursprünglich und typisch genug ist, um – nahezu seit den Anfängen des deutschen Films – als Rahmen und Inspiration für Komödien zu dienen. Es beruht auf einem »speziellen Sinn für Komik, unterfüttert mit einer Art Fatalismus, wie sie Leuten eigen ist, die gewohnt sind, Pogrome und Verfolgungen zu überstehen« (Eisner). Diese Komödien erleben ihren Höhepunkt durch Lubitsch, der für sein Leinwanddebüt eine komische Figur kreiert, ausstaffiert mit einer Zigarre, die auch Lubitschs eigenes Markenzeichen werden soll. Ob er sich nun Siegmund Lachmann nennt, Sally Pinkus oder Meier, er ist bereit zu allem, was seinen beruflichen Ehrgeiz befriedigt oder seine Gelüste und Wünsche stillt. Der Existenzkampf, die Kraftanstrengungen in den harmlosesten Augenblicken des Lebens, der Wunsch und das Bedürfnis aufzutauchen, all das findet sich seit DER STOLZ DER FIRMA – aber all das wird man auch in seinen historischen Filmen entdecken können. Bis hin zu jenen Aspekten, die dem guten Geschmack schwer ankommen: Jene Züge jüdischer Selbstverspottung, die Lotte Eisner so sehr gestört haben, stehen in der Grobheit dieser Komik der höheren Kultur des Theaters entgegen.

Vom vorlauten Ladenschwengel zum BLUSENKÖNIG (1917) ist es für Ernst Lubitsch ein kurzer Weg. Erst als Darsteller, dann auch als Regisseur turbulenter Komödien wird er rasch populär.

Zum letztenmal steht er in SUMURUN neben Pola Negri vor der Kamera. Als buckliger Gaukler zum Auslöser zahlreicher Morde geworden, kehrt der Komödiant nach der Befreiung des Harems zurück in seine Jahrmarktsbude. »Er muß wieder tanzen und springen, denn das Publikum will auf seine Kosten kommen«, schreibt sich Lubitsch 1920 in das Programmheft.

Zwischen 1914 und 1918 realisiert Lubitsch 24 Lustspiele zwischen einem und drei Akten. Er sammelt um sich ein festes Team: die Drehbuchautoren Hanns Kräly und Erich Schönfelder, Techniker (den Kameramann Theodor Sparkuhl, den Filmarchitekten Kurt Richter) und Schauspieler, arbeitet für die Projektions-AG »Union« des Produzenten Paul Davidson. Nach Gründung der Ufa, in die die Union aufgeht, hat Davidson die Idee, Lubitsch einen dramatischen Film anzuvertrauen. Im Oktober 1918 kommt DIE AUGEN DER MUMIE MA in die Kinos und wird ein Riesenerfolg. Der Film markiert den Beginn der Zusammenarbeit zwischen Lubitsch und Pola Negri und bekräftigt die Hinwendung des Teams zum dramatischen Film wie zum langen Film (nach einer Übergangsphase im Jahre 1918).

Diese Wendung ist kein völliger Bruch im Werk des Filmmachers, dessen Karriere schon immer mit der ›edleren‹ Sphäre des deutschen Theaters verbunden ist. Die Anekdoten über seine frühreife Leidenschaft für die Bretter, die die Welt bedeuten, sind ebenso reichlich wie kaum zu verifizieren: 1906 trifft er seinen Schulkameraden Lothar Mendes und den Schauspieleleven Emil Jannings im Gardelegen-Theater. Etwas später zieht es ihn in den Kreis des Königs über die deutschsprachigen Bühnen jener Zeit: Max Reinhardt. Der leitet damals drei Theater – in Wien, München und Berlin. Lubitsch hat sich mit Viktor Arnold, einem Schauspieler der Reinhardt-Truppe, angefreundet. Dieser gibt ihm Unterricht, ermutigt ihn und stellt ihn schließlich Reinhardt vor. Ab 1911 bekommt Lubitsch kleine Rollen in den berliner Inszenierungen.

Auch Jannings trifft er am Deutschen Theater wieder, wo sich bald auch eine weitere zukünftige Regie-Größe des deutschen Films einfindet: Friedrich Wilhelm Murnau. Zu den Mitgliedern von Reinhardts Ensemble gehören Werner Krauß, Conrad Veidt, Paul Wegener, Alexander Moissi, Viktor Arnold, Lucie Höflich, Max Pallenberg, Albert Bassermann, Jacob Tiedtke – alles Namen, die das nächste Jahrzehnt des deutschen Films prägen werden. Hier ist es, wo Lubitsch seine Besetzungen finden wird. Er hat einen Spürsinn für Stars, wird Henny Porten eine neue Richtung geben und – auch das – alle Rollen für Pola Negri entwickeln.

Der Einfluß Reinhardts auf Lubitsch ist eher indirekt, doch seine eigene Konzeption des Films wird durch dessen Theater-Revolution geprägt. Er schaut ihm Inszenierungstechniken ab, beherrscht bewundernswert sowohl intime Szenen wie Massenbewegungen. Er übernimmt von ihm die Arbeit in einer festen Gruppe; die Abwechslungsfreude, die Leichtigkeit, mit der Reinhardt alle Genres angeht; den Geschmack für das »Morality play« und gleichzeitig für das Märchenhafte, die Fantasie, wie sie sich in SUMURUN zeigt, einem Stück, das Lubitsch für die Bühne inszeniert und 1920 mit einer Reinhardt-Besetzung auf die Leinwand bringt; schließlich die Vorliebe für das Kolossale, für die Behandlung von Menschenmengen und weiten Räumen.

Aber vor allem findet er bei seinem Meister eine Inspiration, nämlich den Wechsel verschiedener Genres: Farce, Lustspiel, Märchen, historisches Drama, Gesellschaftsstück. In der shakespeareschen Praxis Reinhardts findet er die Ambivalenz der Figuren und ihrer Motivationen, das Rollenspiel, den ständigen Wechsel der Beziehungen, die Vermischung der privaten und politischen Sphäre. In seinen eigenen Worten: »Die Bedeutung dieser Filme lag, meiner Meinung nach, in der Tatsache, daß sie sich vollkommen von der damals so populären italienischen Schule absetzten, die sich eher an der großen Oper orientierte. Ich versuchte, meine Filme zu ent-opern und meine historischen Gestalten zu vermenschlichen. Ich nahm die intimen Nuancen genau so wichtig wie die Massenbewegungen, und ich versuchte, sie miteinander zu verbinden.« Die Hommage an Shakespeare wird besonders deutlich in seinen letzten Filmen, darunter die ernstesten: TO BE OR NOT TO BE und CLUNY BROWN. Gewiß trägt er gelegentlich dazu bei, die kulturelle Würde des Theaters in den Film einzuführen. Aber, im reinhardtschen Sinn des totalen Spektakels, bringt er auch die Erbschaft von »Meier« mit, einen Sinn für das Triviale, den man nicht übersehen darf. Viele von Lubitschs frühen Großfilmen beruhen auf zeitgenössischen Operetten, ein Genre, das Reinhardt völlig fremd ist.

Wie die Zuschauer seiner Filme spürt er das Bedürfnis, nach dem Spaß an der Karikatur des Alltäglichen in seinen ersten Filmen die Würde des anerkannten Theaters wiederzuerobern. Das bezeugt eine Anekdote über Alexander Moissi, mitten zwi-

1919. Kreuziget sie! / Die Frau am Scheidewege.
REG Georg Jacoby. AUT Paul Otto. KAM Theodor Sparkuhl. BAU Kurt Richter.
DAR Pola Negri (Maria), Harry Liedtke (Graf Wengerade), Albert Patry (Staatsrat Alexander), Paul Hansen, Lotte George, Magnus Stifter, Hermann Picha, Victor Janson, Wilhelm Diegelmann.
PRO PAGU (Union-Film der Ufa). DRO Ufa-Union-Atelier Berlin-Tempelhof. AA Ufa-Freigelände, Park von Schloß Sanssouci, Potsdam. LNG 4 Akte, 1546 m. ZEN Mai 1919, B.43129, Jv. URA Juli 1919, Berlin (U.T. Kurfürstendamm).
Ein Gesellschaftsstück, in dem das Personal wesentlich aus einem verknöcherten Staatsrat, dem Mädchen Maria und dem Lebemann Graf Wengerade besteht.

1919. Argus X.
REG Viggo Larsen.
DAR Viggo Larsen.
PRO Messter-Film der Ufa. DRO Messter-Atelier Berlin Blücherstraße 32. LNG 4 Akte, 1236 m. ZEN Mai 1919, B.43080, Jv.

1919. Rose Bernd.
REG Alfred Halm. AUT Alfred Halm; nach dem Bühnenstück von Gerhart Hauptmann. KAM Willibald Gaebel. BAU Hans Baluschek. AUS Jack Winter, Kurt Dürnhöfer. KINO-MUS Dr. Bechstein /= Giuseppe Becce/.
DAR Henny Porten (Rose Bernd), Werner Krauß (Bernd), Emil Jannings (Arthur Streckmann), Paul Bildt (August Keil), Ilka Grüning (Frau Flamm), Alexander Wirth (Christoph Flamm), Rigmore Törsleff (Martell), Max Maximilian, Rudolf Biebrach (Untersuchungsrichter).
PRO Messter-Film der Ufa. DRZ August 1919. DRO Ufa-Messter-Atelier Berlin-Tempelhof. LNG 6 Akte, 1900 m. ZEN Juni 1919, B.43374, Jv. URA 5.10.1919, Berlin (Mozartsaal).
Am Anfang stirbt ein Kind: Rose Bernd hatte es für Schultheiß Flamm und seine kranke Frau gepflegt. Zwischen dem Vater und Rose besteht starke Zuneigung. Rose ist von ihm schwanger. Dies erfährt Streckmann, der sein Wissen zur Erpressung nutzt. Der fromme Missionsbuchhändler Keil hält bei Roses gottesfürchtigem Vater um die Hand der Tochter an – erfolgreich. Doch Rose hält sich zurück. Ein Prozeß gegen Streckmann stempelt sie zur Dirne. Rose flüchtet in den Wald, gebiert dort ihr Kind und erwürgt es. Im Fieberwahn gesteht sie die Tat.

1919. Die beiden Gatten der Frau Ruth.
REG Rudolf Biebrach. AUT Heinrich /= Henrik/ Galeen. KAM Willibald Gaebel. BAU Jack Winter (?), Kurt Dürnhöfer. KINO-MUS Giuseppe Becce.
DAR Henny Porten (Ruth Elvstedt), Kurt Götz /= Curt Goetz/ (Ingenieur Robert Holversen), Else Wojan (Margit Sidellius), Erich Schönfelder (Baron Alfred Alberg), Meinhard Maur (Lars Sidellius, Notar), Elsa Wagner, Emmy Wyda, Paul Passarge.
PRO Messter-Film der Ufa. DRZ Juni 1919. DRO Ufa-Messter-Atelier Berlin-Tempelhof. LNG 4 Akte, 1331 m. ZEN Juni 1919, B.43186, Jv. URA 25.7.1919, Berlin (Mozartsaal).
Der Ingenieur Robert Holversen erwartet die Ankunft seines Mündels Ruth Elvstedt und ist überrascht: Eine köstlich anzusehende Frau entsteigt dem Wagen. Es folgen: Heirat, Eifersucht, Erneuerung der Harmonie.

1919. Die Austernprinzessin.
REG Ernst Lubitsch. AUT Hanns Kräly, Ernst Lubitsch. KAM Theodor Sparkuhl. BAU Kurt Richter.
DAR Victor Janson (Mr. Quaker, Austernkönig von Amerika), Ossi Oswalda (Ossi, seine Tochter), Harry Liedtke (Prinz Nucki), Julius Falkenstein (Josef, Nuckis Freund), Max Kronert (Seligsohn, Heiratsvermittler), Curt Bois (Kapellmeister), Gerhard Ritterband (Küchenjunge), Albert Paulig, Hans Junkermann.
PRO PAGU (Union-Film der Ufa). Technische Leitung Kurt Waschneck. LNG 4 Akte, 1500 m. ZEN Juni 1919, B.43068, Jf. URA 20.6.1919, Berlin (U.T. Kurfürstendamm).
Ossi, Tochter des Austernkönigs und verwöhnt obendrein, möchte einer frisch vermählten Freundin in Sachen Ehe nicht hinterherhinken. Sie entschließt sich zu einer Spontanheirat. Ihre Wahl fällt auf Prinz Nucki, arm, aber standesbewußt. Doch die Geschichte verwickelt sich derart, daß sich Nuckis Freund Josef mit Ossi vermählt und dennoch am nächsten Morgen Nucki im Schlafgemach der Austernprinzessin weilt.

---

schen Meier und TO BE OR NOT TO BE: »Vor 15 Jahren war Alexander Moissi schon beinahe so berühmt wie heute, aber mir, der ich mir eben bei Reinhardt die ersten Sporen zu verdienen im Begriffe war, fehlte noch einiges zur Unsterblichkeit. Ich erinnere mich noch sehr gut, wie Moissi eines Sommerabends vor Beginn der Vorstellung am Bühneneingang des Deutschen Theaters stand und von den umherstehenden Zivilisten ehrfürchtig bestaunt wurde. Diesen Grad der Berühmtheit konnte ich ihm nicht neidlos gönnen, legte ihm meinen Arm um die Schulter, stellte mich neben ihm in Positur und sagte zu ihm: ›Herr Moissi, erlauben Sie, daß ich Sie umarme, damit die Leute meinen, ich bin auch jemand!‹ Sicher ist damals der göttliche Funke auf mich übergesprungen.«

Offensichtlich bringt Lubitsch diese Entwicklung in die Ufa nach ihrer Gründung mit ein: die abstrakte Eleganz seiner Inszenierung, gespickt mit Litoten und Doppelbödigkeit, ein Universum von Kunstgriffen und Konventionen, von Täuschungen und Masken, wo Heuchelei und trügerisches Verhalten kaum die heftige Anziehung der Geschlechter verbergen, ein Universum, wo es keine Armen gibt, wo Diebe und Bestohlene schließlich eine wohlgeordnete Gesellschaft bilden, wohlgeordnet in ihrer Lüge und ihrem Zynismus. Aber die Regeln erfindet Lubitsch selbst. Man kann darin den Versuch sehen, den Status quo zu unterstützen. Siegfried Kracauer, der in seiner Kritik die vermutlichen Hoffnungen der Ufa-Chefs trifft, meinte, Lubitsch habe mit MADAME DU BARRY die Französische Revolution diskreditieren wollen – und damit jegliche revolutionären Perspektiven. Im Gegensatz dazu kann man darin die schärfste Analyse erkennen, wie sie Jean-Marie Straub und die Kritik der 60er Jahre anstellte. Aufgrund dieser zweiten Perspektive kann man feststellen, daß in den ganz seltenen Fällen, in denen Lubitsch von seiner Regel abweicht und sich ausführlich an sein Publikum wendet, dies geschieht, um Militarismus und Krieg anzuprangern: ALS ICH TOT WAR (1916), DIE BERGKATZE (1921), THE MAN I KILLED (1931).

Vom Standpunkt der Ufa kann Lubitsch getrost als »Stolz der Firma« gelten. Er prägt die Ökonomie der Handlung, aber die erzählerische Ökonomie verbindet sich mit der finanziellen. Der berühmte Satz François Truffauts – »Wenn Sie mir sagten: Ich habe gerade einen Lubitsch-Film gesehen, in dem es eine überflüssige Einstellung gab, dann sind Sie für mich ein Lügner!« – verrät auch deutlich den Neid des Filmmacher-Kollegen. Hier ist nichts Vergleichbares mit den sich über Zeit und Raum erstreckenden, aufwendigen Geschichten eines Joe May (deren Reiz gerade in ihrer Megalomanie besteht). Die Lehrjahre der Beschränkung kommen der Buchhaltung zugute – die Filme kosten einen berechenbaren Preis und sind exportierbar –, nützen aber vor allem der Erzählungsführung, wo Lubitsch absolut Neues bringt. Zu DIE AUSTERNPRINZESSIN, der 1918, in dem Jahr der Großfilme, entsteht, gibt er ein Beispiel: »Ein armer Mann muß in der riesigen Eingangshalle des Hauses eines Multimillionärs warten. Der Parkettboden des Multimillionärs zeigt ein kompliziertes Muster. Um seine Ungeduld und seine Erniedrigung nach Stunden vergeblichen Wartens zu überwinden, beginnt der Arme, die Linien dieses sehr vertrackten Musters nachzugehen. Es ist sehr schwer, die Nuancen zu beschreiben, und ich weiß nicht, ob ich erfolgreich war, aber es war das erstemal, daß für mich die Komödie zur Satire umschlug.«

Lubitsch weiß die ökonomischen Möglichkeiten der neuen Firma voll auszuschöpfen. Seine spektakulären Großfilme brechen die Blockade, die in den USA für deutsche Filme besteht. Zunächst ist es CARMEN (GYPSY BLOOD), dann MADAME DU BARRY, der – unter dem Titel PASSION – das amerikanische Publikum begeistert. Auf PASSION folgt DECEPTION (ANNA BOLEYN), und die amerikanischen Produzenten beginnen, sich für Deutschland zu interessieren. Zunächst, indem sie in die EFA investieren. Für die Produktionsfirma, von Famous Players-Lasky mit Paul Davidson an der Spitze gegründet, dreht Lubitsch DAS WEIB DES PHARAO, alias THE LOVES OF PHARAO. Dann wird er nach Hollywood engagiert. 1922 überquert er, von Mary Pickford eingeladen, den Atlantik. Eine neue Karriere beginnt, im Keim angelegt im außergewöhnlichen Reichtum seiner ersten Schaffensjahre im deutschen Film.

Zahlreiche Filme Lubitschs haben das Kino vorangebracht, und ihnen verdankt er sein Renommée. Auf überraschende Weise haben sie nichts von ihrer Faszinationskraft eingebüßt. Man hat ebensoviel Freude an ihnen, findet noch mehr Gründe der Bewunderung als die Zeitgenossen, die ihnen applaudierten. Durch sie ist Lubitsch der Mann geworden (und ist es immer noch), der dem breiten Publikum – durch den »Lubitsch touch« – das Konzept des »mise en scène«, der Inszenierung, nahegebracht hat, der Mann, der die Psychologie auf die Leinwand gebracht hat, ein Proteus mit einer großen Anpassungsfähigkeit an alle Genres, der Erbe der deutschen Theatertradition und Begründer einer eigenständigen kinematografischen Tradition. Seine Filme sind Vorbild für seine Zeitgenossen, die sie imitieren und nachdrehen – von Argentinien bis China. Lubitsch besitzt vor allem die Intuition, daß die kinematografischen Mechanismen mit den psychologischen Mechanismen eine Verwandtschaft verbindet. Man kann sagen, das eigentlich von Lubitsch behandelte Sujet liegt im Innern der Inszenierung. Und so bleibt Lubitsch auch heute noch ein Vertreter der Moderne.

Bernard Eisenschitz

Pola Negri als MADAME DUBARRY (1919): »Lubitsch hatte eine Art, seine Marionetten zu manipulieren, die der Menge und ihrem Widerpart der Einsamkeit neue Kraft verlieh. Niemand zuvor hatte seine Flächen so gefüllt und entleert mit der wogenden Masse, aus jeder Ecke Figuren strömen lassen, um das Bildfeld auszufüllen, sie wieder wie ein Wirbelwind zerstreut und eine einzelne Figur unbeweglich in die Mitte eines leeren Platzes gestellt.« *(Caroline Alice Lejeune, 1931)*

»Nach Lubitschs Beerdigung im Jahre 1947 gingen seine Freunde Billy Wilder und William Wyler traurig zu ihrem Wagen. Schließlich, um das Schweigen zu brechen, sagte Wilder: ›Kein Lubitsch mehr‹, und Wyler antwortete: ›Schlimmer – keine Lubitsch-Filme mehr‹.« *(Peter Bogdanovich, 1972)*

Der Unersättliche: Emil Jannings als Heinrich VIII. mit Geburtstagsgeschenk in ANNA BOLEYN

1919. Madame Dubarry.
REG Ernst Lubitsch. AUT Fred Orbing /= Norbert Falk/, Hanns Kräly. KAM Theodor Sparkuhl. BAU Kurt Richter. MIT Karl Machus. KOS Ali Hubert. KINO-MUS Alexander Schirmann.
DAR Pola Negri (Jeanne Vaubernier, später Madame Dubarry), Emil Jannings (Louis XV.), Reinhold Schünzel (Herzog von Choiseul, Staatsminister), Harry Liedtke (Armand de Foix), Eduard von Winterstein (Graf Jean Dubarry), Karl Platen (Guillaume Dubarry), Paul Biensfeldt (Lebel, Kammerherr des Königs), Magnus Stifter (Don Diego, spanischer Gesandter), Willy Kaiser-Heyl (Kommandant der Wache), Elsa Berna (Gräfin von Gramont), Fred Immler (Graf von Richelieu), Gustav Czimeg (Graf von Aiguillon), Alexander Ekert (Paillet), Marga Köhler (Madame Labille), Bernhard Goetzke, Robert Sortsch-Plá.
PRO PAGU (Union-Film der Ufa). Technische Leitung Kurt Waschneck. AUL Carl Moos. DRO Ufa-Union-Atelier Berlin-Tempelhof; AA Ufa-Freigelände, Park von Schloß Sanssouci, Potsdam. LNG 7 Akte, 2493 m. ZEN Juli 1919, B.43395, Jv. URA 18.9.1919, Berlin (Ufa-Palast am Zoo).
Vom Lehrmädchen einer Putzmacherin steigt Jeanne Vaubernier zur Gräfin Dubarry und zur allmächtigen Mätresse Ludwig XV. auf. Ihr Geliebter, Armand de Foix, Offizier der Leibwache, schließt sich der revolutionären Bewegung um den Schuster Paillet an. Ludwig stirbt an den Blattern. Die Dubarry wird vom Hofe verstoßen, die Volksmenge fordert ihre Hinrichtung. Sie wird von Armand, dem Vorsitzenden des Revolutionstribunals, verurteilt, der sie zugleich zu retten versucht – vergeblich.

1919. König Krause.
REG Heinrich Bolten-Baeckers. KAM Hermann Böttger. DAR Konrad Dreher, Melita Petri, Leo Peukert. PRO BB-Film der Ufa. PRT Heinrich Bolten-Baeckers. DRO BB-Atelier Berlin Lindenstraße 32-34. LNG 4 Akte, 1543 m. ZEN Juli 1919, B.43230. URA 1.8.1919, Berlin (Kammerlichtspiele).
Ein modernes König Lear-Thema: Als Lears Töchter agieren in abgewandelter Form die Töchter des Fouragenhändlers Krause.

1919. Die Pantherbraut.
REG Leo Lasko. AUT Heinrich Hutter. KAM Friedrich Weinmann. BAU Kurt Richter.
DAR Carl Auen (Joe Deebs), Ria Jende (Ellen), Adolf Klein (Direktor Erik Hansen, ihr Mann), Emil Rameau (Dr. Duffoir, ihr Vater), Victor Janson (Ferry Douglas), Albert Patry (Oberpriester des Kali), Bernhard Goetzke (Priester), Martin Hartwig (Fakir).
PRO PAGU (Union-Film der Ufa). Technische Leitung Kurt Waschneck. DRO Ufa-Union-Atelier Berlin-Tempelhof. LNG 4 Akte, 1420 m. ZEN Juli 1919, B.43247, Jv.

Das indische Abenteuer des Joe Deebs.

1919. Die Liebe der Marion Bach.
REG Heinrich Bolten-Baeckers. KAM Albert Schattmann. DAR Leo Peukert (Franz von Tornay), Margarete Neff (Marion Bach, Pianistin), Gustav Rudolph (Ernst Winkelmann, Gutsbesitzer), Lisl Kehm (Sabine, seine Tochter), Hans Stock. PRO BB-Film der Ufa. PRT Heinrich Bolten-Baeckers. DRO BB-Atelier Berlin Lindenstraße 32-34. LNG 4 Akte, 1448 m. ZEN Juli 1919, B.43265, Jv. URA Oktober 1919, Berlin (U.T. Nollendorfplatz).
Die Liebe der Künstlerin Marion Bach gilt mehreren Menschen: dem finanzschwachen Lebemann Franz von Tornay, der sie betrügt, dann dem Gutsbesitzer Winkelmann, der sie heiratet, und ihrer Tochter Sabine, deren Heirat mit von Tornay sie verhindern kann. Aber Marion wird ihres Lebens nicht froh. Winkelmann stirbt, und der Versuch, Sabine mit letzter Kraft vor dem Ertrinken zu retten, kostet sie das Leben.

Der Reichspräsident bei Anna Boleyn

Ebert, Lubitsch und die Statisten

Ergebenst lädt die Projektions-AG »Union« Journalisten und Politiker per Telegramm zu einem Ereignis ein: »Donnerstag mittag zwölf Uhr findet bei gutem Wetter in Tempelhof die große Aufnahme mit viertausend Komparsen statt.« Es ist der 30. September 1920. Ernst Lubitsch dreht auf dem Freigelände den Hochzeitszug für ANNA BOLEYN.

Am folgenden Tag berichtet der *Film-Kurier*: »Gestern mittag machte der Reichspräsident Ebert mit einem stattlichen Gefolge Anna Boleyn seine Aufwartung. Der Repräsentant der Republik bei einer Königin, wenn auch bei einer historischen, bei der unglücklichen Gemahlin des 8. Heinrich von England. Königliche Luft umweht diese arme Bäckerstochter, die das Opfer ihrer Schönheit wurde, aber auch wieder ein modern demokratisch anmutender Zug: sie war trotz allem doch nur eine Bäckerstochter ... Anna Bullen wurde Königin; das geschah im Jahre 1532. In der Westminsterabtei fand die Trauung statt.

Den Festzug sahen wir gestern. Zu diesem Zwecke war auch der Reichspräsident der Einladung des Ufa-Konzerns nach ihrer grandiosen Filmstadt in Tempelhof gefolgt. Mit größter Anteilnahme folgte er den Erklärungen, die ihm die Generaldirektoren Bratz und Davidson abgaben, und den Erläuterungen, die Meister Lubitsch als Herr von einem viertausend Köpfe zählenden Statistenheer machte. Im schlichten Arbeitsanzug, den Hals von keinem Kragen beengt, um die volle Gewalt der Stimme einsetzen zu können, häufig das Sprachrohr an den Lippen, stand dieser mit einigen Hilfsregisseuren und den Aufnahmeoperateuren auf einem hohen Holzstapel, auf einer Art Scheiterhaufen, der glücklicherweise nicht loderte, und gebot den Massen. Der Durchblick auf die Westminsterabtei, die bunten Menschenmassen, der Festzug, in dem die Geistlichkeit in Ornat, die gewappnete Ritterschaft, der Adel in großem Prunk, die Hofdamen in vollem Staat ein-herschritten, ergaben zusammen ein sehr farbenfrohes und belebtes Bild, das auch auf dem Zelluloidstreifen seine Wirkung tun wird. Henny Porten ist Anna Boleyn. Jannings ist Heinrich VIII. Sie in mädchenhafter Unschuld und Lieblichkeit, er mit dem Ausdruck brutaler Sinnlichkeit und herrischen Selbstbewußtseins.

Ein Prestigefilm! Er soll dem Ausland zeigen, was die deutsche Filmindustrie für Fortschritte gemacht hat. Wir hoffen, daß es der Fall sein wird. Henny Porten, angestrengt von der dauernden Arbeit, aber entzückend in ihrem durch nichts besiegbaren Charme, saß, bis die Reihe an sie kam, in ihrem Automobil, von Bewunderern umschwärmt.

Mit den Hauptdarstellern wechselte der Reichspräsident herzliche Worte. Dann begab er sich mit seinem Gefolge und den geladenen Journalisten nach den genuesischen Straßen, wo Direktor Lippmann einige Aufschlüsse über den von Paul Leni inszenierten Gloriafilm DIE VERSCHWÖRUNG IN GENUA gab. Der Reichspräsident brachte auch diesem Film lebhaftes Interesse entgegen, der einen beachtenswerten Zeitausschnitt aus dem dauernden Kampf zwischen Demokratie und Absolutismus darstellt.

In der Messter-Kantine vereinigte man sich später zu einem kleinen Imbiß. Eberts Erscheinen rief unter dem Statistenheer große Bewegung hervor.« (L.K.F., Film-Kurier, 1.10.1920).

Die Hinweise des Autors Lothar Knut Fredrik auf die Filmmonarchie und die reale Republik sind von vornehmer Zurückhaltung. Für die Stimmung unter den Statisten interessiert er sich wenig, er hält sie für »bewegt«. Im Bericht des *Kinematograph*, zehn Tage später, liest sich das etwas genauer:

»Die im Hintergrund aufgestellte Blechmusik intoniert einen Marsch, und in unabsehbarer Fülle entrollt sich der großartige Hochzeitszug, inmitten einer jubelnden,

Staatsmacht und höfische Pracht:
Emil Jannings und Henny Porten mit Reichspräsident Friedrich Ebert, dazwischen Produzent Paul Davidson. Über allen Regisseur Ernst Lubitsch

Zweimal Festzug: **Reichspräsident Ebert in Begleitung von Union-Davidson, Ufa-Bratz und Bankier Stauß** in Tempelhof

Anna Boleyn und Heinrich VIII beim kinematografischen Hochzeitszug

tücherschwenkenden Menge. Mit nur einer Probe hat alles gut geklappt. Ebert schmunzelt vergnügt wie immer und unterhält sich interessiert mit den Hauptdarstellern, die in ihrer leichengelben, violetten und roten Schminke einen merkwürdigen Anblick bieten. Inzwischen werden Vorbereitungen zu einer zweiten Massenaufnahme gemacht. Die Volksmenge soll die Postenketten durchbrechen und den Platz vor der Kirche überfluten. Probe wird nicht gemacht. ›Aber daß mir keiner in den Apparat sieht und daß keiner lacht.‹ Auf ein verabredetes Signal geht die Drängelei los, ergießt sich ein Strom von Menschen, dahinter Kavallerie, die nachdrängt, um die Menge zu zerstreuen. Aber ach, sie haben doch in den Apparat geguckt und haben doch gelacht. Und zur Strafe müssen sie die ganze Geschichte nochmal machen. Lange Gesichter, die Reiterei schmollt, streikt, will den Ritt die Treppe hinunter nicht noch einmal riskieren. Es kommt daher bei der nun folgenden zweiten Aufnahme zu einem kleinen Zwischenfall. Die Lanzenträger und Reiter stehen mit einmal wie die Mauern. Lubitsch rast, aber er kehrt geschickt den Spieß um: ›Das haben sie ausgezeichnet gemacht, meine Herrschaften, gerade so wollte ich es haben. Bitte, noch einen Augenblick.‹ Da der Effekt versagt, kommt wieder Leben in die Masse, wütend drängt und stößt alles vorwärts. Jetzt ist das Bild echt, besser konnte es gar nicht sein. ›Schluß. Zurück zu den Gruppenführern.‹ In fast militärischer Form vollzieht sich die Auflösung des Volkshaufens, der sich schwatzend in die Ankleideräume zurückzieht. Da die Glashäuser für einen solchen Massenbetrieb nicht ausreichen, ist eine Anzahl Möbelwagen bereitgestellt, in denen die Metamorphose sich schnell vollzieht. Schon auf dem Wege dahin fangen viele an, sich einzelner Kleidungsstücke zu entledigen. Da kommt unter den bunten, kulturhistorischen Fetzen manch schäbiger Kittel zutage, offenbart sich Großstadt-

1919. Die lebende Tote.
REG Rudolf Biebrach. AUT Robert Wiene. KAM Willibald Gaebel. BAU Jack Winter, Kurt Dürnhöfer (?). KINO-MUS Giuseppe Becce. . DAR Henny Porten (Eva von Redlich), Paul Bildt (Professor von Redlich), Ernst Dernburg (von der Tann), Hans von Zedlitz-Neukirch (Graf Karl Lanza), Elsa Wagner (Brigitte, Evas Kammerfrau), Karl Ebert. PRO Messter-Film der Ufa. DRZ Juli 1919. DRO Ufa-Messter-Atelier Berlin-Tempelhof. LNG 5 Akte, 1564 m. ZEN August 1919, B.43276, Jv. URA 29.8.1919, Berlin (Mozartsaal).
Die Ehe mit Professor von Redlich füllt dessen Gattin Eva nur teilweise aus. Den Rest besorgt ein junger Lebemann durch einen tragischen ›Fehltritt‹. Nach einem Zugunglück, in das Eva in Wirklichkeit gar nicht verwickelt war, gilt sie als tot. Aus Angst vor der Rückkehr in die Familie geht sie zum Varieté, wo sie im Kokain-Rausch versinkt und stirbt. das Spiel, steht aber über den Dingen.

1919. Der lustige Ehemann.
REG Leo Lasko. AUT Ernst Lubitsch; nach einer Idee von Richard Wilde. KAM Theodor Sparkuhl. BAU Kurt Richter. DAR Victor Janson (Dr.Helfer / Randolfi, Verwandlungskünstler), Irmgard Bern, Marga Köhler, Heddy Jendry, Wally Koch. PRO PAGU (Union-Film der Ufa). DRO Ufa-Union-Atelier Berlin-Tempelhof. LNG 3 Akte, 770 m. ZEN August 1919, B.43284, Jv. URA 22.8.1919, Berlin (Kammerlichtspiele).

Galant gibt sich der Frauenarzt Dr. Helfer in seinen Sprechstunden. Seine Schwiegermutter hat ein wachsames Auge auf ihn und wittert überall Verrat. Zurecht: denn Helfer will Rosine zum Tanz verführen. Zu Hilfe kommt der Verwandlungskünstler Randolfi, der gegenüber der Schwiegermutter den braven Ehemann der Tänzerin mimt – solange, bis die Ehefrau von der Kur zurückkommt. Sie durchschaut das Spiel, steht aber über den Dingen.

1919. Im Bahnwärterhäusl.
REG Heinrich Bolten-Baeckers. KAM Albert Schattmann. DAR Margarete Neff (Monika), Leo Peukert (Toni), Kurt Prager (Monikas Vater), Richard Ludwig (Franz), Gustav Rudolph (der alte Spantner). PRO BB-Film der Ufa. PRT Heinrich Bolten-Baeckers. DRO BB-Atelier Berlin Lindenstraße 32-34. LNG 3 Akte, 1345 m. ZEN August 1919, B.43289. URA 22.8.1919, Berlin (Kammerlichtspiele).
Im Bayerischen leben Toni und Franz, und beide lieben Monika. Als sie zum Militär müssen, schlägt Toni einen Kameraden nieder, kommt ins Gefängnis. Sein Ausbruch scheitert: Franz, zu der Zeit Wärter, tötet Toni. Monika und Franz heiraten, haben einen Sohn. Tonis Vater erfährt von Franzens Täterschaft und versucht, das Kind von einem Zug überfahren zu lassen. Im letzten Moment wird die Katastrophe verhindert.

1919. Das Millionenmädel.
REG, AUT H. Fredall /= Alfred Halm/. KAM Willy Großstück. BAU Kurt Richter. DAR Ossi Oswalda (Ossi Wittgenstein), Emilie Kurz (Auguste Löschbrand, ihre Tante), Josef Commer (Onkel Karl, Augustes Bruder), Max Kronert (Direktor Kohlhaupt, Lyzeumsdirektor), Paul Hansen (Mauritius Natter, Musiker), Marga Lindt (Metella Fierella, eine von vielen), Julius Brandt (Baron Niki Morstadt). PRO PAGU (Union-Film der Ufa). DRO Ufa-Union-Atelier Berlin-Tempelhof. LNG 3 Akte, 986 m. ZEN August 1919, B.43296, Jv. URA September 1919.
Ein Backfisch macht plötzlich eine Millionenerbschaft.

elend unter malerischer Hülle. Das Heer der Arbeitslosen scheint ein starkes Kontingent gestellt zu haben, und es mag kein leichtes Stück Arbeit gewesen sein, das alles zusammenzuhalten.« (L.B., Der Kinematograph, 10.10.1920).

Mit dieser Schilderung ist der Autor Ludwig Brauner sicher ein Stück näher an der Realität. Die Arbeitslosenquote nach dem Weltkrieg hat 1920 einen neuen Höchststand erreicht, das soziale Netz ist noch nicht geknüpft. Der Aufmarsch wichtiger Politiker bei den Tempelhofer Filmaufnahmen muß die Stimmung in der Tat sehr bewegt haben. Im *Kinematograph* wird über die Zusammensetzung der Delegation berichtet:

»Außer dem Reichspräsidenten Ebert sah man auch den Reichswirtschaftsminister Scholz, den preußischen Finanzminister Lüdemann, den Präsidenten der preussischen Landesversammlung, Leinert, mit einer Anzahl von Abgeordneten, einige Staatssekretäre, mehrere Ministerialräte, die Spitzen der Berliner Finanzwelt, unter ihnen Dr. Gwinner, Dr. Wassermann, Dr. Heinemann und Direktor Goldschmidt. Von der Berliner Künstlerschaft skizzierte Professor Corinth mit flüchtigem Stift markante Bilder aus der Überfülle der prächtigen Schau. Das Direktorium der Ufa, die Generaldirektoren Davidson und Bratz, gaben Auskünfte nach allen Seiten; es war ein großer Tag, der Hunderten einflußreicher Persönlichkeiten einen höchst lehrhaften Einblick in das Schaffen der Filmindustrie bot.«

Ein dritter Bericht. Der Schriftsteller Paul Eipper betreut zu Beginn der 20er Jahre für den Gurlitt Verlag in Berlin den Maler Lovis Corinth bei einem Projekt. Er begleitet ihn auf verschiedenen Streifzügen durch die Stadt – so auch beim Besuch in Tempelhof, wo Corinth Arbeitsstudien für eine Serie über ANNA BOLEYN betreibt. Eipper notiert damals in seinem Tagebuch:

»Auf dem Tempelhofer Feld war große Bewegung. Heute sollte der Einzug in die Westminster-Abtei aufgenommen werden, und zu diesem Zweck hat man viertausend Arbeitslose in Kostüme gesteckt. Corinth lief zwischen dem Haufen der Lagerknechte mit den langen Lanzen, den Berittenen der Reichswehrtruppen in den altenglischen Kostümen, den Bürgersfrauen Englands und den Handwerkern in ihren Zunftkleidern hin und her und sagte: ›Komisch, komisch, komisch!‹ Er wollte damit sagen, daß es ihm einen Eindruck mache und daß er darüber ärgerlich sei. Das Zeichnen gelingt ihm auch heute nicht, er war zu aufgeregt. Dazu kam, daß hier und da eine Militärkapelle postiert war, die Stimmung unter die Menschen bringen sollte. ›Militärmusik macht mich sentimental‹, meinte er. (...) 4500 Menschen bildeten Spalier. Der Weg bis zum Kirchenportal hatte eine Länge von gut 500 Metern. Der Zug selbst bestand aus weiteren 1000 Personen. Auf seinem Gerüst stand wieder Corinths Liebling, der Schreier [gemeint ist Lubitsch],

während die Hilfsregisseure hoch zu Roß die Masse in Bewegung zu bringen suchten. Wieder dieser Eindruck einer trägen Menge. Doch es genügte ein Funken, um daraus ein brodelndes Meer zu machen. Der Krönungszug war eben zum erstenmal bis zum Portal der Kirche heruntergeschritten, als mit Gefolge der Reichspräsident anrückte. Er stellte sich – man muß es zugeben – sehr bescheiden mit seinen Herren auf den Lehmhügel zu dem Generalstab der Ufa und sah wie einer der vielen Zuschauer neugierig auf das Bild. Die Arbeitslosen aber vergaßen, daß sie englische Bürger zur Zeit Heinrich VIII. sein sollten, und erinnerten sich an das Elend des Alltags. Es bildeten sich Gruppen, es wurde getuschelt, und Lubitsch brüllte mehr als je. Die Hilfsregisseure bekamen rote Köpfe und zerrten an ihren Gäulen, so daß die Tiere nervös wurden, aber es half alles nichts: als der Krönungszug zurückkam und die Menge nun durchs Tor der Stadt hineinfluten sollte, getrieben von der reitenden Garde des achten Heinrich, bildete sich vor dem Tor eine geschlossene Kette von Menschen, die ›Nieder Ebert!‹ riefen und keinen der Nachfolgenden durchließen. Lubitsch hatte die Geistesgegenwart, die echte Erregung kurbeln zu lassen, war aber dann vollkommen machtlos. Die 4000 Menschen klumpten sich, und für heute mußten die Aufnahmen abgeschlossen werden. Ein Zwischenfall, der eine viertel Million gekostet hat und nicht vorgekommen wäre, wenn man nicht die Dummheit begangen hätte, die Arbeitslosen von 7 Uhr mit hungrigem Magen bis 11 Uhr in der recht heißen Sonne warten zu lassen.

Corinth hat auch diesen Zwischenfall durchaus mit den Augen des Malers gesehen. Er erklärte, daß es ihm ganz einerlei gewesen wäre, wenn man ihn totgeschlagen hätte. ›Mir war nur interessant zu sehen, wie es in den Leuten kochte, das hätte man malen müssen‹, sagte Corinth und setzte sich in das Auto zur Anna Boleyn, um nach Hause zu fahren. Am Tor drängten sich immer noch die Menschen, das Auto ruckte schrittweise vor. Doch als man in dem Kostüm der Boleyn die Schauspielerin erkannte, machte man Platz. Frauen, die bis zu dieser Sekunde gemurrt und ihre Männer gegen Ebert aufgestachelt hatten, riefen: ›Hoch, Henny Porten!‹«

Das ist am 30. September 1920, als die Politik zur Ufa kommt, die Ufa das Volk erhitzt, und das Volk gegen die Politik murrt. Die Politik und das Volk treffen sich bei der Ufa selten so unmittelbar.

Die Premiere von ANNA BOLEYN findet am 12. Dezember statt: als Wohltätigkeitsveranstaltung für notleidende Journalisten.

Hans Helmut Prinzler

Aus dem Skizzenbuch von Lovis Corinth:

Anna Boleyn (Porten) und Heinrich VIII. (Jannings)

Höfisches Volk, beritten und bewaffnet

Ludwig Hartau, der Darsteller des Herzogs von Norfolk

1919. Das Teehaus zu den zehn Lotosblumen.
REG Georg Jacoby.
DAR Ellen Richter (Mimosa), Meinhart Maur, Frida Richard.
PRO PAGU (Union-Film der Ufa). LNG 4 Akte, 1455 m.
ZEN August 1919, B.43310, Jv. URA September 1919, Berlin (Kammerspiele).
Ein vornehmer, armer japanischer Gelehrter lebt in Europa. Seine Schwester verkauft sich nach Verbrauch des Familienvermögens als Geisha an einen Teehausbesitzer, um dem Bruder die Beendigung seiner Studien zu ermöglichen.

1919. Bis früh um fünfe.
REG Heinrich Bolten-Baeckers.
DAR Melita Petri, Leo Peukert, Herbert Paulmüller, Otto Treptow.
PRO BB-Film der Ufa. PRT Heinrich Bolten-Baeckers.
DRO BB-Atelier Berlin Lindenstraße 32-34. LNG 3 Akte, 1326 m. ZEN August 1919, B.43318. URA 6.9.1919, Berlin (U.T. Nollendorfplatz).
Einmal bis morgens um fünf – und nie wieder, findet Dolli, nachdem sie mit ihrem schönen Nachbarn Lindemann, einem Poussierstengel aus dem ff, eine aufregende Nacht im Hotel ›Zur grünen Eidechse‹ verbracht hat, in die auch ihr Mann, der immer sehr beschäftigte Sachverständige und Baumeister Kersten, verwickelt war.

1919. Mein Leopold.
REG, AUT Heinrich Bolten-Baeckers.
DAR Konrad Dreher (August Weigelt, Schuhwarenfabrikant), Richard Ludwig (Leopold, sein Sohn), Sabine Impekoven (Klara), Leo Peukert (Starke, Geschäftsführer), Fritz Lion (Amtsrichter Zernikow), Leona Bergere (seine Frau), Annemarie Möricke (Marie), Melita Petri (Emma), Otto Treptow (Mehlmeyer, Komponist).
PRO BB-Film der Ufa. PRT Heinrich Bolten-Baeckers.
DRO BB-Atelier Berlin Lindenstraße 32-34. LNG 3 Akte, 1392 m. ZEN August 1919, B.43357, Jf. URA Oktober 1919, Berlin (Kammerlichtspiele).
Der alte Weigelt, vom Schuster zum Schuhfabrikanten aufgestiegen, liebt Sohn Leopold über alles. Tochter Klara hingegen kann den Geschäftsführer Starke nur gegen den Willen des Vaters heiraten. Als Leopold in finanzielle Nöte gerät, verdient der Vater wieder als Schuster mühsam Geld, um die Schulden des Sohnes zu begleichen. Schließlich wird Starke zum Retter in der Not.

1919. Aberglaube.
REG Georg Jacoby. KAM Friedrich Weinmann.
DAR Ellen Richter (Militza), Peggy Longard, Johannes Müller (junger Priester), Frieda Richter (seine Mutter), Victor Janson (Bajazzo).
PRO PAGU (Union-Film der Ufa). DRO Ufa-Union-Atelier Berlin-Tempelhof. LNG 4 Akte, 1535 m. ZEN Oktober 1919, B.43425, Jv. URA September 1919, Berlin (Kammerspiele).
Die Verfolgung des Mädchens Militza: Ein Priester findet das erschöpfte Mädchen, pflegt es und verliebt sich. Als während des Gottesdienstes ein Blitz in die Kirche einschlägt und den Priester tötet, wird die abergläubische Gemeinde Militza zum tödlichen Verhängnis.

1919. Komtesse Dolly.
REG Georg Jacoby. AUT Hanns Kräly, Georg Jacoby. KAM Theodor Sparkuhl. BAU Kurt Richter.
DAR Pola Negri, Harry Liedtke, Victor Janson, Hans Adalbert Schlettow, Georg Baselt, Poldi Deutsch, Hermann Thimig, Heddy Jendry, Max Kronert, Lissy Schwarz, Emmy Wyda, Paul Morgan.
PRO PAGU (Union-Film der Ufa). DRO Ufa-Union-Atelier Berlin-Tempelhof. LNG 4 Akte, 1688 m. ZEN Oktober 1919, B.43462, Jv. URA November 1919, Berlin (U.T. Kurfürstendamm).

1919. Der Galeerensträfling. 2 Teile.
REG Rochus Gliese. AUT Paul Wegener; nach Honoré de Balzac. KAM Frederik Fuglsang. BAU Kurt Richter.
DAR Paul Wegener (Colin, König der Galeerensträflinge), Lyda Salmonova (Victorine), Ernst Deutsch (Galeerensträfling), Paul Hartmann (Rastignac), Else Berna (Herzogin Maufrigneuse), Lothar Müthel, Adele Sandrock, Armin Schweizer, Jakob Tiedtke.
PRO PAGU (Union-Film der Ufa). DRO Ufa-Union-Atelier Berlin-Tempelhof. LNG 6 Akte, 1807 m / 5 Akte, 1789 m. ZEN Oktober 1919, B.43435 / B.43540, Jv. URA Oktober 1919 (1. Teil), November 1919 (2. Teil), Berlin (U.T. Kurfürstendamm).

Die Veredelung des Kintopp

Paul Davidson und die PAGU

Die PAGU, die Projektions-Aktiengesellschaft »Union«, ist die erste Kapitalgesellschaft in Deutschland, der auf den drei wichtigen Gebieten der Filmindustrie – Kino, Verleih, Produktion – gleichzeitig in größerem Stil tätig ist.

Gegründet wird die Union am 21. März 1906 als Allgemeine Kinematographen-Theater Gesellschaft, Union-Theater für lebende und Tonbilder G.m.b.H. (A.K.T.G.) in Frankfurt am Main von Paul Davidson. Der am 30. März 1867 im ostpreußischen Loetzen geborene Kaufmannssohn kommt – wie sein späterer Star-Regisseur Ernst Lubitsch – aus der Konfektion. Angeregt durch die Filme des Illusionisten Meliès, die er bei einer Paris-Reise sieht, eröffnet er im Juni 1906 in Mannheim das Union-Theater, das erste feste Kinematographentheater der Stadt, »mit Holzbänken und Orchestrion«. Das geschieht zu einer Zeit, »wo der Film eine Angelegenheit der Jahrmärkte und kleinster herumreisender Schausteller ist«, wie in einem der zahlreichen Artikel heißt, die zu Davidsons 50. Geburtstag erscheinen.

Am 4. September 1909 eröffnet Davidsons AKTG, in deren Wappen sich die deutsche und die amerikanische Fahne kreuzen, ihr erstes Kino in Berlin: das Union-Theater am Alexanderplatz, das »schönste Theater seiner Art in der Welt«, so die Eigenwerbung. Das U.T., im großen Saal des Grand-Hotel eingerichtet, »soll eine Stätte der Unterhaltung sein für jung und alt, arm und reich« und setzt sich damit ab von den Ladenkinos, den Kintöppen der Vorstädte. Es bietet neben den Filmprogrammen auch ein »vornehmes Theater-Restaurant« und ein »Theater-Künstler-Orchester unter Leitung des beliebten und bekannten Kapellmeisters Prasch aus Wien«. Noch vornehmer geht es im zweiten U.T. zu, das am 20. August 1910 Unter den Linden 21 seine Tore öffnet. Hans Schliepmann schreibt 1914 in seiner architekturgeschichtlichen Darstellung der Lichtspieltheater: »Seit man bemerkt, daß auch die ›besseren Kreise‹ – zunächst incognito – den Kintopp aufsuchten, dachte man darauf, ihnen für höheres Geld auch elegantere Räume zu bieten. Konnte man die kleinen Theater mit Stehbierhallen vergleichen, so könnte man die ersten besseren Schöpfungen etwa im Scherz Zylinderdistillen zum Lichtbildnaschen heißen.« Insgesamt eröffnet Davidson im Laufe der Jahre 56 Union-Theater in Deutschland, aber auch in Brüssel, Wien und Budapest. 1911 zählt man 2,5 Millionen Besucher in den Kinos des Konzerns, 1912 4 Millionen und 1913 6 Millionen.

1909 wandelt er die AKTG in die PAGU um, mit einem Grundkapital von 250.000 Mark die erste Aktiengesellschaft der deutschen Filmindustrie. Ähnlich bedeutsam wie die »Veredelung« des Kientopps durch die U.T.-Lichtspieltheater ist, daß Davidson mehrere Banken als Finanziers seiner AG gewinnen kann und damit die Branche »seriös« macht. Indem er 1910 den Aktualitäten-Film BOXKAMPF JOHNSON – JEFFRIES als »Monopolfilm« anbietet und nicht wie bisher üblich als Kopie an die Schausteller vergibt, leitet er den für die Filmindustrie bedeutsamen Schritt von Verkauf zum Verleih ein.

Davidsons Credo, wie es 1912 eine Broschüre der PAGU zur Eröffnung des U.T. im Bavariahaus Friedrichstraße, lautet: »Der Kunst im Film zu ungeahnten Wirkungen zu verhelfen, mit künstlerischen Films der Idee der ›Lichtkunstspiele‹ zum Siege zu verhelfen.« Ein weiterer Schritt im Versuch dem Film die ›gutbürgerlichen Kreise‹ als Publikum zu gewinnen, ist die Literarisierung der Filme durch die Mitarbeit prominenter Bühnenschriftsteller. Die PAGU erreicht »nach wiederholten Prüfungen unserer Vorschläge und nach Konferenzen, deren geistiger Inhalt allein für uns immer von Gewinn bleiben wird«, daß der Boykott des »Verbandes Deutscher Bühnenschriftsteller«, der die Arbeit der Mitglieder für den Film verbietet, aufgehoben wird.

Asta Nielsen, der Star aus Dänemark in Deutschland exklusiv bei der PAGU. An der Kamera: Axel Graatkjær und Karl Freund

Paul Davidson, der erfolgreichste Film- und Kinomanager der ersten Jahrzehnte

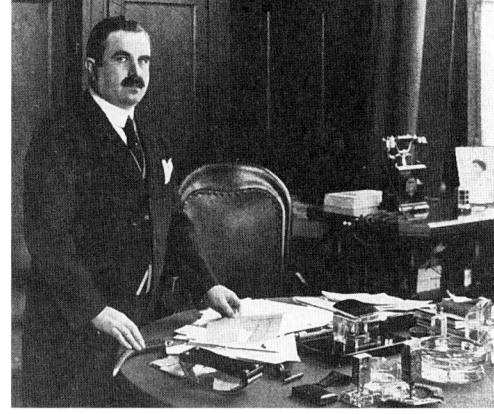

Gleichzeitig – Davidson scheint die juristische Absicherung seiner ökonomischen und künstlerischen Entscheidungen wichtig zu sein – wird am 28. November 1912 zwischen der PAGU und dem Verband ein Kartellvertrag geschlossen, der zur Gründung des »Lichtspielvertriebs des Verbandes Deutscher Bühnenschriftsteller« führt, der »als Zweiggesellschaft der PAGU die literarische Werbearbeit leistet«. Im Februar 1913 verlegt Davidson den Sitz der Firma von Frankfurt nach Berlin und gliedert dem Konzern eine Fabrik zur Herstellung von Kinomaschinen an.

Seit 1911 hat der Union-Verleih auch seinen großen Star: Asta Nielsen. Nach dem Erfolg ihres ersten dänischen Films, AFGRUNDEN (ABGRÜNDE), übernimmt Davidson das Monopol für Deutschland auf die Asta Nielsen-Urban Gad-Serien, indem er sich am 1. Juni 1911 an der Internationalen Film-Vertriebs-Gesellschaft beteiligt, die sich die europaweiten Rechte am Gespann Nielsen-Gad gesichert hat. Ab Frühjahr 1911 arbeitet Asta Nielsen in Deutschland, Produzent ist die Deutschen Bioscop GmbH. Der Drehbeginn zum ersten Film der Nielsen-Serie 1912/13, DER TOTENTANZ ist ein weiterer Markstein der Geschichte der deutschen Filmindustrie: Mit ihm wird das erste Glashaus auf dem Filmgelände der Bioscop in Neubabelsberg in Betrieb genommen. DIE SUFFRAGETTE, mit dem die Serie 1913/14 eröffnet wird, hat am 12. September 1913 im U.T. Moritzplatz Premiere. Es ist zugleich der erste Film, der als Eigenproduktion der PAGU herauskommt. Entstanden ist er in der Filmfabrik der Union in der Oberlandstraße, südlich des Tempelhofer Feldes, die im Frühjahr 1913 nach Vorschlägen Urban Gads direkt neben dem Zwillingsbau des Literaria-Glashauses errichtet worden ist.

Ein weiterer Coup in Davidsons Produktions-Strategie ist im Januar 1913 die Unterzeichnung eines Dreijahres-Vertrags mit Max Reinhardt. »Immer weiter und weiter steigt der Kinematograph hinauf zu den Höhen des Olymps, um sich den Stab seiner Mitarbeiter zusammenzustellen. Die berühmtesten Dichter gehören ihm bereits, die berühmtesten Schauspieler haben ihre Kräfte in den Dienst der Sache gestellt – jetzt will er sich auch den berühmtesten Regisseur leisten, den die Erde zur Zeit trägt, keinen Geringeren als Max Reinhardt, den Herkules des Deutschen Theaters!« (Der Kinematograph, 29.1.1913). Und tatsächlich entstehen auch zwei Filme, die Reinhardt im Sommer 1913 mit einer Auswahl seiner Theatermitarbeiter in Venedig und an der Adriaküste dreht. EINE VENETIANISCHE NACHT beruht auf einer schon auf der Bühne erprobten Pantomime seines Hausdichters Karl Vollmoeller, für INSEL DER SELIGEN schreibt Dramaturg Arthur Kahane mit Anklängen an den »Sommernachtstraum« eine Kombination aus moderner Farce und mythologischen Elementen, die reichlich nackte Busen schmucker Nereïden erfordern. Mit diesem offensichtlichen Ferienscherz der Theatertruppe eröffnet Davidson am 3. Oktober 1913 sein neues Spitzenkino, das U.T. Kurfürstendamm. Vermutlich wegen der eher flauen Reaktion bei Publikum und Presse kommt EINE VENETIANISCHE NACHT erst 1914 ins Kino. Kurt Tucholsky schlägt als Peter Panter erbarmungslos zu: »Von der früheren Herrlichkeit ist nichts geblieben. Hilflos muß sich der Film fortwährend durch einen dummen Text unterbrechen lassen, den er dann ungeschickt und äußerlich mit gleichgültigen Bildern illustriert. Das Allerrealste kam grade heraus: wie sich einer die Hosen auszieht und einer hinfällt und einer die Hände ringt. Vom Geist dieses kleinen entzückenden Spiels spürtest du keinen Hauch.« (Die Schaubühne, 23.4.1914).

1914 kommt es zur Krise. Die *Lichtbild-Bühne* umschreibt es in ihrem Geburtstagsartikel höflich: »Alles war seiner Initiative entsprungen, alles ging auf seine Ideen zurück. Aber was einen großen persönlichen Vorzug bedeutet: Die Stützung einer grossen Organisation auf zwei Augen – das mußte in dem Augenblick verhängnisvoll werden, in dem besondere Umstände den Mann verhinderten, den gewaltigen Anforderungen an Arbeit und Kraft restlos zu entsprechen. Im Jahre 1914 war Davidson von allen Beratern verlassen, er befand sich in einer schweren Nervenkrise und ließ sich zu Transaktionen verleiten, die den gesunden Boden der ›Union‹ erschütterten.« (31.3.1917). Ein späterer Hinweis läßt vermuten, daß Davidson eine engere Zusammenarbeit mit Pathé anstrebt, von denen er einen Großteil seiner Verleih-Ware bezieht. Auch mit den Filmen der Nielsen-Gad-Serie 1913/14 gibt es Probleme. Die 1914 bereits fertiggestellten Filme kommen erst ab Herbst 1915 in die deutschen Kinos. Als dann die Turbulenzen nach Kriegsbeginn hinzukommen, ist er gezwungen, die U.T.-Kette an die Nordische Film Co. zu verkaufen, die im August 1915 die Kette auf zwei Firmen verteilt: die Union-Theater GmbH., die sich insbesondere um die berliner Kinos kümmert, sowie die U.T.-Provinzlichtspielhäuser GmbH (beide kommen am 23. Februar 1918 mit der Nordischen zur Ufa).

Paul Davidson widmet sich nun intensiv der Produktion, die in einer Randfigur der Reinhardtschen Theatertruppe einen neuen Star gewinnt: Ernst Lubitsch macht zunächst als Komiker vor, dann als Regisseur hinter der Kamera Karriere.

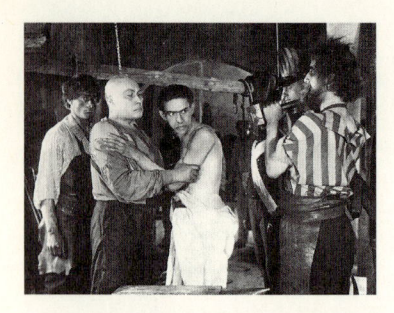

Dem König der Galeerensträflinge gelingt die Flucht aus der Gefangenschaft. Er tötet einen reichen Mann und reist unter dessen Namen nach Paris, wo er weitere Verbrechen begeht, schließlich durch die Kugel eines Gendarmen stirbt.

1919. Der Dolch des Malayen.
REG Leo Lasko. AUT Richard Hutter, W. Böllinghoff.
KAM Willy Großstück. BAU Kurt Richter.
DAR Carl Auen (Joe Debbs), Bernhard Goetzke (Tschutschur, malaiischer Kutscher), Blandine Ebinger (Angelina), Victor Janson (Großkaufmann Harald Hastings in Melbourne), Flockina von Platen (Stella Hastings, verw. van der Brooken), Louis Brody (Jack Johnson, ein Neger).
PRO PAGU (Union-Film der Ufa). DRO Ufa-Union-Atelier Berlin-Tempelhof. LNG 4 Akte, 1308 m. ZEN Oktober 1919, B.43452, Jv. URA 11.11.1919, Berlin (Marmorhaus).
Das australische Abenteuer des Joe Deebs.

1919. Killemann hat'n Klaps.
REG Heinrich Bolten-Baeckers. AUT nach einem Lustspiel von A. Lippschitz. KAM Albert Schattmann.
DAR Arnold Rieck (Kuno Killemann), Lisl Kehm (Lola von der Damenkapelle), Leona Bergère (Regine Killemann), Gertrud Rottenberg (Hilde), Richard Ludwig (Dr. Ernst Martini), Grete Flohr (Ida, Dienstmädchen), Gustav Rudolph (Drosckenkutscher).
PRO BB-Film der Ufa. PRT Heinrich Bolten-Baeckers.
DRO BB-Atelier Berlin Lindenstraße 32-34. LNG 3 Akte, 972 m. ZEN November 1919, B.43531.
URA Januar 1920, Berlin (Kammerlichtspiele).
Killemann ist ein Pantoffelheld, seine Frau ein Hausdrachen. Das ganze Leben läuft nach ihren Anweisungen ab, erst recht, wenn sie außer Haus weilt. Allerdings lockt das Verbotene. Killemann läßt sich diesmal auf ein kleines amouröses Abenteuer ein.

1919. De profundis. Aus tiefster Not.
REG Georg Jacoby. AUT Willi Wolff, Georg Jacoby; nach dem Roman ›Meine offizielle Frau‹ von Richard Henry Savage. BAU Jack Winter.
DAR Ellen Richter (Sonja), Hans Schweikart (Sergei), Magnus Stifter (Großfürst), Martin Hartwig (Fürst Constantin), Gerta Böttcher (seine Frau), Hugo Flink (Rittmeister Sascha), Emil Ramenau (Baron Friedrich), Poldi Müller (Gesellschafterin), Olga Engl (Fürstin Ignatieff).
PRO PAGU (Union-Film der Ufa). DRO Ufa-Messter-Atelier Berlin-Tempelhof. LNG 4 Akte, 1645 m. ZEN November 1919, B.43558, Jv. URA November 1919, Berlin (U.T. Nollendorfplatz, U.T. Friedrichstraße).
Eine junge Nihilistin schießt einen russischen Großfürsten nieder.

1919. Die Puppe.
REG Ernst Lubitsch. AUT Hanns Kräly, Ernst Lubitsch; frei nach A. E. Willner. KAM Theodor Sparkuhl.
BAU Kurt Richter. KOS Kurt Richter.
DAR Ossi Oswalda (Ossi, Tochter des Puppenmachers Hilarius), Hermann Thimig (Lancelot, Neffe des Barons de Chanterelle), Victor Janson (Hilarius, Puppenmacher), Jakob Tiedtke (Abt), Gerhard Ritterband (Gehilfe des Hilarius), Marga Köhler (Hilarius' Frau), Max Kronert (Baron de Chanterelle), Josefine Dora (Lancelots Gouvernante), Paul Morgan, Arthur Weinschenk, Lapitski, Ernst Lubitsch (Requisiteur in der Anfangssequenz).
PRO PAGU (Union-Film der Ufa). Technische Leitung Kurt Waschneck. DRO Ufa-Union-Atelier Berlin-Tempelhof.
LNG 4 Akte, 1275 m. ZEN November 1919, Jf.
URA 5.12.1919, Berlin (Ufa-Palast am Zoo).
Lancelot will nicht heiraten und flüchtet vor den Frauen in ein Kloster. Den Vorschlag des Priors, eine Puppe zu heiraten, nimmt er dankbar an. Nur heiratet er wegen einer Ungeschicklichkeit des Lehrlings beim Puppenmacher Hilarius kein Kunstprodukt, sonder dessen Tochter Ossi. Das führt im Kloster zu Frivolitäten und Späßen, schließlich auch zur Zufriedenheit des Puppenmachers.

CARMEN, 1918 im Union-Atelier Tempelhof und in den Kalkbergen bei Rüdersdorf gedreht, ist nach DIE AUGEN DER MUMIE MÂ Lubitschs zweiter Versuch mit einem historischen Stoff.
»Dieser CARMEN-Film ist trotz Lubitsch, Pola Negri und Harry Liedtke ermüdend. Eine gediegene, fehlerlose Langeweile rollt vorbei. Denn dieser Film ist ein Produkt jener Übergangszeit, wo die findig-spannenden Verwicklungen der Abenteuerfilme schon verworfen, aber dafür noch keine seelischen Verwicklungen gebracht worden sind.... Der prachtvollen Pola Negri hat Lubitsch hier noch keine Zeit zum Spielen gelassen. Man muß sehr aufpassen, um zwischen den markierten, also notgedrungen banalen Gebärden einer frechen Koketterie das Aufblitzen ihrer tiefen, mimischen Poesie zu bemerken.«
(Béla Balázs, 1923)

Der Union-Konzern ist dann bei der Gründung der Ufa eine der drei Hauptsäulen, auf denen der Konzern aufbaut. Ufa-Historiker Traub faßt die Transaktion zusammen: »Zum Erwerb der Union wurde ein Vertrag mit dem Bankhaus H. B. Hohenemser und Söhne, Mannheim, abgeschlossen, wonach bis zum 15.1.1918 Nominalaktien der Union in Höhe von 950.000 M. gegen Barzahlung zum Kurs von höchstens 100% oder gegen Umtausch von Aktien der Universum-Film A.G. im Verhältnis 1:1 an die Gruppe Universum übergehen. Die Gruppe Universum verfügt außerdem aus Vorverhandlungen über 160.000 M. Aktien der Union zu einem niedrigeren Einschätzpreis, so daß damit die Majorität des 2,2 Millionen betragenden Aktienkapitals der Union der Universum-Film A.G. zur Verfügung steht.«

Unter Beibehaltung des Markenzeichens »Union« sorgt das Gespann Lubitsch/Davidson für die ersten großen künstlerischen Erfolge des neuen Konzerns, nutzt das Konzept des »Inflationskinos«: Aufwendige Produktionen wie MADAME DUBARRY und ANNA BOLEYN, die sich durch den Verkauf ins devisenfeste Ausland amortisieren.

Ende 1920 gründet Lubitsch, finanziell von Famous Players gedeckt, die Ernst Lubitsch-Film GmbH, an der sich Davidson als Gesellschafter beteiligt. Am 7. April 1921 bricht Davidson mit der Ufa, und wechselt von der Union zu Lubitsch, dessen Firma sich im April mit einigen anderen zur Europäischen Film-Allianz (EFA) zusammentut. Das an sich vielversprechende Projekt scheitert jedoch nach wenig mehr als einem Jahr und zwei Filmen: DAS WEIB DES PHARAO und DIE FLAMME. Während Lubitsch, sein weiblicher Star Pola Negri und andere die Angebote nach Hollywood wahrnehmen, bleibt Davidson in Berlin.

Bei der Union/Ufa hat der Weggang Davidsons eine Lücke gerissen, die – nach einem farblosen Zwischenspiel mit dem vom Theater kommenden Arthur von Gerlach – erst durch Erich Pommer geschlossen werden kann, der durch die Fusion mit der Decla-Bioscop zur Ufa kommt.

Da die PAGU weiterhin juristisch als unabhängige Firma existiert, bemüht sich Davidson im August, seine alte Firma, deren Aktien er ein Jahr zuvor an die Ufa verkauft hat, zurückzukaufen. Er macht (gedeckt durch amerikanische Finanziers) am 3. August das Angebot, die Union mit allen Aktiva und Passiva gegen eine innerhalb von acht Tagen zu leistende Barzah-

Der Mann mit der Klappe: Paul Davidson als Produktionsleiter der Ernst Lubitsch-Film GmbH bei Reinhold Schünzels ALLES FÜR GELD (1923)

Max Reinhardts Bühnenstars Ernst Matray, Leopoldine Konstantin und Wilhelm Diegelmann genießen beim Filmspaß INSEL DER SELIGEN ein Bad in der Adria

lung von 20 Millionen Reichsmark zu übernehmen. Diese Offerte wird jedoch auf der Generalversammlung der Firma aus formalen Gründen – sie sei zu spät eingetroffen, um auf die Tagesordnung gesetzt zu werden – und gegen den Widerstand einer eloquenten Gruppe von Fachleuten mit 1865 zu 27 Stimmen abgelehnt.

Obwohl der Zustand der PAGU seit dem Fortgang Davidsons nach eigener Aussage des Direktors Kallmann auf allen Gebieten »ganz erbärmlich« ist und Davidsons Angebot alle anderen Sanierungskonzepte übertrifft wird, wird die Ablehnung in der Rede Kallmanns mit patriotischem Geklingel begleitet: »Die Barzahlungsofferte Davidsons ist (...) amerikanisches Geld und man kann es den Amerikanern nicht übel nehmen, daß sie die Valutakonjunktur ausnützen, wenn sie Leute finden, die sich aufkaufen lassen. Auch der Ufa sind solche Offerten gemacht worden, wiederholt ist uns der Antrag gemacht worden, daß eine amerikanische Gesellschaft die Ufa übernehmen und große Summen dafür zahlen wolle. Es läge nicht im Interesse der deutschen Industrie, daß die wichtigen Industrien in fremde Hände übergehen. In Papiermark waren diese Anträge sehr glänzend. Der Aufsichtsrat würde sich jedoch niemals dafür aussprechen. Wir wollen im Interesse der deutschen Industrie weiterarbeiten und zeigen, was die deutsche Industrie aus eigener Kraft kann.« In seiner Erwiderung betont Davidson: »Ich habe die Offerte ganz persönlich gemacht und stehe ganz allein dahinter, nicht mit einem Amerikaner, weil ich die Union wieder zu der alten Blüte emporbringen und ihr wieder den alten Ruf verschaffen will, den sie früher in der Welt genoß. Vom grünen Tisch können Geschäfte nicht geführt werden. Die Offerte der Ufa beläuft sich auf nur 7 1/2 Millionen, ich gebe 20 Millionen. Ich bin der Gründer der Union und weiß, welche Werte sie darstellt. Sie war seiner Zeit führend und ist heute nichts mehr. Wenn die Verschmelzung mit der Ufa zustande kommt, bleibt es jedenfalls bei dem heutigen kläglichen Stand.« (Film-Kurier, 8.8.1922). Obwohl während der Versammlung Rechtsanwalt Frankfurter im Namen seines Klienten Ike Blumenthal ein weiteres Gebot von sogar 25 Millionen vorlegt, wird mit 1662 gegen 29 Stimmen die Fusion Ufa-Union beschlossen.

Am 17. September 1924 gründet er die Paul Davidson-Film AG (D-Film), eine der zahlreichen »unabhängigen« Produktionsfirmen, die in enger Abhängigkeit von der Ufa existieren. Im Frühjahr 1927 beendet Davidson diese Verbindung. Im Juli 1927 begeht er nach einem längeren Aufenthalt in einer Klinik Selbstmord (was von der Fachpresse diskret verschwiegen wird).

Währenddessen veranstaltet die Ufa mit dem guten Namen der »Union« noch ein finanzpolitisches Spielchen: Am 23. März 1924 wird erneut eine Projektions-AG Union gegründet, die 1926 in Romanische Haus-Grundstücks-AG verwandelt wird und der Verwaltung des Grundstücks dient, auf dem sich der Gloria-Palast, Berlin, befindet. Die alte Projektions-AG Union ist zwei Tage zuvor in Walhalla-Theater-Union AG umgewandelt worden. Die Union, die als Kino-Betrieb begonnen hat, eine Zeitlang die deutsche Filmgeschichte prägt, endet als Kino-Betrieb.

Hans-Michael Bock

1919. Der heulende Wolf.
REG ?. AUT Richard Hutter, W. Böllinghoff.
DAR Carl Auen (Joe Deebs), Meinhart Maur.
PRO PAGU (Union-Film der Ufa). DRO Ufa-Union-Atelier Berlin-Tempelhof. LNG 4 Akte, 1164 m.
ZEN Dezember 1919, B.43489, Jv.
– Joe Deebs-Detektivserie.

1919. Die Fahrt ins Blaue.
REG Rudolf Biebrach. AUT Hanns Kräly. KAM Willibald Gaebel. BAU Kurt Richter. KINO-MUS Dr. Bechstein /= Giuseppe Becce/.
DAR Henny Porten (Wanda Lossen, Kassiererin), Georg Alexander (Dr. Erich Fuldt, Schriftsteller), Jakob Tiedtke (Herr Paetz, Warenhausbesitzer), Sophie Pagay (Frau Schulze, Wandas Wirtin), Paul Biensfeldt (Simon, Diener bei Fuldt), Herr Verdier (Abteilungschef), Herr Brögel (Alfred Bessel), Herr Scholz (Ernst Holl).
PRO Messter-Film der Ufa. DRZ Oktober 1919. DRO Ufa-Messter-Atelier Berlin-Tempelhof. LNG 4 Akte, 1424 m.
ZEN Dezember 1919, B.43614, Jv. URA 21.11.1919, Berlin (Mozartsaal).

Vom Hauptgewinn in der Lotterie träumt die Verkäuferin Wanda Lossen in der Nacht und verschläft die Zeit. Im Sturmlauf zur Arbeit stößt sie den Schriftsteller Erich Fuldt um, der sich in sie verliebt. Er suggeriert Wanda, im Lotto gewonnen zu haben. Der wahre Hauptgewinn ist er selbst.

1919. Das rosa Trikot.
REG Leo Lasko. AUT Hanns Kräly; in freier Anlehnung an die Burleske ›Eine tolle Nacht‹ von Julius Freund.
KAM Willy Großstück. BAU Kurt Richter.
DAR Henry Bender (Amandus Hühnchen), Victor Janson (Egon Redlich), Paula Barra (Mizzi, seine Frau), Margarete Kupfer (Agathe Hühnchen), Franz Hissmann (Hugo Klotzig, Akrobat), Wally Koch (Rita Klotzig, Akrobatin).
PRO PAGU (Union-Film der Ufa). DRO Ufa-Union-Atelier Berlin-Tempelhof. LNG 3 Akte, 742 m. ZEN Dezember 1919, B.43642, Jv.

1919. Der rote Henker.
REG Rudolf Biebrach. AUT Willi Wolff, Georg Jacoby; nach ›Marion Delorme‹ von Victor Hugo. KAM Willy Großstück. BAU Jack Winter.
DAR Ellen Richter (Marion Delorme), Ernst Hofmann (Didier, Chevalier von Lassigny), Hugo Flink (Gaspard, Marquis von Saverny), Emil Rameau (Wilhelm, Graf von Nagis, sein Onkel), Victor Heinz Fuchs (Marquis von Brichauteau, sein Freund), Magnus Stifter (Kardinal Armand Duplessis, Herzog von Richelieu), John Gottowt (L'Angely, Hofnarr), Rudolf Biebrach (L'Affemas, Präsident des peinlichen Gerichts).
PRO PAGU (Union-Film der Ufa). DRO Ufa-Messter-Atelier Berlin-Tempelhof. LNG 4 Akte, 1287 m. ZEN Dezember 1919, B.43676, Jv. URA Januar 1920, Berlin (Kammerlichtspiele).

Zeit Ludwigs XIII. Die Delorme war eine Kokurrentin der berühmten Madame Dubarry, eine schöne Kurtisane, der man Gedichte widmete und deren Gunst sich viele Kavaliere von Paris erfreuten. Mit dem besagten Henker ist Kardinal Richelieu gemeint.

1919. Der Tod aus Osten.
REG Martin Hartwig.
DAR Hans Adalbert Schlettow, Margarethe Schön, Arthur Menzel, Oevid Molander, Fred (Selva-) Goebel.
PRO PAGU (Union-Film der Ufa). DRO Ufa-Union-Atelier Berlin-Tempelhof. LNG 3 Akte, 1268 m. ZEN Dezember 1919, B.43693, V.

Wie werde ich stark
Die Kulturfilm-Abteilung

Nicholas Kaufmann (l) mit Ulrich K.T. Schulz und Darstellern in einer Drehpause zu WIE ALI UND WOLFI FREUNDE WURDEN (1930/31)

»Der Krieg ist der Vater aller Dinge.« Unter dieses Motto stellt Nicholas Kaufmann, seit Anfang an dabei, seinen Rückblick auf 25 Jahre Ufa-Kulturfilmarbeit. Begonnen hat sie in den letzten Kriegsmonaten: Das offizielle Gründungsdatum ist der 1. Juli 1918. Gegen Spielfilme haben die Politiker ein gewisses Mißtrauen; die Einrichtung einer »Kulturabteilung« macht das Reich dem Filmkonzern zur Auflage.

Man erbt das Bufa-Filmmaterial (rund 230.000 m Negative und 810.000 m Positive), und so kann bereits im Frühjahr 1919 ein erster Katalog mit 87 kurzen Dokumentarfilmen verschickt werden. Im Vorwort heißt es: »Die Wunden, die der Krieg geschlagen hat, können nur geheilt werden durch Erfüllung der Kulturaufgaben der Welt.«

Um Kaufmanns Motto abzuwandeln: Krieger ist der Vater der Kulturabteilung. Major a.D. Ernst Krieger, der bei der Bufa instruktive Lehrfilme herstellte (sein bekanntestes Werk: DER M.G.-FILM), leitet diesen Geschäftszweig der Ufa. Die ersten Produktionen behandeln Kriegsfolgen: KRÜPPELNOT UND KRÜPPELHILFE etwa. Gedreht wird im berliner Oskar-Helene-Heim: Streckverbände, Operation, Massagen, Bäder, Turnen, Unterricht. Die Behinderten bei der Arbeit: Korbflechten, Tischlerei, Feinmechanik. Und dann kommt die Entlassung aus dem Heim: Gestützt auf ihre Prothesen gehen die Kriegsversehrten hinaus in die Welt, um sich ihr Brot zu verdienen.

Zunächst von der Zensur für Jugendliche nicht freigegeben, wird das Verbot von der Film-Oberprüfstelle aufgehoben und der »große erzieherische Wert« ausdrücklich betont. Die eigentliche Zielgruppe sind die Betroffenen: Der Film wird auf dem 6. Krüppelkongreß vorgeführt. Die Absicht erklärt Oskar Kalbus, wissenschaftlicher Referent der Ufa-Kulturabteilung und in dieser Funktion oft Initiator solcher Film-Matineen: »Ganz besonders sollte aber gezeigt werden, wie die Krüppel trotz ihrer Gebrechen zu brauchbaren Menschen erzogen werden können, die durchaus imstande sind, sich ihren Lebensunterhalt ganz oder wenigstens teilweise selbst zu erwerben und die es keineswegs nötig haben, der Allgemeinheit zur Last zu fallen oder bettelnd das Mitleid ihrer Mitmenschen anzurufen.«

Ein Propaganda-Film, der gerade wegen des sachlichen Tons seine Aufgabe erfüllt, ist DIE WIRKUNG DER HUNGERBLOCKADE AUF DIE VOLKSGESUNDHEIT. Statistiken, Berichte neutraler Kommissionen über die Zunahme von Krankheiten und Seuchen, Bilder von hungernden Kindern – ein Elendspanorama, das speziell im Ausland seine Wirkung nicht verfehlt. Und auch der dritte belehrende Film hat mittelbar mit dem Krieg zu tun, er behandelt GESCHLECHTSKRANKHEITEN UND IHRE FOLGEN.

Dr. med. Nicholas Kaufmann, bei den drei Filmen beteiligt, kündigt bei der Charité. Doch der ehemalige Arzt pflegt weiterhin engen Kontakt zu den einstigen Kollegen: Man kooperiert mit den Medizinern an den Universitäten und Kliniken; zahlreiche Streifen sind als Lehrfilme für die ärztliche Fachausbildung konzipiert. Seltene Krankheiten und komplizierte Behandlungsmethoden werden auf Zelluloid dokumentiert; das »Medizinische Filmarchiv bei der Kulturabteilung der Ufa« verfügt bereits nach fünf Jahren über 135 Titel und wird syste-

Inszenierte Natur:
Aufnahmen zu einem
biologischen Kulturfilm
im Atelier Neubabelsberg

matisch ausgebaut. Geburtswehen, Blinddarmoperation, bakteriologische Versuche oder chirurgische Eingriffe – die Ufa ist immer dabei. Ihre Techniker entwickeln ein Spezialgerät, das sie in einem berliner Krankenhaus installieren: Die direkt über dem Operationstisch schwebende Kamera setzt der Chirurg mittels Fußschalter in Gang – unter voller Wahrung der Asepsis, wie versichert wird.

Für die medizinischen Lehrfilme ist Kaufmann zuständig, für alle biologischen Ulrich K. T. Schulz, vormals Assistent an der Landwirtschaftlichen Hochschule. Botanik, Physik, Chemie sind seine Nebenfächer; sein Hauptinteresse gilt der Zoologie. »Noch hatten wir keine speziellen Aufnahmeapparate, keine eigenen Aufnahmeräume«, erinnert er sich später. »In einem Zimmer der Kulturabteilung wurde auf einem Tisch mit ein paar Eimern Sand, aus einigen Grasbüscheln und mehreren Steinen die kleine Situation für das aufzunehmende Tier geschaffen.« (Film-Kurier, 28.6. 1939) Die Themen richten sich nach den Möglichkeiten: Insekten, Frösche und Kriechtiere sind die ersten Tierfilm-Stars, und DER HIRSCHKÄFER kommt als erster Beiprogramm-Film in die Kinos. Schulz schwebt etwas anderes vor: Er will das Leben und Treiben der Tierwelt in der freien Natur aufnehmen. Im Frühjahr 1923 wird der Traum wahr: Die Kulturabteilung bekommt ein Fernobjektiv und kann damit auf die Pirsch gehen.

Die Kulturfilm-Pioniere schreiben sich das Drehbuch selbst, sind Regisseur und Produktionsleiter in einem und treiben kräftig Propaganda für ihre Arbeit. Noch ist der Kulturfilm als Lehrmittel an den Schulen nicht allgemein durchgesetzt. Ufa-Vertreter reisen mit dem Musterkoffer durch die Lande und organisieren Veranstaltungen, zu denen sie Studienräte und Schuldirektoren, aber auch die städtischen Honoratioren einladen. Der mitgebrachte Katalog liest sich wie das Programm einer universellen Volkshochschule: von der ÄGYPTISCHEN SPRINGMAUS bis zum MAULBEERSEIDENSPINNER, von HOLZSCHNITZEREI IN BRIENZ über ENTSTEHUNG UND WACHSTUM VON KRISTALLEN bis zu DEUTSCHES TURNEN IN AFRIKA. Es wird erklärt WIE EINE ELEKTRISCHE GLÜHBIRNE ENTSTEHT und WIE SICH DER TANNENBAUM IN PAPIER VERWANDELT. Es gibt viel bewunderte Märchenfilme wie DER KLEINE MUCK (unter Verwendung der orientalischen Monumentalbauten für SUMURUN) und Sport-Lehrfilme über Fußball und Boxkampf (mit Zeitlupenaufnahmen), SCHWIMMSPORT IM DIENSTE DER NÄCHSTENLIEBE (Rettungsschwimmen), aber auch JIU-JITSCHU oder gar NEGERTÄNZE. Hinter dem wenig verlockenden Titel DIE GROSSTATION NAUEN IM WELTVERKEHR verbirgt sich ein Post-Film: der Weg eines Telegramms von Berlin nach Amerika. Die Ufa verrät das Geheimnis WIE WERDE ICH STARK (durch tägliche Freiübungen) und gibt Antwort auf die Frage WAS LERNT DER SCHLOSSERLEHRLING IM ERSTEN HALBEN JAHR?

Nur bei den Landschaftsfilmen hat die Firma Liefer-Schwierigkeiten. »Die Kulturabteilung der Ufa quält sich seit mehr als einem Jahr mit dem vom Bild- und Filmamt übernommenen geographischen Filmmaterial ab«, gesteht Kalbus 1922, »um aus dem Durcheinander der Landschafts- und Städtefilme das Beste für den Schulunterricht aussuchen und durch Pädagogen zusammenstellen zu lassen.« Immerhin, einen namhaften Professor der Geografie hat man verpflichten können: Felix Lampe kompiliert aus dem Bufa-Material DIE ALPEN und bleibt auch weiterhin dem Filmkonzern verbunden.

Und er ist ein wichtiger Verbündeter, denn der Professor wird 1919 Leiter des Zentralinstituts für Erziehung und Unterricht, das alle neuen Lehrfilme begutachtet. Über das Ergebnis der Prüfung werden Bescheinigungen ausgestellt. Der sogenannte »Lampe-Schein« ist bares Geld wert: Ein prädikatisierter Kulturfilm wirkt sich steuermindernd für den Kinobesitzer aus. (Ab 1924 beurteilt der Ausschuß auch Spielfilme, ob sie als »volksbildend« oder »künstlerisch wertvoll« einzuschätzen sind. Wegen der Interessenverquickung wird Lampe, der zugleich Ausschußvorsitzender und Ufa-Mitarbeiter ist, in der Öffentlichkeit heftig kritisiert: »Dunkelkammer prämiert Filme« titelt die Vossische Zeitung.)

Mit Unterstützung staatlicher Stellen wird die »Filmunterrichts-Organisation der Ufa« gegründet, der sich über 200 Städte und Gemeinden anschließen. Doch trotz solcher Aktivitäten macht die Abteilung Jahr für Jahr Minus und ist ständig gefährdet: Seitdem das Reich sich aus dem Filmkonzern zurückgezogen hat, gibt es keine Bestandsgarantie mehr für die Kulturfilm-Arbeit. Es sieht düster aus, und der Angestellte Kalbus beobachtet eine höchst bedenkliche Tendenz im eigenen Haus: »Wenn aber heute und in Zukunft die Kulturabteilung der Ufa einer gründlichen *kaufmännischen* Reinigung unterzogen wird,

1919. Hundemamachen.
REG Rudolf Biebrach. AUT Hanns Kräly, Georg Jacoby. DAR Ossi Oswalda (Ossi), Emil Birron (Karl-Maria), Ferry Sikla (Mathias Brockmüller, Spitzen und Bänder engrosendetail), Rudolf Biebrach (Kupferberg), Paula Erberty (Ossis Mutter), Friedrich Degener (Gerichtsvollzieher). PRO PAGU (Union-Film der Ufa). DRO Ufa-Union-Atelier Berlin-Tempelhof. LNG 3 Akte, 853 m. ZEN 3.1.1920, B.43767, Jv. URA 13.2.1920, Berlin (U.T. Kurfürstendamm).
Ossi mag sich nicht von ihren zahlreichen vierbeinigen Freunden trennen und faßt den Entschluß, eine Stellung anzunehmen, um die hohe Hundesteuer zu verdienen, die die Mama nicht mehr bezahlen will. Ihr neuer Chef möchte jedoch keine hübsche Sekretärin, weil sich sein Sohn gnadenlos in eine solche verlieben würde. Ossi macht sich häßlich – und bekommt den Juniorchef trotzdem!

1919/20. Die Marchesa d'Armiani.
REG, AUT Alfred Halm. KAM Theodor Sparkuhl. BAU Kurt Richter.
DAR Pola Negri (Marchesa Assunta), Ernst Dernburg (Polizeichef), Fritz Schulz, Max Pohl, Elsa Wagner (Assuntas Mutter).
PRO PAGU (Union-Film der Ufa). DRO Ufa-Union-Atelier Berlin-Tempelhof. LNG 4 Akte, 1223 m. ZEN Januar 1920, B.43700, Jv. URA 13.2.1920, Berlin (U.T. Kurfürstendamm).
Die Marchesa ist eine Schöpfung Pola Negris: Ihr Spiel der reiferen Frau mit dem noch halben Knaben, ihr Entsetzen bei der Nachricht von seinem Selbstmord, dann aber ganz besonders das Flattern, Umherirren ihrer Empfindungen, Angst, Hoffnung, Zweifel, Verzweiflung zum Schluß – echte Kunst.

1919. Monica Vogelsang.
REG Rudolf Biebrach. AUT Hanns Kräly; nach der Novelle von Felix Philippi. KAM Willibald Gaebel, Bruno Fellmer. BAU Jack Winter, Emil Hasler. KOS Hans Baluschek. KINO-MUS Dr. Bechstein /= Giuseppe Becce/.
DAR Henny Porten (Monica Vogelsang), Paul Hartmann (Amadeo Vaselli, Kirchenmaler), Ernst Deutsch (Johannes Walterspiel), Gustav Botz (Jacokus Martinus Vogelsang, Ratsherr zu Baldersgrün), Elsa Wagner (Ursula Schwertfeger, Monicas Amme), Julius Sachs (Giacomo Vaselli, Monicas Lehrer), Ilka Grüning (Witwe Walterspiel), Wilhelm Diegelmann (Erzbischof Josephus Hammerschmid), Max (?) Maximilian (der Weibl), Willy Schmidt (Nachtwächter).
PRO Messter-Film der Ufa. DRZ Ende August-September 1919 (AA). DRO Ufa-Messter-Atelier Berlin-Tempelhof; AA Rothenburg o.d. Tauber. LNG 6 Akte, 2130 m. ZEN Januar 1920, B.43706, Jv. URA 2.1.1920, Berlin (Ufa-Palast am Zoo).

1919/20. Lolos Vater.
REG Heinrich Bolten-Baeckers.
DAR Konrad Dreher (der alte Klemm).
PRO BB-Film der Ufa. PRT Heinrich Bolten-Baeckers. LNG 3 Akte, 976 m. ZEN Januar 1920, B.43760. URA 27.2.1920, Berlin (U.T. Nollendorfplatz).
Die Geschichte des Mädchens Lolo, das den Sinn fürs Reale hat und einen Herrn Neumann laufen läßt, als dessen Vater Konkurs macht, zur Bühne geht, dort Gretchen spielt, einen Grafen heiratet, ihn ein klein wenig betrügt und dann den eigenen Vater aus dem Hause wirft, weil er den Halbbetrogenen warnte.

1919/20. Mascotte.
REG Felix Basch. AUT Felix Basch; nach dem Roman ›Die Ballhaus-Anna‹ von Leo Leipziger. KAM Frederik Fuglsang. BAU Kurt Richter. KINO-MUS Giuseppe Becce.
DAR Grete Freund (Ballhaus-Anna), Felix Basch (Lebemann), Rudolf Klix, Marga Lindt, Mizzi Schütz (Mutter Hanke), Hanni Reinwald, Fred Immler, Anna von Palen, Kurt Ehrle, Sophie Pagay, Paul Biensfeldt (Diener), Hermann Picha, Emmy Wyda.
PRO PAGU (Union-Film der Ufa). DRO Ufa-Union-Atelier Berlin-Tempelhof. LNG 5 Akte, 1282 m. ZEN Januar 1920, B.43762, Jv. URA 13.2.1920, Berlin (Mozartsaal).
Alles dreht sich um die ›Ballhaus-Anna‹, die mal als Streichholzmädel, dann als Ballhausfee, ein anderes Mal als schmerzlich liebendes Weib auftritt. Ein urberliner Stoff.

Aufwendige Sparsamkeit:
Die großen Bauten zum Märchenfilm DER KLEINE MUCK (1920/21) stammen vom Lubitsch-Film SUMURUM

und ihre Produktion sich immer mehr dem Theaterbedarf mit Beiprogrammware im Sinne Boelscher Populärwissenschaft anpassen soll, so wird das ehemalige wissenschaftliche Institut bewußt zu Grabe getragen.« Die Entwicklung ist nicht aufzuhalten: Statt didaktisch aufbereiteter Lehrfilme wird jetzt Interessantes und Wissenswertes feuilletonistisch aufgeputzt – der typisch deutsche Kulturfilm entsteht. Allerdings ist man bemüht, das Material optimal auszuwerten, und so werden von einigen Filmen drei Versionen hergestellt: die wissenschaftliche (für die Universität), die pädagogische (Schule) und die populäre (Kino). Der Akzent hat sich verlagert: Wichtig ist die »Beiprogrammware«, alles andere nur ein Abfallprodukt. Dem Konzern geht es darum, sein Angebot zu komplementieren: Zusammen mit der 1925 gestarteten UFA-WOCHENSCHAU kann er jetzt den Filmtheatern ein volles Programm bieten.

Das oft belächelte Genre emanzipiert sich: 1924 wagt man sich erstmals aus dem Ghetto des Beiprogramms und präsentiert den abendfüllenden Kulturfilm. WEGE ZU KRAFT UND SCHÖNHEIT bringt volle Kassen, aber auch andere Produktionen sind kein Verlustgeschäft. »WEIN – WEIB – GESANG« vermittelt neben der Belehrung über die Gewinnung des Weins ›von der Rebe bis zur Traube, von der Traube bis zum Trunk‹ die Freude an den schönsten deutschen Landschaften und erweckt mit der Heimatliebe auf Grund der Dichter-Zitate und Lieder aus der deutschen Weinpoesie echt nationale Empfindungen.« Major a.D. Krieger muß es wissen, er hat das Manuskript zum Film selbst verfaßt. Zumindest ein Argument zieht immer: »NATUR UND LIEBE. Steuerfrei!« wirbt die Ufa in den Branchenblättern und kann – eine wahrlich seltene Ausnahme – sogar Lobeshymnen aus der kommunistischen Presse zitieren: »Unerhört suggestiv, außerordentlich interessant« lautet das Urteil in der Roten Fahne.

Die Kulturfilmer sind weniger konservativ als die anderen Abteilungen, schließlich beschäftigen sie sich mit dem Fortschritt in Wissenschaft und Technik. Selbst die umstrittene Psychoanalyse machen sie zu ihrem Thema: GEHEIMNISSE EINER SEELE, der berühmte Pabst-Film mit Werner Krauß, entsteht im Auftrag der Ufa, und als fachwissenschaftlicher Berater wirkt Nicholas Kaufmann mit, unterstützt von den Freudschülern Karl Abraham und Hanns Sachs.

Der Kulturfilm verschafft dem deutschen Filmkonzern Renommée. Auch international: Sogar in Amerika werden die »Ufa-oddities« gern gesehen. Doch in der Krausenstraße wird bei jeder Bilanzbespre-

Der lange Reisetonfilm Am Rande der Sahara *ist 1930 neben 15 Kurzfilmen Ergebnis einer Film-Expedition, die Martin Rikli nach Nordafrika unternimmt*

„Am Rande der Sahara"

Bunte Kriechtierwelt: ein Kurzfilm in Ufa-Color

chung gefragt, wie lange man sich diesen Luxus noch leisten kann. »Es soll auch bei der Kulturfilm-Abteilung künftig ausschließlich der Gesichtspunkt geschäftlicher Verwertbarkeit maßgebend sein«, beschließt der Vorstand am 15. Juni 1927. Es gibt eine Reihe von personellen Veränderungen: Im letzten Jahr ist Wolfram Junghans hinzugestoßen, im nächsten Jahr scheidet Krieger aus, Kaufmann wird zum Abteilungsleiter ernannt und neu eingestellt Martin Rikli.

1929 ist wieder ein Krisenjahr, und der Etat der Abteilung wird radikal zusammengestrichen. Einschränkungen sind die Kulturfilmer gewohnt, doch diesmal läuft die Diskussion im Vorstand anders als sonst. »Herr Meydam erklärt, er brauche für den Verleih, da die Werbefilmabteilung ihm eine große Reihe brauchbarer Beiprogrammfilme liefere, fast gar keine Kulturfilme mehr.« (5.6.1929) Daraufhin werden alle Projekte, die ohne Unkosten noch gestoppt werden können, gestrichen. Im Januar 1930 die Rettung aus dem Ausland: Direktor Grieving benötigt »für das Amerika-Short-Geschäft« vier bis fünf Kulturfilme, möglichst mit Ton.

Die Produktion läuft wieder an. Die alten Hasen Kaufmann und Schulz überlassen dem Neuling die Abenteuer in der Ferne: Rikli übernimmt eine große Expeditionsreise nach Nordafrika. Er kehrt mit überreicher Beute zurück: 15 Kurzfilme lassen sich aus dem Material montieren, außerdem ein abendfüllender Reisebericht. Mit einer kleinen Spielhandlung als Rahmen versehen, kommt Am Rande der Sahara als einer der ersten Ufa-Tonfilme in die Kinos. »Die Kamera zeigt enge Gassen mit sich drängenden Menschen. Und das Ohr vernimmt zum ersten fremde Idiome, Rufe, Sprachfetzen, Töne einer Trommel«, notiert Lotte Eisner. »Dieser Ton wird eindringlichste Offenbarung: wenn der Muezzin hoch vom Minarett aus sein Allahbekennen den Gläubigen gedehnt zuschreit, wenn eine ganze Stadt erfüllt wird von diesem einzigen klagenden Klang. Wer, der nicht dort war, ahnte bisher die Wirkung dieses Rufs?« (Film-Kurier, 31.5.1930) Was die Kritikerin verschweigt: Der Film ist nachsynchronisiert. Die »Wortsingerei« des Skorpionenfressers, das monotone Beten des Hirten, die lärmenden oder leisen Lebensäußerungen des fremden Volkes – Rikli hat sie nicht aus Afrika mitgebracht, sondern die Tonspur im neuen Tonfilmatelier Babelsberg produziert.

Ein Jahr später, Ende 1931, präsentiert die Firma stolz den ersten Farbfilm: Bunte Tierwelt. Die Kritik ist beeindruckt. Besonders gut kommen die Königspinguine, der Diamant-Fasan mit seiner roten Feder und der Kronen-Kranich, der gerade eine gelbe Blume frißt. Ansonsten läßt die Farbechtheit zu wünschen übrig: Grün bekommt einen abscheulichen Gelbstich, auf Pflanzenfilme verzichtet man lieber...

Gedreht wird nach dem Zweifarbverfahren, Ufa-Color genannt. Zehn Jahre wird es noch dauern, bis die Technik soweit verbessert ist, daß die ersten farbigen Spielfilme in Angriff genommen werden können. Aber die Kulturfilm-Abteilung ist wieder einmal der Zeit voraus: Sie ist die Experimentierbude der Ufa.

Michael Töteberg

Kurzfilme der Ufa von 1921-26

1921

Januar. ★ 1920. **Kugelstoßen.** PRO Ufa-Kultur. 1 Akt, 131 m. ★ 1920. **Die Schwimmkunst im Dienste der Nächstenliebe.** PRO Ufa-Kultur. 1 Akt, 200 m. ★ 1920. **Ein Lehrfilm über den Fußballsport.** PRO Ufa-Kultur. 4 Akte, 1044 m. ★ 1920. **Turnen am Reck.** PRO Ufa-Kultur. 1 Akt, 232 m. ★ 1920/21. **Der verliebte Weihnachtsmann.** PRO BB-Film. 1 Akt, 380 m. ★ 1920/21. **Die Zaubergeige.** PRO Ufa. 1 Akt, 245 m. ★ 1920/21. **Krüppelnot und Krüppelhilfe.** PRO Ufa-Kultur. 5 Akte, 1076 m. ★ **Februar.** ★ 1920/21. **Speerwerfen.** PRO Ufa-Kultur. 1 Akt, 128 m. ★ 1920/21. **Die Weitsprungtechnik.** PRO Ufa-Kultur. 1 Akt, 109 m. ★ 1920/21. **Das Segeln.** PRO Ufa-Kultur. 1 Akt, 250 m. ★ 1920/21. **Der Hirschkäfer.** PRO Ufa-Kultur. 1 Akt, 358 m. ★ 1920/21. **Allerlei Meerestiere.** PRO Ufa. 1 Akt, 250 m. ★ 1920/21. **Hochseefischerei.** REG Ulrich Kayser. PRO Ufa-Kultur. 1 Akt, 316 m. ★ 1920/21. **Raupenstudien.** PRO Ufa-Kultur. 1 Akt, 116 m. ★ 1920/21. **Seidenspinner.** PRO Ufa-Kultur. 1 Akt, 185 m. ★ 1920/21. **Der peruysche Seidenspinner.** PRO Ufa-Kultur. 1 Akt, 106 m. ★ 1920/21. **Der Maulbeerspinner.** PRO Ufa-Kultur. 1 Akt, 174 m. ★ 1920/21. **Erblühende Pflanzen.** PRO Ufa-Kultur. 1 Akt, 165 m. ★ 1920/21. **Aleppo.** PRO Ufa. 1 Akt, 159 m. ★ 1920/21. **Vigiljochbahn.** PRO Ufa-Kultur. 1 Akt, 118 m. ★ 1920/21. **Bilder aus Griechenland.** PRO Ufa-Kultur. 3 Akte, 810 m. ★ 1920/21. **Aus Syrien und dem Heiligen Land.** PRO Ufa. 4 Akte, 1160 m. ★ **März.** ★ 1920/21. **Dammbruch an der Elbe.** PRO Ufa-Kultur. 1 Akt, 112 m. ★ 1920/21. **Melklehrfilm.** PRO Ufa-Kultur. 1 Akt, 284 m. ★ 1920/21. **Der Rapsglanzkäfer und seine Bekämpfung.** PRO Ufa-Kultur. 1 Akt, 306 m. ★ 1920/21. **Ein Besuch bei Meister Dickhaut.** PRO Ufa-Kultur. 1 Akt, 103 m. ★ 1920/21. **Aus der Pflege des erkrankten Säuglings und Kleinkindes.** PRO Ufa. 1 Akt, 280 m. ★ 1920/21. **Hohlglasfabrikation.** PRO Ufa-Kultur. 2 Akte, 578 m. ★ 1920/21. **Besuch bei Roggenzüchter Herrn von Lochow.** PRO Ufa-Kultur. 1 Akt, 266 m. ★ 1920/21. **Deutsche landwirtschaftliche Planzenzucht. 2 Teile.** PRO Ufa-Kultur. 2 Akte, 590 m / 2 Akte, 570 m. ★ 1920/21. **Der Mulmbock.** PRO Ufa-Kultur. 1 Akt, 198 m. ★ **April.** ★ 1921. **Die Waise.** PRO BB-Film. 5 Akte, 1490 m. ★ 1921. **Knüppeldick – Nudelweich.** PRO Oliver. 1 Akt, 130 m. ★ 1921. **Rentier Knüppeldick.** PRO Oliver. 1 Akt, 105 m. ★ 1921. **Der Kohlweißling.** PRO Ufa-Kultur. 2 Akte, 677 m. ★ 1921. **Tuberkulose-Fürsorge.** PRO Oliver. 2 Akte, 565 m. ★ 1921. **Der Gärtner in Not (Der Apfelwickler).** PRO Ufa-Kultur. 2 Akte, 583 m. ★ 1920/21. **Die Lüneburger Heide.** PRO Ufa-Kultur. 4 Akte, 1246 m. ★ 1921. **Die Stink- und Gichtmorchel.** PRO Ufa-Kultur. 1 Akt, 107 m. ★ 1921. **Die Großstation Nauen im Weltverkehr.** PRO Ufa-Kultur. 2 Akte, 605 m. ★ 1921. **Der Hänfling am Nest.** PRO Ufa-Kultur. 1 Akt, 174 m. ★ 1921. **Sowas kommt von Sowas.** PRO Ufa. 1 Akt, 152 m. ★ 1921. **Die Honigbiene.** PRO Ufa-Kultur. 2 Akte, 431 m. ★ 1921. **Und stets kam was dazwischen.** PRO Oliver. 3 Akte, 1027 m. ★ 1921. **Die Beisetzung der verstorbenen deutschen Kaiserin Auguste Viktoria.** PRO Ufa-Kultur. 1 Akt, 116 m. ★ 1921. **Die bayerischen Königsschlösser.** PRO Ufa-Kultur. 1 Akt, 122 m. ★ 1921. **Ceram.** PRO Ufa-Kultur. 1 Akt, 183 m. ★ 1921. **Griechische Frauentrachten.** PRO Ufa-Kultur. 3 Akte, 825 m. ★ 1921. **Mit der Zahnradbahn auf den Hochschneeberg.** PRO Ufa-Kultur. 1 Akt, 120 m. ★ 1921. **Max und Moritz.** PRO Ufa-Kultur. 1 Akt, 204 m. ★ 1921. **Herztätigkeit und Blutumlauf.** PRO Ufa-Kultur. 1 Akt, 160 m. ★ 1921. **Bilder aus dem Dasein der niedrigsten Lebewesen.** PRO Ufa-Kultur. 2 Akte, 550 m. ★ 1921. **Die kleinsten Feinde des Menschen und Tieres.** PRO Ufa-Kultur. 1 Akt, 190 m. ★ **Juli.** ★ 1921. **Porzellankunst.** PRO Ufa-Kultur. 1 Akt, 220 m. ★ 1921. **Rostow am Don.** PRO Ufa-Kultur. 1 Akt, 206 m. ★ 1921. **Norwegische Städte.** PRO Ufa-Kultur. 1 Akt, 115 m. ★ 1921. **Mädchenturnen.** PRO Ufa-Kultur. 1 Akt, 315 m. ★ 1921. **Hein Petersen.** PRO Ufa-Kultur. 2 Akte, 510 m. ★ 1921. **Nordische Reichtümer.** PRO Ufa-Kultur. 1 Akt, 102 m. ★ 1921. **Jagd auf Eisbären und Robben.** PRO Ufa-Kultur. 1 Akt, 271 m. ★ 1921. **Aus der afrikanischen Wildnis. Bilder von Jagd und Fang.** PRO Ufa. 6 Akte, 1635 m. ★ 1921. **Knoppchen ißt Hasenbraten.** PRO BB-Film. 2 Akte, 597 m. ★ 1921. **Wie du mir, so ich dir.** PRO Oliver. 2 Akte, 626 m. ★ 1921. **Die Herstellung eines Lampenzylinders.** PRO Ufa-Kultur. 1 Akt, 145 m. ★ 1921. **Anfertigung einer großen Beleuchtungsschale.** PRO Ufa-Kultur. 1 Akt, 115 m. ★ 1921. **Viehzucht im Gebiete des Miesbach-Simmenthaler Alpenfleckviehs.** PRO Ufa-Kultur. 1 Akt, 286 m. ★ 1921. **Weide-, Alp- und Sennereiwirtschaft.** PRO Ufa-Kultur. 1 Akt, 321 m. ★ 1921. **Ein Tag im Großbetrieb des Feldgemüsebaus (feldmäßiger Kohlanbau auf der Domäne Hartefels bei Nauen).** PRO Ufa-Kultur. 2 Akte, 208 m. ★ 1921. **Anbau, Ernte, Einmieten und Versand der Kartoffeln.** PRO Ufa-Kultur. 1 Akt, 225 m. ★ 1921. **Tomatenbau im Oderbruch.** PRO Ufa-Kultur. 1 Akt, 115 m. ★ 1921. **Der Wettlauf zwischen dem Hasen und dem Swinegel.** REG Harry Jäger. AUT Johannes Meyer; nach dem Märchen der Gebr. Grimm. PRO Ufa-Kultur. 1 Akt, 270 m. ★ 1921. **Das Stadtkind auf dem Lande.** PRO Ufa-Kultur. 2 Akte, 546 m. ★ 1921. **Binnenfischerei am Steinhuder Meer.** PRO Ufa-Kultur. 1 Akt, 350 m. ★ 1921. **Das wandelnde Blatt.** PRO Ufa-Kultur. 1 Akt, 115 m. ★ 1921. **Tierische Hypnose.** PRO Ufa-Kultur. 1 Akt, 181 m. ★ 1921. **Die Kultur der Ölfrüchte.** PRO Ufa-Kultur. 1 Akt, 325 m. ★ 1921. **Viehzucht in Unterfranken.** PRO Ufa-Kultur. 1 Akt, 143 m. ★ 1921. **Der Lehrsatz des Pythagoras.** PRO Ufa-Kultur. 1 Akt, 125 m. ★ 1921. **Wenn's auch schwer fällt.** PRO Ufa-Emelka. 1 Akt, 235 m. ★ 1921. **Die Dampffähre Warnemünde-Gjedser.** PRO Ufa-Kultur. 1 Akt, 105 m. ★ 1921. **Fronleichnamsfeier des berühmten Klosters Sosna Gora zu Czenstochau.** PRO Ufa-Kultur. 1 Akt, 150 m. ★ **August.** ★ 1921. **Reise durch das malerische Finnland.** PRO Ufa-Kultur. 1 Akt, 182 m. ★ 1921. **Wenn du denkst, du hast'n...!** PRO Ufa-Emelka. 1 Akt, 222 m. ★ 1921. **Böhmische Glasbläserkunst (Das Fertigen eines Glaskörbchens).** PRO Ufa-Kultur. 1 Akt, 188 m. ★ 1921. **Pädagogische Musterrolle.** PRO Ufa-Kultur. 4 Akte, 985 m. ★ 1921. **Abnorme Seelenzustände.** PRO Ufa. 1 Akt, 245 m. ★ 1921. **Trippelpaule.** PRO PAGU. 2 Akte, 680 m. ★ 1921. **Eine Semmeringtalfahrt von Station Semmering bis Payerbach.** PRO Ufa-Kultur. 1 Akt, 102 m. ★ 1921. **Wenn einer eine Reise tut.** PRO Ufa. 1 Akt, 180 m. ★ 1921. **Niederbayern, Kelheim mit der Befreiungshalle.** PRO Ufa-Kultur. 1 Akt, 118 m. ★ 1921. **Insel Brioni. Adriatisches Meer.** PRO Ufa-Kultur. 1 Akt, 113 m. ★ 1921. **Aller Anfang ist schwer.** PRO Ufa. 1 Akt, 103 m. ★ 1921. **Ausländische Haus- und Wildrinder.** PRO Ufa. 1 Akt, 335 m. ★ 1921. **Ein Tag bei einer Storchenfamilie.** PRO Ufa-Kultur. 1 Akt, 120 m. ★ 1921. **Unser Hausstorch (Ein Familienidyll).** PRO Ufa-Kultur. 1 Akt, 343 m. ★ 1921. **Der Mehlkäfer.** PRO Ufa-Kultur. 1 Akt, 362 m. ★ 1921. **Das Tier in seiner Bewegung.** PRO Ufa-Kultur. 2 Akte, 485 m. ★ 1917. **Ein Tag aus dem Leben einer Puppe.** PRO Messter. 1 Akt, 196 m. Neuzensur. ★ 1921. **Der liebe, böse Alkohol.** PRO Ufa. 1 Akt, 103 m. ★ **September.** ★ 1921. **Tiflis, die Hauptstadt Georgiens.** PRO Ufa-Kultur. 1 Akt, 268 m. ★ 1921. **Zebrajagd in Deutsch-Ostafrika.** PRO Ufa-Kultur. 1 Akt, 120 m. ★ 1921. **Eine Bosporusfahrt.** PRO Ufa-Kultur. 1 Akt, 238 m. ★ 1921. **Sewastopol.** PRO Ufa-Kultur. 1 Akt, 212 m. ★ 1921. **Milch und Milchverwertung.** PRO Ufa-Kultur. 1 Akt, 370 m. ★ 1921. **Braunkohlentagebau.** PRO Ufa-Kultur. 1 Akt, 129 m. ★ 1921. **Wie eine elektrische Glühbirne entsteht.** PRO Ufa-Kultur. 1 Akt, 132 m. ★ 1921. **Die technische Herstellung eines Lexikons.** PRO Ufa-Kultur. 1 Akt, 202 m. ★ 1921. **Salome.** PRO PAGU. 1 Akt, 200 m. ★ 1921. **Wenn du die Engel pfeifen hörst.** PRO Ufa. 1 Akt, 215 m. ★ 1921. **Aus Edam und von der Zuidersee. Bilder aus Holland.** PRO Ufa. 1 Akt, 186 m. ★ 1921. **Der Kreml in Moskau.** PRO Ufa-Kultur. 1 Akt, 106 m. ★ 1921. **De Seebär up de Frieg.** PRO BB-Film. 2 Akte, 650 m. ★ 1921. **Ersatz.** PRO Oliver. 1 Akt, 370 m. ★ 1921. **Ernst und Scherz an Bord eines Lloyddampfers.** PRO Ufa-Kultur. 1 Akt, 145 m. ★ 1921. **Eine Luftfahrt Gotha-Düsseldorf.** PRO Ufa-Kultur. 1 Akt, 174 m. ★ 1921. **Wellenkämpfe.** PRO Ufa-Kultur. 1 Akt, 115 m. ★ 1921. **Bilder aus Konstanz am Bodensee.** PRO Ufa-Kultur. 1 Akt, 182 m. ★ 1921. **Ich weiß in Krojanke ein kleines Hotel.** PRO Ufa. 1 Akt, 186 m. ★ 1921. **Bei den Bantu im Njassaland.** PRO Ufa-Kultur. 1 Akt, 355 m. ★ 1921. **Erstes Autorennen im Grunewald.** PRO Ufa. 1 Akt, 414 m. ★ 1921. **Medizinische Musterrollen.** PRO Ufa-Kultur. 2 Akte, 308 m. ★ 1921. **Die weiße Seuche. Entstehung, Gefahren und Bekämpfung der Tuberkulose.** REG Nicholas Kaufmann. AUT C. Thomalla. PRO Ufa-Kultur. 7 Akte, 1850 m. ★ **Oktober.** ★ 1921. **Konstantinopel und der Bosporus.** PRO Ufa-Kultur. 2 Akte, 500 m. ★ 1921. **Wie Gebirge und ihre Täler entstehen. Berchtesgaden und der Königssee.** REG Dr. Zürn. AUT Solger. PRO Ufa-Kultur. 2 Akte, 472 m. ★ 1921. **Sportmassage.** PRO Ufa-Kultur. 1 Akt, 146 m. ★ 1921. **Ein Mädchen aus guter Familie.** PRO Ufa. 4 Akte, 1285 m. ★ 1921. **Die Geschichte einer Lebensmittelanweisung aus Amerika.** PRO PAGU. 1 Akt, 229 m. ★ 1921. **Zur Feststellung der Tuberkulose, 1. Antiforminverfahren.** PRO Ufa-Kultur. 1 Akt, 140 m. ★ 1921. **Hygiene der Feierstunden: Wie bleibe ich gesund.** PRO Ufa-Kultur. 2 Akte, 525 m. ★ 1921. **Knochen- und Gelenktuberkulose.** PRO Ufa-Kultur. 1 Akt, 185 m. ★ 1921. **Aschenbrödel.** PRO Oliver. 3 Akte, 910 m. ★ 1921. **Hygiene des häuslichen Lebens.** PRO Ufa-Kultur. 4 Akte, 1022 m. ★ 1921. **Wie sich der Tannenbaum in Papier verwandelt.** PRO Ufa-Kultur. 1 Akt, 238 m. ★ 1921. **Zementfabrikation.** PRO Ufa-Kultur. 1 Akt, 138 m. ★ 1921. **Münchener Bilder.** PRO Ufa-Kultur. 1 Akt, 148 m. ★ 1921. **Aus der Welt des Ski.** PRO Ufa-Kultur. 1 Akt, 212 m. ★ 1921. **Abbazzia, die Perle der Adria.** PRO Ufa-Kultur. 1 Akt, 110 m. ★ 1921. **Die Technik des Schneeschuhlaufens.** PRO Ufa-Kultur. 2 Akte, 522 m. ★ 1921. **Leben der Zukunft. 2 Teile.** PRO PAGU. 6 Akte, 2110 m, 6 Akte, 2425 m. ★ 1921. **Onkel aus Indien.** PRO Oliver. 3 Akte, 935 m. ★ 1921. **Bilder aus dem Indianerleben am Amazonenstrom.** PRO Ufa-Kultur. 1 Akt, 230 m. ★ **November.** ★ 1921. **Wogen des Meeres.** PRO Messter / Ufa-Kultur. 1 Akt, 123 m. ★ 1921. **Prag, die Hauptstadt der Tschechoslowakei.** PRO Ufa-Kultur. 1 Akt, 175 m. ★ 1921. **Der kleine Glückssucher.** PRO Ufa. 3 Akte, 720 m. ★ 1921. **Die Höllentalklamm bei Partenkirchen.** PRO Ufa-Kultur. 1 Akt, 110 m. ★ 1921. **Wie die Heckenrose blüht.** PRO Ufa-Kultur. 1 Akt, 100 m. ★ 1921. **Der Zoologische Garten in München.** PRO Ufa-Kultur. 1 Akt, 172 m. ★ 1921. **Der Pelz auf Kredit.** PRO PAGU. 1 Akt, 232 m. ★ 1921. **Die Herren Söhne.** PRO BB-Film. 4 Akte, 1227 m. ★ 1921. **Insekten, die ins Wasser gingen.** PRO Ufa-Kultur. 1 Akt, 384 m. ★ 1921. **Das Schwein. 6 Teile.** PRO Ufa-Kultur. 1 Akt, 382 m / 1 Akt, 199 m / 1 Akt, 273 m / 1 Akt, 197 m / 1 Akt, 224 m / 2 Akte, 406 m. ★ 1921. **Skifahrers Rüstzeug.** PRO Ufa-Kultur. 1 Akt, 158 m. ★ 1921. **Frische Fische – gute Fische.** PRO Ufa-Kultur. 1 Akt, 2490 m. ★ 1921. **Die Züchtung der Eckendorfer Futterrübe.** PRO Ufa-Kultur. 1 Akt, 262 m. ★ 1921. **Leichtathletik.** PRO Ufa-Kultur. 4 Akte, 1176 m. ★ 1921. **Gesucht ein Mann, der ein Mann ist.** PRO Oliver. 3 Akte, 1150 m. ★ 1921. **Knoppchen, der Verführer.** PRO BB-Film. 2 Akte, 584 m. ★ **Dezember.** ★ 1921. **Verheiratete Junggesellen.** PRO Messter. 3 Akte, 1175 m. ★ 1921. **Die Sünden der Mutter.** PRO PAGU. 5 Akte, 1515 m. ★ 1921. **Von Blumen, Früchten und Insekten.** PRO Ufa-Kultur. 1 Akt, 172 m. ★ 1921. **Die Anwendung und Wirkung neuzeitlicher Stickstoffdüngemittel.** PRO Ufa-Kultur. 2 Akte, 615 m. ★ 1921. **Rothenburg ob der Tauber.** PRO Ufa-Kultur. 1 Akt, 102 m.

1922

Januar. ★ 1921. **Im ewigen Eis.** PRO Ufa. 1 Akt, 227 m. ★ 1921. **Der Elefant und andere Dickhäuter.** PRO Ufa-Kultur. 1 Akt, 242 m. ★ 1921. **Kurz ist der Frühling.** PRO Ufa. 5 Akte, 1630 m. ★ 1921. **Bilder aus den Solbädern Dürrenberg und Kösen.** PRO Ufa-Kultur. 1 Akt, 160 m. ★ 1921. **Eine Schmetterlingsplage in der Rheinpfalz.** KAM Max Brinck. PRO Ufa-Kultur. 1 Akt, 326 m. ★ 1921. **Wie man aus der Kartoffel Stärke gewinnt.** PRO Ufa-Kultur. 1 Akt, 326 m. ★ 1921. **Die Kartoffelfabrikate.** PRO Ufa-Kultur. 2 Akte, 625 m. ★ 1921/22. **Die Kunst des Eislaufs.** PRO Ufa. 2 Akte, 483 m. ★ 1921/22. **Knoppchens Schreckensnacht.** PRO BB-Film. 2 Akte, 585 m. ★ **Februar.** ★ 1921/22. **Die Entstehung des Britischen Weltreiches.** PRO Ufa. 1 Akt, 290 m. ★ 1921/22. **Wie bleibe ich gesund? 1. Hygiene des häuslichen Lebens.** PRO Ufa-Kultur. 2 Akte, 561 m. ★ **März.** ★ 1921/22. **Winterfreuden.** PRO Ufa-Kultur. 1 Akt, 237 m. ★ 1921/22. **Die Kinderstube des Kinderfreundes.** KAM Schulz. PRO Ufa. 1 Akt, 292 m. ★ 1921/22. **Schönheit am Meeresgrund.** KAM Max Brinck. PRO Ufa. 1 Akt, 260 m. ★ 1921/22. **Allerhand Tierhumor.** PRO Ufa. 1 Akt, 152 m. ★ 1921/22. **Leben im Unbelebten.** PRO Ufa. 1 Akt, 273 m. ★ 1921/22. **Die Seele der Pflanze.** KAM Max Brinck. PRO Ufa. 1 Akt, 256 m. ★ 1921/22. **Wie bleibe ich gesund? 2. Hygiene der Feierstunden.** PRO Ufa-Kultur. 1 Akt, 402 m. ★ 1921/22. **Wie unser Auge getäuscht wird.** PRO Ufa-Kultur. 2 Akte, 567 m. ★ 1921/22. **Ein Flug über die Bayerischen Alpen.** PRO Ufa-Kultur. 1 Akt, 125 m. ★ 1921/22. **Von Broten und Brötchen.** PRO Ufa. 1 Akt, 433 m. ★ **Juni.** ★ 1922. **Der Krebs.** PRO Messter/Ufa. 1 Akt, 266 m. ★ 1922. **Knoppchen kauft Porzellan.** PRO BB-Film. 1 Akt, 470 m. ★ 1922. **Die Königin von Whitechapel.** PRO Orplid. 5 Akte, 1783 m. ★ 1922. **Knoppchen, der Sieger.** PRO BB-Film. Akt, 393 m. ★ **Juli.** ★ 1922. **Kartoffel-Allerlei.** PRO Ufa. 1 Akt, 194 m. ★ **August.** ★ 1922. **Leuchtfeuer.** PRO Ufa. 1 Akt, 300 m. ★ 1922. **Bilder aus den Werken der Linke-Hofmann, Lauchhammer, A.-G.** PRO Ufa. 3 Akte, 884 m. ★ 1922. **Edelstahl.** REG Ulrich Kayser. KAM Franz Engel. PRO Ufa-Kultur. 1 Akt, 438 m. ★ **September.** ★ 1922. **Die Großeisenindustrie, 3. Abteilung: Edelstahl.** PRO Ufa-Kultur. 2 Akte, 642 m. ★ **Oktober.** ★ 1922. **Der Rhein in Vergangenheit und Gegenwart.** REG Dr. Zürn. AUT Felix Lampe. PRO Ufa-Kultur. 7 Akte, 2315 m. ★ 1922. **Schwarzwaldkinder.** PRO BB-Film. 4 Akte, 1779 m. ★ **November.** ★ 1922. **Das tapfere Schneiderlein.** Trick-Zeichnungen: Harry Jaeger. PRO Ufa-Kultur. 1 Akt, 246 m. ★ 1922. **Ein modernes Hüttenwerk.** REG Ulrich Kayser. PRO Ufa-Kultur. 6 Akte, 2303 m. ★ 1922. **Flüssige Kristalle und ihr scheinbares Leben.** PRO Ufa-Kultur. 4 Akte, 1306 m. ★ 1921. **Die Großeisenindustrie, 2. Abteilung: Das Thomas Bessemer-Verfahren.** PRO Ufa-Kultur. 2 Akte, 455 m. ★ **Dezember.** ★ 1922. **Max und Moritz lernen schwimmen.** REG, AUT Dr. Zürn. DAR Wilhelm Diegelmann, Gerhard Ritterband. PRO Ufa-Kultur. 1 Akt, 447 m. ★ 1922. **München. Die Entwicklung einer Großstadt.** REG Dr. Zürn. AUT Fritzner. PRO Ufa-Kultur. 1 Akt, 325 m. ★ 1922. **Berlins Entwicklung. Bilder vom Werdegang einer Weltstadt.** REG Willy Achsel. PRO Ufa-Kultur. 2 Akte, 663 m.

1923

Januar. ★ 1922/23. **Hellinge und Dock, Bilder aus einer Schiffswerft.** PRO Ufa-Kultur. 1 Akt, 134 m. ★ **März.** ★ 1922/23. **Der Schwiegersohn mit den dicken Kartoffeln.** REG Willy Achsel. AUT Johannes Meyer, Willy Achsel. PRO Ufa-Kultur. 1 Akt, 538 m. ★ 1922/23. **Unter fremdem Joch, Bilder aus dem Ruhrgebiet.** PRO Ufa-Kultur. 1 Akt, 358 m. ★ **April.** ★ 1923. **Dresden, das Elbetal und die Sächsische Schweiz.** REG Dr. Zürn. PRO Ufa-Kultur. 4 Akte, 1330 m. ★ **Mai.** ★ 1923. **Aus Natur und Wissenschaft, Tierkunde: Aus dem Leben der Bienen.** PRO Ufa-Kultur. 1 Akt, 141 m. ★ 1923. **Im Schneeschuhparadies, ein Schwarzwaldidyll.** PRO Ufa-Kultur. 1 Akt, 114 m. ★ 1923. **Die Bodenbearbeitungsmaschinen.** PRO Ufa-Kultur. 2 Akte, 395 m. ★ 1923. **Alpine Majestäten.** PRO Ufa-Kultur. 1 Akt, 101 m. ★ 1923. **Die oberbayerischen Gebirgsseen.** PRO Ufa-Kultur. 1 Akt, 101 m. ★ 1923. **Tiere der Nordsee.** PRO Ufa-Kultur. 3 Akte, 919 m. ★ 1923. **Für Deutschlands Zukunft stählt sich deutsche Jugend.** PRO Ufa-Kultur. 1 Akt, 255 m. ★ **Juni.** ★ 1923. **Wie ein Sahnebonbon entsteht.** PRO Ufa. 1 Akt, 154 m. ★ **Juli.** ★ 1923. **Die Königin der Wasserrosen (Victoria regia).** PRO Ufa-Kultur. Akt, 240 m. ★ 1923. **Familie Nimmersatt, Naturkunde vom Neste der Goldammern.** PRO Ufa-Kultur. 1 Akt, 172 m. ★ **August.** ★ 1923. **Die Pritzelpuppe.** REG Ulrich Kayser. AUT Maria Elisabeth Kähnert. KAM Max Brinck. DAR Lotte Pritzel, Blandine Ebinger, Niddy Impekoven. PRO Ufa-Kultur. 1 Akt, 381 m. Kurz-Dokumentarfilm mit Spielszenen. ★ 1923. **Der Tag des ersten deutschen Parlaments.** PRO Ufa-Kultur. 1 Akt, 241 m. ★ 1923. **Im Auto durch den Schwarzwald.** PRO Ufa. 1 Akt, 200 m. ★ **Oktober.** ★ 1923. **Das Wattenmeer und seine Bewohner.** PRO Ufa-Kultur. 1 Akt, 382 m. ★ 1923. **Mikrokosmos im Reiche der Natur.** PRO Ufa-Kultur. 1 Akt, 340 m. ★ 1923. **Raubritter des Meeres.** REG, AUT Ulrich K. T. Schulz. PRO Ufa-Kultur. 2 Akte, 535 m. ★ 1923. **In den Tiergärten des Meeres.** REG, AUT Ulrich K. T. Schulz. PRO Ufa-Kultur. 1 Akt, 362 m. ★ 1923. **Strandgeheimnisse.** REG, AUT Ulrich K. T. Schulz. PRO Ufa-Kultur. 1 Akt, 372 m. ★ 1923. **Was das Auge nicht sieht.** PRO Ufa-Kultur. 1 Akt, 365 m. ★ 1923. **Völker und Kulturen aus Südostasien.** PRO Ufa. 4 Akte, 1015 m. ★ **November.** ★ 1923. **Das Faltboot.** PRO Ufa-Kultur. 1 Akt, 177 m. **Dezember.** ★ 1923. **Bewegungsanalyse.** PRO Ufa-Kultur. 1 Akt, 143 m. ★ 1923. **Zeitlupenallerlei.** REG Dr. Zürn. AUT Georg Schade. PRO Ufa-Kultur. 1 Akt, 205 m.

1924

Februar. ★ 1923/24. **Im Reiche der Bienen. 2 Teile.** PRO Ufa-Kultur. 1 Akt, 344 m / 1 Akt, 379 m. ★ 1923/24. **In den Fischgründen auf Island.** PRO Ufa-Kultur. 1 Akt, 260 m. ★ **April.** ★ 1924. **Die Jagd auf Robben und Eisbären.** PRO Ufa. 1 Akt, 144 m. ★ **Mai.** ★ 1924. **Tierjugend. 1. Vögel. 2. Säugetiere.** PRO Ufa-Kultur. 1 Akt, 180 m / 1 Akt, 207 m. ★ 1924. **Ein deutsches Kriegsschiff im Dienste der Volkswirtschaft.** PRO Ufa. 2 Akte, 730 m. ★ **Juni.** ★ 1924. **Die letzten Wisente.** PRO Ufa. 1 Akt, 207 m. ★ 1924. **Rumänien. 1. Landwirtschaft in der Walachei. 2. Viehzucht in der Walachei. 3. Waldwirtschaft in den Karpaten.** PRO Ufa-Kultur. 1 Akt, 333 m. / 1 Akt, 183 m. / 1 Akt, 241 m. ★ **Juli.** ★ 1924. **Vetter Bobby, Schimpanse.** PRO Ufa-Kultur. 1 Akt, 212 m. ★ 1924. **Vom Waldkönig und seiner Krone.** PRO Ufa-Kultur. 1 Akt, 304 m. ★ **August.** ★ 1924. **Reinicke Fuchs.** Trick-Zeichnungen: Harry Jaeger. PRO Ufa-Kultur. 1 Akt, 314 m. ★ 1924. **Der deutsche Weinbau.** PRO Ufa-Kultur. 6 Akte, 2024 m. ★ 1924. **Die Ankunft des zukünftigen Präsidenten von Mexiko, General Calles, in Deutschland.** PRO Ufa-Kultur. 1 Akt, 225 m. ★ 1924. **Houben schlägt die Olympia-Sieger.** PRO Ufa-Kultur. 1 Akt, 162 m. ★ **September.** ★ 1924. **Große Herbsttruppenschau in Straußberg bei Berlin am 9.9.1924.** PRO Ufa-Kultur. 1 Akt, 115 m. ★ **Oktober.** ★ 1924. **Mensch und Tier im Urwald.** REG Hans Schomburgk. KAM Paul Lieberenz. PRO Schomburgk-Film der Ufa. 8 Akte, 2859 m. ★ 1924. **Wunder der Zeitlupe.** PRO Ufa-Kultur. 1 Akt, 273 m. ★ **November.** ★ 1924. **Das Segel der Zukunft (Der Flettner-Rotor).** REG A. Kossowski. KAM Gerhard Müller. Beratung: Direktor Flettner, Schiffsbau-Versuchsanstalt Hamburg. PRO Ufa-Kultur. 2 Akte, 531 m. ★ 1924. **Im Paddelboot durchs Neckartal.** PRO Ufa-Kultur. 1 Akt, 238 m. ★ **Dezember.** ★ 1924. **Die Meerspinne (Maja squinado).** PRO Ufa-Kultur. 1 Akt, 261 m. ★ 1924. **Würzburg, die Hauptstadt des Frankenlandes.** PRO Ufa-Kultur. 1 Akt, 260 m.

1925

Januar. ★ 1924/25. **Allerhand Feinkost aus dem Meer.** 1 Akt, 327 m. ★ 1924/25. **Am Ostgestade der Adria.** 2 Akte, 643 m. ★ 1924/25. **Tieridylle.** 1 Akt, 283 m. ★ 1924/25. **Pensionäre aus aller Welt.** 1 Akt, 249 m. ★ 1924/25. **Sommerwelt.** PRO 2 Akte, 772 m. ★ **Februar.** ★ 1924/25. **Allerhand Waldgetier.** 1 Akt, 365 m. ★ **März.** ★ 1924/25. **Reichspräsident Ebert.** 1 Akt, 154 m. ★ 1924/25. **An sonnigen Gestaden.** REG Werner Funck. 2 Akte, 1034 m. ★ 1924/25. **Historische Stätten im Hessenlande.** 1 Akt, 244 m. ★ 1924/25. **Prisma-Reklamefilm.** 1 Akt, 102 m. ★ **April.** ★ 1925. **Eheglück.** 1 Akt, 313 m. ★ 1925. **Reklamefilm der Ufa.** 1 Akt, 305 m. ★ 1925. **Vom Otterngezücht und seiner Sippe.** 1 Akt, 271 m. ★ **Mai.** ★ 1925. **Einzug des Reichspräsidenten v. Hindenburg in die Reichshauptstadt, 11. Mai 1925.** 1 Akt, 282 m. ★ 1925. **Stadionweihe.** 1 Akt, 281 m. ★ 1925. **Segen der Erde.** KAM Friedl Behn-Grund. 1 Akt, 308 m. ★ 1925. **Lieblinge der Menschen.** REG E. Fangauf-Bush. AUT Willy Rath, Emil Enders. KAM F. Engel, Karl Dennert. 5 Akte, 1744 m. ★ **Juni.** ★ 1925. **Mit dem Dampfer ›Bayern‹ der Hamburg-Amerika-Linie nach Südamerika.** 1 Akt, 525 m. ★ **Juli.** ★ 1925. **Achtung! Achtung! Hier ist Berlin auf Welle 505.** 3 Akte, 1017 m. ★ 1925. **Die Hoch- und Untergrundbahn in Berlin.** 4 Akte, 1426 m. ★ **August.** ★ 1925. **An sonnigen Gestaden.** 2 Akte, 341 m. ★ 1925. **Im Sechszylinder über den St. Gotthard.** 1 Akt, 373 m. ★ 1925. **Küste der Krim.** 1 Akt, 223 m. ★ **September.** ★ 1925. **Narkose.** 1 Akt, 330 m. ★ 1925. **Von den Herbstübungen unserer Reichswehr.** 1 Akt, 128 m. ★ 1925. **Menschen als Masken.** 1 Akt, 441 m. ★ 1925. **Im Strudel des Verkehrs.** REG Leo Peukert. KAM Siegfried Weinmann. DAR Frida Richard. 3 Akte, 1210 m. ★ 1925. **Ostdeutsche Kampfspiele der Breslauer Neuesten Nachrichten.** 1 Akt, 274 m. ★ 1925. **Der Radiostrolch.** 1 Akt, 450 m. ★ **Oktober.** ★ 1925. **Hühnerfilm.** 1 Akt, 306 m. ★ **November.** ★ 1925. **Die Stadt am Meer.** 1 Akt, 236 m. ★ 1925. **Die Wüste am Meer.** 3 Akte, 874 m. ★ 1925. **Die Wunderwelt des blauen Golfes. 1. Kennst du das Land. 2. Lebende Blumen und Juvelen des Meeres. 3. Seltsame Weichtiere und Fischgestalten. 4. Vom Hauswirt zum Mieter auf dem Meeresgrund. 5. Räuberwesen am Meeresgrund.** REG Ulrich K. T. Schulz. AUT Siewersen. 1 Akt, 428 m / 1 Akt, 307 m / 1 Akt, 179 m / 1 Akt, 274 m / 1 Akt, 261 m. ★ 1925. **Kikeriki.** 1 Akt, 395 m. ★ 1925. **Zum Schneegipfel Afrikas.** REG Carl Heinz Boese. KAM Karl Dennert. Expeditions- und Jagdleitung: Andries A. Pienaar. 6 Akte, 2246 m. ★ 1925. **Von Kunstschützen und Fallenstellern.** 1 Akt, 256 m. ★ **Dezember.** ★ 1925. **Hans, der Bastler.** 1 Akt, 367 m. ★ 1925. **Der liebe gute Weihnachtsmann.** 1 Akt, 312 m. ★ 1925. **Koblenz, die Perle des Rheinlandes.** 1 Akt, 337 m.

1926

Januar. ★ 1925. **Kriechtiere und Otterngezücht.** 1 Akt, 270 m. ★ 1925. **Ein schwarzes Handwerk im Walde.** 1 Akt, 196 m. ★ 1925/26. **Die Geburtsstadt des Columbus.** 1 Akt, 172 m. ★ 1925/26. **Aus Stein und Luft wird Brot.** 2 Akte, 609 m. ★ 1925/26. **Zeitlupenrevue aus der gefiederten Welt.** 1 Akt, 237 m. ★ 1925/26. **Rund um die ewige Stadt.** 1 Akt, 316 m. ★ **Februar.** ★ 1925/26. **Kater Schnur.** 1 Akt, 214 m. ★ **März.** ★ 1925/26. **Der weiße Sport.** 1 Akt, 310 m. ★ 1925/26. **Nach Locarno mit der Lötschbergbahn.** 1 Akt, 237 m. ★ 1925/26. **Räuber unter der Lupe.** 1 Akt, 235 m. ★ 1925/26. **Hysterischer Dämmerzustand bei Tanzen.** 1 Akt, 112 m. ★ **April.** ★ 1926. **Physiologie der Schwangerschaft.** 4 Akte, 1413 m. ★ 1926. **Seide.** 1 Akt, 300 m. ★ 1926. **Die Entführung aus dem Serail.** 1 Akt, 151 m. ★ 1926. **Hans Fürchtenichts lernt das Gruseln.** 1 Akt, 318 m. ★ 1926. **Genf, eine Perle in der Schweiz.** 1 Akt, 244 m. ★ 1926. **Hochbetrieb im Kleberaum.** 1 Akt, 191 m. ★ **Mai.** ★ 1926. **Liebe und Naturgeschichte.** 3 Akte, 1145 m. ★ 1926. **Vom Rohgummi zum Phoenix-Cord.** 1 Akt, 487 m. ★ **Juni.** ★ 1926. **Tierwelt der Nordsee.** 1 Akt, 249 m. ★ 1926. **Auf Tierfang in Abessinien.** REG Ernst Garden. KAM Paul Lieberenz. Expeditionsleiter: Dr. Heck, Prof. Oskar Neumann. 5 Akte, 1768 m. ★ 1926. **Tragödie einer Uraufführung.** 1 Akt, 346 m. ★ **Juli.** ★ 1926. **Um das blaue Band.** REG Adolf Trotz. 1 Akt, 353 m. ★ 1926. **Vom Rohgummi zum Autoreifen.** 1 Akt, 212 m. ★ 1925. **Das kleine Wunder.** 1 Akt, 155 m. ★ 1926. **Vom deutschen Wein. 4 Teile.** 1 Akt, 267 m / 1 Akt, 249 m / 1 Akt, 236 m / 1 Akt, 204 m. ★ 1926. **Geißel der Menschheit.** 4 Akte, 1652 m. ★ **August.** ★ 1926. **Mit dem Auto ins Morgenland.** 4 Akte, 1624 m. ★ 1926. **Musikantenschicksale.** 1 Akt, 220 m. ★ 1926. **Russische Residenzen.** 1 Akt, 196 m. ★ 1926. **Exotische Fischehen.** 1 Akt, 230 m. ★ 1926. **Nomaden der Wüste.** 1 Akt, 218 m. ★ 1926. **Was Frösche träumen.** 1 Akt, 227 m. ★ 1926. **Liebesleben im Teich.** 1 Akt, 176 m. ★ 1926. **Mit Vollgas durch die Alpenpässe.** 1 Akt, 250 m. ★ 1926. **Krieg am Weiher.** 1 Akt, 140 m. ★ 1926. **Wer ist's? Die Kunst der Maske im Film.** 1 Akt, 410 m. ★ 1926. **Kleines Waldvolk.** 1 Akt, 205 m. ★ 1926. **Hungrige Vogelkinder.** 1 Akt, 205 m. ★ 1926. **Zierliche Räuber.** 1 Akt, 197 m. ★ 1926. **Natur im Film: Intimes von der großen Weinbergschnecke.** 1 Akt, 202 m. ★ 1926. **Die Welt im Wasser.** 1 Akt, 198 m. ★ 1926. **Im Schatten der Eiche.** 1 Akt, 202 m. ★ 1926. **Schutzkleider und Schauspielkunst in der Natur.** 1 Akt, 241 m. ★ **September.** ★ 1926. **Dresden, das deutsche Florenz.** 1 Akt, 295 m. ★ 1926. **Die neue ›Emden‹.** 1 Akt, 205 m. ★ 1926. **Die Sächsische Schweiz.** 1 Akt, 336 m. ★ 1926. **Heureka!** 1 Akt, 100 m. ★ 1926. **Schäume Maritza.** 1 Akt, 312 m. ★ 1926. **Die Technik des Schneeschuhlaufens (Norwegischer Stil).** 1 Akt, 352 m. ★ 1926. **Schutz und Hilfe.** 2 Akte, 680 m. ★ **Oktober.** ★ 1926. **Unsere Landjäger.** 6 Akte, 1706 m. ★ 1926. **Polizeifilm 14 (Angel-Polizei).** 1 Akt, 177 m. ★ 1926. **Vom deutschen Wald und seinen Tieren.** 5 Akte, 1134 m. ★ 1926. **Spiel und Sport auf Eis und Schnee.** 1 Akt, 191 m. ★ 1926. **Rennen auf der Cresto-Bahn, der gefährlichste Wintersport.** 1 Akt, 202 m. ★ 1926. **Eislauf, der elegante Sport.** 1 Akt, 220 m. ★ 1926. **Feierabend in Froschkönigs Reich.** 1 Akt, 213 m. ★ **November.** ★ 1926. **Kasimir und Hidigeia.** REG Kurt Bleines. AUT Armin Petersen. 2 Akte, 506 m. ★ 1926. **König Fußball.** 2 Akte, 776 m. ★ 1926. **Neuzeitliche Bauausführungen.** 1 Akt, 279 m. ★ 1926. **Nachkrankheiten der Syphilis.** 1 Akt, 356 m. ★ 1926. **Die Stadien der Syphilis.** 1 Akt, 515 m. ★ 1926. **Der weiche Schanker.** 1 Akt, 270 m. ★ 1926. **Der Pflanzendoktor.** 4 Akte, 1340 m. ★ 1926. **Ungleiche Brüder.** REG Adolf Trotz. KAM Johannes Männling. 4 Akte, 1482 m. ★ **Dezember.** ★ 1926. **Syphilitische Veränderungen im Bereich der Genitalsphäre.** 1 Akt, 214 m. ★ 1926. **Einige schwere Fälle von Syphilis.** 1 Akt, 191 m. ★ 1926. **Methoden der Salvarsan-Injektion.** 1 Akt, 170 m. ★ 1926. **Siemens-Schuckert-Hohlseil.** 4 Akte, 1334 m. ★ 1926. **Im Lande der Pharaonen.** 1 Akt, 333 m. ★ 1926. **Seekabelverlegung im Wattenmeer.** 2 Akte, 673 m. ★ 1926. **Verlegung eines Fernsprech-Pupin-Seekabels zwischen Deutschland und Dänemark.** 3 Akte, 819 m. ★ 1926. **Turnen am Reck.** 1 Akt, 196 m. ★ 1926. **Segelsport.** 1 Akt, 250 m. ★ 1926. **Der schwarze Mann und seine Zeitung.** 1 Akt, 227 m.

1919/20. Indische Rache.
REG Georg Jacoby, Leo Lasko. AUT Robert Liebmann, Georg Jacoby. KAM Frederik Fuglsang. BAU Kurt Richter. DAR Edith Mueller (Ellinor Glyn, Besitzerin der New York-Times), Mabel de Jong, Harry Liedtke (Edward), Georg Alexander (Bob Dickson, Redakteur), Ernst Dernburg (William Astor), Bruno Wiesner (1. Inder), Emil Rameau (2. Inder), Josef Peterhans (Oberpriester der Kali), Max Laurence (Kapitän).
PRO PAGU (Union-Film der Ufa). DRO Ufa-Union-Atelier Berlin-Tempelhof. LNG 5 Akte, 2049 m. ZEN März 1920, B.43867, Jv. URA April 1920.
Wenn Frauen reich sind, dann können sie die Welt in Bewegung setzen. Etwa die Besitzerin der ›New York Times‹, Ellinor Glyn, die alles daran setzt, den jungen Milliardär Edward Astor zu finden, der seit einigen Tagen spurlos verschwunden zu sein scheint. Ellinor erinnert sich im Gespräch mit Edwards Vater daran, daß sie dem Verschwundenen bereits mehrfach begegnet ist und sogar einen Ring mit einem seltsam geformten Stein von ihm erhalten hat. Edwards Indien-Aufenthalt scheint mit seinem Verschwinden in Zusammenhang zu stehen. Also: Auf nach Indien!

1919/20. Tambourin und Kastagnetten.
REG Martin Hartwig. KAM Friedrich Weinmann. BAU Kurt Richter.
DAR Carl Auen (Joe Debbs).
PRO PAGU (Union-Film der Ufa). DRO Ufa-Union-Atelier Berlin-Tempelhof. LNG 4 Akte, 1375 m. ZEN März 1920, B.43835, Jv.
– Joe Deebs-Detektivserie.

1919/20. Die letzten Kolczaks.
REG Alfred Halm. KAM Carl Drews. BAU Jack Winter. DAR Ellen Richter (Kolczaks Tochter), Hermann Vallentin (Gutsverwalter), Victor Janson (Kolczak), Adele Sandrock (Mutter des Gutsverwalters).
PRO PAGU (Union-Film der Ufa). DRO Ufa-Union-Atelier Berlin-Tempelhof. LNG 4 Akte, 1275 m. ZEN März 1920, B.43840, Jv. URA 27.3.1920, Berlin (U.T. Alexanderplatz).
Der Gutsverwalter Leczak wird von seinem Herrn, Stanislaus Kolczak, vom Hof gejagt, weil er zu sehr nach der Tochter geschaut hatte. Leczak schwört Rache. Er kauft alle Wechsel seines einstigen Patrons auf und wirft ihn aus dem Schloß. Um den Vater zu retten, bringt Olga das Opfer und heiratet Leczak, der jedoch in der Hochzeitsnacht stirbt. Vorher hat sich Kolczak bereits erschossen, und Olga macht es am Grab des Vaters diesem nach.

1920. Kohlhiesels Töchter.
REG Ernst Lubitsch. AUT Hanns Kräly, Ernst Lubitsch. KAM Theodor Sparkuhl. BAU Jack Winter. KOS Hans Baluschek. KINO-MUS Dr. Bechstein /= Giuseppe Becce/. DAR Henny Porten (Gretel / Liesel, Töchter des Kohlhiesel), Emil Jannings (Xaver), Gustav von Wangenheim (Seppl), Jakob Tiedtke (Vater Kohlhiesel), Willi Prager (Händler).
PRO Messter-Film der Ufa. DRZ Januar - Februar 1920. DRO Ufa-Messter-Atelier Berlin-Tempelhof; AA Garmisch-Partenkirchen. LNG 4 Akte, 1116 m (1128 m bei Neuzensur 1921). ZEN Februar 1920, B.43836, Jv. / 4.3.1921, Jf. URA 9.3.1920, Berlin (Ufa-Palast am Zoo).
Liesl, ein häßliches, widerspenstiges, und Gretl, ein folgsames, hübsches Mädchen, sollen verheiratet werden. Zwei Freier bewerben sich um Gretl, doch Vater Kohlhiesel will erst seine ältere Tochter unter die Haube bringen. Bräutigam Xaver verwandelt seine garstige Liesl in eine folgsame Ehefrau und Seppl kann seine Gretl heimführen.

1920. Kakadu und Kiebitz.
REG Erich Schönfelder. AUT Erich Schönfelder, Tyll Uhl. DAR Ossi Oswalda (Ossi Schönebeck), Hans Brockmann (Hans Reimers, Doktor der Zoologie), Victor Janson (Schlappri Mappri, Boxer), Marga Köhler (Frau Sturm, Pensionsinhaberin), Rudolph Senius (Theodor Stänker, Redakteur der ›Lüge‹), Hans Junkermann (Idi Ot, Hysterienmaler), Willi Allen (Fritz, Mädchen für Alles).
PRO PAGU (Union-Film der Ufa). DRO Ufa-Union-Atelier Berlin-Tempelhof. LNG 4 Akte, 1288 m. ZEN 25.6.1920, B.00010, Jv.
Diverse Paradiesvögel führen in der Pension Sturm ein buntgemischtes Dasein. Das im Westen Berlins gelegene Haus, geführt vom Mulattenjüngling Fritz, beherbergt nicht nur Leute wie den berühmten Preisboxer Schlappri Mappri und den ›Lüge‹-Redakteur Theodor Stänker, sondern auch den Vorkämpfer einer neuen Kunstart, den naturalistischen Hysterienmaler Idi Ot. Eine kleine Geschichte hängt an der nächsten und zusammen wird's ein Film.

Von Dafco zu Damra
Spekulation mit amerikanischen Filmen

Amerikas erster Westernstar, auch in Deutschland populär: William S. Hart in THE GUNFIGHTER, 1917

1919 nutzt die Ufa ihre besonderen Beziehungen zur dänischen Nordisk-Film, deren frühere Tochter-Unternehmungen in Deutschland den Grundstock des Verleih- und Kinonetzes der Ufa bilden, um mit dem deutsch-amerikanischen Exporteur Ben Blumenthal die Rechte an amerikanischen Filmen auszuhandeln. Das Ergebnis dieser Verhandlungen ist im Juni 1919 die Vereinbarung, mit Nordisk eine Gesellschaft zu gründen, die Danish-American Films-Corporation (Dafco).

Die Dafco erwirbt die Verleihrechte an mehr als 900 amerikanischen Spiel- und Kurzfilmen aus der Zeit zwischen 1915 und 1918 für Deutschland und Ost-Europa. Auf einen Schlag kauft die Ufa über 100 Keystone-Kurzfilme, zwölf kurze Stummfilme mit Charlie Chaplin und etwa 600 Spielfilme von Triangle, Metro und Famous Players, darunter Filme mit Douglas Fairbanks und William S. Hart. Die Gesamtkosten für Ufa und Nordisk betragen fast 3 Millionen Dollar – Mitte 1919 der Gegenwert von ungefähr 40 Millionen Mark.

Die Nachricht von der Dafco-Vereinbarung provoziert den Vorwurf, man betreibe den »nationalen Ausverkauf« – genau die Anklagen, die ein halbes Dutzend Jahre später als Antwort auf die Liason der Ufa mit Paramount und Metro-Goldwyn aufkommen. Da die Ufa 1919 dank der staatlichen Gelder, die in sie investiert worden sind, einen halboffiziellen Status genießt, haben diese Vorwürfe sowohl einen realen als auch einen symbolischen Hintergrund.

In Wirtschaftskreisen wird die Nachricht von der Vereinbarung mit einer Mischung aus Neid und Ärger aufgenommen. Firmen, die daran interessiert sind, amerikanische Filme zu verleihen, befürchten, daß sich die Ufa auf diese Weise einen Vorsprung verschaffen und den Import-Markt monopolisieren könnte. Heimische Produzenten reagieren nervös auf die Gefahr, daß eine Flut amerikanischer Importe die Preise drücken und ihre finanziellen Kakulationen über den Haufen werfen könnte. Durch die Dafco-Vereinbarung wird offensichtlich eine halbstaatliche Gesellschaft zum Schaden der gesamten deutschen Filmindustrie privilegiert.

Die Ufa versucht, den Vorwürfen entgegenzuwirken, indem sie sich als eine von vielen deutschen Filmgesellschaften darstellt, mit dem Ziel, internationale Kontakte zu knüpfen. Anfangs versucht sie ihre Verbindungen mit der Nordisk herunterzuspielen und bestreitet, es habe eine offizielle Vereinbarung vor Unterzeichnung des Versailler Vertrages gegeben. Keine dieser Ausreden überzeugt. Die Ufa ist nicht einfach eine deutsche Filmgesellschaft unter anderen, und ihre engen Verbindungen sowohl zur Nordisk als auch zur Reichsregierung – erkennbar durch die Ausnahmestellung der Nordisk beim allgemeinen Einfuhrverbot für ausländische Filme nach Deutschland – führen das Leugnen eines privilegierten Status ad absurdum. Skandinavische Presseberichte und Aussagen des Direktors der Nordisk, Ole Olsen, bringen die Ufa direkt mit der Nordisk-Blumenthal-Vereinbarung in Verbindung. Tatsächlich erreicht die öffentliche Erklärung der Ufa, in der sie eine Verwicklung abstreitet, das Gegenteil: Indem sie die Öffentlichkeit irreführt, verstärkt die Ufa den Verdacht, den sie zu zerstreuen versucht: daß sie darauf aus sei, den Importhandel zu monopolisieren.

Ironischerweise erscheint dieser ›Schnitzer‹ in der Öffentlichkeitsarbeit der Ufa langfristig gesehen wie eine belanglose Peinlichkeit, im Vergleich mit dem wirtschaftlichen Preis der Dafco. Im Gegensatz zu den Voraussagen der Experten öffnen sich die deutschen Grenzen im Juli 1919 noch nicht für ausländische Filme. Auf Betreiben des Finanzministeriums bleibt das Importverbot in Kraft, um in einer Zeit, in der Deutschland dringend auf den Import von Nahrungsmitteln und Bodenschätzen angewiesen ist, den Export von deutscher Währung kontrollieren zu können. Das Verbot wird erst 1921 – und auch dann nur teilweise – aufgehoben. Trotz dringender Bitten der Ufa an die neue Reichsregierung wird der Dafco die Import-Lizenz verweigert.

Da die Ufa nicht in der Lage ist, ihren Sonderstatus auszunutzen, lassen die Reaktionen der Filmwirtschaft auf die Verträge schnell nach. Dies entläßt jedoch die Ufa nicht aus ihren Verpflichtungen durch die Dafco. Sechs Monate nach Unterzeichnung der Vereinbarungen – während die Regierung nicht daran denkt, das Import-Verbot aufzuheben – hat die Ufa den Gegenwert von 9 Millionen Mark für Filme bezahlt, die sie nicht nutzen kann. Da der Wert der Mark von 14 auf 42 pro Dollar gefallen ist, steigen die Schulden, die die Ufa durch Dafco gemacht hat, auf beinahe 47 Millionen Mark. Außerdem fällt mit jedem Monat, in dem das Verbot in Kraft bleibt, der effektive Marktwert der Dafco-Filme. Was als finanzieller Coup geplant war, hat sich in einen Schuldenberg verwandelt, der ausreichen würde, die ganze Gesellschaft in den Bankrott zu treiben. Erleichterung, aber keinen finanziellen Ersatz, bietet erst die Aufhebung der Vereinbarungen 1920. Die Dafco wird für die Ufa zur schmerzlichen Lektion über die Risiken beim Spiel mit großen Einsätzen auf dem internationalen Markt, auch wenn keine der beiden Vertragsparteien für das Mißlingen verantwortlich gemacht werden kann.

Die Dafco eröffnet aber auch die Perspektive einer engeren Zusammenarbeit mit amerikanischen Filmgesellschaften. Der stetige Wertverlust der Mark und das Andauern des gesetzlichen Verbots ausländischer Filme auf dem deutschen Markt vergrößern den Druck auf die Ufa, ein Ende der Dafco-Vereinbarungen auszuhandeln. Zur gleichen Zeit beginnen amerikanische Firmen sich ernsthaft für Deutschland zu interessieren. Obwohl Deutschland aufgrund des Verfalls der Währung als Markt uninteressant ist, wirken die Professionalität der ersten Groß-Filme, die 1919/20 aus deutschen Ateliers kommen, und die – inflationsbedingt günstigen – Produktionsmöglichkeiten wie ein Magnet auf amerikanische Investoren. In Berlin geben sich die amerikanischen Filmproduzenten die Klinke in die Hand.

Repräsentanten von Famous Players eröffnen den Reigen. Zunächst versuchen sie, eine enge Partnerschaft mit der Ufa – bis hin zur Übernahme eines Aktienpaketes – zu erreichen. Nach langen Diskussionen gelingt es der Ufa jedoch, die Finanzen aus eigener Kraft zu reorganisieren. Famous Players gründet daraufhin eine unabhängige Holdinggesellschaft, die Europäische Film Alliance.

Die EFA erwirbt hochmoderne Ateliers und gewinnt die Dienste führender Ufa-Mitarbeiter vor und hinter der Kamera, von den Direktoren Bratz und Davidson über Ernst Lubitsch und sein Team bis zu Pola Negri und Harry Liedtke. Auf dem Papier stellt die EFA die Ufa als Deutschlands wichtigster Filmkonzern in den Schatten. In der Realität versagt sie jedoch innerhalb weniger Monate. Ende 1922 kommt die Produktion der EFA vollständig zum Erliegen. Ernst Lubitsch und Pola Negri gehen nach Hollywood, der Großteil des verbleibenden Personals kehrt zur Ufa zurück.

Während der kurzen Lebenszeit der EFA hat die Ufa endlich Gelegenheit, ihre amerikanischen Filmkäufe zu nutzen. Als der Dafco-Vertrag Ende 1920 aufgelöst wird, sichert sich die Ufa das Recht, Dafco-Filme, die sie noch für geeignet hält, zu vermarkten, soweit es die Import-Bedingungen erlauben. Im Frühjahr 1921 macht sich die Ufa mit Vehemenz daran, unter dem Firmennamen Damra ältere amerikanische Filme neu zu schneiden und zu untertiteln, vor allem solche mit Douglas Fairbanks, William S. Hart und Charlie Chaplin. Der verständliche Wunsch, von den Verlusten der Dafco zu retten, was möglich ist, bekommt besondere Dringlichkeit, weil die Ufa jetzt einheimische Konkurrenz hat und weil sie unter den Bedingungen der Quoten-Gesetzgebung von 1921 auf einem relativ engen Markt kämpft. Die Import-Obergrenze ist 1919 auf 15% der deutschen Produktion festgelegt und auf die deutschen Verleiher aufgeteilt. Selbst wenn die Ufa das gesamte Kontingent bekommen hätte, so hätte sie nur einen Bruchteil ihrer vertraglich festgelegten Gesamtmenge herausbringen können. Da ihr nur ein Teil der Quote zur Verfügung steht, wird ihre Auswahl für Veröffentlichungen schwierig.

Obwohl im Geschäftsbericht der Damra für die ersten zwei Jahre ein beachtlicher Profit erscheint, ist dies wohl eher den besonderen Umständen der Inflation als der Zusammensetzung ihres Programms zuzuschreiben.

Sicherlich haben sich die zunächst verbissenen Bemühungen, die Konkurrenz bei amerikanischen Importen zu schlagen, als Fehlschlag erwiesen. Unter den ersten Filmen, die für deutsche Kinos bearbeitet werden, sind zwei Douglas Fairbanks-Filme von 1916 (AMERICAN ARISTOCRACY und MANHATTAN MADNESS), zwei William S. Hart-Filme von 1917 (SQUARE DEAL MAN und THE GUNFIGHTER) sowie Charlie Chaplins THE FLOORWALKER (1916). Obwohl auch andere deutsche Firmen Geschäfte mit alten amerikanischen Filmen machen, wirkt es doch ein wenig lächerlich, mit welcher Panik die Ufa bemüht ist, 4-5 Jahre alte Filme herauszubringen, besonders da die meisten das deutsche Publikum nicht allzusehr zu interessieren scheinen. Chaplins Kurzfilme bilden dabei sicher eine große Ausnahme und haben bestimmt einen überproportionalen Anteil an den Einnahmen der Damra. Im übrigen geht die Damra schnell dazu über, deutsche Versionen von etwas aktuelleren Metro-Filmen mit May Allison und Viola Dana aus den Jahren 1918/19 herzustellen.

Die frühe Entwicklung der Beziehung der Ufa zu Hollywood, von der Dafco zur Damra, zeigt die Möglichkeiten und Risiken, die bei einer Zusammenarbeit mit der weltweit führenden Filmnation auftreten. Die beispiellose weltweite Hegemonie amerikanischer Spielfilme zwingt die Ufa, deren internationale Ambitionen kein Geheimnis sind, einen modus vivendi mit Hollywood zu finden. Der Dafco-Vertrag hätte ein lukrativer Präventivschlag im Wettkampf um das Monopol im Importgeschäft sein können. Wäre er mit einer Befreiungsklausel versehen worden, für den Fall, daß durch gesetzliche Importbeschränkungen die Erfüllung der Verträge unmöglich würde, so wäre er nichts weiter als ein Blatt Papier ohne Bedeutung gewesen. Ohne eine solche Klausel aber wird die Dafco zu einer enormen Belastung. Sie macht auf diese Weise die direkten und indirekten Kosten deutlich, die durch internatonale Ambitionen entstehen können. Die Erfahrung mit der Dafco mag dazu beigetragen haben, daß die Ufa die Annäherungsversuche von Famous Players 1921 zurückweist, was zu deren unabhängiger Produktionsinitiative in Deutschland führt. Die EFA und die verspätete Nutzung amerikanischer Filme durch die Damra zeigen wieder, daß die Problematik von Ufas Bindung an Amerika eher grundsätzlicher als vorübergehender Art ist. Hollywood zu ignorieren, birgt das Risiko des einheimischen und internationalen Unterganges, da die amerikanischen Firmen andere europäische Partner finden oder unabhängig arbeiten könnten. Dagegen setzt eine Zusammenarbeit mit Hollywood die Ufa einheimischen Vorwürfen aus und birgt die Gefahr, als Junior-Partner in einem amerikanischen Filmkonzern aufzugehen.

Thomas J. Saunders

1920. Lottchens Heirat.
REG Heinrich Bolten-Baeckers. **AUT** Hanns Fischer.
DAR Lotte Klein (Lotte), Karl Heinz Klubertanz (Franz Trübsam, Gymnasiast), Hanns Fischer (Gotthold Ephraim Mühlenbruch, Professor der Zoologie), Vilma von Mayburg (Frau verw. Mathilde Hohnau), Richard Ludwig (Pastor Engelbrecht), Grete Flohr (Fräulein Schnörke, Vorsteherin in einer Erziehungsanstalt für junge Damen).
PRO BB-Film der Ufa. **PRT** Heinrich Bolten-Baeckers.
DRO BB-Atelier Berlin Lindenstraße 32-34. **LNG** 3 Akte, 1027 m. **ZEN** 29.6.1920, B.00054, Jv.
Im Hause der Witwe Hohnau kann Mühlenbruch, Professor der Zoologie und Spezialist für Lurche, einiges erleben. So hat er etwa fürs Töchterchen Lotte kein Geburtstagsgeschenk mitgebracht. Dafür bringt jedoch seine Gabe für Mathilde Unruhe ins Haus: Der Frosch sitzt nicht lange im Glas.

1920. Doktor Klaus.
REG Heinrich Bolten-Baeckers (?). **AUT** nach dem Bühnenstück von Adolf L'Arronge.
DAR Konrad Dreher.
PRO BB-Film der Ufa. **PRT** Heinrich Bolten-Baeckers.
DRO BB-Atelier Berlin Lindenstraße 32-34. **LNG** 3 Akte, 1230 m. **ZEN** 8.7.1920, B.00093, Jv.

1920. Sumurun.
REG Ernst Lubitsch. **AUT** Hanns Kräly, Ernst Lubitsch; nach der orientalischen Pantomime von Friedrich Freska.
KAM Theodor Sparkuhl. **BAU** Kurt Richter. **KOS** Ali Hubert. **KINO-MUS** Victor Holländer.
DAR Pola Negri (Tänzerin), Jenny Hasselqvist (Zuleika ›Sumurun‹, die Favoritin des Scheichs), Aud Egede Nissen (Haidee, ihre Dienerin), Paul Wegener (alter Scheich), Harry Liedtke (Nur-al-Din, Stoffhändler), Carl Clewing (junger Scheich), Ernst Lubitsch (Buckliger), Margarete Kupfer (die Alte), Jakob Tiedtke (Obereunuch), Paul Graetz (1. Diener), Max Kronert (2. Diener), Paul Biensfeldt (Achmed, Sklavenhändler).
PRO PAGU (Union-Film der Ufa). **Technische Leitung** Kurt Waschneck. **DRZ** ab 13.3.1920. **DRO** Ufa-Union-Atelier Berlin-Tempelhof. **LNG** 6 Akte, 2400 m. **ZEN** 15.7.1920, B.00111, Jv. **URA** 1.9.1920, Berlin (Ufa-Palast am Zoo).
Bagdad im 9. Jahrhundert: Die traurig-süßen Erlebnisse der Haremsdame Sumurun, ihre Liebe zu dem Teppichhändler Nur-al-Din, die verzehrende Eifersucht des mißgestalteten Abdullah, das farbige Leben im Harem mit seinen verführerischen Haremstänzerinnen.

1920. Die goldene Krone.
REG Alfred Halm. **AUT** Alfred Halm, Hans Brennert; nach dem Roman von Olga Wohlbrück. **KAM** Willibald Gaebel.
BAU Ludwig Kainer (Innenräume). **KINO-MUS** Giuseppe Becce.
DAR Henny Porten (Marianne), Paul Hartmann (Herzog Franz Günther), Hugo Pahlke (Kurt von der Greinz, sein Adjutant), Maria Reisenhofer (Herzogin Mutter), Margarete Schön (Prinzessin Elvira, Franz Günthers Schwester), Gustav Czimeg (Herr von Zollingen, Hofmarschall), Albert Patry (Stöven, Großfischhändler), Elsa Wagner (seine Frau), Hermann Thimig (Klaus, deren Sohn), Hermann Vallentin (Gustav Lindlieb, Mariannes Vater, Besitzer des Hotels ›Die goldene Krone‹), Else Zachow-Vallentin (Luise, seine Frau), Lisel Verdier (Zofe).
PRO Messter-Film der Ufa. **DRZ** Frühjahr 1920 (während Bauzeit von ›Anna Boleyn‹). **DRO** Ufa-Messter-Atelier Berlin-Tempelhof. **LNG** 5 Akte, 1590 m. **ZEN** 16.7.1920, B.00121, Jv. **URA** 6.8.1920, Berlin (Mozartsaal, Kammerspiele).
Marianne, Tochter des Wirtes Gustav Lindlieb, steht zwischen zwei Männern. Sie soll, damit der Bankrott des väterlichen Betriebes verhindert wird, Klaus, den Sohn des Großfischhändlers Stöven heiraten. Ihr Herz hängt jedoch am todgeweihten Herzog Franz Günther. Sie begleitet ihn in seinen letzten Lebensstunden. Dann versucht sie in fleißiger Arbeit, den Gasthof ›Die goldene Krone‹ hochzuwirtschaften. Klaus verzeiht ihr, sie wendet sich ihm zu.

1920. Das Skelett des Herrn Markutius.
REG Victor Janson. **AUT** Kurt Götz /= Curt Goetz/.
KAM Fritz Arno Wagner. **BAU** Kurt Richter.
DAR Kurt Götz /= Curt Goetz/ (Joe Deebs), Franz von Eginieff (Konsul Markutius), Hermann Vallentin (Vansen, Professor der Anatomie), Paul Otto (van der Velden, Attaché), Karl Rückert (Professor Barnes), Hadrian von /= Hadrian Maria/ Netto (van Stoom), Emil Stammer (Fährmann).
PRO PAGU (Union-Film der Ufa). **DRO** Ufa-Union-Atelier Berlin-Tempelhof; **AA** Partenkirchen. **LNG** 4 Akte, 1074 m. **ZEN** 28.7.1020, B.00172, Jv.

Für die Außenaufnahmen zu DIE HERRIN DER WELT kauft Joe May ein 75 Hektar großes Terrain zwischen Woltersdorf, Kalkberge und Rüdersdorf bei Berlin, mit einem See und ausgedehnten wüstenähnlichen Sandflächen und Hügeln. Dort läßt er unter der Leitung von Martin Jacoby-Boy große Bauten errichten, kolossale Kulissen, und ebenso Unterkünfte für die afrikanischen und chinesischen Komparsen. Er leiht sich exotische Tiere aus den Zirkussen und hält Krokodile in einem eigens angelegten und abgesicherten Teich, und nachts knattern die Motorräder durch Woltersdorf, um die einheimischen Komparsen zu ihren Einsätzen abzuholen.
May realisiert sein Projekt einer phantastischen Reise, eines Abenteuers über alle Grenzen, vor den Schrebergärten von Berlin und wird mit Genugtuung als Schöpfer eines deutschen Hollywood deklariert, wo er doch nur unter der Kontrolle der seit den Kriegstagen prosperierenden Ufa den Devisenmangel zu kaschieren versucht.
Die Reisen der Heldin führen nach China, von dort in einer Rückblende zurück nach Europa, dann zu einer jüdischen Enklave in China, dann in Afrika durch das Reich des Königs Makombe, das sich als Transit-Abenteuer auf dem Weg zum Schatz in der archaischen Stadt Ophir erweist. Amerika ist das nächste Abenteuer, eine Art futuristischer Nebenschauplatz, bevor die Heldin nach Europa zurückkehrt. In China, Afrika, Amerika sind die Schauplätze für Aktionen: Flucht und Verfolgung, Lebensgefahr und Rettung in letzter Minute, Naturgewalten und Maschinenwelt, Massen und individuelle Helden, Unterwelt und Oberwelt. In Europa sind dagegen die Schauplätze der Gefühle; Liebe, Verrat und Rache legitimieren die exotischen Reiseabenteuer der Heldin, setzen sie überhaupt erst in Gang.
Claudia Lenssen

Maud Gregaards (Mia May) und ihr treuer Begleiter Dr. Kien-Lung (Henry Sze) in der Hand eines verbrecherischen Chinesen (Nien Söng Ling)

– *Joe Deebs-Detektivserie.*
Besichtigung des Raritätenkabinetts bei Konsul Markutius. Unter den Gästen: Joe Deebs, Detektiv. Beim Anblick des Skeletts des Raubmörders Wald wird Professor Vansen ohnmächtig und löscht die lichtspendende Kerze. Attaché Velden verspricht zu helfen und schickt die Zeugen aus dem Raum. Kurz darauf meldet er, der Professor sei verschwunden. Deebs Interesse erwacht. Wo ist der Ohnmächtige? Und warum hat das Skelett zwei linke Füße?

1920. Brigantenliebe.
REG Martin Hartwig. AUT Willi Wolff. KAM Frederik Fuglsang, Eugen Hrich. BAU Jack Winter.
DAR Ellen Richter (Fiametta, Gesellschafterin), Hugo Flink (Luigi, ihr Verlobter), Hans Adalbert Schlettow (Carlo), Emil Rameau (Castrozzo, Bankier), Tilly Wötzel (seine Tochter), Julius Falkenstein (Piselli), Poldi Müller (Bianca, Carlos Geliebte), Arthur Menzel (Bettler), Reinhold Köstlin (Offizier).
PRO PAGU (Union-Film der Ufa). **Technische Leitung** Kurt Waschneck. DRO Ufa-Messter-Atelier Berlin-Tempelhof.
LNG 4 Akte, 1213 m. ZEN 30.7.1920, B.00057, Jv.
Carlo, der ›Herr der Berge‹ und Beschützer der Armen vor der Willkür der Reichen, kidnappt den Bankier Castrozzo, dessen Tochter und die Gesellschafterin Fiametta. Diese schafft es nicht nur, daß die Gefangenen von Karabinieri befreit werden, sondern auch, daß Carlo sich hoffnungslos in sie verliebt.

1920. Kaliber fünf Komma zwei.
REG, AUT Willy Zeyn. KAM Friedrich Weinmann.
BAU Kurt Richter.
DAR Carl Auen (Joe Debbs), Rudolf Lettinger (Julius Goldberg, Antiquar), Aud Egede Nissen (Melanie, seine Frau), Senta Eichstaedt (Agnes, deren Schwester), Ernst Rückert (Fritz, der Neffe des Herrn Goldberg), Gerhard Ritterband (Bobby, Faktotum bei Debbs).
PRO PAGU (Union-Film der Ufa). DRO Ufa-Union-Atelier Berlin-Tempelhof. LNG 4 Akte, 1247 m. ZEN 11.8.1920, B.00207, Jv.
– *Joe Deebs-Detektivserie.*
Eine Waffe und zwei Tote, so wird Fritz, der Neffe des Antiquars Goldberg, ›überführt‹. Erst erschoß er einen Wucherer, dann sich selbst aus Angst vor Bestrafung. Zudem war Fritz ein Erpresser. Joe Deebs kommt ihm – mit viel Glück und wenig Spürsinn – auf die Spur.

1920. Der verbotene Weg.
Ein Drama mit glücklichem Ausgang.
REG Henrik Galeen. AUT Henrik Galeen, John Gottowt.
KAM Friedrich Weinmann. MAS Richard Timm.
DAR Lupu Pick (Amtmann), John Gottowt (Lucas), Edith Posca (Susanne), Lina Lossen (Frau Amtmann), Wilhelm Diegelmann (Amtsvorsteher), Eugen Rex (Amtsdiener).
PRO Rex-Film der Ufa. PRT Lupu Pick. AUL Josef Searle.
DRO Rex-Atelier Berlin. LNG 5 Akte, 2009 m.
ZEN 16.8.1920, B.00181, Jv. URA 20.8.1920, Berlin (U.T. Nollendorfplatz).
Bäumchen-verwechsle-Dich-Lustspiel aus dem Zeitalter des Barock: Ein Amtmann hat sich in die Frau eines anderen verguckt, läßt deren Ehemann ins Gefängnis sperren, während er sich währenddessen dem Weibe nähert. Der Gefangene, nicht dumm, entflieht den Mauern und geht zur Frau des Amtmanns. Moral und Sitte werden aber auf beiden Seiten nicht herausgefordert.

1920. Die Tarantel.
REG Rudolf Biebrach. AUT Karl Figdor. KAM Willibald Gaebel. BAU Jack Winter. ASS Emil Hasler.
DAR Georg Heinrich Schnell, Magnus Stifter.
PRO Messter-Film der Ufa. DRO Ufa-Messter-Atelier Berlin-Tempelhof. LNG 6 Akte, 1895 m. ZEN 30.8.1020, B.00331, Jv. URA 17.9.1920, Berlin (Mozartsaal).
Eine welterschütternde Erfindung, ein Radiummotor, Falschmünzer, Anarchisten, ein genialer Detektiv, ein Milliardär, Konferenzen von Finanzgewaltigen sowie einige Aktionsszenen: Zutaten eines Sensationsfilms nach amerikanischem Muster.

1920. Das Martyrium.
REG Paul Ludwig Stein. AUT Franz Rauch.
KAM Fritz Arno Wagner. BAU Jack Winter.
DAR Pola Negri (Giuletta), Eduard von Winterstein (Marchese Alessandro de Montebello, ihr Mann), Ernst Stahl-Nachbaur (Luigi Paoli, Sekretär des Marchese), Ernst Hofmann (Enrico), Hans Kuhnert (Silvio de Montebello, sein Vater), Hermann Pflanz (Giovanni Basso, Schloßverwalter), Frieda Lemke (Lisa, seine Tochter).

Ohne Rücksicht auf die Qualität

Ein Blick in die Geschäftsbücher des Verleihs

»Die Ufa wird nur Qualitätsware bringen, Films allerersten Ranges«, verspricht der Verleih-Katalog 1920/21. »Der Theaterbesitzer braucht dringend interessante und spannende Sujets – wir bringen sie.«

40 Seiten annoncieren eine Sensation nach der anderen, die höchstens noch von der folgenden übertrumpft wird. Filme, die noch nicht hergestellt sind und in der Regel noch nicht einmal einen Titel haben, aber, glaubt man den Ankündigungen, jedem Kino einen sicheren Geschäftserfolg garantieren.

Gedacht wird in Serien: Da gibt es zwei Union-Weltfilme, vier große Pola Negri-Filme, die Weltfilme der »Lubitsch Regie-Klasse«, fünf Ossi Oswalda-Lustspiele und zusätzlich ein großes Ossi Oswalda-Lustspiel (»im Stile der AUSTERNPRINZESSIN«), die weltbekannten Nordisk-Filme, vier May-Meister-Filme (»in Größe, Inhalt, Darstellung und Ausstattung das Vollendetste der Weltproduktion«), fünf große Lotte Neumann-Filme plus einem Lotte Neumann-Monumental-Film, sieben Neuerscheinungen des Fabrikats Projektograph (»Diese Films werden von deutschen Regisseuren in den schönsten Gegenden Dalmatiens aufgenommen«). Ein paar kleine Filme, kurze Streifen fürs Beiprogramm, führt der Katalog gegen Ende auf: zehn Trickfilme, gezeichnet von Walter Trier.

Ganz am Schluß steht ein Wort zum Sonntag. »Das erste Produktionsjahr nach Beendigung des Weltkrieges ist abgelaufen«, beginnt der ungenannte Autor und raisonniert über die allgemeine Lage: Die Schranken sind gefallen, die gewaltige Konkurrenz des Auslandes bildet Anlaß zur Beunruhigung. Die deutsche Wirtschaft leidet unter den »bitteren Bedingungen des Friedensvertrages«, auch befindet sich das deutsche Volk in einer »physischen Depression«. In dieser Situation müsse man sich wieder auf die eigene Kraft und Stärke besinnen. Die Ufa sei mit bestem Beispiel vorangegangen. »Im Bewußtsein, daß jede Filmschöpfung eine kulturelle Tat zu bedeuten und damit eine kulturelle Mission zu erfüllen hat, wollen wir unsere Fabrikation so gestalten, daß sie vor jeder Kritik bestehen kann und daß sie auch das ihrige dazu beiträgt, die Achtung vor deutscher Arbeit zu gewinnen, zu festigen und zu erhalten.«

In den Geschäftsbüchern kann man auf derlei Floskeln verzichten, hier sind allein die nüchternen Zahlen gefragt. Ende 1921 kann der Universum-Verleih erstmals richtig Bilanz ziehen. Von der Union hat man 21 Filme im Vertrieb. Die Kopienzahl bewegt sich zwischen 17 und 30 Stück, eine Ausnahme macht der Vierteiler DER MANN OHNE NAMEN: 208 Kopien zirkulieren von dem im März gestarteten Film. Die Lizenzgebühren schlagen mit 4,24 Millionen Mark zu Buche, die Kosten für Kopien und Titel betragen nochmals 1,26 Mio. Der immensen Investition steht ein Erlös von 6,2 Mio. entgegen. Die BERGKATZE hat nach sieben Monaten nur rund 400.000 Mark eingespielt und erweist sich damit als Verlustgeschäft. Lubitschs SUMURUN – ein etwas älterer Titel, seit August des letzten Jahres in den Kinos – erfordert Ausgaben von knapp 1,4 Millionen, erzielt aber zum Jahresende ein Einspielergebnis von knapp 2,1 Millionen.

Die zweite Abteilung ist weniger gewichtig, obwohl sie den Filmstock gleich um 38 Titel bereichert: Der Filmpionier Bolten-Baeckers liefert billig und rasch produzierte Ware am laufenden Band. Schon die Titel verraten, daß diese Streifen mehr mit den Kindertagen des Films zu tun haben als mit zeitgemäßer Filmkunst: ARNOLD AUF BRAUTSCHAU, ENDLICH UNGESTÖRT, LEOS LETZTE BUMMELFAHRT, PROFESSOR REHBEIN RADELT oder DIE TUGENDHAFTE JOSEFINE. Diese Filme kosten nicht viel und finden noch immer ein Publikum – mit den Erzeugnissen der Firma B.B.-Film verdient der Universum-Verleih in diesem Jahr 5,75 Millionen Mark. Bleiben noch – ökonomisch völlig uninteressant – die Kulturfilme der Deulig,

Erfolg des Ufa-Verleihs: Joe Mays aufwendiger Sechsteiler DIE HERRIN DER WELT mit Mia May in der Titelrolle

Pola Negri in Lubitschs ironischem Räubermärchen DIE BERGKATZE

außerdem 14 Titel von der Münchner Lichtspiel-Kunst, sechs von der Nordisk und vier von der May-Film; der Rest läuft unter Diverses. Unterm Strich sieht die Bilanz gar nicht so schlecht aus: 25 Mio. Kosten, 30 Mio. Einnahmen. 2.561 Kopien sind im Vertrieb, in der Bilanz mit zehn Mio. bewertet.

Das war wohl geschönt, anders ist der katastrophale Einbruch in der nächsten Saison nicht zu erklären. Zwar wird offiziell nur ein Verlust von 100.000 Mark ausgewiesen, aber die Revisoren stellen in ihrem Bericht fest: Das tatsächliche Minus in der Zeit vom 1. Juni 1920 bis 31. Mai 1922 beträgt ca. 6,5 Millionen. Dabei gibt es drei ausgesprochene Umsatzrenner: MADAME DUBARRY, VERITAS VINCIT und DIE HERRIN DER WELT erbringen zusammen einen realen Gewinn von 2,8 Mio., der aber von Flops wie dem italienischen Monumentalfilm CABIRIA oder den Ellen Richter-Filmen wieder aufgefressen wird. Und zwei Kinohits sind sogenannte »Abrechnungsbilder«, wo der Produzent an den Verleih-Erlösen beteiligt ist: DAS INDISCHE GRABMAL und FRIDERICUS REX.

Die Hauptursache für die Misere aber liegt nicht im Verleihprogramm, sondern in der Vertriebsorganisation. Der Universum Verleih ist hervorgegangen aus der Nordischen Film Co.; mit Vertrag vom 12./29. Juni 1918 hat die Ufa sämtliche Geschäftsanteile von der kopenhagener Nordisk Film erworben. Was den Filmmarkt betrifft, so herrscht in Deutschland noch die Kleinstaaterei: Der Markt ist eingeteilt in Monopolbezirke, und der Universum Verleih hat entsprechend viele Filialen (neben dem Stammhaus Berlin noch in Breslau, Düsseldorf, Frankfurt/M., Hamburg, Leipzig und München). Dazu gibt es noch die Frankfurter Film Co. (die auch Süddeutschland und Bayern versorgt) sowie den Hansa Filmverleih (der ebenfalls über fünf Filialen verfügt). Das Angebot ist keineswegs identisch: Die Kriminalfilme der Joe Deebs-Serie bekommt der stuttgarter Kinobesitzer von der Frankfurter Film Co., sein Kollege in Hannover dagegen vom Universum Verleih. Die Firmen nehmen untereinander komplizierte Verrechnungen vor, und die Verwaltungskosten steigen ständig. (»Insbesondere arbeiten Frankfurt und München neuerdings mit recht hohen Spesen«, moniert der Revisionsbericht.) Außerdem regen die Buchprüfer an, flexibler und vorsichtiger zu operieren, beispielsweise die Anzahl der Kopien erst nach der Uraufführung festzulegen. Und dann sollte der Verleih die Kinos des eigenen Konzerns fremden Lichtspieltheatern vorziehen: Einmal spart man hierbei die Vertreterspesen, und zum anderen nehmen die Ufa-Kinos die Filme des Universum Verleihs »zu einem bestimmten Leihmietensatz, ohne Rücksicht auf die Qualität«.

Der Katalog für die übernächste Saison trompetet wieder: »Die Ufa ist allen voraus«. Es sind noch zahlreiche Produktionsgesellschaft hinzugekommen, die ihre Filme der Ufa in den Verleih geben. Neue Serien, die ein frühes Beispiel für den Medienverbund darstellen: die Kronen-Filme, denen Romane aus dem Verlag Rudolf Mosse (Berliner Tageblatt) zugrundeliegen, oder die Uco-Produktion, ein ähnliches Kooperationsmodell mit dem Ullstein-Verlag (das von der Decla-Bioscop eingebracht wird). Die Ufa reaktiviert eingeführte Markennamen wie Messter-Film, »die älteste Qualitätsmarke Deutschlands«.

Neu ist die »Sonderabteilung«, »deren Aufgabe die Auswertung einzelner Filme ist, die sich aus dem übrigen Geschäftsgang herausheben«. Im Verleihjahr 1922/23 kümmert sich die Sonderabteilung ausschließlich um einen Film: FRIDERICUS REX, 3. und 4. Teil.

Der Konzern bindet immer mehr kleinere Firmen, bringt sie in seine Abhängigkeit. Anfangs ist der Verleih nur die Vertriebsorganisation für die eigene Produktion, der Rest schlicht Programm-Ergänzung; jetzt wird die Strategie geändert, um den Markt möglichst umfassend zu kontrollieren. In den wohlgesetzten Worten des Verleihkatalogs: »War es früher Grundsatz, die Filme für eigenen Bedarf fast ausschließlich durch die Konzernfirmen herstellen zu lassen, so geht das Bestreben der Ufa jetzt dahin, alle wertvollen Filme, gleichviel welcher Provenienz, durch den Ufa-Verleih rechtzeitig zu sichern.« Das Markenzeichen des Universum Verleihs ist ein großer Magnet auf der Weltkugel. Die Ufa zieht alle an. Das Geheimnis des Magnets ist die Macht des Geldes: Der Konzern verfügt über ein Kapitel von 200 Millionen Reichsmark und ist damit allen anderen europäischen Firmen voraus.

Michael Töteberg

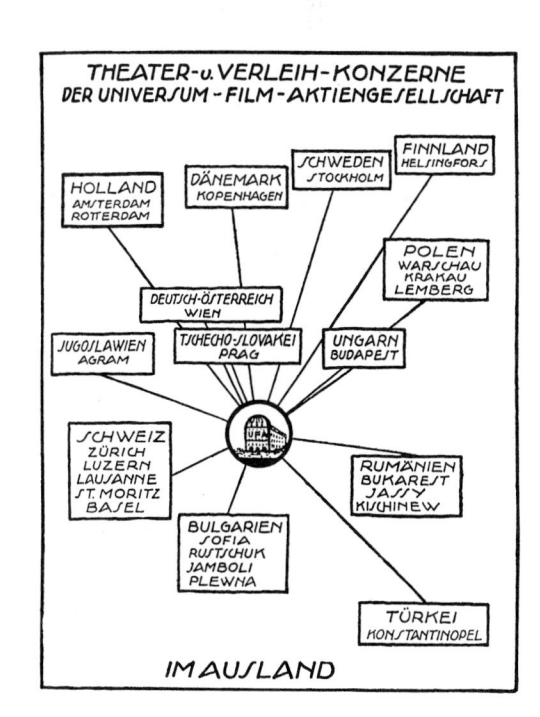

Filme im Verleih der Ufa von 1918-1922

1918

Februar. ★ 1917. DK. **Der gleitende Schatten.** Avisdrengen. REG Eduard Schnedler-Sorensen. PRO Nordisk. 5 Akte, 1688 m. ★ **März.** ★ 1917. DK. **Das Himmelsschiff.** Himmelskibet. REG Holger-Madsen. PRO Nordisk. 6 Akte, 2169 m. ★ **April.** ★ 1917. DK. **Der Dämon des Hauses Frivelli.** PRO Nordisk. 4 Akte, 1271 m. ★ **Mai.** ★ 1917. DK. **Das unheilige Feuer.** Gillekop. REG August Blom. PRO Nordisk. 5 Akte, 1634 m. ★ **Juni.** ★ 1917. DK. **Der Sieg der Enterbten.** PRO Nordisk. 5 Akte, 1531 m. ★ 1917/18. DK. **Fesseln der Nacht.** De mystiske Fodspor. REG Anders Wilhelm Sandberg. PRO Nordisk. 5 Akte, 1577 m. ★ **August.** ★ 1917. DK. **Der Glaube an das Gute.** Fange No. 113. REG Holger-Madsen. PRO Nordisk (?). ★ 1917. DK. **Das Buch der Tränen.** Braendte Vinger. REG Emanuel Gregers. PRO Nordisk. 6 Akte, 1579 m. ★ 1917. DK. **Die Tat und ihre Schatten.** Retten sejrer. REG Holger-Madsen. PRO Nordisk. 5 Akte, 1377 m. ★ **September.** ★ 1917. DK. **Der ewige Rausch.** PRO Nordisk. 4 Akte, 1179 m. ★ 1917. DK. **Wenn wir altern.** PRO Nordisk. 4 Akte, 1548 m. ★ **Oktober.** ★ 1918. DK. **Die Insel der Verdammten.** PRO Nordisk. 5 Akte, 1517 m / 5 Akte, 1483 m. ★ 1917. DK. **Banditenbräutchen.** Sicilianerroverens Bryllup. REG Alfred Kjerulf. PRO Nordisk. 4 Akte, 1127 m. ★ **November.** ★ 1918. DK. **Söhne des Volkes.** Folkets Ven. REG Holger-Madsen. PRO Nordisk. 5 Akte, 570 m. ★ **Dezember.** ★ 1918. DK. **Der ewige Frieden.** Pax Aeterna. REG Ole Olsen. PRO Nordisk. ★ 1914. DK. **Die Waffen nieder.** Ned med Vaabnene. REG Holger-Madsen. DAR Olaf Foenss. PRO Nordisk. 5 Akte, 1509 m.

1919

Januar. ★ 1918. DK. **Das Röslein vom Dornbusch.** Pigen fra Klubben. REG Eduard Schnedler-Sorensen. PRO Nordisk. 5 Akte, 1570 m. ★ 1917/18. DK. **Der Krondiamant.** Krondiamanten. REG Emanuel Gregers. PRO Nordisk. 5 Akte, 1517 m. ★ 1919. DK. **Die Lieblingsfrau des Maharadscha. 2. Teil.** Maharadjaens Yndlingshustra. REG Alfred Kjerulf. PRO Nordisk. 6 Akte, 2038 m. ★ 1916/17. DK. **Das Feuer und sein Meister.** Mands Vilje. REG Robert Dinesen. PRO Nordisk. 5 Akte, 1405 m. ★ 1917. DK. **Das Haus am Abgrund.** Fjeldpigen. REG Eduard Schnedler-Sorensen. PRO Nordisk. 5 Akte, 1713 m. ★ 1918/19. DK. **Er, der Herrlichste.** Hendes Helt. REG Holger-Madsen. PRO Nordisk. 4 Akte, 1106 m. ★ **Februar.** ★ 1918/19. DK. **In der elften Stunde.** Provens Dag. REG Martinius Nielsen. PRO Nordisk. 4 Akte, 1457 m. ★ 1918/19. DK. **Die Liebesgeschichte einer Schauspielerin.** Othello. REG Martinius Nielsen. PRO Nordisk. 4 Akte, 1182 m. ★ **März.** ★ 1916/17. S. **Der Sonnenspiegel.** Jungeldrottningens smyke. REG Fritz Magnussen. PRO Svenska Biograf. 4 Akte, 967 m. Als Nordisk-Film zensiert. ★ **April.** ★ 1919. DK. **Um Mitternacht im Schlafwagen.** PRO Nordisk. 4 Akte, 1338 m. ★ **Juli.** ★ 1918. DK. **Der Hoteldieb mit der 4. Hand.** PRO Nordisk. 5 Akte, 1424 m. ★ 1919. DK. **Sein Verderben.** PRO Nordisk. 5 Akte, 2124 m. ★ **Oktober.** ★ 1919. D. **Der Tempelräuber.** REG Heinz Karl Heiland. DAR Loo Holl, Bruno Decarli, Harry Liedtke. PRO Heinz Karl Heiland. 6 Akte, 2392 m. ★ 1919. DK. **Die Tat des Anderen.** Manden, der sejrede. REG Holger-Madsen. PRO Nordisk. 5 Akte, 1472 m. ★ **November.** ★ 1919. DK. **Via crucis.** Via crucis. REG August Blom. PRO Nordisk. 5 Akte, 1359 m. ★ **Dezember.** ★ 1918/19. DK. **Der Präsident.** Praesidenten. REG Carl Theodor Dreyer. PRO Nordisk. 6 Akte, 1673 m. ★ 1919. DK. **Die Lumpenprinzessin.** Stodderprinsessen. REG Anders Wilhelm Sandberg. PRO Nordisk. 1582 m.

1920

Januar. ★ 1919. DK. **Das Gauklerspiel des Glücks.** Lykkens Blaendvaerk. REG Emanuel Gregers. PRO Nordisk. 5 Akte, 1502 m. ★ **April.** ★ 1920. D. **Die Söhne des Grafen Dossy.** REG Adolf Gärtner. DAR Albert Bassermann, Else Bassermann, Gertrud Welcker. PRO Greenbaum. 6 Akte, 2191 m. Neuzensur. ★ 1920. D. **Die Brüder Karamasoff.** REG Carl Froelich. DAR Fritz Kortner, Dimitri Buchowetzki, Bernhard Goetzke, Emil Jannings. PRO Maxim. 7 Akte, 2388 m. Neuzensur. ★ **Juli.** ★ 1920. D. **Der weiße Pfau.** REG Ewald André Dupont. DAR Grit Hegesa, Hans Mierendorff, Lore Sello. PRO Gloria. 5 Akte, 1780 m. ★ **August.** ★ 1920. D. **Die Glücksfalle.** REG Arthur Wellin. DAR Lotte Neumann, Carl Beckersachs, Oscar Marion. PRO Maxim. 5 Akte, 1845 m. ★ 1920. A. **Abrechnung unter Komplizen.** PRO Sascha. 5 Akte, 1662 m. ★ 1919. A. **Der Dieb im Frack.** Der Einbrecher im Frack. 2 Teile. REG Louis Ralph. DAR Louis Ralph, Gladys Zen-Door, Axel Plessen. PRO Sascha. 5 Akte, 1784 m. ★ 1920. D. **Moj.** REG Rudolf Biebrach. DAR Lotte Neumann, Anton Edthofer, Rudolf Forster. PRO Maxim. 5 Akte, 1408 m. ★ 1920. D. **Algol.** REG Hans Werckmeister. DAR Emil Jannings, Ernst Hofmann, Gertrud Welcker. PRO Deulig. 5 Akte, 2144 m. ★ 1920. D. **Whitechapel. Eine Kette von Perlen und Abenteuern.** REG Ewald André Dupont. DAR Hans Mierendorff, Grit Hegesa, Carl Clewing. PRO Gloria. 6 Akte, 2271 m. ★ 1919/20. D. **Föhn.** REG Hans Werckmeister. DAR Hans Adalbert Schlettow, Emmi Denner, Ilse Götzen. PRO Deulig. 5 Akte, 1878 m. ★ **September.** ★ 1920. D. **Das Gesetz der Wüste.** REG Fred Sauer. DAR Emil Mamelok, Bernhard Goetzke. PRO Zelnik-Mara. 6 Akte, 1908 m. ★ 1920. D. **Der Freihof.** PRO Freya, Nürnberg. 6 Akte, 2046 m. ★ 1920. D. **Der Henker von Sankt Marien.** REG Fritz Freisler. KO Joe May. DAR Paul Richter, Eva May, Wilhelm Diegelmann. PRO May-Film. 6 Akte, 2220 m. ★ **Oktober.** ★ 1920. D. **Eines großen Mannes Liebe.** REG Rudolf Biebrach. DAR Lotte Neumann, Felix Basch, Lina Lossen, Harry Nestor. PRO Maxim. 6 Akte, 1928 m. ★ **November.** ★ 1920. D. **Steuermann Holk.** REG Ludwig Wolff. DAR Paul Wegener, Asta Nielsen, Charlotte Schultz. PRO Maxim. 5 Akte, 1822 m. ★ 1918. A. **Der Mandarin.** REG Fritz Freisler. DAR Harry Walden, Karl Götz. PRO Sascha. 6 Akte, 2017 m. Neuzensur. ★ 1920. D. **Die Benefiz-Vorstellung der vier Teufel.** REG Anders Wilhelm Sandberg. DAR Ernest Winar, Margarete Schlegel, Victor Colani. PRO Primus. 6 Akte, 2220 m. ★ **Dezember.** ★ 1914. I. **Cabiria.** Cabiria. REG Pietro Fosco (= Giovanni Pastrone). PRO Itala. 8 Akte, 3588 m. ★ 1920. D. **Geschwister Barelli.** REG Richard Löwenbein. PRO Deulig. 5 Akte, 1448 m. ★ 1920. D. **Das wandernde Bild.** REG Fritz Lang, KO Joe May

DAR Mia May, Hans Marr, Rudolf Klein-Rogge. PRO May-Film. 5 Akte, 2032 m. ★ 1920. D. **Der Mord ohne Täter.** REG Ewald André Dupont. DAR Hermann Vallentin, Hanni Weisse, Paul Richter. PRO Gloria. 5 Akte, 1603 m.

1921

Januar. ★ 1920. D. **Die Frauen von Gnadenstein.** REG Robert Dinesen. DAR Margarethe Schön, Grete Diercks, Adolf Klein. PRO May-Film. 5 Akte, 1862 m. ★ 1919. D. **Die Herrin der Welt. 1. Die Freundin des gelben Mannes.** REG Joe May. DAR Mia May, Michael Bohnen, Henry Sze. PRO May-Film. 6 Akte, 1894 m. Neuzensur. ★ 1919. D. **Die Herrin der Welt. 3. Der Rabbi von Kuan-Fu.** REG Joe May. DAR Mia May, Michael Bohnen, Henry Sze. PRO May-Film. 5 Akte, 1606 m. Neuzensur. ★ **Februar.** ★ 1919. D. **Arme Thea.** REG Carl Froelich. DAR Lotte Neumann, Ernst Hofmann, Adolf Klein. PRO Maxim. 6 Akte, 2345 m. Neuzensur. ★ 1920/21. D. **Die Bestie im Menschen.** REG Ludwig Wolff. DAR Maria Orska, Eduard Rothauser, Lucie Höflich. PRO Maxim. 6 Akte, 2047 m. ★ 1920/21. D. **Die große und die kleine Welt.** REG Max Mack. DAR Alfred Abel, Eugen Burg, Hans Albers. PRO Deulig. 5 Akte, 1995 m. ★ 1920/21. D. **Die Verschwörung zu Genua.** REG Paul Leni. DAR Hans Mierendorff, Erna Morena, Fritz Kortner. PRO Gloria. 6 Akte, 2505 m. ★ 1920/21. D. **Die Alpen.** PRO BUFA. 6 Akte, 1777 m. ★ **März.** ★ 1919. D. **Die Herrin der Welt. 2. Die Geschichte der Maud Gregaards.** REG Joe May. DAR Mia May, Michael Bohnen, Henry Sze, Hans Mierendorff. PRO May-Film. 6 Akte, 1929 m. Neuzensur. ★ 1919. D. **Die Herrin der Welt. 4. König Makombe.** REG Uwe Jens Krafft. KO Joe May. DAR Mia May, Michael Bohnen, Henry Sze. PRO May-Film. 6 Akte, 1948 m. Neuzensur. ★ 1919. D. **Die Herrin der Welt. 5. Ophir, die Stadt der Vergangenheit.** REG Uwe Jens Krafft. KO Joe May. DAR Mia May, Michael Bohnen, Paul Hansen. PRO May-Film. 6 Akte, 2182 m. Neuzensur. ★ 1919. D. **Die Herrin der Welt. 6. Die Frau mit den Milliarden.** REG Uwe Jens Krafft. KO Joe May. DAR Mia May, Paul Hansen, Paul Morgan. PRO May-Film. 5 Akte, 1826 m. Neuzensur. ★ 1919. D. **Die Herrin der Welt. 7. Die Wohltäterin der Menschheit.** REG Karl Gerhardt KO Joe May. DAR Mia May, Paul Hansen, Ernst Hofmann, Hans Mierendorff. PRO May-Film. 6 Akte, 1884 m. Neuzensur. ★ 1919. D. **Die Herrin der Welt. 8. Die Rache der Maud Fergusson.** REG Joe May. DAR Mia May, Hans Mierendorff, Ernst Hofmann. PRO May-Film. 6 Akte, 2181 m. Neuzensur. ★ 1920/21. A. **Dorela, der verräterische Klang.** Dorela. REG Ernst Marischka. DAR Lilly Marischka, Muck de Jary, Ernst Trautenstein, Hubert Marischka. PRO Marischka-Film. 5 Akte, 2026 m. ★ 1920/21. A. **Herzogin Satanella.** Cherchez la femme. REG Michael Kertesz. DAR Lucy Doraine, Alfons Fryland. PRO Sascha. 6 Akte, 2115 m. ★ 1920/21. D. **Das Werk seines Lebens.** REG Adolf Gärtner. DAR Albert Bassermann, Else Bassermann. PRO Greenbaum. 5 Akte, 2490 m. ★ 1919. D. **Die Duplizität der Ereignisse.** REG Adolf Gärtner. DAR Albert Bassermann, Else Bassermann, Gertrud Welcker. PRO Greenbaum. 5 Akte, 1960 m. Neuzensur. ★ 1920. D. **Die Stimme.** REG Adolf Gärtner. DAR Albert Bassermann, Else Bassermann, Loo Hardy. PRO Greenbaum. 6 Akte, 2226 m. Neuzensur. ★ 1920/21. D. **Der weiße Tod.** REG Adolf Gärtner. DAR Ellen Richter, Eduard von Winterstein, Claire Creutz. PRO Ellen Richter-Film. 5 Akte, 2056 m. ★ 1919. D. **Der letzte Zeuge.** REG Adolf Gärtner. DAR Albert Bassermann, Else Bassermann, Irmgard Bern. PRO Greenbaum. 5 Akte, 2376 m. Neuzensur. ★ **April.** ★ 1921. A. **Die Jagd nach dem Glück.** REG Fritz Freisler. DAR Alfons Fryland, Grete Ruth, Elga Beck. PRO Sascha. 6 Akte, 2064 m. ★ 1921. D. **Die Rache einer Frau.** REG Robert Wiene. DAR Vera Caroly, Franz Egenieff. PRO Maxim. 5 Akte, 2065 m. ★ 1919. D. **Eine schwache Stunde.** REG Adolf Gärtner. DAR Albert Bassermann, Else Bassermann, Ernst Dernburg. PRO Greenbaum. 4 Akte, 1600 m. Neuzensur. ★ 1921. A. **Prinz und Bettelknabe.** REG Alexander Korda. DAR Tibi Lubinsky. PRO Sascha. 6 Akte, 2104 m. ★ 1919. D. **Der Amönenhof.** REG Uwe Jens Krafft. DAR Mia May, Charles Willy Kaiser. PRO May-Film. 5 Akte 1733 m. Neuzensur. ★ 1921. A. **Duell der Geister.** PRO Sascha. 4 Akte, 1587 m. ★ 1918. A. **Am Tor des Todes.** Am Tor des Lebens. REG Konrad Wiene. DAR Harry Walden, Axel Plessen. PRO Sascha. 4 Akte, 1660 m. ★ 1921. D. **Die verbotene Frucht.** REG Rudolf Biebrach. DAR Lotte Neumann, Johannes Riemann, Rudolf Biebrach. PRO Maxim. 5 Akte, 1981 m. ★ 1919. D. **Fräulein Zahnarzt.** REG Joe May. DAR Mia May, Charles Willy Kaiser. PRO May-Film. 5 Akte, 1494 m. Neuzensur. ★ 1919. A. **Die Spinne und ihre Opfer.** Die Spinne. REG Konrad Wiene. DAR Magda Sonja. PRO Sascha. 5 Akte, 1612 m. Neuzensur. ★ 1921. D. **Am Webstuhl der Zeit.** REG Holger-Madsen. KO Joe May. DAR Erich Kaiser-Titz, Käte Haack, Hans Adalbert Schlettow. PRO May-Film. 6 Akte, 1923 m. ★ **Mai.** ★ 1919. D. **Die Rache des Titanen.** REG Georg Bluen. DAR Fern Andra, Johannes Riemann. PRO Fern Andra-Film. 6 Akte, 1766 m. Neuzensur. ★ 1919. D. **Der blaue Drachen.** REG Harry Piel. KO Joe May. DAR Heinrich Schroth, Paul Bildt. PRO May-Film. 4 Akte, 1124 m. Neuzensur. ★ 1921. D. **Junge Mama.** REG Uwe Jens Krafft. KO Joe May. DAR Eva May, Michael Varkonyi, Henry Bender. PRO May-Film. 5 Akte, 1634 m. ★ 1921. D ? **Sein Verderben.** PRO Sphinx. 5 Akte, 1748 m. ★ **Juni.** ★ 1921. D. **Das Gelübde.** REG Rudolf Biebrach. DAR Lotte Neumann, Theodor Loos, Albert Patry. PRO Maxim. 5 Akte, 1904 m. ★ 1921. D. **Zwischen den Dreien.** PRO Frankfurter Film-Co. 5 Akte, 1851 m. ★ 1919/20. D. **Kameraden.** REG Johannes Guter. DAR Harriet Bosse-Strindberg, Alfred Abel. PRO Centaur. 5 Akte, 2267 m. Neuzensur. ★ 1921. A. **Weib und Welt.** PRO Sascha. 6 Akte, 1944 m. ★ **Juli.** ★ 1921. A. **Ein Weib der Wüste.** PRO Sascha. 5 Akte, 1456 m. ★ 191? USA. **Goliath Armstrong.** Elmo the Mighty (?) / Elmo the Fearless. **1. Das unheimliche Phantom. - 2. Auf Leben und Tod. - 3. Das Haus der tausend Gefahren. - 4. Den Fluten preisgegeben. - 5. Den Tod im Nacken. - 6. Entlarvt.** DAR Elmo Lincoln. PRO Universal. 5 Akte, 1682 m. / 6 Akte, 1630 m. / 6 Akte, 1560 m. / 6 Akte, 1606 m. / 6 Akte, 1485 m. / 6 Akte, 1437 m. ★ **1921. D. Die Erbin von Tordis.** REG Robert Dinesen. DAR Ica von Lenkeffy, Paul Hartmann, Ernst Hofmann. PRO May-Film. 6 Akte, 2256 m. ★ 1918. DK. **Helden der Liebe.** Kaerighedens Almagt. REG Anders Wilhelm Sandberg. PRO Nordisk. 5 Akte, 1584 m. ★ 1919. D. **Das einsame Wrack.** REG Heinz Karl Heiland. DAR Loo Holl, Harry Liedtke, Eugen Rex. PRO Heinz Karl Heiland. 6 Akte, 2083 m. Neuzensur. ★ **August.** ★ 191? I. **Seines Bruders Feind.** PRO Ambrosio. 4 Akte, 1168 m. ★ 191? I. **Die Z-Strahlen.** PRO Ambrosio. 4 Akte, 1144 m. ★ 1917/18. USA. **Der schwarze Zeuge.** Under Suspicion. REG Will S. Davis. DAR Francis X. Bushman, Beverly Bayne. PRO Metro. 6 Akte, 1485 m. ★ 1919. USA. **Der Schrecken der weißen Hölle.** The Way of the Strong. REG Edwin Carewe. DAR Anna Q. Nilsson, Joe King, Harry S. Northrup. PRO Metro. 5 Akte, 1472 m. ★ 191? USA. **Mit Büchse und Spaten.** PRO Metro. 5 Akte, 1435 m. ★ 1921. A. **Dorothys Bekenntnis.** Frau Dorothys Bekenntnis. REG Michael Kertesz. DAR Lucy Doraine, Alfons Fryland, Otto Tressler. PRO Sascha. 5 Akte, 2042 m. ★ 1921. D. **Die kleine Dagmar.** REG Alfred Halm. DAR Grete Reinwald, Albert Bassermann, Margarete Kupfer. PRO Hermes. 5 Akte, 1720 m. ★ 1921. A. **Die Favoritin des Thronfolgers.** PRO Sphinx. 5 Akte, 1653 m. ★ 1919. USA. **Ein guter Kerl im Sträflingskittel oder Das Recht auf Leben.** Blackie's Redemption. REG John Ince. DAR Bert Lytell, Alice Lake. PRO Metro. 5 Akte, 1253 m. ★ 1918. A. **Der letzte Erbe von Lassa.** REG Konrad Wiene. DAR Tilly Kutschera, Viktor Kutschera, Muck de Jary, Julius Strobl. PRO Sascha. 4 Akte, 1321 m. Neuzensur. **September.** ★ 1921. D. **Seefahrt ist Not.** REG Rudolf Biebrach. DAR Hans Marr, Lucie Höflich. PRO Maxim. 5 Akte, 1761 m. ★ 1921. D. **Amor am Steuer.** REG Victor Janson. DAR Ossi Oswalda, Victor Janson. PRO Ossi Oswalda-Film. 5 Akte, 1652 m. ★ 1919. USA. **Ein Mann, ein Mädchen**

und ein Hund. The Island of Intrigue (?). REG Henry Otto. DAR May Allison, Jack Mower. PRO Metro. 5 Akte, 1390 m. ★ 1917. USA. **Vanata, das Indianermädchen.** The Hidden Children (?). REG Oscar C. Apfel. DAR Harold Lockwood, May Allison, Lillian West. PRO Metro. 5 Akte, 1525 m. ★ 1919. USA. **Unter Alaskas Urwaldriesen.** False Evidence (?). REG Edwin Carewe. DAR Viola Dana, Wheeler Oakman. PRO Metro. 5 Akte, 1356 m. ★ 191? I. **Judas.** Judas. REG Febo Mari. PRO Cines. 5 Akte, 1955 m. ★ 1920. I. **Der Sohn des Piraten.** Per il passato. REG Toddi (= Pietro S. Rivetta). DAR Maria Carmi, Tatiana Gorka. PRO Medusa. 6 Akte, 1456 m. ★ 191? USA. **Der wilde Gast in der Silbermine.** DAR Douglas Fairbanks. PRO Metro. 5 Akte, 1425 m. ★ 1919. USA. **Luftschlösser.** Castles in the Air. REG George D. Baker. DAR May Allison, Ben Wilson. PRO Metro. 5 Akte, 1435 m. ★ 1917. USA. **Im Reiche des weißen Elefanten.** God's Law and Man's. REG John H. Collins. DAR Viola Dana, Robert Walker. PRO Metro. 5 Akte, 1418 m. ★ **Oktober.** ★ 1919. DK. **Wetterleuchten um Mitternacht.** Kaerlighedvalsen. REG Anders Wilhelm Sandberg. PRO Nordisk. 5 Akte, 1440 m. ★ 1921. H. **Über alles siegt die Liebe.** REG Ladislaw Markus. PRO Corona-Film. 6 Akte, 1918 m. ★ 1921. A. **Die Hindernisehe.** Der Umweg zur Ehe. REG Robert Wiene. DAR Harry Walden, Ernst Arndt. PRO Sascha. 4 Akte, 1571 m. ★ 1919. DK. **Der Kriegsgewinnler.** Krigsmillionaeren. REG Emanuel Gregers. PRO Nordisk. 6 Akte, 1854 m. ★ 191? USA. **Der Ritt ums Glück.** DAR Douglas Fairbanks. PRO Metro. 4 Akte, 900 m. ★ 1921. DK. **Im Rausche der Macht. 2 Teile.** REG August Blom. DAR Gunnar Tolnaes, Clara Wieth. PRO Nordisk. 5 Akte, 1820 m / 5 Akte, 1429 m. ★ 1917. USA. **Der Mann aus dem Westen.** The Barricade. REG Edwin Carewe. DAR Mabel Taliaferro, Frank Currier, Clifford Bruce. PRO Rolfe/Metro. 5 Akte, 1360 m. ★ 1921. D. **Das indische Grabmal. 1. Die Sendung des Yoghi. – 2. Der Tiger von Eschnapur.** REG Joe May. DAR

Olaf Foenss, Mia May, Conrad Veidt, Erna Morena, Bernhard Goetzke, Lya de Putti. PRO May-Film. 6 Akte, 2957 m / 7 Akte, 2534 m. ★ **November.** ★ 1919. D. **Das Spielzeug der Zarin.** REG Rudolf Meinert. DAR Ellen Richter. PRO Frankfurter Film-Co. 5 Akte, 1770 m. Neuzensur. ★ 1921. D. **Die Jagd nach der Wahrheit.** REG Karl Grune. DAR Erika Glässner, Fritz Kortner, Rudolf Forster. PRO Gloria. 5 Akte, 1527 m. ★ 1918. D. **Die schöne Jolan.** REG Rudolf Meinert. DAR Ellen Richter, Hugo Flink. PRO Frankfurter Film-Co. 4 Akte, 1313 m. Neuzensur. ★ 1917. DK. **Die Sonnenkinder.** Solskinboruene. REG Anders Wilhelm Sandberg. PRO Nordisk. 6 Akte, 1555 m. ★ 1917. DK. **Die tötende Sonne.** Solen der Draebte. REG Hjalmar Davidsen. PRO Nordisk. 5 Akte, 1371 m. ★ 1917. S. **Terje Vigen.** Terje Vigen. REG Victor Sjöström. PRO Svenska Biograf. 4 Akte, 1148 m. Neuzensur. ★ **Dezember.** ★ 191? USA. **Der Sieg der Kraft.** PRO Metro. 5 Akte, 1367 m. ★ 1921. A. **Der Ausflug in die Seligkeit.** REG Fritz Freisler. DAR Gretl Ruth, Hans Thimig. PRO Sascha. 4 Akte, 1346 m. ★ 1921. D. **Kean.** REG Rudolf Biebrach. DAR Heinrich George, Alfons Fryland, Carola Toelle. PRO Maxim. 5 Akte, 1637 m. ★ 1921. D. **Der Fluch des Schweigens.** REG Felix Basch. DAR Grete Freund, Hermann Thimig, Felix Basch. PRO Basch-Freund. 5 Akte, 1679 m. ★ 1918/19. DK. **Die Fahrt ins Glücksland.** Lykkelandet. REG Emanuel Gregers. PRO Nordisk. 5 Akte, 1586 m. ★ 191? USA. **Eine angebrochene Ehe.** PRO Metro. 5 Akte, 1357 m. ★ 1921. D. **Kinder der Finsternis. 1. Der Mann aus Neapel.** REG Ewald André Dupont. DAR Grit Hegesa, Hans Mierendorff, Sibyl Smolowa. PRO Gloria. 5 Akte, 1785 m. ★ 1921. D. **Die Dame und der Landstreicher.** REG Alfred Halm. DAR Grete Reinwald, Käte Haack, Ilka Grüning. PRO Hermes. 6 Akte, 1977 m.

1922

Januar. ★ 1921. D. **Ilona.** REG Robert Dinesen. DAR Lya de Putti, Arnold Korff, Harald Paulsen. PRO May-Film. 5 Akte, 1690 m. ★ 1917. S. **Das Mädchen vom Moorhof.** Tösen fran Stormyrtorpet. REG Victor Sjöström. PRO Svenska Biograf. ★ 191? USA. **Irrlichter des Glücks.** PRO Metro. 5 Akte, 1245 m. ★ 191? USA. **Razzia im New-Yorker Scheunenviertel.** PRO Metro. 5 Akte, 1319 m. ★ 1921. D. **Kinder der Finsternis. 2. Kämpfende Welten.** REG Ewald André Dupont. DAR Grit Hegesa, Hans Mierendorff, Adele Sandrock. PRO Gloria. 5 Akte, 1375 m. ★ 1921/22. A. **Wege des Schreckens.** REG Michael Kertesz (= Curtiz). DAR Lucy Doraine, Alfons Fryland, Max Devrient. PRO Sascha. 6 Akte, 1730 m. ★ 1921/22. D. **Schuld und Sühne.** REG Rudolf Biebrach. DAR Theodor Loos, Inge Helgard, Felix Norfolk. PRO Maxim. 5 Akte, 1503 m. ★ **Februar.** ★ 1921/22. A. **Herren der Meere.** REG Alexander Korda. DAR Michael Varkonyi, Harry de Leon, Max Devrient. PRO Sascha. 6 Akte, 2135 m. ★ 192? I. **Der Ruf der Sünde.** PRO Siac-Film. 5 Akte, 1920 m. ★ 1921/22. D. **Das Mädel mit der Maske.** REG Victor Janson. DAR Ossi Oswalda, Hermann Thimig, Victor Janson. PRO Ossi Oswalda-Film. 4 Akte, 1820 m. ★ 1921. D. **Hapura, die tote Stadt. 1. Der Kampf um das Millionentestament. 2. Der Streit um die Ruinen.** REG Heinz Karl Heiland. DAR Loo Holl, Hugo Flink, Carl W. Tetting. PRO Heinz Karl Heiland. 5 Akte, 2090 m / 5 Akte, 1776 m. ★ 1921/22. D. **Othello.** REG Dimitri Buchowetzki.

DAR Emil Jannings, Ica von Lenkeffy, Werner Krauß. PRO Wörner. 7 Akte, 2662 m. ★ 1921/22. D. **Die japanische Maske. 1. Das Banditennest auf dem Adlerstein.** REG Heinz Karl Heiland. DAR Loo Holl. PRO Heinz Karl Heiland. 6 Akte, 1993 m. ★ 1920. DK. **Die Schande der Orlygsons.** Borgslaegtens Historie. REG Gunnar Sommerfeldt. PRO Nordisk. 6 Akte, 1927 m. ★ **März.** ★ 1922. D. **Die vom Zirkus.** REG William Kahn. DAR Toni Egärg, Anita Berber, Charles Willy Kayser. PRO William Kahn-Film. 6 Akte, 2250 m. ★ 1919. DK. **Die Flucht vor dem Leben.** Har jeg ret til at tage mit eget liv. REG Holger-Madsen. PRO Nordisk. 5 Akte, 1623 m. ★ 1921/22. D. **Die siebente Nacht.** REG Arthur Teuber. DAR Evi Eva, Margit Barnay, Ilka Grüning. PRO Ungo. 6 Akte, 1958 m. ★ 1921/22. D. **Schatten der Vergangenheit.** REG Rudolf Biebrach. DAR Gertrud Welcker, Ernst Hofmann, Erich Kaiser Titz. PRO Maxim. 5 Akte, 1618 m. ★ 1921/22. D. **Der Strom.** REG Felix Basch. DAR Grete Freund, Eduard von Winterstein, Felix Basch, Hermann Thimig. PRO Basch-Freund. 4 Akte, 1690 m. ★ 192? I. **Durch Kerker und Paläste von San Marco. Ein Spiel um die Macht. Das 1. Spiel. – Das 2. Spiel: Das Fest der Venus. – Das 3. Spiel: Stürzende Mächte.** PRO Itala. 4 Akte, 1202 m / 5 Akte, 1526 m / 5 Akte, 1700 m. ★ 192? USA. **Die Sklavin des Banditen.** DAR William S. Hart. PRO Metro. 5 Akte, 1127 m. ★ 1917. I. **Der Klub der Dreizehn.** La storia dei 13. REG Carmine Gallone. DAR Lyda Borelli, Allessandro Salvini. PRO Cines. 5 Akte, 1399 m. ★ **April.** ★ 1916. I. **Madame Tallien.** Madame Tallien. REG Enrico Gvazzoni. DAR Lyda Borelli. PRO Cines. 5 Akte, 1935 m. ★ 1917. I. **Rhapsodie des Satans.** Rapsodia satanica. REG Nino Oxilia. DAR Lyda Borelli, Ugo Bazzini. PRO Itala. 4 Akte, 949 m. ★ 1921/22. D. **Scheine des Todes.** REG Lothar Mendes. DAR Eva May, Alfred Abel, Alfons Fryland. PRO May-Film. 6 Akte, 2385 m. ★ 1920. I. **Magdalena Ferat.** Maddalena Ferat. REG Febo Mari. DAR Francesca Bertini, Mario Parpagnoli. PRO Caesar/Bertini. 5 Akte, 1542 m. ★ 1922. I. **Marion.** Marion, artista di caffè-concerto. REG Roberto Roberti. PRO Siac-Film. 5 Akte, 1792 m. ★ **Juni.** ★ 1920. DK. **Blätter aus dem Buche des Satans, 2 Teile.** Blade af Satans Bog. REG Carl Theodor Dreyer. PRO Nordisk. 4 Akte, 1205 m. ★ 1922. D. **Sie und die Drei.** REG Ewald André Dupont. DAR Henny Porten, Hermann Thimig, Robert Scholz. PRO Henny Porten-Film. 5 Akte, 2500 m. ★ 1922. F. **Atlantide. 2 Teile.** L'Atlantide. REG Jacques Feyder. DAR S. Napierkowska. PRO Aubert. 5 Akte, 1444 m. ★ 192? USA. **Vorübung zur Ehe.** PRO Metro. 5 Akte, 1520 m. ★ 1920. DK. **Der Liebling der Götter.** Gudernes Yndling. REG Holger-Madsen. PRO Nordisk. 6 Akte, 1677 m. ★ 1917/18. DK. **Des Glückes lachender Erbe.** En Lykkeper. REG Gunnar Sommerfeldt. PRO Nordisk. 5 Akte, 1270 m. ★ 1916/17. S. **Der Sonnenspiegel.** Jungeldrottningens smyke. REG Fritz Magnussen. PRO Svenska Biograf. 4 Akte, 890 m. ★ **Juli.** ★ 1917. USA. **Das Mädchen ohne Herz.** The Girl Without a Soul. REG John H. Collins. DAR Viola Dana, Robert Walker. PRO Metro. 5 Akte, 1462 m. ★ 1922. D. **Sodoms Ende.** REG Felix Basch. DAR Grete Freund, Hans Junkermann, Erna Morena. PRO Basch-Freund. 5 Akte, 2517 m. ★ 1919. DK. **Das verkaufte Herz.** Lavinen. REG Emanuel Gregers. PRO Nordisk. 5 Akte, 1650 m. ★ 1917. S. **Alexander der Große.** Alexander den store. REG Mauritz Stiller. PRO Svenska Biograf. 5 Akte, 1740 m. ★ 1918/19. USA. **Die Männerfalle.** The Gold Cure (?). REG John H. Collins. DAR Viola Dana, John McGowan. PRO Metro. 5 Akte, 1119 m. ★ 192? USA. **Eine Dame der feinen Gesellschaft.** PRO Triangle. 5 Akte, 1246 m. ★ **August.** ★ 1921. DK. **Unser gemeinschaftlicher Freund. 2 Teile.** Vor faelles Ven. REG Anders Wilhelm Sandberg. PRO Nordisk. 6 Akte, 1857 m / 6 Akte, 2039 m. ★ 1915. DK. **Das jüngste Gericht.** Verdens Undergang. REG August Blom. PRO Nordisk. 5 Akte, 1351 m. ★ 1922. D. **Die Lüge eines Sommers.** REG Erik Lund. DAR Bruno Kastner, Edith Meller, Uschi Elleot. PRO Kastner-Film. 5 Akte, 1758 m. ★ 1918. USA. **Mitternachtsreiter.** Riders of the Night. REG John H. Collins. DAR Viola Dana, George Cheseboro, Clifford Bruce. PRO Metro. 5 Akte, 1342 m. ★ 1919. DK. **Die Galoschen des Glücks.** Lykkens Galoscher. REG Gunnar Sommerfeldt. PRO Nordisk. 5 Akte, 1605 m. ★ 192? I. **Lebensglut.** PRO Siac-Film. 5 Akte, 1569 m. ★ 1922. D. **Der blinde Passagier.** REG Victor Janson. DAR Ossi Oswalda, Robert Scholz, Victor Janson. PRO Ossi Oswalda-Film. 5 Akte, 2330 m. ★ 1921/22. A. **Eine versunkene Welt.** REG Alexander Korda. DAR Alberto Capozzi, Karl Baumgartner, Olga Lewinsky. PRO Sascha. 5 Akte, 1875 m. ★ **September.** ★ 192? USA. **Kapital und Geist.** PRO Triangle. 5 Akte, 1379 m. ★ 192? USA. **Das Geheimnis der alten Lampe.** PRO Metro. 5 Akte, 1324 m. ★ 192? I. **Irrwege.** PRO Siac-Film. 6 Akte, 1544 m. ★ 1922. D. **Zum Paradies der Damen.** REG Lupu Pick. DAR Edith Posca, Lupu Pick, Walther Brügmann. PRO Rex. 6 Akte, 3008 m. ★ 1922. D.

Die Flamme. REG Ernst Lubitsch. DAR Pola Negri, Alfred Abel. PRO Lubitsch-Film. 5 Akte, 2540 m. ★ 191? DK. **Die Schicksale der Gräfin Leonore.** PRO Nordisk. 4 Akte, 995 m. ★ **Oktober.** ★ 1922. D. **Lucretia Borgia.** REG Richard Oswald. DAR Liane Haid, Conrad Veidt, Albert Bassermann. PRO Richard Oswald-Film. 7 Akte, 3286 m. ★ 1917. DK. **Herrin ihres Geschicks.** Ansignet i Floden el Nostied Harrison. REG Hjalmar Davidsen. PRO Nordisk. 5 Akte, 1530 m. ★ 1922. D. **Die Finsternis und ihr Eigentum.** REG Martin Hartwig. DAR Karl Etlinger, Daisy Torrens, Erra Bognar, Fritz Kortner. PRO Deutsche Mutoskop- und Biograph. 6 Akte, 2315 m. ★ 1917. S. **Berg Eyvind und sein Weib.** Berg Eyvind och hans hustru. REG Victor Sjöström. PRO Svenska Biograf. 7 Akte, 1836 m. ★ **November.** ★ 1918. I. **Maciste in falschem Verdacht.** Maciste poliziotto. REG Roberto Leone Roberti. DAR Bartolomeo Pagano (Maciste), Italia Almirante-Manzini. PRO Itala. 6 Akte, 1484 m. ★ 1922. D. **Die Tänzerin Navarro.** REG Ludwig Wolff. DAR Asta Nielsen, Adele Sandrock, Alexander Granach. PRO Maxim. 6 Akte, 2400 m. ★ 1918. I. **Maciste, der Rekordbrecher.** Maciste atleta. REG Vincenzo Denizot KO Giovanni Pastrone. DAR Bartolomeo Pagano (Maciste), Italia Almirante-Manzini. PRO Itala. 5 Akte, 1987 m. ★ 192? I. **Es war kein Spiel.** PRO Itala. 4 Akte, 1225 m. ★ **Dezember.** ★ 1918/19. USA. **Halloh, mein Junge.** The Gold Cure (?). REG John H. Collins. DAR Viola Dana, John McGowan, Elsie MacLeod. PRO Metro. 5 Akte, 1504 m. ★ 1918. I. **Maciste und der Hypnoseschwindel.** Maciste medium. REG Vincenzo Denizot, KO Giovanni Pastrone. DAR Bartolomeo Pagano (Maciste), Italia Almirante-Manzini. PRO Itala. 5 Akte, 1626 m. ★ 1922. D. **Das Mädchen ohne Gewissen.** REG William Kahn. DAR Maria Zelenka, Viggo Larsen, Ernst Hofmann. PRO William Kahn-Film. 6 Akte, 1827 m.

PRO PAGU (Union-Film der Ufa). DRO Ufa-Union-Atelier Berlin-Tempelhof. LNG 5 Akte, 1674 m. ZEN 29.9.1920, B.00498, Jv. URA 15.10.1920, Berlin (U.T. Kurfürstendamm).
Ein alter Mann heiratet eine junge Frau. Sie ist eine Schankwirtstochter aus dem Süden und nicht mehr unberührt. Sie liebt ihren Gatten – ohne Frage. Doch früher hat sie einen anderen gemocht. Ihm begegnet sie nun wieder als dem Sekretär ihres Mannes. Die Tragödie beginnt.

1920. Putschliesel.
REG Erich Schönfelder. AUT Erich Schönfelder, Tyll Uhl. DAR Ossi Oswalda (Liesl), Bruno Kretschmar (Bürgermeister Kraft), Josephine Dora (Lore, seine Frau), Hermann Thimig (Theodor, beider Sohn), Victor Janson (Bullrich, Dorfpolizist), Albert Paulig (Herbert Jansen, Abteilungsdirektor für Milchwirtschaft), Carl Huszar (Rund, Ammenvermittler), Julie Serda (Frau von Reichenau).
PRO PAGU (Union-Film der Ufa). DRO Ufa-Union-Atelier Berlin-Tempelhof. LNG 4 Akte, 1291 m. ZEN 30.9.1920, B.00516, Jf.
Der beliebteste Mann im Spreewald ist Rund, der Ammenvermittler, der mit seiner Tochter Liesl einen neuen Erdenbürger in treueste Verwahrung übernommen hat. Das ärgert das Bürgermeister-Ehepaar, worauf es einen Protestbrief an den Herrn Ernährungsminister schreibt. Zwischen Liesl und Theodor, dem Sohn des Bürgermeisters, besteht insgeheim eine Liebesverbindung. Daraus schlägt die Handlung kräftig Kapital.

1920. Der Golem, wie er in die Welt kam.
REG Paul Wegener, Carl Boese. AUT Paul Wegener. KAM Karl Freund. BAU Hans Poelzig. KOS Rochus Gliese. KINO-MUS Hans Landsberger. ML Bruno Schulz (Dirigent). DAR Paul Wegener (Golem), Albert Steinrück (Rabbi Löw), Lyda Salmonova (Miriam), Ernst Deutsch (Famulus), Hanns Sturm (alter Rabbi), Max Kronert, Otto Gebühr (Kaiser), Dore Paetzold, Lothar Müthel (Junker Florian), Greta Schröder, Loni Nest (Kind).
PRO PAGU (Union-Film der Ufa). DRO Ufa-Union-Atelier Berlin-Tempelhof; AA Ufa-Freigelände Berlin-Tempelhof. LNG 5 Akte, 1922 m. ZEN 21.10.1920, B.00613, Jv. URA 29.10.1920, Berlin (Ufa-Palast am Zoo).
Der Wunder-Rabbi Löw hat einen Lehmkoloß zum Leben erweckt, der ihm als stummer und mächtiger Diener gehorcht. Als die Juden das prager Ghetto räumen sollen, zieht der Rabbi mit seinem Geschöpf zum Kaiserhof und bittet um Gnade. Auf des Kaisers Wunsch zaubert der Rabbi dem Hofstaat den Auszug der Kinder Israels vor. Als die Höflinge in Gelächter ausbrechen, bersten die Mauern des Palastes. Der Golem beginnt zu rasen und die Stadt in Brand zu setzen.

1920. Der galante König.
REG Alfred Halm. AUT Alfred Halm, Herrmann von Schmeling. BAU Jack Winter (?). DAR Rudolf Basil (August der Starke), Ria Jende, Eva Speyer, Dora Kasan, Clara Salbach.
PRO Messter-Film der Ufa. DRO Ufa-Messter-Atelier Berlin-Tempelhof. LNG 6 Akte, 2623 m. ZEN 5.11.1920, B.00700, Jv.
Ein Kulturbild aus dem Barock, die Geschichte August des Starken, des galanten Königs von Polen, dessen Leben fast ganz ausgefüllt ist von Liebe und schönen Frauen. Von Aurora, Gräfin von Königsmark, bis zur jungen Tänzerin Lydia Orezelska, die sich als seine eigene Tochter herausstellt.

1920. Die Dame in Schwarz.
REG Victor Janson. AUT Kurt Götz /= Curt Goetz/. DAR Gertrud Welcker (Katja, Gräfin von Falkenhorst), Kurt Götz /= Curt Goetz/ (Joe Deebs), Hugo Falcke (Graf von Falkenhorst), Willi Kaiser-Heyl (Pastor Jürgens), Josef Rehberger (Inder), Magnus Stifter (Rittmeister Vallentin, Gutsbesitzer), Max Kronert (Diener bei Deebs).
PRO PAGU (Union-Film der Ufa). LNG 4 Akte, 1507 m. ZEN 15.11.1920, B.00751, Jv. URA 14.10.1920, Berlin (U.T. Nollendorfplatz).
– Joe Deebs-Detektivserie.
Eine düstere Rachestory um Giftmord, Vergewaltigung, Selbstmord – und einen durchtriebenen indischen Diener.

1920. Die geschlossene Kette.
REG Paul Ludwig Stein. AUT Erich Wulffen. KAM Fritz Arno Wagner. BAU Jack Winter. DAR Pola Negri, Carl Ebert, Aud Egede Nissen, Greta Schröder, Albert Steinrück.
PRO PAGU (Union-Film der Ufa). DRO Ufa-Messter-Atelier Berlin-Tempelhof. LNG 5 Akte, 1902 m. ZEN 23.11.1920, B.00805, Jv.

Die Anti-Ufa
Amerikaner gründen die EFA

Dreharbeiten zu DAS WEIB DES PHARAO in Freibauten von Ernst Stern und Kurt Richter auf dem Gelände Rauhe Berge bei Steglitz
»Spannungsfilm. Ägyptenfilm. Massenfilm. Viertens: Kanonenfilm.« (Alfred Kerr)

Am 12. Dezember 1920 kommt der UFA-Film MADAME DUBARRY in bearbeiteter Form unter dem Titel PASSION in den Vereinigten Staaten heraus. Noch vor der Premiere wird der Film von der National Board of Review in ihrer ersten Sitzung als einer von vier besonders wertvollen Filmen des Jahres 1920 ausgezeichnet. Da der Film angeblich 10.000 Dollar pro Tag einspielt, schätzt The New York Times den Wert der amerikanischen Rechte nach zwei Wochen Laufzeit auf eine halbe Million Dollar.

Der amerikanische Filmimporteur David P. Howells hat den Film für knapp 35.000 Dollar erworben und an die First National vermittelt. Kurz darauf, im März 1921, erscheint der nächste Lubitsch-Film, ANNA BOLEYN, unter dem Titel DECEPTION im newyorker Roxy-Kino. Importeur ist die Hamilton Film Corporation, Verleiher deren Mutterfirma, die Famous Players, die seit 1914 keinen ausländischen Film in ihr Programm aufgenommen hat. DECEPTION wird ebenfalls ein Kassenschlager und veranlaßt bald darauf Hamilton, Joe Mays Abenteuerserie DIE HERRIN DER WELT in vier Teilen zu vertreiben.

Anfang April erscheinen die ersten Schreckensmeldungen in der amerikanischen Fachpresse. Fast 50 deutsche Filme seien in kürzester Zeit importiert worden, vor allem von der Vertriebsfirma First National, die die Billigware auf dem US-Markt verramschen wolle. Eine Woche später kommt die Nachricht, Adolph Zukor von Famous Players (Paramount) habe 129 deutsche Filme gekauft, die er ebenfalls in seine riesige Kinokette schleusen möchte.

In der Tat haben Ben Blumental und Samuel Rachmann als Vertreter der Famous Players bei einem Berlin-Besuch im Februar eine beträchtliche Summe für Ufa-Produktionen ausgegeben, um diese noch vor dem befürchteten Erlaß eines Importzolls einzuführen. Die Filme, darunter SUMURUM, CARMEN und ANNA BOLEYN, sind nicht nur für den US-Markt gedacht, sondern sollen auch in England und Frankreich von Famous Players ausgewertet werden.

Nach amerikanischen Maßstäben sind die deutschen Produktionen überaus günstig, weil sie mit billiger Reichsmark produziert und mit harter US-Währung gekauft werden. Da der Verleih zu normalen Tarifen erfolgt, ist der Gewinn um so größer. Deshalb erheben sich Stimmen gegen die Einführung deutscher Filme, sowohl von politischer Seite, wie den Veteranen-Organisationen, als auch von Wirtschaftskreisen, beispielsweise den Verbänden in Hollywood.

So versucht die American Legion im Frühjahr 1921, einen Boykott gegen die deutschen Filme zu organisieren, vor allem aus ›patriotischen‹ Gründen. Einige Kommunen, wie Venice in Kalifornien, erheben daraufhin eine spezielle Kinosteuer auf deutsche oder österreichische Filme. Unter den Produzenten gibt es geteilte Meinungen über eine Importsteuer gegen deutsche Filme. Joseph Schenck von Loew's Inc. wendet sich gegen die Einfuhr deutscher Filme, weil diese Filme angeblich Tausende amerikanischer Regisseure und andere Filmfachkräfte arbeitslos machen würden. Ferner, so Schenck, schränke das deutsche Kontingentgesetz die Einfuhr amerikanischer Filme in die Weimarer Republik ein. Schließlich würden sich opportunistische Filmverleiher an dem Geschäft gesundstoßen (Motion Picture News, 14.5.1921).

Der Regisseur Micky Neilen rechnet vor, die Produzenten würden 560 Spieltermine in den großen Stadtkinos verlieren, wenn ein gewisser Verleiher (gemeint ist Paramount) sämtliche in seinem Archiv befindlichen ausländischen Filme auf den Markt werfen würde (Variety, 24.6.1921). Mit Hinweis auf das im September 1920 in Deutschland verabschiedete Kontigentgesetz, das die Einfuhr ausländischer Filme nach Metern einschränkt, erklärt auch der Chefredakteur der *Motion Picture News*, die Amerikaner müßten selber eine Einfuhrquote aufstellen, um sich gegen die Ausländer zu verteidigen: »If Germany insists upon shutting out American films, as Germany practally does at present, than we must protect ourselves by reciprocal legislation.« (30.4.1921). Selbst Carl Laemmle, der aus Schwaben stammende Chef der Universal, stellt sich auf die Seite derjenigen, die »reciprocity« verlangen, eine Forderung, die er und andere wenige Jahre später in der umgekehrten Situation ablehnen werden.

Gegen die allgemeine Hysterie kämpfen aber auch einige amerikanische Stimmen an, so Arthur James, der in der den Kinobesitzern nahestehenden Fachzeitschrift Moving Picture World schreibt: »We are confident that our own markets are strong enough to stand the competition of the world's best, and the effect on our own productions will certainly be better for this rivalry.«

Der Sturm im Wasserglas legt sich jedoch sehr schnell. Es stellt sich heraus, daß sich der amerikanische Markt in dieser frühen Phase der Monopolbildung schon erfolgreich gegen die ausländische Konkurrenz abgeschottet hat. Produzenten wie Samuel Goldwyn und Myron Selznick berichten nach ihren Europareisen, daß nur ein kleiner Prozentsatz der deutschen Filmproduktion geeignet sei, sich einen Platz im amerikanischen Kino zu erobern. Zukor gibt offen zu, er habe mindestens 25 deutsche Filme lediglich gekauft, um sie vom Markt fernzuhalten und die Ausschlachtung seines neuen Stars Pola Negri nicht zu gefährden.

Von den in Deutschland gekauften Filmen kommen nur wenige Filme tatsächlich in die Kinos und sind meistens nur in den sogenannten Arthouses Erfolge, wie DAS CABINET DES DR. CALIGARI im April 1921 oder Paul Wegeners DER GOLEM im Juni 1921. Die Durchschnittsware bleibt in den Regalen der Verleiher liegen, weil sie nicht dem amerikanischen Geschmack entspricht. So schreibt Variety: »(It) is a curious fact about many German pictures. They deal with freak stories and have no romance, being entirely of men.« (24.6.1921)

Die ergebnislose Debatte um den deutschen Film hat jedoch schon frühzeitig einen negativen Einfluß auf das Verhältnis der Amerikaner zur deutschen Filmwirtschaft. Deutschland ist das erste und einzige Kinoland der Zwischen-Kriegszeit, das die Hegemonie der Amerikaner auf dem Binnen- wie dem Weltmarkt in Frage stellen kann. Ferner bringt die Debatte das Vorhaben der Famous Players, Filme in Deutschland als Gemeinschaftsproduktion herzustellen, zum Scheitern. Der Widerstand gegen deutsche Filme ist besonders im US-Hinterland größer als ursprünglich vermutet.

Am 17. April 1921, mitten in der amerikanischen Debatte um den deutschen Film, wird eine deutsch-amerikanische Filmgesellschaft, die Europäische Film-Allianz (EFA), von der Famous Players und ehemaligen Vertretern der Ufa – darunter Paul Davidson, Carl Bratz, Hermann Fellner, Ernst Lubitsch und Joe May – gegründet.

Nach dem Vorbild der Ufa und der amerikanischen Großkonzerne vereint die neue EFA unter einem Dach neben Produktions- auch Atelier-, Vertriebs- und Kinogesellschaften. In der Hardenbergstraße, nahe dem Berliner Zoo, werden bestehende Ateliers mit den modernsten technischen Einrichtungen ausgestattet. Dank der finanziellen Rückendeckung durch Famous Players werden die Amerikaner mit einem Schlag zu einer der wichtigsten Filmgesellschaften in der Weimarer Republik und erhoffen sich eine führende Stellung auf dem mitteleuropäischen Markt. Andererseits soll den Deutschen über die EFA der internationale Markt geöffnet werden. Allerdings erhalten die Amerikaner die Rechte für den Vertrieb der EFA-Filme und können damit international die »deutsche Gefahr« kontrollieren.

In der amerikanischen Presse heißt es über den »Big German Deal«, Zukor habe die besten Ufa-Kräfte eingekauft: Lubitsch, Joe May, Max Reinhard, Mia May, Pola Negri, Dagny Servaes, Emil Jannings, Harry Liedtke, Hanns Kräly, Theodore Sparkuhl, Ernst Stern, Kurt Richter und Ali Hubert. Die Gründung eines eigenen deutschen Konzerns grabe der Ufa das Wasser ab.

Der Verlust ihrer prominentesten Kräfte ist ein »empfindlicher Verlust für die Ufa«. Und in Deutschland werden Stimmen laut, die Ufa-Führung – Georg Emil von Stauß und Felix Kalmann – trage Schuld am Fiasko, weil sie die Kooperation mit den Amerikanern ablehne. Im Dezember 1920 und Februar 1921 ist es nämlich zu Verhandlungen zwischen Ben Blumenthal und Samuel Rachmann von Famous Players und der Ufa-Leitung gekommen, bei denen es um den Vertrieb von Ufa-Filmen auf dem englischsprachigen Markt und den von Famous Players-Filmen durch die Ufa in Deutschland geht. Zudem werden die Ernst Lubitsch Film GmbH und die Joe May Film im selben Monat mit US-Kapital und ohne Beteiligung der Ufa ins Handelsregister eingetragen. Nach der EFA-Gründung stürzt die Ufa in eine Krise, von der sie sich erst nach der im Mai angekündigten, aber erst im November 1921 endgültig abgeschlossenen Fusion mit Erich Pommers Decla-Bioscop erholt.

Famous Players ruft die EFA ins Leben, um ihre Interessen auf beiden Seiten des Atlantik zu verfolgen: Sie will vor allem Lubitsch und Pola Negri für sich gewinnen, um die Stars als Konkurrenz auf dem eigenen Markt auszuschalten. Das Einkaufen von ausländischen Regisseuren und Schauspielern hat Tradition in Hollywood – die Franzosen Maurice Tourneur und Charles Maign sind bereits vor dem Ersten Weltkrieg nach Amerika engagiert worden. Auch in Zukunft nutzt Hollywood seine wirtschaftliche Potenz, um die besten Künstler und Fachkräfte durch Engagement zu neutralisieren. Zudem sucht Zukor, der Chef der Paramount, Zugang zum deutschen und mittel- bzw. südosteuropäischen Markt.

In diesen Ländern verfügen die Deutschen über exzellente Kontakte, während die Amerikaner bisher wirtschaftlich schwach geblieben sind. Das deutsche Kontingentgesetz soll durch die deutsch-amerikanische Gemeinschaftsfirma umgangen werden, denn die in Berlin mit amerikanischen Methoden produzierten Filme gelten als einheimische Filme. Schließlich rechnen die Amerikaner mit größerem Profit, da die Herstellungskosten in Berlin bis zu einem Drittel unter denen in Los Angeles liegen.

Die Pläne der EFA scheitern jedoch an der Inflation, die den Transfer des in Deutschland erwirtschafteten Kapitals völlig sinnlos erscheinen läßt, andererseits an dem von Rachmann & Co. geschaffenen Betriebsklima und chaotischem Management.

Bei Auflösung der EFA-Produktion im November 1922 bleiben fünf Filme: DAS WEIB DES PHARAO (Lubitsch), DIE FLAMME (Lubitsch), NAPOLEONS KLEINER BRUDER (Jacoby) HERZOG FERRANTE (Wegener) und PETER DER GROSSE (Buchowetzki). Insgesamt haben sie fast eine Million US-Dollar gekostet und sich zum größten Teil als geschäftliche Mißerfolge erwiesen. Sie sind nicht amerikanisch genug, um sich im US-Markt zu behaupten. Hinzu kommt der verschwenderische Lebensstil Sam Rachmanns, der angeblich Drehbücher en masse eingekauft hat, auch dem kleinsten Hilfsregisseur Bombengehälter in Dollar zahlt, einen Harem der feinsten Damen vom Kurfürstendamm aushält und sich mit jedem verkracht. Schon im Oktober 1921 ziehen sich Joe May und Hermann Fellner zurück, während Carl Bratz und andere sich neue Betätigungsfelder suchen. Der Film-Kurier resümiert: »Die EFA ist der beste Beweis, wie man eine Filmgründung nicht inszenieren soll.« Leopold Schwarzschild formuliert am 18. November 1922 in Das Tage-Buch in einem Nachruf: »Die Efa war ein Bastard aus der Verbindung der Madame Dubarry mit dem Wechselkurs.«

Jan-Christopher Horak

Ernst Lubitsch in Hollywood gefeiert: Auf Händen getragen von Douglas Fairbanks

Unschuldige werden auf Grund einer geschlossenen Kette erdrückenden Beweismaterials verurteilt. Die Verkettung eines dreifachen Schicksals kann nur durch den Tod eines der drei Glieder aufgelöst werden. Die beiden Hauptverdächtigen werden zu lebenslänglichem Zuchthaus verurteilt. Der wahre Mörder indes ist frei, gesteht aber die Tat. Die unschuldig Verurteilten kommen frei.

1920. Anna Boleyn.
REG Ernst Lubitsch. AUT Fred Orbing (= Norbert Falk), Hanns Kräly. KAM Theodor Sparkuhl. BAU Kurt Richter. AUS Fa. Junkersdorf, Fa. Dammrich & Co. KOS Ali Hubert. AUS Fa. Dieringer, München.
DAR Henny Porten (Anna Boleyn), Emil Jannings (König Heinrich VIII), Paul Hartmann (Ritter Heinrich Norris), Hedwig Pauli (Königin Katharina), Hilde Müller (Prinzessin Maria), Ludwig Hartau (Herzog von Norfolk), Aud Egede Nissen (Johanna Seymour), Maria Reisenhofer (Lady Rochford).
PRO Messter-Union-Film der Ufa. **Technische Leitung** Kurt Waschneck. DRZ 20.7. - 25.10.1920.
DRO Ufa(Messter und Union)-Ateliers Berlin-Tempelhof; AA Ufa-Freigelände Berlin-Tempelhof, Liepnitzsee. LNG 6 Akte, 2793 m. ZEN 27.11.1920, B.00841, Jv. URA 3.12.1920, Weimar (Reform-Lichtspiele), Hamburg (Lessing-Theater); 14.12.1920, Berlin (Ufa-Palast am Zoo).
Die Beziehung Heinrichs VIII. zu Anna Boleyn bis zu ihrem tragischen Ende: Wie die in Frankreich erzogene Anna an den englischen Hof gebracht und Heinrich auf sie aufmerksam wird, wie er ihr die Krone anbietet und die Scheidung von seiner Gemahlin durchsetzt, wie er auf den Thronfolger wartet und durch ein Mädchen enttäuscht wird, wie er Annas überdrüssig wird und sie – durch eine Intrige eingefädelt – wegen Ehebruchs enthaupten läßt.

1920. Der verlorene Schatten. Der Student von Prag.
REG, AUT Rochus Gliese. KAM Karl Freund. BAU Kurt Richter. KOS Rochus Gliese. **Silhouetten** Lotte Reiniger.
DAR Paul Wegener (Sebaldus), Lyda Salmonova (Barbara), Werner Schott (Graf), Greta Schröder (Gräfin Durande), Wilhelm Bendow, Adele Sandrock, Hedwig Gutzeit, Leonhard Haskel, Hannes Sturm (Dapertutto).
PRO PAGU (Union-Film der Ufa). **Technische Leitung** Kurt Waschneck. DRO Ufa-Union-Atelier Berlin-Tempelhof; AA Wachau (Schloß Schönbühel und Dürnstein).
LNG 5 Akte, 1755 m. ZEN 1.12.1920, B.00857, Jf. URA 3.2.1921, Berlin (U.T. Kurfürstendamm).
Ein Mann verkauft seinen Schatten dem Bösen, dem ›welschen‹ Schattenspieler Dapertutto. Er bekommt dafür eine zauberhafte cremoneser Geige von Amati, mit der er die Liebe der jungen Gräfin Barbara gewinnen soll.

1920. Armer kleiner Pierrot.
REG Heinrich Bolten-Baeckers (?). AUT nach der Novelle von Josefa Metz.
DAR Hans Stock (Professor Treumann), Margarete Neff (Elisabeth, seine Frau), Karl Heinz Klubertanz (Rudi, beider Sohn), Richard Ludwig (Alfred Treumann).
PRO BB-Film der Ufa. PRT Heinrich Bolten-Baeckers. DRO BB-Atelier Berlin Lindenstraße 32-34. LNG 2 Akte, 775 m. ZEN 6.12.1020, B.00824, Jv.
Als sich Alfred, der jüngere Bruder Treumanns, nach langem Auslandsaufenthalt von Besuch ankündigt, sind Sohn Rudi und seine Mutter Elisabeth erfreut, erwartet er sich doch gewisse Freiheiten und sie die Erinnerung an glückliche Jugendtage, als ihre Zuneigung eher dem jüngeren der beiden Brüder galt. Der Professor muß auf Reisen. Bei einer Redoute ist man zu dritt, und der als Pierrot verkleidete Rudi muß beobachten, wie Alfred und die maskierte Mutter sich in eine Nische zurückziehen.

1920. Professor Rehbein und der Meisterringer.
REG Leo Peukert.
DAR Leo Peukert.
PRO BB-Film der Ufa. PRT Heinrich Bolten-Baeckers. DRO BB-Atelier Berlin Lindenstraße 32-34. LNG 3 Akte, 973 m. ZEN 6.12.1920, B.00872, Jv.
Doppelgänger Professor Rehbeins ist ausgerechnet der Meisterschaftsringer Max Kraft. Im Hause seiner Verlobten hat diese unglückliche Laune der Natur ihre Kreise gezogen, denn der zukünftige Schwiegervater, Kommerzienrat Fröhlich, ist keineswegs sicher, ob Professor und Ringer nicht im Grunde identisch sind.

Kon-Fusion
Die Ufa übernimmt die Decla-Bioscop

Der vielleicht berühmteste deutsche Stummfilm: Das Cabinet des Dr. Caligari. 1919/20 von Erich Pommers Decla produziert, mehrt er nach der Fusion mit der Ufa den Ruf des Konzerns

»Die deutsche Film-Industrie arbeitete im Jahre des Heils 1920 mit einem Kapital von vier Milliarden Mark. Das verpflichtet immerhin, sich ein wenig den Sitten und Gebräuchen der Großindustrie anzupassen: in leidlich korrekten Formen mit möglichst wenig Geräusch möglichst viel Geld zu verdienen. Allein die Kino-Leute trieben ihr Gewerbe im Stil wildgewordener Schaubudensteller. Der neudeutsche Größenwahn, der in der Republik lieblicher blüht denn je, war in die Flimmermenschen gefahren.« So bilanziert Wirtschaftsfachmann Morus (Richard Lewinsohn) am 10. November 1921 in Die Weltbühne die Entwicklung der deutschen Filmindustrie.

Es ist der Monat, als Decla-Bioscop und Ufa sich zusammenschließen. Zwei Faktoren bestimmen die deutsche Filmindustrie: Inflation und Film-Export. Eine 1922 in Berlin erschienene Dissertation beschreibt, welchen Einfluß die galoppierende Mark-Entwertung auf die Konzentration und Markt-Expansion hat: Die Inflation verlockt die Banken zu enormen Investitionen in die Filmindustrie zugunsten aufwendiger, hochwertiger Produktionen, die auf den internationalen Markt zielen. Gleichzeitig schrecken die0 chaotischen Wirtschaftsverhältnisse in Deutschland andere Länder davon ab, Filme nach Deutschland zu exportieren. Und so beruht der spektakuläre Aufstieg des Weimarer Films in den 20er Jahren nicht zuletzt auf der explodierenden Inflationsrate. Für die Ufa-Direktion – und speziell für Erich Pommer, nachdem ihm die umfangreichen Produktions-Mittel der Ufa in den Schoß gefallen sind – bietet die Inflation eine machtvolle Grundlage für die Filmproduktion.

Doch die Kritik stellt auch fest, daß den Finanz-Exzessen der Filmindustrie nicht unbedingt eine hohe Qualität der Filme gegenübersteht. Hans Siemsen nennt das Ergebnis scharfzüngig den »Riesen-Pracht-Monstre-Monumental-Austattungs-Film« und notiert ironisch, der deutsche Film »sieht jetzt etwa aus wie jene Prunk- und Prachtgebäude aus der wilhelminischen Glanzepoche: mit falschen und echten Säulen, Marmor, Kapitälen, Kuppeln, Türmen, Treppen, Mosaiken – wie die Kaiser-Wilhelm-Gedächtnis-Kirche: protzig und teuer, aber langweilig und hohl. Der deutsche Film hat Geld bekommen – und das ist sein Verderben geworden. Geld ist eine schöne Sache. Aber damit allein ist nichts getan. Und wenn ich höre: Ein Film kostet zwei Millionen – dann weiß ich im Voraus: Der Film ist schlecht.« (Die Weltbühne, 27.1.1921). Als Peter Panther springt Kurt

Dr. Mabuse, der Spieler mit Rudolf Klein-Rogge in der Titelrolle gehört zu den ersten Decla-Bioscop-Filmen, die unter dem Dach der Ufa entstehen. »Regisseur Fritz Lang hat mit Inbrunst sich bemüht, den Wahnwitz unserer Epoche in charakteristischen Typen und Milieus zu konzentrieren. Während der Roman von Norbert Jaques mehr das Bild des Verbrechers Mabuse entwickelt, will dieser selbst unstete Lang, ehemals Maler zu Paris, mit Erfindungskraft, Witz, bildhafter Komposition ein rapides Zeit-Bild entrollen.« *(Kurt Pinthus, 1922)*

Tucholsky seinem Kollegen bei und präzisiert: »Der Film von zwei Millionen ist deshalb von vorn herein schlecht, weil er viel zu großes Gewicht auf das legt, was man mit Geld bezahlen kann, und viel zu wenig auf das, was kein gemietetes Tempelhofer Feld hergeben kann: auf den Charme.« (Die Weltbühne, 10.2.1921).

Tucholsky bilanziert: »Auf einen ›Doktor Caligari‹ kommen neunhundert Kitschangelegenheiten, die undiskutierbar sind.« Er verweist zugleich auf die Ursache der Entwicklung: »Die Seele vons Buttergeschäft sitzt anderswo. Im Aufsichtsrat.« Das Schwergewicht der Entscheidungen innerhalb der Filmindustrie hat sich bei zunehmender Konzentrierung und wachsendem Einfluß der Banken von den kreativen Kräften wie Regisseuren, Autoren und Schauspielern zum Management verschoben.

Der immer deutlicher werdende Trend zum *Großfilm* ist die Strategie der Investoren, ihre Profite abzusichern. Wie Paul Davidsons und Ernst Lubitschs aufwendige Produktionen gezeigt haben, brauchen die Großfilme die Auslandsmärkte, da der deutsche Inlandsmarkt zu klein ist, um die Kosten wieder einzuspielen. Um ihre Gewinne zu maximieren meinen die Filmindustriellen und Banker den amerikanischen Markt erobern zu müssen. Deshalb tendieren die finanziell potentesten deutschen Filmfirmen zunehmend zur Produktion von »Kunstfilmen«. Diese Politik drängt die Ufa in ein Wettrennen, das sie – angesichts fremder Faktoren, auf die sie keinen Einfluß hat – nur verlieren kann und das Mitte der 20er Jahre im Desaster endet.

Doch Ende 1921 gilt die Devise: mehr Expansion, wirtschaftliche Absicherung durch Konzern-Bildung, Produktion von Großfilmen und Export in die USA, erleichtert durch die Inflation in Deutschland. Die Fusion von Ufa und Decla-Bioscop ergibt die größte Konzentration von Produktion, Verleih und Kino-Ketten unter einem Dach. Die Produktion, speziell von Filmen, die auf den internationalen Markt zielen, wird – von der Fachpresse höchst kritisch beobachtet – angekurbelt. Morus in der *Weltbühne* kommentiert die Filmpolitik besonders scharfzüngig: »Es wurde drauflosgekurbelt, als lauerte die ganze Welt auf deutsche Filme. Aber sie lauerte nicht. Und als aus Amerika die ersten Absagen kamen und in Berlin hundert Kientöppe ihre Läden schlossen, fing es in der südlichen Friedrichstadt an zu krachen. Die Kleinen verschwanden in der Versenkung, und die Großen begannen, sich ›umzugruppieren‹. Als Hauptopfer auf der Strecke blieb die Decla-Bioscop AG, die zweitgrößte deutsche Gesellschaft. Sie brachte es fertig, bei 30 Millionen Aktienkapital mit einer Unterbilanz von 26 Millionen Mark abzuschneiden. Diese Bilanz ist freilich eine etwas dunkle Angelegenheit. Die Einen behaupten, die Aktiven seien noch viel zu hoch bewertet worden; die Andern meinen, die Verluste seien künstlich aufgebauscht worden, um eine Fusion herbeizuführen. Wie dem auch sei: die Decla war fällig.« (10.11.1921).

Auch Presseberichte über die außerordentliche Generalversammlung der Decla-Bioscop am 11. Oktober 1921, die über die Zukunft der Firma zu entscheiden hat, deuten auf Unsauberkeiten. Während der Versammlung protestieren Anteileigner und versuchen vergeblich, die Tagesordnung zu ändern, um eine Diskussion der finanziellen Lage der Decla-Bioscop zu erreichen. Viele haben den Eindruck, daß diese Diskussion ein sehr viel günstigeres Bild der Situation zeigen könnte – und damit das Angebot der Ufa als unangemessen disqualifizieren würde. Nach dem Beschluß der Versammlung (mit 22723 gegen 3199 Stimmen), durch einen Aktientausch – eine Ufa-Aktie für zwei Decla-Bioscop-Aktien – die Fusion mit der Ufa zu vollziehen, bestätigt Erich Pommer indirekt die Bilanz-Manipulationen, stellt sich aber voll hinter den Beschluß: »Auch

1920. Arme Violetta.
REG Paul Ludwig Stein. **AUT** Hanns Kräly.
KAM Fritz Arno Wagner.
DAR Pola Negri (Violetta), Michael Varkony (Alfred), Marga von Kierska (Flora), Alexander von Antalffy (Gaston), Paul Otto (Graf von Geray), Greta Schröder (Cläre, Alfreds Schwester), Paul Biensfeldt (Alfreds Vater), Guido Herzfeld (Violettas Vater), Ernst Bringolf.
PRO PAGU (Union-Film der Ufa). **DRO** Ufa-Union-Atelier Berlin-Tempelhof. **LNG** 5 Akte, 2070 m. **ZEN** 21.12.1920, B.00994, Jv. **URA** 25.12.1920, Berlin (U.T. Kurfürstendamm).
Bei jedem Wetter versucht Violetta, Blumen aus ihrem Körbchen unter die Menschen zu bringen. Zuhause wartet der Vater, ein Säufer, und wird roh, wenn kein Geld gebracht wird. Wieder steht sie vergeblich im Regen, deprimiert und voller Angst vor dem Vater. Es treibt sie immer weiter in die Stadt, bis hin zum Theater, wo gerade die Vorstellung beendet ist. Da lernt sie den noch unbekannten jungen Dramatiker Alfred Germont kennen...

1920. Der lustige Witwer.
REG Heinrich Bolten-Baeckers (?). **AUT** nach dem Lustspiel ›Aschermittwoch‹ von Hanns Fischer und Josef Jarno.
DAR Wilhelm Hartstein, Gertrud Rottenberg, Grete Flohr, Karl Heinz Klubertanz, Lisl Kehm, Hans Stock, Gustav Rudolph.
PRO BB-Film der Ufa. **PRT** Heinrich Bolten-Baeckers.
DRO BB-Atelier Berlin Lindenstraße 32-34. **LNG** 4 Akte, 1184 m. **ZEN** 6.1.1921, B.01020, Jv.

1920. Die Lieblingsfrau des Maharadscha. Teil 3.
REG Max Mack. **AUT** Marie Luise Droop, Adolf Droop.
BAU Stephan Lhotka.
DAR Gunnar Tolnaes (Narada, Maharadscha von Odhapur), Erna Morena (Sangia, Inderin), Aud Egede Nissen (Ellen, Künstlerin), Fritz Kortner (Bihma), Leopold von Ledebur (Konsul), Eduard Rothäuser (Martino, Theater-Agent), Emil Rameau (Naradas Vater).
PRO PAGU (Union-Film der Ufa). **LNG** 5 Akte, 1952 m. **ZEN** 11.1.1921, B.01055, Jv. **URA** 20.1.1921, Berlin (U.T. Kurfürstendamm).
Die aufregenden Verfolgungen, denen die weiße ›Lieblingsfrau‹ eines indischen Nabob ausgesetzt ist.

1920 (?). Gentlemen-Gauner.
REG Willy Zeyn. **AUT** Akfred Fekete. **KAM** Otto Tober.
BAU Jack Winter.
DAR Ferdinand von Alten (Joe Deebs), Erich Kaiser-Titz (Dr. Courzon), Carl Beckersachs (Steffens, Ministerialbeamter), Wilhelm Diegelmann (Bürgermeister), Uschi Elleot (Nell, seine Tochter), Hermann Picha (Mr. Olsen, Privatier), Leonhard Haskel (Agent), Hugo Döblin (Notar), Karl Harbacher (Schneider), Sophie Pagay (Hausdame), Jenny Marba (Zimmervermieterin).
PRO PAGU (Union-Film der Ufa). **Technische Leitung** Max Kiontke. **DRO** Ufa-Union-Atelier Berlin-Tempelhof.
LNG 5 Akte, 1935 m. **ZEN** 17.6.1922, B.06010, Jv.
– Joe Deebs-Detektivserie.
Ein Toter im Zugabteil kurz hinter der Station Iliana, ein fehlender Stadtarzt und ein bummeliger Beamter namens Steffens bringen Joe Deebs auf die Spur von zwei Hochstaplern, die so gerissen sind, daß ganz Iliana auf sie hereinfällt. Als Deebs alles durchschaut, läßt er die beiden direkt ins Gefängnis chauffieren.

1920/21. Hasemanns Töchter.
REG, AUT Heinrich Bolten-Baeckers; nach dem Bühnenstück von Adolf L'Arronge. **KAM** Albert Schattmann (?).
DAR Konrad Dreher, Sabine Impekoven, Leo Peukert.
PRO BB-Film der Ufa. **PRT** Heinrich Bolten-Baeckers.
DRO BB-Atelier Berlin Lindenstraße 32-34. **LNG** 3 Akte, 1054 m. **ZEN** 17.1.1921, B.01101, Jf.

Auch die Decla versucht Erfolge durch Imitation zu wiederholen: GENUINE (1920, Regie: Robert Wiene, Buch: Carl Mayer) mit Fern Andra und Hans Heinrich von Twardowsky

»César Klein dekorativer Expressionismus ist reines Kunstgewerbe. Überladenes, übersteigertes, orientalisches Teppichmuster mehr als Gestaltung von Raumelementen...

Und der geheimnisvolle Zusammenklang, der sich in der Zusammenstellung eines phantastisch einsamen Greises, einer erdenfernen Frau, einem Neger und einem blonden

Jüngling ergab – diese Harmonie scheiterte an dem nicht umzubringenden Naturalismus der Hauptdarstellerin.« *(Rudolf Kurtz, 1926).*

heute noch steht das Interesse der Gesellschaft den früheren Vorstandsmitgliedern der Decla-Bioscop-Aktiengesellschaft über den eigenen. Diese Auffassung bestimmt sie, der in Aussicht genommenen Neuregelung der Verhältnisse der Gesellschaft keine Schwierigkeiten zu bereiten und die glatte Abwickelung der Angelegenheit durch die sonst erforderlichen Maßnahmen nicht zu stören. Die der Generalversammlung vorgelegte Bilanz und die Gewinn- und Verlustrechnung, die die Grundlage für die inzwischen gescheiterte Fusion mit der National-Film-AG bilden sollte, wird nach Annahme der gestellten Verwaltungsanträge nur noch historischen Wert haben. Die Aufstellung dieser Vorlagen erfolgte unter irrigen Gesichtspunkten. Unter Berücksichtigung der tatsächlichen Verhältnisse der Gesellschaft würde die Bilanz ein ganz anderes Bild ausweisen.« (Film-Kurier, 11.10.1921). Jahrzehnte später erklärt Pommer, die Decla-Bioscop habe tatsächlich zu wenig Kapital gehabt, um mit der Ufa zu konkurrieren, und sei deshalb in den Konzern eingebracht worden.

Die Ufa hat zum Zeitpunkt der Fusion – die im November 1921 durch Zustimmung der Ufa-Generalversammlung vollzogen wird – ihre eigenen Probleme bei Finanzen und Produktion. Rahel Lipschütz schreibt 1932 in ihrer Dissertation »Der Ufa-Konzern«: »Unter den verheerenden Wirkungen der Inflation hatte die Ufa schwer zu leiden. Die Filmproduktionstätigkeit bringt es mit sich, daß große Investitionen auf lange Sicht notwendig sind, während beim Filmverleih häufig feste Preise für die zeitweilige Überlassung des Filmstreifens vereinbart werden, Tatsachen, die die Wirkung der Inflation auf das Grausamste unterstützen. Durch den an und für sich lebhaften Geschäftsgang der Gesellschaft angeregt, suchten mehrfach vorgenommene Kapitalerhöhungen der Entwertung der Mark nachzufolgen.« Im März 1921 wird das Grundkapital von 25 auf 100 Millionen Mark erhöht, bereits im November auf 200 Millionen, schließlich im Oktober 1923 auf 300 Millionen Mark.

Zu diesen finanziellen Problemen kommen die Schwierigkeiten der Ufa mit ihrer wichtigsten Produktions-Firma, der Union-Film. Dabei spielen vor allem zwei Faktoren eine Rolle: Zum einen wirkt sich hier der ökonomische Druck erhöhter Personal- und Rohfilm-Kosten besonders stark aus. Zum anderen hatte die Firma unter dem Nachfolger Paul Davidsons, Arthur von Gerlach, kein eigenes künstlerisches Profil gewonnen. Der letzte Union-Film des Erfolgsteams Davidson-Lubitsch-Pola Negri, DIE BERGKATZE, hat im April 1921 Premiere, ihr nächster Film, DAS WEIB DES PHARAO, entsteht im Sommer 1921 bereits als EFA-Produktion. Die künstlerischen Probleme lassen den *Film-Kurier* sogar verkünden, die Ufa habe jede Bedeutung in der Filmproduktion verloren. »Kein anderer Konzern unserer Industrie hat so mächtige Mittel zur Verfügung wie die Ufa. Wie kommt es, daß es ihr bisher noch immer nicht wieder gelang, ein Standardwerk hervorzubringen, auf das sie, wie die deutsche Filmindustrie, mit Stolz verweisen könnte? Was sie in ihrer neuen Ära an Leistungen zeigte, waren qualitativ gewiß höchst achtungswerte Arbeiten. Aber das imponierende, das gewaltige, das ihrer finanziellen Stärke entsprechende, ganz große Filmwerk ist sie uns und ihren Geldgebern bisher leider schuldig geblieben.« (6.5.1922).

Die Gründung der Europäischen Film-Allianz unter Davidsons Leitung ist ein schwerer Verlust für die Union-Film und damit für das künstlerische Profil der Ufa. Der Aufkauf der Decla-Bioscop wird so beinahe praktisch unumgänglich. Entsprechend deutlich ist die Einschätzung der Ufa durch die Fachpresse: »Die Union gehört zu denjenigen Firmen, die den deutschen Film groß gemacht haben und die Produkte geliefert hat, mit denen für Deutschland der Weltmarkt erobert werden konnte. Das diesjährige Resultat kann nur dazu führen, daß die Marke ›Union‹ in Vergessenheit gerät und daß man sich abgewöhnt, es als eines der ersten oder das erste Filmfabrikations-Unternehmen anzusehen.« (Film-Kurier, 24.11.1921).

Die Ufa ist also gezwungen, einen neuen Produktionschef der Union-Film zu finden sowie das durch die Abwanderung zur EFA dezimierte künstlerisch-technische Team aufzufüllen. Die Decla-Bioscop kann mit beidem dienen. Zugleich ist die Decla-Bioscop der einzige noch verbliebene ernsthafte Konkurrent der Ufa in Deutschland.

Gleichzeitig erreicht das künstlerische Renommée der Decla-Bioscop einen neuen Höhepunkt: »Die besten Filme der Saison. Decla-Bioscop an der Spitze« verkündet der *Film-Kurier* am 19. November 1921. Die Filme der produktivsten Decla-Regisseure sind Erfolge bei Publikum und Kritik. Dazu gehören Fritz Langs DER MÜDE TOD, Ludwig Bergers DER ROMAN DER CHRISTINE VON HERRE und Johann Guters ZIRKUS DES LEBENS. Gleichzeitig wird ein dreiteiliger Abenteuerfilm unter der Regie von Friedrich Wilhelm Murnau, der seit Januar 1921 bei der Decla-Bioscop unter Vertrag steht, nach einem Drehbuch von Thea von Harbou angekündigt.

Die Tochtergesellschaften der Decla-Bioscop, Russo-Film und Uco-Film, sind ebenso erfolgreich. Die Russo-Film kündigt zwei Filme an – Johannes Guters DIE SCHWARZE PANTHERIN und Fritz Wendhausens DIE INTRIGUEN DER MADAME DE LA POMMERAYE, während die Uco-Film die Leinwand-Version des Romans DR. MABUSE, DER SPIELER plant, der gleichzeitig in der *Berliner Illustrirten Zeitung* erscheint. Dazu kommen im Verleihprogramm der Decla-Bioscop schwedische und amerikanische Filme. Insgesamt bietet die Decla-Bioscop mit diesem Erfolgs-Programm einen künstlerischen Kö-

1920/21. Der Stier von Olivera.
REG Erich Schönfelder. AUT Erich Schönfelder, Dimitri Buchowetzki; nach dem Bühnenstück von Heinrich Lilienfein. KAM Willibald Gaebel. BAU Kurt Richter. KOS Ernö Metzner.
DAR Emil Jannings (General François Guillaume), Hanna Ralph (Donna Juana), Hannes Sturm (Marques de Barrios), Fritz Schulz (Don Manuel), Carl Ebert (Don Perez, Verlobter Juanas), Karl Rückert (Bischof von Olivera), Ferdinand von Alten (Priester Antonius), Heinrich Zahdor (Kaiser Napoleon), Magnus Stifter (Rittmeister Marchand, Adjutant des Generals), Albert Paulig (Korporal Poussin), Ernst Stahl-Nachbaur (Leutnant Herbaut), Karl Platen (Lopez, Diener beim Marques de Barrios), Grete Lönsson (Aminta, Zofe von Donna Juana), Max Zilzer, Harry Nestor.
PRO Messter-Film der Ufa. DRZ ab November 1920. DRO Ufa-Messter-Atelier Berlin-Tempelhof. LNG 5 Akte, 1714 m. ZEN 24.1.1921, B.01152, Jv. URA 26.1.1921, Berlin (Ufa-Palast am Zoo).
Der napoleonische General Guillaume wird mit einer Strafexpedition nach Olivera gesandt, um die einheimischen Aufständischen unter Druck zu setzen. Er verliebt sich in die Tochter des Rebellenführers de Barrios und zwingt sie zur Heirat. Donna Juana rächt sich für die Schmach und verrät ihn an die Rebellen. Ehe er stirbt, kann Guillaume jedoch seine Frau noch töten.

1920/21. Hannerl und ihre Liebhaber.
REG Felix Basch. AUT Hans Jungk, Julius Urgiß; nach dem Roman von Rudolf Hans Bartsch. KAM Willibald Gaebel. BAU Cäsar Klein.
DAR Grete Freund, Felix Basch, Rosa Valetti, Irmgard Bern, Ernst Deutsch, Ilka Grüning, Wilhelm Diegelmann, Arnold Korff, Hermann Thimig, Carl Beckersachs.
PRO Frankfurter Film-Co. der Ufa. DRO Ufa-Messter-Atelier Berlin-Tempelhof. LNG 5 Akte, 1787 m. ZEN 25.1.1921, B.01181, Jv. URA 4.2.1921, Berlin (Tauentzien-Palast).
Ein hübsches, lebensfrohes Mädchen aus Wien träumt von der großen Liebe und findet sie nach vielen Enttäuschungen bei einem alternden Ministerialdirektor.

1920/21. Der kleine Muck.
REG Wilhelm Prager. AUT Johannes Meyer, Wilhelm Prager; nach dem Märchen von Wilhelm Hauff. KAM Erich Waschneck.
DAR Willi Allen, Konrad Dreher.
PRO Ufa, Kulturabteilung. DRO Ufa-Kulturabteilung Berlin-Steglitz. LNG 5 Akte, 1734 m. ZEN 8.2.1921, B.01265, Jf. URA 11.2.1921, Berlin (Tauentzien-Palast).

1920/21. Das Geheimnis der Mumie.
REG Victor Janson. AUT Paul Rosenhayn, Horst Emscher /= Josef Coböken/. KAM Carl Drews. BAU Kurt Richter.
DAR Ferdinand von Alten (Joe Deebs), Aud Egede Nissen (Ellionor), Magnus Stifter (Graf Lagerström, schwedischer Gesandter), Julia Serda (dessen Frau), Hannes Sturm (Prof. Stuart Kennedy, Direktor eines anthropolog. Instituts), Victor Janson (Wilcox, dessen Laboratoriumsdiener), Adolf Klein (Prof. Raleigh, Direktor eines Panoptkums), Erling Hanson (Harrison, Inspekteur der Polizei), Josef Rehberger, Harry Nestor, Kurt Rottenburg (Komplicen der Ellionor), Karl Platen.
PRO PAGU (Union-Film der Ufa). DRO Ufa-Union-Atelier Berlin-Tempelhof. LNG 4 Akte, 1486 m. ZEN 16.2.1921, B.01335, Jv. URA 18.2.1921, Berlin (Tauentzien-Palast).
– Joe Deebs-Detektivserie.
Joe Deebs klärt den Mord am schwedischen Gesandten Graf Lagerström: Der gab gerade eine Abendgesellschaft, als eine von ihm bestellte ägyptische Mumie im Sarkophag geliefert wurde. Für kurze Zeit war er allein im Zimmer, anschließend vermißte man ihn an der Gesellschaftstafel. Seine Leiche lag neben dem Sarkophag, der Kopf der Mumie war abgeschnitten.

1920/21. Der Mann ohne Namen.
1. Der Millionendieb. 2. Der Kaiser der Sahara.
3. Gelbe Bestien. 4. Die goldene Flut.
5. Der Mann mit den eisernen Nerven.
6. Der Sprung über den Schatten.
REG Georg Jacoby. RAS Bruno Lopinski. AUT Robert Liebmann, Georg Jacoby; nach dem Roman ›Peter Voss, der Millionendieb‹ von Ewald Gerhard Seeliger.
KAM Frederik Fuglsang. BAU Kurt Richter.

der für die Ufa, deren Union-Film-Produktion dramatisch nachgelassen hat.

Die Verhältnisse in der Ufa erzwingen somit das Zusammengehen mit zwei Firmen. Beide Fusionen werden durch Paul Davidson ausgelöst und – bei gründlicher Analyse – schließlich durch Amerikaner. Die Ufa muß dringend die künstlerische Lücke füllen, die durch den Abgang des Produktionschefs Davidson und seines erfolgreichsten Regisseurs, Ernst Lubitsch, gerissen worden ist. Das erklärt das Interesse an der Decla-Bioscop, einer Firma, deren Stärke seit jeher auf ihren künstlerischen und technischen Teams beruht, zusammengebracht und geleitet durch ihren Produzenten Pommer. Doch die Ufa muß auch den Status der Union-Film durch eine »offizielle« Fusionsmaßnahme klären, da Davidson versucht, die Kontrolle über die Union-Film, seine ehemalige Firma, durch ein Kaufangebot wiederzuerlangen. Beide Fusionspläne sind taktische Manöver der Ufa beim dringenden Versuch, ihre künstlerische Produktions-Kapazität zu sichern, wieder auszubauen – und den notwendigen Anteil am amerikanischen Markt zu garantieren. Die Umstände beider Fusionen, bei denen Pommer im Zentrum steht, machen die Verletzlichkeit der Filmindustrie und die brüchige Firmenkontrolle deutlich. Diese zeigen sich in der Kritik von Dr. Wolffsohn, der auf der Generalversammlung der Union in Bezug auf die ursprünglichen Fusions-Pläne der Decla-Bioscop bemerkt: »Auch bei der Fusion der Decla-National sei dauernd die Auffassung in der Presse vertreten worden, daß die getroffenen Maßnahmen von der Filmindustrie selbst ausgingen, und nicht, wie es tatsächlich der Fall war, von den Bankengruppen« (Film-Kurier, 1.1.1922).

Erich Pommer, Chef der Decla-Bioscop, ist gezwungen, dem Diktat der Banken zu folgen und seine eigenen Präferenzen zurückzustellen. Die Deutsche Bank wird öffentlich kritisiert, weil sie ihren Einfluß auf die Filmindustrie in der gleichen Weise ausübt wie in anderen Branchen der deutschen Wirtschaft – ohne Rücksicht auf die kulturelle Bedeutung. Die enge Verknüpfung von Deutscher Bank und Ufa wird allein dadurch offensichtlich, daß die Generalversammlungen der Ufa im Gebäude der Bank stattfinden, deren neuer Konferenzraum wiederum mit Ufa-Technik zur Filmprojektion ausgestattet ist.

Zwar liegt die Entscheidung über die Zukunft von Ufa und Decla-Bioscop juristisch bei den jeweiligen Generalversammlungen, doch gleichzeitg muß man erkennen, daß die Exekutiven der Firmen – der Vorstand und der Aufsichtsrat – mit Vertretern der großen Banken bevölkert sind, die die Interessen ihrer Häuser zu sichern versuchen.

Die Generalversammlung der Decla-Bioscop tritt am 20. September 1921 zusammen. Bei diesem Treffen wird ein Fusionsversuch mit der National-Film bekannt, mit dem 1920/21 die finanziellen Engpässe überwunden werden sollten. Die National-Film hat am 26. August 1921 der Decla-Bioscop ein Angebot gemacht. Die Generalversammlung der Decla-Bioscop lehnt dies Angebot ab, akzeptiert jedoch ein entsprechendes Angebot der Ufa. Am 19. September, einen Tag vor der entscheidenden Generalversammlung, erhöht die National-Film ihr Angebot, das jedoch ignoriert wird; die Fusion der Decla-Bioscop mit der Ufa wird als fait accompli angesehen.

Hans Traub schildert die Vorgänge in seiner offiziellen Ufa-Geschichte (1942) so: »Die Decla litt unter erheblichen Geschäftsschwierigkeiten, und man beschloß, ihr Vermögen der National-Film AG zu übergeben. Bevor dieser Plan durch die Generalversammlung genehmigt war, zogen bereits die neuen Herren der National-Film ein. Die Banken jedoch, die die Decla-Bioscop bisher gestützt hatten, waren inzwischen mit der Nationalbank vereinigt worden, die an der Ufa beteiligt war. So wurde in letzter Minute die Decla-Bioscop mit der Ufa vereinigt und außerdem versucht, auch die National-Film einzugliedern, was die Ufa ablehnte.« Um diese Transaktionen rankt sich in der Fachpresse ein Gestrüpp von Spekulationen und Falschmeldungen. Der *Film-Kurier* meldet zum Beispiel am 31.10. und 1.11.1921, daß die Verbindung zwischen der fusionierten Decla-Bioscop-National-Film und der Ufa bereits von den Banken vollzogen sei. Andere Artikel berichten von Schwierigkeiten, die von der Verschuldung der Decla-Bioscop bei anderen deutschen Filmfirmen herrühren. Am 5.12.1921 spricht eine Schlagzeile von »Konfusion« statt »Fusion«, und schließlich, fast einen ganzen Monat nach dem Vollzug der Vereinigung, meldet die Film-Beilage des *Berliner Lokal-Anzeigers*, die ganze Transaktion sei gescheitert.

Die Fusion kommt die Ufa teuer zu stehen. Eine Generalversammlung der Ufa enthüllt sieben Monate später, daß 66 Millionen Mark investiert worden sind, teils um die Bankschulden der Decla-Bioscop abzubauen, teils für die Produktion. Nach dieser Elefanten-Hochzeit besteht die deutsche Filmindustrie in den frühen 20er Jahren aus einem großen vertikal-strukturierten Konzern (unter Einfluß des Staats, der Industrie und der Banken) und mehreren neugegründeten, unabhängigen Firmen. Dabei kommt der Ufa auf dem Binnenmarkt ein Fast-Monopol zu, während zugleich das Vordringen der Amerikaner nervös beobachtet wird. Rahel Lipschütz erklärt, daß die Ufa aufgrund ihrer neuen Machtposition neue Strategien plant: »Gegen die von Seiten der amerikanischen Produktion drohende Überschwemmung mit ausländischen Filmerzeugnissen suchte sich Deutschland seit jeher durch staatliche Einfuhrkontingentierungsmaßnahmen zu schützen. Die

Ufa suchte einen eigenen Weg, um mit der amerikanischen Konkurrenz fertig zu werden. Unter ungeheuerem Aufwand stellt sie, vor allem in den Produktionsperioden 1924/25, 1925/26 und 1926/27, Monumentalfilme her, in dem Glauben, der amerikanischen Konkurrenz nur mit solchen Filmen begegnen zu können.«

Kein anderer Produzent kann diese ehrgeizigen Großfilm-Pläne der Ufa kompetenter und wirksamer in die Realität umsetzen als Erich Pommer. Bei der Ufa bleibt Pommer weiterhin Direktor der Decla-Bioscop, die unter dem alten Namen weitergeführt wird, und übernimmt im Februar 1923 zusätzlich die Direktion der Union-Film und Messter-Film. Er hat damit die »Oberleitung der gesamten Produktion« und tritt in den Vorstand der Ufa ein. Der *Film-Kurier* feiert am 8. Februar 1923 die Personalentscheidung in einem Kommentar: »Es ist eine anerkannte Tatsache, daß es nach dem Zusammenbruche der Decla Herrn Erich Pommer gelungen ist, in der kurzen Zeit von kaum einem Jahr die Produktion wieder zu heben, und zwar in solchem Maße, daß heute der Decla-Film als führende Marke auf dem internationalen Filmmarkte auftritt. Wohl in dieser Erkenntnis und Würdigung der Persönlichkeit Pommers hat sich die Ufa zu dem (...) für die gesamte Industrie bedeutungsvollen Schritte entschlossen, (...) gilt doch Pommer als eine jener Persönlichkeiten, die stets wissen, was sie wollen, und einem einmal gefaßten Ziele mit einer heute schon selten gewordenen Energie zustreben. Dieser Energie und seiner persönlichen Beliebtheit dankt Pommer internationale Verbindungen, wie sie wohl kaum noch eine Persönlichkeit der deutschen Filmindustrie aufzuweisen hat.«

Ursula Hardt

Die Filmarchitekten von DAS CABINET DES DR. CALIGARI – Hermann Warm, Walter Röhrig und Robert Herlth statten 1921 Fritz Langs DER MÜDE TOD aus. Eingebettet in eine altdeutsche Legende werden drei Episoden um Liebe und Tod erzählt. Schauplätze sind Bagdad, das Venedig der Renaissance und China. Der Film ist die letzte große Produktion, die vor der Fusion mit der Ufa im Decla-Bioscop-Atelier Neubabelsberg entsteht. Die Architekten werden von der neuen Firma übernommen.

Bernhard Goetzke spielt den Tod

DAR Harry Liedtke (Peter Voss), Paul Otto (Alexander Voss), Jakob Tiedtke (Frederik Nissen), Mady Christians (Gert, seine Tochter), Lori Leux (Mabel, Varietéstern), Georg Alexander (Bobby Dodd), Erich Kaiser-Titz (Prinz Abdul Hassan / Pol, Stierkämpfer), Karl Harbacher (James Morton), Manja Tzatschewa (Roschana, seine Lieblingsfrau), Edith Müller (Conchita), Louis Brody (Bill Burns), Heinrich Marlow (Rodrigo Palmas), Karl Huszar (Havanna-Jack), Hermann Picha (Transportleiter), Henry Bender (dicker Herr), Ferdinand von Alten (Mann mit der Narbe), Hubert von Meyrinck (sein Gehilfe), Gustav Botz (Wirt ›Zum Stierkämpfer‹), Blandine Ebinger (Aufwaschmädchen), Albert Paulig (Hoteldirektor), Bruno Lopinski (Prokurist), Paul Biensfeldt (Arrestant), Paul Morgan.
PRO PAGU (Union-Film der Ufa). **DRO** Ufa-Union-Atelier Berlin-Tempelhof; **AA** Sahara, Spanien. **LNG** 5 Akte, 2098 m / 5 Akte, 1628 m / 4 Akte, 1606 m / 5 Akte, 1903 m / 5 Akte, 1799 m / 5 Akte, 1982 m. **ZEN** 9.3.1921, B.01550 / 16.3.1921, B.01628 / 23.3.1921, B.01676 / 8.4.1921, B.01804 / 16.4.1921, B.01929 / 4.5.1921, B.02195, Jv. **URA** 11.3.1921 / 18.3.1921 / 29.3.1921 / 8.4.1921 / 19.4.1921 / 6.5.1921, Berlin (U.T. Kurfürstendamm, Mozartsaal).
Amüsante exotische Abenteuer- und Detektivkomödie in sechs Teilen um den Millionendieb Peter Voss. Dieser, keck und waghalsig, wird von der Millionärstochter zurückgewiesen, als Mann ohne Namen aber von ihr über alle Maßen geliebt.

1921. Die Bergkatze.
REG Ernst Lubitsch. **RAS** Walter F. Fichelscher. **AUT** Hanns Kräly, Ernst Lubitsch. **KAM** Theodor Sparkuhl. **BAU** Ernst Stern, Max Gronau. **KOS** Ernst Stern. **DAR** Victor Janson (Kommandant der Festung Tossenstein), Marga Köhler (seine Frau), Edith Meller (Lilli, beider Tochter), Paul Heidemann (Leutnant Alexis), Pola Negri (Rischka, ›die Bergkatze‹), Wilhelm Diegelmann (Räuberhauptmann Claudius, Rischkas Vater), Hermann Thimig (Pepo, ein schüchterner Räuber), Paul Biensfeldt (Bandit Dafko), Paul Graetz (Bandit Zofano), Max Kronert (Bandit Masilio), Erwin Kopp (Bandit Tripo).
PRO PAGU (Union-Film der Ufa). **DRO** Ufa-Union-Atelier Berlin-Tempelhof; **AA** auf dem Kreuzeck bei Garmisch. **LNG** 4 Akte, 1818 m. **ZEN** 9.4.1921, B.01837, Jv. **URA** 14.4.1921, Berlin (Ufa-Palast am Zoo).
Der auf eine Bergfestung strafversetzte Leutnant Alexis verliebt sich in Rischka ›die Bergkatze‹, Tochter des Räuberhauptmanns Claudius, dessen Bande die Umgebung unsicher macht. Von der nahen Gebirgsfestung Tossenstein aus wird gegen Claudius Krieg geführt, bis Alexis die Tochter des Festungskommandanten und Rischka einen von ihrer Bande in Ehefesseln schlägt.

1921. Das Opfer der Ellen Larsen.
REG Paul Ludwig Stein. **AUT** Max Monato, Paul Ludwig Stein. **KAM** Erich Waschneck, Karl Dennert. **BAU** Kurt Richter.
DAR Marija Leiko (Ellen Larsen), Alfred Abel (Norbert Larsen), Arnold Korff (Rasmussen, Generaldirektor), Paul Richter (Gert, sein Sohn), Karl Platen (Dr. Hennings, Arzt), Willi Kaiser-Heyl (Magnus, Geldverleiher), Margarete von Kierska (Anny Horsten, Gerts Geliebte).
PRO PAGU (Union-Film der Ufa). **DRO** Ufa-Union-Atelier Berlin-Tempelhof. **LNG** 4 Akte, 1748 m. **ZEN** 16.4.1921, B.01872, Jv. **URA** 22.4.1921, Berlin (Tauentzien-Palast).
›Frau, lungenkranker Sekretär, Aufenthalt im Süden notwendig, Ehebruch mit Generaldirektor, und so fort.‹ (Film-Kurier, 23.4.1921).

1921. Ein Erpressertrick.
REG Erich Schönfelder. **AUT** Georg Schmidt-Rudow, Erich Schönfelder.
DAR Ferdinand von Alten (Joe Deebs), Willi Schaeffers.
PRO PAGU (Union-Film der Ufa). **DRO** Ufa-Union-Atelier Berlin-Tempelhof. **LNG** 4 Akte, 1124 m. **ZEN** 29.4.1921, B.02074, Jv. **URA** 6.5.1921, Berlin (Tauentzien-Palast).
– Joe Deebs-Detektivserie.
Ein ›Sensationsfilm‹ mit kriminalistischen Elementen in gewisser Abwandlung: Eine Verbrecherbande übt sich in Großmut, sie verhilft einem jungen Erfinder, der durch eine Urkundenfälschung um den Lohn seiner Arbeit gebracht werden soll, zum Recht.

Die Filmstadt
Ateliergelände Neubabelsberg

Fest verbunden mit dem Image der Ufa ist das Atelier in Potsdam-Babelsberg – speziell nach den politischen und ökonomischen Ereignissen der letzten Jahre. In den Berichten um das Schicksal des Geländes – zwischen abruptem Ende der DDR und Zerfall der DEFA und den hochfliegenden Plänen einer Medien-Metropole unter französischer Regie – mischen sich Wahrheit und Legende. Besonders deutlich am publicity-trächtigen Hin und Her um die Benennung der Großen Halle: METROPOLIS oder Marlene Dietrich, falscher Monumentalismus oder flüchtiger Weltstar-Glamour.

Dabei stehen die Ateliers am Südrand Berlins nur gut ein Drittel ihrer – 1992 in einer Retrospektive der Berlinale begangenen – 80 Jahre unter der Regie der Ufa. Und es sind nicht unbedingt die künstlerisch bedeutendsten.

Im Herbst 1911 übernimmt Guido Seeber, Kameramann und technischer Leiter der Deutschen Bioscop-GmbH, die bislang ihre Filme in einem Dachatelier in der Chausseestraße 123 hergestellt hat, den Auftrag, geeignete Grundstücke und Gebäude ausfindig zu machen, in die die expandierende Produktion verlagert werden kann. Seeber berichtet: »Die mit allen Mitteln betriebene Umschau nach solchen Plätzen brachte mich unter anderem auch nach Neubabelsberg, wo auf einem völlig verwüsteten und keinen richtigen Zugang aufweisenden Grundstück ein seit längerer Zeit unbenutztes fabrikähnliches Gebäude stand.(...) Weit ringsherum waren keine Wohnhäuser zu finden, so daß selbst bei einem Brande die Umgebung nicht gefährdet werden konnte. Die Lage des Grundstückes, von dem ein Giebel direkt nach Süden zeigte, ließ die Errichtung eines Glasateliers als Verlängerung des Gebäudes ratsam erscheinen, denn es würde dann von früh bis spät immer unter Sonne, d.h. dem günstigsten Licht stehen. (...)

Aus der Fülle der eingegangenen Baupläne wurde der Firma H. Ulrich, Berlin-Charlottenburg, Kaiserin-Augusta-Allee, der Zuschlag erteilt und als Abmessung 15 x 20 m, bei 6 m mittlerer Höhe, gewählt. (...) Um den Innenraum gut ausnutzen zu können, wurden die notwendigen Versteifungen der Eisenkonstruktion nicht in das Innere, sondern außerhalb angebracht. Drei große Schiebetüren wurden vorgesehen, so daß es möglich war, jederzeit einen Teil des sichtbaren Geländes mit zur Szene zu verwenden und andererseits ohne Mühe mit jedem großen und schweren Wagen direkt in das Aufnahmeatelier hineinfahren zu können. Dieses Prinzip, ein Atelier zu ebener Erde zu errichten, hat sich nicht nur bewährt, sondern ist unter Berücksichtigung der Vorteile sofort von anderen Firmen nachgeahmt worden.

Die Parterreräume des Gebäudes wurden zu Garderoben, Requisitenräumen, Tischlerei, Malerei und Kantine umgebaut. Die erste Etage enthielt das Büro sowie die Negativ- und Positiventwicklungseinrichtung, während in der zweiten Etage die Trockentrommeln, Kleberei und Titelanfertigung untergebracht wurden.«

Der Umbau wird im Winter 1911/12 durchgeführt und das Atelier am 12. Februar 1912 mit den Aufnahmen zum Asta Nielsen-Film DER TOTENTANZ eingeweiht. Die Befürchtungen um die unsichere Lage der Filmindustrie erweisen sich jedoch zunächst als unnötig (1916 tritt eine Krise ein, so daß vorübergehend der Verkauf der Anlage ins Auge gefaßt wird). Schon im ersten Jahr wird die Anlage erweitert. Es wird ein Nachbargrundstück von etwa 6000 qm gekauft. Darauf entsteht ein zweiter, in der Struktur dem ersten entsprechender Gebäude-Komplex. Das Glashaus ist mit 450 qm um die Hälfte größer.

Doch auch diese Erweiterung reicht schon bald nicht mehr aus. Seeber gelingt es, zu einem günstigen Kurs das angrenzende Gelände von 40.000 qm für die Firma zu erwerben, auf dem man nun größere Freibauten errichten kann, die nicht gleich wieder abgerissen werden müssen. So können bestimmte Standard-Dekorationen mehrfach benutzt werden. »Der erste Bau, der auf diesem neu erworbenen Gelände errichtet wurde, war ein Zirkus, von dem man allerdings nur drei Achtel des Umfanges aufbaute. Dieser fast historisch gewordene Zirkus, den man auch an andere Gesellschaften vermietete, hat fast 10 Jahre gestanden und seinen Zweck bestens erfüllt. (...) Bei dem Errichten einer zweiten Kopieranstalt wurde die Außenfront mit Rücksicht auf die oftmals wiederkehrenden Großaufnahmen vor verschiedenen Baustilen entsprechend gestaltet. Dieses Gebäude stellt also in gewissem Sinne ein Unikum dar, denn ein Frontteil ist romanisch, ein anderer gotisch, ein anderer altdeutsch, Renaissance usw. Selbst der Dachaufbau wurde mit verschiedenen Ziegelformen bedeckt, um sowohl deutsche wie auch italienische oder spanische Dachformen jederzeit für Aufnahmezwecke zur Verfügung zu haben.« (Guido Seeber, 1930)

1919 und 1922 kommen hochmoderne unterirdische Filmlager hinzu, die eine sichere Lagerung des leicht entflammbaren Filmmaterials ermöglichen:

»Ein Novum sind die unterirdischen Filmkammern. Nach dem Vorbild der Sprengstoff- und mithin Filmfabriken sind 20 Kammern aus Beton unter der Erde erbaut worden, von denen nur Dächer und Entlüftungsschächte aus der Grasfläche herausragen. Diese Kammern haben Doppelwände und sind dergestalt eingerichtet, daß im Falle einer Explosion (– es kann das nur eine Selbstentzündung sein –) die eine Wand eingedrückt wird und die sich entwickelnden Gase einen unmittelbaren Abzug durch einen Luftkanal ins Freie haben, ohne daß die Nebenkammern im mindesten in Mitleidenschaft gezogen werden. Die Beleuchtung der Kammern, in denen der Rohfilm oder die belichteten Negative unter stets gleicher Temperatur auf Holzregalen lagern, erfolgt durch ein Fenster von außen, so daß keinerlei mechanische Entzündungsmöglichkeiten gegeben sind. Der Entwicklung und Vorbereitung des Rohfilms dient eine Musterkopieranstalt, in der 5000–6000 m Negativ täglich entwickelt werden kann und in der 21 Entwickler und Kleberinnen neben 4 Standfotografen beschäftigt sind.«

Diese Schilderung der technischen Anlagen stammt von Alex Kossowsky, der 1924 das Gelände besucht und auch einen Blick auf die malerischeren Winkel des Freigeländes wirft: »Zurzeit stehen eine große Anzahl Bauten auf dem Gelände der Decla, wie der düstere TURM DES SCHWEIGENS aus dem gleichnamigen Film (Regie Dr. Guter) und das Innere des höchsten Turmgemaches, das im Atelier I aufgebaut ist. Aus der CHRONIK VON GRIESHUUS (Regie v. Gerlach) sind der Burghof mit seiner packenden Romantik und seinem trübe schillernden Burggraben, das einsame, ginsterüberwucherte Heidehaus und die Dorfkirche mit ihrem verfallenen Kirchhof aus dem gleichen Film noch nicht abgebrochen, und von weither, schon vom Eingang herüber, grüßt die Mauer aus den NIBELUNGEN, an welcher die Hunnen emporkletterten (Regie: Fritz Lang), und hinter einem Gebüsch guckt noch der (nun tote) Drache hervor... Gehen wir weiter, so sehen wir die gigantische, 60 m hoch als Freibau aufgeführte Hinterhausmauer aus dem LETZTEN MANN (Regie: F. W. Murnau), die mit ihren zahllosen Fenstern und ihrer unendlichen Monotonie die Großstadt verkörpern soll und Jannings eine Folie zu seiner Kunst gegeben hat. Zu demselben Film gehört auch der Großstadtplatz mit seinem Riesenhotel, das in Wirklichkeit nur aus 4 Stockwerken besteht, im Film aber als Wolkenkratzer erscheinen wird. (Fabrikationsgeheimnis!) 60 Autos, richtige und Modelle, sind über die Straßenkreuzung gefahren, und bewunderungswürdig ist ihr perspektivischer Aufbau. (...) In einer gewaltigen und düsteren Burg war Dr. Robison mit einer Aufnahme zu seinem neuesten Film PIETRO, DER KORSAR beschäftigt, und diesen Bau (Architekt: Albin Grau) will ich zum Ausgangspunkt meiner Betrachtungen machen.

Die Keimzelle der Filmstadt: Das Kleine Glashaus, im Winter 1911/12 errichtet. Daneben das Fabrikgebäude mit technischen Räumen und Garderoben, 1898 als Fabrik zur Herstellung künstlicher Blumen und Dekorationsartikel erbaut.

Der erste komplette Neubau: Das Große Glashaus, am 15. Februar 1913 in Betrieb genommen. Die angrenzende Kopieranstalt dient mit ihren stilistisch variierten Fensterfronten im Parterre zugleich als Szenenhintergrund.

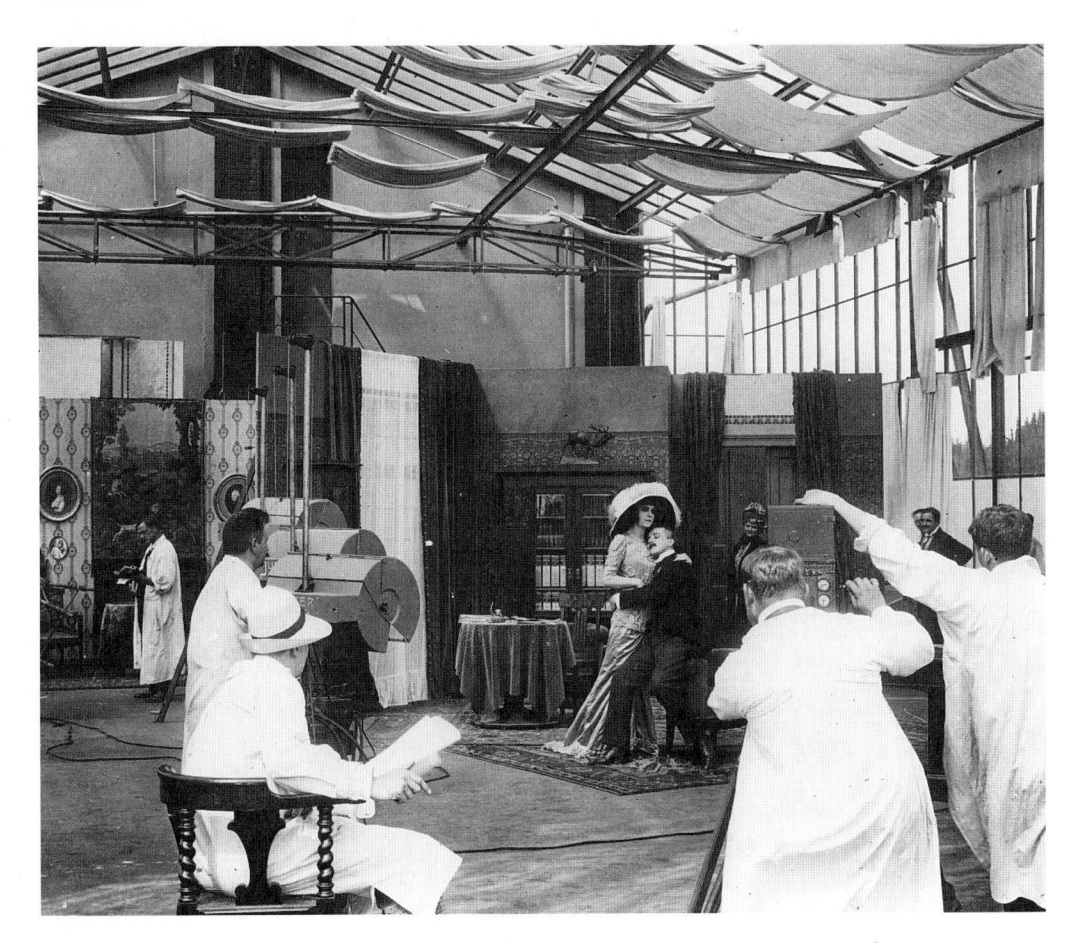

12. Februar 1912: Drehbeginn in Neubabelsberg. Urban Gad (weißer Schlapphut) inszeniert Asta Nielsen in DER TOTENTANZ. An der Kamera: Filmpionier Guido Seeber

1921. Der Schatz der Azteken.
REG Heinz Karl Heiland.
DAR Loo Holl, Theodor Loos, Otto Gebühr.
PRO Heinz Karl Heiland-Film der Ufa. LNG 6 Akte, 2232 m.
ZEN 6.6.1921, B.03223, Jv. URA 30.9.1921, Berlin (Tauentzien-Palast).
Dr. Ernesti reist mit seiner Frau in die Sierra Madre, um den Tempelschatz des alten mexikanischen Kriegsgottes zu heben. Verbrecherische Landsleute durchkreuzen den Plan, sie vergiften Ernesti, und einer von ihnen, Baron Nardi, heiratet die junge Witwe. Ernesti entrinnt knapp dem Tode, gerät in die Hände eines alten Azteken, der ihn in Dauerhypnose versetzt und mit ihm nach Europa fährt, wo die Geschichte mit dem Tempelschatz sein Ende findet.

1921. Sturmflut des Lebens.
REG Paul Ludwig Stein. AUT Else Schmid, Max Monato.
KAM Erich Waschneck (?).
DAR Gunnar Tolnaes (Professor Dr. Sanden), Gertrud Welcker (Jutta), Charlotte Ander (Ellna), Hermine Strassmann-Witt (Sandens Mutter), Karl Rückert (Bankdirektor Holtenau), Jenny Marba (seine Frau), Fred Selva-Goebel (Olaf Thornsen, Maler), Willi Kaiser-Heyl (Großkaufmann Brandes), Emil Rameau (Arzt), Bruno Lopinski (Fischer), Lotte Stein (seine Frau), Loni Nest (Kind).
PRO PAGU (Union-Film der Ufa). DRO Ufa-Union-Atelier Berlin-Tempelhof. LNG 5 Akte, 1542 m. ZEN 27.6.1921, B.03525, Jv. URA 12.8.1921, Berlin (Mozartsaal, U.T. Friedrichstraße).
Mitten in den brandenden Wogen des Lebens: ein Menschenschicksal, geschildert mit Seele, Güte und Menschlichkeit. Dazu eine Liebesgeschichte.

1921. Die Geliebte Roswolskys.
REG Felix Basch. AUT Henrik Galeen, Hans Janowitz; nach dem Roman von Georg Fröschel. KAM Carl Drews.
BAU Robert Neppach, Jack Winter. Künstlerischer Beirat Ludwig Kainer.
DAR Paul Wegener (Eugen Roswolsky), Wilhelm Diegelmann (sein Sekretär), Asta Nielsen (Mary Verhag), Ferdinand von Alten (Lico Mussafin), Max Landa (Baron Albich), Marga von Kierska (Fernande Raway), Gertrud Wolle (Martha, ihre Schwester), Maria Petersen (Zimmervermieterin), Adolphe Engers (Jean Meyer), Adolf Edgar Licho (Theaterdirektor), Emil Rameau (Kapellmeister), Guido Herzfeld (Flügelmann, Geldverleiher), Carl Bayer (Juwelier), Ernst Gronau (Layton), Arnold Korff (Untersuchungsrichter).
PRO Messter-Film der Ufa. DRO Ufa-Messter-Atelier Berlin-Tempelhof. LNG 5 Akte, 1620 m. ZEN 29.6.1921, B.03570, Jv. URA 2.9.1921, Berlin (Ufa-Palast am Zoo).
Die junge Choristin Mary Verhag wird durch den Millionär Roswolsky vor dem Selbstmord bewahrt und kommt in den Ruf, seine Geliebte zu sein. Aufgrund dieses Gerüchtes lebt sie mit ihrem Manager in Saus und Braus.

1921. Die Perle des Orients.
REG Karlheinz Martin. AUT Max Monato, Karlheinz Martin. KAM Willibald Gaebel, Erich Waschneck.
BAU Kurt Richter.
DAR Viggo Larsen (Maharadscha von Shivaji), Carola Toelle (Inge, seine Frau), Manja Tzatschewa (Lieblingssklavin Sidara), Ferdinand von Alten (Radscha von Singalundi), Magda Madeleine, von Maixdorff, Louis Brody (Diener des Radscha), Rolf Prasch, Loni Nest (Kind).
PRO Messter-Film der Ufa. DRO Ufa-Messter-Atelier Berlin-Tempelhof. LNG 5 Akte, 1674 m. ZEN 23.7.1921, B.03792, Jv. URA 12.8.1921, Berlin (U.T. Kurfürstendamm, Kammerlichtspiele).
Wenn ein indischer Maharadscha, von westlicher Kultur angesteckt, sich der Emanzipation ergibt, so bleibt das nicht ohne Folgen. Er muß ins Kloster, weil sich seine Frau, eine Europäerin, im Wahnsinn ins Meer stürzte. Sie hatte sich einem feindlichen Maharadscha hingegeben.

1921. Der Herr Impresario.
REG Leo Peukert.
DAR Leo Peukert, Sabine Impekoven, Gustav Rudolph, Hans Stock, Richard Ludwig.
PRO BB-Film der Ufa. PRT Heinrich Bolten-Baeckers.
DRO BB-Atelier Berlin Lindenstraße 32-34. LNG 3 Akte, 1210 m. ZEN 29.7.1921, B.03858, Jv.

Drei Ansichten der Dreharbeiten zu MEIN LEOPOLD auf dem Freigelände von Neubabelsberg im Sommer 1924. Regie führt der Veteran Heinrich Bolten-Baeckers, das Szenenbild stammt von Erich Czerwonski, die Kostüme von Änne Willkomm

»Im Gegensatz zu der früheren und auch heute vielfach angewendeten Filmbauweise der Holzwände mit Gipskachierung, also großer Holzgerüste oder richtiger Bauten, setzten die Architekten der Decla ihre Bauten aus gleichdimensionierten verputzten Platten zusammen und stützten diese gegeneinander nach Art der abnehmbaren Baugerüste wie auch gegen den Erdboden ab. Diese Methode hat den großen Vorzug, daß wenig Verlustmaterial entsteht und eine Unsumme an Zeit und Arbeitskräften gespart wird. Man kann so in kürzester Zeit einen großen Bau vollkommen auseinandernehmen und an anderer Stelle mit anderem Verwendungszweck und mit anderer Kachierung wieder aufbauen.«
(A. Kossowsky, 1924)

Zum Zeitpunkt dieses Besuchs ist das Atelier in Neubabelsberg gerade – nach einem kurzen Zwischenspiel als »Decla-Bioscop-Atelier« – in den Besitz der Ufa übergegangen. Die verlagert in den folgenden Jahren das Schwergewicht ihrer Produktion nach Babelsberg, während die Ateliers in Tempelhof überwiegend an fremde Produzenten vermietet werden.

Der nächste große Schritt beim Ausbau der Ufa-Ateliers zum führenden Filmproduktions-Zentrum Europas ist 1926 die Errichtung der »Großen Halle«:

»Die Anregung zu diesem Atelier brachte Direktor Grau von seiner Amerikareise mit. In der Erkenntnis, wie ungeheuer dienlich diese Anlage für die Konzentration der Fabrikation der Ufa sein würde, finanzierte die Deutsche Bank sofort den Plan und so entstand das neue Riesenatelier in der fast unglaublich kurzen Zeit von 4½ Monaten in einem geradezu amerikanischen Tempo. Der Entwurf stammt von dem Architekten Carl Stahl-Urach, der auch die Bauleitung inne hatte.

Die neue Aufnahmehalle in Eisenkonstruktion, massiv ausgemauert, 123,5 m lang, 56 m breit, 14 m hoch bis zu den Laufstegen, umfaßt mit Nebenräumen etwa 8000 qm bebaute Fläche und 20.000 cbm umbauten Raum, ist mit allen erforderlichen technischen Einrichtungen und Möglichkeiten ausgestattet worden. Aus betrieblichen Gründen ist die große Halle durch verschiebbare, ausgemauerte Wände unterteilt, so daß mehrere Großfilme und eine Anzahl kleinerer Filme zu gleicher Zeit gedreht werden können.

An der Ostseite zwischen den vorgebauten Kopfhallen befinden sich 40 Garderobenräume für Stars, Regie, Operateure, 10 Räume für Vorführung, Architekten, ausserdem ein großer Frisiersalon und 6 Bäder. Im Erdgeschoß eine Eingangshalle mit Office, Telephonkabinen, 4 große Komparsenräume für etwa 160 Personen, Toiletten, Brausen und dergleichen Nebenräume; auf der Westseite die Fundusräume für die zum Bau von Filmen notwendigen Bauteile, Lampen und dergleichen (...)

Über die Kosten des neuen Ateliers hatten sich schon allerlei legendäre Gerüchte verbreitet. Man staunte, als man hörte, daß der ganze Riesenbau nicht mehr und weniger als 550.000 Mark erfordert hat. Gewiß ein gutes Omen für den Willen der Leitung der Ufa, rationell zu arbeiten.« (Reichsfilmblatt, 22.12.1926).

Hans-Michael Bock

1921. Die Geier-Wally.
REG Ewald André Dupont. AUT Ewald André Dupont; nach dem Roman von Wilhelmine von Hillern. KAM Arpád Virágh, Karl Hasselmann. BAU Paul Leni. KINO-MUS Bruno Schulz.
DAR Henny Porten (Geier-Wally), Wilhelm Dieterle (Bären-Joseph), Albert Steinrück (Stromminger, der Höchstbauer), Eugen Klöpfer (Gellner-Vinzenz), Wilhelm Diegelmann (Rosenbauer sen.), Gerd Fricke (Rosenbauer jun.), Julius Brandt (Klettenmeyer), Elise Zachow-Vallentin (Luckard), Marie Grimm-Einödshofer (Obermagd), Grete Diercks.
PRO Henny Porten-Film; für Gloria-Film der Ufa. PRT Henny Porten, Hanns Lippmann. PRL Hanns Lippmann. DRZ 11.4. - 24.6.1921. DRO Ufa-Messter-Atelier Berlin-Tempelhof; AA Oberbayern, Garmisch-Partenkirchen. LNG 6 Akte, 2155 m. ZEN 15.8.1921, B.04000, Jv. URA 12.9.1921, Berlin (Ufa-Palast am Zoo).
Eine Liebe, die nicht ausgesprochen wird und fast des Todes bedarf, um wahr zu werden: Bauer Stromminger will nicht, daß seine Tochter Wally den Bären-Joseph heiratet. Um ihren Willen zu brechen, schickt er sie auf eine Hochalm. Dort sieht Wally eines Tages Joseph mit dem Mädchen Afra und wird eifersüchtig. Im Dorf schlägt Wally Vincenz, den der Vater als Bräutigam ausgesucht hat, nieder, weil er einen Knecht mißhandelt hat. Wieder wird sie vom Hof verbannt bis der Vater stirbt und sie das Gehöft übernehmen kann. Afra wird von Wally gedemütigt, was Joseph vor versammelter Dorfgemeinschaft rächt. Wally verspricht denjenigen zu heiraten, der Joseph tötet: Vincenz schießt auf ihn, so daß er in eine Schlucht stürzt. Wally rettet den Geliebten und erfährt, daß Afra seine Schwester ist.

1921. Das Handicap der Liebe.
REG Martin Hartwig. AUT Paul Rosenhayn, Alfred Fekete. KAM Frederik Fuglsang. BAU Robert Neppach.
DAR Ferdinand von Alten (Joe Deebs), Magnus Stifter (Jonathan Walpole), Hermann Böttcher (Morris Harryman), Trude Hoffmann (Regina Walpole), Oscar Marion (Rodger Cleveland, Herrenreiter), Uschi Elleot (Carry Cleveland), Alfred Gerasch (O'Brien), Karl Harbacher, Theodor Burgarth.
PRO PAGU (Union-Film der Ufa). DRO Ufa-Union-Atelier Berlin-Tempelhof. LNG 5 Akte, 1826 m. ZEN 16.8.1921, B.04002, Jv. URA 9.9.1921, Berlin (Mozartsaal).
– Joe Deebs-Detektivserie.

1921. Papa kann's nicht lassen.
REG Erich Schönfelder. AUT Alfred Fekete, Erich Schönfelder. KAM Carl Drews. BAU Robert Neppach.
DAR Lotte Neumann (Hally), Anton Edthofer (Toni Biebelhuber, Maler), Hans Junkermann (Baron Geisenbach, Hallys Vater), Emmy Wyda (Amanda, Hallys Tante), Anni Korff (Dora Haller), Erich Schönfelder (Haas, Kunsthändler), Julius Falkenstein.
PRO PAGU (Union-Film der Ufa). DRO Ufa-Union-Atelier Berlin-Tempelhof. LNG 4 Akte, 1480 m. ZEN 30.8.1921, B.04135, Jv. URA 9.12.1921, Berlin (Tauentzien-Palast).
Was Papa nicht lassen kann? Nun, wie nicht anders zu erwarten, das Anbandeln mit dem holden Weiblichkeit. Als Kunstsachverständiger steigt er gern schönen Künstlerinnen nach – und hat doch eine schon achtzehnjährige Tochter! Die schließt sich mit einem der Mädchen zusammen und läßt den Papa ob einer saftigen Alterslüge mächtig hereinfallen.

1921. Der Schicksalstag.
REG Adolf Edgar Licho. AUT Alfred Fekete. KAM Willibald Gaebel. BAU Robert Neppach.
DAR Mady Christians (Felicitas / Jelena / Marietta), Ilka Grüning (Gräfin), Carl Beckersachs (Jonny Steel), Kurt Stieler (Baron Rafale), Harald Paulsen (Mario, Sohn der Gräfin), Eugen Klöpfer (Maler Himmelgast), Ernst Rückert (Graf), Rolf Prasch (Giacomo, Arbeiter), William Huch (Albert, Haushofmeister bei Rafale), Franz Schönfeld (Direktor der Überlandzentrale), Hans Sternberg (Oberingenieur), Albert Paul (Werkarzt), Richard Starnburg (Diener beim Grafen).
PRO Messter-Film der Ufa. DRO Ufa-Messter-Atelier Berlin-Tempelhof. LNG 5 Akte, 2162 m. ZEN 6.9.1921, B.04175, Jv. URA 21.10.1921, Berlin (U.T. Kurfürstendamm, Mozartsaal).
Ein Baron entführt eine für das Kloster bestimmte Aristokratin aus dem elterlichen Schloß, muß aber das Mädchen wieder hergeben. Der Gewalt der Augen des Mädchens kann er sich nicht mehr entziehen. Überall sieht er sie, in einer Dirne, einer Amerikanerin und einer Malerin. Die letzte heiratet er sogar, aber nur für wenige Stunden, dann stirbt sie durch Gift. Der Baron kommt im Duell mit dem Bruder der Entführten um.

Kunst für Waschfrau Minna Schulze

Die Produktions-Konzepte des Erich Pommer

»Qualität in der Produktion« und »Export« sind die Schlüsselbegriffe in Erich Pommers Ufa-Karriere. Qualitätsfilme sieht er ausschließlich als Resultat von Teamarbeit: Es wäre »nie möglich gewesen, diese Filme zu machen, wenn nicht hervorragende Maskenbildner, Regisseure, Kameraleute, Architekten zur Verfügung gestanden (hätten. Es) wird mir mehr denn je bewußt, daß die Ufa ihre damaligen Erfolge dem Umstande verdankte, daß es möglich war, Teams zu schaffen.«

Es zählt zu Pommers Berufsgeheimnis, sich mit talentierten Künstlern, oft Debütanten, zu umgeben, die unter seiner Aufsicht die besten Leistungen ihrer Karriere hervorbringen. Ist er von den Einfällen eines Regisseurs, Drehbuchautors oder Filmbildners überzeugt, setzt er sich kompromißlos für die finanzielle Durchführung dieser Ideen ein.

Der Ufa-Architekt Robert Herlth erklärt Pommers Erfolg »nicht nur dadurch, daß er die geeigneten Kräfte berief und ihnen Freiheit gab, nach ihrer Eigenart, ja sozusagen nach ihrem ›Gusto‹ zu schaffen, als vor allem dadurch, daß er – ungeachtet seiner Position als verantwortlicher Leiter eines so riesigen Betriebes – selbst als Mitschaffender sich fühlte, als solcher tätig war und so durch das eigene Beispiel den Idealismus und Forscherdrang förderte.« 1959 schreibt Herlth an Pommer: »Ich sehe Sie immer noch, da Sie 20 Entscheidungen zugleich treffen und daneben noch Zeit für die einfachsten Dinge finden konnten – mit dem Ausdruck Ihrer freien und einfachen Menschlichkeit. Dieses Ihr wirklich künstlerisches Temperament und Wesen, verbunden mit kommerzieller Genialität, gab Ihnen die Möglichkeit, jene wirre Gilde zumeist unbeherrschter Temperamente und Talente zu *einem* Ziel zu führen und nach *einem* Willen mit weiser Gewalt zu lenken.«

Pommers erster Schritt auf dem Weg zu Qualität ist ein bis ins kleinste Detail ausgearbeitetes Drehbuch, das er als Grundstein des »künstlerischen Films« sieht. Er hat ein unbestechliches Gespür für die »Richtigkeit« einer Story, deren schwache Punkte er sofort entdeckt. »Film ist eine Kunstgattung oder eine kunstnahe Gattung, die nicht von einem einzelnen Mann geschaffen werden kann, sondern nur von Künstlern in enger täglicher Zusammenarbeit und nur geschaffen werden kann von filmbesessenen Leuten. Das fängt mit dem Schriftsteller an. Wir hatten damals Schriftsteller wie Robert Liebmann, wie Hans Müller, die Tag und Nacht mit dem Regisseur, dem Producer zusammensaßen, und die nicht eher erlahmten, ehe nicht ein Szenario in der letzten Vollendung vor Drehbeginn vorhanden war.«

Von allen Drehbuchautoren des Weimarer Films der 20er Jahre sieht er in Carl Mayer, seit seiner Zusammenarbeit mit Hans Janowitz am Drehbuch zu DAS CABINET DES DR. CALIGARI mit der Decla liiert, den »wahren Schöpfer des deutschen Stummfilms«, der eine Geschichte visuell und ohne Titel erzählt. Andererseits personifiziert für ihn die Romanautorin Thea von Harbou die Verbindung von Film und Literatur. Die Decla-Bioscop ruft zwei Firmen ins Leben, die literarische Drehbücher garantieren: die Uco, eine Geschäftsverbindung mit dem Ullstein-Verlag, und die Russo, die sich auf Themen der russischen Literatur spezialisiert. Pommers Konzept für Sujets ist kulturspezifisch: Filme in der Weimarer Republik zu machen, sei nur möglich, weil Deutschland einen Überfluß von guten Künstlern und Autoren, eine große Literatur- und Theatertradition habe. In seiner Überzeugung, den Vereinigten Staaten mit einem spezifisch deutschen Filmprodukt entgegentreten zu müssen, lehnt er jegliche Imitation des Auslands ab, obwohl er dessen Leistungen bewundert: »Mit diesem Ausmaße können wir nicht mit. Eben-

»MANON LESCAUT wird mit großer Aufmachung gegeben als repräsentative Sache der Produktion... Robison hat den Film straff aufgebaut, aber trotz dramaturgischer Zusammenfassung wirkt er ermüdend. Er ist gedrängt, doch lang, voll Handlung und doch arm. Er ist monoton. Weniger die Situationen wiederholen sich, als die filmischen Mittel, mit denen sie geführt werden...
MANON LESCAUT ist ein Film, dem handwerklich alles zugute kommt; der gekonnt ist; dem aber jeder Glanz, jeder Überschuß fehlt. Ein korrekter Film. Für diese Korrektheit ist er aber zu groß aufgemacht.
Darstellerisch dominiert Siegfried Arno als Gauner Lescaut. Er setzt alles in Bewegungswitz um. Er ist erfinderisch, launig und genau. Die anderen gehen, stehen, laufen oder machen Mimik.«
(Herbert Ihering, 1926)

sowenig, wie wir den Amerikanern den Niagara-Fall nachmachen können. Dieses auch nur anzustreben, wäre hoffnungslos. Die reine Bewunderung, die man in Paris und auch in London für das deutsche Manuskript, die deutsche Regie, das deutsche Schauspieler- und Künstlermaterial hegt, gab uns den Beweis, daß wir, wenn auch auf anderen Gebieten, ebenso Unnachahmliches, Einzigartiges, ja Unübertreffliches haben, wie Amerika in seinem Niagara-Fall. Ein Volk muß wissen, wo sein Unnachahmliches, sein Niagara liegt.« (Das Tage-Buch, 15.7.1922). Diese Überzeugung spiegelt sich in der Pommer unterstehenden Spitzenproduktion der Ufa bis 1926 wider, die zum großen Teil von den Autoren Carl Mayer und Thea von Harbou und den Regisseuren Fritz Lang (DIE NIBELUNGEN, METROPOLIS), Friedrich Wilhelm Murnau (DER LETZTE MANN, TARTÜFF und FAUST) und Ewald André Dupont (VARIETÉ) geprägt ist.

Während seiner Amtsperiode bei der Ufa, »dem riesigen Warenhaus, in dem es alles gab, die Platitüde und das Experiment, Kitsch und Kunst« (Axel Eggebrecht), spezialisiert sich Pommer hauptsächlich auf die Herstellung von Großfilmen, die er unter aufwendigsten Produktionskosten für den Auslandsmarkt herstellt: »Ohne Geld können keine Filme gemacht werden, und noch etwas, ohne Absatzgebiete können keine Filme gemacht werden.«

Der künstlerische Film ist die Antwort der Ufa auf Amerika. Ihre Exportstrategie wird zunächst durch die rapide fortschreitende Inflation begünstigt, die den Verkauf deutscher Filme zu konkurrenzlos niedrigen Preisen in Amerika ermöglicht und die deutschen Banken zu weiteren Krediten an die Filmindustrie anreizt. Pommer schwimmt auf dieser Erfolgswelle. Daß die Ufa (und damit ihr Produzent) auch mit einsetzender Stabilisierung weiterhin Millionen in die Produktion von Mammutfilmen steckt (METROPOLIS), läßt sich mit der veränderten wirtschaftlichen Lage nicht mehr vereinbaren und führt zu ihrem finanziellen Ruin und Pommers Sturz. Seine umstrittene Produktionspolitik wird bei seinem Abschied von Stefan Großmann verteidigt: »Mit Pommer versinkt nicht nur ein Mann, mit Erich Pommer fällt der große, weltmarktfähige, der den Amerikanern unbequeme deutsche Kunstfilm. (...) Pommer fegte den Dilettantismus der Gründer aus der deutschen Filmwelt. Er hat systematisch und beharrlich den deutschen Film aus der Dienstmädchen-Perspektive weggeholt.« (Das Tage-Buch, 30.1.1926).

Pommer steht als Produktionschef der Ufa zwischen den Polen Kunst und Kommerz, deren Nebeneinander er als gesunde Zweiteilung der Produktion sieht. »Geschäftsfilm und künstlerischer Film«, so Pommer, »stehen heute so zueinander, daß ein künstlerischer Film ein Bombengeschäft sein kann, wogegen der reine Geschäftsfilm fast immer unkünstlerisch sein wird.« (Der Film, 10.12.1922).

»Eine Firma, die lebenskräftig bleiben will, wird bis auf weiteres immer dafür Sorge tragen müssen, daß sie dem Geschmack des großen Publikums das starke Futter hinstreut, das es verlangt.« Er läßt andererseits keinen Zweifel daran, daß ein »unkünstlerischer« Film nicht mit einem minderen Niveau des Publikumsgeschmacks gleichzusetzen und daß eine Synthese zwischen Kunst und Publikumserfolg letzten Endes möglich sei. Pommer glaubt zu dieser Zeit an die »Erziehung« des Publikums, dessen Geschmack allmählich vom künstlerischen Film geprägt wird und ihm somit seine geschäftliche Berechtigung gibt.

Erich Pommer (rechts) beim Film-Tee im Hotel Esplanade

1921. Sappho.
REG, AUT Dimitri Buchowetzki. KAM Arpad Viragh.
BAU Robert Neppach.
DAR Pola Negri (Sappho), Johannes Riemann (Richard), Alfred Abel (Andreas), Albert Steinrück (Georg), Helga Molander (Maria Garden), Otto Treptow (Teddy), Elsa Wagner (Richards Mutter), Ellinor Gynt (Tänzerin).
PRO PAGU (Union-Film der Ufa). DRO Ufa-Messter-Atelier Berlin-Tempelhof. LNG 5 Akte, 1665 m. ZEN 8.9.1921, B.04201, Jv. URA 9.9.1921, Berlin (U.T. Kurfürstendamm).
Sappho, eine gefährliche Frau, die ›Mondänität‹ verkörpert und die Männer betört: Vor ihr strecken sie die Waffen.

1921. Das Rätsel der Sphinx.
REG Adolf Gärtner. AUT Willi Wolff, Arthur Somlay.
KAM Eugen Hamm. BAU Hans Dreier.
DAR Ellen Richter (Juanita di Conchitas), Erich Kaiser-Titz (Amru, ein Ägypter), Carl Günther (Dr. Percy Grey), Albert Patry (Prof. Grey, Abteilungsleiter am Britischen Museum), Georg John (Mumie des Königs Menes), Kurt Rottenburg (Dr. Edward Pattison), Max Kronert (Mehemed, Besitzer einer Haschischhöhle), Carl Geppert (Baron Kollwitz), Hermann Picha (Marquis d'Yssé), Karl Huszar (Fürst Popoff), Georg Baselt (Don Martunez de la Blanca), Irmgard Bern (Daisy Pattison, Dr. Greys Braut), Henry Bender (Empfangschef), Maria Lux (Miss Peach).
PRO Ellen Richter-Film der Ufa. DRO Nordafrika.
LNG 5 Akte, 2160 m. ZEN 6.10.1921, B.04395, Jv.
URA 7.10.1921, Berlin (Tauentzien-Palast).
Bei einer Mumie im londoner Ägyptischen Museum findet sich ein rätselhaftes Dokument, dessen Richtigkeit von Dr. Percy Grey überprüft werden soll. Bei einer Reise ins Land am Nil stößt die Expedition auf Schwierigkeiten.

1921. Das kommt von der Liebe.
REG Heinrich Bolten-Baeckers (?).
DAR Arnold Rieck (Meyer), Leona Bergère (Emma, seine Frau), Lisl Kehm (Resi, beider Tochter), Karl Heinz Klubertanz, Richard Ludwig, Hans Stock (Fritz, Max, Moritz).
PRO BB-Film der Ufa. PRT Heinrich Bolten-Baeckers.
DRO BB-Atelier Berlin Lindenstraße 32-34. LNG 3 Akte, 926 m. ZEN 7.10.1921, B.04394, Jv. URA 14.10.1921, Berlin (Mozartsaal).
Scherzhafter, provinzieller Humor mit Kastenversteck und Atelierzauber, gewürzt mit drolligen Einfällen.

1921. Leo und seine zwei Bräute.
REG Leo Peukert.
DAR Leo Peukert.
PRO BB-Film der Ufa. PRT Heinrich Bolten-Baeckers.
LNG 3 Akte, 1050 m. ZEN 11.10.1921, B.04375, Jv.

1921. Alles für die Firma.
REG Leo Peukert.
DAR Leo Peukert.
PRO BB-Film der Ufa. PRT Heinrich Bolten-Baeckers.
LNG 3 Akte, 1006 m. ZEN 22.10.1921, B.04537, Jv.
URA November 1921, Berlin (3 U.T. Lichtspiele).

1921. Der ewige Kampf.
REG Paul Ludwig Stein. AUT Otto Krack. KAM Carl Drews.
BAU Robert Neppach.
DAR Lotte Neumann (Antje), Alphons Fryland (Vermeer), Harry Hardt (Pieter), Johannes Riemann (van Tollen), Gustav Botz (der alte Deken), Sophie Pagay (seine Frau), Hans Junkermann (Smissen), Karl Platen (Diener).
PRO PAGU (Union-Film der Ufa). DRO Ufa-Union-Atelier Berlin-Tempelhof; AA holländische Küste. LNG 4 Akte, 1466 m. ZEN 24.10.1921, B.04556, Jv. URA 27.10.1921, Berlin (Tauentzien-Palast).
Ein kalter, schroffer Mann macht ein Fischermädchen zu seiner Frau, bleibt aber für sie unnahbar. Ihre Versuche, seine Liebe zu erringen, scheitern vorerst. Als die Einsamkeit des Mannes ihn umzubringen scheint, erkennt er: Es war die große Liebe, man muß sie nur an sich heranlassen.

1921. Hintertreppe.
REG Leopold Jessner, Paul Leni (Bildgestaltung).
AUT Carl Mayer. KAM Karl Hasselmann, Willy Hameister (3 Tage). BAU Paul Leni. AUS Karl Görge. KINO-MUS Hans Landsberger.
DAR Henny Porten (Dienstmädchen), Fritz Kortner (Postbote), Wilhelm Dieterle (Bauhandwerker).
PRO Henny Porten-Film für Gloria-Film der Ufa.
PRT Henny Porten, Hanns Lippmann. PRL Wilhelm von Kaufmann. DRZ 1.8. - Oktober 1921. DRO Ufa-Messter-Atelier Berlin-Tempelhof. LNG 4 Akte, 1339 m / 4 Akte, 1378 m. ZEN 7.11.1921, B.04628, Jv. / 28.11.1921, B.04821, Jv. URA 11.12.1921, Berlin (U.T. Kurfürstendamm).

Deutsche in Hollywood: Emil Jannings besucht Erich Pommer und Pola Negri 1927 in den Paramount Studios bei den Dreharbeiten zu BARBED WIRE

Erich Pommer kehrt, von Ludwig Klitzsch gerufen, zur Ufa zurück

Um so erstaunlicher ist Pommers Produktionspolitik, die er ab 1928 nach seinem Zwischenspiel in den Vereinigten Staaten bei der Ufa – jetzt im Rahmen einer »Erich Pommer-Produktion«, deren Name auch im Vorspann und in der Werbung erscheint – praktiziert. Vorbei ist die Zeit der »Verschwendung«, die Bereitstellung enormer Summen für Filmprojekte wie METROPOLIS, die unmöglich im Ausland amortisiert werden können. Geschult an Produktionsmethoden Hollywoods, gebunden an ein jetzt schärfstens überwachtes Budget, tritt Pommer in dieser neuen Phase seiner Karriere, ungehindert von administrativen Verpflichtungen, Produktionsleitertätigkeiten an. Er bekennt sich in der Presse zu neuen Produktionsmaßstäben, die er in der amerikanischen Filmindustrie kennengelernt hat, die seine Einstellung zum Publikum grundlegend geändert haben und die seine frühere Vorstellung von einem durch Kunst erziehbaren Publikum zur Illusion machen. Dabei kritisiert er nicht nur den deutschen Drehbuchautor, sondern auch den Regisseur. Im Gegensatz zum amerikanischen Kollegen stecke der deutsche Autor, soweit er von der Literatur herkomme, immer noch zu sehr im Buchstil, während Pommer in der Adaption der amerikanischen Shortstory eine sinnvollere Anregung des deutschen Filmsujets sieht.

Er setzt sich vor allem vom deutschen Filmregisseur der frühen und mittleren 20er Jahre ab, der sich als Theaterregisseur fühlt und bestrebt ist, »künstlerisch vollendete Filme zu schaffen, die ihm bei den Gebildeten einen Erfolg sichern« (Der Film, 23.5.1928). Ein Jahr später betont er: »Der Film ist nicht eine Angelegenheit der wenigen, welche die geistige Oberschicht eines Landes ausmachen.« (Reichsfilmblatt, 20.4.1929). Der künstlerische Film habe sich im Laufe der Stummfilmzeit zwar eine Existenzberechtigung geschaffen und müsse sich die kulturelle Anerkennung nicht mehr erkämpfen, habe aber neben dem künstlerischen nicht den notwendigen wirtschaftlichen Erfolg mit sich gebracht. Pommers fester Glaube an Film als »reine Kunst« sei zwar nicht erschüttert, wie er versichert, lasse sich aber mit Film als Industrieprodukt offensichtlich nicht vereinbaren. Kunst richte sich immer an eine Minorität, während ein mit riesigen finanziellen Summen produzierter Film auf ein Millionenpublikum angewiesen sei. Die Masse, die ins Kino gehe, verlange, unterhalten zu werden; nicht nur die Masse Deutschlands, sondern die der ganzen Welt. Kunst herzustellen, so Pommer, »kann noch eher von einer kräftigen Filmindustrie erreicht werden, die sich dann auch einmal den Luxus leisten darf, Werke herzustellen, die kein Kassenerfolg sind, als von einer Industrie, deren einzelne Firmen von zwei, drei geschäftlichen Rückschlägen aufs schwerste erschüttert werden.« (Der Film, 23.5.1928).

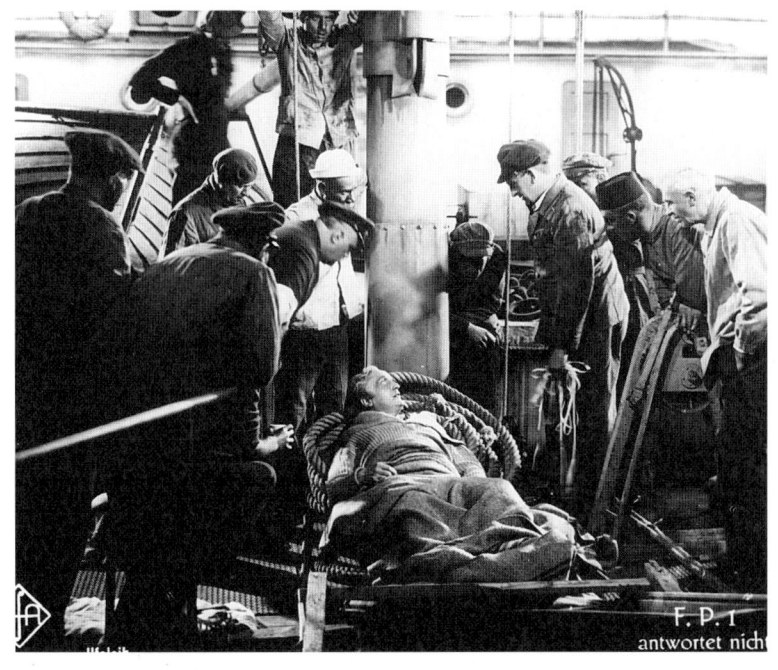

Hans Albers in einem privaten Moment von F.P.1 ANTWORTET NICHT. Sonst beherrschen die großen Bauten Erich Kettelhuts diesen teuersten Film der zweiten Ufa-Periode Erich Pommers. Das Buch zu dieser – damals – technischen Utopie stammt von Kurt Siodmak.
»Eine Maschinensymphonie; ein Gesang von der mechanisierten Welt; ein groß konzipiertes dramatisches Epos von Manneskühnheit und Manneszähigkeit, von tollem Wikingertum und stillem, verbissenem, halb weltabgewendetem Mannesfleiß.«
(Willy Haas, 1932)

Was er als Produktionsrezept aus zweijähriger Hollywood-Arbeit mitbringt, ist kein Imitationsbedürfnis, sondern die Erkenntnis, daß »Film alles enthalten solle«. Erst die Amerikaner hätten ihm den Begriff »entertainment value« beigebracht. (Reichsfilmblatt, 20.4.1929). Das amerikanische Erfolgsgeheimnis beruhe nicht nur auf den enormen finanziellen Mitteln, sondern auf einer Mentalität der Filme, die dem internationalen Filmpublikum am meisten zu entsprechen scheine: »Das Eigentümliche ist nur, daß gerade die Unkompliziertheit, Naivität, Problemlosigkeit des amerikanischen Films, die man ihm in Europa vorwirft und als unzulänglich empfindet – daß gerade diese Eigenschaften seine hauptsächliche Stärke im Kampf um den internationalen Filmmarkt sind.« (Film-Kurier, 28.8.1928). Für Pommer beruht die Internationalität eines Films bereits auf dem Filmsujet, das leicht und allen verständlich sein muß, weil es seelische Konflikte aufzeigt, die in ihrer elementaren Unmittelbarkeit jedem Volk verständlich sind und somit über nationale Grenzen hinausgehen. Er besteht auf einer klaren, spannenden Handlung, die sowohl das anspruchsvolle als auch das anspruchslose Publikum fesselt, »aber die Kunst ist hier nicht Selbstzweck, sondern Hilfswerkzeug.« (Der Film, 23.5.1928). Nicht der »absolute« künstlerische Film sei zu kultivieren, sondern das künstlerische Niveau des Unterhaltungsfilms zu heben. (Reichsfilmblatt, 20.4.1929). Einem Interviewer erklärt er: »Daß Film auch etwas mit Kunst zu tun haben könnte, das mag ja manchmal ungewollt vorkommen; aber in der Regel darf man's nicht einsetzen; laßt lieber Einnahmen sprechen! Film ist Arbeit und Hosenboden und Zähigkeit und nochmals Arbeit.« (Der Film, 15.3.1930). Dieses Bekenntnis zum Film als Kunsthandwerk erlaubt dem Produzenten auch Kompromisse – »corriger la fortune« – wenn sie geeignet sind, den Publikumserfolg zu lenken. Hauptgewicht ist jetzt die Popularität. Die letzten Stummfilme der Erich Pommer-Produktion der 20er Jahre – HEIMKEHR, UNGARISCHE RHAPSODIE, ASPHALT und DIE WUNDERBARE LÜGE DER NINA PETROWNA – scheinen die Richtigkeit dieses Konzepts zu beweisen. Das Streben nach Popularität bestimmt auch die frühen Tonfilme seiner Produktion, bis Pommer in der Filmoperette eine neue Erfolgsformel für das In- und Ausland entwickelt.

Der internationale Marktanteil Deutschlands, besonders im Hinblick auf Amerika, geht zunächst durch die enormen Kosten der Umstellung auf den Tonfilm zurück. »Die Erfindung des Tonfilms«, so Pommer, »schien den kunstvoll aufgebauten deutschen Film-Export mit einem Schlage zu zerstören. (...) Stumme deutsche Filme wurden im Ausland nicht mehr gekauft. Die ersten deutschsprachigen Tonfilme konnten nur mit schwerer Mühe in fremden Sprachgebieten untergebracht werden.« (Reichsfilmblatt, 20.2.1932). Dieser wirtschaftliche Rückschlag läßt aber gleichzeitig die europäischen Filmindustrien näher zusammenrücken und Pommer, wie schon 1924, zum Fürsprecher eines europäischen Filmblocks als Grundlage für wirtschaftlichere Produktion und gesicherte Absatzplätze in Europa werden. Nur aus dem gemeinsamen Pool ließen sich Spitzenfilme herstellen, die dem amerikanischen Publikum angeboten werden könnten. (Der Film, 23.5.1928).

Wenn er darauf hinweist, daß die Tonfilmproduktion alle Nationen zwinge, zwischen nationalem und internationalem Produkt zu unterscheiden, knüpft er im Grunde wieder an die Produktionsmethoden der frühen 20er Jahre an, die Großfilme von vornherein für den Export bestimmt hat, mit dem Unterschied allerdings, daß er nicht mehr wie früher alles auf eine Karte zu setzen wagt, sondern Risiken von vornherein vermeidet. Die Konzession an die »nationale Mentalität« der Absatzgebiete sei von größter Wichtigkeit: »Gibt es auch kein Rezept für die Herstellung eines erfolgreichen fremdsprachigen Tonfilms, so kann unter Ausschaltung aller Elemente, die für die fremde Mentalität störend wirken, wenigstens ein finanzieller Mißerfolg vermieden werden.« (Reichsfilmblatt, 20.2.1932). Mit dem Augenmerk auf den Export werden die Erich Pommer-Produktionen – darunter die Filmoperetten LIEBESWALZER, DIE DREI VON DER TANKSTELLE, DER KONGRESS TANZT und EIN BLONDER TRAUM – in mehreren fremdsprachigen Versionen gedreht, um französische, englische und amerikanische Absatzgebiete zu sichern.

Als begeisterter Bejaher der technischen Möglichkeiten des Tonfilms äußert sich Pommer jetzt genauso häufig in der Fachpresse wie zu Zeiten der Import- und Exportproblematik in den frühen 20er Jahren. Pommers amerika-beeinflußtes, »demokratisches« Publikumspostulat läßt 1929 wenig Ähnlichkeit mit dem Pommer der Vor-Hugenberg-Ära erkennen: »Wir haben gelernt, die zu verfilmenden Stoffe so auszuwählen, daß sie nicht nur eine kleine, in der Zahl beschränkte Bevölkerungsschicht interessieren, sondern daß sie bei der Waschfrau Minna Schulze das gleiche Interesse erwecken wie beim Jünger der Wissenschaft und Kunst, beim Bankier, beim Ingenieur und allen berufstätigen Gebildeten.« (Reichsfilmblatt, 20.4.1929).

Ursula Hardt

Die Marke ernster Arbeit
Gloria-Film GmbH

Ein Postbote liebt ein Dienstmädchen, das mit einem Bauhandwerker verlobt ist. Als dieser vom Gerüst stürzt und 29 Tage bewußtlos ist (wovon das Mädchen nichts weiß), sendet der Briefträger ihr im Namen des Verunglückten tröstende Telegramme. Sein Edelmut wird offenbar, das Mädchen sinkt ihm gerührt in die Arme. Als die Verlobung gefeiert werden soll, kehrt der Bauhandwerker zurück. Die Tragödie nimmt ihren Lauf.

1921. Der ewige Fluch.
REG, AUT Fritz Wendhausen. KAM Paul Holzki. BAU Hermann Warm.
DAR Rosa Valetti (Hille Bobbe, Schankwirtin), Charlotte Schultz (Katje), Rudolf Forster (Lyn, Abenteurer), Margarete Schlegel (Mädchen), Karl Etlinger (Sebastian Koningk, Antiquitätenhändler), Charles Willy Kayser (Jan Graat, Matrose), Emil Heyse (Coppenool, ein Unheimlicher), Max Kronert (Polizeikommissar).
PRO Decla-Bioscop-Film der Ufa. DRZ August - Oktober 1921. DRO Decla-Bioscop-Atelier Neubabelsberg; AA Hamburg, an der Nordsee. LNG 5 Akte, 1497 m, (1600 m bei Erst-Zensur). ZEN 11.11.1921, B.04677, V. / 30.11.1921, B.04825, Jv. URA 27.12.1921, Berlin (Decla-Lichtspiele Reinickendorfer Straße).
Amsterdam: Rocco vermittelt für eine Kupplerin junge Mädchen an Ausländer; Katje erwartet ihren Verlobten, den Matrosen Jan Graat, von einer langen Seereise zurück. Rocco verliebt sich in Katje, die ihm – trotz Verbot – einen fluchbeladenen Dolch verkauft, mit dem er die Kupplerin tötet. Jan verwundet Rocco aus Eifersucht und kann Katje in die Arme schließen, nachdem Rocco sich getötet hat. Mit den Worten: ›Nur in einer Welt ohne die Waffe kann es reines Menschenglück geben‹ wird der Dolch versenkt.

1921. Tischlein deck dich, Eselein streck dich, Knüppel aus dem Sack.
REG ? AUT Wilhelm Prager.
PRO Ufa, Kulturabteilung. DRO Ufa-Kulturabteilung Berlin-Steglitz. LNG 4 Akte, 1320 m. ZEN 15.11.1921, B.04710, Jf. URA 9.12.1921, Berlin (Tauentzien-Palast).
– Prädikat: Volksbildend.
Märchenfilm nach den Gebrüdern Grimm.

**1921. Die Abenteuerin von Monte Carlo.
1. Die Geliebte des Schahs. 2. Marokkanische Nächte 3. Der Mordprozeß Stanley.**
REG Adolf Gärtner. AUT Willi Wolff, Arthur Somlay. KAM Eugen Hamm. BAU Hans Dreier.
DAR Ellen Richter (Zoraja), Anton Pointner (Edward Stanley), Albert Patry (De Jong, Großindustrieller), Eduard von Winterstein (Rimay), Karl Huszar (Ali, Diener), Kurt Rottenburg (Thiery), Carl Günther (Prinz Luigi, Monferio), Karl Swoboda (Prokurist), Martha Hoffmann (Aufwärterin), Tony Tetzlaff (Madame X, eine Demimondaine), Albert Paulig (Oberkellner), Henry Bender (Achmed, Inhaber eines marokkanischen Tanzhauses), Magnus Stifter (Ibrahim, Scheich der Riffkabylen), Hamed ben Melusi (Ali ben Rassid, Kaufmann), Max Kronert (Nyhoff, Oberingenieur der Berkwerke in Marokko), Paul Biensfeldt (marokkanischer Postbeamter), Arthur Kraußneck (Untersuchungsrichter), Adolf Klein (Gerichtspräsident), Robert Forster-Larrinaga (Verteidiger), Karl Harbacher (1. Gerichtsdiener), Hugo Hummel (2. Gerichtsdiener).
PRO Ellen Richter-Film der Ufa. DRZ September 1921. DRO Basel, Mailand, Genua, Rapallo, Nervi, Monte Carlo, Nizza, Marseille, Barcelona, Algeciras, Ceuta, Tetuan, El Araisch, Gibraltar, Granada, Sevilla, Madrid, San Sebastian, Tours, Paris. LNG 6 Akte, 2300 m / 5 Akte, 1730 m / 5 Akte, 1818 m. ZEN 23.11.1921, B.04784 / 3.12.1921, B.04857 / 14.12.1921, B.04954, Jv. URA 25.11., 9.12., 16.12.1921, Berlin (U.T. Kurfürstendamm, U.T. Nollendorfplatz, U.T. Alexanderplatz, U.T. Weinbergsweg).

Zum Qualitätsimage der Gloria-Film gehört die gepflegte Ausstattung, für die häufig der Grafiker, Szenenbildner und Regisseur Paul Leni verantwortlich zeichnet.
DIE VERSCHWÖRUNG ZU GENUA (1921, Regie: Leni) ist eine freie Interpretation des »Fiesco« von Schiller.

Eine Vielzahl von kleinen und mittleren, oft kapitalschwachen Film-Produktionsfirmen bevölkern das Filmgeschäft zu Beginn der 20er Jahre in Deutschland. Fusionen sind an der Tagesordnung. In den Konzentrations-Prozeß greift die Ufa herzhaft ein: Ihr gelingt nicht nur die »Elefanten-Hochzeit« mit der Decla-Bioscop zur Jahreswende 1920/21, sondern auch der Aufkauf diverser kleinerer Firmen bzw. der Abschluß von sogenannten Herstellungsverträgen, mit denen sie zahlreiche Produzenten unter ihre Kontrolle bringt.

Eine dieser kleinen Produktionsfirmen ist die Gloria-Film, deren Übernahme durch die Ufa zum Jahresende 1921, spätestens aber Ende 1922 angenommen werden muß.

Gründer der Gloria-Film GmbH ist der Kaufmanns-Sohn Hanns Lippmann (Jahrgang 1890). Gegen Ende des Jahres 1918 bzw. Anfang 1919 hebt er mit einem Stammkapital von 100.000 Mark seine »Marke ernster Arbeit«, wie der Wahlspruch lautet, aus der Taufe. Bereits vor dem Ersten Weltkrieg ist Lippmann in der Filmbranche bei der Deutschen Bioscop-Gesellschaft tätig. Seine Gloria ist eine typische Kriegs- bzw. Nachkriegsgründung. Ihr Anspruch, manifestiert im Markenzeichen, hebt sie jedoch aus der Masse von ähnlichen Unternehmungen heraus. Bis zum Tode Lippmanns Ende 1929 produziert die Gloria 23 Filme, sofern die drei Prestige-Produktionen für die Henny Porten-Film mitgezählt werden: DIE GEIER-WALLY (1921), HINTERTREPPE (1921) und FRAUENOPFER (1922) – die Etats dieser drei Filme werden allerdings zu 90% von der Ufa finanziert. Der Schwerpunkt der Firmenaktivitäten fällt in die Jahre 1919 bis 1922. Während dieser Zeit entstehen bereits 15 Filme, also etwa zwei Drittel des gesamten Produktionsvolumens. Im wesentlichen sind es auch diese Produktionen, die das Image der Gloria prägen. Als kleine Firma mit qualitativ vergleichsweise guten Filmen bleibt ihr in der Rezeption auch der späterer Filme bis 1927 – freilich mit Brüchen – dieser Ruf treu.

In der – auch künstlerisch – produktivsten Phase sind mit der Firma bekannte Namen eng verbunden. Neben dem Szenenbildner, Grafiker und Regisseur Paul Leni gehört der Drehbuchautor und Regisseur Ewald André Dupont zu den Mitarbeitern, wie auch die Autoren Max Jungk und Julius Urgiß, die Kameramänner Karl Hasselmann und Carl Hoffmann, die Regisseure Karl Grune und Leopold Jessner, der Dramaturg Max Schach, der Architekt Alfred Junge sowie Schauspieler wie Wilhelm Diegelmann, Wilhelm Dieterle, Grit Hegesa, Eugen Klöpfer und Fritz Kortner. Der Stab an technischen und handwerklichen Mitarbeitern ist bei der Gloria zur fraglichen Zeit verhältnismäßig klein: Zwei Hilfsregisseure sowie ein Beleuchter, ein Tischler, zwei Maler, ein Requisiteur und ein »Kleber« sind ausreichend.

Bis 1922 entstehen unter der Obhut von Hanns Lippmann Filme wie Lenis PRINZ KUCKUCK (1919), PATIENCE (1920) und DIE VERSCHWÖRUNG ZU GENUA (1921), Duponts DER WEISSE PFAU (1920), WHITECHAPEL (1920), HERZTRUMPF (1920) und der Zweiteiler KINDER DER FINSTERNIS (1921/22), Grunes MANN ÜBER BORD (1921) und NACHTBESUCH IN DER NORTHERNBANK (1921) sowie die erste Filmregie des Theatermannes Leopold Jessner,

FRAUENOPFER (1921/22, Regie: Karl Grune, Bauten: Paul Leni) entsteht in der engen Cooperation der Gloria mit der Firma der Hauptdarstellerin Henny Porten, hier mit Wilhelm Dieterle.

HINTERTREPPE (1921). Auf dieser Epoche beruht das Image der Gloria, das »qualitätsvolle, ernste Arbeit« verheißt. Dupont bezieht diese Formulierung sogar auf den von ihm favorisierten »Sensationsfilm«, der, wie er Ende September 1920 in einer berliner Abendzeitung schreibt, »künstlerisch sein muß, wenn er nicht nur Effekte erstreben will, sondern jeden Bruchteil des Geschehens und jede handelnde Person logisch zusammenschließt.« Die Filmkritiker bemerken das besondere Niveau der Gloria-Filme durchaus, mäkeln zwar hier und da an den Drehbuchkonstruktionen, zollen aber mehr als einmal der Rettung eines Films durch die gelungene Regie Anerkennung.

WHITECHAPEL, einer von Duponts »Sensationsfilmen«, erfährt sogar besonderes Lob durch einen Kritiker, der die Qualität des Films mit der kleinen Produktionsfirma in Beziehung setzt. Stünden ihm, so heißt es, »die reichlichen Mittel zu Gebote, die ein Lubitsch, ohne zu zählen, verausgaben kann, so erwüchse dem berühmten Ufa-Regisseur in Dupont ein ernstlicher Rivale. Zunächst aber, oder wenigstens diesmal, arbeitete Dupont für den Gloria-Film. Und Gloria wird ihm und seiner Gesellschaft aus diesem Film erwachsen.« Zusammenfassend läßt sich feststellen, daß der Name Gloria bereits Ende 1920 als Marke nicht nur eingeführt ist, sondern auch Erwartungen an bestimmte technische Qualitäten und (psychologisch motivierte) Sujets auslöst.

Die Ufa übernimmt mit ihr eine Firma von ausgezeichnetem Ruf, sozusagen ein »Markenprodukt«. Das schlägt sich auch in den Budgets der bis dato produzierten und in den Ufa-Revisionsberichten erwähnten Produktionen nieder. Neben den aus sich heraus »ernsten« und »seriösen« Stoffen (eine Schiller-Verfilmung, eine Georg Kaiser-Adaption) stehen Duponts spektakuläre Stoffe: »Der Sensationsfilm muß künstlerisch sein.« Ein »Negativ-Verkaufs-Konto« weist für die ersten Filme der Gloria aufschlußreiche Daten aus. Danach ist Dupont der Gloria-Regisseur jener Zeit mit vergleichsweise hohem Aufwand. Nur Paul Lenis Schiller-Verfilmung DIE VERSCHWÖRUNG ZU GENUA übertrifft die üblichen Grenzen. Karl Grunes Filme bestätigen diesen Eindruck, sie bleiben in der Regel unter den Budgets von Dupont.

Verluste weisen nach diesem Konto drei von zwölf Filmen auf, darunter jener Lenis. Das Risiko der Prestige-Produktion ist hier offenbar nicht aufgegangen. Ohnehin ist keiner der Gloria-Filme auf dem deutschen Markt allein amortisierbar. In fast allen Fällen muß der Erlös aus dem Ausland wesentlich höher sein als der aus dem Inland, um die Produktionskosten zu decken. Eine Besonderheit ist für den Schiller-Film zu bemerken. Seine enorm hohen Auslandserlöse sind wohl durch die beschleunigte Inflation zu erklären. Interessant ist allerdings, daß der Betrag fast ausschließlich durch den Japan-Verkauf des Films zustande kommt. Vermutlich zeitigt hier die Kalkulation mit dem ›Schiller-Stoff‹ positive Auswirkungen.

Gerade für kleinere Produktionsfirmen ist es schwierig, im Auslandsgeschäft tätig zu werden. In den meisten Fällen wird das von der Ufa übernommen, die auch (zum Teil über die Hansa-Film) die Verleihrechte für Deutschland kauft.

Wie viele andere Filmfirmen ohne dicke Kapitaldecke wird auch Hanns Lippmanns Gloria ein Opfer der Inflation. Gewinner und neuer Eigentümer der Gloria ist die Ufa, für die Dupont 1925 jenen Film realisiert, auf dem – berechtigt oder nicht – bis heute sein Ruhm im wesentlichen beruht: VARIETÉ. Die zweite Produktionsperiode der Gloria zwischen 1922 und 1929 – zwar noch immer unter eigenem Namen, jedoch in Abhängigkeit der Ufa-Strategen – ist heute weitgehend unbekannt. Gloria-Regisseure wie Manfred Noa, Fritz Freisler oder Hans Steinhoff müssen erst noch entdeckt werden. Sicher scheint nur, daß von seiten der Firmenleitung jetzt keine Anstrengung mehr unternommen wird, ein eigenes Markenzeichen aufrecht zu erhalten bzw. neu zu installieren. In nur knapp zehn Jahren ist die Gloria den Weg aus künstlerischer Ambition und finanziellem Risiko in ökonomische Abhängigkeit und weitgehende filmische Routine gegangen.

Rolf Aurich / Rainer Rother

Ein Abenteuerfilm mit purer Handlung, wechselnden Situationen und schönen Szenerien. Entfernungen von etwa 11.000 Kilometern werden zurückgelegt.

1921. Zirkus des Lebens.
REG Johannes Guter. AUT Hans Janowitz, Franz Schulz. KAM Axel Graatkjaer. BAU Hermann Warm. Tierdressurnummern Zirkus Wilhelm Hagenbeck. DAR Werner Krauß, Greta Schröder-Matray, Gustav May, Paul Richter, Josef Klein, Rudolf Klein-Rogge, Emil Heyse, Lydia Potechina, Philipp Manning, Vicky Werckmeister. PRO Decla-Bioscop-Film der Ufa. DRZ Oktober - November 1921. DRO Decla-Bioscop-Atelier Neubabelsberg, Jofa-Atelier Berlin-Johannisthal (Zirkusszenen). LNG 6 Akte, 2282 m. ZEN 6.12.1921, B.04885, Jv. URA 15.12.1921, Berlin (Marmorhaus).
– AT: Bürger Hollyoal.
Als ein Wanderzirkus in der Stadt gastiert, verliebt sich der Rechtsanwalt Philipp Hogger in eine der Tänzerinnen. Er weiß, daß der Bruder des Zirkusdirektors verschollen ist. Mit dessen Einverständnis gibt er sich der Tänzerin gegenüber als dieser Bruder aus. Er verpflanzt den Zirkus in die Hauptstadt, bringt die Tänzerin groß heraus und raubt sie schließlich, um sie ganz allein zu besitzen. Sie aber liebt einen anderen.

1921. Der Mord in der Greenstreet.
REG Johannes Guter. AUT Friedrich Eisenlohr, Erwin Báron. KAM Erich Nitzschmann. BAU Franz Seemann. DAR Lil Dagover, Sophie Pagay, Georg Jurowsky, Emil Heyse, Wassily Wronsky, Erwin Báron, Hugo Flink. PRO Decla-Bioscop-Film der Ufa. DRZ August - Oktober 1921. DRO Decla-Bioscop-Atelier Neubabelsberg. LNG 5 Akte, 1425 m. ZEN 16.12.1921, B.04940, V. / 19.12.1921, O.04940, Jv. URA 27.12.1921, Berlin (Decla-Lichtspiele Unter den Linden).
Ein kleines Mädchen gerät am Morgen nach der Ermordung eines Juweliers in die Gewalt eines Hypnotiseurs. Ein Besucher des ungemütlichen Gastgebers bekennt sich als Täter, das Mädchen kann das bezeugen und liefert die beiden Schurken der Polizei aus.

1921. Freie Bahn dem Tüchtigen.
REG Heinrich Bolten-Baeckers. DAR Richard Alexander (Professor), Sabine Impekoven (Pussy-Tussy, Vortragskünstlerin), Leona Bergère (Frau Professorin), Richard Ludwig (Minister der Schönen Künste). PRO BB-Film der Ufa. PRT Heinrich Bolten-Baeckers. LNG 3 Akte, 1094 m. ZEN 17.12.1921, B.04964, Jv.
Ein Kleinstadt-Professor setzt alles daran, Direktor des Staatlichen Museums zu werden. Bevor ihm dies gelingt, erlebt er die ›Hölle‹: Alkohol, unangemeldeten Ministerbesuch, die Ausgabe der Vortragskünstlerin Pussy-Tussy als seine Frau, die zurückkehrende echte Ehefrau usw. – bis zum guten Ende, das zwei glückliche Paare beschert.

1921. Seine Exzellenz von Madagaskar.
1. Das Mädchen aus der Fremde.
REG Georg Jacoby. AUT Robert Liebmann, Georg Jacoby. KAM Frederik Fuglsang. BAU Robert Neppach. DAR Paul Otto (Herbert Grenander, Privatgelehrter), Eva May (Helen Villanueva), Georg Alexander (Bobby Stubbs), Alfred Gerasch (Leonidas Papapopulos), Julius Falkenstein (Holger Sirius), Sophie Pagay (Hausdame Grenanders), Johanna Ewald (Vorsteherin eines Pensionats), Paul Biensfeldt (Polizeikommissar in Athen), Ellen Plessow, Henry Bender, Emil Rameau, Karl Huszar. PRO PAGU (Union-Film der Ufa). DRO Ufa-Union-Atelier Berlin-Tempelhof. LNG 5 Akte, 2275 m. ZEN 28.12.1921, B.05039, Jf. URA 6.1.1922, Berlin (U.T. Kurfürstendamm).
Aus Texas ist telegrafisch ein Baby angekündigt, die Gilde der Junggesellen steht erwartungsfroh und mit Puppen ›bewaffnet‹ am Bahnhof. Was entsteigt aber dem Zug? Ein flotter Backfisch, der bald die tollsten Streiche spielt. Das ›Kind‹ entflieht in der Kleidung eines Rowdy aus der Pension und taucht als blinder Passagier auf dem Dampfer auf, den der väterliche Beschützer zur Überfahrt nach Griechenland benutzt.

Kunst und Krise
Die Ufa in den 20er Jahren

1921 ist ein entscheidendes Jahr für die Ufa. Im März hat die Firma das Reich über die Deutsche Bank ausbezahlt. Später im selben Jahr erwirbt sie mit der Decla-Bioscop die vierte Säule ihrer Konzern-Struktur (neben Nordisk, Messter und PAGU), und sie hat mit MADAME DUBARRY (unter dem Titel PASSION im Dezember 1920 in New York aufgeführt) und mit ANNA BOLEYN ihre ersten Export-Erfolge in den USA, während DAS CABINET DES DR. CALIGARI (eine Decla-Produktion von 1919/20) in Frankreich von den Kritikern gefeiert wird.

Sowohl der kommerzielle wie auch der kritische Erfolg sind signifikant für die Durchbrechung der moralischen Blockade gegen den deutschen Film nach dem Krieg, und beide beweisen, daß die Ufa ein Geschäft ist, auch wenn es sich um ein Geschäft mit Unterhaltung, Kultur und Nationalprestige handelt.

Somit kann die Ufa am besten im Vergleich mit anderen großen Industrie-Konglomeraten verstanden werden, die in Deutschland aus dem Ersten Weltkrieg hervorgegangen sind, oder im Vergleich mit anderen Filmindustrien, beispielsweise mit Vorgängerfirmen der Ufa oder mit Konkurrenz-Unternehmen. Das sind offenkundig die französische Filmindustrie vor dem Krieg, vor allem Pathé Frères (die bis 1914 einen spürbaren Zugriff auf den deutschen Markt hat), und die amerikanische Filmindustrie, die – parallel zur Ufa-Entwicklung – ihr »Studio-System« konsolidiert. Was also sind unter dem Gesichtspunkt der Finanzen, des Managements und der wirtschaftlichen Leistungen die wettbewerbsmäßigen Stärken und Schwächen gegenüber ihren Rivalen? Die Beantwortung dieser Frage mag die besser bekannte (und besser erforschte) politische und ideologische Geschichte der Ufa ergänzen.

1917 steht unter den für die Organisation einer Filmindustrie relevanten Modellen Pathé am Rande des Bankrotts. Die Firma, die noch 1914 die stärkste Film-Produzentin und Verleiherin der Welt ist mit Schwesterfirmen und Niederlassungen in Deutschland, Rußland, Italien und den Vereinigten Staaten, leidet nicht nur unter der Beschlagnahme der kriegswichtigen Zellulose und des Silbers durch die französische Regierung, sondern auch unter dem Verlust ihres Export-Marktes. Allerdings hat die Pathé als erste die wesentlichen Merkmale einer erfolgreichen Filmindustrie herausgearbeitet: die Arbeitsteilung in der Produktion, einem zentralisierten Verleih und rege Export-Tätigkeit. Daneben hat sie die populärsten Genres entwickelt: Komödien, Melodramen und historische Darstellungen, darunter biblische Geschichten und Passions-Spiele.

Andererseits haben sich die Amerikaner ein Industriemodell für die Filmproduktion entwickelt, das auf einer Zusammenlegung der Patente, der gegenseitigen Lizenz-Vergabe und der Kontrolle über den Verleih basiert: Die Motion Picture Patent Company – schon 1908 von Edison gegründet – ist das Modell eines »Trusts«. Aber 1917 ist die amerikanische Filmindustrie gleich in doppelter Hinsicht reorganisiert und revolutioniert worden. Zum ersten, indem die unabhängigen Produzenten der MPPC die Stirn geboten und das Zentrum der Filmproduktion von New York und New Jersey in einen Vorort von Los Angeles namens Hollywood verlagert haben; und zum zweiten, indem die wichtigsten Produzenten, die alle eine aggressive Aufkauf-Politik betrieben, um vertikal strukturierte Firmen zu werden, untereinander ein industrielles Kartell, nämlich das Studio-System, bildeten. Nun sind sie in der Lage, sich vor (heimischen und vor allem ausländischen) Wettbewerbern abzuschirmen und darüber hinaus ein großes Maß an Selbstkontrolle zu betreiben. Zusätzlich, indem sie ihr Hauptprodukt (den abendfüllenden Spielfilm), ihre Dienstleistungen (große Luxus-Kinos) und ihren Verleih (Blockbuchung und regional aufgeteilte Wettbewerbs-Absprachen) standardisieren, verlagern sie den Wettbewerb von der Preis-Differenzierung und Produkt-Differenzierung hin zur Marken-Identität, dem Starsystem, dem Studio-Stil und zur Zweiwege-Vermarktung (Uraufführungs- und Nachspielkinos).

Während sich die französische Filmindustrie bewußt ist, daß sie ihre Export-Märkte zurückgewinnen muß, wenn sie ihre Produktionskosten wettbewerbsfähig halten will, braucht die amerikanische Filmindustrie zunächst nicht auf den internationalen Markt zu schielen, weil ihr Binnenmarkt groß genug ist. Aber angesichts des harten Konkurrenz-Kampfs unter den Studios steigen auch in Amerika die Produktionskosten (Star-Gagen, Ausstattungen), und der im internationalen Vergleich überaus hohe Standard amerikanischer Filme macht es ihnen leicht, in die europäischen Nachkriegsmärkte einzubrechen. Bald stellt sich heraus, daß das Publikum in der ganzen Welt amerikanische Filme sehen will, und um 1921 liegt die weltweite Zuschauer-Akzeptanz amerikanischer Filme in der Gegend von 90%.

Vor 1917, also vor der Gründung der Ufa, gibt es in Deutschland keine Filmindustrie im französischen oder amerikanischen Sinne, bestehend aus Konzernen und Kartellen. Die kleinen oder mittleren Firmen, die die deutsche Filmwirtschaft bestimmen, versuchen weder Patentrechte zusammenzuschließen und gemeinsam auszuwerten noch den Verleih zu zentralisieren noch zu einer Qualitäts-Kontrolle der Produkte zu kommen. Während einige Firmen (vor allem Messter) einen gewissen Grad (horizontaler) Konzentration auf der Produktionsebene erreicht haben, versuchen andere, wie die Nordisk/Nordische, eine vertikale Struktur aufzubauen. Das heißt, daß sie neben großen Produktionskapazitäten auch eine Reihe von Kinoketten besitzen und kontrollieren. Eine ähnliche Situation gibt es bei Paul Davidsons Projektions-AG »Union« (PAGU), die »von unten her« aufgebaut ist, denn sie expandiert erst in die Filmproduktion, als der Filmbedarf ihrer Kinokette das Angebot der verschiedenen Produktionsquellen übersteigt. PAGU und Nordisk sind sowohl nationale als auch internationale Firmen. Während die PAGU in großen Mengen Filme aus dem Ausland, besonders von der französischen Pathé, importiert, ist die Nordisk ein erfolgreicher Exporteur: Ursprünglich eine dänische Firma, hat sie nicht nur in Deutschland starke Marktanteile erobert, sondern treibt auch mit den übrigen europäischen Staaten einen regen Handel und ist eine der sehr wenigen Firmen mit starken (vor allem Verleih-)Interessen in den USA.

Trotz des Auftriebs, den die Filmproduktion durch das Import-Embargo erhält, ist die deutsche Filmwirtschaft zersplittert (mit regionalen Produktionszentren in München, Frankfurt, Hamburg und vor allem Berlin) und dezentralisiert, indem viele Produzenten sich in einem noch unstrukturierten Markt auf vielfältige Weise gegenseitig Konkurrenz machen: Wirtschaftlich gesprochen befindet sich Deutschland auf einer früheren Stufe kapitalistischer Entwicklung als die französische (an sich ein Duopol: Pathé und Gaumont) oder amerikanische Filmindustrie (ein Oligopol).

In Deutschland haben sich zwei Modelle kommerzieller Filmproduktion noch nicht vollends entfaltet: Der Vereinfachung halber will ich sie das Messter-Modell und das PAGU-Modell nennen (wobei die Nordisk eine Art Kombination aus beiden darstellt). Das Messter-Modell ist von der Produktionsseite her organisiert und hat recht verzweigte Geschäftsinteressen, die von Patenten und Apparatebau zur Filmproduktion und innerhalb der Filmproduktion von der kommerziellen Auswertung in den Kinos (Spielfilme, Tonbilder, Wochenschauen), wissenschaftlichen Filmaufzeichnungen (in Labors oder in der Medizin) bis zur militärischen Verwendung (Aufklärungs-Technik für die Luftwaffe und die Marine) reichen. Ihr finanzielles Rückgrat erhält sie sowohl aus der kommerziellen Filmauswertung wie aus Regierungs-Aufträgen, aus dem Direktverkauf und Verleih von Filmen wie aus der Erforschung und Entwicklung neuer Ton- und Bildtechnologien. In diesem Sinne kann die Firma Messter als horizontal strukturiert angesprochen werden.

Das PAGU-Modell auf der anderen Seite steht für eine ausschließliche Konzentration auf die Kinoauswertung und die Massenunterhaltung. Das wesentliche Merkmal ist, daß die Produktion ganz von der Endauswertung her organisiert ist als Konsequenz einer Geschäftspolitik, den Markt mit dem zu versorgen, was der Konsument wünscht: Die PAGU verfolgt eine angebots- und nachfrage-orientierte Politik; ihre Produktion orientiert sich nicht an den Interessen des Apparatebaus, wie es für die Ursprünge der Kinematografie in fast allen Ländern typisch ist. Paradoxerweise wird Paul Davidsons Union gerade dank seiner Kontakte zur Pathé, einer ausländischen Firma also, zu einer treibenden Kraft innerhalb der deutschen Filmwirtschaft. Zugleich macht sie das anfällig. Die PAGU erleidet große Verluste, als mit dem Ausbruch des Krieges der Import von Pathé-Filmen abgeschnitten wird: der richtige Augenblick für die Nordisk, ihren Verleih in Deutschland durch die »Hintertür« der dänischen Neutralität zu expandieren und zugleich durch den Ankauf deutscher Pathé-Anteile in die Produktion einzusteigen. Damit beginnen Davidsons Beziehungen zur Nordisk, nachdem er schon zwei der wichtigsten »Aktivposten«, Urban Gad und Asta Nielsen, von der Nordisk weggelockt hat.

Was in Deutschland außer dem Export-Markt vor allem fehlt, ist ein straff organisiertes Verleih-Netz. Die PAGU jedoch wird zum Pionier des Starsystems in Deutschland (mit Asta Nielsen verfügt sie über Deutschlands ersten internationalen Star). Wie in Amerika (wo der deutsche Immigrant Carl Laemmle Florence Lawrence als »The IMP girl« lanciert und die »Mary Pickford revolution« anheizt) ist das Starsystem die Voraussetzung eines nachfrage-orientierten Produktionssystems, innerhalb dessen der Verleih die Verwertung und die Produktion reguliert und koordiniert. Daß andere Firmen dem PAGU-Beispiel folgen (Messter mit Henny Porten, May-Film mit Mia May usw.), zeigt, daß Mitte der 10er Jahre Anstrengungen unternommen werden, »vertikal strukturierte« Filmfilmen nach amerikanischem Muster zu bilden, obwohl nichts dafür spricht, daß sie zu diesem Zeitpunkt in Form eines Kartells zusammenwirken.

Im internationalen Vergleich ist die Gründung der Ufa als Konglomerat verschiedener Filmfirmen, finanziert von Banken und anderen Industrieunternehmen, durchaus nicht ungewöhnlich, es sei denn, man zielte auf eine völlig andere (nicht-industrielle, nicht-kapitalistische) Produktionsweise, in der Film nicht als Geschäft, sondern als Kunst angesehen würde. Signifikanter ist hier vielleicht, daß die deutsche Filmindustrie am Ende des Krieges sich für die Gründung eines Kartells aus mehr oder weniger gleichgroßen Firmen (Messter, Nordische, PAGU, Decla, Bioscop, Terra, May-Film, Emelka, DLG) besonders eignet, von denen einige ohnehin fusionieren würden (Decla-Bioscop), anderen der Bankrott droht. Man kann argumentieren, daß die gewaltsame Fusion der PAGU, Messter und Nordische (mit Maxim, May, Greenbaum, Andra usw.) unter dem Namen Ufa die Balance der Kräfte erheblich verzerrt. Ohne aus dieser Situation ein Kartell zu entwickeln, schafft die Fusion dennoch weder ein regelrechtes Monopol noch ein Oligopol: Konsequenz ist, daß weiterhin jede Firma mit jeder anderen konkurrieren muß, mit Nachteilen für alle Bereiche der Industrie. Der Anteil der Ufa an der jährlichen Produktion übertrifft kaum 8%, und selbst wenn die Produktionsziffern ihrer vier größten Konkurrenten hinzugerechnet werden, erreicht der prozentuale Anteil knapp 18%; im Gegensatz dazu kontrollieren in Amerika die fünf Majors ungefähr 60% der nationalen Filmproduktion. Von der ›gebildeten‹ Öffentlichkeit mißtrauisch beäugt (die in der bloßen Existenz der Ufa alle ihre Vorurteile gegen das Kino schlechthin bestätigt sieht), muß die neue Firma mit den Amerikanern konkurrieren, ohne einen klaren modus vivendi mit anderen deutschen Produktionsfirmen finden zu können, und konsequenterweise gibt es auch keine abgesprochene Strategie für den Export oder gegen die ausländische Konkurrenz.

Die Situation wird während der Inflation noch stärker verzerrt, als die Geldentwertung die Kosten zu senken hilft und der Produktion einen künstlichen Auftrieb gibt, indem sie der deutschen Filmindustrie einerseits erlaubt, mit Dumping-Preisen auf den Weltmarkt vorzustoßen und den deutschen Markt gleichzeitig für ausländische Importe unrentabel macht. Auf dem Höhepunkt der Inflation können bis zu 60% der Produktionskosten eines Films durch Verkäufe in das Ausland amortisiert werden. Kein Wunder, daß dies zu einer chronischen Überproduktion führt. Ein chaotisches Verleihsystem, innerhalb dessen die Theaterbesitzer mit den Produzenten und Verleihern (350-400 Produktionsfirmen, 100 Verleiher, mehr als 300 Filme) auf dem Kriegsfuß stehen, macht die Filmindustrie zu einem grossen und instabilen Spekulationsobjekt. Preis-Kriege, unkoordinierte Export-Anstrengungen, ein ineffektives Lobbying gegenüber der Wiedereinführung der Filmzensur und der Vergnügungssteuer bereiten Outsidern (z.B. den Amerikanern) den Boden, strategisch wichtige Positionen im Verleih zu besetzen, indem sie ihre Filme unter den gängigen Preisen anbieten. Die EFA-Initiative ist ein gutes Beispiel dafür, wie sehr amerikanische Firmen in der Lage sind, sogar in den Produktionssektor einzudringen, obwohl die steigende Inflation und das allgemeine Spekulationsklima Famous Players bald veranlassen, aus der EFA auszusteigen, nicht ohne jedoch einem großen Teil ihres deutschen Personals Arbeitschancen in Hollywood anzubieten, was das gesamte Team um Ernst Lubitsch (mit Ausnahme Davidsons) sofort wahrnimmt.

So sieht das Bild am Ende des Jahres 1921 aus, nachdem die Ufa die hoch ver-

1921/22. Frauenopfer.
REG Karl Grune. **AUT** Imre Frey; nach dem Drama von Georg Kaiser. **KAM** Arpád Virágh. **BAU** Paul Leni.
DAR Henny Porten (Maria, Frau des Malers), Wilhelm Dieterle (Maler), Albert Bassermann (Graf), Frida Richard, Ludwig Rex (Verwaltersleute), Adolf Edgar Licho (alter Bohémien), Edgar Klitsch (Kunsthändler).
PRO Henny Porten-Film; für Gloria-Film der Ufa.
PRT Henny Porten, Hanns Lippmann. **PRL** Wilhelm von Kaufmann. **DRZ** Anfang November 1921 - Januar 1922.
DRO Ufa-Messter-Atelier Berlin-Tempelhof. **LNG** 4 Akte, 1839 m / 5 Akte, 1703 m. **ZEN** 7.1.1922, B.05076, Jv. / 15.2.1922, B.05346, Jv. **URA** 15.2.1922, Berlin (Mozartsaal).
Ein alter Graf verliebt sich in die junge Maria, sie hingegen liebt einen jungen Maler und wird dessen Frau. Geldsorgen trüben das Eheleben. Durch einen Kunsthändler läßt der Graf Bilder aufkaufen. Der Maler wird überheblich, was den Grafen veranlaßt, die Hilfe zurückzuziehen. Maria bittet verzweifelt um deren Fortführung, der Graf verlangt im Gegenzug Liebe. Sie willigt schweren Herzens ein – und stößt sich, als er sie umarmen will, ein Messer in die Brust.

1921. Die Intrigen der Madame de la Pommeraye.
REG Fritz Wendhausen. **AUT** Fritz Wendhausen, Paul Beyer; nach einer Erzählung aus ›Jacques le fataliste‹ von Denis Diderot. **KAM** Carl Hoffmann. **BAU** Robert Herlth, Walter Röhrig.
DAR Olga Gsowskaja, Alfred Abel, Grete Berger, Margarete Schlegel, Paul Hartmann.
PRO Russo-Film der Decla-Bioscop der Ufa.
DRZ Oktober - November 1921. **DRO** Decla-Bioscop-Atelier Neubabelsberg. **LNG** 5 Akte, 1910 m. **ZEN** 12.1.1922, B.05116, Jv. **URA** 20.1.1922, Berlin (Tauentzien-Palast).
– AT: Jeanette.
Eine französische Adlige gibt ihren untadligen Ruf auf und läßt sich mit einem gewissen Marquis ein. Der sieht sich bald nach anderen Frauen um, was die Adlige dazu bringt, eine Dirne mit ›Tugend‹ auszustatten und sie mit dem Marquis zusammenzubringen. Er findet an dem Mädchen Gefallen, heiratet es und muß sich nun anhören, eine Dirne geehelicht zu haben.

1921/22. Seine Exzellenz von Madagaskar.
2. Stubbs, der Detektiv.
REG Georg Jacoby. **AUT** Robert Liebmann, Georg Jacoby. **KAM** Frederik Fuglsang. **BAU** Robert Neppach.
DAR Paul Otto (Herbert Grenander, Privatgelehrter), Eva May (Helen Villanueva), Georg Alexander (Bobby Stubbs), Alfred Gerasch (Leonidas Papapopulos), Julius Falkenstein (Holger Sirius), Sophie Pagay (Hausdame Grenanders), Johanna Ewald (Vorsteherin eines Pensionats), Paul Biensfeldt (Polizeikommissar in Athen), Karl Huszar.
PRO PAGU (Union-Film der Ufa). **DRO** Ufa-Union-Atelier Berlin-Tempelhof. **LNG** 5 Akte, 2328 m. **ZEN** 18.1.1922, B.05140, Jv. **URA** 19.1.1922, Berlin (U.T. Kurfürstendamm).
Von Griechenland geht die Reise weiter nach Madagaskar, wo sich die lustige Gesellschaft weitere Streiche gefallen lassen muß.

1921/22. Es bleibt in der Familie.
REG Heinrich Bolten-Baeckers.
DAR Richard Alexander (Zwiebelfisch, Justizrat), Hilde Hildebrand (Molly, Schauspielerin), Leona Bergère (Frau Zwiebelfisch), Karl Heinz Klubertanz (Fritz Hilsebein, ihr Neffe).
PRO BB-Film der Ufa. **PRT** Heinrich Bolten-Baeckers.
DRO BB-Atelier Berlin Lindenstraße 32-34. **LNG** 2 Akte, 722 m. **ZEN** 28.1.1922, B.05206, Jv.
Justizrat Zwiebelfisch ist mit seinem Neffen Fritz Hilsebein sehr unzufrieden. Als er auch noch einen Wechsel des Hallodri einlösen muß, da ist der Krach da. Fritz verspricht Besserung, die nur bis zum nächsten Anruf der Freundin Molly anhält. Als diese erkennt, daß Zwiebelfisch der Mann ist, der ihr im Park schon des öfteren nachstieg, faßt sie im stillen einen Plan.

---

schuldete aber an Vermögenswerten reiche Decla-Bioscop erworben hat und in zwei Stufen ihr Stammkapital von bescheidenen 20 Mio. auf 200 Mio RM aufgestockt hat.

Dies lenkt den Blick auf die interne Struktur der Ufa und auf einen Vergleich mit ihrem allfälligen Gegenstück, dem Hollywood-Studio. Zweifellos ist die Ufa als industrielles Konglomerat geplant worden und befindet sich somit im Kontext der internationalen Filmwirtschaft auf der Höhe der Zeit. Weniger zweifelsfrei ist es, ob man dieses Konglomerat als »monopolkapitalistisch« bezeichnen kann. Und falls ja, wieviel Einfluß die Aktienbesitzer gegenüber denjenigen haben, die als Manager die täglichen Entscheidungen fällen? Wenn Generaldirektor Carl Bratz seine Anweisungen vom Aufsichtsrat erhält, scheinen die vier Mitglieder des Vorstands, Strauss (Rechnungswesen), Davidson, später Pommer (Produktion), Grau (Verleih) und Jacob (Kinos) geschäftsführende Kontrolle zu haben. Aber wieviel Machtbefugnis haben diese Top-Manager, wenn es um Empfehlungen für die Reinvestition von Gewinnen geht, statt um deren Ausschüttung als Dividende? Im Rechnungsjahr 1924/25 geht z.B., wie Schildt bemerkt, der gesamte Gewinn von 3 Mio. RM in die Ausschüttung einer Dividende von 6%. Das überrascht um so mehr, als so viele Ufa-Aktien sich in der Hand von Banken und anderen Institutionen befinden, daß die Firma ihre Gewinne als Investitionen in Kinos oder in die Produkt-Diversifizierung hätte zurückleiten können. Eine solch kurzfristige, dividenden-orientierte Politik (die später als einer der Fehler angesehen wird, die zu der Schulden-Krise von 1925/26 führten) wird selten, wenn überhaupt von den Hollywood Majors verfolgt, deren eigene Management-Strukturen stärker hierarchisch gegliedert sind: Die Geschäfte werden strikt nach den Belangen des Rechnungswesens und der Endauswertung (mit Sitz in New York) geführt, während der Produktionszweig (»Hollywood«) in der Firmen-Pyramide eine deutlich untergeordnete Stellung einnimmt.

Unter den Wirtschaftshistorikern der amerikanischen Filmindustrie haben sich zwei Schulen herausgebildet: die eine sieht im Aktienbesitz den Schlüssel zur Geschäftsführung, die andere beschreibt das Management als den wesentlichen Entscheidungsfaktor. Diejenigen Historiker, die sich nach dem Zweiten Weltkrieg mit der Ufa beschäftigt haben (z.B. Bächlin, Spiker, Becker), folgen immer dem ersten Modell (repräsentiert durch Huttig, Klingender, Legg), vielleicht weil es eine »politische« oder ideologische Argumentation stützt. Jüngere Publikationen jedoch (Gomery, Staiger, Schatz) drängen auf eine Analyse der Management-Struktur, um verstehen zu können, warum und wie eine Filmfirma erfolgreich oder erfolglos sein kann.

Das amerikanische Beispiel legt nahe, daß Historiker dem Produktionszweig der Ufa zu große Bedeutung beimessen und daß sie die vorhandenen Statistiken (die ohnehin nicht umfassend und wenig verläßlich sind) schlicht als Beleg für den »Erfolg« der Ufa (an den Kinokassen, im Export) werten, obwohl aus denselben Statistiken hervorgeht, daß die unterschiedlichen Bereiche der Ufa in dieser Periode sehr unterschiedlich erfolgreich waren und dabei eine Ertragsstruktur hervorbringen, die noch nicht umfassend analysiert worden ist. Wir wissen zum Beispiel, daß der Verleihsektor in Deutschland während der 20er Jahre weitgehend zersplittert bleibt (bis zu 100 Firmen) und daß es der Industrie nicht gelingt, eine zentralistische Politik zu finden, mit der man sowohl der Produktion als auch der Auswertung ein gerechtes und praktikables System hätte unterlegen können. Die Kinobesitzer beschweren sich über die Blind- und Blockbuchung, die aber aus der Sicht der Produzenten notwendig ist, damit sie ihre Jahresprogramme planen und Überproduktionen vermeiden können. Schwankende Eintrittspreise auf der einen Seite und regional unterschiedliche Vergnügungssteuer-Sätze auf der anderen machen es den Verleihern unmöglich, ihre Verleihraten zu kalkulieren, was sich wiederum auf die Verleihgarantien auswirkt, die an die Produzenten zu zahlen sind. Wegen dieser Verleih-Situation liegt die Überproduktion im System der deutschen Filmindustrie und verringert die Rentabilität jedes einzelnen Films, indem es die Verwertung beschleunigt und die Kinotermine verkürzt.

Dagegen läßt sich die Produktionsstruktur der Ufa besser mit den amerikanischen Praktiken vergleichen. Während das Modell für das Produktionsmanagement in den frühen 10er Jahren das Regisseur-System ist, in dem der Regisseur sein Projekt in allen Phasen der Realisierung kontrollieren kann, wird es in der zweiten Hälfte der 10er Jahre in praktisch allen Studios durch ein zentralisiertes Produzenten-System ersetzt. Dieser Übergang erfolgt zu einer Zeit, da die Produktionsvolumina und die Kapazitäten der Studios sich wesentlich erhöht haben, geht aber auch einher mit neuen Theorien »wissenschaftlichen Managements«, die gleichzeitig auch in anderen Branchen der amerikanischen Industrie Anwendung finden. Das zentralisierte Produzenten-System gibt dem Produktionschef Verantwortung und Kontrolle über die gesamte jährliche Produktion des Studios, aber dies bedeutet nicht nur eine intensivere Arbeitsteilung für die verschiedenen Aufgabenbereiche und Phasen der Filmproduktion, sondern impliziert auch die sehr strikte Planung von Drehzeiten, Budgets und Premierenterminen. Zudem bekommt das Drehbuch eine andere Funktion: aus dem Arbeitsmanuskript, das der Regisseur benutzt, wird ein »continuity-script«, das filmische Äquivalent zur technischen Blaupause. Nicht nur für die Handlung, die Rollen, die Dialoge, die Handlungsorte und die Anzahl der Szenen, sondern auch für die gesamte Budget-Kalkulation, für die Studiobauten, den Zeitplan und für andere Dispositionen wird das »continuity-script« zum »Grundplan«. Es

Metro-Goldwyn-Mayer hat immer die Filme und die Stars, die Ihr Publikum sehen will

kann also während des Drehs nicht mehr verändert werden, noch kann es am Drehort Beratungen zwischen Autor, Regisseur und Filmarchitekt geben. Während der Regisseur weiterhin die völlige Kontrolle über die eigentlichen Dreharbeiten hat, sind nun viele der Faktoren, mit denen er arbeiten muß, vorgezeichnet, vorkonstruiert und im vorhinein festgelegt.

In den 20er Jahren ist Irving Thalbergs Produktionseinheit bei M-G-M diejenige, über die am meisten berichtet wird, nicht zuletzt, weil hier der Übergang vom alten Regisseur-System zum neuen zentralisierten Produzenten-System an seinem berühmtesten Opfer am augenscheinlichsten illustriert wird: GREED und das daraus folgende Schicksal Erich von Stroheims als Regisseur. Damals spricht man davon, daß Thalberg einem Film das gleiche antue wie ein Hamburger einem Beefsteak.

Die Frage also ist – um zum bekanntesten Zugpferd des deutschen Kinos, Erich Pommer, zu kommen: Welche Rolle spielt er als Produktionschef bei der Ufa und in welchem Ausmaß ist er bereit oder in der Lage, der Ufa das zentralisierte Produzenten-System, wie es in Hollywood praktiziert wird, aufzudrücken?

Als Gründer der Decla und als Produktionschef der Decla-Bioscop hat Pommer ein Produktionskonzept, in dem zwei Charakteristika hervorstechen. Erstens ist Pommer, da er selbst aus dem Bereich der internationalen Vermarktung kommt, in außerordentlicher Weise von der Wichtigkeit des Aufbaus einer Produktion überzeugt, die ihre Filme erfolgreich exportieren kann. Zweitens zeigen das Ufa-Aubert-Verleihabkommen, die ACE und seine Bemühungen um ein »Film-Europa« zur Eindämmung des amerikanischen Einflusses, daß Pommer sehr genau weiß, warum die Ufa als Kartell nicht funktioniert, und daß sie deshalb Modernisierungen und Rationalisierungen über strategische Bündnisse mit anderen Firmen benötigt. Weder in seiner Export- noch in seiner Verleihpolitik ist er besonders erfolgreich, und sein Ruhm beruht einzig auf seinem Produktionsmodell.

In diesem Bereich bleibt Pommer dem Regisseur-System verhaftet. Und das mit gutem Grund. Die Decla-Bioscop bringt nicht nur ihre wertvollen Produktionsstätten, eine ansehnliche Kinokette und Grundbesitz in das Ufa-Konglomerat ein, sondern sie hat auch einige der jüngsten und kreativsten Arbeitsteams unter Vertrag: Fritz Lang, F.W. Murnau, Ludwig Berger, um nur die Regisseure zu nennen, obwohl auch die Autoren (Carl Mayer, Thea von Harbou), die Kameraleute (Carl Hoffmann, Karl Freund), die Ausstatter und Filmarchitekten (Hunte, Herlth, Röhrig) fast ebenso wichtig sind. Nicht zuletzt weil er selbst viel reist, um seine Vision einer Ufa mit einem Export-Schwerpunkt und einem unverkennbaren internationalen Stil zu verwirklichen, läßt Pommer seine Regisseure unter Bedingungen großer Autonomie und Freiheit von Bevormundung und Überwachung arbeiten. In den USA ist es nur die Famous Players Lasky – die spätere Paramount – die ihren Regisseuren zuweilen ähnliche Freiheiten läßt, wie sie bei der Ufa gang und gäbe sind.

Der Nutzen dieser Politik ist weithin bekannt: Er macht die Größe des »Expressionistischen Films« aus, mit Spielraum für Experimente und Improvisationen auf fast allen Ebenen eines Filmprojekts. Im Ergebnis werden während dieser Jahre Special-effects-Techniken revolutioniert (DER MÜDE TOD), neue Beleuchtungsstile eingeführt (PHANTOM), neuartige Kamerabewegungen und -positionen werden erfunden (VARIETÉ und DER LETZTE MANN), und die Dekorationen werden mit dem Spiel der Darsteller und dem Thema integriert (zuerst in epischen Filmen wie DIE NIBELUNGEN, wo viele Schauspieler, sehr zum Ärger Fritz Langs, die neuen Prinzipien nur schwer verstehen). Diese Errungenschaften verleihen den deutschen Filmtechnikern und Regisseuren im übrigen Europa und in den USA ein außergewöhnliches Prestige, obwohl die Filme selbst dort ihr Publikum nicht erreichen. Es ist die Zeit, als das deutsche Kino für Filme bekannt wird, die besessene Regisseure für besessene Regisseure drehen (siehe Hitchcocks Bewunderung für Murnau, Buñuels für Lang, nicht zu reden vom Einfluß des deutschen Films auf Josef von Sternberg, Clarence Brown, Rouben Mamoulian und, viel später, Orson Welles). Die Freiheit zum Experiment und zur Erfindung hat oft zur Folge, daß Personal und Geldmittel nicht Gegenstand der Diskussion sind, wenn es nur gelingt, etwas zu schaffen, das die Welt in Erstaunen versetzt. Diese Ablehnung der Arbeitsteilung und Kontrolle der Filmproduktion ist im Kontext der damaligen amerikanischen Situation undenkbar, und Besucher bemerken häufig, daß in der Ufa das Arbeitsethos eines Entwicklungsbüros oder eines Labors alle Abteilungen durchdrungen habe. Das macht Pommers Produktionspolitik nicht nur in

1921/22. Kinder der Zeit.
REG Adolf Edgar Licho. AUT Adolf Edgar Licho, Alfred Fekete. KAM Willibald Gaebel. BAU Jack Winter. DAR Paul Hartmann (Verschollener), Mady Christians (Eva), Ludwig Hartau (Bankier), Paul Bildt (Bankkassierer), Georg Heinrich Schnell (1. Staatsanwalt), Richard Starnburg (2. Staatsanwalt), Marthe Angerstein-Licho (Frau des Bankkassierers), Leopold von Ledebur (Kaufmann aus den Kolonien), Margarethe Schön, Wilhelm Bendow (Erbe), Hans Sternberg (Polizeikommissar), Hans Wallemer (Direktor der Depositenbank), Adolf Edgar Licho (Wucherer). PRO Messter-Film der Ufa. DRO Ufa-Messter-Atelier Berlin. LNG 5 Akte, 1940 m. ZEN 1.2.1922, B.05254, Jv. URA 17.2.1922, Berlin (U.T. Kurfürstendamm).
Die Kinder der Zeit sind lauter schlechte Menschen, Betrüger, skrupellose Spekulanten usw. In diese Gesellschaft gerät ein Mann, der aus langer Kriegsgefangenschaft in die Heimat zurückkehrt. Viele Leiden, viele Kämpfe muß er durchstehen.

1921/22. Der Herr Papa.
REG Heinrich Bolten-Baeckers, Charles Decroix. PRO BB-Film der Ufa. PRT Heinrich Bolten-Baeckers. DRO BB-Atelier Berlin Lindenstraße 32-34. LNG 3 Akte, 935 m. ZEN 22.2.1922, B.05366, Jf.

1922. Bardame.
REG Johannes Guter. AUT Johannes Guter, (Kurt Hubert). KAM Fritz Arno Wagner, Erich Waschneck. BAU Erich Czerwonski. KOS Vally Reinecke. DAR Xenia Desni (Leontine Friese), Charlotte Ander (Hanni Schrader), Hermann Thimig (Willy Weber, Referendar), Paul Hartmann (Günther Romberg, Gutsbesitzer), Anton Edthofer (Dr. Harry Dorn, Schriftsteller), Wilhelm Diegelmann, Rudolf Lettinger, Frida Richard, Robert Scholz (Erich von Wendler, Rennstallbesitzer), Elsa Wagner, Karl Huszar, Leonhard Haskel, Wally Koch, Lydia Potechina, Linda Paulsen, Marie von Bülow, Max Neumann, Jury Jurowsky. PRO Decla-Bioscop-Film der Ufa. DRZ Januar - Februar 1922. DRO Decla-Bioscop-Atelier Neubabelsberg; AA ›ein bekannter Wintersportplatz‹. LNG 5 Akte, 1852 m. ZEN 22.2.1922, B.05381, Jv. URA 23.2.1922, Berlin (Marmorhaus).
Günther Romberg, wohlhabender Gutsbesitzer, verliebt sich in die ehrgeizige, zum Schauspielerberuf strebende Barmaid Leontine Friese. Die Furcht vor späteren Vorwürfen bringt Rombergs Eheplan bei Leontine fast zum Schwanken. Der Schriftsteller Dr. Dorn greift ein, bevor die Dinge glatt verlaufen können.

1921/22. Das Spiel mit dem Weibe.
REG Adolf Edgar Licho. AUT B. Lange. KAM Carl Drews. BAU Robert Neppach. DAR Hanni Weisse (Lisa, Baronesse von Reichenbach), Georg Alexander (Freiherr Karl von Settenburg), Lotte Neumann (Hanna), Rose Veldkirch (Irma Kluge, Lisas Freundin), Hanns Sturm (Friedrich Hart, Kutscher auf Schloß Felseck), Josefine Dora (dicke Köchin), Ernst Gronau (Dr. Langenbach), Ruth Singer (Sportmädchen), Hedi Searle (die alte Jule), Edwin Fichtner (Bernhard Schwing), Hans Brausewetter, Walter Redlich (Fritz und Max, Diener bei Settenburg), Else Ferdinand (Dienstmädchen bei Irma), Emil Heyse (Förster). PRO PAGU (Union-Film der Ufa). DRO Ufa-Union-Atelier Berlin-Tempelhof. AA Partenkirchen. LNG 5 Akte, 2012 m. ZEN 20.3.1922, B.05544, Jv. URA 30.3.1922, Berlin (U.T. Kurfürstendamm).
Ein Schloßherr heiratet standesgemäß, kann es sich aber nicht versagen, mit einem feschen Sportsmädel aus den Bergen zu schäkern. Seine Gattin geht erbost fort, wird aber von einem Freund zurückgeholt. Das hindert den Schloßherrn nicht, mit der Tochter des Kutschers anzubandeln. Dem Papa wird das zu bunt: Er zündet das herrschaftliche Gebäude an und wird vom Besitzer erschossen. Die Flammen fressen aber auch ihn, den Frauenfresser.

1921/22. Leos Eheroman.
REG Leo Peukert. DAR Leo Peukert. PRO BB-Film der Ufa. PRT Heinrich Bolten-Baeckers. DRO BB-Atelier Berlin Lindenstraße 32-34. LNG 3 Akte, 1025 m. ZEN 30.3.1922, B.05634, Jv.

Deutschland, sondern weltweit einzigartig. Aber es macht sie auch angreifbar, und man könnte behaupten, daß sie sich für das Schicksal der Ufa als einer Firma, die unter industriellen Bedingungen und kommerziellen Geboten arbeitet, fatal auswirkt.

Bevor man jedoch Pommer für seine Sorglosigkeit, Verschwendungssucht und Naivität verurteilt, ist seine Politik doch als Teil einer riskanten, aber dennoch wohlerwogenen Strategie, die auf dem gründet, was er selbst »Zweiteilung der Produktion« nennt, eine Betrachtung wert. Dieses Konzept wird auch von amerikanischen Studios angewandt, wo die Produktion entsprechend der Markt- und Auswertungswege aufgeteilt ist: A- und B-Filme. In Pommers Fall heißt es »Stilfilm« oder »Großfilm« einerseits, populäre Genrefilme und Starfilme andererseits. Risiken (mit nicht limitierten Budgets und Drehplänen) werden gewöhnlich nur bei »Großfilmen« eingegangen, denn diese werden mit einigen völlig unterschiedlichen Zielsetzungen hergestellt. Sie gehen oft einher mit der Eröffnung eines neuen luxuriösen Ufa-Kinos in Berlin oder in anderen Großstädten (z.B. TARTÜFF im Gloria-Palast); zweitens bedeutet die hohe Investition in einen »Großfilm« für die Ufa zugleich die Möglichkeit, ihre technische Ausrüstung auf dem neuesten Stand zu halten und somit mit ihrer modernen Infrastruktur konkurrenzfähig zu bleiben (dies ist der Fall bei DER LETZTE MANN, FAUST und METROPOLIS); drittens haben einige der Filme die Aufgabe, direkt mit amerikanischen Super-Produktionen zu konkurrieren (besonders diejenigen, die unter dem Parufamet-Vertrag enstehen). Im Gegensatz dazu zielen die »Stilfilme« der frühen 20er Jahre nach dem Erfolg von DAS CABINET DES DR. CALIGARI auf einen Markt, den die Amerikaner nicht bedienen, nämlich das Cine-Club-Publikum in Frankreich, Italien und Großbritannien, oder sie werden konzipiert, um den kosmopolitischen bürgerlichen Kritikern mit selbstbewußt vorgetragener »Filmkunst« zu gefallen, die sich immer wieder aufs Neue über den »Filmkitsch« mokieren.

Die Filmproduktion, wie sie Mitte der 20er Jahre bei der Ufa praktiziert wird, hat nicht nur bestimmte stilistische Merkmale in der Lichtführung, der Kameraarbeit und der Filmarchitektur. Sie unterscheidet sich auch in der Schnittstruktur und der erzählerischen Kontinuität, die daraus folgt und die deutschen Filmen eine weniger lineare Handlungslogik und einen langsameren Rhythmus verleiht. Während dieser Schnittstil möglicherweise dem großen Publikum nicht behagt, ist er verantwortlich für das, was internationale Kritiker überrascht wahrnehmen: die psychologische Tiefe und Komplexität, die emotionale Innerlichkeit und traumhafte »Ver-rücktheit« in der Motivation der Charaktere. Paradoxerweise steht die Ufa in ihren Großproduktionen einer früheren amerikanischen Praxis sehr viel näher: nämlich der von D. W. Griffith, zum Beispiel, der in INTOLERANCE (1916) oder in TRUE HEART SUSIE (1919) komplexe Schnitt-Verfahren und Bildbeziehungen entwickelt und mit seinen Parallelmontagen die jungen Pudovkin und Eisenstein begeistert. Diese Qualitäten machen seine Filme fast unbegreiflich für ein amerikanisches Publikum, das noch wenige Jahre zuvor BIRTH OF A NATION zu einem großen Erfolg gemacht hat. Bis weit in die 20er Jahre hinein arbeitet Griffith mit dem klassischen Drehbuch, so daß auch wenig Arbeitsteiligkeit möglich oder wünschenswert ist. 1922 ist Griffith im Sinne der industriellen Entwicklung des amerikanischen Films nur noch eine marginale Figur; das ist der Preis, den er für seinen Status als unabhängiger Produzent-Regisseur, der nicht an Uraufführungstermine gebunden ist und dessen Budgets nicht von außen kontrolliert werden, zahlen muß.

Einer der Gründe, warum sowohl Ufa-Regisseure als auch russische Filmmacher von Griffith lernen und sein Schnittmodell verfeinern können (die Deutschen in Richtung des Traums und der Innerlichkeit wie in Murnaus NOSFERATU, seinem am stärksten an Griffith erinnernden Film, die Russen in Richtung auf Montage, wie in DAS ENDE VON ST. PETERSBURG) ist, daß beide Filmindustrien – wenn auch aus sehr unterschiedlichen Gründen – zu jener Zeit nicht der vollen Macht des Marktes und der Notwendigkeit eines Massenpublikums ausgesetzt sind. Während wir im klassischen Hollywood-System eine immer größere Konvergenz zwischen narrativer Ökonomie und industrieller Effizienz sehen (durch Arbeitsteilung und continuity script), stehen in der deutschen Filmindustrie unter Pommer die narrativen Stile, für die sich Regisseure interessieren (oder die sie in ihren Anstrengungen um künstlerische Legitimation oder Respektabilität anstreben) in einem Spannungsverhältnis mit der praktischen Seite der Produktion.

Diese stärker »experimentelle« Produktionsweise ist möglich, weil, anders als im amerikanischen System (das schon Mitte der 10er Jahre vollkommen nachfrage-orientiert und auf Premierentermine hin organisiert ist), das Pommer-Modell noch immer produktions-orientiert ist und dem Regisseur völlige Kontrolle gibt.

Im Fall der Prestige-Produktionen der Ufa hat Pommers Risiko-Bereitschaft durchaus ihre innere Logik: Die Entwicklung im Bereich der Special-effects und der technologischen Innovation geht Hand in Hand mit dem komplexen Stil. Sie sind Teil einer Strategie, die das Eindringen in europäische und Überseemärkte vermittels technologischer Wunder erfordert und sich zugleich an die heimische Geschmackselite durch stilistischen Eklektizismus wendet, der »Kunst« signalisieren soll. Mit dieser dualen Produktionstaktik befördert Pommer einen europäischen »Qualitäts«-Markt, innerhalb dessen Qualität für künstlerische Exzellenz und Originalität steht, also anders als das Qualitätskriterium Hollywoods, das mit (der in der Konsumgüter-Herstellung üblichen) Standardisierung und Produktuniformität zu tun hat und dem Publikum garantiert, jeder Film werde seinen Erwartungen in genau derselben Weise entsprechen, wie sie durch den vorherigen geweckt worden sind: das Prinzip der industriellen »Qualitätskontrolle«. Im Kino wird diese Art der Qualität zur Basis des regelmäßigen Besuchs, der »Kinosucht«.

Im Gegensatz dazu kann die industrielle Basis der Ufa, mit dem von der Produktion geduldeten Avantgarde-Konzept aus unsicheren Produktionsplänen, unbegrenzten Budgets und offenen Premierenterminen, nur bedingt rationell funktionieren. Langs KRIEMHILDS RACHE muß zum Beispiel ohne den letzten Akt uraufgeführt werden, weil Lang es nicht geschafft hat, den Schnitt rechtzeitig zu beenden, während die Premiere wegen der kostspieligen Pressekampagne und der Kinowerbung nicht mehr verschoben werden kann. Die Ufa und Pommer nehmen offenbar solche Risiken in Kauf, um Prototypen zu entwickeln und international einen Spitzenplatz zu behaupten. Langfristige Ziele wie der Aufbau einer Markenidentität gehen vor kurzfristigen Profit.

Die deutschen Kritiker der Ufa sehen das anders. Was sie in so gut wie allen Ufa-Filmen vermissen, ist eine Verpflichtung gegenüber dem »Realismus« und gegenüber Themen, die aus dem Alltag entnommen sind. Solch eine Forderung, die ganz verständlich erscheint, eingedenk einer Kritikergemeinde, die noch immer vom literarischen Naturalismus geprägt ist, läßt sich nicht mit den Exportzielen vereinbaren, die Pommer verfolgt. Für das Ausland ist die Realität in Deutschland noch zu sehr verbunden mit dem Ersten Weltkrieg als daß zeitgenössisches Lokalkolorit ein internationales Publikum ansprechen könnte. Während das deutsche Kino vor 1918 häufig auf Originalschauplätze, realistische Dekorationen und zeitgenössische Themen zurückgreift, wird es deutlich, daß nach dem Krieg nur noch Produktionen, die für den heimischen Markt bestimmt sind (Aufklärungsfilme, Komödien, Melodramen wie Reinhold Schünzels DAS MÄDCHEN AUS DER ACKERSTRASSE) auf Realismus zurückgreifen. Prestige-Produktionen, die später mit dem deutschen »Realismus« assoziiert werden, wie SCHERBEN, HINTERTREPPE oder DER LETZTE MANN gehören eher zum Genre des ›stilisierten‹ Films als daß sie Beispiele für filmischen Realismus wären. Viele dieser ›realistischen‹ Filme werden auch von unabhängigen Firmen oder von Konkurrenten der Ufa produziert.

Im Gegensatz dazu bemängelt man in den Vereinigten Staaten an deutschen Filmen das Fehlen starker Handlungen, klar gezeichneter Konflikte, aber vor allem das Fehlen von Stars. Das Star-System ist für die internationale Filmproduktion unbedingt notwendig, denn die Qualitäten und Konnotationen eines Stars überschreiten Grenzen in einer Weise, wie es Dekorationen und Inhalte oft nicht können. Aber ein Star ist ebenso unabdingbar, wenn die Filmproduktion von einer Finanzierung durch Verleih-Garantien abhängt, denn der Star ist die Grundlage für den erfolgreichen Vorabverkauf eines Films.

Eines der Probleme, mit denen die Ufa zu kämpfen hat, liegt in dem Umstand, daß, sobald sie einen Star aufgebaut hat, Hollywood versucht, ihn wegzulocken, wie es mit Lubitschs erstem Star nach dem Krieg, Pola Negri, geschehen ist. Der einzige wahrhaft internationale Star der 20er Jahre, der auch in Deutschland arbeitet, ist Emil Jannings; er ist in vielen der deutschen Produktionen zu sehen, die in Amerika größte Erfolge erzielen: MADAME DUBARRY, VARIETÉ, DER LETZTE MANN, DER BLAUE ENGEL. Versuche, internationale Stars durch den »Import« amerikanischer Schauspielerinnen aufzubauen, sind nur zeitweise erfolgreich. Louise Brooks wird in den 20er Jahren niemals populär, Anna May Wong erregt beim amerikanischen Publikum kein Aufsehen, ebensowenig wie Betty Amann, Pommers »Entdeckung« für Joe Mays ASPHALT. Die Besetzung von Murnaus FAUST (Emil Jannings, Yvette Guilbert, Gösta Ekmann) ist ein ganz bewußter Versuch, international attraktiv zu sein: daß Camilla Horn die Rolle des Gretchens übernehmen muß, die zunächst Lilian Gish angeboten worden ist (um ihre Erfolge in Griffiths WAY DOWN EAST und BROKEN BLOSSOMS zu nutzen), ist dieser Ambition nicht förderlich. In gleicher Weise ist bemerkenswert, daß keiner von Fritz Langs Hauptdarstellern (inklusive Brigitte Helm) jemals Star-Status erworben hat, nicht einmal in Deutschland. Als Lang und Pommer Hollywood besuchen, ist Lang offenbar sehr überrascht, von Douglas Fairbanks zu hören, daß in der amerikanischen Filmindustrie der Schauspieler im Mittelpunkt stehe, nicht die Dekorationen oder die Originalität des Themas. Erst mit der Umstellung auf die neue Tontechnik – und durch den Import des amerikanischer Regisseurs Josef von Sternberg – gelingt es der Ufa, Stars wie Marlene Dietrich, Lilian Harvey, Willy Fritsch oder Marika Rökk aufzubauen, die alle dicht an das Modell amerikanischer Stars der frühen 30er Jahre angelehnt sind, ganz anders als die Vorkriegs-Diven Asta Nielsen oder Henny Porten.

Was versteht die Ufa unter Popularität? Pommers Doppelstrategie, eine Marken-Identität und ein internationales Prestige zu schaffen, scheint oft auf den Erfolg an der Kinokasse keine Rücksicht zu nehmen. Während die Kritiker hohe künstlerische Standards und Realismus fordern, sind die weithin populärsten Schauspieler Harry Liedtke und Harry Piel, Ossi Oswalda und Trude Hesterberg: Was das heimische Publikum verlangt, sind Abenteuer, die Kabarett- und Operetten-Tradition, aber die deutsche Komödie der 20er Jahre verkauft sich schlecht im Ausland. Die dominante Position der Ufa auf der internationalen Szene, während sich der Binnenmarkt in Auflösung befindet, fördert deshalb nicht die Herausbildung eines nationalen Kinos, das sowohl zuhause populär wie international angesehen ist.

Die Ufa sucht einen Ausweg aus diesem Dilemma, indem sie sich »nationalen« Themen (deutsche Geschichte, Mythen, Märchen) zuwendet. Diese Politik ist hart kritisiert worden, sowohl damals als auch in der Nachwirkung, denn DIE NIBELUNGEN, FRIDERICUS REX, ZUR CHRONIK VON GRIESHUUS, METROPOLIS sind exakt die Art von Filmen, auf die immer hingewiesen wird, um die konservativen Tendenzen der Firma und ihre Sympathien für die rechtslastigen Besitzer zu belegen. Aber das Problem liegt tiefer: Diese Produktionen, die einen außerordentlich hochentwickelten kinematografischen Apparat in den Dienst von Biedermeier-Themen, Gartenlaube-Romantik und Jugendstil-Ornamentik stellen, sind Symptom eines Kampfes zwischen einer romantischen, vor- und anti-industriellen Sensibilität einerseits und einer Gesellschaft, die sich andererseits rasch modernisiert und die Rolle einer europäischen Supermacht anstrebt. Im Gegensatz zu Frankreich oder zum Kinokonzept während des Dritten Reichs, wo Filme den Begriff der Nation um die Familie herum konstruieren und diese

1921/22. Dr. Mabuse, der Spieler.
1. Teil: Der große Spieler – Ein Bild unserer Zeit.
2. Teil: Inferno, ein Spiel von Menschen unserer Zeit.
REG Fritz Lang. AUT Thea von Harbou; nach dem Roman von Norbert Jacques. KAM Carl Hoffmann, Erich Nitzschmann. BAU Carl Stahl-Urach, Otto Hunte, Erich Kettelhut, Karl Vollbrecht. KOS Vally Reinecke.
DAR Rudolf Klein-Rogge (Dr. Mabuse), Aud Egede Nissen (Cara Carozza, Tänzerin), Gertrude Welcker (Gräfin Dusy Told), Alfred Abel (Graf Told), Bernhard Goetzke (Staatsanwalt von Wenk), Paul Richter (Hull), Robert Forster-Larrinaga (Spoerri), Hans Albert Schlettow (Georg), Georg John (Pesch), Karl Huszar (Hawasch, Leiter der Falschmünzerwerkstatt), Grete Berger (Fine, Dienerin Mabuses), Julius Falkenstein (Karsten, Wenks Freund), Lydia Potechina (Russin), Julius E. Hermann (Schramm, Proprietär), Karl Platen (Diener Tolds), Anita Berber (Tänzerin im Frack), Paul Biensfeldt (Mann, der die Pistole bekommt), Julie Brandt, Auguste Prasch-Grevenberg, Adele Sandrock, Max Adalbert, Gustav Botz, Heinrich Gotho, Leonard Haskel, Erner Hübsch, Gottfried Huppertz, Hans Junkermann, Adolf Klein, Erich Pabst, Edgar Pauly, Hans Sternberg, Olaf Storm, Erich Walter.
PRO Uco-Film der Decla-Bioscop der Ufa. DRZ November 1921 - ca. März 1922. DRO Decla-Bioscop-Atelier Neubabelsberg, Jofa-Atelier Berlin-Johannisthal. LNG 6 Akte, 3496 m (1. Teil) / 6 Akte, 2560 m (2. Teil). ZEN 25.4.1922, B.05744 / 17.5.1922, B.05744, Jv. URA 27.4.1922, Berlin (Ufa-Palast am Zoo) / 26.5.1922, Berlin (Ufa-Palast am Zoo).
Dr. Mabuse ist der geniale Verbrecher, der Mann, der seine Hände überall hat und mit seinen Verbindungen jederzeit die Lage überblickt. Kontrolle übt er in totalem Sinne aus: auf die Börse, die nächtlichen Spielhöllen, die Kokainhöhlen. An seinen Fäden hängen Menschenschicksale. Aus der Kontrolle erwächst die Fähigkeit zur rechtzeitigen Flucht.

1922. Im Kampf mit dem unsichtbaren Feind.
REG Erich Schönfelder. AUT K. L. Günther, Franz Schulz. KAM Carl Drews.
DAR Ferdinand von Alten.
PRO PAGU (Union-Film der Ufa). LNG 5 Akte, 1133 m. ZEN 13.6.1922, B.05989, Jv. URA 28.6.1922, Berlin (U.T. Kurfürstendamm).
Satan persönlich bietet dem Detektiv Bong seine Hilfe an, um den ›schönen Fredy‹, den König der Gauner, zu fangen. Dieser hat eine epochale Erfindung gestohlen, mit der Menschen unsichtbar gemacht werden können. Diese Maschine hilft dem Gauner, stets zu entkommen. Das geht solange gut, bis Bong erwacht: Alles war nur ein Traum.

1922. Hotel zum goldenen Engel.
REG Heinrich Bolten-Baeckers.
DAR Alfred Schmasow (Professor Bollermann), Leona Bergère (Amalie, seine Frau), Richard Ludwig (Lohmann, Hotelbesitzer, sein Schwiegervater), Hilde Hildebrand (Ella, seine Frau), Gustav Rudolph (Professor Meyer), Hans Stock (Kolitzki, Hotelier des ›Goldenen Engel‹), Hilde Behm (Wanda, Barfräulein), Grete Flohr (Lotte, Dienstmädchen), Rudolf Horski (Agent).
PRO BB-Film der Ufa. PRT Heinrich Bolten-Baeckers. DRO BB-Atelier Berlin Lindenstraße 32-34. LNG 3 Akte, 1200 m. ZEN 17.6.1922, B.05995, Jv.
Professor Bollermann und Schwiegersohn Lohmann fahren unter Vorwänden nach Berlin. Beider Ehefrauen riechen Lunte und fahren ihnen nach. Ein vergeblicher Kondolenzbesuch und der Bardienst im ›Goldenen Engel‹ sind nur einige der Erfahrungen, die die Frauen auf der Suche nach ihren im nächtlichen Berlin umherschwirrenden Männern machen.

1922. Das kommt vom Sekt.
REG Heinrich Bolten-Baeckers (?).
DAR Frederik Buch (Knoppchen, Stadtverordneter), Leo Peukert (Professor Rehbein), Gertrud Rottenberg (Milli, Knoppchens Tochter), Gustav Rudolph (Emanuel Kuhlenich), Leona Bergère (Malwine, verw. Strietzel, seine Frau).
PRO BB-Film der Ufa. PRT Heinrich Bolten-Baeckers.
LNG 3 Akte, 1036 m. ZEN 17.6.1922, B.06008, Jf.
Die Tochter mit einem Fremden verheiraten, den man im Suff kennengelernt hat: Das kommt vom Sekt, den der Stadtverordnete Knoppchen intus hat. Glücklicherweise ist dieser Fremde dem Töchterchen Milli aber gar nicht fremd, sondern ihr seit jeher geliebter Professor Rehbein. Das erleichtert die Sache kolossal, sorgt aber vor dem schönen Ende auch für Verdrehungen.

die Gemeinschaft repräsentiert, sind die Ufa-Filme der 20er Jahre geradezu besessen von Rivalitäten unter Geschwistern (ZUR CHRONIK VON GRIESHUUS), oder sich befehdenden Clans (DIE NIBELUNGEN), von Vater-Sohn-Konflikten (FRIDERICUS REX, METROPOLIS) und masochistischen Männern (von VARIETÉ bis DER BLAUE ENGEL). Dies zeigt einige der thematischen Belastungen, die bei dem Versuch, dieses ambitiöse Kino zum Gegenstand von »Familienunterhaltung« zu machen, also populär auf breiter Basis.

Ein Bereich, in dem die Ufa versucht, auf eben dieser breiten Basis populär zu sein, sind ihre Beziehungen zu anderen Medien der populären Kultur, wie die Presse oder die Grammophon-Musik, die sich einer wachsenden Popularität erfreut. In Nachfolge einer Strategie, mit der sich bereits die Messter-Gruppe in technologische Erprobung und nicht-kommerzielle Anwendung diversifiziert hat, bleibt die Ufa ein horizontal strukturierter Konzern, der Interessen in praktisch allen Bereichen der Kommunikations-Industrie hat. Das Kino ist nur ein Teil dieses technischen »Verbundes« (Fotografie, Präzisions-Technik, optische, elektrische und chemische Industrie). Auch der Erwerb der Afifa durch die Ufa, um auch die Filmentwicklung kontrollieren zu können, paßt in diese Strategie. In ebensolcher Weise, begreift man Film nicht nur als Unterhaltung, übernimmt die Firma eine führende Rolle auf dem Gebiet des Erziehungs-, Wissenschafts- und Kulturfilms. Die berühmte Kulturfilmabteilung unter der Leitung von Nicholas Kaufmann bedient sowohl Schulen als auch Kinos.

Diese Art horizontaler Struktur, die auf unterschiedlichen Anwendungen des Films beruht, untermauert auch die andere Seite des »Verbundes«, der schon in den frühen 20er Jahren mit der Presse- und Verlagsindustrie geschlossen worden ist. Indem sich die Decla des finanziellen Nutzens einer gleichzeitigen Mehrfachauswertung desselben Materials in verschiedenen Medien bewußt ist, schließt sie einen Vertrag mit dem Ullstein-Verlag über dessen Fortsetzungromane, der in die Gründung einer eigenen Produktions-Firma, der Uco-Film, einmündet. Aber es finden sich solche Kooperations-Verträge im gesamten Bereich des Erwerbs von literarischen oder musikalischen Eigentum, bei denen die Tantiemen- und Copyright-Spezialisten der Ufa-Drehbuch-Abteilung eine wichtige Rolle spielen. Auch in den Beziehungen der Ufa zur Fachpresse, dem Journalismus und dem Feuilleton, wo sich viele »unabhängige« Journalisten Vorwürfen der Parteilichkeit ausgesetzt sehen, weil sie auf der Lohnliste der Ufa-Werbeabteilung stehen. Und tatsächlich hat die hochentwickelte Multi-Media-Werbestrategie der Ufa – die von Gala-Premieren über Begleit-Publikationen (Thea von Harbou erweist sich in dieser Hinsicht als besonders einfallsreich) zu zentral entworfenen Dekorationen von Kinofoyers, illustrierten Programmheften, Reportagen in Modezeitschriften und unüberschaubares Publicity-Material für die Lokal- und Regionalpresse reicht – von der Publicity-Maschinerie der Hollywood-Studios nichts zu fürchten und auch wenig zu lernen.

Dennoch: die Finanzkrise des Jahres 1925, der Parufamet-Vertrag und der Zusammenbruch der Firma im Jahr 1927 scheinen all jene zu bestätigen, die behaupten, Pommer sei mit seiner Strategie der Zweiteilung der Produktion gescheitert und habe sich auf den Kampf mit Amerika nie einlassen sollen. Die Kritiker weisen darauf hin, daß während der Zeit von Pommers internationaler Renommee-Politik das Verhältnis von Produktionskosten gegenüber den Export-Einnahmen auf den niedrigsten Stand (von 60% im Jahr 1923 auf 20% im Jahr 1925 und wieder auf 50% im Jahr 1930) gesunken seien. Aber vorausgesetzt, daß die »Großfilme« nur ein Standbein des Ufa-Produktionsplans sind, und ebenfalls vorausgesetzt, daß die Filmproduktion nur ein Sektor der Ufa-Aktivitäten zur Profit-Akkumulierung sind, sollte man die Ursache für diese Krise nicht woanders suchen?

Neue Forschungen zeigen, daß im Vorfeld der Kündigungen der Bankkredite, die das Sanierungspaket Hugenbergs notwendig machen, die amerikanischen Firmen durch ihre berliner Niederlassungen Gerüchte ausstreuen lassen, und zwar nicht über die Kosten der Mega-Produktionen wie METROPOLIS, sondern darüber, daß der Kinopark der Ufa so große Verluste einbrächte, daß die Firma sich von Teilen ihrer Immobilien trennen müsse (und tatsächlich verkauft die Ufa im Januar 1927 ihr Verwaltungsgebäude, das Haus Vaterland, an die Kempinski-Hotelkette). Hat die Deutsche Bank plötzlich kalte Füße bekommen, weil sie die Immobilien der Ufa, ihre Kinos, das Romanische Haus oder das Haus Vaterland als die wahren Sicherheiten der Firma ansieht?

Die Stärke der Ufa als vertikaler Konzern mag an diesem Punkt seine Achillesverse sein, denn der Verleih-Sektor befindet sich in einem so desolaten Zustand, daß es weder gelingt, Stammpublikum an die lokalen Kinos zu binden, noch die Management-Struktur der Firma es dem Verleih- und Auswertungszweig gestattet, die Produktionspolitik der Ufa zu beeinflussen. Die Ufa ist trotz eines Besitzanteils an den deutschen Kinos von 10% bei einer Zuschaueranbindung von 40% nicht in der Lage, den Verleihmarkt zu »standardisieren« und dabei entweder die Preispolitik zu bestimmen oder zu einer die gesamte Industrie betreffenden Vereinbarung zu kommen. Andererseits ist kaum verständlich, daß der Parufamet-Vertrag in einem solchen finanziellen Desaster endet. Denn es ist ebenso klar, daß die US-Importe und Parufamet-Produktionen, wenn sie nur in den Ufa-Kinos und andernorts angemessen ausgewertet würden, in der Lage wären, diejenigen Profite abzuwerfen, die die Firma insgesamt bräuchte, um nicht in die Verlustzone abzurutschen. Die These, die Ufa sei zusammengebrochen, weil METROPOLIS und andere Filme in Amerika keine Kassenerfolge erzielten, ist wenig überzeugend und scheint eher von der anti-amerikanischen Propaganda herzurühren, mit der die Karikaturen in einem SPIO-Pamphlet von 1925 die Regierung zu einer Senkung der Vergnügungssteuer veranlassen wollen. Vielmehr liegen die größten Ufa-Verluste des Jahres 1926 auf dem heimischen Verleihmarkt, in einem Bereich also, in der die vertikale Struktur der Ufa es hätte ermöglichen können, die Schwankungen der Eintrittspreise, Vergnügungssteuerraten und Verleiheinnahmen auszugleichen.

Daß ihr das nicht gelingt, liegt daran, daß der Verleih mit der Produktion auf Kriegsfuß steht und beide zusammen mit dem Kinosektor. Die zeitgenössische Fachpresse ist voll von Artikeln über das Thema »Der Kampf um die Kinotermine«, und 1926 sind die Verleiher, die sowohl die Produzenten wie auch die Theaterbesitzer in Schach halten, zur eigentlichen Kraft in der Filmwirtschaft geworden. Doch gerade weil der Verleih der profitabelste Bereich der Wirtschaft ist, kann er auch am leichtesten zur Beute werden, d.h., daß amerikanische Firmen in der Lage sind, deutsche Verleihfirmen aufzukaufen. Andererseits, da von den 21 Stammfirmen 15 auch ihre eigene Verleihabteilung haben (wobei die vier größten Produktionsfirmen auch unter den sechs größten Verleihern sind), kann der Verleih auch recht gut wie ein Kartell organisiert werden (z.B. durch Absprachen in der Preisgestaltung und in den Verleihbedingungen), wenn nur die chronische Überkapazität unter Kontrolle gebracht werden kann. Dies gelingt jedoch nicht (bei jährlich 275 Filmen gilt der Markt als gesättigt, aber bis zu 380 Filme werden in die Kinos gebracht), und somit behindern sich die einzelnen Filme gegenseitig in ihrer Profitabilität. Andererseits braucht die Ufa bei ihren großen Studio-Kapazitäten dringend ein hohes Produktionsvolumen, die fixen Kosten und die Investitionen amortisieren zu können. Im Kampf um die Kinotermine werden Filme zu Dumping-Preisen vermietet, ein Prozeß, in dem die Amerikaner den längeren Atem haben, denn ihre ausländischen Einnahmen sind meist reine Profite, nachdem sich ihre Filme auf dem heimischen Markt bereits amortisiert haben. Mitte der 20er Jahre beherrschen die Amerikaner bis zu 40% des deutschen Marktes, und das trotz der deutschen Überproduktion. Die konkreten Zahlen für 1923: 24,5%; 1924: 33,2%; 1925: 40,7%; 1926: 44,5%; die Zahlen sind also geringer als in Frankreich (78,5%) und in Großbritannien (83,6%), bezogen auf 1926.

Überproduktion, Preiskriege und Verleih-Probleme deuten auf einen Bereich hin, wo die Organisation der deutschen Filmindustrie im allgemeinen, und speziell der Ufa, sich wesentlich von der amerikanischen Industrie unterscheidet. Dies betrifft den Zweck und die organisatorischen Strukturen der Branchen-Verbände. Oberflächlich scheint es keine gravierenden Unterschiede zwischen der MPPDA (Motion Picture Producers' and Distributors' Association) und ihrem deutschen Gegenstück, der SPIO, zu geben. Aber in Anbetracht der kartellartigen Natur der Hollywood Majors entwickelt sich die MPPDA zu einer einflußreichen Körperschaft, deren Bedeutung für die Entwicklung der amerikanischen Filmindustrie nicht überschätzt werden kann. In der Öffentlichkeit ist die 1922 gegründete MPPDA unter ihrem Vorsitzenden Will Hays vor allem durch seinen Selbstzensur-Code (der oft verlachte »Hays Code«) bekannt, aber ihre Rolle und Funktion reicht viel weiter. Sie ist national wie international eine Lobby- und Einflußgruppe, die sich mit allen Ebenen der Regierung auseinandersetzt, und nicht nur, wenn es um Sex und Moralität geht, sondern auch z.B. bei der Steuer- und Anti-Trust-Gesetzgebung. Um ihrer internationalen Rolle gerecht zu werden, gründet sie nicht nur eine spezielle Abteilung für Auslandsangelegenheiten unter der Leitung von Frederick Herron, in der alle Majors ihre Export-Interessen repräsentiert sehen, sondern sie handelt auch in der ganzen Welt wie ein diplomatisches Corps. Vor allem agiert sie als Selbstkontroll-Organ für die heimische Industrie: Sie überwacht ihre Mitglieder, um Einmischungen von außen, sei es vom Staat durch Gesetzgebung oder Besteuerung, sei es von ausländischen Konkurrenten, die auf den amerikanischen Markt vorzudringen suchen, klein zu halten oder ganz zu vermeiden.

In Deutschland hingegen findet die Industrie niemals eine solche Stimme, die wirksam für sie sprechen könnte; das liegt teilweise an der Inkompatibilität der einzelnen Firmen. Statt wie ein Kartell aufzutreten, machen sie sich offen Konkurrenz. Zudem kann die SPIO während des größten Teils des Jahrzehnts weder für die Gesamtheit ihrer Mitglieder sprechen (sie wird von süddeutschen Firmen boykottiert) noch für all die verschiedenen Sparten der Filmwirtschaft (sie tut offensichtlich nur wenig, um im Interessenkonflikt zwischen Theaterbesitzern und Produzenten zu vermitteln, sondern scheint sie im Gegenteil noch anzuheizen). Vielleicht ebenso schädlich ist die Unfähigkeit der deutschen Filmindustrie zu konzertierten Aktionen in Bezug auf Export und Auslandsbeziehungen. Jede Firma scheint auf eigene Rechnung zu handeln: Auf jeden Ufa-Aubert-Vertrag kommt ein Pathé-Westi-Fiasko, denn die verschiedenen Verleiher schließen ihre eigenen Verträge und Übereinkünfte gewöhnlich mit den amerikanischen Majors. Nachdem Universal durch Paramount und M-G-M aus dem Parufamet-Vertrag gedrängt worden

Karikaturen aus einer Broschüre der SPIO 1925

1922. Knoppchen und seine Schwiegermutter.
REG Heinrich Bolten-Baeckers.
DAR Frederik Buch (Knoppchen), Grete Flohr, Gertrud Rottenberg, Karl Heinz Klubertanz.
PRO BB-Film der Ufa. PRT Heinrich Bolten-Baeckers.
DRO BB-Atelier Berlin Lindenstraße 32-34. LNG 1 Akt, 386 m. ZEN 23.6.1922, B.06065, Jf. URA 6.10.1922, Berlin (Kammerlichtspiele).
– Beiprogramm-Film.

1922. Der Herr Landrat.
REG Heinrich Bolten-Baeckers, Charles Decroix.
DAR Leo Peukert.
PRO BB-Film der Ufa. PRT Heinrich Bolten-Baeckers.
DRO BB-Atelier Berlin Lindenstraße 32-34. LNG 3 Akte, 1008 m. ZEN 5.7.1922, B.06120, Jv.

1922. Vanina. Die Galgenhochzeit.
REG Arthur von Gerlach. AUT Carl Mayer; nach der Novelle ›Vanina Vanini‹ von Stendhal. KAM Frederik Fuglsang, Willibald Gaebel. BAU Walter Reimann.
DAR Asta Nielsen (Vanina, Tochter des Gouverneurs), Paul Wegener (Gouverneur von Turin), Paul Hartmann (Octavio), Bernhard Goetzke (Priester), Raoul Lange (Henker).
PRO PAGU (Union-Film der Ufa). DRO Ufa-Union-Atelier Berlin-Tempelhof. LNG 5 Akte, 1550 m. ZEN 22.7.1922, B.06234, Jv. URA 21.9.1922, Berlin (U.T. Kurfürstendamm).
Ein Balladenstoff aus dem Risorgimento, konzipiert als Konfrontation zweier Charaktere, des mächtigen Gouverneurs und seiner Tochter, der stolzen, liebenden Vanina. Beim Sturm auf den Gouverneurspalast wird der Freiheitsheld Octavio festgesetzt. Vanina nennt ihn gegenüber dem Vater ihren Verlobten. Der Gouverneur macht zur Bedingung einer Heirat den Verrat der Aufstandspläne, läßt jedoch insgeheim Octavios Hinrichtung vorbereiten. Der Held kann von Vanina befreit werden. Beide verrennen sich in endlosen Gängen: Plötzlich stehen sie vor einer Tür, hinter der der Galgen wartet.

1922. Es leuchtet meine Liebe.
REG Paul Ludwig Stein. AUT Bobby E. Lüthge, R. Meinhardt; nach der Novelle ›Malmaison‹ von Annemarie von Nathusius. KAM Willibald Gaebel. BAU Walter Reimann.
DAR Mady Christians (Jeanne, Marquise von Chatelet), Hans Heinrich von Twardowski (Lucien, Herzog von Gramont, ihr Bruder), Olga d'Org-Belajeff (Germaine, Prinzessin von Soubise), Wilhelm Dieterle (Jules Grand (St. Just)), Theodor Loos (Graf Biron), Lia Eibenschütz (Antoinetta, Zofe de Jeanne), Harry Hardt (Jacques, Soldat bei St. Just), Ilka Grüning (Mutter St. Justs), Greta Schröder.
PRO PAGU (Union-Film der Ufa). DRO Ufa-Union-Atelier Berlin-Tempelhof. LNG 5 Akte, 2165 m. ZEN 29.7.1922, B.06273, Jv. URA 26.10.1922, Berlin (U.T. Kurfürstendamm).
Historischer Film vor dem Hintergrund der Französischen Revolution. Gezeigt werden u.a. die Sitzung des Wohlfahrtsausschusses, Gerichtsszenen und der Urteilsspruch St. Justs. Zahlreiche private Szenen sind in die Handlung verwoben; Zofe und Privatdiener führen einen Parallelflirt zur Liebelei der Herrschaften auf.

1922. Der falsche Prinz.
REG Erwin Bàron. AUT Ernst Krieger; nach dem Märchen von Wilhelm Hauff. KAM Curt Helling. BAU E. H. Zirkel.
DAR Anni Vara (Sultanin), Oscar Sabo (falscher Prinz), Victor Colani, Bruno Zeners (Sterndeuter).
PRO Ufa, Kulturabteilung. DRO Ufa-Kulturabteilung Berlin-Steglitz. LNG 4 Akte, 1445 m. ZEN 31.7.1922, B.06274, Jf.
Ein Märchenfilm.

1922. Macht der Versuchung.
REG Paul Ludwig Stein. AUT Rolf E. Vanloo.
KAM Frederik Fuglsang. BAU Jack Winter.
DAR Lil Dagover (Lola Gracia), Paul Otto (Marquis Crespa), Ilka Grüning (seine Mutter), Theodor Loos (Marcel Grandcourt), Heinrich Schroth (Mario du Raymond), Arnold Korff (Justizminister), Trude Singer (Maskierte).
PRO PAGU (Union-Film der Ufa). DRO Ufa-Union-Atelier Berlin-Tempelhof. LNG 5 Akte, 1845 m. ZEN 30.8.1922, B.06436, Jv. URA 13.10.1922, Berlin (Mozartsaal).
Die Tänzerin Lola Gracia, eine Künstlerin in einem Gala-Hofkostüm des 16. Jahrhunderts, bringt einen Zudringlichen durch die Behauptung, er habe sie berauben wollen, ins Gefängnis. Zu guter Letzt erbarmt sie sich seiner.

Der stille Herrscher: Ludwig Klitzsch, Generaldirektor von Scherl und Ufa, 1934

ist, schließt sie einen eigenen Verleih-Vertrag ab, und Warner Bros. übernimmt die Kontrolle über die National-Film, beendet bald darauf deren Produktionstätigkeit und verwandelt die Firma in einen reinen Verleih-Betrieb.

Somit kommen die notwendigen Veränderungen der deutschen Filmindustrie nicht aus internen Anstrengungen bei der Selbstregulation oder von einer konzertierten Export-Politik. Wie im Jahr 1917 wird der Industrie ein im Vergleich mit dem vertikal strukturierten Kartell der Hollywood-Majors letztendlich unbefriedigendes Semi-Monopol übergestülpt. 1927 sind die entscheidendsten Veränderungen innerhalb der deutschen Filmindustrie aus ökonomischer Sicht direkte Folgen des Sanierungs-Konzepts der Hugenberg-Gruppe. Der heimliche Held der Stunde – oft als Schurke dargestellt oder zumindest als reiner Diener seines Herrn – ist Ludwig Klitzsch. Seine Rolle wird, wenn nicht völlig ignoriert, so doch selten voll anerkannt. Auch sind die speziellen Qualitäten, die er ins Geschäft einbringt, nur halb verstanden worden. Er ist zweifellos ein brillanter Manager, aber er gehört auch zu den wenigen Leuten, die schon in den 10er Jahren eine klare Vorstellung davon haben, wie die Filmwirtschaft in Deutschland aussehen sollte. Er ist es, der mit seinem Konzept die verschiedenen Modelle zur Führung eines national und international tätigen Film-Konglomerats nach rein wirtschaftlichen Gesichtspunkten verschmilzt.

Klitzsch stellt sein Konzept der Filmproduktion erstmals 1916 in einer Sitzung der DLG vor, als die Verwendung des Films zu Propagandazwecken beraten wird. Dabei geht es weniger um politische oder nationalistische, sondern um Wirtschaftspropaganda im Mittleren und Fernen Osten, getreu dem Prinzip, daß die Geschäfte nicht nur den Kriegsflaggen folgen, sondern viel lieber noch den Filmen. Klitzschs Zeitung zu jener Zeit, die *Leipziger Illustrierte Zeitung,* bahnt der Verwendung des Films den Weg als Instrument, um die Zustimmung der Bevölkerung für den deutschen Kolonialismus zu gewinnen. Zu diesem Zweck unterstützt sie Kamera-Teams bei ihren Expeditionen. In diesem Zusammenhang begreift Klitzsch, wie erfolgreich die Briten mit dem Einsatz des Films sowohl bei ihren Goodwill-Anstrengungen im Ausland als auch bei ihrer Heimat-Propaganda sind.

Von Anfang an ist es Klitzschs Ziel, das »Nationale« in einer Weise zu definieren, daß es auch das internationale Publikum erreichen kann, denn es geht darum, durch Kultur und Kino ausländische Märkte für deutsche Waren und Dienstleistungen zu gewinnen. In dieser Hinsicht ist seine Idee der Botschafter-Rolle der MPPDA näher als den Kriegszielen der Obersten Heeresleitung. In seiner Rede stellt Klitzsch den Krieg sogar als Hindernis für die langfristigen ökonomischen Ziele Deutschlands dar. Es kann also nicht bezweifelt werden, daß nach Klitzschs Meinung die Filmindustrie auf festen ökonomischen Grundsätzen aufgebaut werden muß, bei denen politische Motive zweitrangig sein müssen.

Dies hilft ein wenig zu erklären, warum Klitzschs Restrukturierungsplan von 1928 so sehr dem amerikanischen Modell ähnelt. Er führt nicht nur die Management-Prinzipien der Hollywood-Studios ein, indem er die Finanzabteilung strikt von der Produktion trennt und den Verleih und die Niederlassungen der Ufa reorganisiert. Er führt auch das zentralisierte Produzenten-System ein und teilt die Gesamtproduktion unter verschiedene Produktionsleiter auf. Damit gewinnt er eine zentralisierte Übersicht und eine größere Arbeitsteiligkeit. Klitzsch führt auch feste Drehpläne ein, exakte Budgets und buchhalterische Kontrolle. Wenn es stimmt, daß die Hugenberg-Übernahme das ideologische Schicksal der Ufa besiegelt, dann trifft ebenso zu, daß dank Klitzsch die Ufa zum erstenmal nach strikt ökonomischen Prinzipien geführt wird. Hugenbergs

Übernahme hätte die Ufa allenthalben im Sinne seiner politischen Überzeugungen prägen können, aber Klitzschs Änderungen im Management gehen deutlich weiter. Als Pommer Ende 1927 von Klitzsch durch einen Vertrag mit seiner amerikanischen Agentur, der Producers Service Association, zur Ufa zurückgeholt wird, setzt er – völlig im Einklang mit Klitzschs Ideen – ein zentralisiertes Produzenten-System durch und übernimmt dessen Leitung.

Klitzsch sieht die Notwendigkeit, auch die Branchen-Verbände zu reformieren, und wieder folgt er Will Hays' Beispiel (den er 1927 besucht hat) und unternimmt Schritte, die SPIO in eine Selbstkontroll-Organisation für die gesamte Filmindustrie, ganz wie die MPPDA, umzuwandeln. Diese Richtungsänderung wird weithin abgelehnt und führt, als Gegenmaßnahme, zur Gründung der Dacho, deren erster Präsident, Lupu Pick, wie sein Nachfolger G. W. Pabst die kleineren Produktionsfirmen (Rex- bzw. Nero-Film) vertritt. Die Ablehnung hat ihren Grund nicht zuletzt in dem Umstand, daß in Deutschland die Übernahme der SPIO-Leitung durch die Ufa als Dominanz angesehen wird, wodurch sich ein weiteres Mal zeigt, daß das Modell der amerikanischen Filmindustrie nicht ohne weiteres den deutschen Bedingungen angepaßt werden kann. Indem sich die SPIO langsam zu einer Organisation wandelt, die ihre Mitglieder reglementiert, um eine Lobby-Organisation der Industrie zu werden, ebnet sie den Weg für die Übernahme durch die Nazis – ein Paradoxon, wenn man bedenkt, daß es das ursprüngliche Ziel gewesen ist, die deutsche Filmindustrie mit den amerikanischen Praktiken kompatibel zu machen, das heißt vor staatlichen Übergriffen zu schützen. Deshalb wird Klitzsch nie der deutsche Will Hays, so sehr er auch die heimische Filmwirtschaft umorganisiert und die deutschen Industrie-Interessen im Ausland verteidigt (wie z.B. in seinen erfolgreichen Neuverhandlungen über den Parufamet-Vertrag).

Dies führt uns zu einem letzten Paradoxon: Die Geschichte der Ufa und der deutschen Filmindustrie läßt sich vielleicht weniger dadurch charakterisieren, daß sie zu rechtslastig oder das Produkt des preußischen Militärs gewesen sei, noch, daß sie kapitalistisch sei. Das Dilemma mag sein, daß die Industrie zu lang als bloßes Handwerk, als Manufaktur existierte, daß sie selbst nach Gründung der Ufa gleichzeitig zu zentralisiert und nicht konsequent genug zentralisiert operierte. Mit anderen Worten: Ihr Problem bestand nicht darin, zu kapitalistisch zu sein, sondern zu wenig. Ihre Mißerfolge und Triumphe wurden weder von Narren oder Schurken verursacht noch durch Verschwörungen, sondern durch das riskante Spiel, bereit zu sein, ein paar Schlachten zu gewinnen und andere zu verlieren; es waren manchmal kluge, oft aber schlechte Management-Entscheidungen.

Die Moral der Geschichte ist, daß immer dann, wenn die Ufa sich erfolgreich oder stark genug fühlte, mit der amerikanischen Filmindustrie konkurrieren zu können, sie es besser mit kapitalistischen Mitteln hätte tun sollen – oder lieber ganz lassen. Die deutsche Filmwirtschaft zögerte zu lange, einen funktionierenden heimischen Markt aufzubauen. Das bedeutet, daß die politische Beschreibung der Ufa insgesamt etwas irreführend und unvollständig ist. Es ist das Dilemma jeden Historikers der Ufa, ob er seine Geschichte aus einem linksliberalen oder einem vergleichenden Blickwinkel schreiben soll. Der vergleichende Blick, der hier ganz bewußt gewählt wird, ist nolens volens ein kapitalistischer, denn er beschreibt die amerikanische Filmindustrie, ein kapitalistisches Geschäft par excellence, als Norm. Aber wer immer über Kino spricht, sei es national oder international, muß über das amerikanische Kino reden, ohne das die Erfindung der Lumières sehr wahrscheinlich keine Geschichte gehabt hätte und wir nicht seit fünfundsiebzig Jahren über die Ufa diskutieren würden...

Thomas Elsaesser

Filme im Verleih der Ufa 1923

Januar. ★ 1922. D. **Das Komödiantenkind.** REG Fred Sauer. DAR Grete Reinwald, Harry Hardt, Robert Leffler. PRO Hermes. 2148 m. ★ 1920. DK. **Der fliegende Holländer. 2 Teile.** Den flyvende Hollaender. REG Emanuel Gregers. PRO Nordisk. 5 Akte, 2172 m / 5 Akte, 1583 m. ★ 1922/23. D. **Schlagende Wetter.** REG Karl Grune. DAR Liane Haid, Eugen Klöpfer, Walther Brügmann. PRO Stern. 5 Akte, 2201 m. ★ **Februar.** ★ 192? USA. **Freund oder Weib.** PRO Metro. 6 Akte, 1739 m. ★ 192? S. **Ehefreuden.** PRO Svenska Biograf. 5 Akte, 1646 m. ★ 1917. S. **Verlobungsschmerzen.** Thomas Graals Bedste. REG Mauritz Stiller. PRO Svenska Biograf. 6 Akte, 1354 m. ★ 1922/23. D. **Sodom und Gomorrha. 1. Die Sünde. - 2. Die Strafe.** REG Michael Kertesz (= Curtiz). DAR Georg Reimers, Michael Varkonyi, Lucy Doraine. PRO Sascha. 5 Akte, 2066 m / 6 Akte, 1830 m. ★ 1922/23. D. **Die blonde Geisha.** Eine Filmoperette. REG Ludwig Czerny. DAR Ada Svedin, Charles Willy Kayser, Ferry Sikla. PRO Noto. 5 Akte, 1974 m. **März.** ★ 1922/23. D. **Tragödie der Liebe. 4 Teile.** REG Joe May. DAR Mia May, Emil Jannings, Erika Glässner, Wladimir Gaidarow. PRO May-Film. 5 Akte, 1939 m / 5 Akte, 1790 m / 5 Akte, 1719 m / 5 Akte, 1984 m. ★ 1922/23. D. **Fridericus Rex. 3. Sanssouci, 4. Schicksalswende.** REG Arzen von Cserépy. DAR Otto Gebühr, Erna Morena, Eduard von Winterstein. PRO Cserépy-Film. 6 Akte, 1786 m / 6 Akte, 2612 m. ★ 1921. USA. **Zwei Waisen im Sturm der Zeiten.** Orphans of the Strom. REG D. W. Griffith. DAR Lillian Gish, Dorothy Gish, Joseph Schildkraut. PRO Griffith. 6 Akte, 2141 m / 6 Akte, 1388 m. ★ 1919. USA. **Im Netz verstrickt.** Blind Man's Eyes. REG John Ince. DAR Bert Lytell, Frank Currier, Naomi Childers. PRO Metro. 5 Akte, 1444 m. ★ **April.** ★ 1919. USA. **Dienstbotennot.** The Uplifters (?). REG Herbert Blanché. DAR May Allison, Pell Trenton, Alfred Hollingsworth. PRO Metro. 5 Akte, 1296 m. ★ **Mai.** ★ 1919. USA. **Eine Blüte gebrochen.** Broken Blossoms. REG D. W. Griffith. DAR Lilian Gish, Donald Crisp, Richard Barthelmess. PRO Griffith. 6 Akte, 1622 m. ★ 1919. USA. **Eine Zwangsehe.** Please Get Married. REG John E. Ince. DAR Viola Dana, Antrim Short. PRO Metro. 5 Akte, 1366 m. ★ 1919/20. USA. **Fräulein Liliput, das Reisespielzeug.** The Willow Tree. REG Henry Otto. DAR Viola Dana, Edward Connelly. PRO Metro. 5 Akte, 1424 m. ★ 1917. USA. **Die Lieblingstochter des Maharadscha.** Lady Barnacle. REG John H. Collins. DAR Viola Dana, Robert Walker. PRO Metro. 5 Akte, 1401 m. ★ 1920. USA. **Die Rache der Tänzerin.** Cinderella's Twin. REG Dallas M. Fitzgerald. DAR Viola Dana, Wallace MacDonald. PRO Metro. 5 Akte, 1326 m. ★ **Juni.** ★ 1923. D. **Die Taifunhexe.** REG Alexander von Antalffy. DAR Assunta Avalun, Hans Schweikart. PRO Bios-Film. 4 Akte, 1958 m. ★ 1923. USA. **Klippen in Sicht.** DAR Viola Dana. PRO Metro. 5 Akte, 1267 m. ★ 1923. USA. **Der Kampf um das Erbe der Halbmondfarm.** PRO Universal. 5 Akte, 1530 m. ★ 1923. D. **Das Milliardensouper.** REG Victor Janson. DAR Ossi Oswalda, Georg Alexander, Victor Janson. PRO Ossi Oswalda-Film. 5 Akte, 2132 m. ★ **August.** ★ 1923. USA. **Taifun.** REG Allen Holubar. DAR Dorothy Philips, Robert Ellis. PRO First National. 7 Akte, 2328 m. ★ 1922. A. **Serge Panine.** Sergius Panin. REG Maurice de Marson. DAR Albert Kersten, Willy Hendrichs. PRO Sascha. 5 Akte, 1829 m. ★ 1923. H. **Der Dornenweg zum Glück.** DAR Hanni Reinwald. PRO Lapa-Film. 6 Akte, 1386 m. ★ 1923. D. **Der Tiger im Zirkus Farini.** REG Uwe Jens Krafft. DAR Helena Makowska, Arnold Korff, Aruth Wartan. PRO Jakob Karol-Film. 6 Akte, 2339 m. ★ 1923. D. **Alles für Geld.** REG Reinhold Schünzel. DAR Emil Jannings, Ulrich Bettac, Dagny Servaes. PRO Emil Jannings-Film. 6 Akte, 2821 m. ★ 1923. D. **Die letzte Sensation des Zirkus Farini.** REG Uwe Jens Krafft. DAR Helena Makowska, Arnold Korff, Elsie Fuller. PRO Jakob Karol-Film. 6 Akte, 2399 m. ★ 1923. GB. **Shakletons Todesfahrt zum Südpol.** Southward on the ›Queste‹. REG Ernest Shakleton. PRO Ralph Minden-Film. 7 Akte, 2033 m. ★ 1923. D. **Der Geldteufel.** REG Heinz Goldberg. DAR Otto Gebühr, Alexandra Sorina, Karl Forest. PRO Wörner. 6 Akte, 2252 m. ★ **September.** ★ 1921/22. DK. **Sommer, Sonne und Studenten.** Sommer, Sol og Studiner. REG Lau Lauritzen. DAR Pat und Patachon. PRO Palladium. 4 Akte, 932 m. ★ 1922/23. DK. **Im siebenten Himmel.** Blandt Byens Born. REG Lau Lauritzen. DAR Pat und Patachon. PRO Palladium. 5 Akte, 1774 m. ★ 1922. DK. **David Copperfield.** David Copperfield. REG Anders Wilhelm Sandberg. PRO Nordisk. 7 Akte, 2332 m. ★ 1923. S. **Leute aus Wärmland (Die Sünden der Väter.)** REG Erik Petschler. PRO Svea. 6 Akte, 2030 m. ★ 1923. S. **Mit den Zugvögeln nach Afrika.** Som flyttfägel i Afrika. REG Bengt Berg. PRO Svenska Biograf. 5 Akte, 1511 m. ★ 1920. USA. **Mädchenlos.** Way Down East. REG D. W. Griffith. DAR Lillian Gish, Richard Barthelmess. PRO Griffith. 8 Akte, 2626 m. ★ 1922/23. D. **Inge Larsen.** REG Hans Steinhoff. DAR Henny Porten, Paul Otto, Ressl Orla. PRO Henny Porten-Film. 5 Akte, 1832 m. ★ 1923. USA. **Das Zeichen an der Tür.** REG Herbert Brenon. DAR Norma Talmadge. PRO First National. 6 Akte, 2309 m. ★ 1923. N. **Fahrendes Volk.** REG Amund Rydland. PRO Kommunernes-Film. 5 Akte, 1420 m. ★ 1922. DK. **Die Braut aus Australien.** Mellem muntre Musikanter. REG Lau Lauritzen. DAR Pat und Patachon. PRO Palladium. 5 Akte, 1582 m. ★ **Oktober.** ★ 1923. DK. **Brautfahrt mit Hindernissen.** PRO Palladium. 6 Akte, 1795 m. ★ 1923. USA. **Die Stimme des Blutes.** PRO Metro. 5 Akte, 1324 m. ★ 1922. USA. **Jackie, der tapfere kleine Held.** Trouble (?). REG Albert Austin. DAR Jackie Coogan. PRO Coogan/First National. 5 Akte, 1387 m. ★ 1923. A. **Die letzte Fürstin.** PRO Sascha. 5 Akte, 1450 m. ★ 1923. USA. **Der Börsenkönig von Wallstreet.** PRO Triangle. 5 Akte, 1066 m. ★ 1921. DK. **Film, Flirt und Verlobung.** Film, Flirt og Forlovelse. REG Lau Lauritzen. DAR Pat und Patachon. PRO Palladium. 4 Akte, 1100 m. ★ **November.** ★ 1923. USA. **Die Urkunde ohne Schrift.** PRO Star Social. 6 Akte, 1448 m. ★ 1923. USA. **Piraten der Großstadt.** PRO Star Social. 6 Akte, 1462 m. ★ 1923. USA. **Haus der tausend Rätsel.** PRO Star Social. 6 Akte, 1469 m. ★ 1923. USA. **Schatz bei den Kannibalen.** PRO Star Social. 6 Akte, 1608 m. ★ 1921. USA. **The Kid.** The Kid. REG Charles Chaplin. DAR Charles Chaplin, Jackie Coogan, Edna Purviance. PRO Chaplin/First National. 5 Akte, 1663 m. ★ 1923. S. **Auf amerikanischen Jagdpfaden.** PRO Svenska Biograf. 6 Akte, 1822 m. ★ 1923. D. **Die Straße.** REG Karl Grune. DAR Eugen Klöpfer, Lucie Höflich, Aud Egede Nissen. PRO Stern. 6 Akte, 2057 m. ★ **Dezember.** ★ 1923. D. **Sylvester.** REG Lupu Pick. DAR Edith Posca, Eugen Klöpfer, Frida Richard. PRO Rex. 4 Akte, 1529 m. ★ 1923. D. **Das kalte Herz.** REG Fred Sauer. DAR Fritz Schulz, Grete Reinwald, Frida Richard. PRO Hermes. 6 Akte, 1847 m.

1922. Phantom.
REG Friedrich Wilhelm Murnau. AUT Thea von Harbou; nach dem Roman von Gerhart Hauptmann. KAM Axel Graatkjaer, Theophan Ouchakoff. BAU Hermann Warm. AU Hermann Warm, Erich Czerwonski. KOS Vally Reinecke. KINO-MUS Leo Spieß.
DAR Alfred Abel (Lorenz Lubota), Frida Richard (seine Mutter), Aud Egede Nissen (Melanie, seine Schwester), Hans Heinrich von Twardowski (Hugo, ein jüngerer Bruder), Karl Etlinger (Buchbindermeister Starke), Lil Dagover (Marie, seine Tochter), Grete Berger (Frau Schwabe, Pfandleiherin), Anton Edthofer (Wigottschinski), Ilka Grüning (Baronin), Lya de Putti (Melitta, ihre Tochter), Adolf Klein (Eisenwarenhändler Harlan), Olga Engl (seine Frau), Lya de Putti (Veronika, beider Tochter), Heinrich Witte (Amtsdiener), Wilhelm Diegelmann, Eduard von Winterstein, Arnold Korff.
PRO Uco-Film der Decla-Bioscop der Ufa. AUL Hermann Bing. DRZ Mai - Oktober 1922. DRO Decla-Bioscop-Atelier Neubabelsberg; AA Freigelände Neubabelsberg. LNG 6 Akte, 2905 m. ZEN 3.11.1922, B.06698, Jv. URA 13.11.1922, Berlin (Ufa-Palast am Zoo).
Dem Ratsschreiber Lorenz Lubota begegnet auf der Straße ein reiches Fräulein, das sein unerreichbares Idol wird. Er gerät in die Hände einer Gelegenheitsmacherin, deren Tochter dem Idol ähnelt. Im schnellen Wirbel erfolgt der Sturz in die Tiefe bis hin zum Diebstahl bei einer reichen Tante, der geizigen Pfandleiherin, die sein handfester Kumpan ermordet. Der Schluß ist eine Pastorale der Veredlung und Versöhnung.

1922. Der böse Geist Lumpaci Vagabundus.
REG Carl Wilhelm. AUT Carl Wilhelm; nach dem Bühnenstück von Johann Nestroy. KAM Willibald Gaebel. BAU Carl Ludwig Kirmse. Entwürfe und Figurinen Walter Trier.
DAR Hans Albers (Lumpaci Vagabundus), Otto Laubinger (Leim, Tischlergeselle), Fritz Hirsch (Zwirn, Schneidergeselle), Karl Etlinger (Knieriem, Schustergeselle), Otto Sauter-Sarto (Tischlermeister Hobelmann), Gisela Schönfeld (Tochter Peppi), Wilhelm Diegelmann, Lisa Marton, Sacy von Blondel, Hermann Picha, Hans Brausewetter, Hermine Sterler, Fritz Richard, Josefine Dora, Adolphe Engers.
PRO Carl Wilhelm-Film der Ufa. AUL Rudolf Strobl. LNG 7 Akte, 2340 m. ZEN 7.9.1922, B.06491, Jf. URA 12.9.1922, Berlin (Ufa-Palast am Zoo).
Der böse Geist schließt mit den guten Feen Fortuna und Amorosa eine Wette ab, daß es ihm gelingen wird, drei Wanderburschen auf die schiefe Bahn zu bringen.

1922. Der Steinach-Film (populäre Fassung).
REG Nicholas Kaufmann, Curt Thomalla. AUT Nicholas Kaufmann, Eugen Steinach, Curt Thomalla.
PRO Ufa, Kulturabteilung. LNG 6 Akte, 2124 m. ZEN 13.11.1922, B.06673, Jv. URA 13.1.1923, Berlin (Ufa-Palast am Zoo).
– Sexualmedizinischer Aufklärungsfilm.

Warenhaus des Films
Filmpaläste in Berlin

»14.700 Personen haben Sonnabend, Sonntag und Montag den Ufa-Palast am Zoo besucht. Tausende mußten umkehren, weil keine Karten zu haben waren. Biletthändler haben 15 bis 20 Mark pro Platz erhalten.« (8 Uhr-Abendblatt, 2.10.1925) Das Kinofieber hat die Massen ergriffen, und sie strömen in »das schönste Theater des Kontinents«, das der Konzern aufwendig umgestaltet hat.

Zusammen mit dem Gloria-Palast ist es das glitzernde Schaufenster, in dem die Ufa ihre neuesten Kreationen präsentiert. Und wie in jedem exklusiven Modegeschäft wird ständig umdekoriert. Schon bei der Gründung hat sich die Ufa mit Übernahme der U.T. (Union Theater) Lichtspiele eine gute Ausgangsbasis geschaffen: ein Netz von 40 über ganz Deutschland verteilte Kinos. Der erste Neubau ist der Ufa-Palast am Zoo, glanzvoll eröffnet am 18. September 1919 mit Lubitschs MADAME DUBARRY. Übrigens ist der gar kein Neubau, sondern der Umbau einer Ausstellungshalle, 1912 errichtet und denkbar ungeeignet für ein Kino, das Werbeflächen braucht, um Zuschauer anzulocken. Die riesige und phantasievolle Außenreklame verdeckt dann meistens auch die eigentliche Fassade.

Deutschtümelei und Amerikanismus, diese Mischung prägt die Wiedereröffnung 1925. Der Film – CHARLEYS TANTE mit Sid Chaplin – ist nur ein Teil des Unterhaltungsprogramms. Es beginnt mit Wagners »Tannhäuser-Ouvertüre« und schließt mit dem Potpourri »Deutsches Studentenleben in der Fremde«. »I want to be happy« trällern die Ufa-Girls. Für das Gesamtarrangement zeichnet Sam Rachmann verantwortlich.

»Ein Riesentheater, das auch den verwöhntesten Ansprüchen an Pracht, Bequemlichkeit und gutem Geschmack Rechnung trägt«, lobt die Ufa sich selbst in der Festbroschüre. »Ernö Rapée, der langjährige Dirigent des größten und prächtigsten New-Yorker Kinos, des Capitol, schwingt das musikalische Szepter über ein ausgesuchtes Symphonie-Orchester, das nicht weniger als 75 Mann zählt. Das Ufa-Ballett – erlesene, jugendschöne Gestalten – leitet Alexander Oumanski, ein genialer Ballettmeister, der gleichfalls jenseits des großen Teiches reiche Erfahrungen sammeln konnte.« Die Kritiker sind durchaus nicht alle begeistert. »Die Ausstattung ist mit preiswerten Flittern zum Bluff des Publikums bestimmt. Ein großes Orchester spielt unter einem Kapellmeister, dem die Seele fehlt, der aber für strammen Rhythmus sorgt.« (Das Blaue Heft, 1.1.1926) In der Tagespresse mokiert man sich über den Dirigenten, der mit dem Taktstock die Musiker aufste-

Die Flaggschiffe der Ufa-Kinokette: Der Gloria-Palast im Romanischen Haus und – schräg gegenüber – der Ufa-Palast am Zoo

Gepflegte Eleganz im traditionellen Premierenkino der Ufa: U.T. Kurfürstendamm

hen und sich wieder setzen läßt. »Das ist alles reichlich amerikanisch, aber sein Orchester hat er vorbildlich in der Hand.« (Berliner Börsen-Zeitung, 26.9.1925)

Nach einer Saison wird wieder alles anders. Was vor einem Jahr Trumpf war, gilt jetzt als Niete. »Die eingetretene Amerikanisierung in der Art der Aufmachung wird gänzlich in Fortfall kommen«, verspricht die Ufa (Reichsfilmblatt, 7.8.1926). Nun macht man auf volkstümlich: Die Eintrittspreise werden gesenkt. Keine numerierten Plätze mehr. Kein Luxusbufett, sondern ein Café mit zivilen Preisen. Die Bühnenschau beschränkt sich auf Varieté-Darbietungen; das Ufa-Ballett ist verschwunden, das Orchester dezimiert. Das neue Leitbild heißt: »Warenhaus des Films«. Der Konzern hat seine Ladenkette in Berlin neu geordnet: Der Zoo-Palast ist das große Kaufhaus für alle, der Gloria-Palast das gediegene Filmtheater für die besser situierten Bevölkerungsschichten.

»Berlin hat sein Luxuskino der oberen Zehntausend«, kommentiert der *Film-Kurier* (23.1.1926) zur Eröffnung des Gloria-Palastes. Die Idee, im Romanischen Haus am Kurfürstendamm ein Kino einzubauen, hatte nicht die Ufa. Doch dem Bauherrn Hanns Lippmann von der Gloria-Film geht die Puste aus; er muß sich mit einem potenten Finanzier zusammentun. Das Haus steht unter Denkmalschutz, an der äußeren Fassade darf nichts verändert werden – marktschreierische Kinoreklame ist hier nicht möglich, dezent leuchtet in farbigen Fenstern lediglich der Name Gloria. Der prunkvolle Bau ist einem Barock-Palais nachempfunden. Spätbarock der 20er Jahre auch im Innern: Das zarte Grün und Gold der Wände kontrastiert mit dem leuchtenden Rot der Polstersessel und den Damastvorhängen im Zuschauerraum. Im Foyer bunter Marmor und rote Teppiche. Ein »Festspielhaus für den deutschen Film«, dessen kostbare Interieurs eher an ein Hoftheater erinnern denn an ein modernes Kino. (Einziges Zugeständnis an die Neuzeit: die Fahrstühle.)

Zur Eröffnung am 6. Februar 1926 kommen die Herren im Smoking und die Damen im Abendkleid (nur geladenes Publikum). Statt des üblichen Varieté-Tingeltangels gibt es im Vorprogramm die Uraufführung einer Pantomime von Frank Wedekind mit Lil Dagover in der Hauptrolle. Der Film – die Uraufführung von Murnaus TARTÜFF – fällt bei der Kritik zwar durch, doch tut dies dem gesellschaftlichen Ereignis keinen Abbruch. Im Foyer kann man zur Erinnerung an den großen Abend Jannings und Dagover als Fayence-Figuren erwerben (ausgeführt von der Versuchsanstalt der staatlich Preußischen Porzellan-Manufaktur, Verkaufspreis 80 Mark). Für den Gloria-Palast läßt sich die Ufa-Werbeabteilung etwas Besonderes einfallen. So lädt die Direktion zum Fünf-Uhr-Tee: Bei den Nachmittagsvorstellungen ist ein Gedeck im Eintrittspreis inbegriffen.

Die Filmpaläste bieten den Rahmen für glanzvolle Premieren, ökonomisch gesehen sind sie ein Verlustgeschäft, bei dem die Ufa kräftig draufzahlt. In der Saison 1926/27 macht der Zoo-Palast rund 300.000 RM, der Gloria-Palast 130.000 RM Verlust. Das Geld bringen die anderen Häuser, die Vorstadtkinos und Provinztheater. Die Ufa besitzt im Reich mehr als hundert Kinos mit 100.000 Plätzen (die Zahl schwankt ständig, neue kommen hinzu, alte werden abgestoßen). Vom Capitol in Aachen und dem Odin-Palast in Barmen bis zum Ufa-Palast in Wiesbaden und den Luitpold-Lichtspielen in Würzburg: Die Ufa-Betriebe machen zwar nicht einmal 10% aller Abspielstätten in Deutschland aus, aber die größten und schönsten Filmtheater im Ort tragen fast immer das Rhombus-Zeichen. Im Ausland verfügt man über einige Prestigeobjekte, und besonders stolz ist die Firma auf ihre drei Kinos in den USA: das Cosmopolitan in New York, die Ufa-Cinemas in Chicago und Cincinnati.

Michael Töteberg

1922. Tabea, stehe auf!
REG Robert Dinesen. AUT Adolf Lantz; nach dem Roman von Margarete Böhme. KAM Carl Drews. BAU Jack Winter.
DAR Lotte Neumann, Peter Nielsen, Paul Otto, Karl Platen, Peter Ihle, Hugo Werner-Kahle, Hans Heinrich von Twardowski, Julia Serda, Guido Herzfeld, Dora Schlüter, Theo Lucas, Maria Forescu, Walter von Allwörden, Loni Nest.
PRO PAGU (Union-Film der Ufa). AUL Max Wogritsch. DRZ ab Juni 1922. DRO Ufa-Union-Atelier Berlin-Tempelhof. LNG 6 Akte, 1936 m. ZEN 24.11.1922, B.06777, Jv. URA 22.12.1922, Berlin (U.T. Nollendorfplatz).
– AT: *Die kleine Madonna*.
Ein streng erzogenes Mädchen will einmal eine Faschingsfreude haben. Sie nimmt aus dem Laden ihres Pflegevaters, eines Goldschmieds, einen kostbaren Schmuck. Auf dem Ball verliert sie ihn und kommt ins Gefängnis. Später stellt sich ihre Unschuld heraus und die Liebe zu einem Manne ein.

1922. Lohengrins Heirat.
REG Leo Peukert.
DAR Leo Peukert.
PRO BB-Film der Ufa. PRT Heinrich Bolten-Baeckers. DRO BB-Atelier Berlin Lindenstraße 32-34.
LNG 3 Akte, 1020 m. ZEN 8.12.1922, B.06829, Jv.

1922. Der falsche Dimitry.
REG Hans Steinhoff. AUT Hans Steinhoff, Paul Beyer. KAM Helmar Lerski. BAU Walter Reimann. Künstlerischer Beirat Leo Witlin. Technischer Beirat Fritz Lück.
DAR Alfred Abel (Zar Iwan der Grausame), Agnes Straub (Zarin Marfa), Eugen Klöpfer (Boris Godunow), Friedrich Kühne (Bitjagowsky), Ilka Grüning (Amme Pawlowa), Paul Hartmann (Peter Grigory), Hanni Weisse (Marina), Gina Relly (Nastja), Hans Heinrich von Twardowski, Wassilij Wronsky (Mistislawsky), Eduard von Winterstein (Bielsky), Heinrich Schroth (Jurjew), Josef Klein (Schuiskj), John Gottowt (Narr), Leopold von Ledebur (Woiwode Mnisek), Harry Hardt (Fürst Leschinsky), Fritz Achterberg (Odowalsky), Hans Albers (Graf Jaro Lenski), Lothar Müthel (polnischer Abgesandter), Georg Baselt (Wirt), Tatjana Tarydina (Wirtin), Wilhelm Diegelmann (Patriarch Hiob), Jaro Füth, Oscar Sabo (Bauer), Arthur Bergen, Erhard Siedel, Hugo Döblin, Heinrich Gotho (4 Schamanenzauberer), Georg Heinrich Schnell (Bronsky), Franz Egenieff.
PRO Gloria-Film der Ufa. PRL Hanns Lippmann. DRZ Mai – Juni 1922. DRO Filmwerke Staaken. LNG 2694 m, 6 Akte. ZEN 13.12.1922, B.06838, Jv. URA 15.12.1922, Berlin (Ufa-Palast am Zoo).
– Premiere zugunsten der Unterstützungskasse des Reichsverbandes der Deutschen Presse.
Ein Zarenschicksal. Es geht um den tragischen Betrüger wider Willen Peter Grigory, nachmaliger Zar Dimitry.

1922. Steinachs Forschungen (wissenschaftliche Fassung).
REG Nicholas Kaufmann, Curt Thomalla. AUT Nicholas Kaufmann, Eugen Steinach, Curt Thomalla.
PRO Ufa, Kulturabteilung. LNG 6 Akte, 2255 m.
ZEN 13.12.1922, 0.99 b, Jv.
– Sexualmedizinischer Aufklärungsfilm.

1922. Lola Montez, die Tänzerin des Königs. Die Geschichte einer Abenteuerin.
REG Willi Wolff. AUT Willi Wolff, Paul Merzbach. KAM Arpad Viragh. BAU Stefan Lhotka.
Künstlerischer Beirat Paul Merzbach.
DAR Ellen Richter (Lola Montez), Arthur Bergen (Madras, Zigeuner), Hugo Döblin (Gouverneur von Barcelona), Heinrich George (Don Miguel, Infant von Spanien), Hermann Picha, Frida Richard (Zigeunerin), Mizzi Schütz, Georg Alexander (Studiosus Ludwig von Hirschberg), Maria Forescu, Rudolf Meinhardt-Jünger, Fritz Schulz, Fritz Beckmann, Gustav Botz, Julius Falkenstein, Max Gülstorff (Journalist Beauvallon), Leonhard Haskel (Pillet, Direktor der Pariser Oper), Robert Scholz (Louis Napoleon), Alfred Walters, Curt Wolowski, Georg Baselt (v. Pechmann, Polizeipräsident von München), Wilhelm Diegelmann, Carl Geppert, Martha Hoffmann, Hans Junkermann (Hoftheaterintendant), Fritz Kampers (Lieutenant Nussbaum), Arnold Korff (Ludwig I., König von Bayern), Friedrich Kühne (Staatsrat von Berks), Albert Patry, Herbert Paulmüller, Ernst Pittschau (Studiosus Peisner), Emil Rameau, Fritz Richard, Julie Serda (Königin Therese), Toni Tetzlaff (Primaballerina), Hans Heinrich von Twardowski (Studiosus Friedemann), Rudolf del Zopp.

Geschichte in Bewegung
»Der letzte Mann« von F. W. Murnau

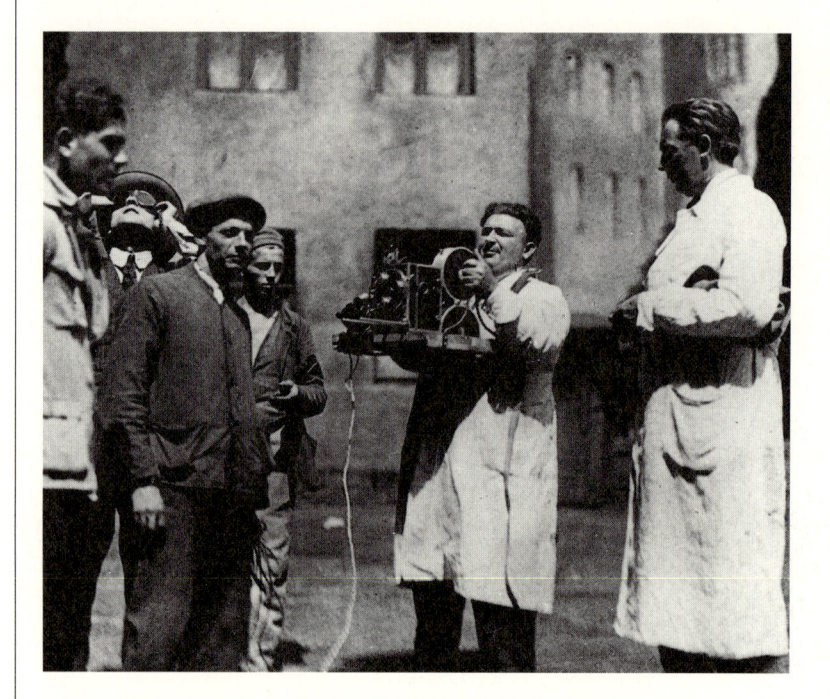

Die berühmte »entfesselte Kamera« in Aktion: Karl Freund hat sich die Kamera vor den Körper geschnallt, der Antrieb erfolgt über einen Elektomotor. Rechts im üblichen Arbeitskittel: Regisseur Murnau

Der letzte Auftritt einer Respektsperson: Noch im Besitz seiner Uniform, betritt der alte Portier den Hinterhof

Als die Bilder laufen lernen, da steht die Kamera noch still auf ihrem Stativ. Schwenks sind rar, Fahrten Mangelware, sieht man einmal von Lupu Picks Versuch mit einem Kamerawagen in SYLVESTER (1923) ab. Friedrich Wilhelm Murnau ist einer der Pioniere, die nicht nur die Bilder, sondern die Kamera selbst in Bewegung versetzen.

Der Ausdruck »entfesselte Kamera«, geprägt anläßlich von DER LETZTE MANN, der von Mai bis Ende September 1924 auf dem Gelände der Ufa in Berlin-Tempelhof entsteht, ist nicht nur eine hübsche Metapher. Der Ausdruck bezeichnet eine Erfindung, die aus einer gewünschten Erzählweise notwendig wird. Solche Basteleien und Improvisationen einzelner sind die gleichsam vorindustriellen Entwicklungsstufen der Illusionsmaschinerie Kino. Um sie zu erklären, braucht es gar nicht die Anekdote, derzufolge der Produzent Erich Pommer vor DER LETZTE MANN gesagt haben soll: »Erfindet bitte etwas Neues, auch wenn es verrückt sein sollte.«

Als DER LETZTE MANN am 23. Dezember 1924 in die Lichtspieltheater der Weimarer Republik kommt, begrüßt ihn der Kritiker Willy Haas mit der Hymne: »Kinder, von hier und heut' beginnt eine neue Epoche in der Geschichte der Kinematographie.« Große Worte frei nach Goethe, doch nicht zu groß. »Der frei im Raum sich bewegende Aufnahmeapparat« (Murnau) entsteht im Teamwork mit dem Drehbuchautor Carl Mayer, dem Kameramann Karl Freund und dem Architekten Robert Herlth. Die Kamera wird in einem Fahrkorb installiert, Karl Freund vor den Bauch geschnallt oder aufs Fahrrad gehievt.

In den ersten Bildern des Films sieht man bereits die Innovation. Im Fahrstuhl gleitet die Kamera hinab, der Blick fällt durch die Glastür in die Halle des Hotels. Nach einem Schnitt bewegt sie sich durch die Halle in Richtung Drehtür, hinter der man einen Regenschirm erkennt: Das Requisit des Portiers, der Titelfigur.

Der Film scheint uns heute schon weniger zu sagen, was Stoff, Figuren und Schauspiel betrifft. DER LETZTE MANN ist ein Kleinbürgerdrama mit einem merkwürdigen Happy-End. Emil Jannings amtiert – oft recht outriert – als Hotelportier. Seine stolzgeschwellte Brust wird von einer überladenen Uniform bedeckt. Er verkörpert eine

›natürliche‹ Respektsperson, weil das preußisch-deutsche Gemüt und die Uniform ein vertrautes Duo bilden. Seine Autorität überträgt sich noch in die Mietskaserne am Stadtrand, wo er lebt. Die Livree verbreitet dort den Glanz der besseren Gesellschaft. Doch als man den Portier wegen Altersschwäche ausmustert und degradiert, muß er auch die Uniform abgeben. Er wird Toilettenwärter im schmucklosen weißen Jackett, und dies ausgerechnet am Tag, an dem seine Nichte heiratet und das Haus verläßt. Von der pompösen Halle verschlägt es ihn in den Untergrund. Verzweiflung läßt ihn zum Schwindler werden. Er stiehlt die Uniform, um noch einmal emporzusteigen – und fällt um so tiefer, weil der Schwindel selbstverständlich auffliegt.

Sein Schicksal scheint besiegelt, doch Murnau und Drehbuchautor Carl Mayer gönnen dem Deklassierten und Düpierten ein groteskes happy end. Ein amerikanischer Millionär, auf der Toilette in den Armen des Klowärters verschieden, vererbt diesem sein Vermögen. Der in letzter Sekunde Gerettete kann nun Hof halten im Hotel. Er ist vom »letzten« zu einem der »ersten« Männern geworden.

Das Auf und Ab, der Wechsel zwischen sozialem ›Oben‹ und ›Unten‹, all diese Bewegungen der Geschichte finden sich nahtlos in die Bildsprache übertragen. Freilich erhält Murnau keinen ungeteilten Beifall für die Neuerungen. Siegfried Kracauer etwa rügt, die Kamera mache sich die Darsteller untertan. Das ist ein moralischer Einwand gegen eine technische-ästhetische Innovation, der zudem sachlich nicht ganz zutrifft. Die Blicke durch die Halle etwa werden durchaus aus der Perspektive des Portiers gezeigt. Er mag vielleicht nicht alles sehen, was uns die Kamera zeigt – zum Beispiel, wenn der Manager Unterlassungen in einem Büchlein notiert -, doch er könnte es. Das Virtuelle interessiert Murnau stets mehr als der sogenannte Realismus.

Das zeigt sich auch in der bekannten Bautechnik der vorgetäuschten Perspektiven und Verzerrungen. Sie sind nie realistisch, sondern bilden immer eine Entsprechung zum Innen, zur Wahrnehmung der Figuren. Der Film wählt die Froschperspektive oder schräge Winkel als Mittel, um Personen zu charakterisieren. Die Akrobatik, als die solche Techniken dem damaligen Publikum erscheinen muß, hat stets eine genaue Funktion in der Handlung. Fluß und Geschmeidigkeit der Erzählung (auch wenn es auf uns, die wir durch Steadycam und schwindelnde Fahrten verwöhnt sind, weniger elegant und leichtfüßig erscheint) sind in der Tat epochal. DER LETZTE MANN kommt zudem mit einem einzigen Zwischentitel aus: »Hier sollte der Film eigentlich enden«, heißt es, nachdem der Abstieg des Portiers definitiv erscheint.

Kracauer hat die ironische Doppelbödigkeit dieses Happy-Ends treffend beschrieben: »Kraft seines zweiten Schlusses unterstreicht der Film die Bedeutung des ersten und räumt zudem mit der Vorstellung auf, daß der ›Untergang des Abendlandes‹ durch die Segnungen des Abendlandes aufzuhalten wäre.« Lotte Eisner hingegen, die Murnau sonst stets verteidigt, wo Kracauer ihn kritisiert, findet den Schluß mißglückt – »peinlich wie der sogenannte Ufastil«. Eine merkwürdige Vertauschung der Fronten. Doch wie sollte es bei einem solchen Film auch anders sein: umstritten zwar, doch als Meilenstein der Filmgeschichte nie ernstlich in Frage gestellt.

Peter Körte

PRO Ellen Richter-Film der Ufa. **LNG** 6 Akte, 3096 m.
ZEN 15.12.1922, B.06840, Jv. **URA** 28.12.1922, Berlin
(U.T. Kurfürstendamm).
Ein großes historisches Drama, das in drei Etappen das Leben der Tänzerin Lola Montez erzählt, in Umrissen orientiert an den wirklichen biografischen Fäden: vom Zigeunerliebchen zur Königsdirne.

1922. Der Liebe Pilgerfahrt.
REG Jacques Protosanoff /= Jakov Protazanov/. **AUT** Karl Figdor. **KAM** Willibald Gaebel. **BAU** Jack Winter.
DAR Grete Diercks (Karin), Gustav von Wangenheim (Dr. Egil Rostrup), Wilhelm Diegelmann (Kgl. Kapellmusikus), Charlotte Ander (Solveig, seine Enkelin), Victor Schwanneke (Dr. Daniel Bornemann, Oberlehrer), Paul Bildt (Gundersen, Maler), Olga Engl (Gräfin Hegermann-Lilienkrone), Dall'Orso (Graf Erik, ihr Sohn).
PRO PAGU (Union-Film der Ufa). **AUL** R. M. Roy. **DRZ** bis Dezember 1922. **DRO** Ufa-Union-Atelier Berlin-Tempelhof.
LNG 6 Akte, 2000 m. **ZEN** 29.12.1922, B.06879, Jv.
URA 12.1.1923, Berlin (Tauentzien-Palast).
Schon als Nachbarskinder mochten sich Egil und Karin. Als ihre Eltern einer Seuche zum Opfer fallen, trennen sich ihre Lebenswege. 18 Jahre später, Egil ist ein angesehener Arzt, Karin hingegen hat alle Härten des Lebens durchgemacht (zuletzt war sie bei einem Maler, der unmittelbar vor der Trauung starb, ihr aber ein Kind hinterließ), begegnen sie sich in Egils Klinik. Nach Konflikten, die fast in einem Mord gipfeln, siegt die Harmonie der vergangenen Zeit.

1922/23. Nora.
REG Berthold Viertel. **AUT** Georg Fröschel, Berthold Viertel; nach dem Bühnenstück ›Et dukkehjem‹ von Henrik Ibsen. **KAM** Frederik Fuglsang. **BAU** Walter Reimann.
DAR Olga Tschechowa (Nora), Carl Ebert (Torwald Helmer, Noras Vater), Fritz Kortner (Krogstadt, Rechtsanwalt), Anton Edthofer (Dr. Rank, Arzt), Helga Thomas (Krogstadts Tochter), Paul Günther (Krogstadts Sohn), Lucie Höflich (Frau Linden), Ilka Grüning (Marianne, Noras frühere Amme).
PRO PAGU (Union-Film der Ufa). **LNG** 5 Akte, 2045 m / 5 Akte, 2083 m. **ZEN** 5.1.1923, B.06849, Jv. **URA** 2.2.1923, Berlin (U.T. Kurfürstendamm).
– AT: Ein Puppenheim. – Zwei Fassungen mit abweichendem Schluß.
Eine Frau unternimmt den Versuch, die Idee des Heims von der Vorstellung des Puppenheims zu emanzipieren.

1922/23. Stadt in Sicht.
REG Henrik Galeen. **AUT** Henrik Galeen, Friedrich Sieburg.
KAM Gotthard Wolff. **BAU** Otto Moldenhauer.
DAR Edith Posca (Anna), Friedrich Traeger (Ullrich, Schiffer, ihr Mann), Otto Treptow (Fredy, Steptänzer), Harry Nestor (Fritz, Bootsmann).
PRO Rex-Film der Ufa. **PRT** Lupu Pick. **LNG** 5 Akte, 1776 m / 5 Akte, 1756 m. **ZEN** 16.1.1923, B.06912, Jv. / 21.5.1924, O.06912, Jf. (Widerrufverfahren). **URA** 8.2.1923, Berlin (U.T. Nollendorfplatz).
Der alte Schiffer Ullrich liest in den Abendstunden die Bibel, seine Frau Anna kocht und strickt, und der Bootsmann Fritz liebt die Frau eines Zillenbesitzers. Fritz will den Kahn verlassen und zur Hochseeschiffahrt gehen. Ullrich stellt sich dagegen. Fredy tritt ins Leben der Drei. Er ist Artist, Steptänzer und mehrfach vorbestraft. Ihm erliegt Anna, denn mit Fredy rückt die Stadt in Sicht.

1922. Der steinerne Reiter.
REG Fritz Wendhausen. **AUT** Fritz Wendhausen; nach einer Idee von Thea von Harbou. **KAM** Carl Hoffmann (Fotografische Leitung), Günther Rittau, Karl Becker.
BAU Heinrich Heuser. **AUS** Carl Vollbrecht. **KINO-MUS** Giuseppe Becce.
DAR Rudolf Klein-Rogge (der Herr vom Berge), Fritz Kampers, Otto Framer (seine Begleiter), Lucie Mannheim (Hirtin), Grete Berger (ihre Mutter), Annie Mewes (Braut), Georg John (Pförtner), Erika von Thellmann, Gustav von Wangenheim (Jäger), Paul Biensfeldt (Pförtner), Emilia Unda (Schaffnerin), Emil Heyse (befreundeter Burgherr), Hans Sternberg (sein Kellermeister), Martin Lübbert (Bräutigam), Wilhelm Diegelmann (Lautensänger).
PRO Decla-Bioscop-Film der Ufa. **DRZ** Mai - August (?) 1922. **DRO** Decla-Bioscop-Atelier Neubabelsberg; **AA** Freigelände Neubabelsberg. **LNG** 5 Akte, 1978 m.
ZEN 16.1.1923, B.06915, Jv. **URA** 23.1.1923, Berlin (U.T. Kurfürstendamm).

Das Erfolgsteam: Jannings, Murnau, Freund

Der Portier bei der Abgabe seines Fetisch

Abgesang auf den Wilhelminismus – die Feier in der geklauten Uniform

Zur feierlichen Premiere von DER LETZTE MANN am 23. Dezember 1924 im Ufa-Palast am Zoo erhalten die Ehrengäste von der Direktion Mappen mit Lithografien des Grafikers Theo Matejko

Die Ballade vom grausamen Gutsherrn, der die erste Nacht einer Braut für sich beansprucht. Die Liebe eines Mädchens vermag sein Herz zu erweichen. Sie schützt ihn vor den aufständischen Bauern und flieht mit ihm, verdammt wie er. Der Mutter Fluch trifft nun beide, läßt sie zu Stein werden.

1922/23. Ein Glas Wasser. Das Spiel der Königin.
REG Ludwig Berger. AUT Ludwig Berger, Adolf Lantz; nach der Komödie ›Le verre d'eau‹ von Eugène Scribe. KAM Günther Krampf, Erich Waschneck. BAU Hermann Warm, Rudolf Bamberger. AUS Erich Czerwonski. KOS Carl Töpfer (Damen), Otto Schulz (Herren). KINOMUS Bruno Schulz. DAR Mady Christians (Königin Anna), Lucie Höflich (Herzogin von Marlborough, Oberhofmeisterin), Hans Brausewetter (John William Masham), Rudolf Rittner (Lord Heinrich von Bolingbroke, das Haupt der Friedenspartei), Helga Thomas (Abigail, Verkäuferin bei Tomwood), Hugo Döblin (Juwelier Tomwood), Hans Waßmann (Lord Richard Scott, Bolingbrokes Vetter, Kammerherr der Königin), Bruno Decarli (Marquis von Torcy, französischer Gesandter), Max Gülstorff (Thompson, Kammerdiener der Königin), Franz Jackson (Hassan, Mohr der Königin), Henry Stuart, Joseph Römer, Gertrud Wolle. PRO Decla-Bioscop-Film der Ufa. AUL Hermann Bing. DRZ Juni - Oktober 1922. DRO Decla-Bioscop-Atelier Neubabelsberg; AA Bayreuth, Crimitage bei Veithöchsheim, Bruchsal, Freigelände Neubabelsberg. LNG 6 Akte, 2558 m. ZEN 19.1.1923, B.06924, Jv. URA 1.2.1923, Berlin (Ufa-Palast am Zoo).
London zur Zeit des spanischen Erbfolgestreits: Drei Frauen lieben einen Mann. Königin Anna, die Herzogin Marlborough und die Kammerzofe Abigail sind interessiert am jungen Masham. Auf dem Sommerschloß Eremitage knüpft Lord Bolingbroke, politischer Gegenspieler der Herzogin bei der Frage nach Aussöhnung mit Frankreich, so kunstvoll die Fäden, daß am Ende jeder einzelne sauber daliegt: Der Friede mit Frankreich ist erreicht. Masham wird Abigail heiraten. Die kriegslüsterne Herzogin hat sich die Sympathien der Königin verscherzt.

1922/23. Die Frau mit den Millionen.
1. Der Schuß in der Pariser Oper.
2. Der Prinz ohne Land. 3. Konstantinopel - Paris.
REG Willi Wolff. AUT Willi Wolff, Paul Merzbach. KAM Arpad Viragh. BAU Hans Dreier. Künstlerischer Beirat Paul Merzbach. DAR Ellen Richter (Smaragda Naburian), Georg Alexander (Anatole Pigeard), Hugo Flink (Prinz Selim), Eduard von Winterstein (Mahmud Nedim Pascha), Karl Huszar (Leonidas Kleptomanides), Anton Pointner (Stuart Hardington), Adolf Klein (Fürst Naburian), Arthur Bergen (Abdul Kerim, Adjutant), Leonhard Haskel (Sultan von Dagestan), Muchsin Bey Ertogroul (Leutnant Erdöffy), Hermann Picha (Gospodar von Valona), Georg Baselt (Gospodar von Antivari), Henry Bender, Carl Geppert, Karl Harbacher, Max Kronert, Max Laurence, Frida Richard. PRO Ellen Richter-Film der Ufa. DRO Verona, Venedig, Triest, Portorose, Pirano, Bari, Brindisi, Korfu, Korinth, Athen, Dardanellen, Konstantinopel, Bosporus, Schwarzes Meer, Varna, Sofia, Belgrad, Gardasee, Budapest, Berlin. LNG 5 Akte, 1866 m / 5 Akte, 1765 m / 5 Akte, 1631 m. ZEN 14.2.1923, B.06990 / 28.2.1923, B.07024 / 14.3.1923, B.07030, Jv. URA 8.3.1923, Berlin (U.T. Kurfürstendamm).
Zwei parallele Geschichten: Ein pariser Petroleumkonzern soll um zehn Millionen Goldfrancs geprellt werden, während die Fürstin Smaragda Naburian ihren vom Mahmud Nedim Pascha nach Armenien verschleppten Vater finden will. Die Personen vermischen sich, es kommt zu turbulenten Verfolgungsjagden und atemberaubenden Kämpfen – wobei nie sicher ist, wer zu welcher Seite gehört.

1922/23. Das Haus ohne Lachen.
REG Gerhard Lamprecht. AUT Luise Heilborn-Körbitz, Gerhard Lamprecht. KAM Gotthard Wolff. BAU Robert Dietrich. MAS Richard Timm. DAR Henrik Galeen (William Blent), Mathilde Sussin (seine Frau), Harry Nestor (Lester, sein Sohn), Edith Posca (Enid White), Rudolf del Zopp (Diener), Maria Petersen (Köchin), Theodor Burghardt, Paul Günther, Egon Kleyersburg, Adelheid Mannstedt. PRO Rex-Film der Ufa. PRT Lupu Pick. AUL Josef Searle. DRO Rex-Atelier Berlin. LNG 5 Akte, 1844 m. ZEN 21.2.1923, B.7010, Jv. URA 5.4.1923, Berlin (Tauentzien-Palast).
Eine Familie ist in sich zerstritten, jeder haßt jeden. Der sadistische Mann quält seine Frau, sie tötet ihn. Die Schuld nimmt eine junge Hausgenossin auf sich. Am Ende wird sie aus dem Gefängnis entlassen.

Die Kraft des Lichts
Der Regisseur Friedrich Wilhelm Murnau

Der Film vor dem Geniestreich: Murnau dreht DIE FINANZEN DES GROSSHERZOGS 1923 in Neubabelsberg und Jugoslawien. Sein nächster Film wird DER LETZTE MANN

Mephisto in Puschen: Jannings und Murnau in einer Drehpause bei FAUST

Ohne Licht keine Farben, keine Gesichter, keine Linien, erklärt Alfred Hitchcock nachdrücklich im Gespräch mit François Truffaut. Das ist nicht Physik für Anfänger, sondern die Erinnerung an ein Potential, das einem vor allem in den Stummfilmen der 20er Jahre entgegentritt.

Da trifft es sich gut, daß Hitchcock, wie er behauptet, zufällig auf dem Ufa-Gelände weilt, als Friedrich Wilhelm Murnau 1924 seinen Film DER LETZTE MANN dreht. Denn Murnaus Werk liefert ein Beispiel aus den Frühzeiten des Kinos wie kaum ein zweites: für das Licht als die Formen verwischende und verwandelnde Kraft.

Neben Fritz Lang, Ernst Lubitsch und Georg Wilhelm Pabst gehört er zu denen, die dem Kino sein Terrain erschließen, in Abgrenzung zum Theater. »Lichtsymphonien« nennt die Filmhistorikerin Lotte Eisner seine Filme, wegen ihres faszinierenden Zusammenwirkens von Licht, Schatten und Bewegung.

Murnaus Bilder sind Traumlandschaften, Zwischenwelten aus Silhouetten, Schemen und fließendem Licht. In ihnen läßt sich jenes »Phosphoreszieren an den Rändern« beobachten, das Ernst Bloch am Expressionismus insgesamt fesselt. Zugleich sind Murnaus Filme ein Experimentierfeld des Kinos, einer avantgardistischen Technik in den Kinderschuhen. In Frankreich vor allem hat man Murnaus Stellenwert viel früher begriffen als in seiner Heimat. Eric Rohmer scheut schon 1948 nicht vor dem Superlativ zurück, Murnau sei »der größte aller Filmemacher«.

»Ich bin ein Sohn der roten Erde«, sagt der Westfale Murnau über sich. Am 28. November 1888 wird er als Friedrich Wilhelm Plumpe in Bielefeld geboren. Noch bei seinem 100. Geburtstag ist seine Vaterstadt im übrigen eifrig bemüht, seine Homosexualität zu vertuschen. Sein Coming Out, vermuten manche, habe aus Plumpe auch Murnau werden lassen, nach jenem bayerischen Örtchen, in dem er sich kurze Zeit aufhält. In Murnaus Filmen wird seine Homosexualität verständlicherweise nur sehr verschlüsselt manifest. Am ehesten läßt sich, wie Frieda Grafe vermutet, Murnaus geringer Erfolg in Amerika als ein Indiz deuten: »Das Hollywoodkino lebt aus dem klar markierten Unterschied zwischen den Geschlechtern.« Ihn mit der erwünschten Trennschärfe zu inszenieren, verweigert sich Murnau stets.

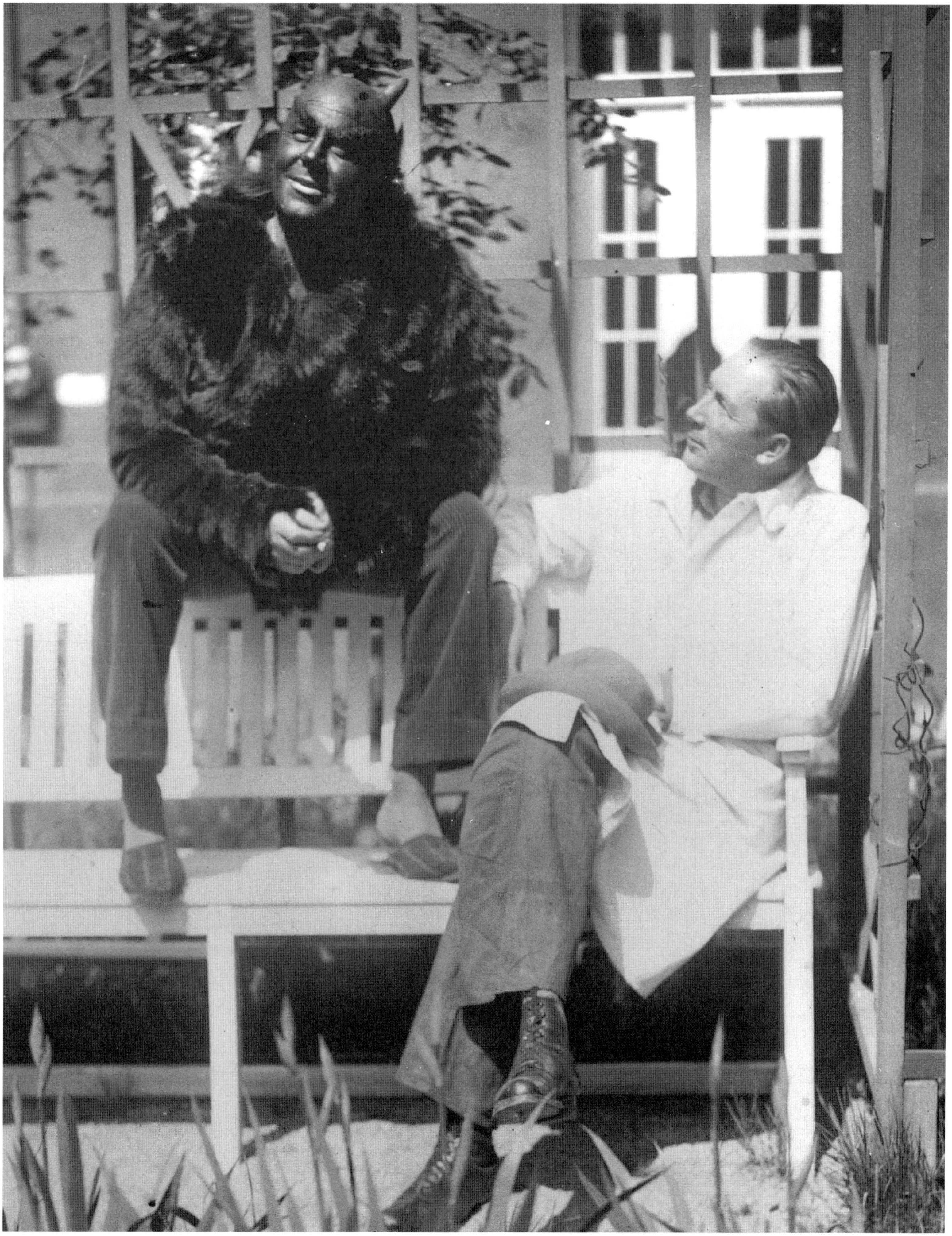

1922/23. Die Meistersringer von Kürnberg.
REG Alfred Fekete, Walter Zürn. AUT Alfred Fekete.
KAM Kurt Helling. Sportliche Leitung Walter Zürn.
DAR Paula Batzer, Oscar Marion, Otto Kronburger, Josef Karma, Tilly Tschaffon.
PRO Ufa, Kulturabteilung. LNG 5 Akte, 1617 m.
ZEN 8.3.1923, B.07054, Jf. URA 16.3.1923, Berlin (U.T. Nollendorfplatz).
Eine ›Sportkomödie‹ mit parodistischen Anspielungen auf die ›Meistersinger von Nürnberg‹. So heißt etwa der Skiläufer vom Nachbardorf Stelzing und der Dorfnotar Bettmesser. Der Sportcharakter von Bewegungen tritt deutlich hervor gegenüber einem der Natürlichkeit.

1922/23. Tatjana.
REG Robert Dinesen. AUT Harriet Bloch. AD Robert Dinesen. KAM Carl Drews. BAU Jack Winter.
KINO-MUS Guido Bagier; nach ›Chanson triste‹ von Peter Tschaikowsky.
DAR Olga Tschechowa (Tatjana), Paul Hartmann (Fedja Gorykin), Robert Dinesen (Fürst Boris Orloff), Leopold von Ledebur (Graf Schuwaloff), Maria Peterson (Ulidtka, Tatjanas früheres Kindermädchen, Fedjas Mutter), Albert Patry, Karl Platen, Paul Rehkopf, Max Wogritsch, Charolia Strakosch (?).
PRO Messter-Film der Ufa. AUL Max Wogritsch. DRZ ab Dezember 1922. DRO Ufa-Atelier Berlin-Tempelhof; AA Gerdauen, Tauroggen. LNG 6 Akte, 2028 m.
ZEN 20.7.1923, O.07448, Jv. (Beschwerde).
URA 27.9.1923, Berlin (U.T. Kurfürstendamm).
– Bei Drehbeginn firmierte der Film als ›Union-Film‹.
Ein Drama aus der russischen Revolutionszeit (teilweise gedreht an der russischen Grenze) mit abenteuerlichen Passagen.

1922-24. Die Nibelungen. 1. Teil: Siegfried.
REG Fritz Lang. AUT Thea von Harbou. KAM Carl Hoffmann, Günther Rittau, Walther Ruttmann (›Falkentraum‹-Sequenz). KAS Günther Anders. STF Horst von Harbou.
BAU Otto Hunte. MIT Erich Kettelhut, Karl Vollbrecht (Bau des Drachens). KOS Paul Gerd Guderian, Änne Willkomm.
MAS Otto Genath. KINO-MUS Gottfried Huppertz.
DAR Paul Richter (Siegfried), Margarete Schön (Kriemhild), Hanna Ralph (Brunhild), Gertrud Arnold (Königin Ute), Theodor Loos (König Gunther), Hans Carl Müller (Gerenot), Erwin Biswanger (Giselher), Bernhard Goetzke (Volker von Alzey), Hans Adalbert Schlettow (Hagen Tronje), Hardy von François (Dankwart), Georg John (Mime, der Schmied / Alberich der Nibelung), Frida Richard (Runenmagd), Georg Jurowski (Priester), Iris Roberts (Edelknabe), Rudolf Rittner (Rüdiger von Bechlarn).
PRO Decla-Bioscop-Film der Ufa. AUL Rudi George, Gustav Püttjer. DRZ Herbst 1922 - November 1923 (?).
DRO Ufa-Atelier Neubabelsberg; AA Ufa-Freigelände Neubabelsberg. LNG 7 Akte, 3216 m. ZEN 22.2.1924, B.08127, Jf. URA 14.2.1924, Berlin (Ufa-Palast am Zoo).
– Prädikate: Volksbildend, Künstlerisch. – 1933 wurde unter dem Titel ›Siegfrieds Tod‹ eine Tonfassung hergestellt (Bearbeitung: Franz B. Biermann, SPR: Theodor Loos, URA: 29.5.1933).

1922-24. Die Nibelungen. 2. Teil: Kriemhilds Rache.
REG Fritz Lang. AUT Thea von Harbou. KAM Carl Hoffmann, Günther Rittau. STF Horst von Harbou.
BAU Otto Hunte. MIT Erich Kettelhut. KOS Paul Gerd Guderian, Änne Willkomm. MAS Otto Genath.
KINO-MUS Gottfried Huppertz.
DAR Paul Richter (Siegfried), Margarete Schön (Kriemhild), Hanna Ralph (Brunhild), Gertrud Arnold (Königin Ute), Theodor Loos (König Gunther), Hans Carl Müller (Gerenot), Erwin Biswanger (Giselher), Bernhard Goetzke (Volker von Alzey), Hans Adalbert Schlettow (Hagen Tronje), Hardy von François (Dankwart), Georg John (Mime, der Schmied / Alberich der Nibelung), Frida Richard (Runenmagd), Georg Jurowski (Priester), Iris Roberts (Edelknabe), Rudolf Klein-Rogge (König Etzel), Georg John (Blaodel, sein Bruder), Hubert Heinrich (Werbel, der Spielmann), Rudolf Rittner (Markgraf Rüdiger von Bechlarn), Fritz Alberti (Dietrich von Bern), Georg August Koch (Hildebrand), Grete Berger (Hunnenweib).
PRO Decla-Bioscop-Film der Ufa. AUL Rudi George, Gustav Püttjer. DRZ November 1922 - bis 19.3.1924. DRO Ufa-Atelier Neubabelsberg; AA Ufa-Freigelände Neubabelsberg. LNG 7 Akte, 3576 m. ZEN 10.5.1924, B.08477, Jf. URA 26.4.1924, Berlin (Ufa-Palast am Zoo).
– Prädikate: Volksbildend, Künstlerisch.

Dreh zur ›trunkenen‹ Traum-Sequenz in DER LETZTE MANN: Kameramann Freund und Murnau im Arbeitskittel, Jannings auf dem Karussell

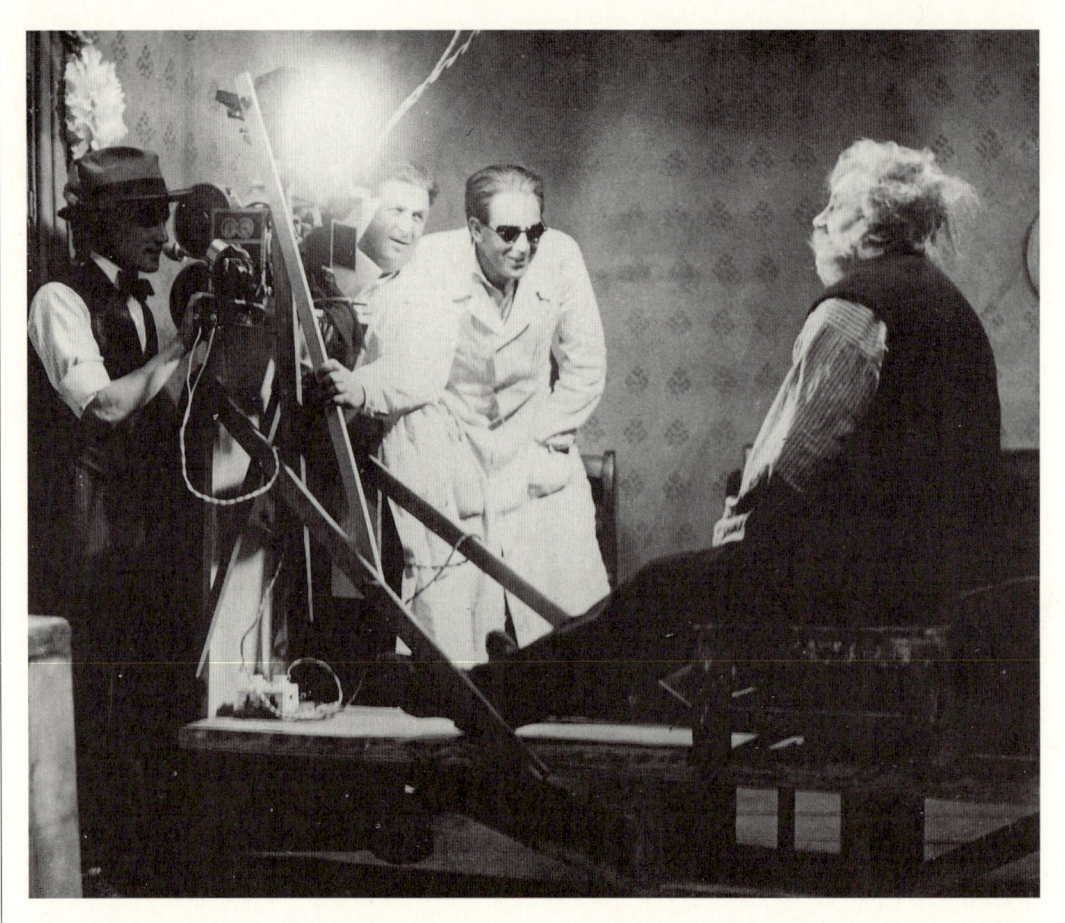

»The German Genius«, wie ihn die Amerikaner nennen, ist dem Urteil der Zeitgenossen nach ein eleganter, zurückhaltender, fast kühler Mann. Klaus Mann etwa attestiert ihm »eine nicht unsympathische Arroganz«. Murnau selbst nennt sich einen »Heimatlosen«.

Zunächst Student der Kunstgeschichte, dann Schauspielschüler bei Max Reinhardt, versucht er sich auch auf der Bühne als Regisseur. In den Ersten Weltkrieg zieht Murnau als Flieger. Zum Film kommt er während der Internierung in der Schweiz »auf eigenartige Weise«. Über Aufträge für Propagandafilme entdeckt er den Reiz des jungen Mediums. Nach Kriegsende zurück in Berlin, wendet er sich endgültig den bewegten Bildern zu.

Von Murnaus 21 Filmen (in nur zwölf Jahren!) sind heute noch 13 erhalten. Von seiner ersten Regiearbeit, DER KNABE IN BLAU (1919), bis zu seinem sechsten Film, ABEND – NACHT – MORGEN (1920), gelten alle als verschollen. 1921 kommt Murnau erstmals mit Erich Pommer und der Firma Decla Bioscop AG zusammen. Daraus entsteht SCHLOSS VOGELÖD, der früheste Film, den wir von Murnau kennen. Pommer wird in den folgenden Jahren sein Förderer und wichtigster Partner.

Aus dem Decla Bioscop-Atelier und den Ufa-Ateliers in Tempelhof und Neubabelsberg macht Murnau ein Laboratorium der Kinematografie. Seine Experimentierfreude, die Einstellung, sich nicht mit den vorhandenen Mitteln zu begnügen, sondern sie auf eigene Faust, ohne die Rückendeckung einer ausgefeilten Technik zu überschreiten – vor allem in DER LETZTE MANN – ist in allen Filmen zu spüren. Sichtbar wird das schon in DER BRENNENDE ACKER (1923). Der ist durchzogen vom Kampf um die Beweglichkeit, um die Rhythmik der Schnitte, um das Ausreizen der Möglichkeiten. Es sei »gewiß kein Zufall«, schreibt Lotte Eisner, daß Murnau auch die »entfesselte Kamera« erfindet: weil er danach strebt, »eins mit der Kamera, dem Kamera-Auge, zu werden«. Er arbeitet mit Einzelbelichtungen oder einmontierten Negativstreifen wie in NOSFERATU, er nimmt Einfluß auf die Bauten, auf die Perspektivtechnik. Seine Filme sind ebenso viele Gehversuche auf einem unerschlossenen Terrain, sie demonstrieren das Erlernen und gleichzeitige Entwickeln eines neuen Idioms: der Sprache des Kinos. In diesem Kontext verändert sich auch die Bedeutung der Malerei und ihrer Bildkompositionen, deren Einflüsse von der Romantik bis hin zu Gauguin für Murnau wesentlich sind. Es werden nicht Vor-Bilder nachge-

»Wer auch nur kurz Wesen und Technik des Films bedacht hat, weiß, daß nur das abenteuerliche Volksbuch vom Erzzauberer Motive für einen Film birgt, nimmermehr Goethes Nichtdrama, das mehr Weltanschauung erstrebt als Menschendarstellung. Entwicklung eines Innendaseins, mit eingestreuten Intermezzi des äußeren Lebens. Selbstverständlich wußte Murnau das; aber Film darf nicht nur Experiment, sondern muß auch Geschäft sein, – und was versprach besseres Geschäft als jenes Gretchen, die volkstümlichste, lieblichste Weibsgestalt der Weltliteratur?
Deshalb beginnt Murnau groß und breit mit den Motiven der Volkssage: Pest im Land, Faust als Wunderdoktor, Teufelspakt, Weltfahrt, Herzogin von Parma-Episode..., um sich dann im Gretchen-Drama völlig zu verlieren. Zu verlieren, denn dies Gretchen-Drama füllt mehr als die Hälfte des Films und verdrängt Faust, dessen Schicksal zu schauen wir kamen, zum Statisten, noch dazu in der Gestalt Gösta Ekmanns, der aussieht wie ein verkleidetes Mädchen mit den gezierten Gesten der Renaissancejünglinge auf den Kitschdarstellungen des 19. Jahrhunderts.
Jedesmal, wenn Faust (oder der Regisseur) nicht weiter weiß, sieht man ihn, meist auf Felsgestein, von Rauch umnebelt, so daß man den Eindruck hat: sobald Faust mieß zu Mute ist, nimmt er ein Dampfbad.
Kein Beurteiler kann zweifeln, daß der Faust-Film trotz des Manuskriptverfassers Hans Kyser lebhafter Bemühung, trotz Murnaus formendem Eifer mißlungen ist, weil er, als solches Zwittergemisch, mißlingen mußte. Um so grandioser ist er im Technischen und, fast durchweg, im Bildhaften. Carl Hoffmanns tausendtonige Photographie, Herlths und Röhrigs Bauten, die Tricks, das Landschaftliche, die Massenszenen sind bezaubernder als Tun und Treiben des Zauberers selbst....
Fausts Schicksal ward durch Goethe zum geistigen Schicksal erhoben, nicht wiederzugeben im Film. Wenn also, in der Erinnerung an diesen Film, Fausts Schicksal versinkt und überrollt wird durch ein Wandelpanorama zauberhafter Bilder von qualgepeitschten Massen, von spukhaften Visionen, von Landschaften aus bisher nicht geschauter Perspektive, von versunkenen Menschengesichtergruppen wie auf Tafeln der van Eycks, – so bedeutet diese Summa: Fausts Verdammnis für den Film ist der Triumph der wirklichen Filmmöglichkeiten selbst, die nichts mit dieser alten Geschichte zu tun haben.«
(Kurt Pinthus, 1926)

1923. Die Austreibung.
REG Friedrich Wilhelm Murnau. AUT Thea von Harbou; nach dem Bühnenstück von Carl Hauptmann.
KAM Karl Freund. BAU Rochus Gliese, Erich Czerwonski.
KINO MUS Joseph Vieth.
DAR Carl Goetz (Vater Steyer), Eugen Klöpfer (sein Sohn), Aud Egede Nissen (Ludmilla, dessen zweite Frau), Ilka Grüning (Mutter Steyer), Lucie Mannheim (Änne, des jungen Steyers Tochter aus erster Ehe), Wilhelm Dieterle (Lauer, Jäger), Robert Leffler (Pfarrer), Jakob Tiedtke (Rentschreiber), Emilie Kurz (Dorfschneiderin).
PRO Decla-Bioscop-Film der Ufa. DRZ Februar 1923 (?); DRO Riesengebirge auf der Schlingel- und Hampel-Baude.
LNG 4 Akte, 1557 m. ZEN 10.8.1923, B.07535, Jv.
URA 23.10.1923, Berlin (U.T. Kurfürstendamm).
Ein Bauern-Kammerspiel im schlesischen Riesengebirge. Von seiner zweiten Frau Ludmilla hintergangen, verschleudert der junge Bauer Steyer seinen Besitz an den Rivalen, den Förster Lauer, den er mit seiner Tochter aus erster Ehe, Anne, verloben will, um die Gattin zurückzugewinnen. Zu spät erkennt er den Betrug, der ihm Haus, Hof und Frau raubt.

1923. Buddenbrooks.
REG Gerhard Lamprecht. AUT Alfred Fekete, Luise Heilborn-Körbitz, Gerhard Lamprecht; nach dem Roman von Thomas Mann. KAM Erich Waschneck, Herbert Stephan.
BAU Otto Moldenhauer. KINO-MUS Giuseppe Becce.
DAR Peter Esser (Thomas Buddenbrook), Mady Christians (Gerda Arnoldsen), Alfred Abel (Christian Buddenbrook), Hildegard Imhof (Tony Buddenbrook), Mathilde Sussin (Elisabeth Buddenbrook), Franz Egenieff (Reeder Arnoldsen), Rudolf del Zopp (Konsul Kröger), Auguste Prasch-Grevenberg (Babette, seine Frau), Ralph Arthur Roberts (Bendix Grünlich, Agent), Charlotte Böcklin (Aline Puvogel), Karl Platen (Prokurist Marcus), Kurt Vespermann (Renee Throta), Elsa Wagner (Sesemi Weichbrodt, Wirtschafterin), Rudolf Lettinger (Kutscher Grobleben), Emil Heyse (Kesselmeyer), Friedrich Taeger (Bürgermeister Oeverdieck), Philipp Manning, Hermann Vallentin (Smith), Robert Leffler (Kapitän Kloot).
PRO Dea-Film der Ufa. PRL Albert Pommer. AUL Martin Liebenau. DRO Ufa-Atelier Berlin-Tempelhof, Original-Innenaufnahmen in Lübeck; AA Lübeck. LNG 6 Akte, 2383 m. ZEN 16.8.1923, B.07573, Jv. URA 31.8.1923, Berlin (Tauentzien-Palast).
Im Gegensatz zu der Romanvorlage Thomas Manns behandelt der Film in modernisierter Form das Schicksal des jüngsten Sohnes der lübecker Patrizierfamilie, Thomas Buddenbrook.

1923. Seine Frau, die Unbekannte.
REG, AUT Benjamin Christensen. KAM Frederik Fuglsang.
BAU Hans Jacoby.
DAR Willy Fritsch (Wilbur Crawford), Lil Dagover (Eva), Maria Reisenhofer (Crawfords Mutter), Maria Wefers (Esther), Mathilde Sussin (Frau Hurst), Edith Edwards (Mabel), Karl Platen (Sam), Martin Lübbert (Jack), Karl Falkenberg (Tangotänzer), Paul Rehkopf (Detektiv), Jaro Fürth (Polizeikommissar).
PRO Decla-Bioscop-Film der Ufa. DRZ Mitte Mai - September 1923. DRO Ufa-Atelier Berlin-Tempelhof; AA Freigelände Neubabelsberg. LNG 6 Akte, 2232 m.
ZEN 1.10.1923, B.07738, Jv. URA 19.10.1923, Berlin (Tauentzien-Palast).
Ein Maler verliebt sich in eine Abenteurerin, die seiner Liebe nicht wert ist, und wird schließlich glücklich mit einer Frau, die sich jahrelang für ihn aufgeopfert hat.

1923. Der verlorene Schuh.
REG Ludwig Berger. AUT Ludwig Berger; nach dem Märchen ›Aschenputtel‹ und Motiven von E. T. A. Hoffmann, Clemens Brentano. KAM Günther Krampf, Otto Baecker. BAU Rudolf Bamberger, Heinrich Heuser (?).
KOS Maria Willenz. KINO-MUS Guido Bagier.
DAR Leonhard Haskel (Fürst Habakuk XXVI.), Emilie Kurz (Prinzessin Aloysia), Paula Conrad-Schlenther (Prinzessin Anastasia), Paul Hartmann (Anselm Franz, der Erbprinz), Hermann Thimig (Baron Steiß-Steißling, sein Adjutant), Werner Hollmann (Graf Ekelmann, der Hofmarschall), Max Gülstorff (Herr von Cucoli), Helga Thomas (Marie, sein Kind aus erster Ehe), Lucie Höflich (Gräfin Benrat, seine zweite Frau), Olga Tschechowa (Stella, ihre Tochter), Frida Richard (Patin), Georg John (Jon, ihr seltsamer Diener), Gertrud Eysoldt (die Rauerin, ein böses Weib), Karl Eichholz (Franz, Cucolis alter Diener), Edyth Edwards.

Poeten der Filmarchitektur
Robert Herlth und Walter Röhrig

»Mit einem prachtvollen Einfühlungsvermögen haben die Architekten Herlth und Röhrig aus der graubraunen, in der Blüte grauvioletten Heide die uralten moosgrauen Gebäude hervorwachsen lassen, als ob das ungeheure Alter das Gemäuer ganz mit Heideluft und Heidesäften durchtränkt, aus ihm selbst ein Stück Heide gemacht hätte.
Da ist Grieshuus, die Burg: breit, stark, schmucklos hingelagert, ›baven de Heidkuk‹, wie es in der Chronik heißt; mit den engen gespenstischen Gängen, den modrigen Treppen, mit seiner steinkalten, weiten, dunklen Burghalle.«
(Willy Haas, 1925)

Die rheinischen Nibelungen geraten mit der norddeutschen Grieshuus-Familie aneinander, Chaos droht in Neubabelsberg. Ein Hohlweg versperrt Siegfried den Zugang zur Nibelungenburg, Lüneburger Heidekraut überwuchert die steinernen Stufen des Wormser Doms.

Bei der Planung seiner Nibelungen-Bauten muß der Architekt Erich Kettelhut feststellen, daß die Grundrisse Makulatur sind: Teile des für DIE NIBELUNGEN vorgesehenen Baugeländes haben die Filmarchitekten Robert Herlth und Walter Röhrig für die Schauplätze des Films ZUR CHRONIK VON GRIESHUUS belegt. Erst während der Bauausführung im Laufe des Jahres 1923 bemerken die beiden Film-Teams, daß sie zur selben Zeit und auf demselben Gelände drehen wollen.

»Hier lag ein typisches Beispiel des aneinander Vorbeiplanens vor, wie man es damals häufiger beobachten konnte. Ebensowenig gab es festgesetzte Termine für Drehzeiten und Drehfolgen. Das Improvisieren war große Mode. Viele glaubten allen Ernstes, ein Arbeiten nach festgesetzten Plänen lasse künstlerischen Intuitionen zu wenig Spielraum. Dabei war eine so vage Arbeitsmethode bei den immer größeren Investitionen nicht zu verantworten, dazu undurchführbar. Dennoch wird es bei der Eigenart der Filmherstellung zu unvorhergesehenen, daher unvermeidbaren Situationen kommen, die nur durch Improvisationstalent gemeistert werden können. In unserem Fall, bei der Raumbeanspruchung und Größenordnung der Bauvorhaben, mußte neu geplant werden. Wir verabredeten mit Herlth und Röhrig ein Treffen in ihrem Zimmer. Herlth empfing uns allein, als Otto [Vollbrecht] und ich mit den Grundrissen zur vereinbarten Nachmittagsstunde eintraten. Der feingliedrige Robert Herlth war nicht größer als ich, ein empfindsamer Ästhet, dem man kaum glauben konnte, daß er sich in der hektischen Filmbetriebsamkeit wohlfühlte. An den Wänden bewunderte ich zahlreiche Skizzen; die etwas subtiler durchgearbeiteten waren von Herlth, von Röhrig stammten die überaus malerischen, großformatigen Tempraentwürfe. Vorerst aber zeigte sich, daß bei den beiden kein Geländegrundriß vorhanden war.«

Erich Kettelhut gibt in seinen Erinnerungen nicht nur ein typisches Beispiel für improvisierendes Management in den frühen Jahren der Ufa, er charakterisiert vor allem den Stil seiner Kollegen Robert Herlth und Walter Röhrig. Dem gewissenhaften Grafiker und Konstrukteur Kettelhut mag die planlose Arbeitsweise der visionären Künstler Herlth und Röhrig zwar etwas suspekt sein, seine Wertschätzung kann er ihnen nicht versagen.

Kettelhut und Herlth/Röhrig stehen für zwei verschiedene Konzepte in der Filmarchitektur: Fritz Langs DIE NIBELUNGEN und METROPOLIS sind geprägt von den statisch-monumentalen Bauten Erich Kettelhuts, nicht selten entwirft er filmische Grabmäler und Weihestätten; die von Robert Herlth und Walter Röhrig gezeichneten Räume für Friedrich Wilhelm Murnaus DER LETZTE MANN, TARTÜFF und FAUST scheinen dagegen ihre Flächen und Linien in Licht und

PRO Decla-Bioscop-Film der Ufa. AUL Eduard Kubat, Max Wogritsch. DRZ Ende April - Mitte Oktober 1923. DRO Ufa-Atelier Neubabelsberg. LNG 5 Akte, 2349 m. ZEN 3.12.1923, B.07928, Jf. URA 5.12.1923, Berlin (Ufa-Palast am Zoo). – Prädikate: Volksbildend, Künstlerisch.
Aschenputtel wird von der bösen Stiefmutter gequält, geht aber heimlich auf den Ball des Königssohnes, verliert ihren Schuh und wird schließlich Königin.

1923. Die Fahrt ins Glück.
REG Heinrich Bolten-Baeckers. AUT nach Fedor von Zobeltitz.
DAR Leo Peukert (Fred), Olga Tschechowa (Alice Holmes, Gesellschafterin), Camilla Spira (Miß Maud Murray), Adolphe Engers (Oliver Coopers), Willy Fritsch (Hans von Werdenfels-Trenin).
PRO BB-Film der Ufa. PRT Heinrich Bolten-Beckers. DRO zum größten Teil auf dem neuen Zweischrauben-Turbinendampfer ›Albert Ballin‹ nach New York. LNG 3 Akte, 1467 m. ZEN 18.12.1923, B.07967, Jf. URA 15.1.1924, Berlin (Tauentzien-Palast).
Die ›Fahrt ins Glück‹ ist eine Dampferreise nach New York, bei der ein amerikanischer Millionär von einem jungen, verschuldeten Aristokraten seine Rolle spielen läßt. Daß die Millionärstochter ins Spiel kommt, ist selbstverständlich, desgleichen das Einschreiten der Vorsehung: Alle füreinander bestimmten Paare bekommen sich.

1923. Die Finanzen des Großherzogs.
REG Friedrich Wilhelm Murnau. AUT Thea von Harbou; nach dem Roman ›Storhertigens finanser‹ von Frank Heller /= Martin Gunnar Serner/. KAM Karl Freund, Franz Planer. BAU Rochus Gliese, Erich Czerwonski.
DAR Alfred Abel (Philipp Collin alias Professor Pelotard), Mady Christians (Großfürstin Olga), Harry Liedtke (Don Ramon XX., Großherzog von Abacco), Adolphe Engers (Don Esteban Paqueno, Finanzminister), Hermann Vallentin (Herr Binzer / Becker), Robert Scholz (Großfürst, Bruder von Olga), Julius Falkenstein (Ernst Isaacs, Bankier), Guido Herzfeld (Markowitz, ein Wucherer), Ilka Grüning (Köchin Augustine), Walter Rilla (Luis Hernandez), Hans Herrmann /= Hans Herrmann-Schaufuß/ (buckliger Verschwörer), Georg August Koch (gefährlicher Verschwörer), Max Schreck (unheimlicher Verschwörer), von Campenhausen (Adjutant), Hugo Block.
PRO Union-Film der Ufa. DRZ Juni - Juli 1923. DRO Messter-Atelier Berlin-Tempelhof, Ufa-Atelier Neubabelsberg. AA Spalato, Catarro, Zara, Insel Arbe (Adria), Freigelände Neubabelsberg (Schloß). LNG 6 Akte, 2483 m. ZEN 4.1.1924, B.07999, Jv. URA 7.1.1924, Berlin (Ufa-Palast am Zoo).
Ein imaginärer Zwergstaat am Mittelmeer, ein Großherzog, eine russische Fürstin, Verwirrungen um Geld und Liebe – und sogar eine Revolution, wie sie in einem Zwergstaat oder auf der Operettenbühne stattfinden könnte. Eine der Hauptrollen spielt die Dalmatinische Riviera.

**1923. Der Sprung ins Leben.
Roman eines Zirkuskindes.**
REG Johannes Guter. AUT Franz Schulz. KAM Fritz Arno Wagner. BAU Rudi Feld.
DAR Xenia Desni (Idea, ein Zirkusmädchen), Walter Rilla (Frank, ihr Partner), Paul Heidemann (Dr. Rudolf Borris, Privatgelehrter), Frida Richard (Sophie, seine Tante), Käte Haack (Dr. Borris' Sekretärin), Leonhard Haskel (Zirkusdirektor), Lydia Potechina (Frau des Zirkusdirektors), Dr. Gebbing (Dompteur), Marlene Dietrich (Mädchen am Strand), Hans Heinrich von Twardowski (Geiger), Max Gülstorff, Erling Hanson, Max Valentin, Ernst Pröckl, Hermann Thimig.
PRO Messter-Film der Ufa. DRZ ab Ende Juli 1923. DRO Jofa-Atelier Berlin-Johannisthal u.a., AA Binz (Rügen), Freigelände Neubabelsberg. LNG 6 Akte, 2075 m. ZEN 21.1.1924, B.08054, Jv. URA 4.2.1924, Berlin (Tauentzien-Palast).
Der junge Forscher Dr. Borris führt die Zirkuskünstlerin Idea zu seiner Tante, die ihr Manieren beibringen soll. Idea wehrt sich gegen Borris' Avancen, dennoch pflegt sie ihn nach einem Unfall. Als der Zirkus eines Tages wieder in der Stadt gastiert, kehrt Idea zu ihrem alten Trapezpartner zurück und läßt Borris allein. Er findet Trost in den Armen einer Sekretärin.

Bewegung aufzulösen, scheinen belebt vom Herzschlag der erzählten Geschichten.

Am bloßen Dekor sind Herlth und Röhrig nicht interessiert; sie wenden sich gegen eine vom Bühnenbild entlehnte Filmarchitektur, die für eine beliebige Handlung nur den Hintergrund abgeben soll. Ihr Konzept beruht auf der Idee vom ›Milieu‹. Milieu verstehen Herlth und Röhrig als Umgebung, in die Figuren und Handlung eingebunden sind. Die Filmarchitektur soll nicht Zutat sein zum Geschehen – aus den von Architekten geschaffenen Räumen soll das Geschehen erst erwachsen. Das Milieu soll Basis der Handlung sein, Erzähltes zusammenfassen und ihm Halt geben. In Herlths Worten:

»Es wird schlechterdings nicht die kärgste Handlung durch das Spiel von Figuren allein zu verdeutlichen sein, auch nicht bei noch so ausgiebigen Titeln.

Wer anders unter Sonne und Mond wagte es auch, den tausendfältigen Dingen, welche die Welt dem Forschenden zu bieten nicht ermüdet, das Recht an Interesse abzusprechen – wenn nicht der Filmverfertiger?

Sind Tier, Baum, Wind, Licht weniger beweglich als das menschliche Gesicht? Und wo läge anders die künstlerische Allgegenwärtigkeit als in dem Interesse für jedes Ding. Wo anders die künstlerische Sparsamkeit als in der Entlastung dieser Faktoren (menschliches Spiel) durch andere (Atmosphäre). Selbst das Festwachsende hat seine Gebärde und dient nicht nur wahllos einschneidender Bewegung als brav gewählter Hintergrund.«

Für Herlth und Röhrig ist klar: Mit dem Theater hat das Kino nichts zu tun. Keine Schuld hat der Film gegenüber der Bühne, keinen Mangel an Worten auszugleichen, sondern der Film hat die Welt zu entdecken, indem er sich für jedes Ding interessiert und dessen Gebärden zum Vorschein bringt. Vom Verlöschen einer Kerze hängt ein Menschenleben ab in DER MÜDE TOD (Fritz Lang, 1921), ein paar verwitterte Steine führen den Wanderer in ZUR CHRONIK VON GRIESHUUS, die Fassade des Hotel Atlantic droht den LETZTEN MANN unter sich zu begraben, das Glück enrollt sich dem FAUST als Panorama wilder Wasserfälle und idyllischer Pinienhaine, die Funktion der Instrumente und Maschinen bindet die Existenz der von ihrem U-Boot umschlossenen Männer in dem düsteren Film MORGENROT (Gustav Ucicky, 1932).

Ihre Lehrjahre haben Robert Herlth und Walter Röhrig als Maler und Bühnenbildner absolviert; zum Kino holt sie der Filmarchitekt Hermann Warm. Warm ist Chefarchitekt der Decla und später der Decla-Bioscop. Mit Röhrig (und Walter Reimann) entwirft er 1919 die Dekors zu DAS CABINET DES DR. CALIGARI, und von Robert Herlth läßt er sich 1920 die Figurinen für den Film MASKEN (William Wauer) entwerfen. Anläßlich der Vorbereitung des von Rudolf Meinert inszenierten Films DAS LACHENDE GRAUEN (1920) macht Warm seine beiden Kollegen miteinander bekannt. Alle weiteren Filmbauten planen Herlth und Röhrig gemeinsam. Nach der Übernahme der Decla-Bioscop durch die Ufa gehören sie zum festen Stab der Ufa-Architekten. Ihre Zusammenarbeit dauert bis 1936; in jenem Jahr schreiben und inszenieren Herlth/Röhrig den Film HANS IM GLÜCK. 1937 geht Herlth zur Tobis, während Röhrig bei der Ufa bleibt. Röhrig stirbt kurz nach Kriegsende. Herlth entwirft bis in die 60er Jahre die Bauten für zahlreiche Qualitätsfilme westdeutscher Produktion, so etwa für FILM OHNE TITEL (Rudolf Jugert, 1948), DAS WIRTSHAUS IM SPESSART (Kurt Hoffmann, 1958) und DIE BUDDENBROOKS (Alfred Weidenmann, 1959). Auch für das Fernsehen ist er noch tätig; der 1893 in Wriezen an der Oder geborene Robert Herlth stirbt 1962 in München.

»Sind Tier, Baum, Wind, Licht weniger beweglich als das menschliche Gesicht?« fragt Robert Herlth zu Beginn des Jahres 1923 und wünscht dem Kino einen Filmregisseur, der die Dinge mit den Augen eines Malers sieht. Ein Jahr später antwortet F. W. Murnau dem Architekten mit seiner Hoffnung, »das Werkzeug zu schaffen, das wichtiger als alle Zufallshilfe von außen ist: den frei im Raum zu bewegenden Aufnahmeapparat. Das ist der Apparat, der, während des Drehens, zu jeder Zeit, in jedem Tempo, nach jedem Punkte zu führen ist. Der Apparat, der die Filmtechnik überwindet, indem er ihren letzten künstlerischen Sinn erfüllt.« Nicht um die entfesselte Kamera als technische Spielerei geht es Murnau, sondern um die Realisierung eines Traumes:

»Mit diesem Werkzeug ausgerüstet, werden sich neue Möglichkeiten erst erfüllen lassen, deren stärkste eine der Architekturfilm ist.

Die fließende Architektur durchbluteter Körper im bewegten Raum, das Spiel der auf- und absteigenden, sich durchdringenden und wieder lösenden Linien, der Zusammenprall der Flächen, Erregung und Ruhe. Aufbau und Einsturz, Werden und Vergehen eines bisher erst erahnten Lebens, die Symphonie von Körpermelodie und Raumrhythmus, das Spiel der reinen, lebendig durchfluteten, strömenden Bewegung.«

Das sinnliche Kinoerlebnis als Synthese aus dem Spiel des Darstellers, aus architektonischer Vision des Raumes und malerischer Abstraktion der Linien und Flächen: Murnaus kleiner, zur Jahreswende 1923/24 für die Zeitschrift *Filmwoche* geschriebener Aufsatz klingt wie eine Reaktion auf Robert Herlths Credo an die »künstlerische Allgegenwärtigkeit«; er ist ebenso filmästhetisches Manifest eines Regisseurs wie programmatische Notiz für die Mitarbeiter.

Im Juli 1924 beginnen auf dem Ufa-Gelände in Neubabelsberg die Dreharbeiten zu DER LETZTE MANN. Zum erstenmal entwerfen Herlth und Röhrig die Bauten für einen Murnau-Film. Mit seiner bis zur halben Höhe ausgeführten Fassade, seiner Leuchtreklame und der wirbelnden Drehtür

Konzentration in der Enge,
Vielfalt im Detail:
Das U-Boot in MORGENROT
(1932/33)

beherrscht das Hotel Atlantic den Drehort. Um die Illusion räumlicher Tiefe zu vermitteln, haben sie die dem Hotel gegenüberliegende Straßenflucht perspektivisch verkürzt und den Bühnenboden zum Horizont hin angehoben. Während im Vordergrund doppelstöckige Omnibusse an den Passanten vorbeigleiten, sorgen im Hintergrund plazierte Spielzeug-Automobile für den Eindruck unüberschaubarer Betriebsamkeit. Wenn Jannings in seinem goldbetressten Portiersmantel vor das Hotelportal hinaustritt auf den regenglänzenden Asphalt und für zwei junge Damen eine Kraftdroschke herbeiwinkt, dann entsteht aus dem Zusammenspiel von Gesten, Lichtreflexen, Bauten und Kamerabewegung der zwingende Eindruck: Nicht ein altersschwacher Portier agiert da, sondern ein mächtiger Regent; das Hotel ist sein Palast, die Stadt ist sein Reich, die Droschkenkutscher sind seine Vasallen und die Hotelgäste seine Schutzbefohlenen.

Für Murnaus FAUST (1925) entwerfen Herlth und Röhrig in ihren Skizzen weniger einen Architektur- als einen Bildraum. Kaum etwas ist in ihren Zeichnungen zu spüren von der Materialität der Atelierbauten, denen sie doch eigentlich als Vorlage dienen sollen. Mit ihrer Auflösung fester Umrißlinien und der Betonung der abgestuften Helldunkel-Valeurs zielen die Zeichnungen von Herlth und Röhrig auf jene traumverlorene Stimmung, die so typisch ist für Murnaus Filme. Durch den Verzicht auf Details erlangen die Entwürfe die Vorstellung von Bewegtheit. Bewegung: Das ist die Geste Mephistos, der seinen Mantel über die kleine Stadt breitet; das ist der Flug auf Mephistos Mantel. Vor allem ist der von Emotionen erfüllte Bildraum selbst in Bewegung. Zwischen Angst und Hoffnung, Düsternis und Leichtigkeit wechselt die Stimmung. Ein paar breit hingewischte Graphitschwärzen genügen, um »die Symphonie von Körper-

1923. Das Wachsfigurenkabinett.
REG Paul Leni Spielleitung Leo Birinski. RAS Wilhelm Dieterle. AUT Henrik Galeen. KAM Helmar Lerski. STF Hans Lechner. BAU Paul Leni. AUS Fritz Maurischat. REQ Dannenberg. KOS Ernst Stern.
DAR Emil Jannings (Harun al Raschid), Conrad Veidt (Iwan der Schreckliche), Werner Krauß (Jack the Ripper), Wilhelm Dieterle (Dichter / Assad, der Pastetenbäcker / russischer Fürst), Olga Belajeff (Eva / Maimune / Bojarin), John Gottowt (Inhaber des Panoptikums), Paul Biensfeldt (Wesir), Ernst Legal, Georg John.
PRO Neptun-Film AG, Berlin; für Ufa. PRL Alexander Kwartirusch. AUL Arthur Kiekebusch. DRZ Juni - September 1923. DRO May-Atelier Berlin-Weißensee. LNG 4 Akte, 2139 m (2142 m vor Zensur) / 4 Akte, 2147 m.
ZEN 14.2.1924, B.08140, Jv. / 12.11.1924, B.09330, Jv. URA 13.11.1924, Berlin (U.T. Kurfürstendamm).
– Henrik Galeen und Franz Schulz beendeten im Oktober 1920 eine erste Drehbuchfassung.

In einer Jahrmarktsbude sind Wachsfiguren ausgestellt, die u.a. ›Harun al Raschid‹, den Tyrannen ›Iwan den Schrecklichen‹, den Mörder ›Jack the Ripper‹ und den Zauberkünstler ›Rinaldo Rinaldini‹ darstellen. Ein junger Dichter wird beauftragt, zu diesen Gestalten Geschichten zu erfinden. Was des Dichters Phantasie ersinnt, gewinnt im Film Gestalt und Leben. Als Rahmenhandlung dient die Liebesgeschichte zwischen dem jungen Poeten und Eva, der Tochter des Schaubudenbesitzers.

1924. Aus eigener Kraft.
REG Willy Zeyn. AUT Paul Reno. KAM Franz Engel. Sport-, Industrie- und Nachtaufnahmen Ulrich Kayser. SPE Bodo Kuntze. Wissenschaftliche Bearbeitung Professor Riebensam, Technische Hochschule, Berlin. Industriebilder Daimler-Motoren-Gesellschaft Stuttgart-Untertürkheim.
DAR Kurt Junker (Ingenieur Jungk), Olga Engl (seine Mutter), Helga Mjön (Helga von Hagen), Willi Kaiser-Heyl (ihr Vater), Emmy Wyda (Tante Amalie), Willy Dorsch (Diener), Lilian Weiss (Zofe), Willi Allen (Boy).
PRO Ufa, Kulturabteilung. LNG 4 Akte, 1802 m.
ZEN 7.5.1924, Jf. URA 11.7.1924, Berlin (Tauentzien-Palast).
– Prädikat: Volksbildend.
›Ein Film vom Auto‹, heißt es im Untertitel. Konstruktion, Wirkungsweise und Verwendung des Autos sollen gezeigt werden. Historische Rückblicke samt einer Spielhandlung sind in diesen Industriefilm integriert.

1924. Horrido.
REG Johannes Meyer. AUT Maximilian Böttcher. KAM Otto Tober. Wildaufnahmen Paul Krien. BAU Hans Sohnle, Otto Erdmann.
DAR Robert Leffler (Rittergutsbesitzer Tankred von Retzin), Rudolf Forster (Berndt, sein Sohn), Lia Eibenschütz (Jutta von Steinbrück, seine Nichte), Heinrich Schroth (Forstmeister Höfert), Charlotte Ander (Ingrid, seine Frau), Victor Schwanneke (Ralph Lillmann, Großhändler), Henry Bender (Haußmann, Börsenmakler), Carl Zickner (Krause, Littmanns Oberförster), Georg Baselt (Höselitz, Bauerngutsbesitzer), Paul Rehkopf (Petrucheit, Schuster), Jenny Nansen (Hanuschka, Retzins Dienstmädchen), Hermann Leffler.
PRO Europäische Lichtbild AG (Eulag), Berlin; für Ufa, Kulturabteilung. AUL Ernst Garden. LNG 5 Akte, 2168 m.
ZEN 19.5.1924, B.08500, Jv. URA 17.4.1924, Berlin (Tauentzien-Palast).
Ein Spiel von Jagd und Liebe. Ein Natur- und Heimatfilm mit äsenden Rehen, röhrenden Hirschen und einem deutschen Zauberwald, in dem alles wächst und gedeiht.

Monumentale Symmetrie als Parodie auf Götterhimmel und zeitgenössischen Größenwahn: AMPHITRYON (1935)

melodie und Raumrhythmus« anzudeuten. Die Skizzen für FAUST verraten, wie tief Herlth und Röhrig von einer filmischen Sichtweise ihrer Arbeit durchdrungen sind. Denn auf dem Zeichenpapier beschwören sie die Vision eines bewegten Bildraumes, dessen Realisierung dem Kino vorbehalten ist.

In einem Vortrag faßt Herlth 1951 sein filmarchitektonisches Konzept zusammen: »Ich gehe von der Voraussetzung aus, daß der Begriff des Filmbildes nicht so sehr umstritten als unbekannt ist; denn nur um dieses kann es sich ja handeln, wenn von einer Architektur die Rede ist. Sie ist als solche gar nicht existent, wie ja alles, was vor der Kamera im Prozeß der Arbeit geschieht, nicht existent im eigentlichen Sinne ist, sondern lediglich als Medium für die Projektion dient. Das gilt für den Raum sowohl als für das Spiel, ja für die Darsteller selber. Filmbauten sind daher, wie sehr sie sich technisch real und deutlich im Studio präsentieren mögen, nur dann möglich und sinnvoll, wenn sie vom planenden Auge des Filmschaffenden so gestaltet und verwendet werden, wie sie im Ablauf der Projektion erscheinen müssen. Es kann also keine Kulisse als solche, sondern nur eine für die Planung gedichtete geben, ob sie nun realistisch, romantisch oder surreal ist.«

Erst im fertiggestellten, auf die Kinoleinwand projizierten Film findet die Filmarchitektur ihren Sinn. Der filmischen Handlung ist sie verpflichtet, nicht den kunsthistorischen Stilen. Die Bauten von Herlth und Röhrig zitieren, wie es gerade paßt: Barock für DIE INTRIGUEN DER MADAME DE LA POMMERAYE (Fritz Wendhausen, 1922); Rokoko für Murnaus TARTÜFF (1926); Bauhaus-Moderne für DER MANN, DER SEINEN MÖRDER SUCHT (Robert Siodmak, 1931). Sie bedienen sich des norddeutschen Fachwerkes in ZUR CHRONIK VON GRIESHUUS (1925), der Wiener Zuckerbäcker-Prächtigkeit in DER KONGREß TANZT (Erik Charell, 1931) und chinesischer Pagodendächer in FLÜCHTLINGE (Gustav Ucicky, 1933). Filmarchitektur fertigt keine Kopien realer Bauten, sie bringt Fundstücke in einen neuen Zusammenhang. Ihr Verhältnis zu den Vorbildern ist ein distanziertes, oft sogar ironisches.

Diese Ironie entbehrt durchaus nicht subversiver Momente. 1935 nimmt Reinhold Schünzel sich die Freiheit, eine Plautus-Komödie mit parodistischen Zeitbezügen aufzufrischen. AMPHITRYON. AUS DEN WOLKEN KOMMT DAS GLÜCK lästert über Kriegsminister und andere hohe Götter – zwei Jahre nach Hitlers, Görings, Goebbels Machtübernahme. Für die Bauten haben sich Herlth und Röhrig an Rom orientiert: nicht an der römischen Antike, sondern am Bombast des italienischen Faschismus und seiner deutschen Adepten. Wenn der Herr und Gebieter in pompöser Säulenhalle auf einem Marmorbett sein Nickerchen hält und über ihm bronzene Adler mit ihren Schnäbeln einen troddelverzierten Baldachin spannen, dann geben die Architekten den historisierenden Kitsch à la Mussolini und Speer der Lächerlichkeit preis.

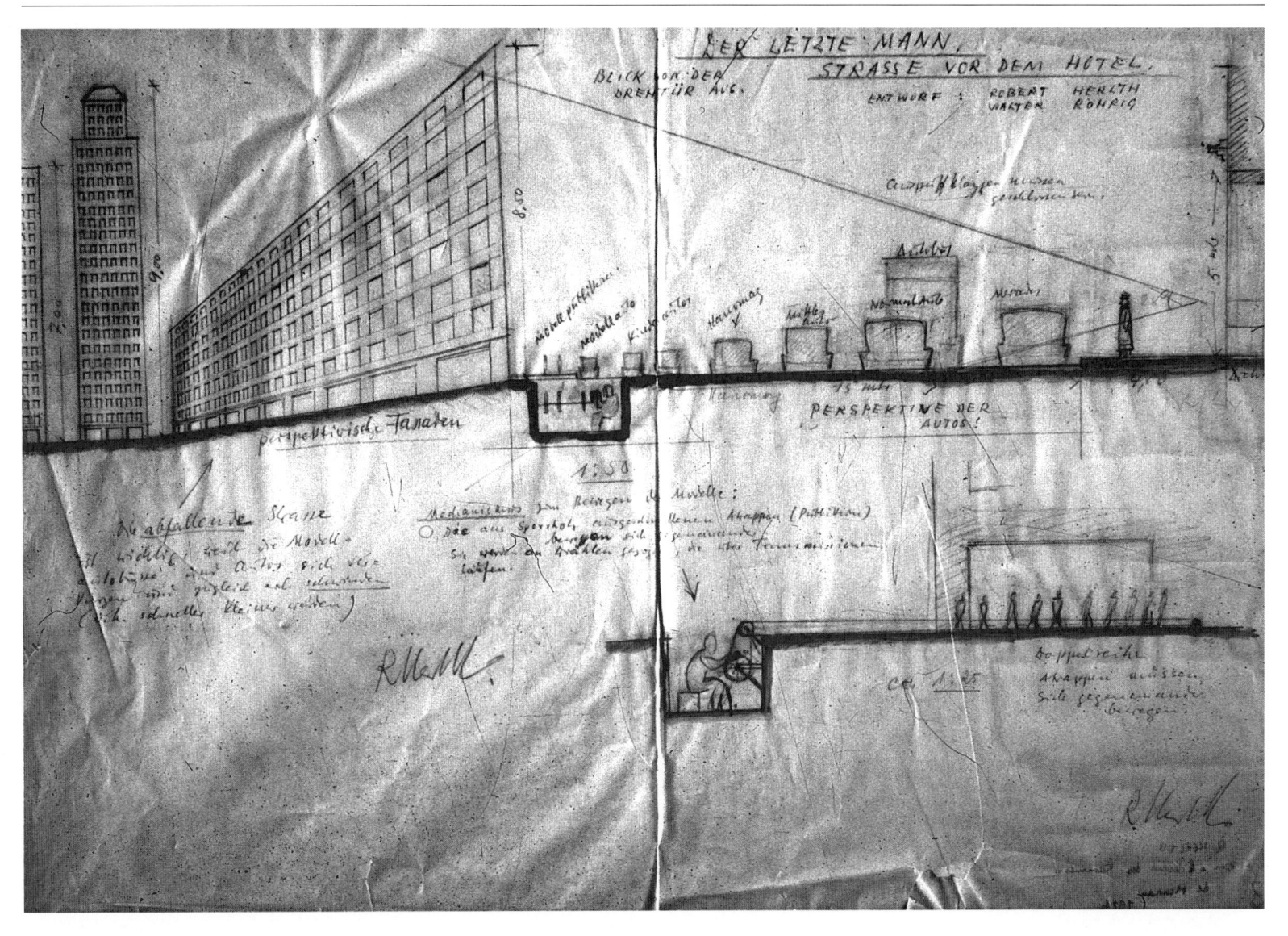

Daß Herlth nach der Ausstattung des Götter-Olymps 1938 von Leni Riefenstahl verpflichtet wird, um ausgerechnet die filmtechnischen Bauten für ihren OLYMPIADE-Film zu erstellen, mag man getrost einer bitteren Ironie der Geschichte zurechnen. Aber Leni Riefenstahl schätzt nun mal an Robert Herlth seinen planenden Überblick...
Michael Esser

Raumsparende Illusion: die Straßenzüge in DER LETZTE MANN werden perspektivisch verzerrt

Erholung in der Kantine Babelsberg: Herlth und Röhrig mit F. W. Murnau

Filme im Verleih der Ufa 1924-1926

1924

Januar. ★ 1923. D. **Die große Unbekannte.**

1. Kakadu Lebertran. 2. Die Dame aus Lissabon. REG Willi Wolff. DAR Ellen Richter, Georg Alexander, Karl Huszar. PRO Ellen Richter-Film. 5 Akte, 2221 m / 6 Akte, 2430 m. ★ 1921. USA. **Jackie, der Lausbub.** My Boy (?) / Peg's Bad Boy (?). REG Victor Heerman, Albert Austin / Sam Wood. DAR Jackie Coogan. PRO Coogan/First National. 5 Akte, 1583 m. ★ 192? F. **Der Fall Gregory. 1. Wie es geschah. 2. Die Sühne.** PRO Film d'Art. 6 Akte, 1917 m / 6 Akte, 1914 m. ★ **Februar.** ★ 1923/24. S. **Die Hexe.** Häxan. REG Benjamin Christensen. PRO Svenska Biograf. 8 Akte, 3005 m. ★ 1923/24. D. **Die Radio-Heirat.** REG Wilhelm Prager. DAR Migo Bard, Eduard von Winterstein, Hermann Thimig. PRO Pe-Ge-Film. 5 Akte, 1752 m. ★ **März.** ★ 1923/24. A. **Erkenntnis der Sünde.** PRO Schneck. 5 Akte, 1457 m. ★ 1923/24. A. **Der Traum von Venedig.** PRO Savoy. 4 Akte, 1345 m. ★ **April.** ★ 1923. F. **Über alles das Vaterland, oder Die Schlacht.** La Bataille. REG Edouard-Emile Violet. DAR Tsuru Aoki, Sessue Hayakawa. PRO Film d'Art. 6 Akte, 2128 m. ★ 1924. USA. **Späte Bekehrung.** PRO Metro. 5 Akte, 1385 m. ★ 1923. F. **Die Frau am Scheideweg.** La Garçonne. REG Armand du Plessy. DAR France Dhélia, Jean Toulout. PRO Iris. 7 Akte, 2176 m. ★ 1923. USA. **Potasch und Perlmutter.** Potash and Perlmutter. REG Clarence Badger. DAR Alexander Carr, Barney Bernard, Vera Gordon. PRO Goldwyn/First National. 6 Akte, 2508 m. ★ 1922/23. USA. **Im Schoße der Erde, oder Die Katastrophe auf der Zeche Osten.** Little Church Around the Corner. REG William A. Seiter. DAR Claire Windsor, Kenneth Harlan, Hobart Bosworth. PRO Warner Bros. 5 Akte, 1705 m. ★ **Mai.** ★ 1923/24. D. **Tragödie im Hause Habsburg.** REG Alexander Korda. DAR Maria Corda, Koloman Zatony. PRO Korda. 7 Akte, 3057 m. ★ 1921. USA. **Der Überfall auf die Virginiapost.** Tol'able David. REG Henry King. DAR Richard Barthelmess, Gladys Hulette, Walter P. Lewis, Ernest Torrence. PRO Inspiration/First National. 6 Akte, 2040 m. ★ 1924. USA. **Mit Herz und Hand.** PRO First National. 6 Akte, 1893 m. ★ 1924. GB. **Lieben, Leben, Lachen (Das Tanz-Girl).** Love, Life and Laughter. REG George Pearson. DAR Betty Balfour. PRO Welsh-Pearson. 6 Akte, 1800 m. ★ 1923/24. USA. **Der kleine Bettelmusikant.** Daddy. REG E. Mason Hopper. DAR Jackie Coogan, Arthur Carewe, Josie Sedgwick. PRO Coogan/First National. 5 Akte, 1698 m. ★ 1924. S/D. **Weibliche Junggesellen.** Norrtullsligan. REG Per Lindberg. DAR Tora Tege. PRO Bonnier. 6 Akte, 1765 m. ★ **Juni.** ★ 1922. USA. **Ein gefährliches Abenteuer. Von jungen Mädchen, Elefanten u. a. wilden Tieren.** A Dangerous Adventure (?). REG Sam Warner, Jack Warner. DAR Philo McCullough, Grace Darmond. PRO Warner Bros. 6 Akte, 1884 m. ★ 1924. USA. **Der Mann mit den zwei Gesichtern.** DAR Milton Sills. PRO First National. 5 Akte, 1511 m. ★ 1923/24. USA. **Die Ehe im Kreise.** The Marriage Circle. REG Ernst Lubitsch. DAR Florence Vidor, Monte Blue, Marie Prevost. PRO Warner Bros. 5 Akte, 2394 m. ★ 1916/17. USA. **William Pechvogels merkwürdige Abenteuer im Filmland.** The Iced Bullet. REG Reginald Barker. DAR William Desmond, Robert McKim, J. Barney Sherry. PRO Metro. 4 Akte, 1139 m. ★ 1923. USA. **Der Hund von Karibu.** Where the North Begins. REG Chester M. Franklin. DAR Claire Adams, Walter McGrail. PRO Warner Bros. 6 Akte, 1753 m. ★ **Juli.** ★ 1924. A. **Namenlos.** Der falsche Arzt. REG Michael Kertesz (= Curtiz). DAR Michael Varkonyi, Hans Lackner, Mary Kid. PRO Sascha. 6 Akte, 2011 m. ★ 1924. CS. **Die Kristallprinzeß (Das Glasschloß).** Bíly ráy. REG Carl Lamac. DAR Anny Ondra. PRO Gloria. 6 Akte, 1668 m. ★ 1921/22. USA. **Der Klub der Unterirdischen.** Penrod. REG Marshall Neilan. DAR Wesley Barry, Tully Marshall, Claire McDowell. PRO Neilan/First National. 5 Akte, 1705 m. ★ 1923. USA. **Bella Donna.** Bella Donna. REG George Fitzmaurice. DAR Pola Negri, Conway Tearle, Conrad Nagel. PRO Paramount. 7 Akte, 2357 m. ★ 1924. D. **Moderne Ehen.**

REG Hans Otto (Löwenstein). DAR Dagny Servaes, Wilhelm Dieterle, Fritz Kortner. PRO Welt-Film. 6 Akte 2087 m. ★ 1923. GB. **Der Wettlauf mit dem Tode.** Fires of Fate. REG Tom Terriss. DAR Wanda Hawlay, Nigel Barrie. PRO Gaumont. 6 Akte, 2107 m. ★ 1924. USA. **Wer war der Vater.** Name the Man. REG Victor Seastrom (= Sjöström). DAR Mae Busch, Conrad Nagel, Hobart Bosworth. PRO Goldwyn. 6 Akte, 2317 m. ★ 1924. F. **Geächtet. Schmerzensweg einer Mutter.** La porteuse de pain. REG René Le Somptier. DAR Susanne Després. PRO Vandal & Delac. 6 Akte, 1892 m. ★ **August.** ★ 1924. F. **Ein Glückskind.** Le secret de Polichinelle (?). REG René Hervil. DAR Jeanne Cheirel, Maurice de Féraudy. PRO Aubert. 5 Akte, 1939 m. ★ 1924. D/NL. **Die Fahrt ins Verderben / Op hoop van zegen.** REG James Bauer. DAR Adele Sandrock, Hans Adalbert Schlettow, Barbara von Annenkoff. PRO Lucifer-Film. 6 Akte, 2245 m. ★ 1922. USA. **Nur ein Ladenmädchen.** Only a Shop Girl. REG Edward J. Le Saint. DAR Estelle Taylor, Mae Busch, Wallace Beery. PRO Victor Carter. 6 Akte, 1772 m. ★ **September.** ★ 1923. USA. **Frauen in Flammen.** Lucrecia Lombard. REG Jack Conway. DAR Irene Rich, Monte Blue, Marc MacDermott, Norma Shearer. PRO Warner Bros. 5 Akte, 1514 m. ★ 1924. USA. **Ein Mädchen und drei alte Narren.** Wife of the Centaur. REG King Vidor. DAR Eleanor Boardman, John Gilbert, Aileen Pringle. PRO Metro-Goldwyn. 6 Akte, 2190 m. ★ **Oktober.** ★ 1924. USA. **Black, der König der Hengste.** PRO Pathé Exchange. 5 Akte, 1495 m. ★ 1924. USA. **Edles Blut.** PRO First National. 6 Akte, 1642 m. ★ 1924. A. **Die Sklavenkönigin.** REG Michael Kertesz (= Curtiz). DAR Maria Corda, Adelqui Millar. PRO Sascha. 6 Akte, 3147 m. ★ 1924. A. **Jedermanns Weib.** REG Alexander Korda. DAR Maria Corda, May Hanbury, Jeffrey Bernard. PRO Sascha. 6 Akte, 2183 m. ★ **November.** ★ 1924. USA. **Rin-Tin-Tin rettet seinen Herrn.** Find Your Man. REG Mal St. Clair. DAR Rin-Tin-Tin, June Marlowe. PRO Warner Bros. 6 Akte, 2214 m. ★ 1923/24. USA. **Broadway-Fieber. Die Tänzerin, der Boxer und der Pressechef, sechs Akte von Tanz, Sport und Liebe.** The Great White Way. REG E. Mason Hopper. DAR Anita Stewart, Tom Lewis, T. Roy Barnes. PRO Cosmopolitan/Goldwyn. 6 Akte, 2546 m. ★ **Dezember.** ★ 1923. USA. **Das goldene Land.** The Spoilers. REG Lambert Hillyer. DAR Milton Sills, Anna Q. Nilsson, Barbara Bedford. PRO Hampton/Goldwyn. 6 Akte, 2256 m.

1925

Januar. ★ 1923/24. USA. **Liebesurlaub einer Königin.** Three Weeks. REG Alan Crosland. DAR Aileen Pringle, Conrad Nagel, John Sainpolis. PRO Goldwyn. 5 Akte, 1689 m. ★ 1924/25. D. **Ich liebe Dich!** REG Paul Ludwig Stein. DAR Liane Haid, Alfons Fryland, Anny Ondra. PRO Davidson-Film. 6 Akte, 2423 m. ★ **Februar.** ★ 1924/25. D. **Vater Voss. Um seines Kindes Glück.** REG Max Mack. DAR Stewart Rome, Franz Wilhelm Schröder-Schrom, Jenny Steiner. PRO Internationale Film AG ›ifa‹. 5 Akte, 2007 m. ★ 1921. I. **Die Tragödie eines Verbannten.** La mirabile visione. REG Caramba (= Luigi Sapelli). DAR Camillo Talamo, Gustavo Salvini. PRO Tespi. 6 Akte, 1796 m. ★ 1923/24. USA. **Die Juwelen der Romanoffs.** Torment. REG Maurice Tourneur. DAR Owen Moore, Bessie Love, Jean Hersholt. PRO Tourneur/First National. 6 Akte, 1574 m. ★ 1924/25. D. **Der Flug um den Erdball. 1. Von**

Paris bis Ceylon. 2. Indien – Europa. REG Willi Wolff. DAR Ellen Richter, Reinhold Schünzel, Bruno Kastner. PRO Ellen Richter-Film. 5 Akte, 2649 m / 5 Akte, 2646 m. ★ **März.** ★ 1924. F. **Das Mirakel der Wölfe.** Le miracle des loups. REG Raymond Bernard. DAR Yvonne Sergyl, Romuald Joubé. PRO Société des films historiques. 6 Akte, 2435 m. ★ 1924. USA. **Jackie, der kleine Robinson.** Little Robinson Crusoe. REG Edward Cline. DAR Jackie Coogan, Chief Daniel J. O'Brien. PRO Coogan/Metro-Goldwyn. 6 Akte, 1876 m. ★ **April.** ★ 1924. F. **Kinder vom Montmartre.** Paris. REG René Hervil. DAR Dolly Davis, Louis Allibert. PRO Aubert. 6 Akte, 2209 m. ★ 1923. USA. **Liftboy Nr. 13.** Bell Boy 13. REG William Seiter. DAR Douglas MacLean, Margaret Loomis. PRO First National. 5 Akte, 1158 m. ★ 1925. USA. **Wenn Frauen träumen.** DAR Dorothy Philipps. PRO First National. 6 Akte, 1692 m. ★ 1925. D/F. **Der Maler und sein Modell / Le mirage de Paris.** REG Jean Manoussi. DAR Madeleine Erickson, Léon Mathot. PRO Maxim-Film / Vandal & Delac. 6 Akte, 2258 m. ★ **Mai.** ★ 1925. USA. **Das Mädchen mit den 50000 Dollar.** On Thin Ice. REG Malcolm St. Clair. DAR Tom Moore, Edith Roberts. PRO Warner Bros. 6 Akte, 2182 m. ★ 1922. USA. **Oliver Twist.** Oliver Twist. REG Frank Lloyd. DAR Jackie Coogan, Lon Chaney, Gladys Brockwell. PRO Coogan/First National. 6 Akte, 2002 m. ★ 1924. USA. **Drei Frauen.** Three Women. REG Ernst Lubitsch. DAR May McAvoy, Pauline Frederick, Marie Prevost. PRO Warner Bros. 6 Akte, 2414 m. ★ **Juni.** ★ 1925. IS. **Das nordische Wunderland.** Island í lifandi myndum. REG Loftur Gudmundsson. PRO Loftur Gudmundsson, Rejkjavik. 5 Akte, 1396 m. ★ 1925. USA. **Der Wanderer.** The Wanderer. REG Raoul Walsh. DAR Tyrone Power, Kathlyn Williams. PRO Paramount. 9 Akte, 2414 m. ★ 1925. I. **Mutter, verzeih mir.** Il Focolare Spento. REG Augusto Genina. DAR Jeanne Brindeau, Lido Manetti. PRO Questo-Film. 5 Akte, 2016 m. ★ **Juli.** ★ 1924. USA. **Die Seeteufel.** The Sea Hawk. REG Frank Lloyd. DAR Milton Sills, Enid Bennett. PRO Frank Lloyd/First National. 6 Akte, 2680 m. ★ 1924. USA. **Die Straßensängerin von New York.** This Woman. REG Phil Rosen. DAR Irene Rich, Ricardo Cortez, Louise Fazenda. PRO Warner Bros. 6 Akte, 2110 m. ★ 1924. USA. **Im sausenden Galopp.** Thundering Hoofs. REG Albert Rogell. DAR Fred Thomson, Fred Huntley. PRO Monogram. 6 Akte, 1537 m. ★ **August.** ★ 1924. USA. **Ein Mädchen aus gutem Hause.** Tarnish. REG George Fitzmaurice. DAR May McAvoy, Ronald Colman, Marie Prevost. PRO Goldwyn/First National. 6 Akte, 2002 m. ★ 1925. USA. **Liebe und Leichtsinn.** The Bridge of Sighs. REG Phil Rosen. DAR Dorothy Mackaill, Creighton Hale. PRO Warner Bros. 6 Akte, 1922 m. ★ 1924. USA. **Wenn Männer ausgehen.** Why Men Leave Home. REG John M. Stahl. DAR Lewis Stone, Helene Chadwick. PRO First National. 6 Akte, 2247 m. ★ 1924. USA. **Der Mann, die Frau, der Freund.** Husbands and Lovers. REG John M. Stahl. DAR Lewis S. Stone, Florence Vidor. PRO Louis B. Mayer/First National. 6 Akte, 2152 m. ★ 1925. D. **Der Herr Generaldirektor.** REG Fritz Wendhausen. DAR Albert Bassermann, Hanna Ralph. PRO Maxim-Film. ★ **September.** ★ 1921. GB. **Der Hund von Baskerville.** The Hound of the Baskervilles. REG Maurice Elvey. DAR Eille Norwood, Catina Campbell. PRO Stoll Pictures. 6 Akte, 1464 m. ★ 1924. USA. **Der Senator und die Tänzerin.** The Silent Watcher. REG Frank Lloyd. DAR Glenn Hunter, Bessie Love, Hobart Bosworth. PRO Lloyd/First National. 6 Akte, 2130 m. ★ 1925. USA. **Charleys Tante.** Charley's Aunt. REG Scott Sidney. DAR Sidney Chaplin, Ethel Shannon. PRO Simmonds Pict. 8 Akte, 2332 m. ★ 1925. USA. **Der Mann ohne Gewissen.** The Man Without a Conscience. REG James Flood. DAR Willard Louis, Irene Rich. PRO Warner Bros. 6 Akte, 2104 m. ★ 1924. USA. **Der stumme Ankläger.** The Silent Accuser. REG Chester M. Franklin. DAR Eleanor Boardman, Raymond McKee, Earl Metcalfe. PRO M-G-M. 6 Akte, 1805 m. ★ 1924. USA. **Die kleine Kanaille.** The Dark Swan. REG Millard Webb. DAR Marie Prevost, Monte Blue, Helene Chadwick. PRO Warner Bros. 6 Akte, 1819 m. ★ 1925. D. **Finale der Liebe.** REG Felix Basch. DAR Lucy Doraine, Nils Asther. PRO Lucy Doraine-Film. 6 Akte, 1805 m. ★ 1925. D. **Der Tänzer meiner Frau.** REG Alexander Korda. DAR Maria Corda, Willy Fritsch. PRO Fellner & Somlo. 6 Akte, 2207 m. ★ 1925. USA. **Der Ehe ewiges Einerlei.** So This Is Marriage. REG Hobart Henley. DAR Florence Vidor, Monte Blue. PRO Loew Metro Goldwyn. 7 Akte, 1940 m. ★ 1924. USA. **Der Garten der Sünde.** Sinners in Silk. REG Hobart Henley. DAR Adolphe Menjou, Eleanor Boardman. PRO Loew Metro Goldwyn. 6 Akte, 1611 m. ★ 1925. USA. **Rin-Tin-Tin's Heldentat.** The Lighthouse by the Sea. REG Malcolm St. Clair. DAR William Collier jr., Louisa Fazeda. PRO Warner Bros. ★ **Oktober.** ★ 1922. USA. **Ein Mann wird gesucht.** Man Wanted. REG John Francis Dillon. DAR Arthur Housman, Frank Losee. PRO Lee Bradford. 5 Akte, 1602 m. ★ 1925. D. **Die Liebe der Bajadere / Götter, Menschen und Tiere.** REG Geza von Bolvary. DAR Ellen Kürty. PRO Central-Film. 6 Akte, 2295 m. ★ 1925. USA. **Ein Dieb im Paradies.** A Thief in Paradise. REG George Fitzmaurice. DAR Doris Kenyon, Ronald Colman. PRO First National. 6 Akte, 2017 m. ★ 1925. USA. **Der Sumpfengel.** Painted People. REG Clarence Badger. DAR Colleen Moore. PRO First National. 6 Akte, 1934 m. ★ 1924. USA. **Die rote Lilie.** The Red Lily. REG Fred Niblo. DAR Enid Bennett, Ramon Novarro, Wallace Beery. PRO Metro-Goldwyn. 7 Akte, 2034 m. ★ 1924. USA. **Der Mann, der die Ohrfeigen bekam.** He Who Gets Slapped. REG Victor Seastrom (= Sjöström). DAR Lon Chaney, Norma Shearer, John Gilbert. PRO M-G-M. 7 Akte, 2064 m. ★ 1925. USA. **Mariposa, die Tänzerin.** The Charmer. REG Sidney Olcott. DAR Pola Negri, Wallace MacDonald. PRO Paramount. 7 Akte, 1814 m. ★ 1924. USA. **Die Frau des Kommandeurs.** Lily of the Dust. REG Dimitri Buchowetzki. DAR Pola Negri, Ben Lyon. PRO Paramount. 5 Akte, 1600 m. ★ 1924. USA. **Ihre romantische Nacht.** Her Night of Romance. REG Sidney A. Franklin. DAR Constance Talmadge, Ronald Colman, Jean Hersholt. PRO Talmadge/First National. 6 Akte, 2264 m. ★ 1925. USA. **Der Fluch des Blutes.** PRO Paramount. 7 Akte, 2063 m. ★ 1924. USA. **Die Frau, die die Männer bezaubert.** Circe the Enchantress. REG Robert Z. Leonard. DAR Mae Murray, James

Kirkwood, Tom Ricketts. PRO Metro-Goldwyn. 6 Akte, 1894 m. ★ 1923. USA. **1000:1 = Harold Lloyd.** Why Worry. REG Fred Newmeyer, Sam Taylor. DAR Harold Lloyd, Jobyna Ralston. PRO Pathé. 6 Akte, 1636 m. ★ **November.** ★ 1924. USA. **Das verbotene Paradies.** Forbidden Paradise. REG Ernst Lubitsch. DAR Pola Negri, Adolphe Menjou. PRO Paramount. 7 Akte, 2232 m. ★ **Dezember.** ★ 1924. USA. **Kinder der Freude.** Daughters of Pleasure. REG William Beaudine. DAR Marie Prevost, Monte Blue. PRO Warner Bros. 5 Akte, 1476 m. ★ 1924. USA. **Peter Pan, der Traumelf.** Peter Pan. REG Herbert Brenon. DAR Betty Bronson, Ernest Torrence. PRO Famous Players-Lasky. 6 Akte, 2029 m. ★ 1925. D. **Die Insel der Träume.** REG Paul Ludwig Stein. DAR Liane Haid, Alfons Fryland. PRO Davidson-Film. 6 Akte, 2463 m. ★ 1925. USA. **Buster Keaton, der Matrose.** The Navigator. REG Donald Crisp, Buster Keaton. DAR Buster Keaton, Kathryn McGuire. PRO Loew Metro Goldwyn. 6 Akte, 1674 m. ★ 1925. USA. **Liebe nach Noten.** Kiss Me Again. REG Ernst Lubitsch. DAR Marie Prevost, Monte Blue. PRO Warner Bros. 7 Akte, 1999 m.

1926

Januar. ★ 1925. USA. **Frauen und Pferde.** The Way of a Girl. REG Robert G. Vignola. DAR Eleanor Boardman, Matt Moore, William Russell. PRO Metro-Goldwyn. 6 Akte, 1545 m. ★ 1925. D. **Die tolle Herzogin.** REG Willi Wolff. DAR Ellen Richter, Walter Janssen. PRO Ellen Richter-Film. 7 Akte, 2330 m. ★ 1924/25. D. **Die Abenteuer des Prinzen Achmed.** REG Lotte Reiniger. PRO

Comenius. 5 Akte, 1811 m. Animationsfilm (Scherenschnitt). ★ 1924. USA. **Verwöhnte junge Damen.** Empty Hands. REG Victor Fleming. DAR Jack Holt, Norma Shearer. PRO Famous Players-Lasky. 6 Akte, 1928 m. ★ 1925/26. USA. **Die verlorene Zeit.** PRO First National. 6 Akte, 2891 m. ★ 1925. USA. **Die verlorene Welt.** The Lost World. REG Harry O. Hoyt. DAR Bessie Love, Wallace Beery. PRO First National. 6 Akte, 2459 m. ★ 1925. USA. **Amor im Wolkenkratzer.** The Shock Punch. REG Paul Sloane. DAR Richard Dix, Frances Howard. PRO Paramount. 6 Akte, 1775 m. ★ 1925. USA. **Das verschwundene Brillantenkollier.** Paths to Paradise. REG Clarence Badger. DAR Betty Compson, Raymond Griffith. PRO Paramount. 7 Akte, 2189 m. ★ 1925. USA. **Seine Hoheit verlobt sich.** The Swan. REG Dimitri Buchowetzki. DAR Frances Howard, Adolphe Menjou. PRO Paramount. 6 Akte, 1604 m. ★ 1925. USA. **Der Kampf ums rote Gold.** Tracked in the Snow Country. REG Herman C. Raymaker. DAR Rin-Tin-Tin, June Marlowe. PRO Warner Bros. 7 Akte, 2141 m. ★ **Februar.** ★ 1924. USA. **Monsieur Beaucaire.** Monsieur Beaucaire. REG Sidney Olcott. DAR Rudolph Valentino, Bebe Daniels. PRO Paramount. 7 Akte, 2484 m. ★ 1923. GB. **Das Zeichen der Vier.** The Sign of Four. REG Maurice Elvey. DAR Eille Nowood, Isabel Elsom. PRO Stoll Pict. 7 Akte, 2040 m. ★ 1925/26. USA. **Opfer des Blutes.** East of Suez. REG Raoul Walsh. DAR Pola Negri, Edmund Lowe. PRO Paramount. 7 Akte, 2021 m. ★ 1925. USA. **Jackie, der kleine Lumpensammler.** PRO M-G-M. 6 Akte, 1804 m. ★ 1925/26. USA. **Der Kampf mit dem Schatten.** Empty Hearts. REG Alfred Santell. DAR Lilian Rich. PRO Banner. 6 Akte, 1698 m. ★ 1925. USA. **Moderne Jugend.** Speed. REG Edward J. Le Saint. DAR Betty Blythe. PRO Banner. 6 Akte, 1784 m. ★ 1925. USA. **Bräutigam auf Abbruch.** The Night Club. REG Paul Iribe, Frank Urson. DAR Raymond Griffith, Vera Reynolds. PRO Famous Players-Lasky. 6 Akte, 1802 m. ★ **März.** ★ 1925/26. USA. **Mädchenscheu.** Girl Shy. REG Fred Newmeyer, Sam Taylor. DAR Harold Lloyd, Jobyna Ralston. PRO Lloyd. 8 Akte, 2212 m. ★ 1925/26. D. **Die letzte Droschke von Berlin.** REG Carl Boese. DAR Lupu Pick, Hedwig Wangel. PRO Rex-Film. 6 Akte, 2292 m. ★ 1925. USA. **Ein König im Exil.** Confessions of a Queen. REG Victor Seastrom (= Sjöström). DAR Alice Terry, Lewis Stone. PRO Loew Metro Goldwyn. 6 Akte, 1707 m. ★ 1925. USA. **Der Frauenhasser.** The Woman Hater. REG James Flood. DAR Helen Chadwick, Clive Brook. PRO Warner Bros. 6 Akte, 1636 m. ★ 1925. USA. **Heiraten ist kein Kinderspiel.** Forty Winks. REG Paul Iribe, Frank Urson. DAR Raymond Griffith, Viola Dana. PRO Paramount. 6 Akte, 1897 m. ★ 1925. USA. **Der Bandit.** The Great Divide. REG Reginald Barker. DAR Dorothy Mackaill, Ian Keith. PRO Loew Metro Goldwyn. 6 Akte, 2005 m. ★ 1925/26. D. **Wie einst im Mai.** REG Willi Wolff. DAR Ellen Richter, Paul Heidemann. PRO Ellen Richter-Film. 5 Akte, 2665 m. ★ **April.** ★ 1925. USA. **Zwei Personen suchen einen Pastor.** Excuse Me. REG Alf Goulding. DAR Norma Shearer. PRO M-G-M. 6 Akte, 1626 m. ★ 1926. USA. **Die Ehre gerettet.** DAR Richard Barthelmess. PRO First National. 6 Akte, 1818 m. ★ 1925. USA. **Madame sans gêne.** Madame sans gêne. REG Leonce Perret. DAR Gloria Swanson. PRO Paramount. 7 Akte, 2682 m. **Mai.** ★ 1926. D. **Wehe, wenn sie losgelassen.** REG Carl Froelich. DAR Henny Porten, Bruno Kastner. PRO Porten-Froelich-Film. 6 Akte, 2405 m. ★ 1925. USA. **Die Gier nach Geld.** Greed. REG Erich von Stroheim. DAR Gibson Gowland, ZaSu Pitts. PRO Loew Metro Goldwyn. 8 Akte, 2746 m. ★ 1924. USA. **Die Auswanderer. Farmerlos.** Sundown. REG Laurence Trimble, Harry O. Hoyt. DAR Bessie Love, Roy Stewart. PRO First National. 6 Akte, 2284 m. ★ 1926. D. **Die Flucht in den Zirkus.** REG Michael Kértesz (= Curtiz). DAR Marcella Albani, Wladimir Gaidarow. PRO Greenbaum-Film. 7 Akte, 2164 m. ★ **Juni.** ★ 1926. USA. **Die Erbin des Holzkönigs.** The Ancient Highway. REG Irvin Willat. DAR Billie Dove, Jack Holt, Montagu Love. PRO Paramount. 7 Akte, 1903 m. ★ 1926. USA. **Zigeuner im Frack.** The Black Bird. REG Tod Browning. DAR Lon Chaney, Renée Adorée. PRO Loew Metro Goldwyn. 7 Akte, 2045 m. ★ 1926. F. **Graziella.** Graziella. REG Marcel Vandal. DAR Nina Vanna, Sylviane de Castillo. PRO Aubert. 6 Akte, 1962 m. ★ 1926. USA. **Die tätowierte Dame.** PRO Paramount. 7 Akte, 2096 m. ★ 1926. USA. **Die Tat ohne Zeugen.** That Royle Girl (?). REG D. W. Griffith. DAR Lilian Gish, Carol Dempster. PRO Paramount. 10 Akte, 2408 m. ★ 1926. USA. **Die Schönheitskonkurrenz.** PRO Paramount. 8 Akte, 2231 m. ★ 1926. USA. **La Bohème.** Boheme. REG King Vidor. DAR John Gilbert, Lilian Gish. PRO Loew Metro Goldwyn. 9 Akte, 2589 m. ★ **Juli.** ★ 1926. USA. **Die Liebesinsel.** Lovers in Quarantine. REG Frank Tuttle. DAR Bebe Daniels. PRO Paramount. 7 Akte, 1895 m. ★ 1926. USA. **Der Narr und die Dirne.** PRO Loew Metro Goldwyn. 7 Akte, 2084 m. ★ 1926. USA. **Seine Privatsekretärin.** PRO Loew Metro Goldwyn. 7 Akte, 2166 m. ★ 1926. USA. **Alles für die Firma.** PRO M-G-M. 6 Akte, 1934 m. ★ 1926. USA. **Die Straße des Grauens.** PRO Paramount. 7 Akte, 1833 m. ★ 1926. USA. **Die Tänzerin von Moulin-Rouge.** The Masked Bride. REG Christy Cabanne, (Josef von Sternberg) (?). DAR Mae Murray. PRO Loew Metro Goldwyn. 6 Akte, 1813 m. ★ 1926. USA. **Durchlaucht macht eine Anleihe.** The King on Main Street. REG Monta Bell. DAR Adolphe Menjou, Greta Nissen, Bessie Love. PRO First National. 6 Akte, 1966 m. ★ 1925. USA. **Insel der verlorenen Menschen.** PRO Hermann Garfield. 5 Akte, 1200 m. ★ 1926. USA. **Eine namenlose Geschichte.** The Story Without a Name. REG Irvin Willat. DAR Agnes Ayres, Antonio Moreno. PRO Paramount. 6 Akte, 1850 m. ★ 1926. USA. **Die im Schatten leben.** PRO Loew Metro Goldwyn. 6 Akte, 1555 m. ★ 1925. USA. **Der Todesritt von Trenton.** DAR Marion Davies. PRO First National. 11 Akte, 2803 m. ★ 1926. USA. **Herren der Lüfte.** The Air Mail. REG Irvin Willat. DAR Warner Baxter, Billie Dove. PRO Paramount. 7 Akte, 2142 m. ★ **August.** ★ 1926. USA. **Das Mädchen mit der Orchidee.** PRO Paramount. 7 Akte, 2160 m. ★ 1926. USA. **Ein Staatskerl.** PRO Paramount. 6 Akte, 1645 m. ★ 1926. D. **Hallo Cäsar.** REG Reinhold Schünzel. DAR Reinhold Schünzel, Imogene Robertson. PRO Schünzel-Film. 6 Akte, 2596 m. ★ 1926. USA.

Die große Parade. The Big Parade. REG King Vidor. DAR John Gilbert, Renée Adorée. PRO Loew Metro Goldwyn. 11 Akte, 3043 m. ★ 1925. USA. **Die unheimlichen Drei.** The Unholy Three. REG Tod Browning. DAR Lon Chaney. PRO Loew Metro Goldwyn. 7 Akte, 2192 m. ★ 1926. USA. **Theaterfimmel.** PRO Paramount. 7 Akte, 2184 m. ★ **September.** ★ USA. **Cohen contra Miller.** The Cohens and Kellys. REG Harry Pollard. DAR Charlie Murray, George Sidney. PRO Universal. 8 Akte, 1981 m. ★ 1926. USA. **Die schönste Frau der Staaten.** The American Venus. REG Frank Tuttle. DAR Esther Ralston, Lawrence Gray. PRO Paramount. 8 Akte, 2435 m. ★ 1926. USA. **Ben Hur.** Ben Hur. REG Fred Niblo. DAR Ramon Novarro, May McAvoy. PRO Loew Metro Goldwyn. 12 Akte, 3770 m. ★ 1926. D. **Die keusche Susanne.** REG Richard Eichberg. DAR Lilian Harvey, Willy Fritsch. PRO Eichberg-Film. 6 Akte, 2439 m. ★ 1926. D. **Der Soldat der Marie.** REG Erich Schönfelder. DAR Xenia Desni, Grit Haid. PRO Eichberg-Film. 6 Akte, 2113 m. ★ 1926. D. **Die Flammen lügen.** REG Carl Froelich. DAR Henny Porten, Grete Mosheim. PRO Porten-Froelich-Film. 6 Akte, 2780 m. ★ 1926. USA. **Die betrogene Frau.** My Wife and I. REG Millard Webb. DAR Irene Rich, Huntly Gordon. PRO Warner Bros. 6 Akte, 1997 m. ★ 1926. USA. **Strongheart, der Sieger.** PRO First National. 5 Akte, 1552 m. ★ 1926. USA. **Das rollende Haus.** Mike. REG Marshall Neilan. DAR Sally O'Neill. PRO Loew Metro Goldwyn. 7 Akte, 2118 m. ★ **Oktober.** ★ 1924. USA. **Die Bluthochzeit der Castros.** A Sainted Devil. REG Joseph Henabery. DAR Rudolph Valentino. PRO Paramount. 6 Akte, 1820 m. ★ 1926. F. **Dr. Knock.** Knock ou le triomphe de la médecine. REG René Hervil. DAR Maryane, Fernand Fabre. PRO Aubert. 7 Akte, 2655 m. ★ 1926. USA. **Die Hochzeit von Florenz.** Romola. REG Henry King. DAR Lilian Gish, Dorothy Gish. PRO Loew Metro Goldwyn. 6 Akte, 1987 m. ★ 1926. USA. **Die Tänzerin des Zaren.** The Midnight Sun. REG Dimitri Buchowetzki. DAR Laura La Plante. PRO Universal. 8 Akte, 2365 m. ★ 1926. USA. **Wer niemals einen Kuß geküßt.** Chip of the Flying U. REG Lynn Reynolds. DAR Hoot Gibson, Virginia Browne. PRO Universal. 7 Akte, 1922 m. ★ 1926. D/F. **Der gute Ruf / Les mensonges.** REG Pierre Marodon. DAR Germaine Rouer, Léon Bary. PRO Hermès-Film. 7 Akte, 2330 m. ★ 1926. D. **Gräfin Plättmamsell.** REG Constantin J. David. DAR Ossi Oswalda, Curt Bois. PRO Rex-Film. 6 Akte, 2091 m. ★ 1926. S. **Wallfahrt des Herzens. (Jerusalem-Film 2).** Till Österland. REG Gustaf Molander. DAR Lars Hanson, Conrad Veidt. PRO Nordwesti Aktibolaget. 7 Akte, 2215 m. ★ 1926. S. **Die Erde ruft. (Jerusalem-Film 1).** Ingmarsarvet. REG Gustaf Molander. DAR Jenny Hasselquist, Lars Hanson. PRO Nordwesti Aktibolaget. 6 Akte, 2148 m. ★ 1926. USA. **Königin der Nacht.** PRO Paramount. 7 Akte, 1945 m. ★ **November.** ★ 1925. USA. **Die lustige Witwe.** The Merry Widow. REG Erich von Stroheim. DAR Mae Murray, John Gilbert. PRO M-G-M. 10 Akte, 2851 m. ★ 1925/26. D/GB. **Tragödie einer Ehe / Human Law.** REG Maurice Elvey. DAR Alfred Abel, Isabel Elsom. PRO Maxim-Film. 6 Akte, 2351 m. ★ 1926. D. **Eine Dubarry von heute.** REG Alexander Korda. DAR Maria Corda, Alfred Abel. PRO Fellner & Somlo. 11 Akte, 3004 m. ★ 1926. D. **Kopf hoch, Charly!** REG Willi Wolff. DAR Ellen Richter, Michael Bohnen. PRO Ellen Richter-Film. 8 Akte, 2512 m. ★ 1926. USA. **Der Narr und sein Kind.** PRO Loew Metro Goldwyn. 7 Akte, 1989 m. ★ 1926. D. **Der Herr des Todes.** REG Hans Steinhoff. DAR Fritz Sohn, Eduard von Winterstein. PRO Maxim-Film. 6 Akte, 2318 m. ★ 1926. USA. **Der Spielerkönig.** PRO Paramount. 6 Akte, 1920 m. ★ 1926. USA. **Die Großfürstin und ihr Kellner.** The Grand Duchess and the Waiter. REG Malcolm St. Clair. DAR Florence Vidor, Adolphe Menjou. PRO Paramount. 7 Akte, 1983 m. ★ 1926. USA. **Die vom Theater.** The Marriage Clause. REG Lois Weber. DAR Francis X. Bushmann, Billie Dove. PRO Universal. 8 Akte, 2274 m. ★ **Dezember.** ★ 1926. USA. **Das Volk der schwarzen Zelte.** PRO Paramount. 6 Akte, 1731 m. ★ 1926. USA. **Moana, der Sohn der Südsee.** Moana. REG Robert Flaherty. DAR Ta'avale, Fa'amgase. PRO Paramount. 6 Akte, 1780 m. ★ 1926. USA. **Riff und Raff im Weltkrieg.** Behind the Front. REG Edward Sutherland. DAR Wallace Beery, Raymond Hatton. PRO Paramount. 6 Akte, 1560 m. ★ 1926. USA. **Lieb mich und die Welt ist mein.** Love Me and the World is Mine. REG Ewald André Dupont. DAR Mary Philbin, Norman Kerry. PRO Universal. 8 Akte, 2357 m. ★ 1926. D. **Der Juxbaron.** REG Willi Wolff. DAR Reinhold Schünzel, Marlene Dietrich. PRO Ellen Richter-Film. 6 Akte, 2179 m. ★ 1926. USA. **Fräulein Blaubart.** Miss Bluebeard. REG Frank Tuttle. DAR Bebe Daniels, Raymond Griffith. PRO Paramount. 7 Akte, 1982 m. ★ 1926. USA. **Zirkusteufel.** PRO Loew Metro Goldwyn. 7 Akte, 1944 m.

1924. Wein, Weib, Gesang.
REG Willy Achsel. AUT Ernst Krieger, Heinz Schade. KAM Max Brinck, Paul Krien. BAU Edmund Heuberger, Gustav Hennig. KINO-MUS Ernst Krieger, Alexander Schirmann. Wissenschaftliche Mitarbeit Ulrich K. T. Schulz. BER Dr. von Bassermann-Jordan, Regierungsrat Dr. Diel.
PRO Ufa, Kulturabteilung. AUL Ulrich K. T. Schulz. LNG 6 Akte, 2663 m. ZEN 7.8.1924, B.08802, Jf. URA 16.9.1924, Berlin (Kammerlichtspiele).
– *Dokumentarfilm. – Prädikat: Volksbildend.*
Was der Wein alles erzählen kann; warum Schiller, als seine Mittel es erlaubten, einen ansehnlichen Weinvorrat hatte; warum Goethe den unvergleichlichen Frankenwein liebte und so viele Große sich an ihm so gern begeistert haben, das wird in Bild und Wort vorgeführt.

1924. Windstärke 9.
Die Geschichte einer reichen Erbin.
REG Reinhold Schünzel. KAM Kurt Stanke. BAU Franz Schroedter.
DAR Maria Kamradek (Mabel Samson), Alwin Neuß (Flanaga, ihr Vetter), Albert Bennefeld, Harry Halm, Adolf Klein, Rudolf Lettinger.
PRO Cserépy-Film AG, Berlin; für Ufa. PRT Arzen von Cserépy. DRZ Februar - April 1924. DRO May-Atelier Berlin-Weißensee; AA Nordsee, Kriegsschiffe ›Braunschweig‹, ›Hannover‹. LNG 5 Akte, 1893 m. ZEN 15.8.1924, B.08828, Jv. URA 21.11.1924, Berlin (Tauentzien-Palast).
Angeblich hat der verstorbene Industrielle John W. Samson testamentarisch verfügt, daß sein Neffe Flanagan seine Tochter Mabel ehelichen soll. Die jedoch flüchtet – trotz der erpresserischen Nachstellungen und einer Entführung – von Flanagans Jacht. Sie gerät in ein Seemanöver, aus dem sie in größter Not gerettet wird. Das echte Testament des Vaters ist unterdessen gefunden worden.

1923/24. Michael.
REG Carl Theodor Dreyer. AUT Thea von Harbou, Carl Theodor Dreyer; nach dem Roman ›Mikaël‹ von Joachim Herman Bang. KAM Karl Freund; Rudolf Maté (Außen). BAU Hugo Häring. KINO-MUS Hans Joseph Vieth; nach Motiven von Peter Tschaikowsky.
DAR Walter Slezak (Eugène Michael), Benjamin Christensen (Claude Zoret, der Meister), Nora Gregor (Fürstin Zamikow), Alexander Murski (Adelskjold), Grete Mosheim (Frau Adelskjold), Didier Aslan (Herzog Monthieu), Robert Garrison (Charles Switt), Max Auzinger (Majordomus), Karl Freund (Kunsthändler Leblanc), Wilhelmine Sandrock (Herzoginwitwe).
PRO Decla-Bioscop-Film der Ufa. DRZ November 1923 - Anfang Juni 1924. DRO Ufa-Atelier Berlin-Tempelhof. LNG 6 Akte, 1966 m. ZEN 23.8.1924, B.08886, Jv. URA 26.9.1924, Berlin (U.T. Kurfürstendamm).
Fin de siècle-Dekor: Die homosexuelle Liebe des alternden Malers Claude Zoret zu seinem Modell und Adoptivsohn Michael reicht bis in den Tod. Michael entgleitet dem Maler, als sich für ihn eine neue Liebe zur Fürstin Zamikow anbahnt.

1924. Mensch gegen Mensch.
REG Hans Steinhoff. AUT Norbert Jacques, Adolf Lantz; nach dem Roman von Norbert Jacques. KAM Werner Brandes. BAU Oskar Friedrich Werndorff; AUS Alfred Junge.
DAR Hans Mierendorff, Mady Christians, Alfred Abel, Olga von Belajeff, Tullio Carminati, Ferdinand von Alten, Wilhelm Diegelmann, Harry Lambertz-Paulsen, Albert Paulig, Paul Rehkopf, Heinrich Gotho.
PRO Gloria-Film GmbH, Berlin; für Ufa. LNG 6 Akte, 2477 m. ZEN 25.8.1924, B.08878, Jv. URA 2.12.1924, Berlin (U.T. Kurfürstendamm).
Ein modernes Gesellschaftsspiel im großen Stil: Auf der einen Seite der skrupellose Herrenmensch, dem seine ganze Umwelt, selbst sein Kind, nur als Mittel zum Zweck dient, auf der anderen Seite der Mensch, der auf die Gelegenheit lauert, Rache zu nehmen an jener Oberschicht, die ihn nicht in die Höhe läßt.

1924. Die Andere.
REG Gerhard Lamprecht. AUT Fanny Carlsen, Iwan Smith. KAM Carl Hoffmann. BAU Hans Jacoby. KINO-MUS Giuseppe Becce.
DAR Xenia Desni (Georgette), Fritz Alberti (Mills), Elsie Fuller (Blanche), Hugo Werner-Kahle (Jan Terbrooch), Didier Aslan (von Soria), Hildegard Imhof, Lina Paulsen, Franz Schönfeld, Gustav Adolf Semler.

Deutsche Bilderwelten

Karl Freund, Carl Hoffmann und die Kamerakunst

Der Tanz mit der beweglichen Kamera. Karl Freund bei den Arbeiten zu DONA JUANA (1927, Paul Czinner)

Carl Hoffmann an der Kamera zu DIE NIBELUNGEN

Dem amerikanischen Kino verdankt die Filmgeschichte die Montage (Griffith), dem russischen Kino die Perspektive (Eisenstein), dem deutschen Kino die mobile Kamera. Den entscheidenden Durchbruch markiert 1924 Murnaus Film DER LETZTE MANN; **die Kamera führt Karl Freund.**

Dieser filmgeschichtliche Aphorismus ist freilich nur gültig aus der Perspektive einer Avantgarde, die hier wie dort nur bedingt repräsentativ ist für das allgemeine Niveau. Neben den herausragenden Leistungen der führenden deutschen Kameramänner wie Karl Freund, Carl Hoffmann, Fritz Arno Wagner, Guido Seeber, Theodor Sparkuhl, Axel Graatkjær, Curt Courant, Franz Planer oder Günther Rittau, gibt es auch einen Standard unauffälliger Gediegenheit.

DER LETZTE MANN handelt von der Tragödie eines Hotelportiers, der bei den Bewohnern seines Hinterhofs wie ein Abbild Hindenburgs erscheint: Wegen Altersschwäche muß er seine Uniform ausziehen und wird zum Klomann degradiert. Dieser Handlung ist ein farceartiges happy ending angehängt, das auch stilistisch die Kleinbürgertragödie dementiert. Von der »Banalität des trivialen happy end« spricht Lotte Eisner und schreibt weiter: »Murnau wird hier ebenso schwerfällig wie sein Berliner Publikum. Und dies wirkt wie der sogenannte Ufastil peinlich.« Banal und trivial, schwerfällig und peinlich, so Eisner, ist der Ufa-Stil.

Wenn hier also von der Fotografie in Filmen die Rede ist, die zur crème de la crème deutscher Filmkunst gehören, ist zugleich von einem Paradoxon die Rede. Die Ufa steht mehr als jede andere deutsche Produktionsfirma von Anfang an für angepaßte Kommerzialität. Politisch deutschnational, wirtschaftlich international gilt als Generallinie. Ästhetische Produktion verkommt unter diesen Bedingungen zu technisch standardisierter Verpackung geistiger Dürftigkeiten. Die Produktion unterliegt jedoch – so wollen es die Gesetze des Markts – zur Sicherung der Konkurrenzfähigkeit beständig dem Zwang zur Innovation. Die Verwertungsgier nach Schaueffekten führt immer wieder zu künstlerischen Experimenten, die die Ufa mitunter auch sehr teuer zu stehen kommen. Der Fall METROPOLIS treibt sie beinahe in den Konkurs.

Die wesentlichen künstlerischen Impulse im deutschen Film sind ab 1921/22 untrennbar mit dem Namen Ufa verbunden. Zu diesem Zeitpunkt sind Decla, Bioscop und Ufa nach ihren wechselseitigen Fusionen bereits ein Konzern unter der Ägide der Ufa. Mit der Ära Hugenberg gerät die Ufa immer stärker in treudeutsches Fahrwasser. Und als sich mit dem Heraufkommen des Tonfilms große technische Probleme für die mobile Kamera ergeben, geht diese große Epoche der deutschen Filmkamera zu Ende. Die Blütezeit der deutschen Kameraarbeit fällt damit ziemlich genau mit den 20er Jahren zusammen.

Die seltsame Mischung aus kommerziellem Geist und künstlerischem Wagemut personifiziert sich in der Figur des Decla-, dann Ufa-Produzenten Erich Pommer. Die meisten der bahnbrechenden Filme dieser Zeit werden von ihm produziert. Legendär ist seine Aufforderung an das Team vom LETZTEN MANN: »Erfindet bitte etwas Neues, auch wenn es verrückt sein sollte.«

Wenn man von Kameraarbeit spricht, sind prinzipiell zwei Aspekte zu diskutieren, die sich gegenseitig beeinflussen, aber nicht identisch sind: Kamerastil und Kameratechnik. Wenn hier vor allem vom Stil die Rede ist, sollte nicht ganz vergessen werden, daß die 20er Jahre auch eine Dekade kameratechnischer Umwälzungen sind.

Stilistisch gesehen ist die Ikonographie des Helldunkel eine der wesentlichen Entwicklungslinien des deutschen Kinos der 20er Jahre. Als Standardbeispiel gilt gemeinhin DAS CABINET DES DR. CALIGARI von 1919/20, eine Pommer-Produktion mit Willy Hameister an der Kamera. Doch dieser Film stellt ästhetisch einen Sonderfall dar. Das deutsche Chiaroscuro im Kino entwickelt sich durchaus zeitgleich mit dem Expressionismus in den 10er Jahren. Guido Seebers Kamera in DER STUDENT VON PRAG (1913) und DER GOLEM (1914) oder Carl Hoffmanns Kamera in DER FELDARZT (1916) und HOMUNCULUS (1916) sind Beispiele des Caligarismus vor CALIGARI, nur unendlich viel filmischer: DAS CABINET DES DR. CALIGARI ist größtenteils expressionistisches Theater, abgefilmt vor expressionistischer Malerei bzw. Grafik.

Carl Hoffmann gilt zu Recht als Kameramann des wirklich filmischen Expressionismus, denn er dynamisiert das Bild selbst expressiv. Erste Höhepunkte sind dabei die DR. MABUSE-Filme, die Fritz Lang 1921/22 inszeniert. Die nächtlichen Straßen mit flakkernden Lichtern und schimmerndem Asphalt sind legendär und noch heute sensationell. »Wie ich die Nacht einfing«, schreibt Hoffmann selbstbewußt in der Fachpresse. Für die Zeitgenossen rangiert die Kamera gleich neben der Regie von Fritz Lang: »Wie hier mit Licht und Schatten gearbeitet wird; wie in nächtlicher Straße mit Stadtbahn aus dem Dunkel Lichter rasen, schwanken, schweben; wie im Blick durchs Opernglas die beobachtete Gruppe durch das Drehen des Stellrädchens von verzerrender Verschwommenheit ins Klarumrissene sich wandelt; wie der drohende Schatten des Bösewichts vorankündigend ins Bild fällt, – das sind photographische Neuerungen, die man bisher nicht sah« (Kurt Pinthus). Fritz Lang will Hoffmann unbedingt auch für die NIBELUNGEN-Filme (1922/24) haben: »Ich wußte, daß er alles, was ich mir als Maler und Regisseur vom Bildhaften der NIBELUNGEN erträumte, durch seine einzigartige Licht- und Schattengebung wahr machen würde.«

PRO Dea-Film der Ufa. **PRL** Albert Pommer. **AUL** Eduard Kubat. **DRZ** Juni 1924. **DRO** Ufa-Atelier Berlin-Tempelhof; **AA** Rotterdam, Southampton, Tanger, Marseille, Nizza. **LNG** 5 Akte, 1813 m. **ZEN** 1.9.1924, B.08921, Jv. **URA** 5.9.1924, Berlin (Tauentzien-Palast).
Ein romantischer Abenteurerfilm. Die kleine Näherin Georgette wird von der schwindsüchtigen Schauspielerin Blanche als Gesellschafterin mitgenommen. Als Blanche stirbt, kommt sie auf den Gedanken, ihre Rolle zu spielen. Nachdem Blanches Mann aus jahrelanger Zuchthaushaft entlassen wird, fangen die Schwierigkeiten für Georgette an.

1924. Dekameron-Nächte / Decameron Nights.
REG Herbert Wilcox. **AUT** Herbert Wilcox, Noel Rhys; nach dem Bühnenstück von Robert McLoughlin. **AD** Boyle Lawrence. **KAM** Theodor Sparkuhl. **BAU** Norman G. Arnold. **KINO-MUS** Giuseppe Becce.
DAR Lionel Barrymore (Saladin), Hanna Ralph (Violante), Werner Krauß (Sultan, Saladins Vater), Randel Ayrton (Graf Riciardo), Xenia Desni (Teodora), Bernhard Goetzke (Torello, ihr Mann), Samson Thomas (Imliff), Albert Steinrück (König von Algarve), Georg John (Sterndeuter), Ivy Duke (Perdita oder Ataliel, Tochter des Königs).
PRO Ufa / Graham-Wilcox Productions Ltd., London. **DRZ** ab Juni 1924. **DRO** Ufa-Atelier Neubabelsberg. **LNG** 8940 ft = 2725 m (GB) / 6 Akte, 2080 m. **ZEN** 16.12.1924, 0.09458, Jv. **URA** 1.9.1924, London (Drury Lane Theatre, Trade Show), 10.1.1925 (Release). **DEA** 23.3.1925, Berlin (Tauentzien-Palast).
Ein Sultan tötet seinen Sohn, der ins christliche Abendland reiste. Mit dieser Verzweiflungstat löst sich ein angestauter Konflikt zwischen Schicksalsfügung und individuellem Plan, zwischen Anspruch auf Gehorsam und Glückserwartung.

1924. Komödie des Herzens. 6 Tagebuchblätter.
REG Rochus Gliese. **AUT** Peter Murglie /= Friedrich Wilhelm Murnau, Rochus Gliese/; nach einer Novelle von Sophie Hochstätter. **KAM** Theodor Sparkuhl. **BAU** Robert Herlth, Walter Röhrig. **KINO-MUS** Giuseppe Becce.
DAR Lil Dagover (Gerda Werska, eine gefeierte Tänzerin), Nigel Barrie (Baron Vinzens, ihr Freund), Alexander Murski (Graf Inger auf Ingersholm), Ruth Weyher, Colette Brettel, Victor Palfi (seine Kinder), Ernest Winar (Knud, der Liebhaber der Theatergruppe), Hans Cürlis (Herr Fips, der Hauslehrer der gräflichen Kinder), Lydia Potechina (Frau Ring, Haushälterin bei Mme. Werska), William Huch, Robert Leffler.
PRO Union-Film der Ufa. **DRZ** Mai - August 1924. **DRO** Ufa-Atelier Tempelhof; **AA** Freigelände Neubabelsberg (Juli 1924: See, Jacht, Schloß), Juist, Sachsen, Ostsee. **LNG** 6 Akte, 1866 m. **ZEN** 6.9.1924, B.08975, Jv. **URA** 19.9.1924, Dresden (Ufa-Palast, Eröffnung); 30.9.1924, Berlin (Tauentzien-Palast).
Die Tänzerin Gerda Werska liebt den Baron Vinzens, es wird Freundschaft daraus. Daisy und Inge auf Ingersholm gefallen beide dem Baron und sind aufeinander eifersüchtig. Nach vielen lustigen Episoden empfängt der Baron seine Braut aus der Hand seiner ehemaligen Freundin, die sich ganz ihrer Kunst hingeben will.

1924. Mein Leopold.
REG Heinrich Bolten-Baeckers. **AUT** nach dem Volksstück von Adolf L'Arronge. **KAM** Albert Schattmann, Hermann Böttger. **BAU** Erich Czerwonski. **KOS** Änne Willkomm.
DAR Arthur Kraußneck (Gottlieb Weigelt, Schuhmachermeister), Walter Slezak (Leopold, sein Sohn), Käte Haack (Klara, seine Tochter), Georg Alexander (Komponist), Leo Peukert (Werkführer), Gustav Botz (Zernikow, Stadtrichter), Paula Conrad (Amalie, seine Frau), Renate Rosner (Marie, beider Tochter), Lotte Steinhoff (Lotte, beider Tochter), Erna Sydow (Demoiselle Andersen, Tänzerin), Georg John (Nibisch, Geldverleiher), Lotte Reinicke (Minna, Dienstmädchen).
PRO BB-Film der Ufa. **DRZ** Juni - Anfang September 1924. **DRO** Ufa-Atelier Neubabelsberg; **AA** Freigelände Neubabelsberg. **LNG** 6 Akte, 2218 m. **ZEN** 27.9.1924, B.09088, Jf. **URA** 30.9.1924, Berlin (Ufa-Palast am Zoo).
Ein Rühr- und Volksstück. Alt-Berlin ersteht wieder: das Kranzler-Eck, Puhlmanns Sommergärten mit dem damals berühmten Varieté, die Parochialkirche usw. geben ein Bild der vergangenen Zeit. Ein ›filmischer Kupferstich‹.

Die expressive Lichtgebung ist bei Carl Hoffmann strikt antinaturalistisch. In DIE NIBELUNGEN entwickelt er neue Lichttechniken, die dies besonders deutlich machen. Mit dem Führungslicht modelliert er Gesichter, Augen, Stirn, Mund. Die Logik der Dramaturgie bestimmt das Licht. Lothar Schwab beschreibt eine Szene aus dem Siebten Gesang (Kriemhilds Kemenate): »Im Vordergrund Kriemhild, mit dem toten Siegfried durch starkes Licht vereint. Sie deutet auf den hinzugetretenen Hagen. Er steht links und erhält außer einem gewissen Maß an modellierendem Kostümlicht kein Vorderlicht, so daß der Dualismus Licht-Dunkel zwischen Hagen und Siegfried/Kriemhild gewahrt bleibt.« Der Hell-Dunkel-Dualismus wird durch einen Lichtdualismus überlagert, der ein spezifisch deutsches Phänomen der Lichtgebung im Kino darstellt: das Zwei-Sonnen-Phänomen. Szenisches Licht und Führungslicht sprengen, wie schon einmal in der Malerei der Freimaurer, die Geschlossenheit des einen Kosmos. Das entspricht kongenial Fritz Langs Blick auf die deutsche Mythologie, mit ihren Wurzeln im Unheimlichen.

DIE NIBELUNGEN haben ihren festen Platz in der seismografischen Landschaft der 20er Jahre. Die festen Formen verschwimmen, alles ist im Flusse, in Auflösung begriffen. Das Licht zersetzt die ehernen Formen, noch bevor sie in den Untergang hineingerissen werden. Irrlichternd beginnt die Götterdämmerung. »Jetzt experimentierten Hoffmann und Rittau mit Oberbeleuchter Biermann und seiner Beleuchterkolonne in jeder freien Minute, bis tief in die Nacht hinein mit den größten verfügbaren Scheinwerfern, den sogenannten Tausendern, um eine Methode zu finden, mit welcher sich das geheimnisvolle, lautlose Lichtspiel auf der riesigen, weiß gestrichenen Horizontwand erzielen ließ... Die durch diese ständig leicht pendelnden und sich drehenden Glasscherben gebrochenen Lichtbündel der Scheinwerfer projizierten sich auf den Horizont als bewegte Lichteffekte. Mehrere Beleuchter hielten anstelle der Glasstücke lange Birkenzweige vor die Lichtquellen und unterbrachen, indem sie die Zweige auf und ab schwenkten, die horizontalen Bewegungen der Lichtschlieren. Durch Proben bis Mitternacht wurde so das Nordlicht erfunden.« So der Filmarchitekt Kettelhut in seinen Memoiren.

Geradezu ketzerisch setzt Carl Hoffmann die Zwei-Sonnen-Technik bei dem zweiten mythischen Stoff der Deutschen ein. 1925/26 entsteht unter der Regie von F. W. Murnau FAUST. Dieser Film gilt zu Recht als Hoffmanns Meisterwerk. Er ist zugleich Höhepunkt und Endpunkt des filmischen Expressionismus. Es ist ein einziges Kreisen und Taumeln sowohl der Kamera wie des Bildes selbst. Eric Rohmer weist in seinem Buch über den FAUST-Film nach, daß kein einziges Bild ohne Kontraktion oder Expansion, meist als konzentrische oder exzentrische Bewegung vorkommt. Das Licht macht hier keine Ausnahme. Es geht übernatürlich und mit dem Teufel zu. Unter zwei Sonnen macht es Hoffmann nicht mehr. Oder die Objekte leuchten selbst, und Sonne kommt gar nicht mehr vor. Oder künstliche Sonnen erstehen: »Plötzlich, wie durch Zauber, scheint die Flamme sich in eine riesige Kugel zu sammeln, die konzen-

»Dreharbeiten zu FAUST. Die strahlende Helle des Erzengels – das funkelnde Feuerschlagen Mephistos. Der Vorrang des Lichts, das Spiel mit Glanz, Funkeln, Strahlen, Leuchten, Feuer und Flamme – das entgeht dem Zuschauer weder als zentrales Motiv noch in der Inszenierung Murnaus, die das Licht als formschaffende, modellierende Kraft immer wieder zelebriert.«
(Rainer Gansera, 1988)

trische Ringe und dünne Strahlen aussendet, die das ganze Bild ausfüllen« (Rohmer). FAUST ist der Atelier-Film par excellence. »Entfesselte Feuerlöscher, Wasserdampf, der aus Dutzenden von Rohren hervorquillt, dazu noch Dämpfe der verschiedensten Säurearten, alles durch Flugzeugmotoren im Chaos herumgewirbelt... dann haben Sie ungefähr ein Bild von der Beschwörungsszene.« So Carl Hoffmann selbst über die Dreharbeiten.

»Mit Recht hat man ihn den ›Zauberer‹ genannt. Von dem untersetzten, mit Spannung geladenen Mann, dessen Mähne sich während der Arbeit zu sträuben schien, ging eine Gewalt aus, die sich allen Mitarbeitern, ja auch den Darstellern mitteilte. Man hatte immer das Gefühl, daß sich etwas Einmaliges und Wesentliches begebe... Es sind aber gar nicht diese Kunststücke, die seine Qualität bestimmten, vielmehr war es das Suchen um die Eindringlichkeit der Wirkung. Die Technik diente ihm nur als Mittel. Ich bin gewiß, daß ich nicht zuviel sage, wenn ich behaupte, daß ohne sein Wirken sich der Film nie aus primitiven technischen Zwangsvorstellungen hätte lösen können.« So der Filmarchitekt Herlth. Was Hoffmann mit der bewegten Kamera in FAUST bewerkstelligt, z.B. der atemberaubende Flug der Kamera über den Dächern der Stadt auf einer Art Achterbahn, ist bereits ein Reflex auf Karl Freunds entfesselte Kamera in DER LETZE MANN.

Karl Freund gilt neben Hoffmann als der exponierteste Vertreter des expressiven deutschen Bildstils. Aber schon bei Freund sind auch ganz andere Quellen wirksam. 1920 übernimmt er die Kamera zu DER GOLEM, WIE ER IN DIE WELT KAM (Regie: Paul Wegener) und DER VERLORENE SCHATTEN (Regie: Rochus Gliese). Beide Filme gelten als Beispiele deutscher expressiver Bildtechnik, in beiden Filmen zeigt Freunds Kamera aber auch Beispiele von eindrucksvollem Pleinairismus. Von der Filmwissenschaft fast vergessen ist die Wirkung des Jugendstils als Bildquelle im deutschen Film: Bei den Bauten von Antoni Gaudí und jenen von Hans Poelzig in DER GOLEM dominiert dieselbe quellende Pflanzlichkeit, ebenso erinnern viele Entwürfe von Kettelhut aus DIE NIBELUNGEN und METROPOLIS an Jugendstilgrafik. Die Lichtgebung im Jugendstil rührt aus dem Irgendwoher, ist nicht existent oder bewußt diffus. Sie setzt Paul Cézanne voraus, den Höhepunkt und Endpunkt des Impressionismus.

Karl Freund führt 1923 die Kamera zu DIE FINANZEN DES GROSSHERZOGS, Bauten: Rochus Gliese. Viele haben Murnau den Film nie verziehen. So atypisch er für ihn sein mag, ist er andererseits ein wichtiges Indiz für das Nebeneinander verschiedenster Quellen des Bildstils: Pleinairismus, aber auch reines grafisches Flächenlicht, Chiaroscuro nur in homöopathischen Dosen.

1924 entsteht DER LETZTE MANN. Das Team ist an Prominenz kaum zu überbieten. Neben Murnau und Freund sind der Kameraassistent Robert Baberske, die Filmarchitekten Herlth und Röhrig, der Drehbuchautor Carl Mayer und der Produzent Pommer beteiligt. Bereits die Jahre 1922/23 sind durch ein reges Experimentieren mit dem beweglichen Bild gekennzeichnet. In Murnaus PHANTOM experimentieren Kameramann Axel Graatkjær und Filmarchitekt Hermann Warm mit subjektiver und objektiver Bewegung: Die ›laufende Straße‹ und der ›taumelnde Tag‹ sind legendär. Die Kameraarbeit von Hoffmann, Freund und Fritz Arno Wagner in Langs DR. MABUSE und Murnaus DER BRENNENDE ACKER zeugt von einem vehementen Drang zum bewegten Bild. SYLVESTER (Regie: Lupu Pick) kommt den Errungenschaften in DER LETZTE MANN schon sehr nahe; Karl Hasselmann und Guido Seeber nehmen mit der Fotografie des nächtlichen Luxusrestaurants die dynamischen Hotelszenen aus DER LETZTE MANN bereits vorweg.

Theoretisch, in den Köpfen, ist die Kamera schon seit geraumer Zeit entfesselt. Murnau hat 1923 die Vision: »Das ist der Apparat, der, während des Drehens, in jeder Zeit, in jedem Tempo, nach jedem Punkt zu führen ist... Die fließende Architektur durchbluteter Körper im bewegten Raum, das Spiel der auf- und absteigenden, sich durchdringenden und wieder lösenden Linien, der Zusammenprall der Flächen, Erregung und Ruhe, Aufbau und Einsturz, Werden und Vergehen eines bisher erst erahnten Lebens, die Symphonie von Körpermelodie und Raumrhythmus, das Spiel der reinen, lebendig durchfluteten, strömenden Bewegung.« Carl Mayer, der Autor von SYLVESTER und DER LETZTE MANN, hat bereits fertig ausgearbeitete Vorstellungen von einer entfesselten Kamera. Das zeigt er in seinem Drehbuch zu SYLVESTER, dessen Szenenentwurf bereits zum Verwechseln ähnlich mit DER LETZTE MANN ist.

**1924. Die Liebesbriefe der Baronin von S...
Die Geschichte einer Ehe.**
REG Henrik Galeen. AUT Paul Reno, Henrik Galeen.
KAM Frederik Fuglsang, Ludwig Lippert, Giovanni Vitrotti.
BAU Paul Leni; AUS Fritz Maurischat. KINO-MUS
Kapellmeister Prasch.
DAR Mia May (Baronin), Alfredo Bertone (Baron), Ernst Gronau (Onkel), Memo Benassi (Giovanni), Desdemona Mazza (Ginetta).
PRO May-Film AG, Berlin; für Ufa. PRT Joe May.
DRO May-Atelier Berlin-Weißensee; AA Italien.
LNG 6 Akte, 2381 m. ZEN 29.10.1924, B.09263, Jv.
URA 15.12.1924, Berlin (U.T. Kurfürstendamm).
Die Liebe liegt hinter der Baronin wie eine ferne Landschaft. Sie, die in ihrer Ehe das Glück nicht gefunden hat, fühlt sich altern. Sie möchte einen armen italienischen Straßenmusikanten zum Weltmann ummodeln, muß aber einsehen, daß das Leben nicht so einfach ist und man sich bescheiden soll. Zur wirklichen Untreue ist sie nicht fähig.

1924. Das schöne Abenteuer.
REG Manfred Noa. AUT Robert Liebmann. KAM Karl Vass.
BAU Oskar Friedrich Werndorff. KINO-MUS Giuseppe Becce.
DAR Vilma Banky (Bessy Ferguson), Georg Alexander, Ernst Reicher (Micky), Hans Unterkircher (seine Hoheit, der Prinz), Wolfgang von Schwind, Hans Albers (Henry Valescu, verbrecherischer Verwandlungskünstler), Anna Führing, Loni Pyrmont, Eugen Burg (Kriminalinspektor).
PRO Gloria-Film GmbH, Berlin; für Ufa. LNG 6 Akte, 2689 m. ZEN 12.12.1924, B.09511, Jv. URA 22.12.1924, Berlin (Tauentzien-Palast).

Ein Abenteuer- und Gaunerfilm im internationalen Gesellschaftsmilieu, in dem sich aus Sensationslust eine extravagante junge Dame einem von der Kriminalpolizei gesuchten Dieb und Hasardeur solange anschließt, bis sie seiner überdrüssig wird, ihn bekämpft und zur Verhaftung bringt.

1924. Der letzte Mann.
REG Friedrich Wilhelm Murnau. AUT Carl Mayer.
KAM Karl Freund. KAS Robert Baberske. BAU Robert Herlth, Walter Röhrig. KINO-MUS Giuseppe Becce (Originalkomposition).
DAR Emil Jannings (Portier), Hermann Vallentin (spitzbäuchiger Gast), Maly Delschaft (Nichte des Portiers), Emilie Kurz (Tante des Bräutigams), Georg John (Nachtwächter), Max Hiller (Bräutigam der Nichte), Hans Unterkirchner (Geschäftsführer), Olaf Storm (junger Gast), Erich Schönfelder, Neumann-Schüler, Emmy Wyda (hagere Nachbarin).
PRO Union-Film der Ufa. DRZ Ende Mai - September 1924.
DRO Ufa-Atelier Berlin-Tempelhof; AA Freigelände Neubabelsberg. LNG 6 Akte, 2315 m / 6 Akte, 2036 m.
ZEN 16.12.1924, B.09546, Jv. / 5.1.1925, B.09621, Jf.
URA 23.12.1924, Berlin (Ufa-Palast am Zoo);
Pressevorführung: 5.12.1924, New York (Criterion);
USA-Premiere: 25.1.1925, New York (Rialto).
– Prädikate: Volksbildend, Künstlerisch.
Die Tragödie eines alten Mannes, der vom Portier eines großen Hotels zum Toilettenwart degradiert wird. Durch eine unerwartete Erbschaft wird aus dem letzten Mann des Hotels der erste Gast, dem man um seines Geldes willen mit Hochachtung begegnet.

Aus dem Drehbuch zu »Sylvester«

6. Bild:
Das Vornehme Haus gegenüber
Doch entfernt!
Dann:
aus Entfernung langsam schräg heranrollend: zeichnet sich jetzt erst und immer deutlicher:
Jenes Hauses Flucht. Mit hohen Fenstern darin.
Die erleuchtet sind hell.
Und!
Passanten! Volk!
Zeitungsschreier! Plakatträger!
Und Autos auch, Fahrend heran.
Dann:
immer näher heranrollend:
Zeichnet deutlicher sich jetzt des Hauses Eingang. Eine Drehtüre.
Die immer sich dreht in Licht.
Und!
Davor:
Ein Portier! Hoch von Gestalt.
Lakaienhaft starr.
Und jetzt: Starr grüßt er so.
Dann:
Ein Auto. Eben wieder fahrend vor.
Und!

Eine Dame. Ein Herr. In Pelz.
Beide der Drehtüre zu. Die der Portier immer dreht.
Und!
Jetzt:
Während das Auto wieder fährt davon:
Steht starr wieder der Portier.
Starr auch jetzt immer:
wiewohl fröstelndes Volk jetzt schleicht vorbei.
Das gaffend ein Plakat jetzt liest:
Das neben dem Eingang ist aufgestellt.
Denn:
groß: Dieses Plakat:
(lesbar)
Heute
Grosse Sylvesterfeier
(verziert ist die Schrift)
Sekunden.
Dann:
wieder: Die Drehtüre.
Und!
leicht zurückrollend: Während jene zerlumpten Gestalten sich drücken in eine Ecke:
Grüßt wieder der Portier.

Dann:
Ein Auto. Dem wieder ein Paar entsteigt. In Pelz.
Und!
Während der Portier die Drehtüre wieder dreht:
Und wieder das Auto fährt davon:
verdunkelt langsam dies Bild.

13. Bild:
Jene Drehtüre
Und!
heranrollend von des Platzes Richtung aus:
Der Portier. Er grüßt. Wieder!
Und!
Wieder dreht die Drehtüre er.
Denn:
Wieder: Ein Auto.
Und!
Gäste. In Zylinder und Pelz.
Und!
Jetzt:
der Apparat folgt der Drehtüre Bewegung: Wodurch ein Foyer sich zeichnet. In Licht.

DER LETZTE MANN beginnt mit einem kinematografischen Paukenschlag. »Wir erfassen mit einem einzigen Blick den gesamten Komplex – das Hotelvestibül und das Bollwerk von Etagen – durch die Glastür eines langsam herabgleitenden Lifts. Wir spüren sofort die Besonderheit der Hotel-Atmosphäre, das Hin- und Herströmen der Gäste, die durch die Drehtür eintreten oder hinausgehen, diese unaufhörlich flimmernde Wandlungsfähigkeit, diese Mischung von Licht und Bewegung, die sich hier bietet. Konturen zerreißen, bilden sich aufs neue, gleiten ineinander, und diese Kette optischer Eindrücke nimmt uns in ihrem grandiosen Fluß den Atem.« So Lotte Eisners Beschreibung. Dieser grandiose Bewegungsfluß bricht nicht mehr ab.

Mit relativ einfachen, aber gewagten technischen Hilfsmitteln ist die Kamera beständig am Schwenken, Rollen, ja sogar Fliegen. Von den zahllosen technischen Problemen, die dabei bewältigt werden mußten, sei hier exemplarisch der ›fliegende Ton‹ erwähnt. Robert Herlth erinnert sich: »Als es z.B. hieß, die Szene aufzunehmen, die den Traum des Portiers beendet, weil eine Trompete im Parterre am frühen Morgen tönt, fragten wir uns: ›Wie photographieren wir den fliegenden Ton?‹ Die Lösung: Auf dem Gelände in Babelsberg, wo der Hinterhof gebaut war, wurde vom Fenster des ersten Stockwerks bis zum Fenster des Erdgeschosses ein sogenannter Gitterträger gehängt und die Kamera in einem Fahrkorb montiert, der (auf Schienen hängend) quer über den ganzen Hof in etwa 20 m Distanz abwärts fuhr: vom Ohr des schlafenden Jannings bis zur Öffnung der Trompete. Die optische Demonstration eines Tones entstand hier zwar aus dem Mangel, den der stumme Film hatte, doch wurde damit nicht die filmische Wirkung um so viel mehr bereichert als etwa durch einen simplen Trompetenstoß?« Aus Gewichtsgründen muß diese Szene rückwärts und entsprechend seitenverkehrt aufgenommen werden.

DER LETZTE MANN fußt filmgeschichtlich auf Visionen expressionistischer Herkunft. Den Arbeiten von Mayer, Murnau und Freund liegt die Idee zugrunde, ein filmisches Pendant zur expressionistischen Dynamik zu finden. Paradoxerweise ist das Resultat – ganz im Unterschied zum späteren FAUST-Film – wenig bis gar nicht expressiv. Karl Freund hat bisher in seiner Laufbahn als Kameramann schon wiederholt eindrucksvolle Beispiele eines filmischen Pleinairismus gezeigt: in den schillernden Studiolandschaften von DAS BRILLANTENSCHIFF (Regie: Fritz Lang, 1919), in der gleißenden mittelmeerischen Atmosphäre in LUCREZIA BORGIA (Regie: Richard Oswald, 1922) und DIE FINANZEN DES GROSSHERZOGS (Regie: F. W. Murnau, 1923). So verwundert es kaum, daß die expressionistische Vision von kinematografischer Dynamik in den Händen von Karl Freund eher impressionistisch gerät. Selbst Lotte Eisner fällt auf: »Fast impressionistisch werden Licht, Regen, Nachtstimmung in ihrem gleitenden Wandel wiedergegeben.« Freund hat damit einen Beitrag zur Überwindung der Sackgasse des Caligarismus geleistet, was filmhistorisch gar nicht hoch genug zu veranschlagen ist.

Die Meister der Kamera:
Fritz Arno Wagner und
Carl Hoffmann

Der Durchbruch, der in DER LETZTE MANN stattfindet, ist nicht nur ästhetischer, sondern wesentlich auch technischer Natur. Fortschritte der Kameratechnik (Kameramotor, Gewichtsreduzierung der Kamera, leichtere und lichtstärkere Objektive), Apparate, die die Kamera beweglich machen wie Rollen, Schienen, Magirusleitern bis hin zum Kamerakran und lichtempfindlichem Filmmaterial sind für die Umwälzungen der nächsten Jahre entscheidende Grundlagen.

Karl Freund gilt jetzt als der »Mann mit der entfesselten Kamera«. 1925 führt er die Kamera in E. A. Duponts VARIETÉ. Er übersteigert die Effekte der entfesselten Kamera – vor allem in der berühmten Trapezszene im Berliner Wintergarten – bis zum Manierismus. Der Film wird ein Welterfolg. Deutsche Kameratechnik wird zum Begriff.

Die Trapezszenen sind teils auf einem freischwingenden Gerüst aufgenommen, teils in extremen Winkeln von unten. Das zeiträumliche Kontinuum verschwimmt und wird in der Montage zerstückelt. Die Revolution des Sehsinns, die seit der Renaissance fortschreitet, ist an einem Umschlagpunkt angekommen. Die souveräne Herrschaft über Zeit und Raum, die in DER LETZTE MANN verwirklicht ist, kippt hier um. Der zersplitterte Zeitraum überwältigt die Akteure und entgleitet dem stellvertretenden Kameraauge. Flirrende Lichtblitze und Segmente in rasender Verzerrung atomisieren die Wahrnehmung. VARIETÉ nimmt in der Kulturgeschichte des Sehens einen ebenso epochalen Platz ein wie die Oberkirche von Assisi, Leonardos Abendmahl oder die Serpentinata bei Bernini oder Rubens. Unterstützt wird dieser Verlust des souveränen Herrschaftsblicks durch eine pseudosubjektive Aufnahmetechnik, die Freund und Murnau in TARTÜFF, 1925 unmittelbar vor VARIETÉ entstanden, entwickelt haben: Der Hauptakteur Jannings ist in zentralen Szenen nur mit seinem breiten Rücken sichtbar.

Kein Geringerer als der Gründer der Cinémathèque in Paris, Henri Langlois, behauptet, der Schlüssel zur deutschen Filmkunst der 20er Jahre liege im Dekor: »GRIESHUUS bedeutet einen Mauerkreis voll Steine, DER MÜDE TOD eine Mauer ohne Ende, TARTÜFF eine Treppe, die sich in zwei Voluten öffnet, und DER LETZTE MANN eine Drehtür mit Mauern und Fenstern. Die Metaphysik des Dekors ist ein Geheimnis des deutschen Films. Und in diesen Filmen, bei denen die Komposition alles bedeutet, ist der Filmarchitekt der Alchimist einer Welt, die er dank der Magie seines Wissens quellend erstehen läßt.« Der Primat des Dekors im deutschen Film darf trotz des kameratechnischen Niveaus nicht vergessen werden.

Hinsichtlich der Kameraarbeit ist die starke Position der Architektur nicht unproblematisch und durchaus umstritten. Carl Hoffmann betont nicht umsonst: »Ich stehe auf dem Standpunkt, daß die Größe und Wucht eines Bildes vom Objektiv ausgehen muß, daß die Dekoration gleichsam dem Objektiv ›entgegengebogen‹ werden muß.« Murnau vertritt diese Position, auch Dupont und Pabst. Lang, der von der Architektur kommt, weniger. Ebenso Regisseure, die vom Theater stammen wie Arthur von Gerlach (ZUR CHRONIK VON GRIESHUUS), Karl Grune (AM RANDE DER WELT), Leopold Jessner (HINTERTREPPE) oder Arthur Robison (MANON LESCAUT). Zeitgemäß läßt Arthur von Gerlach 1925 seinen Kameramann Fritz Arno Wagner in ZUR CHRONIK VON GRIESHUUS mit einem Kamerawagen operieren. Aber das übermächtige Dekor erschlägt die Kamerafahrten, sie wirken schwer wie mit einem Ochsenwagen. Es ist eine theaterhafte Schwere, die selbst zum Stilmittel wird. In MANON LESCAUT ist dies bis in die Physiognomie der Darsteller zu verfolgen. Klaus Kreimeier schreibt über Lya de Puttis Rolle: »Als Körperwesen vor der unbarmherzigen Kamera Theodor Sparkuhls kämpft sie gegen eine dicke Schicht kalkweißer Schminke, die ihrem Gesicht – wären nicht die dunklen, mal traumverlorenen, mal leidenschaftlich lodernden Augen – jede Individualität geraubt hätte.«

Ähnliches gilt für Langs METROPOLIS (1925/26). Karl Freund ist zusammen mit Günther Rittau für die Kamera verantwortlich. Aber das fotografisch Bestechende an dem Film sind nicht Fahrten, sondern die Trickaufnahmen. Das von Eugen Schüfftan, dem späteren Starkameramann, entwickelte Spiegeltrick-Verfahren, das die Tricktechnik bis auf den heutigen Tag nachhaltig beeinflußt hat, wird hier in größerem Maße – ausgeführt durch Helmar Lerski – praktisch eingesetzt: Um große, teure Bauten zu sparen, werden kleine Modelle in die Szene passend eingespiegelt.

Rittau erinnert sich an METROPOLIS vor allem als ein tricktechnisches Problem: »Soviel mag hier angedeutet werden, daß Kasch, Schlieren, Schmierseife, Vignetten und äußerst komplizierte, eigens konstruierte Apparate eine entscheidende Rolle spielten. Tagelang mußten die Arbeiter auf

1924/25. Kampf um die Scholle.
REG Erich Waschneck. AUT Willy Rath, Erich Waschneck; frei nach ›Ut mine Stromtid‹ von Fritz Reuter. KAM Friedl Behn-Grund. BAU Botho Höfer, Bernhard Schwidewski, Hans Minzloff.
DAR Gustav Oberg (Rittergutsbesitzer Herbert von Wulfshagen), Ferdinand von Alten (Axel von Wulfshagen), Oscar Marion (Franz von Wulfshagen), Margarethe Schön (Frieda, Axels junge Frau), Otto Kronburger (Karl Merten, Inspektoraouf Gut Wulfshagen), Mary Parker (Luise, seine Tochter), Hans Herrmann /= Hans Herrmann-Schaufuß/ (Fritz Quirlitz, Eleve auf Gut Wulfshagen), Wilhelm Diegelmann (Onkel Uhl, Inspektor a.D.), Victor Schwanneke (Paul Großkopp, Großviehhändler und Grundbesitzer), Emil Rameau (Moses Hirsch, Getreide und Vieh en gros), Erich Schönfelder (David, sein Sohn), Rudolf Klein-Rohden (Thies, der alte Schäfer auf dem Moorhof), Walter Formes (Trainer), Rolf Brunner (Emil, nur ein Hund), Karl Harbacher. PRO Ufa, Kulturabteilung. DRZ bis Mitte Januar 1925; AA Lensahn (Holstein). LNG 6 Akte, 2858 m.
ZEN 22.1.1925, B.09709, Jf. URA 27.1.1925, Berlin (Ufa-Palast am Zoo).
Mit genauer Kenntnis werden die wirtschaftlichen und sozialen Probleme des mecklenburgischen Landstandes geschildert: der nach oben gespülte Rittergutsbesitzer mit seinen böswillig-skrupellosen Methoden, das gutmütig-patriachalische Regiment des altadligen Herrn Kammerrat, der alle Handlungsfäden verbindende Inspektor und der alle sozialen Gegensätze überbrückende ›Entspekter‹ Zacharias Broesig, eine der populärsten Gestalten des Romans.

1924. Der Turm des Schweigens.
REG Johannes Guter. AUT Curt J. Braun. KAM Günther Rittau. BAU Rudi Feld.
DAR Xenia Desni (Eva), Nigel Barrie (Arved Holl), Hanna Ralph (Liane), Fritz Delius (Wilfred Durian), Avrom Morewsky (Eldor Vartalun), Gustav Oberg (Ceel), Hermann Leffler, Philipp Manning, Jenny Jugo. PRO Decla-Bioscop-Film der Ufa. DRZ Juni - September 1924. DRO Ufa-Atelier Berlin-Tempelhof; AA Rügen, Freigelände Neubabelsberg. LNG 6 Akte, 2332 m.
ZEN 26.1.1925, B.09725, Jv. URA 29.1.1925, Berlin (Tauentzien-Palast).
Geschichte um einen verschollen geglaubten Flieger, der wieder auftaucht, und seinen Freund, der von dem scheinbaren Tod profitiert.

1923-25. Zur Chronik von Grieshuus.
REG Arthur von Gerlach. AUT Thea von Harbou; nach der Novelle von Theodor Storm. KAM Fritz Arno Wagner, Carl Drews, Erich Nitzschmann. BAU Robert Herlth, Walter Röhrig, Hans Poelzig (Entwürfe und Außenbauten). KOS Guderian. KINO-MUS Gottfried Huppertz.
DAR Lil Dagover (Bärbe), Paul Hartmann (Junker Hinrich, Sohn des alten Grieshuus), Rudolf Forster (Junker Detlev, Sohn des alten Grieshuus), Rudolf Rittner (Owe Heiken), Gertrud Arnold (Matte), Hanspeter Peterhans (Enzio), Josef Peterhans (Bereiter), Gertrud Welcker (Gesine), Arthur Kraußneck (alter Grieshuus), Christian Bummerstedt (Christof), Ernst Gronau, Hermann Leffler. PRO Ufa. AUL Fritz Klotzsch, Max Wogritsch. DRZ Mai 1923 - November 1924. DRO Ufa-Atelier Neubabelsberg, Ufa-Messter-Atelier Berlin-Tempelhof; AA Lüneburger Heide, Freigelände Neubabelsberg. LNG 6 Akte, 2966 m.
ZEN 9.2.1925, B.09812, Jf. URA 11.2.1925, Berlin (Ufa-Palast am Zoo).
–.–Prädikate: Volksbildend, Künstlerisch. – 1925 gekürzte Fassung: Junker Hinrichs verbotene Liebe.
17.Jahrhundert. Im Streit um das väterliche Erbe erschlägt Hinrich seinen Bruder Detlev und flieht. Barbara schenkt in der Mordnacht ihrem Mann Hinrich den Knaben Enzio und stirbt an den Folgen der Geburt. Nach zehn Jahren kann Hinrich unerkannt heimkommen, um seinem Sohn das väterliche Erbe zu bewahren. In dieser Nacht läßt Detlevs Witwe, um ihren Anspruch auf Grieshuus zu sichern, Enzio entführen. Hinrich stellt die Entführer, im Kampf tödlich verwundet, bringt er das Kind noch zurück nach Grieshuus, wo er im Lehnstuhl des Vaters stirbt.

1924/25. Wege zu Kraft und Schönheit.
Ein Film über moderne Körperkultur.
REG Wilhelm Prager. AUT Wilhelm Prager; (nach einer Anregung von Friedrich Wolf). KAM Friedrich Weinmann, Eugen Hrich, Friedrich Paulmann, Max Brink, Kurt Neubert. Zeitlupe Jakob Schatzow, Erich Stöcker. BAU Hans Sohnle, Otto Erdmann. KINO-MUS Giuseppe Becce. Wissenschaftliche Bearbeitung Nicholas Kaufmann.

Willy Fritsch und Fritz Arno Wagner in einer Drehpause zu SPIONE

die Bedienung der Apparate, die eine Genauigkeit von Bruchteilen von Sekunden erforderten, eingeübt werden. Einzelne Bildstreifen wurden dabei bis zu dreißigmal belichtet... Ich kann getrost behaupten, daß ähnliche Aufnahmen wie im METROPOLIS-Film noch in keinem Film bisher gezeigt wurden.«

Wo Murnau mit leichter Hand Rötelzeichnungen hinwirft, führt Fritz Lang Regie mit dem Faustkeil. Für DIE NIBELUNGEN baut er einen stilisierten Wald im Studio. »Die geraden Gipsstämme des Zauberwaldes und am Atelierboden ausgestreute Waggonladungen von Salz sollten die Illusion eines verschneiten, erstarrten Waldes erzeugen, der durch die Anspielung hochstrebender Bündelpfeiler einen Sakralraum vortäuschen sollte« (Weihsmann: Gebaute Illusionen). Später, in DAS TESTAMENT DES DR. MABUSE (1932), muß Fritz Arno Wagner für Lang den Spreewald aufnehmen, als wäre er im Studio gebaut. »Abgehauene Bäume werden in Massen einhergeschleppt... sie werden aufs neue in die Erde eingegraben, dorthin wo ihr Schöpfer Lang es befiehlt. – Lang übersieht sein Werk und siehe, es scheint ihm noch nicht gut, noch wird umgestellt, umgebaut mit diesem lebendigen Material der Natur, seine Hand formt im Schaffenswillen die Landschaft.« So die Zeitgenossin Eisner.

METROPOLIS ist voller pflanzlicher, vegetativer Formen, die zu Stein erstarrt sind, der Turm von Babel mit seiner Blütenkrone, Yoshiwara und die Gärten der Lust, der Dom und Rotwangs Haus. Ähnliches in SPIONE (1927) und FRAU IM MOND (1928/29). Auch hier scheinen wieder Reflexe des Jugendstils auf wie in der zeitgenössischen Bauhaus-Architektur. Das dominierende fotografische Element ist bei Fritz Lang das *gebaute Licht*. Die Kamera von Carl Hoffmann, Karl Freund und Fritz Arno Wagner, der wichtigsten Kameramänner von Fritz Lang, wird hier auf architektonisches Licht eingeschworen. Was bei Murnau frei und luftig wirkt, hat hier die Bedrohlichkeit von Suchscheinwerfern.

METROPOLIS steht stilistisch an der Bruchstelle vom expressiven Bildstil zur Neuen Sachlichkeit. G. W. Pabst wird ihr großer Exponent. 1926 dreht er mit Guido Seeber GEHEIMNISSE EINER SEELE, 1927 mit Fritz Arno Wagner DIE LIEBE DER JEANNE NEY. GEHEIMNISSE EINER SEELE, der als der erste Psychoanalyse-Film gilt, exorziert das deutsche Dämonenkino, das in einer Alptraum-Sequenz eingespielt wird. Die Handlung selbst ist in differenzierten Grautönen gehalten, bewußt und nüchtern abgesetzt von allem Blendwerk des Chiaroscuro. Seeber ist für dieses Unterfangen der Kameramann der Wahl; als Meister des Chiaroscuro hat er doch immer schon einen Hang zu nüchternen Milieustudien. Neben Karl Freund ist er der beste Porträtist unter den deutschen Kameramännern. Die Ikonografie der frühen Asta Nielsen hat Seeber geprägt. Auf Asta Nielsens Wunsch soll er als Kameramann für DIRNENTRAGÖDIE (1927) verpflichtet worden sein.

Fritz Arno Wagners Kamerastil in DIE LIEBE DER JEANNE NEY ist dem faktografischen Erzählgestus von Pabst mitunter gegenläufig. Pabst läßt seine Protagonisten wie beiläufig durch die Pariser Hallen pro-

Eine berliner Straßenkreuzung, nachgebaut in der großen Atelierhalle der Filmwerke Staaken: ASPHALT

menieren oder inszeniert eine große Abschiedsszene mit zurückhaltender Nüchternheit. Wagner aber, wie die meisten deutschen Kameramänner seiner Generation, setzt dieser Regie immer wieder expressive Schlaglichter auf. So sind expressive Elemente auch in der Neuen Sachlichkeit präsent, was zugleich viel zu deren ikonografischem Reichtum beiträgt. Rittaus Zusammenarbeit mit Joe May – HEIMKEHR (1928) und ASPHALT (1929) – ist hier sicher beispielhaft. Sei es ein sibirisches Bergwerk, ein russischer Bahnhof oder der regennasse Asphalt eines berliner Boulevards – die inzwischen wie selbstverständlich gleitende und fahrende Kamera fängt immer wieder Bilder von gefährlichem Glanz und dämonischem Schimmer ein. Eine erhöhte Mobilität und Souveränität des Kameraauges gewährleistet in beiden Filmen ein Vorläufer des Kamerakrans.

In ASPHALT zeigt der deutsche Film, daß er jetzt alles kann, sogar spielerische Leichtigkeit: »Die Ateliertüren öffnen sich: Dann öffnen sich hinten, rechts und links, die Atelierschiebetüren. Die Straße wird aufs Freigelände fortgesetzt. In ihrer Verlängerung die Fassade eines Bürohochhauses mit modernen, breiten Fenstern. Davor eine getreue Wiedergabe des Universumeinganges. Die Plakate machen Reklame für den Film ASPHALT. Film im Film, eine amüsante Spielerei«. So der Zeitgenosse Hans Feld in einem Drehbericht. Für Borde, Buache und Courtade in ihrem Buch »Le Cinéma réaliste allemand« bildet ASPHALT den Gipfel deutscher Lichtspielkunst: »Es läßt sich nichts ›Moderneres‹ denken als die verblüffende Lebendigkeit der Straßenszenen: die Kamera beherrscht alles, wählt aus, isoliert, sie arbeitet wie das menschliche Auge, ist von einer immensen Wachheit. Aber auch die Verführungsszene ist ein wahres Lehrstück des Kinos. 1927 hatte der Stummfilm seinen großen klassischen Stil gefunden. Keine leeren Stellen mehr, kein Theater mehr: Das Kino war zu allem fähig.«

Die einzigartige Rolle, die der Kamera in den 20er Jahren zufällt, hat ohne Zweifel auch etwas damit zu tun, daß der Film in dieser Dekade eine Tendenz zum reinen Lichtbild hat. Die frühen Farbverfahren wie Tinting und Toning hat man aufgegeben, da die Schwarz-Weiß-Fotografie einen solchen Hochstand erreicht hat, daß Farbe als störend empfunden wird. Ton als szenischen Ton gibt es noch nicht. Die Theorie des Cinéma pur ist nicht zufällig ein Kind der 20er Jahre. In Deutschland entspringt sie mitten im Wirkungsfeld starker plastisch-bildnerischer und dynamisch-bildnerischer Kräfte. Jugendstil und Expressionismus sind vielleicht die wichtigsten Impulse. Nirgends, auch nicht in der Bauhaus-Tradition, ist es zu einer so fruchtbaren Verschmelzung durchaus gegensätzlicher Elemente gekommen. Und im Gegensätzlichen, das wissen wir seit Hegel theoretisch, seit Hölderlin ästhetisch und seit Faust immer schon, hat das deutsche Wesen gut Schwelgen.

Die 20er Jahre im deutschen Kino: Das ist gebautes Licht am einen Ende und leuchtende Architektur am anderen, dazu eine Generation selbstbewußter Kameramänner und Architekten – eine einmalige Konstellation. »Der Kameramann ist der moderne Zauberer«, sagt Rittau, und Hoffmann bezeichnet die Kamera als »unumschränkte Alleinherrscherin«. Im Bewußtsein der führenden Kameramänner herrscht ein künstlerischer Gruppengeist, der die Industrie in der Rolle des modernen Mäzens sieht. »Man muß eben auf der Kamera wie auf einem Instrument ›spielen‹«, meint Seeber. Und Schüfftan versteigt sich: »Es ist soweit, daß die Industrie zum Künstler gehen muß, um sich neue Eindrücke und Möglichkeiten für den Film zu holen.« Die ganze Ambivalenz von künstlerischem Anspruch und politischer Naivität, von der ästhetischen Erschaffung wahrhaft neuer Welten, die doch auf schreckliche Weise dem Weimarer Syndrom verhaftet sind, spiegelt sich hier berufsständisch wider. Was Karl Freund über das Glashaus seiner Kreativität sagt, ist aus künstlerischer Schonungslosigkeit geboren, aber im politischen Kontext wirkt es durchaus gespenstisch: »Hier tritt das technische Moment vollkommen hinter der Stimmung zurück, und es bleibt die reine künstlerische Leistung... Sehen Sie, oft stopfe ich mir Watte in die Ohren, ziehe mir ein Tuch über den Kopf bei den Aufnahmen, um nur den Ausdruck des Schauspielers, nicht aber sein gesprochenes und geschriebenes Wort zu hören.«

Thomas Brandlmeier

DAR La Jana, Eva Liebenberg, Leni Riefenstahl, Hertha von Walther. MW Sport: Houben, Kobs, Luber, Holz, Westerhaus, Paddock, Murchison, Porrit, Carr, Helen Wills. Körperkultur: Bode, Laban, Hellerau, Mensendiek, Loheland. Tanz: Lydia Impekoven, Tamara Karsavina, Wladimiroff, Hasselquist, Bac Ishii, Konami Ishii, Mary Wigman, Carola de la Riva.
PRO Ufa, Kulturabteilung. LNG 6 Akte, 2567 m / 6 Akte, 2422 m / Neufassung: 6 Akte, 2191 m. ZEN 16.2.1925, B.09825, Jf / 26.9.1925, B.12976, Jf., Neufassung 4.6.1926, B.13251. URA 16.3.1925, Berlin (Ufa-Palast am Zoo).
– Dokumentarfilm mit Spielszenen. – Prädikat: Volksbildend. – 1926 Neufassung (ca. 60 Prozent neu gedreht).

Die Harmonie von Körper und Geist, das Kulturideal des klassischen Altertums, möchte dieser Film propagieren. Dabei wird der schöne, kräftige Körper scheinbar zum Selbstzweck: ein ›Körperkulturfilm‹ mit gymnastisch bewegten Körpern, der u.a. die Wiedereinführung der Wehrpflicht in Deutschland miteinläutet. Außerdem sind u.a. winterliche Sportszenen, der finnische Dauerläufer Nurmi und verschiedene Schulen des Tanzes zu sehen.

1924/25. Pietro, der Korsar.

REG Arthur Robison. AUT Arthur Robison; nach dem Roman ›Pietro der Korsar und die Jüdin Cheirinca‹ von Wilhelm Hegeler. KAM Fritz Arno Wagner, Georg Schneevoigt, Rudolf Maté. BAU, KOS Albin Grau.
DAR Paul Richter (Pietro), Aud Egede Nissen (Juana), Rudolf Klein-Rogge (Salvatore, ein Korsarenhauptmann), Fritz Richard (Paulo, Pietros Vater, ein Ölbauer), Frida Richard (Guilia, seine Frau), Walter von Allwörden (Tomaso,Pietros Bruder), Lilian Stevens (Nina), Robert Garrison (Ruffio), Jakob Tiedtke (Piombolo), Georg John (Beppo), Lydia Potechina (Marcella), Edith Edwards.
PRO Ufa. DRZ August - Oktober 1924. DRO Ufa-Atelier Neubabelsberg; AA Küste bei Rom, Freigelände Neubabelsberg. LNG 6 Akte, 2509 m (2607 m vor Zensur) / 6 Akte, 2677 m. ZEN 19.2.1925, 0.09843, Jv. / 7.3.1925, B.10003, Jv. URA 19.2.1925, Berlin (Tauentzien-Palast, U.T. Turmstraße, U.T. Alexanderplatz).
– AT: Die Korsaren.

Den pisanischen Bauernjungen Pietro treibt es unter die Piraten, zwischen denen es nach erfolgreichen Enterfahrten zum Streit um eine Frau kommt. Der Korsarenhauptmann will Juana für sich behalten. An diesem Kampf geht die Piratenbande zugrunde, nur Pietro gelingt die Flucht vor den Häschern.

1924/25. Der behexte Neptun.
Paulchen als Sportsmann.

REG Willy Achsel. AUT Rudolf Presber, Willy Rath, Willy Achsel. KAM Max Brinck, Johannes Männling. BAU Robert Dietrich.
DAR Paul Heidemann (Ulrich Dircks, ein Sportmäzen), Erra Bognar (Vicky), Julius Falkenstein (Ganewsky, ein Finanzoperateur), Harry Grunwald (Timotheus, genannt Tim, Onkel von Ulrich), Willi Kaiser-Heyl (Janssen, Besitzer einer Bootswerft, Vater von Vicky), Erik Haffner (Rüstig, Vorsitzender eines Wassersportverbandes).
PRO Ufa, Kulturabteilung. DRZ ca. September 1924. LNG 5 Akte, 2243 m. ZEN 7.3.1925, B.10035, Jf. URA 13. 3.1925, Berlin (Tauentzien-Palast).

Das Wasser ist für den jungen Sportmäzen Ulrich Dircks, Ehrenmitglied von 168 Sportvereinen, sicher nicht das beliebteste aller Elemente. Er hat eine Idiosynkrasie gegen das feuchte Element, weil er als Kind einmal aus einem Kahn gefallen ist (Freudsche Deutung). Die Handlung, eigentlich ein Lustspiel, erzählt anekdotisch und detailverliebt. Die sportlichen Betätigungen der Hauptdarsteller rücken in den Hintergrund.

1924/25. Die gefundene Braut.

REG Rochus Gliese. AUT Heinrich Brandt. KAM Günther Rittau. BAU Kurt Kahle, Kurt Radtke.
DAR Xenia Desni (Lucy), André Mattoni (Harry, ein junger Bildhauer), Jenny Jugo (Gussy), Walter Slezak (Fred, Harrys Freund), Lydia Potechina (runde Tante), Alexander Murski (Gussys Onkel), Emilie Kurz (spitze Tante), Elsa Wagner (Frau Thompson), Cali Kaiser-Lin (Chang, Harrys Diener), Karl Brose (Tom, Faktotum), Max Schreck (Rha-Tha, Hypnotiseur), Walter Werner (Wirt), Neumann-Schüler (Gendarm).
PRO Ufa. DRZ November 1924 - Februar 1925. DRO Ufa-Atelier Neubabelsberg, Ufa-Atelier Berlin-Tempelhof; AA Freigelände Neubabelsberg. LNG 5 Akte, 2421 m. ZEN 21.4.1925, B.10322, Jv. URA 28.4.1925, Berlin (Tauentzien-Palast).

Visuelle Logik
Der »Filmdichter« Carl Mayer

»Der erste Eindruck, visuell: Gedrungener Körper, wuchtiger Kopf. Das Gesicht durchfurcht, sichtbarer Zeuge von erlebtem Leben. Große Augen, forschend; um den Mund herum ein feines Lächeln«. So schildert der Publizist Hans Feld den Autor Carl Mayer und verrät damit unumwunden seine Verehrung für den Meister.

Das Stakkato der Eindrücke erscheint als Reflex auf Mayers bildstarke Sprache. Der kann man sich nicht entziehen, sie ist knapp und suggestiv.

Carl Mayers Drehbücher zu Filmen wie DAS CABINET DES DR. CALIGARI, SCHLOSS VOGELÖD, DANTON, HINTERTREPPE, VANINA, DER LETZTE MANN, TARTÜFF und SUNRISE folgen eher einer visuellen denn einer syntaktischen Logik. Carl Mayer ist der erste Dichter des deutschen Films. Er ist stilbildend für das Kino einer ganzen Epoche.

»Wir sehen den leeren Flur eines Hotels:
Gesamter: Nacht. Notlichter nur.
    Doch!
    Seltsam!
    Ein Schatten?
    Hier vorne?
    Es scheint.
    Denn:
Größer: Tatsächlich! Der alte Portier.
    Lauscht er? Gleichsam um die Ecke?
    Dumpf?
    Und! Jetzt:
    Sein Blick scheint gebannt.
    Dumpf.
    In seiner Hand. Die sich jetzt öffnet.
Groß: Langsam. Krampfend fast.
    Denn:
    Jener Schlüssel! Er hält ihn fest.«

Wenigstens für eine Nacht möchte sich der degradierte Portier seine alte Uniform ausleihen. Den Schlüssel für den Kleiderschrank hat er gestohlen. Für Murnaus DER LETZTE MANN schreibt Carl Mayer 1924 diese Szene. In wenigen Worten entsteht ein Bild, das den ganzen Film beschreibt: Ein alter Mann zerbricht daran, daß ihm sein Beruf, ja schlimmer noch, die soziale Anerkennung genommen worden ist. Er ist nicht mehr der buntbetreßte Portier vor dem ersten Haus der Stadt, sondern Toilettenwärter im Keller desselben. Den sozialen Abstieg beschreibt Carl Mayer als eine Tragödie mit absurder Komik.

Was von der Biografie Carl Mayers bekannt ist, wirft ein Schlaglicht auf seine Beziehung zu den entwurzelten Helden, die er sein Leben lang erfindet. Der um treffsichere Anekdoten nie verlegene Siegfried Kracauer weiß von Mayers Vater als vermögendem Kaufmann zu berichten. Der habe im Wahn, ein untrügliches Spielsystem zu besitzen, eines Tages sein ganzes Geld zusammengerafft, um die Spielbank von Monte Carlo zu sprengen. Der Versuch scheitert, allen wissenschaftlichen Methoden zum Trotz, denen sein System standhalten soll. Monate später kehrt Mayers Vater ruiniert nach Graz zurück.

Nüchterner lesen sich andere Varianten eines Lebenslaufs, von dem kaum mehr bekannt ist: 1894 in Graz als ältester von vier Brüdern geboren, wächst Carl Mayer in Wien auf. Kaum sechzehnjährig bricht er die Schule ab und arbeitet in verschiedenen Berufen. Siegfried Kracauer weiß, daß Mayers Vater sich zu diesem Zeitpunkt schon umgebracht hat und der junge Carl die Familie mit seinen Jobs tatkräftig unterstützt. Reisender in Barometern, Chorsänger, Statist auf Bauernbühnen und Postkartenzeichner mit besonderem Talent für Hindenburg-Karikaturen sind, den Informationen des einstigen Kritikers der *Frankfurter Zeitung* zufolge, die ersten Stationen dieser Dichter-Karriere. Immerhin gerät Mayers schauspielerische Darstellung eines Geisteskranken so lebensecht, daß ihm eine Soldatenlaufbahn im Ersten Weltkrieg erspart bleibt. Mit einem Wandertheater, das ihn in allen möglichen Funktionen beschäftigt, soll Mayer, so ein anderer Chronist, nach Berlin gekommen sein. Hier arbeitet er 1918 als dramaturgischer Sekretär am Residenztheater.

In Berlin freundet sich der Simulant Carl Mayer mit dem entlassenen Infanterieoffizier Hans Janowitz an. Beide sind überzeugte Pazifisten, sie verabscheuen autoritäre Strukturen und sind voller Erlebnisse aus den vergangenen Jahren. Zusammen schreiben sie das Drehbuch zu DAS CABINET DES DR. CALIGARI. Die Geschichte vom Irrenarzt, der als Jahrmarkts-Hypnotiseur einen Somnambulen zu Morden anstiftet, beschäftigt die Gemüter des Publikums noch heute. Als Parabel auf das willenlose, einer verbrecherischen Führung ausgelieferte Volk ist die Beziehung zwischen Cesare und sei-

Der Autor und sein
Regisseur: Carl Mayer
und F. W. Murnau

»Da! Plötzlich!
Das Mädchen schreit empor!
Gellender Ruf in die Nacht.
Und schon flammen Fenster auf!
Unten! Oben! Rechts! Links!
Und die Schläfer starren
hernieder.«
(Carl Mayer, 1921)

nem Verführer Caligari oft interpretiert worden. Vor dem historischen Hintergrund ist so eine Interpretation verständlich.

Schon in DAS CABINET DES DR. CALIGARI trägt das Personal Züge der späteren Helden Carl Mayers. Allesamt erscheinen sie als Vereinzelte, die einer Gesellschaft ausgeliefert sind, die sie mißbraucht. Eingekapselt in eine Welt aus diffusen Gefühlen und verwirrenden Erinnerungen an kleine Triumphe und große Kränkungen gleichen seine Figuren in feindlicher Umgebung Ausgesetzten. Sie sind von Emotionen getrieben, denen sie nicht Herr werden können. Für die großen Gefühle, die sie bewegen, finden sie keinen Ausdruck. Der Versuch auszubrechen endet in der Katastrophe. Wie sehr Cesare, Francis, ja sogar die Gestalt des Dr. Caligari Mayers späteren Protagonisten gleichen, zeigt der zweite Schluß von DAS CABINET DES DR. CALIGARI.

Hier stellt sich das Doppelleben des Irrenarztes als die Halluzination eines Kranken heraus, der in seinen Phantasien den Kosmos der Klinik zu dieser monströsen Geschichte verdichtet. DAS CABINET DES DR. CALIGARI also doch nur als Blick in die verwirrte Seele eines Kranken? Zeitgenössische Kritiker halten dies, wie auch das Happy-End von DER LETZTE MANN, für ein Entgegenkommen Mayers an die kommerziellen Interessen der Produzenten. Die antiautoritäre Botschaft der Parabel würde dadurch abgeschwächt, so damals das einhellige Urteil. Tatsächlich ist das Gegenteil der Fall. Nichts wird zurückgenommen, nichts wird schlußendlich erklärt. Stattdessen verknüpft der zweite Schluß die abstrakte Parabel mit dem konkreten Horror des Alltags. Hinter ihren Verkleidungen als Arzt und Patient werden Menschen sichtbar.

Egal ob Mayer damals so beliebte Schauergeschichten schreibt oder Drehbücher zu Ausstattungsfilmen. Seine Sklaven, Riesen, Zwerge, Höflinge und Diener bleiben doch immer kostümierte Kleinbürger. »Mayer stellt sich seine Figuren aus der unteren Mittelschicht als triebbesessene Bewohner eines Universums vor, das schon in Scherben liegt, und er greift sie in der Absicht auf, die Zerstörung und Selbstzerstörung zu enthüllen, die sie unausweichlich nach sich ziehen.« Kracauers Beschreibung verdeutlicht Mayers Distanz zum pappig-dekorativen Expressionismus der ersten Nachkriegsfilme. In seiner Sprache bleibt die Nähe zum Expressionismus unverkennbar. Doch die Filme, die nach seinen Drehbüchern entstehen, sperren sich gegen so eine Klassifizierung. Kammerspielfilme wie HINTERTREPPE, SCHERBEN, SYLVESTER, DER LETZTE MANN und auch seine Bearbeitungen literarischer Vorlagen wie TARTÜFF oder SUNRISE belegen vielmehr Mayers Nähe zum Realismus. Aus heutiger Sicht erscheinen sie vielfach als Vorgriffe auf den poetischen Realismus, auf das Kino von Marcel Carné, René Clair oder Jean Renoir.

Mit der Ufa hat es Carl Mayer schwer. Seine Filme sind zwar renommiert aber keineswegs Kassenerfolge. Kleinlich werden Honorarvorschüsse nachgerechnet und selbst vor der Beantragung einer Zwangsvollstreckung, um den Vorschuß auf ein unvollendetes Drehbuch einzutreiben, schrekken die Ufa-Oberen nicht zurück. Unerbittlich verfolgt der Ufa-Vorstand seinen ehemaligen Autor, »und außerdem« sind, so das Vorstandsprotokoll vom 13. Dezember 1927, »etwaige andere Filmfirmen, die ihn mit Manuskriptaufträgen versehen, auf unsere Forderung mit der Bitte um Unterstützung ihrer Beitreibung hinzuweisen«. Zu diesen Nachstellungen kommt die Erfahrung des immer offeneren Antisemitismus zum Ende der Weimarer Republik. Die verstörten, von Existenzängsten geplagten Kleinbürger, die Helden seiner Filme, rotten sich zusammen. Carl Mayer emigriert vor der Machtübernahme der Nazis nach England.

Noch in Berlin sieht Mayer 1926 Sergej Eisensteins PANZERKREUZER POTEMKIN. Der Film wird, sicherlich auch Dank der Maschinenmusik des Komponisten Edmund Meisel, für den Stummfilmautoren zum nachhaltigen Erlebnis. Karl Freund, Kameramann vieler Mayer-Filme, behauptet gar, daß dieser seither kein Drehbuch mehr geschrieben habe. Das ist nachweislich falsch, spekulieren läßt sich jedoch, daß sich seine Einstellung zum Studio-Film, für den er knapp zehn Jahre ausnahmslos geschrieben hat, grundsätzlich verändert. Die Verwendung von Dokumentarmaterial und andere, völlig neuartige Montagelösungen haben Mayer offensichtlich beeindruckt. Auch gehört er zu den wenigen Autoren, denen die sich bietenden Möglichkeiten des aufkommenden Tonfilms bewußt sind.

Die Auseinandersetzungen mit der Ufa und das Erkennen der technischen Umwälzungen und den daraus folgenden dramaturgischen Konsequenzen unterbrechen den stetigen Fluß seiner Drehbuchproduktion. Mit Büchern zu den amerikanischen Murnau-Filmen SUNRISE und FOUR DEVILS sowie in England als dramaturgischer Berater für Regisseure wie Paul Czinner, Gabriel Pascal und Paul Rotha arbeitet Mayer jedoch bis zu seinem Tod als Autor.

Die letzten Jahre lebt Carl Mayer in London, wo er in Hampstead wohnt. Als Assistent und persönlicher Berater des Chefs von »Two Cities«, einer Tochterfirma der Rank-Gruppe, schlägt er sich durch, bis er 1943 während einer Drehbuchkonferenz zusammenbricht. Er stirbt am 1. Juli 1944 an Krebs. Zur kleinen Gruppe, die sich auf dem Highgate Cemetery einfindet, gehören der Verleger Andor Kraszna-Krausz, der Dokumentarist Paul Rotha und der Produzent Emeric Pressburger. Mayers Grab befindet sich neben dem des Filmpioniers William Friese-Greene, dem Mann, der 1890 in England den ersten Film vorgeführt hat.

Nicolaus Schröder

Harry begegnet in der Großstadt dem reizenden Provinzkäfer Lucy, schlägt den Freund und Rivalen Fred siegreich aus dem Feld, kriegt durch geniale Strategien seinen sich der Hochzeit widersetzenden Onkel herum und führt die gefundene Braut heim. Auch Fred macht reiche Beute in Gestalt der Nichte des begüterten Onkels.

1924/25. Die Prinzessin und der Geiger / The Blackguard.
REG Graham Cutts. RAS Alfred Hitchcock. AUT Alfred Hitchcock; nach dem Roman ›The Autobiography of a Blackguard‹ von Raymond Paton. KAM Theodor Sparkuhl. BAU Alfred Hitchcock.
DAR Jane Novak (Prinzessin Maria Idourska), Walter Rilla (Michael Caviol), Bernhard Goetzke (Adrian Levinsky), Rosa Valetti (Großmutter), Dora Bergner (Herzogin), Fritz Alberti (Maler), Robert Scholz (Großfürst Paul), Loni Nest (kleine Prinzessin Marie), Frank Stanmore (Pompard), Robert Leffler (Leidner), Alexander Murski (Vollmark), Martin Herzberg (kleiner Michael).
PRO Ufa / Gainsborough Pictures, London. DRZ November 1924 - Januar 1925. DRO Ufa-Atelier Neubabelsberg. LNG 6 Akte, 1965 m / 2804 m (GB). ZEN 24.7.1925, B.10918, Jv. URA März 1925, London (Trade Show), 26.10.1925 (Release). DEA 4.9.1925, Berlin (U.T. Nollendorfplatz).
Prinzessin Marie und der Violinvirtuose Michael lieben sich seit Kindertagen. Jahre später fliehen sie gemeinsam ins Ausland. Doch Marie verläßt ihn, um den Niedergang seiner Kunst aufzuhalten, und kehrt als Braut des Großfürsten Paul nach Rußland zurück. Michael macht sich auf die Suche nach ihr, gerät in die Revolution und kann die zum Tode Verurteilte retten.

1924/25. Der Farmer aus Texas. Die Geschichte einer Mesalliance
REG Joe May. AUT Joe May, Rolf E. Vanloo; nach dem Bühnenstück ›Kolportage‹ von Georg Kaiser. KAM Carl Drews, Antonio Frenguelli. BAU Paul Leni; AUS Fritz Maurischat. KINO-MUS Giuseppe Becce.
DAR Mady Christians (Mabel Bratt), Edward Burns (Erik), Willy Fritsch (Akke), Lilian Hall-Davis (Alice), Christian Bummerstädt (Graf von Stjernenhoe), Clara Greet (Frau Appelboom), Hans Junkermann (Baron Barrenkrona), Pauline Garon (Miss Abby Grant), Frida Richard (Tante Jutta), Ellen Plessow, Emmy Wyda.
PRO May-Film der Ufa. PRT Joe May. AUL Robert Wüllner. DRZ ab September 1924. DRO May-Atelier Berlin-Weißensee; AA Schweden. LNG 7 Akte, 2540 m. ZEN 25.7.1925, B.10901, Jv. URA 22.10.1925, Berlin (Tauentzien-Palast, U.T. Turmstraße, Ufa-Palast Königstadt, U.T. Alexanderplatz).

Graf Stjernenhoe hat eine reiche Amerikanerin geheiratet. Bei der Trennung vertauscht sie ihren Sohn Erik gegen Akke, das Kind der Witwe Appelboom. Erik wächst in Texas auf, wo er Farmer wird. Akke wird als Graf erzogen. Am 24. Geburtstag wird eine Erbschaft fällig. Die Amerikanerin erscheint im Schloß, und es entstehen Verwicklungen, aus denen sich zwei Paarbildungen ergeben.

1924/25. Die Frau mit dem schlechten Ruf.
REG Benjamin Christensen. AUT nach dem Roman ›The Woman Who Did‹ von Charles Grant Blairfindie Allan. KAM Carl Hoffmann. BAU Hans Jacoby.
DAR Alexandra Sorina (Herminia Barton), Lionel Barrymore (Allan Merrick), Gustav Fröhlich (James Compson), Henry Vybart (Dr. Merrick), Daisy Campell (Frau Merrick), Herta Müller (Backfisch), Marian Alma (Diener), Walter Bruckmann (Tadeo), Fritz Richard (alter Mann), Frida Richard (alte Frau), Dembot (Detektiv), Eugenie Teichgräber (Dolores), Robert Taube (Mr. Compson), Mathilde Sussin (Frau Compson), Danielowitsch (Kind).
PRO Ufa. DRZ ab September 1924. DRO Ufa-Atelier Berlin-Tempelhof. LNG 6 Akte, 1894 m. ZEN 31.7.1925, B.10941, Jv. URA 18.12.1925, Berlin (U.T. Friedrichstraße, U.T. Nollendorfplatz).

Ein Däne bei der Ufa
»Michael« von Carl Theodor Dreyer

C. Th. Dreyer (mit Schiebermütze) bei den Dreharbeiten zu VAMPYR (1931/32)

Im März 1920 ereifert sich der Publizist Ludwig Wolff in der Zeitschrift Das Tage-Buch auf höchst amüsante Weise über dänische Bücher und dänische Filme, die in Deutschland große Resonanz finden. Er erwähnt auch »den wunderschönen Pariser Roman ›Michael‹ (famoser Cocktail aus France-Donnay-Bourget mit einem kleinen Spritzer Verlaine-Rimbaud)« von Herman Bang, der 1904 im Nachbarland erschienen ist. Wolff steht mit seinem Urteil nicht allein. »Das ist der traurigste Liebesroman aller Zeiten«, schwärmt später der junge Klaus Mann anläßlich der Verfilmung. Erich Pommer soll die Anregung gegeben haben, das Buch für die Leinwand zu adaptieren.

In seinem Buch »Von Caligari zu Hitler« rechnet Siegfried Kracauer den am 26. September 1924 in Berlin uraufgeführten Film zu der Fülle unbedeutender Produktionen der Nachkriegszeit und schreibt: »Der Bedarf nach Bearbeitungen war so dringend, daß sogar Herman Bangs esoterischer Roman ›Michael‹ verfilmt wurde – vielleicht wegen seines Hauches von Homosexualität.« Den Namen des Regisseurs verschweigt er; zu vermuten ist, daß er allein aus der Kenntnis des Romans urteilt und den Film gar nicht gesehen hat. Die dem Roman zugrundeliegende homosexuelle Thematik soll durch Thea von Harbou, Dreyers Mitarbeiterin am Drehbuch, »zensurgerecht entschärft« worden sein. Eine Ansicht des Films kann diese Einschätzung nicht bestätigen.

Die grenzenlose, bis zum eigenen Tod reichende Liebe des Malers Claude Zoret (Benjamin Christensen) zu seinem Adoptivsohn Michael (Walter Slezak), als sein Modell nicht unwesentlich am Ruhm des »Meisters« beteiligt, ist in ihrer elementaren Bedeutung gar nicht zu übersehen. Gleichwohl handelt Dreyers Film nicht allein von der verlorenen, hier homosexuellen Liebe, die zuletzt nur noch aus Erinnerungen besteht. Jede Geste, jedes Wort des Meisters ist schon fast von Anfang an Vergangenheit im verzweifelten Konflikt mit der Zukunft der Jugend. Michael entgleitet dem alten Maler naturgemäß. Vielleicht trifft das mit einer neuen Liebe, die entsteht, zusammen: Michael verläßt ihn zugunsten der Fürstin Zamikow (Nora Gregor). Die letzten Worte des sterbenden Malers sind zugleich das Motto des Films: »Jetzt kann ich ruhig sterben, denn ich habe eine große Liebe gesehen«. Das Filmende allerdings sieht Michael zwar in den Armen der Fürstin - Zorets Tod erschüttert ihn, sie tröstet und beruhigt ihn -, doch wirkt er lächerlich und hilflos, in einem viel zu großen, aufgeplusterten Kostüm wie ein trauriger Clown.

Tischrunde im
Hause Zoret

Benjamin Christensen
als Maler Claude Zoret
in MICHAEL

(Um den Schluß soll es zwischen Regisseur und Produzent zum Streit gekommen sein; angeblich hat Pommer das Ende ohne Dreyers Zustimmung verändert.)

Daß die Ufa den dänischen Regisseur engagiert, gehört offenbar zu der Strategie, das eigene künstlerische Personal zu »internationalisieren«, um konkurrenzfähig gegenüber Hollywood zu bleiben. Bei der Abteilung Decla-Bioscop, innerhalb des Konzerns für die Kunst zuständig, findet Dreyer gute Bedingungen vor, um so autonom zu arbeiten, wie er es sich immer gewünscht hat. Er selbst sagt: »Für den gewissenhaften Regisseur war Pommer der ideale Produzent. Sobald eine Entscheidung über die grundsätzlichen Dinge, also das Drehbuch, die Besetzung, die Drehorte usw., getroffen war, mischte er sich nicht mehr in die Angelegenheiten des Regisseurs. Hin und wieder kam er zum Set, und wenn alles bestens lief, lächelte er froh. In künstlerischen Dingen gab er vernünftigen Argumenten gern nach.« Das Ergebnis rechtfertigt sein Vertrauen. MICHAEL wird, darüber sind sich die meisten Filmhistoriker heute einig, Dreyers erstes Meisterwerk.

Gedreht wird der Film zwischen November 1923 und Mai 1924 im Atelier Tempelhof. Dreyer und sein Architekt Hugo Häring (dies ist seine einzige Arbeit beim Film) finden die Teile des reichen, im Drehbuch bereits präzise beschriebenen fin de siècle-Dekors in Berliner Geschäften. Das bemerkt auch die zeitgenössische Filmkritik. So schreibt die *Berliner Börsen-Zeitung:* »Man hat keinen Augenblick den Eindruck, daß die Szenen im Atelier aufgenommen sind, dazu ist das Fluidum, das von ihnen ausgeht, zu überzeugend echt; eben Kultur. Das ist das große Gefühl, das dieser Film vermittelt.« Die *Welt am Montag* schwärmt: »Ein Film von zartester Feinheit und berückender Schönheit, ein Meisterwerk vollendeter Raumkunst und herrlicher Tiefe ist dieser MICHAEL.« Und der *Film-Kurier* schließt seine Kritik: »Dieser Film, in jeder Hinsicht ein ›Meister‹-Film, ist das erste Produkt, das seit der Neuorganisation von Neubabelsberg aus den dortigen Ateliers hervorgangen ist. Carl Theodor Dreyer erscheint als ein Regisseur, der berufen ist, den deutschen Kammerfilm der letzten Verfeinerung zuzuführen.«

Wobei der Begriff des »Kammerfilms« nicht wörtlich genommen werden darf. Er trifft sicher zu für seine »außergewöhnlich ›beengte‹ Atmosphäre, die immer leicht aufgeheizte und kitschige Grundierung des Kammerspieles« (Rainer Rother). Dabei bleibt MICHAEL aber doch ein Film, dessen Handlung sich über verschiedene Räume erstreckt, einige Male sogar ins helle Freie ausweichen darf und den Besuch eines Ballettabends mit einschließt.

Rolf Aurich

Das Problem der angeblich ›unmodernen‹ Ehe beschäftigt diesen ernsthaften Film, und er kommt zu dem Resultat, daß die Ehe auch heute noch die beste Art der Gemeinschaft zwischen Mann und Frau darstellt.

1924/25. Wunder der Schöpfung.
REG Hanns Walter Kornblum. Regie der Spielszenen Johannes Meyer, Rudolf Biebrach, Ewald Matthias Schuhmacher. AUT Hanns Walter Kornblum, Ernst Krieger. KAM Max Brink, Hans Scholz, Friedrich Paulmann, Friedrich Weinmann (Natur- und Atelieraufnahmen), Hermann Boehlen, Bodo Kuntze, Ewald Matthias Schuhmacher, Wera Cleve. SPE Otto von Bothmer. BAU Carl Stahl-Urach, Gustav Henning, Walter Reimann, Hans Minzloff, Otto Moldenhauer. Titelzeichnungen Dassel-Weil. KINO-MUS Ignatz Waghalter. DAR Margarethe Schön, Margarete Schlegel, Theodor Loos, Paul Bildt, Oscar Marion, Willi Kaiser-Heyl. PRO Ufa, Kulturabteilung / Colonna-Film, Berlin (?). DRO Ufa-Kulturfilm-Abteilung Berlin-Steglitz. LNG 7 Akte, 2389 m. ZEN 3.9.1925, B.11152 Jf. URA 14.9.1925, Berlin (Kammerlichtspiele).
– Dokumentarfilm mit Spielszenen.
Ein Kulturfilm, der nicht nur die Wunder der Gegenwart schildert, sondern auch die astronomischen Ereignisse der Zukunft bis hin zum Massensterben unseres Universums ahnen läßt. Die Ufa war davon überzeugt, daß der Anblick solch astronomischer Ereignisse jeden denkenden Zuschauer veranlassen würde, sich der völligen Bedeutungslosigkeit seines flüchtigen Daseins inne zu werden.

1925. Blitzzug der Liebe.
REG Johannes Guter. AUT Robert Liebmann; unter Benutzung einer Novelle von Karl Hans Strobl. KAM Carl Hoffmann. BAU Rudi Feld. DAR Ossi Oswalda (Kitty, eine Tänzerin), Willy Fritsch (Charley, ihr Jugendfreund), Lilian Hall-Davis (Lissi, eine Dame der Gesellschaft), Nigel Barrie (Fred, ihr Vetter), Jenny Jugo (Sportslady), Ernst Hofmann (Redakteur), Josephine Dora, Karl Platen, Werner Westerhold, Henry Bender, Georg John, Hans Junkermann, Hans Oberländer, Philipp Manning. PRO Ufa. DRZ ab Februar 1925. DRO Schweden (?). LNG 6 Akte, 2456 m. ZEN 4.5.1925, B.10408, Jv. URA 6.5.1925, Berlin (Ufa-Palast am Zoo).
– AT: Der Begleitmann, Kavaliere zu vermieten!
Fred liebt Lissi, will sie aber nicht heiraten. Um ihn eifersüchtig zu machen, engagiert Lissi den Eintänzer Charley, der ihr ostentativ den Hof machen soll. Charley indes sehnt sich nach der Tänzerin Kitty, die von dem wankelmütigen Fred ebenfalls begehrt wird. Eine Doppelhochzeit, die die richtigen Paare vereint, klärt die verzwickte Lage.

1925. Die Stadt der Millionen.
REG Adolf Trotz. AUT Willy Rath, Emil Endres. KAM Eugen Hrich. BAU Arthur Günther. PRO Ufa, Kulturabteilung. LNG 4 Akte, 2021 m. ZEN 28.5.1925, B.10626, Jf. URA 28.5.1925, Berlin (Tauentzien-Palast).
– Dokumentarfilm.

Feuilletonistischer, weniger reportagehafter Dokumentarfilm über Berlin mit eingestreuten Spielszenen. Lose zusammengefügte Bilderfolgen einer Stadt der Arbeit und des Vergnügens.

1925. Tartüff.
REG Friedrich Wilhelm Murnau. RAS Erich Holder. AUT Carl Mayer; nach der Komödie ›Le Tartuff ou L'imposteur‹ von Molière. KAM Karl Freund. BAU Robert Herlth, Walter Röhrig. KOS Robert Herlth. KINO-MUS Giuseppe Becce (Originalkomposition). DAR Emil Jannings (Herr Tartüff), Lil Dagover (Elmire), Werner Krauß (Orgon), Lucie Höflich (Dorine), André Mattoni (Neffe), Rosa Valetti (Haushälterin), Hermann Picha (Onkel im Rahmenspiel).

Sendboten deutschen Wesens

Fritz Lang, Thea von Harbou und »Die Nibelungen«

Als großer Verlierer des Ersten Weltkriegs, gebeutelt von Inflation, drohenden Reparationszahlungen und einer nationalen Identitätskrise, verlangt vor allem das deutsche Kleinbürgertum nach der narkotisierenden Wirkung des Mythos.

Statt nach den Ursachen der Katastrophe zu fragen, flüchtet man in die Konstruktion der »Dolchstoßlegende«: Wie einst der grimme Hagen dem unbesiegbaren Siegfried durch den heimtückischen Speerwurf in den Rücken fällt, so stürzt das an der Front ungeschlagene deutsche Heer durch den »Verrat« der Heimat in der Novemberrevolution 1918. In dem von List, Tücke und Intrigen gekennzeichneten Nibelungen-Klima der Weimarer Republik feiert Siegfried ein Comeback.

Die Vergewisserung in traditionell eingeübten Leitbildern spielt durch den Niedergang des Kaiserreichs dabei ebenso eine Rolle wie die Sehnsucht nach einer geordneten Welt in einem wiedererstandenen Reich feudalen Zuschnitts. Mit suggestiver Bildkraft soll der Film diese verlorene Vorstellungswelt wieder restituieren und ihr neue Glaubwürdigkeit verschaffen.

Im Fadenkreuz dieser Wünsche, Anforderungen und Entwicklungen gefangen, beginnen Anfang der 20er Jahre Thea von Harbou und Fritz Lang mit der Vorbereitung des NIBELUNGEN-Films. Mit ihrem ausgeprägten Instinkt für die kollektiven Befindlichkeiten spüren Harbou und Lang die deutsche Seele und das Deutschtum in trivialisierten Sujets der Romantik auf.

So wie sie für ihren 1921 gedrehten Film DER MÜDE TOD dem scheinbaren nationalen Imaginarium der Romantik Motive aus Kunst- und Volksmärchen entlehnt haben, soll auch im NIBELUNGEN-Film die »im Bewußtsein des Volkes wurzelnde Erinnerung an den Drachentöter Siegfried, an die Nibelungen und Herrn Etzel« nicht zu kurz kommen. Populistischer Eklektizismus hat Vorrang vor einer an der Überlieferung orientierten Verfilmung. Die Drehbuchautorin Harbou ist, wie sie freimütig gesteht, bestrebt, »das Schönste herauszupflücken und wieder zu einem Ganzen zu verschmelzen.«

Seine Lektion in Sachen Nibelungen hat das Kinopublikum der 20er Jahre vor allem durch Wagners »Ring«, deutschtümelnde Übersetzungen, jugendfreie Nacherzählungen, Schulbuchlektüre und politische Parolen gelernt. ›Zum Schönsten‹ dieser Rezeption gehören vaterländisches Pathos und eine Verquickung mit rassistischer und nationalistischer Ideologie. Noch gesteigert in ihrer Tendenz und Suggestivkraft werden diese Motive durch Fritz Langs Bildideen und Pathosformeln, die ihre Inspiration Nibelungen-Gemälden und Siegfried-Entwürfen des 19. Jahrhunderts verdanken.

Das von Regisseur und Drehbuchautorin formulierte Produktionskonzept wird zu einer Mischung aus völkisch-vaterländischem Bekenntnistraktat und filmkünstlerischer Absichtserklärung. Kaum zu übersehen ist dabei die gewollte Auratisierung, mit der man publikumswirksam das gefilmte Nationalepos und sein Zustandekommen umgibt. Thea von Harbou stilisiert das Filmprojekt, eine Auftragsarbeit, zur fast religiösen Aufgabe und ihren Beitrag daran zum weihevollen Dienst am Werk. In dieser Gefühlslage ist für sie das Nibelungenlied »nicht das hohe Lied der Treue, sondern die erschütterndste Predigt von der Sühne jeder Schuld.« Als ein Geschenk des Himmels stellt sie das NIBELUNGEN-Projekt dar: »Wir sind gar nicht auf die Idee verfallen; die Idee verfiel auf uns. Sie fiel über uns her. Sie war da. Sie überflutete uns.« Harbou sieht in den Nibelungen »Sendboten von deutschem Wesen, deutscher Arbeit, Geduld und Kunst« und gibt ihnen den Auftrag: »Gehet hin in alle Welt und lehret alle Völker!«

Die Produktionsideologie Fritz Langs für seinen Film setzt sich zusammen aus Kommerz und Kunstanspruch. Seine Position ähnelt im wesentlichen der seiner Gattin. Ökonomische Gewinnchancen taxierend und von Chauvinismus bestimmt, wird auch er

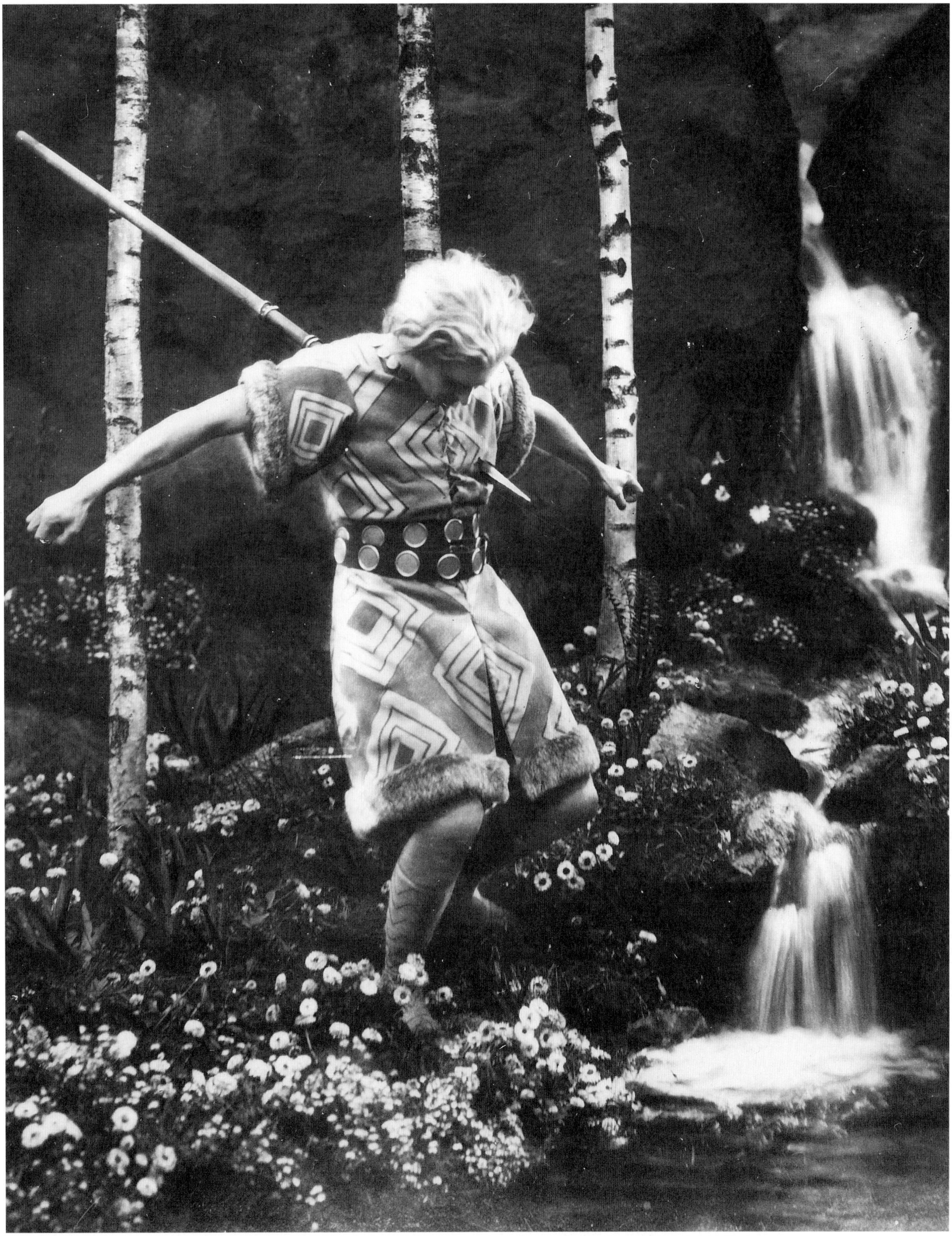

PRO Ufa. DRZ März - April 1925. DRO Ufa-Atelier Berlin-Tempelhof. LNG 5 Akte, 1876 m. ZEN 13.8.1925, B.11003, Jv. URA 20.11.1925, Wien; DEA 25.1.1926, Berlin (Gloria-Palast, Eröffnung).
– Titel in Österreich: Der Scheinheilige.
 Molières Komödie ist um eine Rahmenhandlung erweitert. Ein junger Mann, verkleidet als Schausteller, führt mit seinem Wanderspielkino die Geschichte des arglistigen Herrn Tartüff vor, der versucht, seinen Freund Orgon um Hab, Gut und seine Frau zu bringen. Der junge Mann kann durch dieses Gleichnis seinen Onkel vor der Habgier der Haushälterin bewahren.

1925. Liebesfeuer.
REG Paul Ludwig Stein. AUT Wilhelm Thiele; nach einer Idee von Jolanthe Marès. KAM Curt Courant. BAU Walter Reimann.
DAR Liane Haid (Ingeborg Toselli, Tochter des Ballettmeisters), Alfons Fryland (Erik, Graf von Arenheim), Walter Rilla (Harald von Bodenstein, Gesandschafts-Attaché), Paul Biensfeldt (James Toselli, Ballettmeister), Maria Raisenhofer (Charlotte, Gräfin von Arenheim), Ernst Pröckl (Eriks Bursche), Max Hiller (Franz), Lutz Altschul (Johannes Hellmer, Maler), Loni Nest (Dorle von Arenheim), Hans Staufen.
PRO Davidson-Film der Ufa. PRT Paul Davidson. DRZ März - April 1925. LNG 6 Akte, 2710 m. ZEN 13.8.1925, B.11023, Jv. URA 11.9.1925, Berlin (Tauentzien-Palast, U.T. Turmstraße).
Ein junger Mann, der seine Frau auf Seitensprüngen ertappt hat, hat einen wirren Traum: eine typische Kintoppgeschichte mit Theaterbrand, Lebensrettung und happy end.

1925. Das Mädchen mit der Protektion.
REG Max Mack. AUT Willy Haas. KAM Günther Krampf. BAU Kurt Kahle, Kurt Radtke.
DAR Ossi Oswalda (Marcelle), Willy Fritsch (Charles), Nora Gregor (Orina Norowna, ein berühmter Revuestar), Adele Sandrock (Madame), Oreste Bilancia (Duval, Bankier), Paul Morgan (Theaterdirektor), Karl Etlinger (Paul Poiré, Schneider), Hugo Döblin (Giovanni Giovanelli), Wilhelm Diegelmann (Assistent des Theaterdirektors), Georg Baselt (Vogel, der Maire), Hans Junkermann (Bankdirektor), Sophie Pagay, Ernst Behmer.
PRO Ufa. DRZ Mai - Juli 1925 (mit Unterbrechungen). DRO Ufa-Atelier Neubabelsberg; AA Eichstädt (Bayern). LNG 5 Akte, 2090 m (2093 m vor Zensur). ZEN 17.8.1925, B.11034, Jv. URA 21.12.1925, Berlin (U.T. Kurfürstendamm).
Die Geschichte einer kleinen Tänzerin, Marcelle Grovanelli, und ihres Bräutigams, Charles, die in die Großstadt verschlagen werden und dort merkwürdig rasche und große Erfolge einheimsen. Sie bekommen heraus, daß die Protektion Herrn Duval verdanken, einem mächtigen Geldmagnaten. Der Versuch, ihm zu entfliehen, scheitert – bis zum nächsten Erfolg!

1925. Das Fräulein vom Amt.
REG Hanns Schwarz. AUT Henrik Galeen, Adolf Lantz. KAM Fritz Arno Wagner. BAU Erich Czerwonski. KINO-MUS Otto Urack.
DAR Mary Johnson (Mary Hard), André Mattoni (Frank Caruther), Alexander Murski (Baron Josua Caruther), Willy Kayser-Heil (Baron Conrad), Karl Platen (Jeff), Kurt Wichulla (Kind von 1 1/2 Jahren), Frida Richard (Tante Betsy), Paul Biensfeldt (Notar), Frieda Türnowski (Nachbarin), Fritz Richard (Vorsteher), Hugo Döblin (Wucherer), Lydia Potechina (Zimmervermieterin), Ellen Plessow (Reisende), William Huch (Kammerdiener).
PRO Sternheim-Film der Ufa. DRZ März - April 1925. DRO Ufa-Atelier Neubabelsberg. LNG 5 Akte, 2217 m. ZEN 22.8.1925, B.11080, Jv. URA 15.10.1925, Berlin (Tauentzien-Palast).
Ein akustischer Grundeinfall: Der junge Baron Frank Caruther verliebt sich in die Stimme des Telefonfräuleins. Er lernt deren Trägerin kennen und auch ein wenig lieben, geht dann aber nach Indien. Das blonde Fräulein Mary Hard wird von seiner Tante verstoßen, findet jedoch zusammen mit der Mutter Unterschlupf im Haus des alten, gichtgeplagten Caruther. Als der junge Baron zurückkehrt, wird aus dem geliebten Telefonfräulein seine Gattin.

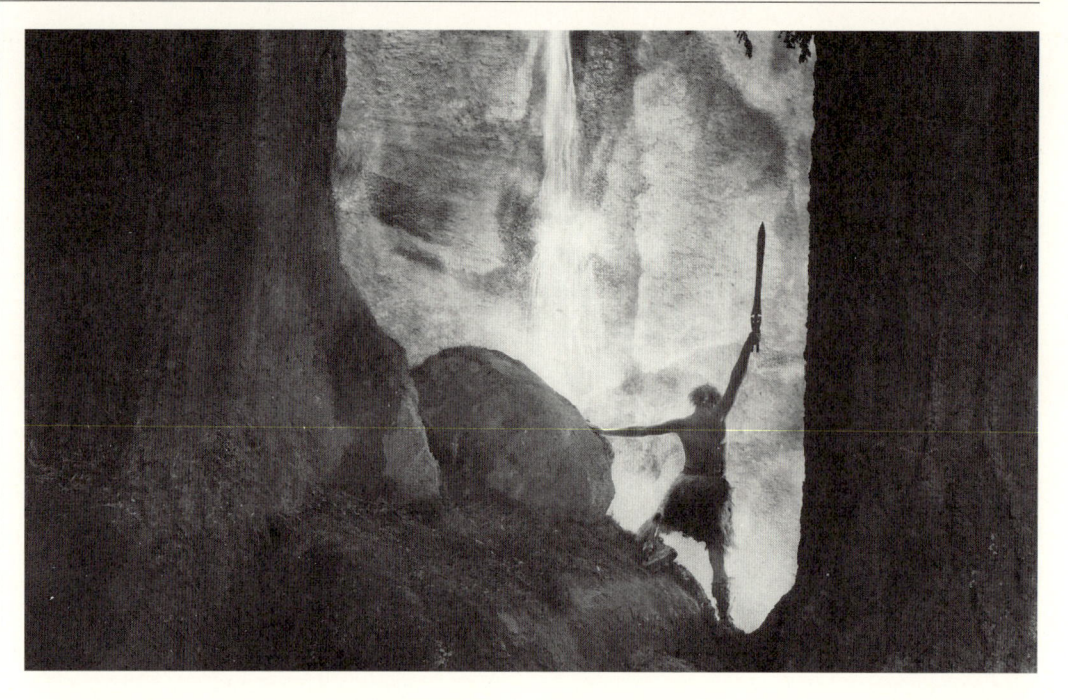

zum Apologeten des nationalen Stoffs. Seine Leitidee ist »das Unnachahmliche, was einmalig und einzig ist und im Gegensatz zum Nivellierend-Internationalen unübertragbar national.«

Wie Thea von Harbou will er mit dem NIBELUNGEN-Film die große Masse erreichen und nicht nur einige wenige Schöngeister. Deutlich spürbar ist ein antiintellektueller Tonfall. Dem reaktionären Zeitgeist entsprechend, soll »im Nibelungen-Film die Welt des Mythos für das 20. Jahrhundert wieder lebendig werden…, lebendig und glaubhaft zugleich.« An der Phantastik des Nibelungen-Stoffs, an Drachenkampf und Tarnkappe entwickelt er seine innovativ-technische Phantasie. Die Visualisierung des Märchenhaften birgt für ihn das besonders Filmische. Thea von Harbou bei der religiösen Auratisierung kaum nachstehend, sieht er im Nibelungenlied »das geistige Heiligtum einer Nation«. Um dieses »Heilig-Geistige« nicht zu banalisieren, sucht Lang nach einer neuen Form, nach der Weiterentwicklung der Filmsprache. Künstlerische Ambition, vom Konservatismus beflügelt.

Schon während der fast zweijährigen Dreharbeiten bereitet man die Öffentlichkeit mit einem Reklamefeldzug auf den NIBELUNGEN-Film vor. Passagen des Drehbuchs erscheinen in illustrierten Zeitschriften. Eine Atmosphäre der Verehrung wird um Drehbuchautorin und Regisseur geschaffen. 1923 veröffentlicht Thea von Harbou im Drei-Masken-Verlag »Das Nibelungenbuch«, das den Stoff populär aufbereitet. Die im Hugenberg-Konzern erscheinende Filmwoche widmet 1924 den NIBELUNGEN eine Sondernummer. Der Nibelungenstoff wird als aktuell, zeitnah und auch im internationalen Rahmen von Interesse angesehen. Überraschend dabei ist die Ansicht, der Film könne auch die Gemüter der ehemaligen Kriegsfeinde versöhnlich stimmen: »Wie das Rauschen des Waldes, wie das Wispern der Quelle allen Menschen als Gnadengeschenk erscheinen, so werden diese zwölf Gesänge eines Liedes deutscher Dichtung auch dort die Herzen offen finden, wo das Wort ›Feind‹ uns bislang ein ätzender Spott auf unseren Glauben an die Menschheit Bruderschaft erschien.« (Filmwoche, Nr. 7, 1924)

»Dem geistigen Heiligtum der Nation« gemäß inszeniert man die Premiere im Ufa-Palast am Zoo als Staatsakt unter Teilnahme politischer Prominenz. In einer Festrede gibt Außenminister Gustav Stresemann seiner Hoffnung Ausdruck, daß der Film eine völkerverbindende Brücke von Kultur zu Kultur sein möge. Eine schön verklausulierte Formulierung der Notwendigkeit, den Ufa-Produktionen neue Absatzmärkte zu sichern. Auch andernorts, wie in Hamburg, wiederholt sich in den Theatern der Ufa diese »nationale Weihestunde«.

Durchdrungen von Patriotismus und Nationalismus und von ihrem Bedürfnis nach großen Gesten geleitet, begehen Thea von Harbou und Fritz Lang die Premiere ihres NIBELUNGEN-Films auf ganz eigene Weise. Am Tag der Uraufführung legt Harbou (Kosename: Maria) am Grab Friedrichs des Großen in der Grabkammer der Garnisonskirche zu Potsdam einen vergoldeten Lorbeerkranz mit schwarzer Schleife nieder. Die mit Goldbuchstaben ausgeführte Schleife lautet: »Am Tage der Uraufführung des Nibelungen-Films, 14.2.1924. In Treue Fritz Lang und Maria.«

Film-Siegfried im Zauberwald, mit einem Fellschurz bekleidet, auf dem weißen Zelter reitend und von schrägeinfallenden Lichtbahnen beschienen, wird zur Ikone eines völkischen Idealtyps und filmkünstlerischen Fortschritts. Mit einer modernen, artifiziellen Lichtdramaturgie erhebt Lang ihn zur Lichtgestalt, zum säkularisierten Messias und nordischen Heilbringer, der an anderen Stellen folgerichtig von einem Nimbus hinterfangen ist. Die Präsentation Siegfrieds im Gestus des Bamberger Reiters knüpft an eine seit dem 19. Jahrhundert wirksame Lesart reaktionärer »Nationalpädagogik« an, die Hermann Glaser charakterisiert: »Der Bamberger Reiter galt als der biologische Inbegriff des nordisch-männlich-heldischen, echt-deutschen Wesens. Seine Gläubigkeit war säkularisierbar, mehr aufs Schwert als auf Gott beziehbar; er war Mann durch und durch; aber man konnte annehmen, daß ihn eine keusche Frouwe in der Kemenate erwartete. Siegfried war in ihm wiedergeboren.« Langs Nibelungen-Held läßt nichts an diesem Klischee vermissen. In der äußeren Erscheinung seines Heros übernimmt der Regisseur auch »den auf unnatürliche Weise ewig wehenden, überlangen Haarschopf« (Heide Schönemann) der Drachentöter-Illustration des Jugendstilkünstlers Carl Otto Czeschka, um den Freiheitswillen seiner Figur zu betonen. Siegfried – tumber Tor und Schlagetod zugleich. Diese Mischung aus kindlicher Naivität und Gewalttätigkeit haben nationalistische Populisten des 19. Jahrhunderts schon als Gemütsart des echten Deutschen propagiert. Aus dem – im Atelier kunstvoll geschaffenen – »Dom des Waldes«, einem mythischen Ort der Romantik, wird dieser Typus erneut als Leitbild der Jugend in die Gegenwart übertragen.

Unerbittlich und rigoros, ausschließlich von ihren Urtrieben Liebe und Haß geleitet, handeln auch Kriemhild, Hagen und ihr Anhang. Dem scheinbar unentrinnbaren Schicksal, daß auf den sicheren Untergang aller zusteuert, könnte Rechtsbewußtsein und ein vernunftbedingter Zweifel am eigenen Tun schnell ein Ende bereiten. Am Beispiel der Nibelungen reduziert Lang Geschichte auf das alte Talions-Gesetz Auge um Auge, Zahn um Zahn.

Sein Konzept des großen, denkmalhaft erhabenen Menschen, auf dem der Staat fußt, läßt keinerlei psychologische Entwicklung zu. Entsprechend ist die Auswahl der Schauspieler. Disziplin steht vor mimischer Ausdrucksfähigkeit, diese wird stattdessen mit technischen Finessen der Licht- und Schattengebung künstlich und sparsam erzeugt. Eine Inszenierung der Gesichter soll nicht stattfinden, da jeder psychologische Einzelzug die monumentale Absicht stören würde, ebenso ein dynamischer Bewegungsstil der Figuren. Die Ausdrucksformen der Stilkunst um 1900 anwendend, kommt Lang zu einem häufig aktionslosen Arrangement seiner Gestalten. Festgemauert stehen Personen oder Menschengruppen frontal oder im Profil zur Kamera. Die Körper sind zu statischen, ›virilen‹ Posen versteinert und wirken wie Dogmen. Die im Film herrschende Ästhetik der Langsamkeit (statische Kamera, schleppender Bildrhythmus) zeigt die Unerbittlichkeit dieser Gestalten und suggeriert mit ihrem Immobilismus die Unabänderlichkeit des Schicksals und die Unveränderlichkeit der Zeitläufte. Mit dem Verzicht auf die Humanisierung des Mythos durch Psychologie reproduziert Lang eine brutale Archaik.

Die links-liberale Filmkritik zeigt sich in Deutschland von dem Film nicht so fasziniert wie die große Masse. Zwar wird immer wieder die technische Brillanz hervorgehoben, gleichzeitig aber auf die künstlerische Sackgasse dieses stilistischen und stofflichen Rigorismus verwiesen. Herbert Ihering fordert Fritz Lang auf, das aktionsbetonte Moment des Mediums mehr zu entdecken und »den Weg des Bewegungsfilms« (Berliner Börsen-Courier, 1.5.1924) zu gehen. Die Moderne in der Gefühls- und Sujetwahl endlich Platz greifen zu lassen, mahnt Kurt Pinthus an. »Es gilt, sich von Stoffen zu entfernen, die nicht nur zeitlich, sondern auch im Gefühlsinhalt der Vergangenheit angehören. Es gilt, Stoffe aus der Gegenwart und Zukunft zu destillieren, wie das am sichersten die Amerikaner fühlen.« (Das Tage-Buch, 3.5.1924)

In Amerika scheitern DIE NIBELUNGEN mit ihrem Konzept des von großem Pathos und hehren Absichten getragenen deutschen Kulturfilms, wie sich bald nach der newyorker Premiere herausstellt, an der auch Lang und Pommer teilnehmen.

Eine große Stunde schlägt für DIE NIBELUNGEN erst wieder 1933 nach der Machtergreifung der Nationalsozialisten. In der am 28. März 1933 vor filmschaffenden Künstlern gehaltenen programmatischen Rede zeigt sich Joseph Goebbels, frisch ernannter »Minister für Volksaufklärung und Propaganda«, beeindruckt von Fritz Langs Heldenepos. »Hier ist ein Filmschicksal nicht aus der Zeit genommen worden, aber so modern, so zeitnah, so aktuell gestaltet, daß es auch die Kämpfer der nationalen Bewegung innerlich erschüttert hat.«

Da trifft es sich glücklich für die Ufa, daß seit April 1930 eine Tonfassung vorbereitet wird. Sie wird am 29. Mai 1933 – Langs neuestes Film DAS TESTAMENT DES DR. MABUSE hat die Zensur gerade verboten – mit einer Festpremiere neu gestartet. Gezeigt wird nur SIEGFRIED, der erste Teil der stummen Fassung, der bereits in den 20er Jahren in der Gunst des Publikums vor KRIEMHILDS RACHE rangierte. Er wird um ein Viertel gekürzt, in SIEGFRIEDS TOD umbenannt und mit Wagnermusik und einer Sprecherstimme (Theodor Loos, der den König Gunther gespielt hat) unterlegt.

In den Reklame-Ratschlägen des Ufa-Leih erhalten die Kinotheater-Besitzer neben vorgefertigten Materialien für Inserattexte als »besondere Propaganda-Maßnahmen« Musterbriefe, gerichtet an Verbände und Schulen. »In der Zeit nationaler Wiedergeburt, dem Aufbruch des deutschen Geistes in allen Gauen des Reiches (soll) SIEGFRIEDS TOD der Film für alle Deutschen, der Film an alle Deutschen!« sein.

Im Werbebrief an die Vorsitzenden der nationalen und nationalsozialistischen Verbände wird unter Berufung auf Goebbels (»einem der hervorragendsten Männer, die an der nationalen Wiedergeburt mitgearbeitet haben«) gebeten, »die Mitglieder ihrer Organisation auf diesen deutschen Film hinzuweisen«. Den Schuldirektoren legt man in ihrem Anschreiben gleich das Lernziel nahe: SIEGFRIEDS TOD sei »in seiner Erhabenheit und Schönheit ganz dazu angetan,

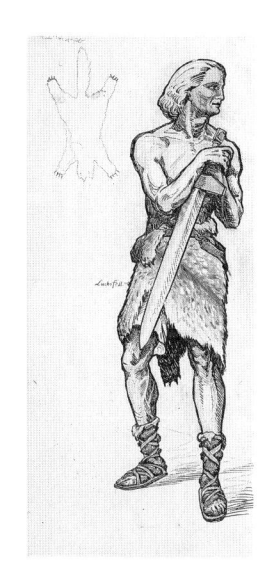

Figurinen von Erich Kettelhut

in der deutschen Jugend das Gefühl für deutsches Heldentum zu vertiefen«.

Mit der Überschrift »Millionen Auslandsdeutsche erleben ihre Heimat im Film!« macht das *Ufa-Feuilleton* vom 11. Mai 1933 eine neue Marschrichtung bekannt. Der Heimat- und Kulturfilm, hier als besonderes Paradebeispiel SIEGFRIEDS TOD, wird zum »Bindeglied zwischen Heimatland und Deutschtum im Ausland« proklamiert und als Mittel, »das am stärksten der Entfremdung zum Mutterland entgegenarbeitet«, eingesetzt. Die Auslandsdeutschen als vorgeschobener, pangermanischer Posten. Der ursprünglich völkerverbindende Gedanke, mit dem DIE NIBELUNGEN seinerzeit auf den internationalen Markt gebracht worden sind, weicht einer Dominanz des Germanischen. Im Geist der neuen Zeit soll der NIBELUNGEN-Film ein Kulturwerk sein, »das nicht nur zu dem germanischen Menschen spricht, sondern zu allen Völkern, die ihre Kraft und ihren Aufstieg dem von germanischem Blut durchfluteten Europa verdanken.«

Um die angestrebte Wirkung gleich am subjektiven Beispiel zu illustrieren, druckt das Ufa-Feuilleton den Erlebnisbericht eines jungen russischen Auslandsdeutschen ab. »Ein deutscher Film ist uns aus der Heimat entgegengeeilt, und sein Kommen glich dem Einzug eines Triumphators... Urdeutschtum tat sich in der ganzen Tiefe und Schönheit seiner Ideale auf. Der geistige Schatz des germanischen Mythos glänzte in nie geschauter Pracht.«

Anne Waldschmidt

1925. Liebe macht blind.
REG Lothar Mendes. AUT Robert Liebmann; nach der Skizze ›Die Doppelgängerin‹ von Viktor Leon. KAM Werner Brandes. BAU Hans Jacoby. DAR Lil Dagover (Diane), Conrad Veidt (Dr. Lamare), Lilian Hall-Davis (Evelyn), Georg Alexander (Viktor), Emil Jannings (Emil Jannings), Jenny Jugo (Medium), Jack Trevor (Filmregisseur), Alexander Murski. PRO Ufa. DRZ April - Juni 1925. DRO Ufa-Atelier Berlin-Tempelhof. AA Ufa-Freigelände Neubabelsberg. LNG 5 Akte, 1856 m. ZEN 29.8.1925, O.11069, Jv. URA 2.10.1925, Berlin (Mozartsaal, Eröffnung; U.T. Turmstraße, Ufa-Palast Königstadt).
– AT: Die Doppelgängerin.
Die junge Diane sieht die Liebe ihres Mannes Viktor immer mehr schwinden, seitdem er an auffallend vielen ›Aufsichtsratssitzungen‹ teilnimmt. In Verkleidung will sie Viktor neuerlich erobern. Der geplante Einsatz von Veronal schlägt fehl, denn der Arzt hat ihr leider Natron gegeben.

1925. Urwelt im Urwald.
REG A. von Dungern. KAM August Brückner, A. Zawadski. Biologische Assistenten Otto Bertram, Rudolf Rangnow. PRO Ufa, Kulturabteilung. LNG 7 Akte, 2115 m. ZEN 4.9.1925, B.11209, Jf.
– Dokumentarfilm.
Expedition zum Amazonas, die zur Enddeckung einer fremdartigen, schillernden Flora und Fauna gerät. Inmitten dieser überquellenden Natur die Vaqueiros, die eingeborenen Hirten, im harten Kampf gegen die Krokodile, denen immer wieder Vieh und Mensch zum Opfer fallen.

1925. Eifersucht.
REG Karl Grune. AUT Paul Czinner. KAM Karl Hasselmann. STF Walter Lichtenstein. BAU Karl Görge. KINO-MUS Eduard Trasch. DAR Lya de Putti (Frau), Werner Krauß (Mann), Georg Alexander (der Freund), Angelo Ferrari, Mary Kid. PRO Stern-Film der Ufa. AUL Walter Lehmann. LNG 5 Akte, 2021 m. ZEN 11.9.1925, B.11246, Jv. URA 17.9.1925, Berlin (U.T. Kurfürstendamm).
Aus belächeltem Theater wird böse Wirklichkeit: Wie in einem Bühnenstück, das von Mord aus Eifersucht erzählt, ergeht es einem Ehepaar, das sich gegenseitig gehörnt vorkommt. Schließlich würgt der vermeintlich betrogene Mann seine Frau, und nur das Dazwischentreten eines Freundes, des Bühnenautors, verhindert die Katastrophe.

1925. Der Herr ohne Wohnung.
REG, AUT Heinrich Bolten-Baeckers. KAM Albert Schattmann, Hermann Böttger. BAU Erich Czerwonski. DAR Georg Alexander (Alfred), Margarete Lanner (Frau des Professors), Paul Otto (Professor), Heinrich Gotho (zweiter Professor), Richard Ludwig (Rechtsanwalt), Julius Brandt (Droschkenkutscher), Georg John (Fürst). PRO BB-Film der Ufa. PRT Heinrich Bolten-Baeckers. DRO BB-Atelier Berlin Lindenstraße 32-34. LNG 5 Akte, 2139 m. ZEN 18.9.1925, B.11306, Jv. URA 11.11.1925, Berlin (Tauentzien-Palast).
Der besagte Herr ohne Wohnung, obendrein heftig verliebt, mußte seine Behausung an einen schlaflosen russischen Fürsten abtreten. Infolge etwas reichlichen Alkoholgenusses landet der Herr im Schlafzimmer der Geliebten, was keine schlecht Alternative zu sein scheint.

1925. Die zweite Mutter.
REG, AUT Heinrich Bolten-Baeckers. KAM Albert Schattmann, Hermann Böttger. BAU Gustav Hennig, Robert Feldwabel. DAR Margarete Lanner (Dorette Petresco), Hans Mierendorff (Rittergutsbesitzer Ernst v. Schönwald), Maria Melchior (Herta), Jack Trevor (Baron Fred Brochstädt), Liselotte Krämer (Lori, v. Schönwalds Töchterchen), Mary Hannes, Oskar Fuchs (van der Verde, Bankier), Hertas Vater), Leo Peukert (T. Weiringer), Emil Sondermann (Johann, ein Diener), Carl Zickner, Hans Stock. PRO BB-Film der Ufa. PRT Heinrich Bolten-Baeckers. DRO BB-Atelier Berlin Lindenstraße 32-34. LNG 6 Akte, 2393 m. ZEN 5.10.1925, B.11426, Jf. URA 10.12.1925, Berlin (Kammerlichtspiele).
Ein Volksstück um böse Stiefmama im Gartenlaube-Stil.

1925. Soll man heiraten? / Soll ein Mann heiraten?
REG Manfred Noa. AUT Robert Liebmann. KAM Karl Vass. BAU Hermann Warm. KINO-MUS Eduard Prasch. DAR Vilma Banky, Olga Tschechowa, Max Landa, Angelo Ferrari, Tony Tetzlaff, Ludwig Ujvari. PRO Gloria-Film GmbH, Berlin; für Ufa. LNG 5 Akte, 2112 m. ZEN 9.10.1925, B.11456, Jv. URA 9.10.1925, Berlin (U.T. Kurfürstendamm).

Zombies im Zauberwald
»Die Nibelungen« von Fritz Lang

»Dem deutschen Volk« gewidmet haben der Regisseur Fritz Lang und die Drehbuchautorin Thea von Harbou ihren Film. Das macht es schwer, sich den Film heute anzuschauen; die Widmung verstellt den Blick. Zwischen den Film, der 1924 aufgeführt wird, und die Gegenwart schiebt sich die Rezeption des Films und seines Stoffes durch die Faschisten. »Nibelungentreue« beschwören die Nazis, und Goebbels etikettiert 1933 DIE NIBELUNGEN als »ein Filmschicksal nicht aus der Zeit genommen, aber so modern, so zeitnah, so aktuell gestaltet, daß es auch die Kämpfer der nationalsozialistischen Bewegung innerlich erschüttert hat.«

Wer heute den Film sich anschaut, entdeckt zuerst wie der Architekturhistoriker Dieter Bartezko die »zum Teil direkt aus Langs Filmen übernommene Lichtsymbolik im Dritten Reich« (Dieter Bartezko, Illusion in Stein. Reinbek 1985), sieht die in fest gefügten Blöcken einherschreitenden Statistenheere als Dekor der Masse zu den NSDAP-Parteitagen aufmarschieren, weiß die Gips-Architektur der Nibelungen-Burg zur steinernen Realität geworden in den Fügsamkeit heischenden Bauten eines Albert Speer. Als habe der Film sich bereitwillig den Faschisten geöffnet, neun Jahre vor deren Machtübernahme, so müssen DIE NIBELUNGEN heute erscheinen.

1947 hat Fritz Lang, der 1933 aus Deutschland emigriert ist, in Hollywood den Film SECRET BEYOND THE DOOR inszeniert. Dieser Film handelt von einem Architekten, der in seinem Haus Räume einrichtet, die er verschlossen hält. Diese Räume sind Nachbildungen von Räumen, in denen Verbrechen geschehen sind. Der Architekt glaubt, daß sich in den rekonstruierten Räumen bereits vollzogene Ereignisse wiederholen können; und am Ende bewahrt nur eine Feuersbrunst, bewahrt nur die Vernichtung des Hauses ihn davor, seine Frau in einem dieser Räume zu ermorden. Die Zimmer des Architekten in SECRET BEYOND THE DOOR schließen die Vergangenheit in sich ein; wer aber den Schlüssel umdreht, die Tür öffnet und einen Vorhang beiseite schiebt, der tritt auf die Schwelle zwischen Gegenwart und Vergangenheit.

Eine solche Vergegenwärtigung des Vergangenen erlebt das Kinopublikum mit DIE NIBELUNGEN. Wenn der Vorhang im Zuschauersaal sich hebt, über dem Titelvorspann mit der Widmung, dann gibt er den Blick frei auf eine Geschichte, die oft schon erzählt worden ist. »Märchenhaftes« will Fritz Lang erstehen lassen und eine »Welt des Mythos« beglaubigen. Nichts verweist

»Hier liegt für mein Gefühl die ethische Aufgabe des Films und speziell des deutschen Films: Gehe hin in alle Welt und lehre alle Völker! Hier liegt der Angelpunkt des Wunsches, den Nibelungenfilm zu schaffen. Die grandiose Herrlichkeit der Nibelungen ist, mit Ausnahme einer Handvoll Menschen, für uns wie für die allgemeine Welt ein ungehobener Schatz. Wer hat im Chaos unserer Zeit die Muße und die Nervenruhe, das Nibelungenlied zu lesen? Wer hat die Möglichkeit, das Drama auf sich wirken zu lassen, das schwere Wort, den starren Rahmen der Bühne, von der herab sich das Wesentliche: das Mystisch-Zauberhafte doch nur erzählen lassen kann? Den Drachen, den Siegfried erschlug, den Flammensee, der die Burg Brunhilds umgab, den Kampf, den Siegfried für Gunther kämpft, den Trug der Tarnkappe, – selbst der Nibelungen Not in Etzels brennendem Palast, das alles sind Dinge, die er gleichsam auf Treu und Glauben hinnehmen muß. Aber der Film gibt ihm das lebendige Bild. Er schaut das Geschehen, er hört nicht nur von ihm. Und vom breiten Grund des Anfangs baut sich die unerhörte Unerbittlichkeit von der ersten Schuld bis zur letzten Sühne bildhaft vor ihm auf. Sollte der Nibelungenfilm aber zu einer neuen Form des alten Epos werden, so war es notwendig, einen Stil für ihn zu finden, der die Idee des Werkes kristallen ins Licht hob. Die Majestät und fabelhafte Buntheit deutscher Dome mußte ihm einen Hauch verleihen; daneben die unsäglich schöne Schlichtheit des Volksliedes. Es galt, die gespenstische Dämmerung von Nebelwiesen, wo Unholde hausen und Drachen sich träge zum Wasser wälzen – das letzte Gemunkel eines Natur-Märchen-Glaubens – mit der tiefen Inbrunst ernster Gebete im Dom zu vereinen, das Geheimnis der Urelemente mit dem Geheimnis des Weihrauchs.« *(Fritz Lang, 1924)*

auf die deutsche Realität des Jahres 1924: weder die Architektur noch die Beleuchtung, geschweige denn die abgemessenen Gesten der Darsteller. Die Leinwand ist die Schwelle zwischen den gegenwärtigen Zuschauern und einer überlieferten Legende. Vom Kinosessel aus wirft man einen Blick zurück auf deutsche Geschichte.

Geschichte wird erzählt: das Lied der Nibelungen. Aber Fritz Lang erzählt nicht einfach die alte Sage, er macht sie sich nicht umstandslos zu eigen: Der Sänger Volker von Alzey sitzt im Vordergrund mit seiner Laute, den Blick in die Tiefe des Bildraumes gewandt, und berichtet den Figuren des Films ebenso wie dem Kinopublikum, welche Heldentaten der Drachentöter Siegfried mit seinem Schwert Balmung vollbrachte. Volkers Lieder öffnen den Imaginationsraum, in dem Geschehenes noch einmal Gestalt annimmt; Volker von Alzey, eine Figur aus der Nibelungen-Sage auch er, ist der Mittler zwischen einst und jetzt. In DIE NIBELUNGEN zeigt Fritz Lang Überliefertes. Und er zeigt, wie die Überlieferung arbeitet.

Nominell werden DIE NIBELUNGEN von der Decla-Bioscop AG. hergestellt. Das Vermögen der Decla-Bioscop ist jedoch bereits am 31. Mai 1922 offiziell in den Besitz der Ufa übergegangen, DIE NIBELUNGEN sind also ein Projekt der Ufa. Zwei Jahre nimmt die Produktion in Anspruch: Nach sechs Monaten Vorbereitung des Manuskripts, der Bauten und Kostüme beginnen im Herbst 1922 die Dreharbeiten, die Uraufführung des ersten Teils findet am 14. Februar 1924 in Berlin statt. Zwischendurch hat es, trotz generalstabsmäßiger Planung, einige Probleme gegeben. Eine Unpünktlichkeit des Hagen-Darstellers Hans Adalbert Schlettow provoziert einen so heftigen Wutausbruch des Regisseurs Fritz Lang, daß die Lang-Ehefrau Thea von Harbou in einem Brief an Schlettow um Verständnis für die angespannten Nerven ihres Mannes bitten muß. Von solchen Querelen hinter den Kulissen bemerkt die Öffentlichkeit wenig; prekärer sind da schon die Auswirkungen der Tatsache, daß der Schnitt des 2. Teils nicht gelingen will. Zweimal wird die Aufführung verschoben; als dann endlich am 24. Februar 1924 im Berliner Ufa-Palast am Zoo zum feierlichen Premierenabend die Projektoren anlaufen, fehlen noch der fünfte und sechste Akt des Films. Während die letzten Meter des vierten Aktes abrollen, trifft aus Babelsberg gerade noch rechtzeitig der fünfte Akt ein; den sechsten und letzten Akt von Kriemhilds Rache jedoch muß man dem illustren Uraufführungs-Publikum schuldig bleiben. Das anschließende Festessen wird abgesagt.

Die genauen Kosten sind nicht belegt, in jenen Tagen gelten die beiden NIBELUNGEN-Filme jedoch als das teuerste Ufa-Projekt aller Zeiten. (Die Zeiten im Film-Gewerbe sind allerdings recht schnellebig; zwei Jahre später werden die Aufwendungen für METROPOLIS jedes bekannte Budget derart überschreiten, daß die Ufa an den Rande des Bankrott gerät.) DIE NIBELUNGEN sind ein Großprojekt, das nicht nur das deutsche Publikum beeindrucken, sondern auch auf dem internationalen Markt reüssieren soll. Die Kameraleute Carl Hoffmann und Günther Rittau demonstrieren ihre Licht- und Kameratricks: »Was aus Mathematik, Technik und Phantasie entstehen kann, das wird im Nibelungenfilm das Nordlicht zeigen und die versteinerten Zwerge, deren lebendiger Mund noch zum Schrei geöffnet ist, während der Körper schon zu Stein erstarrt,« lobt Fritz Lang sie am 17. Februar 1924 in der Fachzeitschrift *Der Kinematograph*. Und der Filmarchitekt Erich Kettelhut erinnert sich an die Ausführung aufwendiger Dekors, über die *ästhetische Fragen* jedoch nicht vergessen werden: »Auf dem Gelände [der Ufa in Neubabelsberg] wurde mit dem Bau des Waldes begonnen. Ich sage bewußt Bau, denn dieser Wald war nicht gewachsene Natur, sondern ein von geheimnisvollen Kräften geschaffe-

Der geplagte Ingenieur Karstens hat Eheprobleme, und ein armer Schwerenöter von Rechtsanwalt, dessen Spezialität Scheidungen sind, wird in die Bande einer koketten, heiratswütigen Privatsekretärin so arg verstrickt, daß dem passionierten Junggesellen nichts übrig bleibt, als in den heiligen Ehestand getreten zu werden. Doch unter den entzückenden Händen schöner Frauen wird den Männern das Leben wieder zum Paradies gemacht.

1925. Varieté.
REG Ewald André Dupont. RAS Max Reichmann. AUT Ewald André Dupont; nach Motiven des Romans ›Der Eid des Stephan Huller‹ von Felix Holländer. KAM Karl Freund, Carl Hoffmann. BAU Oskar Friedrich Werndorff. KINO-MUS Ernö Rapée.
DAR Emil Jannings (Boß Huller), Maly Delschaft (seine Frau), Lya de Putti (Mädchen Bertha-Marie), Warwick Ward (Artinelli), Alice Hechy, Georg John (Seemann), Kurt Gerron (Hafenarbeiter), Paul Rehkopf (Zuschauer auf dem Jahrmarkt), Charles Lincoln (spanischer Artist), Trude Hesterberg (Zuschauerin im Varieté), die 3 Codonas und der Jongleur Rastelli.
PRO Ufa. DRZ Mai - 20.8.1925. DRO Ufa-Atelier Neubabelsberg, Efa-Atelier am Zoo; AA: im Berliner Wintergarten. LNG 7 Akte, 2837 m (2844 m vor Zensur). ZEN 24.10.1925, B.11573, Jv. URA 16.11.1925, Berlin (Ufa-Palast am Zoo).
Der Trapezkünstler Boß nimmt ein elternloses, hübsches Mädchen bei sich auf. Bald verliebt er sich in sie, verläßt Frau und Kind und wird mit ihr zusammen Partner eines berühmten Trapezartisten. Als er merkt, daß seine Geliebte ihn mit dem Partner betrügt, ersticht er diesen aus Eifersucht. Nach zehn Jahren wird er auf Grund eines Gnadengesuches seiner Frau aus dem Gefängnis entlassen.

1926. Die Zwei und die Dame.
REG Alwin Neuß. AUT Martin Garas, Alwin Neuß; nach dem Roman von Sven Elvestad. KAM Karl Vass. BAU Otto Moldenhauer.
DAR Agnes Esterhazy (Sonja), Bernhard Goetzke (Rechtsanwalt Aage Gade, Sonjas Mann), Henry Stuart (Polizeileutnant Helmersen), Karl Platen (Polizeirat Krag), Alberto da Costa (Albert von Kersten/ (Apache), Julius von Szöreghy (sein Komplize), Elly Leffler, Robert Leffler.
PRO Dea-Sokalfilm der Ufa. PRL Albert Pommer.
LNG 5 Akte, 1923 m. ZEN 6.11.1925, B.11680, Jv. URA 12.3.1926, Berlin (Tauentzien-Palast).
Ein Falschmünzer-Melodram um eine junge, mittlerweile seriöse Ex-Ganoven-Braut, die das Opfer von Erpressern wird.

1925. Schatten der Weltstadt.
REG Willi Wolff. AUT Willi Wolff, Robert Liebmann. KAM Axel Graatkjær. BAU Hans Sohnle, Otto Erdmann. KINO-MUS Giuseppe Becce.
DAR Ellen Richter (Olly Bernard), Alfred Gerasch (Henry, ihr Mann), Walter Janssen (Felix Granier), Frida Richard (seine Mutter), Philipp Manning (Minister), Robert Garrison (Emil, genannt Eierkopf), Harry Lambertz-Paulsen (Boxerkarl), Karl Platen.
PRO Ellen Richter-Film der Ufa. LNG 5 Akte, 2736 m. ZEN 9.11.1925, B.11690, Jv. URA 19.11.1925, Berlin (Tauentzien-Palast).
– AT: Weltstadtnächte.
Henry Bernard sucht seine Karriere durch die eigene Frau zu machen. Dem jeweiligen Protektor ihres Mannes wirft sie sich an den Hals. Eines Tages ist Bernard ermordet. Die Frau wird verhaftet, aus Mangel an Beweisen aber freigelassen. Den eigentlichen Mörder, einen Mann, den sie insgeheim liebt, entlarvt sie mit Hilfe eines Kaschemmenbruders. Die Überraschung ist nicht gering.

1925. Der rosa Diamant.
REG Rochus Gliese. AUT Franz Schulz, Hans Rameau; nach dem Bühnenstück ›Karriere‹ von Richard Kepler. KAM Fritz Arno Wagner. BAU Egon Eiermann. KOS Petra Behrends.
DAR Xenia Desni (Nelly), Rudolf Klein-Rogge (Stuart, Theaterdirektor), Wilhelm Dieterle (Tobian), Ginette Maddie (Bessie), Hans Rameau (Robert), Adolf Zurmühl (Held, Regisseur), Alice Hechy (Lady Fox, ein Revuestar), Max Schreck (Watson, ihr Diener), Oreste Bilancia (Direktor Pepperini), Lydia Potechina (Wirtin zum ›Blökenden Ochsen‹).
PRO Ufa. DRZ Juni - Juli 1925. DRO Ufa-Atelier Neubabelsberg. LNG 7 Akte, 2126 m. ZEN 12.11.1925, B.11749, Jv. URA 8.3.1926, Berlin (Mozartsaal).
– AT: Karriere.

ner Dom, dessen über zwei Meter im Durchmesser betragende Raumpfeiler sich astlos in ein dämmriges Dunkel reckten. Einzelnen breiten Sonnenbahnen gestattete das nie sichtbare Laubdach, das Dunkel zu erhellen. Über diesen Wald ist bei Regiesitzungen lange diskutiert worden. Von vornherein war klar, daß es sich nur um einen stilisierten Wald handeln könne, um die Einheit der Bildfolge nicht zu zerstören.«

Wie auch mit ihren anderen Großfilmen spekuliert die Ufa mit DIE NIBELUNGEN auf einen Erfolg in Amerika. Das Export-Konzept des Produzenten Erich Pommer stellt dabei in Rechnung, daß nur Filme mit spezifischen Eigentümlichkeiten, daß nur Filme mit »deutscher Seele« eine Chance haben würden gegen die perfektionierten movie shows aus den Hollywood-Studios. Fritz Lang assistiert seinem Produzenten in einer Programmbroschüre der Ufa: »Es kann meines Erachtens nicht die Aufgabe des deutschen Films sein, mit der äußeren Monumentalität des amerikanischen Kostümfilms in Konkurrenz zu treten. Denn in diesem Wettkampf müssen wir naturnotwendig unterliegen. Auch halte ich es vom Standpunkt des Erfolges aus für ungeschickt, fremden Völkern das anzubieten, was sie selbst im reichlichen Maße besitzen. Wir wollen ihnen das bringen, was sie nicht haben: das Unnachahmliche, was einmalig und einzig ist und im Gegensatz zum Nivellierend-Internationalen unübertragbar national ist. – Der materielle Tauschhandel zwischen den Völkern beruht ja auf dem Grundsatz, vom Eigenen zu bringen, das dem anderen fehlt, und von ihm wiederum das zu erwerben, was einem selber mangelt. Auf geistigem Gebiet scheint dieser Grundsatz noch viel zu wenig befolgt zu werden. Aber der Versuch, ihm Geltung zu verschaffen, schien lohnend und notwendig. Mit den NIBELUNGEN ist es gewagt.«

Das Wagnis allerdings schlägt fehl. Der erste Teil SIEGFRIED wird in Amerika im September 1925 aufgeführt: Mit gutem Erfolg zwar bei einigen Kritikern (die den Film gern mit der Wagner-Oper vergleichen), jedoch so schlechtem Resultat an den Kinokassen, daß die zweite Folge unter dem Titel KRIMHILD'S REVENGE in den USA erst mit drei Jahren Verzögerung gezeigt wird. An Fritz Langs NIBELUNGEN beeindruckt die stilistische Geschlossenheit, mehr nicht. Während die amerikanischen ›Kostümfilme‹ alltägliche Sehnsüchte in historische Gewänder kleiden, kommt es Lang darauf an, »daß alles, was geschieht, nach dem Gesetze einer unerbittlichen Folgerichtigkeit geschieht«. Langs Figuren schreiten einer auf den vorgezeichneten Bahnen ihres Schicksals; die ans Publikum gewandte, augenzwinkernde Leutseligkeit eines von Douglas Fairbanks gespielten Helden wäre für Paul Richters Siegfried undenkbar.

Auf amerikanische Zuschauer sind Langs NIBELUNGEN nicht übertragbar; zu fern stehen die beiden Filme dem gewöhnlichen Leben. Kriemhild, Brunhild, Siegfried, Gunther, Hagen, König Etzel, das ganze Personal der NIBELUNGEN ist gefangen in einer Geschichte, deren Ende bekannt und damit unausweichlich ist. Zusätzlich sind sie umschlossen von Erich Kettelhuts Filmbauten. Die kahlen, weißgetünchten Säle der Nibelungen-Burg zu Worms sind Zellen, der Wald des Siegfried läßt das Sonnenlicht nur in einzelnen Bahnen bis zum Erdboden dringen, und schwer lasten die breiten Deckenbalken in Kriemhilds Burg auf den Figuren; der Hunnenkönig Etzel schließlich haust in einer Erdhöhle. Keine Kamerabewegung bringt Dynamik, bringt Gegenwärtigkeit in diese Räume. Vollzogenes Schicksal vollzieht sich noch einmal, vor den Augen des Publikums. Die Zuschauer sind Augenzeugen einer Geschichte, die in Vergangenheitsform erzählt wird; Zutritt zum Geschehen haben sie nicht. In DIE NIBELUNGEN ist das Reich der Toten zu sehen.

Daher rührt vielleicht auch die besondere Faszination, die von den beiden Filmen auf einen Goebbels, einen Speer, auf »die Kämpfer der nationalsozialistischen Bewegung« ausgeht. Zwar ist auch die zeitgenössische Moderne, ist die Neue Sachlichkeit des Bauhauses ebenso wenig wie das revolutionäre Pathos des Proletkult sicher vor dem plündernden Zugriff der Faschisten – Identität aber finden sie im Schatten-Reich der Vergangenheit. Weniger Vorbild sind ihnen DIE NIBELUNGEN für ihre Inszenierungen, als ein Fundus, mit dessen Versatzstücken sie die Gegenwart zum Beinhaus ausstaffieren. Die Lichtdome der Nazis reproduzieren, mit Fritz Langs Worten, »die bleiche, eisige Luft des Nordlichtes, in der die Menschen wie verglast aussehen«. Vom Leben des Alltags abgeschieden sind die zu den Parteitagen antretenden Marschblöcke. Und zu Grüften wandeln sich die in die gestaltete Aktualität des Nationalsozialismus übertragenen Burgen und Paläste der Nibelungen.

Mit Bedacht versperrt Fritz Lang seinem Publikum die Identifikation, zwischen Mythos und Realität gibt es bei ihm keinen unmittelbaren Austausch. Eine Feuerbrunst muß erst die Räume der Vergangenheit beseitigen, damit glückliches Leben möglich wird in Langs amerikanischem Film SECRET BEYOND THE DOOR; eine Feuerbrunst beendet Langs deutschen Film DIE NIBELUNGEN. Ist Goebbels zur Premiere von Krimhilds Rache eingeladen worden?

Michael Esser

Dreharbeiten zu
DIE NIBELUNGEN.
Bauten: Otto Hunte
»Aus der leeren Armut der märkischen Sandebene erwächst ein hünenhafter Wald, den Siegfried durchreitet, errichtet sich, vom Feuersee umzingelt, vom Nordlicht überzuckt, das Felsenschloß Brunhilds. Hier wühlen sich die riesenhaften Höhlen, die den Nibelungenschatz bergen, in den Sand. Hier steht auf einmal die Burg des Königs Gunther zugänglich über eine in den Himmel ragende Zugbrücke, breitet sich der Dom von Worms aus.«
(Norbert Jacques, 1924)

Ein Mädchen aus dem Volke macht Karriere beim Varieté. Ihre Vergangenheit, ein kleiner Hochstapler, der ihr einst das Leben gerettet hat, sitzt im Gefängnis. Aber nur so lange, bis er erfährt, daß sie Perlen und Diamanten besitzt. Da bricht er aus und stürzt in einen Maskenball, den das Mädchen veranstaltet. Es gibt einen Ringelreihen um einen gehetzten Menschen, den man in einem trefflich vermummten Zustande wähnt.

1924/25. Das Paradies Europas. Bild vom Schweizer Volk und seinen Bergen / O Schweizerland, mein Heimatland / Heil Dir Helvetia.
REG Walther Zürn. AUT Walther Zürn, Franz Heinemann; unter Verwendung des Romans ›Ekkehard‹ von Joseph Viktor von Scheffel. KAM Curt Helling. SCH Walther Zürn. DAR Charles Willy Kaiser (Ekkehard, Mönch), Willi Kaiser-Heyl (Abt von Reichenau), Dora Bergner (Herzogin Hadwig von Schwaben), Mary Parker (Praxedis, Magd), Otto Gebühr (Ulrich Zwingli), Hermann Leffler (Reding), Otto Kronburger (Arnold Winkelried).
PRO Ufa, Kulturabteilung / Pandora-Film AG, Bern. PRT Nicholas Kaufmann, Karl Egghard. AUL Eduard Probst. DRZ September 1924 - Frühling 1925. DRO Ufa-Atelier Neubabelsberg; AA Schweiz. LNG 5 Akte, 2349 m. ZEN 13.11.1925, B.11754, Jf. URA 1.9.1925, Bern (Splendid-Palace). DEA 13.9.1925, Berlin.
Ein Stück Kulturgeschichte der Schweiz mit Szenen lieblicher und tragischer Natur: das berühmte Kloster St. Gallen, die Gründung der Eidgenossenschaft, das Leben der Wildheuer und Jäger, die schweigende Gletscherwelt, die Erschließung der Bergwelt durch moderne Verkehrsmittel, schließlich die herrlich gelegenen Städte Luzern, Genf, Lausanne, Montreux sowie, in winterlicher Verwandlung, die Kurorte Davos, Arosa und St. Moritz.

1925. Das Haus der Lüge. Arme, kleine Hedwig.
REG Lupu Pick. AUT Lupu Pick, Fanny Carlsen; nach dem Bühnenstück ›Vildanden‹ von Henrik Ibsen. KAM Carl Drews. BAU Albin Grau.
DAR Albert Steinrück (Jan Werle), Walter Janssen (Gregers, Werles Sohn), Werner Krauß (Hjalmar Ekdal), Lucie Höflich (Gina, Hjalmars Frau), Mary Johnson (Hedwig, Hjalmars Tochter), Paul Henckels (alter Ekdal), Eduard von Winterstein (Dr. Helling), Fritz Rasp (Kandidat Molwik), Agnes Straub (Frau Sörby).
PRO Rex-Film der Ufa. PRT Lupu Pick. DRO Rex-Atelier Berlin. LNG 5 Akte, 3037 m. ZEN 20.11.1925, B.11864, Jv. URA 22.1.1926, Berlin (Mozartsaal).
– Prädikat: Volksbildend.
Alte Familienzwistigkeiten zwischen den Werles und den Ekdals, dazwischen die ›arme, kleine Hedwig‹, illegitimes Kind des alten Jan Werle und Gina Ekdals, die früher Haushälterin bei Hjalmar war, jetzt die Frau von Hjalmar ist, dessen Vater mit dem alten Werle verfeindet war. Lügen hatten jahrelang die Wahrheit verschleiert. Gregers Werle will sie erbarmungslos ans Licht bringen.

1925. Mein Freund, der Chauffeur.
REG Erich Waschneck. AUT Hans Behrendt, Erich Waschneck; nach dem Roman ›My Friend the Chauffeur‹ von C. N. Williamson und A. M. Williamson. KAM Friedl Behn-Grund. BAU Carl Ludwig Kirmse, Botho Höfert, Bernhard Schwidewsky.
DAR Oskar Marion (Lord Terry Barrymore), Hans Albers (Sir Ralph Moray), Barbara von Annenkoff (Frau Stanley Kidder), Alice Kempen (Bietsche, ihre Tochter), Olly Orska-Bornemann (Maida, ihre Nichte), Ferdinand von Alten (Graf Dalmar-Kalm), Livio Cesare Pavanelli (Fürst Coramini), Alfred von Schluga (Joseph, der Chauffeur).
PRO Ufa, Kulturabteilung. AUL Rudolf Strobl. DRZ ab August 1925. DRO Terra-Atelier Berlin; AA Italien. LNG 5 Akte, 2276 m. ZEN 1.12.1925, B.11863, Jv. URA 1.1.1926, Düsseldorf (Ufa-Palast).
Die Handlung ist ›mit einer Autoreise an die Riviera, an die Ligurische Küste und in die wildromantischen Berge Montenegros verknüpft worden.‹ (Oskar Kalbus).

1925. Herrn Filip Collins Abenteuer.
REG Johannes Guter. AUT Robert Liebmann; nach dem Roman ›Hr Collins affärer i London‹ von Frank Heller /= Martin Gunnar Serner/. KAM Günther Krampf. BAU Rudi Feld.
DAR Georg Alexander (Filip Collin), Ossi Oswalda (Daisy Cuffler), Elisabeth Pinajeff (Alice Walters), Adolf Edgar Licho (Präsident Cuffler, Daisys Vater), Alexander Murski (Reeder John Walters, Alices Onkel), Erich Kaiser-Titz (Austin Bateson), Paul Biensfeldt (Austin Batesons Bruder), Karl Victor Plagge, Hans Junkermann, Karl Platen.

Tonnenweise Drachenblut und ein tändelndes Lindenblatt

Aus den Erinnerungen des Filmarchitekten Erich Kettelhut

Nun sollte auch Siegfried seinen Kampf gegen den Drachen gewinnen. Letzterer hatte sich tüchtig ausgeruht, seine Gelenke setzten schon Rost an und mußten erst wieder geölt werden. Seine erste Aufgabe, am Rande des Tümpels zu stehen und Wasser zu saufen, löste er zur Zufriedenheit.

Dann mußte Siegfried auf seinem prächtigen, lammfrommen Schimmel mindestens zehnmal durch den von Sonnenflecken betupften, dämmrigen Wald der Riesenstämme reiten, bis er den Drachen erblickte. Unterdessen, auf den höchsten Punkt der Drachenschlucht transportiert, kam das Vieh nun mit dicht über dem Boden gehaltenem Kopf, rechts und links sondierend, die Schlucht herunter. Einmal blieb er stehen, als er den Siegfried erblickte. Seine Augen folgten den Bewegungen des sich nähernden Feindes, sein Maul öffnete sich etwas. Dann marschierte er weiter, bis er am Rande des Tümpels halt machte.

Diese Prozedur wurde ebenfalls mehrmals wiederholt. Mit zirka zwanzig Mann Bedienung mußte der Drache stets wieder bergauf transportiert werden. Das beanspruchte viel Zeit. Diese nutzte Lang, um den sich dem Drachen nähernden Siegfried in verschiedenen Stellungen und Posen aufzunehmen, so genügend Zwischenschnittmaterial sammelnd. Dann war es soweit. Siegfried ging mit seinem Balmung auf das Riesenvieh los, das ihn feuerspuckend empfing.

Karl Vollbrecht und seine Männer hatten alle Hände voll zu tun, um den Befehlen nachzukommen, die Lang ihnen durch die Flüstertüte zuschrie. Das bekam ich zu fühlen, als ich Karl, der anderswo dringend gebraucht wurde, auf dem Kommandositz im Dracheninnern für einige Stunden vertreten mußte; zumal ich nicht über die athletischen Kräfte eines Karl Vollbrecht verfügte. Arme und Rückenmuskulatur spürte ich noch nach Tagen, obgleich ich nur die Kopfbewegung sowie Maul und Augen zu bedienen hatte.

Paul Richter war gleichfalls nicht zu beneiden. Er sollte mit seinem Schwert eine gewisse Stelle an der linken Brustseite, unterhalb des Drachenhalses, durchbohren. Keine leichte Aufgabe, bedenkt man, daß dort in Gestalt des Halses und des Kopfes eine eisenharte und zentnerschwere, mit Maschendraht, Rundeisen und Hartholz unterlegte Kaschee-Masse völlig unberechenbare, hastige Schwenkungen vollführte. Ein unglücklicher Schlag mit dieser Gewichtsmasse konnte einem Menschen leicht die Knochen brechen. Vorerst mußte er versuchen, den Feueratem des Untiers zu unterlaufen und ihm ein Auge auszustechen. Als ihm das endlich gelang, reckte der Drache den Kopf hoch in die Luft. Aus seinem weit geöffneten Maul kam ein gräßlicher Schmerzensschrei, den beim Stummfilm nie ein Mensch gehört hat. Er muß wohl fürchterlich geschrien haben, wozu hätte er sonst sein Maul so weit aufgerissen.

Der Drache sollte Kopf und Hals so hoch recken, damit Karl Vollbrecht die Gelegenheit bekam, ihm eine vorpräparierte Schweinsblase an Stelle des gewölbten, bemalten Augentellers einzusetzen. Wenn dann die angehaltene Kamera weiterdrehte und das gequälte Vieh den Kopf senkte, quoll eine milchige, klebrige Masse aus

Siegfrieds Kampf mit dem Drachen

Paul Richter als Siegfried

Erich Kettelhut, 1893-1973, einer der bedeutendsten Szenenbildner des deutschen Films. Seine Memoiren, deren unveröffentlichtes Manuskript in der Stiftung Deutsche Kinemathek archiviert ist, sind eine der wichtigsten Quellen zur Arbeit in den Ateliers.

dem zerstörten Sehorgan. Im fertigen Film war von dieser einstündigen Unterbrechung natürlich nichts zu merken.

Ebenso wurde bei der nun folgenden Phase des Kampfes verfahren. Der halbblinde Lindwurm war nicht mehr voll verteidigungsfähig. Daher gelang es Siegfried dann auch, die gewisse Stelle an der linken Brustseite zu treffen. Zurückweichend sprang Siegfried aus dem Bild. Es wiederholte sich jetzt der gleiche Vorgang wie bei dem Auge. Diesmal kam Vollbrecht mit einem größeren Sack aus Gummi. Er verschwand mit ihm im Drachenrumpf. Dort preßte er ihn fest an die Innenseite der Stelle, welche Siegfried durchstoßen hatte, und montierte ihn so. Ich stand mit einem Taschenmesser außen bereit, den Sack einzuschneiden, wenn das Zeichen zur Aufnahme gegeben wurde. Mit dem ersten Kurbelschlag schnitt ich den Sack auf, verschwand schleunigst von der Bildfläche, während Vollbrecht den Sack von innen rhythmisch preßte. Das bernsteingelbe, klare Glyzerinblut des todwunden Riesentieres floß in den Tümpel. Der Drache tat noch einige krampfhafte Zuckungen und verschied. Jetzt mußte sich Siegfried beeilen, um im Drachenblut baden zu können. Er sprang also in den Tümpel, stellte sich mit nacktem Oberkörper unter das fließende Blut – doch das Lindenblatt spielte nicht mit. Es kam zwar pünktlich geflogen, landete aber auf dem Hals des Drachen anstatt auf Siegfrieds Schulter. Also das ganze noch einmal. Neue Eimer voll Drachenblut wurden in den Gummisack gefüllt, wieder tat der Drache seine letzten Zuckungen, zum zweiten Mal begann Siegfried sein Bad, nochmals tändelte das Lindenblatt herab und fiel diesmal ins Wasser. Damit war für diesen Tag die Aufnahme überhaupt ins Wasser gefallen, denn die Kameraleute reklamierten zu unterschiedliches Licht im Vergleich zu der vorausgegangenen Szene. Leider gab es niemand, den man für diese Fehlleistung verantwortlich machen konnte, denn der Herr Regisseur höchstpersönlich hatte es übernommen, das Lindenblatt an die von der Sage vorgeschriebene Stelle zu dirigieren. Sollte er den bei solchen Anlässen meist fälligen Anranzer sich selbst gegeben haben, ist das im berühmten stillen Kämmerlein geschehen.

Am nächsten Tag hatte Karl Vollbrecht für eine Tonne von Drachenblut gesorgt. Der Tümpel war sauber abgeschöpft. Erneuern wollten wir das temperierte Wasser nicht, weil frisches Wasser bis zum Aufnahmebeginn nicht schnell genug erwärmt werden konnte. Beim dritten Blatt dieses Tages klappte es dann. Es landete auf der gewünschten Stelle.

Die Kameraleute hörten im Moment, an dem sich das Blatt am richtigen Platz befand, zu drehen auf. Richter mußte unbeweglich in seiner Stellung verharren, bis ein Maskenbildner das Blatt mit Mastix angeklebt hatte. Gleichzeitig mit dem Wiederingangsetzen der Kameras setzte auch Siegfried seinen unterbrochenen Bewegungsrhythmus fort. Nun konnte er sich getrost vom Drachenblut überrieseln lassen, ohne ein Abspülen des Blattes befürchten zu müssen. Er stand bis zu den Hüften im Wasser, eifrig bemüht, das Wunderblut an jede Stelle seines Körpers gelangen zu lassen.

Wie aber war es möglich, daß auch die im Wasser befindlichen Körperteile des Rekken von der härtenden Eigenschaft des Blutes soviel abbekommen konnten, um fortan, außer an der Stelle des Lindenblattes, am ganzen Körper unverwundbar zu sein? Die einzige Erklärung: diese Wunderkraft war so stark, daß sie selbst bei stärkster Verdünnung noch durch den Gürtel und das Fell der Hose dringen und die Haut immunisieren konnte. Warum sie dann aber nicht durch das dünne Lindenblatt zu dringen vermochte, konnte mir selbst Fritz Lang nicht beantworten. Theodor Loos wußte die Antwort: »Weil Hagen den Siegfried niemals hätte töten können, die zweite Hälfte des ersten Teils und der ganze zweite Teil fortgefallen wären, der ganze Film nur eine Dreiviertelstunde gedauert hätte und Fritz Lang so ein kleines Filmchen nie gemacht hätte. Dem Lindenblatt verdanken wir alle unseren Job; – man müßte es in Gold fassen.« Wir undankbaren Menschen hatten es in den Tümpel geworfen.

PRO Ufa. **DRZ** August – September 1925. **DRO** Ufa-Atelier Neubabelsberg, Ufa-Atelier Berlin-Tempelhof; **AA** Hamburg. **LNG** 6 Akte, 2478 m. **ZEN** 11.12.1925, B.11948, Jv. **URA** 19.2.1926, Berlin (Gloria-Palast).
– AT: Diebstahl des Herzens.
Dem armen Rechtsanwalt Filip Collin werden 35.000 Dollar Mündelgelder aus der Tasche gezogen. Niemand glaubt ihm seine Unschuld, nur die Taschendiebe tun es. Deshalb muß der Advokat Mitglied einer Verbrecherakademie werden, um die wahren Schuldigen zu überführen. Dort aber wirft sich ihm das Töchterchen des Verbrecherchefs an die Brust.

1925. Der Mann im Sattel.
REG Manfred Noa. **AUT** Margarete Langen, Hans Steinhoff; nach dem Roman von Werner Scheff. **KAM** Otto Tober, Ewald Daub. **BAU** Arthur Günther. **DAR** Ernst Verebes (Mann im Sattel), Colette Darfeuil, Francine Mussey, Paul Graetz (Manager), Kurt von Wolowski, Heinrich Peer, Angelo Ferrari, Harry Hardt, Franz Wilhelm Schröder-Schrom, Wilhelm Diegelmann. **PRO** Maxim-Film der Ufa. **DRO** Maxim-Atelier Berlin. **LNG** 6 Akte, 2379 m. **ZEN** 12.12.1925, B.11977, Jv. **URA** 22.12.1925, Berlin (Tauentzien-Palast).
Wo Turf, da Tempo, lehrte Amerika. Ein rasender Rennreiterfilm im Rhythmus der Zeit: Alles fliegt vorbei, alles ist nur im Übersturz wahrzunehmen. Alles rennet, wettet, flucht und schimpft. Auch nach ein, zwei, drei Jahren. Uff.

1925. Ein Walzertraum.
REG Ludwig Berger. **AUT** Robert Liebmann, Norbert Falk; nach der Operette von Oscar Straus und der Novelle ›Nux, der Prinzgemahl‹ von Hans Müller. **KAM** Werner Brandes. **Schüfftan-Fotografie** Helmar Lerski. **BAU** Rudolf Bamberger. **KINO-MUS** Ernö Rapée; unter Benutzung von Wiener Weisen und Operettenmelodien von Oscar Straus. **DAR** Willy Fritsch (Nikolaus Graf Preyn), Mady Christians (Prinzessin Alix), Xenia Desni (Franzi Steingruber), Lydia Potechina (Steffi, Bassistin), Mathilde Sussin (Frl. von Koeckeritz), Carl Beckersachs (Peter Ferdinand), Julius Falkenstein (Rockhoff von Hoffrock), Jakob Tiedtke (Eberhard XXIII. von Flausenthurm), Hans Brausewetter (Pikkolo), Lucie Höflich. **PRO** Ufa. **DRZ** Juli – Oktober 1925. **DRO** Ufa-Atelier Neubabelsberg, Ufa-Atelier Berlin-Tempelhof; **AA** Wien (Park Schönbrunn, Stadtpark). **LNG** 6 Akte, 2836 m. **ZEN** 15.12.1925, B.11997, Jv. **URA** 18.12.1925, Berlin (Ufa-Palast am Zoo).
– ›Bierszenen‹ nach dem Schüfftan-Verfahren (Dreh: Oktober 1925).
Eine Bespöttelung des Hoflebens und zugleich die Grundlegung zu einem ›Traum-Wien‹. Die Bestandteile des Films ›bildeten wohlerzogene Erzherzöge und zärtliche Flirts, geschmacklose Bauten, Biedermeierstuben und das unentwegt im Grinzinger Gartenlokal singende und trinkende Volk, Johann Strauß, Schubert und der altehrwürdige Kaiser‹. (Siegfried Kracauer).

1925. Das Mädchen mit den Schwefelhölzern.
REG Guido Bagier. **AUT** Hans Kyser; nach dem Märchen von Hans Christian Andersen‹. **SCH** Guido Bagier. **TON** Joseph Engl. **MUS** Guido Bagier. **ML** Rudolf Wagner. **DAR** Else von Möllendorff, Wilhelm Diegelmann. **PRO** Tri-Ergon-Film der Ufa. **DRZ** ab November 1925. **DRO** Tonfilm-Atelier Berlin-Weißensee. **LNG** 1 Akt, 506 m. **ZEN** 17.12.1925, B.12025, Jf. **URA** 20.12.1925, Berlin (Mozartsaal).
– Erster Tonfilm der Ufa.

1925. Der Wilderer.
REG, AUT Johannes Meyer. **KAM** Gustave Preiss, Wildaufnahmen: Paul Krien. **BAU** Hans Sohnle, Otto Erdmann. **DAR** Heinrich Schroth (Graf Oetzbach), Carl de Vogt (Werner, Jäger des Grafen), Rudolf Biebrach (der alte Dorn, Jäger des Grafen), Rudolf Ritter (Andreas Weiler, Bauer in Oetzbach), Helga Thomas (Maria, seine Tochter), Ellen Douglas (Cenz, seine Nichte), Max Maximilian (Franz, sein Knecht), Joseph Peterhans (Baumgartner, Kaufmann in Oetzbach), Hanspeter Peterhans (Geißbub). **PRO** Ufa, Kulturabteilung. **AUL** Ernst Garden. **DRZ** bis August 1925 (Außen); **AA** bei Innsbruck und in den Dolomiten, Schweiz. **LNG** 5 Akte, 2379 m. **ZEN** 30.12.1925, B.12046, Jf. **URA** 20.1.1926, Berlin (Ufa-Palast am Zoo).
– AT: Weidmannsheil. Prädikat: Volksbildend.
Ein Wilderer wildert, weil er nicht anders kann. Seine Tochter liebt den schmucken Jägersmann, der herauskriegt, daß ihr Vater der langgesuchte Täter ist. Ein böser Nebenbuhler buhlt um die Hand des Mädchens, hat auch Erpressungsmaterial in der Hand, doch vergebens. Der gute Graf leimt alles zusammen.

Sinfonik und Tarifvertrag
Kinomusik für Stummfilme

»Sonnenstrahlen fallen schräg durch die halbgeschlossenen Vorhänge an den Fenstern. In der Ecke des Zimmers steht ein geöffneter Flügel, an dem merkwürdige Rollen mit Notenstreifen angebracht sind, ebensolche Rollen liegen überall im Zimmer, Noten, viele Noten auf dem Schreibtisch, Filmstreifen, Drähte, ein kleiner Projektionsapparat mit allerlei geheimnisvollem Gerät träumt an einer anderen Ecke, und mir gegenüber sitzt ein großer Mann, breitschultrig, durchdringende Augen, mit schmalen nervösen Händen, der unverkennbare Künstler: Marc Roland...«

Mit diesem Bild eingestimmt, soll der Leser des *Film-Kurier* vom 11. Juni 1925 einem Gespräch über Musik und Film folgen: Begleitmusik, Film-Illustration, die Übertragung der Bilder ins Musikalische, Tempo und Rhythmus, Gefühlserregung und Orchesterapparat – die Dimensionen der Musik, die zum Film klingen soll, scheinen offen zu liegen, und der Komponist gewährt Einblick in seine Werkstatt.

Marc Roland, in verklärter Pose des Künstlers, seit seiner Musik zu FRIDERICUS REX in Filmkreisen ein bekannter Mann, hat es gar nicht nötig, sich als Illustrator oder gar als Kino-Kapellmeister engagieren zu lassen. Er lebt von seinen Operetten-Kompositionen und Filmmusik-Aufträgen – dennoch gelingt es der Ufa, ihn vertraglich zu gewinnen. Angesichts der »Bedeutung des Musikwesens« will sie ihn 1928 zunächst als Inspizienten der musikalischen Angelegenheiten ihrer Lichtspieltheater einstellen, betraut ihn dann aber ab April 1929 mit Kompositions-Aufträgen für ein beträchtliches Monatsgehalt von 5000 RM.

Doch die Zusammenarbeit erweist sich als problematisch. Dem Vorstandsprotokoll vom 13. November 1929 ist zu entnehmen: »Herr Roland möchte zu dem Film DER WEIßE TEUFEL eine Originalmusik komponieren, während Herr Rabinowitsch der Meinung ist, der Film würde wirksamer durch Musikillustration unter Verwendung bekannter russischer Melodien unterstützt... Die Illustration lehnt Herr Roland ab. Sie könnte ihm auch gar nicht übertragen werden, weil er erfahrungsgemäß so viel Zeit brauchen würde, daß das Erscheinen des Films erheblich verzögert würde. Da sich die Zusammenarbeit mit Herrn Roland auch sonst in jeder Beziehung schwierig gestaltet und der Ufa eher Schaden als Nutzen bringt, besteht der Wunsch, das Vertragsverhältnis zu ihm zu lösen. Es wird daher beschlossen, vorstehende Angelegenheit zum Anlaß zu nehmen, den Vertrag zu kündigen...«

In Sachen pflichtgetreue Arbeit contra Gehaltsansprüche oder mangelnde Identifikation mit der Firma verfolgt die Ufa eine unduldsame Linie. Selbst die Zusammenarbeit mit Filmkomponisten wie Giuseppe Becce, Vertragspartner der Ufa seit ihrer Entstehung, gestaltet sich am Forderungs-Leistungsprofil »schwierig«. Becce, Komponist, Illustrator und Kapellmeister der Ufa, ist 1926 im Tauentzien-Palast, 1927 im Gloria-Palast tätig. Als er 1928 monatlich 3000 RM statt wie bisher 2000 RM verlangt, dazu eine Hilfskraft und eine Verstärkung des Orchesters im Gloria-Palast von 17 auf 27 Mann, beschließt die Ufa, auf seine Dienste zu verzichten.

Seine Stelle wird nach der Sommerpause mit Willy Schmidt-Gentner neu besetzt. Der Kapellmeister, vorher im Capitol, übernimmt nicht nur die Orchesterleitung bei Uraufführungen im Ufa-Palast und im Gloria-Palast, sondern auch die Illustrationen für die Filme in den beiden Renommierkinos des Konzerns. Seine Arbeit wird in der Fachpresse ausgiebig gewürdigt und durchweg als »großartig« gewertet. Dabei scheint er nicht nur ein Gespür zu haben für die passende Schlagermelodie zu einer Szene oder den Stimmungsgehalt einer Szene zu einem Sinfonie-Auschnitt, er kann seinem Orchester auch die richtige Dramatik entlocken.

Ernö Rapée, der 1925/26 das Orchester des Ufa-Palast am Zoo leitet, gilt – zusammen mit Schmidt-Gentner – als »Reformer« der Filmmusik. Ein Abend im Ufa-Palast ist damals mehr als nur ein Kinobesuch. Der Varieté-Teil, die Ballett-, Gesangs- und anderen Vortragsnummern sind mehr als nur ein Vorprogramm. Im Idealfall ergänzen, ja erweitern sie das Filmerlebnis. So z.B. bei der Uraufführung von E. A. Duponts VARIETÉ. Am Erfolg des Films hat Rapée großen Anteil – er bringt musikalische Impressionen zum Thema Rummelplatz und wird, wie die Fachpresse lobt, »hier zum Dichter, zum Zeichner, zum Karikaturisten, zum Komponisten... Er fängt die Geräusche, Töne, Kakophonien, Klänge und Schalleindrücke auf, er gibt hier keine Musik, die thematisch begründet ist. Es ist nicht möglich, zu erzählen, was Rapée in diesen Film hineindichtet, nur einige Beispiele mögen zur Nachahmung empfohlen werden. Die Frau des Boß ist zugleich die Begleiterin am Klavier, und das Klavier steht weit hinten auf der Bühne, es wird nicht aus dem Orchester gespielt. Dann: mag die Begleitmusik, von den 70 Musikern des Ufa-Orchesters noch so voll, noch so diskret, noch so symphonisch gegeben werden, in dem Augenblick, da die Szene im Varieté spielt, hört man auch nur die Varietémusik, wie sie seit jeher klingt und wie sie leider noch heute gemacht wird. Falsche Bässe in der Posaune, dünne erste Stimmen, die Nachschlagakkorde der Obligatgeige, alle typischen Fehler erklingen auch hier. Melodien, die textlich Anspielungen enthalten, werden nicht im Original gespielt, sondern sie werden der Gefühlssituation gemäß variiert. 'Trink'mer noch ein Tröpfchen!' Man erkennt die Melodie, obgleich sie in moll und nur andeutungsweise hörbar wird, denn das Gläschen, das an die Lippen geführt wird, bringt dem Trinker den Tod... Diese Leistung bedeutet sicherlich wochenlange eifrige Arbeit. Man wünscht ihr Nachahmung.« (Lichtbild-Bühne, 21.11.1925)

Rapée nutzt die musikalischen Möglichkeiten eines großen Orchesters, um das optische Erlebnis mit einem akustischen zu verbinden. Der Ufa-Palast am Zoo leistet sich ein 70-Mann-Orchester, teilweise spielen sogar bis zu 90 Musiker. (Zum Vergleich: die Orchesterstärke selbst großer Kinos bewegt sich zwischen 15 und 35 Musikern.) Die Ausgaben für Musik machen im Etat des Ufa-Palastes 16,8% und für Varieté 5,2% aus, so daß die Kosten für diesen Bereich die der Filmleihe übersteigen. Auch der Gloria-Palast und das U.T. Kurfürstendamm haben mehr Ausgaben als Einnahmen. Diese Kinos sind das Schaufenster der Ufa – gespart wird in der Provinz. Generaldirektor Klitzsch höchstpersönlich macht am Rand der Bilanz der bremer Kinos ein Fragezeichen und die Revisionsabteilung bemerkt dazu: »Der Etat für Musik ist sehr hoch. Unseres Erachtens könnten bei den einzelnen Theatern 1 bis 2 Musiker gespart werden, ohne das Erträgnis des Geschäftes zu beeinträchtigen.«

Vor Ort und real vollzieht sich der Abbau des Musiketats in unsentimentalen Kündigungen. Den Kapellmeistern Prasch, Schirrmann, Riecke und Saback el Cher wird laut Vorstandsprotokoll vom 30. Dezember 1927 wegen unzureichend gewordener Leistungen gekündigt. Da sie schon seit vielen Jahren im Dienste der Ufa stehen, wird erwogen, sie anderweitig zu beschäftigen. Sie werden abgeschoben: Fritz Riecke z.B., der schon 1910 bei dem Ufa-Vorläufer Union-Film seine Arbeit aufnimmt, wird zum Musikinspektor ernannt, hat aber immer weniger Kompetenzen und ist schließlich nur noch für »die Organisierung aller musikalischen Angelegenheiten innerhalb des Hauses«, d.h. bei Betriebsfeiern und Kameradschaftsabenden, zuständig. Dem Organisten Dehmel wird gekündigt, weil er auf andere Musiker in für das Geschäft ungünstiger Weise eingewirkt haben soll. Paul Dessau muß die Ufa verlassen, weil er gleichzeitig für die Phoebus arbeitet (er wird 1928 Kapellmeister im Alhambra).

Die Musiker des Ufa-Palastes und des Gloria-Palastes haben Anfang 1927 gemeinsam auf Erhöhung ihrer Bezüge geklagt. In Vergleichsverhandlungen ist zwar eine Herabsetzung der Forderung um insgesamt 56.000 RM auf 48.000 RM erreicht worden, doch wird beschlossen, »alles Personal, das gegen die Firma klagt, nach und nach zu entlassen und durch neues zu ersetzten«. (Vorstandsprotokoll, 4.5.1927). Ein endgültiger Schiedsspruch im August 1927 zwingt die Ufa, das Wochenhonorar um 6 RM zu erhöhen, doch die dadurch eingetretene Unkostenerhöhung soll durch entsprechenden Abbau von Musikern ausgeglichen werden.

Bis zum Geschäftsjahr 1928/29 wird das Orchester des Ufa-Palastes am Zoo von 70 auf 34 Mann reduziert. Zwar wird es – wie an anderen Theatern ebenfalls üblich – bei bestimmten Festaufführungen verstärkt, aber eine große Besetzung von 60 Mann hält man nur einige Tage. Für die Premiere von UNGARISCHE RHAPSODIE wird nicht nur das Hausorchester verstärkt, sondern zusätzlich eine Zigeunerkapelle engagiert (Mehrkosten pro Abend 500 RM). »Um die Wirkung des Films gerade in den ersten Tagen nach seinem Start und damit die wichtige Mundpropaganda nicht zu beeinträchtigen, beantragt Herr Grau, das verstärkte Musikensemble bis einschließlich Sonntag, 11. November, beizuhalten und es dann allmählich abzubauen.« (Vorstandsprotokoll, 9.11.1928). Der krasseste Fall ist METROPOLIS. Von der viel gerühmten Originalmusik Gottfried Huppertz' bleiben nach der Premiere (und der anschließenden Amputation des Films) nur noch ein paar Motive übrig, ansonsten gibt es das übliche Potpourri aus Chopin, »Freischütz« und »La Traviata«.

Solches zu organisieren und finanziell haarscharf zu kalkulieren, ist ebenfalls Schmidt-Gentners Aufgabe, der dies ohne weitere Hilfe offenbar nicht mehr zu schaffen scheint, denn die Ufa bewilligt ihm einen zweiten Dirigenten, den Kapellmeister Hans Julius Salter. Doch verglichen mit Ernö Rapée, der 1925/26 nur für die musikalische Ausstattung des Ufa-Palastes gleich zwei weitere Dirigenten zur Assistenz hat (Franco Fidelle und Otto Stenzel), wobei Werner Richard Heymann die Musik komponiert und arrangiert, während gleichzeitig am Gloria-Palast Ignaz Waghalter und später Giuseppe Becce eigenverantwortlich arbeiten, muß diese Verengung auf Schmidt-Gentner allein wahre Knochenarbeit sein, zumal das Publikum einen gepflegten musikalischen Stil erwartet und die Filmkritik gerade die Filmmusik-Ästhetik zu entdecken beginnt. Und das alles zu einem Monatsgehalt von 4500 RM.

Die Kinomusiker versuchen schon seit Beginn der 20er Jahre, höhere Löhne und bessere Bedingungen zu erstreiten, doch meist ohne oder mit zweifelhaftem Erfolg. 1922 wird vom Deutschen Musikerverband ein Kinomusiker-Tarif erstritten, doch das Glück ist von kurzer Dauer. Keine zwei Jah-

Musikaufstellung zum Ufa-Film »Faust«

Von Kapellmeister Paul A. Hensel (T. = Titel, B. = Bild)

Akt I.

1. (Einleitung): Die Himmel rühmen des Ewigen Ehre, von Beethoven (Verlag Benjamin) – Vorhang beim 28. Takt.
2. (T. Siehe) Pauke solo im punktierten 6/8-Rhythmus – Molto crescendo.
3. (B. Apokalyptische Reiter) Versuchung, von Sommer – Anfang Ziffer 2, wiederholen von Ziffer 3-4.
4. (B. Mephisto gesehen) Wirbel auf Tam-Tam).
5. (B. Erzengel) Gotteskämpfer, von Fucik, Anfang bei Choral. Wenn Mephisto spielt Tam-Tam-Wirbel dazwischen.
6. (T. Wunderbar sind...) Gotteskämpfer weiter bei C-Dur-Cantilene auf G-Saite.
7. (B. Wieder Mephisto gesehen) Ein großes Crescendo-Agitato bis (T. Die Wette gilt) A-Moll-Akkor fff und Tam-Tam-Wirbel.
8. (Deutsche Stadt) piano subito – tiefes A in Geigen tremolo.
9. (B. Gaukler) Menuett D-Dur, von Mozart (nur Streicher).
10. (B. Mephistos Mantel) Tam-Tam-Wirbel solo.
11. (B. Gaukler) Wiederhole Mozart. Wenn Mephistiophes Mantel zu sehen Tam-Tam-Wirbel p. dazwischen.
12. (B. Gaukler fällt) Musik bricht ab. (T. Die Pest) Drei Tuttiakkorde ais-eis-e-g – anschließend: Storm Furioso, von Minot, 16 Takte und C-Moll-Schluß.
13. (T. Verheerend wütete) Mysterios-Marsch – Largo fff – 12 Takte 4/4.
14. (T. Faust rang Tag und Nacht) Verzweiflung, von Kalbe (Heinrichshofen-Verlag). Ersten 16 und letzten 4 Takte zweimal spielen.
15. (T. Todesangst und Raserei) Dramatisches Bacchanal, von Renée. Viel Tamburin und Triangel fff – wenn Priester eifert Kirchenglocken dazwischen.
16. (B. Mephistos Gesicht groß) Tam-Tam-Wirbel alles übertönen bis Priester fällt.
17. (T. Die Pest) Drei Tuttiakkorde fff ais-cis-e-g, in Bässen und Orgel liegendes ais und anschließend (B. Faust bei totem Priester) Scéne funèbre, von Fauchey – Takt 1 bis 6 und 15. 16.

Akt II.

18. (T. Erbarmen, Faust) Ouvertüre Hamlet, von Tschaikowsky – Anfang 34. Takt (Andante) – Wenn Kreuz zu sehen einige Orgelakkorde, dann Tschaikowsky weiter bei: Allegro vivace.
19. (T. Am Kreuzweg) Misterioso dramatico, von Borch.
20. (T. Um Hilfe rufe ich) Zu Hilfe, von Becce.
21. (B. Mephisto sitzend) Quinte as-es in Baß, Cello und tiefen Geigen tremolo. Bei jedem Gruß Mephistos (4mal) eine humoristische Flötenfigur.
22. (B. Mephisto beginnt zu sprechen) Hexenzug, von Mussorgsky pp.
23. (B. Sanduhr) do bei Andante mosso – wenn Pulsader blutet weiter bei Allegro – wenn Faust ab letzten 32 Takte prestissimo.

Musikalische Ecke in:
Lichtbild-Bühne, Nr. 283, 1926

1925/26. Manon Lescaut.
REG Arthur Robison. AUT Arthur Robison, Hans Kyser; nach ›Histoire de Manon Lescaut et du Chevalier des Grieux‹ von Abbé Prévost. KAM Theodor Sparkuhl. BAU, KOS Paul Leni. KINO-MUS Ernö Rapée. DAR Lya de Putti (Manon Lescaut), Wladimir Gaidarow (Des Grieux), Eduard Rothauser (Marschall des Grieux), Fritz Greiner (Marquis de Bli), Hubert von Meyerinck (der junge de Bli), Frida Richard, Emilie Kurz (Manons Tanten), Lydia Potechina (Susanne), Theodor Loos (Tiberge), Siegfried Arno (Lescaut), Trude Hesterberg (Claire), Marlene Dietrich (Micheline), Olga Engl, Karl Harbacher, Hans Junkermann, Hermann Picha. PRO Ufa. DRZ Juni - Oktober 1925. DRO Ufa-Atelier Berlin-Tempelhof, Ufa-Atelier Neubabelsberg. LNG 6 Akte, 2645 m. ZEN 22.1.1926, B.12196, Jv. URA 15.2.1926, Berlin (Ufa-Palast am Zoo).

Auf dem Weg von der Provinz in ein Kloster bezaubert Manon Lescaut in einem Gasthaus den Steuerpächter Marquis de Bli und den jungen Adligen des Grieux, der sie nach Paris bringt. Dort wird sie erst die Geliebte des alten Marquis, flieht dann zu des Grieux und gerät anschließend durch eine Intrige zunächst ins Gefängnis und ins Arbeitshaus. Nach ihrer Verurteilung zur Deportation kann des Grieux sie befreien, doch zu spät – verletzt stirbt sie in seinen Armen.

1925/26. Geheimnisse einer Seele.
Ein psychoanalytischer Film.
REG Georg Wilhelm Pabst. RAS Mark Sorkin. AUT Colin Ross, Hans Neumann. KAM Guido Seeber, Curt Oertel, Walter Robert Lach. BAU Ernö Metzner. Fachwissenschaftliche Beratung Dr. Karl Abraham, Dr. Hanns Sachs. DAR Werner Krauß (Mann), Ruth Weyer (Frau), Ilka Grüning (Mutter), Jack Trevor (Vetter), Pawel Pawlow (Arzt), Hertha von Walther (Assistentin), Renate Brausewetter (Dienerin). PRO Neumann-Film für Ufa, Kulturabteilung. PRT Hans Neumann. AUL Richard Ortlieb. DRZ September - November 1925. DRO Cserépy-Atelier Berlin, Lixie-Atelier Berlin-Weißensee. LNG 6 Akte, 2214 m. ZEN 25.1.1926, B.12226, Jv. URA 24.3.1926, Berlin (Gloria-Palast).
– Prädikat: Volksbildend.
Nach einem von Sigmund Freud berichteten Fall wurde dieser psychoanalytische Film hergestellt: Die Geschichte eines Mannes, der durch ins Unterbewußtsein verdrängte Jugenderlebnisse in dem Wahn lebt, seine Frau mit einem Messer töten zu müssen. Sein Arzt kann ihn durch psychoanalytische Methoden heilen.

1925/26. Falsche Scham.
REG Rudolf Biebrach. AUT Curt Thomalla, Nicholas Kaufmann. Zwischentitel Arnim Petersen. KAM Max Brinck, Willibald Gaebel. SPE Svend Noldan, Büchel. Patientenaufnahmen Th. A. Maaß. BAU Gustav Hennig. Fachmännische Beratung Deutsche Gesellschaft zur Bekämpfung der Geschlechtskankheiten. DAR Willy Kroschky, Werner Padlowsky (zwei Gymnasiasten), Arnon Kronburger (vortragender Arzt), Rolf Biebrach (Sanitätsrat), Eric Cordell (Vater), Niuta Helling (Mutter), Karin Svedenberg (Amme), Olaf Storm (Student), Richard Wirth (Bauer), Frida Richard (Bäuerin), Erra Bognar (deren Nichte), Ulrich Bettac (Stadtreisender). PRO Ufa, Kulturabteilung. PRL Curt Thomalla. DRZ September - Dezember 1925. DRO BB-Atelier Berlin, Filmwerke Staaken. LNG 5 Akte, 2240 m. ZEN 8.3.1926, B.12510, Jf. URA 15.3.1926, Berlin (Mozartsaal).
– Prädikat: Volksbildend.
Vier Episoden aus dem Tagebuch eines Arztes. Um Aufklärung und sachliche Melodramatik bemühter Film über Geschlechtskrankheiten mit gefälliger Spielhandlung.

---

re später wird der Tarif durch die Reichsarbeitsverwaltung für unverbindlich erklärt. 1927 wird ein neuer Anlauf unternommen, den tariflosen Zustand zu beenden. Doch die großen Filmkonzerne sind sich einig und bilden eine Abwehrfront: »Die Musikerverbände streben beim Reichsarbeitsministerium die Einführung eines einheitlichen Tarifvertrages für ganz Deutschland an. Herr Gerschel tritt dafür ein, daß die Ufa, Phoebus und Emelka sich hiergegen geschlossen wenden. Die Versammlung stimmt dem zu.« (Vorstandsprotokoll, 21.10.1927). Schützenhilfe erhalten die Konzerne vom Reichsarbeitsminister. Den Kinomusikern bleibt nichts anderes übrig, als sich in der Instabilität des Verhandelns und Pokerns einzurichten.

Schwierigkeiten für die Einigung auf einen Tarif bereiten zum einen verschiedene Qualitäts- und Anspruchsniveaus, zum anderen unterschiedliche Vorführungs- bzw. Arbeitszeiten. Soll ein Musiker nach Film bezahlt werden oder nach Stunden? Sollen Pausen mitberechnet werden? Und wie ist die Pflege der Instrumente zu berechnen? Wer zahlt schließlich die Noten? Hier gibt es eine allgemein übliche Praxis: Die Noten stellt in letzter Instanz der jeweilige Kapellmeister selbst, sie sind also sein Privateigentum, obwohl er sich aus künstlerischen wie praktischen und unternehmerischen Gründen gezwungen sieht, zu investieren und sich ein umfangreiches Sortiment von Piecen unterschiedlichster Art und Herkunft zusammenzuschaffen. Die Ufa ist lediglich bereit, mit einem Kredit auszuhelfen: Sie gewährt Kapellmeister Borgmann ein Darlehen von 1100 RM »zwecks Anschaffung von Notenmaterial (Ankauf des Privat-Materials des Herrn Riecke)« (Vorstandsprotokoll, 26.2.1929).

Doch vor anderen Kosten kann sich die Ufa nicht drücken: die Abgeltung der Urheberrechte. Seit Beginn des Jahrhunderts gibt es Bestrebungen, Kompositionen nicht mehr uneingeschränkt verfügbar zu belassen und Institutionen zu gründen, die für die Aufführung geschützter Werke Tantiemen fordern und gegebenenfalls einklagen können. Es entstehen die Genossenschaft deutscher Tonsetzer (GDT), die Gesellschaft zur Verwertung musikalischer Aufführungsrechte (Gema), die Gesellschaft der Autoren, Komponisten und Musikverleger (A.K.M.) und kleinere Autorengesellschaften wie die Ammre und die Stagma. Von diesen Autoren-Gesellschaften ist vor allem die Gema im Bereich der Unterhaltungsmusik engagiert und wacht nicht nur über Erstkompositionen, sondern auch über Arrangements. Davon sind insbesondere die Kinokapellen betroffen, da sie Salon-Orchester-Ausgaben benutzen, die in jedem Falle tantiemepflichtig sind. In einer Filmillustration werden oft bis zu hundert und mehr verschiedene Musikstücke aneinandergereiht. In den meisten Fällen werden nur ein paar Takte von jedem Musikstück gespielt, doch das spielt für die Rechte der Gema keine Rolle. Eine Abrechnung nach den von den Kapellmeistern eingesandten Programmen erweist sich als sehr kostenintensiv und anfechtbar, da sich die Richtigkeit der Programme einer Kontrolle entzieht.

Die Auseinandersetzungen der Ufa mit der Gema werden von der Presse aufmerksam verfolgt: Allzusehr scheint dieser Streit exemplarisch das Dilemma der Filmmusikpraxis bloßzulegen, und es fehlt nicht an Vorschlägen, wie ihm beizukommen sei. Verbotslisten sollen herumgereicht werden, oder überhaupt erst einmal Listen, von denen abzulesen ist, welche Werke bei welcher Autorengesellschaft geschützt sind, es soll nur Gema-freie Musik gespielt werden oder eine Art Selbstversorgung der Theater mit Musik geschaffen werden. Aber der Streit um die Tantiemeforderungen ist zu eng mit der filmmusikalischen Praxis verknüpft, um eine einfache Lösung zu finden. Eigenkompositionen für Filme sind zu selten und für kleinere Orchester unausführbar oder zu aufwendig in der Anschaffung, so daß die Methode der Kompilation zwar künstlerisch nicht die optimalste, doch die billigste, schnellste und individuell am einfachsten handhabbare ist.

Das Vernünftigste scheint die alte Idee des Musikszenariums zu sein, das dem Film beigegeben werden soll nach dem Vorbild der amerikanischen »cue-sheets«. Die Aufführungsrechte sollen mit dem Filmverleih erworben werden und das Notenmaterial verliehen werden. Nachdem die Vergleichsverhandlungen zwischen Ufa und Gema endgültig gescheitert sind, wird im Dezember 1927 unter Mitarbeit Hans Erdmanns und der »Gesellschaft der Film-Musik-Autoren« die Film-Musik-Union-GmbH als Geschäftszweig der Ufa gegründet. Dieser Zusammenschluß der führenden deutschen Musikverlage unter der Geschäftsleitung des Musikalienhändlers Otto Pretzfelder und des Komponisten Marc Roland soll die Theater mit Musik versorgen. Da sie selbst am Verlagsgeschäft beteiligt ist, profitiert die Ufa von der Gründung der FMU, weil sie die Tantiemen nun selbst einstreichen kann und damit die Musikausgaben insgesamt reduziert. Die FMU will für die Musikszenarien die komplette Musik bereitstellen und zum Verleih bringen. Hans Erdmann sieht darin eine neue Ära der Filmmusik anbrechen, und auch der Reichsbund der deutschen Kinokapellmeister (RDK) begrüßt diese Initiative. Doch schon im September/Oktober 1928 bricht das Verlagsbündnis auseinander. Die Verleger befürchten, der Verkauf der Musik könne unter dem Verleih leiden und arbeiten nicht mit. Auch scheint die FMU mit dieser Aufgabe überfordert gewesen zu sein: Im Verleih kommt man den massenweisen Bestellungen der Musikverbraucher nicht nach.

Doch bereits im nächsten Jahr wird das Problem durch den Tonfilm gegenstandslos. Live-Musik findet im Kino nicht mehr statt.

Marie-Luise Bolte

Das Ufa Orchester ca. 1927

Komponieren für »Der verlorene Schuh«

Ich mußte von heute auf morgen in drei Wochen die Originalmusik zum Märchenfilm DER VERLORENE SCHUH schreiben, der in großer Form im Theater am Zoo herauskam. Ich warf also eine Partitur von mehr als dreihundert Seiten hin, deren manuelle Arbeit mich bereits genügend angriff. Aber dies war das Wenigste, da ich an meinem Schreibtisch, allein auf mich angewiesen und durch niemanden gestört, mich stets am wohlsten fühle.

Aber als die Proben mit dem Orchester begannen, für das man mir 55 Personen zugebilligt hatte, sagte man mir, ich müsse wegen der Entwertung der Mark mit einer Besetzung von vierzig Musikern auskommen. In vier Tagen war das Orchester auf zweiundzwanzig zusammengeschmolzen, entsprechend dem niedrigen Stande der Mark. Am Tage der Premiere waren es noch ganze achtzehn Mann, die in dem großen Raum saßen und eine Partitur spielen sollten, die für die vierfache Besetzung angelegt war. Ich weigerte mich, zu dirigieren, – man machte mich auf meinen Vertrag aufmerksam und sprach von Regreßansprüchen. Mir war endlich alles gleichgültig, und ich habe mich, ich gestehe es offen, nie in meinem Leben so geschämt, als ich abends im Ufa-Theater am Zoo diese elende Musik herunterdirigierte.

Ich mußte an den großen Aufwand denken, den einst die Paramount bei ihrer Premiere des Lilian-Gish-Films machte, – der ganze Gegensatz zwischen der Welt draußen und Deutschland kam mir heftig zum Bewußtsein! Das Schrecklichste jedoch war, daß bei einer Verfolgungsszene sich der Direktor des Theaters plötzlich an das zweite leere Schlagzeug setzte und mit einem tollen Lärm der Pauken und Becken die ihm notwendig scheinenden »Effekte« produzierte. Ich schwor, daß dieses Experiment das letzte sein würde, das ich auf dem Gebiet der lebendigen Filmmusik unternahm, und ich werde diesen Schwur halten!

Guido Bagier: Das tönende Licht, 1943

1925/26. Der Geiger von Florenz.
REG, AUT Paul Czinner. KAM Adolf Schlasy, Arpad Viragh. BAU Erich Czerwonski, Oskar Friedrich Werndorff. DAR Conrad Veidt (Vater), Nora Gregor (seine zweite Frau), Elisabeth Bergner (Renée, seine Tochter aus erster Ehe), Walter Rilla (Maler), Grete Mosheim (seine Schwester), Ellen Plessow.
PRO Ufa. DRZ September - November 1925. DRO Efa-Atelier am Zoo Berlin. LNG 5 Akte, 2260 m. ZEN 9.3.1926, B.12525, Jf. URA 10.3.1926, Berlin (Gloria-Palast).
– AT: Der träumende Mund.
Renée, die ihren Vater abgöttisch liebt, kann sich mit ihrer Stiefmutter nicht verstehen. Sie flieht in Männerkleidung nach Florenz und steht dort einem Maler Modell für den ›Geiger von Florenz‹. Der ihr in Sorge nachgereiste Vater gibt schließlich seine Zustimmung zur Heirat mit dem Maler, bei dem sie Schutz und endlich ein Heim findet.

1925/26. Die Brüder Schellenberg.
REG Karl Grune. AUT Willy Haas, Karl Grune; nach dem Roman von Bernhard Kellermann in der Berliner Illustrirten Zeitung. KAM Karl Hasselmann. Schüfftan-Fotografie Helmar Lerski. BAU Karl Görge, Kurt Kahle. KINO-MUS Werner Richard Heymann. ML Ernö Rapée.
DAR Conrad Veidt (Wenzel / Michael Schellenberg), Lil Dagover (Esther), Liane Haid (Jenny Florian), Henry de Vries (der alte Raucheisen), Werner Fuetterer (Georg Weidenbach), Bruno Kastner (Kaczinsky), Julius Falkenstein (erster Verehrer Esthers), Wilhelm Bendow (zweiter Verehrer Esthers), Erich Kaiser-Titz (dritter Verehrer Esthers), Paul Morgan (Schieber), Jaro Fürth (Wucherer), Frida Richard (verarmte Witwe).
PRO Ufa. DRZ September 1925 - Januar 1926. DRO Ufa-Atelier Berlin-Tempelhof, Jofa-Atelier Berlin-Johannisthal; AA Ufa-Freigelände Neubabelsberg. LNG 7 Akte, 2834 m. ZEN 11.3.1926, B.12542, Jv. URA 22.3.1926, Berlin (Ufa-Palast am Zoo).
– ›Fabrikbrand‹ nach dem Schüfftan-Verfahren (Dreh: November 1925).

Schicksal eines ungleichen Brüderpaares: des skrupellosen, genußsüchtigen Industriekönigs und Lebemannes Wenzel und des sozial eingestellten, philanthropisch-idealistischen Michael Schellenberg, der sein Lebensziel darin erblickt, Hungernde zu sättigen und Obdachlosen ein Heim zu bieten.

1925/26. Die Fahrt ins Abenteuer.
REG Max Mack. AUT Curt J. Braun, Robert Liebmann. KAM Curt Courant. BAU Rudi Feld. KINO-MUS Ernö Rapée. DAR Ossi Oswalda (Ossi Bondy), Willy Fritsch (Adam Bondy, ihr Bruder), Agnes Esterhazy (Eva Frieson), Lydia Potechina (ihre Mutter), Warwick Ward (F. W. Erler, Schriftsteller), Adolphe Engers (Bobby), Julius von Szöreghy (Diener bei Bondys).
PRO H. R. Sokal-Film der Ufa. PRT Harry R. Sokal. DRZ November 1925 - Januar 1926. DRO Lixie-Atelier Berlin-Weißensee. LNG 6 Akte, 2301 m. ZEN 15.4.1926, B.12754, Jv. URA 16.4.1926, Berlin (Ufa-Palast am Zoo).
Eine Reisegesellschaft fährt im Reiseauto so dahin, während ein Adam seine Eva findet – mit Hilfe eines Apfelbisses, plötzlich ausbrechender Pocken und einer abhanden gekommenen Schwiegermutter.

1925/26. Die drei Kuckucksuhren.
REG Lothar Mendes. AUT Robert Liebmann; nach dem Roman von Georg Mühlen-Schulte. KAM Fritz Arno Wagner. BAU Hans Jacoby.
DAR Lilian Hall-Davies (Gladys Clifton), Nina Vanna (Mary Davids), Nils Asther (Reginald Ellis), Eric Barclay (Lord Ernest Clifton), Albert Steinrück (Mason), Hermann Vallentin (Lakington), Paul Graetz (Hotelmanager).
PRO Ufa. DRZ September 1925 - Januar 1926. DRO auf hoher See, Ägypten. LNG 5 Akte, 2081 m (2202 m vor Erstzensur). ZEN 22.4.1926, B.12774, V. / 15.5.1926, O.12864, Jv. URA 25.5.1926, Berlin (Gloria-Palast).
– Zunächst verboten.

Schöne nackte Körper
Wege zu Kraft und Schönheit

»Körperkultur« lautet der Arbeitstitel, doch bei dem Projekt handelt es sich nicht um einen der üblichen betulich-belehrenden Streifen aus der Kultur-Abteilung. Die Kino-Besucher erhalten ein edel aufgemachtes, 40 Seiten starkes Programmheft. Auf dem Titelblatt tanzt eine nackte Frau vor der Sonne. Von Schönheitssinn und Volksgesundheit ist im einleitenden Artikel Felix Holländers die Rede, von der Zucht des Altertums und dem Sport unserer Tage.

Ein »Hymnus« will der Film sein, und »für sein Gelingen könnte kein stärkerer Beweis erbracht werden, als daß der Anblick des nackten Körpers von Mann und Weib, wie er sich hier auf Grund eines sorgfältig ausgesuchten Materials darbietet, gewiß keine unlauteren Empfindungen, sondern nur Gefühle der Freude und Bewunderung im ästhetischen und menschlichen Sinn auslöst«. Anschließend erläutert Dr. August Köster, Kustos am Alten Museum zu Berlin, daß die Szene »Das Bad der Römerin« – eine stolze Domina wird von anmutigen Sklavinnen bedient – historisch korrekt rekonstruiert wurde. Gleiches gilt für den »Königs-Sprung« über sechs Rosse, seinerzeit ein beliebter Sport der nordischen Jugend, im Film von dem Leichtathleten Arthur Holz ausgeführt. Max Osborn stellt im Programmheft philosophische Reflexionen über »Der nackte Mensch im Film« an. Er will die Lebensauffassungen der Antike und der christlichen Epoche zusammenführen und schließt damit, daß der Druck der modernen Zivilisation uns »den Weg zu jenem dritten Reich weist«, das Ibsens Julian Apostata verkündet. Die lange Liste der Mitarbeiter am Film, angeführt von drei Professoren, legitimiert das ehrgeizige Unternehmen, das Spielszenen aus der Antike, dokumentarische Sportaufnahmen (mit Spitzensportlern und prominenten Amateuren wie Mussolini und Gerhart Hauptmann) sowie rhythmische Bewegungsstudien moderner Gymnastikschulen verbindet.

WEGE ZU KRAFT UND SCHÖNHEIT wird bei der Uraufführung beklatscht und erntet Lobeshymnen in der Presse. »Auf der Leinwand ist ein Fest. Licht lacht, Sonne singt, die Lüfte lieben, die um die köstlichen Körper schweben«, jubiliert Willy Meisl (B.Z. am Mittag, 19.3.1925). Die hehre Absicht dieses »bestens inszenierten Films, dessen Nacktheit jenseits aller Nebengedanken liegt« (Die Welt am Montag, 23.3.1925), wird nirgends bestritten und allseits anerkannt. Fedor von Zobeltitz merkt an, der Kamermann habe darauf Rücksicht genommen, »durch die Art der Stellungen und Be-

Domina im Bade – ein lebendes Bild nachgestellt von jungen Tänzerinnen, darunter Leni Riefenstahl (r). Die Herrin wird verkörpert durch Kammersängerin Eva Liebenberg

wegungen und durch die Beleuchtung alles zu vermeiden, was eine ungesunde – dieses Wort sei betont – Sinnlichkeit hervorrufen konnte«, die reizvollen Szenen zeigten, »wie die höhere unbefangene Anschauung der menschlichen Nacktheit siegreich triumphiert über das Übel der dunkleren Triebe im Sinnenvorgang« (Berliner Lokal-Anzeiger, 18.3.1925). Der Ufa-Palast am Zoo ist Abend für Abend ausverkauft, auch anderenorts beschert WEGE ZU KRAFT UND SCHÖNHEIT den Kinos volle Häuser: Der Kulturfilm schlägt alle Kassenrekorde, er ist der Schlager der Saison. Ob das Publikum sich den FKK-Streifen vielleicht doch nur wegen der freizügigen Aufnahmen ansieht? Weniger den reinen ästhetischen Genuß sucht als die schmutzige Phantasie befriedigen will? Den Kinobesitzern ist das egal, und die Kritiker sprechen es lieber nicht an.

Allein Willy Haas geht auf das Problem ein. »Honny soit qui mal y pense; zu deutsch: Schwein bleibt Schwein (mit Verlaub), auch wenn man ihm die Venus von Milo zeigt. Ein ›öffentliches Ärgernis‹ kann zwar unter normalen Menschen keinesfalls eintreten; könnte aber von beamteten alten Jungfern beiderlei Geschlechts mit Hilfe von befreundeten Ministerialräten künstlich arrangiert werden.« (Film-Kurier, 17.3.1925). Doch seine Befürchtungen sind unberechtigt: Die Zensur macht nur minimale Schnittauflagen; der Film wird als volksbildend anerkannt und für Jugendliche freigegeben. Nur die Bayern schießen quer. Das Staatsministerium des Innern in München fordert von den Kollegen der Filmoberprüfstelle in Berlin den Widerruf der Zulassung: Die Gefahr einer Überreizung der Phantasie und einer schädlichen Einwirkung auf die sittliche Entwicklung der Jugend sei gegeben. Der Einspruch aus Bayern wird abgewiesen.

Den seriösen Herren von der Ufa kann man (diesmal) keine Spekulation auf niedere Instinkte unterstellen. Sie haben ganz andere Hintergedanken. In der Ufa-Leitung sitzen Generäle und andere Militärs; der Kultur-Abteilung steht Major Krieger vor. Die politische Absicht des scheinbar unpolitischen Kulturfilms wird am Ende des Films deutlich: »Als schließlich noch in strammem Tritt die preußische Garde von ehedem übers Tempelhofer Feld marschierte, da erkannte jeder den tiefen Sinn der heutigen Körpererziehung: durch Volkskraft zur Wehrkraft.« Die Deutsche Tageszeitung, ein Blatt der nationalen Rechten, spricht aus, wovon das Programmheft schamvoll schweigt. »Hierzu kommt für unser deutsches Volk, daß die frühere körperliche Erziehung der jungen Männer durch die allgemeine Wehrpflicht uns durch das Feinddiktat für absehbare Zeit genommen worden ist und ein Ersatz dafür geschaffen werden muß. Ihn finden wir im heutigen Volkssport.« (17.3.1925). Der sozialdemokratische Vorwärts (22.3.1925) ärgert sich zwar über diese unterschwellige Tendenz und empfiehlt, den Schluß fortzulassen, meint aber: Jede sozialistische Kultur- und Bildungsorganisation müsse diesen Film ihren Mitgliedern vorführen. Konsequenter ist Die Weltbühne. Hier spottet Ernst Moritz Häufig über die »neckisch entblößten Busenhügel einiger berlinisch-römischen Wasserträgerinnen« (21.4.1925), warnt aber zugleich: Der vom Film propagierte Weg zu Kraft und Schönheit sei derjenige zu Hindenburg. Tatsächlich äußert der Generalfeldmarschall, eben zum Reichspräsidenten gewählt, nach einer internen Vorführung Lob und Anerkennung. Dabei stammt der Anstoß zu diesem Film durchaus aus einer anderen politischen Richtung. Wie er 1949 in seinem Aufsatz ›Das mangelnde Manuskript oder der Herzfehler des Films‹ (s. Zitat S. 154) verrät, hat der kommunistische Arzt und Dramatiker Friedrich Wolf, ein glühender Anhänger des Körperkults, die Idee an die Ufa herangetragen.

Die Schläge von drei Kuckucksuhren sollen Lord Ernest Clifton angeblich den Weg zum zweiten Teil eines Schatzes seines Onkels weisen. Aber die Sache stellt sich als von Verbrechern inszenierter Schwindel heraus, die ihn damit von zuhause und dem wirklichen Goldschatz weglocken wollten.

1926. Die Kleine vom Varieté.
REG Hanns Schwarz. **AUT** Wilhelm Thiele; nach dem Schwank von Alfred Möller. **KAM** Curt Courant. **BAU** Hans Jacoby.
DAR Ossi Oswalda (Rositta, die Kleine vom Varieté), Georg Alexander (Dr. Peter Kretschmar), Max Hansen (Fred), Vivian Gibson (Josette), Ferry Sikla (Onkel).
PRO Davidson-Film der Ufa. **PRT** Paul Davidson. **DRZ** April - Mai 1926. **DRO** Grunewald-Atelier Berlin. **LNG** 6 Akte, 2290 m. **ZEN** 16.8.1926, B.13435, Jv. **URA** 3.9.1926, Berlin (Mozartsaal).
Verwandlungen im Varieté mit dem klassischen Schwank-Personal: dem Onkel, dem Liebhaber, der feschen Jungen... Ein halbes Dutzend Typen bevölkern die Leinwand und rutschen von einer vergnüglichen Geschmacklosigkeit in die andere.

1925/26. Faust. Eine deutsche Volkssage.
REG Friedrich Wilhelm Murnau. **AUT** Hans Kyser.
KAM Carl Hoffmann. **BAU** Robert Herlth, Walter Röhrig.
KOS Robert Herlth, Walter Röhrig. **KINO-MUS** Werner Richard Heymann.
DAR Gösta Ekman (Faust), Emil Jannings (Mephisto), Camilla Horn (Gretchen), Frida Richard (Mutter), Wilhelm Dieterle (Valentin), Yvette Guilbert (Marthe Schwerdtlein), Eric Barclay (Herzog von Parma), Hanna Ralph (Herzogin von Parma), Werner Fuetterer (Erzengel), Hans Brausewetter (Bauernbursche), Lothar Müthel (Mönch), Hans Rameau, Hertha von Walther, Emmy Wyda.
PRO Ufa. **DRZ** September 1925 - Mai 1926.
DRO Ufa-Atelier Berlin-Tempelhof. **LNG** 7 Akte, 2484 m.
ZEN 17.8.1926, B.13483, Jv. **URA** 14.10.1926, Berlin (Ufa-Palast am Zoo).
– Prädikate: Volksbildend, Künstlerisch besonders wertvoll.
– Der Kameramann Karl Freund bereitete den Film mit vor, mußte ihn aber wegen Beinbruchs abgeben.
Um der Pest Herr zu werden, geht Faust für einen Tag einen Pakt mit dem Teufel ein. Faust, der versäumt, den Pakt rechtzeitig zu lösen, wird vom Teufel durch die Welt von Abenteuer zu Abenteuer geführt. Als das von ihm verführte Gretchen wegen Kindesmordes verbrannt werden soll, erwacht Fausts Gewissen. Nicht achtend des Verlusts der ewigen Jugend, die ihm der Teufel verliehen hatte, stürzt Faust auf der Richtstätte zu Gretchen. Vereint mit ihr besteigt er den Scheiterhaufen, beide gehen geläutert zu Gott ein.

1925/26. Metropolis.
REG Fritz Lang. **AUT** Thea von Harbou. **KAM** Karl Freund, Günther Rittau. **Schüfftan-Fotografie** Helmar Lerski. **Modellaufnahmen** Konstantin Irmen-Tschet.
BAU Otto Hunte, Erich Kettelhut. **Plastiken** Walter Schulze-Mittendorf. **KOS** Änne Willkomm.
KINO-MUS Gottfried Huppertz.
DAR Brigitte Helm (Maria / Maschinenmensch), Alfred Abel (Jon Fredersen), Gustav Fröhlich (Freder, Jon Fredersens Sohn), Rudolf Klein-Rogge (Rotwang, Erfinder), Fritz Rasp (der Schmale), Theodor Loos (Josaphat), Erwin Biswanger (Nr. 11811), Heinrich George (Groth, Wärter der Herzmaschine), Olaf Storm (Jan), Hanns Leo Reich (Marinus), Heinrich Gotho (Zeremonienmeister), Margarete Lanner (Dame im Auto / eine der Frauen der ewigen Gärten), Max Dietze, Georg John, Walter Kühle, Arthur Reinhard, Erwin Vater (Arbeiter), Grete Berger, Olly Böheim, Ellen Frey, Lisa Gray, Rose Liechtenstein, Helene Weigel (Arbeiterinnen), Beatrice Garga, Anny Hintze, Helen von Münchhofen, Hilde Woitscheff (Frauen der ewigen Gärten), Fritz Alberti (der schöpferische Mensch).
PRO Ufa. **DRZ** 22.5.1925 - 30.10.1926. **DRO** Ufa-Atelier Neubabelsberg, Filmwerke Staaken. **LNG** 9 Akte, 4189 m.
ZEN 13.11.1926, B.14171, Jv. **URA** 10.1.1927, Berlin (Ufa-Palast am Zoo).
– Prädikate: Volksbildend, Künstlerisch.
Ein utopischer Stoff: Der Industrielle Jon Fredersen zwingt die Arbeiter zu immer größeren Anstrengungen, während die Söhne und Töchter der Reichen sich in Lustgärten der Muße hingeben. Die riesige Industriestadt Metropolis – Symbol der Knechtung der Menschen – will der Gelehrte Rotwang mit Hilfe eines künstlich erschaffenen Menschen vernichten. Die Arbeiterin Maria, die den beklagenswerten Arbeitern in künstlichen Robotern das Evangelium und die Liebe predigt, wird zur Retterin der Stadt.

Gymnasten über Euch!

1920, als ich Stadtarzt in Remscheid war, wollte ich für die Gymnastikkurse in den Schulen einen Lehrfilm drehen. Ich schrieb ein sechsseitiges Exposé, in dem ich die Entwicklung der Gymnastik aus der antiken Körperkultur bis zur modernen Heilgymnastik, dem neuen Sport und Tanz zu zeigen versuchte. Ich ging mit meinem Exposé zum Zentralen Institut für Erziehung und Unterricht, das sich damals in Berlin in einem älteren Haus der Potsdamer Straße befand. Durch mehrere Vorzimmerdamen drang ich zum Ressortchef vor, der meinen Plan mit der Selbstbeherrschung eines Psychiaters gegenüber einem Geisteskranken anhörte. Dann ließ er mich wissen, daß für solche Ausgeburten einer überreizten Phantasie keine Mittel zur Verfügung ständen.

Ich eilte von dort zu der noch embryonalen Kulturfilmabteilung der Ufa in einer Seitenstraße am Potsdamer Bahnhof. Dort traf ich zwei Herren, wenn ich nicht irre, Dr. Nicolas (!) Kaufmann und Thomalla. Sie hörten mein Exposé wesentlich gefaßter an, bemerkten allerdings, vor kurzem sei ihnen das abendfüllende Manuskript eines ebenso exaltierten Autors, DAS WUNDER DES SCHNEESCHUHS eines Dr. Arnold Fanck, eingereicht worden. Abendfüllende Kulturfilme aber seien ein Unding, eine aufgelegte Pleite. Zudem sei mein Titel »Gymnasten über Euch!« völlig unmöglich. Jedes weibliche Wesen würde diesen Titel unfehlbar mißverstehen als: Gymnasiasten über Euch! Dennoch kaufte die Ufa die »Idee«.

Etwa zwei Jahre – da ich während der Kämpfe im Ruhrgebiet und eines harten Siedlerdaseins im Worpsweder Moor hin- und hergeworfen wurde – hörte ich nichts mehr von meinem Entwurf. Eines Tages, 1923 (!), sandte man mir einen Prospekt: Der erste abendfüllende Kulturfilm WEGE ZU KRAFT UND SCHÖNHEIT – ein Welterfolg! Ich erhielt noch eine fünfstellige Summe Inflationsmark. Aber was war aus meinem Exposé geworden? Da gab es zwar griechische Gymnasten; aber dann schwebten römische Sklavinnen in Marmorbädern à la Makart heran, da trat der badende Gerhart Hauptmann in Rapallo neben modernen Tanzmaiden auf, – es fehlte nichts, auch gar nichts von allem, was »gut und teuer war«, nur eben die einfache Linie des befreiten menschlichen Körpers ohne Schnörkel und Prominenz. Ich hatte damals unwissend die »Idee« buchstäblich verkauft.

Friedrich Wolf, 1949

Der kassenträchtige Kulturfilm entsteht mitten in der Inflationszeit. Nach einem Manuskript von Nicholas Kaufmann inszeniert Wilhelm Prager, der einst Lubitsch assistierte und dem Regiestab von FRIDERICUS REX angehört. Nachdem er mit einer eigenen Produktionsfirma Schiffbruch erlitten hat, arbeitet er als freier Regisseur und realisiert für die Ufa mehrere Märchenfilme. Im Mai 1923 wird er für WEGE ZU KRAFT UND SCHÖNHEIT verpflichtet; sein Honorar soll vier Millionen RM betragen und wird im Juli auf zehn Millionen erhöht. Im Sommer 1924, die Währung hat sich stabilisiert, erhält er eine Gage pro abgedrehter Szene, Wiederholungen die Hälfte; am Ende sind es rund 10.000 Mark. Am kommerziellen Erfolg ist er nicht beteiligt, streicht aber nochmals 12.000 Mark ein, als im Juni 1926 der Film in einer »erneuerten Ausgabe« wieder in die Kinos kommt.

Die Ufa verfolgt die Idee, ihren Körperkultur-Film immer auf dem aktuellen Stand zu halten: Tanz- und vor allem die Sportszenen werden ausgetauscht, der Fahnenschluß und – als Konzession an die Zensur – das Römische Bad gestrichen; auch Gerhart Hauptmann fällt der Schere zum Opfer. Mit geradezu missionarischem Eifer wird die Auswertung der Produktion betrieben. Zum Film erscheint ein Buch – 320 Seiten, 80 Bildtafeln – und ein Sammelwerk, das der Verlag als »Hausbuch der Deutschen Sport- und Körperkulturbewegung« anpreist. Fotos aus dem Film zieren die Titelblätter von Nudistenblättern wie *Lachendes Leben, Der Rhythmussucher, Die Ehelosen* und *Kraft und Schönheit* (bei der Titelsuche ließ sich die Ufa von dieser Freikörperkultur-Zeitschrift inspirieren).

Als sich der Rummel legt, geht Prager feste Bindungen ein: Die Ufa stellt ihn als Kulturfilm-Regisseur an, sein Monatsgehalt beträgt 1000 RM. Der Spezialist für Pferdefilme und Landschaftsbilder aus Bayern bemüht sich, Unterhaltung und Belehrung zu verbinden, findet aber nicht immer Unterstützung für seine Projekte. (Auf einem kritischen Lektoratsbrief zum Drehbuch WAS DIE ISAR RAUSCHT, verfaßt von Verleihchef Meydam, findet sich die handschriftliche Anmerkung: »Dieser Schrieb ist ein klassisches Beispiel für die Filmfremdheit und Verständnislosigkeit eines Vorstandsmitglieds der Ufa für das Lesen eines Manuskripts. Der Erfolg des Films bewies dies. W. Prager«.) Trotzdem bleibt Prager bis Kriegsende bei der Ufa.

Nachtrag: Am 27. März 1958 liegen die bekannten Nacktfotos aus WEGE ZU KRAFT UND SCHÖNHEIT dem Hauptausschuß der Freiwilligen Selbstkontrolle vor. Der Filmverleih

Fachmänner am Werk:
Dr. August Köster, Kustos am Alten Museum zu Berlin und Regisseur Wilhelm Prager legen letzte Hand an »Die lebende Venus«, verkörpert durch eine Schülerin der Gymnastikschule Hedwig Hagemann Hamburg

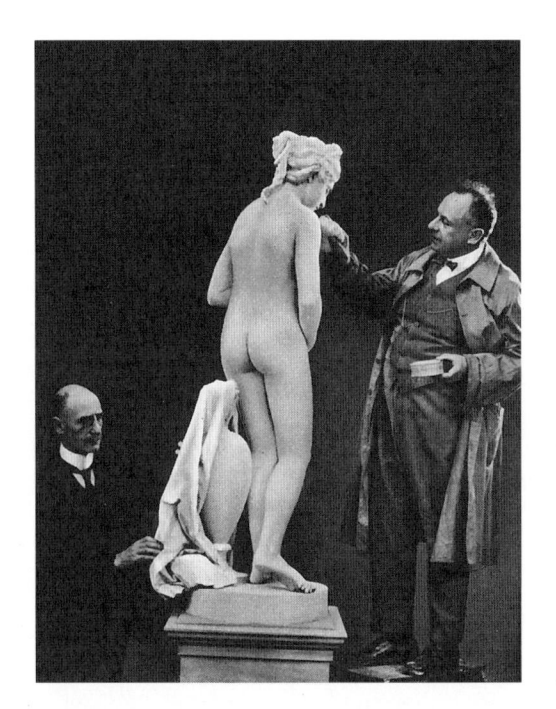

»Es wurden also sämtliche jungen Mädchen aus Gymnastik- und Sportclubs herangezogen – immer unter der Voraussetzung: Ihr müßt nackt sein. Und die mußten nun die Technik der damaligen tänzerischen Gymnastik vorführen, diese schönen kitschigen Bewegungen. Im Grünen sah das sehr schön aus. Und das hatte sich natürlich in Potsdam herumgesprochen und die potsdamer Bürger strömten also in Scharen herbei – mit Ferngguckern bewaffnet, um irgendetwas mitzukriegen. Aber nur bis zu einer gewissen Distanz – da stand dann die liebe Polizei – und sie kamen nicht weiter heran.
So sah man also, wenn man selbst in einer Szene war, Hunderte und Hunderte von Bürgern, Frauen, Männer, Kinder, die sich also bemühten, irgendwas von der Nacktheit dieser jungen Damen mitzubekommen.«
(Hertha von Walther, 1984)

Südwest bringt den alten Streifen wieder in die Kinos und greift dabei auf das Werbematerial von 1925 zurück. 13 von 34 Bildern erregen Anstoß im FSK-Arbeitsausschuß; der Verleih geht in die Berufung. »Selbstverständlich ist es nicht schlechthin verboten, den nackten menschlichen Körper im Bilde darzustellen«, meinen die Moralwärter. »Andererseits ist die Abbildung des Nackten nicht nur dann untersagt, wenn der normal empfindende Beschauer in geschlechtlicher Hinsicht verletzt wird. Zwischen der künstlerisch veredelten Darstellung des nackten Menschen und der Pornographie liegt ein weites Feld.« Die FSK der 50er Jahre ist prüder als die Herren der Ufa drei Jahrzehnte zuvor. Die Wächter über Sitte und Anstand lassen drei der in erster Instanz beanstandeten Fotos – weil auf ihnen »kaum etwas zu erkennen ist« – noch durchgehen. Die zehn anderen Fotos bleiben verboten, denn es »läßt sich das Zurschaustellen von nackten Menschen – sowohl in der Häufung wie auch im einzelnen Bild – in den Schaukästen der Filmtheater und damit auch in einer breiten Öffentlichkeit nicht rechtfertigen, da es den gesunden Anschauungen weiter Volkskreise widerspricht, daß in völlig entkleidetem Zustand geturnt, gebadet oder getanzt wird.«
Michael Töteberg

1926. Die Boxerbraut.
REG Johannes Guter. AUT Robert Liebmann, Heinz Gordon. KAM Theodor Sparkuhl. Schüfftan-Fotografie Helmar Lerski. BAU Erich Czerwonski.
DAR Xenia Desni (Helen von Vliet), Willy Fritsch (Fritz Spitz), Hermann Picha (Siegfried Spitz, sein Vater), Teddy Bill (Heinz Cordon), Harry Lamberts-Paulsen (Ernst Kempers, Meisterboxer), Alice Kempen (Lissy), Louis Brody (Fighting Bob).
PRO Ufa. DRZ April - Juni 1926. DRO Ufa-Atelier Berlin-Tempelhof, Ufa-Atelier Neubabelsberg. LNG 6 Akte, 2019 m. ZEN 30.8.1926, B.13588, Jv. URA 2.9.1926 Berlin (Ufa-Palast am Zoo).
– ›Sportpalast-Szene‹ nach dem Schüfftan-Verfahren (Dreh: Mai 1926) mit 300 Komparsen.
Nur einen Boxer will die hübsche Helen von Vliet heiraten! Nun hat der von ihr Auserwählte aber keinerlei Schlagqualitäten, was ihn nicht daran hindert, sich pneumatische Muskeln anzutrainieren. Verlobung. Hochzeit. Keine Hochzeitsnacht. Denn der annoncierte Negerboxkampf interessiert Helen plötzlich viel mehr. Und der schwarze Boxer erst!

1926. Der Mann im Feuer.
REG Erich Waschneck. AUT Armin Petersen, Erich Waschneck; nach einer Idee von Curt J. Braun, Heinrich Brandt. KAM Werner Brandes, Friedl Behn-Grund. BAU Botho Höfer. KINO-MUS Werner Richard Heymann.
DAR Rudolf Rittner (Feuerwehrmann Johann Michael), Helga Thomas (seine Tochter Lore), Olga Tschechowa (Diva Romola), Henry Stuart (Hellmuth Frank), Kurt Vespermann (Karl Winter), Jakob Tiedtke (Freund der Diva).
PRO Ufa. DRZ Juni 1926. DRO May-Atelier Berlin-Weißensee, Ufa-Kulturabteilung Berlin-Steglitz. LNG 5 Akte, 2253 m. ZEN 6.9.1926 B.13614, Jf. URA 23.9.1926, Berlin (Ufa-Palast am Zoo).
– AT: Feuer.
Die Feuerwehr als Mittelpunkt des Films. Neben eine Liebesgeschichte wird das Drama eines infolge einer Verletzung pensionierten Feuerwehrmannes, eines verbohrten Beamten, gestellt, der sich nicht von seinem Beruf trennen kann.

1926. Sein großer Fall.
REG Fritz Wendhausen. AUT Wilhelm Thiele, Fritz Wendhausen. KAM Werner Brandes. BAU Hans Jacoby. KINO-MUS Werner Richard Heymann.
DAR Alexander Murski (Lord Malcolm), Christa Tordy (Aileen, seine Tochter), Olga Tschechowa (Mary Melton), Rudolf Forster (Francis Broon), Carl Ebert (Kriminalkommissar Bernhard), Andreas Behrens-Klausen (Kriminalkommissar Strachow), Hans Adalbert Schlettow (Steppke, alias Graf Strachowsky), Wilhelm Bendow (Kulicke, Liebhaberdetektiv), Emil Heyse (Goetzke), Nikolai Malikoff (Simon Broon, Francis' Vater).
PRO Ufa. DRZ Juli - August 1926. DRO Ufa-Atelier Neubabelsberg, May-Atelier Berlin-Weißensee; AA Italien. LNG 6 Akte, 2420 m. ZEN 26.9.1926, B.13794, Jv. URA 30.9.1926, Berlin (Ufa-Palast am Zoo).
›Sein großer Fall‹ ist eine Angelegenheit des Kriminalkommissars Bernhard, der ein von Erpressern entführtes junges Mädchen wiederbringen und gleichzeitig den Mörder ihres Vaters ermitteln soll. Was selbstverständlich – nach einigen Ringkämpfen, Flugzeugfahrten und Automobiltouren – auch gelingt.

1926. Das Panzergewölbe.
REG Lupu Pick. AUT Lupu Pick, Curt J. Braun. KAM Gustave Preiss. BAU Rudi Feld. KINO-MUS Josef von Steletzky.
DAR Ernst Reicher (Stuart Webbs), Imogene Robertson /= Mary Nolan/, Aud Egede Nissen, Siegfried Arno, Max Gülstorff, Hugo Fischer-Köppe, Johannes Riemann, Julius E. Herrmann, Hadrian Maria Netto, Heinrich George, Erich Kaiser-Titz, Paul Rehkopf, Fritz Rulard, Louis Brody, Ernst Behmer, Artur Retzbach, Julius Falkenstein, Jakob Tiedtke, Geza L. Weiss.
PRO Rex-Film der Ufa. PRT Lupu Pick. DRZ April - Mai 1926. DRO Filmwerke Staaken Berlin. LNG 7 Akte, 2729 m. ZEN 5.10.1926, B.13826, Jv. URA 30.12.1926, Berlin (Tauentzien-Palast).
Stuart Webbs wird in das Haus des Herrn Cracker gelockt, muß dort eine Zeitlang gefangen bleiben, bis Verbrecher in einem Panzergewölbe falsche Banknoten auf echtem Papier hergestellt haben. Selbstverständlich befreit er sich, sorgt dafür, daß der reiche Kaufmann Elgin, der in die Sache verwickelt ist, straflos ausgeht und verhaftet die Verbrecher nach allerhand Tricks im bewußten Panzergewölbe.

»Der Mann heißt Emil«
Ufa-Star Emil Jannings

»Wir werden immer«, schreibt Buñuel 1928, »den monochorden Ausdruck eines Keaton dem infinitesimalen eines Jannings vorziehen.

Die Filmemacher haben Jannings mißbraucht, indem sie noch die winzigste Veränderung seiner Gesichtsmuskeln x-mal multiplizierten. Der Schmerz ist bei Emil Jannings ein Prisma mit hundert Facetten. Daher ist er in der Lage, in einer Nahaufnahme von fünfzig Metern zu spielen, und wenn man noch mehr von ihm verlangen würde, auch noch zu demonstrieren, daß man mit nichts weiter als mit seinem Gesicht einen ganzen Film machen könnte, mit dem Titel: ›Der Gesichtsausdruck von Jannings oder die Kombination von M-Falten hoch x‹ (...)

Schule von Jannings (europäische Schule): Sentimentalismus, durch Kunst und Literatur geleitete Vorurteile usw., John Barrymore, Veidt, Mosjoukine usw.

Schule von Buster Keaton (amerikanische Schule) Vitalität, photogene Kunst, Abwesenheit von Kultur und Tradition der Neuzeit: Monte Blau, Laura la Plante, Bebe Daniels, Tom Moore, Menjou (»Keine melodramatischen Gesten, kein Gesichtsausdruck à la Jannings, weder archetypisches Entsetzen noch Erstaunen. Es genügt, im richtigen Moment eine Augenbraue hochziehen zu können. Die Masken des klassischen Theaters senken beschämt die Augen angesichts des großartigen Ausdrucks eines Menjou, wenn er nach dem ersten Zug aus der Zigarette den Rauch ausstößt.«

Diese Einschätzung Buñuels entspricht vollkommen dem Eindruck, den ein Film wie DER LETZTE MANN (1924) – für mich der Emil Jannings-Film par exellence – in mir hinterlassen hat. Aber nicht nur in mir, sondern auch in Jannings selbst, als dieser ihn während der Dreharbeiten zu THE WAY OF ALL FLESH (1927) in Hollywood wiedersieht:

»Ich war erschrocken. Der alte Mann auf der Leinwand war mir fremd geworden, da ich nicht mehr der Jannings von einstmals war! Die Qualen, die immer das Doppelte und Dreifache ausdrücken wollten, um das Letzte, nein, das Allerletzte aus der Seele herauszuholen, fand ich geradezu unausstehlich. Das war kein Portier irgendeines großen Hotels mehr, das waren alle Portiers der Welt zusammen! Ich begriff plötzlich die Unsicherheit, die mich nach diesem Film überfallen hatte und wußte, daß ich in eine metaphysische Sackgasse geraten wäre, wenn Amerika mich nicht an die frische Luft geführt hätte.«

In diesem Zusammenhang zeichnet Jannings ein liebevolles Porträt des Regisseurs von THE WAY OF ALL FLESH, Victor Fleming: »Unverbildet, gradlinig und klar, hatte er von der Schauspielkunst, wie wir sie in Berlin verstanden, überhaupt keine Vorstellung. Aber er kannte meine Filme und hatte eine große Meinung von mir, was ihn jedoch nicht davon abhielt, seine Ansichten zu vertreten. Wenn ich den geistigen Ozean, der Europa von Amerika trennt, so schnell überwand, so verdanke ich das Fleming! Er nahm mir ab, was ich zuviel aufgepackt hatte, und wenn ich anfing zu ›schauspielern‹, sah er mich verwundert an, schüttelte den Kopf und sagte halblaut: ›Too much! – Zu viel!‹

Das erlebte ich schon am ersten Ateliertag. Nach der Probe nahm er mich zwanglos unter den Arm und spazierte mit mir in einen stillen Winkel. ›Machen Sie nichts!‹ riet er mir. ›Seien Sie, wie Sie sind! Wenn Sie so machen‹, hob er seinen kleinen Finger, ›dann ist das soviel, als wenn ein anderer so macht!‹, dabei stieß er die geballte Faust plötzlich hoch ...

Der Spießbürger als tragischer Clown: Emil Jannings in Der blaue Engel

Jannings mit Harry Liedtke und Erich Schönfelder in Lubitschs Das fidele Gefängnis *(1917)*

Hollywood begrüßt den Weltstar

Sein immer wiederkehrendes, halblautes ›Too much!‹ nahm mir in kameradschaftlichster Weise einen Drücker nach dem andern ab, und ich gewahrte fassungslos, daß sich ein anderer Jannings aus mir herausschäle – ein einfacher, unbelasteter und selbstverständlicher.«

Der Schauspieler und Filmhistoriker Hanns Zischler bringt das Problem auf die Formel, der Jannings des deutschen Stummfilms habe in der cadrage so viel geleistet, daß ihn, Zischler, das overacting nicht störe. Jannings sei trotz seiner Herkunft vom Theater ein genuiner Filmschauspieler gewesen, der in einer Art, die auf der Bühne lächerlich gewirkt hätte, »in die cadrage gesprungen ist«. Seine Bewegungen habe er der optischen Maschine anzupassen verstanden und, mit der Optik spielend, Beschleunigungen sehr kurzfristig zu erzeugen vermocht.

Jannings erinnert sich: »Mein endgültiger Durchbruch gelang mir in einem Film, der nach der Operette ›Die Fledermaus‹ gedreht wurde (Das fidele Gefängnis, Ernst Lubitsch, 1917). Ich hatte den ewig betrunkenen Gefängniswärter ›Frosch‹ zu spielen, eine Rolle, in die ich mich schon so oft gestürzt hatte, daß ich ein bereits feststehendes Gesicht in ihr bekam. Das gefiel mir nun ganz und gar nicht und ich nahm mir vor, etwas Besonderes, den Frosch der Frösche, aus ihr zu machen. Jede Bewegung durchdachte ich und jede Pointe schälte ich heraus. Als ich in der sorgsam vorbereiteten Maske das Atelier betrat, starrten mich die Anwesenden verwundert an. Sie erkannten mich nicht und merkten erst, wer vor ihnen stand, als ich den Mund auftat...«

»Jede Bewegung durchdachte ich...« – dieser Satz, so Hanns Zischler, zeugt von Erfindungsgeist. Dieser betreffe jedoch nicht die schauspielerischen Mittel, wie Mimik oder Gestik: sie seien nur Folgen. Vielmehr gehe es bei jenem energetischen Prozeß der Freisetzung, dem eine solche Erfindung sich verdankt, ausschließlich um den einen Augenblick des Beginns der Filmaufnahme: diesen Augenblick der Souveränität der Darstellung. Ihn habe Jannings (sein »in die cadrage Springen«) spürbar gemacht. Während bei einem Werner Krauß, begnadeter Schauspieler zwar, derartige Erfindungen nicht vorkämen, und Albert Bassermann auch in seinen Filmen rheinisches Theater gespielt habe, sei es Jannings gelungen, einen bis dahin unbekannten Typus des europäischen Stummfilms zu erfinden. Er habe »den Dreh raus«.

In dem Vierteiler Tragödie der Liebe (Joe May, 1921), wo Jannings den Ringer Ombrade spielt, werde, obwohl man Ombrade niemals ringen sieht, in der Art, wie der sich durch die feine Gesellschaft catcht, dennoch die Kunst des Ringens vermittelt. »Was heißt hier Ombrade!«, schreibt Kurt Tucholsky, »der Mann heißt Emil.«

Jannings spielt, so läßt dieser Satz sich deuten, nicht nur den einen Ombrade, sondern – so wie vor Jahren den Frosch der Frösche – den Ombrade aller Ombrades. »Er sollte sie (diese Figur) nicht zum letzten Mal gespielt haben«, heißt es bei Tucholsky weiter. »Das ist kein einmaliger Einfall – das könnte eine Figur für viele Abenteuer sein. Denn das ist ein Typus: der gutmütige, kräftige, bärenhaft starke und bärenhaft tapsige Ludewig.«

Vielleicht ist diese Typisierung der Punkt, um den sich die Schauspielerei überhaupt dreht. Bei seinem ersten Auftreten im Deutschen Theater hat Jannings den Hermann in Schillers »Die Räuber« zu spielen. Der Schauspieler, schreibt Jannings im Hinblick auf diese Rolle, dürfe nicht nur einen Dorflümmel auf die Beine stellen, sondern müsse ein bißchen mehr tun: er müsse das Urbild des Charakters vermitteln, also den Unterschied zwischen einem Gemälde und einer Fotografie deutlich machen. Solche Unterschiede zu empfinden, sei das einzige, was ein Schauspieler besitzen müsse. Alles andere sei unnötiger Ballast.

Jannings, der Maler... Es gibt einen erhellenden Text von Kafka, der das, was Jannings in seinem Vergleich Fotografie nannte, zum Gegenstand hat und von daher – also von dem her, was nichts Schauspielerisches ist – das, was im Sinne von Jannings das eigentlich Schauspielerische ausmacht, beleuchtet.

»Zur Nachahmung von Details des Groben«, heißt es in dieser Tagebuchaufzeichnung Kafkas, »habe ich dagegen einen entschiedenen Trieb, die Manipulation gewisser Menschen mit Spazierstöcken, ihre Haltung der Hände, ihre Bewegung der Finger nachzuahmen drängt es mich, und ich kann es ohne Mühe. Aber gerade dieses Mühelose, dieser Durst nach Nachahmung entfernt mich vom Schauspieler, weil diese Mühelosigkeit ihr Gegenspiel darin hat, daß niemand merkt, daß ich nachahme...«

Peter Nau

1926. Durchlaucht Radieschen.
REG Richard Eichberg. **AUT** Hans Sturm; nach der Posse von Julius Freund. **KAM** Heinrich Gärtner, Bruno Mondi. **BAU** Kurt Richter. **KINO-MUS** Werner Richard Heymann. **DAR** Xenia Desni (Fürstin Tinnefka), Werner Fuetterer (Graf Casimir Conjak), Hans Junkermann (Fürst Tinnefka, Kriegsminister), Valerie Jones (Natalie von Isenix), Margarete Kupfer (Frau Wuschke, Zimmervermieterin), Mia Pankau (Emma, eine Amme), Hans Sturm (von Isenix, mazzedonischer Botschafter in Wien), Hans Brausewetter (Wenzel, Bursche bei Kasimir), Robert Garrison (unheimlicher Mann), Julius von Szöreghy (Wirt), Teddy Bill (Pueblo de Santa Galantos), Arthur Gerlach. **PRO** Eichberg-Film der Ufa. **PRT** Richard Eichberg. **DRZ** September - Oktober 1926. **DRO** Jofa-Atelier Berlin-Johannisthal. **LNG** 6 Akte, 2105 m. **ZEN** 5.1.1927, B.14640, Jv. **URA** 25.3.1927, Berlin (Ufa-Palast am Zoo): Stichworte zu einem Schwank, der sich um die Suche nach einem König für den bombenumschwirrten Thron von Mazedonien dreht: eine Operettenrevolution mit mächtigem Pulververbrauch – Wien – Familienbad – Gänsehäusel – Prater – Stadtansichten. Alles da!

Eichberg-Film der Ufa

23

1925/26. Der heilige Berg.
REG, AUT Arnold Fanck. KAM Helmar Lerski, Hans Schneeberger (Atelier), Hans Schneeberger, Sepp Allgeier (Außen). KAS Albert Benitz, Kurt Neubert. BAU Leopold Blonder. Bildhauer Carl Böhm. KINO-MUS Edmund Meisel.
DAR Leni Riefenstahl (Tänzerin Diotima), Luis Trenker (Freund), Ernst Petersen (Vigo), Frida Richard (Mutter), Friedrich Schneider (Skilehrer Colli), Hannes Schneider (Bergführer).
PRO Ufa, Kulturabteilung. DRZ Oktober 1925 (Atelier). DRO Filmwerke Staaken Berlin; AA Schweizer Alpen, Lenzerheide. LNG 9 Akte, 3100 m / 8 Akte, 2668 m. ZEN 7.10.1926, B.14464, Jf. URA 17.12.1926, Berlin (Ufa-Palast am Zoo).
– Prädikat: Volksbildend.
Ein menschliches Drama vor der grandiosen Kulisse der Schweizer Alpen: Die Tänzerin Diotima, deren ganze Liebe den Bergen gehört, ist mit einem Bergsteiger verlobt. Bei einer Bergbesteigung mit einem Freund erkennt er in diesem einen Rivalen seiner Liebe. Bei dem Versuch, den Freund, den er durch Drohungen in Lebensgefahr brachte, zu retten, finden beide den Tod.

1926. Der Sohn des Hannibal.
REG Felix Basch. AUT Richard Hutter, Felix Basch; nach dem Roman von Ludwig Wolff. KAM Franz Planer. BAU Robert Neppach. KINO-MUS Werner Richard Heymann.
DAR Liane Haid, Alfons Fryland, Ferdinand von Alten, Albert Paulig, Siegfried Arno, Alexander Murski, Bruno Arno, Nikolai Malikoff, Manasse Herbst.
PRO Maxim-Film der Ufa. DRO Maxim-Atelier Berlin. LNG 6 Akte, 2317 m. ZEN 10.11.1926, B.14207, Jv. URA 23.12.1926, Berlin (U.T. Kurfürstendamm).
Das Rennpferd Hannibal tritt nur wenig in Aktion, dafür sein siegreicher ›Sohn‹ um so öfter. Um das Pferd herum ist eine Geschichte konstruiert mit einem berufslosen Waschlappen von Liebhaber, seinem sinnig-minnigen Backfisch, dem dazugehörigen Intriganten sowie einer jüdischen Familie mit hellem Kopf und gutem Herzen.

1926. In der Heimat, da gibt's ein Wiedersehn!
REG Leo Mittler. KO Reinhold Schünzel. AUT Bobby E. Lüthge, Heinz Gordon. KAM Ludwig Lippert. BAU Fritz Kraencke, Karl Machus.
DAR Reinhold Schünzel (Gustav Knospe), Margot Walter (Toinette), Margit Barnay (Herta), Johannes Riemann (Dr. Ernst Körner), Siegfried Arno (Siegfried), Carl Wallauer (Klotz, Conserven en gros, Hauptmann d. R.), Fritz Kampers (Lemke, Unteroffizier), Julius Falkenstein (Hauptmann von Falke), Jakob Tiedtke (hoher Offizier), Otto Wallburg (Feldwebel Baumann), Paul Morgan (Soldat), Olga Engl (Frau Professor Körner), Max Ehrlich (Samuel Kronheim), Daisy Torrens (Rosa, seine Frau), Trude Lehmann (Frau Lemke), Paul Westermeier (Ede, Budiker), Blandine Ebinger (Paula), Hugo Werner-Kahle (Max Wiedlack), Fritz Beckmann, Ludwig Stössl (seine beiden Freunde), Karl Etlinger (Krüger, Prokurist bei Klotz), Charles Lincoln (Leutnant), Frigga Braut (Magdalene Pickard), Rudolf Jünger, Carl Geppert, Neumann-Schüler (Soldaten).
PRO Schünzel-Film der Ufa. PRT Reinhold Schünzel. AUL Fritz Großmann. DRZ Mai - Oktober 1926. DRO Ufa-Atelier Berlin-Tempelhof. LNG 7 Akte, 2014 m. ZEN 10.11.1926, Jf. URA 23.12.192, Berlin (Mozartsaal, Tauentzien-Palast).
Drei Angehörige einer Korporalschaft schließen während des Ersten Weltkrieges miteinander Freundschaft. Nach dem Krieg wird die gute Seele des Trios, der berliner Gelegenheitsarbeiter Gustav Knospe, Rundfahrtkläer und heiratet ein Mädchen aus dem französischen Quartier.

1926. Vater werden ist nicht schwer.
REG Erich Schönfelder. AUT Alfred Halm; nach der Novelle ›Mein erstes Abenteuer‹ von Ernst von Wolzogen. KAM Fritz Arno Wagner, Walter Harvey-Pape. BAU Jacques Rotmil. KINO-MUS Werner Richard Heymann.
DAR Lilian Harvey (Harriet), Harry Halm (Lord Douglas), Siegfried Arno, Albert Paulig (Snake), Max Nosseck, Julius Falkenstein (Kommissar), Franz Egéniieff (Lord James Fairfax), Mathilde Sussin (Lady Eliza, seine Gattin), Hans Mierendorff (Mr. Unterwood aus Kansas City), Gaston Briese (Fred, Douglas' Freund), Robert Négrell (Tänzer).
PRO Eichberg-Film der Ufa. PRT Richard Eichberg. DRZ Oktober - November 1926. DRO Jofa-Atelier Berlin-Johannisthal. LNG 6 Akte, 2211 m. ZEN 18.12.1926, B.12710, Jv. URA 31.12.1926, Berlin (U.T. Kurfürstendamm).

Der Sprung über den Großen Teich

Ewald André Duponts »Varieté«

Unter der Leitung Erich Pommers favorisiert die Ufa aufwendige Filmproduktionen. Damit ist sie erfolgreich – auf dem deutschen Markt. In Deutschland allein aber können die teuren Filme bestenfalls ihre Kosten wieder einspielen, mehr nicht. Zu neuen Ufern muß die Ufa vordringen, zu größeren Märkten: nach Amerika! Gegen die vermeintliche Massenware, die oberflächliche Unterhaltung aus Hollywood würde die Ufa Qualitätsfilme mit seelischem Tiefgang setzen.

Die Aufführungen von Fritz Langs DIE NIBELUNGEN 1. TEIL unter dem Verleihtitel SIEGFRIED im September 1925 und von Murnaus DER LETZTE MANN (THE LAST LAUGH) im Dezember 1924 sind dann auch Erfolge bei den New Yorker Kritikern: Sie sehen das Kino zur Kunst nobilitiert. An den amerikanischen Kino-Kassen jedoch sind die deutschen Filme ein Flop, die Kunst macht sich nicht bezahlt.

Bis auf eine Ausnahme: »VARIETÉ ist vielleicht kein so fein ziselierter oder lyrischer Film wie DER LETZTE MANN. Die Story ist sehr viel allgemeingültiger, ist eine melodramatische Mär von Verbrechen und Leidenschaft unter wanderndem Zirkusvolk. Ein Drama eigener Art; sinnlich, wollustig, schön in seiner Nacktheit. Eine Tragödie, angereichert mit untergründigem Humor. Der Film hat Rhythmus, er ist ein perfekt konstruiertes Kunstwerk. Jedes Detail weiß zu bestechen, alles ist wie aus einem Guß. Da gibt es keine unbedachte Geste, keinen Kamerastandpunkt, der nicht zu fesseln wüßte und zugleich beredt wäre. Der nahezu titellose Film VARIETÉ ist reines Kino, ist völlig auf die Pantomime gestellltes Schauspiel. (...)

Gesichter, Maschinen, selbst die toten Objekte sind mit Leben erfüllt, sind plastisch greifbar, sind lyrisch in ihrer eigenartig beseelten Stummheit. Das ist Picassos Technik, auf die Kinoleinwand übertragen; einzig Murnau, Dupont und ein paar Experimentalfilmer (Dudley Murphy, Fernand Léger) haben das Kino so weit voran getrieben. DER LETZTE MANN hatte etwas von dieser Technik, aber er entwickelte sich in einen eher melodischen Film. VARIETÉ aber ist krude, barbarisch, pulsierend; VARIETÉ hat jene Wildheit, die Stravinskys Musik gelegentlich eigen ist.«

Evelyn Gersteins am 28. Juli 1926 im *New Republic* veröffentlichte Kritik ist offensichtlich an die intellektuellen Kinozuschauer gerichtet. Picasso, Stravinsky... mit der Erwähnung solcher Namen lassen sich auf die Dauer keine Kinosäle füllen. Trotzdem wird VARIETÉ in Amerika vom breiten Kinopublikum angenommen; allein im New Yorker Uraufführungskino Rialto steht der Film elf Wochen auf dem Programm.

An der Geschichte, die VARIETÉ erzählt, kann der ungewöhnliche Erfolg nicht liegen. Denn der Plot ist typisch für das deutsche Kino der Stummfilmzeit, Eifersuchtstragödien sind der Grundstoff der Ufa-Melos.

Boss Huller war Trapezartist. Nach einem Unfall ist er behäbig geworden; mit Frau und Kind betreibt er auf einem hamburger Rummelplatz seine Schaubude. Eines Tages wird ein junges Mädchen, das als blinde Passagierin im Hamburger Hafen gestrandet ist, zu ihm in seinen Wohnwagen gebracht. Die Heimatlose erhält den Namen Bertha-Marie – so hieß das Schiff, auf dem sie aus fernen Ländern kam. Huller verliebt sich in die Anmut der jungen Frau, die als Tänzerin in seiner Zeltbude auftritt. Die lüsternen Blicke, die anzüglichen Gesten des männlichen Publikums empören ihn; die Nachlässigkeit seiner Frau wird ihm zuwider, die Armseligkeit seiner Existenz erscheint ihm unerträglich. Er geht mit Bertha-Marie nach Berlin. Der erfolgreiche Luftakrobat Artinelli, dessen Kompagnon kurz zuvor bei einer Trapeznummer abgestürzt ist, engagiert beide für seine Nummer im »Wintergarten«. Die riskanten Kunststücke der »Drei Artinelli« haben Erfolg. Der elegante und welterfahrene Artinelli umschmeichelt Bertha-Marie, sie tref-

»Sein Gehirn ist ein großer Nachzeichner seiner atmosphärischen Impressionen. ›Atmosphäre‹ im Film ist immer Sache einer höchst extremen Technik.
Sie ist niemals als einfaches Bild zu fassen; immer nur in der besonders extravaganten Einstellungstechnik, in der besonders extravaganten Schnittechnik, in der exzentrischen Tricküberschneidung. ›Atmosphäre‹ ist sozusagen das technische Saltomortale des Filmregisseurs.«
(Willy Haas, 1925)

fen sich zum heimlichen Rendezvous und betrügen Boss. Eher zufällig erfährt Boss durch Kollegentratsch davon. In dem Zimmer, in dem Bertha-Marie ihn mit Artinelli hinterging, ersticht er seinen Nebenbuhler. Er stellt sich der Polizei; nach zehn Jahren wird er aus dem Gefängnis entlassen.

VARIETÉ erzählt die schon in vielen anderen Ufa-Filmen variierte Geschichte vom körperlich starken, im Gemüt jedoch kindlichen Liebenden (Emil Jannings), der körperlich zarten, aber ihren Begierden hingegebenen Mädchenfrau (Lya de Putti) und dem eleganten und skrupellosen Nebenbuhler (Warwick Ward). Im amerikanischen Kino hätte diese Figurenkonstellation allenfalls den Stoff für eine Komödie abgegeben; im deutschen Kino geht das selten ohne Mord und Totschlag aus. All die aus deutschen Stummfilmen vertrauten Gesten kehren hier wieder: Der starke Mann Jannings, der ein schreiendes Baby in den Schlaf wiegt; Jannings, der seinen schweren Kopf der zarten Lya de Putti demutsvoll in den Schoß legt; Jannings, der die zerrissenen Strümpfe der Geliebten stopft; und Jannings, der zuviel Mannesstolz besitzt, um den Nebenbuhler beim Trapezakt einfach in den Tod stürzen zu lassen. Dazu der Hintertreppen-Naturalismus mit dampfendem Kochtopf in der Stubenecke und trillerndem Kanarienvogel im Wohnwagen. Daß der Film in Deutschland Kasse machen würde, ist klar: Das Rezept ist schon hundertfach erprobt worden.

Warum aber gefällt VARIETÉ den Amerikanern; warum schwärmt ein in Hollywood großgewordener, ganz und gar unsentimentaler Regisseur wie Samuel Fuller noch heute von diesem Film?

Harriet ist exzentrisch, denn ihr Vater ist Millionär, noch dazu ein amerikanischer. Das Mädchen ist auf Europa-Trip und findet ein elternloses Kind. Samt Kinderwagen schiebt sie durch die Welt. Lord Fairfax findet das sympathisch und schließt sich an, auf geht die Reise nach Paris, wo ein Detektiv in die Handlung platzt, der den Lord für einen Gauner hält. Daß Detektive irren können, ist der glücklichen Lösung des Falles zu entnehmen.

1926/27. Die selige Exzellenz.
REG Wilhelm Thiele, Adolf Edgar Licho. AUT Wilhelm Thiele, Adolf Edgar Licho; nach Rudolf Presber, L. W. Stein. KAM Werner Brandes. BAU Erich Czerwonski, Günther Hentschel.
DAR Willy Fritsch (Fürst Ernst Albrecht), Olga Tschechowa (Baronin von Windegg), Ernst Gronau (alte Excellenz), Max Gülstorff (Max Buxbaum), Lydia Potechina (Mathilde, seine Frau), Truus van Aalten (Elsa, beider Tochter), Albert Paulig, Hans Junkermann (Baron von Gillingen), Adolf Edgar Licho, Max Hansen (Conrad Weber, Sekretär der alten Excellenz), Julius Falkenstein (Apotheker Paschke), Fritz Kampers.
PRO Ufa. DRZ November - Dezember 1926. DRO Ufa-Atelier Berlin-Tempelhof. LNG 6 Akte, 2658 m. ZEN 23.2.1927, B.15325, Jf. URA 16.9.1927, Berlin (Ufa-Palast am Zoo).
Komödie um die Intrigen und lustigen Verwicklungen, die sich aus der Drohung ergeben, die Memoiren eines verstorbenen Ministers zu veröffentlichen.

1926/27. Die Czardasfürstin.
REG Hanns Schwarz. AUT Ladislaus Vajda, Wilhelm Thiele; nach der Operette von Emmerich Kálmán, Libretto: B. Jenbach, Leo Stein. KAM Curt Courant.
Schüfftan-Fotografie Helmar Lerski. BAU Uwe Jens Krafft. KINO-MUS Artur Guttmann.
DAR Liane Haid (Czardasfürstin), Oskar Marion, Imre Ráday, Ibi Boya, K. Zatony, Julius Zilahy, F. Vendrey, Bolla Marischka.
PRO Ufa. PRL Peter Ostermayr. AUL Fritz Klotzsch. DRZ 10.9.1926 - Januar 1927. DRO Corvin-Atelier Budapest, May-Atelier Berlin-Weißensee, Ufa-Atelier Neubabelsberg. LNG 6 Akte, 2596 m. ZEN 5.3.1927, B.02596, Jv. URA 15.3.1927, Berlin (Ufa-Palast am Zoo).
– Hergestellt mit Unterstützung des ungarischen Filmfonds.
Ein ungarischer Graf verfällt in Rom den Reizen einer eleganten und gefeierten Sängerin und vergißt seine Braut, die ihrerseits einen neuen Partner findet.

1926/27. Die schönsten Beine von Berlin.
REG Willi Wolff. AUT Willi Wolff, Robert Liebmann. KAM Axel Graatkjaer. BAU Ernst Stern. KINO-MUS Otto Stenzeel.
DAR Ellen Richter, Dina Gralla, Bruno Kastner, Julius von Szöreghy, Henry Bender, Teddy Bill, Frida Richard, Kurt Gerron, Rudolf Lettinger, Fritz Richard, Kurt Fuß, Kurt Ehrlich, Rudolf Meinhard-Jünger, Kurt Lilien, Alice Torning, Charell Boys, Original Dadge Sisters, Original Lawrence Tiller Empire Girls, Ensemble der Haller-Revue.
PRO Ellen Richter-Film der Ufa. DRZ November - Dezember 1926. DRO Efa-Atelier Berlin Cicerostraße. LNG 6 Akte, 2330 m. ZEN 17.3.1927, B.15274, Jv. URA 28.7.1927, Berlin (U.T. Kurfürstendamm).
La bella Dolores, die schöne rassige Spanierin, ist der gefeierte Star der neuen Revue ›Die schönsten Beine von Berlin‹. Sie ist zwar temperamentvoll wie eine Spanierin, in Wahrheit aber gebürtige Ungarin. Seinerzeit, im Kriege, als sie noch Etelka hieß, hatte sie ein Erlebnis, an das sie wieder erinnert wird. Davon erzählt der Film.

1926. Die sieben Töchter der Frau Gyurkovics / Flickorna Gyurkovics.
REG Ragnar Hyltén-Cavallius. AUT Paul Merzbach; nach dem Roman ›A Gyurkovics leányok‹ von Ferenc Herczeg /= Franz Herzog/. KAM Carl Hoffmann. BAU Wilhelm Byrde. KINO-MUS Werner Richard Heymann.
DAR Betty Balfour (Mizzi), Willy Fritsch (Graf Horkay), Werner Fuetterer (Geza), Elza Temary (seine Frau), Lydia Potechina (Frau Gyurkovics), Anna Lisa Ryding (Katinka), Helene Hedin (Sari), Gretl Schubert (Terka), Truus van Aalten (Lily), Tita Christescu (Elza), Ruth Oberbörsch (Marga), Harry Halm (Tony Gyurkovics), Ivan Hedqvist (Oberst von Radvanyi), Axel Hultmann (Rittmeister), Iwa Wanja (Margit), Camilla von Hollay (Odette), Gunnar Unger (Adjutant), Karin Swanström (erste Tante), Stina Berg (zweite Tante), Sophie Pagay (Lehrerin), Olga Engl (Gräfin Hohenstein), Annie Hintze (Komtesse Hohenstein).

Der Artist (Emil Jannings), seine Frau (Lya de Putti) und ihr Liebhaber (Warwick Ward) – ein unheilvolles Dreieck und viele Verdächtigungen. 1925 ist VARIETÉ bestes Suspense-Kino. Das Publikum glaubt mehr zu wissen und wird doch überrumpelt.

»Den Boß gibt Jannings. Am ergreifendsten in den idyllischen Bildern, als verliebter Junge, als närrischer Riese. Entzückende Übergänge, köstliche Variationen. Großartig die Starre, die schwere Versunkenheit zum Schluß. Unbeweglich, mit unheimlich gehaltenem Ausdruck.«
(Herbert Ihering, 1925)

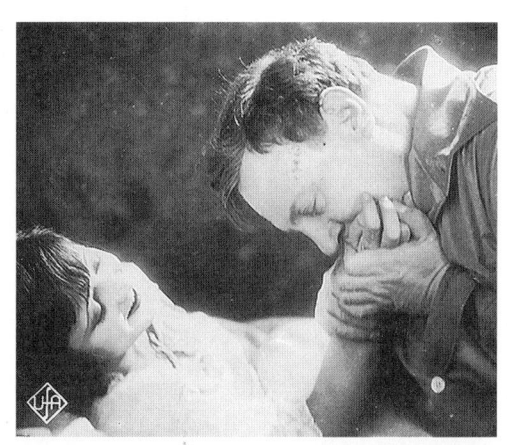

PRO Ufa / Isepa, Stockholm. **DRO** Ufa-Atelier Berlin-Tempelhof. **AA** Ungarn. **LNG** 6 Akte, 2360 m. **ZEN** 25.3.1927, Jv. **URA** 26.12.1926, Stockholm (Röda Kvarn); **DEA** 13.4.1927, Berlin (U.T. Kurfürstendamm).
Ein von Mißverständnissen und Verwechslungen durchzogenes Lustspiel, in dem vier der besagten sieben Töchter nur Staffage sind. Von den restlichen kriegen zwei ihre Männer und die dritte hat die Hoffnung, daß ein vorläufig noch etwas flatterhafter Primaner ihr eines Tages endgültig zu Füßen liegt.

1926/27. Der Weltkrieg. 1. Teil Des Volkes Heldengang.
REG Leo Lasko. **AUT** George Soldan, Erich Otto Volkmann. **KAM** Svend Noldan (Trick), Fritz Arno Wagner, Hans Scholz (Zusatzaufnahmen). **BAU** Carl Ludwig Kirmse. **KINO-MUS** Marc Roland. **Organisation** Ernst Krieger. **PRO** Ufa. **LNG** 7 Akte, 2346 m. **ZEN** 4.4.1927, B.15402, Jf. **URA** 22.4.1927, Berlin (Ufa-Palast am Zoo).
– Dokumentarfilm. – Hergestellt unter Verwendung von Originalaufnahmen aus dem Reichskriegsfilmarchiv.

1926/27. Der Weltkrieg. 2. Teil Des Volkes Not.
REG Leo Lasko. **AUT** George Soldan, Erich Otto Volkmann. **KAM** Svend Noldan (Trick), Ewald Daub, Hans Scholz, Konstantin Tschetwerikoff (= Tschet) (Zusatzaufnahmen). **BAU** Carl Ludwig Kirmse. **KINO-MUS** Marc Roland. **Organisation** Ernst Krieger. **PRO** Ufa. **LNG** 6 Akte, 2639 m. **ZEN** 3.1.1928, B.18052, Jf. **URA** 9.2.1928, Berlin (Ufa-Palast am Zoo).
– Dokumentarfilm. – Hergestellt unter Verwendung von Originalaufnahmen aus dem Reichskriegsfilmarchiv.
Ein ursprünglich als Serienfilm gedachtes Werk, das in dreijähriger Arbeit entstanden ist und dokumentarisch gestellte Szenen sowie Material aus dem Reichskriegsarchiv aus dem Ersten Weltkrieg kompiliert.

1926/27. Die Frauengasse von Algier.
REG Wolfgang Hoffmann-Harnisch. **AUT** Robert Reinert. **KAM** Carl Hoffmann. **BAU, KOS** Hans Jacoby, Bruno Krauskopf. **KINO-MUS** Artur Guttmann. **DAR** Maria Jacobini (Frau Brisson / Musa Samara), Camilla Horn (Adrienne, ihre Tochter), Elizza La Porta (Mira), Jean Bradin (René Cadillac, Staatsanwalt), Warwick Ward (Nicola Molescu), Hans Adalbert Schlettow (Miras Bruder, Matrose), Paul Otto (Oberst Guignard), Karl Etlinger (Notar Bernasquez), Georg John (Portier), Frigga Braut (1. Wärterin), Maria Forescu (2. Wärterin), Lydia Potechina (Gesellschafterin), Egon Erwin Kisch (Bettler), Franz Schafheitlin, Vicky Werkmeister. **PRO** Ufa. **DRZ** November - Dezember 1926 (Atelier). **DRO** Ufa-Atelier Berlin-Tempelhof. **AA** Algier. **LNG** 7 Akte, 2342 m. **ZEN** 6.5.1927, B.15610, Jv. **URA** 10.5.1927, Berlin (Ufa-Palast am Zoo).
Zwei ›gefallene‹ Mädchen geraten in die ›Frauengasse‹, an beiden werden Vergewaltigungsversuche unternommen, beide werden gerettet, die eine durch ihren Bruder, die andere durch die Mutter. Doch die führt ein Doppelleben: einerseits elegante Dame in Algier, andererseits Besitzerin eines Frauenhauses. Kolportiert wird auch, daß sie seit 17 Jahren in der Ungewißheit lebt, Witwe zu sein oder nicht. In dieser Atmosphäre ereignet sich ein Mord.

1927. Die Dame mit dem Tigerfell.
REG Willi Wolff. **AUT** Robert Liebmann; nach dem Roman von Ernst Klein. **KAM** Axel Graatkjaer. **BAU** Ernst Stern. **DAR** Ellen Richter (Lady Portin, alias Ellen Garet), Mary Kid, Georg Alexander (Lord Abbot), Bruno Kastner (Charles Bremer, Graf), Heinrich Schroth (Henry Seymor), Alfred Gerasch (Senior Santos), Kurt Gerron (Meyers), Evi Eva. **PRO** Ellen Richter-Film der Ufa. **DRZ** Januar - Februar 1927. **DRO** Efa-Atelier Cicerostraße Berlin. **LNG** 6 Akte, 2436 m. **ZEN** 14.4.1927, B.16928, Jv. **URA** 14.10.1927, Berlin (Mozartsaal).
Eine Antiquitätenhändlerwitwe, die Frau mit dem Tigerfell, ist verstrickt in eine Handlung, in der jeder ein Gauner ist. Bis auf einen sympathischen jungen Mann, der überall zur rechten Zeit eingreift und neben den gestohlenen Miniaturen als Belohnung obendrein die Witwe erhält.

1927. Am Rande der Welt.
REG Karl Grune. **AUT** Karl Grune, Hans Brennert. **KAM** Fritz Arno Wagner. **BAU** Robert Neppach. **KOS** Robert Neppach. **KINO-MUS** Giuseppe Becce. **DAR** Albert Steinrück (Müller), Brigitte Helm (Magda), Wilhelm Dieterle (John), Camilla von Hollay (Johns Frau), Max Schreck (Trödler), Imre Raday (Müllersbursche, Spion), Jean Bradin (Offizier), Victor Janson (Hauptmann), Erwin Faber (Verräter), Georg John, Felicitas Malten (Müllersfrau).

Dupont bei Dreharbeiten zu ATLANTIK (1929)

Es sind die Mythen des Zeitgeistes, denen VARIETÉ zuspielt – und das auf virtuose Weise. Zu den Mythen des Kinos gehört Mitte der 20er Jahre das Diktum: Der Stummfilm braucht keine Zwischentitel, er ist eine rein visuelle Kunst. Der Drehbuch-Autor und Regisseur E. A. Dupont erfüllt diese Forderung der Zeit sehr geschickt ... Wenn Boss am Artisten-Stammtisch erfährt, daß seine Bertha-Marie ihn mit dem Kompagnon Artinelli betrügt, dann ist das eigentlich ein Fall für Zwischentitel. Doch anstelle vieler Worte skizziert bei Dupont ein Schnellzeichner und VARIETÉ-Künstler, dessen Hände auch zwischen den Auftritten nicht ruhen, auf der Marmorplatte des Kaffeehaustisches die hübsche Bertha-Marie in den Armen Artinellis; daneben zeichnet er Boss mit einem gewaltigen Hirschgeweih. Durch einen unglücklichen Zufall wird Boss die Zeichnung entdecken und entschlüsseln ... Das Spannende dieser Szene liegt nicht nur darin, daß die den Bildfluß unterbrechenden Zwischentitel vermieden werden, sondern daß die Naivität von Boss sich offenbart in dem ungläubigen Zögern, mit dem er das Offensichtliche für Momente nicht wahrhaben will.

Überhaupt: Emil Jannings ... Den hat man in den USA schon in DER LETZTE MANN gesehen; wer ihn nicht gesehen hat, hat wenigstens über ihn gelesen. Jannings steht für Qualität und Schauspielkunst; man weiß um seine Beliebtheit beim deutschen Publikum. Und man kennt sein Markenzeichen. Damit wiederum spielt Dupont in VARIETÉ. Nach einem establishing shot von oben in einen Gefängnishof hinein isoliert er eine einzelne Person. Die Kamera zeigt die Person in einer halbnahen Einstellung, aber sie zeigt nicht ihr Gesicht. Sie läßt nur den Hinterkopf des Mannes sehen und die Nummer auf der Gefängniskleidung. Für das zeitgenössische Publikum besteht das Vergnügen darin, trotz des unsichtbaren Gesichtes zu wissen, welchen Schauspieler es da auf der Leinwand vor sich hat ... Der Strafgefangene muß Emil Jannings sein, denn er ist »der Mann, der mit dem Rücken spielen kann«. VARIETÉ arbeitet mit dem Wiedererkennungswert der Gesten und Ticks eines Stars. Und das zahlt sich aus, auch für Jannings: Auf Grund seiner Rolle und seines Erfolges in VARIETÉ wird er 1927 nach Hollywood engagiert.

Einen weiteren Anspruch gegenüber dem Kino klagen die zeitgenössischen Kritiker in Europa ebenso wie in Amerika immer wieder ein: Der Film ist bewegte Kunst; zur Kunst wird der Film daher erst, wenn die Kamera sich bewegt ... Ganz unbewegt war die Kamera eigentlich nie, aber seit Murnaus DER LETZTE MANN ist die bewegte Kamera »entfesselt« und damit zum Programm geworden. Kein Zufall also, daß gerade der Kameramann, der für Murnau mit umgeschnallter Kamera auf dem Fahrrad durch die Halle des Hotel Atlantic geradelt ist, auch die Aufnahmen für VARIETÉ leitet. Karl Freunds Kamera vollführt genau die Kunststückchen, die zu erwarten sind in einem Zirkusfilm: Sie übernimmt den subjektiven Blick des Publikums auf die Tänzerinnen in Boss Hullers Hamburger Schaubude, sie schaut mit Boss auf die jämmerlichen Lumpen und die ausgetretenen Schuhe, in die seine Frau gekleidet ist, sie tastet mit seinen Augen über das traurige Inventar seiner Existenz. Und später schwingt die Kamera hoch oben unter der Kuppel des Wintergartens auf dem Trapez, sie vollführt die tollkühnen Sprünge und Saltos der Luftakrobaten; und als Artinelli die Hände des Fängers Boss verfehlt, stürzt sie sogar anstelle des Schauspielers Warwick Ward in die Tiefe. Der erfahrene Journalist und Regisseur E. A. Dupont veröffentlicht am 26. Juli 1926 in The New York Times einen Artikel, der sich den Kamera-Effekten und dem Kalkül der Publikumswirksamkeit seines Filmes widmet: »Die Trapez-Szenen und alle Aufnahmen im Wintergarten waren recht schwierig. Zum Beispiel mußten wir sehr viel mehr Licht installieren, als gewöhnlich im Wintergarten vorhanden ist. Und dann mußten wir Kameraplattformen aufbauen, um photographisch die besten Effekte aus den Nummern zu ziehen. Für eine Szene schnallten wir die Kamera gegenüber von Jannings an ein Trapez; wir mußten dabei die Kamera vom Boden aus mit einem Elektromotor betreiben. Und um den Absturz zu filmen, ließen wir die Kamera an einem Kabel herab, während wir gleichzeitig im Zeitraffer drehten. (...) Eine Trapez-Nummer ist eigentlich nur interessant, solange sie tatsächlich im Gange ist. Aber das Interesse des Publikums schwindet natürlich, wenn die Künstler erst noch ihre Positionen einnehmen müssen. Um diesen Graben zu überbrücken, ohne einen Bruch im Handlungsablauf zu riskieren, mußte ich die Künstler aus ungewöhnlichen Winkeln aufnehmen. Also sieht das Publikum die Schauspieler in einer Sequenz von unten, wie sie affengleich ihre Strickleiter hinaufklettern. Die nächste Szene mußte dann von einem ganz anderen Punkt aus aufgenommen werden.« Das Konzept von VARIETÉ als internationaler Erfolgsfilm geht auf, weil Dupont, ermutigt vom Produzenten Erich Pommer, seine Effekte bewußt und deutlich setzt. Der Film bedient sich all dessen, was die Ufa zu bieten hat, und er stellt es aus als *production values:* Die bewegte Kamera und schattenreiche Lichtdramaturgie Karl Freunds, die Starqualitäten Emil Jannings, die erotische Ausstrahlung Lya de Puttis, die detailreiche Filmarchitektur des exotischen Rummelplatzmilieus und den *finishing touch* deutscher Sentimentalität. Zugunsten des Entertainments löst Dupont das Eifersuchtsdrama von seiner Bodenständigkeit, und mit Picasso oder Stravinsky hat das in der Tat wenig zu tun. Dupont will sein Publikum unterhalten, sonst nichts. So bewußt geht sonst kaum ein anderer Regisseur um mit den Möglichkeiten der Ufa; so schamlos spekuliert sonst kein anderer Regisseur auf das Publikum. So bleibt VARIETÉ für lange Zeit der einzige große Erfolg, den die Ufa in Amerika hat.

Michael Esser

»Varieté und Kino« heißt die Rubrik, die der Journalist Dupont einführt, als er 1915 Redakteur der »B. Z. am Mittag« wird, und auch der Erfolg als Regisseur hindert ihn nicht, ein Mannheimer Varieté zu leiten. Sein Gastspiel von 1925 dauert wenige Monate. Kurz darauf dreht er mit VARIETÉ seinen größten Erfolg. DER WEISSE PFAU (1920), MOULIN ROUGE (1927/28) und SALTO MORTALE (1931) – in seiner Liebe zum Kino bleibt E. A. Dupont dem Varieté treu. Lasziv und selbstbewußt, keck und berechnend sind die Frauen in den Varietés: Grit Hegesa, Olga Tschechowa, Anna Sten. Doch der erste Blick täuscht. Varieté und Zirkus geraten E. A. Dupont zum Kaleidoskop unerfüllter Wünsche, vergessener Träume und erkalteter Leidenschaft. Hinter der Eleganz lauert der Alltag.

PRO Ufa. DRZ Januar - März 1927. DRO Filmwerke Staaken. LNG 6 Akte, 2635 m. ZEN 30.4.1927, jf. URA 19.9.1927, Berlin (Gloria-Palast).
– Nach erheblichen Änderungen am Film auf Weisung der Ufa-Spitze zog Grune seinen Namen zurück.

Ein pazifistisches Sujet: Geschichte eines Müllers und seiner Familie in den Wirren des Ersten Weltkrieges. ›Spionage, Verrat und Grausamkeit können nicht verhindern, daß zwei Menschen sich lieben – und daß eine neue Generation heranwächst, die nicht morden, sondern neue Mühlen errichten und Brot für die hungernde Menschheit backen wird.‹ (Klaus Kreimeier)

1927. Jugendrausch.
REG Georg Asagaroff. AUT Robert Reinert, Wilhelm Thiele; nach der Fabel ›Die Grille und die Ameise‹ von Lafontaine. KAM Carl Hoffmann, Theodor Sparkuhl. SPE Ladislaw Starewitsch. BAU Erich Czerwonski. KINO-MUS Werner Richard Heymann.
DAR Camilla Horn, Warwick Ward, Gustav Fröhlich, Hertha von Walther, Bruno Kastner, Hans Mierendorff, Maria Andrejewa, Lydia Potechina, Karl Platen, Robert Scholz, Rudolf Biebrach, Philipp Manning, Alice Kempen, Gustav Adolf Semler.
PRO Saturnfilm AG, Berlin; für Ufa. DRO Ufa-Atelier. LNG 8 Akte, 2842 m. ZEN 6.10.1927, B.15304, Jv. URA 10.6.1927, Berlin (Gloria-Palast).
Eine Kombination aus Real- und Trickfilm. Eine Handlung wurde erfunden, um die berühmte Fabel von der Grille und der Ameise allegorisch vorzuführen. Die lachende Grille und die fleißige Ameise treten im Tier-Trickspiel auf und ihre menschlichen Gegenspieler leben und leiden die Geschicke eines lachend-leichtsinnigen Mädchens vom Lande und einer fleißig-ernsten Dame nach.

1927. Der letzte Walzer.
REG Arthur Robison. AUT Alice Miller, Arthur Robison; nach der Operette von Oscar Straus. KAM Theodor Sparkuhl, Joe Rive. BAU Walter Reimann, Hans Minzloff. KINO-MUS Werner Richard Heymann.
DAR Willy Fritsch, Liane Haid, Ida Wüst, Hans Adalbert Schlettow, Sophie Pagay, Fritz Rasp, Suzy Vernon, Fritz Eckert.
PRO Ufa. PRL Charles Whittaker. DRZ 4.1. - März 1927. DRO Ufa-Atelier Berlin-Tempelhof; AA St. Moritz. LNG 6 Akte, 2722 m. ZEN 21.7.1927, Jv. URA 19.8.1927, Berlin (Ufa-Palast am Zoo).
– 1. Gemeinschaftsfilm von Ufa und Paramount.
Nach der gleichnamigen Straus'schen Operette wird in einem imaginären Balkanstaat um Mädchen und um Offiziersehre gekämpft, verquickt mit einem Schuß Opposition gegen die ungehemmten Gelüste absoluter Potentaten.

1927. Die Frau im Schrank.
REG Rudolf Biebrach. AUT Bobby E. Lüthge; nach dem Lustspiel von Octave Mirabeau und Dussieux. KAM Werner Brandes. BAU Erich Czerwonski. KINO-MUS Gustav Gold.
DAR Ruth Weyher (Luise Fleury), Willy Fritsch (Dr. Richard Marchéral), Felicitas Malten (Claire Labori), Arnold Korff (Oberst Gaston von Belford), Imre Raday (Armand von Montagne), Harry Hardt (Rechtsanwalt Dr. Thibault), Rudolf Biebrach (Paul Labori, Claires Vater), Käthe Conséed (Frau Cambert), Olga Limburg (Frau Vallière), Julius von Szöreghy (Bernaquez, Schwiegersohn des Oberst Belford).
PRO Ufa, Kulturabteilung. DRZ Februar - April 1927. DRO Ufa-Atelier Neubabelsberg. LNG 6 Akte, 2178 m. ZEN 1.8.1927, B.16229, Jv. URA 30.9.1927, Berlin (Mozartsaal).
Der einzige Konflikt in dieser Posse: Eine verheiratete Frau ist gleichzeitig ein junges Mädchen, das einen netten und gleichfalls jungen Mann abbekommt. Ein unschuldiger Schrank wird Objekt verkrampften Humors.

Die Summe der Weisheit des Kindermundes

Ludwig Berger

Erfolgsteam auf Bühne und Leinwand: Regisseur Ludwig Berger und sein Bruder, der Szenograf Rudolf Bamberger

Frida Richard als Patin im Aschenputtel-Film DER VERLORENE SCHUH

»Das deutsche Märchen wächst auf dem Boden des Alltags. Auf einer Mühle fängt es an, oder beim Küster im Dorf, auf einem Gutshof oder in den winkeligen Gassen der Altstadt. Wenn es im Schlosse spielt, treibt es schnell und ungeduldig in den Park und in die Landschaft hinaus und füllt bald Berg und Wald mit Jagdgeschrei...
Das Märchen gibt dem Film, was der Film notwendig braucht: das einfache Lieb-Thema mit allen Möglichkeiten buntester Variationen, die primitive Grundlinie und eine Fülle der Gesichte darüber ausgeschüttet.
Der Film gibt dem Märchen, was das Märchen braucht: Realität und Glaubhaftigkeit, Tempo und Auftrieb und eine ganze bunte Traumwelt voll Licht und Dämmerung.
Das Märchen beweist für den Film, daß der Film nicht einzig von grober Stofflichkeit zu leben braucht, sondern daß auch zartester und innigster Inhalt in dieses der Technik abgerungene Kunstgefäß gegossen werden kann, kurz: daß auch hier eines Tages die Form dem Geist untertan sein wird. Der Film beweist für das Märchen, daß das Märchen kein Stoff »von gestern« und keine Angelegenheit nur »für Kinder« ist.
(Ludwig Berger, 1922)

»Ich bin weder vorher noch nachher je einem so echten Romantiker begegnet wie Ludwig Berger ... der mit feinstem Intellekt und mit Raffinement das Märchenhafte als eine Summe der Weisheit des Kindermundes versteht«, schreibt Willy Haas.

Ludwig Bamberger, der sich später Ludwig Berger nennt, stammt aus einer mainzer Bankiersfamilie. Sein Studium in München und Heidelberg schließt er mit einer kunsthistorischen Dissertation ab. Ihr Gegenstand ist ein vergessener Maler der Romantik: Johann Conrad Seekatz.

In den Theatersommerferien 1920 inszeniert Ludwig Berger seinen ersten Film: Calderons DER RICHTER VON ZALAMEA. Herbert Ihering in seiner Kritik: »Jedes Bild ist in sich durchkomponiert, ist in sich bewegungsmelodisch, ist in sich mimisch empfunden. Hier hat ein Bühnenregisseur seine erste Kinoinszenierung mit ungewöhnlicher Sicherheit aus den eigenen Bedingungen des Films entwickelt.« (Berliner Börsen-Courier, 31.10.1920)

»Man ließ mich nicht mehr los«, meint Berger ironisch. Sein zweiter Film, DER ROMAN DER CHRISTINE VON HERRE, nach einer Novelle von Heinrich Zschokke – die Geschichte einer Frau, die scheintot begraben wird und aus dem Grabe aufersteht – wird

EIN GLAS WASSER. DAS SPIEL DER KÖNIGIN
»Das Werk Bergers ist unbestritten ein Lustspiel großen Stils, ein Werk, bei dem aus jeder Szene abgeklärte, feingestimmte Heiterkeit spricht. Die Leichtigkeit und Grazie der so oft zitierten galanten Zeit spricht aus jedem Bild und hält den ganz Feinempfindenden sechs Akte lang gefesselt, trotzdem die Handlung reichlich dürftig ist...

Ein Erfolg Ludwig Bergers, nicht nur des Dramaturgen, sondern auch des gleichnamigen Regisseurs, der vor allem im Park von Bayreuth stimmungsvolle Bildchen stellte und überhaupt zeigte, daß er immer mehr gelernt hat, den angeborenen guten Geschmack, das angeborene künstlerische Feingefühl mit den Erfordernissen des Kinos zu vereinigen.«
(Alfred Rosenthal, 1923)

erneut wegen seiner Bilderempfindungen gelobt: »Architektonisch ausgezeichnet komponierte Innenräume, herrliche Lichtwirkungen«.

Am 22. November 1920 hält der zwischen Theater und Film sich bewegende Berger eine Rede in der »Filmliga«, in der er sein Verständnis von der Kunstform Film artikuliert. Berger äußert eingangs, Film sei nicht am Drama oder an einer anderen existierenden Kunstform zu messen. »Solange man nicht innere Freiheit, geistige Überlegenheit genug gewinnt, den Begriff der künstlerischen Wirkung auf gewisse, wie der Dogmatiker sagt, ›jenseits‹ der Kunstmöglichkeiten liegende Wirkungen auszudehnen, kann der Film wirklich nicht in der Kunst rangieren.« Der Film sei eine technische Erfindung.

Berger fügt einen Vergleich an, der lebhaften Widerspruch finden sollte:
»Die Technik hat ihre eigene Seele und die Kunst hat ihre eigene Seele so wie der Affe seine eigene Seele hat und der Mensch seine eigene Seele hat...
Der vollkommene Affe ist eben noch kein Mensch.
Der vollkommene Mensch ist kein lieber Gott.
Und der vollkommenste Film – Sie mögen mich steinigen – ist keine Kunst!«

Nach dieser Abfuhr Bergers Credo für die »Veredelung«. Berger nennt verschiedene für ihn wesentliche Momente. Neben der »Vermeidung übler und billiger Spekulationen« vor allem »Geschmack und Kultur«.

»Wir sollten statt ›künstlerischer‹ Film – ›kultivierter‹ Film sagen und sehen uns vor ein braches Riesenfeld voller Aufgaben versetzt (...) Ich glaube, daß es der epische Dichtergeist ist, die (...) Bilderkette des ruhig fließenden Geschehens, die für diesen – den ›kultivierten‹ Film – Nährboden und

1927. Der fidele Bauer.
REG Franz Seitz. KO Klaus Fery. AUT Charly K. Roellinghoff, Klaus Fery; nach der Operette von Leo Fall. KAM Eduard Hoesch (Atelier), Giovanni Vitrotti (Außen). BAU Willi A. Herrmann. KINO-MUS Werner Richard Heymann.
DAR Werner Krauß (Der fidele Bauer), Carmen Boni (Spreewälderin), André Nox, Hans Brausewetter, Simone Vaudry, Mathias Wieman (Stefan), Ivy Close, Leo Peukert, Szöke Szakall, Peter Voss, Achmed Beh, Harry Frank.
PRO Fery-Film der Ufa. PRT Klaus Fery. AUL Willi Morrée, Helmuth Brandis. DRZ Juni - August 1927. DRO Filmwerke Staaken. LNG 7 Akte, 2506 m.
ZEN 30.8.1927, B.16456, Jf. URA 10.11.1927, Berlin (Mozartsaal).
Milieu und Hintergrund dieser Filmoperette: ein Bauernhof im Spreewald, Studentenleben. Handlungskern: die Liebe eines städtischen Bürgermädchens zu einem Bauernsohn.

1927. Überfall.
REG Adolf Trotz. AUT Emil Endres. KAM Johannes Männling. BAU Leopold Blonder.
DAR Liane Kleine, Max Bandelow.
PRO Ufa. DRZ Mai 1927. DRO Ufa-Atelier; AA Eisenbahnstrecke Berlin-Zossen. LNG 3 Akte, 1100 m. ZEN 8.9.1927, B.16386, Jv.
– Hergestellt in Zusammenarbeit mit der Deutschen Reichsbahn.
Spielfilm über das Arbeits- und Tätigkeitsfeld der Bahnpolizei.

1927. Der Kampf des Donald Westhof.
REG Fritz Wendhausen. AUT Fritz Wendhausen; nach dem Roman von Felix Holländer. KAM Curt Courant, Günther Rittau. BAU Robert Neppach. KINO-MUS Artur Guttmann.
DAR Imre Ráday (Donald Westhof), Elizza La Porta (Bertha Spieß), Oskar Homolka (Justizrat Lessing), Karin Evans (Olga Wolgast), Erna Morena (Thea Lessing), Hermann Vallentin (Gastwirt Spieß), Paul Henckels (Professor Westhof), Nikolai Malikoff (S. Kußmaul), Lina Lossen (Leni Westhof), Valeska Stock (Frau Busse), Emilie Kurz (Frau Spieß), Emil Heyse (Oberlehrer), Paul Otto (Vorsitzender), Max Gülstorff (Verteidiger), Erich Kaiser-Titz (Staatsanwalt).
PRO Ufa. DRZ Februar und August 1927. DRO Ufa-Atelier Neubabelsberg. LNG 6 Akte, 3079 m. ZEN 23.9.1927, B.16687, Jv. URA 29.9.1927, Berlin (Ufa-Palast am Zoo).
Die Hauptfigur in dieser ›Schülertragödie‹ ist ein junger Mann, stolz, unnahbar, dickköpfig, der jeden Rat eines Älteren zurückweist, von der Schule fliegt und schließlich als des Mordes verdächtig auf der Anklagebank sitzt. Ein schlichtes blondes Mädchen wird sein guter Engel. Es beweist seine Unschuld und führt ihn einem hoffentlich besseren Leben entgegen.

1927. Die Hölle der Jungfrauen.
REG Robert Dinesen. AUT Max Jungk, Klaus Fery; nach einem Roman von Gabriele Zapolska. KAM Giovanni Vitrotti. BAU Willi A. Herrmann. KINO-MUS Gustav Gold.
DAR André Nox (Skuretzki), Elizza La Porta (Stasa), Dagny Servaes (Julka), Werner Krauß (Mystkowski), Dillo Lombardi (Mystkowskis Vater), Louise Woldera (Juska), Hermann Picha, Sylvia Torf (Franka), Achmed Beh, Ivy Close, Jules Massaro (Dr. Gwosdetzki), Maria Forescu (Vorsteherin), Rovadie Rael, Hans Heinrich von Twardowski (Franek), Renate Brausewetter, Helene von Bolvary (Hauptlehrerin), Yesta Berg (Strengste der Gestrengen).
PRO Fery-Film der Ufa. PRT Klaus Fery. DRZ 5.7. - 11.8.1927. DRO Filmwerke Staaken. LNG 7 Akte, 2468 m. ZEN 30.9.1927, B.17227, Jv. URA 23.1.1928, Berlin (Mozartsaal).
Besagte Hölle befindet sich in einem Jungmädchenpensionat, wo ausgeklügelte Karikaturen von alten Jungfern als Fegefeuerteufel herumgeistern. Daneben gibt es eine Schar heiterer junger Mädchen, die Zigaretten rauchen und sich einen Ast lachen, wenn die Lehrerinnen-Seele überkocht. Gelegentlich stirbt eine – das ist halt Pech und kommt im Leben öfter vor.

1927. Die Liebe der Jeanne Ney.
REG Georg Wilhelm Pabst. RAS Mark Sorkin.
AUT Ladislaus Vajda, Rudolf Leonhardt; nach dem Roman von Ilja Ehrenburg. KAM Fritz Arno Wagner, Walter Robert Lach. BAU Otto Hunte, Viktor Trivas. SCH Mark Sorkin, G. W. Pabst. KINO-MUS Hans May.

Grundlagen bietet. Auch hier zeigt Wegeners Golemfilm den neuen Weg. Das Kind, das dem Golem im Spiel die Zauberkapsel aus der Brust holt, ist eine dichterisch-epische Erfindung.«

Berger schließt mit der Hoffnung, »Film könne den Stempel einer mehr oder weniger persönlichen Kultur tragen«.

Den Stempel von Bergers »persönlicher Kultur« trägt sein dritter Film. »Ich wählte ein altes Lieblingsstück«, schreibt er später in seinen Erinnerungen, »Scribes EIN GLAS WASSER, in dem die Menschen wie Marionetten zwischen Politik und Verliebtheit durcheinanderpurzeln. Im Kostüm ließ sich vielleicht manches zur Gegenwart sagen.«

Bergers Eigentümlichkeit, seine besondere Sensibilität als die eines »Märchenträumers mit Intellekt« (Willy Haas) wird auf schöne Weise transparent. Im Spiegel der Komödie aus einer längst vergangenen Zeit schaut er der eigenen ins Antlitz. Bergers Hilfsmittel: die romantische Ironie. Der Spiel-Charakter hat das Primat. Tänzerische Beschwingtheit und Grazie als Strukturelement. Die Figuren dieses Spiels stekken in kapriziösen Kostümen, doch ihr Wesen ist unkostümiert. Berger in der Erinnerung:

»Im Glas-Wasser-Film hatte es sich um die politische Intrige zwischen zwei Parteien bei Hofe gehandelt, und die Friedenspartei hatte über die Kriegspartei gesiegt. Das wünschten wir alle für unsere Zeit, weil wir fühlten, daß Maulwürfe am Werke waren, die den schwer erkauften Frieden bereits unterwühlten. Während wir an der Arbeit waren, traf uns die Nachricht vom Mord an Rathenau. Als wir aus den barokken Treppenhallen, in denen die Filmkomödie sich abspielte, am Abend von Babelsberg nach Hause fuhren, zeigte uns mein Chauffeur die Stelle: ›Hier ungefähr muß es gewesen sein...‹.«

Im zeitgenössischen Presseecho finden sich kaum Spuren, die zeitbezüglichen Motivationen Ludwig Bergers anzunehmen. Hier liegt fast ausschließlich der Nachdruck auf der Zeitlosigkeit von Spiel und Einfall: »Alle Menschen, die vom Film Kunst, Geist, Grazie erhoffen, haben sich an diesem Trank gelabt und berauscht« (Kinematograph), oder »Unendlich viel Geist und Witz ist in diesen Szenen, ein unvergleichlicher Charme! Leicht flatternd, ohne Beschwerung, von den zartesten und sichersten Einfällen gerötet, reiht sich Bild an Bild, voll der Stimmung, die den ›Rosenkavalier‹ umgaukelt.« (Vorwärts)

Berger mit Genugtuung: »Ein Filmerfolg zog weitere Kreise als ein Theatererfolg. Das Lächeln der Tausende (...) wurde zu einem heimlichen Guthaben (...) Harte Arbeit bringt freundliche Winde.«

An Regiemodellen ist ihm in diesen frühen 20er Jahren der Schwede Mauritz Stiller am wichtigsten und am nächsten. »Hier war nichts von historischem Theater, wie in Lubitschs ersten großen Filmschöpfungen, alles lebte aus Landschaft und Gesicht. Wie aus einem erquickenden Heilbad kam man aus diesen Filmerzählungen, in denen das Antlitz reiner Menschen mit Berg, Wind und Meeresküste ein unteilbares Ganzes bildete. Jetzt sah ich erst, was Film war.«

»Wir machen doch keine Filme für Kinder«, erhält Ludwig Berger als Antwort auf seinen Vorschlag, als nächsten Film ein Märchen zu inszenieren: Aschenputtel. Berger bleibt hartnäckig, argumentiert mit Mozart: »Was ist ›Figaro‹ anderes als ein Märchen? Was sind ›Zauberflöte‹ und ›Entführung‹? Märchen, nichts weiter.«

Der Aschenputtel-Film DER VERLORENE SCHUH wird zum schönsten und poetischsten Zeugnis des Romantikers Ludwig Berger. Hier träumt er sein vollkommenstes Märchen – »Alles, was mir aus holder Kindheit geblieben war, wurde in diesen Film gepackt.«

Berger stellt der Sprache des deutschen Märchens und der romantischen Dichtung eines Brentano, Chamisso oder E.T.A. Hoffmann etwas Adäquates im bewegten Bild gegenüber. Der Goldglanz des Märchens, des Traums durchzieht und überscheint alles. Bergers Film als ein Universum des Zauberischen und der Zaubereien.

»In immer neuen Verwandlungen tauchte die gute Patin auf, bald als Reisigweib, wenn der Prinz durch den Wald galoppierte, bald als Friseuse im Schloß, um immer in Aschenputtels Nähe zu sein, bald auch als Aufspielerin zum Ball. Bald verzauberte sie die Spielkarten, bald Menschenherzen, denn wenn sie nachts in der kleinen Kapelle auf dem Friedhof Orgel spielte, erschienen vor Aschenputtel tanzende Gestalten, wie über die Gräber geweht, und luden sie ein, mit ihnen ins Schloß zu kommen... Aber wenn dann die Patin schmunzelnd ihre Finger von den Orgeltasten aufhob, verschwanden alle durch die Musik geweckten Chimären, und der Kirchhof lag in friedlicher Mondscheinruhe. So musizierte man im stummen Film, bis hinter dem Bild die leisesten Klänge hörbar wurden.«

Ludwig Bergers romantische Filmwelt steht in der Tradition verwandter Malerpoeten: Ludwig Richter, Moritz von Schwind und Carl Spitzweg. Berger selbst spricht häufig von einer »Spitzweg-Welt« seiner Filme, er nennt ihn seinen geliebten Maler.

Bildmotive und -stimmungen – wie ein hartnäckig festgehaltener schöner Traum von einer harmonischen, märchenhaften Welt. Tore ins romantische Wunderland. Ein weites Zauberreich liegt vor unseren Augen (»Mein Traum ist wirklich«, schreibt Moritz von Schwind 1824 an Franz von Schober – eine Sentenz, die auch von Berger stammen könnte, ist er doch auch von einer Identität Traum-Weltentwurf überzeugt). Das Märchen oder der romantische Traum als humanes Modell. Berger assoziiert das bekannte Bekenntnis der Brüder Grimm: »Um alles menschlichen Sinnen Ungewöhnliche (...) sammelt sich ein Duft von Sage und Lied.« Noch im Alter reflektiert er bruchlos dieses Leitmotiv: »Die Freuden und Erkenntnisse, die uns bereichern, sind bis zum Rand gefüllt von den Inhalten vergangener und zukünftiger Imagination.«

Zur vergangenen Imagination, die Ludwig Berger wieder heraufbeschwört, zählt auch die literarische Romantik. Er schüttelt ihre Motive wie in einem Glase hin und her. Sein Aschenputtel speist sich aus Hauff, Andersen und Bechsteins »Schatzgruben« bis zu Hackländers »Silberner Glaskutsche« und den Phantasien Hoffmanns im »Goldenen Topf«.

Am 5. Dezember 1923 wird DER VERLORENE SCHUH uraufgeführt. Bewundernd schreibt Herbert Ihering: »Endlich einmal ist der Film notwendige Persönlichkeitsäußerung, Selbstbefreiung geworden, wie der Dichter in Worten, der Musiker in Tönen sich selbst ausdrückt und befreit.«

Auch der *Film-Kurier* feiert Berger als geistigen Nachkommen »jener Tieck, Arnim, Brentano«: »Ludwig Berger hat sich in diese romantische Welt derart hineingelebt, daß ihre Seele in ihm selber klingt.«

Die »klingenden Räume« seines Bruder-Architekten Rudolf Bamberger (»mein besserer Teil«) sind ein weiteres unverzichtbares Element der romantischen Filme Ludwig Bergers: Bambergers Gefühl für den Raum, für die Proportionen zwischen der Choreografie der Bewegungen und den Spannungslinien des Dekors, »Rudolf war das Du, das mir der Himmel geschenkt hatte. Diese Zweieinigkeit gab uns Kraft, die Vielheit zu meistern.«

1925 dreht Ludwig Berger EIN WALZERTRAUM. Bis zum letzten Augenblick sträubt er sich dagegen, in diese »Operettenwelt« voll »falscher Töne« einzutreten. Er hilft sich nur so aus dem Dilemma: er macht ein Märchen daraus.

Die Stadt Wien als Märchenstadt oder als Bergers poetische Imagination von Wien (»Ein Geplauder über die Abgründe der Zeit, über die Zeit hinweg geredet, ohne Komma, immer weiter, und ohne jede seelische Interpunktion – das war Wien. Der Haydn, der Beethoven, der Schubert, der Raimund, der Nestroy, der Grillparzer – eine ganze Stadt voll toter Brüder, mit denen man auf du und du stand.«) Viel Herz, aber – »manchmal blieb das Herz stehen wie eine Uhr, die man vergessen hatte aufzuziehen.«

1927 dreht Berger endlich sein Lieblingsvorhaben: DER MEISTER VON NÜRNBERG. Es wird ein Flop. »Ich schätze die Tatsache nicht richtig ein«, gibt Berger eine Ursache dafür dem gewandelten Umfeld, »daß der große deutsche Hans Sachs längst zum Inventar und Monopol des Hauses Wahnfried geworden war. Die deutsche Volksseele kochte bereits im Stillen, und was deutsch oder nichtdeutsch war, entschied sich längst nicht mehr in den Bereichen der Kunst... Unsere Spitzweg-Romantik kam gegen den Vorwurf der ›Entweihung‹ nicht an.«

Fred Gehler

EIN WALZERTRAUM
»Alle guten Geister Wiens springen durch diesen Film, in vielen Schattierungen und wundervoll echt in ihrer Lebendigkeit und Daseinsfülle. Wiener Atmosphäre, dieser feine Duft aus Leichtigkeit und ›a bißl Schwermut‹, von diesem herrlichen Aroma ist der Film erfüllt, und die Menschen, die sich darin bewegen, atmen diese Luft.
Ludwig Berger gibt ihnen Klang und Farbe; aus dem Geiste der Musik entwickelt er seinen Film, mit künstlerischem Ernst und dabei mit fast improvisierter Heiterkeit, die als leise Melodie fast den ganzen Film begleitet.«
(Erich Burger, 1925)

Bergers unglücklicher Ausflug nach Hollywood 1928:
»Schauwirkungen in Fülle: Bürgersmilieu deutscher Kleinleute in New York. Mit Vereinsfest, Rundtanz und Säckingen-Stimmung. (Welch Fülle der Geschichte!) Prohibitionsorgie, Alkoholexzesse eines ganzen Volkes, kurz vor Einführung der Trockenlegung; und das sichtbar gemacht, zusammengedrängt, dokumentarisch verdichtet auf ein paar Filmsekunden.«
(Hans Feld, 1930)

DAR Edith Jehanne (Jeanne Ney), Brigitte Helm (Gabriele), Hertha von Walther (Margot), Uno Henning (Andreas, Sowjetagent), Fritz Rasp (Chalybieff, weißgardistischer Agent), Adolf Edgar Licho (Raymond), Eugen Jensen (Vater), Hans Jaray (Poitras), Wladimir Sokoloff (Zacharkiewicz), Siegfried Arno (Gaston), Jack Trevor, Mammey Terja-Basa, Josefine Dora, Heinrich Gotho, Küpfer, Scholz. PRO Ufa. DRZ Mai - August 1927. DRO Ufa-Atelier Neubabelsberg; AA Paris, zwischen Beelitz und Treuenbritzen. LNG 6 Akte, 2630 m (2643 m vor Zensur). ZEN 11.11.1927, B.17228, Jv. URA 6.12.1927, Berlin (U.T. Kurfürstendamm).
Das französische Bürgermädchen Jeanne Ney, Tochter eines Journalisten, der während der russischen Revolution getötet wurde, liebt den russischen Agenten Andreas, der schuldlos in Verdacht gerät, seinen Vater ermordet zu haben. Dem Mädchen gelingt es, einen flüchtigen weißgardistischen Agenten, der auch Morde begangen hat, zu stellen und der Polizei zu übergeben.

1927. Milak, der Grönlandjäger.
REG Georg Asagaroff, Bernhard Villinger. AUT Armin Petersen, Bernhard Villinger. KAM Sepp Allgeier, Alfred Benitz, Richard Angst.
DAR Ruth Weyer, Nils Focksen, Lotte Lorring, Iris Arlan, Helmer Hannsen, Robby Robert. Expeditionsteilnehmer Sepp Allgeier, Albert Benitz, Richard Angst, Waldemar Coste, Harry Bellinghausen.
PRO Ufa. DRO Ufa-Atelier Neubabelsberg; AA Grönland. LNG 5 Akte, 2093 m. ZEN 24.11.1927, B.17398, Jf. URA 6.6.1928, Berlin (Mozartsaal).
Spannendes Drama, das auf wahren Begebenheiten der Expedition von Scott, Mawsen und Koch beruht. Die Grenzen zwischen Dokumentar- und Spielfilm werden überschritten: Eine Expedition in der Arktis kämpft mit Schneewüsten und Stürmen, während daheim die Zurückgebliebenen ängstlich auf Nachrichten warten.

1926/27. Schöpferin Natur.
Ein Film von Liebe und lebendigem Werden.
Natur und Liebe. Vom Urtier zum Menschen.
REG Ulrich K. T. Schulz; unter Mitwirkung von Wolfram Junghans, Willi Achsel. AUT Nicholas Kaufmann. KAM Carl Hoffmann, Paul Krien, Waldemar Sieverssen, Fritz Arno Wagner. Mikro-Bilder Ada Hollmann. SPE Oskar Fischinger. BAU Carl Böhm. Trick-Zeichnungen Arthur Ohme. BER Allgemeine Zoologie und Biologie: Prof. Dr. R. Hesse, Prof. Dr. W. Berndt; Anthropologie und Erkenntnistheorie: H. Muckermann, Neandertal- und Aurignac-Periode: Dr. W. Unverzagt; Pfahlbauten: Urgeschichtliches Forschungsinstitut der Universität Tübingen (Vorstand: Prof. Dr. R. R. Schmidt).
DAR (in den prähistorischen Szenen) Lisa Benedikt, Siegfried Dietrich, Werner Kahle, Käthe Schlüter, Frl. Paech, Herr Radotzky.
PRO Ufa, Kulturabteilung. PRT Ernst Krieger. AUL Arthur Ohme. DRZ ab 31.5.1926. DRO Neubabelsberg (Kulturabteilung). LNG 5 Akte, 2113 m (2136 m vor Zensur). ZEN 12.12.1927, B.17545, Jf. URA ca. 20.12.1927, Berlin (Ufa-Pavillon).
– Kulturfilm mit Spielszenen.
Ein Kulturfilm, ›der in lebendigen Bildern schildert, wie nach ehernen Gesetzen Sonne und Erde entstanden, und wie auf der Erde jene unbegreiflich wunderbare Entwicklung vom mikroskopisch kleinen Urtier zur ›Krone der Schöpfung‹ sich abgespielt haben mag. Er schildert das Walten der ›Schöpferin Natur‹ wie sie den unermeßlichen Reichtum der Lebewesen aller Entwicklungsstufen hervorbrachte‹. (Illustrierter Film-Kurier).

1927. Die Apachen von Paris /
Paname n'est pas Paris.
REG Nikolai Malikoff. RAS Georges Lampin. AUT Robert Reinert; nach dem Roman ›Les innocents‹ von Francis Carco. AD Serge Plaute. KAM Roger Hubert, Marc Bujard (1. Fassung); Jules Krüger, Nicolas Poporkoff (2. Fassung). BAU Claude Autant-Lara (1. Fassung); W. von Meinhardt (2. Fassung). KINO-MUS Giuseppe Becce.
DAR Ruth Weyher, Jaque Catelain (Mylord), Charles Vanel (Becot), Lia Eibenschütz (Winnie), Olga Limburg (Gertrude), Pavloff (John), Bondy (La Noise), Constant Mic (Polka), Jakob Tiedtke (Racken), Maud de la Vault, Jean-François Martial.
PRO ACE für Ufa. DRZ Januar - März 1927 (1. Fassung), Juli - August 1927 (2. Fassung). DRO Ufa-Atelier Neubabelsberg (1. Fassung), Ufa-Atelier Berlin-Tempelhof (2.Fassung). AA Paris. LNG 7 Akte, 2661 m. ZEN 17.12.1927, B.17637, Jv. URA 17.12.1927, Berlin (Gloria-Palast).
– Das Negativ der 1. Fassung wurde zerstört. Der Film wurde neu gedreht.

Auf Expansionskurs
Aus der Inflation in die Krise

Der März 1921 bedeutet für die Firmengeschichte einen tiefen Einschnitt: Aus einem halbstaatlichen Unternehmen wird der rein private Konzern Ufa, weil das Reich seinen seit der Gründung 1917 gehaltenen Anteil zurückgibt.

Ob mit diesem Rückzug vor allem peinliche parlamentarische Anfragen über die anfangs geheime Reichsbeteiligung vermieden werden sollen, ob sich mit diesem Schritt eine Fraktion im Reichsschatzministerium durchsetzt, die von Anfang an Bedenken gegen die Beteiligung an der Ufa geäußert hat, ob diese Bedenken genereller ordnungspolitischer Art oder auf ein einzelnes Unternehmen bezogene Animositäten gewesen sind, läßt sich nicht mehr recht entwirren.

Jedenfalls muß sich die Deutsche Bank als wichtigster Aktionär binnen weniger Stunden zur Übernahme der Reichsbeteiligung entschließen. Der Direktor der Deutschen Bank, Emil Georg von Stauß, schickt einen Barscheck ins Reichsschatzamt und bekommt als Gegengabe ein Aktienpaket ausgehändigt. Die Bedeutung dieser Transaktion übersteigt diesen Aktientausch allerdings bei weitem: Mit dem Reich stoßen zugleich wichtige industrielle Finanziers ihre Anteile auf dem freien Markt ab, die zuvor nur unter der Voraussetzung des quasi staatsoffiziellen Charakters der Ufa eingetreten waren, an prominenter Stelle Bosch und Fürst Donnersmarck. Im Aufsichtsrat des Filmkonzerns dominieren nun die Vertreter verschiedener Großbanken, wobei der Deutschen Bank die führende Position zufällt.

Der private Konzern Ufa geht von Anfang an auf energischen Expansionskurs. Dafür bedarf es zunächst der Verbesserung der Finanzausstattung. Das bis zum März 1921 auf 25 Millionen Mark festgesetzte Grundkapital wird auf 100 Millionen Mark erhöht. Dafür werden 65.000 neue Aktien (über 65 Millionen Mark) einer »Serie A« ausgegeben, die in Stimmrecht und Gewinnbeteiligung mit den bisherigen Aktien gleichberechtigt sind. Hinzu kommen als »Serie B« Vorzugsaktien über 10 Millionen Mark mit achtfachem Stimmrecht, aber eingeschränkter Gewinnbeteiligung; zunächst sollen die Aktien der Serie A, danach erst die der Serie B 5% Dividende erhalten.

Schon im Oktober 1921 wird das Grundkapital um weitere 100 Millionen Mark erhöht. Zu diesem Zweck werden 90.000 Aktien der Serie A und 10.000 Aktien der Serie B über je 1000 Mark ausgegeben. Diese zweite Kapitalerhöhung dient vor allem dem Erwerb der Decla-Bioscop, die mit 25 Millionen Mark verschuldet ist. Die Übernahme dieses Filmunternehmens steigert den Bestand an Ufa-Theatern beträchtlich, verdoppelt das Verleihnetz und vermehrt den Atelierbesitz, vor allem durch das Gelände der späteren Filmstadt in Neubabelsberg. Namhafte Künstler, die bei der Decla unter Vertrag stehen, werden übernommen.

Mit einem Schlag erringt die Ufa auf dem deutschen Filmmarkt eine oligopolartige Position, die es dem Unternehmen ermöglicht, angesichts der gesamtwirtschaftlich unsicheren Situation zu überleben.

Nach Kriegsende hat es zunächst eine Scheinblüte der Filmwirtschaft gegeben, weil infolge der alliierten Blockade keine ausländischen Konkurrenten auf dem deutschen Markt anbieten können – sieht man von dem sogenannten »Loch im Westen« ab: Im besetzten Rheinland gelten die Zensurbeschränkungen des Deutschen Reichs nicht. Von dort sind bis Mitte 1921 auch einige ausländische Filme unkontrolliert ins unbesetzte Deutschland gelangt. Ansonsten kann zum erstenmal in der noch jungen deutschen Filmgeschichte der inländische Bedarf aus eigener Produktion befriedigt werden.

Die steigenden Herstellungskosten lassen sich allerdings im Inland nicht amortisieren, der Export gewinnt an Bedeutung. Die insgesamt günstigen Rahmenbedingungen verschlechtern sich bald rapide – die Produktion sinkt von 1920 auf 1921 um ungefähr ein Drittel, im folgenden Jahr sogar um zwei Drittel. 1922 werden nur noch 1,2 Millionen Meter Film gegenüber 3,2 Millionen 1921 verarbeitet. Daß die Ufa vor diesem Hintergrund durchgängig schwarze Zahlen schreibt – sie produziert 1923 immerhin 39 Spielfilme gegenüber 54 im Vorjahr –, zeigt ihre stabile Position. Die Bilanzen, jeweils zum 1. Mai, weisen 1920 ca. 4 Millionen, 1921 ca. 8 Millionen und ein Jahr später fast 60 Millionen Mark Reingewinn aus. Die wachsende Inflation stärkt die Ufa sogar in ihrer Exportkraft, und angesichts des Lohnverfalls können teure Kostüm- und Ausstattungsfilme in Angriff genommen werden. Auch die Jahresbilanz vom 31. Mai 1923 fällt mit einem Reingewinn von 2 Milliarden Mark positiv aus, so daß 700% Dividende an die Aktionäre ausgeschüttet werden können – allerdings in immer wertloser werdender Papiermark-Währung.

Auch für die Ufa überwiegen die Nachteile der zur Hyperinflation geratenden Geldentwertung. Mehrere Faktoren kommen zusammen: Die Preise für das Kopieren der Filme, die sich nach dem Weltkrieg zunächst verbilligen, vor allem aber der Rohfilmpreis, der in Goldmark zu begleichen ist, steigen in der Inflationsphase überdurchschnittlich an – obwohl die Agfa, mit der die Ufa bereits 1918 einen Vertrag geschlossen hat, der ihr einige Rabattvorteile sichert, jeweils knapp unter dem Weltmarktpreis verkauft. (Vor allem der Silberanteil im Filmmaterial führte zu der enormen Verteuerung.)

Zum anderen sorgen die hinter dem Preisanstieg und Geldverfall zurückbleibenden Löhne im Herbst 1923 für dauernde Streiks: »An einem Tag streiken die Beleuchter, und da man bei Kerzenlicht nicht filmen kann, so geht alles aus dem Atelier wieder nach Hause. Am nächsten Tag streikt die Komparserie oder es streiken die Transportarbeiter oder die Bühnenarbeiter. Irgend jemand streikt andauernd. Wenn aber im Atelier wirklich einmal kein Streik ist, so streikt die Straßenbahn und kein Mensch kann zur Arbeit kommen.« (Film-Kurier, 10.10.1923). Unter diesen Umständen kommt die Filmproduktion nahezu gänzlich zum Erliegen.

Auch das Filmtheater-Geschäft entwickelt sich äußerst ungünstig. Seit dem 22. Juni 1923 liegt die zuvor reichseinheitlich geregelte »Lustbarkeitssteuer«, der die Kinoeinnahmen unterliegen, in der Hand der Kommunen, die gerade diese Einnahmequelle angesichts ihrer Finanznot immer weiter zu steigern suchen. Der »Kampf gegen ruinöse Luxussteuern« (Film-Kurier, 15.12.1923), die beispielsweise in Berlin Ende 1923 fast ein Viertel der Eintrittspreise abschöpfen, wird vom Filmgewerbe immer wieder proklamiert. Hinzu tritt ein weiteres Problem. Die Eintrittspreise der Berliner Ufa-Theater erhöhen sich zwar innerhalb eines Monats – vom 19. September bis zum 18. Oktober 1923 – von 3 bis 20 Millionen auf 150 bis 900 Millionen Mark –, doch selbst diese Preisanhebung, und noch mehr die anderer Theater, bleibt hinter der allgemeinen Inflationsrate zurück. Aus »zu niedrigen« Eintrittspreisen folgen zu geringe Filmmieten, und die Verleiher zahlen deshalb wiederum zu geringe Preise für Film-Lizenzen. Erst im November 1923, später als in den meisten anderen Branchen, geht das Filmgewerbe zu Goldmark-Eintrittspreisen über (Film-Kurier, 5.11.1923).

Gewinne können in dieser Phase der Hyperinflation fast nur noch durch Filme gemacht werden, die bereits zuvor abgedreht worden sind und nun gegen Devisen exportiert werden können. Wie stark die Ufa davon profitiert, ist nicht genau zu ermitteln.

Im Oktober 1923 nimmt der Konzern die dritte Erhöhung seines Grundkapitals vor. Es werden 10.000 Aktien à 5000 Mark und 50.0000 à 1000 Mark ausgegeben, so daß das Grundkapital insgesamt 300 Millionen Mark beträgt, angesichts des Standes der Inflation eine eher symbolische Ausstattung.

Insgesamt geht die Ufa relativ unbeschadet aus diesen wilden Jahren der Geldentwertung hervor. Der Direktor der Ufa-Verleihbetriebe, Siegmund Jacob, blickt bereits Anfang 1924 wieder relativ zuversichtlich in die Zukunft. Er glaubt, daß die »schwere Krise« der Filmindustrie »im Augenblick ihren Höhepunkt überschritten« habe (Film-Kurier, 1.1.1924). Die Inflation hat vor allem für einen raschen Konzentrationsprozeß der Filmindustrie gesorgt. Statt einer Vielzahl kleiner Unternehmen gibt es (1925) nur noch 10 Konzernfirmen, die zugleich mit der Herstellung, dem Verleih und der Verwaltung der Filmtheater befaßt sind.

Die Reichsmark-Eröffnungsbilanz der Ufa Mitte 1924 geht von einem rechnungsmäßigen Überschuß von 3.814.809 Billionen Papiermark bzw. 2,7 Millionen Goldmark aus. Das Aktienkapital wird von 300 Millionen Mark auf 45 Millionen RM umgestellt, der Nennbetrag der Aktien von $6^{2}/_{3}:1$ ermäßigt.

Inflation

Mitte 1923 treibt die Inflation ihrem Höhepunkt entgegen. Begonnen hat sie bereits im August 1914, und die Ursachen liegen in der Form der Kriegsfinanzierung. Anders als z.B. in England versucht die Reichsregierung die Kriegskosten in erster Linie nicht über höhere Steuern, sondern durch Verschuldung zu decken. Von den geschätzten Kriegskosten in Höhe von ca. 160 Mrd. Mark (täglich ca. 100 Millionen Mark) werden ca. 100 Mrd. Mark durch Anleihen der Reichsregierung gedeckt. Den Zeichnern (Gläubigern) der Schuldverschreibungen verspricht sie in Erwartung eines schnellen »Siegfriedens« hohe Zinsen, so daß auch mittelständische Schichten bereitwillig Geld gegen Wertpapiere eintauschen (»Gold gab ich für Eisen«). Die Zeche sollen später die besiegten Feinde begleichen. Die restlichen 60 Mrd. Mark werden z. T. durch Erhöhung von Verbrauchssteuern, z. T. durch die Vermehrung des in Umlauf befindlichen Bargeldes mit Hilfe der Notenpresse aufgebracht.

Die Finanzpolitik einer rücksichtslosen Staatsverschuldung wird nach 1918 unter veränderten Vorzeichen fortgesetzt. Kurzfristig können so die wirtschaftlichen und sozialen Folgelasten des Krieges am ehesten bewältigt werden. Im Rahmen der Demobilisierung von ca. 10 Millionen Soldaten tritt vorübergehend eine hohe Arbeitslosigkeit auf, die Industrieproduktion sinkt 1919 auf den Stand von 1888. Unterstützung der Erwerbslosen, Steuerausfälle und Entschädigungen für Unternehmen in den abgetretenen oder besetzten Gebieten sind zu verkraften; hinzu kommt der Zinsdienst für die Kriegsanleihen.

Die Inflationsentwicklung bietet in dieser Situation dem Deutschen Reich zunächst außenwirtschaftliche Vorteile, erschwert sie doch die Feststellung der deutschen Zahlungsfähigkeit für Reparationen. Die deutschen Unterhändler warnen davor, daß zu hohe Zahlen die Inflationsentwicklung beschleunigen würden. In die konjunkturelle Krise der Weltwirtschaft 1920/21 (die Weltindustrieproduktion sinkt um 20%, in England beträgt die Arbeitslosenquote 20%) wird das Deutsche Reich nicht einbezogen. Vollbeschäftigung und wirtschaftliches Wachstum – die Industrieproduktion erreicht 1922 fast wieder den Vorkriegsstand – gründen in diesen Jahren auf einer währungspolitisch ermöglichten Exportoffensive. Die Exportquote der deutschen Industrie liegt 1921 mit ca. 30% sogar höher als 1913. Mit der rapiden Markentwertung und den immer niedrigeren Reallöhnen nimmt aber auch die Gefahr sozialer und politischer Unruhen zu; bei vielen kleineren und mittleren Betrieben wird die Kapitaldecke immer dünner, die Tendenz zu ökonomischer Konzentration nimmt zu. Der Mangel an Roh- und Brennstoffen behindert schließlich nicht nur die Ausführung von Inlandsgeschäften, sondern hemmt auch den Export, da Lieferfristen immer häufiger nicht zu erfüllen sind.

Die historische Forschung geht mittlerweile davon aus, daß bereits im Herbst 1922 auch kurzfristig die negativen Auswirkungen der Inflation überwiegen. Seit August geht der Export zurück; auch der innere Markt schrumpft wegen der Reallohnverluste und damit der Abnahme der Kaufkraft in immer stärkerem Maße. Im Januar 1923 marschieren französische Truppen zur Sicherung der Reparationslieferungen (so die offizielle Begründung) in das Ruhrgebiet ein. Tatsächlich geht es der französischen Regierung auch um die Zurückverlegung der deutschen Grenze an den Rhein und damit um die dauerhafte Schwächung des Deutschen Reiches.

Dort reagiert man – von den Deutschnationalen bis zu den Sozialdemokraten und Kommunisten – mit einem Aufschrei nationaler Empörung. Die Reichsregierung ruft die Bevölkerung des Ruhrgebiets zum »passiven Widerstand« auf, die französischen Besatzer weisen im Gegenzug Beamte aus, beschlagnahmen Vermögenswerte usw. Das Deutsche Reich muß die Bevölkerung des Ruhrgebiets mit hohen Geldzahlungen und Sachleistungen unterstützen, während gleichzeitig die Steuereinnahmen und Kohlelieferungen aus dem besetzten Gebiet wegfallen. Der »Ruhrkampf« sorgt für den endgültigen Zerfall der deutschen Währung. Hat die Parität der Mark zum Dollar im April 1923 noch bei 20.000 gelegen, so muß für einen Dollar im August bereits 1 Million Mark gezahlt werden. Die industrielle Entwicklung sinkt 1923 gegenüber 1922 um ein Drittel. Beim Zahlungsverkehr wird allgemein dazu übergegangen, eine Golddeckung zu verlangen, so daß die Funktion der deutschen Währung immer geringer wird.

Ende September 1923 muß der Ruhrkampf abgebrochen und die Zahlung von Reparationen an Frankreich und Belgien wieder aufgenommen werden. Erst danach setzt die Konsolidierung der Währung ein, die durch internationale Übereinkommen ermöglicht wird (s. Dawes-Plan).

Eine Karikatur auf die amerikanischen Moralpropagandisten wird dazu benutzt, ausgiebig Paris zu zeigen. Zuerst die übereinstimmend kopierten Stadtbilder, dann Moulin Rouge, Apachenkeller, winklige, lastererfüllte Gassen. Auf den letzten dreihundert Metern entwickelt sich noch eine packende Kriminalgeschichte.

1927. Der große Sprung.
REG, AUT Arnold Fanck. KAM Sepp Allgeier, Hans Schneeberger, Albert Benitz, Richard Angst, Kurt Neubert, Charles Métain. BAU Erich Czerwonski. KINO-MUS Werner Richard Heymann.
DAR Leni Riefenstahl (Gita, eine Ziegenhirtin), Luis Trenker (Toni, ein Bauernbursche), Hans Schneeberger (Michael Trenkert), Paul Graetz (Paul, sein Diener).
PRO Ufa. DRZ Mai - November 1927. DRO Ufa-Atelier Neubabelsberg. AA Dolomiten. LNG 7 Akte, 2931 m. ZEN 20.12.1927, Jf. URA 20.12.1927, Berlin (Ufa-Palast am Zoo).
– Prädikat: Künstlerisch wertvoll.
Groteskes Sportlustspiel bzw. Bergfilmklamotte um einen überarbeiteten Manager, der sich bei seinem vom Arzt verordneten Bergurlaub in eine Ziegenhirtin verliebt, skilaufen und klettern lernt.

1927. Schuldig.
REG Johannes Meyer. AUT Ernst B. Fey; nach dem Bühnenstück von Richard Voss. KAM Curt Courant. BAU Walter Reimann. KINO-MUS Artur Guttmann.
DAR Susy Vernon (Maria Feld), Jenny Hasselqvist (Magda Feld), Bernhard Goetzke (Thomas Feld), Willy Fritsch (Frank Peters), Hans Adalbert Schlettow (Peter Cornelius), Adolphe Engers (Georg Aschmann), Max Maximilian (Bumsti), Mammey Terja-Basa (Mongole).
PRO Ufa. DRZ Juli - Oktober 1927. DRO Ufa-Atelier Neubabelsberg. LNG 6 Akte, 2684 m. ZEN 29.12.1927, B.17746, Jv. URA 2.2.1928, Berlin (Ufa-Palast am Zoo).
15 Jahre lang hat Thomas Feld wegen angeblichen Mordes im Zuchthaus gesessen. Mit seinem Anwalt Frank fährt er ins Hafenviertel. Seine Frau Martha ist dort die Geliebte des Bordellbesitzers Cornelius geworden, der es aber auch auf die Tochter Marie abgesehen hat und sie schließlich mit Gewalt zu nehmen versucht. Um seine Tochter zu schützen, wird Feld tatsächlich zum Mörder.

1927. Die geheime Macht.
REG Erich Waschneck. AUT Bobby E. Lüthge, Erich Waschneck; nach einer Idee von Bobby E. Lüthge. KAM Friedl Behn-Grund. BAU Jacques Rotmil. KINO-MUS Giuseppe Becce.
DAR Michael Bohnen (Sajenko), Suzy Vernon (Prinzessin Sinaide), Walter Rilla (Mirow, Sekretär des Handelsbüros), Henry Stuart (Edward, der Sohn des Großindustriellen P. L. Harland), Truus van Alten (Lilian, Edwards Schwester), Paul Otto (Major Raschoff), Ferdinand von Alten (Baron Sterny), Rudolf Biebrach (Admiral Reeve), Leopold Kramer (Fürst Balyzin), Max Magnus (Leutnant Daboro), Max Maximilian (Pferdeknecht Kosma), Alexander Murski, Ossip Darmatoff.
PRO Ufa. PRL Alfred Zeisler. DRZ November - Dezember 1927. DRO Ufa-Atelier Neubabelsberg; AA Über dem Döberitzer Feld (Flugzeugaufnahmen). LNG 6 Akte, 2802 m. ZEN 30.12.1927, B.17759, Jv. URA 29.2.1928, Berlin (Gloria-Palast).
Das Emigrantenlokal ›Fremder Vogel‹ ist Treffpunkt der Heimatlosen. Mirow, Sekretär der Handelsvertretung, fühlt sich den Emigranten innerlich verbunden und verkehrt im besagten Lokal, hofft er doch auf die baldige Ankunft seiner Mutter, um dann offen ins Emigrantenlager überzugehen. Kontrollkommissare eröffnen ihm, seine Mutter sei festgehalten worden. Er müsse sich deshalb unbedingt dem obersten Gericht in der Heimat stellen. Aus dieser Schlinge kann sich Mirow mit Hilfe der Emigranten befreien.

1927. Der geheimnisvolle Spiegel.
REG Carl Hoffmann, Richard Teschner. AUT Robert Reinert. KAM Carl Hoffmann. BAU Carl Böhm. KINO-MUS Walter Winnig.
DAR Felicitas Malten (Anna), Fritz Rasp (reicher Mann), Rina de Liguoro (Freundin des reichen Mannes), Dante Capelli (Schloßkastellan), Eduard von Winterstein (Schloßverwalter), Wolf Albach-Retty (Bildhauer), Max Magnus (sein Freund), Alice Kempen (Großmagd), Heinrich Gretler (Großknecht).
PRO Ufa. PRL Robert Reinert. DRZ ab September 1927. DRO Ufa-Atelier Neubabelsberg. LNG 6 Akte, 2496 m. ZEN 2.1.1928, B.17777, Jv. URA 21.3.1928, Berlin (Mozartsaal).
– 1. Ufa-Spielfilm, der auf panchromatischem Material und durchweg mit Glühlampen-Licht aufgenommen wurde (Lamprecht).

In diese Umstellung fließen nicht nur großzügige Berechnungen der Unternehmenswerte (Grundbesitz, Maschinenpark und Filmstock) ein, sondern zugleich äußerst optimistische Erwartungen an die weitere Geschäftsentwicklung.

Das Jahr 1924/25 verläuft für die Ufa recht erfolgreich. Besondere Anstrengungen unternimmt die Ufa in dieser Phase, ihren internationalen Einfluß zu verstärken. Sie wird maßgebliche Teilhaberin der französischen Alliance Cinématographique Européenne (ACE), erwirbt Majoritäten der Westi Film SA Italia und der schweizer Nordisk Filmcompagnie und gründet schließlich in New York die Ufa Film Inc. für den Filmvertrieb in den USA und Kanada. Die Expansion auf den internationalen Märkten – hinzu kommt in Deutschland der Erwerb der Aktiengesellschaft für Film-Fabrikation (Afifa), um Unabhängigkeit für das Kopieren der Filme zu erreichen – stößt immer mehr an die Grenzen der Finanzausstattung. Dennoch wird der Reingewinn von ca. 3 Millionen RM nahezu vollständig für eine Dividende von 6% verbraucht. Für die folgende Saison kündigt die Ufa eine Fortführung des Expansionskurses an, vor allem eine erhebliche Erweiterung der Spielfilmproduktion. Den Hollywood-Filmen nacheifernd, wächst der Kostenaufwand dabei enorm an. Der französische »Temps« schreibt über den monumentalen Film DIE NIBELUNGEN: »Siegfrieds Tod ist das erste großkalibrige Geschoß, das die europäischen Batterien in die Superstudios von Los Angeles werfen.« (Les Temps, 29.4.1925, zit. nach Traub). Angesichts der weltweiten Monopolstellung der amerikanischen Filmproduktion, die mehr als 90% der Gesamtproduktion ausmacht – diese Position haben vor dem Ersten Weltkrieg die Franzosen besessen –, muten solche Äußerungen nur als lächerliche Protzerei an.

Der geschäftliche Dauererfolg der großen Ufa-Filme bleibt trotz begeisterter Aufnahme beim deutschen Publikum aus. Die hohen Herstellungskosten sind auf dem inländischen Markt nicht zu amortisieren. In den USA wiederum reüssieren solche Produktionen nicht. Die Kapitalknappheit wird immer unübersehbarer. In der zweiten Hälfte des Jahres 1925 gibt man deshalb eine Ufa-Anleihe von 15 Millionen RM in 10prozentigen Teilschuldverschreibungen aus, die der Finanznot allerdings kaum abzuhelfen vermag. Emil Georg von Stauß versucht deshalb Ende 1925 das Reich für eine Subvention oder sogar Beteiligung zu interessieren und sucht gleichzeitig nach interessierten privaten Finanziers, denen Aktienpakete billig abgegeben werden sollen. Obwohl all diese Bemühungen erfolglos verlaufen, verbreitet der Geschäftsbericht der Ufa, der im Dezember 1925 veröffentlicht wird, Optimismus: »Die Aussichten des neuen Geschäftsjahres lassen wieder eine angemessene Verzinsung des Kapitals sowie eine Beseitigung der finanziellen Anspannung erhoffen.« (Lichtbild-Bühne, 19.12.1925). Ein anderer Passus der Jahresbilanz klingt sehr »national«, liest sich aber für Eingeweihte als vorsorgliche Legitimation einer bevorstehenden heiklen Transaktion: Es wird nämlich der »Widerstand betont, den speziell die Ufa in ihrer überragenden Stellung innerhalb der deutschen Filmindustrie der amerikanischen Invasion entgegenstellt. Dieser Widerstand ist kein feindseliger, vielmehr bilden die Beziehungen der Ufa zu den führenden amerikanischen Filmkonzernen die Gewähr, daß dem deutschen Publikum die besten Filmproduktionen der Welt zugeführt werden. Das Hauptaugenmerk wird indessen auf die eigene Organisation und Produktion gerichtet derart, daß einerseits Amerika an dieser Organisation und Produktion nicht vorbeigehen kann und daß andererseits deutsche Filmwerke geschaffen werden, die sich durch ihre Güte in der ganzen Welt durchzusetzen geeignet sind.« (Film-Kurier, 12.12.1925)

Genau eine Woche später wird ein Vertrag der Ufa mit den amerikanischen Konzernen Paramount und Metro-Goldwyn unterzeichnet. Dieses nach den Abkürzungen der beteiligten Partner kurz als »Parufamet-Vertrag« bezeichnete Abkommen sichert der Ufa ein Darlehen über 17 Millionen RM bei einer Verzinsung von 7,5%. Gekoppelt ist diese Zahlung an die Vereinbarung über den gemeinsamen Verleih für US-Filme in Deutschland und deutsche Filme in den USA. Die dafür gegründete Parufamet soll in Deutschland jährlich 60 Filme verleihen, je 20 von Ufa, Metro und Paramount.

Stauß gibt den Vertrag auf der Generalversammlung der Ufa Ende Dezember 1925, im überfüllten Sitzungssaal der Zentrale der Deutschen Bank, bekannt und bezeichnet ihn als »das seit dem Bestehen der Ufa (...) bedeutungsvollste und verantwortungsschwerste Dokument für die Ufa und für die deutsche Filmindustrie« (Film-Kurier, 30.12.1925). Auch verzichtet Stauß in seiner einstündigen Rede nicht darauf, das Abkommen mit Hollywood als nationale Tat zu rühmen. Nachdem er die amerikanischen Wettbewerbsvorteile genannt hat, fährt er fort: »Den Kampf zwischen den Antipoden Amerika und Deutschland zu führen, ist unter diesen Umständen sicherlich nicht leicht. Gerade vor einem Jahr war an uns die Schicksalsfrage herangetreten: Wie können wir den Kampf bestehen? Nicht, daß wir wie David gegen Goliath ausziehen wollten, sondern um uns in der Weltwirtschaft zur Geltung zu bringen. Wir hatten uns entschlossen, dies im Geiste der freundschaftlichen Zusammenarbeit mit großen amerikanischen Unternehmen zu tun.« (Film-Kurier, 2.1.1926) Warum angesichts dieser Dimension die doch relativ bescheidene Summe von 17 Millionen RM nicht von den deutschen Banken bzw. der Deutschen Bank gezahlt wird, spricht Stauß nicht an.

Der neue Generaldirektor der Ufa, Ferdinand Bausback, kommentiert den Parufamet-Vertrag sogar mit der Behauptung: »Durch das Abkommen sei für den deut-

Selbstdarstellung mit Girlande: Aus dem Verleihkatalog der Ufa 1923/24

schen Film der amerikanische Markt geöffnet« worden (Film-Kurier, 16.1.1926). Bausback – er ist 1905 in den Dienst der Deutschen Bank getreten, hat sich 1921 zum Leiter der mit der Deutschen Bank fusionierten Württembergischen Vereinsbank in Stuttgart hochgedient und gehört schon seit längerem dem Ufa-Aufsichtsrat an – hat selbst die Detailverhandlungen mit den Amerikanern geleitet. Seine Ernennung zum Generaldirektor (zuvor hat es ein gleichberechtigtes Viererkollegium im Vorstand gegeben: Erich Pommer für die Produktion, Siegmund Jacob für den Verleih, Alexander Grau für die Theater und Eugen Stauß für die Finanzen), soll den Willen zur Effektivierung und Anspannung aller Kräfte nach der Finanzauffrischung signalisieren. Aber schon die von Bausback genannten Voraussetzungen sind falsch. Der Ufa wird nicht der amerikanische Markt geöffnet. Sie wird vielmehr zum bedeutendsten amerikanischen Vorposten in Deutschland.

Innerhalb des Parufamet-Vertrags gibt es kein Auswahlrecht für die amerikanischen Filme, während Ufa-Filme von US-Seite durchaus abgelehnt werden können. Nach den deutschen Außenhandelsbestimmungen für die Kontingentierung von Filmimport muß die Ufa ferner 40 Filme als Gegenleistung für die von der Parufamet verliehenen amerikanischen Filme herstellen – 20 davon werden von dieser Firma, 20 vom eigenen Verleih herausgebracht.

Der Zwang zur quantitativen Steigerung drückt spürbar auf die Qualität der Spielfilme – dazu kommt Pommers Ausscheiden im Januar 1926 –, stärkt im Endeffekt wiederum die amerikanischen Konzerne. Der Marktanteil der US-Spielfilme auf dem deutschen Markt für lange Spielfilme, der 1923 noch 24,5%, ein Jahr später 33,2% und 1925 40,7% betragen hat, steigt 1926 auf 44,5%. Allerdings ist dies im Gegensatz zum US-Anteil in Großbritannien (83,6% in 1926) und Frankreich (78,5% in 1926) noch keine monopolistische Position.

Der Kurs der Ufa, auf quantitive Steigerung der Produktion zu setzen und Hollywood technisch zu übertreffen, wird im Jahr 1926 trotz einer sich ankündigenden Flaute im Filmgewerbe beibehalten – die Zahl von 271 Millionen Kinobesuchen 1925 geht im folgenden Jahr auf 232 Millionen zurück, um 1927 wieder steil anzusteigen (auf 337 Millionen). Die Ufa erweitert indes ihren Theaterpark 1926 von 101 auf 108 Theater mit 95.000 statt 87.000 Plätzen. Der noch in der vorherigen Phase, im Mai 1925, begonnene Film METROPOLIS wird auch in der »Ära Bausback« fortgeführt und gerät zum teuersten Flop der Ufa.

»Die im letzten Geschäftsbericht zum Ausdruck gebrachten Erwartungen haben sich im Geschäftsjahr 1925/26 nicht erfüllt.« (vollständig in Film-Kurier, 13.4.1927). Mit dieser Untertreibung muß Mitte 1926 das vollständige Scheitern der Ufa-Strategie eingestanden werden. Als Begründung werden die nicht zu erwartenden Produktionskostensteigerungen für Filme, das unerwartet schlechte Verleihgeschäft und die hohen Lustbarkeitssteuern genannt, obwohl letztere gegenüber 1925 von 20% auf 15% zurückgegangen sind. Seit 1926 gibt es im übrigen obligatorische Ermäßigungen für »künstlerisch wertvolle« Filme. Ferner wird darauf verwiesen, daß die Ufa eine »Kriegsgründung« sei, die nach dem Rückzug des Reiches und durch die bald einsetzende Inflation nie die Zeit erhalten habe, eine Neuordnung nach normalen Friedensprinzipen vorzunehmen. Als weiterer Faktor wird angeführt: »Es fehlte außerdem in der in Deutschland noch so jungen Filmindustrie an leitenden Persönlichkeiten, welche neben den erforderlichen Fachkenntnissen über eine genügende Menge von allgemeinen wirtschaftlichen Erfahrungen verfügten. So ist es auch verständlich, daß bei Aufstellung der Goldmarkbilanz des Jahres 1924 die Aussichten besser angesehen wurden als es berechtigt war und daß man infolgedessen zu einer höheren Einschätzung der Vermögenswerte gelangte, als sie unter anderen Voraussetzungen vorgenommen worden wären.« (Film-Kurier, 13.4.1927)

Daß im Geschäftsjahr 1925/26 etwa 50 Millionen RM Verlust gemacht worden sind, denen keine ausreichende Deckung durch das Grundkapital von 45 Millionen RM mehr gegenübersteht, spricht sich im zweiten Halbjahr 1926 herum. In einem »Offenen Brief« des *Film-Kuriers* wird Generaldirektor Bausback persönlich verantwortlich gemacht: »Unter Ihrer Leitung ist die Ufa kleiner und kleiner geworden. Sie Herr Generaldirektor Bausback, haben den traurigen Ruhm, dem Organisator der Ufa als Liquidator gefolgt zu sein.« (Film-Kurier, 21.9.1926). Hinter den Kulissen beginnt sich, wie schon ein Jahr zuvor, der Aufsichtsratsvorsitzende Stauß von der Deutschen Bank nach neuen Geldgebern umzusehen.

Axel Schildt

Ein phantastischer, märchenhafter Film, in dem ›verlebendigte Puppen‹ vorkommen (Integration des Figurenspiels Richard Teschners), mit Anklängen an die Horrorvisionen eines Edgar Allan Poe. Zugleich die durchpsychologisierte Charakterstudie eines haltlosen Industriellen.

1927. Doña Juana.
REG Paul Czinner. AUT Paul Czinner; nach altspanischen Motiven des Tirso de Molina. KAM Karl Freund, Robert Baberske, Adolf Schlasy. BAU Erich Kettelhut, Leo Pasetti. KOS Leo Pasetti, Edith Glück, Theaterkunst Hermann J. Kaufmann. KINO-MUS Giuseppe Becce. DAR Elisabeth Bergner (Doña Juana), Walter Rilla (Don Ramon), Hertha von Walther (Ines), Elisabeth Neumann (Clara, Ines Freundin), Fritz Greiner (Osorio, Ramons Freund), Hubert von Meyerinck (Don Alfonso), Wolfgang von Schwind (Diener), Max Schreck (Juanas Vater), Lotte Stein (Duena, Juanas Erzieherin), Max Wogritsch (Don Felipe de Mendoza), Rafael Calvo (Don Pedro de Padilla). PRO Poetic-Film GmbH; für Ufa. DRZ Juli - Oktober 1927. DRO Ufa-Atelier; AA Sevilla, Granada. LNG 10 Akte, 3081 m. ZEN 2.1.1928, B.17781, Jf. URA 24.1.1928, Berlin (Gloria-Palast).

Erich Kästner 1928 über diese bunte Verwechslungs- und Verkleidungskomödie nach dem Strickmuster des Stücks ›Don Gil von den grünen Hosen‹: ›Don Ramon will Donna Juana, soll aber Donna Ines heiraten. Da zieht Donna Juana Männerhosen an, bewirbt sich erfolgreich, unter Don Ramons Namen, um die Nebenbuhlerin und bringt, nach einigem holden Durcheinander, ihren Don Ramon, dieses Schäfchen, ins Trockene.‹

1927/28. Panik.
REG Harry Piel. RAS Rudolf Sieber. AUT Herbert Nossen, (Harry Piel). KAM Gotthardt Wolf, Ewald Daub. BAU Erich Czerwonski, Günther Hentschel (?). DAR Harry Piel (Mister X, Der Rajah von Lahore, Harry Peel), Dary Holm (Anita), Eugen Burg, Henry Bender, Jaro Fürth, Albert Paulig, Walter Steinbeck, Bruno Ziener, Georg John, Leopold Ledebur, Erich Kaiser-Titz, Philipp Manning, Tony Tetzlaff, Gloria Maro, Kurt Brenkendorf, Max Zilzer, Ernst Behmer, Josef Peterhans, P. Alieff, Wilde Tiere: 9 große Löwen, 5 kleine Löwen, 2 große Tiger, 3 kleine Tiger, 4 Eisbären, 4 braune Bären. PRO Ring-Film AG, Berlin (Harry Piel-Film der Ufa). AUL Walter Zeiske, Elie Leonard. DRZ Dezember 1927 - Februar 1928. DRO May-Atelier Berlin-Weißensee; AA Berlin, Leipzig. LNG 10 Akte, 2973 m. ZEN 13.2.1928, B.18165, Jv. URA 23.2.1928, Berlin (Ufa-Palast am Zoo).

Eine glattlaufende Handlung in einem internationalen pariser Hotel, in dem u.a. der Verbrecher Arsen Dupin, der Detektiv Harry Peel und ein Polizeipräfekt gegeneinander arbeiten und vor lauter doppelten Spielen solange aufeinander hereinfallen, bis Peel die Entlarvung Dupins gelingt. Den Millionenscheck zur Belohnung stiftet er für Waisenhäuser.

1927/28. Dr. Monnier und die Frauen / Parisiskor.
REG Gustaf Molander. AUT Paul Merzbach. KAM J. Julius /= Julius Jaenzon/. BAU Robert Neppach. KINO-MUS Otto Stenzeel. DAR Ruth Weyher (Jeanne Duval), Margit Manstad (Nita Duval), Alexander Murski (Gambetta Duval, deren Vater), Karin Swanström (Witwe Rose Duval), Alexander Nadler (der kleine Philippe), Louis Lerch (Dr. Léon Monnier), Miles Mander (Armand de Marny), Georg Blomstedt (Theaterdirektor), Hans Junkermann (alter Graf), Margita Alvén (Schauspielerin), Jeanne Weiß (elegante Dame), Albert Paulig (Portier). PRO Ufa / Svenska Biografteatern. PRL Oskar Hemberg. DRZ Juli - November 1927. DRO Ufa-Atelier Berlin-Tempelhof. LNG 6 Akte, 2702 m. ZEN 15.2.1928, B.18191, Jv. URA 24.2.1928, Berlin (U.T. Kurfürstendamm).

Rettung in den Verlust
Die Parufamet-Verträge

Im Dezember 1925 schließt die Ufa mehrere untereinander verbundene Vereinbarungen mit den Hollywood-Konzernen Famous Players und Metro-Goldwyn, die als Parufamet-Vertrag bekannt geworden sind.

Die erste dieser Vereinbarungen besteht aus einem Darlehen über 4 Millionen Dollar, mit 7,5% Zinsen über 10 Jahre, das die Ufa aufnimmt, abgesichert durch eine Hypothek auf das Ufahaus am Potsdamer Platz. Die zweite etabliert einen umfassenden Rahmen für den Verleih von Paramount und Metro-Goldwyn Filmen in Deutschland, einschließlich der Gründung einer Verleih-Gesellschaft, später Parufamet genannt, deren Leitung und Gewinne 50:50 zwischen Ufa und Paramount/Metro-Goldwyn geteilt werden. Der dritte Vertrag regelt den Verleih von Ufa-Filmen in den USA. Zudem werden allgemeine Bedingungen für eine Zusammenarbeit bei Produktion und Verleih in Deutschland festgelegt.

Das Kernstück des gesamten Vertragswerkes, soweit es die Aktivitäten der Ufa betrifft, sind die gegenseitigen Vereinbarungen über den Austausch von Spielfilmen. Der Parufamet-Vertrag verpflichtet jeden der drei Partner, jährlich jeweils ihre 20 Spitzen-Filme in den neuen Zusammenschluß einzubringen. Damit wird die Parufamet Deutschlands größter Filmverleiher. Diese Bedingungen haben sofort Veränderungen in der Produktions- und Abspielpolitik der Ufa zur Folge. Zwar bleibt die Kinokette der Ufa, die ungefähr 100 Theater umfaßt, juristisch unabhängig, aber 75% der Filmbuchungen müssen für Parufamet reserviert bleiben, zwei Drittel davon für amerikanische Spielfilme.

Gemäß den Bedingungen der Import-Gesetzgebung verpflichtet sich die Ufa auch zur Produktion oder zum Kauf von vierzig einheimischen Filmen, um so die für die Einfuhr der amerikanischen Filme notwendigen Kontingentscheine zu erhalten. In entsprechenden Verträgen über den Verleih von Ufa-Filmen in den Vereinigten Staaten durch Metro-Goldwyn und Paramount geht es um viel weniger Filme – jede Gesellschaft muß jährlich fünf herausbringen und überläßt ihre Auswertung der amerikanischen Seite. Da keine gemeinsame Verleihfirma geschaffen wird, hat die Ufa kaum direkten Einfluß auf so kritische Entscheidungen wie Terminierung, Werbung und Plazierung ihrer Filme. Während jede amerikanische Firma das Recht hat, jährlich vier Filme als besondere Produktion herauszubringen und ihren Einsatz in Deutschland zu überwachen, muß die Ufa sich auf die Erfahrung und den guten Willen der Amerikaner verlassen. Überdies haben beide Hollywood-Firmen das Recht, Ufa-Filme abzulehnen, die sie als ungeeignet für den amerikanischen Markt einschätzen.

Der naheliegendste Grund für die Partnerschaft der Ufa mit Metro-Goldwyn und Paramount liegt zweifellos in der schwierigen finanziellen Situation der Gesellschaft. Die vollständige Geschichte dieser Schwierigkeiten ist nie erzählt worden, nicht zuletzt weil die Krise auch eine Folge der damaligen Unfähigkeit zu korrekter Rechnungsführung ist: Vor 1926 führt die Ufa ihre Geschäfte auf eine Art und Weise, die eine Katastrophe geradezu herausfordert. Obwohl es irreführend wäre, die Krise nur dem Reiz amerikanischer Filme zuzuschreiben, trägt der Konkurrenzkampf mit Hollywood doch mehr, als allgemein angenommen wird, zur Verschuldung der Ufa bei. Am vorläufigen Ende dieser Krise steht ein Vertrag mit

a) einer geplanten Laufzeit von zehn Jahren;
b) einer weitgehenden Verpflichtung der Ufa-Kinos, amerikanische Filme zu zeigen;
c) Einfluß der amerikanischen Partner auf die Plazierung von deutschen und amerikanischen Filmen in Deutschland;
d) einem fünfzigprozentigen Anteil an den Erlösen aus Ufa-Filmen für die amerikanischen Firmen;

DIE MARKEN DER GROSSEN QUALITÄTSFILME
PARUFAMET

Auf Europatournee: Hollywood-Tycoon Adolf Zukor (Mitte) 1930 in Berlin mit seinem Deutschland-Statthalter Ike Blumenthal und seinem Pariser Studio-Chef Robert T. Kane

e) dem Zugeständnis einer amerikanischen Überwachung deutscher Produktionen. Angesichts dieser Bedingungen ist die Ufa auf absehbare Zeit nicht mehr völlig Herr im eigenen Hause.

Diese Einschränkung der Eigenständigkeit der Ufa, für nationalistische Beobachter mit den Demütigungen des Dawes-Planes vergleichbar, sendet Anfang 1926 Wellen der Entrüstung durch die deutsche Kinowelt.

Doch in der Praxis erweist sich, daß Parufamet ganz anders funktioniert als ursprünglich geplant. Wenige Monate nach Inkrafttreten des Parufamet-Vertrags übernimmt im März 1927 die Hugenberg-Gruppe die Leitung der Ufa. Sofort läßt die neue Führung die Amerikaner wissen, man habe die Absicht, die Hypothek, die als Sicherheit für das Darlehen über 4 Millionen dient, zurückzuzahlen. Kurz darauf werden die Verleih-Klauseln einer grundlegenden Revision unterzogen. Die Einführung des Tonfilmes 1929 gibt schließlich den Vorwand, die Vereinbarungen endgültig aufzulösen. Das Zehnjahres-Abkommen funktioniert nicht einmal drei Jahre.

Doch 1926 ist die kurze Lebensdauer von Parufamet kaum vorhersehbar. Die Gesellschaft eröffnet im September die neue Filmsaison mit einem eindrucksvollen Programm von deutschen und amerikanischen Spielfilmen. An der Spitze stehen auf bei der Ufa FAUST und METROPOLIS, auf der amerikanischen Seite Erich Pommers erste Hollywood-Produktion HOTEL IMPERIAL sowie BEN HUR und aktuelle Filme mit Lillian Gish, Harold Lloyd und Buster Keaton.

Theoretisch gibt es keine Konkurrenz, die – was internationale Stars oder geplante Produktionen betrifft – an Parufamet heranreicht. Nicht nur das: mit der Kinokette der Ufa stehen erstklassige Erstaufführungstheater zur Verfügung, durch die in den ersten Monaten bereits nahezu vier Fünftel der gesamten Verleiheinnahmen erwirtschaftet wurden. Die Eroberung des freien Marktes folgt schnell. Anfang 1927 kommt schon fast die Hälfte der Verleih-Einnahmen von unabhängigen Kinos, ein sicheres Zeichen, daß das Parufamet-Programm großen Anklang beim deutschen Publikum findet.

Trotz des Enthusiasmus, mit dem Parufamet ins Leben gerufen worden ist, macht die Ufa beinahe sofort wieder Versuche, die Vereinbarungen abzuändern. Diese Versuche hängen mit dem Kauf der Ufa durch die Hugenberg-Gruppe zusammen, sollten aber nicht einfach als Ausfluß des reaktionären Nationalismus der neuen Herren gewertet werden. Die wesentlichen Überlegungen sind finanzieller Art.

Da die neue Leitung in den letzten Wochen der Filmsaison 1926/27 die Geschäftsführung übernommen hat, hat sie ideale Bedingungen, um das erste Jahr von Parufamet zu beurteilen. Einen Monat nach der Übernahme hält Ludwig Klitzsch einen langen Bericht in Händen, der die vergangene Saison auswertet, Konsequenzen für die Ufa-eigene Verleih-Gesellschaft (Ufaleih) erwägt, und zukünftige Perspektiven entwirft. Die Ergebnisse sind fast durchweg negativ und veranlassen Klitzsch, dringendst die Neufassung der Verleih-Vereinbarungen zu betreiben.

Ähnlich wie schon die kritische Presse bei der ersten Ankündigung des Vertrages argumentiert der interne Bericht, daß die Parufamet-Bedingungen für die Ufa nur Nachteile brächten. Der Vergleich zwischen dem Ergebnis der Parufamet mit dem der Ufaleih macht deutlich, daß eine Zusammenarbeit mit Hollywood bestenfalls eine höchst zwiespältige Sache ist. Nach Schätzung der Ufa ergibt die Addition der Bilanzen von Parufamet und Ufaleih für 1926/27 dieselbe Summe, die Ufa auch allein – ohne die Parufamet – verdient hätte: Parufamet hat also nicht dazu geführt, die Gesamteinnahmen zu vergrößern. Da aber Parufamet mehr als die Hälfte der gemeinsamen Jahreseinkünfte verbraucht, opfert die Ufa einen Großteil ihrer Verleihgewinne, indem sie sie zu gleichen Teilen mit Hollywood teilt. Hinzu kommt, daß die Ufa, obwohl sie drei Viertel der Einnahmen ihrer eigenen Kinos teilen muß, nicht die Freiheit hat, ihre Kinos zum eigenen Vorteil zu nutzen. Eine Buchprüfung durch die Ufa ergibt, daß durch die Verdoppelung der zentralen und regionalen Verleihbüros ca. 60% mehr Verwaltungskosten entstehen, als Ufaleih allein für den gleichen Arbeitsumfang verbraucht hätte. Schließlich ist das Einkommen von Parufamet aus unabhängigen Kinos, obwohl es insgesamt die Hälfte des Gesamteinkommens erreicht, immer noch weit entfernt von den Einnahmen der Ufaleih aus diesen Kinos, ganz abgesehen von dem niedrigeren Gesamtumsatz der Parufamet.

Ein Vergleich des Erfolgs der Filme, die jede der drei Vertragsparteien beisteuert, gibt Ufa weiteren Grund zur Besorgnis. Bei den Bruttoeinnahmen übertrifft Metro-Goldwyn leicht Ufa und Paramount. Die Gesamt-Bilanz verdeckt jedoch eine äußerst ungewöhnliche Zusammensetzung der Einnahmen. Über ein Drittel der Parufamet-Gesamteinnahmen stammen aus einem einzigen Spielfilm: BEN HUR, einer Metro-Goldwyn-Produktion. Dieser Film allein erlöst mehr als alle Ufa-Filme insgesamt, die über Parufamet verliehen wurden, und beinahe doppelt soviel wie alle Paramount-Filme! Ohne BEN HUR übertrifft das Einkommen von Ufa-Filmen das der anderen beiden Firmen und ist ungefähr so hoch wie das von Paramount und Metro-Goldwyn zusammen. Aufgrund dieser Informationen sieht sich die Ufa in der Einschätzung bestätigt, daß im Durchschnitt ein Ufa-Film doppelt soviel wert ist wie ein amerikanischer. Insgesamt ist – abgesehen von BEN HUR – der Erfolg von Metro-Goldwyn auf dem deutschen Markt sogar durchweg unbefriedigend. Ohne einen vergleichbaren Kinohit – ein im Filmgeschäft unplanbares Ereignis – treibt Metro-

175

Eine unüberlegt eingegangenen Ehe geht dadurch in die Brüche, daß nach einer Dissonanz die Gattin zu ihrem früheren Geliebten zurückkehrt, während der Gatte alle Aussicht hat, mit seiner bisherigen Schwägerin glücklich zu werden.

1927/28. Spione.
REG Fritz Lang. AUT Fritz Lang, Thea von Harbou; nach dem Roman von Thea von Harbou. KAM Fritz Arno Wagner. BAU Otto Hunte, Karl Vollbrecht. KINO-MUS Werner Richard Heymann. ML Artur Guttmann (Dirigent der Uraufführung).
DAR Rudolf Klein-Rogge (Haghi), Gerda Maurus (Sonja), Lien Deyers (Kitty), Louis Ralph (Morrier), Craighall Sherry (Polizeichef Jason), Willy Fritsch (Nr. 326), Paul Hörbiger (Franz, Chauffeur), Hertha von Walther (Lady Leslane), Lupu Pick (Masimoto), Fritz Rasp (Oberst Jellusic), Julius Falkenstein (Hotelmanager), Georg John (Zugführer), Paul Rehkopf (Strolch), Hermann Vallentin, Grete Berger.
PRO Fritz Lang-GmbH, Berlin; für Ufa. PRT Fritz Lang. DRZ ab ca. 3.10.1927 (Außen), 21.10.1927 - Februar 1928 (Atelier) DRO Ufa-Atelier Neubabelsberg. LNG 10 Akte, 4358 m bis 4364 m vor Zensur). ZEN 21.3.1928, B.18508, Jv. / 3.4.1928, B.18632, Jv. URA 22.3.1928, Berlin (Ufa-Palast am Zoo).
– Der Film wurde nach der Premiere noch einmal um 239 m gekürzt und neu zensiert.
Der Chef des Bankhauses Haghi hat ein Spionagenetz über Europa ausgebreitet. Der Geheimdienst setzt den jungen Beamten Nr. 326 ein, um ihn zur Strecke zu bringen. Haghi beauftragt Sonja, den Agenten entweder unschädlich zu machen oder auf seine Seite zu ziehen. Doch Sonja, die Nr. 326 insgeheim liebt, hilft ihm, die Bande zu überführen.

1928. Vom Täter fehlt jede Spur.
REG Constantin J. David. AUT Victor Abel, Alfred Zeisler. KAM Friedl Behn-Grund. BAU Jacques Rotmil. Beratung Kriminalrat Dr. Niemann (Polizeiinstitut), Kriminalkommissar Müller (Polizeipräsidium Berlin).
DAR Hanni Weisse (Frieda), Gritta Ley (Edith), Kurt Gerron (Maxe), Fritz Kampers (John), Paul Rehkopf (Ogalsky, Ediths Onkel), Ernst Stahl-Nachbaur (Kriminalkommissar Dr. Bernburg), Ferdinand Hart (Emil), Franz Cornelius (Hehler Rasurek), Rolf von Groth (Harry Hofer), Klaus Pohl (Otto), Michael von Newlinski (Kriminalkommissar Anschütz).
PRO Ufa. PRL Alfred Zeisler. DRZ Februar 1928. DRO Ufa-Atelier Neubabelsberg. LNG 7 Akte, 2357 m. ZEN 8.5.1928, Jv. URA 3.8.1928, Berlin (Ufa-Palast am Zoo).
Für die Kriminalbeamten ist der Mord nachts im Maschinenraum des Jahrmarktes ein einziges Rätsel. Der Tote hatte zu Lebzeiten wenig Umgang, sein Kompagnon war Phlegmatiker mit unangenehmen Eigenschaften. Es gab Streit. Liegt hier ein Motiv? Oder bei Hofer, dem heimlich Verlobten seiner Nichte? Der meinte, den Hinauswurf würde der jetzt Tote noch bereuen. Entwirrt sich der Knoten?

1928. Der Tanzstudent.
REG Johannes Guter. AUT Martin Proskauer, Gretel Heller. KAM Edgar S. Ziesemer. BAU Jacques Rotmil. KINO-MUS Otto Stenzeel.
DAR Willy Fritsch (Hans Amberg, Tanzstudent), Suzy Vernon (Ernesta), Fritz Alberti (Eugen Buratti, Fabrikbesitzer, ihr Vater), Valery Boothby (Ina, Ernestas Kusine), Carl Auen (Philipp Fleming), Margit Manstad (Lola, Tanzmädel), Albert Paulig (Oberkellner), Arturo Duarte (Charley, Saxophonist), Gerhard Ritterband, Else Reval, Harry Grunwald.
PRO Ufa. PRL Günther Stapenhorst. DRZ ab Februar 1928. DRO Ufa-Atelier Neubabelsberg. LNG 6 Akte, 2325 m. ZEN 12.5.1928, Jf. URA 30.7.1928 Berlin (U.T. Kurfürstendamm).
Im Stil des amerikanischen Gesellschaftsfilms wird eine moderne Heldenrolle kreiert: vom Millionärssohn zum Tanzstudenten und zum Chauffeur. Diese Stellung erst bringt Hans Amberg das ersehnte Glück.

1928. Adam und Eva.
REG Rudolf Biebrach. KO Reinhold Schünzel. AUT Alfred Schirokauer, Reinhold Schünzel. KAM Willy Goldberger. BAU Julius von Borsody, Arthur Schwarz.
DAR Reinhold Schünzel (Adam Grünau), Elza Temary (Anna), Valery Boothby (Klara), Hermine Sterler (Frau Jensen), Trude Lehmann (Köchin), Hugo Werner-Kahle (Diener), Ernst Hofmann, John Loder, Jack Mylong-Münz (Chauffeur), Meta Jäger (Adams Mutter), Frigga Braut (Försterin).

Goldwyn den gesamten Betrieb in der Saison 1927/28 in die roten Zahlen.

Aus Sicht der Ufa liegt in der Verpflichtung, ungeeignete Paramount- oder Metro-Goldwyn-Filme zeigen zu müssen, ein Grundfehler der Vereinbarungen. Um die vertraglich zugesagte Quote an Aufführungen zu erreichen, ist die Ufa durch Parufamet gezwungen, die Spielpläne ihrer Kinos umzustoßen und einige für den deutschen Markt völlig ungeeignete Spielfilme zu übernehmen. 1926/27 macht die Kinoabteilung der Ufa noch die vereinbarten Bemühungen, um Parufamets Vorführquoten zu erfüllen. Aber drei Monate nach Saisonbeginn schickt Carl Gabriel, der Leiter der Ufa-Theater in München, einen langen Protestbrief an die Zentrale, in dem er schreibt, die Parufamet-Filme seien vollkommen ungeeignet für sein Publikum und schadeten den Interessen der Ufa. Ufa reicht Gabriels Klage an Parufamet weiter, zum Beweis für die Schwierigkeiten, die bei der Plazierung einiger Filme in Ufa-Theatern entstehen.

Die Verleihpolitik außerhalb der Ufa-eigenen Kinos gibt Grund zu weiterem Verdruß. In Verhandlungen mit unabhängigen Filmtheatern betreibt Parufamet eine leicht veränderte Form des Block-Buchung-Systems. Kinobesitzer müssen nicht alle Parufamet-Filme nehmen, doch eine lose Vereinbarung verpflichtet sie, von jeder der drei Gesellschaften zu etwa gleichen Proportionen zu buchen. Ein Kinobesitzer, der an sechs oder acht Ufa-Filmen interessiert ist, die als viel profitabler als ihre amerikanischen Gegenstücke gelten, muß eine entsprechende Anzahl von Paramount- und Metro-Goldwyn-Filmen buchen. In dieser Hinsicht dient Parufamet ganz klar Hollywood, zum Nachteil deutscher Interessen, vor allem im kritischen Bereich der regionalen Verleihbüros. Um diesem Ungleichgewicht entgegenzusteuern, setzt die Ufa später im Auftrag von Parufamet besondere Mitarbeiter ein.

Angesichts dieser Tatsachen ist es kein Wunder, daß Ludwig Klitzsch die Revision der Parufamet-Verträge zu einer seiner ersten Prioritäten macht, als er im April 1927 die Leitung der Ufa übernimmt. Nachdem er den ausführlichen Bericht über die erste Saison der Parufamet erhalten hat, trifft er sich in Berlin mit Adolph Zukor von der Paramount und beginnt Verhandlungen über eine Neufassung des Vertrages. Im Juli unternimmt er eine Reise nach New York, um dort die Gespräche weiterzuführen.

Das Ergebnis seiner diplomatischen Bemühungen ist im August 1927 ein neuer Rahmenvertrag, der sich deutlich von der ursprünglichen Vereinbarung unterscheidet. Die Ufa verpflichtet sich, das Darlehen über 4 Millionen an Paramount und Metro-Goldwyn zurückzuzahlen. Falls das Darlehen fristgerecht abbezahlt ist, wird die Ufa ab 1. September 1928 von der Verpflichtung entbunden, ihre Filme durch Parufamet verleihen zu müssen. Genau ein Jahr nach diesem Datum sollen die Rechte an allen Ufa-Filmen, die noch im Umlauf sind, an die Ufa zurückfallen. Als Gegenleistung für dieses Zugeständnis verliert Ufaleih das Recht, amerikanische Spielfilme zu verleihen. Gleichzeitig wird die Verpflichtung der Ufa, amerikanische Filme zu zeigen, etwas gelockert: Zukünftig (bis 1932) ist genau ein Drittel aller Buchungen in Ufa-Kinos für amerikanische Filme aus dem Parufamet-Programm reserviert.

Die streng revisionistische Geschäftspolitik unter Ludwig Klitzsch führt – wenig überraschend – in der Endphase der Beziehungen zwischen der Ufa und den amerikanischen Partnern zu weiteren Reibungen. Die von Klitzsch durchgesetzte Befreiungs-Klausel in den Verträgen, die es der Ufa erlaubt, bis zu 25% von Parufamets (vorwiegend amerikanischen) Filmen abzulehnen, zeigt, wie weit die Interessen beider Seiten differieren. Der Vertreter von Metro bei Parufamet, Alexander Aronson, argumentiert, die Befreiungs-Klausel sei nur als eine Art Sicherheitsventil, nicht als Quote konzipiert worden, werde aber von der Ufa dazu mißbraucht, Metro-Goldwyn-Filme zugunsten anderer amerikanischer Filme, namentlich von Fox und First National, abzulehnen. Außerdem habe die Ufa bei vielen Filmen, für die sie eine Verleihverpflichtung eingegangen sei, diese nicht eingehalten.

Klitzsch erwidert freundlich, daß die 25%-Klausel ohne Einschränkungen beschlossen worden sei. Er bestreitet, daß die Ufa-Filmtheater ihren Verpflichtungen gegenüber Parufamet nicht nachkämen. In größeren Städten, in denen Ufa mehrere Premieren-Kinos habe, behalte man sich das Recht vor, zusätzlich zu den vertraglichen Verpflichtungen gegenüber Parufamet Filme der Konkurrenz zu buchen. Grundsätzlich erklärt Klitzsch, daß die Entscheidung von Ufa-Kinos, die Aufführung vieler Metro-Goldwyn Filme in die Sommerpause (Spätfrühling und Sommer) zu verschieben, normales Vertragsgebaren sei, wenn die Filme ein Flop an den Kinokassen zu werden schienen. Die Publikumsresonanz auf eine Reihe amerikanischer Premieren habe eindeutig die Unsinnigkeit starren Festhaltens an den Verleih-Vereinbarungen gezeigt. Klitzsch macht klar, daß er – von juristischen Vereinbarungen abgesehen – keine Kinopolitik verfolgen würde, die den Interessen der Ufa schade.

Unter diesen Umständen ist die Ufa bereit, das amerikanische Darlehen mit erhöhten Zinsen zurückzuzahlen, um größere Unabhängigkeit zu erlangen. Nach weiteren Veränderungen der Verträge im Februar 1928 bleibt die Ufa der Parufamet nur noch verbunden, indem sie Quoten und Kinobuchungen garantiert. Im Mai 1928 ist die Ufa in der Lage anzukündigen, in der kommenden Saison werde Parufamet nur Filme von Paramount und Metro-Goldwyn vertreiben und Ufaleih sich um die gesamte eigene Produktion kümmern. Im Ergebnis hat die Ufa – weniger als zwei Jahre nach dem Abschluß der Verträge – ihre eigenen Filme aus der Parufamet zurückgezogen, und ihre Verpflichtungen, Parufamet-Filme zu zeigen, drastisch reduziert. Praktisch ist Parufamet damit zu einer amerikanischen Zweigstelle in Deutschland geworden.

Wenn auch Parufamet, die gemeinsame Verleihfirma, der wichtigste institutionelle Ausdruck der Bindung der Ufa an Metro-Goldwyn und Paramount ist, so beinhaltet der Vertrag von 1925 auch eine Vereinbarung über Co-Produktionen in Deutschland. Dabei sind – nach Wahl der Ufa – ein oder zwei Filme jährlich vorgesehen, deren Gesamtkosten 400.000 Dollar nicht übersteigen sollen. Kosten und Einnahmen sollen zu den gleichen Quoten wie bei Parufamet geteilt werden, 50 % für die Ufa und je 25 % für jede der amerikanischen Firmen. Für die Produktion selbst soll zwar die Ufa verantwortlich zeichnen, aber die Amerikaner haben ein Überwachungsrecht bei Drehbuch, Besetzung und Finanzen. Die für deutsche Verhältnisse extravagante Höhe des Budgets – selbst auf zwei Filmen verteilt – macht deutlich, daß hier Super-Produktionen entstehen sollen, die sowohl für den deutschen als auch für den amerikanischen Markt gedacht sind.

In der Realität versag die Cooperation kläglich. Insgesamt entsteht als Co-Produktion ein einziger Spielfilm, DER LETZTE WALZER (1927) unter der Regie des Deutsch-Amerikaners Arthur Robison. Trotz eines großen Budgets, amerikanischer »Supervision« und langen Laufzeiten in den USA ist er kein großer Erfolg.

Besonders ärgerlich sind die Kosten für die amerikanische Supervision. Der für acht Monate als Vertreter der Paramount in der Produktion eingesetzte Charles Wittaker verlangt an Honorar und Spesen insgesamt über 100.000 Mark – genug Geld, um einen kleinen Spielfilm herzustellen. Da selbst die Produktions-Chefs der Ufa keine so hohen Gehälter erhalten, unterstreicht die Anwesenheit des Amerikaners die Kluft in Mentalität und Leistung bei der Filmproduktion in Deutschland und den USA. Verschiedene andere Co-Produktionen, bei denen so berühmte – zum Teil in Hollywood lebende – deutsche Stars wie Pola Negri, Emil Jannings und F. W. Murnau mitwirken sollen, werden diskutiert, doch nicht einer erreicht das Produktionsstadium. Das Jannings-Projekt – Arbeitstitel »Emil the Sailor« – wird im Herbst 1926 endgültig aufgegeben, als Paramount Jannings für eine Produktion in Hollywood engagiert. Vom Standpunkt der Ufa aus hat Paramount damit das Projekt zu Fall gebracht, nachdem in langwierigen Verhandlungen endlich Einigung über ein vorläufiges Skript und einen Vertrag mit Jannings erzielt worden war. Die Ufa wirft Paramount unkollegiales und unehrliches Verhalten vor und bittet vergeblich, daß im Interesse ihres Ansehens beim deutschen Publikum Jannings' erster amerikanischer Film ersatzweise als Co-Produktion gelten soll.

Das Scheitern des Jannings-Projekts, gerade als die Ufa mit der Produktion von DER LETZTE WALZER begonnen hat, und die Frustration über spätere Projekte, einschließlich eines Vorhabens im Jahre 1927, bei dem der prominente Emigrant F. W. Murnau Regie führen soll, zeigen deutlich, daß Co-Produktionen auf grundsätzliche Differenzen zwischen deutschen und amerikanischen Methoden stoßen. Der Abbau der Verpflichtungen der Ufa gegenüber ihren amerikanischen Partnern nach der Übernahme durch Hugenberg vermindert die Aussichten auf Zusammenarbeit in diesem Bereich noch weiter.

Da DER LETZTE WALZER beim Publikum nicht gut angekommen ist, ist der kommerzielle Anreiz für weitere Projekte minimal. Ufas knapper Beschluß vom Oktober 1927, künftige Gemeinschaftsproduktionen kämen nicht in Frage, spiegelt ihre mehr als unbefriedigenden Erfahrungen wider.

PRO Schünzel-Film der Ufa. PRT Reinhold Schünzel.
AUL Fritz Großmann. DRZ Januar 1928. DRO Ufa-Atelier
Neubabelsberg; AA Riesengebirge. LNG 6 Akte, 2096 m;
vor Zensur: 2102 m, 2095 m. ZEN 21.5.1928, Jv.
URA 16.10.1928, Berlin (Ufa-Pavillon Nollendorfplatz).
Der Gärtner ist immer der Dumme: Adam ist verlobt mit
Anna und verliebt in Klara. Sein Geständnis des Fehltritts
führt dazu, daß Klara sich den nächsten Verehrer sucht und
Anna sich zum Vamp wandeln will.

1928. Heimkehr.
REG Joe May. AUT Fred Majo /= Joe May/, Fritz
Wendhausen; nach der Novelle ›Karl und Anna‹ von
Leonhard Frank. KAM Günther Rittau, Konstantin (Irmen-)
Tschet. BAU Julius von Borsody. AUS Arthur Schwarz.
SCH Joe May. KINO-MUS Willy Schmidt-Gentner.
Künstlerische Beratung Alexander Arnstam.
DAR Lars Hanson (Richard), Dita Parlo (Anna), Gustav
Fröhlich (Karl), Theodor Loos, Philipp Manning.
PRO Joe May-Film der Erich Pommer-Produktion der Ufa.
PRT, PRL Erich Pommer. AUL Arthur Hoffmann (?).
DRZ Ende Februar - ca. 5.5.1928. DRO Ufa-Atelier
Neubabelsberg; AA im Hamburger Hafen. LNG 10 Akte,
3101 m (3006 m bei Erstzensur). ZEN 23.5.1928, B.19076,
Jv. / 10.8.1928, B.19718, Jv. URA 29.8.1928, Berlin (Gloria-
Palast).
– AT: Ketten. – Prädikat: Künstlerisch wertvoll. – Eine
erste, am 23.5.1928 zensierte Fassung kam offenbar nicht
zum Einsatz. – Amerikanische Fassung mit abweichendem
Schluß.
Aus sibirischer Gefangenschaft geflohen, trifft Karl auf
Anna, die Frau seines Kameraden Richard, die er aus
dessen Erzählungen kennt. Zunächst wehren sie sich gegen
ihre leidenschaftlichen Gefühle füreinander. Doch als
Richard zurückkehrt, gibt er Anna frei, nachdem er merkt,
daß tiefes Empfinden Anna und Karl miteinander verbindet.

1928. Die Dame mit der Maske.
REG Wilhelm Thiele. AUT Alexander E. Esway, Henrik
Galeen; nach einer Idee von Henrik Galeen.
KAM Carl Drews. SPE Hans Richter (Inflationsbild).
BAU Erich Czerwonsky.
DAR Arlette Marchall (Doris von Seefeld), Heinrich George
(Otto Hanke, Holzhändler), Wladimir Gaidarow (Alexander
von Illagin), Max Gülstorff (Freiherr von Seefeld), Paul
Hörbiger (Michael, russischer Bauernknecht), Dita Parlo
(Kitty), Julius von Szöreghy (Direktor des Apollo-Theaters),
Harry Lambertz-Paulsen (Regisseur), Fritz Kampers (Inspi-
zient), Gertrud Eysoldt (Garderobenfrau), William Huch,
Miss Sergewa mit ihrem Wunderzebra.
PRO Ufa. PRL Hans von Wolzogen, Alexander E. Esway.
DRO Ufa-Atelier Neubabelsberg. LNG 6 Akte, 2520 m
(2543 m vor Zensur). ZEN 24.5.1928, O.19061, Jv.
URA 26.9.1928, Berlin (Kammerlichtspiele).
1921/23: Aus materieller Not bindet sich Doris von Seefeld,
die Tochter eines verarmten Adeligen, an ein Revuetheater, das
von dem Holzhändler Otto Hanke finanziert wird. Doris'
Körper ist ihr Kapital. Einer mit der finanziellen Gesun-
dung geht ihr moralischer Abstieg. Der Vater, mit der
Situation seiner Tochter konfrontiert, ist erschüttert.

1928. Looping the Loop. Die Todesschleife.
REG Arthur Robison. RAS Erich Holder. AUT Arthur
Robison, Robert Liebmann. KAM Carl Hoffmann
BAU Robert Herlth, Walter Röhrig. KINO-MUS Artur
Guttmann.
DAR Werner Krauß (Botto, ein berühmter Clown), Jenny
Jugo (Blanche Valeite), Warwick Ward (André Melton,
Artist), Gina Manès (Hanna, Kunstschützin), Siegfried Arno
(Sigi, ihr Partner), Max Gülstorff (Blanches Verwandter),
Lydia Potechina (Blanches Verwandte), Harry Grunwald,
Julius von Szöreghy (Agent).
PRO Ufa. PRL Gregor Rabinowitsch. AUL Max Wogritsch.
DRZ Januar - Februar 1928. DRO Ufa-Atelier Neubabels-
berg; AA London. LNG 6 Akte, 3347 m. ZEN 24.5.1928, Jv
URA 15.9.1928, Berlin (U.T. Universum).
Botto, ein berühmter Clown, leidet unter dem Trauma, nur
als komische Nummer geliebt zu werden. Seiner Freundin
gegenüber gibt er sich als erfolgreicher Ingenieur aus.
Sein erotischer Eroberungszwängen besessene Rivale
Bottos scheitert daran, daß er die Professionalität seines
Berufes dem Triebleben unterordnet. Er stirbt nicht als
gebrochener Mensch, sondern mit einem Augenzwinkern,
das einen letzten Flirt einleitet.

**Stein des Anstoßes:
Deutsche Offiziere amüsieren
sich in Rex Ingrams THE FOUR
HORSEMEN OF THE APOCALYPSE
(1921)**

Die Enttäuschung beim Versuch, gemeinsame Produktionsstrategien zu entwickeln, ist nur eines von mehreren Ereignissen, die – abgesehen von den alltäglichen Spannungen bei Parufamet – dazu beitragen, die umfassenden Beziehungen der Ufa zu Paramount und Metro-Goldwyn zu untergraben. Zwei dieser Ereignisse verdienen eine kurze Erwähnung. Eines davon betrifft den Vertrieb von amerikanischen Kriegsfilmen durch Metro und Paramount, die als Verunglimpfung des deutschen Volkes empfunden werden. Der bekannteste dieser Filme ist ein alter Metro-Film mit Rudolf Valentino, der Mitte des Jahrzehnts neu gestartet wird, um die Popularität des Stars nach dessen plötzlichem Tod auszunutzen. THE FOUR HORSEMEN OF THE APOCALYPSE (1921) gilt in Deutschland – wenn auch nur aufgrund ausländischer Berichte – als ein gehässiges Stück anti-deutscher Greuel-Propaganda. Als er kurz nach Abschluß des Parufamet-Vertrags von Metro-Goldwyn wieder herausgebracht wird, findet sich die Ufa zwischen den Fronten eines bitteren Streits wieder: Deutsche Verleiher drohen Metro-Goldwyn zu boykottieren, bis der Film aus dem internationalen Verkehr gezogen wird. Kurz danach wird die Ufa zusätzlich durch Berichte kompromittiert, denen zufolge der Metro-Film THE BIG PARADE (1925) Szenen enthalte, die deutsche Soldaten beleidigten. In einem langwierigen Prozeß erreicht die Ufa, daß in dem Film Schnitte gemacht werden, die ihn für den deutschen Markt brauchbar machen, aber auch dies geht auf Kosten von viel Vertrauen und gutem Willen.

Der zweite Vorfall, der bei der Ufa den Eindruck vermittelt, daß es seinen amerikanischen Partnern an Respekt gegenüber deutschen Interessen mangele, betrifft Erich Pommer, den ehemaligen Produktions-Chef.

Pommer verläßt im Streit die Ufa, kurz nachdem er für die Gesellschaft die Parufamet-Abkommen unterzeichnet hat. Die Reihe seiner Produktionen, so beeindruckend sie auch ist, trägt doch bedeutend zu der finanziellen Verschuldung bei, die die Ufa zur Aufnahme des amerikanischen Darlehens getrieben haben. Verständlich, wenn er die Ufa nicht unter freundschaftlichen Auspizien verläßt. Nur wenige Tage nach seinem Ausscheiden nimmt er ein Schiff nach New York. Es werden Gerüchte laut, nach denen er einen Vertrag mit Paramount habe, um in Hollywood zu produzieren. Der Ufa erscheint dies als offensichtlicher Verrat von Seiten ihrer neuen Partner. Da Pommer als der Schuldige an der finanziellen Misere der Ufa gilt, erscheint die Tatsache, daß er von einem der beiden amerikanischen Partner engagiert werden könnte, der Ufa als tiefe Beleidigung. Nach außen hin wahrt die Ufa Distanz, aber hinter den Kulissen versucht sie durch sofortige Schritte, Pommers Engagement bei Metro oder Paramount zu hintertreiben. In einer Reihe von Telegrammen vom Februar und März 1926 wird Paramount dringend ersucht, Pommer nicht einzustellen.

Paramount verspricht, die Interessen der Ufa zu wahren, wo immer es möglich sei, schließt aber trotzdem einen Vertrag mit Pommer und rechtfertigt diese Entscheidung mit einer Reihe von plausiblen, wenn auch nicht ganz überzeugenden Argumenten. Diese laufen darauf hinaus, daß Pommer weniger Schaden anrichten könnte, wenn er in Hollywood gebunden sei, als wenn er auf dem freien Markt verfügbar wäre.

Aus Angst vor erneuten Attacken der heimischen Presse, kurz nach Gründung der Parufamet, beschwört die Ufa Paramount, weiterhin die Beziehungen zu Pommer herunterzuspielen.

Da die Aufmerksamkeit der deutschen Fach-Presse auf die Ereignisse in Amerika gelenkt ist, bringt eine mehrdeutige Pressemeldung in Deutschland beinahe das Faß zum Überlaufen. Hintergrund dieser Meldung ist, daß Pommer Wind von den Machenschaften der Ufa bekommen hat und erklärt, er sei von Paramount engagiert worden, um in Berlin einen Spielfilm mit Pola Negri in der Hauptrolle zu drehen. Das entsetzt die Ufa noch mehr als alles bisherige, bedeutet es doch, daß Pommer mit amerikanischer Unterstützung und einem ehemaligen Ufa-Star zurückkehren würde, um seine ehemaligen Kollegen das Fürchten zu lehren. Die Ufa bittet eindringlich um eine öffentliche Stellungnahme der Paramount, die diese Behauptungen dementiere. Als Antwort bestreitet Paramount, daß sie momentan Pläne habe, Pommer in Berlin einzusetzen, und hält Pommer dazu an, sich ruhig zu verhalten. Sie lehnt es jedoch ab, eventuelle Pläne für eine Produktion in Berlin ganz aufzugeben. Wie der interne Briefwechsel zwischen Paramount in New York und ihrer berliner Zweigstelle deutlich macht, ist Paramount zwar bereit, in Kleinigkeiten nachzugeben, um der Ufa zu helfen, das Gesicht im eigenen Lande zu wahren, aber sie ist nicht bereit, bei Grundsätzlichem Zugeständnisse zu machen.

Ufa ist diese Verbindung mit Paramount und Metro-Goldwyn aus einer Reihe von zwingenden Gründen eingegangen, aber unter Bedingungen, die die finanziell instabile Situation der Firma von 1925 widerspiegeln. Als die Geldmittel zur Rückzahlung des Darlehens gesichert, die Unternehmungen der Gesellschaft geordnet und finanziell überschaubar geworden sind, werden die Nachteile der Parufamet-Verträge immer deutlicher. Die Modifikationen vom August 1927 und Februar 1928 bringen nicht nur eine Lockerung der ungünstigsten Klauseln des Vertrages, sowie eine Verkürzung seiner Laufzeit bis 1932, sondern bereiten auch den Abbau der aktiven Zusammenarbeit ab 1930 vor.

1929 ist die Verbindung der Ufa mit Parufamet nur noch rein formeller Art. Die Ufa hat keinen beherrschenden Anteil an der Gesellschaft und bleibt nur noch juristisch mit ihr verbunden, um ihre Import-Quote auf die amerikanischen Firmen übertragen zu können. Die Einführung des Tonfilmes gibt der Zusammenarbeit schließlich den Rest. Parufamet verlangt höhere Verleihgebühren für Tonfilme als im ursprünglichen Vertrag vorgesehen und hält dann ihre Tonfilme zurück. Ufa reagiert, indem sie Kinobuchungen zurücknimmt und Filme ablehnt, die sie normalerweise hätte spielen müssen. Ende 1929 – der Tonfilm beginnt Einfluß in der deutschen Produktion zu haben – hat die Partnerschaft, die mit den Parufamet-Verträgen geschaffen wurde, aufgehört zu existieren.

Thomas J. Saunders

Filme im Verleih der Ufa 1927

Januar. ★ 1926. S. **Sie, die einzige.** Hon, den enda. REG Gustaf Molander. DAR Lydia Potechina, Vera Woronina. PRO Aktiebolaget-Jsepa. 6 Akte, 2112 m. ★ 1925. USA. **Dürfen Eltern heiraten?** Are Parents People? REG Malcolm St. Clair. DAR Betty Bronson, Florence Vidor. PRO Paramount. 7 Akte, 2159 m. ★ 1926/27. D. **Potsdam, das Schicksal einer Residenz.** REG Hans Behrendt. PRO Greenbaum-Film. 8 Akte, 2445 m. ★ 1926/27. USA. **Ballettratten.** PRO Loew Metro Goldwyn. 6 Akte, 1772 m. ★ 1926. USA. **Artistenliebe.** You Never Know Women. REG William Wellman. DAR Florence Vidor. PRO Paramount. 6 Akte, 1827 m. ★ 1926/27. D. **Der Himmel auf Erden.** REG Alfred Schirokauer. DAR Reinhold Schünzel, Charlotte Ander. PRO Schünzel-Film. 6 Akte, 2676 m. ★ 1926. USA. **Fünf Minuten Angst.** Kid Boots. REG Frank Tuttle. DAR Eddi Cantor, Clara Bow. PRO Paramount. 6 Akte, 1776 m. ★ 1926. USA. **Der Todesritt von Little Big Horn.** The Flaming Frontier. REG Edward Sedgwick. DAR Hoot Gibson, Anne Cornwall. PRO Universal. 9 Akte, 2656 m. ★ **Februar.** ★ 1926. USA. **Aloma, die Blume der Südsee.** Aloma of the South Seas. REG Maurice Tourneur. DAR Gilda Gray, Warner Baxter. PRO Paramount. 9 Akte, 2596 m. ★ 1926. USA. **Wettlauf ums Leben.** The Barrier. REG George Hill. DAR Norman Kerry, Henry B. Walthall. PRO M-G-M. 7 Akte, 2021 m. ★ 1926. USA. **Die Dame mit dem Herrenschnitt.** PRO M-G-M. 7 Akte, 2022 m. ★ 1926. USA. **Junge, laß das Küssen sein.** A Man Must Live. REG Paul Sloane. DAR Richard Dix. PRO Paramount. 6 Akte, 1720 m. ★ 1926. USA. **Die Filmkönigin.** Her Big Night. REG Melville W. Brown. DAR Laura La Plante. PRO Universal. 8 Akte, 2212 m. ★ 1926. USA. **Totentanz der Liebe.** The Temptress. REG Fred Niblo. DAR Greta Garbo. PRO M-G-M. 9 Akte, 2488 m. ★ 1926. USA. **Buster Keaton, der Boxer.** Battling Butler. REG Buster Keaton. DAR Buster Keaton, Sally O'Neil. PRO Buster Keaton/Loew Metro Goldwyn. 7 Akte, 2150 m. ★ 1926/27. D. **Meine Tante – Deine Tante.** REG Carl Froelich. DAR Henny Porten, Ralph Arthur Roberts. PRO Porten-Froelich-Film. 6 Akte, 2361 m. ★ 1926. USA. **Der Magier.** The Magician. REG Rex Ingram. DAR Alice Terry, Paul Wegener, Ivan Petrovich. PRO M-G-M. 8 Akte, 2102 m. Verboten. ★ 1926. USA. **Wie werde ich meine Frau los.** Good and Naughty. REG Malcolm St. Clair. DAR Pola Negri. PRO Paramount. 6 Akte, 1750 m. ★ 1926. USA. **Die große Nummer.** Upstage. REG Monta Bell. DAR Norman Shearer, Oscar Shaw. PRO M-G-M. 6 Akte, 2073 m. ★ 1926. USA. **Zirkuszauber.** Spangles. REG Frank O'Connor. DAR Marian Nixon, Pat O'Malley. PRO Universal. 6 Akte, 1657 m. ★ 1926. USA. **Bébé, die Sportstudentin.** The Campus Flirt. REG Clarence Badger. DAR Bebe Daniels. PRO Paramount. 7 Akte, 2068m. ★ 1926/27. USA. **Die Falle am Crowntonpaß.** PRO Paramount. 8 Akte, 2113 m. ★ **März.** ★ 1926/27. USA. **Der Halunke.** PRO Famous Players-Lasky. 7 Akte, 2048 m. ★ 1926. USA. **Jackie, der Außenseiter.** PRO M-G-M. 7 Akte, 2076 m. ★ 1926. USA. **Die verkaufte Frau.** Sea Horses. REG Allan Dwan. DAR Jack Holt, Florence Vidor, William Powell. PRO Famous Players-Lasky. 7 Akte, 1948 m. ★ 1926/27. USA. **Abenteuer in Paris.** Stranded in Paris. REG Arthur Rosson. DAR Bebe Daniels, James Hall. PRO Paramount. 7 Akte, 1901 m. ★ 1926/27. D. **Violantha.** REG Carl Froelich. DAR Henny Porten, Wilhelm Dieterle. PRO Porten-Froelich-Film. 6 Akte, 2319 m. ★ 1926. USA. **Die Galgenhochzeit.** Bardelys the Magnificent. REG King Vidor. DAR John Gilbert, Eleanor Boardman. PRO M-G-M. 9 Akte, 2798 m. ★ 1926. USA. **Der scharlachrote Buchstabe.** The Scarlet Letter. REG Victor Seastrom (= Sjöström). DAR Lilian Gish, Lars Hanson. PRO M-G-M. 9 Akte, 2617 m. ★ 1926/27. USA. **Auf dem Kriegspfad.** PRO M-G-M. 6 Akte, 1718 m. ★ 1926. USA. **Um Himmelswillen, Harold Lloyd.** For Heaven's Sake. REG Sam Taylor. DAR Harold Lloyd. PRO Famous Players-Lasky. 6 Akte, 1685 m. ★ 1926. USA. **Valencia.** Valencia. REG Dimitri Buchowetzki. DAR Mae Murray, Lloyd Hughes. PRO M-G-M. 6 Akte, 1790 m. ★ 1926/27. USA. **Es war.** Flesh and the Devil. REG Clarence Brown. DAR John Gilbert, Greta Garbo. PRO M-G-M. 9 Akte, 2766 m. ★ 1926/27. USA. **Das gewisse Etwas.** It. REG Clarence Badger, Josef von Sternberg. DAR Clara Bow, Antonio Moreno. PRO Paramount. 7 Akte, 2076 m. ★ 1926/27. USA. **Der Kapitän von Singapur.** PRO M-G-M. 7 Akte, 2187 m. ★ **April.** ★ 1927. USA. **Ramon Novarro, der Seeoffizier.** The Midshipman. REG Christy Cabanne. DAR Roman Novarro, Harriet Hammond. PRO M-G-M. 8 Akte, 2212 m. ★ 1927. USA. **Brand im Osten.** Tell it to the Marines. REG George Hill. DAR Lon Chaney, William Haines. PRO M-G-M. 10 Akte, 2811 m. ★ 1927. USA. **Alarm.** The Fire Brigade. REG William Nigh. DAR Mary McAvoy, Charles Ray. PRO M-G-M. 10 Akte, 2819 m. ★ 1927. D. **Üb' immer Treu und Redlichkeit.** REG Reinhold Schünzel. DAR Reinhold Schünzel, Margot Walter. PRO Schünzel-Film. 6 Akte, 2622 m. ★ **Mai.** ★ 1927. D. **Die tolle Lola.** REG Richard Eichberg. DAR Lilian Harvey, Harry Halm. PRO Eichberg-Film. 6 Akte, 1985 m. ★ 1926. USA. **Der Dämon.** The Magician. REG Rex Ingram. DAR Alice Terry, Paul Wegener, Ivan Petrovich. PRO M-G-M. 8 Akte, 2015 m. ★ 1926. USA. **Lord Satanas.** The Sorrows of Satan. REG D. W. Griffith. DAR Adolphe Menjou, Ricardo Cortez. PRO Paramount. 10 Akte, 2298 m. ★ 1927. USA. **Annie Laurie. Ein Heldenlied vom Hochland.** Annie Laurie. REG John Stuart Robertson. DAR Lilian Gish, David Torrence. PRO M-G-M. 9 Akte, 2785 m. ★ **Juni.** ★ 1926. USA. **Schlachtschiff ›Constitution‹.** Old Ironsides. REG James Cruze. DAR Esther Ralston, Wallace Beery. PRO Paramount. 12 Akte, 3103 m. ★ **Juli.** ★ 1927. USA. **Stacheldraht.** Barbed Wire. REG Rowland V. Lee. DAR Pola Negri, Clive Brook, Einar Hanson. PRO Paramount. 8 Akte, 2053 m. ★ 1927. USA. **Chang.** Chang. REG Merian C. Cooper, Ernest B. Schoedsack. DAR Kru, Chantui. PRO Paramount. 8 Akte, 2045 m. ★ 1927. USA. **Die Großstadt lockt.** The Taxi Dancer. REG Harry Millarde. DAR Joan Crawford, Gertrude Astor, Owen Moore. PRO M-G-M. 7 Akte, 2013 m. ★ 1927. USA. **Mr. Wu.** Mr. Wu. REG William Nigh. DAR Lon Chaney, Louise Dresser. PRO M-G-M. 8 Akte, 2411 m. ★ 1927. D. **Grand Hotel...!** REG Johannes Guter. DAR Mady Christians, Dagny Servaes. PRO Karol-Film. ★ 1927. D. **Familientag im Hause Prellstein.** REG Hans Steinhoff. DAR Anton Herrnfeld, Erika Glässner. PRO Rex-Film. ★ 1927. D. **Die große Pause.** REG Carl Froelich. DAR Henny Porten, Livio Pavanelli. PRO Porten-Froelich-Film. 6 Akte, 2372 m. ★ **August.** ★ 1927. USA. **Senorita. Die Frau mit der Peitsche.** Senorita. REG Clarence Badger. DAR Bebe Daniels, James Hall. PRO Paramount. 7 Akte, 2129 m. ★ 1926. USA. **Die süße Sünde.** Popular Sin. REG Malcolm St. Clair. DAR Florence Vidor, Greta Nissen. PRO Paramount. 7 Akte, 1883 m. ★ 1927. USA. **Mut zur Feigheit.** The Pace that Thrills. REG Webster Campbell. DAR Ben Lyon, Mary Astor. PRO First National. 6 Akte, 1604. ★ 1927. USA. **Wanderzirkus.** The Show. REG Tod Browning. DAR John Gilbert. PRO M-G-M. 7 Akte, 2013 m. ★ 1927. D. **Das Fräulein von Kasse 12.** REG Erich Schönfelder. DAR Dina Gralla, Werner Fuetterer. PRO Eichberg-Film. 6 Akte, 1949 m. ★ 1927. D. **Der Fürst von Pappenheim.** REG Richard Eichberg. DAR Curt Bois, Mona Maris. PRO Eichberg-Film. ★ 1927. USA. **Spuk im Schloß.** The Cat and the Canary. REG Paul Leni. DAR Laura La Plante, Creighton Hale. PRO Universal. 8 Akte, 2169 m. ★ 1927. USA. **Betrogene Betrüger.** Cheating Cheaters. REG Edward Laemmle. DAR Betty Compson, Kenneth Harlan. PRO Universal. 6 Akte, 1666 m. ★ 1927. F. **Casanova.** Casanova. REG Alexander Wolkoff. DAR Diana Karenne, Ivan Mosjoukine. PRO Ciné Alliance. 11 Akte, 3483 m. ★ 1927. D. **Gustav Mond... Du gehst so stille.** REG Reinhold Schünzel. DAR Reinhold Schünzel, Käthe von Nagy. PRO Schünzel-Film. 6 Akte, 2412 m. ★ **September.** ★ 1927. D. **Eheferien.** REG Victor Janson. DAR Lilian Harvey, Harry Halm. PRO Eichberg-Film. 6 Akte, 2245 m. ★ 1927. USA. **Der Boxerkönig.** Knockout Reilly. REG Malcolm St. Clair. DAR Richard Dix, Mary Brian. PRO Paramount. 7 Akte, 2190 m. ★ 1927. USA. **Der brennende Wald.** The Flaming Forest. REG Reginald Barker. DAR Antonio Moreno. PRO M-G-M. 7 Akte, 2086 m. ★ 1927. USA. **Der Weg allen Fleisches.** The Way of All Flesh. REG Victor Fleming. DAR Emil Jannings. PRO Paramount. 9 Akte, 2606 m. ★ 1927. USA. **Blond oder Braun.** Blonde or Brunette. REG Richard Rosson. DAR Adolphe Menjou, Greta Nissen. PRO Paramount. 6 Akte, 1838 m. ★ 1927. F. **Napoleon.** Napoléon. REG Abel Gance. DAR Albert Dieudonné. PRO Société Générale de Films. 12 Akte, 5331 m. ★ **Oktober.** ★ 1927. USA. **Die Notehe.** Afraid to Love. REG Edward H. Griffith. DAR Florence Vidor, Clive Brook. PRO Paramount. 7 Akte, 2008 m. ★ 1927. USA. **Zimmer 13, ein Hotelabenteuer.** Altars of Desire. REG Christy Cabanne. DAR Mae Murray, Conway Tearle. PRO M-G-M. 7 Akte, 1822 m. ★ 1927. USA. **Nur zur Probe.** Wedding Bills. REG Erle Kenton. DAR Raymond Griffith, Ann Sheridan. PRO Paramount. 6 Akte, 1805 m. ★ **November.** ★ 1927. USA. **Der Chinesen-Papagei.** The Chinese Parrot. REG Paul Leni. DAR Marian Nixon, Florence Turner. PRO Universal. 7 Akte, 2261 m. ★ 1927. USA. **Seidene Strümpfe.** Silk Stockings. REG Wessley Ruggles. DAR Laura La Plante. PRO Universal. 7 Akte, 1845 m. ★ 1927. USA. **Rechtlose Frauen.** Stark Love. REG Karl Brown. DAR Helen Munday, Forrest James. PRO Paramount. 6 Akte, 1993 m. ★ 1927. USA. **Verleumdung.** Lovers (?). REG John M. Stahl. DAR Ramon Novarro. PRO M-G-M. 6 Akte, 1732 m. ★ 1927. USA. **Der Unbekannte.** The Unknown. REG Tod Browning. DAR Lon Chaney, Norman Kerry. PRO M-G-M. 7 Akte, 1590 m. ★ 1927. USA. **Der Löw' ist los.** Hold That Lion. REG William Beaudine. DAR Douglas MacLean, Constance Howard. PRO Paramount. 6 Akte, 1823 m. ★ 1927. USA. **Herz in Not.** The Understanding Heart. REG Jack Conway. DAR Joan Crawford, Wallace MacDonald. PRO M-G-M. 7 Akte, 2217 m. ★ 1927. USA. **Ein Frack, Ein Claque, Ein Mädel.** Evening Clothes. REG Luther Reed. DAR Adolphe Menjou. PRO Paramount. 7 Akte, 2059 m. **Dezember.** ★ 1927. D. **Die Leibeigenen.** REG Richard Eichberg. DAR Heinrich George, Mona Maris. PRO Eichberg-Film. 6 Akte, 2295 m. ★ 1927. D. **Herkules Maier.** REG Alexander Esway. DAR Reinhold Schünzel, Claire Rommer. PRO Schünzel-Film. 7 Akte, 2923 m. ★ 1927. USA. **Matrosenliebchen.** The Fleet's In. REG Malcolm St. Clair. DAR Clara Bow. PRO Paramount. 7 Akte, 1896 m. ★ 1927. USA. **Der Jazzkönig von New York.** New York. REG Luther Reed. DAR Ricardo Cortez, Lois Wilson. PRO Paramount. 7 Akte, 2111 m. ★ 1924. F. **Das Reifezeugnis.** Les Grands. REG Henri Fescourt. DAR Jeanne Helbling, Max de Rieux. PRO Société des Cinéromans. 6 Akte, 1900 m. ★ 1927. USA. **Unterwelt.** Underworld. REG Josef von Sternberg. DAR George Bancroft, Clive Brook. PRO Paramount. 8 Akte, 2330 m. ★ 1927. F. **Pech muß der Mensch haben.** PRO Aubert. 6 Akte, 2981 m.

1928. Geheimnisse des Orients / Shéhèrazade.
REG Alexander Wolkoff. RAS Anatole Litvak. AUT Norbert Falk, Robert Liebmann, Alexander Wolkoff.
KAM Curt Courant, Nikolai Toporkoff, Fedor Burgassoff. BAU A. Loschakoff, W. von Meinhardt. KOS Boris Bilinsky.
KINO-MUS Willy Schmidt-Gentner.
DAR Nikolai Kolin (Ali, ein Schuster in Kairo), Ivan Petrovich (Prinz Achmed), D. Dimitrieff (Sultan Schariah), Gaston Modot (Prinz Hussein), Julius Falkenstein (Astrologe am Hofe des Sultans), Hermann Picha (Hofnarr des Sultans), A. Vertinsky (Vezir), Marcella Albani (Sobeide, Favoritin des Sultans), Agnes Petersen (Prinzessin Gylnare, Tochter des Sultans), Nina Koschitz (Fatme, Frau des Ali), Dita Parlo (Sklavin der Prinzessin).
PRO Ufa / ACE. PRL Noé Bloch. DRZ November 1927 - Ende Januar 1928 (Atelier); Januar - April 1928 (Außen).
DRO Ufa-Atelier Neubabelsberg; AA Nizza (Freigelände der Franco Films), Gabez bei Tunis. LNG 12 Akte, 3105 m.
ZEN 29.5.1928, B.19131, Jf. URA 19.10.1928, Berlin (Gloria-Palast).
– Prädikat: Künstlerisch.
Märchen aus ›Tausendundeiner Nacht‹: Den armen Schuster Ali, der in den Besitz einer Wunderpfeife gelangt, verschlägt es an den Hof eines Sultans. Dort gerät er in Intrigen, kann sich aber mit Hilfe seiner Pfeife aus tödlicher Gefahr befreien.

1928. Die Yacht der sieben Sünden.
REG Jakob Fleck, Luise Fleck. AUT Hans Rameau; nach dem Roman von Paul Rosenhayn. KAM Carl Drews, Edgar S. Ziesemer. BAU Jacques Rotmil.
DAR Brigitte Helm (Marfa), Kurt Vespermann (Alfons Costa), John Stuart (Kilian Gurlitt), Rina Marsa (Leonie, seine Braut), Kurt Gerron (Mann mit der Narbe), Alfred Gerasch (Stefan Martini), Hugo Werner-Kahle (Der Fremde, Reeder Roberts), Emil Rameau (Bürovorsteher), Otto Kronburger (Kommissar), Nico Turoff.
PRO Ufa. PRL Günther Stapenhorst. DRZ ab April 1928. DRO Ufa-Atelier Neubabelsberg. LNG 6 Akte, 2212 m.
ZEN 31.5.1928, Jv. URA 6.8.1928, Berlin (Gloria-Palast).
›Ein Durch- und Nebeneinander von Mord, Sekt, Erotik, Dämonie, Verbrechertum und Mondängetue‹. (Film-Kurier 7.8.1928).

1928. Die Carmen von St. Pauli.
REG Erich Waschneck. AUT Bobby E. Lüthge, Erich Waschneck; nach einer Idee von Bobby E. Lüthge.
KAM Friedl Behn-Grund. BAU Alfred Junge.
DAR Jenny Jugo (Jenny, ein Mädchen von St. Pauli), Willy Fritsch (Klaus, Bootsmaat), Fritz Rasp (Der ›Doktor‹), Wolfgang Zilzer (Der ›Stift‹), Tonio Genaro (Der ›sanfte Heinrich‹), Otto Kronburger (Der ›Lotsenkarl‹), Walter Seiler (Der ›scharfe Alfred‹), Charly Berger (Der ›Kapitän‹), Fritz Alberti (Reeder Rasmussen), Max Maximilian (Hein, das alte Faktotum der Reederei Rasmussen), Betty Astor (Marie, Klaus' Braut).
PRO Ufa. PRL Alfred Zeisler. AUL Arthur Ohme. DRO Ufa-Atelier Neubabelsberg; AA Hamburg. LNG 6 Akte, 2435 m.
ZEN 31.5.1928, Jv. URA 10.10.1928, Berlin (Ufa-Palast am Zoo).
Eine Erzählung aus dem hamburger Hafenmilieu: Ein Matrose läßt aus Liebe zu einer schönen St. Paulianerin Stellung und Ruf fahren.

1928. Das Grabmal einer großen Liebe / Shiraz.
REG Franz Osten. AUT W. Burton; nach dem Bühenstück von Niranjan Pal. KAM Emil Schünemann, H. Harris.
BAU Promode Nath, Lala Brigmohonlal.
KINO-MUS Artur Guttmann.
DAR Himansu Rai (Shiraj), Charu Roy (Shahjehan), Enakshi Rama-Rau (Selima), Seeta Devi (Dalia), Maya Devi (Kulsam), Profulla Kumar (Kasim).
PRO Ufa / British Instructional Films Ltd / Himansu Rai Film, DRO Indien (Bombay, Mantunga, Agra, Delhi, Jaipur, Elefanta, Kholapur). LNG 6 Akte, 2561 m.
ZEN 5.9.1928, B.19889, Jf. URA 20.12.1928, Berlin (Ufa-Palast am Zoo).
Dem Film, in dem u. a. ein Volk weißgekleideter Beter im Paradekat für seine ›geliebte, gute Kaiserin‹ betet, liegt eine indische Sage zugrunde. Sein Höhepunkt: Ein Elefant hebt schon den Fuß, um einen zum Tode Verurteilten zu zermalmen... da eilt im letzten Moment der Herrscher herbei und läßt Gnade walten.

Der Turmbau zu Babelsberg

Fritz Langs »Metropolis«

Gedreht hat Fritz Lang eineinhalb Jahre, gezeigt wird sein gigantisches Kino-Opus nur wenige Wochen. Mehr als fünf Millionen Mark verschlingt METROPOLIS, und die ständigen Kostenüberschreitungen treiben die Ufa fast in den Ruin. Die Firma rächt sich, indem sie den Film ruiniert: Kaum ein anderer Klassiker der Filmgeschichte ist derart rigoros gekürzt, geschnitten und ummontiert, bis zur Unkenntlichkeit verstümmelt worden. Daran sind nicht allein die Hugenberg-Leute schuld: Amerika hat den Filmschöpfer zu METROPOLIS inspiriert, Amerika hat sein Werk wieder zerstört.

Im Oktober 1924 reist Lang mit Erich Pommer in die USA: Sie wollen die Produktionsmethoden von Hollywood kennenlernen. Bei der Ankunft in New York sind sie gezwungen, die Nacht an Bord zu verbringen. Vom Schiff aus sehen sie die nächtliche Skyline der Stadt, »eine Straße, durch Neonlampen taghell erleuchtet, und, alles überragend, ständig wechselnde, an- und ausgehende, spiralförmige, riesige Leuchtreklame. Für einen Europäer war das damals völlig neu und fast märchenhaft.« Am nächsten Tag läuft der deutsche Regisseur durch die fremde Metropole. »Die Wolkenkratzer erschienen mir wie ein vertikaler Vorhang, schimmernd und sehr leicht, ein üppiger Bühnenhintergrund, an einem düsteren Himmel aufgehängt, um zu blenden, zu zerstreuen und zu hypnotisieren.«

Langs Vision von METROPOLIS ist von New York geprägt; die Story des Films dagegen – wie immer schreibt Thea von Harbou das Drehbuch – orientiert sich an den Klischees der Kolportageromane und schlachtet so manche Idee aus Joe Mays Abenteuerserie HERRIN DER WELT aus, an der Fritz Lang als junger Assistent beteiligt war. Der utopische Staat ist eine Klassengesellschaft: Während in der lichtlosen Unterstadt die Arbeiter wie Sklaven hausen und zehn Stunden am Tag vom Moloch Maschine tyrannisiert werden, leben die Menschen der Oberstadt in einer Welt des Luxus und des Überdrusses. Herr über Menschen und Maschinen, das »Hirn von Metropolis«, ist Fredersen; seine Gegenspielerin ist Maria, »die Heilige der Unterdrückten«. Mitgefühl für die Unterdrückten und Liebe zu Maria treibt Freder, den blonden Sohn des Herrschers, in die Katakomben der Unterstadt. Der Vater läßt ihm nachspionieren; in seinem Auftrag erschafft Rotwang, ein Jude und Magier, einen künstlichen Menschen, dem er die Gestalt Marias gibt und der die Massen aufwiegelt. Freder und Maria können eine Katastrophe verhindern. Die Massenhysterie schlägt um, und der Volkszorn richtet sich gegen die falsche Maria, die auf dem Scheiterhaufen als Hexe verbrannt wird. (Das Doppelgänger-Motiv wird sexistisch ausgebeutet nach dem Muster Hure und Heilige: Während die falsche Maria mit einem lasziven Tanz die Arbeiter zur Revolution verführt, verkörpert die echte Maria jungfräuliche Reinheit.) Am Ende stiftet das junge Paar eine neue brüderliche Gemeinschaft zwischen den Klassen – mit den Worten des Films: »Der Mittler zwischen Hand und Hirn muß das Herz sein.«

Das Konglomerat aus Motiven der Neuen Sachlichkeit (Technik-Faszination) und Gartenlaube-Romantik plus reaktionärer Ideologie provoziert die Kritik zu Verrissen. Der *Simplicissimus* schaut in die Babelsberger Küche und verrät das Rezept: »Nimm zehn Tonnen Grausen, gieße ein Zehntel Sentimentalität darüber, koche es mit sozialem Empfinden auf und würze es mit Mystik nach Bedarf; verrühre das Ganze mit Mark (sieben Millionen) und du erhältst einen prima Kolossalfilm.« (Nr.44, 1927)

An den Zutaten wird bei dem Monumentalfilm jedenfalls nicht gespart. Die Kosten liegen um ein Vielfaches höher als die veranschlagten 1,6 Millionen RM. Doch die in der Tagespresse genannten Zahlen dürften von interessierter Seite lanciert sein. Die Amerikaner haben es vorgemacht, METROPOLIS ist die deutsche Antwort auf die US-Konkurrenz, und so lautet die Ufa-Devise:

»METROPOLIS ist nicht ein Film. METROPOLIS sind zwei Filme, am Bauch aneinandergeklebt, aber mit unterschiedlichen, extrem antagonistischen geistigen Ansprüchen. Wer den Film als diskreten Geschichtenerzähler betrachtet, erlebt bei METROPOLIS eine herbe Enttäuschung. Was uns hier erzählt wird, ist trivial, schwülstig, pedantisch, von einem übermächtigen Romantizismus. Aber wenn man sich nicht auf die Anekdote, sondern den plastischen, photogenen Hintergrund konzentriert, dann übertrifft METROPOLIS alle Erwartungen, erstaunt einen wie das wunderbarste Bilderbuch, das je geschaffen wurde. Der Film besteht also aus zwei völlig entgegengesetzten Elementen, aber beide Träger des gleichen Zeichens in den Zonen unserer Sensibilität. Das erste Element, das wir das rein poetische nennen könnten, ist ausgezeichnet getroffen, das anekdotische oder menschliche, ausgesprochen ärgerlich.«
(Luis Bunuel, 1927)

»Wer die Stirn hat, diesen und ähnlichen notorischen Blödsinn 60 Millionen, ja, der ganzen Welt vorzusetzen, der kündigt damit laut und vernehmlich seinen völligen geistigen Bankrott an. Und darum ist uns dieser Film sehr, sehr viel wert, er wird jedem beweisen, daß das Bürgertum heute nicht mehr die gestalterische Kraft besitzt, soziale Probleme zu meistern. Daß es sich in einen hilflosen Mystizismus alter mittelalterlicher Requisiten verliert, wenn es den unternimmt. Richtungslos, sentimental, ohne geschulten Blick für tatsächliche Wirklichkeit, ist es jedem mystifizierenden Heilsprediger ausgeliefert, die Sumpfgewächse obskurer Heilslehren schießen rund um auf und werden vom Bürgertum mit kindlicher Naivität begrüßt. Dieser Periode der Dämmerung bürgerlicher Geistigkeit entstammt dieses Monstrum.«
(Heinrich Braune, 1927)

1928. Henny Porten.
Leben und Laufbahn einer Filmkünstlerin.
REG, AUT Oskar Kalbus. MIT, SCH Martin Schuster.
KINO-MUS Otto Stenzeel.
DAR Henny Porten, Oskar Kalbus.
PRO Ufa. LNG 7 Akte, 2550 m. ZEN 17.9.1928 B.20121, Jv.
URA 27.9.1928 Berlin (U.T. Kurfürstendamm).
Ein ›Querschnittfilm‹ mit 40 Ausschnitten aus Porten-Filmen der Jahre 1909 bis 1928. Er bildete den Auftakt einer Reihe von Filmvorträgen unter dem Titel ›Das Auge der Welt. Bühne für Kunst und Leben im Film‹.

1928. Die blaue Maus.
REG Johannes Guter. RAS Herbert Nossen. AUT Robert Liebmann. KAM Friedl Behn-Grund. STF Herbert Nossen. BAU Jacques Rotmil.
DAR Jenny Jugo (Fanchon Ravassol, genannt ›Die blaue Maus‹), Harry Halm (Caesar Robin), Britta Appelgren (Clarisse, seine Braut), Rina Marsa (Frau Rigault), Albert Paulig (Lebodier, Präsident der Verkehrswesen A.-G.), Julius Falkenstein (Mosquitier, Vater von Clarisse), Harry Grundwald, Ernst Behmer (Bürodiener), Max Ehrlich (E. A. Matthieu, Auktionator), Hermine Sterler (Frau Lebodier), Willi Forst, Hans Casparius.
PRO Ufa. PRL Günther Stapenhorst. DRZ August 1928.
DRO Ufa-Atelier Neubabelsberg. LNG 8 Akte, 2250 m.
ZEN 3.10.1928, Jv. URA 16.11.1928, Berlin (U.T. Universum).
Die burschikose, humorvolle Besitzerin der Bar ›Die blaue Maus‹ verhilft einem Sekretär zu einem Direktorenposten. Sie gibt sich als dessen Frau aus und das bringt Schwung in die Handlung.

1928. Ungarische Rhapsodie.
REG Hanns Schwarz. AUT Fred Majo /= Joe May/, Hans Szekely; nach einer Filmnovelle von Hans Szekely.
KAM Carl Hoffmann, Erich Kettelhut. SCH Erich Schmidt (?). KINO-MUS Willy Schmidt-Gentner. Künstlerischer Beirat Géza Farago.
DAR Willy Fritsch (Leutnant Graf von Turoczy), Dita Parlo (Marika), Lil Dagover (Camilla Sedlacek), Fritz Greiner (Gutverwalter Doczy, Marikas Vater), Gizella Bathory (Frau Doczy), Erich Kaiser-Titz (Generalfeldmarschall-Leutnant Sedlacek), Leopold Kramer (Graf Koppany), Andor Heltai (Zigeunerprimas), Harry Hardt (Oberleutnant Barany), Oswaldo Valenti (Fähnrich), Paul Hörbiger (Kellner), Max Wogritsch (Bischof).
PRO Erich Pommer-Produktion der Ufa. PRT, PRL Erich Pommer. ASS Max Pfeiffer. AUL Robert Wüllner. DRZ ab Anfang Juli 1928 (Außen), ab August 1928 (Atelier).
DRO Ufa-Atelier Neubabelsberg; AA in Ungarn (u.a. Hatvan, Mezohegyes). LNG 8 Akte, 2652 m. ZEN 16.10.1928, B.20477, Jv. URA 5.11.1928, Berlin (Ufa-Palast am Zoo).
– Prädikat: Künstlerisch wertvoll. – Bei der Uraufführung wurde das Orchester auf 60 Musiker und um eine Zigeunerkapelle verstärkt. – Im Herbst 1929 wurde eine mit Geräuschen und Musik nachsynchronisierte Fassung hergestellt und ab Mai 1930 in deutschen Kinos eingesetzt.
Zwar liebt Leutnant Graf von Turoczy Marika, die Tochter des Gutsverwalters Doczy, kann sie aber nicht heiraten: Er hat nicht das Geld für die fällige Kaution und müßte darum auf die Uniform verzichten. Erst als Marika seine Liebesaffäre mit der Frau des Vorgesetzten Sedlacek deckt, ihn ›rettet‹ und sich dabei kompromittiert, reicht er seinen Abschied ein, um sie zu heiraten.

1928. Skandal in Baden-Baden.
REG Erich Waschneck. AUT Hans Rameau; nach dem Roman ›Die Geliebte Roswolskys‹ von Georg Fröschel.
KAM Friedl Behn-Grund. BAU Erich Czerwonski.
KINO-MUS Artur Guttmann.
DAR Brigitte Helm (Vera Kersten), Ernst Stahl-Nachbaur (John Leeds), Henry Stuart (Baron Egon von Halden), Lilly Alexandra (Fernande Besson), Leo Peukert (Edgar Merck), Rudolf Biebrach (Juwelier Heß), Albert Karchow (Makler Urban), Walter von Allwörden (Sekretär), Anna von Pahlen (Wirtin), Adolf Edgar Licho (Agent), Otto Kronburger (Kommissar).
PRO Ufa. PRL Alfred Zeisler. AUL Arthur Ohme.
DRO Ufa-Atelier Berlin-Tempelhof; AA Baden-Baden.
LNG 6 Akte, 1848 m. ZEN 30.11.1928, Jv. URA 18.1.1929, Berlin (U.T. Universum).
Eine stellungslose Tänzerin, die täglich vergeblich ihren Agenten aufsucht, ein Millionär, ein Manager und ein vornehmer Mann aus adeligen Kreisen, dazu schöne Gegenden und Sekt, chromblitzende, große Autos, etwas Zufall, Ironie und Eifersucht. Ein purer Unterhaltungsfilm, in dem sich die Tänzerin in einem erstklassigen Ballsaal Baden-Badens als Hochstaplerin entpuppt.

nicht kleckern, sondern klotzen. Das Programmheft zur Uraufführung listet stolz den Einsatz von Menschen und Material auf. Stefan Lorant präsentiert Materialien zur Szene »Stadion der Söhne«; sein Beitrag ist überschrieben »1.135 Arbeitsstunden für 9 Meter 88 Zentimeter« Film, und am Schluß kokettiert er: »Der Schreck der Direktion – der Kostenanschlag!« Tatsächlich gibt es keine Produktionskontrolle, die die Einhaltung der Kalkulation überwacht. Als später immer phantastischere Summen öffentlich genannt werden, vermutet Lang wohl zu Recht, auch diese Gerüchte habe die Ufa in die Welt gesetzt: Man braucht für die Finanzmisere einen Sündenbock. (Der Regisseur ruft ein Schiedsgericht an, doch die exakten Herstellungskosten lassen sich nicht ermitteln.)

Sergej Eisenstein, Besucher im Studio während der Dreharbeiten, ist beeindruckt von den technischen Innovationen des Teams. Das Bild der Zukunftsstadt METROPOLIS fordert die Erfindungskraft der Tricktechniker: Die Einspiegelung winziger Modelle in Realszenen, das sog. Schüfftan-Verfahren, schafft die Illusion riesiger Bauten. Langs Interesse gilt neben der Architektur der Inszenierung von Bewegungsarrangements. Der Maschinentakt bestimmt das Leben in Metropolis: Die Bedienung der Apparate zwingt die Arbeiter in strukturierte Einheiten. Während der Roboter Marias Gestalt annimmt, umhüllen rhythmisch zirkulierende Lichtringe den Körper. Wie der künstliche Mensch pulsiert die Stadt in blendendem Licht.

In einem pariser Kino sieht ein junger Mann den Film und bewundert dieses »gigantische Ballett«. Luis Buñuel ist irritiert von dem ungleichen Werk und glaubt, zwei Filme höchst unterschiedlicher Qualität gesehen zu haben: ein überwältigend schönes Bilderbuch und einen Kommerzstreifen voll geschmackloser Szenen. Was er nicht weiß: In dem Bilderbuch fehlen Seiten und nicht ein paar wenige. Fast ein Viertel hat man herausgerissen.

4.189 Meter hat der Film bei der Uraufführung im Ufa-Palast am Zoo. Neben Murnaus FAUST ist METROPOLIS der Spitzentitel in der Verleihstaffel der Parufamet und gehört zu jener Handvoll Ufa-Produktionen, die die Amerikaner in ihrem Land herausbringen wollen. Für den US-Markt wird Langs Opus gekürzt und erhält neue Zwischentitel. Währenddessen läuft der Film in Berlin nicht so gut wie erhofft. In der Krausenstraße tagt der Ufa-Vorstand und faßt den Beschluß: »Es soll bei der Parufamet dahin gewirkt werden, daß METROPOLIS in der amerikanischen Fassung möglichst unter Beseitigung der Betitelung mit kommunistischer Tendenz jetzt in etwa 10 bis 12 großen Provinztheatern weiterläuft und im Herbst, bei schlechtem Wetter im Spätsommer, in Berlin nachgespielt wird.« (7.4.1927) Doch in der Bellevuestraße ist man anderer Ansicht: Der Film wird ganz vom Spielplan genommen und soll nach der Sommerpause in der eigentlich nur für den Export bestimmten Version neu herauskommen. Was den deutschen Konservativen als kommunistische Tendenz erscheint, kann man bis dahin entfernen sowie einige weitere Änderungen vornehmen, die Branchenprofis vorgeschlagen haben.

Als METROPOLIS im August mit 70 Kopien neu gestartet wird, hat der Film nur noch eine Länge von 3.241 Metern. Ein Kritiker, der sich zufällig in ein Vorstadtkino verirrt, stellt überrascht fest: Die besten Szenen fehlen. Anhand des Drehbuchs, der in der Cinémathèque Française liegenden Fotoalben sowie den ausführlichen Besprechungen der Uraufführung lassen sich die Verluste beschreiben. Manches ist schlicht aufgrund sprachlicher Mißverständnisse der Schere zum Opfer gefallen (und fehlt nun auch in der deutschen Fassung). Vor allem aber sind alle als obszön empfundenen Szenen eliminiert worden. In seiner Besprechung erwähnt Roland Schacht z.B. »eine Kokette in einem Nachbarauto (eine Dix-Gestalt, unerhört suggestiv und hinreißend photographiert)«. Von dieser Figur, ist nichts mehr in der verstümmelten Fassung zu sehen. Und die Originalfassung läßt sich auch nicht mehr rekonstruieren: Das geschnittene Material ist verlorengegangen.

Von einem aber verstehen die Amerikaner etwas: von Reklame. Vor dem Neustart verschickt die Parufamet ein umfangreiches »Presse- und Propagandaheft« mit Ratschlägen und Werbehilfen für die Kinobesitzer. Der Verleih hat eine spezielle Strategie für den ersten deutschen Science-fiction-Film entwickelt: »Der Film der ungeheuersten Komplikationen und des grandiosen Raffinements benötigt einfache Propagandamethoden.« Seit zwei Jahren vergehe keine Woche, ohne daß in irgendeinem Presseorgan von METROPOLIS die Rede ist – schon vor der Uraufführung sei der Film allgemein bekannt gewesen. »Wer in Deutschland Zeitung liest, weiß heute von der Existenz dieses Films.« Trotzdem könne man, jeder Kinobesitzer wisse das, Enttäuschungen erleben, denn es »gilt natürlich der Grundsatz, daß auch der beste Film versagen kann, wenn er schlecht herausgebracht wird«. In der Parufamet-Zentrale mag man sich gedacht haben: Notfalls muß man einen Film verschlechtern, damit er gut herauskommt.

Michael Töteberg

»Meine größte Arbeit bei METROPOLIS – größte, weil es wahnsinnig viel zu tun gab – war das große Modell von Metropolis. Ich habe, glaub ich, achtzehn Mann Bühnenarbeiter gehabt. Einer mußte um einen Zentimeter die Flugzeuge bewegen, und die anderen die Bahnen... Das dauerte drei oder vier Wochen lang. Jeden Tag haben wir ungefähr zwanzig Bilder gedreht. Es dauerte immer ungefähr so zwanzig Minuten oder eine halbe Stunde bis alles bewegt worden war. Dann hieß es: fertig! – und ich stand auf und habe ein Bild gedreht, ja, mit der Hand noch: ein Bild.«
(Konstantin Tschet, 1972)

1928. Hurrah! Ich lebe!
REG Wilhelm Thiele. **AUT** Julius Urgiß, Friedrich Raff; nach der Komödie ›Der mutige Seefahrer‹ von Georg Kaiser. **KAM** Curt Courant, Fedor Burgassoff. **BAU** W. von Meinhardt, Max Knaake.
KINO-MUS Willy Schmidt-Gentner.
DAR Nikolai Kolin (Pieter Kruis), Natalie Lissenko (Johanne, seine Frau), Betty Astor (Mabel Jefferson), Gustav Fröhlich (Henrik Hansen), Max Gülstorff (Jens, Bruder von Pieter Kruis), A. Bondireff (Niels, Bruder von Pieter Kruis), Georg Heinrich Schnell (Joe Jefferson), Fritz Greiner (Sörensen), Walia Ostermann (seine Freundin).
PRO Ufa. **PRL** Noé Bloch. **AUL** S. Barstorff.
DRO Ufa-Atelier Neubabelsberg. **LNG** 6 Akte, 2583 m. **ZEN** 6.12.1928, Jv. **URA** 21.12.1928, Berlin (U.T. Universum).
Peter Kruis kommt aus dem Dorf in die große Hafenstadt. Der Provinzler erlebt die Großstadt als eine große, immer schneller kreisende Scheibe, auf der er in hilflosem Vergnügen herumpurzelt. Im Rausche der Geschwindigkeit geht die Balance verloren.

1928. Ihr dunkler Punkt.
REG Johannes Guter. **AUT** Robert Liebmann; nach der Novelle ›Die Dame mit dem schwarzen Herzen‹ von Frank Maraun. **KAM** Carl Drews, Erich Nitzschmann. **BAU** Jacques Rotmil.
KINO-MUS Willy Schmidt-Gentner.
DAR Lilian Harvey (Lilian von Trucks/Yvette), Harry Halm (Leopold), Willy Fritsch (Erik Termeulen), Siegfried Arno (Paul), Warwick Ward (Roger), Hermann Speelmans (Emil), Wilhelm Bendow (Juwelier Burggraf), Max Ehrlich (Empfangschef), Paul Biensfeldt (Kommissar in Berlin), Julius Falkenstein (Kommissar in Nizza), Karl Platen (Nachtportier).
PRO Ufa. **PRL** Günther Stapenhorst. **AUL** Willy Zeunert. **DRO** Ufa-Atelier Berlin-Tempelhof; **AA** Nizza. **LNG** 7 Akte, 2621 m. **ZEN** 21.12.1928, B.21234, Jv. **URA** 19.1.1929, Berlin (Gloria-Palast).
In der Doppelrolle der vorwitzigen Baroneß Lilian Trucks und der Anführerin einer Verbrecherbande, der schwarzen Yvette, gelingt es der Heldin, einen Juwelenraub zu verhindern und sich bei dieser Gelegenheit zu verloben.

1928/29. Asphalt. Der Polizeiwachtmeister und die Brillantenelse.
REG Joe May. **AUT** Fred Majo /= Joe May/, Hans Szekely, Rolf E. Vanloo; nach einer Filmnovelle von Rolf E. Vanloo. **KAM** Günther Rittau. **KAS** Hans Schneeberger. **BAU** Erich Kettelhut, (Robert Herlth, Walter Röhrig). **KOS** René Hubert.
KINO-MUS Willy Schmidt-Gentner.
DAR Gustav Fröhlich (Wachtmeister Holk), Betty Amann (Else Kramer), Albert Steinrück (Hauptwachtmeister Holk), Else Heller (seine Frau), Hans Adalbert Schlettow (Elses Freund), Hans Albers, Rosa Valetti, Arthur Duarte, Paul Hörbiger, Trude Lieske, Karl Platen, Hermann Vallentin, Kurt Vespermann, Rudolf Meinhard-Jünger (?).
PRO Joe May-Film der Erich Pommer-Produktion der Ufa. **PRT, PRL** Erich Pommer. **ASS** Max Pfeiffer. **DRZ** Oktober (?) - Dezember 1928.
DRO Ufa-Atelier Neubabelsberg. **LNG** 8 Akte, 2575 m. **ZEN** 18.2.1929, B.21731, Jv.
URA 11.3.1929, Berlin (Ufa-Palast am Zoo).
Brillantenelse wird von Polizeiwachtmeister Holk des Diebstahls überführt, weiß sich aber zu helfen, als sie ihn in ihrer Wohnung verführt. Keine Anzeige! Ein zweiter Besuch Holks wird zur Tragödie: Elses Freund ist da und greift Holk an. Der wehrt sich und erschlägt ihn. Des Modes verdächtig, wird er von seinem Vater, dem Hauptwachtmeister, verhaftet. Else jedoch stellt sich der Polizei und bezeugt die Notwehrsituation. Wider Erwarten liebt sie Holk.

1928/29. Die wunderbare Lüge der Nina Petrowna.
REG Hanns Schwarz. **AUT** Hans Szekely. **KAM** Carl Hoffmann. **BAU** Robert Herlth, Walter Röhrig.
KOS René Hubert, Wiener Modellhaus Max Becker, Berlin. **KINO-MUS** Willy Schmidt-Gentner. **LT** Fritz Rotter. **MT** ›Nie sagt man sich ,Adieu'‹, ›Stunden, die nie wieder kommen‹. **Künstlerische Beratung** Alexander Arnstam.
DAR Brigitte Helm (Nina Petrowna), Warwick Ward (Oberst), Franz Lederer (Michael Andrejewitsch Rostoff), Harry Hardt, Ekkehard Arendt, Michael v. Newlinski, Lya Jan, Franz Schafheitlin. **PRO** Ufa. **PRT** Erich Pommer. **AUL** Arthur Kiekebusch. **DRZ** Dezember 1928 (?) - Januar 1929. **DRO** Ufa-Atelier Neubabelsberg. **LNG** 9 Akte, 3018 m. **ZEN** 5.4.1929, B.22100, Jv. **URA** 15.4.1929, Berlin (Ufa-Palast am Zoo).
– Prädikat: Künstlerisch wertvoll. – Stumm gedreht, kam der Film, mit Geräuschen und Musik nach dem Organon-Nadeltonverfahren unterlegt, Mitte 1930 neu in die Kinos.
Nina Petrowna, die Geliebte eines reichen Kosakenoberst, begegnet dem jungen Kornett Michael. Sie gibt ihr bisheriges Leben auf und zieht zu ihm. Der eifersüchtige Oberst droht mit Zerstörung seiner Karriere, falls Nina nicht zu ihm zurückkehrt. Um dem Geliebten die Bredouille zu ersparen, willigt Nina ein. In seiner Wohnung nimmt sie Gift.

1928. Schicksalswürfel / A Throw of Dice / Prapancha Pash.
REG Franz Osten. **AUT** Max Jungk; nach einer Novelle von Niranjan Pal. **KAM** Emil Schünemann. **BAU** Promode Nath. **KINO-MUS** Willy Schmidt-Gentner.
DAR Seeta Devi (Sunita), Himansu Rai (König Sohar), Modhu Bose (Kirtikar, sein Vertrauter), Charu Roy (König Ranjit), Sincouri Chakrararty (Raghunath, sein Kanzler), Lala Bizoykishen (Beerbal, Raghunaths Sohn), Sarada Gupta (Kanwa, ein Einsiedler, Sunitas Vater).
PRO Ufa / British Instructional Films Ltd / Himansu Rai Film, Delhi. **DRO** Indien. **LNG** 8 Akte, 2523 m. **ZEN** 30.8.1929, B.23133, Jv. **URA** 16.8.1929, Berlin (U.T. Universum).
In Indien aufgenommen, getragen ausschließlich von indischen Darstellern und Darstellerinnen, ausgestattet mit zweifellos original indischen Requisiten und Kostümen, ist dies dennoch kein wahrhaft indischer Film, sondern eine prunkvoll romantische Geschichte, die zufällig im alten Indien spielt.

1928/29. Frau im Mond.
REG Fritz Lang. **AUT** Thea von Harbou; nach ihrem Roman. **KAM** Curt Courant, Otto Kanturek. **SPE** Konstantin Tschetwerikoff /= Tschet/ (Modelle), Oskar Fischinger. **BAU** Otto Hunte, Emil Hasler, Karl Vollbrecht. **KINO-MUS** Willy Schmidt-Gentner. **BER** Gustav Wolff, Joseph Danilowatz, Hermann Oberth.
DAR Gerda Maurus (stud. astr. Friede Velten), Willy Fritsch (Wolf Helius), Klaus Pohl (Professor Georg Manfeld), Gustav von Wangenheim (Ingenieur Hans Windegger), Gustl Stark-Gstettenbaur (Gustav), Fritz Rasp (der Mann, der sich derzeit Walt Turner nennt), Tilla Durieux, Hermann Vallentin, Max Zilzer, Mahmud Terja Bey, Borwin Walth (fünf Gehirne und Scheckbücher), Margarete Kupfer (Frau Hippolt, Haushälterin bei Helius), Max Maximilian (Grotjan, Chauffeur bei Helius), Alexa von Porembsky (Veilchenverkäuferin), Gerhard Dammann (Werkmeister), Heinrich Gotho (Mieter vom 2. Stock), Karl Platen (Mann mit dem Mikrophon), Alfred Loretto, Edgar Pauly (zwei eindeutige Existenzen), Julius E. Herrmann, Maus Josephine.
PRO Fritz Lang-Film der Ufa. **PRT** Fritz Lang. **AUL** Eduard Kubat. **DRO** Ufa-Atelier Neubabelsberg. **LNG** 11 Akte, 4356 m. **ZEN** 25.9.1929, Jf. **URA** 15.10.1929, Berlin (Ufa-Palast am Zoo).
– Prädikat: Künstlerisch wertvoll.
Für diese utopische Mondexpedition erfand Fritz Lang den Countdown. Bei ›Null‹ angekommen, wußten die Zuschauer, wann die Rakete starten würde. Vier Wissenschaftler, die sich die friedliche Erforschung des Erdtrabanten zum Ziel gesetzt haben, werden von dem Vertreter einer fremden Macht bedroht. Einigen Expeditionsmitgliedern gelingt es, mit der beschädigten Mondrakete zur Erde zurückzukehren, um Hilfe für die zurückgelassenen Freunde zu holen.

1928/29. Die Flucht vor der Liebe.
REG Hans Behrendt. **AUT** Victor Abel.
KAM Franz Planer. **BAU** Willi A. Herrmann.
DAR Jenny Jugo (Marga), Enrico Benfer (Mario Hollberg, Botschaftssekretär), Paul Otto (Franz Hollberg, sein Vater), Kurt Vespermann (Henry von Nostitz, Attaché), Vera Smiterlöw (Thea, seine Schwester), Kurt Gerron (Max Ruppke, Schaubudenbesitzer), Paul Heidemann (Gustav Bebernitz, Kartoffelpufferbäcker), Kurt Willuschat (Emil, Artistenlehrling), Hermann Stetza (Huddeldinuddel, Schlangenmensch).
PRO Ufa. **PRL** Alfred Zeisler. **DRZ** ab Anfang Dezember 1928. **DRO** Ufa-Atelier Neubabelsberg; **AA** Österreich (auf dem Semmering), Berlin (Zugstrecke Reinickendorf-Rosenthal). **LNG** 7 Akte, 2662 m. **ZEN** 29.5.1929, B.22559, Jv.
URA 16.9.1929, Berlin (U.T. Universum).
Der junge Diplomat Mario verirrt sich auf einen Rummelplatz und verliebt sich in Marga, die Tochter eines Schaustellers. Natürlich kann das nicht gut gehen, denn Marios Vater hat mit seinem Sohn andere Pläne. Edelmütig verzichtet Marga, um der Karriere des Geliebten nicht zu schaden.

1929. Die Schmugglerbraut von Mallorca.
REG Hans Behrendt. **AUT** Victor Abel, Rudolf Katscher. **KAM** Friedl Behn-Grund. **BAU** Willi A. Herrmann. **KINO-MUS** Willy Schmidt-Gentner.
DAR Jenny Jugo (Rosita), Enrico Benfer, Clifford MacLaglen (zwei Fischer), Reimondo van Riel (Tolomeo), Felix de Pomès (de Poya, Polizeioffizier), Jutta Jol (Manuela), Michael Rasumny (Cambero, Taschendieb), Hans Sternberg (Wirt vom ›Schwarzen Skorpion‹).
PRO Ufa. **PRL** Alfred Zeisler. **AUL** Arthur Ohme. **DRZ** Februar - April 1929. **DRO** Ufa-Atelier Neubabelsberg; **AA** Mallorca. **LNG** 5 Akte, 2181 m. **ZEN** 26.6.1929, B.22807, Jv. **URA** 31.7.1929, Berlin (Ufa-Palast am Zoo).
Die Fischer Pedro und Andrea machen Rosita den Hof. Der dritte Interessent ist der reiche Tolomeo, Chef einer Schmugglerbande. Bei solch einer Konstellation sind Schurkenstreiche und Verbrecherjagden der Polizei vorprogrammiert. Andrea zahlt dabei mit dem Leben, während Pedro und Rosita als glückliches Paar in die Heimat zurückkehren.

1929. Adieu Mascotte.
REG Wilhelm Thiele. **AUT** Franz Schulz; nach einer Idee von Michael Linsky. **KAM** Nikolai Torpokoff. **BAU** Jacques Rotmil, Heinz Fenchel. **KINO-MUS** Willy Schmidt-Gentner.
DAR Lilian Harvey (Mascotte), Igo Sym (Jean Dardier, Schriftsteller), Marietta Millner (Josette Dardier, seine Frau), Harry Halm (Gaston, ihr Liebhaber), Julius Falkenstein (Giron, Anwalt), Ernst Pröckl (Diener bei Gaston), Oskar Sima (Diener bei Dardier), Erika Dannhof (Gagi, ein Modell), Hubert von Meyerinck (Schlafwagenschaffner), Albert Paulig, Eugen Thiele.
PRO Ufa. **PRL** Günther Stapenhorst. **AUL** Willy Zeunert. **DRZ** Januar - März 1929. **DRO** Ufa-Atelier Neubabelsberg; **AA** Paris, Nizza. **LNG** 6 Akte, 2304 m. **ZEN** 12.7.1929, B.22900, Jv.
URA 2.8.1929, Berlin (U.T. Universum).
– Erst bei der dritten Zensurvorlage zugelassen. – Im April 1930 nach dem ›Organon‹-Verfahren (Nadelton) mit Musik unterlegt und als ›Tonfilm‹ im Neueinsatz.
Der verheiratete Jean Dardier kauft sich das Modell Mascotte, das mit seinem Verdienst der kranken Freundin Gabi helfen möchte. Dardiers Absicht, seine Ehefrau eifersüchtig zu machen, mißlingt. Er verliebt sich in Mascotte, eine neuerliche Heirat ist unvermeidlich.

1929. Manolescu. Der König der Hochstapler.
REG Viktor Tourjansky. **RAS** A. Uralsky. **AUT** Robert Liebmann; nach einer Novelle von Hans Szekely. **KAM** Carl Hoffmann. **BAU** Robert Herlth, Walter Röhrig. **KOS** René Hubert. **KINO-MUS** Willy Schmidt-Gentner.
DAR Ivan Mosjukin (Manolescu), Brigitte Helm (Cleo), Heinrich George (Jack), Dita Parlo (Jeanette), Harry Hardt, Max Wogritsch, Valy Arnheim, Elsa Wagner, Fritz Alberti, Boris de Fass, Lya Christy, Franz Verdier, Michael von Newlinski, Fred Selva-Goebel.
PRO Ufa. **PRL** Noé Bloch, Gregor Rabinowitsch. **DRZ** ab Februar 1929. **DRO** Ufa-Atelier Neubabelsberg; **AA** Monte Carlo, St. Moritz. **LNG** 9 Akte, 3116 m. **ZEN** 23.7.1929, B.22973, Jv. **URA** 22.8.1929, Berlin (Gloria-Palast).

Die Geschichte vom reinen Toren Manolescu, der Diamanten stehlen lernt und dabei in die Fangarme von Cleo gerät.

1929. Der Sträfling aus Stambul.
REG Gustav Ucicky. **AUT** Franz Schulz, Karl Hartl; nach dem Roman ›Das Fräulein und der Levantiner‹ von Fedor von Zobeltitz. **KAM** Karl Hasselmann. **BAU** Jacques Rotmil, Heinz Fenchel.
DAR Heinrich George (Thomas Zezi), Betty Amann (Hilde Wollwarth), Paul Hörbiger (Vlastes), Willi Forst (Manopulos), Trude Hesterberg (Jola Zezi), Lotte Lorring (Dolly), Frida Richard (Zimmerwirtin), Paul Rehkopf (Winkeladvokat), Erich Möller (Polizist), Leo Peukert, Arthur Wellin.
PRO Ufa. **PRL** Günther Stapenhorst. **AUL** Erich von Neusser. **DRZ** ab April 1929. **DRO** Ufa-Atelier Neubabelsberg. **LNG** 6 Akte, 2560 m. **ZEN** 16.8.1929, B.23204, Jv. **URA** 30.8.1929, Berlin (U.T. Universum).
– AT: Die zwei Frauen des Thomas Zezi. – Prädikat: Künstlerisch wertvoll.
Thomas Zezi kehrt nach langer Haftstrafe in seine Wohnung zurück, wo sein alter Kumpan Manopulos nicht nur herumlungert, sondern auch ein Liebesverhältnis mit seiner Freundin unterhält. Der Ex-Sträfling will seine Vergangenheit begraben, doch das neue Leben rührt das alte auf, die neue Freundin Hilde Wollwarth begeht Suizid.

1929. Hochverrat.
REG Johannes Meyer. **AUT** Friedrich Raff, Alexander Alexander; nach einem Bühnenstück von Wenzel Goldbaum. **KAM** Friedrich Weinmann, Carl Hoffmann. **BAU** Willi A. Herrmann.
DAR Gerda Maurus (Vera), Gustav Fröhlich (Wassil Gurmai, Student), Harry Hardt (Fürst Iwan Stolin), Olga Engl (Fürstin Stolin, seine Mutter), Leopold von Ledebur (Großfürst Kyrill, Gouverneur), Rudolf Biebrach (Oberst Petroff), Ossip Darmatoff (Graf Starschenski, Veras Vater), Felix von Pomèz (Nimirski), Harry Frank (Pawel).
PRO Ufa. **PRL** Alfred Zeisler. **AUL** Arthur Ohme. **DRZ** Juni - Ende Juli 1929. **DRO** Ufa-Atelier Neubabelsberg;
AA Ufa-Freigelände Neubabelsberg, Umgebung von Döberitz. **LNG** 6 Akte, 2188 m. **ZEN** 13.9.1929, B.23415, Jv. **URA** 9.11.1929, Berlin (U.T. Universum).
– Der Kameramann Friedrich Weinmann starb Mitte Juli 1929, der Film wurde von Carl Hoffmann übernommen.
In Warschau gelingt es der Anarchistin Vera nicht, den neuen russischen Gouverneur Großfürst Kyrill zu ermorden. Sie lernt stattdessen den armen Studenten Wassil Gurmai kennen, der bald verhaftet wird, weil er Vera Unterschlupf geboten hat. Seine Flucht aus der Verbannung in die Arme Veras gelingt trotz Verrats durch den Fürsten Stolin, der die Anarchistin gern heiraten wollte.

1929. Alte Kleider.
REG Johannes Guter. **KAM** Werner Bohne.
DAR Paul Morgan, Siegfried Arno, Karl Platen, Else Reval, Hugo Döblin, Felix Bressart.
PRO Ufa. **DRO** Ufa-Atelier Neubabelsberg.
LNG 370 m, 34 min. **ZEN** 24.9.1929, B.23565, Jf.
– Kurzspielfilm.

1929. Wenn Du einmal Dein Herz verschenkst.
REG Johannes Guter. AUT Robert Liebmann; nach dem Roman ›Der Vagabund vom Äquator‹ von Ludwig von Wohl. KAM Fritz Arno Wagner. BAU Jacques Rotmil, Heinz Fenchel. TON Fritz Seidel. MUS Willy Schmidt-Gentner, Willi Rosen. LT Kurt Schwabach, Willi Rosen. MT ›Wenn Du einmal Dein Herz verschenkst‹.
DAR Lilian Harvey (Dolly), Igo Sym (Bruns, Schiffsreeder), Harry Halm (Bobby, sein Steward), Karl Platen (Hinnerk, Steuermann), Alexander Sascha (Thorp), Valeria Blanka (elegante Frau), Rudolf Biebrach (Kapitän), Wolfgang Kuhle (Schiffsjunge), Fritz Schmuck (Sörensen), Erika Dannhoff (Kindermädchen), Michael von Newlinski.
PRO Ufa. PRL Günther Stapenhorst. AUL Willy Zeunert. DRZ Mai 1929, Tonaufnahmen: September 1929.
DRO Ufa-Atelier Neubabelsberg; AA Teneriffa, Las Palmas, Madeira, Antwerpen, Hamburg, an Bord eines Tankers auf hoher See. LNG 6 Akte, 2316 m (stumme Fassung), 2310 m, 85 min (Ton).
ZEN 26.9.1929, B.23584 / 19.12.1929, B.24568, Jv. URA 25.12.1929, Wien (stumme Fassung); 17.1.1930, Berlin (U.T. Universum, Tonfassung).
– Stumm gedreht; nachsynchronisiert.
Auf dem Schiffswege von Borneo nach Hamburg wird das Mädchen Dolly als blinder Passagier entdeckt. Sie muß sich an Bord nützlich machen und verliebt sich dabei in den Reeder Bruns. An Land, nachdem Dolly dem Reeder aus einer prekären geschäftlichen Situation geholfen hat, werden die beiden ein Paar.

1929. Eveline und ihr Rin-Tin-Tin.
REG Johannes Guter. MUS Willi Kollo.
MT ›Ich hab zu Haus 'nen riesengroßen Rin-Tin-Tin‹. AUS Kapelle Dolfi-Dauber.
DAR Fritz Schulz.
PRO Ufa. PRL Alfred Zeisler. DRO Ufa-Atelier Neubabelsberg. LNG 360 m, 13 min.
ZEN 19.10.1929, B.23897, Jv.
– Kurzspielfilm.

1929. Café Kalau.
REG Johannes Guter.
DAR Wilhelm Bendow, Paul Morgan, Alfred Beierle, Oskar Ebelsbacher, Werner Bernhardi.
PRO Ufa. PRL Alfred Zeisler. DRO Ufa-Atelier Neubabelsberg. LNG 601 m, 22 min.
ZEN 19.10.1929, B.23898, Jf. URA 24.10.1929, Berlin (Ufa-Pavillon Nollendorfplatz).
– Kurzspielfilm.

1929. Zieh Dich wieder an, Josefin!
MT ›Zieh Dich wieder an, Josefin‹.
DAR Fritz Schulz.
PRO Ufa. LNG 290 m, 11 min. ZEN 5.11.1929, B.24080, Jv.
– Kurzspielfilm.

1929. In Jena sind alle Mädels so blond.
KAM Werner Bohne.
DAR Franz Baumann, Alfred Beierle.
PRO Ufa. PRL Alfred Zeisler. DRZ Oktober 1929.
DRO Ufa-Atelier Neubabelsberg. LNG 204 m, 7 min. ZEN 5.11.1929, B.24093, Jf. URA 12.12.1929, Berlin (Ufa-Pavillon Nollendorfplatz).
– Kurzspielfilm.

1929. Zille-Typen.
KAM Werner Bohne. MUS Willi Kollo, Robert Gilbert. MT ›Zille-Milljöh‹, ›Mensch, hast du 'ne Zille-Figur‹.
DAR Trude Lieske, Paul Heidemann.
PRO Ufa. PRL Alfred Zeisler. DRO Ufa-Atelier Neubabelsberg. LNG 201 m, 7 min.
ZEN 14.11.1929, B.24178, Jv. URA Januar 1930.
– Kurzspielfilm.

1929. Der Bund der Drei.
REG Hans Behrendt. AUT Victor Abel, Bobby E. Lüthge. KAM Werner Brandes. BAU Willi A. Herrmann.
DAR Jenny Jugo (Inez), Max Maximilian (Diaz, Inez' Vater), Ernst Stahl-Nachbaur (Renard, Minenbesitzer), Enrico Benfer (Henri, sein Sohn), Raimondo van Riel (Baramo), Michael von Newlinski (Gaston), Kurt Katsch (Morris), Viktor Gehring (Privatdetektiv), Alfred Beierle (Hausmeister im Schloß).
PRO Ufa. PRL Alfred Zeisler. AUL Arthur Ohme. DRZ ab Juli 1929. DRO Ufa-Atelier Neubabelsberg; AA Umgebung von Berlin, Schloß Wilkendorf bei Strausberg. LNG 6 Akte, 1869 m. ZEN 28.11.1929, B.24354, Jv. URA 12.12.1929, Berlin (Ufa-Pavillon Nollendorfplatz).
Inez sucht den Mörder ihrer Mutter. Als sie sich in Henry, den Sohn des vermeintlichen Mörders, einen Minenbesitzer, verliebt, gerät sie in seelische Konflikte. Schließlich wird der Minenbesitzer Ziel eines Mordanschlages, den er aber glücklich überlebt. Am Ende löst der Inhalt einer Kassette alle Rätsel. Inez und Henri werden ein Paar.

1929. Melodie des Herzens.
REG Hanns Schwarz. AUT Hans Szekely. KAM Günther Rittau, Hans Schneeberger. BAU Erich Kettelhut. KOS Tihamer Varady. TON Fritz Thiery. MUS, ML Werner Richard Heymann; unter Verwendung ungarischer Volkslieder und Kompositionen von Franz von Suppé, Paul Abraham, Viktor Gertler, Richard Fall, Robert Stolz, Michael Eisemann, Ernst Arnold. MT ›Bin kein Hauptmann, bin kein großes Tier‹, ›Draußen in Mauer‹, ›Sieben Sterne hat der große Bär‹, ›Frühlingslied‹, ›Hopp, hopp, hopp: Heut' komm' ich zu Dir, mein Mädel‹, ›Im roten Hirschen‹, ›Komm' und tanz' mit mir‹, ›Liebst Du mich noch?‹, Ouvertüre zu ›Dichter und Bauer‹, ›Sonntag komm ich zu Dir‹. AUS Ufaton-Orchester.
DAR Dita Parlo (Julia Balog), Willy Fritsch (János Garas), Gerö Mály (Vater Garas), Marosa Simon (Mutter Garas), Janos Körmendy (Vater Kovács), Juliska D. Ligeti (Mutter Kovács), Anni Mewes (Anna Kovács), Tomy Endrey (der kleine Kovács), Ilka Grüning (Fräulein Czibulka), László Dezsöffy (Zugführer Benéze), Zigeunerkapelle Balogh Jancsi.
PRO Erich Pommer-Produktion der Ufa.
PRL Erich Pommer. ASS Max Pfeiffer. AUL Arthur Kiekebusch. DRZ Mai - September 1929.
DRO Ufa-Atelier Neubabelsberg; AA Ungarn (u.a. Budapest, Temesvar, in der Hortobagy).
LNG 2555 m, 93 min. ZEN 13.12.1929, B.24446, Jv. URA 16.12.1929, Berlin (Ufa-Palast am Zoo).
– AT: Sonntag um halb vier, Melodie des Lebens. – Auch stumme Fassung sowie Versionen in englisch (Melody of the Heart), französisch (Mélodie du coeur) und ungarisch (Vasárnap delútan) mit denselben Darstellern.
– Prädikat: Künstlerisch wertvoll.
Zwischen der Bauernmagd Julia Balog und dem Honved-Husaren János Garas entbrennt eine Liebesgeschichte, die auf Grund einer Lapalie zerstört wird. Julia wird zur Dirne, János zum Freier. Ihre Begegnung im Bordell endet tragisch.

1929/30. Der weiße Teufel.
REG Alexander Wolkoff. RAS Anatole Litvak. AUT Alexander Wolkoff, Michael Linsky; nach der Novelle ›Chadži Murat‹ von Lev Tolstoj. KAM Curt Courant, Nikolai Toporkoff. STF Horst von Harbou. BAU Alexander Loschakoff, W. Meinhardt. KOS Boris Bilinsky. TON Fritz Seidel, Walter Rühland. MUS Willy Schmidt-Gentner, Marc Roland, Michael Lewin, Michael Glinka. LT Fritz Rotter. MT ›Herz fällt‹, Hymne aus ›Ein Leben für den Zaren‹ (Glinka), ›Schlägt einst mein Herz zum allerletzten Mal...‹, ›Wolgalied‹. AUS Ufaton-Orchester.
DAR Ivan Mosjukin (Hadschi Murat), Lil Dagover (Nelidowa), Betty Amann (Saira), Fritz Alberti (Zar Nikolai), A. Chakatouny (Schamil), Georg Seroff (Rjaboff), Alexander Murski, Harry Hardt, Alexei Bondireff, Marianne Winkelstern, Henry Bender, Eduardowa-Ballett, Lydia Potechina, Rudolf Biebrach, Hugo Döblin, Kenneth Rive, Bobby Burns (Kind), Arthur Cavara, Serge Jaroff mit seinem Donkosaken-Chor.
PRO Ufa. PRT Gregor Rabinowitsch. PRL Noé Bloch. AUL Anatole Litvak. DRZ 25.5. - 10.8.1929. DRO Ufa-Atelier Neubabelsberg; AA Südfranzösische Alpen, Schweiz, Nizza, Grenoble, Leningrad (Große Oper, Schloß, Osterprozession).
LNG 12 Akte, 3017 m. ZEN 24.1.1930, B.24880, Jv. URA 29.1.1930, Berlin (Ufa-Palast am Zoo).
– Stumm gedreht; nachsynchronisiert.
Der kaukasische Heerführer Hadschi Murat, genannt ›Der weiße Teufel‹, muß seine Führungsrolle trotz großer Kriegserfolge aufgeben. Er tritt in russische Dienste. In St. Petersburg trifft er die von Russen verschleppte Tänzerin Saira wieder und heiratet sie. Für sie läßt er sein Leben.

1929/30. Liebeswalzer.
REG Wilhelm Thiele. AUT Hans Müller, Robert Liebmann. KAM Werner Brandes (Fotografische Leitung), Konstantin Tschet. BAU Erich Kettelhut. KOS René Hubert (Lilian Harveys Kleider).
MAS Emil Neumann, Maria Jamitzky. TON Erich Leistner. MUS, ML Werner Richard Heymann.
LT Ernst Neubach, Robert Liebmann. MT ›Bobby‹, ›Du bist das süßeste Mädel der Welt‹, ›Hurra! Hurra! Hurra!‹, ›Liebeswalzer: Sag' nicht ja, sag' nicht nein (Seliges Schweigen)‹, ›Okay, o käme doch...‹.
DAR Lilian Harvey (Prinzessin Eva), Willy Fritsch (Bobby), Georg Alexander (Erzherzog Peter Ferdinand), Julia Serda (Regierende Fürstin von Lauenburg, Mutter von Prinzessin Eva), Karl Ludwig Diehl (Lord Chamberlain, Hofmarschall), Hans Junkermann (Fould, Automobilfabrikant), Lotte Spira (Erzherzogin Melanie, Mutter von Erzherzog Peter Ferdinand), Viktor Schwanneke (Dr. Lemke), Karl Etlinger (Dr. Popper), Marianne Winkelstern, Rudolf Biebrach, Willy Prager, Emmy von Stetten, Austin Egen, Paul Godwin Band, Weintraub-Syncopators.
PRO Erich Pommer-Produktion der Ufa. PRL Erich Pommer. AUL Arthur Kiekebusch. DRZ 4.10.1929 - 9.1.1930. DRO Ufa-Atelier Neubabelsberg.
LNG 2469 m, 90 min. ZEN 1.2.1930, B.24962, Jv. URA 7.2.1930, Berlin (Gloria-Palast).
– AT: Der Chauffeur-Prinz.
Englische Version:
1929/30. Lovewaltz.
REG Wilhelm Thiele. RAS Carl Winston. AUT Hans Müller, Robert Liebmann. KAM Werner Brandes, Konstantin Tschet. BAU Erich Kettelhut. KOS René Hubert (Lilian Harveys Kleider). MAS Emil Neumann, Maria Jamitzky. TON Erich Leistner.
MUS, ML Werner Richard Heymann.
DAR Lilian Harvey (Prinzessin Eva), Georg Alexander (Erzherzog Peter Ferdinand), John Batten (Bobby), Hans Junkermann (Fould, Automobilfabrikant, Bobbys Vater), Gertrud de Lalsky (Erzherzogin Melanie), Lilian Mowrer (Regierende Fürstin zu Lauenburg), Karl Ludwig Diehl (Lord Chamberlain, Hofmarschall), C. Hooper Trask (Dr. Popper), Mildred Wayne (Dolly), Paul Goodwin Band, Weintraub-Syncopators.
PRO Ufa. PRL Erich Pommer. AUL Arthur Kiekebusch. DRZ 4.10.1929 - 9.1.1930. DRO Ufa-Atelier Neubabelsberg. LNG 6171 ft = 1889 m, 69 min. URA 27.7.1930 London (Regal Cinema).
Bobby Fould, Sohn eines Autofabrikanten, vertritt Erzherzog Ferdinand, Liebhaber aller Frauen, beim Regierungsjubiläum der Fürstin von Lauenburg. Deren Tochter Eva, eigentlich Ferdinand zugedacht, ist zunächst zornig über diesen Austausch, dann aber mit Bobby durchaus einverstanden.

1929/30. Der unsterbliche Lump.
REG Gustav Ucicky. KO Joe May. AUT Robert Liebmann, Karl Hartl; nach der Operette von Felix Doermann, Edmund Eysler. KAM Carl Hoffmann. BAU Robert Herlth, Walter Röhrig. KOS Alexander Arnstam. MAS Ernst Schülke, Wilhelm Weber. TON Uwe Jens Krafft, Hermann Fritzsching, Fritz Thiery. MUS Edmund Eysler. ML Ralph Benatzky. MT ›Hoch vom Dachstein an‹, ›Ich muß einmal wieder im Grinzing sein‹, ›Ihre Augen, Madame‹, ›Reich' mir Dein weißes Händchen‹. AUS Lewis Ruth-Band. Opernpartie A. Caravara.
DAR Liane Haid (Annerl Reisleitner), Gustav Fröhlich (Hans Ritter, Lehrer), Hans Adalbert Schlettow (Lechner, Lehrer), Karl Gerhardt (Briefträger Reisleitner), Attila Hörbiger (Vagabund), Paul Hörbiger (Chauffeur), Ernst Behmer, Julius Falkenstein, Jaro Fürth, Lutz Götz, Fritz Greiner, Paul Henckels, Karl Platen, Georg Heinrich Schnell, Oskar Sima, Eugen Thiele, Hermann Thimig, Weiß-Ferdl, Rudolf Teubler, Rudolf Meinhard-Jünger, Max Wogritsch.
PRO Joe May-Produktion der Ufa. PRT Joe May. PRL Günther Stapenhorst. AUL Max Wogritsch, Franz Hoffermann. DRZ 28.10. - 19.12.1929. DRO Ufa-Atelier Neubabelsberg; AA Virgen, Amrach, Lienz (Osttirol), Wien. LNG 2644 m, 97 min. ZEN 17.2.1930, B.25102, Jf. / 25.11.1935, B.25102. URA 21.2.1930, Berlin (Ufa-Palast am Zoo).
– Prädikat: Künstlerisch. – Weitgehend stumm gedreht; nachträglich mit Musik, Geräuschen und Gesang unterlegt.
Der junge, arme Dorflehrer Hans Ritter liebt Annerl, die Tochter des Briefträgers Reisleitner. Um sie zu erobern, macht er als Opernkomponist in Wien Karriere. Doch auf Geheiß des Vaters hat sie inzwischen den reichen Viehzüchter Lechner geheiratet. Im Augenblick seines Triumphes auf der Bühne resigniert Hans und wird zum Landstreicher, gilt als tot. Als sein Heimatdorf dem Verschollenen ein Denkmal setzen will, wird der ›Lump‹ vom Gendarmen fortgejagt.

1930. Der Tiger.
REG Johannes Meyer. AUT Rudolf Katscher, Egon Eis. KAM Carl Hoffmann. BAU Willi A. Herrmann. TON Erich Leistner. MUS Willi Kollo; unter Verwendung einer Komposition von Hans May. LT Willi Kollo, Hans Pflanzer, Robert Gilbert. MT ›Das ganze Leben ist belämmert‹, ›Ich hab' kein Auto, ich hab' kein Rittergut‹, ›Liebe für eine Nacht, Treue für eine Nacht‹, ›Üb' immer Treu' und Redlichkeit‹, ›Wir leben in einer miesen, aber großen Zeit‹.
DAR Charlotte Susa (Dame im Abendkleid), Harry Frank (Mann im Frack), Hertha von Walther (Ausländerin), Trude Berliner (Trude), Max Wilmsen (Graf Eggenhorst), Max Maximilian (Wirt), Erich Kestin (Zauber-Gustav), Henry Pleß (Ringkämpfer), Ethel Helten (Lotte), Ernst Behmer (Schlepper), Jens Keith (Tänzer), Leo Monosson (Sänger), Friedrich Kurth (Zeitungsverkäufer), Ernst Dernburg (Kriminalkommissar Möller), Viktor Gehring (Kriminalkommissar Holzknecht), Alfred Beierle (Polizeiarzt), Hans Heinz Winkler.
PRO Ufa. PRL Alfred Zeisler. DRZ Februar 1930. DRO Ufa-Atelier Neubabelsberg. LNG 1625 m, 59 min. ZEN 18.3.1930, B.25408, Jv.
URA 15.4.1930, Berlin (U.T. Kurfürstendamm).
– AT: Der Tiger von Berlin.
In Berlin geht ›der Tiger‹ um, doch niemand weiß, wer der Mörder und Einbrecher ist. Kriminalkommissar Brandt macht sich inkognito auf die Suche und wird auf erstaunliche Weise fündig. ›Der Tiger‹ ist gar kein Mann.

1929/30. Die letzte Kompagnie.
REG Kurt Bernhardt. RAS Erich von Neusser. AUT Ludwig von Wohl, Heinz Goldberg; nach dem Manuskript ›Die letzte Kompagnie, die Geschichte der 13 Helden von Jena‹ von Hans Wilhelm, Hermann Kosterlitz. DIA Hans J. Rehfisch. KAM Günther Krampf. BAU Andrej Andrejew. KOS Alexander Arnstam. MAS Hermann Rosenthal, Friedrich Havenstein, Karl Holek. SCH Carl Winston. TON Gerhardt Goldbaum, Erich Schmidt. MUS Ralph Benatzky, Franz Grothe. MT ›Ballade von der letzten Kompagnie‹, ›Wir sind dreizehn Grenadiere‹, ›Die letzte Kompagnie‹ (Grothe), ›Es war einmal ein Soldate‹, ›Gibt's ein schöneres Leben‹, ›Wir dreizehn Mann‹.
DAR Conrad Veidt (Hauptmann Burk), Karin Evans (Dore), Erwin Kalser (Müller), Else Heller (Müllerin), Maria Pederson (Magd), Heinrich Gretler (Pelle), Paul Henckels (Pitsch), Ferdinand Asper (Götzel), Martin Herzberg (Heller), Werner Schott (Biese), Philipp Manning (Möllmann), Max Wilhelm Hiller (Machnow), Ferdinand Hart (Klotz), Alexander Granach (Haberling), Gustav Püttjer (Püttjer), Albert Karchow (Wernicke), Horst von Harbou (Stibbe).

PRO Joe May-Produktion der Ufa. PRL Joe May. AUL Eduard Kubat. DRZ 19.10. - 23.12.1929. DRO Ufa-Atelier Neubabelsberg; AA Militärgelände bei Döberitz. LNG 2167 m, 79 min / 6 Akte, 2263 m (stumm). ZEN 7.3.1930, B.25300, Jf. / 7.8.1930, B.26516, Jf. (stumm). URA 14.3.1930, Berlin (Ufa-Pavillon Nollendorfplatz).
– Prädikat: Künstlerisch. – Es wurden eine Ton- und eine stumme Fassung zensiert.

Eine Mühle wird 1806 im Krieg Napoleons gegen Preußen von einem Hauptmann und zwölf Soldaten bis zum letzten Mann verteidigt, um den Vormarsch der französischen Truppen aufzuhalten und den Rückzug der preußischen Armee zu sichern.

1929/30. Der blaue Engel.
REG Josef von Sternberg. RAS Sam Winston. AUT Robert Liebmann, Josef von Sternberg; frei nach dem Roman ›Professor Unrat‹ von Heinrich Mann. AD Carl Zuckmayer, Karl Vollmoeller. KAM Günther Rittau, Hans Schneeberger. BAU Otto Hunte, Emil Hasler. KOS Tihamer Varady. AUS Theaterkunst Hermann J. Kaufmann. MAS Waldemar Jabs, Oscar Schmidt. SCH Sam Winston. TON Fritz Thiery. MUS Friedrich Hollaender; unter Verwendung fremder Kompositionen. LT Robert Liebmann, Friedrich Hollaender, Richard Rillo. MT ›Ich bin von Kopf bis Fuß auf Liebe eingestellt‹, ›Ich bin die fesche Lola‹, ›Nimm Dich in Acht vor blonden Frauen‹, ›Kinder, heut' abend such ich mir was aus‹, ›Alte Kameraden‹, ›Lilliput: Mein Püppchen, komm nach Lilliput‹, ›Üb' immer Treu und Redlichkeit‹.
AUS Weintraub-Syncopators.
DAR Emil Jannings (Professor Immanuel Rath), Marlene Dietrich (Lola Lola), Kurt Gerron (Kiepert, Zauberkünstler), Rosa Valetti (Guste, seine Frau), Hans Albers (Mazeppa), Reinhold Bernt (Clown), Eduard von Winterstein (Schuldirektor), Hans Roth (Pedell), Rolf Müller (Gymnasiast Anst), Rolant Varno (Gymnasiast Lohmann), Carl Balhaus (Gymnasiast Ertzum), Robert Klein-Lörk (Gymnasiast Goldstaub), Karl Huszar-Puffy (Wirt), Wilhelm Diegelmann (Kapitän), Gerhard Bienert (Polizist), Ilse Fürstenberg (Raths Wirtschafterin), Weintraub-Syncopators, Friedrich Hollaender.
PRO Erich Pommer-Produktion der Ufa. PRL Erich Pommer. AUL Viktor Eisenbach. DRZ 4.11.1929 - Ende Januar 1930. DRO Ufa-Atelier Neubabelsberg. LNG 2965 m, 108 min. ZEN 15.3.1930, B.25171, Jv. / 16.6.1930, B.26166, Jv. URA 1.4.1930, Berlin (Gloria-Palast).
– Prädikat: Künstlerisch.
Englische Version:
1929/30. The Blue Angel.
REG Josef von Sternberg. RAS Sam Winston. AUT C. Winston, Robert Liebmann, Josef von Sternberg; frei nach dem Roman ›Professor Unrat‹ von Heinrich Mann. AD Carl Zuckmayer, Karl Vollmoeller. KAM Günther Rittau, Hans Schneeberger. BAU Otto Hunte, Emil Hasler. KOS Tihamer Varady. AUS Theaterkunst Hermann J. Kaufmann. MAS Waldemar Jabs, Oscar Schmidt. SCH Sam Winston. TON Fritz Thiery. MUS Friedrich Hollaender. MT ›A Man, Just a Regular Man‹, ›Falling in Love Again‹, ›They Call Me Naughty Lola‹, ›Those Charming, Alarming Blonde Women‹.
AUS Weintraub-Syncopators.
DAR Emil Jannings (Professor Immanuel Rath), Marlene Dietrich (Lola Lola), Kurt Gerron (Kiepert, Zauberkünstler), Rosa Valetti (Guste, seine Frau), Hans Albers (Mazeppa), Reinhold Bernt (Clown), Eduard von Winterstein (Schuldirektor), Hans Roth (Pedell), Rolf Müller (Gymnasiast Anst), Rolant Varno (Gymnasiast Lohmann), Carl Balhaus (Gymnasiast Ertzum), Robert Klein-Lörk (Gymnasiast Goldstaub), Karl Huszar-Puffy (Wirt), Wilhelm Diegelmann (Kapitän), Gerhard Bienert (Polizist), Ilse Fürstenberg (Raths Wirtschafterin), Weintraub-Syncopators, Friedrich Hollaender.
PRO Ufa. PRL Erich Pommer. AUL Viktor Eisenbach. DRZ 4.11.1929 - Ende Januar 1930. DRO Ufa-Atelier Neubabelsberg. LNG 9583 ft = 2921 m, 109 min. URA 3.7.1930 (Trade Show); 2.8.1930, London (Regal Theatre); 16.2.1931 (Release).

Jeannes Tränen

Ilja Ehrenburg über »Die Liebe der Jeanne Ney«

»Während der letzten zwei Jahre hat der sowjetrussische Film, besonders in Deutschland, Riesenerfolge erzielt. Ich glaube, jedoch, daß ihm ein noch größerer Erfolg bevorsteht, ich erblicke für ihn in Zukunft die Möglichkeit von Wirkungen im internationalen Ausmaß.« So äußert sich Ende 1927 in der moskauer Filmzeitschrift Kino (laut Rote Fahne, 3.1.1928) der deutsche Filmstar, Regisseur und Produzent Friedrich Zelnik, der – sonst eher für seine weinseligen Wienfilme berühmt – gerade mit DIE WEBER einen sozial-engagierten Film abgeliefert hat.

In der Tat sind 1926 und 1927 die Jahre des »Russenfilms« in Deutschland. 1926 beginnt Eisensteins PANZERKREUZER POTEMKIN – nach heftigen Auseinandersetzungen mit der deutschen Zensur – von Berlin aus seinen Erfolgslauf um die Welt. Im Oktober des gleichen Jahres kommt – noch vor der Premiere in Moskau – Vertovs hohes Lied auf das Sowjetland, EIN SECHSTEL DER ERDE, nach Deutschland. Mit Alexander Rasumnys ÜBERFLÜSSIGE MENSCHEN entsteht die erste deutsch-sowjetische Co-Produktion. 1927 bringt u.a. die berliner Premieren von Pudovkins DIE MUTTER (1926) und Eisensteins Erstling STREIK (1924/25). Für einen elegant aufgemachten Bildband »Russische Filmkunst« schreibt Kritiker-Papst Alfred Kerr ein überschwengliches Vorwort.

Es besteht also Konjunktur für Russenfilme. Und so will auch die Ufa an dieser ›Welle‹ partizipieren. Sie beauftragt 1927 den Regisseur G. W. Pabst mit der Verfilmung des 1926 in deutscher Übersetzung erschienenen Bestsellers »Die Liebe der Jeanne Ney« des russischen Schriftstellers Ilja Ehrenburg. Der Stoff, eine geschickte Mischung aus Politik, Liebe und Krimi vor dem Hintergrund der russischen Revolution, liegt dem Regisseur von DIE FREUDLOSE GASSE (1925). Kurz zuvor hat Pabst den Plan aufgegeben, im Stil des PANZERKREUZER POTEMKIN einen Film über den Matrosenaufstand in Kiel 1918 zu machen.

In DIE LIEBE DER JEANNE NEY stellt Pabst, der sich selbst intensiv um den Schnitt seiner Filme kümmert, extreme, porentiefe Großaufnahmen und groteske Porträts seiner Darsteller – darunter Edith Jehanne und Uno Henning, Fritz Rasp, Brigitte Helm sowie ein treffliches Ensemble von Chargen (dies eine Spezialität von Pabst) – neben lange fließende Fahrten seines Kameramanns Fritz Arno Wagner.

Ehrenburg lebt in den 20er Jahren als Korrespondent in Westeuropa, meist in Paris. Er reist viel, verfaßt Romane und pointierte Berichte. Während der Dreharbeiten besucht er die Ufa-Ateliers und verfaßt mehrere Feuilletons über seine Eindrücke:

Ich habe »Jeanne Ney« in Berlin geschrieben, in einem kleinen türkischen Café, wo Orientalen einander hastig Dollars und Mädchen verkauften. Dieses Café, das so wenig Ähnlichkeit hatte mit den luxuriösen Konditoreien des Berliner Westens, wählte ich wegen des unverständlichen Gemurmels, wegen des Halbdunkels, wegen seiner Düsternis. Dort traf ich mich jeden Morgen mit meinen Helden. Trat ich dann wieder auf die Straße, die erfüllt war von grellem Licht und Gedränge, spürte ich die ganze Irrealität dieses mittäglichen Lebens. Manchmal zuckte ich zusammen, wenn ich den leicht gekrümmten Rücken einer irgendwohin eilenden jungen Verkäuferin des KaDeWe oder einer Modistin erblickte. Vielleicht sucht Jeanne gerade Chalybjew? Nachdem ich mir den schlimmen Schluß ausgedacht hatte, glaubte ich fest daran wie an etwas Unvermeidliches. Hin und wieder fiel ich mir selbst auf die Nerven mit weibischem Gegacker: Womöglich gibt es noch einen Ausweg? Ja, ich habe dieses Buch ehrlich und dumm geschrieben, wie es jeder Schriftsteller tut, wenn er erst einmal die Wissenschaft und den Kalender vergessen hat.

Heute weiß ich, daß Kunst auch der Industrialisierung unterworfen ist und es mit uns offenbar bald zu Ende geht.

Zuerst habe ich das Haus der Ufa in Berlin gesehen. Es ähnelte einem Ministerium. Paternoster glitten auf und nieder, Schreibmaschinen klapperten, an langen Tischen tagten mit wichtiger Miene alte Herren, vielleicht Geheimräte, vielleicht aber auch Pförtner. In einem der zweihundert oder dreihundert Zimmer wurde die Brauchbarkeit des Romans dieses russischen Autors erörtert. Hier zog man alles in Betracht: Mädchentränen und die Ausgaben für die Requisiten, den Abbruch der Beziehungen zwischen England und der Sowjetunion und die Vorliebe der Argentinier für Justizirrtümer. Jeanne wurde gewogen, gemessen und bearbeitet. Man übergab sie einem erfahrenen bebrillten Fachmann, der die Gesetze des Objektivs und den Geschmack des Publikums in allen fünf Erdteilen kannte. Sie wurde gestutzt, eingeweicht, getrocknet, zerstückelt. Man machte aus ihr ein Szenarium.

Dann fuhren Künstler nach Paris, um die Elendsviertel und die Untersuchungszelle zu zeichnen. Aus Moskau ließ man Zeugen des Bürgerkriegs auf der Krim kommen. Die Fotografien von Feodossija und die Skizzen von Rotarmisten fanden gar nicht alle Platz in den riesigen Schränken. Die Gespräche in den zahlreichen Zimmern des vielstöckigen Hauses wurden höchst verdächtig. Ein naiver Spitzel war zu dem Schluß gelangt, daß dort die nächste »Verschwörung« vorbereitet wird. Pabst ging daran, die Schauspieler auszuwählen. In Deutschland wurden ungewöhnliche Erscheinungen gesucht: ein Held mit slawischen Gesichtszügen, eine echte Französin, sehend, die aber die Augen einer Blinden hat. Und die Regimenter aus verschiedenen Völkerschaften wurden zusammengestellt: Der Deutsche Rasp, die Französin Edith Jehanne, der Schwede Uno Henning, der Russe Sokoloff; sogar ein Chinese, auch den hatte man nicht vergessen.

Endlich begann die richtige Arbeit. Als ich in die Filmfabrik der Ufa in Babelsberg kam, sah ich die Arkaden von Feodossija, eine Sitzung des Rates der Soldatendeputierten, Pariser Spelunken, ein russisches Hotel, Hügel, tatarische Dörfer, Bars vom Montmartre. Hunderte von Leuten stellten dort tagtäglich Konfektionsträume für schwedische Sportlerinnen und für Madrider Zuhälter her, so wie man Lippenstift oder Milchschokolade produziert.

Eine Stadt, von einer Mauer umgeben. In sie hineinzugelangen ist schwieriger, als den Kreml zu betreten. Auf dem Passierschein wird eingetragen, zu welcher Stunde und Minute man das Tor durchschritten hat. Geographie und Geschichte sind aufgehoben. Eine Quecksilbersonne strahlt, und künstlicher Regen fällt. Ein Propeller läßt einen Schneesturm losbrechen, und besondere Apparate speien Blitze. Von allen Naturerscheinungen fehlt nur der Donner: Schließlich kann man die unglücklichen Klavierspieler nicht um ihren Verdienst bringen!

Moskau liegt hier zehn Schritt von Paris entfernt, dazwischen erhebt sich nur ein Krimhügel. Eine weißgardistische Kneipe und ein sowjetisches Tribunal sind allein durch einen französischen Eisenbahnwagen getrennt. Hier ist nicht für die geringste Illusion Platz; der Betrug der Kunst tritt offen und trocken zutage, aber hier wird auch nichts unterlassen, um die Illusion auf der Leinwand zu erhalten. Die Flaschen dort in der Offizierskneipe – sie haben russische Etiketts. Obwohl sie nicht einmal von nahem gefilmt wurden, wollte der ehrliche Dekorateur auch dieses überflüssige Detail nicht außer acht lassen. Wenn Chalybjew die Prostituierte beißt, dann beißt er sie wirklich. Die Zahnspuren sind nicht aufgemalt. Ich bitte Sie, es ist doch eine Großaufnahme! Rasp beißt die Schauspielerin mit allem Fleiß. Auf die Bißstelle wird ein Dollar gelegt – dies laut Szenarium. Den Dollar verlangt man nicht zurück – dies nicht laut Szenarium, er ist ein zusätzliches Honorar für die kleine Unannehmlichkeit. Die Traumfabrik arbeitet trefflich.

Chalybjew oder Jeanne? – Als ich Chalybjew zum erstenmal sah, lag er auf dem Sofa und befaßte sich verschlafen damit, Wanzen zu erlegen. Er war widerlich, daß es einen zu Tränen rühren konnte. Seine Socken verdienten Dickenssche Ohrfeigen, und die vom Scheinwerfer durchleuchteten unternehmungslustigen Schnurrbarthaare wimmelten wie Larven des absolut Bösen. Nach einem Blick auf ihn, auf die Wanzen, auf das Zigarettenetui mit den nackten Schönen freute ich mich über das Fiktive unseres literarischen Handwerks. Wie gegenständlich die Halluzinationen des Schriftstellers auch sein mögen – es ist doch alles Nebel, Dampf, Kraft des Wortes und der Erinnerung. Habe wirklich ich mir seine Halbstiefel ausgedacht? Vorsichtig drückte ich die mir nur zu gut bekannte Hand. Dieser Deutsche ist bestimmt ein Meister seines Fachs. Er versteht es aufs beste, jemandem die Kehle durchzuschneiden, jemanden zu erdrosseln, die Augen zu verdrehen und zu kichern. Sie haben doch eine gute Schule.

Chalybjew ist nach Paris gekommen. Offiziell ist er mit ganz schlimmen Absichten hergereist: um einen gestohlenen Brillanten zu verstecken, Jeanne zu vergewaltigen, die Spuren zu verwischen. Doch der Regen kommt dazwischen. Pabst saß mit finsterer Miene im Hotel, der arbeitslose Chalybjew (alias Fritz Rasp) aber schlenderte durch die dunklen kleinen Straßen des Quartier latin und seufzte verträumt. Wie sich herausstellte, hatte er naive Augen und ein recht romantisches Herz.

Ich sah, wie er bei einem Schwof eifrig mit skrofulösen Modistinnen tanzte. Ich sah, wie er blaue Kornblumen kaufte. Ich sah, wie er vor Verlegenheit errötete und wie er auf einem Jahrmarktkarussell kindlich grinste. Natürlich hätte ich in einem Augenblick der Offenherzigkeit zu ihm sagen können: Warum beißen Sie junge Mädchen? Warum schlachten Sie fleißig geizige Dickwänste ab? Sie lieben doch Kornblumen und Fröhlichkeit. Aber ich ließ es. Ich fürchtete, er könnte plötzlich als Antwort darauf ganz mit seinem unternehmungslustigen Schnurrbart bewachsen sein und giftig bemerken: Übrigens, waren Sie es nicht, der die vierzehn Druckbogen geschrieben hat?

Wir tranken zusammen einen leichten Wein aus der Touraine. Chalybjew wurde mit jedem Tag freundlicher und gutmütiger. Noch ein oder zwei Tage, so schien es, und er würde sich in Jeanne verwandeln. Allerdings entfernte er sich hin und wieder: Sobald sich die Sonne zeigte, flog der kampflustige Pabst aus, und Chalybjew beging vor mitleidig blickenden Passanten verschiedene Schändlichkeiten. Aber ich hatte keine Angst mehr vor seinen Halbstiefeln. Ich war bereit, meinen mittelmäßigen Roman umzuschreiben und den zu Unrecht verleumdeten Helden reinzuwaschen.

Zur Zeit regnet es. Ich sitze in einer kleinen bretonischen Speisewirtschaft. Durchnäßte Touristen trinken Lindenblütentee. Heute morgen habe ich eine Karte von Chalybjew erhalten. Er ist dabei, in Berlin wieder einem Dickwanst die Kehle durchzuschneiden und sendet mir einen herzlichen Gruß.

Die Wanze und der Autor – Ich habe schon gesagt, daß Chalybjew Wanzen erlegte. Er verstand seine Sache und zerquetschte sie, wie es sich gehört. Rasp ist ein großartiger Schauspieler. Von den Wanzen läßt sich das nicht sagen. Die Wanzen trieben eindeutig Sabotage. Bald verharrten sie reglos, vom Scheinwerferstrahl getroffen, bald verließen sie allzu schnell das Aufnahmefeld. Pabst hatte beschlossen, eine Wanze in Nahaufnahme zu bringen. Pabst ist nicht der Mensch, der vor den Launen irgendwelcher Insekten den Rückzug antreten würde. Er setzte seinen Willen durch: eine Wanze, Nr. 100 oder 200 (die Requisite der Ufa hatte unter anderen Aufträgen auch diesen erledigt: eine Partie Wanzen), wurde in der ganzen Tragik ihrer hoffnungslosen Flucht gefilmt.

Der Regieassistent Sorkin erklärte mir stirnrunzelnd: »Die Wanze reißt ins Geld. Wir haben einen halben Arbeitstag verloren. Das macht zirka zweitausend Mark.«

Voller Ehrfurcht blickte ich auf diese Wanze. Man kann sagen, was man will, das ist ein solides Honorar, und die Wanzen leben nicht schlecht bei der »Ufa«. Ich muß sogar gestehen, daß sich in die Ehrfurcht auch ein bißchen Neid mischte. Wanzen schreiben keine Romane. Wahrscheinlich werden sie ebendarum geschätzt.

Kaviar in Stettin – Die russische Revolution ist zur rechten Zeit gekommen, als alle schon die Cowboys und Kokospalmen satt hatten. Der Drache ist schließlich von klein auf an eine abwechslungsreiche Kost gewöhnt. Er ist nicht nur ein Vielfraß, er ist auch ein Feinschmecker. Also versahen sich die Statisten statt der breitkrempigen Hüte mit Ledermützen. Der PANZERKREUZER POTEMKIN wurde vom keineswegs revolutionären Kurfürstendamm mit rasendem Beifall aufgenommen. Dem Drachen troff der Speichel aus dem Maul. Das veranlaßte findige Geschäftsleute und verständnisvolle Regisseure zum Nachdenken. Cecil B. De Mille produzierte die WOLGASCHIFFER (THE VOLGA BOATMEN), Marcel L'Herbier in aller Eile SCHWINDEL. Die russische Revolution wurde aufgetischt wie eine Anekdote im Zug. Um Glaubwürdigkeit scherte sich niemand: Rußland ist weit, und die Zuschauer warten nicht gern. Je dümmer, desto besser.

Die Deutschen packten die Sache natürlich anders an. Ehrlichkeit wurde hier von den Gewohnheiten des Landes diktiert, von seiner ererbten Beharrlichkeit und langsamen Verdauung. Sie gingen daran, vielbändige Memoiren zu lesen. Sie konsultierten Mitarbeiter der sowjetischen Bevollmächtigten Vertretung und den General Schkuro. Pabst wußte sehr gut, welche Trümpfe er ausspielen mußte. Er baute eine Reihe von »exotischen« Szenen in den Film ein: Kampf der Weißen gegen die »Grünen«, eine Sitzung des Sowjets der Arbeiterdeputierten, ein Revolutionstribunal, eine illegale Druckerei. Mich ärgerte das: Immerhin sind unsere sowjetischen Filme nicht so mannigfaltig, daß man uns den wichtigsten Artikel unseres Filmexports wegnehmen dürfte. Aber was soll man machen – wahrscheinlich werden es die Deutschen bald lernen, irgendwo in Stettin echten Astrachaner Kaviar herzustellen.

Der tragische Weg des Professors Immanuel Rath vom strengen, aber einsamen Gymnasiallehrer zum wahnsinnigen dummen August. Das Hafen-Varieté ›Der blaue Engel‹ war sein Sündenbabel, dort trat Lola Lola auf, die er ehelichte. Den Fehler seines Lebens büßt Rath mit dem Tod.

1930. Wir amerikanisieren uns!
AUT Ferdinand Weisheitinger (= Weiß Ferdl).
DAR Weiß Ferdl.
PRO Ufa. LNG 238 m, 9 min. ZEN 15.4.1930, B.25635, Jv.
URA 15.4.1930, Berlin (U.T. Kurfürstendamm).
– Kurzspielfilm.

1930. Am Rande der Sahara.
REG Martin Rikli (Dokumentarfilmszenen), Rudolf Biebrach (Atelier). AUT Martin Rikli, Wilhelm Prager, Rudolf Biebrach. KAM Bernhard Wentzel. STF Martin Rikli. BAU Willi A. Herrmann, Herbert Lippschitz. TON Walter Rühland. MUS Ludwig Brav. Wissenschaftliche Beratung Ernst Rackow. Expeditionsleiter Martin Rikli.
DAR Harry Frank (Dr. Horst, Forscher), Leni Sponholz (Ruth Woermann, Berichterstatterin), Fritz Spira (Goltz, Journalist), E. Hambro Danchell (Sanders, Reporter), Erich Kestin (Paul Rauch, Reporter), Rudolf Biebrach (Fuchs, Pressefotograf), Harry Dittner (Empfangschef), Ali Benedikt (Ali, Diener), Abd-el-Wahhab (Teppichhändler), Aischa, Fatme (seine Frauen), Mussa-ben-Ibrahim (arabischer Jude), Si Mohammed (heiliger Skorpionfresser).
PRO Ufa. DRZ ab März 1930. DRO Ufa-Atelier Neubabelsberg. AA Nordafrika, Cyrenaika, Tripolitanien, Süd-Tunesien. LNG 2455 m, 90 min. ZEN 28.5.1930, B.26075, Jf. URA 30.5.1930, Berlin (U.T. Kurfürstendamm).
– Dokumentarfilm mit Spielszenen. – Auch stumme Fassung: Das Land ohne Schatten, 2 Teile.
Reporter, Journalisten und Wochenschauleute werden von dem Nordafrika-Forscher Dr. Horst mit Distanz behandelt, weil sie listenreich an seine Forschungsresultate gelangen möchten. Dies gelingt lediglich der Anfängerin Ruth Woermann, die seinen Erzählungen lauschen darf.

1930. Der Kampf mit dem Drachen oder Die Tragödie des Untermieters.
REG Robert Siodmak. AUT Kurt Siodmak. KAM Günther Rittau, Konstantin Tschet. BAU Willi A. Herrmann. TON Erich Leistner. MUS Herbert Lichtenstein.
DAR Hedwig Wangel, Felix Bressart.
PRO Ufa. DRZ Mai 1930. DRO Ufa-Atelier Neubabelsberg.
LNG 382 m, 14 min. ZEN 6.6.1930, B.26126, Jv.
URA 13.8.1930, Berlin.
– Kurzspielfilm.

1930. Hokuspokus.
REG Gustav Ucicky. AUT Karl Hartl, Walter Reisch; nach dem Bühnenstück von Curt Goetz. KAM Carl Hoffmann.
BAU Robert Herlth, Walter Röhrig. MAS Maria Jamitzky, Emil Neumann. TON Gerhardt Goldbaum. MUS Willy Schmidt-Gentner. MT Robert Stolz. LT Walter Reisch. MT ›Ich will Deine Kameradin sein‹.
DAR Lilian Harvey (Kitty Kellermann), Willy Fritsch (Peter Bille), Oskar Homolka (Präsident des Gerichtshofes, Grandt), Gustaf Gründgens (1. Staatsanwalt Dr. Wilke), Otto Wallburg (Verteidiger Dr. Schüler), Fritz Schmuck (Landgerichtsrat Hartmann, 1. Beisitzer), Ferdinand von Alten (Landgerichtsrat Lindborg, 2. Beisitzer), Harry Halm (Referendar Kolbe), Rudolf Biebrach (Zeuge Morchen, Bootsvermieter), René Hubert (Zeuge Loiret, Modekünstler), Kurt Lilien (Zeuge Kulicke, Landstreicher), Ruth Albu (Zeugin Anny Sedal, Zofe), Max Ehrlich (Auktionator Kuhnen), Paul Biensfeldt (Kammerdiener John), Johannes Roth (Schneidermeister), Ernst Behmer (alter Gerichtsdiener), Erich Kestin (junger Gerichtsdiener), Adolf Schröder (Justizsoldat), Albrecht Karchow (Obmann der Geschworenen), Margarete Schön (weibliche Geschworene), Julius E. Herrmann (hungriger Geschworener), Wilhelm Bendow (Pressemann), Geza L. Weiß.
PRO Ufa. PRL Günther Stapenhorst. AUL Erich von Neusser. DRZ 24.4. - 15.5.1930. DRO Ufa-Atelier Neubabelsberg. AA Werbelinsee. LNG 2276 m, 83 min. ZEN 13.6.1930, B.26164, Jv. URA 11.7.1930, Berlin (Gloria-Palast).
– AT: Der Prozeß der Kitty Kellermann.
Englische Version:
1930. The Temporary Widow.
REG Gustav Ucicky. AUT Karl Hartl, Walter Reisch, Benn W. Levy; nach dem Bühnenstück ›Hokuspokus‹ von Curt Goetz. KAM Carl Hoffmann. BAU Robert Herlth, Walter Röhrig. TON Gerhardt Goldbaum. MUS Willy Schmidt-Gentner. MT Robert Stolz. Englischer Sprachsachverständiger Benn W. Levy.

Als ich versuchte, ein Szenarium nach dem Roman »Die Liebe der Jeanne Ney« zu schreiben, begriff ich die ganze Absurdität der Filminszenierung von Romanen, die relativ »verfilmbar« genannt werden. Die Schnelligkeit der Handlung oder eine vereinfachte Psychologie gewährleisten noch nicht die Eignung des betreffenden Materials für den Film.

Der Film befreit die Literatur von Beschreibungen der sichtbaren Welt. Zwar wird diese Freiheit verordnet; zwar ist sie mit einer zeitweiligen Verarmung verbunden, aber trotzdem ist es – Freiheit.

Der Film zeigt nicht nur alle Formen der Gegenstände, sondern alle denkbaren Bewegungen. Die Literatur bleibt die unsichtbare, das heißt die psychologische Welt, ihr bleibt auch die ganze großartige Uneigennützigkeit der verbalen Einwirkung. Auf diese Weise ist es dem Film bestimmt, eine reinigende Rolle zu spielen, und es ist nicht schwer, den Erfolg des psychologischen Romans wie auch der reinen Lyrik vorauszusehen.
(Ilja Ehrenburg 1926)

Während Pabst an der JEANNE arbeitete, haben die Herren der Ufa gewechselt. Die neuen Besitzer zeichnen sich bekanntlich nicht durch eine übertrieben linke Einstellung aus. Als sie sich mit dem Szenarium vertraut gemacht hatten, waren sie etwas verstört: Aber ich bitte Sie, der Held betreibt im Westen kommunistische Agitation und ist trotzdem nach wie vor der sympathischste Held, den man sich denken kann, sein Schicksal werden alle tugendhaften Mädchen der Welt beweinen. Kann man hier nicht einiges ändern?

Pabst blieb hart: »Natürlich nicht. Der Kern der Intrige besteht darin, daß der Held von einem französischen Schriftsteller eine solide Summe für Agitationszwecke bekommt. Nach seiner Verhaftung weigert er sich zu erklären, woher er dieses Geld hat. Er kann doch die geheime Zuwendung nicht für die Propagierung einer vegetarischen Lebensweise, der Psychoanalyse oder gar des »Völkerbundes« erhalten. Demzufolge ist seine Tätigkeit im Westen als ein normaler Beruf anzusehen. Nehmen wir an, er wäre Schlosser oder Dentist. Die Hauptsache aber ...«

Die Herren der Ufa begriffen sehr gut, was diese Hauptsache ist. Sie sind ja nicht nur Ideologen, sie sind auch erfahrene Geschäftsleute. JEANNE NEY wird zu Ende gedreht, und wer sagt danach noch, daß die russische Revolution die ehrenwerten Bourgeois nur ruiniert?

DIE LIEBE DER JEANNE NEY auf der Leinwand – Die deutschen Mädchen kann ich im voraus trösten. Sie werden die JEANNE mit einem rundum glücklichen Ende zu sehen bekommen, denn nicht ich habe das Szenarium geschrieben, sondern ein solider Fachmann mit Brille. Hinter dem Rücken des Drehbuchautors stand der Dicke vom Filmverleih, und hinter dem breiten Rücken der Größe vom Filmverleih gurrten in der Dunkelheit der Zuschauerräume weise überreife Bräute und betrogene Ehefrauen: »Wir möchten Glück, Hochzeitsküsse, Verlobungsringe, wenigstens in zwei Dimensionen.«

Was den Autor angeht, so hat man dem natürlich gesagt, daß er von den Gesetzen des Objektivs nichts verstehe, und der Autor hat, schüchtern lächelnd, angefangen zu rätseln, ob es ein Junge oder ein Mädchen würde bei seinem glücklichen Paar.

Im Buch kommt der Spitzel Gaston vor, er hat eine eingeschlagene Nase und einen gemeinen Charakter. Im Film hat der Spitzel Gaston nicht nur eine lange Nase, sondern auch ein zärtliches Herz. Wahrscheinlich ist das bedeutend photogener. Im Buch wird der unschuldige Held hingerichtet. Diese Speise ist für den Drachen zu schwer. Im Film kriegen sie sich: der unschuldige Held und die schöne Heldin. Im Buch ist das Leben schlecht eingerichtet. Folglich muß man es verändern. Im Film ist das Leben gut eingerichtet. Folglich sollte man sich schlafen legen. Wie man sieht, ist es nicht so schwer, die Gesetze des Objektivs zu verstehen. Dazu braucht man weder Romane zu schreiben noch an Schlaflosigkeit zu leiden.

So lebt denn wohl, ihr lieben Helden! Eure Engagements sind abgelaufen, und die Arbeiter bauen die Arkaden von Feodossijas Straßen ab. Soundso viel tausend Meter Film sind aufgenommen, bald wird die arme Jeanne durch die Welt reisen. Zwar hatte der Autor geglaubt, die Liebe müsse den Tod überwinden. Er hat sogar etwas von einem »zweiten Leben« gebrabbelt. Aber das sind literarische Vorurteile. Das »zweite Leben« ist nichts anderes als eine Filminszenierung. Ein schöner Film ist abgedreht. Und wenn dabei etliche Wanzen und die Seele des Romans auf der Strecke geblieben sind, so ist das wirklich nicht der Rede wert.

Fritz Rasp (rechts) als Gauner Chalybjew

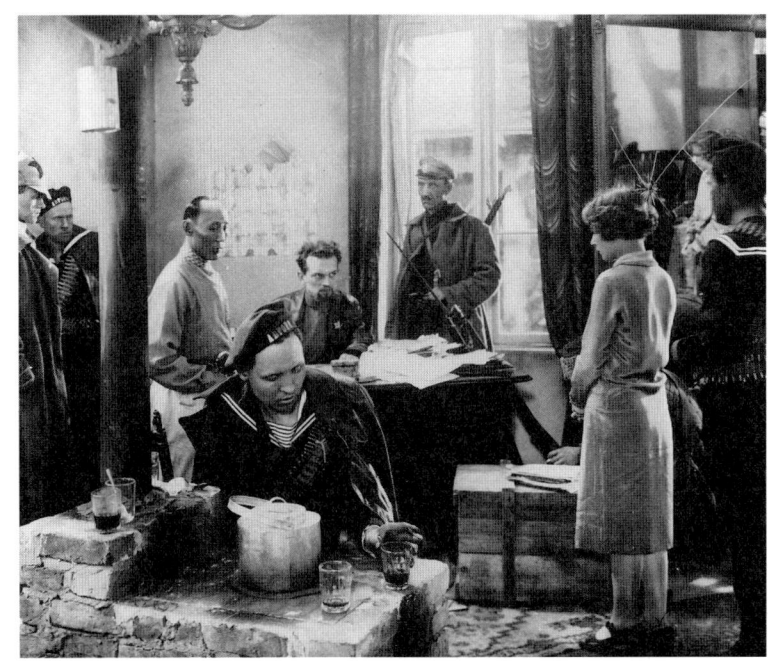

Edith Jehanne als Jeanne Ney

Die hier schon anklingende, wachsende Distanz zum Film verschärft sich. Nach der Premiere veröffentlicht Ehrenburg (oder besser sein Verlag aus Anlaß der Neuauflage des Romans) ein Flugblatt: »Protest gegen die Ufa«. Darin heißt es:

O Naivität des unerfahrenen Autors! Wie sollte er es mit den allgemein verehrten Drahtziehern der Ufa aufnehmen? Stehen doch diesen die öffentliche Meinung, Kapitalien und die ehrfürchtig schweigende Menge zur Verfügung. Dreimal im Laufe des Abends treiben sie ihren Spott mit der unglückseligen Jeanne unter dem Geflüster von Pralinenverkäuferinnen.

Auf den Programmen der Jeanne Ney heißt es, daß das Filmmanuskript von mir gemeinsam mit einem gewissen Herrn Vajda verfaßt sei. Ja, die Ufa ist nicht Chalybjew; sie versteht sich darauf, die Spuren ihrer nächtlichen Abenteuer zu verwischen. Es stellt sich also heraus, daß der Autor selbst seine Jeanne mißhandelt. Der Autor hat das Filmmanuskript selbstverständlich gar nicht zu sehen bekommen. Aber das ist unwichtig. Als der Autor verlangte, daß sein Name vom Programm entfernt werde, erwiderte man ihm höflich: »Das ist ein bedauerliches Versehen. Aber wir haben schon alle Programme gedruckt, es läßt sich also nichts mehr machen.« Protestieren? Fürchten diese geschäftstüchtigen Leute etwa die Worte von zwei, drei unabhängigen Blättern?

Als ich im vorigen Frühjahr in Berlin war, glückte es mir nach langen Schwierigkeiten, zweimal in das Atelier der Ufa hineinzugelangen und dort den Aufnahmen beizuwohnen. Damals wußte ich noch nicht um die wahren Absichten dieses Instituts, aber was ich zu sehen bekam, genügt, um über das revolutionäre Fabrikat Babelsbergs zu lachen. Ich veröffentlichte darüber einen Artikel. Ich schrieb unumwunden: »Die Seele des Romans ist zerdrückt.« Sie meinen wohl, die Ufa sei dadurch beleidigt gewesen? Nein. Geschäft bleibt Geschäft. Es stellt sich heraus, daß eine schallende Ohrfeige eine Reklame für die getroffene Backe ist. Ich erhielt einen höchst rührenden Brief von der *Presseabteilung der Ufa*: »Verehrter Herr Doktor...« (!). Die Parufamet bat darin um Erlaubnis, das für sie so wenig schmeichelhafte Feuilleton überall nachdrucken zu dürfen! Nein, diese Leute, die das Pathos der russischen Revolution in Reichsmark umdestillieren, lassen sich durch Proteste nicht einschüchtern.

Als ich mir den Film ansah, staunte ich über eines – wie kümmerlich die Phantasie der servilen »Schabesgojs« vom Kurfürstendamm ist! Sie sind sogar unfähig, zwei bis drei schmachtende Küsse in Verbindung mit einem Brillantendiebstahl und dem obligaten Smoking eines amerikanischen Miliardärs zu erfinden. Selbst hierfür benötigen sie ein so unbequemes Material, wie es der Roman eines russischen Schriftstellers ist. Mit welch rührendem Schwachsinn klammern sie sich an fremde Namen und Requisiten, um den nächsten besten *Happy-end*-Blödsinn herzustellen! Wollen die Inszenierenden sich ein Zeugnis ihrer Seelenarmut ausstellen oder machen sie sich lustig über die wohlbekannte Anspruchslosigkeit der Zuschauer? (...)

Es fragt sich: Wozu braucht die ehrbare Ufa solch einen Blödsinn? Wozu dem einwandfreien Gentleman statt einer Eintrittskarte für die nächste Ufa-Premiere eine Parteimitgliedskarte in die Tasche stecken? Was läßt sich da machen – es ist nun einmal so Mode. In Lodz sah ich einen sehr frommen Juden, der mit Schinken handelte. Ebenso ist es auch der Ufa ergangen – sie hat nach dem Erfolg der Sowjetfilme beschlossen, ein wenig an der russischen Revolution zu verdienen.

An Revolution ist in dem Film mehr als genug hineingepfercht worden. Weit mehr, als in dem Roman enthalten ist. Da ist sowohl der Bürgerkrieg als auch die Sitzung eines Revolutionskomitees und selbstverständlich – ein Riesenporträt Lenins. Die Filme PANZERKREUZER POTEMKIN und DIE MUTTER sind nicht umsonst in Berlin gezeigt worden. »Sollten wir das nicht auch fertig kriegen?...« Man staunt – ein »rrevolutionärer Film!« (...)

Der Gentleman-Bolschewik macht ein wenig Radau, schießt ein bißchen auf französische Offiziere, wiegelt ein bis zwei Dutzend französische Matrosen auf, zuguterletzt aber kniet er vor der heiligen Jungfrau nieder und gibt Jeanne einen höchst tugendhaften Kuß, auf den unvermeidlich folgen werden: eine gemütliche Wohnungseinrichtung, Kinderwiege, elektrischer Staubsauger, koffeinfreier Kaffee und einmal wöchentlich sensationelle Ufa-Filme. Es leben die sympathischen Jungvermählten! Es lebe die fürsorgliche Heiratsvermittlerin, Frau Ufa!«

Nachspiel auf der Vorstands-Etage: Damit das revolutionäre Engagement des als »roter Pabst« bekannten Regisseurs nicht mit dem offiziellen antisowjetischen Kurs der inzwischen zum Hugenberg-Konzern gewendeten Ufa kollidiert oder vielleicht andere geschäftschädigende Schlüsse gezogen werden können, stellen die Herren in ihrer Sitzung vom 20. März 1928 fest: »Pabst will im Volksverband für Filmkunst im Deutsch-Amerikanischen Theater in der Köpenicker Straße 68 einen Vortrag über Filme und Filmzensur halten und im Anschluß daran den Film DIE LIEBE DER JEANNE NEY vorführen. Es wird beschlossen, Herrn Dr. Kahlenberg von der Parufamet zu ersuchen, die Vorführung des Films zu inhibieren. Die Herren Grau und Lehmann werden veranlassen, daß höchstens ein amerikanischer Parufamet-Film zur Vorführung gelangt.«

Textauswahl: Hans-Michael Bock

DAR Lilian Harvey (Kitty Keller), Laurence Olivier (Peter Bille), Athole Stewart (President Grant), Gillian Dean (Anny Sedal), Frank Stanmore (Kulicke), Felix Aylmer (Defence), Frederick Lloyd (Prosecution), Henry Caine (Lindberg), Agnes Imlay, Stanley Lathbury, Norman Williams, John Castle, Oswald Skilback, Philipp Hewland.
PRO Ufa. **PRL** Günther Stapenhorst. **DRZ** 24.4. - 15.5.1930. **DRO** Ufa-Atelier Neubabelsberg; **AA** Werbellinsee. **LNG** 7364 ft = 2245 m, 84 min. **URA** 20.10.1930, London (Prince Edward Theatre, Trade Show).
Bevor Kitty Kellermann des Mordes an ihrem Ehemann, dem Maler Paul Kellermann, schuldig gesprochen wird, erscheint ein junger Mann vor Gericht und nimmt alle Schuld auf sich. Ihm gelingt die Flucht aus dem Gefängnis. Es ist Kellermann selbst, der seine ›Ermordung‹ inszeniert hat, um den Marktwert seiner Bilder in die Höhe zu treiben.

1930. Der Schuß im Tonfilmatelier.
REG Alfred Zeisler. **AUT** Kurt Siodmak, Rudolf Katscher, Egon Eis; nach einer Idee von Kurt Siodmak. **KAM** Werner Brandes. **BAU** Willi A. Herrmann, Herbert Lippschitz. **MAS** Ernst Schülke, Wilhelm Weber. **TON** Erich Leistner.
DAR Gerda Maurus (Filmdiva), Harry Frank (Hauptdarsteller), Ernst Stahl-Nachbaur (Holzknecht, Kriminalrat), Alfred Beierle (Möller, Kriminalkommissar), Ilse Korseck (Komparsin), Hertha von Walther (Atelierbesucherin), Berthe Ostyn (Schauspielerin Saylor), Ernst Behmer (Kameraassistent), Erwin Kalser (Regisseur), Erich Kestin (Regieassistent), Paul Kemp (Aufnahmeleiter), Robert Thoeren (Seemann, Komparse), Ewald Wenck (Kameramann), Friedrich Franz Stampe (Tonmeister), Georg Schmieter (Oberbeleuchter Bahlke), Eva Behmer (Cutterin), Peter Ihle (Arzt), Jens Keith (Choreograf), Valeska Stock (Witwe Bollmann), Harry Dettmann (Produktionsassistent), Walter Dettmann (Requisiteur), Willi Habantz (Aufnahmeleiter), Petta Frederik (Komparsin), Daisy Rensburg, Hertha Scheel, Irma Klein, Lilo Alverdes, Robert Klein-Lörk, E. Kuttner (zwei Beleuchter), Hans Ritter, Bruno Höscherle, Teddy Wulff, W. Fox, Friedrich Kurth, W. Xandry.
PRO Ufa. **PRL** Alfred Zeisler. **AUL** Arthur Ohme. **DRZ** 26.5. - 14.6.1930. **DRO** Ufa-Atelier Neubabelsberg. **LNG** 2005 m, 73 min. **ZEN** 4.7.1930, B.26299, Jv. **URA** 25.7.1930, Berlin (Ufa-Palast am Zoo).
– AT: Die letzte Szene.
Eine Story um die Schwierigkeiten bei der Aufklärung eines Mordfalles in einem Tonfilmatelier und die Probleme der Nutzung der neuen Tonaufnahme-Technik. Zur Lösung des Falls trägt entscheidend die Akustik bei.

1930. Die singenden Babies.
REG Johannes Guter. **KAM** Werner Brandes. **TON** Max Kagelmann. **MUS** Leo Leux.
DAR ›The Singing Babies‹, Leitung: Edmund Fritz; Alfred Beierle (Rundfunkansager).
PRO Ufa. **LNG** 221 m, 8 min. **ZEN** 12.8.1930, B.26580, Jf.
– Kurzspielfilm.

1930. Rosenmontag.
REG Hans Steinhoff. **RAS** Erich Holder. **AUT** Ludwig von Wohl, Philipp Lothar Mayring; nach dem Bühnenstück von Otto Erich Hartleben. **KAM** Werner Brandes. **KAS** Karl Drömmer. **BAU** Robert Herlth, Walter Röhrig. **KOS** Leopold Verch. **MAS** Georg Barbec, Friedrich Havenstein. **TON** Walter Tjaden. **MUS, ML** Willy Schmidt-Gentner. **LT** Artur Rebner.
DAR Eduard von Winterstein (Oberst von Friese, Kommandeur), Karl Ludwig Diehl (Ferdinand von Grobitzsch, Oberleutnant), Peter Voss (Harold Hofmann, Oberleutnant), Harry Halm (Paul von Ramberg, Oberleutnant), Lutz Altschul (Peter von Ramberg, Oberleutnant), Mathias Wieman (Hans Rudorf, Leutnant), Hubert von Meyerinck (Bruno von Klewitz, Leutnant), Alexander Sascha (Hugo von Marschall, Oberleutnant), Lien Deyers (Traute Reimann), Fritz Alberti (Berger, Kommerzienrat), Lotte Spira (seine Frau), Hanna Waag (Hildegard, beider Tochter), Heinz Glahn (Franz Glahn, Leutnant), Gertrud Arnold, Lucie Euler, Paul Heidemann, Erich Kestin, Karl Platen.
PRO Ufa. **PRL** Bruno Duday. **AUL** Schwarz-Chaveriat. **DRZ** 24.6. - 18.7.1930. **DRO** Ufa-Atelier Neubabelsberg. **LNG** 2274 m, 83 min. **ZEN** 13.8.1930, B.26591, Jv. **URA** 1.9.1930, Berlin (Ufa-Palast am Zoo).
Die Heirat zwischen dem preußischen Leutnant Hans Rudorf und dem Mädchen Traute Reimann wird durch eine Intrige seiner Familie verhindert. Hans gibt sein Ehrenwort, Traute nicht mehr zu sehen. Aber die Liebe ist stärker, und so gehen beide in den Tod.

Hugenberg ante portas
Rationalisierung mit nationalem Besen

Anfang 1927 lassen sich die Verluste der Ufa, die bereits das Stammkapital von 45 Millionen RM übersteigen, nicht länger verschweigen. Ein Rauschen im deutschen Blätterwald beginnt. Immer neue Meldungen, Gerüchte und Spekulationen über die Zukunft der Ufa werden in Umlauf gesetzt.

Gesammelt und kommentiert werden sie vor allem in der Film-Fachpresse. Die *Lichtbild-Bühne* meldet am 10. Januar unter der Schlagzeile »Kein Wechsel in der Ufa-Leitung«, der Aufsichtsrat habe einstimmig den Vorstand bestätigt und gleichzeitig die »restlose Rationalisierung« beschlossen. Das gleiche Blatt berichtet am 21. Januar über einen Vorstoß der Paramount: Die Amerikaner beabsichtigten, alle Ufa-Theater zu erwerben. Als Quelle dieser Meldung wird das britische Fachorgan *Film Daily* genannt. Das Dementi der Deutschen Bank folgt auf dem Fuße, und der *Film-Kurier* kommentiert: »Der Zweck dieser Gerüchte dürfte doch nur der sein, die deutsche Öffentlichkeit zu beunruhigen. Es ist beim besten Willen nicht erkennbar, welches Interesse die Paramount daran hätte. Aber es scheint Leute in Deutschland zu geben, die glauben, mit einem Artikel à la *Film Daily* in der Tasche, besser Verhandlungen führen zu können.« Diese Vermutung erscheint nicht abseitig.

Seit durch den Dawes-Vertrag von 1924 amerikanisches Kapital nach Deutschland strömt, dient die Warnung vor dem »Ausverkauf nationaler Interessen« und der Gefahr einer »Überfremdung« der Wirtschaft als Druckmittel auf die Reichsregierungen. Im Fall der Ufa ist dies angesichts der Parufamet-Vereinbarungen von Ende 1925 besonders plausibel. Die Aufnahme der Deutschnationalen in das »Bürgerblock-Kabinett« von Wilhelm Marx, die in diesen Tagen ausgehandelt wird (seit dem 29. Januar 1927 bilden Zentrum, DNVP, DVP, DDP und Bayerische Volkspartei die Regierung), scheint Empfänglichkeit der Reichsspitze für solche Argumente zu signalisieren. Im Hintergrund steht dabei jedoch weniger der Drang zur Verteidigung deutscher Kultur als die Überzeugung von der strategischen Bedeutung des Films. In Traubs Ufa-Rückblick von 1943, man befindet sich bereits mit den USA im Krieg, wird die Sanierungsphase 1927 infolgedessen zu einem Teil des nationalen Schicksalskampfes verklärt: »Amerika und Deutschland kämpften um die Ufa. Es war ein Ringen um Sein oder Nichtsein des deutschen Films.«

Drei Tage nach den Meldungen über das Interesse der Paramount fällt in der *Lichtbild-Bühne* ein neuer Name: Die Ufa führe »sehr aussichtsreiche« Kreditverhandlungen mit den IG Farben (Lichtbild-Bühne, 24.1.1927). Im Frankfurter *Montag Morgen*, der davon zuerst berichtet hat, ist gleichzeitig über Gespräche der Ufa mit einem »Berliner Großverlag«, der »außerordentlich große Geldmittel« zur Verfügung stellen wolle, die Rede. Dies wiederum verweist der *Film-Kurier* »ins Reich der Fabel«. Immerhin aber, schreibt das Blatt, seien »die letzten Pressemeldungen dazu angetan, eine Interessiertheit von Kreditgebern gegenüber der Ufa feststellen zu können, die es der Ufa möglich macht, ihre Verhandlungen mit einer gewissen taktischen Überlegenheit zu führen.« (Film-Kurier, 24.1.1927)

In den folgenden Tagen bleiben öffentlich vor allem die IG Farben und das nun namentlich genannte große Verlagshaus Ullstein als Verhandlungspartner der Ufa im Gespräch (Lichtbild-Bühne, 25.1.1927; Film-Kurier, 29.1.1927). Spekulationen über Gegensätze zwischen einer »deutschen« und einer »amerikanischen« Richtung in der »Ufa-Deutsche-Bank-Gruppe« werden in diesem Zusammenhang vom *Film-Kurier* zurückgewiesen. Das Interesse der Paramount an Ufa-Theatern werde gerade durch eine von deutscher Seite erfolgreich durchgeführte Sanierung erhöht. Außerdem gebe es im Unterschied zu den eiligen Verhandlungen, die ein Jahr zuvor zum Parufamet-Vertrag geführt hätten, keine Gespräche

Geheimrat Hugenberg (links) und sein bester Mann, Direktor Klitzsch, im Stresemann

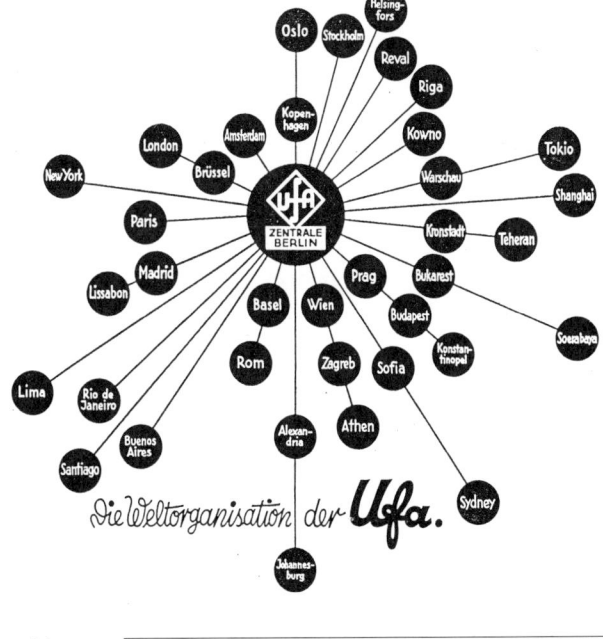

Die Weltorganisation der Ufa.

unter Zeitdruck (Film-Kurier, 26.1.1927). Worauf es jenseits finanztaktischer Differenzen allein ankommt, faßt die *Lichtbild-Bühne* zusammen: »Wenn die Ufa einmal saniert werden muß, dann sollte die Sanierung so vor sich gehen, daß das Unternehmen nach dieser Maßnahme bereinigt und so gekräftigt dasteht, daß die Ufa wirklich der Konkurrenz des Auslandes in Deutschland gewachsen ist.« (Lichtbild-Bühne, 31.1.1927)

Erstes Opfer des Verhandlungspokers wird Anfang Februar Generaldirektor Siegmund Jacob, dessen Ausscheiden von der Ufa zunächst »totgeschwiegen« (Film-Kurier, 12.2.1927) wird. Die Aufmerksamkeit der Presse konzentriert sich in dieser Phase auf die Frage, ob allein die Ufa in den Genuß einer Reichshilfe kommen solle, oder ob nicht vielmehr die gesamte Filmindustrie subventioniert werden müsse. In diesem Zusammenhang wird betont, daß die Ufa 1926 nur 7% aller deutschen Filme hergestellt und die Parafumet 19% aller Filme in Deutschland verliehen haben. Jede staatliche Bevorzugung der Ufa sei deshalb abzulehnen (Film-Kurier, 17.2.1927).

Die gleiche Tendenz verfolgt ein äußerst kritischer Artikel des Journalisten Felix Pinner im *Berliner Tageblatt,* der im *Film-Kurier* nachgedruckt wird. Pinner wendet sich gegen die Rechtfertigung des Ufa-Vorstands für die Verluste. Die immer wieder angeführte Lustbarkeitssteuer könne nicht verantwortlich für die Krise des Unternehmens sein, denn die Filmtheater hätten nicht die höchsten Verluste erwirtschaftet. Schuld trage vielmehr die teure Produktion (Stichwort METROPOLIS), die falsche und schwerfällige Organisation und die Ausgabenhäufung an verschiedenen Stellen: »Die Filmleute bei der Ufa machten sich über die Finanzleute lustig, die Finanzleute sahen die Filmleute über die Achsel an. Der ›Generalstab‹, der in der Innenorganisation Zucht und Disziplin aufrechterhalten sollte und bei jedem Abbau fast als ein-

ziger unangetastet blieb, trennte die widerstrebenden Elemente mehr, als er sie verband. Alle drei verstanden sich nicht und vertrugen sich nur schlecht. Kurzum, es fehlte der Tropfen Genie, der eine derartige Fusion zwischen geschäftlich-organisatorischer Nüchternheit, militärisch-vaterländischem Schneid und phantasievollem Individualismus vielleicht zu einer Einheit hätte zusammenschmelzen können. Und während jetzt wie früher die geniale Geschäftspersönlichkeit fehlt, (...) soll wieder einmal Geld helfen.« (Film-Kurier, 21.2.1927)

Der demokratische Journalist hatte wohl kaum jene »geniale Geschäftspersönlichkeit« als Gewährsmann für »Zucht und Disziplin« vor Augen gehabt, die am Tag des Abdrucks seines Artikels im *Film-Kurier* von der *Lichtbild-Bühne* genannt wird: Geheimrat Alfred Hugenberg, Inhaber des Scherl-Konzerns und Vertreter des alldeutschen Flügels der DNVP, der ein Jahr später zum Vorsitzenden dieser Partei »mit diktatorischen Vollmachten« aufsteigt. Die Möglichkeit einer Sanierung durch den Geheimrat wird in der *Lichtbild-Bühne* sorgenvoll kommentiert, denn die Ufa werde durch »einen unter solchen Umständen herbeigeführten Kapitalzufluß zu teuer bezahlen, da sie ihre politische Neutralität unter dem Einfluß Hugenberg-Scherl naturgemäß aufgeben müßte und leicht ein Instrument deutschnationaler Interessen werden könnte.« (Lichtbild-Bühne, 21.2.1927)

Hugenberg-Scherl ist zunächst nur ein neuer Name im Käuferkarussell. Die Buchprüfer des Scherl-Konzerns sitzen zwar bereits seit etlichen Wochen über den Unterlagen der Ufa. Doch am 22. Februar meldet die *Lichtbild-Bühne,* die »Scherl-Kombination« sei auf Verlangen der Regierung gescheitert. Der Rücktritt des Ufa-Aufsichtsratsvorsitzenden, Emil Georg von Stauß, stehe bevor. Angeblich befinden sich Verhandlungen der Ufa mit dem Reich kurz vor dem Abschluß. Das Unternehmen solle nun doch einen »Sonderkredit« erhalten (Film-

Dawes-Plan

Der Dawes-Plan bezeichnet das Gutachten einer Sachverständigenkommission der Reparationskommission unter Vorsitz des amerikanischen Bankiers Charles G. Dawes vom April 1924, das auf einer Konferenz in London (16.7.-16.8.1924) von allen beteiligten Regierungen, nach anfänglichem Widerstand Frankreichs, als Grundlage für die künftigen Regelungen der Reparationszahlungen akzeptiert wird. Der Dawes-Plan schlägt eine vorläufige Regelung der Reparationsfrage vor und setzt weder eine endgültige Gesamtsumme noch die Dauer der deutschen Belastung fest, sichert dafür aber Höhe und Zusammensetzung der deutschen Zahlungen für die kommenden Jahre. Gegenüber der bisherigen Praxis der Reparationszahlungen besitzt der Dawes-Plan für das Deutsche Reich einige Vorteile. Vor allem gönnt er dem verarmten Land eine Erholungspause. Im ersten Abschnitt 1924/25 muß Deutschland aus eigenen Mitteln nur 200 Millionen Mark leisten, 800 Millionen Mark werden durch den Erlös einer internationalen Anleihe aufgebracht. Erst 1928/29 sollen die »normalen« Jahreszahlungen von ca. 2,5 Mrd. Mark einsetzen. Ein alliierter Reparationsagent (der Amerikaner Gilbert Parker) mit Sitz in Berlin hat die Aufgabe, darauf zu achten, daß die Stabilität der deutschen Währung durch die Transfers nicht gefährdet wird. Innenpolitisch wird der Dawes-Plan, der vom Reichstag mit einer Zweidrittel-Mehrheit gebilligt werden muß, weil er u. a. die Internationalisierung und Umwandlung der Reichsbahn in eine Aktiengesellschaft vorsieht, zum erbittert umkämpften Streitpunkt. Völkische, Deutschnationale und Kommunisten agitieren gegen die »Knechtung« durch das »neue Versailles«; aber in der entscheidenden Parlamentssitzung verhilft ein Teil der deutschnationalen Abgeordneten dem Dawes-Plan zur erforderlichen Mehrheit.

Mit der dadurch möglichen Ordnung der Reichsfinanzen wird Deutschland in den nächsten Jahren für ausländische, zumal amerikanische Investoren interessant.

1930. Abschied. Ernstes und Heiteres aus einer Familienpension / So sind die Menschen.
REG Robert Siodmak. AUT Emmerich Preßburger, Irma von Cube. KAM Eugen Schüfftan. BAU Max Knaake. MAS Harry Krankemann, Marie Schülke. TON Erich Leistner. MUS Erwin Bootz. ARR Herbert Lichtenstein. LT Gerd Karlik. MT ›Wie schnell vergißt man, was einmal war‹, ›Reg' Dich nicht auf, wenn mal was schief geht‹. DAR Brigitte Horney (Hella, Verkäuferin), Aribert Mog (Peter Winkler, Vertreter), Emilie Unda (Frau Weber, Pensionshalterin), Konstantin Mic (Bogdanoff), Frank Günther (Neumann, Conférencier), Edmée Symon, Gisela Draeger, Marianne Mosner (die 3 Lennox-Sisters), Erwin Bootz (Bootz, Musiker), Martha Ziegler (Lina, Dienstmädchen), Wladimir Sokoloff (Baron), Georg Nikolai, Erwin Splettstößer, Bruno Hoenscherle, Daisy Rensburg. PRO Ufa. PRL Bruno Duday. DRZ 27.6. – 7.7.1930. DRO Ufa-Atelier Neubabelsberg. LNG 1991 m, 73 min / erw. Fassung: 2054 m, 75 min. ZEN 14.8.1930, B.26590, Jv. URA 25.8.1930, Berlin (U.T. Kurfürstendamm). – Prädikat: Künstlerisch. – Nach einem Jahr brachte die Ufa eine um einen Epilog erweiterte Fassung heraus. Der Epilog stammt nicht von Siodmak.

Ein Miethaus-Melo mit der Liebesgeschichte zwischen der Verkäuferin Hella und dem Staubsaugervertreter Peter Winkler im Mittelpunkt. Beide haben kein Geld zum Heiraten und sparen heimlich. Das führt zu Mißverständnissen und zu Winklers Abschied.

1930. Ein Burschenlied aus Heidelberg.
REG Karl Hartl. AUT Ernst Neubach, Heinz Wilhelm, Billie Wilder. KAM Carl Hoffmann. BAU Robert Herlth, Walter Röhrig. KOS Alexander Arnstam. MAS Waldemar Jabs, Wilhelm Weber. SCH Karl Hartl. TON Gerhardt Goldbaum. MUS, ML Hans May. LT Ernst Neubach. MT ›Ein Burschenlied aus Heidelberg‹, ›Komm herunter Rosalinde‹, ›Mein Herz hängt an Dir, sonst an gar nichts auf der Welt‹, ›Ich liebe, Du liebst, Er liebt…‹. DAR Ernst Stahl-Nachbaur (John Miller), Betty Bird (Elinor Miller, seine Tochter), Willi Forst (Robert Dahlberg, Student), Albert Paulig (Bornemann sen.), Hans Brausewetter (Bornemann jr., Student), Carl Balhaus (Bornemanns Leibfuchs), Erwin Kassler (Dr. Zinker), Hermann Blaß (Sam Mayer), Ida Wüst (Wirtin), Paul Biensfeldt (Clubdiener), Peter Hoenselaers (Sänger), Ernst Behmer, Rudolf Biebrach, Josef Bunzl, Julius E. Herrmann, Erich Kestin, Robert Klein-Lörk, Wolfgang Kuhle, Philipp Manning jr., Erik Ode, Karl Platen, Klaus Pohl, Ludwig Stoessel, Wolfgang von Waltershausen, Bruno Ziener, Wolfgang Zilzer, Perponcher, Schneider, Viktor Schwanneke. PRO Ufa. PRL Günther Stapenhorst. AUL Eduard Kubat, Erich von Neusser. DRZ 3.7. – 4.8.1930. DRO Ufa-Atelier Neubabelsberg. LNG 2155 m, 79 min. ZEN 25.8.1930, B.26705, Jv. URA 28.8.1930, Berlin (Ufa-Pavillon Nollendorfplatz).

Zwei der flottesten heidelberger Studenten, Robert Dahlberg und Bornemann jr., verlieben sich in die Amerikanerin Elinor Miller. Ein Duell bringt den Sieg Dahlbergs.

1930. Die Drei von der Tankstelle.
REG Wilhelm Thiele. AUT Franz Schulz, Paul Franck. KAM Franz Planer. BAU Otto Hunte. MAS Emil Neumann, Maria Jamitzky. SCH Viktor Gertler. TON Hermann Fritzsching. MUS Werner Richard Heymann. LT Robert Gilbert. MT ›Das Lied vom Kuckuck: Lieber, guter Herr Gerichtsvollzieh'r‹, ›Ein Freund, ein guter Freund‹, ›Erst kommt ein großes Fragezeichen‹, ›Hallo, du süße Frau‹, ›Liebling, mein Herz läßt Dich grüßen‹. CHO Heinz Lingen. DAR Lilian Harvey (Lilian Coßmann), Willy Fritsch (Willy), Oskar Karlweis (Kurt), Heinz Rühmann (Hans), Fritz Kampers (Konsul Coßmann), Olga Tschechowa (Edith von Turoff), Kurt Gerron (Dr. Kalmus), Gertrud Wolle (seine Sekretärin), Felix Bressart (Gerichtsvollzieher), Leo Monosson, Comedian Harmonists, Lewis Ruth-Band. PRO Erich Pommer-Produktion der Ufa. PRT Erich Pommer. PRL Eberhard Klagemann. AUL Arthur Kiekebusch. DRZ 17.6. – 31.7.1930. DRO Ufa-Atelier Neubabelsberg. LNG 2728 m, 99 min / 2668 m, 97 min. ZEN 11.9.1930, B.26807, Jv / 16.9.1930, B.26869, Jf. URA 15.9.1930, Berlin (Gloria-Palast).
Französische Version:

1930. Le chemin du paradis.
REG Wilhelm Thiele, Max de Vaucorbeil. AUT Franz Schulz, Paul Franck. DIA Louis Verneuil. KAM Franz Planer. BAU Otto Hunte. TON Hermann Fritzsching. MUS Werner Richard Heymann. LT Jean Boyer. AUS Lewis Ruth-Band. CHO Heinz Lingen.

Kurier, 22.2.1927). Ein Regierungs-Kommuniqué dementiert umgehend. Der *Film-Kurier* schreibt daraufhin triumphierend, nur die Wachsamkeit der Presse habe offenbar eine exklusive Reichshilfe für den Ufa-Konzern verhindert.

Am 14. März findet die langfristig angesetzte Ufa-Generalversammlung statt, auf der grünes Licht für die Verhandlungen mit Hugenberg gegeben wird, für »neue Männer in der Ufa« (Lichtbild-Bühne, 15.3.1927), für die »Gruppe nationaler Männer«. Zwei Wochen später gibt es erste Meldungen über die Bildung eines Konsortiums, das aus nationalem Interesse an der »Aufrechterhaltung einer starken deutschen Filmindustrie« handle (Film-Kurier, 26.3.1927). Bedenken wegen des »ausgesprochen politischen Charakters« der Hugenberg-Beteiligung (Lichtbild-Bühne, 28.3.1927), die eine Subventionierung durch das Reich erschwere, werden vom *Film-Kurier* zurückgewiesen. Den Kritikern antwortet man: »Angeboten waren allen führenden Verlagshäusern die Sanierungsprojekte. Nun hat Hugenberg zugegriffen – und das Geschrei ist groß.« (Film-Kurier, 28.3.1927) Nachdem die Ufa ein Kommuniqué über den Stand der Sanierungsverhandlungen veröffentlicht hat, ist sogar von einer »glücklichen Lösung« die Rede: »Die Gefahr einer Überfremdung durch amerikanisches Kapital ist durch die Bildung dieses deutschen Konsortiums überwunden.« (Film-Kurier, 31.3.1927)

Allerdings bleiben Fragen offen, die bis heute nicht beantwortet sind: Welche Gründe haben z. B. die Leitungen der immer wieder genannten Verlagshäuser Mosse und Ullstein bewogen, von der Übernahme der Ufa abzusehen? Wie hat das Angebot an sie ausgesehen? Hat es überhaupt die Möglichkeit gegeben, »autonom« über eine Finanzierung zu verhandeln? Welche Banken sind im Spiel gewesen? Aus welchen wirtschaftlichen und geschäftspolitischen Gründen haben sie sich zurückgezogen? Denn auch Hugenberg ist nicht in der Lage gewesen, allein aus seinem Portefeuille die Sanierungskosten zu begleichen, ohne die Kooperation der Deutschen Bank.

Für diese wiederum darf wirtschaftlich »natürlich die Bedeutung des Ufa-Geschäfts nicht überschätzt werden«, wie der *Film-Kurier* richtig anmerkt (30.3.1927). In der Generalversammlung der Deutschen Bank einen Monat später führt Direktor Oskar Wassermann im Anschluß an Darlegungen zur Sanierung der Automobilfirma Daimler aus: »Anders liegt der Fall Ufa. Hier handelte es sich um ein nicht für die Wirtschaft, sondern für das nationale Prestige ungemein wichtiges Unternehmen, das aber, wie sich immer mehr zeigte, innerlich ungesund geworden war. Die Verantwortung, eine solche Gesellschaft von gar nicht zu berechnender Bedeutung für das deutsche Volk durch Kreditverweigerung zu Fall zu bringen, wollte die Deutsche Bank nicht auf sich nehmen. (…) Hätte die Deutsche Bank nur ihr eigenes Interesse im Auge gehabt, so hätte sie längst Schluß gemacht.« (Film-Kurier, 27.4.1927). Zu diesen Ausführungen passen Berichte, nach denen Stauß bis zuletzt mit den »Boten der Wallstreet« geliebäugelt habe, die ein lukrativeres Angebot als das »nationale Konsortium« vorgelegt hätten, daß aber die Deutsche Bank schließlich doch vor diesem »Landesverrat« zurückgeschreckt sei.

Die eigentliche finanzielle Transaktion ist in ihren Grundzügen rasch beschrieben: Das Aktienkapital wird zunächst von 45 auf 16,5 Millionen RM herabgesetzt, anschließend wieder auf die gleiche Summe erhöht – die Mittel dafür werden vor allem durch die Veräußerung wertvoller Immobilien (Haus Vaterland am Potsdamer Platz) und durch den Verzicht der Deutschen Bank auf 6,25 Millionen RM an Zinsen und Provisionen aufgebracht. Die Hugenberg-Gruppe erhält zwar nicht die nominelle Aktienmehrheit, aber neben der Übernahme von 10,5 Millionen RM an einfachen Aktien ein Paket von Vorzugsaktien über 3 Millionen RM, das mit zwölffachem Stimmrecht ausgestattet ist, so daß, wie es in einem internen Bericht des Scherl-Konzerns heißt, »uns die Majorität bei Abstimmungen unbedingt zur Verfügung steht. Es erhellt hieraus, daß die wirtschaftliche Führung dieses Unternehmens vollständig in den Händen unseres Konzerns liegt.« (zit. nach Wernecke/Heller).

Allerdings haben sich neben Hugenberg auch andere Finanzgruppen bei der Sanierung der Ufa engagiert. In der Aufsichtsratssitzung vom 30. März nennt Stauß neben der »Gruppe Scherl oder Wolff« mit 17 Millionen die Glanzfilm-AG (IG Farben) mit 5 Millionen RM an Aktien, während weitere 8 Millionen »von Freunden der Deutschen Bank gezeichnet« würden (Protokoll dieser Sitzung bei Mühl-Benninghaus). Die umstandslose Verbindung der Namen von Hugenberg und Otto Wolff zeigt, daß der Wechsel bei den Aktionären weniger als parteipolitisches denn als generelles Engagement westdeutscher Schwerindustrieller im Filmgeschäft gewertet wird. Auch unter den »Freunden der Deutschen Bank« sind diese vertreten. Da die Übernahme der wirtschaftlichen Führung des Unternehmens durch den Scherl-Konzern zur Verabredung mit der Deutschen Bank gehört, unterbreitet Stauß dem Aufsichtsrat den »Vorschlag, in corpore zurückzutreten«. Diese Bedingung, der einstimmig entsprochen wird, entspringt nicht nur politischen Machtinteressen, sondern auch betriebswirtschaftlichen Erwägungen. Der intime Kenner des Hugenberg-Imperiums, der Berliner Professor Ludwig Bernhard, schreibt 1928: »Hugenberg war sich darüber klar, daß, wenn die Sanierung nicht einheitlich geleitet werde, das Wagnis seinen ganzen Pressekonzern schwer schädigen, ihn vielleicht sogar bedrohen könne.« (Bernhard).

Betrachtet man die Liste der Mitglieder des neuen Aufsichtsrates, so wird zwar das Übergewicht der Hugenberg-Gruppe deutlich, gleichzeitig aber findet man die Namen der neu eingetretenen Fritz Thyssen

(Aufsichtsratsvorsitzender der Vereinigten Stahlwerke), Paul Silverberg (Generaldirektor der Rheinischen A.G. für Braunkohlenbergbau und Brikettfabrikation, Präsidiumsmitglied des Reichsverbandes der deutschen Industrie und Mitglied der DVP) und Otto Wolff (Inhaber des gleichnamigen Konzerns). Im Aufsichtsrat verbleiben ausserdem die Vertreter verschiedener Banken, an erster Stelle Emil Georg von Stauß als Repräsentant der Deutschen Bank. Insofern wäre es unrichtig, den »Rechtsruck« allein auf Hugenberg beschränken zu wollen. Seine Gruppe erhält lediglich die Geschäftsführung bei der im gemeinsamen Interesse liegenden Ausrichtung der Ufa, die dem Zeittrend folgt: der Hinwendung nahezu des gesamten Bürgertums zum Gedanken des nationalen und autoritären Führerstaates am Vorabend der Weltwirtschaftskrise.

Als 1930 mit der Aufrichtung des Präsidialregimes ein gemeinsames Etappenziel erreicht worden ist, verfolgen die im Aufsichtsrat der Ufa vertretenen »nationalen Männer« sehr unterschiedliche Konzeptionen: Silverberg unterstützt zunächst Heinrich Brüning und fordert im Sommer 1932 eine Reichskanzlerschaft Hitlers; Otto Wolff setzt Ende 1932 Hoffnungen auf den Versuch General von Schleichers, »vernünftige« Teile der NSDAP mit den national geläuterten Freien Gewerkschaften als Massenbasis einer Militärdiktatur zusammenzufassen; Thyssen, obwohl Mitglied der DNVP, sympathisiert frühzeitig mit der Nazipartei – und Emil Georg von Stauß, der als Element mäßigender geschäftlicher Vernunft erscheinen könnte, läßt sich bereits 1930 auf der Liste der NSDAP in den Reichstag wählen. Der Versuch Hugenbergs im Januar 1933, Hitler durch ein Kabinett von Fachleuten der »nationalen Konzentration« zähmen zu wollen, bildet in diesem Zusammenhang nur eine weitere illusionäre Variante des Verhaltens konservativer Industrieller und Bankenvertreter gegenüber dem Nationalsozialismus.

Mit der umfassenden Reorganisation der Ufa wird ein erfahrener und energischer Kader beauftragt: Ludwig Klitzsch, ein als »gemütlich« beschriebener Saale-Sachsener, 1927 im 45. Lebensjahr stehend, hat schon zehn Jahre zuvor die Deutsche Lichtbild-Gesellschaft e.V. geleitet und ist mittlerweile zum Generaldirektor des Scherl-Konzerns avanciert.

Bei der Reorganisation des Betriebs durchdringen sich verwaltungstechnische Maßnahmen und – wie es in Traubs Ufa-Rückblick von 1943 heißt – Schritte zur »einheitlichen Ausrichtung«, der Schaffung einer »gemeinschaftlichen inneren Haltung«. In einem »Bericht No.1« über die »Umstellung des Betriebes der Ufa« an Klitzsch vom 16. Juni 1927 wird betont, daß sich die Revision »nicht nur auf materielle, sondern auch auf moralische Dinge« richten solle, wie »beispielsweise, Pünktlichkeit, Ordnung, Ehrlichkeit«. Mit Stolz wird von zahlreichen fristlosen Entlassungen wegen derartiger »Mängel« berichtet und als Anfangserfolg ein »Abbau von 171 Personen« gemeldet. Zahlreiche Mitarbeiter hat man »überzeugt«, sich in »angemessene«, d. h. niedrigere Tarifgruppen einstufen zu lassen. Der »absolut ungeordnete und unorganische Zustand« der Registratur wird beseitigt und nach den Mustern des Scherl-Konzerns eine Zentral-Rechnungsstelle sowie eine effektive Hauspost eingerichtet.

Politische Disziplinierungen begleiten den Reorganisationsprozeß. In einem Vorstandsbeschluß vom 22. Februar 1928 heißt es: »Anläßlich verschiedener Vorkommnisse wird beschlossen, von einer Anstellung oder sonstigen Beschäftigung oder Weiterbeschäftigung von Personen, insbesondere auch des künstlerischen Herstellungspersonals abzusehen, die öffentlich persönliche Angriffe gegen Herrn Geheimrat Hugenberg in gehässiger Form erhoben haben oder erheben werden oder sich an solchen Angriffen beteiligt haben oder beteiligen werden.«

Der Effektivierung und Ausrichtung der inneren Konzernverwaltung entspricht die Straffung des Gesamtaufbaus. Von 111 Tochtergesellschaften des unübersichtlichen Ufa-Konzerns werden bis 1932 54 liquidiert oder verkauft, 16 neue kommen hinzu. Zur Effektivierung und Zentralisierung der Verwaltung zählt vor allem die nun vorgeschriebene exakte Vorkalkulation jedes Films – es gibt dafür den neuen Beruf des »Produktionsleiters«. Während 1927/28 weniger als die Hälfte der Filme unter eigener Leitung hergestellt worden sind, gibt es 1929/30 bereits fast ausschließlich »reine Ufa-Filme«. Gleichzeitig senkt man die Zahl der Produktionen: Gegenüber 36 langen Spielfilmen 1927/28 stellt die Ufa 1928/29 lediglich 24 her. Die Produktionsverluste gehen von 3,2 auf 1,4 Millionen RM zurück.

Die Senkung der Produktionszahl ist verbunden mit einer Hebung der technischen Qualität. Dem dient u. a. die Modernisierung des Atelierbetriebs. Durch die Erweiterung des Geländes in Neubabelsberg, die Verdoppelung des technischen Personals, die Einrichtung eines eigenen Fundus für Requisiten – sie sind zuvor leihweise beschafft worden – entsteht allmählich die Filmstadt als Voraussetzung hochwertiger Produktionen. Der noch unter der vorherigen Leitung begonnene WELTKRIEG-Film wird mit großer Werbung als Signal des Neuanfangs verkauft und avanciert zum Kassenerfolg. Der Reinertrag der Erstaufführung, auch dies symbolisch, wird der Hindenburg-Spende überwiesen.

Zum neuen Stil der Ufa gehören die Verbannung von Werbefilmen linksliberaler Tageszeitungen aus den eigenen Theatern, die Verweigerung des Ateliers für die Synchronisation des US-Films IM WESTEN NICHTS NEUES und der strikte Boykott sowjetischer Produktionen. Kurt Tucholsky polemisiert: »es kommt nichts auf die Leinwand, wenn es Herr Generaldirektor Klitzsch nicht versteht, und so sieht es dann auch aus.« (Die Weltbühne, 17.4.1928). Klitzsch brüstet sich noch mit seiner Ignoranz: »Ich habe nur zwei Bücher gelesen. Das eine war ›Kubinke‹, der Roman eines Friseurlehrlings im Berliner Milieu. Das zweite habe ich vergessen!« Eben deshalb traut er sich allerdings auch kein Urteil über Filmstoffe zu.

Klitzsch holt – ungeachtet der Warnungen der Vorstandsetage – Erich Pommer schon sehr bald aus Hollywood zur Ufa zurück. Die Verstärkung des nationalistischen Trends geschieht nicht ruckweise, sondern allmählich, abgestimmt mit den Verkaufsinteressen. Sie zeigt sich weniger bei der Spielfilmproduktion, die wie zuvor in erster Linie den kommerziellen Gesetzmäßigkeiten der Unterhaltungsindustrie unterliegt; hier beschränken sich politische Eingriffe der Geschäftsleitung auf wenige Ausnahmen. Eher zeigt sich die neue Linie der Ufa, als Einheit von nationalistischer Ausrichtung und ökonomischer Monopolisierung, bei der Wochenschauproduktion. Neben der Ufa-Woche und der Ufa-Auslandswoche wird seit Juli 1927 auch die Deulig-Woche des Hugenberg-Konzerns vom Ufa-Verleih vertrieben. Nachdem zeitweise, um 1930, einige weitere Wochenschauen von der Ufa herausgebracht werden, bleiben diese beiden Produktionen bis zu ihrer Vereinigung 1939 auf dem Markt übrig.

Das Gewicht der Ufa erhöht sich durch die Sanierung erheblich. Das zeigt sich in der Wahl von Ludwig Klitzsch zum Präsidenten der Spitzenorganisation der Deutschen Filmindustrie (SPIO) im Mai 1927; die Ufa wird damit endgültig als Flaggschiff der deutschen Filmindustrie anerkannt. In seiner Doppelfunktion als Ufa-Chef und Spitzenrepräsentant der deutschen Filmindustrie reist Klitzsch im August 1927 in die USA.

»Filmdeutschland ist gewillt, als gleichberechtigter Vertragspartner mit Filmamerika zu paktieren.« Diese Absichtserklärung hat der *Film-Kurier* bereits frühzeitig als Quintessenz der Ufa-Sanierung formuliert (28.4.1927). Bedingung dafür ist die Befreiung aus den Fesseln des Parufamet-Vertrags. In Traubs Ufa-Geschichte von 1943 heißt es: »Die gesamte Sanierung hätte letztlich ihren Zweck verfehlt gehabt, wären die Amerika-Bedingungen der Ufa bestehen geblieben.« Die Film-Fachleute sind skeptisch, ob dies gelingen könne. Hollywood werde einmal gewonnenes Terrain kaum aufgeben. Tatsächlich machen die amerikanischen Partner die Aufnahme der Verhandlungen über eine Änderung des Parufamet-Vertrags von der vorzeitigen Rückzahlung der 17 Millionen RM Darlehen abhängig, in der Erwartung, dies könne wohl nicht gelingen. Doch die Deutsche Bank sagt die Zahlung in mehreren Jahresraten zu, und Klitzsch kehrt mit einem sehr günstigen Verhandlungsergebnis nach Deutschland zurück. Die Laufzeit des Parufamet-Vertrags wird um vier Jahre verkürzt, die Abspielverpflichtungen von US-Filmen in Ufa-Theatern von 75% auf 50%, dann auf 33% und schließlich auf 25% ge-

DAR Lilian Harvey (Liane Bourcart), Henri Garat (Willy), René Lefebvre (Jean), Jacques Maury (Guy), Gaston Jacquet (Monsieur Bourcart), Olga Tschechowa (Edith de Tourkoff), Hubert Daix (Maître Dupont-Belleville), Jean Boyer (l'huissier), Georges Péclet.
PRO Ufa / ACE. PRT Erich Pommer. PRL Eberhard Klagemann. AUL Arthur Kiekebusch. DRZ 17.6. - 31.7.1930.
DRO Ufa-Atelier Neubabelsberg. LNG 2750 m, 98 min.
URA 2.10.1930, Paris (Marivaux).

Aus dem Erlös eines Autos ohne Benzin gründen Hans, Kurt und Willy eine Tankstelle. Heimlich sind sie in ihre schönste Kundin Lilian Coßmann verliebt. Dem unvermeidlichen Ärger zwischen den drei Freunden folgt die Freude über drei Direktorenposten in einer neugegründeten Tankstellen-AG. Nach weiteren Turbulenzen mit Lilian als Direktionssekretärin gibt es ein happy end, sprich Hochzeit zwischen ihr und Willy.

1930. Dolly macht Karriere.
REG Anatole Litvak. DIA-REG, Peter Heimann, AUT Irma von Cube, Peter Heimann; nach einer Idee von Alfred Halm. KAM Fritz Arno Wagner, Robert Baberske. BAU Jacques Rotmil, Heinz Fenchel. KOS Ernst Stern. TON Erich Leistner. MUS Rudolf Nelson, Willy Schmidt-Gentner, Alfred Strasser. ML Willy Schmidt-Gentner. LT Arthur Rebner, Irma von Cube. MT ›Du hast den Gang von der Harvey‹, ›Küß mich!‹, ›Laß' mir nur ein kleines Stück von Dir‹, ›Mein Schatz hat eine Klarinette‹, ›Sprich' Dich aus, mein Kind‹, ›Was ist denn das?‹. CHO Ernst Matray.
DAR Dolly Haas (Dolly), Oskar Karlweis (Fred), Grete Natzler (Mariette), Vicky Werckmeister (Orelly), Alfred Abel (Herzog Eberhard von Schwarzenburg), Hermann Blaß (O. W. Pietsch), Kurt Gerron (Silbermann), Paul Kemp (Jack), Theo Lingen (Conny Coon), Gustl Stark-Gstettenbaur (Boy), Hansi Arnstaedt, Lucie Euler, Trude Lehmann, Valeska Stock, Ellen Plessow, Paul Henckels, Erich Kestin, Geza L. Weiß, Manfred Voß, Bernhardt Veidt, Charlie Dodo, Georg Schmieter, Kurt Lilien, Julius E. Herrmann, Hans Zesch-Ballot.
PRO Ufa. PRT Gregor Rabinowitsch. PRL Noé Bloch, (Gregor Rabinowitsch). DRZ 29.7. - 20.8.1930. DRO Ufa-Atelier Neubabelsberg. LNG 2522 m, 92 min.
ZEN 23.9.1930, B.26879, Jv. URA 31.9.1930, Hamburg (Ufa-Palast); 24.10.1930, Berlin (U.T. Kurfürstendamm).

Dollys Weg führt, auch mit Hilfe von gezielten Klatschgeschichten, von der Hutverkäuferin zum Star einer Revue, in der sie auch ihren talentierten, jedoch erfolglosen Freund Fred unterbringen kann.

1930. Liebling der Götter.
REG Hanns Schwarz. AUT Hans Müller, Robert Liebmann; nach dem Bühnenstück ›Der Tokaier‹ von Hans Müller. KAM Günther Rittau, Konstantin Tschet. BAU Erich Kettelhut. KOS René Hubert. MAS Waldemar Jabs. SCH Willy Zeyn. TON Fritz Thiery. MUS, ML Willy Schmidt-Gentner, Karl M. May. LT Richard Rillo. MT ›Ich sing' dir ein Liebeslied‹, ›Ich bin ja so vergnügt!‹. GES Marcel Wittrisch.
DAR Emil Jannings (Albert Winkelmann), Renate Müller (Agathe), Olga Tschechowa (Olga von Dagomirska), Hans Moser (Kratochvil), Max Gülstorff (Onkel Medizinalrat), Eduard von Winterstein (Dr. Marberg), Willy Prager (Maurus Colwyn), Siegfried Berisch (Romanones), Wladimir Sokoloff (Boris Jusunoff), Evaristo Signorini (Filipo Cardagno), Oskar Sima (Popper vom Verschönerungsverein), Truus van Aalten, Ethel Burns, Betty Bird, Lilian Ellerbusch, Betty Gast, Lydia Pollmann, Valentine Wischnewskaja, Fritz Alberti, Luigi Bernauer, Fritz Greiner, Fritz Spira, Marcel Wittrisch.
PRO Erich Pommer-Produktion der Ufa. PRT Erich Pommer. PRL Max Pfeiffer. AUL Victor Eisenbach. DRZ 26.5. - Ende Juni 1930. DRO Ufa-Atelier Neubabelsberg; AA St. Wolfgang am Wolfgangsee. LNG 2996 m, 110 min. ZEN 30.9.1930, B.26982, Jv. URA 7.10.1930, Budapest (Urania).
DEA 13.10.1930, Berlin (Gloria-Palast).

---

senkt. Darüberhinaus verpflichten sich die amerikanischen Partner, vorerst in Deutschland keine Filmtheater zu erwerben, keine eigene Produktion aufzuziehen und keine eigenen Wochenschauen herauszubringen.

Die energische Reorganisation der Ufa und die erfolgreichen amerikanischen Verhandlungen haben die Marktposition des Konzerns am Vorabend der Weltwirtschaftskrise sichtbar gestärkt. Während die Aktienwerte anderer Filmunternehmen (Terra, Emelka) an der Berliner Börse 1928 immer weiter sinken, gehen die Ufa-Aktien steil in die Höhe. Auch die folgende tiefe Krise kann den Konzern im Gegensatz zur Konkurrenz – die Nationalfilm AG sowie der Emelka-Konzern müssen 1932 Konkurs anmelden – nicht erschüttern. Im Gegenteil: Die Produktion großer Spielfilme und Wochenschauen nimmt zu. Der Reingewinn der Ufa, der 1929/30 ca. 14.000 RM betragen hat, steigt 1930/31 auf 3 Millionen RM und macht 1931/32 noch 2 Millionen RM aus; auch 1932/33 kann mit ca. 40.000 RM positiv abgeschlossen werden. Nachdem in den Geschäftsjahren 1925/26 bis 1928/29 keine Dividende ausgeschüttet worden ist, zahlt die Ufa 1931 6% und ein Jahr später 4% Dividende.

Das Publikum strömt in nicht geringerer Zahl in die Ufa-Theater als zuvor. 1930/31 sind es 29,3 Millionen Kinobesuche, 1931/32 30,7 Millionen; erst 1932/33 ergibt sich vorübergehend ein leichter Zuschauerrückgang auf 28,4 Millionen. Gegenüber der Gesamtzahl der Kinobesuche im Deutschen Reich, die von 353 Millionen 1928 auf 238 Millionen Besuche 1932 sinkt, ist dies ein gutes Ergebnis. Charakteristisch für die Geschäftspolitik der Ufa ist die Schließung kleiner, weniger rentabler Häuser zugunsten der Errichtung großer moderner Kinos in immer mehr Städten. Gegenüber 1928, als die Ufa 100 Theater mit knapp 90.000 Plätzen in 38 Städten betrieben hat, sind es 1932 nur noch 95 Häuser mit zusammen aber mehr als 100.000 Plätzen in nun 47 Städten.

Für die geringe Erschütterung durch die ökonomische und soziale Krise existieren Parallelen in der Anschaffung von Radiogeräten – weil die Gegenwart trostlos ist, blühen einige Zweige der Unterhaltungsindustrie, wenn sie neue und attraktive Möglichkeiten der ›Zerstreuung‹ bieten.

Großen Anteil daran hat die konsequente Umstellung vom Stummfilm auf den Tonfilm, nachdem erste Versuche aufgrund der Ufa-Krise 1926 ausgesetzt und von Klitzsch 1927 noch einmal ausdrücklich untersagt worden sind. Erst ein Jahr später, im Juli 1928, setzt die Ufa eine »Studienkommission für Tonfilm« ein, um verschiedene Abspielsysteme in den eigenen Theatern zu testen. Alle wichtigen Verhandlungen in dieser Frage werden allerdings von der Elektroindustrie geführt. Am 30. August 1928 bilden sich als Aktiengesellschaft das Tonbild-Syndikat (Tobis), eine Gründung, an der der niederländische Küchenmeister-Konzern führend beteiligt ist. Einige Wochen später, am 8. Oktober, folgt die Klangfilm GmbH als gemeinsame Tochterfirma der Elektrokonzerne AEG und Siemens. Durch einen »Freundschaftsvertrag« vom 13. März 1929 erhält Tobis den Bereich der Tonfilmherstellung sowie des Vertriebs der Aufnahmegeräte zugesprochen, die wiederum von der Klangfilm hergestellt werden sollen. Diesem Kartell schließt sich die Ufa durch einen Vertrag mit der Klangfilm einen Monat später an.

Gleichzeitig beschließt der Vorstand die Errichtung von vier Tonfilmateliers in Babelsberg, die bereits im Oktober 1929 fertiggestellt sind. Bis 1931 hat die Ufa sämtliche Ateliers auf die Tonfilm-Technik eingestellt. Den entscheidenden Anstoß für die energisch betriebene Umstellung soll der persönliche Eindruck des amerikanischen Vorsprungs gegeben haben, den Klitzsch und einige ihn begleitende Experten auf einer Studienreise nach New York Anfang 1929 gewonnen haben: »Hier wurden sie auf dem Broadway Augenzeuge einer fast unumschränkten Herrschaft des Tonfilms. Sie konnten sich der Überzeugung nicht verschließen, daß dieser neuen Entwicklung der Filmtechnik die Zukunft gehören werde. Das mußte die große Sorge wachrufen, wie Deutschland solchen Anforderungen international begegnen könne. Da wurde ein kleines Erlebnis maßgebend für die zuversichtliche Haltung, welche den nun folgenden schweren Entschlüssen ihre innere Berechtigung verlieh. In der Halle des Hotels lag das Musikprogramm der Unterhaltungskapelle aus. Es zählte dreizehn Musikstücke. Von ihnen waren neun deutschen oder österreichischen Ursprungs; und plötzlich zeichnete sich ein Zukunftsbild auf, in dem die deutsche Musikalität mit dem Tonfilm die Welt erobern werde.« (Traub)

Die Umrüstung des Atelierbetriebs und der Theater erforderte hohe Abschreibungsmittel, um sich der in der Anfangszeit besonders raschen Verbesserung der technischen Basis für die Tonfilmherstellung und -wiedergabe anzupassen. Innerhalb eines Jahres, bis Ende Mai 1930, sind 19 Millionen RM in diese Umstellungen investiert worden.

Allerdings stehen dem im gleichen Zeitraum Einsparungen von 4 Millionen RM durch die Entlassung von 800 Kinomusikern gegenüber. 1927 haben mehr als 10.000 Musiker in Deutschland ihr Brot auf diese Weise verdient. Für die Ufa bedeutet es nur geringe Kosten, aus diesem arbeitslos gewordenen Heer Anfang 1932 ein ausgezeichnetes Sinfonieorchester zu rekrutieren. Auch zahlreiche deutsche Stummfilm-Stars kehren arbeitslos aus Hollywood zurück und können unter günstigen Umständen für die Ufa eingekauft werden. Und schließlich sinken die Lohnkosten für die Arbeiter und Angestellten in der Weltwirtschaftskrise und unter den Rahmenbedingungen der restriktiven Lohnpolitik der autoritären Präsidialregierungen.

Der erste reine Ufa-Tonspielfilm, die Puszta-Schnulze MELODIE DES HERZENS, ursprünglich als Stummfilm begonnen, feiert am 16. Dezember 1929 in Berlin Premiere. Die weitere Entwicklung verläuft in raschem Tempo. Im Spieljahr 1929/30 produziert die Ufa bereits 30 längere und kürzere deutsche und fremdsprachige Tonfilme gegenüber 54 stummen Filmen – schon zwei Jahre später werden in Deutschland überhaupt keine Stummfilme mehr hergestellt. Mit dem Übergang zum Tonfilm kann die Ufa ihren Marktanteil an den in Deutschland produzierten Spielfilmen von 6% (im Durchschnitt der Jahre 1926 bis 1928) auf 13% (1931) verdoppeln! Im September 1930 gelangt erstmals die UFA-TONWOCHE in die deutschen Kinos. Die parallele Herstellung der stummen Wochenschau-Fassung wird im März 1933 eingestellt.

Für die Ufa als kapitalkräftigstes deutsches Filmunternehmen bringt die Umstellung auf den Tonfilm auch in der Konkurrenz mit Hollywood zunächst erhebliche Vorteile. Der US-Marktanteil an langen Spielfilmen in Deutschland sinkt von 38,4% 1928 auf 27,9% 1930, der deutsche Anteil steigt von 38,4% 1928 auf 51,5% 1930. Mangelnde Synchronisationsmöglichkeiten halten die US-Filme nicht nur vom deutschen Markt weitgehend fern, sondern stärken auch die Position der Ufa im europäischen Ausland.

Der gute finanzielle Rückhalt durch die Deutsche Bank, die als einzige Großbank 1931 nicht in die Strudel der Bankensanierung gerät, die energische Rationalisierung des Konzerns durch qualifizierte Medien-Manager und der Glücksumstand der Tonfilm-Umstellung, der in Deutschland den Kinobesucherschwund verlangsamt und die internationalen Wettbewerbsbedingungen verbessert, sorgen dafür, daß die Ufa gestärkt aus der Weltwirtschaftskrise hervorgeht und die zentrale Bastion der nationalsozialistischen Filmpolitik werden kann.

Axel Schildt

Albert Winkelmanns Kammersängerkarriere, stets begleitet von der schwärmenden Damenwelt, scheint beendet, als seine Stimme versagt. Seine Frau Agathe ist froh, ihn wieder bei sich zu haben. Ihr Glück wird vollkommen, als Albert nach plötzlich wiedergewonnener Stimme ganz der alte Künstler ist.

1930. Die blonde Nachtigall.
REG Johannes Meyer. AUT Walter Wassermann, Walter Schlee; nach einer Idee von Richard Kessler. KAM Werner Brandes. BAU Willi A. Herrmann. KOS Penkala. AUS Theaterkunst Hermann J. Kaufmann. TON Max Kagelmann. MUS Willi Kollo. ML Willy Schmidt-Gentner, Hans I. Salter. LT Willi Kollo, Hans Pflanzer. MT ›Als der Kremser noch fuhr raus in's Grüne‹, ›Das Herz der Frau ist ein kleines Liebeshotel‹, ›Kleine blonde Grete: Weißt Du's noch?‹, ›Mondscheinfahrt: Mach' mit mir eine Mondscheinfahrt‹, ›Ob Du hier bist, ob Du da bist‹. DAR Ernst Behmer (Gustav Schubert), Else Elster (Grete, seine Tochter), Arthur Hell (Walter Heller, Werkstudent), Walter Steiner (Bumke), Anna Müller-Lincke (Karoline, seine Frau), Erich Kestin (Karl, Kellner), Hans Herrmann-Schaufuß (Bastini), Leopold von Ledebur (Scheffelberg), Berthe Ostyn (Leonie, seine Tochter), Siegfried Berisch (Goldstein), Wilhelm Bendow (Palme), Harry Halm (Dr. Drechsler), Paul Kemp (Mr. Hirschfield), W. Xandry (Hopkins, Sekretär), Corinne Williams (Fräulein Lenz, Turmlehrerin), Jens Keith (Tänzer), Ernst Wurmser. PRO Ufa. PRL Alfred Zeisler. DRZ 21.8. - 11.9.1930. DRO Ufa-Atelier Neubabelsberg. LNG 2237 m, 82 min. ZEN 23.10.1930, B.27196, Jv. URA 6.11.1930, Berlin (U.T. Universum).

Zufällig gerät die begabte Grete Schubert ins Varieté-Programm in Bumkes Sommergarten, wo der Bühnenarbeiter Walter Heller sich in sie verliebt. Grete wird von Agenten entdeckt, groß herausgebracht und abgeschirmt. Als die Agentur vor dem Konkurs steht, flüchtet Grete zu Bumke. Von dort aus löst Walter alle Probleme und startet mit der Geliebten zu einer Amerika-Tournee.

1930. Die singende Stadt.
REG Carmine Gallone. AUT Hans Szekely, Walter Reisch; nach einer Idee von Carmine Gallone. KAM Curt Courant, Arpad Viragh. BAU Oskar Friedrich Werndorff, Oskar Triebrich. SCH Carmine Gallone, Lars Moen, L. B. T. Chown. TON George Burgess. MUS Ernesto Tagliaferri, Philipp Braham, Paul Abraham, Harris Weston. LT Hans Szekely, Armin Robinson, Rudi Feldegger. MT ›La donna e mobile / Ach wie so trügerisch‹ (aus ›Rigoletto‹ von Verdi), ›Leb wohl, Schatz, ich zieh' durch die Welt‹, ›Signora, ich sah Sie heut' zum ersten Mal‹, verschiedene Lieder in italienischer Sprache. Künstlerische Beratung Gregor Rabinowitsch. DAR Brigitte Helm (Claire Landshoff, junge Witwe), Jan Kiepura (Giovanni Cavallone, Fremdenführer), Walter Janssen (Andreas Breuling, Bildhauer), Gertrude Berliner (Carmela, neapolitanisches Mädchen), Francesco Maldaces (Tupf, ihr Bruder), Georg Alexander (Rudi Feldegger), Käte Bill (Susanne, Claires Zofe), Henry Bender (Herr Meier aus Berlin), Hermann Blaß (Empfangschef), Teddy Bill (Heini Ladenburg), Karl Goetz (Nachtportier), Martin Koslek (Bobby Bertling), Carol Reß (Marthe, Claires Zofe), Charlie Roellinghoff (Poldi Falkner), Ernst Senesch (Siegmund Königsberger, Konzertagent), C. H. Todd (Mister Parkins aus London), Hans Heinrich von Twardowski (Willi von Wellwein). PRO Associated Sound Film Industry (ASFI), London; für Ufa. PRT Arnold Preßburger. PRL Bernard Vorhaus. DRO Asfi-Filmstudios Wembley Park; AA Wien, Golf von Neapel, Pompeji, Capri, frühere Krupp'sche Villa in Capri. LNG 2711 m, 99 min. ZEN 27.10.1930, B.27197, Jv. URA 29.10.1930, Berlin (Ufa-Palast am Zoo).
Deutsche Version von ›City of Songs‹. – Der Kameramann Arpad Viragh starb während der Außenaufnahmen, Curt Courant beendete den Film.

Giovanni, Fremdenführer in Neapel, liebt Carmela, in deren Haus ein deutscher Bildhauer wohnt und um sie wirbt. Da kommt die reiche Witwe Claire Landshoff daher und will Giovannis schöne Stimme in Wien ausbilden lassen. Er wiederum verliebt sich in Claire, folgt ihr nach Wien und sorgt für allerlei Turbulenzen.

Mann im Dunkel
Geheimrat Alfred Hugenberg

»Putzig« kommt der ältere Herr manchen Zeitgenossen vor: wie ein Hamster; gedrungen, mit Bürstenhaarschnitt und weißem Schnauzbart erinnert er andere an den typischen deutschen »Oberlehrer«. Doch bei genauerem Hinsehen will der berliner Korrespondent der wiener Neuen Freien Presse in dem runden Gesicht mit den kleinen dunkel gefaßten Brillengläsern auch einen Zug zur Verschlagenheit entdecken, die »Oberlehrern« abging. Eine »unansehnliche« Erscheinung – so leitet er sein Porträt des gerade nach knapp fünfmonatiger Amtszeit zurückgetretenen Wirtschafts-und Landwirtschaftsministers der deutschen Reichs- und preußischen Landesregierung Alfred Hugenberg am 28. Juni 1933 ein.

Kurz zuvor sind dem 69jährigen noch zahlreiche öffentliche Glück- und Segenswünsche zuteil geworden. Jetzt scheint »seine« Zeit vorbei. Er sei »eine tragische Persönlichkeit«, schreibt der nationalsozialistische *Völkische Beobachter*, die Zeitung der jetzt allein erlaubten Partei, aus diesem Anlaß. Er habe »nie ›Glück‹ gehabt«, unverschuldet laste auf ihm »der Fluch jener unschöpferischen Generation, die nach Bismarck kam, (…) die das Reich verspielt hat und dann die Republik von Weimar gemacht« hat. Die Besten dieser Generation, darunter er, seien »Patrioten der guten Stube« gewesen, die »nicht auf die Straße hinausgegangen« seien, so daß sie das Volk nicht hätten führen können wie jetzt der »Führer« Adolf Hitler.

Diese Charakterisierung trifft nur zum Teil. Gewiß, bis Mitte der 20er Jahre zieht der Chef eines unüberschaubaren Pressekonzerns seine Fäden lieber »in der Stille«, wie er selbst gesteht, und er gilt allgemein als »Mann im Dunkel«. Doch dann beginnt er, den Schleier um sich ein wenig zu lichten; öffentlich wirbt er für sich als Politiker, und auch über Ziele und Mechanismen seines »nationalen« Presseimperiums läßt er Auskunft geben. 1933 würdigen ihn wohlmeinende Kommentare als »natürlichen Bundesgenossen« und »Wegbereiter« Hitlers; erst nach 1945 sagt man eher abschätzig, er sei dessen »Steigbügelhalter« gewesen.

Das »Führer«-Problem z.B. sieht Hugenberg schon lange ähnlich wie die Nationalsozialisten. »Weil wir nur ›Gewählte‹ haben«, hat er 1925 geschrieben und 1927 veröffentlicht, »haben wir keine Führer. Wer sich anmaßen sollte, zu führen, wird ja nicht wiedergewählt«. Ein Versuch von politischen Freunden, ihn, ähnlich wie später Hitler, vom neuen Reichspräsidenten Paul von Hindenburg ohne Reichstagsbilligung zum Reichskanzler bestellen zu lassen, ist damals gerade gescheitert. 1928 wird er dann zum Vorsitzenden der konservativen Deutschnationalen Volkspartei (DNVP) gewählt, deren Reichstagsfraktion er seit 1920 angehört. Allerdings schweigt er dort meistens. Muß er öffentlich reden – eine »Centnerlast« für ihn, wie er einmal vertraulich gesteht -, liest er seinen Text schwunglos ab und wirkt gehemmt. Doch er weiß, was im Trend liegt, und versucht, sich selbst als politischer »Führer« zu profilieren.

Am 2. September 1929 beschwört er am Hermannsdenkmal im Teutoburger Wald 10.000 Zuhörer: »Seht das Schwert da oben! Das Schwert Hermanns des Befreiers! Wir armen Deutschen von heute – wir haben kein Schwert. Wir haben es uns entwinden lassen – trotz aller Siege – nicht weil wir besiegt sind – nein, weil wir den gleichen Neid und Haß und die gleiche Untreue zum Führer haben hochkommen lassen, die den siegreichen Befreier Hermann zu Boden streckten. Woher kommt uns ein Schwert? Es muß blank und neu wieder herauswachsen aus unseren gereinigten Herzen. Wir wollen nicht zu Sklaven volksfremden auswärtigen Kapitals werden. Wir wollen uns das alte Bauernziel, den freien Menschen auf freier Scholle, nicht nehmen und von niemandem die gottbegnadete deutsche Seele rauben lassen. Wenn wir auch mit dem Schwerte für diese Ziele nicht kämpfen können, so können wir doch mit der Härte unserer Herzen und der Stärke und Beständigkeit unseres Willens dafür kämpfen. Wir wollen den Pariser Tributplan nicht! Wir wollen die Lüge der deutschen Kriegsschuld nicht mehr hören! Der Gott, der Eisen wachsen ließ, der wollte keine Knechte!«

Zu dieser Kundgebung eingeladen hat der »Reichsausschuß für das deutsche Volksbegehren« gegen den Young-Plan, der in einem zweiten Anlauf – einen ersten hat es 1924 mit dem Dawes-Plan gegeben – die Reparationslasten regulieren soll, die dem Deutschen Reich 1919 in Versailles von den Siegermächten des Ersten Weltkrieges auferlegt worden sind, nachdem ihm die Alleinschuld am Kriege zugesprochen worden ist. Bis 1988 sollen die aufgelaufenen Geldschulden, an denen Deutschland zu ersticken droht, in einem komplizierten System von Zahlungen an das und von Krediten aus dem Ausland getilgt werden. Das ist der DNVP und auch den Nationalsozialisten Anlaß, nicht nur gegen diesen Plan, sondern auch gegen die deutsche Republik, deren »Erfüllungspolitiker« diese Schmach hinzunehmen bereit sind, die Volksmeinung mobil zu machen. Den »nationalen Willen« zu bekunden, um die Republik zu Fall zu bringen, ist ihnen jedes Mittel recht, auch die sonst als lästige Feinde eingestuften Kommunisten, die dieser Initiative beispringen, um damit dem Republiksturz und der von ihnen erwarteten sozialistischen Revolution näher zu kommen. 1929/30 mißlingt der Coup; und auch als sich unter führender Mitwirkung Hugenbergs 1931 die DNVP und der Stahlhelm (der konservative Traditionsverband der Weltkriegssoldaten) unter Beteiligung der Nationalsozialisten als »nationale Opposition« in der »Harburger Front« demonstrativ zusammenschließen, rückt das Ziel nicht näher. Noch sperren sich der Reichspräsident und auch manche Konservative in Hugenbergs eigener, unter seinem Vorsitz geschrumpften Partei, die Nationalsozialisten hoffähig zu machen. Erst am 30. Januar 1933 widersetzt sich Hindenburg nicht länger, den Massenagitator Adolf Hitler zum Kanzler zu ernennen. Hugenberg gilt als »Wirtschaftsdiktator« in der neuen Regierung, die nach seinen Vorstellungen auch ein Kabinett von Fachleuten sein sollte.

Hugenberg beläßt es nicht bei den deutschtümelnden Phrasen von 1929. Ende 1932 veröffentlicht er noch einmal wirtschafts- und sozialpolitische Überlegungen, die – im Rückblick vielleicht stärker als dies zeitgenössisch möglich ist – erkennen lassen, was Hugenberg von den nationalsozialistischen Vorstellungen trennt – oder umgekehrt: wie weit nationalsozialistische Politik seinen Ansichten folgt. Die »Entproletarisierung« des Arbeiters, seine »seelische Eingliederung in die Volksgemeinschaft deutscher Bürger« hat er als Ziel eines anstehenden weltgeschichtlichen Aktes proklamiert: der »Wiederversöhnung von Kapital und Arbeit« nach sechzig Jahren Klassenkampf als Krieg im Innern, der erwachsen sei aus der unbegriffenen Entwicklung von Industrie und Technik und der in der aktuellen Weltwirtschaftskrise seinen Höhepunkt habe. Mussolini, der »Duce« der italienischen Faschisten, sei bereits auf einem Weg, der ähnlich auch in Deutschland gegangen werden müsse.

Elemente der Hugenbergschen Vision sind:
– Ein deutscher von ausländischen Kapitaleinflüssen freier Nationalstaat,
– ein deutsches Volk, bestehend aus möglichst vielen bodenständigen Eigentümern, die nicht nur durch die gemeinsame Sprache als Individuen verbunden, sondern auch über Familien oder »Geschlechter« als juristische Personen zusammengeschlossen wären,
– eine Wirtschaft, die, in Selbstverwaltungskörpern gegliedert, selbst herkömmliche Funktionen der staatlichen Polizeigewalt in ihrem Bereich verantwortlich wahrnehme und in der zwischen Unternehmern und Betriebsräten (»Werksgewerkschaften«) die Löhne und Gehälter dezentral ausgehandelt würden,
– eine Regierung aus sechs bis zehn obersten Richtern oder Schlichtern, die »alles kennen, aber frei von jedem Interesse« seien und die »vielleicht nur ein König finden, schützen und auf ihrer Höhe halten« könne.

Im Rückblick kann dieses Bild, das er in dem Satz zusammenfaßt, »nur die nationale Wirtschaft« sei »ein wirklicher Organismus«, den nicht Spekulanten, sondern nur persönlich verantwortliche Unternehmer steuern dürften, teils rückwärtsgewandt, teils utopisch anmuten; allenfalls in der Wirtschaftsordnung des »Dritten Reiches« wurden einige dieser Vorschläge ansatzweise Wirklichkeit.

Doch weniger als diese Vision sind es begleitende Feststellungen oder Parolen, die Hugenbergs Nähe zum Nationalsozialismus signalisieren, wenn er auch erklärtermaßen das »Gegenteil von Sozialismus« anstrebt, mit dem es einigen Nationalsozialisten anfangs durchaus ernst ist. »Wirklicher Frieden« kann Hugenberg zufolge »nur auf der Grundlage vollster Freiheit der *hochwertigen Völker* aufgebaut sein« (Hervorhebung von mir – A.S.); hier kann die Wendung von den Deutschen als überlegener »germanischer Rasse« anknüpfen, die auch Hugenberg gelegentlich benutzt.

Die industrielle Erschließung des »platten Landes«, die er 1930 noch als Aufgabe der Wirtschafts- und Steuerpolitik genannt hat, wird 1932 zur sozialpolitischen Aufgabe, die neben Industrie-Aussiedlung und -Dezentralisation auch die »Entwicklung der menschenleeren Räume, die das Volk ohne Raum noch besitzt, (die) *Erweiterung des Lebensraumes*« (Hervorhebung im Original) umfassen soll, wie er, sicher nicht nur mit Rücksicht auf damals populäre Schlagworte, 1932 schreibt. Noch 1918 hat er sich selbst für die deutsche »Ostland«-Besiedlung engagiert. Die größte sozialpolitische Aufgabe soll die Förderung des Kinderreichtums sein, »eines der höchsten völkischen Güter«, wie er schon 1930 betont. »Den sich zerfleischenden sogenannten Klassen der marxistischen Lehre« will er die »Klasse der Eltern« entgegensetzen, »in der Zeit des herrschenden Sozialismusrecht eigentlich die Klasse, auf der alles hertrat«. Beiläufige Polemiken gegen Gewerkschafts-»Bonzen« in den »sozialen Einrichtungen« und ihren neuen Palästen, gegen »Simulanten«, die die Renten- und Krankenkassen schädigen, gegen die Großstädte als »Brutstätten des Bolschewismus« und gegen die »bolschewistische Kulturpolitik« und die »Ausrottung der Religion«, die nicht nur die Grundlagen von Sitte und Moral, sondern auch von Arbeit und Wirtschaft untergraben würden, geben jenem weitverbreiteten Unbehagen Ausdruck, von dem am Ende auch die Nationalsozialisten profitieren. Sie nutzen es jedoch nur in bestimmter Auswahl für ihre Zwecke. Die religiöse und Kirchenbindung der Bevölkerung zum Beispiel suchen sie gewissermaßen durch die Steigerung des Nationalismus ins Religiöse abzulösen. Bei Hugenberg dagegen ist die Nation im Kern immer eine Gemeinschaft arbeitender Menschen, die im Wettbewerb mit anderen und im Kampf gegen andere nationale Gemeinschaften steht.

Daß es »in allererster Linie« die Unternehmer sein sollen, »die sich ihren Marxismus völlig abgewöhnen müssen«, scheint eine für Hugenberg am Ende der Weimarer

Der Medienzar und sein Sprachrohr: Geheimrat Alfred Hugenberg und der *Lokal-Anzeiger*

Republik charakteristische Formulierung. Diese maßgeblich von Sozialdemokraten und Gewerkschaften gestützte Republik gilt ihm als lebendiger »Marxismus« oder »Sozialismus«, von der sich die Unternehmer trotz diverser Autonomie-Demonstrationen seinen Vorstellungen zufolge noch nicht hinreichend freigemacht haben, um selbst das Ruder in die Hand zu nehmen. Die sich hier zeigende Schroffheit auch den eigenen Standesgenossen gegenüber ist wohl eines jener Handicaps, die Hugenberg in seinen Kreisen nie voll zum Zuge kommen lassen. Vorbehalte ihm gegenüber werden hier unterschiedlich begründet. »Beschränktheit des Blicks« wird ihm vorgeworfen, Sturheit, derer er sich auch selbst rühmt, und Mangel an taktischem Kalkül. »Der in seinem Denken durchaus realpolitische Mann ist blickbeschränkt in bezug auf Verbindungen und Wege, sobald er vom Denken und Wollen zur Tat übergeht« – in diesem Satz eines Insider-Kommentars von 1928 ist vielleicht die Skepsis ihm gegenüber am treffendsten formuliert.

Ein Mann mit eigenbrötlerischen Neigungen, nicht ganz frei von Sonderlingsattitüden – nicht wenige Züge und Stationen in Hugenbergs Lebensweg passen zu dieser Charakterisierung. 1865 in Hannover als Sohn eines städtischen Beamten geboren, der es später bis zum königlich-hannoverschen Schatzrat bringt, liegt auch für Alfred Hugenberg zunächst eine ähnliche Karriere nahe. Im Alter von 21 Jahren legt er nach Studien in Göttingen und Heidelberg in Berlin sein erstes juristisches Staatsexamen ab, studiert dann noch einmal zwei Jahre in Straßburg Nationalökonomie, um dort mit

1930. Das gestohlene Gesicht.
REG Ernst Schmidt, Philipp Lothar Mayring. AUT Philipp Lothar Mayring, Irma von Cube; nach einer Idee von J. Bachrach. KAM Eugen Schüfftan, Werner Bohne. BAU Werner Schlichting. TON Walter Tjaden. MUS, ML Hans May. LT Philipp Lothar Mayring, Menne Freudenberg. MT ›Über einen kleinen Weg kommt das große Glück‹, Step-Titel: ›Meine Beine, Deine Beine‹, ›Seine Beine...‹. CHO Jens Keith.
DAR Hans Otto (Bill Breithen), Fritz Lequis (Keller, Kriminalrat), Edith Edwards (Lore Falk), Friedl Haerlin (Roselle), Max Adalbert (Murrjahn, Museumsdiener), Hermann Blaß (Lewinsohn), Frigga Braut (Fräulein Tausendschön), Paul Henckels (Professor Wrede), Fritz Odemar (Hempel), Otto Laubinger (Bellamico), Julius E. Herrmann (Kommissar Knägge), Heinz Glahn (Dr. Steffensohn), Erika Unruh (Lehrerin), Olivia Fried (Cölestine), Theo Thony (Franzose), Ernst Pröckl (Reporter), Erich Kestin (Fotograf), Hermann Vallentin (Wirt), Margitta Zonewa (Zigeunerin), Ferdinand Hart (Wachtmeister Enke), Paul Rehkopf (Museumsführer), Molly Ondeyna, Margarete Schön.
PRO Ufa. PRL Bruno Duday. DRZ 17.9. - 11.10.1930. DRO Ufa-Atelier Neubabelsberg; AA Berlin, Hamburg, Luftaufnahmen aus dem Linienflugzeug Berlin-Hamburg. LNG 2283 m, 83 min. ZEN 30.10.1930, B.27260, Jv. URA 10.11.1930, Berlin (U.T. Kurfürstendamm).
Bill Breithen möchte Verwandlungskünstler werden, seine Freundin Lore Falk Malerin. Lores Lehrer Professor Wrede ist grundsätzlich gegen malende Frauen. Lore tauscht das Original eines Raffael-Gemäldes gegen eine von ihr produzierte Kopie aus, die dem Museum prompt gestohlen wird. In den unterschiedlichsten Rollen hilft Bill bei der erfolgreichen Suche nach dem Dieb.

1930. Achtung Australien! Achtung Asien! Das Doppelgesicht des Ostens.
REG Colin Ross. TON Hermann Fritzsching. MUS Ludwig Brav.
PRO Ufa, Kulturabteilung. PRT Colin Ross. LNG 2503 m, 91 min. ZEN 13.11.1930, B.27416, Jf. URA 14.11.1930, Berlin (Gloria-Palast).
– Dokumentarfilm.
Reisebilder voller Kontraste: das menschenleere Australien, ein ›Raum ohne Volk‹, das dichtbesiedelte China, ein ›Volk ohne Raum‹, Indiens Wunderwelt mit Tempeln, Maharadschas und Elefanten, die Südsee, wo die Menschen im ›Steinzeitalter‹ leben, Neuseeland mit seinen zischenden Geysiren und Vulkanen.

1930. Alraune.
REG Richard Oswald. AUT Charlie Roellinghoff, Robert Weisbach; nach dem Roman von Hanns Heinz Ewers. KAM Günther Krampf. BAU Hans Sohnle, Otto Erdmann, Franz Schroedter. MAS Hermann Rosenthal, Oscar Schmidt. TON Erich Leistner. MUS Bronislaw Kaper. ML Felix Günther. LT Charlie Roellinghoff, Fritz Rotter. MT ›Alles wegen einem kleinen Mädel‹, ›Komm, küß' mich nochmal‹, ›Müde...‹, ›Nur Tango, nur Tango‹, ›Wenn mich Männer betrügen‹.
DAR Brigitte Helm (Alraune ten Brinken / Alma, eine Dirne), Albert Bassermann (Geheimrat ten Brinken), Harald Paulsen (Frank Braun, sein Neffe), Agnes Straub (Fürstin Wolkonski), Lieselott Schaak (Olga Wolkonski), Bernhard Goetzke (Dr. Petersen), Adolf Edgar Licho (Rechtsanwalt Manasse), Iwan Kowal-Samborski (Chauffeur Raspe), Käte Haack (Frau Raspe), Paul Westermeier (von Walter), Henry Bender (Wirt), Martin Kosleck (Petersen), Else Bassermann, Wilhelm Bendow.
PRO Richard Oswald-Produktion GmbH, Berlin; für Ufa. PRT Richard Oswald. AUL Helmuth Schreiber. DRZ Ende September - Ende Oktober 1930. DRO Ufa-Atelier Neubabelsberg. LNG 2816 m, 103 min (2839 m vor Zensur) / 2427 m, 89 min. ZEN 28.11.1930, B.27543, Jv. / 19.12.1930, B.27730, Jv. URA 2.12.1930, Berlin (Gloria-Palast).
– Prädikat: Künstlerisch.
Das Wesen Alraune, hervorgegangen aus der künstlichen Befruchtung der Prostituierten Alma mit dem Samen eines gehenkten Mörders, läßt die Männer reihenweise sterben. Nur Frank Braun, der um Alraunes Herkunft weiß und sich in sie verliebt, wird von ihr verschont. Dafür wählt sie den Freitod.

---

einer für damalige Verhältnisse ungewöhnlich umfangreichen Dissertation über die innere Kolonisation in Nordwestdeutschland promoviert zu werden. Freunde schon aus Kindertagen, mit denen er lange verbunden bleibt, pflegen dichterische Neigungen, und auch er selbst ist anfangs nicht frei davon. Doch 1890 beginnt er, sich politisch zu engagieren. Anlaß ist der Sansibar-Vertrag, in dem das Deutsche Reich die ostafrikanische Insel gegen Helgoland von England eintauscht. Unter seiner maßgeblichen Mitwirkung entsteht der Alldeutsche Verband, der die öffentliche Meinung für eine kräftige nationale Politik mobilisieren soll und bald zu einer Agentur auch des völkischen Antisemitismus in gutbürgerlichen Kreisen wird. Der zunehmende Wunsch nach deutscher »Weltmachtpolitik«, der die Entwicklung des deutschen Kaiserreichs nach Bismarcks Rücktritt begleitet, wird durch solche Agitationsverbände – neben dem Alldeutschen Verband vor allem der Flottenverein – nachhaltig geweckt und stimuliert. Doch Hugenberg, bis 1903 Vorstandsmitglied, wirkt hier eher als Organisator denn als Propagandist. Auch an der antijüdischen Hetze beteiligt er sich nicht selbst, unterbindet sie aber auch nicht erkennbar.

Ende 1907 quittiert er den Staatsdienst aus finanziellen und aus »ebenso sehr auch – ich weiß nicht, ob ich sagen soll, geschäftliche(n) oder ideelle(n)« Gründen, wie er an einen Vorgesetzten schreibt. Sein Schwiegervater, der nationalliberale Oberbürgermeister von Frankfurt am Main, Ernst Adickes, hat ihm die Mitgliedschaft im Vorstand der Frankfurter Berg- und Metallbank vermittelt, die als Zentrale des internationalen Merton-Konzerns fungiert. Doch er bleibt nur eineinhalb Jahre hier. Stört ihn neben der geringen Besoldung im Ministerium, daß er ihm zweckmäßig und politisch begründeten Vorhaben nicht durchsetzen kann, weil, wie er meint, zunehmende Landtagsmacht und Gruppeninteressen Regierungsvorhaben zur Enteignung von Großgrundbesitzern für Siedlerstellen behinderten, so ist es bei Merton die ihm gering erscheinende Aussicht, »in einer kurzen Zahl von Jahren soviel zurückzulegen, daß ich damit eine gewisse Unabhängigkeit gewönne«, wie er einem Freund mitteilt. Solche Möglichkeit sieht er offensichtlich, als er zum 1. Oktober 1909 seine Tätigkeit als Vorstands-Vorsitzender der Fried. Krupp AG aufnimmt. Hier, in der »Waffenschmiede« des Deutschen Reiches, bieten sich auch Gelegenheiten, auf die Regierung Einfluß zu nehmen.

Einer der »Superreichen« wird er allerdings nicht. Es ist auch weniger die Position des Managers des noch als Familienbetrieb geführten Kruppschen Unternehmens als die ihm dabei zuwachsende Fülle von Kontakten zu anderen Industriellen und von Funktionen in ihren Interessenverbänden, die Hugenberg in den folgenden Jahren zu jenem mächtigen »Mann im Dunkel« werden lassen, von dem bereits die Rede war. Seit 1911 gehört er dem Direktorium des Centralverbandes Deutscher Industrieller an, seit 1912 ist er Vorsitzender des Vereins für die bergbaulichen Interessen, seit 1913 Vorsitzender der Vereinigung von Handelskammern des von der Schwerindustrie bestimmten niederrheinisch-westfälischen Industriebezirks, um nur die wichtigsten Organisationen zu nennen, die er bald für seine Ziele mobilisieren kann. Für seine sozialpolitischen Vorstellungen findet er nicht zuletzt in der Firma Krupp Resonanz, in der patriarchalisch-fürsorgliche Tendenzen nicht unbekannt sind. Wohnungseigentum für Werksangehörige und am Ende sogar die Ausgabe von Belegschaftsaktien gehen auf seine Anregungen zurück. Überdies fördert er hier wie generell die wirtschaftsfriedlichen (»gelben«) Gewerkschaften.

Als politisch erfolgreicher wird man sein Engagement für die deutsche Kriegszielpolitik im Ersten Weltkrieg ansehen können, die die Reichsführung daran hindern soll, Frieden zu suchen, als seit 1916 die Aussicht auf einen Siegfrieden mehr und mehr schwindet. Auf Einladung Hugenbergs trifft sich im Oktober 1914 ein Kreis prominenter Industrieller, um einen Vortrag des Vorsitzenden des Alldeutschen Verbandes, Heinrich Claß, anzuhören, dem Hugenberg nach wie vor verbunden ist und weiterhin bleibt. Diese Veranstaltung gibt den Anlaß für eine Denkschrift, die sechs führende Wirtschaftsverbände ein halbes Jahr später der Regierung einreichen und diese von der Zweckmäßigkeit einer annexionistischen Politik zu überzeugen suchen. Auf Dauer in deutsche Hände gelangen sollen u.a. einerseits die französischen und belgischen Industrieregionen, andererseits ländliche Siedlungsgebiete östlich der Reichsgrenzen vom Baltikum bis zur Ukraine, für die sich Hugenberg besonders interessiert. Er verfolgt diese Ziele so intensiv, daß er nicht davor zurückscheut, gegen den Reichskanzler Theobald von Bethmann Hollweg zu mobilisieren, als diesem Mäßigung angeraten scheint.

In die Lage, persönlich mehr und mehr die politische Meinungsbildung beeinflussen zu können, ist Hugenberg gekommen, seit er 1912 im Bergbaulichen Verein auf eigenen Vorschlag zur Auskunfts-, Kontroll- und Koordinationsstelle für die Vergabe von Spenden wird, die von den schwerindustriellen Unternehmen erbeten werden. 1913 gelingt es ihm darüber hinaus, Emil Kirdorf und Hugo Stinnes, zwei der mächtigsten deutschen Kohle- und Stahl-Konzern-Chefs, zu Freunden zu gewinnen, um mit ihnen als »Dreimännerausschuß« die Ruhrindustrie zu lenken. 1916 kommt Wilhelm Beukenburg dazu, und noch im selben Jahr geben die jetzt vier Herren ihrer Zusammenarbeit auch eine rechtliche Form in der Wirtschaftlichen Gesellschaft, die als Geldsammelstelle für den Zechenverband dienen soll. Die Mittel sollen dazu verwandt werden, »den auf wirtschaftlichem und sozialem Gebiet drohenden Gefahren wirksam entgegenzutreten«. Eingesetzt werden sie allerdings eindeutig vor allem für den Aufbau eines Unternehmens, das wenige Jahre später allgemein »Hugenberg-Konzern« genannt wird, obwohl Hugenberg selbst, formal betrachtet, nur der praktisch unkontrollierte Geschäftsführer dieses im Kern nach Stiftungsgrundsätzen verfaßten, vielfach verschachtelten Geflechts von Kapitalgesellschaften ist.

Den Grund dazu hat Hugenberg zwei Jahre zuvor mit einer windigen und nicht ganz risikolosen »Anzeigenvermittlungsstelle« gelegt. Zurückgreifend auf schon 1912 von ihm entwickelte Pläne, werden im Frühjahr 1914 die Ausland GmbH und als deren Tochtergesellschaft die Ausland Anzeigen GmbH gegründet. Aufgabe dieser Firmen ist es, die Werbeanzeigen schwerindustrieller Konzerne zu bündeln und an Zeitungen zu leiten, deren Auswahl nicht in der Hand der einzelnen Auftraggeber liegt. Die Mitgliedskonzerne haben sich schriftlich zum Beschreiten dieses Wegs verpflichtet. Aus internen Unterlagen geht hervor, daß Hugenberg – zumal nach Beginn des Weltkriegs – überhaupt nicht daran denkt, für die Schwerindustrie durch Annoncen im Ausland zu werben. Der »eigentliche Zweck«, sagt er intern 1917, sei »die Beeinflussung der Inlands-Tagespresse«. Geschäftsführer der Ausland GmbH wird Dr. Andrew Thorndike, ein Mitarbeiter Hugenbergs im Merton-Konzern, der Vater des späteren Ufa- und DEFA-Regisseurs. 1917 wird die Ausland Anzeigen GmbH in Allgmeine Anzeigen GmbH (ALA) umbenannt.

Die Hintergründe dieser Initiative sind vielschichtig. Neben dem persönlichen Motiv des nach wie vor kapitalarmen Hugenberg, politisch Einfluß zu nehmen, ist es vor allem das nicht gerade positive Image, das die Schwerindustrie bietet. Die Banken und die verarbeitenden Industrien verfügen über weitaus bessere Verbindungen zur bürgerlichen Presse, in der liberale Blätter vor allem in den Großstädten vorherrschen. Das Image der Schwerindustrie aufzubessern, indem sie für ihre auch politischen Gedanken offene Zeitungen durch Anzeigen wirtschaftlich an sich bindet, ist ein Kalkül Hugenbergs; daß er dies nicht nur direkt zu erreichen sucht, sondern auch durch die Gewinnung von Inserenten aus den verarbeitenden Industrien und anderen Wirtschaftszweigen, genügt einem weiteren: der Schwerindustrie die Meinungsführung in der Industrie insgesamt zu sichern. Zentral für diese Strategie ist, zu mächtigen Konkurrenten wie den Konzernen von Mosse und Ullstein, die auch über Anzeigenagenturen verfügen, in Distanz zu bleiben.

Im Feld der Nachrichtenagenturen und Korrespondenzen dagegen, das die Ausland GmbH auch zu bestellen sucht, verzichtet Hugenberg nicht auf die Taktik der Unterwanderung durch – zuweilen verdeckte – Kapitalbeteiligungen, für die ihm stets persönliche Freunde zur Verfügung stehen und die oft erst allmählich in der Wirkung erkennbar sind. Doch auch die Subvention einzelner Blätter schließt die wirtschaftliche Gesellschaft nicht aus, obwohl die direkte Förderung erklärtermaßen nicht angestrebt wird. »An der Zeitung darf kein Geschäftsinteresse kleben. – Für nichts bin ich meinen Freunden aus dem Ruhrgebiet dankbarer als dafür, daß sie von vornherein diesem Gedankengang gefolgt sind«, schreibt Hugenberg im Rückblick. »Eine große Zeitung kann auf die Dauer ihren Kristallisationspunkt nur in einer Idee finden.« Die Ideen, denen die von ihm wirtschaftlich kontrollierte Presse dienen soll, sind für ihn der »nationale Gedanke und die Wiederdurchsetzung des Persönlichkeitsgedankens in Kultur und Wirtschaft«, die nicht nur durch den Sozialismus, sondern mehr noch »durch eine unklare Richtung und Verwirrung der öffentlichen Meinung« bedroht seien.

Dies in großem Stil umzusetzen, ist der Hugenberg-Gruppe erst möglich, seit sie im Mai 1916 den Verlagskonzern August Scherl übernommen hat, der eine Reihe von Zeitschriften und Zeitungen, darunter den *Berliner Lokal-Anzeiger*, die auflagenstärkste deutsche Tageszeitung (1912: 224.000; nach 1918: ca. 250.000) herausgibt. Am Beispiel dieses Blattes ließe sich detailliert schildern, wie die auch diesmal verdeckt eingetretenen neuen Eigner versuchen, das Blatt auf ihre politische Linie zu bringen, die sich gegen die Tendenz zur Verständigung mit den Kriegsgegnern richtet, die sie beim Kanzler und sogar beim Kaiser wahrnehmen. Durch Hinweise auf eventuellen Auflagenrückgang und geschickt formulierte Kompromißhaltungen gelingt es den übernommenen Redakteuren, das Blatt auf einem Kurs zu halten, der das »Fahrwasser der alldeutschen Presse«, wie einer von ihnen sagt, meidet, aber auch nicht vor ihm warnt. Diese Haltung kennzeichnet fortan einen Großteil der »Hugenberg-Presse«. Daß es ihm um eben diesen alldeutschen Kurs geht, läßt sich an einer Episode im September 1917 aufweisen: Im Dezember 1916 wird die Deutsche Lichtspielgesellschaft e.V. (DLG) im Rahmen des »Hugenberg-Konzerns« gegründet, und Hugenberg persönlich bittet nun den Chef der Gutehoffnungshütte, Paul Reusch, um einen Zuschuß für 3-5 »Durchhaltefilme«, die die DLG fertigen soll.

Solche Bemühungen angesichts der sich zuspitzenden Kriegslage nach dem Hungerwinter 1916/17 hindern Hugenberg gut ein Jahr später ebensowenig wie seine erklärte Gegnerschaft zum »Sozialismus«, mit Vertretern der sozialdemokratischen Freien Gewerkschaften die Zentrale Arbeitsgemeinschaft (ZAG) zur Überführung der Kriegs- in eine Friedenswirtschaft vorzubereiten, sich in ihren Zentralvorstand wählen zu lassen und sie öffentlich als »gesundesten Ausdruck« der »sozialen Entwicklung« anzupreisen. Andere Industriemanager, Gustav Stresemann vor allem, der sich später als Kanzler und Außenminister profiliert, sind da zurückhaltender, obgleich oder weil auch für sie die von Hugenberg geforderte »Freiheit der Wirtschaft« ein wichtiges Ziel ist. Aber für Hugenberg liegt in seinem Verhalten offensichtlich kein Zynismus, sondern allein Zweckmäßigkeit der schwerindustriellen Interessenvertretung in politisch schwierigen Situation. Zwar hat er die Firma Krupp zum 1. Januar 1919 verlassen, um sich ganz seinem Presse-Imperium zu widmen, der schwerindustriellen Verbandsarbeit bleibt er jedoch weiterhin, wenn auch nicht immer konfliktfrei, verbunden; mehrere Konzerne haben ihn in ihre Aufsichtsräte berufen. 1928 kontrolliert er ca. ein Fünftel der deutschen Tagespresse. 1917 hat er besonders für kleine Provinzzeitungen eine Finanzierungsgesellschaft gegründet, die deren Überleben auch in schwierigen Zeiten der Weimarer Republik sichert.

Was sein Denken und Handeln stärker motiviert, fanatische Überzeugung vom Wert der Nation und des Privatbesitzes oder blanke Machtfixierung – wer mag das angesichts solcher Sätze wie der folgenden, die er im März 1919 in der Deutschen Nationalversammlung vorbrachte, entscheiden? »Steuern vertreten für den dummen Deutschen, der sich ohne Notwendigkeit diese Niederlage und diesen Frieden auf den Nacken lud, von nun an die Stelle des täglichen Brotes. Ich fürchte, daß das Reich daran entzwei geht, da es sich zum Gerichtsvollzieher der Feinde gegenüber all seinen Gliedern gemacht hat, und hätte in diesem Falle lieber gesehen, daß der Feind es zerschlagen hätte, damit wenigstens die Sehnsucht nach einem Dritten Reich bei Auseinanderfall des Zweiten in den Herzen der Deutschen zurückgeblieben wäre«. Nach all dem, was über sein Wirken in der Folgezeit bekannt ist, ist dies keine rhetorische Entgleisung in einer aufgeregten Debatte. Im Januar 1934, inzwischen nur noch Reichstagsabgeordneter, schreibt er an Hitler: »Die Gefahr der Herrschaft der Kommunisten und Minderwertigen, der tägliche Anblick der verwüstenden Tätigkeit der Sozialdemokratie und die Erkenntnis von der Notwendigkeit des Sturzes des Zentrumsturmes, wie ihn schon Bismarck ersehnt hat, standen Ihnen wie mir vor einem Jahr ausschlaggebend vor Augen. Ich muß sie heute dazu beglückwünschen, daß Sie diese Mächte ausgeschaltet und ihnen, wie ich hoffe, die Mittel zur Wiedererstarkung genommen haben.« Gegen Ende seines Lebens – er stirbt 1951 – und nach dem Ende des »Dritten Reiches« soll Hugenberg einmal gesagt haben: »Der Radikalismus ist eine Lebensgefahr für jeden Staat.« Seinen eigenen »radikalen Nationalismus« wird er kaum damit gemeint haben. Im offiziellen Entnazifizierungsverfahren wird er 1949 als »Mitläufer« eingestuft.

Arnold Sywottek

1930. Einbrecher. Eine musikalische Ehekomödie.
REG Hanns Schwarz. RAS Carl Winston. AUT Robert Liebmann, Louis Verneuil; nach dem Bühnenstück ›Guignol ou le cambrioleur‹ von Louis Verneuil. KAM Günther Rittau, Konstantin Tschet. BAU Erich Kettelhut. Bewegliche Künstlerfiguren Werkstätten Baitz. KOS Ladislaus Czettel. MAS Emil Neumann, Maria Jamitzky. SCH Willy Zeyn jr. TON Fritz Thiery. MUS, ML Friedrich Hollaender. LT Robert Liebmann, Friedrich Hollaender. MT ›Laß mich einmal deine Carmen sein‹, ›Ach wie herrlich ist es in Paris‹, ›Eine Liebelei so nebenbei‹, ›Kind, dein Mund ist Musik‹. CHO Heinz Lingen.
DAR Lilian Harvey (Renée), Willy Fritsch (Durand), Ralph Arthur Roberts (Dumontier), Oskar Sima (Diener), Heinz Rühmann (Sérigny), Margarethe Köppke (Mimi), Gertrud Wolle (Hortense), Kurt Gerron (1. Polizeikommissar), Paul Henckels (2. Polizeikommissar), Hilde Wörner.
PRO Erich Pommer-Produktion der Ufa. PRT Erich Pommer. PRL Eberhard Klagemann. AUL Viktor Eisenbach.
DRZ 25.8. - 7.10.1930. DRO Ufa-Atelier Neubabelsberg; AA Paris. LNG 2810 m, 103 min / 2714 m, 99 min.
ZEN 28.11.1930, B.27526, Jv. / 29.12.1930, B.27788, Jv.
URA 16.12.1930, Berlin (Gloria-Palast).
Französische Version:
1930. Flagrant délit.
REG Hanns Schwarz, Georges Tréville. AUT Louis Verneuil, Robert Liebmann; nach dem Bühnenstück ›Guignol ou le cambrioleur‹ von Louis Verneuil. KAM Günther Rittau, Konstantin Tschet. BAU Erich Kettelhut. Bewegliche Künstlerfiguren Werkstätten Baitz. KOS Ladislaus Czettel. TON Fritz Thiery. MUS, ML Friedrich Hollaender, Franz Wachsmann. LT Jean Boyer. CHO Heinz Lingen.
DAR Blanche Montel (Renée Dumontier), Henri Garat (Jean Durant), Ralph Arthur Roberts (Albert Dumontier), Gustave Gallet (le domestique), Charles Dechamps (Baron de Sérigny), Renée Rysor (la bonne), Fernande Albany (Hortense), Louis Baron fils (le commissaire).
PRO Ufa / ACE. PRT Erich Pommer. SUP Max de Vaucorbeil.
DRZ 25.8. - 7.10.1930. DRO Ufa-Atelier Neubabelsberg; AA Paris. LNG 95 min. URA ca. 26.2.1931, Paris (Olympia).
Renée Dumontier, bildhübsch und lebenslustig, langweilt sich mit ihrem Ehemann, einem Puppenfabrikanten, der nur das Geschäft im Sinn hat. In ihrer Verzweiflung geht sie auf die Avancen des Lebemanns Sérigny ein. Das Tête-à-tête in dessen Wohnung wird jedoch durch einen dreisten Einbrecher gestört.

1930. Das Flötenkonzert von Sanssouci.
REG Gustav Ucicky. AUT Walter Reisch; nach Motiven einer Novelle von Johannes Brandt. KAM Carl Hoffmann. BAU Robert Herlth, Walter Röhrig. KOS Theaterkunst Hermann J. Kaufmann (Solistenkostüme); Leopold Verch, Peter A. Becker (Uniformen). TON Hermann Fritzsching. MUS, ML Willy Schmidt-Gentner; unter Verwendung preußischer Militärmärsche und Kompositionen von Friedrich II. MT ›Flötenserenade‹ (Friedrich II.), ›Ich hab das Glück gefunden‹, ›Parademarsch der langen Kerls‹. Militärhistorischer Beirat Herbert Knötel.
DAR Otto Gebühr (Friedrich der Große, König von Preußen), Hans Rehmann (Major von Lindeneck, 1. Kurier), Renate Müller (Blanche), Walter Janssen (Maltzahn, preußischer Gesandter in Dresden), Raoul Aslan (Reichsgraf Brühl), Friedrich Kayßler (Finkenstein), Karl Goetz (Fredersdorf), Aribert Wäscher (Pöllnitz), Margarete Schön (Prinzeß Amalie), Theodor Loos (Menzel), Hans Brausewetter (Korrespondent), Paul Biensfeldt (Quantz), Wladimir Sokoloff (Russischer Gesandter in Potsdam), Friedrich Kühne (Schwerin), Alfred Beierle (Retzow), Kurt Pehlemann (Winterfeldt), Max Leu (Seydlitz), Georg John (Zieten), Attila Hörbiger (2.Kurier), Fritz Reiff (Grenadier), Theo Lingen (Kent), Jakob Tiedtke (Wirt), Karl Elzer (Kutscher des Königs), Ferdinand Hart (Rutowski), Hans Mühlhofer (1. General), Ernst Dernburg (2.General), Ruth Jacobsen (1. Dame), Hilde Wörner (2. Dame), Martin Herzberg (Junger Kavalier), Alexander Murski (Russischer Gesandter in Dresden), Edwin Jürgensen (Österreichischer Gesandter in Dresden), Werner Schott (Französischer Gesandter in Dresden), Hubert von Meyerinck (Attaché), Heinrich Gretler (Grenzjäger), Eduard von Winterstein, Franz Schwarwenka, Olga Engl.
PRO Ufa. PRL Günther Stapenhorst. DRZ 27.8. - 6.10.1930. DRO Ufa-Atelier Neubabelsberg; AA Döberitz, Potsdam, Schloß Sanssouci. LNG 2412 m, 88 min. ZEN 16.12.1930, B.27690, Jf. URA 19.12.1930, Berlin (Ufa-Palast am Zoo).
– Prädikat: Künstlerisch, volksbildend. – *Von den Alliierten Militärbehörden verboten.*
Privatleben und Politik sind eng verschlungen, als König Friedrich im Jahre 1756 nicht nur die Ehe des jungen Majors Lindeneck rettet, sondern mit Hilfe von dessen Reitkünsten auch drohende Gefahr für sein Land abwendet.

Ein treuer Diener seines Herrn

Ludwig Klitzsch, Hugenbergs Spitzenmanager

Er hat das gestrandete Flaggschiff der deutschen Filmindustrie wieder flottgemacht: Ludwig Klitzsch saniert im Auftrag der neuen Eigentümer die Ufa und leitet eine umfassende Reorganisation des verschachtelten Konzerns ein.

Er ist ein Management-Genie, und er beweist Durchsetzungsvermögen. Dabei mischt er sich in künstlerische Belange nicht ein, scheint sich dafür auch nicht zu interessieren: Der Mann an der Spitze des wichtigsten deutschen Filmunternehmens hat sich um Film immer nur unter politischen und ökonomischen Aspekten gekümmert.

Mit der Übernahme durch die Hugenberg-Gruppe wird der Vorstand entsprechend den neuen Machtverhältnissen umgebildet. Als »Delegierter des Aufsichtsrates« fungiert der Leiter des Scherl-Verlags: ein Generaldirektor, der diesen Titel nicht für sich beansprucht. Die Branche begrüßt sein Engagement, »denn Herr Klitzsch hat die notwendige Fühlung mit der Industrie schon seit Jahren – seine Persönlichkeit und seine Leistungen auf organisatorischem Gebiet sind bekannt«, meint der *Film-Kurier*, 22.4.1927.

Hinter ihm liegt eine Bilderbuch-Karriere: Bei dem Leipziger Verlag J. I. Weber hat er sich in zwölf Jahren emporgearbeitet: vom Annoncenwerber zum Direktor und Zeitschriften-Herausgeber. Kurz vor Kriegsbeginn, als in Wirtschaftskreisen erstmals über eine deutsche Filmpropaganda diskutiert wird, tut sich der junge Mann mit Engagement und weitsichtigen Konzepten besonders hervor. Als kaufmännischer Direktor der Deutschen Übersee-Dienst GmbH mischt er bei der Deutschen Lichtbild-Gesellschaft mit, verfaßt Denkschriften und hält markige Reden. Am Ende steht immer die gleiche Forderung: Es sei notwendig, den ausländischen Hetzfilmen von deutscher Seite etwas entgegenzusetzen. So auch bei seinem Vortrag 1917 im Sitzungssaal des Berliner Abgeordnetenhauses. Unter den Zuhörern befinden sich Seine Durchlaucht Prinz Albert von Schleswig-Holstein, der Generalleutnant von Bonin, zahlreiche Staatsminister und Regierungsräte, Vertreter diverser Dienststellen: vom Reichskolonialamt bis zum Reichspostamt. Die *Lichtbild-Bühne*, 48/1917 berichtet, »daß die Zahlen, mit denen Herr Direktor Klitzsch operierte, zumindest durch ihren Umfang imponierten. Im übrigen entziehen sie sich genauerer Kontrolle.« Das Fachblatt ist deutlich weniger beeindruckt als die anwesenden Exzellenzen und vermerkt kritisch, der Vortrag sei »reichlich mit der bekannten Verachtung durchsetzt, die gewisse politische Kreise für unsere jetzigen Feinde nur allzu gern zur Schau tragen«. Chauvinismus ist das Schmiermittel, um die Filmpläne in Gang zu bringen, und auf die gewissen Kreise kommt es an: Klitzsch versteht es, an den Patriotismus zu appellieren, die Industriekapitäne und Wirtschaftsbosse in die nationale Pflicht zu nehmen. Bei der Ufa-Gründung kommt Geheimrat Hugenberg zwar noch nicht zum Zuge, aber die hier praktizierte Methode erweist sich als Erfolgsrezept beim Auf- und Ausbau seines Presseimperiums: Man holt sich das Kapital von der Schwerindustrie und liefert ihr dafür Zeitungen. Klitzsch ist der richtige Mann für Hugenberg – er macht 1920 den Vierzigjährigen zum Generaldirektor seines Scherl-Verlags.

Sieben Jahre später, im April 1927, herrscht er – ohne seine Stellung im Zeitungsverlag aufzugeben – zusätzlich noch über den Filmkonzern. Eine schwierige Aufgabe erwartet ihn dort: Soll die Ufa eine Überlebenschance haben, müssen so schnell wie möglich die Parufamet-Verträge gelöst werden. Noch im Juli reist Klitzsch in die Höhle des Löwen und erreicht in zähen Verhandlungen sein Ziel. Legendär sein Auftritt bei dem Bankett, das Will H. Hays, der allgewaltige Chef der amerikanischen Produzenten- und Verleiher-Organisation, im New Yorker Ritz Carlton Hotel gibt. Natürlich geht es in den Tischreden um das

Ludwig Klitzsch begrüßt Adolf Hitler 1937 vor dem Ufa-Palast am Zoo zur Premiere von Leni Riefenstahls Olympia-Film

Kontingentgesetz, und ebenso natürlich plädieren die Amerikaner für die Aufhebung der Importbeschränkungen. »Endlich erhob sich Klitzsch und hielt eine Rede in mühsamem Englisch. Er hätte gerade so gut deutsch reden können, denn alles, was er sagte, war ›nein‹, und das bedeutet dasselbe in jeder Sprache.« Das US-Branchenorgan *Variety* kann bei allem Sarkasmus dem Ufa-Direktor seinen Respekt nicht versagen: »Diese deutschen Filmproduzenten sind gerissen.« Klitzsch kehrt als Sieger nach Berlin zurück.

Während seiner Abwesenheit hat man gegen ihn polemisiert und intrigiert. Die Vorgeschichte: Eine Woche nach seiner Entmachtung tritt der frühere Generaldirektor Bausback auch als Vorsitzender der Spio, der Spitzenorganisation der deutschen Filmindustrie, zurück, und wie selbstverständlich übernimmt der neue Ufa-Chef die Funktion beim Interessenverband. Nicht nur der *Film-Kurier* begrüßt den Wechsel: »Die Industrie verspricht sich von den Beziehungen des Herrn Klitzsch zu den politischen und wirtschaftlichen Machtgruppen sowie den Behörden, Parlamenten und Parlamentariern und der Presse außerordentlich viel.« Kaum hat sich der Spio-Vorsitzende nach Amerika eingeschifft, wird ihm in der heimischen Presse unterstellt, er vertrete »die Privatinteressen der Majoritätsinhaber der Ufa zuungunsten der Interessen der übrigen deutschen Filmindustrie«. Aber Klitzsch macht auf dem Bankett keinen Knicks vor den Amerikanern, und auf der Rückreise tut er noch ein übriges: Er geißelt in einem Telegramm die »Hetzfilme« der Metro und greift dabei sogar die eigene Parufamet-Verleihorganisation an. Der Spio-Vorsitzende erweist sich als guter Deutscher; die Kritik an ihm verstummt. Zudem organisiert Klitzsch einen Feldzug gegen die (nach Meinung der Branche viel zu hohe) Lustbarkeitssteuer und demonstriert damit auch, daß Ufa-Interessen identisch sind mit den Interessen aller deutschen Produzenten, Verleihfirmen und Kinobesitzer.

Der Filmkonzern dominiert ziemlich ungeniert den Verband: Die Ufa ist in allen Sparten extra vertreten, hat also mehr als eine Stimme, muß aber auch entsprechend viel beitragen zur Finanzierung des Verbands. Auf den Sitzungen des Ufa-Vorstands wird über die Politik der Spio entschieden. Dafür ein Beispiel, entnommen dem Protokoll vom 4. Dezember 1931: »Es wird beschlossen, bei den Neuwahlen der Spio die bisher bestehende Besetzung des Vorstandes aufrecht zu erhalten. Die Herren Klitzsch, Correll, Meydam und Scheer als ordentliche und die Herren Somlò und Goldschmidt als stellvertretende Vorstandsmitglieder sollen demnach wiedergewählt werden.« Und so geschieht es.

Kompetenz beweist Klitzsch auch bei Personal-Entscheidungen. Er engagiert Correll und holt Pommer aus Hollywood zurück. Daneben geht der Versuch, den früheren Ufa-Direktor Siegmund Jakob regreßpflichtig zu machen: Die Gerichte entscheiden gegen den Filmkonzern, weil das ruinöse USA-Geschäft durch Aufsichtsratsbeschlüsse gedeckt war, zudem die Generalversammlung dem scheidenden Vorstand Entlastung erteilt hatte. Danach hakt Klitzsch das Kapitel Vergangenheit ab und wendet sich der Zukunft zu. Er unternimmt mehrere Studienreisen nach Amerika, und bei der Ufa-Tagung am 28. Juli 1930 verkündet er die Umstellung auf den Tonfilm. Im Juni 1931 ernennt Hugenberg seinen treuen Gefolgsmann auch offiziell zum Generaldirektor der Ufa. Der Spitzenmanager ist auch Spitzenverdiener: Er bezieht ein Monatsgehalt von 7500 RM, eine jährliche Aufwandsentschädigung von 30.000 Mark und noch einmal denselben Betrag als Dispositionsfonds, über den er keine Rechenschaft ablegen muß. Neben diesen festen Bezügen kommt ein lukrativer Bonus: drei Prozent des Reingewinns, den die Ufa jährlich an ihre Aktionäre ausschüttet.

»Mit dem Jahr der Machtergreifung beginnt für den deutschen Film eine vollkommen neue Entwicklungsperiode«, doziert Klitzsch auf einer Tagung der Reichsfilmkammer. Der Generaldirektor von Scherl und Ufa legt das Treuegelöbnis zum Führer ab, hält als Deutschnationaler aber Distanz zur NSDAP. Am 30. Januar 1933 schreibt er an den Geheimrat: »Über die voraussichtliche Liquidität unseres Verlagsunternehmens mache ich mir ständig Gedanken – und Sorgen.« An eben diesem Tag tritt Hugenberg als Minister in das Kabinett Hitler ein, und neben den Finanzproblemen muß sich Klitzsch bald mit ganz anderen Dingen beschäftigen. Otto Kriegk, Chefreporter des Scherl-Verlags, berichtet am 25. April seinem Chef: Ein »unerträglicher Druck der Unsicherheit über die politische Entwicklung« belaste das Haus, »eine Stimmung der Verzweiflung« lähme die Redaktionen. »Vor uns steht die Möglichkeit, daß Herr Geheimrat Hugenberg plötzlich aus dem Kabinett austritt und die Führung unseres Hauses unter den heutigen, schon an vielen Stellen geschaffenen Umständen einfach in die Hand eines gewaltsam eingesetzten Kommissars der N.S.D.A.P. übergeht.« Einen Monat später – am 27. Juni, dem Tag der Selbstauflösung der Deutschnationalen Volkspartei – reicht Hugenberg seinen Rücktritt ein; im Gegenzug beläßt Hitler den Unternehmen Scherl und Ufa zunächst ihre Selbstständigkeit.

»Klitzsch versteht sein Handwerk. Aber von Kunst leider garnichts«, notiert Goebbels nicht ganz zu Unrecht in seinem Tagebuch. (Den Namen des Ufa-Generaldirektors schreibt der Promi konstant falsch.) 1937 spitzt sich der Konflikt zu. »Klitzsch sträubt sich mit Händen und Füßen. Aber es hilft ihm nichts«, heißt es am 20. Februar. Am 8. März holt Goebbels sich Rückendeckung beim Führer, am Tag darauf konferiert er mit dem Beauftragten für das Filmwesen: »Winkler setzt mir den Status der Ufa auseinander. Klitzsch und Hugenberg

1930. Der Mann, der seinen Mörder sucht.
REG Robert Siodmak. RAS Carl Winston. AUT Ludwig Hirschfeld, Kurt Siodmak, Billie Wilder, (Robert Siodmak); nach dem Bühnenstück ›Jim, der Mann mit der Narbe‹ von Ernst Neubach. KAM Konstantin Tschet. BAU Robert Herlth, Walter Röhrig. SCH Viktor Gertler. TON Fritz Thiery. MUS Friedrich Hollaender. ML Franz Wachsmann. LT Billie Wilder. MT ›Am Montag hab' ich leider keine Zeit‹, ›Wo gibt es noch Männer voller Biederkeit‹, ›Wenn ich mir was wünschen dürfte‹.
DAR Heinz Rühmann (Hans Herfort), Lien Deyers (Kitty), Raimund Janitschek (Otto Kuttlapp), Hans Leibelt (Adamowski), Hermann Speelmans (Jim), Friedrich Hollaender (Vorsitzender ›Weißen Weste‹), Gerhard Bienert (Schupo), Franz Fiedler, Eberhard Mack, Erik Schütz, Roland Varno, Wolfgang von Waltershausen, Hermann Blaß, Fritz Odemar. PRO Erich Pommer-Produktion Ufa. PRT Erich Pommer. PRL Eberhard Klagemann. DRZ Oktober - Dezember 1930. DRO Ufa-Atelier Neubabelsberg; AA Berlin. LNG 2672 m, 98 min. ZEN 7.1.1931, B.27849, Jv. URA 5.2.1931, Berlin (Gloria-Palast).
– AT: Der Himmelskandidat. – Preview: 17.1.1931, Berlin (Ufa-Palast Turmstraße) – Gekürzte Fassung (ca. 52 min) unter dem Titel ›Jim, der Mann mit der Narbe‹.
Der erfolglose Einbrecher Otto Kuttlapp soll den selbstmordwilligen Hans Herfort gegen Kassierung seiner Lebensversicherung bis zum nächsten Mittag umbringen. Doch Hans verliebt sich überraschend in Kitty ... Kuttlapp hat den Mordauftrag an Jim weiterverkauft, mit dem Hans in einer gemeinsamen Gefängniszelle landet, aus der beide fliehen. Am Ende muß niemand sterben, aber es findet sich ein Paar.

1931. Der falsche Ehemann.
REG Johannes Guter. RAS Erich Holder. AUT Paul Frank, Billie Wilder. KAM Carl Hoffmann, Bernhard Wentzel. KAS Günther Anders. STF Emanuel Loewenthal. BAU Robert Herlth, Walter Röhrig. AUS Werner Schlichting. MAS Ernst Schülke. SCH Nikolaus Mick. TON Erich Leistner. MUS Norbert Glanzberg. LT Gert Karlick. MT ›Einmal wird Dein Herzchen mir gehören!‹, ›Hasch' mich, Mein Liebling, hasch' mich‹.
DAR Johannes Riemann (Peter und Paul Hannemann, Zwillingsbrüder), Maria Paudler (Ruth, Peters Frau), Gustav Waldau (H. H. Hardegg aus Buenos Aires), Jessie Vihrog (Ines, seine Tochter), Tibor von Halmay (Maxim Tartakoff, Geigenvirtuose), Martha Ziegler (Fräulein Schulze, Sekretärin), Fritz Strehlen (Maharadscha), Klaus Pohl, Gustl Stark-Gstettenbaur, Comedian Harmonists.
PRO Ufa. PRL Bruno Duday. DRZ 29.1. - 10.3.1931. DRO Ufa-Atelier Neubabelsberg; AA St. Moritz. LNG 2310 m, 84 min. ZEN 26.3.1931, B.25581, Jv. URA 27.3.1931, Berlin (Gloria-Palast).
Der schläfrige Peter, gleichgültig verheiratet mit Ruth, und der agile Paul, ledig, sind Zwillingsbrüder mit unterschiedlich erfolgreichen Geschäften. Die Ankunft des argentinischen Millionärs Hardegg samt seiner Tochter Ines führt nach einigen Verwicklungen zu der Auffrischung von Peters Ehe und einer Verbindung zwischen Paul und Ines.

1931. Ihre Hoheit befiehlt.
REG Hanns Schwarz. RAS Carl Winston. AUT Robert Liebmann, Paul Franck, Billie Wilder. KAM Günther Rittau, Konstantin Tschet. KAS Otto Baecker. STF Willi Klitzke. BAU Erich Kettelhut. KOS Leopold Verch (Uniformen). MAS Emil Neumann, Maria Jamitzky. SCH Willy Zeyn jr. TON Hermann Fritzsching. MUS, ML Werner Richard Heymann; unter Verwendung eines Walzers von Emil Waldteufel. LT Ernst Neubach, Robert Gilbert. MT ›Bißchen dies und bißchen das‹, ›Der Schlittschuhläufer‹, ›Du hast mir heimlich die Liebe ins Haus gebracht‹, ›Frag' nicht wie, frag' nicht wo‹, ›Komm' und tanz' mit mir‹, ›Trara! Jetzt kommt die Marschmusik‹.
DAR Willy Fritsch (Leutnant Carl von Conradi), Käthe von Nagy (Prinzessin Marie-Christine), Reinhold Schünzel (Graf Herlitz, Staatsminister), Paul Hörbiger (Pipac, Hofdetektiv), Paul Heidemann (Fürst von Leuchtenstein), Michael von Newlinski (Rittmeister), Eugen Tiller (Major), Kenneth Rive (König), Karl Platen (Kammerdiener), Erich Kestin (Bursche bei Conradi), Erik Schütz (Stimmungssänger), Attila Hörbiger (Wachtposten), Ferdinand Martini, Edgar Pauly, Fritz Spira, Wolfgang von Schwind, Comedian Harmonists (Köche).
PRO Ufa. PRL Max Pfeiffer. AUL Erich Holder. DRZ ab 20.1.1931. DRO Ufa-Atelier Neubabelsberg. LNG 2610 m, 95 min. ZEN 2.3.1931, B.28350, Jv. URA 3.3.1931, Mannheim; 4.3.1931, Berlin (Gloria-Palast).
Französische Version:

Umstritten: MENSCHEN
OHNE VATERLAND (1936/37,
Regie Herbert Maisch)

»Es ist gar kein Geheimnis, wenn man es ausspricht: Ufafilm bleibt Ufafilm. Das war vor Jahren so, das ist es heute noch, die Filme ähneln sich alle, sie tragen das Firmenzeichen nicht nur auf dem Vorspann, nein, es überflattert die Idee, es beherrscht die Szene, formt jeden Schauspieler, beeinflußt alle Mitwirkenden, es beharrt, aber es belebt nicht. Es belebt wirklich nicht; denn sind die Erzeugnisse der Babelsberger Werkstätten auch mit Großzügigkeit gemacht, technisch sauber und im Handwerklichen richtig, so hinkt das Künstlerische, will sagen, das Lebensnahe und Echte, um zehn Jahre hinterher. Es muß hinterherhinken, und wenn nicht um zehn, dann wenigstens um vier Jahre.

Im Jahre 1933 ist nämlich auch der Parlamentarismus verschwunden (das muß laut in die Babelsberge gerufen werden, wenn es auch kein Echo bei dem Sande gibt), jene eigenartige Maschinerie von Meinungserzeugung und Ausverkauf, die wohl nicht näher beschrieben zu werden verdient. Es gibt da und dort noch Reste von Parlamentarismus, so wie es noch im Frühling Schneereste gibt, und einige haben Heimstatt und Pflege in den dramaturgischen Büros und den Vorstandsräumen (oder gar in den Gemächern des Aufsichtsrates der Ufa?) gefunden, wo sie mit Hingabe und Liebe gehegt und gepflegt werden. Und zwar derartig, daß sie sich, ein politisches Wunder, bis zum heutigen Tage erhalten haben.«

Ewald von Demandowsky,
Völkischer Beobachter, 10.3.1937

wollen uns regelrecht übervorteilen. Aber ich bin nun nicht mehr so dumm.« Als flankierende Maßnahme startet er eine Kampagne. »Ich weise die Presse an, den Generalangriff gegen die Ufa anzusetzen. Gleich heute geht das los bei der Kritik des Filmes MENSCHEN OHNE VATERLAND. Die Ufa wird sich wundern.« Während das Scherl-Blatt *Berliner Lokal-Anzeiger* am nächsten Morgen blauäugig von lebhaftem Beifall bei der Uraufführung berichtet, geht das *Berliner Tageblatt* unter der Überschrift »Geschäft und politisches Gewissen« mit den Filmleuten scharf ins Gericht. Der *Völkische Beobachter* nimmt die Premiere zum Anlaß, frontal gegen die Konzernspitze zu schießen.

Die Lektüre der Zeitungen hebt Goebbels' Stimmung, euphorisiert ihn geradezu. »Das knallt nur so. Die Presse hat also gut funktioniert«, freut er sich. Tags darauf notiert er: »Gestern: bei der Ufa große Bestürzung. Dieser Presseangriff kam zu plötzlich. In kurzer Zeit werde ich sie haben. Die Hugenberger müssen kapitulieren.« Einen Tag später, ungläubig staunend: »Klitzsch ist verrückt geworden. Will den Kampf. Soll ihn haben.« Doch schon am 13. März kann er konstatieren: »Ufa mürbe gerschossen. Verkauf nur noch eine Frage kurzer Zeit. Mein Bombardement hat also gewirkt. Klitzsch ganz zerschlagen. Das hätte er billiger haben können.« In der Ufa-Zentrale herrsche große Panik. Genüßlich vermerkt er: »Das liebe ich. Ich werde die Herren schon kirre machen.«

Die selbstgerechte und eitle Pose des Propagandaministers verstellt den Blick: Nicht der auftrumpfende Nazi und die gleichgeschaltete Presse haben den Generaldirektor in die Knie gezwungen. Sondern ein Organisationsgenie – Winkler, gestützt vom Regime – hat ein anderes Organisationsgenie – Klitzsch, dessen Patron Hugenberg entmachtet ist – besiegt. Bei den Verkaufsverhandlungen versucht er, das Beste für seinen Herrn herauszuholen. Unter anderem wird vereinbart, daß Scherl die Herstellung aller Filmdrucksachen durchführt und das Scherl-Blatt *Die Filmwelt* als Programmzeitschrift besondere Förderung erfährt. Auch zeigt sich, daß Klitzsch gar nicht so leicht in der Ufa-Leitung zu ersetzen ist: Er bleibt Generaldirektor – bis auf weiteres. Außerdem gefällt Goebbels die von Klitzsch formulierte Denkschrift zur Errichtung einer Filmakademie. »Eine sehr solide Arbeit. Nun können wir gleich anfangen. Die Ufa arbeitet zuverlässig. Sie hat eben einen führenden Kopf.« Ja, verglichen mit den anderen Schlampläden erscheint dem Minister die Ufa geradezu als ein »Juwel«. »Ich spiele mit dem Gedanken, Klitzsch nicht nur nicht abzusetzen, sondern ihm auch noch die Tobis zu unterstellen.«

Es kommt anders. Am 22. Dezember 1942 teilt Klitzsch Hugenberg seinen Entschluß mit, »aus der jetzigen Halbheit meiner Stellung herauszukommen, die sich aus der Entwicklung der letzten 12 Monate und auch aus meinem unbefriedigenden Verhältnis zu Herrn Dr. Winkler ergibt«. Bei den Feierlichkeiten zum Ufa-Jubiläum, dem Betriebsappell am 3. März 1943, legt er den Vorsitz im Vorstand nieder und übernimmt den Vorsitz im Aufsichtsrat, ist also nicht mehr mit dem täglichen Geschäftsgang befaßt. An sich ist vereinbart, daß die Ufa keinen neuen Generaldirektor ernennt, doch ein paar Monate später hat Fritz Kaelber diese Funktion inne. Verbittert kommentiert Klitzsch in einem privaten Schreiben an Hugenberg den weiteren Verlust seiner Macht: »Der ganze Vorgang ist ein sogenanntes ›Begräbnis I. Klasse‹, das einem Wunsche des Herrn Bürgermeister Dr. Winkler entspricht. Seine seit etwa zwei Jahren laufenden Bestrebungen, mich auszuschalten, kommen damit zu einem gewissen Abschluß.«

Die Neuregelung ist für den aufs Abstellgleis geschobenen Wirtschaftsboß ein guter Anlaß, seinen bei Kriegsbeginn ausgesprochenen Verzicht auf die ihm zustehenden Bezüge zurückzunehmen. (Winkler bestätigt ihm mit Datum vom 9. November 1943: »Ihre Gesamtberatung des Ufa-Film-Konzerns ist eine so umfassende, daß sie billigerweise nicht ohne Vergütung geleistet werden kann. Ich stelle Ihnen deshalb einen Betrag von jährlich 60.000 RM ab 1.4.1943 zur Verfügung.« Klitzsch erhält vierteljährlich einen Verrechnungsscheck über 15.000 RM, den letzten quittiert er am 10. Januar 1945.) Der Brief an Hugenberg schließt: »Ich habe bei der Neugestaltung das Gefühl, daß man zunächst die Absicht hat, mir durch freundschaftliche Behandlung die neue Situation zu erleichtern. Hoffentlich hält das aber auch an; denn die Vereinbarungen sind unbefristet, können daher jeden Tag aufhören.«

Die Liste seiner Ämter ist immer noch lang genug: Aufsichtsratsvorsitzender der Universum Film-AG, der Afifa, der Ufa-Filmkunst, der Deutschen Filmvertriebs GmbH, der Deutschen Wochenschau sowie der Filmkreditbank, stellvertretender Vorsitzer des Aufsichtsrates der Ufa-Film GmbH, der Deutschen Filmtheater GmbH und der Film-Unione in Rom. Außerdem ist er »Wehrwirtschaftsführer«. (Eher eine private Hilfeleistung dokumentiert ein Schreiben vom Ende Juli 1942, archiviert im Hugenberg-Nachlaß: »Sehr geehrter Herr Geheimrat! In Erledigung Ihres geschätzten Schreibens vom 20. ds. Mts. habe ich veranlaßt, daß Ihnen eine weitere Sendung Klo-Papier noch im Laufe dieses Monats zugeht. Ende August und September erhalten Sie dann nochmals eine Sendung mit je 25 Rollen. Ich hoffe nicht, daß der Krieg solange dauert.«) Unermüdlich berichtet er seinem Patron, der sich auf Gut Rohbraken bei Rinteln verkrochen hat, von den Ereignissen in Berlin. Neben den Bombenschäden beschäftigt ihn vor allem die »Sorge über den gesundheitlichen Abfall unserer leitenden Herren«. Klitzsch selbst geht es auch nicht gut: Er leidet an einer Nervenerkrankung mit häufigen Kopfgefäßkrämpfen, liegt ein halbes Jahr im Sanatorium. Im Juli 1944 schickt er ein ärztliches Attest an Winkler: Er ist reiseunfähig und muß auf seinem Rittergut Sternhagen bleiben, versichert aber, trotzdem regelmäßig die Ufa-Akten zu bearbeiten.

Das Nachspiel ist kurz. Am 15. Juli 1945 wendet er sich an die Militär-Regierung in Flensburg. »Zunächst bemerke ich, daß ich der Partei trotz meiner bekannten Stellung in Presse und Film nicht angehört habe, 64 Jahre alt und in zweiter Ehe mit einer Dänin verheiratet bin.« Die Hugenberg-Leute stellen sich gegenseitig Persilscheine aus – mit Erfolg: Im Entnazifizierungsverfahren wird Klitzsch Anfang 1949 in die Gruppe V – Mitläufer – eingestuft. Er kämpft um die Freigabe des Ufa-Vermögens, versucht vergeblich, wieder ins Pressegeschäft einzusteigen. Mit Hugenberg tauscht er lange Briefe aus; einziges Thema dieser Korrespondenz ist die Frage, wie das einstige Vermögen vor der Beschlagnahme durch die Alliierten zu retten sei. Die politische Verstrickung des deutschnationalen Medienkonzerns mit dem NS-Regime hat er nie reflektiert. Ein dreiseitiges Typoskript, eine auf den 17. Juni 1949 datierte Rechtfertigungsschrift, behandelt den »beispiellosen Leidensweg der Ufa« während der Nazi-Diktatur. »Der Film war durch die Machtergreifung nur mehr ein Mittel zur Erreichung staatspolitisch wünschenswerter Ziele geworden«, klagt er. »Der Gedanke an Wirtschaftlichkeit und Rentabilität, der Endzweck jedes wirtschaftlichen Seins, trat bei einer solchen Auffassung zurück.« In anderen Kategorien konnte er nicht denken. Ludwig Klitzsch stirbt 1954, knapp drei Jahre nach dem Tod seines Herrn Hugenberg.

Michael Töteberg

Jannings, Klitzsch und Goebbels am 11.3.1939 bei einer Kundgebung der Filmschaffenden in der Kroll-Oper

1931. Princesse, à vos ordres.
REG Hanns Schwarz, Max de Vaucorbeil. RAS Carl Winston. AUT Robert Liebmann, Paul Franck, Billie Wilder. DIA Jean Boyer. KAM Günther Rittau, Konstantin Tschet. BAU Erich Kettelhut. KOS Leopold Verch (Uniformen). TON Hermann Fritzsching. MUS, ML Werner Richard Heymann. LT J.Boyer. DAR Lilian Harvey (la princesse Marie-Christine), Henri Garat (Carl de Berck), Jean Mercanton (le petit roi), Marcel Vibert (Heynitz), Bill-Bocketts (Pipac), Raymond Guérin (le prince de Leuchtenstein), Théo Tony, Marcel Merminod, Comedian Harmonists.
PRO Ufa / ACE. PRL Max Pfeiffer. DRZ ab 20.1.1931. DRO Ufa-Atelier Neubabelsberg. LNG 82 min. URA 2.4.1931, Paris (Palais-Rochechouart). DEA 29.5.1931, Berlin (Gloria-Palast, Interessentenvorführung).
– AT: Son altesse ordonne.
Die junge, hübsche, lebensfrohe Prinzessin Marie-Christine lehnt die Hofetikette ab. Darum besucht sie inkognito als Friseuse Mizzi den Gesindeball. Dort lernt sie den Delikatessenverkäufer Karl kennen. Sie trinken Brüderschaft und verlieben sich. Der ›Skandal‹ kommt ans Tageslicht. Karl ist in Wirklichkeit ein Leutnant.

1931. Voruntersuchung.
REG Robert Siodmak. RAS Paul Martin. AUT Robert Liebmann; nach dem Bühnenstück von Max Ahlsberg, Otto Ernst Hesse. KAM Konstantin Tschet, Otto Baecker. STF Willi Klitzke. BAU Erich Kettelhut. MAS Emil Neumann, Maria Jamitzky. SCH Viktor Gertler. TON Fritz Thiery, Eberhard Klagemann.
DAR Albert Bassermann (Dr. Konrad Bienert, Landgerichtsrat), Hans Brausewetter (Walter, sein Sohn), Charlotte Ander (Gerda, seine Tochter), Gustav Fröhlich (Fritz Bernt, Student), Annie Markart (Erna Kabisch, eine Dirne), Edith Meinhard (Mella Ziehr, eine Dirne), Oskar Sima (Karl Zülke, Portier), Julius Falkenstein (Anatol Scherr), Heinrich Gretler (Kurt Brann, sein Untermieter), Hermann Speelmans (Bruno Klatte, Artist), Jakob Tiedtke (Genierter Herr), Gerhard Bienert (Baumann, Kriminalkommissar), Heinz Berghaus (Schneider, Kriminalbeamter), Carl Lambertini (Kriebel, Kriminalbeamter), Emilie Unda.
PRO Erich Pommer-Produktion der Ufa. PRT, PRL Erich Pommer. AUL Eberhard Klagemann, Ernst Braun. DRZ 18.2. - März 1931. DRO Ufa-Atelier Neubabelsberg; AA Berlin (Tiergarten). LNG 2610 m, 95 min (2613 m vor Zensur). ZEN 17.4.1931, B.28740, Jv. URA 20.4.1931, Berlin (Gloria-Palast).
Französische Version:

1931. Autour d'une enquête.
REG Robert Siodmak. DIA-REG Henri Chomette. AUT Robert Liebmann, nach dem Bühnenstück ›Voruntersuchung‹ von Max Ahlsberg, Otto Ernst Hesse. DIA Raoul Ploquin, Henri Chomette. KAM Konstantin Tschet, Otto Baecker. BAU Erich Kettelhut. SCH Viktor Gertler. TON Fritz Thiery.
DAR Jean Périer (le juge Binert), Jacques Maury (Walter Binert), Annabella (Greta Binert), Colette Darfeuil (Mella), Pierre Richard-Willm (Paul Brent), Odette Florelle /= Rousseau/ (Erna Kabisch), Robert Ancelin (Klate), Bill-Bocketts (le concierge Zülke), Gaston Modot (Baumann), Paul Olivier (le vieux Scherr), Pierre Franck, Willy Rozier, Théo Tony.
PRO Ufa / ACE. PRT Erich Pommer. DRZ 18.2. - März 1931. DRO Ufa-Atelier Neubabelsberg; AA Berlin (Tiergarten). LNG 93 min. URA 21.5.1931, Paris (Moulin Rouge).
Die Ermordung einer Prostituierten in einer ärmlichen berliner Mietskaserne tritt als kriminalistisches Problem gegenüber dem menschlichen in den Hintergrund. Der sture, gegen den Studenten Fritz Bernt eingenommene Untersuchungsrichter Bienert hört nur, was er hören will, glaubt nur, was er glauben will. Erst als sein eigener Sohn involviert ist, betrachtet er den Fall mit innerer Anteilnahme und findet den wirklichen Mörder.

1931. Der Stumme von Portici.
REG Kurt Gerron. AUT Karl Noti. KAM Werner Brandes. BAU Hans Sohnle. TON Gerhard Goldbaum.
DAR Szöke Szakall (Ehemann), Siegfried Arno (Hypnotiseur), Paul Hörbiger, Karl Etlinger (Hausfreund), Ida Wüst (Gattin), Trude Berliner (Carmen aus dem ›grünen Vogel‹) Haidy Schittenhelm, Ilse Nast, Herbert Paulmüller, Fritz Beckmann.
PRO Ufa. PRL Bruno Duday. DRO Ufa-Atelier Neubabelsberg. LNG 777 m, 28 min. ZEN 23.4.1931, B.28824, Jv. URA 13.5.1931, Berlin (U.T. Kurfürstendamm).
– Kurzspielfilm.

Vermintes Gelände
Geschäft und Politik: Der Weltkrieg

Am Morgen nach der Premiere kabelt der Hauptstadt-Korrespondent seiner Redaktion: »Das Theater war ausverkauft; im Rang, der Bühne gegenüber, saß, von Reichswehroffizieren begleitet, der neue Hausherr, Herr Hugenberg.« Der erste, zudem politisch brisante Ufa-Film nach dem Besitzwechsel: Die Linke befürchtet natürlich ein reaktionäres Machwerk. Doch im Ufa-Palast am Zoo kommt kein nationalistischer Propagandafilm zur Uraufführung.

»Der Film wirkte stark«, berichtet Bernard von Brentano der *Frankfurter Zeitung*. »Eine schlecht verteilte Claque, welche allemal applaudierte, wenn ehemalige Potentaten zu sehen waren, die Kaiserin, der König von Bayern, der Sultan usw., drang aber nicht durch. Für Wilhelm II., der zweimal erschien, rührte sich im ganzen Haus keine Hand.«

Das Projekt »Heeresfilm« hat die neue Ufa-Leitung fertig vorgefunden, lediglich ein zugkräftiger Titel wird noch gesucht. Klitzsch schlägt zunächst »1914« vor, schließlich einigt man sich auf DER WELTKRIEG, 1. TEIL: DES VOLKES HELDENGANG. Regie führt die Reichsregierung: Als ›Bearbeiter‹ werden die Reichsarchivräte George Soldan und Erich Otto Volkmann genannt; auf dem Plakat und in der Werbung soll besonders hervorgehoben werden, daß der Film unter Verwendung von Bildmaterial des Kriegsministeriums hergestellt worden ist. Bevor die Produktion öffentlich vorgeführt wird, nimmt Außenminister Stresemann sie am 20. April 1926 ab: Er sei zufrieden gewesen, heißt es in der Vorstandssitzung, und habe lediglich »angeregt, die Szene mit ›Wilson‹ herauszunehmen«. Der Wunsch des Ministers ist den Ufa-Leuten Befehl: Der Schnitt wird ohne große Diskussion vorgenommen.

DER WELTKRIEG ist eine Dokumentation: eine möglichst leidenschaftslose Nachzeichnung der Ereignisse im ersten Kriegsjahr. Die Aufnahmen dieser Bilder-Chronik sind jedoch häufig gestellt: Das authentische Material erweist sich als derart dürftig, daß ganze Sequenzen, vor allem die Kampfszenen, nachgespielt werden müssen. Die Macher verschweigen dies nach Möglichkeit: Das Dokumentar-Verfahren dieses »historischen Films« ist höchst fragwürdig. Unterm Strich sind weder die authentischen noch die inszenierten Aufnahmen besonders eindrucksvoll; das beste, darüber sind sich alle Filmkritiker einig, sind die Zeichentrickbilder, die Truppenbewegungen, ja sogar Kämpfe auf dem Schlachtfeld plastisch werden lassen.

Svend Noldan zeichnet die beweglichen Kartenbilder. Der Mann von der Trickabteilung hat Freunde in der linken Kulturszene: Erwin Piscator und John Heartfield, der einst bei der Bufa sich vor dem Wehrdienst drückte und Noldan zur Ufa vermittelte. Schon bald gilt er als Spezialist, auf den die Kulturfilm-Abteilung nicht verzichten kann: Wo immer durch Zeichentrick ein abstrakter Vorgang verdeutlicht werden soll – sei das Thema nun Geschlechtskrankheiten oder der Flußlauf des Rheines – Noldan findet stets eine ebenso plausible wie überraschende Lösung. Um die militärischen Operationen im WELTKRIEG-Film darzustellen, zeichnet er rund 150.00 Bilder – 600 Meter Zeichentrick, jeder Meter hat 52 Bilder, davon sind die meisten fünf- bis sechsmal übereinander belichtet. Fleiß ist hier genauso gefragt wie Kreativität.

Die Ufa präsentiert den Weltkrieg wie ein x-beliebiges Kulturfilm-Thema. »Der Film wird eine Geschichtsstunde, die Leinwand eine Schultafel«, notiert Bernard von Brentano. Doch kann man, acht Jahre nach Kriegsende, das mörderische Schlachten so kühl-distanziert betrachten wie ein abgeschlossenes Kapitel? Letztlich sei der Film »feige«, denn er beziehe nicht Stellung, kritisiert Brentano. Nicht nur ihm fällt die unentschiedene Haltung der Filmautoren auf: Die Herren denken »Schwarz-Weiß-Rot und wollen doch zugleich auch Schwarz-Rot-Gold sein«, bemerkt das *Berliner Tageblatt* (10.2.1928). Es ist schon so: Die Ufa will niemanden verprellen, sie will Kriegsgegner wie Hurrapatrioten ins Kino locken. Die salbungsvollen Worte, mit denen etwa das frankfurter Ufa-Theater im Schwan wirbt, zeigt die bewußt diffuse Tendenz des Unternehmens, seine ambivalent gehaltene Wirkungsstrategie: »Dem einen werden kaum vernarbte Wunden aufgerissen, dem andern ist jene Zeit stolzer Lebensinhalt. – Jeder achte daher die Gefühle seiner Mitmenschen, in der uns alle verbindenden Erinnerung an unsere Gefallenen!«

Auch in den geschäftlichen Entscheidungen ist Lavieren angesagt. Die Parufamet möchte den Film in den Verleih nehmen, doch DER WELTKRIEG soll unbedingt unter der Ufa-Marke, nicht unter dem Zeichen eines deutsch-amerikanischen Gemeinschaftsunternehmens herauskommen. Andererseits hofft man, den Film gut nach Amerika verkaufen zu können: Eine halbe Million Verleihgarantie müßte drin sein, glauben die Vorstandsherren. Doch zuvor muß man auf Wunsch der potentiellen Kunden Aufnahmen über US-Truppen besorgen (gibt es im Austausch gegen deutsche Truppenaufnahmen von einer französischen Produktionsgesellschaft, die ihrerseits gerade einen Verdun-Film auf den Markt bringt). Die deutschen Lichtspieltheater melden volle Häuser; bei der jährlichen Ab-

> »In diesem Film lebt nicht das, was für uns alle der Krieg bedeutete, das tieferlebte Grausen einer entfesselten Welt, die den Menschen niederschmetterte mit brüllenden Granaten. Dieser Film fälscht diese Gesinnung und wandelt sie in Schlachteninteresse«
> *(Heinrich Braune, 1927)*

stimmung unter den Kinobesitzern rangiert DER WELTKRIEG auf Platz 5, gleich hinter METROPOLIS.

Die internationale Vermarktung ist bei diesem Film ein besonders schwieriges, sensibel zu handhabendes Geschäft, das politisches Fingerspitzengefühl erfordert. Das Reichsarchiv möchte am liebsten alle Auslandsverträge vorgelegt bekommen, was der Ufa-Vorstand ablehnt. Die Ufa bewegt sich auf vermintem Gelände, sie operiert entsprechend vorsichtig. Die englische Besatzungsbehörde in Wiesbaden verbietet den Film; Kriegsfilme gleich welcher Tendenz würden grundsätzlich nicht zugelassen. Das Auswärtige Amt wird eingeschaltet: Der Reichskommissar für die besetzten Gebiete soll mit der interalliierten Rheinland-Kommission über eine Aufhebung des Verbots verhandeln. Das Angebot eines französischen Lizenznehmers wird abgelehnt, weil die Ufa sich von einer Aufführung im Land des Erbfeindes nur Schwierigkeiten verspricht. Die Resonanz in England dagegen ist positiv. Mit den Briten kommt man ins Geschäft und kauft, schon aus taktischen Gründen, auch ihnen etwas ab: DIE SEESCHLACHTEN BEI CORONEL UND DEN FALKLANDINSELN, ein Marinefilm unter dem Protektorat der britischen Admiralität.

Daß die deutschnationale Ufa nun plötzlich einen halboffiziellen Weltkriegsfilm aus England den Kinos offeriert, erfordert vom Verleih besondere Überredungskünste. »Sehr geehrter Herr Theaterbesitzer«, wendet sich die Ufa an ihre irritierten Kunden. Sieg und Untergang des deutschen Kreuzergeschwaders seien zwar »vom Feinde im rollenden Filmband verewigt«, aber schließlich gehe es um Admiral Graf Spee, der in der Seeschlacht den Tod fand: »Dem Andenken dieses tapferen Mannes und den Taten des Geschwaders glaubte die Ufa es schuldig zu sein, den Film in ihr Programm aufzunehmen«. Die englische Produktion anzupreisen und gegen den eigenen Film abzusetzen, ohne diesen schlecht zu machen, der Werbetexter löst auch diese heikle Aufgabe: »Während die bisherigen Kriegsfilme entweder – wie der Ufafilm – ein objektives Bild der Geschichte gaben oder – wie die ausländischen Kriegsfilme – der Verherrlichung der eigenen Truppen dienten, wurde hier zum ersten Male ein Film geschaffen, der den Feind – in diesem Falle die Deutschen – feiert und sein heroisches Zugrundegehen schildert.«

In dem Schreiben wird kleinlaut eingestanden, daß das Interesse an solchen Streifen deutlich gesunken ist: »Trotz der außerordentlichen Nachfrage nach dem Weltkriegsfilm der Ufa hat die daraufhin einsetzende Flut von Filmen gleichen Charakters zu einer gewissen Abneigung gegen Kriegsfilme geführt.« Speziell Marinefilme wie KREUZER EMDEN oder DIE EISERNE BRAUT überschwemmen den Markt, und ihre plötzliche Konjunktur ist nicht auf die Publikumsnachfrage zurückzuführen. Vom sowjetischen PANZERKREUZER POTEMKIN aufgeschreckt, hat die Reichswehr mehrere Millionen Mark in marode Filmfirmen gesteckt, die nun die deutsche Kriegsflotte ins rechte Licht rücken. Die illegalen Schmiergeld-Zahlungen fliegen auf und lösen einen Skandal aus. In die dubiosen Geschäfte ist die Ufa nicht verwickelt: Sie hat zwar auch einen Marinefilm geplant, doch das Projekt immer wieder verschoben. Dem Ministerium liegt das Drehbuch bereits vor, aber der Verleih ist vom ökonomischen Erfolg nicht recht überzeugt. Jetzt läßt man das Projekt lieber ganz fallen.

Währenddessen wird DER WELTKRIEG, TEIL II, gedreht. Das Reichswehrministerium stellt das notwendige Militär zur Verfügung gegen eine Pauschale von 3 RM pro Mann und Tag. (Diesmal denkt man gleich bei der Produktion an den Auslandsmarkt. Natürlich wollen die jeweiligen Nationen ihre eigenen Truppen im Bilde sehen, also werden »zur Erzielung eines besseren Vertriebs in Ungarn« vom dortigen Kriegsministerium Aufnahmen zum Preise von 4.000 Pengö erworben.) Als der Film fertig ist, ist von Euphorie nichts mehr zu spüren. Am liebsten würde man die Premiere gleich ins kleinste Berliner Erstaufführungstheater legen. Auf der Vorstandssitzung am 17. Januar 1928 »wird beschlossen, falls der Reichspräsident der Uraufführung beiwohnt, diese im Ufa-Palast zu Gunsten der Kriegsbeschädigten oder der Hindenburgspende zu veranstalten und den Film alsdann in den Ufa-Pavillon zu verlegen; im Falle seines Nichterscheinens findet die Uraufführung im Ufa-Pavillon und ohne Abführung zu Wohltätigkeitszwecken statt«.

Aber Hindenburg läßt sich nur allzu gern vor den Ufa-Karren spannen, auch braucht man den Reichspräsidenten noch für Nachaufnahmen. Die Amerika-Fassung, nun schon über ein Jahr in Arbeit, muß der Tonfilm-Revolution Rechnung tragen: In den USA wünscht man ein paar Szenen, in denen Hindenburg spricht.

Der ursprünglich geplante 3. Teil wird nicht mehr realisiert. Eine nachsynchronisierte und neu montierte Fassung des 1. Teils, im Oktober 1933 gestartet, erweist sich als Flop; die Tonspur – Maschinengewehr-Salven, Detonationen der Granaten etc. – erhöht nicht die Glaubwürdigkeit der nachgestellten Kampfszenen. Ein Jahr später, am 7. November 1934, setzt sich im Vorstand die Meinung durch, »daß der Ufa-Weltkriegsfilm sich für eine Neuaufführung nicht mehr eignet«.

Nur einer macht im Dritten Reich Karriere: der Trickzeichner Svend Noldan. Nach den allseits gelobten Kartenbildern für DER WELTKRIEG macht er sein eigenes Atelier auf und stellt selbst ambitionierte Kulturfilme her. Über WAS IST DIE WELT, 1934 uraufgeführt, äußert sich sogar Max Planck anerkennend. Daneben übernimmt Noldan Spezialaufträge, liefert Trick-Sequenzen für Leni Riefenstahls TRIUMPH DES WILLENS oder Fritz Hipplers DER EWIGE JUDE. Zusammen mit Fritz Brunsch führt er Regie bei dem Propagandastreifen SIEG IM WESTEN (eine Noldan-Produktion im Ufa-Verleih). Auch in diesem »Heeres-Dokumentarfilm« gibt es, wie ein Schreiben des OKW an den Generalstabschef beweist, nachgestellte Aufnahmen. Und natürlich bewegliche Kartenbilder vom deutschen Vormarsch...

Der Trickfilmer, nach 1945 mit Arbeitsverbot belegt, dreht in den 50er Jahren Kultur- und Industriefilme für die BASF. 1954 erhält er den Deutschen Filmpreis: für KLEINE LAUS – GANZ GROSS.

Michael Töteberg

1931. D-Zug 13 hat Verspätung.
REG Alfred Zeisler. **RAS** Heinz Hille. **AUT** Rudolf Katscher, Egon Eis. **KAM** Werner Brandes, Bernhard Wentzel. **BAU** Willi A. Herrmann, Herbert Lippschitz. **MAS** Karl Weitschat. **TON** Gerhard Goldbaum. **DAR** Charlotte Susa (Dorit), Heinz Könecke (Herbert Schmitt), Fee Malten (Ella, seine Frau), Ludwig Andersen (Urban), Alfred Beierle (Caspar), Viktor Schwanneke (Terry). **PRO** Ufa. **PRL** Alfred Zeisler. **AUL** Arthur Ohme. **DRZ** 16.2. - 5.3.1931. **DRO** Ufa-Atelier Neubabelsberg. **LNG** 1982 m, 72 min. **ZEN** 7.5.1931, B.28804, Jv. **URA** 14.5.1931, Berlin (U.T. Kurfürstendamm).

Das mißglückte Attentat auf einen D-Zug mit dem Präsidenten an Bord führt zu einem dreistündigen Aufenthalt, den der Reisende Herbert Schmitt ohne Wissen seiner schlafenden Frau Ella dazu nutzt, sich in der nahegelegenen Stadt umzusehen. Er kommt in Kontakt mit Dorit, die zur Verschwörergruppe gehört. Der geplante Präsidentenmord wird durch Herbert im letzten Moment verhindert.

„D-Zug 13 hat Verspätung"

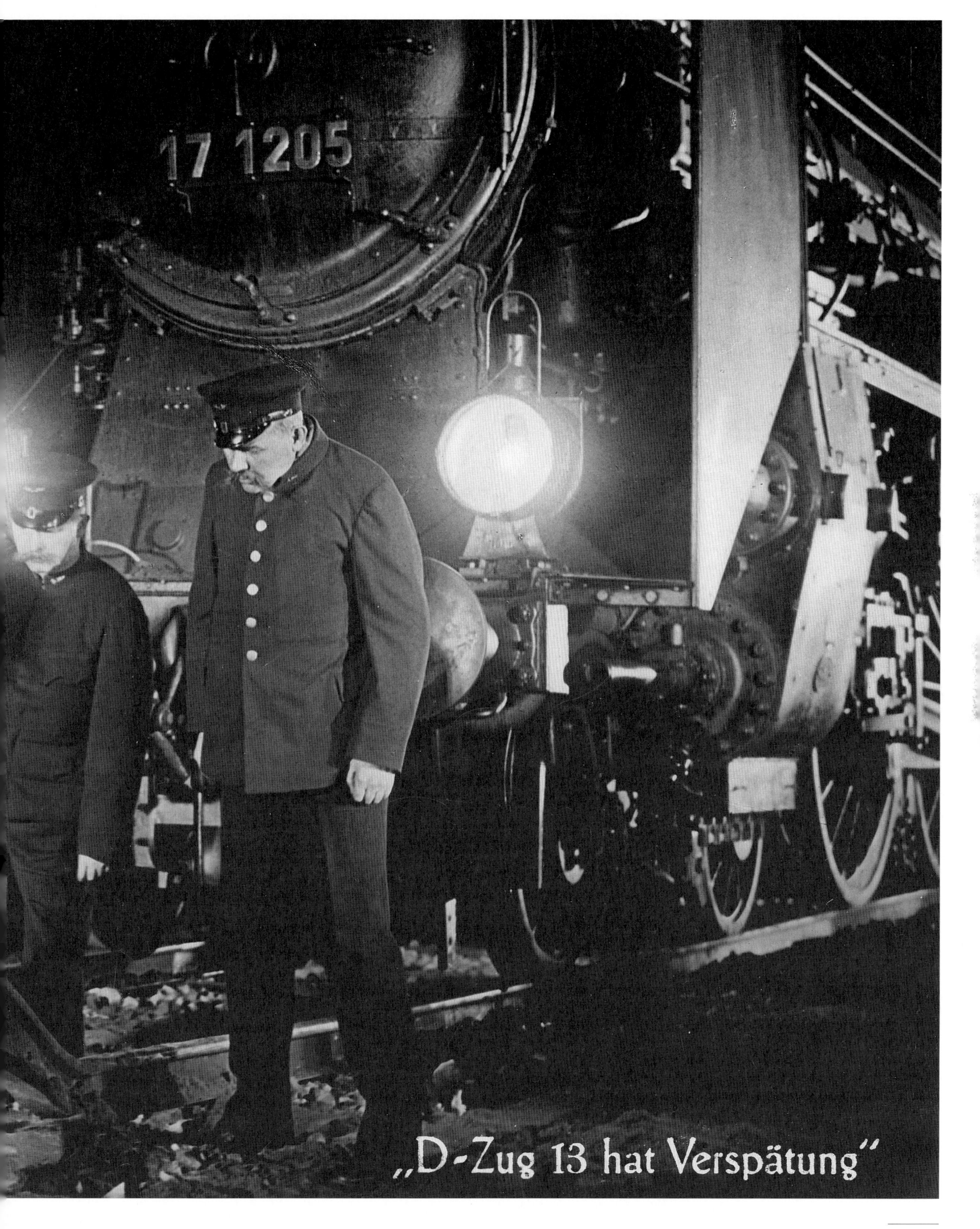

1931. Kabarett-Programm Nr. 1.
REG Kurt Gerron. KAM Werner Brandes, Karl Puth. BAU Rudi Feld. TON Werner Goldbaum. ML Hans Sommer. AUS Kapelle Dajos Bela. MT ›Es muß Abend sein‹.
DAR Willi Schaeffers (Conférencier), Gesang: Marcel Wittrisch (Berliner Staatsoper), Tanz: Genia Nikolajewa, Sketch ›Bitte um Auskunft‹: Fritz Beckmann, Hans Waßmann, Otto Wallburg, Trude Berliner.
PRO Ufa. PRL Bruno Duday. LNG 662 m, 24 min.
ZEN 1.6.1931, B.29121, Jf. URA 5.6.1931, Berlin (U.T. Kurfürstendamm).
– Kurzspielfilm.

1931. Kabarett-Programm Nr. 5.
REG Kurt Gerron. KAM Werner Brandes, Karl Puth. BAU Rudi Feld. TON Werner Goldbaum. ML Hans Sommer. AUS Kapelle Barnabas von Gézcy. MT ›Eine Tango-Melodie‹.
DAR Willi Schaeffers (Conférencier), Annie Ahlers, Juan Lossas, Sketch ›Sechs-Tage-Rennen‹: Lotte Werkmeister, Oscar Sabo.
PRO Ufa. PRL Bruno Duday. LNG 588 m, 21 min.
ZEN 1.6.1931, B.29124, Jv. URA 1.6.1931.
– Kurzspielfilm.

1931. Das Ekel.
REG Franz Wenzler, Eugen Schüfftan. AUT Emmerich Preßburger, Erich Kästner; nach dem Bühnenstück von Hans Reimann, Toni Impekoven. KAM Eugen Schüfftan, Bernhard Wentzel. STF Otto Schulz. BAU Hans Sohnle, Otto Erdmann. MAS Hermann Rosenthal, Friedrich Havenstein. TON Walter Tjaden. MUS Herbert Lichtenstein.
DAR Max Adalbert (Adalbert Bulcke, Markthallenaufseher), Emilie Unda (Hermine, seine Frau), Evelyn Holt (Katharina, beider Tochter), Heinz Wagner (Egmont, beider Sohn), Heinz Könecke (Quitt, Sportlehrer), Viktor Franz (Scheelhase), Julius E. Herrmann (Weichert), Rosa Valetti (Frau Kochanke, Fischhändlerin), Ernst Pröckl (Werndorff), Hans Herrmann-Schaufuß (Schutzmann Lemke), Alfred Abel (Richter), Paul Henckels (Amtsanwalt), Martha Ziegler (Frau Weichert), Rudolf Biebrach (Gefängniswärter), Erik Schütz.
PRO Ufa. PRL Bruno Duday. AUL Fritz Schwarz. DRZ März - Anfang Mai 1931. DRO Ufa-Atelier Neubabelsberg; AA Berlin und Umgebung, S.C.C.-Stadion am Bahnhof Eichkamp. LNG 2046 m, 75 min. ZEN 2.6.1931, B.29148, Jv. URA 5.6.1931, Berlin (U.T. Kurfürstendamm).
Markthallenaufseher Adalbert Bulcke hält sich für gutmütig, gilt bei den Mitmenschen indes als ausgesprochenes Ekel. Er kann weder verhindern, daß seine Tochter Katharina sich dem Sportlehrer Quitt zuwendet, noch ist er vor einer Gefängnisstrafe aufgrund einer Beleidigungsklage gefeit. In der Haft lernt er den Sport schätzen.

1931. Kabarett-Programm Nr. 2.
REG Kurt Gerron. KAM Werner Brandes, Karl Puth. BAU Rudi Feld. TON Werner Goldbaum. ML Hans Sommer. AUS Kapelle Barnabas von Géczy. MT ›Seemannslied‹, ›O Mond‹.
DAR Max Ehrlich (Conférencier), Sketch ›Bauernhochzeit‹: Eugen Rex, Siegfried Arno, Paul Westermeier, Paul Rehkopf, Karl Mühlhardt, Grunert, Blandine Ebinger.
PRO Ufa. PRL Bruno Duday. LNG 700 m, 26 m.
ZEN 4.6.1931, B.29171, Jv. URA 1.10.1931.
– Kurzspielfilm.

1931. Kabarett-Programm Nr. 6.
REG Kurt Gerron. KAM Werner Brandes, Karl Puth. BAU Rudi Feld. TON Werner Goldbaum. ML Hans Sommer. AUS Kapelle Fred Bird, Accordeon-Harmonists. MT ›St. Pauli‹, ›Du bist genau das Gegenteil‹.
DAR Max Ehrlich (Conférencier), Eugenia /= Genia/ Nikolajewa, Marie Ney, Heidi Eisler, Hans Breitenstätter.
PRO Ufa. PRL Bruno Duday. LNG 493 m, 18 min.
ZEN 4.6.1931, B.29172, Jv.
– Kurzspielfilm.

1931. Kabarett-Programm Nr. 4.
REG Kurt Gerron. KAM Werner Brandes, Karl Puth. BAU Rudi Feld. TON Werner Goldbaum. ML Hans Sommer. MT ›Puppenspiele‹, ›Gute Nacht, Marie‹.
DAR Maria Ney (Conférencier), Paul Hörbiger, Irene Eisinger, Paul Rehkopf, Kurt Mühlhardt, Dajos Bela.
PRO Ufa. PRL Bruno Duday. LNG 573 m, 21 min.
ZEN 10.6.1931 B.29123, Jv. URA 27.7.1932, Berlin (Gloria-Palast).
– Kurzspielfilm.

Lebendiger Rhythmus der Welt

Die Erich-Pommer-Produktion der Ufa

Wenn Filmregie auch bedeutet, mit vorgefundenen Formen und Bildern zu arbeiten und elementare Versatzstücke filmischer Darstellungstechnik zu kombinieren, ist Pommer nach seiner Rückkehr zur Ufa mehr Regisseur als Produzent. Die Regie im eigentlichen Sinne, deren dominierende Position unter seiner Produktionsleitung den klassischen deutschen Stummfilm geprägt hat, ist selbst zu einem kalkulierbaren Faktor innerhalb eines übergreifenden filmästhetischen Konzepts geworden.

Pommers verändertem Produktionsprinzip nach 1927 entsprechen Filme, die erkennbar einem wirkungsästhetischen Kalkül folgen. Was sie verbindet, ließe sich heute als Design bezeichnen. Damit soll eine Differenz markiert, kein modisches Synonym genannt sein; nicht zu verwechseln nämlich mit dem, was seinen früheren Produktionen zugeschrieben wurde: »Studiostil«. Mag manches, was den Filmen bis 1926 gemeinsam ist, ästhetische Manier und dekorative Eklektik sein, seine spezifische Ausformung hat es in einzelnen Filmen durch die Regie gefunden. Stil artikuliert dort eine ästhetische Idee, ist weder eine Frage der »Handschrift«, noch der äußerlichen Merkmale in der Darstellungsform. Es sind Filme, deren Form gedacht sein will.

Pommers Sturz als Produktions-Chef der Ufa, 1926, markiert das Ende eines ambitionierten Unternehmens. Aus der recht erfolgreichen Strategie, mit »künstlerischen Filmen« einen Exportmarkt zu erschließen, ist schließlich der Versuch geworden, mit großer Filmkunst Geld zu verdienen und, im Gegenzug, der Filmkunst das große Geld zu verschaffen. DIE NIBELUNGEN, VARIETÉ, TARTÜFF, FAUST und dann METROPOLIS sprengen die Etatansätze. Mögen Pommers Produktionen im Einzelfall sich rechnen, in der Summe wiegen die Ausfälle schwerer.

Die Ufa sucht den geschäftlichen Kompromiß mit der amerikanischen Konkurrenz und gerät unter die Kontrolle Hugenbergs. Pommer geht nach Amerika, zur Paramount, dann zu M-G-M.

Am 23. September 1927 wird mit einem Vertrag zwischen ihm und der neuen Ufa die Erich Pommer-Produktion der Ufa gegründet. Für deren Filme sind von der Ufa Tantiemen an die »Producers Service Company New York« abzuführen; eine Vereinigung, durch die Pommer bei Vertragsabschluß vertreten wird. De jure ist die Pommer-Produktion internationales Kino; ästhetisch ist der Bruch nicht weniger konkret.

Pommer bringt aus Hollywood ein Modernisierungsprogramm auch für die Filme, nicht nur für die Leitung des Produktionsstabes. Der »Unterhaltungsfilm« ist ihm vorrangig zu einer Sache technischer Brillanz und handwerklichen Könnens geworden, zu einer Sache der effizienten Organisation aller verfügbaren Mittel.

Die Idee des künstlerischen Films ist nicht abzulösen von der Ästhetik des klassischen deutschen Stummfilms. Mit Fritz Lang und Friedrich Wilhelm Murnau arbeiten zwei Regisseure unter Pommers Leitung, die den »Weimarer Autorenfilm« zu einer eigenständigen kinematografischen Darstellungsform entwickelt und über die ursprüngliche Vorstellung filmischer Umsetzung von literarischen Entwürfen hinausgeführt haben. Pommer erzählt: »Lang sah, mit den Augen des Malers, daß das Fotoobjektiv, also das Auge der Aufnahmekamera, dazu dienen müsse, unter Verwendung von Licht- und Schatteneffekten, Darstellung, Handlung und Hintergrund zu einem einheitlichen Ganzen zu verschmelzen, also gewissermaßen eine Art Filmkomposition zu schaffen.« Der »künstlerische Film«, das Markenzeichen, mit dem Pommer bis 1926 ökonomisch operierte, ist ohne eigenständige Regie nicht denkbar.

Dramaturgie-Sitzung mit dem Produktionsleiter (1931): Erich Pommer (l.) mit Robert Siodmak und Robert Liebmann

Lilian Harvey und Willy Fritsch in EINBRECHER (1930)

Zurück aus Amerika hat Pommer eigene Vorstellungen von »Filmkomposition«. Der ihm vertraute Studioapparat liefert dafür die Grundlage: einen flexiblen Produktionsstab, der zwischen Walzerträumen, Seemannsherrlichkeit und Großstadtgetriebe alle Stimmungen bauen und fotografieren kann. In ausufernden Drehbuchkonferenzen, streng hierarchisch organisiert, leitet Pommer die Produktionen mit Blick auf das ästhetische Ganze.

Den Filmen sieht man die veränderte Produktionsstrategie an. Bauten, Dekor, Kamera, das Licht und die Montage verlieren ihren eigenständigen Ausdruckscharakter; sie sind nicht mehr intensiv auf die Bildkomposition bezogen, sie orchestrieren die trivialen Sujets – die Wirren bei Hof und das Glück der kleinen Leute, Matrosenträume und Soldatenliebe. In den Mittelpunkt rückt, aufwendig in Szene gesetzt, der Star.

DER KONGRESS TANZT feiert das Traumpaar der frühen 30er Jahre, Lilian Harvey und Willy Fritsch, ist Variation und kalkulierter Höhepunkt dieses Themas; und BOMBEN AUF MONTE CARLO bezieht seinen Stoff nicht zuletzt aus dem Kinomythos, der weitgehend schon installiert ist – Hans Albers. Die aufwendige Inszenierung wiegt federleicht und dominiert doch den Effekt; die Filme geben keine Illusion realistischen Geschehens, sondern flüchtige Illumination eines öffentlichen Traumbildes, so austauschbar und so kostspielig wie die Kostüme der Stars.

Pommers Starkino zeigt einen eigensinnigen Akzent. In früheren Filmen des Weimarer Kinos, von Grune, Dupont und Pabst, haben die literarischen Phantasmagorien einer bedrohlichen, weiblichen Erotik eine spezifische kinematographische Reflexion begründet. Mehr als daß diese Filme den Mythos eines abgründigen Erotismus reproduzierten, thematisieren sie mit den Mitteln des Kinos die ambivalente Bewußtseinslage, die darin zum Ausdruck kommt. In Pommers letzten Stummfilmen, ASPHALT und DIE WUNDERBARE LÜGE DER NINA PETROWNA, ist diese Ambivalenz auf die Ebene der Erzählung reduziert. Die Figur Betty Amanns ist in ihrem amoralischen Machtkalkül so eindeutig übermächtig wie die Brigitte Helms in ihrem sexuellen Verlangen. Die Inszenierung ebnet dieses Motiv auf ein dramatisches Konfliktmuster ein, artikuliert in groben Zügen mit der Handlung die Auflösung. Von der weiblichen Figur behält sie lediglich ein Bild des Stars zurück, dessen glamouröse Präsentation unmittelbar den Zweck der eingesetzten filmischen Mittel erfüllt.

ASPHALT produziert vor allem ein Bild Betty Amanns und DIE WUNDERBARE LÜGE DER NINA PETROWNA eines von Brigitte Helm. Es sind Bilder, die keinen Moment vergessen machen, was sie sind – kunstfertig hergestellte, höchst artifizielle Gebilde, denen die erzählte Geschichte völlig äußerlich bleibt.

In F.P.1 ANTWORTET NICHT gelingt es Sybille Schmitz, ihrer Figur physiognomische Kontur zu geben. Daß diese sich für den anderen Mann entscheiden kann, nicht für »Hans Albers«, ist in der schauspielerischen Artikulation der Figur begründet und kein Desiderat der Erzählung.

Hans Albers wiederum läßt die Figur des zurückgewiesenen Mannes in eine egomanische Vereinzelung gleiten, ohne deren Wandlung zu gliedern und zu präzisieren. Seinem Bewegungsspiel ist die gradlinige Ausrichtung an der weiblichen Gegenfigur verwehrt. Reflexiv gebrochen und bezogen auf einen inneren Konflikt, gerät ihm manche Aktion gestenhaft, zeigt er sich in einzelnen Momenten eher exaltiert expressiv als physiognomisch prägnant.

Sicherlich ist dieser Aspekt thematisch in der Inszenierung aufgehoben. Er läßt aber auch verstehen, zu welcher Typik in einigen Tonfilmen Pommers das Starkino entwickelt wird. Sybille Schmitz unterscheidet sich von Lilian Harvey nicht nur in den Differenzierungsmöglichkeiten ihrer schauspielerischen Ausdruckstechniken. Die Konzeption der weiblichen Hauptfigur ist grundsätzlich anders angelegt als in QUICK mit Lilian Harvey oder in BOMBEN AUF MONTE CARLO mit Anna Sten. Was in diesen Filmen dem Spiel von Hans Albers den scheinbar unmittelbaren physischen Ausdruck verleiht, ist funktional an die Inszenierung der Frauenfigur gebunden. Die Filme mit Lilian Harvey und Willy Fritsch sind grundlegend durch dieses Muster strukturiert.

Das smarte Lächeln von Willy Fritsch, der verhalten distinguierte Gestus seines Spiels, gewinnt einen prägnanten Ausdruck erst in Beziehung auf das Bild Lilian Harvey; einen Ausdruck, der sich nicht durch das Spiel zweier Schauspieler herstellt, der sich vielmehr ungebrochen am Gegenüber fortsetzt, um dort erst bündig artikuliert zu werden. Die lose verbundenen Bewegungsabläufe, Gesten und Handlungsfragmente Lilian Harveys reduzieren in ihrer zufälligen Reihung, denen jede innere Zentrierung fehlt, den unbestimmten Ausdruck Willy Fritschs auf die trivialste Vorstellung sexueller Wünsche. Inszeniert ist der Sex des männlichen Protagonisten und die weibliche Figur als dessen nach außen gekehrte Vorstellungswelt. Deren Bild hat jedes Eigengewicht eingebüßt; Kontur gewinnt es weder aus dem Spiel der Schauspielerin noch aus der filmischen Narration.

1931. Kabarett-Programm Nr. 3.
REG Kurt Gerron. KAM Werner Brandes, Karl Puth.
BAU Rudi Feld. TON Werner Goldbaum. ML Hans Sommer.
AUS Kapelle Fred Bird. MT ›Kitsch-Volkslied‹, ›Ich träum'
von einer Märchennacht‹, ›Ein jeder fragt nach Erika‹.
DAR Hellmuth Krüger (Conférencier), Käte Kühl, Sketch
›Der möblierte Herr‹: Lotte Werkmeister, Oscar Sabo. GES,
TNZ Marcel Wittrisch, Edith Meinhardt, Luigi Bernauer.
PRO Ufa. PRL Bruno Duday. LNG 645 m, 24 min.
ZEN 10.6.1931, B.29122, Jf. URA 31.8.1931, Berlin
(U.T. Kurfürstendamm).
– Kurzspielfilm.

1931. Nie wieder Liebe.
REG Anatole Litvak. RAS, DIA-REG Max Ophüls.
AUT Irma von Cube, Anatole Litvak, (Fritz Falkenstein, Curt
Braun, Felix Joachimson); nach dem Bühnenstück ›Dover -
Calais‹ von Julius Berstel. KAM Franz Planer, Robert
Baberske. STF Emanuel Loewenthal. BAU Robert Herlth,
Walter Röhrig. AUS Werner Schlichting. MAS Ernst
Schülke. SCH Alexander Uralsky. TON Erich Leistner.
MUS Mischa Spoliansky. LT Robert Gilbert. ML Hans-Otto
Borgmann. MT ›Lang, lang ist es her...‹, ›Leben ohne Liebe
kannst Du nicht‹, ›Nie wieder Liebe, wenn's auch schwer
fällt‹, ›Uns kann gar nichts mehr passieren‹.
DAR Lilian Harvey (Gladys), Harry Liedtke (Sandercroft),
Felix Bressart (Jean, sein Diener), Oscar Marion (Jack,
Sandercrofts Freund), Julius Falkenstein (Dr. Baskett),
Hermann Speelmans (Tom), Theo Lingen (Rhinelander),
Raoul Langen (Spanier), Louis Brody (Koch), Hans Behal
(Charlie), Rina Marsa (Claire), Margo Lion (Tänzerin),
Constantin Kalser (Schiffsjunge), Mischa Spoliansky.
PRO Ufa. PRL Noé Bloch, Gregor Rabinowitsch.
AUL Fritz Klotzsch. DRZ ab 12.3.1931. DRO Ufa-Atelier
Neubabelsberg; AA Nizza, Côte d'Azur. LNG 2255 m,
82 min (2. Zensur, URA) / 2406 m, 88 min (1. Zensur).
ZEN 14.7.1931, B.29418, Jv. URA 27.7.1931, Berlin
(Gloria-Palast).
Französische Version:

1931. Calais – Douvres.
REG Anatole Litvak, Jean Boyer. AUT Irma von Cube,
Anatole Litvak, nach dem Bühnenstück ›Dover - Calais‹ von
Julius Berstel. AD, DIA Jean Boyer; KAM Franz Planer,
Robert Baberske. BAU Robert Herlth, Walter Röhrig.
AUS Werner Schlichting. SCH Alexander Uralsky.
TON Erich Leistner. MUS Mischa Spoliansky.
LT Jean Boyer. ML Hans-Otto Borgmann.
DAR Lilian Harvey (Gladys O'Hallpran), André Roanne
(Macferson), Armand Bernard (Jean), Margo Lion (la
diseuse du Zanzi-Bar), Robert Darthez (Jack), Sinoël
(le docteur Baskett), Gabriello (Tom), Guy Sloux (Rhine-
lander, le maître d'équipage), Fred Mariotti (un matelot
espagnol), Louis Brody (cuisinier), Rina Marsa (Claire),
Willy Rozier, Fernande Casamini, Yvette Darnys.
PRO Ufa / ACE. PRL Noé Bloch, Gregor Rabinowitsch.
DRZ ab 12.3.1931. DRO Ufa-Atelier Neubabelsberg;
AA Nizza, Côte d'Azur. LNG 2380 m, 87 min.
URA 19.9.1931, Paris (Palais Rochechouart).
Sandercroft hat mit seinem Freund Jack um 50.000 Dollar
gewettet, daß er fünf Jahre lang keine Frau anrühren wird.
Seine Rechnung geht auf – bis er der reizenden ›Nixe‹
Gladys begegnet.

1931. Das verlorene Paradies.
REG Philipp Lothar Mayring AUT Philipp Lothar Mayring;
nach einer Idee von Franz Amelung. KAM Karl Puth,
Bernhard Wentzel. BAU Arthur Günther.
DAR Otto Wallburg (Commerzienrat Nitschke), Ida Wüst
(Marga, seine Frau), Maja Feust (Ella, seine Tochter), Fred
von Lagen (Baron Söderström), Else Temary (Evelyn), Paul
Graetz (Paule), Alfred Loretto (Emil), Paul Wagner
(Polizeileutnant).
PRO Ufa. PRL Bruno Duday. LNG 884 m, 33 min.
ZEN 14.7.1931, B.29421, Jv.
– Kurzspielfilm.

1931. Im Geheimdienst.
REG Gustav Ucicky. AUT Walter Reisch. KAM Carl
Hoffmann. BAU Robert Herlth, Walter Röhrig. MAS Alfred
Lehmann, Oscar Schmidt. TON Hermann Fritzsching.
MUS Werner Schmidt-Boelke.
DAR Brigitte Helm (Vera Lanskoi), Willy Fritsch (Thomas
Hagen), Oskar Homolka (Generalmajor Lanskoi), Theodor
Loos (Dubbin), Karl Ludwig Diehl (Wassilieff), Harry Hardt
(Kaulwitz), Ferdinand Hart (Tomilin), Tamara Desni
(Natalie), Eduard von Winterstein (Chef des Nachrichten-
dienstes), Friedrich Kayßler (Reichskanzler), Alfred Beierle
(Sekaluck), Änne Görling, Margarete Schön, Ferdinand
Bonn, Paul Mederow, Alexander Murski, Georg Heinrich
Schnell, Walter Steinbeck.

Dreharbeiten zu BOMBEN AUF MONTE CARLO als Foto und in der Nachempfindung des Zeichners Felix Schwarmstädt. Mit Baskenmütze an der Kamera: Regisseur Hanns Schwarz, mit Hut das Management: Erich Pommer und Ernst Hugo Correll

»Wer weiß, ob ein Volksentscheid über den Bau von Panzerkreuzern für Filmzwecke nicht positiv ausgehen würde. Jedenfalls bewilligt die Ufa, die doch des Volkes Stimme mittels Verstärkeranlagen abhört, Rate auf Rate.

Kaum haben Harry Liedtke und Lilian Harvey abgemustert, da treten Hans Albers und Anna Sten in Marineuniform auf die Planken, die neuerdings die Welt bedeuten. Die Militäroperette bekennt sich zu dem Grundsatz: Unsre Zukunft liegt auf dem Wasser... Wenn man nur die wundervolle Anna Sten nicht so mißhandelt hätte. Auf der obersten Kommandobrücke, ein bißchen hoch über dem Regisseur: Hans Albers.« *(Rudolf Arnheim, 1931)*

Pommer leitet auch die Produktion von DER BLAUE ENGEL, und manche seiner Filme setzen eigene Akzente. In wenigen Jahren aber hat er eine übergreifende Konzeption von Unterhaltungskino durchgesetzt, deren Spezifik, will man diese nicht nur in Verlusten nach beiden Richtungen beschreiben, eher in der Kontinuität des Weimarer Kinos als im Vergleich mit dem amerikanischen Erzählkino sich zeigt.

Noch bevor mit MELODIE DES HERZENS das Konzept des musikalischen Films Gestalt gewinnt, ist der grundlegende Wandel vermerkt worden: »eine Abkehr, weg vom ungelösten experimentellen kamerakünstelnden Vorstoßfilm eines vereinsamten Europäers«, so Ernst Jäger im *Film-Kurier*. In dessen Kritik zu HEIMKEHR (1928) von Joe May, der ersten Produktion Pommers für die neue Ufa, heißt es weiter: »Was mußte an Prinzipien und Theorien einstürzen, bis für die neue Form des internationalen deutschen Films, der hier endlich einmal vorliegt, Luft und Arbeitsraum geschaffen wurden! Völlige Trennung von der Avantgarde, keine Konzession an die Fachleute, Verzicht auf den szenischen Überapparat.«

»International«, das heißt amerikanisch-realistisch; was an den letzten Stummfilmen Pommers neu ist, ist zunächst einmal die veränderte Erzählstrategie. Der Rhythmus im Schnitt, ausgerichtet am Handlungsverlauf, ist der »realistischen« Raumillusion narrativer Montage angenähert. Er bindet den Blick des Zuschauers identifikatorisch in die filmische Repräsentation der Erzählung ein.

Das läßt den Bildraumkonstruktionen des klassischen Weimarer Autorenkinos so wenig Spielraum wie der ausladenden Epik der frühen Filme Joe Mays. Im direkten Vergleich fehlt es beiden Konzeptionen an Spannung und linearer Zeitdramaturgie. Es ist, als reagiere Pommer auf die ökonomische Krise der deutschen Filmindustrie unmittelbar mit erzählökonomischer Rationalisierung der Filme. Noch einmal Ernst Jäger: »Vom LETZTEN MANN bis zu den beiden Soldaten Karl und Richard – der Völkerpsychologe und der Geschäftserfolgsmann in Pommer haben den neuen Weg vorgezeichnet: Und der Künstler sieht die Aufgabe, gebändigt durch Maß und Zucht.«

Das sehen manche Filmer vermutlich anders. Jedenfalls zeigt Joe May in ASPHALT,

PRO Ufa. PRT Noé Bloch, Gregor Rabinowitsch. PRL Gregor Rabinowitsch. AUL Eduard Kubat. DRZ ab Februar 1931. DRO Ufa-Atelier Neubabelsberg; AA Dänemark. LNG 2902 m, 106 min. ZEN 16.7.1931, B.29406, Jv. URA 14.8.1931, Berlin (Ufa-Palast am Zoo).
Um den Zeitpunkt des russischen Hauptstoßes gegen die deutschen Linien im Ersten Weltkrieg in Erfahrung zu bringen, wird der deutsche Spion Thomas Hagen nach Petersburg eingeschleust – als amerikanischer Geiger Higgins. Ihm gelingt alles: die Erfüllung seines Auftrags sowie die Eroberung der gebürtigen Deutschen Vera Lanskoi.

1931. Der kleine Seitensprung.
REG Reinhold Schünzel. AUT Reinhold Schünzel, Emmerich Preßburger; nach einer Idee von Reinhold Schünzel. KAM Werner Brandes. BAU Robert Herlth, Walter Röhrig, Werner Schlichting. TON Erich Leistner. MUS Ralph Erwin. LT Robert Gilbert. MT ›Liebling, wie wär's‹, ›Heute hast Du Chancen bei mir‹.
DAR Hermann Thimig (Walter Heller, Rechtsanwalt), Renate Müller (Erika, seine Frau), Otto Wallburg (August Wernecke, Fabrikant), Hilde Hildebrand (Lona, seine Frau), Hans Brausewetter (Dr. Max Eppmann, Verkehrsdezernent), Hermann Blass (Klavierspieler), Oscar Sabo (Lohndiener), Martha Ziegler (Zofe), Paul Westermeier (Tänzer), Mrs. Dinah.
PRO Ufa. PRL Günther Stapenhorst. DRZ ab 19.5.1931. DRO Ufa-Atelier Neubabelsberg; AA Südfrankreich. LNG 2413 m, 88 min. ZEN 14.9.1931, Jv. URA 21.8.1931, Berlin (Gloria-Palast).
– AT: Abenteuer mit 100 PS.
Französische Version:

1931. Le petit écart.
REG Reinhold Schünzel, Henri Chomette. AUT Reinhold Schünzel, Emmerich Preßburger; nach einer Idee von Reinhold Schünzel. DIA Raoul Ploquin, Henri Chomette. KAM Werner Brandes. BAU Robert Herlth, Walter Röhrig, Werner Schlichting. TON Erich Leistner. MUS Ralph Erwin. LT André Mauprey.
DAR Pierre Richard-Willm (Bernard Heller), Jeanne Boitel (Jacqueline Heller), André Berley (Auguste Becker), Louise Lagrange (Lona Becker), Lucien Baroux (Martial Hepmann), Robert Pizani (le pianiste), Fernand Frey (Pamphile, le maître d'hôtel), Odette Talazac (une cliente), Willy Rozier, Dinah, Diana (la chanteuse), Théo Tony, Alice Tissot, Myno Burney, Yvonne Garat.
PRO Ufa / ACE. PRL Günther Stapenhorst. DRZ ab 19.5.1931. DRO Ufa-Atelier Neubabelsberg; AA Südfrankreich. LNG 88 min. URA November 1931 (?), Paris (Champs Elysées).
Der frischvermählte Rechtsanwalt Walter Heller wird von seiner früheren Freundin, der Fabrikantengattin Lona Wernecke, zu einem Rendezvous gebeten. Als seine Frau Erika davon hört, bändelt sie in einem Amüsierlokal mit Dr. Max Eppmann, einem Freund ihres Mannes, an. Während Wernecke aufgrund einer Verwechslung Max für den Geliebten seiner Frau hält und dieser Walter um Erikas Hand bittet, versichern sich die Eheleute ihre Treue.

1931. Bomben auf Monte Carlo.
REG Hanns Schwarz. RAS Paul Martin, Willy Zeyn jr. AUT Hans Müller, Franz Schulz; nach einer Idee von Jeno Heltai und dem Roman von Fritz Reck-Malleczewen. KAM Günther Rittau (Bildleitung), Konstantin Tschet. KAS Karl Plitzner. SPE Theodor Nischwitz. STF Willi Klitzke. BAU Erich Kettelhut. MAS Waldemar Jabs. SCH Willy Zeyn jr. TON Hermann Fritzsching, Walter Tjaden. MUS, ML Werner Richard Heymann. LT Robert Gilbert. MT ›Wenn der Wind weht...‹, ›Jawoll, Herr Kapitän‹, ›Das ist die Liebe der Matrosen‹, ›Eine Nacht in Monte Carlo‹, ›Pontenero: Die Ki-ka-königin von Pontenero‹. AUS Kapelle Carlo Minari.
DAR Hans Albers (Kapitän Craddock), Anna Sten (Yola I., Königin von Pontenero), Heinz Rühmann (Peter, Erster Offizier), Ida Wüst (Isabell, Hofdame), Karl Etlinger (Konsul des Königreichs Pontenero), Rachel Devirys (Diana), Kurt Gerron (Direktor des Spielkasinos), Peter Lorre (Pawlitschek), Otto Wallburg (Ministerpräsident), Charles Kullmann (Straßensänger), Bruno Ziener (Juwelier), Valy Arnheim, Ernst Behmer, Valy Belten, Paul Henckels, Lydia Potechina, Gertrud Wolle, Comedian Harmonists.
PRO Erich Pommer-Produktion der Ufa. PRT Erich Pommer. PRL Max Pfeiffer. AUL Walter Tost. DRZ 27.4. - Juni 1931. DRO Ufa-Atelier Neubabelsberg; AA Dalmatien, Nizza. LNG 3032 m, 111 min. ZEN 24.8.1932, Jv. URA 31.8.1932, Berlin (Ufa-Palast am Zoo).
Französische Version:

DIE WUNDERBARE LÜGE DER NINA PETROWNA: Brigitte Helm und Franz Lederer mit Hanns Schwarz. Der Regisseur zahlreicher Ufa-Erfolge der Erich Pommer-Produktion ist ein Vergessener der Filmgeschichte

seinem nächsten Film für die Pommer-Produktion, daß wohl die monumentale Inszenierung der Großstadtsequenz zu Beginn des Films, nicht aber die stringente Erzählführung seine Sache sind.

Ein weniger ambitionierter Regisseur wie Hanns Schwarz kommt damit besser zurecht. Er führt in sechs Filmen der Pommer-Produktion Regie – jeder ein Kassenschlager. Es sind Filme, die ihren Unterhaltungswert unmittelbar ausstellen und thematisieren: das Traumpaar, den Schlager und ein durch Kostüm und Dekor getragenes Sujet.

Der »szenische Überapparat«, der das klassische Weimarer Stummfilmkino prägt, ist auch in diesen Filmen noch wirksam. Er zeigt sich in Brüchen und Nahtstellen, dort, wo die inszenierte »Stimmung« ein Eigengewicht gegenüber dem narrativen Regiekonzept gewinnt.

In BOMBEN AUF MONTE CARLO schwenkt die Kamera zu Beginn über ein Meeresufer, sie zeigt ein Schiff, das wie eine ferne Traumlandschaft erscheint, man sieht müde Matrosen zwischen der Takelage, man hört ein Lied; ein Idyll, das nicht zu der komischen Figur paßt, die mit Heinz Rühmann im nächsten Moment eingeführt ist – eine Angelrute in der Hand, auf einem Kanonenrohr sitzend. Die Inszenierung betont den äußeren Reiz des visuellen Motivs; die Kamera Günther Rittaus, die Bauten Erich Kettelhuts und die Musik formen ein Ausdrucksensemble, das, auf atmosphärische Dichte gerichtet, der narrativen Strategie entgegensteht.

Die inszenatorischen Entwürfe zielen auf partikulare artistische Höhepunkte, weniger auf die einheitliche Komposition. Daraus entwickeln die Filme ihre eigene Ästhetik.

In EINBRECHER löst die akzentuierte Montage das Ambiente des Jazzclubs in eine furiose Bewegung irreal schillernder Bilder auf – schwarz bemalte Gesichter, mit dickwülstigen weißen Lippen, und an den Wänden Zeichnungen von Musikern, in denen diese Gesichter in noch gröberer Konturierung wiederkehren. Die bizarre Bildfolge gibt nicht nur, exotistisch überzeichnet, die Atmosphäre eines anrüchigen Nachtclubs, sie intoniert das Motiv: Schwarze Musik. Mit dem Raum löst die Montage die bieder inszenierte Dreiecksgeschichte in einen rhythmischen Bildreigen auf.

Solche Momente sind typisch für diese Filme – es sind musikalisch inspirierte Kinophantastereien. Die Musikfilme Pommers betonen ostentativ den Schein unmittelbarer Bewegung, nicht die Wahrscheinlichkeit der Handlung.

Darin sind sie Filmen wie VARIETÉ oder DER LETZTE MANN näher, als es äußerlich den Anschein hat; sie erinnern an die Idee der Bildmusik, die Willy Haas proklamiert, an die Konzeptionen des Querschnittfilms und den »unsichtbaren Schnitt« von Pabst, der eben nicht »narrativ« gedacht ist.

May folgt dieser Idee in der Exposition von ASPHALT. Man sieht den Versuch, den dynamischen Rhythmus der Großstadtsequenz, diese übergeordnete, unmittelbare Bewegung, in den Handlungsverlauf hinein zu verlängern. Man versteht die Idee, aber man sieht auch den Bruch: Die Artikulation der Geschichte folgt einer anderen, sperrigen Grammatik.

Leutnant Graf von Turoczy liebt Marika. UNGARISCHE RHAPSODIE mit Willy Fritsch und Dita Parlo wurde 1928 stumm gedreht und 1929 mit Musik und Geräuschen nachsynchronisiert

Joe May vollzieht die ästhetische Abstraktion nur bedingt. Er nimmt die Erzählung von ihrer inhaltlichen Seite und deshalb repräsentieren seine Bilder eben auch deren Sinn. In DIE WUNDERBARE LÜGE DER NINA PETROWNA von Hanns Schwarz ist dieser Sinn ganz im Rhythmus der narrativen Montage aufgegangen, artikuliert sich als bloßer Verlauf der Handlung. Die Montage löst die wechselnden Blicke, das ornamentale Dekor, die Bewegungen der Schauspieler und die der Kamera aus ihren räumlichen Bezügen und führt diese konkreten Elemente in einer übergreifenden Bewegung zusammen.

Wenn May schließlich die Bilder absetzt, vorzeigt und bedeuten läßt, um zu erzählen, reduziert Schwarz die Geschichten auf den bloßen Unterschied der Geschlechter und diesen Unterschied auf die Blicke, gesetzt im Rhythmus der Montage.

Ein Film, »ganz nach musikalischen Gesichtspunkten geschnitten«; Hanns Schwarz erzählt, daß Pommer ihn beim Schnitt von UNGARISCHE RHAPSODIE zur Unterstützung durch einen Pianisten begleiten ließ. In manchen seiner Filme hat er Pommers Produktionskonzept auf den Punkt gebracht – und gerade deshalb wirken sie abgeschmackt. Der ästhetischen Form ist bei ihm jedes Reflexionspotential verlorengegangen. Es bleibt der skelettierte Mythos des Geschlechterkonflikts, eine redundante Motivik und das Schillern aufwendiger Dekors. Die formale Abstraktion der Bewegung im rein wirkungsästhetischen Kalkül läßt dieses Kino in einem mechanistischen Leerlauf enden.

Mit DER KONGRESS TANZT, dieser Synthese aus Choreografie, Musik, opulenter Ausstattung und leicht geführten Handlungslinien, ist die Bewegung selbst zum Sujet, die Illusion von deren Unmittelbarkeit zum schönen Schein geworden. Die Montage konstituiert diese Bewegung im Tanzschritt, den Wechsel der Einstellungen wie einen Volkslied-Reigen. Die starren Komplexe, Gesang, Dialog und Handlung, sind aufgelöst in einen übergreifenden Rhythmus. Der Ton macht die Musik, die auch das Bild bestimmen soll: nicht melodramatisch, ohne das Eigengewicht des dissonanten Gefühlsakkords; allein der ungetrübten Illusion verpflichtet, dem sanften Schwindel im Dreivierteltakt; das Erträumte ist die Musik und die Bilder ein schwereloser Tanz.

Man kann sich noch heute beeindrucken lassen von der Kutschfahrt, die Lilian Harvey ins Märchenglück bringt; die über Brücken führt, an Feldern vorbei, durch Spaliere von Statisten und engwinklige Studiogassen, und mit jedem Refrain von neuem ansetzt: »Das gibt's nur einmal, das kommt nie wieder«. Die Fahrt ins Glück ist schon das ganze Glück. Weinselige Wehmut schwingt mit, bei der Illusion, die sich selbst als bloße Illusion thematisiert: »Das ist zu schön um wahr zu sein.«

Die Vorliebe fürs Artifizielle ist geblieben; nur ist es jetzt die Bewegung – nicht die Bildkomposition –, in der die sichtbare Wirklichkeit in die Wirklichkeit des Imaginären hinübergeführt ist, die mit dem Raum die Gesetze der Schwerkraft vergessen machen soll.

»Ein Traum oder ein Film – endlich ist es dasselbe, endlich läuft das Bild so ohne Nähte, ohne Pausen, ja ohne Kausalität ineinander, wie es uns manchmal der Schlaf schenkt.« Der Musikkritiker Oscar Bie, der 1931 diesen Gedanken am Charell-Film entwickelt, endet emphatisch seine Betrachtung: »Das Gesetz von Ursache und Wirkung ist aufgehoben, der Zwang des Raums fällt fort, nur die Zeit läuft und läuft. Sie zaubert im schönen Abbild den lebendigen Rhythmus der Welt, der Geschichte, des Daseins.«

Er fand in dem Film eine Idee gedacht, die er nicht nur mit Pommer, sondern mit vielen seiner Zeitgenossen teilt: Das Kino, ein der Musik verwandtes Gesamtkunstwerk. In Pommers Unterhaltungskino zeigt sich dieser Topos eng verwandt mit der modernen Vorstellung vom Massenmedium.

Auch diesem Film fehlt es an formaler Stringenz. So aufwendig das Walzerthema umgesetzt ist, das Zeitmaß der Bewegung wirkt in seinen kontrapunktischen Wechseln beliebig. Daß die Fahrt von mal zu mal fortgesetzt wird, an jeder Wende aufs neue einsetzt, im neuen Set, vor verändertem Hintergrund, gerät schließlich zur artistischen Glanznummer; es gibt immer noch einen Einfall, der sich an den vorhergehenden reiht. Dem Rhythmus fehlt ein inneres Maß.

Dies aber ist letztlich keine Frage der Ideen, der Kunstfertigkeiten und technischen Brillanz, sondern der gedanklichen Reflexion in den ästhetischen Formen des Kinos – der Komposition und der Regie des einzelnen Films. Darin vor allem unterscheiden sich die Filme der Erich Pommer-Produktion der Ufa von den besten des Weimarer Autorenkinos.

Hermann Kappelhoff

Erich Pommer an einem Produktionsplan

1931. Le capitaine Craddock.
REG Hanns Schwarz, Max de Vaucorbeil. AUT Hans Müller, Franz Schulz; nach einer Idee von Jeno Heltai und dem Roman von Fritz Reck-Malleczewen. DIA Rowland V. Lee. KAM Günther Rittau (Bildleitung), Konstantin Tschet.
SPE Theodor Nischwitz. BAU Erich Kettelhut.
TON Hermann Fritzsching. MUS Werner Richard Heymann. LT Jean Boyer.AUS Kapelle Carlo Minari.
DAR Jean Murat (le capitaine Craddock), Kate de /= Käthe von/ Nagy (la reine Yola), Charles Redgie (Pierre), Alice Tissot (Isabelle), Sinoël (le consul), Rachel Devirys (Diane), Paul Ollivier (le directeur du casino), Lucien Callamand (Brégaillon), Nicolas Redelsperger (le ministre des finances), Vony Myriame, Marie-Antoinette Buzet, Tarquini d'Or.
PRO Ufa / ACE. PRT Erich Pommer. PRL Max Pfeiffer. DRZ 27.4. - Juni 1931. DRO Ufa-Atelier Neubabelsberg; AA Dalmatien, Nizza. LNG 2670 m, 87 min.ZEN 21.10.1931, B.30220. URA 5.12.1931, Paris (Gaumont-Palace).
– AT: Une bombe sur Monte Carlo, Le croiseur en folie.
Englische Version:
1931. Monte Carlo Madness.
REG Hanns Schwarz. AUT Hans Müller, Franz Schulz; nach einer Idee von Jeno Heltai und dem Roman von Fritz Reck-Malleczewen. DIA Rowland V. Lee. KAM Günther Rittau (Bildleitung), Konstantin Tschet. BAU Erich Kettelhut.
TON Hermann Fritzsching, Walter Tjaden.
MUS, ML Werner Richard Heymann.
LT Robert Gilbert. AUS Kapelle Carlo Minari.
DAR Hans Albers (Capt. Erickson), Sari Maritza (Queen Yola), Charles Redgie (Peter), Helen Haye (Isabel), John Deverell (Consul), Thomas Weguelin, Philipp Manning, C. Hooper Trask (Prime Minister), Comedian Harmonists.
PRO Ufa. PRT Erich Pommer. PRL Max Pfeiffer. DRZ 27.4. - Juni 1931. DRO Ufa-Atelier Neubabelsberg; AA Dalmatien, Nizza. LNG 7400 ft = 2224 m, 81 min. ZEN 1.4.1932 Reg. URA 23.3.1932, London (Trade Show), 25.7.1932 (Release).
Der kauzige Kapitän Craddock soll auf seinem Kreuzer Persimon Königin Yola von Pontenero zu einer Vergnügungsfahrt mitnehmen. Er weigert sich und steuert Monte Carlo an, um von dem dort ansässigen Konsul den seit längerer Zeit fälligen Sold für sich und die Mannschaft einzufordern.

1931. Meine Frau, die Hochstaplerin.
REG Kurt Gerron. RAS Erich Holder. AUT Ernst Wolff, Fritz Zeckendorf, Philipp Lothar Mayring. KAM Eugen Schüfftan, Karl Puth. KAS Bernhard Hellmund. STF Eigil Wangoe. BAU Hans Sohnle, Otto Erdmann. MAS Adolf Braun, Friedrich Havenstein. SCH Konstantin Mick. TON Walter Tjaden. MUS, LT Willi Kollo. ML Hans Schindler.
DAR Heinz Rühmann (Peter Bergmann, Bankangestellter), Käthe von Nagy (Jutta, seine Frau), Alfred Abel (Knast, Mostrichfabrikant), Maly Delschaft (Ileana, Sängerin, seine Frau), Hermann Vallentin (Marty, Würstchenfabrikant), Fritz Grünbaum (Silbermann, Agent), Theo Lingen (Manager der Sängerin), Hans Waßmann (Dr. Sommer, Nervenarzt), Else Heims (Frau Klaffke, Vermieterin), Fritz Alberti (Direktor der Landesbank), Edith Meinhardt, Ernst Wurmser, Hubert von Meyerinck, Georg Schmieter, Walter Eckard, Julius Brandt, Georg Heinrich Schnell.
PRO Ufa. PRL Bruno Duday. AUL Fritz Schwarz. DRZ ab 24.7.1931. DRO Ufa-Atelier Neubabelsberg. LNG 2481 m, 91 min. ZEN 25.8.1931, B.29683, Jv. URA 18.9.1931, Berlin (Gloria-Palast).
Französische Version:
1932. Ma femme... homme d'affaires.
REG Max de Vaucorbeil. AUT William Aguet; nach dem Drehbuch von Ernst Wolff, Fritz Zeckendorf, Philipp Lothar Mayring. KAM Paul Portier, Marc Bujard. BAU Pierre Schild. MUS Raoul Moretti. LT Lucien Boyer.
DAR Robert Arnoux (Pierre), Renée Devillers (Arlette), Alfred Pasquali (Silbermann), William Aguet (Harrison), Emmy Glynn (Gladys Spring), Jean Gobet (l'impresario), Hubert Daix (le docteur Varnier), Nikitina (Olga), Claudine Fonty (une danseuse), Robert Dartois, Pierre Denois, Josèphe Evelyns, Bob Maix.
PRO Via-Film, Paris; für ACE. PRL Jacques Natason. DRZ Juni 1932. DRO Tobis-Atelier Epinay. LNG 85 min (?).
Jutta Bergmann, an deren Geisteszustand ihr Mann Peter, ein nicht sonderlich erfolgreicher Bankangestellter, allmählich immer mehr zweifelt, versteht es, durch gewagte Hochstapelei gegenüber den richtigen Leuten zu Reichtum zu kommen.

1931. Sein Scheidungsgrund.
REG Alfred Zeisler. AUT Franz Arnold, Max Jungk. KAM Franz Planer, Bernhard Wentzel. KAS Erich Rudolf Schmidke. STF Otto Schulz. BAU Willi A. Herrmann, Herbert Lippschitz. MAS Waldemar Jabs. TON Gerhard Goldbaum. MUS Otto Stransky. ML Hans-Otto Borgmann. LT Ruth Feiner. MT ›Ich hab' Dich erst einmal geseh'n‹, ›Zwei blaue Augen und ein Tango, die sind schuld daran‹. AUS Dajos Bela mit seinem Orchester.
DAR Lien Deyers (Liane Roland), Johannes Riemann (Robert Lüders), Blandine Ebinger (Hilde, seine Frau), Julius Falkenstein (Sperling, Prokurist), Harry Halm (Edi), Paul Hörbiger (Rasmussen, Hellseher), Leopold von Ledebur (Minister), Heinz Salfner (Justizrat Dr. Gartz), Hella Tornegg (Anna), Lucie Euler (Wirtin), Erik Ode (Rudi), Hermann Pittschau (Fred), Geza L. Weiß (Bully), Maja Feist (Sonja), Karl Harbacher, Erik Manning, Hermann Picha, Valeska Stock.
PRO Ufa. PRL Alfred Zeisler. AUL Arthur Ohme. DRZ ab 22.6.1931. DRO Ufa-Atelier Neubabelsberg. LNG 2164 m, 79 min. ZEN 28.8.1931, B.29699, Jv. URA 2.10.1931, Berlin (U.T. Kurfürstendamm).
Justizrat Gartz versteht es, durch die Heranziehung eines vermeintlichen Scheidungsgrundes in Gestalt der mittellosen Liane Roland die Ehe von Robert und Hilde Lüders scheiden zu lassen. Damit ist Liane ins Spiel gebracht. Am Ende heiratet sie den Mann, für dessen Scheidung sie ›verantwortlich‹ war.

1931. Die Schlacht von Bademünde.
REG Philipp Lothar Mayring. AUT Fritz Zeckendorf; nach einem Manuskript von Bobby E. Lüthge, Karl Noti. KAM Georg Muschner, Alfred Hansen, Bernhard Wentzel. STF Georg Kügler. BAU Arthur Günther. MAS Harry Krankemann, Martin Gericke. TON Max Kagelmann. MUS, LT Robert Gilbert. ML Walter Winnig. MT ›Es wird Frühling‹, ›Grüß' mir die Reeperbahn‹, ›Matrosen müssen frei sein‹.
DAR Max Adalbert (Knospe, Gemeindediener), Claire Rommer (Susi, seine Nichte), Hans Waßmann (Bürgermeister), Adele Sandrock (Vereinsvorsitzende), Vicky Werckmeister (Frieda), Hans Junkermann (P. L. Staudt), Liselott Schaak (Elli, seine Tochter), Helga Karwa, Hill Larsen, Lisel Otto, Dolly Raphael, Annemarie Sörensen (fünf Brunnenmädchen), Paul Wagner (Major), Gerhard Bienert (Feldwebel), Peter Wolf (Fähnrich), Fritz Schulz (Franz, Infanterist), Paul Heidemann (Karl, Infanterist), Ernst Pröckl (Sanitätsgefreiter), Fritz Albert (Kapitän), Kurt von Ruffin (Nordwigk, Leutnant zur See), Erik Schütz (Obermaat), Hermann Speelmans (Hannes), Martin Jacob (Jochen), Lilli Ernst.
PRO Ufa. PRL Hans Herbert Ulrich. AUL Fritz Klotzsch. DRZ ab Juni 1931. DRO Ufa-Atelier Neubabelsberg. LNG 2192 m, 80 min. ZEN 31.8.1931, B.29734, Jv. URA 8.9.1931, Berlin (U.T. Kurfürstendamm).
Ein ›Liebeskrieg‹ bricht los, als in dem kleinen Ostsee-Kurort Bademünde die Matrosen eines Kriegsschiffes an Land gehen, um die heimischen Frauen und Mädchen zu beglücken.

1931. Der Kongreß tanzt.
REG Erik Charell. RAS Paul Martin, Basil Ruminow. VOL Kurt Hoffmann. AUT Norbert Falk, Robert Liebmann. KAM Carl Hoffmann. SPE Theodor Nischwitz. STF Horst von Harbou. BAU Robert Herlth, Walter Röhrig. KOS Ernst Stern.
MAS Emil Neumann, Maria Jamitzky, Oscar Schmidt, Hermann Rosenthal. SCH Viktor Gertler. TON Fritz Thiery. MUS, ML Werner Richard Heymann; unter Verwendung Alt-Wiener Kompositionen; Franz Schubert (Deutsche Tänze), Aram Iljitsch Chatschaturjan (Säbeltanz aus ›Gajane‹).
LT Robert Gilbert. MT ›Das gibt's nur einmal‹, ›Das muß ein Stück vom Himmel sein‹, ›Schön ist das Leben, wenn die Musik spielt‹. CHO Boris Romanoff.
DAR Lilian Harvey (Christel Weinzinger, Handschuhmacherin), Willy Fritsch (Zar Alexander von Rußland / Uralsky, sein Doppelgänger), Otto Wallburg (Bibikoff, Adjutant des Zaren), Conrad Veidt (Fürst Metternich, Staatskanzler), Carl Heinz Schroth (Pepi, sein Geheimsekretär), Lil Dagover (Komtesse), Alfred Abel (König von Sachsen), Eugen Rex (Schwäbischer Gesandter), Alfred Gerasch (Französischer Gesandter), Adele Sandrock (Fürstin), Margarete Kupfer (Gräfin), Julius Falkenstein (Finanzminister), Max Gülstorff (Bürgermeister von Wien), Paul Hörbiger (Heurigensänger), Ernst Stahl-Nachbaur (Napoleon I.), Trude Brionne, Franz Nicklisch, Hermann Blaß, Sergius Sax, Kurt Brunk, Carl Meinhard (?).
PRO Erich Pommer-Produktion der Ufa. PRT Erich Pommer. PRL Eberhard Klagemann. AUL Eduard Kubat. DRZ 1.6. - 13.8.1931. DRO Ufa-Atelier Neubabelsberg. LNG 2764 m, 100 min (2773 m vor Zensur). ZEN 28.9.1931, B.29993, Jv. URA 29.9.1931, Wien (Scala). DEA 23.10.1931, Berlin (Ufa-Palast am Zoo).
– Am 1.10.1937 von der Filmprüfstelle verboten.
Französische Version:
1931. Le congrès s'amuse.
REG Erik Charell, Jean Boyer. RAS Paul Martin, Basil Ruminow. AUT Norbert Falk, Robert Liebmann. DIA Jean Boyer. KAM Carl Hoffmann. SPE Theodor Nischwitz. BAU Robert Herlth, Walter Röhrig. KOS Ernst Stern. SCH Viktor Gertler. TON Fritz Thiery. MUS, ML Werner Richard Heymann; unter Verwendung Alt-Wiener Kompositionen. LT Jean Boyer.
DAR Lilian Harvey (Christel), Henri Garat (Alexandre Ier / Uralsky), Armand Bernard (Bibikoff), Pierre Magnier (Metternich), Robert Arnoux (Pépi), Lil Dagover (la comtesse), Jean Dax (Talleyrand), Odette Talazac (la princesse), Sinoël (le ministre des finances), Paul Ollivier (le maire de Vienne), Tarquini d'Or (le chanteur).
PRO Ufa / ACE. PRT Erich Pommer.
PRL Eberhard Klagemann. AUL Eduard Kubat. DRZ 1.6. - 13.8.1931. DRO Ufa-Atelier Neubabelsberg. LNG 102 min. URA 30.10.1931, Paris (Cinéma des Miracles).
Englische Version:
1931. Congress Dances.
REG Erik Charell. RAS Carl Winston, Paul Martin, Basil Ruminow. AUT Norbert Falk, Robert Liebmann. AD Rowland V. Lee. KAM Carl Hoffmann. SPE Theodor Nischwitz. BAU Robert Herlth, Walter Röhrig. KOS Ernst Stern. SCH Viktor Gertler. TON Fritz Thiery. MUS, ML Werner Richard Heymann; unter Verwendung Alt-Wiener Kompositionen.
DAR Lilian Harvey (Chrystel), Henri Garat (Tzar Alexander I / Uralsky), Gibb McLaughlin (Bibikoff), Conrad Veidt (Prince Metternich), Reginald Purdell (Pepi), Lil Dagover (Countess), Philipp Manning (King of Saxony), Humberston Wright (Duke of Wellington), Helen Haye (Princess), Spencer Trevor (Finance Minister), Tarquini d'Or (Heurige Singer), Thomas Weguelin, Olga Engel.
PRO Ufa. PRT Erich Pommer. PRL Eberhard Klagemann. AUL Eduard Kubat. DRZ 1.6. - 13.8.1931. DRO Ufa-Atelier Neubabelsberg. LNG 8288 ft = 2526 m, 92 min. URA 30.11.1931, London (Trade Show); Premiere: 31.11.1931, London (Tivoli), 11.4.1932 (Release).
Wiener Kongreß 1814. Die europäischen Fürsten und Staatsmänner versammeln sich, um nach dem Sieg über die napoleonischen Armeen Europa neu aufzuteilen. Zar Alexander lernt die hübsche Handschuhmacherin Christel Weinzinger kennen und lieben. Fürst Metternich, Kanzler Österreichs, ist dieses Verhältnis sehr recht, hat er doch großes Interesse daran, den Zaren von den politischen Konferenzen fernzuhalten.

1931. Dann schon lieber Lebertran.
REG Max Ophüls. AUT Erich Kästner, Emmerich Preßburger; nach einer Geschichte von Erich Kästner. KAM Eugen Schüfftan, Karl Puth. BAU Hans Sohnle, Otto Erdmann. TON Walter Tjaden. MUS Norbert Glanzberg. ML Werner Eisbrenner (?).
DAR Alfred Braun (Petrus), Paul Kemp (sein Gehilfe), Max Gülstorff (Vater), Käte Haack (Mutter), Hannelore Haack /= Schroth/ (Tochter), Gert Klein (Sohn), Martin Milleville.
PRO Ufa. PRL Bruno Duday. DRZ ab 5.8.1931. DRO Ufa-Atelier Neubabelsberg. LNG 605 m, 22 min. ZEN 23.10.1931, B.30192, Jf. URA 23.11.1931, Berlin (U.T. Kurfürstendamm, Universum).
– Kurzspielfilm.

1931. Emil und die Detektive.
REG Gerhard Lamprecht. AUT Billie Wilder; nach dem Roman von Erich Kästner. KAM Werner Brandes.
KAS Karl Drömmer, Werner Krien. STF Emanuel Loewenthal. BAU Werner Schlichting. MAS Willi Weber, Ernst Schülke. TON Hermann Fritzsching. MUS Allan Gray. Künstlerischer Beirat: Carl Meinhardt.
DAR Fritz Rasp (Grundeis), Käte Haack (Frau Tischbein, Friseurin), Rolf Wenkhaus (Emil, ihr Sohn), Rudolf Biebrach (Wachtmeister Jeschke), Olga Engl (Emils Großmutter), Inge Landgut (Pony Hütchen), Hans Joachim Schaufuß (›Gustav mit der Hupe‹), Hubert Schmitz (›Der Professor‹), Hans Richter (›Der fliegende Holländer‹), Hans Albrecht Löhr (›Der kleine Dienstag‹), Ernst-Eberhard Reling (Gerold), Waldemar Kupczyk (Mittenzwei), Martin Baumann, Gerhard Dammann, Rudolf Lettinger, Margarete Sachse, Georg Heinrich Schnell.
PRO Ufa. PRL Günther Stapenhorst. AUL Erich von Neusser. DRZ ab 6.7.1931. DRO Ufa-Atelier Neubabelsberg; AA Berlin und Umgebung (u.a. Fernbahnhof Berlin-Friedrichstraße). LNG 2049 m, 75 min. ZEN 6.11.1931, B.30300, Jf. URA 2.12.1931, Berlin (U.T. Kurfürstendamm).

Der kleine Emil Tischbein reist zum ersten Mal allein mit dem Zug von Dresden Neustadt nach Berlin, und schon wird ihm das von der Mutter in den Anzug genähte Geld gestohlen. Bei der Jagd nach dem Dieb helfen Emil die Kinder aus dem berliner Kiez.

1931. Der Hochtourist.
REG Alfred Zeisler. AUT Irma von Cube, Paul Franck; nach dem Schwank von Curt Kraatz, Max Neal. KAM Konstantin Tschet, Bernhard Wentzel. STF Walter Schulz. BAU Willi A. Herrmann, Herbert Lippschitz. MAS Waldemar Jabs. SCH Helene Bursek. TON Gerhard Goldbaum. MUS Otto Stransky. ML Hans-Otto Borgmann. LT Ruth Feiner. MT ›Ein Schwips und Du!‹, ›Einmal möcht' ich reich sein‹.
DAR Otto Wallburg (Theodor Mylius, Stadtrat), Erika Gläßner (Johanna, seine Frau), Maria Solveg (Alice, beider Tochter), Eugen Rex (Bieber, sein Bürofaktotum), Theo Shall (Hans Mertens, Schriftsteller), Wolfgang Zilzer (Fritz Grohmann), Max Ehrlich (Blumenreich, Theaterdirektor), Trude Berliner (Lore Heller, Schauspielerin), Leopold von Ledebur, Heinz Bille, Erik Ode, Fritz Lafontaine, Walter Wollmann, Edgar Pauly, Fritz Eggert, Gerhard Urschler, Frau Friedrich-Malatta, Paul Dorn, Die vier Benjamins.

PRO Ufa. **PRL** Alfred Zeisler. **AUL** Arthur Ohme. **DRZ** 17.8. - September 1931. **DRO** Ufa-Atelier Neubabelsberg; **AA** Oetztaler Alpen, Zürich. **LNG** 2368 m, 87 min. **ZEN** 24.11.1931, B.30458, Jv. **URA** 27.11.1931, Berlin (Gloria-Palast).
Der geplante Seitensprung von Stadtrat Theodor Mylius entpuppt sich als ein immerhin kontrollierbares Fiasko. In den Bergen kommt ihm zwar der Schriftsteller Hanns Mertens auf die Schliche, doch der ist bereit zu schweigen, wenn Mylius verspricht, nichts gegen eine Heirat mit seiner Tochter Alice zu unternehmen.

1931. Ronny.
REG Reinhold Schünzel. **AUT** Emmerich Preßburger, Reinhold Schünzel. **KAM** Fritz Arno Wagner, Robert Baberske. **KAS** Werner Krien. **STF** Horst von Harbou. **BAU** Werner Schlichting, Benno von Arent. **REQ** Albert Schlopsnies. **KOS** Benno von Arent. **SCH** Ernst Fellner. **TON** Hermann Fritzsching. **MUS** Emmerich Kálmán. **ARR** Erich Wolfgang Korngold (?). **ML** Franz Grothe. **LT** Rudolf Schanzer, Ernst Welisch. **MT** ›Achtung, kleiner Soldat!‹, ›Du bist das Liebste‹, ›Es ist besser so...‹, ›Oft hab' ich vom Glück geträumt‹, ›Perusa-Marsch: Wenn die Garde aufmarschiert‹, ›Rutsch' mit mir‹, ›Wenn bloß schon morgen wieder Sonntag wär'‹. **AUS** Kapelle Marek Weber. **CHO** Heinz Lingen.
DAR Käthe von Nagy (Ronny, Kostümzeichnerin), Willy Fritsch (Fürst von Perusa), Hans Waßmann (Hofmarschall), Otto Wallburg (Intendant des Hoftheaters), Aribert Wäscher (Staatsminister), Wolfgang von Schwind (Kriegsminister), Olly Gebauer (Lisa), Kurt Vespermann (Bomboni, Bahnhofsvorsteher), William Huch (Kammerdiener), Willi Grill (Anton), Wilhelm Diegelmann, Theo Lingen, Gertrud Wolle, Karl Elzer.
PRO Ufa. **PRL** Günther Stapenhorst. **AUL** Erich von Neusser. **DRZ** 7.9. - 18.11.1931. **DRO** Ufa-Atelier Neubabelsberg. **LNG** 2427 m, 88 min. **ZEN** 16.12.1931, B.30645, Jv. **URA** 22.12.1931, Berlin (Gloria-Palast).
Französische Version:
1931. Ronny.
REG Reinhold Schünzel, Roger Le Bon. **AUT** Emmerich Preßburger, Reinhold Schünzel. **DIA** Raoul Ploquin. **KAM** Fritz Arno Wagner, Robert Baberske. **BAU** Werner Schlichting, Benno von Arent. **REQ** Albert Schlopsnies. **KOS** Benno von Arent. **SCH** Ernst Fellner. **TON** Hermann Fritzsching. **MUS** Emmerich Kálmán. **ARR** Erich Wolfgang Korngold (?). **LT** Jean Boyer. **ML** Franz Grothe. **AUS** Kapelle Marek Weber. **CHO** Heinz Lingen.
DAR Kate de /= Käthe von/ Nagy (Ronny), Marc Dantzer (le prince de Perusa), Georges Deneubourg (le ministre de la cour), Lucien Baroux (l'intendant), Charles Fallot (le ministre d'état), Gustave Huberdeau (le ministre de la guerre), Monique Casti (Lisa), Guy Sloux (Bomboni, le chef de gare), Fernand Frey (le majordome), Lucien Callamand (Antoine).
PRO Ufa / ACE. **PRL** Günther Stapenhorst. **DRZ** September - November 1931. **DRO** Ufa-Atelier Neubabelsberg. **LNG** 87 min. **URA** Januar 1932 (?).
Die arme, aber hübsche Kostümzeichnerin Ronny reist nach Perusa, um ihre Entwürfe für eine Operetteninszenierung des dortigen Fürsten vorzustellen. Dort angekommen, erhält sie statt der verhinderten Primadonna die Hauptrolle des Stücks. Fürst und Ronny verlieben sich dauerhaft ineinander, auch wenn es noch ein kurzzeitiges Zerwürfnis zu beklagen gibt.

1931. Yorck.
REG Gustav Ucicky. **RAS** Eduard von Borsody. **AUT** Hans Müller, Robert Liebmann. **KAM** Carl Hoffmann. **KAS** Günther Anders, Willi Klitzke. **BAU** Robert Herlth, Walter Röhrig. **MAS** Willi Weber, Ernst Schülke, Oscar Schmidt. **SCH** Eduard von Borsody. **TON** Walter Tjaden. **MUS, ML** Werner Schmidt-Boelcke. **CHO** Jens Keith.
DAR Rudolf Forster (Friedrich Wilhelm III., König von Preußen), Werner Krauß (General Yorck von Wartenberg), Grete Mosheim (Barbara, seine Tochter), Gustaf Gründgens (Karl August Fürst von Hardenberg), Lothar Müthel (General von Clausewitz), Friedrich Kayßler (General Graf Kleist von Nollendorf), Raoul Aslan (Marschall Macdonald), Hans Rehmann (Leutnant Rüdiger Heyking), Walter Janssen (Vicomte Noailles), Günther Hadank (Seydlitz), Theodor Loos (Roeder), Paul Otto (Natzmer), Otto Wallburg (Feldmarschall Graf Diebitsch-Sabalkanskij), Jakob Tiedtke (Krause), Jürgen von Alten, Lutz Altschul, Carl Balhaus, Alfred Beierle, Gerhard Bienert, Hans Brausewetter, Carl Goetz, Veit Harlan, Oskar Höcker, William Huch, Arthur Mainzer, Hans Joachim Moebis, Heinrich Schroth, Fritz Staudte.
PRO Ufa. **PRT** Ernst Hugo Correll. **PRL** Oscar Schmidt. **AUL** Eduard Kubat. **DRZ** 24.8. - 13.10.1931 (Atelier). **DRO** Ufa-Atelier Neubabelsberg; **AA** Berlin (u.a. Brandenburger Tor). **LNG** 2793 m, 102 min. **ZEN** 18.12.1931, B.30626, Jf. **URA** 23.12.1931, Berlin (Ufa-Palast am Zoo).
– Von den Alliierten Militärbehörden verboten.

1812, nach dem Frieden von Tilsit, ernennt Friedrich Wilhelm III. den alten General von Yorck zum Führer des Hilfscorps, das mit den Franzosen gegen Rußland zieht. Durch eine abgefangene Geheimdepesche erfährt Yorck von Napoleons Niederlage. Er versucht, den König zum Kampf gegen Frankreich zu bewegen, doch der zögert. Yorck widersetzt sich dem Befehl, die Russen anzugreifen und schließt stattdessen in Tauroggen eine Konvention mit ihnen. Preußen hat den Rücken frei zum Kampf gegen Frankreich.

1931. Stürme der Leidenschaft.
REG Robert Siodmak. **RAS** Viktor Gertler. **VOL** Kurt Hoffmann. **AUT** Robert Liebmann, Hans Müller. **KAM** Günther Rittau, Otto Baecker. **KAS** Karl Plintzner. **STF** Hajek Haecke. **BAU** Erich Kettelhut. **KOS** René Hubert. **MAS** Waldemar Jabs. **SCH** Viktor Gertler. **TON** Fritz Thiery. **MUS** Friedrich Hollaender. **ML** Gérard Jacobson. **LT** Richard Busch, Robert Liebmann, Friedrich Hollaender. **MT** ›Ich gehe nie mit Matrosen‹, ›Ich weiß nicht, zu wem ich gehöre‹.
DAR Emil Jannings (Gustav Bumke), Anna Sten (Anna, genannt ›Russen-Anna‹), Trude Hesterberg (Yvonne, ihre Freundin), Franz Nicklisch (Willy Prawanzke), Otto Wernicke (Goebel, Kriminalkommissar), Hans Deppe (Nuschler), Hans Reimann (Max), Julius Falkenstein (Paul), Anton Pointner (Ralph Kruschewski, Fotograf), Wilhelm Bendow (Emmerich), Hermann Vallentin (Gefängnisdirektor).
PRO Erich Pommer-Produktion der Ufa. **PRT** Erich Pommer. **PRL** Max Pfeiffer. **AUL** Alexander Desnitzky. **DRZ** 7.9. - 13.11.1931. **DRO** Ufa-Atelier Neubabelsberg. **LNG** 2833 m, 104 min (2843 m (?) vor Zensur). **ZEN** 18.12.1931, B.30635, Jv. **URA** 22.1.1932, Berlin (Ufa-Palast am Zoo).
– AT: Die große Nummer, Sklave der Leidenschaft.
Französische Version:
1931. Tumultes.
REG Robert Siodmak. **RAS** Jacques Mirande. **AUT** Robert Liebmann, Hans Müller, **DIA** Yves Mirande (= Anatole de Querre). **KAM** Günther Rittau. **BAU** Erich Kettelhut. **KOS** René Hubert. **MAS** Waldemar Jabs. **SCH** Viktor Gertler. **TON** Fritz Thiery. **MUS** Friedrich Hollaender. **ML** Gérard Jacobson. **LT** Jean Boyer. **MT** ›Qui j'aime?‹.
DAR Robert Arnoux (Willy), Clara Tambour (Yvonne), Charles Boyer (Ralph Schwarz), Odette Florelle /= Rousseau/ (Ania), Armand Bernard (Stotterer), Thomy Bourdelle (Gustave Krouschewski, Fotograf), Marcel André (Kommissar), Lucien Callamand (Max), Marcel Vallée (Paul), Louis Florencie (Emmerich), Georges Deneubourg (Gefängnisdirektor), Marcel Merminod.
PRO Ufa / ACE. **PRT** Erich Pommer. **PRL** Max Pfeiffer. **SUP** André Daven. **DRZ** 7.9. - 13.11.1931. **DRO** Ufa-Atelier Neubabelsberg. **LNG** 92 min. **URA** 22.4.1932, Paris (Les Miracles).
Ein entlassener Sträfling trifft seine alte Flamme wieder: Mord und Totschlag sind die Folgen.

1931. Wäsche – Waschen – Wohlergehen.
REG Johannes Guter. **RAS** Hans René. **KAM** Karl Puth (s/w), Gotthard Wolff (Farbe). **REQ** Lengling. **TON** Erich Leistner, Georg Gutschmidt. **MUS** Walter Winnig. Wissenschaftliche Beratung: Dr. med. Fischer, Dr. Pohlmann.
DAR Paul Henckels (Professor Stahlschmidt), Grete Reinwald (seine Frau), Hedwig Wangel (Fräulein Franssen, Wanderlehrerin der Henkel-Werke), Fritz Alberti (Dr. Breuer, Werk-Chemiker), Ida Wüst (›Waschfrau in ersten Häusern‹), Lotte Spira (Wanderlehrerin für Buntwäsche), Pia van Hoeven (Hausfrau), Alfred Beierle (Kurt, Stammgast in ›Frankenheim‹), Trude Lehmann, Lotte Lehmann (zwei Waschfrauen), Paul Otto (Dozent), Ernst Stahl-Nachbaur (Kaufmann), Christl Storm (Dienstmädchen bei Stahlschmidt), Heinz von Philipsborn (Zeitungsleser), Fritz Hellmuth (Werkingenieur), Loty Kaundinya, Charlotte Belau (zwei Pflegerinnen), Karl-Heinz Jaffé.
PRO Ufa. **PRL** Ulrich Westerkamp. **DRZ** ab Oktober 1931. **DRO** Ufa-Atelier Neubabelsberg; **AA** Henkel-Werke Düsseldorf-Holthausen. **LNG** 3163 m, 115 min. **ZEN** 11.1.1932, B.30830, Jf. **URA** 24.1.1932, Berlin (Ufa-Palast am Zoo).
Auftragsfilm der Henkel-Werke, Düsseldorf, der, verknüpft mit einer Rahmenhandlung, die Werksanlagen mit Produktionsstätten und sozialen Einrichtungen vorstellt. Ein historischer Exkurs über Reinigungsmethoden von der Antike bis in die Gegenwart rundet das Thema ›Wäsche‹ ab.

1931/32. Aufforderung zum Tanz.
REG Heinz Hille. **KAM** Konstantin Tschet, Werner Bohne. **BAU** Herbert Lippschitz. **TON** Gerhard Goldbaum. **ML** Hans-Otto Borgmann. **CHO** Gitta Wallenstein.
DAR Eugen Rex.
PRO Ufa. **LNG** 228 m, 8 min. **ZEN** 30.1.1932, B.30952, Jf.
– Kurzspielfilm.

1931/32. Es wird schon wieder besser...
REG Kurt Gerron. **RAS** Erich Holder. **AUT** Philipp Lothar Mayring, Fritz Zeckendorf; nach einem Manuskript von Eugen Szatmári, Peter Hell. **KAM** Fritz Arno Wagner, Robert Baberske. **KAS** Werner Krien. **STF** Günther Pilz. **BAU** Julius von Borsody. **GAR** Eduard Weinert, Wilhelmine Spindler. **MAS** Waldemar Jabs. **SCH** Konstantin Mick. **TON** Hermann Fritzsching. **MUS** Walter Jurmann, Bronislaw Kaper. **LT** Fritz Rotter. **MT** ›'S wird schon wieder besser‹, ›Wenn ein kleiner Zufall will‹. **AUS** Kapelle Barnabas von Geczy.
DAR Dolly Haas (Edith Ringler), Heinz Rühmann (Fred Holmes, Ingenieur), Paul Otto (Geheimrat Dr. h.c. G. Ringler), Fritz Grünbaum (Justizrat Feldacker), Oskar Sima (Sanitätsrat Dr. Hartmann), Ernst Verebes (Willi Bertram, Freds Freund), Jessie Vihrog (Johanna, seine Frau), Ferdinand von Alten, Gerhard Bienert (Polizist), Hugo Flink, Viktor Franz, Günther Hadank, Paul Henckels, William Huch, Fritz Odemar, Werner Pledath, Gustav Püttjer, Oscar Sabo, Hans Waßmann, Paul Westermeier (Gefängniswärter), Gertrud Wolle, Ernst Wurmser, Martha Ziegler.
PRO Ufa. **PRL** Bruno Duday. **AUL** Fritz Schwarz. **DRZ** 1.12.1931 - Anfang Januar 1932. **DRO** Ufa-Atelier Neubabelsberg. **LNG** 1832 m, 67 min. **ZEN** 1.2.1932, B.30926, Jf. **URA** 6.2.1932, Berlin (Gloria-Palast).Zwischen gleichzeitigem Vorstellungsgespräch und Gerichtstermin muß der stellungslose Ingenieur Fred Holmes sich entscheiden. Seine Entscheidung, nicht vor Gericht zu erscheinen, führt dazu, daß er sich in eine Frau verliebt, die vom selben Gericht wegen wiederholter Verkehrsdelikte verurteilt worden und die Tochter des Auto-Industriellen Ringler ist, bei dem sich Fred beworben hat. Also bekommt er Frau und Job.

1931/32. Zwei Herzen und ein Schlag.
REG Wilhelm Thiele. **RAS** Julius B. Salter. **AUT** Franz Schulz; nach einem Bühnenstück von André Birabeau, Georges Dolley. **KAM** Carl Hoffmann. **KAS** Günther Anders. **STF** Horst von Harbou. **BAU** Benno von Arent, Werner Schlichting. **GAR** Adolf Kempler, Wilhelmine Spindler, Ida Revelly. **MAS** Emil Neumann, Wilhelm Weber. **SCH** Eduard von Borsody. **TON** Erich Leistner. **MUS, ML** Jean Gilbert. **LT** Robert Gilbert. **MT** ›Das macht Baby alles nur aus Liebe‹, ›Du wärst was für mich‹, ›Ja, so ein Liebespaar‹, ›Komm, mein Kamerad (Sei mein Kamerad)‹. **AUS** Kapelle Douglas. **CHO** Franz Rott.
DAR Lilian Harvey (Jenny Müller), Wolf Albach-Retty (Victor Müller, ihr Mann, Oberkellner), Rosa Valetti (Frau Bientöt), Kurt Lilien (Moritz, Hotelpage, Victors Onkel), Otto Wallburg (Herzog von Auribeau, Jennys Verehrer), Tibor von Halmay (von Nélemén), Franz Rott (Békeffy), Hermann Blaß (Advokat), Ernst Behmer, Hans Deppe, Kapelle Douglas.
PRO Ufa. **PRL** Günther Stapenhorst. **AUL** Erich von Neusser. **DRZ** Ende November 1931 - 9.1.1932. **DRO** Ufa-Atelier Neubabelsberg. **LNG** 2327 m, 85 min. **ZEN** 15.2.1932, B.31053, Jv. **URA** 19.2.1932, Berlin (Gloria-Palast).
Französische Version:
1931. La fille et le garçon.
REG Wilhelm Thiele, Roger Le Bon. **AUT** Franz Schulz. nach dem Bühnenstück von André Birabeau, Georges Dolley. **DIA** Raoul Ploquin; **KAM** Carl Hoffmann. **BAU** Benno von Arent, Werner Schlichting. **TON** Erich Leistner. **MUS** Jean Gilbert. **LT** Jean Boyer. **AUS** Kapelle Douglas. **CHO** Franz Rott.
DAR Lilian Harvey (Jenny Berger/Ria Bella), Henri Garat (Victor Berger), Mady Berry (Mme Bientôt), Lucien Baroux (le duc d'Auribeau), Marcel Vallée (Maurice Bientôt), Léonce Corne (un advocat), Tibor von Halmay, Franz Rott.
PRO Ufa / ACE. **SUP** André Daven. **DRZ** Ende November 1931 - Februar 1932. **DRO** Ufa-Atelier Neubabelsberg. **LNG** 85 min. **URA** März 1932, Paris.
Jenny möchte hoch hinaus. Der in sie verliebte Herzog von Auribeau soll ihr bei der Durchsetzung als Chansonette in einem vornehmen Kabarett Hilfestellung leisten. Leider ist Jenny, die sich auch Ria Bella nennt, verheiratet. Ihr Mann Victor Müller, so diszipliniert er auch ist, kommt geschickt genug daher, ihr alle Flausen auszutreiben.

1932. Goethe-Gedenkfilm.
1. Der Werdegang. – 2. Die Vollendung.
REG Fritz Wendhausen. **AUT** Nicholas Kaufmann, Fritz Wendhausen. **KAM** Kurt Stanke (Außen), Werner Brandes (Atelier). **BAU** Benno von Arent. **MUS** Clemens Schmalstich.
DAR Else Fink, Dagny Servaes, Luise Ullrich, Erika Wagner, Willi Domgraf-Fassbaender, Theodor Loos, Paul Wagner, Dr. Mederow.
PRO Ufa. **DRZ** Februar 1932. **DRO** Ufa-Atelier Neubabelsberg, Kulturfilmabteilung. **LNG** 543 m, 20 min / 414 m, 15 min. **ZEN** 14.3.1932. Jf. **URA** 18.3.1932, Berlin (U.T. Kurfürstendamm).
– Kurzspielfilm.

1931/32. Die Gräfin von Monte Christo.
REG Karl Hartl. **RAS** Victor von Struve. **AUT** Walter Reisch. **KAM** Franz Planer. **STF** Emanuel Loewenthal. **BAU** Robert Herlth, Walter Röhrig. **GAR** Walter Leder. **MAS** Hermann Rosenthal, Oscar Schmidt. **SCH** Rudolf Schaad. **TON** Walter Rühland. **MUS** Allan Gray. **ML** Artur Guttmann. **LT** Walter Reisch. **MT** ›Niemand fragt uns‹. **AUS** Orchester Barnabas von Géczy. **DAR** Brigitte Helm (Jeanette Heider, Filmkomparsin), Rudolf Forster (Rumowski), Lucie Englisch (Mimi, Filmkomparsin, Jeanettes Freundin), Gustaf Gründgens (›Baron‹), Mathias Wieman (Stephan Riel, Journalist), Oskar Sima (Spitzkopf, Aufnahmeleiter), Ernst Dumcke (Filmregisseur), Flockina von Platen (Filmdiva), Barnabas von Géczy (Kapellmeister), Max Gülstorff (Zeitungsverleger), Karl Etlinger (Zeitungsredakteur), Hans Junkermann (Hoteldirektor), Theo Lingen (Etagenkellner), Karl Platen (Nachtportier), Harry Hardt (Kriminalkommissar), Heinrich Gretler (schweizer Polizeibeamter am Telefon), Viktor Franz, Ernst Jörgensen, Ludwig Stoessel, Julius Brandt, Hugo Flink. **PRO** Ufa. **PRT** Gregor Rabinowitsch. **PRL** Eugen Kürschner. **AUL** Eduard Kubat. **DRZ** 18.12.1931 - 23.1.1932. **DRO** Ufa-Atelier Neubabelsberg; **AA** Semmering, Wien, Ufa-Freigelände Neubabelsberg. **LNG** 2684 m, 98 min. **ZEN** 21.4.1932, B.31438, Jv. **URA** 22.4.1932, Berlin (Ufa-Palast am Zoo). Filmkomparsin Jeanette Heider wird durch ein dummes Mißverständnis für die Gräfin von Monte Christo gehalten, was allerdings auch gute Seiten hat. Zwar ist sie nun von wirklichen Hochstaplern und Verbrechern umgeben, doch am Ende hilft es ihr, ihrem Freund Stephan, einem schlecht beschäftigten Journalisten, die Anstellung zu sichern.

RUDOLF
FORSTER
BRIGITTE
HELM
Die
Gräfin von Monte Christo
mit
LUCIE ENGLISCH
GUSTAF GRÜNDGENS
REGIE
KARL HARTL
M.R.-FILM DER UFA
IM VORPROGRAMM
DAS UFA-
SINFONIE-ORCHESTER
LEITUNG
DR. GUISEPPE BECCE

1931/32. Der Sieger.
REG Hans Hinrich, Paul Martin. AUT Leonhard Frank, Robert Liebmann. KAM Günther Rittau, Otto Baecker. BAU Erich Kettelhut. KOS Joe Straßner. TON Fritz Thiery. MUS Werner Richard Heymann. LT Robert Gilbert, Robert Liebmann, Max Kolpe. AUS Die Comedian Harmonists, Jazz-Orchester Hans Bund, Ufa-Sinfonie-Orchester. CHO Heinz Lingen. DAR Hans Albers (Hans Kühnert), Käthe von Nagy (Helene), Julius Falkenstein (Ponta, Bankier), Hans Brausewetter (Hunter, Eishockeyspieler), Frida Richard (Frau Kühnert), Max Gülstorff (Hoteldirektor), Ida Wüst (Schneiderin), Adele Sandrock (Ältere Dame), Willi Domgraf-Fassbaender (Sänger), Alfred Beierle, Eugen Burg, Hans Deppe, Arthur Mainzer, Arthur Peiser, Willi Schur, Bruno Ziener, Comedian Harmonists. PRO Erich Pommer-Produktion der Ufa. PRT Erich Pommer. AUL Eberhard Klagemann. DRZ November 1931 – Ende Januar 1932. DRO Ufa-Atelier Neubabelsberg. LNG 2518 m, 92 min. ZEN 15.3.1932, B.31219, Jv. URA 21.31932, Berlin (Gloria-Palast).

Französische Version:
1931/32. Le vainqueur.
REG Hans Hinrich, Paul Martin. AUT Leonhard Frank, Robert Liebmann. DIA Jean Boyer. KAM Günther Rittau, Otto Baecker. BAU Erich Kettelhut. KOS Joe Straßner. TON Fritz Thiery. MUS Werner Richard Heymann. LT Jean Boyer. AUS Hans Bund mit seinem Orchester. CHO Heinz Lingen. DAR Jean Murat (Robert Kurtner), Jeanne Marie-Laurant (Madame Kurtner), Adrien Le Gallo (Monsieur Ponta), Kate de /= Käthe von/ Nagy (Mademoiselle Ponta), Pierre Brasseur (Hunter), Gaston Jacquet (le directeur de l'hôtel), Marguerite Templey (la couturière), Adele Sandrock (la vieille dame), Pierre Piérade (le téléphoniste), Charles Redgie (l'Anglais), Andrée Lorrain (la femme de chambre), Lucien Callamand, Robert Négrel (les bookmakers), Willy Leardy, Michael von Newlinski, Verly. PRO Ufa / ACE. PRT Erich Pommer. SUP André Daven. AUL Eberhard Klagemann. DRZ Dezember 1931 – Ende Januar 1932. DRO Ufa-Atelier Neubabelsberg. LNG 60 min (?). URA 24.3.1932, Paris (Cinéma les Miracles).
– AT: Le veinard.

Durch Zufall gewinnt der im Haupttelegrafenamt angestellte Hans Kühnert im Pferderennen. Doch das Glück bleibt ihm nicht treu. Mit Tricks erschleicht er sich das Vertrauen der reichen Bankierstochter Helene Ponta, in die er sich heftig verliebt. Als sie von seiner wahren Herkunft erfährt, läßt sie ihn links liegen und ist letztlich doch mit ihm liiert.

1932. Der Frechdachs.
REG Carl Boese, Heinz Hille. AUT Irma von Cube, Paul Franck, Fritz Falkenstein; nach der Komödie ›Pour avoir Adrienne‹ von Louis Verneuil. KAM Konstantin Tschet, Werner Bohne. KAS Erich Rudolf Schmidke, Christian Jensen. STF Otto Schulz. BAU Willi A. Herrmann, Herbert Lippschitz. GAR Georg Paersch, Ada Fox. MAS Maria Jamitzky, Wilhelm Weber, Emil Neumann. SCH Ernst Schiff-Hajos. TON Fritz Seidel. MUS Stephan Samek. ML Hans-Otto Borgmann. LT Rudolf Bernauer. MT ›Stundenlang - Tagelang‹, ›Was ist denn dabei, wenn man sich leicht verliebt‹. AUS Ufa-Jazz-Orchester. DAR Willy Fritsch (Der junge Mann), Camilla Horn (Alice Ménard), Ralph Arthur Roberts (Adolphe Ménard, Architekt, ihr Mann), Else Elster (Loulou Gazelle, laut Telefonbuch ›Künstlerin‹), Maria Forescu (ihre Mutter), Anton Pointner (Henri Latour, ohne Beruf), Alexa von Porembsky (Annette, Zofe im Hause Ménard), Erich Kestin (Emil, Diener des jungen Mannes), Ernst Behmer (Hotelportier). PRO Ufa. PRL Alfred Zeisler. DRZ 25.1. - 12.3.1932. DRO Ufa-Atelier Neubabelsberg. LNG 2333 m, 85 min. ZEN 5.4.1932, B.31332, Jv. URA 29.4.1932, Berlin (Gloria-Palast).

Französische Version:

Nie wieder Fritz Lang!
Ein schwieriges Verhältnis und sein Ende

Fritz Lang, der Inszenator deutscher Mythen, an der Hausbar

Jedes Jahr nur 1 Film aber von FRITZ LANG

FRITZ·LANG·FILM
Ges. m. b. H.

»Für sie schien die Ufakrise nicht zu existieren«, schreibt Erich Kettelhut in seinen Erinnerungen. Metropolis war fertiggestellt, und das Paar Fritz Lang/Thea von Harbou begann unverzüglich mit dem nächsten Projekt. »Sie disponierten, als gehe auch in Zukunft alles seinen alten Gang weiter und auch die Zusammensetzung des Stabes würde sich nicht ändern.«

Doch schon bald darauf verläßt der wichtigste Mann, der früher die Wünsche des Künstlers gegen die Leute von der Deutschen Bank im Ufa-Vorstand durchgesetzt hat, den Filmkonzern: Erich Pommer wird, nicht zuletzt wegen des METROPOLIS-Finanzdesasters, geschaßt. Die neuen Herren in der Ufa-Zentrale wollen am liebsten auch den verschwenderischen Star-Regisseur loswerden.

Aber es gibt einen Vertrag. Direktor Bausback, noch aus der alten Vorstandsriege und der einzige, der Kontakt zu Lang hat, wird beauftragt, mit dem Regisseur über die Lösung des Vertragsverhältnisses zu sprechen. Der Versuch mißlingt. Man muß einen anderen Weg finden, und vielleicht braucht man auch gar nicht auf den Meister zu verzichten. Es gilt eben nur, so Rechtsanwalt Donner auf der Vorstandssitzung, eine Konstruktion zu finden, »um die

»Einer muß der Teuerste sein« – Mondlandschaften im Studio. Fritz Langs FRAU IM MOND

Ufa vor Überschreitungen der Kostenvoranschläge durch Herrn Lang sicherzustellen«.

Die Idee ist nicht neu, man praktiziert sie mit zahlreichen Auftragsproduzenten: Der Künstler gründet eine eigene Gesellschaft, die Fritz Lang-Film GmbH; die Ufa steigt als Coproduzent ein und bekommt dafür das fertige Produkt. So lassen sich die Kosten besser unter Kontrolle halten, und vor allem: Der Regisseur ist selbst verantwortlich, sollte er beim nächsten Mal wieder den Etat überziehen. Das eigene Risiko wird eingegrenzt, möglichst ganz abgewälzt. Lang, der sonst doch nichts von Ökonomie versteht (oder verstehen will), ist je-

doch clever genug, sich den juristischen Beistand von Profis der Branche zu holen: Er läßt sich bei den komplizierten Vertragsverhandlungen von der Agentur Fellner & Somlo vertreten. Die Anwälte basteln an einer Zwitterkonstruktion: Die neu gegründete Fritz Lang-Film GmbH bringt lediglich ein Viertel der Produktionskosten als Eigenmittel auf; das finanzielle Engagement der Ufa geht über die üblichen Verleih-Vorschüsse weit hinaus, wobei wiederum zu bedenken ist, daß man zum Teil in die eigene Tasche wirtschaftet: Gedreht wird in Neubabelsberg, die Ateliernutzung stellt die Ufa der Lang-Film GmbH in Rechnung.

Wer von beiden Vertragspartnern welche Rechte erhält, wann Langs Gewinnbeteiligung einsetzt (nach Abzug der von der Ufa getragenen Herstellungskosten, der Verleihspesen und einem Prozentsatz ihrer Gesamtkosten), darüber wird zäh gerungen. Aber schließlich kommt der Vertrag zustande.

Zwei Filme sind ausgemacht, der erste ist SPIONE. Und gleich gibt es Ärger. Lang macht, sehr zum Verdruß der Ufa, bereits Reklame für den Film in den Fachzeitschriften, da kennen die Herren von der Konzernspitze noch nicht einmal das Manuskript. Da er nun sein eigener Produzent ist, wei-

1932. Vous serez ma femme.
REG Serge de Poligny. AUT Irma von Cube, Paul Franck, Fritz Falkenstein; nach der Komödie ›Pour avoir Adrienne‹ von Louis Verneuil. DIA Louis Verneuil. KAM Konstantin Tschet, Werner Bohne. BAU Willi A. Herrmann, Herbert Lippschitz. TON Fritz Seidel. MUS Stephan Samek. ML Hans-Otto Borgmann. LT Jean Boyer. AUS Ufa-Jazz-Orchester.
DAR Roger Tréville (le jeune homme), Alice Field (Alice Ménard), Lucien Baroux (Gustave Ménard), Pierre Sergeol (Henri Latour), Janine Ronceray (Loulou Gazelle), Paulette Dubost (Annette), Lucien Callamand (le portier), Jane Pierson (la mère de Loulou).
PRO Ufa / ACE. PRL Alfred Zeisler. SUP André Daven. DRZ 25.1. - 12.3.1932. DRO Ufa-Atelier Neubabelsberg. LNG 91 min. URA Juni 1932 (?).
Die Schürzenjagden des nicht mehr ganz jungen pariser Architekten Ménard gehen zu Lasten seiner jungen Frau Alice, die vernachlässigt wird und nach einiger Zeit einen neuen Liebhaber und Ehemann findet.

1932. Ein toller Einfall.
REG Kurt Gerron. RAS Erich Holder. AUT Philipp Lothar Mayring, Fritz Zeckendorf; nach dem Schwank von Carl Lauf. KAM Konstantin (Irmen-)Tschet, Werner Bohne. KAS Erich Rudolf Schmidke, Christian Jensen. STF Günther Pilz. BAU Julius von Borsody. KOS Hermann Hoffmann. GAR Wilhelmine Spindler. MAS Waldemar Jabs. SCH Konstantin Mick. TON Gerhard Goldbaum. MUS Walter Jurmann, Bronislaw Kaper (?). ML Hans-Otto Borgmann. LT Fritz Rotter. MT ›Du bist der Mann, der den Frauen gefällt‹, ›Heut' bin ich gut aufgelegt!‹, ›Ich suche Eine, die mir allein gehört‹. CHO Franz Rott.
DAR Willy Fritsch (Paul Lüders, Kunstmaler), Max Adalbert (Birnstil, Kunsthändler), Jakob Tiedtke (Michael Lüders, Onkel), Heinz Salfner (Mr. Miller, reicher Engländer), Dorothea Wieck (Mabel, seine Tochter), Harry Halm (Bob, Mabels Freund), Leo Slezak (Theo Müller, Manager der ›Miller-Girls‹), Ellen Schwanneke (Evelyn, seine Tochter), Wilhelm Bendow (Wendolin, Vorsitzender der Untersuchungskommission zur Bekämpfung des Großstadtlärms), Fritz Odemar (Werner Schubart, Komponist), Genia Nikolajewa (Marga, seine Frau), Rosy Barsony (Anita, Tänzerin), Gerda Bunnemann, Änne Goerling (Minna, Dienstmädchen), Ferdinand Hart, Paul Hörbiger (Emil, Diener), Theo Lingen (Oberkellner), Adele Sandrock (Zimmervermieterin), Oskar Sima (Herr vom Finanzamt), Klaus Pohl (Schneider). PRO Ufa. PRL Bruno Duday. AUL Fritz Schwarz. DRZ Anfang März - Mitte April 1932. DRO Ufa-Atelier Neubabelsberg; AA St. Moritz (Schweiz). LNG 2367 m, 87 min. ZEN 12.5.1932, B.31541, Jv. URA 13.5.1932, Berlin (Ufa-Palast am Zoo).
Die Vermietung von Schloß Birkenfels durch Paul Lüders, den Neffen des Besitzers, an die Truppe der ›Miller-Girls‹ und deren Manager löst grundsätzliche Verwirrung aus. Der Name Miller ist mehrfach vorhanden, was aber nur zu mehrfacher Liebe führen kann.

1932. Das Lied einer Nacht.
REG Anatole Litvak. AUT Irma von Cube, Albrecht Joseph; nach einer Idee von Irma von Cube, Albrecht Joseph, Simom Koster. KAM Fritz Arno Wagner, Robert Baberske. KAS Ekkehard Kyrath. STF Emanuel Loewenthal. BAU Werner Schlichting. GAR Walter Leder, Otto Sucrow, Gertrud Wendt. MAS Oscar Schmidt, Martin Gericke. TON Hermann Fritzsching. MUS Mischa Spoliansky; unter Verwendung fremder Kompositionen. ML Willy Schmidt-Gentner. LT Marcellus Schiffer. MT ›Heute Nacht oder nie‹, ›Ich wünsch' mir was‹, ›La Danza‹ (Possini).
DAR Jan Kiepura (Ferraro, Tenor), Otto Wallburg (Pategg, Kurdirektor), Ida Wüst (seine Frau), Magda Schneider (Mathilde), Fritz Schulz (Koretzky, ein Heiratsschwindler), Margo Lion (Ferraros Managerin), Julius Falkenstein (Balthasar, Ferraros Diener).
PRO Cine-Allianz Tonfilm GmbH, Berlin; für Ufa. PRT Gregor Rabinowitsch, Arnold Preßburger. PRL Wilhelm Székely. AUL Fritz Klotzsch. DRZ Februar - 6.4.1932. DRO Ufa-Atelier Neubabelsberg; AA Lugano, Luganer See, Locarno. LNG 2317 m, 85 m. ZEN 27.5.1932, B.31650, Jf. URA 27.5.1932, Berlin (Gloria-Palast).
Französische Version:

> SPIONE: »Fritz Lang hat sich Joe May angenähert. Er hat die Versteifungen und Stilisierungen seiner NIBELUNGEN- und METROPOLIS-Filme aufgegeben. Er ist auf den Weg des DR. MABUSE zurückgekehrt. Er hat Film, spannenden, jagenden Sensationsfilm gemacht.«
> (Herbert Ihering, 1928)

Fritz Lang bei den Dreharbeiten zu SPIONE mit Willy Fritsch und Fritz Rasp

gert sich Lang, der Ufa das Drehbuch vorzulegen – doch wie soll man ohne dessen Kenntnis die Kalkulation überprüfen? Gleichzeitig fordern Fellner & Somlo weitere 30.000 Mark für die Vorbereitungsarbeiten, was den Unmut der Vorstandsetage nicht gerade besänftigt. Der erste Krach ist da, die Rechtsabteilung wird eingeschaltet. Währenddessen verkauft Langs Firma schon Auslandsrechte: Die englische Kinoauswertung des noch nicht gedrehten Films geht an W. & F. London gegen Zahlung einer Garantiesumme von 12.500 Pfund Sterling. Die Ufa wird schlichtweg übergangen – wie kommt sie jetzt an das Geld, das ihr eigentlich zusteht? Einklagen will man die Ansprüche nicht, sondern die Eingänge aus dem Lizenzvertrag verrechnen mit den von der Ufa aufzubringenden Produktionskosten. Wieder ein Fall für die Rechtsabteilung.

Nach monatelangem Tauziehen liegt Mitte Oktober 1927 endlich das Manuskript vor. Der Vorstand sieht seine Befürchtungen bestätigt: »Herr Grieving teilt mit, daß das Drehbuch für diesen Film noch viel zu umfangreich sei. Auch enthalte die Kalkulation verschiedene Posten, wie eine Vergütung von monatlich 5000 RM für Herrn Fellner, die wir nicht anerkennen können. Es wird beschlossen, vor Bereinigung dieser Fragen keine weiteren Zahlungen zu leisten.« Es dauert einen Monat, dann liegt eine akzeptable Kalkulation auf dem Tisch. Die Herstellungskosten bis zum Höchstbetrag von 886.000 RM werden genehmigt.

Diesmal überzieht Lang nicht allzu arg den Etat: Er kommt mit einer Million aus. Es gibt die übliche Aufregung vor der Premiere: SPIONE wird erst drei Tage vor der Uraufführung fertig und muß nach Meinung der leitenden Herren gekürzt werden; auch gibt es Streit, weil die Lang-Film GmbH sich weigert, die Hälfte des Reklame-Etats zu übernehmen: Das sei allein Sache des Verleihs. Wichtiger als solche Querelen:

FRAU IM MOND
»Die Fritz-Lang-Filme sind Parvenus: zu Geld gekommene Hintertreppenromane. Daß eins der Nick-Carter-Heftchen, die in diesem Film als Statisten auftreten, nur zehn Pfennige kostet, DIE FRAU IM MOND aber Millionen, ist eigentlich der einzige Unterschied zwischen den beiden Produkten. Traurig nur, daß, zeitgemäß ausgedrückt, eine so wenig seriöse Firma eine Art Monopolvertrag hat, in jedem Jahr den Repräsentationsfilm der deutschen Filmindustrie, ja Deutschlands herzustellen, denn für das Ausland ist deutscher Film gleich Fritz Lang, dessen kindische Riesenspielzeuge sich glücklich der alteingesessenen Vorstellung von deutscher Märchenromantik und Grübelei einpassen.«
(Rudolf Arnheim, 1929)

Der erhoffte Erfolg an der Kinokasse hält sich in Grenzen, und die Kritik reagiert zurückhaltend: Von dem neuesten Werk des genialen Filmschöpfers ist man eher enttäuscht, er habe diesmal nur »virtuos hingeworfenen Kriminalschund« produziert.

Der zweite vertraglich vereinbarte Lang-Streifen, darüber herrscht Einigkeit bei allen Beteiligten, soll ein Sensationsfilm werden, ein Science-fiction-Knüller wie METROPOLIS. Doch viel mehr als den Titel FRAU IM MOND kennt man in der Ufa-Zentrale nicht. Der Künstler läßt wieder einmal alle im Ungewissen, die Geschäftsleute werden langsam nervös. Die Atelierdisposition gerät ins Wanken, denn Lang hat sich immer noch nicht auf den Drehbeginn festgelegt. Die Rechtsabteilung droht mit einer Schadensersatzklage, da bequemt sich der Regisseur, seinen Agenten auf die Vorstandssitzung am 2. Oktober 1928 zu entsenden. Fellner trägt Inhalt und Besetzung des Filmprojekts vor und erklärt, man werde in zwei Monaten ins Atelier gehen, könne aber auch schon früher anfangen. Die anwesenden zehn Herren nebst ihrem Anwalt sind zunächst sprachlos, dann beißen sie sich an einer Besetzungsfrage fest: Sie äußeren Bedenken gegen den Schauspieler Fritz Rasp. »Herr Fellner wird daher gebeten, mit Herrn Lang darüber nochmals Rücksprache zu nehmen, weil Rasp zu unsympathisch wirke.« (Der Regisseur läßt sich nicht reinreden, Rasp spielt die Rolle.) Drei Wochen später liegt demselben Gremium endlich ein Kostenvoranschlag vor: 1.132.000 Mark und damit deutlich mehr als die vertraglich festgeschriebene Summe von 800.000. Zähneknirschend wird, »da mit einem außergewöhnlichen Film gerechnet wird«, der Kostenvoranschlag gebilligt.

Nein, ein leichter Partner ist der berühmte Regisseur für den Filmkonzern nicht gerade. Gut ein halbes Jahr vor Drehbeginn von FRAU IM MOND, im Mai 1928, hat Lang bereits wegen eines neuen Vertrages – mit für ihn günstigeren Bedingungen – bei Direktor Correll vorgefühlt. Als dieser den Wunsch beim Zusammentreffen des reduzierten Vorstands – Generaldirektor Klitzsch ist gerade auf Amerikareise – vorträgt, geraten die Herren ins Schwitzen: ein glatter Erpressungsversuch. Auch wenn der Regisseur Zugeständnisse macht, der Ufa nun freie Hand beim Auslandsvertrieb zusichert, die Versammlung hat doch »sehr erhebliche Bedenken«. Trotzdem will man sich darauf einlassen, wie im Protokoll nachzulesen ist: »Im Hinblick auf die zurzeit noch bestehende Notwendigkeit, Fritz-Lang-Filme zu haben, wird jedoch beschlossen, grundsätzlich den Abschluß des in Aussicht genommenen Vertrages zu genehmigen, falls Herr Klitzsch zustimmt.« Der Generaldirektor verweigert seine Zustimmung. Zwischen Berlin und New York werden Telegramme gewechselt – Correll plädiert für Lang, Klitzsch bleibt standhaft. Zunächst solle Lang seine alten Vertragsverpflich-

1932. La chanson d'une nuit.
REG Anatole Litvak. AUT Irma von Cube, Albrecht Joseph; nach einer Idee von Irma von Cube, Simom Koster. DIA Henri-Georges Clouzot. KAM Fritz Arno Wagner, Robert Baberske. BAU Werner Schlichting. TON Hermann Fritzsching. MUS Mischa Spoliansky; unter Verwendung fremder Kompositionen. ML Willy Schmidt-Gentner. LT Serge Véber.
DAR Jan Kiepura (Ferraro), Magda Schneider (Mathilde), Pierre Brasseur (Koretzky), Lucien Baroux (Monsieur Pategg), Charlotte Lysès (Madame Pategg), Clara Tambour (le manager), Sinoël, René Bergeron (l'employé des contributions), Charles Lamy (Balthazar), Pierre Labry (l'inspecteur).
PRO Cine-Allianz Tonfilm GmbH, Berlin; für ACE, Paris. PRT Gregor Rabinowitsch, Arnold Preßburger. PRL Wilhelm Székely. DRZ ab 22.8.1932. DRO Ufa-Atelier Neubabelsberg. AA Lugano, Luganer See, Locarno. LNG 85 min.

Englische Version:
1932. Tell Me Tonight.
REG Anatole Litvak. AUT Irma von Cube, Albrecht Joseph. DIA John Orton; nach einer Idee von Irma von Cube, Albrecht Joseph, Simom Koster. KAM Fritz Arno Wagner, Robert Baberske. BAU Werner Schlichting. TON Hermann Fritzsching. MUS Mischa Spoliansky; unter Verwendung fremder Kompositionen. ML Willy Schmidt-Gentner.
DAR Jan Kiepura (Enrico Ferraro), Magda Schneider (Mathilde), Sonnie Hale (Koretzky), Edmund Gwenn (Mayor Pategy), Athene Seyler (Mrs Pategy), Betty Chester (Nonstop Nora), Aubry Mather (Balthazar).
PRO Cine-Allianz Tonfilm GmbH, Berlin / Felsom-Film GmbH, Berlin. PRT Gregor Rabinowitsch. CO-PRT Hermann Fellner, Josef Somlo. DRZ ab 15.8.1932. DRO Ufa-Atelier Neubabelsberg. AA Lugano, Luganer See, Locarno. LNG 91 min. URA Oktober 1932, London.
Der von Auftritt zu Auftritt hetzende berühmte Tenor Ferraro flieht in einen vornehmen Kurort, um endlich einmal auszuspannen. Das wird ihm nicht gelingen.

1932. Quick.
REG Robert Siodmak. RAS Viktor Gertler. AUT Hans Müller; nach dem Bühnenstück von Felix Gandéra. KAM Günther Rittau, Otto Baecker. KAS Karl Plintzner. STF Willi Klitzke. BAU Erich Kettelhut. GAR Otto Sucrow, Gertrud Wendt, Hermann Scheibner. MAS Waldemar Jabs. SCH Viktor Gertler. TON Fritz Thiery. MUS Hans-Otto Borgmann, Gérard Jacobson, Lied ›Quick‹: Werner Richard Heymann. LT Robert Liebmann. MT ›Gnädige Frau, komm' und spiel mit mir‹.
DAR Lilian Harvey (Eva Prätorius), Hans Albers (Quick, Musikclown), Willy Stettner (Herr von Pohl, genannt Dicky), Albert von Kersten (Professor Bertram, Kurarzt), Paul Hörbiger (Lademann, Quicks Manager), Carl Meinhard (Direktor Henkel), Paul Westermeier (Clock), Genia Nikolajewa (Marion, Tänzerin), Käte Haack (Frau Koch), Flockina von Platen (Charlotte), Fritz Odemar (Oberkellner).
PRO Erich Pommer-Produktion der Ufa. PRT Erich Pommer. PRL Max Pfeiffer. AUL Alexander Desnitzky. DRZ 1.3.-30.4.1932. DRO Ufa-Atelier Neubabelsberg. LNG 2664 m, 95 min. ZEN 24.6.1932, B.31746, Jv. URA 9.8.1932, Berlin (Ufa-Palast am Zoo).

Französische Version:
1932. Quick.
REG Robert Siodmak. RAS Viktor Gertler. AUT Hans Müller; nach dem Bühnenstück von Felix Gandéra. DIA Bernd Zimmer. KAM Günther Rittau, Otto Baecker. BAU Erich Kettelhut. SCH Viktor Gertler. TON Fritz Thiery. MUS Hans-Otto Borgmann, Gérard Jacobson, Lied (›Quick‹): Werner Richard Heymann. LT Jean Boyer.
DAR Lilian Harvey (Christine Dawson), Jules Berry (Quick), Pierre Brasseur (Maxime), Armand Bernard (Lademann), Marcel André (le docteur), Pierre Finaly (Henkel), Pierre Piérade, Paulette Duvernet, Yvonne Hébert, Jeanne Fusier-Gir, Fernand Frey, Robert Goupil.
PRO Ufa / ACE. PRT Erich Pommer. PRL Max Pfeiffer. SUP André Daven. DRZ 1.3.-30.4.1932. DRO Ufa-Atelier Neubabelsberg. LNG 87 min. URA 26.8.1932, Paris (Cinéma Colisée).

---

tungen erfüllen und »Frau im Mond« fertigstellen statt neue Forderungen zu stellen. Doch Correll bringt das Thema immer wieder auf die Tagesordnung. Dem Produktionschef ist bewußt, warum er sich für Lang engagiert: Seit Murnau Deutschland verlassen, ist der Mann mit dem Monokel der einzige Regisseur von internationalem Renommée, den die Ufa im Moment vorzuweisen hat. Auch wenn beide Seiten pokern, man bewegt sich doch in Richtung Kompromiß. Der Vorstand legt die Marschroute neu fest: Regiehonorar für Lang höchstens 100.000 RM sowie 25% am Reingewinn des Films. Und Herr Fellner, der als Produktionsleiter ebenfalls engagiert werden muß, soll mit 50.000 als letztem Angebot zufrieden sein. Auf dieser Basis wird am 8. März 1929 der Vertrag unterschrieben.

Während der gewiefte Agent für ihn verhandelt, steht der Regisseur im Atelier und inszeniert ein utopisches Märchen. Es geht um eine Weltraumexpedition; 40 Waggonladungen Sand, von der Ostsee herbeigeschafft, bilden die Kraterlandschaft des Mondes. Die eigentliche Story ist billigste Kolportage, Illustrierten-Kitsch – eben typisch Thea von Harbou. Langs Interesse gilt offenbar etwas anderem: Ihn faszinieren die technischen Möglichkeiten der Zukunft. Er hat das Buch ›Die Rakete zu den Planetenräumen‹ von Hermann Oberth gelesen; den Wissenschaftler und dessen Assistenten Willy Ley zieht er als Berater zu den Dreharbeiten hinzu. Er will visionäre Bilder, aber keine ›wilde Utopie‹; das Raumschiff, zwölf Meter hoch, läßt er nach Anweisung der Experten bauen. Für die eindrucksvollste Filmpassage, das Herausfahren und den Abschuß der Rakete, erfindet er gar den Countdown. Vier Jahrzehnte vor dem ersten bemannten Raumflug zum Mond gedreht, wirken die Bilder von den Startvorbereitungen fast wie Dokumentaraufnahmen.

Lang, verliebt in sein Riesenspielzeug, kümmert sich nicht um die Finanzierung seiner Raketen-Träume. Ein Reporter schildert die Atmosphäre während der Dreharbeiten: »Mit imponierender Ruhe dirigiert der Regisseur Fritz Lang die Aufnahmen. Trotzdem jede Minute soundsoviel hundert oder vielleicht tausend Mark kostet, kann ihn nichts in seiner Gemütsruhe stören. Seine Gattin Thea von Harbou sitzt in einem Klubsessel, der sich absonderlich genug in dieser unwirklichen Mondlandschaft abnimmt, neben ihm.«

Für den Vorstand gibt es ein böses Erwachen. Das Protokoll vermerkt am 8. Februar 1929: »Herr Correll teilt mit, daß der Film, der auf 1.132.000 RM kalkuliert war, um 150.000 überschritten werden soll.« Nach längerer Diskussion wird dies genehmigt. Einen Monat später zeichnet sich ab: Auch das wird nicht reichen. Der Vorstand zieht die Notbremse: Am 15. März wird die fällige Zahlung an die Fritz-Lang-Film GmbH storniert. Correll läßt Ermittlungen anstellen, das Ergebnis: Selbst unter Berücksichtigung aller möglichen Einsparungen dürfte der Etat nochmals um 150.000 Mark überschritten werden, die Produktion also knapp 1,6 Millionen RM verschlingen. Lang genug hatte man sich an der Nase herumführen lassen, nun reicht die Ufa Klage auf Schadensersatz ein. Die laufenden Dreharbeiten können ohne größeren Schaden nicht unterbrochen werden, also verständigen sich die streitenden Parteien auf folgendes Agreement: Da dringend Geld gebraucht wird, zahlt die Ufa 100.000 RM, behält sich aber das Recht auf Rückforderung und Berechnung von Zinsen vor. Im Gegenzug verpflichten sich Fellner & Somlo, den Conrad Veidt-Film BRAUT NR. 68 in den Ufa-Ateliers Neubabelsberg zu den üblichen Mietpreisen zu drehen. Die Öffentlichkeit erfährt davon nichts.

Gleich nach der Fertigstellung scheint der utopische Film schon hoffnungslos veraltet: Der Tonfilm revolutioniert die Filmkunst. Lang scheint zunächst nicht abgeneigt, FRAU IM MOND nachzusynchronisieren. Doch plötzlich widersetzt er sich allen derartigen Plänen und führt künstlerische Gründe an. Der Rhythmus des Films würde zerstört. Der Vorstand ist verzweifelt, macht aber das beste draus: Die Premiere wird auf Mitte Oktober 1929 festgesetzt. »Dieser Termin soll unter allen Umständen eingehalten werden, um Wirkung und finanziellen Erfolg des Films nicht dadurch zu gefährden, daß sein Anlaufen in der Zeit des allgemein und lebhaft einsetzenden Tonfilmgeschäftes erfolgt.« Die Presse-Propaganda läuft auf Hochtouren, und die deutschen Rundfunksender, ein absolutes Novum, übertragen live die Uraufführung. Am Reklame-Etat hat man nicht gespart (50.000 RM), auch wenn die Idee, Leute mit Fernrohren auf die Straße zu stellen, verworfen wird.

Bleibt noch als spezieller Werbegag Prof. Oberth. Lang und die Ufa lassen sich in der Öffentlichkeit als Sponsoren der deutschen Raumschiffahrt feiern: Sie wollen die Versuchsrakete des Professors finanzieren, der inzwischen eine Abschußrampe auf der Greifswalder Oie gebaut hat. (Erst wollte er die Rakete in Babelsberg starten, aber nach den ersten mißglückten Experimenten hatte der Vorstand Angst bekommen und im Juli beschlossen, »derartige Versuche auf unseren Grundstücken, wo es auch immer sei, oder in deren Nähe nicht zuzulassen«.) Die Kosten für diese PR-Aktion belaufen sich auf 7500 RM (was die Ufa durch die Vergabe des Film- und Fotomonopols wieder hereinzubekommen hofft). Als sich der Raketenstart immer weiter hinauszögert und damit vom längst erfolgten Kinostart abkoppelt, zieht man die Finanzierungszusage klammheimlich zurück: Den Werbeeffekt hat man bereits ausgenutzt, nun kann man drauf verzichten und das Geld sparen.

Der Presserummel übertönt die seriöse Kritik, die von dem neuesten Lang-Streifen durchweg enttäuscht ist: ein Riesenbluff, leer und inhaltslos, eine maßlose Verschwendung von Arbeitskraft und Geld, so der allgemeine Tenor der Rezensionen. Die Kritik zielt auch auf die Ufa: »Wie lange noch will die größte deutsche Filmgesellschaft ihre Millionen an solchen Seifenschaum verpulvern?« Vehement verteidigt den Film nur eine Zeitung: Im Nazi-Blatt *Der Angriff* wird Lang hochgelobt zum »europäischen Antipoden des Amerika-Films«; seine Kritiker werden rüde abgefertigt als Moskau-treue Journaille: »In jeder Ufa-Kritik vollbringt diese dritte Garnitur der kleinasiatischen Schreibergilde einen politischen Abort, um dem verhaßten Hugenberg ›das Geschäft zu vermasseln‹.« Im Oktober 1929 werden derartige Hetzartikel aus der Nazi-Presse noch nicht allzu ernstgenommen.

Die schmutzige Wäsche wird später gewaschen. Drei Wochen nach der Premiere fällt der Vorstand am 11. November eine Entscheidung: »Aufgrund der Kostenüberschreitungen FRAU IM MOND, insbesondere der Nichtverwendung gedrehter Szenen in der endgültigen Fassung des Films sowie der Weigerung Fritz Langs, Tonfilme herzustellen, wird beschlossen, den Vertrag II vom 8. März 1929 fristlos aufzukündigen, von ihm vorsorglich zurückzutreten und ihn wegen Irrtums anzufechten.« Wieder Arbeit für die Rechtsabteilung. Der Prozeß um die Schadensersatzforderung wird per Vergleich im Februar nächsten Jahres beigelegt: Lang erhält 100.000 RM und verzichtet dafür auf seine Gewinnbeteiligung.

Die Ufa ist ihren einstigen Star-Regisseur endgültig los. Die Herren in der Vorstandsetage glaubten wohl, jetzt auf Fritz Lang verzichten zu können, zumal der ja nur ein Stummfilmregisseur war.

Da hatten sie sich gründlich geirrt: Gleich mit seinem ersten Tonfilm M erweist sich Lang als Könner, der die technische Innovation zu Kunst macht. M wird produziert von einer kleinen, unabhängigen Firma, die Nero-Film des Seymour Nebenzahl. Für die Ufa ist das Kapitel Lang abgeschlossen, der Regisseur zu einer Unperson geworden. »Mit Rücksicht auf die früheren Differenzen und die damit zusammenhängenden großen Verluste für die Ufa soll mit Fritz Lang keine geschäftliche Verbindung mehr aufgenommen werden«, heißt es kategorisch. An den Rand dieses Protokolls, datiert 14. Juni 1932, fügt Generaldirektor Klitzsch eigenhändig hinzu: »Im übrigen ist beschlossen worden, daß sämtliche leitenden Herren der Ufa L. mit ›kühler Reserve‹ behandelt!«

Michael Töteberg

Filme im Verleih der Ufa 1928

Januar. ★ 1927. D. **Du sollst nicht stehlen.** REG Victor Janson. DAR Lilian Harvey, Werner Fuetterer. PRO Eichberg-Film. ★ 1927. USA. **Qualen der Ehe.** A Woman on Trial. REG Mauritz Stiller. DAR Pola Negri, Einar Hanson. PRO Paramount. 6 Akte, 1861 m. ★ 1927. USA. **Streng vertraulich.** Special Delivery. REG William Goodrich (= Roscoe Arbuckle). DAR Eddie Cantor, Jobyna Ralston. PRO Paramount. 6 Akte, 1701 m. ★ 1927. F. **Zwei Welten.** L'Île enchantée. REG Henry Roussel. DAR Jacqueline Forzane, Rolla Norman. PRO Lutèce. 7 Akte, 2432 m. ★ 1927. USA. **Erster Preis: Ein Kuß.** The Red Hill. REG William Goodrich (= Roscoe Arbuckle). DAR Marion Davies, Karl Dane. PRO M-G-M. 7 Akte, 1856 m. ★ 1927. USA. **Ein Mädel von heute.** Love's Greatest Mistake. REG Edward Sutherland. DAR Evelyn Brent, William Powell. PRO Paramount. 6 Akte, 1791 m. ★ **Februar.** ★ 1927. USA. **Gibts ein schöneres Leben.** Rookies. REG Sam Wood. DAR Karl Dane, George K. Arthur. PRO M-G-M. 7 Akte, 1978 m. ★ 1927. USA. **Jenseits der Dreimeilenzone.** Twelve Miles Out. REG Jack Conway. DAR Joan Crawford, Ernest Torrence, John Gilbert. PRO M-G-M. 8 Akte, 2384 m. ★ 1927. USA. **Onkel Toms Hütte.** Uncle Tom's Cabin. REG Harry A. Pollard. DAR James Lowe, Virginia Grey. PRO Universal. 13 Akte, 3588 m. ★ **März.** ★ 1927. USA. **Alt-Heidelberg.** The Student Prince in Old Heidelberg. REG Ernst Lubitsch. DAR Ramon Novarro, Norma Shearer. PRO M-G-M. 10 Akte, 2968 m. ★ 1927/28. D. **Liebe und Diebe.** REG Carl Froelich. DAR Henny Porten, Paul Bildt. PRO Porten-Froelich-Film. 6 Akte, 2231 m. ★ 1927. USA. **Der Sohn der Taiga.** Mockery. REG Benjamin Christensen. DAR Lon Chaney, Ricardo Cortez. PRO M-G-M. 7 Akte, 1843 m. ★ 1928. CH. **Das weiße Stadion.** REG Arnold Fanck, Othmar Gurtner. PRO Olympia-Film. 6 Akte, 2255 m. Dokumentarfilm. ★ 1927. USA. **Anna Karenina.** Love. REG Edmund Goulding. DAR Greta Garbo, John Gilbert. PRO M-G-M. 8 Akte, 2360 m. ★ 1927. USA. **Harold, unser Jüngster.** PRO Paramount. 8 Akte, 2404 m. ★ 1928. USA. **So – wie der Sturmwind braust.** PRO M-G-M. 7 Akte, 2028 m. ★ 1927. USA. **Kleine Affären großer Leute.** Valencia. REG Dimitri Buchowetzki. DAR Mae Murray, Lloyd Hughes. PRO M-G-M. 6 Akte, 1700 m. ★ 1927. USA. **Die Liebes-Panne.** Get Your Man. REG Dorothy Arzner. DAR Clara Bow, Charles Rogers. PRO Paramount. 6 Akte, 1846 m. ★ **April.** ★ 1928. USA. **Ein Kavalier – schweigt.** PRO Paramount. 6 Akte, 1935 m. ★ 1928. D. **Lotte.** REG Carl Froelich. DAR Henny Porten, Walter Jankuhn. PRO Porten-Froelich-Film. 6 Akte, 2544 m. ★ 1928. D. **Das Girl von der Revue.** REG Richard Eichberg. DAR Dina Gralla, Werner Fuetterer. PRO Eichberg-Film. 6 Akte, 2474 m. ★ 1928. USA. **Mein Baby – mein Boy.** Baby Mine. REG Robert Z. Leonard. DAR Karl Dane, George K. Arthur. PRO M-G-M. 6 Akte, 1677 m. ★ 1928. USA. **Sein letzter Befehl.** The Last Command. REG Josef von Sternberg. DAR Emil Jannings, Evelyn Brent. PRO Paramount. 9 Akte, 2517 m. ★ 1927. USA. **Jesse James, ein Bandit von Ehre.** Jesse James. REG Lloyd Ingraham, Alfred L. Werker. DAR Fred Thomson, Nora Lane. PRO Paramount. 8 Akte, 2229 m. ★ 1927. USA. **Scheidung vor der Ehe.** Honeymoon Hate. REG Luther Reed. DAR Florence Vidor, Tullio Carminati. PRO Paramount. 6 Akte, 1762 m. ★ 1928. USA. **Der Fechter der Wüste.** Beau Sabreur. REG John Waters. DAR Gary Cooper. PRO Paramount. 7 Akte, 2225 m. **Mai.** ★ 1927. USA. **Jackie, der Schiffsjunge.** Buttons. REG George Hill. DAR Jackie Coogan. PRO M-G-M. 7 Akte, 1910 m. ★ 1927. USA. **Der Fürst der Abenteuer.** The Road to Romance. REG John Stuart Robertson. DAR Ramon Novarro, Marceline Day. PRO M-G-M. 7 Akte, 1989 m. ★ 1928. USA. **Ein Mensch der Masse.** The Crowd. REG King Vidor. DAR Eleanor Boardman, James Murray. PRO M-G-M. 9 Akte, 2670 m. ★ 1928. D. **Mann gegen Mann.** REG Harry Piel. DAR Harry Piel, Dary Holm. PRO Ring-Film. ★ 1928. D. **Zuflucht.** REG Carl Froelich. DAR Henny Porten, Franz Lederer. PRO Porten-Froelich-Film. ★ 1928. USA. **Rasch ein Baby.** REG Robert Z. Leonard. DAR Karl Dane, George K. Arthur. PRO M-G-M. 6 Akte, 1654 m. ★ 1928. USA. **Der weiße Harem.** Beau Sabreur. REG John Waters. DAR Gary Cooper. PRO Paramount. 7 Akte, 2109 m. ★ **Juni.** ★ 1928. GB. **Die Seeschlachten bei Coronel und den Falkland-Inseln.** The Battles of the Coronel and Falkland Islands. REG Walter Summers. DAR Craighall Sherry. PRO British Gaumont. 7 Akte, 2503 m. ★ 1928. USA. **Das zweite Leben.** Three Sinners. REG Rowland V. Lee. DAR Pola Negri, Warner Baxter. PRO Paramount. 8 Akte, 2394 m. ★ 1928. GB. **Die treue Nymphe.** The Constant Nymph. REG Adrian Brunel, Basil Dean. DAR Ivor Novello, Mabel Poulton. PRO British Gaumont. 10 Akte, 3335 m. ★ 1928. GB. **Die Hölle von Fu-Tschang-Ku.** PRO British Gaumont. 8 Akte, 2400 m. ★ 1928. USA. **Vier Herren suchen Anschluß.** Red Hair. REG Clarence Badger. DAR Clara Bow, Lane Chandler. PRO Paramount. 7 Akte, 2016 m. ★ 1927. USA. **Null Uhr.** The Thirteenth Hour. REG Chester Franklin. DAR Lionel Barrymore, Jacquelin Gadsdon. PRO M-G-M. 6 Akte, 1562 m. ★ 1928. USA. **Eine Verkäuferin von Klasse.** The Latest from Paris. REG Sam Wood. DAR Norma Shearer, Ralph Forbes. PRO M-G-M. 8 Akte, 2429 m. ★ 1927. USA. **Wie Madame befehlen.** Service for Ladies. REG Harry D'Abbadie D'Arrast. DAR Adolphe Menjou, Kathryn Carver. PRO Paramount. 7 Akte, 1934 m. ★ 1928. USA. **Das göttliche Weib.** The Divine Woman. REG Victor Seastrom (= Sjöström). DAR Greta Garbo, Lars Hanson. PRO M-G-M. 8 Akte, 2268 m. ★ **Juli.** ★ 1927. USA. **Eins, zwei, drei, los!** Swim, Girl, Swim. REG Clarence Badger. DAR Bebe Daniels, James Hall. PRO Paramount. 7 Akte, 1969 m. ★ 1927. USA. **Die Tochter des Scheichs.** REG Clarence Badger. DAR Bebe Daniels, Richard Arlen. PRO Paramount. 7 Akte, 1881 m. ★ 1927. USA. **Mann – Weib – Sünde.** Man, Women, and Sin. REG Monta Bell. DAR John Gilbert, Jeanne Eagels. PRO M-G-M. 7 Akte, 2000 m. ★ 1927. USA. **Zirkus-Babys.** Circus Rookies. REG Edward Sedgwick. DAR Karl Dane, George K. Arthur. PRO M-G-M. 6 Akte, 1789 m. ★ 1927. USA. **Wings.** Wings. REG William A. Wellman. DAR Clara Bow, Charles Rogers. PRO Paramount. 11 Akte, 3088 m. ★ 1928. F. **Johanna von Orleans.** La Passion de Jeanne d'Arc. REG Carl Theodor Deyer. DAR Renée Falconetti, Eugène Silvain. PRO Société Générale de Films. 8 Akte, 2342 m. ★ 1927. USA. **Der Herzschlag der Welt.** The Enemy. REG Fred Niblo. DAR Lilian Gish, Ralph Forbes. PRO M-G-M. 9 Akte, 2570 m. ★ 1927. USA. **Tausend PS.** Man Power. REG Clarence Badger. DAR Richard Dix, Mary Brian. PRO Paramount. 6 Akte, 1731 m. ★ 1928. USA. **In den Händen der Polizei.** The Big City. REG Tod Browning. DAR Lon Chaney, Betty Compson. PRO M-G-M. 8 Akte, 2037 m. ★ 1928. USA. **Blondinen bevorzugt.** Gentlemen Prefer Blondes. REG Malcolm St. Clair. DAR Ruth Taylor, Ford Sterling. PRO Paramount. 7 Akte, 2218 m. ★ 1928. USA. **Der Schlauberger.** West Point. REG Edward Sedgwick. DAR William Haines, Joan Crawford. PRO M-G-M. 9 Akte, 2415 m. ★ 1928. USA. **Die Liebschaften einer Schauspielerin.** Loves of the Actress. REG Rowland V. Lee. DAR Pola Negri. PRO Paramount. 8 Akte, 2222 m. ★ 1927. USA. **Um Mitternacht.** London After Midnight. REG Tod Browning. DAR Lon Chaney, Marceline Day. PRO M-G-M. 7 Akte, 1667 m. ★ **August.** ★ 1928. F. **Und abends – ins Maxim.** Le chasseur de chez Maxim's. REG Nicolas Rimsky, Roger Lion. DAR Pepa Bonafé, Nicolas Rimsky. PRO Albatros. 7 Akte, 2280 m. ★ 1928. USA. **Die Kosaken.** The Cossacks. REG George Hill. DAR John Gilbert, Renée Adorée. PRO M-G-M. 10 Akte, 2626 m. ★ 1928. GB. **Jahrmarkt der Liebe.** Hindle Wakes. REG Maurice Elvey. DAR Estelle Brody, John Stuart. PRO British Gaumont. 8 Akte, 2369 m. ★ **September.** ★ 1928. USA. **Pflicht und Liebe.** Across to Singapore. REG William Nigh. DAR Ramon Novarro, Joan Crawford. PRO M-G-M. 7 Akte, 2033 m. ★ 1928. USA. **Die Komödiantin.** The Actress. REG Sidney Franklin. DAR Norma Shearer, Ralph Forbes. PRO M-G-M. 8 Akte, 2178 m. ★ 1928. D. **Seine stärkste Waffe.** REG Harry Piel. DAR Harry Piel, Vera Schmiterlöw. PRO Ring-Film. ★ 1928. F. **Die Orchideentänzerin.** La danseuse orchidée. REG Léonce Perret. DAR Xenia Desny, Ricardo Cortez. PRO Franco. 8 Akte, 2405 m. ★ **Oktober.** ★ 1928. USA. **Lach, Clown, lach!** Laugh, Clown, Laugh. REG Herbert Brenon. DAR Lon Chaney, Bernard Siegel. PRO M-G-M. 8 Akte, 2064 m. ★ **November.** ★ 1928. GB. **Palais de Danse.** Palais de Danse. REG Maurice Elvey. DAR Mabel Polton, John Longden. PRO British Gaumont. 6 Akte, 1960 m. ★ 1928. USA. **Der Patriot.** The Patriot. REG Ernst Lubitsch. DAR Emil Jannings, Florence Vidor. PRO Paramount. 10 Akte, 2976 m. ★ 1927. USA. **Bin ich Ihr Typ?** Get Your Man. REG Dorothy Arzner. DAR Clara Bow. PRO Paramount. 6 Akte, 1702 m. ★ 1927. USA. **Harold, der Pechvogel.** The Kid Brother. REG Ted Wilde. DAR Harold Lloyd, Jobyna Ralston. PRO Paramount. 8 Akte, 2381 m. ★ **Dezember.** ★ 1928. GB. **Die Todeskurve von Hillbury Rock.** Smashing Through. REG Will P. Kellino. DAR John Stuart, Eve Gray. PRO British Gaumont. 7 Akte, 2158 m. ★ 1928. USA. **Stürme.** The Wind. REG Victor Seastrom (= Sjöström). DAR Lilian Gish, Lars Hanson. PRO M-G-M. 7 Akte, 1958 m. ★ 1928. USA. **Ihr großer Flirt.** The Magnificent Flirt. REG Harry D'Abbadie D'Arrast. DAR Florence Vidor, Albert Conti. PRO Paramount. 8 Akte, 1987 m. ★ 1929. USA. **Die nackten Tatsachen.** REG William Holland. DAR Frances Lee. PRO Paramount. 2 Akte, 516 m.

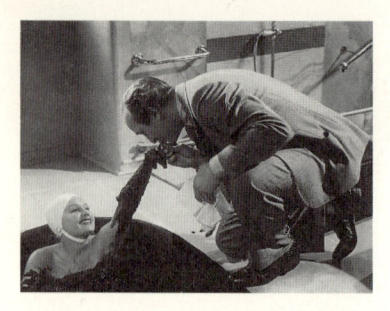

Ohne es zu wissen, verliebt sich die junge geschiedene Eva Prätorius in den Mann ihrer Träume. Es ist Quick, der sie als Clown allabendlich im Apollo-Theater begeistert, sich hinter der Bühne indes als Besitzer des Etablissements ausgibt. Spontanes Verlieben und Liebe zum Traumbild behindern einander – nicht ganz bis zum Schluß.

1932. Mensch ohne Namen.
REG Gustav Ucicky. AUT Robert Liebmann; nach dem Roman ›Le colonel Chabert‹ von Honoré de Balzac. KAM Carl Hoffmann. KAS Günther Anders. STF Horst von Harbou. BAU Robert Herlth, Walter Röhrig. GAR Adolf Kempler, Ida Revelly. MAS Wilhelm Weber, Emil Neumann, Oscar Schmidt. TON Erich Leistner. MUS Allan Gray. ML Hans-Otto Borgmann. MT ›Marsch vom unbekannten Soldaten‹.
DAR Werner Krauß (Heinrich Martin), Helene Thimig (Eva-Maria, seine Frau), Maria Bard (Grete Schulze, Sekretärin), Mathias Wieman (Dr. Alfred Sander), Hertha Thiele (Helene), Julius Falkenstein (Julius Hanke, genannt Jule, Provisionsagent), Fritz Grünbaum (Gablinsky, Winkeladvokat), Eduard von Winterstein (Amtsrichter), Max Gülstorff (Amtsgerichtspräsident), Hans Brausewetter (Referendar), Carl Balhaus, Alfred Beierle, Ernst Behmer, Gerhard Bienert, Grigori Chmara, Artur Menzel, Hermann Picha, Heinrich Schroth.
PRO Ufa. PRL Günther Stapenhorst. AUL Eduard Kubat. DRZ 7.3. - 22.4.1932. DRO Ufa-Atelier Neubabelsberg; AA Berlin (u.a. Alexanderplatz). LNG 2521 m, 92 min. ZEN 28.6.1932, B.31763, Jv. URA 1.7.1932, Berlin (Ufa-Palast am Zoo).
Französische Version:
1932. Un homme sans nom.
REG Gustav Ucicky, Roger Le Bon. AUT Robert Liebmann; nach dem Roman ›Le colonel Chabert‹ von Honoré de Balzac. KAM Carl Hoffmann. BAU Robert Herlth, Walter Röhrig. TON Erich Leistner. MUS Allan Gray. ML Hans-Otto Borgmann.
DAR Firmin Gémier (Heinrich Martin), Ghislaine Bru (Hélène Martin), Paul Amiot (le docteur Sander), France Ellys (Eve Marie), Yvonne Hébert (Grete), Fernandel (Julot), Robert Goupil (Gablinsky), Lucien Walter (le docteur Lederer), Georges Deneubourg (le magistrat), Robert Ozanne (le secrétaire del'avocat), Paulette Dubost, Paulette Duvernet, Lucien Callamand.
PRO Ufa / ACE. PRL Günther Stapenhorst. SUP André Daven. DRZ 7.3. - 22.4.1932. DRO Ufa-Atelier Neubabelsberg; AA Berlin (u.a. Alexanderplatz). LNG 81 min. URA 30.9.1932, Paris (Studio de l'Etoile).
Im Weltkrieg hat der Industrielle und Erfinder Heinrich Martin durch eine schwere Verwundung seinen Namen und seine Herkunft vergessen. Er arbeitet in einer russischen Fabrik, wo ihm durch Zufall alles Vergessene einfällt. Nach Deutschland zurückgekehrt, gibt es für ihn dennoch keine Möglichkeit der Rückkehr unter die Lebenden, denn seine Bekannten und Angehörigen erkennen ihn nicht mehr. Nach einem Selbstmordversuch verhelfen ihm Julius Hanke und die Stenotypistin Grete zu einer neuen Identität.

1932. Schuß im Morgengrauen.
REG Alfred Zeisler. AUT Rudolf Katscher, Otto Eis, Egon Eis; nach dem Schauspiel ›Die Frau und der Smaragd‹ von Harry Jenkins. KAM Konstantin Tschet, Werner Bohne. KAS Erich Rudolf Schmidke, Karl Drömmer. STF Otto Schulz. BAU Willi A. Herrmann, Herbert Lippschitz. GAR Georg Paersch, Ada Fox. MAS Waldemar Jabs. TON Max Kagelmann, Gerhard Goldbaum.

Kein Rokokoschloß für Buster Keaton

Erich Mendelsohn baut das Universum-Kino

Idee und Realisierung: Erich Mendelsohns dynamische Skizze für das Universum und das Kino bei der Eröffnung 1928. Premieren-Film: Arthur Robisons LOOPING THE LOOP

Die Firma Prox Immobilien offeriert im September 1975 ein interessantes Objekt in der exklusiven Citylage Berlins. ›Das unbelastete Grundstück ist mit einem abrißreifen Altbau bebaut‹, heißt es im Angebot. Doch die Spekulanten können ihr Geschäft – als Kaufpreis werden fünf Millionen genannt – nicht unbemerkt über die Bühne bringen.

Professor Julius Posener, Architektur-Historiker an der Akademie der Künste, alarmiert die Presse; die aufgeschreckten Kommunalpolitiker sprechen von einem Skandal. Schließlich handelt es sich bei dem Gebäude, das unbedenklich der Spitzhacke zum Opfer fallen soll, um das Universum Kino am Lehniner Platz, das allgemein als erstes Musterbeispiel eines modernen Lichtspieltheaters gilt.

Die letzte, bisher unbebaute Lücke im Kurfürstendamm wird 1928 geschlossen: Die Woga (Wohnbaugenossenschaft AG) hat das Grundstück erworben und erteilt dem Architekten Erich Mendelsohn den Auftrag für einen fünfgeschossigen Wohnkomplex inkl. Läden, einem Theater (dem Kabarett der Komiker) sowie einem Kino. Mendelsohn gelingt ein großer Wurf: Statt der üblichen Prachtbauten, den mit allerlei Zierrat ausgestatteten Filmpalästen, die luxuriös wirken sollen und doch nur eine billige Imitation konventioneller Theater-Bauten darstellen, konstruiert er einen neuen Kino-Typ: sachlich und schnörkellos, trotzdem formschön und kühn in der dynamisch-schnittigen Linienführung der Fassade und der Innenräume.

In dem 1930 erschienenen Buch ›Erich Mendelsohn. Das Gesamtschaffen des Architekten‹ skizziert er seine Arbeit: »Lichtspieltheater der Ufa für 1800 Personen. Äußerer Aufbau aus der Grundrißdisposition entwickelt. Vorgebauter zweigeschossiger Ladenkranz, Eingangs- und Kassenhalle, Zuschauerhaus mit leicht geneigtem, nach hinten sich verjüngendem Schildkrötendach, Aufzugsschacht der Bildleinwand, Entlüftungsschacht mit schmalem, zum Kurfürstendamm vorgezogenem Reklameturm.« Der bewußte Verzicht auf Glitzer und Ornamente steht für die Emanzipation der neuen Kunstform: Der Film ist den Kinderschuhen entwachsen, er ist jung und modern, er braucht keine Anleihen beim Theater, sondern ist auf der Höhe des Zeitgeistes: Neue Sachlichkeit. Funktional und ohne Schnörkel auch der Innenraum. »Schwebende Decke, konzentrisch in Leuchtrippen aufgelöst. Gehäuse der mechanischen Orgel in den Schwung der Rangkurve einbezogen, also Konzentration des Zuschauers auf die Bildfläche nach Art einer photographischen Kamera.« Was hier in dürren Stichworten umrissen wird, bringt der Architekt am Tag der Eröffnung auf eine griffige Formel: »Kein Rokokoschloß für Buster Keaton.«

Das architektonische Meisterwerk ist jedoch von Anfang an ein Sorgenkind der Ufa. Die Verhandlungen mit der Woga zögert man hinaus, versucht in der Zwischenzeit, vergeblich, die amerikanischen Partner Paramount und M-G-M an dem Projekt zu beteiligen. Schließlich wird am 5. Mai 1927 der Vertrag unterzeichnet. Doch am liebsten will man das noch im Bau befindliche Kino gleich wieder abstoßen. Am 23. April nächsten Jahres wird offiziell der Beschluß gefaßt, »daß gegen eine Abgabe dieses Theaters an Dritte, sofern dies nicht eine sowjet-russische Tendenzen folgende Gruppe ist, keine grundsätzlichen Bedenken bestehen«. Nur: es gibt keinen Interessenten. Ohne großes Engagement wird auf den Vorstandssitzungen der Fortgang der Bauarbeiten verfolgt, und selbst als die Eröffnung kurz bevorsteht, ist die Stimmung eher unterkühlt. »Es wird erörtert, ob eine Festlichkeit veranstaltet werden soll«, heißt es lakonisch im Protokoll vom 13. September 1928. »Die Meinungen darüber sind geteilt.« Direktor Lehmann hat grundsätzliche und finanzielle Bedenken, doch Correll kann sich

Kino?

Filmspiel, Theater der Bewegung!
Bewegung ist Leben.
Wirkliches Leben ist echt, einfach und wahr.
Deshalb keine Pose, keine Rührmätzchen.
Im Film nicht, nicht auf der Leinwand, nicht im Bau.
Zeigt, was drinsteht, was dran ist, was draufgeht.
– Bühnenhaus? Keine Spur!
Elevator für die Bildleinwand, wenn der Sketch den Film ablöst. –
Reklameturm, Scheinarchitektur? Im Gegenteil Entlüftungsschlot (Luftwechsel dreimal die Stunde), herausgedrückt in Richtung Kurfürstendamm:
Denn haltgemacht: Universum – die ganze Welt!
Palastfassaden? – Und die Rentabilität: Läden machen Geld. Büros beleben und schaffen Publikum.
Säuleneingang für Mondäne?
Maul, groß aufgesperrt mit Lichtflur und Schaugepränge. Denn – du sollst hinein, ihr alle
– ins Leben, zum Film, an die Kasse!
Domkuppeln? – Wozu! Schildkrötendach, Schutzwölbung der schrägen Decke, schräg zu auf die Bildleinwand. –
Aha! Kamera!
Richtig!
Bildleinwand – die Außenwelt.
Filmbild – das bunte Leben, Tränen, Zirkus und Meermondschein.
Wir Zuschauer – tausend, zweitausend Objektive, die auffangen und reflektieren, vergnügt sind oder erleben.
Also kein Rokokoschloß für Buster Keaton.
Keine Stucktorte für Potemkin und Scapa Flow.
Aber keine Angst auch!
Keine trockne Sachlichkeit, keine Raumangst lebensmüder Gehirnakrobaten. – Phantasie!
Phantasie – aber kein Tollhaus – beherrscht durch Raum, Farbe und Licht.
Unter dem schwebenden Ring des Foyers verschwindet die Straße, unter dem Scheinwerferkegel seiner Decke das Dunstlicht des Abends.
Dann – links und rechts vorbei am Leuchtturm der Kasse in das Helldunkel des Umgangs.
– Hier triffst du »sie« sicher.
Duck' dich in Spannung!
Kompressor!
Aber dann volle Tour.
Alle Flächen, Kurven, Orgelbänder und Lichtrollen der Decke sausen zur Leinwand über das Medium der Musik ins flimmernde Bild – ins Universum.

Erich Mendelsohn,
Der Montag, 17.9.1928

DAR Ery Bos (Irene, geschiedene Frau von Joachim Taft), Genia Nikolajewa (Lola, Verkäuferin bei Bachmann), Karl Ludwig Diehl (Petersen), Theodor Loos (Bachmann, Buchhändler), Fritz Odemar (Dr. Sandegg), Peter Lorre (Klotz), Heinz Salfner (Joachim Taft, Juwelier), Gerhard Tandar (Müller IV, Kriminalbeamter), Kurt Vespermann (Bobby, Versicherungsagent), Ernst Behmer (Tankwart), Curt Lucas (Kommissar Holzknecht), Hermann Speelmans (Kommissar Schmieter).
PRO Ufa. **PRL** Alfred Zeisler. **AUL** Günther Grau.
DRZ 25.4. - Ende Mai 1932. **DRO** Ufa-Atelier Neubabelsberg. **LNG** 2004 m, 73 min. **ZEN** 4.7.1932, B.31774, Jv. **URA** 19.7.1932, Berlin (U.T. Kurfürstendamm).
Französische Version:

1932. Coup de feu à l'aube.
REG Serge de Poligny. **AUT** Rudolf Katscher, Otto Eis, Egon Eis; nach dem Schauspiel ›Die Frau und der Smaragd‹ von Harry Jenkins. **KAM** Konstantin Tschet, Werner Bohne. **BAU** Willi A. Herrmann, Herbert Lippschitz. **TON** Max Kagelmann, Gerhard Goldbaum.
DAR Annie Ducaux (Irene Taft), Genia Nikolajewa (Lola), Jean Galland (Brand/Petersen), Roger Karl (Joachim Taft), Antonin Artaud (Le Trembleur), Marcel André (Schmitter), Pierre Sergeol (Holzknecht), Guy Derlan (Bobby), Jean Rozenberg (Klotz), Gaston Modot (Sandegg), Pierre Piérade, Maurice Sibert, Nane Germon.
PRO Ufa / ACE. **PRL** Alfred Zeisler. **SUP** André Daven.
DRZ 25.4. - Mai 1932. **DRO** Ufa-Atelier Neubabelsberg. **LNG** 80 min (?). **URA** August 1932 (?).
Die Ermordung des Kriminalbeamten Müller IV, der seit Wochen die leerstehende Villa des zwar angesehenen, jedoch zwielichtigen Juweliers Taft beobachtet hatte, führt die Polizei auf keine heiße Spur. Indessen wird Tafts geschiedene Frau Irene immer mehr in seine dunklen Geschäfte hineingezogen, am Ende fast erschossen, zuletzt aber vom eleganten Herrn Petersen ›gerettet‹.

1932. Der falsche Tenor.
REG Ludwig Beck. **AUT** Viktor Heinz Fuchs. **KAM** Karl Puth. **BAU** Willi A. Herrmann, Herbert Lippschitz. **TON** Ludwig Ruhe. **MUS** Ernst Erich Buder. **LT** Gert von Zitzewitz.
DAR Franz Baumann, Edgar Bolz, Franz Buder, Elfriede Jerra, Henry Lorenzen, Tamara Oberländer, Fritz Reiff, S. O. Schoening, Bogislaw von Smelding.
PRO Ufa. **PRL** Heinz Hille. **DRZ** Juni 1932.
DRO Ufa-Atelier Neubabelsberg. **LNG** 813 m, 30 min.
ZEN 19.7.1932, B.31840, Jf. **URA** 18.7.1932, Berlin (U.T. Kurfürstendamm).
– Kurzspielfilm.

1932. Wer zahlt heute noch?
REG Heinz Hille. **AUT** Emmerich Preßburger; nach einer Komödie von Stephan Zagon, Emmerich Preßburger. **KAM** Karl Puth. **BAU** Willi A. Herrmann, Herbert Lippschitz. **TON** Ludwig Ruhe.
DAR Max Ehrlich, Hermann Vallentin, Hedi Heissling, Henry Lorenzen.
PRO Ufa. **PRL** Heinz Hille. **DRZ** Juni 1932. **DRO** Ufa-Atelier Neubabelsberg. **LNG** 681 m, 25 min.
ZEN 28.7.1932, B.31877, Jf.
– Kurzspielfilm.

1932. Na wunderbar.
REG Gerd Clairon d'Houssonville. **AUT** Wallner, Viktor Heinz Fuchs. **KAM** Karl Puth. **BAU** Willi A. Herrmann, Herbert Lippschitz. **TON** Ludwig Ruhe. **MUS** Ernst Erich Buder. **LT** Gert von Zitzewitz.
DAR Jürgen von Alten (junger Mann), Eva Bischoff (junge Dame), Karl Braun, Franz Ludwig Eisig, Lothar Glathe, Bogislaw von Smelding, Bruno Tillessen, Hans Zesch-Ballot.
PRO Ufa. **PRL** Heinz Hille. **DRO** Ufa-Atelier Neubabelsberg. **LNG** 694 m, 25 min. **ZEN** 5.8.1932, B.31892, Jf.
– Kurzspielfilm.

Erich Mendelsohn ist in den 20er und 30er Jahren einer der führenden europäischen Architekten. Er stirbt 1953 in San Francisco.

durchsetzen. Seine Idee verursacht keine zusätzlichen Kosten: Das Universum wird eröffnet mit der Uraufführung von LOOPING THE LOOP, die Premierenfeier fällt zusammen mit den Einweihungsfestivitäten.

Das Universum liegt am weniger attraktiven Ende vom Kudamm, vielleicht ist auch schlicht kein Platz mehr in der Berliner Kinolandschaft für ein neues Großkino. Durch gezielte Werbemaßnahmen hofft man, die ausbleibenden Besuchermassen doch noch anzulocken. »Um das Theater in dem zahlungskräftigen Publikum seiner engeren und weiteren Umgebung noch besser einzuführen«, beschließt gut drei Monate nach der Eröffnung der Vorstand, eine »Spezialreklame« an sämtliche privaten Telefoninhaber im Berliner Westen zu verteilen. Offensichtlich haben solche Aktionen nur wenig Erfolg. In der Bilanz der Theater-Abteilung bleibt das Universum immer ein Negativposten, der mit einem Verlust von ca. 50.000 Mark jährlich zu Buche schlägt.

Kein Wunder, daß in regelmäßigen Abständen darüber diskutiert wird, ob man das Universum – es gehört sowieso nicht zu den Uraufführungstheatern des Konzerns – nicht besser aufgeben sollte. Ab 1935 kann der Mietvertrag jährlich zum 1. Oktober gekündigt werden. In diesem Jahr plädiert Grau dafür, das Kino zu halten – mit Blick auf die Olympiade: Das Universum ist »das dem Stadion nächstgelegene Ufa-Theater«, mit einer erhöhten Besucherzahl sei zu rechnen. Im nächsten Jahr argumentiert er mit den Plänen der Stadt, das U-Bahn-Netz auszubauen. Die Vorstandsherren wollen ihren politischen Einfluß geltend machen: »Die Bestrebungen zum Weiterbau der Untergrundbahn über die Station Uhlandstr. hinaus sollen in geeigneter Weise durch die Ufa unterstützt werden, da durch die Verlängerung dieser Linie eine Hebung der Besucherzahl des Universum zu erwarten ist.« Das Problemkino im Ufa-Theaterpark wird unterdessen auch für andere Zwecke genutzt: als Synchronstudio, z. B. für den Film SAVOY-HOTEL 217. (Dafür fallen dann auch einmal die ersten regulären Kino-Vorstellungen aus.) Am 1. Juni 1937 kann Grau endlich eine akzeptable Lösung präsentieren: Die Ufa tauscht das Universum gegen den Tauentzien-Palast der Tobis.

Der Mendelsohn-Bau heißt nach dem Besitzer-Wechsel Luxor-Palast und wird 1943 nochmals umbenannt in Halensee-Palast. Im Bombenhagel der letzten Kriegsmonate wird das Kino stark beschädigt; der Innenraum brennt völlig aus. Bei der Wiedereröffnung 1950 sind aus einem Filmtheater zwei geworden: Aus dem ehemaligen Kassenraum wird das Studio, aus dem verkleinerten Saal das Capitol. Doch der Abwärtstrend ist nicht mehr zu stoppen: Nach dem großen Kinosterben wird aus dem ehemaligen Musterbau ein Musicaltheater, schließlich ein heruntergekommener Tanzschuppen. Sein Schicksal scheint besiegelt.

Doch das Universum wird vor der Abrißbirne gerettet: Die Schaubühne zieht vom Halleschen Ufer zum Lehniner Platz. Zuvor muß das marode Gebäude jedoch gründlich saniert werden. Es stellt sich heraus, daß die Statik zu wünschen übrig läßt, die alte Konstruktion schadhafter ist als vermutet, der Raum den Erfordernissen des Theaters nicht entspricht. Von einem Umbau kann man kaum sprechen: Eigentlich wird das Universum abgerissen und neu aufgebaut. Dabei geht man mit geradezu denkmalpflegerischer Sorgfalt an die Arbeit; selbst architektonische Details – wie die unterteilten Bandfenster oder die Messing-Türgriffe – werden akribisch rekonstruiert. Sogar die alte Ziegelei, die vor 35 Jahren von Mendelsohn beauftragt worden ist, spürt man auf und läßt sie Repliken der Original-Steine anfertigen. Die Kosten der dreijährigen Bauzeit, ursprünglich auf 40 Millionen DM geschätzt, übersteigen bald das Doppelte. Im Herbst 1981 eröffnet die Schaubühne ihr neues Haus mit Peter Steins Inszenierung der ›Orestie‹ des Aischylos. Der von Jürgen Sawade geleitete Umbau, der die historischen Vorgaben geschickt verbindet mit dem Wunderwerk der neuesten Bühnentechnik, wird international gerühmt im Feuilleton wie in den Architektur-Fachzeitschriften. Die Rettung des Universums hat nur einen Schönheitsfehler: Das einstige Musterbeispiel für den neuen, modernen Kino-Typ ist kein Filmtheater mehr, sondern eine Schauspielbühne.

Michael Töteberg

Kurzfilme der Ufa 1927-28

1927

Januar. ★ 1926/27. **Im Vogelschutzgebiet auf Langeoog.** REG Ulrich K. T. Schulz. 1 Akt, 219 m. ★ 1927. **Bilder aus Insel-Indien – Land und Leute.** 1 Akt, 255 m. ★ 1926. **Berlin auf Welle 505.** 3 Akte, 1122 m. ★ 1926/27. **Bei den Textil-Heimarbeitern.** 1 Akt, 328 m. ★ 1926/27. **Hartes Brot.** 1 Akt, 290 m. ★ 1926/27. **Höhere Gewalt ›Sturm‹.** 1 Akt, 207 m. ★ 1926/27. **Höhere Gewalt ›Feuer‹.** 1 Akt, 202 m. ★ 1926/27. **Grippe.** 1 Akt, 467 m. ★ **Februar.** ★ 1926/27. **Säuglingswege zu Kraft und Schönheit.** 1 Akt, 158 m. ★ 1926/27. **Wiederaufbau in Kamerun.** 1 Akt, 869 m. ★ 1926/27. **Hohlseil-Armaturen.** 1 Akt, 251 m. ★ 1926/27. **König Amazonas.** Expeditionsleiter: Dr. McGovern. 6 Akte, 2368 m. ★ 1926/27. **Auf Ceylon und im südlichen Dekan.** 1 Akt, 220 m. ★ 1926/27. **Madura.** 1 Akt, 219 m. ★ 1926/27. **Leben im Walde.** 1 Akt, 338 m. ★ 1926/27. **Tierkünste unter der Zeitlupe.** REG Wolfram Junghans, Ulrich K. T. Schulz. 1 Akt, 330 m. ★ 1926/27. **Erfinderin Natur.** 1 Akt, 304 m. ★ **März.** ★ 1926/27. **Lumpenhänschen.** 1 Akt, 339 m. ★ 1926/27. **Feuer.** 1 Akt, 102 m. ★ **April.** ★ 1927. **Auf den Spuren der Azteken.** REG Adolf Trotz. Expeditionsleiter: Prof. Dr. A. Goldschmidt. 5 Akte, 1624 m. ★ 1927. **Bilder aus der Haller-Revue ›An und Aus‹.** 1 Akt, 168 m. ★ **Mai.** ★ 1927. **Im Bannkreis des Geisterbergs.** 1 Akt, 250 m. ★ 1927. **Im afrikanischen Tiergarten.** 1 Akt, 235 m. ★ 1927. **Tänze aus aller Welt.** REG Nicholas Kaufmann. 1 Akt, 212 m. ★ 1927. **Nordische Volkstänze.** 1 Akt, 238 m. ★ 1927. **Kindergymnastik nach Neumann-Neurode.** 1 Akt, 140 m. ★ 1927. **Ländliche Ferientage.** 1 Akt, 259 m. ★ 1927. **Acht Maler und ein Modell.** 1 Akt, 198 m. ★ **Juni.** ★ 1927. **Palmölgewinnungsanlage in Kamerun (Moliwe).** 1 Akt, 381 m. ★ 1927. **Chamberlins Ozeanflug nach Deutschland. 2 Teile.** 1 Akt, 126 m / 1 Akt, 122 m. ★ 1927. **Neue Wege im Wohnungsbau.** 1 Akt, 308 m. ★ 1927. **Auslegung eines Seekabels im Wattenmeer.** 1 Akt, 292 m. ★ 1927. **Das ewige Maß.** 1 Akt, 226 m. ★ **Juli.** ★ 1927. **Achtung! Aufnahme.** 1 Akt, 184 m. ★ 1927. **Des Bäckers Traum.** 1 Akt, 100 m. ★ 1927. **Die erwachende Sphinx.** REG Colin Ross. 6 Akte, 2792 m. ★ **August.** ★ 1927. **Feuersnot und Feuerwehr.** 1 Akt, 220 m. ★ 1927. **Kuno von Kleckerwitz.** 2 Akte, 486 m. ★ 1927. **Tilleritis.** 1 Akt, 115 m. ★ **September.** ★ 1927. **Bibi und Pock.** 2 Akte, 623 m. ★ 1927. **Dollarregen.** 1 Akt, 400 m. **Oktober.** ★ 1927. **Im Flugzeug über den Wäldern der Urzeit.** 1 Akt, 283 m. ★ 1927. **Die Madonna von Belau.** 1 Akt, 207 m. ★ 1927. **Ritter Stachelrock.** 1 Akt, 348 m. ★ 1927. **Bananen.** 1 Akt, 288 m. ★ 1927. **Hilfe. Erste Hilfe bei Unglücksfällen.** 1 Akt, 333 m. ★ 1927. **Vom Fels zum Meer.** 1 Akt, 236 m. ★ 1927. **Deutsche Kolonisatoren am Kamerunberg.** 6 Akte, 1690 m. ★ 1927. **Indonesische Tropenkultur.** 1 Akt, 283 m. ★ 1927. **Fürst und Volk von Nias.** 1 Akt, 238 m. ★ **November.** ★ 1927. **Allerhand brasilianische Tierformen.** 1 Akt, 220 m. ★ 1927. **Der Alltag eines Rennpferdes.** 1 Akt, 233 m. ★ 1927. **Moderne Gymnastik.** 1 Akt, 227 m. ★ 1927. **Der Hamster.** REG Wolfram Junghans. 1 Akt, 312 m. ★ 1927. **Totenfeste in der Natur.** 1 Akt, 226 m. ★ 1927. **Von Nizza nach Korsika.** 1 Akt, 265 m. ★ 1927. **Vom Meeresstrand zum Meeresgrund.** 1 Akt, 244 m. ★ 1927. **Merkwürdigkeiten aus Napoleons Heimatland.** 1 Akt, 248 m. ★ 1927. **Seltsames Gestein und Getier.** 1 Akt, 246 m. ★ 1927. **Im Lande der Bergkorsen.** 1 Akt, 286 m. ★ 1927. **Ein heimtückischer Feind.** 1 Akt, 283 m. ★ 1927. **Allerlei inselindisches Tierleben.** 1 Akt, 235 m. ★ 1927. **Volksbelustigung in Java.** 1 Akt, 204 m. ★ 1927. **Internationale Tanzsterne und ihre Technik.** 1 Akt, 330 m. ★ 1927. **Der moderne Ikarus.** 1 Akt, 302 m. ★ 1927. **Der Luftsport.** 1 Akt, 200 m. ★ **Dezember.** ★ 1927. **Verkehrsregelung in der Nordsee.** 1 Akt, 259 m. ★ 1927. **Die braune Göttin.** 2 Akte, 903 m. ★ 1927. **Land in Sonne.** REG Ulrich Kayser. AUT Harry Maas. 3 Akte, 894 m. ★ 1927. **Dat sün wi Pommern.** 1 Akt, 372 m. ★ 1927. **Märkische Perlen.** 2 Akte, 687 m. ★ 1927. **Perlen der Mark.** 1 Akt, 299 m. ★ 1927. **Schutz der Schwachen.** 1 Akt, 294 m. ★ 1927. **Bergesschönheit.** 1 Akt, 301 m. ★ 1927. **Bilder aus der brasilianischen Tierwelt.** 1 Akt. ★ 1927. **Die Welt um den Götterberg.** ca. 350 m.

1928

Januar. ★ 1927. **Des Rheines wilde Tochter.** 1 Akt, 346 m. ★ 1927. **Uralte Neuigkeiten in Wald und Feld.** 1 Akt, 255 m. ★ 1927. **Der Reichswasserschutz als Polizei auf dem Wasser.** 1 Akt, 242 m. ★ 1927. **Ein Tag auf der Rettungsstation Duhnen (Nordsee).** AUT Kurt Stanke. 1 Akt, 350 m. ★ 1927. **Im Flugzeug über dem Braunkohlengebiet der Niederlausitz.** 1 Akt, 315 m. ★ 1927/28. **Der Kameruner als Sportsmann.** 1 Akt, 288 m. ★ 1927/28. **Aus Kameruns Frucht-Kammern.** 1 Akt, 280 m. ★ 1927/28. **Mungo, der Schlangentöter.** 1 Akt, 265 m. ★ 1927/28. **Kunstfertige Handwerker.** 1 Akt, 323 m. ★ 1927/28. **Das Göttergeschenk.** 1 Akt, 301 m. ★ 1927/28. **Das Land der armen Leute.** REG Ulrich Kayser. KAM Adolf Kahl. 1 Akt, 284 m. ★ 1927/28. **Im Biedenkopfer Trachtenland.** 1 Akt, 202 m. ★ 1927/28. **Die Sonne Dein Arzt.** 1 Akt, 306 m. ★ **Februar.** ★ 1927/28. **Neunzigjähriger Jubiläumszug vom Mainzer Karneval 1928.** 1 Akt, 511 m. ★ 1927/28. **Schwarz oder Blond.** 2 Akte, 541 m. ★ **März.** ★ 1927/28. **Besuch S. M. des Königs Aman Ullah von Afghanistan in Deutschland.** 3 Akte, 770 m. ★ 1927/28. **Heimat.** 1 Akt, 262 m. ★ 1927/28. **Kristalle des Lebens.** 3 Akte, 1253 m. ★ 1927/28. **Der Sportsmann bei der Arbeit.** 1 Akt, 364 m. ★ 1927/28. **Sonnige Winkel.** 1 Akt, 471 m. ★ 1927/28. **Wandern, o Wandern.** REG Alfred Krell. KAM Conrad Wienecke. 1 Akt, 247 m. ★ 1927/28. **Die Entstehung der Hefe.** 1 Akt, 309 m. ★ 1927/28. **Schubert & Salzer Maschinenfabrik A.-G.** 7 Akte, 2981 m. ★ 1927/28. **Der Bau der beiden Schachtschleusen Anderten bei Hannover.** 1 Akt, 470 m. ★ 1927/28. **Gestachelte Plagegeister.** 1 Akt, 338 m. ★ 1927/28. **Turnen und Sport in Klöstern und Stiften.** 1 Akt, 252 m. ★ 1927/28. **Reinlichkeit im Tierreich.** 1 Akt, 294 m. ★ **April.** ★ 1928. **Der Panamakanal.** 1 Akt, 302 m. ★ 1928. **Wenn sich die Kurbel dreht.** 2 Akte, 565 m. ★ 1928. **Die Stromversorgung der Provinz Brandenburg durch das Märkische Elektrizitätswerk A.-G.** 2 Akte, 651 m. ★ 1928. **Glückauf!** 3 Akte, 808 m. ★ 1928. **Die Kunst der deutschen Boxer.** 1 Akt, 356 m. ★ 1928. **Wissen ist Macht, Bildung ist frei.** 1 Akt, 126 m. ★ 1928. **Beton und Eisenbeton.** 3 Akte, 992 m. ★ 1928. **Moderne Kläranlagen.** 3 Akte, 959 m. ★ 1928. **Wohin wir treiben.** 1 Akt, 410 m. ★ **Mai.** ★ 1928. **Heroen der Lüfte von Dr. Eckener bis zur Besatzung der Bremen.** 1 Akt, 484 m. ★ 1928. **Wochenschau – Chronik der Nord- und Südpolforschung bis Wilkins.** 1 Akt, 417 m. ★ 1928. **Vom Urwald auf den Kaffeetisch.** 1 Akt, 374 m. ★ 1928. **Verband der deutschen Buchdrucker.** 1 Akt, 456 m. ★ 1928. **Lebenswunder im Pflanzenreich.** 1 Akt, 397 m. ★ 1928. **Mit Schlägel und Eisen.** 1 Akt, 377 m. ★ **Juni.** ★ 1928. **Motor des Lebens.** 1 Akt, 327 m. ★ **Juli.** ★ 1928. **Der schöne Kreis Ahrweiler.** REG Kurt Bleines. KAM Adolf Kahl. 1 Akt, 353 m. ★ 1928. **Heimatbilder.** 4 Akte, 1716 m. ★ 1928. **Bilder aus dem Lande der Bataker.** 1 Akt, 348 m. ★ 1928. **Der Körper des Kindes in Sonne und Luft.** 1 Akt, 280 m. ★ 1928. **Orient und Okzident.** 1 Akt, 353 m. ★ 1928. **Tausend kleine Rädchen.** 2 Akte, 654 m. ★ **August.** ★ 1928. **Vom Baum zum Papier.** 1 Akt, 270 m. ★ 1928. **Gefangene in Freiheit.** 1 Akt, 288 m. ★ 1928. **Sonne über der Nordsee.** 1 Akt, 422 m. ★ 1928. **Nordlandfahrt.** 1 Akt, 414 m. ★ 1928. **Als Dreijähriger durch Afrika.** REG Colin Ross. DAR Ralph Colin. 6 Akte, 1942 m. ★ 1928. **Das Stahlrahmenhaus der Stahlbau GmbH., Düsseldorf.** 2 Akte, 760 m. ★ 1928. **An den Quellen des Amazonas.** 1 Akt, 295 m. ★ 1928. **Riesenrobben und ihre Sippe.** 1 Akt, 300 m. ★ 1928. **Serbiens wichstigste Landesprodukte.** 1 Akt, 105 m. ★ 1928. **34. Wanderausstellung der deutschen Landwirtschaftsgesellschaft (D.L.G.) in Leipzig 1928.** 3 Akte, 1026 m. ★ **September.** ★ 1928. **Perlenzucht in Japan.** 1 Akt, 232 m. ★ 1928. **Bilder aus Japans Natur und Kunst.** 1 Akt, 253 m. ★ 1928. **Denkende Maschinen.** 2 Akte, 943 m. ★ 1928. **Ba-Duan-Gin. Eine chinesische Gymnastik.** 1 Akt, 288 m. ★ 1928. **Absatzvermehrung für für Stahlerzeugnisse.** 2 Akte, 770 m. ★ 1928. **Sonne auf Mazedonien.** REG Ulrich Kayser, Hans Neuerburg. 3 Akte, 900 m. ★ 1928. **Das Wunderkraut.** REG Ulrich Kayser, Hans Neuerburg. 1 Akt, 440 m. ★ 1928. **Pulsierende Lebenssäfte.** 1 Akt, 360 m. ★ 1928. **Der Leberegel.** 1 Akt, 105 m. ★ **Oktober.** ★ 1928. **Bilder aus der Ferienfahrt 600 oberschlesischer Kinder.** 1 Akt, 210 m. ★ 1928. **Aus der Werkstätte des Glaskunstgewerbes.** 1 Akt, 109 m. ★ 1928. **Bleicherts Drahtseilbahnen.** 5 Akte, 1719 m. ★ 1928. **Segelfahrt.** 1 Akt, 245 m. ★ 1928. **Ein Besuch beim König der Lüfte.** 1 Akt, 263 m. ★ 1928. **In den Rohrwäldern des Donau-Deltas.** 1 Akt, 255 m. ★ 1928. **Die Dresdner Bank.** 5 Akte, 1760 m. ★ 1928. **Rationelle Arbeitsmethode in einer Portlandzementfabrik.** 3 Akte, 707 m. ★ 1928. **Jungborn der Menschheit.** 2 Akte, 1010 m. ★ 1928. **Kult-Stätten und Kult-Handlungen in Jerusalem.** 1 Akt, 108 m. ★ 1928. **Etwas für Feinschmecker.** 1 Akt, 224 m. ★ **November.** ★ 1928. **Der Tüchtige schafft's.** 4 Akte, 1306 m. ★ 1928. **Zuckerbäckerei im Orient.** 1 Akt, 200 m. ★ 1928. **Das Herz der Zeit.** 1 Akt, 235 m. ★ 1928. **Flüssiges Gold (Petroleum-Gewinnung).** 1 Akt, 251 m. ★ 1928. **Graf Zeppelins Amerikafahrt.** 1 Akt, 528 m. ★ 1928. **Die Olympischen Spiele zu Amsterdam 1928. Eröffnungsfeier. Leichtathletik, 1. Folge. Leichtathletik, 2. Folge. Leichtathletik, 3. Folge. Leichtathletik, 4. Folge. Turnen und Gymnastik. Der Marathon-Lauf. Rudern. Schwimmen. Reiten.** 1 Akt, 207 m / 1 Akt, 267 m / 1 Akt, 265 m / 1 Akt, 268 m / 1 Akt, 308 m / 1 Akt, 284 m / 1 Akt, 263 m / 1 Akt, 219 m / 1 Akt, 345 m / 1 Akt, 315 m. ★ 1928. **Von der Seidenraupe bis zum Seidenfaden.** 1 Akt, 104 m. ★ 1928. **An den Ufern des Filipoi (Rumänien).** 1 Akt, 277 m. ★ 1928. **Im Vogelparadies des Ceban-Sees.** 1 Akt, 237 m. ★ 1928. **Graf Zeppelins Deutschlandfahrt.** 1 Akt, 402 m. ★ 1928. **Wildstörche.** 1 Akt, 202 m. ★ 1928. **Kopf kalt – Füße warm.** 3 Akte, 1077 m. ★ 1928. **Graf Zeppelins Besuch in Berlin.** 1 Akt, 146 m. ★ 1928. **Die Fahrten des Luftschiffes ›Graf Zeppelin‹.** 4 Akte, 1211 m. ★ 1928. **Im Hornissenstaat.** 1 Akt, 262 m. ★ 1928. **Das kunstfertige Japan.** 1 Akt, 242 m. ★ 1928. **Scherls Mittelmeer-Reise 1928.** 1 Akt, 220 m. ★ 1928. **Im Zauberspiegel des Mikroskops.** 1 Akt, 367 m. ★ 1928. **Dolomitische Majestäten.** REG Bernhard Wentzel. KAM Hans Schneeberger. 1 Akt, 244 m. ★ **Dezember.** ★ 1928. **Seidenfabrikation in Indien und Deutschland.** 1 Akt, 231 m. ★ 1928. **Naturseide in Indien – Kunstseide in Deutschland.** 1 Akt, 226 m. ★ 1928. **Heilende Strahlen.** 1 Akt, 223 m. ★ 1928. **Schwarze Diamanten.** 1 Akt, 252 m. ★ 1928. **Neumark.** 4 Akte, 1367 m. ★ 1928. **Bauernsiedlung in Niederschlesien.** REG Alfred Krell. KAM Conrad Wienecke. 2 Akte, 547 m. ★ 1928. **Wie man in Indien färbt.** 1 Akt, 220 m.

1932. Ein blonder Traum.
REG Paul Martin. **DIA-REG** Robert Forster-Larrinaga.
AUT Walter Reisch, Billie Wilder. **KAM** Günther Rittau,
Otto Baecker, Konstantin Tschet. **KAS** Ekkehard Kyrath.
STF Willi Klitzke. **BAU** Erich Kettelhut. **GAR** Otto Sucrow,
Max König, Adolf Kempler. **MAS** Emil Neumann, Maria
Jamitzky, Hermann Rosenthal. **SCH** Willy Zeyn jr.
TON Fritz Thiery. **MUS** Werner Richard Heymann.
ML Gérard Jacobson. **LT** Robert Gilbert, Walter Reisch,
Werner Richard Heymann. **MT** ›Irgendwo auf der Welt
gibt's ein kleines bißchen Glück‹, ›Einmal schafft's jeder‹,
›Wir zahlen keine Miete mehr‹, ›Alles verstehen heißt alles
verzeih'n‹, ›Ich hab' so Sehnsucht, ich träum' so oft‹.
CHO Franz Rott.
DAR Lilian Harvey (Jou-Jou), Willy Fritsch (Willy I),
Willi Forst (Willy II), Paul Hörbiger (›Vogelscheuche‹,
Landstreicher), Trude Hesterberg (Die ›illustrierte Ilse‹,
eine Zeitungshändlerin), C. Hooper Trask (Merrymaker,
ein amerikanischer Manager), Hans Deppe (sein Sekretär),
Wolfgang Heinz (Portier), Barbara Pirk, Ina van Elben,
Ernst Behmer, Hugo Döblin.
PRO Erich Pommer-Produktion der Ufa. **PRT** Erich Pommer.
PRL Eberhard Klagemann. **AUL** Alexander Desnitzky.
DRZ Ende Mai - Anfang August 1932, Nachaufnahmen:
Anfang September 1932. **DRO** Ufa-Atelier Neubabelsberg;
AA Berlin (Dach des ehem. Königl. Marstalls), Umgebung
von Berlin, Ufa-Freigelände Neubabelsberg. **LNG** 2798 m,
102 min / 2748 m, 101 min (vor Zweitzensur).
ZEN 23.9.1932, B.32169, Jv. **URA** 23.9.1932, Berlin
(Gloria-Palast).

Französische Version:
1932. Un rêve blond.
REG Paul Martin. **DIA-REG** Jean Boyer. **AUT** Walter
Reisch, Billie Wilder. **AD, DIA** Bernard Zimmer.
KAM Günther Rittau, Otto Baecker, Konstantin Tschet.
BAU Erich Kettelhut. **TON** Fritz Thiery. **MUS** Werner
Richard Heymann, Gérard Jacobson.
DAR Lilian Harvey (Jou-Jou), Henri Garat (Maurice I),
Pierre Brasseur (Maurice II), Pierre Piérade (l'affreux),
Claire Franconay (Coeur artichaut), Robert Hasti
(Merryman), Charles Redgie, Charles Lorrain,
Marie-Antoinette Buzet, Lily Rezillot.
PRO Ufa / ACE. **PRT** Erich Pommer. **PRL** Eberhard
Klagemann. **SUP** André Daven. **DRZ** Ende Mai -
Anfang August 1932. **DRO** Ufa-Atelier Neubabelsberg;
AA Berlin (Dach des ehem. Königl. Marstalls), Umgebung
von Berlin, Ufa-Freigelände Neubabelsberg. **LNG** 95 min.
URA 24.10.1932, Paris (Aubert-Palace).

Englische Version:
1932. Happy Ever After.
REG Paul Martin, Robert Stevenson. **AUT** Jack Hulbert,
Douglas Furber; nach dem Drehbuch ›Ein blonder Traum‹
von Walter Reisch, Billie Wilder. **KAM** Günther Rittau,
Otto Baecker, Konstantin Tschet. **BAU** Erich Kettelhut.
TON Fritz Thiery. **MUS** Werner Richard Heymann,
Gérard Jacobson. **LT** Douglas Furber.
DAR Lilian Harvey (Jou-Jou), Jack Hulbert (Willie),
Sonnie Hale (Willie), Cicely Courtneidge (Illustred
Ida), Percy Parsons (Merriman), Clifford Heatherley
(Commissionaire), Charles Redgie (Secretary), Edward
Chapman (Colonel).
PRO Ufa / Gaumont-British Picture Corporation Ltd.,
London. **PRT** Erich Pommer. **PRL** Eberhard Klagemann.
DRZ Ende Mai - Anfang August 1932. **DRO** Ufa-Atelier
Neubabelsberg; **AA** Berlin (Dach des ehem. Königl.
Marstalls), Umgebung von Berlin, Ufa-Freigelände
Neubabelsberg. **LNG** 7897 ft = 2407 m, 88 min.
URA 8.11.1932, London (Prince Edward Theatre,
Trade Show), 19.11.1932, London (Capitol), 13.2.1933
(Release).

Zwei Freunde, die Willy heißen, beide Fensterputzer mit
Fahrrad, Leiter und Eimer, und in der Mitte die kleine
Artistin Jou-Jou mit Hollywood-Filmfimmel. Der eine
Willy – ernst und sentimental, zuverlässig und brav –
muß dem anderen Willy – sehr gelöst, ein Luftikus –
stets die Mädchen überlassen.

„Ein blonder Traum"

1932. Das schöne Abenteuer.
REG Reinhold Schünzel. RAS Kurt Hoffmann.
AUT Reinhold Schünzel, Emmerich Preßburger; nach dem Bühnenstück ›La belle aventure‹ von Gaston Arman de Caillavet, Robert de Flers, Etienne Rey. KAM Fritz Arno Wagner, Robert Baberske. STF Günther Pilz. BAU Werner Schlichting. GAR Adolf Kempler. MAS Wilhelm Weber, Oscar Schmidt. SCH Eduard von Borsody. TON Hermann Fritzsching. MUS Ralph Erwin. ML Hans-Otto Borgmann. LT Fritz Rotter. MT ›Ins blaue Leben‹.
DAR Käthe von Nagy (Hélène de Trévillac), Wolf Albach-Retty (André d'Eguzon), Alfred Abel (Graf d'Eguzon), Ida Wüst (Gräfin d'Eguzon), Adele Sandrock (Frau de Trévillac, Hélènes Großmutter), Otto Wallburg (Valentin Le Barroyer), Hilde Hildebrand (Frau de Erignan), Julius Falkenstein (Herr Chartrain), Gertrud Wolle (Frau Chartrain), Kurt Vespermann (Herr Desmignières), Blandine Ebinger (Frau Desmignières), Julius E. Herrmann (Herr Dubois), Ferdinand Hart (Herr Durant), Lydia Pollmann (Jeanne), Oskar Sima (Fouques), Heinz Gordon (Didier), Rudolf Biebrach (Dr. Pinbrache), Käte Haack (Jeantine), Ilse Fürstenberg, Ilse Gramholz, Hedwig Schlichter, Hannerle Maierzack, (Hans Leo ?) Fischer.
PRO Ufa. PRL Günther Stapenhorst. AUL Erich von Neusser. DRZ 18.4. - Ende Mai 1932. DRO Ufa-Atelier Neubabelsberg; AA Südfrankreich. LNG 2263 m, 83 min. ZEN 5.8.1932, B.31912, Jv. URA 18.8.1932, Berlin (Gloria-Palast).
– AT: Brautfahrt.
Französische Version:
1932. La belle aventure.
REG Reinhold Schünzel, Roger Le Bon. RAS Kurt Hoffmann. AUT Reinhold Schünzel, Emmerich Preßburger. DIA Etienne Rey; nach dem Bühnenstück von Gaston Arman de Caillavet, Robert de Flers, Etienne Rey.
KAM Fritz Arno Wagner, Robert Baberske. BAU Werner Schlichting. MUS Ralph Erwin. ML Hans-Otto Borgmann.
DAR Kate de /= Käthe von/ Nagy (Hélène de Révillac), Daniel Lecourtois (André), Jean Périer (Comte d'Eguzon), Paule Andral (Comtesse d'Eguzon), Marie-Laure (la grand-mère), Lucien Baroux (Valentin Le Barroyer), Jeanne Provost (Madame Serignan), Adrien Le Gallo (Monsieur Chartrain), Renée Fleury (Madame Chartrain), Mauricet (Monsieur Desmignières), Arletty (Madame Desmignières), Charles Lorrain (Monsieur Dubois), Paul Ollivier (le président des chemins de fer), Michèle Alfa (Jeanne), Robert Goupil (le détective), Lucien Callamand (Didier), Georges Deneubourg (le docteur Pinbrache), Marguerite Templey (Jeantine), Vera Pharès (une petite fille).
PRO Ufa / ACE. PRL Günther Stapenhorst.
DRZ 3.4. - 15.6.1932. DRO Ufa-Atelier Neubabelsberg; AA Südfrankreich. LNG 80 min. URA Dezember 1932 / Januar 1933 (?).
Paris. Die Gräfin d'Euguzon will ihre Pflegetochter Hélène mit dem ältlichen Valentin Le Barroyer verheiraten. Kurz vor der Trauung kehrt der nach Wien verbannte Sohn des Hauses zurück. Die jungen Leute kommen hinter das Intrigenspiel und fliehen zu Hélènes Großmutter, die nur die Hälfte versteht und dennoch Schutz bietet.

1932. Der schwarze Husar.
REG Gerhard Lamprecht. AUT Curt J. Braun, Philipp Lothar Mayring; nach einer Idee von Leo Lenz. KAM Franz Planer. KAS Bruno Stephan. STF Günther Pilz. BAU Robert Herlth, Walter Röhrig. KOS Leopold Verch. GAR Eduard Weinert, Berta Grützmacher MAS Waldemar Jabs. TON Erich Leistner, Hermann Fritzsching. MUS Eduard Künneke. LT Friedrich Günther. MT ›Blonde Husarenbraut‹, ›Liebe kommt einmal irgendwoher‹, ›Will einer was wissen und horcht an der Tür‹.
DAR Conrad Veidt (Rittmeister Hansgeorg von Hochberg), Mady Christians (Marie Luise), Wolf Albach-Retty (Leutnant Aribert von Blome), Ursula Grabley (Brigitte), Bernhard Goetzke (Herzog Friedrich Wilhelm von Braunschweig), Otto Wallburg (Gouverneur Darmont), Günther Hadank (Capitaine Fachon, sein Adjutant), Grigori Chmara (Potovski, ein polnischer Fürst), Fritz Greiner (Korporal), Franz Stein (Spion), Hubert von Meyerinck (Koch des Gouverneurs), Lutz Altschul, Ernst Behmer, Rudolf Biebrach, Gerhard Dammann, Karl Hannemann, Ernst Pröckl, Berthold Reßig.
PRO Ufa. PRL Bruno Duday. AUL Eduard Kubat. DRZ ab 4.7.1932 (Atelier), ab 15.8.1932 (Außen). DRO Ufa-Atelier Neubabelsberg; AA Schwedt an der Oder. LNG 2585 m, 94 min. ZEN 4.10.1932, B.32235, Jf. URA 12.10.1932, Berlin (Ufa-Palast am Zoo).

Geheimnis dreier Seelen

Joe Mays »Heimkehr«

Der als »frei nach der Novelle ›Karl und Anna‹ von Leonhard Frank« präsentierte Film Heimkehr wird von der zeitgenössischen Kritik vorwiegend negativ aufgenommen.

Man wirft dem Film ein Übermaß an Sentimentalität vor, macht ihm den Vorwurf, nicht die »Richtschnur des Tendenzlosen, des Allgemeingültigen und darum der höheren Wahrhaftigkeit« (Betz, Der Film, 1.9.1928) erreicht zu haben, »unecht« zu sein: »man empfindet..., daß hier keinen Augenblick Proletariertypen standen, sondern sorgsam einstudierte junge Filmspieler, die allzu häufig sogar ins freundliche Genre entglitten« (Kurt Pinthus, Das Tagebuch, 8.9.1928). Man zweifelt geradewegs seine filmischen Qualitäten an, wenn auch die Hauptschuld dem Thema zugeschrieben wird: »Ein Kammerspiel von drei Menschen. Eine zarte, ergreifende Novelle, ein seelentiefes, leicht episches Bühnenstück vielleicht – kein Film, trotz der packenden Schönheit der Bilder, trotz des Ringens um stumme Sprache«. Oder: »So aber entstand – mit den besten, genial beherrschten Mitteln von heute und morgen – im wesentlichen letzten Endes (noch einmal) ein Film von – gestern« (Hans Wollenberg, Lichtbild-Bühne, 30.8.1928). Dieser Aspekt wird

»Karl und Anna stehen hingegossen in glühender Umarmung, als Richards Stimme (man hört sie!) in die Situation hineinknallt: »Du Hund!« Der Konflikt ist (endlich) da: Der Heimkehrer steht, nach Jahren quälender Sehnsucht, nach unendlichen Leiden, vor dem Weib, dessen Liebe ihn beherrscht, mit dem Manne grad, der seines Herzens innigster Freund ist. Eine für jedes menschliche Herz bis ins letzte erschütternde Situation. Und auch hier eine Bildkunst von überragender Gestaltungskraft im Stimmungsgehalt... Mit respektheischendem Takt ring Joe May um bildmäßige Lösungen für schwer ausdeutbare menschliche Beziehungen, die in einer restlos gültigen Sprache auch die gekonnteste Kammerfilmkunst nicht mit letzter Überzeugungskraft zu formulieren vermag. Auf eine simplere Formel gebracht, kündet er den Sieg der Freundschaft über die Liebe, des Mannes über das Weib.«*
(Hans Wollenberg, 1928)

vom *Film-Kurier* wiederaufgegriffen und ins Polemische gekippt, und zwar im Namen eines Kampfes für die »Rückkehr zum Alten«: »Es sind auch Titel da. Die Kamera ›fliegt‹ nicht nur, sie kann auch sachlich dastehn. Die Schauspieler müssen illusionistisch-reproduktiv-realistisch spielen. Das sind so ein paar ›reaktionäre Neuerungen‹. Hurra hurra, daß es so ist«. (Ernst Jäger, *Film-Kurier*, 8.12.1928).

Um hier zu einem positiven Urteil zu kommen, muß man auf *The New York Times* zurückgreifen, die in einem Vergleich mit VARIETÉ (in dem sie die Verdienste Pommers als Urheber beider Werke betont) zwar einräumt, daß HEIMKEHR »vielleicht nicht den Vorzug der glänzenden und prickelnden szenischen Wirkungen von VARIETÉ« hat, aber dennoch schließt: »als kinematographische Tat ist er ebenso gut und vielleicht weit ergreifender.«

Auf deutscher Seite steigert man sich dagegen bis zum Hohn: »Da sieht das frische Liebespaar recht schalkhaft aus, wie aus einem dreiaktiven Vaudeville... Lars Hanson trug mit edlem Anstand alles, was ihm geschah, auch seine Rolle.« (Ernst Blass, *Berliner Tageblatt*, 2.9.1928). Und weiter: »Man ist (...) nicht unliterarisch, was richtig gewesen wäre; sondern übersetzt die Erzählung nur in eine andere Literaturgattung; aus der knappen Novelle in den breiten Roman(...), aus Leonhard Frank in Rudolf Herzog. Man vertauscht die Zeit und verwechselt 1918 mit 1871. Heimkehr – Landwehrmanns Rückreise«. (Herbert Ihering, *Berliner Börsen-Courier*, 30.8.1928)

Was die Charakterisierung der Personen betrifft, so finden Franks Beurteilungen (unbewußt) ihre Bestätigung: »Fröhlich als Karl gestaltete einen prachtvollen Burschen von unverwüstlicher Lebenskraft, einen gesunden, fröhlichen Kerl, der der Tragödie zwischen Richard und Anna, die sich doch seinetwegen begibt, innerlich ferne steht,

Während der napoleonischen Besetzung Preußens bilden sich Freicorps im Lande, deren Angehörige von den Franzosen gesucht werden. Einer, der schwarze Husar, ist der Rittmeister Hansgeorg von Hochberg. Er kann nicht nur den Besatzern entkommen, sondern unwissentlich auch die badische Prinzesin Marie Luise aus französischen Händen befreien, um sie nach einigen Absprachen unter Männern an sich zu binden.

1932. Wie sag' ich's meinem Mann?
REG Reinhold Schünzel. RAS Kurt Hoffmann. AUT Heinz Gordon; nach einer Idee von Herbert Rosenfeld, F. D. Andam. KAM Carl Hoffmann, Fritz Arno Wagner, Robert Baberske. STF Horst von Harbou. BAU Werner Schlichting. GAR Adolf Kempler, Ida Revelly. SCH Arnfried Heine. TON Hermann Fritzsching, Carl Heinz Becker. MUS Theo Mackeben. LT Felix Joachimson. MT ›Wie sag' ich's meinem Mann‹, ›Eine Frau wie ich...‹.
DAR Renate Müller (Charlotte Oltendorff), Georg Alexander (Direktor Hans Oltendorff), Ida Wüst (Hilde Falk), Otto Wallburg (Hugo Brinkner), Kurt Vespermann (Johann), Paul Westermeier (Adolf Schott), Gertrud Wolle (Frau Kötelhön), Heinz Gordon (Rechtsanwalt Burghardt), Georgia Lind (Lissy), Rudolf Platte (Beamter).
PRO Ufa. PRL Günther Stapenhorst. AUL Erich von Neusser. DRZ 1.8. - 15.9.1932. DRO Ufa-Atelier Berlin-Tempelhof, Ufa-Atelier Neubabelsberg; AA Heringsdorf. LNG 2082 m, 76 min. ZEN 18.10.1932, B.32312, Jv. URA 18.10.1932, Berlin (Gloria-Palast).
Charlotte Oltendorff unternimmt in Abwesenheit ihres Mannes Hans gemeinsam mit der Freundin Hilde Falk eine Spritztour an die See. Der Verlust ihres Pyjamas, der durch mehrere Hände geht und auch zu Hans gelangt, ist die Ursache für seine ernsthafte eifersüchtelnde Verstimmung. Da in Wirklichkeit aber er bereits milde Untreue gezeigt hat, siegt die ausgleichende Gerechtigkeit.

1932. Strich durch die Rechnung.
REG Alfred Zeisler. AUT Philipp Lothar Mayring, Fritz Zeckendorf; nach der Komödie von Fred A. Angermayer. KAM Werner Brandes, Werner Bohne. KAS Erich Rudolf Schmidke, Karl Drömmer. STF Otto Schulz. BAU Willi A. Herrmann, Herbert Lippschitz. GAR Georg Paersch, Ada Fox. MAS Waldemar Jabs. SCH Ernst Schiff-Hajos. TON Max Kagelmann. MUS, ML Hans-Otto Borgmann. LT Robert Gilbert. MT ›Immer so weiter‹, ›Meine ganze Liebe schenk' ich dir‹. AUS Ufa-Jazz-Orchester, Leitung: Bruno Thierfelder.
DAR Heinz Rühmann (Streblow, ein junger Rennfahrer), Tony van Eyck (Hanni), Hermann Speelmans (Erwin Banz, Rennfahrer, ehemaliger Weltmeister), Margarete Kupfer (Frau Streblow), Jakob Tiedtke (Spengler, Fahrradhändler, Hannis Vater), Gustl Stark-Gstettenbauer (Gustl, sein Sohn), Ludwig Stoessel (Kommerzienrat Stern), Flockina von Platen (Gina, seine Tochter), Fritz Odemar (Lißmann, Prokurist der Stern-Werke), Harry Hardt (Manuel Rodriguez, ein südamerikanischer Rennfahrer), Otto Wallburg (Gottfried Paradies, Manager von Banz), Fritz Kampers (Franz Wagmüller, Willys Schrittmacher), Kurt Pulvermacher (der kleine Paradies), Hans Zesch-Ballot (Hans Donath, Sportjournalist), Carl Balhaus, Ernst Behmer, Adolf Fischer, Charlie Kracker, Emilie Kurz, Vera Liessem, Ernst Morgan, Lieselotte Rosen, Hans Herrmann-Schaufuß, Werner Stock, Trude Tandar, Toni Tetzlaff, Rolf Wenkhaus, die Rennfahrer Huhn, Humann, Georg Kroschel, Pawlack, Schwab, Sieber, Kurt Thormann, Wenk, Wittig.
PRO Alfred Zeisler. PRL Günther Grau. DRZ ab 23.6.1932 (Atelier), ab 15.8.1932 (Außen). DRO Ufa-Atelier Neubabelsberg; AA Radrennbahn Forst (Niederlausitz). LNG 2708 m, 99 min. ZEN 21.10.1932, B.32342, Jf. URA 25.10.1932, Berlin (Ufa-Palast am Zoo).
Französische Version:

1932. Rivaux de la piste.
REG Serge de Poligny. AUT Philipp Lothar Mayring, Fritz Zeckendorf; nach der Komödie ›Strich durch die Rechnung‹ von Fred A. Angermayer. DIA Marc-Hély, Paul Coline. KAM Werner Brandes, Werner Bohne. BAU Willi A. Herrmann, Herbert Lippschitz. SCH Wolfgang Becker. TON Max Kagelmann. MUS, ML Hans-Otto Borgmann. LT Marc-Hély, Paul Coline. AUS Ufa-Jazz-Orchester.

Männerfreundschaft:
Richard (Lars Hanson) überläßt Karl (Gustav Fröhlich) seine Frau Anna und zieht in die weite Welt

weil er sie nicht begreift.« (Würzburger Filmblätter, 13.10.1928). Tatsächlich sind die Meinungen über die Interpreten äußerst unterschiedlich und gemischt.

In einem Vergleich mit dem literarischen Text (auf den in den meisten Kritiken nur flüchtig hingewiesen wird) vertritt *Die Literatur* die Argumente des Schriftstellers Hauptursache für den Flop sei die Verfälschung eines zentralen Motivs: in der Erzählung stellt Karl sich Anna vor, indem er sich für Richard ausgibt, in der Filmfassung ist jegliche Täuschung in der Identität der Person ausgeschaltet: »Aus einer dichterischen Verwirrung des Gefühls wird ein äußerlicher Kampf mit dem Sittengesetz, dessen Spannung darin besteht: werden sie sich finden, ehe Richard zurückkehrt? ... Die Intensität des inneren Geschehens wird aber durch das dramatische Kräftespiel, das die Handlung zusammenhält, nicht gesteigert: als Karl und Anna von Richard beim ersten Kuß überrascht werden, muß der Film sich eines Titels als technischer Nothilfe bedienen – der aussagt, was im Spiel nicht herauskommt: daß es der erste Kuß der Liebenden war.«

Ähnlich Herbert Ihering, der seinerseits in der zweideutigen Reaktion Annas gegenüber Karl, der ihr sagt, ihr Ehemann zu sein, das zentrale Thema der Erzählung ausmacht und dem Film vorwirft, darauf verzichtet zu haben, »dieses zarte Hin und Wider, dieses Unausgesprochene, Schwebende...ins Filmische zu übersetzen« und in abgegriffene Klischees zurückgefallen zu sein.

Ein heutiger Blick auf HEIMKEHR führt tatsächlich zur Bestätigung der verschiedenen Einwände – bis auf den des unfilmischen Charakters: Im Gegenteil erscheint der Film, auf der Ebene filmsprachlicher Lösungen und besonders des Gebrauchs der Kamerabewegungen, im Hinblick auf die gewagtesten Experimente, die ihm vorausgingen, aufnahmefähiger denn je, obschon solche Lösungen wie Effekte um ihrer selbst willen wirken und nicht immer aus der Materie, auf die sie gemünzt sind, motiviert zu sein scheinen.

»Der Film hat das Hauptmotiv von Karl und Anna entfernt, ohne ein anderes an seine Stelle setzen zu können« (Ihering). Es bleibt ein einziger Berührungspunkt zwischen den beiden Werken: der Umstand, daß beide zwischen vielfältigen und auch fernliegenden Bezugsmustern oszillieren. Die Novelle ist in der Tat, abgesehen vom möglichen Gesamturteil, auf stilistischer Ebene alles andere als einheitlich: Sie bewegt sich zwischen den Nüchternheiten und den Erzählfiguren der ›höheren‹ Neuen Sachlichkeit (das Gespaltensein, die Physiologie der Leidenschaften) und – häufiger und sehr viel zurückhaltender – der Alltagserzählung, auf einem Register von Humanismus des ›kleinen Mannes‹, das der sentimentalen Novelle gefährlich nahekommt; und gleichzeitig verzichtet sie nicht auf vereinzelte Darstellungen expressionistischen Zuschnitts (in der Erzählung eines Traumes). Ebenso, wie sich der Film zwischen fantastischer Atmosphäre, Dramaturgie des Kammerspiels, Ikonografie à la Zille, Neue Sachlichkeit à la Ruttmann, »entfesselter Kamera« (»überdimensioniert«, wie man in Bezug auf seine Objektive gesagt hat), »Kino und Psychoanalyse« aufbaut – mit einem Auge auf Geheimnisse einer Seele.

Leonhard Frank (1882-1961) veröffentlicht 1926 die Kriegsheimkehrer-Erzählung »Karl und Anna«. 1928 adaptiert Joe May den Bestseller für die Leinwand: HEIMKEHR. Der Pazifist Frank schreibt Drehbücher für DER MÖRDER DIMITRI KARAMASOFF (Fedor Ozep, 1930/31), NIEMANDSLAND (Victor Trivas, 1931) und das Albers-Abenteuer DER SIEGER (1931/32). Nach der Machtergreifung werden seine Bücher in Deutschland verboten, 1934 wird ihm die deutsche Staatsbürgerschaft entzogen. In Frankreich interniert, gelingt ihm die Flucht nach Amerika. In Hollywood arbeitet Frank als Drehbuchautor, die meisten seiner Entwürfe bleiben ungedreht. 1947 verfilmt George Cukor »Karl und Anna« erneut: DESIRE ME.
In den 50er Jahren kehrt Frank nach München zurück. Für die DEFA erarbeitet er Drehbuchkonzepte nach eigenen Büchern, die nicht realisiert werden. 1984 entsteht bei der DEFA unter der Regie von Rainer Simon die dritte Verfilmung von »Karl und Anna«: DIE FRAU UND DER FREMDE wird bei der Berlinale 1985 mit einem Goldenen Bär ausgezeichnet.

Eine der ersten interessanten Episoden von einer Beziehung eines Schriftstellers der Weimarer Linken mit der Ufa unter der Leitung Hugenberg/Klitzsch und die erste nach Pommers Rückkehr aus Hollywood hat Leonhard Frank zum Protagonisten und betrifft das Projekt einer Adaption seiner Novelle »Karl und Anna« (1926) für die Leinwand. Pommer ist an dem erfolgreichen Buch interessiert, und (wie man aus einem Brief des Autors schließen kann) wird Frank selbst, unter der Mitarbeit von Hans Székely, von der Ufa mit der filmischen Bearbeitung beauftragt. Als die Arbeit beendet ist, wird sie jedoch abgelehnt, und der Film entsteht auf der Basis einer neuen Drehbuchfassung von Regisseur Joe May (der sich hinter dem Pseudonym Fred Mayo verbirgt) und Fritz Wendhausen. Aus einem weiteren Brief, von Frank an den Vorstand der Ufa adressiert, erfährt man das Urteil des Autors über den neuen Text von May/Wendhausen.

Leonardo Quaresima

Charlottenburg, den 23. Februar 1928

An den
Vorstand der Universum-Film Aktiengesellschaft
Berlin SW. 68
Kochstr. 6/8

Sehr geehrte Herren!
Ich habe das von den Herren Joe May und Dr. Wendhausen verfaßte Manuskript »Karl und Anna« mit größter Aufmerksamkeit gelesen. Gestatten Sie mir bitte, dazu Folgendes zu erklären:
Ich hatte immerhin nur eine Banalisierung und Verkitschung des von Herrn Szekely und mir verfaßten Manuskriptes erwartet, und da hätte ich mir schließlich noch sagen können: Die Herren haben wieder einmal allzusehr ausschließlich vom Geschäftsstandpunkt aus gearbeitet und werden nun einen sogenannten »Geschäftsfilm« herstellen, der dann, wie das schon öfters vorgekommen ist, kein Geschäft sein wird. Aber selbst so liegt der Fall ganz und gar nicht. Denn dieses Drehbuch ist in jeder, aber auch jeder Hinsicht, selbst von dem erwähnten Standpunkt aus beurteilt, einfach indiskutabel. Diesem Drehbuch fehlt schlechterdings alles, was zu einem irgendwie wirksamen Film nötig ist. Keinerlei innere Linienführung ist zu finden und keine wie immer geartete Charakterisierung der drei Hauptgestalten. Dieser Karl ist ohne jeden Zweifel ein trotteIhaftes Nichts, das mit einer leichtfertigen Anna, die jederzeit zu haben wäre, nur deshalb nicht schläft, weil er eben ein Trottel und leider aber selbst als Trottel ungestaltet ist und sich außerdem zu sagen scheint: Wenn es nicht die ist, nun, dann ist's eine andere. Wichtigkeit! Dieser Karl und diese Anna verhalten sich zueinander etwa wie ein eben angekommener Handlungsreisender und ein ohne weiteres zu verführendes Hotelzimmermädchen, zwischen denen es zu nichts kommt, weil zufällig ein anderer Gast klingelt. Das ist Pech.
Von einer Liebe, von Schicksalhaftigkeit, Tragik und endlicher Erlösung nicht eine Spur! Nicht einmal die Spur einer irgendwie noch glaubhaften Liebelei! Keine Spannung, keinerlei Stimmung, keine wie auch immer charakterisierten Menschen! Weder bei Karl noch bei Richard auch nur eine Andeutung von glaubhafter Männlichkeit! Diese drei »Menschen« leben nicht, sie sind als Menschen überhaupt nicht existent. Denn diese drei Hauptgestalten verhalten sich in jeder Regung, jedem Titel und in ihren Bewegungen, in ihrem ganzen Tun und Unterlassen lebensunwahr, unglaubhaft, unlogisch, voll falscher unwirksamer Sentimentalität, manchmal frivol und dann wieder läppisch, eben nicht wie irgendwie geartete Lebewesen, weil weder sie noch die Handlungsführung, wie auch immer es sei, gestaltet sind. Dieses »Drehbuch« ist ein ganz unbegreiflich talentfernes stümperhaft hingehauenes Gemengsel eines Mannes, der einen offenbar infantilen Autorenehrgeiz nicht überwunden kann.
Wenn die Notiz über die Verfilmung von »Karl und Anna« nicht schon in Hunderten Zeitungen gestanden hätte, dann könnte, falls die Namen Karl, Richard und Anna durch andere Namen ersetzt werden würden, kein Mensch auf die Idee kommen, daß diesem Drehbuch meine Novelle zu Grunde liegt. Denn nichts, absolut nichts ist geblieben, und eine hilflos groteske Parodie auf »Karl und Anna«, die jedoch leider auch als Parodie ungestaltet ist, liegt nun vor. Das Resultat bei der Premiere muß ein stürmisches Pfeifkonzert sein, das mit 350.000 M zu hoch bezahlt sein dürfte. Dies ist meine ehrliche Überzeugung, bei der Lektüre in voller Ruhe gewonnen, die nur durch Lachanfälle unterbrochen wurde.
Meine Herren, ich protestiere dagegen, daß diese total mißlungene, mehr als mißlungene, unfreiwillige Verulkung meiner Novelle gedreht wird und habe dabei die angenehme Überzeugung, daß mein Protest für die Interessen der Ufa mindestens ebenso wichtig ist wie für die meinigen. Um mich zu schützen vor der außerordentlich großen moralischen Schädigung, die sich als materielle Schädigung auswirken muß – denn die durch die Presse orientierte Öffentlichkeit muß mich für einen Nichtskönner halten, weil mein Manuskript nicht gedreht wird – behalte ich mir alle weiteren Maßnahmen vor.
In vorzüglicher Hochachtung

Ihr
sehr ergebener
Leonhard Frank

DAR Albert Préjean (Willy Streblow), Jeannette Ferney (Hanni Spengler), Jacques Dumesnil (Banz), Madeleine Guitty (Madame Streblow), Jim Gérald (Sprengler), Jean Mercanton (Gustl), Georges Colin (Stern), Suzet Maïs (Gina Stern), Fernand Fabre (Lissmann), Georges Rigaud (Rodriguez), Alexandre Dréan (Paradis), Pierre Labry (Wagmüller), Pierre Lugan (Paradis fils), Marc-Hély (Donath), Jésus Castro Blanco (le manager), Pierre Piérade (un ouvrier), Aimos (Alex), Bill-Bocketts (Emile), Jane Pierson (Madame Brennecke), Paulette Dubost (une amie d'Hanni), Gabriel Marcillac, Jean Brunier (des coureurs), Lilli Palmer (?).
PRO Ufa / ACE. **PRL** Alfred Zeisler. **AUL** Günther Grau. **DRZ** ab 23.6.1932 (Atelier), ab 15.8.1932 (Außen). **DRO** Ufa-Atelier Neubabelsberg; **AA** Radrennbahn Forst (Niederlausitz). **LNG** 98 min. **URA** 29.11.1932, Paris (Moulin-Rouge).

Dem Radrennfahrer Willy Streblow, jung, talentiert und mit nur wenig Geld ausgestattet, wird von Gustl, dem Bruder seiner Freundin Hanni, heimlich geholfen, indem dieser Willy zwei Ersatzfahrräder für das nächste große Rennen bereitstellt. Diese gutgemeinte Geste führt jedoch zu großen Problemen auch mentaler Art.

1932. Schuberts Lieder.
REG Johannes Guter. **MUS** Alois Weißmann.
DAR Richard Tauber, Käte Haack, Fritz Spira, Martin Jacob, Rolf Gerth, Petra Unkel.
PRO Ufa. **LNG** 243 m, 9 min. **ZEN** 4.11.1932, B.32457, Jf. **URA** 29.11.1932, Berlin (U.T. Kurfürstendamm).
– Kurzspielfilm.

1932. Der weiße Dämon.
REG Kurt Gerron. **RAS** Erich Holder. **AUT** Philipp Lothar Mayring, Fritz Zeckendorf. **KAM** Carl Hoffmann. **KAS** Günther Anders. **STF** Emanuel Loewenthal. **BAU** Julius von Borsody. **KOS** Hermann Hoffmann. **GAR** Otto Sucrow, Eduard Weinert, Wilhelmine Spindler. **MAS** Waldemar Jabs. **SCH** Konstantin Mick. **TON** Walter Rühland. **MUS** Hans-Otto Borgmann; unter Verwendung fremder Kompositionen. **MT** ›Bayerischer Defiliermarsch‹, ›Die schöne Helena‹ (Jacques Offenbach).
DAR Hans Albers (Heini Gildemeister), Gerda Maurus (Gerda, seine Schwester), Peter Lorre (Der Bucklige), Lucie Höflich (Frau Gildemeister, Mutter), Trude von Molo (Dora Lind, Gerdas Freundin), Alfred Abel (Konsul Gorre), Hans-Joachim Schaufuß (sein Sohn), Raoul Aslan (Dr. Urussew, Impresario), Hubert von Meyerinck (Marquis d'Esquillon), Fritz Beckmann, Ernst Behmer, Alfred Beierle, Paul Biensfeldt, Julius Brandt, Louis Brody, Hans Joachim Büttner, Eugen Burg, Julius E. Herrmann, Karl John, Erwin Kalser, Philipp Manning, Klaus Pohl (Theaterdiener), Ernst Pröckl, Paul Rehkopf, Emilie Süßmann, Eva Speyer, Emilie Unda, Else Ward, Eduard von Winterstein (Arzt).
PRO Ufa. **PRL** Bruno Duday. **AUL** Fritz Schwarz. **DRZ** 20.6. - Oktober 1932. **DRO** Ufa-Atelier Neubabelsberg; **AA** Hapag-Dampfer ›Emil Kirdorf‹ im Hafen von Cuxhaven, **MS** ›General Osorio‹ der Hamburg-Amerika-Linie im Kanal von Estoril bei Lissabon, Hamburg, Lissabon, Portugal, Spanien, Südexpreß bei Paris. **LNG** 2914 m, 106 min. **ZEN** 10.11.1932, O.32347, Jv. **URA** 19.11.1932, Berlin (Ufa-Palast am Zoo).
– AT: Rauschgift.
Französische Version:

1932. Stupéfiants.
REG Kurt Gerron, Roger Le Bon. **RAS** Erich Holder. **AUT** Philipp Lothar Mayring, Fritz Zeckendorf. **AD, DIA** Georges Neveux. **KAM** Carl Hoffmann. **BAU** Julius von Borsody. **KOS** Hermann Hoffmann. **SCH** Konstantin Mick. **TON** Walter Rühland. **MUS** Hans-Otto Borgmann; unter Verwendung fremder Kompositionen.
DAR Jean Murat (Henri Werner), Danièle Parola (Liliane), Peter Lorre (le bossu), Jeanne Marie-Laurent (Madame Werner), Monique Rolland (Dora Lind), Jean Worms (Louis Gordon), Raoul Aslan (Ourousseff), Roger Karl (le marquis d'Esquillon), Jean Mercanton (Pierre), Lucien Callamand (le détective), Gaston Mauger (le capitaine), Henry Bonvallet (le commissaire), Helena Manson, Margo Lion, Léon Bary, Pierre Piérade, André Brévannes.
PRO Ufa / ACE. **PRL** Bruno Duday. **SUP** André Daven. **DRZ** August - Oktober 1932. **DRO** Ufa-Atelier Neubabelsberg; **AA** Hapag-Dampfer ›Emil Kirdorf‹ im Hafen von Cuxhaven, **MS** ›General Osorio‹ der Hamburg-Amerika-Linie im Kanal von Estoril bei Lissabon, Hamburg, Lissabon, Portugal, Spanien, Südexpreß bei Paris. **LNG** 98 min.

Die Ufa und die Dichter
Dramaturgie-Debatte in der Weltbühne

Die Beziehung zwischen Intellektuellen und dem Kino in Deutschland steht häufig im Zeichen des Widerspruchs: Auf der einen Seite hebt man die polemischen Standpunkte der Schriftsteller gegenüber dem neuen Medium hervor, auf der anderen betont man die Vielzahl der Beziehungen und der ›Annäherungsversuche‹ – unabhängig davon, ob diese nun mehr oder weniger geglückt und erfolgreich verlaufen sind.

Doch das ist weder ein richtiger noch ein produktiver Ansatz, um die Beziehung zwischen Literarischem und Filmischem im kulturellen Kontext Deutschlands zu analysieren. Die Figur des Widerspruchs wird von einer anderen überlagert, die am Ende überwiegt und vielmehr vom Bild einer ursprünglichen (im Hinblick auf andere Länder und kulturelle Gebiete), positiven Beziehung in der Zusammenarbeit zwischen Intellektuellen (Schriftstellern und Dramatikern, Regisseuren und Bühnenbildnern) und dem Kino geprägt ist; und zwar über eine Strecke, die in der Phase des Autorenfilms der 10er Jahre und in den 20er Jahren zu zwei Momenten größter Auffälligkeit kommt und die eine beträchtliche Spur nicht nur im deutschen Film, sondern auch in der literarischen (bzw. theatralischen usw.) Arbeit der einzelnen Protagonisten hinterlassen hat.

Dieses Verhältnis tritt in ein neues Stadium, nachdem die Ufa 1927 unter die Kontrolle von Hugenberg gerät. Die linke Intelligenz eröffnet eine harte polemische Front gegen den Konzern, den sie als Sprachrohr deutschnationaler Interessen des Kapitals und als mächtiges und damit gefährliches Instrument dieser Politik begreift.

Gleichzeitig bewegt sich die Ufa trotzdem (und das ist der intellektuellen Linken der Weimarer Republik nicht immer klar, die derart gefangen in ihrem Radikalismus und ideologischem Schematismus ist, daß dies ihre hauptsächliche Schwäche ausmacht) auch nach inneren autonomen Abläufen, wie es im übrigen die Bedürfnisse eines großen Produktionshauses verlangen. Und in diesem Sinne fährt sie tatsächlich fort, das Interesse der deutschen Schriftsteller und die Zusammenarbeit mit ihnen anzuregen (jenseits der natürlich immer großen und nie unterzubewertenden finanziellen Reize.)

Die Beziehungen zwischen der Ufa unter Hugenberg/Klitzsch und den deutschen Schriftstellern stehen im Zentrum einer Reihe von Veröffentlichungen in der *Weltbühne* zwischen 1930 und 1932.

In diesen Beiträgen sucht man allerdings vergeblich eine generelle, tiefergehende Untersuchung des Verhältnisses zwischen intellektueller Produktion und Produktionsbedingungen eines großen Filmkonzerns (wie z.B. bei Brecht in »Der Dreigroschenprozeß«, 1931). Die Prozesse, die ein Werk nach seinem Weg durch die Mechanismen einer Filmproduktion bis zur Unkenntlichkeit entstellen, deutet Ignaz Wrobel (Kurt Tucholsky) in seinem Beitrag »Die Ufa sucht Dichter« an: »Selbst wenn da welche kommen, die mit der Ufa arbeiten wollen, so könnten sie das nicht, weil dort ihr Werk in einzelne kleine Stücke zerschlagen werden wird. ›Sie wollen‹, sagte mir einst ein großer Schriftsteller, ›einen Film mit meinem Namen und mit dem Inhalt von der Courths-Mahler‹. So ist es.« (Die Weltbühne, 18.11.1930).

In den Artikeln, die den zentralen Kern der Debatte bilden, ist das Ziel dagegen eine schonungslose Aufdeckung der Methoden der »Dramaturgischen Abteilung« der Ufa. Deren Führung, sagt man, »widerspricht nicht nur den primitivsten Ehrbegriffen eines ordentlichen Kaufmanns, sondern ist auch juristisch unhaltbar« (Die Weltbühne, 11.8.1931). Man erhebt den Vorwurf, sich von Schriftstellern vorgeschlagene Texte anzueignen, ohne diesen auch nur eine Option auf eine eventuell erfolgende filmische Bearbeitung zuzugestehen oder ohne mehr oder weniger formalisierte Vereinbarungen einzuhalten, die in diesem Sinne mit den Autoren getroffen wurden (Zielscheiben der Polemik sind vor allem der Chefdramaturg Podehl und Produktionschef Ernst Hugo Correll).

Und man berichtet über eine lange Reihe von Vorfällen, die diese Unsitte bezeugen: Der Fall Adolf Lantz, der Julius Berstls Bühnenstück »Dover – Calais« empfohlen hat, wobei die Ufa dann die Rechte an dem Stück direkt beim Verlag – ohne weiteren Kontakt mit Lantz – erwirbt; sowie die analogen Fälle bei Ernst Iros mit dem Roman »Bomben über Monte Carlo« von Fritz Reck-Malleczewen und dem Schriftsteller Josef Than mit der Operette »Der unsterbliche Lump« von Doermann und Eysler. Johannes Brandt hat der Gesellschaft den Stoff DAS FLÖTENKONZERT VON SANSSOUCI angeboten und darauf einen Drehbuch-Vertrag erhalten. Verfilmt wird aber nicht sein Buch, sondern die Ufa beschäftigt ihren Hausautor Walter Reisch. Ähnliches passierte auch anderen Schriftstellern, die Ideen und Projekte an die Ufa herantragen.

Das Niveau der Debatte nimmt sich also äußerst bescheiden aus, ist im Tenor rechthaberisch-fordernd, und verweist niemals auf generelle Tendenzen der Kulturpolitik oder der Verflechtung zwischen dieser und bestimmten politischen Strömungen. Dem Konzern ist es ein Leichtes, darauf (indirekt und nüchtern) zu erwidern, daß er aus Prinzip Vermittler beim Erwerb literari-

DER UNSTERBLICHE LUMP, Regie Gustav Ucicky, ist 1929/30 einer der ersten Tonfilme der Ufa. Gustav Fröhlich als Dorfschulmeister Hans Ritter, der als Opernkomponist Karriere macht und aus enttäuschter Liebe zum Landstreicher wird.

scher Stoffe nicht akzeptiere, sondern vielmehr dem Kriterium folge, direkt mit den Verlagshäusern zu verhandeln.

Die Replik von Magnus (Die Weltbühne, 15.9.1931), so hart sie im Ton auch sein mag – »Wann wird endlich Herr Ludwig Klitzsch zu diesem moralischen Debakel seines Unternehmens öffentlich Stellung nehmen?« –, geht nicht über eine Verteidigung der Filmschriftsteller in gewerkschaftlichen Begriffen hinaus: »Die Aufforderung der Ufa an die Verleger, keine Optionen mehr an Filmschriftsteller zu vergeben, ist ein rücksichtsloser Eingriff in die Existenz und Tätigkeit der Autoren, der andern Produzenten und Verleger.«

Der Beitrag rührt an die Frage der Übermacht des Konzerns mittels seiner Verbindungen (durch Hugenberg) zu anderen Industriezweigen der Kommunikation (die Presse). Während hierauf im fraglichen Artikel kaum angespielt wird, steht dies im Mittelpunkt eines detaillierten, schneidenden Beitrags von Heinz Pol: Ullstein und Ufa (Die Weltbühne, 29.9.1931). Aber zum Kern der Angelegenheit, die von dem Konzern letztlich getroffene Auswahl oder auch nur dessen Verhältnis zu Schriftstellern und Stoffen kommt man nie. Und nicht einmal auf das Problem von Normierungs- und Standardisierungsprozessen, denen die Texte unterworfen sind, kommt man zurück (wie es von Tucholsky aufgeworfen und von Brecht gründlich untersucht wird). Man setzt hierfür nur eine Opposition von Literaten und Ufa in der Frage von letzten Optionen und von ideologischen Fronten an.

Die Beiträge der Weltbühne betonen schließlich fast widersinnig die Wut der deutschen Schriftsteller, daß sie ihre intellektuellen Ressourcen investieren und ihre Anregungen und Kenntnisse ins Kino einfließen lassen (wie, um sich auf das Beispiel von Frank zu beschränken, die ansehnliche kinematografische Tätigkeit des Schriftstellers – trotz der ersten, unglücklichen Erfahrung – beredt beweist). Sicherlich tritt daneben die »Dreistigkeit« des Konzerns zutage. Doch auch an dieser Front scheint die Wirksamkeit der Polemik vom Ausgangspunkt her sehr schwach: ist sie denn nicht der mindeste Punkt, den es in Rechnung zu ziehen gilt, wenn man es mit einem Widerpart zu tun hat, der sich im Grunde hart im ›wilden‹ Rahmen kapitalistischer Regeln bewegt?

Es wird vor allem die vampirhafte Natur der Ufa deutlich, einer großen Produktionsgesellschaft, die bereit ist, jede Idee, jede Neuheit (unabhängig von ihrer kulturellen Herkunft und – denkt man an DER BLAUE ENGEL – sogar auch unabhängig von einer ursprünglich politischen Richtung), jeden Lebenssaft, die unterschiedlichsten und in der Tendenz widersprüchlichsten Stoffe in sich aufzusaugen, um sich daran zu nähren und zu reproduzieren (also der Mechanismus, der verantwortlich ist für die Diskrepanz zwischen den politischen Positionen Hugenbergs und Abläufen seiner Produktionsmaschine).

Doch nach solchen Aspekten sucht man in den Seiten der Weltbühne vergeblich.

Leonardo Quaresima

Südamerika-Heimkehrer Heini Gildemeister stellt in Hamburg fest, daß seine Schwester Gerda, eine Operettensängerin, drogenabhängig ist. Heini macht sich auf die Suche nach den Händlern. Währenddessen wird Gerda aus dem Hospital entführt. Die Rauschgift-Bande, befehligt von einem eigentlich seriösen Manne, muß bald aufgeben.

1932. Ich bei Tag und Du bei Nacht.
REG Ludwig Berger. **AUT** Hans Székely, Robert Liebmann. **KAM** Friedl Behn-Grund, Bernhard Wentzel. **KAS** Kurt Hiller, Franz von Klepacki, Gerhard Brieger. **STF** Willi Klitzke. **BAU** Otto Hunte. **KOS** Joe Straßner. **GAR** Max König, Adolf Kempler, Gertrud Wendt. **MAS** Emil Neumann, Hermann Rosenthal, Maria Jamitzky. **SCH** Viktor Gertler, Heinz Janson. **TON** Gerhard Goldbaum. **MUS, LT** Werner Richard Heymann. **ML** Gérard Jacobson. **LT** Robert Gilbert. **MT** ›Wenn ich sonntags in mein Kino geh‹, ›Uns kann keiner‹, ›Wenn du nicht kommst, dann haben die Rosen umsonst geblüht‹. **AUS** Ufa-Jazz-Orchester. **DAR** Käthe von Nagy (Grete, Maniküre), Willy Fritsch (Hans, Nachtkellner), Amanda Lindner (Witwe Cornelia Seidelbast, Zimmervermieterin), Julius Falkenstein (Herr Krüger), Elisabeth Lennartz (Trude, seine Tochter), Albert Lieven (Wolf, ihr Studienkollege), Friedrich Gnaß (Helmut, Kinovorführer), Anton Pointner (Meyer, Bankier), Eugen Rex (Peschke, Führer im Schloß Sanssouci), Ida Wüst (Frau Waiser, Inhaberin eines Kosmetiksalons), Ursula van Diemen (Die Filmdarstellerin), Walther Ludwig (Der Filmdarsteller), Helmuth Forest, Carl Merznicht (zwei Straßensänger), Lydia Potechina, Trude Lieske (Gretes Kollegin), Gerhard Bienert (Polizist), Karl Hellmer (Kellner), Werner Hollmann, Rudolf Platte (Kuchenkellner), Werner Pledath (Geschäftsführer im ›Casanova‹), Comedian Harmonists, Leo Monosson (Sänger im ›Casanova‹). **PRO** Erich Pommer-Produktion der Ufa. **PRT** Erich Pommer. **PRL** Max Pfeiffer. **AUL** Otto Lehmann. **DRZ** 1.8.-27.10.1932. **DRO** Ufa-Atelier Neubabelsberg; **AA** Berlin, Potsdam, Schloß Sanssouci. **LNG** 2676 m, 98 min. **ZEN** 18.11.1932, B.32564, Jv. **URA** 18.11.1932, Hamburg (Ufa-Palast); 29.11.1932, Berlin (Gloria-Palast).
Französische Version:
1932. A moi le jour, à toi la nuit.
REG Ludwig Berger. **DIA-REG** Claude Heymann. **AUT** Hans Székely, Robert Liebmann. **DIA** Bernard Zimmer. **KAM** Friedl Behn-Grund. **BAU** Otto Hunte. **TON** Gerhard Goldbaum. **MUS** Werner Richard Heymann. **LT** Bernard Zimmer, Robert Gilbert. **AUS** Ufa-Jazz-Orchester. **DAR** Kate de /= Käthe von/ Nagy (Juilette), Fernand Gravey (Albert), Jeanne Cheirel (Madame Ledoux), Adrien Le Gallo (Monsieur Cruchard), Marguerite Templey (Madame Weiser), Ginette d'Yd (Gertrud), Georges Flamant, Roger Dann (Edmond), Pierre Piérade (le gardien du musée), Pierre Stephen (Max Meyer), Lily Rezillot, Willy Leardy, Verly (les chanteurs de rues), Paulette Dubost (la collègue de Juliette), Etienne Dunois. **PRO** Ufa / ACE. **PRT** Erich Pommer. **PRL** Max Pfeiffer. **DRZ** 1.8. - 27.10.1932 **DRO** Ufa-Atelier Neubabelsberg; **AA** Berlin, Potsdam, Schloß Sanssouci. **LNG** 98 min. **URA** 30.12.1932, Paris (Apollo).
Englische Version:
1932. Early to Bed.
REG Ludwig Berger. **AUT** Hans Székely, Robert Liebmann. **DIA** Robert Stephenson, John Heygate. **KAM** Friedl Behn-Grund. **BAU** Otto Hunte. **TON** Gerhard Goldbaum. **MUS** Werner Richard Heymann. **LT** Rowland Leigh. **AUS** Ufa-Jazz-Orchester. **DAR** Heather Angel (Grete), Fernand Gravey (Carl), Sonnie Hale (Helmut), Lady Tree (Widow Seidelbast), Donald Calthrop (Peschke), Edmund Gwenn (Herr Krüger), Athene Seyler (Frau Weiser), Jillian Sande (Trude), Leslie Perrins (Meyer), Lewis Shaw (Wolf), Louise Jordan. **PRO** Ufa / Gaumont-British Picture Corporation Ltd., London. **PRT** Erich Pommer. **PRL** Max Pfeiffer. **SUP** Robert Stephenson. **DRZ** 1.8. - 27.10.1932. **DRO** Ufa-Atelier Neubabelsberg; **AA** Berlin, Potsdam, Schloß Sanssouci. **LNG** 7471 ft = 2277 m, 83 min. **URA** 28.7.1933, London (Trade Show); 27.11.1933 (Release).

Hans ist Nachtkellner, Grete Maniküre. So brauchen sie auch nur ein Bett – er bei Tag und sie bei Nacht. Das ist billiger, und damit ist auch der geschäftstüchtigen Vermieterin geholfen. Eines Tages begegnen sich Grete und Hans, die bis dahin nichts voneinander wußten.

Ufas Russen
Die Emigranten von Montreuil bis Babelsberg

Die meisten Geschichten des Stummfilms beschreiben die Gruppe der russischen Film-Exilanten in den 20er Jahren als geschlossenes Kulturphänomen, beschränkt auf eine einzige Film-Kapitale, Paris, und eine einzige Gruppe, die Kolonie von Montreuil. Weniger bekannt ist die Gruppe ähnlich unternehmungslustiger Russen, die gegen Ende der 20er Jahre die Emigrantenszene Berlins bevölkern und als Produktionseinheit der Ufa in Babelsberg einige der extravagantesten Super-Produktionen des späten Stummfilms drehen. Tatsächlich besteht die babelsberger Kolonie zum großen Teil aus denselben Exilanten, die nach der Bolschewistischen Revolution nach Frankreich geflohen sind.

Die Emigranten von Montreuil, die in einem primitiven Pathé-Atelier im Pariser Vorort Montreuil-sous-Bois arbeiten, bilden eine eng-verbundene slawische Künstlerkolonie, zunächst unter der Leitung des Moskauer Alt-Produzenten Joseph Ermolieff, dann – nach Ermolieffs Umzug nach München 1922 – unter seinen Landsleuten Alexandre Kamenka und Noë Bloch, den Gründern der berühmten Produktionsfirma Films Albatros. (Die Namen werden in der damals in Frankreich gebräuchlichen Schreibweise wiedergegeben). Montreuils Hauptattraktion ist Ivan Mosjoukine, der ehemalige Star des zaristischen Films, der im Exil zum führenden Star des französischen und europäischen Kinos wird. Um Mosjoukine scharen sich die Schauspieler Nicolas Koline, Nathalie Lissenko und Nathalie Kovanko, die Regisseure Viacheslav Tourjansky und Alexandre Volkoff, der Filmarchitekt Alexandre Lochakoff, der Kostümbildner Boris Bilinsky sowie die Kameramänner Nicolas Toporkoff und Fedoke Bourgassoff, die zum größten Teil später ihre Talente auch in Babelsberg entfalten werden.

Films Albatros entwickelt sich – unter Kamenkas Leitung – in der zweiten Hälfte der 20er Jahre zu einer Brutstätte für junge französische Regie-Talente, darunter Jean Epstein, René Clair und Jacques Feyder. Zu den Russen, die der Firma die Treue halten, zählt neben dem Schauspieler Nicolas Rimsky und dem Kameramann Nicolas Roudakoff ein junger aufstrebender Filmarchitekt: Lazare Meerson.

Angelockt von größeren Budgets und internationalen Produktionen, unternimmt 1924 Noë Bloch mit einem großen Teil der Montreuiler eine neue ›Migration‹ auf die andere Seite von Paris in die neuen Atelier-Anlagen von Billancourt. Als Chef der Ciné-France-Film legt Bloch den französischen Grundstein für den Versuch eines neuen europäischen Film-Konsortiums, der Westi,

Dreharbeiten zu GEHEIMNISSE DES ORIENTS: Regisseur Alexandre Volkoff (r.) mit seinen Kameraleuten Bourgassoff und Toporkoff

Paul Minine und Nicolas Wilcke sind im französischen und europäischen Film die Meister der Trickarbeit mit hängenden Miniaturen. Die Monumentalfilme der Emigranten benützten nicht – wie oft geschrieben – den Schüfftan-Prozeß.

An der Kamera: Nicolas Wilcke

der Idee des in Berlin lebenden russischen Emigranten Wladimir Wengeroff, eines Produzenten und Geschäftsmannes, und des deutschen Industriellen Hugo Stinnes. Zu den ersten Westi/Ciné-France-Produktionen gehören zwei kostspielige Kostümfilme, Tourjanskys MICHAEL STROGOFF, Mosjoukines erstes Star-Vehikel nach dem Bruch mit Albatros, und Abel Gances epochaler NAPOLEON.

Der »Stinnes-Krach« bringt das Westi-Abenteuer zu einem plötzlichen Ende. Während NAPOLEON schließlich durch andere franko-russische Filminteressenten fortgeführt wird, gelingt es Bloch, sich von den Trümmern der Westi freizumachen und MICHAEL STROGOFF mit Unterstützung der Société des Cinéromans fertigzustellen, die zum Pathé-Konzern gehört. Anschließend geht er mit seinem nach Berlin gelangten Kollegen und Landsmann Gregor Rabinovitch zusammen und gründet im Januar 1926 die Ciné-Alliance. Diese neue deutschfranzösische Firma macht sich bald an die Produktion eines neuen verschwenderischen Kostümfilms mit Ivan Mosjoukine, CASANOVA, unter der Regie von Alexandre Volkoff. Es ist der letzte europäische Film des Schauspielers, bevor er im nächsten Jahr nach Hollywood geht, wo seine Karriere zu einem Desaster wird. Obwohl auch bei CASANOVA die Société des Cinéromans als Co-Produzent und Verleiher auftritt, zeichnet sich deren Niedergang bereits ab, nachdem sie die Produktion der einstmals einträglichen Filmserien aufgegeben hat. Es wird deutlich, daß der französischen Filmindustrie inzwischen die nötige Infrastruktur fehlt, um allein den großspurigen Ansprüchen der russischen Emigranten zu entsprechen.

So entwickelt sich bei Bloch und Rabinovitch zwangsläufig die Tendenz, mit der Ufa eine Produktions- und Verleih-Bindung einzugehen, da in Europa nur sie die notwendigen Einrichtungen bieten kann, die der Vorliebe der Russen für Monumentales wie MICHAEL STROGOFF und CASANOVA entgegenkommen. Ufa befindet sich gerade dabei, vermittels der Alliance Cinématographique Européenne (ACE), einer deutschfranzösischen Produktions- und Verleihfirma, die Verbindungen zur französischen Filmindustrie zu verstärken. So verwundert es nicht, daß die erste offizielle ACE-Produktion 1927, DIE APACHEN VON PARIS, eine tragikomische Sicht der Pariser Unterwelt, weitgehend das Werk einiger kosmopolitischer russischer Emigranten ist. Der Film wird von Simon Shiffrin (dem Produktionsleiter von MICHAEL STROGOFF) produziert, Regisseur ist Nicolas Malikoff, sein Assistent Georges Lampin, die Bauten stammen von Wladimir Meingart, die Kostüme von Boris Bilinsky, Kameramann ist Nicolas Toporkoff, und es spielen unter anderem Constantin Mic und Alexis Bondireff. Der Film muß vollkommen neu gedreht werden, nachdem das Negativ bei einem Feuer im Kopierwerk in Billancour im April 1927 zerstört worden ist.

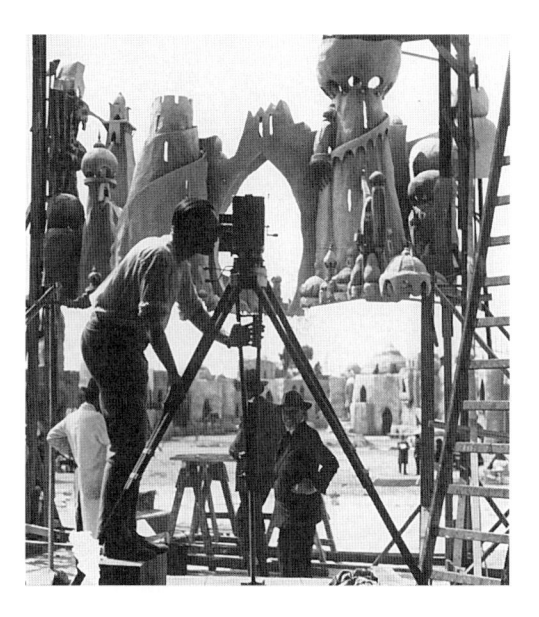

Unermüdlich zwischen Berlin und Paris pendelnd, entwickeln Bloch und Rabinovitch ihre Produktions-Aktivitäten und genießen dabei ein gewisses Maß an Unabhängigkeit wie auch offenbar unerschöpfliche finanzielle Ressourcen. In Berlin findet sich das künstlerische Team wieder zusammen: Regisseur Volkoff (später auch Tourjansky), Filmarchitekt Lochakoff, die Trick-Spezialisten Paul Minine und Nicolas Wilcke, Kostümier Bilinsky, die Kameraleute Bourgassoff und Toporkoff (die mit dem deutschen Kameramann Curt Courant zusammenarbeiten), wie auch ein paar vielversprechende Nachwuchskräfte, so Blochs junger Neffe Anatole Litvak, der von 1926 bis 1929 Volkoffs Assistent ist. Mosjoukin muß nach der Rückkehr von seinem katastrophalen Hollywood-Abenteuer einen Dreijahres-Vertrag mit der Berliner Greenbaum-Film-GmbH erfüllen, ehe er sich Ende 1928 seinen Landsleuten bei der Ufa an-

237

1932. Wenn die Liebe Mode macht.
REG Franz Wenzler. RAS Erich Holder. AUT Philipp Lothar Mayring, Fritz Zeckendorf; nach dem Bühnenstück ›13 bei Tisch‹ von Rudolf Eger. KAM Werner Brandes. KAS Karl Drömmer. STF Otto Schulz. BAU Julius von Borsody. KOS Joe Straßner. GAR Eduard Weinert, Ida Revelly. MAS Waldemar Jabs, Ernst Schülke. SCH Konstantin Mick. TON Ludwig Ruhe. MUS, ML Hans-Otto Borgmann, Paul Mann, Stephan Weiß. LT Fritz Rotter. MT ›Man trägt rot, wenn man verliebt ist‹, ›Wer einmal nur geküßt die Midinettchen‹. AUS Ufa-Jazz-Orchester.
DAR Renate Müller (Nelly, Näherin im Modehaus Farell), Georg Alexander (Charley, Chefzeichner), Hubert von Meyerinck (Farell, Inhaber eines Pariser Modehauses), Gertrud Wolle (Henriette, Direktrice), Walter Steinbeck (Théophile Bardoux), Ilse Korseck (Agnes, Näherin), Elfriede Jerra (Louise, Näherin), Maria von Tasnady (Yvonne, Näherin), Otto Wallburg (Philippe Guilbert, Pelzhändler), Kurt Vespermann (Pierre, sein Chauffeur), Hilde Hildebrand (Suzanne Malisson, eine leichte Dame), Max Ehrlich (Pelzlagerverwalter), Gisela Werbezirk (Frau Kéléman, das Budapester Komitee-Mitglied), Hermann Vallentin (Ullmann, das Berliner Komitee-Mitglied), Hermann Blaß (Mühldorfer, das Wiener Komitee-Mitglied), Albert von Kersten (Roselli, das Mailänder Komitee-Mitglied), Hans Behal, Ossip Darmatoff, Alfred Durra, Rudolf Meinhardt-Jünger, Fritz Odemar, John Orde, Max Ralf-Ostermann, Vera Witt.
PRO Ufa. PRL Bruno Duday. AUL Fritz Schwarz. DRZ ab 26.9.1932 (Atelier), Ende Oktober 1932 (Außen). DRO Ufa-Atelier Neubabelsberg; AA Paris. LNG 2264 m, 83 min. ZEN 20.12.1932, B.32757, Jv. URA 21.12.1932, Berlin (Gloria-Palast).
Die Modenäherin Nelly, erfolglos in den Chefzeichner Charley verliebt, handelt eigenmächtig bei der Ausführung eines Abendkleides, was für Nelly einerseits zwar Ärger gibt, doch andererseits auch die Gelegenheit zur Teilnahme an einer internationalen Modekonferenz. Dort legt sie den Grundstein für eine positive Annäherung an Charley.

1932. F. P. 1 antwortet nicht.
REG Karl Hartl. AUT Walter Reisch, Kurt Siodmak; nach dem Roman von Kurt Siodmak. KAM Günther Rittau, Konstantin Tschet, Otto Baecker. KAS Karl Plitzner, Ekkehard Kyrath. STF Karl Ewald. BAU Erich Kettelhut, Technische Mitarbeit: Albert Berthold Henninger. GAR Otto Sucrow. MAS Waldemar Jabs. SCH Willy Zeyn jr., Tonschnitt: Rudolf Schaad. TON Fritz Thiery. MUS Allan Gray. ML Hans-Otto Borgmann. LT Walter Reisch (›Fliegermarsch‹). MT ›Flieger, grüß' mir die Sonne‹, ›Ganz dahinten, wo der Leuchtturm steht‹, ›Hoch oben im Äther‹. Flugtechnische Organisation: Fliegerhauptmann a.D. Wentscher. Pilot des Dornier-Großflugschiffs DoX: Kapitän Christiansen.
DAR Hans Albers (Ellissen, Flieger), Sybille Schmitz (Claire Lennartz), Paul Hartmann (Kapitänleutnant Droste), Peter Lorre (›Foto-Jonny‹, ein Bildreporter), Hermann Speelmans (Damsky, Chefingenieur), Paul Westermeier (Mann mit den Schiffbrüchen), Arthur Peiser (Mann mit dem Zahnweh), Gustav Püttjer (Mann mit der Fistelstimme), Georg August Koch (Erster Offizier), Hans Schneider (Zweiter Offizier), Werner Schott (Matthias), Erik Ode (Konrad), Philipp Manning (Arzt), Georg John (Maschinist), Rudolf Platte (Funker auf der F.P.1), Friedrich Gnaß (Funker auf der Lennartz-Werft), Karl Klöckner, Michael von Newlinski (Verschwörer), Paul Rehkopf, Ilse Trautschold (Zimmermädchen), Flieger der Deutschen Verkehrsfliegerschule.
PRO Erich Pommer-Produktion der Ufa. PRT Erich Pommer. PRL Eberhard Klagemann. AUL Alexander Desnitzky. DRZ 15.8. - Anfang Dezember 1932. DRO Ufa-Atelier Neubabelsberg; AA Hamburg (Howaldt-Werft), Greifswalder Oie, bei Cuxhaven, Warnemünde. LNG 3132 m, 114 min. ZEN 20.12.1932, B.32770, Jf. URA 22.12.1932, Berlin (Ufa-Palast am Zoo).
Französische Version:

Ein internationales Team dreht GEHEIMNISSE DES ORIENTS: Curt Courant, Nicolas Toporkoff, Marcella Albani, Alexandre Volkoff und Nicolas Koline

DER WEISSE TEUFEL: Ivan Masjoukine zu Holzpferd

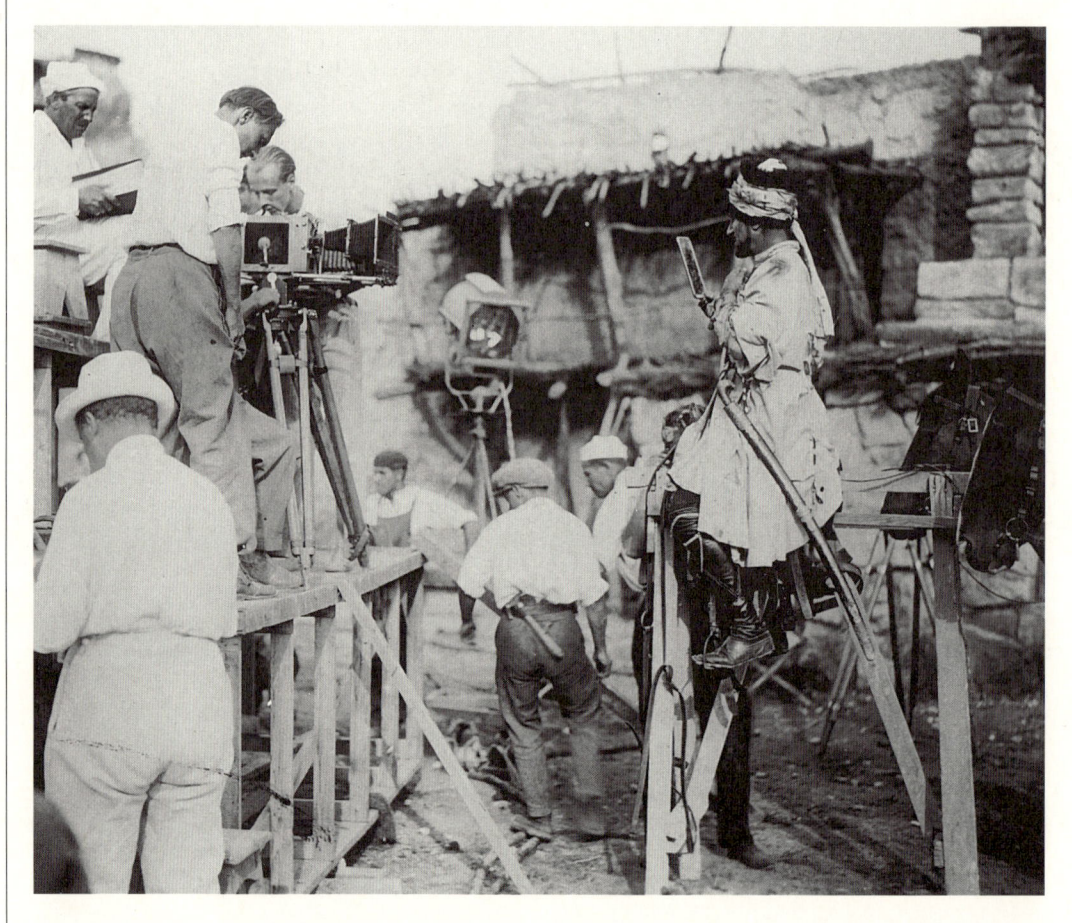

schließen kann. In seiner Abwesenheit genießt sein ehemaliger Kollege aus Montreuil, Nicolas Koline, die Popularität als führender Star der Ciné-Alliance.

An der Spitze des Produktions-Programms von Bloch-Rabinovitch-Ufa stehen zwei der letzten aufwendigen stummen Emigranten-Filme: GEHEIMNISSE DES ORIENTS (1927), eine Fantasie aus Tausendundeiner-Nacht mit Koline in der Hauptrolle, und DER WEIßE TEUFEL (1929) nach der Novelle »Hadji Mourad« von Leo Tolstoj mit Mosjoukine in der Titelrolle. So unterschiedlich auch ihre Vorlagen sein mögen, so sehr entsprechen sich ihre Produktionsverhältnisse, die den Kosmopolitanismus und die technische Erfahrung der russischen Kolonie der Ufa widerspiegeln. Die Innenaufnahmen werden in den großen Hallen von Babelsberg gedreht, während wichtige Außenaufnahmen an der französischen Riviera stattfinden, in den Victorine Studios in Nizza und der Umgebung, wo sich Lochakoffs ausgedehnte Bauten genial mit den hängenden Modellen verbinden, die Minine und Wilcke entworfen haben, um so die orientalischen Landschaften von GEHEIMNISSE DES ORIENTS oder die kaukasischen Bergdörfer von DER WEISSE TEUFEL zu schaffen.

Russische Landschaft an der Riviera.
Dreharbeiten zu DER WEISSE TEUFEL: Volkoff, Mousjukine, Acho Chakatouny

Wie MICHAEL STROGOFF vier Jahre zuvor, bietet DER WEISSE TEUFEL den Exilanten wieder einmal die nostalgische Gelegenheit, ihr verlorenes Heimatland in europäischen Filmstudios zu rekonstruieren. Doch es ist ein Schwanengesang: für den Monumentalismus der russischen Emigranten allgemein und speziell für Mosjoukine als europäischen Stummfilmstar.

Trotz seiner Trivialisierung von Tolstojs Themen und Gestalten bietet die Produktion Volkoff bessere Gelegenheit, seine Talente zu entfalten als GEHEIMNISSE DES ORIENTS. Mosjoukine kann an seine großen Erfolge früherer, glücklicherer Jahre in Frankreich anknüpfen, zum Beispiel in einer heroischen Todesszene, die an seinen romantischen Tod in KEAN erinnert, einen Volkoff-Mosjoukin-Erfolg von 1923 aus der gemeinsamen Montreuil-Periode. Andererseits scheint sich in seiner Darstellung der bevorstehende Zerfall der Emigranten-Kommune anzukündigen, als der Tonfilm die Karriere von Mosjoukin und anderen slawischen Schauspielern beendet – wie auch die kosmopolitischen Träume der Bloch-Rabinovitch-Gruppe bei der Ufa.

Nachdem sie das Regie-Debüt Anatole Litvaks unterstützt haben, gehen die Produzenten getrennte Wege. Rabinovitch produziert weiterhin für die Ufa, bis das Nazi-Regime ihn zur »persona non grata« macht. Bloch – wie viele seiner Landsleute – verlegt seine Aktivitäten zurück nach Paris. Auch wenn viele russische Emigranten bis in die 40er Jahre ihre Karrieren, vorwiegend hinter der Kamera, fortsetzen, so ist die Ära einer gemeinsamen slawischen Präsenz im europäischen Kino beendet.

Lenny Borger

1932. I. F. 1 ne répond plus.
REG Karl Hartl. AUT Walter Reisch, Kurt Siodmak; nach dem Roman von Kurt Siodmak. DIA André Beucler. KAM Günther Rittau, Konstantin Tschet, Otto Baecker. BAU Erich Kettelhut, Albert Berthold Henninger. SCH Willy Zeyn jr., Tonschnitt: Rudolf Schaad. TON Fritz Thiery. MUS Allan Gray. ML Hans-Otto Borgmann. LT Bernard Zimmer. AUS Ufa-Jazz-Orchester. Flugtechnische Organisation: Fliegerhauptmann a.D. Wentscher. Pilot des Dornier-Großflugschiffs DoX: Kapitän Christiansen.
DAR Charles Boyer (Ellissen), Danièle Parola (Nora), Jean Murat (Droste), Pierre Piérade (le photographe), Pierre Brasseur (Georges), Ernest Ferny (Mathieu), Marcel Vallée (Damsky), Marcel Merminod, André Saint-Germain, Théo Tony, Marcel Barnault, André Siméon, Louis Zellas, Frédéric Mariotti, Gérard Paulette, Georges Gauthier, Jacques Ehrem.
PRO Ufa / ACE. PRT Erich Pommer. PRL Eberhard Klagemann. DRZ 15.8. - Mitte Dezember 1932. DRO Ufa-Atelier Neubabelsberg, AA: Hamburg (Howaldt-Werft), Greifswalder Oie, bei Cuxhaven, Warnemünde.
LNG 100 min. URA 24.2.1933, Paris (Marivaux).
Englische Version:

1932. F. P. 1 / Secrets of F. P. 1.
REG Karl Hartl. AUT Walter Reisch, Kurt Siodmak; nach dem Roman von Kurt Siodmak. DIA Robert Stephenson, Peter Macfarlane. KAM Günther Rittau, Konstantin Tschet, Otto Baecker. BAU Erich Kettelhut, Technische Mitarbeit: Albert Berthold Henninger. SCH Willy Zeyn jr., Tonschnitt: Rudolf Schaad. TON Fritz Thiery. MUS Allan Gray. ML Hans-Otto Borgmann. AUS Ufa-Jazz-Orchester. Flugtechnische Organisation: Fliegerhauptmann a.D. Wentscher. Pilot des Dornier-Großflugschiffs DoX: Kapitän Christiansen.
DAR Conrad Veidt (Ellissen), Jill Esmond (Claire Lennartz), Leslie Fenton (Droste), Donald Calthrop (Photographer), George Merritt (Lubin), Nicholas Hannen (Matthias), William Freshman (Conrad), Warwick Ward (Officer), Alexander Field (Sailor), Francis S. Sullivan (Sailor).
PRO Ufa / Gaumont-British Picture Corporation Ltd., London. PRT Erich Pommer. PRL Eberhard Klagemann. DRZ 15.8. - Mitte Dezember 1932. DRO Ufa-Atelier Neubabelsberg; AA Hamburg (Howaldt-Werft), Greifswalder Oie, bei Cuxhaven, Warnemünde.
LNG 8343 ft = 2542 m, 93 min. URA 3.4.1933, London (Trade Show), 2.10.1933 (Release).
Der Flieger Ellissen sorgt dafür, daß die lange Zeit vergessene Erfindung seines Freundes Droste – eines Flugzeug-Plattform mitten im Ozean – auf der Lennartz-Werft verwirklicht wird. Claire Lennartz und Droste verlieben sich. Ellissen, der Claire schon länger kennt und liebt, ist bei der Einweihung der Plattform inzwischen ein geschlagener Mann. Dennoch hilft er den beiden, als sich die schlechten Zeichen für F. P. 1 mehren.

1932. Held wider Willen.
REG Ludwig Beck. AUT Emmerich Preßburger, Franz Roswalt. KAM Karl Puth. TON Ludwig Ruhe.
DAR Eva Bischoff, Henry Lorenzen, Editta Eriksen, Alphons Schützendorf, Vera Witt, Edgar Bolz, Kurt Hölzer.
PRO Ufa. PRL Heinz Hille. DRO Ufa-Atelier Neubabelsberg.
– Kurzspielfilm. – Zensurvorlage des Films nicht nachgewiesen.

1932. Eine Tür geht auf.
REG Alfred Zeisler. AUT Walter Forster, Franz Roswalt. KAM Werner Brandes, Werner Bohne. BAU Otto Hunte. SCH Wolfgang Becker. TON Ludwig Ruhe. MUS Hans-Otto Borgmann.
DAR Walter Steinbeck (Karl Bergmann, Bankier), Curt Lucas (Martin Fichtner, sein Kompagnon), Erika Fiedler (Anni Schubert, Fotografin), Hans-Joachim Büttner (Kurt Ritter, Bankkassierer), Hermann Speelmans (Hans Braumüller), Therese Rauländ (seine Mutter), Lily Rodien (Vera Bessel), Fritz Odemar (Jonny Schlichting), Oskar Sima (Franz Zengler), Peter Erkelenz (Julius Kloth), Hans Deppe (Acki), Ernst Pröckl (Diener bei Bergmann), Hedwig Schlichter (Zimmervermieterin), Paul Moleska (Müller, Wächter), Manon Hartseil, Max Fromm, Max Marfeld, Rudolf Platte.
PRO Ufa. PRL Alfred Zeisler. AUL Günther Grau. DRZ ab 25.11.1932. DRO Ufa-Atelier Neubabelsberg. LNG 1885 m, 69 min. ZEN 3.1.1933, Jv. URA 4.1.1933, Berlin (U.T. Kurfürstendamm).

Wir hier oben, ihr da unten

Die Herren in der Vorstandsetage und die kleinen Angestellten

Malersaal für Filmdekorationen

Streik in den Ateliers Babelsberg und Tempelhof. Direktor Grieving erstattet den Vorstandskollegen Bericht. »Alle Streikenden sollen fristlos entlassen werden. Über ihre Wiedereinstellung nach Beendigung des Streiks wird nach Maßgabe ihrer Eignung und ihrer Beteiligung am Streik befunden werden.«

Eine Woche später, am 19. Juli 1927, ist der Arbeitskampf noch nicht ausgestanden. Aber Grieving hat Streikbrecher organisiert und »hält es für erforderlich, den von uns angestellten Ersatzarbeitern eine kleine Leistungszulage zu gewähren«. Der sonst so sparsame Vorstand bewilligt die Sonderausgabe. Seitdem Klitzsch das Regiment übernommen hat, herrscht Ordnung im Betrieb. Die Arbeitszeit beginnt morgens um 8 Uhr. (Nur die leitenden Mitarbeiter in der Vertriebsabteilung dürfen, weil sie bis spät abends im Büro sitzen, erst um 9.30 Uhr beginnen.) Tischzeit ist 13 Uhr bis 13.30 Uhr; die halbe Stunde ist genauestens einzuhalten. Denn die Arbeitsdisziplin läßt – nach Meinung der Chefs – zu wünschen übrig. »Um den immer noch vorkommenden Verspätungen abzuhelfen, wird beschlossen, daß in jeder Vorstandssitzung die Verspätungsliste des Vortages vorzulegen ist.« Der Urlaub, der den Angestellten zusteht: 4 bis 18 Tage, je nach Dienstjahren.

Personalentscheidungen und Gehaltserhöhungen sind Vorstandssache. Fräulein Grohmann erhält eine Zulage, statt 212 Mark bekommt sie nun 250 Mark monatlich. Fräulein Adamara, in der Dramaturgischen Abteilung beschäftigt, hat jetzt 350 Mark statt bisher 285 Mark in der Lohntüte. Fräulein Fiebig verlangt 450 Mark und gesetzliche Kündigungsfrist. »Die Versammlung ist sich darüber einig, daß aus grundsätzlichen Erwägungen heraus monatliche Kündigung vereinbart werden muß; dafür soll auf einen Probemonat verzichtet werden. Im übrigen ist Frl. Fiebig darüber nicht im unklaren zu lassen, daß sie als Ersatz für Frau Schidlof und Fräulein Hamann eingestellt wird. Ihre Arbeit soll in der ersten Zeit sehr intensiv kontrolliert werden.« Die Stelle ist frei geworden, weil Fräulein Hamann angeblich Indiskretionen begangen hat: Aus der Presseabteilung sollen Interna zum *Berliner Börsen-Courier* gelangt sein. Also wird ihr, offiziell mit der Begründung »wegen Umstellung des Betriebes« gekündigt. Glück hat dagegen Herr Tietsch, ihm wird das Gnadenbrot erteilt: »Es wird beschlossen, diesen Angestellten im Hinblick auf seine zwanzigjährige Tätigkeit in der Firma, obwohl er nicht mehr recht verwendbar ist, nicht zu entlassen.«

Reserve hat Ruh: Ballettmädchen auf dem Ufa-Gelände Tempelhof

Bühnenarbeiter im Atelier Babelsberg

Viele müssen gehen, als die Hugenberg-Leute kommen. Da gibt es Angestellte, »deren wir uns auf gute Weise zu entledigen wünschen«, doch manche sind schlichtweg Spielverderber. Es sind ausnahmslos die leitenden Herren von einst, die sich zur Wehr setzen. Ernst Krieger, Kultur-Abteilung, macht Schwierigkeiten: Er beruft sich auf den Schutz des Schwerbeschädigten-Gesetzes und klagt vor Gericht; die Ufa zieht einen Vergleich vor und zahlt ihm eine Abfindung von RM 30.000. Dr. Zürn, Werbefilm-Abteilung, bemüht ebenfalls die Rechtsanwälte. Selbst der bisherige Personalchef Hollstein sieht sich plötzlich vor die Tür gesetzt. Sein Nachfolger Lehmann erhält die unangenehme Aufgabe, »mit ihm nochmals über seine Abfindung zu verhandeln, um die Abfindungssumme noch um ein Monatsgehalt zu drücken«.

Ein neuer Geist zieht ein in den Betrieb, und zuerst merkt man dies in der Garage. Der Wagenpark von Ufa wird mit dem von Scherl zusammengelegt, und die Neuorganisation hat blaue Briefe zur Folge: »Das gesamte Personal wird gekündigt, weil es teils überflüssig ist, teils wesentlich höhere Löhne als die Scherl-Chauffeure erhält.« 15 Wagen stehen den Herren vom Verleih zur Verfügung, und die laufenden Kosten, so wird es auch bei Scherl gehandhabt, haben

Dienstanweisung für Platzanweiserinnen

Auf saubere Kleidung und gute Haltung ist besonderer Wert zu legen.

Die Kartenkontrolle muß peinlich genau durchgeführt werden. Dabei ist darauf zu achten, daß keine Hunde ins Theater kommen. Sie können, wenn sie mit Maulkorb und Leine versehen sind, an der Garderobe abgegeben werden. Für jeden Schaden, den ein Hund ohne Korb und Leine anrichtet, haftet der Tierhalter.

Bezechte sind dem Theater fernzuhalten.

Einlaßbegehrende ohne gültige Eintrittskarte dürfen nicht passieren, auch nicht, wenn sie sich auf die Direktion oder die Theaterleitung beziehen.

Beim Anweisen der Plätze soll den Besuchern nicht ins Gesicht geleuchtet werden, auch ist ihnen gegenüber ein freundliches und zuvorkommendes Wesen zu beobachten, selbst dann, wenn Differenzen entstehen. Die Regelung ist stets der Theaterleitung zu überlassen.

Vereinigte Kukuk-Excelsior-Stern

sie künftig privat zu tragen. Für die Abteilung Produktion gelten andere Grundsätze: »Angesichts der starken Abnutzung der Kraftwagen, die für die Filmproduktion benötigt werden, wird beschlossen, in Zukunft, von besonderen Ausnahmefällen abgesehen, nur noch gemietete Kraftwagen zu verwenden.« Aber dies betrifft nur die Leitungsebene; den kleinen Angestellten, die jeden Tag von Berlin nach Neubabelsberg rausfahren, werden die früher gewährten Fahrgelder ersatzlos gestrichen.

Die Kooperation Ufa/Scherl bezieht sich nicht allein auf den Medienverbund, sie umfaßt auch ganz praktische Dinge. Die Wochenend-Einnahmen der berliner Kinos werden in den Kassenschränken des Verlags deponiert. Die Zentral-Buchhaltung der Ufa wird regelmäßig kontrolliert durch die Revisoren von Scherl. Selbst bei den Uniformvorschriften für die Boten und Portiers lehnt die Ufa sich an die entsprechenden Regelungen bei Scherl an.

Viel verdient wird nicht bei der Ufa, nur Fachkräfte erhalten ein Monatsgehalt über 1.000 Mark. Rudi Feld, Abteilung Werbedienst und Erfinder der phantastischen Fassadendekorationen am Zoo-Palast, bezieht ab Mai 1928 RM 1.500. Sein Gesuch um längeren Urlaub – er will eine Studienreise in die USA unternehmen – wird abge-

Ein Bankdiebstahl führt den Kommissar zunächst auf die falsche Spur. Erst eine Verbindung nach Wien bringt Klarheit in die Sache.

1932. Was wissen denn Männer.
REG Gerhard Lamprecht. **RAS** Victor von Struwe.
AUT Hertha von Gebhardt, Hanns H. Fischer. **KAM** Karl Hasselmann. **BAU** Werner Schlichting. **SCH** Emil /= Milo/ Harbich. **TON** Fritz Seidel. **MUS** Eduard Künneke.
DAR Erwin Kalser (Herr Barthel), Tony van Eyck (Hertha, seine Tochter), Hans Brausewetter (Karl Christians), Ilse Korseck (Margot), Eduard Rothauser (Invalide Schultheiß), Hans Herrmann-Schaufuß (Herr Kroschelt), Elsa Wagner (Frau Kroschelt), Ruth Hellberg (Gertrud, deren Tochter), Fritz Odemar (Oberpostsekretär Haber), Hedwig Schlichter (Fräulein Berghuhn), Edit Angold, Erika Glässner, Margarethe Hruby, Theodor Loos, Julia Serda, Willi Schur, Martha Ziegler.
PRO Ufa. **PRL** Bruno Duday. **DRZ** 15.9.- Ende Oktober 1932. **DRO** Ufa-Atelier Neubabelsberg. **LNG** 2492 m, 91 min. **ZEN** 6.1.1933, Jv. **URA** 3.2.1933, Berlin (U.T. Kurfürstendamm).
Zur Heirat zwischen Hertha und dem Reisenden Karl kommt es nicht, als er seine Stellung verliert. Sie ist jedoch schwanger und wird vom Vater verstoßen. Nur wenige Menschen nehmen sich ihrer an. Durch Herthas Freundin Gertrude erfährt Karl von ihrer Depression und wendet sich ihr freudig wieder zu. Er ist mittlerweile Fahrlehrer geworden.

1932/33. Morgenrot.
REG Gustav Ucicky. **AUT** Gerhard Menzel; nach einer Idee von E. Freiherr von Spiegel. **KAM** Carl Hoffmann.
BAU Robert Herlth, Walter Röhrig. **SCH** Eduard von Borsody. **TON** Hermann Fritzsching. **MUS** Herbert Windt. Marinetechnischer Beirat: Kapitänleutnant a.D. Fürbringer.
DAR Rudolf Forster (Kapitänleutnant Liers, Unterseeboots-Kommandant), Adele Sandrock (seine Mutter), Fritz Genschow (Oberleutnant Friedericks), Camilla Spira (Grete Jaul), Paul Westermeier (Jaul), Gerhard Bienert (Böhm), Friedrich Gnaß (Jaruczik), Franz Nicklisch (Petermann), Hans Leibelt (Bürgermeister von Meerskirchen), Else Knott (Helga, seine Tochter), Eduard von Winterstein (Hauptmann Kolch).
PRO Ufa. **PRL** Günther Stapenhorst. **AUL** Erich von Neusser. **DRZ** ab ca. 10.10.1932 (Außen), ab 8.11.1932 (Atelier). **DRO** Ufa-Atelier Neubabelsberg; **AA** Helsingfors, Kiel. **LNG** 2328 m, 85 min. **ZEN** 26.1.1933, Jf. **URA** 31.1.1933, Essen (Schauburg); 1.2.1933, Düsseldorf (Apollo); 2.2.1933, Berlin (Ufa-Palast am Zoo).
– **AT**: Und setzt ihr nicht das Leben ein... (Das Denkmal des deutschen U-Bootes). – Prädikat: Künstlerisch. – Die berliner Premiere (21 Uhr-Vorstellung) fand in Anwesenheit des neuen Reichskabinetts (Hitler, Hugenberg, von Papen u.a.) statt. – Wiederaufführung: 27.10.1939, Berlin (Tauentzien-Palast).
Das U-Boot des deutschen Kapitänleutnants Liers fährt nach kurzem Heimaturlaub der Mannschaft zurück in den Ersten Weltkrieg, wo es bald in eine englische Seefalle gerät. Für zehn Überlebende sind acht Tauchretter vorhanden. Der Matrose Petermann und der erste Offizier Fips erschießen sich freiwillig. Ein Fischdampfer nimmt die Geretteten auf. Der Empfang in der Heimatstadt Meerskirchen ist stiller als sonst. Liers fährt wieder hinaus in den Seekrieg.

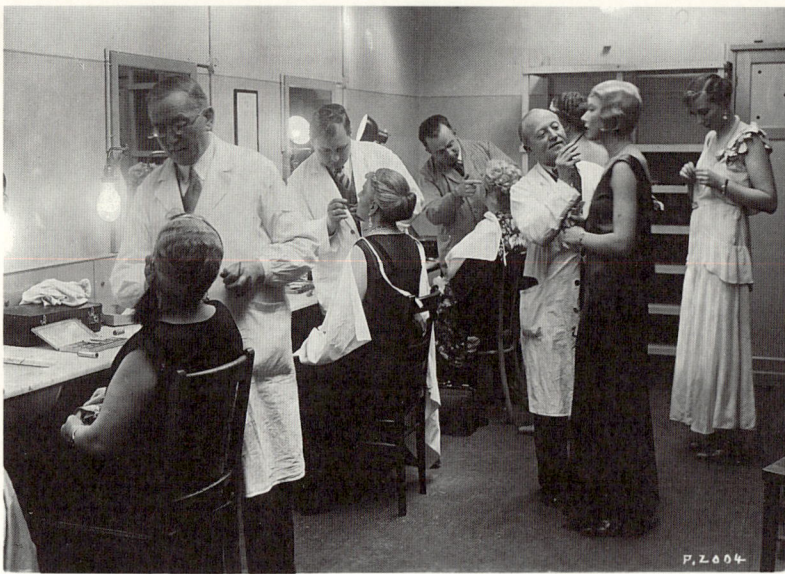

Abteilungen einer Filmfabrik:
Maske
Kostümfundus
Tischlerei

Beim Friseur in Neubabelsberg.
Die Damen der Komparserie werden für eine Aufnahme „filmfertig" geschminkt.

Kostümlager in Neubabelsberg

Modelltischlerei
für die Filmherstellung.

lehnt. Der kreative Werbemensch erhält eine Auszeichnung von den Parufamet-Kollegen: Dem Ufa-Vorstand ist das gar nicht recht. »Anläßlich dieses Falles wird beschlossen, der Parufamet mitzuteilen, daß die Überreichung von Anerkennungs-Schreiben und -Abzeichen an unsere Angestellten als unerwünscht angesehen wird.«

Roland Schacht wird für die Dramaturgische Abteilung engagiert (Gehalt RM 1800). »Herr Schacht darf eigene Manuskripte zur Verfilmung nicht vorlegen. Seine bisherige Beschäftigung beim Auswärtigen Amt bleibt ihm gestattet.« (20 Monate später erfolgt die Kündigung. Stattdessen werden die Herren Billie Wilder und Curt Siodmak verpflichtet.)

Kameramann Carl Hoffmann gehört zu den Spitzenverdienern: Honorar pro Woche 1000 RM, wobei er Anspruch auf Beschäftigung von 40 Wochen im Jahr hat. Im Oktober 1928 bekommt er ein lukratives Angebot aus England: Monatlich 10.000 Mark, also mehr als das Doppelte. Er müßte Ende Februar anfangen, aber sein Vertrag bei der Ufa läuft bis zum Sommer. Also bittet er um vorzeitige Entlassung. »Herrn Hoffmann soll das Einverständnis der Ufa erklärt werden, wenn er bereit ist, für die Zeit seines Vertrages mit der Ufa die Hälfte seines Mehrverdienstes an sie abzutreten.« Er bleibt im Lande, und im nächsten Jahr werden ihm, bei gleichen finanziellen Konditionen, 46 statt bisher 40 Arbeitswochen garantiert.

In einigen Abteilungen, z.B. beim Werbefilm, wird ein niedriger Sockelbetrag von 400 oder 450 Mark gezahlt sowie eine einprozentige Beteiligung am Reingewinn dieses Geschäftszweiges. Ähnlich verfährt man mit den Leitern der Kinos: Sie erhalten Anstellungsverträge auf Gewinnbeteiligung, wobei ihnen »nötigenfalls ein geringer Betrag zu garantieren ist«. Das Outfit der Platzanweiserinnen ist Tagesordnungspunkt auf der Vorstandssitzung: »Herr Gerschel regt die Beschaffung von Sommeruniformen für das Theaterpersonal an, da die teuren Winteruniformen im Sommer zu heiß sein werden und auch zu sehr strapaziert werden.« Klitzsch bittet zunächst um Vorlage einer Probeuniform.

Alfred Zeisler, ein Mann, der Karriere machen wird bei der Ufa, fällt angenehm auf: »Im Hinblick darauf, daß Zeisler in dem Film DER SCHUSS IM TONFILMATELIER auch Regie geführt hat (neben seiner Tätigkeit als Produktionsleiter), wird ihm ein Extrahonorar von RM 4.000 bewilligt (die Kalkulation ist auch dann noch unterschritten).« Im Vorjahr wäre er fast gefeuert worden: Er hat dem *Tempo* ein Interview gegeben, das beim Vorstand Mißfallen erregt. Zeisler kann sich herausreden, aber ein anderer wird geschaßt. Denn die umstrittenen Interview-Sätze sind in Anwesenheit eines Mannes von der Presseabteilung gefallen. Herrn von Hübbenet wird »wegen der großen Pflichtverletzung, die darin liege, daß er sich um den Inhalt des Interviews und um den Gang der Unterhaltung zwischen den Herren Zeisler und Marcus nicht gekümmert habe«, zum nächsten Termin gekündigt.

Es gehört nicht viel dazu, um bei der Ufa seinen Job zu verlieren. Der einfachste Weg ist: etwas gegen Hugenberg sagen. Der Vorstand läßt dies auch bei Regisseuren nicht durchgehen und formuliert, umständlich und allumfassend wie einen Gesetzestext, folgende Richtlinie: »Anläßlich verschiedener Vorkommnisse wird beschlossen, von einer Anstellung oder sonstigen Beschäftigung oder Weiterbeschäftigung von Personen, insbesondere auch des künstlerischen Herstellungspersonals, abzusehen, die öffentlich persönliche Angriffe gegen Herrn Geheimrat Hugenberg in gehässiger Form erhoben haben oder erheben werden oder sich an solchen Angriffen beteiligt haben oder beteiligen werden.«

Michael Töteberg

Die Ufa-Darsteller-Schule

Die Ufa-Darsteller-Schule bezweckt die gründliche Ausbildung der Filmdarsteller auf dem gesamten Gebiete der Filmkunst.

Die Schul-Leitung hält es für ihre Pflicht, sich auf das Gewissenhafteste bei jedem Schüler davon zu überzeugen, ob er Eignung und Talent zur Filmdarstellung hat, um Nichtgeeignete rechtzeitig vom falsch gewählten Wege abzuhalten, Begabte hingegen zu unterstützen und ihr Talent zu fördern.

Unterricht
Die Ausbildung gliedert sich in den theoretischen und den praktischen Unterricht.
Der theoretische Unterricht umfaßt Vorträge über Kostümkunde, Geschichte, Wesen und Technik des Films
(Lehrkraft: Dr. Wolfgang Hoffmann-Harnisch)
und Vorträge über die Hygiene des Körpers (Lehrkraft: Dr. med Nicholas Kaufmann).

Die praktische Ausbildung erstreckt sich auf folgende Gegenstände: Gymnastische Übungen und Tanz (Lehrkraft: Frau Jutta Klamt), Fechtunterricht (Lehrkraft: Fechtmeister Reinhold Bernhardt), Praktische Ausbildung vor der Kamera, Aufnahmen von Solo- und Ensemble-Szenen (Lehrkraft: Rudolf Biebrach), Einführung in die Schminkkunst (Lehrkraft: Rudolf Biebrach).

Dauer des Unterrichts
Die Unterrichtszeit beträgt 1 Jahr. Das Schuljahr beginnt am 1. Oktober eines jeden Jahres und endet am 30. September des folgenden Jahres. Die Ferien richten sich im allgemeinen nach denen der höheren Lehranstalten.

Aufnahmebedingungen
Die Ufa-Darsteller-Schule nimmt Schüler beiderlei Geschlechts auf, und zwar weibliche Schüler vom vollendeten 16. Lebensjahr, männliche vom vollendeten 18. Lebensjahr ab.

Bedingungen für die Aufnahme sind: Gutes Aussehen im Film, entsprechende Erscheinung, gute gesellschaftliche Umgangsformen, gute Allgemeinbildung.
Zur Feststellung seiner Eignung für den Film hat jeder Schüler eine Probezeit von 6–8 Wochen durchzumachen, nach deren Verlauf die Schulleitung über die definitive Aufnahme entscheidet. Die Schüler haben sich schriftlich zur Befolgung der Schulordnung zu verpflichten. Schwere und wiederholte Verstöße gegen die Schulordnung oder gegen die Anordnungen der Schulleitung oder sonstige schwere Verfehlungen können die Ausschließung des Schülers nach sich ziehen. Das gleiche gilt bei schlechter Führung in der Schule oder im Privatleben. Im Falle der Ausschließung werden die bereits gezahlten Gebühren und Schulgelder nicht zurückerstattet. Über die Aufnahme wird eine schriftliche Bescheinigung erteilt, die von dem Schüler und gegebenenfalls auch von seinem gesetzlichen Vertreter zu unterzeichnen ist. In der Aufnahmebescheinigung wird auf die Schulordnung besonders hingewiesen.

Schulgeld
Jeder neu eintretende Schüler hat bei der Anmeldung für die Probeaufnahme zwecks Feststellung seines Aussehens im Film 10 Mark zu entrichten.
Das Schulgeld beträgt monatlich 30 Mark und ist jeweils für ein halbes Jahr im voraus zu zahlen. Im Ausnahmefalle kann auf begründetes Ersuchen vierteljährliche oder monatliche Teilzahlung gestattet werden.
Die Schüler müssen sich mindestens auf 1 Jahr zum Besuch der Schule verpflichten, und nur bei dringender Veranlassung ist ein vorzeitiges Ausscheiden aus der Schule angängig. In diesem Falle wird auf die Weiterzahlung des Schulgeldes verzichtet.

Es wird noch besonders darauf hingewiesen, daß jeder Schüler die Mittel für seinen Unterhalt während des Unterrichtsjahres besitzen muß, da ein Erwerb im Nebenberuf nicht möglich ist. Für besonders talentierte unbemittelte Schüler ist eine beschränkte Anzahl von Freiplätzen vorgesehen. Die Bedürftigung ist durch eine amtliche Bescheinigung nachzuweisen.

Prüfung
Nach einjährigem Unterricht werden die Schüler einer Prüfung unterzogen, über deren Ergebnis ein Zeugnis erteilt wird. Nach stattgefundener Prüfung behält sich die Universum-Film-Aktien-Gesellschaft vor, die für sie geeigneten Kräfte für ihr eigenes Unternehmen oder für ihre Tochtergesellschaften zu engagieren.

aus: Reichsfilmblatt,
4. September 1926

1932. ... und es leuchtet die Pußta.
REG Heinz Hille. RAS Ludwig Beck, Franz Goebels. AUT Emmerich Preßburger; nach dem Roman ›Der alte Gauner‹ von Kalman Mikszath. KAM Karl Puth. BAU Herbert Lippschitz. SCH Ernst Schiff-Hajos. TON Franz Lohr. MUS, ML Ernst Erich Buder. LT Gert von Zitzewitz. MT ›Bei uns in Budapest‹, ›Was mir die Liebe gab‹, ›Welcher Weg führt zum Glück‹, ›Glocken klingen leise...‹. AUS Budpester Symphonieorchester, Kapelle des 1. Horvet-Infanterie-Regiment, Budapester Universitätschöre. Unter Mitwirkung der Ungarischen Militärakademie ›Ludovik‹.
DAR Rose Barsony (Baroneß Inokay), Wolf Albach-Retty (Peter Borley), Tibor von Halmay (Graf Balassa), Karolyn Sugar (Gutsinspektor Kaspar Borly), Heinz Salfner (Baron Inokay), Hansi Arnstaedt (Baronin Inokay), Olga Limburg (Tante Gräfin Balassa), Hans Zesch-Ballot (Thury), Magda Kun (Magda), Bela Venzell (General Draskoczy), Emilia Etsy (Untersuchungsrichter), Franz Goebel, Karl Bischof, Hugo Dery, Tivadar Bilicsi.
PRO Ufa / Hunnia-Film AG, Budapest-Berlin. PRL Heinz Hille. DRZ September 1932 (Außen), Oktober 1932 (Atelier). DRO Hunnia-Atelier Budapest; AA Ungarn. LNG 2026 m, 74 min. ZEN 13.2.1933, Jf. URA 13.2.1933, Berlin (Gloria-Palast).
– Dt. V. v. ›A ven gazember‹. R: Heinz Hille, H 1932.
Ungarn der K.u.K.-Donaumonarchie mit feschen Offizieren, feurigen Mädchen und Czardas.

1932/33. Lachende Erben.
REG Max Ophüls. RAS Herbert Fredersdorf. AUT Felix Joachimson, Max Ophüls; nach einer Geschichte von Trude Herka /= Herrmann/. KAM Eduard Hoesch. BAU Benno von Arent. SCH Herbert Fredersdorf. TON Walter Rühland. MUS Clemens Schmalstich. ML Hans-Otto Borgmann. LT Fritz Rotter.
DAR Heinz Rühmann (Peter Frank), Max Adalbert (Justus Bockelmann, sein Onkel), Ida Wüst (Britta Bockelmann, dessen Frau), Walter Janssen (Robert Stumm), Lien Deyers (Gina, seine Tochter), Lizzi Waldmüller (Liane Heller), Julius Falkenstein (Notar Dr. Weinhöppel), Friedrich Ettel (Schlemmel, Kellermeister), Elfriede Jerra.
PRO Ufa. PRL Bruno Duday, Eduard Kubat. AUL Curt Heinz. DRZ ab Oktober 1932 (Außen). DRO Ufa-Atelier Neubabelsberg, Ufa-Atelier Berlin-Tempelhof. AA Rüdesheim, Assmannshausen. LNG 2082 m, 76 min. ZEN 21.2.1933, B.33230, Jv. URA 6.3.1933, Berlin (U.T. Kurfürstendamm).
– AT: Champagnerkrieg. – Am 1.10.1937 von der Filmprüfstelle verboten.
Der Reklamefachmann Peter Frank muß trocken bleiben, damit er die Erbschaft des verstorbenen Sektfabrikanten Bockelmann antreten kann. Die unzufriedene Verwandtschaft versucht eine Verkupplung Peters mit Gina, der Tochter des Konkurrenten Stumm. Peter beginnt zu trinken, um die Braut von seinen rein persönlichen Interessen an ihr zu überzeugen. Ein Zusatzprotokoll im Testament sichert ihm trotz dieser Umstände und Zustände das Erbe.

1932/33. Ich und die Kaiserin.
REG Friedrich Hollaender. AUT Walter Reisch, Robert Liebmann, (Paul Frank); nach einer Idee von Felix Salten. KAM Friedl Behn-Grund. KAS Franz von Klepacki, Gerhard Brieger. BAU Robert Herlth, Walter Röhrig. KOS Robert Herlth. MAS Emil Neumann, Maria Jamitzky, Hermann Rosenthal. SCH Heinz G. Janson, (Charles Métain). TON Gerhard Goldbaum. MUS Franz Wachsmann, Friedrich Hollaender; unter Verwendung von Melodien von Jacques Offenbach, Charles Lecocq, Edmond Audran. LT Robert Gilbert, Robert Liebmann, Walter Reisch. MT ›Mir ist so millionär zu Mut‹, ›Lied der Kaiserin‹, ›Das Lied‹, ›Wie hab' ich nur leben können ohne Dich‹. CHO Sabine Ress.
DAR Lilian Harvey (Juliette), Conrad Veidt (Marquis), Mady Christians (Kaiserin), Heinz Rühmann (Didier), Friedel Schuster (Arabella), Hubert von Meyerinck (Flügeladjutant), Julius Falkenstein (Offenbach), Hans Herrmann-Schaufuß (Regimentsarzt), Kate Kühl (Marianne), Heinrich Gretler (Adjutant des Regimentsarztes), Eugen Rex, Paul Morgan, Hans Deppe, Hans Nowack, Margot Höpfen.
PRO Erich Pommer-Produktion der Ufa. PRT Erich Pommer. PRL Fritz Wechsler. AUL Otto Lehmann. DRZ 8.11.1932 - Mitte Januar 1933. DRO Ufa-Atelier Neubabelsberg. LNG 2434 m, 89 min. ZEN 22.2.1933, Jf. URA 22.2.1933, Berlin (Gloria-Palast).
– AT: Das Vermächtnis der Marquise von S.
Französische Version:

»Ton mehr aufdrehen – verstärken!«

Guido Bagier über die Tri-Ergon-Abteilung der Ufa

Guido Bagier, 1888 in Berlin geboren, studiert bei Reger Komposition und bei Reimann Musikwissenschaft. Infolge einer Kriegsverletzung an der Westfront kann er seine Karriere als aktiver Musiker nicht fortsetzen und arbeitet als Musikkritiker und Dozent in Düsseldorf. 1922 geht er nach Berlin und kommt zur Ufa, zunächst – probehalber – als Produktionsleiter im Atelier Tempelhof. Als »Musikalischer Beirat« soll er sich dann um die musikalische Untermalung der Ufa-Produktionen kümmern, er komponiert u.a. die Premierenmusik zu Ludwig Bergers DER VERLORENE SCHUH. *1923 erhält er den Auftrag, für die Ufa-Direktion einen Bericht über die Chancen des Tonfilm-Verfahrens Tri-Ergon zu erstellen.*

1918 haben sich die drei deutschen Techniker Hans Vogt, Joseph Massolle und Dr. Jo Engl zusammengeschlossen und am 1. Juli 1919 das Laboratorium für Kinematographie (LfK) gegründet. Sie arbeiten gezielt an der Entwicklung eines Lichttonverfahrens (Nadelton-Filme, unter Verwendung von Schallplatten, hat es schon vor dem Ersten Weltkrieg gegeben). Im Frühjahr 1920 spricht ihr Apparat sein erstes verständliches Wort: »Mikroampere«. Während die technischen Erfolge anhalten, sinkt durch ständigen Kapitalbedarf der wirtschaftliche Anteil der Erfinder an ihren Patenten stetig.

Der erste deutsche Lichttonfilm wird die Rezitation von Goethes »Sah ein Knab ein Röslein stehn« durch die Schauspielerin Friedel Hintze, die am 26. Februar 1921 aufgenommen wird. Sam Goldwyn, zu Gast aus Hollywood, ist von dem Film begeistert, doch Investoren halten sich zurück. Am 17. September 1922 findet im Alhambra am Kurfürstendamm erfolgreich die erste öffentliche Vorführung der sich nun »Tri-Ergon« nennenden Gruppe statt.

Trotz eines positiven Gutachtens von Bagier ziehen sich die Verhandlungen zwischen Ufa und Tri-Ergon hin, und am 5. Juni 1923 gehen die Rechte an den Patenten an eine von schweizer Finanziers gegründete Tri-Ergon AG Zürich *über. Die Erfinder sind nur noch Angestellte der auf ihren Ideen beruhenden Firma. Mitte 1925 entschließt sich endlich die Ufa, mit der Tri-Ergon AG einen Vertrag zu schließen und eigene Experimente mit dem Tonfilm aufzunehmen. Künstlerischer Leiter der Tri-Ergon-Abteilung der Ufa wird Guido Bagier.*

Über die technische Entwicklung des Films und speziell seine Erlebnisse bei der Ufa verfaßt Bagier einen Schlüsselroman, den er 1943 unter dem Titel »Das tönende Licht« veröffentlicht. Die folgenden Aufzeichnungen sind (stark gekürzt) den »Notizen über die Arbeiten der Tri-Ergon-Abteilung der Ufa vom 1. Juli 1925 bis zum 1. April 1926« entnommen, die in Tagebuchform ausgeführt sind.

1. Juli
Heute begann die Einführung der für die Leitung der neu gegründeten Tri-Ergon-Abteilung der Ufa verpflichteten Herren. Es sind dies außer mir, der ich für die sogenannte künstlerische Leitung verantwortlich sein soll, der Erfinder Joseph Massolle für den technischen Teil und ein Delegierter der Produktion in Babelsberg für das kaufmännische Gebiet. (...) Zunächst handelt es sich darum, die neuen Herren mit der Art der Aufnahme vertraut zu machen und einige besondere akustische Proben durchzuführen, um die Möglichkeiten des Verfahrens festzustellen. Diese Probeaufnahmen sollen in Babelsberg gemacht werden.

12. Juli
Nahezu zwei Wochen sind verflossen. Endlich ist eine Aufnahmeapparatur so weit fertiggestellt, daß diese nach Babelsberg transportiert werden konnte. Da es sich außerdem um mehrere schwere Akku-Batterien, sowie eine Vorführungsmaschine und viele technische Zusatzteile handelte, war für diesen Transport ein Lastwagen notwendig. Der Ton ist also nicht so beweglich, wie die Bildkamera, aber, wie ich mich aus Edisons

Das Tri-Ergon-Team mit seinen Apparaten: Jo Engl, Joseph Masolle, Hans Vogt

Pioniere des Tonfilms: Guido Bagier als Direktor der Tobis, Joseph Masolle als Techniker im Tri-Ergon-Team, Walther Ruttmann als Regisseur von MELODIE DER WELT (1929), einem der ersten Tonfilme

erster Zeit entsinnte, (...) wurde ja 1891 in der »schwarzen Marie« unter ähnlichen Verhältnissen gearbeitet. Allerdings verging damals ein Jahrzehnt, bis die erste bewegliche Bildkamera dastand. Ich hoffe, daß wir es mit dem tönenden Film nicht so schwer haben!

16. Juli
In Babelsberg geht alles sehr langsam vorwärts, denn wir stoßen bei den Leuten des stummen Films auf den hartnäckigsten Widerstand. Man will von unseren »nutzlosen Experimenten« nichts wissen und ist derart mit den Aufnahmen eines im amerikanischen Stil gehaltenen Monumental-Films METROPOLIS beschäftigt, daß wir den Lieferwagen mit unseren Apparaten selbst ausladen und in einem entlegenen Schuppen provisorisch unterbringen mußten. Ein Techniker schlief während der Nacht in dem Raum, da dieser nicht verschließbar war und Herr Massolle fürchtete, es könne seinen wertvollen Instrumenten etwas zustoßen. Es ist gut, daß bei der gegenwärtigen Hitze die Luft trocken ist, denn das Kathodophon muß sorgfältig vor Feuchtigkeit geschützt werden.

20. Juli
Wir konnten nicht einen Platz in Babelsberg finden, der für akustische Aufnahmen geeignet ist. Außerdem hat der sogenannte stumme Film die Eigentümlichkeit, die lauteste Angelegenheit der Welt zu sein. So werden wir uns anderwärts einen ruhigeren Ort suchen müssen, der nicht durch das Gebrülle der Aufnahmeleiter, das Klopfen und Hämmern der Bühnenarbeiter, die schrille Pfeife des Oberbeleuchters, das Gesurre der Scheinwerfer, das Gefauche der Maschinen und Traktoren gestört wird. Man läßt uns gern ziehen, denn unsere Sache erregt Bedenken, – ja heftigen Kampf. Ich glaube, viele Leute fürchten den Tonfilm, weil er sie in dem gewohnten Trott des Filmdrehens stört. Man weist fernerhin vertraulich auf einen anderen Grund hin: Viele der Filmgesellschaften sind durch oder wegen eines weiblichen Stars entstanden. Diese Damen fürchten mit Recht, daß, wenn sie den Mund auftun und sprechen oder gar singen müssen, der Nimbus ihrer Schönheit und ihres Charmes verschwindet. Sie mögen recht haben, denn nichts ist enttäuschender, als derartige, in der Öffentlichkeit vergötterte Wesen in ihrem gewohnten Leben und Gehabe zu sehen. Ich bin immer wieder froh, daß ich mich in diesen entlegenen Teil der Kinematographie rettete, und verschanze mich gern hinter den komplizierten Maschinen des Herrn Massolle.

28. Juli
Nach vielen Fahrten kreuz und quer durch die Umgebung Berlins haben wir endlich in dem östlichen Vorort Weißensee den Platz gefunden, an dem wir uns niederlassen werden. Es sind verlassene alte Ateliers einer in Konkurs gegangenen Filmgesellschaft, die wir beziehen wollen. Hoffentlich ist dies kein böses Vorzeichen! (...)

18. August
Endlich sind wir mit allen Apparaten, Maschinen und Zubehörteilen in Weißensee gelandet. Die ersten Aufnahmen in dem veralteten, verwahrlosten Atelier waren so schlecht, daß Herr Massolle mit Recht ablehnte, weiterhin dort zu arbeiten. Besonders machte uns der Lärm der vielen Spatzen zu schaffen, die sich unter den Dächern eingenistet haben. Obwohl wir auf die Jagd gingen und eine Anzahl mit Schrot abschossen, traten immer gerade dann Störungen ein, wenn wir eine recht diffizile Sache aufnehmen wollten. Da auch sonst die verfallenen Gebäude für einen größeren Aufnahmebetrieb nicht in Frage kommen, wurde von der Direktion beschlossen, für 200.000 Mark ein großes besonderes Tonfilmatelier zu bauen, das auf dem freien Gelände in Weißensee mit allen Einrichtungen für die Erfordernisse der Tonaufnahme errichtet werden soll. Unsere große Freude über diese unerwartete Mitteilung war verständlich. Der Grund dieser Maßnahme sollte mir bald klar werden.

Die Ufa steckt plötzlich viel Geld in den sprechenden Film, da man hört, daß man in Amerika dem Tonfilm große Chancen gibt. Namentlich macht Mr. Fox mit seinen Case-Patenten von sich reden, aber auch Lee de Forests Phono-Filmgesellschaft soll von neuem arbeiten. (...)

30. August
Ich erhielt ein Schreiben, (...) daß drüben die General-Electric mit der Western-Electric-Gruppe, die wiederum mit der American Telephone and Telegraph Co. zusammenarbeitet, die Gründung der Radio Corporation of America, mit der Abkürzung R.C.A., durchführte. An dieser Gellschaft ist auch die dritte große englische Firma, die Westinghouse-Electric Co. beteiligt (...). Da der Western Electric die großen Anlagen der Bell-Telephon-Laboratories Research zur Verfügung stehen, die General-Electric ihre Leute in Schenectady hat, kann man sich vorstellen, was dieser Block bedeutet. Wäre es nicht auch für uns besser, wenn wir uns an die großen deutschen elektrischen Gesellschaften, die Siemens-Gruppe und AEG wenden würden? Aber als ich diesen Gedanken nur andeutete, wurde er von den Tri-Ergon-Leuten heftig abgewiesen. Sie haben den Ehrgeiz, alles allein machen zu wollen. Ich kann dies begreifen, nachdem sie, wie Seeger ausplauderte, in den ersten Jahren bei einer Gesellschaft Seibt in Berlin nichts vorwärts kamen und auch in der Lorenz-AG, die sich intensiv auf dem Radiogebiet betätigt, für die Dauer keine rechte Fühlung fanden. Nun kommt das Geld von Textilindustriellen aus der Schweiz, die bestimmt keine technischen Kenntnisse besitzen, aber, wie ich voraussehe, desto bessere Kaufleute sind. Wenn Herr Direktor Constam in den nächsten Tagen hier ist, wird sich ja vieles aufklären.

18. September
Gestern verließ Herr Constam Berlin. Die letzte Woche brachte sehr heftige und für alle Beteiligten unerfreuliche Verhandlungen, in deren Verlauf ich den Inhalt des

1932/33. Moi et l'Impératrice.
REG Friedrich Hollaender, Paul Martin. **AUT** Walter Reisch, Robert Liebmann; nach einer Idee von Felix Salten. **AD, DIA** Bernard Zimmer. **KAM** Friedl Behn-Grund. **BAU** Robert Herlth, Walter Röhrig. **KOS** Robert Herlth. **MUS** Franz Wachsmann, Friedrich Hollaender; unter Verwendung von Melodien von Jacques Offenbach, Charles Lecocq, Edmond Audran. **DAR** Lilian Harvey (Juliette), Charles Boyer (le duc de Campo-Formio), Danièle Brégis (l'impératrice), Pierre Brasseur (Didier), Renée Devilder (Arabella), Nilda Duplessy (Marianne), Pierre Stéphen (l'empereur), Julien Carette (le médecin-major), Michel Duran (l'infirmier), Julius Falkenstein (Offenbach), Willy Leardy, Fernand Frey, Verly, Jacques Ehrem. **PRO** Ufa / ACE. **PRT** Erich Pommer. **PRL** Fritz Wechsler. **DRZ** 8.11.1932 - Mitte Januar 1933. **DRO** Ufa-Atelier Neubabelsberg. **LNG** 98 min. **URA** 8.5.1933, Paris (Marignan-Pathé).

Englische Version:

1932/33. The Only Girl.
REG Friedrich Hollaender. **AUT** Robert Stephenson, John Heygate; nach dem Drehbuch ›Ich und die Kaiserin‹ von Walter Reisch, Robert Liebmann. **KAM** Friedl Behn-Grund. **BAU** Robert Herlth, Walter Röhrig. **KOS** Robert Herlth. **MUS** Franz Wachsmann, Friedrich Hollaender; unter Verwendung von Melodien von Jacques Offenbach, Charles Lecocq, Edmond Audran. **LT** Frank Eyton. **DAR** Lilian Harvey (Juliette), Charles Boyer (Duke), Mady Christians (Empress), Ernest Thesiger (Chamberlain), Maurice Evans (Didier), Friedel Schuster (Annabel), Julius Falkenstein (Offenbach), Huntley Wright (Doctor), Ruth Maitland (Marianne), O. B. Clarence (Etienne), Reginald Smith. **PRO** Ufa / Gaumont-British Picture Corporation Ltd., London. **PRT** Erich Pommer. **PRL** Fritz Wechsler. **SUP** Robert Stephenson, John Heygate. **DRZ** 8.11.1932 - Mitte Januar 1933. **DRO** Ufa-Atelier Neubabelsberg. **LNG** 7545 ft = 2300 m, 84 min. **URA** 16.6.1933, London (Prince Edward Theatre, Trade Show), 4.12.1933 (Release)

Juliette, Friseuse der Kaiserin Eugenie, widerfährt das Mißgeschick, ein von ihr entliehenes Strumpfband zu verlieren. Ein Marquis findet es, wird aber von seinem Pferd geschleudert und in einer Dragonerkaserne versorgt. Juliette, die auf der Suche nach dem Band ebenfalls dorthin gelangt, singt dem Kranken ein Lied, das er später auch aus den Räumen des Schlosses vernimmt.

1932/33. Onkel in Nöten.
REG Heinz Hille. **DAR** Margarete Slezak, Henry Lorenzen, Grete Löschkorn, Franz Goebels, Editta Eriksen, Julius E. Herrmann. **PRO** Ufa. **PRL** Heinz Hille. **DRZ** August 1932. **DRO** Ufa-Atelier Neubabelsberg. **LNG** 420 m, 15 min. **ZEN** 27.3.1933, B.33529, V.
– Kurzspielfilm. – Verboten.

1932/33. Ein Lied für Dich.
REG Joe May. **AUT** Irma von Cube, Ernst Marischka. **KAM** Otto Kanturek, Bruno Timm. **BAU** Werner Schlichting. **SCH** Konstantin Mick. **TON** Hermann Fritzsching. **MUS** Bronislaw Kaper, Walter Jurmann. **ML** Willy Schmidt-Gentner. **LT** Ernst Marischka, Fritz Rotter. **MT** ›Ninon‹, ›Signorina!‹. **DAR** Jan Kiepura (Gatti), Jenny Jugo (Lixie), Ralph Arthur Roberts (Kleeberg), Paul Hörbiger (Schindler), Paul Kemp (Charlie), Ida Wüst (Tante Ida), Hans Junkermann (Hausner), Julius Falkenstein (Rundfunkbeamter), Karl Stepanek (Theo Bruckner), Jessie Vihrog (Fifi), Leonard Steckel (Opern-Regisseur), Theo Thony (Kellner), Theresa Gerson (Aida), Maria Koppenhöfer (Frau Vogelmeyer). **PRO** Cine-Allianz-Tonfilm GmbH, Berlin; für Ufa. **PRL** Fritz Klotzsch. **DRZ** 12.12.1932 - Februar 1933. **DRO** Ufa-Atelier Neubabelsberg. **LNG** 2431 m, 89 min. **ZEN** 11.4.1933, Jv. **URA** 15.4.1933, Berlin (Gloria-Palast).

Französische Version:

Vertrages, den die Ufa am 31. Januar dieses Jahres abschloß, genau kennenlernte. Danach erwarb die Ufa nur eine Lizenz für die Gebiete in Mitteleuropa, nicht aber für Italien, Frankreich, Skandinavien und Übersee. In sehr geschickter Weise verstand man, diesen Vertrag in der Form einer Option, die bis zum 31. Dezember des Jahres läuft, auf die ganze Welt auszudehnen. Man sieht hier, welches Interesse Amerika an der Entwicklung des tönenden Films hat, und bereitet sich auf die Konkurrenz vor. Da es weder in Europa noch in den Staaten ein dem Tri-Ergon-Verfahren ebenbürtiges Tonfilmsystem gibt, hat die deutsche Ufa jetzt eine große Chance in der Hand. Die Ufa verpflichtete sich ihrerseits, sogleich mit den Vorbereitungen zu einem abendfüllenden Film zu beginnen. Beweis dieser Absicht ist der Bau der Riesenhalle in Weißensee, der bald eine andere, ähnliche in Babelsberg folgen soll, wenn man erst einmal genügende Erfahrungen in der schwierigen akustischen Technik gesammelt hat. Sodann übernimmt die Ufa die Werkstatt in der Köpenicker Straße mit 24 Angestellten, um die Lampen für die Aufzeichnung und Wiedergabe, sowie die Projektoren, Statophone und alle Ersatzteile selbst herzustellen. Man wird sogleich 25 Tonbild-Vorführungs-Apparate bauen, als deren Grundlage die Type Magnifizenz-Krupp-Ernemann gewählt wurde, da sich bei dieser der Zusatzteil für den Ton am besten unterbringen läßt. Übt die Ufa die Option am 31. Dezember aus, so wird der Vertrag über 18 Jahre laufen, also ungefähr der Laufzeit der hauptsächlichen Schutzrechte entsprechen. Die Kosten für die Patente soll die Tri-Ergon AG Zürich begleichen, da sie die Inhaberin dieser Rechte bleibt. Mit diesem Vertrag sicherte sich die Ufa die Möglichkeit, den Tonfilm in der ganzen Welt zu beherrschen und die Amerikaner prinzipiell nicht nur auszuschalten, sondern von Deutschland abhängig zu machen. Alles das, was Deutschland bei der Entwicklung des stummen Bildes versäumte, kann jetzt nachgeholt werden.

Sehr unangenehm gestalteten sich die persönlichen Dinge, da das Schreiben des Herrn Massolle den Anlaß zu einer heftigen Kritik an der augenblicklichen Güte des Verfahrens gab. Herr Massolle wurde durch die Art und Weise dieser Debatte derart getroffen, daß er selbst auf weitere Mitarbeit bei der Ufa verzichtete. An seine Stelle tritt ein anderer der drei Erfinder, Herr Dr. Jo Engl, ein Physiker, der sich vor allem mit dem wissenschaftlichen Teil der Erfindung befaßte. (...)

15. Oktober
Heute früh teilte mir Herr Deutsch, der sich stets Herr Direktor nennen läßt, mit, daß statt des geplanten Großfilms von unserer Abteilung vorerst nur ein kleines Bild mit Ton in einer Länge von ungefähr 1200 Meter, das heißt einer Laufzeit von 45 Minuten, hergestellt werden solle. Man habe hierfür vier Gründe: 1. Das neue Atelier müsse auf seine Fähigkeiten hin ausprobiert werden, ehe man sich an einen großen Film heranwage. 2. Man müsse das technische Personal einarbeiten. 3. Man müsse sehen, ob man den richtigen »künstlerischen Stil« für den kommenden Tonfilm finde. 4. Man dürfe nicht zuviel Geld ausgeben, da nach den neuesten Richtlinien der Bank Sparen die Losung sei. Herr Deutsch schloß pathetisch mit den Worten: »Meine Herren, ich erkläre Ihnen: auch so kann man zeigen, welche Bedeutung der Tonfilm für unsere Industrie und für die Welt hat!«

Ich bin sehr niedergeschlagen, denn nun wird aus den kühnen Plänen nur wieder eine halbe Sache! (...)

18. Oktober
Es wurde uns befohlen, einen für die Weihnachtszeit geeigneten Stoff zu suchen, dessen Vorführungsdauer 20 Minuten nicht übersteigen darf. Wir sind also in das sogenannte »Beiprogramm« hereingerutscht – die Folge der Krise des stummen Films! Wir begannen sogleich mit vielen Autoren zu verhandeln.

23. Oktober
Nach tagelangem Suchen kam heute ein Vertrag mit einem Dichter, Hans Kyser, zustande. Er wird uns ein Drehbuch nach Andersens schönem Märchen »Das Mädchen mit den Schwefelhölzern« liefern. Die Handlung spielt in der Weihnachtszeit, so daß der Wunsch der hohen Direktion erfüllt wird. Allerdings ist durch diese Wahl der Film an eine bestimmte Zeit gebunden – ob dies für den Anfang geschickt ist?

25. Oktober
Wir besichtigen das fertige Atelier in Weißensee. In kurzer Zeit ist hier Erstaunliches geleistet worden. Die Halle hat einen vorzüglichen Ton. Durch bewegliche Vorhänge kann der Hall je nach Wunsch vergrößert oder verkleinert werden. Auch eine Vorführung wird eingerichtet, damit wir täglich die Proben, oder, wie man im Film sagt, die »Muster« abhören können. Wir haben Glück, daß der Etat dieses Baues vor Beginn der Krise bewilligt wurde, in der sich die Ufa befindet und die ständig zunehmen soll. Es müssen Unsummen verschleudert worden sein. (...)

30. Oktober
Wir haben das ausgearbeitete Manuskript mit der Kalkulation der Direktion zur Genehmigung eingereicht und hoffen, daß wir in zwei Tagen Bescheid bekommen, um mit der Arbeit beginnen zu können.

3. November
Noch keine Antwort auf unsere Kalkulation! Es soll drüben toll zugehen! Man spricht davon, daß eine amerikanische Gruppe die Ufa erwerben will. (...)

20. November
Da uns die Direktion immer noch keinen Bescheid gab – die Verwirrung im Picadillyhaus scheint täglich größer zu werden! –, forderte ich Herrn Deutsch auf, einmal drüben vorstellig zu werden. Nach einer halben Stunde tauchte er mit hochrotem Kopf wieder auf. Man schien ihn sehr heftig und ohne Ergebnis hinauskomplimentiert zu haben. (...)

28. November
Endlich erhielten wir die Erlaubnis, den Film gemäß der vorgeschlagenen Kalkulation herzustellen. Es vergingen genau vier Wochen, seitdem wir unser Gesuch einreichten. Macht man sich denn gar keine Gedanken darüber, was es heißt einen ersten Tonfilm zu drehen? (...) In drei Wochen soll eine Arbeit geschafft werden, für die wir die Ruhe dreier Monate benötigt hätten. Überdies kommt der Termin der Ausübung der Option für die Weltrechte in gefährliche Nähe!

10. Dezember
(...) Wir fangen nun morgen mit den Aufnahmen des Films an. Ich habe eine Musik von 120 Partiturseiten komponiert, die Stimmen werden soeben ausgeschrieben. Die Bauten in der großen Halle wirken sehr gut: Ein Weihnachtsmarkt mit Buden und Verkaufsständen, die Fassade eines großen Warenhauses, in dessen Fenster der Weihnachtsmann steht und durch einen Trick im Fiebertraum des Mädchens durch die Scheibe auf dieses zukommt, es an der Hand nimmt und auf den Weihnachtsmarkt führt, – rechts auf der Straße die Ecke, von der aus in das Gewirr des Verkehrs das kleine Mädchen seinen Ruf: »Kauft Schwefelhölzchen!« erschallen läßt, – sodann die ärmliche Stube der Mutter des Kindes mit dem Sterbebett. Dies alles ist das Pensum der ersten Drehperiode von zwei Tagen. (...)

13. Dezember
Leider sind die Aufnahmen teilweise so mangelhaft, daß wir sie wiederholen müssen. Der Ruf: »Kauft Schwefelhölzchen!«, den wir wohl dreißig Mal in verschiedener Tonstärke und Klangfarbe ausprobierten, liegt immer noch nicht richtig in dem akkustischen Gesamtbild. Häufig ist auch die Musik zu stark, – das Blech habe ich fast ganz fortgestrichen, da es alles andere übertönt. Auch die Bässe sind zu holzig und zu hart. Man brauchte die vierfache Zeit, um dieses alles sorgfältig herzustellen, denn die Apparate sind gut, ja viel feiner, als die Menschen, die sie bedienen.

15. Dezember
Wir haben die Aufnahmen der beiden ersten Tage wiederholt. Heute erschienen zwei Herren von der Theaterabteilung, die uns mitteilten, die Premiere unseres tönenden Films wäre auf den 20. Dezember, das heißt in fünf Tagen, im Mozartsaal angesetzt. Sie frugen, ob sie den Film sehen könnten. Man sagte ihnen nicht, daß wir noch mitten im Drehen sind. In der Stadt weiß wirklich die eine Hand nicht, was die andere tut! (...)

19. Dezember abends
Die sogenannte Uraufführungskopie war nicht zu gebrauchen. Die Kopieranstalt vergaß das Intervall, das heißt den Abstand von 16 Bildern zwischen Ton und Bild, damit beide synchron wirken. Nun muß alles neu gemacht werden. (...)

20. Dezember nachmittags
Da die Kopiermaschine plötzlich einen Defekt hatte, verloren wir fünf Stunden. Ich fahre soeben mit der Kopie in die Stadt ins Theater. In einer halben Stunde soll die Premiere beginnen, zu der man die angesehensten Leute einlud – die internationale Presse, Wissenschaftler und Musiker. Und wir selbst haben die Kopie nicht einmal gehört – ich denke an den Nibelungenfilm, an KRIEMHILDS RACHE!!

21. Dezember
Es ist alles aus – die ganze Arbeit war vergeblich. Ich muß dies noch kurz notieren, ehe ich mich todmüde schlafen lege. Ich kam gerade rechtzeitig in den Mozartsaal. Der Kulturfilm war zu Ende, – unser Film wurde in den besonderen Projektor eingelegt. Die einleitende Musik erklingt laut und sauber aus den Lautsprechern. Der Ton war gut, obwohl, vielleicht in der Hoffnung, uns zu schaden, das lebendige Orchester sich vorher bei der Begleitung des Kulturfilms besonders ins Zeug gelegt hatte. Das Bild blendet auf – das Mädchen in der Ecke der Straße, in dem Getriebe der Wagen und des Verkehrs –, lauter Applaus bei dem Geräusch der Straße, dem Hin und Her der Fußgänger, dem Gehupe der Autos. Deutlich klingt der Ruf des Mädchen: »Kauft Schwefelhölzchen!« über der Menge – die Zuschauer brechen in lauten Beifall aus. Dann der Weihnachtsmarkt, auf dem Weihnachtsmann in der mächtigen Gestalt des alten Diegelmann, das Mädchen, die junge zwölfjährige Else von Möllendorf, herumführt. Die Ausrufe, die Leierkästen und Drehorgeln ergeben mit der musikalischen Untermalung des Orchesters einen seltsamen, berückenden Klang. Auch diese Szene geht vorüber. Da, als die Wanderung des Kindes über die Schneefelder hin zur Krippe der Maria beginnt, höre ich plötzlich ein merkwürdiges Fauchen in den Lautsprechern, das rasch zunimmt. Ich renne hinauf in die Vorführkabine. Seeger hat soeben nach der ersten Rolle die anschließende nebenan im zweiten Apparat anlaufen lassen. Er ruft mir zu: »Es muß hier etwas nicht in Ordnung sein!« Der Ton wird leiser und leiser – das Publikum unruhiger und unruhiger. Ich schreie Seeger zu: »Ton mehr aufdrehen – verstärken!« Seeger geht mit dem Potentiometer bis zur letzten Grenze – die Statophone geben statt Musik nur noch ein brüllendes Geräusch von sich. Seeger ruft entsetzt: »Die Akkus sacken ab – es muß sich an ihnen jemand zu schaffen gemacht haben!« Und ein kräftiger Fluch folgt! Nun wird es entsetzlich: Unser wundervoller Schlußchor geht in dem Zischen und Geknatter der Lautsprecher unter – das Publikum beginnt mitzuspielen – es ertönen Zwischenrufe: »Schluß!« – und in einem Gemisch von Gelächter und Protestrufen endet die Vorführung!

Blaß und kaum seiner Sinne mächtig treffe ich draußen auf dem Gang den Erfinder Dr. Engl: »Es muß jemand in der Nacht bei den Batterien Kurzschluß verursacht haben – dies ist bewußte Sabotage!«

Aber niemand konnte an dem kläglichen Ergebnis etwas ändern. War es überhaupt möglich, den Schuldigen festzustellen?

Als ich mit Kapellmeister Wagner in das Vestibül hinausschlich – der große neue Amerikaner lief gerade drinnen an, mit schmetternder Jazzmusik begleitet! –, hörte ich, wie unbemerkt von uns ein Herr, der ein Ausländer zu sein schien, seinem Begleiter zuflüsterte: »Die Sache hat geklappt – der deutsche Tonfilm ist erledigt!« (...)

30. Dezember
(...) Ich ging heute in das Picadillyhaus. Man sah mich mit schadenfrohem Lächeln an – nur Herr von Monbart drückte mir sein Bedauern aus und murmelte etwas von »Schweinerei!«. Ich suchte das Sekretariat auf: Der Produktionschef ist fristlos ausgeschieden – er soll bereits auf dem Weg nach New York sein. Am 1. Januar erwartet man den Eintritt eines Bevollmächtigten der Bank, der als deren Vertrauensmann vorübergehend die Leitung der Geschäfte übernimmt. Er soll gleichfalls ein Bankier sein. In der Rechtsabteilung lachte man mich aus, als ich etwas vom sprechenden Film und der bis zum morgigen Tage, den 31. Dezember, auszuübenden Option für die Weltrechte Tri-Ergon vorbrachte. Man hielt mich wohl für etwas verrückt – jetzt, in diesem Augenblick, wo mein wunderbares MÄDCHEN MIT DEN SCHWEFELHÖLZCHEN ein solches Fiasko war –, jetzt, da das ganze Gebäude der Ufa wankte, sollte man ein derartiges Risiko eingehen? (...)

1. März
In dieser Nacht ist der Vertrag zwischen der Tri-Ergon AG, Zürich, und Mr. William Fox, New York, zustande gekommen. Mr. Fox erwirbt für die Dauer der Patente die sämtlichen Rechte des Tri-Ergon-Verfahrens für die Vereinigten Staaten von Nordamerika, trägt die Patentkosten und entrichtet bei Unterschrift des Vertrages a conto der zu zahlenden Lizenzen den Betrag von 50.000 Dollar. Mr. Fox verpflichtet sich fernerhin, eine Tri-Ergon Ltd.-New York zu gründen, in welche die erworbenen Rechte mit 50% eingebracht werden, während die anderen 50% von amerikanischer Seite bar zu zahlen sind. Das Gründungskapital dieser Gesellschaft soll 2 Millionen Dollar betragen.

Deutschland hat seinen Weltanspruch auf den Tonfilm damit endgültig verloren. Wie sagte der ausländische Herr im Mozartsaal? – »Die Sache hat geklappt, – der deutsche Tonfilm ist erledigt!!«

Guido Bagier

1932/33. Tout pour l'amour.
REG Joe May, Henri-Georges Clouzot. AUT Irma von Cube, Ernst Marischka, Rudolf Bernauer. DIA Louis Verneuil, Henri-Georges Clouzot. KAM Otto Kanturek, Bruno Timm. BAU Werner Schlichting. MUS Bronislaw Kaper, Walter Jurmann. ML Willy Schmidt-Gentner. LT Henri-Georges Clouzot, Charles L. Pothier.
DAR Jan Kiepura (Ricardo Gatti), Claudie Clèves (Lixie), Charles Dechamps (le baron Kleeberg), Lucien Baroux (Charlie), Betty Daussmond (la tante), Pierre Magnier (le père), Charles Fallot (le maître d'hôtel), Jean Martinelli (Théo), Colette Darfeuil (une dame à Montbijou).
PRO Cine-Allianz Tonfilm GmbH, Berlin; für Ufa.
LNG 93 min. URA 15.9.1933, Paris (Aubert-Palace).
– AT: Une chancon pour toi. – Englische Version 1934: My Song for You.
Lixie merkt rechtzeitig, daß ihr Freund Theo nur karrieresüchtig ist, der Star-Tenor Gatti sie hingegen wirklich liebt. Bevor sie sich diesem endgültig hingibt, muß Theo noch hereingelegt und Baron Kleeberg zum Schein verlobt werden.

1933. Kind, ich freu' mich auf Dein Kommen.
REG Kurt Gerron, Erich von Neusser. RAS Kurt Hoffmann. AUT Franz Arnold, Max Jungk, Heinz Gordon. KAM Günther Rittau, Otto Baecker. BAU Erich Kettelhut, Max Mellin. TON Walter Rühland. MUS Hans-Otto Borgmann, Bronislaw Kaper, Walter Jurmann. LT Fritz Rotter. MT ›Der Matrose hat das größte Herz der Welt‹, ›Kind, ich freu' mich auf Dein Kommen‹.
DAR Magda Schneider (Lili Schrader), Wolf Albach-Retty (Herbert), Ida Wüst (Witwe Rohleder), Julius Falkenstein (Portier), Otto Wallburg (Konsul), Paul Otto (Geheimrat), Lissy Arna (Fotografin Lu Thiemann), Grethe Weiser (Zofe Marie), Gerhard Dammann, Ludwig H. Förster, Fred (Selva-) Goebel, Erwin Hartung, Elfriede Jerra, Karl John, Michael von Newlinski, Warwick Ward.
PRO Ufa. Herstellungsgruppe: Günther Stapenhorst.
HEL Günther Stapenhorst. PRL Erich von Neusser.
DRZ 15.3. - April 1933. DRO Ufa-Atelier Neubabelsberg; AA Lugano. LNG 2144 m, 78 min. ZEN 7.6.1933, Jv. URA 26.6.1933, Berlin (U.T. Kurfürstendamm).
– AT: Amor an der Leine.

Der verloren gegangene weiße Drahthaarterrier Storch wird dank eines deutlich beschrifteten Halsbandes zu seinem Frauchen zurückgebracht. Finder und Besitzerin verlieben sich ineinander, was solange gut geht, bis der erneut verschwundene Hund sich seines Halsbandes entledigt und von einem neuen Frauchen anders beschriftet wird.

1933. Saison in Kairo.
REG Reinhold Schünzel. AUT Walter Reisch. KAM Carl Hoffmann. BAU Robert Herlth, Walter Röhrig. SCH Eduard von Borsody. TON Fritz Thiery. MUS Werner Richard Heymann. MT ›Saison in Kairo‹, ›Mir ist so, ich weiß nicht wie, ich könnt' mich heut' verlieben‹.
DAR Renate Müller (Stefanie von Weidling-Weidling), Willy Fritsch (Tobby Blackwell), Leopoldine Konstantin (Ellionor Blackwell), Gustav Waldau (Leopold Graf von Weidling-Weidling), Anton Pointner (Giacomo Ottaviani), Jakob Tiedtke (Exzellenz Ismael Pascha), Angelo Ferrari, Kurt Hagen, Erik Ode (Gigolos), Briggmann.
PRO Ufa. Herstellungsgruppe: Günther Stapenhorst.
PRL Günther Stapenhorst. DRZ Januar - Mai 1933. DRO Ufa-Atelier Neubabelsberg; AA Kairo. LNG 2176 m, 80 min. ZEN 13.6.1933, Jv. URA 1.8.1933, Berlin (Gloria-Palast).
Französische Version:

Schimmerndes Schwarz und leuchtendes Weiß

Betty Amann in Joe Mays »Asphalt«

Im Dschungel der Großstadt: Der Schutzmann (Gustav Fröhlich) und die Brillantenelse (Betty Amann)

Alles ist Illusion. Vor allem, daß Gute gut und Böse bös seien. Alles ist eine Frage des Lichts. Im Negativ ist das Schwarze weiß und das Weiße schwarz.

Das erste Bild zeigt Arbeiter, die eine Straße asphaltieren. Wuchtig und schwer fallen ihre Werkzeuge in suggestivem Rhythmus. Und über das Bild legen sich schimmernd die Buchstaben des Titels, aus Asphalt geboren, schimmernd und silbrigweiß vor teerschwarzem Hintergrund: Straßen, Großstadt, Berlin.

Wie beiläufig verwandelt sich der Realismus der Szenerie in eine inszenierte Imagination, Berlin ist Fassade, Berlin ist Illusion. Und was ist wahrer als eine Illusion, die sich als Melodram geriert?

ASPHALT ist ein Ufa-Melodram à la américain. Ein Schutzpolizist verfällt einer Juwelendiebin. Das Gesetz wird düpiert, die Uniform zum Kostüm degradiert. Es triumphiert die Verführung der Großstadt, chaotische Emotion. Das Boudoir reizt mehr als die Hinterhofwohnung, in deren Küche ein Kanari im Käfig pfeift. Das Happy-end, die Läuterung der schönen Frau und die Einsicht des Schupo, daß Recht und Ordnung der Asphalt des Lebens sind, bleibt ein Versprechen. Vor den Fenstern der Wache braust der Verkehr...

Angefangen hat die Geschichte des Films in Amerika: Während eines Empfangs für die Ozeanflieger von Hünefeld, Köhl und Fitzmaurice entdecken der Produzent Erich Pommer und der Regisseur Joe May die junge Schauspielerin Bee Amann. Pommer überredet ihren Vater zuzustimmen, daß seine Tochter in Deutschland die Hauptrolle in einem Ufa-Film übernimmt. »So kam ich zu meinem Beruf. Und ich habe einsehen gelernt, daß Beruf und Sehnsucht irgendwie unsichtbar miteinander verbunden sind.« Pommer und May wollen einen Star aus ihrer Entdeckung machen. Sie geben ihr den Künstlernamen Betty; das amerikanische Bee gehört zu einer anderen Karriere, und der Taufname Philippine in eine andere Welt. Betty Amann wird durch ihre Rolle als verführerische Gangsterbraut zum Ufa-Star. Große dunkle Augen, geschmeidige Bewegungen und eine überraschende erotische Präsenz. Betty Amann verkörpert New York und Paris und Berlin. Sie fasziniert, weil sie frontal spielt, aus der Bildmitte heraus. Sie sucht Augenkontakt, hypnotisiert mit einem Wimpernaufschlag. Ihr Spiel ist körpernah, zum Greifen. Ihr gestisches Arrangement explodiert im Zentrum des Bildes. Aus schleichenden Bewegungen schnellt sie vor. Ihre Aktion spielt sie vor der Kamera, in die sie wie in einen Spiegel blickt. In einer Szene springt sie Gustav Fröhlich, der den Schupo spielt, katzengleich an, umklammert ihn mit Armen und Beinen; so fiebrig-nervös und packend, daß die Kamera für einen Moment erschrocken zurückzutaumeln scheint. Sie weiß, wen sie will und wen sie braucht. Film ist Beruf und Sehnsucht. 1930, in Carl Froelichs Kriminalgeschichte HANS IN ALLEN GASSEN, ist Hans Albers ihr Opfer, den sie – ihm über ein Bett entgegenspringend – in ihre Arme zieht. Und in SCHLEPPZUG M 17, 1932 gedreht und ihre letzte deutschsprachige Produktion, ist Heinrich George als berliner Binnenschiffer ihr Opfer. Auch er kann sich ihrem Klammergriff nicht entziehen; auf beiden Armen trägt er sie durch die regnerische Nacht. Die große Freiheit ist ein Sündenfall. Nur ein gestischer Kunstgriff charakterisiert Betty Amann als Star.

Joe May gibt ihr in ASPHALT eine mondäne Folie. Ihr körperbetontes Kostüm ist schneeweiß, und die Daunendecke, unter der sie kokett sich vor den Blicken des verwirrten Schupos verbirgt, ist so weiß wie ihre Gedanken in dieser Rolle schwarz sein sollen – man muß ihr nur in die Augen sehen. Hell und dunkel verfließen, verschwimmen in der Kontur. Und die Konnotation von Gut und Böse ist nicht mehr eindeutig. In der Schlußsequenz, als sie geständig den Mordverdacht vom Polizisten nimmt, trägt sie ein schwarzes Kostüm, und ihre Hände verbirgt sie verlegen in den Ärmeln. Unter dem Kapotthut konzentriert sich das Licht auf ihrem weißen Gesicht, in dem eine andere Geschichte zu sehen ist als die, die sie spielt. Der Ufa-Star wehrt die kleinmütige Läuterung ab – als falsches Leben. Das Melodram fordert Verlust: von ihrem Rollentypus emanzipiert, spielt sie den – beiläufig und verknappt – in SCHLEPPZUG M 17; eine Zigarette zwischen den grell geschminkten Lippen, ein Handstrich über das schwarze Leder des Mantels und ein schneller Schluck Kaffee. Mehr kann man von einer Nacht nicht erzählen.

Zwischen ASPHALT und SCHLEPPZUG M 17 spielt die Karriere Betty Amanns. Ein Intermezzo in schimmerndem Schwarz und gleißendem Weiß, zwischen Positiv und Negativ. Für kurze Zeit hat die Ufa einen Star. 1933 emigriert Betty Amann – wie auch ihre Entdecker Erich Pommer und Joe May – in die USA. Die Ufa verliert eine »Schwester« Pola Negris.

Wolfgang Jacobsen

Erich Kettelhut: Bauten für Joe Mays »Asphalt«

Beim Lesen des Drehbuchs fragte ich mich, ob es möglich sein würde, in Berlin eine Straße zu finden, in der es gestattet wäre, bei vollem Verkehr Tag und Nacht zu drehen und dazu alle im Drehbuch gewünschten Bedingungen zu bauen. Ich spach Joe May daraufhin an. »Komm mit«, war seine Antwort, »ich zeige dir die Straße«. Er führte mich in die große Mittelhalle in Staaken: »Wenn wir die sechs großen Tore, welche die drei Hallen von außen und voneinander trennen, öffnen, haben wir eine breite und lange Fläche. Auf dieser sollst du die Straße bauen, wie sie das Drehbuch verlangt.« Ich muß ihn wohl recht ungläubig angesehen haben, denn er lachte laut auf: »Es ist alles mit Hugo Correll und Erich Pommer, den Produzenten, besprochen. Anfang nächster Woche müssen die Ateliers geräumt sein, dann mußt du gleich anfangen.« (...)

Wenn ein fließender Verkehrsstrom in beiden Fahrtrichtungen erfolgen sollte, so überlegte ich, müßten ein rechtsseitiger und ein linksseitiger Kreisverkehr geschaffen werden, also durch die drei Hallen, dann rechts außerhalb zurück und das Gleiche auf der linken Seite. Dazu wäre vor der Südhalle eine ungepflasterte Fläche von ca. 80×10 Metern zu zementieren und zu asphaltieren. Der mit Holz belegte Zementboden der Hallen hatte häufig größere Lasten als die eines vollbesetzten Autobusses getragen, hier brauchte ich nichts zu befürchten. Die 15 Meter breite Fahrstraße brauchte daher nur mit Dachpappe ausgelegt und mit einer vier Zentimeter starken Asphaltschicht bedeckt zu werden, um allen Ansprüchen zu genügen. Über das allgemeine Straßenbild und den Charakter der einzelnen Fassaden hatte ich nur bei einigen bereits feste Vorstellungen, als mir durch ein Ferngespräch vom Sekretariat Pommer mitgeteilt wurde, in spätestens zwei Stunden würde ein Bote eine Skizze der Straße in Totalansicht abholen, die am nächsten Morgen in mehreren Tageszeitungen zu einem von der Pressestelle herausgegebenen Artikel erscheinen sollte. (...)

In der Hauptverkehrsstraße einer großen Stadt reihen sich nun mal Schaufenster an Schaufenster, unterbrochen von den Ladeneingängen, von Schaukästen und Hauseingängen. Berge von Requisiten aller Art würden notwendig sein, um die Schaukästen und Fenster zu dekorieren. Unsere Dekorateure hatten bereits genug zu tun. Sie kletterten, manchmal recht waghalsig, in den Konstruktionen auf den Rückseiten der Fassaden herum und brachten die Stores und Tüllgardinen an den vielen Fenstern an. Woher sollte ich genug geschultes Personal bekommen, das ein unterschiedliches, vielseitiges Warenangebot nach dem neuesten Stand der Mode dekorieren konnte, dabei auch über die dazu notwendigen Hilfsmittel wie Schaufensterpuppen, Etageren und dergleichen verfügten? Auch die Maler und Elektriker wären überfordert, würden sie die gesamte Schilder- und Lichtreklame anfertigen. Ebenso unmöglich war es uns Architekten, neben unserer anderen Arbeit alle diese Schilder, womöglich in natürlicher Größe, aufzuzeichnen. Hier mußte ich einen Ausweg finden.

Ich setzte mich mit der Presseabteilung der Ufa in Verbindung. Diese zeigte sich sogleich sehr interessiert, nachdem ich die enorme Kostenersparnis und die gleichzeitige Reklamewirkung geschildert hatte, wenn es gelänge, renommierte Firmen zu bewegen, in unserer Straße einen Laden auszustatten und die Lichtreklame anbringen zu lassen. Die nach ihren Wünschen ausgebauten verglasten Schaufenster und Schaukästen würden wir stellen. Auch Erich Pommer fand die Idee ausgezeichnet. Und die Firmen, selbst solche, die unsererseits gar nicht angesprochen worden waren, gingen sofort auf unseren Vorschlag ein. Die Straße hätte gut die dreifache Länge der vorgesehenen 230 Meter haben können, um alle Firmen, die sich meldeten, unterzubringen. (...)

Mit der Lieferung der Schaufensterscheiben klappte es weniger gut. Nach einer scharfen Auseinandersetzung mit der betreffenden Firma (...) konnten die Glasscheiben plötzlich überraschend schnell herbeigeschafft werden. Dabei wurden bei weitem nicht alle Scheiben verglast. Die Wohungsfenster der oberen Etagen schon gar nicht, von den Fenstern im Parterre nur die, an denen die Kamera nahe vorbeikam oder die Auslagen hinter den Scheiben fotografierte. Hätte man, zum Beispiel, die grossen Fenster im Erdgeschoß und in der ersten Etage der 50 Meter langen Warenhausfront, die allerdings von einer Durchfahrt von 15 Meter Breite und sieben Meter Höhe in der Mitte durchbrochen wurde, verglast, dann hätten sich darin ein großer Teil der Scheinwerfer, sogar eine Anzahl der über die ganze Straße in gleichmäßigen Abständen hängenden Oberlichter gespiegelt. Anstelle von Glas vermittelte ganz dünner, blaugrau gefärbter Tüll die Illusion von Glasscheiben, besonders wenn die ausgestellten Figuren, Stoffe oder Möbel, in jedem Fenster für sich geschickt beleuchtet wurden. Der Stromverbrauch für diese Riesendekoration war horrend, das Aufgebot an Beleuchtern und Elektrikern einmalig. Wenn Oberbeleuchter Biermann vor Drehbeginn zum Einschalten pfiff, mußten in den anderen Hallen, Garderoben, Werkstätten und Büros die Lichter gelöscht und die Maschinen stillgelegt werden.

1933. Idylle au Caire.
REG Reinhold Schünzel, Claude Heymann. AUT Walter Reisch. AD, DIA Jacques Bousquet. KAM Carl Hoffmann. BAU Robert Herlth, Walter Röhrig. TON Fritz Thiery. MUS Werner Richard Heymann. LT Jacques Bousquet. DAR Renate Müller (Stephy), Georges Rigaud (Tobby Blackwell), Ellionor Spinelly (Mabel Blackwell), Henry Roussell (Léopold, comte de Weidling-Weidling), Youca Troubetzkoy (Périclès Pietro Cochino), Jakob Tiedtke (Ismael Pacha), Théo Tony (le directeur de l'hôtel), Robert Negrel (le speaker), Angelo Ferrari, Etienne Denois (les gigolos), Roger Karl, Paule Andral.
PRO Ufa / ACE. PRL Günther Stapenhorst. DRZ Januar - Mai 1933. DRO Ufa-Atelier Neubabelsberg. AA Kairo. LNG 80 min. URA 30.6.1933, Paris (Marignan).
Während eines Ägypten-Urlaubs möchte der Kaufhaus-Unternehmer Blackwell seine lebenslustige Mutter mit dem nicht minder leichtlebigen Grafen Weidling-Weidling verheiraten. Dessen Tochter Stefanie unterstützt diesen Plan. Der alte Graf kommt ihnen allerdings zuvor und verkündet seinerseits die Verlobung des jungen Paars. Stefanie willigt freudig ein, Tobby zunächst nur aus geschäftlichen Rücksichten.

1933. Liebe muß verstanden sein.
REG Hans Steinhoff. AUT Herbert Juttke. KAM Konstantin Tschet, Otto Baecker. BAU Benno von Arent. TON Erich Leistner. MUS, LT Willi Kollo. ARR Walter Schütze. MT ›Gibt's im Radio Tanzmusik‹.
DAR Rose Barsony (Margit Radday, Stenotypistin), Georg Alexander (Peter Lambach, Ingenieur), Wolf Albach-Retty (Bobby Barndt), Max Gülstorff (Bruno Plaumann, Margits Chef), Käte Haack (Lisa, seine Frau), Hilde Hildebrand (Ellen Parker), Oscar Sabo (Oskar Nickel, Lambachs Faktotum), Oskar Sima (Kriminalbeamter), Theo Lingen (Hotel-Emil), Hansi Arnstaedt, Ernst Behmer, Rudolf Biebrach, Gerhard Dammann, Änne Goerling, Harry Halm, Anna Müller-Lincke, Paul Rehkopf, Walter Steinbeck.
PRO Ufa. Herstellungsgruppe: Karl Ritter. HEL Karl Ritter. DRZ ca. 15.4. - 15.5.1933. DRO Ufa-Atelier Neubabelsberg. LNG 2372 m, 87 min. ZEN 26.6.1933, Jv. URA 4.8.1933, Berlin (U.T. Kurfürstendamm).
Die Stenotypistin Margit gerät bei ihrem Chef unter falschen Verdacht. Sie hat anvertrautes Geld einfach im Winde verloren, was er ihr so lange nicht glaubt, bis ihr Liebhaber alles plausibel aufklärt.

1933. Der Stern von Valencia.
REG Alfred Zeisler. AUT Fritz Zeckendorf, Axel Rudolf; nach einer Idee von Rudolf Katscher und Egon Eis. KAM Werner Brandes, Karl Puth. BAU Otto Hunte. SCH Wolfgang Becker. TON Ludwig Ruhe. MUS, LT Richard Strauch. ML Hans-Otto Borgmann. MT ›Ein Lächeln von Dir hat viele betört‹, ›Man soll den Frauen nicht so tief in ihre schönen Augen schauen‹.
DAR Liane Haid (Marion), Paul Westermeier (Sergeant Savedra), Ossi Oswalda (Rita), Hans Deppe (Sergeant José), Fritz Odemar (Rustan), Oskar Sima (Patesco), Peter Erkelenz (Kapitän Mendozza), Eduard Wesener (Leutnant Diaz), Friedrich Gnaß (Diego), Willi Schur (Beppo), Hertha Ruß (Elinor).
PRO Ufa. Herstellungsgruppe: Alfred Zeisler. HEL Alfred Zeisler. AUL Günther Grau. DRZ Februar - März 1933. DRO Ufa-Atelier Neubabelsberg; AA Mallorca. LNG 2450 m, 90 min. ZEN 29.6.1933, Jv. URA 5.7.1933, Berlin (Ufa-Palast am Zoo).
Französische Version:

1933. L'Etoile de Valencia.
REG Serge de Poligny. AUT Fritz Zeckendorf, Axel Rudolf; nach einer Idee von Rudolf Katscher und Egon Eis. DIA Jean Galtier-Boissière. KAM Werner Brandes, Karl Puth. BAU Otto Hunte. MUS Richard Strauch, Hans-Otto Borgmann. LT Paul Colline.
DAR Brigitte Helm (Marion), Jean Gabin (Pedro Savedra), Simone Simon (Rita), Thomy Bourdelle (le capitaine Mendoza), Lucien Dayle (Palesco), Paul Amiot (Rustan), Pierre Labry (José), Roger Karl (le commissaire), Christian Casadesus (le lieutenant Diaz), Pierre Sergeol (Beppo), Paule Andral (Ellionor), José Alex (Diego), Paul Azaïs, Ginette Leclerc, Marcelle Irvin, Françoise Courvoisier (les girls).
PRO Ufa / ACE. PRL Alfred Zeisler. DRZ Februar - März 1933. DRO Ufa-Atelier Neubabelsberg; AA Mallorca. LNG 88 min. URA 23.6.1933, Paris (Marignan).
Im Hafen von Valencia liegt der Luxusdampfer ›Stern von Valencia‹. Im Milieu wird mit Mädchen gehandelt, im Varieté singt Marion. Zu sehen sind sensationelle Verfolgungsjagden in exotischer Kulisse, die Skrupellosigkeit der Mädchenhändler und die mühsame Arbeit der Polizei.

Arnold Fanck – Avantgardist

»Der heilige Berg«

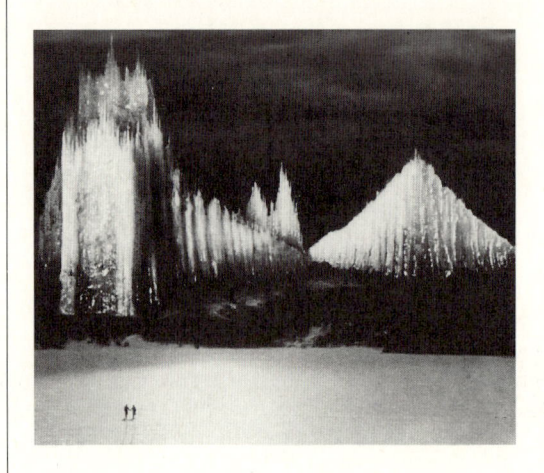

»Fanck, alles andere als ein Dokumentarfilmer, allenfalls ein Dokumentar-Spielfilmer wie Robert Faherty, hat wiederholt mit Bauten – der Eisdom in DER HEILIGE BERG! -, Tricktechnik und Studioaufnahmen gearbeitet. Dem deutschen Kino, zur Zeit des Expressionismus (von Ausnahmen abgesehen) ein reiner Studiofilm, hat er neues Licht und eine neue Sehweise gebracht. In seiner Natur-Choreografie ist der sinfonische Film vorweggenommen, in seinem dokumentarischen Objektivismus aus flirrendem Sonnenlicht, Fotorealismus und ungeschmiktem Laienspiel das Kino der Neuen Sachlichkeit.«
(Thomas Brandlmeier, 1985)

In Arnold Fancks Arbeit im Spielfilm lassen sich bis 1933 zwei Erzählmuster als Bezugspunkte feststellen – ein dramatisches Muster: DER BERG DES SCHICKSALS (1924), DER HEILIGE BERG (1926), DIE WEISSE HÖLLE VOM PIZ PALÜ (1929), STÜRME ÜBER DEM MONTBLANC (1930), SOS EISBERG (1933) **und ein komödiantisches Schema:** DER GROSSE SPRUNG (1927), DER WEISSE RAUSCH (1931). **In beiden Fällen ist die Handlung jedoch auf das Wesentliche reduziert, wird der ›Roman‹ elementaren Situationen anvertraut; breite Abschnitte sind der Beschreibung einer Unternehmung (Bergbesteigung, Rettungsexpedition) oder einem Wettkampf gewidmet (Skirennen, Fuchsjagd im Schnee).**

Im zweiten Muster entwickelt sich die Geschichte nach einer heiteren Fabel. Die Erzählung handelt von einem Städter, der sich zum erstenmal dem Schnee, Skiern und den Bergen ausgesetzt sieht. Doch das erste Muster ist entschieden das stärkere und dasjenige, wodurch sich im Wesen der Fancksche Film auszeichnet. Hier nimmt das Geschehen seinen Ausgang aus einer Situation des vollkommenen Einvernehmens, der Symbiose zwischen Mann und Natur. Das Auftauchen einer neuen Person (immer eine weibliche) zerstört daraufhin diese Harmonie. Als Folge dieses Bruchs verändern sich die Beziehungen zwischen den Protagonisten, kommen Mechanismen von Rivalität, von Eifersucht zum Ausbruch; löst sich das ehrfurchtsvolle Band auf, das die Menschen mit den Bergen verknüpfte. Der Aufstieg gerät von der Initiationsstrecke zu einem Wettkampf, zur Vorführung von Wagemut. Die Wiederherstellung der anfänglichen Harmonie läßt sich nur durch eine Opferhandlung erreichen: die Katharsis hat als Preis die Selbstzerstörung des Mannes; es ist der Frau keinesfalls gestattet, sich in seine Welt zu begeben.

DER HEILIGE BERG ist der Film, in dem das dargelegte Schema zu seiner vollendetsten und zugleich ausgeprägtesten Umsetzung kommt. Doch handelt es sich dabei um ein Muster, das natürlich eine innere Dynamik kennt. DER BERG DES SCHICKSALS geht beispielsweise vielmehr von einem Verbot aus, das den Mann gegenüber der Natur hemmt – und die Frau scheint geradezu eine positive Rolle zu haben. Das Schema entwickelt sich dann rasch zu einer ›schnulzigeren‹ Konzeption fort. Es wird noch weiter verwässert, bis es schließlich in SOS EISBERG seine ursprünglichen Züge verliert.

Die betreffenden Themen und Abenteuer entstammen zweifellos der Richtung der neuromantischen Literatur oder, allgemein, dem der völkischen Kultur: der Gegensatz von Großstadt und Bergwelt; die

„Der Heilige Berg"

enge Verbindung von Mensch und Natur als Garant für Identität; die Bedrohung durch die Gegenwart einer fremdartigen Person – alles fügt sich perfekt in dieses Bild. Die Filme von Fanck sind deutlich von solchen Aspekten geprägt (die übrigens genau von den zeitgenössischen Kommentatoren kritisiert werden; mit der bedeutenden Ausnahme von Balázs, der die Glaubwürdigkeit der Geschichten und Figuren verteidigt und die Notwendigkeit geltend macht, die Darstellung des Pathos nicht denen zu überlassen, die »es tatsächlich als Ablenkung und Opium verwenden«, also den Rechten: eine sehr interessante Frage, über die nachzudenken auch heute noch vonnöten wäre); sie bewegen sich aber noch in andere, sehr unterschiedliche Richtungen. Der Regisseur dreht in den Alpen, führt seine Truppe über Gletscher und plaziert sie geradewegs auf einem Eisberg. So wird man vor allem vom Eindringen der Kamera in den Raum, ins Licht der natürlichen Umgebungen ergriffen (und das in Jahren, in denen die deutschen Filme im wesentlichen Studiofilme sind). Doch all dies bedeutet weitaus mehr als eine einfache Opposition zwischen dem geschlossenen Raum der Studios und dem offenen im Freien, reicht weit über eine traditionelle Opposition von Spielfilm und Dokumentarfilm hinaus. Relevant sind vor allem die Techniken und die Verfahren, die Fanck für die Entwicklung seiner Geschichten in natürlichen Umgebungen und Räumen findet.

Einerseits arbeitet er eine Art metaphorischer Sprache heraus, oder besser eine, die auf dem Prinzip der Ähnlichkeit beruht, und die es ihm erlaubt, dramatische Situationen der Natur analogen thematischen Situationen der Handlung anzunähern: Wenn sich bedrohliche schwarze Schatten über den Bergen ausbreiten, läßt das den Ausbruch einer Tragödie vorahnen (DIE WEISSE HÖLLE VOM PIZ PALÜ); ein von dunklen Wolken überzogener Himmel besiegelt den Tod des Vaters der Protagonistin in stürmischem Tempo (Fanck gebraucht sehr oft die Technik des Zeitraffers: die Wolken verformen, verlagern und lösen sich rapide auf); die ungestüme Heftigkeit des Kampfes zwischen den beiden Mitgliedern der Expedition in SOS EISBERG spiegelt sich in den Bildern riesiger Eisblöcke, die vom Polargletscher ins Meer herabstürzen. So dringt er bis zur Formulierung einer Art Montage der Attraktionen vor: dahin gelangt im Grunde bereits das letzte zitierte Beispiel. Das ist es auch, was vor allem in DER HEILIGE BERG vor sich geht: Als der Protagonist seinen besten Freund in einer Umarmung mit der Frau, die er liebt, sieht, folgen auf eine Großaufnahme seines verzweifelten Gesichtsausdrucks (extradiegetische) Bilder eines Berges, der einstürzt...

Doch da ist noch etwas. Das Verlassen des Ateliers und das Aufstellen der Kamera im Freien ziehen einen Prozeß der Ausweitung des filmbaren Raumes nach sich und eine Vergrößerung des Sets mit Implikationen auf verschiedenen Ebenen. Sie werfen sehr umfassende technische Probleme auf (Lichtführung, Auswahl der Objektive, etc.), so daß sich aus dieser Herausforderung eine Gruppe der besten Kameraleute des deutschen Films in den 20er und 30er Jahren bildet. Außerdem erfordern sie neue Kriterien für die Komposition und die Organisation der Bilder. Dadurch stellt sich dem Regisseur das Problem: Wie soll man die Entwicklung der Personen mit einem solchen enormen neuen Set begleiten? Und wie soll man das Bild einer solchen Umwelt konstruieren? Wie soll man der Sprache der Natur Ausdruck verleihen, nachdem sie alles zugleich auszusprechen scheint – in Rhythmen, die entweder zu langsam oder zu schnell sind?

Die neue Situation regt den Autor dazu an, Perspektiven und Bildausschnitte zu suchen, die die Natürlichkeit und das Immergleiche der Landschaft verändern können. Der Regisseur widmet sich der Erforschung

1933. Wie werde ich energisch?
REG, AUT Philipp Lothar Mayring. KAM Günther Rittau, Otto Seidel. TON Fritz Seidel. MUS Edmund Nick.
DAR Max Adalbert (Schriftsteller Ulfilas Löwe), Hans Leibelt, Theo Lingen (Herr Knöllchen), Wolfgang von Schwind, Jakob Tiedtke (Gerichtsvollzieher), Franz Bötticher.
PRO Ufa. PRL Peter Paul Brauer. DRZ Juni 1933. DRO Ufa-Atelier Neubabelsberg. LNG 633 m, 23 min. ZEN 25.7.1933, Jf.
– Kurzspielfilm.

1933. Die verlorene Melodie.
REG Walter Brügmann. AUT Hans Reimann. KAM Günther Rittau, Otto Baecker. BAU Erich Czerwonski. TON Fritz Seidel. MUS Edmund Nick.
DAR Alexa von Porembski (Babette Gebhardt), Hans Brausewetter (Robert Neufeld), Fritz Kampers (Karl Gebhardt), Hans Junkermann (der Fremde).
PRO Ufa. PRL Peter Paul Brauer. DRZ Mai 1933. DRO Ufa-Atelier Neubabelsberg. LNG 678 m, 25 min. ZEN 26.7.1933, B.34198, Jf.
– Kurzspielfilm.

1933. Alles für Anita.
REG Hasso Preis. AUT Gerhard Born, Leopold Müller; nach einer Idee von Curt J. Braun. BAU Erich Czerwonski. MUS Hans-Otto Borgmann. MT ›Der Mensch braucht einen Wagen‹.
DAR Hans Brausewetter (schüchterner Verehrer), Anton Pointner (Mann mit den 100 PS), Erika Fiedler (Mädchen), Gustav Püttjer, Karl Harbacher, Werner Stock, Gisela Becker.
PRO Ufa. PRL Peter Paul Brauer. DRO Ufa-Atelier Neubabelsberg. LNG 861 m, 31 min. ZEN 19.8.1933, B.34337, Jv.
– Kurzspielfilm.

1933. Walzerkrieg.
REG Ludwig Berger. AUT Hans Müller, Robert Liebmann. KAM Carl Hoffmann. BAU Robert Herlth, Walter Röhrig. KOS René Hubert. SCH Willy Zeyn. TON Fritz Thiery. MUS, ML Alois Melichar; nach Motiven von Johann Strauß, Josef Lanner. Lied: Franz Grothe, Alois Melichar. LT Hanns Dekner. MT ›An der Donau, wenn der Wein blüht‹.
DAR Renate Müller (Kati Lanner), Willy Fritsch (Gustl), Paul Hörbiger (Josef Lanner), Adolf Wohlbrück (Johann Strauß der Ältere), Rose Barsony (Tänzerin Ilonka), Trude Brionne (Susi), Theo Lingen (königlicher Hofballdirektor Sir Philips), Karl Stepanek (Kellner Leopold), Heinz von Cleve (Prinz Albert von Coburg), Hanna Waag (Königin Victoria), Hugo Flink (Gastwirt), Hans Adolfi (Richter).
PRO Ufa. Herstellungsgruppe: Günther Stapenhorst. HEL Günther Stapenhorst. ASS Eduard Kubat. AUL Otto Lehmann. DRZ 6.6. - Anfang August 1933. DRO Ufa-Atelier Neubabelsberg; AA Freigelände Neubabelsberg. LNG 2555 m, 93 min. ZEN 4.9.1933, Jf. URA 4.10.1933, Berlin (Ufa-Palast am Zoo).
– Prädikat: Künstlerisch.
Französische Version:

1933. La guerre des valses.
REG Ludwig Berger, Raoul Ploquin. AUT Hans Müller, Robert Liebmann. DIA Jacques Bousquet. KAM Carl Hoffmann. BAU Robert Herlth, Walter Röhrig. KOS René Hubert. TON Fritz Thiery. MUS, ML Alois Melichar; nach Motiven von Johann Strauß, Josef Lanner. Lied: Franz Grothe, Alois Melichar.
DAR Janine Crispin (Katie), Fernand Gravey (Franz), Fernand Charpin (Josef Lanner), Pierre Mingand (Johann Strauß), Arletty (la chocolatière), Maximilienne (une dame d'honneur), Paul Ollivier (chambellan), Eric Roiné (Léopold), Madeleine Ozeray (reine Victoria), Armand Dranem (juge), Françoise Rozet, Nane Germon, Jane Marken, Willy Rozier.
PRO Ufa. Herstellungsgruppe: Günther Stapenhorst / ACE. PRL Günther Stapenhorst. DRZ 6.6. - Anfang August 1933. DRO Ufa-Atelier Neubabelsberg. LNG 85 min.
URA 15.12.1933, Paris (Aubert-Palace).
Nach einem heftigen Streit spielen die Walzerkönige Josef Lanner und Johann Strauß nicht mehr mit-, sondern gegeneinander. Ihr Musikkrieg zieht Kreise bis an den englischen Hof.

ornamentaler Effekte und bildlicher Verweise (der weniger originäre Teil seiner Arbeit). Interessanter dagegen ist seine – sogar virtuose – Suche nach ungewöhnlichen Kameraeinstellungen, nach bizarren, überraschenden Aufnahmewinkeln. Das Verfahren entspricht in einigen Fällen genauen diegetischen Anforderungen (wenn die Geschwindigkeit einer Verfolgung wiedergegeben werden soll oder die Schwierigkeit eines Sprunges), aber sie kann auch unabhängig von solchen Notwendigkeiten auftreten: Wir sehen Skiläufer, die durch die Beine anderer Skiläufer fotografiert sind; Aufnahmen in ›Skihöhe‹; Bilder, die unter einem Trampolin oder aus einer Gletscherspalte heraus gefilmt sind; wir erleben eine Kamera, die zwischen den Kufen eines Wasserflugzeuges befestigt ist.

In den Bereich derselben Strategie gehört der Gebrauch der subjektiven Kamera, die mit großer Häufigkeit und Fertigkeit (auch dank der Erfindungen besonders des Kameramannes Richard Angst) immer da eingesetzt wird, wo es darum geht, besondere Merkmale von Geschwindigkeit, von emotionaler Intensivierung und Dynamisierung der Erfahrung zu unterstreichen.

Auf anderer Ebene gelten Fancks Anstrengungen der Verknüpfung, der erzählerischen Äußerung der einzelnen Einstellungen. Zuweilen läßt der Regisseur die Kontinuität der Natur zum Ausdruck kommen, gibt er sich der ›Dauer‹ anheim. Aber häufiger folgt er anderen Prinzipien. Der Regisseur bricht die Kontinuität der Umwelt auf, den Fluß der Bewegungsabläufe der Personen (z.B. bei den Rennen, oder in Momenten, in denen der Akzent mehr auf der melodramatischen Spannung liegt); er zerlegt eine Sequenz in eine große Anzahl von Einstellungen und organisiert ihre Neukomposition nach einem eigentümlichen Rhythmus, der den Anforderungen eines symbolischen Diskurses oder denen der erzählerischen Spannung unterliegt (wobei er zu bedeutenden Momenten von Übereinstimmung mit der musikalischen Partitur vorstößt, die für STÜRME ÜBER DEM MONTBLANC, DER WEISSE RAUSCH, SOS EISBERG von Paul Dessau komponiert wird).

In einem solchen Prozeß (in dem der Montage eine ganz wesentliche Rolle zukommt; der aber auch schon – wie das Drehbuch zu DAS WEISSE STADION beweist – in Phasen der Planung vorweggenommen ist) gewinnt die Erzählung nicht selten Merkmale der Abstraktion, geht sie in den reinen Rhythmus und in die reine Form über. Die von Fanck eingesetzten Techniken nähern sich schließlich denen, die – für eine völlig andere Materie – im Bereich des Avantgarde-Films entwickelt worden sind, der von den Themen und den Rhythmen der Großstadt geprägt ist (Richter, Ruttmann, Seeber). Den besten Beweis erbringt eines der Manifeste der deutschen Avantgarde der 20er Jahre: Einzelbilder aus DAS WUNDER DES SCHNEESCHUHS werden von Moholy-Nagy in sein Drehbuch »Dynamik der Großstadt« (1921-22) und zwischen die Tableaus für sein Bauhaus-Buch »Malerei Photographie Film« (1925) aufgenommen.

Die Situation mag paradox erscheinen: eine ideologisch romantisch-regressive Anlage und eine ihr zweckdienliche Materie gehen eine Verbindung mit filmsprachlichen Organisationsprinzipien ein, die sich in ganz entgegengesetzten Kontexten entwickelt haben. Und doch trifft genau dies für Fancks Filme zu. Der rhythmische Aufbau, der beinahe absolute, hinsichtlich realer Formen und Bewegungen autonome Merkmale gewinnt; der Einsatz unnatürlicher, artifizieller und dem romantischen ›Primat‹ des Menschen entgegengesetzten Blickwinkel; der Einsatz der subjektiven Kamera als Moment der Intensivierung von Erfahrung: die Vorlage für all diese Prinzipien ist zweifellos im »Kino der Großstadt« zu suchen. Es gelingt ihr, sich in die Mystik der Bergwelt und in die erhabenen Schwünge des Geistes zu integrieren.

Es handelt sich um eine paradoxe, sicher noch unerforschte Symbiose; aber sicher eine die weniger singulär ist, als es auf den ersten Blick scheinen mag. Das Problem der Beziehung zwischen regressiven Ideologien und der Moderne stellt in Wirklichkeit einen ganz zentralen und bis heute ungelösten (bis vor wenigen Jahren nicht einmal ausgesprochenen) Aspekt der deutschen Kultur in der ersten Hälfte des Jahrhunderts dar, der sowohl seine Phase größter Ausbreitung als auch schärfster Widersprüche im Dritten Reich erfährt. Ohne in den Pseudo-Historismus von Begriffen wie »pränazistisch« oder »protonazistisch« zurückfallen zu wollen, die sehr häufig auf ihn, im Zusammenhang mit thematischen oder ikonografischen Aspekten seiner Filme, angewendet werden, Begriffen, die auf kritischer Ebene nicht nur unproduktiv, sondern auf kultureller und methodologischer Ebene auch haltlos sind, so daß man sich von ihnen ein für allemal befreien sollte – stellen die Filme von Fanck doch ein wichtiges Arbeitsgebiet für solche Prozesse und ein wertvolles Feld für deren Studium dar.

Die Auszüge stammen aus dem Drehbuch zu »Die weiße Arena«, dessen erster Akt am 14. Januar 1928 von Fanck an die Dramaturgie der Ufa gesandt wird. Der Film kommt mit dem Titel DAS WEISSE STADION im März des gleichen Jahres heraus (was den Regisseur zu einer wahren Tour de Force beim Schnitt zwingt).

Der in drei Akte unterteilte Text besteht aus 341 Szenen auf insgesamt 36 Seiten.

Das Dokument, das ich in den Ufa-Akten ausfindig gemacht habe, ist insofern höchst interessant, als es erstmalig Einblick in die Arbeitsmethoden Fancks gewährt – und, etwas allgemeiner, in die Produktionsprozesse eines deutschen Dokumentarfilms der 20er Jahre.

Der Text zeigt, wie die Struktur des Films vom Regisseur schon in der Phase des Drehbuchs detailliert vorgeplant ist. Sie ist also nicht an die Improvisation und auch nicht ausschließlich an die Phase des Schnitts gebunden. (Daß solche Texte wahrscheinlich aus Gründen der Kostenplanung gefordert wurden, ändert nichts an dieser Einschätzung.) Das Drehbuch ist um so interessanter, als es sich auf einen Film bezieht, der später von Fanck als nebensächlich eingeschätzt wird (»eigentlich keine Aufgabe, die mich besonders interessierte. (...) Vor dem Abendessen war ich jeden Tag im ›Palace-Hotel‹ am Roulette. Eigentlich nur aus Langeweile, denn bei diesem Olympiafilm brauchte ich ja nicht, wie sonst fast stets, über meinem Manuskript zu sitzen und abzuändern und zu verbessern«). So wird durch ihn die Rolle eines Drehbuchs (wenn nicht gar die Existenz) radikal in Frage gestellt: »Nur ich selbst konnte diesen Film schneiden, weil dazu ja kein geschriebenes Manuskript vorliegen konnte, anhand dessen auch eine Cutterin hätte schneiden können« berichtet Fanck in seinen Memoiren.

Man sollte nie Autoren trauen, und schon gar nicht ihren Erinnerungen. Es bleibt nur das Bedauern darüber, das vorgesehene Drehbuch nicht dem Endergebnis gegenüberstellen zu können: DAS WEISSE STADION gilt nämlich bislang als verloren. Es ist nicht auszuschließen, daß die beiden Texturen radikal auseinandergehen (den diesbezüglichen Programmen und Kritiken entnimmt man bedeutende Entsprechungen, aber auch viele Änderungen). Es bleibt jedoch der Beweis für eine minutiöse Vorarbeit.

Wegen der Bauart, wegen der Lösungen, die er für die Zergliederung und Neukomposition einer sportlichen Leistung vorwegnimmt, und wegen des dargelegten Spiels mit Variationen, in dem Streben, man ahnt es, sich wiederholende wettkämpferische Gebärden zu vermeiden, liefert der Text außerdem einen unvermuteten Hinweis, läßt erahnen, wie Leni Riefenstahl, als sie sich an OLYMPIA machte, nicht wirklich bei Null anfing.

Leonardo Quaresima

Aus dem Drehbuch zu »Das weiße Stadion«

144 Schnellauf auf Schlittschuhen 500 m.
Folgende Einstellungen, die von vornherein angegeben werden können:
a) Aufblenden Langlaufschlittschuh in Startstellung.
b) Läufer am Start, beide Läufer im Bild.
stehen gespannt, laufen los, von vorn.
c) Signal zum Losgehen.
d) Aus Vogelperspektive ganze Arena, ganzen Verlauf des Rennens durchkurbeln.
e) Vom gleichen Standpunkt mit 16er Objektiv,
einzelne Läufer mitverfolgen.
f) Ein Apparat im Brennpunkt der Kurve, steht so hoch, daß Läufer nicht mehr auf Publikum überschnitten. Mit 13er Objektiv ganze Kurve mitverfolgen in groß
Das Gleiche mit 7er, das Gleiche, wenn möglich mit 18er.
g) Mitverfolgen von der Seite zwischen Läufer und Publikum (muß gestellt werden).
h) Das Gleiche von vorn.
i) Das Gleiche von hinten.
k) Überholungsszenen aus drei verschiedenen Richtungen.
l) Zielband von vorn und von der Seite.
m) Schlittschuh in Großaufnahme verfolgen.
n) Kreuzungspunkte.

Sprunglauf.
Kann fast nicht detailliert werden.

273 Totale der Sprunghügelanlage leer.
Überblenden in voll.
274 Zustrom des Publikums aus der Vogelperspektive.
275 Hinaufverfolgen der vollen Tribüne von vis à vis mit 18er Objektiv. Halten bei Läufern oben.
276 Herunterverfolgen eines Springers von oben bis unten.
277 Herunterverfolgen von Springern mehrere Male.
278 Anspringen der Springer am Start.
279 Verfolgen der Springer genau von hinten,
mit 18er Objektiv bis Sprunghügel.
280 Absprung von der Seite mit Zeitlupe.
281 Sprung über Gipfel mit Zeitlupe.
282 Zeitlupe unter dem Sprunghügel.
283 Zeitlupe unter dem Sprunghügel tief, nimmt auf senkrecht nach oben.
284 Anlauf von vorn vom Hügel aus bis zum Hügel.
(Stellen)
286 Aufsprünge von der Seite, Zeitlupe aus der Froschperspektive. Tafeln im Vordergrund angeschnitten, nur die voraussichtlich längsten Weiten.
287 Sprünge über die Zeitlupe ungefähr 30 m vom Hügel senkrecht nach oben (Stellen bei Wolkenwetter).
288 Zeitlupenaufsprünge schräg von hinten mit 7er Objektiv, etwas in der Bahn stehen.
289 Das Gleiche von vorn.
290 Abstoppen der Läufer dicht vor den Tribünen.
Verschiedene Auffassungen.
291 Publikumsaufnahmen.
292 Schiedsrichtertribüne.
293 Das Hinaufgehen der Springer mit Ski auf dem Rücken.
294 Aufspringende Skier bei den Maximal-Meter-Tafeln.
Steile des Hanges etwas übertreiben. (Stellen,
Extra-Hügel dazu bauen mit Aufsprung ins sehr Steile).
295 Durchfahren des Knicks von der Seite, Zeitlupe vom Praktikabel, damit nicht auf Wald überschnitten.
296 Die ersten drei Sieger, erst der Eine, der Zweite tritt dazu, der Dritte tritt dazu.
297 Zeitlupen-Großaufnahme, Sprung direkt auf die Skispitzen, die abbrechen.
(Stellen in dem besonderen steilen Hügel).

1933. Ein gewisser Herr Gran.
REG Gerhard Lamprecht. **RAS** Erich Holder.
AUT Philipp Lothar Mayring. **KAM** Eduard Hoesch.
BAU Hans Sohnle, Otto Erdmann. **TON** Hermann
Fritzsching. **MUS, LT** Hermann Schulenberg.
ML Hans-Otto Borgmann.
MT ›Bella Venezia‹.
DAR Hans Albers (Herr Gran), Albert Bassermann
(Kunsthändler Tschernikoff), Rose Stradner (Bianca
Tschernikoff), Walter Rilla (Maler Pietro Broccardo),
Karin Hardt (Viola Dolleen), Olga Tschechowa (Frau
Mervin), Hubert von Meyerinck (Hauptmann Gordon),
Hermann Speelmans (Nica), Hans Adalbert Schlettow
(Beppo), Hans Deppe (Rossi), Fritz Odemar (trauriger Herr),
Theodor Loos, Hansjoachim Büttner, Willi Schur, Friedrich
Ettel, Gustav Püttjer, Bruno Eichgrün, Marcel Mermino.
PRO Ufa. Herstellungsgruppe: Bruno Duday. **HEL** Bruno
Duday. **AUL** Fritz Schwarz. **DRZ** Juni - Juli 1933.
DRO Ufa-Atelier Neubabelsberg; **AA** Freigelände
Neubabelsberg, Venedig, Rom. **LNG** 2770 m, 101 min.
ZEN 28.7.1933, Jv. **URA** 15.8.1933, Berlin (Ufa-Palast
am Zoo).

Französische Version:
1933. Un certain M. Grant.
REG Gerhard Lamprecht, Roger Le Bon. **AUT** Philipp
Lothar Mayring, Fritz Zeckendorf. **DIA** Georges Neveux.
KAM Eduard Hoesch. **BAU** Hans Sohnle. **MUS** Hermann
Schulenburg, Hans-Otto Borgmann.
DAR Jean Murat (Grant), Roger Karl (Tschernikoff),
Germaine Aussey (Bianca), Olga Tschechowa (Mme
Mervin, l'espionne), Jean Galland (Gordon), Pierre Labry
(Beppo), Georges Paulais (le monsieur triste), Rosine
Deréan (Jacqueline), Aimos (Charlie), Bill-Bocketts
(Mazzini), Maurice Rémy (un ingénieur), Gaston Mauger
(le capitaine), Walter Rilla (Mario Landi), Marcel
Merminod (un policier), Claude Rivory (l'aubergiste),
Gregori.
PRO Ufa / ACE. **HEL** Bruno Duday. **DRZ** April - Juni 1933.
DRO Ufa-Atelier Neubabelsberg; **AA** Freigelände
Neubabelsberg, Venedig, Rom. **LNG** 85 min.
URA 13.10.1933, Paris (Omnia).

Eine Spionage-Geschichte um den Raub und die Wiedererlangung militärischer Pläne zur Abwehr feindlicher
Fliegerangriffe. Einem Draufgänger gelingt die Beschaffung
der Pläne, die ein italienischer Erfinder ausgearbeitet hat,
und die Eroberung des Mädchens Viola.

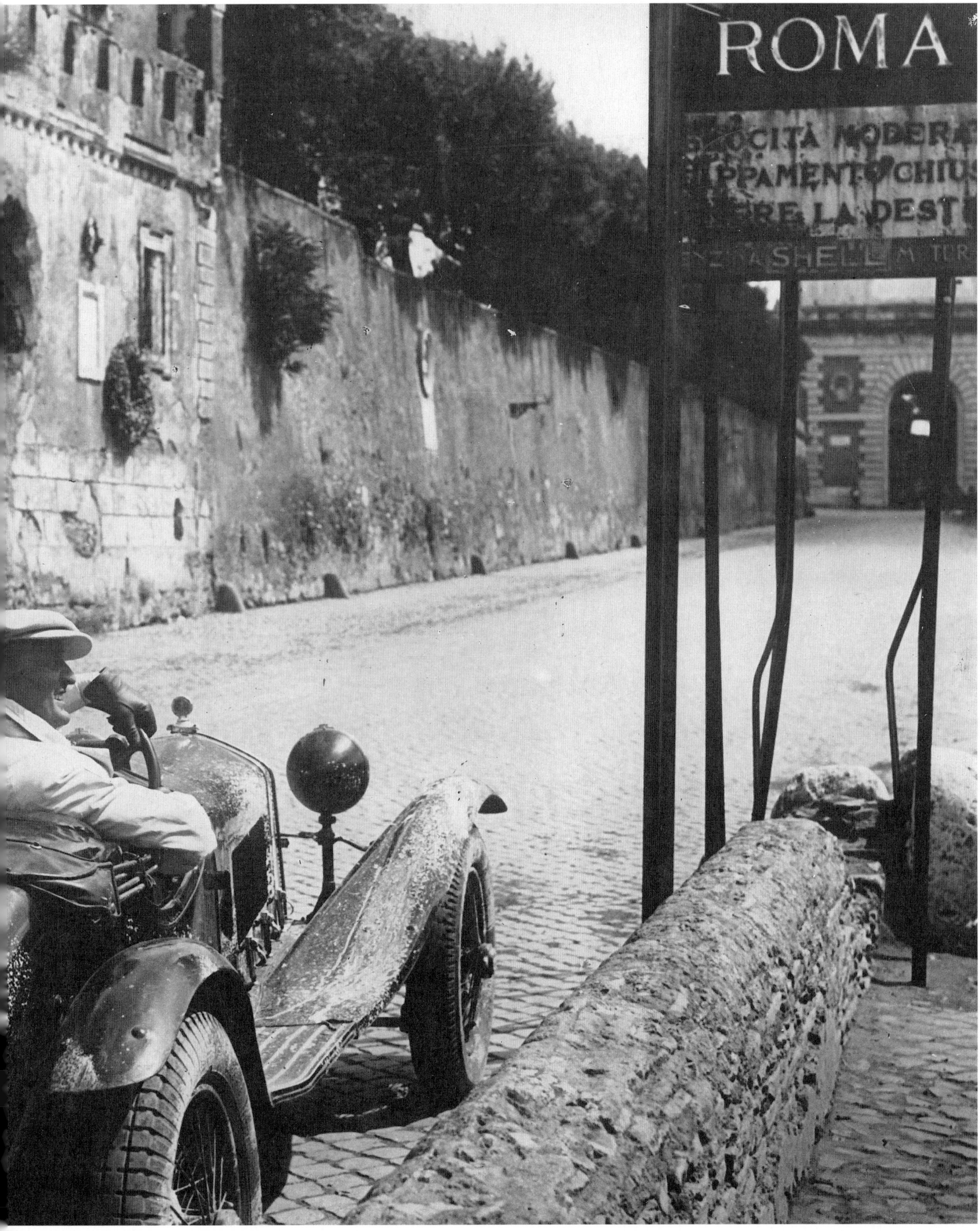
ROMA
SHELL

1933. Hitlerjunge Quex.
Ein Film vom Opfergeist der deutschen Jugend.
REG Hans Steinhoff. AUT Karl Aloys Schenzinger, Bobby E. Lüthge; nach dem Roman von Karl Aloys Schenzinger. KAM Konstantin Tschet. BAU Benno von Arent, Arthur Günther. SCH Milo Harbich. TON Walter Tjaden. MUS Hans-Otto Borgmann. LT Baldur von Schirach. MT ›Unsere Fahne flattert uns voran‹.
DAR Heinrich George (Vater Völker), Berta Drews (Mutter Völker), Hitlerjunge Jürgen Ohlsen (Heini Völker), Claus Clausen (Bannführer Kaß), Hitlerjunge Ramspott (Kameradschaftsführer Fritz Doerries), Hitlermädchen Helga Bodemer (Ulla Doerries), Hermann Speelmans (kommunistischer Agitator Stoppel), Rotraut Richter (Gerda), Karl Meixner (fanatischer Kommunist Wilde), Hans Richter (Franz), ein Hitlerjunge (Grundler), Ernst Behmer (Kowalski), Hans Joachim Büttner (Arzt), Franziska Kinz (Krankenschwester), Karl Hannemann (Lebensmittelhändler), Ernst Rotmund (Revierwachtmeister), Rudolf Platte (Moritatensänger), Reinhold Bernt (Ausrufer), Hans Deppe (Althändler), Anna Müller-Lincke (Völkers Nachbärin), Hans Otto Stern (Kneipenwirt), sowie 60 Jungen und Mädchen der Berliner Hitler-Jugend.
PRO Ufa. Herstellungsgruppe: Karl Ritter. HEL Karl Ritter. AUL Fritz Koch. DRZ ab Mitte Juni 1933. DRO Ufa-Atelier Neubabelsberg; AA Berlin, Müggelsee. LNG 2609 m, 95 min. ZEN 7.9.1933, Jf. URA 11.9.1933, München (Phoebus-Palast); 19.9.1933, Berlin (Ufa-Palast am Zoo).
– Prädikat: Künstlerisch besonders wertvoll.
– Von den Alliierten Militärbehörden verboten.
Kommunistische Jugendverbände und die Hitlerjugend stehen sich im Berlin der beginnenden 30er Jahre als Organisationen gegenüber. Heini Völker, Druckerlehrling und Sohn eines Kommunisten, läßt sich auf die Seite der Hitlerjugend ziehen und verrät einen kommunistischen Anschlag auf das Hitlerjugendheim. Er wird niedergeschossen und stirbt.

1933. Die Wette.
REG Georg Jacoby. AUT Walter Forster. KAM Herbert Körner. MUS Richard Strauch.
DAR Jakob Tiedtke (Jochen Swen, Wirt), Ida Wüst (seine Frau), Heinz Förster-Ludwig (Kluckhahn, Bauer), Hans Deppe, Hugo Fischer-Köppe (zwei Wandergesellen), Paul Henckels (Tierarzt), Eugen Rex (Polizist), Lily Rodien (Marie, Swens Tochter), Aribert Mog (Hans), S. O. Schoening (erster Gast), Franz Stein (zweiter Gast).
PRO Ufa. PRL Peter Paul Brauer. LNG 644 m, 24 min. ZEN 28.9.1933, B.34607, Jf.
– Kurzspielfilm.

1933. Son Altesse Impériale.
REG Victor Janson, Jean Bernard-Derosne. AUT Georg Zoch, Robert Lorette; nach der Operette ›Der Zarewitsch‹ von Franz Lehár. DIA Jean Bernard-Derosne. KAM Karl Puth, Bruno Timm. BAU Franz Schoedter. TON Roger von Norman. MUS Franz Lehár, Alfred Strasser.
DAR Marie Glory (Monique), Germaine Aussey (la princesse Dorothéa), Marguerite Templey (le chaperon), Georges Rigaud (le prince Boris), Félix Oudart (le général), Maurice Escande (le comte Symoff), Charles Redgie (le capitaine Gorsky), Claude Rivory (Tortorino), le petit Denis (Pitchoun), Gaston Jacquet (le granduc), Paul Heidemann.
PRO Ufa / ACE. PRL Georg C. Horsetzky.
– Französische Version von ›Der Zarewitsch‹, PRO: Prima-Tonfilm GmbH, Berlin.

1933. Eine ideale Wohnung.
REG Georg Jacoby. AUT Willy Achsel, Hanns W. Fischer. KAM Werner Bohne. BAU Erich Czerwonski. TON Walter Rühland. MUS Werner Bochmann. ML Hans-Otto Borgmann.
DAR Truus van Aalten, Harald Paulsen, Änne Goerling, Anton Pointner, Ellen Frank, Wilhelm Straube, Elisabeth Bechtel, Else Ehser, Max Wilmsen, Otto Sauter-Sarto, Antonie Jäckel, Franziska Benkhoff.
PRO Ufa. PRL Peter Paul Brauer. DRZ August 1933. DRO Ufa-Atelier Neubabelsberg. LNG 466 m, 17 min. ZEN 17.10.1933, B.35279, Jf.
– Kurzspielfilm.

Keine dramatischen Maggiwürfel

Die Einführung des Tonfilms

Die Premiere des ersten abendfüllenden »deutschen« Tonfilms findet am 23. September 1927 im Times Square Theatre in New York statt: SUNRISE – Regie: F. W. Murnau, Buch: Carl Mayer nach dem Roman »Die Reise nach Tilsit« von Hermann Sudermann, Bauten: Rochus Gliese. Allerdings ist es eine Produktion der Fox Film Corporation. Und ein Sprachenproblem gibt es auch noch nicht: Der Film ist noch stumm gedreht, dann allerdings mit Musik nach dem Movietone-Verfahren unterlegt worden.

Während nämlich bei der Ufa durch das Zusammenfallen von verunglückter Premiere des Tri-Ergon-Films DAS MÄDCHEN MIT DEN SCHWEFELHÖLZERN und radikalem Sparkurs nach der Übernahme durch die Hugenberg-Gruppe die Tonfilm-Versuche fast ganz eingestellt worden sind, beginnt in Amerika langsam das Tonfilmfieber. Warner Bros und Western Electric arbeiten gemeinsam am Vitaphone-System und haben am 6. August 1926 erfolgreich ein Programm mit tönenden Kurzfilmen und den teilweise mit Begleitmusik unterlegten DON JUAN präsentiert, eingeleitet von einer getonfilmten Ansprache des »Film-Zaren« Will B. Hays. Fox entwickelt das Movietone-System weiter. Es dient zunächst – neben einigen Kurzfilmen und der mit Aufnahmen von Lindbergh und Mussolini sich vorbereitenden FOX TÖNENDEN WOCHENSCHAU – zur akustischen Untermalung von stummen Spielfilmen: WHAT PRICE GLORY (21.1.1927), YANKEE CLIPPER (2.5.1927). (Alle diese Filme arbeiten mit dem Nadelton-System, d.h. der Ton kommt von synchron mit den Bildprojektoren gekoppelten Plattenspielern.)

Am 6. Oktober 1927 hat der Tonfilm mit ein paar improvisiert hingesprochenen Sätzen des Broadway-Stars Al Jolson sein Damaskus-Erlebnis: THE JAZZ SINGER. Es gibt kein Zurück. Im Sommer 1928 läuft Warners erster »All-Talkie« THE LIGHTS OF NEW YORK an – zu diesem Zeitpunkt wird noch deutlich zwischen Ton-Film (Musik und Geräusche) und Sprech-Film (Dialog) unterschieden. 1929 stellen die meisten großen Hollywood-Studios die Stummfilmproduktion ein.

Ähnlich wie 1917 die Ufa von interessierten, aber branchenfremden Industriellen gegründet worden ist, kommt der Anstoß zur wirtschaftlichen Auswertung der diversen Tonfilm-Patente von einer Randfigur. Der Chemie-Industrielle Heinrich Brückmann, der über den Rohfilm-Produzenten I.G. Farben in Kontakt zur Filmindustrie gekommen ist, hat 1925 die Deutsche Tonfilm AG gegründet und die Lizenzen des Petersen-Poulsen-Verfahrens erworben. Am 18. Juli 1928 treffen sich auf seine Initiative im Hotel Kaiserhof Vertreter verschiedener europäischer Tonfilm-Patent-Gesellschaften, Elektrokonzerne und Filmfirmen (darunter der Ufa). Ziel der Versammlung ist die Gründung eines Deutschen Ton-Bild-Film-Syndikats, das stark genug sein soll, einer Monopolisierung durch die Amerikaner Widerstand leisten zu können. Doch nach wenigen Sitzungen ziehen sich die großen Elektrokonzerne AEG und Siemens & Halske zurück, ebenso die Ufa, die sich ohnehin nur durch einen »Beobachter« vertreten läßt. Die übriggebliebenen Banken und Patenthalter gründen am 30. August 1928 die Tonbild-Syndikat AG (Tobis). Neben der Deutschen Tonfilm AG bringen Triergon, Küchenmeister und Messter ihre diversen Patente ein. Nach und nach erwirbt der Küchenmeister-Konzern, hinter dem eine holländische Bank steht, drei Viertel der Tobis-Aktien. AEG und Siemens heben am 8. Oktober 1928 die Klangfilm GmbH aus der Taufe, an der sich die Polyphonwerke AG beteiligen.

Es setzt zunächst ein Kampf der zwei Konzerne ein – mit Patent-Prozessen, Finanzmanövern und Filmexperimenten. Doch am 13. März 1929 findet der Patentkrieg sein gütliches Ende. Die beiden Firmen schließen einen Interessengemeinschaftsvertrag Tobis-Klangfilm, in dem sie die Aufgaben monopolartig verteilen: Klangfilm

MELODIE DES HERZENS
»Ich war bestrebt, die Geschichte von dem Soldaten János, der Dienstmagd Juli und einem alten Pferd so erdhaft-schlicht, so vierschrötig-hold zu gestalten, wie jene Volkslieder es sind, die einst die Mägde beim Maisschälen sangen und die der János auf seiner Mundharmonika spielte.«
(Hans Székely, 1929)

»Für mich gab es prinzipiell seit jeher nur zwei Wege: die Titellosigkeit oder den Ton. Was ich aber mit aller Entschiedenheit ablehne ist, was die Amerikaner zum größten Teil machen: Konserventheater. Mein höchster Ehrgeiz ist: mit Augen und Ohren der Kamera zu dichten. Für dramatische Maggiwürfel habe ich nichts übrig.«
(Hans Székely, 1929)

produziert die Geräte und betreut die Kinos, Tobis übernimmt die Filmproduktion und den Vertrieb der Aufnahmegeräte. Als so die Fronten bereinigt sind, wagt sich auch die in technischen Dingen oft zögerliche Ufa wieder auf die Bühne und schließt sich dem Tobis-Klangfilm-Kartell an.

Im Jahr 1929 erscheinen – in unterschiedlicher Form – die ersten deutschen Tonfilme in den Kinos: ICH KÜSSE IHRE HAND, MADAME (Super-Film, 17.1.1929, Toneinlage); DER WÜRGER (Gainsborough/F.P.S., 27.8.1929, in London mit deutschen Dialogpassagen synchronisiert); DAS LAND OHNE FRAUEN (F.P.S., 30.9.1929, Sprech- und Gesangseinlagen); WER WIRD DENN WEINEN, WENN MAN AUSEINANDERGEHT (Eichberg-Film, 2.10.1929, in Neubabelsberg gedreht); DER GÜNSTLING VON SCHÖNBRUNN (Greenbaum-Film, 4.11.1929, nachsynchronisiert); DIE KÖNIGSLOGE (Warner Bros, 21.11.1929, in New York mit deutscher Besetzung produziert); DICH HAB' ICH GELIEBT (Aafa, 22.11.1929, in Tempelhof hergestellt). Die zwei wichtigsten sind Walther Ruttmanns Reisefilm MELODIE DER WELT, der am 12. März 1929 Premiere hat – eine Produktion der Tobis und der Reederei HAPAG – und am 28. Oktober 1929 E. A. Duponts ATLANTIC. Dieser »erste deutsche 100%ige Sprechfilm« des ehemaligen Ufa-Regisseurs ist allerdings in den BIP-Studios von Elstree entstanden – gleichzeitig in englischer und deutscher Version (eine französische wird nachträglich hergestellt).

Erst dann, am 16. Dezember 1929, hat im Ufa-Palast am Zoo mit MELODIE DES HERZENS der erste lange Ufa-Ton-Film Premiere. Da viele Kinos noch davor zurückschrecken, sich eine teure Ton-Apparatur anzuschaffen, kommt der Film auch in stummer Fassung heraus. Zugleich ist der Film in französischer (MÉLODIE DU COEUR), englischer (MELODY OF THE HEART) und ungarischer Version (VASÁRNAP DÉLUTÁN) hergestellt worden. Regisseur Hanns Schwarz: »Die Sprachenfrage haben wir so zu lösen versucht, daß zunächst einmal der Part in sämtlichen Sprachen von den beiden Hauptdarstellern gesprochen wurde. Das brauchten wir, um die Mundbewegungen original zu haben. Dann wurde, soweit es notwendig war, das heißt, soweit der betreffende Darsteller die betreffende Sprache dialektfrei beherrschte, der Ton synchronisiert. Die Musik ist gleichzeitig mit dem Film entstanden, ein Moment, das mir besonders wichtig erscheint. Im übrigen war es selbstverständlich, daß auch im Ton das Lokalkolorit gewahrt wurde. Wenn also irgendeine Stelle an sich optisch verständlich war, dann wurde der Ton ruhig ungarisch hinzugesetzt; denn so ist es auch für den deutschen Zuschauer verständlich, und die Illustration ist gewahrt. Überhaupt ist auf das Auseinanderhalten von Ton und Bild sehr geachtet worden. Beides soll sich ergänzen, darf aber nie zusammenfallen. Wo Optik allein spricht, bedarf sie keines Dialogs. Die Dialoge setzen überall da ein, wo sie eine Eigenberechtigung haben.«
(Film-Kurier, 9.11.1929)

Die Herstellung von Versionen, also von mehreren eigenständigen Filmen, die mit dem gleichen technischen Team in den gleichen Dekorationen, aber mit (zum Teil) wechselnder Besetzung gedreht werden, ist eines der Konzepte der Filmproduzenten, dem Verlust der für die Amortisation dringend notwendigen Auslandsmärkte vorzubeugen. Bei der Ufa, die sich entschließt, 50% ihrer Produktion des Jahres 1929 als Tonfilm herauszubringen, wird die Produktion von Versionen vor allem bei der Erich Pommer-Produktion betrieben. Pommer sieht im Tonfilm nicht nur eine technische Spielerei, sondern die Chance, die Mittel der Filmkunst voranzubringen. »Der Tonfilm, wie ich ihn kommen sehe und wie er eine neue Form der Filmerzählung werden wird, kann und darf eben nicht die Natur abklatschen, er muß in seiner Gestaltung und Durchbildung durchaus künstlerisches Eigengewächs sein.« (Filmwoche, 12.3.1930)

In seiner Produktionsgruppe entstehen in den nächsten drei Jahren einige der wichtigsten Tonfilme der Ufa – meist in Versio-

Erich Pommer: Dichter und Tonfilm

Die Filmherstellung fußte immer auf Kollektivismus, auf bunter Vielfalt von Komponenten, die aus entgegengesetzten Richtungen zusammenströmten. Der Tonfilm bedingte äußerste Zuspitzung dieses Prinzips, verschob alle inneren Verhältnisse der Produktionshelfer, die im ersten Ansturm den Boden unter den Füßen wanken fühlten. Jetzt haben sich die Aufgaben geklärt. Der Drehbuchverfasser, den der Ton zu äußerster dramaturgischer und technischer Präzision zwingt (beim stummen Film konnte manche Flüchtigkeit später durch Schnitt korrigiert werden) gewann beträchtlich an Bedeutung. Dialogautoren wurden neu herangezogen. An Stoffen mangelt es nicht. Es dreht sich auch beim Tonfilm in der Hauptsache nur um das »Wie«.

Der Wunsch bleibt bestehen, daß sich Dichter der Filmproduktion widmen sollen. Dem soll die Tatsache keinen Abbruch tun, daß die Filmherstellung mit Dichtern auch schon recht schlechte Erfahrungen gemacht hat. Ausgezeichnete Schriftsteller vermochten dem Film manchmal nichts zu geben, weil sie mit der Hergabe ihres Namens, auf dessen Exploitierung es ihnen ankam, die Aufgabe als erledigt ansahen und, wenn sie für die Schwarz-Weißkunst an die Arbeit gingen, nicht die gleiche schöpferische Anspannung voraussetzten, die ihnen für ihre literarische Tätigkeit als selbstverständlich erscheint. Der Film wird den Dichtern gehören, wenn sie sich ihm ohne innere Vorbehalte geben.

Der Querschnitt, Nr. 1, Januar 1931

1933. Das Schloß im Süden.
REG Geza von Bolvary. AUT Hans H. Zerlett. KAM Fritz Arno Wagner. BAU Emil Hasler. SCH Hermann Haller. TON Ludwig Ruhe. MUS Franz Grothe. LT Hans Hannes. MT ›Von Sankt Pauli bis Haiti‹, ›Ich habe eine kleine stille Liebe‹.
DAR Liane Haid (Maria Foreni), Viktor de Kowa (Mirano), Paul Kemp (Kameramann Ottoni), Max Gülstorff (Baron Billichini), Helke Jürgensen (Beatrix Billichini), Erik Ode (Tonio), Fritz Odemar (Regisseur), Erich Kestin (Aufnahmeleiter), Paul Westermeier (Deri), Jessie Virogh (Kammerzofe Bianca).
PRO Boston-Film Co. mBH, Berlin; für Ufa. HEL Heinz Paul. AUL Kurt Heinz. DRZ Ende Juni - Ende August 1933. DRO Ufa-Atelier Berlin-Tempelhof. AA Dalmatien, Rügen, Freigelände Neubabelsberg. LNG 2449 m, 89 min. ZEN 26.10.1933, Jf. URA 16.11.1933, Düsseldorf; 12.11.1933, Berlin (U.T. Kurfürstendamm).
Französische Version:
1933. Château de rêve.
REG Geza von Bolvary, Henri-Georges Clouzot. AUT Hans H. Zerlett. DIA Henri-Georges Clouzot. KAM Fritz Arno Wagner. BAU Emil Hasler.
DAR Edith Méra (Maria Foreni), Jaque Catelein (le prince Mirano), Lucien Baroux (Ottoni, l'opérateur), Adrien Le Gallo (le baron Billichini), Danielle Darieux (Béatrix), Roger Dann (Tonio), Marcel André (le metteur en scène), Théo Tony (le directeur de production), Pierre Sergeol (Deri), Vivian Grey (Bianca), Marc Dantzer, Claude Rivory, Raymond Leboursier.
PRO Boston-Film Co. mBH, Berlin; für ACE. PRL Heinz Paul. LNG 85 min. URA 8.12.1933, Paris (Aubert-Palace).
Prinz Mirano ist Kommandant eines Kriegsschiffes, für den Moment jedoch als Komparse bei Filmaufnahmen mit dem Star Maria an der Adriaküste beschäftigt. Das Filmteam wird auf das Schloß eines Neureichen eingeladen, wo Mirano eine Komtesse kennen lernt, die er bald darauf heiratet.

1933. Du sollst nicht begehren.
REG, AUT Richard Schneider-Edenkoben. KAM Werner Bohne. BAU Erich Kettelhut. SCH Arnfried Heyne. TON Walter Rühland. MUS Herbert Windt.
DAR Friedel Pisetta (Nelly), Paul Klinger (Soldat Lutz), Walter Griep (Bauer Görk), Frida Richard (die alte Trud), Robert Müller (Vater), Karl Platen (Pfarrer), Ruth Eweler (junge Mutter), Klaus Pohl (Händlerthomas), Paul Schwed (Musikant).
PRO Ufa. Herstellungsgruppe: Günther Grau. PRL Günther Grau. LNG 2249 m, 82 min. ZEN 27.10.1933, Jv. URA 31.10.1933, Berlin (Gloria-Palast).
– Von den Alliierten Militärbehörden verboten.

Zwischen den beiden Söhnen eines Heidebauern kommt es wegen Nelly, der Tochter eines fahrenden Händlers, zum Streit. Der ernsthafte und arbeitsame Görk erschlägt Lutz, den entwurzelten Heimkehrer. Der Altbauer verzeiht und greift wieder zum Pflug.

1933. Ihre Durchlaucht, die Verkäuferin.
REG Karl Hartl. RAS Heinz Helbig. AUT Karl Hartl; nach der Operette ›Ma soeur et moi‹ von Louis Verneuil, Georges Berr. KAM Franz Planer. BAU Werner Schlichting. SCH René Metain. TON Fritz Thiery. MUS Ralph Benatzky, Willy Schmidt-Gentner. ML Willy Schmidt-Gentner.
DAR Liane Haid (Irene), Willi Forst (André), Paul Kemp (Peter Knoll), Hubert von Meyerinck (Paul), Kurt von Ruffin (Otto), Margot Koechlin (Henriette), Max Gülstorff (Notar), Theo Lingen (Felix), Jakob Tiedtke (Kunde), Walter Steinbeck (Kapitän), Gerhard Bienert (Kontrolleur).
PRO Cine-Allianz-Tonfilm GmbH, Berlin; für Ufa. HEL Fritz Klotzsch. AUL Victor Eisenbach. DRZ August 1933. DRO Ufa-Atelier Neubabelsberg. LNG 2190 m, 80 min. ZEN 30.10.1933, Jv. URA 4.11.1933, Hamburg (Ufa-Palast); 7.11.1933, Berlin (Gloria-Palast).
Französische Version:

---

nen. Daß (entgegen häufig kolportierten Legenden) hinter der Versionen-Produktion nicht eine technische Notwendigkeit steht, zeigt die gleichzeitige Arbeit Joe Mays bei der Ufa, der zur gleichen Zeit mit Nachsynchronisationen experimentiert: Von DER UNSTERBLICHE LUMP (Regie: Gustav Ucicky) und DIE LETZTE KOMPAGNIE (Regie: Kurt Bernhardt) entstehen 1929/30 die englischen Synchronfassungen THE IMMORTAL VAGABOND und THE LAST COMPANY. Auch bei Pommer wird mit Synchronisationen gearbeitet, so ist VALSE D'AMOUR eine von Regisseur Wilhelm Thiele mit Unterstützung von Germaine Dulac französisch synchronisierte Fassung der englischen Version des Harvey-Films LOVE WALTZ.

May arbeitet nach einem vom Ingenieur Ludwig Czerny entwickelten technischen Verfahren, das sowohl für den Export deutscher Filme wie auch für die Verbreitung ausländischer Filme in Deutschland große Bedeutung hat. »Mit der Notwendigkeit, verschiedene Versionen eines Tonfilms herzustellen, ging das Suchen nach geeigneten Methoden dafür an. Recht schnell kristallisierten sich zwei Methoden heraus, deren erste die Dupontsche Art der Versions-Besetzung ist. Der Dupontschen Methode gegenüber steht die Nachsynchronisierung, die sehr viel billiger ist. (...) Das in den meisten Kulturstaaten geschützte Verfahren Czerny-May beruht auf der getrennten Herstellung von Bild und Ton, derart, daß der Ton eine Primärstufe darstellt, aus der, wenn besondere Schwierigkeiten der besten Tonaufnahme entgegenstehen (also mangelnde Sprachkenntnis, Außengeräusche usw.), die störungsfreie Sekundärstufe gewonnen wird. Man kann also in aller Ruhe ein ›Konzept‹ des Tons anfertigen, um ebenso die ›Reinschrift‹ gewinnen zu können. Die Vorteile liegen auf der Hand. (...) Es ist Czerny neuerdings sogar gelungen, ursprünglich stumm aufgenommene Filme in 100prozentige Sprech- und Tonfilme umzuwandeln. Dies war allerdings nur dann möglich, wenn die Filmaufnahmen mit 24 Bildern in der Sekunde hergestellt und die Dialoge, Lieder usw. während der Filmaufnahmen mit den richtigen Worten und Texten und im richtigen Rhythmus gesprochen bzw. gesungen waren. Hieraus ergibt sich die Möglichkeit, Film- und Tonaufnahmen überhaupt zeitlich und räumlich zu trennen, so daß beispielsweise die Filmaufnahmen in einem nicht schalldichten Stumm-Filmatelier aufgenommen werden, wobei allerdings alle Dialoge und gesanglich-musikalischen Teile mit der Czerny-Apparatur tonlich gleichzeitig festgehalten werden müssen, um dann in einem Ton-Atelier, das wiederum keine Filmaufnahme-Einrichtung zu besitzen braucht, die Tonaufnahmen hinzugefügt zu erhalten. (...) Von besonderer Bedeutung für den deutschen Markt ist die Tatsache, daß Czerny-May den Amerikanern die Möglichkeit geben, ihre Spitzenleistungen in deutschen Versionen auf den Markt zu bringen. Die Filme FLIEGER und DER GROSSE GABBO waren die Anfänge dieser Entwicklung.« (Film-Kurier, 9.7.1930).

Der entscheidende Schritt für die zeitweilig führende Position der Ufa auf dem Gebiet der europäischen Tonfilm-Produktion liegt jedoch vor allem in der Entscheidung, nicht die existierenden Atelierhallen in Babelsberg und Tempelhof, die wegen ihrer Konstruktion aus Stahl und Glas für Tonaufnahmen weitgehend unbrauchbar sind, umzubauen, sondern gleich einen speziell auf die Bedürfnisse der Tontechnik abgestellten Neubau zu errichten: das Tonkreuz.

Die Arbeiten werden im Expreßtempo durchgeführt: Am 25. April 1929 Abriß der auf dem Gelände stehenden Filmbauten, am 1. Mai der erste Spatenstich für die Ausschachtungsarbeiten, am 25. Juni Fertigstellung des Rohbaus. Im Rahmen einer Pressebesichtigung am 24. September wird die Arbeit aufgenommen.

»Vier Tonfilm-Ateliers sind kreuzförmig angeordnet. Das Nord- und Süd-Atelier sind je 20 x 30 Meter groß, das Ost- und West-Atelier je 18 x 25 Meter. In der Mitte des Kreuzes, die wie ein Hof wirkt, ist das technische Herz der Tonfilmanlage: die Tonaufnahme-Maschinen. Obwohl äußerlich mit den Ateliers zusammenhängend, sind sie doch völlig erschütterungssicher von ihnen isoliert. Die Atelierwände sind aus hartgebranntem Ziegel hergestellt. Eisenkonstruktionen hat man vermieden, weil Eisen in der Wand zu sehr schalleitend wirkt. Besonders konstruierte Türen lassen ein schalldichtes Verschließen der Ein- und Ausgänge zu. (...)

In den im obenerwähnten Mittelbau angeordneten Aufnahmeräumen stehen die Klangfilmaufnahme-Maschinen, und zwar sowohl Lichtton-Apparate (also Ton auf Filmstreifen) wie auch Nadelton-Aufnahmegeräte (Grammophonplatten-System). Die Aufnahme-Maschinen sind so angeordnet, daß jede Apparatur an jedes Atelier angeschlossen werden kann. Die Überprüfung erfolgt schon während der Aufnahme durch Abhörgeräte und ist außerdem sofort nach der Aufnahme durch den Regisseur möglich, indem eine der Plattenaufnahmen vorgeführt wird. Im Abhörraum eines jeden Ateliers sitzt der Tonmeister, der für die tonliche Struktur und Gleichmäßigkeit der Aufnahme verantwortlich ist und durch Verstärker oder Abschwächer die Tonstärke und Tonfarbe regulieren kann.

Eine lautlose Verständigung zwischen den einzelnen Aufnahmestellen, wie Abhörraum, Tonapparateraum und Atelier, gestatten automatische Maschinen-Telegraphen.

Die Beleuchtung der Ateliers während der Aufnahmen wird von der 25.000 Amp. liefernden Neubabelsberger Betriebszentrale gespeist. Da die bisher üblichen Kohlen-Scheinwerfer nicht geräuschlos brennen, werden nur Glühlampen, und zwar bis zu einer Stärke von je 5000 Watt, verwendet. Die Armaturen-Zusammensetzung und -Zusammenstellung sind größtenteils als Konstruktionen der Ufa-Betriebsbüros und der Ufa durch Patente geschützt. (...)

Zu den Ateliers gehören zwei große Tonfilm-Vorführräume für Tonfilm und Platten, die gleichzeitig als Synchronisierungsräume

Ufagelände Babelsberg, Mitte der 30er Jahre: Das Tonkreuz und die Große Halle nach dem Umbau zum Tonatelier

Ufa-Tempelhof: Aus den alten Glashäusern sind moderne Tonateliers geworden

benutzt werden.« (Film-Atelier, 1. Oktober-Nummer 1929)

Sofort anschließend werden auch die existierenden Aufnahme-Ateliers für die Tonfilm-Technik umgerüstet. In Babelsberg wird zunächst das Große Glashaus durch einen Massivbau ersetzt, dann die Ateliers am Nord- und Südende der Großen Halle von 1925. »Nur bei der Mittelhalle mit ihren gewaltigen Dimensionen (57 x 36 m, Höhe 20m) stieß man bei Tonfilmversuchen auf Schwierigkeiten. Um aber diese Riesenräume dem Tonfilm dienstbar zu machen, entschloß sich die Bauabteilung der Ufa, die Schwierigkeiten dadurch zu lösen, daß in den Riesenraum einfach ein Tonfilm-Atelier hineingebaut wurde, dessen Ausmaße denen der Mutterhalle nur um wenig nachgeben. Die auf diese Weise entstandenen doppelten Wände mit Luftzwischenraum ergeben eine vorzügliche Tonisolierung nicht nur für das auf diese Weise entstandene neue Tonfilm-Riesenatelier, sondern auch für die beiden Hilfs-Tonateliers an der Nord- und Südseite.« (Film-Atelier, 2. März-Nummer 1930)

Nachdem mit anderthalbjähriger Verzögerung auch die Glashäuser in Tempelhof durch verklinkerte Massivbauten ersetzt sind, hat die Ufa die technische und künstlerische Umstellung ihrer Produktion auf Tonfilm abgeschlossen.

Hans-Michael Bock

May-TV

1928/29 arbeitet Joe May mit dem ungarischen Ingenieur Dénes von Mihaly zusammen, der 1928 die »Telehor AG«, eine Firma zur Nutzung seiner Patente auf dem Gebiet des Fernsehens, gegründet hat. (Mihaly zeigt im August 1928 auf der Funkausstellung in Berlin einen 30zeiligen Bildzerleger, der flimmernde Fernsehbilder von 4x4 cm Größe produziert). May wendet sich am 17. Mai 1929 in einem Brief an Ufa-Generaldirektor Klitzsch: »Wie Sie wissen, habe ich mich, speziell in den letzten Monaten, mit technischen Dingen beschäftigt. Bei dieser Gelegenheit habe ich selbst eine Erfindung zum Patent angemeldet, die sich auf Fernseh-Kinematographie bezieht. (...) Bereits in den nächsten Wochen werden Versuche in Witzleben stattfinden mit den vereinigten Apparaturen des Herrn Dr. Stille und des Herrn von Mihaly. – Dies ist so zu verstehen, daß das Licht nach dem Verfahren von Herrn von Mihaly in Bildelemente zerlegt wird, und nach dem Verfahren des Herrn Dr. Stille auf dem Stahlband elektromagnetisch festgehalten wird. Nach meinem Verfahren aber werden dann die Bildzeichen auf einem Stahlband aufgespeichert und auf ein anderes übertragen. Bei dieser Gelegenheit hat sich herausgestellt, daß wir der Fixierung von kinematographischen Bildern auf dem Stahlband viel näher sind, als wir alle gedacht haben. (...) Dieses Verfahren gehört vorläufig nach dem Stande der Patente allein Herrn von Mihaly und Herrn Dr. Stille. Da ich mit den Herren in Verbindung bin, weiß ich, daß die Absicht besteht, ein Finanzkonsortium großen Stieles (!) zur Ausnutzung dieser epochalen Erfindung zu rufen. Ich halte es für notwendig, Ihre Aufmerksamkeit auf diese Tatsachen zu lenken. Der Gedanke, daß das Zelluloid-Filmband in absehbarer Zeit seine Rolle ausgespielt haben könnte, und daß Agfa und Kodak von den Stahlindustrien der Welt als Rohmaterial-Erzeuger abgelöst werden wird, ist so gewaltig, daß er ihre intensivste Aufmerksamkeit verdient. Da ich das Gefühl habe, daß in Verbindung mit diesem Gedanken der Tonfilm auf Stahlband eine ungeahnte Bedeutung bekommen könnte, habe ich mir von Herrn Dr. Stille die Zusage geben lassen, daß er das erste Aufnahme-Aggregat, auf dem Bildfilm (Zelluloid-Band) und Tonfilm (Stahlband) synchron aufgenommen werden können, in Babelsberg probeweise aufstellen will.«

Auf diesen Brief, der der Realisierung der Elektronischen Bildaufzeichnung um Jahrzehnte vorausgreift, reagiert Kitzsch (seiner Herkunft nach eng den rheinischen Stahlbaronen verbunden) mit einer Aktennotiz (3.6.1929) an Ufa-Produktionschef Ernst Hugo Correll: »Unterm 17. Mai schrieb mir Herr Joe May einen Brief, durch den er mich für die Stahlband-Herstellung interessieren wollte. Darauf habe ich mich mit Herrn Generaldirektor Dr. Vögler in Verbindung gesetzt, der mir gegenüber ein außerordentliches Interesse bekundete. Er bat mich gleichzeitig, daß wir uns mit Herrn Gehm in Verbindung setzen sollten. Dies habe ich Herrn May mitgeteilt. Aus dem hier eingehenden Schreiben des Herrn Dr. Gehm (Deutsche Edelstahlwerke AG, Bochum) ersehe ich, daß Herr May dies bis heute noch nicht getan hat; dies muß nun also schnellstens geschehen, damit wir die Herren nicht enttäuschen. Ich bitte, die Sache freundlichst in die Hand zu nehmen und die Korrespondenz zu überwachen.«

1933. Caprice de princesse.
REG Karl Hartl, Henri-Georges Clouzot. AUT Karl Hartl, Henri-Georges Clouzot; nach der Operette ›Ma soeur et moi‹ von Louis Verneuil, Georges Berr. KAM Franz Planer. BAU Werner Schlichting. TON Fritz Thiery. MUS Ralph Benatzky, Willy Schmidt-Gentner. LT Henri-Georges Clouzot. DAR Marie Bell (Isabelle), Albert Préjean (André Méry), Armand Bernard (Barnabé), Roger Dann (Octave), Germaine Roger (Henriette), Guy Sloux (Paul), Gaston Jacquet (le contrôleur), Bill-Bockett s, Gaston Mauger (le capitaine), Fernand Frey (le valet Felix), Sinoël (un matelot), Marcel Merminod.
PRO Ufa / ACE. PRL Gregor Rabinowitsch, Arnold Preßburger. DRZ August 1933. DRO Ufa-Atelier Neubabelsberg. LNG 85 min.
Eine Prinzessin will die Liebe ihres schüchternen Bibliothekars gewinnen. Sie bedient sich einer List und gibt sich als kleine Schuhverkäuferin aus.

1933. Heideschulmeister Uwe Karsten.
REG Carl Heinz Wolff. AUT Christian Uhlenbrock; nach dem Roman von Felicitas Rose. KAM Werner Brandes. BAU Otto Hunte, Willy Schiller. SCH Wolfgang Becker. TON Erich Leistner. MUS Ludwig Schmidseder, Hans-Otto Borgmann.
DAR Hans Schölenck (Heideschulmeister Uwe Karsten Alslew), Marianne Hoppe (Ursula Doiewen), Heinrich Heilinger (Werftbesitzer Heinrich Heinsius), Günther Ballier (Hilfslehrer Klaus Sundewitt), Walter Steinbeck (Handelsherr Ernst Diewen), Eberhard Leithoff (Ludwig Diewen), Jeanette Bethge (Uwe Karstens Mutter Frau Alslew), Brigitte Horney (Marthe Detlefsen), Ernst Behmer (Winkelbankier Krüger), Olga Tschechowa (Teresa van der Straaten), Carl Auen (Pastor Sunneby), Paul Henckels (Prof. Sieveking), Maria Karsten (Frau Sundewitt), Paul Moleska (Bauer), Petra Unkel, Wolfgang Lohmeyer, Walter Wollmann, Ernst Hieber.
PRO Ufa. Herstellungsgruppe: Alfred Zeisler. HEL Alfred Zeisler. AUL Gerhard Tandar. DRZ Anfang August - Mitte September 1933. DRO Ufa-Atelier Neubabelsberg; AA Lüneburger Heide. LNG 2564 m, 94 min.
ZEN 1.11.1933, Jf. URA 3.11.1933, Hannover (Ufa-Palast); 4.11.1933, Berlin (Ufa-Palast am Zoo).
Ursula, Tochter eines hamburger Handelsherrn, verliebt sich in der sommerlichen Heidelandschaft in den örtlichen Lehrer Uwe Karsten. Der aber nimmt eine ihm angebotene Professur in Hamburg nicht an, was Ursula verletzt. Ihre Ehe mit dem Werftbesitzer Heinsius dauert nicht lange, der Mann stirbt bei einem Unfall. Für Ursula und Uwe ist wieder alles offen.

1933. Der streitbare Herr Kickel.
REG Georg Jacoby. AUT Rudo Ritter. KAM Hugo von Kaweczynski. MUS Hans-Otto Borgmann.
DAR Jakob Tiedtke (Kickel), Elfriede Jerra (seine Sekretärin), Kurt Vespermann (Herr Müller), Otto Stöckel, Eugen Rex, Heinz Förster-Ludwig, Fita Benkhoff (Müllers Sekretärin), Annemarie Schwindt.
PRO Ufa. PRL Peter Paul Brauer. DRZ September 1933. DRO Ufa-Atelier Neubabelsberg. LNG 626 m, 23 min.
ZEN 7.11.1933, B.34925, Jf.
– Kurzspielfilm.

1933. Das dreizehnte Weltwunder.
REG Georg Jacoby. AUT nach dem Lustspiel ›Monsieur Herkules‹ von Georg Belly. KAM Hugo von Kaweczynski. BAU Erich Czerwonski. MUS, ML Werner Bochmann.
DAR Paul Henckels, Vera Liessen, Kurt Vespermann, Hugo Fischer-Köppe, Leo Peukert, Lieselotte Ebel, Hugo Schrader, Änne Goerling.
PRO Ufa. PRL Peter Paul Brauer. DRZ September 1933. DRO Ufa-Atelier Berlin-Tempelhof. LNG 715 m, 26 min.
ZEN 10.11.1933, B.34976, Jf.
– Kurzspielfilm.

Die Fassade der Moral

Josef von Sternbergs »Der Blaue Engel«

Marlene Dietrich und Kurt Gerron

Morgen in einer Kleinstadt. Eine Straße. In einem Käfig schnattern und gackern Gänse und Hühner. Mit ratterndem Geräusch wird der Rolladen eines Schaufensters in die Höhe gezogen. Wasser klatscht aus einem Eimer gegen die Fensterscheibe, eine Frau beginnt die Scheibe zu putzen. Ein Treppenhaus. Laut klappernd läuft ein kleines Mädchen die Holzstiegen empor und bringt Milch an jede Wohnungstür.

In der Wohnung von Professor Rath trägt die Haushälterin das Frühstück ins Studierzimmer, das vollgestopft ist mit Büchern und Möbeln. Professor Rath betritt den Raum mit würdevollen, gemessenen Bewegungen. Er ist korrekt gekleidet. Ein prüfender Griff an die Brusttasche seines Gehrocks, das fehlende Notizbuch wird gesucht und eingesteckt. Er nimmt am Frühstückstisch Platz. Voll heimlicher Vorfreude auf den leiblichen Genuß seines Morgenkaffees gießt Professor Rath sich eine Tasse ein. Er nimmt ein Stück Zucker in die Hand, spitzt die Lippen und pfeift. Er wartet und pfeift noch einmal. Golden glänzt der Vogelkäfig, der leer zu sein scheint, in der Sonne. Professor Rath findet den Vogel tot auf dem Boden des Käfigs liegend und nimmt ihn heraus.

Banale, alltägliche Geräusche sind ausserhalb von Professor Raths Wohnung zu hören. Doch soll mit ihnen nicht die Atmosphäre einer am Morgen zu neuem Leben erwachenden Kleinstadt eingefangen werden. Dagegen sprechen schon die ersten Einstellungen des Films mit den windschiefen, romantisch stilisierten Dächern der Kleinstadt. Zeichen, die nicht an reale Häuser, sondern an die Künstlichkeit vieler deutscher Stummfilme denken lassen. Nicht die Relation zwischen den Tönen und den Gegenständen ist wichtig, sondern die Relation der Töne zueinander. Die Töne auf der Straße sind laut und dominierend. Es sind vitale Geräusche, die alle ihren Ursprung in irgendwelchen Tätigkeiten und Bewegungen haben. In Professor Raths Wohnung herrschen Dezenz und Stille, alles tendiert zu Stillstand und Erstarrung. Das Studierzimmer ist eine kleine Dachkammer, die flach und zweidimensional wie ein Bild wirkt. Der Raum ist nicht dynamisch, sondern abgeschlossen. Ein langes Ofenrohr, das waagerecht durch das Zimmer läuft, schafft einen zweiten Rahmen innerhalb der Kadrierung. Professor Raths Aktionen sind nicht aus der Situation und dem Augenblick heraus empfundene Gesten, sondern ritualisierte Handlungen. Und sogar seiner physiognomischen Erschei-

Josef von Sternberg, Dietrich, Jannings

»Das Ereignis dieses Films aber ist nicht Sternberg, auch nicht Emil Jannings, der als Unrat noch einmal die Galerie seiner gedemütigten, deklassierten, vom Leben zersägten Mitleidsattrappen um ein neurasthenisches Prachtexemplar vermehrt... Nein, das Ereignis dieses Films ist Marlene Dietrich. Und hier wird die Regie Josef von Sternbergs am stärksten spürbar: das ist keine falsche Garbo mehr, alles an ihr ist neu und aufreizend; dieser lockende, einladende Gang, diese kühle Verdorbenheit, diese sinnliche Aggressivität in Ton und Bewegung.«
(Hans Sahl, 1930)

nung haftet etwas Erstarrtes an. Stromlinienförmig sind seine Haare am Hinterkopf zusammengepreßt. Spuren, die ein imaginärer Sturm, der ihm ins Gesicht geweht zu haben scheint, hinterlassen hat.

In seiner Autobiografie erzählt Josef von Sternberg von den Dreharbeiten mit Emil Jannings. Wie dieser selbstsicher und souverän auf den Set gekommen sei, im Glauben, mit der Einführung des Tons sei ihm im Film die Sprache als Ausdrucks- und Gestaltungsmittel zurückgegeben worden. Alle Register seiner Sprachkunst ziehend, habe er seine ersten Dialogsätze deklamiert, als stünde er in Berlin auf der Bühne. Doch so wenig Sternberg am naturalistischen Gebrauch des Tons gelegen ist, so wenig interessiert ihn die Determination durch Sprache. Sein Sujet ist der Bereich, der vor der Sprache liegt. Das bedeutet nicht, daß Sternberg versucht, den Einsatz von Sprache zu minimieren. Sein Augenmerk gilt nicht der Möglichkeit, Gedankliches durch Sprache zu artikulieren. Nicht um sprachliche Inhalte geht es, sondern um Sprachformen. Sternberg zeigt nicht nur die Transformation alles Sichtbaren zur reinen Form, auch die Sprache unterliegt diesem Prozeß. Die Art, wie der draufgängerische Artist Mazeppa, gespielt von Hans Albers, die harten Konsonanten in seinem Namen ausspricht, korrespondiert mit den auffälligen, verschiedenartigen Karos seiner Kleidung. Der Theaterdirektor, Kurt Gerron, treibt in Lola Lolas Garderobe Professor Rath nicht nur mit seinem dicken Bauch vor sich her, sondern auch mit den schnell gesprochenen Sätzen, die diesen überhaupt nicht zu Wort kommen lassen. Antiquiert und steif ist die Sprache von Professor Rath, durchsetzt mit formelhaften Wendungen. Sein wiederholt geäußerter Satz: »Wir sprechen uns noch«, bleibt eine Ankündigung, die niemals in die Tat umgesetzt wird.

Lola Lolas Garderobe scheint ein nach allen Seiten offener Raum. Rechts führen zwei Türen zur Bühne, links geht es zu einer anderen Garderobe. Über eine kleine Wendeltreppe gelangt man nach oben zu weiteren Räumen. Eine Klappe im Fußboden verschließt den Zugang zum Keller. Die Garderobe ist aber kein Raum der Passage, sondern der imaginäre Mittelpunkt der Ereignisse. Alle Aktionen und Bewegungen führen dorthin. Der Kreis ist die bestimmende geometrische Form dieses Raumes. Das reicht von dem kreisförmig gestellten grossen dreiteiligen Spiegel und dem Paravent über den Drehstuhl, auf dem Lola Lola Professor Rath um die eigene Achse wirbelt, bis zu ihrem kurzen, asymmetrisch langen Röckchen, das vorne den Blick auf ihre Rüschenunterhose freigibt. Bei seinem ersten Erscheinen im »Blauen Engel« stürmt Professor Rath durch die leere Garderobe hindurch zur nächsten Tür. Er öffnet sie und prallt, vor dem Anblick der nur spärlich bekleideten Damen des Balletts, zurück in Lolas Garderobe. Er bemerkt die Wendeltreppe, steigt hinauf. Wenig später kommt er, rückwärts gehend, die Treppe wieder hinunter. Die Handlung verläuft nicht dynamisch, auf Fortsetzung drängend, sondern in konzentrischen Kreisen. Wenn nacheinander zuerst die Schüler und dann Professor Rath im Keller der Garderobe verschwinden, bedeutet dies nicht die räumliche Verlagerung des Geschehens, sondern nur seine zeitweilige Suspension. Die Kamera bleibt in der Garderobe.

Draußen ist das Spektakel: die Musik, der Lärm des Publikums. In der Garderobe ist Ruhe, wenn Lola Lola mit Professor Rath allein ist. Doch immer wieder geht die Tür auf, irgendjemand kommt herein oder durchquert den Raum. Dann dringen die Töne und Geräusche von draußen herein. Laut und störend. Der Ton repräsentiert aber nicht den augenblicklich nicht sichtbaren Raum außerhalb der Garderobe. Er illusioniert nicht die Kontinuität der filmischen

1933. Abel mit der Mundharmonika.
REG Erich Waschneck. AUT Manfred Hausmann, Walter Müller; nach der Erzählung von Manfred Hausmann. KAM Günther Rittau, Otto Baecker. BAU Erich Kettelhut, Max Mellin. SCH Carl Otto Bartning. TON Werner Kobold. MUS, ML Clemens Schmalstich. LT Walter Müller. MT ›Verzage nicht, du kleiner Mann, die Welt ist trotzdem schön‹. AUS Ufa-Sinfonieorchester unter Mitwirkung von Luciano.
DAR Karin Hardt (Corinna), Karl Ludwig Schreiber (Abel), Carl Balhaus (Peter), Hans Brausewetter (Ehlers), Heinz von Cleve (Hurry), Paul Heidemann (Ansager), Götz Wittgenstein (Jumbo).
PRO Ufa. Herstellungsgruppe: Max Pfeiffer. HEL Max Pfeiffer. PRL Victor von Struwe. DRZ ab Mitte September 1933. DRO Ufa-Atelier Neubabelsberg. LNG 2693 m, 98 min. ZEN 16.11.1933, Jf. URA 16.11.1933, Berlin (Ufa-Palast am Zoo).
– Prädikat: Künstlerisch.
Im Wattenmeer wird Abel von zwei Jungen gerettet, als er mit seinem Paddelboot in Not gerät. Das von dem Ballonfahrer Hurry ausgesetzte Mädchen Corinna gesellt sich zu den dreien, die sich sämtlich in sie verlieben und gegeneinander handgreiflich werden. Doch schon in Bremerhaven wendet sich Corinna wieder Hurry zu, auf den sie eigentlich ärgerlich gewesen war.

1933. Der Störenfried.
REG Georg Jacoby. AUT Philipp Lothar Mayring; nach dem Bühnenstück von Roderich Bendix. BAU Erich Czerwonski. MUS Hans-Otto Borgmann.
DAR Friedel Pisetta, Fita Benkhoff, Georg Alexander, Adele Sandrock, Hugo Schrader, Paul Henckels, Lieselotte Schaack, Ines von Taube, Hubert von Meyerinck.
PRO Ufa. PRL Peter Paul Brauer. DRZ November 1933. DRO Ufa-Atelier Berlin-Tempelhof. LNG 1273 m, 47 min. ZEN 17.11.1933, B.34993, Jf. URA 2.2.1934, Berlin (Ufahaus, Interessentenvorführung).
– Kurzspielfilm.

1933. Die schönen Tage von Aranjuez / Die schönen Tage in Aranjuez.
REG Johannes Meyer. AUT Peter Francke, Walter Wassermann. KAM Friedl Behn-Grund. KAS Franz von Klepacky, Max Mellin. BAU Erich Kettelhut, Max Mellin. MAS Waldemar Jabs. SCH Herbert B. Fredersdorf. TON Carlheinz Becker. MUS Ernst Erich Buder. ML Hans-Otto Borgmann. LT Gerd Karlick.
DAR Brigitte Helm (Olga), Gustaf Gründgens (Alexander), Wolfgang Liebeneiner (Pierre), Kurt Vespermann (Fred), Jakob Tiedtke (Juwelier Dergan), Max Gülstorff (Professor Ronnay), Ernst Dumcke (Kommissar Léron), Rudolf Biebrach (der alte Gaston), Elfriede Jerra (Marietta), Hans Deppe, Fritz Greiner, Harry Hardt, Paul Henckels, Leo Peukert.
PRO Ufa. Herstellungsgruppe: Max Pfeiffer. HEL Max Pfeiffer. AUL Alexander Desnitzky. DRZ 15.5. - ca. 1.9.1933. DRO Ufa-Atelier Neubabelsberg; AA Paris, Lourdes, Cauteres, Bayonne, Biarritz, Sevilla, Ronda, Cadiz. LNG 2758 m, 101 min. ZEN 21.11.1933, Jv. URA 22.9.1933, Berlin (Gloria-Palast).
Französische Version:

1933. Adieu les beaux jours.
REG Johannes Meyer, André Beucler. AUT Peter Francke, Walter Wassermann. DIA André Beucler. KAM Friedl Behn-Grund. BAU Erich Kettelhut, Max Mellin. TON Carlheinz Becker. MUS Ernst Erich Buder. ML Hans-Otto Borgmann.
DAR Brigitte Helm (Olga), Jean Gabin (Pierre Lavernay), Henri Bosc (Alexandre), Julien Carette (Fred), Lucien Dayle (le bijoutier Derzan), Henri Vilbert (le professeur Ronnay), André Nicolle (le commissaire Marlé), Fromet (le père Gaston), Mireille Balin (un jeune fille), Thomy Bourdelle (le commissaire Domprel), Maurice Rémy (un carabinier), Ginette Leclerc (Marietta), Bill-Bocketts.
PRO Ufa. / ACE. HEL Max Pfeiffer. DRZ 15.5. – ca. 1.9.1933. DRO Ufa-Atelier Neubabelsberg; AA Paris (Saint-Denis). LNG 96 min. URA 3.11.1933, Paris (Aubert-Palace).

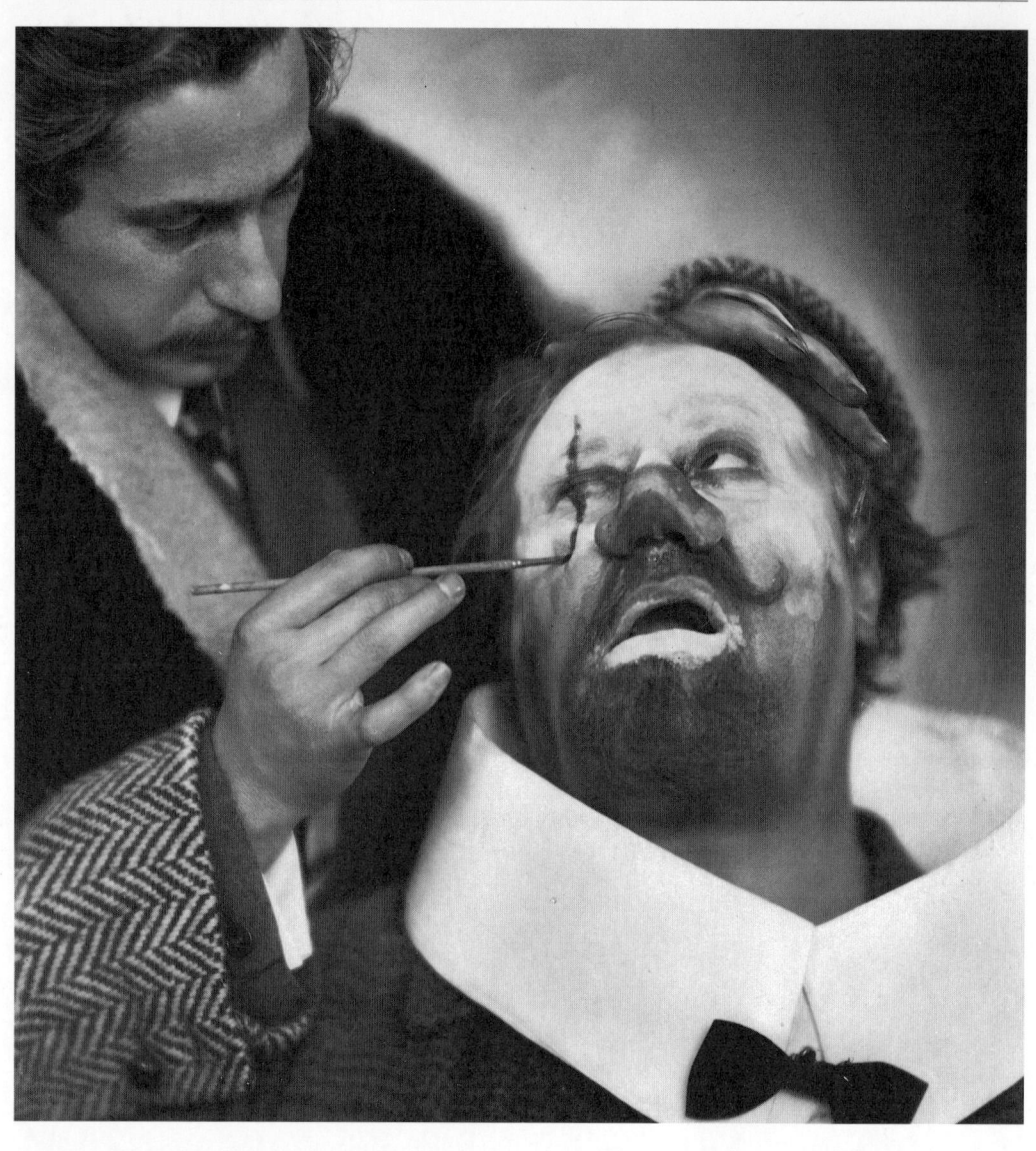

Realität. Der Ton impliziert Unbewußtes. Er wird eine Funktion der Wünsche von Professor Rath. Der Zeitpunkt, wann die Tür aufgeht, wird nicht vom Gesetz des Zufalls bestimmt. Lola Lola bringt mit ihrer Erscheinung und ihren Aktionen die Fassade der Moral und Wohlanständigkeit, die Professor Rath als Sittenwächter um sich aufgebaut hat, gefährlich ins Wanken. Die Tür geht immer genau dann auf, wenn Lola Lola mit einer ihrer Aktionen gerade wieder einmal seine erotische Neugier geweckt hat. Verstohlen betrachtet er ihre Beine, die sie scheinbar unbeabsichtigt präsentiert, während sie die Strümpfe wechselt. Sofort wird die Tür geöffnet, und die Welt der Wünsche und Phantasien der Männer wird hörbar.

Im Zuschauerraum ist viel Lärm, der auch nicht verstummt, wenn Lola Lola singt. Ohne Rücksicht gibt der Wirt die Bestellungen weiter: »Einmal Leberwurst mit Beilage«. Auf der Bühne hängt, direkt neben Lola Lola, ein großer Anker. Fischernetze verhängen die Sicht aus dem Zuschauerraum. Den Bildern ist in ihre Struktur der Akt des Blickens und des Hörens eingeschrieben, den der Zuschauer vollzieht. So macht Sternberg die Bedingungen der Faszination bewußt, die er erzeugt. Ohne die Beteiligung des Zuschauers käme sie nicht zustande. Die Lieder funktionieren nicht anders als die Fotos von Lola Lola. Besonders eines übt einen großen Reiz auf die Schüler und auf Professor Rath aus. Darauf ist der Blick auf Lola Lolas Beine durch ein aufgeklebtes Fransenröckchen verwehrt. Ein leichtes Pusten aber läßt die Fransen in die Höhe fliegen und erlaubt den Blick auf das, was man zu sehen wünscht. Die Lieder setzen fort, was mit den Fotos begonnen hat. Sie zeigen andere Bilder von Lola Lola. Lediglich die Form, in der das Unbewußte sich äußert, modifiziert sich. Die Funktion bleibt gleich. Wenn Lola Lola zum ersten Mal im Film erscheint, steht sie auf der Bühne und singt. »Ich bin die fesche Lola, der Liebling der Saison...«. Es ist, als komme die Musik aus dem Foto, das Professor Rath in der Hand hält und betrachtet. Während man noch das Foto sieht, erklingen schon die ersten Takte der Musik. Eine kurze Abblende, eine ebenso kurze Aufblende – und Lola Lola erscheint auf der Leinwand. Der filmtechnische Vorgang, der dem menschlichen Sehen, dem Schlag der Augenlider, nachempfunden scheint, bringt zu Bewußtsein, was die Selbstverständlichkeit des natürlichen Vorgangs zudeckt. Was man sieht, wenn man sieht, ist nicht die Sache, sondern der Blick darauf.

Regisseur Sternberg legt letzte Hand an:
»Wohl erhielt der Professor die kaschierte Perücke und die künstliche Nase seines Vorgängers aufgesetzt, aber doch bewirkte der traurig-struppige Bart des ehemaligen Gelehrten, daß man mit diesem Bajazzo Mitleid haben muß. Jannings verkörpert hier den *tragischen Clown* in erschütternder Weise.«
(Waldemar Jabs, 1930)

Großer Bahnhof für den Gast Arbeiter aus Hollywood:
Gussy Holl (Frau Jannings), Karl Vollmoeller (Autor), Frau Sternberg, Erich Pommer (Produzent), Josef von Sternberg (Regisseur), unbekannt, Emil Jannings

Ihr Pendant finden Lola Lolas Lieder in »Ännchen von Tharau«, das man hört, wenn Professor Rath im Klassenzimmer das Fenster öffnet, und in dem Choral »Üb immer Treu und Redlichkeit«, den jeden Morgen pünktlich um acht Uhr die Kirchturmuhr spielt. Nicht nur Professor Raths Wünsche und Phantasien nehmen sichtbare und hörbare Gestalt an, sondern auch die ungeschriebenen Gesetze, nach denen das Leben der ehrbaren und anständigen Bürger, deren Inbegriff Professor Rath ist, abläuft. Über seinem Bett kann man den Spruch lesen: Tue Recht und scheue Niemand. Die Anhäufung der Formen verhindert ihre Interpretation als Symbol. Es führt kein Weg zurück in das Innere der Figur. Sternberg zeigt, wie jeder innere Zustand seine Form hervorbringt, sich in ihr materialisiert. Wenn die Kirchturmuhr spielt, ziehen unterhalb von ihr Figuren vorüber. Sie haben ein bißchen Ähnlichkeit mit Professor Raths Gestalt.

Jochen Meyer-Wendt

Zwei schöne Tage verlebt eine Hochstaplerin mit Pierre im spanischen Aranjuez, nachdem sie einem Juwelier geschickt eine wertvolle Perlenkette entwendet hat.

1933. Flüchtlinge.
REG Gustav Ucicky. AUT Gerhard Menzel; nach seinem Roman ›Deutsche wollen heim‹. KAM Fritz Arno Wagner. BAU Robert Herlth, Walter Röhrig. SCH Eduard von Borsody. TON Hermann Fritzsching. MUS Herbert Windt, Ernst Erich Buder. LT Franz Baumann. MT ›Marschlied der Kameraden‹.
DAR Hans Albers (Arneth), Käthe von Nagy (Kristja), Eugen Klöpfer (Laudy), Ida Wüst (die Megele), Walter Hermann (deutscher Delegierter), Karl Rainer (Peter), Franziska Kinz (Schwangere), Veit Harlan (Mannlinger), Hans Albert Schlettow (Sibirier), Friedrich Gnaß (Husar), Karl Meixner (Pappel), Fritz Genschow (Hermann), Hans Herrmann-Schaufuß (Zwerg), Josef Dahmen (Rothaariger), Rudolf Biebrach (Uhrmacher), Carsta Löck (die Hellerle), Maria Koppenhöfer (Wolgadeutsche), Andrews Engelmann (russischer Kommissar).
PRO Ufa. Herstellungsgruppe: Günther Stapenhorst. HEL Günther Stapenhorst. PRL Erich von Neusser. AUL Otto Lehmann. DRZ Ende Juli - Oktober 1933. DRO Ufa-Atelier Neubabelsberg; AA Seddin bei Potsdam, Freigelände Neubabelsberg. LNG 2408 m, 88 min. ZEN 1.12.1933, Jf. URA 8.12.1933, Berlin (Ufa-Palast am Zoo).
– Prädikate: Staatspreis (1.5.1934), Künstlerisch besonders wertvoll. – Von den Alliierten Militärbehörden verboten.
Französische Version:

1933. Au bout du monde.
REG Gustav Ucicky, Henri Chomette. AUT Gerhard Menzel; nach seinem Roman ›Deutsche wollen heim‹. DIA Henri Chomette. KAM Fritz Arno Wagner. BAU Robert Herlth, Walter Röhrig. TON Hermann Fritzsching. MUS Herbert Windt, Ernst Erich Buder.
DAR Pierre Blanchard (Jean Arnaud), Kate /= Käthe von/ de Nagy (Christine Laudy), Charles Vanel (Georges Laudy), Line Noro (Line), Raymond Cordy (Dédé), Pierre Louis (Pierre), Mady Berry (Marie-Jeanne), René Bergeron (Malinger), Hans Adalbert Schlettow (le bucheron), Aimos (le hassard), Pierre Piérade (Peuplier), Fritz Genschow (le sibérien), Véra Baranowskaia (la femme russe), Andrews Engelmann (le commissaire russe), Henri Chomette.
PRO Ufa. PRT Günther Stapenhorst. SUP Raoul Ploquin. DRZ August - ca. 10.11.1933. DRO Ufa-Atelier Neubabelsberg; AA Seddin bei Potsdam, Freigelände Neubabelsberg. LNG 80 min. URA 29.3.1934, Paris (Cinéma des Miracles).
– AT: Les fugitifs.
Ein ehemaliger deutscher Offizier hat während der Jahre der Weimarer Republik Deutschland enttäuscht den Rücken gekehrt und sich in Nanking als Instrukteur niedergelassen. Eine Gruppe von verzweifelten Wolgadeutschen hat sich auf der Flucht vor Kommunisten bis Charbin an der russisch-chinesischen Grenze durchgeschlagen. Der Deutsche bringt sie nach Peking.

1933. Inge und die Millionen.
REG Erich Engel. RAS Milo Harbich. AUT Curt J. Braun, Emil Burri. KAM Carl Hoffmann, (Werner Bohne). KAS Günther Anders. BAU Hans Sohnle, Otto Erdmann. MAS Waldemar Jabs. SCH Milo Harbich. TON Walter Tjaden. MUS Erik Plessow. Bearbeitung Hans-Otto Borgmann.
DAR Brigitte Helm (Inge, Sekretärin), Paul Wegener (Bankier Seemann), Willy Eichberger (Walter Brink), Ernst Behmer (Kutzner), Otto Wallburg (Conrady), Lissy Arna (Kitty, Freundin von Conrady), Ernst Karchow (Böttcher, Inhaber einer Speditionsfirma), Franz Niklisch (Lindemann), Paul Westermeier (Chauffeur Fritz), Charlotte Serda (Lotte, Lindemanns Frau), Gerhard Bienert (Arbeiter).

Angejazzt
Friedrich Hollaender und die Filmmusik

Die Szene ist ein billiger Tingeltangel-Schuppen mit Namen Blauer Engel. Marlene sitzt auf der Tonne, zeigt ihre Beine und singt. Der Mann hinterm Klavier: Friedrich Hollaender. Emil Jannings einmal ausgenommen, kennen die Schauspieler das Milieu, das sie spielen. Sie haben allesamt Kabarett- und Revue-Erfahrungen: Kurt Gerron, der im Film den Direktor gibt, ist in Trude Hestebergs Wilder Bühne aufgetreten. Die Dietrich und Hans Albers wirkten bei der Nelson-Revue mit. Rosa Valetti ist eine berühmte Diseuse, der Mann am Klavier ehemaliger Hauskomponist in ihrem Café Größenwahn.

Friedrich Hollaender ist erblich vorbelastet. Vater Victor dirigiert und komponiert fürs Metropol-Theater. Bruder Felix ist Dramaturg bei Max Reinhardt. Friedrich beginnt seine Karriere mit Bühnenmusiken; seine eigentliche Domäne ist aber das Kabarett. Da trifft es sich gut, daß der berühmte Theatermann Reinhardt dem Zeitgeist gemäß sein literarisches Kabarett wieder aufzieht: Schall und Rauch. Und in der Komödie am Kurfürstendamm, ebenfalls unter Reinhardts Intendanz, kann er im Frühjahr 1927 mit dem Programm »Was Sie wollen« erstmals im großen Stil seine Vorstellungen realisieren. Ihm schwebt etwas Neues vor:

Jazz als Gundlage des Erfolgs: Friedrich Hollaenders »Jazz Symphoniker« beim Presseball 1930

Ein Welthit mit dem Debüt: Friedrich Hollaender (am Flügel) in der Dekoration zu DER BLAUE ENGEL »Hollaender hatte musikalisch das Image der Dietrich geformt wie von Sternberg das cinématographische. Beider ergänzten sich; sie schossen ineinander zu einem einzigen Bild: die Dietrich war tatsächlich ein Produkt des Teams Hollaender - von Sternberg.« (Klaus Geitel, 1978)

Hollaender und die »Haus Vaterland«-Jazzband für den Ufa-Tonfilm EINBRECHER

Mit der Form der »Revuette«, einer kabarettistischen Revue mit verbindender Rahmenhandlung, trennt er sich vom alten Nummern-Kabarett. Seine avantgardistische Experimentierfreudigkeit findet eine kongeniale Ergänzung, als Hollaender im Winter 1926/27 auf einer Fest-Gesellschaft in Berlin die junge Jazzband der Weintraub Syncopators hört. Er begeistert sie für eine Zusammenarbeit: Beginn einer einzigartigen Karriere, die sich anschließend international im gehobenen Showbiz fortsetzt. Und umgekehrt werden die Weintraubs ein nicht geringer Erfolgsfaktor für das weitere Schaffen Hollaenders. In »Was Sie wollen« werden die Jazzer effektvoll eingesetzt: nicht als Begleitmusiker im Orchestergraben, sondern als artistische Attraktion auf der Bühne.

Hollaender wird vorübergehend der Pianist und Co-Leader der Band (neben ihrem Gründer Stephan ›Steps‹ Weintraub); er beginnt, Arrangements für sie zu schreiben und organisiert ihre erste Schallplatten-Sitzung im Februar 1928 für das Odeon-Label der Lindström-Gesellschaft. Die Revuen »Das bist Du« und »Bei uns um die Gedächtniskirche ›rum‹« sind im Theater am Kurfürstendamm immer ausverkauft. Die sechs Weintraubs werden gefeiert als »die beste Jazzband von Berlin« (Berliner Börsen-Courier, 12.9.1927). Es mangelt wahrlich nicht an Presse-Zitaten, die sich für die nächste Annonce eignen: »Beifall bis zum Trampeln«, registriert das *Berliner Tageblatt*, »eine spritzige, literarisch-politische Revue; musikalisch, textlich, darstellerisch reich dotiert«, begeistert sich der Rezensent. Die *B.Z.* streicht besonders den Texter Hollaender heraus: »Seine Einfälle funkeln, seine Worte sitzen, kess, gelockert, pointiert, aus dem Leben gegriffen.« »Friedrich Hollaender und die Weintraub Syncopators« werden zu einem festen Begriff (so auf vielen Bällen der berliner Gesellschaft); sie zählen zu den Meilensteinen des Jazz in

PRO Ufa. Herstellungsgruppe: Bruno Duday. HEL Bruno Duday. PRL Erich Holder. AUL Fritz Schwarz. DRZ 10.9.1933 - Anfang November 1933. DRO Ufa-Atelier Neubabelsberg. LNG 2625 m, 96 min. ZEN 15.12.1933, Jv. URA 22.12.1933, Berlin (U.T. Kurfürstendamm).

Sekretärin Inge schmuggelt für ihren Chef, den Bankier Seemann, an dem sie auch privat Interesse zeigt, Bargeld über die schweizer Grenze. Dabei lernt sie den jungen Walter Brink kennen. Er ist beim Spediteur Böttcher angestellt, dem von Seemann der Kredit gekündigt wurde und der sich anschließend selbst tötet. Seemann kann kurz vor seiner Flucht aus Deutschland verhaftet werden; Inge, die alles gesteht, findet endgültig zu Walter.

1933. Des jungen Dessauers große Liebe.
REG Arthur Robison. AUT Philipp Lothar Mayring, Bobby E. Lüthge; nach einer Idee von Christian Uhlenbruck. KAM Friedl Behn-Grund. BAU Erich Kettelhut, Max Mellin. KOS Ilse Fehling. SCH Herbert B. Fredersdorf. TON Carlheinz Becker. MUS Eduard Künneke. ML Franz Marszalek. AUS Ufa-Sinfonieorchester. LT Richard Keßler. MT ›So leben wir, so leben wir, so leben wir alle Tage‹, ›Ich liebe nur Dich‹.
DAR Willy Fritsch (Fürst Leopold von Anhalt-Dessau), Trude Marlen (Anneliese), Paul Hörbiger (Kaiser), Ida Wüst (Fürstin-Mutter), Gustav Waldau (Baron von Chakisac), Hermann Speelmans (Greschke, Sergeant), Jakob Tiedtke (Apotheker Froese), Alice Treff (Prinzessin Marie von Hessen), Alexander Engel (Kandidat Schmitt), Hubert von Meyerinck (Graf von Syringen), Walter von Allwörden (1. Gesandter), Hadrian Maria Netto (2. Gesandter), Hans Sternberg (Bürgermeister), Paul Mederow (Oberst Hall). PRO Ufa. Herstellungsgruppe: Max Pfeiffer. HEL Max Pfeiffer. PRL Günther Stapenhorst. DRZ September - ca. 20.11.1933. DRO Ufa-Atelier Neubabelsberg. LNG 2686 m, 98 min. ZEN 19.12.1933, Jf. URA 22.12.1933, Berlin (Ufa-Palast am Zoo).
Französische Version:
1933. Tambour battant.
REG Arthur Robison, André Beucler. AUT Philipp Lothar Mayring, Bobby E. Lüthge; nach einer Idee von Christian Uhlenbruck. KAM Friedl Behn-Grund. BAU Erich Kettelhut, Max Melin. MUS Eduard Künneke. DAR Georges Rigaud (le prince Léopold von Anhalt-Dessau), Josseline Gael (Anneliese), Charles Martinelli (l'empereur), Françoise Rosay (la princesse mère), Félix Oudart (le comte de Chalissac), Lucien Carol (le sergeant), Robert Lepers (le prétendant évincé), Renée Bel, Raymond Rognoni, Paul Ollivier, Maurice Rémy, André Nicolle, Henri Chomette, Hubert von Meyerinck, Edouard Hamel. PRO Ufa / ACE. PRL Günther Stapenhorst. SUP Raoul Ploquin. DRZ September - ca. 20.11.1933. DRO Ufa-Atelier Neubabelsberg. LNG 90 min.

Alle Intrigen und Zermürbungen der Fürstin-Mutter bringen den jungen Dessauer nicht davon ab, die Apothekertochter Anneliese zu ehelichen.

Deutschland. Später leitet der Komponist – unter seinem Namen als Leader – für Bühnenauftritte und Filmsynchronisation diverse eigene, von ihm zusammengestellte Bands.

Mit DER BLAUE ENGEL tritt die musikalische Avantgarde der zeitkritischen Revuen in Konjunktion mit dem Anfang der Tonfilm-Musik. Und wie Hollaender auf dem Theater musikalische Elemente in die szenische Gestaltung seiner Kabarett-Revuen einführt, so reflektiert er auch über die Möglichkeiten der Musik im Film, macht sie zum dramaturgischen Bestandteil. Im *Reichsfilmblatt* führt er aus: »Sowohl die konkreten als auch die abstrakten Vorgänge der filmischen Darstellung drängen an und für sich immer nach Musikalität. Sie können sogar durch musikalischen Aufbau in ihrer Entwicklung stark gefördert und veredelt werden.« (10.5.1930) Es findet keine Trennung statt zwischen den Songs, welche oft lediglich in die Handlung einmontiert werden, und der untermalenden Illustrationsmusik, wofür später oft zwei verschiedene Autoren verantwortlich zeichnen. Für sein Konzept kann Hollaender sein eigenes Beispiel als besten Beleg anführen: »Schon mit dem Schlager ›Ich bin von Kopf bis Fuß auf Liebe eingestellt‹ war die Charakterrolle von Marlene Dietrich, der verführerischen Varietésängerin Lola Lola, so scharf umrissen, daß durch dieses Chanson eine klare Grundlinie für die Handlung gewonnen war. (...) Das gleiche Motiv in symphonischer Gestaltung begleitet die Handlung bis zur Katastrophe.« Und Hollaender ist nicht nur der Komponist, sondern auch der Texter des Liedes, dessen englische Version »Falling in Love Again« ein internationaler Erfolg wird. Zudem gelingen ihm mit »Kinder, heut' abend, da such' ich mir was aus« und »Ich bin die fesche Lola« zwei freche Foxtrott-Nummern, die gern von den Kapellen gespielt werden und – zumindest für ein paar Saisons – beim Tanzvolk große Popularität genießen.

Daß DER BLAUE ENGEL kein singulärer Glückstreffer ist, beweist Hollaender kurz danach mit EINBRECHER. Die Kriminal-Komödie mit dem Traumpaar Harvey-Fritsch sprüht geradezu vor musikalischem Einfallsreichtum. Der Film zeigt erneut seine Affinität zum hot-ambitionierten Jazz und zugleich sein melancholisch-ironisches Talent aus der Richtung des literarischen Kabaretts. Neben dem diskret-charmanten Slowfox »Eine Liebelei, so nebenbei – paßt nicht zu Ihnen, gnädige Frau« läßt er Willi Fritsch in einem ›wilden‹ Fox-Titel zu der übermütigen Einsicht gelangen:

Ach wie herrlich ist es in Paris!
Die Frauen sind so süß
Und dennoch ist mir mies:
Jeden Abend Smoking oder Frack
So geht es Tag für Tag
Das ist nicht mein Geschmack:
Ich laß' mir meinen Körper schwarz bepinseln,
    schwarz bepinseln
Und fahre nach den Fitschi-Inseln,
    nach den Fitschi-Inseln!

Zu diesem Titel hottet in einer Szene auf einem ›Bal au Nègre‹ einer pariser ›Neger-Bar‹ der berühmte Jazz-Klarinettist Sidney Bechet, der zur Zeit der Entstehung des Films als Attraktion im Palmensaal, dem Tanz-Casino des Haus Vaterland am Potdamer Platz, zum Dancing aufspielt.

Der Fachpresse entgeht nicht, daß in diesem Fall Musik und Regie sich gegenseitig inspirieren. »Dem Regisseur Hanns Schwarz gebührt das Verdienst, den Stil für diese neuartige Kombination von Lustspiel, Pantomime und Musik mit treffsicherem Instinkt gefunden zu haben. Sehr fein insbesondere einige Überleitungsszenen, wenn die Harvey in den Straßen von Paris ihren Wagen zum Rendezvous fährt – wenn sie das Treppenhaus hinauftänzelt. So erfaßt er mit starkem musikalischem Einfühlungsvermögen die Bewegungen der Musik und setzt sie in die tatsächliche Szene um«, lobt *Der Film*. Hollaenders Beitrag zu dem Erfolg bestätigt nur noch einmal seinen Rang als Filmkomponist: »Er bleibt ohne Zweifel der Begabteste seines Genres.«

Und deshalb ein gefragter Mann, der in diesen Jahren höchst produktiv ist. Hollaender schreibt die Musik zu den Filmen DAS LIED VOM LEBEN, DAS SCHICKSAL DER RENATE LANGEN, DER WEG NACH RIO, DREI TAGE LIEBE, DER MANN, DER SEINEN MÖRDER SUCHT, ICH UND DIE KAISERIN und vielen anderen. Für den Film DIE GROSSE SEHNSUCHT komponiert er den flotten Foxtrott »Ich wünsch mir was ...«. Sich selbst kann er ebenfalls einen Wunsch erfüllen: ein eigenes Kabarett.

»Da macht Friedrich Hollaender, dieser kleine schwarze Mann, der ein so großer Kenner des Lebens und der Musik ist, macht dieser geniale Kerl, der aus dem Stehgreif, wenn sein Schicksal es will, die Pointe eines Menschenlebens packt und sofort in Text und Melodie fixiert, zwischen einem Luxus-Pleitepalast und einem pompösen Operettenhaus voll gespenstischer, überholter Operetten ein Kabarett auf, das Tingeltangel«, schreibt Manfred Georg 1931 in seiner Dietrich-Monografie. Auch die Film-Branche nimmt Anteil. »Noch sind Stühle und Tische wild über- und durcheinandergestellt. Aber die Flügel stehen schon richtig auf ihrem Platz, und das ist das Wichtigste für den kleinen lebendigen Mann, der Friedrich Hollaender heißt und sein ›Tingel-Tangel‹ am 15. wiedereröffnen will. Gerade steht Hedi Schoop auf der Bühne, natürlich noch ohne Kostüm, und macht groteske Bewegungen. Unten, im Parkett, sitzt der kleine Mann, der sein eigener Direktor, Textautor, Komponist und Regisseur ist.« (Film-Kurier, 10.9.1931) Er weiß, worauf es beim Kabarett ankommt: auf die gut sitzende Pointe. Musik und Text müssen »karikierend Personen, Dinge, Gewohnheiten, Alltägliches formen und pünktlich auf die Sekunde ins Ziel gehen«. (Die Weltbühne, 2.2.1932)

Das zweite Tingeltangel-Programm 1932 nennt sich »Höchste Eisenbahn«, und der Titel wird, von den Zeitläuften überholt, bald zum Galgenhumor, ja zur schaurigen Prophezeiung: Es ist Hollaenders letzte große

Kleinkunst-Produktion in Deutschland, bevor er emigrieren muß.

Der berliner Boulevard des Kurfürstendamms, der Ende der 20er Jahre kosmopolite künstlerische Begegnung ermöglicht, wird für die prominenten jüdischen Künstler zu einem »Boulevard der Dämmerung«. Ihr Weg führt – von der Not gedrungen – weiter bis nach Los Angeles und Hollywood. Dort gestaltet Kollege Waxman, der als Franz Wachsmann einst Hollaender als Pianist bei den Weintraub Syncopators abgelöst hat, die Musik zu Sunset Boulevard (1950). Die Regie bei dieser melancholischen Abrechnung mit Hollywoods eigenem Mythos führt Billy Wilder – ebenfalls ein Freund aus berliner Tagen. Damals verdient der noch sein Geld – dank guter Englischkenntnisse und Smoking – als Eintänzer im eleganten Hotel Eden und sammelt erste Filmerfahrungen bei der Ufa. Billie Wilder ist z.B. Drehbuch-Coautor des Siodmak-Films Der Mann, der seinen Mörder sucht, in dem Hollaender (als Vorsitzender des Ganovenvereins »Weiße Weste«) mit Pistole und Messer den Schlußchor dirigiert. Fast zwei Jahrzehnte später, nach dem Ende des »Tausendjährigen Reiches« und des II. Weltkriegs, als Wilder den im zerbomten Berlin angesiedelten Film A Foreign Affair dreht, schreibt Frederick Hollander ihm die Musik. Marlene Dietrich singt im Nachtclub die Lieder »Black Market«, »Illusions« und »Ruins of Berlin«, und am Klavier sitzt wieder ihr Komponist und Textdichter.

Wilder holt den inzwischen nach Deutschland zurückgekehrten Freund 1961 noch einmal für die Berlin-Komödie One, Two, Three vor die Kamera. Als der amerikanische Coca-Cola-Kapitalist mit den drei russischen Kommissaren das ostberliner Grandhotel Potemkin betritt, intoniert das Orchester traurig »Yes, We Have No Bananas«. Es wird dann doch ein heißer Abend, Lilo Pulver tanzt auf dem Tisch und legt einen umwerfend komischen Striptease hin, die Musik wacht auf und steigert sich in Khatchaturians feurigem »Säbeltanz«. Der Kapellmeister ist niemand anders als Friedrich Hollaender.

Marko Paysan

Ein gemachter Mann

Der stumme Gast: Buster Keaton zu Gast in Babelsberg, rechts neben Friedrich Hollaender

1933. Rivalen der Luft. Ein Segelfliegerfilm.
REG Frank Wysbar. AUT Walter Forster; nach einer Idee von Philipp Lothar Mayring. KAM Hans Schneeberger. BAU Erich Czerwonski. SCH Willy Zeyn. TON Jochen Thurban. MUS Herbert Windt. ML Franz Friedl. Fliegerische Mitwirkung Wolf Hirth, Hanna Reitsch, Edgar Dittmar, Heini Dittmar, Alfred Böhm, Otto Arndt, M. Bohlan, Oblt. Tamm, Hans Deutschmann, Rittmeister Röhre, Fritz Stamer, Franz Orthbandt.
DAR Claus Clausen (Fluglehrer Willi Frahms), Wolfgang Liebeneiner (Flugschüler Karl Hofer), Hilde Gebühr (Flugschülerin Christine Steeger), Sybille Schmitz (Sportfliegerin Lisa Holm), Walter Gross (Palmström), Guzzi Lantschner (Pippin aus Bayern), Werner Stock (Otto aus Sachsen), Franz Zimmermann (Flugschüler Corduan aus Berlin), Volker von Collande (Flugschüler Hanne aus Hamburg), Hans Henninger (Flugschüler Schnitt aus Ostpreußen), Florian Zeise-Gött (Flugschüler Haberkorn aus der Pfalz), Wolff von Wernsdorff (Flugschüler Ox aus England), Paul Henckels, Ingolf Kuntze, Rittmeister a.D. Röhre (Leiter der Segelflugschule Rossitten), Karl Zutavern (Pilot), Dr. Lübbesmeyer (Pilot).
PRO Ufa. Herstellungsgruppe: Karl Ritter. HEL Karl Ritter. AUL Fritz Koch. DRZ August - Oktober 1933. DRO Ufa-Atelier Neubabelsberg; AA Rhön, Rossitten auf der Kurischen Nehrung. LNG 2669 m, 98 min. ZEN 4.1.1934, Jf. URA 19.1.1934, Berlin (Ufa-Palast am Zoo).
– Prädikat: Volksbildend. – Von den Alliierten Militärbehörden verboten.
Lustspiel aus dem Segelfliegermilieu.

268

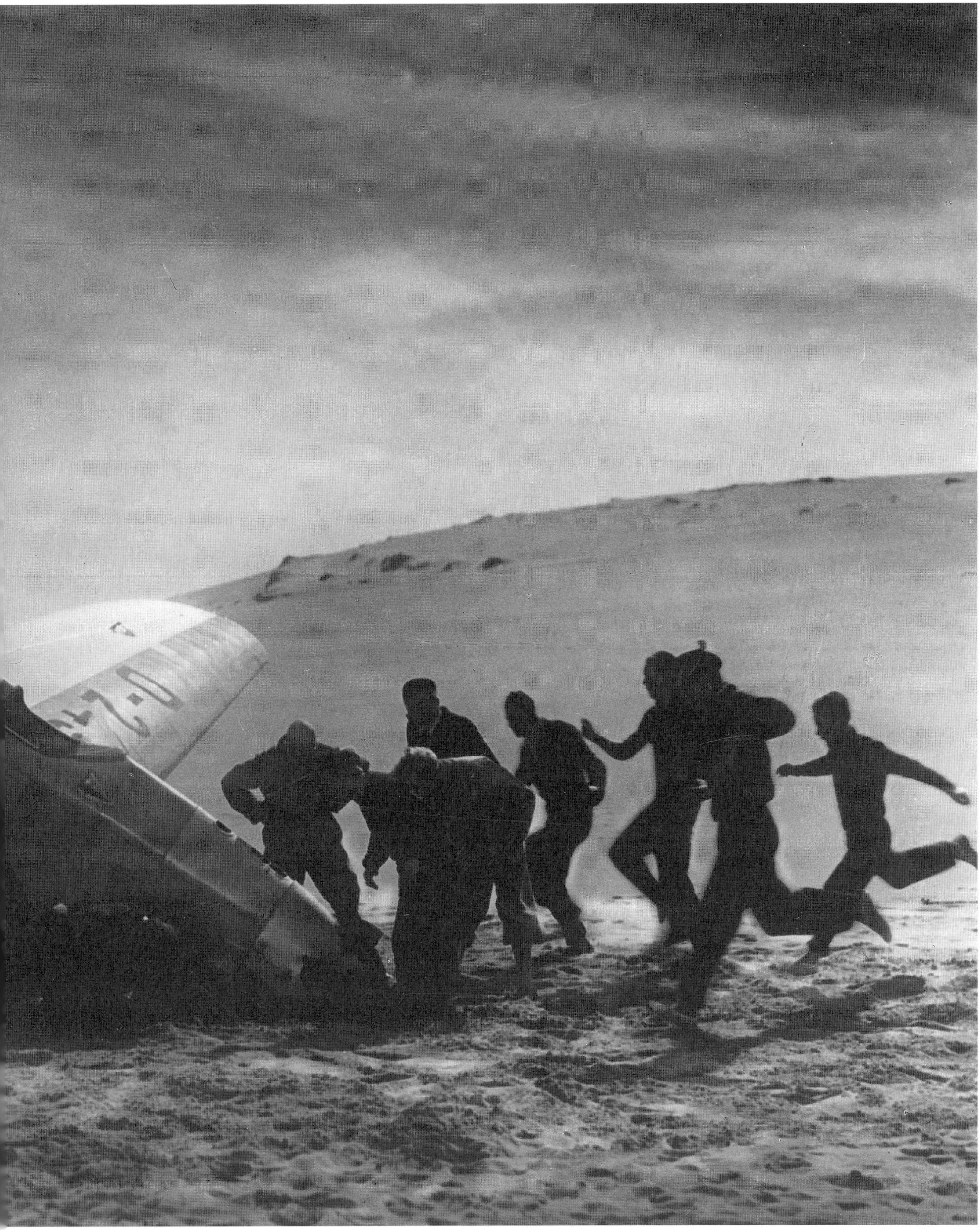

1933. Viktor und Viktoria.
REG Reinhold Schünzel. RAS Kurt Hoffmann.
AUT Reinhold Schünzel. KAM Konstantin Tschet.
BAU Benno von Arent, Arthur Günther. SCH Arnfried Heyne. TON Fritz Thiery, Walter Tjaden. MUS Franz Doelle. LT Bruno Balz. MT ›An einem Tag im Frühling‹, ›Komm doch ein bißchen mit nach Madrid‹, ›Man sagt zu einer Dame nicht beim erstenmal ‚Komm mit'‹, ›Rosen und Liebe‹. CHO Sabine Ress.
DAR Renate Müller (Susanne Lohr), Hermann Thimig (Viktor Hempel), Adolf Wohlbrück (Robert), Hilde Hildebrand (Ellinor), Fritz Odemar (Douglas), Friedel Pisetta (Lilian), Aribert Wäscher (F. A. Punkertin), Karl Harbacher, Raffles Bill (Varietékünstler), Herbert Paulmüller, Jakob Sinn, Ewald Wenck, Gertrud Wolle, Trude Lehmann, Franz Sutton, Wagner, Ernst Behmer, Rudolf Platte, Paul Rehkopf.
PRO Ufa. Herstellungsgruppe: Alfred Zeisler. HEL Alfred Zeisler. PRL Eduard Kubat. AUL Günther Grau. DRZ Ende September - Ende November 1933. DRO Ufa-Atelier Neubabelsberg. LNG 2772 m, 101 min. ZEN 22.12.1933, Jv. URA 23.12.1933, Berlin (Gloria-Palast).
– Prädikat: Künstlerisch.
Französische Version:

1933. Georges et Georgette.
REG Reinhold Schünzel, Roger Le Bon. RAS Kurt Hoffmann. AUT Reinhold Schünzel. DIA Henri Falk.
KAM Konstantin Tschet. BAU Benno von Arent, Arthur Günther. SCH Arnfried Heyne. TON Fritz Thiery, Walter Tjaden. MUS Franz Doelle. CHO Sabine Ress.
DAR Meg Lemonnier (Suzanne), Julien Carette (Georges), Adolf Wohlbrück (Robert), Jenny Burnay (Elionore), Charles Redgie (Douglas), Paulette Dubost (Lilian), Félix Oudart (Pokerdass), Gustave Huberdeau, Berger, Paul Thierry, Max Lerel, Odette Talazac, Clara Darcey-Roche, Lise Delamare, Irène Daniel, Fleury, Renée Bel.
PRO Ufa / ACE. PRT Alfred Zeisler. PRL Eduard Kubat.
AUL Günther Grau. DRZ Ende September - Ende November 1933. DRO Ufa-Atelier Neubabelsberg. LNG 93 min.
URA 29.1.1934, Paris (Studio de l'Etoile).
Viktor und Viktoria sind zwei Namenlose aus dem großen Heer der kleinen Schauspieler. Er träumt als Damenimitator von Shakespeare-Rollen, sie seufzt in den Vorzimmern der Theateragenten nach Premierenruhm als Sängerin. Als Viktor krank wird, springt Viktoria für ihn ein, zieht sich Hosen an und spielt nun im richtigen Leben als Frau einen Mann und auf der Bühne als Mann eine Frau. Bei einem londoner Gastspiel verlieben sich beide nach einigen Wirren in die jeweils richtigen Partner.

1934. Erstens kommt es anders.
REG Philipp Lothar Mayring. AUT Hans Reimann.
KAM Willy Winterstein. BAU Erich Czerwonski.
MUS Bruno Suckau.
DAR Blandine Ebinger, Werner Finck, Ruth Hellberg, Fritz Lafontaine, Peter Erkelenz, Oscar Sabo, Martha Ziegler, Hans Halden.
PRO Ufa. PRL Peter Paul Brauer. DRZ Januar 1934.
DRO Ufa-Atelier Neubabelsberg. LNG 698 m, 25 min.
ZEN 12.1.1934, B.35471, Jv.
– Kurzspielfilm.

1933/34. Liebe und Zahnweh.
REG Georg Jacoby. AUT Rudo Ritter. KAM Willy Winterstein. BAU Carl Ludwig Kirmse. TON Bruno Suckau.
MUS Rudo Ritter.
DAR Baby Gray, Werner Finck, Hellmuth Krüger, Elfriede Jerra, Dorothea Thiess.
PRO Ufa. PRL Peter Paul Brauer. DRZ Dezember 1933.
DRO Ufa-Atelier Neubabelsberg. LNG 743 m, 27 min.
ZEN 12.1.1934, B.35472, Jv. URA 2.2.1934, Berlin (Ufahaus, Interessentenvorführung).
– Kurzspielfilm.

1933/34. Der Mann mit dem Affen.
REG Herbert B. Fredersdorf. AUT Leopold Müller.
KAM Willy Winterstein. BAU Erich Czerwonski.
TON Bruno Suckau. MUS, ML Werner Bochmann.
DAR Baby Gray (Veronika), Hugo Fischer-Köppe (Billi), Werner Finck (Bertram Jäger), Franz Stein, Otto Sauter-Sarto, Heinrich Berg, Irmgard Seidler, Walter Gross.
PRO Ufa. PRL Peter Paul Brauer. DRZ Dezember 1933.
DRO Ufa-Atelier Neubabelsberg. LNG 653 m, 24 min.
ZEN 17.1.1934, B.35497, Jf.
– Kurzspielfilm.

Die Ästhetik des Tonfilms

Erich Kästner über »Schuß im Tonfilmatelier«

„Der Schuß im Tonfilmatelier"

So sehr der Filmindustrie daran liegt, die technischen Probleme des Tonfilms zufriedenstellend zu lösen, so wenig interessiert sie sich für seine ästhetischen Gesetze. Es ist überhaupt erstaunlich, wie kühl die künstlerischen Fachleute des Films, des Rundfunks und des Tonfilms der normalen *Klärung* gegenüberstehen. Sie beruhigen sich, fast ausnahmslos, bei den selbstverständlichen Erkenntnissen. Auch auf den Universitäten hat sich kaum ein Gelehrter gefunden, den eine Erforschung der neuen Kunstgattungen gereizt hätte. Wenn man bedenkt, daß die Gesetzmäßigkeiten des Dramas und des Theaters seit Jahrtausenden von den besten Köpfen beobachtet, erkannt und beschrieben wurden, muß die gigantische Gleichgültigkeit wundernehmen, mit der die lebende Generation den neuen Darstellungskünsten zusieht. Auch die Tageskritiker nehmen sich selten die Mühe, die Mängel eines Hörspiels, eines Tonfilms in seinen tiefsten Gründen zu suchen. Und welchen Nutzen haben Dramatik und Schauspielkunst von ihren Erforschern, seit Aristoteles, gehabt? Jede Stilepoche fand ihre Ästhetiker und wurde, von ihnen nachträglich belehrt, noch reifer und echter. Die Ästhetik ist, mindestens, scheintot. Hoffentlich findet sie bald ihre Erwecker.

Neulich sprach ich mit einem Filmregisseur. Er setzte mir auseinander, wie er, in einem geplanten Tonfilm, künstlerisch vorgehen wolle. »Die Kollegen,« sagte er, »verwechseln unentwegt den Tonfilm mit dem Theater; sie verzichten auf alle Eigentümlichkeiten und Möglichkeiten der Filmkunst; sie drehen ein Theaterstück, keinen Film.« Er hatte völlig recht. Ein Tonfilm wie HOKUSPOKUS ist nichts als ein Theaterstück; die Einheit des Ortes – beim klassischen Drama ein immanentes Bühnengesetz – ist hier nahezu durchgeführt, obwohl das oberste Filmgesetz lauten müßte: Vielheit des Orts, bildhafte Beweglichkeit. Der Filmregisseur sagte dann noch: »Ich bin gegen den akustischen Realismus. Meine Kollegen nehmen alles auf, was zu hören ist, und ihnen ist es gleich, ob die Bildsituation dazu berechtigt. Stellen Sie sich vor, daß ein verzanktes Liebespaar im Straßenlärm steht. Glauben Sie, daß die beiden die Autos und Straßenbahnen und Gesprächsfetzen überhaupt hören oder doch entfernt so wie wer, der den Lärm betrachtet? Aber die Regisseure beachten das nicht.«

Merken Sie, wie wichtig solche Überlegungen für die Qualität eines Films, Tonfilms, Funkdramas sind? Und der Regisseur, von dem ich erzählte, war eine der wenigen Ausnahmen unter den modernen

Herstellern. Die andern haben keine Ahnung, und so sehen dann auch ihre Kunstwerke aus. Glücklicherweise ist unter den neuen deutschen Tonfilmen einer, der Lob verdient. Er heißt SCHUSS IM TONFILMATELIER. Der Produzent, Zeisler, hat Empfinden für das, was dem Tonfilm zukommt und was ihm nicht ziemt. Und er griff besonders geschickt, als er das Tonfilmatelier nicht nur als Aufnahmeraum, sondern auch als Handlungsort erwählte. So kamen wirklich akustische Dinge »zur Sprache«. Schüsse, Mikrophone, Abhörzellen, Tonfilmvorführungen im Tonfilm, Abgehörtes als Kriminalmittel – alle diese Dinge der Werkstatt sind naturgemäß tonfilmgerechte Sujets. So gelang der Film, als bloße Unterhaltung projektiert, auch hinsichtlich der künstlerischen Qualität über Erwarten.

Aber damit ist die Schwierigkeit noch nicht behoben. In diesem einen Film war sie, dank des prädestinierten Stoffs, nicht vorhanden. Doch sie lebt weiter, und uns stehen unzureichende Tonfilme in Hülle und Fülle bevor. Hoffentlich ist die ästhetische Überlegung nicht mehr fern. Den neuen Kunstgattungen und ihren Produzenten könnten viele Irr- und Umwege erspart bleiben.

Erich Kästner

Der Artikel erschien ursprünglich in der Neuen Leipziger Zeitung, 20. August 1930

Filme im Verleih der Ufa 1929

Januar. ★ 1928. D. **Om mani padme hum.** REG Wilhelm Filchner. PRO Filchner. 4 Akte, 1784 m. ★ **Februar.** ★ 1928. USA. **Der König von Soho.** The Street of Sin. REG Mauritz Stiller. DAR Emil Jannings, Fay Wray. PRO Paramount. 7 Akte, 1832 m. ★ 1928. USA. **Dreimal Hochzeit.** Abie's Irish Rose. REG Victor Fleming. DAR Charles Rogers, Nancy Carroll. PRO Paramount. 12 Akte, 3734 m / 12 Akte, 3112 m. ★ 1927. USA. **Im Rampenlicht.** The Spotlight. REG Frank Tuttle. DAR Ester Ralston, Neil Hamilton. PRO Paramount. 6 Akte, 1533 m. ★ 1927. USA. **Das größte Opfer.** The Garden of Allah. REG Rex Ingram. DAR Alice Terry, Ivan Petrovich. PRO M-G-M. 9 Akte, 2119 m. ★ 1928/29. D. **Pori.** REG Freiherr A. von Dungern. PRO Ostafrikanisches Filmsyndikat. 6 Akte, 1919 m. ★ 1928. USA. **Freiwillige Fesseln.** PRO Paramount. 7 Akte, 2079 m. ★ 1928. USA. **Ein Mädel mit Tempo.** The Patsy. REG King Vidor. DAR Marion Davies, Orville Caldwell. PRO M-G-M. 8 Akte, 2182 m. ★ 1928. USA. **Die Dame hinterm Vorhang.** Certain Young Man. REG Hobart Henley. DAR Ramon Novarro, Marceline Day. PRO M-G-M. 6 Akte, 1605 m. ★ 1928. USA. **Polizei.** The Dragnet. REG Josef von Sternberg. DAR George Bancroft, Evelyn Brent. PRO Paramount. 8 Akte, 2452 m. ★ **März.** ★ 1928. USA. **Riff und Raff, die Frauenhelden.** Wife Savers. REG Ralph Cedar. DAR Wallace Beery, Raymond Hatton. PRO Paramount. 6 Akte, 1664 m. ★ 1928. USA. **Der Krieg im Dunkeln.** The Mysterious Lady. REG Fred Niblo. DAR Greta Garbo. PRO M-G-M. 9 Akte, 2372 m. ★ **April.** ★ 1929. USA. **Kameradschaftshochzeit.** DAR Ralph Graves. PRO P.D.C. 2 Akte, 619 m. ★ 1929. USA. **Baby lernt schwimmen.** PRO P.D.C. 2 Akte, 605 m. ★ 1929. USA. **Alice und ihr Chef.** Alice Through a Looking Glass. REG Walter Lang. DAR ?. PRO P.D.C. 2 Akte, 628 m. ★ 1929. USA. **Der vergraulte Bräutigam.** DAR Max Davidson. PRO M-G-M. 2 Akte, 560 m. ★ 1929. USA. **Das Piratentagebuch.** PRO M-G-M. 2 Akte, 595 m. ★ 1929. USA. **Koko raucht.** REG Alfred Weiss (?). PRO Paramount. 1 Akt, 178 m. Zeichentrickfilm. ★ 1928. USA. **Die Docks von New York.** The Docks of New York. REG Josef von Sternberg. DAR George Bancroft, Betty Compson. PRO Paramount. 8 Akte, 2223 m. ★ **Mai.** ★ 1929. USA. **Ein Löwe fällt vom Himmel.** 8 Akte, 536 m. ★ 1929. USA. **Muschi kämpft im wilden Westen.** Muschi, die Filmkatze, und ihre seltsamen Abenteuer. REG Charles B. Mintz (?). PRO Paramount. 1 Akt, 183 m. Zeichentrickfilm. ★ 1929. USA. **Ein Kuß oder ich sterbe.** REG James Parrot. DAR Charley Chase, Nena Quartaro, Richard Tucker. PRO M-G-M. 2 Akte, 578 m. ★ 1929. USA. **Dick und Dof in Freiheit dressiert.** REG Leo McCarey. DAR Stan Laurel, Oliver Hardy. PRO M-G-M. 2 Akte, 542 m. ★ 1928. USA. **Der Schwur des Harry Adams.** Forgotten Faces. REG Victor Schertzinger. DAR Clive Brook, Mary Brian. PRO Paramount. 8 Akte, 2390 m. ★ 1929. USA. **Spaß muß sein.** REG Hal Yates. DAR Edgar Kennedy, Ruby Blaune, Robert Emmet O'Connor. PRO M-G-M. 2 Akte, 609 m. ★ 1929. USA. **Angeln gehn.** REG Robert MacGowan. PRO M-G-M. 2 Akte, 602 m. ★ 1928. USA. **Steckbrieflich verfolgt.** Ladies of the Mob. REG William Wellman. DAR Clara Bow, Richard Arlen. PRO Paramount. 7 Akte, 2088 m. ★ 1928. USA. **Hochzeitsmarsch.** The Wedding March. REG Erich von Stroheim. DAR Erich von Stroheim, Fay Wray. PRO Paramount. 7 Akte, 2236 m / 14 Akte, 3283 m. ★ 1928. USA. **Männerfang.** Our Dancing Daughters. REG Harry Beaumont. DAR Joan Crawford, John Mack. PRO M-G-M. 9 Akte, 2414 m. ★ 1928. USA. **Simba, the King of Beasts**, a Saga of the Africa Veldt. REG Martin Johnson, Osa Johnson. PRO Martin Johnson African Expedition Corp. 6 Akte, 2173 m. Dokumentarfilm. ★ 1929. USA. **Das Herz in der Hose.** DAR Charley Chase. PRO P.D.C. 2 Akte, 622 m. ★ 1929. USA. **Nero und die Kannibalen.** PRO P.D.C. 2 Akte, 598 m. ★ 1929. USA. **Die geborgte Frau.** DAR Charley Chase. PRO P.D.C. 2 Akte, 642 m. ★ 1929. USA. **Der Mann, der grinst.** PRO Universal. 2 Akte, 603 m. ★ 1929. USA. **Das Früchtchen in Nachbars Garten.** PRO P.D.C. 2 Akte, 574 m. ★ 1929. USA. **Der gerettete Junggeselle.** DAR Jack Duffy. PRO Paramount. 2 Akte, 532 m. ★ 1928. USA. **Buster Keaton, der Filmreporter.** The Cameraman. REG Edward Sedgwick. DAR Buster Keaton, Marceline Day. PRO M-G-M. 8 Akte, 2093 m. ★ 1928. USA. **Das Mädchen mit der Kamera.** Hot News. REG Clarence Badger. DAR Bebe Daniels, Neil Hamilton. PRO Paramount. 7 Akte, 2112 m. ★ 1929. GR. **Sportliche Spiele in Delphi.** PRO Dag, Athen. 1 Akt, 289 m. ★ 1928. USA. **Weiße Schatten.** White Shadows in the South Seas. REG Robert Flaherty. DAR Monte Blue, Raquel Torres. PRO M-G-M. 9 Akte, 2468 m. ★ 1929. USA. **Im Dunkel der Nacht.** PRO M-G-M. 7 Akte, 1702 m. ★ **Juni.** ★ 1929. USA. **Die Braut mit dem Holzbein.** PRO P.D.C. 2 Akte, 584 m. ★ 1929. USA. **Anfänger.** PRO P.D.C. 2 Akte, 617 m. ★ 1929. USA. **Auf Verbrecherjagd in Wild-West.** PRO P.D.C. 2 Akte, 600 m. ★ 1929. USA. **Muß Liebe schön sein.** PRO P.D.C. 2 Akte, 553 m. ★ 1929. USA. **Der Stiefelkönig von Kalifornien.** PRO P.D.C. 2 Akte, 628 m. ★ 1929. USA. **Zu viel Bräute schaden nur.** REG Arvid Gilstrom. DAR Bobby Vernon. PRO Paramount. 2 Akte, 572 m. ★ 1929. USA. **Bestellt und nicht abgeholt.** REG William Holland, Gus Meius. DAR Jack Duffy. PRO Paramount. 2 Akte, 529 m. ★ 1929. USA. **Ihr Freund, der Schauspieler.** DAR Alice Day. PRO P.D.C. 2 Akte, 615 m. ★ 1929. USA. **Keilerei auf Aktien.** PRO P.D.C. 2 Akte, 526 m. ★ 1929. USA. **Hausfreund auf Probe.** DAR Stan Laurel, Oliver Hardy. PRO P.D.C. 2 Akte, 593 m. ★ 1929. USA. **Sie werden gleich rasiert.** PRO P.D.C. 2 Akte, 585 m. ★ 1929. USA. **Einen Löffel Ricinus.** PRO P.D.C. 2 Akte, 584 m. ★ 1929. GB. **Mit Cobham im Flugboot rund um Afrika.** PRO Gaumont-Bromhaed. 6 Akte, 2005 m / 6 Akte, 1925 m. ★ **Juli.** ★ 1929. USA. **Das Geheimnis der Höllenschlucht.** The Lariat Kid. REG Reaves Eason. DAR Hoot Gibson, Ann Christy. PRO Universal. 6 Akte, 1537 m. ★ 1929. H. **Schwester Maria.** Maria Növer. REG Antal Forgács. PRO Hunnia. 6 Akte, 1973 m. ★ 1929. GB. **Nur wer die Arbeit kennt.** PRO Ideal-Film. 2 Akte, 462 m. ★ 1929. USA. **Der ›Fliegende Teufel‹ von Texas.** The Winged Horseman. REG Reaves Eason, Arthur Rosson. DAR Ruth Elder, die Ozeanfliegerin. PRO Universal. 6 Akte, 1754 m. ★ 1929. GB. **Fußball mit P. S.** PRO Ideal-Film. 2 Akte, 482 m. ★ 1929. GB. **Hoch das Bein.** PRO Ideal-Film. 2 Akte, 459 m. ★ 1929. GB. **Zu Befehl, Herr General.** DAR Lloyd Hamilton. PRO Ideal-Film. 2 Akte, 473 m. ★ 1929. USA. **Der sanfte Heinrich.** PRO Educational. 2 Akte, 492 m. ★ 1929. USA. **Die Dame aus Moskau.** The Woman from Moscow. REG Ludwig Berger. DAR Pola Negri, Norman Kerry. PRO Paramount. 8 Akte, 2118 m. ★ 1929. USA. **Millionen um ein Weib.** The Wolf of Wall Street. REG Rowland V. Lee. DAR George Bancroft, Baclanova. PRO Paramount. 8 Akte, 2040 m. ★ 1929. USA. **Herrin der Liebe.** A Woman of Affairs. REG Clarence Brown. DAR Greta Garbo, John Gilbert. PRO M-G-M. 10 Akte, 2638 m. ★ 1929. USA. **Erstens kommt es anders.** Just Married. REG Frank Strayer. DAR James Hall, Ruth Taylor. PRO Paramount. 6 Akte, 1942 m. ★ 1929. USA. **Liebeslüge.** The Shopworn Angel. REG Richard Wallace. DAR Nancy Carroll, Gary Cooper. PRO Paramount. 8 Akte, 2155 m. ★ 1928. USA. **Es tut sich was in Hollywood.** Show People. REG King Vidor. DAR Marion Davies, William Haines. PRO M-G-M. 9 Akte, 2286 m. ★ 1929. USA. **Rothaut. Der Todeskampf einer Rasse.** Redskin. REG Victor Schertzinger. DAR Richard Dix, Gladys Belmonto. PRO Paramount. 9 Akte, 2325 m. ★ 1928. GB. **Ihr wißt ja, wie die Matrosen sind.** You Know That Sailors Are. REG Maurice Elvey. DAR Alf Goddard, Cyril MacLaglen, Chili Bouchier. PRO Bromhaed. 6 Akte, 1990 m. ★ **August.** ★ 1929. USA. **Schmetterling, du kleines Ding.** DAR Lloyd Hamilton. PRO Educational. 2 Akte, 470 m. ★ 1929. USA. **Die Brücke von San Luis Rey.** The Bridge of San Luis Rey. REG Charles Brabin. DAR Lily Damita. PRO M-G-M. 10 Akte, 2419 m. ★ 1929. F. **Irene Rysbergues große Liebe.** Maman Colibri. REG Julien Duvivier. DAR Maria Jacobini, Franz Lederer. PRO Vandal & Delac. 9 Akte, 2900 m. ★ 1929. GB. **Der Würger.** The Wrecker. REG Geza von Bolvary. DAR Carlyle Blackwell, Benita Hume. PRO F.P.S. 6 Akte, 1933 m / 8 Akte, 2032 m / 6 Akte, 1810 m / 7 Akte, 1699 m. ★ 1928. USA. **Der verliebte Reporter.** Telling the World. REG Sam Wood. DAR William Haines, Anita Page. PRO M-G-M. 8 Akte, 2266 m. ★ **September.** ★ 1929. USA. **Wie sag ich's meinen Kunden.** PRO Educational. 2 Akte, 470 m. ★ 1929. USA. **Ein Traum von Liebe.** Dream of Love. REG Fred Niblo. DAR Nils Asther, Joan Crawford. PRO M-G-M. 9 Akte, 2529 m. ★ 1928. USA. **Los, Harold, los!** Speedy. REG Ted Wilde. DAR Harold Lloyd, Ann Christy. PRO Paramount. 8 Akte, 2562 m. ★ 1929. GB. **Die Jagd nach Pharaos Leuchter.** PRO Nettlefold. 6 Akte, 1712 m. ★ **Oktober.** ★ 1928. USA. **Sünden der Väter.** Sins of the Fathers. REG Ludwig Berger. DAR Emil Jannings, Ruth Chatterton. PRO Paramount. 10 Akte, 2437 m. ★ 1927. USA. **Das Mädchen aus der Tanzbar.** The Fleet's In. REG Malcolm St. Clair. DAR Clara Bow. PRO Paramount. 8 Akte, 2275 m. ★ 1929. GB. **Achtung! Tank!** Would You Believe It. REG Walter Forde. DAR Walter Forde, Pauline Johnson. PRO Nettlefold. 5 Akte, 1570 m. ★ 1928. USA. **Übern Sonntag, lieber Schatz.** Three Week-ends. REG Clarence Badger. DAR Clara Bow, Neil Hamilton. PRO Paramount. 6 Akte, 1980 m. **November.** ★ 1929. USA. **Laß Deine Frau verjüngen.** REG Hal Yates. DAR Charley Chase, Edgar Kennedy. PRO M-G-M. 2 Akte, 575 m. ★ 1929. USA. **Zehn Minuten Aufenthalt.** REG Fred L. Guiol. DAR Max Davidson, Anita Garvin. PRO M-G-M. 2 Akte, 551 m. ★ 1928. USA. **Die Masken des Erwin Reiner.** The Masks of the Devil. REG Victor Seastrom (= Sjöström). PRO M-G-M. 8 Akte, 2131 m / 8 Akte, 1779 m. ★ 1929. USA. **Eine Nacht im Prater.** The Case of Lena Smith. REG Josef von Sternberg. DAR Esther Ralston, James Hall. PRO Paramount. 8 Akte, 2318 m. ★ 1929. USA. **Stimme aus dem Jenseits.** The Canary Murder Case. REG Malcolm St. Clair. DAR William Powell, James Hall. PRO Paramount. 7 Akte, 2202 m. ★ **Dezember.** ★ 1929. USA. **Wilde Orchideen.** Wild Orchids. REG Sidney Franklin. DAR Greta Garbo, Lewis Stone. PRO Paramount. 11 Akte, 2893 m. ★ 1928. USA. **Wenn die Großstadt schläft...** While the City Sleeps. REG Jack Conway. DAR Lon Chaney, Anita Page. PRO M-G-M. 8 Akte, 2277 m. ★ 1929. USA. **Die goldene Hölle.** The Trail of '98. REG Clarence Brown. DAR Dolores Del Rio. PRO M-G-M. 13 Akte, 3948 m.

1933/34. Einmal eine große Dame sein.
REG Gerhard Lamprecht. AUT Joseph Pelz von Felinau, Theo Halton. KAM Werner Brandes. BAU Hans Sohnle, Otto Erdmann. SCH Milo Harbich. TON Fritz Seidel. MUS Franz Doelle. LT Bruno Balz. MT ›Einmal eine große Dame sein‹, ›Uns geht's immer fabelhaft‹, ›Heut' könnte ich die ganze Welt umarmen‹, ›Nur du, nur du bringst mir das Glück ins Haus‹.
DAR Käthe von Nagy (Kitty Holm), Wolf Albach-Retty (Heinz von Wolfenstein), Gretl Theimer (Ria), Werner Fuetterer (Wolf von Wolfenstein), Ida Wüst (Baronin Agathe von Wolfenstein), Gustav Waldau (Baron Adalbert von Wolfenstein), Carola Höhn (Hilde), Hans von Zedlitz (Mister Thurner), Elfriede Sander (Franzi).
PRO Ufa. Herstellungsgruppe: Bruno Duday. HEL Bruno Duday. PRL Erich Holder. AUL Ernst Körner. DRZ ca. 10.11.1933 - Anfang Januar 1934. DRO Ufa-Atelier Neubabelsberg. LNG 2500 m, 91 min. ZEN 30.1.1934, Jv. URA 10.2.1934, Berlin (Gloria-Palast).
Französische Version:
1933. Un jour viendra.
REG Gerhard Lamprecht, Serge Veber. AUT Joseph Pelz von Felinau, Theo Halton. DIA Serge Veber. KAM Werner Brandes. BAU Hans Sohnle, Otto Erdmann. MUS Franz Doelle. LT Serge Veber.
DAR Kate de /= Käthe von/ Nagy (Kitty), Jean-Pierre Aumont (Henri de Langillier), Simone Héliard (Ria), José Sergy (André de Langillier), Marfa Dhervilly (tante Agathe), Claude May (Francine), Jacqueline Daix (Yvonne), Chartier, Nono, André Saint-Germain, Charbonnier, Gustave Gallet.
PRO Ufa / ACE. PRL Bruno Duday. SUP Raoul Ploquin. DRZ ca. 10.11.1933 - Anfang Januar 1934. DRO Ufa-Atelier Neubabelsberg. LNG 80 min.

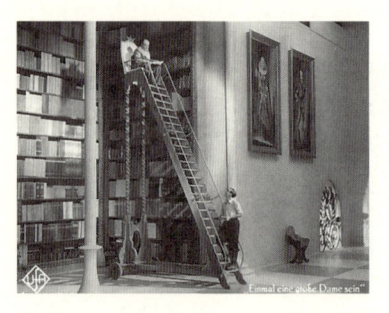

Den Traum von der großen Dame verwirklicht sich eine Angestellte in einem Autogeschäft, als sie ein teures Modell verkauft und anschließend einfahren darf. Sie gibt sich, gut gekleidet, als Gräfin aus und lernt einen Baron kennen.

1933/34. Ihr Trick.
REG Philipp Lothar Mayring. AUT Hans Reimann. KAM Willi Hameister.
DAR Blandine Ebinger, Werner Finck, Ruth Hellberg, Peter Erkelenz.
PRO Ufa. PRL Peter Paul Brauer. DRZ Dezember 1933. DRO Ufa-Atelier Neubabelsberg. URA 2.2.1934, Berlin (Ufahaus, Interessentenvorführung).
– Kurzspielfilm.

1934. Hochzeit am 13.
REG Georg Jacoby. AUT Rudo Ritter. KAM Willy Winterstein. BAU Erich Czerwonski. TON Bruno Suckau. MUS, ML Werner Bochmann.
DAR Baby Gray, Werner Finck, Hans Herrmann-Schaufuß, Hermann Picha, Martha Ziegler, Otto Sauter-Sarto, Rudolf Platte, Franz Stein, Dorothea Thiess.
PRO Ufa. PRL Peter Paul Brauer. DRZ Februar 1934. DRO Ufa-Atelier Berlin-Tempelhof. LNG 737 m, 27 min. ZEN 21.1.1934, B.35769, Jv.
– Kurzspielfilm.

1934. Die Freundin eines großen Mannes.
REG Paul Wegener. RAS Erich Kobler. AUT Philipp Lothar Mayring, Wolfgng Neumeister; nach dem Bühnenstück von Alfred Möller, Hans Lorenz. KAM Eduard Hoesch. BAU Erich Kettelhut, Max Mellin. SCH Willy Zeyn. TON Walter Tjaden. MUS Harald Böhmelt. LT Richard Busch. MT ›Die Tage vergeh'n‹.
DAR Käthe von Nagy (Marga Köhler), Karl Ludwig Diehl (Peters, Fabrikant), Jessie Vihrog (Sigrid Mansfeld), Hans Brausewetter (Ulrich), Harry Frank (Willrodt), Ernst Behmer (Gärtner), Theodor Loos (Dr. Nordegg), Ernst Legal (Vorhangzieher), Werner Finck (Banz), Hans Leibelt (Bankier Rieder), Gustav Püttjer (Bühnenmeister), Hans Zesch-Ballot (Holberg, Berliner Theaterdirektor).

Zwischen Parodie und poetischem Wachtraum

»Die Drei von der Tankstelle«

Trotz Pleite immer vergnügt: Heinz Rühmann, Oskar Karlweis, Willy Fritsch

Der erste Film, mit dem sich die Ufa nicht nur auf der Höhe der neuen Tonfilmperiode zeigt, sondern eine Neuerung präsentieren kann, die international Bestand hat, ist DIE DREI VON DER TANKSTELLE, der am 15. September 1930 im Gloria-Palast seine Premiere erlebt.

Wie der Regisseur, Wilhelm Thiele, später nicht ganz zu Unrecht feststellt: »Ich erfand die Musik als integrierten Bestandteil der Handlung und drehte die Vorläufer des Musical-Filmes«. Dieses Wort gibt es 1930 noch nicht, so firmiert DIE DREI VON DER TANKSTELLE als »Operette«. Ernst Jäger notiert schon 1930 eine Besonderheit, die nicht recht zum Etikett passen will: »Sonst singen kostümierte Chöre – jetzt hüpfen die Schwerarbeiter dahin, die Barmixer gruppieren sich, der seriöse Rechtsanwalt erledigt seine Post im Chanson«. Und Jerzy Toeplitz urteilt in seiner Filmgeschichte fast enthusiastisch: »Das ist bereits keine Satire auf die Operette mehr, sondern eine Operettenparodie. Anderserseits wird hier eine Liebesgeschichte sublimiert, indem sie alles Schablonenhafte verliert und sich in einen zauberhaften Wachtraum verwandelt. Irgendwo am Schnittpunkt von Parodie und poetischem Wachtraum entsteht die Geschichte von einem Flirt zwischen einer schönen jungen Dame, die einen offenen Sportwagen fährt, und drei bankrotten jungen Männern, die eine Tankstelle an der Chaussee eröffnet haben.«

Der Wachtraum verweist, übermütig, auf die triste Realität der Weltwirtschaftskrise. Aber die Bankrotteure waren mal reich (und werden es am Ende wieder sein) – »wir haben die Arbeit nur von ferne gesehen, und auch aus der Ferne war sie nicht schön«, wie es in einer Liedzeile heißt. Nicht Verdrängung, wie schnelle Ideologiekritik meinen könnte, ist aber das Prinzip der Story; die Weltwirtschaftskrise ist sicher kein guter Hintergrund (oder gar ein Stoff) für eine Komödie, aber ständig wird auf sie angespielt. Daher müssen Wunder geschehen, und der Film führt sie an den Kulminationspunkten der Handlung atemberaubend vor: Als die drei Bankrotteure mit ihrem Wagen auf der Straße liegenbleiben, weil sie kein Benzin mehr im Tank haben, beschließen sie, das Auto zu verkaufen und eine Tankstelle zu betreiben. Der Satz ist noch nicht zu Ende gesprochen, da zeigt der Schnitt schon das Schild mit dem Namen der Tankstelle. »Kuckuck« heißt sie, in Erinnerung an den »lieben guten Herrn Gerichtsvollzieher«, von dem eines der schönsten, nämlich unverschämtesten Lieder des Films zu singen weiß. Und als sich die Freunde, über die gemeinsame Liebe zu der

Premierenfeier:
Die vielsprachige Lilian Harvey im Kreise ihrer Verehrer: Heinz Rühmann, Oskar Karlweis, Willy Fritsch (deutsche Version), Regisseur Wilhelm Thiele, Henri Garat, Jacques Maury, René Lefebre (französische Version), im Hintergrund der französische Co-Regisseur Max de Vaucorbeil und Liedtexter Jean Boyer

einen Frau (Lilian Harvey, die in einer ihrer Tanznummern sehr viel Bein zeigen darf), entzweit haben, naht in Gestalt Olga Tschechowas ein überraschender Vorschlag: Willy Fritsch soll Direktor der neuzugründenden Tankstellengesellschaft werden, seine Freunde auch. Wieder gibt es einen Schnitt, der alle Schwierigkeiten der Erzählung – und jede Ähnlichkeit zu wirklichen Verhältnissen – überspringt, und man sieht geschäftige Männer Lasten tragen, in einer Firma, die KUTAG (= Kuckuck Tankstellen Aktiengesellschaft) heißt.

Dieser Übermut scheut sich auch nicht, im Dialog auf Ernsteres hinzuweisen: Einer der Freunde, Oskar Karlweis, wird als Jude gekennzeichnet – er sagt »nebbich«, wie auch der Anwalt, den Kurt Gerron spielt, der die Drei als die »meschuggen Musketiere« bezeichnet. Der Rassismus ist diesem Film allemal einen Witz wert. Als sich die drei Freunde in einer Wohnung finden, die von Pfändung bedroht ist, und sie eben jenen Rechtsanwalt Dr. Kalmus anrufen, den Gerron gibt, da antwortet dieser ihren ausgesprochenen Befürchtungen mit einem stereotypen: noch schlimmer. Und schlimmer als ein Regierungswechsel in Lippe-Detmold (wo die NSDAP besonders stark war und 1933 ihre erste Landtagswahl gewann) wäre, in der übermütigen Laune der Drei, nur eines: daß Kalmus' Frau »ein blondes Kind gekriegt hat«, wie ausgerechnet Oskar Karlweis stichelt.

Frechheit und Leichtigkeit, aber auch Leichtsinnigkeit sind die Kennzeichen von DIE DREI VON DER TANKSTELLE. Das Spiel mit dem Ernst wird denn auch oft übelgenommen. Mit Arbeitslosigkeit und Weltwirtschaftskrise, Rassismus und Nationalsozialismus seine Späße zu treiben, scheint nicht zeitgemäß.

Es ist aber gerade eine Qualität einiger der komödiantischen Ufa-Tonfilme, daß sie nicht schlicht in die Operettenwelt flüchten, sondern die Parodie mit der Gegenwart, die sonst gemieden wurde, verschmelzen. Kracauer, gewiß ein gestrenger Richter, der nach 1933 die leichtsinnigen Filme unter dem Gesichtspunkt, daß der Nationalsozialismus von keinem Witz verhindert worden ist, hat 1926 beschrieben, was Zerstreuung leisten soll: »Gerade dies: daß die ihrer (der Zerstreuung) Sphäre zugehörigen Vorführungen ein so äußerliches Gemenge sind wie die Welt der Großstadtmasse, daß sie jeden echten sachlichen Zusammenhangs entraten, es sei denn des Kitts der Sentimentalität, der den Mangel nur verdeckt, um ihn sichtbar zu machen, daß sie genau und unverholen die Unordnung der Gesellschaft den Tausenden von Augen und Ohren vermittelte – dies gerade befähigte sie dazu, jene Spannung hervorzurufen und wachzuhalten, die dem notwendigen Umschlag vorangehen muß. In den Straßen Berlins überfällt einen nicht selten für Augenblicke die Erkenntnis, das alles platze eines Tages unversehens entzwei. Die Vergnügungen auch, zu denen das Publikum drängt, sollten so wirken.«

DIE DREI VON DER TANKSTELLE wirkt an einigen Stellen so, als käme er Kracauers Forderung vier Jahre später nach, wenn auch sein Ton so leicht ist, daß ein Umschlag kaum vorstellbar erscheint. Besonders die grandiose Schlußszene – die Harvey hat ihrem Geliebten gerade unbemerkt den Ehevertrag abgeluchst –, deren Singstil ein wenig an die Songs der Dreigroschenoper erinnert, hat dieses prekäre Gleichgewicht, aus dem das Liebespaar entflieht – und dann fällt hinter ihm der Vorhang. Alles, was vorher war, war Schein, dem Zuschauer deutlich gemacht durch filmische Verfahren – und das Ende gibt sich noch einmal als »Operette« zu erkennen, was vielleicht eine Unterschätzung ist.

Der Verweis auf die Operette kennzeichnet die besten der »Proto-Musicals«. Zum Stilprinzip wird er in ICH BEI TAG UND DU BEI NACHT von Ludwig Berger, der am 18. November 1932 im Ufa-Palast in Ham-

PRO Ufa. Herstellungsgruppe: Bruno Duday. HEL Bruno Duday. PRL Erich Holder. AUL Ernst Körner. DRZ ab Januar 1934. DRO Ufa-Atelier Neubabelsberg; AA Theater am Schiffbauerdamm. LNG 2323 m, 85 min. ZEN 6.3.1934, Jv. URA 31.3.1934, Berlin (Ufa-Palast am Zoo).
Eine bekannte Schauspielerin wird durch einen Autounfall in einem Provinznest aufgehalten. Das dortige Stadttheater steht vor dem Aus, weil der Unternehmer Peters es nicht mehr unterstützen will. Als die Schauspielerin in dem Stück ›Die Freundin eines großen Mannes‹ einstweilen die Hauptrolle übernimmt, läßt sich Peters bekehren – zu weiteren Subventionen wie zur Ehe.

1933/34. Ich bin Du.
REG Carl Hoffmann. AUT F. D. Andam; nach einer Idee von Olly Boeheim. KAM Günther Anders. BAU Walter Röhrig. TON Bruno Suckau. MUS, ML Hans-Otto Borgmann.
DAR La Jana, Anton Pointner, Flockina von Platen, Hans Schoellermann, Erwin Biegel, Aribert Mog, Ewald Wenck, Annemarie Schwindt, Kurt Handwerk.
PRO Ufa. PRL Peter Paul Brauer. AUL Karl Schulz. DRZ Februar 1934. DRO Ufa-Atelier Berlin-Tempelhof. LNG 700 m, 26 min. ZEN 9.3.1934, Jv.
– Kurzspielfilm.

1934. Gold.
REG Karl Hartl. AUT Rolf E. Vanloo. KAM Günther Rittau, Otto Baecker, Werner Bohne. BAU Otto Hunte. Technische Beratung: Albert Berthold Henninger. SCH Wolfgang Becker. TON Erich Leistner, Bruno Suckau. MUS Hans-Otto Borgmann.
DAR Hans Albers (Werner Holk), Brigitte Helm (Florence Wills), Michael Bohnen (John Wills), Lien Deyers (Margit Möller), Friedrich Kayßler (Prof. Achenbach), Ernst Karchow (Lüders), Eberhard Leithoff (Harris), Willi Schur (Pitt), Hansjoachim Büttner (Becker), Walter Steinbeck (Brann), Heinz Wemper (Vesitsch), Rudolf Platte (Schwarz), Rudolf Biebrach, Friedrich Ettel, Ernst Behmer, Curt Lucas, Philipp Manning, Fita Benkhoff, Elsa Wagner, Frank Günther, Willy Kaiser-Heyl, Erich Hausmann.
PRO Ufa. Herstellungsgruppe: Alfred Zeisler. PRL Alfred Zeisler. AUL Gerhard Tandar. DRZ Oktober 1933 - Anfang März 1934. DRO Ufa-Atelier Neubabelsberg; AA Yacht ›Savarona‹, Ostsee bei Kiel und Rügen. LNG 3297 m, 120 min. ZEN 26.3.1934, Jf. 14. URA 29.3.1934, Berlin (Ufa-Palast am Zoo).
– Prädikat: Künstlerisch.

Französische Version:
1934. L'Or.
REG Karl Hartl, Serge de Poligny. AUT Rolf E. Vanloo. DIA Jacques Théry. KAM Günther Rittau, Otto Baecker, Werner Bohne. BAU Otto Hunte. Technische Beratung: Albert Berthold Henninger. SCH Wolfgang Becker. TON Erich Leistner, Bruno Suckau. MUS Hans-Otto Borgmann.
DAR Pierre Blanchard (François Berthier), Brigitte Helm (Florence Wills), Roger Karl (John Wills), Rosine Deréan (Hélène), Louis Gauthier (Lefèvre), Jacques Dumesnil (Malescot), Marc Valbel (Harris), Henry Bosc (Guérin), Robert Goupil (le journaliste), Pierre Piérade (un domestique), Raoul Marco (O'Kelly), Duard fils (Pitt), Maurice Rémy, Georges Tourreil (les secrétaires), Malkine (Zorloff), André Fouché, Line Noro (l'infirmière), Edouard Hamel, Yvonne Hébert, Jeanne de Carol, Ernest Ferny.
PRO Ufa. PRL Alfred Zeisler. AUL Gerhard Tandar. SUP Raoul Ploquin. DRZ Januar - März 1934. DRO Ufa-Atelier Neubabelsberg. LNG 120 min. URA Mai 1934, Paris (?).

Kurz bevor es Professor Achenbach und seinem Mitarbeiter Werner Holk gelingt, durch Atomzertrümmerung aus Blei Gold zu gewinnen, fliegt das Labor in die Luft. Der Professor stirbt, Holk kommt verletzt ins Krankenhaus. Sabotage? Der englische Industrielle Wills macht Holk das Angebot, in seinem Laboratorium unter dem Meer die Experimente fortzusetzen. Doch Holk läßt sich darauf nur zum Schein ein, entlarvt indessen Wills als Mörder Achenbachs und läßt das riesige Labor explodieren.

Liebeskummer gegen Arbeitslosigkeit: Erst macht Lilian DIE DREI VON DER TANKSTELLE verrückt, dann ist sie den beiden von der Gebäudereinigung EIN BLONDER TRAUM: Harvey mit Willi Forst und Willy Fritsch

burg uraufgeführt wird. Die Geschichte des Kellners, der nachts, und der Maniküre, die tagsüber arbeitet, und die sich beide ein Bett teilen ohne einander zu kennen, wird immerzu von »Operetten-Film-Szenen« unterbrochen. Heinrich Braune erklärt das in einer zeitgenössischen Rezension so: »Nachdem man lange genug phantasievolle Wunschträume auf ernst inszeniert hat – man denke an Erik Charells DER KONGRESS TANZT – nimmt man jetzt auf den Widerstand Rücksicht, der sich gegen derartige Unwirklichkeiten immer mehr verfestigte. Man sucht nun, die nicht so romantische Wirklichkeit mit solchen, der Wirklichkeit entrückenden Wunschträumen zu verbinden. Die Produktion wird auch jetzt wieder abgestellt auf den Geschmack der kleinen Warenhausangestellten, von der man annimmt, daß sie ins Kino kommt, um zu schwärmen.« (Hamburger Echo, 19.11.1932). Kracauers »kleine Ladenmädchen« lassen grüßen – allerdings übersieht Braune die Ironie, die hier herrscht und die Willy Haas, unzweideutig ein Bewunderer (und zeitweilig auch Mitarbeiter) Bergers, besser trifft: »Das ärmliche Stübchen der beiden Guten im schmutzigen Hinterhaus kontrastiert mit den von Otto Hunte gebauten goldprunkenden Sälen und Schlafgemächern und marmornen Freitreppen in einem ›Film im Film‹. Der Kientopp als soziales Narkotikum tritt gewissermaßen in Figuren auf. Und wenn die Situation der Handlung sich dem Kientoppgemäßen allzusehr nähert, sagt die reizende Käthe v. Nagy ganz einfach: ›Wie im Kientopp!‹ Sieh' da, sieh' da. Eine außerordentlich gute Idee. Sie zu fassen zeugt von sozialem Gewissen. Ihre Ausführung aber zeugt von geschäftlicher Begabung. Denn das anspruchsvolle Publikum wird die soziale Ironie merken und sich an ihr freuen; das anspruchslose wird sie nicht merken und sich an der Kientopp-Pracht freuen.« (Film-Kurier, 29.11.1932).

Wie auch immer diese verschiedenen Publikumsschichten reagierten (und unabhängig davon, ob wirklich beide in den Film gingen): Die Splitterung in die Kino-Komödie zwischen Käthe von Nagy und Willy Fritsch und die Spiegelung des »Films im Film« legt das Unnaive der Ufa-Komödien bloß, die mit dem »Ladenmädchen-Schema« spielen. Allerdings sind es vor allem die Komödien der Pommer-Produktion und ihrer jüdischen Regisseure Wilhelm Thiele, Ludwig Berger, Reinhold Schünzel, die sich dieses Spiel erlauben. Selbstironie als Grundlage der Produkte ist in der Filmindustrie immer seltener gewesen; merkwürdigerweise gibt es in der Ufa-Geschichte zwischen 1930 und 1933 eine auffallend große

Die Drei von der Tankstelle: Oskar Karlweis, Heinz Rühmann, Willy Fritsch

Anzahl von Beispielen dafür. Als sei es ein Tanz auf dem Vulkan gewesen.

Der Verlust, der mit der Vertreibung der jüdischen Mitarbeiter eintritt, gerade der Verlust des virtuosen Umgangs mit Musik und Ton, wird durchaus bemerkt, jedenfalls im Konzern selbst. Am 13. Dezember 1933 nimmt Ufa-Produktionschef Correll zu einem Vorschlag des Vertriebschefs Meydam Stellung, der angesichts einer negativen Geschäftsentwicklung einige Vorschläge zu Kosteneinsparungen gemacht hat. Correll entgegnet: »Sie verlangen in der Regel bei den 2-Versionen-Filmen zwangsläufig aus der Handlung sich ergebende Musik. Sie wollen nicht nur unterlegte Geistermusik, von der man nicht weiß, wo sie herkommt, sondern Sie verlangen eine Verbindung von Musik und Stoff.« Eine Realisierung dieser Vorstellungen sei aber bei einem Etat von 600.000 RM unmöglich, in der Konsequenz bedeute Meydams Verlangen: »Es darf weder mit Rückspielverfahren noch mit den noch teureren Original-Kapellen gearbeitet werden. Die musikalische Ausstattung muß sich zum größten Teil darauf beschränken, daß wir einschließlich der Operetten den Film nachträglich mit Musik versehen. Ich werde auf keinen Fall mehr Operetten tonlich so auflösen können, wie das bei VIKTOR UND VIKTORIA oder bei WALZERKRIEG geschehen ist.« In seiner Antwort nennt Correll Filme des aktuellen Produktionszeitraumes, verweist mit diesen Titeln und dem Hinweis auf die sich aus der Handlung ergebende Musik aber auf die innovativen Leistungen der frühen Ufa-Tonfilme. Fast beschwörend schreibt Correll: »Wie können wir im nächsten Jahre der sicher peinlich fühlbaren Emigranten-Konkurrenz im Ausland begegnen, wenn wir (höhere Gagen, weil fern von Paris, durch tausend Rücksichtnahmen beschränkt, die für die Pariser Produktion wegfallen) Filme kleinen Ausmaßes präsentieren wollen, Filme, bei denen durch Etatsbeschränkungen nicht das Letzte an Wirkung aus dem Stoff herausgeholt werden kann, und von denen man sich nachher sagen muß, es wäre besser gewesen, sie nicht herzustellen, als in der Weise, in der sie sich bei Herabsetzung der Mittel darstellen werden.« Er kann die Einsparungen verhindern – aber ästhetisch ist das »Letzte an Wirkung« verloren, weil die »tausend Rücksichtnahmen« einen spezifischen Humor verbieten.

Rainer Rother

Glücklich will er sein Publikum machen, und dafür liefert er ein Stück Lebenshilfe. »Wenn man das Kino verläßt, sollte man sagen: Das könnte ich auch schaffen«. Mit dieser Bemerkung umreißt **Heinz Rühmann** 1931 sein Credo.

In DIE DREI VON DER TANKSTELLE läßt ihn auch plötzliche Armut nicht verzagen und selbst dem smarten Willy Fritsch bietet der kleinwüchsige Brillenträger Paroli. Lilian Harvey kann – und will – sich gar nicht entscheiden, wem sie den Vorzug geben soll. Mit so einem Pfiffikus identifiziert man sich gern. Auch Strahlemann Hans Albers ist für den Kleinen nicht zu groß. In BOMBEN AUF MONTE CARLO und DER MANN, DER SHERLOCK HOLMES WAR läßt der quirlige Untergebene seine wechselnden Dienstherren regelmäßig alt aussehen.

Heinz Rühmann, beobachtet Herbert Ihering, befindet sich im »immerwährenden Zweikampf mit dem jeweiligen Willy Fritsch«. Und weil der Zuschauer denkt, »das könnte ich auch schaffen« (s. o.), wird er geliebt. Als Vorzeige-Mitläufer des deutschen Kinos repräsentiert er bis heute das Politische im Unpolitischen wie kein Zweiter.

Mit seinem Auftritt in WUNSCHKONZERT oder als QUAX, DER BRUCHPILOT liefert der Publikumsliebling gutgelaunte Ergebenheitsadressen an das Nazi-Regime. Nach Kriegsende unterliegt Rühmann einem Filmverbot der Alliierten. Vorübergehend.

Nicolaus Schröder

1934. Kannst Du pfeifen, Johanna.
REG Johannes Guter. AUT Wilhelm Eichborn. KAM Bernhard Wentzel. BAU Carl Ludwig Kirmse. TON Walter Tjaden. MUS, ML Rudolf Perak. MT ›Kannst Du pfeifen, Johanna?‹.
DAR Marianne Winkelstern (Johanna), Harald Paulsen (Er), Die fünf Gloria Parodisters, Wiener Bohème Orchester, Robert Renard mit dem Odeon Tanzorchester, Ballett der Berliner Staatsoper.
PRO Ufa. PRL Peter Paul Brauer. DRZ April 1934. DRO Ufa-Atelier Berlin-Tempelhof. LNG 286 m, 10 min. ZEN 26.4.1934, B.36279, Jv.
– Kurzspielfilm.

1934. Die Töchter Ihrer Exzellenz.
REG Reinhold Schünzel. RAS Kurt Hoffmann. AUT Emil Burri; nach dem Bühnenstück ›Die kleine Trafik‹ von Ladislaus Bus-Fekete. KAM Werner Brandes. BAU Erich Kettelhut, Max Mellin. SCH Willy Zeyn. TON Fritz Thiery. MUS, ML Albert Fischer; unter Verwendung von Walzermelodien von Johann Strauß.
DAR Käthe von Nagy (Gerti), Willy Fritsch (Graf Marenzi Jr.), Hansi Niese (Henriette von Petrin), Adele Sandrock (Virginia), Dagny Servaes (Leonie), Gustav Waldau (Graf Marenzi Sr.), Lizzy Holzschuh (Mizzi), Fritz Imhoff (Toniczek), Tine Schneider (Rosl), Julius Brandt (Leopold), Anton Pointner (Portier), Hans Joachim Schaufuß (Gustl), Betty Sedlmayr, Hans Adolfi, Ewald Wenck, Karl Meixner, Willi Schur, Walter Simlinger.
PRO Ufa. Herstellungsgruppe: Günther Stapenhorst. HEL Günther Stapenhorst. PRL Erich von Neusser. AUL Otto Lehmann. DRZ 15.2. - Ende April 1934. DRO Ufa-Atelier Neubabelsberg. LNG 2576 m, 94 min. ZEN 11.5.1934, B.36386, Jv, nf. URA 17.5.1934, Berlin (Gloria-Palast).
– AT: Die ewigen drei Worte.
Französische Version:

1934. La jeune fille d'une nuit.
REG Reinhold Schünzel, Roger Le Bon. AUT Emil Burri; nach dem Bühnenstück ›Die kleine Trafik‹ von Ladislaus Bus-Fekete. DIA Raoul Ploquin. KAM Werner Brandes. BAU Erich Kettelhut, Max Mellin. MUS, ML Albert Fischer; unter Verwendung von Walzermelodien von Johann Strauß.
DAR Kate de /= Käthe von/ Nagy (Betty), Paul Bernard (Marenzi fils), Simone Deguyse (Arlette), Adele Sandrock (Virginia), Jeanne Cheirel (Mme Vécart), Lucien Baroux (Antoine), Adrien Le Gallo (Marenzi père), Félix Oudart (Lucien Dayle), Monette Dinay, Emile Genevois, Dina Cocéa.
PRO Ufa / ACE. HEL Günther Stapenhorst. DRZ 15.2. - April 1934. DRO Ufa-Atelier Neubabelsberg. LNG 85 min. URA Anfang Juni 1934, Paris.
Die Generalswitwe Henriette von Petrin hat zwei Töchter, die verheiratete Leonie, drauf und dran, mit dem gutsituierten Grafen Marenzi durchzubrennen, und die jüngere Gerti, die alles daran setzt, dies zu verhindern, selbst durch Preisgabe der eigenen Unschuld. Sie verbringt eine Nacht mit Marenzis Sohn, weil sie ihn für den Verführer ihrer Schwester hält.

1934. Freut Euch des Lebens.
REG Hans Steinhoff. AUT Eva Leidmann, Walter Forster. KAM Konstantin Tschet. BAU Benno von Arent, Arthur Günther. SCH Milo Harbich. TON Fritz Seidel. MUS Friedrich Wilhelm Rust, Walter Schütze. MT ›Beim Walzer mach' ich die Augen zu‹, ›Ein wenig Leichtsinn kann nicht schaden!‹, ›Mein Herz hat Raum für alle kleinen Mägdelein!‹. GES Dorit Kreysler.
DAR Dorit Kreysler (Gusti Melzer), Wolfgang Liebeneiner (Carl Maria Raveck), Ida Wüst (Camilla Raveck), Leo Slezak (Gottlieb Bumm), Eugen Rex (Emil Weißberg), Anton Pointner (Igo von Lindstedt), Gertrud Wolle (Frau Senkpiel), Oskar Sima (Lokalbesitzer), Louis Ralph.
PRO Ufa. Herstellungsgruppe: Karl Ritter. HEL Karl Ritter. AUL Fritz Koch. DRZ Ende Februar - Ende April 1934. DRO Ufa-Atelier Berlin-Tempelhof; AA Zugspitzgebiet. LNG 2501 m, 91 min. ZEN 14.5.1934, B.36415, Jv, nf. URA 15.5.1934, Berlin (Ufa-Palast am Zoo).
Um das Kennwort eines Preisausschreibens, ›Freut Euch des Lebens‹, ranken sich die Liebesgeschichte von Gusti, die Geschehnisse um den Kammersänger Bumm, der Frau Camilla und deren Sohn Carl Maria.

Prügelei im Parkett
»Das Flötenkonzert von Sanssouci«

»Berlin, 30. Dezember. Während der Uraufführung des neuen Otto Gebühr-Filmes DAS FLÖTENKONZERT VON SANSSOUCI kam es gestern abend zu Störungen, die diesesmal offensichtlich von der Gegenseite kamen. Die Polizei hatte Vorkehrungen getroffen, und als die Zwischenrufe so stark wurden, daß man den Tonfilm-Text nicht mehr verstehen konnte, wurde Licht eingeschaltet, die Vorstellung unterbrochen, und ein höherer Polizeioffizier forderte auf, daß jeder, der mit der Vorstellung nicht einverstanden sei, den Raum des Ufa-Theaters zu verlassen habe. Störende, die jetzt noch festgestellt würden, würden zwangsgestellt. In einzelnen Fällen wurde diese Drohung wahrgemacht. Daraufhin wurde der Film zu Ende gespielt, nicht ohne erneute Zwischenrufe, die aber gegen Ende untergingen im begeisterten Beifall derjenigen, denen der Film aus dem Herzen geschrieben war.«

Die Zeitungsmeldung steht ähnlich in allen großen Blättern, die Filmkritiken am folgenden Tag fallen ganz unterschiedlich aus: je nach politischem Standort der Redaktion. Die Linke schäumt, die Rechte jubelt.

Das politische Klima ist aufgeheizt, die Mißtöne beim FLÖTENKONZERT führen zur Explosion. Es ist keine zwei Wochen her, da haben die Schlägertrupps der Nazis einen Sieg im Kinokampf errungen: Die Filmoberprüfstelle verbietet die amerikanische Remarque-Verfilmung IM WESTEN NICHTS NEUES. Schon der Roman ist für die nationale Rechte ein rotes Tuch. Der Film erregt – bevor ihn jemand in Deutschland gesehen hat – die Gemüter. Auch die konservativen Herren im Ufa-Vorstand beschäftigen sich mit dem Thema: »Die von Herrn Sander aus London eingelaufenen Berichte ergeben, daß der Film durchaus deutschfeindlich ausgefallen ist. Es wird infolgedessen beschlossen – abgesehen davon, daß der Film selbstverständlich in den Ufa-Theatern nicht gespielt werden kann – in geeigneter Weise gegen seine Aufführung in Deutschland Stellung zu nehmen« (17.6.1930). Doch nach langem Tauziehen mit der Zensur – die sich um das Ansehen Deutschlands in der Welt Sorgen macht, obwohl sie im Ausland nichts auszurichten vermag – wird der Film mit Schnittauflagen für die einheimischen Kinos freigegeben.

Die Entscheidung paßt vielen nicht. Für die Nazis ein willkommener Anlaß, ihre Macht zu demonstrieren, den ihrer Ansicht nach zu schlappen Staat gründlich vorzuführen. Sie sprengen die Premiere durch Aussetzen weißer Mäuse im dunklen Kino und wiederholen ihre Aktionen, bis der Staat vor dem Druck der Straße kapituliert: Mit dem Argument, die öffentliche Ruhe und Ordnung sei nicht zu gewährleisten, wird der Antikriegsfilm von der obersten Instanz verboten.

Die Kommunisten übernehmen die Radau-Methoden der Nazis. In der Zeitschrift *Arbeiterbühne und Film* wird »diese Art des Kampfes für eine mögliche und nützliche Form proletarischer Filmkritik« gehalten (Heft 3, 1931). Schließlich habe die Ufa gewußt, daß die werktätige Bevölkerung einen Film wie DAS FLÖTENKONZERT VON SANSSOUCI ablehnte, es handle sich also um »eine bewußte Provokation«. Bei der Uraufführung habe sich die Polizei »als tadellos funktionierende Hilfsgarde der nationalistischen Ufa« erwiesen. Die Kommunisten mobilisieren ihre Genossen, um denselben Verbotsgrund wie im Fall IM WESTEN NICHTS NEUES zu schaffen. Dabei sollen »die Aktionen gegen den frechsten aller Hetzfilme« nur ein Anfang sein: Der Kampf um den Film tobt nicht länger bloß in den Spalten des Feuilletons, sondern auf der Straße vor den Kinos.

Das Filmbild schiebt sich vor die Realität: Otto Gebühr wird Friedrich II

Der Premierenbericht im Branchenorgan *Kinematograph* tut die »Störenfriede« mit wenigen Zeilen ab. Die Schlagzeile lautet: »Der neue Fridericus – der alte Erfolg« (20.12.1930). Vor acht Jahren – die Uraufführung fand ebenfalls im Ufa-Palast am Zoo statt – hat man mit FRIDERICUS REX glänzende Geschäfte gemacht. »Zweitausend Meter lang ist der Quark / Und jeder Parkettplatz, der kostet sechzehn Mark«, reimt Theobald Tiger alias Kurt Tucholsky (Die Weltbühne, 23.2.1922). Es bleibt nicht bei 2000 Metern: Im Fahrwasser des Erfolgs schwimmen bald zahlreiche Nachfolgefilme. Otto Gebühr findet mit dem Alten Fritz die Rolle seines Lebens, er wird als Preussenkönig so populär, daß ein Kritiker spottet: »Friedrich der Große als Otto Gebühr«. Schon bei FRIDERICUS REX gibt heftige Proteste, auch gegen die Ufa. Der Konzern hat den Film jedoch nicht produziert, sondern Regisseur Arzen von Cserépy; der Ufa-Verleih nimmt ihn lediglich in den Vertrieb.

DAS FLÖTENKONZERT VON SANSSOUCI ist der erste echte Fridericus-Film der Ufa. Noch bevor das Drehbuch geschrieben ist, sichert man sich im April 1920 den unersetzlichen Darsteller: Otto Gebühr wird für eine Gage von 60.000 RM verpflichtet (die anderen Hauptdarsteller speist man mit einem Drittel oder weit weniger ab). Das Projekt wird zur Chefsache erklärt: Correll betreut die Stoffentwicklung. Das erste Drehbuch stammt von Johannes Brandt, die Dialoge überarbeitet Roland Schacht, das endgültige Manuskript schreibt Walter Reisch. Im Juli wird das Architekten-Team Herlth und Röhrig engagiert: Ein Ausstattungsfilm ist geplant. Sanssouci wird im Atelier nachgebaut, die Fridericus-Szenen gleichen bis ins Detail den bekannten Gemälden Menzels. Meydam, als Vertreter des erkrankten Produktionschefs, setzt zweimal eine Erhöhung des Budgets um insgesamt 250.000 Mark durch. »Angesichts der Zugkräftigkeit des Gegenstandes« beschließt der Vorstand am 1. August, den Film »im größeren Rahmen herzustellen«. Der Regisseur steht erst kurz vor Drehbeginn fest: Das Angebot des FRIDERICUS REX-Regisseurs von Cserépy wird abgelehnt, im Juli ist noch Karl Reisch vorgesehen. Schließlich übernimmt die Inszenierung ein Mann, der bisher mit Komödien Erfolg hatte, bald aber für die nationalen Historienfilme der Ufa zuständig ist: der Österreicher Gustav Ucicky.

In der Glorifizierung des Alten Fritz und den unverkennbar antirepublikanischen Untertönen unterscheidet sich der erste Fridericus-Tonfilm kaum von seinen stummen Vorläufern. Die Geschichte spielt 1756. Maria Theresia, die Zarin Elisabeth und Madame Pompadour schließen einen Geheimvertrag: Österreich, Rußland und Frankreich verbünden sich gegen Preußen, die Sachsen werden sich ihnen anschließen. Ein Spion – für Spannung sorgen wilde Verfolgungsjagden zu Pferde, auch für Liebesverwicklungen ist noch Zeit – hinterbringt Friedrich das Dokument, der, ein Muster der Selbstbeherrschung, sein Flötenkonzert nicht unterbricht, sondern in den kurzen Pausen zwischen den Sätzen den entscheidenden Befehl zum Angriff gibt. Der Film rechtfertigt den Präventivkrieg und liefert so indirekt einen Beitrag zur Kriegsschuld-Diskussion nach dem Ersten Weltkrieg. Im Dialog fallen prompt die aktuellen Stichworte: Das Bündnis »wurde geschlossen zu Versailles«, sagt Friedrich und konstatiert: »Das bedeutet Krieg«. Zahlreiche Sentenzen zielen darauf, den Wehrwillen des Volkes zu erhöhen. Auch der fünfmal stärkere Feind schreckt den Alten Fritz nicht: »Wenn unsere Feinde uns den Krieg aufdrängen, so haben wir nicht zu fragen, wie viele sind es, sondern, wo stehen sie.« Das Schlußbild zeigt Friedrich bei der Abnahme der Parade: Unter den Klängen des »Hohenfriedbergers« ziehen die Soldaten in den Siebenjährigen Krieg.

»Es ist schon so, daß einem dabei das alte Preußenherz im Leibe lacht«, gesteht der Kritiker der konservativen *Berliner Börsen-Zeitung*. Kriegshetze kann er darin nicht entdecken. »Es ist ein ganz unpolitischer und recht friedlicher Fridericus-Film, der Krieg spielt sich hübsch im Hintergrund ab, man spricht nur davon, sieht dagegen nur den heiteren und doch so verantwortungsbewußten König« (20.12.1930). Gerade das ist den linken Publizisten ein Dorn im Auge, die »Hugenbergs Flötentöne« für eine Rattenfänger-Melodie halten. Der anonyme *Weltbühnen*-Rezensent sieht auf der Leinwand eine monarchistische Demonstration, unterstützt von Rufen wie »Deutschland erwache!« im Saal. Gegen diese hätte die Polizei ebenfalls vorgehen müssen, statt nur gegen die republikanischen Gegendemonstranten einzuschreiten. Der Artikel mündet in einem dramatischen Appell: »Wir müssen die Republik schützen – nicht nur gegen Rechtsradikale, sondern mit gleicher Intensität gegen die Organe des Staats selber, gegen diese Polizei, gegen diese Prüfstellen, gegen diesen Lampe-Ausschuß, der den monarchistischen Fridericus-Film für ›hochkünstlerisch und volksbildend‹ und damit steuerfrei erklärt« (23.12.1930).

Der Kinokampf am Jahresende 1930 wirft ein Schlaglicht auf die politischen Kräfteverhältnisse in den letzten Jahren der Weimarer Republik. IM WESTEN NICHTS NEUES bleibt verboten, DAS FLÖTENKONZERT VON SANSSOUCI wird – trotz Boykottdrohungen seitens der Arbeiterorganisationen – ein Kinohit. (Übrigens auch in den Arbeiterhochburgen: 20.000 Besucher in den ersten vier Tagen in Essen.) Goebbels lobt im Nazi-Blatt *Der Angriff* den Film, kritisiert aber, daß die Ufa-Jahresschau keine Bilder vom SA-Aufmarsch bringt. Er will das »nationale Filmunternehmen«, in dem es »von Juden nur so wimmelt«, zur Entscheidung zwingen und droht unverhüllt: »Das hier soll eine erste Warnung und Mahnung

1934. Die Csardasfürstin.
REG Georg Jacoby. AUT Hans H. Zerlett, Bobby E. Lüthge, Georg Jacoby; nach der Operette von Emmerich Kalman. KAM Carl Hoffmann. BAU Robert Herlth, Walter Röhrig. SCH Herbert B. Fredersdorf. TON Carlheinz Becker. MUS Hans-Otto Borgmann; unter Verwendung der Melodien von Emmerich Kalman. MT ›Ja, so ein Teufelsweib!‹, ›Mädels gibt es wunderfeine‹, ›Ganz ohne Weiber geht die Chose nicht!‹, ›Machen wir's den Schwalben nach‹, ›Wir Mädels, wir Mädels, wir Mädels vom Chantant‹, ›Tausend kleine Englein singen, habt Euch lieb‹, ›Jai maman Bruderherz, ich kauf' mir die Welt‹. GES Marta Eggerth, Hans Söhnker, Paul Hörbiger, Paul Kemp, Inge List.
DAR Marta Eggerth (Sylvia Varescu), Hans Söhnker (Edwin Prinz Weylersheim), Paul Hörbiger (Feri von Kerekes), Paul Kemp (Graf Boni Kancsianu), Ida Wüst (Fürstin Weylersheim), Inge List (Komtesse Stasi von Planitz), Friedrich Ulmer (Fürst Weylersheim), Hans Junkermann (Kommandeur), Edwin Jürgensen (Manager), Andor Heltai (Zigeunerprimas), Ilse Fürstenberg, Marina von Dittmar, Charlott Daudert, Hedi Höpfner, Margot Höpfner, Karin Lüsebrink, Liselotte Heßler, Olga Engl, Josef Karma, Tomy Bonsch, Otto Sauer-Sarto, Carl Walther-Meyer, Hermann Mayer-Falkow.
PRO Ufa. Herstellungsgruppe: Max Pfeiffer. HEL Max Pfeiffer. AUL Eduard Kubat. DRZ 22.2. - Mitte April 1934. DRO Ufa-Atelier Neubabelsberg, Ufa-Atelier Berlin-Tempelhof. LNG 2793 m, 102 min. ZEN 23.5.1934, B.36456, Jv. URA 29.6.1934, Berlin (Gloria-Palast).
Französische Version:

1934. Princesse Czardas.
REG Georg Jacoby, André Beucler. AUT Hans H. Zerlett, Bobby E. Lüthge, Georg Jacoby; nach der Operette ›Die Csardasfürstin‹ von Emmerich Kalman. DIA, AD André Beucler. KAM Carl Hoffmann. BAU Robert Herlth, Walter Röhrig. MUS Hans-Otto Borgmann; unter Verwendung der Melodien von Emmerich Kalman. LT Henri Falk.
DAR Meg Lemonnier (Sylvia Varesco, princesse Czardas), Jacques Pills (Edwin), Félix Oudart (Feri Basci), Georges Tabet (Boni), Marfa Dhervilly (la princesse de Weylersheim), Lyne Clevers (la comtesse Stasi), Marcel Vibert (le prince de Weylersheim), Lucien Dayle (l'impresario), Pierre Piérade (le colonel), Dina Cocéa, Henriette Delannoy, Edouard Hamel (le régisseur).
PRO Ufa / ACE. HEL Max Pfeiffer. SUP Raoul Ploquin. DRZ Ende Februar - Mitte April 1934. DRO Ufa-Atelier Neubabelsberg, Ufa-Atelier Berlin-Tempelhof. LNG 85 min. URA September (?) 1934, Paris.
– AT: *Sérénade*.
Ein ungarischer Graf verfällt in Rom den Reizen einer eleganten und gefeierten Sängerin und vergißt seine Braut, die ihrerseits einen passenden Partner findet.

1934. Seine beste Erfindung.
REG Rudo Ritter. AUT Rudo Ritter, Charles Klein. KAM Willy Winterstein. BAU Carl Ludwig Kirmse. TON Walter Tjaden. MUS Werner Bochmann.
DAR Ralph Arthur Roberts, Margarete Kupfer, Rudolf Platte, Oskar Sima, Rotraut Richter, Werner Stock, Ewald Wenck, Edith Sartorius, Günther Ballier, Ludwig Trautmann.
PRO Ufa. PRL Charles Klein. DRZ April 1934. DRO Ufa-Atelier Berlin-Tempelhof. LNG 882 m, 32 min. ZEN 6.6.1934, B.36539, Jf.
– *Kurzspielfilm.*

1934. Ein Mann will nach Deutschland.
REG Paul Wegener. RAS Erich Kobler. AUT Philipp Lothar Mayring, Fred Andreas; nach dem Roman von Fred Andreas. KAM Fritz Arno Wagner. BAU Werner Schlichting. SCH Milo Harbich. TON Walter Tjaden. MUS Hans-Otto Borgmann.
DAR Karl Ludwig Diehl (Ingenieur Hagen), Brigitte Horney (Manuela Ortiguez), Hermann Speelmans (Werkmeister Brack), Siegfried Schürenberg (Ingenieur Corner), Ernst Rotmund (Ingenieur Duval), Hans Leibelt (Vermögensverwalter Morron), Charlotte Schultz (Petra), Ludwig Trautmann (Kapitän Jefferson), Günther Hadank (Dr. Hellfritz), Willi Schur (Monteur Dohm), Hans Zesch-Ballot (englischer Seeoffizier), Willy Birgel (englischer Lagerkommandant), Richard Glahn, Gerhard Bienert, Paul Hildebrandt, Max Hiller, Gustav Püttjer, Else Reval, Erich Harden, Ernst Behmer, Willi Sieber, Harry Hardt, Aribert Mog, Hans Spielberg, Werner Schott, Paul Wegener (Heizer).

sein. Wir werden die weitere Arbeit der Ufa mit Aufmerksamkeit, aber auch mit ernster Strenge verfolgen« (30.12.1930). Die Sozialdemokraten verfolgen den Konflikt im rechten Lager mit Schadenfreude und Häme. Das geschehe den Deutschnationalen ganz recht: »Wenn Herr Hugenberg nicht so funktioniert wie die Lärmmacher befehlen, dann riskiert er, daß auch bei ihm die weißen Mäuse tanzen und die Stinkbomben platzen« (Hamburger Echo, 2.1.1931).
Michael Töteberg

Zwischen den Fronten:
IM WESTEN NICHTS NEUES

Filme im Verleih der Ufa 1930-32

1930

Januar. ★ 1929. USA. **Die unvollkommene Ehe.** Spite Marriage. REG Edward Sedgwick. DAR Buster Keaton, Dorothy Sebastian. PRO M-G-M. 9 Akte, 2160 m. ★ 1929. USA. **Ein Marquis zu verkaufen.** Marquis Preferred. REG Frank Tuttle. DAR Adolphe Menjou, Nora Lane. PRO Paramount. 6 Akte, 1758 m. ★ **Februar.** ★ 1929. USA. **Die fliegende Flotte.** The Flying Fleet. REG George Hill. DAR Ramon Novarro, Ralph Graves. PRO M-G-M. 11 Akte, 2785 m. ★ **März.** ★ 1929. F. **Das Halsband der Königin.** Le collier de la reine. REG Gaston Ravel, Tony Lekain. DAR Marcelle Jefferson-Cohn, Georges Lannes. PRO Gaumont-Franco-Film Aubert. 10 Akte, 2837 m. ★ **April.** ★ 1929. USA. **Das Lied von Paris.** Innocents of Paris. REG Richard Wallace. DAR Maurice Chevalier, Sylvia Beecher. PRO Paramount. 10 Akte, 2337 m. ★ 1929. USA. **Artisten.** The Dance of Life. REG John Cromwell, Edward A. Sutherland. DAR Hal Skelly, Nancy Carroll. PRO Paramount. 13 Akte, 3200 m / 13 Akte, 3160 m. ★ **Mai.** ★ 1930. USA. **Das Geheimnis seiner Frau.** PRO Paramount. 8 Akte, 2014 m. ★ 1929. USA. **Vier Federn.** The Four Feathers. REG Merian C. Cooper, Lothar Mendes, Ernest B. Schoedsack. DAR Richard Arlen, Fay Wray. PRO Paramount. 8 Akte, 2276 m. ★ 1929. USA. **Unsichtbare Fesseln.** The Single Standard. REG John S. Robertson. DAR Greta Garbo, Nils Asther. PRO M-G-M. 8 Akte, 2010 m. ★ 1929. USA. **Der Kuß.** The Kiss. REG Jacques Feyder. DAR Greta Garbo, Conrad Nagel. PRO M-G-M. 7 Akte, 1747 m. ★ **Juni.** ★ 1930. USA. **Broadway Melodie.** The Broadway Melody. REG Harry Beaumont. DAR Charles King, Anita Page, Bessie Love. PRO M-G-M. 10 Akte, 2826 m. ★ 1929. USA. **Liebesparade.** The Love Parade. REG Ernst Lubitsch. DAR Maurice Chevalier, Jeanette MacDonald. PRO Paramount. 12 Akte, 3012 m. ★ **Juli.** ★ 1930. USA. **Der Sang der Südsee.** PRO M-G-M. 9 Akte, 2248 m. ★ 1929. USA. **Der mysteriöse Dr. Fu Manschu.** The Mysterious Dr. Fu Manchu. REG Rowland V. Lee. DAR Warner Oland, Jean Arthur, Neil Hamilton. PRO Paramount. 9 Akte, 2326 m. ★ 1930. USA. **Der König der Vagabunden.** The Vagabond King. REG Ludwig Berger. DAR Dennis King, Jeanette MacDonald. PRO Paramount. 12 Akte, 2988 m. ★ 1930. USA. **Hallelujah.** Hallelujah. REG King Vidor. DAR Daniel L. Haynes, Nina Mae McKinney. PRO M-G-M. 10 Akte, 2570 m / 12 Akte, 2792 m / 12 Akte, 2839 m. ★ 1930. USA. **Zigeunerliebe.** The Rogue Song. REG Lionel Barrymore. DAR Lawrence Tibbett, Catharine Dale Owen. PRO M-G-M. 12 Akte, 2963 m. ★ 1929. USA. **Der jüngste Leutnant.** Devil-May-Care. REG Sidney Franklin. DAR Ramon Novarro, Dorothy Jordan. PRO M-G-M. 10 Akte, 2366 m. ★ 1930. USA. **Buster rutscht ins Filmland.** Free and Easy. REG Edward Sedgwick. DAR Buster Keaton, Anita Page. PRO M-G-M. 10 Akte, 2616 m. ★ 1930. USA. **Hollywood-Revue.** Deutsche Conference: Paul Morgan. PRO M-G-M. 13 Akte, 3455 m. ★ 1929. USA. **Die geheimnisvolle Insel.** The Mysterious Island. REG Lucien Hubbart. DAR Lionel Barrymore, Jane Daly. PRO M-G-M. 10 Akte, 2655 m. ★ **August.** ★ 1929. USA. **Dynamit.** Dynamite. REG Cecil B. De Mille. DAR Conrad Nagel, Kay Johnson. PRO M-G-M. 13 Akte, 3310 m / 13 Akte, 3100 m. ★ 1924. USA. **Wiegenlied.** The Lullaby. REG Chester Bennett. DAR Jane Novak, Robert Anderson. PRO Paramount. 9 Akte, 2201 m. ★ 1930. USA. **Die Sehnsucht jeder Frau.** A Lady to Love. REG Victor Seastrom (= Sjöström). DAR Vilma Banky, Joseph Schildkraut. PRO M-G-M. 11 Akte, 2892 m. ★ **September.** ★ 1930. USA. **Der Kiebitz.** The Kibitzer. REG Edward Sloman. DAR Harry Green, Mary Brian. PRO Paramount. 9 Akte, 2200 m. ★ **Oktober.** ★ 1930. USA. **Der gefrorene Bluthund.** PRO P.D.C. 1 Akt, 200 m. ★ **November.** ★ 1930. USA. **Olympia.** REG Jacques Feyder. DAR Nora Gregor, Theo Shall, Julia Serda. PRO M-G-M. 11 Akte, 2395 m. Deutsche Version von ›His Glorious Night‹. R: Lionel Barrymore. ★ 1930. USA. **Mit Byrd zum Südpol.** With Byrd at the South Pole. REG Richard E. Byrd, Josef J. Rucker, Willard Van der Veer. PRO Paramount. 8 Akte, 2309 m. Dokumentarfilm. ★ 1930. USA. **Seine Freundin Annette.** REG Felix Basch. DAR Lissy Arna, Fritz Delius. PRO Paramount. 8 Akte, 2020 m. Deutsche Version von ›The Lady Lies‹, R: Hobart Henley. ★ 1930. USA. **Das Weib im Dschungel.** REG Dimitri Buchowetzki. DAR Charlotte Ander. PRO Paramount. 7 Akte, 1736 m. Deutsche Version von ›The Letter‹, R: Jean De Limur, 1929 USA. ★ 1930. USA. **Joe geht bummeln.** PRO Paramount. 1 Akt, 200 m. ★ **Dezember.** ★ 1930. USA. **Banditenlied.** The Rogue Song. REG Lionel Barrymore. DAR Lawrence Tibbett, Catharine Dale Owen. PRO M-G-M. 12 Akte, 2848 m / 12 Akte, 2662 m. ★ 1930. USA. **Anna Christie.** Anna Christie. REG Jacques Feyder. DAR Greta Garbo, Hans Junkermann, Theo Shall. PRO M-G-M. 10 Akte, 2563 m. Deutsche Version von ›Anna Christie‹, R: Clarence Brown. ★ 1930. USA. **Sonntag des Lebens.** REG Leo Mittler. DAR Camilla Horn. PRO Paramount. 9 Akte, 2157 m. Deutsche Version von ›The Devil's Holiday‹, R: Edmund Goulding.

1931

Januar. ★ 1930. USA. **Harold der Drachentöter.** Welcome Danger. REG Clyde Bruckman. DAR Harold Lloyd, Barbara Kent. PRO Paramount. 12 Akte, 2824 m. ★ 1930. USA. **Mordprozeß Mary Dugan.** REG Arthur Robison. PRO M-G-M. 12 Akte, 2945 m. Deutsche Version von ›The Trial of Mary Dugan‹. R: Bayard Veilor. ★ 1930. USA. **Das eiserne Netz.** PRO M-G-M. 9 Akte, 2419 m. ★ 1929. USA. **Lady Dianas Perlen.** The Last of Mrs. Cheyney. REG Sidney Franklin. DAR Norma Shearer, Basil Rathbone. PRO M-G-M. 7 Akte, 2086 m. ★ 1930. USA. **Tropennächte.** REG Leo Mittler. PRO Paramount. 7 Akte, 1809 m. Deutsche Version von ›Dangerous Paradise‹, R: William A. Wellman. ★ **Februar.** ★ 1930. USA. **Jede Frau hat etwas.** REG Leo Mittler. DAR Trude Berliner, Kurt Vespermann, Ida Perry. PRO Paramount. 10 Akte, 2461 m. Deutsche Version von ›Honey‹, R: Wesley Ruggles. ★ 1928. USA. **Rose-Marie.** Rose-Marie. REG Lucien Hubbard. DAR Joan Crawford, James Murray. PRO M-G-M. 8 Akte, 2215 m. ★ 1930. USA. **Der Ring des Unheils.** PRO M-G-M. 7 Akte, 1815 m. ★ 1930. USA. **Spuk um Mitternacht.** PRO M-G-M. 4 Akte, 1095 m. ★ 1930. USA. **Bunte Lichter.** PRO Paramount. 7 Akte, 1768 m. ★ 1930. USA. **Karibou.** PRO Paramount. 9 Akte, 2365 m. ★ **März.** ★ 1930. USA. **Der maskierte Spion.** PRO M-G-M. 7 Akte, 1996 m. ★ 1930. USA. **Das Sträflingsschiff.** PRO M-G-M. 8 Akte, 2087 m. ★ 1930. USA. **Die Schänke im Urwald.** PRO M-G-M. 7 Akte, 1864 m. ★ **April.** ★ 1929. USA. **Die Brücke von San Luis Rey.** The Bridge of San Luis Rey. REG Charles Brabin. DAR Lily Damita. PRO M-G-M. 10 Akte, 2333 m. ★ 1931. D/USA/F. **Ich heirate meinen Mann.** REG E. W. Emo. DAR Trude Berliner, Kurt Vespermann. PRO Paramount. 10 Akte, 2732 m. Deutsche Version von ›Her Wedding Night‹. R: Frank Tuttle. ★ 1929. USA. **Sein letzter Gang.** Thunderbolt. REG Josef von Sternberg. DAR George Bancroft, Fay Wray. PRO Paramount. 8 Akte, 2196 m. ★ 1931. USA. **Der schwarze Saphir.** PRO Paramount. 5 Akte, 1470 m. ★ **Mai.** ★ 1931. USA. **Der Schimmelreiter.** PRO Paramount. 7 Akte, 1838 m. ★ 1931. USA. **Menschen hinter Gittern.** REG Paul Fejos. DAR Heinrich George, Gustav Diessl. PRO M-G-M. 11 Akte, 2980 m. Deutsche Version von ›The Big House‹. ★ 1931. USA. **Rango.** Rango. REG Ernest B. Schoedsack. PRO Paramount. 8 Akte, 1820 m. Mit deutschem Prolog. ★ 1930. USA. **Harold, halt Dich fest!** Feet First. REG Clyde Bruckman. DAR Harold Lloyd, Barbara Kent. PRO Paramount. 10 Akte, 2564 m. ★ 1931. USA. **Riff und Raff als Revolverhelden.** PRO Paramount. 7 Akte, 1929 m. ★ 1930. USA. **Monte Carlo.** Monte Carlo. REG Ernst Lubitsch. DAR Jack Buchanan, Jeanette MacDonald. PRO Paramount. 10 Akte, 2540 m. ★ 1931. USA. **Wir schalten um auf Hollywood.** REG Frank Reicher. DAR Paul Morgan, Egon von Jordan, Wallace Beery. PRO M-G-M. 9 Akte, 2232 m. Unter Verwendung von Szenen aus ›The Hollywood Revue of 1929‹, R: Charles Reisner. ★ 1931. USA. **Trader Horn.** Trader Horn. REG Willard S. Van Dyke. DAR Harry Carey, Edwena Booth. PRO M-G-M. 13 Akte, 3439 m. ★ 1931. USA. **Nachtredaktion.** What a Night! REG Edward Sutherland. DAR Bebe Daniels, Charles Sellon, Neil Hamilton. PRO Paramount. 6 Akte, 1643 m. ★ **Juni.** ★ 1931. USA. **Hinter Schloß und Riegel.** Pardon Us. REG James Parrot. DAR Stan Laurel, Oliver Hardy. PRO M-G-M. 7 Akte, 1745 m. ★ 1931. F. **Der Sprung ins Nichts.** REG Leo Mittler. PRO Paramount. 8 Akte, 1936 m. Deutsche Version von ›Half-Way Heaven‹. R: George Abbott. ★ 1931. USA. **Leichtsinnige Jugend.** REG Leo Mittler. DAR Camilla Horn, Walter Rilla, Alfred Gerasch. PRO Paramount. 9 Akte, 2434 m. Deutsche Version von ›Manslaughter‹, R: George Abbott. ★ 1931. USA. **Abenteuer im Chinesenviertel.** PRO Paramount. 6 Akte, 2153 m. ★ 1931. USA. **Volldampf – Charlie!** PRO Paramount. 6 Akte, 1924 m. ★ 1931. USA. **Lockruf der Berge.** PRO Paramount. 7 Akte, 1830 m. ★ 1926. USA. **Großstadtpflanzen.** Mantrap. REG Victor Fleming. DAR Ernest Torrence, Clara Bow. PRO Paramount. 7 Akte, 2012 m. ★ 1927. USA. **Maskierte Banditen.** Silver Comes Through. REG Lloyd Ingrahem, Alfred L. Werker. DAR Fred Thomson, Edna Murphy. PRO Paramount. 7 Akte, 2071 m. ★ 1931. USA. **Die Todesklippe.** PRO Paramount. 7 Akte, 2245 m. ★ 1930. USA. **Jenny Lind.** A Lady's Morals. REG Sidney Franklin. DAR Grace Moore, Reginald Denny. PRO M-G-M. 9 Akte, 2219 m. ★ **Juli.** ★ 1931. F. **Die Männer um Lucie.** REG Alexander Korda. DAR Liane Haid, Walter Rilla, Oskar Karlweis. PRO Paramount. 8 Akte, 2066 m. Deutsche Version von ›Laughter‹. R: Harry D'Abbadie D'Arrast. ★ 1931. USA/D. **Casanova wider Willen.** REG Edward Brophy. DAR Buster Keaton, Paul Morgan, Egon von Jordan. PRO M-G-M. 2086 m, 76 min. Deutsche Version von ›Parlor, Bedroom and Bath‹. ★ 1931. USA. **Endkampf. Ein Reiterfilm aus dem wilden Westen.** PRO Universal. 6 Akte, 1357 m. ★ 1931. USA. **Das Konzert.** REG Leo Mittler. DAR Walter Janssen, Olga Tschechowa, Oskar Karlweis. PRO Paramount. 9 Akte, 2200 m. Deutsche Version von ›Fashions in Love‹, R: Victor Schertzinger. ★ 1931. USA. **Der Held von Kalifornien.** PRO Universal. 6 Akte, 1667 m. ★ 1931. USA. **Der rettende Schuß.** PRO Paramount. 7 Akte, 2032 m. ★ 1931. USA. **Herzen in Flammen.** Morocco. REG Josef von Sternberg. DAR Gary Cooper, Marlene Dietrich. PRO Paramount. 12 Akte, 2548 m. ★ 1931. USA. **Die fremden Teufel.** PRO M-G-M. 5 Akte, 1473 m. ★ 1929. USA. **Brüderliche Liebe.** Brotherly Love. REG Charles F. Reisner. DAR Karl Dane, George K. Arthur, Jean Arthur. PRO M-G-M. 7 Akte, 1763 m. ★ **September.** ★ 1931. USA. **Der lächelnde Leutnant.** The Smiling Lieutenant. REG Ernst Lubitsch. DAR Maurice Chevalier, Miriam Hopkins. PRO Paramount. 10 Akte, 2497 m. ★ 1931. F. **Eine Razzia in Paris.** Un soir de rafle. REG Carmine Gallone. DAR Annabella, Albert Préjean. PRO Osso. 11 Akte, 2824 m. ★ 1931. USA. **Hotelbekanntschaften.** PRO M-G-M. 8 Akte, 2206 m. ★ 1930. USA. **Romanze.** Romance. REG Clarence Brown. DAR Greta Garbo, Lewis Stone. PRO M-G-M. 10 Akte, 2163 m. ★ **Oktober.** ★ 1930. USA. **Madame Satan.** Madam Satan. REG Cecil B. De Mille. DAR Kay Johnson, Reginald Denny. PRO M-G-M. 13 Akte, 3232 m. ★ 1931. USA. **Yvonne.** Inspiration. REG Clarence Brown. DAR Greta Garbo, Lewis Stone. PRO M-G-M. 10 Akte, 2074 m. ★ **November.** ★ 1931. USA. **Küssen erlaubt.** Strangers May Kiss. REG George Fitzmaurice. DAR Norma Shearer, Robert Montgomery. PRO M-G-M. 10 Akte, 2357 m. ★ 1931. USA/F/D. **Zum goldenen Anker.** REG Alexander Korda. DAR Albert Bassermann, Ursula Grabley, Mathias Wieman. PRO Paramount. 10 Akte, 2960 m. Deutsche Version von ›Marius‹, R: Alexander Korda, Marcel Pagnol. ★ 1931. USA. **Irrwege des Lebens.** Dance, Fools, Dance. REG Harry Beaumont. DAR Joan Crawford, Lester Vail. PRO M-G-M. 9 Akte, 2243 m. ★ **Dezember.** ★ 1930. USA. **Der Sänger von Sevilla.** Call of the Flesh. REG Charles Brabin. DAR Ramon Novarro, Dorothy Jordan. PRO M-G-M. 11 Akte, 2750 m. ★ 1931. USA. **Helden der Luft.** Dirigible. REG Frank Capra. DAR Jack Holt, Fay Wray. PRO Columbia. 10 Akte, 2668 m. ★ 1931. USA. **Straßen der Weltstadt.** City Streets. REG Rouben Mamoulian. DAR Gary Cooper, Silvia Sidney. PRO Paramount. 9 Akte, 2346 m.

1932

Januar. ★ 1931. USA. **Das Geheimnis der 6 Masken.** PRO M-G-M. 9 Akte, 2348 m. ★ 1928. USA. **Varieté des Lebens.** Excess Baggage. REG James Cruze. DAR William Haines, Josephine Dunn. PRO M-G-M. 8 Akte, 2214 m. ★ 1931/32. USA. **Sport und Liebe.** PRO M-G-M. 7 Akte, 1990 m. ★ 1931/32. D/F. **Mamsell Nitouche.** REG Carl Lamac. DAR Anny Ondra, Oskar Karlweis. PRO Vandor-Ondra-Lamac-Film. 7 Akte, 2022 m. ★ 1931/32. USA. **Der Mut zum Glück.** A Free Soul. REG Clarence Brown. DAR Lionel Barrymore, Norma Shearer. PRO M-G-M. 10 Akte, 2657 m. ★ **April.** ★ 1931. USA. **Mata Hari.** Mata Hari. REG George Fitzmaurice. DAR Greta Garbo. PRO M-G-M. 10 Akte, 2630 m. ★ 1931. USA. **Wenn Du noch eine Tante hast...** Reducing. REG Charles F. Reisner. PRO M-G-M. 8 Akte, 2149 m. ★ 1932. USA. **Der Mann, den sein Gewissen trieb.** The Man I Killed. REG Ernst Lubitsch. PRO Paramount. 8 Akte, 2045 m. ★ **Mai.** ★ 1932. F. **Marco, der Clown.** Camp Volant. REG Max Reichmann. DAR Meg Lemmonier, Ivan Kowal-Samborski. PRO Paramount. 8 Akte, 2100 m. ★ **Juni.** ★ 1931. USA. **Frauengefängnis.** Ladies of the Big House. REG Marion Gering. DAR Sivia Sidney, Gene Raymond. PRO Paramount. 8 Akte, 2155 m. ★ **Juli.** ★ 1932. USA. **Eine Stunde mit Dir.** One Hour With You. REG Ernst Lubitsch. DAR Maurice Chevalier, Jeanette MacDonald. PRO Paramount. 9 Akte, 2240 m. ★ **Dezember.** ★ 1932. D. **Kampf.** REG Erich Schönfelder. DAR Manfred von Brauchitsch, Evelyn Holt. PRO Majestic-Film. 8 Akte, 2356 m.

PRO Ufa. Herstellungsgruppe: Bruno Duday. **HEL** Bruno Duday. **AUL** Fritz Schwarz. **DRZ** 25.3. - 15.6.1934. **DRO** Ufa-Atelier Neubabelsberg; **AA** Teneriffa, Hamburg, Umgebung von Berlin. **LNG** 2673 m, 98 min. **ZEN** 24.7.1934, B.36818, Jf. **URA** 26.7.1934, Berlin (Ufa-Palast am Zoo).
– AT: Ein Mann will in die Heimat. – Prädikat: Künstlerisch.
Drei Ingenieure schlagen sich nach Ausbruch des Ersten Weltkrieges von Südamerika aus in ihre Heimatländer durch: ein Engländer, ein Franzose und ein Deutscher.

1934. Schachmatt.
REG Philipp Lothar Mayring. **KAM** Willy Winterstein. **BAU** Erich Czerwonski. **TON** Ludwig Ruhe. **MUS** Werner Bochmann.
DAR Willi Schaeffers, Fita Benkhoff, Ernst Legal, Dorothea Thiess.
PRO Ufa. **PRL** Peter Paul Brauer. **DRZ** April 1934. **DRO** Ufa-Atelier Neubabelsberg. **LNG** 780 m, 28 min. **ZEN** 17.8.1934, B.37186, V.
– Kurzspielfilm. – Verboten.

1934. Lottchens Geburtstag.
REG Georg Alexander. **AUT** Philipp Lothar Mayring. **KAM** Willy Winterstein. **BAU** Erich Czerwonski. **TON** Walter Tjaden. **MUS** Hans-Otto Borgmann.
DAR Friedel Pisetta, Fita Benkhoff, Julia Serda, Kurt Vespermann, Ursula Herking, Hans Leibelt (Professor).
PRO Ufa. **PRL** Peter Paul Brauer. **DRO** Ufa-Atelier Neubabelsberg. **LNG** 797 m, 29 min. **ZEN** 21.8.1934, B.36990, Jv.
– Kurzspielfilm.

1934. Die Insel.
REG Hans Steinhoff. **AUT** Harald Bratt, Emil Burri; nach dem Bühnenstück von Harald Bratt. **KAM** Konstantin Tschet. **BAU** Benno von Arent, Arthur Günther. **SCH** Willy Zeyn. **TON** Fritz Seidel. **MUS** Werner Bochmann. **ML** Hans-Otto Borgmann. **LT** Werner Bochmann (1), Erwin Lehnow (1, 2). **MT** ›Morgenwind‹ (1), ›Was weißt Du von mir‹ (2).
DAR Brigitte Helm (Karin), Willy Fritsch (Handelsattaché Raak), Otto Tressler (Botschafter), Hubert von Meyerinck (1. Botschaftsrat Graf Sueelen), Georg Heinrich Schnell (2. Botschaftsrat Hotten), Heinz von Cleve (Militärattaché Kapitän Rist), Günther Lüders (Presseattaché Barrick), Erich Walter (Botschaftsbeamter Kraver), Walter Franck (Minister), Herbert Gernot (Sekretär des Ministers), Franz Weber (Leiter der Handelsdelegation), Ernst Rotmund (Kommissar Ascunto), Karl Hannemann (Kriminalbeamter), Françoise Rosay (Silvia), Andrews Engelmann (Namenloser), Kurt Seiffert (korpulenter Mann), Hans Leibelt (Bankdirektor), Aribert Wäscher (Geldverleiher), Harry Hardt (Autohändler).
PRO Ufa. Herstellungsgruppe: Karl Ritter. **HEL** Karl Ritter. **AUL** Fritz Koch. **DRZ** 8.5. - Ende Juni 1934. **DRO** Ufa-Atelier Neubabelsberg; **AA** Dalmatien. **LNG** 2723 m, 99 min. **ZEN** 23.8.1934, B.36989, Jv. **URA** 30.8.1934, Berlin (Ufa-Palast am Zoo).
Französische Version:

1934. Vers l'abîme.
REG Hans Steinhoff, Serge Veber. **AUT** Harald Bratt, Emil Burri; nach dem Bühnenstück ›Die Insel‹ von Harald Bratt. **DIA, AD** Serge Veber. **KAM** Konstantin Tschet. **BAU** Benno von Arent, Arthur Günther. **MUS** Werner Bochmann. **ML** Hans-Otto Borgmann.
DAR Brigitte Helm (Karine), Roger Duchesne (Roll), Henri Roussell (l'ambassadeur), Pierre Magnier (Sueelen), William Aguet (Hotten), Raymond Rouleau (Rist), Robert Vattier (Barrick), Pierre Piérade (Kraver), Henri Bosc (le ministre), Edy Debray (le sécretaire), Henri Beaulieu (le délègue commercial), Thomy Bourdelle (le commissaire), Françoise Rosay (Sylvia), Andrews Engelmann (l'inconnu), Gaston Mauger (le gros monsieur), Georges Vitray (le directeur de banque), Lucien Dayle (l'usurier), Henri Bonvallet.
PRO Ufa / ACE. **HEL** Karl Ritter. **SUP** Raoul Ploquin. **DRZ** 8.5. - Ende Juni 1934. **DRO** Ufa-Atelier Neubabelsberg; **AA** Dalmatien. **LNG** 94 min.

Vorwiegend deutsch
Ton für die Ufa-Wochenschau

Die Notiz im Vorstandsprotokoll vom 7. Oktober 1929 klingt eindeutig: »Es wird beschlossen bis auf weiteres auch fernerhin keine tönende Wochenschau herzustellen.« Die Ufa-Oberen, bekannt für ihre nicht eben glückliche Hand bei der Einschätzung zukunftsträchtiger Technologien, haben sich wieder einmal – falsch – entschieden. 1929 mißtrauen sie noch immer der Zukunft des Tonfilms.

Daß die Vorständler schon ein halbes Jahr später ihr Verdikt widerrufen, bewahrt die Herren vor einem peinlichen Flop. Längst bereitet die Konkurrenz Ton-Wochenschauen vor. So ist die im Protokoll vom 14. Mai 1930 geforderte Eile verständlich, »die Herstellung einer tönenden und sprechenden Wochenschau (ist) so zu beschleunigen, daß ca. ab 1. Juli drei Monate hindurch alle 14 Tage eine tönende Wochenschau erscheinen kann.«

»Vorwiegend deutsch« wollen die national gesinnten Medien-Manager ihre neue Wochenschau haben. Ausländisches, da ist man eher sparsam als patriotisch, soll »möglichst im Austausch-Verfahren, ohne langfristige Bindungen« herbeigeschafft werden. Die aus Zeitnot angestrebte Zusammenarbeit mit der Fox, die mit der Ton-Wochenschau schon weiter ist, wird in der Vorstandssitzung vom 29. August 1930 verworfen, »soll der Fox in höflicher Form mitgeteilt werden, daß die Ufa auf Grund der von Fox gestellten Bedingungen leider nicht die Möglichkeit (sieht), mit ihr ins Geschäft zu kommen und die Verhandlungen daher abbrechen (muß).« Das ist geflunkert. Die Ufa braucht die Fox-Unterstützung für die eigene Ton-Premiere nicht mehr und Auslandsbeiträge sollen fortan von der Paramount übernommen werden. So erscheint am 3. September die erste Ufa-Tonwochenschau.

Schon ein Jahr später ist die technische Innovation voll akzeptiert. In der Ausgabe vom 4. September 1931 jubelt das Ufa-Hausblatt *Kinematograph*: »Es ist heute nach nur zweiundfünfzig Wochen, in umfassender, einwandfreier Weise der Nachweis erbracht, daß man gerade auf diesem Spezialgebiete Dinge geschaffen hat, die fraglos nicht nur die kulturelle Bedeutung des Films, sondern auch die Beliebtheit des Lichtspielhauses erheblich gestärkt haben. (...) Man sah bei Ufa Hindenburg, Brüning, Dr. Curtius. Hörte von ausländischen Diplomaten bei den verschiedensten Herausgebern (gemeint sind hier die Ufa-Konkurrenten Fox, Tobis. N.Sch.) Mac Donald, Stimson, Henderson, Zamora, Hoover, Mussolini, Briand, Doumergue, Graf Bethlen. Vernahm zum Bild die Stimme des Königs Carol, des englischen, belgischen und schwedischen Königs. Elli Beinhorn, Max Schmeling, Caracciola und andere Sportkoriphäen sprachen zum Bild ihrer gewaltigen Leistungen.« Spaltenlang werden Namen und Ereignisse aufgezählt. Der Begeisterung über die Technik und Geschwindigkeit der Nachrichtenverarbeitung fehlt jede Kritik. Über Sinn und Zweck des wöchentlichen Mischmaschs aus Staatsoberhäuptern, Stars und Sportereignissen macht sich der Autor 1931 keine Gedanken und da ist er keine Ausnahme. Die Übergabe eines neuen Autos für die Wochenschaureporter, ihre Arbeit an gefährlichen Einsatzorten oder die Einführung neuer Aufnahme- und Uebertragungstechniken interessieren die damaligen Kritiker der »tönenden Wochenschau« weit mehr. Daß mit Einführung des Tons die Wochenschau mit einem Mal zu einem modernen Nachrichten-Medium geworden ist, bleibt den Machern und ihren Kritikern verborgen.

Ganz anders Joseph Goebbels. Kaum ist er 1933 zum »Reichsminister für Volksaufklärung und Propaganda« ernannt worden, beginnt er mit der Neuorganisation der Filmwirtschaft. Eberhard Fangauf, seit 1931 NSDAP-Mitglied, leitet das neugeschaffene Referat für »Film-Technik und Berichterstattung«, gleichzeitig fungiert er als Verbindungsmann zur Filmstelle der

Wochenschau-Berichter unterwegs

NSDAP. Der linientreue Parteimann ist für die Funktionsfähigkeit und Wirksamkeit des Apparates verantwortlich. Von der Einführung von Armbinden, Dienstausweisen und Autoaufklebern, die freie Durchfahrt garantieren und das Parken im Halteverbot erlauben, über die Erlaubnis, belichtete Filme ohne besondere Formalitäten mit Flugzeug und Bahn direkt ins Berliner Kopierwerk zu schicken, bis hin zu Spezialeinsatzstäben, für die Vorbereitung der Berichterstattung bei Großveranstaltungen, reichen Fangaufs erste Maßnahmen.

Wie so ein Stab bei Großveranstaltungen der Reichsregierung arbeitet, beschreibt der Filmhistoriker Hans Barkhausen: »Diesem Stab gehörten die Leiter des Bild-, des Film-, des Presse- und des Rundfunkeinsatzstabes an. Ferner der Leiter für Aufmärsche, Transporte und Absperrungen, ein Major vom Kommando der Schutzpolizei... Weiterhin ein Vertreter des Generalbauinspekteurs und ein Verantwortlicher für die künstlerische Ausgestaltung. Da diesem Stab immer die gleichen Mitarbeiter angehörten, war er nach Fangauf so eingespielt, daß es keiner langen Diskussionen mehr bedurfte. Für den Ablauf der Veranstaltung wurde von dem Polizeimajor jeweils ein bis ins Kleinste gehendes Minutenprogramm ausgearbeitet. Bei Veranstaltungen in geschlossenen Räumen wurden die Kameras so eingebaut oder abgeschirmt, daß das unvermeidliche Drehgeräusch nicht störte. Auch wurde darauf geachtet, daß sie durch ihre Aufstellung das Gesamtbild nicht beeinträchtigten. Die Scheinwerfer wurden meistens in die Dekoration eingebaut.« Kein Detail bleibt unbeachtet. Eine Lichtdramaturgie ist genau festgelegt und die vorher verteilten Redemanuskripte bewahren die Wochenschauberichter vor Überraschungen und sollte es wider Erwarten mit dem Ton nicht geklappt haben, steht den Filmleuten das Radiomaterial jeder Zeit zur Verfügung. All das ist 1933 neu. Aus der verschlafenen Menschen-Tiere-Sensationen-Revue ist ein effizientes Propagandainstrument geworden.

An der Gruft Friedrichs des Großen findet am 21. März 1933 die Generalprobe statt. »Tag von Potsdam« heißt die Veranstaltung und in der Garnisonskirche der Stadt übernimmt es Reichspräsident Hindenburg in seiner entmotteten kaiserlichen Marschalluniform, den ehemals österreichischen Gefreiten Adolf Hitler, der im schlichten Cutaway erschienen ist, salonfähig zu machen. »Im Geist dieser Ruhmesstätte« wollen die Beiden in Zukunft zusammenarbeiten – und die Wochenschau hat alles gesehen. Der *Film-Kurier* wünschte sich mehr solcher Berichte zwecks Fortdauer des nationalen Erwachens im »Vorüberzug der Lebensereignisse unseres Volkes«. Lotte Eisner und ihr einstiger *Film-Kurier*-Chef Ernst Jäger sind zu dieser Zeit schon außer Landes. Im März 1933 hat das »nationale Erwachen« auch in diesem Fachblatt seine Spuren hinterlassen.

Den »Vorüberzug der Lebensereignisse«, die dem *Film-Kurier*-Autoren 1933 so am Herzen lag, gestaltet die Ufa-Woche fortan hingebungsvoll. Dem Repräsentationsbedürfnis der neuen Machthaber wird Rechnung getragen. Ein Staatsakt oder Staatsbesuch ergibt in der Regel den Auf-

---

Die Ufa feiert 1939 ihr 25jähriges Wochenschau-Jubiläum und beruft sich dabei auf die 1914 gegründete Messter-Woche. Zwar ist mit Gründung des Filmkonzerns auch die Messter-Woche zur Ufa gekommen, doch besonderes Interesse an dieser Mitgift des Filmpioniers hat man nicht: Bereits zum Jahresende 1919 geht das Aktualitäten-Magazin an die Deutsche Lichtbildgesellschaft. Die DLG produziert ab Januar 1922 eine eigene Wochenschau, die Deulig-Woche, und stellt vier Monate später die Messter-Woche ein. Die erste Ufa-Wochenschau wird am 17. September 1925 zensiert

Erst mit der Übernahme durch die Hugenberg-Gruppe engagiert sich die Ufa stärker auf dem Wochenschau-Markt. Nach der Fusion wird ab 1927 auch der Marktführer Deulig-Woche von der Ufa produziert. Zudem kauft man kleinere Konkurrenz-Objekte mit dem Ziel, den Markt zu bereinigen. Am 23. Juli 1928 übernimmt die Ufa die Trianon Wochenschau und die Opel Woche; nach einer gewissen Schamfrist werden beide im nächsten bzw. übernächsten Jahr eingestellt. Ähnlich ergeht es der DLS-Wochenschau.

Bei der tönenden Wochenschau hat die Ufa die Nase vorn und baut damit ihre inzwischen dominierende Position weiter aus: In zwei Drittel aller deutschen Kinos laufen jetzt die Deulig- und die Ufa-Wochenschau. Für die kleineren Kinos, die nicht gleich auf Ton umstellen, produziert die Ufa weiterhin parallel die stumme Wochenschau; die letzte Ausgabe erscheint am 23. März 1933.

Ein Wirtschaftsvertrag zwischen zwei Nationen steht unmittelbar vor der Unterschrift. Ein geheimnisvoller Ausländer hat angeblich geheime Kriegspläne bei sich, was das Abkommen verzögert. Militärattaché Rist verstrickt sich in kriminelle Handlungen bei der Beschaffung der Pläne und zieht den Attaché Raak ebenfalls ins Zwielicht. Rist begeht Selbstmord, Raak zieht es zur Tochter des Botschafters.

1934. Spiel mit dem Feuer.
REG Ralph Arthur Roberts. **RAS** Herbert B. Fredersdorf. **AUT** Ralph Arthur Roberts, Herbert B. Fredersdorf; nach einem Entwurf von Roland Schacht. **KAM** Fritz Arno Wagner. **BAU** Erich Kettelhut, Max Mellin. **SCH** Hans Wolff. **TON** Carlheinz Becker. **MUS** Werner Bochmann. **LT** Erwin Lehnow. **MT** ›Niemals gibt's ein Glück, das ewig lacht‹.
DAR Paul Hörbiger (Dr. Alfred Kramer), Trude Marlen (Annette Kramer), Elga Brink (Sylvia Bernhardt), Willi Schaeffers (Schriftsteller Gründlich), Aribert Wäscher (Manager Whiteman), Horst Birr (Kellner Emil Kummerberg), Ellen Hille (Dienstmädchen Marie), Hilde Krüger (Zofe Helene), Toni Tetzlaff, Ernst Hofmann, Josef Reithofer, Boris Walt, Hans Sternberg, Ernst Günther Schiffner.
PRO Ufa. **PRL** Max Pfeiffer. **DRZ** 6.6. - Mitte Juli 1934. **DRO** Ufa-Atelier Neubabelsberg. **LNG** 2171 m, 79 min. **ZEN** 27.8.1934, B.37032, Jv. **URA** 18.9.1934, Berlin (U.T. Kurfürstendamm).
Ordnung muß sein. Als sich der Ehemann in eine Sängerin verliebt, sorgt die Betrogene dafür, daß auch die Nebenbuhlerin alle Launen und schlechten Gewohnheiten des Gatten gründlich kennenlernt. Mit Erfolg für die Ehe.

1934. Auf den Spuren der Hanse.
REG, AUT, KAM Walter Hege. **SCH** Felix Lampe, Walter Hege. **TON** Fritz Seidel. **MUS** Ernst Erich Buder. Orgel: Walter Kraft. **SPR** Lothar Müthel.
PRO Ufa. Herstellungsgruppe: Nicholas Kaufmann.
DRO Lübeck, Lüneburg, Tangermünde, Stendal, Gransee, Prenzlau, Anklam, Demmin, Grimmen, Greifswald, Rügen, Stralsund, Warnemünde, Rostock, Doberan, Wismar, Angermünde. **LNG** 1524 m, 56 min. **ZEN** 5.9.1934, B.37159, Jf. **URA** 7.9.1934, Berlin (Ufa-Pavillon).
– Dokumentarfilm. – Prädikat: Volksbildend.

1934. Der junge Baron Neuhaus.
REG Gustav Ucicky. **RAS** Kurt Hoffmann. **AUT** Gustav Ucicky; nach dem Bühnenstück von Stephan Kamare. **KAM** Friedl Behn-Grund. **BAU** Robert Herlth, Walter Röhrig. **KOS** Deutsche Theaterkunst. **SCH** Eduard von Borsody. **TON** Fritz Thiery. **MUS, ML, LT** Alois Melichar. **MT** ›So schön haben die Geigen noch nie gespielt…‹, ›Schönen Gruß dir, liebes Wien‹. Hippologische Beratung: Deutsche Reitschule Major a.D. Bürkner GmbH.
DAR Käthe von Nagy (Christl Palm), Viktor de Kowa (Baron Neuhaus), Christl Mardayn (Toni), Hans Moser (Herr Stockel), Lola Chlud (Maria Theresia), Annie Rosar (Frau Stockel), Rudolf Carl (Egelseder), Wilhelm Schich (Oysberger), Beppo Brem (Gaisberger), Karl Hellmer (Sikora), Oskar Sima (Sergeant), Hans Adolfi (Richter Wögerl), Eduard Kandl (Badelhartinger), Julius Brandt, Demmer, Rudolf Essek, Herrgesell, Helene Lauterböck, Kurt von Lessen, Martini, Karl Meixner, Obonya, Klaus Pohl, Josef Reithofer, Betty Sedlmayer, Walter Simlinger (Heurigensänger), Ernst Baebler (Heurigensänger), Mitglieder der Landespolizeireitschule Potsdam (Quadrillereiter).
PRO Ufa. Herstellungsgruppe: Günther Stapenhorst.
HEL Günther Stapenhorst. **AUL** Otto Lehmann. **DRZ** 7.6. - 20.7.1934. **DRO** Ufa-Atelier Neubabelsberg. **LNG** 2601 m, 95 min. **ZEN** 10.9.1934, B.37201, Jv. **URA** 14.9.1934, Berlin (Ufa-Palast am Zoo).
Französische Version:
1934. Nuit de mai.
REG Gustav Ucicky, Henri Chomette. **AUT** Gerhard Menzel; nach dem Bühnenstück ›Der junge Baron Neuhaus‹ von Stephan Kamare. **AD** Gustav Ucicky, Jacques Bosquet, Henri Chomette. **DIA** Jacques Bosquet, Henri Chomette. **KAM** Friedl Behn-Grund. **BAU** Robert Herlth, Walter Röhrig. **MUS, ML** Alois Melichar.
DAR Kate de/= Käthe von/ Nagy (la comtesse Christel Palm), Fernand Gravey (le baron Neuhaus), Monette Dinay (Toni), Lucien Baroux (M. Stockel), Annie Ducaux (l'impératrice), Marguerite Templey (Mme Stockel), Alexandre Rignault (Gaysberger), Lucien Dayle (Leiner), Georges Morton (le juge), Raoul Marco (le sergeant), Katia Lova (Josefa), Aimos (Stumm), Lillian Claude Barghon (une petite fille), Jean Bara, Eugène Dumas (les petits garçons), Philippe Richard, Dina Cocéa, Jeanne de Carol, Fernand Frey, Pierre Piérade, Sinoel, Henri Chomette, Masson.

Anfang der 30er Jahre werden die Richard-Oswald-Lichtspiele in der berliner Kantstraße in ein Wochenschau-Kino umgewandelt

macher. Am Anfang stehen Beiträge, mit der die internationale Anerkennung der Nazi-Politik dargestellt werden soll. Oft folgt dann die sorgfältig vorbereitete Inszenierung einer Großveranstaltung, die den innenpolitischen Teil der Wochenschau dominiert. Die für heutige Zuschauerohren unüberhörbare Nachvertonung, läßt wichtige Redepassagen mit Publikumsreaktionen verschmelzen. In kurzen Schnitten werden begeisterte Zuschauer aus der ornamentalen Masse hervorgehoben. Emphase lautet die Spielanleitung dieser Minuten. Ein eher nachrichtlich gehaltener Mittelteil konzentriert sich in seinen politischen Meldungen aus dem In- und Ausland auf Themen, die in der Wochenschau auffällige Umdeutungen erfahren. So wird 1935 in der Ufa-Wochenschau 233 der Abzug der alliierten Truppen aus dem Saarland zur reinen Militärparade. Im Anschluß folgt »Der Krieg in der grünen Hölle«, so der Titel des Beitrags über den Grenzkrieg zwischen Bolivien und Paraguay. »Amerikas Jugend übt für Olympia« heißt es zu Beginn des Sportteils. Aus Deutschland gibt es Neues vom Ski-Sprung und vom Eishockey. Den Abschlußbericht mit obligatorisch positivem Schlußakkord bereitet Hans Stucks Weltrekordfahrt im vollverkleideten Auto-Union 16-Zylinder vor, dann stellt Hitler auf der Autoausstellung die neue Sensation vor – den Volkswagen.

Die Kriegsvorbereitungen sind auch bei der Wochenschau früh unübersehbar. »Propaganda-Einsatzstelle« heißt die Abteilung, als deren Leiter Eberhard Fangauf zum Regierungsrat befördert wird. Als Sturmpionieroffizier hat PG Fangauf schon im Ersten Weltkrieg Filmtrupps eingewiesen, jetzt soll der Schwerkriegsbeschädigte für die wirkungsvolle Darstellung des Militärs sorgen. Die Parteinähe des Regierungsrats und seiner Männer mißfällt dem Reichskriegsministerium, trotzdem gerät das Herbstmanöver 1936 zum Probelauf der neuen Propaganda-Abteilung. Das Ergebnis ist wenig befriedigend. Neben Verständigungsproblemen zwischen Militärs und Berichterstattern, wird vor allem die mangelnde militärische Ausbildung der Propagandamänner beklagt. Kein Wunder, daß Goebbels Wochenschau-Referent Hans Weidenmann die Ufa anregen will, ein Wochenschauteam samt Tonwagen und kompletter Ausstattung in den spanischen Bürgerkrieg zu schicken, um auf Seiten Francos Fronterfahrung zu sammeln. Die Ufa schiebt technische und Devisen-Probleme vor, kündigt aber im Protokoll vom 6. Oktober 1936 an »zwei tüchtige Operateure« zur Verfügung zu stellen, »soweit es

Kriegswochenschau:
PK-Kameramann mit
ARRI auf Feindflug

sich mit dem Geschäftsbetrieb in Einklang bringen läßt«.

Die Zurückhaltung der Ufa-Vorständler gegenüber eines stärkeren Engagements auf Seiten Francos ist ein kleiner aber deutlicher Verweis auf die Unabhängigkeit, die man 1936 gegenüber dem Propagandaministerium noch zu haben glaubt.

Auch das Erscheinungsbild der Wochenschau-Angestellten gefällt 1937 nicht mehr. Von den »Schwarzhemden-Uniformen« der italienischen Berichterstatter, die Mussolini bei seinem Besuch in Berlin begleiten, ist der Ex-Offizier Fangauf angetan. Bei Veranstaltungen von Staat und Partei wünscht sich der frisch beförderte Regierungsrat in Zukunft eine einheitliche Kleidung für seine Filmtruppe. Deren Mitglieder wollen aber weder Braunhemd noch SA-Uniform tragen. Man einigt sich schließlich auf eine »uniformähnliche Berichterstatter-Einheitskleidung in hechtblau«. Hitlers Gegenbesuch in Italien im Mai 1938 wird die Premiere für das neue Erscheinungsbild, wo, wie Fangauf befriedigt feststellt, »die deutsche Bild- und Filmberichterkolonne mit ihren achtzehn sechssitzigen Horchwagen, mit je zwei Berichtern, anerkennende Bewunderung fand«.

Im Mai 1938 ist der Machtkampf um die Kriegsberichterstattung entschieden. Das Reichskriegsministerium hat sich durchgesetzt und Major Wentscher – ehemaliger Weltkriegs-Pilot, Ex-Lokalredakteur und ab 1933 Ausbildungsoffizier – wird in das Propagandaministerium abkommandiert zur versuchsweisen Aufstellung von Propaganda-Einheiten. Ein erster Orientierungslehrgang für Offiziere umreißt im August 1938 die zukünftige Aufgabenstellung der Propagandasoldaten: »Propaganda sollte eingesetzt werden zur geschlossenen Wehrwilligkeit des eigenen Volkes, zur Erhaltung der Opferfreudigkeit, sie sollte über das Leben des eigenen Volkes aufklären, Unruhe und Erregung im eigenen Volk, die durch feindliche Einwirkung erzeugt werden, überwinden und sie sollte schließlich die eigenen militärischen Absichten tarnen, verschleiern und irreführen«, so der spätere Kommandeur der Einheit, Hasso von Wedel. Beim Überfall auf die Tschechoslowakei werden erstmals Propagandakompanien eingesetzt, was bei den Militärs Anerkennung findet, wenn auch die mangelhafte soldatische Ausbildung der Agitprop-Spezialisten bemäkelt wird.

Die noch immer konkurrierenden Wochenschau-Produzenten Tobis und Ufa werden im Oktober zur Finanzierung eines Dispositionsfonds bei der winklerschen Filmtreuhand-Gesellschaft gezwungen. Der »Verbesserung der Wochenschauen« soll der Geldtopf dienen. Einen Monat später übermittelt das Propagandaministerium konkrete Vortschläge, wie eine Verbesserung zu erzielen ist: »In der Ufa-Wochenschau und in der Presse sind letzthin Bilder erschienen, welche desillusionierend wirken. (...) daß derartige Aufnahmen in Zukunft nicht mehr gebracht werden dürfen«, beeilt sich der Ufa-Vorstand am 8. November 1938 zu Protokoll zu geben.

Die bestehende Konkurrenz zwischen Tobis und Ufa täuscht leicht über die allmähliche Synchronisierung der beiden Firmen. Verknüpft in ein umfangreiches Netz von Abhängigkeiten, diskret verbunden über das Büro Winkler, ist es weder inhaltlich noch kommerziell mit der Unabhängigkeit weit her. Mit Kriegsbeginn fällt auch der letzte Deckmantel dieser nicht mehr existierenden Eigenständigkeit der ewigen Konkurrenten. Der Inhalt wird vereinheitlicht und nachdem noch einige Monate die alten Titelvorspanne beibehalten werden, findet am 21. November 1940 die Gründungsversammlung der »Deutschen Wochenschau GmbH« statt, deren martialischer Vorspann – zu den Klängen von Lizst – fortan vor dem Hauptfilm zur propagandistischen Ertüchtigung auffordert.

Nicolaus Schröder

PRO Ufa / ACE. HEL Günther Stapenhorst. AUL Otto Lehmann. DRZ 7.6. - 20.7.1934. DRO Ufa-Atelier Neubabelsberg. LNG 80 min. URA 12.10.1934, Paris (Gaumont Palace).
Der Versuch Maria Theresias, im Jahre 1753 das Fensterln einzuschränken, schlägt fehl. Das zu statuierende Exempel, laut kaiserlichem Befehl durchzuführen vom jungen Baron Neuhaus, würde, korrekt gehandhabt, ihn selbst treffen.

1934. Fürst Woronzeff.
REG Arthur Robison. AUT Walter Supper, Arthur Robison; nach dem Roman von Margot von Simpson. KAM Günther Rittau, Otto Baecker. BAU Erich Kettelhut, Max Mellin. SCH Herbert B. Fredersdorf. TON Erich Leistner. MUS, ML Hans-Otto Borgmann. LT Bruno Balz. MT ›Von allen Frauen, die mich lieben‹, Duett aus der Oper ›Samson und Dalila‹. GES Ruth Berglund, Walther Ludwig.
DAR Brigitte Helm (Diane Morell), Albrecht Schoenhals (Fürst Woronzeff / Franz von Naydek), Hansi Knotek (Nadja), Willy Birgel (Sekretär Petroff), Heinrich Berg (Otto von Naydek), Amanda Lindner (Tante Lydia), Fritz Odemar (Onkel Gregor), Günther Lüders (Vetter Boris), Jakob Tiedtke (Onkel Iwan), Kurt Fuß (Agent Léon), Edwin Jürgensen (Untersuchungsrichter).
PRO Ufa. Herstellungsgruppe: Max Pfeiffer. HEL Max Pfeiffer. DRZ ca. 22.7. - Ende August 1934. DRO Ufa-Atelier Neubabelsberg, Ufa-Atelier Berlin-Tempelhof; AA Cannes. LNG 2577 m, 94 min. ZEN 1.10.1934, B.37422, Jv. URA 2.10.1934, Berlin (Ufa-Palast am Zoo).
Französische Version:

1934. Le secret des Woronzeff.
REG Arthur Robison, André Beucler. AUT Walter Supper, Arthur Robison; nach dem Roman ›Fürst Woronzeff‹ von Margot von Simpson. DIA André Beucler. KAM Günther Rittau, Otto Baecker. BAU Erich Kettelhut, Max Mellin. MUS, ML Hans-Otto Borgmann.
DAR Brigitte Helm (Diane), Jean Murat (le prince Woronzeff / Franz von Naydeck), Madeleine Ozeray (Nadia), Wladimir Sokoloff (Petroff), Pierre Mingand (le frère von Naydek), Marguerite Templey (tante Adèle), Gaston Dubosc (Oncle Ivan), Jeanne Pierson, Marguerite de Morlaye, Guy Sloux, Charles Redgie, Marc-Hély, Henri Bonvallet, Aimos.
PRO Ufa / ACE. HEL Max Pfeiffer. DRZ Mitte Juli - Ende August 1934. DRO Ufa-Atelier Neubabelsberg, Ufa-Atelier Berlin-Tempelhof; AA Cannes. LNG 85 min. URA Januar 1935 (?).
Nach 15 Jahren ist es dem Fürsten Woronzeff gelungen, seine verschollene Tochter Nadja zu finden. Den jetzt folgenden Auseinandersetzungen mit der Verwandtschaft möchte er sich entziehen. Er bittet Naydek, einen guten Freund, der ihm verblüffend ähnlich sieht, um die Erledigung dieser Aufgabe. Naydek verliebt sich in Nadja. Woronzeffs eifersüchtige Freundin Diane durchschaut die Inszenierung.

1934. Bums, der Scheidungsgrund.
REG Hans Deppe. AUT Hans Fritz Köllner; nach einer Idee von Rudo Ritter. KAM Reimar Kuntze. BAU Carl Ludwig Kirmse. TON Heinz Orlich. MUS Werner Eisbrenner.
DAR Walter Gross, Trude Haefelin, Bruno Fritz, Kurt Vespermann, Paula Denk, Bums, ein Scotchterrier.
PRO Ufa. PRL Peter Paul Brauer. DRO Ufa-Atelier Neubabelsberg. LNG 637 m, 23 min. ZEN 13.10.1934, B.37523, Jf.
– Kurzspielfilm.

1934. Die rosarote Brille.
REG Hans Deppe. KAM Reimar Kuntze. MUS Werner Bochmann.
DAR Kurt Vespermann, Fita Benkhoff, Toni Tetzlaff, Carla Carlsen, Fränz Stein, Ilse Trautschold, Lothar Glathe, Werner Stock, Ewald Wenck, Erwin Biegel, Otto Sauter-Sarto, Wolfgang von Schwind, Kurt Baumann-Grandeit, Kurt Seifert, Horst Teetzmann, Hans Schoelermann, Dorothea Thiess.
PRO Ufa. PRL Peter Paul Brauer. DRZ September 1934. DRO Ufa-Atelier Neubabelsberg. LNG 780 m, 28 min. ZEN 13.10.1934, B.37524, Jf. 14.
– Kurzspielfilm.

1934. Die kleinen Verwandten.
REG Hans Deppe. AUT Philipp Lothar Mayring; nach Ludwig Thoma. KAM Reimar Kuntze. BAU Carl Ludwig Kirmse. TON Bruno Suckau. MUS Rudolf Perak.
DAR Paul Bildt (Bürokrat), Fita Benkhoff (Beamtenfrau), Friedel Pisetta (ihre Tochter), Beppo Brem (Bauer), Walter Ladengast, Dorothea Thiess, Malte Jäger.
PRO Ufa. DRZ September 1934. DRO Ufa-Atelier Neubabelsberg. LNG 730 m, 27 min. ZEN 19.10.1934, B.37560, Jf.
– Kurzspielfilm.

Schokolade, Waschpulver und Politik

Die Abteilung Werbefilm

Der Werbestreifen erhielt eine Besprechung im Feuilleton. Unter der Rubrik »Filme der Woche« rückte der Hamburger Anzeiger 50 Zeilen über »Persil im Tonfilm« ein. Hinter einem Päckchen Seifenpulver werde eine ganze Welt sichtbar: Die Geschichte des Waschens, das Wesen von Stoffen und Geweben, die Gefahren von Schmutz und Infektionen.

Der Kritiker lobte die Reklame für Henkel & Cie. als künstlerisch wertvollen Kulturfilm: »Es gelang eine Versenkung in die Gedankengänge des Säuberns, in die scheinbare Kleinlichkeit täglich wiederkehrender Reinigungsprozesse, daß Massenversammlungen typischer Hausfrauen diesen Film als einen Augenschmaus und als ein Stück hygienischer Volkshochschule, um nicht zu sagen: hygienischer und praktischer Nachhilfestunde empfanden.« Eingebunden in eine Spielhandlung, in der bekannte Darsteller wie Ida Wüst und Paul Henkels mitwirken, zielt der zweistündige Film WÄSCHE – WASCHEN – WOHLERGEHEN »mit eindeutiger und einleuchtender Nutzanwendung auf praktische Gegenwartsinteressen aller Hausfrauen«. Die Nutzanwendung aus Sicht des Auftraggebers hieß damals wie heute: Persil bleibt Persil, nichts wäscht weißer.

Die Werbefilm-Abteilung – Leitung Dr. Ulrich Westerkamp, 37 Angestellte – konzentriert sich auf drei Aufgabenbereiche: Werk- oder Industriefilme (auch als Kulturfilme einsetzbar), Kurzfilme (bis Ende 1929 der Epoche vorbehalten) und Diapositive (darüber gab es einen Vertrag mit der Ala, der eine Jahres-Garantie von RM 200.000 vorsah). Die Ufa verdient in der Regel doppelt: an der Herstellung der Werbefilme sowie an deren Vorführung in ihren Kinos. Neben dem eigenen Filmtheaterpark stehen die Emelka- und Tolirag-Kinos sowie etwa tausend unabhängige, meist kleinere und mittlere Lichtspielhäuser als Abspielstätten zur Verfügung. Bis nach Amerika reichen die Verbindungen: Die Ufa hat im Juni 1929 mit der christlichen Jugendorganisation YMCA einen Exklusivvertrag über die Vorführung ihrer Werbefilme abgeschlossen. Um ihrerseits neue Kunden zu gewinnen, zeigt die Ufa ihre neuesten Werbefilme regelmäßig in Sonntags-Matineen und verweist dabei stolz auf die Besucherzahlen. Absoluter Spitzenreiter bleibt Persil: In sechs Jahren erreicht WÄSCHE – WASCHEN – WOHLERGEHEN rund 30 Millionen Zuschauer.

Die lange Kundenliste verzeichnet die Opel AG, die Zigarettenfabrik Haus Neuerburg und die Dresdner Bank, auch Interessenverbände wie das Komitee für Chile-Salpeter und den Reichsverband für deutsche Ziegenzucht, das Mitteldeutsche Braunkohlen-Syndikat und den Verband deutscher Chokolade-Fabriken. Geworben wird für Kaisers Kaffee-Geschäft und Pfaff-Nähmaschinen ebenso wie für den Kirchlichen Erziehungs-Verband oder die Bodelschwingh'schen Anstalten. In diesem Sektor spielt die politische Ausrichtung des Filmkonzerns keinerlei Rolle: Ein Auftrag der weit links angesiedelten Piscator-Bühne wird selbstverständlich angenommen, und für die SPIO, die Spitzenorganisation der deutschen Filmindustrie, gibt es keinen Kollegenrabatt. Auch die Wahlfilme für die Deutsch-Nationale Volkspartei werden nicht aus konservativer Bündnistreue produziert – sie sind ein durchaus lukratives Geschäft (in der Bilanz 1927/28 z.B. stehen Erlösen in Höhe von RM 26.840 Kosten von RM 9.534,54 gegenüber).

So günstig sieht die Rechnung nicht immer aus. Immer wieder kommt es zu katastrophalen Einbrüchen. Im Revisionsbericht per 31.1.1930 findet sich dafür ein krasses Beispiel: »Ein reines Verlust-Geschäft ist der Film TRAUMREISE (EAU DE COLOGNE), da die nackten Herstellungskosten – ohne Fabrikations-Unkosten – doppelt so hoch sind wie der vereinnahmte Herstellungsbetrag, nämlich RM 3.947,21 : RM 2.000.« Das ist kein Einzelfall, auch bei den Werbefilmen für Junkers & Co. und für die Helsing-

SIEG wirbt für ein
Erkältungsmittel
»Träumen der Menschen,
Jahrtausende alt,
Finden in unserer Zeit Gestalt.
Eisen- und Stahlskeletts
wachsen empor,
Niethämmer, Stichflammen
dröhnen im Chor.
Traum wird zur Wirklichkeit
in unserer Zeit.
Menschen am Steuer bändigen
Motorkraft.
Kreuzen im Luftmeer, Zeit wird
gerafft –
Traum wird zur Wirklichkeit
in unserer Zeit.
Menschen von heute, die
Technik besiegen,
Menschen, die täglich Rekorde
fliegen, –
Dürfen denn die noch –
Erkältung kriegen?
Krankheit, der größte Feind,
tückisch und wild –
Gesundheit braucht Schutz –
Hier ist Dein Schild!«
(Filmkommentar)

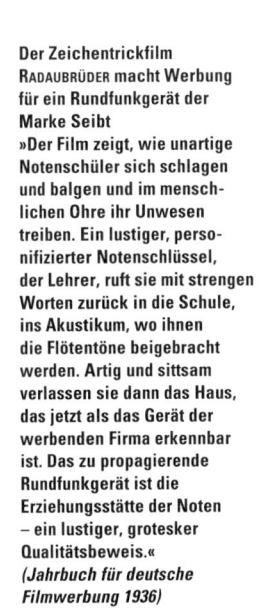

Der Zeichentrickfilm
RADAUBRÜDER macht Werbung
für ein Rundfunkgerät der
Marke Seibt
»Der Film zeigt, wie unartige
Notenschüler sich schlagen
und balgen und im mensch-
lichen Ohre ihr Unwesen
treiben. Ein lustiger, perso-
nifizierter Notenschlüssel,
der Lehrer, ruft sie mit strengen
Worten zurück in die Schule,
ins Akustikum, wo ihnen
die Flötentöne beigebracht
werden. Artig und sittsam
verlassen sie dann das Haus,
das jetzt als das Gerät der
werbenden Firma erkennbar
ist. Das zu propagierende
Rundfunkgerät ist die
Erziehungsstätte der Noten
– ein lustiger, grotesker
Qualitätsbeweis.«
*(Jahrbuch für deutsche
Filmwerbung 1936)*

borg Gummifabriken setzt die Ufa zu. Unmittelbare Folge der Revisionsberichte ist eine Neuorganisation der Abteilung, was vor allem eine stärkere Kosten-Kontrolle ermöglicht. So kann in der Bilanz für die Saison 1930/31 wieder ein stolzer Reingewinn von RM 611.000 ausgewiesen werden, Tendenz steigend.

Bedenkenlos kooperieren die beiden Abteilungen Werbe- und Kulturfilm. Die von den Fremdenverkehrsvereinen in Auftrag gegebenen Landschafts- und Städtefilme eignen sich besonders für so eine Zusammenarbeit. Dieses Geschäft betreibt die Ufa mit Geschick und Erfahrung, wobei die Firma ihr Renomée geschickt auszunutzen weiß.

Am 4. März 1926 geht beim Senat der Hansestadt Bremen ein vierseitiges Schreiben aus der Kochstraße ein. In wohlgesetzten Worten bittet die Ufa um Aufmerksamkeit für das »modernste Mittel der Verkehrsbelebung«, den Werbefilm. Für das nächste Jahr plane man eine Serie über Deutschlands schönste Städte, habe in diesem Zusammenhang auch schon an Bremen gedacht – bei Interesse würde man dem Senat gern ein entsprechendes Angebot unterbreiten.

1934. Lockvogel.
REG Hans Steinhoff. AUT Ludwig von Wohl, Philipp Lothar Mayring. KAM Konstantin Tschet. BAU Fritz Maurischat, Arthur Günther. TON Hermann Fritzsching. MUS Friedrich Wilhelm Rust, Walter Schütze. SCH Willy Zeyn. LT Friedrich Wilhelm Rust. MT ›Kommt einst das Glück zu Dir‹.
DAR Viktor de Kowa (Schott Jr.), Jessie Vihrog (Sybil Termeer), Hilde Weissner (Delia Donovan), Jakob Tiedtke (Juwelier Schott), Fritz Rasp (de Groot), Paul Westermeier (Kapitän Robert), Gerhard Bienert (1. Offizier), Hugo Fischer-Köppe (2. Offizier), Gertrud Wolle (Dame an Bord), Hans Herrmann-Schaufuß (Herr an Bord), Louis Ralph (Bandit), Josef Dahmen (Bandit), Alfred Gerasch (Perser), Inge Kadon (Perserin), Gustav Püttjer (Matrose), Werner Stock (Matrose), Ernst Rotmund (Kriminalkommissar), Sonja Krenzisky (Bumbawa), Hede Mehrmann (weiße Tänzerin).
PRO Ufa. HEL Karl Ritter. AUL Fritz Koch. DRZ 23.7. - September 1934. DRO Ufa-Atelier Neubabelsberg; AA Bosporus, Hamburger Hafen, Nordsee vor Helgoland. LNG 2719 m, 99 min. ZEN 19.10.1934, B.37566, Jv. URA 10.11.1934, Berlin (Ufa-Palast am Zoo).
Französische Version:

1934. Le miroir aux alouettes.
REG Hans Steinhoff, Roger Le Bon. AUT Ludwig von Wohl, Philipp Lothar Mayring. AD Georges Neveux. KAM Konstantin Tschet, Erich Schmidtke. BAU Fritz Maurischat, Arthur Günther. MUS Friedrich Wilhelm Rust, Walter Schütze.
DAR Pierre Brasseur (Jean Forestier), Jessie Vihrog (Jenny), Edwige Feuillère (Délia), Lucien Dayle (H. Forestier), Henry Bosc (Makarian), Pierre Labry (le commandant), Daniel Mendaille (le premier officier), Bill-Bocketts (le deuxième officier), Jeanne Fusier-Gir (la passagère), Henri Mairet (le passager), Aimos (Dimitri), Max Maxudian (le Persan), Germaine Godefroid, Roger Karl (Dekalf), Henri Bonvallet, Edouard Hamel.
PRO Ufa / ACE. HEL Karl Ritter. SUP Raoul Ploquin. DRZ Juli - September 1934. DRO Ufa-Atelier Neubabelsberg; AA Bosporus, Hamburger Hafen, Nordsee vor Helgoland. LNG 79 min.
Delia ist der Lockvogel einer Verbrecherbande, auf den auch Viktor, Sohn eines Juweliers, hereinfällt und der ihn immer mehr in sein ausgeworfenes Netz verstrickt. Der Reeder de Groot ist mit den Gaunern im Geschäft. Er ist zugleich Vormund von Sybil, einer Jugendfreundin Viktors, die ihm letztlich aus der Klemme hilft.

1934. Besuch im Karzer.
REG Richard Schneider-Edenkoben. AUT Hans Hömberg; nach Ernst Eckstein. KAM Werner Bohne. TON Bruno Suckau. MUS Franz R. Friedl.
DAR Hans Leibelt (Rektor), Marina von Dittmar, Wilfried Seyferth, Ewald Wenck, Otto Stöckel, Franz Stein, Werner Stock, Horst Beck.
PRO Ufa. PRL Peter Paul Brauer. DRO Ufa-Atelier Berlin-Tempelhof. LNG 867 m, 31 min. ZEN 3.11.1934, Jf.
– *Kurzspielfilm.*

1934. Die Medaille.
REG Gerhard Tandar. AUT Hans Fritz Köllner; nach Ludwig Thoma. KAM Werner Bohne. BAU Carl Ludwig Kirmse. TON Bruno Suckau. MUS Ernst Erich Buder.
DAR Paul Bildt, Fita Benkhoff, Ernst Behmer, Albert Florath, Ernst Waldow, Beppo Brem, Otto Sauter-Sarto, Hermann Erhardt, Hans Herrmann-Schaufuß, Toni Tetzlaff, Ernst Lichtenauer, Maria Loja, Dorothea Thiess, Otto Kronburger, Karl Streng.
PRO Ufa. PRL Peter Paul Brauer. DRZ November 1934. DRO Ufa-Atelier Berlin-Tempelhof. LNG 891 m, 32 min. ZEN 13.12.1934, B.38082, Jf.
– *Kurzspielfilm.*

1934. Zwei Genies.
REG Detlef Sierck. AUT L. A. C. Müller, Rudo Ritter. KAM Konstantin Tschet. BAU Carl Ludwig Kirmse. TON Bruno Suckau. MUS Max Jarcyk-Jansen.
DAR Fritz Odemar, Hans Herrmann-Schaufuß, Mady Raschke, Carl Walther Müller, S. O. Schoening, Will Kaufmann, Georg Erich Schmidt, Arthur Schröder, Bruno Fritz, Erwin Biegel.
PRO Ufa. PRL Peter Paul Brauer. LNG 291 m, 11 min. ZEN 14.12.1934, V.
– *Kurzspielfilm. – Verboten.*

Die Stadtväter zeigen sich interessiert. Zwei Monate später liegen die Konditionen schriftlich vor. Die Ufa denkt gar nicht daran, kostenlos einen schönen Bremen-Film zu produzieren: Für die Herstellung des Films, Länge etwa 200 – 250 Meter, berechnet sie 4000 Mark, zahlbar in zwei Raten. »Bei diesem Preise wird vorausgesetzt, daß Kunstlicht nicht erforderlich ist und daß die übliche Aufnahmedauer des Films von 10 Tagen innegehalten werden kann.« Das Negativ bleibt mit allen Rechten Ufa-Eigentum; der Auftraggeber bekommt lediglich eine kostenlose Kopie für interne Vorführungen, nicht dagegen für öffentliche Veranstaltungen. Im Gegenzug verpflichtet sich die Ufa, den Film innerhalb eines Jahres in mindestens 40 Kinos vorzuführen.

Der Senat diskutiert, aber was hilft's: Imagepflege kostet nun einmal Geld. Der Chef der Pressekommission sieht sich nach Sponsoren um. Die Direktion des Norddeutschen Lloyd ist bereit, die Hälfte der Kosten zu übernehmen, meldet aber gleich Wünsche fürs Drehbuch an. Die Handelskammer und der Kanalverein, die Baumwollbörse und die Deputation für Häfen und Eisenbahnen, sie alle wollen im Film vertreten sein. Ein Wunder, daß schließlich ein von jeder Seite akzeptiertes Manuskript zustandekommt.

Vor Vertragsabschluß läßt sich die Ufa vom Senat noch zusichern, daß alle erforderlichen Hilfsmittel wie Auto, Flugzeug etc. zur Verfügung gestellt werden, und vergißt auch nicht, Freifahrscheine für die Dampfer anzufordern. Am 15. Juli treffen Regisseur Adolf Trotz und Operateur Müller in der Hansestadt ein. Gleichzeitig schickt die Ufa die Rechnung über die erste Rate, fällig bei Drehbeginn.

Interessanter als die meist betulich abfotografierten Sehenswürdigkeiten zwecks Belebung des Fremdenverkehrs sind zweifellos die Animationsfilme. Wolfgang Kaskeline, der das Trickfilm-Studio der Werbefilm-Abteilung mitaufbaut, realisiert abstrakte Werbestreifen für Muratti-Zigaretten oder das Herzbad Nauheim. Innovative Experimente und kommerzielle Werbung gehen eine höchst produktive Verbindung ein. Kaskeline versteht seine Arbeit als angewandte Filmkunst, und sein Ausgangspunkt, so seine grundsätzlichen Ausführungen im *Ufa-Feuilleton* vom 25. Februar 1931, ist immer das Produkt: »Das zu behandelnde Reklame-Objekt in seiner einzigartigen, einmaligen Form- und Inhaltsbedeutung ganz erfassen, ins Malerische projizieren, die ihm angemessene Umrahmung formal wie inhaltlich finden, kurz jedem Ding *seine* Sprache ablauschen und in *seiner* Sprache von ihm zu reden – das ist meine Aufgabe – das ist das Postulat meiner Kunst.«

Michael Töteberg

Der Kurz-Tonfilm DER RETTER wirbt für das Schuhputzmittel Erdal
»Wir kommen nach Haus
Und sehen so aus,
Traurig und grau,
Staubig und rauh.
Au, au, au, au.
Wir wollen nicht beschmutzt sein,
Wir wollen geputzt sein!«

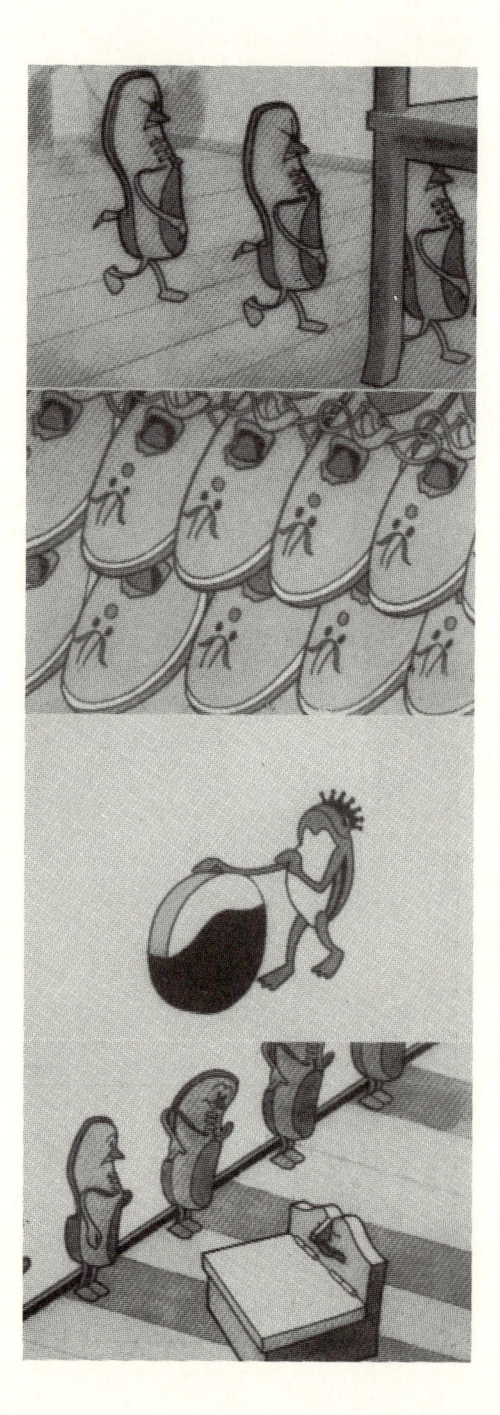

Kurzfilme der Ufa 1929-30

1929

Januar. ★ 1928. **Eine Fahrt in den indischen Färbedestrikt Madura.** 1 Akt, 162 m. ★ 1928/29. **Unterschiede der indischen Naturseide und der deutschen Agfa-Seide.** 1 Akt, 233 m. ★ 1928/29. **Kostbare Scherben.** 2 Akte, 759 m. ★ 1928/29. **Werden und Vergehen.** 1 Akt, 274 m. ★ 1928/29. **Waldeszauber.** 1 Akt, 390 m. ★ 1928/29. **Atmen ist Leben.** 1 Akt, 328 m. ★ 1928/29. **Vorsicht.** 1 Akt, 377 m. ★ 1928/29. **Stahlbauten für die Landwirtschaft.** 1 Akt, 244 m. ★ 1928/29. **Glückliche Menschen im Strahlenglanz der ewigen Sonne. Die Allgewalt des Sports.** 7 Akte, 2948 m. ★ 1928/29. **Die Bedeutung der künstlerischen Begegnung für die Provinz Brandenburg.** 1 Akt, 302 m. ★ 1928/29. **Heiratstrachten im Weserbergland.** 1 Akt, 110 m. ★ 1928/29. **Schönheiten des deutschen Ostens. Ostpreußen – Danzig – Memel.** 1 Akt, 408 m. ★ **Februar.** ★ 1928/29. **Von der Schulbank zum Verkehrsflieger.** AUT Nicholas Kaufmann. 1 Akt, 457 m. ★ 1928/29. **Die ausländische Milzbrandgefahr.** 4 Akte, 417 m. ★ 1928/29. **Gerade Beine – gesunde Glieder.** 1 Akt, 341 m. ★ 1928/29. **Tropische Schönheit und deutsche Arbeit.** 4 Akte, 1355 m / 3 Akte, 1112 m. ★ 1928/29. **Bucchi.** 1 Akt, 325 m. ★ 1928/29. **Die Kurische Nehrung.** 1 Akt, 107 m. ★ 1928/29. **Der erste Verkehrstag in Lauenburg i. Pommern.** 1 Akt, 257 m. ★ **März.** ★ 1929. **Rosenmontag in Köln.** 1 Akt, 138 m. ★ 1928/29. **Das Stahlfenster.** 3 Akte, 965 m. ★ 1928/29. **Bilder von der holländischen Wasserkante.** 1 Akt, 107 m. ★ 1928/29. **Vom guten und schlechten Kraftstoff.** 3 Akte, 1156 m / 3 Akte, 1241 m / 1 Akt, 310 m. ★ 1928/29. **Tierfreundschaften.** REG Ulrich K. T. Schulz, Wolfram Junghans. KAM Bernhard Juppe, Paul Krien. 1 Akt, 254 m. ★ 1928/29. **Walzasphalt Eisenbahnbau.** 1 Akt, 292 m. ★ 1928/29. **Moderner Straßenbau mit Spramex und Mexphalt.** 3 Akte, 842 m. ★ 1928/29. **Neuigkeiten aus der Frauengymnastik.** 1 Akt, 339 m. ★ 1928/29. **Ausbildung und Arbeit des Polizei- und Blindenhundes.** 1 Akt, 109 m. ★ 1929. **Die kluge Rübe.** 1 Akt, 141 m. ★ 1928/29. **Der Quastenstachler.** 1 Akt, 245 m. ★ 1928/29. **Pflege deine Zähne.** 1 Akt, 150 m. ★ **April.** ★ 1929. **Vorsorge schützt vor Sorge.** 1 Akt, 307 m. ★ 1929. **Reblausbekämpfung und Pfropfrebenbau.** 4 Akte, 1284 m. ★ 1929. **Der Kampf mit dem Eis.** 1 Akt, 284 m. ★ 1929. **Das Inselland aus Feuer und Eis.** 1 Akt, 238 m. ★ 1929. **Ein Ritt durch Island.** 1 Akt, 128 m. ★ 1929. **Winter im Spreewald.** 1 Akt, 306 m. ★ 1929. **Winterarbeit im Spreewald.** 1 Akt, 248 m. ★ 1929. **Erlebnisse einer Tierfamilie.** 1 Akt, 318 m. ★ 1929. **Hie guet Brandenburg allewege!** 1 Akt, 260 m. ★ 1929. **Reisebilder aus Persien.** 1 Akt, 360 m. ★ 1929. **Strichweise Regen – strichweise heiter.** 1 Akt, 108 m. ★ 1929. **Vom Zeichentisch zum Großflugboot.** KAM Hans Rudolf Meyer. 1 Akt, 450 m. ★ 1929. **Die Entstehung eines Steinkohlenflözes.** 1 Akt, 406 m. ★ 1929. **Kinderfürsorge in Deutschland.** 1 Akt, 106 m. ★ 1929. **Wenn man es eilig hat.** 1 Akt, 128 m. ★ **Mai.** ★ 1929. **Der Stahlbau.** 1 Akt, 545 m. ★ 1929. **Ferientage an der Nordsee. 2 Teile.** 1 Akt, 268 m / 1 Akt, 246 m. ★ 1929. **Alarm.** 2 Akte, 720 m. ★ 1929. **Winterbilder aus dem Sauerland.** 1 Akt, 518 m. ★ 1929. **Regeln des Tennisspiels.** 1 Akt, 117 m. ★ 1929. **Deutsche Stahlerzeugung.** 2 Akte, 908 m. ★ 1929. **Hie guet Brandenburg allewege.** 2 Akte, 620 m. ★ 1929. **Meister des weißen Sports bei bedeutenden Spielen.** REG Johannes Guter. KAM Bernhard Wentzel, Kurt Stanke. Beratung: Sportlehrer Neukirch, Hochschule für Leibesübungen. 1 Akt, 106 m. ★ 1929. **Technische Messe Leipzig.** 2 Akte, 758 m. ★ 1929. **Von der Ausbildung unserer Polizei.** 1 Akt, 107 m. ★ 1929. **Physikalische Spielereien.** 1 Akt, 347 m. ★ 1929. **Baden ist Trumpf.** 1 Akt, 257 m. ★ 1929. **Wassers Kraft Leben schafft!** 1 Akt, 337 m. ★ **Juni.** ★ 1929. **Ausbildung und Dienst auf dem Schulschiff ›Niobe‹.** 1 Akt, 105 m. ★ 1929. **Schlangen im Urwald.** 1 Akt, 295 m. ★ 1929. **Weibliche Polizei.** 2 Akte, 788 m. ★ 1929. **Filmoper. 3 Teile.** 1 Akt, 122 m / 1 Akt, 150 m / 1 Akt, 242 m. ★ 1929. **Leben und Wirken der Blinden.** 1 Akt, 102 m. ★ 1929. **Vom König der Lüfte. Die letzten Adler.** REG Ulrich K. T. Schulz, W. Junghans. KAM B. Juppe, Paul Krien. 4 Akte, 1283 m. ★ **Juli.** ★ 1929. **Waldschule in Berlin.** 1 Akt, 104 m. ★ 1929. **Korsische Reisebilder. Wanderungen eines Naturforschers an der Westküste von Nonza nach Bonofacio.** 6 Akte, 1425 m. ★ 1929. **Treppenwitze von Wilhelm Bendow und Paul Morgan.** 233 m, 9 min. Tonfilm. ★ 1929. **Lloydschnelldampfer ›Bremen‹ und ›Europa‹, die größten und schnellsten Schiffe der deutschen Handelsflotte.** 2 Akte, 942 m. ★ 1929. **Gläserne Wundertiere.** REG Ulrich K. T. Schulz. KAM Herta Jülich. Mit Vortrag von Prof. Berndt. 1 Akt, 430 m. Erster Ton-Kulturfilm der Ufa. ★ **August.** ★ 1929. **Elektrodorf in München.** 1 Akt, 155 m. ★ 1929. **Das Trumpfluftschiff über Berlin.** 1 Akt, 34 m. ★ 1929. **Bilder aus Grönland.** 1 Akt, 358 m. ★ 1929. **Im Feuerbereich des Ätna.** REG Ulrich K. T. Schulz. KAM Paul Krien. 1 Akt, 394 m. ★ 1929. **Antike Stätten auf Sizilien.** 1 Akt, 371 m. ★ 1929. **Den Teilnehmern des Welt-Reklame-Kongresses.** 6 Akte, 1905 m. ★ 1929. **Der Lippenstift.** 304 m, 1 Akt. Kurzspielfilm. ★ 1929. **Werbetonfilm für Musik und Sprache.** 1 Akt, 103 m. ★ 1929. **Werbefachleute über den Werbetonfilm.** 4 Akte, 327 m. ★ 1929. **Großstadttiere.** 1 Akt, 378 m. ★ 1929. **Bilder vom Weltreklamekongreß.** 1 Akt, 70 m. ★ 1929. **Zeitmessung und Zeitmesser.** 1 Akt, 180 m. ★ 1929. **Die Heimat des Rentieres.** 5 Akte, 1801 m. ★ 1929. **Was sagen Sie dazu?** 1 Akt, 133 m. ★ **September.** ★ 1929. **Vor den Toren. 2. Teil.** 4 Akte, 1340 m. ★ 1929. **Ein kleiner Bruder des großen Graf Zeppelin.** 1 Akt, 100 m. ★ 1929. **Mein und Dein im Tierreich.** REG U. K. T. Schulz. KAM Bernhard Juppe, Paul Krien. 1 Akt, 393 m. ★ 1929. **Der schöne Landkreis Allenstein.** 3 Akte, 1007 m. ★ 1929. **Die Eroberung der Luft.** 1 Akt, 270 m. ★ 1929. **Das indische Burgenland.** 1 Akt, 288 m / 1 Akt, 222 m. ★ 1929. **Winterbilder aus dem Spreewald.** 1 Akt, 206 m. ★ 1929. **Die Entwicklung des Käfers.** 1 Akt, 400 m. ★ 1929. **Das verschlossene Land Nepal.** 1 Akt, 394 m. ★ 1929. **Die Gewinnung von Kautschuk.** 1 Akt, 160 m. ★ 1929. **Die 35. Wanderausstellung der Deutschen Landwirtschaftsgesellschaft München.** 3 Akte, 944 m / 1 Akt, 328 m. ★ **Oktober.** ★ 1929. **Der 50 PS-Raupenschlepper, Bauart Stumpf.** 2 Akte, 630 m. ★ 1929. **Grube Eintracht.** 3 Akte, 997 m. ★ 1929. **Stierkampf.** 1 Akt, 30 m. ★ 1929. **Bilder von Heer und Flotte.** 1 Akt, 386 m. ★ 1929. **Vorspiel aus ›Die lustigen Weiber von Windsor‹.** 1 Akt, 211 m. ★ 1929. **Egmont-Ouvertüre.** 1 Akt, 208 m. ★ 1929. **2. Ungarische Rhapsodie.** 1 Akt, 264 m. ★ 1929. **Tänze und Spiele im Tierreich.** REG U. K. T. Schulz, Wolfram Junghans. KAM B. Juppe, Paul Krien. 1 Akt, 259 m. ★ 1929. **Ein Tag aus dem Leben eines Indischen Elefanten.** 1 Akt, 220 m. ★ 1929. **Seltsames Meervolk.** 1 Akt, 290 m. ★ 1929. **Kampf ums Dasein im Ozean.** 1 Akt, 293 m. ★ 1929. **Amerikaflug der Bremen.** 1 Akt, 304 m. ★ 1929. **Gläubige Inder. 2 Teile.** 1 Akt, 125 m / 1 Akt, 125 m. ★ 1929. **Die Verbrennung des Königs von Kambodja.** 1 Akt, 436 m. ★ 1929. **Nützliches Unkraut.** 1 Akt, 300 m. ★ **November.** ★ 1929. **An der Geburtsstätte eines Ozeanriesen.** 1 Akt, 250 m. ★ 1929. **Von der Mücke zum Elefanten.** 1 Akt, 280 m. ★ 1929. **Tunesische Töpferei.** 1 Akt, 220 m. ★ 1929. **Der Kampf mit dem Sand.** 1 Akt, 258 m. ★ 1929. **Frl. Josty und die lieben Verwandten.** 1 Akt, 300 m. ★ 1929. **Kampf ums Dasein auf dem Meeresgrunde.** 1 Akt, 406 m. ★ 1929. **Lloydschnelldampfer Bremen.** 2 Akte, 740 m. ★ 1929. **Maggiwerke in Singen am Hohentwiel.** 4 Akte, 1370 m. ★ 1929. **Tier-Akrobaten.** 1 Akt, 253 m. ★ 1929. **Das Motorrad und wir.** 4 Akte, 1629 m. ★ 1929. **Gebundnes Wissen.** 1 Akt, 318 m. ★ 1929. **Lloydschnelldampfer Bremen, das größte und schnellste Schiff der deutschen Handelsflotte.** 3 Akte, 942 m. ★ 1929. **Insektenfressende Pflanzen.** 1 Akt, 188 m. ★ 1929. **Vulkanausbruch.** 1 Akt, 192 m. ★ 1929. **Ringelnattern und Kreuzottern, die beiden häufigsten Schlangen Deutschlands.** 1 Akt, 454 m. ★ **Dezember.** ★ 1929. **Der achtzigjährige Geburtstag des Großadmirals von Tirpitz.** 1 Akt, 150 m. ★ 1929. **Der Stahlskelettbau.** 2 Akte, 991 m. ★ 1929. **Stahl.** 1 Akt, 248 m. ★ 1929. **Europäische Kultur in Nord-Afrika.** 1 Akt, 280 m. ★ 1929. **Menschenkräfte und ihre Schonung.** REG Leopold Lehmann. AUT Nicholas Kaufmann. Fachwissenschaftliche Bearbeitung: Prof. Dr. Atzler, Dortmund. 1 Akt, 403 m. ★ 1929. **Die fremde Faust.** 1 Akt, 166 m / 1 Akt, 145 m. ★ 1929. **Auf Flügeln der Reklame.** 1 Akt, 100 m. ★ 1929. **Schusterjunge und Froschkönig.** 1 Akt, 113 m.

1930

Januar. ★ 1929. **Luftfahrt und Kultur.** 1 Akt, 315 m. ★ 1929. **Alles verkehrt!** 1 Akt, 575 m. ★ 1929/30. **Siebenschläfer und Haselmaus.** 1 Akt, 280 m. ★ 1929. ★ 1929/30. **Aus dem Volksleben Nordafrikas. Bilder aus Tripolis.** 1 Akt, 276 m. ★ 1929/30. **Das Bad im Waldgebirge.** 1 Akt, 247 m / 1 Akt, 317 m / 1 Akt, 100 m. ★ 1929/30. **Die Berliner Verkehrs-Aktiengesellschaft.** 1 Akt, 267 m / 2 Akte, 840 m. ★ 1929/30. **Der Raritätenladen.** REG Wilhelm Prager, Ulrich K. T. Schulz. AUT Wilhelm Prager. KAM Paul Krien, Curt Courant. MUS Ludwig Brav. 1 Akt, 394 m. ★ 1929/30. **Der verbesserte Opel.** 1 Akt, 342 m. ★ 1929/30. **Kreis Cammin.** 2 Akte, 815 m. ★ 1929/30. **Schweine-Zirkus.** 1 Akt, 215 m / 1 Akt, 237 m. ★ **Februar.** ★ 1929/30. **Der Hafen von Danzig.** 4 Akte, 1393 m. ★ 1929/30. **Die erste H. P. C. Konvention, welche in Berlin abgehalten wurde.** 2 Akte, 516 m. ★ 1929/30. **Die Ludwig Loewe & Co. AG.** 4 Akte, 1236 m. ★ 1929/30. **Korinthen.** 1 Akt, 282 m. ★ 1929/30. **Hieb- und Stichfest.** 1 Akt, 216 m. ★ 1929/30. **Vom Waschen und von der Wäsche.** 3 Akte, 1118 m. ★ 1929/30. **Krieg den schädlichen Bakterien.** 1 Akt, 265 m. ★ 1929/30. **Sport am Sonntag.** 1 Akt, 217 m. ★ 1929/30. **Wochenende des kleinen Mannes.** 1 Akt, 223 m. ★ 1929/30. **Taufe und erster Aufstieg des Werbefreiballons Reichsmilchausschuß.** 1 Akt, 175 m. ★ **März.** ★ 1929/30. **Aus der Engelhardt-Brauerei.** 1 Akt, 138 m. ★ 1929/30. **Aufstieg und Fortschritt durch Qualität.** 2 Akte, 903 m. ★ 1929/30. **Die Berlinische Bodengesellschaft.** 1 Akt, 390 m. ★ 1929/30. **Salon der Meerungeheuer.** REG Wilhelm Prager, Ulrich K. T. Schulz (Tierbilder). AUT Wilhelm Prager. KAM Kurt Stanke, Bernhard Wentzel, Tierfotografie: Paul Krien. MUS Ludwig Brav. 1 Akt, 310 m. ★ 1929/30. **Innerer Ausbau eines modernen Ozeandampfers (Bremen).** 1 Akt, 280 m. ★ 1929/30. **Das Geheimnis der Eischale.** REG Rudolf Biebrach. KAM Bernhard Wentzel, Kurt Stanke. Tierfotografie: Bernhard Juppe, Paul Krien, Mikroaufnahmen: Herta Jülich. Wissenschaftliche Leitung, Regie der Tierbilder: Ulrich K. T. Schulz, Wolfram Junghans. SPR Robert Thiem, Carl Harbacher. 1 Akt, 351 m / 1 Akt, 417 m. ★ 1929/30. **Der Rabe und die Gans.** 1 Akt, 39 m. ★ 1929/30. **Berufsbildung bei der Vereinigten Stahlwerke AG.** 4 Akte, 1143 m. ★ 1929/30. **Das Land am Meer. Ein Pommernfilm.** 8 Akte, 3217 m. ★ 1929/30. **Aus der Gewinnung von Kokerei-Stickstoff.** 1 Akt, 271 m. ★ 1929/30. **Schafft reine Luft und sauberes Haus.** 1 Akt, 260 m. ★ 1929/30. **Endwell.** 1 Akt, 10 m. ★ **April.** ★ 1930. **Vom Erdinnern zur Tankstelle.** 6 Akte, 1967 m. ★ 1930. **Der quakende Narr.** 1 Akt, 292 m. ★ 1930. **Die Meistersinger.** MUS Willy Schmidt-Gentner. Trick-Zeichnungen: Paul N. Peroff. 1 Akt, 280 m. ★ 1930. **Shell überall.** 1 Akt, 398 m. ★ 1930. **Spare in der Zeit, so hast Du in der Not.** 1 Akt, 316 m. ★ 1930. **Bau'n wir uns ein Nest.** 1 Akt, 334 m. ★ 1930. **Reklamevorspann für die Operette ›Die lustige Witwe‹.** 1 Akt, 196 m. ★ 1930. **Ein Tag im Kinder-Solbad Carlshafen.** 1 Akt, 507 m. ★ **Mai.** ★ 1930. **Mückenbekämpfung.** 1 Akt, 513 m. ★ 1930. **Schnell und sicher.** 1 Akt, 281 m. ★ 1930. **Zwei deutsche Werke im Dienste der Hausfrau.** 2 Akte, 875 m. ★ 1930. **Technik und Hygiene im Dienst der Zigarette.** 2 Akte, 1014 m. ★ 1930. **Kammersänger Alfred Piccaver: Preislied aus den Meistersingern.** 1 Akt, 121 m. ★ 1930. **Kammersänger Alfred Piccaver: Gralserzählungen aus Lohengrin.** 1 Akt, 149 m. ★ 1930. **Gartenmöbel.** 1 Akt, 112 m. ★ 1930. **Hannerle träumt.** 1 Akt, 118 m. ★ 1930. **Technische Messe Leipzig III.** 2 Akte, 895 m. ★ 1930. **Das deutsche Braunkohlen Brikett.** 1 Akt, 1130 m. ★ 1930. **Der Bau des neuen Wasserwerkes ›Am Staad‹.** 5 Akte, 1886 m / 2 Akte, 2294 m. ★ **Juni.** ★ 1930. **Beschwingte Ehen.** 1 Akt, 290 m. ★ 1930. **Ganz wie bei uns.** REG Wilhelm Prager, Ulrich K. T. Schulz. AUT Wilhelm Prager. KAM Bernhard Juppe, Paul Krien. MUS Ludwig Brav. Trick-Zeichnungen: Paul N. Peroff. 1 Akt, 265 m. ★ 1930. **Deutsche und ausländische Presse als Gast in Babelsberg.** 1 Akt, 100 m. ★ 1930. **Was Ihr wollt!** 1 Akt, 820 m. ★ 1930. **Das maschinelle Abrechnungswesen im Wernerwerk F.** 5 Akte, 1796 m. ★ **Juli.** ★ 1930. **Kostbares Naß.** 1 Akt, 218 m. ★ 1930. **Kultur-Zentren in Tunesiens Steppenländern.** 1 Akt, 281 m. ★ 1930. **Menschen sehen Dich an.** REG Wilhelm Prager, Ulrich K. T. Schulz. AUT Wilhelm Prager. KAM Bernhard Wentzel, Tierfotografie: Bernhard Juppe. MUS Ludwig Brav. 1 Akt, 295 m. ★ 1930. **Eine Sturmfahrt ums Kap Hoorn.** 1 Akt, 295 m. ★ 1930. **Land in Sonne.** 5 Akte, 1734 m. ★ 1930. **Sonnige Rheinfahrt.** 2 Akte, 748 m. ★ **August.** ★ 1930. **Das böse Gewissen.** 1 Akt, 130 m. ★ 1930. **Der Silberschatz.** 1 Akt, 195 m. ★ 1930. **Verwandlungskünstler in der Natur.** 1 Akt, 303 m. ★ 1930. **Beim Wettermacher.** 1 Akt, 338 m. ★ 1930. **Die Kristall Champions.** 1 Akt, 275 m. ★ 1930. **Der große Zapfenstreich der Reichswehr.** 1 Akt, 309 m / 1 Akt, 366 m. ★ 1930. **Donner, Blitz und Regen.** 1 Akt, 353 m. ★ 1930. **Die große deutschnationale Wahlversammlung im Sportpalast in Berlin am 14. August 1930.** 2 Akte, 597 m. ★ 1930. **Liebe und Radio.** 1 Akt, 245 m. Zeichentrick-Tonfilm. ★ 1930. **Russische Symphonie.** 1 Akt, 260 m. ★ **September.** ★ 1930. **Die 36. Wanderausstellung der Deutschen Landwirtschaft 1930, Köln.** 3 Akte, 925 m. ★ 1930. **So entsteht Dein Wagen.** 3 Akte, 1085 m. ★ **Oktober.** ★ 1930. **Eine gute Idee.** 2 Akte, 614 m. ★ 1930. **L'évolution mysterieuse dans l'oeuf.** 1 Akt, 350 m. ★ 1930. **Stahltüren und -tore.** 2 Akte, 683 m. ★ 1930. **Vater hat recht.** 1 Akt, 130 m. ★ 1930. **Unser Konsum.** 6 Akte, 2206 m. ★ 1930. **Zwerge auf dem Ozean.** 1 Akt, 310 m. ★ 1930. **Iß gut und bleibe schlank.** 1 Akt, 314 m. ★ 1930. **Die Entwicklung der Schmetterlinge.** 1 Akt, 362 m. ★ **November.** ★ 1930. **Schneeschuhsport im Sommer.** 1 Akt, 310 m. ★ 1930. **Rund um die Welt.** 1 Akt, 375 m. ★ 1930. **Koloniale Frauenarbeit.** 1 Akt, 460 m. ★ 1930. **Entwicklung auf Abwegen.** 1 Akt, 412 m. ★ 1930. **Deutsche Ostsiedlung.** 2 Akte, 802 m. ★ 1930. **Neuzeitlicher Ingenieurbau mit Stahlspundwänden.** 2 Akte, 642 m. ★ 1930. **Tanztee.** 1 Akt, 124 m. ★ 1930. **Morgenspuk.** 1 Akt, 106 m. ★ 1930. **Glanz im Alltag.** 4 Akte, 1510 m. ★ **Dezember.** ★ 1930. **Zwischen Wald und Moor.** 1 Akt, 270 m. ★ 1930. **Land ohne Schatten.** 8 Akte, 2080 m. ★ 1930. **Um die Erde.** 1 Akt, 138 m. ★ 1930. **Reifenkünste.** 1 Akt, 120 m. ★ 1930. **Die Kunst des Schneiderns.** 4 Akte, 903 m. ★ 1930. **Das Tiergesicht.** 1 Akt, 353 m. ★ 1930. **Hagioen Oros.** 1 Akt, 300 m. ★ 1930. **Deutsche Jungens wandern durch Griechenland.** 1 Akt, 288 m. ★ 1930. **Eine wichtige Mission.** 1 Akt, 110 m. ★ 1930. **Freiwillige Werkfürsorge im Ruhrbergbau.** 2 Akte, 915 m. ★ 1930. **Ein Märchen vom Glück.** 1 Akt, 156 m. Kurzspielfilm.

1934. Prinzessin Turandot.
REG Gerhard Lamprecht. RAS Alexander Desnitzky. AUT Thea von Harbou; nach dem Bühnenstück ›Turandot‹ von Carlo Gozzi und Friedrich Schiller sowie der Oper ›Turandot‹ von Giacomo Puccini. KAM Fritz Arno Wagner. BAU Robert Herlth, Walter Röhrig. SCH Arnfried Heyne. TON Fritz Seidel. MUS Franz Doelle. LT Bruno Balz. MT ›Wir woll'n mal wieder bummeln geh'n‹, ›Turandot, bezaubernde Turandot‹.
DAR Käthe von Nagy (Prinzessin Turandot), Willy Fritsch (Vogelhändler Kalaf), Paul Kemp (Willibald), Willi Schaeffers (Kaiser), Leopoldine Konstantin (Kaiserin), Inge List (Mian Li), Aribert Wäscher (Oberrichter), Paul Heidemann (Prinz Samarkand), Gerhard Dammann (Henker), Ernst Behmer (Obsthändler), Rudolf Biebrach, Gaston Briese, Alexander Engel, Angelo Ferrari, Willy Grill, Karl Hannemann, Karl Hellmer, Eduard Kandl, Werner Kepich, Berthold Reissig, Hans Sternberg.
PRO Ufa. Herstellungsgruppe: Günther Stapenhorst. HEL Günther Stapenhorst. PRL Erich von Neusser. AUL Ernst Körner. DRZ 9.8. - Ende September 1934. DRO Ufa-Atelier Neubabelsberg. LNG 2252 m, 82 min. ZEN 5.11.1934, Jf. URA 30.11.1934, Berlin (Gloria-Palast).
Französische Version:
1934. Turandot, princesse de Chine.
REG Gerhard Lamprecht, Serge Veber. AUT Thea von Harbou; nach dem Bühnenstück ›Turandot‹ von Carlo Gozzi und Friedrich Schiller sowie der Oper ›Turandot‹ von Giacomo Puccini. DIA, AD Serge Veber. KAM Fritz Arno Wagner. BAU Robert Herlth, Walter Röhrig. MUS Franz Doelle.
DAR Kate de /= Käthe von/ Nagy (Turandot), Pierre Blanchar (Kalaf, l'oiseleur), Marcel Dalio (Hippolyte), Sinoël (l'empereur), Marfa Dherville (l'impératrice), Monette Dinay (Mien-Li), André Berley (le grand juge), José Noguero (le prince de Samarcande), Raymond Rognoni (le fruitier), Katia Lova, Philippe Richard, Julien Carette, Edouard Hamel.
PRO Ufa / ACE. HEL Günther Stapenhorst. SUP Raoul Ploquin. DRZ 9.8. - Ende September 1934. DRO Ufa-Atelier Neubabelsberg. LNG 83 min.
Musikalisch-märchenhafte Darstellung aus Alt-China, in der die Königin den Mann ihrer Träume ebenso bekommt wie ihre Hofdame und Freundin Mian Li dessen Adlatus.

Käthe von Nagy

1934. Liebe, Tod und Teufel.
REG Heinz Hilpert, Reinhart Steinbicker. AUT Kurt Heuser, Joseph Pelz von Felinau, Liselotte Gravenstein; nach der Erzählung ›The Bottle Imp‹ von Robert Louis Stevenson. AD Reinhart Steinbicker. KAM Fritz Arno Wagner. BAU Otto Hunte, Willy Schiller. KOS Herbert Ploberger. SCH Wolfgang Becker. TON Erich Leistner. MUS Theo Mackeben. LT Hans Fritz Beckmann. MT ›So oder so ist das Leben‹.
DAR Käthe von Nagy (Kokua), Albin Skoda (Kiwe), Brigitte Horney (Rubby), Karl Hellmer (Lopaka), Aribert Wäscher (Mounier), Erich Ponto (der Alte), Paul Dahlke (Gouverneur), Rudolf Platte (Spunda), Oskar Sima (Kiano), Albert Florath (Notar), S. O. Schoening (Collins), Walter Ladengast (Jerry), Josef Dahmen (Macco), Hans Kettler (Balmer), Karl Hannemann (Hein), Fred Immler (Wikham), Kurt Uhlig (Tirill), Charly Berger, Gertrude Boll, Fritz Digruber, Marita Gründgens, Nico Habel, Oskar Hoecker, Jutta Jol, P. Luca-Kammerer, E. Malkowski, Helmut Passarge, Klaus Pohl, Herbert Spalke, Arnim Süßenguth.
PRO Ufa. Herstellungsgruppe: Karl Ritter. HEL Karl Ritter. AUL Fritz Koch. DRZ 5.10. - ca. 23.11.1934. DRO Ufa-Atelier Neubabelsberg. LNG 2854 m, 104 min. ZEN 19.12.1934, Jv. URA 21.12.1934, Berlin (Gloria-Palast).
– AT: Der gläserne Fluch, Zwei auf Hawai, Das unerbittliche Glück. – Prädikat: Künstlerisch wertvoll.
Französische Version:

1934/35. Le diable en bouteille.
REG Heinz Hilpert, Reinhart Steinbicker. AUT Kurt Heuser, Joseph Pelz von Felinau, Liselotte Gravenstein; nach der Erzählung ›The Bottle Imp‹ von Robert Louis Stevenson. DIA, AD Serge Veber. KAM Fritz Arno Wagner. BAU Otto Hunte, Willy Schiller. TON Erich Leistner. MUS Theo Mackeben.
DAR Kate de /= Käthe von/ Nagy (Kolua), Pierre Blanchar (Keave), Gina Manès (Rubby), Paul Azais (Lopaka), Gabriel Gabrio (Mounier), Roger Karl (le marchand) Henry Bosc (le gouverneur), Marguerite de Morlaye (la comtesse), Suzy Pierson (Bertie, la femme la chambre), Maryanne, Georges Malkine (Vikhom), Roger Legris (Tirill), Daniel Mendaille (Jerry), Bill-Bocketts (Balmez), Léon Roger-Maxime (Hein), Philippe Richard (Macco), Gaston Dubosc (le Comte), Henri Richard (le notaire), Gaston Mauger (Collins), Raoul Marco, Barencey, André Nicolle, Henri Beaulieu, Jean Brochard, Armand Morins, Edouard Hamel, Tellas, Albert Broquin.
PRO Ufa / ACE. HEL Karl Ritter. SUP Raoul Ploquin. DRZ Oktober - November 1934. DRO Ufa-Atelier Neubabelsberg. LNG 2681 m, 98 min.
Im Südseehafen Kona läuft das Segelschiff ›Tropic Bird‹ ein. Beim Landgang ersteht der Matrose Kiwe eine Flasche, die alle Wünsche erfüllen soll. Aber wer in ihrem Besitz stirbt, hat die ewige Seligkeit verloren. Man muß die Flasche billiger verkaufen. Das gelingt Kiwe nach seiner ersten Wunscherfüllung, doch bald entdeckt er, daß er Lepra hat.

1934. Ritter wider Willen.
REG Gustl Kernmayr. KAM Willy Winterstein. BAU Carl Ludwig Kirmse. TON Bruno Suckau. MUS Werner Eisbrenner.
DAR Friedel Pisetta, Erik Ode, Otto Sauter-Sarto, Fritz Odemar, Werner Stock, Fritz Wendel, Elfriede Sandner, Meta Jäger, S. O. Schoening, Ewald Wenck, Ernst Behmer.
PRO Ufa. PRL Peter Paul Brauer. DRZ November 1934. DRO Ufa-Atelier Neubabelsberg. LNG 786 m, 29 min. ZEN 24.12.1934, B.38105, Jf.
– Kurzspielfilm.

1934/35. Punks kommt aus Amerika.
REG Karlheinz Martin. RAS Fritz Kurth. KO Robert Neppach. AUT Walter Jerven; nach dem Roman von Ludwig von Wohl. KAM Carl Drews. BAU Otto Gülstorff. SCH Oswald Hafenrichter. TON Carlheinz Becker. MUS Werner Bochmann. LT Ralph Maria Siegel (1). MT ›Gib acht‹, ›Ich bin allein mit meiner Liebe‹ (1).
DAR Sybille Schmitz (Britta), Lien Deyers (Marlis), Attila Hörbiger (Punks), Ralph Arthur Roberts (Antiquitätenhändler Holenius), Henry Lorenzen (Herr von Schlieff), Oskar Sima (Sigorski), Erika Gläßner (Frau de Carmagnac), George Boulanger (Geiger), Hugo Werner Kahle (Herr van der Meulen), Erich Walter (Markoff), Ernst Behmer (Bademeister), Maria Meißner (Frau Oppmann), Joseph Sieber (Chauffeur), Edith Oss (Dienstmädchen).
PRO R.N.-Filmproduktion GmbH, Berlin; für Ufa. PRT Robert Neppach. HEL Alfred Zeisler. PRL Heinz Schier. AUL Karl Gillmore. DRZ 12.11.1934 - Anfang Januar 1935. DRO Ufa-Atelier Neubabelsberg. LNG 2476 m, 90 min. ZEN 24.1.1935, Jv. URA 25.1.1935, Berlin (U.T. Kurfürstendamm, U.T. Friedrichstraße).
Nur von seiner Nichte wird der aus Amerika gekommene, einstige Auswanderer Punks in Berlin begeistert begrüßt. Den Widerstand des Onkels – auch gegen eine Verbindung mit der Nichte – beseitigt er erst allmählich.

Europas größtes Kino

Filmtheater und Varieté: Der Ufa-Palast in Hamburg

1929 feiert das mit 2.667 Plätzen größte Kino Europas seine Eröffnung. Der neue Ufa-Palast steht nicht in der Filmmetropole Berlin, sondern in der Kinoprovinz Hamburg. Das Deutschlandhaus am Valentinskamp, in Rekordzeit aus dem Boden gestampft, bietet 15.000 qm Bürofläche, ein Restaurant, ein Café, eine Tanzbar und eben den Filmpalast.

Ende 1928 beginnen die Ausschachtungsarbeiten. Zuvor müssen 250 Mieter aus dem Sanierungsgebiet ausquartiert werden. Auch einige historische Gebäude fallen der Spitzhacke zum Opfer. Rund um die Uhr sind in drei Schichten bis zu 1.500 Arbeiter beschäftigt. Der Bau kostet sechs Millionen Mark (und, das steht nur in der kommunistischen *Volkszeitung*, vier Menschenleben). Dann lädt die Direktion zur Ortsbesichtigung. Die Senatoren Hirsch, Matthaei und Schönfelder sowie Fritz Schumacher von der Baubehörde kommen, sehen sich um und sparen nicht mit Lob. »Man betritt ebenerdig vom Valentinskamp die sehr geräumige Kassenhalle in römischem Travertin und gelangt von hier aus auf zwei Treppen zum mittleren Rang und durch zwei Doppeltüren in die zweigeschossige Wandelhalle des Parketts«, schildert ein Journalist den ersten Eindruck. »Die Wände des Theaters sowie die Rangbrüstung sind mit kaukasischem Nußbaum verkleidet, die Flächen selbst sind mit vergoldeten Bändern aufgeteilt.« Neben dem üblichen Prunk begeistert besonders die technische Ausstattung. »Beim Projekt lag die Idee des amerikanischen ›Movietheaters‹ zugrunde«, erklärt Dipl.-Ing. W. Unruh, »jener großen Häuser wie Roxy und Paramount in New York, mit mehreren tausend Sitzplätzen, in denen in ununterbrochener Folge Film, Sketsch, Konzert, Ballett, Varieté usw. auf einer meist sehr breiten, aber wenig tiefen Bühne sich abspielen.« (Hamburger Nachrichten, 21.11.1929). Genau daran denkt die Ufa: Man setzt zwar auf den Tonfilm, will aber nicht nur Filmvorführungen veranstalten. Die Ufa läßt nicht nur einen versenkbaren Orchestergraben, groß genug für 50 Mann, bauen, sondern eine richtige Bühne mit Schnürboden und allen Raffinessen. Die Ausmaße – 18 m tief, 39 m hoch, 26 m breit – übertreffen manches Schauspielhaus.

Dabei steht bei der Planung noch nicht einmal fest, daß hier die Ufa einziehen wird. Gewiß spekuliert die Branche darüber schon, doch Insider halten nichts von diesen Gerüchten. Der Geschäftsmann Oliver hat das Grundstück erworben, und von Anfang an soll der von einem Konsortium errichtete Bürokomplex ein Großkino beherbergen. Ursprünglich für die (finanziell angeschlagene) Phoebus gedacht, wird nun ein neuer Pächter gesucht. Oliver verhandelt mit der Emelka, denn die Ufa besitzt schon, keine 200 m entfernt, mit dem Lessing-Theater am Gänsemarkt ein repräsentatives Erstaufführungskino in der Hamburger City. Die Entscheidung fällt auf der Ufa-Vorstandssitzung am 7. Juni 1928, und den Ausschlag gibt die örtliche Situation. Eine lokale Kino-Kette, der Henschel-Konzern, macht der Ufa die Vormachtstellung in der Hansestadt streitig. Im Vorjahr hat die Konkurrenz mit der Schauburg St. Pauli ein 1.800-Plätze-Kino eröffnet. Die Ufa muß nachziehen; man steigt in letzter Minute in Olivers Projekt ein. Der am 28. Februar 1929 von der Grundwert AG einerseits, der Ufa andererseits unterzeichnete Vertrag sieht folgende Konditionen vor: Der jährliche Pachtzins beträgt für die Saison 1930/31 RM 325.000, zahlbar im voraus in halbjährlichen Raten. Sollten die Einnahmen aus dem Kinobetrieb im Jahr 1,4 Millionen RM übersteigen, so sind 25 % des Differenzbetrags an die Grundwert AG abzuführen.

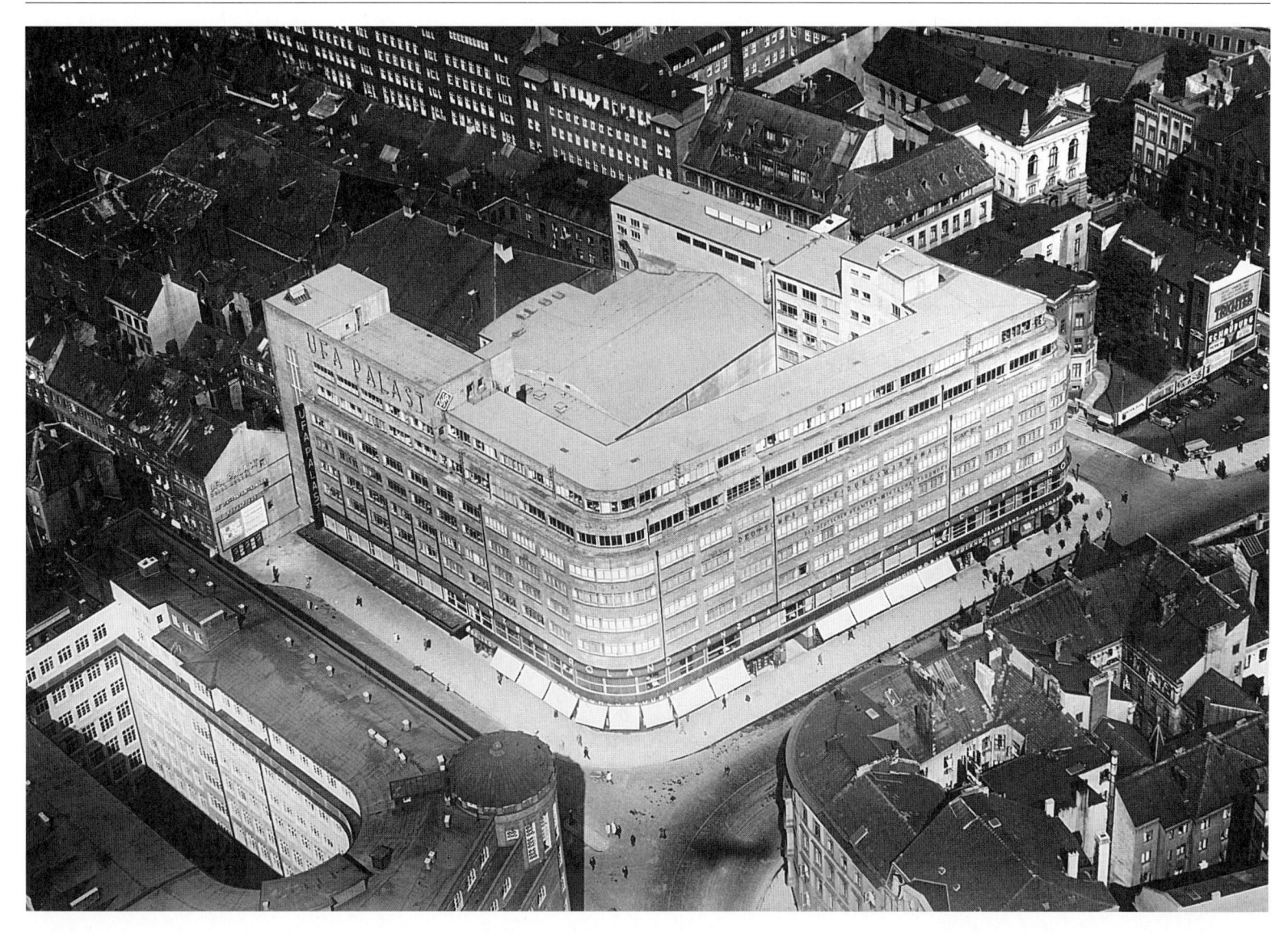

Die glanzvolle Eröffnung findet am 21. Dezember 1929 statt. Tout Hamburg ist vertreten. Die Gäste erhalten eine Festschrift, die den Bau des Kinos als nationale Überzeugungstat darstellt: »Wenn die Ufa den Mut hat, aller Krisenluft in Deutschland zum Trotz in Hamburg ein Haus zu eröffnen, wie Deutschland kein zweites besitzt, so offenbart sie damit ihren Glauben an die Gesundung unseres wirtschaftlichen Lebens.« Nach dem musikalischen Auftakt und der Wochenschau läuft ein Varietéprogramm, dessen Struktur über die Jahre unverändert bleibt: Das argentinische Orchester Bacchia spielt Tangos, das amerikanische Tanztrio Die 3 Berkoffs zeigt seine Kunst, und der Grotesk-Tänzer Harry Reso demonstriert seine Gelenkigkeit. Als Eröffnungsfilmfest das Bergsteiger-Drama DIE WEISSE HÖLLE VON PIZ PALÜ. Zur Vorführung sind Regisseur Arnold Fanck und die Hauptdarstellerin Leni Riefenstahl erschienen.

Noch vor der Einweihung kommt es hinter den Kulissen zu ersten Konflikten mit den Behörden. Der Hamburger Senat verweigert der Ufa die sogenannte Operetten-Konzession. Genehmigt werden lediglich kleine Varieté-Einlagen, nicht jedoch abendfüllende Theaterstücke. Das geplante Gastspiel der Charell-Inszenierung ›Die lustige Witwe‹ aus Berlin platzt. Die Ufa gibt nicht auf, sie unternimmt einen neuen Vorstoß und verspricht, attraktive Revuen mit internationalen Stars nach Hamburg zu bringen. Die Politiker lassen sich nicht beeindrucken und beharren darauf, zunächst müsse die ›Bedürfnisfrage‹ geklärt sein.

Was das bedeutet, ist den Akten zu entnehmen: Die Kunstpflegekommission bittet die Theater um Stellungnahme. Die Intendanten sind verständlicherweise gegen eine neue Bühne. Hermann Röbbeling, Generaldirektor vom Thalia-Theater sowie des Deutschen Schauspielhauses, meint z.B., mit der Konzessionserteilung an die Ufa werde »den anderen Hamburger Theatern der Lebensfaden gänzlich abgeschnitten«. Neben Standesinteressen mögen auch politische Motive die ablehnende Haltung mitbestimmen. Die Politiker mißtrauen dem Filmkonzern mit seinen hehren Zielen. »Und man soll nicht glauben, daß die Ufa nun Vorkämpferin für Kunst und Kultur ist«, erklärt Senator Schönfelder vor der Bürgerschaft.

In der Berliner Ufa-Zentrale wird nun eine härtere Gangart eingeschlagen. Zunächst einmal wird der Hamburger Direktor des Ufa-Palasts, Karl Goldfeldt, gefeuert, weil er – wie im Kündigungsschreiben vom 15. Mai 1930 ausdrücklich vermerkt- die Konzessionsfrage nicht energisch genug betrieben habe. Dann versucht man, die Genehmigung auf juristischem Wege zu erstreiten und zieht erfolglos vor Gericht. Nun macht die Ufa wahr, womit sie dem Senat bereits gedroht hat: Den 150 Angestellten wird gekündigt, das Kino während der Sommermonate geschlossen. Gleichzei-

1934/35. Der eingebildete Kranke.
REG Detlef Sierck. AUT L. A. C. Müller, Rudo Ritter; nach dem Bühnenstück ›Le malade imaginaire‹ von Molière. KAM Willy Winterstein. BAU Carl Ludwig Kirmse. TON Walter Rühland. MUS Hans-Otto Borgmann. DAR Erhard Siedel, Marina von Dittmar, Claire Reigbert, Heinz Förster-Ludwig, Gaby Gray, Fritz Odemar, Hugo Schrader, Arthur Schröder, Otto Stöckel, Paul Schaefer. PRO Ufa. PRL Peter Paul Brauer. DRO Ufa-Atelier Neubabelsberg. LNG 1031 m, 38 min. ZEN 18.2.1935. Jf. – Kurzspielfilm.

1934/35. Frischer Wind aus Kanada.
REG Heinz(-Dietrich) Kenter, Erich Holder. AUT Philipp Lothar Mayring; nach dem Bühnenstück von Hans Müller. KAM Bruno Mondi. BAU Erich Kettelhut, Max Mellin. KOS Modesalon Nicoll. SCH Eduard von Borsody. TON Hermann Fritzsching, Ludwig Ruhe. MUS Franz R. Friedl. LT Richard Busch. MT ›Aufs Tempo kommt es an‹, ›Einmal kommt zu Dir das Glück‹. DAR Max Gülstorff (J. N. Granitz), Dorit Kreysler (Karin Granitz), Paul Hörbiger (Meinkel), Oskar Sima (Bernetzki), Blandine Ebinger (Lore Hartwig), Jakob Tiedtke (Henry Baker), Harald Paulsen (Jonny Baker), Leopoldine Konstantin (Frau Olden), Hans Brausewetter (Sven Olden), Aribert Wäscher (Christian Schulze), Grethe Weiser (Margot), Oscar Sabo (Boxtrainer Mackie), Werner Finck (Fotograf Bauer), Genia Nikolajewa, Hans Richter, Ursula Schlettow, Hugo Werner-Kahle, Annemarie Steinsieck, Annemarie Korff. PRO Ufa. HEL Bruno Duday. AUL Fritz Schwarz. DRZ Ende November 1934 - Mitte Januar 1935. DRO Ufa-Atelier Berlin-Tempelhof; AA Freigelände Neubabelsberg. LNG 2486 m, 91 min. ZEN 18.2.1935, Jv., nf. URA 22.2.1935, Nürnberg; 11.3.1935, Berlin (U.T. Kurfürstendamm, U.T. Friedrichstraße, Ufa-Pavillon).
Französische Version:

1934/35. Jonny, haute-couture.
REG Serge de Poligny. AUT André Legrand; nach dem Bühnenstück ›Frischer Wind aus Kanada‹ von Hans Müller. DIA André Legrand, André-Paul Antoine, Georges Neveux. KAM Bruno Mondi. BAU Erich Kettelhut, Max Mellin. MUS Franz R. Friedl. LT Serge Veber. DAR Mona Goya (Liliane), Yvonne Hébert (Yvonne), Magdeleine Bérubet (Madame Augazon), Colette Darfeuil (Margot Després), Germaine Aussey (la vedette), Alsonia (mannequin), Nicole de Rouves, Evelyne Maye, Léon Bélières (Rocaille), Adrien Le Gallo (Dupont de Saint-Jean), Pierre Brasseur (Jonny), Georges Bever (Durandel), Roger Puilagarde (Parovski), Joseph Nossent (Ravignan), Pierre Athon (Doudou), Pierre Sergeol (le danseur mondain), Jean Brochard, Fred Pasquali. PRO Ufa / ACE. HEL Bruno Duday. SUP Raoul Ploquin. DRZ November 1934 - Januar 1935. DRO Ufa-Atelier Berlin-Tempelhof; AA Freigelände Neubabelsberg.
Jonny Baker, ein nordamerikanischer Kapitalist, saniert in Berlin, der Heimatstadt seines Vaters, einen Modesalon und heiratet Karin, die Tochter des Inhabers Granitz.

1934/35. Die törichte Jungfrau.
REG Richard Schneider-Edenkoben. AUT August Hinrichs, Walter Supper; nach einem Stoff von August Hinrichs. KAM Robert Baberske. BAU Benno von Arent, Arthur Günther. SCH Herbert B. Fredersdorf. TON Bruno Suckau. MUS Hans-Otto Borgmann. DAR Karin Hardt (Irmgard Faber), Rolf Wanka (Anton Rabeling), Käte Haack (Frau Faber), Erika von Thellmann (Johanna Rabeling), Paul Bildt (Herr Faber), Hans Leibelt (Herr Leibel), Lotte Werkmeister (Frau Leibel), Günter Brackmann (Arthur Faber), Walter Ladengast (Erich Büchner), Günther Lüders (Friseur Tappe), Anneliese Impekoven (Ricke), Hans Meyer-Hanno (Gustav), Maria Krahn (Frau Lehmann), Alfred Haase (Bürgermeister), Heinrich Schroth (Professor), Claire Reigbert (Frau Professor), Liselotte Wahl (Tochter des Professors), Gerhard Dammann, Charlie Kraker, Hellmut Passarge, Klaus Pohl, Herbert Spalke, Hella Tornegg, Martha Ziegler. PRO Ufa. Herstellungsgruppe: Karl Ritter. HEL Karl Ritter. AUL Fritz Koch. DRO Ufa-Atelier Berlin-Tempelhof. LNG 2572 m, 94 min. ZEN 22.2.1935, Jf. URA 28.2.1935, Berlin (U.T. Kurfürstendamm, U.T. Friedrichstraße, Ufa-Pavillon).
Die jährlichen Roswitha-Theaterfestspiele in Randersberg drohen in spießigen Querelen zu versinken. Da angenommen wird, Irmgard, die Darstellerin der Jungfrau Roswitha, habe etwas mit dem Landstreicher Erich, der sich als Künstler ausgibt.

Der elegant ausgestattete Innenraum: Die Bühne war groß genug für Ballett- und Kabarettauftritte

Das Ende im Bombenhagel 1944: Deutschlandhaus in Trümmern

tig klagt die Ufa gegen die Grundwert AG auf Mietminderung, denn das Theater könne nicht voll genutzt werden.

Tatsächlich erweist es sich als schwierig, in einer Stadt wie Hamburg allabendlich ein so großes Kino zu füllen. In der Regel werden die Filme zwei Wochen lang im Ufa-Palast gezeigt und wandern dann in die anderen Ufa-Kinos am Ort. Die anspruchsvolle Filmkunst kommt nach wie vor im Lessing-Theater zur Erstaufführung. Nationale Filme (wie YORCK oder DAS FLÖTENKONZERT VON SANSSOUCI) überläßt man lieber dem Traditionshaus am Gänsemarkt. Sieht man von den Kulturfilm-Matineen am Sonntag-Vormittag ab, ist im Ufa-Palast vor allem der Unterhaltungsfilm zuhaus. Als Kassenknüller erweist sich »DER KONGRESS TANZT«: am ersten Tag 7.983 Besucher, in vier Tagen 21.523, in fünfzehn Tagen 73.511 Zuschauer. Im Varieté-Programm treten u.a. auf: die Hudson-Wonders (vierzehnjährige Wunderkinder), Presco & Campo (Exzentriker), Lai Foun (asiatische Artistik), Kammersängerin Vera Schwarz (»Keine erhöhten Preise!«), Austel & Arthur (moderne Equilibristik), Little Esther (»Der kleine Negerstar«), die Four Queens (Stepptanz), die Singing Babies (Kein Kommentar) sowie – im April 1931 – Marika Rökk (»mäßiger Spitzentanz«, urteilt die Lokalpresse).

Wiederholt kommt es vor, daß die Zeitungen ausführlicher die Varieté-Darbietungen besprechen als den gezeigten Film. Obwohl die Operetten-Konzession nie erteilt wird – die Ufa unternimmt so regelmäßig wie erfolglos entsprechende Vorstöße –, kommt es vor, daß man auf den Film ganz verzichtet, eine Modenschau veranstaltet oder ›Dom‹-Buden aufbaut.

So auch im April 1935. »Varieté in Reinkultur – ein kleiner Film als Vorspiel nur«, reimt der Rezensent im *Film-Kurier*. Er meint, versehentlich in einen Jahrmarktsrummel hineingeraten zu sein. »Das sonst so seriöse Ufa-Sinfonie-Orchester marschiert als ›Herrenpartie‹ in den Zuschauerraum. Kein Tonfilm läuft ab, das köstliche Panoptikum einer Kintoppschau von Anno dazumal mit Erklärer und Klaviermusik erzeugt zwerchfellerschütterndes Lachen. Anschließend wirbelt ein buntes, vielseitiges, tempoerfülltes und auf einem artistisch hohen Niveau stehendes Varieté-Programm vorüber, das den Besucher kaum zum Atmen kommen läßt.«

Doch nicht allen gefällt der April-Scherz. NSDAP-Ortsgr.Prop.Leiter O. Braun schreibt an die Gau-Propagandaleitung und legt das Programmheft bei. Man möge doch einmal die Seite mit dem Foto von Violet, Ray und Norman aufschlagen: »Ohne über die Rassenzugehörigkeit zu sprechen, darf gesagt werden, daß der Gesichtsausdruck des Partners nicht gerade anständig ist.« Überhaupt würden sich die Herren Künstler durchs Programm »jüdeln«. Besonders mißfällt dem Nazi der Auftritt von Hugo Fischer-Köppe. »Er erscheint nach No. 5 des Programms mit langwallendem Germanenbart, persifliert Hermann den Cherusker und erzählt zur Erheiterung des anwesenden Publikums von den alten Germanen und ihrem Leben, welches nach seiner Ansicht darin bestand, daß diese große Mengen Meth tranken, im übrigen auf der faulen Bärenhaut lagen, was nach seiner Meinung ja bekannt sein dürfte, und zuweilen den Wald, das Feld und ihre Frauen bestellten.« Der empörte Parteigenosse schlägt vor, statt dieser Verhöhnung der Stammväter lieber den Film »Altgermanische Bauernkultur« einmal vorzuführen. Der Beschwerdebrief bleibt nicht ohne Folgen. Zwei Tage später kann Oberregierungsrat Janssen melden: »Auf das gefl. Schreiben vom 11. April 1935 teile ich ergebenst mit, daß ich die beanstandeten Darbietungen von ›Violet, Ray & Norman‹ und ›Fischer-Köppe‹ bereits inzwischen unterbunden habe.«

Michael Töteberg

Aus dem Programmheft des Ufa-Palastes

Das elegante, weiträumige Foyer: Nach der Zerstörung des großen Saals dient es als Not-Kino

1934/35. Barcarole.
REG Gerhard Lamprecht. RAS Gerhard Tandar. AUT Gerhard Menzel. KAM Friedl Behn-Grund. BAU Robert Herlth, Walter Röhrig. KOS Arno Richter. SCH Arnfried Heyne. TON Fritz Seidel. MUS Hans-Otto Borgmann; unter Verwendung von Melodien aus der Oper ›Les contes de Hoffmann‹ von Jacques Offenbach. LT Bruno Balz. DAR Lida Baarova (Giacinta Zubaran), Gustav Fröhlich (Colloredo), Willy Birgel (Zubaran), Hilde Hildebrand (Ludovisca), Hubert von Meyerinck (Lopuchin), Will Dohm (Motta), Elsa Wagner (Elvira), Emilia Unda (Wirtin), Arp, Gerhard Dammann, Angelo Ferrari, Erich Harden, Harry Hardt, Wolfgang Klein, Erwin Klietsch, Richard Ludwig, Bettina Moissi, Michael von Newlinski, Rio Nobile, Edgar Pauly, Ernst Rotmund, Otto Stöckel, Ludwig Trautmann, Marlys Varena, Ernst Waldow, Borwin Walth. PRO Ufa. HEL Günther Stapenhorst. PRL Erich von Neusser. AUL Alexander Desnitzky. DRZ 28.11.1934 - Mitte Februar 1935. DRO Ufa-Atelier Neubabelsberg. LNG 2420 m, 88 min. ZEN 28.2.1935, Jv. URA 4.3.1935, Berlin (Gloria-Palast).
Französische Version:
1934/35. Barcarolle.
REG Gerhard Lamprecht, Roger Le Bon. AUT Gerhard Menzel. DIA André-Paul Antoine. KAM Friedl Behn-Grund. BAU Robert Herlth, Walter Röhrig. KOS Arno Richter. MUS Hans-Otto Borgmann; unter Verwendung von Melodien aus der Oper ›Les contes de Hoffmann‹ von Jacques Offenbach.
DAR Edwige Feuillère (Giacinta), Marthe Mellot (Elvira), Gina Manès (Lodovisca), Madeleine Guitty (Trattoria), Nicole de Rouves, Michèle Alfa, Alsonia, Pierre Richard-Willm (Blanco Colloredo), Roger Karl (Alfredo Zubaran), Philippe Richard (Motta), Fernand Fabre (Lopuchin), William Aguet, Charles Redgie, Georges Rollin, Aimos, Paul Cambo, Roger Legris, Chertier, Edouard Hamel.
PRO Ufa / ACE. PRL Günther Stapenhorst. SUP Raoul Ploquin. DRZ 28.11.1934 - Mitte Februar 1935. DRO Ufa-Atelier Neubabelsberg.
Karneval in Venedig. In feudaler Clubatmosphäre begegnen sich der Frauenheld Colloredo und der Mexikaner Zubaran, der von seiner schönen Frau Giacinta begleitet wird. Die beiden Männer wetten, daß es Colloredo nicht gelingen wird, Giacinta zu verführen.

1934/35. Die Wunderschießbude.
AUT Hans Fritz Köllner. KAM Willy Winterstein. BAU Carl Ludwig Kirmse. TON Carlheinz Becker. MUS Hans Ebert. CHO Sabine Ress.
DAR Florence-Ballett, Jutta Freibe, Volker von Collande, Georg Erich Schmidt, Andreas Glasinger, Paul Schaefer. PRO Ufa. PRL Peter Paul Brauer. LNG 370 m, 13 min. ZEN 18.3.1935, B.38856, Jf.
– Kurzspielfilm.

1935. Dreimal Ehe.
REG Detlef Sierck. AUT Hans Fritz Köllner. KAM Willy Winterstein. BAU Carl Ludwig Kirmse. MUS Edmund Nick. DAR Harald Paulsen, Elisabeth Lennartz, Lore Schützendorf, Hella Graf, Hans Leibelt, Rudolf Schündler, Gaby Gardner.
PRO Ufa. PRL Peter Paul Brauer. AUL Karl Schulz. DRZ Februar 1935. DRO Ufa-Atelier Neubabelsberg. LNG 410 m, 15 min. ZEN 18.3.1935, B.38857, Jf.
– Kurzspielfilm.

1934/35. Der Taler der Tante Sidonie.
REG Fritz Peter Buch. AUT L. A. C. Müller, Rudo Ritter; nach einer Idee von Rudolf Presber. KAM Willy Winterstein. BAU Carl Ludwig Kirmse. TON Bruno Suckau. MUS Hans Ebert.
DAR Adele Sandrock (Tante Sidonie), Günther Brackmann (ihr Neffe), Kurt Vespermann (dessen Vater), Reinhold Bernt, Ewald Wenck, Dorothea Thiess, Georg Erich Schmidt, Hans Ebert, Heino Heiden, Willi Gerneit.
PRO Ufa. PRL Peter Paul Brauer. AUL Karl Schulz. DRZ März 1935. DRO Ufa-Atelier Neubabelsberg. LNG 616 m, 22 min. ZEN 18.3.1935, B.38858, Jf. URA 12.4.1935, Berlin (U.T. Kurfürstendamm, U.T. Friedrichstraße).
– Kurzspielfilm.

Gekonnte Mache

Erik Charells »Der Kongreß tanzt«

295

1934/35. Ufa-Märchen.
REG Rudolf Schaad. **KAM** Willy Winterstein. **BAU** Robert Herlth. **TON** Ludwig Ruhe. **MUS, ML** Hans-Otto Borgmann. **DAR** Friedel Pisetta, Harald Paulsen, Rudolf Platte, Hans Stiebner, Rudolf Klicks.
PRO Ufa. **PRL** Peter Paul Brauer. **DRZ** April 1934. **DRO** Ufa-Atelier Neubabelsberg. **LNG** 729 m, 13 min. **ZEN** 27.3.1935, Jf. **URA** 26.4.1935, Berlin (Ufa-Palast am Zoo).
– Kurzspielfilm. – Unter Verwendung von Ausschnitten aus ›Die Drei von der Tankstelle‹, R: Wilhelm Thiele (1930), ›Der Kongreß tanzt‹, R: Erik Charell (1931), ›Bomben auf Monte Carlo‹, R: Hanns Schwarz (1931), ›Quick‹, R: Robert Siodmak (1932).

1935. Die Nachtwache.
REG Georg Alexander. **KAM** Willy Winterstein. **BAU** Carl Ludwig Kirmse. **TON** Bruno Suckau. **MUS** Ernst Erich Buder.
DAR Willi Schaeffers, Werner Finck, Hildegard Häcker.
PRO Ufa. **PRL** Peter Paul Brauer. **DRZ** Januar 1935. **DRO** Ufa-Atelier Neubabelsberg.
– Kurzspielfilm. – Zensur (möglicherweise unter einem anderen Titel) nicht nachweisbar.

1935. Soldatenlieder.
REG Wilhelm Prager. **KAM** Kurt Stanke. **BAU** Carl Ludwig Kirmse. **TON** Bruno Suckau. **MUS** Hans Ebert. **DAR** Herbert Ernst Groh, Fritz Krenn, Fritz Kampers, Carl de Vogt, Kurt Bangert, die 5 Parodisters.
PRO Ufa. **PRL** Peter Paul Brauer. **DRZ** Januar 1935.
– Kurzspielfilm. – Zensur (möglicherweise unter einem anderen Titel) nicht nachweisbar.

1934/35. Zigeunerbaron.
REG Karl Hartl. **RAS** Heinz Helbig. **AUT** Vineta Klinger, Walter Supper, Tibor Yost; nach der Operette von Johann Strauß und der Novelle ›Saffi‹ von Maurus Jókai. **KAM** Günther Rittau, Otto Baecker. **BAU** Werner Schlichting. **SCH** Milo Harbich. **TON** Walter Tjaden. **MUS** Alois Melichar; unter Verwendung der Melodien von Johann Strauß.
DAR Adolf Wohlbrück (Sandor Barinkay), Hansi Knoteck (Saffi), Fritz Kampers (Zsupan), Gina Falckenberg (Arsena), Edwin Jürgensen (Homonay), Rudolf Platte (Ernö), Josef Sieber (Pali), Margarethe Kupfer (Czipra), Kenneth Rive (Junge), Peter Busse, Heinz Wemper, Klaus Pohl, Franz Stein, Lothar Glathe, Rudolf Biebrach, Oskar Höcker, Max Vierlinger, Theo Thony, Friedrich von Medem.
PRO Ufa. **HEL** Bruno Duday. **PRL** Ulrich Mohrbutter.
AUL Ernst Körner. **DRZ** 1.11.1934 - Februar 1935 (Nachaufnahmen). **DRO** Ufa-Atelier Neubabelsberg; **AA** Umgebung von Berlin (Uetz), Jugoslawien.
LNG 3074 m, 112 min. **ZEN** 15.4.1935, Jf. **URA** 17.4.1935, Berlin (Gloria-Palast).
– Prädikat: Künstlerisch wertvoll.
Französische Version:

1934/35. Le baron tzigane.
REG Karl Hartl, Henri Chomette. **AUT** Vineta Klinger, Walter Supper, Tibor Yost; nach der Operette ›Der Zigeunerbaron‹ von Johann Strauß und der Novelle ›Saffi‹ von Maurus Jókai. **DIA** André Mauprey. **KAM** Günther Rittau, Otto Baecker. **BAU** Werner Schlichting. **TON** Walter Tjaden. **MUS** Alois Melichar; unter Verwendung der Melodien von Johann Strauß.
DAR Adolf Wohlbrück (Sandor Barinkay), Jacqueline Francell (Saffi), Gabriel Gabrio (Czupan), Danièle Parola (Arséna), Henri Bosc (Homonay), José Noguéro (Erno), Philippe Richard (Pali), Maximilienne (Czipra), Eugène Dumas, Bill-Bocketts, J. F. Martial, Louis Zellas, Pierre Labry, Edouard Hamel.
PRO Ufa / ACE. **HEL** Bruno Duday. **SUP** Raoul Ploquin.
AUL Ernst Körner. **DRZ** 1.11.1934 - Februar 1935 (Nachaufnahmen). **DRO** Ufa-Atelier Neubabelsberg; **AA** Umgebung von Berlin (Uetz), Jugoslawien.
LNG 105 min.
Wie der kecke Fremde, der sich Sandor nennt, den reichen Zsupan, den Herrn über Tausende von Schweinen, der Lächerlichkeit preisgibt.

Lilian Harvey, mehrsprachig, mit ihren drei einsprachigen Kavaliers-Versionen

An sich war das Projekt schon gestorben, der Film dem Sparprogramm des Generaldirektors zum Opfer gefallen. Auf der Vorstandssitzung am 5. Mai 1930 wird zum Tagesordnungspunkt DER KONGRESS TANZT protokolliert: »Im Hinblick darauf, daß dieser Film in deutscher Version bereits 1.000.000 Reichsmark kosten würde, wird beschlossen, von der Herstellung dieses Films Abstand zu nehmen.«

Correll bekommt den Auftrag, mit dem Autor Norbert Falk über die Auflösung des Vertrages zu verhandeln. Man einigt sich darauf, den bereits gezahlten Honorarvorschuß von 5000 Reichsmark als Option zu werten. Und fünf Monate später, auf der Sitzung am 5. Oktober, werden sämtliche Beschlüsse umgestoßen und die Option ausgeübt. Plötzlich herrscht Einigkeit darüber, »daß dieser Stoff der unserer nächstjährigen großen Tonfilm-Operette sein wird«.

Den bis dato teuersten Ufa-Film vertraut Erich Pommer einem Regisseur an, der noch nie fürs Kino gearbeitet hat: Erik Charell, dem ungekrönten König der Berliner Ausstattungsrevuen. Er kommt vom Ballett (Anfang der zwanziger Jahre gastierte seine Truppe u.a. im Ufa-Palast am Zoo); Max Reinhardt hat ihn entdeckt und zum Oberspielleiter des Großen Schauspielhauses gemacht. Ihm gelingt das Kunststück, das überdimensionierte und bühnentechnisch höchst problematische Theater mit seinen 3.200 Plätzen allabendlich zu füllen. Die Charell-Revuen sind perfekt gemachte Unterhaltung: Immer auf der Höhe des Zeitgeistes lösen sich rasch wechselnd, nur lose durch ein Motto verbunden, Varieté-Darbietungen, Kabarett-Einlagen, Musik und Tanz (Tiller-Girls!) ab. Die Show im amerikanischen Stil gibt Charell Ende der zwanziger Jahre auf und wendet sich der modern arrangierten Operette zu: Mit »Im Weißen Rössl« landet er einen Sensationserfolg. Für sein Film-Debüt bringt er bewährte Kräfte von der Bühne mit, z.B. seinen Ausstatter Ernst Stern (Gage für vier Monate, genehmigt vom Vorstand: 16.000 Reichsmark). Übrigens steht auch der Fundus des großen Schauspielhauses, dies hat sich die Ufa vertraglich zusichern lassen, für den Film zur Verfügung.

Der Wiener Kongreß von 1814/15 bildet nur den Hintergrund für die Affäre zwischen der Handschuhverkäuferin Christel (Lilian Harvey) und dem Zar Alexander (Willy Fritsch). Gewiß, es gibt ein paar satirische Scherze über Metternich (Conrad Veidt) und seine Spitzel-Methoden, aber die Politik spielt letztlich keine große Rolle in diesem Historienfilm. Locker und leicht, unbeschwert von Moral, wird die Liebeständelei in Szene gesetzt, getragen von beschwingten, dem Wiener Walzer nachempfundenen Melodien. Für diesen Film schreibt der Komponist Werner Richard Heymann jene Lieder, die heutzutage als Synonym für die alte Ufa-Herrlichkeit gelten: »Das muß ein Stück vom Himmel sein« und »Das gibt's nur einmal.«

Die Donau-Metropole wird stilgerecht im Babelsberger Atelier nachgebaut. »Ein ganzes Straßennetz aus Alt-Wien, mit einem Platz als Mittelpunkt, mit Tordurchgängen und einem einladenden Café und altväterlichen Kaufläden«, berichtet ein Reporter in dem *Film-Kurier*. »Gedreht wird der Einzug Metternichs und des Zaren Alexander. Jubelnde Volksmengen ziehen mit einer Soldatentruppe. Ein kleiner Mann in einem unscheinbaren grauen Anzug mit Sonnenbrille und Tellermütze kommandiert. Kniet sich temperamentvoll in jedes Detail, hat jeden der vierhundert Komparsen im Auge, läßt nichts durchgehen, sieht alles und entdeckt bei jeder neuen Probe neue Steigerungsmöglichkeiten.« Bei dem Arrangement der Massenszenen kommen Charell seine Erfahrungen als Choreograf zugute. Andererseits: Zur Unterstützung des Film-Neulings hat die Ufa ihre besten Leute abgestellt. Neben dem Architekten-Team Herlth und Röhrig waren dies der Tonmeister Fritz Thiery und Kameramann

Das Drehteam: Kameramann Carl Hoffmann, Assistent Günter Anders (an der Kamera), Erik Charell im Regiestuhl

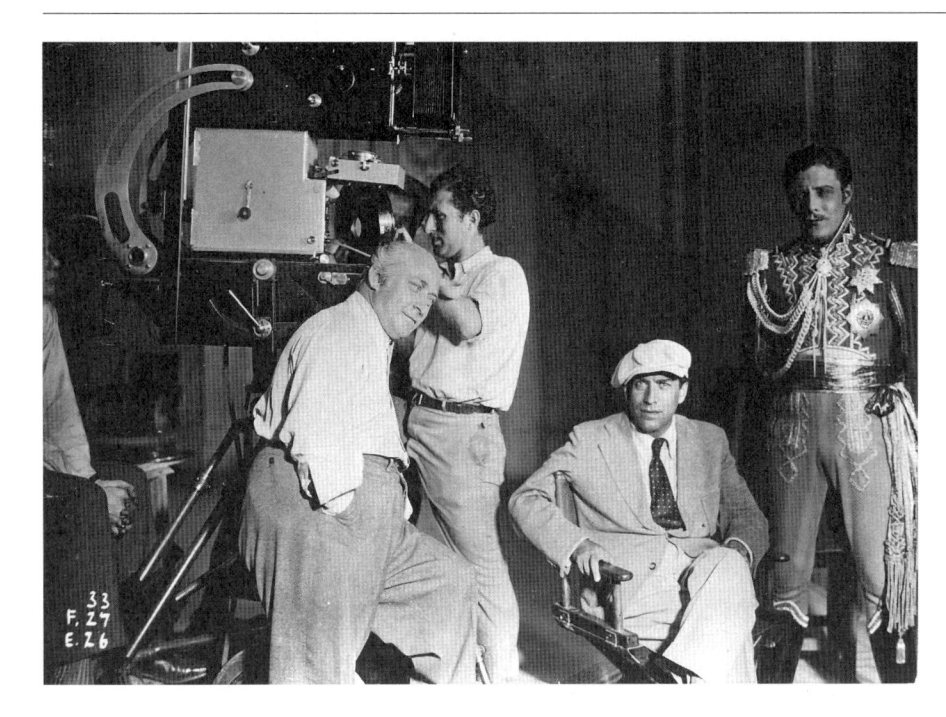

Carl Hoffmann. Der Rhythmus der Bildfolge und der Walzerklänge, die (durchaus nicht immer befriedigende) Korrespondenz von wandernder Kamera und wanderndem Ton: Geradezu sensationell wirkt damals die lange Kutschfahrt durch Wien, bei der Christel vor Glück jubiliert und die ganze Stadt mitsingt. Vier Millionen kostet der Film, und die Fachpresse spricht von einer »ungeheuren Materialschlacht«. Charell geht siegreich aus ihr hervor. Er erfüllt die Erwartungen, die Pommer in ihn gesetzt hat. Auch Generaldirektor Klitzsch ist hoch zufrieden, er schickt dem Regisseur ein Telegramm: »Noch unter dem tiefen Eindruck der soeben besichtigten Musterkopie DER KONGRESS TANZT beglückwünsche ich Sie zugleich im Namen des Gesamtvorstandes zu Ihrer hervorragenden Regieleistung, die einen neuen Meilenstein in der Entwicklung des deutschen Tonfilms geschaffen hat.«

Die Uraufführung verlegt die Ufa nach Wien. Die Premiere ist zugleich die Eröffnungsvorstellung des neuen Scala-Kinos, einer ehemaligen Operettenbühne. Nach der Vorstellung zeigen sich Lilian Harvey und Charell; die Herren Pommer und Corell halten Reden auf einem festlichen Bankett im Grandhotel. Auch die Berliner Erstaufführung im Ufa-Palast am Zoo wird groß aufgezogen. Der Erfolg wiederholt sich, das Kongreß-Fieber breitet sich aus. In 17 Tagen kommen allein in den Zoo-Palast 87.047 Besucher. Auch aus anderen Städten und Regionen werden Kassenrekorde gemeldet: Dresden 33.392 Zuschauer in drei Tagen, Wuppertal 17.500 und Essen 16.000 Besucher ebenfalls in drei Tagen, München (Sendlingertor-Lichtspiele) 30.692 verkaufte Karten in 20 Tagen. Am Ende erweist sich DER KONGRESS TANZT als mit Abstand zugkräftigster Film der Saison 1931/32, der spielend den Schlager des Vorjahres, DIE DREI VON DER TANKSTELLE, noch übertrumpft. Und der Siegeszug setzt sich im Ausland fort: Paris, Prag, New York, London... Stolz informiert die Presseabteilung, daß im Kino sogar Mitglieder des englischen Königshauses und des Hochadels gesehen werden.

Was stören da die Mäkeleien des linken Feuilletons. Rudolf Arnheim fällt in *Die Weltbühne* ein vernichtendes Urteil: »Charells Film ist nicht gedreht, sondern geleiert.« Weder die hochkarätige Besetzung noch die prächtige Ausstattung können ihn gnädig stimmen: »Ein Schaden für die Schauspieler, ein Jammer ums Geld.« Der Intellektuelle läßt sich von Walzerklängen nicht bezaubern. Stocknüchtern sitzt er im Parkett und betrachtet angewidert die Heurigen-Szene auf der Leinwand: »Angetrunkene Personen beiderlei Geschlechts wiegten zur Musik viertelstundenlang den Oberkörper hin und her.« In der *Frankfurter Zeitung* spricht Kritiker-Kollege Siegfried Kracauer immerhin von »gekonnter Mache«, geißelt derart dekorative Kunstfabrikate zwar als »Massenbetäubung«, muß aber doch zugeben: »Alle die bekannten Drogen werden hier nicht etwa löffelweise verabreicht, sondern zu einer Bowle gemixt, die auch starke Männer schließlich umlegen muß.«

Noch weniger ernst nimmt man die Besprechung im Nazi-Blatt *Der Angriff*. Die Braunen mobilisieren wie immer den Antisemitismus und empören sich: »Der ganze Film ist eine echt jüdische Chuzpe. Das heißt Frechheit.« Nach der Enthüllung, hinter dem Künstlernamen Erik Charell verberge sich der Jude Erich Löwenberg, wird, auch das nichts Neues, Hugenberg aufgefordert, nur noch reinrassige Arier zu beschäftigen.

Der Ufa-Vorstand denkt gar nicht daran, deshalb den Erfolgsregisseur fallenzulassen. Zunächst heißt es, er werde einen Casanova-Stoff realisieren. Am 20. Januar 1933 wird beschlossen, DIE HEIMKEHR DES ODYSSEUS zu produzieren, am 24. Februar der Vertrag unterschrieben und die erste Rate der Pauschalvergütung ausbezahlt. Doch es kommt anders: Charell kann aufgrund seiner »Rassenzugehörigkeit« nicht mehr in Deutschland arbeiten, und die Ufa zieht vor Gericht, um das Geld zurückzufordern. Währenddessen läuft DER KONGRESS TANZT unbeanstandet im Kino und läßt nach wie vor die Kassen klingeln. Die Filmprüfstelle hat keinerlei Bedenken, erst eine von Goebbels angeordnete Nachprüfung führt dazu, daß am 1. Oktober 1937 die Zensurkarte für ungültig erklärt wird. Auch überzeugte Nationalsozialisten mögen es bedauert haben, daß die Tonfilmoperette mit ihren beschwingten Melodien aus dem Verkehr gezogen wird: Der Kongreß hatte ausgetanzt.

Michael Töteberg

Original-Flirt oder Doppelgänger-Politik? Harvey als Handschuhverkäuferin Christel mit Willy Fritsch als Zar, der sich auch in Liebesdingen von seinem Doubel Uralsky vertreten läßt

1935. Mach' mich glücklich.
REG Arthur Robison. AUT Arthur Robison, Walter Supper, Bobby E. Lüthge. KAM Robert Baberske. BAU Otto Hunte, Willy Schiller. SCH Herbert B. Fredersdorf. TON Walter Rühland. MUS Theo Mackeben. LT Hans Fritz Beckmann. MT ›Mach' mich glücklich‹, ›Sag, daß Du mich liebst!‹, ›Was soll aus mir werden, wenn Du nicht bei mir bist‹. DAR Else Elster (Revuegirl Cherry), Ursula Grabley (Fleurette Legrand), Albert Lieven (William Davenport), Harald Paulsen (Henry Davenport), Julia Serda (Patricia Davenport), Richard Romanowsky (Rechtsanwalt Murphy), Ralph Arthur Roberts (Revuedirektor), Adele Sandrock (Gardrobiere), Otto Sauter-Sarto (Farmer), Maria Loja (Frau des Farmers), Margot Höpfner, Hedi Höpfner, Sofie Pagay, Emmy Wyda, Emil Birron, Josef Dischner, William Huch, Oskar Joost, Albert Karchow, Hans Sternberg, Kurt Seifert, Ludwig Trautmann, Ewald Wenck.
PRO Ufa. Herstellungsgruppe: Max Pfeiffer. HEL Max Pfeiffer. AUL Dietrich von Theobald. DRZ 20.2. - Anfang Mai 1935. DRO Ufa-Atelier Neubabelsberg. LNG 2624 m, 96 min. ZEN 1.6.1935, Jv. URA 5.7.1935, Berlin (Ufa-Palast am Zoo).

Französische Version:
1935. Les époux célibataires.
REG Arthur Robison, Jean Boyer. AUT Arthur Robinson, Walter Supper, Bobby E. Lüthge. DIA Jean Boyer. KAM Robert Baberske. BAU Otto Hunte, Willy Schiller. MUS Theo Mackeben. LT Jean Boyer. DAR Sim Viva (Cherry), Mona Goya (Fleurette Legrand), Jean Rousselière (William Davenport), Stéphane Pizella (Henry Davenport), Germaine Charley (Patricia Davenport), Gaston Gabaroche (Murphy), Félix Oudart, Madeleine Guitty, Andrée Champeaux, Andrée Canti, Armand Morins.
PRO Ufa / ACE. HEL Max Pfeiffer. SUP Raoul Ploquin. AUL Dietrich von Theobald. DRZ ab Anfang Mai 1935. DRO Ufa-Atelier Neubabelsberg. LNG 97 min. URA 19.7.1935, Paris (Marignan).

Flirt, Eifersucht und schnelle Heirat an Bord eines Passagierdampfers, auf dem sich u.a. der Forschungsreisende William, eine Girl-Truppe mit Cherry und Fleurette sowie der männliche Star Henry befinden.

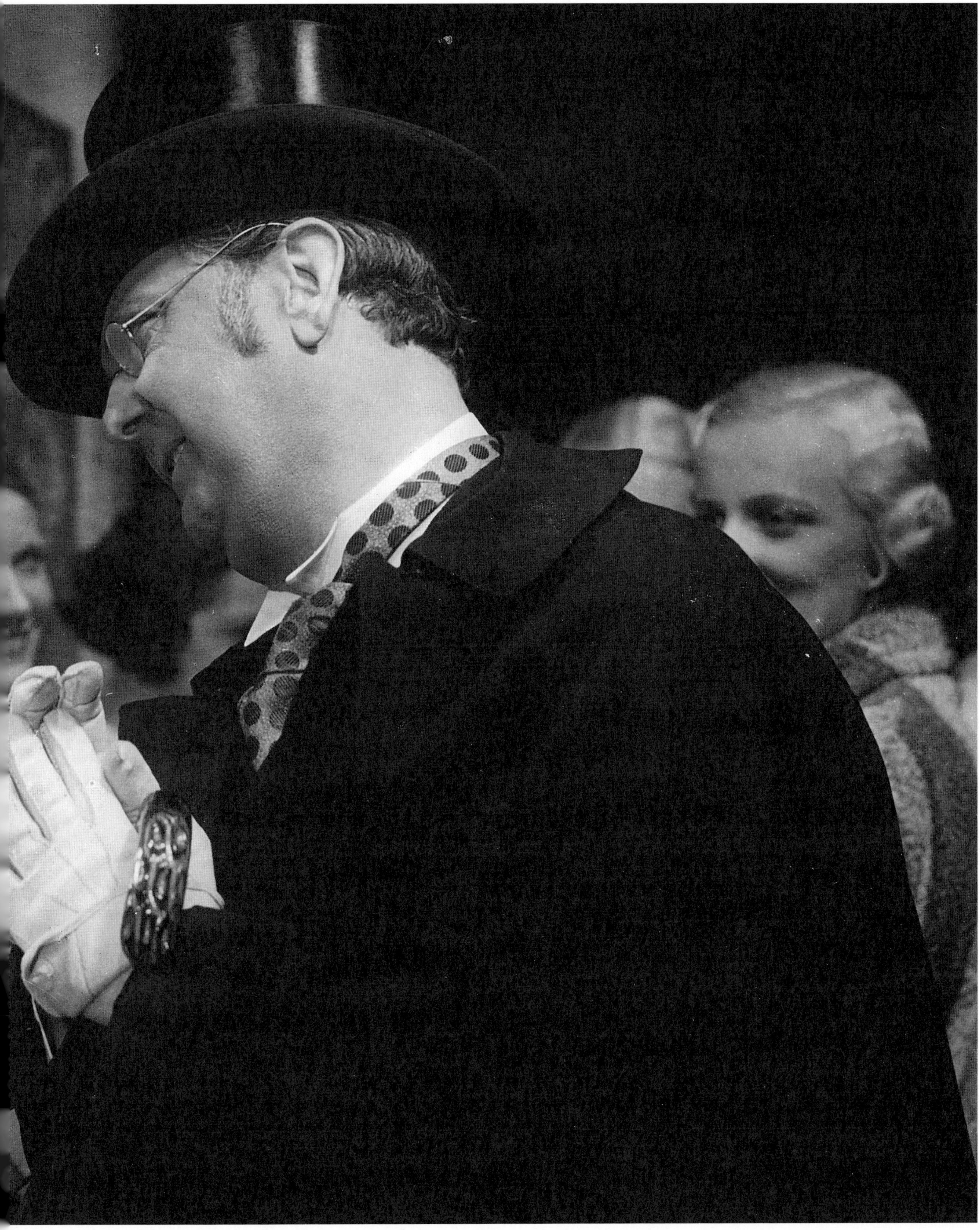

1935. Das Mädchen Johanna.
REG Gustav Ucicky. **RAS** Eduard von Borsody. **AUT** Gerhard Menzel. **KAM** Günther Krampf. **KAS** Herbert Stephan. **BAU, KOS** Robert Herlth. **MAS** Arnold Jenssen, Adolf Braun, Louis Strasser. **SCH** Eduard von Borsody. **TON** Hermann Fritzsching. **MUS** Peter Kreuder.
DAR Angela Salloker (Johanna), Gustaf Gründgens (König), Heinrich George (Herzog von Burgund), René Deltgen (Maillezais), Erich Ponto (Lord Talbot), Willy Birgel (La Trémouille), Theodor Loos (Dunois), Aribert Wäscher (Alencon), Franz Nicklisch (Johann von Metz), Veit Harlan (Pierre), Paul Bildt, Karl Dannemann, Jac Diehl, Erich Dunskus, Albert Florath, Fritz Genschow, Alexander Golling, Wolfgang Klein, Maria Koppenhöfer, Bernhard Minetti, Vera Liessem, Josef Sieber, S. O. Schoening, Rudolf Schündler, Elsa Wagner.
PRO Ufa. Herstellungsgruppe: Bruno Duday. **HEL** Bruno Duday. **AUL** Fritz Schwarz. **DRZ** Februar - April 1935. **DRO** Ufa-Atelier Neubabelsberg. **LNG** 2377 m, 87 min. **ZEN** 25.4.1935, Jv, 14. **URA** 26.4.1935, Berlin (Ufa-Palast am Zoo).
– AT: Die Sendung, Das Mädchen von Orleans, Die heilige Johanna. – Prädikat: Staatspolitisch und künstlerisch besonders wertvoll.

Als erster Versuch, einen Film unter staatlicher Aufsicht herzustellen, mit der ›Ermunterung zu solidarischer Haltung‹ aller Mitwirkenden (durch Goebbels am 19.2.1935), wurde diese Variante des Jungfrau von Orleans-Stoffes gefeiert.

1935. Der Uhrenladen.
REG Peter Paul Brauer. **AUT** Hans Fritz Köllner. **KAM** Willy Winterstein. **BAU** Carl Ludwig Kirmse. **TON** Bruno Suckau. **MUS** Hans Ebert.
DAR Friedel Pisetta, Volker von Collande, Georg Erich Schmidt, Franz Stein, Birkmeyer-Ballett vom Wintergarten. **PRO** Ufa. **PRL** Peter Paul Brauer. **DRZ** März 1935. **DRO** Ufa-Atelier Neubabelsberg. **LNG** 457 m, 17 min. **ZEN** 8.5.1935; B.39223, Jf.
– Kurzspielfilm. – Prädikat: Künstlerisch wertvoll.

1935. Postlagernd XYZ.
REG Karl Zander. **KAM** Willy Winterstein. **BAU** Carl Ludwig Kirmse. **MUS** Carlheinz Becker.
DAR Harald Paulsen, Mady Rahl, Hella Graf, Günther Lüders, Ernst Behmer, Eduard Wenck, Max Hiller, Hilde Schneider.
PRO Ufa. **PRL** Peter Paul Brauer. **LNG** 545 m, 20 min. **ZEN** 22.5.1935, B.39293, Jf.
– Kurzspielfilm.

1935. Ehestreik.
REG Georg Jacoby. **AUT** Alois Johannes Lippl, Walter Forster; nach dem Bühnenstück von Julius Pohl. **KAM** Carl Drews. **BAU** Erich Kettelhut, Max Mellin. **SCH** Wolfgang Becker. **TON** Bruno Suckau. **MUS** Ernst Erich Buder; Willy Geisler. **LT** Oskar Felix. **MT** ›Rumtata‹.
DAR Trude Marlen (Hanni), Erika von Thellmann (Apollonia), Paul Richter (Wirt), Oskar Sima (Wurzelhans), Heli Finkenzeller (Pepi), Hermann Erhardt (Bürgermeister), Theodor Danegger (Bartl), Elise Aulinger (Annamirl), Beppo Brem (Wimpfinger), Erna Fentsch (Wimpfingerin), Viktor Gehring (Zellger), Irene Kohl (Zellgerin), Franz Loskarn (Malermeister), Olga Schaub (Frau des Malermeisters), Oskar Aigner (Drahmbauer), Fanny Schreck (Drahmbäuerin), Paul Luka-Kammerer (Baier), Karin Lüsebrink (Baierin), Otto Braml (Schubert), Anny Staeger (Schubertin), Kurt Meisel (Loisl), Charlotte Radspieler (Vroni), Rudolf Vones (Sepp), Inge Kick (Marai), Hans Henninger (Rosser), Liane Kopf (Resl), Josefine Dora (Köchin), Marianne Bormann (Zenzi), Hiasl Bogner (Apollonias Sohn).
PRO Ufa. Herstellungsgruppe: Karl Ritter. **HEL** Karl Ritter. **AUL** Fritz Koch. **DRZ** Mitte März - Anfang Mai 1935. **DRO** Ufa-Atelier Neubabelsberg; **AA** Bayrischzell. **LNG** 2337 m, 85 min. **ZEN** 29.5.1935, Jv, nf. **URA** 31.5.1935, München (Ufa-Palast); 5.6.1935, Berlin (Ufa-Palast am Zoo).
Hanni, der neuen Kellnerin im Dorfgasthaus, haftet der Ruf der Unsittlichkeit an. In Wahrheit verführt sie die Männer des Dorfes nicht zu Schäferstündchen, sondern lediglich zu vermehrtem Bierkonsum. Die Ehefrauen kümmert das wenig, angeführt von Apollonia probieren sie – mehr oder weniger strikt – den Ehestreik.

1935. April, April!
REG Detlef Sierck. **AUT** H. W. Litschke, Rudo Ritter. **KAM** Willy Winterstein. **BAU** Carl Ludwig Kirmse. **SCH** Fritz Stapenhorst. **TON** Carlheinz Becker. **MUS** Werner Bochmann. **LT** Werner Bochmann, Erwin Lehnow. **MT** ›Fang nie im April was an‹.
DAR Carola Höhn (Friedel Bild), Albrecht Schoenhals (Prinz Heinrich von Holstenbölau) Erhard Siedel (Julius Lampe), Charlott Daudert (Mirna Lampe), Werner Finck (Reinhold Leisegang), Lina Carstens (Mathilde Lampe), Paul Westermeier (Herr Finke), Hilde Schneider (Emmi), Annemarie Korff (Sekretärin), Hubert von Meyerinck (Herr Müller), Herbert Weißbach (Finkes Freund), Wilhelm Egger-Sell, Kurt Felten, Erwin Hartung, Gerhard Heine, Odette Orsy, Josef Reithofer, Wera Schultz, Dorothea Thiess, Willy Wietfeld, Herman Tholen, Cissy van Bennekom.
PRO Ufa. **HEL** Peter Paul Brauer. **AUL** Karl Schulz. **DRZ** April - Mai 1935. **DRO** Ufa-Atelier Neubabelsberg. **LNG** 2247 m, 82 min. **ZEN** 3.7.1935, Jf, 14. **URA** 24.10.1935, Berlin (Primus-Palast).
– AT: Fang nie im April was an.
Niederländische Version:
1935. 't was 1 April.
REG Detlef Sierck, Jacques van Tol. **AUT** H. W. Litschke, Rudo Ritter. **DIA** Jacques van Tol. **KAM** Willy Winterstein. **BAU** Carl Ludwig Kirmse. **SCH** Fritz Stapenhorst. **TON** Carlheinz Becker. **MUS** Werner Bochmann.
DAR Johan Kaart, Jopie Koopman, Tilly Perin-Bowmeester, Cissy van Bennekom, Herman Tholen, Robert Milton, Jac. van Bijlevelt, Hilde Alexander, Pau Dana, Matthieu van Eijsden, Mary van den Berg, Agatha Reiff, Max Dekker, Henriette Blazer, Jan Hahn, Piet de Nuyl Sr., Jeanne Koopman, L. Tummers, Pierre Perin.
PRO Ufa. **HEL** Peter Paul Brauer. **AUL** Karl Schulz. **DRZ** April - Mai 1935. **DRO** Ufa-Atelier Neubabelsberg. **LNG** 2100 m, 77 min. **URA** 27.3.1936, Rotterdam (Rembrandt).
Der zum Nudelfabrikanten aufgestiegene Bäckermeister Lampe und seine Frau Mathilde werden von Herrn Finke in den April geschickt. Finke ärgert sich, wie die Neureichen damit protzen, daß der Prinz von Holsten-Böhlau für eine Afrika-Expedition tropenfeste Nudeln der Lampes bestellt hat. Als der Prinz vorbeischauen will, gerät Lampe in Aufregung. Da alles Finkes Aprilscherz war, muß ein Doppelgänger bestellt werden, denn die Fabrikbesichtigung war bereits publik geworden.

1935. Amphitryon. Aus den Wolken kommt das Glück.
REG Reinhold Schünzel. **RAS** Kurt Hoffmann. **AUT** Reinhold Schünzel; nach dem Bühnenstück von Heinrich von Kleist, basierend auf dem Bühnenstück ›Amphitryo‹ von Titus Maccius Plautus. **KAM** Fritz Arno Wagner, Werner Bohne. **SPE** Werner Bohne, Theodor Nischwitz. **Spiegeltechnik** Ernst Kunstmann, Heinrich Weidemann. **BAU** Robert Herlth, Walter Röhrig. **Kunstmaler** Romanus Baginski. **KOS** Rochus Gliese, Manon Hahn, Walter Schulze-Mittendorf. **SCH** Arnfried Heyne. **TON** Fritz Thiery. **MUS** Franz Doelle. **LT** Bruno Balz (1), Charles Amberg (2). **MT** ›Ich muß mal wieder was erleben!‹ (1), ›Tausendmal war ich im Traum bei Dir‹ (2).
DAR Willy Fritsch (Jupiter/Amphitryon), Käthe Gold (Alkmene), Paul Kemp (Merkur/Sosias), Fita Benkhoff (Andria), Adele Sandrock (Juno), Hilde Hildebrand (1. Freundin), Aribert Wäscher (Kriegsminister), Ewald Wenck (Dr. Äskulap), Anni Ann, Vilma Bekendorf, Hilde Boenisch (drei Freundinnen), Gerhard Bienert.
PRO Ufa. Herstellungsgruppe: Günther Stapenhorst. **HEL** Günther Stapenhorst. **PRL** Erich von Neusser. **AUL** Otto Lehmann, Alexander Desnitzky. **DRZ** 8.2. - Mitte Mai 1935. **DRO** Ufa-Atelier Neubabelsberg. **LNG** 2870 m, 105 min. **ZEN** 13.7.1935, Jv. **URA** 18.7.1935, Berlin (Gloria-Palast).
– Prädikat: Künstlerisch wertvoll.
Französische Version:
1935. Les Dieux s'amusent.
REG Reinhold Schünzel, Albert Valentin. **AUT** Reinhold Schünzel; nach dem Bühnenstück von Heinrich von Kleist, basierend auf dem Bühnenstück ›Amphitryo‹ von Titus Maccius Plautus. **DIA** Serge Veber. **KAM** Fritz Arno Wagner, Werner Bohne. **SPE** Werner Bohne, Theodor Nischwitz. **Spiegeltechnik** Ernst Kunstmann, Heinrich Weidemann. **BAU** Robert Herlth, Walter Röhrig, **Kunstmaler** Romanus Baginski. **KOS** Rochus Gliese, Manon Hahn, Walter Schulze-Mittendorf. **TON** Fritz Thiery. **MUS** Franz Doelle.
DAR Henri Garat (Jupiter/Amphitryon), Jeanne Boitel (Alcmène), Armand Bernard (Mercure/Sosie), Florelle (Myrismis), Marguerite Moreno (Junon), Margo Lion (1ère amie), Gaston Mauger (le ministre de la guerre), Fred Pasquali (le docteur), Evelyne May, Marcelle Naury, Rachel Devirys (les 3 amies d'Alcmène), Agnès Capri, Fernande Saala, Nicole de Rouves.
PRO Ufa / ACE. **HEL** Günther Stapenhorst. **SUP** Raoul Ploquin. **DRZ** Februar - Mai 1935. **DRO** Ufa-Atelier Neubabelsberg. **LNG** 105 min. **URA** 13.9.1935, Paris (Marignan).
Jupiter begibt sich zur Erde, um die Thebanerin Alkmene (vergeblich) zu verführen. Er nähert sich ihr abermals, diesmal in Gestalt ihres Gatten Amphitryon, der, am nächsten Tag mit den siegreichen Thebanern eintreffend, Untreue wittert und die Scheidung einreicht. Auch Jupiters resolute Gattin Juno sieht nicht tatenlos zu. Sie klärt die Sachverhalte auf und stellt die familiäre Eintracht wieder her.

1935. Zimmer zu vermieten
REG Hans von Passavant. **AUT** Hans Gustl Kernmayr. **KAM** Willi Winterstein. **BAU** Carl Ludwig Kirmse. **MUS** Edmund Nick.
DAR Margarete Kupfer (Vermieterin), Jupp Hussels (deren Mann), Erika Streithorst (deren Tochter), Ernst Behmer (Untermieter).
PRO Ufa. **PRL** Peter Paul Brauer. **DRZ** Juni 1935. **DRO** Ufa-Atelier Neubabelsberg. **LNG** 438 m, 16 min. **ZEN** 13.7.1935, B.39658, Jf.
– Kurzspielfilm.

1935. Der große Preis von Europa.
REG Peter Paul Brauer. **KAM** Willy Winterstein. **BAU** Carl Ludwig Kirmse. **TON** Carlheinz Becker. **MUS** Edmund Nick.
DAR Alexander Golling (Rennfahrer), Willi Schur (Einbrecher), Ernst Waldow (sein Komplize), Georg Erich Schmidt.
PRO Ufa. **PRL** Peter Paul Brauer. **LNG** 606 m, 22 min. **ZEN** 13.7.1935, B.39665, Jf.
– Kurzspielfilm.

1935. Der interessante Fall.
REG Fritz Genschow. **AUT** Rudo Ritter. **KAM** Willy Winterstein. **BAU** Carl Ludwig Kirmse. **TON** Bruno Suckau. **MUS** Hans Ebert.
DAR Ralph Arthur Roberts (der Papa), Henny Schramm (die Tochter), Hans Brausewetter (deren Freund), Else Boetticher (die Mutter), Georg Heinrich Schnell (ein guter Onkel).
PRO Ufa. **PRL** Peter Paul Brauer. **LNG** 425 m, 15 min. **ZEN** 13.7.1935, B.39667, Jf.
– Kurzspielfilm.

1935. Unter vier Augen.
REG Fritz Peter Buch. **AUT** Werner Eplinius. **KAM** Willy Winterstein. **BAU** Carl Ludwig Kirmse. **TON** Bruno Suckau. **MUS** Werner Eisbrenner.
DAR Harald Paulsen, Reva Holsey, Kurt Vespermann, Ernst Behmer, Ilse Petri.
PRO Ufa. **PRL** Peter Paul Brauer. **LNG** 461 m, 17 min. **ZEN** 13.7.1935, B.39668, Jf.
– Kurzspielfilm.

1935. Ich liebe alle Frauen.
REG Carl Lamac. **RAS** Herbert Grünewald. **DIA-REG** Paul Bildt. **AUT** Ernst Marischka. **KAM** Friedl Behn-Grund. **BAU** Hermann Warm, Carl Haacker. **SCH** Ella Ensink. **TON** Erich Leistner. **MUS** Robert Stolz. **ML** Werner Schmidt-Boelke, Paul Hühn. **LT** Ernst Marischka. **MT** ›Ob blond, ob braun, ich liebe alle Frau'n!‹, ›Schenk mir dein Herz heute nacht...‹, Arie des Herzogs aus ›Rigoletto‹ von Giuseppe Verdi, ›Oh, wie trügerisch‹ aus ›Martha‹ von Friedrich von Flotow.
DAR Jan Kiepura (Sänger Jan Morena/Verkäufer Edi Jaworski), Lien Deyers (Susi), Inge List (Camilla Weismaier), Adele Sandrock (Fürstin Loridowska), Theo Lingen (Sekretär Hans Heinz Hinz), Rudolf Platte (Gardrobier Bernhard), Fritz Imhoff (Gurkenhändler Sebastian Weismaier), Margarethe Kupfer (Frau Schmidt), Hans Herrmann-Schaufuß (Graf Hartenstein), Heinz Salfner (Zeitungszar H. G. Benfield), Paul Beckers (Taschenspieler), Karin Lüsebrink (Blumenverkäuferin), Paul Bildt (Ladeninhaber).
PRO Cine-Allianz Tonfilmproduktion GmbH, Berlin; für Ufa. **HEL** Fritz Klotzsch. **AUL** Walter Lehmann. **LNG** 2655 m, 97 min. **ZEN** 30.8.1935, Jf. **URA** 30.8.1935, Berlin (Ufa-Palast am Zoo).

Der Kammersänger Morena und der Feinkostverkäufer Edi ähneln sich beträchtlich. Jeder hat den Wunsch, wie der andere zu sein. Es kommt zu Tauschaktionen, die mitunter so weit gehen, daß beider Freundinnen die Übersicht verlieren.

1935. Königswalzer.
REG Herbert Maisch. **RAS** Eduard von Borsody. **AUT** Emil Burri, Walter Forster. **KAM** Konstantin (Irmen-)Tschet. **BAU** Robert Herlth, Walter Röhrig. **SCH** Eduard von Borsody. **TON** Hermann Fritzsching. **MUS** Franz Doelle. **LT** Bruno Balz (1), Hans Fritz Beckmann (2). **MT** ›Wie ein Wunder kam die Liebe‹ (1), ›Ein Reitersmann zog durch das Land‹ (2).
DAR Willi Forst (Ferdinand Tettenbach), Heli Finkenzeller (Theres Tomasoni), Carola Höhn (Herzogin Elisabeth, genannt Sissi), Theodor Danegger (Ludwig Tomasoni), Oskar Sima (Landtagsabgeordneter Pfandl), Paul Hörbiger (König Max II. von Bayern), Curd Jürgens (Kaiser Franz Joseph), Anton Pointner (Graf Tettenbach), Kurt von Ruffin (Graf Otto Preising), Hans Leibelt (Minister Doenniges), Ellen Schwanneke (Anni Tomasoni), Hugo Schrader (Konditor Franz), Carl Wery (Brandmeyer), Werner Stock (Student), Karl Hammes (Darsteller des Don Juan), Käthe Heidersbach (Darstellerin der Donna Elvira), Gertrud Langguth (Darstellerin der Zerline), Karl August Neumann (Darsteller des Leporello).
PRO Ufa. Herstellungsgruppe: Karl Ritter. **HEL** Karl Ritter. **AUL** Fritz Koch. **DRZ** Ende Juni - Mitte August 1935. **DRO** Ufa-Atelier Neubabelsberg. **LNG** 2286 m, 83 min. **ZEN** 21.9.1935, Jf, nf. **URA** 23.9.1935, Berlin (Ufa-Palast am Zoo).
Französische Version:
1935. Valse royale.
REG Jean Grémillon. **AUT** Emil Burri, Walter Forster **AD, DIA** Henri Falk. **KAM** Konstantin (Irmen-)Tschet. **BAU** Robert Herlth, Walter Röhrig. **SCH** Klaus Stapenhorst. **MUS** Franz Doelle. **LT** Henri Falk.

DAR Henri Garat (Michel de Thalberg), Renée Saint-Cyr (Thérèse Tomasini), Alla Donell (la princesse Elisabeth), Gustave Gallet (Tomasini), Mila Parély (Annie Tomasini), Christian Gérard (Pilou), Adrien Le Gallo (le roi Max), Bernard Lancret (François-Joseph), Lucien Dayle (Gargamus), Geymond Vital (René), Edmond Beauchamp (Maps), Georges Prieur (le comte de Thalberg), Jean Ayme (de Borney), Gaston Dubosc, Georgette Lamoureux.
PRO Ufa / ACE. **PRT** Karl Ritter. **SUP** Raoul Ploquin. **DRZ** Ende Juni - Mitte August 1935. **DRO** Ufa-Atelier Neubabelsberg. **LNG** 95 min.
– AT: Pour un baiser.
1852 kommt der österreichische Graf Ferdinand Tettenbach als heimlicher Brautwerber Kaiser Franz Josephs nach München zu König Max. Dort verliebt er sich in die schöne Theres Tomasini. Komplikationen entstehen durch den Kuß eines jungen Mädchens.

1935. Der grüne Domino.
REG Herbert Selpin. **AUT** Harald Bratt, Emil Burri; nach Motiven des Bühnenstückes ›Der Fall Claasen‹ von Erich Ebermayer. **KAM** Günther Rittau, Otto Baecker. **STF** Horst von Harbou. **BAU** Otto Hunte, Willy Schiller. **SCH** Oswald Hafenrichter. **TON** Ludwig Ruhe. **MUS** Gottfried Huppertz. **ML** Walter Schütze. **LT** Hans Fritz Beckmann. **MT** ›Ein Kuß, ein Kuß, den du aus Liebe küßt‹. **CHO** Erwin Tietz.
DAR Brigitte Horney (Ellen Fehling/ihre Mutter Marianne), Karl Ludwig Diehl (Dr. Bruck), Alice Treff (Lilly), Erika von Thellmann (Theres), Margarete Schön (Frau von Falck), Theodor Loos (Herr von Falck), Walter Jung (Nebel), Waldemar Leitgeb (Dr. Nohl), Erwin Klietsch (Aloys), Erich Fiedler (Herr Fehling), Eduard Wesener (Herr Pollnow), Hans Leibelt (Justizrat Lorenz), Albert Hörrmann (Ellmos), Adolf Fischer (Maurer), Trude Hesterberg (Sängerin), Ernst Waldow (Ansager).
PRO Ufa. Herstellungsgruppe: Alfred Greven. **HEL** Alfred Greven. **AUL** Gustav Lorenz. **DRZ** Juli - August 1935. **DRO** Ufa-Atelier Neubabelsberg; **AA** München, Tegernsee. **LNG** 2410 m, 88 min. **ZEN** 3.10.1935, Jv. **URA** 4.10.1935, Berlin (Gloria-Palast).
Französische Version:
1935. Le domino vert.
REG Herbert Selpin, Henri Decoin. **AUT** Harald Bratt, Emil Burri; nach Motiven des Bühnenstückes ›Der Fall Claasen‹ von Erich Ebermayer. **DIA** Marcel Aymé. **KAM** Günther Rittau, Otto Baecker. **STF** Horst von Harbou. **BAU** Otto Hunte, Willy Schiller. **MUS** Gottfried Huppertz. **ML** Walter Schütze. **CHO** Erwin Tietz.
DAR Danielle Darrieux (Hélène de Richmond/Marianne de Richmond), Maurice Escande (Henri Bruquier), Jany Holt (Lily Bruquier), Jeanne Pérez, Marcelle Géniat (Mme de Fallec), Henri Beaulieu (M. de Fallec), Charles Vanel (Nébel), Lindia, André Burgère (Robert Zamietti), Daniel Lecourtois (Nanlin), Marcel Herrand, Georges Douking, Henri Guisol, Henry Bonvallet, Georges Prieur, Lucien Dayle.
PRO Ufa / ACE. **HEL** Alfred Greven. **SUP** Raoul Ploquin. **DRZ** Juli - August 1935. **DRO** Ufa-Atelier Neubabelsberg; **AA** München, Tegernsee. **LNG** 90 min.
Ellen beweist die Unschuld ihres seit zwanzig Jahren im Zuchthaus einsitzenden Vaters und findet ihren Lebenskameraden in dem couragierten Juristen Dr. Bruck, der bei den Ermittlungen entscheidend geholfen hat.

1935. Das Mädchen vom Moorhof.
REG Detlef Sierck. **AUT** Philipp Lothar Mayring; nach der Novelle ›Tösen fran Stormyrtorpet‹ von Selma Lagerlöf. **KAM** Willy Winterstein. **BAU** Carl Ludwig Kirmse. **SCH** Fritz Stapenhorst. **TON** Bruno Suckau. **MUS** Hans-Otto Borgmann. **MT** ›Meine Liebe ist nur was für Matrosen‹.
DAR Hansi Knoteck (Helga Christmann), Ellen Frank (Gertrud Gerhart), Eduard von Winterstein (Amtmann Gerhart), Kurt Fischer-Fehling (Karsten Dittmar), Friedrich Kayßler (Vater Dittmar), Jeanette Bethge (Mutter Dittmar), Theodor Loos (Richter), Lina Carstens (Mutter Christmann), Franz Stein (Vater Christmann), Fritz Hoopts (Torfschiffer), Erich Dunskus (Jens Willgraff), Erwin Klietsch (Peter Nolde), Hans Meyer-Hanno (Großknecht), Ellen Becker, Anita Düvel, Thea Fischer, Hildegard Hecker, Meta Jäger, Carl Christian Jönsson, Ilse Petri, Klaus Pohl, Betty Sedlmayr, Maria Seidler, Hilde Sessak, Fanny Schreck-Normann, Dorothea Thiess, Ilse Trautschold, Georg Heinrich Schnell (?).
PRO Ufa. **HEL** Peter Paul Brauer. **AUL** Karl Schulz. **DRZ** Anfang Juli - Ende August 1935. **DRO** Ufa-Atelier Neubabelsberg; **AA** Worpswede und Umgebung. **LNG** 2251 m, 82 min. **ZEN** 4.10.1935, Jv, f. **URA** 30.10.1935, Berlin (U.T. Kurfürstendamm, U.T. Friedrichstraße).

Auf dem Land, in der Nähe von Bremen. Bauernsohn Karsten ist mit Gertrud verlobt, der Tochter des Amtmanns. Er nimmt die Magd Helga voller Respekt auf den Hof, nachdem sie in einem Vaterschaftsprozeß die Klage zurückgezogen hat, um ihrem Kind keinen Meineidigen als Vater zuzumuten. Gertrud verlangt, daß Helga den Hof wieder verläßt. Jedoch kann sie schließlich nicht verhinden, daß Karsten Helga zur Frau nimmt.

1935. Abessinien von heute – Blickpunkt der Welt.
REG, AUT, KAM, SCH Martin Rikli. **MUS** Ernst Erich Buder, Hans Ebert, Franz R. Friedl, Fritz Steinmann, Walter Winnig.
SPR Georg Heinrich Schnell.
PRO Ufa. **HEL** Nicholas Kaufmann. **DRO** Abessinien. **LNG** 2557 m, 93 min. **ZEN** 5.10.1935, Jf. **URA** 11.10.1935, Berlin (Ufa-Palast am Zoo).
– Prädikate: Volksbildend, Lehrfilm.
Expedition durch Abessinien.

1935. Leichte Kavallerie.
REG Werner Hochbaum. **RAS** Hans Müller. **AUT** Franz Rauch; nach dem Roman ›Umwege zur Heimat‹ von Heinz Lorenz-Lambrecht. **KAM** Bruno Timm. **BAU** Erich Czerwonski, Karl Böhm. **KOS** Manon Hahn. **SCH** Arnfried Heyne. **TON** Walter Rühland. **MUS** Hans-Otto Borgmann; unter Verwendung von Melodien aus der Operette von Franz von Suppé. **LT** Bruno Balz. **MT** ›Heimatlied‹. **CHO** Sabine Ress.
DAR Marika Rökk (Rosika), Fritz Kampers (Zirkusdirektor Cherubini), Karl Hellmer (Clown Rux), Heinz von Cleve (Geza von Rakos), Hans Adalbert Schlettow (Schulreiter Palato), Lotte Lorring (Margit), Oskar Sima (Gastwirt Pietro), Cilly Feindt (Kunstreiterin Hanni), Franz Wilhelm Schröder-Schrom (Zirkusdirektor Franconi), Hilde Sessak (Kellnerin Catella), Horst Birr, Jac Diehl, Erich Hausmann, Josef Reithofer, S. O. Schoening.
PRO F.D.F. Fabrikation Deutscher Filme GmbH, Berlin; für Ufa. **HEL** Alfred Zeisler. **PRL** Hans von Wolzogen. **AUL** Otto Lehmann, Wolfgang Schubert. **DRZ** ab Juli 1935 (Atelier). **DRO** Ufa-Atelier Neubabelsberg; **AA** Berlin, Budapest, Zirkus Busch. **LNG** 2505 m, 91 min. **ZEN** 12.10.1935, Jv. **URA** 14.10.1935, Berlin (Ufa-Palast am Zoo).
Französische Version:
1935. Cavalerie légère.
REG Werner Hochbaum, Roger Vitrac. **AUT** Franz Rauch; nach dem Roman ›Umwege zur Heimat‹ von Heinz Lorenz-Lambrecht. **DIA** Roger Vitrac. **KAM** Bruno Timm. **BAU** Erich Czerwonski, Karl Böhm. **KOS** Manon Hahn. **MUS** Hans-Otto Borgmann; unter Verwendung von Melodien aus der Operette ›Leichte Kavallerie‹ von Franz von Suppé. **CHO** Sabine Ress.
DAR Mona Goya (Rosika), Gabriel Gabrio (Chérubini), Constan Rémy (Flip), Louis Allibert (Géza von Rakos), Ernest Ferny (Palato), Line Noro (Mme Palato), Marcel Vallée (Franconi), Raoul Marco (Pietro), Myno Burney (Catella), Fernand Fabre (Coloman).
PRO F.D.F. Fabrikation Deutscher Filme GmbH, Berlin; für Ufa / ACE. **HEL** Alfred Zeisler. **SUP** Raoul Ploquin. **PRL** Hans von Wolzogen. **DRZ** ab Juli 1935 (Atelier). **DRO** Ufa-Atelier Neubabelsberg; **AA** Berlin, Budapest, Zirkus Busch. **LNG** 96 min.
Die junge Rosika ist ihrem Stiefvater entflohen. Durch den Clown Rux vermittelt, kann sie in einem Zirkus arbeiten, dessen Direktor Cherubini sich in sie verliebt. Rosikas Gefühle jedoch gelten dem Stallburschen Geza. Cherubini entläßt Rosika und Rux. In Budapest jedoch können die beiden ihre Revue ›Leichte Kavallerie‹ herausbringen.

1935. Der junge Graf.
REG Carl Lamac. **RAS** Herbert Grünewald. **AUT** Dinah Nelken, Hans H. Zerlett. **KAM** Otto Heller, Otto Martini. **BAU** Erich Zander, Willy Depenau. **SCH** Ella Ensink. **TON** Carlheinz Becker. **MUS** Leo Leux. **LT** Hans H. Zerlett. **MT** ›Für jeden kommt doch einmal das Erlebnis...‹, ›Ich warte, ich warte...‹.
DAR Anny Ondra (Billy), Hans Söhnker (Sportlehrer Flint), Fritz Odemar (Diener Josua), Hans Junkermann (Graf Prießnitz), Jakob Tiedtke (Notar), Karl Platen (Prof. Dodereit), Irmgard Nowak (Marianne Dodereit), Paul Heidemann (Billys Vater), Josef Reithofer (Hotelportier), Lilian Bergo, Walter von Allwörden, Ernst Behmer, Erwin Biegel (Empfangschef), Carl Christian Jönsson (Jäger), Paul Rehkopf, Peter Lau (Gärtner).
PRO Ondra-Lamac-Film GmbH, Berlin; für Ufa. **HEL** Alfred Zeisler. **PRL** Robert Leistenschneider. **DRZ** August 1935. **DRO** Ufa-Atelier Berlin-Tempelhof. **LNG** 2486 m, 91 min. **ZEN** 12.10.1935, Jv. **URA** 16.11.1935, Hamburg (Ufa-Palast); 9.12.1935, Berlin (U.T. Kurfürstendamm, U.T. Friedrichstraße).

Billy hat eines Tages das Zirkus-Wanderleben satt. Sie erinnert sich an ihren Großvater, der einst den eigenen Sohn verstieß, weil dieser mit einer Kunstreiterin davonlief. Sie wird vom Opa eingeladen, der aber erwartet einen Stammhalter.

1935. Einer zuviel an Bord.
REG Gerhard Lamprecht. **RAS** Milo Harbich. **AUT** Fred Andreas, Philipp Lothar Mayring, Kurt Heuser; nach dem Roman von Fred Andreas. **KAM** Robert Baberske. **BAU** Hans Sohnle, Otto Erdmann. **SCH** Milo Harbich. **TON** Fritz Seidel. **MUS** Werner Bochmann.
DAR Lida Baarova (Gerda Hegert), Albrecht Schoenhals (Kapitän von Moltmann), Willy Birgel (Staatsanwalt Dr. Burger), René Deltgen (1. Offizier Rohlfs), Alexander Golling (Kommissar Sörensen), Rudolf Platte (Wresky), Jupp Hussels (Steward Lüdecke), Alexander Engel (Ingenieur Sparkuhl), Ernst Karchow (Konsul Schelff), Annemarie Steinsieck (Frau Schelff), Hans Kettler (2. Offizier Mehlhorn), Karl Dannemann (3. Offizier Ackermann), Ernst Legal (Kriminalwachtmeister), Grethe Weiser (Lou Schmidt), Rudolf Biebrach, Friedrich Ettel, Karin Lüsebrink, Edgar Nollet, Walter Schramm-Dunker, Theo Thony, Hugo Werner-Kahle, Martha Ziegler.
PRO Ufa. Herstellungsgruppe: Duday. **HEL** Bruno Duday. **PRL** Erich Holder. **AUL** Ernst Körner. **DRZ** ab Juni 1935. **DRO** Ufa-Atelier Neubabelsberg. **LNG** 2321 m, 85 min. **ZEN** 17.10.1935, Jv. **URA** 31.10.1935, Berlin (Gloria-Palast).
Französische Version:
1935. Un homme de trop à bord.
REG Gerhard Lamprecht, Roger Le Bon. **AUT** Fred Andreas, Philipp Lothar Mayring, Kurt Heuser; nach dem Roman ›Einer zuviel an Bord‹ von Fred Andreas. **DIA** Georges Neveux. **KAM** Robert Baberske. **BAU** Hans Sohnle, Otto Erdmann. **MUS** Werner Bochmann.
DAR Annie Ducaux (Suzanne Egert), Suzanne Dantès (Frau Shelf), Nicole de Rouve (Lou), Rosa Hay, Georgette Lamoureux, Thommy Bourdelle (Werner), Jacques Dumesnil (Clay), Roger Karl (Petersen), Jean Toulout (Muller), Fred Pasquali (Wresky), Auguste Bovério (Spontini), Henri Bonvallet (Konsul Shelf), Bill-Bocketts, José Sergy, Abel Tarride, Edmond Beauchamp, Didier Rozaffy.
PRO Ufa / ACE. **HEL** Bruno Duday. **SUP** Raoul Ploquin. **PRL** Erich Holder. **DRZ** ab Juni 1935. **DRO** Ufa-Atelier Neubabelsberg. **LNG** 80 min.
Rohlfs, 1. Offizier auf dem Dampfer ›Ceder‹, entdeckt zu seinem Entsetzen ein Foto seiner Braut Gerda in der Kapitänskajüte. Als wenig später Kapitän Moltmann spurlos verschwindet, gerät Rohlfs unter Mordverdacht. Staatsanwalt Dr. Burger leitet die Ermittlungen und stößt dabei auch auf den Schiffsingenieur Sparkuhl.

1935. Der rote Faden.
REG Karl Hans Leiter. **KAM** Karl Hasselmann. **BAU** Carl Ludwig Kirmse. **TON** Bruno Suckau. **MUS** Lothar Brühne.
DAR Baby Gray, Hugo Schrader, Ernst Waldow, Fritz Lafontaine, Wilhelm Egger-Sell.
PRO Ufa. **PRL** Peter Paul Brauer. **LNG** 280 m, 10 min. **ZEN** 12.11.1935, B.40607, Jf.
– Kurzspielfilm.

1935. Der Klosterjäger.
REG Max Obal. **KO** Peter Ostermayr. **AUT** Peter Francke; nach dem Roman von Ludwig Ganghofer. **KAM** Karl Attenberger. **BAU** Carl Ludwig Kirmse, Hanns H. Kuhnert. **SCH** Helene Burseck. **TON** Walter Rühland. **MUS** Marc Roland. **LT** Peter Francke. **MT** ›Tausend bunte Blümelein‹.
DAR Paul Richter (Klosterjäger Haymo), Charlotte Radspieler (Gittli), Erna Fentsch (Zenza), Olga Schaub (Josepha), Friedrich Ulmer (Probst Heinrich von Inzing), Hermann Ehrhardt (Lehnsbauer Wolfrat), Viktor Gehring (Dietwald von Falkenau), Joseph Eichheim (Klostervogt Schluttemann), Hansi Thomas (Schreiberlehrling Walti), Willy Rösner (Eggebauer), Charlotte Diehl, R. Hofmeister, Magda Lena, Franz Lichtenauer, Karin Lüsebrink, Franz Weilhammer.
PRO Tonlicht Film GmbH, Berlin; für Ufa. **PRT** Peter Ostermayr. **HEL** Ernst Krüger, Hans Herbert Ulrich. **AUL** Günther Grau. **DRZ** ab August 1935 (Atelier). **DRO** Ufa-Atelier Neubabelsberg; **AA** Berchtesgaden und Umgebung. **LNG** 2496 m, 91 min. **ZEN** 13.11.1935, Jf. **URA** 18.11.1935, Berlin (U.T. Kurfürstendamm, U.T. Friedrichstraße).
Armer Klosterjäger wirbt um die Tochter des Lehnsherrn. Doch zwei Frauen, Gittli und Zenza, hängen ihm an.

1935. Die Geige lockt.
REG Peter Paul Brauer. **KAM** Konstantin (Irmen-)Tschet. **BAU** Carl Ludwig Kirmse. **TON** Bruno Suckau. **MUS** Lothar Brühne.
DAR Georges Boulanger, Kurt von Ruffin, Reva Holsey, Lissy Arna, Fritz Lafontaine, Peter Frank Höfer, Erwin Mosblech, Ursula Schummert, Gertraude Listmann, Peter Michael, Ernst Munk, Ilse Pütz, W. Klug, Kurt Baumann-Grandeit.
PRO Ufa. **PRL** Peter Paul Brauer. **LNG** 460 m, 17 min. **ZEN** 13.11.1935, B.40634, Jf.
– Kurzspielfilm.

1935. Stützen der Gesellschaft.
REG Detlef Sierck. AUT Georg C. Klaren, Peter Gillmann; nach dem Bühnenstück ›Samfundets stötter‹ von Henrik Ibsen. KAM Carl Drews. BAU Otto Gülstorff, Hans Minzloff. SCH Friedel Buckow. TON Carlheinz Becker. MUS, ML Franz R. Friedl.
DAR Heinrich George (Konsul Bernick), Albrecht Schoenhals (Johannes Tönnessen), Suse Graf (Dina Dorf), Maria Krahn (Betty Bernick), Oskar Sima (Prokurist Krapp), Karl Dannemann (Werkmeister Aune), Hansjoachim Büttner (Redakteur Hammer), Siegfried Horst Teetzmann (Olaf Bernick), Walter Süssenguth (Zirkusdirektor Urbini), Paul Beckers (Clown Hansen), S. O. Schoening (Herr Sandstadt), Franz Weber (Herr Vigeland), Maria Hofen (Frau Sandstadt), Gerti Ober (Thora Sandstadt), Toni Tetzlaff (Frau Vigeland).
PRO R. N.-Filmproduktion GmbH, Berlin; für Ufa.
PRT Robert Neppach. HEL Ernst Krüger, Hans Herbert Ulrich. PRL Fred Lyssa. AUL Karl Gillmore, Karl Pawel.
DRZ Mitte September - Anfang Oktober 1935. DRO Ufa-Atelier Berlin-Tempelhof, Ufa-Atelier Neubabelsberg (Stapellauf); AA Hamburg, Bornholm. LNG 2290 m, 84 min. ZEN 11.12.1935, Jv. URA 21.12.1935, Berlin (U.T. Kurfürstendamm, U.T. Friedrichstraße).
– See-Sequenzen unter Verwendung von Szenen aus ›Man of Aran‹, R: Robert Flaherty, 1934 GB.
– Prädikat: Künstlerisch wertvoll.

Konsul Bernick gehört zu den Stützen der Gesellschaft einer norwegischen Hafenstadt. Doch seine Vergangenheit ist finster. Er hat eine Vergewaltigung und eine Unterschlagung auf seinen Schwager Tönnessen abgewälzt, der ausgewandert war und bei seiner Rückkehr Rechenschaft fordert. Um die Vergangenheit auszulöschen, bringt Bernick ihn dazu, nach Amerika zurückzukehren – auf einem seeuntüchtigen Schiff, das auch Bernicks Sohn als blinder Passagier benutzt.

1935. Liebeslied.
REG Fritz Peter Buch, Herbert B. Fredersdorf. AUT Walter Eplinius, Fritz Peter Buch. KAM Günther Rittau, Otto Baecker. BAU Max Mellin, Franz Koehn. KOS Wolfgang Langelott, Carl Seffers. SCH Oswald Hafenrichter.
TON Hermann Fritzsching. MUS, ML Hans-Otto Borgmann; nach Motiven von Puccini, Verdi, Giordana. LT Hans Fritz Beckmann, Bruno Balz. MT ›Königin der Liebe‹, ›Aus Liebe zu dir will Troubadur sterben‹. GES Alessandro Ziliani, Maria Meissner. CHO Heinz Lingen.
DAR Alessandro Ziliani (Mario Cavallini), Carola Höhn (Jeanette), Fita Benkhoff (Angelina), Rudolf Platte (César, Sekretär), Paul Hörbiger (Pierre), Maria Meissner (Hélène), Otto Sauter-Sarto (Maurice), Horst Birr (André), Hilde Sessak, Kurt Lucas, Walter von Allwörden, Kurt Seifert, Erich Dunskus, Werner Kepich, Anton Pointner, Josef Reithofer, Hermann Mayer-Falkow.
PRO Ufa. Herstellungsgruppe: Max Pfeiffer. HEL Max Pfeiffer. AUL Alexander Desnitzky. DRZ ab 23.9.1935.
DRO Ufa-Atelier Neubabelsberg. LNG 2379 m, 87 min. ZEN 12.12.1935, Jf. URA 16.12.1935, Hamburg (Ufa-Palast); 20.12.1935, Berlin (Ufa-Palast am Zoo).
Die Oper in der Welt des berühmten Tenors Mario, bis er sich in die Provinzsängerin Jeanette verliebt und ihr an ein Schmierentheater folgt. Sein Rivale dort wird Pierre, der ›Bajazzo‹ der Truppe, der ebenfalls Jeanette zu gewinnen versucht, aber schließlich einsieht, daß er verzichten muß.

1935. Der höhere Befehl.
REG Gerhard Lamprecht. RAS Erich Kobler. AUT Philipp Lothar Mayring, Kurt Kluge, Karl Lerbs. KAM Robert Baberske. BAU Hans Sohnle, Otto Erdmann. SCH Milo Harbich. TON Fritz Seidel. MUS Werner Eisbrenner.
DAR Lil Dagover (Madame Martin), Heli Finkenzeller (Käte Traß), Karl Ludwig Diehl (Rittmeister von Droste), Karl Dannemann (Bursche Wenzel), Hans Leibelt (Bürgermeister Stappenbeck), Aribert Wäscher (Advokat Menecke), Gertrud de Lalsky (Majorin Traß), Hans Mierendorff (Earl of Beckhurst), Siegfried Schürenberg (Lord Beckhurst), Walter Schramm-Duncker (Kutscher Florian), Friedrich Kayßler

Wir machen in Musik

Die Ufa-Musikverlage

Die Hauszeitschrift der Ufa-Musikverlage

Direktor Lehmann, zurück aus Wien, faßt noch einmal zusammen: »Es besteht Einigkeit darüber, daß wir einmal für möglichst billige Beschaffung der Tonfilmrechte an moderner Musik und ferner für eine möglichst gute verlegerische Auswertung der für uns komponierten Originalmusik auch außerhalb der eigentlichen Tonfilmverwertung sorgen müssen.«

In der Donaumetropole hat Paul Lehmann mit den marktbeherrschenden Musikverlagen Wiener Boheme und Alrobi verhandelt. »Für die Überlassung der Tonfilmrechte an Musikstücken aus den Beständen der beiden Verlage sollen wir – aber nur nach Maßgabe der wirklich verwandten Musik – 2 RM pro geschnittenen Negativ-Meter Spielfilm, 0,60 RM pro Meter Kulturfilm und 1 RM pro Meter Grotesken zahlen.« (10.7.1929) Aber das Feilschen um Preise und Rabatte steht diesmal im Hintergrund, Lehmanns Mission gilt größeren Perspektiven: Für ihre Filme läßt die Ufa Originalmusik komponieren, und diese Titel könnten auch außerhalb des Kinos ausgewertet werden. Dazu soll die Ufaton GmbH gegründet werden: Der Filmkonzern bringt seine Rechte ein (und sein Markenzeichen gegen 10.000 RM), das Kapital kommt von den beiden Musikverlagen. Am Erlös partizipieren die drei Partner zu gleichen Teilen; die Ufa hat das Recht, einen der beiden Geschäftsführer zu bestellen. »Dieser Plan findet grundsätzliche Billigung. Herr Lehmann wird ermächtigt, die Angelegenheit bestens zu ordnen.«

Und die Geschäfte laufen bestens: Die Ufa braucht Schlager nicht anzukaufen, sondern produziert sie selbst. Gleich die ersten Tonfilme bieten eine reiche Ausbeute: »Ich bin die fesche Lola« verkündet Marlene, »Ein Freund, ein guter Freund« schmettert das Trio Rühmann/Fritsch/Karlweis, »Das gibt's nur einmal« jubiliert Lilian Harvey. Natürlich gibt es alles bald auf Schallplatte, aber noch ist der Notenverkauf wichtiger als der Plattenumsatz – das Album zu DIE DREI VON DEN TANKSTELLE erreicht im ersten Jahr nach dem Kinostart die Auflage 75.000 Exemplare, von LIEBESWALZER gehen 30.000 Stück weg. Für die Hausmusik gibt es den Klavierauszug; geschäftlich interessant sind vor allem die Ausgaben für Salon-Orchester.

Nach zwei Jahren drängt die Ufa darauf, die Gewinnverteilung der Ufaton zu ändern: zu ihrem Gunsten, versteht sich. Der Filmkonzern sieht sich in der Rolle des allein gebenden Teils, während die Leistungen der beiden Partner immer weiter zurückgehen. Aber freiwillig geben die Musikverleger nichts von ihrem Profit ab – für die

"Verklungene Melodie" — Ufaleih

Abtretung weiterer Geschäftsanteile verlangen sie eine halbe Million Reichsmark. Die Situation ist verfahren, die Ufa machtlos: Der Vertrag läuft noch bis 1934.

Da signalisiert Otto Hein, der Inhaber des Wiener Boheme-Verlags: Er sei bereit zu verkaufen. Bedingung: Er muß als Angestellter Leiter des Musikverlags bleiben. In der Krausenstraße wird gerechnet, doch noch wichtiger sind die strategisch-taktischen Überlegungen: Erstens bindet der Musikverlag die Komponisten an die Ufa, die ihrerseits unabhängig wird von fremden Rechteinhabern. Zweitens bedeutet die Verbreitung der Musik die beste Werbung für den Film. Drittens bringt die außerfilmische Verwertung der Musikrechte der Ufa zusätzliche Einnahmen. Der dem Vorstand vorliegende Bericht listet sämtliche Auswertungsmöglichkeiten auf: Notenverkauf, Aufführungsrechte (bei Konzerten, auch im Rundfunk, bei Operetten, Bühnenaufführungen), mechanische Rechte (bei Schallplatten), Lizenzverkäufe (bei Abdrukken z.B. in Sammelalben anderer Verlage) und Auslandsrechte. In der letztjährigen Bilanz von Ufaton wird ein Reingewinn von 48.000 RM ausgewiesen; der reale Gewinn, unter verschiedenen Posten versteckt, liegt bei rund 120.000 RM. Nun dazu der Wiener Boheme-Verlag mit seinem 1000-Titel-Katalog, darunter kassenträchtige Schlager und Schnulzen, unverwüstliche Evergreens: von »Ausgerechnet Bananen« bis »Veronika, der Lenz ist da«, von »Ich hab' mein Herz in Heidelberg verloren« bis »Was machst du mit dem Knie«. Die Notenalben solcher Ohrwürmer erreichen Traumauflagen – allein »Halloh, du süße Klingelfee« von Robert Stolz wird 800.000mal verkauft.

Die Entscheidung fällt leicht: Die Ufa kauft den Wiener Boheme-Verlag und gewinnt damit automatisch auch die Zweidrittelmehrheit an der Ufaton GmbH. Wien wird zur Filiale degradiert; der Hauptsitz der Firma befindet sich im berliner Ufa-Haus: Krausenstraße 38/39 residiert die Verwaltung, Krausenstraße 40 wird ein Musikalienladen eröffnet. Außerdem schlägt man neue Vertriebswege ein: »Durch den Ufa-Notendienst, der eine direkte Verbindung zwischen dem Verlag und den Kapellmeistern – ohne Mithilfe des Handels – darstellt, werden rund 1000 Unterhaltungs- und Tanzorchester erfaßt, so daß die Aufführung aller Ufaton-Werke in den Musikgaststätten bis zu einem gewissen Grade gewährleistet ist.«

Denn der Tonfilm erweist sich als Quelle neuer Tanzschlager. Die Melodien schlagen ein; »Ufa-Tonbomben« nennt sich ein weit verbreitetes Potpourri, eine Zusammenstellung aus »Zwei Jahren Ufatonfilm«. Die Unterhaltungskultur jener Jahre ist noch nicht eingeengt auf die ständige technische Musikreproduktion, fast alle Lokale bieten Live-Musik: von der kleinstädtischen Tanzdiele mit dem Klavier-, Geige-, Schlagzeugtrio bis hin zum goldbelegten, heb- und senkbaren Luxusparkett der weltstädtischen Tanzpaläste mit ihren hochkarätig besetzten – darunter namhafte anglo-amerikanische Jazzer – internationalen Orchestern. Gerade hier setzen die (seinerzeit berüchtigten) Noten-Propagandisten der Musikverlage an, nicht zuletzt wegen der Rundfunk-Direktübertragungen aus jenen Hotels, Dachgärten und Ballsälen mit abendlicher Tanzmusik. Und was bringt mehr Popularität für ein Notenwerk, als daß es eine prominente Band spielt und via Äther-Wellen die Masse der Radiohörer erreicht?! Freilich wird die Schallplatte in die Verwertungszirkulation mit eingeschlossen. Die Notenalben werden zwar in Bearbeitungen für diverse Besetzungen publiziert, aber die bekannten Tanzkapellmeister präsentieren ihre eigenen Arrangements. Dank eines Schallplattenvertrags versorgen diese Leader ihre jeweilige Exklusivfirma mit den jeweils aktuellen Kinoschlagern. So spielt Oskar Joost mit seinem Orchester (vom Eden-Hotel Berlin) die »Ufa-Tonbomben« für *Kristall* ein, für

(General), Eduard von Winterstein (Major), Günther Ballier (Premierleutnant von Bodenheim), Heinz Köneke (Leutnant Eckartsberg), Friedrichfranz Stampe (Wachtmeister Krim), Gertrud Wolle (Frau Barth), Walter von Allwörden, Wolfram Anschütz, Ernst Behmer, Johannes Bergfeld (Bürger aus Perleberg), Rudolf Biebrach, Tony Bonsch, Barbara Boot, Volker von Collande (Student), Gerhard Dammann, Otti Dietze, Robert Forsch (Apotheker Riggert), Karl Hannemann (Holzhändler), Heinz Klockow, Kurt Kramer, Leopold von Ledebur (alter Major von Blankensee), Theodor Loos, Hermann Mayer-Falckow, Willy Meyer-Sandten, Arne Molander, Josef Münch-Harris, Harry Nelson-Kleinschmidt, Werner Pledath, Claire Reigbert, Berthold Reißig, Lotte Rokoll, Ernst Rückert, Paul Salzmann, Armin Süssenguth. PRO Ufa. Herstellungsgruppe: Bruno Duday. HEL Bruno Duday. PRL Erich Holder. AUL Ernst Körner. DRZ Anfang Oktober - Mitte November 1935. DRO Ufa-Atelier Neubabelsberg. AA Ferch an Schwielowsee, Freigelände Neubabelsberg. LNG 2593 m, 95 min. ZEN 13.12.1935, Jf. URA 30.12.1935, Berlin (Ufa-Palast am Zoo).
– AT: Auf höheren Befehl. – Prädikat: Staatspolitisch und künstlerisch besonders wertvoll.
Der preußische Rittmeister von Droste, Stadtkommandant von Perleberg, hilft dem britischen Gesandten in Österreich, Lord Beckhurst, inkognito nach London zu gelangen und das europäische Bündnis gegen Napoleon zustande zu bringen.

1935. Schwarze Rosen.
REG Paul Martin. AUT Curt J. Braun, Walter Supper, Paul Martin. KAM Fritz Arno Wagner. BAU Erich Kettelhut, Max Mellin. SCH Johanna Schmidt. TON Fritz Thiery. MUS Kurt Schröder; unter Verwendung von Kompositionen von Jean Sibelius und Poncielli. LT Heinrich Anacker. MT ›Schwarze Rosen‹. CHO Jens Keith.
DAR Lilian Harvey (Marina Feodorowna), Willy Fritsch (Erkki Collin), Willy Birgel (Gouverneur), Gerhard Bienert (Niklander), Gertrud Wolle (Wirtschafterin), Ilse Trautschold, Hermann Frick, Walter von Allwörden, Valentin /= Valy/ Arnheim, Fred (Selva-)Goebel, Franz Klebusch, Hans Meyer-Hanno, Klaus Pohl, Kurt von Ruffin (Adjutant), Ewald Wenck, Heinz Wemper (Kosak), Jac Diehl.
PRO Ufa. Herstellungsgruppe: Max Pfeiffer. HEL, PRL Max Pfeiffer. AUL Dietrich von Theobald. DRZ 23.8. - Mitte November 1935. DRO Ufa-Atelier Neubabelsberg. AA Hamburg. LNG 2576 m, 94 min. ZEN 17.12.1935, B. 40991, Jf, 14. URA 23.12.1935, Berlin (Gloria-Palast).
– Prädikat: Künstlerisch wertvoll.
Französische Version:
1935/36. Roses noires.
REG Paul Martin, Jean Boyer. AUT Curt J. Braun, Walter Supper, Paul Martin. DIA Jean Boyer. KAM Fritz Arno Wagner. BAU Erich Kettelhut, Max Mellin. SCH Johanna Schmidt. MUS Kurt Schröder; unter Verwendung von Melodien von Jean Sibelius und Poncielli.
DAR Lilian Harvey (Tatiana Petrovna), Jean Galland (Alexis Collin), Jean Worms (Fürst Abarow), Ernest Ferny (Niclander), André Nicolle (Oberst), Paul Escoffier (alter Fischer), Marguerite Templey (Gouvernante Douniacha), Ginette Leclerc (Dienstmädchen), Edmond Beauchamp, Bill-Bocketts, Jean-Henri Chambois, Didier Rozaffy, Charles Redgie, Victor Vina, Marcel Vidal.
PRO Ufa / ACE. HEL Max Pfeiffer. SUP Raoul Ploquin. DRZ Ende August - Mitte November 1935. DRO Ufa-Atelier Neubabelsberg. AA Hamburg. LNG 100 min.
URA 21.1.1936, Paris (Marignan).
Englische Version:
1935/37. Did I Betray? / Black Roses.
REG Paul Martin. AUT Curt Johannes Braun, Walter Supper, Paul Martin. AD John Heygate, Peter MacFarlane. KAM Fritz Arno Wagner. BAU Erich Kettelhut, Max Mellin. MUS Kurt Schröder; unter Verwendung von Melodien von Jean Sibelius und Poncielli. CHO Jens Keith.
DAR Lilian Harvey (Tania Fedorovna), Esmond Knight (Pavo Collin), Robert Rendel (Prince Avarov), Dennis Hoey (Niklander), Amy Veness (Annushka), Henry Wolston (Polizeichef), Beatrice Munro (Dienstmädchen).
PRO Ufa. PRT Paul Martin. HEL Max Pfeiffer. DRZ Ende August - Mitte November 1935. DRO Ufa-Atelier Neubabelsberg. AA Hamburg. LNG 2167 m, 79 min.
URA 21.4.1937, London (Trade Show).
Zur Zeit des finnischen Widerstands gegen Rußland: Die berühmte Tänzerin Marina Feodorowna verliebt sich in den jungen Rebellen Collin und verhilft ihm vor den russischen Häschern. Der Gouverneur, in Marina verliebt und sie täglich mit einem Strauß schwarzer Rosen verehrend, entdeckt die beiden. Collins Plan, den Gouverneur und seine Offiziere in der Oper festzusetzen, scheitert durch eine gutgemeinte Indiskretion Marinas. Zu Notlügen gegenüber allen gezwungen, geht sie in den Tod.

Odeon besorgt dies Dajos Béla, und *Electrola* präsentiert dieselben Titel mit Marek Weber.

Das Potpourri reicht von »Liebling, mein Herz läßt Dich grüßen« und »Das ist die Liebe der Matrosen« bis zu »Du bist das süßeste Mädel der Welt« und »Ich bin von Kopf bis Fuß auf Liebe eingestellt«. Von der letzten Nummer, einem Hollaender-Titel, abgesehen, entfallen die Treffer der Ufa in diesen glänzenden Anfangsjahren allesamt auf Werner Richard Heymann. Er kommt vom Kabarett und hat bereits zu Stummfilm-Zeiten für die Ufa Partituren geschrieben. Zu DIE DREI VON DER TANKSTELLE, DER KONGRESS TANZT und BOMBEN AUF MONTE CARLO bindet er jeweils einen ganzen Kranz bis heute immergrüner Melodien. Doch für den ebenso kreativen wie produktiven Erfolgskomponisten ist im nationalsozialistischen Deutschland kein Platz: Heymann ist Jude und geht nach Hitlers Machtergreifung in die Emigration.

Die Bilanz 1933/34 sieht düster aus, und die Buchhalter verheimlichen nicht die Gründe: »Die Ufa-Produktion der beiden letzten Jahre war verhältnismäßig arm an zugkräftigen Schlagern«, dazu kommt »im Zuge der politischen Umwälzung wurden fast alle Komponisten nicht mehr aufgeführt«. Trotzdem: Das Autorenkonto Robert Liebmann weist immer noch einen höheren Stand aus als das von Hans Otto Borgmann, und das Notenalbum DER KONGRESS TANZT, im November 1934 nachgedruckt, hat inzwischen eine Auflage von 82.000 Exemplaren, während »Unsere Fahne flattert uns voran« aus HITLERJUNGE QUEX bei 27.000 Exemplaren stagniert.

Im darauffolgenden Jahr ist zwar wieder ein größerer Gewinn zu verzeichnen, doch ist er weniger auf eine Umsatz-Steigerung als auf die rigide Ausgaben-Beschränkung zurückzuführen. Der Notenverkauf, speziell der Klavier-Ausgaben von Einzelnummern, ist weiter stark zurückgegangen. Die Gründe, so der Revisionsbericht, seien allgemeiner Natur: »Es sind dies hauptsächlich anderweitige Beanspruchung der deutschen Jugend und die Konkurrenz des Radios.«

Die Ufaton intensiviert die Mittel ihrer Verlagspropaganda. Notenabonnements werden gezielt in der Sphäre der Gaststätten- und Unterhaltungsmusik angeboten. Man wirbt mit Cover-Photos von zugkräftigen Bands des Tages (die wie Egon Kaiser gelegentlich für die Ufa-Synchronisation arbeiten) und natürlich mit populären Filmstars. Der Ufaton-Verlag preist sich als Garant und Berater aktueller Repertoire-Gestaltung. Dennoch: Die Tobis mit ihrer Beboton Verlags-GmbH bleibt sehr erfolgreich am Markt; sie hat treffliche Fox-Tango-Rumba-Melodien (von Leo Leux, Harald Böhmelt und zeitweise Theo Mackeben) zu bieten. Ferner landen – auch ohne Tonfilm – diverse Einzelverleger sowie Komponisten mit eigenem Verlag (z.B. Edition Meisel, Willi Kollo, Albert Bennefeld) Hits fürs Tanzparkett. Die Ufa hat ihre marktbeherrschende Stellung der ersten Jahre verloren. Die Sonderausgabe »Standard-Schlager 1936-38« der beliebten *Monopol-Liederbücher* enthält 54 Melodien, davon sind nur 16 vom Wiener Boheme/Ufaton-Verlag.

Als wirkungsvolle Werbemaßnahme erweisen sich die »Ufaton-Schlagerabende«, die zu einer volkstümlichen Institution in den Konzertcafés werden. Motto: »Wettraten – Wettdichten – Überraschungen, Preisverleihung und Tanz«. Es wird kräftig auf die Pauke gehauen, und gelegentlich schickt die Ufa die Filmkomponisten selbst auf Podium, um Renommée und Umsatz der Verlagsprodukte zu steigern.

Verlorener Boden wird zurückgewonnen, der Einbruch durch den Verlust der jüdischen Komponisten langsam wieder ausgeglichen durch neue Talente. Die Tonfilm-Komponisten der zweiten Generation kennen die Avantgarde der späten 20er und frühen 30er Jahre und behalten ihre Vorliebe für das jeweils neueste Jazz-Idiom aus den USA bei. Theo Mackeben, Franz Grothe und Peter Igelhoff stehen darin Peter Kreuder nicht nach. Durch sie überträgt sich in den Zeiten von Rüstungskonjunktur, gestiegenem Lebensstandard und Swingboom eine neue einfallsreiche Musik-Handschrift auf die Ufa-Leinwand.

Allein, die politische Widersprüchlichkeit eines ideologisch ausgerichteten Systems macht auch vor den Randzonen der Kultur nicht halt. Dafür ein Beispiel. »Bravo! Bravo! Was die Amerikaner können, können wir auch!« Der *Film-Kurier* ist von dem Film GLÜCKSKINDER begeistert und schließt in sein Lob auch »die schmissige Jazz-Musik« von Peter Kreuder ein (19.9. 1936). Auch der Rezensent der *Lichtbild-Bühne* vom selben Tag hebt die Musik hervor, »die man am besten mit dem Wort ›Internationale Beschwingtheit‹ kennzeichnet«. Über den »lustigen Blödsinn« kann *Das Schwarze Korps* gar nicht lachen: »Man rede uns doch nicht ein, daß ein Schlager, der den ergreifenden Wunsch ausdrückt: ›Ich wollt', ich wär' ein Huhn, ich hätt' nicht viel zu tun‹, auch nur einen Funken besser und geistreicher wäre als der oft beschworene Käse, den in grauer Vorzeit irgendein geschäftstüchtiger Jazzer zum Schlesischen Bahnhof gerollt hat. Nein, diese Art von Kunstprodukten hat eine verzweifelte Ähnlichkeit mit den Gebärden gewisser Firmen, die zwar laut in die Welt schreien, daß sie jetzt ›arisch‹ wären, ihre jüdischen Methoden aber beibehalten.« (26.11.1936)

Es ist ein verbreitetes Vorurteil, daß der Film in diesen Jahren Schauspieler zu Schallplattenstars gemacht hätte. Zarah Leander ist die große Ausnahme: Ihre herbwarme Altstimme kreiert einen neuen Gesangsstil, ja eine Mode. (Eine ganze Generation von ›Girl-Singers‹ in den deutschen Bigbands der 30er und 40er Jahre wird von ihr beeinflußt.) In der Regel aber gibt das Massenpublikum der Tanzplatte mit Neuarrangements den Vorzug vor dem originalen Film-Soundtrack: Singende Filmschauspieler werden eher der Kleinkunst zugerechnet. Der brüchige Sprechgesang eines Hans

Albers hat im Film seine Funktion; zuhaus legt man lieber eine schmissigere Version auf den Plattenteller.

An einer Paradenummer des deutschen Tonfilms sei dies exemplifiziert: »Jawohl, meine Herr'n!«, der Foxtrott aus DER MANN, DER SHERLOCK HOLMES WAR, im Film gesungen von dem Duo Rühmann/Albers, begleitet von dem Odeon-Orchester unter Hans Sommer. Bevor die Original-Aufnahme im August 1937 in den Handel kommt, liegen bereits vier Versionen in den Plattenläden aus: Einspielungen mit den Orchestern Max Rumpf auf *Kristall,* Walter Raatzke *(Tempo),* Erhard Bauschke *(Grammophon)* und Die Goldene Sieben *(Electrola).* Verglichen mit dem schlicht-eleganten Arrangement der Film-Aufnahme wirkt die Instrumental-Fassung der Goldenen Sieben ausgefeilt-raffiniert: Man experimentiert mit anglo-amerikanischen Klangfarben, vom strikten 4/4-Beat des Swingschlagzeugs von Star-Drummer Waldi Luczkowski unterlegt. Aus dem trocken-heißen Präzisions-Blechsatz sticht ein phantasievoller, blitzender Hotchorus des Trompeters Kurt Hohenberger hervor, und die Klarinetten-Phrasen, die synkopierend auf den Schlußtakten reiten, erinnern an Vorbilder vom Range eines Sid Phillips. Wobei nicht gesagt werden soll, daß nicht auch die musikalisch simplere Version mit Rühmann/Albers ihren spezifischen Charme hat.

Und noch heute setzt sich das Spiel fort, kommen die alten Ufa-Knüller in immer neuen Interpretationen auf den Markt. Achim Reichel, Joachim Witt und Ulrich Tukor schmettern »Ein Freund, ein guter Freund«; Heinz Rudolf Kunze bestätigt: »Jawohl, meine Herr'n!«; Nina Hagen verkündet: »Ich weiß, es wird einmal ein Wunder geschehen« (und The Feetwarmers machen daraus einen 4/4-Dixie). »Ganz dahinten, wo der Leuchtturm steht«, der Albers-Song aus F.P.1 ANTWORTET NICHT, hat Sangesbrüder wie Freddy Quinn und Karl Dall gereizt. »Wenn es Frühling wird«, das ungarische Lied aus KORA TERRY: Die Instrumental-Version von Stan Getz läßt Marika Rökk vergessen. Doris Day und Sammy Davis jr., die Beatles und Billy Holliday haben »Falling in Love Again« aus THE BLUE ANGEL aufgenommen. Oder der AMPHITRYON-Walzer: das Bayerische Symphonie-Orchester und das Stabsmusikkorps der Bundeswehr. »Das ist die Liebe der Matrosen«: Peter Alexander oder Eddie Constantine, reine Geschmackssache. Wie auch immer: Die Tantiemen fließen, die Kasse klingelt. Inzwischen bei Bertelsmann, denn Ufaton und Wiener Boheme Verlag sind heute ein Teil des gütersloher Medienmultis.

Marko Paysan / Michael Töteberg

**Sechs goldene Ufa-Hände
Die Erfolgs-Komponisten Franz Grothe, Theo Mackeben und Peter Kreuder proben am 25.4.1936 im Musikhaus Rehbock für einen Auftritt beim Fest der Reichsfachschaft Bühne**

**Musik-Vermarktung in allen Medien:
als Bildpostkarte und im Illustrierten Film-Kurier**

1935. Die Gesangstunde.
REG Peter Paul Brauer. AUT Rudo Ritter. KAM Willy Winterstein.
DAR Adele Sandrock, Fritz Scoot, Thea Fischer.
PRO Ufa. PRL Peter Paul Brauer. LNG 399 m, 14 min.
ZEN 19.12.1935, B.41016, Jf.
– Kurzspielfilm.

1935. Schnitzel fliegt.
REG Eduard von Borsody. AUT Fritz Reim, Eduard von Borsody. KAM Willy Winterstein. BAU Hanns H. Kuhnert.
MUS Lothar Brühne.
DAR Ernst Waldow, Herti Kirchner, S. O. Schoening, Jac Diehl.
PRO Ufa. PRL Peter Paul Brauer. LNG 400 m, 14 min.
ZEN 19.2.1935, B.41017, Jv.
– Kurzspielfilm.

1936. La souris bleue. (Die blaue Maus).
REG Pierre-Jean Ducis. AUT René Pujol.
DAR Henri Garat (René Baron), Jeanne Aubert (Nénette), Mireille Perrey (Mme. Rigaud), Monique Rolland (Yvonne), Félix Oudart (M. Leboedier), Stéphane Pizella (Matieu), Charles Fallot (M. Martin), Betty Rowe (Miss Petitfair), Yvonne Hébert, Robert Arnoux (Rigaud), Marcelle Praince (Mme. Leboudier), Roberta, Bill-Bocketts.
PRO Ufa / ACE. SUP Raoul Ploquin. PRL Pierre /= Peter Paul/ Brauer. DRZ ab August 1936. DRO Ufa-Atelier Neubabelsberg. LNG 100 min. URA 15.4.1936, Paris (Marignan). DEA 6.10.1936, Berlin (Kurbel).
– In französischer Sprache hergestellt.
Im Büro einer Versicherungsgesellschaft gibt es allerlei Liebesgeplänkel mit Hindernissen, bis am Ende doch jeder zufrieden gestellt wird.

1935/36. Vier Mädels und ein Mann.
REG Peter Paul Brauer. AUT Axel Eggebrecht, Aldo von Pinelli. KAM Willy Winterstein. BAU Carl Ludwig Kirmse.
MUS Edmund Nick.
DAR Klaus Pohl, Ewald Wenck, Walter von Allwörden, Gertrud Boll, Hugo Schrader, Margot Höpfner, Hedi Höpfner, Wilhelm Egger-Sell, Georg Erich Schmidt.
PRO Ufa. PRL Peter Paul Brauer. LNG 720 m, 26 min.
ZEN 15.1.1936, B.41226, Jf.
– Kurzspielfilm.

1935/36. Donogoo Tonka. Die geheimnisvolle Stadt.
REG Reinhold Schünzel. RAS Kurt Hoffmann. AUT Reinhold Schünzel; nach dem Bühnenstück und Roman von Jules Romains. KAM Friedl Behn-Grund. BAU Otto Hunte, Willy Schiller. SCH Arnfried Heyne. TON Walter Rühland.
MUS, ML Werner Eisbrenner. Lied Franz Doelle.
LT Charles Amberg.
DAR Anny Ondra (Josette), Viktor Staal (Pierre Lamendin), Aribert Wäscher (Margajat), Oskar Sima (Broudier), Rudolf Platte (Simplou), Heinz Salfner (Trouhadec), Will Dohm (Albert), Paul Bildt (Rufisque), Albert Florath (Voisin), Tine Schneider (Sekretärin), Ewald Wenck (Beamter), Ernst Behmer (Polizist), Olga Limburg (Direktrice), Franz Weber (Verkäufer), Carl Auen, Beppo Brem, Arthur Reinhardt, Walter von Allwörden, Jac Diehl, Max Schreck (mehrere Auswanderer).
PRO Ufa. Herstellungsgruppe: Erich von Neusser.
HEL Erich von Neusser. DRZ Mitte November 1935 - Januar 1936. DRO Ufa-Atelier Neubabelsberg. LNG 2749 m, 100 min. ZEN 23.1.1936, Jv, nf.
URA 24.1.1936, Berlin (Gloria-Palast).
Französische Version:

1935/36. Donogoo.
REG Reinhold Schünzel, Henri Chomette. AUT Reinhold Schünzel; nach dem Bühnenstück und Roman ›Donogoo Tonka‹ von Jules Romains. AD, DIA Georges Neveux.
KAM Friedl Behn-Grund. BAU Otto Hunte, Willy Schiller.
TON Walter Rühland. MUS Werner Eisbrenner, Franz Doelle.
DAR Renée Saint-Cyr (Josette), Raymond Rouleau (Pierre), Marcel Simon (Margajat), Adrien Le Gallo (Trouhadec), Pierre Alcover (Sabourin), Fred Pasquali (Garçon), Auguste Bovério (Rufisque), Sinoël (Goujon), Mona Lys (Jeanette), Nono Lecarre (Albert), Pierre Piérade, Charles Redgie, Mila Parély, Fred Mariotti, Edouard Hamel, William Aguet, Lucien Laurier, Raoul Marco, Marfa Dherville.
PRO Ufa / ACE. HEL Erich von Neusser. SUP Raoul Ploquin. DRO Ufa-Atelier Neubabelsberg. LNG 89 min.
URA 10.7.1936, Paris (Marignan).

Schulden für Winnetou
Wilhelm Dieterle und die Ufa

Mit Datum vom 31. Mai 1926 bietet Wilhelm Dieterle der Ufa »einen von uns herzustellenden Film ›Winnetou‹ nach dem gleichnamigen Roman von Karl May« an, schon tags darauf nimmt die Ufa diese Offerte an. Das Tempo des Vertragsabschlusses läßt auf interne Vorverhandlungen schließen.

In seinem Angebot notiert Dieterle nur wenige inhaltliche Gesichtspunkte des Projekts: »Die Regie führt Herr Gennaro Righelli, das Manuskript wird von Herrn Leo Birinski bearbeitet, die Hauptrollen werden mit Wilhelm Dieterle, Oscar Marion, Rudolf Forster, Arthur Krausneck, Dagny Servaes, Helga Thomas (soweit verfügbar) besetzt.« Und: »Der Film wird in seinem Ausmaß und seiner Qualität den Anforderungen an einen guten Programmfilm entsprechen.«

Dieterle hat Mitte der 20er Jahre durch pathetisch-vitale Rolleninterpretationen in Max Reinhardts Inszenierungen am Deutschen Theater Berlin Aufmerksamkeit und Interesse auf sich gezogen. Zugleich macht er sich in vielen deutschen Filmen einen Namen, so daß er sich zunehmend zu einer tatsächlich markanten Erscheinung in den deutschen darstellenden Künsten entwickelt.

Er arbeitet sehr pragmatisch und baut sich durchdacht seine Entwicklung auf und aus – als Schauspieler in Theater und Film, als Regisseur und Szenarist, schließlich gar als eigener Produzent. Damit liegt er durchaus im Trend jener Zeit und weiß sich in arbeitsteiliger Nachbarschaft mit etlichen Kollegen.

Die Rollen respektive Filme, die er in dieser Zeit realisiert, geben schon per Titel eine Skizze ästhetischer Felder: DIE HEILIGE UND IHR NARR, ICH LEBE FÜR DICH, DER JÄGER VON FALL und viele andere. Der Gegensatz zu seinen Theaterrollen wird sichtbar: Danton in Büchners Stück, Beaumarchais in Goethes »Clavigo«, Shakespeares »Lear«, der König in Hofmannsthals »Salzburger Großes Welttheater«.

Dieterle drängt in dieser Zeit zur Film- und nicht zur Theaterregie – ein weiteres Indiz dafür, wie Dieterle versucht, den künstlerischen Widerspruch zwischen Theater und Film in seinen Rollen, wie er ihn empfindet und wie er tatsächlich sichtbar wird, für sich produktiv zu machen. Auch seine Versuche, künstlerisch unabhängig zu arbeiten, lassen diese Deutung zu: Gründung eines eigenen Theaters, des Dramatischen Theaters Berlin (September 1923), Gründung einer selbständigen Filmproduktion, der Charha-Film. Beide Projekte scheitern drastisch und schnell, mit hohen Schulden, ohne freilich Dieterles Selbstbewußtsein sonderlich zu beschädigen.

So setzt Dieterle, der bisher nur als Darsteller in zwei Ufa-Filmen gearbeitet hat (1925 unter der Regie von Rochus Gliese in DER ROSA DIAMANT und 1926 unter der Regie von F. W. Murnau in FAUST), in den Vertrag, daß die Ufa das Recht habe, »den Film als Dieterle-Film der Ufa zu bezeichnen«. Dieterle zielt damit auf eine besondere Qualitätsmarke und sucht ganz offenbar künstlerischen Anschluß an den mächtigen Konzern. Ebenso selbstbewußt notiert er in dem Vertrag, daß alle urheberrechtlichen Fragen geklärt seien: Karl May ist erst 14 Jahre tot, die urheberrechtliche Schutzfrist gilt noch – also muß Dieterle diese Fragen tatsächlich geklärt haben. Offensichtlich vertraut die Ufa den urheberrechtlichen Absicherungen Dieterles.

Der Film kommt nicht zustande, die Ursachen dafür sind bislang durch Akten und Dokumente nicht zu klären. Auch die einmalige Erwähnung eines Karl-May-Projekts in den Vorstandsprotokollen der Ufa vom Juli 1930 kann noch nicht verifiziert werden. Den ersten deutschen Karl-May-Film produzierte erst 1935 die Lothar-Stark-(Syndikat-)-Film, Dieterle selbst hat sich nie mehr in seinem Leben um einen Karl-May-Stoff bemüht.

Aber er hat von der Ufa Geld erhalten – auf dem Umweg über »Warenlieferungen

Wilhelm Dieterle als Marquis Posa in Richard Oswalds »Herrschertragödie« CARLOS UND ELISABETH (1923/24) und 1921 als Bären-Joseph in den Armen der GEIER-WALLY (Henny Porten)

der Afifa«. Man kann dies durchaus als Vor-Finanzierung ansehen, eine damals nicht außergewöhnliche Transformation, mit der Nuance, daß eine Film-Firma und nicht – wie sonst gemeinhin praktiziert – eine Bank kreditierte. Die Ufa – via Afifa – war sich des Marktwertes Dieterles bewußt und des Films sicher, denn laut Vertrag sollte die erste Rate für den »Winnetou«-Film erst »eine Woche nach der Berliner Uraufführung« gezahlt werden.

Dieterle braucht das Geld aus dem (sicheren) Ufa-Vertrag dringend, um Schulden zu bezahlen: noch immer aus dem Konkurs seines »Dramatischen Theaters Berlin« (Mai 1924) und mittlerweile auch aus desaströsen Projekten seiner Charha-Gesellschaft 1929. Er macht nun neue Schulden, um alte zu decken, er reißt ein Loch auf, um ein anderes zu stopfen. Nun gerät er – über die Summe von immerhin 26.000 RM – in die Abhängigkeit der Ufa: Im Oktober 1929 übernimmt er – zusammen mit seiner Ehefrau Charlotte, geb. Hagenbruch, und seinem Geschäftspartner (und zeitweiligem Produzenten) Herbert Hauer – die Gesamtschuld als selbstschuldnerische Bürgschaft und verpflichtet sich, monatlich 500 RM und ab 11. Mai 1930 monatlich 1000 RM solange zu zahlen, bis die Gesamtschuld getilgt ist. Er stellt für alle Raten Wechsel aus. Rein rechnerisch könnte Dieterle im April 1932 schuldenfrei sein – vorausgesetzt, daß er diese Zahlungsmodalitäten einhält.

Die Ufa will dieses Geld haben, sie hat einen Anspruch darauf und weiß sich im Recht. Nun setzt ein Mechanismus ein, der nie öffentlich wurde und der innerhalb des Konzerns als ein finanztechnischer Strang unter vielen ablief. Er gehört zum internen Regulierungsmechanismus eines solchen Unternehmens. Zum Erhalt der ökonomischen Existenz der Firma mußte das Zusammenspiel ihrer Rechtsabteilung mit ihrer Buchhaltung funktionieren. Es war eine reine Routinesache.

Dieterle entzieht sich den Ufa- und anderen Forderungen durch eine Art ›Flucht nach vorn‹: Er nimmt kurzerhand ein lukratives Angebot von Warner Bros. an und reist sofort in die USA ab. Im Herbst 1930/Frühjahr 1931 dreht Dieterle die deutschsprachigen Versionen von fünf amerikanischen Filmen bei Warner Bros. (die kurz vor ihrer Fusionierung mit First National stehen.)

Während Dieterle in Hollywood intensiv arbeitet, setzen in Deutschland zeitgleich zwei Konzerne den Ruf des Mannes öffentlich für ihre Interessen ein. Beider Marktstrategien laufen parallel und schließen einander aus. Mehrfach kündigt Silva-Film aufwendig und lautstark (z.B. in großformatigen Anzeigen in der *Lichtbild-Bühne*) Dieterle als Stütze der Jahresproduktion für 1930/31 an (ohne »Winnetou« übrigens!) und verspricht mit ihm »das größte Geschäft« für die kommende Saison. Daneben publizieren Warner Bros.-First National Dieterles Arbeit, verheißen erst zwei, später vier Spielfilme, erst nur deutschsprachige Versionen, dann auch Originalwerke, und nennen einige Filme, an denen Dieterle tatsächlich arbeitet und die später sukzessive in Deutschland eingesetzt werden.

Ostentativ nehmen beide Firmen gegenseitig die Reklame der anderen nicht zur Kenntnis, latent jedoch versuchen sie, sich gegenseitig zu übertrumpfen: Sie benutzen Dieterles dem Publikum bekanntes Gesicht per Großfoto in der *Lichtbild-Bühne* – Silva versieht es mit dem Schriftzug »Achtung, Achtung!«, Warner Bros.-First National kurz darauf mit dem Text »Dieterle lacht!«.

Die Verworrenheit um Dieterles ›Verstrickungen‹ nimmt deutlich zu – man muß bedenken, daß die Finanz-Auseinandersetzung zwischen Dieterle und der Ufa nicht öffentlich ausgetragen wird und daß vor dem Hintergrund der Weltwirtschaftskrise der Konkurrenzkampf in der Filmindustrie an Schärfe zunimmt.

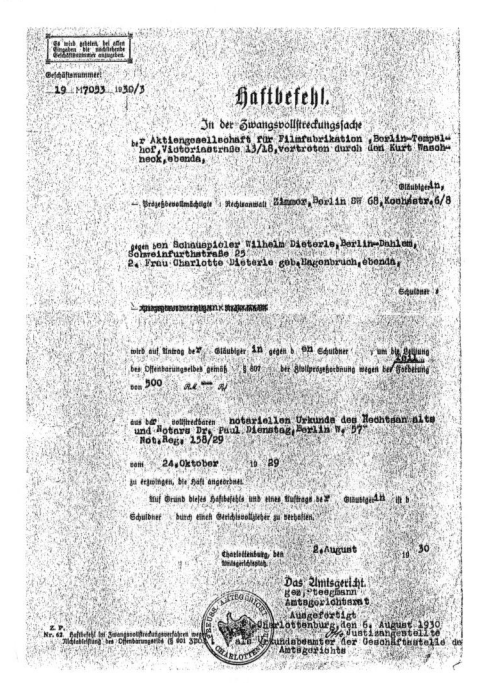

Die Ufa besteht auf ihrem Geld, und die Afifa beantragt beim Amtsgericht Berlin-Charlottenburg am 16. Juli 1930 einen Haftbefehl gegen die Eheleute Dieterle. Einen Monat danach drängt sie die Behörde und bittet um Mitteilung, »was dem Erlaß des Haftbefehls... entgegensteht«. Zugleich läßt sich die Ufa von der Afifa formell die Schuld Dieterles abtreten: »Wir wollen versuchen, in Amerika einen Arrest gegen die Eheleute Dieterle auszubringen.« Das Amtsgericht Charlottenburg stellt den Haftbefehl am 2.8.1930 aus. In ihm wird, »um die Leistung des Offenbarungseides gemäß 807 der Zivilprozeßordnung wegen der Teilforderung von 500 RM zu erzwingen, die Haft angeordnet.«

Da taucht Dieterles Partner und Geschäftsführer der Charha Hauer wieder in Berlin auf. Nun will die Ufa gegen ihn die Vollstreckung versuchen (1.9.1930). Die Aktion gegen die Dieterles wird verschoben, da gerüchteweise ihre Rückkehr von New

Gemeinsam mit dem von der Pleite bedrohten Bankier Margajat und dem gewieften Erpresser Broudier gründet das arbeitslose Pärchen Pierre und Josette eine AG zum Verkauf von Anteilscheinen an den vermeintlich existierenden Goldfeldern in der Phantasiestadt Donogoo Tonka. Als Auswanderer in das falsche El Dorado aufbrechen, schließt Pierre sich ihnen an. Sie gründen im Urwald eine Stadt und beginnen wider Erwarten erfolgreich zu schürfen.

1935/36. Die letzten Vier von Santa Cruz.
REG Werner Klingler. AUT Alois Johannes Lippl, Werner Klingler; nach dem Roman ›Die letzten Vier von St. Paul‹ von Josef Maria Frank. KAM Konstantin (Irmen-)Tschet. BAU Benno Franz Moebus. SCH Eduard von Borsody, Gottfried Ritter. TON Walter Tjaden, Ludwig Ruhe. MUS, ML Walter Gronostay. LT Hans Fritz Beckmann. MT ›Es war schön, als Du sagtest: Ich liebe Dich!‹. GES Greta Keller.
DAR Hermann Speelmans (Kapitän Pieter Streuvels), Françoise Rosay (Nadja Danouw), Erich Ponto (Alexander Ghazaroff), Valerij Inkijinoff (Reeder Alexis Aika), Irene von Meyendorff (Madeleine), Andrews Engelmann (Cairos), Josef Sieber (Jack), Max Schreck (William), Beppo Brem (Erik), Harald Gloth (Hein), Walter Holten (Sklavenhalter Malherbes), Ludwig Andersen (Dunard), Josef Dahmen (Cocteau), Bruno Hübner (Journalist Borinski), Babette Jenssen (Borinskis Freundin), Hugo Gsau-Hamm (Freibeuter Auseklis).
PRO Ufa. Herstellungsgruppe: Karl Ritter. HEL Karl Ritter. AUL Fritz Koch. DRZ 24.9. - Ende Dezember 1935. DRO Ufa-Atelier Neubabelsberg. AA Kanarische Inseln, Salvage Islands, Las Palmas, Teneriffa. LNG 2512 m, 92 min. ZEN 4.2.1936, Jv, nf. URA 11.3.1936, Berlin (Ufa-Palast am Zoo).
Eine Expedition soll auf der Insel Santa Cruz den Langustenreichtum ökonomisch auswerten, wird daran aber gehindert.

1935/36. Kalbsragout mit Champignons.
REG Peter Paul Brauer. AUT Hans Fritz Köllner, Werner Eplinius; nach einer Idee von Hans Lebede. KAM Robert Baberske.
DAR Friedel Pisetta, Werner Stock, Margarete Kupfer, Gerhard Dammann, Maria Krahn, Ewald Wenck, Dorothea Thiess.
PRO Ufa. PRL Peter Paul Brauer. LNG 590 m, 22 min. ZEN 4.2.1936, B.41443, Jf.
– Kurzspielfilm.

1935/36. Hier irrt Schiller.
REG Jürgen von Alten. AUT Hans Marschall; nach einer Novelle von Walter Dach. KAM Herbert Körner. BAU Erich Czerwonski, Karl Böhm. TON Hermann Fritzsching. MUS Walter Sieber.
DAR Rudolf Platte (Hermann Krullmüller), Ilse Stobrawa (Ilse, seine Frau), Wolfgang Kieling (Paulchen, beider Sohn), Ursula Herking (Minna, Hausmädchen), Hans Henninger (Sepp Oberstimpfler).
PRO F.D.F. Fabrikation Deutscher Filme GmbH, Berlin; für Ufa. PRL Hans von Wolzogen. LNG 463 m, 17 min. ZEN 14.2.1936, B.41586, Jf. URA 15.5.1936, Berlin (U.T. Friedrichstraße).
– Kurzspielfilm.

1935/36. Was ein Häkchen werden will.
REG Eduard von Borsody. MUS Hans Ebert.
DAR Odette Orsy, Erich Dunskus, Matthias Ossenbühl, Kinderballett Mary Zimmermann.
PRO Ufa. LNG 392 m, 14 min. ZEN 28.2.1936, B.41739, Jf.
– Kurzspielfilm.

York angekündigt wird (1.9.1930). Zugleich will die Ufa eine Gläubigerversammlung der Charha wahrnehmen, um wenigstens gegen den (anwesenden) Hauer vorgehen zu können.

Die Gesellschafterversammlung am 17. September verläuft ergebnislos. Ein Protokoll ist nicht erhalten, aber hätte diese Versammlung ein für den Konzern verwendbares Ergebnis erbracht, so hätte er gewiß im folgenden sein Vorgehen gegen die Dieterles geändert.

Kurz darauf ist das Ehepaar Dieterle tatsächlich in Berlin, um seine Übersiedlung in die USA voranzutreiben. Sofort setzt die Ufa wieder das Amtsgericht Charlottenburg in Bewegung und will die Zwangsvollstreckung wegen 5000 RM fälliger Raten vornehmen lassen. Da die Zwangsvollstreckung gegen Hauer »fruchtlos« ausgefallen ist, weil »der Geschäftsführer der Schuldnerin möbliert« wohnt und »Pfandobjekte nicht besitzt«, soll nun die Zwangsvollstreckung an den Dieterles allein vollzogen werden. Auch bei ihnen fällt die Pfändung »fruchtlos« aus, wie der Obergerichtsvollzieher Seiffert in Berlin-Wilmersdorf, dem Wohnbezirk Dieterles, am 9. Oktober 1930 mitteilt. Daraufhin beantragt die Ursprungs-Gläubigerin Afifa, daß die Schuldner einen Offenbarungseid wegen einer Teilschuld von 1000 RM leisten.

Wie es den Dieterles gelingt, der Pfändung als letztem juristischem Mittel der Geld- und Vermögenseintreibung zu entgehen, ist durch Dokumente nicht zu belegen. Die Reduzierung der Ursprungsforderung über 26.000 RM auf nunmehr 1000 RM kann als prozeßtaktisches Manöver von Ufa/Afifa angesehen werden: Sie können die Prozeßkosten senken – bei gleichem Resultat. Man kann auch annehmen, daß der Konzern bei seinem berechtigten, aber doch sehr rigorosen Vorgehen gegen den angesehenen Dieterle, dessen öffentliche Reputation durch Engagement und Arbeitsergebnis bei Warner Bros. gestiegen ist, nicht übergroßes öffentliches Aufsehen erregen will. Das Ehepaar Dieterle hingegen wird mit seinem Anwalt Dr. Rudolf Froese auch geschickt und – wie sich zeigt: teilweise – erfolgreich operiert haben, um wenigstens dem akuten ›Druck‹ auszuweichen.

Jedenfalls wird der Termin zur Leistung des Offenbarungseides auf den 3. November angesetzt. Die Ufa-Rechtsabteilung fragt vorher bei der Afifa an, »ob den Schuldnern bestimmte Vorhaltungen bezüglich des Einkommens oder Vermögensrechts gemacht werden sollen«. Etwas vage (»vielleicht wird es zweckmäßig sein«), aber in der Tendenz ziemlich eindeutig antwortet die Afifa, akzentuiert zugleich ihren finanziellen Anspruch und will zum anstehenden Termin darauf hingewiesen wissen, »daß Dieterle in Amerika monatelang unseres Wissens 1000 Dollar pro Woche verdient hat und sein bisheriges Einkommen in Deutschland mindestens 15.000 M pro Woche betragen haben soll.« Und mit deutlicher Anspielung auf die erfolglose Pfändung setzt sie hinzu: »Es dürfte also wohl ausgeschlossen sein, daß er vollkommen mittellos ist.«

Parallel dazu muß Dieterle nun noch die arbeitsgerichtliche Auseinandersetzung mit der Hegewald-(Silva-)Film GmbH durchstehen. Er hatte den Vertrag mit ihr gebrochen, als er in die USA gegangen war, und die Firma hatte noch lange an ihren Projekten mit ihm festgehalten. Seine Gesamtschulden werden auf etwa 110.000 RM geschätzt.

Dieterles Anwalt schlägt vor, einen Vergleich zu schließen, bei dem die Afifa auf die Hälfte ihrer Forderung verzichten soll. »Das hänge aber davon ab, ob auch mit den übrigen Gläubigern eine Einigung zustande komme«.

Die Afifa (am 3.12.1930) und die Ufa (am 5.12.1930) lehnen den Vergleich ab. Die Afifa bittet »noch einmal, mit allem Nachdruck gegen die Eheleute Dieterle vorzugehen.«

Afifa und Ufa reaktivieren nun ihre Taktik vom August, die New Yorker Dépendance der Ufa zur Eintreibung der Dieterleschen Schulden einzusetzen. Die Afifa setzt ihre Vollmacht für Ufa-Films Inc. New York in Kraft, »alles zur Betreibung der Forderung Erforderliche zu tun, ... die Forderung einzuklagen und die Zwangsvollstreckung ... zu betreiben.«

Die Hegewald-(Silva-)Film GmbH erhält in einer Verhandlung vor der Filmkammer des Arbeitsgerichts Recht auf Schadenersatz in vollem Umfang. Diesen Vorgang und sein Ergebnis überliefert der Bericht eines Dr. Hartung von der Personal-Abteilung der Ufa vom 9. Dezember 1930 an die leitenden Herren seiner Firma. Zieht man von diesem Bericht die unzweifelhaft diskriminierende Einfärbung ab, so geben die dort mitgeteilten Fakten jedoch hinlänglichen Aufschluß über Dieterles finanzielle Situation in diesem Jahr. Hartung zeichnet außerdem ein Bild von Dieterles Verhandlungsgebaren, das trotz des subjektiven Blicks viel Plausibles festhält. Hartung notiert, daß »Dieterle mit unglaublich leichtsinniger Weise verhandelt, Abschlüsse macht, widerruft, wieder abschließt, seine Frau vorschiebt oder seinen Generalbevollmächtigten ins Gefecht schickt, so daß schließlich niemand mehr weiß, was eigentlich gespielt wird.«

Hartung nennt den Beweggrund für seine beinahe denunziatorische Information selbst: Er will verhindern, daß »Dieterle noch einmal von der Ufa engagiert wird. Sein Verhalten ist noch schlimmer als das verschiedener Stars, die in den letzten Jahren uns übel mitgespielt haben.« Hartungs Haltung, eine Spielart vorauseilenden Gehorsams, reflektiert die Konzernideologie im individuellen Verhalten: die stillschweigend-selbstverständliche Disziplinierung und Ausrichtung der Angestellten auf die Interessen der Firma zeichnet sich noch in den Informationsmechanismen durch.

Reichlich eine Woche nach der Arbeitsgerichtsverhandlung sendet die Berliner Ufa-Zentrale alle juristisch relevanten Papiere (inkl. der englischen Übersetzung des

Wilhelm Dieterle als Regisseur und Hauptdarsteller bei DIE HEILIGE UND IHR NARR (1928)

Haftbefehls in dreifacher Ausfertigung) nach New York. Am 23. des Monats schickt sie eine Kopie des Hartungschen Berichts »zur evtl. Verwertung bei Ihrem Vorgehen gegen Dieterle« hinterher.

Dieterle weiß von dem unverminderten Druck auf ihn und reagiert darauf couragiert. In einer Stellungnahme in der *Lichtbild-Bühne* vom 17.2.1931 begegnet er sachlich und entschieden den Angriffen auf ihn und versichert, daß er durch den langjährigen Vetrag mit Warner Bros. »instand (ge)setzt« sei, »hoffentlich recht bald allen zu zahlen, was ich schulde«.

Bis zum Frühjahr 1932 dauert es, ehe sich für die Ufa ein – nach ihrem Verständnis bescheidener – Erfolg abzeichnet.

Die Ufa-Films Inc. beauftragt ein New-Yorker Anwaltsbüro. Dies braucht einige Zeit, um die deutschen juristischen Grundlagen des Vorgehens der Ufa zu prüfen und eine Version nach amerikanischem Recht herzustellen. Insbesondere stellt eine Schwierigkeit dar, Dieterles Arbeitsverhältnis und seinen Verdienst in Hollywood juristisch einwandfrei festzustellen, um letzteren evtl. pfänden zu lassen. Immer wieder drängt die Ufa von Berlin aus auf Einzug ihrer Forderungen. Schließlich signalisieren die New Yorker ein erstes Ergebnis ihrer Verhandlungen mit Dieterle und Warner Bros. (die mit Dieterle nunmehr einen festen Vertrag geschlossen haben): Dieterle will seine Schuld in monatlichen Raten von 100 Dollars abzahlen. Die Anwälte raten der Ufa Berlin, darauf einzugehen, »um aus Dieterle überhaupt etwas herauszubekommen« (und verlangen zugleich 25% Beteiligungsgebühr!). Die Zentrale stimmt zu, und die entsprechende, juristisch gültige Vereinbarung (stipulation) wird am 22. April von Dieterle, der Ufa Films Inc. und Anwalt Sam Wolf in Los Angeles unterzeichnet. Damit endet der Vorgang in den Akten.

Es scheint, als habe Dieterle nun Raten in der verabredeten Höhe an die Ufa gezahlt, unklar ist jedoch, wie lange. In den erhalten gebliebenen, penibel geführten Kassenbüchern des Dieterleschen Hollywooder Haushalts und in anderen Geschäftsunterlagen Dieterles (z. B. den wöchentlichen Gagen-Schecks von Warner Bros.) sind keine Spuren dieses Abzahlungs-Vorgangs nachzuweisen.

Jahre später finden sich noch wenige verstreute Hinweise darauf, daß die Auseinandersetzungen zwischen der Ufa und Dieterle nicht definitiv beendet sind. Als Dieterle 1937 eine Europa-Reise für Warner Bros. unternimmt, meidet er Deutschland – und begründet dies mit seinem Konflikt mit der Ufa. In einem persönlichen Brief vom 4. November 1937 an Ufa-Vorstandsmitglied Paul Lehmann bezieht sich Dieterle auf einen Brief Lehmanns an Dieterles Schwiegermutter, in dem dieser u. a. geschrieben habe, »es sei ratsamer, nicht nach Berlin zu kommen, da in der Gläubigerangelegenheit die verlangte Stundung nicht zu erreichen sei«. Im Jahr darauf – Dieterles öffentliches antifaschistisches Engagement in Hollywood hatte sich vehement verstärkt – bezeichnet der (NS-)deutsche Konsul in Los Angeles Gyssling in einem geheimen Bericht (über ein großes antifaschistisches Meeting, an dem u. a. Erika und Thomas Mann und Dieterle teilnahmen) auch den Konflikt Dieterles mit der Ufa: »Die Gründe, welche Dieterle bewogen haben, öffentlich gegen uns aufzutreten, sind zum mindesten zum Teil in seinen Zwistigkeiten mit der Ufa zu suchen. Noch vor kurzem sagte er mir, daß er, wenn die betreffende Angelegenheit nicht in seinem Sinne erledigt werden würde, keine Veranlassung mehr haben würde, sich der von seinen jüdischen Arbeitgebern von ihm verlangten antideutschen Betätigung zu enthalten. Es handelt sich dabei um die Überlassung von gewissen Filmen, welche die Ufa ihm abgeschlagen hatte«. Unterstellt man hier ein Mißverständnis Gysslings und setzt an seine Stelle die abstrakte Verlängerung des Finanzstreits, so wird das von Dieterle gegenüber Gyssling gesetzte Junktim schlüssig. Es liegt auf der Hand, daß Gyssling und seine Behörde, die Deutsche Botschaft in Washington, Dieterles antifaschistische Aktivitäten in Hollywood *und* seine finanziellen »Verstrickungen« zusammenfügten und daraus die ›Bitte‹ an das Auswärtige Amt in Berlin filterten, »die deutsche Filmindustrie von der hetzerischen Betätigung des Wilhelm Dieterle zu verständigen« und ihm fürderhin keine Einreise nach Deutschland zu gestatten.

Günter Agde

1935/36. Früh übt sich.
REG Eduard von Borsody. AUT Rudo Ritter, Hans Fritz Köllner. KAM Konstantin (Irmen-)Tschet, Willy Winterstein. BAU Carl Ludwig Kirmse. MUS Hans Ebert. DAR Walter Steinbeck (Varietédirektor), Hermann Pfeiffer (sein Sekretär), Jac Diehl, Goldi Weimer, Margot Bügler, Inge Kosmehl, Erika Lemser, Kinderballett Mary Zimmermann.
PRO Ufa. PRL Peter Paul Brauer. LNG 344 m, 13 min. ZEN 2.3.1936, B.41752, Jf.
– Kurzspielfilm.

1935/36. Heißes Blut.
REG Georg Jacoby. AUT Rudo Ritter, L. A. C. Müller. KAM Werner Bohne. BAU Carl Ludwig Kirmse, Hanns H. Kuhnert. SCH Oswald Hafenrichter. TON Fritz Seidel. MUS Franz Doelle. LT Charles Amberg. MT ›Lieder, die uns der Zigeuner spielt...‹, ›Ich hab Dich so gern‹. DAR Marika Rökk (Marika von Körössy), Paul Kemp (Joszi), Ursula Grabley (Honka von Peredy), Hans Stüwe (Tibor von Dénes), Max Gülstorff (Béla von Peredy), Gertrud Wolle (Baronin Körössy), Franz Schöber (Varga), Heinrich Berg (Leutnant Varady), Erik Ode, Erich Dunskus, Hellmuth Passarge, Georg Hermann Schnell, Emil Roósz, Lajos Farkas.
PRO Ufa. Herstellungsgruppe: Alfred Greven. HEL Alfred Greven. AUL Hans Tost. DRZ Mitte September - Ende Dezember 1935. DRO Ufa-Atelier Neubabelsberg; AA Ungarn. LNG 2529 m, 92 min. ZEN 10.3.1936, Jf, nf. URA 20.3.1936, Berlin (Ufa-Palast am Zoo), Düsseldorf (Apollo-Theater).
– AT: Du sollst meine Königin sein.
Französische Version:

1935/36. Les deux favoris.
REG Georg Jacoby, André Hornez. AUT Rudo Ritter, L. A. C. Müller. DIA André Hornez. KAM Werner Bohne. BAU Carl Ludwig Kirmse, Hanns H. Kuhnert. MUS Franz Doelle. DAR Lisette Lanvin (Marika Kandrassy), Stéphane Pizella (Josi), Viviane Romance (Illonka Graffy), Thomy Bourdelle (Tibor de Dénes), Marfa Dherville (Baronin Zetchy), Jean-Louis Allibert, André Nicolle, Fernand Frey, André Hornez.
PRO Ufa / ACE. HEL Alfred Greven. SUP Raoul Ploquin. DRZ Mitte September - Ende Dezember 1935. DRO Ufa-Atelier Neubabelsberg; AA Ungarn. LNG 95 min. URA 8.5.1936, Paris (Moulin-Rouge).
– AT: Marika.
Das Gut einer ungarischen Baronesse steht ebenso wie ihr Pferd ›Satan‹ zur Versteigerung an. Das Faktotum Joszi sorgt dafür, daß ›Satan‹ wieder zurückkommt und ein hochdotiertes Pferderennen gewinnt. Damit ist das Gut saniert. Und die Baronesse bekommt den Husarenoffizier Tibor.

1935/36. Trau, schau wem.
REG Alwin Elling. AUT Rudo Ritter; nach einem Kriminalfall aus dem Jahre 1933. KAM Günther Anders. BAU Hermann Asmus. DAR Oskar Höcker (Wilhelm Müller, erwerbsloser Möbeltischler), Manny Ziener (Emilie, seine Frau), Ernst Waldow (ein Herr, genannt Meier), Ernst Behmer (Müllers Bruder, Portier), Martha Ziegler (Frau Mielke, Ehefrau), Alfred Hagelmann (Kriminalkommissar), Werner Bernhardi (Kriminalbeamter).
PRO Ufa. PRL Erich von Neusser. LNG 439 m, 16 min. ZEN 11.3.1936, Jf.
– Kurzspielfilm.

1935/36. Besserer Herr sucht Anschluß.
REG Jürgen von Alten. AUT Werner E. Hintz; nach einem Kriminalfall aus dem Jahre 1935. KAM Günther Anders. BAU Hermann Asmus. SCH Axel von Werner. TON Joachim Thurban. MUS Werner Eisbrenner. DAR Harald Paulsen (Paul, Heiratsschwindler), Elfriede Sandner (Else Jahnke), Erna Fentsch (Hertha), Maria Newes (Agnes), Erich Dunskus (Kriminalkommissar), Klaus Pohl (Kirchhofspförtner).
PRO Ufa. PRL Erich von Neusser. LNG 335 m, 12 min. ZEN 11.3.1936, B.41863, Jf. URA 28.5.1936, Berlin (Ufa-Palast am Zoo).
– Kurzspielfilm.

Zwischen Kabarett und KZ
Die Karriere Kurt Gerrons

Rund und markant: Kurt Gerron 1930 in einer Karikatur mit Harald Paulsen, Grete Mosheim, Michael Tschechow, Heinrich George, Curt Bois

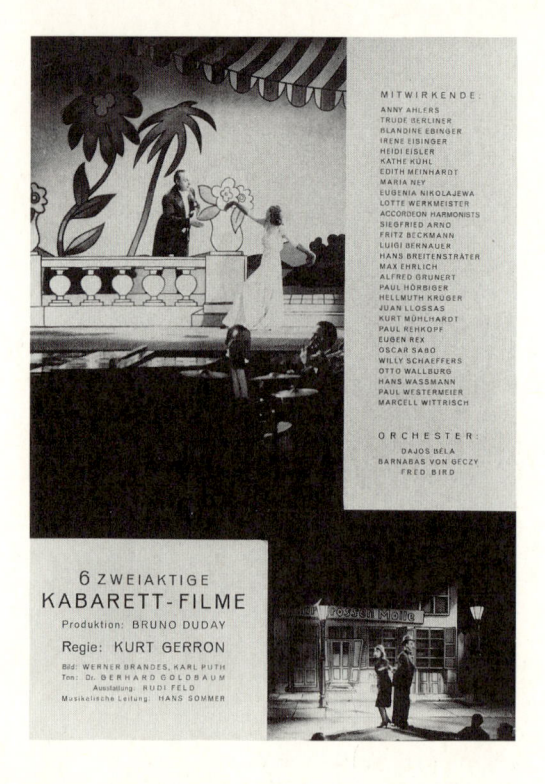

Die unverkennbare Gestalt und die so einprägsame Physiognomie tauchen schon sehr früh im stummen Film auf. Von den meisten Stummfilmen sind nur Rudimente erhalten. Die Titel sprechen Bände: Der Spuk auf Schloss Kitay, Die Präriediva, Die Apotheke des Teufels, Die Wege des Lasters.

Kurt Gerron – der gelernte Arzt und leidenschaftliche Schauspieler – spielt, was sich ihm bietet. Heute ein Apache aus der Unterwelt der Großstädte, morgen ein Herr der besseren Gesellschaft, gestern war er noch ein Mann vom bunten Zirkusvölkchen, übermorgen ist er wieder ein Bonvivant. Er trägt seine Massigkeit durch diese filmische Landschaft, er grimassiert und chargiert, darf manchmal auch komisch sein.

Mitte der 20er Jahre wird die Filmografie »gewichtiger«, und die Regisseure werden namhafter. In E. A. Duponts Varieté pöbelt er auffällig in der Rummelplatzbude. Richard Oswald setzt ihn gern in seinen beliebten »Milieu-Filmen« ein – Vorderhaus und Hinterhaus, Halbseide. Bei diesem »Pallawatsch« kommt Willy Haas ins Schwärmen: »Das es Kurt Gerron hat, ist über jeden Zweifel erhaben. Er ist das Prachtstück des Abends: Triefend von Ordinärheit, Kraftüberschuß, gutem Appetit und Berlin-N.-Atmospäre. Jede Handbewegung, jedes Schulterzucken,

Kurt Gerron und Willy Fritsch in EINBRECHER

Gerron 1927

Fräulein Lola Lola, Unterhaltungskünstlerin, und Kiepert, Zauberkünstler und Varietédirektor

jedes Mundverziehen ein Humoristikum aus den profundesten Tiefen der Bouillonkeller. Ein Meisterstück!« (Film-Kurier, 27.11.1925) Gerron bildet kontrastierende Paarungen: mit dem blond-eleganten Hans Albers, mit dem dürr-zappeligen Siegfried Arno.

Als Gerron einmal gefragt wird, was er von seiner künftigen Filmarbeit erwarte, sagt er: »Einmal einen Film drehen, der auf mich gestellt ist, und in dem ich eine große, ernste und psychologisch tiefe Charakterrolle zu verkörpern habe.« Doch kaum erfüllen sich diese Hoffnungen.

Als Rudolf Arnheim seinen Essay »Lob der Charge« schreibt, nennt er ausdrücklich Kurt Gerron als idealen Chargenspieler: »Das Spiel der Charge umrandet das Spiel der Helden wie ein Barockrahmen ein Renaissancegemälde. Die Charge trägt das individuelle Gepräge des Wirklichen.« Das Lob des Chargenspielers tröstet Gerron nur bedingt. Er möchte schon gern ein »Heldenspieler« sein. Auch wenn Arnheim meint: »Der Chargenspieler zeigt den Menschen, wie er ist, der Heldenspieler zeigt ihn, wie man ihn gerne möchte. Heldenspieler kann man miteinander vertauschen, Chargenspieler nie. Sie liefern dem Film das Gewürz.«

Gerron nennt von seinen vielen Stummfilmen nur wenige als für ihn wesentliche: RAMPER, MANEGE und immer wieder VOM TÄTER FEHLT JEDE SPUR. Hier habe er die Eigenart seines Typs durchsetzen können, hier habe er »psychisch und physisch« agieren können.

Seit 1921 ist Gerron einer der vielseitigsten Kabarettisten Berlins, ständiger Gast in Trude Hesterbergs literarischem Kabarett, der »Wilden Bühne«, hat Auftritte in Rudolf Nelsons »Kabarettrevue« und Rosa Valettis »Größenwahn«. Er agiert im »Kabarett der Komiker«, in Friedrich Hollaenders Revue »Das bist du«. Dazwischen auch in Wien an Fritz Grünbaums »Pavillon«. Dann, 1928, ein Stück Theatergeschichte:

311

1935/36. Die letzten Grüße von Marie.
REG Jürgen von Alten. AUT Hans Marschall; nach einer Novelle von H. B. Rumpff. KAM Günther Anders. BAU Hermann Asmus. TON Joachim Thurban. MUS Werner Eisbrenner.
DAR Heinz Salfner (Professor Haberl), Paul Westermeiner (Verlagsdirektor Floth), Margarethe Schön (Frau Floth), Friedl Haerlin (Schwester Leona), Ursula Herking (Mädchen bei Professor Haberl), Gerhard Ludwig (Diener, Chauffeur bei Floth), Fred (Selva-)Goebel (Kommissar), Carl Wenkhaus (Schutzpolizist).
PRO Ufa. PRL Erich von Neusser. LNG 548 m, 20 min. ZEN 11.3.1936, B.41864, Jf. URA 11.3.1936, Berlin (Ufa-Palast am Zoo).
– Kurzspielfilm.

1936. Schloß Vogelöd.
REG Max Obal. KO Peter Ostermayr. AUT Peter Francke, Rudolph Stratz; frei nach dem Roman von Rudolph Stratz. KAM Karl Attenberger. KAS Willi Gerlach. BAU Hanns H. Kuhnert, Hermann Asmus. SCH Friedel Buckow. TON Joachim Thurban. MUS, ML Friedrich Wilhelm Rust.
DAR Carola Höhn (Gräfin Marianne von Vogelöd), Hans Stüwe (Andreas von Vogelöd), Hans Zesch-Ballot (Johann von Safferstätt), Käte Haack (Baronin Maly von Siebeneich), Walter Steinbeck (Graf Leopold von Vogelöd), Erich Dunskus (Rittmeister Christoff von Brauenberg), Grete Reinwald (Käte von Brauenberg), Karl Hellmer (Waldhüter Matthias), Hilde Sessak (seine Tochter Wally), Franz Wilhelm Schröder-Schrom (Kriminalrat Kugler), Hans Adalbert Schlettow (Kriminalassistent Bornemann), Henry Peters-Arnolds (Lehrer Franz Salvermoser), Friedrich Ettel (Dr. Wappold), William Huch (Diener Joseph), Peter Bosse, Theo Brandt, Georg Gartz, Ellen Helmke, Ilse Klaas, Otto Kronburger, Hilde Muth, Odette Orsy, Vera Poeschmann, Georg Heinrich Schnell, Otto Stoeckel, Gerda Torenburg.
PRO Tonlicht Film GmbH, Berlin; für Ufa. Herstellungsgruppe Krüger - Ulrich. PRT Peter Ostermayr. HEL Ernst Krüger, Hans Herbert Ulrich. AUL Günther Grau. DRZ Mitte Januar - Anfang Februar 1936. DRO Ufa-Atelier Neubabelsberg; AA Umgebung von München, Hinterbrühl/Isartal, Freigelände Neubabelsberg. LNG 2197 m, 80 min. ZEN 13.3.1936, Jv. URA 19.3.1936, Berlin (U.T. Kurfürstendamm).
Tante Maly, Baronin von Siebeneich, feiert Geburtstag. Doch die rechte Stimmung kommt nicht auf, denn Gräfin Marianne wird immer trübsinniger ob der offensichtlichen Seitensprünge ihres Mannes. Dieser Graf Vogelöd wird eines Tages tot aufgefunden. Als Täter kommt zwar jeder in Betracht, doch ein anderer ist es gewesen.

1936. Savoy-Hotel 217.
REG Gustav Ucicky. RAS Eduard von Borsody, Ludwig Ptack. AUT Gerhard Menzel. KAM Fritz Arno Wagner. KAS Werner Krien, Igor Oberberg. STF Heinz Ritter. BAU Robert Herlth, Walter Röhrig. REQ Erich Düring, Erich Mühlberger. KOS Herbert Ploberger. GAR Max König, Otto Suckrow. SCH Eduard von Borsody. TON Hermann Fritzsching. MUS, ML Walter Gronostay. LT Hans Fritz Beckmann. MT »In meinem Herzen, Schatz«. GES Hans Albers. Chorleitung Dr. Swerkoff.
DAR Hans Albers (Andrej Antonowitsch Wolodkin), Brigitte Horney (Nastasja Andrejewna Daschenko), Alexander Engel (Fedor Fedorowitsch Daschenko), René Deltgen (Sergei Gawrilowitsch Schuwalow), Käthe Dorsch (Anna Fedorowna Orlowa), Gusti Huber (Darja Sergejewna Plagina), Jakob Tiedtke (Rechtsanwalt Leonid Alexandrowitsch Schapkin), Aribert Wäscher (Pawl Pawlowitsch), Hans Leibelt (Untersuchungsrichter), Paul Westermeier (Kutscher), Walter von Allwörden, Carl Auen, Hellmuth Bergmann, Horst Birr, Viktor Carter, Jac Diehl, Erich Fiedler, Lothar Glathe, Herbert Hübner, Margot Höpfner, Albert Hugelmann, Babette Jenssen, Jens Keith, S. O. Schoening, Rudolf Schündler, Werner Pledath, Eduard Wenck, Ewald Wenk, Günther Brackmann (Page), Erich Dunskus, Karl Etlinger, Paul Bildt (?).
PRO Ufa. Herstellungsgruppe: Fritz Podehl. HEL, PRL Fritz Podehl. AUL Wolfgang Schubert. DRZ Anfang Februar - Mitte März 1936. DRO Ufa-Atelier Neubabelsberg. LNG 2704 m, 99 min. ZEN 7.4.1936, Jv., nf. URA 7.4.1936, Stuttgart (Universum-Lichtspiele); 11.4.1936, Berlin (Ufa-Palast am Zoo).
– Prädikat: Künstlerisch wertvoll.
Mord im moskauer Savoy-Hotel zur Zeit des Zarismus. Ein Zimmerkellner wird der Tat verdächtigt, kann bei einem Lokaltermin jedoch entkommen. Auf eigene Faust klärt der Unschuldige den Fall. Ein betrogener Ehemann war Mörder seiner Frau.

Tiger-Brown in der Premiere der »Dreigroschenoper« in Ernst Josef Aufrichts Theater am Schiffbauerdamm. Er singt als erster die »Ballade von Mackie Messer«, den »Kanonensong«, konferiert die Schallplatten-Produktion zur Aufführung. Danach ist er gefragt an allen Bühnen Berlins, selbst auf dem derzeitigen Olymp, den Brettern von Reinhardts Deutschem Theater.

Im Film weiß er seine Popularität zu nutzen, absolviert Gastauftritte in TAGEBUCH EINER VERLORENEN oder MENSCHEN AM SONNTAG. Mit seinem Widerpart Sigi Arno versucht er als »Beef und Steak« eine deutsche Filmgroteske zu begründen. Das Experiment bricht nach zwei erfolglosen Filmen ab.

In der frühen Tonfilmphase eilt Gerron förmlich von Film zu Film, ist Stammgast in den Filmen von Joe May und der Erich Pommer-Produktion. Anpassungsprobleme mit dem nun sprechenden Medium kennt er nicht. Seine reiche Bühnen- und Kabaretterfahrung kommt ihm zugute. Kritiker heben seine so nuancierte und präzise Sprachbehandlung hervor – die Subtilität der Sprache auch als auffälliger Gegensatz zu der eher ungeschlacht wirkenden äußeren Erscheinung. In DER BLAUE ENGEL ist er in Frack und Zylinder der Zauberkünstler und Varieté-Direktor Kiepert, in DIE VOM RUMMELPLATZ liefert er sich mit Arno akustische Duelle von Bude zu Bude. In DIE DREI VON DER TANKSTELLE ist sein Auftritt als Anwalt, schwer und agil hinter dem Schreibtisch, einer der kabarettistischen Widerhaken in dieser Melange aus Optimismus und Zeitbild.

Auch auf der Bühne ist Gerron jetzt Star. Er inszeniert 1930 drei Revuen für Rudolf Nelson, kreiert mit dem Hollaender/Nelson-Chanson »Das Nachtgespenst« einen – durch Plattenaufnahmen erhaltenen – Schlager.

An diese Bühnenerfolge möchte Ufa-Produzent Bruno Duday anknüpfen und macht Gerron das Angebot, 1931 sechs kurze Kabarettfilme zu drehen. Im Vorprogramm kehrt so das Kino zu seinen Ursprüngen zurück: Erfolgreiche Sketche, Chansons und Schlager, verbunden durch einen Conferencier. Produktionsleiter Duday versucht offenbar, Gerron in seiner Produktionsgruppe als Spezialist für gepflegte Unterhaltung aufzubauen, eine Art Gegenstück zum Kollegen Reinhold Schünzel, der in der Gruppe von Günter Stapenhorst beginnt, seinen ganz speziellen Komödienstil als Regisseur zu entwickeln.

Im selben Jahr dreht Gerron den ersten abendfüllenden Spielfilm – MEINE FRAU, DIE HOCHSTAPLERIN. Käthe von Nagy und Heinz Rühmann sind die Hauptdarsteller dieser Komödie um Schiebungen, Schwindel und »Luftgeschäfte«. Publikum und Kritik sind angetan.

In Gerrons ES WIRD SCHON WIEDER BESSER spielt Rühmann einen arbeitslosen Ingenieur. Aus dem Titelschlager von Jurman, Kaper und Rotter:

Pleite heißt das Wort, das heute jeder stöhnt
doch wir haben uns daran gewöhnt.
Nur ein bißchen Mut, dann wird alles gut,
irgendetwas muß auf dieser Welt gescheh'n!
Doch sind die Sorgen noch so groß, dann denkt man sich: Na schön,
es wird schon wieder besser,
es wird schon wieder besser,
schließlich einmal muß es uns doch besser geh'n.

Auch EIN TOLLER EINFALL ist mit Willy Fritsch, Max Adalbert und Rose Barsony erstklassig besetzt.

Gerrons Rauschgiftreißer DER WEISSE DÄMON (1932) mit Hans Albers, Alfred Abel, Peter Lorre und Gerda Maurus wird erst nach erheblichen Schnittauflagen freigegeben und wandert schnell wieder in den Giftschrank der Ufa. Dennoch lobt der *Film-Kurier*: »...häufen sich publikumswirksame Momente: Kulissenluft, Kaschemmenromantik, raffinierte Tricks der Giftschmuggler, aufregende Jagden und Außenaufnahmen auf hoher See, von Paris und Lissabon.« Anerkennung auch für den Regisseur: »Kurt Gerron hat seine Stärke in den Verbrecherszenen und da, wo das Publikum lachen soll.«

Nur die nationalsozialistische Zeitschrift *Der Deutsche Film* geifert 1932 in ihrer ersten Ausgabe: »Es ist ein Skandal, der zum Himmel schreit, daß bei der Ufa deutsche Künstler und Musiker keine Möglichkeit haben, beschäftigt zu werden, aber es wimmelt von Ausländern wie Ucicky, Gerron und Liebmann.« Gerron reagiert ironisch auf diese und ähnliche Anwürfe. Seine Aufnahmeleitung nennt er »meine kleine SA«. Nicht ahnend, daß dieses Aperçu zum Faustschlag wird, der ihn selbst gnadenlos trifft. Am 1. April 1933, während der Dreharbeiten zu dem Film KIND, ICH FREU MICH AUF DEIN KOMMEN, unterbricht der Aufnahmeleiter die Szene und befiehlt höhnisch: »Alle Juden verlassen das Studio!«

Der so hinausgeworfene Regisseur Kurt Gerron geht in den folgenden Jahren den langen Weg durch alle Stationen eines Künstlerexils, schließlich bleibt er in Holland. 1940 holt ihn der Faschismus ein. 1943 Festnahme, Lager Westerbork, dann Transport nach Theresienstadt.

In Theresienstadt ist Gerron, deutscher Jude, Schauspieler und Regisseur, eingestuft als »Prominenter«. So erhält er Privilegien: größere Essensrationen. Und: Er darf mit seiner Frau zusammenleben, mit anderen Paaren in einem durch Decken abgeteilten Raum. Gerron beteiligt sich an der »Freizeitgestaltung«, gründet ein Kabarett. Er nennt es »Karussell«. Im Juni 1944 wird Gerron zur Lagerkommandantur befohlen. Lagerkommandant Rahm weist Gerron an, »im Namen des Reichsführers SS« Ausarbeitung und Regie eines Films über Theresienstadt zu übernehmen. Darüber, wie der Führer den Juden eine Stadt »schenkte«. Ein Gedemütigter soll demütig dem Demütiger huldigen. Gerron ist irritiert, erschrocken. Er berät sich mit dem jüdischen Ältestenrat. Ein Ausweichen, gar Verweigern ist unmöglich. Der Ältestenrat empfiehlt, sich dem Auftrag besser nicht zu entziehen. Kurt Gerron geht daran, ein Drehbuch zu schreiben. Leitfaden ist ein Text des Vorsitzenden des Ältestenrates, Eppstein, konzipiert als eine Art Prolog. In dem schon mehrfach von der Lagerleitung zensierten Text heißt es unter anderem: »Wir haben in diesen Jahren, in denen Theresienstadt zu einer jüdischen Siedlung umgestaltet worden ist, eine Selbstverwaltung aufgebaut ... Lebensformen sind dabei entstanden, die in der Arbeitspflicht für unsere Gemeinschaft, nicht im Besitz oder Herkunft verankert sind ... in der es unser Schicksal ist, abgeschlossen wie auf einer Insel zu leben.« Gerron ist unversehens im Arbeitsalltag eines Regisseurs. Er skizziert Szenen eines »Insel«-Daseins, die Normalität vorgaukeln:

»Stadtbaracke – Badergasse 7
1. Totale:
Schwenkaufnahme über die ganze Baracke. Kinder spielen, Frauen stricken und unterhalten sich
2. Halbtotale:
Auf den Tisch mit spielenden Kindern und Frauen, die sich miteinander unterhalten
3. Detail:
Von einer Frau an diesem Tisch
4. Detail:
Von zwei Frauen an diesem Tisch
5. Detail:
Kinder am Bettrand sitzend und spielend
6. Fahraufnahme:
Durch die ganze Baracke, beginnend beim Tisch, wo die Frauen lesen und Kinder spielen.«

Ein Bekannter Gerrons, der niederländische Zeichner Jo Spier, illustriert das Drehbuch mit Hunderten kleiner Skizzen. Ansichten einer netten, kleinen Stadt, freundlich, beschaulich. Normalität überall: keine Seuchen, kein Hunger, keine Transporte. Der Tod ist fern, er lugt nicht einmal durch das Dekor. Er schaut dem Autor und Regisseur ständig über die Schulter.

Das Drehbuch wird in Berlin genehmigt. Am 16. August 1944 beginnen die Aufnahmen. Gedreht wird bis zum 11. September. Aus Prag, von der Wochenschau »Aktualita«, kommen Ton- und Lichtwagen sowie dienstverpflichtete Kameramänner. Während der Aufnahmen ist die Kamera von SS-Männern umstellt.

Der Historiker H. G. Adler nennt diese Vorgänge eine »Gespenstersatire als Folie zu der abgründigen Dämonie von Konzentrations- und Vernichtungslagern. In diesen Wochen kann man Theresienstadt als Hollywood der Konzentrationslager bezeichnen.«

Der Schatten des Fürsten Potemkin geht um. Die Sitzungen des Ältestenrates werden für die Aufnahmen aus der düsteren Kanzlei einer Kaserne in einen lichten und elegant eingerichteten Saal des Sokolhauses verlegt. Statisten tummeln sich im Schwimmbad der SS. Die Welt soll glauben, das Ghetto verfüge über ein Strandbad. Ein Kaffeehaus wird installiert, große Sonnenschirme aufgestellt, Bänke verteilt, eine »Speisehalle« errichtet. Feuerwehrmänner erhalten Uniformen. Sie löschen einen fingierten Brand. Die Kamera läuft.

Ein Liedtext von Rudolf Lederer, »Der heilige Potemkin«, kommentiert im Untergrund diese Draperie:

Wir sind von Gott begnadet
Mit Gütern allerlei,
Es wäre nur zu wünschen,
Sie ständen uns auch frei...
Drin gibts zum Schwimmen Bäder,
Allein zum Filmen nur,
Rings reihn sich Felder, Wiesen,
Uns ist verwehrt Natur...
Ward auch der äußre Anstrich
Aufs eifrigste verschönt,
In Wahrheit bleibt's das Ghetto,
Ist auch das Wort verpönt.

Die tschechische Schauspielerin Vera Schönova (später in Israel: Nava Shan) erinnert sich der Absurdität der gefilmten Lüge: »Gerron benahm sich so, als ob er Regisseur in einem großen Ufa-Studio wäre, war von seiner Arbeit ganz besessen und hatte vergessen, daß er im KZ war und was für einen Film er drehte. Er war anscheinend nur glücklich, daß er Gelegenheit hatte, in seinem Beruf zu arbeiten.«

Am zweiten Tag der Aufnahmen schreibt Gerron in seinem Drehbericht an die Lagerleitung: »Es wurden wieder sehr viele und sehr schöne Aufnahmen gemacht, weit mehr Einstellungen, als im Dispositionsplan vorgesehen waren. Nach den bisherigen Erfahrungen darf ich ruhig sagen, daß unsere Filmarbeit reichliches Material liefern wird, um einen international erstklassigen Reportagefilm zu garantieren. Herr SS-Obersturmführer Rahm erschien im Laufe des Nachmittages bei den Aufnahmen und war anscheinend mit dem Fortgang der Arbeit sehr zufrieden.«

Am 31. August unterzeichnet Gerron ein Schreiben der »Freizeitgestaltung Abt. Film« an die »Arbeitszentrale«: »Soeben erhalten wir Disposition von Seiten der Dienststelle, laut der damit zu rechnen ist, daß morgen, den 1.9.1944, um 3 Uhr in HV ein Fußballmatch ›Ligasieger gegen Pokalsieger‹ gefilmt wird. Wir brauchen dazu 3000 Zuschauer... Wir legen Wert darauf, daß unter den Zuschauern auch sehr viel Jugendliche sich befinden. Bitte aber in keinem Fall alte Leute.«

Am 7. September ersucht Gerron Dr. Hahn für Aufnahmen der Zahnambulanz, »eine Höhensonne mit einigen niedlichen, aber nicht etwa blonden Kindern in die chirurgische Ambulanz bringen zu lassen, weil wir dort 5 Stühle zur Verfügung haben.«

Auch dieser Aktenvermerk blieb erhalten: »Alle Künstler und Mitarbeiter treffen sich morgen, den 19.8.44, Punkt 13.15 Uhr BV/III. Hof. Sitzgelegenheiten und Trinkwasser mitbringen.« An diesem Tag sind die Aufnahmen des dritten Drehtages im Drabschitzer Kessel vorgesehen: »Freizeitveranstaltung mit Kabarettvorführungen mit 2000 Zuschauern.« Hier hat sich Gerron selbst einen Auftritt ins Drehbuch geschrieben.

Als Vorschlag für den Schnitt der am 19.8. entstandenen Szenen notiert Gerron:

860 *Nah* – Mitschwenk mit Gerron
862 *Groß* – Ellie von Bleichröder
863 *Groß* – Dr. Grabower
864 *Groß* – Der frühere General v. Hänisch mit seiner Frau
865 *Groß* – Bühne: Gisa Wurzel und Kurt Gerron
866 *Groß* – Herr Kozower mit zwei Kindern
867 *Groß* – Frau Franzi Schneidhuber
868 *Nah* – Bühne: Der Kanonensong.
Ende der Dreigroschenoper Applaus.

Gerrons Schnittbuch zählt 1148 Einstellungen auf. Seine Montagehinweise gelangen zusammen mit dem Filmmaterial nach Prag, etwa 15.000 Meter.

In Theresienstadt verschwindet der Kulissenspuk so schnell, wie er für die Inszenierung aufgebaut worden ist. Der Alltag der »intensivierten Transporte« nach Auschwitz eliminiert sämtliches »Dekor«. Die Ghettobevölkerung wird von 60.000 auf 12.000 Menschen »reduziert« – umgebracht.

Am 6. April 1945, wenige Wochen vor der Befreiung, besucht eine Delegation des Internationalen Roten Kreuzes das Ghetto. Nach einem Rundgang wird ihr der Film vorgeführt, eine knappe Dreiviertelstunde lang. Es sind die von Gerron gedrehten Filmbilder. Es ist die erste dokumentarisch belegte Vorführung.

Dann verliert sich das Schicksal der Kopie wie auch des gesamten Materials im Dunkeln. Jahre später tauchen Fragmente wieder auf. Die filmische Manipulation, von den Ereignissen überholt und ihres propagandistischen Ziels verwehrt, existiert heute nicht mehr in ursprünglicher Gestalt. Es bleibt eine Menetekel von 14 Minuten.

Als »sein« Film zum erstenmal gezeigt wird, lebt Kurt Gerron schon lange nicht mehr. Von Nava Shan stammt diese Nachricht: »Ich sah Gerron zum letzten Mal am Tage seiner Verschickung auf der Bahnhofsrampe von Theresienstadt als verängstigten Menschen, der die Hoffnung hatte, dem Schicksal entgehen zu können, da er ja für die Deutschen den Film gedreht hatte. Das hat er auch dem SS-Mann gesagt. Ich hörte das. Ich stand einige Schritte von ihm. Aber der SS-Mann hat ihn geschlagen und in den Waggon gestoßen.«

Fred Gehler

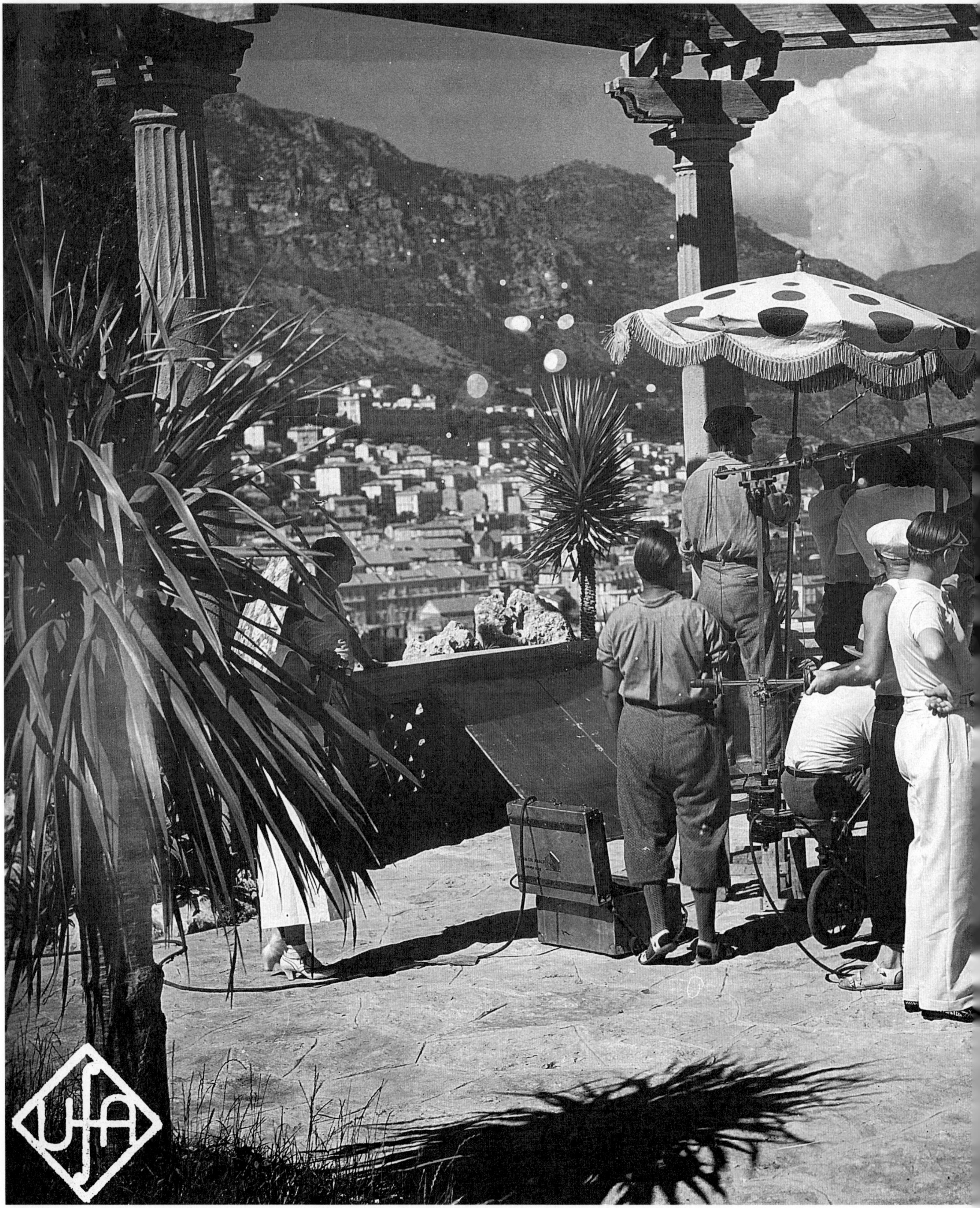

»MANOLESCU – welcher Fangtitel! Der Halbdunkel-Held, Dieb von Diamanten und Königstöchterherzen. Dem Publikum schwant so etwas, wenn es die Ankündigung im Kino liest; es konstatiert freudevoll, daß die Ufa bekannte Stars für die Revue des Gentleman-Verbrechers einsetzte: Brigitte Helm, Heinrich George, Dita Parlo, Mosjukin; der Zulauf ist sicher, das Kinogeschäft garantiert.
Nicht enttäuscht wird das Publikum von der Fülle der technischen Virtuositäten. Viel steckt drin.
Kein Aufwand gespart!
Gut und teuer.
Gegen die Unterwelt-Filme schuf man einen »Oberwelt«-Film. Weltstädte zeigen ihre Bildreize verschwenderisch. Nebelnächte und Lichtglanzabende von Paris.

Immer wieder das einzige Paris. Ein verzauberter Platz von Monte Carlo. Berliner Barock.
New Yorker Himmelkratzer. Dazwischen Hotelschönheiten, D-Zugromantik, Riviera, Schweiz, Luxusbehausungen, köstliche Badezimmer, mondäne Tanzfeste, ein Russenorchester einmal, berauschen gedreht; Bildmusik – ohne Tonfilm.

An der rastlosen Kamera steht ein reifer Meister: Carl Hoffmann; Meister der Filmkulisse bauen Gedichte aus Luxusschimmern: Herlth und Röhrig. Meister der Produktion bestimmen den Geschmackston: Block-Rabinowitsch.
O diese Meister!«
(Hans Feld, Film-Kurier, 23.8.1929)

1936. Weiberregiment.
REG Karl Ritter. RAS Friedrich Karl von Puttkamer. AUT Hans Fitz, Rudo Ritter. KAM Konstantin (Irmen-)Tschet. BAU Max Mellin, Franz Koehn. SCH Gottfried Ritter. TON Ludwig Ruhe. MUS Ernst Erich Buder. LT Bruno Balz, Alexander Flessburg. MT ›Heute bin ich so fidel!‹.
DAR Heli Finkenzeller (Rosl), Erika von Thellmann (Cilli Samhaber), Hermann Erhardt (Braumeister Alois), Theodor Danegger (Faktotum Korbinian), Oskar Sima (Ignaz), Beppo Brem (Koch Seppl), Hansi Thoms (Jungknecht Toni), Erna Fentsch (Magd Vroni), Hella Graf (Magd Theres), Ursula Junghann (Magd Gusti), Liselott Klingler (Magd Annamirl), Louise Löhr (Magd Marie), Theodolinde Müller (Magd Urschi), Herma Relin (Magd Zenzi), Franz Loskarn (Knecht Beni), Herbert Spalke (Knecht Pankraz), Hans Schneider (Knecht Wastl), Fritz Bölke (Knecht Lampert).
PRO Ufa. Herstellungsgruppe: Karl Ritter. HEL Karl Ritter. AUL Fritz Koch. DRZ Mitte Januar - Ende Februar 1936. DRO Ufa-Atelier Neubabelsberg; AA Bischofswiesen, Berchtesgaden. LNG 2451 m, 90 min. ZEN 8.4.1936, Jv. URA 9.7.1936, München; 10.7.1936, Berlin (Ufa-Palast am Zoo).
Rosl, die junge Erbin des Zacherlbräu, ist auf ihrem Hof allein unter lauter Männern, die ihr nur ungern gehorchen. Allen voran der Braumeister Alois. Die resolute Tante Cilli kommt zur Hilfe. Sie schickt die Männer fort. Nun werden nur noch Mägde eingestellt.

1936. Les pattes de mouche.
REG Jean Grémillon. RAS Louis Chavance. AUT Jean Grémillon, Roger Vitrac; nach dem Bühnenstück von Victorien Sardou. DIA Roger Vitrac. KAM Ewald Daub. BAU Willi A. Herrmann, Alfred Bütow. TON Walter Rühland. MUS Lothar Brühne.
DAR Pierre Brasseur (Michel), Renée Saint-Cyr (Suzanne), Georges Rollin (Paul), Mila Parély (Marthe), Charles Deschamps (M. Thirion), Claude May (Clarisse), Jean Aymé (Baptiste), Lucien Dayle (Léonard), Robert Le Flon (Busonier), Jenny Burnay (Colomba), Marguerite Templey (Mme. Ducharme), Anna Lefeuvrier (Julia), Claire Gérard, Georges Prieur (Vanhove).
PRO Ufa / ACE. SUP Raoul Ploquin. DRZ Januar 1936. DRO Ufa-Atelier Berlin-Tempelhof. LNG 85 min. URA 22.5.1936, Paris (Max Linder).
– AT: Une lettre brûlante, Fin de siècle.
– In französischer Sprache hergestellt.
Clarisse, die im Begriff ist, eine Vernunftehe einzugehen, schreibt einen Brief an ihren Geliebten Michel, den dieser nicht erhält. Er fühlt sich verraten. Dann findet sich der Brief an, verschwindet nochmals und taucht wieder auf, bis schließlich Suzanne, Clarisses Freundin, und Michel ihre Liebe zueinander entdecken.

1936. Waldwinter.
REG Fritz Peter Buch. AUT Curt J. Braun, Fritz Peter Buch; nach dem Roman von Paul Keller. KAM Günther Rittau, Otto Baecker. BAU Max Mellin. SCH Walter Fredersdorf. TON Walter Rühland. MUS, ML Hans Ebert. LT Fritz Peter Buch. MT ›Schön ist das Leben‹.
DAR Hansi Knoteck (Marianne von Soden), Viktor Staal (Walter Peters), Ingeborg Hertel (Ingeborg), Eduard von Winterstein (Förster), Hans Zesch-Ballot (Dr. Fritz Heidecke), Volker von Collande (Glasbläser Hartwig), Ewald Wenck (Baumann), Theodor Popp (Erich Flemming), Paul Rehkopf (Sternitzke), Heinz Berghaus, Achim von Biel, Eduard Bornträger, Leo Delsan, Ingolf Kuntze, Karl Morvilius, Josef Reithofer, Beppo Seidler (Baudenwirt), Erik Schütz, Günther Vogd, Eduard Wenck.
PRO Ufa. Herstellungsgruppe: Ulrich Mohrbutter. HEL Ulrich Mohrbutter. AUL Alexander Desnitzky. DRZ Anfang Februar - Ende März 1936. DRO Ufa-Atelier Neubabelsberg, Ufa-Atelier Berlin-Tempelhof; AA Riesengebirge, Umgebung von Kynau, Kynsburg (Schlesien). LNG 2504 m, 91 min. ZEN 25.5.1936, Jv. URA 14.7.1936, Berlin (U.T. Kurfürstendamm, U.T. Friedrichstraße, Titania-Palast).
Für Marianne von Soden ist bereits der erste Tag ihrer Ehe mit Dr. Heidecke eine Enttäuschung. In der Einsamkeit der Berge will sie sich Klarheit über ihr Leben verschaffen. Dort aber trifft sie auf den jungen Schriftsteller Peters.

Immer Ärger mit Brigitte

Ein Star muckt auf: Der Fall Brigitte Helm

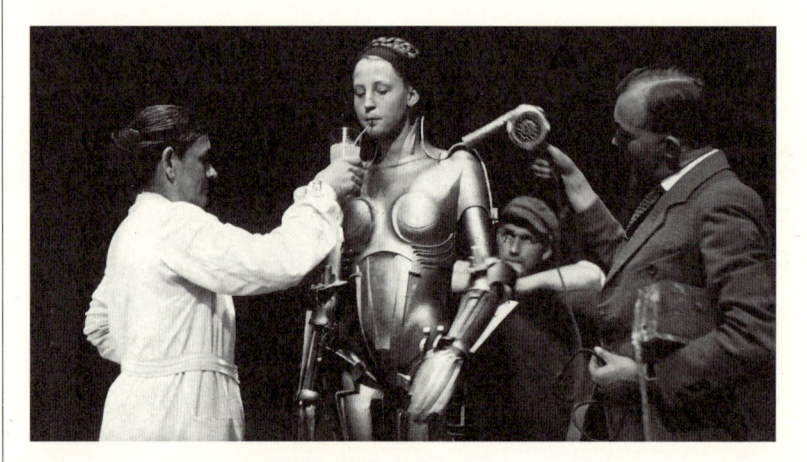

Fürsorge für den Jungstar: Brigitte Helm als Maschinenmensch in METROPOLIS

Fritz Lang hat das Mädchen entdeckt und engagiert sie: gleich für eine Hauptrolle. Brigitte Schittenhelm ändert ihren Namen und spielt unter der Fuchtel des Regie-Diktators für RM 500 Monatsgage die Maria in METROPOLIS. Danach ist Brigitte Helm ein Star.

Die Ufa nimmt sie unter Vertrag: Laufzeit ein Jahr mit Optionsklausel auf Verlängerung des Engagements. Sie bekommt RM 2000 monatlich, ist aber nicht das ganze Jahr über beschäftigt. Also wird mit der Schauspielerin ein lukrativer Handel getrieben. Die Abschlüsse werden auf der Vorstandssitzung besprochen. »Ihre Ausleihung an die Universal Pictures Corporation zum Preise von RM 5000 für den Monat wird genehmigt.« Ein gutes Geschäft – die Ufa kann die Helm-Gage zum 1. März 1928 auf RM 3500 erhöhen und erzielt immer noch einen Gewinn. Und schon gibt es neue Anfragen: Die Greenbaum-Film möchte die Helm für MANOLESCU, und dafür bekommt die Ufa den Film für ihren Verleih. Dann will die ASFI, die Associated Sound Film Industries Ltd. in London, die Schauspielerin für ihren Tonfilm CITY OF SONGS; gedreht wird in mehreren Sprachversionen, die deutsche Fassung sichert sich die Ufa für das Vertriebsgebiet Deutschland und Zentral-Europa. Das System funktioniert bestens, die Methode garantiert die Auslastung des Stars und beschert dem Konzern nebenbei zusätzliche Filme fürs Verleihprogramm.

Leider ist Brigitte Helm eine eigenwillige Person. Von Jahr zu Jahr steigert sie ihre Gagenforderung: Ende 1928 zahlt man ihr zähneknirschend 7000 Mark monatlich, 1929 gar 9000 Mark. Damit nicht genug: Der Star begehrt auf. Sie kündigt fristlos ihren Vertrag. Vier Punkte sind es, die sie gegen die Ufa ins Feld führt: mangelhafte Star-Propaganda, falsche Besetzung (sie will nicht auf die Vamp-Rolle festgelegt werden), die rigiden Pflichten und Einschränkungen bis hin zur Bestimmung des Körpergewichts sowie, Hebel zur Gagenerhöhung, Fortfall der Vertragsgrundlage nach Einführung des Tonfilms. Das einberufene Schiedsgericht der Spio entscheidet gegen die Schauspielerin. Kurt Gerron als Vorsitzer wird prinzipiell: »Wir stehen nun einmal auf dem Standpunkt, daß Verträge nicht leichtfertig gelöst werden können.«

»In jedem Verbrecher lebt ein Spießer, der will Bürger sein. So moralisieren die Filmerfinder. Manolescu wird zum Dieb, weil ihn der Trieb nach einem Vamp kitzelt. Ein ganz undämonischer, höriger commis voyageur. So spielt ihn auch Mosjukin ... Neben der knappen Geschichte vom reinen Toren, der Diamanten stehlen lernt, erlebt man noch einen Garbo-Film; das göttliche Weib – Brigitte Helm seine Interpretin. René Hubert umgibt das lockende Fleisch der Helm wieder mit prachtvollen Kostümen. Sie verletzt in fesselnder Weise sämtliche Garbo-Patente. Aber dieser europäische Übervamp hat gerade dadurch seine große Gemeinde.«
(Hans Feld, 1929)

Ivan Mosjoukin in Manolescu
mit
Brigitte Helm
Heinrich George
Dita Parlo
Manuskript: Nach einer Filmnovelle von Hans Szekely, frei bearbeitet von Robert Liebmann
Regie: W. Turjansky
Ein Film der Bloch-Rabinowitsch-Produktion der Ufa.

Schiedsrichter Gerron äußert sich zum Star-Prozeß

1. Reklame

Die Ufa hat Frau Helm in dem Vertrage »Starreklame« bewilligt.

Die Voranzeigen der Ufa auf der Titelseite des Film-Kuriers unter dem Zeitungskopf links oben für den Film Manolescu lauteten folgendermaßen:

Ivan Mosjukin
in dem Film
Manolescu
mit
Brigitte Helm
Regina Parlo
Heinrich George

Frau Helm beschwerte sich wiederholt bei der Ufa und sah in dieser Reklame keine Starreklame und eine persönliche Schädigung, da auch trotz ihrer Beschwerden vorerst keine Änderung erfolgte. Alle anderen Ankündigungen (Säulenplakate, ganzseitige Reklamen in den Fachblättern) sind nicht beanstandet worden.

Tatsache war, daß die Ufa trotz ihrer Zusage einer Starreklame für Frau Helm eine darüber hinausgehende Reklameverpflichtung mit Herrn Mosjukin eingegangen war.

Das Schiedsgericht ist zu der Überzeugung gelangt, daß bei der Starreklamenverpflichtung kein anderer Schauspieler größer oder auffallender angekündigt werden darf als der betreffende Star. Bei der ungeheuren Wichtigkeit der Reklame in der Filmbranche und der tatsächlichen, allerdings schwer in Ziffern umzurechnenden Bedeutung für den Filmschauspieler sieht das Schiedsgericht in dieser dem Vertrage entgegenstehenden Versäumnis von seiten der Ufa auch einen Schaden für Frau Helm, den festzusetzen jedoch nicht Gegenstand dieses Prozesses ist.

Dagegen war das Schiedsgericht einstimmig der Ansicht, daß dies die Beklagte keineswegs zu einer fristlosen Kündigung ihres bestehenden Vertrages berechtigt hat:

2. Falsche Beschäftigung

Das schwer zu entscheidende Problem der falschen Beschäftigung erstreckte sich auf folgende in die Vertragsdauer fallende vier Filme:

1. Die Jacht der 7 Sünden
2. Skandal in Baden-Baden
3. Nina Petrowna
4. Manolescu.

Bei den ersten beiden Filmen erschienen tatsächlich in einem Teil der Fach- und Tagespresse Vorwürfe gegen die Ufa wegen falscher Beschäftigung der Brigitte Helm.

Keineswegs wird aber auch nur ein einziger Mensch auf die Idee kommen, daß die Ufa ihrem Star etwa absichtlich ungünstige Rollen gibt.

Tatsache ist ferner, daß Frau Helm in den beiden letzten Filmen einen absolut einstimmigen großen Erfolg bei Presse und Publikum errungen hat.

Das Schiedsgericht, das ja in dem Vertrage zur Schlichtung von Unstimmigkeiten vorgesehen ist, hat Frau Helm darauf aufmerksam gemacht, daß sie vor Übernahme einer ihr ungeeignet erscheinenden Rolle jederzeit das Schiedsgericht und (damit verbunden) Sachverständige anrufen könne.

3. Unsittlichkeit einiger Vertragspunkte und deshalb Nichtigkeit des ganzen Vertrages

Hier handelte es sich hauptsächlich um einen Passus, nach dem das Körpergewicht der Frau Helm, das bei Abschluß des Vertrages 118 Pfd. betrug, während der Vertragsdauer nicht 120 Pfd. überschreiten dürfe, d.h. Frau Helm dürfe nicht mehr als 2 Pfd. zunehmen.

Ich betone erst einmal, daß eine Gewichtszunahme bisher noch nicht erfolgt ist, also ein tatsächlicher Streitfall nicht vorliegt. Aber die Zumutung der Ufa ist doch wohl eine stark ungeschickte Nachahmung gewisser amerikanischer Praktiken.

Das Schiedsgericht faßt diese Klausel auch keineswegs so albern auf, sondern sieht darin eine gewisse Vorsicht der Ufa, die die für den Typ der Frau Helm notwendige moderne Figur gesichert haben wollte. Eine Festlegung auf ein bestimmtes

1936. Schlußakkord.
REG Detlef Sierck. RAS Erich Kobler. AUT Kurt Heuser, Detlef Sierck. KAM Robert Baberske. KAS Walter Pindter, Bruno Stephan. STF Horst von Harbou. BAU Erich Kettelhut. REQ Otto Krüerke, Otto Arndt. KOS Eduard Weinert, Wilhelmine Spindler. MAS Atelier Jabs. SCH Milo Harbich. TON Fritz Seidel. MUS Kurt Schröder; unter Verwendung von Melodien aus Ludwig van Beethovens ›9. Symphonie‹, Peter Tschaikowskys ›Nußknackersuite‹ und Georg Friedrich Händels ›Judas‹. LT Rudi Keller. MT ›Aus deinen Augen strahlt mir das Glück!‹. AUS Orchester der Berliner Staatsoper, Berliner Solisten-Vereinigung. GES Erna Berger, Luise Willer, Rudolf Watzke, Hellmuth Meichert.
DAR Lil Dagover (Charlotte Garvenberg), Willy Birgel (Generalmusikdirektor Garvenberg), Maria von Tasnady (Hanna), Maria Koppenhöfer (Wirtschafterin Freese), Theodor Loos (Professor Obereit), Peter Bosse (kleiner Peter), Albert Lippert (Gregor Carl-Otto), Kurt Meisel (Baron Salviany), Hella Graf (Frau Czerwonska), Erich Ponto (Schwurgerichtsvorsitzender), Paul Otto (Staatsanwalt), Alexander Engel (Mr. Smith), Walter Werner (Dr. Smedley), Eva Tinschmann (Oberschwester), Carl Auen, Margarete Arndt-Ober, Erich Bartels, Rolf Becker, Johannes Bergfeld, Helmut Bergmann, Werner Bernhardy, Ilse Boy-Wölffer, Tony Bonsch, Ursula Deinert, Peter Elsholtz, Ly Eyk, Robert Forsch, Hildegard Friebel, Ruth Gehrs, Kurt Hinz, Marthe von Kossatzky, Heinz Könecke, Liselotte Köster, Kurt Lenz, Richard Ludwig, Erich Meißel, Odette Orsy, Hermann Pfeiffer, Ernst Sattler, Paul Salzmann, Walter Steinweg, Werner Stammer, Friedrich Teidge, Ilse Trautschold, Inge Vesten, Tilly Wedekind, Bruno Ziener.
PRO Ufa. Herstellungsgruppe: Bruno Duday. HEL Bruno Duday. PRL Erich Holder. AUL Fritz Schwarz. DRZ März - April 1936. DRO Ufa-Atelier Neubabelsberg. LNG 2789 m, 102 min. ZEN 10.6.1936, Jv., f. URA 27.6.1936, Dresden (Capitol, Vorpremiere anläßlich der Reichstagung der Filmtheaterbesitzer); 24.7.1936, Berlin (Gloria-Palast). – Prädikat: Künstlerisch wertvoll. – IFF Venedig 1936: Pokal der Generaldirektion für das Schauspielwesen für den besten musikalischen Film.

Hanna ist ihrem Mann nach New York gefolgt, nachdem er wegen Versicherungsbetrugs aus Deutschland geflohen war. Er begeht Selbstmord. Hanna stürzt in völlige Apathie, bis sie Beethovens Neunte Sinfonie im Radio hört: übertragen aus der Berliner Philharmonie. In Deutschland ist noch ihr Junge geblieben, Peter, der vom Beethoven-Dirigenten Garvenberg adoptiert worden ist. Zurück in Berlin, wird Hanna Erzieherin Peters, ohne erkannt zu werden. Sie wird von ihrem Sohn geliebt und von Garvenberg verehrt. Charlotte Garvenberg stirbt, Hanna wird des Mordes verdächtigt. Ein Gericht überführt den wahren Täter.

1936. Die Stunde der Versuchung.
REG Paul Wegener. RAS Rolf Meyer. AUT Erich Ebermayer. KAM Karl Hasselmann. KAS Felix Nerlich, Karl Buhlmann. STF Kael Wunsch. BAU Otto Moldenhauer, Carl Machus. REQ Otto Garden. KOS Adolf Schroeder. GAR Marie Arndt. MAS Charlotte Pfefferkorn. SCH Fritz Christian Mauch. TON Joachim Thurban. MUS Giuseppe Becce.
DAR Lida Baarova (Irene Leuttern), Gustav Fröhlich (Rechtsanwalt Dr. Leuttern), Harald Paulsen (MacNorris), Theodor Loos (Geheimrat Rüdiger), Elisabeth Wendt (seine Frau Alice), Bruno Ziener (Bürovorsteher Neumann), Margarete Lanner (Frau Dr. Rübsam), Rudolf Klein-Rogge (Kriminalrat Brandt), Karl Hannemann (Kriminalkommissar März), Konrad Cappi (Konsul Dittrich), Margot Erbst (Frau Dittrich), Hertha Guthmar (Frl. von Birkenfeld), Walter Gross (Billie Miller), Karl Platen (Logenschließer), Josefine Dora (Gardrobenfrau), Clemens Andrijenko (Herzog von Mantua), Ludwig Körner (Rigoletto), Gotthold Ditter (Graf Monterone), Wilhelm Spering (Graf Ceprano), Erna Westenberger (Gräfin Ceprano), Edwin Heyer (Marullo), Rudolf Schramm (Borsa), Hermann Lüddecke (Opernregisseur), Rudolf Kölling (Ballettmeister), Egon Balog, Ulli Friese, Emmerich Hanus, Loni Heuser, Paul Hildebrandt, Gustav Mahnke, Edith Meinel, Odette Orsy, Georg A. Profe, Alfred Pussert, Kurt Richards, Kurt von Ruffin, Maria Wieke.
PRO Euphono-Film GmbH, Berlin; für Ufa. Herstellungsgruppe: Krüger - Ulrich. HEL Ernst Krüger, Hans Herbert Ulrich. PRL Franz Vogel. ASS Erich Palme. AUL Ernst Körner. DRZ Ende März - Ende April 1936. DRO Ufa-Atelier Neubabelsberg, Ufa-Atelier Berlin-Tempelhof. LNG 2063 m, 75 min. ZEN 12.6.1936, Jv. URA 29.9.1936, Berlin (Capitol).
– AT: Abend in der Oper.

Als der vielbeschäftigte Rechtsanwalt die Puderdose seiner Ehefrau in der Wohnung eines soeben erschossenen Lebemanns findet, zweifelt er für einen Moment an ihrer Treue. Doch eine Dame der vornehmen Gesellschaft wird als Täterin entlarvt.

Helm, der Vamp, in MANOLESCU

Gewicht macht das Schiedsgericht nicht mit, sondern wünscht diesen Punkt nach der allgemeinen (im BGB vorgesehenen) Verkehrssitte gewertet. Eine evtl. Schwangerschaft (Frau H. hatte nach Vertragsschluß geheiratet) steht ganz gesondert. Jedenfalls haben wir bei aller Objektivität auch hierin keinen Grund zur sofortigen Vertragslösung gesehen.
Einige andere angegriffene Vertragspunkte sind ganz unwesentlich und können unerwähnt bleiben.

4. Mitwirkung im Tonfilm
Nun zu dem umstrittenen und auch gegenwärtig Fabrikanten und Schauspieler am meisten interessierenden Punkt, zu der Frage:
Ist ein Schauspieler, der in einem langfristigen Jahresvertrag zu einer Filmfabrikationsfirma steht, verpflichtet, auch in Tonfilmen mitzuwirken?
Ich freue mich, feststellen zu können, daß wir auch in dieser schwierigen Frage zu einem einstimmigen Ergebnis gekommen sind.
Wir haben eine prinzipielle Entscheidung nicht vorgenommen, nur den vorliegenden Fall begutachtet und sind zur Bejahung dieser Frage gelangt. Da muß ich aber etwas weiter ausholen.
Frau Helm hat einen Vertrag bis zum 1.3.1930. Am 1.12.1929 hat die Ufa das Optionsrecht auf ein weiteres Jahr mit einer um 2000 Mark höheren Monatsgage.
(Wir haben diese »einseitige Option« gebilligt, da sie ja nur für die Dauer eines Jahres gilt, und die enormen Reklame- und Propagandainvestitionen der Ufa in den Namen der B. H. berücksichtigt werden müssen.)
Zur Zeit des Vertragsabschlusses zwischen beiden Kontrahenten war bei uns in Deutschland vom Tonfilm noch keine Rede.
Trotzdem kann unserem Spruche nach Frau H. ihre Mitwirkung in einem Tonfilm nur dann verweigern, wenn sie dafür völlig ungeeignet erscheint und somit eine schwere Schädigung ihrer Karriere geltend machen könnte.
Frau Helm will aber im Prinzip sehr gerne tonfilmen, nur verlangt sie dafür eine Erhöhung ihrer Monatsgage. Das haben wir ablehnen müssen, denn Frau Helm wird trotz des »Tones« keine größere Arbeit zu leisten haben.
Sie hat bei ihrer Jahresgage bisher vier Filme gespielt. Bei der ungefähr doppelt so langen Tonfilmherstellung wird Frau H. wohl nur zwei Filme im Jahre spielen können, d.h., pro Film eine halbe Jahresgage erhalten. (Dies eine Erwiderung auf die »großen Angebote« von anderen Filmgesellschaften.)

aus: Film-Kurier, 20.9.1929

Den Schiedsspruch erkennt Brigitte Helm nicht an. Doch auch vor der Bühnenkammer des Arbeitsgerichts unterliegt sie. Daraufhin strebt sie eine Klage gegen die Ufa an. Sie kommt nicht weit: Der Filmkonzern sitzt am längeren Hebel. Bei Prozeßkosten von 5.000 Mark und einem aufgelaufenen Schuldenberg von 18.000 Mark muß sie schließlich klein beigeben.

Nach komplizierten Verhandlungen kann Corell in der Vorstandssitzung am 1. November 1929 verkünden: »Frau Helm nimmt alsbald ihre Arbeit bei der Ufa wieder auf.« Man hat sich auf einen Vergleich geeinigt, der drei Tage später vom Aufsichtsrat abgesegnet wird: Die Ufa zahlt der in Finanznöten steckenden Schauspielerin einen Vorschuß von RM 23.000. »Diesen Vorschuß hat sie bei Beendigung ihres Vertragsverhältnisses zurückzuzahlen. Geschieht dies nicht, so haben wir eine Option auf ein weiteres Jahr.« Brigitte Helm bleibt der Ufa erhalten, und die zwei Monate, in denen sie nicht im Atelier erschien, hat sie nachzuarbeiten. Es bleibt ihr keine andere Wahl: Sie steckt beim Konzern tief in der Kreide, wird ihre Schulden nie los. Sie ist ein Ufa-Star wider Willen.

Michael Töteberg

Kurzfilme der Ufa 1931-33

1931

Januar. ★ 1930. **Wie eine Pfaff-Nähmaschine entsteht.** 4 Akte, 1788 m. ★ 1930. **Die sprechende Fabrik.** 1 Akt, 300 m. ★ 1930. **Unter der Tropensonne Indiens.** 1 Akt, 283 m. ★ 1930. **Die Töne, die nie verklingen.** 1 Akt, 323 m. ★ 1930. **Aus dem Paradiese.** 1 Akt, 130 m. ★ 1930/31. **Hafer.** 1 Akt, 200 m. ★ 1930/31. **Die einfachste Lösung.** 1 Akt, 315 m. ★ 1930/31. **Hilfe in Not.** 1 Akt, 240 m. ★ 1930/31. **Von Makkaroni und Spagetti.** 1 Akt, 310 m. ★ 1930/31. **Wie Ali und Wolfi Freunde wurden.** 1 Akt, 275 m. ★ 1930/31. **Wolken, Wind und Wetter.** 2 Akte, 568 m. ★ 1930/31. **Porzellan.** 1 Akt, 306 m. ★ 1930/31. **Verwendung der Larssen-Spundwand. Teil 2.** 2 Akte, 793 m. ★ 1930/31. **Je länger, je lieber.** 1 Akt, 265 m. ★ 1930/31. **Weißes Blut.** 1 Akt, 301 m. ★ 1930/31. **Ehe im Tierreich.** 1 Akt, 439 m. ★ 1930/31. **Eine Wanderfahrt.** 1 Akt, 130 m. ★ **Februar.** ★ 1930/31. **Wie Blüten werden.** 1 Akt, 257 m. ★ 1930/31. **Bärenjagd in den Karpathen.** 1 Akt, 293 m. ★ 1930/31. **Von den ältesten Lebewesen der Welt.** 1 Akt, 127 m. ★ 1930/31. **Europas letzte Pelikane.** 1 Akt, 275 m / 1 Akt, 301 m. ★ 1930/31. **Die Nähmaschine.** 2 Akte, 582 m. ★ 1930/31. **Das Rätsel.** 1 Akt, 144 m. ★ 1930/31. **Wie entsteht ein Stabilbaukasten?** 2 Akte, 551 m. ★ 1930/31. **Große Fahrt. Auf dem DKW. im Lande des gelben Drachen.** 1 Akt, 263 m. ★ **März.** ★ 1930/31. **Der gläserne Motor.** 4 Akte, 1646 m. ★ 1930/31. **Eine Reise unter der Mitternachtssonne.** 7 Akte, 2556 m. ★ 1930/31. **Der Feuerwehrdruckschlauch.** 5 Akte, 1385 m. ★ 1930/31. **Geisterschenke.** 1 Akt, 286 m. ★ 1930/31. **Die Braunkohle.** 7 Akte, 1761 m. ★ 1930/31. **Von Bienen, Pinien und – Schuhen.** 1 Akt, 268 m. ★ 1930/31. **Geheimnisse im Pflanzenleben.** 1 Akt, 340 m. ★ 1930/31. **Detektiv Mikroskop.** 1 Akt, 282 m. ★ **April.** ★ 1931. **Der rechte Weg zur Gartenfreude.** 2 Akte, 603 m. ★ 1931. **Es brennt.** 1 Akt, 282 m. ★ 1931. **Der weiße Freund.** 2 Akte, 754 m. ★ 1931. **Reisen ohne Geld.** 1 Akt, 122 m. ★ **Mai.** ★ 1931. **Räuber im Vogelreich.** REG Ulrich K. T. Schulz. PRL Nicholas Kaufmann. 1 Akt, 215 m. ★ 1931. **Liebesleben der Pflanzen.** REG Wolfram Junghans. Wisenschaftliche Leitung und Bearbeitung: Ulrich K. T. Schulz. PRL Nicholas Kaufmann. 1 Akt, 308 m. ★ 1931. **Goldgräber in Rumänien.** REG Johannes Guter, Ulrich K. T. Schulz. KAM Kurt Stanke, Bernhard Juppe. MUS Ludwig Brav. PRL Nicholas Kaufmann. 1 Akt, 266 m. ★ 1931. **Tanzendes Holz.** REG Ulrich K. T. Schulz. AUT Wilhelm Prager. MUS Ludwig Brav. PRL Nicholas Kaufmann. 1 Akt, 310 m. ★ 1931. **Schwimmende Güterzüge.** 2 Akte, 845 m. ★ 1931. **Ein schwieriger Tiefbau.** 1 Akt, 533 m. ★ 1931. **Union-Heizung.** 2 Akte, 738 m. ★ 1931. **La plante, vivant mystère. (Geheimnisse im Pflanzenleben).** 1 Akt, 328 m. ★ **Juni.** ★ 1931. **Götterspeise.** 2 Akte, 608 m. ★ 1931. **Die Natur als Lehrmeisterin der Industrie.** 1 Akt, 520 m. ★ 1931. **Das Endspiel der Deutschen Fußballweltmeisterschaft 1930/31.** 1 Akt, 270 m. ★ **Juli.** ★ 1931. **Lehrmeisterin Natur.** REG Fritz Kallab. 1 Akt, 290 m. ★ 1931. **Die Vermehrung bei den Pflanzen.** 1 Akt, 299 m. ★ 1931. **In den Wipfeln des Hochwaldes.** REG Ulrich K. T. Schulz. PRL Nicholas Kaufmann. 1 Akt, 306 m. ★ **August.** ★ 1931. **Von Ibissen und Reihern.** 1 Akt, 226 m. ★ 1931. **Am laufenden Band.** REG Hermann Böhlen. 1 Akt, 300 m. ★ 1931. **Überall spricht man davon.** 1 Akt, 235 m. ★ **September.** ★ 1931. **Besser und gesünder, aber trotzdem billiger.** 2 Akte, 618 m. ★ 1931. **Neuzeitliches Einkochen.** 1 Akt, 290 m. ★ 1931. **Gezähmte Tiere.** REG Ulrich K. T. Schulz. SPR Fritz Alberti. 1 Akt, 763 m. ★ 1931. **Das geheimnisvolle Schiff.** SPR Fernlenkoffizier Wagner. PRL Nicholas Kaufmann. 1 Akt, 512 m. ★ 1931. **Ein Tag in der Münchener Lodenfabrik.** 1 Akt, 144 m. ★ 1931. **Instinkt und Verstand.** REG Felix Lampe. KAM Bernhard Juppe, Werner Krien. 7 Akte, 2711 m. ★ 1931. **Die Skagerrak-Schlacht.** 2 Akte, 596 m. Gekürzte Fassung. ★ 1931. **Der heimliche Freund.** 1 Akt, 133 m. ★ **Oktober.** ★ 1931. **Du und Dein Kind.** 1 Akt, 100 m. ★ 1931. **Peiner Walzwerk, Peine.** 1 Akt, 614 m. ★ 1931. **Holzgewinnung in Rumänien.** 1 Akt, 368 m. ★ 1931. **Aus der Welt der Reemtsma-Zigarette.** 2 Akte, 753 m. ★ **November.** ★ 1931. **Gold des Nordens.** 1 Akt, 302 m. ★ 1931. **Stählerne Wände.** 1 Akt, 293 m. ★ 1931. **Wunder der Tierwelt unter Wasser.** REG Felix Lampe. KAM Bernhard Juppe, Werner Krien, Kurt Stanke, Jünemann. PRL Nicholas Kaufmann. 8 Akte, 2448 m. ★ 1931. **Alfa-Milchfilm.** 2 Akte, 587 m. ★ 1931. **Das technische Auge.** 1 Akt, 296 m. ★ 1931. **Kalk tut not.** REG Ulrich K. T. Schulz. 4 Akte, 1208 m. ★ **Dezember.** ★ 1931. **Bunte Tierwelt.** REG Ulrich K. T. Schulz. KAM Gotthardt Wolff. MUS Ludwig Brav. Künstlerische Beratung: Wilhelm Prager. PRL Nicholas Kaufmann. 2 Akte, 469 m. Erster Farb-Kulturfilm der Ufa. ★ 1931. **Bilder von der Nähmaschine.** 1 Akt, 332 m. ★ 1931. **Lorenzi-Tag.** 1 Akt, 330 m. ★ 1931. **Bauernhochzeit.** REG, AUT Wilhelm Prager. KAM Kurt Stanke. MUS Ludwig Brav, Gesang: Max Kratz. Volkskundliche Beratung: Toni Traunig. PRL Nicholas Kaufmann. 1 Akt, 530 m. ★ 1931. **Wunderwelt des Teiches.** REG Ulrich K. T. Schulz, Wolfram Junghans. 1 Akt, 280 m. ★ 1931. **Stahlverbrauch – ein deutscher Wirtschaftsfaktor.** 4 Akte, 1171 m. ★ 1931. **Wasserfreuden im Tierpark.** 1 Akt, 244 m. Farbe. ★ 1931. **Durch Schaden wird man klug.** 1 Akt, 122 m. ★ 1931. **Das Steinkohlenteeröl und seine Bedeutung für die Holzkonservierung.** 4 Akte, 1720 m. ★ 1931. **Was man von der Pfaff-Nähmaschine wissen muß.** 3 Akte, 954 m. ★ 1931. **Marek Weber und sein Orchester.** 1 Akt, 110 m.

1932

Januar. ★ 1931. **Australien und Neuseeland.** 5 Akte, 1864 m. ★ 1931. **Vom Eisenerz zum Stahldach.** 2 Akte, 714 m. ★ 1931. **Getrennt marschieren – vereint schlagen!** 4 Akte, 1233 m. ★ 1931. **Völkerschicksal zwischen Großem und Indischem Ozean.** REG Felix Lampe. 4 Akte, 1646 m. ★ 1931/32. **Olympische Spiele.** 1 Akt, 398 m. ★ 1931/32. **Einmal gut bleibt gut.** AUT Leopold Kutzke. Zeichnungen: Bert Vogler. 1 Akt, 248 m. ★ 1931/32. **Pommern! Deutsches Land am Meer.** 1 Akt, 285 m. ★ 1931/32. **PS.** REG Ulrich Kayser. KAM Karl Puth. MUS Conrad Bernhard. Puppenspiel: Edith Seehafer. DAR Claire Rommer, Walter Rilla, Paul Henckels. 3 Akte, 1385 m. ★ **Februar.** ★ 1931/32. **Deutsche Woche.** 1 Akt, 523 m. ★ 1931/32. **Unsichtbare Wolken.** REG Martin Rikli. KAM Kurt Stanke. Wissenschaftliche Beratung: Carl Brandmayer, Dipl.-Ing. Hubert Schwardin. PRL Nicholas Kaufmann. 1 Akt, 332 m. ★ 1931/32. **Vom Haferfeld zur Küche.** 1 Akt, 319 m. ★ 1931/32. **Braunkohle und Braunkohle-Brikett.** 5 Akte, 1631 m. ★ **März.** ★ 1931/32. **Rhythmus und Tanz.** REG, AUT Wilhelm Prager. MUS Walter Schönberg. PRL Nicholas Kaufmann. 1 Akt, 353 m. Farbe. ★ 1931/32. **Gehen Sie zu C & A.** 1 Akt, 112 m. ★ 1931/32. **Der Schlager.** 1 Akt, 110 m. ★ **April.** ★ 1932. **Die ungeschlechtliche und künstliche Vermehrung der Pflanzen.** 1 Akt, 138 m. ★ 1932. **Die geschlechtliche Vermehrung der höheren Pflanzen.** 1 Akt, 342 m. ★ 1931/32. **Herbst in Sanssouci.** 1 Akt, 240 m. ★ 1932. **Eile mit Weile.** REG Ulrich K. T. Schulz, Wolfram Junghans. KAM Werner Krien, Bernhard Juppe, Wilhelm Mahla. 1 Akt, 285 m. ★ 1932. **Lebenserscheinungen an den Pflanzen.** 1 Akt, 254 m. ★ 1932. **Von der Entwicklung und vom Bau der Pflanzen.** 1 Akt, 274 m. ★ 1932. **Willison Kuppelung.** 2 Akte, 565 m. ★ **Mai.** ★ 1932. **Ein Nähwunder.** 1 Akt, 238 m. ★ 1932. **Tiere als häusliche Freunde.** 1 Akt, 292 m. ★ 1932. **Hell oder dunkel.** 1 Akt, 322 m. ★ 1932. **Kartoffelflocken.** 1 Akt, 601 m. ★ 1932. **Eine Viertelstunde Auto.** PRL Nicholas Kaufmann. 1 Akt, 287 m. ★ 1932. **Der Geburtstagstraum.** 1 Akt, 106 m. ★ **Juni.** ★ 1932. **Efha.** 2 Akte, 460 m. ★ 1932. **In Heide und Moor.** 2 Akte, 733 m. ★ **Juli.** ★ 1932. **Reinlichkeit ists halbe Leben.** PRL Nicholas Kaufmann. 1 Akt, 317 m. ★ 1932. **Wer rettet uns?** 1 Akt, 348 m. ★ **August.** ★ 1932. **Verkannte Menschen.** REG Kell. PRO Reichsverband der Gehörlosen Deutschlands durch Ufa. 3 Akte, 1074 m. ★ 1932. **Zwischen hier und dort.** 1 Akt, 391 m. ★ 1932. **Nach Indien ins Tamilenland.** REG Wilhelm Prager. AUT Felix Lampe. MUS Hans Trinius. SPR Heinz Salfner. PRL Nicholas Kaufmann. 1 Akt, 342 m. ★ 1932. **Der Zahnmörder.** 1 Akt, 168 m. ★ 1932. **Inseln unterm Kreuz des Südens.** PRL Nicholas Kaufmann. 1 Akt, 329 m. ★ 1932. **Rundfunk einst und jetzt.** REG Johannes Guter. DAR Cornelius Bronsgeest, Lee Parry, Joseph Schmidt, Eduard Künneke, Otto Urack, Max Reimann, Bruno Seidler-Winkler. 2 Akte, 651 m. ★ 1932. **Es klappert die Mühle.** 1 Akt, 517 m. ★ **September.** ★ 1931. **Zu den Kopfjägern durch das Inkareich.** REG Felix Lampe. KAM de Wawrin. 7 Akte, 1981 m. ★ 1932. **Ewig treu.** 1 Akt, 101 m. ★ 1932. **Filmtagebuch vom Krieg in China.** REG, KAM Martin Rikli. 2 Akte, 1199 m. ★ 1932. **Im Heiligtum von Ling-Yin.** REG Martin Rikli. PRL Nicholas Kaufmann. 1 Akt, 366 m. ★ 1932. **Ein Jungbrunnen im Lande der Mitte.** REG Martin Rikli. PRL Nicholas Kaufmann. 1 Akt, 430 m. ★ 1932. **Besonntes Handwerk.** REG Ulrich Kayser. KAM Gerhard Müller. MUS Clemens Schmalstich. PRL Nicholas Kaufmann. 1 Akt, 321 m. ★ 1932. **Ein Garten Eden.** REG Ulrich K. T. Schulz, Wolfram Junghans. AUT Nicholas Kaufmann. KAM Werner Krien, Bernhard Juppe. PRL Nicholas Kaufmann. 1 Akt, 282 m. ★ 1932. **Burgen im afrikanischen Busch.** Expeditionsleiter: Leo Frobenius. 1 Akt, 380 m. ★ 1932. **So ist China.** REG Martin Rikli. 1995 m. ★ **Oktober.** ★ 1932. **Es ist kein Traum mehr.** 1 Akt, 136 m. ★ 1932. **Maschinen arbeiten für Dich!** 4 Akte, 1558 m. ★ 1932. **Tieridylle in der Großstadt.** REG Ulrich K. T. Schulz, Wolfram Junghans. PRL Nicholas Kaufmann. 1 Akt, 345 m. ★ 1932. **Fortschritt.** REG Ulrich Kayser. KAM Gerhard Müller. MUS Rudolf Perak. 4 Akte, 1171 m. ★ 1932. **Unsere Hunderttausend.** REG J. A. Hübler-Kahla. 2 Akte, 726 m. ★ **November.** ★ 1932. **Die Natur als Schützerin im Kampf ums Dasein.** 1 Akt, 338 m. ★ 1932. **Die geschlechtliche Vermehrung bei Algen und Tangen.** 1 Akt, 165 m. ★ 1932. **Für Feder und Bleistift.** 1 Akt, 444 m. ★ 1932. **Genuß und Erholung.** 1 Akt, 130 m. ★ 1932. **Der Watzmann und seine Kinder.** KAM Ernst Baumann. MIT Hans Lepperdinger, Schorsch Mistelberger. PRL Nicholas Kaufmann. 1 Akt, 500 m. ★ 1932. **Geigenzauber.** 1 Akt, 472 m. ★ 1932. **Vom Herzschlag deutscher Arbeit.** 1 Akt, 286 m. ★ 1932. **Vorsicht im Straßenverkehr.** 1 Akt, 285 m. ★ **Dezember.** ★ 1932. **Neuer Ufa Kabarettfilm Nr. 7, 1932 ›Ufa-Bomben‹.** 1 Akt, 445 m. Kompositionen bekannter Schlager aus älteren Ufa-Filmen. ★ 1932. **Völkerwanderungen der Fische.** REG Ulrich K. T. Schulz. KAM Kurt Stanke, Wilhelm Mahla. PRL Nicholas Kaufmann. 1 Akt, 470 m. ★ 1932. **Mehr Sonne.** 1 Akt, 174 m. ★ 1932. **Drei Räuber im Pelz.** KAM Kurt Stanke, Wilhelm Mahla. PRL Nicholas Kaufmann. 1 Akt, 322 m.

1933

Januar. ★ 1932. **Bayerische Heimatklänge.** 143 m, 5 min. ★ 1932/33. **Kinder der Sonne.** 443 m, 16 min. ★ 1932. **Neuer Ufa-Kabarettfilm Nr. 8. Auto.** 488 m, 19 min. Kurzspielfilm. ★ 1932/33. **Vom Räuber zum Jagdgehilfen (Der Iltis).** 122 m, 4 min. ★ 1932/33. **Waldzauber.** 156 m, 6 min. ★ 1932/33. **Palermo und seine Limonenhaine.** 127 m, 5 min. ★ 1932/33. **Hochstraßen der Luft.** REG Fritz Kallab. MUS Walter Winnig. PRL Ulrich Westerkamp. 353 m, 13 min. ★ 1932/33. **Neuer Ufa-Kabarettfilm Nr. 9. Hotel.** 633 m, 23 min. Kurzspielfilm. ★ 1932/33. **Neuer Ufa-Kabarettfilm Nr. 10. Varieté.** 612 m, 22 min. Kurzspielfilm. ★ 1932/33. **Ums Nordkap ins Weiße Meer.** 295 m, 11 min. ★ 1932/33. **Perlender Sonnenschein.** REG Ulrich Kayser. KAM Gerhard Müller. MUS Walter Winnig. 314 m, 12 min. ★ **Februar.** ★ 1932/33. **P.S.** 1021 m, 37 min. ★ 1932/33. **Glücksklee findet eine Heimat.** 178 m, 7 min. ★ 1932/33. **Nordische Vogelberge.** REG Ulrich K. T. Schulz. SPR Philipp Manning. PRL Nicholas Kaufmann. 131 m, 5 min. ★ 1932/33. **Wahlfilm ›Heil Deutschland‹.** 390 m, 15 min. ★ 1932/33. **Eine Viertelstunde Spanisch.** 230 m, 8 min. ★ 1932/33. **Wahlfilm (2).** 878 m, 32 min. ★ **März.** ★ 1932/33. **Im Lande Peer Gynts.** REG, AUT Ulrich K. T. Schulz. KAM Kurt Stanke, Wilhelm Mahla. PRL Nicholas Kaufmann. 390 m, 15 min. ★ 1932/33. **Die Mode der Welt.** 133 m, 5 min. ★ 1932/33. **Wohnung zu vermieten.** 141 m, 5 min. ★ 1932/33. **Palmenzauber.** 105 m, 4 min. ★ **April.** ★ 1933. **Der See der wilden Schwäne.** 367 m, 13 min. ★ **Mai.** ★ 1933. **Im Lande der 1000 Seen.** 358 m, 13 min. ★ 1933. **Wassers Kraft – Segen schafft.** AUT Rudolf Presber. MUS Walter Winnig. 360 m, 13 min. ★ 1933. **Richard Wagner – Deutsche Stätten seines Wirkens.** 472 m, 17 min. ★ 1933. **Dienst am Gut.** 298 m, 11 min. ★ 1933. **Treibende Kräfte.** 1337 m, 49 min. ★ 1933. **Tierzucht im Wasser. Bilder aus der deutschen Teichwirtschaft.** 435 m, 16 min. ★ 1933. **Deutsche Arbeit, deutscher Wein sollen eng verbunden sein.** 453 m, 17 min. ★ 1933. **Für ein deutsches Danzig.** 810 m, 30 min. ★ **Juni.** ★ 1933. **Aus der Heimat des Elchs. Tierbilder aus den finnischen Wäldern.** REG, AUT Ulrich K. T. Schulz. KAM Kurt Stanke. Herstellungsgruppe: Nicholas Kaufmann. 308 m, 11 min. ★ 1933. **Eine Filmreise durch den Menschenkörper.** 1473 m, 54 min. ★ 1933. **Bilder aus der israelitischen Taubstummenanstalt Berlin-Weißensee.** 370 m, 13 min. ★ **Juli.** ★ 1933. **Fahrt zum Iguassu. Deutsche Jungen von Nerother Bund wandern durch Südamerika.** 143 m, 5 min. ★ 1933. **Deutsche Ansiedler in Südbrasilien.** 300 m, 11 min. ★ 1933. **Bilder von der 39. Wanderausstellung der deutschen Landwirtschaft.** 1159 m, 42 min. ★ 1933. **Filmurkunden von Deutschlands Eroberung der Luft.** 526 m, 19 min. ★ 1933. **Grüne Vagabunden.** 389 m, 14 min. ★ 1933. **Ausländischer Besuch im neuen Deutschland.** 1118 m, 41 min. ★ **August.** ★ 1933. **Der Werdegang eines Taubstummen.** 379 m, 14 min. ★ 1933. **Affenstreiche.** REG Wolfram Junghans. KAM Paul Krien. SPR Harry Gondy. Herstellungsgruppe: Nicholas Kaufmann. 532 m, 19 min. ★ **September.** ★ 1933. **Weimar. Der Ehrentag der Nationalsozialistischen Regierung in Thüringen.** 131 m, 5 min. ★ **Oktober.** ★ 1933. **Mit Kreuzer ›Königsberg‹ in See.** REG Martin Rikli. AUT Franz K. Hoefert. MUS Walter Winnig. 533 m, 19 min. ★ 1933. **Mit Elly Breithorn zu den Deutschen in Südwest-Afrika.** 443 m, 16 min. ★ 1933. **Arbeit.** 452 m, 17 min. ★ 1933. **Die verschwundene Speisekarte.** 204 m, 7 min. ★ 1933. **Schönheit des Haares durch Handwerkskunst und Wissenschaft.** 1015 m, 37 min. ★ 1933. **Die ideale Wohnung.** 802 m, 29 min. ★ 1933. **Die Lohntüte.** 100 m, 4 min. ★ **November.** ★ 1933. **Das Vermächtnis des Sebastian Kneipp.** 144 m, 5 min. ★ 1933. **Buddhas im Dschungel.** 317 m, 12 min. ★ 1933. **Wolkenkratzer in Südarabien.** 337 m, 12 min. ★ 1933. **Wasser hat Balken.** REG Wilhelm Prager. KAM Kurt Stanke, Ulrich K. T. Schulz, Hundhausen, Lehne, Frentz, Jansen. MUS Clemens Schmalstich. Herstellungsgruppe: Nicholas Kaufmann. 1163 m, 42 min. ★ 1933. **Von Gemsen und Steinböcken.** 423 m, 15 min. ★ 1933. **Schokolade.** 338 m, 12 min. ★ **Dezember.** ★ 1933. **Gespeicherte Sonnenenergie.** 1036 m, 38 min. ★ 1933. **Besuch der Motor-SA in Leuna.** 121 m, 4 min. ★ 1933. **Uralte Kräfte wirken.** 380 m, 14 min. ★ 1933. **Weihnachtszeit im schönen alten Nürnberg.** 237 m, 9 min. Sonderfilm der Ufa-Tonwoche. ★ 1933. **Vom Amselfeld zum Ochidasee. Bilder vom Volkstumsfest in Südserbien.** 497 m, 18 min. ★ 1933. **Vom Hamburger Dom.** 273 m, 10 min. Sonderfilm der Ufa-Tonwoche.

1936. Boccaccio.
REG Herbert Maisch. RAS Kurt Hoffmann. AUT Emil Burri, Walter Forster. KAM Konstantin (Irmen-)Tschet. KAS Erich Schmidtke. STF Willi Klitzke. BAU Otto Hunte, Willy Schiller. REQ Max Linde, Emil Freude. KOS Manon Hahn. GAR Georg Paersch, Ida Revelly, Max König. MAS Atelier Jabs. SCH Carl-Otto Bartning. TON Erich Leistner, Fritz Thiery. MUS, ML Franz Doelle. LT Charles Amberg. MT ›Bella Fiametta‹, ›Strahlende Sonne‹, ›Romantische Nächte‹, ›Alles, alles tu' ich aus Liebe‹. CHO Jens Keith. DAR Willy Fritsch (Schreiber Petruccio), Heli Finkenzeller (Fiametta), Albrecht Schoenhals (Herzog von Ferrara, Cesare d'Este), Paul Kemp (Verleger Calandrino), Fita Benkhoff (Bianca), Gina Falckenberg (Francesca), Albert Florath (Hauptmann Bartolomeo), Tina Eilers (Pia), Ernst Waldow (Vertrauter Ricco), Hans Herrmann-Schaufuß (Oberrichter), Helmut Weiß (Kleinhändler Geronimo), Vilma Bekendorf, Rudolf Biebrach, Horst Birr, Jac Diehl, Fred (Selva-)Goebel, Clemens Hasse, Karl Harbacher, Max Hiller, Oskar Höcker, Annemarie Korff, Maria Loja, Hermann Mayer-Falkow, Heinz Müller, Helmut Passarge, Klaus Pohl, Paul Rehkopf, Paul Schwedt, Hans Waschatko, Kurt Felden (Gerichtsschreiber).
PRO Ufa. Herstellungsgruppe: Max Pfeiffer. HEL Max Pfeiffer. AUL Dietrich von Theobald. DRZ Anfang Februar - Mitte April 1936. DRO Ufa-Atelier Neubabelsberg. LNG 2413 m, 88 min. ZEN 13.6.1936, Jv. URA 31.7.1936, Bad Nauheim; 11.8.1936, Berlin (Ufa-Palast am Zoo).
Unter dem Pseudonym Boccaccio schreibt Petruccio, Schreiber am Stadtgericht, delikate Liebesgeschichten zur Freude der Frauen und Mädchen von Ferrara. Die Stoffe entnimmt er dem Leben des Herzogs. Dafür müßte Petruccio, als Richter eingesetzt, sich selbst verurteilen, wird aber auf Wunsch der Frauen durch den Herzog begnadigt.

1936. Der Bettelstudent.
REG Georg Jacoby. RAS Herbert B. Fredersdorf. AUT Walter Wassermann, Charlotte H. Diller; nach der Operette von Carl Millöcker. KAM Ewald Daub. KAS Willi Bloch, Gerhard Brieger. STF Heinz Ritter. BAU Fritz Maurischat, Karl Weber. REQ Otto Rülicke, Arthur Schwandt. KOS Herbert Ploberger. GAR Hans Kothe, Fritz Strack, Maria Hellmer-Kühr, Charlotte Lamprecht. MAS Willy Weber. SCH Herbert B. Fredersdorf. TON Carlheinz Becker. MUS, ML Alois Melichar; nach den Melodien der Operette von Carl Millöcker. LT Franz Baumann. MT ›Nimm mein Herz in Deine Hände‹, ›Du, oh Du‹, ›Und ich hab' sie ja nur auf die Schulter geküßt‹. GES Marika Rökk, Johannes Heesters. CHO Sabine Ress. DAR Marika Rökk (Bronislawa Nowalska), Ida Wüst (Palmatica Gräfin Nowalska), Johannes Heesters (Simon Rymanowicz), Fritz Kampers (Oberst Ollendorf), Bertold Ebbecke (Jan Janicky), Harry Hardt (Rittmeister) Hans Joachim Schaufuß (Fähnrich Henrici), Ernst Behmer (Gefängniswärter Enterich), Wilhelm Bendow (Friseur), Gerhard Bienert (Tierbudenbesitzer Kinsky), Karl Platen (Diener Stefan), Paul Schwedt (Korporal), Reinhold Bernt (Pedell), Oskar Aigner, Herbert Ebel, Carl Iban, Ernst Rennspieß, Paul Schäfer, Max Vierlinger, Karl Wegner, Frank Winkler.
PRO Ufa. Herstellungsgruppe: Max Pfeiffer. HEL Max Pfeiffer. AUL Ludwig Kühr. DRZ Mitte März - Mitte April 1936. DRO Ufa-Atelier Neubabelsberg. LNG 2605 m, 95 min. ZEN 16.6.1936, jf. URA 29.8.1936, Venedig (IFF). DEA 1.9.1936, Hamburg (Ufa-Palast); 23.11.1936, Berlin (Ufa-Palast am Zoo).
– Prädikat: Künstlerisch wertvoll.
Oberst Ollendorf fühlt sich beleidigt, als er bei einem Fest nach einem Kußversuch den Fächer der Komtesse Laura zu spüren bekommt. Sein Racheplan mißlingt. Die beiden Komtessen Laura und Bronislawa verlieben sich in die vermeintlich fahrenden Studenten, die Ollendorf für seinen Plan engagiert hatte, und alles endet mit dem Friedensschluß zwischen Polen und Sachsen.

1936. Stradivaris Schülergeige.
REG Eduard von Borsody. AUT Werner E. Hintz. KAM Günther Anders. BAU Hermann Asmus. MUS Lothar Brühne. DAR Babette Jensen, Karl Hellmer, Hans Joachim Schaufuß, Josef Karma, Erich Fiedler.
PRO Ufa. PRL Erich von Neusser. LNG 553 m, 20 min. ZEN 16.6.1936, B.42630, Jf.
– Kurzspielfilm.

Auf Feindfahrt
»Morgenrot« von Gustav Ucicky

1932 gilt für Deutschland immer noch das U-Boot-Verbot. Trotzdem oder gerade darum möchte die Ufa-Leitung die Legende vom heldenhaften U-Boot-Krieg auf die deutschen Leinwände bringen. Im Neubabelsberger Studio wird das Innere eines U-Bootes nachgebaut, Tonapparatur, Kamera und Scheinwerfer auf engstem Raum installiert.

Für die Außenaufnahmen im Finnischen Meerbusen gibt die Admiralität in Helsinki ihr Einverständnis und leistet wohlwollende Unterstützung: Ein U-Boot, ein Torpedoboot, zwei große Schlepper und ein Zweimaster (der als U-Boot-Falle gebraucht wird) werden zur Verfügung gestellt.

Im Oktober 1932 startet das 30-köpfige Team in Helsingfors. Die Dreharbeiten werden zu einer Kraftprobe für alle Beteiligten: Zehn Tage Kampfszenen, 48 Tauchmanöver in zwei Tagen. An der Seite des Regisseurs Gustav Ucicky arbeitet einer der bekanntesten U-Boot-Führer des Ersten Weltkriegs, Kapitän Fürbringer. Auch Produzent Günter Stapenhorst kennt sich aus, er war Marineoffizier.

MORGENROT wird einen Tag nach der Machtübernahme in Essen uraufgeführt und kommt am 2. Februar in Berlin heraus. Die Filmpremiere wird zur politischen Demonstration. »Ungewöhnlich das äußere Bild dieser Premiere«, bemerkt der *Berliner Lokalanzeiger*, »ein bunter Strom von Frauen und Männern, dazwischen das Grau der Reichswehr, das Blau der Marine, das Braun der SA und das Graugrün des Stahlhelms«. Dann der Höhepunkt der Inszenierung: der Auftritt des Führers. »Als in der großen Mittelloge im Rang der Kanzler Adolf Hitler, der Vizekanzler v. Papen und Minister Dr. Hugenberg erscheinen, brechen die Zuschauer in spontanen Beifall aus.« Klatschen und Heilrufe minutenlang. Die Wochenschau bringt die Bilder vom Fackelzug am 30. Januar, dann stimmt das Ufa-Sinfonie-Orchester mit einer Ouvertüre auf den »größten nationalen Film des Jahres 1933« ein. Während der Vorführung gibt es oft Szenenapplaus. Als ein englisches Schiff versenkt wird, quittieren die Zuschauer den Treffer mit Beifall. »Das Publikum erlebte sichtlich die Gewalt des Films«, beobachtet der *Lokalanzeiger*. »Gerade in diesen Tagen wirkt der Film wie eine Fahne, die man für Ehre und Freiheit entfaltet.«

Am nächsten Morgen apostrophieren die Tageszeitungen – noch ist die Presse nicht gleichgeschaltet – den Film als pazifistisch, kriegerisch, chauvinistisch oder auch nur national, man lobt die künstlerische Qualität oder wundert sich über den Titel,

Der publizistische Steigbügelhalter und seine »Marionette« Reichsminister Hugenberg mit Reichskanzler Hitler bei MORGENROT

Auf Tauchfahrt gegen Engelland Die Crew und ihr Alter: Rudolf Forster als Kapitänleutnant Liers

der keinen rechten Bezug zum Inhalt zu haben scheint. Einig sind sich die Kritiker darüber, daß MORGENROT handwerklich perfekt gemacht ist: Die Montage stellt in harten Schnitten die Dunkelheit und Enge der Kleinstadt dem Innenraum des U-Boots gegenüber. Die beklemmende Dumpfheit wird immer aufgebrochen, wenn die aufgewühlte Wasseroberfläche ins Bild kommt: Auftauchen – Luft – Licht – Freiheit.

Viel altes Preußentum gehört zu diesem Film. Ganz allmählich wird die Starrheit und Verstaubtheit sichtbar, führen die alten Ideale doch letztlich in die Katastrophe. Die preußische Offizierssehre gebietet die Rettung der feindlichen Schiffsbesatzung, selbst um den Preis des eigenen Lebens. Pflichterfüllung bis in den Tod. Der dramatische Höhepunkt des Films: Den Männern wird klar, daß nicht genügend Tauchretter für die gesamte Mannschaft vorhanden sind. Kapitänleutnant Liers schlägt vor, daß er und der Erste Offizier mit dem Boot untergehen, doch die Mannschaft lehnt kategorisch ab: ›Alle oder keiner!‹ Über so viel Opferbereitschaft gerät der Erste Offizier ins Schwärmen: »Solche Menschen! Ich könnte zehn Tode sterben für Deutschland, hundert!« Liers schließt die Diskussion ab, sein Kommentar ist ebenso treffend wie bitter: »Zu leben verstehen wir Deutsche vielleicht schlecht, aber sterben können wir fabelhaft.«

Dem Preußen Liers steht der deutsche Offizier Frederiks gegenüber, er verkörpert die neue Zeit. Damit korrespondieren die Szenen in der Heimat, spiegelt sich derselbe Konflikt bei den Frauen zuhaus. Die Offizierswitwe, gespielt von Adele Sandrock, begründet ihre Haltung mit Otto von Bismarck: »Jeder Krieg, auch der siegreiche, ist immer ein großes Leid für das Volk, das ihn führt.« Sie äußert Verwunderung über die naive Siegeszuversicht der jungen Frauen. Derweil man allgemein vom Sterben spricht, spielt des Funkers Frau (Camilla Spira) gebärfreudiges deutsches Mutterglück. Drehbuch und Inszenierung denunzieren die nachdenkliche alte Frau nicht, im Gegenteil: die Sympathien neigen sich eher ihr zu. Der *Film-Kurier* sieht in der Szene »eine kleine Belehrung für blutrauscherfüllte Chauvinisten«. Auch Siegfried Kracauer meint in der *Frankfurter Zeitung*, der Film führe die heroische Weltanschauung ad absurdum, während das *Reichsfilmblatt* als Botschaft des Films interpretiert, »daß ein so tüchtiges Volk, wie das deutsche Volk, nicht zu verzweifeln braucht, wenn es eine Periode des Darniederliegens durchmachen muß«. Der Film, kein Propagandamachwerk, ist durchaus ambivalent in seiner Aussage. Übrigens erhält MORGENROT im Ausland hervorragende Kritiken. Im englischen Unterhaus sieht man keinen Anlaß, gegen die Aufführung einzuschreiten, auch der Schriftsteller Graham Greene lobt MORGENROT. In Paris feiert man 1934 die Eröffnung eines Kinos mit dem deutschen U-Boot-Film, und das Blatt *Comédia Paris* schwärmt: »Ein Werk von seltener Wirkung, von edler Geistesauffassung, frei von jeder Tendenz und einseitigen Stellungnahmen«.

MORGENROT transportiert nationalsozialistisches Gedankengut nur in Ansätzen, und doch funktioniert der Film und ist mißbrauchbar, wird zum Schlüsselfilm des Kinos im Dritten Reich. MORGENROT sendet einen Code, der vom Zuschauer im damaligen Kontext der Zeitsituation entschlüsselt wird. So kann die deutsche Niederlage im Ersten Weltkrieg emotional verarbeitet werden, ein Raum für Phantasien über neue und alte Feindbilder entsteht. Ein Lied begleitet die Männer, mal traurig, mal angriffslustig interpretiert: »Und wir fahren gegen Engeland...« Die Daheimgebliebenen singen: »Nun danket alle Gott...« Immer wieder das gemeinsame Singen der Akteure. Die Musik macht das Angebot, was Bilder und Dialoge sich versagen.

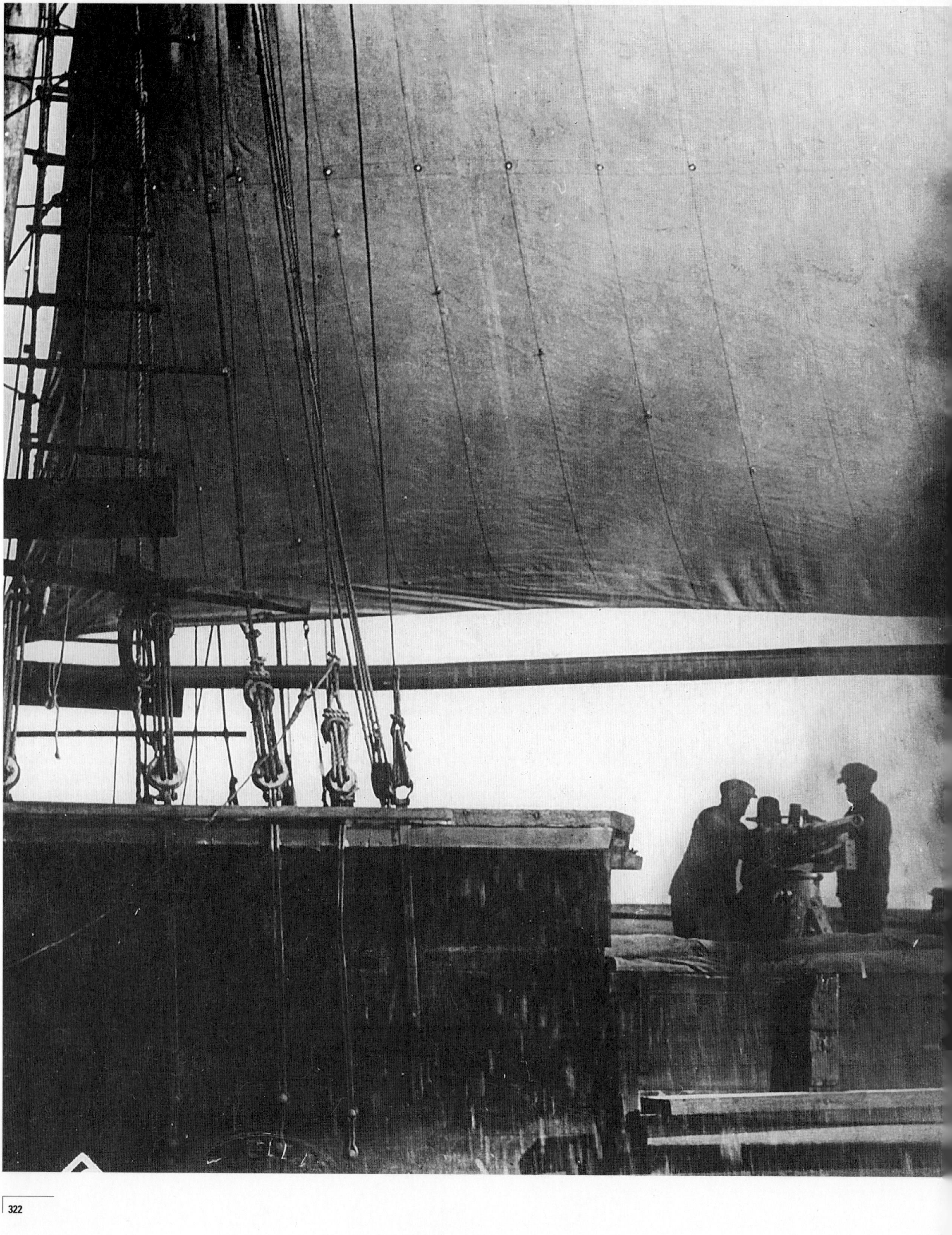

Die englische U-Boot-Falle schnappt zu

Trauer der Mütter auch für die toten Gegner: Adele Sandrock und Rudolf Forster

Die Männer auf dem Boot bilden in der Ausnahmesituation des beengten Raumes und der Bedrohung von außen bereits eine Art Volksgemeinschaft in Miniaturausgabe. Autorität ist erworben und der Kameradschaft ebenbürtig. Gemeinsames Ziel – gemeinsames Handeln, jeder an seinem Platz. Mut und Ehrlichkeit auch im Kampf Mann gegen Mann. Nur Rudolf Forster als Kapitänleutnant Liers mag offenbar keinen rechten Führer darstellen. Als vom Leben gebrochener Halbheld geht er schweren Schrittes durch den Film. Diese seltsame Mischung von Theatersprache und verkürztem Offiziers-Deutsch verfremdet den dramatischen Höhepunkt des Films.

Am 3. September 1939 erklären Großbritannien und Frankreich dem deutschen Reich den Krieg. Im Oktober kommt MORGENROT wieder in die deutschen Kinos. Die pazifistische Sequenz mit Adele Sandrock fehlt, man hat sie geschnitten. Nun kann es keinen Zweifel mehr geben, daß der heroische Kampf damals als Wetterleuchten für das Morgenrot der Gegenwart gemeint ist. Der *Film-Kurier* stellt in der Ausgabe vom 28.10.39 den aktuellen Bezug her: »Wenn wir heute den Film sehen, dann berührt er nicht eine 15 Jahre zurückliegende Zeit, sondern das Geschehen dieser Stunde. Denn wieder fahren deutsche U-Boote gegen England, wieder schlagen unsere Herzen höher...«

Evelyn Hampicke

1936. Standesamt 10.15 Uhr.
REG Jürgen von Alten. AUT Hans Marschall. KAM Herbert Körner. BAU Erich Czerwonski, Karl Böhm. TON Werner Pohl. MUS Walter Sieber.
DAR Werner Finck (Bruno Kestin), Erika Raphael (Hilde, seine Braut), Leo Peukert (Herr Gerber, ihr Vater), Lothar Glathé (Herr Müller, ein kleiner, dicker Herr), Eduard Wenck (Herr Leitner, Portier), Valeska Stock (Frau Neumann, Nachbarin), Oskar Höcker (Taxi-Chauffeur).
PRO F.D.F. Fabrikation Deutscher Filme GmbH, Berlin; für Ufa. PRL Hans von Wolzogen. DRZ April 1936. DRO Ufa-Atelier Neubabelsberg. LNG 370 m, 13 min. ZEN 8.7.1936, B.42822, Jf.
– *Kurzspielfilm.*

1936. Guten Abend – gute Nacht.
REG Jürgen von Alten. AUT Hans Marschall; nach einer Idee von Lydia Binder. KAM Herbert Körner. BAU Erich Czerwonski, Karl Böhm. TON Werner Pohl. MUS Walter Sieber.
DAR Albert Florath (Johannes Brahms), Josefine Dora (Therese, Wirtschafterin bei Brahms), Hans Adolfi (Direktor Grüninger), Harry Hardt (Dr. Grüninger), Hilde Seipp (Helene, seine Frau), Elionor Büller (Gräfin Hellersbach), Erika Raphael (Stefani, ihre Tochter), Gretl Reinwald (Brahms Nachbarin), Wolfgang Kieling (Peterle).
PRO F.D.F. Fabrikation Deutscher Filme GmbH, Berlin; für Ufa. PRL Hans von Wolzogen. DRZ April 1936. DRO Ufa-Atelier Neubabelsberg. LNG 510 m, 19 min. ZEN 8.7.1936, B.42823, Jf.
– *Kurzspielfilm.*

1936. Der Dickschädel.
REG Jürgen von Alten. AUT Rudo Ritter, Hans Marschall. KAM Herbert Körner. BAU Erich Czerwonski, Karl Böhm. TON Werner Pohl. MUS Walter Sieber.
DAR Werner Finck, Gerti Ober, Hans Stiebner, Paul Hildebrandt, Lothar Glathé, Eduard Wenck.
PRO F.D.F. Fabrikation Deutscher Filme GmbH, Berlin; für Ufa. PRL Hans von Wolzogen. DRZ April 1936. DRO Ufa-Atelier Neubabelsberg. LNG 352 m, 13 min. ZEN 8.7.1936, B.42824, Jf.
– *Kurzspielfilm.*

1936. Bezirksvertreter gesucht.
REG Jürgen von Alten. AUT Hans Marschall; nach einem Exposé von H. B. Rumpff. KAM Günther Anders. BAU Hermann Asmus. MUS Werner Eisbrenner.
DAR Reinhold Bernt (Karl Müller), Walter Bluhm (Walter Pohl), Paul Westermeier (Generaldirektor Unger), Erika von Grimborn (Fräulein Braun, seine Sekretärin), Hermann Mayer-Falkow (Koppke).
PRO Ufa. PRL Erich von Neusser. LNG 439 m, 16 min. ZEN 9.7.1936, B.42810, Jf.
– *Kurzspielfilm.*

1936. Die Lokomotivenbraut.
REG Jürgen von Alten. AUT Hans Marschall; nach einem Kriminalfall aus dem Jahr 1930. KAM Günther Anders. BAU Hermann Asmus. MUS Werner Eisbrenner.
DAR Oskar Sima (Erwin Kraatz), Ernst Dernburg (Berchthold), Leo Peukert (Bornig), Marta Maria Newes (Frau Kraatz), Friedl Haerlin (Erika von Dürren), Herbert Gernot (Kriminalkommissar).
PRO Ufa. PRL Erich von Neusser. LNG 441 m, 16 min. ZEN 9.7.1936, B.42831, Jf.
– *Kurzspielfilm.*

1936. Fünf Personen suchen Anschluß.
REG Jürgen von Alten. AUT Martha Wolter. KAM Günther Anders. BAU Hermann Asmus. MUS Werner Eisbrenner.
DAR Paul Westermeier, Ernst Dernburg, Charlotte Ander, Erich Fiedler, Ewald Wenck.
PRO Ufa. LNG 355 m, 13 min. ZEN 9.7.1936, B.42832, Jf.
– *Kurzspielfilm.*

1936. Der Schauspieldirektor.
REG Jürgen von Alten. AUT Philipp Lothar Mayring. KAM Günther Anders. BAU Hermann Asmus. MUS Werner Eisbrenner; nach Wolfgang Amadeus Mozart.
DAR Karl Stepanek, Paula Mara, Oskar Sima, Carla Spletter, Karl Hellmer.
PRO Ufa. LNG 609 m, 22 min. ZEN 9.7.1936, B.42833, Jf.
– *Kurzspielfilm.*

Action, national

Gustav Ucickys Arbeit bei der Ufa

Gustav Ucicky und Schauspielerin Angela Salloker (DAS MÄDCHEN JOHANNA) im April 1935 bei Joseph Goebbels

Der Beginn einer Karriere: Ucicky 1929 als Regisseur seines ersten Ufa-Films DER STRÄFLING AUS STAMBUL mit Betty Amann und Heinrich George

Sieben Jahre lang – von 1929 bis 1936 – arbeitet Gustav Ucicky für die Ufa. Er inszeniert in dieser Zeit dreizehn Filme, dazu vier fremdsprachige Versionen. Er ist ein verläßlicher Regisseur, dem man auch den »nationalen Film« des jeweiligen Produktionsjahres anvertrauen kann: so 1930 DAS FLÖTENKONZERT VON SANSSOUCI, 1931 YORCK, 1932 MORGENROT. 1933 entsteht zudem FLÜCHTLINGE, der erstmals den neugeschaffenen Staatspreis der nationalsozialistischen Regierung erhält. Für die Ufa hat sich die Verpflichtung dieses Regisseurs also durchaus als ein Glücksgriff erwiesen. Doch dieses ›Glück‹ ist, wie so manches andere, dem ausschließlich in geschäftlichen Kategorien denkenden Vorstand auf Dauer zu teuer.

Ucicky, 1899 als unehelicher Sohn des Jugendstilmalers Gustav Klimt geboren, kommt von der Kamera. Er hat in der Sascha-Filmfabrik in Wien sein Handwerk gelernt und ist zum Chefkameramann für die Monumentalschinken – SODOM UND GOMORRHA (1922), DIE SKLAVENKÖNIGIN (1924) – des Ungarn Mihaly Kertesz (der sich später Michael Curtiz nennt) aufgestiegen. 1927 wechselt er zur Regie, spezialisiert sich zunächst auf Unterhaltungsware (TINGEL-TANGEL, CAFÉ ELEKTRIC/DIE LIEBESBÖRSE) und nähert sich über die Münchener Lichtspielkunst der Berliner Filmszene, wo 1929 VERERBTE TRIEBE, »hergestellt unter dem Protektorat und der Mitarbeit des Institutes für Sexualforschung«, ein später Nachläufer der Aufklärungsfilme ist.

Die Ufa verpflichtet Ucicky zunächst für einen Film (DER STRÄFLING AUS STAMBUL), quasi zur Probe, und zahlt ihm für diesen »Ensemblefilm« 6000 RM. Der Vorstand ermächtigt Correll am 11. Februar 1929 zudem, das Drehbuch zu diesem Film, der auf Fedor von Zobeltitz' Roman »Das Fräulein und der Levantiner« beruht und anfangs unter dem möglicherweise etwas anstößigen Arbeitstitel »Der Bigamist« firmiert, für geschätzte 4 bis 5000 RM aufzukaufen. Autoren sind die Österreicher Karl Hartl und Gustav Ucicky.

Diese für die Ufa günstigen Konditionen verändern sich rasch. Der nächste Vertrag, der Ucicky angeboten wird, ist einer der vom Vorstand bevorzugten Staffelverträge über drei Filme, wobei das Honorar jeweils steigt. Gedacht ist an 12.000, 13.500 und 15.000 RM, Ucicky dagegen fordert 14.000, 16.000 und 18.000 RM. Das Protokoll vermerkt »Es wurde beschlossen, dies abzulehnen« (3.2.1930) – was jedoch nicht bedeutet, daß man an der Arbeit Ucickys keinerlei Interesse mehr hat. Dementsprechend einigt man sich auf einen Vertrag über drei Filme zu je 15.000 RM (5.2.1930).

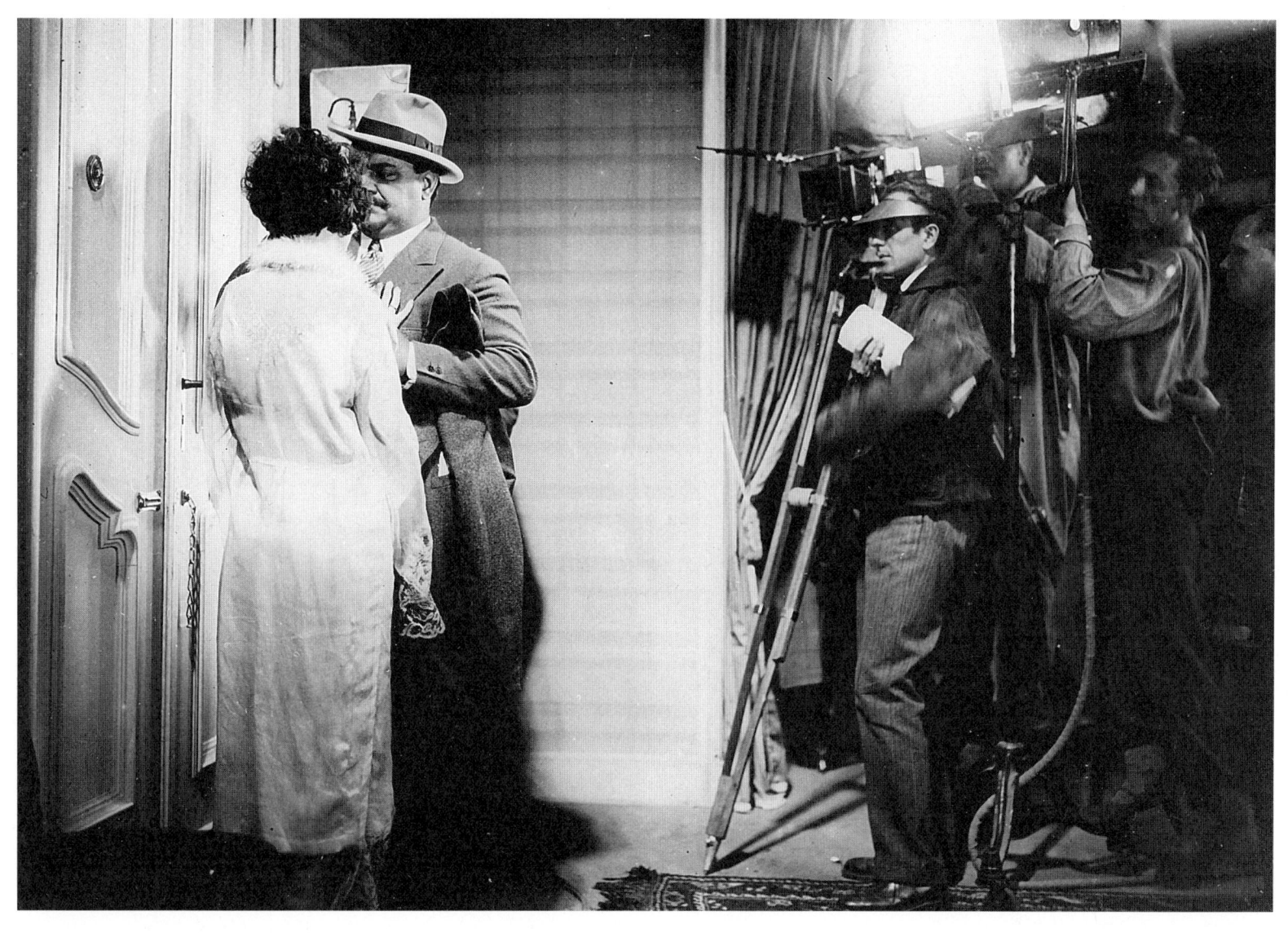

Mit den Erfolgen steigt dann auch das Honorar des Regisseurs – über 25.000 RM pro Film im Jahre 1931 bis schließlich auf 50.000 RM für SAVOY HOTEL 217 im Jahre 1935. Ucicky gehört zu den Spitzenregisseuren und -verdienern. Allerdings lassen die Umstände nicht immer zu, daß er seinem Können entsprechend beschäftigt werden kann. So heißt es im Vorstandsprotokoll vom 27.11.1936: »Der Vertrag mit dem Regisseur Ucicky endet, wie Herr Lehmann ausführt, am 31.3.1937. Vertragsgemäß sind vier Filme herzustellen gegen ein Entgelt von 200.000 RM für Regie und Drehbuch. Ucicky hat jedoch bisher nur in zwei Filmen mitgewirkt. Es ist seitens der Produktion in Aussicht genommen, daß Ucicky im Rahmen des Vertrages noch einen Film herstellt ohne zusätzliche Gage jedoch unter Zahlung von weiteren 15.000 RM für Drehbuchmitarbeit an diesem Film.« Leider muß der Vorstand feststellen, daß Ucicky an der Nichtbeschäftigung für zwei Filme (so stellt sich die Sachlage den Direktoren dar) nicht schuld ist, so daß an Rückforderungen nicht zu denken ist. Also sind Zahlungen ohne Leistung zu verbuchen, was eine so sparsame Geschäftsleitung wie die der Ufa sicherlich stören muß. Als daher Ucicky Anfang 1937 – »entsprechend einem angeblichen Angebot der Tobis« – 70.000 RM Gage fordert, weigert sich das Direktorium, dem stattzugeben, und beharrt auf der bisherigen Honorarhöhe, für einen Film, ohne zeitliche Begrenzung (um die Zahlung an eine tatsächlich erbrachte Leistung zu koppeln und zu verhindern, daß Ucicky jedenfalls dann kein Geld zusteht, wenn Stoffe – ob vom Reichsfilmintendanten oder dem Star Albers, der gern mit Ucicky zusammenarbeitet – abgelehnt werden). »Für den Fall, daß Ucicky nicht weiter in Deutschland zu filmen beabsichtigt, sieht der Vorstand keine Bedenken, daß das jetzige Vertragsverhältnis nicht verlängert wird.« (4.2.1937).

In Deutschland jedoch arbeitet der Regisseur weiter: Die Ufa leiht ihn für den Kleist-Film DER ZERBROCHENE KRUG an die Jannings-Produktion (d.h. an die Tobis) aus. Ob er dort die geforderte Gage erhält, ist nicht bekannt, wohl aber, daß er sie jedenfalls später erhält und damit weiterhin zu den Spitzenverdienern gehört. Und zwar in Deutschland, denn nach dem »Anschluß« Österreichs arbeitet er außer für die Tobis und die Terra (AUFRUHR IN DAMASKUS, 1939) bis Kriegsende ausschließlich für die Wien-Film. Eine ›fruchtbare Zusammenarbeit‹ ist damit zu Ende gegangen, denn es sind die Jahre bei der Ufa, die das Bild des Regisseurs Ucicky dauerhaft prägen.

Dafür sind insbesondere zwei Filme verantwortlich: MORGENROT und FLÜCHTLINGE, die beide jeweils in besonders hervorgehobenen historischen Momenten ihre Premiere haben und entsprechend Aufmerksamkeit finden. MORGENROT ist der »nationale Film« der Saison 1932/33. Schon vor der Übernahme durch Hugenberg gibt es die Filme dieser Kategorie, danach wird die Produktion solcher Sujets zur selbstverständlichen Pflicht. Gemeinsam ist diesen Filmen allerdings eher eine »deutschnationale« als eine nationalsozialistische Tendenz. Sie sind für die NS-Ideologie verwertbar, ohne jedoch ihr direkt zu entspringen.

Siegfried Kracauer bewertet MORGENROT in diesem Sinne, was keineswegs heißt, daß er ihn als eine unproblematische Angelegenheit sieht. Denn selbst jene Stelle im Film, die beim späteren Wiedereinsatz (schon im Zweiten Weltkrieg) geschnitten wird, die Rede Adele Sandrocks über das Sterben, die pazifistisch verstanden werden könnte, propagiert – allerdings im schon skeptischen Ton einer alten, leidgeprüften Mutter – den Wert der Pflicht: »Einen Grund zum Stolzsein gibt es nicht, sie haben ihre Pflicht getan«.

Die Rezeption des Films in der zeitgenössischen Presse reicht von der Forcierung anti-englischer Töne, die schon in der

1936. Inkognito.
REG Richard Schneider-Edenkoben. AUT Richard Schneider-Edenkoben; nach einem Stoff von Harald Bratt. KAM Robert Baberske, Walter Pindter. KAS Herbert Stephan. STF Otto Schulz. BAU Willi A. Herrmann, Alfred Bütow. REQ Erich Düring, Karl Mühlberger. GAR Erwin Rosentreter, Anna Balzer. MAS Atelier Jabs. SCH Walter Fredersdorf. TON Walter Rühland. MUS, ML, LT Friedrich Wilhelm Rust. MT ›Wir woll'n das Leben genießen!‹, ›Leise trägt der Wind Dir zu mein Liebeslied...‹, ›Eine kleine Freude jeden Tag‹.
DAR Gustav Fröhlich (Severin Matthias), Hansi Knoteck (Friedel Reimer), Hans Leibelt (Williges), Hilde Krüger (Alexa Brandt), Ernst Waldow (Fritz Schulze), Erich Fiedler (Max Braun), Otto Stoeckel (Generaldirektor), Eugen Rex (Geschäftsführer Birr), Claire Reigbert (Mutter Brandt), Rudolf Biebrach (Vater Reimer), Maria Krahn (Tante Röschen), Ewald Wenck (Verkäufer Binsel), Hans Richter (Lehrling Ewald Panse), Hans Meyer-Hanno (Schlachtermeister Kulcke), Achim von Biel, Eduard Bornträger, Erich Dunskus, Hilde Heinrich, Karl Morvilius, Michael von Newlinski, Gustav Püttjer (fahrender Gemischtwarenhändler), Berthold Reißig, Otto Sauter-Sarto, Martha Ziegler.
PRO Ufa. Herstellungsgruppe: Ulrich Mohrbutter. HEL Ulrich Mohrbutter. AUL Alexander Desnitzky. DRZ 20.4.1936 - Mitte Mai 1936. DRO Ufa-Atelier Neubabelsberg. LNG 2406 m, 88 min. ZEN 17.7.1936, Jv. URA 31.7.1936, Berlin (Capitol).
Severin Matthias, der junge Chef einer großen Firma, versteht vom Geschäftemachen nur wenig. In einer seiner Filialen geht er unter falscher Identität in die Lehre, bis er schließlich die Gesetze der Betriebswirtschaft begreift und gleichzeitig die Frau seines Lebens ehelicht.

1936. La peau d'un autre. (Ein fideles Gefängnis).
REG, AUT, KAM René Pujol. DAR Armand Bernard (Amédée Lambelin), Janine Merrey (Danièle Bongrand), Ginette Gaubert (Armande Granet), Stéphane Pizella (Claude Granet), Pierre Palau (Jules Bongrand), Blanchette Brunoy (Anne-Marie), Ginette Leclerc (Zézette), Anna Lefeuvrier, André Lefaur (Jean Granet), Jean Dax (Edouard Granet), Charles Redgie, André Siméon. PRO Ufa / ACE. SUP Raoul Ploquin. PRL Pierre /= Peter Paul/ Brauer. DRZ April - Anfang Mai 1936 (?). DRO Ufa-Atelier Neubabelsberg. LNG 2963 m, 108 min. URA 26.7.1936, Berlin (Kurbel); 7.9.1936, Paris (Marignan). – In französischer Sprache hergestellt.
Ein großer pariser Couturier wird wegen Beleidigung der Gendarmerie zu 14 Tagen Gefängnis verurteilt. Er läßt sich von seinem Freund, einem armen Pechvogel vertreten. Daraus ergeben sich eine Reihe von Verwechslungen, die am Ende zu einer Doppelhochzeit führen.

1936. Männer vor der Ehe.
REG Carl Boese. AUT Carl Boese, Erwin Kreker. KAM Carl Drews. KAS Ulrich Heiligenstädt. STF Alexander Schmoll. BAU Willi A. Herrmann, Alfred Bütow. REQ Alfred Schütz, Ernst Thege. GAR Anna Balzer, Otto Zander. MAS Atelier Jabs. SCH Friedel Buckow. TON Werner Pohl. MUS, ML Werner Bochmann. LT Erwin Lehnow. MT ›Es muß nicht gleich die erste sein‹, ›Schöne Frau, so allein?‹, ›Uns kann man nicht den Kopf verdreh'n‹.
DAR Carola Höhn (Maria Rothe), Grethe Weiser (Grete Mahlmann), Tony van Eyck (Trude Müller), Paul Klinger (Fritz Hallborn), Kurt Vespermann (Paul Lange), Hans Leibelt (Heinrich Rothe), Erich Fiedler (Prokurist Rudolf Ried), Josefine Dora (Zimmervermieterin Frau Müller), Annemarie Steinsieck (Hedwig Rothe), Rolf Weih (Axel Rothe), Helen Luber (Gisela Schirmer), Irene Andor, Vilma Bekendorf, Marlis Gefe, Annemarie Korff, Gerda Melchior, Dolly Raphael, Ursula Zeitz, Ernst Behmer (Untermieter Stepphuhn), Horst Birr, Egon Brosig, Karl Platen, Josef Reithofer, Willi Schaeffers, Helmut Weiß.
PRO R. N.-Filmproduktion GmbH, Berlin; für Ufa. Herstellungsgruppe Krüger - Ulrich. PRT Robert Neppach. HEL Ernst Krüger, Hans Herbert Ulrich. AUL Fritz Kurth, Carl Pawel. DRZ Ende April - Ende Juni 1936. DRO Ufa-Atelier Berlin-Tempelhof, Ufa-Atelier Neubabelsberg. LNG 2351 m, 86 min. ZEN 7.8.1936, Jv., nf. URA 14.8.1936, Berlin (U.T. Kurfürstendamm, U.T. Friedrichstraße).
Die Erlebnisse verschiedener Junggesellen.

»Für etwas sterben – den Tod wünsch ich mir« – 1933 treffen Hans Albers und Käte von Nagy den Ton der »neuen Zeit« und werden belohnt: FLÜCHTLINGE ist der erste Film, der mit dem Staatspreis ausgezeichnet wird.

Handlung deutlich genug sind, wenn sich ein harmloses Handelsschiff als britische U-Boot-Falle entpuppt, bis zur Skepsis gegenüber der düsteren Grundstimmung des Films: »Bleibt die Tendenz. Sie ist unschwer zu verkennen. Einmal, am Schluß, sagt der Kommandant zu seinen Kameraden im U-Boot sehr deutlich etwas von der schwarzen Wetterwolke, die mindestens alle fünfzig Jahre über Deutschland hereinbrechen müßte, um das deutsche Volk einig zu machen... Nun, es führen wohl auch noch andere Wege zur Einigkeit als ausgerechnet Krieg, und wenn seine Mutter, die Sandrock mit ihrer düsteren Stimme, sich ein anderes Mal den Hurra-Patriotismus ihrer sie ehrenwollenden Landsleute verbittet und an die vielen Opfer des versenkten feindlichen Schiffes erinnert, dann erschallt lauter Beifall beim Publikum.« (Morgenpost, 3.2.1933).

MORGENROT wird in den USA, laut National Board, als einer der 10 besten Filme des Jahres gewertet. Ähnliche, wenngleich nicht ungebrochene Wertschätzung findet sich noch im Urteil der Control Commission von 1951, wo es resümierend heißt: »Good production with excellent acting, nationalist and militarist propaganda«. In Lob und Kritik kann dem zugestimmt werden. MORGENROT ist, von Schauspielerleistung, Regie, Kamera und Musik her beurteilt, ein ›gelungener‹ Film, dessen Tendenz genau den Absichten nationalistischer Parteien entspricht.

Im Jahr der Machtergreifung realisiert Ucicky mit fast dem gleichen Stab – Buch Gerhard Menzel, Bauten Robert Herlth und Walter Röhrig, Schnitt Eduard von Borsody, Ton Hermann Fritsching, Musik Herbert Windt – einen weiteren Film. FLÜCHTLINGE wird aber niemand für einen ›bloß‹ nationalistischen und militaristischen Film halten können. In den Worten Otto Kriegks, des offiziösen Geschichtsschreibers der Ufa unter dem Nationalsozialismus: »Der Film, der den nationalen Filmpreis des Jahres 1934 erhielt, spiegelte das Drama von vierzig Deutschen, die in Schanghai um ihr Leben zu kämpfen haben. Sie haben mehr als vierzig verschiedene Meinungen über den Weg, den sie gehen müssen; bis einer zupackt und befiehlt. Nur der Führung durch ihn gelingt die Rettung. Im Technischen war der Film eine herrliche Arbeit. Zu den Szenen auf der Leinwand, welche der Zuschauer niemals vergißt, gehört die Fahrt der Lokomotive, an deren Durchbruch das Leben der vierzig Deutschen hängt, über die von ihnen wieder geflickte Strecke. Als die kaum zusammengefügten Schienen sich bogen und unter dem Druck der Lokomoti-

»Wie eine Fahne des Sieges weht der Rauch dieser Lokomotive, die den Zug der Deutschen in Richtung ›Charbin – Schmargendorf‹ führt«, jubelt sich die Kritik 1933 in Stimmung und auch die Auswahl der Darsteller gefällt:

»Neben Hans Albers' forscher Männlichkeit der feste, ruhige, sichere Eugen Klöpfer, dessen prächtiger Kerl dem Führer der Flüchtlinge Bedeutung leiht. Und die Zuversicht der Jugend strahlend verkörpert in Käte von Nagys Kristja: in knappen Knabenhosen fast noch ein Kind, ein gestrafftes Mädchen von heute, aber zart in der Liebe, treue Trösterin und Helferin«.

ve Schotter und Steine sich auseinanderdrückten, waren in jeder Vorstellung die Zuschauer wie betäubt. Sie gingen völlig mit.«

Das klingt nach einem Action-Film, und tatsächlich setzt FLÜCHTLINGE oft auf die Aktion, um die Flucht der vierzig Wolgadeutschen vor den russischen, von einem Politkommissar – zum ersten Mal in dieser Rolle: Andrews Engelmann, der sie in GPU noch gefährlicher und ›dämonischer‹ wiederholen wird – geführten Truppen, mitten im chinesischen Bürgerkrieg des Jahres 1928, zur Geltung zu bringen. Vom technischen Standpunkt bemerkenswert ist sicher die Lichtsetzung, die Leistung der Architekten und manch anderes. Aber stärker noch als in MORGENROT läßt der Film einen Stillstand eintreten, um seine Botschaft loszuwerden. Immerzu werden Menzels Sentenzen – vor allem von Hans Albers – in statuarischer Haltung vorgetragen. Dabei sind die Angriffe auf die »Systemzeit« der Weimarer Republik, auf Demokratie und Diplomatie unüberhörbar. Der Film versucht sich sozusagen an einer Rechtfertigung der »neuen Zeit«, indem er die alte denunziert. Diesen Topos der nachträglichen Rechtfertigung, der immer auch mit der Verunglimpfung des Gegners verbunden ist, zeigen die NS-Filme über den Krieg wie FEUERTAUFE oder auch SIEG IM WESTEN – und ebenfalls Ucickys HEIMKEHR (1941).

Ein gravierender Unterschied zu MORGENROT ist in FLÜCHTLINGE die Auffassung der Hauptfigur: Hans Albers ist wirklich ein Führer, seine Verbindung zu *dem* Führer gesichert. Eine Enttäuschung liegt hinter Albers, der mit den Wolgadeutschen zunächst nichts zu schaffen haben will, weil die ihr Heil wieder von anderen erwarten, statt auf sich selbst zu vertrauen, die immerzu nur reden – »Kein Wort mehr, hier stinkt's ja schon von Worten!« bricht er eine der verhaßten »Diskussionen« ab. Weil er »für das Vaterland« eingetreten sei, habe man ihn in Deutschland für 4½ Jahre ins Gefängnis gesteckt. Auch hier läßt der Führer grüßen. Albers wird von der Inszenierung zur Zentralfigur aufgebaut, die alles weiß und alles kann, die einmal gar die Lokomotive allein über die nachgebenden Schienen zu ziehen scheint.

Die nationalsozialistische Propaganda findet sich in den Dialogen, aber auch in den Personen-Konstellationen; der Führer und die Masse, die arglosen Deutschen und die hinterhältigen Russen, der Held und der Feigling.

Ucickys Arbeiten weisen auch in den folgenden Jahren einen erstaunlich hohen Satz eindeutig propagandistischer Filme auf. Daneben stehen Literaturverfilmungen (DER ZERBROCHENE KRUG, DER POSTMEISTER), Abenteuerfilme und Melodramen. Sein Werk scheint von einem opportunistischen Anschmiegen an politische Forderungen geprägt zu sein. Anders als Karl Ritter, dem zweiten Propaganda-Regisseur der ersten Jahre des Nationalsozialismus, ist Ucicky weder Parteigenosse noch scheint er der NS-Ideologie privat nahezustehen. Da er aber als Regisseur ungleich besserer Leistungen als Ritter fähig ist, sind seine Filme auch die nachhaltigere, in diesen Jahren unzweifelhaft nationalsozialistisch gerichtete Propaganda. Und seine ›unpolitischen‹ Filme, ebenfalls weitaus kompetenter gemacht als die Ausflüge Ritters in die Komödie, belegen ein Können, das aus der gewollten Blindheit entsteht.

Rainer Rother

1936. Un mauvais garçon. (Ihr erster Fall).
REG Jean Boyer. RAS Louis Chavance, Roger Blanc. AUT Jean Boyer. KAM Ewald Daub. MUS Georges Van Parys. DAR Danielle Darrieux (Jacqueline Serval), Henri Garat (Pierre Mesnard), Marguerite Templey (Mme Serval), Fred Pasquali (Petit Louis), Madeleine Suffel (Marie), Jean Dax (M. Feurtier), Leon Arvel (le juge d'instruction), Lucien Callamand (un voisin), Robert Casa (le bâtonnier), Jean Hébey (Fil de Fer), Roger Legris (le vicomte), Edouard Hamel (le secretaire du bâtonnier), Bill-Bocketts (un voyou), Emile Prud'homme (l'accordéoniste), André Alerme (M. Serval), Blanchette Brunoy.
PRO Ufa / ACE. SUP Raoul Ploquin. AUL Claude Martin. DRZ ab Mai 1936. DRO Ufa-Atelier Berlin-Tempelhof, Ufa-Atelier Neubabelsberg. LNG 2143 m, 78 min. URA 13.8.1936, Berlin (Marmorhaus); 8.9.1936, Paris (Marignan).
– In französischer Sprache hergestellt.
Eine junge Rechtsanwältin weigert sich, den Kandidaten zu heiraten, den ihre Familie für sie ausgewählt hat. Nach einigem Hin und Her heiratet sie ihn doch, denn sie stellt zu ihrer eigenen Überraschung fest, daß er mit einem ›schweren Jungen‹ identisch ist, dessen Verteidigung sie übernommen hat.

1936. Verräter.
REG Karl Ritter. RAS Friedrich Karl von Puttkamer. KO Hans Weidemann. AUT Leonhard Fürst; nach einer Idee und einem Manuskript von Walter Herzlieb, Hans Wagner. KAM Günther Anders, Heinz von Jaworsky (Flugaufnahmen). KAS Karl Plinzner. STF Willi Klitzke. BAU Max Mellin, Franz Koehn. REQ Otto Rülicke, Otto Arndt. GAR Paul Haupt, Ida Revelly. MAS Willi Weber, Maria Arnold. SCH Gottfried Ritter. TON Ludwig Ruhe. MUS Harold M. Kirchstein.
DAR Willy Birgel (Agent Morris), Lida Baarova (Marion), Irene von Meyendorff (Hilde Körner), Theodor Loos (Dr. Auer), Rudolf Fernau (Fritz Brockau), Herbert A. E. Böhme (Agent Schulz), Heinz Welzel (Hans Klemm), Paul Dahlke (Agent Geyer), Josef Dahmen (Helfer), Hans ZeschBallot (Dr. Wehner), Sepp Rist (Kommissar Kilian), Volker von Collande (Referendar Kröpke), Ernst Karchow (Major Walen), Siegfried Schürenberg (Oberstleutnant Naumann), Carl Junge-Swinburne (Kommandeur einer Panzerwagen-Abteilung), Otto Graf (Hauptmann Dreßler), Heinrich Schroth (Generaldirektor der T-Metallwerke), Hans Henninger (Max), Carl Auen (Kriminalrat Aßmann), Ewald Wenck (Kriminalkommissar Schober), Willi Rose (Ganove Ede), Gisela von Collande (Trude), Wolfgang Uecker (Edes und Trudes Sohn), Ernst Behmer (Vorstadt-Fotograf), Reinhold Hauer (Pilot), Max Hochstetter (Werkmeister), Hans Meyer-Hanno (1. Hilfsmonteur), Hans Schneider (2. Hilfsmonteur), Helmut Passarge (3. Hilfsmonteur), Kurt Daehn (Geheimkurier), Käthe Buchwalder (Stubenmädchen), Paul Schwed, Egon Brosig, Karl Hannemann, Paul Rehkopf.
PRO Ufa. Herstellungsgruppe: Karl Ritter. HEL, PRL Karl Ritter. DRZ Anfang Mai – Ende Juni 1936. DRO Ufa-Atelier Neubabelsberg. AA Panzerregiment in Wünsdorf. LNG 2512 m, 92 min. ZEN 19.8.1936, Jf. 14. URA 24.8.1936, Venedig (IFF). DEA 9.9.1936, Nürnberg (Ufa-Palast, im Rahmen des 8. Reichsparteitages der NSDAP); 15.9.1936 Berlin (Ufa-Palast am Zoo).
– AT: Achtung, Verräter! – Prädikate: Staatspolitisch und künstlerisch besonders wertvoll, Volksbildend. – IFF Venedig 1936: Medaille für hervorragende Einzelleistungen. – Von den Alliierten Militärbehörden verboten.
Ein hoher Generalstabs- und Nachrichtenoffizier einer feindlichen Macht soll sich in den Besitz eines neuen Sturzbomber-Modells bringen und es über die Grenze schaffen. Dieser Plan wird im letzten Moment durch einen Panzersoldaten, der ohne sein Wissen in ein Spionagenetz gerät, vereitelt. Durch die implizite Warnung vor Werkspionage und die Aufforderung zu erhöhter Wachsamkeit erfüllte der Film seinen politischen Auftrag.

1936. Standschütze Bruggler.
REG Werner Klingler. RAS Gottfried Ritter. KO Peter Ostermayr. AUT Joseph Dalman; nach dem Roman von Anton Graf Bossi Fedrigotti. KAM Sepp Allgeier, Karl Attenberger (Außen), Alexander von Lagorio (Atelier). KAS Peter Haller, Sepp Ketterer. STF Eugen Klagemann. BAU Hanns H. Kuhnert, Hermann Asmus. KOS Alfred Heinke, Heinrich Przygodda. MAS Arthur Schramm, Fredy Arnold. SCH Gottfried Ritter. TON Ludwig Ruhe. MUS Herbert Windt.

Affären, Intrigen, Politik
Personalakte Ernst Hugo Correll

POUR LE MÉRITE
Ernst Hugo Correll (vorn links) mit zivilen Ufa-Herren begrüßt den »Führer« mit Entourage zur Premiere des Ritter-Films am 22.12.1938 im Ufa-Palast am Zoo

Der Manager und der Starregisseur Correll mit Ernst Lubitsch auf dem Filmball 1932

Bevor die Ufa den neuen Mann engagiert, holt sie diskret Auskünfte ein. Sogar ein Detektivbüro wird beschäftigt. Die Berichte fallen positiv aus. »Die persönliche Beurteilung des Angefragten ist durchaus günstig. Er gilt als ein befähigter und tüchtiger Kaufmann, der in solider Weise arbeitet und in den letzten Jahren günstig gewirtschaftet hat, so daß er sicherlich über Vermögen verfügen dürfte. Persönliche Kredite nimmt er, wie man hört, nicht in Anspruch, so daß solche wohl auch nicht in Frage kommen dürften. Im übrigen aber kann eine Verbindung empfohlen werden.« Unterzeichnet Berlin, den 24. Oktober 1927, Auskunftei Werner. Auch beim Vorstand der Deutschen Bank holt sich Klitzsch Rückendeckung.

Publik wird die Personalie erst Anfang des nächsten Jahres. Am 21. Januar 1928 meldet der *Film-Kurier*, Direktor Correll sei bei der Phoebus ausgetreten; zwei Tage darauf weiß man, daß die Ufa ihm die Gesamtleitung der Produktion übertragen hat. Für die verspätete Bekanntgabe gibt es einen Grund: Während die Herren sich einig werden, macht just die Phoebus negative Schlagzeilen. Das Reichswehrministerium hat – eindeutig illegal und am Parlament vorbei – mit Millionenbeträgen die angeschlagene Firma subventioniert. Der von findigen Journalisten aufgedeckte Skandal schadet Correll keineswegs, im Gegenteil: Er macht einen Karrieresprung. In der Branche genießt er einen ausgezeichneten Ruf, ist eine anerkannte Autorität mit weitreichendem Einfluß. »Herr Correll hat aber für die Industrie weit mehr getan, als die Öffentlichkeit weiß. Die Einfuhrfragen, die Steuerprobleme sind im Gremium der Verantwortlichen von ihm stets entscheidend gelenkt und beeinflußt worden – stets im Interesse der deutschen Fabrikationsmöglichkeiten, aber auch in gerechter Zusammenarbeit mit dem Ausland.« Nicht nur der *Film-Kurier* begrüßt das Ufa-Engagement Corrells.

Er hat seine Arbeit in der Kochstraße kaum aufgenommen, da muß er sich schon gegen üble Schläge unter der Gürtellinie wehren. Über seine Beziehungen zur Schauspielerin Jenny Jugo wird nicht bloß getuschelt – in der Presse erscheinen gehässige Artikel, genüßlich läßt man sich darüber aus, daß eigentlich Jenny bei der Ufa das Sagen habe, das hochbezahlte Vorstandsmitglied nur ein »treuer Jugo-Sklave« sei. Anonyme Briefe treffen bei der Ufa ein, über deren Inhalt Correll Hugenberg, Klitzsch und die Mitglieder des Arbeitsausschusses informiert. Ein »N. Babelsberger« wendet sich z.B. an die *Lichtbild-Bühne*:

Man solle sich doch einmal der unhaltbaren Zustände annehmen. »Die Ufa ist der Müllkasten der verkrachten Phoebus geworden und wird das gleiche Schicksal haben, wenn das so weitergeht«, warnt der Anonymus. Ein ganzer Klüngel von dubiosen Leuten habe sich um C. geschart, der wiederum seiner Geliebten hörig sei: »Er steht so völlig im Banne der Jenny Jugo, daß diese alle Welt tyrannisieren kann.«

Der neue Direktor hat andere Sorgen: Das Verleihprogramm 1928/29 hat noch ausschließlich aus Stummfilmen bestanden; unter Corrells Leitung wird die Produktion auf Tonfilm umgestellt. Die Arbeit nicht nur im Atelier wird revolutioniert. (Über die einschneidenden Veränderungen schreibt er mehrere Artikel, die vom Ufa-Feuilleton-Dienst an Zeitungen und Zeitschriften vermittelt werden.) Die gegen mancherlei Widerstände durchgesetzte Entwicklung ist auch ein persönlicher Erfolg Corrells, belohnt u.a. mit einer Extra-Gratifikation von 10.000 Mark nach Erscheinen des ersten Tonfilms.

Mitte 1930 kann er es wagen, unter Hinweis auf die jährliche Kündigungsmöglichkeit seines Vertrags eine Erhöhung seiner Bezüge zu verlangen. Klitzsch befürwortet die finanziellen Wünsche seines Spitzenmanagers und weist in einem Schreiben an Hugenberg darauf hin, »daß Herr Correll weder Zeit noch Körper schonte, um mit dazu beizutragen, daß die Ufa durch den bekannten Tonfilm-Erfolg schnell aus dem gefährlichen Übergangsstadium herauskam«. Die monatlichen Bezüge werden kräftig angehoben: von 4500 Mark auf zunächst 6000, ab 1.1.1931 auf 7500 Mark. Darin enthalten ist ein sog. »Auto-Zuschuß« (über 40.000 km ist Correll im letzten Jahr gefahren) und ein gewisser Ausgleich für Bewirtungskosten (Regie-Sitzungen werden oftmals in seinem Hause abgehalten).

Correll hat sich nicht geschont, die Folgen bleiben nicht aus. Ein schmerzhafter Gelenkrheumatismus fesselt ihn monatelang ans Bett. Gezwungenermaßen muß er die Arbeit anderer überlassen: Verleihchef Meydam übernimmt im September 1930 die Vertretung. Offiziell wird mitgeteilt: »An Maßnahmen von besonderer Tragweite wird Herr Correll, soweit es sein Zustand erlaubt, mitwirken.« Tatsächlich mischt er sich vom Krankenbett aus in die Programmpolitik, warnt z.B. vor einer zu großen Anzahl französischer Versionen oder vor »nichtssagendem Kitsch«. Zugleich kämpft er gegen die schleichende Entmachtung während seines krankheitsbedingten Ausfalls. In der Presse heißt es bereits, er werde wohl nicht auf seinen Posten zurückkehren. Die Quelle für solche Gerüchte ist, so Corrells Vermutung, das eigene Haus. »Die Angelegenheit meiner Vertretung ist doch offenbar durch ein Verschulden der Ufa-Presseabteilung in einer derartig großen Weise auch innerhalb der Scherl-Zeitungen aufgemacht worden, wie man sonst eine rein interne, durch eine Krankheit verursachte Maßnahme niemals aufzumachen pflegt«, beschwert er sich bei dem zuständigen Herrn Lehmann. Sollte die Presseabteilung »im amtlichen Ufa-Dienst« nicht eine Richtigstellung bringen, werde er die Sache auf der nächsten Vorstandssitzung ansprechen.

Als einen erneuten Rechtsruck kommentiert die Linkspresse vom Berliner Börsen-Courier bis zur Weltbühne seine Vertretung durch Meydam. Aber Correll ist der Verantwortliche, der immer für den einen nationalen Film in jeder Ufa-Verleihstaffel sorgt. Am Heiligabend 1931, einen Tag nach der Uraufführung von Gustav Ucickys YORCK, gratuliert Klitzsch seinem Produktionschef: »Es muß Sie mit starker Genugtuung erfüllen, hierdurch gleichzeitig an der nationalen Gesundung unseres Volkes mitzuarbeiten, das gerade aus dem YORCK-Film viel Tröstendes, Erhebendes und Zielweisendes entnehmen kann.« Am 3. Februar 1933 trifft ein ähnliches Glückwunsch-

DAR Lola Chlud (Frau Hella von Teuff), Franziska Kinz (Mutter Bruggler), Ludwig Kerscher (Toni Bruggler), Eduard Köck (Andreas Theißbacher), Friedrich Ulmer (Hans Obwexer), Beppo Brem (Jörgl Trimml), Viktor Gehring (Lehrer Waldner), Rolf Pinegger (Großvater Bruggler), Gustl Stark-Gstettenbauer (Bartl Theißbacher), Wilhelm Schultes (Hannes Baumgartner), Fritz Hofbauer (Sebastian Mutschlechner), Franz Lichtenauer (Friedl Summerer), Hannes Hanauer (Sepp Thaler), Julius Brandt, Angelo Ferrari, Hugo Flink, Arthur von Klein-Ehrenwalten, Helmut Jeserer, Julius Königsheim, Hans Lipp, Egon Lippert, Lotte Neumayr, Erik Pfaehler, Franz Pollandt, Vincenz Prößl, Martha Salm, Luigi Serventi, Hans Spitzenberger, E. R. Wacker.
PRO Tonlicht Film GmbH, Berlin; für Ufa. Herstellungsgruppe: Krüger - Ulrich. PRT Peter Ostermayr. HEL Ernst Krüger, Hans Herbert Ulrich. AUL Günther Grau, Viktor Eisenbach. DRZ Ende April - Mitte Juni 1936. DRO Ufa-Atelier Berlin-Tempelhof. LNG 2645 m, 97 min. ZEN 21.8.1936, Jf., nf. URA 28.8.1936, München (Ufa-Palast); 12.11.1936, Berlin (Ufa-Palast am Zoo).
– Prädikate: Staatspolitisch und künstlerisch wertvoll, Volksbildend. – Von den Alliierten Militärbehörden verboten.

Die Geschichte eines jungen Tirolers, der sich 1915 in den Kämpfen zwischen Italienern und Österreichern um die ›geheiligte Erde Tyrols‹ als Soldat bewährt.

1936. Glückskinder.
REG Paul Martin. RAS Paul Zils. AUT Robert A. Stemmle, Paul Martin; nach der amerikanischen Filmnovelle ›Lady Beware‹ von Brian Marlow, Thyra Samter Winslow. DIA Curt Goetz. KAM Konstantin (Irmen-)Tschet. KAS Erich Schmidtke. STF Otto Schulz. BAU Erich Kettelhut. REQ Emil Freude, Max Linde. KOS Manon Hahn. GAR Max König, Walter Sahlemann. MAS Atelier Jabs. SCH Carl-Otto Bartning. TON Fritz Thiery, Erich Leistner. MUS, ML Peter Kreuder. LT Hans Fritz Beckmann. MT ›Fräulein Niemand‹, ›Ich wollt' ich wär ein Huhn‹. DAR Lilian Harvey (Ann Garden), Willy Fritsch (Gil Taylor), Paul Kemp (Frank Black), Oskar Sima (Stoddard), Fred (Selva-)Goebel (Bill), Erich Kestin (Hopkins), Otto Stoeckel (Chefredakteur Manning), Paul Bildt (Schnellrichter), Albert Florath (Ölkönig Jackson), Thomas Cziruchin (Boxer), Kurt Seifert (Gastwirt), Carl Merznicher, Walter Steinweg, Paul Rehkopf, Max Hiller (Standesbeamter), Hermann Mayer-Falkow, Arno Ebert, Jac Diehl, Fred Koester (Gerichtsschreiber), Peter Lau (Diener).
PRO Ufa. Herstellungsgruppe: Max Pfeiffer. HEL, PRL Max Pfeiffer. AUL Dietrich von Theobald. DRZ 23.5. - Ende Juli 1936. DRO Ufa-Atelier Neubabelsberg. LNG 2558 m, 93 min. ZEN 17.9.1936, B.43395, Jv. URA 18.9.1936, Berlin (Gloria-Palast).
– Prädikat: Künstlerisch wertvoll.
Französische Version:
1936. Les gais lurons.
REG Paul Martin, Jacques Natanson. AUT Robert A.Stemmle, Paul Martin, Curt Goetz; nach der amerikanischen Filmnovelle ›Lady Beware‹ von Brian Marlow, Thyra Samter Winslow. DIA Jacques Natanson. KAM Konstantin (Irmen-)Tschet. BAU Erich Kettelhut. MUS Peter Kreuder. LT Jean Boyer. DAR Lilian Harvey (Ann), Henri Garat (Gil), Stéphane Pizella (Frank), Henri Guisol (Stoddard), Jean Toulout (le juge), Paul Ollivier (Jackson), Pierre Magnier (Manning), Marcel Duhamel (Hopkins), Pierre Labry (le restaurateur), Thomas Cziruchin (le boxer), André Siméon, Bill-Bocketts, Aimos. PRO Ufa / ACE. HEL Max Pfeiffer. SUP Raoul Ploquin. DRZ Mai -Juli 1936. DRO Ufa-Atelier Neubabelsberg. LNG 2510 m, 92 min. URA 9.10.1936, Paris (Marivaux).

Gil Taylor versucht sich als Gerichtsreporter in New York. Sein Erfolg ist verblüffend. Ehe er recht zur Besinnung kommt, ist er mit einer jungen Dame verheiratet, der er nur aus der Klemme helfen wollte. Allmählich jedoch verliebt sich Gil immer stärker in Ann, die er für eine Millionenerbin hält. Daß dem nicht so ist, muß sie ihm auf komplizierte Weise beweisen.

Schreiben bei Corell ein. Aus gesundheitlichen Gründen hat er an der Berliner Premiere von MORGENROT nicht teilnehmen können; Klitzsch berichtet von dem sensationellen Erfolg und schließt an: »Es ist mehr als ein Zufall, es ist bald eine Fügung, daß der Film in dem Augenblick vor die Öffentlichkeit hintritt, in dem die nationale Bewegung durch Übernahme der Regierung einen entscheidenden Schritt vorangetan hat. MORGENROT ist der Titel unseres nationalen Filmes, und eine Morgenröte scheint den Tag der nationalen Wiedergeburt des deutschen Volkes anzukündigen.«

Die nationalsozialistische Machtergreifung erfordert bei den Interessenverbänden der deutschen Filmwirtschaft keine Gleichschaltung: Man ist schon vorher zumindest national eingestellt oder sympathisiert mit den Nazis. Als Vorsitzender des Verbands der Filmindustriellen (und Spio-Vorstandsmitglied) begrüßt Corell das im Februar verabschiedete Lichtspielgesetz »als eine befreiende Tat, weil es durch die Einrichtung der von der Industrie schon lange geforderten Vorprüfung die größtmögliche Sicherheit für die Vorzensur gebe« (Völkischer Beobachter, 27.2.1934). Da die neu geschaffene Instanz des Reichsfilmdramaturgen schon vor Drehbeginn die Manuskripte begutachtet, sei das Zensurrisiko drastisch gesunken. Corell versichert den braunen Machthabern, die Produzenten würden den Weg finden zu jenem Film, »der, wohlvereinbar mit der Weltanschauung des neuen Staates, auch dem Unterhaltungs- und Entspannungsbedürfnis des Publikums gerecht werde und dennoch auslandsmarktfähig sei.«

Während der Ufa-Direktor den Reichsfilmdramaturgen Willi Krause lobt, intrigiert dieser bei seinem Dienstherrn. Joseph Goebbels notiert in seinem Tagebuch unter dem 3. Dezember 1936: »Köhn und Krause führen Klage über Corell. Weg, weg! Aber wen an seine Stelle setzen?« Wie ein roter Faden zieht sich durch das Goebbels-Tagebuch die stereotype Formel: »Corell muß weg.« (Der Minister schreibt den Namen konstant falsch.) Dafür gibt es vor allem einen Grund: »Er hat keinen Kontakt zu uns. Da muß ein Schnitt gemacht werden.« Aber verärgert muß der Minister feststellen, daß Hugenberg und Klitzsch ihren Produktionschef nicht fallenlassen. »Ufa will nicht von Corell lassen. Aber ich gebe da nicht nach.« (16.10.1936).

Auch bei der deutschen Bank macht man sich Sorgen, ob der für unentbehrlich gehaltene Fachmann aus politischen Opportunitätsgründen geopfert werden müsse. Klitzsch beruhigt Staatsrat E. G. von Stauß. »Herrn Corell war die Einstellung des Ministeriums gegen seine Person natürlich bekannt. Das war ja auch die Ursache für seinen Wunsch, eine vorzeitige Vertragsprologation vorzunehmen«, teilt er am 22. Januar 1937 vertraulich mit. Übrigens stößt sich Goebbels nicht zuletzt an dem hohen Jahresgehalt von M 144.000 (inkl. Aufwandsentschädigung); Klitzsch hat darüber mit Corell offen gesprochen. »Sollte er aus den bekannten Gründen von seiner Stellung als Produktionschef abberufen werden müssen, so ermäßigen sich seine Bezüge auf M 90.000, zuzüglich Stellung eines Kraftwagens. Damit war Herr Corell vernünftigerweise ohne weiteres einverstanden.« Auch weiß Klitzsch zu berichten, es habe eine klärende Aussprache zwischen dem Minister und dem Produktionschef stattgefunden. Im Goebbels-Tagebuch findet sich folgende Version: »Mit Corell ganze Ufa-Version durchgesprochen. Ich lasse meinen ganzen Groll aus. Sage alles, was ich am heutigen Filmbetrieb auszusetzen habe. Vor allem diesen auf den Nerv fallenden künstlerischen Parlamentarismus. Ob es nützt? Er verspricht Besserung.« (14.1.1937) Aber dieser Burgfrieden ist trügerisch.

Corell sitzt auf einem Pulverfaß, es kann jederzeit explodieren. Die Personalakte ist voll mit entsprechenden Aktennotizen und Mitteilungen an den Generaldirektor. »Herr Direktor Grau rief mich heute morgen an, in der ganzen Friedrichstraße verbreite man das Gerücht, ich müsse von meinem Posten zurücktreten, weil ich den Versuch unternommen hätte, Herrn Krause zu bestechen.« (10.12.1936). Doch nach einigen Tagen kommt die Gestapo zu der Überzeugung, die Anschuldigungen des (stark angetrunkenen) Reichsfilmdramaturgen entbehrten jeglicher Grundlage. Von dritter Seite erfährt Corell, Krause habe zu dem Drehbuchautor Carl Martin Koehn gesagt, »er müsse jetzt diesen deutschnationalen Pappköpfen einmal zeigen, wie man nationalsozialistische Filme mache«. Der Produktionschef informiert sofort Klitzsch und setzt hinzu: »Als ich während des Diktats meine Sekretärin auf die Vertraulichkeit dieses Schreibens hinwies, sagte sie mir: ›Aber Herr Corell, das ist doch nicht vertraulich. Was Sie mir hier diktieren, weiß man allgemein hier in Neubabelsberg seit etwa 3 Tagen. Einer flüstert dem andern ins Ohr, daß Herr Corell zurücktreten müsse und daß Herr Koehn dahinterstecke‹.«

Goebbels zieht die Daumenschrauben weiter an. Am 26. März 1937 hält er im Tagebuch fest: »Die Corell und Genossen gehen schon auf Draht. Sie werden noch vieles erfahren und lernen müssen.« Zum Jahresende läßt er über Max Winkler, den Reichsbeauftragten für das Filmwesen, vorsorglich den Corell-Vertrag kündigen; erst als der Produktionschef mit einer Kürzung seiner Bezüge um monatlich 1000 Mark einverstanden ist, wird der Vertrag um ein Jahr verlängert. Das Spielchen wiederholt sich 1938. Im Februar 1939 muß Corell endgültig ausscheiden; »auf eigenen Wunsch«, versteht sich. Sein Vertrag läuft noch bis zum 31.12.1940; als Abfindung erhält er RM 200.000. Als der von der Buchhaltung ausgefüllte »Lohnzettel« (schon diese Form versetzte ihn in Rage) eintrifft, protestiert der geschaßte Produktionschef: Es war vereinbart, daß die pauschalierte Einkommenssteuer zum größten Teil (RM 35.000)

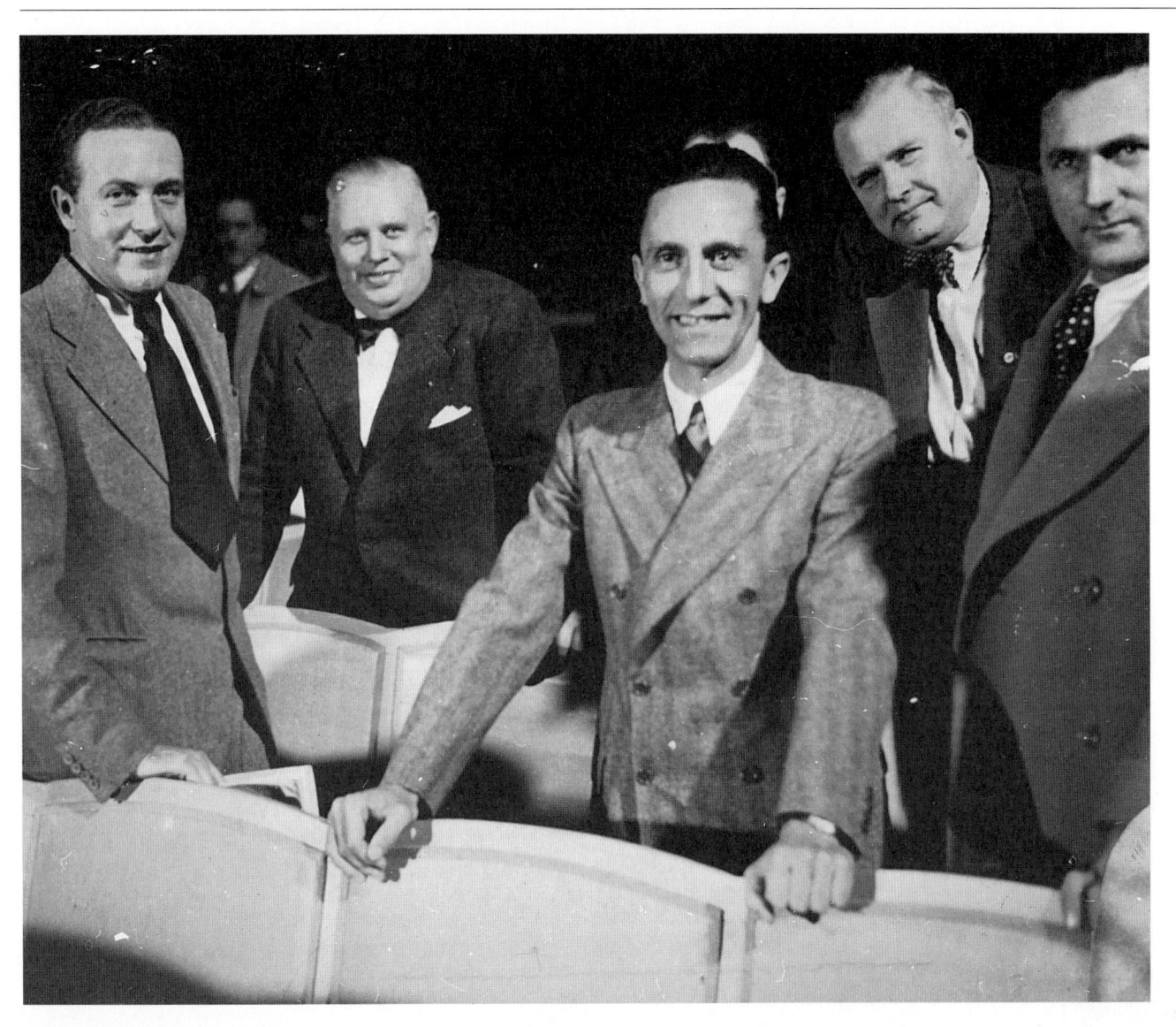

**Immer nur lächeln:
Willy Fritsch und Joseph
Goebbels im Ufa-Atelier
Babelsberg
Ernst Hugo Correll
bleibt im Hintergrund**

vom ehemaligen Arbeitgeber zu zahlen sei. Die Abrechnung wird korrigiert.

Der Abschied ist bitter für ihn. Um ihn zu versüßen, will er noch etwas im Geschäft bleiben. Die Ufa hat ihm einen Vertrag über sechs Filme zugesichert, hält – auf Weisung von Goebbels – die Abmachung jedoch nicht ein. Correll kämpft ein letztes Mal; interne Dokumente aus der Personalakte belegen, daß er sich verzweifelt dagegen wehrt, kaltgestellt zu werden. Bei Winkler holt er sich eine Abfuhr. In einer Gesprächsnotiz heißt es, der Reichsbeauftragte für die deutsche Filmwirtschaft habe damit gedroht, »daß gegebenenfalls auch unliebsame Vorgänge aus der Phoebus-Affäre wieder aufgewärmt werden könnten«. Eine andere Aktennotiz, gezeichnet: Dr. Schulz, 7.7.1939: »Herr Correll war heute morgen bei Herrn Klitzsch. Herr Klitzsch hat Herrn Correll natürlich nichts anderes sagen können als das, was ihm Herr Bürgermeister Dr. Winkler gesagt hat.« Die Aufregungen sind nicht spurlos an ihm vorübergegangen: Correll legt ein ärztliches Attest vor, daß sein Herzleiden Folge schwerer seelischer Erschütterungen sei, und der Protokollant vermerkt: »In der Tat machte Herr Correll einen äußerst hinfälligen Eindruck.« Auch plagen ihn finanzielle Sorgen. »Herr Correll teilte Herrn Klitzsch mit, daß er nunmehr gezwungen sei, sein Haus zu verkaufen. Herr Klitzsch fragte Herrn Correll, ob er evtl. bereit sein würde, es der Frau Leander mietweise zu überlassen.« Drei Monate später übersiedelt er nach Garmisch.

Zweimal noch bekommt er Post von Klitzsch. Bei seinem Ausscheiden hat er um ein Schreiben gebeten, in dem seine elfjährige Tätigkeit für die Ufa gewürdigt werde. Der Generaldirektor tut sich schwer damit. Schließlich setzt er einen vierseitigen Brief auf, in dem vor allem politische Filme wie FLÜCHTLINGE und POUR LE MÉRITE herausgestrichen werden. Bevor das Schreiben jedoch an den Adressaten geht, bekommt den Entwurf ein anderer zu lesen: Winkler hat keinerlei Bedenken, moniert jedoch den Schluß. Klitzsch hat anerkennende Worte von Goebbels über HITLERJUNGE QUEX zitiert, und diese Passage muß gestrichen werden.

Auch den 60. Geburtstag seines ehemaligen Mitstreiters vergißt der Generaldirektor nicht. »Die inzwischen vor sich gegangenen großen organisatorischen Veränderungen, die auch in persönlicher Beziehung außerordentliche Umstellungen erfordern, setze ich bei Ihnen bekannt voraus«, schreibt Klitzsch. »Es ist der vorläufige logische Abschluß eines Weges, der sich daraus ergibt, daß der Film in erster Linie ein Politikum und erst in zweiter Linie Wirtschaft ist.« Resignation klingt an, auch wenn Klitzsch für sich beteuert, er sei den Weg »aus innerster Überzeugung« mitgegangen. Auf der Strecke geblieben ist Correll. Das Glückwunsch-Schreiben erreicht ihn im Krankenhaus, wo er am 3. September 1942 an Herzembolie stirbt.

Michael Töteberg

1936. Stadt Anatol.
REG Viktor Tourjansky. RAS Eduard von Borsody. AUT Peter Francke, Walter Supper; nach dem Roman von Bernhard Kellermann. KAM Karl Puth. KAS Igor Oberberg. STF Ernst Kügler. BAU Otto Hunte, Willy Schiller. REQ Otto Krüerke, (Paul?) Schmidt Jr. KOS Arno Richter. GAR Karl Strack, Fritz Strack, Georg Paerch. MAS Fredy Arnold, Franz Siebert, Artur Schramm, Robert Stritzke. SCH Eduard von Borsody. TON Carl Erich Kroschke. MUS, ML Walter Gronostay. CHO Jens Keith.
DAR Gustav Fröhlich (Jacques), Brigitte Horney (Franziska), Fritz Kampers (Jaskulski), Rose Stradner (Sonja Yvolandi), Karl Hellmer (Xaver), Harry Liedtke (Garcia), Aribert Wäscher (Melonenhändler), Ernst Behmer, Gerhard Bienert, Paul Bildt, Josef Dahmen, Marina von Dittmar, Olga Engl, Else Ehser, Angelo Ferrari, Georg Gartz (Schneider), Hella Gruel (Mila), Artur Grosse (Mirko), Ina Henschel, Slatan Kascheroff, Maria Köhler, Philipp Manning, Else Reval, Hilde Sessak, Ernst G. Schiffner, Willi Schur, Otto Stoeckel, Theo Thony, Gertrud Wolle, Magdalena Schmidt (Miss), Herbert Lindner.
PRO Ufa. Herstellungsgruppe: Alfred Greven. HEL Alfred Greven. ASS Hans Tost. AUL Günther Regenberg. DRZ Ende Mai - Ende Juli 1936. DRO Ufa-Atelier Neubabelsberg. LNG 2559 m, 93 min. ZEN 29.9.1936, Jv., nf. URA 16.10.1936, Berlin (Ufa-Palast am Zoo).
Französische Version:
1936. Puits en flammes.
REG Viktor Tourjansky. AUT Peter Francke, Walter Supper, Gerhard Menzel (?); nach dem Roman von Bernhard Kellermann. DIA Jean-Pierre Feydeau. KAM Karl Puth. BAU Otto Hunte, Willy Schiller. SCH Viktor Tourjansky. MUS, ML Walter Gronostay.
DAR Josseline Gael (Mirka), Georges Rigaud (Jacques Grégor), Suzy Vernon (Sonja), Aimos (Yanko), Jacques Dumesnil (Garcia), Jeanne Lion (Mme. Yvolandi), Pierre Labry (le marchand de melons), Georges Prieur (le baron Stirbey), Gaston Mauger, Gil Colas (Ledermann), Jeanne Pérez (Marina), André Simeon, Léonce Corne, Roger Legris, Yvonne Yma, Alexandre Rignault (le contremaître), Gabriel Gabrio (Korsoum), Léo Courtois, Nicole de Rouves, Charles Redgie, Andrée Canti, Edouard Hamel, Max Maxudian (Samosh).
PRO Ufa / ACE. HEL Alfred Greven. DRZ Juni - Juli 1936. DRO Ufa-Atelier Neubabelsberg. LNG 90 min. URA 15.9.1936, Paris (Marignan).
– AT: Ville Anatol.

Anatol, eine kleine, arme Balkanstadt, wird vom Ölfieber erfaßt, als der Abenteurer Jacques endlich fündig wird. Die Verhältnisse ändern sich gründlich, in Anatol liegen plötzlich Glück und Pech dicht nebeneinander. Es entstehen Bauten, das Öl fließt, der Reichtum wächst, und mit ihm die Mißgunst der erfolglosen Spekulanten. Der gescheiterte Jaskulski, noch dazu wegen Franziska eifersüchtig auf Jacques, sprengt das Bergwerk und zerstört die Stadt.

1936. Das Mädchen Irene.
REG Reinhold Schünzel. RAS Kurt Hoffmann. AUT Reinhold Schünzel, Eva Leidmann; nach dem Bühnenstück ›Sixteen‹ von Aimée und Philipp Stuart. KAM Robert Baberske. KAS Herbert Stephan, Walter Pindter. BAU Ludwig Reiber, Walter Reimann. REQ Erich Dühring, Karl Mühlberger. KOS Ilse Fehling. GAR Erwin Rosenreuter, Fritz Schilling, Berta Schindler, Wilhelmine Spindler. MAS Fredy Arnold, Cäcilie Didzoneit. SCH Arnfried Heyne. TON Hermann Fritzsching. MUS Alois Melichar. LT Franz Baumann. MT ›Liebe, nach Dir verlangt mein ganzes Leben!‹. CHO Jens Keith.
Englischer Beirat Allan Graves.
DAR Lil Dagover (Jennifer Lawrence), Sabine Peters (Irene Lawrence), Geraldine Katt (Baba Lawrence), Hedwig Bleibtreu (Großmutter), Karl Schönböck (Sir John Corbett), Hans Richter (Philip), Elsa Wagner (Frau König), Roma Bahn (Baronin), Alice Treff (Lady Taylor), Erich Fiedler (Bobby Cut), Olga Limburg (Herzogin), Gertrud Wolle (Lehrerin), Georges Boulanger (Geiger), Hilde Scheppan (Sängerin).

Wo liegt Deutschland?

›Hitlerjunge Quex‹ von Hans Steinhoff

Ein Arbeiterbezirk in Berlin am Anfang der 30er Jahre, Arbeitslosigkeit und Hunger, Wohnungsnot und soziales Elend beherrschen das Bild. In der ersten Szene klaut ein Junge mit knurrendem Magen einen Apfel, wird vom Krämer geschnappt, Passanten haben die Szene beobachtet. Die erregte Diskussion führt zur Plünderung des Ladens, mündet schließlich in eine Straßenschlacht zwischen Proletariern und Polizei.

Auf den ersten Blick könnte dies der Anfang zu einem Arbeiterfilm der späten Weimarer Republik sein. Doch etwas stimmt nicht. Am Ende der Szene liegt der Gemüseladen in Trümmern, der Film ergreift eindeutig Partei für die Polizei und den kleinbürgerlichen Kaufmann. Dieser Eindruck wird im Folgenden verstärkt, als ein KPD-Jugendführer, der schon für die Straßenschlacht mitverantwortlich war, zusieht, wie der Vater der Hauptfigur seine Frau wegen ein paar Groschen schlägt. Die alltägliche Gewalt der Straße und in der Familie wird damit den Arbeiterparteien zur Last gelegt.

Wie schnell die Ufa nach der Machtübernahme ins faschistische Lager umkippte, läßt sich an dem 1933 produzierten und noch im selben Jahr uraufgeführten Film HITLERJUNGE QUEX ablesen.

Vom ersten Trommelrollen des Vorspanns zu dieser Heldensaga um einen Hitlerjungen aus der Arbeiterschaft an werden propagandistische Ziele verfolgt: Als fast perfektes Ebenbild des deutschen Arbeiterfilms – mit umgekehrten ideologischen Vorzeichen – erscheint Steinhoffs HITLERJUNGE QUEX.

Er spricht explizit die deutsche Jugend an, um sie kurzfristig für die Gleichschaltung aller Jugendorganisationen der ehemaligen Republik zu gewinnen und sie langfristig auf ihre fortgesetzte Militarisierung und einen zukünftigen Krieg vorzubereiten.

»Ein Film vom Opfergeist der deutschen Jugend«, heißt es im Untertitel. Wenn nötig, ein Opfer bis zum Tode, wie es der kleine Heini Völker im Film bringt, ein Opfer, das das ewige Leben verspricht, festgehalten, wie in so vielen späteren Nazifilmen, im letzten Bild des von endlosen Marschkolonnen durchquerten Himmels. In der Loge während der Berliner Uraufführung am 19. September sitzen der Führer Adolf Hitler und der Propagandaminister Dr. Joseph Goebbels. Auf der Bühne hebt Reichsjugendführer Baldur von Schirach den Arm zum ›deutschen Gruß‹.

Der Regisseur Hans Steinhoff und sein Produzent Karl Ritter, beide langjährige Parteimitglieder, überwinden bei dieser filmischen Laudatio auf die Partei ihre künstlerische Mittelmäßigkeit. Propagandaminister Goebbels, hoch zufrieden mit dem Film, gratuliert Produktionschef Correll mit einem Schreiben, das gleich vom SA-Blatt *Der Angriff* veröffentlicht wird. Er sieht seine Überzeugung bestätigt, daß »wenn Kunst und Charakter sich miteinander vermählen und eine hohe ideelle Gesinnung sich der lebendigsten und modernsten filmischen Ausdrucksmittel bedient, ein Resultat gezeigt wird, das der Filmkunst der ganzen Welt gegenüber einen fast uneinholbaren Vorsprung einräumen wird.«

Das von Hans-Otto Borgmann und Baldur von Schirach eigens für den Film kom-

Bannführer (Clausen), Quex (Ohlsen), Vater (George)
Vater: Wo werd ick also schon hingehören? – Zu meinen Klassengenossen gehör ick. Wo ick hingehöre, da gehört auch der Junge hin!
Bannführer: Zu ihren Klassengenossen... Zur Internationale wollen se sagen.
Vater: Jawoll, zur Internationale!
Bannführer: Wo sind se denn geboren?
Vater: Na, in Berlin!
Bannführer: Na, wo liegtn das?
Vater: Pff! An de Spree!
Bannführer: An der Spree, jawoll! – Aber wo?
In welchem Land?
Vater: Nu, Mensch. In Deutschland natürlich.
Bannführer: In Deutschland, jawoll! In unserem Deutschland! Das überlegen se mal!

Ein Nachspiel: 1935 wird Jürgen Ohlsen, Darsteller des Quex und inzwischen zum Sturmführer aufgestiegen, angeblich aus der HJ ausgeschlossen: Er habe mit Juden Tennis gespielt. Die Reichsjugendführung dementiert

ponierte Lied »Unsere Fahne flattert uns voran« wird zur offiziellen Hymne der Hitlerjugend.

Im Film erscheinen die Hitlerjungen stets als anständige und ehrliche Kämpfer, die regelmäßig den hinterlistigen und brutalen Methoden der roten Kampfbünde zum Opfer fallen. Der Terror kommt immer von links. Angeblich liegt dem Drehbuch die authentische Geschichte des Hitlerjungen Herbert Norkus zugrunde, der 1932 bei einer Straßenschlacht ums Leben kam.

Den Weg zum Führer soll die sozialistisch gesinnte Arbeiterschaft mit diesem Film finden, so will es die Propaganda. Dafür schaut Heini sehnsüchtig aus seinem Versteck auf die um das Lagerfeuer in Reih und Glied angetretene und singende Hitlerjugend. Er zieht den Vergleich mit den trinkenden, gemeinen Kameraden der roten Pioniere. So wird Heini bekehrt. Das vom HJ-Bannführer heraufbeschworene »Unser Deutschland« läßt auch den altkommunistischen Vater, kriegsgeschädigter Stempelgeher der ›Systemzeit‹, an die Zukunft des von Hitler geführten Reiches glauben. Daß der ehemals stolze ›Sozi‹ Heinrich George den Vater spielt, verleiht dem Film eine besondere Glaubwürdigkeit. Nicht einmal der KP-Jugendführer bleibt gegen die scheinbar zwingende Logik eines vom Klassenkampf befreiten Deutschlands immun; am Ende des Films schickt er die Verfolger Heinis in die falsche Richtung.

Die Geschwister Ulla und Fritz, glückliche Sprößlinge eines Arzthauses, sind inzwischen schon bei den Nazis, ihre Wohnung ist ein Paradies der Normalität, in dem aus dem Vollen geschöpft wird und ein Hausmädchen die Suppe ausschenkt. Dagegen ist im Hause Völker das Chaos der sozialen Verhältnisse der Weimarer Republik hautnah zu spüren: Der alkoholkranke Vater, der immer wieder um sich schlägt; die stillschweigend leidende Mutter, die zuletzt nur noch den Tod herbeiwünscht. Sie dreht den Gashahn auf und bringt nicht nur sich selbst, sondern fast auch den Sohn um. (Steinhoff zitiert hier MUTTER KRAUSENS FAHRT INS GLÜCK aus dem Jahr 1929, einen der erfolgreichsten Arbeiterfilme der Linken.) Aus der Familie gestoßen, wird Heini in die größere (Volks-)Gemeinschaft der HJ aufgenommen, um dann sein Schicksal als Märtyrer der Bewegung anzutreten. Diesen Schritt, von seinen ehemaligen Genossen als Klassenverrat angeprangert, feiert der Film als heroischen Sieg der nationalen Bewegung.

Tatsächlichen Verrat begeht ein junger Nazi, vermutlich weil er vom ersten Zug an einer Zigarette moralische Schwäche aufweist. Verführt wird er von der jungen Erna, die das Straßenmädchen des KP-Luden spielt. Während Heini und die HJ sexuelle Enthaltung üben, werden die Sozialisten als hemmungslose Sexualtiere bloßgestellt. In diesem Zusammenhang wird der Rummelplatz – im Arbeiterfilm der Weimarer Republik noch ein Ort der Befreiung von der alltäglichen Mühsal – zum Hexenkessel der Versuchung, sowohl im politischen als auch im moralisch-sexuellen Sinne.

»Deutschland liegt in Ketten, die wir Jungens einst zerbrechen werden«, sagt der junge Bannführer – alte Nazis sind im Film nicht zu sehen. Dieses sich anbahnende ödipale Drama der Nation, bei dem die Alten stets mit der Vergangenheit, die faschistischen Jungen mit dem Fortschritt identifiziert werden, spielt der Film klar aus: Die heißgeliebte, immer wieder vor dem Zorn des Vaters zu beschützende Mutter bringt aus Zweifel fast den Sohn um, der dem Vater die Autorität abspricht. Die Sünde der Väter und die Rache der Söhne – dieses zentrale Motiv des Expressionismus wird aus der Kultur Weimars in die NS-Ideologie transportiert.

Doch nicht nur der klassischen Ödipustragödie ist HITLERJUNGE QUEX verpflichtet, sondern auch dem weitreichenden Mythos von der Geburt des Helden im Patriarchat, wie es Otto Rank schon 1913 beschreibt: Vor dem schwachen Vater geflohen, von der Mutter verstoßen, sodann vom älteren Lehrmeister, der das männliche Vorbild des Vaters ersetzt, in die Welt eingeführt, besteht der Junge eine Reihe Prüfungen – u. a. widersteht er einer sexuellen Verführung – bis er die Reife erlangt für das größte, das ewige Opfer. Von unsichtbaren Gegnern fern des Bildausschnittes ermordet, stirbt Heini einen reinen, sauberen Opfertod für Führer und Vaterland, SA-Formationen marschieren auf, Kreuz in Überblenden, Musik: »Unsere Fahne flattert uns voran«. Eine ganze Generation deutscher Jugend wird zu ähnlichen Klängen auf dem Schlachtfeld Stalingrads geopfert werden.

Jan-Christopher Horak

PRO Ufa. Herstellungsgruppe: Erich von Neusser. HEL Erich von Neusser. AUL Herbert Junghanns, Arthur Ullmann. DRZ Juni - September 1936. DRO Ufa-Atelier Berlin-Tempelhof; AA London, Paris, Monte Carlo, Fahrland bei Potsdam, Dahlem. LNG 2732 m, 100 min. ZEN 8.10.1936, Jv., f. URA 9.10.1936, Berlin (Gloria-Palast).

Die verwitwete attraktive Modekönigin Jennifer Lawrence ist Mutter zweier fast erwachsener Töchter, Irene und Baba. An der Adria lernt sie den Forscher John Corbett kennen und lieben. Gegen den Willen von Irene heiraten die beiden. Das Mädchen, eifersüchtig, gerät in Verzweiflung.

1936. Und Du, mein Schatz, fährst mit.
REG Georg Jacoby. RAS Herbert B. Fredersdorf. AUT Bobby E. Lüthge, Philipp Lothar Mayring. KAM Herbert Körner. STF Willi Klitzke. BAU Hermann Asmus, Franz Koehn. REQ Otto Rüdicke, Otto Arndt. GAR Paul Haupt, Walter Saalmann, Ida Revelly, Anna Balzer. MAS Atelier Jabs. SCH Herbert B. Fredersdorf. TON Walter Rühland. MUS, ML Franz Doelle. LT Charles Amberg. MT ›Ach, ich hab' ja so viel Rhythmus‹ ›Man kann beim Tango sich so schöne Dinge sagen‹, ›Irgendwo mit Dir ganz allein‹ ›Früchte, die verboten sind‹, ›Und Du, mein Schatz..‹. CHO Sabine Ress.
DAR Marika Rökk (Maria Seydlitz), Hans Söhnker (Dr. Ing. Heinz Frisch), Alfred Abel (William Liners), Leopoldine Konstantin (Donna Juana de Villafranca), Genia Nikolajewa (Minnie May), Oskar Sima (Regisseur Bal), Paul Hoffmann (Fred Liners), Friedl Haerlin (Gloria Liners), Erich Kestin (Regieassistent), Ernst Waldow (Erwin Rückel), Julius E. Herrmann (Bum), Kurt Seifert (Juwelier), Franz Wilhelm Schröder-Schrom (Intendant), Evi Eva, Elfriede Jerra, Valy Arnheim, Oskar Aigner, Eduard Bornträger, Jac Diehl, Hans Eilers, Fred (Selva-)Goebel, Heinz Klockow, Hermann Mayer-Falkow, Hellmuth Passarge, Hermann Pfeiffer, Alexander von Swaine, Paul Schwed, Walter Steinweg.
PRO Ufa. Herstellungsgruppe: Max Pfeiffer. HEL Max Pfeiffer. AUL Alexander Desnitzky. DRZ Anfang August - Anfang September 1936. DRO Ufa-Atelier Neubabelsberg; AA Freigelände Neubabelsberg, an bord der ›Bremen‹. LNG 2644 m, 97 min. ZEN 4.11.1936, Jv., nf. URA 15.1.1937, Berlin (Gloria-Palast).

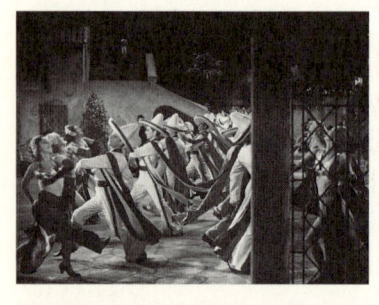

Der Aufstieg der Sängerin und Tänzerin Maria vom Provinztheater in Deutschland zum new yorker Broadway wird von den Neffen des Sponsors Liners immer wieder unterhöhlt, weil sie für den Fall einer Ehe zwischen Maria und Liners um ihr Erbe bangen. Während der Überfahrt auf der ›Bremen‹ lernen sich Maria und der Ingenieur Heinz kennen, der ihren Erfolg in der Neuen Welt durchzusetzen hilft. Als er traurig allein nach Deutschland zurückfährt, steht sie plötzlich hinter ihm.

1936. In vierzig Minuten.
REG Eduard von Borsody. AUT Karl Prucker. KAM Hugo von Kaweczynski. BAU Walter Reimann. TON Alfred Zunft. MUS Lothar Brühne.
DAR Herbert Hübner, Alice Treff, Erich Fiedler.
PRO Ufa. PRL Erich von Neusser. DRZ September 1936. DRO Ufa-Atelier Neubabelsberg. LNG 350 m, 13 min. ZEN 10.11.1936, B.43924, Jf.
– Kurzspielfilm.

1936. Die Ballmutter.
REG Alwin Elling. AUT Hans Fritz Köllner; nach einer Idee von Kurt Heynicke. KAM Walter Pindter. BAU Walter Reimann. TON Alfred Zunft. MUS Fritz Wenneis.
DAR Käthe Karma, Marta Maria Newes, Gertrud Wolle, Oscar Sabo, Helen Luber, Lilo Hartmann, Werner Stock, Egon Brosig, Curt Iller.
PRO Ufa. PRL Erich von Neusser. DRZ September 1936. DRO Ufa-Atelier Neubabelsberg. LNG 554 m, 20 min. ZEN 10.11.1936, B.43925, Jf.
– Kurzspielfilm.

Stütze der Gesellschaft
Der Ufa-Star Heinrich George

Größenwahn, der zu ruinösen Verhältnissen führt, kennzeichnet Anfang und Ende der Karriere Heinrich Georges als Ufa-Star. Mit dem geldverschlingenden Filmmoloch METROPOLIS gerät 1927 das Filmimperium ins Wanken. Als 1945 KOLBERG über die Leinwand flimmert und die Deutschen beschwörend zum Durchhalten aufruft, ist das Reich der Nazis dabei, in Schutt und Asche unterzugehen. Heinrich George hat in diesen Zeiten seine Rolle gespielt.

In Fritz Langs Klassenkampfepos METROPOLIS handelt George als Arbeiterführer Groth und Wächter der Herzmaschine aus einer primitiv-atavistischen Mentalität heraus. Groth ist ein ergebener Diener seines Herrn. Als unter den Arbeitern von Metropolis Zettel mit dem Lageplan eines geheimen Treffpunkts kursieren, händigt er diese pflichtbewußt, illoyal die Seiten wechselnd, seinem Arbeitgeber aus. Dem demagogisch aufwiegelnden und maschinenstürmenden Antreiben der falschen Roboter-Maria hat Groth keine fortschrittliche Reaktion entgegenzusetzen. Nachdem durch die Zerstörung der Herzmaschine sintflutartige Wassermassen in der unterirdischen Arbeiterstadt freigesetzt werden und besonders die Kinder dabei in Gefahr geraten, lenkt Groth Verzweiflung und Zorn der Arbeiter auf ein düsteres altes Phantasma. »Die Hexe ist schuld, schlagt die Hexe tot« lauten seine Aufrufe an die Masse. In die archaische Gefühlswelt des Mittelalters versetzt, werden die Arbeiter zum entfesselten Pöbel, zur blutrünstigen Meute, die sich mit Axt und Hammer bewaffnet auf die Hexenjagd begibt. Als das Böse in Gestalt der falschen Maria gefunden wird, fesselt Groth sie und schleift sie durch die Gassen zum aufgeschichteten Scheiterhaufen. Den Feuertod feiert er mit einem Freudentanz.

Die Dramaturgie des Films und die Rolle Groths bewegen sich an dieser Stelle in der emotionalen Sphäre eines Lynchmordes und dem lustvoll-zynischen Voyeurismus öffentlicher Exekutionen. Groth gleicht mehr einem Anstifter als einem Anführer und ist darin der falschen Maria nicht unähnlich.

Im geometrisch angeordneten, martialischen Aufmarsch der Arbeiter zur Kathedrale, vor deren Toren unter Assistenz des ›Mittlers‹ der Friedenspakt zwischen Arbeit und Kapital geschlossen werden soll, stellt Groth die Speerspitze seines Trupps dar.

Sein zögerliches Eingehen auf den versöhnenden Handschlag mit Fredersen ist aus dem Vorausgegangenen nicht ableitbar, hatte er sich doch weniger oppositionell als vielmehr dienstbar gegenüber dem Herrscher von Metropolis gezeigt. Neben der scheinbaren Gegnerschaft besteht längst eine verdeckte Komplizenschaft.

In METROPOLIS wird die Machtfrage über die Emotionalisierung der Masse zu Gunsten eines primitiven, in seiner Rhetorik auf archaische Gefühle abzielenden Anstifters unter der Kontrolle eines Industriemagnaten beantwortet. Fritz Langs utopische Vision einer zukünftigen Gesellschaftsordnung und Georges Interpretation einer ihrer Führerpersönlichkeiten sind die Vorboten einer neuen, keiner besseren Zeit. Sie sind der Abgesang auf die Freiheit der Weimarer Republik.

Die Macht des Geldes ist die treibende Kraft in DIE DAME MIT DER MASKE, den Wilhelm Thiele 1928 in Neubabelsberg dreht. Heinrich George spielt den Part des Holzhändlers Otto Hanke, eines reichen Parvenus und Profiteurs der Inflation. Hanke ist die realistische Version eines Spekulanten, der Prototyp einer neuen Unmoral des Geldes. George entwickelt die Figur aus dem schnellen und überraschenden Wechsel einer brutalen Skrupellosigkeit und weichen Sinnlichkeit heraus. Dieses Klischee des Macho-Typus, eines rauhen schurkenhaften Kerls mit weichem Kern, ist seine schauspielerische Grundfigur im Film. Zynisch, tyrannisch, sadistisch, eifersüchtig und gehemmt, bewegt sich diese Kraftnatur in Varianten und wechselnden Sentiments vor der Kamera.

Er mimt Kriminelle, Verbrechertypen in allen Abstufungen des dämonischen bis naiven Charakters. Häufig transponiert in kleinbürgerliche Milieus und versetzt mit Kolportagethemen wie Erpressung, Bigamie, Eifersuchtsdramen, ergibt diese Typisierung eine publikumswirksame Mischung, die sich auch die Ufa für ihre leichte Unterhaltungskost, ihre ›Zerstreuungsfilme‹ zu Nutze macht. 1929 ist George in MANOLESCU (Regie: Victor Tourjansky) und in DER STRÄFLING AUS STAMBUL (Regie: Gustav Ucicky) zu sehen. Beide Filme basieren auf ähnlichen dramaturgischen Grundmustern. In MANOLESCU spielt er den Verbrecher Jack, der von Eifersucht getrieben seinen Neben-

Heinrich George – in republikanischer Zeit: vorwiegend proletarisch

Arbeiterführer in METROPOLIS: »Mittler zwischen Herz und Hirn«

Franz Biberkopf in BERLIN – ALEXANDERPLATZ (1931, Regie Phil Jutzi): »Je mehr der Anschauungsunterricht des Films unser Gefühl für das Echte, Natürliche schärft, umso fühlbarer wird an den sogenannten sozialen Filmen, daß die Filmleute vom Proletarier sprechen wie der Blinde von der Farbe.«
(Rudolf Arnheim, 1931)

buhler, den Titelhelden des Films, in einer Schlägerei schwer verletzt und damit erneut hinter Gitter muß. Auf die schiefe Bahn geraten beide Männer durch die Machenschaften einer bösen, dämonischen Frau (Brigitte Helm). In DER STRÄFLING AUS STAMBUL ist er der zur Brutalität neigende Schmuggler Thomas Zezi, dessen gute Ansätze, ein kleinbürgerliches Glück zu finden, von einem weiblichen Racheengel zerstört werden (Trude Hesterberg).

Sind es in den Filmen dieser Zeit besonders triviale, melodramatische Gefühlswelten, in denen sich George bewegt, so zeigt seine Bühnenkarriere in den 20er Jahren eine deutlich andere Tendenz auf. Hier hat er sich dem Expressionismus verschrieben. Er spielt die von Krieg und Arbeitslosigkeit geschundenen und leidgeprüften ›Helden‹ in den sozialkritischen Stücken Ernst Tollers, Bert Brechts und Fritz von Unruhs. Den Figuren Barlachs verhilft er mit seiner Interpretation auf der Bühne zum Durchbruch.

George ist ein volkstümlicher Darsteller im besten Sinne. Man zählt ihn zur Linken. An Gesten der Solidarität fehlt es bei ihm nicht. Er unterstützt die Arbeit des Volksfilmverbandes ebenso wie die Volksbühnenbewegung. Mit Erwin Piscator arbeitet er an einer neuen Form des Theaters. Die gemeinsam entwickelten politisch-agitatorischen Inszenierungen weisen wirkungsvoll auf das Elend des Proletariats in der Weimarer Republik hin. Den Wert des einfachen Menschen wieder zu verdeutlichen, steht im Mittelpunkt der Schauspielkunst Georges.

1931 übernimmt George im Film BERLIN ALEXANDERPLATZ die Hauptrolle des Franz Biberkopf und prägt eine überzeugende Proletarierfigur, deren Scheitern die brutalen Spielregeln der Gesellschaft offenlegt. Regisseur ist Phil Jutzi, der mit MUTTER KRAUSENS FAHRT INS GLÜCK einen Klassiker des realistischen Films der Weimarer Zeit gedreht hat.

Eine Wende in der Geisteshaltung des Mimen deutet sich bereits 1931 an und vollzieht sich 1932 mit seiner Polemik gegen Piscators Kollektivtheater zugunsten eines Theaters der großen Bühnenpersönlichkeit. Mit dieser Absage bewegt er sich im ideologischen Fahrwasser einer reaktionär ausgerichteten Diskussion. George mutiert zum politischen und künstlerischen Chamäleon.

1936. Karo König.
REG Carl Heinz Wolff. AUT Ludwig Metzger. KAM Walter Pindter. BAU Walter Reimann. TON Alfred Zunft. MUS Hans Ebert.
DAR Paul Heidemann (Gamaschengraf), Manny Ziener (Frau Therese Munke), Mara Jakisch (Tochter), Hella Graf (Frau Nachtigall), Eduard Wesener (Untermieter), Willi Rose (Tangopaul).
PRO Ufa. PRL Erich von Neusser. DRZ September 1936. DRO Ufa-Atelier Neubabelsberg. LNG 542 m, 20 min. ZEN 11.11.1936, B.43934, Jf.
– Kurzspielfilm.

1936. Der Jäger von Fall.
REG Hans Deppe. RAS Paul Ostermayr. KO Peter Ostermayr. AUT Joseph Dalman; nach dem Roman von Ludwig Ganghofer. KAM Karl Attenberger. KAS Peter Haller. STF Reinhold Braber. BAU Hanns H. Kuhnert, Mathieu Oostermann. GAR Alfred Heinke. MAS Arthur Schramm. SCH Paul Ostermayr. TON Joachim Thurban. MUS Albert Fischer.
DAR Paul Richter (Jagdgehilfe Friedl), Giorgia Holl (Sennerin Burgl), Betty Sedlmayr (Loni), Hans Adalbert Schlettow (Huisen Blasi), Gustl Stark-Gstettenbaur (Toni Donhart), Rolf Pinegger (Senner Lenz), Josef Eichheim (Brandtner Michl), Willi Rösner (Birkhofbauer), Marie Sera (Friedls Mutter), Thea Aichbichler (Buchnerin), Hans Hanauer (Förster Donhart), Helene Robert (Therese Donhart), Philipp Veit (Dr. Rauch), Franz Loskarn (Jagdgehilfe Hias), Hans Henninger (Leichtl Sepp), Fritz Bölke (Obermeier Martl), Fanny Schreck (Mutter Obermeier).
PRO Tonlicht Film GmbH, Berlin; für Ufa. Herstellungsgruppe Krüger - Ulrich. PRT Peter Ostermayr. HEL Ernst Krüger, Hans Herbert Ulrich. AUL Günther Grau. DRZ Juli -August 1936. DRO Ufa-Atelier Neubabelsberg; AA Bad Tölz, Lenggries. LNG 2237 m, 82 min. ZEN 16.11.1936, Jf. URA 17.11.1936, Berlin (U.T. Kurfürstend., U.T. Friedrichstr.).

Eine Sennerin im Konflikt zwischen dem Vater ihres Kindes, einem gewissenlosen Wilderer, und einem pflichtbewußten Jäger, der beharrlich um sie wirbt.

1936. Achtung, Kurve!
REG Karl Hans Leiter. AUT Karl Hans Leiter; nach einer Idee von C. H. Schwerda. KAM Walter Pindter. BAU Walter Reimann. MUS Friedrich Karl Grimm.
DAR Paul Heidemann (Krause, Vertreter), Marta Maria Newes, Hans Hennings, Georgia Lind, Erika Biebrach, Carl Merznicht, Hans Steilau.
PRO Ufa. PRL Erich von Neusser. DRZ September 1936. DRO Ufa-Atelier Neubabelsberg. LNG 415 m, 15 min. ZEN 17.11.1936, B.43974, Jf.
– Kurzspielfilm.

1936. Das Patentkunstschloß.
REG Eduard von Borsody. AUT Werner E. Hintz; nach einer Idee von Georg Mühlen-Schulte. KAM Walter Pindter. BAU Walter Reimann. TON Alfred Zunft. MUS Friedrich Witeschnick.
DAR Erich Fiedler (Referendar Klotz), Willi Schaeffers (Amtsgerichtsrat), Marta Maria Newes (seine Frau), Sabine Peters (seine Tochter Trude), Ewald Wenck (Schlosser Priebe).
PRO Ufa. PRL Erich von Neusser. DRO Ufa-Atelier Neubabelsberg. LNG 520 m, 19 min. ZEN 17.11.1936, B.43985, Jf.
– Kurzspielfilm.

1936. Heiratsbüro Fortuna.
REG Jürgen von Alten. AUT Heinrich Rumpff. KAM Günther Anders. BAU Walter Reimann. TON Alfred Zunft. MUS Werner Eisbrenner.
DAR Blandine Ebinger (Fräulein aus Lüneburg), Hubert von Meyerinck (Baron von Rossfeld), Ursula Herking (zweite Fräulein), Traute Rose (Vermittlerin), Gerhard Bienert (Wachmeister vom Lehrter Bahnhof).
PRO Ufa. PRL Erich von Neusser. DRZ September 1936. DRO Ufa-Atelier Neubabelsberg. LNG 465 m, 17 min. ZEN 23.11.1936, B.44041, Jf.
– Kurzspielfilm.

Nicht zufällig entsteht 1933 im Zeichen des Machtwechsels bei der Ufa das sinnfällige Dokument dieser Trendwende: HITLERJUNGE QUEX – EIN FILM VOM OPFERGEIST DER DEUTSCHEN JUGEND unter der Regie von Hans Steinhoff. Zur Gleichschaltung der Filmindustrie und des Konzerns läuft die Anpassung des Künstlers an die neuen Machtverhältnisse parallel.

George übernimmt mit seiner Frau Berta Drews die Rolle des verelendenden, aber auf die rote Fahne schwörenden Ehepaars Völker. In seiner gewohnten Gefühlslage des brutalen Urmenschen mit Herz, die in der Folgezeit mehr und mehr auf Vaterfiguren übertragen wird, spielt er auch den beharrenden Kommunisten. Zynisch bis grotesk zu Georges eigener linker Vergangenheit ist die Szene, in der Völker seinen Sohn Heini, den späteren Hitlerjungen Quex, mit der Peitsche zwingt, die Internationale zu singen. Durch den ausgeübten Zwang wird nicht nur deutlich, daß der Kommunismus keine Zukunft hat, auch der Schauspieler widerruft sich selbst. Mit der Person Georges in der Rolle des Völker wird perfiderweise linkes Theater und proletarischer Film zitiert, dienstbar gemacht und zugleich denunziert. Die an der Piscator-Bühne erworbenen schauspielerischen Fähigkeiten setzt George ein, um die Figur des Kommunisten Völker besonders glaubwürdig zu machen.

Wozu dessen naiv-proletarische Art verwendet wird, zeigt eine Schlüsselszene des Films. Völker und der Bannführer der Hitlerjugend streiten um die Zuordnung Heinis zum Kommunismus des Vaters oder zur »neuen Bewegung« der Nazis. In schlichter Diktion berlinernd, drückt Völker anhand der Schilderung seines eigenen Schicksals sein Verständnis des Reizwortes »Bewegung« aus: Marschieren als Soldat, humpeln zur Stempelstelle als Kriegskrüppel, quälende Bewegungslosigkeit im Arbeitslosenstand, die zum Anschluß an die Klassengenossen führt. Bei soviel simpler politischer Rhetorik hat es der Bannführer nicht schwer, Völker das Wort »Internationale« in den Mund zu legen und ihn von da aus über die Frage nach seiner Geburtsstadt an das Deutschlandgefühl der Nationalsozialisten heranzuführen. Schrittweise und authentisch stellt George das Aha-Erlebnis des Proletariers dar.

Mit diesem Film verliert George seine schauspielerische Unschuld, er macht sich dienstbar, wird zum Parteigänger ohne Parteibuch. Ein unverkennbares Dokument seiner Anbiederung ist ein an Goebbels adressierter Huldigungsbrief für Adolf Hitler, den der *Völkische Beobachter* am 2. November 1933 unter dem Titel »Kundgebungen deutscher Künstler an Adolf Hitler« veröffentlicht.

Den Drang des Publikums nach Autorität und Bewunderung zu stillen, ist nach Meinung des Publizisten Walther Kiaulehn die wichtigste Funktion und das entscheidende Charakteristikum des Ufa-Stars besonders unter den Nationalsozialisten. Wie sein Publikum leidet Heinrich George an dieser deutschen Krankheit. Er wird der Darsteller des autoritären Charakters, dem vornehmlich Vaterfiguren entsprechen, und die Ufa bietet die passenden Rollen dazu an. Aus seiner gewohnten Mischung von Autorität und Gefühl, Volkstümlichkeit und Härte interpretiert George in der Folgezeit väterliche Gestalten, die zum Sprachrohr nationalsozialistischer Positionen werden. Der Schauspieler avanciert mehr und mehr zu einer Stütze der neuen Gesellschaftsordnung. Im Januar 1937 wird George von Hitler zum Staatsschauspieler ernannt, er ist damit ein Teil des nationalsozialistischen Systems.

UNTERNEHMEN MICHAEL, im gleichen Jahr von Karl Ritter gedreht, projiziert Goebbels' heroische Lebensauffassung auf eine Situation aus dem vorausgegangenen, verlorenen Krieg. Ein deutsches Bataillon ist von feindlichen Truppen umstellt. Das Unternehmen Michael, eine Offensive zur Durchbrechung des Stellungskrieges, scheint an dieser Situation zu scheitern. Die Führung des Bataillons (Staatsschauspieler Mathias Wieman als todessüchtiger Major Zur Linden) bittet daher, auch die eigene Stellung ohne Rücksicht auf Verluste unter Beschuß zu nehmen. George als kommandierender General – »eine Vatergestalt, deren Ähnlichkeit mit Hindenburg unverkennbar und doch nur angedeutet ist« (Erwin Leiser) – kommt nach seiner Entscheidung zu dem Schluß: »Nicht nach der Größe unseres Sieges wird man uns einmal messen, sondern nach der Tiefe unseres Opfers«. Hemmungslos propagiert der Film die Ideologie des Kampfes auf verlorenem Posten und verherrlicht den sogenannten Heldentod.

Angesichts seiner eigenen traumatischen und wenig heldenhaften Kriegserlebnisse ist Georges Mitwirkung in diesem Film ein Verrat an den selbst gemachten Erfahrungen. 1914-17 hat er die Schrecken des Ersten Weltkriegs am eigenen Körper erlebt. Sein Biograf Peter Laregh berichtet, George sei wahnsinnig geworden, habe im Schützengraben seine Munition in die Luft verschossen, sein Gewehr weggeworfen und sei aus dem Graben geklettert, wobei er »mit weinerlichem Pathos Schillers ›Glocke‹ herzusagen« begonnen habe. Zum Pazifisten geläutert, soll dann der ehemalige Kriegsfreiwillige ins bürgerliche Leben zurückgekehrt sein.

UNTERNEHMEN MICHAEL wird rechtzeitig zum Reichsparteitag am 7. September 1937 im Ufa-Palast Nürnberg uraufgeführt. Goebbels notiert unter dem 13. September 1937 in sein Tagebuch: »Ich treffe George und Wiemann. Sie sind ganz benommen von der monumentalen Größe des Parteitages«.

1938 wird Heinrich George die Intendanz des Schillertheaters in Berlin übertragen. Auch er ist ein Günstling des Reichs wie Gründgens, Jannings und Werner Krauß. Mit der Intendanz verbunden ist eine enge Anbindung an Goebbels, der alle Fragen des Spielplans, der Dramaturgie und des Ensembles überwacht. Die mentale

Mathias Wieman und
Heinrich George im Kreise
der HJ auf dem Reichsparteitag 1937 in Nürnberg

Schräglage und gefährliche Naivität Georges werden deutlich, wenn er die Leitungsposition als Vertrauensbeweis der Nationalsozialisten wertet und sich ihnen aus Dankbarkeit für propagandistische Zwecke zur Verfügung stellt.

Die Welt des ewig Gestrigen, der konservativen, gegen die Moderne gerichteten unumstößlichen Prinzipien, verkörpert er 1938 im wilhelminischen Habitus als Oberst a. D. Leopold von Schwartze in dem Erfolgsfilm HEIMAT unter der Regie Carl Froelichs. Die Rolle des Oberst von Schwartze ist eine der typischen Vaterfiguren Georges. Unnachgiebig pflicht- und ehrbewußt ist er mehr bereit, das Unglück seiner Tochter Magda (Zarah Leander) in Kauf zu nehmen, als von seiner starren Moral abzuweichen. Das hauptsächlich durch diese Figur propagierte Treue- und Ehrgefühl, die geforderte Familienideologie »Einer für Alle, Alle für Einen« und der Drang nach absoluten Lösungen entsprechen nationalsozialistischem Gedankengut.

George agiert zwischen 1938 und 1942 häufig auch in Filmen, die den Geniegedanken im Sinne des nationalsozialistischen Übermenschentums thematisieren, so in DAS UNSTERBLICHE HERZ von Veit Harlan (Tobis 1938), FRIEDRICH SCHILLER – DER TRIUMPH EINES GENIES von Herbert Maisch (Tobis 1940) und ANDREAS SCHLÜTER, ebenfalls ein Herbert-Maisch-Film (Terra 1942). Anders als in den 20er Jahren verläuft Georges Entwicklung auf der Leinwand parallel zu seiner Bühnenkarriere. Auch in seinem Theaterrepertoire verfällt er der titanenhaften Größenordnung, »Georges Rollengestaltungen in dieser Zeit (werden) immer ›monumentaler‹ und ›pomphafter‹« (Mesalla).

Im Juli 1942 führt George Verhandlungen mit der Tobis über einen Produktionsvertrag von drei zu realisierenden Filmprojekten. Doch schon während dieser Unterredungen wird deutlich, daß er nur im Auftrag handeln soll. Seine eigenen Themenvorschläge, symptomatisch für ihn aus der Welt der Großen und der Genies entnommen, so z. B. Georg Friedrich Händel, Gutenberg, der Große Kurfürst und Friedrich Wilhelm I, werden vom Reichsfilmintendanten verworfen. In der Herstellungsgruppe wird nach Diktat gearbeitet. Von künstlerischer Freiheit kann nicht die Rede sein. 1943/44 entstehen in der Herstellungsgruppe George die Filme DER VERTEIDIGER HAT DAS WORT und DIE DEGENHARDTS.

Von Goebbels erhält Veit Harlan im Oktober 1943 den Auftrag, für die Ufa das Durchhalteepos KOLBERG zu drehen. Goebbels will mit diesem Film die Kampfbereitschaft der Bevölkerung über die des Militärs stellen. Den Mittelpunkt des Geschehens bildet die Figur des Nettelbeck, der in den Befreiungskriegen gegen Napoleon 1806 und 1807 in Kolberg eine Bürgerwehr aufstellt. Goebbels fordert, im Gegensatz zu Gneisenau die betont heldenhafte Her-

1936. Ritt in die Freiheit.
REG Karl Hartl. AUT Edmund Strzygowsky, Walter Supper. KAM Günther Rittau, Otto Baecker. BAU Werner Schlichting, Kurt Herlth. BER Baron M. von Engelhardt. SCH Gertrud Hinz. TON Carlheinz Becker. MUS Wolfgang Zeller. CHO Heinz Lingen.
DAR Willy Birgel (Rittmeister Graf Staniewski), Viktor Staal (Rittmeister Wolski), Hansi Knoteck (Janka Koslowska), Ursula Grabley (Prinzessin Katerina Tschernikoff), Heinz von Cleve (Rittmeister Saganoff), Berthold Ebbecke (Oberleutnant Malinowski), Werner Schott (Oberst Bobrikoff), Edwin Jürgensen (Gouverneur Fürst Tschernikoff), Hermann Braun (Fähnrich Milewski), Horst Birr, Lidija Dourdina, Peter Elsholtz, Aribert Grimmer, Clemens Hasse, Hans Reinhard Knitsch (Fähnrich Smirnoff), Charlie Kracker, Siegmar Schneider, Rudolf Schündler.
PRO Ufa. Herstellungsgruppe: Alfred Greven. HEL, PRL Alfred Greven. AUL Hans Tost. DRZ ab Mitte Mai 1936. DRO Ufa-Atelier Neubabelsberg. LNG 2515 m, 92 min. ZEN 26.11.1936, Jf. URA 14.1.1937, Berlin (Ufa-Palast am Zoo).
– Von den Alliierten Militärbehörden verboten.
Während der polnischen Freiheitskämpfe gegen die russische Vorherrschaft um 1830: Das polnische Militär ist unter die russischen Regimenter aufgeteilt. Während eines Garnisonsfestes beim russischen Gouverneur ereilt die Polen ein Aufruf zur Fahnenflucht. Das Zögern eines polnischen Rittmeisters führt jedoch zur Festnahme der polnischen Offiziere. Derselbe Rittmeister befreit die Gefangenen anschließend unter Einsatz seines Lebens.

1936. Prends la route. (Hinaus in die Ferne).
REG Jean Boyer. RAS Louis Chavance. AUT Jean Boyer. MUS Georges Van Parys.
DAR Claude May (Simone), Colette Darfeuil (Wanda), Jeanne Loury (tante Guiguitte), Monette Dinay (Denise, la dactylo), Milly Mathis (l'aubergiste), Madelaine Suffel (la garde-barrière), Suzy Delair, Jacques Pills (Jacques), Georges Tabet (Potopoto, le motocycliste), André Alerme (Dupont-Dernier), Marcel Simon (le comte), Lucien Callamand (le gendarme), Edmound Hamel, Pierre Chertier, Guy-Lou (les amis de Jacques), Bill-Bocketts (le mécanicien), Jean Appert.
PRO Ufa / ACE. HEL Peter Paul Brauer. SUP Raoul Ploquin. DRZ September - Oktober 1936 (Atelier). DRO Ufa-Atelier Neubabelsberg; AA Südfrankreich. LNG 2341 m, 85 min. URA 8.12.1936, Berlin (Marmorhaus); 5.2.1937, Paris (Colisée).
– In französischer Sprache hergestellt.
Jacques, der von seinem Vater zum Heiraten gedrängt wird, begegnet durch einen Glücksfall seiner Braut. Es ist Liebe auf den ersten Blick. Aber sie werden verfolgt, er von einer Geliebten, sie von ihrer Tante, und so beenden sie ihr charmantes Abenteuer.

1936. Unter heißem Himmel.
REG Gustav Ucicky. RAS Ludwig Ptack. AUT Gerhard Menzel. KAM Fritz Arno Wagner. KAS Karl Plinzner, Hans Bühring. STF Heinz Ritter. BAU Robert Herlth, Walter Röhrig. REQ Erich Dühring, Karl Mühlberger. GAR Erwin Rosentreter, Otto Sukrow, Elisabeth Kühn. MAS Willi Weber, Hans Dublis, Paul Lange. SCH Herbert B. Frederdorff. TON Fritz Thiery. MUS Theo Mackeben. LT Hans Fritz Beckmann. MT ›Heut' könnt' ich mich rasend verlieben‹, ›Seemannslied‹.
DAR Hans Albers (Kapitän Kellersperg), Lotte Lang (Rosa Ferugas), Aribert Wäscher (Calfa), Ellen Frank (Frl. Altamont), Eberhard Leithoff (Ingenieur), Adolf Gondrell (Herr Reißelschmidt), Erna Fentsch (Vera), Alexander Engel (Theaterdirekror), René Deltgen (Groppi), Bruno Hübner (Dr. Negruzzi), Hans Leibelt (Chef der Seepolizei), Ida Turay (Frau Reißelschmidt), Jack Trevor (Mr. Hicks), Reinhold Bernt (1. Offizier), Franz Nicklisch (2. Offizier), Willi Schur (Sanitätsgehilfe), Angelo Ferrari (Kommissar der Flußpolizei), Gustav Püttjer (Matrose Kolk), Alfred Beierle (Polizeikommissar), S. O. Schoening (Polizeigerichtsvorsitzender), Josef Dahmen, Dodo Delissen, Ernst Rotmund, Werner Scharf, Walter Ladengast, Wilfried Seyferth, Hans Schultze, Jac Diehl.
PRO Ufa. AUL Wolfgang Schubert. DRZ Mitte August - Mitte November 1936. DRO Ufa-Atelier Neubabelsberg; AA Ägäisches Meer, Athen, Santorin (Griechenland). LNG 2770 m, 101 min. ZEN 10.12.1936, Jv., nf. URA 23.12.1936, Berlin (Ufa-Palast am Zoo).
– AT: Konterbande.
Griechenland. Um seinen schwerkranken Freund Groppi zu retten, hat Kapitän Kellersperg Quarantäne-Bestimmungen verletzt. Arbeitslos geworden, gerät er in eine gefährliche Waffenschmuggleraffäre.

Drehpause bei
HITLERJUNGE QUEX

In STÜTZEN DER GESELLSCHAFT (Regie: Detlef Sierck) spielt George als reicher, skrupelloser Konsul Karsten Bernick einen konsequent aus seiner Härte bis zum eigenen Untergang handelnden Menschen.

Die Durchhaltepropaganda läuft auf Hochtouren. Auch von Heinrich George, dem Staatsschauspieler, werden Pflichten eingefordert. Als Polit-Statist und Claqueur nimmt er mit Frau und Kollegen am 18. Februar 1943 an Goebbels Sportpalast-Kundgebung – »Wollt Ihr den totalen Krieg?« – teil.

ausstellung Nettelbecks, mit dem er sich laut Harlan identifizierte. George ist für die Rolle des Volkshelden vorgesehen.

Damit wiederholt sich für den Staatsschauspieler sein JUD-SÜSS-Dilemma von 1940. George hat die verletzende und antisemitische Absicht des Films und seiner Rolle als Herzog Karl Alexander erkannt. Die Darstellung des verluderten Potentaten diffamiert zugleich die antirassistische Haltung Emile Zolas, den George im Richard-Oswald-Film DREYFUS 1930 glaubhaft verkörpert hat.

Auch 1943/44 wird deutlich, daß der Schauspieler nur eine Schachfigur der Nazi-Propagandisten ist. Georges Hinweis auf seine Produzententätigkeit und die Realisation seines dritten Filmprojektes werden schnell für nichtig erklärt. Der Theaterhistoriker Mesalla erwähnt ein Schreiben der Universum-Filmkunst GmbH vom 9. Juni 1943 an George, daß er der Verantwortung für diesen Bereich enthoben sei. Für eine Gage von 100.000 Reichsmark muß er den Nettelbeck spielen. Vaterländische Botschaften, Kampfesstärke und Führertum bekommen ihr physiognomisches Zeichen. »Obgleich der historische Nettelbeck ein kleiner, dünner Mann gewesen war, wurde der Nettelbeck des Films eine kraftstrotzende, urwüchsige Vater-Figur.« (Erwin Leiser).

Das zum Klischee gewordene Abbild und Selbstbild Georges wird hier zur propagandistischen Falle. Im Kniefall Nettelbecks vor Gneisenau zur Abwendung der Kapitulation erreichen schauspielerische Ausdruckskraft und ideologischer Aberwitz ihren Höhepunkt.

Anne Waldschmidt

„Stützen der Gesellschaft"

1936. Das Hofkonzert.
REG Detlef Sierck. RAS Erich Kobler, Anton Weissenbach. AUT Franz Wallner-Basté, Detlef Sierck; nach dem Bühnenstück ›Das kleine Hofkonzert‹ von Paul Verhoeven, Toni Impekoven. KAM Franz Weihmayr. KAS Kurt Hasse. STF Otto Schulz. BAU Fritz Maurischat. REQ Max Balzer. GAR Eduard Weinert, Trude Wendt, Heinz Stempel. MAS Atelier Jabs. SCH Erich Kobler. TON Erich Leistner. MUS Edmund Nick, Ferenc Vecsey, Robert Schumann. ML Edmund Nick (Liedbearbeitung). LT Hans Bußmann, Kurt Heynicke, Eduard Mörike, Aldo von Pinelli. MT ›Wunderschön ist es, verliebt zu sein‹, ›Die Spröde‹, ›Nun faltet der Tag seine Flügel‹. GES Marta Eggerth. DAR Marta Eggerth (Christine), Johannes Heesters (Walter), Otto Treßler (Serenissimus), Herbert Hübner (Staatsminister), Rudolf Klein-Rogge (Oberst Flumms), Flockina von Platen (Gräfin Hadersdorff), Ernst Waldow (Zunder), Hans Richter (Veit), Ingeborg von Kusserow (Zofe Babette), Kurt Meisel (Florian), Alfred Abel (Knips), Hans Herrmann-Schaufuß (Bibliothekar), Edwin Jürgensen (Theaterintendant), Rudolf Platte (Hofkapellmeister), Iwa Wanja (Tamara), Günther Ballier, Walther Blanke, Johannes Bergfeldt, Fritz Berghof, Jac Diehl, Fritz Eckert, Rudolf Essek, Hildegard Friebel, Hans Halden, Carl Merzenicht, Oscar Sabo, Willi Schur, Werner Stock, Armin Süssenguth, Tony Tetzlaff, Theo Thony, Inge Vesten, Max Vierlinger, Ruth von Zerboni. PRO Ufa. Herstellungsgruppe: Bruno Duday. HEL Bruno Duday. PRL Erich Holder. AUL Fritz Schwarz, Fritz Andreas Brodersen. DRZ Ende August - Mitte November 1936. DRO Ufa-Atelier Neubabelsberg; AA Schloß Veithöchsheim bei Würzburg. LNG 2320 m, 85 min. ZEN 15.12.1936, Jv. URA 16.12.1936, Hamburg (Ufa-Palast); 18.12.1936, Berlin (Gloria-Palast).
Französische Version:

1936. La chanson du souvenir. Concert à la cour.
REG Detlef Sierck, Serge de Poligny. AUT Franz Wallner-Basté, Detlef Sierck; nach dem Bühnenstück ›Das kleine Hofkonzert‹ von Paul Verhoeven, Toni Impekoven. DIA Georges Neveux. KAM Franz Weihmayr. BAU Fritz Maurischat. MUS Edmund Nick, Ferenc Vecsey, Robert Schumann. DAR Marta Eggerth (Christine Holm), Max Michel (le lieutenant Walter d'Arnegg), Colette Darfeuil (Mlle Pinelli), Pierre Magnier (le prince), Germaine Laugier (la comtesse), Marcel Simon (d'Arnegg), Félix Oudart (Zunder, le corsetier), Marie Bizet (Babette, la femme de chambre), Paulette Noiceux (Mme von Raschoff), Auguste Bovério (Knips), Jean Toulout (le colonel Flumms), Camille Guérini (Veit, l'ordonnance), Robert Vattier (Florian), Jean Coquelin (le bibliothécaire), Jacques de Féraudy (l'intendant), Henri Fabert (le chef d'orchestre), Edouard Hamel (le photographe), Léon Arvel (le médecin), Mariette Sully, André Siméon, Pierre Labry, Albert Caurat, Bill-Bocketts. PRO Ufa / ACE. HEL Bruno Duday. SUP Raoul Ploquin. PRL Erich Holder. DRZ Ende August - Mitte November 1936. DRO Ufa-Atelier Neubabelsberg; AA Schloß Veitshöchsheim bei Würzburg. LNG 95 min.

Beim jährlichen Hofkonzert im Residenzstadt Immendingen singt die Sängerin Belotti, die im bürgerlichen Leben Christine Holm heißt und eigentlich nur ihren ihr unbekannten Vater sucht. Mit Hilfe des armen Poeten Knips findet sie sowohl ihn (es ist der Landesfürst Serenissimus selbst) als auch den Mann ihres Herzens, Walter von Arnegg.

1936. Le coeur dispos.
REG Georges Lacombe. RAS Gilles Grangier, Max Pellet. AUT René Pujol, Michel Arnaud; nach dem Bühnenstück von Francis de Croisset. KAM Willy Winterstein. BAU Carl Ludwig Kirmse. MUS Miguel Cortez. DAR Renée Saint-Cyr (Hélène), Raymond Rouleau (Robert Levaltier), Marguerite Templey (Mme Miran-Charville), Nicole Vattier (Lady Hamilton), Christian Gérard, Robert Vattier (les prétendants), Gaston Mauger, Charles Redgie, Gabriel Farguette (le petit garçon), Jacques Dumesnil (le baron Houzier), Pierre Palau (Parainneaux), Félix Oudart (M. Miran-Charville), Lucien Dayle (le parrain), Gilles Grangier. PRO Ufa / ACE. SUP Raoul Ploquin. PRL Pierre /= Peter Paul/ Brauer. DRO Ufa-Atelier Berlin-Tempelhof. LNG 70 min. URA 8.5.1936, Paris (Marivaux).
– In französischer Sprache hergestellt.
Robert Levaltier, Sekretär bei einer reichen Schloßherrin, hofft deren jüngste Tochter Hélène zu heiraten. Mutter und Großmutter haben andere Bewerber im Auge, zwei Dummköpfe. Hélène indes zeigt Robert ihre Abneigung und gewährt ihre Gunst einem verwitweten Baron und

Gleichschritt in die »neue Zeit«

Filmpolitik zwischen SPIO und NS

Schon 14 Tage nach seiner Vereidigung als Reichsminister für Volksaufklärung und Propaganda hält Goebbels am 28. März 1933 seine erste programmatische Filmrede. Goebbels, daran interessiert, das als ideologisch höchst bedeutsam erkannte Medium möglichst schnell zu domestizieren, hat zu diesem Zeitpunkt den Verantwortungsbereich Film vom Innenministerium und vom Außenministerium die Abteilung »Film- und Sportwesen« übernommen.

Geladen sind ins Hotel Kaiserhof Vertreter der Filmwirtschaft, Regisseure, Schauspieler. Erleichtert erkennen die Herren der Ufa, daß der Minister viel über Kunst und nationale Erziehungsaufgaben, wenig über die zukünftige Organisationsform des Filmwesens, gar nichts zugunsten von Forderungen nach Entmachtung der Konzernherren sagt. In letzterem Sinne war zuvor insbesondere Rosenbergs »Kampfbund für die deutsche Kultur« hervorgetreten, um jeglichen jüdischen Einfluß auszuschalten. Da der Minister auch antisemitische Töne aus taktischen Gründen meidet, sind die Zuhörer ruhiger als in den Monaten zuvor, da heftige Turbulenzen im Reichsverband Deutscher Lichtspieltheater, ausgelöst durch die Vertreter mittelständischer Theaterbesitzer und NSDAP-Scharfmacher Jacobsen und Engl, eher die Vermutung nahegelegt hatten, die NSDAP wolle möglichst rasch und umfassend Produktion, Verleih und Theaterbetrieb in eigener Regie übernehmen.

Goebbels aber, der herrschenden Linie seiner Partei folgend, gibt sich pragmatischer. Gegen den nationalrevolutionären Flügel der NSDAP, der sich einer pseudolinken antimonopolistischen Phraseologie bedient (u. a. im NSBO), setzt er auf das Bündnis mit den stramm konservativen Konzerngewaltigen. Am 19. Mai 1933 hält er pikanterweise vor der Betriebsversammlung der NSBO ein Plädoyer für die relative Autonomie seiner Bündnispartner: »Mit roher Hand in das Schaffen eingreifen vernichtet schon die Wirtschaft und wieviel mehr die Kunst, die viel sensibler, geistiger und höhenflügiger ist.«

Die NSDAP verfügt zum Zeitpunkt der Machtübernahme über kein schlüssiges Konzept zur Neustrukturierung des Filmwesens: Polemiken gegen den vorgeblichen Liberalismus der Hugenberg-Ufa, völkische Kunstphraseologie, »Arisierungs«-Forderungen, systematische Störung von Filmvorführungen, begrenzter Erfolg mit eigenen Propagandaproduktionen – das ist schon alles, was man vorzuweisen hat.

Ganz anders die konzeptionellen Ideologen der Filmindustrie, die der Ufa an der Spitze. Sie haben erkannt, daß die Filmindustrie immer tiefer in den Strudel der Weltwirtschaftskrise geraten ist: ständiger Rückgang der Zuschauerzahlen verstärkt durch die Brüningsche Notverordnungspolitik, sprunghafter Anstieg der Produktionskosten, Stagnation des Auslandsgeschäfts erbringen für die Ufa 1932/33 gerade noch einen Reingewinn von 40.000 RM. Das Plus verdankt sich dem Ufa-Theaterbetrieb. Ufa-Generaldirektor Klitzsch, seit Mai 1927 auch Präsident der Spitzenorganisation der Deutschen Filmindustrie e.V. (SPIO), hat in Verbindung mit anderen Ufa-Vertretern im SPIO-Vorstand eifrig Lobbyarbeit hinter dem Rücken der übrigen SPIO-Mitglieder (unter Umgehung des auch in der SPIO organisierten Reichsverbands Deutscher Lichtspieltheater) geleistet, um einen Plan zur Sanierung des Filmwesens zu entwickeln. Als Auftraggeber des SPIO-Plans tritt formal die Reichskreditgesellschaft auf. Erarbeitet wird der Plan unter Leitung von Konsul Salomon Marx (Internationale Handelsgesellschaft und bis November 1932 Vertreter von Emil von Stauß im Ufa-Aufsichtsrat) von SPIO-Geschäftsführer Walter Plugge, Bruno Pfennig und Georg Roeber. Nur wenige Durchschläge des Plans kursieren unter ausgewählten Vorstandsmitgliedern. Im Herbst 1932 wird der Plan Regierungsstellen übergeben. Da die ursprüngliche Fassung des SPIO-Plans nicht aufgefunden werden konnte, lassen sich die Hauptforderungen nur ungefähr rekonstruieren:

Produktion: die Zahl der jährlichen Produktionen soll reduziert, mithin Konkurrenz abgebaut werden; der Finanzierung soll eine von den Filmverbänden einzurichtende Kreditbank dienen, um die Vorfinanzierungskosten der Produktionsgesellschaften zu senken;

Verleih: Konzentration auf Großtheater bei Vereinbarung von längeren Spielzeiten, was auf Bevorzugung der Ufa-Premierentheater hinausläuft;

Theaterbetrieb: Reduzierung des Platzangebots, ca. 2000 Theater sind zu schließen; Verleih nur noch an Theater, die SPIO-

Grundsätze beachten, was einer Zwangsmitgliedschaft in der SPIO gleichkommt.

Erwogen wird auch die Einrichtung eines Filmministeriums; vorgesehene Aufgaben u.a.: Kontrolle der Entwicklungen bei den Gagen und Autorenhonoraren sowie bei den Preisen für technische Lizenzen. Nicht zuletzt soll die Lustbarkeitssteuer (Vergnügungssteuer) gesenkt werden.

Innerverbandlich ist – analog zu den autoritären Tendenzen in allen gesellschaftlichen Bereichen – die Machtposition der Verbandsspitze gegenüber den Einzelinteressen der Mitgliedsverbände zu stärken.

Mittelständische Theaterbesitzer, die über die Hugenberg-Zeitschrift *Kinematograph* diese Vorstöße schon länger hatten verfolgen können, muß das blanke Entsetzen gepackt haben. Sie hatten auf den Zuschauerrückgang z.T. mit Rabattsystemen beim Eintritt und mit dem Zwei-Schlager-System (Vorführung von zwei Spielfilmen für eine Eintrittskarte) reagiert; darüber hinaus fühlten sie sich schon länger durch das Blindbuchsystem (pauschale Abnahme der Jahresproduktion) eingeschnürt. (Da die Ufa durch ihre Verträge das Zwei-Schlager-System schon ausgeschlossen hatte, wäre bei einer Verallgemeinerung dieser Vertragsgestaltung ein deutlicher Rückgang der Einnahmen die Folge gewesen.) Es gelingt daher der Gruppe um die NSDAP-Leute Engl und Jacobsen trotz aller Widerstände im Reichsverband Deutscher Lichtspielbesitzer, Ihren Einfluß zu vergrößern.

Um die aufgebrachten Theaterbesitzer zu besänftigen, läßt der SPIO-Vorstand am 18. Februar 1933 seine Verhandlungsgrundlage im *Kinematograph* veröffentlichen. Gleichzeitig beeilt sich Hugenberg zu versichern, er stehe allen Gruppen der Filmwirtschaft für ein Gespräch zur Verfügung; wohl auch, um sich gegenüber Goebbels Kompetenzen für den Filmbereich zu sichern. Das Treffen kommt am 11. Februar 1933 zustande und bleibt ohne wesentliche Ergebnisse.

Goebbels reagiert und sichert sich schnell den entscheidenden Einfluß. Er hat auch die Macht, die unruhige Theatergefolgschaft zu disziplinieren. Im April 1933 treten Vertreter des Propagandaministeriums, der SPIO und der Banken zusammen. Sie beschließen die Einrichtung der Reichsfilmkreditbank GmbH, die Gründung erfolgt am 31. Mai 1933. Eines der wichtigsten Vorhaben aus dem Spio-Plan wird Wirklichkeit, wenn auch leicht abgewandelt: Nicht die Filmverbände allein, sondern auch andere Kräfte bringen das Stammkapital auf: 20.000 RM kommen von der staatlichen Reichskreditgesellschaft AG, 60.000 RM zusammen von der Deutschen Bank, der Commerzbank und der Dresdner Bank, 120.000 RM von der Ufa. Die Ufa-Anteile werden am 16. Juni 1933 von der SPIO übernommen; nach Eingliederung der SPIO in die Reichsfilmkammer gehen sie auf diese über, nach Eingliederung der Reichskreditbank in die Reichsfilmkammer am 22. Juni 1933 werden im März/April 1934 die Anteile der Banken der Reichsfilmkammer übertragen. Wesentlich aber bleibt: die beteiligten Banken verpflichten sich zu einer Kreditgewährung von bis zu 10 Mill. RM.

Aufsichtsratsvorsitzender der Filmkreditbank wird Fritz Scheuermann (Jurist und nicht als Mann des Films hervorgetreten), für das Propagandaministerium sitzen im Aufsichtsrat Staatssekretär Walter Funk, der die Verhandlungen geführt hat, und Filmabteilungsleiter Arnold Raether, Johannes Kiehl für die Deutsche Bank (alter Bekannter aus dem Aufsichtsrat der Ufa von 1917), Klitzsch für die SPIO, Engl (Reichsverband Deutscher Lichtspieltheater), die IG Farben über einen Agfa-Vertreter. Das Bündnis zwischen Banken, Filmindustrie und Staat von 1917 wird unter faschistischen Bedingungen erneuert. Das Finanzierungskonzept für die Produktionskreditierung folgt dem SPIO-Plan: (»Die Filmkreditbank war bereit, bis zu 70% der Herstellungskosten eines Spielfilms zu finanzieren, wenn der Produzent über die restlichen 30%, über den entsprechenden Anteil an einer Überschreitungsreserve von 15% der Gesamtkosten sowie über 30% der Kopienkosten in bar verfügte. Als Sicherheit hatte der Hersteller für die bereitgestellten Kredite der Bank sämtliche Rechte aus dem Lizenzvertrag mit dem deutschen Verleiher, der dem Finanzierungsvertrag beizutreten hatte, und sämtliche Weltvertriebsrechte zu übertragen, bis die FKB ihr Geld zurückbekommen hatte. Zudem behielt sich diese vor, ständig den Verbrauch der Kredite bei der Produktion und den Rücklauf der Auswertungsergebnisse vom Verleih an den Hersteller zu überwachen. Das unmittelbare Kreditbereitstellungsverfahren sollte so vor sich gehen, daß der Produzent der Bank diejenigen Akzepte (Wechsel), welche er im Rahmen des vorab mit dem Verleiher geschlossenen Lizenzvertrages für ein Filmprojekt erhalten hat, und weitere eigene Akzepte bis zur Gesamtsumme des 70prozentigen Kredits übergibt und diese entsprechend diesen Unterlagen bei einer Geschäftsbank den entsprechenden Diskontkredit besorgt.«, Spiker, S. 99)

Als ein Ziel der Förderung wird rein propagandistisch die Unterstützung kleiner und mittlerer Produktionsgesellschaften angegeben. In den Verhandlungen geht man – bei einem Grundbedarf von ca. 200 Filmen pro Jahr – von einem Anteil von 50-60 Filmen für die Klein- und Mittelproduzenten aus. Sämtliche Annahmen erweisen sich als reine Fiktion. Den Löwenanteil ergattern die finanzschwache Tobis und die kapitalkräftigere Ufa, die sich bei der Filmkreditbank bedient und so das eigene Kapital schont. 1934 schon kreditiert die Bank 49 von 121 Spielfilmen; das sind bei einem Kreditvolumen von 7,5 Mill. Mark ca. 50% der Produktionskosten. 1935 steigt die Kreditsumme auf 15,7 Mill. RM an, auf einen Anteil von 60% der Herstellungskosten. Bis 1942 wird die Bank 441 Filme verschiedener Sparten fördern.

Die Vergabe der Kredite ist, auch dies ein wichtiger Punkt aus dem SPIO-Plan, gebunden an die Mitgliedschaft in der SPIO. Die Antragsteller müssen sich der Vorzensur stellen, die zunächst von einem Arbeitsausschuß der Filmkreditbank, später dem Dramaturgischen Büro bei der SPIO bzw. bei der Reichsfilmkammer, ab Februar 1934 vom Reichsfilmdramaturgen ausgeübt wird.

Der nächste Schritt in Goebbels' Gleichschaltungskonzept ist die Einrichtung einer Zwangsorganisation für alle Filmschaffenden; die Reichsfilmkammer entsteht. Auch dies für die SPIO eine durchaus naheliegende Idee, hatte sie doch selbst schon mit Zwangsorganisationsideen gespielt und ein Gewerbe- und Berufsverbot für Nichtmitglieder erwogen. Das »Gesetz über die Errichtung einer vorläufigen Filmkammer« vom 14. Juli 1933 sieht in 3 die Ablehnung einer Mitgliedschaft unter der Voraussetzung vor, »daß der Antragsteller die für die Ausübung des Filmgewerbes erforderliche Zuverlässigkeit nicht besitzt«, ein Passus, der, wie sich bald zeigen wird, die Nichtaufnahme von Juden in die Kammer meint.

SPIO und der am 1. Juni 1933 neugegründete Verband der Filmschaffenden gehen Ende Juli in der Reichskammer auf.

Die Aufgabe der Reichsfilmkammer soll es sein, »das deutsche Filmgewerbe im Rahmen der Gesamtwirtschaft zu fördern, die Belange der einzelnen Gruppen dieses Gewerbes untereinander sowie gegenüber Reich, Ländern und Gemeinden (Gemeindeverbänden) zu vertreten sowie einen gerechten Ausgleich zwischen den im Arbeitsleben auf diesem Gebiet Stehenden herbeizuführen.« (Gesetz vom 14. Juli 1933) Die Formulierung erzeugt die Illusion, die öffentlich-rechtliche berufsständische Organisation solle sich selbst verwalten. Sie erhält zwar durch Verordnung vom 22. Juli 1933 die Vollmacht, die Arbeitsbedingungen (Vertragsgestaltung) zu regeln, wirtschaftliche Kompetenz hat sie aber in keiner Weise; die Rahmenbedingungen werden direkt vom Ministerium gesetzt. So befriedigt die Mitgliedschaft im wesentlichen die Eitelkeiten ihrer Repräsentanten. (Ab spätestens Mitte 1935 werden ihre Aufgaben weiter eingeschränkt, Mitglied werden nun nicht mehr Verbände, sondern nur noch Einzelpersonen; die Reichskammerbürokratie dient der strikten Überwachung des »Arisierungs«-Programms, ihre Spitzen sind apologetische Charaktermasken.)

Die Novellierung des Reichslichtspielgesetzes vom 12. Mai 1920 am 16. Februar 1934 dient der Perfektionierung der Zensur. Neue Verbotsgrundsätze, die einschlägige Gummiparagraphen des Weimarer Gesetzes ergänzen, sind »Verletzung des nationalsozialistischen Empfindens«, »Verletzung des sittlichen Empfindens«, »Verletzung des künstlerischen Empfindens«. Alle Vorhaben sind nunmehr dem durch das Gesetz neugeschaffenen Reichsfilmdramaturgen vorzulegen, dem eigentlichen Zensurverfahren bei der Filmprüfstelle geht eine Vorzensur voraus. Die Idee einer Vorzensur ist den autoritär strukturierten SPIO-Leuten nicht fremd; denn Vorzensur nach klaren Kriterien kann ja vor Verlusten durch Verbote vorbeu-

1936. Passé à vendre.
REG René Pujol. RAS Charley Léaud. AUT René Pujol. DAR Jeanne Aubert (Maryse Lancret), Pierre Brasseur (Bob), Max Michel (André Ferry), Thérèse Dorny (Marthe Dupont), Jacques Louvigny, Ginette Leclerc, Max Maxudian (le banquier), Albert Duvaleix, Charles Dechamps (le compte), Jean Aquistapace (Enrico, le chanteur), Jean Ayme, Jean Daurand, Paul Ollivier, Jacques de Féraudy, Henri Beaulieu, Gaston Mauger.
PRO Ufa / ACE. SUP Raoul Ploquin. PRL Pierre /= Peter Paul/ Brauer. DRZ Juli - August 1936. DRO Ufa-Atelier Berlin-Tempelhof; AA Cannes. LNG 96 min.
URA 14.9.1936, Paris (Marignan).
– In französischer Sprache hergestellt.
Marie droht ihren ehemaligen Liebhabern, ihre Namen in ihren Memoiren zu nennen. Ein Erpresser mischt sich ein und kassiert die Gelder. Am Ende verlieben sich Marie und der Erpresser und verzeihen sich ihre Gaunereien.

1936/37. Die Kreutzersonate.
REG Veit Harlan. RAS Hans Halden. AUT Eva Leidmann; nach der Erzählung ›Krejcerova sonata‹ von Lev Tolstoj. KAM Otto Baecker. BAU Otto Hunte, Willy Schiller. KOS Ilse Fehling. SCH Walter von Bonhorst. TON Joachim Thurban. MUS Ernst Roters. MT Leo Leux. LT Hans Halder. MT ›Das Lied vom Tod‹, ›Die Moral der Männer‹. GES Hilde Körber. DAR Lil Dagover (Jelaina Posdnyschewa), Peter Petersen (Andrej Posdnyschew), Albrecht Schoenhals (Gregor Tuchatschewsky), Hilde Körber (Gruschenka), Walter Werner (Dr. Raskin), Wolfgang Kieling (Wassja), Paul Bildt, Günther Lüders, Leo Peukert, Armin Schweizer, Lotte Spira(-Andresen), Heinz Berghaus, Ilse Cotence, Margot Erbst, Hugo Flink, Edith Linn, Max Wilmsen, Bruno Ziener, Gabriele Hoffmann-Roter, Franz Pollandt, Werner Siegert.
PRO Georg Witt-Film GmbH, Berlin; für Ufa. Herstellungsgruppe: Krüger - Ulrich. PRT Georg Witt. HEL Ernst Krüger, Hans Herbert Ulrich. AUL Karl Heinz Bock. DRZ Anfang August - Oktober 1936. DRO Ufa-Atelier Berlin-Tempelhof; AA Trebbin und Umgebung, Schloß Blankensee, Mark Brandenburg. LNG 2320 m, 85 min.
ZEN 22.1.1937, Jv. URA 11.2.1937, Berlin (Gloria-Palast).
– Prädikat: Künstlerisch wertvoll.
Andrej und Jelaina sind verheiratet. Er vermutet in ihrer angeblich nur künstlerischen Harmonie mit seinem Vetter Gregor mehr und tötet sie, rasend vor Eifersucht.

1936/37. Das schöne Fräulein Schragg.
REG Hans Deppe. RAS Paul Ostermayr. KO Peter Ostermayr. AUT Joseph Dalmanni, Fred Andreas; nach dem Roman von Fred Andreas. KAM Werner Bohne. KAS Kurt Schulz, Pandar. STF Horst von Harbou. BAU Hanns H. Kuhnert, Hermann Asmus. REQ Otto Ahrens, Otto Karge. GAR Alfred Heinke, Anna Balzer. MAS Artur Schramm, Bruno Cieslewitz. SCH Paul Ostermayr. TON Werner Pohl. MUS Herbert Windt. LT Richard Busch. MT ›Vom Strauch die schönste Rose...‹.
DAR Hansi Knoteck (Anna-Maria Schragg), Otto Gebühr (König Friedrich II), Paul Klinger (Ludwig Krüll), Hans Adalbert Schlettow (Paul Wittekind), Hilde Schneider (Charlotte von Drewitz), Jack Trevor (James MacKerry), Werner Stock (Hannes Blume), Paul Bildt (Geheimrat Schragg), Eduard von Winterstein (Landrat Schragg), Elsa Wagner (Antonie Schragg), Hellmuth Bergmann (Leutnant von Meerheimb), Carla Rust (Berta Wittekind), Werner Pledath (Pfarrer Hondewerper), Arthur Schröder (Graf Arnsfeld), Heinrich Schroth (Freiherr von Weddien), Wilhelm P. Krüger (Bauer Dreiband), Lena Haustein (Magd Trine), Franz Stein (Schreiber), Lucie Euler (Kupplerin), Hellmuth Passarge, Alfred Haase, Charlie Albert Huber.
PRO Tonlicht Film GmbH, Berlin; für Ufa. Herstellungsgruppe: Krüger - Ulrich. PRT Peter Ostermayr. HEL Ernst Krüger, Hans Herbert Ulrich. AUL Günther Grau, Wilhelm Marchand. DRZ Anfang Oktober - Anfang Dezember 1936. DRO Ufa-Atelier Neubabelsberg. AA Umgebung von Rheinsberg. LNG 2639 m, 96 min. ZEN 4.2.1937, ab 14, ffr.
URA 9.4.1937, Berlin (Gloria-Palast).
Zur Zeit Friedrichs II.: Anna-Maria Schragg, Tochter des Geheimrats, kämpft um ihre Liebe zu dem Theologiestudenten Ludwig. Allen gesellschaftlichen Vorurteilen zum Trotz wird diese Liebe mit des Königs Hilfe möglich.

1936/37. Lore.
REG Ernst Martin. AUT Werner Eplinius, Ernst Martin; nach einer Novelle von Erich Hartleben. KAM Werner Krien. BAU Hermann Asmus. MUS Lothar Brühne.
DAR Charlott Daudert, Ernst Waldow, Eduard Wesener, Werner Stock.
PRO Ufa. PRL Erich von Neusser. LNG 355 m, 13 min. ZEN 5.2.1937, Jf.
– Kurzspielfilm.

Der »SPIO-Plan« – Unnötige Beunruhigung

Der sogenannte Spio-Plan hat in den Theaterbesitzer-Versammlungen der letzten Wochen eine erhebliche Rolle gespielt. Es ist bei dieser Gelegenheit manches harte Wort gefallen, gesprochen in der Überzeugung, als sei der SPIO-Plan schon eine beschlossene und in Kraft getretene Angelegenheit.

Demgegenüber möchten wir feststellen, daß noch nicht einmal der Entwurf des Spio-Plans fertiggestellt ist und daß selbstverständlich die Vorstände aller in der SPIO zusammengeschlossenen Verbände, also auch des Reichsverbandes, den fertigen Entwurf erhalten werden, um Änderungen vorschlagen zu können, die dann in das Werk hineingearbeitet werden.

Alsdann wird der Plan in der Öffentlichkeit zur Debatte gestellt und schließlich in der SPIO selbst zur Abstimmung gebracht werden.

Es besteht also nicht der geringste Anlaß, sich in einer Angelegenheit zu ereifern, die heute in keiner Weise spruchreif ist und die Ausschaltung der Theaterbesitzer in einem Moment zu beklagen, wo keiner der in der SPIO zusammengeschlossenen Verbände bisher Einblick in den wie gesagt noch gar nicht fertiggestellten Plan-Entwurf genommen hat.

Film-Kurier, 9.2.1933

Sofortige Antwort von Geheimrat Hugenberg
Volles Verständnis / Nächste Woche Aussprache

Kurz vor Redaktionsschluß erfahren wir, daß vom Reichswirtschaftsminister Geh. Rat Hugenberg soeben beim Reichsverband ein Telegramm eingelaufen ist, in welchem er zum Ausdruck bringt, daß er volles Verständnis für die Schwierigkeiten des deutschen Lichtspielgewerbes habe und sich selbst zu einer Besprechung bereithalten würde, wenn er nicht im Moment zu stark in Anspruch genommen wäre.

Er habe deshalb Herrn Staatssekretär Rang gebeten, die Vertreter des Reichsverbandes zu empfangen und hofft den RV damit einverstanden.

Wir erfahren noch, daß eine Besprechung mit Staatssekretär Bang bereits Mitte nächster Woche stattfinden wird.

Film-Kurier, 10.2.1933

---

gen. Allerdings erweist sich die dünnbesetzte Stelle (drei Personen) unter Leitung des Goebbels-Manns Willi Krause wegen zu langer Bearbeitungszeiten als planungshemmend und unwirtschaftlich, Klagen aus der Industrie häufen sich. Am 13. Dezember 1934 wird aus der Vorlagepflicht für Drehbücher und Exposés eine Kann-Bestimmung. Das Verfahren bleibt widersprüchlich, da vorgelegte Arbeiten, einmal erfaßt, wiedervorgelegt werden müssen, während die übrigen bis zur Entscheidung durch die Prüfstelle nicht vom Zensurverfahren erfaßt werden. Sowieso bleibt die Auflage, bei der Filmkreditbank eingereichte Anträge müßten ein Gutachten des Reichsfilmdramaturgen vorweisen können. (Um die Verwirrung auf die Spitze zu treiben, teilt der Reichsfilmkammerpräsident am 14. Dezember 1934 mit, der Reichsfilmdramaturg sei laufend über alle Projekte zu informieren. Diese Verfügung wiederum wird am 24. November 1935 aufgehoben.) Aber ohnehin ist es die Aufgabe des Reichsfilmdramaturgen sehr bald, sich in das Kriteriensystem von Minister Goebbels einzufühlen; Subalternität und schwer nachvollziehbare Entscheidungen sind die Folge. Bei den Produzenten setzt folgerichtig die Selbstzensur ein; man schielt auch auf die Prüfstelle, da diese für die Prädikatisierung zuständig ist: Steuerersparnis oder Steuerbefreiung winken.

Endgültig wird dem Hin und Her um die Vorzensur ein Ende bereitet, als Goebbels mit dem 2. Gesetz zur Änderung des Lichtspielgesetzes vom 28. Juni 1935 ein uneingeschränktes Verbotsrecht beanspruchen kann. Ohne Anhörung des Reichsfilmdramaturgen oder der Oberprüfstelle darf er »aus dringlichen Gründen des öffentlichen Wohls« auf jeder Entscheidungsebene eingreifen. Damit sind die behördlichen Stellen zwar nicht ganz funktionslos, aber jederzeit korrigierbar. Die von der SPIO gewünschte Sicherung gegen unnötige Produktionskosten bei heiklen Vorhaben schlägt in absolute Rechtsunsicherheit um. Neue Sicherheit läßt sich da nur durch konformistisches Verhalten erlangen.

Einige Punkte allerdings können die Rechner in der Ufa-Chefetage noch für das Jahr auf der Habenseite verbuchen:
- im Juni 1933 senkt der Reichsrat (Ländervertretung) die Lustbarkeitssteuer von 10,5% auf 8% im Durchschnitt;
- Abschreibungen für technisches Gerät werden erleichtert;
- Verbot des Zwei-Schlager-Systems und von Rabatten (7. August 1933).

Wesentliche Ziele des SPIO-Plans sind erreicht – unter faschistischen Vorzeichen zwar, aber ernsthafter Widerstand regt sich aus Kreisen der Ufa-Leitung nicht. Im Gegenteil: Bei der »Arisierung« zeigt man sich sogar übereifrig.

Klitzsch und Produktionschef Correll werden der NSDAP nicht beitreten. Correll wird sich unbeliebt machen und später gehen müssen. Doch beider politische Verbeugungen sind tief.

Ende 1934 ist der Aufbau des NS-Filmsystems im wesentlichen abgeschlossen, die Rahmenbedingungen auch für die Ufa gesetzt.

Manfred Behn

Der Reichskanzler streift das Kino

In seiner gestrigen Rede, die Reichskanzler Adolf Hitler im Berliner Sportpalast gehalten hat und die durch alle deutschen Sender verbreitet wurde, kam er auch auf das Kino zu sprechen, und zwar in folgendem Zusammenhang: »... dann kam der Zerfall unserer Kultur, die Zersetzung unserer Kultur, die Zersetzung unserer Literatur, die Vergiftung der Theater und Kinos«.

Es wird die Aufgabe der Spitzenorganisation sein, bei den in Frage kommenden Stellen, die den Herrn Reichskanzler in solchen Fragen beraten, darauf hinzuweisen, daß der deutsche Film, im Gegensatz zu Literatur und Theater, in der ganzen Nachkriegszeit einer strengen Zensur unterworfen war.

Erich Pommer fährt nach Amerika

Erich Pommer ist heute von einer kurzen Erkundigungsreise nach London zurückgekehrt. Am Mittwoch wird er eine angekündigte Amerika-Fahrt antreten.

Erich Pommer benutzt seinen Urlaub, um sich an Ort und Stelle Informationen darüber zu verschaffen, welche Einwirkung die letzten Jahre auf die amerikanische Filmindustrie und ihre Arbeitsbedingungen gehabt haben.

SPIO-Vorstand muß Delegierte ablehnen dürfen

Durch verschiedene Vorgänge in der letzten Zeit ist in Industriekreisen der Wunsch laut geworden, durch Umbau der Spio-Satzungen Schutz dagegen zu schaffen, daß moralisch nicht qualifizierte Elemente in dieses höchste Gremium der deutschen Filmindustrie gelangen.

Der beste Weg dürfte der sein, daß dem SPIO-Vorstand das Recht zuerkannt wird, nicht genehme Kandidaten, ganz gleich von welchen Verbänden sie präsentiert werden, abzulehnen.

Film-Kurier, 11.2.1933

Ereignisreiche Delegiertensitzung
Debatten um Personen und Politik
Engl gibt sein Vorstandsamt zurück

Die gestrige Delegierten-Versammlung des Reichsverbandes, über deren chronologischen Verlauf an anderer Stelle des Blattes berichtet wird, wurde im wesentlichen beeinflußt durch die Versuche einer Minorität, der Majorität ihren Willen und ihren Repräsentanten aufzuoktroyieren.

Unsere Leser werden gestern mit einiger Verwunderung gelesen haben, daß Adolf Engl als Delegierter in den Vorstand gewählt wurde. Übrigens bei Stimmenthaltung der Berliner Delegierten, denen die Formulierung des Beschlusses nicht zusagte.

Obwohl diese Konzessionen an die nationalsozialistischen Gruppen eigentlich recht weitgehend waren, zeigte es sich sehr bald, daß die Forderungen noch weiter gingen. Es ging plötzlich um die Person des Herrn Johnson, der mit seinem Verband Wiederaufnahme im Reichsverband forderte, ohne sich dem verständlichen Wunsch des Vorstands fügen zu wollen, die Flut von unberechtigten Vorwürfen gegen diesen und den Reichsverband zurückzunehmen. Schließlich erfolgte die kategorische Forderung, Herrn Engl, der erst am Vormittag als Delegierter in den Vorstand gewählt worden war, zum Stellvertreter von Herrn Kommerzienrat Scheer bis zur nächsten Mitgliederversammlung zu wählen. Diese Wahl, die debattenlos gefordert wurde, fand, (...) eine Ablehnung. Es war ein äußeres Zeichen der ganzen Versammlung, daß die »Opposition« in wichtigen Dingen nicht aus sich selbst heraus handelte, sondern daß die »Intentionen« von zwei Personen außerhalb des Saales erfolgten: durch Herrn Johnson und Herrn Raether. Es wäre ein Irrtum, anzunehmen, daß die Ablehnung der Wahl Engls die Weigerung darstellt, einem Nationalsozialisten repräsentativen Einfluß im Reichsverband zu gewähren. Es ging hier vielmehr im wesentlichen um die Person des Präsentierten und um die ganze Art und Weise, wie die Opposition auftrat.

Die gestrige Abstimmung hat zum Ausdruck gebracht, daß die überwiegende Mehrzahl der deutschen Theaterbesitzer Herrn Engl nicht für geeignet hält, den Vorsitz im Reichsverband zu führen. Das hat mit seiner politischen Einstellung gar nichts zu tun. Wäre von der nationalsozialistischen Richtung ein Mann präsentiert worden, der sich durch seine Arbeit die unbedingte Achtung im Kinowesen errungen hat – es wäre kaum gezögert worden, ihn als Stellvertreter Scheers zu wählen.

Die deutschen Theaterbesitzer wünschen die Gewißheit, daß, wenn sie einem der ihren ein Amt übertragen, dieses Amt zum Wohle des gesamten Kinogewerbes ausgeübt wird. (...)

Unmittelbar im Anschluß an die gestrige Delegiertensitzung wurden in Bezug auf die Lustbarkeitssteuer und die Konzessionierung Telegramme folgenden Wortlauts abgeschickt:

An Reichsinnenminister Dr. Frick.
An Reichswirtschaftsminister Geh. Rat Dr. Hugenberg.

»Das freie deutsche Lichtspieltheater, das zu den schönsten und vorbildlichsten der Welt gehört, konnte nur entstehen in freier Entwicklung aller Kräfte. Die weitere Entwicklung und Vervollkommnung würde auf das schwerste durch die geplante Konzessionierung desselben gestört werden. Deshalb lehnen die Delegierten des Reichsverbands Deutscher Lichtspielbesitzer jede Konzessionierung in jeder Form auf das entschiedenste ab, auch schon aus dem Grunde, weil ja in diesen Lichtspieltheatern nur Filme gespielt werden können, die die scharfe deutsche Zensur passiert haben.«

An Reichskanzler Adolf Hitler.
Reichswirtschaftsminister
Geh. Rat Dr. Hugenberg.
Reichsinnenminister Dr. Frick.

»Die Delegierten-Versammlung des Reichsverbandes Deutscher Lichtspielbesitzer lenkt die Aufmerksamkeit des neuen Kabinetts auf die ungeheuerliche Sonderbelastung des deutschen Lichtspielgewerbes durch die Lustbarkeitssteuer. Diese Sonderbesteuerung ist bei der gegenwärtigen Verarmung weitester Volkskreise nicht abwälzbar und verhindert nicht nur die weitere wirtschaftliche und kulturelle Entwicklung des deutschen Films, sondern bringt auch das ganze mittelständische Lichtspielgewerbe vollends zum Erliegen, wenn nicht in allerletzter Stunde endlich dem Lichtspielgewerbe Hilfe zuteil wird.« (...)

Zum Thema »Wahlpropaganda« wird mit großer Mehrheit erklärt, nach wie vor jede Politisierung des Kinos zu vermeiden. (...)

Man bekennt sich zu Warschawskis Schlußwort: »Solange uns der Spio-Plan nicht in seinen Einzelheiten bekannt ist, müssen wir auf dem Blindbuchverbot verharren.« (...)

»Die Delegierten-Versammlung (...) erklärt einstimmig, daß sie einem Reorganisationsplan für die deutsche Filmindustrie, dem sogenannten Spio-Plan, dann zustimmen kann, wenn die Belange der deutschen Lichtspieltheaterbesitzer, vor allem aber deren wirtschaftliche Unabhängigkeit, in jeder Beziehung gewahrt sind.« (...)

Film-Kurier, 10.2.1933

**Engl, Messter, Correll
bei der Delegiertensitzung
des Reichsverbands 1933**

1936/37. Wilddiebe.
REG Karl Hans Leiter. AUT Werner E. Hintz; nach einer Idee von Max Dreyer. KAM Walter Pindter. BAU Hermann Asmus. MUS Hans Ebert.
DAR Berthold Ebbecke (Petrovich, Musiker), Friedl Haerlin (Eva, Gastgeberin), Siegfried Schürenberg (ihr Mann), Josef Karma (Diener).
PRO Ufa. PRL Erich von Neusser. LNG 355 m, 13 min. ZEN 5.2.1937, Jv.
– Kurzspielfilm.

1936/37. Menschen ohne Vaterland.
REG Herbert Maisch. RAS Milo Harbich. AUT Walter Wassermann, C. H. Diller, Ernst von Salomon, Herbert Maisch; in Anlehnung an den Roman ›Der Mann ohne Vaterland‹ von Gertrud von Brockdorff. KAM Konstantin (Irmen-)Tschet. KAS Erich R. Schmidtke. BAU Erich Kettelhut. REQ Emil Freude, Max Linde. KOS Filmkostümhaus Willi Ernst, Berlin. GAR Max König, Walter Salemann. MAS Atelier Jabs. SCH Milo Harbich, Gottfried Ritter. TON Hermann Fritzsching. MUS, ML Harold M. Kirchstein. LT Hans Fritz Beckmann. MT ›Ja die Männer…‹, ›Na sowas!‹, Arie aus ›La Traviata‹ gesungen von Hans-Heinz Nissen. Militärische Beratung Alexander von Corvin.
DAR Willy Fritsch (Oberleutnant Maltzach), Maria von Tasnady (Irene Marellus), Willy Birgel (Baron Falen), Grethe Weiser (Chansonette Jewa), Siegfried Schürenberg (Hauptmann Angermann), Werner Stock (Leutnant Brandt), Erich Dunskus (Unteroffizier Steputat), Josef Sieber (Bursche Pleikies), Alexander Golling (Ischnikoff), Willi Schaeffers (Landesrat Soykas), Nikolai Kolin (Diener Stepan), Luis Rainer (Wolynski), Aribert Grimmer (Rauta), Lissy Arna (Mila Wentos), Hans Stiebner (Kigull), Maria Loja, Trudl Baumbach, Tamara Höcker, Valy Arnheim, Jur Arten, Boris Alekin, Johannes Borgfeld, Zlatan P. Kascheroff, Werner Kepich, Herbert Klatt, Karl Meixner, Erich Nadler, Hermann Mayer-Falkow, Hans Meyer-Hanno, Hellmuth Passarge, Gustav Püttjer, Arthur Reinhardt, Jakob Sinn, Theo Stolzenberg, Albert Venohr.
PRO Ufa. Herstellungsgruppe: Bruno Duday. HEL, PRL Bruno Duday. AUL Dietrich von Theobald. DRZ Anfang September - Anfang Dezember 1936. DRO Ufa-Atelier Neubabelsberg. AA Erlenhof in Rhinluch, Schloß Malchow bei Neuruppin. LNG 2877 m, 105 min. ZEN 10.2.1937, Jv., nf. URA 16.2.1937, Hamburg (Ufa-Palast); 6.3.1937, Berlin (Ufa-Palast am Zoo).
– Von den Alliierten Militärbehörden verboten.
Ein deutsch-russischer Adliger, der 1918 im Baltikum zwischen die Fronten geraten ist, entscheidet sich nach Zweifeln für die Unterstützung einer deutschen Kompanie, die auf seinem Gut liegt. Die feindliche Kugel, die ihn am Ende tötet, macht aus ihm einen Helden und weiht seinen Tod dem Vaterland.

1936/37. Der Fußball.
REG Carl Heinz Wolff. AUT Herbert vom Hau, Walter Falke. KAM Werner Krien. BAU Willy Schiller. TON Georg Gutschmidt.
DAR Ewald Wenck, Hildegard Barko, Erich Fiedler, Leonie Düvel, Karin Lüsebrink.
PRO Ufa. PRL Karl Schulz. LNG 440 m, 16 min. ZEN 13.2.1937, Jf.
– Kurzspielfilm.

1936/37. Das kleine Fräulein träumt.
REG Herbert B. Fredersdorf. AUT Hans Fritz Köllner; nach einer Idee von Fritz Fischer, Siks. KAM Walter Pindter. BAU Hermann Asmus. MUS Werner Eisbrenner.
DAR Christel Schmitz (das kleine Fräulein Christel), Edmund Leslie, Hella Graf (Frau Krause), Angelo Ferrari.
PRO Ufa. PRL Erich von Neusser. LNG 384 m, 14 min. ZEN 13.2.1937, Jv.
– Kurzspielfilm.

1936/37. Papas Fehltritt.
REG Fritz Kirchhoff. AUT L. A. C. Müller; nach Ludwig Thoma. KAM Walter Pindter. BAU Hermann Asmus. MUS Lothar Brühne.
DAR Ernst Behmer, Marta Maria Newes, Gudrun Adi, Günther Ballier, Rudolf Essek, Else Reval, Friedl Haerlin, Dorothea Thiess.
PRO Ufa. PRL Erich von Neusser. LNG 448 m, 16 min. ZEN 13.2.1937, Jv.
– Kurzspielfilm.

Person minderen Rechts
Die »Entjudung« der Ufa

Auf dem Höhepunkt zweier Karrieren Emil Jannings, ausgezeichnet mit dem ersten Oscar, aus Hollywood zurückgekehrt unterschreibt 1929 den Vertrag für DER BLAUE ENGEL in Anwesenheit von Erfolgsproduzent Erich Pommer.
Vier Jahre später trennen sich die Wege: Der Jude Erich Pommer muß nach der Machtergreifung der Nazis in die Emigration, zunächst nach Paris, dann nach Hollywood, nach England, wieder Hollywood.
Emil Jannings bleibt und wird einer der exponiertesten Darsteller im Nazi-Kino: 1936 Staatsschauspieler, 1937 Nationaler Filmpreis und Kultursenator, 1938 Aufsichtsratsvorsitzender der Tobis, 1939 Goethe-Medaille, 1941 Ehrenring des deutschen Films

Die Verhandlungen ziehen sich seit Monaten hin, und angesichts der exorbitanten Gagenforderungen des Künstlers stehen sie immer kurz vor dem Abbruch. Eine »große romantische, heiter-ernste Opern-Operette« ist geplant, Stoff: Die Heimkehr des Odysseus »in einer dem modernen Empfinden angepaßten Dramatisierung«. Gestritten wird um das Geld: Erik Charell, Berlins Revue-König, weiß zu pokern – schließlich hat er mit DER KONGRESS TANZT der Ufa ihren größten Kassenerfolg beschert.

Am 20. Januar 1933 kommt es endlich zu einem Vorvertrag, einen Monat später liegen die ausgearbeiteten Verträge unterschriftsreif vor. Charell sahnt ab: Drehbuch-Honorar 130.000 RM (zahlbar in fünf Raten á 26.000 RM), Regie-Gage zusätzlich 50.000 RM. Die Beträge hat der Vorstand genehmigt, nur die Juristen melden noch Bedenken an; die Rechtsanwälte der Ufa, so lautet der Beschluß am 17. Februar, sollen einzelne Klauseln nochmals überprüfen. Eine Woche später, am 24. Februar, werden die Verträge unterzeichnet. Die Produktionsvorbereitungen laufen sofort an: Als Drehbuchmitarbeiter werden die Autoren Schulz und Stemmle engagiert; um Urheberrechtsprobleme auszuschalten, kauft man die Verfilmungsrechte an der Novelle »Penelopes Mann« von John Erskins. Die laut Vertrag am 1. März fällige erste Honorar-Rate für den Regisseur wird überwiesen.

Am Tag nach Goebbels' Antrittsrede vor den Filmschaffenden im Kaiserhof trifft sich der Vorstand am 29. März 1933 zu einer Sondersitzung. Thema: die jüdischen Angestellten und Künstler, die mit der Ufa Verträge haben. 20 Personen sind betroffen. Ganz oben auf der Liste steht der Charell-Vertrag, der sofort gelöst werden soll. Die Hausjuristen finden einen Dreh. Mit Schreiben vom 5. April kündigt die Ufa der Züricher Thevag, der Literaturagentur Charells, den Vertrag und beruft sich auf Paragraf 6, der den Rücktritt in dem Fall vorsieht, »daß Herr Charell durch Krankheit, Tod oder ähnlichem Grund nicht zur Durchführung seiner Regie-Tätigkeit imstande sein sollte«. Bereits gezahlte Beträge seien dann zurückzuzahlen. Prompt fordert die Ufa gleich die schon bezahlte Rate zurück.

Es kommt zu einem grotesken Prozeß. Die Argumentation der Klägerin in der Zusammenfassung des Gerichts: »Infolge des völligen und wider Erwarten schleunigen Umschwungs in Denkart und Geschmack des deutschen Volkes könne ein Film, an dem ein Nichtarier mitwirke, innerhalb des Deutschen Reiches nicht mehr vorgeführt werden; auch Rechtsvorschriften stünden

Niederschrift der Vorstandssitzung vom 29. März 1933

Mit Rücksicht auf die infolge der nationalen Umwälzung in Deutschland in den Vordergrund getretene Frage über die Weiterbeschäftigung von jüdischen Mitarbeitern und Angestellten in der Ufa beschließt der Vorstand grundsätzlich, daß nach Möglichkeit die Verträge mit jüdischen Mitarbeitern und Angestellten gelöst werden sollen. Es wird ferner beschlossen, zu diesem Zweck sofort Schritte zu unternehmen, die die Auflösung der Verträge der einzelnen in Betracht kommenden Personen zum Ziele haben.

Jedes Vorstandsmitglied soll die Entscheidung darüber treffen, welche Mitarbeiter und Angestellten in seinem Ressort sofort zu entlassen und welche im Wege eines langsamen Abbaues aus den Diensten der Ufa auszuscheiden sind. Fälle, die Härten aufweisen, sollen schonend behandelt werden. Gehaltsauszahlungen nach erfolgten Kündigungen sind mit Herrn Klitzsch zu besprechen.

Im einzelnen wurden noch folgende Beschlüsse gefaßt:

a) Charell-Vertrag

Es herrscht Einigkeit darüber, daß unter den obwaltenden Verhältnissen insbesondere der Vertrag mit Charell als Regisseur und Drehbuchbearbeiter des in der Pommer-Produktion vorgesehenen, den Odysseus-Stoff behandelnden Films sofort zur Auflösung gebracht werden muß, da die Persönlichkeit Charells nicht nur der Herstellung des Films hinderlich im Wege stehen, sondern vor allen Dingen die Auswertung des Films auf erhebliche Widerstände bei dem nationalen deutschen Publikum stoßen wird. Der Vorstand bittet die Herren Dr. Donner und Dr. von Boehmer, die juristische Seite der Aufhebung des Vertrages mit Charell unter bester Wahrung der Interessen der Ufa zu unternehmen.

Die Mitarbeiter Charells an dem Drehbuch, die Herren Schulz und Stemmle, sollen davon in Kenntnis gesetzt werden, daß eine Weiterarbeit an dem Drehbuch nicht stattfindet. Ihr Vertrag soll mit Rücksicht auf die veränderten Verhältnisse aufgehoben werden.

b) Erich Pommer

Ferner wird beschlossen, den Vertrag mit Pommer ebenfalls mit Rücksicht auf die Unmöglichkeit, bei den gegenwärtigen Verhältnissen die von ihm hergestellten Filme zu realisieren, zur Auflösung zu bringen. Der in seiner Produktion vorgesehene Film Walzerkrieg, dessen Drehbuch bereits vorliegt, soll hergestellt werden. Der Film Ljubas Zobel wird aufgegeben. Herr Corell wird gebeten, durch persönliche Rücksprache mit Herrn Pommer die Angelegenheit zu erledigen.

c) Regisseur Erich Engel

Mit Rücksicht auf die von Herrn Wendhausen gemachten Mitteilungen über Äußerungen des Herrn Engel, die sich gegen die Beschäftigung von Christen während seiner Tätigkeit am Deutschen Theater richteten und die ihn als krassen Kommunisten erscheinen ließen, soll sein Vertrag aufgehoben werden. Zuvor soll jedoch Herr Wendhausen über die Richtigkeit seiner Äußerungen nochmals befragt werden.

d) Werner Richard Heymann

Mit Rücksicht auf den anständigen Charakter von Werner R. Heymann und auf die Tatsache, daß er als Frontsoldat den Krieg mitgemacht hat, beschließt der Vorstand, sich bei der Regierung für seine Weiterverwendung in den Diensten der Ufa einzusetzen, zumal er getauft ist und dem evangelischen Glaubensbekenntnis angehört.

e) Robert Liebmann

Der Vorstand beschließt, sich von Robert Liebmann mit Rücksicht auf die gegenwärtigen Verhältnisse zu trennen. Herr Corell wird gebeten, mit ihm zu verhandeln.

f) Dr. Hans Müller

Auch sein Vertrag soll, falls sich keine Möglichkeit ergibt, *(gestrichen: ihn als Autor vaterländischer Werke zu halten)* gelöst werden.

g) Regisseur Wechsler

Es besteht Einigkeit darüber, daß auch sein Vertrag aufgehoben werden muß. Herr Correll wird gebeten, sich mit Herrn Wechsler persönlich dieserhalb in Verbindung zu setzen.

h) Regisseur Dr. Berger

Sein Vertrag soll, sobald der Film Walzerkrieg, in dem er Regie führen soll, beendigt ist, nicht verlängert werden, falls nicht aus anderen Gründen Lösung erfolgen muß.

i) Dr. Zeckendorf

Herr Correll wird gebeten, den zurzeit bestehenden Jahresvertrag mit Dr. Zeckendorf aufzulösen, da er mit Rücksicht auf die neuen Verhältnisse nicht zu halten ist.

j) Tonmeister Dr. Goldbaum

Es wird beschlossen, ihn bis zum 15. Mai mit Wirkung zum 30. Juni zu kündigen und ihn bis dahin zu beurlauben, falls sich nicht die Möglichkeit ergibt, ihn bis zum Vertragsende an eine fremde Firma zu verleihen.

k) Produktionsassistent Viktor Gertler

Sein Vertrag soll bis zum 1. Oktober 1933 gekündigt werden, da seine Weiterbeschäftigung mit Rücksicht auf seine ungarische Nationalität und seine jüdische Konfession unmöglich erscheint.

l) Ateliersekretärin Hartmann

Ihr Vertrag soll zum nächstmöglichen Termin gekündigt werden.

m) Gérard Jacobson

Der Assistent von Werner Richard Heymann, Jacobson, kann ebenfalls nicht mehr von der Ufa weiterbeschäftigt werden. Einwendungen gegen eine Mitarbeit bei Werner Richard Heymann in dessen privaten Diensten sollen nicht erhoben werden.

n) Rosy Barsony

Mit Rücksicht auf die Knappheit an jugendlichen Darstellern soll versucht werden, ihre Weiterbeschäftigung durchzusetzen.

o) Julius Falkenstein und Otto Wallburg

Da gegen ihre Persönlichkeiten auch bei den Regierungsparteien keine Bedenken bestehen, steht ihrer Weiterbeschäftigung nichts entgegen, jedoch soll vermieden werden, ihnen tragende Rollen zu geben.

p) Otto Hein

Es herrscht Einigkeit darüber, daß auch der Vertrag mit Otto Hein mit Rücksicht auf die durch die neuen Verhältnisse geschaffene Lage aufgelöst werden muß.

q) Rudi Feld

Da er infolge seiner Arbeiten stark in den Vordergrund tritt, ist er auf die Dauer nicht zu halten. Es soll ihm nahegelegt werden, sich mit Fräulein Hilb gemeinsam selbständig zu machen, wobei sich die Ufa verpflichtet, ihm auf die Dauer von sechs Monaten Aufträge zu garantieren. Dieser Handhabung der Angelegenheit stehen keine Bedenken entgegen, da er als im Auftrage der Ufa Beschäftigter nicht in den Vordergrund tritt.

r) Georg Engel, Wochenschau

Wegen seiner bisherigen verdienstvollen Mitarbeit herrscht Einigkeit darüber, daß er nicht entlassen, sondern intern weiterbeschäftigt werden muß.

(Gestrichene erste Fassung: Trotz seiner bisherigen verdienstvollen Mitarbeit herrscht Einigkeit darüber, daß er entlassen werden muß.)

s) Die Frage der Entlassung der jüdischen Büroangestellten Lilienthal, Mikolajewicz, Grunewald und Breslauer soll zunächst zurückgestellt werden; jedoch ist ihr langsamer Abbau ins Auge zu fassen. Über den Zeitpunkt ihrer Entlassung sollen die zuständigen Vorstandsmitglieder entscheiden.

t) Dr. Kahlenberg

Es herrscht nach längerer Aussprache über die Frage der Auflösung seines Vertrages Einigkeit darüber, daß jetzt keine Entscheidung hierüber notwendig ist; sie soll vielmehr einer späteren Beschlußfassung vorbehalten bleiben.

1936/37. Vom Regen in die Traufe.
REG Ernst Martin. AUT L. A. C. Müller, Ernst Martin. KAM Walter Pindter. BAU Hermann Asmus. TON Alfred Zunft. MUS Rudi Keller.
DAR Paul Heidemann (Alfred Höhnemann), Josef Sieber (Pick), Ewald Wenck (Papke), Friedl Haerlin (Camilla Steffen), Hella Graf (Lilli Lohmeyer), Erika Biebrach (Lucie, Stubenmädchen).
PRO Ufa. PRL Erich von Neusser. LNG 418 m, 15 min. ZEN 18.2.1937, Jf.
– Kurzspielfilm.

1936/37. Wer hat Angst vor Marmaduke.
REG, AUT Herbert B. Fredersdorf. KAM Werner Krien. BAU Hermann Asmus. MUS Werner Eisbrenner.
DAR Paul Heidemann (Chef des Varietés), Georgia Lind (Peggy), Ernst Drust, Erik Bauer, Ewald Wenck (Mann vom Finanzamt).
PRO Ufa. PRL Erich von Neusser. LNG 460 m, 17 min. ZEN 18.2.1937, Jf.
– Kurzspielfilm.

1936/37. Vor Liebe wird gewarnt.
REG Carl Lamac. RAS Herbert Grünewald. AUT Aldo von Pinelli, Rolf Meyer, Kurt Walter; nach dem Roman ›Sogar in diesen Zeiten‹ von Sigrid Boo. KAM Willy Winterstein. KAS Gustaf Weiss, Wolfgang Hofmann. STF Walter Pindter. BAU Willi Depenau, Karl Vollbrecht. REQ Emil Freude, Erwin Hübenthal. GAR Margarete Scholz, Franz Lübeck. MAS Adolf Dölle, Gerda Grosse, Minna Held. SCH Ella Ensink. TON Carlheinz Becker. MUS Leo Leux.
DAR Anny Ondra (Anny Palme), Erich Fiedler (Rechtsanwalt Dr. Hartwig), Franz Niklisch (Rechtsanwalt Will Uders), Ernst Dernburg (Generaldirektor Schroll), Hans Richter (Alex Palme), Ewald Wenck (Bürovorsteher Lindemilch), Blandine Ebinger (Mona), Wilhelm Bendow (Vetter Fink), Ernst Behmer (Fürchtegott Palme), Gertrud Wolle (Frau Palme), Ninon Weber (Erika Palme), Marina von Ditmar (Helga Palme), Artur Fritz Eugens (Archibald Palme), Gertrud de Lalsky (Frau Hartwig), Ernst Rotmund (Direktor Semprich), Alice Treff (mondäne Frau), Marianne Stanior (Susi Lorm).
PRO Ondra-Lamac-Film GmbH, Berlin; für Ufa. Herstellungsgruppe: Wuellner - Ulrich. PRT Carl Lamac, Anny Ondra. HEL Robert Wuellner, Hans Herbert Ulrich. PRL Robert Leistenschneider. AUL Ludwig Kühr, Carl Ludwig Löffert (ungenannt). DRZ Mitte November - Mitte Dezember 1936. DRO Ufa-Atelier Neubabelsberg. LNG 2281 m, 83 min. ZEN 22.2.1937, Jv., nf. URA 23.2.1937, Berlin (Ufa-Palast am Zoo).
– AT: Sogar in diesen Zeiten.
Anny, die ihren Vetter Fink vom Bahnhof abholen will, gerät versehentlich an Will. Bei einem Abendessen im Hause ihres Arbeitgebers Rechtsanwalt Hartwig lernt sie Generaldirektor Schroll kennen und wird für dessen Geliebte gehalten. Zufällig trifft Anny abermals auf Will, der sich eine Anwaltspraxis einrichten will und dabei von Schroll unterstützt wird.

1936/37. Wie der Hase läuft.
REG Carl Boese. RAS Erich Palme. AUT Edgar Kahn, Franz Rauch; nach dem Bühnenstück von Edgar Kahn. KAM Otto Baecker. KAS Horst Kyrath. STF Wilhelm Kiermeier, Kurt Wunsch. BAU Otto Moldenhauer, Carl Machus. REQ Heinz Hegel, Paul Schmidt. GAR Marie-Luise Arndt, Fritz Pietsch. MAS Atelier Jabs. SCH Fritz Stapenhorst. TON Walter Rühland. MUS Eduard Künneke. ML Franz Marszalek. LT Ursel Renate Hirt. MT ›Einmal verirrt sich das Glück‹, ›Lied der Tippelbrüder‹.
DAR Heli Finkenzeller (Marianne Warnecke), Rudolf Platte (Knecht Nante), Fritz Genschow (Bahnhofsvorsteher Gustav Hase), Kurt Seifert (Kammersänger Kasimir Haase), Otto Wernicke (Ortsvorsteher Warnecke), Hans Leibelt (Pastor Piepenbrink), Lotte Rausch (Magd Lina), Eva Tinschmann (Klothilde Piepenbrink), Carla Rust (Dienstmädchen Grete), Marjan Lex (Gustchen), Eduard Wenck (Feldhüter Fuchtel), Adolf Fischer (Jungbauer Fahrendiek), Erwin Biegel (Tippelbruder Paule), Gustav Püttjer (Tippelbruder Fietje).
PRO Euphono-Film GmbH, Berlin; für Ufa. Herstellungsgruppe: Wuellner - Ulrich. HEL Robert Wuellner, Hans Herbert Ulrich. PRL Franz Vogel. AUL Ernst Körner, Werner Drake. DRZ 12.11. - Dezember 1936. DRO Ufa-Atelier Neubabelsberg. LNG 2115 m, 77 min. ZEN 24.2.1937, Jv., nf. URA 25.5.1937, Berlin (U.T. Friedrichstraße, Atrium).
– AT: Der Hase läuft.
Vom Giebel des Pastorenhauses wird der Deputatshase geklaut. Ein Dorf macht Jagd auf das tote Tier.

---

jetzt entgegen. Charell sei demnach aus einem in seiner Person liegenden Grunde außerstande, die in Aussicht genommene Tätigkeit zu leisten.« Die beklagte Partei verweist darauf, daß die jüdische Abstammung des Regisseurs allgemein bekannt sei. »Und da der Vertrag erst nach dem Umschwunge vom 30. Januar 1933 geschlossen worden sei, habe sie (die Klägerin) in voller Kenntnis der Folgen, die unter der Herrschaft des Nationalsozialismus zu erwarten seien, ihre Verpflichtungen übernommen und zu erfüllen begonnen.«

Das Schiedsgericht gibt der Ufa recht. Auch das Berliner Kammergericht entscheidet gegen die Thevag. Es kommt am 27. Juni 1936 zur Verhandlung vor der obersten Instanz, dem Reichsgericht für Zivilsachen. Das Urteil: Die Revision wird verworfen. Die Richter erklären, daß im nationalsozialistischen Staat »nur Deutschstämmige als rechtlich vollgültig zu behandeln« sind. Der Jude Charell ist nach ihrer Auffassung eine »Person minderen Rechts«, und die »aus gesetzlich anerkannten rassepolitischen Gesichtspunkten eingetretene Änderung in der rechtlichen Gültigkeit der Persönlichkeit« hindere ihn an der Erfüllung des Vertrages ähnlich »wie Tod oder Krankheit es täten«.

Juden sind rechtlos, sie sind schon vor ihrem Ableben tot: Diese Entscheidung der obersten Richter wird nicht nur in den juristischen Fachblättern, sondern auch in der gleichgeschalteten Tagespresse publiziert. Überdies bekommt die Ufa vom Gericht noch einen Persilschein ausgestellt, der vielleicht sogar die Wahrheit trifft: Der Filmkonzern habe nicht voraussehen können, daß Rasseideologie und Judenverfolgung praktiziert, »daß dieser Teil des Parteiprogramms schon in nächster Zeit und mit elementarer Wucht auch auf rein künstlerischem Gebiete voll verwirklicht werde«.

In prophetischer Voraussicht oder voreilendem Gehorsam macht sich die Ufa daran, sich ihrer jüdischen Mitarbeiter zu entledigen. Die Vorstandsbeschlüsse vom 29. März 1933 – die anders als sonst in nur einem Exemplar im Büro Klitzsch archiviert werden – werden gefaßt, bevor die ersten antisemitischen Verordnungen und Gesetze erlassen werden.

Nach Charell steht Erich Pommer auf der Liste. Der Fall hat eine Vorgeschichte: Klitzsch hätte seinen Produktionschef gern für die DNVP gewonnen. Pommer fragt am 4. November 1932 bei der Partei nach, ob er »als Deutscher jüdischen Glaubens« Mitglied werden könne und erhält postwendend eine Absage. Er informiert Klitzsch und schildert, daß er angesichts der »antisemitischen Vorgänge der letzten sechs Monate innerhalb der Ufa« kaum noch an einer so wichtigen Stelle in der Firma tätig sein könne (12.11.1932). Klitzsch wiederum gibt – streng vertraulich – den Schriftwechsel seinen Vorstandskollegen zur Kenntnisnahme.

Hinter den Kulissen bemüht man sich, Pommer zu halten. Doch der Mann ist nicht blind, er weiß, was ihn in Deutschland erwartet und übernimmt lieber die Leitung von Fox-Europa in Paris. Wegen eines Provinzkinos (den Beuthener Kammerlichtspielen, wo er stiller Gesellschafter ist) kommt es zu einem Prozeß. Der Emigrant wird in einem Brief an den Ufa-Generaldirektor deutlich: Noch in der letzten Märzwoche 1933 habe ihm Klitzsch versichert, es würden »keine Unterschiede zwischen ›arischen‹ und ›nichtarischen‹ Mitarbeitern gemacht. Daß sich inzwischen die Verhältnisse und Ansichten in der Ufa grundlegend geändert haben, ist nicht zu verkennen. Was aber die Begriffe ›Arier‹ und zur ›jüdischen Rasse gehörend‹ mit der Führung eines Rechtsstreites zu tun haben, ist für mich selbst heute nicht erklärlich.« (19.8.1933) Doch deutsche Richter, siehe oben, denken anders.

Nicht alle Betroffenen wehren sich wie Pommer oder Charell. Die bei der Ufa beschäftigten Juden verstehen sich allesamt als gute Deutsche. Sie haben mitgewirkt an den nationalen Filmen, die die Weimarer Republik untergruben und den Nazis den Weg ebneten.

Zum Beispiel der Drehbuchautor Robert Liebmann. Zumindest als Coautor ist er an allen Ufa-Erfolgen der letzten Jahre beteiligt (von DER BLAUE ENGEL bis zu DER KONGRESS TANZT). Er gilt als Skriptdoktor, der unverfilmbare Manuskripte zu retten versteht, schreibt zündende Liedtexte (wie »Hoppla, jetzt komm ich« für Hans Albers) und ist der Verfasser des patriotischen Preußenfilms YORCK. Im November 1932 erst hat die Ufa die Option auf sein nächstes Drehbuch ausgeübt. Nun kann er gehen und muß froh sein, daß ihm das vereinbarte Honorar noch ausgezahlt wird. In Paris arbeitet er für Pommer, und telefonisch trifft man Mitte Juli 1933 ein Agreement: Liebmann verzichtet auf alle Ansprüche gegen die Ufa und darf dafür sein KONGRESS-Drehbuch zu einer Operette unter anderem Titel umarbeiten.

Vier ziehen vor das Schiedsgericht: die Schauspieler Otto Wallburg und Julius Falkenstein, die Autoren Friedrich Zeckendorf und Walter Reisch. Die Ufa bleibt hart. Der Regisseur Erich Engel kann bleiben; seinen Filmen im Dritten Reich ist »krasser Kommunismus« nicht anzulasten, erst später in der DDR bekennt er sich zum Marxismus. Der Erfolgskomponist Werner Richard Heymann – am 20. Dezember 1932 hat ihm der Vorstand noch je 25.000 RM für SAISON IN KAIRO und WALZERKRIEG bewilligt – verläßt das Land. Alois Melichar übernimmt die Musik zu WALZERKRIEG. Im Juni beginnt Ludwig Berger mit den Dreharbeiten – als im Oktober der Film herauskommt, werden im Vorspann weder der Regisseur noch die Drehbuchautoren Hans Müller und Robert Liebmann genannt.

Lange vor der Machtergreifung haben die Nazis gegen die »verjudete Filmindustrie« gehetzt und dabei den Hugenberg-Konzern nicht ausgenommen. Goebbels ließ keine Entschuldigung gelten: »Die Ufa kann sich nicht darauf herausreden, daß sie ohne

Juden nicht fertig werde. Zur selben Zeit liegen beste literarische und künstlerische Kräfte brach.« (Der Angriff, 30.12.1930) Die Ufa weiß es besser. Der Exodus der verfolgten und verjagten Künstler führt – sowohl künstlerisch wie ökonomisch – zu einem Einbruch. Die Ausfälle sind auch langfristig nicht zu ersetzen, und der finanzielle Verlust im ersten Produktionsjahr nach der »nationalen Revolution« ist enorm. Gegenüber dem Aufsichtsrat rechtfertigt sich der Vorstand für die Negativ-Bilanz: »Allein die Abfindung an ausgeschiedene jüdische Angestellte bzw. der dadurch verursachte Leerlauf erforderten einen Betrag von RM 250.000.«

Die deutschnational gesinnten Vorstandsherren mögen mit dem Nationalsozialismus sympathisieren, überzeugte Antisemiten sind sie nicht. Glücklicherweise lassen sich für nichtarische Stars und Regisseure Sondergenehmigungen erwirken, und jüdische Angestellte können, sofern sie nicht auffallen, in den ersten Jahren noch gehalten werden. Von einigen Mitarbeitern trennt man sich nur mit großem Bedauern und ist bemüht, soziale Härten abzumildern. Im Sommer 1938 wird dem Leiter der Frankfurter Filiale gekündigt, weil er »nicht Vollarier ist«. Sein Gehalt bekommt er bis zum Jahresende, außerdem »eine Abfindung von RM 3000 zur Gründung einer neuen Existenz« (28.6.1938).

Die Pogrom-Nacht vom 9./10. November 1938 bildet den Auftakt zu einer weiteren Verschärfung der Judenverfolgung: Die völlige Ausschaltung der Juden aus den ihnen noch verbliebenen Positionen in der Wirtschaft wird angeordnet. Die Ufa handelt wie befohlen: Am 15. November teilt Direktor Kuhnert mit, daß »in diesen Tagen die letzten noch bei der Ufa tätigen volljüdischen Gefolgschaftsmitglieder, und zwar 5 männliche und 2 weibliche, vom Dienst dispensiert worden sind«. Auch ihre Gehälter werden – wozu der Vorstand »einstimmig und ausdrücklich« sein Einverständnis erteilt – bis Ende März bzw. Juni nächsten Jahres gezahlt.

Der letzte aufzulösende Vertrag betrifft einen Herren aus den eigenen Reihen. Verleihchef Wilhelm Meydam, der seit mehr als einem Jahrzehnt dem Vorstand angehört, gilt nach der NS-Klassifikation als »Halbjude«. Er scheidet zum 1. April 1941 aus, wobei ihm eine monatliche Vergütung von 1000 RM (entsprechend dem Ruhegehalt eines höheren Ministerialbeamten) bis an sein Lebensende zugestanden wird.

Die Ufa verliert durch die Rasse-Gesetze einige ihrer besten und wichtigsten Mitarbeiter. Der Konzern ist sich dessen bewußt, beugt sich aber dem Druck des Regimes. Wer um die Interna weiß, kann die Sätze aus der Jubiläumsschrift von Otto Kriegk 1943 nur als blanken Zynismus werten: »Das wichtigste Problem organisatorischer Arbeit war die Befreiung des deutschen Films von jedem jüdischen Einfluß. Auch hier konnte die Ufa allein nicht durchgreifen. Wir wissen heute, daß der Kampf gegen die Juden den Einsatz der gesamten staatlichen Macht verlangt.«

Michael Töteberg

Filme im Verleih der Ufa 1933-45

1933

★ 1932/33. D. **Bergwelt – Wunderwelt.** REG Otto Trippel. PRO Trippel, München. 2590 m, 95 min. ★ 1932. I. **Die Himmelsflotte.** L'Armata Azzurra. REG Gennaro Righelli. PRO Pittaluga, Turin. 2444 m, 89 min. ★ 1932. USA. **Sergeant McKenna.** McKenna of the Mounted. DAR Buck Jones, Greta Granstedt. PRO Columbia. 1520 m, 56 min. ★ 1933. USA. **Die Königin von Kansas.** PRO Columbia. 1448 m, 53 min. ★ 1933. D. **Der Zarewitsch.** REG Victor Janson. DAR Marta Eggerth, Hans Söhnker. PRO Prima. 2382 m, 87 min.

1934

★ 1933/34. D. **Mein Herz ruft nach Dir.** REG Carmine Gallone. DAR Jan Kiepura, Marta Eggerth. PRO Cine-Allianz. 2421 m, 88 min. ★ 1934. DK. **Palos Brautfahrt.** Palos Brudefaerd. REG Friedrich Dalsheim. PRO Palladium. 2389 m, 87 min. ★ 1934. D. **Schloß Hubertus.** REG Hans Deppe. DAR Hansi Knoteck, Paul Richter. PRO Dialog. 2378 m, 87 min. ★ 1934. A. **Maskerade.** REG Willi Forst. DAR Paula Wessely, Adolf Wohlbrück. PRO Tobis-Sascha. 2816 m, 103 min. ★ 1934. D. **Herr Kobin geht auf Abenteuer.** REG Hans Deppe. DAR Hermann Speelmans, Dorit Kreysler. PRO Tofa. 2386 m, 87 min. ★ 1934. D. **Der ewige Traum.** REG Arnold Fanck. DAR Sepp Rist, Brigitte Horney. PRO Cine-Allianz. 2333 m, 85 min. ★ 1934. GB. **Die Männer von Aran.** Man of Aran. REG Robert J. Flaherty. PRO Gaumont. 2095 m, 77 min. ★ 1934. D. **Jungfrau gegen Mönch.** REG E. W. Emo. DAR Dorit Kreysler, Paul Richter. PRO Majestic. 2310 m, 85 min. ★ 1933. F. **Die Schloßherrin von Libanon.** La Chatelaine du Liban. REG Jean Epstein. DAR Spinelly, Jean Murat. PRO Société Générale de Cinématographie. 2471 m, 91 min. ★ 1934. D. **Die Liebe und die erste Eisenbahn.** REG Hasso Preis. DAR Karin Hardt, Hans Schlenck. PRO R.N.-Film. 2334 m, 85 min. ★ 1934. A/CS. **Nocturno.** REG Gustav Machaty. DAR Maria Ray, Ria Byron. PRO Mawo. 2627 m, 96 min. ★ 1934. D. **Ferien vom Ich.** REG Hans Deppe. DAR Carola Höhn, Hermann Speelmans. PRO Olaf Fjord-Film. 2576 m, 94 min.

1935

★ 1934. F. **Liebe.** Remous. REG Edmond T. Gréville. DAR Jeanne Boitel, Jean Galland. PRO H.O. Films. 2314 m, 85 min. ★ 1934/35. D. **Triumph des Willens.** REG Leni Riefenstahl. PRO Reichsparteitagfilm der L.R. Studio-Film. 3109 m, 114 min. ★ 1935. D. **Abessinien – Im Schatten des Goldenen Löwen.** REG Jam Borgstädt. SPR Hans Jannasch. PRO Kosmos, Hamburg. 2505 m, 91 min. Dokumentarfilm. ★ 1935. D. **Im Zauberreich der schwarzen Diamanten.** PRO Werk- und Werbefilm, Leipzig. 2304 m, 84 min. ★ 1935. D. **Die Heilige und ihr Narr.** REG Hans Deppe. DAR Hansi Knoteck, Hans Stüwe, Lola Chlud. PRO Ostermayr-Film. 2312 m, 85 min. ★ 1935. D. **Hilde Petersen postlagernd.** REG Victor Janson. DAR Suse Graf, Rolf Wanka. PRO R.N.-Film. 1992 m, 73 min. ★ 1935. PL. **Marschall Pilsudski.** PRO Professor Ryszard Ordynski, Warschau. 1635 m, 60 min.

1936

★ 1936. D. **Ein seltsamer Gast.** REG Kurt Heuser. DAR Alfred Abel, Ilse Petri. PRO Euphono. 2300 m, 84 min. ★ 1935. F. **Zwischen Abend und Morgen.** Veille d'armes. REG Marcel L'Herbier. DAR Annabella, Victor Francen. PRO Impérial. 2897 m, 106 min. ★ 1936. D. **Flitterwochen.** REG Carl Lamac. DAR Anny Ondra, Hans Söhnker. PRO Ondra-Lamac-Film. 2300 m, 84 min. ★ 1936 A. **Manja Valewska.** REG Josef Rovensky. DAR Maria Andergast, Olga Tschechowa. Peter Petersen. PRO Kongreß. 2562 m, 94 min. ★ 1936. D. **Die Wildnis stirbt.** REG, SPR Hans Schomburgk. PRO Schomburgk-Film, in Zusammenarbeit mit Deutsche Kolonialheimat. 1832 m, 67 min. Dokumentarfilm unter Verwendung von Archivaufnahmen und Filmmaterial von früheren Afrika-Expeditionen Schomburgks. ★ 1936. D. **Ein Mädel vom Ballett.** REG Carl Lamac. DAR Anny Ondra, Wolfgang Neumeister. PRO Ondra-Lamac-Film. 2267 m, 83 min. ★ 1936. D. **Annemarie.** REG Fritz Peter Buch. DAR Gisela Uhlen, Victor von Zitzewitz. PRO Witt-Film. 2468 m, 91 min.

1937

★ 1933. F. **Der Sperber.** L'epervier. REG Marcel L'Herbier. DAR Nathalie Paley, Charles Boyer. PRO Impérial. 2639 m, 96 min. ★ 1937. USA. **Tundra.** Tundra. REG Norman Dawn. PRO Burroughs-Tarzan Pictures. 2104 m, 77 min. ★ 1937. A. **Liebling der Matrosen.** REG Hans Hinrich. DAR Traudl Stark, Wolf Albach-Retty. PRO Mondial. 2495 m, 91 min.

1938

★ 1938. PL. **Seine große Liebe.** Jego wielka milosc. REG Stanislawa Perwanolowska, Mierczyslaw Krawicz. PRO Witwornia Kinematografizna Block-Muza. 2270 m, 83 min. ★ 1938. F. **Gebrandmarkt.** Forfaiture. REG Marcel L'Herbier. DAR Lisa Delamare, Victor Francen. PRO Panthéon-Gray. 2716 m, 99 min. ★ 1938. A. **Prinzessin Sissy.** REG Fritz Thiery. DAR Traudl Stark, Paul Hörbiger. PRO Mondial. 2300 m, 84 min. ★ 1938. D. **Die vier Gesellen.** REG Carl Froelich. DAR Ingrid Bergman, Hans Söhnker. PRO Froelich-Film. 2648 m, 97 min. ★ 1938. D. **War es der im 3. Stock?** REG Carl Boese. DAR Walter Steinbeck, Henny Porten. PRO Fanal. 2598 m, 95 min. ★ 1938. D. **Das Leben kann so schön sein.** REG Rolf Hansen. DAR Ilse Werner, Rudi Godden. PRO Froelich-Film. 2333 m, 85 min. Verboten.

1939

★ 1939. D. **Kennwort Machin.** REG Erich Waschneck. DAR Paul Dahlke, Viktoria von Ballasko. PRO Fanal. 2448 m, 89 min.

1941

★ 1940/41. F. **Reineke Fuchs.** PRO Starewisch. 1765 m, 64 min. Kulturfilm. ★ 1941. AGY. **Verräter am Nil.** Lagin. PRO Studios Misr. 2792 m, 102 min.

1942

★ 1941/42. F. **Ihr erstes Rendezvous.** Premier rendez-vous. REG Henri Decoin. DAR Danielle Darrieux, Fernand Ledoux. PRO Continental. 2948 m, 108 min.

1936/37. Gleisdreieck. Alarm auf Gleis B.
REG Robert A. Stemmle. **RAS** Hans Abrell, Roger von Norman. **AUT** Rolf E. Vanloo, Robert A. Stemmle; nach der Novelle von Rolf E. Vanloo. **KAM** Karl Puth. **STF** Alexander Schmoll. **BAU** Erich Czerwonski, Karl Böhm. **REQ** Alfred Schütz, Ernst Thege. **KOS** Walter Leder, Paula Hettwer. **MAS** Friedrich Havenstein, Harry Pantzer. **SCH** Roger von Norman. **TON** Carlheinz Becker, Werner Pohl. **MUS, ML** Hans-Otto Borgmann.
DAR Gustav Fröhlich (Fahrdienstleiter Hans Scheffler), Heli Finkenzeller (Gerda Volkmann), Paul Hoffmann (Max Volkmann), Otto Wernicke (Aufsichtsbeamter Scheffler), Hilde Sessak (Lotte Krüger), Fritz Genschow (Zugbegleiter Fritz Buchholz), Toni von Bucovicz (Frau Scheffler), Albert Hörrmann (Hobby), Eduard Wenck (Gehrke), Oscar Sabo (Taxifahrer), Werner Pledath (Kriminalkommissar König), Ellinor Büller, Olly van Dyck, Edith Meinhardt, Lotte Spira, Rudolf Essek, Walter Gross, Wolfgang Staudte.
PRO F.D.F. Fabrikation Deutscher Filme GmbH, Berlin; für Ufa. **HEL** Robert Wuellner, Hans Herbert Ulrich. **PRL** Hans von Wolzogen. **AUL** Karl Gillmore. **DRZ** Ende August - Ende September 1936. **DRO** Ufa-Atelier Neubabelsberg; **AA** U-Bahnhöfe in Berlin. **LNG** 2209 m, 80 min. **ZEN** 26.11.1936, Jv. **URA** 27.1.1937, Berlin (Ufa-Palast am Zoo). –AT: Hochbahnhof Gleisdreieck. – Von den Alliierten Militärbehörden verboten.

Hans Scheffler, beschäftigt am ›Gleisdreieck‹, dem Hauptschnittpunkt des berliner U-Bahn-Betriebs im Jahr der Olympischen Spiele 1936, erntet den Widerwillen seines Vaters. Max, der Bruder seiner Braut Gerda, hat eine kriminelle Vergangenheit. Das muß auch Hans erfahren, als er von Max und seiner Bande genötigt wird, den Schlüssel für einen Tresorraum herauszurücken. Die Polizei stellt die Bande, Hans rettet Gerda vor einem heraneilenden Zug.

sdreieck" FDF

1936/37. Die Kronzeugin.
REG Georg Jacoby. RAS Wolfgang Becker. AUT Georg C. Klaren, Bernd Hofmann, Karl Lerbs; unter Benutzung von Motiven des Bühnenstückes von George Clifford Marivale. KAM Robert Baberske. KAS Günter K. Haase, Bruno Stephan. STF Otto Schulz. BAU Otto Hunte, Willy Schiller. KOS Gertrud Steckler, Romatzki. GAR Otto Suckrow, Hettwer. MAS Atelier Jabs. SCH Wolfgang Becker. TON Werner Pohl. MUS Walter Gronostay. LT Hans Fritz Beckmann. MT ›Mein Herz hat Sehnsucht‹. Kriminalistische Beratung Alfred Klütz.
DAR Sybille Schmitz (Jelena Rakowska), Ursula Grabley (Rose Bonnet), Sabine Peters (Nina Rakowska), Ivan Petrovich (Stefan Laurin), Gustav Waldau (Kriminalrat Georg Radloff), Rudolf Platte (Kriminalassistent Malapert), Elga Brink (Elise Laurin), Ursula Herking (Zofe Babett), Just Scheu (Rechtsanwalt Dr. Sanders), Georg Heinrich Schnell (Gerichtsvorsitzender), Ernst Dumcke (Staatsanwalt), Werner Pledath (Untersuchungsrichter), Hermann Pfeiffer (Regisseur), Josefine Dora (Souffleuse), Harry Hardt (Sänger), Hanni Weiße, Olga Schaub, Dorothea Thiess, Ellinor Büller, Rudolf Klix, Hermann Mayer-Falkow, Erich Walter.
PRO F.D.F. Fabrikation Deutscher Filme GmbH, Berlin; für Ufa. HEL Robert Wuellner, Hans Herbert Ulrich. PRL Hans von Wolzogen. ASS Hellmut Beck. AUL Karl Gillmore. DRZ Mitte Dezember 1936 - Ende Januar 1937. DRO Ufa-Atelier Neubabelsberg; AA Riesengebirge, Zugspitze. LNG 2289 m, 84 min. ZEN 4.3.1937, Jv. URA 21.4.1937, Berlin (Gloria-Palast).
– AT: Die Affaire Cabano.
Ein gebildeter Kommissar und sein Assistent brauchen lange Zeit, um zu erkennen, daß der Opernkomponist Laurin nicht der Mörder des Erpressers Cabano ist. Dieser starb durch einen Schuß, der sich im Handgemenge mit seiner Braut Nina, der Schwester von Laurins Freundin Jelena, löste, nachdem er sein Eheversprechen zurückgezogen hatte.

1936/37. La griffe du hasard.
REG, AUT René Pujol.
DAR Germaine Aussey (Simone), Reine Paulet (Eva Gilbert), Denise Jovelet (Bérangère, la petite fille), Germain Michel, Georges Rigaud (Jacques Daroy), Pierre Larquey (M. Lappe), Marcel Simon (Burton), Pierre Alcover (Trémois), Jacques Louvigny (Hector), Henri Nassiet (Séverac), Bill-Bocketts.
PRO Ufa / ACE. PRL Pierre /= Peter Paul/ Brauer. DRZ November - Dezember 1936. DRO Ufa-Atelier Neubabelsberg. LNG.
– In französischer Sprache hergestellt.
Ein junger Mann wird in einen Juwelenraub verwickelt. Ein scharfsinniger Polizist findet den gestohlenen Schmuck. Dem Hauptverdächtigen bleibt nur noch die Flucht.

1937. Heinz hustet.
REG Carl Heinz Wolff. AUT Carl Heinz Wolff; nach einer Idee von Hans Sturm. KAM Walter Pindter. BAU Max Knaake. MUS Hans Ebert.
DAR Paul Heidemann (Heinrich), Hella Graf (Elisabeth, seine Frau), Peter Bosse (Heinz, das Söhnchen), Babsi Schultz-Reckewell (Elschen, das Töchterchen), Gerti Ober (Kinderfräulein), Leo Peukert (Medizinalrat), Eva Eder (Selma, Köchin).
PRO Ufa. PRL Erich von Neusser. AUL Herbert Junghanns. LNG 277 m, 10 min (367 m vor Zensur). ZEN 23.4.1937, B.45226, V., 7.6.1937, Jv.
– Kurzspielfilm.

1937. Kleine Nachtkomödie.
REG Herbert B. Fredersdorf. AUT Rudolf Dortenwald. KAM Walter Pindter. BAU Max Knaake. MUS Werner Eisbrenner.
DAR Hans Kettler, Erika von Grimborn, Alf von Sievers, Ernst Waldow, Edwin Jürgensen, Lilli Berlebach, Tamara Höcker, Günther Ballier.
PRO Ufa. PRL Erich von Neusser. AUL Herbert Junghanns. LNG 333 m, 12 min. ZEN 23.4.1937, B.45229, Jf.
– Kurzspielfilm.

1937. Das Bummelgenie.
REG Karl Hans Leiter. AUT Heinrich Rumpff; nach einer Idee von Gustav von Moser. KAM Walter Pindter. BAU Max Knaake. MUS Erich Kuntze.
DAR Paul Heidemann (Otto Möbius), Elga Brink (Anny, seine Frau), Werner Stock (Herbert Lossbach), Charlott Daudert (Ilse, seine Frau), Erika Biebrach (Lotte, Mädchen bei Möbius), Oscar Sabo (Chauffeur).
PRO Ufa. PRL Erich von Neusser. AUL Herbert Junghanns. LNG 468 m, 17 min. ZEN 23.4.1937, B.45255, Jv.
– Kurzspielfilm.

Lachen mit Sondererlaubnis

Reinhold Schünzel

Ein-Mann-Film-Industrie: Produzent, Künstlerischer Oberleiter, Autor und Hauptdarsteller Schünzel mit Valery Boothby in ADAM UND EVA

»Man hat sich in den letzten Jahren angewöhnt, den Namen Reinhold Schünzel mit einem kleinen Lachen auszusprechen. Man hat sich daran gewöhnt, an ihn als an einen armen, vom Leben in tausend Nöten gehetzten Clown zu denken. Diese Ansicht gilt es zu revidieren! Schünzel hat zurückgefunden. Er hat sich losgemacht von dieser Harlekin-Figur, die er schuf, um die durch die Nöte der Nachkriegszeit bedrückten Menschen lachen zu machen. Schünzel bekennt sich heute zu seinem ursprünglichen, ernsten und ernstzunehmenden Künstlertum!« schreibt die Lichtbild-Bühne am 13. Juli 1931 anläßlich der Fertigstellung von Schünzels erster Tonfilmregie für die Ufa, DER KLEINE SEITENSPRUNG.

Die Verbindung zwischen dem Schauspieler, Produzenten, Drehbuchautoren und Regisseur Reinhold Schünzel und der Ufa beginnt im Mai 1926 und endet fast genau zehn Jahre später, im Sommer 1936.

Schünzel, 1888 in Hamburg geboren und seit 1916 hauptsächlich als Schauspieler dem Film verbunden, führte bereits seit Jahren Regie, als er 1926 eine eigene Produktionsfirma gründet, die Reinhold Schünzel-Film GmbH, mit der er zunächst für die Ufa und ab 1928 für die Südfilm AG produziert. Es entstehen »die Filme des Komikers Schünzel, des Bonvivants, des Clowns, auch des ›liebenswerten Kleinbürgers‹« (Jörg Schöning), Titel wie HALLO CAESAR! (Schünzel als Artist), ÜB' IMMER TREU UND REDLICHKEIT (Schünzel als Attraktion eines Jahrmarktskarussells) und AUS DEM TAGEBUCH EINES JUNGGESELLEN (Schünzel als sympathischer Einbrecher).

Ein Blick in die Ufa-Vorstandsprotokolle der Jahre 1927/28 offenbart ein von Beginn an problematisches Verhältnis zwischen Künstler und Konzern. Ende April 1927 kommen beide Seiten noch zu einer Vereinbarung »betreffend zwei fertige und drei neu herzustellende Filme«. Doch bereits Anfang August beginnen die Querelen, zunächst aufgrund eines der Filmkontrolle angeblich nicht vorliegenden Manuskriptes des fast fertiggestellten Schünzel-Auftragsfilms GUSTAV MOND, DU GEHST SO STILLE, dann, exakt einen Monat später, wegen der vom Ufa-Vorstand beklagten »mangelhaften Beschaffenheit« dieses Films. Die Abnahme des Films wird abgelehnt, Schünzel jedoch Gelegenheit zur Ausbesserung eingeräumt. Einige Tage später richtet sich der Unmut des Ufa-Vorstands gegen gewisse »Herren aus dem Hause«, welche sich Schünzel gegenüber anerkennend zum inkriminierten Film geäußert hatten. Ihnen wird ein Maulkorb verpaßt.

Der Juxbaron
Auf der Leinwand und außerhalb des Kinos ist Reinhold Schünzel als extravaganter Kavalier bekannt

Mitte November 1927 hält man es bei der Ufa für »unzweckmäßig«, Schünzel selbst mit der Regieführung des bei seiner eigenen Firma für die Ufa produzierten Films DER ROMAN EINES DIENSTMÄDCHENS zu betrauen. Eine Anstellung des Ersatzregisseurs Paul Ludwig Stein wird beschlossen. Bereits kurze Zeit später berät man grundsätzlich darüber, ob »Schünzel-Filme in das nächstjährige Produktionsprogramm aufgenommen werden sollen«: Ihre »Unverkäuflichkeit im Ausland« führt zu solchen Überlegungen, die endgültig aber den Einschätzungen des Inlandsverleihs vorbehalten bleiben sollen. Mitte Januar 1928, nachdem die »Notwendigkeit der Schünzelfilme für den deutschen Verleih nochmals erörtert« worden ist, wird beschlossen, »drei Schünzel-Filme für die Saison 1928/1929 zu einem Pauschalpreis von höchstens je RM 100.000 mit oder ohne Option für die Verwertung des Films im Auslande zu kaufen.«

Ende Februar 1928 lehnt der Ufa-Vorstand erneut die Abnahme eines Schünzel-Films ab: ADAM UND EVA (Regie Rudolf Biebrach, Künstlerische Oberleitung, Produktion, Drehbuch, Hauptdarsteller: Schünzel) sei vertragswidrig beschaffen und werde deshalb Schünzels Firma gegen Erstattung der bislang geleisteten Zahlungen zur freien Verwertung zur Verfügung gestellt. Vergleichsverhandlungen Anfang März zwischen Ufa und der Schünzel Film GmbH scheitern zunächst, bis am 23. März 1928, nachdem Vorstandsmitglied Dr. Donner den Film »nicht so schlecht finden« konnte, die Vorstandsrichtung geändert wird. Unter der Prämisse der Preisminderung und teilweisen Mängelbeseitigung soll wieder mit Schünzel verhandelt werden, was Ende März zu einer vertragsgemäßen Abnahme und Bezahlung von ADAM UND EVA durch den Vorstand führt – unter den Bedingungen, daß die verlangten Änderungen »keine besonderen Kosten verursachen« und die Schünzel-Film GmbH ihre Produktion 1928/29 in den Ufa-Ateliers herstellt bzw. die Kopier- und Photoarbeiten bei der Afifa ausführen läßt. Darauf läßt sich die Schünzel GmbH ein.

Mit dem Beginn der Tonfilmzeit endet Schünzels Produzenten-Tätigkeit, während der Umbruchphase ist er häufiger als Darsteller beschäftigt. Ab 1931 inszeniert er dann, offenbar auf Initiative des Erich-Pommer-Assistenten Max Pfeiffer, vor allem für die Ufa eine stattliche Reihe ironischer, musikalischer Komödien, so etwa RONNY (1931), DAS SCHÖNE ABENTEUER (1932), SAISON IN KAIRO (1933), Schünzels erster Film mit Uraufführung unter nationalsozialistischer Herrschaft, und seinen wohl bekanntesten, VIKTOR UND VIKTORIA (1933). Renate Müller als Schauspielerin Susanne Lohr alias »Herr Viktoria« in einer Hosenrolle: Das geht noch erstaunlich glatt durch, die Kritik streicht die bizarre Handlung und groteske Situationen heraus, erwähnt auch Schünzels Meisterregie gegen die landläufigen Regeln der Kunst – allerdings nicht ohne auf den durchschlagenden Publikumserfolg des Films hinzuweisen. Schünzel ist ein Erfolgsregisseur.

Die Sprachregelung im NS-Deutschland stempelt Schünzel ab 1933 zum »Halbjuden«, die Reichsfilmkammer billigt ihm den Status eines »Ehrenariers« zu. Schünzel kann zwar, versehen mit einer »Ausnahmegenehmigung«, weiterhin Filme inszenieren – doch für jeden einzelnen muß diese Erlaubnis durch das Propagandaministerium erneut bestätigt werden, was zunächst relativ problemlos geschieht. Die Ausnahmegenehmigung wird Schünzel nach der Kontingentverordnung erteilt. Diese war von den Nationalsozialisten zu einem scharfen Mittel gegen unerwünschte Personen in deutschen Filmen gemacht worden. In der deutschen Produktion waren jüdische Künstler somit ausgeschlossen, wodurch diese Verordnung noch vor den »Nürnberger Rassegesetzen« ein Instrument des Berufsverbots war.

1937. Jürgens riecht Lunte.
REG Eduard von Borsody. AUT Eduard von Borsody, L. A. C. Müller; nach einer Idee von Olaf Bouterweck. KAM Walter Pindter. BAU Max Knaake. MUS Friedrich Witeschnick. DAR Willi Schaeffers (Juwelier Moldenhauer), Ruth Katharina Störmer (Lucie, seine Frau), Erich Fiedler (Jürgens, Angestellter), Johanna Blum (Dame), Edwin Jürgensen (Herr), Hermann Mayer-Falkow (Chauffeur), Werner Funck (Kriminalbeamter).
PRO Ufa. PRL Erich von Neusser. AUL Herbert Junghanns. LNG 403 m, 15 min. ZEN 28.4.1937, B.45224, Jf.
– Kurzspielfilm. – Prädikat: Volksbildend.

1937. Der Prüfstein.
REG Ernst Martin. AUT Werner E. Hintz; nach einer Idee von Frank Braun. KAM Walter Pindter. BAU Max Knaake. MUS Rudi Keller.
DAR Charlott Daudert (Renate), Leo Peukert, Lotte Spira (Frau Konsul), Karl Stepanek (Dr. Weiland), Josefine Dora, Eric Bauer, Toni Tetzlaff, Ernst Behmer, Oscar Sabo, Tina Schneider, Gerda Peter.
PRO Ufa. PRL Erich von Neusser. AUL Herbert Junghanns. LNG 402 m, 15 min. ZEN 28.4.1937, B.45227, Jf.
– Kurzspielfilm.

1937. Die Bombenidee.
REG Eduard von Borsody. AUT Rudolf Dortenwald. KAM Walter Pindter. BAU Max Knaake. MUS Lothar Brühne. DAR Walter Gross, Carsta Löck, Franz Weber, Erich Dunskus, Willi Schur, Eva Tinschmann, Minna Höcker-Behrens. PRO Ufa. PRL Erich von Neusser. AUL Herbert Junghanns. LNG 424 m, 15 min. ZEN 28.4.1937, B.45228, Jf.
– Kurzspielfilm.

1937. Patrioten.
REG Karl Ritter. RAS Friedrich Karl von Puttkamer. AUT Philipp Lothar Mayring, Felix Lützkendorf; nach einer Idee von Karl Ritter. KAM Günther Anders. KAS Karl Plintzner. STF Willi Klitzke. BAU Walter Röhrig, Franz Koehn. KOS Arno Richter. GAR Paul Haupt, Maria Ellner-Kühr. MAS Willi Weber, Maria Arnold. SCH Gottfried Ritter. TON Ludwig Ruhe. MUS, ML Theo Mackeben. LT Hans Fritz Beckmann. MT ›Paris, du bist die schönste Stadt der Welt‹. CHO Sabine Ress. Französische Militärberatung Oberstleutnant René Phelizon.
DAR Lida Baarova (Thérèse), Mathias Wieman (Peter Thomann), Hilde Körber (Suzanne), Paul Dahlke (Charles), Bruno Hübner (Fronttheaterdirektor Jules Martin), Kurt Seifert (Alphonse), Nikolai Kolin (Nikita), Arthur Fritz Eugens (Kind Jean Baptiste), Edwin Jürgensen (Ortskommandant), Willi Rose (Büro-Offizier), Ewald Wenck (Polizeibeamter), Otz Tollen (Kriegsgerichtsvorsitzender), Ernst Karchow (Ankläger), André Saint-Germain (Verteidiger), Paul Schwed, Lutz Götz (zwei deutsche Kriegsgefangene), Karl Hannemann (Sanitäter), Gustav Mahnke (Sergeant), Karl Wagner (Hoteldiener), Jim Simmons (Pilot), Hans-Reinhardt Knitsch (MG-Schütze). PRO Ufa. Herstellungsgruppe: Karl Ritter. HEL, PRL Karl Ritter. AUL Ludwig Kühr, Willi Marchant, Gert Kautzer. DRZ 20.1. - März 1937. DRO Ufa-Atelier Neubabelsberg; AA Freigelände Neubabelsberg. LNG 2634 m, 96 min. ZEN 14.5.1937, Jv. URA 14.8.1937, Venedig (IFF); 4.9.1937, Paris (zur Eröffnung der deutschen Kulturwoche). DEA 24.9.1937, Berlin (Ufa-Palast am Zoo).
– Prädikate: Staatspolitisch besonders wertvoll, Künstlerisch besonders wertvoll. – Von den Alliierten Militärbehörden verboten.
Ein deutscher Flieger, der bei einem nächtlichen Flug hinter den feindlichen Linien abgeschossen wird, versucht zur Front zurückzukommen. Eine französische Theatergruppe findet ihn auf, und eine junge Schauspielerin verliebt sich in ihn. Als sie erfährt, daß er ein deutscher Soldat ist, gerät sie in einen Konflikt zwischen Pflicht und Liebe.

1937. L'Appel de la vie.
REG Georges Neveux. AUT Rolf E. Vanloo, Georges Neveux. DAR Victor Francen (le professeur Rougeon), Suzy Prim (Mme Voisin), Renée Devillers (Jacqueline Bouvoir), Daniel Lecourtois (le docteur Lenoir), Jeanne Loury (tante Irma), Auguste Bovério (le docteur Pascal), Mady Berry (la mère d'une malade), Robert Arnoux (Marmousot), René Bergeron (Grenier), Aimos (le préparateur), William Aguet (Marec), Robert Vattier (Pièche), Régine Poncet (Yvonne Coural), Ginette Leclerc (Marcelle), Georges Colin (Castanier), Lucien Dayle (Bernard), Bill-Bocketts (Michelot), Gaston Mauger (un médecin), Fred Mariotti (le patron du café), Charlotte Dressan (la bonne), Jacqueline Vasset (Mlle Pluchard), Germaine Michel (Mme Boulicot), Georges Tourreil. PRO Ufa. / ACE. PRL Peter Paul Brauer. DRZ Mitte Januar - Februar 1937. DRO Ufa-Atelier Neubabelsberg. LNG 90 min. URA 19.5.1937, Paris (Marignan).

352

„Viktor und Viktoria"

Schünzel ist ein Regisseur des sexuellen Egalität und Ambivalenz (...) Als ich VIKTOR UND VIKTORIA das erste Mal sah, störte mich u.a., daß sich die Regie überhaupt nicht darum schert, aus Renate Müller auch nur die entfernteste Illusion eines Mannes zu machen. Wie sich beständig der Frack über die Hüften stülpt, der abgebundene Busen eine Hühnerbrust erzeugt, die Schminke ganz auf Glamour setzt – das ist freilich *bewußte* Schlamperei, nie würde Schünzel sich darauf einlassen, eine Illusion zu erzeugen. Alles ist von vornherein ein abgekartetes Spiel.
(Thomas Brandlmeier, 1989)

Viktoria zwischen den Fronten: Adolf Wohlbrück, Hilde Hildebrand, Renate Müller, Hermann Thimig, Fritz Odemar

– In französischer Sprache hergestellt.
Professor Rougeon liebt seine Assistentin Jacqueline, scheut sich jedoch wegen seines Alters, ihr dies einzugestehen. Jacqueline beschließt, einen jungen Arzt zu heiraten. Der Professor muß dem jungen Rivalen das Feld überlassen.

1937. Wenn Frauen schweigen.
REG Fritz Kirchhoff. RAS Erich Kobler. AUT Charles Amberg, Rudo Ritter. AD Fritz Kirchhoff. KAM Otto Baecker. KAS Horst Kyrath, Heinz-Günther Görisch. STF Horst von Harbou. BAU Max Mellin, Hermann Asmus. GAR Erwin Rosentreter. MAS Atelier Jabs. SCH Erich Kobler. TON Hermann Fritzsching. MUS Peter Fenyes. ML Lothar Brühne. LT Charles Amberg. MT ›Ein zärtlicher Titel‹, ›Das ganze Leben ist ein Roman‹, ›Ich will mich nicht verlieben‹. GES Johannes Heesters, Hilde von Stolz. DAR Hansi Knoteck (Charlott van Doeren), Johannes Heesters (Curt van Doeren), Fita Benkhoff (Lilo Wörner), Hilde von Stolz (Mira Mirella), Ernst Waldow (Aufnahmeleiter Pirotti), Friedrich Krahmer (Ferry Wörner), Hubert Endlein (Baron Cassoff), Ernst Legal (Schallplattenfabrikdirektor Ricardo), Hilde Sessak (Sekretärin Maria), Georg Heinrich Schnell (Theaterdirektor Conti), Ingeborg von Kusserow (Zofe Jenny), Rudolf Platte (Diener Jean), Günther Ballier, Achim von Biel, Jac Diehl, Alice Franz, Fred (Selva-)Goebel, Hella Graf, Alfred Heynisch, Paul Hoffmann, Edmond Leslie, Hermann Pfeiffer, Liesel Spalinger, Walter Steinweg, Ruth Störmer.
PRO Ufa. Herstellungsgruppe: Ulrich Mohrbutter.
HEL Ulrich Mohrbutter. AUL Alexander Desnitzky.
DRZ Ende Januar - Anfang März 1937. DRO Ufa-Atelier Berlin-Tempelhof, Ufa-Atelier Neubabelsberg. LNG 2171 m, 79 min. ZEN 31.5.1937, Jv., nf. URA 20.7.1937, Berlin (Capitol am Zoo).
Curt, der seiner jungen Gattin Charlott seine Sangeskünste verschwiegen hatte, wird zum Plattenstar, als zufällig der Aufnahmeleiter einer Schallplattenfirma ein Ständchen von ihm aufnimmt, das er Charlott eines Abends inkognito bringt.

1937. Mein Sohn, der Herr Minister.
REG Veit Harlan. RAS Ludwig Ptack. AUT Karl Georg Külb, Edgar Kahn; nach dem Bühnenstück ›Fiston‹ von André Birabeau. KAM Günther Anders. STF Otto Schulz. BAU Walter Röhrig, Franz Koehn. GAR Fritz Schilling, Otto Zander, Ida Revelly, Berta Schindler. MAS Paul Albert Lange, Emil Neumann, Maria Jamitzky. SCH Marianne Behr. TON Joachim Thurban. MUS, ML Leo Leux. LT Karl Georg Külb. MT ›Paris, Paris!‹.
DAR Heli Finkenzeller (Nanette Fabre-Marines), Hilde Körber (Betty Joinville), Hans Moser (Gabriel Fabre), Hans Brausewetter (Robert Fabre-Marines), Paul Dahlke (Vaccarés), Françoise Rosay (Sylvie Fabre), Aribert Wäscher (Baroche), Hadrian Maria Netto (Ministerpräsident), Carl Jönsson (Diener Aristide), Bruno Ziener (Diener Pierre), Carl Auen, Josef Dahmen, Wolf Dohnberg, Hermann Mayer-Falkow, Rudolf Klicks, Leo Peukert, Erika Raphael, Walter Schramm-Duncker, Fred Koester, Annie Lorenz.
PRO Ufa. Herstellungsgruppe: Neusser. HEL, PRL Erich von Neusser. AUL Herbert Junghanns. DRZ Ende März - Mai 1937. DRO Ufa-Atelier Berlin-Tempelhof. LNG 2220 m, 81 min. ZEN 28.6.1937, Jv. URA 6.7.1937, Berlin (Gloria-Palast).
– Prädikat: Künstlerisch wertvoll. – Von den Alliierten Militärbehörden verboten.
Eine infame Persiflage auf die parlamentarische Demokratie.

1937. Der Mann, der Sherlock Holmes war.
REG Karl Hartl. RAS Eduard von Borsody. AUT Robert A. Stemmle, Karl Hartl. KAM Fritz Arno Wagner, Karl Plintzner. STF Artur Hämmerer, Erich Tannigel. BAU Otto Hunte, Willy Schiller. GAR Otto Suckrow, Fritz Strack. MAS Willi Weber, Fredy Arnold, Hans Dublies. SCH Gertrud Hinz. TON Hermann Fritzsching. MUS, ML Hans Sommer. LT Richard Busch. MT ›Jawohl meine Herrn‹. GES Hans Albers, Heinz Rühmann.
DAR Hans Albers (Sherlock Holmes alias Morris Flint), Heinz Rühmann (Dr. Watson alias Macky), Marieluise Claudius (Mary Berry), Hansi Knoteck (Jane Berry), Hilde Weissner (Madame Ganymar), Siegfried Schürenberg (Gangsterboß Lapin), Paul Bildt (lachender Mann/Sir Arthur Conan Doyle), Franz Wilhelm Schröder-Schrom (Polizeidirektor), Hans Junkermann (Exzellenz Vangon), Eduard von Winterstein (Gerichtsvorsitzender), Edwin Jürgensen (Staatsanwalt), Ernst Legal (Diener Jean), Günther Ballier, Ernst Behmer (1. Bahnschaffner), Horst Birr (2. Bahnschaffner), Gerhard Dammann (3. Bahnschaffner), Erich Dunskus, Angelo Ferrari (Hoteldetektiv), Lothar Geist, Aribert Grimmer, Harry Hardt, Clemens Hasse, Paul Schwed, Willi Schur, Theo Thony, Ernst Waldow, Erich Walter, Heinz Wemper, Walter Werner, Erich Nadler.

»Won't you come and play with me?«

Natürlich würde jeder gern zu ihr gehen, um zu spielen. Die schönsten Frauen sind sowieso vielleicht diejenigen, die sich als Mann verkleiden. Nach dem Herrn Viktoria schauen sich alle im Saal um, beide Geschlechter sind so aufs wunderbarste bedient. Die zurückgekämmten Haare, kein bißchen ölig, aber unglaublich festsitzend: eine Perücke! Der Saal johlt, obwohl er geahnt haben muß, was auf der Bühne gespielt wird.

Herr Viktoria, das ist zwar im Film eine Bühnenrolle für die nicht sehr erfolgreiche Schauspielerin Susanne Lohr. Das ist aber eigentlich und wahrhaftig die Verkörperung von Renate Müller in Reinhold Schünzels Musik-Komödie VIKTOR UND VIKTORIA, 1933 produziert von der Ufa. Renate Müller als Mann, das hat die Einbildung zur Folge, es könne wirklich Männer geben, die so erstklassig aussehen und mit dieser feinen, dünnen, femininen Stimme sprechen, aber auch singen. Die Einbildung zu evozieren: Das heißt auch, den schmalen Grat zwischen perfekter Darstellung und Bewußtmachung dieser Darstellung nicht zu verlassen. Das ist die genuine Leistung Renate Müllers in VIKTOR UND VIKTORIA.

Der Filmkritiker der *Berliner Morgenpost* erfaßt nach der Uraufführung Ende Dezember 1933 nur die eine Seite der Medaille: »Renate Müller hat die nicht immer leichte Aufgabe, als ›Damenimitator‹ die Männer zu entzücken und im Frack die Frauen zu bezaubern. Dabei stolpert sie natürlich aus einer grotesken Situation in die andere, landet in Herrengarderoben, rutscht auf Friseur- und Barstühlen herum, ist keck und rauflustig, verliebt und sentimental, wie es ihre vielseitige Rolle verlangt, und weiß in jeder neuen Nuance zu gefallen.«

Sicher. Aber schlagend ist etwa folgendes: Londons »berühmtester Frauenkenner«, so nennt Ellinor (Hilde Hildebrand) ihren Bekannten Robert (Adolf Wohlbrück), hat sich glatt in sie verliebt. In einen verkleideten Mann. Und Ellinor wäre gewissen Leidenschaften Herrn Viktoria gegenüber ebenfalls nicht abgeneigt. Das heißt, gegenüber Susanne. Das reizvolle Spiel mit dem Changieren der Kleidung, mit dem, was prickelt: Das beherrscht Renate Müller, und das beherrscht auch Schünzel durch sie. Es geht schon ums Imitieren, aber mehr noch ums Sein. Wer ist hier eigentlich schwul, und wer nicht?

Sie ist Schünzels Entdeckung. 1928 holt er die Müller zum Film. 1929 kommt ihr erster Film PETER, DER MATROSE in seiner Regie und Produktion heraus, sie hat darin – neben Schünzel – die weibliche Hauptrolle. Schon hier heißt sie Viktoria, sie spielt eine Verlobte, die treu ist, aber vom Bräutigam nicht dafür gehalten wird. Mit Schünzel filmt sie am häufigsten: LIEBE IM RING (1929/39) ist ein noch stummer Schünzel-Film, der nachsynchronisiert wird. DER KLEINE SEITENSPRUNG (1931) macht ihre Stimme, seit 1924 ausgebildet an verschiedenen Theaterbühnen, zum Kapital: Sie kann auch singen, was in vielen frühen Tonfilmen mit Vorliebe getan wird. 1931 ist Renate Müller ein Star von solchem Format, daß die berliner Produktionsfirma Fellner & Somlo (Felsom-Film GmbH) nach dem Erfolg von STURM IM WASSERGLAS / DIE BLUMENFRAU VON LINDENAU (1931, Regie Georg Jacoby) ihr nächstes Programm ganz auf Renate Müller abstellt.

Geplant ist die Herstellung von kultivierten deutschen Tonfilm-Lustspielen, wozu gerade Renate Müller als die geeignete Hauptdarstellerin erscheint, denn aus ihr sei nach der großen Bühnenkarriere zunächst eine »Hoffnung« geworden, inzwischen aber sogar die »Zukunft des deutschen Filmlustspiels«. Man sieht in ihr 1931 den »Typ der modernen Schauspielerin ... Sie hat diese wundervolle Selbstverständlichkeit, selbst in der groteskesten Situation ganz menschlich zu bleiben. Sie vergröbert nie, deutet nur an – durch eine natürliche Geste, und hat – die Situation gewonnen. Renate Müller ist überhaupt der Typ, der gewinnt, der optimistisch stimmt, der das Sentiment ausschaltet und der von der Alltagsenge befreit. Sie befreit durch ihr Lachen, auch wieder so natürlich, daß es zum Lachen stimmt und anreizt. Und Lachen zu erzeugen, ist schließlich das größte Problem des deutschen Filmlustspiels.« Bis heute.

Mit Schünzel dreht sie bis 1934, in DIE ENGLISCHE HEIRAT trennt sie sich als Fahrlehrerin von einem willensschwachen britischen Lord. Im selben Jahr erkrankt sie schwer und schränkt ihre Filmarbeit ein. Bis 1936/37 folgen noch fünf Filme, auch solche, die nicht frei von deutlicher NS-Propaganda sind. Am 1. Oktober 1937 stirbt Renate Müller im Alter von nur 31 Jahren in einem berliner Sanatorium. Ob ein Suizid aus politischen wie persönlichen Motiven vorliegt, ist nicht endgültig geklärt. Nur der Film entscheidet sich für diese Möglichkeit: 1960 dreht Gottfried Reinhardt mit Ruth Leuwerik in der Rolle Renate Müllers LIEBLING DER GÖTTER.

Rolf Aurich

Der originale Herr Viktoria: Renate Müller und Adolf Wohlbrück

Renate Müller in
SAISON IN KAIRO

Ein Vertrag zwischen Schünzel und der Ufa regelt im November 1933 die Produktion von zwei Filmen im Jahre 1934. Ein Vorstandsprotokoll von Mitte November vermerkt dazu: »Wegen eventuell seitens der Behörden zu erwartender Schwierigkeiten sollen entsprechende Bestimmungen in den Vertrag aufgenommen werden.« Bei der Produktion von AMPHITRYON (1935), Schünzels erfolgreichstem Film, kommt es erstmals zu inhaltlichen Auseinandersetzungen zwischen Regisseur und Autor sowie dem Konzernvorstand, in erster Linie um den Titel, die Doppelrollen und die Anlage als Persiflage. Doch Schünzels Arbeitserlaubnis ist »bis auf weiteres« gültig, noch schützt ihn sein Erfolg. Allerdings ist seine Position damit keineswegs gesichert. Es besteht die Minister-Anordnung, wonach Schünzel »nur noch in einem deutschen Film tätig sein darf« – zu einem Zeitpunkt, da er bereits am nächsten arbeitet. Im Dezember 1935 wird Schünzel von Goebbels »als Regisseur nochmal zugelassen« (Goebbels-Tagebucheintrag, 17.12.1935). Das MÄDCHEN IRENE, gedreht zwischen Mitte Juni und September 1936, ist Schünzels letzter Ufa-Film – zu weiteren Kontrakten kommt es wegen Schünzels Ablehnung der Anwendung bisheriger Konditionen auf einen neuen Vertrag (zwei Filme in 12 Monaten für 75.000 RM) nicht. Im Juli 1936 nimmt ihn die Tobis für zwei Filme unter Vertrag, von denen er jedoch nur LAND DER LIEBE (1937) noch realisiert. Der Film, für Goebbels »eine typische Judenmache« und »ganz unausstehlich«, wird am 11. Juni 1937 entsprechend gekürzt und teilweise ohne Hinweis auf seinen Schöpfer in die Kinos gebracht: zu einem Zeitpunkt, da Schünzel Deutschland bereits verlassen hat.

Reinhold Schünzel bleibt, im Gegensatz zu zahlreichen anderen Emigranten, erstaunlich lange im faschistischen Deutschland. Die Sorge um die noch in Deutschland lebende Mutter und Schwester mag dafür ein Grund sein, die Möglichkeit, überhaupt im Filmmetier arbeiten zu können, ein weiterer. Frühere Emigranten, etwa der Filmjournalist PEM, greifen Schünzel für diesen zeitweisen Verbleib scharf an. Er habe auf sein »Hitler-Glück« vertraut, heißt es, und »dank seiner Sondererlaubnis im Dritten Reich diejenigen Filme gemacht, die, gemessen an der übrigen minderwertigen Produktion, die meisten Exportchancen hatten. Schünzel hat also, so lange man ihn ließ, dem Dritten Reich Devisen verschaffen geholfen.« (Pariser Tageszeitung, 22.5.1937)

Daran, so scheint es, hat Schünzel aber sicher zuletzt gedacht.

Rolf Aurich

PRO Ufa. Herstellungsgruppe: Alfred Greven. HEL Alfred Greven. AUL Hans Tost, Hajo Wieland. DRZ Mitte März - Mai 1937. DRO Ufa-Atelier Neubabelsberg. LNG 3072 m, 112 min. ZEN 13.7.1937, Jf. 14. URA 15.7.1937, Berlin (Ufa-Palast am Zoo).
– Prädikat: Künstlerisch wertvoll.
Der Nachtexpreß nach London wird von zwei Männern angehalten, die das Zugpersonal als Sherlock Holmes und Dr. Watson erkennt. Es sind jedoch nur zwei kleine Detektive, und sie helfen der Polizei bei der Aufklärung eines Briefmarkendiebstahls.

1937. Sieben Ohrfeigen.
REG Paul Martin. RAS Paul Zils. AUT Bobby E. Lüthge, Paul Martin. DIA Curt Goetz. KAM Konstantin (Irmen-)Tschet. BAU Erich Kettelhut. KOS Manon Hahn. SCH Carl-Otto Bartning. TON Fritz Thiery. MUS, ML Friedrich Schröder. LT Hans Fritz Beckmann (1), Ernst Huebner (2). MT ›Ich tanze mit Dir in den Himmel hinein‹ (1), ›Liebst Du mich?‹ (2). GES Lilian Harvey, Willy Fritsch.
DAR Lilian Harvey (Daisy Terbanks), Willy Fritsch (William Tenson MacPhab), Alfred Abel (Astor Terbanks), Oskar Sima (Reporter Wennington Laskett), Erich Fiedler (Earl of Wigglebottom), Ernst Legal (Mr. Strawman), Otz Tollen (Verwandlungskünstler Flanelli), Ernst Behmer, Erwin Biegel, Horst Birr (Schmiedegeselle), Jac Diehl, Erich Dunskus, Karl Harbacher, Max Hiller, Rudolf Klicks, Gustav Püttjer, Josef Reithofer, Georg Heinrich Schnell, Franz Wilhelm Schröder-Schrom, Paul Schwed, Walter Steinweg, Otto Stoeckel, Hans Waschatko, Max Wilmsen, Anna von Palen (Frau des Schmieds), Alfred Stratmann, Egon Stief.
PRO Ufa. Herstellungsgruppe: Max Pfeiffer. HEL, PRL Max Pfeiffer. DRZ Mitte Februar - Ende März 1937. DRO Ufa-Atelier Neubabelsberg; AA Reit im Winkl. LNG 2679 m, 98 min. ZEN 16.7.1937, Jf. 14. URA 3.8.1937, Berlin (Gloria-Palast).
– Prädikat: Künstlerisch wertvoll.
Sieben Ohrfeigen, jeden Tag eine, verspricht der durch einen Börsenkrach um sieben englische Pfund gebrachte William Tenson dem Präsidenten eines Stahlkonzerns, Mr. Terbanks, den er für verantwortlich hält. Es gelingt ihm trotz aller Hindernisse, sechs Mal seine Lehre zu verabreichen. Die siebente Ohrfeige erhält William selbst von Daisy, der Terbanks-Tochter, die er inzwischen geheiratet hat.

1937. Karussell.
REG Alwin Elling. RAS Alfons von Plessen. AUT Erwin Kreker, Alwin Elling; nach Ideen von Alwin Elling, Erwin Kreker, Franz Rauch. KAM Robert Baberske. KAS Bruno Stephan. STF Walter Weisse. BAU Arthur Günther, Karl Vollbrecht. KOS Hilda Romatzki. GAR Charlotte Jungmann, Erwin Stempel. MAS Emma Domat, Oscar Schmidt. SCH Johanna Rosinski. TON Carl-Erich Kroschke. MUS, ML Will Meisel. LT Günther Schwenn. MT ›Heute möchte ich ein Abenteuer mal erleben‹, ›Zum Glücklichsein gehört nicht 'ne Million‹, ›Ohne Liebe wär' das Leben ohne Duft‹. CHO Sabine Ress.
DAR Marika Rökk (Erika Hübner), Paul Henckels (Kunsthändler Theodor Huhn), Georg Alexander (Hans Roewer), Ernst Dernburg (Dr. Wienowski), Elga Brink (Adda Wienowski), Aribert Mog (Tankstellenbesitzer Paul Hübner), Robert Dorsay (Otto Petersen), Richard Korn (Fritz Nordmann), Hildegard Fränzel (Wirtschafterin Hermine Kuntze), Martha Ziegler (Hausmädchen), Otto Ruban, Franz von Bokay, Erika Fischer, Bob E. Bauer, Isolde Laugs, Robert Vicenti-Lieffertz, Hardy Vogdt, Siegfried Seefeld.
PRO Astra-Film GmbH, Berlin; für Ufa. Herstellungsgruppe: Wuellner - Ulrich. HEL Robert Wuellner, Hans Herbert Ulrich. PRL Adolf Elling. AUL Adolf Essek, Hans Theo Grust. DRZ 18.4. - Mitte Mai 1937. DRO Ufa-Atelier Neubabelsberg. LNG 2424 m, 89 min. ZEN 17.7.1937, Jv., nf. URA 2.8.1937, Berlin (U.T. Kurfürstendamm, U.T. Friedrichstraße).
Die Tänzerin Erika wird nicht nur von drei jüngeren Männern verehrt, sondern auch von Theodor Huhn, dem Onkel einer dieser Männer. Der Neffe Fritz erhält den Zuschlag.

1937. Zu neuen Ufern.
REG Detlef Sierck. RAS Fritz Andelfinger. AUT Detlef Sierck, Kurt Heuser; nach dem Roman von Lovis Hans Lorenz. KAM Franz Weihmayr. KAS Bruno Stephan. STF Willi Klitzke. BAU Fritz Maurischat. ASS Karl Weber, Ernst Helmut Albrecht. ATELIER Jabs. SCH Milo Harbich. TON Carlheinz Becker. MUS, ML, LT Ralph Benatzky. MT ›Tiefe Sehnsucht‹, ›Ich steh' im Regen‹, ›Yes, Sir!‹. GES Zarah Leander.

Vom Fahren beim Stehenbleiben

»Leichte Kavallerie« von Werner Hochbaum

»Hochbaum war einem Nervenzusammenbruch nahe. Wieder eine Szene verpatzt. Filmmeter ruiniert, teure Zeit vertan... Der Ärmste. Er hatte es nicht leicht mit mir.« Was die Ungarin Marika Rökk von ihrem ersten deutschen Film in ihren Erinnerungen zu berichten weiß, ist Anekdotisches, im wesentlichen genährt von den Schwierigkeiten mit der fremden Sprache.

LEICHTE KAVALLERIE spielt im Zirkusmilieu. Das sagt noch nicht sehr viel über die Handlung, die einfach gestrickt ist, und noch viel weniger über die Art, wie diese Handlung erzählt wird. Ein zeitgenössischer Kunstbetrachter schreibt nach der Uraufführung am 14. Oktober 1935 im Berliner Ufa-Palast am Zoo: »Der gleichnamigen Operette von Suppé entnahm man den Titel nebst Ouvertüre, dem Roman ›Umwege zur Heimat‹ von Heinz Lorenz-Lamprecht so etwas wie eine Handlung, die mit dem Titel nicht das geringste zu tun hat. Und dann engagierte man Marika Rökk und begab sich frohgemut ans Werk. Besagte Marika Rökk, ein Star der Budapester Operettenbühnen, sieht gut aus und ist eine vorzügliche und temperamentvolle Tänzerin und Artistin. Also schrieb man um sie herum eine großangelegte Revue, in der sie ihre Künste von allen guten Seiten zeigen kann. Diese Revue, die das letzte – schätzungsweise – Sechstel des Films einnimmt, ist vorzüglich inszeniert und so verschwenderisch ausgestattet, daß die Zuschauer spontan zu applaudieren beginnen.«

Auf der gleichen Linie argumentieren gut anderthalb Jahrzehnte später die Kritiker der westdeutschen Zeitungen, als LEICHTE KAVALLERIE 1951 noch einmal aufgeführt wird. Von einem »ausgezeichnet gemachten Ausstattungsfilm, wie wir ihn uns früher einmal leisten konnten«, ist da zu lesen. »Ein Film in erster Linie fürs Auge. Er schildert uns zugleich das bewegte Schicksal eines anmutigen ungarischen Mädchens, das aus der Stickluft einer Taberne Zuflucht bei der Artistik sucht und findet:

Sie kann tanzen, reiten, singen und begeistert das Publikum. Aber der Aufstieg vollzieht sich nicht ohne dramatische Hindernisse und Rückschläge.«

Genau diesen Aufstieg und seine Inszenierung aber nimmt der zeitgenössische Rezensent 1935 von seinem Lob aus: »Es wäre indessen gut gewesen, wenn es bei diesem letzten Revuesechstel geblieben wäre, denn was sich Manuskript (Franz Rauch) und Regie (Werner Hochbaum) in den vorhergehenden fünf Sechsteln an Einfallslosigkeit, fadem Witz und sonstigem Nichtkönnen leisten, ist unzweifelhaft das traurigste, was im Ufa-Palast in den letzten drei Jahren über die Leinwand ging.« Eine Begründung dieses Verdikts folgt nicht.

Der Regisseur Werner Hochbaum, 1899 in Kiel geboren und 1946 in Potsdam gestorben, ist mit einer bewegten Biografie gesegnet. Bereits im Alter von 24 Jahren steht er vor Gericht wegen »versuchten Hochverrats« für Frankreich. Zwischen 1928 und 1930 schreibt er in Hamburg gelegentlich Filmkritiken und Artikel für eine sozialdemokratische Tageszeitung, parallel erfolgt der Einstieg ins praktische Filmgeschäft mit gewerkschaftlichen Auftragsarbeiten und dem proletarischen Spielfilm BRÜDER im Jahre 1929. Nach dem Machtantritt der Faschisten mehrfach verhaftet und verhört, kann Hochbaum 1933 in Deutschland noch MORGEN BEGINNT DAS LEBEN drehen, das Psychogramm eines haftentlassenen Totschlägers. Für den antimilitaristischen Film VORSTADTVARIETÉ und seinen größten Erfolg, das psychologische Arzt-Melodram DIE EWIGE MASKE, weicht er dann nach Österreich aus. Nach dem Ufa-Film LEICHTE KAVALLERIE, der auch in einer französischen Version produziert wird, ist er abwechselnd in Österreich und Deutschland tätig. 1938 übernimmt der parteilose Hochbaum die Inszenierung von DREI UNTEROFFIZIERE, der trotz gewisser Propagandatendenzen für die sich rüstende Wehrmacht nicht nur Zustimmung findet. Im Juni 1939 wird dem Regisseur jede weite-

»Aus einem Lautsprecher klingt der Chorgesang einer netten Schlagermelodie (Musik: Hans-Otto Borgmann). Und im Rhythmus der Musik bewegen sich die Tanzgruppen (nun wohlgeordnet), tanzt Marika Rökk mit bezauberndem Lächeln ihr Solo auf der Insel, schwimmen die Nixen im kühlen Wasser umher. Mehrmals müssen die Aufnahmen unterbrochen werden – Marika Rökk hat sich beim Tanzen die Füße durchgescheuert und kommt beim besten Willen nicht über die Anfangsschritte hinaus. Aber endlich klappt es doch, gelöst wirbelt sie über die Insel und darf schließlich – sichtlich erleichtert – über eine schnell angelegte Brücke ihren Platz verlassen, den nun die blonde Französin Mona Goya einnimmt.«
(Film-Kurier, 1935)

re Tätigkeit im deutschen Film untersagt, er gilt als unsicherer Kantonist. Die Befreiung vom Faschismus ist auch eine Befreiung für Werner Hochbaum, der, obwohl bereits an einer Krankheit leidend, bis zu seinem Tode voller Leidenschaft sich für ein »neues deutsches Filmschaffen« publizistisch und filmpraktisch engagiert.

Anhand von Ufa-Vorstandsprotokollen läßt sich die komplizierte Entstehungsgeschichte von LEICHTE KAVALLERIE nachzeichnen. Der Stoff, zunächst verfaßt von Hans Ritter und Hans Gustel Kernmeyer, wird vom Reichsfilmdramaturgen freigegeben und vom Ufa-Vorstand grundsätzlich gebilligt. Hersteller des Films soll »eine von Wolzogen zu gründende Produktionsgesellschaft sein. Als Bedingung ist gestellt, daß Karl Ludwig Diehl mitwirkt.« (Protokoll vom 16.10.1934) Diehl wird am Film dann nicht beteiligt sein. Ein gutes Vierteljahr später nimmt die Ufa Abstand davon, Werner Hochbaum als Regisseur zu engagieren (29.1.1935). Die Herstellung jeweils einer deutschen, englischen und französischen Version des Films wird ins Auge gefaßt, vorausgesetzt, die (Ufa-)Zahlungen an die nunmehr mit dem Auftrag versehene »Fabrikation Deutscher Filme G.m.b.H.« (FdF) (Vertrag – bezüglich der deutschen Version – vom 18.1.1935) werden in Reichsmark geleistet (15.2.1935). Keine zwei Wochen später wird bekannt, daß das Reichswehrministerium die Herstellung des Films als unerwünscht erklärt, trotzdem der Reichsfilmdramaturg sein Einverständnis gegeben hat. Der Zensurvorbehalt zugunsten der Ufa im Herstellungsvertrag veranlaßt den Vorstand, die Produktion weiterhin voranzutreiben unter der Bedingung, »daß die behördlicherseits geäußerten Bedenken innerhalb einer bestimmten Frist sich beseitigen lassen.« (26.2.1935). Die Auswertung des Films durch die Ufa soll in Deutschland und den Filialländern erfolgen. Der Vorstand setzt die maximalen Herstellungskosten auf 350.000 RM fest, mit der Herstellung des Films soll am 1.4.1935 begonnen werden (4.3.1935). Die Finanzierung der deutschen wie der französischen Version soll durch die Filmkreditbank erfolgen (10.4.1935). Der von FdF dort beantragte Produktionskredit von 400.000 RM kommt jedoch nicht in Betracht, da der Reichsfilmdramaturg das zuletzt eingereichte Drehbuch abgelehnt hat.

Die Herstellungskosten für zwei Versionen werden auf ca. 600.000 RM fixiert, dieses Geld soll nun von der Ufa kommen. Sämtliche Herren des Vorstands beurteilen die »letzte gute« Drehbuchfassung von Ritter und Storch unter Zugrundelegung des Stoffes »Umwege zur Heimat« als günstig, »der Film soll von Wolzogen unter Aufsicht der Ufa als FdF-Film hergestellt werden (...) erforderlichenfalls soll ein Film der Ufa-Eigenproduktion hierfür fortfallen.« (14.5. 1935). Die Filmkredit-Bank muß jetzt LEICHTE KAVALLERIE doch finanzieren (das bedeutet Einverständnis des Reichsfilmdramaturgen mit dem vorgelegten Drehbuch). Die Kalkulationen einschließlich Produktionsunkosten lauten für die deutsche Fassung 474.100 RM, für die französische 237.600 RM. Darin sind u. a. 40.000 RM für die Darsteller-Ausfallversicherung ausgewiesen. Der Vorstand stimmt den ihm vorgeführten Modellen, Zeichnungen und Kostümbildern zu, ebenso der Absicht, »ausgesprochene Phantasie-Uniformen« zu verwenden (21.6.1935). Endgültige Klärung über die Finanzierungsfragen erfolgt in der Sitzung am 2.7.1935. Danach ersetzt ein Vertrag zwischen Ufa und FdF vom 13./17.6.1935 den früheren vom 18.1.1935. Die Herstellungskosten für beide Fassungen (eine englische wird nicht mehr realisiert) belaufen sich auf höchstens 650.000 RM, wovon ca. ein Drittel auf die französische entfällt. Die FdF hat für beide Fassungen Produktionsunkosten von 27.500 RM. Für die deutsche stellt sie Rohfilm zur Verfügung und übernimmt die Kosten für Stofferwerb und Stoffbearbeitung, was 10% der gesamten Herstellungskosten ausmacht. In Höhe von 90% wird ein Kredit bei der Filmkredit-Bank aufgenommen, für dessen Rückzahlung die Ufa bürgt. »Die französische Fassung wird in voller Höhe über die Filmkreditbank finanziert. Auch für die Rückzahlung dieses Krediets übernimmt die Ufa die selbstschuldnerische Bürgschaft. (...) Sämtliche Rechte und das Eigentum an den Negativen stehen der Ufa zu. Die Ablieferung des Films erfolgt spätestens Ende August 1935. Das Zensurrisiko trägt die FdF.« Das endgültige Drehbuch stammt weder von Ritter noch von Kernmeyer noch von Storch. Franz Rauch ist sein Autor.

Eine Frage, gestellt aus der historischen Distanz: Wie sieht ästhetische Nonkonformität unter dem Faschismus aus? Rekrutiert sie sich etwa aus den nicht-realistischen Elementen im Film, den Mehrfachbelichtungen und auffälligen Kamerapositionen, der »gedrechselten« Montage (eine Brust nähert sich der Kamera/ein Rücken entfernt sich – der Ort hat gewechselt, die Personen auch) oder der »belehrenden« (ein Elefantenkopf rückt formatfüllend an die Kamera/der Kopf des Zirkusdirektors in Großaufnahme – er ist ein Starrkopf)? Dies sind ästhetische Standards der Zeit, sie sind immer wieder anzutreffen, mal kabarettistisch gemeint, mal denunzierend, und manchmal auch ohne Sinn und Verstand ins Spiel gebracht. Darin offenbart sich nicht die Nonkonformität von LEICHTE KAVALLERIE.

Immer, wenn das Gespann Rosika (Rökk) und Rux, der Clown (Carl Hellmer), gemeinsam weiterzieht, weg von ihrem falschen Vater, dem Wirt Pietro, weg vom Zirkusdirektor Cherubini, der sie heiraten will und krankhaft eifersüchtig ist, dann bleibt das einmal Hinterlassene weitgehend auf immer Hinterlassenes. Schade ist es um den Vater, schade auch um Cherubini, der am Ende, in Budapest, doch noch die Premiere der »Leichten Kavallerie« miterlebt, jener von Rux geschriebenen Revue, die eigentlich Cherubini, eingedenk seiner Beteuerung, immer etwas für junge Talente

DAR Zarah Leander (Gloria Vane), Willy Birgel (Sir Albert Finsbury), Hilde von Stolz (Fanny Hoyer), Carola Höhn (Gouverneurstochter Mary), Viktor Staal (Henry), Erich Ziegel (Dr. Hoyer), Edwin Jürgensen (Gouverneur), Jakob Tiedtke (Wells sen.), Robert Dorsay (Bobby Wells), Iwa Wanja (Violet), Ernst Legal (Stout), Siegfried Schürenberg (Gilbert), Lina Lossen (Zuchthausvorsteherin Paramatta), Lissy Arna (Nelly), Herbert Hübner (Kasinodirektor), Mady Rahl (Soubrette), Lina Carstens (Bänkelsängerin), Horst Teetzmann (Ben), Horst Birr, Hans Kettler, Walter Schramm-Duncker, Fritz Hoopts, Franz Stein, Klaus Pohl, Ekkehart Arendt, Hanns-Maria Böhmer, Curd Jürgens (Partygast), Ilse von Colani, Paul Bildt, Walter Werner, Werner Pledath, Karl Hannemann, Hella Graf, Carl Auen, Hans Waschatko, Else Boy, Boris Alekin, William Huch, Max Wilhelm Hiller, Oskar Höcker, Paul Schwed, Hermann Pfeiffer, S. O. Schoening, Lili Schoenborn, Ellen Bang, Hildegard Friebel, Hanna Mohs, Thea Truelsen, Olga Schaub, Hans Joachim Büttner, Nien Sön Ling, Valy Arnheim, Arthur Reppert.
PRO Ufa. Herstellungsgruppe: Bruno Duday. HEL Bruno Duday. PRL Erich Holder. AUL Georg Mohr. DRZ Anfang März - Mitte Mai 1937. DRO Ufa-Atelier Neubabelsberg; AA Freigelände Neubabelsberg (Devisenhügel).
LNG 2879 m, 105 min. ZEN 20.7.1937, Jv., f.
URA 31.8.1937, Berlin (Ufa-Palast am Zoo).
– Prädikat: Künstlerisch wertvoll.

Aus Liebe zu Sir Albert nimmt die Sängerin Gloria Vane im puritanischen England seine kriminellen Taten auf sich und wird in die Strafkolonie Australien geschickt, wohin auch Albert schon verbannt wurde. Dem seriösen Farmer Henry entflieht Gloria, um Albert zu suchen, dessen Verlobung mit einer Gouverneurs-Tochter sie mitansehen muß. Als Albert sich wieder ihr zuwendet, wehrt sie ihn ab. Er begeht Selbstmord. Henry findet Gloria, zusammen streben sie ›zu neuen Ufern‹.

1937. Die Holzauktion.
REG Charles Klein. AUT Heinrich Rumpff. KAM Werner Krien. BAU Carl Ludwig Kirmse. TON Bruno Suckau. MUS Hans Ebert.
DAR Günther Lüders, Willi Schur, Gerhard Bienert, Maria Loja, Heinz Berghaus.
PRO Ufa. PRL Peter Paul Brauer. LNG 508 m, 19 min. ZEN 24.7.1937, B.45794, Jf.
– Kurzspielfilm.

1937. Bluff.
REG, AUT Charles Klein. KAM Werner Krien. BAU Carl Ludwig Kirmse. TON Bruno Suckau. MUS Horst Hans Siebert.
DAR Robert Dorsay (Graf Christof Goraly), Ernst Waldow (Juwelier Winter), Carla Rust (seine Frau), Blandine Ebinger (Sekretärin), Ingeborg von Kusserow (Maniküre), Herbert Weißbach, Hermann Mayer-Falkow, Kurt Iller, Werner Kepich, Jac Diehl.
PRO Ufa. PRL Peter Paul Brauer. DRZ Mai 1937. DRO Ufa-Atelier Neubabelsberg. LNG 518 m, 19 min. ZEN 24.7.1937, B.45795, Jf. URA 3.9.1937, Berlin (U.T. Kurfürstendamm).
– Kurzspielfilm.

1937. Der Besserwisser.
REG Carl Heinz Wolff. AUT Werner Eplinius. KAM Walter Pindter. BAU Carl Ludwig Kirmse. MUS Hans Ebert.
DAR Kurt Seifert (Emanuel Habersack, Gastwirt), Lotte Werkmeister (Ottilie, seine Frau), Franz Stein (Herr Lüderitz), Hermann Pfeiffer (Doktor Manteuffel), Ernst Waldow, Erwin Biegel, Gerhard Dammann, Rudolf Biebrach.
PRO Ufa. PRL Peter Paul Brauer. LNG 505 m, 18 min. ZEN 24.7.1937, B.45804, Jf.
– Kurzspielfilm.

1937. Das Wiener Modell.
REG Ernst Martin. AUT Heinrich Rumpff. KAM Werner Krien. BAU Carl Ludwig Kirmse. TON Bruno Suckau. MUS Walter Sieber.
DAR Vera Hartegg, Alf von Sievers, Johanna Blum, Werner Scharff, Hermann Pfeiffer (Ladeninhaber), Ruth Katharina Störmer, Olga Limburg, Ilse Cotence, Inge Landgut, Hermann Mayer-Falkow, Günther Brackmann (Lehrling).
PRO Ufa. PRL Peter Paul Brauer. LNG 393 m, 14 min. ZEN 24.7.1937, B.45805, Jf.
– Kurzspielfilm.

übrig zu haben, groß herausbringen wollte – und mit ihr die geliebte Rosika.

Das künftig unsichtbar bleibende Zurückgelassene – und dies ist auffällig – verweist aufs Elliptische der Erzählung (es geht, bei der Simplizität der Geschichte nicht verwunderlich, bisweilen arg forsch dabei zu). Das ist wohl neu bei einem deutschen Film von 1935: Das Gespann Rosika/Rux entflieht den Autoritäten »Vater« und »Chef«. Das hat etwas positiv Eskapistisches. Und es besitzt einen interessanten Nebenaspekt: Die zurückgelegten Entfernungen, die Wege zwischen den Orten, sind nicht – überhaupt nicht – zu sehen. Das Fahren, Reisen, Weiterziehen, ein Standard-Motiv aller Zirkusfilme, wird nie gezeigt. So aber entsteht gewissermaßen etwas Abstraktes durch Fortlassung, etwas, das nicht zu den gewaltigen Gefühlspotentialen in der Story und zu der Ungeheuerlichkeit passen will, die Autoritäten ungestraft zu verlassen.

LEICHTE KAVALLERIE ist kein wirkliches Produkt einer Traumfabrik. Nur eine Szene geht ans Herz, das Wiedersehen von Rosika und Rakos, dem schon frühzeitig eingesetzten Stallburschen adliger Abkunft, dem längst ihre ganze Liebe gilt. Darüber bleibt der Film immer distanziert, hat mitunter realistische Momente, die allerdings nahezu untergehen im dominierenden Bemühen um bewußte Formgebung. Wie schön ist doch eine ungeschnittene Sequenz beim Überprüfen der gut und schlecht in den Boden geschlagenen Zeltstangen gegenüber einer, in der Rosikas Tanz dynamisiert wird: verrissen, verzerrt, verrückt.

Rolf Aurich

»Marika Rökk hat für sich den Vorzug der unverbrauchten Jugend... Szenen, in denen sie ihre Burschikosität und ihre jugendliche Unbefangenheit schnippisch gegen jemand ausspielen kann, liegen ihr vorläufig noch besser als tragische Auseinandersetzungen. Aber was nicht ist, kann noch werden.«
(Günther Schwark, 1935)

Marika Rökk, Carl Hellmer

Kurzfilme der Ufa 1934 - 36

1934

Januar. ★ 1933/34. **Onkel Theodor amüsiert sich.** 114 m, 4 min. ★ 1933/34. **Von der deutschen Scholle zur deutschen Hausfrau.** 1439 m, 53 min. ★ 1933/34. **Handspinnen – Handweben. Wiederbelebung eines alten Handwerks in der Großstadt.** 333 m, 12 min. ★ 1933/34. **Von morgens bis zum Nachmittag bei Dir.** 122 m, 4 min. ★ 1933/34. **Steinerne Wüste und steinerne Wunder an der Adria.** REG Ulrich K. T. Schulz. KAM Kurt Stanke. 388 m, 14 min. ★ 1933/34. **In der Obedska Vara.** 383 m, 14 min. ★ 1933/34. **Eine günstige Gelegenheit.** 364 m, 13 min. ★ **Februar.** ★ 1933/34. **Ein wertvoller Winternachmittag.** 535 m, 19 min. ★ 1933/34. **Von deutscher Kohle zu deutschem Benzin.** 330 m, 12 min. ★ 1933/34. **Die Wildwasser der Drina.** 301 m, 11 min. ★ 1933/34. **Standard-Bildbericht. Bedeutungsvolle Ereignisse für das deutsche Kraftfahrwesen.** 371 m, 13 min. ★ **März.** ★ 1933/34. **Als man anfing zu filmen.** 454 m, 17 min. ★ 1933/34. **Prüfung von Kolloid Graphit-Präparaten.** 130 m, 5 min. ★ 1933/34. **Energie.** 107 m, 4 min. ★ 1933/34. **Rauchloser Tabak.** 318 m, 12 min. ★ 1933/34. **Meerestiere in der Adria.** REG Ulrich K.T. Schulz. KAM Kurt Stanke, Wilhelm Mahla. SPR Philipp Manning. Herstellungsgruppe: Nicholas Kaufmann. 390 m, 14 min. ★ **April.** ★ 1934. **Kultur der Frisur.** 291 m, 11 min. ★ 1934. **Fez und Schleier.** 276 m, 10 min. ★ 1934. **Die Befreiung.** 102 m, 4 min. ★ **Mai.** ★ 1934. **Das Geheimnis der Eischale.** 166 m, 6 min. ★ 1934. **Gut Holz.** 429 m, 16 min. **Juni.** ★ 1934. **Schären und Fjorde an der Adria.** REG Ulrich K. T. Schulz. KAM Kurt Stanke, Wilhelm Mahla. MUS Walter Winnig. 344 m, 13 min. ★ 1934. **Malaria.** 772 m, 28 min. ★ **Juli.** ★ 1934. **Schleichendes Gift.** 827 m, 30 min. ★ 1934. **Edles Öl aus deutscher Erde.** 651 m, 24 min. ★ **August.** ★ 1934. **Paul von Hindenburg gestorben.** 619 m, 23 min. ★ 1934. **Bayreuth bereitet die Festspiele vor.** REG Rudolf Schaad. AUT Hans Lebede. KAM Karl Puth. SPR Philipp Manning. Herstellungsgruppe: Nicholas Kaufmann. 789 m, 29 min. ★ 1934. **Braunkohle und Braunkohlen-Brikett.** 609 m, 22 min. ★ 1934. **Wunderbauten aus der chinesischen Kaiserzeit.** 348 m, 13 min. ★ **September.** ★ 1934. **F.P.1 wird Wirklichkeit.** 349 m, 13 min. ★ 1934. **Deutsche Werkmannsarbeit am Radiogehäuse.** 357 m, 13 min. ★ 1934. **Strömungen und Wirbel.** REG, AUT Martin Rikli. KAM Kurt Stanke, Wilhelm Mahla. MUS Walter Winnig. 357 m, 13 min. ★ **Oktober.** ★ 1934. **Luftexpreß Berlin – Rom.** 147 m, 5 min. ★ 1934. **Der Wegweiser.** 120 m, 4 min. ★ 1934. **Schwarz auf Weiß.** 1415 m, 51 min. ★ 1934. **Die Pirateninsel.** KAM Paul Lieberenz. 370 m, 13 min. ★ 1934. **Potsdam.** 301 m, 11 min. ★ 1934. **Von der Hand für die Hand.** 332 m, 12 min. ★ 1933/34. **Kairo.** REG Martin Rikli. KAM Carl Hoffmann. MUS Franz Doelle. SPR Gerhard Jeschke. 310 m, 11 min. ★ **November.** ★ 1934. **Gorch Fock.** REG, AUT Martin Rikli. KAM Kurt Stanke. MUS Walter Gronostay. Herstellungsgruppe: Nicholas Kaufmann. 403 m, 15 min. ★ 1934. **Aus der Werkstatt moderner Arzneimittel.** 382 m, 14 min. ★ 1934. **Bilder aus der Reichsnährstands-Ausstellung.** 964 m, 35 min. ★ 1934. **Was die Isar rauscht.** REG Wilhelm Prager. 443 m, 16 min. ★ 1934. **Unser deutscher Zeppelin.** 650 m, 24 min. ★ 1934. **Harzfahrt.** 370 m, 13 min. ★ 1934. **Wozu den Ärger.** 125 m, 5 min. ★ 1934. **Liebe zur Harmonika.** 375 m, 14 min. ★ 1934. **Kunstflug.** 348 m, 13 min. ★ 1934. **Es war einmal.** 148 m, 5 min. ★ **Dezember.** ★ 1934. **Schotterfroh hat Recht.** 130 m, 5 min. ★ 1934. **Sonne durch Sonne.** 120 m, 4 min. ★ 1934. **Kampf um Kraft.** REG Johannes Guter. MUS Rudolf Perak. DAR Harry Hardt, Fred Döderlein, Toni Forster-Larrinaga, Leo Peukert, Gustl Stark-Gstettenbaur, SPR Fritz Alberti. 2356 m, 86 min. Dokumentarfilm mit Spielszenen. ★ 1934. **Von den Spuren der Hanse.** 608 m, 22 min. ★ 1934. **Es träumt die Frau seit 1000 Jahren.** 100 m, 4 min. ★ 1934. **Sieg für Deutschland.** REG Siegfried Seher. KAM Albert Kling. MUS Rudolf Perak. SPR Fritz Alberti. PRO Mercedes-Benz-Tonfilm der Ufa. 763 m, 28 min. ★ 1934. **Kraftleistungen der Pflanzen.** REG Wolfram Junghans. 369 m, 13 min. ★ 1934. **Stimmen im Schilf.** REG Ulrich K. T. Schulz. 398 m, 14 min. ★ 1934. **Der Gedankenleser.** REG Walter Schmidt. 418 m, 15 min. ★ 1934. **Stiefkinder der Musik.** 449 m, 17 min. ★ 1934. **Besuch beim Bettelstudent.** 625 m, 23 min. ★ 1934. **Germany 1934.** 1614 m, 59 min. ★ 1934. **Die Kuh im Hause.** 492 m, 18 min. ★ 1934. **Das deutsche Erntedankfest 1934 auf dem Bückeberg.** 264 m, 10 min.

1935

Januar. ★ 1934/35. **Un dia desastroso.** 120 m, 4 min. ★ 1934/35. **Nordlandsbilder.** 2312 m, 84 min. ★ 1934/35. **Kohle.** 435 m, 16 min. ★ 1934/35. **Wiesbaden.** 323 m, 12 min. ★ 1934/35. **Das wertvollste Gut.** 424 m, 15 min. ★ 1934/35. **Die Meistersinger.** 107 m, 4 min. ★ 1934/35. **Straßen ohne Hindernisse.** 371 m, 13 min. ★ **Februar.** ★ 1934/35. **Der König des Waldes. Der Rothirsch.** REG Ulrich K. T. Schulz. 403 m, 15 min. ★ 1934/35. **Im Lande der Inka, Maya und Azteken.** 366 m, 13 min. ★ 1934/35. **Olympiavorbereitung in Deutschland.** 468 m, 17 min. ★ 1934/35. **Wunder der Kugel.** 348 m, 13 min. ★ 1934/35. **Siegfrieds Tod.** REG Fritz Lang. 903 m, 33 min. Tonfassung von ›Die Nibelungen. 1. Teil‹. ★ 1934/35. **Heilkräfte der Nordsee.** 345 m, 13 min. ★ 1934/35. **Metall des Himmels.** 372 m, 14 min. ★ 1934/35. **Aus Flur und Forst.** REG Ulrich K. T. Schulz. 380 m, 14 min. ★ **März.** ★ 1934/35. **Bosch Elektro-Werkzeuge mit Motor im Handgriff.** 138 m, 5 min. ★ 1934/35. **Eine Wochenschau neuester Werkzeugmaschinen.** 150 m, 6 min. ★ 1934/35. **Bakelitt.** 929 m, 34 min. ★ 1934/35. **Schätze der Vorzeit.** 1200 m, 44 min. ★ 1934/35. **Heute große Dampferfahrt.** 125 m, 5 min. ★ 1934/35. **Unter dem Bayerkreuz.** 122 m, 4 min. Auch fremdsprachige Fassungen. ★ 1934/35. **Zwei Windhunde.** 837 m, 31 min. ★ 1934/35. **Ton – Klinker – Keramik.** 157 m, 6 min. ★ **April.** ★ 1935. **Der Ameisenstaat.** REG Ulrich K. T. Schulz, Wolfram Junghans. KAM Paul Krien, Walter Suchner. SPR Georg Heinrich Schnell. 420 m, 15 min. ★ **Mai.** ★ 1935. **Seife vor Verlust bewahren.** 160 m, 6 min. ★ 1935. **In der Heimat, in der Heimat.** 305 m, 11 min. ★ 1935. **Vom Deutschtum im Ausland.** 183 m, 7 min. ★ 1935. **Pflegen bringt Segen.** 621 m, 23 min. ★ 1935. **Seife vor Verlust bewahren. II. Fassung.** REG Charles Klein. 185 m, 7 min. ★ 1935. **Ein böser Tag mit blauem Auge.** REG Hermann Boehlen. AUT Paul Engelmann. KAM Erich Menzel. SPR Heinz Wemper. Herstellungsgruppe: Ulrich Westerkamp. 419 m, 15 min. Industriefilm. ★ **Juni.** ★ 1935. **Deutschland kreuz und quer.** 483 m, 18 min. ★ 1935. **Wunder des Vogelzuges.** 433 m, 16 min. ★ 1935. **Die Bekehrung.** 115 m, 4 min. ★ 1935. **Von Schwarzkitteln und Schauflern.** REG Ulrich K. T. Schulz. KAM Wilhelm Mahla, Walter Suchner. MUS Franz R. Friedl. Herstellungsgruppe: Nicholas Kaufmann. 157 m, 6 min. Mit Vorspruch. ★ **Juli.** ★ 1935. **Vögel im Schilf.** 176 m, 6 min. ★ 1935. **Den schickt er in die weite Welt.** 415 m, 15 min. ★ 1935. **Heiß Flagge.** 440 m, 16 min. ★ **August.** ★ 1935. **Vertrag mit der Hölle.** 117 m, 4 min. ★ 1935. **Die Großschiffahrt.** 777 m, 28 min. ★ 1935. **Chinesische Städte.** 378 m, 14 min. ★ 1935. **Der helle Kopf.** 599 m, 22 min. ★ 1935. **Briefe fliegen über den Ozean.** REG Fritz Kallab. AUT Funke-Engelmann. KAM Gerhard Müller. MUS Walter Winnig. 437 m, 16 min. ★ **September.** ★ 1935. **Wo gehen wir hin?** 105 m, 4 min. ★ 1935. **Jugenderziehung in Abessinien.** 335 m, 12 min. ★ 1935. **Rund um den Kaiserpalast von Addis-Abeba.** 435 m, 16 min. ★ 1935. **Im Aufmarschgebiet der abessinischen Armee.** 414 m, 15 min. ★ 1935. **Mit dem Regus durch Süd-Abessinien.** 413 m, 15 min. ★ 1935. **Die neue Blume.** 332 m, 12 min. ★ 1935. **Die abessinische Staatskirche.** 328 m, 12 min. **Oktober.** ★ 1935. **Schutz den Singvögeln.** 380 m, 14 min. ★ 1935. **Der Rhein erzählt.** 834 m, 30 min. ★ 1935. **Übungsordnung des Brandenburgischen Provinzial-Feuerwehr-Verbandes e.V.** 1208 m, 44 min. ★ 1935. **Die 2. Reichsnährstands-Ausstellung Hamburg 28.5. bis 2.6.1935.** 946 m, 35 min. ★ 1935. **Der Nimrod mit der Kamera.** 465 m, 17 min. ★ 1935. **Durch dick und dünn.** 246 m, 9 min. ★ 1935. **Im gleichen Schritt und Tritt.** 1333 m, 49 min. ★ 1935. **Kinder aus aller Welt.** 487 m, 18 min. ★ 1935. **Aus den Rohrwäldern des Donaudeltas.** 101 m, 4 min. ★ 1935. **Und nachmittags in Barcelona.** KAM Gerhard Müller. MUS Walter Schütze. 444 m, 16 min. ★ **November.** ★ 1935. **Wie verwende ich meine Nähmaschine? Dargestellt an der Pfaff-Universal-Zickzack-Maschine Klasse 130.** 413 m, 15 min. ★ 1935. **Was uns fehlt und was wir haben.** 137 m, 5 min. ★ 1935. **Die Provinz Brandenburg.** 1000 m, 37 min. ★ 1935. **Kleiner Film einer großen Stadt.** REG Walther Ruttmann. 398 m, 14 min. ★ 1935. **Gläserne Wundertiere.** 132 m, 5 min. ★ 1935. **Fäden, die die Welt umspinnen.** 994 m, 36 min. **Dezember.** ★ 1935. **Das Ohr der Zeit.** 368 m, 13 min. ★ 1935. **Puppenhochzeit.** 343 m, 13 min. ★ 1935. **Stuttgart, die Großstadt zwischen Wald und Reben.** REG Walther Ruttmann. 404 m, 15 min. ★ 1935. **Stadt Stuttgart. 100. Cannstatter Volksfest.** REG Walther Ruttmann. 140 m, 5 min. ★ 1935. **Schlüssel zum Reich – Schlüssel zur Welt.** REG, AUT Otto von Bothmer. KAM Erich Menzel. MUS Walter Gronostay. Herstellungsgruppe: Ulrich Westerkamp. 350 m, 13 min. ★ 1935. **Auf blinkenden Pfaden.** 344 m, 13 min. ★ 1935. **Der Fischer und seine Frau.** 121 m, 4 min. ★ 1935. **Jagd in Trakenen.** 415 m, 15 min. ★ 1935. **Die Kette.** 111 m, 4 min. ★ 1935. **Zwischen schwarzen und weißen Czeremosz.** REG Ulrich K. T. Schulz. KAM Walter Suchner, Wilhelm Mahla. 445 m, 16 min. ★ 1935. **Die Fledermaus.** 374 m, 14 min. ★ 1935. **Im Lande der Widukinds.** REG Felix Lampe, DAR Gösta Nordhaus, Kurt Stanke. AUT Felix Lampe, Leonhard Fürst. KAM Kurt Stanke. MUS Franz R. Friedl. MW Bauern und Bürger aus dem Lippeschen und dem Ravensburger Land. Herstellungsgruppe: Nicholas Kaufmann. 397 m, 14 min. ★ 1935. **Die alte Königsstadt Krakau.** 315 m, 11 min. ★ 1935. **Liesels Geburtstag.** 103 m, 4 min. ★ 1935. **Die Wüste am Meer. 1. Sand und Land. 2. Von Vogelsang und Falknerei.** 940 m, 34 min / 118 m, 4 min. ★ 1935. **Sturm über der Hallig.** KAM Gösta Nordhaus. 157 m, 6 min. ★ 1935. **Die Urkraft des Weltalls.** 144 m, 5 min.

1936

Januar. ★ 1935/36. **Das Dauerversuchsfeld.** 780 m, 29 min. ★ 1935/36. **Gestalte mit Licht.** 151 m, 6 min. ★ 1935/36. **Die Quelle.** 122 m, 4 min. ★ 1935/36. **Große Stadt im engen Tal.** AUT Paul Engelmann. KAM Georg Krause. MUS Edmund Nick. 401 m, 15 min. ★ 1935/36. **Kaufmann, nicht Händler.** 633 m, 23 min. ★ 1935/36. **Aus den Betrieben des Elektrizitätswerkes Schlesien.** 648 m, 24 min. ★ 1935/36. **Die Süßlupine.** 1000 m, 37 min. ★ **Februar.** ★ 1935/36. **Das weiße Wunder.** 119 m, 4 min. 2. Fassung von ›Die Kette‹. ★ 1935/36. **Sorgen bringt Segen.** 357 m, 13 min. ★ 1935/36. **Ruf in die Welt.** REG Ulrich Kayser. AUT Rudolf Schaad. KAM Gerhard Müller. MUS Rudolf Perak. 495 m, 18 min. ★ 1935/36. **Sonne über dem Ostseestrand.** 308 m, 11 min. ★ 1935/36. **Kampf um Brot.** REG Ulrich Kayser. AUT Rudolf Schaad. KAM Gerhard Müller. MUS Rudolf Perak. 330 m, 12 min. ★ **März.** ★ 1935/36. **Die Heimat der Goralen.** 429 m, 16 min. ★ 1935/36. **Die Universal-Zickzack-Nähmaschine Pfaff Klasse 38 in der Schneiderwerkstätte.** 363 m, 13 min. ★ 1935/36. **Viel begehrt.** 195 m, 7 min. ★ 1935/36. **Allerlei Feinkunst aus dem Meere.** 126 m, 5 min. ★ 1935/36. **Das Alfa-Melken.** 139 m, 5 min. ★ 1935/36. **Tischlein deck Dich.** 534 m, 19 min. ★ 1935/36. **Vom deutschen Heldentum.** 567 m, 21 min. ★ 1936. **Fußball-Match.** 110 m, 4 min. ★ **April.** ★ 1936. **Ach, hätte ich doch.** REG Karl Hans Leiter. 103 m, 4 min. ★ 1936. **Kunstfertige Handwerker und Baumeister im Tierreich.** 118 m, 4 min. ★ 1936. **Auf den Spuren alter Java-Kulturen.** 212 m, 8 min. ★ 1936. **Unter der Tropensonne Javas.** 278 m, 10 min. ★ 1936. **Nach Indien ins Tamilen-Land.** 137 m, 5 min. ★ 1936. **Natur als Schützerin im Kampf ums Dasein.** 337 m, 12 min. ★ 1936. **Polnische Bauernfeste.** 481 m, 18 min. ★ 1936. **Der bunte Tag.** 134 m, 5 min. ★ 1936. **Eine Million PS.** 556 m, 20 min. ★ **Mai.** ★ 1936. **Das Braunkohlenbrikett ›Sonne‹ in Gaststätten-Herden.** 107 m, 4 min. ★ 1936. **Fittings und Flanschen.** 737 m, 27 min. ★ 1936. **Gas überall.** 948 m, 35 min. ★ 1936. **Allzu liebe Sonne.** 151 m, 6 min. ★ 1936. **Bremen.** 308 m, 11 min. Auch eng. und span. Fassung. ★ 1936. **Lautlose Kälte durch Trockenabsorber.** 250 m, 9 min. ★ 1936. **Deutsche Nordseeküste.** 297 m, 11 min. ★ 1936. **Die Klein'sche Probe.** 423 m, 15 min. ★ **Juni.** ★ 1936. **Alessandro Ziliani singt.** 514 m, 19 min. ★ 1936. **Warschau.** 331 m, 12 min. ★ 1936. **Bei den deutschen Kolonisten in Südwest-Afrika.** 176 m, 6 min. ★ **Juli.** ★ 1936. **Schönes gastliches Land zwischen Rhein und Main.** 409 m, 15 min. ★ 1936. **Fahnenweihe des deutschen Reichskriegerbundes am 23.2.36.** 514 m, 19 min. ★ 1936. **Die Feier des 150jährigen Bestehens des Deutschen Reichskriegerbundes (Kyffhäuser-Bund) in Wangerin (Pommern) am 7. Juni 1936.** 413 m, 15 min. ★ 1936. **Entwicklung auf Umwegen (Metamorphose).** 157 m, 6 min. ★ 1936. **Wasser und Stahl.** 360 m, 13 min. ★ 1936. **Das Haus des Pelikans.** 1941 m, 71 min. ★ 1936. **Unendlicher Weltenraum.** 317 m, 12 min. ★ 1936. **Das Olympia unserer Kleinsten.** 462 m, 17 min. ★ 1936. **Das Paradies der Pferde.** 373 m, 14 min. ★ 1936. **Arbeiten über Kalidüngung.** 506 m, 18 min. ★ 1936. **Husaren der See.** 411 m, 15 min. ★ **August.** ★ 1936. **Die neue Fabrik der Ideal-Werke A.-G. für drahtlose Telefonie in Berlin-Wilmersdorf wird gebaut.** 490 m, 18 min. ★ 1936. **Ein wichtiger Grund.** 273 m, 10 min. ★ **September.** ★ 1936. **Wilna.** 315 m, 11 min. ★ 1936. **Weltfeind Nummer eins.** 313 m, 11 min. ★ 1936. **Die Stadt der sieben Türme.** 417 m, 15 min. ★ 1936. **Lebende Werkzeuge.** REG Hans F. Wilhelm. AUT Walter Sichler. KAM Adolf Krahl. MUS Rudolf Perak. 1117 m, 41 min. ★ **Oktober.** ★ 1936. **Bunte Fischwelt.** 363 m, 13 min. ★ 1936. **Liblar, die Geburtsstadt von Carl Schurz.** 338 m, 12 min. ★ 1936. **Auf eigenem Grund das eigene Heim.** 344 m, 13 min. ★ 1936. **Stählerne Brücken der Reichsautobahnen.** 657 m, 24 min. ★ 1936. **Schiff in Not.** REG Walther Ruttmann. 153 m, 6 min. ★ 1936. **Ilse der Hütte. Abt. Peiner Walzwerk, Peine.** 573 m, 21 min. ★ 1936. **Eine feuchte Geschichte.** 100 m, 4 min. ★ 1936. **Der Kyffhäuser.** 402 m, 15 min. ★ 1936. **Deutscher Reichskriegertag 1936 in Kassel.** 649 m, 24 min. ★ 1936. **Am Lagerfeuer.** 337 m, 12 min. ★ 1936. **Deutsche Vergangenheit wird lebendig.** 435 m, 16 min. ★ **November.** ★ 1936. **Aus der Schatzkammer der Kirchenmusik.** 332 m, 12 min. ★ 1936. **Hinein.** 379 m, 14 min. ★ 1936. **Neue Begriffe: Vom Schmieröl zum Schmierstoff.** 275 m, 10 min. ★ 1936. **Mit der Postkutsche.** 120 m, 4 min. ★ 1936. **Besuch in Frankfurt am Main.** 378 m, 14 min. ★ 1936. **Stätten deutscher Luftfahrtforschung.** 541 m, 20 min. ★ 1936. **Aus den Kabelwerken der ›Gute Hoffnungs-Hütte‹.** 905 m, 33 min. ★ 1936. **Schorfheide. Ein Tierparadies vor den Toren Berlins.** 428 m, 16 min. ★ **Dezember.** ★ 1936. **Die Heimat im Lied.** REG Johannes Guter. MUS, ML: Serge Jaroff. AUS: Don-Kosaken-Chor. 345 m, 12 min. ★ 1936. **Tiergärten des Meeres.** 406 m, 15 min. ★ 1936. **Vom Uhu und anderen Gesichtern der Nacht.** REG Ulrich K. T. Schulz, Wolfram Junghans. KAM Walter Suchner, Wilhelm Mahla. MUS Hans Ebert. Herstellungsgruppe: Nicholas Kaufmann. 435 m, 16 min.

1937. Die perfekte Sekretärin.
REG Peter Paul Brauer. AUT Aldo von Pinelli. KAM Werner Krien. BAU Carl Ludwig Kirmse. TON Bruno Suckau. MUS Werner Eisbrenner.
DAR Hansi Arnstädt, Rudolf Klicks, Mady Rahl, Alf von Sievers, Erika Streithorst, Gerhard Bienert.
PRO Ufa. PRL Peter Paul Brauer. DRO Ufa-Atelier Neubabelsberg. LNG 532 m, 19 min. ZEN 24.7.1937, B.52384, Jv.
– Kurzspielfilm.

1937. Das Quartett.
REG Peter Paul Brauer. AUT Hans Reimann. KAM Werner Krien. BAU Carl Ludwig Kirmse. TON Bruno Suckau. MUS Werner Eisbrenner.
DAR Herbert Ernst Groh (Gefangener), Hugo Schrader, Hermann Mayer-Falkow, Karl Erhardt-Hardt, Ewald Wenck, Wilhelm Faber, Helmuth Berndsen (Gefängniswärter), Heinz Berghaus, Veronika Siegfried.
PRO Ufa. PRL Peter Paul Brauer. DRZ Mai 1937. DRO Ufa-Atelier Neubabelsberg. LNG 487 m, 18 min.
ZEN 17.8.1937, Jf.
– Kurzspielfilm.

1937. Spiel auf der Tenne.
REG Georg Jacoby. RAS Erich Palme. AUT Alois Johannes Lippl; nach dem Roman von Hans Matscher. KAM Willy Winterstein. KAS Gustl Weiß, Wolfgang Hofmann. STF Horst von Harbou. BAU Carl Machus, Bruno Monden. GAR Marie-Luise Arndt, Fritz Pietsch. MAS Franz Richter, Käte Grörich. SCH Ella Ensink. TON Werner Pohl. MUS, ML Hans Carste. Künstlerische und fachmännische Beratung Alois Johannes Lippl.
DAR Joe Stöckel (Gastwirt Xaver Rößmair), Kurt Meisel (Andreas Rößmair), Fritz Kampers (Fuhrwerksunternehmer Gustav Moser), Heli Finkenzeller (Lena Feldhofer), Wastl Witt (Vater Bartholomäus Feldhofer), Elise Aulinger (Mutter Veronika Feldhofer), Erika Pauli (Kellnerin Notburga ›Burgl‹ Perhammer), Richard Häußler (Knecht Martin Jöchler), Robert Dorsay (Rübler Anton), Beppo Brem (Pechler Kaspar), Josef Eichheim (Bürgermeister Josef Aicher), Else Kündinger (Marie Aicher), Charlotte Radspieler (Anastasia Kötterle), Ludwig Kerscher (Jungbauer Stiegler Hartl), Theodoline Müller (Krämerin Marianne Reinstadler), Philipp Weichand (Weber Gugg), Irene Kohl, Liselotte Klingler, Olga Schaub, Hedwig Lipperer, Maria Böhm, Maria Müller, Gertrud Färber, Melanie Webelhorst, Gusti Kreißl, Olga König, Grete Schünemann, Leopold Kerscher, Oscar Eigner, Hanns Hunkele, Heinrich Hauser, Paul Luka, Oskar Schöbb, Josef Voggenauer, Hans Schneider, Carl Waldemar, Georg Wenkhaus, Max Rosenhauer, Ossi Schubert.
PRO Euphono-Film GmbH, Berlin; für Ufa. Herstellungsgruppe: Wuellner - Ulrich. HEL Robert Wuellner, Hans Herbert Ulrich. PRL Franz Vogel. ASS Erich Palme. AUL Otto Jahn, August Lautenbacher. DRZ 21.5. - Ende Juni 1937. DRO Ufa-Atelier Neubabelsberg; AA Nußdorf bei Rosenheim. LNG 2296 m, 94 min. ZEN 20.8.1937, Jv., nf. URA 14.9.1937, München; 3.6.1938, Berlin (U.T. Kurfürstendamm, U.T. Friedrichstraße).
Bauerntheater möchten der Wirt Rößmair und der Unternehmer Moser in ihrem Ort aufführen, damit der Fremdenverkehr steigt. Doch gleich die erste Aufführung wird die letzte sein, anschließend haben sich schon einige Paare ineinander verguckt.

1937. Unternehmen Michael.
REG Karl Ritter. RAS Friedrich Karl von Puttkamer. AUT Karl Ritter, Mathias Wieman, Fred Hildenbrandt; nach dem Bühnenstück und unter Mitarbeit von Hans Fritz Zwehl. KAM Günther Anders. STF Willi Klitzke. BAU Walter Röhrig. GAR Paul Haupt, Otto Zander. MAS Willi Weber. SCH Gottfried Ritter. TON Ludwig Ruhe. MUS Herbert Windt.
DAR Heinrich George (kommandierender General), Mathias Wieman (Major zur Linden, Ia), Willy Birgel (Major Graf Schellenberg), Hannes Stelzer (Leutnant Prinz Erxburg), Paul Otto (Oberstleutnant Hegenau), Ernst Karchow (Hauptmann Noack, Ib), Otto Graf (Hauptmann von Groth, Ic), Christian Kayssler (Rittmeister von Wengern), Kurt Waitzmann (Oberleutnant Weber), Paul Schwed (Unteroffizier der Stabswache), Arthur Wiesner (Brieftaubenwärter), Otto Wernicke (Oberst Berg), Heinz Welzel (Leutnant von Treskow), Josef Renner (Hauptmann Hill), Jim Simmons (Leutnant Mertens), Karl John (Leutnant Hassenkamp), Otto Krone (1.Kompanieführer), Malte Jäger (2. Kompanieführer), Friedrich Berger (Unteroffizier Henke), Beppo Brem (Gefreiter Kollermann), Lutz Götz (Musketier Raspe), Josef Dahmen (Meckerer), Adolf Fischer (Gefechtsordonnanz), Hans Bergmann (Sturmmann), Franz Ernst Bochum (alter Franzose), Elsa Wagner (alte Französin), Otz Tollen (Infanterie-Bataillonsführer), Max Hiller (englischer Gefangener).

In ander theater niet!
Die Ufa in Holland

Drei vornehme Adressen: Rembrandt-Theater in Amsterdam, Rembrandtplein; Asta-Theater in Den Haag, Spui 27; Luxor-Palast in Rotterdam, Kruiskade 30. Seit Anfang der zwanziger Jahre besitzt die Ufa in Holland diese drei Premierenkinos, die zu den größten und repräsentativsten des Landes gehören.

Der Vorstand widmet sich gern und häufig den holländischen Schmuckstücken. Allerdings erfreut man sich weniger an ihrer Schönheit, sondern begreift sie als Kapitalanlage. Es geht um Grundstücksgeschäfte, die Auflösung von Hypotheken, den Ankauf von Aktien und Obligationen. Um Renovierungsfragen und Umbaukosten. Vor allem aber geht es – Holland ist Orgelland – um die Kinoorgeln. Beim Luxor-Palast wagt man ein Experiment: Der Vorstand beschließt, in diesem Kino »eine deutsche Oskalyd-Orgel einzubauen, wenn der Preis kein höherer ist als der einer holländischen Standard-Orgel und die Herstellungsfirma die Gewähr übernimmt, daß die Orgel nicht unter dem holländischen Klima leidet« (25.4.1928). Nur einmal, das Thema »Neues Theaterprojekt in Amsterdam« steht auf der Tagungsordnung, müssen die Herren zu ihrem Bedauern passen: Das Tuschinski-Theater ist zu kaufen, doch das würde eine

Dreimal Rembrandt-Theater:
1927 mit Fassadenreklame
für METROPOLIS
1937/38 mit modernisierter Fassade
1943 nur noch Fassade – durch ein Feuer zerstört

zu große Investition erfordern – man hat im Moment das Geld nicht.

Während die meisten Auslandsaktivitäten dem Konzern Verluste bringen, laufen die Geschäfte in den Niederlanden bestens. Eine einheimische Filmindustrie gibt es praktisch nicht: Die Tobis gehört zwar holländischen Bankiers, aber produziert wird vornehmlich im Ausland. (Die Cinetone-Studios in Duivendrecht bei Amsterdam sind zu klein und veraltet; erst im Oktober 1935 wird mit der LCB Filmstad in Wassenaat bei Den Haag ein leistungsfähiges Atelier eröffnet.) Die Ufa hat eine starke Position auf dem holländischen Filmmarkt, denn sie verfügt mit der N.V. Neerlandia Maatschappig über eine eigene Verleihorganisation, die nicht bloß die Babelsberger Novitäten vertreibt. Deutsche, aber auch amerikanische, britische, französische und italienische Produktionen hat der Verleih im Programm, dazu Kultur- und Kurzfilme (die Neerlandia bringt Micky Mouse nach Holland). Die Lizenzen werden auf der Basis 50:50 erworben; für die drei Ufa-Kinos gilt ein Leihmietensatz von 30%. Für die Berliner Zentrale sind die Niederlande eine deutsche Kino-Provinz. Die Einnahmen sind so gut, daß 1935 sogar holländische Versionen gedreht werden: Die Auftragsproduktion FIENTJE PETERS – POSTE RESTANTE (HILDE PETERSEN, POSTLAGERND) – die niederländische Fassung wird über die Filmkreditbank finanziert, die Rückzahlungsverpflichtung übernimmt die Ufa – und der Sierck-Film 'T WAS EEN APRIL (APRIL, APRIL) bleiben jedoch hinter den Kassenerwartungen zurück.

Im Januar 1935 reist Direktor Meydam nach Amsterdam und besucht auch das Rembrandt-Theater. Er ist schockiert: Der Prachtbau von einst macht einen heruntergekommenen Eindruck. Schon das Kino-Foyer wirkt wenig einladend: »Die in den Warteraum führende Treppe ist sehr abgetreten und selbst für holländische Begriffe

PRO Ufa. Herstellungsgruppe: Karl Ritter. HEL, PRL Karl Ritter. AUL Ludwig Kühr. DRZ 12.5. - Ende Juni 1937. DRO Ufa-Atelier Neubabelsberg. LNG 2233 m, 82 min. ZEN 3.9.1937, Jf., f. URA 7.9.1937, Nürnberg (Ufa-Palast, im Rahmen des 9. Reichsparteitages der NSDAP); 19.11.1937, Berlin (Ufa-Palast am Zoo).
– Prädikate: Staatspolitisch wertvoll, Künstlerisch wertvoll.
– Von den Alliierten Militärbehörden verboten.
Ein deutsches Bataillon, das eigentlich mit einer Offensive die erstarrte Westfront im Ersten Weltkrieg aufbrechen sollte, wird von französischen Einheiten eingeschlossen. Auf Bitte des Führers der eingeschlossenen Truppen eröffnet die deutsche Artillerie das Feuer auf die eigenen Soldaten.

1937. Streit um den Knaben Jo.
REG Erich Waschneck. RAS Bruno Carstens. AUT Wolf Neumeister, Ilse Maria Spath; nach dem in der ›Woche‹ erschienenen Roman von Hedda Westenberger. KAM Robert Baberske. KAS Herbert Stephan. STF Hans Nathge. BAU Otto Hunte, Willy Schiller. KOS Grete Waschneck. GAR Fritz Schilling, Gaukeleit. MAS Cäcilie Didzoneit, Max Schories, Anton Terburg. SCH Walter Frederdorf. TON Hermann Fritzsching. MUS Georg Haentzschel. LT Hans Fritz Beckmann. MT ›Ai-ya-ya!‹. DAR Lil Dagover (Leontine Brackwieser), Willy Fritsch (Hans Eckardt), Maria von Tasnady (Helga Frank), Eberhard Itzenplitz (Jo Frank), Claus Detlef Sierck (Erwin Brackwieser), Eva Tinschmann (Köchin Anna), Ernst Waldow (Hauslehrer Dr. Kanitz), Bruno Harprecht (Bankdirektor Thomas Brackwieser), Johanna Blum (Zofe Lissi), Erich Walter (Butler), Ernst Stahl-Nachbaur (Prof. Desmartin), Walter Janssen (Dr. Miller), Maurus Blesson (Rechtsanwalt), Helmut Passarge (Matrose), Ernst Rotmund (Wirt einer Hafenkneipe), Tatjana Sais, Elisabeth Flickenschildt (zwei Hafenmädchen), Angelo Ferrari (Kommissar der Hafenpolizei), Rudolf Klein-Rogge (deutscher Gesandter), Serag Monier (Prinz Halim Pascha), Hubert von Meyerinck (Monsieur Merminod), Anton Pointner (Baron Amperg), Hadrian Maria Netto (Mr. Sling), Roma Bahn, Otto Kronburger, Lotte Spira. PRO Fanal-Film Produktion GmbH, Berlin; für Ufa. Herstellungsgruppe: Hermann Grund. PRT Erich Waschneck. HEL Hermann Grund. ASS Willi Wiesner. AUL Heinz Fiebig. DRZ Anfang Mai 1937 (Außen), 17.6. - Ende Juli 1937 (Atelier). DRO Ufa-Atelier Neubabelsberg; AA Kairo. LNG 2633 m, 96 min. ZEN 14.9.1937, Jv., f. URA 23.9.1937, Berlin (Capitol am Zoo).
Die Bankdirektoren-Gattin Leontine verrennt sich in die Idee, nicht Erwin sei nicht ihr leiblicher Sohn, sondern viel eher Jo, der eine verblüffende Ähnlichkeit mit ihrem Mann hat. Nach anfänglichem Argwohn Erwins werden er und Jo Freunde, brennen durch und sammeln gemeinsam Erfahrungen. Nachdem Erwin erkrankt ist, werden beide von Leontine entdeckt, die ihre Zweifel gegenüber Erwin verliert. Aber eine gewisse Verwandtschaft mit Jo ist doch vorhanden.

1937. Gueule d'amour.
REG Jean Grémillon. RAS Louis Daquin, Roger Blanc. AUT Charles Spaak; nach dem Roman von André Beucler. KAM Günther Rittau. BAU Max Mellin, Hermann Asmus. SCH Jean Grémillon. MUS Lothar Brühne. DAR Jean Gabin (Lucien Bourrache, dit Gueule d'amour), Mireille Balin (Madeleine), René Lefèvre (René), Marguerite Deval (Mme Courtois), Jeanne Marken (Mme Cailloux), Jean Aymé (le valet de chambre), André Carnège (le capitaine), Henri Poupon (M. Cailloux), Pierre Magnier (commandant), Lucien Dayle, Pierre Etchepare (patron de l'hôtel), André Siméon, Paul Fournier, Maurice Baquet, Robert Casa (M. Moreau), Louis Florencie, Pierre Labry, Fred Mariotti, Bill-Bocketts, Jean-François Martial, Gaston Mauger, Paulette Noizeux, Sylvain Itkine, Robert Ozanne. PRO Ufa / ACE. SUP Raoul Ploquin. AUL Claude Martin. DRZ Juni - Juli 1937. DRO Ufa-Atelier Neubabelsberg, Studio Bois de Boulogne Paris; AA Orange, Cannes, Paris. LNG 90 min. URA 15.9.1937, Paris (César-Agricultures, Bonaparte, Ciné Opéra).
– In französischer Sprache hergestellt.
Ein schmucker Soldat ist vernarrt in alle Mädchen der Garnisonsstadt. Eines Abends verliebt er sich in eine hübsche Halbweltdame. Aus Liebe zu ihr gibt er seinen Beruf auf. Damit hat er zugleich seine Anziehung auf die junge Frau verloren.

steil und unbequem.« Im Innenraum sieht es noch schlimmer aus. »Der Holzfußboden im Parkett ist vollkommen ausgetreten, sodaß Gefahr besteht, daß die Besucher ausrutschen oder stolpern. Außerdem kann der Anblick der in den Laufgängen und zwischen den Stuhlreihen abgetretenen Farbe des Fußbodens dem Publikum schon allein den Besuch des Theaters verleiden.« Der vergammelte Zustand des Premierenkinos, um die Jahrhundertwende als Operettenbühne gebaut, wird in einem zwölfseitigen Bericht detailliert beschrieben. »Die dem Publikum zugewandten Brüstungen des Orchesterraumes und der Parkett-Logen sind zur Zeit mit Velours bezogen, der so verblichen und verschmiert ist, daß man die ursprüngliche Farbe des Stoffes nicht mehr erkennen kann.«

Es werden Sofortmaßnahmen beschlossen, die über den maroden Zustand hinwegtäuschen – Methode: Linoleum über das verschlissene Parkett. Im Dritten Reich ist es nicht so leicht, Reichsmark ins Ausland zu transferieren. Die Fassadenkosmetik wird bezahlt in polnischen Zloty, die die Ufa auf einem Warschauer Separatkonto angesammelt hat, »wir also eine solche Überweisung der deutschen Devisenbehörde gegenüber – falls sie bei uns rückfragen sollte – durchaus verantworten können«. Dem Vorstand ist bewußt: Damit ist es nicht getan. Das Traditionshaus im Herzen Amsterdams muß geschlossen und gründlich renoviert werden.

Die Kosten für den Umbau trägt zum Hauptteil die Vermieterin; die Ufa beteiligt sich mit 50.000 RM und kann im Gegenzug einen günstigen Zehn-Jahres-Vertrag abschließen. Während der Bauarbeiten ist plötzlich wieder das Tuschinski-Theater im Gespräch: Der Inhaber ist pleite, die Ufa könnte zugreifen. Der Kaufpreis beträgt 1,4 Millionen Gulden, davon wären 400.000 sofort bar zu zahlen. »Da der Ufa die erforderlichen Devisen nicht zur Verfügung stehen, wird erwogen, die deutsche Regierung für dieses Projekt zu interessieren.« (Vorstandsprotokoll, 12.5.1936) An den Rand hat Generaldirektor Klitzsch handschriftlich vermerkt: »Wer tut das?« Niemand will sich aus dem Fenster hängen – es ist wie vor zehn Jahren: Das Tuschinski bleibt ein unerreichbares Objekt der Begierde, die Ufa muß sich mit dem zweitbesten Haus am Platze zufrieden geben.

Nach sieben Monaten ist der Umbau abgeschlossen; das Rembrandt-Theater erstrahlt in neuem Glanz. »Die Ufa hat Amsterdam eine neue Kulturstätte geschenkt, dem deutschen Film würdig«, formuliert salbungsvoll der *Film-Kurier* (27.11.1937). Am Eröffnungsabend ist Lilian Harvey anwesend und wird nach der Vorstellung von FANNY EISSLER stürmisch gefeiert. Direktor Meydam kehrt diesmal zufrieden aus Amsterdam zurück.

Im nächsten Jahr wird nach dem gleichen Muster das Asta-Theater in Den Haag renoviert, nur kommen in diesem Fall die Gelder vom Londoner Pfundkonto der ACE Paris. Zur Wiedereröffnung schickt die Ufa Zarah Leander, am Bahnhof begrüßt von Alfred Wolff, dem Leiter der niederländischen Filiale, und Dick Schiferli, zuständig für die Pressearbeit. Sie haben alles für den Star vorbereitet: Interviews, Rundfunk-Auftritt, Pressekonferenz. Wolff ist Deutscher und Halbjude. Die ideologiegetränkten Werbetexte aus Berlin werden in Amsterdam bei der Übersetzung stets abgemildert. Schon aus Geschäftsgründen zieht man die unpolitischen Unterhaltungsfilme vor und drückt sich möglichst vor den NS-Propagandastreifen. So erlebt HITLERJUNGE QUEX erst acht Jahre nach der Uraufführung 1941 im Rembrandt-Theater seine niederländische Erstaufführung.

Zu diesem Zeitpunkt – die Niederlande haben am 14. Mai 1940 kapituliert – vertritt Alfred Greven auch im besetzten Holland die deutschen Filminteressen und bringt Kinos, Verleih- und Produktionsfirmen unter seine Kontrolle. Die Cautio fungiert als Mittlerin zwischen ihm und der Ufa, die den Ankauf zu finanzieren hat. Natürlich zu günstigen Preisen: Als offizieller Erwerbskurs für jüdischen Besitz – ausgehandelt mit der NAGU, der Niederländischen Aktiengesellschaft für Abwicklung von Unternehmungen – gilt für Aktien 15%, für Hypotheken 30%; arische Besitzer werden dagegen voll abgegolten.

Zunächst werden Filmtheater aquiriert – zwei in Leiden, eins in Schiedam, drei in Amsterdam, darunter das Tuschinski-Theater, im Krieg in Tivoli umgetauft. Das Verleihwesen wird neu geordnet: Tobis International – gilt in der Öffentlichkeit immer noch als einheimische Firma, gehört aber längst der Cautio – fusioniert mit der Ufa. Max Winkler bedauert das Verschwinden dieses Markennamens, da hätte man mehr auf die »holländische Mentalität« Rücksicht nehmen sollen.

Was die Produktion betrifft, so kann er sich durchsetzen. Greven meint in einem Schreiben an Winkler, es könne nicht im deutschen Interesse sein, »die holländische Eigenbrödelei und Absonderung dadurch zu unterstützen, daß wir den Holländern eine eigene Filmproduktion neu aufbauen« (21.11.1940). Das Argument beeindruckt Winkler nicht – auf seine Anordnung werden die beiden niederländischen Ateliers zusammengefaßt und firmieren fortan als Ufa Filmstad N.V. In der Zentrale ist man von der Neuerwerbung nicht sonderlich begeistert; eine Besichtigung ergibt, daß die Aufnahmehallen auf dem technischen Standard des alten Glashauses in Babelsberg stehengeblieben sind. Die Vorlage für den Wirtschaftsausschuß läßt keinen Zweifel daran, daß die Ufa keine Verwendung für die Filmstad hat. Sie überläßt die Studios meist der Berlin-Film; selbst realisiert der Konzern in Den Haag keine einzige Produktion.

Auch der erweiterte Filmtheaterpark macht die Ufa nicht glücklich. »Außergewöhnliche Filmerfolge in den Niederlanden« vermeldet zwar der *Film-Kurier* (13.3.1943). DIE GOLDENE STADT läuft in der sechsten Woche im Rembrandt-Theater, als das Kino in der Nacht vom 25. zum 26. Juni 1943 völlig ausbrennt. Das Asta-Theater und der Luxor-Palast spielen den Harlan-Film acht Wochen – angeblich ständig vor ausverkauftem Haus. Besucherrekorde – glaubt man der deutschen Presse. Die Wahrheit sieht anders aus. Der deutsche Film, der früher in Holland einen ausgezeichneten Ruf hatte, stößt im besetzten Land auf Ablehnung. Statt Gewinn macht man nun Verlust. Speziell das arisierte Tuschinski-Theater hat, so ist es einem internen Bericht zu entnehmen, »unter einem sehr fühlbaren Boykott zu leiden.«

Karel Dibbets / Michael Töteberg

Ufa-Filme made in Prag

Die Ufa verfügt über ein weitgespanntes Netz von Auslandsbeziehungen und unterhält in vielen Ländern Filialen. Nicht alle sind bloß Vertretungen, einige Tochtergesellschaften sind auf den ausländischen Filmmärkten aktive Firmen, die Verleihgeschäfte tätigen und eigene Kinos betreiben.

Weil die Ausfuhr von Devisen nicht gestattet ist, beginnt im Herbst 1932 die Ufa-Vertretung Budapest, mit dem eingefrorenen Kapital ungarische Filme zu produzieren. In anderen Ländern sind es die rigiden Kontigent-Bestimmungen, die den Verleih veranlassen, im Lande Filme zu drehen, um so die Einfuhr der deutschen Ufa-Produktionen zu ermöglichen. Zudem gibt es, z.B. in der Tschechoslowakei, in manchen kinematografischen Entwicklungsländern staatliche Zuschüsse, die den Aufbau einer heimischen Filmindustrie fördern sollen.

In der berliner Zentrale zeigt man nur geringes Interesse an den prager Produktionen. »Von der Mitteilung des Herrn von Theobald, daß der 11. tschechische Ufa-Film Rechtsanwältin Vera (nach dem Stoff ›Un mauvais garcon‹) vorführbereit ist, nimmt der Vorstand Kenntnis. Auf die Vorführung vor dem Gesamtvorstand wird verzichtet.« (7.5.1937)

Nach Deutschland kommt keiner dieser Filme, aber eine Schauspielerin wird importiert: Lida Baarová. Die Herren vom Vorstand begutachten Ende November 1934 Probeaufnahmen mit ihr und beschließen ihr Engagement. Selbstverständlich hat ab sofort ihre Arbeit in der Heimat hintenan zu stehen: »Für den Fall, daß die Baarová hier in Berlin tätig sein muß, soll der Drehbeginn des tschechischen Films notfalls bis auf Ende Januar verschoben werden.« (27.11.1934) Als ihre Affäre mit Goebbels durch ein Machtwort Hitlers beendet wird, fällt sie auch bei der Ufa in Ungnade. Als der Vorstand sich mit der nächsten Produktion der Prager Filiale befaßt, lautet der Beschluß: »Lida Baarová wird in dem Film nicht mitwirken.« (20.6.1939)

1933. Její lékař. Ihr Arzt.
REG Vladimír Slavínský. AUT Otokar Hanuš, Vladimír Slavínský; nach einem Bühnenstück ›Zázračný lékař‹ von Bedřich Vrbsky. KAM Jan Stallich. BAU Stěpán Kopecky.
DAR Hugo Haas, Jindřich Plachta, Antonie Nedošinská, Lida Baarová, Vladimir Borsky, Ludvík Veverka, Míla Reymonová, J. S. Kolár.

1933. Madla z cihelny. Das Mädchen aus der Ziegelei.
REG Vladimír Slavínský. AUT Otokar Hanuš, Vladimír Slavínský; nach einem Bühnenstück von Olga Scheinpflugá. KAM Jan Stallich. BAU Stěpán Kopecky.
DAR Lida Baarová, Antonie Nedošinská, Hugo Haas, Vladimír Borsky, Jiří Ferkl, Janu Jiří Popper, Oldřich Speerger.

1933. Okénko. Mattscheibe.
REG Vladimír Slavínský. AUT Lomikar Kleiner, Vladimír Slavínský; nach einem Bühnenstück von Olga Scheinpflugá. KAM Jan Stallich. BAU Stěpán Kopecky.
DAR Hugo Haas, Arno Velecky, Antonie Nedošinská, Lida Baarová, Ladislav Pešek, J. W. Speerger, L. H. Struna.

1934. Dokud máš maminku. Solange Du eine Mutter hast.
REG Jan Sviták. AUT Jan Gerstel, Bedřich Sulc (= Fritz Schulz), Bedřich Wermuth; nach dem Roman ›Letciva maminka‹ von Evžen Holly. KAM Václav Vich. BAU Stěpán Kopecky.
DAR Antonie Nedošinská, Otomar Korbelář, Lida Baarová, Theodor Pištěk, Franta Paul, Karel Dostal, Ella Nollová, Ladislav Pešek, Josef Laufer.

1934. Grandhotel Nevada.
REG Jan Sviták. AUT Bohumil 3Stěpánk, Bedřich Wermuth, Bedřich Sulc (= Fritz Schulz); nach dem Bühnenstück von František Langer. KAM Václav Vich. BAU Stěpán Kopecky.
DAR Lida Baarová, Otomar Korbelář, Karel Dostal, J. W. Speerger, Franta Paul, Theodor Pištěk, Jaroslav Marvan, Jožka Lopej.

1934. Zlatá Kateřina. Die goldene Katharina.
REG Vladimír Slavínský. AUT Emil Artur Longen, Vladimír Slavínský; nach dem Bühnenstück ›Vzdorovita Kateřina‹ von Evžen Holly. KAM Václav Vich. BAU Stěpán Kopecky.
DAR Antonie Nedošinská, Lida Baarová, Vladimír Borsky, Otomar Korbelář, Jindřich Placha, Ella Nollová, Karel Dostal, Helena Bušová.

1935. Pan otec Karafiát. Herr Vater Karafiát.
REG Jan Sviták. AUT Bohumil Stěpánk, Jan Gerstel, Bedřich Wermuth, Bedřich Sulc (= Fritz Schulz); nach dem Bühnenstück ›Slečna Konvalinka‹ von Otomar Schäffer. KAM Václav Vich. BAU Stěpán Kopecky.
DAR Theodor Pištěk, Marie Bečvářová, Arno Velecky, Josef Gruss, Ladislav Pešek, Karel Dostal, Jaroslav Marvan.

1936. Komediantská princezna. Die Komödiantenprinzessin.
REG Miroslav Cikán. AUT Emanuel Brožík, Jan Gerstel, Miroslav Cikán. KAM Ferdinand Pečenka. BAU Stěpán Kopecky.
DAR Jaroslav Vojta, Lida Baarová, Otomar Korbelář, Miroslav Sirotek, Jára Kohout, Věra Ferbasová, Ladislav Pešek, Adina Mandlová.

1936. Svadlenka. Die kleine Schneiderin.
REG Martin Frič. AUT Václav (= Wenzel) Wassermann; nach einer Idee von Olga Scheinpflugá. KAM Ferdinand Pečenka. BAU Stěpán Kopecky.
DAR Lida Baarová, Theodor Pištěk, Ludmila Babková, Hugo Haas.

1936/37. Lidé na kře. Menschen auf der Eisscholle.
REG Martin Frič. AUT Václav (= Wenzel) Wassermann; nach einer Idee von Vilém (= Wilhelm) Werner. KAM Ferdinand Pečenka. BAU Stěpán Kopecky.
DAR František Smolík, Zdenka Baldová, Ladislav Boháč, Lida Baarová, Pavla Junková, Hana Vitová, Ladislav Pešek, Ružena Slemrová, Ella Nollová, Bedřich Veverka, Jiří Dohnal, Marie Glázrová.

1937. Advokáta Věra. Rechtsanwältin Vera.
REG Martin Frič. AUT Václav (= Wenzel) Wassermann; nach einer Erzählung von Vl. Zemanová. KAM Ferdinand Pečenka. BAU Stěpán Kopecky.
DAR Truda Grosslichtová, Ružena Slemrova, Theodor Pištěk, Oldřich Novy, Benřich Veverka, L. H. Struna, Rudolf Deyl, Stanislav Neumann, Jaroslav Marvan.

1937. Tři vejce do skla.
REG Martin Frič. AUT Václav (= Wenzel) Wassermann; nach einer Idee von Jan Gerstel. KAM Ferdinand Pečenka. BAU Stěpán Kopecky.
DAR Vlasta Burian, Rudolf Kadlec, Karel Dostal, Helena Bušová, Antonín Novotny, Bohuš Záhorsky, Míla Reymonová, Theodor Pištěk, Václav Piskáček.

1938. Skola, základ života. Schule, Grundlage des Lebens.
REG Martin Frič. AUT Václav (= Wenzel) Wassermann; nach einem Roman von Jaroslav žák. KAM Jan Stallich. BAU Stěpán Kopecky.
DAR Theodor Pištěk, Marta Májová, František Kreuzmann, František Smolík, Ladislav Boháč, Jaroslav Marvan, Václav Trégl, Čeněk Slégl, Antonín Novotny, František Filipovsky, Věra Gabrielová, Ladislav Pešek, R. A. Strejka.

1939. Jiny Vzduch. Andere Luft.
REG Martin Frič. AUT Václav (= Wenzel) Wassermann, Vilém (= Wilhelm) Werner; nach einem Bühnenstück von Matěj Anastasia Simáček. KAM Jan Stallich.
BAU K. P. Adam.
DAR František Smolík, Zdenka Baldová, Hana Vitová, Ladislav Boháč, František Kreuzmann, Franta Paul, Bedřich Veverka.

1940. Katakomby. Katakomben.
REG Martin Frič. AUT Václav (= Wenzel) Wassermann; nach einem Bühnenstück von Gustav Davis. KAM Václav Hanuš. BAU Jan Závorka.
DAR Vlasta Burian, Jaroslav Marvan, Čeněk Slégl, Theodor Pištěk, Adina Madlová, Antonín Novotny, Raoul Schránil, Nataša Gollová.

1937. Daphne und der Diplomat.
REG Robert A. Stemmle. **RAS** Herbert B. Fredersdorf. **AUT** Robert A. Stemmle, Otto Bernhard Wendler; nach dem Roman von Fritz von Woedtke. **KAM** Franz Weihmayr. **KAS** Bruno Stephan. **STF** Willi Klitzke. **BAU** Robert A. Dietrich, Arthur Günther. **KOS** Ilse Fehling. **MAS** Atelier Jabs. **SCH** Herbert B. Fredersdorf. **TON** Carlheinz Becker. **MUS, ML** Theo Mackeben. **LT** Hans Fritz Beckmann. **MT** ›Die Straße zum großen Glück‹. **CHO** Trude Pohl.
DAR Karin Hardt (Daphne), Gerda Maurus (Maria Arni), Hans Nielsen (Achim Hell), Karl Schönböck (Bentley), Elsa Wagner (Frau Wachsmut), Erich Ziegel (Friedrichsen), Paul Dahlke (Dr. Kolbe), Ilse Meudtner (Mercedes), Hanna Seyferth (Terpsi), Manon Chaufour (Schleifchen), Ilselore Wöbke (Rolli), Anny Seitz (Anton), Ruth Störmer (Feo), Ingeborg von Kusserow (Matz), Waltraud von Negelein (Bianca), Lisa Czobel (Solotänzerin), Ursula Busse, Lilo Bergen, Inge Schweitzer, Hildegard Müller, Gisela Westerfeld (Tänzerinnen), Else Ehser (Schneiderin), Ursula Völker, Hilde Raschke, Gerda Torenburg, Eberhard Mack, Günther Langenbeck, Hermann Mayer-Falkow, Theo Thony, Michael von Newlinski, Achim von Biehl, Maria Seidler.
PRO F.D.F. Fabrikation Deutscher Filme GmbH, Berlin; für Ufa. Herstellungsgruppe: Wuellner - Ulrich. **HEL** Robert Wuellner, Hans Herbert Ulrich. **PRL** Hans von Wolzogen. **AUL** Horst Kyrath, Fritz Renner. **DRZ** Juni - 4.8.1937. **DRO** Ufa-Atelier Neubabelsberg. **LNG** 2777 m, 101 min. **ZEN** 22.9.1937, Jv., nf. **URA** 24.9.1937, Wiesbaden
(Ufa-Palast); 29.9.1937, Berlin (Gloria-Palast).
Die Tanznovizin Daphne, gerade in das Studio von Maria Arni eingetreten, verliebt sich in den Diplomaten Bentley. Eigentlich ist aber schon der Korrepetitor Achim in sie verliebt. So wird es auch am Ende bleiben, nachdem Daphne für die verletzte Maria tanzen mußte und Selbstbewußtsein tanken konnte.

1937. Gribouille.
REG Marc Allégret. **AUT** Marcel Achard
AD H. G. Lustig. **KAM** Georges Benoit.
BAU Alexandre Trauner. **SCH** Yvonne Martin.
TON William Sivel. **MUS** Georges Auric.
DAR Michèle Morgan (Natalie Roguin), Jacqueline Pacaud (Françoise Morestan), Oléo (Henriette Clovisse), Jenny Carol (la jeune fille au tandem), Jeanne Provost (Louise Morestan), Pauline Carton (l'autre Nathalie Roguin), Lyne Clevers (Claudette Morel), Raimu (Camille Morestan), Gilbert Gil (Claude Morestan), Jean Worms (le président), Julien Carette (Lurette), Marcel André (l'avocat général), Jacques Grétillat (l'avocat de la défense), Jacques Baumer (Marinier), Andrex (Robert), René Bergeron (Kuhlmann), André Siméon (Guérin), Nicolas Rimsky (le chauffeur de taxi), Geo Lecomte (un juré), René Génin (l'hôtelier), Pierre Labry (l'inspecteur de police), Bernard Blier (le jeune homme au tandem), Roger Caccia.
PRO Ufa / ACE. **SUP** André Daven, Roger Le Bon. **LNG** 95 min. **URA** Oktober 1937.
– In französischer Sprache hergestellt.
Camille ist als Geschworener zum Prozeß der Natalie Roguin bestellt worden, die wegen Mordes an ihrem Liebhaber angeklagt ist. Camille kann das Gericht von Natalies Unschuld überzeugen und nimmt sie anschließend in sein Haus auf. Die Anwesenheit dieser jungen Frau provoziert dramatische Ereignisse.

1937. Brillanten.
REG Eduard von Borsody. **RAS** Erich Kobler. **AUT** Emil Burri, Walter Forster. **KAM** Günther Anders. **KAS** Adolf Kühn. **STF** Horst von Harbou. **BAU** Walter Röhrig. **KOS** Annemarie Heise, Gertrude Streckler. **GAR** Otto Zander, Ida Revelly. **MAS** A. Paul Lange, Eva Weber, Wilhelm Weber. **SCH** Marianne Behr. **TON** Alfred Zunft. **MUS, ML** Lothar Brühne. **LT** Charles Amberg. **MT** ›Glück im Spiel‹, ›In die unbekannte Ferne‹. **CHO** Willem Beck.
DAR Hansi Knoteck (Mimi Huygens), Hilde Körber (Tine), Viktor Staal (Piet Maartens), Hans Olden (Viktor Lamont), Hans Brausewetter (Willem Teierling), Aribert Wäscher (Diener Wells), Charlott Daudert (Solotänzerin Miss Howard), Valy Arnheim (Mr. Dane), Willi Schaeffers (Juwelier van Huitten), Edwin Jürgensen (Varietédirektor Bertolezza), Paul Heidemann (Regisseur), Albert Florath (Richter), Ernst Legal (Chattler), Hans Kettler (Kriminalkommissar Maastbrook), Angelo Ferrari, Leo Peukert, Klaus Pohl, Elena Polewizkaja, Erika Raphael, Else Reval, Toni Tetzlaff, Hanni Weisse, Bruno Ziener.
PRO Ufa. Herstellungsgruppe: Erich von Neusser. **HEL** Erich von Neusser. **AUL** Herbert Junghanns, Arthur Ullmann. **DRZ** Ende Juni - Mitte August 1937. **DRO** Ufa-Atelier Neubabelsberg; Amsterdam, Hamburg. **LNG** 2239 m, 82 min. **ZEN** 20.10.1937, Jv., nf. **URA** 22.10.1937, Berlin (U.T. Kurfürstendamm, U.T. Friedrichstraße).
– AT: Colosseum.
Der bekannte Tänzer Lamont hat eine besondere Masche, wie man Brillanten zu Geld machen kann, ohne sie zu verkaufen. Ein ›Doppelgänger‹,sein Zwillingsbruder, hat die Schmuckstücke jeweils schon dort abgeholt, wo sie zur Aufbewahrung lagerten. Lamont tut dann überrascht und fordert eine Entschädigung.

1937. Fanny Elßler.
REG Paul Martin. **RAS** Paul Zils. **AUT** Eva Leidmann, Paul Martin. **KAM** Konstantin (Irmen) Tschet. **KAS** Erich W. Schmidtke. **STF** Otto W. Schulz. **BAU** Erich Kettelhut. **KOS** Manon Hahn. **GAR** Max König, Walter Salemann, Paul Haupt. **MAS** Atelier Jabs. **SCH** Carl-Otto Bartning. **TON** Fritz Thiery. **MUS, ML** Kurt Schröder. **CHO** Hubert I. Stowitts, Werner Stammer.
DAR Lilian Harvey (Fanny Elßler), Willy Birgel (Hofrat Gentz), Rolf Moebius (Herzog von Reichstadt), Paul Hoffmann (Fürst Metternich), Liselotte Schaak (Therese Elßler), Ernst Karchow (Dietrichstein), Walter Werner (Foresti), Ernst Sattler (Kammerdiener Lindler), Hubert von Meyerinck (Polizeipräfekt), Werner Kepich (französischer Revolutionär), Hubert I. Stowitts (Prinz im Ballett), Erwin Biegel, Johannes Bergfeld, Wolf Dietrich, Angelo Ferrari, Ulli Friese, André Saint-Germain, Albert Huber, Kurt Lenz, Ruth Nimbach, Anna von Palen, Paul Rehkopf, Bruno Ziener.
PRO Ufa. Herstellungsgruppe: Max Pfeiffer. **HEL, PRL** Max Pfeiffer. **AUL** Dietrich von Theobald, Heinz Karchow. **DRZ** Mitte Juni - Anfang September 1937. **DRO** Ufa-Atelier Neubabelsberg; **AA** Freigelände Neubabelsberg, Wien, Golfplatz Wannsee. **LNG** 2266 m, 83 min. **ZEN** 16.10. 1937, Jf., f. **URA** 4.11.1937, Berlin (Ufa-Palast am Zoo).
– Prädikat: Künstlerisch wertvoll.
Wien wurde von der Tänzerin Fanny Elßler bereits erobert. Fürst Metternich dient ihr an, den jungen Herzog Reichstadt, Napoleons Sohn, auszuspionieren, was Fanny entrüstet ablehnt. Dennoch lernt sie ihn kennen – ohne um seine wahre Identität zu wissen. Metternich geht diese Liebe zu weit und schickt Fanny nach Paris, wo die Liebenden sich wiedersehen. Reichstadt kehrt nach Wien zurück, nachdem sein Plan gescheitert ist, die Bonapartisten zum Siege zu führen, und stirbt. In Paris tanzt Fanny den ergreifendsten, schönsten Tanz ihres Lebens.

1937. Gänseknöchlein.
REG Carl Heinz Wolff. **AUT** Herbert vom Hau, Walter Falke. **KAM** Werner Krien. **BAU** Willy Schiller. **TON** Georg Gutschmidt. **MUS.**
DAR Ewald Wenck, Hildegard Barko, Erich Fiedler, Leonie Düvel, Karin Lüsebrink.
PRO Ufa. **PRL** Karl Schulz. **LNG** 376 m, 14 min. **ZEN** 28.10.1937, B.46609, Jf.
– Kurzspielfilm.

1937. Oh, diese Ehemänner.
REG Fritz Kirchhoff. **AUT** Carl Prucker.
KAM Werner Krien. **BAU** Willy Schiller.
TON Georg Gutschmidt. **MUS** Werner Bochmann.
DAR Ernst Waldow (Otto Hartwig), Carla Rust (Else Hartwig), Erich Fiedler (Fritz Schubert), Marjan Lex (Angestellte Anna), Else Reval (Friseursgattin), Friedrich Ettel (E. Mutz, Friseur).
PRO Ufa. **PRL** Karl Schulz. **LNG** 444 m, 16 m. **ZEN** 28.10.1937, B.46610, Jf.
– Kurzspielfilm.

1937. Psst, ich bin Tante Emma.
REG Charles Klein. **AUT** Heinrich Rumpff.
KAM Werner Krien. **BAU** Willy Schiller.
TON Georg Gutschmidt. **MUS** Lothar Brühne.
DAR Robert Dorsay (Dr. Klinger), Maly Delschaft, Gertrud Wolle, Ilse Trautschold, Blandine Ebinger, Georg A. Profe.
PRO Ufa. **PRL** Karl Schulz. **LNG** 462 m, 17 min. **ZEN** 28.10.1937, B.46615, Jf.
– Kurzspielfilm.

1937. Meine Freundin Barbara.
REG Fritz Kirchhoff. **RAS** Milo Harbich. **AUT** Willi Kollo, Fritz Kirchhoff; nach dem Lustspiel von Willi Kollo. **KAM** Georg Bruckbauer. **KAS** Arnd Berens von Rautenfeld. **STF** Hans Nathge. **BAU** Gustav A. Knauer, Alexander Mügge. **KOS** Johannes Krämer, Otto Suckrow. **MAS** Max Schorries, Anton Terburg. **SCH** Milo Harbich. **TON** Bruno Suckau, Erich Schmidt. **MUS, ML, LT** Willi Kollo. **MT** ›Wovon andere Mädchen träumen‹, ›Barbara‹. **DAR** Grethe Weiser (Barbara), Elisabeth Ried (Stefanie), Paul Hoffmann (Dr. Reinerz), Franz Zimmermann (Frank), Arthur Schröder (Hotelchef), Jakob Tiedtke (Stockinger), Hans Leibelt (Andermann sen.), P. Wilhelm Krüger (Lohmeyer), Ingeborg von Kusserow (Lucie), Manny Ziener (Frau Werner), Luise Morland (Emilie), Ellen Bang (Ursula), Günther Ballier (Oberkellner), Gudrun Ady (Klara), Angelo Ferrari (Geschäftsführer).
PRO Fanal-Film Produktion GmbH, Berlin; für Ufa. Herstellungsgruppe: Hermann Grund. **PRT** Erich Waschneck. **HEL** Hermann Grund. **ASS** Willi Wiesner. **AUL** Heinz Fiebig. **DRZ** 21.8. - Ende September 1937. **DRO** Ufa-Atelier Neubabelsberg; **AA** Bad Schachen, Bodensee. **LNG** 2226 m, 81 min. **ZEN** 29.10.1937, Jv. **URA** 17.12.1937, Berlin (U.T. Kurfürstendamm, U.T. Friedrichstraße).
Die Platzanweiserin Barbara Werner will einem Ehemann helfen, seine Ehefrau zurückzuerobern, indem sie das illegitime Liebespaar Frank und Stefanie auseinanderbringt. Das Ergebnis ist aber die Liebe zwischen Barbara und Frank.

1937. Steckbrief 606.
REG Charles Klein. **AUT** Herbert Grube, Charles Klein, Georg Ulrich; nach einer Idee von Heinrich Rumpff. **KAM** Werner Krien. **BAU** Willy Schiller. **TON** Georg Gutschmidt. **MUS** Lothar Brühne.
DAR Friedl Haerlin (Anna Krawuttke), Franz Wilhelm Schröder-Schrom (Herr von Dachsen), Hermann Pfeiffer (Hoteldirektor), Lotte Werkmeister (Zeitungsfrau), Oscar Sabo (Zigarettenmann), Egon Borsig (Gast), Gertrud Wolle (Direktrice), Kurt Wieschala (Hotelportier), Herbert Spalke (Wachtmeister), Herbert Weißbach (Diener), Erika Raphael (Lehrmädchen).
PRO Ufa. **PRL** Karl Schulz. **LNG** 507 m, 18 min. **ZEN** 11.11.1937, B.46708, Jf.
– Kurzspielfilm.

1937. Der Clown.
REG, AUT Kurt Rupli. **KAM** Werner Krien.
BAU Willy Schiller. **TON** Georg Gutschmidt.
MUS Hans Ebert; nach Motiven der 2. ungarischen Rhapsodie von Franz Liszt.
DAR Paul Bildt (Clown), Maria Koppenhöfer (Mutter), Klaus Dieter Hübner (kranker Junge), Eduard Bornträger (Dr. Weber, Arzt), Ernst Legal, Hermann Pfeiffer.
PRO Ufa. **PRL** Karl Schulz. **LNG** 560 m, 20 min. **ZEN** 20.11.1937, B.46834, Jf. **URA** 25.11.1937, Berlin (Capitol).
– Kurzspielfilm.

1937. Gewitterflug zu Claudia.
REG Erich Waschneck. **RAS** Bruno Carstens. **AUT** Karl Unselt, Christian Hallig; nach dem Roman von Karl Unselt. **KAM** Robert Baberske. **Spezialflugaufnahmen** Heinz von Jaworsky. **KAS** Gösta Kodula, Bruno Stephan. **STF** Ernst Kügler. **BAU** Carl Ludwig Kirmse. **GAR** Erna Gillmore, Max König, Albert Schulze. **MAS** Atelier Jabs. **SCH** Klaus Stapenhorst. **TON** Walter Rühland. **MUS, ML** Werner Eisbrenner. **Flugtechnische Leitung** Joachim Matthias, Dr. Ernst Dierbach, Franz Schlenstedt.
DAR Willy Fritsch (Flugkapitän Droste), Jutta Freybe (Claudia), Olga Tschechowa (Frau Mainburg), Maria Koppenhöfer (Frau Imhoff), Karl Schönböck (Flugkapitän William Crossley), Hans Leibelt (Inspektor Bäuerle), Gerhard Bienert (Bordmechaniker Hüber), Rudolf Schündler (Bordfunker Klömkes), Heinrich Marlow (Sir Reginald Crossley), Edwin Jürgensen (Sekretär Quist), Walter Werner (Diener James), Paul Mederow (Notar Maxwell), Philipp Manning, Werner Pledath, Arthur Schröder, Dr. Ernst Dierbach, Irmgard Nowack, Jakob Tiedtke, Jozy Holsten, Hermann Pfeiffer, Ilse Rose Vollborn, Otz Tollen, Eduard Bornträger, Kurt Daehn, Lothar Geist, Rudolf Klix, Otto Kronburger, Erich Walter, Siegfried Seefeldt.
PRO Ufa. Herstellungsgruppe: Peter Paul Brauer. **HEL** Peter Paul Brauer. **AUL** Otto Galinowski. **DRZ** 12.8. - Ende September 1937. **DRO** Ufa-Atelier Neubabelsberg, Ufa-Atelier Berlin-Tempelhof (Flughafen Antwerpen). **LNG** 2018 m, 74 min. **ZEN** 22.11.1937, Jf. 14. **URA** 25.11.1937, Berlin (Capitol).
– Prädikat: Künstlerisch wertvoll.
Frau Imhoff verschweigt ihrer Tochter Claudia, daß sie nicht ihr Kind ist. Claudia arbeitet bei der Lufthansa und hat sich in Flugkapitän Droste verliebt. Frau Imhoff hat etwas gegen Droste und seine Londonflüge, weil sie das an alte Geschichten während des Ersten Weltkriegs erinnert. Damals wurde ihre beste Freundin als Spionin verdächtigt und mußte fliehen. Das Kind dieser Freundin ist Claudia. Plötzlich taucht die Mutter wieder auf und fordert ihre Rehabilitation.

1937. Der Schimmelkrieg in der Holledau.
REG Alois Johannes Lippl. **RAS** Rudolf Grisebach. **AUT** Alois Johannes Lippl; nach seinem Bühnenstück ›Der Holledauer Schimmelkrieg‹. **KAM** Willy Winterstein. **KAS** Gustav A. Weiss, Wolfgang Hofmann. **STF** Seppl /= Josef/ Höfer. **BAU** Otto Moldenhauer, Paul E. Markwitz. **GAR** Walter Schröder, Luise Lehmann. **MAS** Hermann Rosenthal, Hans Dubbies. **SCH** Rudolf Grisebach. **TON** Werner Pohl. **MUS** Karl List.
DAR Heli Finkenzeller (Anna), Erika Pauli (Dienstmagd Maria), Richard Häußler (Anderl), Gustav Waldau (Ziberl-Toni), Eduard Köck (Blasl, Bürgermeister von Haselbach), Elise Aulinger (seine Frau Rosa), Kurt Meisel (Bräuburschе Thomas), Josef Eichheim (Nachtwächter Dodl), Theodor Auzinger (Ziechnaus, Bürgermeister von Banzing), Philipp Weichand (Schneider Stierl), Josefine Dora (Walperin), Albert Florath (Landrichter), Rudolf Kunig (Rabhendl), Heinrich Hauser (Bifang), Hanns Hunkele (Stülpnagel), Kurt Klotz-Oberland (Greislinger), Leopold Kerscher (Huß), Oskar Aigner (Blunz), Hans Schulz (1. Amtsdiener), Franz Lichtenauer (2. Amtsdiener), Paul Luka (Eigelsperger), Gretel Schünemann (Moni), Georg Schmieter, Kurt Bierbaum, Benno Müller, Georg Wenkhaus, Hansi Thoms, Gerti Kammerzell, Lotte Schuler, Hedy Lipperer, Josef Voggenauer, Hans Schneider, Leo Reiter, Rolf Rolphs, Rudolf Vones, Max Vierlinger (Postillon), Reinhold Gerstenberg, Karl Harbacher, Karl Klöckner, Max Pietsch, Rudolf Wendl, Franz Polland, Karl Heyer, Teddy Wulf, Hugo Drahover, Conrad Cappi, Erik Schubert, Ida Krill, Ilse Braun.
PRO Euphono-Film GmbH, Berlin; für Ufa. Herstellungsgruppe: Wuellner - Ulrich. **HEL** Robert Wuellner, Hans Herbert Ulrich. **PRL** Franz Vogel. **AUL** Otto Jahn, William Neugebauer, Werner Drake. **DRZ** 16.8. - Mitte September 1937. **DRO** Ufa-Atelier Neubabelsberg. **LNG** 2381 m, 87 min. **ZEN** 23.11.1937, Jf. 14, nf. **URA** 26.11.1937, Berlin (U.T. Kurfürstendamm, U.T. Friedrichstraße).
Zwei Dörfer in den Bergen streiten sich seit Jahrzehnten um den Diebstahl eines Schimmels. Die Verehelichung der Bürgermeisterkinder aus beiden Ortschaften soll Ruhe stiften. Erst aber muß noch ein neuer Streit vom Zaun gebrochen werden.

1937. Zweimal zwei im Himmelbett.
REG Hans Deppe. RAS Paul Ostermayr. KO Peter Ostermayr. AUT Rolf Meyer, Kurt Walter; nach dem Roman ›Das Himmelbett von Hilgenhöh‹ von Max Dreyer. KAM Reimar Kuntze. KAS Benno Stinauer. STF Reinhold Draber. BAU Hanns H. Kuhnert, Kurt Dürnhöfer. GAR Alfred Heinke, Elisabeth Kuhn. MAS Fredy Arnold, Artur Schramm. SCH Paul Ostermayr. ASS Bernd von Tyszka. TON Alfred Zunft. MUS Werner Eisbrenner. LT Rudi Keller. MT ›Ich möcht' so gern bei Dir sein‹.
DAR Georg Alexander (Arnd Krusemark), Carola Höhn (Schwester Gesine), Mady Rahl (Kitty Krusemark), Hilde Schneider (Lie Heller), Hermine Ziegler (Klothilde Altenkerken), Paul Henckels (Mathias Lindequast), Paul Klinger (Veit Schöpflin), Werner Stock (Hubert Krusemark), Rolf Pinegger (Knut Ecklund), Paul Bildt (Prof. Elvert), Hanni Weisse (Wilhelmine Balster), Hans Mierendorff, Friedel Müller, Else Reval, Otto Sauter-Sarto.
PRO Tonlicht-Film GmbH, Berlin; für Ufa. Herstellungsgruppe: Krüger - Ulrich. PRT Peter Ostermayr. HEL Ernst Krüger, Hans Herbert Ulrich. AUL Ernst G. Lehmann, Kurt Heinz. DRZ Ende Juli - Ende August 1937. DRO Ufa-Atelier Berlin-Tempelhof; AA Ostsee, Swinemünde, Ahlbeck. LNG 2351 m, 86 min. ZEN 30.11.1937, Jv., nf. URA 2.12.1937, Berlin (U.T. Kurfürstendamm, U.T. Friedrichstraße).
Durch einen Unfall ist der Gutsherr Krusemark ans Bett gefesselt, was die Verwandten hellhörig macht. Ihr Interesse am Erbe wird von ihm durchschaut. Er lädt sie in sein Haus an der Ostsee, ein, um festzustellen, ob sie miteinander auskommen. Nur Veit und Lie, eigentlich jeweils mit anderen Partnern verlobt, gelingt es, harmonisch zu sein. So sehr, daß sie bald ein Himmelbett teilen.

1937. Starke Herzen.
(Starke Herzen im Sturm, 1953).
REG Herbert Maisch. AUT Walter Wassermann, C. H. Diller. KAM Günther Rittau. KAS Gerhard Peters, Ekkehard Kyrath. STF Horst von Harbou. BAU Max Mellin, Hermann Asmus. GAR Erwin Rosenfelder, Max Knospe, Elisabeth Kuhn. MAS Atelier Jabs. SCH Walter Fredersdorf. TON Erich Leistner. MUS Herbert Windt, Szenen aus der Oper ›Tosca‹ von Giacomo Puccini.
DAR Gustav Diessl (Alexander von Harbin), Maria Cebotari (Opernsängerin Marina Marta), Albert Hörrmann (Georg von Harbin), Hermann Wolder (Tenor René Vareno), Otto Wernicke (Baß-Buffo Ludwig Raddat), Karl Hellmer (Inspizient Miller), Ewald Wenck (Requisiteur), Lucie Höflich (Garderobiere Resika Husser), René Deltgen (Viktor Husser), Elisabeth Flickenschildt, Walter Franck, Herbert Hübner, Hans Meyer-Hanno, Eduard Wenck.
PRO Ufa. Herstellungsgruppe: Ulrich Mohrbutter. HEL, PRL Ulrich Mohrbutter. AUL Alexander Desnitzky. DRZ Mitte März - Ende April 1937. DRO Ufa-Atelier Neubabelsberg, Ufa-Atelier Berlin-Tempelhof; AA Freigelände Neubabelsberg. LNG 2200 m, 80 min (bei Verbot). ZEN November 1937, Verbot. URA 13.1.1953, Stuttgart.
– Verboten. – Von den Alliierten Militärbehörden verboten.
Zur Zeit der Russischen Revolution kann der Rittmeister von Harbin die von ihm bewunderte Sängerin Marina in der Verkleidung eines ums Leben gekommenen kommunistischen Kommissars vor der Erschießung durch belgrader Revolutionäre retten.

1937. Das Geheimnis um Betty Bonn.
REG Robert A. Stemmle. RAS Herbert B. Fredersdorf. AUT Robert A. Stemmle, Ernst Hasselbach; nach dem im ›Illustrierten Beobachter‹ erschienenen Roman ›Der Streit um die Betty Bonn‹ von Friedrich Lindemann. KAM Otto Baecker. KAS Heinz-Günther Göhrisch, Walter Komor. STF Willi Weiße. BAU Ludwig Reiber, Willy Depenau. GAR Wilhelm Großmann, Charlotte Jungmann. MAS Fredy Arnold, Cilly Didzoneit. SCH Herbert B. Fredersdorf. TON Joachim Thurban. MUS, ML Herbert Windt. LT Kurt E. Heyne. MT ›Etwas muß der Mensch vom Leben haben‹.
DAR Maria Andergast (Nancy Trevor), Theodor Loos (Staatsanwalt Trevor), Hans Nielsen (Jack Winsloe), Erich Ponto (Kapitän Spurling), Josef Sieber (Steuermann Crane), Maria Eiselt (Betty Bonn), Helmut Bergmann (Kapitän Glower), Reinhold Bernt (Matrose Clements), Albert Hörrmann (Matrose Colcord), Herbert Schimkat (Matrose Bailey), Werner Scharf (Matrose Finley), Karl Bergeest (Matrose Klinkmoeller), Albert Venohr (Matrose Clyde), Louis Brody (Matrose Higgins), Martin Baumann (Schiffsjunge Emmo Svedlund), Paul Otto (Gerichtspräsident Sir W. Douglas), Valy Arnheim (Konsul Spring), Kate Kühl (Emmily Bolston), Erhard Siedel (Reeder Thompson), Bruno Fritz (Reeder Winchester), Willi Schaeffers (Kapitän Convey), Karl Hellmer (Mac Canister), Karl Vogt (Cecil Palmer), Bob E. Bauer, Karl Fisser, Charlotte Fredersdorf, Adalbert Fuhlrodt, Otto Henning, Richard Ludwig, Hellmuth Passarge, Lotte Spira, Hans Sternberg, Kurt Weiße, Odette Orsy, Fritz Berghof, Fritz Weigelt, Viktor Bell.
PRO Georg Witt-Film GmbH, Berlin; für Ufa. Herstellungsgruppe: Krüger - Ulrich. PRT Georg Witt. HEL Ernst Krüger, Hans Herbert Ulrich. PRL Georg Witt. AUL Arthur Kiekebusch, Alfons Mattner. DRZ Ende August - Anfang Oktober 1937. DRO Ufa-Atelier Neubabelsberg. LNG 2565 m, 94 min. ZEN 7.12.1937, Jv., nf. URA 4.1.1938, Berlin (Tauentzien-Palast).
– Von den Alliierten Militärbehörden verboten.
Ein verlassenes Schiff, die ›Betty Bonn‹, wird in den Hafen einer kleinen Inselstadt geschleppt. Staatsanwalt Trevor und der Schriftsteller Winsloe können das Rätsel um das Schiff zunächst nicht lösen. Etwas später wird ein vermißter Schiffsjunge aufgefunden, der die Ereignisse berichtet.

1937. Gasparone.
REG Georg Jacoby. RAS Harald Winter. AUT Hans Leip, Werner Eplinius, Rudo Ritter; nach der Operette von Carl Millöcker. KAM Konstantin (Irmen-)Tschet. KAS Erich W. Schmidtke, Walter Fehdmer. STF Otto W. Schulz. BAU Erich Kettelhut, Herbert Frohberg. KOS Manon Hahn. GAR Fritz Schilling, Gertrud Wendt. MAS Atelier Jabs. SCH Carl-Otto Bartning. TON Fritz Thiery. MUS Peter Kreuder; unter Verwendung der Melodien von Carl Millöcker. LT Hans Fritz Beckmann. MT ›Du hast mich noch nie so geküßt‹, ›Ich werde jede Nacht von Ihnen träumen‹, ›Ja, die Frauen sind gefährlich‹, ›Einmal von Herzen verliebt sein‹. CHO Sabine Ress.
DAR Marika Rökk (Ita), Johannes Heesters (Erminio Bondo), Edith Schollwer (Carlotta Gräfin Ambrat), Oskar Sima (Massaccio), Leo Slezak (Statthalter Nasoni), Rudolf Platte (Gastwirt Benozzo), Heinz Schorlemmer (Sindulfo), Elsa Wagner (Tante Zenobia), Ursula Herking (Sora), Ernst Behmer (Kutscher Sokrates), Armin Süssenguth (Jucundus), Erwin Biegel, Paul Schwed, Erich Kestin.
PRO Ufa. Herstellungsgruppe: Max Pfeiffer. HEL Max Pfeiffer. AUL Dietrich von Theobald, Heinz Karchow. DRZ 1.9. - Mitte November 1937. DRO Ufa-Atelier Berlin-Tempelhof, Ufa-Atelier Neubabelsberg; AA Freigelände Neubabelsberg, Dubrovnik, Korčula, Lokrum. LNG 2565 m, 94 min. ZEN 14.12.1937, Jf. 14, nf. URA 17.12.1937, Hamburg (Ufa-Palast); 21.12.1937; Berlin (Ufa-Palast am Zoo).
Gasparone, der geheimnisvolle Gauner, treibt sein Unwesen in Olivia. Nasoni, Statthalter und Polizeichef, ist verzweifelt, denn außer der Sorge um den Unbekannten drücken ihn seine Schulden. Und sein Sohn liebt ausgerechnet jene Frau, die bereits Erfahrungen mit Gasparone gemacht hat.

1937. La Habanera.
REG Detlef Sierck. RAS Fritz Andelfinger. AUT Gerhard Menzel. KAM Franz Weihmayr. KAS Bruno Stephan. STF Willi Klitzke. BAU Anton Weber, Ernst Helmut Albrecht. KOS Annemarie Heise. GAR Wilhelmine Spindler, Walter Salemann. MAS Atelier Jabs. SCH Axel von Werner. TON Hermann Fritzsching. MUS Lothar Brühne; unter Verwendung der Melodie ›Marsch des Toreros‹ aus der Oper ›Carmen‹ von Georges Bizet. LT Bruno Balz (1), Detlef Sierck (2), Franz Baumann (3). MT ›Der Wind hat mir ein Lied erzählt‹ (1), ›Kinderlied‹ (2), ›Du kannst es nicht wissen‹ (2), ›Die Habanera‹ (3). GES Zarah Leander.
DAR Zarah Leander (Astrée Sternhjelm), Karl Martell (Dr. Sven Nagel), Ferdinand Marian (Don Pedro de Avila), Julia Serda (Tante Ana Sternhjelm), Paul Bildt (Dr. Pardway), Edwin Jürgensen (Reeder Shumann), Boris Alekin (Dr. Luis Gomez), Carl Kuhlmann (Präfekt), Michael Schulz-Dornburg (kleiner Juan), Rosita Alcaraz (spanische Tänzerin), Lisa Helwig (alte Amme), Geza von Földessy (Chauffeur), Franz Arzdorf, Roma Bahn, Günther Ballier, Bob E. Bauer, Werner Finck, Karl Hannemann, Harry Hardt, Max Wilhelm, Hans Kettler, Werner Kepich, Carl Merznicht, Ernst Rotmund, Werner Scharf, Franz Stein.
PRO Ufa. Herstellungsgruppe: Bruno Duday. HEL Bruno Duday. PRL Erich Holder. AUL Georg Mohr. DRZ Mitte August - Ende September 1937 (Außen), 30.9. - 13.11.1937 (Atelier). DRO Ufa-Atelier Neubabelsberg; AA Teneriffa. LNG 2692 m, 98 min. ZEN 17.12.1937, Jv. URA 18.12.1937, Berlin (Gloria-Palast).
Während einer Reise nach Puerto Rico verliebt sich die Schwedin Astrée Sternhjelm in den reichen Don Pedro. Sie bleibt auf der Insel und wird seine Frau. Doch nach zehn Jahren ist ihr Traum vom Glück verflogen. Don Pedro, ein skrupelloser Geschäftemacher, verfolgt sie mit seiner Eifersucht. Da trifft ihr Jugendfreund, der schwedische Arzt Dr. Sven Nagel, auf der Insel ein, um das grassierende Tropenfieber zu bekämpfen. Auch Pedro hat sich infiziert. Rettung naht jedoch nicht, denn auf seinen Befehl hin war das Gegenserum vernichtet worden. Astrée verläßt mit ihrem Sohn und Nagel die Insel.

1937. Gewitter im Mai.
REG Hans Deppe. RAS Paul Ostermayr. AUT Anton Graf Bossi-Fedrigotti; nach der Novelle von Ludwig Ganghofer. KAM Karl Attenberger. KAS Peter Haller. STF Reinhold Draber. BAU Hanns H. Kuhnert, Kurt Dürnhöfer. GAR Emmi Heinke, Elisabeth Kuhn. MAS Artur Schramm. SCH Paul Ostermayr. TON Erich Schmidt. MUS, ML Hans Ebert. LT Rudi Keller. MT ›Das Leben ist wie das Meer‹.
DAR Hansi Knoteck (Dorle Weber), Viktor Staal (Poldi Sonnleitner), Ludwig Schmid-Wildy (Dorfschmied Domini), Hans Richter (Hein Andresen), Anny Seitz (Vroni), Hermine Ziegler (Dorles Mutter), Rolf Pinegger (Poldis Vater), Thea Aichbichler (Poldis Mutter), Viktor Gehring (Bürgermeister), Josef Eichheim (Gemeindediener Xaver), Willi Schur (Schiffskoch), Günther Brackmann, Gerhard Dammann, Ottilie Dietze (Wirtschafterin), Philipp Manning, Else Reval, Roland von Rossi, Hans Schneider, Maria Wolf.
PRO Tonlicht-Film GmbH, Berlin; für Ufa. Herstellungsgruppe: Krüger - Ulrich. PRT Peter Ostermayr. HEL Ernst Krüger, Hans Herbert Ulrich. AUL Wolfgang Schubert. DRZ Anfang Oktober - Anfang November 1937. DRO Ufa-Atelier Berlin-Tempelhof. LNG 2323 m, 85 min. ZEN 22.12.1937, Jf., nf. URA 22.2.1938, Düsseldorf (Residenz-Theater); 31.3.1938, Berlin (U.T. Kurfürstendamm, U.T. Friedrichstraße).
Dorle lebt im Gebirge. Sie ist dem Schmied Domini als Frau versprochen. Als der lange Jahre zur See gefahrene Poldi in sein Heimatdorf zurückkehrt, verliebt er sich in Dorle, doch das Dorf ist gegen ihn. Zum Beweis seiner ernsten Absichten klettert er während eines Mai-Gewitters ins Gebirge, macht schlapp und kann nur von Domini gerettet werden. Dorle gehört ihm!

1937. Urlaub auf Ehrenwort.
REG Karl Ritter. RAS Friedrich Karl von Puttkamer. AUT Charles Klein, Felix Lützkendorf; nach einer Idee von Kilian Koll /= Walter Julius Bloem jun./ und Charles Klein sowie einer Novelle von Walter Bloem. KAM Günther Anders. KAS Curt Fischer. STF Eugen Klagemann. BAU Walter Röhrig. GAR Hauk, Maria Hellmer-Kühr. MAS Fredy Arnold, Jutta Lange, Wilhelm Weber. SCH Gottfried Ritter. TON Ludwig Ruhe. MUS, ML Ernst Erich Buder. LT Franz Baumann. MT ›Die Liebe ist das Element des Lebens‹.
DAR Ingeborg Theek (Inge), Fritz Kampers (Gefreiter Hartmann), Rolf Moebius (Leutnant Walter Prätorius), Berta Drews (Anna Hartmann), René Deltgen (Grenadier Emil Sasse), Heinz Welzel (Rekrut Jahnke), Carl Raddatz (Grenadier Dr. Jens Kirchhoff), Jakob Sinn (Grenadier Schmiedecke), Ludwig Schmitz (Grenadier Ludwig Pichel), Hans Reinhardt Knitsch (Rekrut Kurt Hellwig), Willi Rose (Grenadier Julius Krawutke), Wilhelm König (Grenadier Ullrich Hagen), Kurt Waitzmann (Gefreiter Dr. Wegener), Franz Weber (Unteroffizier Schnettelker), Otz Tollen (Hauptmann Falk), Hadrian Maria Netto (Oberleutnant von Treskow-Dyrenfurth), Heinrich Schroth (Oberstleutnant), Käte Haack (Schwester Maria), Evi Eva (Dolores Schulze), Iwa Wanja (Ilonka), Ruth Störmer (Vera Georgi), Otto Graf (Prof. Knudsen), Eduard Bornträger (Prof. Hasenkamp), Lotte Werkmeister (Frau Krawutke), Ewald Wenck (Hans-Georg Krause), Christine Grabe (Adelheid), Margot Erbst (Fritzi), Elisabeth Wendt (Lulu Frey), Herbert Weißbach (Hektor Hasse Hellriegel), Herbert Gernot (Rostowski), Karl Wagner (Karl Lemke), Ilse Fürstenberg (Frau Schmiedeke), Fritz Claudius, Josef Dahmen (zwei Gauner), Beppo Brem (Bayer), Gustav Mahnke (Märker), Charlie Kracker (Hamburger), Heinz Förster-Ludwig (Kölner), Walter Schramm-Dunker (Sachse), Oscar Sabo, Kai Möller, Karl Hannemann, Martha von Kossatzki (Hotelwirtin), Klaus Pohl, Aribert Grimmer, Horst Teetzmann, Trude Lehmann (Köchin), Hildegard Fränzel.
PRO Ufa. Herstellungsgruppe: Karl Ritter. HEL, PRL Karl Ritter. AUL Ludwig Kühr, Dietrich von Theobald, Heinz Karchow, Wilhelm Marchand. DRZ Ende August - Ende Oktober 1937. DRO Ufa-Atelier Neubabelsberg. LNG 2402 m, 88 min. ZEN 31.12.1937, Jf. 14. URA 11.1.1938, Köln (Ufa-Palast); 19.1.1938, Berlin (Ufa-Palast am Zoo).
– Prädikate: Staatspolitisch besonders wertvoll, Künstlerisch besonders wertvoll. – IFF Venedig 1938: Medaille für den Regisseur. – Von den Alliierten Militärbehörden verboten.
Weltkriegs-Fronturlauber wollen sich ihrem verdammten Pflichtgefühl nicht einmal im revolutionären Berlin des November 1918 entziehen: Keiner von ihnen nutzt die verlockende Gelegenheit zur Desertion.

1937/38. Die Brillanten der Moranows.
REG Erich Pabst. AUT Walter Falke, Herbert vom Hau. KAM Gösta Kotulla. BAU Carl Ludwig Kirmse. TON Erich Schmidt. MUS Werner Bochmann.
DAR Friedl Haerlin, Hellmut Rudolph, Alexa von Porembski, Peter Elsholtz, Armin Münch, Carl Platen.
PRO Ufa. DRZ Dezember 1937. LNG 404 m, 15 min. ZEN 14.1.1938, B.47291, Jv.
– Kurzspielfilm.

1937/38. Bobby.
REG, AUT Karl Köstlin. KAM Gösta Kotulla. BAU Carl Ludwig Kirmse. TON Erich Schmidt. MUS Hans Ebert.
DAR Paul Heidemann (Bobby), Alice Treff (Jeanette), Anton Pointner (Jean), Willi Rose (1. Gauner), Erich Dunskus (2. Gauner), Herbert Spalke (Kriminalkommissar).
PRO Ufa. PRL Karl Schulz. AUL Hans Joachim Wieland. DRZ Dezember 1937. LNG 373 m, 14 min. ZEN 14.1.1938, B.47292, Jv.
– Kurzspielfilm.

1937/38. Frau Sylvelin.
REG Herbert Maisch. RAS Kurt Hoffmann. AUT Walter Forster, Walter Ulbrich; nach dem Roman ›Sylvelin‹ von Franzhans von Schönthan. KAM Karl Puth. KAS Hermann Dey, Bernhard Hellmund. STF Eugen Klagemann. BAU Otto Hunte, Willy Schiller. KOS Eleonore Behn-Techow. GAR Paula Hettwer, Otto Suckrow. MAS Atelier Jabs. SCH Erich Kobler. TON Carlheinz Becker. MUS, ML Franz Doelle. LT Charles Amberg. MT ›Zähle nur die Stunden...‹.
DAR Heinrich George (Manfred Block), Maria von Tasnady (Sylvelin), Carla Rust (Claire), Paul Richter (Herr von Sollnau), Alfred Abel (Daffinger), Kurt Meisel (Herr von Roedern), Walter Steinbeck (Direktor Hardt), Elisabeth Wendt (Fräulein Brunnert), Paul Otto (Mr. Evans), Carl Junge-Swinburne, Lilli Jung, Aribert Grimmer, Hanns Waschatko, Paul Westermeier (Taxifahrer), Beppo Brem, Karl Jüstel, Angelo Ferrari.
PRO F.D.F. Fabrikation Deutscher Filme GmbH, Berlin; für Ufa. Herstellungsgruppe: Wuellner - Ulrich. HEL Robert Wuellner, Hans Herbert Ulrich. PRL Hans von Wolzogen. AUL Karl Gillmore, Fritz Kurth. DRZ Anfang September - Ende Oktober 1937. DRO Ufa-Atelier Berlin-Tempelhof, Ufa-Atelier Neubabelsberg. LNG 2450 m, 89 min. ZEN 21.1.1938, Jf. 14, nf. URA 2.2.1938, Berlin (Gloria-Palast).

Der Industrielle Block hat keine Zeit für seine Frau Sylvelin. Er schickt sie zur Entspannung nach Venedig, kommt auch bald nach, doch nur, um Geschäfte zu machen. Sylvelin verliebt sich in den Geschäftspartner Sollnau und erklärt Block, sie würde nicht zu ihm zurückkehren. Er gelobt erfolgreich verbessertes Verhalten.

1937/38. Zwischen den Eltern.
REG Hans Hinrich. RAS Herbert B. Fredersdorf, B(oleslav) Barlog. AUT Eva Leidmann. KAM Otto Baecker. KAS Heinz-Günther Görisch, Walter Komor. STF Walter Weisse. BAU Ludwig Reiber, Willy Depenau. KOS Eleonore Behn-Techow. GAR Max König, Ida Revelly. MAS Cäcilie Didzoneit, Adolf Arnold. SCH Herbert B. Fredersdorf. TON Erich Leistner. MUS Werner Bochmann. LT Ernst Huebner. MT ›Wenn Du mich liebtest...‹. DAR Willy Fritsch (Dr. Hans Ravenborg), Gusti Huber (Lisa Brinkmann), Jutta Freybe (Inge Ravenborg), Peter Dann (Peter Ravenborg), Friedrich Kayßler (Prof. Heyde), Erna Morena (Frau Hansen), Hans Brausewetter (Redakteur Fischer), Hans Leibelt (Rechtsanwalt Dr. Feldern), Ewald Wenck (Laboratoriumsdiener Friedrich), Charlotte Fredersdorf, Maria Krahn, Leonie Michelis, Leo Peukert, Else Reval, Ernst Günther Schiffner, Georg Völkel, Rose Vollborn, Lili Schoenborn (Krankenschwester). PRO Georg Witt-Film GmbH, Berlin; für Ufa. Herstellungsgruppe: Krüger - Ulrich. PRT Georg Witt. HEL Ernst Krüger, Hans Herbert Ulrich. AUL Günther Grau, Waldemar Albert. DRZ Anfang Oktober- Mitte November 1937. DRO Ufa-Atelier Neubabelsberg. LNG 2366 m, 86 min. ZEN 27.1.1938, Jv. URA 15.2.1938, Dresden (Ufa-Palast); 2.3.1938, Berlin (Capitol am Zoo).
Die erfolgreiche Journalistin Lisa versucht vehement, ihren ehemaligen Kommilitonen Hans, den sie sehr liebte, zurückzugewinnen. Die Ehe zwischen Hans und Inge wird dadurch fast zerstört, durch das gemeinsame Kind Peter und die Selbstlosigkeit Inges am Ende gerettet.

1937/38. Das Protektionskind.
REG Erich Pabst. AUT Walter Falke, Herbert vom Hau. KAM Gösta Kotulla. BAU Carl Ludwig Kirmse. TON Bruno Suckau. MUS Werner Bochmann. DAR Friedl Haerlin, Hellmut Rudolph, Alexa von Porembski, Peter Elsholtz, Armin Münch. PRO Ufa. PRL Peter Paul Brauer. LNG 319 m, 12 min. ZEN 4.2.1938, B.47512, Jf.
– Kurzspielfilm.

1937/38. Verklungene Melodie.
REG Viktor Tourjansky. AUT Emil Burri. KAM Günther Rittau. KF Ekkehard Kyrath. STF Otto Schulz. BAU Max Mellin, Hermann Asmus. GAR Erwin Rosentreter. MAS Emil Neumann, Franz Siebert. SCH Walter Fredersdorf. TON Carl Erich Kroschke, Werner Pohl. MUS Marta Linz; ML Lothar Brühne. LT Hans Leip (1), Vera von Stollberg (deutsch) (2), Ralph Maria Siegel (englisch) (2). MT ›Nur Dich allein hab ich geliebt‹ (1), ›Du bist mein Glück auf Erden‹ (2). DAR Brigitte Horney (Barbara Lorenz), Willy Birgel (Thomas Gront), Hans Brausewetter (Steffken), Carl Raddatz (Werner Gront), Vera von Langen (Olga), Sylvia de Bettini (Sonja), Erich Fiedler (Freddy), Karl Platen (Diener Karl), Andrews Engelmann (Cazies), Bill-Bocketts (Léon), Boris Alekin, Ernst Behmer, Achim von Biel, Angelo Ferrari, Werner Funck, Jens von Hagen, Hilde Heinrich, Charles Willy Kaiser, Josef Karma, Karl Merznicht, Pia Mietens, Michael von Newlinski, Hans Joachim Roedelius, Stella Textor, Theo Thony, die Metropol-Vokalisten. PRO Ufa. Herstellungsgruppe: Ulrich Mohrbutter. HEL, PRL Ulrich Mohrbutter. AUL Alexander Desnitzky. DRZ Ende Oktober - Ende Dezember 1937. DRO Ufa-Atelier Neubabelsberg; AA Algerien. LNG 2679 m, 98 min. ZEN 18.2.1938, Jf. 14. URA 25.2.1938, Berlin (Gloria-Palast).
– AT: Mitternachtswalzer. – Prädikat: Künstlerisch wertvoll.

Glückskekse

Lilian Harvey und Willy Fritsch

Screwball comedy, made in Germany
Paul Martins GLÜCKSKINDER *ist ein freies Remake von Frank Capras Oscar-Film* IT HAPPENED ONE NIGHT

SCHWARZE ROSEN
»Sie besitzt das gleiche, was ich schon für Willy Fritsch reklamierte: screen personality. Sie war nicht durch irgendeine Schauspielschule oder durch Sprechbühnenpraxis verbildet, sondern verfügte über eine Ausbildung als Tänzerin, hatte also gelernt, ihren Körper einzusetzen. Dieser akrobatische Hintergrund kam ihr natürlich beim Film ideal zupaß. Sie wußte sich zu bewegen, konnte tanzen, reiten, schwimmen, auf dem Seil laufen, fechten, ein wenig singen, und wenn sie irgendetwas davon nicht konnte, es aber von ihr verlangt wurde, dann war sie ehrgeizig genug, es eben zu lernen. Ihre eigentliche Leistung liegt wohl darin, solche Fähigkeiten zur Synthese zu führen, in einer konsistenten Figur auf der Leinwand zu vereinen.«
(Winfried Günther, 1990)

Eine Schnellhochzeit im Schnellgericht kostet in den USA fünf Dollar, genausoviel wie einmal Falschparken. Kleinigkeiten, Alltagsdinge, die sich regeln lassen, nicht weiter schlimm.

GLÜCKSKINDER, ein Paul Martin-Film für die Ufa von 1936, spielt in New York, er zeigt Amerika zunächst einmal aus europäischer Perspektive: ehrfürchtig von unten, den Blick gleich am Anfang zum Himmel gereckt, dorthin, wo die Häuser die Wolken noch immer nicht ganz kratzen. New Yorks Straßen sind leer, am Abend kaum Menschen auf den Gehsteigen und überhaupt keine Autos unterwegs. Eine erstaunlich schiefe Erinnerung muß Regisseur Martin aus Amerika nach Deutschland mitgenommen haben, immerhin hat er doch 1933 einen Film in Hollywood gedreht.

Dann aber geht's in die Innenräume, und es ist wie fast überall auf der Welt, nur vielleicht etwas schneller: Manche Leute arbeiten, andere versuchen sich darum zu drücken, einige trinken und können nicht arbeiten, andere machen sich über die Kollegen lustig, einer, Gil Taylor, hat einen Beruf (Journalist), für den er nicht berufen ist, die Kollegen Frank und Stoddard versuchen das für sich auszunutzen – überall Menschlich-Allzumenschliches. Dazu gehört natürlich auch die Liebe. Aber die ist noch lange nicht dran.

Willy Fritsch als Gil und Lilian Harvey als Ann Garden sollen die Hauptfiguren, sollen die Glückskinder in GLÜCKSKINDER sein. Sie sind es aber nur auf dem Papier, nichts hebt sie heraus aus allem. Aus ihren Leistungen allein können der bis heute gute Ruf des Films, seine immer wieder gelobte Komik und sein fulminantes Tempo nicht erwachsen sein. Dieser Film funkelt aufgrund seiner Dialoge! Für sie ist Curt Goetz verantwortlich. Und er sprüht vor guter Laune aufgrund der beiden eigentlichen Hauptdarsteller: Oskar Sima und Paul Kemp, die vielleicht niemals besser passende Dialoge sprechen durften! Plappernde, kalauernde Journalisten unter sich...

Fritsch/Harvey (oder, habe die Ehre, Harvey/Fritsch) filmen hier zum zehnten Mal miteinander, zwölf Filme werden es im ganzen zwischen 1926 (DIE KEUSCHE SUSANNE, Regie: Richard Eichberg) und 1939 (FRAU AM STEUER, Regie: Paul Martin), davon elf für die Ufa. Was als Mythos vom »Traum- und Liebespaar des deutschen Films« – zumindest für die 30er Jahre – bis in die Gegenwart hinein übriggeblieben ist, betrifft also wesentlich auch die Geschichte der Ufa.

Fritsch, geboren 1901, ist seit Mitte der 20er Jahre Ufa-Darsteller, er wird 1926 von Richard Eichberg für seine Produktion DIE KEUSCHE SUSANNE ausgeliehen und so erstmals mit Lilian Harvey zusammengeführt.

Es entsteht auch außerhalb der Ateliers eine Kameradschaft zwischen beiden, die anfangs noch aus Verliebtheit besteht, dann aber, zumindest bis zu Harveys letztem Ufa-Film DIE FRAU AM STEUER (zugleich ihr letzter Film in Deutschland und der letzte mit ihrem Dauerpartner), dauerhaft freundschaftlich wird. Harmonie in der Öffentlichkeit, auch ohne Ehe, kann nur gut sein fürs Image und dem Geschäft ihrer Filme zuträglich.

Lilian Harvey, 1906 in London zur Welt gekommen, wird von Richard Eichberg am Theater für den Film ›entdeckt‹. Er gibt ihr einen für sie ungünstigen Vertrag und baut sie auf. Im Sommer 1928 gelingt es ihr, diesen noch bis 1929 gültigen, noch von ihrem Vater gezeichneten Kontrakt zu lösen und für eine Summe von 75.000 RM mit einem Drei-Jahres-Vertrag zur Ufa zu wechseln (ab 1. 8. 1928). IHR DUNKLER PUNKT, von Johannes Guter 1928 inszeniert, wird ihr erster Ufa-Stummfilm und zugleich ihr zweiter neben Willy Fritsch.

Als Tonfilm-Gespann arbeiten die beiden ausschließlich für die Ufa, ein Film erfolgreicher als der andere: Angefangen bei Wilhelm Thieles LIEBESWALZER (1929/30), über die Curt Goetz-Komödie HOKUSPOKUS (1930, Regie: Gustav Ucicky) bis zu Tonfilmoperetten wie Thieles DIE DREI VON DER TANKSTELLE (1930) oder Martins EIN BLONDER TRAUM (1932), welcher der Harvey angeblich der liebste Film gewesen ist. Ob es der harmlose Kitsch, die Schmonzette oder purer Eskapismus ist, was den Erfolg ausmacht? Oder ist es das saubere Paar, das verfängt? Kein reines Kunstprodukt zwar, aber mit Sicherheit nicht dem Alltag entsprungen, wie manchmal heute noch leichtfertig behauptet wird.

Der Ufa gelten beide als Kapital, das von Film zu Film sorgfältig neu und möglichst gewinnbringend angelegt wird – meistens geht die Rechnung auf, sogar beim gar nicht leichten, gar nicht komödiantischen Polit-Melo SCHWARZE ROSEN, das Paul Martin mit beiden 1935 inszeniert. Beim zehnten gemeinsamen Film, GLÜCKSKINDER, gibt man sich so großzügig wie spießig: »Nach Augenscheinnahme« des Films beschließt der Vorstand, »dem Darsteller Willi (!) Fritsch eine Platinuhr nebst Chatelaine zum Preise von rd. RM 700 und der Darstellerin Lilian Harvey eine goldene Handtasche zum Preise von RM 1000... zu überreichen.« Lilian Harvey, die mit ihrem damaligen Lebensgefährten Paul Martin von Anfang 1933 bis Anfang 1935 Deutschland den Rücken gekehrt und – allerdings nicht unter Martins Regie – in Hollywood sowie in England bei insgesamt fünf Filmen mitgewirkt hat, ist schon zwei Jahre nach der Rückkehr politisch nicht mehr gut gelitten. Zwar kann sie nach ihrem Einsatz für den bedrohten Choreographen Jens Keith, wofür sie von der Gestapo verhört wird, 1938/39 in Deutschland noch einen Film mit Fritsch drehen (FRAU AM STEUER), doch schon vor dessen Premiere, im Frühjahr 1939, emigriert sie zunächst nach Frankreich, wo es noch zu zwei Filmen unter der Regie von Jean Boyer kommt, und dann über Spanien und Portugal in die USA.

Der Filmruhm der blonden Lilian Harvey ist beendet, jener Willy Fritschs bleibt bestehen. Er filmt in den Kriegsjahren kontinuierlich weiter, wird auch in der Nachkriegszeit nicht müde, jenes Lachen in die Kamera zu halten, welches ihn berühmt gemacht hat. Ein klein wenig hat man bei den gemeinsamen Auftritten der beiden sowieso das Gefühl, dem Blondchen und dem Blöden zuzuschauen. Von interessanten Darstellern kann eigentlich nicht die Rede sein. Eher schon von allzeit aufnahmebereiten Projektionsflächen für die Sehnsüchte des Publikums.

Zwei Lebensstränge, die eine Zeitlang fast parallel verlaufen, gemeinsam an eine Firma gebunden, und dann wieder auseinandergehen. Zwei Leben, die genaugenommen sehr verschieden sind. Ein sehr kleiner Teil dieser beiden Leben ist in zwölf Ufa-Filmen aufgehoben.

Rolf Aurich

Ein Spiel zwischen zwei Brüdern und einer Frau. In Afrika traf Barbara auf Thomas, verharrte tagelang mit ihm nach einer Bruchlandung in der Wüste. Später in Berlin, wollte sie Karriere machen und wohnte zunächst bei Thomas. Die Fürsorge übernahm Werner. Nach Jahren lebt sie als Ehefrau und Mutter in New York. Thomas trifft sie dort wieder. Zueinander können sie nicht mehr finden, ihre Pflichten sind klar definiert.

1937/38. Rätsel der Urwaldhölle.
REG, AUT Otto Schulz-Kampfhenkel. KAM Otto Schulz-Kampfhenkel, Gerd Kahle. SCH Otto Schulz-Kampfhenkel (?). Ton-Schnitt Fritz Heydenreich. TON Hermann Fritzsching. Originalton in Brasilien G. Krause. MUS Franz R. Friedl. 1. Pilot Gerd Kahle MW Aparai-Indianer, Oayama-Indianer, Oayapiin-Indianer. PRO Dr. Otto Schulz-Kampfhenkel, Hamburg; für Ufa. Herstellungsgruppe: Nicholas Kaufmann. HEL Nicholas Kaufmann. DRZ 1935 - 1937 (17 Monate). DRO Brasilianisch-Guayana. LNG 2719 m, 99 min. ZEN 10.3.1938, Jf., f. URA 11.3.1938, Berlin (Marmorhaus).
Erste Süd-Nord-Durchquerung Brasilianisch-Guayanas der deutschen Amazonas-Jary-Expedition auf dem Jary-Fluß. Die Expedition wurde durch die Reichsregierung, die Auslandsorganisation der NSDAP und die brasilianische Regierung gefördert und unter dem Protektorat des Kaiser-Wilhelm-Instituts für Biologie und des Museu Nacional do Rio de Janeiro durchgeführt.

1937/38. Kleiner Mann – ganz groß.
REG Robert A. Stemmle. RAS B(oleslaw) Barlog. AUT Robert A. Stemmle, Andreas Zeltner, Hans Fritz Beckmann; nach dem Bühnenstück von Edgar Kahn, Ludwig Bender. KAM Robert Daberske. KAS Herbert Stephan, Hans Joachim Hauptmann. STF Horst von Harbou. BAU Arthur Günther, Robert Dietrich. GAR Max König, Maria Schilling. MAS Cilly Didzoneit, Wilhelm Weber. SCH Milo Harbich. TON Carlheinz Becker. MUS Frieder Schröder. LT Hans Fritz Beckmann. MT ›D-Zug-Titel‹. DAR Viktor de Kowa (Peter Kolle), Gusti Huber (Sabine), Paul Hoffmann (Fritz Pfeffer), Hilde von Stolz (Frau Direktor Tschoppe), Georg Alexander (Alphons Linnemann), Max Gülstorff (Direktor Tschoppe), Peter Dann (Kind Joachim), Susanne Schröder (Kind Adelheid), Karl Hellmer (Kanzlist Krählert), Elvira Erdmann (Frl. Jeschke), Ilse Trautschold (Frl. Uhlig), Lothar Geist (Stift Erwin Putzke), Ingeborg von Kusserow (Nina Würbel), Hans Brauswetter (Karl Löffler), Hans Reimann (Emil Wurm), Ursula Herking (Mariechen), Walter Janssen (Direktor Magus), Käte Haack (Frau Magus), Robert Forsch (Geheimrat Laube), Lotte Spira (Frau Geheimrat Laube), Erich Dunskus (Kriminalrat Stuttmann), Ellen Bang (Friseuse), Hans Adalbert Schlettow (Schoizengeiler), Tina Schneider (Frl. Lattenbrecher), Henry Lorenzen (Kammersänger Heinicke).
PRO Ufa. Herstellungsgruppe: Erich von Neusser. HEL Erich von Neusser. AUL Herbert Junghanns. DRZ 8.12.1937 - Ende Januar 1938. DRO Ufa-Atelier Berlin-Tempelhof. LNG 2335 m, 85 min. ZEN 21.3.1938, Jv. URA 1.4.1938, Bochum; 18.5.1938, Berlin (Tauentzien-Palast).
Der Hobby-Erfinder Peter, hauptberuflich Angestellter in einer Fabrik für Kinderwagen, hat versprochen, das Erfinden aufzugeben. Seine Ehe mit Sabine läuft nicht mehr gut. Ein Brief aus den USA mit der Ankündigung einer Erbschaft vertreibt die Sorgen. Doch den Brief hat Peter selbst geschrieben. Sabine rettet die mißliche Situation durch die erfolgreiche Anmeldung von Peters Erfindung eines Motorrad-Schalldämpfers beim Patentamt.

Aus den Wolken
Technische Neuerungen bei »Amphitryon«

Ein Gott und viel Technik: Willy Fritsch als Jupiter. An der neuen Kamera: Igor Oberberg, Fritz Arno Wagner und Werner Krien, mit der Hand an der Kurbel: Trickspezialist Werner Bohne

Wie bei den Großproduktionen der 20er Jahre – DER LETZTE MANN, METROPOLIS – nutzen die Techniker der Ufa Reinhold Schünzels musikalische Komödie AMPHITRYON, um auf den verschiedensten Gebieten der Filmherstellung neueste Verfahren zu erproben. Zugleich dient ihnen die Begründung, komplizierte Tricks und Verfahren durchzuführen, als Druckmittel bei der Direktion, um ihre Apparate auf den neuesten Stand zu bringen.

Die Architekten – wieder ist das Spitzenteam Robert Herlth und Walter Röhrig im Einsatz – entwirft ein Theben, das ganz im Sinne der ironischen Stimmung des Regisseurs mit der Antike zugleich die antikisierenden Bauten der zeitgenössischen Herrschafts-Architektur der Nazis aufs Korn nimmt. Kalte Pracht, alles eine Nummer zu groß. Von diesen Aspekten ist in den zahlreichen bewundernden Feuilletons über die Dreharbeiten nichts zu lesen.

Hans Schumacher, Technik-Spezialist des Film-Kurier, berichtet am 10. April 1935 aus Babelsberg.

Ein Hafen ohne Wasser, – so bietet sich dem Auge der weite hohe Bau Herlths und Röhrigs im Freigelände. Grauverhangener Himmel über Thebens Hügeln und – das Wasser kommt von oben! Man wirft den Kopf zurück, die Täuschung ist vollkommen, dort die Tempel und Tore auf der Höhe, hier die Schiffe, die Kriegsgaleeren (auf doppelten Schienen rollend), so wird Amphitryon die Heimat wieder erblicken, wenn er zurück vom männermordenden Krieg kommt – dann, wenn der Himmel über Babelsbergs Flächen – endlich – blaut.

Noch dreht Schünzel in der großen Mittelhalle, – auch dort ein Schiff, geblähtes Segel, schwankend im Seegang (es steht in der Waage, leicht läßt es sich so bewegen), blakend die Feuerschale, so hebt es sich ab gegen den dämmrigen Horizont. An der Reeling Paul Kemp (nach ihm Armand Bernard in der französischen Fassung) – ein bißchen verzweifelt blickt er in die düstre Ferne: noch kein Land – da greift er nach der tröstenden Pulle, die schon im Altertum den Seemann erfreute.

Und sein Herr, im Augenblick nicht »Zeus« und nicht »Amphitryon«, sondern Willy Fritsch im Kostüm, läßt sich lachend etwas aus dem 20. Jahrhundert n. Chr. erzählen... Doch wendet man sich von ihm und seinem kleinen, dicken (!) und bärtigen (!!)

»Von der Küche aus... geht es weiter durch die hellen, luftigen Wohlräume, das elegante Bad, den schönen Schlafraum der Alkmene, die Opferstätte, dann im weiteren Umkreis der Neugestaltung des alten Hellas, der mit Recht so berühmte Olymp, die Wohnstätte der Götter, der Hafen von Theben mit den Kriegsgaleeren und andere Plätze und Anlagen, die alle schon in den Vorbildmodellen auf die Werkmänner warten, damit sie ins Große gewandelt werden. Nach diesen Modellen und den Detailplänen werden die erprobten Scharen der Handwerker nach und nach, wie die Notwendigkeit der Aufnahmen es verlangt, die Bauwerke erstehen lassen – so wie heute Amphitryons Haus in seiner antiken Schönheit strahlt, so werden nächste Woche vielleicht der Olymp, dann das hunderttorige Theben Wirklichkeit werden, Tempel, Paläste werden wachsen und vergehen.«
(Hans Schumacher, 1935)

Diener Sosias, von Schünzel und dem Produktionsleiter v. Neusser, dann hat einen wieder das Altertum:

Auf dem Marktplatz von Theben, der eben langsam entsteht, schafft ein Plastiker, der schon bei Lang, bei den Nibelungen mitwirkte, der Bildhauer Schulze-Mittendorf, an einem großen, weit überlebensgroßen Bildwerk, einem herrlichen Zeus. Ein harter und zugleich gütiger Göttervater, sitzt er da, dem Zeus von Otricoli ist dieser prachtvolle Kopf frei nachgebildet, beherrschend die Allee der Götter, die hier entstehen soll.

Die Arbeit der Maskenbildner steht einen Monat später bei Heinz Helmuth Gieske im Mittelpunkt, der zugleich auf einige andere Zeitbezüge aufmerksam macht:

Großkampftag in Theben-Neubabelsberg. Schon in den frühen Morgenstunden sind rund zwei Hundertschaften der Leibstandarte Adolf Hitler in Neubabelsberg eingetroffen, um in griechische Krieger verwandelt zu werden. So stellt man sich die Idealgestalten der frühgeschichtlichen Kämpfer vor: gleichmäßig und gut gewachsene Gestalten mit kühngeschnittenen Gesichtern, die geradezu mit Selbstverständlichkeit die ungewohnte Rüstung tragen.

In der Mitte der großen Halle sind Spiegeltische aufgebaut, so daß sich sechs Gassen ergeben, in denen die Krieger, das Volk, die Masse für die Aufnahme künstlerisch hergerichtet werden. Denn außer der Leibstandarte sind 250 Kleindarstellerinnen und 70 Kleindarsteller, die Volk, Bürger und Polizisten verkörpern, von der Börse angefordert worden. 66 Maskenbildner sind herausgekommen, um dieses gewaltige Menschenheer zu schminken und mit den unendlich vielen Mitteln, die der deutsche Maskenbildner meistert, getreu dem geschichtlichen Vorbild zu wandeln. 200 Soldaten erhalten gelockte Vollbärte und Schnurrbärte, ein jeder in der passenden Haarfarbe und in der Form, die seinem Gesicht am besten steht. Rund 500 Menschen werden geschminkt, erhalten die entsprechenden Haartrachten und Blumengewinde. 200 Paar Arme und Beine erhalten einen bräunlichen Schminkanstrich.

In seinem »Allerheiligsten« empfängt mich Herr Weber, der langjährige Maskenbildner der Ufa. Von ihm geht die wunderbare Ruhe aus, die sich seinen ganzen Mitarbeitern übertragen hat. Trotzdem er ständigen Anforderungen ausgesetzt ist, stellt er sich mir zu einigen kurzen, aber sehr instruktiven Erklärungen zur Verfügung.

»Sie haben auf ihrem Rundgang durch die Halle gesehen, welche unerhörten Anforderungen an die Leistungsfähigkeit unseres Berufes gestellt werden und in welcher unübertrefflichen Zusammenarbeit wir dieser großen Aufgabe nachkommen. Die besten Kräfte sind hier zusammengetroffen, und Sie werden manchen Maskenbildner von Ruf gesehen haben, der sich nicht scheut, seine reife Kunst in den Dienst der Allgemeinheit zu stellen.

Die interessanteste Maske, die wir hier draußen haben«, fährt Herr Weber fort, »das ist wohl die des Jupiter, der zur Erde kommt, um Alkmene zu erringen. Bekanntlich verkörpert Herr Fritsch den Hauptmann Amphitryon und auch die Gestalt des Vaters der Götter und Menschen. Das erste Bild dieser Maske entstand durch ein regelrechtes Studium in der Nationalgalerie. Die klassischen Zeus- und Jupiterköpfe gaben uns hierfür die erste Richtung an. Im Atelier setzten dann die praktischen Versuche ein. Sie zeigten Herrn Fritsch mit vollem, lockigem Haupthaar als die Idealgestalt, die wir alle aus den Museen kennen. Doch konnten wir in dieser Maske keine Beziehung zu dem Inhalt des Films finden, der operettenhaft leicht und beschwingt eine humorige Note betont. Es war die Anregung unseres Regisseurs Schünzel, der in vorbildlicher Zusammenarbeit unsere Kunst in den Dienst des Ganzen stellt, Jupiter entgegen der üblichen Auffassung als alten Mann mit Glatze erscheinen zu lassen.

369

1938. Das Mädchen von gestern Nacht.
REG Peter Paul Brauer. RAS B(oleslav) Barlog. AUT Karl Georg Külb. KAM Robert Baberske. KAS Herbert Stephan. STF Georg Kügler. BAU Carl Ludwig Kirmse. GAR Max König, Albert Schulze, Erna Gillmore, Ida Revelly. MAS Atelier Jabs. SCH Fritz Stapenhorst. TON Bruno Suckau. MUS, ML Werner Bochmann.
DAR Willy Fritsch (Lord Stanley Stanton), Gusti Huber (Jean Miller), Hilde Hildebrand (Lady Darnmore), Georg Alexander (Lord Radley), Rudolf Platte (Stanley Chestnut), Hans Leibelt (Mr. Barrow), Hansi Arnstädt (Mrs. Barrow), Ingeborg von Kusserow (Evelyn Barrow), Paul Westermeier (Mr. Miller), Hermine Ziegler (Tante Peggy), Ernst Waldow (Attaché Robert Shields), Fritz Lafontaine (Attaché Mac Gregor), Werner Finck (bärtiger Arzt), Eduard Bornträger (Tom), Georg Heinrich Schnell (Parker), Hermann Pfeiffer (Inspektor Green), Trude Boll, Inge Landgut, Hermann Mayer-Falkow, Odette Orsy, Ulla Ronge, Otto Sauter-Sarto, Maria Seidler, Tine Schneider, Paul Schwed, Dorothea Thiess.
PRO Ufa. Herstellungsgruppe: Peter Paul Brauer. HEL Peter Paul Brauer. AUL Otto Galinowski. DRZ 21.1. - Anfang April 1938. DRO Ufa-Atelier Berlin-Tempelhof. LNG 2495 m, 91 min. ZEN 2.4.1938, Jf. URA 2.4.1938, Dresden; 14.4.1938, Berlin (Gloria-Palast).
– Prädikat: Künstlerisch wertvoll.
Die junge Jean flüchtet sich vor einer Polizeistreife in das Schlafzimmer des Attachés Stanley Stanton und gibt sich gegenüber dem Beamten als dessen Ehefrau aus. Das wird am nächsten Tag in der Presse erwähnt. Da jeder weiß, daß Stanton unverheiratet ist, bleibt ihm nur die Alternative: Heiraten oder den Dienst quittieren.

1937/38. Großalarm.
REG Georg Jacoby. AUT Kurt Heuser, Wenzel Lüdecke, Alfred Klütz; nach dem Roman ›Fünf Tage und eine Nacht‹ von Heinz Oskar Wuttig. KAM Konstantin (Irmen-)Tschet. BAU Erich Kettelhut, Herbert Frohberg. SCH Erich Kobler. TON Ludwig Ruhe. MUS Werner Eisbrenner.
DAR Ursula Grabley (Lotte Timmler), Hilde Körber (Sekretärin Rita), Lina Carstens (Frau Timmler), Elsa Wagner (Frau Köppen), Paul Klinger (Paul Köppen), Walter Franck (Herr Wischner), Aribert Wäscher (Blotje), Paul Hoffmann (Chauffeur Bruno), Hans Leibelt (Kriminalkommissar Klagemann), Ernst Waldow (Kriminalassistent Friedrichs), Jupp Hussels (Kriminalreporter Henning), Rudolf Platte (Zeitungsfahrer Rudi), Ludwig Schmitz (Claas), Erik Ode (Zeitungsfahrer Alex), Werner Stock (Zeitungsfahrer Orje), Edith Meinhardt, Eduard Wenck, Ewald Wenck, Hermann Pfeiffer, Friedrich Ettel, Josef Dahmen, Karl Platen, Erich Kestin, Charles Willy Kayser, Günther Brackmann, Gustav Mahnke, Günther Ballier, Eduard Bornträger.
PRO F.D.F. Fabrikation Deutscher Filme GmbH, Berlin; für Ufa. Herstellungsgruppe: Wuellner - Ulrich. HEL Robert Wuellner, Hans Herbert Ulrich. PRL Hans von Wolzogen. AUL Karl Gillmore. DRZ 26.11.1937 - Mitte Januar 1938. DRO Ufa-Atelier Neubabelsberg; AA Berlin. LNG 2525 m, 92 min. ZEN 12.4.1938, Jf. 14. URA 16.4.1938, Dresden; 21.4.1938, Berlin (Tauentzien-Palast).
Der Zeitungsjunge Paul klärt zusammen mit seinen Kollegen und der Polizei den wahren Zweck einer ›Gummiverwertungsgesellschaft‹ auf, die mit gestohlenen Autos handelt.

1938. Anna Favetti.
REG Erich Waschneck. RAS Bruno Carstens. AUT Walther von Hollander; nach seinem Roman ›Licht im dunklen Haus‹. KAM Werner Bohne. KAS Kurt Schulz. STF Josef Hofer. BAU Gustav A. Knauer, Alexander Mügge. GAR Erwin Rosentreter. MAS Max Schories, Ilse Siebert. SCH Walter Frederschdorf. TON Max Langguth. MUS, ML Werner Eisbrenner. LT Günther Neumann. MT ›To-morrow, my baby‹.
DAR Brigitte Horney (Anna Favetti), Mathias Wieman (Geheimrat Hemmsteet), Gina Falckenberg (Irene Hemmsteet), Maria Koppenhöfer (Frau Favetti), Friedrich Kayßler (Herr Favetti), Karl Schönböck (Kingston), Elsa Wagner (Frau Hemmsteet), Franz Schafheitlin (Dr. Thom), Jeannette Bethge (Bertha), Beppo Brem (Billy Blake), Rolf Wernicke (Reporter), Paul Bildt (Dr. Fister), Edwin Jürgensen (Empfangschef), Erwin Biegel (Kellner im Café), Hubert von Meyerinck (Hotelgast), Annemarie Korff (Dr. Thoms Sekretärin), Eva Sommer (Backfisch im Hotel), Franz Wilhelm Schröder-Schrom (Professor der Jury), Charlotte Schulz (Portierfrau).
PRO Fanal-Film-Produktion GmbH, Berlin; für Ufa. PRT Erich Waschneck. HEL Hermann Grund. PRL Willi Wiesner. AUL Heinz Fiebig. DRZ Anfang Februar - Anfang April 1938. DRO Ufa-Atelier Neubabelsberg; AA Tre-Croci-Paß, Falzarego-Paß, Cortina D'Ampezzo (Dolomiten), St. Moritz. LNG 2708 m, 99 min. ZEN 27.4.1938, Jf. 14. URA 28.4.1938, Wiesbaden (Ufa-Palast); 17.5.1938, Berlin (Gloria-Palast).
– AT: Anna Grandiflora.

Eine feste Linie war hiermit festgelegt. Die Frage, mit welchen, bisher noch nicht erprobten Mitteln das jugendfrische Gesicht Willy Fritschs in ein zerknittertes und gefältetes Greisenantlitz zu verwandeln sei, beschäftigte mich bis in meine wenigen Erholungsstunden daheim. Hierbei fiel mir ein, daß wir schon früher Versuche unternommen hatten, den Stirnansatz an der Filmperücke durch Unterkleben einer Haut zu verfeinern. Und so entstand die künstliche oder flüssige Haut.«

Die Aufnahme, die mir Herr Weber von der neuen Jupiter-Maske zeigt, ist phantastisch. Was hier geleistet wurde, kann man nur auf Grund der Tatsache beurteilen, daß Weber im Anfang 1½ Stunden brauchte, um Fritsch in einen menschlichen Gott zu verwandeln. Die künstliche Haut sieht aus wie Pergament, ist durchsichtig und elastisch. Sie wird mit einem natürlichen Bindemittel, das ständig unter gleicher Temperatur gehalten werden muß, aufgetragen. Die einzelnen Gesichtspartien werden hierbei nach und nach verwandelt. Da die Maske fast Tag für Tag neu gemacht werden muß, dient die erste photographische Aufnahme als Vorlage, und hiernach wird Falte für Falte immer wieder genau auf derselben Stelle der flüssigen Haut gebildet. Heute nimmt diese ganze schwierige Arbeit kaum noch 3/4 Stunden in Anspruch. Die Präparation der flüssigen Haut ist so vollendet gelungen, daß an den einzelnen Gesichtsteilen eine fast uneingeschränkte Beweglichkeit ermöglicht ist. Daß die Perücke im Verhältnis zu der Herrichtung der Gesichtsfläche ebenfalls besonderer Pflege bedarf, ist selbstverständlich. Sehr schwierig war es im Anfang, von der flüssigen Haut einen Übergang zum Stirnansatz zu finden, der jedoch nach ständigen Versuchen durch Verwendung von Plastolin und wiederum flüssiger Haut erzielt wird. Den Abschluß bildet dann ein gelockter Vollbart.

Ich scheide aus Film-Griechenland in dem Bewußtsein, Zeuge eines für den ganzen Film bedeutsamen Vorgangs gewesen zu sein. So sei an dieser Stelle vergönnt, unsere Maskenbildner zu ehren, die durch so beispiellose Leistungen die Grundlagen für den Erfolg des Films mit erschaffen. (Film-Kurier, 14.5.1935)

Den bedeutendsten Innovationsschub löst der Film jedoch auf dem Gebiet der Tricktechnik aus. Seit Anfang der 30er Jahre haben einige Kameramänner begonnen, ein spezielles Trick-Atelier der Ufa aufzubauen. Untergebracht ist es im ehemals Großen Glashaus. Bis dahin mußten auch die kompliziertesten Doppelbelichtungen und Überblendungen in der normalen Kamera stattfinden, was ein Höchstmaß an Präzision bei Gerät und Bedienung voraussetzte – mit dem Risiko, daß aufwendige Szenen wiederholt werden mußten. In den 30er Jahren wird zunehmend ein Vorläufer der heute üblichen Optischen Bank eingesetzt, die französische Trucka, durch die eine tricktechnische Nachbereitung im Atelier gedrehten Materials möglich wird. Die für Amphitryon wichtigsten Tricks sind jedoch die sich aus der Geschichte ergebenden Doppelgänger-Aufnahmen, für die überwiegend die Rückpro-Technik eingesetzt wird. In einem Schreiben an die Direktion vom 24. Januar 1935, »Betrifft: Tricks für den Film Amphitryon«, begründet Technik-Direktor Grieving die notwendigen Neuanschaffungen.

I. In dem Film Amphitryon werden Rückprojektionen veranstaltet, wie sie bisher noch niemals gemacht worden sind. Bei allen Filmen, die bisher im Rückprojektions-Atelier aufgenommen wurden, handelte es sich darum, Hintergründe aufzunehmen, vor denen original aufzunehmende Personen spielten.

Bei dem Film Amphitryon handelt es sich darum, Schauspieler aufzunehmen, die mit sich selber spielen, z.B. spielt Paul Kemp in dem Atelier eine Rolle als Merkur und spricht mit sich selbst in seiner Eigenschaft als Sosias. – Es muß nun das im Atelier aufgenommene Bild rückprojiziert werden auf die Mattscheibe. Vor dieser Mattscheibe spielt Herr Kemp die Rolle des Sosias, während er auf der Mattscheibe die Rolle des Merkur spielt.

Dies kann erfolgreich nur dann bewerkstelligt werden, wenn die Gewähr gegeben ist, daß die Helligkeit der Rückprojektion der Helligkeit, mit der Herr Kemp im Atelier aufgenommen wird, entspricht.

II. Die vorhandenen Apparaturen machen das gleichmäßig helle Rückprojektieren der Bilder nicht möglich. Dies wird anhand von Vorführungen, die morgen in der Krausenstraße erfolgen, bewiesen.

Für die normalen Hintergründe langten die Apparate aus. Für die im Film Amphitryon erforderlichen Helligkeiten müssen neue Apparate beschafft werden.

III. Es ist notwendig, eine Spezial-Kamera und zwar eine Askania-Röntgen-Kamera zu beschaffen. Der Verschluß dieser Röntgen-Kamera läßt die mehr als doppelte Lichtmenge auf das Bild durch, als es bei den zur Zeit im Atelier stehenden Debrie-Systemen möglich ist.

Es hat sich nämlich bisher ergeben, daß bei der großen Mattscheibe im Rückprojektions-Atelier in der Mitte ein heller Lichtkreis entstand. Dieses Verfahren genügte für die normalen Rückprojektionen. Für die sehr komplizierten Aufnahmen, wie sie für den Film Amphitryon stattfinden und stattfinden müssen, um diese Aufnahmen der Qualität der gesamten anderen Aufnahmen anzupassen, darf der helle Schein nicht nur einen Kreis in der Mitte bilden, sondern muß sich über die ganze Scheibe verteilen.

Diese Askania-Röntgen-Kamera kostet RM 5300 und bedingt eine Lieferzeit von 6 Wochen. Da die Trickaufnahmen am 10. März beginnen, ist es also dringend notwendig, die Apparatur sofort zu bestellen. – Die Apparaturen wurden deshalb nicht früher bestellt, weil die Spezialisten hofften, mit der bisherigen Ausführung auszukommen, die aber, wie die Bilder zeigten, nicht ausreichte.

IV. In der gleichen Weise wie bei der Aufnahme-Kamera im Rückprojektions-Atelier muß auch die Projektion so hell sein, daß sie das Licht auf die ganze Scheibe verteilt. Infolgedessen muß eine erheblich stärkere Lampe eingesetzt werden, wie wir eine solche probeweise mit Hilfe von Zeiss-Ikon haben verwerten können; es handelt sich um eine Magnosol-Lampe. Diese Probelampe mußte wieder zurückgegeben werden, so daß eine neue Magnosol-Lampe benötigt wird. Eine solche Lampe kostet RM 1900 und benötigt eine Lieferzeit von 4 Wochen.

V. Diese Magnosol-Lampe genügt ihrerseits aber auch nicht, um eine gleichmäßige Beleuchtung der 4×5 m großen Mattscheibe zu erreichen. Vielmehr muß der Projektor bei dem im Rückprojektions-Atelier errichteten Anbau auf die weiteste Entfernung zurückfahren können.

VI. Dazu genügen die vorhandenen Objektive nicht. Es müssen darum je ein Objektiv von 150 mm und 200 mm Brennweite beschafft werden. Jedes dieser Objektive kostet RM 800, zusammen also RM 1600.

Die Beschaffung von zwei Objektiven ist deshalb nötig, weil jede Art der Bilder eine Änderung der Brennweite erfordert.

VII. Unabhängig von den Aufnahmen im Trick-Atelier werden in der Trick-Kammer Kombinations-Aufnahmen gemacht, wie sie bisher noch niemals aufgenommen wurden: Verwandlungs-Aufnahmen, z.B. wie Willy Fritsch als alter Jupiter auf dem Bild erscheint, dann mit der Hand vom Kopf zur Brust herunter fährt und als junger Amphitryon dasteht. – Die technische Kompliziertheit dieser Aufnahmen bedingt eine eingehende Erläuterung durch die Spezial-Techniker.

Solche Aufnahmen müssen auf das Genaueste übereinstimmen. Dazu reichen die bisherigen Filmtransportmittel, die in alten Kopiermaschinen-Greifern bestehen, nicht aus. Es müssen vielmehr Spezial-Greifer-Vorrichtungen angeschafft werden, und zwar sind für den Film Amphitryon zwei Greifer-Systeme nötig. Diese kosten RM 1500 pro Stück, zusammen also RM 3000.

Herr Corell und ich beantragen die umgehende Anschaffung dieser Apparaturen. Die Vorlage ist von den Herren Lehmann und Bohne geprüft, und von den Herren Waschneck und Kemna noch besonders überprüft.

gez. Grieving, Waschneck, Kemna

In welch geringem Verhältnis die insgesamt RM 11.800 für die technischen Neuanschaffungen zum Gesamtetat des Films stehen, zeigt sich am 27. September 1935, als Finanz-Chef Lehmann dem Vorstand die Endabrechnung der Herstellungskosten von Amphitryon vorlegt. Sie lauten auf »RM 1.751.400 und zuzüglich 15% Produktions-Unkosten = RM 2.014.110«. Allein durch eine Erkrankung Reinhold Schünzels bei Drehbeginn seien circa RM 60.000 Mehrkosten entstanden.

Die Anforderungen der neuen Techniken an die bewährten Schauspiel-Veteranen schildert Trickspezialist Ernst Kunstmann, der noch bis in die 80er Jahre bei der DEFA seine Geheimnisse in filmische Wunder umgesetzt hat, in einem Gespräch mit Uwe Fleischer.

Adele Sandrock sollte zum Himmel fliegen und zwar mit einem Regenschirm. Der war drei Meter im Durchmesser und die Regenschirmkrücke war so groß, daß Paul Kemp, Willy Fritsch und Adele Sandrock darauf sitzen konnten. So schwer und so groß war der Regenschirm.

Als Adele Sandrock die Regenschirmkrücke sah, sagte sie: »Nein, da gehe ich nicht rauf, da könnt ihr machen, was ihr wollt.« Aber wir brauchten doch als Einstellung mindestens das Abheben des Regenschirmes mit Adele Sandrock und auch ein Bild vor klarem Himmel.

Als Adele Sandrock »Nein« sagte, bin ich zu Herrn Schünzel, er war der Regisseur. Aber er »verkrümelte« sich in die äußerste Ecke vom Atelier und sagte: »Seht mal zu, wie ihr Adele auf die Krücke raufkriegt.« Und da war dann auch Willy Fritsch, und er sagte: »Gnädige Frau, steigen Sie doch auf, es ist weiter nichts, das schaukelt nur ein bißchen.«

Adele Sandrock hat sich hingekniet und das Vaterunser gebetet und ist dann raufgegangen. Und als sie nun so hochgezogen wurde, zwei Meter, bis zum neutralen Hintergrund, fing sie an zu weinen. Da sagte der Regieassistent zum Regisseur: »Herr Schünzel, die weint.« Da sagte der: »Na, laß sie weinen, die weint vor Freude,« und Schünzel war entzückt. So wurde dann die Einstellung gedreht. Als Adele Sandrock dann oben war, wollte sie nicht mehr herunter. Da sagte sie: »Ach, ist das schön hier oben!«

Zusammenstellung: Hans-Michael Bock

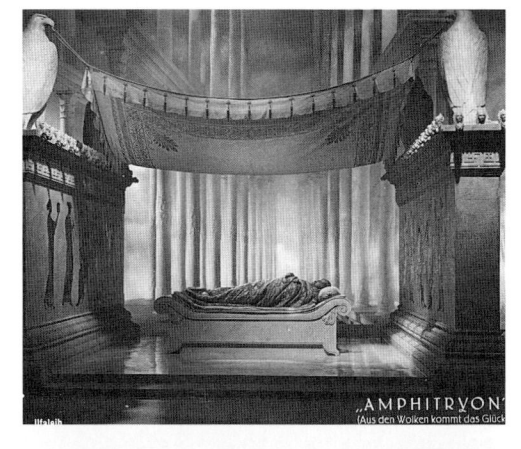

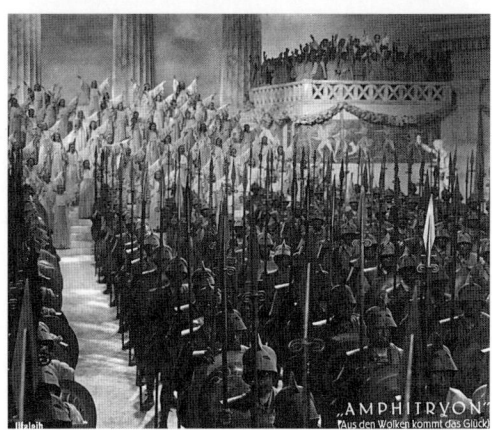

Die Favettis sind Bergmenschen. Der Sohn, auf italienischer Seite kämpfend, ist aus dem Ersten Weltkrieg nicht zurückgekommen. Jetzt taucht der Architekt Hemsteet auf und verliebt sich in Anna, obgleich noch mit Irene verheiratet ist, von der er sich scheiden lassen möchte. Zuvor läßt er Nachforschungen über den Verbleib des Favetti-Sohnes anstellen und schenkt der Mutter reinen Wein ein. Auch der alte Favetti stimmt dieser Vorgehensweise zu und gibt seine Tochter dem Manne.

1937/38. L'Etrange M. Victor.
REG Jean Grémillon. AUT Albert Valentin, Charles Spaak. DIA Marcel Achard, Charles Spaak. KAM Werner Krien. BAU Willy Schiller, Otto Hunte. TON Antoine Archimbaud. MUS Robert Manuel.
DAR Raimu (Victor Agardanne), Pierre Blanchar (Bastien Robineau), Madeleine Renaud (Madeleine Agardanne), Marcelle Géniat (la mère de Victor), Andrex (Robert Cerani), Georges Flamant (Amédée), Edouard Delmont (Paroli), Viviane Romance (Adrienne Robineau), Odette Roger (Mme Marie), Geneviève Chaplain, Jean Daniel, Armand Larcher, Charles Blavette, Vincent Hyspa, Alexandre Mihalesco, Geymond Vital, Roger Peter, Maupi (Rémi).
PRO Ufa / ACE. SUP Raoul Ploquin. DRZ ab Ende Dezember 1937. DRO Ufa-Atelier Neubabelsberg; AA Toulon. LNG 113 min. URA 4.5.1938, Paris (Champs-Elysée, Madeleine).
– In französischer Sprache hergestellt. – Deutscher AT: Sühne.
Victor ist ein biederer, von allen verehrter Mann, doch zugleich ein Hehler und Mörder, der es zuläßt, daß ein Unschuldiger verurteilt wird. Nach sieben Jahren bricht dieser aus dem Gefängnis aus und die Wahrheit kommt ans Licht.

1938. Ma soeur de lait. (Er und seine Schwester).
REG, AUT Jean Boyer. KAM Otto Baecker. BAU Max Knaake, Karl Vollbrecht. SCH Bernd von Tyszka. TON Max Langguth. MUS Georges Van Parys.
DAR Lucien Baroux (Cyprien), Meg Lemonnier (Monique Dumas), Henry Garat (Jacques Lorin), Mady Berry (Mme Cami), Olga Valéry (Irène Moon), Nane Germon (Isabelle), Janine Roger (la soubrette), Nina Myral (Mlle Estève, la gouvernante), Sarah Rafale, Colette Wilda (les infirmières), Geneviève Chaplain (= Guitry/, Jacqueline Yasowlew /= Roman/, Micheline Buire, Ginette Darey (les jeunes filles), Lena Dartès, Lucien Dayle (Lucien), Marcel Laporte (le speaker), Georges Lannes (Navetzki), André Almere (M. Dumas), Edouard Hamel (le régisseur), Lucien Boyer (le maire), Henri Nassiet (le second régisseur), Vincent Hyspa.
PRO Ufa / ACE. SUP Raoul Ploquin. DRZ Januar - Februar 1938. DRO Ufastadt Babelsberg. LNG 2710 m, 98 min. URA 11.5.1938, Paris (Normandie). DEA 5.7.1939, Berlin (Marmorhaus).
– In französischer Sprache hergestellt.
Um ihrem Idol, einem Filmstar, näher zu kommen, inszeniert die junge Bewunderin tausend Zwischenfälle, aber der junge Mann beachtet sie nicht. Mit Hilfe eines Sekretärs gelingt es ihr, für einen Film engagiert zu werden, in dem der Angebetete der Star ist.

1938. Dreiklang.
REG Hans Hinrich. RAS Rudi Hellberg. AUT Friedrich Forster-Burggraf; nach einer Idee von Detlef Sierck, basierend auf ›Pervaja Ijubov‹ von Ivan Turgenev, und ›Vystrel‹ von Aleksadr Puškin. KAM Werner Krien. KAS Igor Oberberg. STF Willi Weisse. BAU Ludwig Reiber, Willy Depenau. KOS Ilse Fehling. GAR Dora Grossmann, Ida Revelly. MAS Adolf Arnold, Cäcilie Didzoneit. SCH Paul Ostermayr. TON Gustav Bellers. MUS, ML Kurt Schröder. LT Bruno Hardt-Warden. MT ›Heut' schwebt durch die Nacht‹.
DAR Lil Dagover (Cornelia Contarini), Paul Hartmann (Hauptmann a.D. Albert von Möller), Rolf Moebius (Ulrich von Möller), Helga Marold (Monika Schramm), Walter Werner (Dr. Sitthard), Karl Günther (Bankier Henckelberg), Franz Weber (Anton), Lili Schoenborn (Haushälterin Tina Zerbern), Otto Matthies (Hoflieferant Friedrich Wilhelm Meier), Werner Pledath (Hausbesitzer Julius Schramm), Maria Seidler (Frau Schramm), Emma Bergner, Hildegard Fränzel, Kunibert Gensichen, Hans Heinz Müller, Lotte Rausch, Ernst Günther Schiffner, Leonie Stadie, Ewald Wenck.
PRO Georg Witt-Film GmbH, Berlin; für Ufa. Herstellungsgruppe: Krüger - Ulrich. PTR Georg Witt. HEL Ernst Krüger, Hans Herbert Ulrich. AUL Günther Grau, Ernst Mattner. DRZ ab Anfang Februar 1938 (Außen), 16.2. - Anfang April 1938 (Atelier). DRO Ufa-Atelier Neubabelsberg; AA Potsdam. LNG 2646 m, 97 min. ZEN 16.5.1938, Jv., f. URA 24.5.1938, Berlin (Capitol am Zoo).
– Prädikat: Künstlerisch wertvoll. – Der Film wurde bis hin zur Besetzung und den Dekorationen von Detlef Sierck vorbereitet.

Kino als rituelle Erfahrung
»Triumph des Willens« im Ufa-Palast

Entwurf von Albert Speer für die Außenfront des Ufa-Palast am Zoo für die Premiere von TRIUMPH DES WILLENS

Der Reichsparteitag spielt für Prozesse der Konsensbildung und der ideologischen Integration des Nationalsozialismus eine äußerst wichtige Rolle. Anlässe wie diesem – Nationalfeiertage und öffentliche Veranstaltungen im allgemeinen – mißt man die hochrangige Aufgabe zu, die Zustimmung der Massen zum Regime herzustellen.

Die Form, derer man sich bedient, um dieses Ergebnis zu erreichen, ist die des Rituals, der Zeremonie. Die Teilnahme wird nach Verfahren geregelt, die in den patriotischen Veranstaltungen des 19. Jahrhunderts wurzeln (Prozessionen, Massenchöre, Paraden an eigens dafür bestimmten Kult-Orten), und die ihrerseits von religiösen Zeremoniellen inspiriert sind. Diese Verflechtung setzt für die neue Politik typische Voraussetzungen um: Das Individuum, direkt in Kontakt mit dem Ereignis gesetzt, erlebt die Erfahrung eingelassen in eine Gemeinschaft; es hat darüberhinaus das Gefühl, vom Zuschauer zum Handelnden zu werden.

Das Zeremoniell bildet tatsächlich das zentrale System der Produktion von Macht in den Jahren des Dritten Reiches. Hitler will, daß es sogar stärker als seine eigene Figur sei: nur so könne das Regime überleben (Speer).

Die Verfestigung dieses Modells veranlaßt Leni Riefenstahl zum Zeitpunkt, als sie bereits beginnt, die Filme über die Reichsparteitage zu drehen, vor allem schon bestehende Materialien und Ausdrucksformen einzusetzen: die großen Massenbewegungen; die imposanten Menschenchoreografien, die den Traditionen der Nationalfeiertage entlehnt sind (und dann in den Bereich des Massentheaters und des nazionalsozialistischen Thing-Theaters, das gerade in den ersten Jahren des Regimes seine Phase größter Ausbreitung erfährt, übernommen werden); die Dramaturgie des Lichts (das Freudenfeuer, die Scheinwerfer), die im Dritten Reich in den Inszenierungen von Albert Speer größte Bedeutung erlangt (man denke nur an den »Lichtdom«, den der Architekt eigens anläßlich des Parteitages 1934 errichtet); die Aufmärsche, die Fahnen, die Versammlungen um heilige Symbole, die abermals den Festen und nationalpatriotischen Zeremonien entlehnt sind.

TRIUMPH DES WILLENS – ein erster Schritt in diese Richtung, noch Vorstudie und unvollkommen, ist 1933 DER SIEG DES GLAUBENS – muß eine neue Ebene für die Umgestaltung solcher Elemente entstehen lassen, muß ein System realisieren, das dem der schon bewährten Formen entspricht, jedoch gemäß den Bedingungen filmischer Kommunikation. Der Film hat die Aufgabe, die Anzahl der Teilnehmer an der Zeremonie des Reichsparteitages zu vervielfachen und eine analoge Art der Teilnahme zu schaffen; aber er hat dies mit den dem Kino eigenen Mitteln zu tun, d. h. daß er ein ihm ureigenes Modell hervorbringt.

Die filmische Form stellt sich durch die eigentümliche Wirkung ihres charakteristischen Wahrnehmungsvermögens und durch die eigentümliche kommunikative Dimension (der kollektive Genuß, die Vereinigung des Publikums im Kinosaal) als die Form heraus, die am ehesten geeignet ist, eine neue, wirksame, rituelle Form zu verwirklichen. Doch die zeremonielle Ebene des Kinos darf die des Ereignisses nicht ersetzen und in sich absorbieren (über diesen Punkt erlauben die zur Verfügung stehenden Quellen ein sicheres Urteil und widerlegen die These, die im Reichsparteitag von 1934 ein »fingiertes« Ereignis sehen will, sozusagen einzig inszeniert, um gefilmt zu werden). Die Liturgie des Parteitages (sozusagen als erste Artikulationsstufe des Zeremoniells) behält ihre Autonomie und Eigenart. Die dem Kino zugewiesene, äußerst wichtige und verantwortungsvolle Funktion besteht darin, eine weitergehende zeremonielle Ebene einzuführen, die jedoch nicht das Ereignis an sich, mit seinen charakteristischen Merkmalen, seinen Eigenschaften und vor allem mit seiner Bedeutungsschwere, ersetzen darf. Der Film stellt sich also als eine zweite Artikulationsstufe dar, und die Notwendigkeit dieses doppelten Programms ist den direkt Beteiligten vollkommen bewußt und wird sogar theoretisch reflektiert: »Der Glaube, daß ein reales, starkes Erlebnis einer Nation ein Neuerlebnis durch den Film finden könne, wurde in Deutschland geboren«, so Riefenstahl – bzw. ihr Ghostwriter Ernst Jäger – im Begleitbuch »Hinter den Kulissen des Reichsparteitag-Films«.

Nun besteht die ›Größe‹ von TRIUMPH DES WILLENS gerade in der Fähigkeit, derartige Bedürfnisse perfekt zu deuten. Es handelt sich nicht um ein Werk, das einfach bestimmte Parolen überträgt oder das Bild eines Regimes verbreitet, das es von sich selbst hat. Es handelt sich um einen Film, der eine neue liturgische Form audiovisuellen Typs hervorbringt, und der in der Lage ist, Sehen, Hören und Anteilnahme des Zuschauers zu orchestrieren.

Um dieses Ziel zu erreichen, artikuliert sich der Film, unter dem Gesichtspunkt der ihm eigenen spezifischen Möglichkeiten, in verschiedenen Aussagestrategien, eine jede gebunden an ein ›Kapitel‹ der Erzählung: der subjektive Blick, dessen Bezugsachse der Blick Hitlers ist, und der es dem Zuschauer nicht nur gestattet, sich auf die Bühne der Macht zu versetzen, sondern sich (in der Wahrnehmung) direkt mit ihm zu identifizieren; der dokumentarische Ansatz, in dem sich der bewegliche Blickpunkt mit dem eines der vielen Teilnehmer der Veranstaltung identifizieren kann; die Dramaturgie des Sprechchors (zusammen mit den Mitteln der symbolischen Montage) und (das »Kapitel« mit der Hommage an die Gefallenen) die Suggestion einer Perspektive, die mit keinem der konkreten Blickpunkte zusammenfallen kann, noch nicht einmal mit dem der hohepriesterlichen Hauptfiguren, und die wie die Offenbarung einer mythischen und heiligen Sphäre wirkt.

Auf der Ebene der allgemeinen Komposition bewegt sich Leni Riefenstahl im Rahmen einer – wenn auch vereinfachten und durch den »völkischen« Geschmack idealisierten – neoklassizistischen Ästhetik. Sie stützt sich jedoch auf Strukturen und Verfahren experimentellen Zuschnitts, die auf die Erfahrungen der Avantgarde der 20er und 30er Jahre zurückgehen. Es geht um Komponenten, die Riefenstahl zweifellos von Fancks Filmen erbt, in dessen Umkreis ihre Ausbildung erfolgt ist. Es geht um Komponenten, die für den Dokumentarfilm der Regisseurin eine unglaubliche und bis

Hauptmann a.D. von Möller verliebt sich in die reservierte Cornelia – genau wie sein Sohn Ulrich, der von der Liebe seines Vaters nichts weiß. Durch Cornelia erfährt er davon und stellt sie zur Rede. Sie erzählt aus der Vergangenheit, in der ihr erster Ehemann sie zur Mitwirkung in Schundfilmen und -Theaterstücken gezwungen habe. Einer dieser Filme wird von einem an Cornelia gescheiterten Bankier in einem Herrenclub vorgeführt, wofür von Möller ihn ohrfeigt und von ihm zum Duell genötigt wird. Er stirbt an den Folgen und verpflichtet zuvor Ulrich zum Stillschweigen Cornelia gegeüber.

1938. Heimat.
REG Carl Froelich. RAS Rolf Hansen, Harald Braun. AUT Harald Braun. AD Otto Ernst Hesse, Hans Brennert; nach dem Bühnenstück von Hermann Sudermann. KAM Franz Weihmayr. KAS Bruno Stephan, Kurt Eberhard Hasse. STF Eugen Klagemann. BAU Franz Schroedter, Walter Haag. KOS Manon Hahn. GAR Johann Dupke, Else Roehl. MAS Atelier Jabs. SCH Gustav Lohse. TON Carlheinz Becker. MUS Theo Mackeben. LT Michael Gesell (1), Hans Brennert (2). MT ›Eine Frau wird erst durch die Liebe schön‹, ›Drei Sterne sah ich scheinen‹. GES Zarah Leander. DAR Zarah Leander (Magda von Schwartze), Heinrich George (Oberst a.D. Leopold von Schwartze), Ruth Hellberg (Marie von Schwartze), Lina Carstens (Fränze von Klebs), Paul Hörbiger (Franz Heffterdingk), Georg Alexander (Prinz von Ilmingen), Leo Slezak (Korrepetitor Rohrmoser), Hans Nielsen (von Wendlowsky), Franz Schafheitlin (Bankdirektor von Keller), Babsi Schultz-Reckewell (Poldi), Hugo Froelich (Christian), Leopold von Ledebur, Gertrud de Lalsky, Werner Pledath, Otto Henning, Wilhelm Althaus, Rudolf Klix, Charlott Daudert, Erich Ziegel, Claire Reigbert, Ernst Schiffner, Hermann Pfeiffer, Karl Haubenreisser, Lotte Rokoll. PRO Tonfilm-Studio Carl Froelich & Co., Berlin; für Ufa. PRT Carl Froelich. PRL Friedrich Pflughaupt. ASS Rolf Hansen. AUL Arno Winckler. DRZ Februar 1938. DRO Froelich-Studio Berlin-Tempelhof. LNG 2780 m, 102 min. ZEN 31.5.1938, Jf. 14, f. URA 25.6.1938, Danzig (Ufa-Palast, im Rahmen der Gaukulturwoche); 1.9.1938, Berlin (Ufa-Palast am Zoo).
– Prädikate: Staatspolitisch wertvoll. – Künstlerisch wertvoll. – Nationaler Filmpreis 1939; IFF Venedig 1938: Pokal für den besten Regisseur an Carl Froelich. – Von den Alliierten Militärbehörden verboten.
1885: Magda von Schwartze, unter dem Namen Maddalena dall'Orto als Sängerin weltberühmt, kehrt in ihre Heimat, das kleine Fürstentum Ilmingen, zurück. Die Versöhnung mit ihrem Vater gerät in Gefahr, als sie sich weigert, den Bankier von Keller zu heiraten. Dieser hatte sie einst geliebt, sie aber in Stich gelassen, als sie schwanger wurde. Seither verachtet sie ihn. Als er wegen betrügerischer Delikte Suizid begeht, bleibt Magda mit ihrem Kind beim Vater.

1938. Was tun, Sybille?
REG Peter Paul Brauer. RAS B(oleslav) Barlog. AUT Wolf Neumeister, Heinz Bierkowski; nach der Novelle von Sofie Schieker-Ebe. KAM Robert Baberske. KAS Herbert Stephan, Hans Joachim Hauptmann. STF Kurt Goldsche. BAU Max Mellin, Hermann Asmus. GAR Anna Balzer, Georg Parsch, Erna Gillmore. MAS Kurt Neumann, Charlotte Pfefferkorn. SCH Fritz Stapenhorst. ASS Bernd von Cyzcnitzka. TON Georg Gutschmidt. MUS Hans Ebert. DAR Jutta Freybe (Sybille, Primanerin), Ingeborg von Kusserow (Primanerin), Hans Leibelt (Prof. Fromann), Hermann Braun (Primaner), Maria Koppenhöfer (Frau Seiff), Christine Grabe, Charlotte Schellhorn, Lotte Hamann, Inge Landgut, Hanna Mohs (Primanerinnen), Karlheinz Sedlak (Primaner), Hans Otto Gauglitz (Werner Fröhlich), Herbert Hübner (Prof. Strobel), Margarete Kupfer (Frau Findeisen), Ingolf Kuntze (Dr. Hentschke), Paul Otto (Direktor), Ernst Leudesdorff (Landgerichtsdirektor), Franz Pfaudler (Herr Fröhlich), Wolf Neumeister (Pedell Schädel), Lilo Bergen, Eduard Bornträger, Günter Brackmann, Thea Fischer, Lothar Geist, Erika Hertramp, Helga Karwa, Maria Krahn, Otto Kronburger, Ursula Malt, Hermann Pfeiffer, Brigitte Schack, Lili Schoenborn (Frau Fröhlich), Inge Stübs, Tony Tetzlaff, Dorothea Thiess, Else Reval, Ursula Völker, Helene Wagenbreth.
PRO Ufa. Herstellungsgruppe: Peter Paul Brauer. HEL Peter Paul Brauer. AUL Otto Galinowski, Hajo Wieland. DRZ Mitte März - Ende April 1938. DRO Ufa-Atelier Berlin-Tempelhof, Ufa-Ateliers Neubabelsberg; AA Garmisch, Dresden, Umgebung von Berlin. LNG 2353 m, 86 min. ZEN 10.6.1938, Jf., f. URA 21.7.1938; Dresden (Universum); 10.9.1938, Berlin (U.T. Kurfürstendamm).

dahin unbekannte Wirkung hinsichtlich der Möglichkeiten von – im Zusammenhang – neoklassizistischer Organisation des Bildes erzielen. TRIUMPH DES WILLENS und OLYMPIA haben ihr Geheimnis, schöpfen ihre Kraft gerade aus dieser Fähigkeit, eine avantgardistische Konzeption von Technik und Kino in einen Apparat wie das Ritual zu integrieren, der ganz entgegengesetzte Prinzipien zu erfordern schien: Ordnung, Harmonie, Gleichgewicht; die Auslöschung und Negation der technischen Dimension, oder zumindest ihre Entwertung zum rein zweckdienlichen Bestandteil. Erneut stehen wir vor dem Paradox (und dem Kernpunkt, der zum Großteil noch zur Debatte steht) des Zusammenwirkens von Moderne und rechter Kultur, auf das schon anläßlich der Filme von Fanck hingewiesen wurde.

Neuere Untersuchungen haben die Aufmerksamkeit auf die wichtige, in einigen Bereichen neuralgische Rolle gelenkt, die die Moderne im deutschen Faschismus spielt: eine Rolle, die sie jenseits entgegengesetzter ideologischer Standpunkte ausübt; untergründig in Bezug auf die symbolische Bedeutung bestimmter Zeichen (zum Beispiel in der öffentlichen und privaten Architektur); jedoch auch ganz offen (zum Beispiel in der industriellen Architektur und Organisation). Es handelt sich um einen Aspekt, von dessen Klärung ein grundlegender Beitrag für eine umfassende Kenntnis ausgehen könnte, die ins Innerste des Phänomens des Nationalsozialismus dringt – und nicht nur in seine Ästhetik.

Die Premiere von TRIUMPH DES WILLENS findet am 28. März 1935 im Ufa-Palast am Zoo statt. Für die Vorführung wird ein aufwendiger Apparat bereitgestellt. Die Fassade des Kinos wird unter der Aufsicht von Albert Speer im gleichen Stil neu gestaltet, den der Architekt bei den Bauten des Reichsparteitages angewandt hat: riesige Fahnen und ein nicht weniger riesiger »Hoheitsadler«. Innen sticht ebenfalls das szenische Element der Fahnen hervor. Der Premiere wohnen Hitler, Heß, Goebbels und alle hohen Repräsentanten des Staates und der Partei bei. Am Schluß erhebt sich das gesamte Publikum, um das Horst-Wessel-Lied zu singen.

Das Verfahren der Inszenierung der Vorführung greift auf Muster zurück, die schon in den 20er Jahren weit verbreitet sind, in denen die Filmprojektion in prunkvolle Musik- und Lichtspektakel eingebettet ist, denen Varieté- oder Tanznummern vorausgehen (Prolog), begleitet von umfassenden bühnenbildnerischen Eingriffen, die jeweils das Äußere der Kinosäle auf der Basis der thematischen und stilistischen Charakteristika eines bestimmten Werkes umgestalten. Hier erlangt die Inszenierung eine weitergehende Bedeutung: sie ist nicht nur die Verlängerung des Films über seine eigene filmische Matrix hinaus, Ausgang des Werkes aus sich selbst (aus seiner Dimension der Leinwand), um eine Art Gesamtkunstwerk anzustreben, in dem unterschiedliche sinnliche Reize, unterschiedliche Materialien und unterschiedliche Strategien (die der Reproduzierbarkeit und ihr Gegenteil) zusammenfließen. All dies trifft zu, aber sie ist auch noch viel mehr: die Inszenierung wird zu einer dritten Artikulationsstufe des Rituals. Die Teilnahme an der Vorführung, die durch eine Reihe starker Zeichen von Kontinuität gegenüber den Ikonografien des Reichsparteitages und des Films sowie gegenüber den sinnlichen Reizen des Parteitages und des Films gekennzeichnet ist, nimmt ihrerseits die charakteristischen Merkmale der Zeremonie an, mit den ihr eigenen Regeln und der ihr eigenen Wirkung, die sie ausübt. Der Kinosaal (ein spezialisierter Ort und einer, der wie ein Theater oder ein sakraler Raum eine kollektive Erfahrung in sich aufnimmt und ihr Form verleiht) verwandelt sich in einen kultischen Ort.

Für die Vorführung von TRIUMPH DES WILLENS erläßt der Vorsitzende der Reichsfilmkammer eine Verfügung, die die Kopplung des Films an eine Wochenschau oder einen Kulturfilm verbietet. Wenn sich die Vorführung nach einem genauen Ritual vollzieht, sich als eine neue, weitergehende Ebene des Rituals ausnimmt, muß jedes verfälschende Element konsequenterweise ausgeräumt werden.

Leonardo Quaresima

Das Reichsparteitagsfeld
in Nürnberg
Entwurf Albert Speer

Ufaleih „Triumph des Willens" Foto: Reichsparteitagfilm

Der Primanerin Sybille kommt ein Zehnmarkschein abhanden. Die Betroffenheit in der Mädchenklasse ist groß, hatte man doch unbedingtes Vertrauen zueinander. Zusammen mit Professor Fromann klärt man die Tat auf, die in Schulproblemen ihren Ursprung hat.

1938. Capriccio.
REG Karl Ritter. **RAS** Gottfried Ritter. **AUT** Felix Lützkendorf, Rudo Ritter. **KAM** Günther Anders. **KAS** Adolf Kühn, Curt Fischer. **STF** Ferdinand Rotzinger. **BAU** Walter Röhrig. **KOS** Manon Hahn, Arno Richter. **GAR** Paul Haupt, Hellmer, Gertrud Wendt. **MAS** Atelier Jabs. **SCH** Gottfried Ritter. **ASS** Friedrich Karl von Puttkamer. **TON** Ludwig Ruhe. **MUS** Alois Melichar. **LT** Franz Baumann. **MT** ›Das Frauenherz‹, ›Mit Bravour‹. **CHO** Werner Stammer. **DAR** Lilian Harvey (Madelone), Viktor Staal (Fernand), Paul Kemp (Henri), Aribert Wäscher (Präfekt Barberousse), Paul Dahlke (Vormund Cesaire), Anton Imkamp (General d'Estroux), Kate Kühl (Gräfin Malfougasse), Margot Höpfner (Eve Malfougasse), Hedy Höpfner (Anais Malfougasse), Ursula Deinert (Tänzerin), Werner Stock (Page), Annemarie Holz (Madame Hélène), Erika Raphael (Tanzmädchen), Margot Erbst (Blumenmädchen Marie), Martha von Kossatzki (Barbara), Moja Petrikowski (Oberin), Anna von Palen (Nonne), Friedrich Gnaß (1. Hahnenkämpfer), Nico Turoff (2. Hahnenkämpfer), Herbert Weißbach (Gerichtsvorsitzender), Paul Schwed (Gendarm), Georg Georgi (1. Wirt), Karl Hannemann (2. Wirt), Gudrun Ady, Margot Dörr-Humbrecht, Lily Harich, Marianne Schleif, Elfriede Vollmer, Elisabeth Veit, Thea Fischer (Klosterschülerinnen), Josef Dahmen, Heinz Berghaus, Karl Wagner, Max Hiller, Wilhelm Gerber, Wilhelm Egger-Sell, Franz Schöber, Michael von Newlinski (Brautwerber und Zechkumpane des Barberousse), Leo Sloma, Kurt Gädtke, Arthur Reppert, Oskar Aigner, Albert Ihle, Friedrich Petermann, Schröder, Fritz Wagner (Zechkumpane des Generals), Friedel Fieberkorn, Ellen Becker. **PRO** Ufa. Herstellungsgruppe: Karl Ritter. **HEL**, **PRL** Karl Ritter. **AUL** Ludwig Kühr. **DRZ** 17.1. - 7.3.1938. **DRO** Ufa-Atelier Neubabelsberg. **LNG** 3034 m, 111 min. **ZEN** 15.6.1938, Jv. **URA** 11.8.1938, Berlin (Gloria-Palast).
Die kleine Kratzbürste Madelone flieht vor dem ihr zugedachten Bräutigam Barberousse. Unerkannt und in Männerkleidung begegnet sie dem Mann ihres Herzens, Fernand.

1938. Der Fünfzigmarkschein.
REG Carl Heinz Wolff. **AUT** Werner E. Hintz; nach einer Idee von E. L. Anton. **KAM** Walter Pindter. **BAU** Carl Ludwig Kirmse. **TON** Bruno Suckau. **MUS** Lothar Brühne. **DAR** Günter Brackmann, Lothar Geist, Hilde Volk, Rudolf Klix, Ilse Trautschold, Hermann Pfeiffer, Toni Tetzlaff, Maria Seidler, Hermann Mayer-Falkow, Hans Kettler, Jac Diehl. **PRO** Ufa. **PRL** Peter Paul Brauer. **DRZ** Mai 1937. **DRO** Ufa-Atelier Neubabelsberg. **LNG** 403 m, 15 min. **ZEN** 17.6.1938, B.48485, Jf.
– Kurzspielfilm.

1938. Susi und der schwarze Mann.
REG Karl Hans Leiter. **AUT** Aldo von Pinelli; nach einer Idee von L. Metzger. **KAM** Walter Pindter. **BAU** Carl Ludwig Kirmse. **TON** Bruno Suckau. **MUS** Lothar Brühne. **DAR** Vera Hartegg, Annemarie Korff, Siegfried Schürenberg, Ingrid Buhl, Eberhard Leithoff, Willi Rose. **PRO** Ufa. **PRL** Peter Paul Brauer. **LNG** 574 m, 21 min. **ZEN** 17.6.1938, B.48486, Jf.
– Kurzspielfilm.

1938. Andalusische Nächte.
REG Herbert Maisch. **RAS** Erwin Heiner Moll. **AUT** Philipp Lothar Mayring, Fred Andreas. **AD** Florián Rey; nach der Novelle ›Carmen‹ von Prosper Mérimée. **KAM** Reimar Kuntze. **KAS** Benno Stinauer. **STF** Karl Lindner. **BAU** Franz Schroedter. **KOS** Manon Hahn. **GAR** Otto Zander, Gustav Jäger. **MAS** Max Patyna. **SCH** Anna Höllering. **TON** Erich Leistner. **MUS** José Munoz-Modella, Juan Mostaza-Murales. **ML** Hansom Milde-Meißner. **LT** Herbert Witt. **MT** ›Triana...Triana!‹, ›Vargas Heredia‹, ›Wenn Du mich heute nicht küßt...‹. **GES** Imperio Argentina.
DAR Imperio Argentina (Carmen), Friedrich Benfer (Don José), Karl Klüsner (Antonio Vargas Heredia), Erwin Biegel (Salvadore), Edwin Jürgensen (Major), Siegfried Schürenberg (Rittmeister Moradela), Hans Adalbert Schlettow (Sergeant Garcia), Kurt Seifert (Juan), Hans Hessling (Triqui), Albert Venohr (Schmuggler), Ernst Legal (Wirt in Sevilla), Margit Symo (Tänzerin), Maria Koppenhöfer (Wahrsagerin), Friedrich Ettel (Herbergswirt), Milena von Eckardt (Kellnerin).

376

Der renitente Star

Hans Albers

Schau mir in die (blauen) Augen, Kleines: Hans Albers mit Brigitte Horney und Gusti Huber

»Heute fand der Termin Hans Albers gegen Ufa statt. Klagesumme 68.000 M«, berichtet der Film-Kurier am 29. Mai 1934. Der Schauspieler will mehr Geld, weil sich die Dreharbeiten zu GOLD um zwei Monate verzögert haben. Der Richter strebt eine gütliche Einigung an, doch die streitenden Parteien beharren auf ihrem Standpunkt. Die Ufa erhebt sogar Widerklage und fordert ihrerseits von Albers Schadensersatz. Ende September wird ein Vergleich geschlossen. Über das Ergebnis sickert nichts durch in die Öffentlichkeit. Der Dauerkonflikt zwischen dem blonden Hans und dem nationalen Filmkonzern wird als geheime Verschlußsache behandelt.

Hans Albers »hat, als ein unbefangener, frecher Kerl, die Tonfilmsprache erfunden... Er murmelte Trostgeräusche, er streute unverständliches Zeug zwischen die Zeilen, allerlei akustischen Kehricht, halbe Wörter, kleine Seufzer, befriedigtes Gebrumm. Denn er fühlte, daß es zu den Aufgaben des Tonfilms gehörte, die Sprache in die übrige Welt der Geräusche einzuordnen«, schreibt Rudolf Arnheim am 8. September 1931 in der *Weltbühne*.

Zwei Wochen später taucht der Name Albers in den Protokollen der Vorstandssitzungen auf: »Die Ufa hat Option bis zum 1. Oktober auf einen weiteren Film mit ihm gegen ein Pauschalhonorar von M 100.000. Herr Correll berichtet, daß er mit Herrn Albers wegen Verlängerung der Optionszeit bis zum 1. November ds. Js. verhandele, wovon die Versammlung zustimmend Kenntnis nimmt«. Das ist ein Spitzensatz; für die nächsten vier Filme, darunter für den von Gerhard Lamprecht verfilmten EIN GEWISSER HERR GRAN, muß sich der Star mit 70.000 RM zufriedengeben.

Der Publikumsliebling ist ein Paradefall sowohl für die Medientheorie als auch für die Geschäftspolitik der Ufa. In den Filmen der Erich Pommer-Produktion Anfang der 30er Jahre kann Albers seine Qualitäten beweisen: Schnoddrig und zynisch spielt er strahlend freche Draufgänger (›Mazeppa, Kraftakt‹ in DER BLAUE ENGEL) und verwegene Abenteurer (BOMBEN AUF MONTE CARLO), gelegentlich von melancholischer Reserve gebremst (F.P.1 ANTWORTET NICHT). Er gibt seine Bühnenkarriere auf und wendet sich ganz dem Film zu. Routiniert erledigt er seine Rollen, die keine Abweichung vom Image mehr zulassen. Mit der Geste »Hoppla, jetzt komm ich« tritt er als DER SIEGER auf, doch gerät ihm nach 1933 so manche Heldenrolle zur bedenklichen Führerfigur: FLÜCHTLINGE.

Mit dem Erfolg steigert Albers seine Honoraransprüche. Am 15. Januar 1935 wird Correll ermächtigt, für drei innerhalb einer Zeitspanne von 14 Monaten herzustellende Filme eine Gage »von bis zu RM 85.000, notfalls 90.000 pro Film zu bieten«. Der Vorstand muß jedoch zur Kenntnis nehmen, »daß Albers den Abschluß eines Vertrages von der Vorlage eines ihm genehmen Stoffes abhängig gemacht hat«. In einer Vorvereinbarung konzediert die Ufa daraufhin, Albers befristet »geeignete Stoffe zu unterbreiten«; der Star verpflichtet sich, in dieser Zeit »mit dritten Firmen wegen eines Engagements keine Verhandlungen zu führen«.

Die Ufa hat Angst, daß Albers abwandert, und so beschließt der Vorstand am 29. Januar 1935, daß die Gage im Höchstfalle RM 100.000 betragen dürfe. Es geht jetzt auch um die Starrolle im »nationalen Film«. Zur Wahl stehen: »August der Starke«, »Kean« (»in moderner Führung«), »ein Fliegerfilm unter Zugrundelegung des Schicksals Richthofens als nationaler Film«, »Störtebeker«, »Fürst Potemkin«, »Die Vaterlandslosen«. Wenige Tage später ist der Vertrag perfekt. Albers hat eine Reihe von Bedingungen durchgesetzt, die ihm einen weitgehenden Einfluß auf jeden einzelnen Film sichern. Selbst das Aussehen der Reklame, des Verleihkatalogs, des Theaterprogramms, des Filmkalenders und der *Filmwoche* ist von ihm geregelt worden, nicht zu vergessen, daß er für den Auftritt in der Premiere RM 500 erhält.

Im einzelnen behält sich Albers vor, dem Stoff zuzustimmen, ebenso der Wahl des »Hauptschriftstellers« und der des Regisseurs. Weiter sichert er sich die Mitarbeit am Drehbuch sowie die Gestaltung der Rolle. Im übrigen setzt er durch, daß die vier Filme etatmäßig Spitzenproduktionen werden; die Herstellungskosten sollen für zwei Filme bis zu RM 700.000, für die anderen beiden bis zu einer Million Reichsmark betragen, wobei der vierte Film möglichst »ein großer musikalisch geführter Film« sein soll und im übrigen jährlich nur ein einziger Kostümfilm gedreht wird.

Der Schauspieler hat eine starke Position. Er dreht gleichzeitig bei der Bavaria. 1935 bringt diese HENKER, FRAUEN UND SOLDATEN in der Regie von Johannes Meyer heraus. Albers bringt im Verein mit Regisseur Gustav Ucicky diese Bavaria-Produktion gegenüber der Ufa ins Spiel, um den vorgesehenen Stoff »Kameraden« (»starke Ähnlichkeiten mit dem von der Bavaria hergestellten Albers-Film«) zu Fall zu bringen. Er schlägt stattdessen den Stoff WASSER FÜR CANITOGA vor und teilt dem Vorstand im November 1935 weiter mit, daß er die Theaterrechte für RM 10.000 persönlich zu erwerben beabsichtige, wobei die Ufa jedoch dieses Geld, »evtl. gegen Zinsen«, vorzulegen habe, später sei eine Verrechnung möglich.

Es dauert drei Jahre, bis der Film unter der Regie von Herbert Selpin gedreht ist. Zunächst scheitern die Verhandlungen mit der Bavaria, die eine Option auf den Stoff hat. Aber auch das Albers-Projekt »Casanova«, das im Dezember 1935 bereits vermietet ist und für den Reklame gemacht wird, verzögert sich. Deshalb wird SAVOY-HOTEL 217 vorgezogen. Auf der Vorstandssitzung am 17. Dezember 1935 sind der Regisseur Gustav Ucicky und Hans Albers zu Gast. Es werden Umgestaltungen diskutiert. Der ersten Anregung wird aus wirtschaftlichen Gründen nicht nachgegangen: Die Idee, aus der Hauptrolle des Andrei, der Albers-Rolle, statt eines Kellners einen Detektiv zu machen, würde einer völligen Neugestaltung des Stoffes gleichkommen und den Drehbeginn hinauszögern.

Die weiteren Anregungen werden jedoch vom Vorstand aufgegriffen. Das Puppenspiel am Schluß des Drehbuches wird herausgenommen, »während das Kasperle-Theater in der Mitte der Handlung beibehalten werden soll, da diese Szenen für Albers besonders geeignet erscheinen.« Der Vorstand beschließt ferner, die Asylszenen zu verkürzen, französische Floskeln auf ein Minimum zu beschränken und den Andrei zwar Russe bleiben zu lassen, ihm »freilich Deutsche« als Vorfahren zu geben.

Aber auch nach Fertigstellung von SAVOY-HOTEL 217 sind Vorstandsbeschlüsse erforderlich. Erst kurz vor Ostern 1936 kann entschieden werden, in welchem Kino die Osterpremiere stattfinden soll: im vornehmen Gloria-Palast (Votum Hans Albers) oder im Ufa-Palast am Zoo (Votum Ufa-Vorstand). Vorsichtshalber ist der Termin schon im Februar bei beiden Theatern gebucht worden. Am 24. März 1936 fällt die Entscheidung: »Nach nochmaliger Besprechung der Angelegenheit mit Albers erklärt sich dieser nunmehr mit der Uraufführungsdisposition im Ufa-Palast am Zoo einverstanden«. – Freilich muß im Monat darauf der Vorstand Herrn Correll ermächtigen, weitere Gagenzuschläge für Hans Albers zu bewilligen.

Zu einer Verstimmung zwischen der Ufa und ihrem Star kommt es schon wenig später, Ende April 1936, anläßlich der Produktion des Films UNTER HEISSEM HIMMEL. Albers war mit Regisseur Ucicky und zwei anderen Herren von der Produktion im April 1936 nach Bulgarien und Rumänien gefahren, um über die »Zurverfügungstellung von Schiffen, Kriegsschiffen, Militär, Hafenanlagen, Komparserie« zu verhandeln. In einem Bericht für den Ufa-Generaldirektor, Klitzsch, der als »Vertraulich! Persönlich aufzubewahren« gekennzeichnet ist, wird über den anspruchsvollen Herrn Albers Klage geführt. Nach außen hin habe sich die Reise dank der Teilnahme von Albers zu einer reinen Propaganda für die Ufa gestaltet, insbesondere aber natürlich für Albers selbst, »der von Publikum und Presse auf Schritt und Tritt belagert wurde«. Intern wird ihm jedoch vorgeworfen, über die vertraglich eingeräumten Rechte hinaus bei Gesprächen über Drehbuch und Besetzung immer wieder Vorbehalte zu machen und dadurch den Drehbeginn zu verzögern. – Der Streit geht um die Besetzung der weiblichen Hauptdarstellerin. Obwohl Albers diesbezüglich keine Rechte zustehen, ist er unliebsam aktiv geworden. Das Ergebnis ist negativ. »Die Hauptdarstellerin ist weder in Bulgarien noch in Rumänien gefunden worden«, heißt es im klageführenden Vermerk, »ein nationale Türkin für diese Rolle zu nehmen, ist wegen der politischen Gegensätze zwischen Bulgarien und der Türkei unmöglich. Man müßte also wahrscheinlich auf eine serbische Schauspielerin zurückgreifen«.

Die Ufa sieht die bereits investierten Gelder gefährdet. Es ist zu befürchten, daß »die unliebsamen Erörterungen zwischen Herrn Albers und den übrigen Filmschaffenden während der Drehen des Films SAVOY-HOTEL 217« sich bei dem neuen Film wiederholen. Der Vorstand will dem Star im Falle solcher Vertragsverletzungen mit »Spielverbot« und darüberhinaus »Schadensersatzforderung in recht erheblichem Umfang« drohen. Aber wo soll das Abmahnungsgespräch stattfinden? Wie üblich in Babelsberg? Oder, wie Albers verlangt, auf seinem Landsitz bei München?

Direktor Lehmann, der in seinem Klage-Bericht vom 13. Mai 1936 den Vorstand so beredt auf Albers' unerträgliche Starallüren hinweist, muß zwei Tage später seinen Vorstandskollegen zur Kenntnis geben, daß der Drehbeginn und damit die Fertigstellung auf unbestimmte Zeit hinausgeschoben sei. Beschlossen wird, Albers nach Babelsberg zu zitieren.

Am 25. Mai findet die große Besprechung mit Albers statt. Nicht in Babels-

PRO Tonfilm-Studio Carl Froelich & Co., Berlin; für Ufa / Hispano Films, Madrid. PRT Carl Froelich. PRL Friedrich Pflughaupt. AUL Arthur Kiekebusch. DRZ Januar - März 1938. DRO Froelich-Studio Berlin-Tempelhof. AA Sevilla und Umgebung. LNG 2615 m, 95 min. ZEN 24.6.1938, Jf. URA 5.7.1938, Berlin (Ufa-Palast am Zoo).
– Spanische Version: Carmen la de Triána, R: Florián Rey. Nach der Novelle ›Carmen‹ von Prosper Mérimée, die allerdings umgearbeitet ist zu einer Lobpreisung soldatischer Tugenden.

1938. Um Kopf und Kragen.
REG Rudolf van der Noss. AUT Karl Kaspar, Roland Schönfelder. KAM Karl Attenberger. BAU Willy Schiller. TON Robert Fehrmann. MUS B. von Klebeck. DAR Franz Stein (Sörensen), Elisabeth Wendt, Willi Rose (Wilke), Gerhard Bienert, Otto Matthies, Alice Brandt . PRO Ufa. PRL Karl Schulz. DRO Ufa-Atelier Neubabelsberg. LNG 578 m, 21 min. ZEN 2.7.1938, B.48603, Jf.
– Kurzspielfilm.

1938. Halt... meine Uhr!
REG, AUT Karl Hans Leiter. KAM Karl Attenberger. BAU Willy Schiller. TON Robert Fehrmann. MUS Friedrich Witeschnick.
DAR Franz Wilhelm Schröder-Schrom, Gerda Melchior, Ernst Waldow, Hilde Schneider, Willy Meyer-Sanden, Toni Pfaff, Oscar Sabo.
PRO Ufa. PRL Karl Schulz. AUL Fritz Andreas Brodersen. DRZ April 1938. DRO Ufa-Atelier Neubabelsberg. LNG 442 m, 16 min. ZEN 19.7.1938, Jf.
– Kurzspielfilm.

1938. Der Fall Deruga.
REG Fritz Peter Buch. RAS Alfons von Plessen. AUT Hans Neumann, Fritz Peter Buch, L. A. C. Müller; nach dem Roman von Ricarda Huch. KAM Werner Bohne. KAS Kurt Schulz, Werner Lehmann-Tandar. STF Walter Weisse. BAU Ludwig Reiber, Willy Depenau. KOS Ilse Fehling, Friedrich W. Großmann, Ida Revelly. MAS Karl Arnold, Helene Pfeffermann, Cäcilie Didzoneit. SCH Elisabeth Neumann. TON Werner Pohl. MUS Hans Ebert.
DAR Willy Birgel (Dr. Stefan Deruga), Geraldine Katt (Mingo Truschkowitz), Dagny Servaes (Baronin Truschkowitz), Käte Haack (Marta Schwertfeger), Georg Alexander (Baron Truschkowitz), Hans Leibelt (Justizrat Dr. Klemm), Erich Fiedler (Dr. Schelling), Walter Franck (1. Staatsanwalt), Paul Bildt (Landgerichtsdirektor Dr. Zeunemann), Roma Bahn (Valeska Durich), Erika von Thellmann (Therese Klimkhardt), Leo Peukert (Verzelli), Claire Winter (Ursula Züger), Ernst Karchow (2. Staatsanwalt), Fritz Odemar (Hofrat Dr. Mäulchen), Erich Ziegel (Prof. Vandermühl), Oscar Sabo (Hausmeister Oskar Schulz), Beppo Brem (Friseur Alois Alfinger), Walter Albrecht, Otto Braml, Walter Buhse, Loulou Daenner, Wilhelm Grosse, Christine Grossmann, Jens von Hagen, Kurt Hagen, Bruno Klockmann, William Leo, Otto Marlé, Günther Markert, Edith Meinhardt, Heino Meissl, Hans Nerking, Alfred Pussert, Louis Ralph, Leo Reiter, Arthur Reppert, Jutta Sabo, Albert Ernst Schaah, Walter Schenk, S. O. Schoening.
PRO Georg Witt-Film GmbH, Berlin; für Ufa. PRT Georg Witt. AUL Günther Grau. DRZ 2.5. - Juni 1938. DRO Ufa-Atelier Berlin-Tempelhof. LNG 2866 m, 105 min. ZEN 25.7.1938, Jv. URA 1.8.1939, Hamburg (Ufa-Palast); 22.9.1938, Berlin (Capitol am Zoo).
– Prädikat: Künstlerisch wertvoll.
Beinahe wäre Dr. Deruga vom Schwurgericht des Giftmordes an seiner geschiedenen Frau für schuldig befunden worden. Die Beweislage ist erdrückend. Erst die Recherchen Mingos, Tochter zweier Nebenkläger, bringen Licht in die Sache. Derugas Frau beging Selbstmord.

Hans Albers im Kurt Gerrons Drogen-Krimi DER WEISSE DÄMON (1932). Am Fenster mit Hut: Peter Lorre

berg. Der Schauspieler, weit davon entfernt, klein beizugeben, stellt zwei neue Forderungen. Die erste: in einem Film die Regie zu übernehmen. Die zweite: in Zukunft am Reingewinn aller Ufa-Filme, in denen er mitwirkt, statt der zugesagten 10% mit 20% beteiligt zu werden. Der Vorstand windet sich: Die gewünschte Erteilung eines Regieauftrages will man im Verlauf der Herstellung der nächsten Filme prüfen. Und was die finanzielle Forderung anbelangt, so ist man bereit, die Beteiligungsansprüche Albers' ufaseits mit RM 100.000 abzulösen.

»Heißer Himmel« ist in den Verleih-Programmen 1935/36 und 1936/37 angekündigt. Der Vertrieb beanstandet, daß der Film »ständig mit ›Heißes Blut‹ bezeichnet« wird. Schwerwiegender als die Titelfrage, über die man sich im Vorstandskreis zerstreitet, ist jedoch die Verwicklung der Dreharbeiten in den spanischen Bürgerkrieg. Das hat für die Ufa eine gute und eine schlechte Seite.

Um mit der schlechten Seite anzufangen: Der an der spanischen Küste liegende deutsche Panzerkreuzer »Admiral Scheer« veranlaßt im August 1936 den von der Ufa für Außenaufnahmen gecharterten und auf der Seereise befindlichen Dampfer, deutsche Flüchtlinge aus Spanien an Bord zu nehmen. »Durch den Verzehr des mitgenommenen Proviants seitens der Flüchtlinge und die Verzögerung in der Reise entstehen Mehrkosten«, bedauert Lehmann. Aber die Geschichte hat auch eine gute Seite, denn sie läßt sich PR-mäßig ausschlachten. Die Landung der Flüchtlinge in Neapel kommt in die Wochenschau. Weiter soll mit dem Reichsmarineamt Verbindung aufgenommen werden, damit »dieser Vorfall pressemäßig gut ausgewertet wird, sobald dies irgend zulässig ist«.

Große Schwierigkeiten machen die Griechen. Da die Ufa die griechische Marine für den Film verpflichtet hat, sind Einwendungen der Auslands-Abteilung am Drehbuch zu berücksichtigen. Das geschieht auch – mit Ausnahme des Schlusses, der nur insofern geändert werden kann, »als nicht mehr von Putsch, Sr. M. dem König, griechischem Volk und ähnlichen zu schwülstigen Ausdrücken gesprochen« wird. Dennoch interveniert das griechische Propagandaministerium. Als der Film im Januar 1937 anläuft, erhebt der Gesandte gegen einzelne Stellen dieses Films Einspruch, und um der Gefahr eines Verbotes zu entgehen, läßt der Vorstand die beanstandeten Passagen aus den Kopien herausschneiden.

Albers bekommt in diesem Sommer Gegenwind zu spüren. Am 3. Juni lehnt der Vorstand seinen Wunsch ab, während der Ufa-Vertragszeit in einem Film bei der Ba-

"Unter heißem Himmel"

varia mitzuwirken. Die Verhandlungen über die Vertragsverlängerung geraten ins Stokken, und man denkt bereits über Alternativen nach. »Nach Ansicht des Vertriebs kann auf ein Engagement mit Albers verzichtet werden, wenn es gelingt, Wohlbrück für 2 Filme zu verpflichten.« Als Albers daraufhin in Verhandlungen mit der Tobis eintritt, interveniert der Ufa-Vorstand bei der Tobis mit dem Ergebnis, daß »die Verhandlungen zum Stillstand« kommen (Protokoll vom 30.6.1936). Albers bemüht sich daraufhin höchstpersönlich nach Babelsberg. Ihm wird am 26. Juni 1936 vom Ufa-Vorstand ein Verzicht auf sein Mitbearbeitungsrecht bei dem Film UNTER HEISSEM HIMMEL abverlangt. Mit Erfolg. Von einer ausdrücklichen Bestätigung dieser Absprache sieht Corell ab, »um keine weiteren Schwierigkeiten mit Albers hervorzurufen«.

Der schließt mit Wirkung vom 1. Januar 1937 einen Vertrag mit der NDLS ab. Beunruhigt fragt die Ufa bei Albers telefonisch nach. Sie erhält keine Antwort. Daraufhin läßt man die Prozeßaussichten von den Hausjuristen überprüfen. »Die Kosten beim Amtsgericht würden nur geringfügig sein«. Dem Vorstand scheint die Zeit reif zu sein, mit Albers abzurechnen.

In der Vorstandssitzung kommt noch einmal aller Frust auf den Tisch: Albers mache Schwierigkeiten, indem er über den vertraglichen Rahmen hinaus »auf die Manuskriptgestaltung Einfluß« nehme; ferner, er habe mit den Regisseuren Differenzen; vor allem aber, er brauche für die Wiedergabe seiner Rolle »Hilfsmittel (...), wodurch die Sprachweise beeinträchtigt wird« (Gerade dieser letzte Punkt gibt Anlaß zu der bangen Frage, ob Arnheim einem grandiosen Irrtum aufsitzt, als er die Sprechweise von Albers medientheoretisch vereinnahmt). Ja, und außerdem wirft die Ufa Albers vor, Unmögliches zu verlangen, nämlich Zahlungen in Schweizer Franken.

Und dennoch: Der Vorstand beschließt, weiter zu verhandeln, »da der Sherlock-Homes-Stoff nur mit Albers durchführbar ist«. Noch im selben Jahr wird unter der Regie von Karl Hartl DER MANN, DER SHERLOCK HOLMES WAR fertiggestellt. Freilich gehen dem Abschluß dieser Produktion beiderseitige Empfindlichkeiten voraus. Albers lehnt es ab, zu einer Besprechung nach Babelsberg zu reisen, wenn nicht vorher eine Gagenzahlung erfolge (Januar 1937). Er kündigt an, sein Rechtsanwalt werde tätig werden. Der Vorstand beschließt noch im selben Monat, Albers auf Schadenersatz zu verklagen. Am 29. Januar 1937 hat man sich zusammengerauft. Die von Albers geübte Einflußnahme auf die Gestaltung des Stoffes und die Tätigkeit der Darsteller soll in dem neuen Abkommen nach Ansicht des Vorstandes »möglichst ausgeschlossen werden«. Angesichts der Gagenforderungen, die Albers auch in diesem Stadium der Auseinandersetzungen unverdrossen nach oben treibt, findet sich der Ufa-Vorstand zähneknirschend damit ab, im Hinblick auf diese »Zwangslage« einen Vergleich zu schließen.

Es soll ein Schlußpunkt sein, die Ufa will sich nicht mehr mit dem renitenten Star herumplagen. Albers wird deshalb nicht arbeitslos: Er dreht nun mit Tobis, Bavaria und Euphono. Nur noch einmal kommt es zur Zusammenarbeit: Ausgerechnet bei ihrem Jubiläumsfilm kann die Ufa auf den blonden Hans als Baron Münchhausen nicht verzichten.

Dietrich Kuhlbrodt

1938. Prinzessin Sissy.
REG Fritz Thiery. **RAS** Ludwig Ptack. **DIA-REG** Paul Hörbiger. **AUT** Friedrich Forster-Burggraf, Rudolf Brettschneider. **KAM** Georg Bruckbauer. **STF** Willi Klitzke. **BAU** Hans Ledersteger. **KOS** Manon Hahn. **SCH** René Métain. **TON** Hans Bucek. **MUS** Willy Schmidt-Gentner. **LT** Josef Hochmuth, Hans Werner (1), Hans Adler (2). **MT** ›So blau wie Du ihn haben willst, so kann der Himmel nicht sein‹ (1), ›Frag' nicht, warum wir heut' glücklich sind‹ (2). **DAR** Paul Hörbiger (Herzog Max in Bayern), Hansi Knoteck (Hanna Hofer), Traudl Stark (Prinzessin Sissy), Gerda Maurus (Ludovika in Bayern), Emil Stöhr (Wittberg), Otto Tressler (König Ludwig I. von Bayern), Hans Olden (Zirkusdirektor Lindner), Mimmi Schorp (Amanda Lindner), Kitty Stengl (Königin Elisabeth von Preußen), Richard Waldemar (der alte Hofer), Erika Koßmann (Bella), Eduard Loibner (Leibkutscher), Robert Valberg (Weiringen), Irmgard Albert (Gräfin Nelly), Philipp von Zeska (Polizeipräfekt), Rudolf Prack (Prinz Luitpold), Jodlertrio Dr. Kotek, Franz Schier. **PRO** Mondial Internationale Filmindustrie AG, Wien; für Ufa. Herstellungsgruppe: Walter Tjaden. **HEL** Walter Tjaden. **AUL** Felix Fohn. **DRZ** Anfang März - Ende April 1938. **DRO** Atelier Wien-Schönbrunn; **AA** Schloß Schönbrunn, Schloß Laxenburg. **LNG** 2300 m, 84 min. **ZEN** 28.7.1938, Jf., nf. **URA** 24.2.1939, Oberhausen; 3.3.1939, Wien (Busch-Kino); 19.4.1939, Berlin (U.T. Kurfürstendamm, U.T. Friedrichstraße).
Die Lebensgeschichte der späteren Kaiserin Elisabeth von Österreich.

1938. Fortsetzung folgt.
REG Paul Martin. **RAS** Carl-Otto Bartning. **AUT** Peter Hellbracht, Emil Burri, Paul Martin; nach einer Idee von Peter Hellbracht. **KAM** Konstantin (Irmen-)Tschet. **KAS** Erich W. Schmidtke. **STF** Horst von Harbou. **BAU** Erich Kettelhut. **KOS** Manon Hahn. **GAR** Paul Haupt, Alfred Heinke. **MAS** Waldemar Jabs. **SCH** Carl-Otto Bartning. **TON** Gustav Bellers, Werner Pohl. **MUS, ML** Friedrich Schröder. **LT** Hans Fritz Beckmann. **MT** ›Es steht ein Stern in dunkler Nacht‹. **DAR** Frauke Lauterbach (Dolly), Viktor Staal (Viktor Borg), Oskar Sima (Redakteur Otto), Gustav Diessl (Fred), Erika von Thellmann (Zinny), Erwin Biegel (Diener Albert), Lotte Spira (Dollys Adoptivmutter), Hans Junkermann (Dollys Adoptivvater), Friedrich Sandner (Sekretär), Marianne Kiwitt (Kitty), Klaus Pohl (Tetrazzini), Albert Florath (Justizrat), Erich Dunskus, Jac Diehl, Fred (Selva-) Goebel, Karl Harbacher, Max Hiller, Fritz Lafontaine, Hans Meyer-Hanno, Serag Monier. **PRO** Ufa. Herstellungsgruppe: Max Pfeiffer. **HEL, PRL** Max Pfeiffer. **AUL** Heinz Karchow, Toni Weissenbach. **DRZ** 4.4. - Ende Mai 1938. **DRO** Ufastadt Babelsberg. **LNG** 2465 m, 90 min. **ZEN** 18.8.1938, Jv. **URA** 26.8.1938, Bochum; 21.10.1938, Berlin (U.T. Friedrichstraße).
Die Wirklichkeit holt den Fortsetzungsroman des Schriftstellers Viktor stets ein, woran er beinahe verzweifelt. Auf seltsame Weise lernt er Dolly kennen. Erst spät erkennt er die Inszenierung aller merkwürdigen Ereignisse. Seine Freunde Fred und Otto stecken dahinter.

1938. S.O.S. Sahara.
REG Jacques de Baroncelli. **AUT** Jacques Constant. **DIA, AD** Michel Duran. **KAM** Günther Rittau. **MUS** Lothar Brühne. **DAR** Charles Vanel (Loup), Jean-Pierre Aumont (Paul Moutier), Marta Labarr (Hélène Muriel), Raymond Cordy (Charles), Paul Azais (Bobby), René Dary (Delini), Nilda Duplessy (l'amie), Georges Lannes (Jacquard), Georges Malkine (Ivan), Bill-Bocketts (le policier), Andrée Lindia (Dolly), Gina Manès, Hugues Wanner. **PRO** Ufa. Herstellungsgruppe: Dietrich von Theobald / ACE. **HEL** Dietrich von Theobald. **DRZ** Februar - April (?) 1938. **DRO** Bavaria-Atelier München-Geiselgasteig; **AA** Touggourt (Algerien). **URA** 18.8.1938, Paris (Olympia).
– In französischer Sprache hergestellt.
Der Vorsteher einer Station der Trans-Sahara-Compagnie hat das Unglück, daß seine Exfrau, eine skrupellose Person, die ihn zugrundegerichtet und betrogen hat, zu ihm zurückkommt. Ein junger Funker ist hingerissen von ihr. Er wird verhöhnt und begeht Selbstmord, während die Frau durch einen Raubüberfall ums Leben kommt.

Kameramann Fritz Arno Wagner bei Außenaufnahmen auf hoher See

»Albers ist hier weniger der sieghafte Draufgänger als der treue, verläßliche Freund, der den Mut hat, gegen Formelkram und Praragraphenkult anzugehen – auch wenn es dabei schief geht. Man glaubt Albers das Husarenstück gegen das Quarantäne-Gesetz, die verbissene Energie während der Rettungsaktion und ebenso die polternde Grobheit gegenüber einem Mädel, das ihm gefällt. Gerade diese Szenen, in denen Albers viele viele Sätze macht, um das eine einzige Wörtchen Liebe zu umgehen, sind die ureigene Domäne dieses großen Volksschauspielers.«
(Georg Herzberg, 1936)

1938. Kampf um Anastasia.
REG Erich Pabst. AUT Hanns H. Fischer; nach einer Idee von Doris Riehmer. KAM Willy Winterstein. BAU Ernst Helmut Albrecht. TON Ernst Otto Hoppe. MUS Rudi Keller. DAR Jakob Tiedtke (Christian Voss), Axel von Ambesser (Franz, sein Sohn), Paul W. Krüger, Hildegard Barko (Anna Susemiehl). PRO Ufa. PRL Karl Schulz. DRZ Mai 1938. DRO Ufastadt Babelsberg. LNG 560 m, 20 min. ZEN 26.8.1938, B.48970, Jf. – Kurzspielfilm. – Prädikat: Volksbildend.

1938. Ein klotziger Junge.
REG Carl Heinz Wolff. AUT Carl Heinz Wolff; nach einer Idee von Josef Hundt. KAM Willy Winterstein. BAU Ernst Helmut Albrecht. TON Ernst Otto Hoppe. MUS Hans Ebert. DAR Maria Paudler, Ingolf Kuntze (Dr. Klinger, genannt ›Klotz‹), Günther Brackmann (Schüler Paul), Louise Morland. PRO Ufa. PRL Karl Schulz. DRZ Mai 1938. DRO Ufastadt Babelsberg. LNG 544 m, 20 min. ZEN 26.8.1938, B.48971, Jf. – Kurzspielfilm.

1938. Nordlicht.
REG Herbert B. Fredersdorf. RAS Milo Harbich. AUT Hans Leip; nach dem Bühnenstück ›Bären‹ von Larsen Hansen und Karl Holter. AD Herbert B. Fredersdorf. KAM Günther Rittau. KF Ekkehard Kyrath. KAS Gerhard Peters. STF Ferdinand Rotzinger. BAU Carl Ludwig Kirmse. GAR Erwin Rosentreter, Anna Balzer. MAS Atelier Jabs. SCH Milo Harbich. TON Erich Leistner. MUS, ML Herbert Windt. DAR Hilde Sessak (Petra Hansen), Ferdinand Marian (Halvard), René Deltgen (Olaf Hansen), Josef Sieber (Beitsar), Fritz Kampers (Kaufmann Sörelund), Otto Wernicke (Kaufmann Hansen), Karen Fredersdorf (Frau Hansen), Lotte Rausch (Andrea), Christine Garden (Helga), Friedrich Gnaß (Lappen-Nils), Hans Zesch-Ballot (Staatsanwalt), Werner Funck (Stenerson), Fritz Hoopts (Erik), Heinz Wemper (Sven), Paul Schwed (Björn), Eduard Bornträger, Friedrich Ettel, Alfred Pussert, Eduard Wenck. PRO Ufa. Herstellungsgruppe: Ulrich Mohrbutter. HEL Ulrich Mohrbutter. AUL Alexander Desnitzky. DRZ Anfang April - Anfang Juni 1938. DRO Ufa-Atelier Berlin-Tempelhof; AA Alesund (Norwegen), Pasterzen-Gletscher am Großglockner. LNG 2655 m, 97 min. ZEN 27.8.1938, Jv., nf. URA 20.9.1938, Magdeburg (Deulig-Palast); 17.11.1938, Berlin (U.T. Kurfürstendamm).

Der Norweger Halvard verschwindet vermeintlich im ewigen Eis kurz vor der Hochzeit mit Petra, die nach einiger Zeit Olaf heiratet. Auf einem Schiff treffen sich die beiden Männer nach Jahren wieder. Olaf wird von einem Bären schwer verletzt, er stirbt. Halvards Unschuld können andere Grönlandfahrer beweisen.

1938. Der lose Falter.
REG Karl Schulz. AUT F. B. Cortan. KAM Willy Winterstein. BAU Ernst Helmut Albrecht. TON Ernst Otto Hoppe. MUS Hans Ebert. DAR Rudolf Platte (Walter), Ingeborg von Kusserow (Kitty, Sängerin), Georg Alexander (Paul Wiegerl), Ruth Eweler (Friedl, seine Frau), Otto Matthies, Werner Stock. PRO Ufa. PRL Karl Schulz. AUL Fritz Andreas Brodersen. LNG 601 m, 22 min. ZEN 29.8.1938, B.48993, Jf. – Kurzspielfilm.

»Ich brauchte etwas mehr Kino«

Detlef Siercks deutsche Melodramen

Detlef Sierck bei einer Regiebesprechung zu STÜTZEN DER GESELLSCHAFT

Von ganz weit her, aus dem fernen Europa, kommt die Musik. Im Rundfunk in New York wird das Konzert übertragen, das der berühmte Garvenberg in Berlin dirigiert: Beethovens Neunte. Die Musik hebt an, sie braucht Raum, entfaltet sich. Bis übers Meer, nach Amerika, klingt sie. Und gibt der zum Tode verzweifelten jungen Frau den Willen zum Leben zurück und den Wunsch, zurückzukehren nach Deutschland zu ihrem kleinen Sohn, den sie hatte zurücklassen müssen, als sie gemeinsam mit ihrem Mann vor der Polizei geflohen war.

Die junge Frau findet ihren Sohn wieder. Er lebt im Haus des berühmten Dirigenten, dessen Musik ihr das Leben gerettet hat. Ohne um ihre wahre Identität zu wissen, stellt der Dirigent die Frau als Kindermädchen ein. Die Liebe der echten Mutter zu ihrem Kind erweist sich als wahr und stark. Während die Frau des Dirigenten mehr sich selbst und ihre Abendgesellschaften und ihre Amouren liebt als ihren Mann und das Kind. Am Ende des Films ist sie tot. Die junge Frau sitzt im Konzertsaal, mit dem Kind auf dem Schoß, und sieht aus wie eine Madonnenstatue. Musik erklingt. SCHLUSSAKKORD.

Eine Geschichte, wie sie nur im Melodrama möglich ist. Mutterliebe. Untreue. Gift. Tod. Die Gefühle aber entstehen nicht aus den Konflikten und den Handlungen der Figuren. Melodramen im Wortsinn, sagt Detlef Sierck, seien seine deutschen Melodramen gewesen, Dramen mit Musik. Beethovens Musik rettet der jungen Hannah das Leben. Sierck überhöht noch das Unglaubliche, indem er immer wieder das weite Meer zeigt, das Europa und Amerika trennt. Die Musik steigert nicht nur die Gefühle, sie konstituiert erst die Emotion. Ohne sie fände die Geschichte, die der Film erzählt, gar nicht statt. Das Melodrama kümmert sich nicht um Wahrscheinlichkeit.

Sierck verstärkt die Künstlichkeit des Genres, indem er den Gang der Handlung immer wieder unterbricht durch Bühnenhandlungen, die den Verlauf der Geschichte kommentieren. So werden aus den dramaturgischen Bausteinen der Fabel archetypische Handlungsmuster und Situationen. Die Konstellation im Haus des Dirigenten, zum Beispiel, erweist sich als Variante des Märchens von Schneewittchen, mit der Frau des Dirigenten als böser Fee. Sierck verbirgt die Klischees nicht, er betont sie. Mit den Klischees erzeugt er die starken Gefühle, von denen das Genre lebt.

»Mein Hintergrund am Theater war sehr literarisch. SCHLUSSAKKORD war ein unerhörter Bruch mit meiner Theaterarbeit. Doch der Film illustriert sehr gut die Notwendigkeit der filmischen Mittel im Unterschied zu literarischen Mitteln. Nach den Lagerlöf- und Ibsen-Filmen brauchte ich etwas mehr *Kino* – ich mußte auf meine ersten Eindrücke vom Kino zurückgehen... Seit SCHLUSSAKKORD habe ich mich gelöst und versucht, einen filmischen Stil zu entwickeln. Ich begann zu verstehen, daß die Kamera die Hauptsache ist, denn es geht im Kino um *Gefühle*. (Sirk über Sierck, 1971)

Die eifersüchtige Ehefrau des Dirigenten will Hannah entlassen – und damit wieder von ihrem Kind trennen. Hannah erhält Ausgang und geht in die Oper, wo sie auf der Bühne eine ältere Frau sieht, die auf einer Abendgesellschaft einer jüngeren Frau, die Hannah sehr ähnlich, ein Glas mit Gift reicht. Nicht durch die Zuspitzung des Konflikts werden die Gefühle gesteigert. Erst die Bilder der Oper, intensiviert durch Musik, peitschen sie auf. Die Gefühle finden nicht ihren körperlichen Ausdruck, breiten sich nicht am Körper aus. Kräftige Zeichen treiben sie hervor. Mit diesem Film habe er sich endgültig von den Einflüssen und Prägungen seiner Theaterarbeit freigemacht, sagt Sierck. Die Sprache sei nicht länger der vertrauenswürdige Interpret der Realität gewesen.

Detlef Sierck, der am 26. April 1897 in Hamburg geboren wird, zieht es anfangs gar nicht zu dem neuen Medium. Ihn interessiert das Theater. In den 20er Jahren arbeitet er an verschiedenen Bühnen, zuerst nur als Regisseur, bald auch in leitender Funktion. Als ihn die Ufa im Oktober 1934 unter Vertrag nimmt, ist er Direktor des Alten Theaters in Leipzig. SCHLUSSAKKORD, seinen vierten Film, der ein großer Erfolg wird, dreht er 1936. Es ist sein erstes richtiges Melodrama, ein Genre, in dem er von nun an immer wieder arbeiten wird. 1937 inszeniert Sierck zwei Filme, mit denen die Ufa ihren neuen weiblichen Star aufbauen will. Mit Zarah Leander in der Hauptrolle dreht er ZU NEUEN UFERN und LA HABANERA, zwei Melodramen, die in exotischer Ferne spielen. Es sind Filme, die erzählen von Aufbrüchen in eine andere Welt, um dort das Glück zu suchen.

In ZU NEUEN UFERN spielt Zarah Leander die Sängerin Gloria Vane, den Star der londoner Revuetheater. Für ihren Geliebten, der einen Scheckbetrug begangen hat, geht sie ins Gefängnis. Sie kommt in die Strafkolonie nach Australien, in das Land, wohin ihr Geliebter fortgegangen ist, um als Offizier in der königlich-britischen Armee Karriere zu machen. In LA HABANERA ist die Leander eine junge Schwedin, die von einer Reise nicht mehr in die Enge der stockholmer Gesellschaft zurückkehrt, sondern auf Puerto Rico einen Großgrundbesitzer heiratet. Doch zehn Jahre später ist aus dem Paradies die Hölle geworden. Die Bilder befreiten ihn von der Sprache, sagt Sierck. Man kann es sehen in den Filmen. Die Bilder sind das Medium, um Realität zu zeigen. Man kann dem Augenschein trauen. Die Repression, der die Figuren ausgesetzt sind, ist sichtbar. Ganz konkret oder metaphorisch leben sie in einem Gefängnis. In LA HABANERA werfen allgegenwärtige spanische Wände und Jalousien ihre Muster auf die Wände und die Figuren. Und doch sagt Zarah Leander am Ende des Films, als sie nach dem Tod ihres Mannes die Insel wieder verläßt: Ich bereue nichts. – Das zeichnet sie nicht nur als melodramatische Figur, die unbeirrt an ihrem Traum vom Glück festhält. Es zeigt auch, daß sie das Gefühl für die Wahrheit und Falschheit der Dinge noch nicht verloren hat. Sie weiß, daß die Insel nicht das Paradies ist. Aber auch, daß sie dieses nicht in Schweden finden wird, in das sie zurückkehrt. In ZU NEUEN UFERN liebt sie am Ende den Mann, für den sie die Strafe auf sich genommen hat, nicht mehr. Er kommt zu spät zu ihr. Sie liebt aber auch nicht den Mann, der sie zum Schluß heiratet.

Der Körper ist der Ort der Wahrheit. Er zeigt die Gewalt, die den Figuren angetan wird. Mühsam knöpft der Offizier der königlich-britischen Armee, Willy Birgel, seine Uniform zu. Die Steifheit des hohen Stehkragens widerstrebt der Physiognomie des Körpers. An einem solchen Körper ist kein Raum für Gefühle. Die äußeren Umstände halten sie nieder. An einem solchen Körper können die Gefühle, wenn sie endlich zum Ausdruck kommen, nur indirekt sich äußern. Indem Willy Birgel unfähig ist wegzu-

1938. Adrienne Lecouvreur.
REG Marcel L'Herbier. RAS Jean Huet. AUT Mme. Simone /= Pauline Benda/; nach dem Bühnenstück von Eugène Scribe und Ernest Legouvé. AD Jean-Georges Auriol, Marcel L' Herbier (?). DIA François Porché. KAM Fritz Arno Wagner. BAU Ernst Helmut Albrecht, Karl Weber. KOS Jacques Manuel. AUS Lanvin. SCH Boris de Fast. MUS Maurice Thiriet.
DAR Yvonne Printemps (Adrienne Lecouvreur), Pierre Fresnay (Maurice de Saxe), André Lefaur (le duc de Bouillon), Jacques Catelain (le comte d'Argental), Junie Astor (la duchesse de Bouillon), Madeleine Solonge (Flora), Pierre Larquey (Pitou), Thomy Bourdelle (Capitaine Pauly), Jacqueline Pacaud (Fanchon), Gabrielle Robinne (la Duclos), Véra Pharès (la petite Adrienne), Edmond Castel (Folard), Jean Joffre (le curé), Philippe Richard (le médecin), Pierre Juvenet (le gouverneur), Albert Gercourt (l'usurier), Géno Ferny (Jasmin), Roger Blin (l'alchimiste), Fernand Bercher (Voltaire), Marcel André (le régent), Jean Worms (le marquis de Chaumont), Hugues Wanner (Préville), Michel Vitold (le tueur), Michel Salina (Carvoy), Lucien Walter (l'huissier), Michèle Alfa (Amour), Andrée Berty, Mme. Sabatini (les dames).
PRO Ufa. Herstellungsgruppe: Bruno Duday / ACE. HEL Bruno Duday. PRL Georges Lampin. DRZ Februar - Mitte März 1938. DRO Ufastadt Babelsberg. LNG 106 min. URA 30.9.1938, Paris (Marignan).
– In französischer Sprache hergestellt.
Liebesromanze zwischen Adrienne Lecouvreur, der großen Komödiantin des 18. Jahrhunderts, und Maurice de Saxe sowie seine Ermordung durch einen eifersüchtigen Rivalen.

1938. Gastspiel im Paradies.
REG Karl Hartl. RAS Erich Kobler. AUT Karl Hartl, F. D. Andam /= Friedrich Dammann/. KAM Franz Koch. BAU Werner Schlichting. SCH Erich Kobler. TON Bruno Suckau. MUS Anton Profes. LT Ernst Huebner. MT ›Was meine Sehnsucht träumt‹.
DAR Hilde Krahl (Ellen Lanken), Albert Matterstock (Graf Wetterstein), Georg Alexander (Kommerzienrat Dr. Lanken), Gustav Waldau (P. Schorr), Oskar Sima (Diener Jean), Max Gülstorff (Geschäftsführer), Erika Gläßner (Miss Vandergould), Bruno Hübner (Janowski), Edwin Jürgensen (Père Noble), Katja Pahl (Soubrette), Georg Bauer, Horst Birr, Ruth Claus, Erich Dunskus, Fred (Selva-)Goebel, William Huch (alter Kellner), Hermann Kellein (jugendlicher Liebhaber), Eberhard Leithoff (Partner der Soubrette), Otz Tollen, Grete Reinwald, Ursula Schlettow, Hilde Schneider, Anni Staeger, Hanni Weisse, Willy Witte (Oberkellner), Margarete Zeplin, Eleonore Tappert (Köchin).
PRO Ufa. Herstellungsgruppe: Erich von Neusser. HEL Erich von Neusser. AUL Herbert Junghanns, Arthur Ullmann. DRZ Anfang März - Mitte Mai 1938. DRO Ufastadt Babelsberg, Froelich-Studio Berlin-Tempelhof; AA Bayreuth, Eibsee. LNG 2609 m, 95 min. ZEN 3.9.1938, Jf. 14, nf. URA 6.9.1938, Berlin (Gloria-Palast).
Zur strafferen Leitung des nicht mehr solventen Hotels ›Paradies‹ setzt der Schwiegervater des Hotelchefs seine Enkelin Ellen als Geschäftsführerin ein. Graf Wetterstein macht jedoch Schwierigkeiten. So müsse er von Ellen Geld borgen, um nicht von der Polizei abgeholt zu werden. Seine Flucht und Ellens Verfolgung klärt die Lage. Das Geld ist für die Schauspieler gedacht, die bereits Ellens Vater jahrelang subventioniert und die nun ihr neues Stück herausbringen können.

1938. Frau Sixta.
REG Gustav Ucicky. DIA-REG Paul Ostermayr. AUT Anton Kutter; nach dem Roman von Ernst Zahn. DIA Max Mell. KAM Hans Schneeberger. KAS Peter Haller. BAU Hanns H. Kuhnert, Franz Köhn. MAS Arthur Schramm. SCH Paul Ostermayr. TON Carlheinz Becker. MUS Herbert Windt.
DAR Gustav Fröhlich (Markus), Franziska Kinz (Frau Sixta), Ilse Werner (Otti Sixta), Josefine Dora (Beschließerin Dora), Josef Eichheim (Hannes), Beppo Brem (Korbinian), Gustav Waldau (Baron Kramer), Eduard Köck (Knecht Pankraz), Heidemarie Hatheyer (Kellnerin Anna), Willy Rösner (Gemeindevorsteher Forcher), Ernst Pröckl (Bezirkshauptmann), Hertha von Hagen (Oberin), Walter Holten (Zollinspektor), Karl Theodor Langen (Gemeindesekretär), Rolf Pinegger (Brandner), Thea Aichbichler (Brandnerin), Martin Schmidthofer (Martin), Hans Hanauer, Theolinde Müller, Martha Salm, Willy Schultes, Gustl Stark-Gstettenbaur, Ingeborg Wittmann.
PRO Tonlicht-Film GmbH, München; für Ufa. PRT Peter Ostermayr. AUL Wolfgang Schubert. DRZ 12.5. - Ende Juli 1938. DRO Bavaria-Atelier München-Geiselgasteig. LNG 2826 m, 103 min. ZEN 3.9.1938, Jf. URA 7.9.1938, Nürnberg (Ufa-Palast); 1.11.1938, Berlin (Gloria-Palast).
– Prädikat: Künstlerisch wertvoll.

Viktor Staal und Zarah Leander in Zu neuen Ufern (1937). »Ich hatte zwei Hauptpartner, einen mit schurkisch schwarzer Seele und einen mit einem Gemüt so rein wie Rauhreif.

Der Schurke war Willy Birgel, groß und schlank, attraktiv häßlich, geschmeidig wie eine Weidenrute – ein ausgekochter Verführer… Im Film war er einfach eine Katastrophe. Jeder menschliche oder männliche Charme ging ihm völlig ab. Mir ist selten ein Mann begegnet, der etwas so Tötendes hatte wie Willy Birgel.« *(Zarah Leander, 1972)*

gehen, bevor es endgültig zu spät für ihn ist. Indem er, nachdem alles verloren ist, eine Stuhllehne zerbricht, als knickte er ein Streichholz.

Oder die Musik hilft einem, seine Gefühle auszudrücken. »Der Wind hat mir ein Lied erzählt, von einem Glück unsagbar schön.« Wenn Zarah Leander singt, wird ihre Sprache Stimme. Klang: Sehnsucht, Schmerz, Rausch. Und ihr Gesicht ist leinwandgroß. In dem Gesicht der ganze Körper, das ganze Gefühl. Doch an ihrer Schläfe ist eine künstliche Haarlocke angeklebt, und ihr Körper vollführt merkwürdig abgezirkelte Bewegungen. In Zu neuen Ufern wird die Liebesgeschichte zwischen Zarah Leander und Willy Birgel auch dadurch erzählt, daß die Frau, die auf den Mann, den sie liebt, wartet, ein Lied singt, das von der Sehnsucht, vom Warten auf den Geliebten handelt, und dieses Lied am Anfang und am Ende der Geschichte singt und es zweimal nicht beenden kann.

Im Dezember 1937 kehrt Sierck von einer Auslandsreise nicht zurück. Gemeinsam mit seiner jüdischen Frau verläßt er Deutschland. Er gelangt nach Hollywood, aus Detlef Sierck wird Douglas Sirk. Zwischen 1940 und 1959 arbeitet er dort, ab 1950 für die Universal. Er entdeckt Rock Hudson und macht ihn zum Star, arbeitet mit Schauspielern wie Jane Wyman, Barbara Stanwyck, Lauren Bacall, Robert Stack, Dorothy Malone, Liselotte Pulver und Lana Turner und macht Melodramen wie Magnificent Obsession, There's Always Tomorrow, All That Heaven Allows, Written on the Wind, A Time To Love And A Time To Die, Imitation of Life.

Jochen Meyer-Wendt

»Ich steh' im Regen und warte auf dich, immer auf dich« – Zarah Leander an Willy Birgel in Zu neuen Ufern. Text und Musik: Ralph Benatzky

„Zu neuen Ufern"

Ötztaler Alpen, 1860. Der Bauer vom Hochgenaunhof ist im Gebirge verunglückt. Nach alter Sitte treffen sich die Nachbarn beim Leichenschmaus. Frau Sixta, die fesche Witwe, bewirtet sie. Da taucht Ex-Major Markus auf, dem sie die Verwalterstelle anbietet. Beide verlieben sich ineinander, doch der Hof ist gegen Markus eingestellt. Als Otti, Frau Sixtas Tochter, aus der Stadt zurückkommt, erweist sich die Liebe zwischen ihr und Markus als unvermeidlich.

1938. Eine Nacht im Mai.
REG Georg Jacoby. **RAS** Hanns Goslar. **AUT** Willy Clever. **KAM** Robert Baberske. **KAS** Herbert Stephan, Hans Joachim Hauptmann. **STF** Kurt Golesche. **BAU** Max Mellin, Erich Grave. **KOS** Gertrud Steckler, Eleanore Behn-Techow, Annemarie Heise. **GAR** Helma Kühr, Charlotte Weinert. **MAS** Atelier Jabs. **SCH** Walter Fredersdorf. **TON** Walter Rühland. **MUS, ML** Peter Kreuder, Friedrich Schröder. **LT** Hans Fritz Beckmann. **MT** ›Land in Sicht‹, ›In einer Nacht im Mai‹. **CHO** Anthony Nellé.
DAR Marika Rökk (Inge Fleming), Viktor Staal (Willy Prinz), Karl Schönböck (Waldemar Becker), Mady Rahl (Mimi), Oskar Sima (Direktor Fleming jr.), Ingeborg von Kusserow (Friedl), Ursula Herking (Johanna), Albert Florath (Direktor Fleming sen.), Gisela Schlüter (Alma), Franz Arzdorf (Herr Berghoff), Ludwig Schmitz (Schupo Emil), Eduard Bornträger, Eva Tinschmann, Gerhard Dammann, Margit Dörr-Humbrecht, Peter Igelhoff, Eduard Wenck, Käte Jöken-König, Ernst Ritmund, Else Reval, Karl Ernst Ribeling, Rolf Wernicke, Harry Gondi, Ursula Deinert, Georg Witte, Willi Schur, Lucie Schmidt, Hertha von Hagen /= Freiin Popp von Milosevich/, das Ballett der Skala.
PRO Ufa. Herstellungsgruppe: Eberhard Schmidt. **HEL** Eberhard Schmidt. **AUL** Horst Kyrath. **DRZ** 20.5. - Ende Juni 1938. **DRO** Ufastadt Babelsberg. **LNG** 2411 m, 88 min. **ZEN** 13.9.1938, Jv. **URA** 14.9.1938, Wiesbaden (Ufa-Palast); 11.10.1938, Berlin (Tauentzien-Palast).
Wegen ihres rasanten Fahrstils gerät Tänzerin Inge Fleming immer wieder mit dem Gesetz in Konflikt. Nach einer Karambolage will sie sich ins Ausland absetzen. Da lernt sie den jungen Willy Prinz kennen, der sie bei einem Fest am Wannsee u.a. vor ihrem Unfallgegner Herrn Waldemar rettet.

1938. Am seidenen Faden.
REG Robert A. Stemmle. **RAS** Fritz Andelfinger. **AUT** Robert A. Stemmle, Eberhard Frowein; nach Motiven des Romans ›Mein eigenes propres Geld‹. **KAM** Franz Weihmayr. **KAS** Kurt Hasse, Bruno Stephan. **STF** Josef Höfer. **BAU** Otto Hunte, Karl Vollbrecht. **GAR** Wilhelmine Spindler, Max König, Walter Salemann. **MAS** Atelier Jabs. **SCH** Axel von Werner. **TON** Max Langguth. **MUS** Herbert Windt.
DAR Willy Fritsch (Richard Hellwerth), Käthe von Nagy (Lissy Eickhoff), Carl Kuhlmann (Wilhelm Eickhoff), Bernhard Minetti (Dr. Heinrich Breuer), Erich Ponto (Prokurist Theodor Kalbach), Paul Bildt (Bankier Brögelmann), Stella David (Wirtschafterin Frida Mann), Willi Schur (Werkmeister Schwafels), Hildegard Barko (Dienstmädchen Anna), Eduard Wandrey (Justizrat Bellert), Ina Albrecht, Erich Bartels, Eduard Bornträger, Johanna Blum, Inge Conradi, Peter Elsholtz, Adolf Fischer, Karl Fisser, Robert Forsch, Hildegard Friebel, Brunhilde Födisch, Hermann Mayer-Falkow, Otto Hennig, Clemens Hasse, Kurt Klotz-Oberland, Helmuth Lang, Erik von Loewis, Kurt Morvilius, Hermann Pfeiffer, Albert Pussert, Werner Pledath, Ethel Reschke, Georg Heinrich Schnell, Rudolf Schündler, Vera Schultz, Walter Schramm-Duncker, Wilfried Seyferth, Wolfgang Staudte, Hans Sobierayski, Hildegard Unger, Albert Venohr, Kurt Waitzmann, Kurt Weisse, Ursula Zeitz.
PRO Ufa. Herstellungsgruppe: Bruno Duday. **HEL** Bruno Duday. **PRL** Erich Holder. **AUL** Fritz Schwarz. **DRZ** Anfang April - Ende Mai 1938. **DRO** Ufastadt Babelsberg; AA Berlin. **LNG** 2538 m, 92 min. **ZEN** 16.9.1938, Jf. ab 14. **URA** 23.9.1938, Wuppertal-Elberfeld (Modernes Theater, Ufa-Palast); 23.9.1938, Berlin (Tauentzien-Palast).
– AT: Das Werk. – Prädikat: Künstlerisch wertvoll. – Von den Alliierten Militärbehörden verboten.
Lissy, die Tochter eines ›jüdischen Finanzschiebers‹, verliebt sich nach dem Ersten Weltkrieg in Richard, einen Patriziersohn, der erfolgreich in der Herstellung von Kunstseide arbeitet. Lissys Vater kauft die Mehrheit an Richards Aktiengesellschaft, um damit zu spekulieren. Anschließend stößt er den Aktienbesitz für einen Spottpreis ab und geht ins Ausland. Richard kauft die Papiere zurück, Lissy bleibt bei ihm.

Körper in der Stimme
Zarah Leander

Die Ufa sucht nach einem Star. Nach einer Frau, die sich verwandeln läßt, in ein Bild, in Bedeutungen, von denen sie selber nichts weiß, die bereit ist, nur Rohstoff zu sein, um im Kino zum Mythos zu werden.

Der deutsche Film konkurriert mit Hollywood. Bis 1937 ist es der Ufa nicht gelungen, ein Starkino nach dem amerikanischen Vorbild zu entwickeln. Gar einen Mythos weiblicher Erotik zu kreieren – davon ist der Film im damaligen Deutschland weit entfernt.

Die Filme geben den Blick nicht frei auf das, was sie zu zeigen vorgeben. Statt die Inszenierung des weiblichen Körpers an die Elemente der narrativen Konstruktion zu binden, wird das Bild vom Körper unentwegt aus dem Erzählfluß der Bilder verdrängt. Einigen wenigen Schauspielerinnen – Hilde Hildebrandt, Sybille Schmitz, Olga Tschechowa – gelingt es, die Inszeniertheit ihrer Erscheinung durch ihr Spiel aufrechtzuerhalten. Aber letztlich kann die schauspielerische Artikulation sich in das filmische Konzept nicht einfügen.

Ohne die Disparatheit der ästhetischen Komposition wirklich verstanden zu haben, ohne sie konstitutiv zu machen für ein anderes Kino, schaut die Ufa weiter nach Hollywood und bedauert, daß Marlene Dietrich und Greta Garbo ihre Filme dort drehen.

Nach langem Suchen findet man in Wien eine Schauspielerin, eine Schwedin mit dem Namen Zarah Leander. Sie singt eine Parodie auf die Garbo: »Wollt ihr einen Star sehen, schaut auf mich.«

Ihre Stimme gleitet über die Musik und über den Text wie ein Begehren. Es ist eine Lust, die fern aller Interpretation wirkt, die sich eigensinnig davon absetzt und auf etwas verweist, was der Körper der Sängerin ist. Hier teilt sich ein Ton mit, der nicht erst in der Kehle entsteht, der schon vorher da ist, im Innern des Leibes, als eigenständiger physischer Ausdruck, ein Ton unerfüllter Sehnsucht, der danach drängt, sich Gehör zu verschaffen. Die Stimme ist der Ort, wo sich die Lust des Körpers artikuliert.

Zehn Filme dreht Zarah Leander zwischen 1937 und 1942 bei der Ufa. Daß sie der renommierteste weibliche Kinostar dieser Zeit wird, kann nicht darüber hinwegtäuschen, wie wenig es den Filmen gelingt, das stimmliche und physische Material der Schauspielerin in eine filmästhetische Form hinüberzuführen. Ein Lied, ein Dekolleté, eine Federboa, die Fotografie Franz Weihmayers, das alles reicht nicht, um diese zu konstituieren. Die Geschichten und Sujets machen sich wichtig; sie suchen das, was an eigensinnigem Ausdruck der Physis über die bloße Vorstellung von Erotik hinausgehen könnte, aufzufangen und in der Erzählhandlung zum Verschwinden zu bringen.

Die Lust, die sich in der Stimme der Schauspielerin ausdrückt, wird kontrolliert. Was den Ausgangspunkt bilden soll für eine Phantasmagorie weiblicher Erotik, dies wird in den Filmen Zarah Leanders wegerzählt.

In DIE GROSSE LIEBE (1942) wird beinahe jede Zeile ihres Liedes kommentiert, mit Worten, von einem Bühnenchor oder dem Theaterpublikum. Die Sprache drängt sich vor, wirkt dem entgegen, was das Erscheinungsbild der Schauspielerin zeigt.

Die Leander singt »Mein Leben für die Liebe, jawoooohl«, vergessen ist sofort der Inhalt dieses Satzes, was bleibt ist der Klang ihrer Stimme, der sich ausbreitet, in dem einzigen Wort »jawohl«. Während sie singt, nickt sie pointiert-verführerisch mit dem Kopf, so daß ihr die blonden Haarlocken in die Stirn fallen.

Das Lied, die Stimme, die Haltung, das Kostüm, dies alles figuriert eine Erscheinung, auf die geschaut werden soll. Der Offizier, Viktor Stahl, aber redet; sein Blick hat eine Unruhe, die ausdrückt, daß er nicht sehen, sondern bewerten will. Stahl reagiert auf den Text des Liedes, er hört nicht, was jenseits der Wortbedeutungen liegt. Er hört nicht, weil er nicht sieht. Sein Sprechen kommt aus dem Denken, nicht aus dem, was seine Sinne treffen könnte.

Mit den schlagfertigen Kommentaren Viktor Stahls hält der Film die erotischen Wünsche, die an der Erscheinung der Leander artikuliert sind, auf Distanz.

In den Filmen des Regisseurs Detlef Sierck ist der Körper und die Stimme der Schauspielerin in einer durchgestalteten filmischen Form aufgehoben. Eine Großaufnahme in LA HABANERA (1937) zeigt, wie der Ausdruck der Stimme in die Materialität des Gesichtes hinübergeht. Die vorherigen Einstellungen in dieser Sequenz sind rhythmisiert in Bezug auf diese Großaufnahme. Doch die Form der Montage erschließt sich erst dann, wenn man die Szene von ihrem Ende aus betrachtet.

Julia Serda und Zarah Leander in LA HABANERA (1937)

»Sie ist ihrem Geliebten nie so nah wie Ingrid Bergmann, sie kann nie so vor ihm zurückweichen wie Marlene Dietrich. Aber niemand kann so wie sie beides zugleich tun. Sie ist eine Frau, die aus der Fremde liebt.«
(Georg Seeßlen, 1989)

»Eigentlich blieb dieses merkwürdige Gesicht in jedem Licht dasselbe«.
(Detlef Sierck)

Zunächst ist das Lied integriert in die melodramatische Konstruktion der Geschichte. »Der Wind hat mir ein Lied erzählt, von einem Glück, unsagbar schön«. Mit jeder Zeile, die Zarah Leander singt, wechselt die Einstellung, hier sieht man den Ehemann (Ferdinand Marian), dort den Liebhaber (Karl Martell). Der Text wird aufgesogen von den Bildern, sie dramatisieren das Gefühlspotential der Handlung. Wenn am Ende des Liedes das Gesicht der Leander in der Großaufnahme erscheint, steht die Narration des Films still. Der Ausdruck des Gesichtes kommuniziert nicht mit der Geschichte, er verweist auf den Körper; das Gesicht reagiert auf das, was sich in der Stimme der Schauspielerin artikuliert. Die Nasenflügel zittern, die Lippen wirken noch weicher, noch geschwungener als vorher, die Augen brennen. In dem Gesicht materialisiert sich das Begehren, jene Lust des Körpers, die in dem Gesang der Schauspielerin fortwährend zu hören ist.

Ist der Ton des Begehrens zunächst in der melodramatischen Handlung aufgehoben, in der Großaufnahme des Gesichtes wird er an seinen eigenen Ursprung zurückgeführt. Der Regisseur Detlef Sierck gibt in seinen Filmen Zarah Leander die filmästhetische Form, die sie braucht, um ihr Ausdrucksmaterial zu verwirklichen.

Die Darstellungen Zarah Leanders sind heterogen. Sie selbst kann den Ausdruck ihrer Stimme nicht weit genug von der Intention ihrer Gefühle fernhalten, so daß eine durchgestaltete Form hätte entstehen können. Ihr Gesang ist unentschieden darin, dem Willen zur Interpretation nachzugeben oder den Körper zur Sprache zu bringen. So bedeutet der Ton des Begehrens zuweilen weniger die Lust eines Körpers, als vielmehr die der Schauspielerin, ihre Lust, die sie empfindet darüber, daß sie singt.

Renate Helker

1938. Ein Mädchen geht an Land.
REG Werner Hochbaum. RAS Bruno Koch. AUT Eva Leidmann, Werner Hochbaum; nach dem Roman von Eva Leidmann. KAM Werner Krien. KAS Igor Oberberg. STF Willi Klitzke. BAU Willy Schiller, Carl Haacker. GAR Max Knospe, Otto Zander. MAS Willi Weber, Fritz Havenstein. SCH Else Baum. TON Bruno Suckau. MUS, ML Theo Mackeben. Kalender- und Sinnsprüche Gorch Fock /= Hans Kinau/.
DAR Elisabeth Flickenschildt (Erna Quandt), Maria Paudler (Lisa Stürmer), Roma Bahn (Elfriede), Carl Kuhlmann (Jonny Hasenbein), Carl Günther (Walter Sthürmer), Herbert A. E. Böhme (Friedrich Semmler), Alfred Maack (Schiffer Quandt), Günter Lüders (Krischan), Walter Petersen (Otto), Hans Mahler (Hein Groterjahn), Heidi Kabel (Inge), Friedrich Schmidt (Kapitän Lüders), Claire Reigbert (Tante Mariechen), Erich Feldt (Heini Semmler), Klaus Michahelles (Rolfi Semmler), Gisela Scholtz (Emma Semmler), Louise Morland (Grete Schilling), Lotte Lang (Dienstmädchen Lotte), Berthe Gast (Amalie Sthürmer), Franz Arzdorf (Dr. Ried), Bruno Wolffgang (Alfred), Erika Gläßner (Witwe Juhl).
PRO Ufa. Herstellungsgruppe: Erich von Neusser. HEL Erich von Neusser. AUL Herbert Junghanns. DRZ 20.5. - Anfang Juli 1938. DRO Ufastadt Babelsberg; AA Hamburg. LNG 2646 m, 97 min (URA) / 2586 m, 95 min.
ZEN 6.9.1938, Jv., f./ 11.10.1938, Jv., f URA 30.9.1938, Hamburg (Lessing-Theater); 13.10.1938, Berlin (U.T. Kurfürstendamm, U.T. Friedrichstraße).
– Der Film wurde nach der Uraufführung nochmals zensiert und um 60 m (2 min 12 sek) gekürzt.
Erna Quandt hat ihr ganzes Leben mit Vater und Brüdern auf einem Lastkahn verbracht, als ihr Verlobter über Bord geht und stirbt. Sie beschließt, an Land zu bleiben, wo sie auch Arbeit findet. Ihre Entschlossenheit, nur einen Seemann zu heiraten, führt sie in die Arme des Heiratsschwindlers Jonny Hasenbein, der bald darauf von der Polizei geschnappt wird. Erna findet das Glück in der Ehe mit dem Witwer Semmler und bei dessen drei Kindern.

1938. Symphonie des Nordens. Eine Dichtung in Bild und Ton über Norwegens Landschaft.
REG Julius Sandmeier. AUT Gusse Fichter. Prolog Ellinor Hamsun. KAM Julius Sandmeier. SCH Gusse Fichter. MUS, ML Karl Eisele. AUS Wiener Tonkünstler-Orchester. PRO Nordische Gesellschaft, Berlin / Kommunes-Film Central S/A., Oslo; für Ufa. PRT Julius Sandmeier. DRO Norwegen. LNG 2058 m, 75 min. ZEN 6.10.1938, Jf. URA 9.10.1938, Berlin (Capitol am Zoo).
– Dokumentarfilm. – Prädikate: Künstlerisch wertvoll, Volksbildend.

1938. Un fichu métier.
REG Pierre-Jean Ducis. AUT Jacques Bousquet. KAM Günther Anders. BAU Herbert Frohberg. TON Karl Albert Keller. MUS René Sylviano.
DAR Lucien Baroux (Castin / le prince Alexis), André Alerme (Bardas), André Lefaur (ministre), Pierre Larquey (valet du prince), Ginette Melcy (Martine), René Dary (Jean-Paul), Pauline Carton (Adrienne), Jeanne Loury (Mme Bardas), Charles Dechamps (conseiller Maritch), Camille Fournier (Comtesse d'Eguzon), Pierre Juvenet (l'ambassadeur), Charles Lemontier, Léon Arvel (banquiers), Charles Martinelli, Hugues Wanner, Lucien Walter, Louis Vonelly.
PRO Ufa / ACE. SUP Dietrich von Theobald. AUL Georg Mohr, August Lautenbacher. DRZ April - Mai 1938. DRO Bavaria-Atelier München-Geiselgasteig; AA Como-See. LNG 100 min. URA 12.10.1938, Paris (Normandie).
– In französischer Sprache hergestellt.
Die Seitensprünge des Erbprinzen drohen das Königreich das Darlehen zu kosten, das ein reicher auswärtiger Bankier bewilligt hat. Der Minister ersetzt den Prinzen durch einen kleinen pariser Geschäftsmann, der ihm aufs Haar gleicht. Nach einigen Turbulenzen kehrt der Hemdenhändler in sein Geschäft zurück.

Diskrete Transaktionen
Bürgermeister Winkler und die Cautio

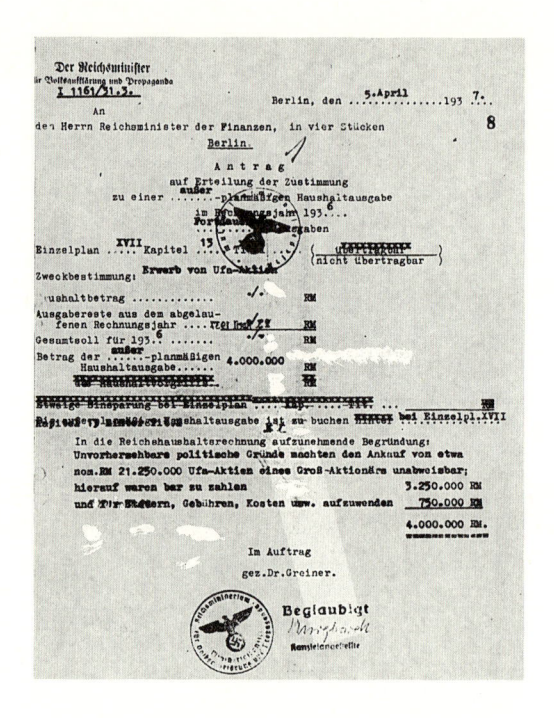

Die in der ersten Phase der Gleichschaltung eingeleiteten Maßnahmen zur wirtschaftlichen Konsolidierung der Filmwirtschaft greifen nicht. Das Konkurrenzgerangel um die im Reich verbliebenen Stars treibt die Gagen in die Höhe; die Herstellungskosten steigen sprunghaft an. Liegen sie 1933 noch bei durchschnittlich 220.000 RM, so sind sie bis 1936 auf ca. 450.000 RM geklettert. Das Auslandsgeschäft ist aufgrund verschiedener Boykottbeschlüsse stark rückläufig. Die Aufwendungen für technische Innovationen (Farbfilm) sind beträchtlich. Auch Zensureingriffe machen sich als Kostenfaktor bemerkbar.

Die Tendenz zur Konzentration in der Filmwirtschaft ist entsprechend rasant weitergegangen. In der Spielzeit 1935/36 liegt der Produktionsanteil der vier größten Gesellschaften (Ufa, Tobis, Terra, Bavaria) bei 80,6%, sie produzieren 87 von 108 Spielfilmen. Die noch verbliebenen etwa 30 kleinen und mittleren Firmen, ohnehin mehr oder weniger abhängig von den großen, stellen so im Durchschnitt nicht einmal einen Film her.

Im Verleihgeschäft geht die Entwicklung noch zügiger auf eine Monopolisierung hinaus. Von 90 Verleihfirmen im Jahre 1933 sinkt die Zahl auf sechs größere (Tobis und Ufa) und drei mittlere Unternehmen.

Trotz gewisser Auffangmöglichkeiten für die Verluste im Produktionssektor (bei der Ufa im Bereich der Atelierbetriebe, Kopieranstalten, bei der Apparateindustrie und beim Theaterbetrieb, bei der Tobis die Patentlizenzen) schlittert die Tobis unaufhaltsam in den Ruin. Für das Geschäftsjahr 1936/37 weist sie ein Minus von 4 Mill. RM (andere Angaben: 5 Mill. RM) aus. Die Ufa-Situation ist bei 1,4 Mill. RM Gewinn für das Geschäftsjahr 1936/37 ganz beruhigend; aber insgesamt werden die Verluste der Filmindustrie für das Geschäftsjahr 1935/36 von Klitzsch u. a. auf 10-15 Mill. RM geschätzt, ein absoluter Höhepunkt nach der Krise in den 20er Jahren. Und dies alles, obwohl inzwischen einschneidende Sanierungsmaßnahmen ergriffen worden waren: Gründung der Filmkreditbank, Stabilisierung der Verleihmieten (Beschluß der Reichsfilmkammer), Verbot des Zwei-Schlager-Systems, strengere Kontingentierung des Auslandsfilmangebots (Kontrolle durch den Staatsapparat).

Größere Einbrüche sind also zu befürchten, zumal auch die Entwicklung der Zuschauerzahlen noch höchst unbefriedigend bleibt. 1937 ist gerade der Stand von 1927/28 erreicht.

Die Stunde für eine unmittelbare Staatsintervention in die Filmwirtschaft scheint gekommen. Es ist zugleich die Stunde Max

Tagung der Reichsfilmkammer am 4. März 1938: Klitzsch und Winkler, im Hintergrund: Schauspieler Carl Ludwig Diehl

Winklers, des Virtuosen verdeckter Rationalisierung, ausgewiesen durch eindrucksvolle Erfolge im Pressewesen.

Er genießt das unbedingte Vertrauen von Goebbels. Der diskrete Winkler nimmt am 3. März 1933 erstmals Kontakte zu Goebbels auf und bietet erfolgreich seine Dienste an. Seine ersten Meriten in der Filmwirtschaft verdient er sich, als er im Auftrag des Reichs im März 1935 über seine im Januar 1929 gegründete Cautio Treuhand mbH (das lächerlich kleine Stammkapital beträgt 20.000 RM und ist seit 1933 im alleinigen Besitz von Winkler) die Mehrheit der Intertobis-Aktien erwirbt. (Bis 1939 sind nahezu 100% in Cautio-Händen.)

Wichtig ist dieser Coup für Goebbels und die deutsche Filmindustrie aus zwei Gründen: zum einen werden ausländische Interventionsmöglichkeiten in die deutsche Produktion ausgeschaltet (67,5% des Intertobis-Kapitals sind 1933 im Besitz dreier holländischer Banken), nationales Prestige und Autarkiebestrebungen werden bedient; wichtiger aber noch: vom Ausland her kann nicht mehr über die von der Tobis gehaltenen Patente verfügt werden; dies ist im Interesse der Ufa und der anderen deutschen Produktionsgesellschaften, da es nunmehr bei der Patentvergabe zu einer Preisstabilisierung kommt.

Der Erwerb der Intertobis ist nur der erste entscheidende Schritt zur Übernahme der Tobis; 1940 kauft die Cautio die Tobis AG auf, bis 1944 sind 90% der Aktien in Staatshand. 1939/40 schon erreicht die Tobis Filmkunst GmbH wieder die Gewinnzone: 2,5 Mill. RM Gewinn, 1942/43 sind es gar 25,0 Mill. RM vor Steuern.

Nach dem Einstieg bei der Tobis faßt Winkler den Erwerb des Ufa-Stammkapitals ins Auge. Winkler nämlich ist skeptisch, was die mittel- bis langfristige Einnahmeentwicklung der Ufa angeht. In seiner Konzeption ist ein Ausbilanzieren, wie es die Ufa seit Jahren betreibt, wirtschaftlich höchst ungesund. Mischkalkulation ist ihm ein Greuel. Das übergreifende Ziel für die Filmindustrie (Verringerung der Herstellungskosten, Abschwächung der ökonomischen, nicht aber der künstlerischen Konkurrenz, Erreichen der Gewinnzone in allen Sparten des Filmwesens) ist nur durch den Kauf der dominanten Ufa zu erreichen. Gegenüber Kritikern aus dem Finanzministerium setzt sich Winkler mit Goebbels' Hilfe durch. Er kann – die Tobis-Transaktion dient als Erfolgsbeweis – darauf verweisen, daß sowohl nationalen staatlichen als auch wirtschaftlichen Interessen bestens gedient ist, wenn der Staat als kapitalkräftiger Sanierer auftritt. Die Verantwortlichkeit für wirtschaftliche Rechnungsführung soll den aufgekauften Firmen ja nicht genommen werden. Der Staat tritt nicht als Dauersubventionierer, sondern lediglich als Anschubfinanzier und rigider Sanierungskontrolleur auf. Winkler sieht, daß die Gleichschaltung politisch, nicht aber ökonomisch funktioniert.

Nach kurzer Verhandlungszeit gelingt der entscheidende Schlag. Am 18. März 1937 ist er sich mit seinem Verhandlungspartner Klitzsch einig. Die Cautio zahlt Hugenberg 21,25 Mill. RM für seine 51% Anteil am Stammkapital (Einlagesumme 1927: 23 Mill. RM). Angesetzt ist ein Kurswert von 100% für die Aktien, obwohl die Börsennotierung bei nur ca. 75% liegt. Klitzsch darf bleiben (zunächst als Generaldirektor, von 1943 bis Kriegsende im Aufsichtsrat), die übrigen Scherl-Vertreter im Aufsichtsrat müssen gehen. Sie werden größtenteils durch künstlerische Charaktermasken ersetzt (u. a. Carl Froelich, Mathias Wieman, Karl Ritter), die dem System als Aushängeschilder dienen. Der Öffentlichkeit nämlich verkauft man den Wechsel im Aufsichtsrat als Stärkung des künstlerischen Auftrags der Ufa. Der reichsmittelbare Einstieg bei der Ufa bleibt für Außenstehende bis 1941 geheim. Die gleichgeschaltete Presse verbreitet die frohe Kunde von der geplanten Anhebung des künstle-

1938. Nanon.
REG Herbert Maisch. RAS Carl-Otto Bartning. AUT Georg Zoch, Eberhard Keindorff; nach der Operette von F. Zell und Richard Genée. KAM Konstantin (Irmen-)Tschet, Erich W. Schmidtke, Hans Raithel-Beyerlein. STF Horst von Harbou. BAU Erich Kettelhut. KOS Manon Hahn. GAR Anna Balzer, Gertrud Wendt, Walter Salemann. MAS Atelier Jabs. SCH Carl-Otto Bartning. TON Gustav Bellers. MUS Alois Melichar. LT Franz Baumann. MT ›Heute ist der schönste Tag in meinem Leben‹, ›So verliebt wie heut war ich nie!‹, ›Es war einmal ein kleiner Kavalier‹, ›Nun ist das Glück gegangen‹, ›Mein Herz ruft immer nur nach dir‹. CHO Fritz Böttger.
DAR Erna Sack (Nanon Patin), Johannes Heesters (Marquis Charles d'Aubigné), Dagny Servaes (Ninon d'Enclos), Otto Gebühr (Jean Baptiste Molière), Oskar Sima (Polizeipräfekt Marquis de Marsillac), Karl Paryla (König Louis XIV), Kurt Meisel (Hector), Berthold Ebbecke (Pierre), Ursula Deinert (Tänzerin), Clemens Hasse (François Patin), Paul Westermeier, Armin Schweizer, Oskar Höcker (drei Korporale), Ilse Fürstenberg (Magd), Ludwig Andersen (Sekretär), Walter Steinbeck (Monsieur Louvois), Hermann Pfeiffer (Monsieur Duval), Helmut Berndsen, Horst Birr, Lucie Euler, Elisabeth Hecht, Erich Harden, Max Hiller, Leopold von Ledebur, Hermann Mayer-Falkow, Ellen Plessow, Klaus Pohl, Walter Schenk, Arthur Seeger, Erhart Stettner, Wolfgang von Schwindt, Egon Vogel.
PRO Ufa. Herstellungsgruppe: Max Pfeiffer. HEL, PRL Max Pfeiffer. AUL Heinz Karchow. DRZ 25.6. - Anfang September 1938. DRO Ufastadt Babelsberg; AA Freigelände Babelsberg. LNG 2268 m, 83 min. ZEN 27.10.1938, Jf. 14. URA 15.11.1938, Hamburg (Ufa-Palast); 25.11.1938, Berlin (Ufa-Palast am Zoo).
Zur Zeit Ludwigs XIV. will die Wirtin Nanon nach langen ehelosen Jahren heiraten. Dem Bräutigam, Tambour Charles, der eigentlich der Marquis d'Aubigne ist, ging es jedoch im Rahmen einer Wette nur darum, die stets verschlossene Frau zu erobern. Nanon aber liebt ihn und erreicht die königliche Gnade für den wegen verbotenen Duellierens Verhafteten – unter der Bedingung, eine Gräfin zu heiraten. Wie der Zufall es will, ist Nanon inzwischen Gräfin.

1938. Kautschuk.
REG Eduard von Borsody. RAS Fritz Wendel. AUT Ernst von Salomon, Franz Eichhorn, Eduard von Borsody; nach dem Roman ›In der grünen Hölle‹ von Franz E. Anders /= Dr. Franz Eichhorn/. KAM Willy Winterstein. Expeditionsaufnahmen Edgar Eichhorn. BAU Anton Weber, Herbert Frohberg. KOS Bert Hoppmann. MAS Karl Hanoszek. SCH Ernst Nicklisch. TON Erich Leistner. MUS Werner Bochmann.
DAR René Deltgen (Henry Wickham), Vera von Langen (Mary Waverley), Gustav Diessl (Don Alonzo di Ribeira), Herbert Hübner (Konsul Waverley), Walter Franck (Gouverneur von Para), Hans Nielsen (Kapitän Murray), Roma Bahn (Lady Betty Mortimer), Valy Arnheim (Lord Reginald Mortimer), Hans Mierendorff (Lordkanzler), Paul Wagner (Sir Joseph Walton Hocker), Karl Klüsner (Militärgerichtsvorsitzender), Werner Scharf (Ankläger), Jürgen Jürgensen (Untersuchungsrichter), Erich Ziegel (Prof. Hickleberry), Walter Süssenguth (Capitano des Urwalddforts), Ernst Rotmund (Capitano des Polizeibootes), Friedrich Gnaß (Vaquero Antonio), Robert Dorsay (Fotograf), Philipp Manning (Butler), Otto Krone (Sekretär des Gouverneurs), Aribert Grimmer (Steuermann Wilkins), Peter Busse (Gummisammler), José Alcantra (José), Serra Achmed, Katja Bennefeld, Eugen von Bongardt, Louis Brody, Melitta Howe, Eugen Pussert, Josef Stampe, Heinz Wemper.
PRO Ufa. Herstellungsgruppe: Dr. Ernst Krüger. HEL Ernst Krüger. AUL Alfred Henseler, Wilhelm Sausmikat. DRZ Juli - Oktober 1938, Expeditionsaufnahmen: 1935 - 1936. DRO Ufastadt Babelsberg; AA Travemünde, Expeditionsaufnahmen: Amazonasgebiet. LNG 2851 m, 104 min. ZEN 31.10.1938, Jf. 18. URA 1.11.1938, Hamburg (Ufa-Palast); 8.11.1938, Berlin (Ufa-Palast am Zoo).
– Prädikate: Staatspolitisch wertvoll, Künstlerisch wertvoll.
– Die Expedition in Brasilien wurde geleitet von Dr. Franz Eichhorn, Edgar Eichhorn, Dr. O. A. Bayer und kehrte 1936 zurück. Die Verwendung der Expeditionsaufnahmen in einem Spielfilm war ursprünglich nicht vorgesehen.
Gummisamen will der Engländer Henry Wickham 1876 aus Brasilien nach England mitnehmen. Dies Unterfangen ist schwierig und zugleich kriminell, denn Brasilien hat das Gummimonopol. Wegen Spionage vor ein brasilianisches Kriegsgericht gestellt, muß Henry am Schluß freigelassen werden, weil die Aussage Marys ihn entlastet.

rischen Niveaus: Tobis und Ufa Hand in Hand.

Aufmerksame Beobachter im Exil allerdings analysieren die Verstaatlichungstendenzen in der deutschen Filmindustrie sehr genau, wenn es natürlich auch an genauen Informationen über den Ablauf und die wahren Kapitalverhältnisse fehlt: »Diese Gesellschaften sind zwar noch formal selbständig, aber sie führen kein wirtschaftliches Eigenleben mehr. Die Tobismehrheit ist in Staatsbesitz übergegangen, die Ufa ist von der Deutschen Bank und Diskontogesellschaft für den Fiskus erworben worden, (...). So kann man von Privatproduzenten eigentlich nicht mehr sprechen. (...) Andererseits wäre es verfrüht, von einer ›Verstaatlichung‹ dieser Gesellschaften zu reden. Bei der Ufa z.B. steht nur fest, daß die Dedi-Bank das Aktienpaket im öffentlichen Interesse erworben hat und daß demzufolge in der letzten Generalversammlung der bisherige Groß-Aktionär Hugenberg und 19 weitere Aufsichtsratsmitglieder seiner Gruppe aus dem Aufsichtsrat der Gesellschaft ausgeschieden sind. (...) Aber wie auch die Besitzverhältnisse im einzelnen aussehen mögen, man kann sagen, daß die deutsche Regierung etwa 80% der gesamten deutschen Filmerzeugung wirtschaftlich und somit natürlich auch künstlerisch kontrolliert.« (Deutschland-Berichte der Sozialdemokratischen Partei Deutschlands [Sopade], 4.6.1937, Prag).

Über die Interessenlage Hugenbergs beim Verkauf sind verschiedene Annahmen möglich. Zum einen befindet er sich weiterhin in einem – wenngleich nicht fundamentalen – politischen Dissenz mit der NSDAP, zum anderen mag er auf Dauer die Ertragssituation der Ufa wenig optimistisch beurteilt haben, zum dritten vielleicht eine wesentlich günstigere Profitchance im Verlagswesen und in der Rüstungsindustrie für sich gesehen haben. (In jedem Fall bleibt die Ungeheuerlichkeit, daß seine Erben zu Beginn der 50er Jahre unter Betonung der partiellen politischen Differenz zum Faschismus 30 Millionen DM für den Ufa-Verkauf nachfordern. Argumentation: Wertsteigerung nach dem Kauf von 1927. Immerhin wird ihre Klage abgewiesen.)

Die Cautio-Verhandlungen mit den Banken gestalten sich recht einfach. Sie sind zufrieden, als sie ihre Anteile in Höhe von 12 Mill. RM zu einem Kurs von 67% loswerden. Bleiben die Kleinaktionäre. Perfektionist Winkler kann bis März 1939 99,25% der Ufa-Aktien in Cautio-Besitz bringen; jegliche Spekulation auf Dividendenausschüttung ist damit ausgeschaltet. Als Ende 1937 durch ein neues Gesetz die Aktionärsversammlung entmachtet wird und auch für Aktiengesellschaften das Führerprinzip gilt, kann das nur im Interesse einer solchen Politik liegen. Um ganz sicher zu gehen, bleibt Winkler im übrigen seinen Prinzipien treu; er sieht möglichst darauf, AGs in GmbHs umzuwandeln. Diskretion läßt sich da besser wahren.

Nach außen dringt nichts von dem Weg, den die Winklerschen Geschäfte nehmen. Im Reichshaushalt sind die zur Verfügung gestellten Mittel nicht ausgewiesen. Sie werden dem Einzelplan »Allgemeine Finanzverwaltung« entnommen. Die Anforderungen gehen über den Tisch der Haushaltsabteilung des Propagandaministeriums an das Finanzministerium. Gibt es dort Einwände, schaltet sich Goebbels direkt beim Finanzminister ein. 34 Mill. RM wird der Reichshaushalt für den Ufa-Kauf hergeben müssen.

Nach Bewältigung des Ufa-Brockens ernennt Goebbels Winkler zum »Reichsbeauftragten der Filmwirtschaft«. Die Cautio wird zum alleinigen Finanzierungs- und Kontrollorgan der Filmwirtschaft. Auch die nachfolgenden Cautio-Deals mit der Terra und, etwas verwickelter, mit der Bavaria folgen den Winklerschen Prinzipien. Gewinnbringende Betriebsabteilungen werden abgetrennt und in GmbHs umgewandelt, nicht profitable mit dem Eisenbesen rationalisiert oder geschlossen. In jedem Falle bleiben die Verwaltungsapparate klein; insofern hat Winkler auch keine Ambitionen, Produktionsgesellschaften zusammenzulegen: Aufgeblähte Verwaltungen produzieren Planungsleerlauf.

Die Position der eingekauften Manager bleibt in der Regel unangetastet; auch hier weiß sich Winkler mit Goebbels einig. Wirtschaftliche Kompetenz, notfalls auch ohne NSDAP-Parteibuch, geht der Fähigkeit zum ideologischen Getöse vor. Man kann sich aufeinander verlassen, denn der treue Diener so vieler Regierungen ist auch politisch zuverlässig. Stolz vermeldet er 1938 nach dem »Anschluß« Österreichs, die österreichische Filmindustrie sei »entjüdet«. Goebbels wiederum kennt die prinzipielle Zuverlässigkeit der Ufa-Leitungsebene, was nicht ausschließt, daß er eine noch direktere Kontrolle des mitunter nicht ganz durchschaubaren Betriebs sehr begrüßt.

Es mag faszinierend wirken, welche gigantische Organisationsarbeit das Büro Winkler mit zehn für den Bereich Film abgestellten Mitarbeitern zwischen 1936 und 1939 (Ausgaben: 65 Mill. RM) leistet. Es ist eine Faszination, die sich der Akklamation von Sekundärtugenden verdankt.

Manfred Behn

Die graue Eminenz: Bürgermeister Max Winkler

»Winkler ist ein richtiges Geschäftsgenie«, begeistert sich Goebbels in seinem Tagebuch (9.3.1937). Für Axel Eggebrecht, der während der Nazi-Zeit als Drehbuchautor arbeitet, ist noch 1975 »der dubiose Herr Winkler fast so etwas wie ein Schutzengel«: Ihm hätten die Künstler in der Diktatur etwas Atemfreiheit zu verdanken. »Natürlich ein treuer Diener des Regimes, erprobt bei der Arisierung jüdischer Pressehäuser und Filmfirmen. Aber er war Wirtschafts-Fachmann, sein Ehrgeiz war es, aus staatlichen Monopolen Geld herauszuholen.«

Bürgermeister a.D., mit diesem Titel unterzeichnet der Mann, der die Geschicke der gesamten deutschen Filmindustrie bestimmt: Max Winkler war kurz nach dem Ersten Weltkrieg Bürgermeister der Stadt Graudenz. Später kümmert er sich im Parlamentarischen Ostausschuß um das Deutschtum in den an Polen abgetretenen Gebieten Westpreußens. Im Auftrag des Preußischen Innenministeriums gründet er die Concordia Literarische Anstalt GmbH: eine Tarnfirma, die Zeitungen in den Ostgebieten sowie dem Saarland aufkauft und unter den Einfluß der Reichsregierung bringt.

Der geschickte Finanzjongleur, der uneigennützig und stets loyal handelt, erledigt unauffällig und effektiv seine Aufgaben. Manchesmal weiß nicht einmal der Chefredakteur einer Zeitung davon, daß ›sein‹ Blatt inzwischen einen anderen Besitzer hat. Stresemann schätzt Winkler ebenso wie alle seine Nachfolger: Keine der häufig wechselnden Regierungen in der Weimarer Republik verzichtet auf die Dienste des Beamten, der über Treuhandgesellschaften wie Cura oder Cautio ein ganzes Presse-Imperium beherrscht, aber nie in das Blickfeld der Öffentlichkeit gerät.

Gleich nach der Machtergreifung wird im März 1933 auch sein Büro in der Brückenallee 3 durchwühlt und Akten beschlagnahmt. Winkler erklärt den Braunhemden: »Ich war Treuhänder der bisherigen Regierungen und bin so lange Treuhänder der jetzigen Regierung, bis der Herr Reichskanzler mich absetzt.« Hitler braucht ihn, viel Arbeit wartet auf Winkler: Unabhängige Zeitungen und Verlagshäuser, sofern sie nicht verboten oder geschlossen werden, überführt er in Staats- oder Parteibesitz. Es sind große Brocken dabei, Konzerne wie Ullstein und Mosse. Die Gleichschaltung der Presse im ökonomischen Sinne, dieses Geschäft besorgt Winkler. Geräuschlos wie immer und ohne Skrupel: Die Politik geht ihn nichts an, er handelt als treuer Staatsdiener, der sich jedem Regime zur Verfügung stellt.

Sein Arbeitsgebiet weitet sich immer mehr aus, umfaßt auch bald den Film. Dem Tobis Tonfilm-Syndikat, das holländischen Bankiers gehört, verschafft er über die Cautio ein 6-Millionen-Darlehen des Propagandaministeriums: der Anfang einer langen Kette von finanziellen Transaktionen, an deren Ende die gesamte deutsche Filmindustrie zu einem staatsunmittelbaren Superkonzern geworden ist.

Winkler ist ein Finanzgenie. 1937 verwaltet seine Cautio eine Filmtreuhandmasse von über 41 Millionen RM, über die er halbjährlich dem Reichsministerium der Finanzen rechenschaftspflichtig ist. Aber noch ist der Konzern nicht voll unter seiner Kontrolle. »Bekanntlich befindet sich der größte Teil des Aktienkapitals der Ufa in den Händen einer Gruppe, die die Aktien unter Berücksichtigung der öffentlichen Interessen im Einvernehmen mit dem Reich verwaltet«, umschreibt die Deutsche Bank (in einem Brief an das Finanzministerium) die Aktivitäten der Cautio. »Es ergeben sich nunmehr gewisse Schwierigkeiten daraus, daß die bei der Ufa verfolgten besonderen Reichsinteressen einen erheblichen Geldbedarf bedingen und deshalb nahelegen, die anfallenden Gewinne nicht auszuschütten. Im Gegensatz hierzu stehen die privatwirtschaftlichen Wünsche der freien Aktionäre, die naturgemäß eine angemessene Verzinsung ihrer Aktien erwarten dürfen.« Dieser Interessenkonflikt muß bereinigt werden. Winkler kauft auf, was an der Börse zu haben ist, und per Schnellbrief werden ihm die entsprechenden Mittel von der Reichshauptkasse zur Verfügung gestellt. Nachdem er auch die Verkaufsverhandlungen mit Hugenberg erfolgreich zum Abschluß gebracht hat, ernennt Goebbels ihn zum Reichsbeauftragten für das Filmwesen.

Alle wichtigen Personalentscheidungen und ökonomischen Weichenstellungen werden fortan im Büro Winkler getroffen. Er ist der heimliche Herrscher, der in der Öffentlichkeit nie auftritt, dafür umso wirksamer aus dem Hintergrund agiert. Sein Name soll nicht einmal im internen Schriftverkehr genannt werden. Im »Nebenprotokoll« zur Vorstandssitzung am 5. Januar 1938 heißt es: »Herr Klitzsch gibt von dem Inhalt eines Schreibens des Herrn Dr. Winkler Kenntnis, worin dieser darum ersucht, von der Erwähnung seines Büros in der Korrespondenz innerhalb der Ufa und mit außenstehenden Personen auf alle Fälle abzusehen.«

Der Bürgermeister aus Graudenz ist der Architekt des Monpolkonzerns Ufa Filmkunst GmbH. »Wie aus wiederholten Unterredungen bekannt ist, plane ich seit langem die Bildung einer Interessengemeinschaft zwischen den von mir betreuten Filmfirmen.« Nicht Genraldirektor Klitzsch, sondern Max Winkler wendet sich am 12. Mai 1939 an die Geschäftsführung von Bavaria, Terra, Tobis und Wien-Film. »Ich habe die Ufa, die ja dabei für die nächste Zeit die Gebende ist, veranlaßt, an Sie ein in den Einzelheiten mit mir abgestimmtes Vertragsangebot zu richten.« Der beigelegte Vertragsentwurf, unterzeichnet von den Direktoren Grieving und von Theobald, stößt jedoch auf den Widerstand bei den anderen Firmen, speziell der Tobis. Winklers erster Anlauf wird vom Fiskus gestoppt: Mit der Operation sollen u.a. Steuern gespart werden – kein Wunder, daß das Finanzministerium zunnächst Einspruch erhebt. Aber letztlich setzt er sich doch durch.

Winkler versteht es, berichtet die Publizistin Margret Boveri, »die Menschen mit seiner gewinnenden Freundlichkeit, hinter der so viel zielbewußter Wille steckte, ganz nach seinen Wünschen zu lenken«. Nazi-Methoden wendet er nicht an: Obwohl es sich um Zwangsverkäufe handelt, zahlt er den Firmeninhabern relativ hohe Abfindungen. Daran erinnern sich später die Verleger Wilhelm Schünemann, Erich Madsack und Franz Ullstein, als in den ersten Augusttagen 1949 vor dem Entnazifizierungsausschuß in Lüneburg der Fall Winkler zur Verhandlung kommt. Das Urteil lautet: Gruppe V, unbelastet.

Die graue Eminenz des deutschen Films arbeitet bald wieder in Staatsdiensten: Im Auftrag der Bonner Regierung hilft er bei der Entflechtung des Ufi-Vermögens (schließlich kennt keiner so gut wie er den komplizierten Aufbau des verschachtelten Konzerns). Und er wirkt wie früher im Hintergrund: Die Gründung der Neuen Deutschen Wochenschau, ein angesichts der alliierten Vorbehalte heikles Unternehmen, wird von ihm mit der notwendigen Diskretion vorbereitet.

»Es ist zu hoffen, daß er Aufzeichnungen hinterließ, die einmal historisch ausgewertet werden können«, schreibt Margret Boveri in ihrem Nachruf. Doch im Nachlaß findet sich nichts, was auf seine Rolle im Film des Dritten Reiches hinweist: Winkler, der bei seinen Geschäften Publizität nicht brauchen konnte, hat alle Spuren getilgt.

Michael Töteberg

1938. Das Verlegenheitskind.
REG Peter Paul Brauer. RAS Boleslav Barlog. AUT Ottokar Vomhof, Franz Rauch; nach dem Bühnenstück von Franz Streicher. KAM Robert Baberske. KAS Herbert Stephan, Hans Joachim Hauptmann. STF Georg Kügler. BAU Carl Ludwig Kirmse. GAR Erna Gillmore, Georg Paust. MAS Atelier Jabs. SCH Fritz Stapenhorst. TON Ernst Otto Hoppe. MUS, ML Hans Ebert.
DAR Ida Wüst (Anna Vierköttel), Ludwig Schmitz (Peter Vierköttel), Paul Klinger (Bartel Vierköttel), Josef Sieber (Jupp Spriesterbach), Maria Paudler (Kamilla), Hilde Schneider (Lore), Werner Stock (Bock), Marianne Simson (Binchen), Otto Matthies (Assessor Fitze), Hermann Pfeiffer (Bürgermeister Schlünkes), Friedrich Ettel (Kattwinkel), Maria Krahn (Kättchen Schmitz), Günther Ballier (Stoffel), Eduard Bornträger (Lambert), Jupp Beth, Charlotte Krause-Walter, Ursula Liederwald, Hermann Mayer-Falkow, Dorothea Thiess.
PRO Ufa. Herstellungsgruppe: Peter Paul Brauer. HEL Peter Paul Brauer. AUL Otto Galinowski. DRZ 20.6. - Ende August 1938. DRO Ufa-Atelier Berlin-Tempelhof; AA Beilstein/Mosel. LNG 2579 m, 94 min. ZEN 31.10.1938, Jv., nf. URA 22.11.1938, Düren; 23.12.1938, Berlin (U.T. Kurfürstendamm).
– Prädikat: Künstlerisch wertvoll.
Bartel, Sohn des rheinischen Trinkers Peter Vierköttel, erzählt der Mutter Anna von einer Geldverlegenheit des Vaters. Anna glaubt, Peter brauche das Geld als Mitgift für seine uneheliche Tochter, die sie in Lore erkannt zu haben glaubt. Bartel und Lore lieben sich, können wegen vermeintlicher Verwandtschaft jedoch nicht heiraten. In Wirklichkeit ist aber der Bürgermeister Lores Vater. Diese Erkenntnis ermöglicht die ›richtigen‹ Bindungen.

1938. Pour le Mérite.
REG Karl Ritter. RAS Gottfried Ritter. AUT Fred Hildenbrandt, Karl Ritter. KAM Günther Anders, Heinz von Jaworsky (Luftaufnahmen). KAS Adolf Kühn. STF Kitzinger. BAU Walter Röhrig. GAR Paul Haupt, Charlotte Bornkessel. MAS Hermann Rosenthal, Kurt Neumann, Paul Lange. SCH Gottfried Ritter. ASS Friedrich Karl von Puttkamer. TON Werner Pohl. MUS, ML Herbert Windt.
DAR Paul Hartmann (Rittmeister Prank), Herbert A. E. Böhme (Oberleutnant Gerdes), Albert Hehn (Leutnant Fabian), Fritz Kampers (Offiziersstellvertreter Moebius), Paul Otto (Major Wissmann), Josef Dahmen (Unteroffizier Zuschlag), Willi Rose (Gefreiter Krause), Heinz Welzel (Leutnant Romberg), Paul Dahlke (Herr Schnaase), Theo Shall (Captain Cecil Brown), Jutta Freybe (Isabel Prank), Carsta Löck (Gerda Fabian), Elsa Wagner (Mutter Fabian), Gisela von Collande (Anna Moebius), Kate Kühl (Barsängerin), Marina von Dittmar (junge Französin), Otz Tollen (Hauptmann Reinwald), Wilhelm Althaus (Geschwaderadjutant), Wolfgang Staudte (Leutnant Ellermann), Clemens Hasse (Ulan), Walter Bluhm (Husar), Heinz Engelmann (Kürassier), Heinz Wieck (Pionier), Hans Rudolf Ballhausen (Leutnant Reuter), Hans Joachim Rake (Leutnant Heuser), Heinz Sedlak (Leutnant Langwerth), Erik Radolf (Leutnant Bülow), Malte Jäger (Leutnant Overbeck), Gustav Mahnke (Vizefeldwebel), Carl August /= Gustav?/ Dennert (Kruschke), Heinrich Schroth (Stabsoffizier der Luftschifferabteilung), Gerhard Jeschke (›Kofl‹-Adjutant), Hadrian Maria Netto (Infanteriemajor), Otto Krone (Artilleriehauptmann), Franz Andermann (Artillerieoffizier-Beobachter), Jim Simmons (Funkoffizier), Adolf Fischer (Infanteriemeldeläufer), Otto Graf (Kapitänleutnant), Herbert Lindner (Reserveoffizier), Georg Georgi, Nico Turoff, Hans Bergmann (drei Soldatenräte), Walter Lieck (Deserteur Baumlang), Reinhold Pasch (amerikanischer Kavallerieoffizier), André St. Germain (französischer Capitaine), Luther Körner (Vater Fabian), Waltraut Salzmann (Fabians Schwester), Oskar Aigner (Juwelier), Ernst Sattler (Schlachthofinspektor), Irene Kohl (Frau des Schlachthofinspektors), Otto Sauter-Sarto (bayerischer Baß), Martha von Kossatzki (Wirtschafterin Barbara), Fritz Petermann (einfliegender Pilot), Hildegard Fränzel (Frau Müller), Heinrich Krill (Vater Kuhlen), Gaston Briese (Herr Raffke), Valerie Borstel (Frau Raffke), Herbert Schimkat (Herr Meier), Aribert Grimmer (Pachulke), Fritz Klaudius, Arthur Reppert, Karl Haubenreißer, Willy Gerber (vier Schieber), Elvira Erdmann, Hanna Lussnigg (zwei Dämchen), Serag Monnier (Inhaber eines Inflations-Kabaretts), Marianne Kiwitt (Mia), Dolly Raphael (Kitty), Lili Schoenborn (Reinemachefrau), Ilva Günten (Pensionsinhaberin), Lutz Götz (Darmstädter Gendarm), Oskar Höcker (Landgendarm), Fritz Marlitz (Polizeileutnant), S. O. Schoening, Herbert Weißbach, Max Hiller, Josef Peterhans (vier Abgeordnete), Franz Weber (Diener im Ministerium), Karl Meixner (Führer einer Kommunistenhorde), Friedrich Gnaß (Herr Holzapfel), Werner Stock (Begleiter von Herrn

Der Beichtvater des Promi
Der Nazi-Film und sein oberster Kritiker

Tagung der Filmschaffenden, März 1937: Vizepräsident der Reichsfilmkammer Hans Weidemann, Reichsfilmdramaturg Oswald Lehnich, Staatssekretär Walter Funk, Propagandaminister Joseph Goebbels

Von Luis Trenker ist der Tagebuchschreiber anfangs sehr angetan: »In der Auffassung ist er immer sehr edel und strebsam«, vermerkt der Eintrag vom 17. März 1937. Da hat der beredte Beobachter gerade des Tirolers Kostümschwulst CONDOTTIERI gesehen und findet den Film: »Herrlich photographiert, mit einer schönen Grundidee, nur etwas breit angelegt und von Trenker eine Kleinigkeit überspitzt. Man muß ihn mal«, so der Filmfreund gönnerhaft, »in seinem eigenen Interesse darauf aufmerksam machen.«

Das ist mehr als nur der wohlmeinende Rat eines Tagebuchschreibers. Joseph Goebbels hat hier seine Meinung festgehalten und 1937 tanzt längst die ganze Filmbranche nach seiner Pfeife. Der Propagandaminister ist vielbeschäftigt, für die Filmindustrie ist er trotzdem weit mehr als nur ein Frühstücksdirektor: Er kontrolliert was ›seine‹ Studios produzieren, verlangt Schnittkorrekturen, läßt sich Drehbücher vorlegen, die er regelmäßig verändert, läßt keine Wochenschau ungeprüft, kümmert sich um alle wichtigen Personalentscheidungen und umwirbt jede schöne Filmschauspielerin. In seinem Berliner Renommierstudio wird er hinter vorgehaltener Hand »Bock von Babelsberg« genannt.

Wie ernst es ihm mit dem Film ist und wie ernst es für den werden kann, der seine Gunst verliert, zeigen Goebbels weitere Notizen zu Luis Trenker. »Neuer Trenkerfilm FEUERTEUFEL. Ein fürchterlich patriotischer Schmarren. Ich muß ihn sehr stark beschneiden lassen. Trenker macht nationale Filme, ist dabei aber ein richtiges Miststück« (16.2.1940). Kurz darauf notiert Goebbels: »Ich trage dem Führer den Fall Trenker vor. Dieses Schweinstück hat in Südtirol nicht für uns optiert. Hinhalten, freundlich sein, aber abservieren« (5.3.1940). Zwei Tage später dann: »Nachmittags empfange ich Luis Trenker. Er schwafelt mir etwas von seinem Deutschtum vor, das er heute kaltlächelnd verrät. Ich bleibe ungerührt und kühl bis ans Herz hinan. Ein Schuft und vaterlandsloser Geselle! Hinhalten und eines Tages erledigen« (7.3.1940), an dieser Drohung gibt es keinen Zweifel.

Als Tagebuchschreiber ist Goebbels unermüdlich. Erst, um sich vom Erlebten zu erleichtern, später aus Gewohnheit, um fortzusetzen, was vor Jahren begann, dann aus Kalkül, um sich ein Denkmal zu setzen und um Geld zu verdienen. Mit dem Beginn der beruflichen Karriere verändern sich die Tagebucheintragungen. Sie werden knapper, beschränken sich auf erledigte Aufgaben, Gespräche und sparen mit langen Überlegungen. Haß und Wut flammen nur gelegentlich auf, und intime Bekenntnisse des Frauenfreundes Goebbels fehlen. Der Öffentlichkeitsarbeiter und Politiker Goebbels stellt sich dar – und der weiß seine Selbstdarstellung in Geld umzusetzen. Der klamme Bauherr eines aufwendigen Hauses für die vielköpfige Familie notiert am 20. Oktober 1936 erleichtert: »Ich verkaufe (Verleger) Amann meine Tagebücher. 20 Jahre nach meinem Tod zu veröffentlichen. Gleich 250.000 Mk. und jedes Jahr laufende 100.000 Mk. Das ist sehr großzügig. Magda und ich sind sehr glücklich.« Villa am See, Yacht und Gästehaus sind finanziert, der Minister kann aufatmen.

Spätestens seit dieser Zeit ist Goebbels Tagesbericht an spätere Leser gerichtet. Als »Beichtvater«, wie er seine Bücher noch in den 20er Jahren nennt, haben die Kladden ihre Gültigkeit getan. In ihnen profiliert sich jetzt ein »fürchterlicher Demagoge« (Selbsteinschätzung), einer, der sich selbst, wenn schon nicht für den ersten, dann wenigstens für den zweiten großen Denker des Dritten Reichs hält. Vom manischen Schreiber ist er zum manischen Selbstbespiegler gewandelt. Sein Mitteilungsdrang ist so stark, daß er ab dem Sommer 1941 seine Eintragungen einem Stenographen diktiert. Kein Wunder, daß er sich um den Verbleib seiner Aufzeichnungen sorgt: »Sie sind doch zu wertvoll, als daß sie einem evtl. Bombenangriffe zum Opfer fallen dürfen«, vermerkt Goebbels am 30. März 1941. Zwanzig Tagebücher werden daraufhin im unterirdischen Tresor der Reichsbank deponiert.

Die so erhaltenen Zeitzeugnisse geben ein schillerndes Bild – nicht nur von ihrem Autoren: »Albers tanzt wieder mal aus der Reihe. Und nun soll ich wieder eingreifen. Die ganze Filmwirtschaft ist ein Sauhaufen. (...) Birgel berichtet über Zarah Leander. Gibt im Allgemeinen ein gutes Bild. Aber zuviel traut er ihr auch nicht zu«, schreibt Goebbels am 16. Oktober 1937. Über ihre Kollegen lassen sich die Stars hemmungslos bei ihrem Vorgesetzten aus. Am 6. Mai 1937 heißt es zum Beispiel: »Auch Jannings wendet sich scharf gegen den Schünzel-Film«.

Damit ist LAND DER LIEBE gemeint, über den Goebbels schon am 28. April 1937 befunden hat: »Eine typische Judenmache. Ganz unausstehlich. Der darf so nicht heraus. Nun werde ich diesen Unrat ausmisten.« Am folgenden Tag schreibt der Propagandaminister über den Film, der, wie er bedauert, »1,3 Millionen kostet und gänzlich unbrauchbar ist. Das hat dieser Halbjude mit Absicht gemacht. Funk und Hanke nehmen ihn nochmal nachmittags vor. Vielleicht ist er mit vielen Manipulationen noch zu retten. Bei der Gelegenheit schmeiße ich gleich (Tobis-Verleihchef) Mainz als den Schuldigen raus.« LAND DER LIEBE hat am 11. Juni 1937 nach erheblichen Schnitten Premiere, der Regisseur Reinhold Schünzel ist zu dieser Zeit schon auf dem Weg in die USA.

In den Tagebüchern läßt Goebbels seinem Antisemitismus freien Lauf. So schreibt er am 10. Oktober 1937: »Lärm um den Film MUSTERGATTE. Da hat wieder ein Jude hineingepfuscht. Rühmann ist da nicht so ganz unbeteiligt. Ich werde durchgreifen.« Zimperliche Mitarbeiter werden auf Linie gebracht: »Schlösser schickt einen Bericht über die Arisierung der Kulturunternehmen.

Danach kann das nur der liebe Gott durchführen. Ich sage Schlösser die Meinung« (14.12.37).

Von »Frl. Riefenstahl«, wie er anfangs seine Lieblingsdokumentarfilmerin noch nennt, ist er in diesen Wochen jedoch ganz begeistert. Am 24. November 1937 hat er Teile des noch nicht fertiggestellten Olympia-Films gesehen: »Unbeschreiblich gut. Hinreißend photographiert und dargestellt. Eine ganz große Leistung. In einzelnen Teilen tief ergreifend. Die Leni kann schon sehr viel. Ich bin begeistert und Leni sehr glücklich.« Er lädt die Regisseurin auf ein Glas in die »Kameradschaft der deutschen Künstler«, aber Magda kommt mit. Ähnlich emphatisch äußert er sich in der Regel auch über eine andere Fachkraft, wenn diese sich auch manchmal etwas verhaut: »Harlan hat den JUD SÜSS auf über 2 Millionen kalkuliert. Überhaupt kalkulieren unsere großen Regisseure richtig ins Blaue hinein. Ich schiebe aber einen Riegel vor« (15.2.1940).

Wenn es sein Terminkalender erlaubt, besucht der Minister Dreharbeiten. Am 8. November 1940 ist Goebbels in den Prager Filmstudios, wo Herbert Selpin die koloniale Ertüchtigungsübung CARL PETERS inszeniert: »Aufnahmen zum Carl Peters-Film. Mit Albers. Daraus wird etwas. 100 Neger aus der Gefangenschaft wirken daran mit. Die armen Teufel stehen angetreten und zittern vor Angst und Kälte.« Danach bittet der Drehstab zu Tisch. Seine Gastgeber können den Besucher jedoch nicht erfreuen, »fast nur Organisationsherren. Höchst langweilig«. Auch nach der Fertigstellung bleibt der Propagandachef ungnädig. Am 15. März 1941 stellt er im Tagebuch fest: »Carl Peters-Film der Bavaria gesehen. Mit Albers. Der Film ist nicht gemeistert. Zuviel Leitartikel und zuwenig Handlung. Die Tendenz ist zu dick aufgetragen, die Passagen gegen das damalige Regime zünden nicht. Ich bin sehr unbefriedigt davon.«

Da war VOM WINDE VERWEHT, den der Minister am 30. Juli 1940 gesehen hat, schon

viel besser, wenn auch »viel zu lang«. »Großartig in der Farbe und ergreifend in der Wirkung. Man wird ganz sentimental dabei. Die Leigh und Clark Gable spielen wunderbar. Die Massenszenen sind hinreißend gekonnt. Eine große Leistung der Amerikaner. Das muß man öfter sehen. Wir wollen uns daran ein Beispiel nehmen.«

Bis in den Krieg hinein sieht Goebbels am Abend, kurz bevor er dem Tagebuch Bericht erstattet, Filme: Die Wochenschauen, an denen immer viel geändert werden muß, und ein, zwei Spielfilme, die ›seine‹ Studios herausbringen wollen. Mal jubelt er, mal nörgelt er, er ist der kleine Herrgott, der bestimmt, was läuft, und das genießt er. »Abends kommen einige Leute vom Film zu Besuch. Jannings, Ritter, Ucicky, Froelich, Krahl, Rühmann. Wir besprechen viele Filmfragen. Jetzt geht es allmählich im Film aufwärts. (...) Noch lange palavert. Ich bin spät sehr müde«, formuliert der »Reichminister für Volksaufklärung und Propaganda« am 22. September 1940 etwas kryptisch.

Nicolaus Schröder

Holzapfel), Friedrich Ettel (Vorsitzender), Ernst Dernburg (Gefängnisdirektor), Eduard Bornträger (Oberinspektor Weiß), Gerhard Bienert (Gefängnis-Wachhabender), Helmut Passarge (Aufseher), Gerhard Dammann (Herr Zörgiebel), Josef Gindorf, Bernhard Kaspar, Karl Friedrich Burkhardt, Ferdinand Reich, Willy Witte, Heinz Jungklaus, Heinz Look, Walter Jensen, Erik von Loewies /= Erik Richard Michael Adalbert von Loewies of Menar/, Heinz Rippert, Theo Brandt, Heinz Otte (junge Offiziere), Egon Barlogh, Kurt Hinz, Martin Baumann (drei Segelflugschüler).
PRO Ufa. Herstellungsgruppe: Karl Ritter. **HEL** Karl Ritter. **AUL** Ludwig Kührr. **DRZ** 14.6. - Anfang September 1938. **DRO** Ufastadt Babelsberg; **AA** Mecklenburg, Scharmützelsee, Rhön. **LNG** 3303 m, 121 min. **ZEN** 7.12.1938, Jf., f. **URA** 22.12.1938, Berlin (Ufa-Palast am Zoo).
– *Prädikate: Staatspolitisch und künstlerisch besonders wertvoll, Jugendwert. – Von den Alliierten Militärbehörden verboten.*
Nach dem Vertrag von Versailles, der Deutschland eine eigene Luftwaffe verbot, müssen der Pour le Mérite-Träger Franck und andere Kriegsveteranen in Zivilberufen arbeiten. Der Plan einer privaten Fliegerschule scheitert, als eine Gruppe des linken demokratischen Lagers ein aus dem Krieg gerettetes Flugzeug verbrennt. Wegen Anstiftung zum Gegenangriff wird Franck verurteilt, später aber begnadigt. Er wandert zunächst aus Haß auf die Demokratie aus, kehrt aber nach Wiedereinführung der Wehrpflicht zurück, um Oberst eines eigenen Jagdgeschwaders zu werden.

1938. Der Blaufuchs.
REG Viktor Tourjansky. **RAS** Fritz Andelfinger. **AUT** Karl Georg Külb; nach dem Bühnenstück ›A kék róka‹ von Ferenc Herczeg. **KAM** Franz Weihmayr. **BAU** Werner Schlichting. **SCH** Walter Fredersdorf. **TON** Carlheinz Becker. **MUS** Lothar Brühne. **ML** Erich Holder. **LT** Bruno Balz. **MT** ›Von der Puszta will ich träumen‹, ›Kann denn Liebe Sünde sein?‹.
DAR Zarah Leander (Ilona), Willy Birgel (Tibor Vary), Paul Hörbiger (Stephan Paulus), Karl Schönböck (Trill), Jane Tilden (Lisi), Rudolf Platte (Kutscher Béla), Eduard Wenck (Bahnwärter), Edith Meinhard (Tilla), Franz von Bokay, Erich Dunskus, Olga Engl, Lothar Geist, Max Wilhelm Hiller, Antonie Jaeckel, Eva Klein-Donath, Ingolf Kuntze, Marjan Lex, Gertrude de Lalsky, Erich Nadler, Berta Scheven.
PRO Ufa. Herstellungsgruppe: Bruno Duday. **HEL** Bruno Duday. **AUL** Alexander Desnitzky, Viktor Eisenbach. **DRZ** Ende August - Oktober 1938. **DRO** Ufa-Atelier Berlin-Tempelhof; **AA** Freigelände Babelsberg. **LNG** 2765 m, 101 min. **ZEN** 13.12.1938, Jv. **URA** 14.12.1938, Düsseldorf (Apollo); 12.1.1939, Berlin (Gloria-Palast).
Ilona zwischen zwei Männern. Sie entscheidet sich gegen den professoralen Ehemann und für dessen alten Freund, einen charmanten Flieger. In einer Mitarbeiterin findet allerdings auch der Professor die neue Liebe.

1938. War es der im dritten Stock?
REG Carl Boese. **AUT** Christian Hallig; nach dem Roman von Frank F. Braun. **KAM** Herbert Körner. **BAU** Gustav A. Knauer, Alexander Mügge. **SCH** Fritz Stapenhorst. **TON** Robert Fehrmann. **MUS** Werner Eisbrenner. **LT** Bruno Balz. **MT** ›Man müßte mal was ganz Verrücktes machen...‹.
DAR Henny Porten (Frau Seiderhelm), Mady Rahl (Petra Kilby), Lucie Höflich (Frau Kaaden), Else Elster (Lisa Seiderhelm), Iwa Wanja (Olga Filimon), Paul Dahlke (Kriminalkommissar Heidenreich), Ernst Dumcke (Direktor Wolters), Karl Stepanek (Georg Kilby), Walter Steinbeck (Herr Seiderhelm), Herbert Gernot (Kriminalsekretär Bogner), Gerhard Dammann (Portier Kaaden), Wilhelm König (Egon Kaaden), Hans Adalbert Schlettow (Vertreter Pöhlmann), Alexander Engel (Diener Iwan), Heinz von Cleve (Kriminalkommissar Wienhold), Otz Tollen (Kriminalrat Harder), Reginald Pasch (Kriminalbeamter Schultz), Kurt Hagen (Herr Berger), Josef Reithofer (Krankenhausarzt), Werner Schott (Chefarzt Prof. Dachs), Josefine Dora (Hotelinhaberin), Grete Reinwald (Sekretärin).
PRO Fanal-Film Produktion GmbH, Berlin; für Ufa. Herstellungsgruppe: Hermann Grund. **HEL, PRL** Hermann Grund. **AUL** Heinz Fiebig, Anton Maria Walkenbach. **DRZ** Ende September - Ende Oktober 1938. **DRO** Ufa-Atelier Berlin-Tempelhof; **AA** Freigelände Babelsberg. **LNG** 2598 m, 95 min. **ZEN** 15.12.1938, Jv., nf. **URA** 6.1.1939, Berlin (U.T. Kurfürstendamm, U.T. Friedrichstraße, Titania-Palast).
Die Rumänin Olga Filimon, der berliner Halbwelt zuzurechnen, wird in ihrer Mietwohnung angeschossen aufgefunden. Außerdem seien ihr 1.000 Mark gestohlen worden, behauptet sie. Als Täter kommen bis auf den Hauswirt Kaaden alle in Frage, denn jeder hat eine befleckte Weste, wie Kommissar Heidenreich in Erfahrung bringt.

Ein nationalsozialistischer Musterbetrieb

Die »Gefolgschaft« im Dritten Reich

Am 1. April 1938 wird im Rahmen der Gebietsreform die Stadt Nowawes mit dem Villenvorort Neubabelsberg zusammengelegt und in Babelsberg umbenannt. Der S-Bahnhof »Neubabelsberg«, der 1912 zur (eigentlich falschen) Bezeichnung des Ateliergeländes geführt hat, wird in »Babelsberg Ufastadt« umbenannt

Die Ufa hat alle Fräume im Restaurationsbetrieb Zoologischer Garten gemietet: Geschlossene Gesellschaft, heute haben nur Ufa-Mitarbeiter Zutritt. Es ist allerhand los auf dem Kameradschaftsabend am 29. Februar 1936:

Im Marmorsaal heizen die Ufa-Jazzsymphoniker ein, im Kaisersaal brilliert Stimmungssänger Paul Erdtmann vom Wiener Bohème-Verlag, und im Garten, bei der Bierschwemme, wirkt die Schrammelkapelle. Die Tombola am Eingang Adlerportal ist ständig umlagert; letztes Jahr waren die Lose bereits vor elf Uhr ausverkauft. Um Mitternacht – die letzte Kinovorstellung ist vorbei, inzwischen sind auch die Kollegen aus den Theaterbetrieben eingetroffen – beginnt das Varieté-Programm: die spanische Tänzerin Nati Morales, der Musikal-Exzentriker Al Trahan (assistiert von Lady Yukona Cameron), die amerikanischen Grotesktänzer Lamb & Allis und zum Abschluß die 24 Scala-Girls. Ein vielversprechendes Programm, und wie immer ist der Andrang groß. Eine Woche vor dem Ereignis hat die Personalabteilung deshalb ein internes Rundschreiben mit der Ermahnung herumgeschickt, »daß sich der wahre Kameradschaftsgeist auch darin zeigt, daß nicht von einzelnen Abteilungen oder Personen die besten Plätze in überaus großer Zahl reserviert werden«.

Das alljährliche Betriebsfest für die Berliner Mitarbeiter heißt seit dem letzten Jahr »Gefolgschaftstreffen«. Die neue Sprachregelung spiegelt die offizielle Weltanschauung: Im NS-Staat gilt das Führer-Prinzip auch in der Wirtschaft. Generaldirektor Klitzsch ist nun der »Betriebsführer«, und seine Ansprachen vor der Belegschaft sind »Betriebsappelle«. Kapitalismus und Klassenkampf, Streik und Tarifkonflikte gehören der vergangenen »Systemzeit« an; im Dritten Reich wird die »Volksgemeinschaft« beschworen. »Ein lebendiges Gefüge der gegenseitigen Treue«, so steht es in einer Selbstdarstellung des Filmkonzerns, verbinde die Gefolgschaft mit dem Betriebsführer.

Hugenbergs Spitzenmanager vertritt nun eine Firmenphilosophie, die alle Unternehmensziele dem Staat unterordnet: »Wenn das neue Reich ein Recht auf Arbeit schuf, wenn man die kapitalistische Idee entthronte und dafür eine Wirtschaft setzte, die nicht mehr Selbstzweck ist, sondern *Dienendes* am ganzen Volke und an der ganzen Nation, dann mußte man zu einer neuen Menschenführung in den Betrieben und vor allem zu einer *Menschenbetreuung* überhaupt kommen.« (Film-Kurier, 2.8.1938) Jedes Gefolgschaftsmitglied, führt er auf einem »Betriebsappell« aus, müsse mit Freude an seinen Arbeitsplatz gehen.

Die Ufa, die sich regelmäßig am »Leistungswettkampf der deutschen Wirtschaft« beteiligt, ist stolz auf ihre Vorreiterrolle: Als einer der ersten Großbetriebe gibt sie sich 1939 – am 20. April, dem Geburtstag des Führers – eine Betriebsordnung. Sie wird bei der Anstellung jedem ausgehändigt und enthält auf 24 Druckseiten die wichtigsten Bestimmungen über Beginn und Beendigung des Arbeitsverhältnisses, Lohnzahlung und Arbeitszeiten, Urlaub und Sozialleistungen (wie Geburtsbeihilfe und Weihnachtsgratifikation), Betriebssport und Kantinenessen. Die Gefolgschaftsmitglieder werden nicht bloß verbal auf den NS-Staat eingeschworen – in den 41 Paragraphen ist die ideologische Ausrichtung auf die faschistische Gesellschaftsordnung stets präsent. Früher schickte man bei Neueinstellungen die Bewerber zum Betriebsarzt und verlangte eventuell auch ein polizeiliches Führungszeugnis; jetzt ist die Rassezugehörigkeit ein entscheidendes Kriterium: »Vor der Einstellung hat das Gefolgschaftsmitglied eine Erklärung über die arische Abstammung abzugeben. Juden sowie Mischlinge werden grundsätzlich nicht eingestellt.« Politische Gesinnung wird honoriert: Mitglieder in der Deutschen Arbeitsfront (dem Nazi-Ersatz für die verbotenen Gewerkschaften) werden bevorzugt eingestellt. Konflikte in der NSDAP haben Folgen: Die Betriebsführung ist berechtigt, das Arbeitsverhältnis zu kündigen, wenn ein Gefolgschaftsmitglied aus der Partei ausgeschlossen wird. Umgekehrt wird gefördert und belohnt, wer zu den Massenveranstaltungen des Dritten Reiches geht. Sonderurlaub gibt es bei Eheschließung, beim Tod von nahen Verwandten sowie für diejenigen Gefolgsmitglieder, die »auf Anforderung von Parteidienststellen am Reichsparteitag oder am Erntedankfest auf dem Bückeberg teilnehmen«. Für den 1. Mai wird ein »Marschgeld« (mindestens eine Mark) gezahlt. Als »Stoßtrupp des Betriebs« gründet man eine »Werkschar«, und ganz freiwillig ist die Teilnahme nicht: »Die Betriebsführung erwartet, daß jeder junge männliche Gefolgsmann, der körperlich geeignet ist, sich von selbst hierzu meldet und nicht erst die Aufforderung abwartet.« Verstöße gegen die Betriebsordnung können mit Geldbußen bis zur Hälfte eines Tagesverdienstes geahndet werden.

Der nationalsozialistische Musterbetrieb betont gern seine Fürsorgepflicht gegenüber den Mitarbeitern: Gleichzeitig mit der neuen Betriebsordnung wird der Ufa-Unterstützungsverein e.V. (ab 1941: Ufa-Gefolgschaftshilfe GmbH) geschaffen. In erster Linie handelt es sich um eine Pensionskasse: Eine Altersrente wird nach 15 Jahren Betriebszugehörigkeit gezahlt, finanzielle Beihilfen werden bei Bedürftigkeit gewährt – ein Rechtsanspruch besteht in beiden Fällen nicht. Weitere Sozialleistungen sind die Teilnahme an KdF-Fahrten, die Kinder-Landverschickung während der Ferien sowie die Weihnachtsbescherung für rund 1000 Kinder.

In der Bilanz des Geschäftsjahrs 1937/38 schlagen die Sozialausgaben mit 236.000 RM zu Buche. Drei Jahre später sind sie sprunghaft angestiegen auf 1,3 Millionen. Der Krieg ist die Ursache: Mehr als eine halbe Million werden gezahlt als »Wehrdienstunterstützungen, die den Angehörigen der einberufenen Gefolgschaftsmitglieder gewährt werden. Sie entheben den Einberufenen der Sorge um das materielle Wohl seiner Familie.« (Selbstdarstellung der Ufa) Die außerordentlichen Ausgaben kommen für die Firma nicht überraschend, und die Gründung des Sozialwerks dürfte auch nicht zufällig 1938 erfolgt sein.

Schon lange beschäftigt sich der Vorstand mit der »Notwendigkeit, alsbald alle Maßnahmen, die für den Fall einer Mobilmachung notwendig sind, zu treffen« (20.9.1938). Die Fortführung des Betriebs muß gesichert werden. Luftschutzfragen, Vorratswirtschaft, ein Verzeichnis aller u.k. zu stellenden Gefolgschaftsmitglieder, so lauten einige Tagesordnungspunkte. Auch die sozialen Folgen werden angeschnitten – der Vorstand beschließt eine Rückstellung von Geldern, um einen Sonderfonds zur Verfügung zu haben. Er wird dringend gebraucht: Im Krieg werden 2000 Arbeiter und Angestellte von Ufa und Afifa zur Wehrmacht eingezogen.

Die Verbindung zu den Arbeitskameraden an der Front wird aufrechterhalten durch »Liebesgabenpäckchen« und die eigens für diesen Zweck geschaffene *Ufa Feldpost*. Das Monatsblatt bringt Nachrichten aus der Heimat, vermischt mit Durchhalteparolen, Kreuzworträtsel, Meldungen über Beförderungen (zuhaus) und Auszeichnungen (im Feld), Witze und Gereimtes aus der Leserschaft (»Die Ufa steht – die Ufa dreht«), Mitteilungen über Tote und Verwundete (rubriziert: »Verwundet wurden: ...Zum 2. Mal verwundet: ...Zum 7. Mal verwundet: ...«). Hauptschriftleiter des Blattes, das selbst im fünften Kriegsjahr noch erscheint, ist Carl Opitz. Er ist – die militärischen Begriffe beherrschen inzwischen auch den zivilen Alltag – »Verbindungsoffizier« zwischen der Presse-Abteilung und dem »Befehlsstand des Vorstandes«.

Der Krieg hat die Heimat erreicht. Im August 1943 bekommen alle Ufa-Angestellten ein hektographiertes Merkblatt: »Was habe ich zu beachten, wenn mein Arbeitsplatz zerstört ist?« Erstes Gebot: »Wenn bekannt wird, daß bei einem Terrorangriff die Arbeitsstelle heimgesucht wurde, versuche ich trotzdem meinen Arbeitsplatz zu erreichen.« Sollte kein Durchkommen sein, so sind bestimmte Sammelstellen aufzusuchen. (Nur die Verbindungsoffiziere wissen, wo sich der Vorstand trifft: bei der Werkluftschutzleitung Krausestr. 38.) Die zehn Gebote des Merkblatts sind formuliert als nachzusprechendes Glaubensbekenntnis der Ufa-Angehörigen: »Die besondere Sorge der Betriebsführung gilt dem Wohl der Gefolgschaft, ich weiß, daß dies in noch höherem Maße der Fall ist, wenn Notzeiten eintreten.« Noch einmal wird der »Ufageist« (Klitzsch) beschworen. Merkblatt, Gefolgschaftsausweis sowie eine frankierte Postkarte (zwecks Meldung bei Verhinderung) sind stets bei sich zu tragen, »auch zuhause im Luftschutzkeller oder Deckungsgraben«. Das letzte Gebot lautet: »Im totalen Krieg ist mein Arbeitseinsatz so wichtig wie der Fronteinsatz meiner eingezogenen Arbeitskameraden, mein Kriegsdienst ist der Arbeitsplatz. Dieser darf nicht leerstehen, und ich werde deshalb alle Entschliessungen nur nach Verständigung mit meinem Betrieb fassen.«

Michael Töteberg

Es gilt der Deutsche Gruß

Betriebsführer und Gefolgschaft bilden die Betriebsgemeinschaft. Beide sind sich zu gegenseitiger Treue verpflichtet. Die Betriebsgemeinschaft dient dem Betrieb und dem gemeinsamen Nutzen von Volk und Staat. Die Grundsätze und Ziele der nationalsozialistischen Weltanschauung sind für Betriebsführer und Gefolgschaft richtungsgebend. Kameradschaftliches Verhalten, verantwortungsbewußte Erfüllung der dem einzelnen obliegenden Pflichten, Wahrung und Förderung des Arbeitsfriedens und gegenseitiges Vertrauen sind die selbstverständlichen Pflichten jedes Mitglieds der Betriebsgemeinschaft, mag es an leitender oder ausführender Stelle tätig sein.

Arbeitskameraden in leitender Stellung müssen außer ihrem fachlichen Können die weltanschauliche Einstellung besitzen, die Gewähr dafür bietet, daß die ihnen zugeteilten Gefolgschaftsmitglieder nach nationalsozialistischen Grundsätzen betreut werden.

Wir erwarten von den leitenden Angestellten des Hauses, daß sie Gefolgschaftsmitglieder, die sich durch Leistungen und persönliche Eigenschaften auszeichnen, besonders beobachten und die Betriebsführung auf sie aufmerksam machen.

Die Deutsche Arbeitsfront ist die alleinige Betreuerin des deutschen Arbeitertums, deshalb wird erwartet, daß sich die Gefolgschaftsmitglieder der Deutschen Arbeitsfront anschließen. Bei Neueinstellungen sind Mitglieder der DAF zu bevorzugen.

In den Ufa-Betrieben gilt der Deutsche Gruß.

Jedes Gefolgschaftsmitglied ist verpflichtet, über alle Geschäfts-Unternehmungen, Vorkommnisse, Eigentümlichkeiten und Einrichtungen des Betriebs strengste Verschwiegenheit auch nach dem Ausscheiden aus dem Betrieb zu beobachten. Andererseits ist das Gefolgschaftsmitglied auch nach seinem Ausscheiden noch verpflichtet, berufenen oder vom Betriebsführer bevollmächtigten Persönlichkeiten über dienstliche Vorgänge Auskunft zu geben.

Zuwiderhandlungen gegen diese Verpflichtung werden als Vertrauensbruch angesehen und behandelt.

Betriebsordnung Universum-Film Aktiengesellschaft, Paragraph 1

1938. Frauen für Golden Hill.
REG Erich Waschneck. RAS Erich Kobler. AUT Hans Bertram, Wolf Neumeister, Georg Hurdalek; nach einer Idee von Hans Bertram. KAM Werner Krien. BAU Gustav A. Knauer, Alexander Mügge. SCH Erich Kobler. TON Alfred Zunft. MUS Werner Eisbrenner. LT Willy Dehmel, Günther Neumann. MT ›Ich bin wie ich bin!‹. CHO Ernst Drost. DAR Kirsten Heiberg (Violet), Viktor Staal (Douglas), Karl Martell (Stanley), Grethe Weiser (Mme. Doolittle), Elfie Mayerhofer (Kitty), Otto Gebühr (Kirkwood), Ernst Waldow (Cocky), Olaf Bach (Bully), Hans Adalbert Schlettow (Thomas Trench), Lotte Rausch (Alice Bedford), Wilhelm König (O'Neilly), Anna Grandi (Gwendolin), Wolfgang Kieling (Pat), Paul Dahlke (Barryman), Waltraut von Negelein (Dorothy), Jack Trevor (Larry), Ilse Petri (Margaret), Albert Vernohr (Algenon), Emmy Harald (Louise), Hans Schoelermann (Frank), Lilly Towska (Barbara), Gustav Püttjer (Bill), Erika Gläßner (Miss Kellington), Hubert von Meyerinck (Tanzmanager), Margot Erbst (Elisabeth), Kurt Iller (Pierre), Edith von Donath (Emmy), Kurt Weisse (Doran), Grete Reinwald (Brigitt), Wolfgang Kuhle (Mangan), Paula Braend (Charlott), Alfred Köhler (Josua), Josefine Bachert (Mammy), Hannelore Dworski (Daisy), Erich Ziegel (Reverend Jones), Erich Walter (Beamter), Albert Florath (Sekretär des Beamten), Werner Schott (Flughafenkommandant), Harry Gondi (Pilot Jim). PRO Fanal-Film Produktion GmbH, Berlin; für Ufa. PRT Erich Waschneck. HEL Hermann Grund. AUL Heinz Fiebig. DRZ ab ca. 23.7.1938. DRO Ufastadt Babelsberg. LNG 2521 m, 92 min. ZEN 21.12.1938, Jv. URA 30.12.1938, Frankfurt/Main; 5.1.1939, Berlin (Tauentzien-Palast).
Von der Regierung angeworbene heiratswillige Frauen, darunter die Revuesängerin Violet aus Sydney, bringen Unruhe und Konflikte in eine Goldgräbersiedlung mitten in der australischen Wüste. Die Freundschaft zwischen den Schürfern Douglas und Stanley wird auf eine harte Probe gestellt, die für Stanley tödlich ausgeht..

1938. Preußische Liebesgeschichte.
(Liebeslegende, 1950)
REG Paul Martin. RAS Fritz Andelfinger. AUT Rolf Lauckner, Paul Martin. KAM Robert Baberske. KAS Kurt Schulz. BAU Willy Schiller, Carl Haacker. GAR Max König, Wilhelmine Spindler. MAS Atelier Jabs. SCH Axel von Werner. TON Fritz Thiery. MUS Harald Böhmelt. Chorleitung Serge Jaroff. DAR Lida Baarová (Prinzessin Elisa Radziwill), Willy Fritsch (Prinz Wilhelm von Preußen), Harry Liedtke (Fürst Anton Radziwill), Carl Günther (König Friedrich Wilhelm III. von Preußen), Hans Nielsen (Kronprinz Friedrich Wilhelm), Dieter Borsche (Prinz Karl), Vera von Langen (Großfürstin Charlotte von Rußland), Sabine Peters (Prinzessin Alexandrine), Hermine Körner (Prinzessin Luise von Preußen, Radziwill), Dagny Servaes (Erbgroßherzogin Maria Paulowna), Marina von Ditmar (Prinzessin Maria), Viktoria von Ballasko (Prinzessin Auguste), Waldemar Leitgeb (Großfürst Nikolaus von Rußland), Will Dohm (Fürst Wittgenstein), Ernst Dernburg (Oberhofmeister von Schilden), Heinrich Schroth (Geheimrat von Raumer), Paul Wagner (Major von Gerlach), Eduard von Winterstein (General von Gneisenau), Werner Schott (Generaladjutant von Witzleben), Ernst Sattler (Dr. Hufeland), Albert Lippert (Kronprinz von Schweden), Klaus Detlef Sierck (junger Chopin), Werner Stock (Stallbursche Strucks), Don Kosakenchor. PRO Ufa. Herstellungsgruppe: Bruno Duday. HEL Bruno Duday. AUL Georg Mohr. DRZ Juli - September 1938. DRO Ufastadt Babelsberg; AA Schmiedeberg, Riesengebirge, Schloß Ruhberg, Umgebung von Berlin. LNG 2730 m, 100 min (bei Zensur 1938). ZEN Dezember 1938, V. URA 12.4.1950, München.
– Verboten.
Die tragische Jugendliebe des Hohenzollernprinzen und späteren Kaisers Wilhelm I. zur Prinzessin Elisa Radziwill, die er aus Gründen der Staatsräson nicht heiraten durfte.

1938/42. Geheimnis Tibet. Ein Filmdokument der Deutschen Tibet-Expedition Ernst Schäfer 1938/39.
REG, AUT Hans Albert Lettow. KAM Ernst Krause. SCH Hans Albert Lettow (?). MUS Alois Melichar. MIT Dr. von Rauch. MW Dr. Ernst Schäfer (Expeditionsleiter), Edmund Geer (Technischer Leiter), Bruno Beger (Anthropologe), Dr. Karl Wienert (Geologe). SPR Horst Preußker. PRO Dr. Ernst Schäfer. PRT Edmund Geer. PRL 1938 - 1939, 1942 (Zusammenstellung des Materials). DRO Tibet (Lhasa, Gyantse u.a.Orte). LNG 2894 m, 106 min ZEN 15.12. 1942, Jf. URA 18.1.1943, München (Ufa-Palast); 19.2.1943, Berlin (Marmorhaus, Ufa-Pavillon am Nollendorfplatz).
– Dokumentarfilm. – Prädikate: Staatspolitisch wertvoll, Künstlerisch wertvoll, Kulturell wertvoll, Volksbildend, Jugendwert.

Der Lebenslauf des Films
Die Ufa-Lehrschau

»Am Mittwoch besuchte der irakische Ministerpräsident mit seiner Gattin die Ateliers in der Ufastadt Babelsberg... Anschließend erfolgte ein längerer Besuch in der Lehrschau.« (Film-Kurier, 4.1.1943). Sie sind schon gefordert, die Mitarbeiter der Ufa-Lehrschau. Täglich kommen Besucher, die alle betreut und geführt werden. Über jeden wird Bericht erstattet, an den Generaldirektor der Ufa persönlich.

Aus dem Wochenbericht 109 vom 7. Juni 1938:
»31.5. Herr O. Messter in Begleitung von Herrn Prof. Thorner. Herr Messter besah sich eingehend den kinotechnischen Teil der Lehrschau. Naturgemäß handelte es sich bei der Bedeutung des Herrn M. für die Kinotechnik um eine besonders interessante, sehr persönliche Angelegenheit, die genügend Diskussionsstoff bot. Es führte: von Steinaecker.«

Am gleichen Tag sind die Mitarbeiter noch mit drei Besuchen beschäftigt:
»Herr Schetter, Schriftleitung der Filmwelt, welcher das Material der Ufa-Lehrschau stärker für seine Arbeiten zukünftig auswerten will. Es führte: Dr. Traub.
Besprechung mit Oberregierungsrat Simoneit vom Psycholaboratorium der Wehrmacht über die zukünftige Zusammenarbeit mit der Ufa-Lehrschau. Es führte: Dr. Traub.

In Begleitung des Schauspielers Jürgensen ein Hauptlehrer aus Bergholz-Rehbrücke mit Familie. Es führte: Graf Schönfeldt.«

Vier bis sechs Besuche am Tag, das sind die Spitzennutzungen. Aber es gibt auch Tage, an denen nur ein Besuch verzeichnet ist. So heißt es wenige Tage später, am 3.6.: »5 Sudetendeutsche. Es führte: Richter-Presse.«

Partei- und Staatsinstanzen schicken ihre Vertreter, Schulen und Lehrgänge verschiedenster Art (selten aus »echten« Film-Bereichen) machen Exkursionen, Pressevertreter werden – offenbar bei jedem Atelierbesuch – durchgeschleust, es erfolgen Führungen für offizielle Gäste. Mitarbeiter der Filmbranchen und -wirtschaft kommen, auch einige – überraschend wenige – Prominente: Lucienne Boyer, Tino Rossi, Paul Klinger, Gary Cooper.

Die am 31. Januar 1936 auf dem Ufa-Gelände in Neubabelsberg vom Präsidenten der Reichsfilmkammer, Prof. Dr. Oswald Lehnich und Ufa-Generaldirektor Ludwig Klitzsch eröffnete Ufa-Lehrschau ist ein mehrschichtiges Unternehmen. Dieses Wunsch- und Protektionskind des damals noch allmächtigen Generaldirektors Ludwig Klitzsch soll – vor allem – beim Nachwuchsproblem helfen: Vermittlung von Wissen und Erfahrungen. Erste Ideen und

**In den Schaukästen links
Entwurfsskizzen für GOLD
von Otto Hunte**

**Ausstellungsräume der
Ufa-Lehrschau in Babelsberg
Rechts im Vordergrund das
Modell des Ateliergeländes**

der Auftrag für eine Konzeption gehen auf den Winter 1932/33 zurück, auf den Tisch gelegt wird sie 1934. Den Grund kann man ahnen: Dem Ausverkauf durch Hollywood ist der viel größere Aderlaß gefolgt: die Vertreibung und Emigration, Arbeitsverbote und Verfolgung jüdischer und politisch andersdenkender Mitarbeiter – auf allen Ebenen der Filmbetriebe.

Autoren der Studie mit Titel »Wege zum Deutschen Institut für Filmkunde« sind Dr. Oskar Kalbus, seit 1920 in kaufmännischer und filmwissenschaftlicher Position für die Ufa tätig, und Dr. habil. Hans Traub, Dozent für Filmwissenschaft an der Universität Greifswald und am Deutschen Institut für Zeitungskunde in Berlin. Wie Kalbus später berichtet, soll die Idee bei Goebbels wenig Gegenliebe gefunden haben, der das Modell einer Deutschen Film-Akademie favorisiert. Doch Klitzsch betreibt das Projekt firmenintern weiter. Am 28. April 1935 präsentiert er in Babelsberg den Teilnehmern des propagandistisch groß aufgezogenen Internationalen Filmkongresses in Berlin eine Informationsausstellung und kündigt diese in seiner Begrüßung als künftige Lehrschau an. Ein Zurück ist – laut Kalbus – nicht mehr möglich. Sein Indiz für Goebbels' »Verärgerung«: Der Promi kommt nicht zur Eröffnung.

Heute wissen wir: Die Nationalsozialisten stufen Projekte größeren Umfangs zurück, wenn sie ihnen für gefährlich erscheinen. Die wenige Jahre später erfolgte Verstaatlichung der Filmkonzerne unter dem Namen Ufa sowie die 1938 erfolgende Gründung der Deutschen Film-Akademie, der die Ufa-Lehrschau dann zugeschlagen wird, sind in den Plänen des Propagandaministeriums wohl schon vorgezeichnet.

Am 31. Januar 1936 wird die Ausstellung – die eigentliche Ufa-Lehrschau, die dem Kind den Namen gibt – eröffnet. Im Foyer und einem großen Ausstellungssaal wird mit Schrift- und Demonstrationstafeln, Modellen und Vitrinen versucht, Strukturen der Filmwirtschaft zu verdeutlichen und den »Lebenslauf« des Films darzustellen: Von der Idee bis zum fertigen Drehbuch, der Produktionsprozeß einschließlich aller technischen Voraussetzungen bis zur Aufführung, dem Verleih und der Arbeit der Filmtheater. Didaktische Informationen bilden die Grundlage. Der Besuch dieser Ausstellung wird genau protokolliert.

Ab dem zweiten Quartal 1937 ist auch eine zentrale Bibliothek der Ufa-Lehrschau zugänglich. Die umfängliche Fachbibliothek berücksichtigt alles, was eventuell für die Produktion interessant sein könnte. Anfangs ist sie wohl ausschließlich für die eigenen Mitarbeiter gedacht, die Nutzung durch andere ist an strenge Genehmigungen gebunden: So ist nach einem Briefwechsel vom Januar 1938 für die Nutzung durch Tobis-Mitarbeiter eine Absprache auf Generaldirektors-Ebene nötig, und dann auch nur »für einzelne Herren nach Absprache«.

Peu à peu werden der Bibliothek – und damit der Ufa-Lehrschau – weitere Sammlungen zugeordnet, bei denen in einigen Fällen auch archivarische Aufgaben hinzukommen. Besonders interessant: das Produktionsarchiv. Dort werden die gesamten Produktionsunterlagen aller Spielfilme der Ufa seit Beginn der Tonfilmzeit (wie auch der Terra) gesammelt, alle literarischen Stufen, Dekor- und Kostümentwürfe, Grundrisse und Bauzeichnungen, Arbeitsfotos, Werbe- und Pressematerial, Partituren, Liedertexte, alle ökonomischen Belege, Aufnahme- und Dispositionspläne – alles bis hin zu den täglichen Szenenrapporten.

Voll Stolz berichtet die Leitung der Ufa-Lehrschau in ihren kontinuierlich erscheinenden »Berichte(n) der Bücherei der Lehrschau der Ufa und Mitteilungen der Ufa-Lehrschau« über den Besuch der ersten zwei Jahre: 1936/37 kamen 16.677 Besucher in die Lehrschau, durchschnittlich also 725 pro Monat; in die Bibliothek (ab 1.4.1937)

Ein Filmbericht der deutschen SS-Tibet-Expedition, die am 21.4.1938 unter Führung des jungen Tibetforschers SS-Sturmbannführer Dr. Ernst Schäfer von Hannover aus in den Himalaya aufbrach. Der Film zeigt u.a. zum erstenmal die verbotene Stadt Lhasa.

1938/39. Der Edelweißkönig.
REG Paul Ostermayr. DIA-REG Walter Ullmann. AUT Joseph Dalman, Ludwig Schmid-Wildy; nach dem Roman von Ludwig Ganghofer. KAM Otto Baecker, Peter Haller. BAU Hanns H. Kuhnert, Kurt Dürnhöfer. MAS Arthur Schramm. SCH Paul Ostermayr. TON Werner Maas. MUS, ML Franz R. Friedl.
DAR Hansi Knoteck (Veverl), Paul Richter (Ferdl), Gustl Stark-Gstettenbauer (Gidi), Katharina Berger (Marianne), Ingeborg Wittmann (Hannerl), Hermann Ehrhardt (Valti), Viktor Gehring (Jörg), Rolf Weih (Graf Ludwig), Martin Schmidthofer (Dori), Walter Holten (Leitnerbauer), Rolf Pinegger (Marti), Elise Aulinger (Gidis Mutter), Erik Radolf (Kommandant der Grenzwache), Otto Müller (Peperl), Margit Dicht (Lieserl), Josef Reithofer, Martha Salm, Ernst Sattler, Georg Vogelsang.
PRO Tonlicht-Film GmbH, Berlin; für Ufa. PRT Peter Ostermayr. AUL Wolfgang Schubert. DRZ Mitte August - Ende Oktober 1938. DRO Ufa-Atelier Berlin-Tempelhof; AA Tirol. LNG 2263 m, 83 min. ZEN 23.12.1938, Jf., nf. URA 1.1.1939, Stuttgart (Universum); 15.2.1939, Berlin (U.T. Kurfürstendamm, U.T. Friedrichstraße).
Der Bruder von Hannerl glaubt, deren gräflichen Liebhaber erschlagen zu haben. Rache an ihm hatte er zwar im Sinn, aber keine tödliche. Jedoch erweist sich bald die Gesundheit der vermeintlichen Leiche.

1938/39. Noix de coco.
REG Jean Boyer. RAS Christian Chamborant. AUT Marcel Achard; nach seinem Bühnenstück. MUS Georges Van Parys.
DAR Raimu (Loulou Barbentane), Michel Simon (Josserand), Marie Bell (Caroline), Suzet Mais (Fernande Josserand), Junie Astor (Colette Ventadour), Betty Daussmond (Angèle), Fernand Fabre (Salvador), Gisèle Préville (Nathalie), Maupi (Colleville), Madeleine Bérubet (Mme Testavin), Georges Lannes (Lieberkrantz), Claire Gérard (l'invitée), Simone Gautier, Gilbert Gil (Antoine), Harry James (un invité).
PRO Ufa / ACE. SUP Raoul Ploquin. DRZ 26.8. - September 1938. DRO Ufastadt Babelsberg; AA Menton. LNG 80 min. URA 16.2.1939, Paris (Marignan).
– In französischer Sprache hergestellt.
Loulou, Gärtner in Menton, erfährt eines Tages, daß seine Frau früher Sängerin in Saigon war. Anfangs wütend, verzeiht er seiner Frau, daß sie ihm ihre Vergangenheit verheimlicht hat.

1938/39. Der grüne Kaiser.
REG Paul Mundorf. RAS Walter Steffens. Technische Regie Karl Schulz. AUT Geza von Cziffra; nach dem Roman von Hans Medin. KAM Willy Winterstein. STF Otto W. Schulz. BAU Erich Kettelhut. SCH Axel von Werner. TON Erich Leistner. MUS Hans Ebert. LT Bruno Balz. MT ›Voll Musik ist die Nacht‹. CHO Anneliese von Oettingen.
DAR Gustav Diessl (Miller-Mylius), René Deltgen (Jan Karsten), Carola Höhn (Joana), Ellen Bang (Eve Latour), Hilde Hildebrand (Nora), Paul Westermeier (Hoysen), Ilse Trautschold (Sekretärin), Alexander Engel (Favard), Albert Hörrmann (Carraux), Hans Leibelt (Picard), Aribert Wäscher (Vandermer), Hans Halden (Jaquine), Otto Matthies (van't Hoff), Ingolf Kuntze (1. Gerichtsvorsitzender), Edwin Jürgensen (1. Staatsanwalt), Eduard von Winterstein (2. Gerichtsvorsitzender), Franz Schafheitlin (2. Staatsanwalt), Siegfried Schürenberg (Verteidiger), Bruno Hübner, Aribert Grimmer, Walter Süssenguth (drei Geschworene), Erwin Biegel (Diener Pieter), Eric Hilger-Helgar (Arbeiter auf der Hazenda), Erich Fiedler (Reporter), Bernhard Minetti, Carl Iban.
PRO Ufa. PRL Karl Schulz. AUL Fritz Andreas Brodersen. DRZ Ende August - Ende Oktober 1938. DRO Ufastadt Babelsberg; AA Umgebung von Berlin. LNG 2417 m, 88 min. ZEN 1.2.1939, Jf. 14, nf URA 13.2.1939, Wien (Apollo-Theater); 15.2.1939, Düsseldorf (Apollo-Theater); 28.2.1939, Berlin (Tauentzien-Palast).
Bei der Landung in London ist der Fluggast Mylius, ein Großgrundbesitzer vom Amazonas, nicht mehr an Bord. Jan, der Pilot der Maschine, wird des Mordes verdächtigt und verurteilt. Seine Braut Joana spürt den Betrüger Mylius auf, der sich jetzt Miller nennt, und sorgt nach Ablauf von Jans Haftstrafe mit ihm zusammen für Gerechtigkeit.

2247 Nutzer, also etwa 249 monatlich. Interessant ist auch eine Aufschlüsselung der Besucher nach ihrer beruflichen Herkunft, zumal ein Vergleich mit dem 1. Quartal 1942 (monatlich 448; 1224 in der Bibliothek) möglich ist:

Herkunft Anteil in %	1936/37	1942
Die Partei	8.9	10.4
Staat und Behörden	8.1	6.9
Wehrmacht	5.9	56.5
Wirtschaft	12.3	6.5
Wissenschaft	11.3	4.1
Schulung	14.2	2.5
Film und Bühne	8.3	2.1
Presse	7.9	1.0
andere Berufe	3.5	2.6
Betriebsgefolgschaft	12.9	—
Ausländer	12.1	7.0

Aufschlußreich sind dabei vor allem die beiden Steigerungen von 1936/37 zu 1942. Es zeigt sich das weiterhin große Interesse aller Parteiinstanzen an dieser Einrichtung sowie die hinzugekommenen Betreuungsfunktionen einer solchen Institution im Krieg: Instruktionsstunden für die Lehrgänge der Propaganda-Kompanien, Beteiligung bei der Verwundeten-Betreuung und beim »Volksbildungswerk« der Deutschen Arbeitsfront. Neben den offiziellen Kontakten wird dieser Rubrik auch jeder Besucher in Uniform zugeordnet. Insgesamt werden in Lehrschau und Bibliothek zwischen Januar 1936 und März 1942 88.769 Nutzer gezählt.

Im »Kleinen Film-Handbuch für die deutsche Presse – Der Deutsche Film 1943/44« erscheint der letzte Übersichtsartikel über die Ufa-Lehrschau. Hier nennt Hans Traub, seit der Eröffnung 1936 ihr wissenschaftlicher Leiter, einige Bestände. Die Bibliothek enthält 16.000 Bände, dazu gibt es 53.000 Verweise, in der Bild- und Foto-Motiv-Sammlung werden 11.000 Stiche verschiedener Landschaften angeboten, 300.000 Filmbesprechungen seit 1924 liegen vor. Die Zensurkarten-Sammlung umfaßt für den Zeitraum 1909-1936 mit Lücken 87.000 Karten, danach liegt die Sammlung vollständig vor. 95.000 Lehr- und Standfotos sowie 4500 Filmprogramme werden hervorgehoben. Das Produktionsarchiv ist kontinuierlich erweitert worden.

Außerdem existiert ein Filmauswertungsarchiv. »Die wertvollen Film-Restbestände früher hergestellter Spiel-, Wirtschafts-, Kulturfilme und Wochenschauen sollen, soweit diese Reste in den einzelnen Filmvorhaben nicht verarbeitet wurden, der Herstellung neuer Filme zugänglich gemacht werden und soweit wie möglich auf diese Weise verwertet werden... Ein weit angelegtes Bildregister verzeichnet etwa 500.000 Sujets, die sowohl über eine Stichwortkartei wie über eine Bildmustersammlung den Benutzern zugänglich gemacht werden können. Der Gesamtfilmbestand, der zur Auswertung zur Verfügung steht, beträgt über 4½ Millionen Meter Film, reicht zurück bis in die Stummfilmzeit und erneuert sich laufend durch die Eingänge des Materials der staatsmittelbaren Firmen.« Schließlich hütet die Ufa-Lehrschau die kurz vor dem Krieg entstandenen monumentalen Pläne zum Ausbau Babelsbergs zur größten und modernsten Filmstadt Europas.

Heute erinnern nur die wenigen eigenen editorischen und filmischen Bemühungen an die Ufa-Lehrschau. Neben monatlichen Informationsberichten der Bücherei und Mitteilungsblättern der Lehrschau erscheinen 1940/41 unter dem Sammeltitel »Filmschaffen – Filmforschung« drei illustrierte Schriften der Ufa-Lehrschau: Band 1 »25 Jahre Wochenschau der Ufa«, Band 2 »Als man anfing zu filmen« sowie als Band 3 die Selbstdarstellung »Die Ufa-Lehrschau. Der Weg des Films von der Planung bis zur Vorführung«. Sie stammen vorwiegend aus der Feder Dr. Hans Traubs, ebenso wie die offizielle Firmengeschichte zum 25. Jubiläum 1942: »Die Ufa – Ein Beitrag zur Entwicklungsgeschichte des deutschen Filmschaffens«. 1940 erscheint als wichtigstes publizistisches Zeugnis die umfangreiche kommentierte Bibliografie »Das deutsche Filmschrifttum« von Hans Traub und Hanns Wilhelm Lavies. Zwei Kompilationsfilme werden hergestellt: 1938 DAS RECHTSLEBEN IM FILM (bisher in keinem Archiv nachgewiesen) und 1942 DOKUMENTE ZUR KULTURGESCHICHTE DES DEUTSCHEN FILMSCHAFFENS (fragmentarisch im Bundesarchiv-Filmarchiv erhalten). Außerdem veröffentlichen Mitarbeiter der Ufa-Lehrschau einige Artikel in der Fachpresse.

Die Ufa-Lehrschau existiert nicht mehr. Nach dem Ende des Zweiten Weltkriegs, der Zerschlagung des faschistischen Staats und dem Zerfall der alten Filmwirtschaft ist kein Platz für eine so aufwendige Idee. Das Schicksal der umfangreichen Bestände ist dubios und bis heute nicht geklärt: Zerstörung durch Krieg und Nachkriegswirren? Beutegut? Verscherbelt auf dem schwarzen Markt? Verrottet in nicht gefundenen oder nicht beachteten Auslagerungen? Wolfgang Jacobsen schreibt in dem Buch »Babelsberg 1912-1992«: »Die Ufa-Lehrschau verliert sich im Nebel der Nachkriegsgeschichten. In Bibliotheken, öffentlichen und privaten Sammlungen allerdings stehen Bücher und andere Schriften, die den Stempel der Lehrschau tragen.«

Manfred Lichtenstein

Kurzfilme der Ufa 1937-1938

1937

Januar. ★ 1936. **Das Ei des Kolumbus.** 174 m, 6 min. ★ 1936/37. **Fahren – aber mit Verstand.** 329 m, 12 min. ★ 1936/37. **Lustiges Hundevolk.** REG Ulrich K. T. Schulz. KAM Walter Suchner, Wilhelm Mahla. MUS Walter Winnig. 378 m, 14 min. ★ 1936/37. **Chemie und Wäschewaschen.** 1317 m, 49 min. ★ 1936/37. **Gib Hab und Gut in treue Hut.** 724 m, 27 min. ★ 1936/37. **Vom Urwald zum Ofen. Braunkohle und Braunkohlenbrikett.** 500 m, 18 min. ★ 1936/37. **Spanische Inseln im Mittelmeer.** KAM Gösta Nordhaus. MUS Ernst Erich Buder. SPR Hermann Mayer-Falkow. Herstellungsgruppe: Nicholas Kaufmann. 313 m, 11 min. ★ 1936. **Hebel und Zähne.** 319 m, 12 min. ★ 1936/37. **Sportfest der Zeche Gneisenau.** 186 m, 7 min. ★ 1936/37. **Tag der nationalen Arbeit.** 200 m, 7 min. ★ **Februar.** ★ 1936/37. **Die neue elektrisch gesteuerte Loewe-Fräsmaschine Größe 4.** 304 m, 11 min. ★ 1936/37. **Werden und Vergehen.** 255 m, 9 min. ★ 1936/37. **Waldeszauber.** 367 m, 13 min. ★ 1936/37. **Deutsches Öl.** 636 m, 23 min. ★ 1936/37. **Pulsschlag des Meeres.** 421 m, 15 min. ★ 1936/37. **Geborgener Erntesegen.** AUT Arnold Funke. KAM Adolf Krahl, Fritz von Friedl. MUS Arthur Molinar. 317 m, 12 min. ★ 1936/37. **Frankfurt a. Main 1936.** 395 m, 14 min. ★ 1936/37. **Das geräuscharme Getriebe.** 379 m, 14 min. ★ 1936/37. **›Titarist‹, das Hochleistungsschneidmaterial.** 1064 m, 38 min. ★ 1936/37. **Vom Regen in die Traufe.** 418 m, 15 min. ★ 1936/37. **Mannesmann.** 1341 m, 49 min. ★ 1936/37. **Tausende vertrauen abends dem Bosch-Radlicht.** 144 m, 5 min. ★ 1936/37. **700 Jahr-Feier der Stadt Calau N. L.** 128 m, 5 min. ★ 1936/37. **Im Dienst der Volksgesundheit.** 532 m, 19 min. ★ 1936/37. **Wunder und Rätsel der Natur.** 1559 m, 57 min. ★ 1936/37. **Hangen wie Glocke.** 535 m, 19 min. ★ 1936/37. **Aus eigenem Boden – eigene Kraft.** 348 m, 13 min. ★ 1936/37. **Der glühende Draht.** 393 m, 14 min. ★ 1936/37. **Lehrmeisterin Natur.** 116 m, 4 min. ★ 1936/37. **Märchen von der Wirklichkeit.** 107 m, 4 min. ★ **April.** ★ 1937. **Vom Königswalzer zum Schlußakkord.** 133 m, 5 min. ★ 1937. **Deutscher Kraftfahrsport.** 545 m, 20 min. ★ 1937. **Flox.** 578 m, 21 min. ★ 1937. **Tiere als Jagdgehilfen des Menschen.** 417 m, 15 min. ★ 1937. **25 Jahre DBL.** 884 m, 32 min. ★ 1937. **Alles für Euch, Ihr Frau'n.** 738 m, 27 min. ★ 1937. **Vier Jahre Hitlerjugend.** 899 m, 32 min. ★ **Mai.** ★ 1937. **Segen der Kälte.** 335 m, 12 min. ★ 1937. **Mysterium des Lebens.** REG Ulrich K. T. Schulz, Herta Jülich. MUS Ernst Erich Buder. Wissenschaftliche Leitung: Prof. Dr. G. Frommolt. 422 m, 15 min. ★ 1937. **Helden der Küste.** 404 m, 15 min. ★ 1937. **Röntgenstrahlen.** REG Martin Rikli. Fachberatung: Prof. Dr. Janker. 493 m, 18 min. ★ **Juni.** ★ 1937. **Preußische Staatsbibliothek.** 137 m, 5 min. ★ 1937. **Das Sinnesleben der Pflanzen.** REG Ulrich K. T. Schulz, Wolfram Junghans. KAM Walter Suchner. MUS Albert Luig. Technische Beratung: Karl Brandmayer. SPR Georg Heinrich Schnell. 406 m, 15 min. ★ **Juli.** ★ 1937. **Unbekanntes China.** AUT Felix Lampe. KAM Wulf-Dieter Graf Castell. MUS Rudolf Perak. SPR Theodor Mühlen. 410 m, 15 min. ★ 1937. **Hinunter.** KAM Kurt Stanke. MUS Karl Emil Fuchs. Fachberatung: Paul Keller. 355 m, 13 min. ★ 1937. **In der Rott.** REG, AUT Wilhelm Prager. KAM Kurt Stanke. MUS Hans Ebert. 430 m, 16 min. ★ 1937. **Von merkwürdigen Tieren und ihren Eiern.** 126 m, 5 min. ★ 1937. **Kämpfer ohne Waffen.** REG Dirk Gascard. 405 m, 15 min. ★ 1937. **Spreehafen Berlin.** AUT Felix Lampe. KAM Kurt Stanke. MUS Franz R. Friedl. Herstellungsgruppe: Nicholas Kaufmann. 344 m, 12 min. ★ 1937. **Adern der Wirtschaft.** REG Hermann Boehlen. AUT Arnold Funke. KAM Hans Bastanier, Erwin Bleeck-Wagner. MUS Walter Schütze. Fachberatung: Freiherr von Loe. 409 m, 15 min. ★ 1937. **Kampf um Raum und Zeit.** 1253 m, 45 min. ★ **August.** ★ 1937. **Kalt..., kälter..., am kältesten...** REG Martin Rikli. KAM Kurt Stanke. MUS Fritz Steinmann. SPR Georg Heinrich Schnell. Herstellungsgruppe: Nicholas Kaufmann. 533 m, 19 min. ★ 1937. **Gesunde Frau – gesundes Volk.** 309 m, 11 min. ★ 1937. **La Semaine Artistique Allemande.** 311 m, 11 min. ★ 1937. **Der Rhein von Basel bis zum Bodensee als Großschiffahrtsstraße und Kraftquelle.** 609 m, 22 min. ★ 1937. **Siemens – die Welt der Elektrotechnik.** 1599 m, 58 min. ★ **September.** ★ 1937. **Weltstadt am Wasser.** AUT Walter Kiaulehn, Felix Lampe. KAM Kurt Stanke. MUS Fritz Steinmann. SPR Paul Schwed. 412 m, 15 min. ★ 1937. **Menschen hinter Maschinen.** 448 m, 16 min. ★ 1937. **Der Ludowici-Ziegel.** 658 m, 24 min. ★ 1937. **Uralt.** 110 m, 4 min. ★ 1937. **Blaue Jungens am Rhein.** REG Fritz Heydenreich. KAM Wilhelm Mahla, Albert Endrejat, Walter Meyer. 375 m, 14 min. ★ **Oktober.** ★ 1937. **Wie ein Ziegel entsteht.** 564 m, 21 min. ★ 1937. **Musikalische Dichtungen.** 391 m, 14 min. ★ 1937. **Zug für Zug.** 110 m, 4 min. ★ 1937. **Bojarenhochzeit.** 308 m, 11 min. ★ 1937. **Achtung! Asien marschiert!** 1024 m, 37 min. ★ 1937. **Unsere Jugend im Landjahr.** 211 m, 8 min. ★ 1937. **Von Zeppelin 1 bis LZ 130.** REG Walter Jerven. KAM Guido Seeber. MUS Hans Horst Sieber. SPR Kurt Mühlhardt. 352 m, 13 min. ★ 1937. **Vom Millimeter zum Kilometer.** 450 m, 17 min. ★ 1937. **Meine deutschen Volksgenossen. Es spricht zu Ihnen der Präsident der Reichsrundfunkkammer Hans Kriegler.** 443 m, 16 min. ★ **November.** ★ 1937. **Flieger, Feuer, Kanoniere.** 557 m, 20 min. ★ 1937. **Die Kunst, vergnügt zu sein.** 349 m, 13 min. ★ 1937. **Allmacht Schlaf.** 1183 m, 43 min. ★ 1937. **Den Schaden trägt schwer das Jahrhundert.** 191 m, 7 min. ★ **Dezember.** ★ 1937. **Die Groß-Glockner Hochalpen-Straße.** REG, AUT Wilhelm Prager. 493 m, 18 min. ★ 1937. **Wir erobern Land.** REG, AUT Martin Rikli. KAM Kurt Stanke. Herstellungsgruppe: Nicholas Kaufmann. 276 m, 10 min. ★ 1937. **Mein und Dein im Tierreich.** 158 m, 6 min. ★ 1937. **Der Weg zur Großschiffahrt.** 829 m, 30 min. ★ 1937. **Reichskriegertag Kassel 1937.** 538 m, 20 min. ★ 1937. **Sicherheit ist Leistung.** 688 m, 25 min. ★ 1937. **Deutschlands Heer.** REG, KAM Georg Muschner. MUS Musikkorps des Wachregiments Berlin, Leitung: Stabsmusikmeister Ahlers. 782 m, 29 min. ★ 1937. **Wir bieten Schach der Weltmacht Baumwolle.** REG Ulrich Kayser. KAM Erich Menzel. MUS Walter Schütze. 356 m, 13 min. ★ 1937. **Kamerajagd auf Seehunde.** REG Ulrich K. T. Schulz. KAM Walter Suchner. MUS Franz R. Friedl. SPR Georg Heinrich Schnell. 380 m, 14 min. ★ 1937. **Bereit sein ist alles.** 738 m, 27 min.

1938

Januar. ★ 1937/38. **Im Lande Peer Gynts.** 156 m, 6 min. ★ 1937/38. **Land unter Pflug und Bagger. Ein Heimatfilm des Kreises Calau.** 853 m, 31 min. ★ 1937/38. **Kohle.** 842 m, 31 min. ★ 1937/38. **Farben machen froh.** 280 m, 10 min. ★ 1937/38. **Selbstverständlichkeiten.** 343 m, 12 min. ★ 1937/38. **Dicke Luft.** 104 m, 4 min. ★ 1937/38. **Jugend am Motor.** REG Hermann Boehlen. AUT Arnold Funke. KAM Hans Bastanier. MUS Marc Roland. 460 m, 17 min. ★ 1937/38. **Wintermärchen.** 126 m, 5 min. ★ 1937/38. **Eine nette Schweinerei.** 134 m, 5 min. ★ 1937/38. **Libellen.** REG Wolfram Junghans. KAM Walter Suchner, Karl Hilbiber. MUS Clemens Schmalstich. SPR Georg Heinrich Schnell. 353 m, 13 min. ★ 1937/38. **Baden-Baden.** REG Otto von Bothmer. KAM Hans L. Minzloff. 302 m, 11 min. ★ 1937/38. **Kurhessen.** 418 m, 15 min. ★ **Februar.** ★ 1937/38. **Im Zeichen des Vertrauens.** 797 m, 29 min. ★ 1937/38. **Ein Besuch bei G. Schmid, Industrie-Ofenbau, Solingen-Remscheid.** 371 m, 13 min. ★ 1937/38. **Schnelles, sicheres, sauberes Berlin.** 423 m, 15 min. ★ 1937/38. **Stammgäste an der Nordsee.** REG Ulrich K. T. Schulz. KAM Walter Suchner, Eugen Schuhmacher. MUS Rudolf Perak. SPR Anneliese Impekoven. Herstellungsgruppe: Nicholas Kaufmann. 432 m, 16 min. ★ 1937/38. **Sehnsuchtsland unserer Jugend.** 362 m, 13 min. ★ 1937/38. **T.R.** 404 m, 15 min. ★ 1937/38. **In einer Nacht.** 103 m, 4 min. ★ 1937/38. **Der Bienenstaat.** REG Ulrich K. T. Schulz, Wolfram Junghans. KAM Karl Hilbiber, Walter Suchner. 186 m, 7 min. ★ 1937/38. **Gefiederte Strandgäste an der Ostsee.** AUT Wilhelm Althaus. KAM Walter Suchner. MUS Ernst Erich Buder. 418 m, 15 min. ★ 1937/38. **Aachener Reit-, Spring- und Fahrturnier 1937.** 343 m, 12 min. ★ **März.** ★ 1937/38. **Königsberg.** REG Engelmann. KAM Toni Hafner. MUS Erich Kuntzen. Volkskundliche Mitarbeit: Agnes Miegel. 387 m, 14 min. ★ 1937/38. **Bauen mit Beton und Eisenbeton.** 750 m, 27 min. ★ 1937/38. **Saaletal-Sperre Hohenwarte.** 208 m, 8 min. ★ 1937/38. **Lotsen der Luft.** 404 m, 15 min. ★ 1937/38. **Unter der Haube.** 121 m, 4 min. ★ 1937/38. **Wildgehege in der Schorfheide.** 148 m, 5 min. ★ 1937/38. **Phrix.** 390 m, 14 min. ★ **April.** ★ 1938. **Wenn die Sonne sinkt.** 321 m, 12 min. ★ 1938. **Devisen im Netz.** 579 m, 21 min. ★ 1938. **Schwarz auf Weiß.** REG Eugen York. AUT Ernst Dahle, N. von Karapansca. KAM Erich Menzel. MUS Rudolf Perak. 426 m, 15 min. ★ 1938. **Der gute Ton.** 132 m, 5 min. ★ **Mai.** ★ 1938. **Metallene Schwingen.** 1231 m, 45 min. ★ 1938. **Aus der Heimat des Freischütz.** AUT Walter Kiaulehn. KAM Rudolf Gutscher, Rudolf Wild. MUS Carl Maria von Weber. SPR Theodor Loos. 345 m, 12 min. ★ **Juni.** ★ 1938. **Im Dienste der Menschheit.** 447 m, 16 min. ★ 1938. **Unser Brot.** REG Carl Hartmann. AUT Emil Enders. KAM Erwin Bleeck-Wagner. MUS Walter Winnig. 331 m, 12 min. ★ **Juli.** ★ 1938. **Hochzeiter im Tierreich.** REG Ulrich K. T. Schulz, Wolfram Junghans. KAM Walter Suchner. MUS Hans Ebert. 377 m, 14 min. ★ 1938. **Die Bauten Adolf Hitlers.** 446 m, 16 min. ★ 1938. **Durchsichtiges Holz.** KAM Hans Bastanier. MUS Walter Schütze. 400 m, 15 min. ★ 1938. **Wintersonne – Kinderwonne.** 676 m, 25 min. ★ 1938. **Die Wurst in Cellophan.** 631 m, 23 min. ★ **August.** ★ 1938. **Rundfunk hören – heißt miterleben!** 447 m, 16 min. ★ 1938. **Höhenatmung.** 335 m, 12 min. ★ 1938. **Jugend im Tanz.** KAM Hans Scheib. MUS Hans Ebert. Fachberatung: Rudolf Kölling. 431 m, 16 min. ★ 1938. **Die Havelbrücke.** 250 m, 9 min. ★ 1938. **Natur und Technik.** REG Ulrich K. T. Schulz, Wolfram Junghans. KAM Walter Suchner. MUS Walter Winnig. SPR Gerhard Jeschke. 436 m, 16 min. ★ 1938. **Tintenfische.** 395 m, 14 min. ★ 1938. **Farbenpracht auf dem Meeresgrund.** 383 m, 14 min. ★ 1938. **Vom Hauswirt und Mieter auf dem Meeresgrund.** 370 m, 13 min. ★ **September.** ★ 1938. **Die Kleinsten aus dem Golf von Neapel.** 391 m, 14 min. ★ 1938. **Artisten der Arbeit.** REG Rudolf Schaad, Walter Frentz. AUT Karl Prucker. MUS Walter Schütze. SPR Werner Finck. 431 m, 16 min. ★ 1938. **Von Fischern und Fängern am Watt.** 396 m, 14 min. ★ **Oktober.** ★ 1938. **Weltstraße See – Welthafen Hamburg.** REG Walther Ruttmann. 400 m, 15 min. ★ 1938. **Sonne, Erde und Mond.** 448 m, 16 min. ★ 1938. **Alm im Karwendel.** REG Wilhelm Prager. KAM Kurt Neubert. 595 m, 22 min. ★ 1938. **Der Wille zum Licht.** 427 m, 15 min. ★ 1938. **Roman eines Genießers.** 112 m, 4 min. ★ 1938. **Münster, Westfalens schöne Hauptstadt.** REG Eugen York. AUT Walter Vollmer. KAM Erich Menzel. MUS Wolfgang Zeller. 386 m, 14 min. ★ 1938. **Großstadt-Typen.** AUT Walter Kiaulehn. KAM Leo de Laforgue. MUS Fritz Steinmann. 350 m, 13 min. ★ 1938. **Der größte Fahrstuhl der Welt.** 390 m, 14 min. ★ **November.** ★ 1938. **Arbeitsmaiden helfen.** REG Martin Rikli. KAM Kurt Stanke. MUS Hans Ebert. 505 m, 18 min. ★ 1938. **Riesen deutscher Käferwelt.** REG, AUT Gero Priemel. KAM Erichhans Foerster. MUS Friedrich Witeschnik. 186 m, 7 min. ★ 1938. **Ketten, Ringe und Geschmeide.** 397 m, 14 min. ★ 1938. **Sonne über dem Spessart. Aschaffenburg und seine Umgebung.** REG, KAM Leo de Laforgue. MUS Walter Winnig. 646 m, 24 min. ★ 1938. **Jagd auf Raubfische.** KAM Hans Helfritz. MUS Siegfried Schulz. SPR Paul Laven. Herstellungsgruppe: Nicholas Kaufmann. 397 m, 14 min. ★ **Dezember.** ★ 1938. **Eger, eine alte deutsche Stadt.** REG Rudolf Gutscher. AUT Erika Fries. KAM Rudolf Gutscher. MUS Friedrich Witeschnik. SPR Kurt Mühlhardt. 341 m, 12 min. ★ 1938. **Alle machen mit.** 420 m, 15 min. ★ 1938. **Können Tiere denken?** REG, AUT Fritz Heydenreich. KAM Erichhans Foerster. MUS Albert Luig. SPR Georg Heinrich Schnell. 445 m, 16 min. ★ 1938. **Grundstoffe der Ernährung.** 156 m, 6 min. ★ 1938. **1923-1938. Zum 15. Gedenktag des 9. November.** 158 m, 6 min. ★ 1938. **Kärntnerland.** REG, AUT Max Zechenhofer. KAM Heinz-Hermann Schwerdtfeger. MUS Albert Fischer. 447 m, 16 min. ★ 1938. **Die Schönheit der tierischen Bewegung.** REG Ulrich K. T. Schulz. KAM Walter Suchner, Mikroaufnahmen: Herta Jülich. MUS Rudolf Perak. 460 m, 17 min. ★ 1938. **Flüssiger als Wasser.** REG Otto von Bothmer. KAM Erich Menzel. MUS Rudolf Perak. Trick-Zeichnungen: Fischer-Kösen. 362 m, 13 min. ★ 1938. **Henkel. Ein deutsches Werk seiner Arbeit.** 673 m, 25 min. ★ 1938. **Unsere Artillerie.** REG, KAM Georg Muschner. MUS Siegfried Schulz. ML Stabsmusikmeister Rudolf Gröschlen. SPR Hans Meyer-Hanno. Herstellungsgruppe: Nicholas Kaufmann. 485 m, 18 min.

1938/39. Le récif de corail.
REG Maurice Gleize. **AUT** Charles Spaak; nach dem Roman von Jean Martet. **KAM** Jules Krüger. **MUS** Henri Tomasini.
DAR Jean Gabin (Trott Lennard), Michèle Morgan (Lilian White), Julien Carette (Havelock), Guillaume de Saxe (Springbrett), René Bergeron (Jim), Saturin Fabre (Hobson), Roger Legris (Johnson), Gaston Modot (le colonel mexicain), Ky-Duyen (Black), Gina Manès (Maria), Pierre Renoir (Abboy), Jenny Burnay (Anna), Louis Florencie (le capitaine Jolife), Anthony Gildès (le père Newton), Bara (Swilles), Lucas Denny (un chef mexicain), Jean Diener, Pierre Magnier (les médecins), André Siméon (le patron de bar), Yves Deniaud (le vendeur), Léonce Corne.
PRO Ufa / ACE. **PRL** Georges Lampin. **DRZ** Mitte Oktober - Dezember 1938. **DRZ** September - November 1938. **DRO** Ufastadt Babelsberg, Froelich-Atelier Berlin-Tempelhof (Nachaufnahmen); **AA** Cannes, Insel Sainte-Marguerite. **LNG** 95 min. **URA** 17.2.1939, Paris (Marignan).
– In französischer Sprache hergestellt.
In der Südsee kämpfen Trott und Lilian, von der Polizei verfolgt, mit allen Kräften um das Korallenriff, das ihnen Vergessen, Ruhe und Neubeginn bedeutet.

1938/39. Hotel Sacher.
REG Erich Engel. **RAS** Hermann Kugelstadt. **AUT** Stefan von Kamare, Friedrich Forster-Burggraf; nach einem Entwurf von Emil Seeliger und Marieluise Füringk. **KAM** Werner Bohne, Kurt Schulz. **BAU** Hans Ledersteger, Hans Richter. **MAS** Schülke, Schroll, Kuhnert. **SCH** René Métain. **TON** Herbert Janetzka. **MUS** Willy Schmidt-Gentner.
DAR Sybille Schmitz (Nadja Woroneff), Willy Birgel (Stefan Schefczuk), Wolf Albach-Retty (Leutnant Herrngruber), Elfie Mayerhofer (Siddy Erlauer), Hedwig Bleibtreu (Anna Sacher), Herbert Hübner (Oberst Barnoff), Leo Peukert (Graf Kusmin), Karl Günther (Sektionschef Erlauer), Karl Stepanek (Franz), Alfred Neugebauer (Ministerialrat Rieder), Mihail Xantho (Oberst Dufour), Olly Holzmann (Franzi), Walter Szurovy (Herr Stppeling), Elfriede Datzig (Frau Stppeling), Hans Unterkircher (Graf Lagarde), Richard Waldemar (Oberkellner Wagner), Fritz Imhoff (Portier Seidl), Ernst Pröckl (Regierungsrat Weghuber), Rosa Albach-Retty, Helene Lauterböck, Elisabeth von Pünkösdy, Ernst von Nadherny, Robert von Valberg, Tibor von Halmay, Viktor Braun, Otto Glaser, Hertha Mayen, Fritz von Puchstein.
PRO Mondial Internationale Filmindustrie AG, Wien; für Ufa. **HEL** Walter Tjaden. **PRL** Walter Tjaden, Walter Bolz. **AUL** Felix Fohn. **DRZ** Ende Oktober 1938 - Anfang Januar 1939. **DRO** Atelier Rosenhügel Wien; **AA** Wien. **LNG** 2415 m, 88 min. **ZEN** 3.6.1939; Jv. **URA** 15.3.1939, Wien (Scala); 21.3.1939, Berlin (Capitol).
– Prädikat: Künstlerisch wertvoll.

Ein Silvesterball im wiener Hotel Sacher zur Jahreswende 1913/14. Es herrscht abwartende Gleichgültigkeit und nonchalante Ungewißheit wegen eines möglichen Krieges. Zwei Slawen stehen im Mittelpunkt der Handlung: Nadja, die Spionin, und Stefan, loyaler österreichischer Staatsbeamter. Beide liebten sich früher, jetzt will sie ihn zu sich und damit zur ›slawischen Idee‹ zurückholen. Eine vernünftige Entscheidung kann Stefan nicht fällen, deshalb erschießt er sich.

1938/39. Ich bin gleich wieder da.
REG Peter Paul Brauer. **RAS** Boleslav Barlog. **AUT** Otto Bernhard Wendler. **KAM** Robert Baberske. **KAS** Herbert Stephan, Hans Joachim Hauptmann. **STF** Georg Kugler, Viktor von Buchstab. **BAU** Carl Ludwig Kirmse. **GAR** Erna Gillmore, Georg Paersch. **MAS** Waldemar Jabs. **SCH** Fritz Stapenhorst. **TON** Ernst Otto Hoppe. **MUS** Werner Eisbrenner. **LT** Bruno Balz. **MT** ›Mein Herz ist immer frei!‹, ›Ja, die Liebe kommt nicht auf Befehl‹.
DAR Paul Klinger (Nicolas Mohr), Mady Rahl (Ilse Mittau), Ursula Grabley (Kunstschützin Yvonne), Jessie Vihrog (Tänzerin Flossie), Rudolf Platte (Peter Sasse), Ernst Waldow (Sekretär Wachow), Walter Janssen (Eberhard Mittau), Paul Hoffmann (Robby ter Schüren), Anton Pointner (Einbrecher Pik), Margarete Kupfer (Frau Krulikowski), Werner Scharf (Pantier), Willi Schur (Briefträger Brunkow), Katja Pahl (Einbrecherin Assy), Günther Ballier, Erich Dunskus, Heinz Berghaus, Paul Funk, Lothar Geist, Edwin Jürgensen, Hermann Mayer-Falkow, Oskar Höcker, Arthur Neumann, Hermann Pfeiffer, Oscar Sabo, Otto Sauter-Sarto, Armin Schweizer, Dorothea Thiesss, Ewald Wenck, S. O. Schoening, Adolf Gondrell.
PRO Ufa. Herstellungsgruppe: Peter Paul Brauer. **HEL** Peter Paul Brauer. **AUL** Otto Galinowski. **DRZ** 21.11. - Ende Dezember 1938. **DRO** Ufa-Atelier Berlin-Tempelhof. **LNG** 2439 m, 89 min. **ZEN** 20.3.1939, Jv., nf. **URA** 21.4.1939, Rostock; 16.5.1939, Berlin (U.T. Kurfürstendamm, U.T. Friedrichstraße).

Ein junger Mann will nur eben mal Zigaretten holen und kommt nicht gleich wieder. Er gerät in einen Strudel von Ereignissen, eines unglaubwürdiger als das andere.

1938/39. Drei Unteroffiziere.
REG Werner Hochbaum. **RAS** Bruno Koch. **AUT** Jacob Geis, Fred Hildenbrandt; nach einer Idee von Werner Schoknecht. **KAM** Werner Krien. **STF** Ernst Baumann. **BAU** Willy Schiller, Carl Haacker. **SCH** Else Baum. **TON** Alfred Zunft. **MUS** Hansom Milde-Meißner. **LT** Klaus S. Richter. **MT** ›Biwak-Lied‹, ›Geschultert sind die Gewehre‹.
DAR Fritz Genschow (Unteroffizier Kohlhammer), Albert Hehn (Unteroffizier Rauscher), Wilhelm H. König (Unteroffizier Struve), Christian Kayßler (Kapellmeister Dr. Lautenbach), Heinz Engelmann (Leutnant Strehl), Ruth Hellberg (Gerda), Hilde Schneider (Gymnastiklehrerin Käthe), Claire Winter (Lotte), Ingeborg von Kusserow (Lisbeth), Wilhelm Althaus (Hauptmann Gruber), Wolfgang Staudte (Hauptfeldwebel Kern), Louise Morland (Frau Werner), Hermann Pfeiffer (Hilfsregisseur Lohmann), Ferdinand Reich (Darsteller des ›Preysing‹), Elisabeth Schwarzkopf (Darstellerin der ›Carmen‹), Günther Treptow (Darsteller des ›Don José‹), Sepp Rederer, Günther Ballier, Josef Gindorf, Malte Jäger, Erwin Laurenz, Günther Mackert, Paul Mehler, Hermann Mayer-Falkow, Waldemar Pottier, Ferdinand Reich, Herbert Reichelt, Herbert Scholz, Angehörige des Heeres und der Luftwaffe: Wachregiment Berlin, Infanterie-Lehr-Regiment, Panzer-Lehr-Abteilung, Jagdgeschwader Richthofen.
PRO Ufa. Herstellungsgruppe: Ernst Martin - Hans Herbert Ulrich. **HEL**, **PRL** Ernst Martin, Hans Herbert Ulrich. **AUL** Herbert Junghanns. **DRZ** Anfang Oktober 1938 - Anfang Januar 1939. **DRO** Ufastadt Babelsberg, Ufa-Atelier Berlin-Tempelhof; **AA** Truppenübungsplatz Döberitz, Wünsdorf. **LNG** 2584 m, 94 min. **ZEN** 23.3.1939, Jf., nf. **URA** 31.3.1939, Berlin (Ufa-Palast am Zoo).
– Prädikate: Staatspolitisch wertvoll, Volksbildend.
– Von den Alliierten Militärbehörden verboten.
Deutschland, Frühjahr 1939: drei befreundete Unteroffiziere, der Draufgänger und Casanova Kohlhammer, der Psychologe Struve und der Bräutigam Rauscher, im Spannungsfeld zwischen Privatheit und militärischem Gehorsam, wobei die Institution Armee am Ende siegreich bleibt.

1938/39. Ins blaue Leben.
REG Augusto Genina. **RAS** Raffaele Delago. **DIA-REG** Hans Brunow. **AUT** Alessandro De Stefani, Franz Tanzler; nach der Novelle ›Drei Tage im Paradies‹ von Franz Franchy. **KAM** Günther Anders, Konstantin (Irmen-)Tschet. **BAU** Gastone Medin. **SCH** Waldemar Gaede. **TON** Ettore Forni. **MUS** Franz Grothe, Giovanni D'Anzi. **ML** Alessandro Cicognini. **LT** Willy Dehmel.
DAR Lilian Harvey (Anni Wagner), Vittorio De Sica (Riccardo Albanova), Otto Tressler (Mr. Forster), Hilde von Stolz (Sängerin), Fritz Odemar (Diener Walter), Josefine Dora (Garderobiere Frau Holler), Anton Pointner (Herr vom Ballkomitee), Leo Peukert (Fürst Bruno), Annie Rosar (dicke Ballbesucherin), Mihail Xantho (Regisseur), Eduard Loibner (Forsters Freund), Hans Unterkircher (hoher Ballbesucher), Ferdinand Mayerhofer (Theaterportier), Umberto Sacripante (Bootsmann).
PRO Astra Film S.A., Rom / Ufa. **HEL** Franz Tanzler, C. C. Barbieri. **PRL** Ferruccio Biancini. **DRZ** Oktober - Dezember 1938, Februar 1939. **DRO** Cinecittà Rom; **AA** Capri, Neapel, Venedig, Florenz, Padua, Wien. **LNG** 2755 m, 101 min. **ZEN** 27.3.1939, Jf. **URA** 4.4.1939, Wien (Apollo); 12.4.1939, Berlin (Ufa-Pavillon).
– Deutsche Version von ›Castelli in Aria‹, R: Augusto Genina.
Drei Tage Italien wünscht sich Anni Wagner, die in der Kostümverwaltung eines Operettentheaters arbeitet. Ein amerikanischer Millionär hilft ihr, staffiert den armen italienischen Musiker Riccardo Albanova als Märchenprinzen aus und gibt ihn Anni als Begleitung mit. Als nach drei Tagen aus dem Spiel auf beiden Seiten Liebe wird, handelt Riccardo konsequent und nimmt wie befohlen Abschied. Ganz ohne Gewinn bleibt Anni allerdings nicht.

1938/39. Die Hochzeitsreise.
REG Karl Ritter. **RAS** Gottfried Ritter. **AUT** Felix Lützkendorf, Karl Ritter; nach dem Roman ›Le voyage de noce‹ von Charles de Coster. **KAM** Günther Anders, Adolf Kühn. **STF** Ferdinand Rotzinger. **BAU** Walter Röhrig. **KOS** Bert Hoppmann. **AUS** Theaterkunst Kaufmann, Annemarie Heise, Barbara Noell. **GAR** Paul Haupt. **SCH** Gottfried Ritter. **ASS** Friedrich Karl von Puttkamer. **TON** Gustav Bellers. **MUS** Theo Mackeben. **CHO** Karl Bergeest.
DAR Françoise Rosay (Roosje van Steelandt), Mathias Wieman (Dr. Paul Goethals), Angela Salloker (Grietje van Steelandt), Carsta Löck (Magd Siska), Elisabeth Wendt (Gräfin Amelie Zuurmondt), Paul Dahlke (Herr Bouffart), Ingolf Kuntze (Baron), Margot Erbst (Jeannette), Friedrich Honna (alter Doktor), Leopold von Ledebur (alter Kavalier), Alis Gronau (Patientin), Otto Krone (Mann der Patientin), Alexander Engel (1. Gast), Ernst Schiffner (2. Gast), Bruno Hübner (3. Gast), Karl Harbacher (Diener der Gräfin), Lutz Goetz, Max Hiller, Paul Mehler, Friedel Müller, Ulrich Rogge, Herbert Scholz, Adolf Schroeder.
PRO Ufa. Herstellungsgruppe: Karl Ritter. **HEL**, **PRL** Karl Ritter. **AUL** Ludwig Kühr. **DRZ** 23.11. - 29.12.1938. **DRO** Ufastadt Babelsberg. **LNG** 2770 m, 101 min. **ZEN** 31.3.1939, Jv., nf. **URA** 4.4.1939, Berlin (Gloria-Palast).
Roosjes Tochter Grietje wird, gerade erst gestorben, vom Arzt Goethals ins Leben zurückgeholt. Arzt und Patientin verlieben sich, die Mutter ist eifersüchtig. Grietjes Versuch, ins Wasser zu gehen, wird von Roosje reuevoll unterbunden.

1939. Die kluge Schwiegermutter.
REG Hans Deppe. **RAS** Wolfgang Schubert. **AUT** Max Wallner, Werner P. Zibaso, Heinz Becker-Trier; nach einer Idee von Paul Rischke. **KAM** Herbert Körner. **KAS** Thaddäus Kornowicz. **STF** Reinhold Draber. **BAU** Hanns H. Kuhnert, Franz Köhn. **GAR** Walter Leder. **MAS** Wilhelm Weber, Eva Weber. **SCH** Paul Ostermayr. **TON** Carl-Erich Kroschke. **MUS** Ludwig Schmidseder. **LT** Günther Schwenn. **MT** ›Ein kluges weißes Haus‹, ›Die Tante Emilie‹, ›Je später der Abend, um so schöner die Gäste!‹. **GES** Rosita Serrano.
DAR Ida Wüst (Frau Böhler), Georg Alexander (Direktor Schmidt), Ernst Waldow (Toni), Charlott Daudert (Anni Böhler), Christian Gollong (Robert Schmidt), Rosita Serrano (Rosita), Walter Steinbeck (Techn. Direktor Pfister), Friedrich Otto Fischer (Speckmann), Karl Stepanek (Hans), Dieter Borsche (Peter), Erich Fiedler (Bockelmann), Dorit Kreysler (Liselott), Oscar Sabo (Portier Krüger), Ewald Wenck (Kellner), Lotte Rausch (Stütze), Lucie Euler.
PRO Tonlicht-Film GmbH, Berlin; für Ufa. **PRL** Peter Ostermayr. **ASS** Paul Ostermayr. **AUL** Wolfgang Schubert, Charles Rohr. **DRZ** Anfang Februar - Mitte März 1939. **DRO** Ufa-Atelier Berlin-Tempelhof. **LNG** 2460 m, 90 min. **ZEN** 25.4.1939, Jv., nf. **URA** 17.5.1939, Wien; 31.5.1939, Berlin (U.T. Kurfürstendamm, U.T. Friedrichstraße, Titania-Palast).
– AT: Schmidt und Schmidtchen.
Frau Böhler möchte, daß ihre Tochter Anni den Filialleiter ihrer Bäckerei heiraten soll, doch Anni liebt Robert. Die Schwiegermutter sorgt erst für Verwirrung, dann für klare Verhältnisse.

1939. Frau am Steuer.
REG Paul Martin. **RAS** Hans Gerhard Bartels. **AUT** Peter Hellbracht, Paul Martin; nach dem Lustspiel ›Männer haben's leicht‹ von Paul Barabás. **KAM** Werner Bohne. **STF** Ernst Baumann. **BAU** Erich Kettelhut. **KOS** Manon Hahn. **SCH** Klaus Stapenhorst. **TON** Fritz Thiery. **MUS** Harald Böhmelt. **LT** Richard Busch. **MT** ›Adelheid!‹, ›Heut sollte Sonntag sein für meine Liebe‹. **CHO** Fritz Böttger.
DAR Lilian Harvey (Maria Kelemen), Willy Fritsch (Paul Bánky), Leo Slezak (Generaldirektor), Georg Alexander (Direktor Borden), Rudolf Platte (Pauls Freund), Hans Junkermann (Diener des Generaldirektors), Lotte Spira (Marias Mutter), Ingolf Kuntze (Marias Vater), Grethe Weiser (Sekretärin Anni Bertok), Karl Etlinger (Bankbeamter Krafft), Ursula Deinert (Frau Krafft), Eva Maria Behmer, Horst Birr, Josefina Dora, Margot Erbst, Max Hiller, Isolde Laugs, Trude Lehmann, Carl Merznicht, Eleonore Tappert, Ernst Weiser, Ewald Wenck, Dora Zitzmann.
PRO Ufa, Herstellungsgruppe: Max Pfeiffer. **HEL**, **PRL** Max Pfeiffer. **AUL** Heinz Karchow. **DRZ** 2.1. - Mitte März 1939. **DRO** Ufa-Atelier Berlin-Tempelhof, Ufastadt Babelsberg; **AA** Budapest, Wien. **LNG** 2302 m, 84 min. **ZEN** 5.5.1939, Jv. Ff. **URA** 20.5.1939, Wien (Scala); 20.6.1939, Berlin (Gloria-Palast).
Maria Kelemen ist Sekretärin im Büro einer budapester Bank. Ihr Chef, Direktor Borden, macht ihr den Hof, obgleich sie mit Paul verlobt ist (was sie verschwiegen hat). Am Tag der Hochzeit wird Paul arbeitslos und spielt den Hausmann. Bei einem Besuch Bordens gibt Maria Paul als ihren Bruder aus, was diesen rasend eifersüchtig macht. Borden versucht die Ehe zu retten und stellt Paul ein – als Marias Untergebenen. Durch Glück kehrt sich dies Verhältnis bald um und Paul entläßt Maria. Da sie ein Kind erwartet, hätte sie sowieso bald die Arbeit aufgeben müssen.

1939. Umwege zum Glück.
REG Fritz Peter Buch. **RAS** Alfons von Plessen. **AUT** Fritz Peter Buch, L. A. C. Müller. **KAM** Werner Krien. **BAU** Ludwig Reiber, Willy Depenau. **KOS** Gertrud Steckler. **SCH** Elisabeth Neumann. **TON** Erich Leistner. **MUS**, **ML** Werner Bochmann. **LT** Aldo von Pinelli. **MT** ›Schenk' mir 24 Stunden Liebe‹.

DAR Lil Dagover (Hanna Bracht), Viktor Staal (Mathias Holberg), Ewald Balser (Thomas Bracht), Eugen Klöpfer (der General, Hannas Vater), Claire Winter (Marianne Schlüter), Roma Bahn, Hans Brausewetter, Elisabeth Botz, Vera Complojer, Erich Dunskus, Karl Ehrhart Hardt, Elfi Gerhart, Walter Gross, Walter Ladengast, Araca Makarova (Tänzerin), Hermann Mayer-Falkow, Carl Heinz Peters, Oscar Sabo, Walter Simlinger, Franz Stein, Otto Stoeckel, Tony Tetzlaff, Albert Venohr, Franz Weber, Herbert Weißbach, Hanni Weisse, Walter Wollmann, Erich Ziegel, E. G. Schiffner, Friedl Haerlin, Helmut Weiß.
PRO Georg Witt-Film GmbH, München; für Ufa. **PRT** Georg Witt. **AUL** Günther Grau, Ernst Mattner. **DRZ** Mitte Januar - Ende April 1939. **DRO** Ufa-Atelier Berlin-Tempelhof; **AA** Umgebung von Berlin, Kitzbühel. **LNG** 2565 m, 94 min. **ZEN** 11.5.1939, Jv., f. **URA** 16.5.1939, Hamburg; 23.5.1939, Berlin (Capitol am Zoo).
Hanna Bracht hat die Eskapaden ihres Mannes Thomas satt und läuft ihm weg. Sie lernt den jungen Dr. Holberg kennen, der sich auf Anhieb in sie verliebt. Jetzt glaubt Thomas, Grund zur Eifersucht zu haben.

1939. Die Geliebte.
REG Gerhard Lamprecht. **RAS** Fritz Andelfinger. **AUT** Walther von Hollander; nach einer Idee von Eva Leidmann. **KAM** Reimar Kuntze. **BAU** Max Mellin. **SCH** Axel von Werner. **TON** Fritz Thiery. **MUS** Kurt Schröder.
DAR Willy Fritsch (Oberleutnant von Warp), Viktoria von Ballasko (Therese), Karl Martell (Rittmeister von Diewitz), Grethe Weiser (Pauline), Paul Bildt (Gustav Küpper), Paul Otto (Oberst von Brüniges), Lotte Betke (Stella von Schmieden), Erich Fiedler (Leutnant von Haacken), Dieter Borsche (Leutnant von Donath), Ingolf Kuntze (Freiherr von Schmieden), Hansi Arnstädt (Freifrau von Schmieden), Arthur Schröder (Dr. Kramer), Charlotte Witthauer (Guste), Werner Stock (Bursche Friedrich), Gerhard Dammann, Hildegard Friebel, Karl Hannemann, Annemarie Korff, Viggo Larsen, Hermann Mayer-Falckow, Edgar Nollet, Edgar Pauly, Klaus Pohl, Oscar Sabo, Walter Schramm-Duncker, Paul Schwedt, Walter Steinweg, Theo Stolzenberg, Toni Tetzlaff, Eva Tinschmann, Elsa Wagner.
PRO Ufa. Herstellungsgruppe: Bruno Duday. **HEL** Bruno Duday. **PRL** Erich Holder. **AUL** Rolf Eckbauer. **DRZ** ab Ende Oktober 1938 (außen), ab Februar 1939 (Atelier). **DRO** Ufastadt Babelsberg. **LNG** 2695 m, 98 min. **ZEN** 25.5.1939, Jv. **URA** 28.7.1939, Berlin (Capitol am Zoo).
– Prädikat: Künstlerisch wertvoll. – Von den Alliierten Militärbehörden verboten.
Ein Oberleutnant erfährt, daß seine Geliebte, eine Blumenverkäuferin, vor ihm bereits eine Affäre mit einem Rittmeister gehabt hat. Er hatte sich bereits zum Abschied von der Armee durchgerungen, hätte doch der Standesunterschied einen weiteren Dienst unmöglich gemacht. Jetzt aber schickt er ihr Geschenk zurück. Nach einer Nacht erkennt er seinen Fehler – jedoch zu spät: Die Frau ist bereits ins Wasser gegangen.

1939. Hallo Janine.
REG Carl Boese. **AUT** Karl Georg Külb. **KAM** Konstantin (Irmen-)Tschet. **STF** Viktor von Buchstab, Otto Schulz. **BAU** Ernst Helmut Albrecht, Herbert Frohberg. **SCH** Milo Harbich. **TON** Robert Fehrmann. **Musikaufnahmen** Werner Pohl. **MUS** Peter Kreuder. **LT** Hans Fritz Beckmann. **MT** ›Auf dem Dach der Welt‹, ›Musik! Musik! Musik!‹, ›Eins, zwei, drei, vier, fünf, sechs, sieben‹, ›Lerne lieben, ohne zu weinen‹. **CHO** Edmund N. Leslie (Stepptänze), Rudolf Kölling (Walzerballett).
DAR Marika Rökk (Janine), Johannes Heesters (Graf René), Rudi Godden (Pierre), Mady Rahl (Bibi), Else Elster (Yvette), Kate Kühl (Mme. Pamion), Erich Ponto (Mr. Pamion), Hubert von Meyerinck (Jean), Edith Meinhard (Charlotte), Marjan Lex (Bouboule), Marlise Ludwig (Wirtin), Olga Limburg, S. O. Schoening.
PRO Ufa. Herstellungsgruppe: Dietrich von Theobald. **HEL** Dietrich von Theobald. **AUL** Georg Mohr, Josef Paulig. **DRZ** 8.3. - 12.4.1939. **DRO** Ufastadt Babelsberg. **LNG** 2531 m, 92 min. **ZEN** 27.5.1939, Jv., nf. **URA** 1.7.1939, Hamburg (Ufa-Palast); 11.7.1939, Berlin (Gloria-Palast).
Aufgrund seines Talents, seines Charmes sowie einiger Verwechslungen wird ein kleines Revue-Girl vom Montmartre zum Star – und bekommt einen Grafen zum Mann.

1939. Fräulein.
REG Erich Waschneck. **RAS** Bruno Carstens. **AUT** Walther von Hollander; nach Motiven des Romans von Paul Enderling und Christian Hallig. **KAM** Robert Baberske. **BAU** Otto Hunte, Karl Vollbrecht. **SCH** Arnfried Heyne. **TON** Walter Rühland. **MUS, ML** Werner Eisbrenner.
DAR Ilse Werner (›Fräulein‹ Annemarie Tessmer), Mady Rahl (Thea), Hans Leibelt (Hermann Schilling), Erik Frey (Dr. Richard Rauh), Annemarie Holtz (Anna Schilling), Karl Schönböck (Fred Möller), Egon Müller-Franken (Kurt), Doris Krüger (Tagesmädchen Frieda), Roma Bahn (Tante Laura), Gisela Scholtz (Erika), Vera Comployer (Köchin Rosa), Vilma Bekendorf, Eduard Bornträger, Ursula Herking, Willi Schur, Erika Streithorst, Alice Treff, Helmut Weiß.
PRO Ufa. Herstellungsgruppe: Eberhard Schmidt. **HEL** Eberhard Schmidt. **AUL** Horst Kyrath. **DRZ** 10.3. - Mitte April 1939. **DRO** Ufastadt Babelsberg. **LNG** 2404 m, 88 min. **ZEN** 30.5.1939, Jf. 14. **URA** 20.7.1939, Berlin (Tauentzien-Palast).
– Prädikat: Künstlerisch wertvoll.
Die reiche Fabrikantenfamilie Schilling beschäftigt als Hausmädchen Fräulein Annemarie, die lediglich zu funktionieren hat. Deswegen ist man auch nicht gerade erbaut, als der schillingsche Auslandsvertreter Dr. Rauh seine Bewunderung für das Fräulein nicht mehr verbergen kann. Auch Intrigen können ihn nicht zu einem Verzicht auf Annemarie und zur Hinwendung zu Tochter Thea bewegen.

1939. Im Kampf gegen den Weltfeind.
REG Karl Ritter. **AUT** Werner Beumelburg. **KAM** Heinz Ritter, Eberhard von der Heyden, Walter Hrich, Herbert Lander. **KAS** Conrad Fischer. **SCH** Berndt von Tyszka. **ASS** Lore Seitz. **MUS** Herbert Windt. **Militärische Beratung** Major Graf Fugger, Leutnant Philipps.
SPR Paul Hartmann, Rolf Wernicke.
PRO Ufa. **LNG** 2564 m, 94 min. **ZEN** 12.6.1939, B.51622, Jf. **URA** 15.6.1939, Berlin (Ufa-Palast am Zoo).
– Dokumentarfilm. – Prädikate: Staatspolitisch wertvoll, Volksbildend.
Dokumentierung des Spanischen Bürgerkrieg 1936 mit glorifizierender Darstellung der Rolle der deutschen Freiwilligen in der Legion Condor. Szenen nach der ›Befreiung‹ mit Verabschiedung der Legionäre in Leon und Empfang durch Generalfeldmarschall Göring in Hamburg sowie ein Staatsakt in Berlin setzen besondere propagandistische Akzente.

1939. Der Vorhang fällt.
REG Georg Jacoby. **RAS** Erich Kobler. **AUT** Georg Zoch; nach dem Kriminalstück ›Schuß im Rampenlicht‹ von Paul von Hurck. **KAM** Günther Rittau. **KF** Ekkehard Kyrath. **BAU** Erich Kettelhut. **KOS** Bert Hoppmann. **SCH** Erich Kobler. **TON** Bruno Suckau. **MUS** Franz Grothe. **LT** Willy Dehmel. **MT** ›Man kann sein Herz nur einmal verschenken!‹, ›Vorbei! – Vorbei!‹, ›Warum bin ich denn bloß kein Torero?‹. **CHO** Sabine Ress.
DAR Anneliese Uhlig (Alice Souchy), Hilde Sessak (Vera Findteis), Elfie Mayerhofer (Inge Blohm), Gustav Knuth (Dr. Cornelsen), Rudolf Fernau (Axel Rodegger), Rolf Moebius (Hans Günther), Carl Kuhlmann (Regisseur Walldorf), Rudolf Platte (Requisiteur Buttje), Hans Brausewetter (Librettist Berg), Eduard Wenck (Inspizient Reinecke), Alexander Engel (Pianist Cadoni), Lina Carstens (Souffleuse Hermine Florian), Eberhard Leithoff (Komponist Nierweg), Volker von Collande (Kriminalkommissar Rapp), Aribert Mog (Kriminalsekretär Wilke), Franz Arzdorf, Fred Koester, Kurt Mikulski.
PRO Ufa. Herstellungsgruppe: Ulrich Mohrbutter. **HEL** Ulrich Mohrbutter. **AUL** Alexander Desnitzky. **DRZ** 3.3. - Mitte April 1939. **DRO** Ufastadt Babelsberg. **LNG** 2615 m, 95 min. **ZEN** 7.7.1939, Jv., f. **URA** 13.7.1939, Berlin (Capitol am Zoo).
– AT: Schuß im Rampenlicht.
Die Polizei kann den Mörder der auf der Bühne erschossenen Sängerin Vera trotz stundenlanger Verhöre nicht ermitteln. Da legt der nicht gefundene Täter selbst Hand an sich.

1939. Evtl. spätere Heirat nicht ausgeschlossen.
REG Jürgen von Alten. **AUT** Hanns Marschall. **KAM** Franz Weihmayr. **BAU** Erich Kettelhut. **SCH** Ernst Nicklisch. **TON** Ernst Walter. **MUS** Siegfried Schulz.
DAR Käte Haack (Frau Tremlin), Oscar Sabo (Kaktusfreund Paul Gulke), Eduard Wenck (Vogelfreund Max Wille), Lotte Spira (Luise Wille), Ewald Wenck (Eisenbahnfreund Eduard), Franz Arzdorf, Erwin Biegel, Wolfgang Staudte, Fred (Selva-)Goebel (Kriminalkommissar), Karl Fochler.
PRO Ufa. Herstellungsgruppe: Ulrich. **HEL** Hans Herbert Ulrich. **DRZ** April 1939. **DRO** Ufa-Atelier Berlin-Tempelhof. **LNG** 538 m, 20 min. **ZEN** 17.7.1939, Jf., f.
– Kurzspielfilm.

1939. Die Sache mit dem Hermelin.
REG Phil Jutzi. **AUT** Heinrich Rumpff. **KAM** Franz Weihmayr. **BAU** Ernst Helmut Albrecht. **SCH** Ernst Nicklisch. **TON** Ernst Walter. **MUS** Hans Ebert.
DAR Ursula Grabley, Edith Meinhardt, Lili Schoenborn, Lotte Spira, Valeska Stock, Hanni Weisse, Herbert Hübner, Herbert Gernot, Walter Schramm-Duncker.
PRO Ufa. Herstellungsgruppe: Ulrich. **HEL** Hans Herbert Ulrich. **DRZ** Mai 1939. **DRO** Ufa-Atelier Berlin-Tempelhof. **LNG** 578 m, 21 min. **ZEN** 17.7.1939, Jf., f.
– Kurzspielfilm.

1939. Es war eine rauschende Ballnacht.
REG Carl Froelich. **RAS** Rolf Hansen, Harald Braun. **AUT** Geza von Cziffra; nach einer filmischen Bearbeitung von Georg Wittuhn, Jean Victor. **DIA** Frank Thieß. **KAM** Franz Weihmayr. **STF** Arthur Hämmerer, Ernst Baumann. **BAU** Franz Schroedter. **KOS** Herbert Ploberger. **SCH** Gustav Lohse. **TON** Carlheinz Becker. **MUS** Theo Mackeben, Peter Tschaikowsky (Melodien aus: ›Klavierkonzert G-Dur‹, ›IV. Symphonie‹, ›VI. Symphonie‹, Oper ›Eugen Onegin‹, ›Herbstlied‹). **ML** Theo Mackeben. **AUS** Orchester der Staatsoper Berlin. **LT** Hans Fritz Beckmann. **MT** ›Nur nicht aus Liebe weinen...‹. **GES** Zarah Leander. **CHO** Sabine Ress.
DAR Zarah Leander (Katharina Alexandrowna Murakina), Marika Rökk (Tänzerin Nastassja Petrowna Jarowa), Hans Stüwe (Peter Iljitsch Tschaikowsky), Aribert Wäscher (Michael Iwanowitsch Murakin), Leo Slezak (Prof. Maximilian Hunsinger), Fritz Rasp (Kritiker Porphyr Philippowitsch Kruglikow), Paul Dahlke (Verleger Iwan Cäsarowitsch Glykow), Karl Haubenreißer (Konzertagent Gruda Sabowitsch), Ernst Dumcke (Dimitri Pawlowitsch Miljukin), Karl Hellmer (Diener Stepan), Karl Hannemann (Diener Pjotr), Hugo Froelich (Vater Jarow), Wolfgang von Schwindt (Onkel Jarow), Kurt Vespermann (Ferdyschtschenko), Maria Loja (Elsa Siebeneiner), Eduard Bornträger (Schwager Jarow), Grete Greeff (Mutter Jarow), Franz Stein (Dr. Ossorgin), Armin Süssenguth (Großfürst Konstantin Konstantinowitsch), Leopold von Ledebur (General), Maria Reisenhofer (alte Fürstin), Eva Immermann (junge Fürstin), Claire Glib (dicke Dame).
PRO Tonfilm-Studio Carl Froelich & Co., Berlin; für Ufa. **PRT** Carl Froelich. **PRL** Friedrich Pflughaupt. **ASS** Rolf Hansen, Harald Braun. **AUL** Kurt Fritz Quassowski, Willy Laschinsky. **DRZ** Anfang Januar - Ende März 1939. **DRO** Froelich-Studio Berlin-Tempelhof. **LNG** 2579 m, 94 min. **ZEN** 18.7.1939, Jv., f. **URA** 13.8.1939, Venedig (IFF). **DEA** 15.8.1939, Berlin (Ufa-Palast).
– Prädikate: Künstlerisch besonders wertvoll, Kulturell wertvoll. – IFF Venedig 1939: 1. Bronzemedaille.
Romanze zwischen Peter Tschaikowsky und Katharina Murakina, die es nie gegeben hat. Katharina ist unglücklich mit einem Industriellen verheiratet. Die Liebesnacht mit Tschaikowsky beseitigt für ihn eine Schaffenskrise, führt aber für sie, da ihr Mann von dem Treffen gehört hat, zu sadistischen Quälereien. Später fördert sie den Komponisten finanziell. Nach zehn Jahren erlebt sie in Moskau, wie seine VI. Sinfonie uraufgeführt wird. Während des Konzerts stirbt Tschaikowsky in ihren Armen an der Cholera.

1939. Notgemeinschaft Hinterhaus.
REG Kurt Rupli. **AUT** Just Scheu. **KAM** Franz Weihmayr. **BAU** Erich Kettelhut. **SCH** Ernst Nicklisch. **TON** Ernst Walter. **MUS, ML** Siegfried Schulz.
DAR Margarete Kupfer, Erich Dunskus, Gerhard Bienert, Valeska Stock, Ilse Trautschold, Hede Tessenow, Ewald Wenck (Bürovorsteher Manz).
PRO Ufa. Herstellungsgruppe: Ulrich. **HEL** Hans Herbert Ulrich. **DRZ** April 1939. **DRO** Ufa-Atelier Berlin-Tempelhof. **LNG** 528 m, 19 min. **ZEN** 18.7.1939, Jf.
– Kurzspielfilm.

1938/39. Mann für Mann.
REG Robert A. Stemmle. **RAS** Boleslav Barlog. **AUT** Robert A. Stemmle, Hans Schmodde, Otto Bernhard Wendler. **KAM** Robert Baberske. **BAU** Otto Hunte, Karl Vollbrecht. **SCH** Milo Harbich. **TON** Ernst Otto Hoppe. **MUS** Friedrich Schröder. **LT** Hans Schmodde. **MT** ›Das Schippenlied‹.
DAR Gisela Uhlen (Erika Bartels), Viktoria von Ballasko (Else Zügel), Gustav Knuth (Walter Zügel), Carl Kuhlmann (Hans Riemann), Hermann Speelmans (Peter Klune), Josef Sieber (Richard Gauter), Heinz Welzel (Werner Handrup), Ellen Bang (Anna Jasgulska), Toni Sepp Stohr (Alois Wille), Walter Lieck (Karl Biermann), Peter Elsholtz (Otto Sens), Erich Oswald Peters (Willi Haeckelt), Eduard Wenck (Vater Bartels), Annemarie Holtz (Mutter Bartels), Lina Carstens (Mutter Handrup), Paul Schwed (Lagerführer), Oskar Höcker (Polier), Johannes Barthel (Senkkastenmeister), Fritz Hube (Schleusenmeister), Gerhard Jeschke (Ingenieur), Fritz Claudius (Koch), Armin Schweitzer (Sanitäter), Kurt Waitzmann (Arzt), Marianne Simson (Tänzerin).
PRO Ufa. Herstellungsgruppe: Eberhard Schmidt. **HEL** Eberhard Schmidt. **AUL** Horst Kyrath. **DRZ** Ende September - Anfang Dezember 1938. **DRO** Ufastadt Babelsberg; **AA** Reichsautobahn bei Berlin. **LNG** 2495 m, 91 min. **ZEN** 18.7.1939, Jf. 14, f. **URA** 21.7.1939, Danzig; 3.8.1939, Berlin (Ufa-Palast am Zoo).
– Von den Alliierten Militärbehörden verboten.

Der Bau der Reichsautobahn aus der Sicht einfacher Arbeiter. Deren ›Gemeinschaftsgeist‹, und nicht die Hilfe des Apparates (SA, NSKK, Pioniere, technische Nothilfe) sorgt dafür, daß in Lebensgefahr geratene Arbeiter gerettet werden.

1939. Hurrah! Endlich Alarm!
REG Alfred Stöger. **AUT** Gustav Kampendonk, Heinrich Rumpff. **KAM** Franz Weihmayr. **BAU** Ernst Helmut Albrecht. **SCH** Ernst Nicklisch. **TON** Ernst Walter. **MUS** Hans Ebert.
DAR Hildegard Barko (Mädchen mit Herz), Herbert Hübner (zweifelhafte Erscheinung), Otto Matthies (noch eine zweifelhafte Erscheinung), Malte Jäger (verliebter Polizist), Werner Pledath (reicher, aber unschuldiger Mann), Fredy Rolf (Inspektor von Format).

PRO Ufa. Herstellungsgruppe: Ulrich. HEL Hans Herbert Ulrich. DRZ Mai 1939. DRO Ufa-Atelier Berlin-Tempelhof. LNG 510 m, 19 min. ZEN 19.7.1939, Jf.
– *Kurzspielfilm.*

1939. Das Fenster im 2. Stock.
REG Phil Jutzi. AUT Heinrich Rumpff. KAM Franz Weihmayr. BAU Erich Kettelhut. SCH Ernst Nicklisch. TON Ernst Walter. MUS Siegfried Schulz.
DAR Else Reval (Dame mit Hut), Liselotte Schaak (Dr. Grote), Herbert Gernot, Herbert Hübner, Günther Lüders (Ganove), Alice Gronau (Lissi).
PRO Ufa. Herstellungsgruppe: Ulrich. HEL Hans Herbert Ulrich. DRZ April 1939. DRO Ufa-Atelier Berlin-Tempelhof. LNG 496 m, 18 min. ZEN 29.7.1939, Jf.
– *Kurzspielfilm.*

1939. Sensationsprozeß Casilla.
REG Eduard von Borsody. RAS Walter Steffens. DIA-REG Werner Bergold. AUT Ernst von Salomon, Eduard von Borsody, Robert Büschgens; nach dem Roman von Hans Possendorf. KAM Werner Bohne. KAS Kurt Schulz, Werner Lehmann-Tandar. STF Willi Klitzke. BAU Carl Ludwig Kirmse. KOS Vera Mügge. GAR Max König, Bertha Schindler. MAS Hermann Rosenthal, Charlotte Pfefferkorn. SCH Hildegard Grebner. TON Bruno Suckau. MUS, ML Werner Bochmann. LT Erwin Lehnow. MT ›Wenn Du einmal ein Mädel magst...‹.
DAR Heinrich George (Rechtsanwalt Vandegrift), Jutta Freybe (Jessie Vandegrift), Dagny Servaes (Sylvia Casilla), Albert Hehn (Peter Roland), Richard Häußler (Ankläger Adams), Erich Fiedler (Salvini), Käte Pontow (Mädchen Billie Casilla), Siegfried Schürenberg (Diener James), Hans Mierendorff (Richter Corbett), Herbert Weißbach (Gerichtssprecher), Ernst Stimmel (Gerichtsarzt), Alice Treff (Sekretärin Ama Galliver), Leo Peukert (Generaldirektor Pick), Karl Klüsner (Präsident des Appellationsgerichtes), Lissy Arna (Hausmädchen Inez Brown), Josef Dahmen (Flugkapitän), Walter Lieck (amerikanischer Rundfunksprecher), Willi Rose (Fremdenführer in New York), Charlotte Kolle, Renée Stobrawa, Valy Arnheim, Fritz Eckert, Robert Forsch, Walter Gross, Josef Kamper, Hans Kettler, Otz Tollen, Klaus Pohl, Josef Reithofer, Ernst Rotmund, Max Schramm-Duncker, Walter Steinweg.
PRO Ufa. Herstellungsgruppe: Erich Holder. HEL Erich Holder. AUL Alfred Henseler. DRZ Anfang April - Anfang Mai 1939. DRO Froelich-Studio Berlin-Tempelhof. LNG 2972 m, 108 min. ZEN 29.7.1939, Jf. 14. URA 8.8.1939, Köln; 22.9.1939, Berlin (Capitol am Zoo).
Ein Gerichtsfilm: Peter Roland ist in den USA der Entführung des berühmten Kinderstars Billie Casilla angeklagt. Dem Verteidiger gelingt es, dessen Unschuld zu beweisen und die Hauptbelastungszeugin, Billies Stiefmutter, zu entlarven.

1939. Heimatland.
REG Ernst Martin. RAS Fritz Andelfinger. AUT Christian Hallig, Ernst Martin; nach Operette ›Monika‹ von Hermann Hermecke und Nico Dostal. KAM Walter Pindter. KAS Gerhard von Bonin. STF Kurt Goldsche. BAU Anton Weber. GAR Walter Salemann, Wilhelmine Spindler. MAS Waldemar Jabs. SCH Gertrud Hinz. TON Fritz Thiery. MUS, ML Nico Dostal. LT Hermann Hermecke. MT ›Heimatlied‹.
DAR Hansi Knoteck (Monika), Wolf Albach-Retty (Günther Nordmann), Ursula Herking (Ursula), Flockina von Platen (Ellinor), Christian Gollong (Franz), Elga Brink (Frau von Werner), Josefine Dora (Großmutter), Bruni Löbel (Mariele), Hans Ulrich (Lehrer), Martin Schmidhofer (Peterle), Karl Klüsner (Vinzenz), Alfred Haase (Direktor), Franz Wilhelm Schröder-Schrom (Herr Werth), Roma Bahn (Frau Werth), Änne Bruck, Ilse von Collani, Hildegard Friebel, Annemarie Korff, Trude Lehmann, Hermann Mayer-Falkow, Paul Rehkopf, Oscar Sabo, Max Vierlinger.
PRO Ufa. Herstellungsgruppe: Bruno Duday. HEL Bruno Duday. PRL Hans Gerhard Bartels. AUL Herbert Junghanns. DRZ Anfang April - Anfang Juni 1939. DRO Ufa-Atelier Berlin-Tempelhof. AA Umgebung von Freiburg/Breisgau, Schwarzwald. LNG 2127 m, 78 min. ZEN 16.8.1939, Jf. 14, nf. URA 18.8.1939, Essen; 25.8.1939, Berlin (U.T. Kurfürstendamm, U.T. Friedrichstraße).
Günther meldet sich nach einer Urlaubsromanze mit Monika nicht mehr aus Berlin. Sie besucht ihn zwecks Verbleib, aber die Großstadt mißfällt ihr und sie kehrt in den Schwarzwald zurück. Als ihre Schwester Mariele heiratet, kommt auch Günther zurück in den Schwarzwald und bleibt bei Monika.

402

Das Ufa-Baby

Marika Rökk

»Ich war ein wildes Bretterkind, an riesige Häuser und große Gesten gewöhnt«, schreibt Marika Rökk in ihren Memoiren. »Ich liebte das Publikum, lebendige Leute, Applaus, Lachen, das Echo auf mich... Ich war ›The Little Hungarian Princess‹, wie die Amerikaner sagten.«

Ein junges Mädchen, das von Budapest über Paris nach New York kommt – und als Solistin und Girl vom Broadway zurück ins alte Europa und seine metropolen Showpaläste, wird nun mit der Film-Apparatur und ihren Eigengesetzlichkeiten konfrontiert: »Ich hatte immer mit starken Mitteln gearbeitet, eine Publikumsdompteuse, ein Ausbund an Temperament, ein mimischer Vulkan. Mein Ausdruck war viel zu kräftig für die intime Nähe, die eine Kamera zum Publikum herstellen kann.« Das gerade 21jährige »Ufa-Baby« (Rökk) hat offenbar Anpassungsschwierigkeiten.

Ihr erster deutscher Film, LEICHTE KAVALLERIE unter der Regie von Werner Hochbaum, spielt folgerichtig im Zirkus-Milieu. Marika Rökk in der Hauptrolle darf ihre große Liebe entdecken, die sie jedoch erst nach einigen Umwegen bekommt. Ebenso geht's mit der geplanten Revue im Finale. Die verzögernden Momente werden durch die Schluß-Tableaus überstrahlt – darin vergleichbar mit den amerikanischen Revuefilm-Storys mit Dick Powell und Ruby Keeler (z. B. DAMES, 1934). Und tatsächlich gibt es am Schluß – ungewöhnlich in den damaligen deutschen Produktionen – ein Wasserballett mit Anklängen an Busby Berkeley! Die Choreographie stammt von der Ballettmeisterin Sabine Ress. Mit ihr bleibt Marika Rökk durch Freundschaft und Zusammenarbeit bei ihren späteren Erfolgen eng verbunden.

Das augenscheinliche Bemühen Rökks, ihre tänzerische Vielseitigkeit – mit einem Akzent auf zirzensischen Fähigkeiten – überzeugend ins filmische Medium zu übertragen, erweist sich zunächst als problematisch. Dafür stehen die Filme HEISSES BLUT, DER BETTELSTUDENT sowie UND DU, MEIN SCHATZ, FÄHRST MIT.

HEISSES BLUT – die Rökk spielt eine ungarische Gutsbesitzerin, die ihren Besitz samt Lieblingspferd zunächst verliert – wird aufgewertet durch den Komödianten Paul Kemp (als Faktotum Joszi) – und vor allem die flotte Musik von Franz Doelle, dem Komponisten von VIKTOR UND VIKTORIA. Bei ihnen liegt das Hauptverdienst, daß die feurig gemeinte Pußta-Mélange nicht zum gänzlichen Mißerfolg gerät. Denn die Berliner resümierten nach dem Kinobesuch: »Heißes Blut? – Kalter Kaffee!«. Bei dieser Produktion arbeitet die Ungarin zum erstenmal mit dem Regie-Routinier Georg Jacoby. Mit ihrem späteren Ehemann (erst 1940 findet die Heirat statt) entwickelt sich ein dauerhaftes Team, das sich eine Spitzenstellung im Revue-Genre erobern kann.

Für UND DU, MEIN SCHATZ, FÄHRST MIT ist anfangs Martha Eggert als Hauptdarstellerin vorgesehen, doch in Anbetracht ihrer Gagenforderung und nach einem Plädoyer Ernst Hugo Corrells setzt die Ufa schließlich Marika Rökk ein. Ihr männlicher Partner wird der elegante Hans Söhnker. Die Regie führt wiederum Jacoby. Der Titel des aufwendigen Ausstattungsfilms spielt auf das Happy-End an: Die deutsche Revue-Artistin Maria Seydlitz geht nach ihrem Erfolgs-Auftritt am Broadway aus Liebe zum Protagonisten Heinz Fritzsch wieder an Bord der »Bremen«, um mit ihm zurück nach Deutschland zu reisen. Darauf stützt sich in den 70er Jahren die These zum deutschen Revuefilm: vom Verzicht der Frau auf ihre Karriere zugunsten ihrer angeblichen Domestizierung. Tatsächlich ist aber am Ende, mit der Rückkehr auf dem Luxusdampfer nach Deutschland, keine Rede vom Verzicht auf die Karriere. Nur unterschwellig kündigt sich eine Kritik an der ›Härte‹ des amerikanischen Film- und Showbiz an. Sie bleibt jedoch ambivalent zum Amerikanismus und verhält sich so typisch zu seiner Kontinuität im Deutschland der 30er Jahre.

Frau Marika Rökk

gibt nur noch Autogramme, wenn Bildkarte und Freikuvert beigefügt werden.

Heil Hitler!
Sekretariat
Marika Rökk

403

1939. Barbara, wo bist Du?
REG Milo Harbich. AUT Heinrich Rumpff; nach einer Idee von Wolfgang Böttcher. KAM Günther Anders. BAU Hermann Asmus. SCH Ernst Nicklisch. TON Ernst Walter. MUS, LT Rudi Keller. MT ›Barbara, wo bist Du?‹. DAR Annemarie Schäfer (Barbara), Else Reval (Friseusin), Franz Arzdorf (Theo), Berthold Ebbecke (Barbaras Chef), Lothar Geist (Friseurlehrling), Hermann Pfeiffer (Musikverleger), Ernst Rotmund (Friseur), Werner Stock (Theos Freund), die Melodisten.
PRO Ufa. Herstellungsgruppe: Ulrich. HEL Hans Herbert Ulrich. DRZ Juni 1939. DRO Ufastadt Babelsberg. LNG 401 m, 15 min. ZEN 23.8.1939, Jf.
– Kurzspielfilm.

1939. Tee zu zweien.
REG Milo Harbich. AUT Karl Hans Leiter, Robert Büschgens; nach einer Idee von Ernst Rennspieß. KAM Günther Anders. BAU Hermann Asmus. SCH Ernst Nicklisch. TON Ernst Walter. MUS, ML Hans Georg Schütz.
DAR Dorit Kreysler (Dolly), Lieselotte Schaak (Frau van Eyck), Rudolf Platte (Diener Bulke), Rudolf Essek (Herr van Eyck), Friedrich Ettel (Fritz Brund).
PRO Ufa. Herstellungsgruppe: Ulrich. HEL Hans Herbert Ulrich. DRZ Juni 1939. DRO Ufastadt Babelsberg. LNG 532 m, 19 min. ZEN 4.9.1939, Jf.
– Kurzspielfilm.

1939. L'Héritier des Mondésir.
REG Albert Valentin. AUT Jean Aurenche; nach einer Idee von Lucien Guidice. DIA Pierre Bost. KAM Günther Rittau. BAU. TON Karl Albert Keller. MUS Georges Van Parys.
DAR Fernandel (Bienaimé, le baron de Mondésir et ses aieux), Gabrielle Andrew /= Gaby Andreu/ (Janine), Elvire Popesco (Erika), Monette Dinay, Marthe Derminy, Palmyre Levasseur, Sonia Gobar, Marfa Dhervilly, Simone Gauthier, Jany Marsa, Odile Dufay, Jacqueline Dufranne, Ketti Dalban, Suzy Flori, Rita Stoya, Solange Vallée, Elyane Hérenguel, Denise Hélia, Anna Lefeuvrier, Jeanne Longuet, Léo Mouniès, Marcelli, Mathilde Alberti, Jules Berry (Valdemar), Félicien Tramel (le curé), Edouard Delmont (Firmin, le maître d'hôtel), Edmond Ardisson (Justin, le chauffeur), Lucien Dayle, Roger Peter, Philippe Grey, André Saint-Dermain, I. Mense, Bill-Bocketts, Paul Fournier, Borel, Fred Mariotti, Jacques Derives, Hugues Wanner, Paul Denneville, Dréjac, Rocca, Ernest Varial, Jacques Vallois, Georges Serrano, Robert Ozanne.
PRO Ufa / ACE. HEL Dietrich von Theobald. SUP Raoul Ploquin. AUL Georg Mohr, August Lautenbacher. DRZ Juni - Juli 1939. DRO Ufastadt Babelsberg. LNG 102 min. URA 8.5.1940, Paris (Marivaux).
– In französischer Sprache hergestellt. – Deutscher AT: Herzdame.
Der Briefträger Bienaimé wird als der leibliche und erbberechtigte Sohn des Barons de Mondésir wiedererkannt. Ein Hochstapler versucht, sich seines Reichtums zu bemächtigen, aber Bienaimé verhindert dies. Schließlich findet er die kleine Janine wieder, die ihm treu bleibt.

1939. Drei Väter um Anna.
REG Carl Boese. RAS Alfred Erich Sistig. AUT Werner Eplinius, Gustav Kampendonk; nach dem Roman ›Fogg bringt ein Mädchen mit‹ von Walther Klöpffer KAM Werner Bohne. KAS Kurt Schulz, Werner Lehmann-Tandar. STF Willi Klitzke. BAU Herbert Frohberg. KOS Gertraud Wendt, Eduard Weinert. MAS Waldemar Jabs. SCH Hildegard Grebner. TON Heinz Martin. MUS, ML Hans Ebert. LT Hanz Fritz Beckmann. MT ›Geh lieber heut als morgen‹. DAR Ilse Werner (Anna), Hans Stüwe (Dr. Bruck), Theodor Danegger (Herr Ameiser), Josefine Dora (Afra Ameiser), Beppo Brem (Herr Fenzl), Carl Stepanek (Matschek), Roma Bahn (Donka), Irmgard Hoffmann (Frau Fenzl), Georg Vogelsang (Gsodmair), Tonio Riedl (Martl), Josefine Berger (Mareile), Anneliese von Eschstruth (Gräfin Weißenfels), Carla Aarnegg, Lothar Glathe (Matrose Schuckert), Gerti Kammerzell, Walter Lieck, Franz Lichtenauer, Paul Luka, Vinzenz Prößl, Franz Schöber, Trude Singer, Otz Tollen, Willy Witte.
PRO Ufa. Herstellungsgruppe: Dietrich von Theobald. HEL Dietrich von Theobald. AUL Josef Paulig, Arthur Ullmann. DRZ 23.6. - Mitte Juli 1939. DRO Ufastadt Babelsberg; AA Umgebung von Passau. LNG 2408 m, 88 min. ZEN 13.9.1939, Jv., nf. URA 14.9.1939, Berlin (U.T. Kurfürstendamm, U.T. Friedrichstraße).
– AT: Anna und die drei Väter.
Drei Bayern, ein Bauer, ein Gastwirt und ein Posthilfsstellenvorsteher, hatten während des Krieges im Feindesland Unterschlupf bei einer Frau gefunden. Diesem gemeinsamen Haushalt entstammt das Mädchen Anna. Doch wer genau ist der Vater?

Gulasch und Berliner Weiße

In ihren Darbietungen erinnert Marika Rökk an einen Typus der ungarischen Tanz-Soubrette und Schauspielerin, wie er Anfang der 30er Jahre beim großen Publikum bereits eingeführt ist. Zwei aufstrebende Stars aus Ungarn sind Franziska Gaal und Rosy Barsony – die als Jüdinnen jedoch gerade wieder haben gehen müssen. Vor allem Barsony verbindet wirbelnde »Pußta«-Mentalität mit modernen Tanzeinlagen und zeigt diese in ihren wenigen Filmen zwischen 1931 und 1933 mit burlesker Drolerie und Temperament nebst jazzartig-kabarettistischem Gesang.

Ungarn hat in jenen Jahren im Film- und Showgeschäft Konjunktur. Aufgrund der seit den 20er Jahren beharrlichen Kontinuität ungarischer Künstler in Berlin kann sich sogar ein entsprechender Appeal »à la mode« herausbilden. Diese Tatsache ist offenbar ebenso vergessen wie etwa die Rolle der Größen in der jazzoiden Tanzmusik, der eigentlichen U-Musik jener Zeit.

So überdeckt in der deutschen Filmkritik der 60er bis 80er Jahre die Ideologiekritik meist die fehlende Kenntnis der Alltagskultur. Man findet eine manchmal erstaunliche Unkenntnis in den Namen, den Moden und ihren Konturen. Davon ist insbesondere die Einschätzung des deutschen Revuefilms der 30er und 40er Jahre und nicht zuletzt die Beurteilung der künstlerischen Leistungen Marika Rökks auf der Leinwand betroffen.

Im Alltag der »Reichshauptstadt« frappiert eine fortgesetzte kulturelle Gegenwart des alten Doppelreichs Österreich-Ungarn. In den führenden Hotels spielen ungarische Konzert- und Tanzorchester-Chefs die erste Geige: Zum »Five o'clock« und zum abendlichen Tanz bittet beispielsweise im Hotel Bristol Emil Rósz. Bereits Ende 1931 nimmt er mit seinem Orchester die ersten Instrumentalversionen aus der Brecht/Weill-Oper »Aufstieg und Fall der Stadt Mahagonny« auf: »Wie man sich bettet, so liegt man« und »Alabama Song« (Kristall 3236). Im Hotel Kaiserhof gibt sein Landsmann Géza Komor den Takt an. Er wirkt hier als Hausorchester schon seit Ende der 20er Jahre.

In dieser Zeit liefern die »Two Jazzers« – zwei junge Ungarn – die ambitioniertesten Scat-Vocals bei Platten-Sitzungen deutscher Bands; feiern die Revue-Operetten des Ungarn Paul Abraham in Berlin die größten Erfolge: »Viktoria und ihr Husar« (1930), »Die Blume von Hawaii« (1931), »Ball im Savoy« (1932); mit dabei das Tanz- und Gesangs-Paar Oskar Denes und Rosy Barsony aus Budapest. Bei diesen prominenten jüdischen Künstlern verhindert die nationalsozialistische Machtübernahme 1933 eine weitere Karriere in Berlin und zwingt sie ins Exil, zunächst nach London.

Aber nicht nur der bekannte »Czardas« von Monti, musikalisches Stammgericht des bürgerlichen Konzertpublikums der großen Kaffeehäuser, bindet im Alltag an die musikalische Tradition und das schöpferische Erbe des Donauraums. Während Marika Rökk im Frühjahr 1935 wegen ihrer noch geringen deutschen Sprachkenntnisse vor dem ersten Drehtag büffeln muß – wird zur gleichen Zeit Mihalys »Pußta Fox« eine der erfolgreichsten Nummern der kleinen und großen Kapellen in den Konzert- und Tanzcafés. Und die Interpretation durch den Geigerkönig Barnabas von Gézy, dem »Paganini des 5-Uhr-Tanztees« vom Hotel Esplanade, die bei seiner Vertragsfirma *Elektrola* erscheint, wird zu einem der größten Verkaufsschlager dieser Marke vor dem Krieg.

In diesen Jahren reißt die Erfolgsquote der verlegten Kompositionen im Paprika-Kolorit, auch als vom modernsten Swing beeinflußte Tanzschlager, nicht mehr ab: »Tokayer« (Gardens) 1935; »Wenn ein Ungarnmädel zum Tanze geht« (Jäger/Nehbut) 1936; »Ungarwein« (Ritter) 1936; »In Debrecin« (Wiga-Gabriel/Siegel) 1937; »Die Julishka aus Budapest« (Raymond/Schwenn) 1937; »Joi, Maman, ich bin verliebt« (Gibish) 1938; »Czardas, Czardas« (Plessow-Halton) 1938; »Joi, Joi, Joi« (Winkler/Elsner) 1939. Und »Ausgerechnet, ausgerechnet, ich verliebe mich in eine Ungarin!« (Wolff/Scheurer) ruft ein Foxtrott-Titel der Schlager-Saison 1935/36 aus: prophetisch für die gerade beginnende Liebesaffäre des deutschen Kinopublikums mit Marika Rökk.

Marko Paysan

Die ungarische Tänzerin Rosy Barsony 1933 bei einem Auftritt im Großen Schauspielhaus. Bald danach muß sie als Jüdin Deutschland verlassen

Amerikanisches Vorbild und reichsdeutsche Kopie: Eleanore Whitney beim »Soldier-swing« im Paramount-Film Three Cheers for Love

Schließlich ist der Film aber nicht als Nachahmung des zeitgenössischen US-amerikanischen Revuefilms, schon gar nicht als »Musical« einzuordnen; dieser Begriff ist bis dato in der deutschen Filmproduktion ebenso wenig etabliert wie die von ihm bezeichnete Gattung. Gezeigt wird eine Aneinanderreihung kürzerer artistischer Spielszenen, die sich nicht weit von der traditionellen »Nummern«-Folge des Varietés entfernen. Zugleich hält der Film eine Erinnerung an die Vor-Ufa-Zeit der Schauspielerin wach.

Im Step-Schritt in den Film-Himmel: Gasparone steht für eine Weiterentwicklung im Stil. Abermals wird eine Millöcker-Operette verfilmt, doch diesmal in einer modernisierten Fassung. Zum großen Erfolg trägt die »nach Motiven von Carl Millöcker« komponierte, wiewohl elegant aktualisierte musikalische Ausstattung des jazzerfahrenen Pianisten und Komponisten Peter Kreuder bei. Die in moderne Tanzrhythmen gefaßten Hauptmelodien werden zu »einschlagenden« Faktoren; sie werden bald nach der Uraufführung von den berliner Spitzen-Bigbands gerne swingend intoniert, wovon eine Anzahl beachtlicher Schallplatten-Versionen beredtes Zeugnis ablegt.

Mit Peter Kreuder tritt der musikalische Schöpfer der Rökk-Erfolge bis 1940 ins Bild – später übernimmt Franz Grothe diese Aufgabe. Das Team für weitere Jacoby-Filme findet sich bei Gasparone bereits vollständig versammelt: Max Pfeiffer als Produktionsleiter, Sabine Ress betreut die Choreographie, Erich Kettelhut ist der Architekt, die Kamera führt Konstantin Irmen-Tschet. Als der Film im Dezember 1937 uraufgeführt wird, hat mit Broadway-Melodie 1936 der schon vorher in deutschen Vergnügungsstätten gefragte Step-Tanz Furore gemacht. Fast kommt er einer Massen-Mode gleich: Angebote zu Selbstlern-Anleitungen erscheinen in den Kleinanzeigen der großen Illustrierten, gleich neben Haarwasser und Schlankheitskuren. Auch Marika Rökk hat die grandiosen Stepkünste von Eleonor Powell in Broadway-Melodie 1936 bewundert und läßt sich davon zu ihrem ersten eigenen Step-Schritt in Richtung Film inspirieren.

In Revue-Einlagen zu Beginn und am Schluß von Eine Nacht im Mai erhält Marika Rökk Gelegenheit, ihre Tanzkünste durchaus überzeugend zu präsentieren. Die Choreographie stammt von Anthony Nellé, der 1935 aus USA an die Scala Berlin engagiert worden ist: »Tanzpartner der Pawlowa, Producer und Choreograph großer Bühnenshows in den Kinopalästen der Centfox (die live den Filmvorführungen vorausgingen)«. Deutlich zeigt sich zu Beginn ein Konglomerat damals top-chicer anglo-amerikanischer Stileinflüsse: Inge (Marika Rökk) wirbelt wie in Topper mit ihrem Stromlinien-Cabriolet durch die Szene. Die Polizei nimmt ihr den Führerschein wegen zu schnellen Fahrens ab; aber sie fährt dessen ungeachtet weiter und verursacht einen Verkehrsunfall. Als obstinat erweist sich die rabiate Autofahrerin auch gegen familiäre Autoritäten wie ihren Vater (Oskar Sima). Sie vergnügt sich indes damit, ein jugendliches Swingorchester (die Herren im amerikanischen Sportdress mit Pullover) im elterlichen Hotel zu dirigieren (zur Kreuder-Melodie »Land in Sicht«) und zeigt dann burlesken Witz und Spieldynamik im Tanz mit einem Treppen-Ballett, den Scala-Girls. Nach dem Unfall kommt die Fahrerflüchtige durch eine Liebes-Bekanntschaft, anfangs wider Willen, auf ein alt-berliner Kostümfest. Nach der pittoresk-vergnügten Mainacht lesen sich die konträren Revuebilder zum Ende des Films noch einmal als Hommage an die Vorbilder aus Hollywood. Auf einem großen Ball unter einem offenbar maritimen Motto darf die Tochter des Hotelbesitzers mit ihrem Stepp, Gesang und Tanz vor den Gästen brillieren. Das Dekor Erich Kettelhuts spielt, zitatweise reduziert, mit dem Kanon damaliger »Ocean-Liner«-Ästhetik.

1939. 12 Minuten nach 12.
REG Johannes Guter. RAS Kurt Hampp. AUT O. B. /= Otto Bernhard/ Wendler, Georg Zoch; nach einer Idee von Günther Rossoll. KAM Werner Krien. KAS Igor Oberberg. STF Horst von Harbou. BAU Herbert Frohberg. GAR Anna Balzer, Erwin Rosenreter. MAS Waldemar Jabs. SCH Johanna Rosinski. TON Alfred Zunft. MUS Rudolf Perak.
DAR Geraldine Katt (Ingrid Barko), Ursula Herking (Nelly), René Deltgen (Niels Terström), Carl Raddatz (Juwelenmakler Griffen), Rudolf Platte (Karl Jensemann), Paul Henckels (Juwelier Anders), Paul Bildt (Gerichtsvorsitzender), Wilhelm Althaus (Polizeikommissar Svensson), Fridjof Mjöen (John Williams), Boris Alekin, Hildegard Busse, Walter Bechmann, Werner Funck, Fred (Selva-) Goebel, Hanna Lussnigg, Gustav Mahnke, Hans Mayer-Falkow, Manfred Meurer, Karl Merznicht, Heinz Müller, Friedrich Ohse, Klaus Pohl, Anton Pointner, Alfred Pussert, Arthur Reinhardt, Oscar Sabo, Hugo Steinweg, Hermann Schröder, Eva Tinschmann.
PRO Ufa. Herstellungsgruppe: Ulrich Mohrbutter. HEL Ulrich Mohrbutter. AUL Alexander Desnitzky. DRZ Mai - August 1939. DRO Ufa-Atelier Berlin-Tempelhof. LNG 2257 m, 82 min. ZEN 21.9.1939, Jf. 14. URA 27.9.1939, Dresden; 31.5.1940, Berlin (Atrium).
Die Studentin Ingrid ist in einen Juwelenraub in Stockholm verwickelt. Niels, der den Fall am Schluß löst, bleibt ihr bis dahin fremd. Ist er ein Krimineller oder ein Kriminaler?

1939. Legion Condor.
REG Karl Ritter. RAS Gottfried Ritter. MIT, BER Fliegergeneral Wilberg. AUT Felix Lützkendorf, Karl Ritter. KAM Günther Anders. KAS Heinz von Jaworsky. STF Josef Klietsch. BAU Walter Röhrig. GAR Gisela Bornkessel, Paul Haupt. MAS Wilhelm Weber, Adolf Arnold. SCH Gottfried Ritter. TON Heinz Martin. MUS Herbert Windt.
DAR Paul Hartmann, Albert Hehn, Heinz Welzel, Herbert A. E. Böhme, Otto Graf, Karl John, Wolfgang Staudte, Fritz Kampers, Josef Dahmen, Willi Rose, Carsta Löck, Marina von Ditmar, Lili Schoenborn, Karl Klüsner, Friedrich Gnaß, Andrews Engelmann, Malte Jäger, Franz Jan Kossak, Lutz Götz, Lothar Körner, Lea Niako, Ernst von Klipstein, Ernst Bader, Ursula Ulrich, Ruth Nimbach, Irene Fischer.
PRO Ufa. Herstellungsgruppe: Karl Ritter. HEL, PRL Karl Ritter. AUL Ludwig Kühr. DRZ 7.8. - Anfang September 1939. DRO Ufastadt Babelsberg.
– Die Aufnahmen wurden nach dem deutschen Überfall auf Polen am 1.9.1939 abgebrochen, der Film blieb unvollendet.
Ein Filmprojekt zum Ruhm der deutschen Flieger-Freiwilligen, die in Spanien auf Francos Seite unter dem Namen ›Legion Condor‹ ihre Bomben unter anderem auf den Ort Guernica lenkten.

1939. Waldrausch.
REG Paul Ostermayr. DIA-REG Hans Goßlar. AUT Karl Peter Gillmann, Peter Ostermayr; nach dem Roman von Ludwig Ganghofer. KAM Hugo von Kaweczynski. KAS Peter Haller. STF Reinhold Draber. BAU Hanns H. Kuhnert, Franz Köhn. GAR Fritz Schilling, Elisabeth Kuhn. MAS Artur Schramm, H. Kuhrat. SCH Erika Engelbrecht. TON Ewald Otto. MUS Herbert Windt. LT Karl Theodor Langen. MT ›Ich träume von deiner Liebe‹.
DAR Hansi Knoteck (Beda), Paul Richter (Ambros Lutz), Hedwig Bleibtreu (Frau Lutz), Eduard Köck (Waldrauscher), Erika Dannhoff (Herzogin), Carl Günther (Herzog), Hermine Ziegler (Zieblingen), Hans Adalbert Schlettow (Krispin), Martin Schmidhofer (Tonerl), Ernst Adalbert Schaah (Kesselschmitt), Hans Schulz (Wohlverstand), Rolf Pinegger (Dürrmoser), Hans Hanauer (Sprengmeister).
PRO Tonlicht-Film GmbH, Berlin; für Ufa. PRT Peter Ostermayr. AUL Herbert Junghanns. DRZ Anfang Juni - Mitte Juli 1939. DRO Ufa-Atelier Berlin-Tempelhof; AA Großglocknergebiet, Zell am See, Aschau am Chiemsee. LNG 2204 m, 80 min. ZEN 17.10.1939, Jf. 16. URA 20.10.1939, Berlin (U.T. Kurfürstendamm).
Ingenieur Lutz ist aus Brasilien zurückgekommen und soll einen Staudamm gegen Wildwasser in den Bergen bauen. Den Widerstand des Gastwirts überwindet Lutz, wie er auch das Herz der jungen Beda erobert.

1939. Mutterliebe.
REG Gustav Ucicky. RAS Wolfgang Schubert. AUT Gerhard Menzel. KAM Hans Schneeberger. KAS Hannes Staudinger. STF O. Klimacek. BAU Werner Schlichting, Kurt Herlth. KOS Bert Hoppmann. GAR Marschik, Bachheimer, Bert Hoppmann. MAS Kuhnert, Olschmed. SCH Rudolf Schaad. TON Alfred Norkus. MUS, ML Willy Schmidt-Gentner. AUS Wiener Philharmoniker.

Die von jener Thematik hergeleiteten Musiktitel Peter Kreuders, der Langsame Hawaiian-Fox »Eine Insel aus Träumen geboren« und der Swing-Fox »Land in Sicht«, werden in Marika Rökks Vortrag zusätzlich durch Tanzdarbietungen unterstrichen, mit den für sie typischen akrobatischen Gags.

Eine Steigerung des Erfolgs, zusätzlich begründet durch die swing-inspirierten Kompositionen Peter Kreuders, gelingt 1939 mit HALLO JANINE. Die Titel im mitreißenden 4/4-Takt heißen »Musik, Musik, Musik« (Ich brauche keine Millionen)«, »Auf dem Dach der Welt« und »Lerne lieben, ohne zu weinen«. Sie werden zumindest für zwei Generationen von Kino-Besuchern, als Schlager-Nummern, zur musikalischen Erkennungsmarke des Rökk-Mythos der Ufa.

Nach DER BETTELSTUDENT und GASPARONE werden Marika Rökk und Johannes Heesters (als Graf) in HALLO JANINE endgültig zum Traumpaar des deutschen Revuefilms. Es wird ihre letzte Zusammenarbeit in diesem Genre, denn Johannes Heesters erklärt anschließend, er wolle »nicht länger (Rökk-Filme), sondern fortan lieber ›Heesters-Filme‹ machen«. Die Dekorationen von Ernst H. Albrecht zeigen gegenüber EINE NACHT IM MAI stärker romantisierend-ornamentale Formen für die Bilder der Revue. Ähnlich das übrige Dekor, wo es weich und duftig gehalten wird oder mit historisierendem Interieur das Milieu traditionsgebundener pariser Bourgeoisie- und Adelskreise umschreibt; dabei in operettenhafter Manier des 19. Jahrhunderts, obgleich die Handlung in der Gegenwart spielt.

Mit KORA TERRY steht im Frühjahr 1940 einer ihrer ambitioniertesten Filme auf dem Programm: Die Doppelrolle der egoistisch-verführerischen Kora und ihrer Zwillingsschwester, der opferwillig-naiven Mara, stellt eine Probe an ihr dramatisches Können. Doch es gelingt ihr, die Ökonomie ihrer darstellerischen Mittel zu steigern: Sie integriert die weiteren Ebenen ihres Spiels, Tanz und Gesang, überzeugend in die Nuancierung der beiden gegensätzlichen Charaktere der Schwestern Mara und Kora. Dieser Dramaturgie fügen sich die Tanzlieder Peter Kreuders ein: Die sentimentale Melodie »Wenn es Frühling wird«, die als Czardas interpretiert wird, fällt dem Repertoire Maras zu – hingegen Kora das dezent groovende »Warum soll ich treu sein« (in einigen Szenen von einer kleinen Swingbesetzung mit ansprechender Jazzsolistik unterlegt). Während Marika Rökk mit bald etwas blassen Mitteln für die Rolle der Mara zu sehr das brave Gretchen bemüht – so überrascht es doch, wie engagiert sie die elegante Boshaftigkeit der Schwester Kora umsetzt. Bei einer Besprechung dieser Rolle mit dem Regisseur Georg Jacoby soll ihr Förderer Correll noch gezögert haben: »Aber das ist sie nicht, diese Kora!«

Die Tanz-Darstellerin agiert mit zähem Fleiß bei den Dreharbeiten und greift, neben unermüdlichem Proben, selbst aktiv in die Gestaltung des Films und des Filmischen ein: »Immer wieder erörtert sie mit dem Kameramann Konstantin Irmen-Tschet, wie sie die einzelnen Phasen ihres Tanzes am besten den Schwenkungsmöglichkeiten der Kamera anpassen kann. Die oft gerühmte Arbeitsdisziplin der Rökk zeigt sich auch hier.« (Film-Kurier, 6.6.1940).

In HAB MICH LIEB (1942) gelangt Marika Rökk als Tänzerin Monika mit einiger Verspätung in ihr Theater, wo bereits die Revue-Vorstellung läuft. In diese stolpert sie mittenhinein, als gerade eine schwülstige Gesangsszene in einem antikisierend-römischen Szenario über die Bühne geht. Sie durchkreuzt das äußerliche Pathos, indem sie ihren unfreiwilligen Auftritt als Solistin mit Improvisationen zur Bühnenhandlung übersteht. Mit unbekümmerter Drolerie und burleskem Witz wird in diesen Szenen nochmals ihr damaliges Tanz-Image manifest: »Graziös und voll Schelmerei, mit kleinen Humor-Lichtern in den Augen, so lacht Marika Rökk uns an.« (Der Stern, 27.10.1938) Dem Komponisten Franz Grothe als kongenialem Nachfolger Kreuders glückt es mit leichter Hand (in der schnellen Nummer »Sing mit mir« und den balladesken »Es ist nur die Liebe« sowie »Komm' und gib' mir Deine Hand«), aktuelle US-Entertainment-Klänge – mit schöpferischer Eigenleistung – nachzuformulieren.

In DIE FRAU MEINER TRÄUME ist Marika Rökk nicht mehr als Tanz-Girl am Fuße der Karriere-Leiter, sondern möchte als Revue-Star Julia Köster – nunmehr auf der Spitze angelangt – ein wenig Ausspannen: wobei ihr die Berge als passender Ort für eine Erholung »incognito« in den Sinn kommen. Der Alltag vom Theater und Varieté wird in der damaligen Gegenwart schon bald zur schönen Vergangenheit, denn wegen des »totalen Kriegseinsatzes« müssen im September 1944 alle bis dahin noch betriebenen Theater und Unterhaltungsstätten auf Goebbels' Weisung schließen. Alle Kräfte werden für den Kriegseinsatz benötigt, der militärisch längst aussichtslos geworden ist. Auch diese Zeitumstände machen den in Farbe gedrehten Film zum erträumten Zuschauer-Erfolg. Den Titel nehmen die Schluß-Tableaus beim Wort, mit opulenten, von einem Phantasie-Dekor gerahmten Revue-Bildern (Erich Kettelhut). Die Choreographie (Sabine Ress) schwelgt bei diesem Happy-End in einer romantisierenden Apotheose des Happy-Ends selbst: als Hochzeits-Phantasie, durch wolkige Höhen hin Walzer tanzend.

Solch Siebten Himmel aber vermögen die in der Nachkriegszeit von Georg Jacoby gedrehten Revue-Produktionen mit Marika Rökk, was künstlerischen Aufwand und Publikumswirkung betrifft, nie wieder zu erreichen.

Marko Paysan

Körper-Architektur:
Die Choreografien des
Hollywood-Regisseur Busby
Berkeley dienen als Vorbild
für die Rökk-Filme DIE FRAU
MEINER TRÄUME und KORA TERRY
(unten)

DAR Käthe Dorsch (Marthe Pirlinger), Paul Hörbiger (Dr. Koblmüller), Wolf Albach-Retty (Walter Pirlinger), Hans Holt (Paul Pirlinger), Hans Hotter (Josef Pirlinger), Rudolf Prack (Felix Pirlinger), Susi Nicoletti (Franzi Pirlinger), Siegfried Breuer (Kammersänger), Frida Richard (Frau Stätter), Olly Holzmann (Hanna Pirlinger), Winnie Markus (Rosl Pirlinger), Eduard Köck (Professor), Alfred Neugebauer (Schulleiter), Traudl Stark (Franzi 1912), Erich Kuchar (Walter 1912), Walter Schweda (Paul 1912), Rudolf Rab (Felix 1912), Louise Maria Mayer, Hans Unterkircher, Reinhold Häussermann, Annie Rosar, Elisabeth Markus, Karl Ehmann, Karl Kneidinger (Lehrer), die Wiener Sängerknaben, das Kinderballett der Wiener Staatsoper.
PRO Wien-Film GmbH, Wien, Herstellungsgruppe: Erich von Neusser; für Ufa. **HEL** Erich von Neusser. **PRL** Fritz Fuhrmann. **AUL** Alfred Vesely. **DRZ** 14.6. - Mitte September 1939. **DRO** Atelier Rosenhügel Wien; **AA** Alte Universität Wien, Attersee, Waidhofen/Ybbs. **LNG** 2893 m, 106 min. **ZEN** 24.10.1939, Jf., f. **URA** 19.12.1939, Wien (Apollo-Theater); 29.12.1939, Berlin (Ufa-Palast am Zoo).
– Prädikate: Staatspolitisch besonders wertvoll, Künstlerisch besonders wertvoll. – Von den Alliierten Militärbehörden verboten.
Als Josef vom Blitz erschlagen wird, muß seine Witwe Martha die vier Kinder allein durchbringen. Für deren Erziehung opfert sie sogar eine späte Liebesbeziehung. Verherrlichung des NS-Mutterbildes.

1939. Das Lied der Wüste.
REG Paul Martin. **RAS** Friedrich Domin. **AUT** Walther von Hollander, Paul Martin; nach einem Bericht von Werner Illing. **KAM** Franz Weihmayr. **KAS** Herbert Stephan. **STF** Kurt Goldsche. **BAU** Otto Hunte, Karl Vollbrecht. **KOS** Filmkostümhaus Willi Ernst. **GAR** Max König, Walter Salemann. **MAS** Waldemar Jabs. **SCH** Gertrud Hinz. **TON** Fritz Thiery. **MUS, ML** Nico Dostal. **LT** Bruno Balz. **MT** ›Vielleicht‹, ›Ein paar Tränen werd' ich weinen...‹, ›Fatme, erzähl mir ein Märchen‹, ›Heut' abend lad' ich bei mir die Liebe ein‹. **GES** Zarah Leander.
DAR Zarah Leander (Grace Collins), Gustav Knuth (Nic Brenton), Herbert Wilk (Captain Frank Stanney), Friedrich Domin (Sir Collins), Karl Günther (Kommissar), Ernst Karchow (Oberst Balentine), Rolf Heydel (Leutnant Scott), Franz Schafheitlin (Finanzier), Ernst Sattler (schwedischer Konsul), Hermann Wagner (Diener Hamed), René Peter (Zofe Jane), Aruth Wartan (2. Finanzier), Aribert Grimmer (Werkmeister Butler), Eberhard Leithoff (Soldat Steve), Karl Dannemann (Soldat Tom), Herbert Klatt (Soldat Jack), Helmuth Brasch (Soldat Sam), Charly Kracker (Soldat Joe), Peter Höfer (Soldat James), Hermann Pfeiffer (Reporter), Wilhelm Schläger (Reporter), Waldemar Teuscher (Telefonist), Gerhard Bienert (Hafenbeamter).
PRO Ufa. Herstellungsgruppe: Hans Conradi. **HEL** Hans Conradi. **AUL** Heinz Karchow, William Neugebauer. **DRZ** 10.6. - Anfang September 1939. **DRO** Ufastadt Babelsberg. **LNG** 2374 m, 87 min. **ZEN** 16.11.1939, Jv., f. **URA** 17.11.1939, Berlin (Ufa-Palast am Zoo).
– AT: Aufschub für Brenton. – Von den Alliierten Militärbehörden verboten.
Die englische Sängerin Grace verhindert in einem kleinen nordafrikanischen Städtchen am Rande der Sahara, daß sich ihr Stiefvater auf kriminelle Art die Schürfrechte an einer Kupfermine sichert. Zudem rettet sie ihren schwedischen Geliebten Brenton vor dem Tode.

1939. Der Stammbaum des Dr. Pistorius.
REG Karl Georg Külb. **RAS** Boleslav Barlog. **AUT** Karl Georg Külb, Reinhard Köster; nach dem Roman von Waldemar Reichardt. **KAM** Robert Baberske. **KAS** Hans Joachim Hauptmann. **STF** Otto Schulz. **BAU** Anton Weber, Hermann Asmus. **KOS** Vera Mügge. **MAS** Wilhelm Weber, Alfred Klotzbücher. **SCH** Hans Heinrich. **TON** Bruno Suckau. **MUS, ML** Lothar Brühne. **LT** Konrad Liß. **MT** ›Tritt an, deutsche Jugend!‹.
DAR Ernst Waldow (Dr. Pistorius), Käte Haack (Elfriede Pistorius), Carsta Löck (Dienstmädchen Maria Klambusch), Otto Wernicke (Schuhmachermeister Franz Tettenborn), Hans Leibelt (Sanitätsrat Schuhbrink), Heinz Wieck (Hermann Pistorius), Helga Mayer (Irene Tettenborn), Günter Brackmann (Lehrling Philipp Stuckert), Ingolf Kuntze (Syndikus Gieseking), Renée Stobrawa (Käthe Gieseking), Rudolf Schündler (Freiherr von Bekker), Eduard Bornträger (Steuerinspektor Ingram), Ewald Wenck (Friedhofswärter Lustig), Ulla Blasius (BDM-Mädchen), Trude Haefelin (Alexa).
PRO Ufa. Herstellungsgruppe: Erich Holder. **HEL** Erich Holder. **AUL** Alfred Henseler. **DRZ** 6.7. - September 1939. **DRO** Ufastadt Babelsberg; **AA** Zerbst. **LNG** 2247 m, 82 min. **ZEN** 5.12.1939, Jf. 14. **URA** 5.12.1939, Berlin (U.T. Kurfürstendamm).
– Von den Alliierten Militärbehörden verboten.

UFrAnce 1940-1944
Kollaboration und Filmproduktion in Frankreich

Am 10. Mai 1940 beginnt die deutsche Offensive an der Westfront. Am 14. Juni marschieren die Truppen des XVIII. Armeekorps unter von Küchler um 5.30 Uhr morgens durch die Porte de la Villette in Paris ein. Ab 22. Juni gibt es in Frankreich zwei Zonen: die besetzte Zone im Norden und die nicht besetzte Zone im Süden; sie sind durch eine Demarkationslinie getrennt, die bald zu einer richtigen Grenze wird und die man nicht ohne einen Ausweis, der von den deutschen Behörden ausgestellt werden muß, übertreten kann.

Die Nordzone ist völlig unter der Kontrolle der Nazis und ihrer Propagandastaffel, die am 28. Juni 1940 gegründet wird und in der Dr. Dietrich die Propagandaabteilung leitet, die Außenstelle, die Goebbels der Wehrmacht angegliedert hat. Die Propagandastaffel wird im November 1942 aufgelöst, als die beiden Zonen verschwinden und ganz Frankreich unter Deutschlands Knute fällt.

Am 10. Juli 1940 ist die Dritte Französische Republik am Ende: Marschall Philippe Pétain kommt an die Spitze des Etat Français, dessen Regierung sich in Vichy niederläßt; er regiert die Südzone Frankreichs und richtet das System der Kollaboration mit der Besatzungsmacht ein. Am 14. Juli defi-

ACE-Produktion in
Babelsberg:
ADRIENNE LECOUVREUR
Regie: Jean Grémillon

lieren deutsche Truppen auf den Champs-Elysées. Die ganze Welt hat diese Archivbilder inzwischen sehen können, die von der Ufa-Wochenschau gedreht worden sind.

Umgehend ergreifen die Deutschen eine Reihe von Maßnahmen, um direkt in der französischen Filmindustrie Fuß zu fassen, was der Journalist und Nazi-Kollaborateur Robert Brasillach, Chefredakteur von *Je suis partout*, einen richtiggehenden »Eroberungsplan« für das französische Kino nennt.

Die Kollaboration hat sich unter anderem deshalb so schnell etablieren können und im Filmbereich so gut funktioniert, weil sie in der Form vielfältiger Zusammenarbeit seit langem existiert. Außerdem, wenn im Jahr 1938 noch 125 Filme in Frankreich produziert wurden, so fällt diese Zahl 1939 auf 75, und »la drôle de guerre« hat im Winter 1939/40 die Produktion unterbrochen und viele arbeitslos gemacht.

Rückblende: Sehr früh unterhalten französische Produktionsfirmen, wie Gaumont oder Pathé-Eclair, Filialen in Berlin und cooperieren mit deutschen Firmen. Deutsche Verleihe – beispielsweise Paul Davidsons PAGU – sind weitgehen von französischer Ware abhängig. Diese Entwicklung bricht mit dem Ausbruch des Ersten Weltkriegs ab.

Nach einer Phase gegenseitiger Karenz kommt es Anfang der 20er Jahre wieder zum Kontakten. Im Mai 1924 reist der französische Verleiher Louis Aubert, dem auch zahlreiche Kinos gehören und der an der Produktionsfirma Films d'Art (Vandal-Delac) beteiligt ist, nach Berlin. Nach Verhandlungen mit der Ufa befürwortet er einen »europäischen Block« gegen die amerikanische Konkurrenz und schließt ein Abkommen über einen umfangreichen Film-Austausch. Es wird die L'Alliance Cinématographique Européenne (ACE) gegründet, »Exklusivkonzessionär der Ufa für Frankreich, Belgien und die Kolonien«, eine Ufa-Dependance

409

Oberregierungsrat Pistorius, der im Jahre 1936 seinen Stammbaum beibringen mußte, soll damals etwas mit einer Tänzerin gehabt haben. Ihm, der eine geborene ›von‹ zur Frau hatte, war es außerdem peinlich, von einem Schuhmacher abzustammen. Inzwischen ist sein Sohn HJ-Führer bei den Segelfliegern geworden. Er und seine Kameraden treiben dem alten Herr die Flausen aus und führen ihn wieder der ›Volksgemeinschaft‹ zu.

1939. In Sachen Herder contra Brandt.
REG Johannes Guter. AUT Arnold Funke. KAM Ekkehard Kyrath. BAU Arthur Günther. SCH Hacklund von Heemskerk. TON G. Bommer. MUS Rudolf Perak.
DAR Lotte Werkmeister (Frau Herder), Ludwig Schmitz (Herr Herder), Oscar Sabo (Luftschutzwart Brandt), Karl Blüsner (Schiedsmann), Wilhelm Bendow (Gast bei Herders), Walter Gross (Hausbewohner), Ludwig Stein, Gustav Püttjer.
PRO Ufa. DRO Ufastadt Babelsberg. LNG 498 m, 18 min. ZEN 6.12.1939, Jf. URA 28.12.1939, Berlin (Tauentzien-Palast).
– Kurzspielfilm. – Prädikat: Volksbildend.

1939. Ihr erstes Erlebnis.
REG Josef von Baky. RAS Joachim Kampf. DIA-REG Werner Bergold. AUT Juliane Kay; nach dem Roman ›Tochter aus gutem Hause‹ von Susanne Kerckhoff. KAM Robert Baberske, Werner Bohne. KAS Kurt Golsche, Werner Lehmann-Tandar. STF Willi Klitzke. BAU Willy Schiller. KOS Gertrud Streckler. GAR Dora Gruner, Georg Paersch. MAS Waldemar Jabs. SCH Bernd von Tyszka. TON Ernst Otto Hoppe. MUS Georg Haentzschel. LT Juliane Kay. MT ›Fräulein Marie‹.
DAR Ilse Werner (Marianne Schäfer), Johannes Riemann (Prof. Brenner), Charlott Daudert (Josephine), Elisabeth Lennartz (Lore Brenner), Majan Lex (Else), Walter Ladengast (Gohlke), Volker von Collande (Jochen), Tonio Riedl (Paul), Margarethe Schön (Mutter Schäfer), Franz Weber (Georg Schäfer), Elsa Wagner (Großmutter), Georg Thomalla (Otto), Käthe Pontow (Fränze), Maria Loja (Pensionsinhaberin Frau Meyer), Karl Harbacher (Herr Bohlemann).
PRO Ufa. Herstellungsgruppe: Eberhard Schmidt. HEL Eberhard Schmidt. AUL Horst Kyrath, Willi Teichmann. DRZ 24.7. - Ende September 1939. DRO Ufastadt Babelsberg; AA St. Peter/Nordsee. LNG 2466 m, 90 min. ZEN 11.12.1939, Jv., nf. URA 22.12.1939, Köln; 3.5.1940, Berlin (Capitol).
– Prädikat: Künstlerisch wertvoll.
Eine Defloration, der Filmtitel meint es ganz unverblümt. Der verheiratete Kunstprofessor Brenner und seine 17jährige Schülerin Marianne verlieben sich ineinander. Seine Ehefrau ist verbittert, will nicht zurücktreten, verschwindet dann aber doch aus dem Film. An der Nordsee wird alles geklärt.

1939. Kongo-Expreß.
REG Eduard von Borsody. AUT Ernst von Salomon, Eduard von Borsody; nach einer Idee von Johanna Sibelius. KAM Igor Oberberg. KAS Werner Krien. STF Walter Weisse. BAU Anton Weber, Franz Koehn. KOS Bert Hoppmann. SCH Lisbeth Neumann. TON Bruno Suckau. MUS, ML Werner Bochmann. LT Eduard von Borsody. MT ›Hinter dieser schweren Pforte‹.
DAR Marianne Hoppe (Renate Brinkmann), Willy Birgel (Viktor Hartmann), René Deltgen (Gaston Thibault), Hermann Speelmans (Chagrin), Max Gülstorff (Dr. Mac Phearson), Heinz Engelmann (Raoul Burell), Lotte Spira (Schwester Mary), Malte Jäger (Pierre Dufour), Toni von Bukowics (Raouls Mutter), Hans Adalbert Schlettow (André), Hans Herrmann-Schaufuß (Herr Mollison), Leonie Duval (Frau Mollison), Willi Schur (Mathieu), Ernst Rotmund (Stationsvorsteher von Tsessebe), Edwin Jürgensen (Präfekt), Fritz Hube (Stationsvorsteher von Mondombe), Walter Lieck (Sekretär des Präfekten), Lutz Goetz (Distriktkommissar), Albert Ihle (Bürgermeister von Lukanga), Erik Radolf, Manfred Meurer, Hans Schneider, Walter Schramm-Duncker, Kurt Hagen, Angelo Ferrari, Louis Ralph, Herbert Schimkat, Rudolf Vones, Hermann Mayer-Falkow (zehn Farmer), Fritz Eckert (Kolonialoffizier), Wilhelm Bendow (Onkel Augustus), Toni Tetzlaff (Tante Estella), Antonie Jaeckel, Maria Krahn, Anneliese Würtz (drei Tanten), Luise Moorland (Sophie).
PRO Ufa. Herstellungsgruppe: Georg Witt. HEL, PRL Georg Witt. AUL Günther Grau, Waldemar Albert. DRZ 11.8. - Ende Oktober 1939. DRO Ufastadt Babelsberg; AA Celle. LNG 2533 m, 93 min. ZEN 12.12.1939, Jf., nf. URA 15.12.1939, Berlin (Ufa-Palast am Zoo).

Pierre Blanchard in
L'ÉTRANGE MONSIEUR VICTOR

mit Firmensitz in Paris. Während der Saison 1926/27 verleiht sie zum Beispiel elf deutsche Filme, darunter VARIÉTÉ und FORCE ET BEAUTÉ, LES FRÈRES SCHELLENBERG sowie JALOUSIE von Karl Grune.

Und schon zu Stummfilmzeiten sind 24 weitere Filme französisch-deutsche Coproduktionen, davon werden einige in den berliner Studios gedreht. Aber vor allem beginnt mit LA NUIT EST À NOUS von Carl Froelich 1929 die Zeit der Filme, von denen in den Ufa-Ateliers Neubabelsberg Fassungen in verschiedenen Sprachen entstehen, produziert in Zusammenarbeit zwischen der Ufa und der ACE und mit der Société des Films sonores Tobis, die von Film-sonor verliehen werden, beides Filialen der Tobis. Die letzte französisch-deutsche Koproduktion ist 1939 L'HÉRITIER DES MONDÉSIR von Albert Valentin, mit Fernandel und Jules Berry.

Serge de Poligny zum Beispiel inszeniert zwischen 1932 und 1936 sieben Filme in Deutschland. Marcel L'Herbier dreht ADRIENNE LECOUVREUR. Madeleine Renaud, Jean Gabin oder Raimu reisen nach Berlin, um dort zu arbeiten; ebenso sieht man dort einigemal Antonin Artaud in kleineren Rollen. Das Paar Lilian Harvey und Henri Garat, das französische Gegenstück zu Willy Fritsch, dreht sechs Filme, die großen Erfolg haben. Ebenso gibt es recht beständige Tandems von Regisseuren wie Schünzel und Roger le Bon: 1931-34 drehen sie vier Ufa/ACE-Produktionen, darunter RONNY und GEORGES UND GEORGETTE, Titel die französische Version von VIKTOR UND VIKTORIA. Insgesamt gibt es 165 Filme in mehreren Versionen, vor allem deutsch, französisch und italienisch. Daneben werden während dieser Zeit in Deutschland etwa zwanzig Filme nur in französischer Sprache von französischen Regisseuren gedreht – 1936 beginnen die Ufa und die ACE französische Tonfilme, wie LA PEAU D'UN AUTRE von Marcel Pujol, herzustellen.

Von 1930 bis 1933 entstehen 126 mehrsprachige Versionen, 1937 noch zwanzig und 1938 siebzehn. Wegen der politischen Lage läßt die Anziehungskraft der deutschen Ateliers für die Franzosen nach. Schon 1930 wirbt die ACE in Frankreich mit der Parole »Les studios Ufa travaillent pour vous« (Die Ufa-Studios arbeiten für Sie).

Nach dem Gesetz vom 26. Oktober, das am 7. Dezember 1940 in Kraft tritt, richtet die Vichy-Regierung im Rahmen der Neuorganisation der Kinoberufe das Comité d'Organisation de l'Industrie Cinématographique (COIC) ein – der Service du Cinéma ist am 16. August von Guy de Carmoy gegründet worden – und sein Direktor, der sein Amt am 15. Oktober übernimmt, heißt Raoul Ploquin.

GUEULE D'AMOUR: Mireille Balin, Jean Gabin

Alfred Greven

Ploquin ist in Deutschland Dialogautor von u.a. PETIT ÉCART (Reinhold Schünzel, Henri Chomette), LA JEUNE FILLE D'UNE NUIT (Schünzel, Le Bon), die französischen Fassungen von DER KLEINE SEITENSPRUNG (1931) bzw. DIE TOCHTER IHRER EXZELLENZ (1934), und wird dann der Direktor der französischen Ufa-Produktion in Berlin. In dieser Funktion vertraut er, zum Beispiel, Jean Grémillon 1935 die Regie der französischen Version von DER KÖNIGSWALZER an, dann 1936 PATTES DE MOUCHES, 1937 GUEULE D'AMOUR und 1938 L'ÉTRANGE MONSIEUR VICTOR, vier Filme, die von der ACE verliehen werden.

In der okkupierten Zone ernennen die Deutschen am 3. Oktober 1940 Alfred Greven zum Direktor einer direkt von Goebbels' Propagandaministerium abhängigen Ufa-Filiale, mit dem Auftrag, ausschließlich französische Filme herzustellen. Greven ist zuvor Chef der Ufa-Produktion, Generaldirektor der Terra-Film, schließlich im Februar Nachfolger von Correll bei der Ufa.

Die Firma heißt Continental, eine Gesellschaft nach französischem Recht. Das Kapital kommt von der Cautio GmbH des Bürgermeisters Winkler, die größte Summe aber – eine Million Reichsmark – stammt aus dem Kapital der Ufa/Tobis. Greven wird »Reichsbeauftragter für das deutsche Filmwesen in Frankreich«, und die Continental, die sich ab März 1941 an den Champs Elysées einrichtet, verfügt im April 1941 über ein Kapital von 15 Millionen Reichsmark.

Jacques Siclier hat den Eindruck, »daß Greven nur für seine Produktion gelebt hat (...) Er las alle Berichte über die Drehbücher und die Dreharbeiten. Er hörte sich alle Meinungen an und traf dann seine Entscheidungen allein. Sie waren unwiderruflich (...) Seine Leidenschaft für den Film war offensichtlich. Hatte er eine Geheimdiplomatie? Es gibt keine Beweise dafür, denn 1944 verschwand er spurlos.« Marcel Carné äußert dagegen 1991 in einem Interview: »Alfred Greven war ein abscheulicher Kerl. (...) Er war so antifranzösisch eingestellt, daß er jede Gelegenheit nutzte, um die französische Filmwirtschaft vor der Presse schlechtzumachen«.

Im Jahr 1942 kündigt Ploquin nach einem Konflikt mit Greven: Die COIC will ihre Bestimmungen nach der Continental richten, da sie eine Gesellschaft nach französischem Recht ist. Tatsächlich ist einer der großen Vorteile der Continental, daß ihre Filme, weil sie deutschen Ursprungs sind, nicht der französischen Zensur der Vichy-Regierung unterliegen und als französische Filme der deutschen Zensur entkommen. Raoul Ploquin produziert danach für die Ufa 1943 LE CIEL EST À VOUS von Grémillon und 1944 LES DAMES DU BOIS DE BOULOGNE von Bernard Bresson. (Ploquin arbeitet weiterhin kontinuierlich in Frankreich und ist noch 1967 der Produzent von Marguerite Duras' LA MUSICA.)

Am 30. Mai 1942 restrukturiert Minister Laval den Service du Cinéma, und Louis-Emile Galey übernimmt als Direktor den COIC. Gleichzeitig wird Greven »Staatsbevollmächtigter für die Organisierung der Abteilung und die Verwaltung des Vermögens der Ufa in Holland, Belgien und Frankreich«.

In der Nacht vom 7. zum 8. November 1942 landen die Alliierten in Marokko und Algerien und deutsche Truppen besetzen am 11. November – ein symbolisches Datum – die südliche Zone Frankreichs.

Die deutschen Besatzer verschenken Ende 1940 keine Zeit. Für den Verleih gibt es bereits die ACE. Dazu kommt die Tobis-films-Distribution (Tobis-Verleih), das Comptoir Général du Format Réduit (für den Schmalfilm), die ACIFOR für Materiallieferungen und die Société de Gestion und d'Exploitation du Cinéma (SOGEC), die am 1. November 1940 gegründet wird. ACE und Tobis versorgen die Kinos mit deutschen Filmen und mit den französischen Streifen der Continental. Außerdem kümmern sie sich um den Export der französischen Filme in die

Ganz selbstverständlich sind die Deutschen in Afrika. Sie nennen die Einheimischen ›Kaffer‹ und ›Krambambuli‹, schnauzen sie nach Gutsherrenart an. Vor diesem Hintergrund spielt sich die Liebes- und Eifersuchtsgeschichte zwischen dem Piloten Gaston, seinem alten Freund Viktor und Gastons Braut Marianne ab. Sie führt konsequent in den Tod des Alkoholikers Gaston und zur Liebe des neuen deutschen Paares.

1939. Sommer, Sonne, Erika.
REG Rolf Hansen. AUT Kurt R. Neubert, Günter Neumann. KAM Reimar Kuntze. STF Kolshorn. BAU Franz Schroedter, Walter Haag. SCH Gustav Lohse. TON Carl-Erich Kroschke. MUS Hansom Milde-Meißner.
DAR Karin Hardt (Erika), Paul Klinger (Werner Merk), Fritz Genschow (Fritz Zander), Erika von Thellmann (Frau Feldmann), Will Dohm (Direktor Feldmann), Frida Richard (Tante Resi), Bruno Fritz (Specht), Beppo Brem (Gendarm Huber), Helmuth Bergmann, Erik Radolf, Oscar Sabo, Otto Sauter-Sarto, Josefine Dora, Ewald Wenck, Werner Stock, Leni Spoholtz, Rolf Pinegger, Josef Eichheim, René Peter, Herbert Weißbach, Alfred Maack, Karl Etlinger, Lena Haustein, Franz Weilhammer, Hans Sternberg, Paul Rehkopf, Eduard Bornträger, Gustl Stark-Gstettenbaur, Hans Schneider, Günther Brackmann, Lothar Geist, Karl Harbacher, Lotte Goebel.
PRO Tonfilm-Studio Carl Froelich & Co., Berlin; für Ufa. PRT Carl Froelich. PRL Friedrich Pflughaupt. AUL Kurt Fritz Quassowski. DRZ 18.7. - Mitte September 1939. DRO Froelich-Studio Berlin-Tempelhof; AA Umgebung von München und Garmisch, Füssen. LNG 2606 m, 95 min. ZEN 22.12.1939, Jf., nf. URA 22.12.1939, Leipzig; 4.7.1940, Berlin (Tauentzien-Palast).
– Prädikat: Volkstümlich wertvoll.
Unprätentiöse Skizzen von Ferienabenteuern kleiner Arbeiter und Angestellter. Um eine bestimmte Stellung zu bekommen, fährt Werner seinem künftigen Chef in den Urlaub nach, wird aber selbst von seiner Braut Erika verfolgt. Heirat und Arbeitsplatz sind gesichert.

1939. Meine Tante – Deine Tante.
REG Carl Boese. RAS Alfred Erich Sistig. AUT Ralph Arthur Roberts, Kurt Bortfeld. KAM Franz Weihmayr. BAU Ernst Helmut Albrecht. KOS Manon Hahn. SCH Hildegard Grebner. TON Heinz Martin. MUS Werner Bochmann. LT Bruno Balz. MT ›Auch du wirst einmal glücklich sein‹, ›Wenn ich wüßt', wen ich geküßt...‹. CHO Ernst Drost.
DAR Ralph Arthur Roberts (Theodor Baron von Bredebosch), Olly Holzmann (Tony Köster), Johannes Heesters (Peter Larisch), Kate Kühl (Doris Köster), Leo Peukert (Parkwächter Buntschuh), Ernst Legal (Amtmann Henkel), Walter Lieck (Apotheker Klein), Eduard Wenck (Dr. Köhler), Walter Ladengast (Rudolf Trautmann), Lotte Rausch (Frau Trautmann), Valy Arnheim (Diener Johann), Eva Tinschmann (Vermieterin Frau Schnabel), Ursula Deinert, Karl Etlinger, Hildegard Fränzl, Harry Hardt, Fred Becker.
PRO Ufa. Herstellungsgruppe: Dietrich von Theobald. HEL Dietrich von Theobald. ASS Erhard Albrecht. AUL Josef Paulig, Arthur Ullmann. DRZ 12.9. - Mitte Oktober 1939. DRO Ufastadt Babelsberg. LNG 2425 m, 89 min. ZEN 22.12.1939, Jv. URA 28.12.1939, Berlin (Tauentzien-Palast).
Der schräge Baron, ein musikbegeisterter Weiberfeind, sucht einen ersten Geiger für sein Hausquartett. Tony, die Braut seines Neffen Peter, schleicht sich als Zigeunervirtuose verkleidet ein und erobert als perfekte Musikerin sein Herz, was eine heilsame Wandlung im Baron bewirkt.

1939/40. Zwielicht.
REG Rudolf van der Noss. RAS Fritz Andreas Brodersen. AUT Arthur Pohl; nach einer Idee von Willy Fleischer. KAM Hugo von Kaweczynski. STF Josef Klietsch. BAU Carl Ludwig Kirmse, Hermann Asmus. SCH Else Baum. TON Willy Link. MUS Kurt Schröder.
DAR Ruth Hellberg (Grete Kuhnert), Viktor Staal (Walter Gruber), Paul Wegener (Förster Kuhnert), Carl Raddatz (Robert Thiele), Ursula Grabley (Renate Gutzeit), Willi Rose (Kriminalassistent Sievers), Hans Stiebner (Schankwirt Gutzeit), Wilhelm König (Alfred Gruber), Fritz Genschow (Forstmeister Jürgens), Wilhelm Althaus (Kriminalrat Malzahn), Albert Lippert (Kriminalkommissar Hagenbach), Paul Westermeier (Paul Borchert), Willi Schur (Köppke), Erich Dunskus (Polizeiwachtmeister Weber), Ernst Rotmund (Zirkusdirektor Mansfeld), Kate Kühl (Emilie), Lotte Rausch (Amanda), Gerhard Dammann (Dornkaat), Walter Lieck (Schulze), Bob Bolander, Otto Braml, Kurt Cramer, Kurt Dreml, Erich Dunskus, Paul Hildebrandt, Fritz Hube, Otto Matthies, Hellmuth Passarge, Arthur Reinhardt, Rudolf Renfer, Walter Schenk, Herbert Schimkat, Willi Stettner, Hermann Stetza.

COEUR DISPOSÉ

Gebiete, die unter deutsche Herrschaft geraten sind und deren Bevölkerung lieber in einen französischen als in einen deutschen Film geht – was für die Continental und die ACE den Vorteil hat, viel Geld in die Kassen der Ufa einbringen zu können.

Da die Ufa nun einen Teil des Verleihs und der Produktion kontrolliert, muß sie sich nur noch Studios aneignen. Während das Filmmaterial rationiert wird, sichert sie sich exklusiv die Studios von Neuilly und ab Januar 1942 auch die Nutzung der Studios von Boulogne-Billancourt.

Zudem profitiert die Ufa von einem französischen Gesetz der Vichy-Regierung vom 3. Oktober, das Bürgern jüdischer Konfession den Handel verbietet und sie aus dem künstlerischen und kulturellen Leben ausschließt. Die Ufa übernimmt die Kino-Kette von Siritzky (20 exklusive Theater in Paris und der Provinz), die Haòk-Theater und den Circuit de l'Est (Ostkette). Wie alle Filmschaffenden müssen auch die Verleiher und Kinobesitzer eine *carte professionnelle* (Berufsausweis) und eine Genehmigung haben. 1940 sind 35 der pariser Kinos geschlossen, und ein Filmtheater ist nur für die Soldaten der Wehrmacht reserviert.

Das bis dahin übliche Doppelprogramm wird gestrichen, was den Aufstieg des Kurzfilms zur Folge hat, der obligatorisch zu jedem abendfüllenden Film gezeigt werden muß. Die Zensur nimmt durch die »vorbeugende Kontrolle der Filme« Einfluß, und zeitweise ist es ganz verboten, französische Filme zu produzieren. Der amerikanische Film ist aus den Kinos verschwunden, die amerikanischen Verleihfirmen sind verboten, ihre Büroräume versiegelt. Nur in der nicht-besetzten Zone kann man sich an Filmen aus Übersee erfreuen, von denen aber viele »kontrolliert« und nur gekürzt vorgeführt werden. Um die französischen Leinwände noch weitergehend zu »säubern«, wird die Vorführung von Filmen verboten, deren Aufführungsgenehmigung für Frankreich vor dem 1. Oktober 1937 erteilt worden ist.

Viele französische Filmschaffende finden eine Zeitlang Unterschlupf im Süden; einige, wie Jean-Paul Dreyfus, der sich Jean Paul Le Chanois nennt, der Filmarchitekt Alexandre Trauner sowie der Komponist Joseph Kosma, ändern ihre Namen, andere emigrieren in die USA, wie Duvivier, Jean Gabin oder Michèle Morgan.

Das letzte – schnell geregelte – Problem ist das der Fachpresse und der Filmzeitschriften. In der besetzten Zone macht man nicht viele Umstände: Alle Filmzeitschriften werden von der Propagandastaffel schlicht und einfach verboten. Man gründet eine

Henri Garat und Danielle Darrieux in Un Mauvais Garçon Regie: Jean Boyer

Monatsschrift, *Le film*, die die Werbung für den deutschen Film übernimmt. Die Pressegruppe von Dr. Hibbelon bringt am 16. Oktober das Heft *Vedettes* für Kino, Rundfunk und Theater heraus und übernimmt die Redaktion von *Film complet*, das jeden Dienstag erscheint und die Handlung neuer Filme nacherzählt. Am 8. August 1941 ist die Gründung des *Cinémondial* an der Reihe, die die Idee des verschwundenen *Ciné-monde* übernimmt. In *Je suis partout* greift Lucien Rebatet unter dem Pseudonym François Vinneuil die »destruktiven Bedürfnisse des Juden« an, die seiner Meinung nach für den Zustand des französischen Vorkriegskinos verantwortlich waren. In der nicht besetzten Zone kann man *Cinéma-spectacles* und die *Revue de l'écran* ab November 1940 lesen, dann *Filmagazine* und ab Dezember desselben Jahres bringt Marcel Pagnol *Les Cahiers du Film* heraus.

Parallel zu diesen »Säuberungen«, als bereits ein bedeutender Teil des Kinobetriebs im Norden durch die Ufa und ihre diversen Filialen okkupiert ist, muß man natürlich wieder neue Filme herausbringen. Die Besatzungsmacht verliert auch da keine Zeit. Ab Herbst 1940 – von September bis Dezember – werden 19 neuere deutsche Filme französisch synchronisiert und durch die ACE und Tobis verliehen, darunter LA CHASSE È L'HOMME (GROSSALARM) von Georg Jacoby, CONGO-EXPRESS (KONGO-EXPRESS) von Eduard von Borsody, ein Ufa-Film von 1939, oder LES TROIS CODONAS (DIE DREI CODONAS) von Arthur Maria Rabenalt, der ein großer Erfolg wird.

In den zeitgenössischen Kritiken werden diese drei Filme im Vergleich zu den von den Leinwänden verschwundenen amerikanischen Filmen lobend hervorgehoben. Diese ersten deutschen Filme sind Unterhaltungsfilme, und es bleibt dabei: Die Ufa-Filme sollen Unterhaltung, Ablenkung und Vergnügen bieten, sie sollen rentabel sein und sind deshalb selten linientreue Propagandafilme. Das gilt für LE PARADIS DES CÉLIBATAIRES (PARADIES DER JUNGGESELLEN) von Kurt Hoffmann, mit Heinz Rühmann, oder auch für HALLO JANINE! von Carl Boese. Sein Star, Marika Rökk, wird mit ihren Tanzfilmen sehr schnell eine der beliebtesten Schauspielerinnen beim französischen Publikum. Man sieht sie kurz danach in einer historischen Beschwörung des alten Rußland, PAGES IMMORTELLES (ES WAR EINE RAUSCHENDE BALLNACHT) mit Zarah Leander.

Die Continental stellt 1941 elf von den 54 in Frankreich produzierten Filmen dieses Jahres her. Der erste wird am 14. August gestartet: PREMIER RENDEZVOUS (IHR ERSTES RENDEZVOUS) von Henri Decoin mit Danielle Darrieux und Louis Jourdan, nach einem Drehbuch von Max Kolpe. (Decoins zweiter Film, LES INCONNUS DANS LA MAISON (DAS UNHEIMLICHE HAUS), ist zur Zeit der Libération verboten worden). PREMIER RENDEZVOUS wird in Deutschland mit einer großen Galapremiere in Anwesenheit der Repräsentanten des Dritten Reichs und von Danielle Darrieux, Albert Préjean, René Dary und Viviane Romance gestartet.

Wenn man dazu bedenkt, daß der letzte Continental-Film 1944 LES CAVES DU MAJESTIC (DIE KELLER DES MAJESTIC) heißt – Regie: Richard Pottier, Drehbuch: Charles Spaak, nach einem Roman von Georges Simenon –, fragt man sich, ob es nicht doch eine Ironie der Geschichte gibt: vom ersten verliebten Rendezvous (mit Nazideutschland ...) zum Hôtel Majestic in der Avenue Kléber, dem Sitz des Militärbefehlshabers in Frankreich, General Heinrich von Stülpnagel...

Von den 220 französischsprachigen Filmen, die von 1940 bis 1945 in Frankreich hergestellt werden, produziert die Continental 30. Während dieser ganzen Zeit arbeiten die französischen Produktionsfirmen weiter und – man muß es betonen – nichts zwingt die französischen Filmschaffenden dazu, mit der Continental zu arbeiten, wäh-

413

PRO Ufa. Herstellungsgruppe: Richard Riedel. HEL Richard Riedel. PRL Hans Schönmetzler. AUL Heinz Fiebig. DRZ 11.9. - Anfang November 1939. DRO Ufastadt Babelsberg; AA Umgebung von Freienwalde an der Baasee. LNG 2322 m, 85 min. ZEN 12.1.1940, Jv., f. URA 2.2.1940, München; 19.4.1940, Berlin (Tauentzien-Palast).
Wilderer unter sich. Der geläuterte Walter wird vom Nebenbuhler Robert des Förstermordes bezichtigt und zu Gefängnisstrafe verurteilt. Robert nimmt sich derweil Walters Freundin Grete an, die aber ein waches Auge hat und die wahren Vorgänge eruiert. Jetzt muß Robert ins Gefängnis.

1939/40. Kriminalkommissar Eyck.
REG Milo Harbich. RAS Fritz Andelfinger. AUT Christian Hallig, Walter Maisch. KAM Bruno Stephan. BAU Herbert Frohberg. KOS Gertrud Steckler. SCH Johanna Meisel. TON Hans Henrich. MUS Werner Eisbrenner. LT Axel Bergrun. MT ›Im Wachen und im Träumen‹. DAR Anneliese Uhlig (Barbara Sydow), Paul Klinger (Kriminalkommissar Eyck), Herbert Wilk (Kriminalkommissar Brandner), Alexander Engel (Herr van Fliet), Hansjoachim Büttner (Gorgas), Herbert Hübner (Kriminaldirektor Hauber), Lina Carstens (Frau Filter), Fritz Eckert (Geschäftsführer), Andrews Engelmann (Herr Gustafson), Dorit Kreysler (Frau Gustafson), Walter Lieck (Jonny), Just Scheu (Gren), Karl Heinz Peters (Rapper), Änne Bruck (Inge Brandner), Irmgard Willers, Alfred Haase, Max Vierlinger, Willy Witte, Knuth Hartwig, Egon Stief, Arthur Reppert, Rudolf Vones. PRO Ufa. Herstellungsgruppe: Ulrich Mohrbutter. HEL Ulrich Mohrbutter. AUL Alexander Desnitzky. DRZ September - Oktober 1939. DRO Ufa-Atelier Berlin-Tempelhof; AA Zugspitze, Umgebung von Garmisch, Umgebung von Berlin. LNG 2388, 87 min. ZEN 17.1.1940, Jv. URA 2.2.1940, Düsseldorf (Residenz-Theater); 21.3.1940, Berlin (Tauentzien-Palast).
Während des Wintersporturlaubs wird Kommissar Eyck in die Aktivitäten einer internationalen Bande von Juwelendieben, einen Mordfall und eine Liebesaffäre mit einer Verdächtigen verwickelt.

1939/40. Das Mädchen von St. Coeur.
REG Bernhardt Wenzel. AUT Werner E. Hintz. KAM Günther Anders. BAU Hermann Asmus. SCH Ernst Nicklisch. TON Ernst Walter. MUS Werner Eisbrenner. DAR Elisabeth Schwarzkopf (Mademoiselle Thérèse de Lorm), Olga Limburg (Adèle Rambeau), Franz Weber (Direktor Duval), Erich Fiedler (Sekretär Henri), Hermann Pfeiffer (Kritiker Rambeau), Rudolf Essek (Pianist Putain). PRO Ufa. Herstellungsgruppe: Ulrich. HEL Hans Herbert Ulrich. DRO Ufastadt Babelsberg. LNG 583 m, 21 min. ZEN 27.1.1940, Jf.
– Kurzspielfilm.

1939-41. Kadetten.
REG Karl Ritter. RAS Gottfried Ritter. AUT Felix Lützkendorf, Karl Ritter; auf Grund historischer Tatsachen, angeregt von Alfons Menne. KAM Günther Anders. STF Ferdinand Rotzinger. BAU Walter Röhrig. GAR Gisela Bornkessel, Paul Haupt. MAS Adolf Arnold, Wilhelm Weber. SCH Gottfried Ritter. TON Heinz Martin, Günther Bellers. MUS, ML Herbert Windt.
DAR Mathias Wieman (Rittmeister von Tzülow), Carsta Löck (Küchenmädchen Sophie), Andrews Engelmann (Kosakenanführer Oberst Goroschew), Theo Shall (Hauptmann Jupow), Josef Keim (Feldwebel Schönbrunn), Erich Walter (General Graf Tschernitschew), Willi Kaiser-Heyl (General von Buddenbrock), Wilhelm Krüger (Ingenieur-Major), Lydia Li (russische Sängerin), Bernd Rußbült (Kadett Bork), Klaus Detlef Sierck (Kadett Hohenhausen), Martin Brendel (Kadett Schack), Jürgen Mohrbutter (Kadett Potron), Rolf Ullmann-Schienle (Kadett Jordan), Hans-Otto Gauglitz (Kadett Lampe), Gert Witt (Kadett Tiesenhausen), Klaus Storch (Kadett Raden), und weitere Jungen der Nationalpolitischen Erziehungsanstalt Potsdam, sowie Nico Turoff, Dieckmann, Marschneck, Corvin, Franz Jan Korssak, Kurt Hagen.
PRO Ufa. Herstellungsgruppe: Karl Ritter. HEL, PRL Karl Ritter. AUL Ludwig Kühr. DRZ 3.4. - Anfang Juni 1939. DRO Ufastadt Babelsberg; AA Umgebung von Berlin, Freigelände Babelsberg. LNG 2561 m, 94 min. ZEN 12.11.1941, Jf., nf. URA 2.12.1941, Danzig (Ufa-Palast); 18.12.1941, Berlin (Ufa-Palast am Zoo).
– Der Film war im August 1939 fertiggestellt, die Uraufführung für den 5.9. vorgesehen, aufgrund des Hitler-Stalin-Pakts wurde er zurückgestellt und gelangte erst 1941, nach dem deutschen Überfall auf die Sowjetunion, zur Aufführung. – Von den Alliierten Militärbehörden verboten.

rend linke ebenso wie jüdische Künstler oder Produzenten wie Pierre Braunberger nicht arbeiten dürfen und allen Betroffenen diese Situation bekannt ist. Pathé produziert zum Beispiel vierzehn, die Gaumont sieben (dazu Coproduktionen mit anderen Firmen), auch die Minerva und die Regina produzieren je sieben Filme, Roger Richebé sechs, Pierre Guerlais mit seiner Produktion Industrie Cinématographique fünf, ebenso Roland Tual mit Synops. André Paulvé, einer der größten französischen Produzenten und Besitzer der Studios de la Victorine in der Südzone, bringt mit seiner Firma Discina neun Filme heraus, darunter vier von Marcel L'Herbier, LUMIÈRE D'ÉTÉ von Grémillon und LES VISITEURS DU SOIR von Marcel Carné. Dreißig französische Firmen – es gibt insgesamt mehr als 60 – produzieren nur je einen einzigen Film, so z.B. Les Prisonniers associés oder Cinéma de France oder auch Les Compagnons du film.

81 Regisseure finden Arbeit – 19 davon drehen ihren ersten langen Spielfilm während der Okkupation und realisieren in dieser Zeit 34 Filme. Nur drei haben ihr Debüt bei der Continental: Henri-Georges Clouzot, der 1943 LE CORBEAU dreht, den einzigen umstrittenen Film, den die Continental in dieser Zeit produziert und dessen Export nach Deutschland verboten wird, Fernandel mit SIMPLET (1942) und André Cayatte, ein ehemaliger Rechtsanwalt, den Truffaut charakterisiert: »Während die Filmleute in Cayatte einen Anwalt sehen, halten ihn die Juristen für einen Cinéasten«.

Unter den 30 Filmen der Continental zählt Jacques Siclier elf Komödien, sieben Kriminalfilme, fünf Gesellschaftsfilme, zwei historische Filme, zwei Adaptationen von Romanen des 19. Jahrhunderts, zwei Melodramen und einen fantastischen Film. Unter diesen Titeln sind fünf Adaptationen von Simenon-Romanen: ANNETTE UND LA DAME BLONDE, LES INCONNUS DANS LA MAISON und die Maigret-Filme: PICPUS, CÉCILE EST MORTE (SEIN SCHWIERIGSTER FALL) und LES CAVES DU MAJESTIC (DIE KELLER DES MAJESTIC).

Insgesamt 14 Regisseure arbeiten für die Continental: Richard Pottier (1906 als Ernst Deutsch in Budapest geboren und ehemaliger Assistent von Sternberg) dreht fünf, ebenso Maurice Tourneur; Cayatte dreht vier, Henri Decoin drei, Christian-Jaque zwei, Clouzot und Fernandel je zwei, Jean Dréville, Maurice Gleize, Georges Lacombe, René Jayet, Albert Valentin, Joannon und Caron je einen. Außerdem stellt die Continental zwischen 1940 und 1942 sechs der insgesamt 216 entstandenen Dokumentarfilme her: DE L'ETOILE È LA PLACE PIGALLE von Hornecker, LES ENFANTS S'AMUSENT, PARIS SUR SEINE, LA PETITE REINE, LE PIANO, PORCELAINE DE SÈVRES von Robert Lefebvre.

Neben den Filmen, die von französischen Firmen und der Continental produziert werden, kommt weiterhin die deutsche Produktion in die französischen Kinos. Zum Beispiel BEL AMI, eine Adaptation der Novelle von Guy de Maupassant, 1939 von Willi Forst gedreht und in Frankreich als »Angriff auf die kapitalistische Demokratie« angekündigt. VEDETTES und die Tobis veranstalten eine Premierengala. Weiterhin LES RISQUE-TOUT (IM SCHATTEN DES BERGES) von A. J. Lippl, MARIE STUART (DAS HERZ DER KÖNIGIN) von Carl Froelich oder zwei antisemitische Filme, JUD SÜSS und LES RAPACES (LEINEN AUS IRLAND) (1939 von der Styria für die Wien-Film produziert), außerdem Wolfgang Liebeneiners geschickte Euthanasie-Propaganda SUIS-JE UN CRIMINEL (ICH KLAGE AN).

Am 4. März 1943 präsentiert man in Paris zum Jubiläum der Ufa LA VILLE DORÉE (DIE GOLDENE STADT), einen Agfacolor-Film, und im Februar 1944 können die Zuschauer noch LES AVENTURES FANTASTIQUES DU BARON DE MÜNCHHAUSEN von Josef von Baky sehen. In vier Jahren »okkupieren« 137 deutsche Spielfilme die französischen Kinos, um eine Formulierung von Roger Icart aufzunehmen. Sie sind meist von derselben Art wie die Produktionen der Continental und ebenso wie die französischen Produktionen: Unterhaltung! Außerdem gibt es Montagefilme: LE PÉRIL JUIF, FACE AU BOLCHÉVISME (1941) oder LA GUERRE À L'EST von April 1942.

Natürlich werden auch Propagandafilme gedreht, eine Propaganda, die aber vor allem durch die Wochenschauen stattfindet. Die französischen Wochenschauen verschwinden sehr bald zugunsten der ACTUALITÉS MONDIALES, der französischen Ausgabe der DEUTSCHEN WOCHENSCHAU (ab August 1941 FRANCE ACTUALITÉS genannt), die in der besetzten Zone von der ACE vertrieben wird. 1942 beginnen Zuschauer, sie auszupfeifen, sie wird dann nur noch mit Licht im Saal vorgeführt, damit die Demonstranten entdeckt werden können.

Eine gewisse Vorsicht der Deutschen – Frankreich wird 1941 von Goebbels nicht in die Internationale Filmkammer einbezogen –, interne Reibereien in der Filmbranche, die sowohl von den Deutschen, als auch von den Franzosen ausgehen, die Tatsache, daß sich viele Filmschaffende vor »la drôle de guerre de 1939/40« und der deutschen Okkupation gekannt haben, zeigen, daß das französische Kino mit Kämpfen und Kompromissen, auch mit Anpassung und Feigheit, ökonomisch gut durch die Ufa-Jahre gekommen ist. Sogar mit einer beträchtlichen Steigerung der Zuschauerzahlen, die sich nach »etwas anderem« sehnten.

»Trotz der Bedeutung der künstlerischen und ökonomischen Offensive des deutschen Films auf unsere Kinos konnte diese Produktion dem nationalen Film niemals ernsthaft schaden. Sie hat ihn vielmehr wie ein Ereignis stimuliert«, schreibt Roger Icart.

Und Jean Grémillon, seit 1943 Mitglied des geheimen Comité de Libération du cinéma, stellt 1945 fest: »Die Bilanz dieser Jahre der Legalität und im offiziellen Staat? Ein vor sich hin modernder Haufen, auf dem sich die stinkende Verkörperung der vorgeblich französischen Werte breitmachte (...) Darin bestand die Kunst dieser Mistkerle in den Jahren von 1940 bis 1945.«

Georges Sturm

Die Filme der Continental

1941. Premier rendez-vous.
(Ihr erstes Rendezvous)
REG, AUT Henri Decoin. KAM Robert Le Febvre.
BAU Jean Perrier.
DAR Danielle Darrieux, Louis Jourdan.

1941. Annette et la dame blonde.
REG Jean Dréville. AUT Henri Decoin; nach dem Roman von Georges Simenon. KAM Robert Le Febvre. BAU Vladimir Meingard, Robert Hubert.
DAR Louise Carletti, Henri Garat.

1941. L'Assassinat du Père Noël.
REG Christian-Jaque. AUT Pierre Véry.
KAM Armand Thirard. BAU Guy de Gastyne.
DAR Harry Baur, Raymond Rouleau, Renée Faure.

1941. Le club des soupirants.
REG Maurice Gleize. AUT Marcel Aymé.
KAM Léonce-Henry Burel. BAU Georges Wakhévitch.
DAR Fernandel, Louise Carletti.

1941. Le dernier des six.
REG Georges Lacombe. AUT Henri-Georges Clouzot; nach dem Roman von Stanislas-André Steemann. KAM Robert Le Febvre.
BAU André Andrejew.
DAR Pierre Fresnay, André Luguet.

1941. Les inconnus dans la maison.
REG Henri Decoin. AUT Henri-Georges Clouzot; nach dem Roman von Georges Simenon.
KAM Jules Kruger. BAU Guy de Gastyne.
DAR Raimu, Juliette Faber, Mouloudji.

1941. Mam'zelle Bonaparte.
REG Maurice Tourneur. AUT Henri-André Legrand; nach dem Roman von Pierre Chanlaine, Gérard Bourgeois. KAM Jules Kruger. BAU Guy de Gastyne.
DAR Edwige Feuillère, Raymond Rouleau.

1941. Ne bougez plus.
REG Pierre Caron. AUT Roméo Carlès, Pierre Caron. KAM Armand Thirard. BAU Guy de Gastyne.
DAR Saturnin Fabre, Jean Mayer.

1941. Péchés de jeunesse.
REG Maurice Tourneur. AUT Albert Valentin.
KAM Armand Thirard. BAU Guy de Gastyne.
DAR Harry Baur, Guillaume de Sax.

1941. La symphonie fantastique.
(Eine phantastische Symphonie).
REG Christian-Jaque. AUT Jean-Pierre Feydeau, Henri-André Legrand. KAM Armand Thirard.
BAU André Andrejew.
DAR Jean-Louis Barrault, Renée Saint-Cyr.

1941. Caprices. (Einmal im Jahr).
REG Léo Joannon. AUT Léo Joannon, Jacques Companeez. KAM Jules Kruger. BAU André Andrejew. DAR Danielle Darrieux, Albert Préjean.

Gesamt: 11 von 58 Filmen sind Continental-Filme.

1942. L'Assassin habite au 21.
(Der Mörder wohnt Nr. 21).
REG Henri-Georges Clouzot. AUT Stanislas-André Steemann, Henri-Georges Clouzot; nach dem Roman von Stanislas-André Steemann.
KAM Armand Thirard. BAU André Andrejew.
DAR Pierre Fresnay, Suzy Delair.

1942. Défense d'aimer.
REG Richard Pottier. AUT René Pujol, Pierre Soulaine; nach der Operette »Yes« von Maurice Yvain, Albert Willemetz, René Pujol.
KAM Walter Wottitz. BAU Guy de Gastyne.
DAR Suzy Delair, Paul Meurisse.

1942. La fausse maîtresse.
REG André Cayatte. AUT André Cayatte; nach der Erzählung von Honoré de Balzac. KAM Robert Le Febvre. BAU André Andrejew.
DAR Danielle Darrieux, Bernard Lancret.

1942. La main du diable. (Die Teufelshand).
REG Maurice Tourneur. AUT Jean-Paul Le Chanois; nach dem Bericht von Gérard de Nerval.
KAM Armand Thirard. BAU André Andrejew.
DAR Pierre Fresnay, Pierre Palau, Josseline Gaæl.

1942. Mariage d'amour.
REG Henri Decoin. AUT Marcel Rivet; nach einer Idee von Jean Lec. KAM Jules Kruger.
BAU Guy de Gastyne.
DAR Juliette Faber, François Périer.

1942. Picpus.
REG Richard Pottier. AUT Jean-Paul Le Chanois; nach dem Roman von Georges Simenon.
KAM Charlie Bauer. BAU André Andrejew.
DAR Albert Préjean, Jean Tissier.

1942. Simplet.
REG Fernandel, Carlo Rim. AUT Carlo Rim, Jean Manse. KAM Armand Thirard. BAU André Andrejew.
DAR Fernandel, Colette Fleuriot.

Gesamt: 7 von 78 Filmen sind Continental-Filme.

1943. Adrien.
REG Fernandel. AUT Jean Aurenche; nach Motiven von Jean de Létraz. KAM Armand Thirard.
BAU Guy de Gastyne.
DAR Fernandel, Paulette Dubost.

1943. Au bonheur des dames.
(Paradies der Damen).
REG André Cayatte. AUT Henri-André Legrand, André Cayatte; nach dem Roman von Emile Zola.
KAM Armand Thirard. BAU André Andrejew.
DAR Michel Simon, Albert Préjean, Blanchette Brunoy.

1943. Cécile est morte.
(Sein schwierigster Fall).
REG Maurice Tourneur. AUT Jean-Paul Le Chanois; nach dem Roman von Georges Simenon.
KAM Pierre Montazel. BAU Guy de Gastyne.
DAR Albert Préjean, Santa Relli.

1943. Le corbeau.
REG Henri-Georges Clouzot. AUT Louis Chavance.
KAM Nicolas Hayer. BAU André Andrejew.
DAR Pierre Fresnay, Ginette Leclerc.

1943. Le dernier sou.
REG, AUT André Cayatte. KAM Charlie Bauer.
BAU André Andrejew.
DAR Ginette Leclerc, Gilbert Gil.

1943. La ferme aux loups.
REG Richard Pottier. AUT Carlo Rim.
KAM Armand Thirard. BAU André Andrejew.
DAR François Périer, Paul Meurisse, Martine Carol.

1943. Mon amour est près de toi.
REG Richard Pottier. AUT Camille François.
KAM Charlie Bauer. BAU André Andrejew.
DAR Tino Rossi, Annie France.

1943. Pierre et Jean.
REG André Cayatte. AUT André Cayatte; nach dem Roman von Guy de Maupassant.
KAM Charlie Bauer. BAU André Andrejew.
DAR Renée Saint-Cyr, Noël Roquevert.

1943. Le val d'enfer.
REG Maurice Tourneur. AUT Carlo Rim.
KAM Armand Thirard. BAU Guy de Gastyne.
DAR Ginette Leclerc, Gabriel Gabrio.

1943. Vingt-cinq ans de bonheur.
REG René Jayet. AUT Germaine Lefrancq, Jean-Paul Le Chanois; nach dem Bühnenstück von Germaine Lefrancq. KAM Charlie Bauer.
BAU Guy de Gastyne.
DAR Jean Tissier, Denise Grey.

1943. La vie de plaisir.
REG, AUT Albert Valentin. KAM Charlie Bauer.
BAU Guy de Gastyne.
DAR Albert Préjean, Claude Génia.

Gesamt: 11 von 60 Filmen sind Continental-Filme.

1944. Les caves du Majestic.
REG de Richard Pottier. AUT Charles Spaak; nach dem Roman von Georges Simenon.
KAM Pierre Montazel. BAU Guy de Gastyne.
DAR Albert Préjean, Suzy Prim.

Gesamt: 1 von 17 Filmen ist ein Continental-Film.

Der Film behandelt das schreckliche, doch tapfer ertragene Schicksal einer Gruppe Kadetten der potsdamer Militärakademie, die im Siebenjährigen Krieg von den Russen gefangengenommen werden – eine zeitgemäße Ermahnung an die Jugend, im Krieg zum äußersten Opfer bereit zu sein. Die Darstellung der Russen ist scharf rassistisch..

1939/40. Der Postmeister.
REG Gustav Ucicky. RAS Ludwig Ptack. AUT Gerhard Menzel; nach der Erzählung ›Stancionnyi Smotritel‹ von Aleksandr Puškin. KAM Hans Schneeberger. KF Hannes Staudinger. KAS Sepp Ketterer. STF Otto Klimatschek. BAU Werner Schlichting, Kurt Herlth. KOS Alfred Kunz. GAR Marschik, Bachheimer. MAS Kuhnert, Wutkis. SCH Rudolf Schaad. TON Alfred Norkus. MUS Willy Schmidt-Gentner. LT Konstantin Peter von Landau. CHO Hedy Pfundmayr.
DAR Heinrich George (Postmeister), Hilde Krahl (Dunja), Siegfried Breuer (Rittmeister Minskij), Hans Holt (Fähnrich Mitja), Ruth Hellberg (Elisawetha), Margit Symo (Mascha), Erik Frey (Sergej), Franz Pfaudler (Knecht Pjotr), Alfred Neugebauer (Gutsbesitzer), Leo Peukert (Oberst), Richard Häussermann (Schneider), Auguste Pünkösdy (Wirobowa), Oskar Wegrostek, Hugo Gottschlich, Anton Pointner, Edwin Jürgensen, Karl Ehmann, Franz Böheim, Mimi Stelzer, Wiener Philharmoniker, Ballett Hedy Pfundmayr.
PRO Wien-Film GmbH, Wien; für Ufa. HEL Erich von Neusser. PRL Fritz Fuhrmann. AUL Rudolf Eckbauer, Franz Hoffermann. DRZ Anfang November - Ende Dezember 1939. DRO Atelier Rosenhügel Wien; AA Kunsteisbahn Wien, Scharndorf. LNG 2598 m, 95 min. ZEN 4.4.1940, Jv. URA 25.4.1940, Wien (Scala); 10.5.1940, Berlin (Ufa-Palast am Zoo).
– Prädikat: Künstlerisch besonders wertvoll. – Deutsch-italienische Filmkunstwoche Venedig 1940: Pokal.
Dunja lebt mit ihrem Vater, dem Postmeister, auf einer abgelegenen Station. So hat der falsche Rittmeister Minskij leichtes Spiel, Dunja nach Petersburg zu locken. Aus Enttäuschung – denn Minskij denkt überhaupt nicht an eine Ehe – gibt sie sich jedem, der es wünscht, hin. Dem mißtrauischen Vater wird eine Hochzeit vorgegaukelt. Dunjas sympathischer neuer Freund verläßt sie deshalb wieder, worauf sie Selbstmord begeht.

1939/40. Liebesschule.
REG Karl Georg Külb. RAS Fritz Andelfinger. AUT Karl Georg Külb. KAM Robert Baberske. BAU Willy Schiller, Franz Fürst. KOS Gertrud Steckler. SCH Anna Höllering. TON Walter Rühland. MUS Hans Böhmler. LT Richard Busch. MT ›Ich liebe alle Frau'n‹, ›Sehnsucht‹, ›Das ist die Nacht unsrer Liebe‹.
DAR Luise Ullrich (Sekretärin Hanni Weber), Viktor Staal (Schriftsteller Heinz Wölfing), Johannes Heesters (Tenor Enrico Villanova), Charlott Daudert (Lola), Hans Brausewetter (Verleger Holzer), Walter Lieck (Angestellter Vogel), Trude Haefelin (Hilde), Georg Bauer (Sportlehrer Peter Göbel), Charlotte Schellhorn (Charlotte), Dorit Kreysler (Zigarettenmädchen Lili), Rudolf Platte (Masseur Kubinka), Beppo Brem, Eduard Bornträger, Adolf Fischer, Hans Junkermann, Ludwig Kerscher, Franz Lichtenauer, H. Neupert, Ernst Rotmund, Otto Sauer-Sarto, Rudolf Vones, Hans Wallner, Theo Shall, Viktor Carter, Michael von Newlinski, Franz Arzdorf, Maria Seidler, Fred (Selva-) Goebel.
PRO Ufa. Herstellungsgruppe: Eberhard Schmidt. HEL Eberhard Schmidt. AUL Horst Kyrath, Ali Schmidt. DRZ 30.11.1939 - Mitte März 1940. DRO Ufa-Atelier Berlin-Tempelhof. AA Zürs, Tirol. LNG 2478 m, 90 min. ZEN 19.4.1940, Jv., nf. URA 3.5.1940, Wien; 16.5.1940, Berlin (Gloria-Palast).
Hier werden ganz züchtige Lektionen erteilt: Hanni Weber ist Sekretärin zweier Herren. Als beide ihr Herz für die fleißige Dame entdecken, mißtraut sie sowohl dem Schriftsteller Heinz, der mit ihr nur Erfahrungen für sein Buch ›Die Liebesschule‹ sammeln will, als auch dem Operettentenor Enrico, der als Casanova bekannt ist und eine musikalische Note ins Lustspiel bringt.

Deutsche Filme in Paris:
HITLERJUNGE QUEX und
DAS HERZ DER KÖNIGIN

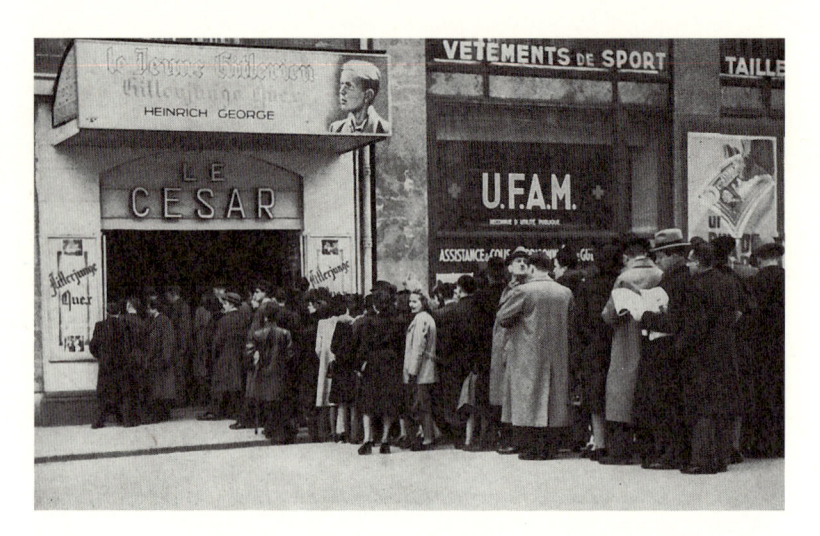

U-Boote Westwärts im Ufa-Kino Uranian in Budapest
Kora Terry in Madrid

1939/40. Bal paré.
REG Karl Ritter. RAS Gottfried Ritter, Friedrich Karl von Puttkamer. AUT Karl Ritter, Felix Lützkendorf. KAM Günther Anders. STF Ferdinand Rotzinger. BAU Walter Röhrig. KOS Manon Hahn. SCH Gottfried Ritter, Friedrich Karl von Puttkamer. TON Erich Leistner. MUS, ML Theo Mackeben. LT Frank Wedekind. MT ›Ilse‹, ›Als ich in Hamburg war‹. GES Pamela Wedekind. CHO Ursula Deinert.
DAR Paul Hartmann (Großindustrieller Dr. Horst Heisterkamp), Ilse Werner (Tanzelevin Maxi Brunnhuber), Hannes Stelzer (Hansjürgen Heisterkamp), Fritz Kampers (Gastwirt Xaver Aigner), Erika von Thellmann (Ballettmeisterin Elsa Schimek), Walter Janssen (Pianist Joachim Himmelreich), Käte Haack (Johanna Heisterkamp), Theodor Dannegger (Briefträger Florian Brunnhuber), Lina Carstens (Gemischtwarenhändlerin Lina Brunnhuber), Melanie Horeschowski (Faktotum Theodolinde), Grete Ruß (Gastwirtin Kati Kobus), Pamela Wedekind (Sängerin mit Laute), Ernst Sattler (brummiger Gast), Ursula Deinert (Solotänzerin), Kurt Lenz (Solotänzer), Karl John (Erstchargierter Franz Stanglmayr), Wolfgang von Schwindt, Viktor Gehring, Josef Peterhans (drei alte Herren), Wilhelm Mewes (Korpsdiener ›Ganymed‹), Marianne Schulz (Steffi), Amanda Lindner (Frau mit Opernvergangenheit), Liesl Eckardt (Zimmervermieterin mit Wäsche), Vera Complojer (Zimmervermieterin mit Katze), Gretel Deike, Ingeborg Heusser, Gudrun Leben, Erna Lindenberg, Ulla Preuß, Margo Ufer, Liselotte Wichmann (Ballettmädchen), Kläre Bäuerle, Kurt Felden, Irene Fischer, Lutz Götz, Friedrich Honna, Irene Hübner, Gerti Kammerzell, Walter Lieck, Maria Michael, Louis Ralph, Lisl Riemer, Otto Sauter-Sarto, Olga Schaub, Armin Schweizer, Irmgard Tapper, Hans Wallner, Helmut Weiß, Herbert Weißbach, Hugo Welle.
PRO Ufa. Herstellungsgruppe: Karl Ritter. HEL Karl Ritter. AUL George Dahlström. DRZ Mitte Dezember 1939 - Mitte März 1940. DRO Ufastadt Babelsberg. LNG 2838 m, 104 min. ZEN 24.4.1940, Jv. URA 22.5.1940, Wien; 25.7.1940, Berlin (Ufa-Palast am Zoo).
Bal paré – das ist das feudale Faschingsvergnügen der Münchner vor dem Ersten Weltkrieg. Hier lernt Dr. Heisterkamp, seines Zeichens ›Schlotbaron aus Bochum‹, die hübsche Maxi Brunnhuber kennen, Tanzelevin im Hoftheater-Ballett, und verguckt sich ein bißchen in die Kleine. Dem Sohn Hansjürgen ergeht es eine Woche später nicht viel anders. Zwischen Vater und Sohn kommt es einstweilen zum großen Knall, doch nach einigem Hin und Her findet Jugend zu Jugend. Niemand braucht in die Isar zu gehen.

1939/40. Beates Flitterwoche.
REG Paul Ostermayr. RAS Wolf Dietrich Friese. AUT Josef Dalman, Peter Ostermayr; nach dem Roman ›Muckenreiters Flitterwochen‹ von Gabriele von Sazenhofen. KAM Karl Attenberger. BAU Hanns H. Kuhnert, Franz Koehn. SCH Alexandra Anatra. TON Ludwig Ruhe. MUS, ML Ludwig Schmidseder. LT Günther Schwenn. MT ›In Deinen Augen...‹.
DAR Friedl Czepa (Beate), Paul Richter (Georg von Muckenreiter), Kurt Vespermann (Heinz Kuppelweger), Albert Florath (Beates Vater), Gertrud Wolle (Tante Lola), Hermine Ziegler (Frau Schwengel), Josef Eichheim (Kutscher Anton), Beppo Brem (Jäger Flori), Martin Schmidhofer (Hüterjunge Martl), Alice Treff (Alwine Leisentritt), Wilhelmine Froelich (Sennerin), Wolfgang Staudte (Kunstmaler).
PRO Tonlicht-Film GmbH, Berlin; für Ufa. PRL Peter Ostermayr. AUL Ludwig Kühr. DRZ September - Dezember 1939. DRO Ufa-Atelier Berlin-Tempelhof; AA Umgebung von Salzburg, Hintersee bei Berchtesgaden. LNG 2604 m, 95 min. ZEN 17.8.1940, Jv. URA 30.8.1940, München; 6.9.1940, Berlin (Atrium, U.T. Kurfürstendamm).
Um Gut Dachsenstein vom verstorbenen Onkel zu erben, muß Georg die ihm unbekannte Verwandte Beate heiraten. Sein Freund Heinz schreibt die entsprechenden Briefe, arrangiert die Feier und wird sogar vom feigen Georg als Stellvertreter geschickt. Beate indes läßt sich nicht narren und geht auf die Suche nach Georg, den sie auf der Jagd findet – als Jäger Flori, der bald darauf sogar bei ihr fensterln wird.

1939/40. Das Herz der Königin.
REG Carl Froelich. RAS Harald Braun, Rolf Hansen. AUT Harald Braun. MIT Jacob Geis, Rolf Reißmann. KAM Franz Weihmayr. STF Karl Lindner. BAU Walter Haag. KOS Herbert Ploberger. SCH Gustav Lohse. TON Werner Pohl. MUS Theo Mackeben. LT Harald Braun. MT ›Schlummerlied‹, ›Wo ist dein Herz‹, ›Ein schwarzer Stein, ein weißer Stein‹. GES Zarah Leander.
DAR Zarah Leander (Königin Maria Stuart von Schottland), Willy Birgel (Lord Bothwell), Maria Koppenhöfer (Königin Elisabeth I. von England), Lotte Koch (Johanna Gordon), Axel von Ambesser (Henry Darnley), Friedrich Benfer (David Riccio), Will Quadflieg (Olivier), Walther Süssenguth (Lord Jacob Stuart), Bruno Decarli (Abbé Laurence), Ruth Buchardt, Anneliese von Eschstruth, Margot Hielscher, Lisa Lesco (die vier Marien), Ernst Stahl-Nachbaur (John Knox), Odo Krohmann (Lord Morton), Herbert Hübner (Lord Arran), Heinrich Marlow (englischer Lordkanzler), Hubert von Meyerinck (englischer Gesandter), Erich Ponto (Gaukler), Ursula Herking, Leni Sponholz, Marianne Stanior, Fritz Brünske, Karl Haubenreißer, Emil Heß, Hans Heßling, Rudolf Klein-Rogge, Henry Lorenzen, Hans Mierendorff, S. O. Schoening, Josef Sieber, Eduard von Winterstein, Albert Florath, Leopold von Ledebur, Eduard Bruns, Theo Brandt.
PRO Tonfilm-Studio Carl Froelich & Co., Berlin; für Ufa. PRL Carl Froelich, Friedrich Pflughaupt. AUL Kurt-Fritz Quassowski, Willi Laschinsky. DRZ Ende November 1939 - Mitte März 1940. DRO Froelich-Studio Berlin-Tempelhof, Ufastadt Babelsberg. LNG 3056 m, 112 min. ZEN 29.10.1940, Jv., nf. URA 1.11.1940, Hamburg (Ufa-Palast), München; 12.11.1940, Berlin (Ufa-Palast am Zoo).
– AT: Das Herz einer Königin. – Prädikate: Künstlerisch wertvoll, kulturell wertvoll. – Von den Alliierten Militärbehörden zunächst verboten. – Wiederaufführung 1953 in der BRD in einer um 7 Minuten gekürzten Fassung.
Das auf die Rivalität mit der englischen Königin Elisabeth reduzierte Leben der schottischen Königin Maria Stuart in einer Rückblende: 1561 kehrt sie aus Frankreich nach Schottland zurück, um den Thron zu besteigen. Von Anfang an stellt sich der protestantische Adel gegen sie. Die Liebe zu Lord Bothwell besiegelt das Schicksal der unglücklichen Königin: Einkerkerung in England und Hinrichtung nach Jahren der Demütigung.

1939-41. Frauen sind doch bessere Diplomaten.
REG Georg Jacoby. RAS Auguste Barth, Erich Kobler. AUT Karl Georg Külb. MIT Gustav Kampendonk. KAM Konstantin (Irmen-)Tschet, Alexander von Lagorio. KAS Hans Raithel-Beierlein. STF Horst von Harbou. BAU Erich Kettelhut. KOS Vera Mügge, Ludwig Sievert. GAR Max König, Anna Balzer. MAS Waldemar Jabs. SCH Erich Kobler, Margarete Noell. TON Erich Leistner, Georg Gutschmidt. MUS Franz Grothe. LT Willy Dehmel. MT ›Wenn ein junger Mann kommt‹, ›Ach, ich liebe alle Frauen‹, ›Musik, die nie verklingt!‹ (Grothe nach Johann Strauß), ›Einen Walzer für dich und mich‹, ›Erst ein Tsching, dann ein Bumm‹, ›Mädel, die nicht weinen‹ (Kehrreim). CHO Rudolf Kölling, Werner Stammer.
DAR Marika Rökk (Marie-Luise Pally), Willy Fritsch (Rittmeister von Karstein), Erika von Thellmann (Frau des Bürgermeisters), Aribert Wäscher (Landgraf), Hans Leibelt (Geheimrat Berger), Karl Kuhlmann (Spielkasinodirektor Lambert), Georg Alexander (Viktor Sugorsky), Herbert Hübner (Dr. Schuster), Rudolf Carl (Bursche des Rittmeisters), Ursula Herking (Mariechen), Edith Oss (Annette), Leo Peukert (Bürgermeister), Erich Fiedler (Oberleutnant Keller), Carl Günther (General), Inge Landgut, Alexandra Nadler, Eva Tinschmann, Franz Arzdorf, Walter Bechmann, Erwin Biegel, Egon Brosig, Fritz Fabricius, Ferry Klein, Peter Leska, Ewald Wenck, Herbert Weißbach, Willy Witte.
PRO Ufa. Herstellungsgruppe: Max Pfeiffer. HEL Max Pfeiffer. AUL Victor Eisenbach. DRZ 24.7.1938 - 5.2.(?)1939, Nachdreh: Februar 1940, 19(?).7. - 11(?).9.1940. DRO Ufastadt Babelsberg; AA Freigelände und Umgebung von Babelsberg. LNG 2611 m, 95 min. ZEN 9.10.1941, Jv. URA 31.10.1941, Berlin (Capitol am Zoo).
– 1. deutscher Farbspielfilm. – Prädikat: Volkstümlich wertvoll.
Marie-Luise, die Nichte des Besitzers einer homburger Spielbank, meint, sie wüßte, was sie tät, wenn ein junger Mann kommt, der spürt, worauf es ankommt. Der junge Mann ist der schneidige Rittmeister von Karstein, er soll Homburg einnehmen. Marie-Luise wird von ihm festgesetzt, doch Klugheit und List ermöglichen ihr den Ausbruch aus der Inhaftierung. Ihre Diplomatie bewirkt, daß die Truppe von Karsteins als Freund in die Stadt einzieht.

1940. Mädchen im Vorzimmer.
REG Gerhard Lamprecht. RAS Walter Steffens. AUT Walther von Hollander; unter Verwendung eines Motivs von Edmund Sabott. KAM Karl Hasselmann. STF Horst von Harbou. BAU Anton Weber, Hermann Asmus. KOS Gerda Leopold. SCH Alexandra Anatra. TON Ewald Otto. MUS, ML Kurt Schröder.
DAR Magda Schneider (Beate Willmerding), Carsta Löck (Sekretärin Milli Mailat), Elisabeth Lennartz (Hauptschriftleiterin Anni Rothe), Heinz Engelmann (Paul Fabri), Richard Häußler (Dr. Groner), Hans Leibelt (Verlagsinhaber Karl Hartmann), Erich Fiedler (Hauptschriftleiter Weinreich), Rudolf Platte (Fritz Gödicke), Eleonore Ehn (Mutter Willmerding), Edith Oss (Helga), Rose Feldtkirch (Lore Hartmann), Paul Bildt (Prof. Groner), Willi Rose (Karl Mailat), Ilse Petri (Sekretärin Susi Schütz), Annemarie Korff (Fotografin Frl. Fein), Gerhard Dammann (Botenmeister Stallmann), Arthur Schröder (Rechtsanwalt Clever), Ernst Karchow (Hauptschriftleiter Dr. Ziervogel), Karl Hannemann (Hauptschriftleiter Grenzke), Franz Stein (Hauptschriftleiter Grimm), Walter Ladengast (Hauptschriftleiter Trall), Erwin Biegel, Robert Forsch, Karl Heidmann, Trude Lehmann, Richard Ludwig, Manfred Meurer, Edgar Nollet, Klaus Pohl, Claire Reigbert, Oskar Sabo, Walter Steinweg, Eva Tinschmann, Toni Tetzlaff, Werner Stock, Ewald Wenck, Willy Witte, Martha Ziegler.
PRO Ufa. Herstellungsgruppe: Erich Holder. HEL Erich Holder. AUL Heinz Karchow. DRZ 2.1. - Ende März 1940. DRO Ufastadt Babelsberg. LNG 2614 m, 95 min. ZEN 8.5.1940, Jv., nf. URA 31.5.1940, Frankfurt/Main; 16.8.1940, Berlin (Tauentzien-Palast).
– Von den Alliierten Militärbehörden verboten.
Die fleißige Büroangestellte Beate und der ebenso fleißige Ingenieur Paul Fabri können sich wegen eines Mißverständnisses fast nicht verloben. Zum Glück klärt Verlagsinhaber Hartmann die Dinge.

1940. Meine Tochter lebt in Wien.
REG E. W. Emo. RAS Victor Becker. AUT Fritz Koselka; nach einem Entwurf von Curt J. Braun. KAM Georg Bruckbauer. BAU Hans Ledersteger, Ernst Richter. SCH Munni Obal. TON Hans Janeczka. MUS Heinrich Strecker.
DAR Hans Moser (Florian Klaghofer), Hans Olden (Felix Frisch), Dorit Kreysler (Marga Frisch), Charlott Daudert (Adade Niel), Elfriede Datzig (Gretl Klaghofer), Hedwig Bleibtreu (Tante Ottilie), Annie Rosar (Wirtschafterin Kindermann), Theodor Dannegger (Margas Vater), O. W. Fischer (Chauffeur Hauser), Anton Pointner (Juwelier Probst), Egon von Jordan (Hellmuth Wittner), Gisa Wurm, Pepi Glöckner-Kramer, Erich Nikowitz, Mimi Stelzer, Wilhelm Schich.
PRO Wien-Film GmbH, Wien; für Ufa. Herstellungsgruppe: Erich von Neusser. HEL Erich von Neusser. PRL Franz Antel. AUL Josef Staetter, Rudolf Strobl. DRO Atelier Rosenhügel Wien. LNG 2357 m, 86 min. ZEN 3.7.1940, Jv. URA 16.7.1940, Hamburg (Ufa-Palast); 4.10.1940, Berlin (Capitol am Zoo).
Vater Klaghofer und Tochter sind zerstritten. Seine Annahme, sie habe in Wien eine gute Partie gemacht, erweist sich als Irrtum, zugleich aber auch als Lösungsmittel für andere Familienkräche an der Donau.

1940. Die Rothschilds. Aktien auf Waterloo.
REG Erich Waschneck. RAS Friedrich Westhoff. AUT C. M. Köhn, Gerhard T. Buchholz; nach einer Idee von Mirko Jelusich. KAM Robert Baberske. STF Willi Klitzke. BAU Hanns H. Kuhnert, Willy Depenau. KOS Otto Liebusch, Vera Mügge. SCH Walter Wischniewsky. TON Alfred Zunft. MUS Johannes Müller. CHO Fritz Böttger.
DAR Carl Kuhlmann (Nathan Rothschild), Herbert Hübner (Bankier Turner), Albert Florath (Bankier Bearing), Hans Stiebner (Agent Bronstein), Walter Franck (Oberkommissar Herries), Waldemar Leitgeb (Lord Wellington), Hans Leibelt (König Ludwig XVIII. von Frankreich), Erich Ponto (Mayer Amschel Rothschild), Bernhard Minetti (Polizeiminister Fouché), Albert Lippert (James Rothschild), Herbert Wilk (George Crayton), Hilde Weissner (Sylvia Turner), Gisela Uhlen (Phyllis Bearing), Walter Linkmann (Kurier Leib Hersch), Bruno Hübner (Agent Ruthworth), Rudolf Carl (Agent Rubiner), Michael Bohnen (Kurfürst Wilhelm IX.), Herbert Gernot (Bankier Clifford), Theo Shall (Bankier Selfridge), Ursula Deinert (Lord Wellingtons Geliebte Harriet), Hubert von Meyerinck (Hofmarschall Baron Vitrolles), Roma Bahn, Erwin Biegel, Erwin Brosig, Rudolf Essek, Kunibert Gensichen, Fred (Selva-)Goebel, Carl Hannemann, Hannsgeorg Laubenthal, Walter Lieck, Hadrian Maria Netto, Werner Pledath, Klaus Pohl, Eugen Rex, Ernst Rotmund, Hans Herrmann-Schaufuß, Hans Adalbert Schlettow, Georg Heinrich Schnell, Ernst Stimmer, Otz Tollen, Herbert Weißbach, Eduard Wenck, Ewald Wenck, Ruth-Ines Eckermann, Hilde Sessak, Günther Ballier, Conrad Curd Cappi, Walter Schramm-Duncker, Paul Westermeier, Walter Brückner (Diener), Egon Vogel (Gehilfe).
PRO Ufa. Herstellungsgruppe: C. M. Köhn. HEL C. M. Köhn. PRL Hans Gerhard Bartels. AUL Fritz Schwarz. DRZ 12.4. - Anfang Juli 1940. DRO Froelich-Studio Berlin-Tempelhof. LNG 2646 m, 97 min. ZEN 16.7.1940, Jf., f. URA 17.7.1940, Berlin (Capitol am Zoo).
– Von den Alliierten Militärbehörden verboten.
Mit deutschem Geld macht der jüdische Bankier Nathan Rothschild in London Karriere. Sein größter Coup ist die Lancierung der Nachricht von einer englischen Niederlage gegen Napoleon bei Waterloo und der billige Ankauf englischer Staatspapiere, wodurch er zum Multimillionär wird. Antisemitische Hetze mit massiven historischen Verfälschungen.

1940. Wie konntest Du, Veronika!
REG Milo Harbich. RAS Alfred Erich Sistig. AUT Thea von Harbou; nach einer Idee von Ralph Arthur Roberts. KAM Reimar Kuntze. BAU Carl Ludwig Kirmse. KOS Edith Jungkunz. SCH Johanna Meisel. TON Bruno Suckau. MUS Werner Eisbrenner. LT Axel Bergrun.
DAR Gusti Huber (Veronika Torwald), Wolf Albach-Retty (Dr. Fred Junker), Ralph Arthur Roberts (Bankdirektor Torwald), Grethe Weiser (Grete Glavatsch), Otz Tollen (Major a.D. Torwald), Maria Krahn (Adelheid Meed), Eduard Bornträger (Studienrat Ehmke), Annemarie Holtz (Mathilde Ehmke), Lina Carstens (Frl. Dr. Schwertfeger), Erich Ponto (Bankier Immermann), Karl Hellmer (Prokurist Schneider), Hermann Pfeiffer (Abteilungsleiter Kühn), Herbert Weißbach (Abteilungsleiter Kreuter), Fanny Cotta, Christine Grohsmann, Gisela Hannemann, Eric Helgar, Annemarie Korff, Fritz Eckert, Fritz Hube, Arthur Reinhardt, Arthur Reppert, Hanns Waschatko.
PRO Ufa. Herstellungsgruppe: Ulrich Mohrbutter. HEL Ulrich Mohrbutter. AUL Alexander Desnitzky. DRZ 19.1. - Anfang März 1940. DRO Ufa-Atelier Berlin-Tempelhof. LNG 2469 m, 90 min. ZEN 30.7.1940, Jv. URA 29.8.1940, Berlin (Tauentzien-Palast).
– AT: Jugend siegt.
Eine Geldheirat oder nicht? Bankierstochter Veronika zieht sich vom Kleinunternehmer Fred solange zurück, bis dieser Fleiß und moralische Geradlinigkeit bewiesen hat.

1940. Links der Isar – rechts der Spree.
REG Paul Ostermayr. RAS Wolf Dietrich Friese. AUT Josef Dalman, Peter Ostermayr; nach einer Idee von Josef Dalman. KAM Bruno Stephan. KAS Herbert Stephan, Heinz Günther Görisch. STF Otto Schulz. BAU Hanns H. Kuhnert. GAR Alfred Heische, Elisabeth Kuhn. MAS Arthur Schramm, Ilse Schulz. SCH Margarete Noell. TON Fritz Thiery. MUS Ludwig Schmidseder. LT Gunther Schwenn. MT ›Schi-Heil ist unser Schlachtruf!‹.

DAR Fritz Kampers (Xaver Spöckmeier), Leo Peukert (Georg Oberhauser), Charlotte Schellhorn (Anni Spöckmeier), Fritz Genschow (Alfred Schulze), Grethe Weiser (Erna), Hilde Sessak (Lotte), Hans Adalbert Schlettow (Baron Wickinger), Oskar Sabo (Vater Schulze), Hermine Ziegler (Sophie Spöckmeier), Martin Schmidhofer (Pepperl Spöckmeier), Lotte Spira (Mutter Schulze), Vera Complojer (Tante Berta), Margarete Hagen (Tante Rosa), Wilhelmine Froelich (Theres), Josef Eichheim, Ernst Sattler, Franz Froelich (drei Stammtischfreunde), Erika Glässner (Pensionswirtin).
PRO Tonlicht-Film GmbH, Berlin; für Ufa. **PRT** Peter Ostermayr. **AUL** Ludwig Kühr, Wilhelm Sausmikat. **DRZ** Februar - März 1940. **DRO** Ufastadt Babelsberg. **LNG** 2480 m, 91 min. **ZEN** 1.8.1940, Jv. **URA** 5.9.1940, München; 20.9.1940, Berlin (U.T. Kurfürstendamm).
Als der Bayer Xaver nach Berlin fährt, schwinden allmählich seine Vorurteile gegen die Bewohner dieser Stadt. Auch die Heirat seiner Tochter Anni mit einem berliner Jungen ist nun kein Tabu mehr.

1940. Die unvollkommene Liebe.
REG Erich Waschneck. **RAS** Friedrich Westhoff. **AUT** Josef Maria Frank. **KAM** Igor Oberberg. **BAU** Ernst Helmut Albrecht. **KOS** Gertrud Steckler. **SCH** Walter Wischniewsky. **TON** Alfred Zunft. **MUS** Hans Carste.
DAR Willy Fritsch (Thomas Holk), Gisela Uhlen (Krista), Ida Wüst (Frau von Estorff), Liane Haid (Ada Rasmus), Georg Vogelsang (Kristas Vater), Karl John (Bastl), Vera Hartegg (Hans Zesch-Ballot (Dr. von Cremona), Rudolf Klein-Rogge (Konsul Henry Rasmus), Lotte Spira (Frau Rasmus), Albert Florath (Kapitän Boll), Hans Meyer-Hanno (Pferdehändler), Karl Hellmer (Gemeindevorsteher Öhrle), Tine Schneider (Maria), Heinrich Schroth (Kurhausdirektor), Hadrian Maria Netto (Exzellenz von Erdöffy), Elsa Wagner (Geheimrätin Zänglein), Erika von Thellmann (Kirchweihhändlerin), Paul Bildt (Untersuchungsrichter), Inge Burg, Walter Bechmann, Eduard Bornträger, Franz Eschle, Erich Gühne, Clemens Hasse, Paul Henn, Antonie Jaeckel, Carl Junge-Swinburne, Gerti Kammerzell, Otto Kronburger, Gerda Kuffner, Alfred Mack, Fritz Petermann, Claire Praetz, Hilde Raschke, Maria Seidler, Elsbeth Siegurth, Franz Schünemann, Marianne Schulze, Ernst Stimmer, Lilli Towska, Borwin Walth, Ernst Weiser, Willy Witte.
PRO Ufa. Herstellungsgruppe: Hermann Grund. **HEL** Hermann Grund. **AUL** Heinz Fiebig. **DRZ** 22.1. - Mitte März 1940. **DRO** Ufa-Atelier Berlin-Tempelhof. **LNG** 2624 m, 96 min. **ZEN** 26.8.1940, Jv., nf. **URA** 20.9.1940, Düsseldorf; 17.10.1940, Berlin (Tauentzien-Palast).
Aus der Urlaubsbekanntschaft Krista wird für den Ingenieur Thomas schnell die Verlobte, die in seiner Umgebung auf Widerstand stößt. Böse Intrigen und das Auftauchen ihres des Mordes verdächtigten Bruders machen die Sache nicht einfacher.

1940. Kora Terry.
REG Georg Jacoby. **RAS** Erich Kobler. **AUT** Walter Wassermann, Charlotte H. Diller; nach dem Roman von Hans-Caspar Zobeltitz. **KAM** Konstantin (Irmen-)Tschet. **STF** Horst von Harbou. **BAU** Erich Kettelhut, Hermann Asmus. **KOS** Margot Hielscher (Beratung), Herbert Ploberger, Erika Reinhardt (Entwürfe). **SCH** Erich Kobler. **TON** Walter Rühland. **MUS** Frank Fux (Illustrationsmusik), Peter Kreuder. **LT** Günther Schwenn (1), Peter Schaeffers, Hans Fritz Beckmann. **MT** ›Wenn es Frühling wird...‹ (1), ›Für eine Nacht voller Seligkeit‹ (1), ›Im Leben geht alles vorüber‹, ›Warum soll ich treu sein‹, ›Einmal von Herzen verliebt sein‹. **CHO** Sabine Ress. Solotänzer: Jockel Stahl
DAR Marika Rökk (Kora Terry / Mara Terry), Josef Sieber (Karel ›Tobs‹ Tobias), Will Quadflieg (Kapellmeister Michael Varany), Will Dohm (Agent Möller), Flockina von Platen (Olly Laurenz), Herbert Hübner (Großindustrieller Stefan Borodyn), Hans Leibelt (Direktor Bartos), Ursula Herking (Sekretärin Frl. Haase), Franz Schafheitlin (Vopescu), Friedel Haerlin, Maria Koppenhöfer, Lotte Spira, Paul Bildt, Rudolf Carl, Andrews Engelmann, Erich Fiedler, Karl John, Ingolf Kuntze, Theodor Loos, Hubert von Meyerinck, Leo Peukert, Heinrich Schroth, Annemarie Steinsieck, Hans Stiebner, Erich Dunskus.
PRO Ufa. Herstellungsgruppe: Max Pfeiffer. **HEL** Max Pfeiffer. **AUL** Victor Eisenbach. **DRZ** 27.3. - Ende Juli 1940. **DRO** Ufastadt Babelsberg. **LNG** 2982 m, 109 min. **ZEN** 12.11.1940, Jv., nf. **URA** 27.11.1940, Karlsruhe; 29.11.1940, Berlin (Capitol am Zoo).
Die scheue Mara und ihre extravagante Zwillingsschwester Kora sind so lange die Attraktion eines Varietés, bis der junge Komponist Varany in ihr Leben tritt. Mara, empört über die geplanten Betrügereien Koras, erschießt ihre Schwester. Der ›väterliche Freund‹ Tobs nimmt die Schuld auf sich.

1940. Das leichte Mädchen.
REG Fritz Peter Buch. **RAS** Alfons von Plessen. **AUT** Fritz Peter Buch, Paul Helwig; nach einer Idee von Peter Erkelenz. **KAM** Igor Oberberg. **BAU** Hanns H. Kuhnert, Franz Koehn. **KOS** Vera Mügge. **SCH** Elisabeth Neumann. **TON** Ernst Otto Hoppe. **MUS** Werner Bochmann. **CHO** Sabine Ress.
DAR Willy Fritsch (Dietz Frobelius), Friedl Czepa (Henriette), René Deltgen (Brutus), Paul Kemp (Bertel), Max Gülstorff (Onkel Cäsar), Lina Carstens (Großtante Emma), Robert Taube (Alex Frobelius), Jakob Tiedtke (Onkel Otto), Claire Winter (Irmgard), Erich Fiedler (Paul), Olga Limburg (Tante Adele), Else Ehser (Tante Christa), Jeannette Betge (Großmutter Olga), Ingolf Kuntze (Herr von Eisenzahn), Karl Etlinger (Theaterdirektor), Walter Ladengast (Anselmus), Werner Stock (Fleck), Horst Birr (Jupp), Marjan Lex (Liese), Gaston Briese, Elisabeth Botz, Gerhard Dammann, Angelo Ferrari, Lutz Götz, Adolf Hille, Friedrich Honna, Siegfried Jäger, Käte Jöken-König, Maria Krahn, William Leo, Klaus Pohl, Oscar Sabo, Albert Venohr, Hans Wallner, Max Wilmsen, Walter Wollmann, Rudolf Helmar (Fox).
PRO Georg Witt-Film GmbH, Berlin; für Ufa. **PRT** Georg Witt. **AUL** Günther Grau, Waldemar Albert. **DRZ** Januar - März 1940. **DRO** Ufa-Atelier Berlin-Tempelhof. **LNG** 2443 m, 89 min. **ZEN** 22.11.1940, Jv. **URA** 27.5.1941, Berlin (Tauentzien-Palast, Atrium, U.T. Friedrichstraße).
Um 1845: Die Schauspielerin Henriette ist als Ehefrau des Bürgersohns Dietz für dessen Familie unannehmbar. Die verräterische ›in flagranti‹-Lösung naht in Gestalt des revoltierenden Studenten Brutus, doch die eingefädelte Intrige verläuft anders als geplant.

1940. Zwischen Hamburg und Haiti.
REG Erich Waschneck. **RAS** Friedrich Westhoff. **AUT** Josef Maria Frank; nach seinem Roman ›Ein Traum zerbricht‹ und einer Idee von Walter Forster. **KAM** Robert Baberske. **BAU** Ernst Helmut Albrecht. **KOS** Vera Mügge. **SCH** Walter Wischniewsky. **TON** Alfred Zunft. **MUS** Werner Eisbrenner. **LT** Josef Maria Frank. **MT** ›Zwischen Hamburg und Haiti‹. **CHO** Lea Niako.
DAR Gisela Uhlen (Bella Wittstock), Gustav Knuth (Henry Brinkmann), Albert Florath (Wilm), Walter Franck (Melchior Schlömpp), Ruth Eweler (Ingeborg), Grethe Weiser (Kitty), Kurt Waitzmann (Gustav Petersen), Karl Heinz Peters (Jackson), Will Dohm (Miguel Braga), Walter Lieck (Hermann Polt), Annemarie Schreiner (Chinita), Lea Niako (Dolores), Anneliese Kressel (Rosita), Michael Symo (Tänzer), Manfred Meurer (Manuel), Siegfried Drost, Erich Dunskus, Angelo Ferrari, Bernhard Goetzke, Erich Hecking, Otto Kronburger, Peter Leska, Eduard Marks, Leo Peukert, Ernst Rotmund, Hans Adalbert Schlettow, Franz Schönemann, Wolf Trutz, Ernst Weiser, Herbert Weißbach, Manny Ziener, Alexandre Laddé.
PRO Ufa. Herstellungsgruppe: Hermann Grund. **HEL** Hermann Grund. **AUL** Heinz Fiebig. **DRZ** 21.6. - Mitte September 1940. **DRO** Ufastadt Babelsberg; **AA** Hamburg. **LNG** 2488 m, 91 min. **ZEN** 26.11.1940, Jv., nf. **URA** 29.11.1940, Hamburg; 3.12.1940, Berlin (Atrium, Tauentzien-Palast, U.T. Friedrichstraße).
Eigentlich heißt sie Anna und hat ein uneheliches Kind von einem Mann, der nun in Mexiko sitzt. Als Kunstreiterin Bella lernt sie den Kaufmann Brinkmann kennen, der ihr von Hamburg (über Mexiko) nach Haiti verhilft.

1940. Der Kleinstadtpoet.
REG Josef von Baky. **RAS** Hans Joachim Wieland. **AUT** H. W. Becker, Wilhelm Utermann; nach dem Roman ›Verkannte Bekannte‹ von Wilhelm Utermann. **KAM** Franz Weihmayr. **STF** Viktor von Buchstab. **BAU** Willy Schiller, Franz Fürst. **KOS** Gertrud Steckler. **SCH** Anna Höllering. **TON** Erich Schmidt. **MUS** Georg Haentzschel, Friedrich Schröder. **LT** Werner Kleine. **MT** ›Über Nacht kommt das Glück zu Dir!‹. **CHO** Rudolf Kölling.
DAR Paul Kemp (Paul Schleemüller), Wilfried Seyferth (Emil Kurz), Hilde Hildebrand (Lona Elvira), Hilde Schneider (Lotte Ziemke), Edith Oss (Liselotte Siebenlist), Hans Brausewetter (Lerche), Georg Alexander (Assessor von Bornefeld), Hans Leibelt (Landrat), Franz Weber (Bürgermeister), Karl Etlinger (Sanitätsrat), Ludwig Linkmann (Friedrich Klemke), Georg Thomalla (Siegfried), Hans Junkermann (Geheimrat Parisius), Karl Iban (Gustav), Maria Loja (Frau Siebenlist), Charlotte Harbecker (Frau Stubenrauch), Hans Meyer-Hanno (Wachtmeister), Friedrich Honna (Sattler), Walter Doerry (Pedell), Erwin Biegel, Egon Brosig, Gerhard Dammann, Aribert Grimmer, Fritz Honisch, Otto Krone, Walter Lieck, Hermann Mayer-Falkow, Hadrian Maria Netto, Heinz Ohlsen, Hugo Welle, Ewald Wenck.
PRO Ufa. Herstellungsgruppe: Eberhard Schmidt. **HEL** Eberhard Schmidt. **ASS** Horst Kyrath. **AUL** Herbert Junghanns. **DRZ** 27.5. - Anfang Juli 1940. **DRO** Ufa-Atelier Berlin-Tempelhof, Ufastadt Babelsberg; **AA** Sakrow bei Berlin. **LNG** 2627 m, 96 min. **ZEN** 28.11.1940, Jf. **URA** 20.12.1940, Berlin (U.T. Kurfürstendamm, U.T. Friedrichstraße).
– AT: Verkannte Bekannte.
Stadtsekretär Paul Schleemüller wird wider Willen mit den Gedichten anerkannt, die er durch den Friseur Emil veröffentlichen läßt.

1940. Die keusche Geliebte.
REG Viktor Tourjansky. **RAS** B. Ebbecke. **AUT** Richard Billinger, Werner Eplinius; nach einer Idee von Walter Ulbrich, Kurt Bruhnöhler. **KAM** Bruno Stephan. **BAU** Hanns H. Kuhnert, Arthur Günther. **KOS** Manon Hahn. **SCH** Walter Fredersdorf. **TON** Gustav Bellers. **MUS** Lothar Brühne. **LT** Bruno Balz. **MT** ›Frauen und Liebe‹.
DAR Maria Landrock (Aimée, Tänzerin), Willy Fritsch (Pierre Dugard, Tropenforscher), Paul Dahlke (Edgar Simon), Camilla Horn (Renée Lemonier), Carl Kuhlmann (Gaston Lemonier), Kurt Meisel (François Coogmann, Kunstmaler), Hans Schwarz jr. (Jules Bombard), Emil Heß, Ingolf Kuntze, Karl Meixner, Hubert von Meyerinck, Herbert Ernst Groh, Wilhelm Bendow, Otti Dietze, Hintz Fabricius, Wilhelm Mewes, Leo Peukert, Karl Platen, Erich Zimmermann.
PRO Ufa. **AUL** Heinz Karchow. **LNG** 2861 m, 104 min. **ZEN** 16.12.1940, B.54725, Jf. **URA** 18.12.1940, Hamburg (Lessing-Theater, Passage-Theater); 27.12.1940, Berlin (Gloria-Palast).
Aimée, die Freundin des französischen Plantagenbesitzers Pierre Dugard, deckt ohne Rücksicht auf ihren Ruf dessen inzwischen verheiratete frühere Geliebte Renée, die dem Erpresser Edgar Simon ausgeliefert ist.

1940. Wunschkonzert.
REG Eduard von Borsody. **AUT** Felix Lützkendorf, Eduard von Borsody. **KAM** Franz Weihmayr, Günther Anders, Carl Drews. **BAU** Alfred Bütow, Heinrich Beisenherz. **KOS** Gertrud Steckler. **SCH** Elisabeth Neumann. **TON** Walter Rühland. **MUS, ML** Werner Bochmann. **AUS** Philharmonisches Orchester Berlin, Leitung: Eugen Jochum. **MT** ›Eine Nacht im Mai‹ (1), ›Das kann doch einen Seemann nicht erschüttern‹ (2), ›Tausendmal war ich im Traum bei Dir‹ (3), ›Gute Nacht, Mutter‹ (4), ›Apolonerl, Apolonerl, Apolonerl ist gut‹ (5). **GES** Marika Rökk (1), Heinz Rühmann, Hans Brausewetter, Josef Sieber (2), Willy Fritsch (3), Wilhelm Strienz (4), Paul Hörbiger (5).
DAR Ilse Werner (Inge Wagner), Carl Raddatz (Herbert Koch), Heinz Goedecke (Heinz Goedecke), Joachim Brennecke (Helmut Winkler), Ida Wüst (Frau Eichhorn), Hedwig Bleibtreu (Frau Wagner), Hans Herrmann-Schaufuß (Herr Hammer), Hans Adalbert Schlettow (Herr Kramer), Malte Jaeger (Lehrer Friedrich), Walter Ladengast (Herr Schwarzkopf), Albert Florath (Arzt bei Friedrich), Elise Aulinger (Frau Schwarzkopf), Wilhelm Althaus (Hauptmann Freiberg), im Wunschkonzert: Marika Rökk, Heinz Rühmann, Paul Hörbiger, Hans Brausewetter, Josef Sieber, Willy Fritsch, Weiß-Ferdl, Wilhelm Strienz, Albert Bräu, Philharmonisches Orchester Berlin, Eugen Jochum, außerdem: Walter Bechmann (Kellner), Günther Lüders (Monteur Zimmermann), Erwin Biegel (Monteur Justav), Ellen Hille (Frau Kramer), Vera Hartegg (Frau Friedrich), Vera Complojer (Frau Hammer), Aribert Mog (Leutnant von Zülkow), Rolf Heydel (Flieger-Ordonnanz), Wilhelm König (Feldwebel Weber), Erich Stelmecke, Ewald Wenck (Kontrolleur), Wolf Dietrich, Werner Schott, Fritz Angermann, Max Wilmsen, Hans Sternberg, Franz List, Reinhold Bernt, Erik Radolf, Rudolf Vones, Fred (Selva-)Goebel, Willi Rose (Monteur), Oskar Ballhaus (Bordmonteur Peters), Oscar Sabo, Gustav Püttjer (Matrose), Berta Drews.
PRO Cine-Allianz-Tonfilmproduktion GmbH, Berlin; für Ufa. **HEL** F. Pfitzner. **ASS** Erich Roehl. **AUL** F. A. Brodersen, Willi Rother, Günther Andrae. **DRZ** 16.7. - Anfang Oktober 1940. **DRO** Ufastadt Babelsberg, Ufa-Atelier Berlin-Tempelhof. **LNG** 2832 m, 103 min. **ZEN** 21.12.1940, Jf. **URA** 30.12.1940, Berlin (Ufa-Palast am Zoo).
– AT: Das Wunschkonzert. – Prädikate: Staatspolitisch wertvoll, Künstlerisch wertvoll, Volkstümlich wertvoll, Jugendwert. – Von den Alliierten Militärbehörden verboten.
Während der Olympischen Spiele 1936 in Berlin verlieben sich die Besucherin Inge und der Luftwaffenleutnant Koch. Der Heirat folgt seine Abberufung, um in der ›Legion Condor‹ gegen die republikanische Regierung in den Spanischen Bürgerkrieg einzugreifen. Die Radiosendung ›Wunschkonzert‹ führt das Paar wieder zusammen.

1940/41. Hochzeitsnacht.
REG Carl Boese. **RAS** Friedrich Westhoff. **AUT** Richard Billinger, Werner Eplinius; nach dem Lustspiel ›Der Stier geht los‹ von Otto C. A. zur Nedden. **KAM** Herbert Körner. **STF** Otto Krahnert. **BAU** Willy Schiller, Franz Fürst. **KOS** Vera Mügge. **SCH** Roger von Norman. **TON** Ernst Otto Hoppe. **MUS** Werner Bochmann.
DAR Heli Finkenzeller (Vroni), Geraldine Katt (Zenzi), Rudolf Carl (Gichtel), Theodor Dannegger (Kleefaß), Hans Fidesser (Balduin), Maly Delschaft (Frau Eglinger), Albert Janscheck (Herr Eglinger), José Held (Schmied), Irmgard Hoffmann (Frau des Schmieds), Franz Lichtenauer (Bader), Vera Complojer (Frau des Baders), Walter Ladengast (Lehrer), Ursula Zeitz (Frau des Lehrers), Lutz Götz, Hans Hanauer, Karl Etlinger (Standesbeamter), Friedrich Ulmer (Kreisamtmann), Gudrun Söhn, Lissy Kübler, Irmgard Wimmer, Lisa Ulrich, Wilhelm Schultes, Klaus Pohl.
PRO Ufa. Herstellungsgruppe: Georg Witt. **HEL** Georg Witt. **AUL** Günther Grau, Karl Heinz Bock. **DRZ** 9.8. - Anfang Oktober 1940. **DRO** Ufastadt Babelsberg; **AA** Ötztal (Tirol). **LNG** 2171 m, 79 min. **ZEN** 14.1.1941, Jv., nf. **URA** 14.2.1941, Berlin (Tauentzien-Palast, Atrium).
Entwendete Urkunden verhindern die Heirat zwischen Vroni und Balduin. So können statt der beiden die eigentlich füreinander Bestimmten zueinander finden.

1940/41. ...reitet für Deutschland.
REG Arthur Maria Rabenalt. RAS Hans Müller. AUT Fritz Reck-Malleczewen, Richard Riedel, Josef Maria Frank; nach der von Clemens Laar bearbeiteten Biografie des Freiherrn von Langen. KAM Werner Krien. BAU Otto Hunte, Karl Vollbrecht, Herbert Nitzschke. KOS Gerda Leopold, O. Liebusch, Walter Salemann. SCH Kurt Hamp. TON Erich Leistner. MUS Alois Melichar. Militärische Beratung: E. von Düring.
DAR Willy Birgel (Rittmeister von Brenken), Gerhild Weber (Toms), Herbert A. E. Böhme (Olav Kolrep), Gertrud Eysoldt (Tante Ulle), Willi Rose (Karl Marten), Hans Zesch-Ballott (Brigadekommandeur), Paul Dahlke (Dolinski), Rudolf Schündler (Brenner), Walter Werner (Geheimrat), Herbert Hübner, Walter Lieck, Ewald Wenck, Armin Schweitzer, Gerhard Dammann, Hans Quest, Marianne Stanior, Wolfgang Staudte, Kavallerieschule Krampnitz, Leitung: Major Momm.
PRO Ufa. Herstellungsgruppe: Richard Riedel. HEL Richard Riedel. PRL Hans Schönmetzler. AUL Willy Hermann-Balz, Arndt Liebster. DRZ ab 26.8.1940. DRO Ufastadt Babelsberg. LNG 2513 m, 92 min. ZEN 4.4.1941, Jf. URA 11.4.1941 (Kinostart); 30.5.1941, Berlin (Capitol).
– Prädikate: Staatspolitisch wertvoll, Jugendwert.
– Von den Alliierten Militärbehörden zunächst verboten.
– Wiederaufführung 1953 in der BRD (2190 m, 80 min).
Wie Phönix aus der Asche steigt Deutschland nach der 1918 erlittenen Niederlage von Versailles auf, sagt der Film: Ganz wie der einst schwer verletzte Rittmeister von Brenken, der sich erst als ›Fleischklumpen‹, dann als ›Dickschädel, der von einer Idee besessen ist‹ bezeichnet. ›Es muß geritten werden‹, das sei ein ›innerer Befehl‹. Ein Mann, der sich um jeden Preis durchsetzt – eben eine ›Führernatur‹.

Willy Birgel

In Uniform fällt er der Ufa zuerst auf. Als Offizier im Bühnenstück »Die Schlacht an der Marne« vollbringt Willy Birgel 1934 das »Marnewunder eines Schauspielers«, wie die berliner Kritik anerkennend kommentiert. Für den schlaksigen Darsteller vom Stadttheater Mannheim bedeutet das Gastspiel in Berlin den Beginn seiner Filmkarriere.

Sein Debüt in Paul Wegeners EIN MANN WILL NACH DEUTSCHLAND leitet 1934 eine Reihe großer Erfolge ein: darunter Gerhard Lamprechts BARCAROLE sowie Detlef Siercks Melodramen SCHLUSSAKKORD und ZU NEUEN UFERN. Mit Hartls Ritt IN DIE FREIHEIT legt Birgel den Grundstein für das ihm eigene Rollenfach, dem er in Rabenalts ...REITET FÜR DEUTSCHLAND (1940/41) die definitive Interpretation gibt.

Als Herrenreiter ist er im deutschen Kino zeitweise das, was Humphrey Bogart dem amerikanischen als Privatdetektiv ist – ein ungebrochen-gebrochener Held, ein prinzipientreuer Loser, der dem Zeitgeist gerade in der Verneinung desselben perfekt entspricht. Willy Birgel verkörpert seine Offiziere, Junker, Wissenschaftler und Künstler mit solcher Eleganz, daß man geneigt ist, ihren agressiven Chauvinismus zu überhören. Daß er die Frauen selten bekommt, um die er sich bemüht, verbindet ihn ebenfalls mit Bogart, der mit trotzigem Blick seine Geliebten einem Konkurrenten überläßt, während Birgel mit großer Eleganz stirbt.

Nach Kriegsende ist die Reihe der kompromittierenden Filme zu lang, um bruchlos als Filmschauspieler weiterarbeiten zu können. Der einstmals hochbezahlte Ufa-Star konzentriert sich stärker auf Theaterengagements. In Filmen, die Birgel ab 1950 wieder verstärkt dreht, variiert er sein eigenes Rollen-Klischee immer wieder. Eine wunderbare Selbstparodie liefert der 74jährige 1965 in Peter Schamonis SCHONZEIT FÜR FÜCHSE. Als seniler Jagdschriftsteller, der seinem verspießerten Publikum vor knackendem Kamin aus eigenen Werken vorliest, gelingt Birgel die überzeugende Demontage des Herrenreiters, der er für seine Fans geblieben ist.

Nicolaus Schröder

421

1940/41. Der laufende Berg.
REG Hans Deppe. RAS Ulrich Preuß. AUT Josef Dalman, Peter Ostermayr; nach dem Roman von Ludwig Ganghofer. KAM Ekkehard Kyrath. BAU Carl Ludwig Kirmse, Franz Koehn. SCH Margarete Noell. TON Ludwig Ruhe. MUS Kurt Schröder.
DAR Hansi Knotek (Vroni), Paul Richter (Mathes), Maria Andergast (Karlin), Fritz Kampers (Anton Purtscheller), Gustl Stark-Gstettenbaur (Daxelschmied Schorsch), Martin Schmidhofer (Lehrling Martl), Josefine Dora (Kathl Simmerauer), Käte Merk (Magd Cäcil), Rolf Pinegger (Michel Simmerauer), Beppo Brem (Knecht Alisi), Hans Schulz (Geselle Steffel), Ludwig Schmid-Wildy (Gabler), Viktor Gehring (Berghofer), Hans Benedikt (Lermoser).
PRO Ufa. Herstellungsgruppe: Peter Ostermayr. HEL Peter Ostermayr. AUL Ludwig Kühr. DRZ 6.8.- Mitte Oktober 1940. DRO Ufastadt Babelsberg; AA am Hintersee bei Berchtesgaden, Dolomiten. LNG 2458 m, 90 min. ZEN 6.2.1941, Jf., f. URA 4.3.1941, Stuttgart; 10.3.1941, Berlin (U.T. Kurfürstend.). – Prädikat: Volkstümlich wertvoll.
Eine Naturkatastrophe (der ›laufende Berg‹) und eine Eifersuchtskatastrophe (der müßiggehende Anton sowie der seine Frau liebende Mathes) gehen eine Symbiose ein, die erst von einer Bergsprengung auseinandergerissen wird.

1940/41. Männerwirtschaft.
REG Johannes Meyer. RAS Walter Steffens. AUT Hans Klaehr, Peter Paul Keimer, Alma Rogge; nach einer Idee von Bruno Nelissen-Haken. KAM Konstantin (Irmen-)Tschet. BAU Ernst Helmut Albrecht. KOS Gerda Leopold. SCH Margarete Steinborn. TON Alfred Zunft. MUS, ML Hans Georg Schütz. LT Ernst Nebhut. MT ›Merkst Du was?‹, ›Wenn zwei sich heimlich lieben‹. GES Paul Henckels, Hans Georg Schütz.
DAR Karin Hardt (Ilse Röhling), Volker von Collande (Bauer Hinnerk auf Brinkenhof), Casta Löck (Anneke Hauken), Josef Sieber (Knecht Hannes), Paul Henckels (Hochzeitsbitter Lürshermann), Erich Fiedler (Gastwirt Gustav Bakenhus), Claire Reigbert (Alma Röhling), Leo Peukert (Müller Tewes Röhling), Albert Florath (Ortsvorsteher), Jeanette Bethge (Hauken-Mudder), Ewald Wenck (Feuerwehrmann), Sigrid Becker, Ilse Büttner, Hans-Otto Gauglitz, Bruno Hellwinkel, Hanns Kathol, Eveline Marion, Hans Meyer-Hanno, Leo Sloma, Alfred Stratmann, Leo Vieten, Anneliese Würtz.
PRO Ufa. Herstellungsgruppe: Erich Holder. HEL Erich Holder. AUL Hans-Joachim Wieland. DRZ 21.9. - Ende Dezember 1940. DRO Ufastadt Babelsberg, Ufa-Atelier Berlin-Tempelhof; AA Herford. LNG 2724 m, 94 min. ZEN 7.3.1941, Jv. URA 21.3.1941, Herford, Bielefeld (Capitol), Minden, Bad Oeynhausen; 10.4.1941, Berlin (Tauentzien-Palast, Atrium).
Dorfgeschichte um einen gutbestellten Hof, der solange auf eine Bäuerin verzichten muß, wie der schüchterne Hinnerk vor dem ersten Schritt zurückschreckt.

1940/41. Über alles in der Welt.
REG Karl Ritter. RAS Gottfried Ritter. AUT Karl Ritter, Felix Lützkendorf. KAM Werner Krien. SPE Gerhard Huttula. BAU Walter Röhrig. KOS Carl Heinz Grohnwald, Vera Mügge. SCH Gottfried Ritter. TON Erich Leistner. MUS Herbert Windt.
DAR Paul Hartmann (Oberstleutnant Steinhart), Hannes Stelzer (Hans Wiegand), Fritz Kampers (Fritz Möbius), Carl Raddatz (Carl Wiegand), Oskar Sima (Leo Samek), Maria Bard (Madeleine Laroche), Berta Drews (Anna Möbius), Carsta Löck (Erika Möbius), Marina von Dittmar (Brigitte), Joachim Brennecke (Willy Möbius), Karl John (Oberleutnant Hassenkamp), Josef Dahmen (Unteroffizier Weber), Georg Thomalla (Unteroffizier Krause), Herbert A. E. Böhme (Kapitän Hansen), Wilhelm König (Funker Boysen), Karl Haubenreißer (Sally Nürnberg), Andrews Engelmann (Captain John Stanley), Hans Baumann (Robert Brown), Ernst Sattler (Rainthaler), Kurt Götz (Hofer), Albert Janschek (Reindl), Marianne Straub (Walburga), Peter Elsholtz (Dr. von Kriesis), Kurt Gensichen (Regierungsassistent Glockenberg), Eva Tinschmann (Oberschwester Isolde), Oscar Sabo (Friedrich Wilhelm Hoppe), Gerhard Dammann (Werkmeister bei Siemens), Beppo Brem (Putzenlechner), Hermann Günther (elsässischer Bürgermeister), Willi Rose, Fanny Cotta, Heinz Welzel, Franz Lichtenauer, Paul Schwed, Günther Polensen (Fliegerleutnant Nacke), Herbert Scholz, Wolfgang Molitor.
PRO Ufa. Herstellungsgruppe: Karl Ritter. HEL Karl Ritter. AUL George Dahlström. DRZ 3.5. - Ende September 1940. DRO Ufastadt Babelsberg; AA Umgebung von Danzig, Greifswald, Großglockner-Gebiet. LNG 2327 m, 85 min. ZEN 14.3.1941, Jf., f. URA 19.3.1941, Posen (Deutsche Lichtspiele); 21.3.1941, Berlin (Ufa-Palast am Zoo).

»Hier erhielt der Gedanke eine feste Form«

Karl Ritters Regie-Karriere im Nationalsozialismus

Gary Cooper am 23. November 1938 zu Gast in Babelsberg. Links Regisseur Karl Ritter, rechts Mathias Wieman

Regisseur Ritter bei den Dreharbeiten zu UNTERNEHMEN MICHAEL

Karl Ritter ist für einige Jahre Renommiergestalt des NS-Films, gewinnt mit zwei Filmen Preise beim Filmfestival in Venedig und kann etliche Prädikate, besonders das des »staatspolitisch wertvollen Films«, mit seinen Werken einheimsen. Auf seltene Weise fällt seine Karriere mit den vermeintlichen Glanzjahren der NS-Diktatur zusammen.

Zum Film kommt der ehemalige Flieger-Major 1925, als Werbegrafiker der Südfilm engagiert er sich u.a. für Mickey-Mouse-Filme. Er steigt zum Produktionsleiter auf, wird schließlich Produktionschef der ›Reichsliga-Film‹, die jedoch in finanzielle Probleme gerät. »Während sich im Januar 1933 die Reichsliga-Film dem Konkurs näherte, zeichnete sich in der Politik ein Sieg der Nationalsozialisten ab, mit Karl Ritters Worten: ›Das Herz des deutschen Volkes schlief in diesen Zeiten... Bis endlich der Erwecker die Lohe durchschritt und an das schlafende Herz schlug.‹ Noch im Januar erhält Karl Ritter ein Telegramm der Ufa, das ihn zu einer Besprechung nach Babelsberg bittet.« Was der Biograf Peter Hagemann hier andeutet, kann als Kalkül der Ufa angenommen werden, sich nämlich der Dienste des notorischen Nationalsozialisten Ritters zu versichern – für alle Fälle, für die ›neue Zeit‹.

Im Hugenberg-Konzern wird Ritter Produktionsleiter mit eigener Herstellungsgruppe und liefert gleich mit seinem ersten Film eine Probe seiner ideologischen Sattelfestigkeit: HITLERJUNGE QUEX, unter seiner Aufsicht und in der Regie des gleichfalls langjährigen Parteimitglieds Hans Steinhoff realisiert, findet auch bei Joseph Goebbels hohes Lob: »Die Ufa sowohl wie alle an diesem Film Mitwirkenden haben sich nicht nur um die Entwicklung der deutschen Filmkunst, sondern auch um die künstlerische Gestaltung nationalsozialistischen Ideengutes ein großes Verdienst erworben.« In der Folge arbeitet Ritter als Produktionsleiter, bis er erstmals 1936, bei WEIBERREGIMENT, Regie führt. Der Durchbruch gelingt ihm jedoch mit einem anderen Film: VERRÄTER gewinnt in Venedig eine Medaille für hervorragende Einzelleistungen und wird auf dem 8. Reichsparteitag der NSDAP in Nürnberg, am 9. September 1936 uraufgeführt. Wie es zu diesem Auftrag gekommen ist, daran erinnert sich Ritter in einem Brief an Hagemann nur noch ungenau: »Ja, wenn ich mir die Birne auch noch so sehr zerbreche, über die Hintergründe, warum ich den Film VERRÄTER anvertraut bekam, weiß ich leider gar nichts. WEIBERREGIMENT war ein Geschäftserfolg. Vielleicht deshalb. Ob Correll hellseherische Fähigkeiten hatte, daß er den Erfolg von VERRÄTER vorausahnte? Alles ging ruhig und sachlich vor sich. Ich wurde zu Correll gerufen, der mir eröffnete, daß ich VERRÄTER inszenieren sollte. Ich glaube nicht, daß da das Promi (Propagandaministerium) beteiligt war, denn da hatte ich keine Freunde drin. Im Gegenteil. Es war wohl nur der gute Ernst Hugo Correll, der mich dazu holte.« (Brief an Hagemann vom 22.10.1976).

Eine geschönte Erinnerung, denn nur der spätere Ärger des jeder taktischen Erwägung unzugänglich-borniertenRitter kann die Aussage zum Propagandaministerium erklären. Immerhin bekommt der Regisseur – oder, wie damals üblich und gemäß den führerseligen Zeitumständen auch treffender: der Spielleiter – Ritter 1937 ein Bild Goebbels' mit folgender Widmung: »Dem Regisseur Karl Ritter in dankbarer Anerkennung seiner vorbildlichen Pionierarbeit für den deutschen Film anläßlich des großen Erfolgs seines Films URLAUB AUF EHRENWORT.«

Weder Fürsorge noch hellseherischen Fähigkeiten entspringt der Auftrag für den Film, sondern klugem Kalkül des Produktionschefs Correll. Denn das Projekt entsteht nicht in der dramaturgischen Abteilung der Ufa, sondern in den Zimmern der Regierungsmacht selbst. Aus den Akten ergibt sich folgende Vorgeschichte des Films: In der Vorstandssitzung vom 4. Februar 1936 findet er erstmals, noch unter dem Titel »Achtung: Verräter« Erwähnung – »Dieser Film wird gefördert und erhält einen Staatszuschuß; Herr Weidemann soll die künstlerische Oberleitung übernehmen.« Eine Woche später heißt es, »Herr Correll teilt mit, daß das Drehbuch für diesen von Herrn Weidemann angebotenen Stoff sich z. Zt. in Bearbeitung befindet und in etwa 14 Tagen vorliegen dürfte.« Das letzte Wort ist handschriftlich korrigiert in »soll«, und in derselben Handschrift wird der folgende Satz – »Nach Prüfung des Drehbuchs soll endgültig Beschluß über diesen Stoff gefaßt werden« – verändert in: »Die Verfilmung des Stoffes ist grundsätzlich beschlossen«. Es gibt für die Ufa keine Wahl, mag auch Correll »auf verschiedene Stellen im Drehbuch (hinweisen), die noch der Abänderung bedürften« (6.3.1936). Auch als Weidemann, damals Vizepräsident der Reichsfilmkammer, »entgegen seinen früheren Äußerungen« wünscht, im Vorspann als ›Künstlerischer‹ Oberleiter genannt zu werden, gibt der Ufa-Vorstand dem statt.

Was Ritter 1976 nicht mehr weiß, nämlich den Grund, der ihn als Pg zum Regisseur gerade dieses Films prädestiniert erscheinen läßt, das legt er 1936, als die Querelen zwischen Correll und dem Propagandaministerium immer deutlicher werden, in einem vertraulichen Brief an den Produktionschef dar. Wie die Idee zu dem Film entstand, schildert Ritter damals so: »Am besten können darüber die Autoren Dr. Herzlieb und Dr. Wagner Auskunft erteilen. Dr. Herzlieb bestätigte mir erneut auf Befragen, daß der Gedanke von Dr. Herzlieb und Dr. Wagner ausging. Diese trugen ihren Vorschlag Herrn Admiral Canaris vor, dieser wiederum dem Herrn Reichskriegsminister. Nach Rücksprache des Herrn Reichskriegsministers mit Herrn Minister Dr. Goebbels erfolgte eine Zusammenkunft des Herrn Admiral Canaris mit Herrn Minister Dr. Goebbels. Hier erhielt der Gedanke eine feste Form, und erst jetzt schaltete Herr Dr. Goebbels Herrn Weidemann ein, der seinerseits den Dramaturgen der Fachschaft, Herrn Dr. Fürst, mit der Ausarbeitung des Drehbuchs beauftragte.« Eben dieses Drehbuch enthält in Corrells Augen Mängel, die er abzustellen wünscht, so daß Ritter, zusammen mit den Ufa-Dramaturgen Riedel und Fürst eine Neufassung herstellt, die, so Ritter, schließlich auch Weidemanns Zustimmung

– Prädikate: Staatspolitisch wertvoll, Jugendwert. – Von den Alliierten Militärbehörden verboten.
Nach dem deutschen Überfall auf Polen am 1. September 1939 bemühen sich Deutsche in vielen europäischen Staaten oft vergeblich um ihre Rückkehr in die Heimat. Unterdessen sind deutsche Soldaten, unterstützt von den Alliierten Spanien und Italien, begeisterte Kriegshandwerker. Die Feinde England und Frankreich hingegen werden als gemein und schlecht dargestellt.

1940/41. Jungens.
REG Robert A. Stemmle. **RAS** Fritz Andelfinger. **AUT** Otto Bernhard Wendler, Horst Kerutt, Robert A. Stemmle; nach dem Roman ›Die dreizehn Jungens von Dünendorf‹ von Horst Kerutt. **KAM** Robert Baberske. **BAU** Emil Hasler, Otto Gülstorff. **SCH** Walter Wischniewsky. **TON** Erich Schmidt. **MUS, ML** Werner Egk. **ASS** Ludwig Preiß. **LT** Hans Fritz Beckmann. **MT** ›Es fährt ein Schiff auf dem Strom der Zeit‹.
DAR Albert Hehn (Hellmut Gründel), Hilde Sessak (Lene), Eduard Wandrey (Gastwirt Ottokar Waschke), Kurt Fischer-Fehling (Bannführer Krüger), Eduard Wenck (Dünenwächter Albert Faustmann), Maria Hofen (Frau Faustmann), Bruni Löbel (Anne-Liese Gründel), Botho Kayser (Bannführer Hartmann), Rudolf Koch-Riehl (Chauffeur Franz), Georg Thomalla (Jochen Krafft), Franz Bochum, Conrad Cappi, Wilhelm Große, Hugo Gau-Hamm, Gerhard Jeschke, Karl Junge-Swinburne, Wilhelm König, Philipp Manning, Maria Michael, Lili Schoenborn, Erhart Stettner, Ulrich Strelow, Wolfgang Staudte, Eva Steffen, Gisela Scholz, Reinhold Weiglin, Sepp Rederer, Hitlerjungen der Adolf-Hitler-Schulen in Sonthofen (Heini Faustmann und die anderen Jungens).
PRO Ufa. Herstellungsgruppe: Eberhard Schmidt. **HEL** Eberhard Schmidt. **AUL** Herbert Junghanns. **DRZ** September - Dezember 1940. **DRO** Ufastadt Babelsberg; **AA** Kurische Nehrung. **LNG** 2393 m, 87 min. **ZEN** 24.3.1941, Jf. **URA** 2.5.1941, Berlin (Tauentzien-Palast, U.T. Friedrichstraße, Atrium).
– AT: 13 Jungen. – Von den Alliierten Militärbehörden verboten.
Beobachtungen im Arbeitermilieu an der Ostsee: Armut und politische Teilnahmslosigkeit versucht der Lehrer und HJ-Führer Gründel im Sinne der NS-Ideologie zu beseitigen.

1940/41. Der Weg ins Freie.
REG Rolf Hansen. **RAS** Milo Harbich, Ernst Mölter. **AUT** Rolf Hansen. **AD** Harald Braun, Jacob Geis, Rolf Hansen. **KAM** Franz Weihmayr. **BAU** Walter Haag. **KOS** Max von Formacher. **SCH** Anna Höllering. **TON** Werner Pohl. **MUS** Theo Mackeben. **LT** Harald Braun (1), Hans Fritz Beckmann (2). **MT** ›Ich will nicht vergessen‹ (1), ›Vielleicht... Ich sag' nicht Ja! Ich sag' nicht Nein!‹ (2). **GES** Zarah Leander, Irma Beilke, Else Schmidt-Tegetthoff, Wilhelm Schirp, Karl Schmidt-Walter.
DAR Zarah Leander (Antonia Corvelli), Hans Stüwe (Detlev von Blossin), Siegfried Breuer (Graf Stefan Oginski), Eva Immermann (Luise), Agnes Windeck (Baronin von Blossin), Hedwig Wangel (Barbaccia), Albert Florath (Dr. Hensius), Herbert Hübner (Landrat von Strempel), Ralph Lothar (Achim von Strempel), Karl John (Fritz), Claire Reigbert (Mamsell Dörte), Walther Ludwig (Tomaso Rezzi), Leo Peukert (Direktor der Wiener Hofoper), Walther Süssenguth (Morescu), Victor Janson (Machandl), Kurt Meisel (Student), Hilde von Stolz (Melanie), Oscar Sabo (Inspizient), Carl Günther (Kommissar), Hans Reinmar (Bariton in der ›Semiramis‹), Emil Heß (Müetli), Josefine Dora (Frau Lüchzangl), Jakob Tiedtke (Direktor der Oper Bergamo), Antonie Jäckel (Frau von Strempel), Julia Serda (Frau des Direktors der Wiener Oper), Fritz Soot (Sänger in der Oper), Karl Etlinger (Diener Clemens), Ernst Rotmund (Gastwirt in Mailand), Karl Hellmer (Nachtportier der Wiener Oper), Harriet Awiszus, Sigrid Becker, Gisela Breiderhoff, Vera Complojer, Grete Greeff-Fabbri, Julius Brandt, Julius Albert Eckhoff, Fritz Hintz Fabricius, Hugo Flink, Hugo Froelich, Knut Hartwig, Julius E. Herrmann, Friedrich Honna, Wilhelm P. Krüger, Michael von Newlinski, Gustav Püttger, Louis Ralph, Otto Sauter-Sarto, Rudolf Vones, Reinhold Weiglin, Bruno Ziener.
PRO Tonfilm-Studio Carl Froelich & Co., Berlin; für Ufa. **PRT** Carl Froelich. **PRL** Friedrich Pflughaupt. **AUL** Kurt-Fritz Quassowski, Kurt Moos, Paul Kalinowski. **DRZ** 15.9.1940 - Februar 1941. **DRO** Froelich-Studio Berlin-Tempelhof. **LNG** 3090 m, 113 min. **ZEN** 25.4.1941, Jv. **URA** 7.5.1941, Berlin (Gloria-Palast).
– Prädikat: Künstlerisch wertvoll.
Der mecklenburgische Gutsherr von Blossin bittet seine Frau, die umschwärmte Primadonna Antonia Corvelli, das Bühnenleben aufzugeben und mit ihm heimzufahren. Sie muß sich für Ehe oder Karriere entscheiden. Graf Oginski, einst Antonias Förderer, spielt in Italien Schicksal.

Dreharbeiten zu CAPRICCIO:
Lilian Harvey und Karl Ritter

findet. Warum es dennoch zu Streitigkeiten kommt, und warum Weidemann, der nur an wenigen Tagen am Drehort weilt, seinen Vorspann-Eintrag bekommt, schildert Ritter in dem gleichen Brief: »Herr Weidemann hat von einer Nennung seines Namens als künstlerischer Oberleiter mir gegenüber zum ersten Mal am 29.7. gesprochen, und zwar nach der Vorführung von VERRÄTER in der Privatwohnung des Herrn Minister Goebbels. Der Herr Minister verlangte Kürzungen, und Herr Weidemann kam mit dem Film nach Neubabelsberg. Während die Kürzungen durch meinen Sohn vorgenommen wurden, aß ich mit Herrn Weidemann im Direktionskasino zu Abend. Hier verlangte er die Nennung seines Namens, der im ersten Vorspann-Titel nicht enthalten war. Er begründete dies damit, daß der Herr Minister geäußert habe, aus Prestige-Gründen müsse sein Name mit aufgeführt werden.« Dieser Brief verdeutlicht, daß Ritter die Regie übertragen bekommt, weil er als Pg für den Auftragsfilm besonders geeignet erscheint. Denn die Ufa, klug geworden durch Erfahrungen, kalkuliert die Wünsche, die von offizieller Seite – sprich dem Propagandaministerium – gerade bei politisch brisanten Stoffen immer zu gewärtigen sind, mit ein. Das ist schon kurz nach der Einsetzung der neuen Regierung offenkundig geworden. Correll schreibt zu diesem Punkt am 13. Dezember 1933: »Der Fall des HITLERJUNGE QUEX hat ganz deutlich gezeigt, daß die Herstellung eines politischen Films – und ein solcher ist er ja wohl unbestreitbar gewesen – auch Vorteile bringen kann. Man wird nur, durch Erfahrungen der Vergangenheit gewitzigt, derartige Stoffe Hand in Hand mit den betreffenden Stellen der Regierung herstellen müssen, um von vornherein gegen nicht übersehbare politische Eingriffe gesichert zu sein.«

Gewitzigt also überträgt Correll die Regie Karl Ritter, was ihm selbst auf Dauer wenig, jenem jedoch längere Zeit viel nützt. Die zeitgenössische Presse, als Kritik nicht länger existent, lobt VERRÄTER als gelungenen Film, er unterscheide »sich bereits in den Ansätzen stark von den Sensationsfilmen vergangener Zeiten, denn im Mittelpunkt allen Geschehens steht keine belanglose private Handlung, sondern der Staat, der jeden von uns zu unbedingter Treue verpflichtet. Man sieht dabei – organisch eingefügt in die Spielhandlung – die eindrucksvollsten Aufnahmen der neuentstandenen deutschen Wehrmacht, die bisher gezeigt wurden. Alle drei Wehrmachtsteile wirkten bei diesen Aufnahmen mit, und Heer, Kriegsmarine und Luftwaffe zeigen uns die herrlichsten Bilder, spannende

"VERRÄTER"

Szenen.« (Drahtbericht von der Uraufführung, BZ am Mittag, 10.9.1936). Abkehr vom ›Sensationsfilm‹, Vorstellung der Wehrmacht, das deutet schon an, wie gut Ritter in der Lage ist, dem vorgedachten Gedanken eine feste filmische Form zu geben. Eine mit Mängeln allerdings.

Wo John Altmann in seiner kritischen Auseinandersetzung von einem ›Thriller à la Hitchcock‹ spricht, trifft es Kurt Höllger, der 1940 ein lobbedachtes Bändchen veröffentlicht, genauer: »Daß ein Film wie VERRÄTER die wesentliche Verdichtung seiner Substanz auch vom Wort her erhält, liegt in der Struktur des Films (wie des Spionagefilms überhaupt).« Letztere Behauptung mag bezweifelt werden, daß aber die Filme Ritters ihre ›Substanz vom Wort her erhalten‹, stimmt fast uneingeschränkt. Sein Bemühen, die Botschaft an den Zuschauer zu bringen, läßt ihn immer wieder zu den pointierten Sentenzen greifen, zu Szenen, in denen die Figuren die Konflikte kommentieren. Es gibt keinen anderen Weg, immer wiederholt sich diese Bekundung, ob nun in PATRIOTEN Mathias Wieman seine Vaterlandstreue gegenüber Lida Baarova (die eine Französin spielt) bekundet oder René Deltgen in URLAUB AUF EHRENWORT sich von seinen ehemaligen USPD-Freunden empört abwendet, weil sie es sich gut gehen lassen, während draußen an der Front der Ernst des Daseins herrsche: Ritter mag auf die Ansprache nicht verzichten.

Darin liegt auch ein großes Mißtrauen gegen die filmische Erzählung. Er hegt es zu Recht, wie seine Komödien beweisen, insbesondere CAPRICCIO. Selten sind, selbst nach den Maßstäben für komödiantische Versuche während des Nationalsozialismus, soviele Entgleisungen in einem Film zu beobachten. Ritters Humor stammt aus dem Offizierskasino, und so wird Lilian Harvey und ihrem Publikum in diesem Film einiges zugemutet. Lilian Harvey, von ihrem Großvater zu ›Männlichkeit‹ erzogen, wird boxen und fechten lernen. Das Versprechen, niemals zu heiraten, braucht sie zum Glück nicht zu halten. Verliebt in Viktor Staal bekommt sie ihn am Ende auch zum Mann. Bis dahin wartet CAPRICCIO mit einer Fülle von Peinlichkeiten auf, die in der überdrehten Wiedergabe von Klischees bestehen, die in vielen Filmen dieser Zeit immer wieder variiert werden. Die Frau wird als Kind vorgestellt, Staal wünscht sich beim Rasieren, »ihr Köpfchen in die Hand zu nehmen«; aufgrund ihrer Unselbständigkeit darf man »gar nicht auf sie hören, eine Frau will ja erobert werden, immer wieder«. Alle Frauen wollen nur eines, heiraten nämlich (pikanterweise hat sich Lilian Harvey mit dem Ufa-Vorstand auf eine Auseinandersetzung eingelassen, weil sie sich weigerte, eine verheiratete Frau zu spielen) – das erfährt auch die noch immer als Mann kostümierte Hauptfigur, der die Höpfner-Zwillinge nachstellt. Deren Lied ›Die Schäfchen halten still, wenn der Schäfer sie scheeren will‹ (Musik: Alois Melichar, Text: Franz Baumann) spricht das Klischee deutlich genug aus. Höhepunkt der Geschmacklosigkeit ist allerdings eine Gesangs-Nummer, in der die Filmmutter der Höpfner-Zwillinge die Heirat mit dem ›Jüngling‹, der sich spröde zeigt, erzwingen will – er »hat meine Tochter soeben brutal vergewaltigt«, wie der immerzu wiederholte Vers lautet.

CAPRICCIO ist nach vier ›heldischen‹ Filmen – VERRÄTER, PATRIOTEN, UNTERNEHMEN MICHAEL und URLAUB AUF EHRENWORT – ein Ausflug in die komödiantische Sphäre, für die sich Ritter gleichfalls besonders begabt dünkt. Diese Einschätzung wird von anderen kaum geteilt, bedeutsam ist vor allem die Abneigung von Goebbels gegenüber diesen Ausflügen in ein Gebiet, für das er Ritter unbegabt findet. Die früher enthusiastischen Bemerkungen des Propagandaministers weichen nun skeptischen Beurteilungen. Zu DIE HOCHZEITSREISE notiert er in seinem Tagebuch: »Eine furchtbare

1940/41. U-Boote westwärts!
REG Günther Rittau. RAS Wolfgang Wehrum. AUT Georg Zoch. KAM Igor Oberberg. STF Otto Schulz. BAU Hans Sohnle, Wilhelm Vorwerg. KOS Gertrud Steckler. SCH Wolfgang Wehrum, Johanna Meisel. TON Bruno Suckau. MUS Harald Böhmelt. LT Bruno Balz (1), Robert A. Stemmle (2). MT ›Warte, mein Mädel, dort in der Heimat‹ (1), ›Irgendwo in weiter Ferne..‹ (2). GES Matrosenchor der MMK, Berlin.
DAR Herbert Wilk (Kapitänleutnant Hoffmeister), Heinz Engelmann (Oberleutnant zur See Wiegandt), Joachim Brennecke (Leutnant zur See von Benedikt), Ernst Wilhelm Borchert (Oberleutnant Griesbach), Josef Sieber (Bootsmann Warmbusch), Karl John (Matrosenobergefreiter Drewitz), Clemens Hasse (Maschinenmaat Sonntag), Ilse Werner (Irene Winterfeld), Carsta Löck (Käte Merk), Herbert Klatt (Bootsmannmaat Buttgereit), Clementia Egies (Frau Hoffmeister), Willi Rose (Matrose Fliepusch), Jens van Hagen (holländischer Dampferkapitän), Ingeborg Senkpiel (Agnes Schenk), Agnes Windeck (Frau von Benedikt), Claire Reigbert (Frau Hahn), Theo Shall (englischer Offizier), Erich Stelmecke (Funkobergefreiter Willig), Heinz Goedecke, Margarete Sachse, Elsbeth Siegurth, Ruth Tuxedo, Hans Bergmann, Erwin Biegel, Eduard Bornträger, Karl-Friedrich Burkhardt (Obersteuermann Bergmann), Karl Harbacher, Hans Hessling (Matrosengefreiter Wackerle), Albert Karchow, Franz List, Günther Markert, Hans Mierendorff, Gustav Püttjer, Wolfgang von Schwindt, Hans zum Sande, Hans von Uritz, Herbert Weißbach, Ewald Wenck, Matrosenchor der MMK, Berlin.
PRO Ufa. Herstellungsgruppe: Ulrich Mohrbutter. HEL Ulrich Mohrbutter. AUL Alexander Desnitzky, Joe Rive, Wilhelm Albert Marchand. DRZ 14.6.1940 - Anfang Februar 1941. DRO Ufastadt Babelsberg. AA Kiel und Umgebung. LNG 2748 m, 100 min. ZEN 7.5.1941, Jf. f. URA 9.5.1941, Berlin (Ufa-Palast am Zoo).
– AT: Auf Tauchstation, U-Boote am Feind. – Prädikate: Staatspolitisch wertvoll, Künstlerisch wertvoll, Volksbildend. – Hergestellt mit Unterstützung des Oberkommandos der Marine und unter Mitwirkung des Befehlshabers der Unterseeboote, von Offizieren, Unteroffizieren und Mannschaften der U-Bootwaffe. – Von den Alliierten Militärbehörden verboten.

Kampf gegen die englische Flotte und der ›Heldentod‹ deutscher Seeleute im Atlantik, dazu eine Reihe anekdotischer und sentimentaler Szenen.

1940/41. Stukas.
REG Karl Ritter. RAS Conrad von Molo. VOL Carl von Merznicht. AUT Karl Ritter, Felix Lützkendorf. KAM Heinz Ritter. Luftaufnahmen: Heinz Ritter, Walter Meyer, Walter Roßkopf, Hugo von Kaweczinski. SPE Gerhard Huttula, Theodor Nischwitz. BAU Anton Weber. ASS Erich Nickel. KOS Carl Heinz Grohnwald. SCH Conrad von Molo. TON Werner Maas. MUS Herbert Windt. LT Geno Ohlischlaeger. MT ›Stukalied (Wir sind die schwarzen Husaren der Luft)‹. CHO Ursula Deinert. Fliegerische Beratung: Hauptmann Nöller, Hauptmann Meffert.
DAR Carl Raddatz (Gruppenkommandeur Hauptmann Heinz Bork), Hannes Stelzer (Staffelkapitän Oberleutnant Hans Wilde), Ernst von Klipstein (Oberleutnant ›Patzer‹ von Bomberg), Albert Hehn (Gruppenadjutant Oberleutnant Hesse), Herbert Wilk (Staffelkapitän Oberleutnant Günther Schwarz), O. E. Hasse (Oberarzt Dr. Gregorius), Karl John (Staffelkapitän Oberleutnant Lothar Loos), Else Knott (Schwester Ursula), Marina von Dittmar (junge Französin), Egon Müller-Franken (Oberleutnant Jordan), Günther Markert (Nachrichtenoffizier Oberleutnant Hellmers), Josef Dahmen (1.Mechaniker Feldwebel Traugott), Erich Stelmecke (Bordfunker Feldwebel Rochus), Georg Thomalla (Bordfunker Unteroffizier Matz), Heinz Wemper (Oberwerkmeister Heinze), Lutz Götz (Stabsfeldwebel Niederegger), Beppo Brem (Bombenwart Oberfeldwebel Putzenlechner), Fritz Wagner (Bordfunker Feldwebel Franz), Karl Münch (Bordfunker des Oberleutnant von Bomberg), Adolf Fischer (Bordfunker Feldwebel Fritz), Johannes Schütz (Leutant ›Kücken‹ Prack),

Vor dem Start zu einem Feindflug: Prof. Karl Ritter am 30. Mai 1939 in Babadell (Spanien) während der Dreharbeiten zu IM KAMPF GEGEN DEN WELTFEIND

Schwarte, literarischer Unfug, kaum noch zu ertragen.«

Zudem kommt Ritters Borniertheit seinen Projekten in die Quere; er dreht einen Film IM KAMPF GEGEN DEN WELTFEIND, der den Einsatz ›deutscher Freiwilliger‹ im spanischen Bürgerkrieg dokumentiert; KADETTEN, der eine Schar preußischer Jungen unter Führung von Mathias Wieman im Kampf gegen die russischen ›Kosaken‹, die sie während des siebenjährigen Krieges gefangennehmen, zeigt; beginnt die Arbeit an LEGION CONDOR, der nach Abschluß des Hitler-Stalin-Paktes abgebrochen wird (die beiden vorherigen Filme werden aus dem Verleih genommen und erst später, 1941, wieder aufgeführt).

Sein mangelndes Gespür für die geänderte Konjunktur, seine Festlegung auf schlicht antikommunistische Stoffe bedeuten für die Ufa ein nicht geringes Risiko, so daß auf der Vorstandssitzung vom 22.8.1939 in fast enerviertem Ton beschlossen wird, Ritter darauf hinzuweisen, daß LEGION CONDOR aufgrund der ›weltpolitischen Ereignisse‹ wohl mit Zensurschwierigkeiten zu rechnen habe und auch die Probleme mit KADETTEN die gleiche Ursache haben dürften. ÜBER ALLES IN DER WELT wird zum Streitobjekt zwischen Goebbels und anderen Nazi-Größen, kann aber aufgeführt werden und wird als ›staatspolitisch wertvoll‹ und ›jugendwert‹ prädikatisiert. Mit STUKAS bringt Ritter seine Feier der ersten Kriegserfolge auf die Leinwand, mit GPU darf er, diesmal von taktischen Erwägungen unbelastet, nach dem Überfall auf die Sowjetunion seinem Antikommunismus freien Lauf lassen.

Wie aber schon vorher einmal, so versäumt der starrsinnige Ritter auch angesichts der sich verschlechternden Kriegslage die nun erwünschte Umorientierung. Mit BESATZUNG DORA nimmt er sich einen ›Großfilm‹ über die Erfolge der Luftwaffe vor – zu einem Zeitpunkt, als deren Niederlage auch der heimischen Bevölkerung nicht länger verborgen bleibt, hagelt es doch Bomben auf Deutschland. Die 6. Armee hatte gerade in Stalingrad kapituliert. »Der Film BESATZUNG DORA erzählt vom Leben und Treiben einer Fernaufklärerstaffel im Westen, Osten und in Afrika«, meldet eine Presseankündigung für die Verleihsaison 1942/43, doch ist ›Afrika‹ bereits verloren gegangen, als der Film fertig wird. Er hat eine ungewöhnlich lange Drehzeit, da er gänzlich ohne Atelieraufnahmen auskommen soll, vom 4. August 1942 bis zum Januar 1943 dauert die Dreharbeit, für die nicht immer die Originalschauplätze aufgesucht werden können: Bis Afrika kommt das

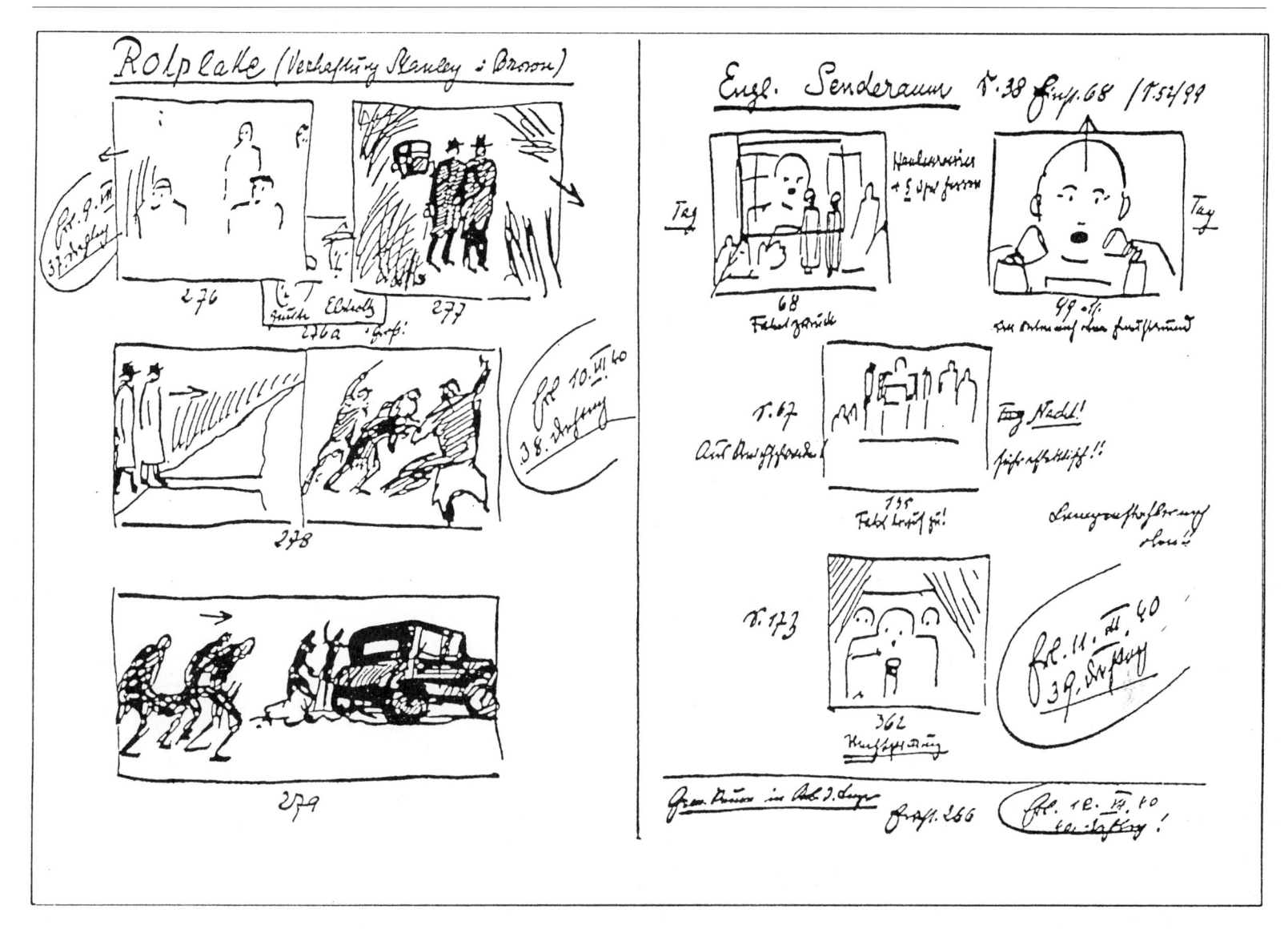

Team nicht mehr und dreht notgedrungen in Ostia. Der Film wird, nach mehrmaligen Vorlagen, endgültig im November 1943 verboten.

Bezeichnend für Ritter ist, daß er auch später, in Briefen an seinen Biografen Hagemann, eine recht eigensinnige, kaum realitätsgerechte Sicht auf die Vergangenheit bewahrt. Einseitig stilisiert er sich zum Opfer von Goebbels, der BESATZUNG DORA einen nicht nationalsozialistischen Film genannt habe – »angesichts der großen, z.T. gefahrvollen und langwierigen Arbeit (ein Film ohne Atelier!) war diese Kritik überaus deprimierend. Das Verbot von BESATZUNG DORA leitete die bis zur Katastrophe anhaltende Ungnade Goebbels gegenüber K(arl) R(itter) ein.« So Ritter noch 1971 – unbelehrt hält er an dem Ausdruck »Katastrophe« fest, unbelehrbar sieht der borniert Täter sich als Opfer des geschmeidigeren Propagandaministers. Der aber hat Ritters Schwächen als Regisseur durchaus erkannt; Ritter eigne sich nicht »für feine psychologische Zeichnung. Er ist mehr für deftige Dialoge« – ein Eindruck, der sich beim Lesen der Briefe Ritters an Hagemann bestätigt.

Doch dieser Regisseur macht unter dem Nationalsozialismus solange Karriere – gar der Titel ›Professor‹ wird ihm verliehen -, wie die Niederlage im Krieg nicht absehbar ist. Er muß unter den Vorzeichen dessen, was er als ›Katastrophe‹ zeitlebens ansieht, schließlich als Regisseur abtreten, bekommt nur noch Aufträge als Produktionsleiter und setzt schließlich, 56 Jahre alt, seinen Einsatz beim Militär durch. Nur ein Nachspiel bieten seine Versuche nach Kriegsende, in Argentinien und Deutschland, zu einem Comeback. Ritter bleibt ein Regisseur nicht nur unter dem Nationalsozialismus, er bleibt ein nationalsozialistischer Regisseur.

Rainer Rother

Szenenentwürfe im Regie-Buch Karl Ritters

Lili Schoenborn (alte französische Bäuerin), Ethel Reschke (Zimmermädchen im Hotel), Eduard von Winterstein, Gotthart Portloff, Otz Tollen, Erik Radolf, Hans Wallner, Paul Mehler, John Pauls-Harding, Willy Witte, Botho Kayser, Willi Schulte-Vogelheim, Ronald Werkenthin, Georg Profe, Theodor Rocholl, Tima Stuloff, Bill-Bocketts, Arthur Kühn, Michael von Newlinski, Nico Turoff, Ludwig Wolfram, Werner Faust, Herbert Gärtner, Josef Gindorf, Oskar Kinne, Wolfgang Molitor.
PRO Ufa. Herstellungsgruppe: Karl Ritter. **HEL** Karl Ritter. **PRL** Gustav Rathje. **AUL** Fritz Schwarz, Wilhelm (Klinck-)Karras, Arthur Ullmann. **DRZ** 18.11.1940 - Mitte Februar 1941. **DRO** Ufastadt Babelsberg. **AA** Umgebung von Berlin. **LNG** 2761 m, 101 min. **ZEN** 25.6.1941, Jf., f. **URA** 27.6.1941, Berlin (Ufa-Palast am Zoo).
– Prädikate: Staatspolitisch wertvoll, Künstlerisch wertvoll, Volkstümlich wertvoll, Jugendwert. – Von den Alliierten Militärbehörden verboten.
›Heroische Taten‹ deutscher Jagdflieger im Krieg gegen Frankreich, unterbrochen von der ›Hingabe‹ an die Musenkunst: Musik, Literatur (Hölderlin) und Wein.

1940/41. Der Gasmann.
REG Carl Froelich. **RAS** Ernst Mölter. **AUT** Heinrich Spoerl. **KAM** Reimar Kuntze. **STF** Karl Lindner. **BAU** Walter Haag. **KOS** Margot Hielscher. **SCH** Gustav Lohse, Johanna Rosinsky. **TON** Werner Pohl. **MUS** Hansom Milde-Meißner. **DAR** Heinz Rühmann (Knittel), Anny Ondra (Erika), Erika Helmke (blondes Fräulein), Charlotte Susa (schöne Zeugin), Will Dohm (Schwager Alfred), Hans Leibelt (Verteidiger), Walter Steinbeck (Herr, der nicht erkannt sein möchte), Franz Weber (Gerichtsvorsitzender), Kurt Vespermann (Staatsanwalt), Reinhard Koldehoff, Bruno Hellwinkel, Otto Krieg-Helbig, Rolf Rolphs (vier Polizeibeamte), Ewald Wenck, Erik Radolf (zwei Kriminalbeamte), Walter Lieck (Bankdiener), Ernst Stimmel (Bankdirektor), Hans Ulrich (Bankangestellter), Wilhelm P. Krüger (Flickschneider), Eleonore Tappert (Zimmervermieterin), Manfred Meurer (verdächtiger Jüngling), Helmut Weiß (romantischer Jüngling), Herta Neupert (Mopsgesicht), Bruno Ziener (vornehmer alter Herr), Gisela Schlüter (entzückende kleine Frau), Oscar Sabo (pensionierter Schutzmann), Herbert Bach (Kellner), Hugo Froelich (Taxifahrer), Kurt Seifert (freundlicher Finanzbeamter), Paul Bildt (Nervenarzt), Wilhelm Grosse, Max Rosenhauer, Egon Vogel, Hermine Ziegler, Peter Esser.
PRO Tonfilm-Studio Carl Froelich & Co., Berlin; für Ufa. **PRT** Carl Froelich. **PRL** Friedrich Pflughaupt. **AUL** Kurt-Fritz Quassowski, Kurt Moos. **DRZ** 19.8. - Ende Oktober 1940. **DRO** Froelich-Studio Berlin-Tempelhof. **LNG** 2613 m, 95 min. **ZEN** 30.7.1941, Jf. **URA** 1.8.1941, Berlin (Gloria-Palast).
– Von den Alliierten Militärbehörden verboten.
Nachdem Gasmann Knittel per Zufall einen Scheck über 10.000 Mark geschenkt bekommt, lernt er zunächst das sinnenfrohe Leben, später dessen Kehrseiten – Tratsch, Vermutungen und Verdächtigungen – kennen.

1940/41. Anschlag auf Baku.
REG Fritz Kirchhoff. **RAS** Erich Kobler. **AUT** Hans Weidemann, Hans Wolfgang Hillers; nach einer Idee von Hans Weidemann. **KAM** Robert Baberske. **KF** Herbert Körner, Klaus von Rautenfeld, H. O. Schulze. **BAU** Otto Hunte, Karl Vollbrecht. **KOS** Carl Heinz Grohnwald. **SCH** Erich Kobler. **TON** Alfred Zunft, Georg Gutschmidt. **MUS** Alois Melichar. **DAR** Willy Fritsch (Hans Romberg), René Deltgen (Percy Forbes), Lotte Koch (Sylvia Camps), Fritz Kampers (Mathias Ertl), Hans Zesch-Ballot (Polizeiminister Barakoff), Paul Bildt (amerikanischer Ölmagnat Campers), Erich Ponto (dänischer Ölmagnat Jenssen), Aribert Wäscher (armenischer Ölmagnat Mamulian), Joachim Brennecke (Sicherheitsbeamter Ali Baba), Alexander Engel (englischer Agent Steffens), Walter Janssen (schwedischer Ölmagnat Hanson), Heinrich Marlow (englischer Offizier Lord Seymour), Helmut Helsig (englischer Agent Twinning), Walter Holetzko (englischer Agent Richartz), Reginald Pasch, Arthur Reinhardt, Fred (Selva-)Goebel, Nico Turoff (englische Agenten), Josef Kamper (Sicherheitsbeamter Zolak), Wilhelm König (Sicherheitsbeamter Thatul), Herbert Gernot (türkischer Oberst Achmed Bey), Boris Alekin, Angelo Ferrari (türkische Offiziere), Günther Ballier (Sekretär bei Jenssen), Erik Radolf (Diener bei Forbes), Willy Maertens (Notar bei Jenssen), Werner Völger, Herbert Scholz (zwei Attentäter), Aruth Wartan (GPU-Beamter), Nikolai Kolin (russischer Kellner).

Der neue Riese
Ufa-Film GmbH: die UFI

Beim »Betriebsapell« anläßlich des 25. Jubiläums zeichnet der Propagandaminister die »führenden Köpfe« der Ufa aus: Hugenberg, Klitzsch, NS-Reichsleiter Ley, Bürgermeister Winkler

Da die reichsmittelbare Beteiligung für die in der Filmindustrie Beschäftigten inzwischen ein offenes Geheimnis ist, erklärt Goebbels am 15. Februar 1941 vor der Reichsfilmkammer stolz und als habe es nur die leiseste Chance einer öffentlichen Kritik an dieser Aufkaufaktion gegeben:

»Als ich vor einigen Jahren, zuerst getarnt, dann mehr und mehr öffentlich, heute auch von der weitesten Öffentlichkeit anerkannt, maßgebende Institutionen der deutschen Filmindustrie in den Besitz des Deutschen Reiches überführte, wurde dieser Weg von Kritikern als verhängnisvoll empfunden (...) Ich bin heute davon überzeugt, daß es der entscheidende Schritt in unserer Höherentwicklung der deutschen Filmkunst ist, daß der Film heute nicht mehr irgendwelchen anonymen Kapitalgesellschaften, sondern dem Reich gehört und daß das Reich als ehrlicher Makler und Treuhänder die großen entscheidenden Fragen der deutschen Filmproduktion auch zu entscheiden und zu lösen in der Lage ist.« Trotz dieses öffentlichen Bekenntnisses zu reichsunmittelbarem Besitz bleibt beim nunmehr folgenden letzten Schritt zur Zusammenfassung des Filmwesens gesellschaftsrechtlich die Winklersche Strategie dominant: Die reichsmittelbaren Produktionsgesellschaften sollen relativ selbständig bleiben, ihre Finanzierung vom Reichshaushalt gelöst werden, Verleih- und Theaterbetrieb sollen zwar zentralisiert, in der Perspektive aber gleichfalls »reichsfrei« arbeiten. Der Weg zu diesem Ziel geht für Winkler paradoxerweise über eine letzte finanzielle Intervention des Reichshaushalts. Das Finanzministerium ermächtigt ihn, für auf vier Jahre verteilte 120.000 RM Theaterbetriebe einzukaufen. Dieser Plan wird nicht mehr realisiert.

Bei dieser Zusage aus dem Finanzministerium spielt offenbar die Überlegung eine Rolle, man könne so eine direkte Übernahme des Theaterbetriebs durch das Reich vorantreiben. Überhaupt ist man, auch in einigen Abteilungen des Propagandaministeriums, eher geneigt, das Jonglieren mit der gesellschaftsrechtlich mittelbaren Reichsbeteiligung zu beenden.

Winkler hingegen, als privatkapitalistisch orientierter Rechner immer auch an Steuerersparnissen interessiert, macht 1939 einen Vorstoß, der in eine andere Richtung geht. Alle Produktionsgesellschaften sollen, zusammengefaßt in einer »Interessengemeinschaft Film«, Vertragsverhältnisse miteinander eingehen, die eine Gewinn- und Verlustausbilanzierung vor Steuern vorsehen. Da die Ufa die Führung in dieser Gemeinschaft übernehmen soll, melden die anderen Produktionsgesellschaften entschiedenen Protest an. Der Finanzminister kann keine Vorteile für seinen Steuerhaushalt erkennen. Der Vorstoß scheitert.

Die Gespräche zwischen der Cautio, Goebbels und dem Finanzministerium münden schließlich in einen Beschluß, der gesellschaftsrechtlich eine später mögliche Reprivatisierung erleichtern soll (Winkler denkt in längeren Zeiträumen), faktisch aber kurzfristig zu einer gigantischen Machtzusammenballung unter Staatskontrolle führt. ›Fortsetzung der ökonomischen Konsolidierung bei ohnehin gegebener und akzeptierter politischer Kontrolle‹ könnte man die Linie Winklers nennen.

**Die Struktur der
Ufa Film GmbH (UFI)
Berlin**

**CAUTIO Treuhand GmbH
UFA FILM GMBH (UFI)
Berlin**

Produktion
- Ufa Filmkunst GmbH Berlin *Produktion 1942 aufgenommen*
- Terra Filmkunst GmbH Berlin
- Berlin Film GmbH Berlin
- Tobis Filmkunst GmbH Berlin
- Bavaria Filmkunst GmbH München
- Universum Film AG (Ufa) Berlin *Produktion 1942 eingestellt*
- Deutsche Wochenschau GmbH Berlin

Kopierwerke
- Mars Film GmbH Berlin
- Aktiengesellschaft f. Filmfabrikation (Afifa) Berlin

Theater
- Schwäb. Urania Lichtspiel GmbH Stuttgart
- Hagen u. Sanders KG i.L. Bremen
- Ufa Theater Bertriebs GmbH Berlin
- Deutsche Filmtheater GmbH Wiesbaden/Berlin
- Luitpold Theater GmbH München
- Residenz Theater GmbH Düsseldorf
- Modernes Theater GmbH Düsseldorf
- Excelsior Lichtspielhaus GmbH Berlin
- Stern Lichtspiele GmbH Berlin
- Kukuk Lichtspielhaus GmbH Berlin
- Neuköllner Filmtheater GmbH Berlin
- Reichshallen Theater Hagen u. Sanders oHG Kiel
- Millerntor Theater GmbH Hamburg

Verleih
- Tobis Filmvertrieb Berlin
- Transit Film GmbH Berlin
- Deutsche Filmvertriebs GmbH Wiesbaden/Berlin

Verlage
- Bavariaton Verlag GmbH München
- Wiener Bohème Verlag GmbH Wiesbaden
- Ufaton Verlags GmbH Berlin

Unterstützungseinrichtungen

Gefolgschaftshilfen
- Tobis Filmkunst GmbH
- Ufatreu GmbH
- Bavaria GmbH
- Terra GmbH

Sonstige
- Deutsche Zeichenfilm GmbH Berlin
- Berliner Künstlerbühen GmbH Berlin
- Ufa Handelsgesellschaft GmbH Berlin

Grundstücksgesellschaften
- Decla Lichtspiele GmbH Hannover
- U.T. Weidenhof Lichtspiele GmbH Hagen W
- Reichshallen-Theater Hagen u. Sanders GmbH Kiel
- Ufa-Theater Grundstücks GmbH Hamburg
- Schauburg GmbH Essen

Das Dach des am 10. Januar 1942 gegründeten Konzerns bildet eine Holding Gesellschaft. Sie bekommt nach persönlicher Intervention Hitlers, der den Ufa-Rhombus nicht missen möchte, den Namen Ufa-Film GmbH. (Wäre eine andere Benennung gewählt worden, würden wir heute wohl nicht »Ufa-Schinken« assoziieren müssen, wenn vom Film in faschistischer Zeit die Rede ist. Die positiven Seiten der Ufa wären leichter zu retten gewesen.) Sie geht hervor aus der kurzfristig allein für diesen Gründungszweck ins Leben gerufene Film-Finanz GmbH, die zuvor ihr Stammkapital von 100.000 RM auf 65 Mill. RM erhöht hatte, eingebracht von der Cautio durch ihre Reichsbeteiligungen. Alleiniger Gesellschafter bleibt Winkler, der damit bis 1945 seinen wirtschaftspolitischen Einfluß behält, auch wenn ihm seit Januar 1942 mit dem Reichsfilmintendanten und Abteilungsleiter für das Filmwesen im Propagandaministerium Fritz Hippler ein ehrgeiziger Konkurrent zur Seite gestellt wird. Der hat qua Amt zwar die Hauptaufgabe, künstlerische und personelle Planungen zu kontrollieren, sucht aber immer wieder nach Ausdehnung seiner Kompetenzen auf den wirtschaftlichen Bereich, bis ihn Goebbels im Mai 1943 entläßt. Winkler kann seine Stellung behaupten. Durch die Transaktion ist die Ufa-Film GmbH sogleich im Besitz der Produktionstöchter, die der Holding direkt unterstehen (am 2.9.1941 ist die Berlin-Film GmbH hinzugekommen, die alle bisher privaten kleinen und mittleren Produktionsgesellschaften umfaßt), und der neugegründeten Ufa AG, die den Rest des Filmwesens überwölbt.

Die alte Ufa hat damit aufgehört zu existieren: ihre Theaterbetriebe nämlich sind an die am 14. November 1941 gegründete Deutsche Filmtheater GmbH übergegangen, ihr Verleihbetrieb ist Teil der am 2. Januar 1942 gegründeten Deutschen Filmvertrieb GmbH. Die Produktionsabteilung, die die laufenden Arbeiten und Planungen der alten Ufa übernimmt, heißt seit dem 17. Januar 1942 Ufa Filmkunst GmbH.

Auch wenn sich aus Gründen der Unterscheidung von der alten Ufa für die neue Holding Ufa-Film GmbH das Kürzel UFI einbürgert, für die Öffentlichkeit sind Ufa, UFI, Ufa-Filmkunst eins. Insofern geht Hitlers Kalkulation auf. Die Ufa-Geburtstagsgäste, die am 3. März 1943 das 25jährige Bestehen des Konzerns feiern, halten sich bei gesellschaftsrechtlichen Differenzierungen auch nicht mehr auf. Es ist daher absolut einleuchtend, wenn die gesellschaftsrechtliche Konstruktion Winklers die Alliierten bei der politisch-ideologischen Abrechnung mit der Ufa nicht in erster Linie beschäftigt.

Die sieben, nach der Okkupation Frankreichs acht »Winkler-Sisters« (Roeber/Jacoby) produzieren, da kommt der Ufa Filmkunst GmbH keine Sonderrolle zu, was Goebbels und sein Reichsfilmintendant wünschen oder zulassen könnten, mag sich Goebbels in Einzelfällen auch über ideologisch Dubioses oder künstlerisch Desaströses grämen.

Sie produzieren, der Krieg zeigt seine Wirkungen, nicht eben viel. 1943 sind es noch 78, 1944 nur noch 64 Spielfilme. Man kann sich eines nunmehr »großdeutschen« Theaterbetriebs bedienen. 1,2 Milliarden Zuschauer sind es 1943, die dem Kriegsalltag für ein paar Stunden entfliehen wollen. Die gezielte propagandistische Arbeit der NSDAP mit dem Medium zeigt Wirkungen. Traumgewinne werden in dieser Zeit der Scheinblüte von der UFI ausgewiesen. 1942/43 sind es 155 Mill. RM, 1943/1944 gar 175 Mill. RM – vor Steuern allerdings; denn – und so zerstiebt der Traum des Sanierers Max Winkler – die Kriegswirtschaft fordert ihren Steuertribut. Ganze 18 Mill. RM bleiben der UFI als Reingewinn für zwei Jahre. Diese Gewinne werden auch ermöglicht, weil die UFI die Produktionskosten auf höchstens eine Mill. RM festsetzt (schon seit Dezember 1940 sind nur noch 2.500 m erlaubt), die Ateliers besser genutzt, Ausstattungsmittel zusammengestrichen werden. Aber auch hier macht das Geltungsbedürfnis der NSDAP-Führung dem Sparkommissar Winkler immer wieder einen Strich durch die Rechnung. Einige Schauspieler wissen, wieviel sie dem System wert sind und können mehr als die pauschal verordneten 15.000 RM pro Film nach Hause tragen. Und auch Regisseure bedienen sich, solange es noch etwas zu holen gibt.

Der anläßlich des Ufa-Jubiläums 1943 uraufgeführte MÜNCHHAUSEN verschlingt Millionen, spielt aber immerhin noch einiges ein; dem Durchhaltefilm KOLBERG ist das nicht mehr vergönnt; vielleicht haben ihn bis zum Kriegsende mehr als 137.000 Zuschauer gesehen. Diese Masse von Komparsen nämlich, Angehörige der Wehrmacht, hatte Veit Harlan, bei den Dreharbeiten dirigieren dürfen.

Die Kommandozentralen senden nicht mehr; die Regiestühle werden zusammengeklappt.

Manfred Behn

PRO Ufa. Herstellungsgruppe: Hans Weidemann.
HEL Hans Weidemann. **AUL** Heinz Karchow.
DRZ 4.11.1940 - Ende August 1941. **DRO** Ufastadt Babelsberg; **AA** Freigelände Babelsberg, Ölfelder in Rumänien, Chorzele, Trebbin/Ostsee. **LNG** 2554 m, 93 min.
ZEN 18.8.1942, Jf. 14. **URA** 25.8.1942, Berlin (Tauentzien-Palast, Atrium, U.T. Friedrichstraße, Stella-Palast).
– Von der Reichsfilmprüfstelle aus politischen Gründen erst nach mehrmaliger Vorlage und größeren Änderungen freigegeben. – Von den Alliierten Militärbehörden verboten.
Gegen sowjetische und britische Sabotage an Ölquellen am Kaspischen Meer geht ein ehemaliger deutscher Offizier zunächst 1919, endgültig 1940 vor.

1941. Annelie. Die Geschichte einer Liebe.
REG Josef von Baky. **RAS** Walter Wischniewsky. **DIA-REG** Werner Bergold. **AUT** Thea von Harbou; nach dem Bühnenstück von Walter Lieck. **KAM** Werner Krien.
KF Hanns König (?). **BAU** Emil Hasler. **ASS** Otto Gülstorff. **KOS** Manon Hahn. **SCH** Walter Wischniewsky. **TON** Erich Schmidt. **MUS** Georg Haentzschel. **LT** Werner Kleine.
CHO Maria Sommer.
DAR Luise Ullrich (Annelie), Karl Ludwig Diehl (Dr. Laborius), Werner Krauß (Katasteramtsrat Dörensen), Käte Haack (Frau Dörsensen), Albert Hehn (Reinhold), Axel von Ambesser (Georg), Ilse Fürstenberg (Hausmädchen Ida), John Pauls-Harding (Gerhard), Johannes Schütz (Rudi), Eduard von Winterstein (Sanitätsrat Heberlein), Josefine Dora (Hebamme), Hansi Arnstaedt, Roma Bahn, Erich Dunskus, Ursula Herking, Helga Hesse, Melanie Horeschowski, Käthe Jöken-König, Paulette Koller, Eva Lissa, Juan Martinez-Peres, Margarethe Schön, Marianne Schulze, Agnes Windeck, Gertrud Wolle.
PRO Ufa. Herstellungsgruppe: Eberhard Schmidt.
HEL Eberhard Schmidt. **ASS** Horst Kyrath. **AUL** Herbert Junghanns. **DRZ** 13.1. - April 1941. **DRO** Ufastadt Babelsberg, Ufa-Atelier Berlin-Tempelhof. **LNG** 2700 m, 99 min. **ZEN** 2.8.1941, Jf. 14. **URA** 4.9.1941, Venedig (IFF).
DEA 9.9.1941, Berlin (Gloria-Palast).
– Prädikate: Staatspolitisch besonders wertvoll, Künstlerisch besonders wertvoll, Volkstümlich wertvoll. – IFF Venedig 1941: Coppa Volpi (Beste Darstellerin) an Luise Ullrich. – Von den Alliierten Militärbehörden verboten.
Geschichte einer Frau (geboren 1871), die ein Leben lang eine Viertelstunde zu spät kommt: Heirat, Geburt ihrer drei Söhne, Verlust des Mannes im Ersten Weltkrieg, Geburtstag im Jahre 1941. Während die Kinder auf dem Schlachtfeld sind, stirbt sie.

1941. Heimkehr.
REG Gustav Ucicky. **RAS** Wolfgang Schubert.
AUT Gerhard Menzel. **KAM** Günther Anders. **BAU** Walter Röhrig, Hermann Asmus. **KOS** Albert Bei, Max Frey.
SCH Rudolf Schaad. **TON** Alfred Norkus. **MUS** Willy Schmidt-Gentner.
DAR Paula Wessely (Maria Thomas), Peter Petersen (Dr. Thomas), Attila Hörbiger (Ludwig Launhardt), Ruth Hellberg (Martha Launhardt), Berta Drews (Elfriede), Elsa Wagner (Wehmutter Schmid), Gerhild Weber (Josepha Manz), Carl Raddatz (Dr. Fritz Mutius), Werner Fuetterer (Oskar Friml), Otto Wernicke (Vater Manz), Eduard Köck (Vater Schmid), Franz Pfaudler (Balthasar Manz), Hermann Ehrhardt (Karl Michalek), Gottlieb Sambor /= Boguslaw Samborski/.
PRO Wien-Film GmbH, Wien; für Ufa. Herstellungsgruppe: Erich von Neusser. **HEL** Erich von Neusser. **PRL** Ernst Garden. **AUL** Heinz Fiebig, Felix Fohn. **DRZ** 2.1.1941 - Ende Juni 1941. **DRO** Atelier Rosenhügel Wien, Atelier Wien-Sievering, Atelier Wien-Schönbrunn; **AA** Chorzele (Polen), Ortelsburg (Ostpreußen). **LNG** 2632 m, 96 min.
ZEN 26.8.1941, Jf. **URA** 31.8.1941, Venedig (IFF).
DEA 10.10.1941, Wien (Scala); 24.10.1941, Berlin (Ufa-Palast am Zoo, U.T. Wagnitzstraße).
– Prädikate: Film der Nation, Staatspolitisch besonders wertvoll, Künstlerisch besonders wertvoll, Jugendwert. – IFF Venedig 1941: Pokal des Ministeriums für Volkskultur, Coppa Mussolini. – Verleihung des Filmringes durch Joseph Goebbels an Gustav Ucicky. – Von den Alliierten Militärbehörden verboten.
Die Schilderung angeblicher brutaler polnischer Übergriffe auf ›Volksdeutsche‹ in Polen wird instrumentalisiert zur Rechtfertigung des deutschen Überfalls auf Polen am 1. September 1939, der die ›Heimkehr‹ dieser ›Opfer‹ erst ermöglichte.

Grauen Panik Untergang
Karl Ritters Propagandafilm »GPU«

Im Dezember 1941 beginnt Karl Ritter mit den Dreharbeiten zu dem Film GPU, mit dem sich sein Wunsch, einen antikommunistischen Film zu drehen, der keine Zensurschwierigkeiten mehr befürchten muß, doch noch erfüllt. Die Zeit des Hitler-Stalin-Paktes ist vorbei, nun kann Ritter einen Film realisieren, der interessant ist »als gründlichstes und extremstes Beispiel anti-kommunistischer und anti-slavischer Propaganda im Film des Dritten Reichs« (Julian Petley).

Die Uraufführung des Films findet am 14. August 1942 im Capitol am Zoo und im Lichtbrunnen am Gesundbrunnen statt. Seit dem Überfall auf die Sowjetunion hat sich die militärische Lage bereits nachhaltig verschlechtert, das Scheitern des Angriffs auf Moskau im Winter zuvor bedeutete schon das Ende der »Blitzkrieg-Strategie«. Das beeinflußt die Aufführung des Films jedoch nicht, denn er zeichnet den Kommunismus nicht als einen geschlagenen Gegner, sondern im wesentlichen als einen überall aktiven Feind, gegen den es alle Reserven zu mobilisieren gelte.

GPU ist ein Großfilm der Jahresproduktion 1941 mit Herstellungskosten von fast 1,6 Millionen Reichsmark bei einer Kalkulation über 1.403.000 RM. Nur DIE GOLDENE STADT (ca. 2,3 Millionen RM), DIE GROSSE LIEBE (ca. 2,7 Millionen RM) und ANSCHLAG AUF BAKU (ca. 2,6 Millionen RM) sind in diesem Jahr teurere Produktionen. Im letzteren Falle allerdings, ohne daß dies vorgesehen gewesen wäre. Die exorbitant gestiegenen Kosten führen zu folgender Aktennotiz: »Wie Herr Jahn bekanntgibt, hat sich Herr Reichsminister Dr. Goebbels im Anschluß an die Besichtigung des Films ANSCHLAG AUF BAKU eine Aufstellung über die endgültigen Herstellungskosten dieses Films übermitteln lassen. Nach Prüfung dieser Aufstellung hat Herr Dr. Goebbels angeordnet, daß Herr Weidemann (der Produktionsleiter) von der Betätigung im deutschen Filmschaffen vorläufig ausgeschlossen wird.«

GPU kommt ohne Stars aus – die Hauptdarsteller Laura Solari und Andrews Engelmann gehören zu den bekannteren Schauspielern, doch mangelt ihnen jedes Flair zum Star. Das würde in diesem Film auch nur stören, denn er gehört zu den eindeutigsten Propagandafilmen der NS-Zeit. Schon die Titel stimmen darauf ein. »Über alle Länder der Erde versucht der Bolschewismus Chaos auszubreiten.« Das erscheint auf den Leinwänden deutscher Kinos, als der Überfall auf die Sowjetunion ins Stocken gekommen ist. GPU überträgt sozusagen das Entsetzen, das Wehrmacht und SS in der Sowjetunion verbreiten – und das manche Deutsche vor der Gestapo empfinden müssen – auf den gegnerischen Geheimdienst, dessen Praktiken Terror, Willkür und Mord sind. Oder, wie ein anderer Titel lautet: »Grauen Panik Untergang«.

Der Film beginnt im Baltikum des Jahres 1919, wo Rotarmisten brandschatzend und mordend ein Dorf überfallen. Der Kommissar, gespielt von Engelmann, erschießt eigenhändig eine (deutsche) Familie. Diese Anfangssequenz enthält auch das Wochenschau-Feuilleton ZEITSPIEGEL NR. 4 MIT 7 AUSLÄNDISCHEN KÜNSTLERN aus dem Jahr 1941. Dort werden ausländische Künstler vorgestellt, die in Deutschland arbeiten. Neben Kristina Söderbaum, Marika Rökk, Johannes Heesters und anderen tritt auch Andrews Engelmann auf (ein Deutschbalte und Co-Autor von GPU). Der Regisseur Ritter zeigt ihm, wie er ›an der Kamera vorbeischießen‹ soll, um den gewünschten Effekt zu erzielen. In GPU stellt er sich denn auch ein, der Politkommissar ist als das Böse schlechthin etabliert. In der Folge allerdings erweist sich dieser Böse als nicht gänzlich ungeschlacht, besitzt einen gewissen verführerischen Charme und einen offenen Zynismus, der wohl kaum aus Ritters Vorlieben für eigensinnige Charaktere entsprungen ist.

Doch Regisseur Ritter schätzt Eindeutigkeit: Aus den lodernden Flammen der letzten Einstellung entsteht in einer Über-

»Der Film führt uns durch halb Europa, von Riga über Göteborg und Helsinki nach Paris und schließlich nach Rotterdam. Überall hat Moskau das Untermenschentum organisiert. Überall ergießt sich von den Handelsorganisationen aus eine Welle von Mord und Zerstörung über das Land.«
(Georg Herzberg, 1942)

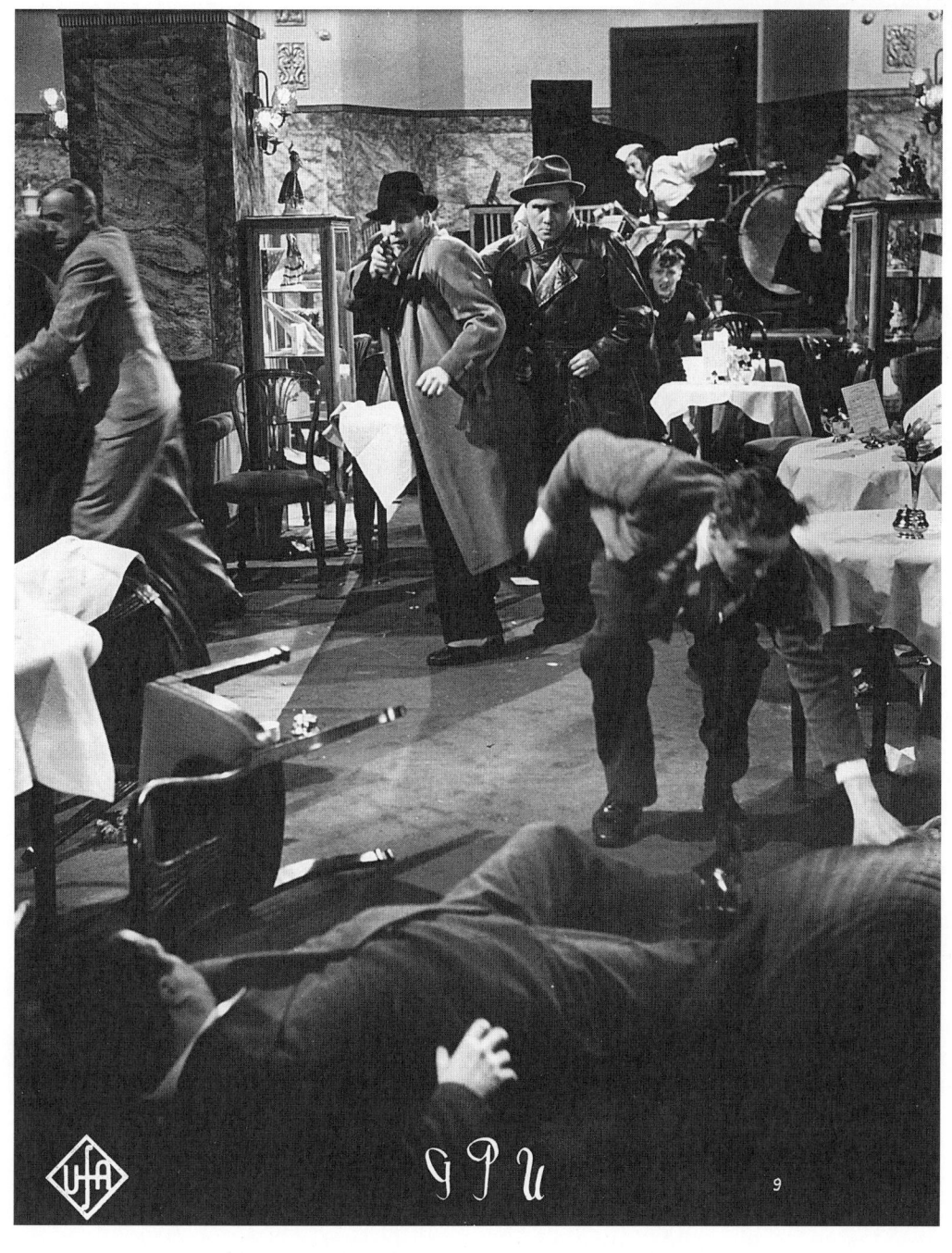

Der Oberbefehlshaber des Heeres Walter von Brauchitsch 1941 bei Karl Ritter im Atelier

1941. Tanz mit dem Kaiser.
REG Georg Jacoby. RAS René Fuchsteiner, Gustav Zagler. AUT Geza von Cziffra, Friedrich Schreyvogel; nach dem Bühnenstück ›Die Nacht in Siebenbürgen‹ von Nikolaus Asztalos. KAM Reimar Kuntze. BAU Erich Kettelhut. KOS Herbert Ploberger, Alfred Bücken. SCH Erika Engelbrecht. TON Walter Rühland, Georg Gutschmidt. MUS Franz Grothe. LT Willy Dehmel. CHO Sabine Ress. DAR Marika Rökk (Christine von Alwin), Wolf Albach-Retty (Rittmeister von Kleber), Maria Eis (Kaiserin Maria Theresia), Axel von Ambesser (Kaiser Joseph II.), Lucie Englisch (Magd Anna), Hilde von Stolz (Gräfin Daun), Hans Leibelt (Baron Teuffenbach), Herta Mayen (Zofe Nandl), Rudolf Carl (Bursche Anton), Jockel Stahl (Knecht Peter), Barbara von Annenkoff, Elsa Andrä-Beyer, Wilhelm Bendow, Julius Brandt, Fritz Berghof, Egon Brosig, Fritz Eckert, Bernhard Goetzke, Kurt Hagen, Emil Heß, Karl Platen, Klaus Pohl, Sandor Pethés, Willy Schulte-Vogelheim, Armin Schweizer, Paul Walther, Herbert Weißbach, Franz Zimmermann.
PRO Ufa. Herstellungsgruppe: Max Pfeiffer. HEL Max Pfeiffer. AUL Victor Eisenbach, Kurt Paetz. DRZ 2.4. - Ende Juni 1941. DRO Froelich-Studio Berlin-Tempelhof; AA Siebenbürgen, Schloß Schönbrunn. LNG 2797 m, 102 min. ZEN 17.12.1941, Jv. URA 19.12.1941, Wien (Scala); 28.4.1942, Berlin (Gloria-Palast, U.T. Wagnitzstraße).– Prädikat: Volkstümlich wertvoll.
Die junge Gutsbesitzerin Christine verliebt sich in Josef von Kleber, den Adjutanten des österreichischen Thronfolgers Joseph II., welcher auch für Christine entflammt ist. Zwei Josefs und eine Frau: Da muß Mutter Maria Theresia einschreiten.

1941. Illusion.
REG Viktor Tourjansky. DIA-REG Friedrich Westhoff. AUT Viktor Tourjansky, Werner Eplinius. KAM Werner Krien. BAU Max Mellin, Gerhard Ladner. KOS E. Wimmer. SCH Hans Domnick. TON Ernst Otto Hoppe. MUS Franz Grothe. LT Bruno Balz. MT ›Ruh' Dein liebes, müdes Herz bei mir aus‹.
DAR Brigitte Horney (Maria Roth), Johannes Heesters (Stefan von Holtenau), O. E. Hasse (Peter Wallbrecht), Nikolai Kolin (Nowodny), Maria Krahn (Frau Keller), Werner Scharf (Axel Hold), Hans Stiebner (Brommel), Walter Steinbeck (Pocher), Willy Witte (Bessel), Edith Wolff (Gabriele), Karin Lüsebrink (Ilse Hein), Max Vierlinger (Chargen-Darsteller), Theodor Dannegger (Jacob), Walter Ladengast (Feldgruber), Hilde Sessak (Korali), Gisa Wurm, Elisabeth Gogotzky, Lotte Jürgens, Helene Nordländer, Franz Polland.
PRO Ufa. Herstellungsgruppe: Georg Witt. HEL Georg Witt. AUL Alexander Desnitzky, Arthur Ullmann, Timotheus Stuloff. DRZ 29.7. - September (?) 1941. DRO Ufastadt Babelsberg; AA Berlin (Theater am Schiffbauerdamm), Mariazell (Steiermark). LNG 2424 m, 89 min. ZEN 23.12.1941, Jv. URA 30.12.1941, Berlin (Gloria-Palast, Palladium-Lichtspiele).
Die junge, fanatische Schauspielerin Maria Roth tritt einen Land-Urlaub an, um Kraft für das nächste Engagement zu schöpfen. Zwischen ihr und dem Gutsherrn Stefan von Holtenau kommt es zu einer Wette, die eine zweimonatige Scheinehe von Maria fordert. Anschließend wendet sie sich wieder ihrem Beruf zu und hinterläßt einen zerstörten Mann.

1941-43. Nacht ohne Abschied.
REG Erich Waschneck. RAS Friedrich Westhoff. AUT Johanna Sibelius; nach einer Novelle von Max W. Kimmich. AD Max W. Kimmich. KAM Reimar Kunze. BAU Ernst Helmut Albrecht. KOS Gertrud Steckler. SCH Johanna Meisel. TON Werner Maas. MUS, ML Werner Eisbrenner. LT Bruno Balz. MT ›Meine Liebe wird so ewig sein‹. GES Elisabeth Schwarzkopf, Peter Anders (Duett aus Giacomo Puccinis Oper ›La Bohème‹).
DAR Karl Ludwig Diehl (Oberst Gösta Knudson), Anna Dammann (Karin Knudson), Hans Söhnker (Rittmeister Gunnar Nyborg), Otto Gebühr (Oberstabsveterinär Peterson), Leopold von Ledebur (Generalleutnant Soedervall), Ernst Bader (Adjutant des Obersts), Walter Beckmann, Angelo Ferrari, Clemens Hasse, Käthe Klette, Werner Klette, Hans von Uritz.

»Will Quadflieg setzt sich für einen Studenten ein, der ohne eigene Schuld zu einem Handlanger der GPU wird und vieles erdulden muß, ehe er wieder von ihr loskommt.« *(Georg Herzberg, 1942)*

blendung das beschauliche Bild eines Konzertsaals im Jahre 1939. Engelmann, jetzt in Gesellschaftskleidung, besucht eine Matinee der ›Ortsgruppe Riga der Frauenliga für den Frieden.‹ Selbstverständlich ist die Liga eine ›ganz unpolitische‹ Organisation, die ebenso selbstverständlich im Dienst des Bolschewismus steht. Einer der Zuschauer erkennt den Kommissar als den Schlächter von 1919 – der Mann wird aus dem Saal gebracht und später ermordet. Aber auch die Pianistin erkennt ihn und sagt zur jüngeren Violonistin: »Er ist es, der deine Eltern und Kinder ermordet hat«.

Von hier aus spinnt sich die Geschichte weiter. Die Violinistin, vermeintlich für die GPU tätig, lebt nur ihrer Rache und will den Kommissar tot sehen. Der seinerseits, in die Schönheit verliebt, geht seiner blutigen Arbeit nach. Die Bilder, die der Film findet, entsprechen jedem Klischee. Die Führer der Bolschewisten sind Juden (das wurde, anläßlich des Neustartes des in seiner Tendenz in den 50er Jahren offenbar wieder opportunen Films, entfernt, um die Freigabe einer ›gereinigten Fassung‹ zu erreichen). Versäumnisse und Fehler von Untergebenen werden mit der Drohung eines Berichtes nach Moskau geahndet – man weiß schon, was passiert, wenn der Bericht wirklich abginge (ein Topos, der übrigens auch in den antikommunistischen Filmen aus den USA der 50er Jahre zu finden ist). Die Roten, und vor allem der Kommissar, sind nicht nur gemein, sie sind auch dekadent. Sie feiern üppige Feste, lieben insgeheim Paris als die schönste Stadt der Welt und häufen Reichtümer auf, um einmal in Frankreich das Altenteil genießen zu können. Daß sie Jazzmusik hören, die eine schwarze Band spielt, versteht sich.

Die erzählerische Ökonomie gerät dabei ins Wanken. Als die Violinistin ihren Triumph hat – sie verrät, daß der Kommissar ein Landhaus in der Bretagne und angesammelte Schätze hat, worauf das Todeskommando in Aktion tritt – kehrt sie nach Moskau zurück. Dort wird sie ob des Erfolges gelobt, doch sie, die Baltendeutsche, muß nun die Wahrheit sagen und ihre Verachtung des kommunistischen Systems gegenüber dem Vorgesetzten preisgeben. Ihr Statement ist für die Story kontraproduktiv, weil es jede Spannung eliminiert (und natürlich dazu führt, daß man sie erschießt). Es ist für die Botschaft an den Zuschauer wichtig, der erkennen soll, was not tut im Kampf gegen den Weltkommunismus. GPU ist, so deutlich wie kaum ein anderer Film dieser Zeit, ein Beitrag zum Krieg gegen die Sowjetunion.

Rainer Rother

Kurzfilme der Ufa 1939 - 41

1939

Januar. ★ 1938/39. **Der Strohwitwer.** 130 m, 5 min. ★ 1938/39. **Warum? – Darum! Fewa.** 250 m, 9 min. ★ 1938/39. **Am Steuer der Wirtschaft.** 556 m, 20 min. ★ 1938/39. **Steinschlangen und Vogelmenschen.** AUT Felix Lampe. KAM Hans Helfritz. SPR Paul Laven. 382 m, 14 min. ★ 1938/39. **Fahrerflucht.** 330 m, 12 min. ★ 1938. **...und nachmittags in Barcelona.** 455 m, 17 min. ★ 1938/39. **Ein appetitlich frisches Abenteuer.** 103 m, 4 min. ★ 1938/39. **Rheinland.** 537 m, 19 min. ★ 1938/39. **Im Zeichen der Manrune.** AUT Walter Schirmeier, Ernst Dahle. KAM Erich Menzel, Adolf Kahl. MUS Walter Winnig. DAR Karl Platen, Erwin Klietsch. 477 m, 17 min. ★ 1938/39. **Kalk.** 718 m, 26 min ★ 1938/39. **Die Urkraft des Weltalls.** 364 m, 13 min. ★ 1938/39. **Heilkräfte der Nordsee.** 347 m, 13 min. ★ 1938/39. **Heeres-Reit- und Fahrschule Hannover.** 513 m, 19 min. ★ **Februar.** ★ 1938/39. **Walfänger in der Antarktis.** Für Henckel & Co. AG. 1504 m, 55 min. ★ 1938/39. **Guatemala.** REG, KAM, MUS Hans Helfritz. 406 m, 15 min. ★ 1938/39. **Wertvolles Wasser.** REG Eugen York. KAM Erwin Bleeck-Wagner. MUS Rudolf Perak. 388 m, 14 min. ★ 1938/39. **Jagd-Reiten.** REG Wilhelm Prager. KAM Kurt Stanke. MUS Hans Ebert. 328 m, 12 min. ★ 1938/39. **Jungens, Männer und Motoren.** REG Bob Stoll. MUS Rudolf Perak. SPR Paul Laven. 192 m, 7 min. ★ 1938/39. **Sieg auf der ganzen Linie.** REG Bob Stoll. 882 m, 32 min. ★ 1938/39. **Sinfonie der Wolken.** REG, AUT Martin Rikli. KAM Kurt Stanke. MUS Erich Kuntzen. 467 m, 17 min. ★ 1938/39. **Nach Feierabend.** REG Rudolf van der Noss. AUT Ernst Dahle. KAM Erich Menzel, Robert Lach. MUS Rudolf Perak. Fachberatung: NSKK-Gruppenführer Wisch. 333 m, 12 min. ★ 1938/39. **Nur keine Aufregung.** 111 m, 4 min. ★ 1938/39. **Die Kehrseite der Medaille.** 100 m, 4 min. ★ 1938/39. **Front der Kameradschaft: Das Deutsche Turn- und Sportfest Breslau 1938.** 2192 m, 80 min. ★ 1938/39. **Der neue Reichsgau. Sudetendeutsches Land und Volk.** 145 m, 5 min. ★ 1938/39. **Inspiration.** 105 m, 4 min. ★ **März.** ★ 1938/39. **Das geheimnisvolle Schiff.** 492 m, 18 min. ★ 1938/39. **Leistung aus Licht.** 698 m, 26 min. ★ 1938/39. **7 wandern durch die Welt.** 183, m 7 min. ★ 1938/39. **Wenn Kinder fragen.** 102 m, 4 min. ★ 1938/39. **Reichsburg Kyffhausen.** 502 m, 18 min. ★ 1938/39. **Salzburg, die Festspielstadt.** KAM Otto Baecker. MUS Hans Ebert. 624 m, 23 min. ★ 1938/39. **Beton- und Monierbau A.G. Berlin zeigt den Bau der Doppelschleuse Wedtlenstedt des Stichkanals Bleckenstedt-Hallendorf.** 276 m, 10 min. ★ 1938/39. **Affenstreiche.** 234 m, 8 min. ★ 1938/39. **Zum guten Tropfen.** 102 m, 4 min. ★ 1938/39. **Tragödien im Insektenreich.** REG Wolfram Junghans, Gero Priemel. KAM Karl Hilbiber, Erichhans Foerster, Walter Suchner. MUS Hans Ebert. Wissenschaftliche Beratung: Ulrich K.T. Schulz. 128 m, 5 min. ★ 1938/39. **Baustoff der tausend Möglichkeiten.** 292 m, 11 min. ★ 1939. **Verwertung schafft Werte.** 235 m, 8 min. ★ 1938. **Ein Gang durch die Firma Lorenz Summe Söhne – 1939.** 601 m, 22 min. ★ 1938/39. **Flieger zur See.** KAM Erwin Bleeck-Wagner. MUS Walter Schütze. SPR Hans Meyer-Hanno. 546 m, 20 min. ★ 1938/39. **Die Sonne bringt es an den Tag.** 150 m, 6 min. ★ **April.** ★ 1939. **Elbefahrt.** REG Karl Wagner-Saar AUT Erik Krünes KAM Rudolf Gutscher. MUS Siegfried Schulz. SPR Theodor Loos. 495 m, 18 min. ★ 1939. **Bremen, Bahnhof am Meer.** REG Otto von Bothmer. AUT Arnold Funke. KAM Erich Menzel. 328 m, 12 min. ★ 1939. **Kampf um Großdeutschland.** 2200 m, 80 min ★ **Mai.** ★ 1939. **Duftendes Land.** 441 m, 16 min. ★ 1939. **Junkers-Vortragsfilm.** 436 m, 16 min. ★ 1939. **Das Wort aus Stein.** REG, AUT Kurt Rupli. KAM Reimar Kuntze. MUS Clemens Schmalstich. 531 m, 19 min. ★ 1939. **Zwergenland in Not.** 149 m, 5 min. ★ 1939. **Entwicklung und Vollendung.** 437 m, 16 min. ★ **Juni.** ★ 1939. **Ruhrglas.** 955 m, 35 min. ★ 1939. **Glückhafte Fahrt.** 2700 m, 99 min. ★ 1939. **Im Reiche der Liliputaner.** REG Herta Jülich, Ulrich K. T. Schulz, Friedrich Goethe. 385 m, 14 min. ★ **Juli.** ★ 1939. **Gesundheit und Kraft aus dem Meer.** 424 m, 15 min. ★ 1939. **Heimkehr der Spanienkämpfer.** 175 m, 6 min. ★ 1939. **Die Jüngsten der Luftwaffe.** REG Hermann Boehlen. AUT Erwin Krause. KAM Otto Martini. MUS Walter Schulze. 456 m, 17 min. ★ 1939. **Auf neuen Wegen.** 172 m, 6 min. ★ 1939. **Wissenschaft weist neue Wege.** REG, AUT Martin Rikli. KAM Kurt Stanke. MUS Rudi Keller. SPR Gerhard Jeschke. 472 m, 17 min. ★ 1939. **Die Geschichte vom Zündholz.** REG Dirk Gascard. AUT Arnold Funke, Dirk Gascard. KAM Erwin Bleeck-Wagner, Walter Schütze. 428 m, 16 min. ★ 1939. **Kampf um den Boden.** REG Hans von Passavant. AUT Helgar Krieger, Hans von Passavant. KAM Herbert Kebelmann. MUS Edgar Haase. 483 m, 18 min. ★ **August.** ★ 1939. **Jugoslawischer Staatsbesuch.** 175 m, 6 min. ★ 1939. **Deutsches Weinland.** REG Hans F. Wilhelm. AUT Dr. Bewerunge. KAM Adolf Kahl, Walter Frentz. MUS Hans Ailbout. 481 m, 18 min. ★ 1939. **Reiterlieder (Don-Kosaken-Chor).** 322 m, 12 min. ★ 1939. **Alpenkorps im Angriff.** REG, AUT Gösta Nordhaus. KAM Kurt Neubert, Anton Hafner. MUS Friedrich Witeschnik. 496 m, 18 min. ★ 1939. **Johanna, die Schaumgeborene.** 132 m, 5 min. ★ 1939. **Der Bembergfaden.** 1108 m, 40 min. ★ 1939. **Straßen des Frühlings.** 412 m, 15 min. ★ 1939. **Hamburg, Deutschlands Tor zur Welt.** 690 m, 25 min. ★ 1939. **Bayreuth. Eine Stadt einst und jetzt.** REG Werner Buhre. KAM Kurt Stanke. MUS Edmund Nick. 460 m, 17 min. ★ **September.** ★ 1939. **Mit Dr. Lutz Heck durch Kamerun.** REG, AUT, KAM Lutz Heck. MUS Fritz Steinmann. 403 m, 15 min. ★ 1939. **Eine brasilianische Rhapsodie.** AUT Gero Priemel. KAM Franz Eichhorn, Edgar Eichhorn, O. A. Bayer. MUS Hans Ebert. 355 m, 13 min. ★ 1939. **Sinnvolle Zwecklosigkeiten.** REG Fritz Heydenreich, Friedrich Goethe. 427 m, 15 min. ★ 1939. **Wasser und Abwasser im Rheinisch-Westfälischen Industriegebiet.** 572 m, 21 min. ★ 1939. **Wille zur Leistung.** 111 m, 4 min. ★ 1939. **Castroper Rennen.** 260 m, 10 min. ★ 1939. **Aus dem Film der Vereinigte Glanzstoff-Fabriken AG, Wuppertal/Elberfeld: Flox, Vertrauen zur Zellwolle.** 480 m, 17 min. ★ 1939. **Bilder aus Deutschland.** 635 m, 23 min. ★ 1939. **Hinter den Zahlen.** 137 m, 5 min. ★ 1939. **Jornada medica na Alemanha. Ärztereise durch Deutschland. Deutsch-Ibero-Amerika Ärzte-Akademie.** 1004 m, 37 min. ★ 1939. **Wald im Winter.** REG Wilhelm Prager. 197 m, 7 min. ★ 1939. **Vom Hausarzt und Mieter auf dem Meeresgrund.** 149 m, 5 min. ★ **Oktober.** ★ 1939. **Mexiko.** REG Hans Helfritz. AUT Felix Lampe. MUS Hans Helfritz, Bearbeitung: Hans Ebert. 275 m, 10 min. ★ 1939. **Eisriesenwelt.** REG Sepp Ziegler. 386 m, 14 min. ★ 1939. **Petri Heil. Fischerleben in deutschen Gauen.** REG, AUT, KAM Heinz-Hermann Schwerdtfeger. MUS Franz R. Friedl. 457 m, 17 min. ★ 1939. **Räuber unter Wasser.** REG Wolfram Junghans. KAM Karl Hilbiber, Walter Suchner. Wissenschaftliche Beratung: Ulrich K. T. Schulz. SPR Georg Heinrich Schnell. 168 m, 6 min. ★ 1939. **Winterreise durch Südmandschurien.** 153 m, 6 min. ★ 1939. **Nachkommen der Mayas.** 160 m, 6 min. ★ 1939. **Feinwäsche.** 134 m, 5 min. ★ 1939. **Wärme für alle.** 489 m, 18 min. ★ 1939. **Wer fuhr II A 2992?** 477 m, 17 min. ★ 1939. **Ich werde nie vergessen.** 121 m, 4 min. ★ 1939. **Der NS-Reichskriegerbund zeigt seinen Film vom Großdeutschen Reichskriegertag in Kassel. 3. bis 5. Juni 1939.** 1495 m, 55 min. ★ **November.** ★ 1939. **Parade.** REG, AUT Kurt Rupli. 544 m, 20 min. ★ 1939. **Der Berg lebt.** 539 m, 20 min. ★ 1939. **Störche.** REG Ulrich K. T. Schulz. KAM Walter Suchner. MUS Rudi Keller. 412 m, 15 min. ★ 1939. **Danzig, Land an Meer und Strom.** REG Eugen York. KAM Erich Menzel. MUS Rudolf Perak. 382 m, 14 min. ★ **Dezember.** ★ 1939. **Sportappell der Betriebsgemeinschaft Maggi am 19. August 1939.** 288 m, 10 min. ★ 1939. **Ungeahntes Leben.** REG Gerhard Donner. KAM Adolf Kahl, Rolf Paulsen. MUS Hans Ailbout. 380 m, 14 min. ★ 1939. **Ursula lernt.** 153 m, 6 min.

1940

Januar. ★ 1939/40. **Die Arbeit einer Generation.** 121 m, 4 min. ★ 1939/40. **Deutsche Waffenschmieden.** REG Walther Ruttmann. 334 m, 12 min. ★ 1939/40. **Reis und Holz im Lande des Mikado.** KAM Walter Riml. MUS Hans Wilma. 365 m, 13 min. ★ **Februar.** ★ 1939/40. **Kampf dem Staub.** 499 m, 18 min. ★ 1939/40. **Jugendfliege.** REG Martin Rikli. KAM Kurt Stanke, Wilhelm Mahla, Werner Hundhausen. MUS Erich Kuntzen. 507 m, 18 min. ★ 1939/40. **Helfende Hände.** 522 m, 19 min. ★ 1939/40. **Herstellung der Preßhefe.** 652 m, 24 min. ★ **März.** ★ 1939/40. **Schnelle Truppen.** REG Georg Muschner. 460 m, 17 min. ★ 1939/40. **Radium.** REG Martin Rikli. KAM Kurt Stanke. MUS Karl Emil Fuchs. Beratung: Reg.-Rat Dr. Fränz. 446 m, 16 min. ★ 1939/40. **Sommertage an deutschen Seen.** 364 m, 13 min. ★ **April.** ★ 1940. **Kleine Kräfte groß gesehen.** 824 m, 30 min. ★ 1940. **Aufbau im Osten.** 301 m, 11 min. ★ 1940. **Kanarienvögel.** REG Ulrich K. T. Schulz, Wolfram Junghans. KAM Erichhans Foerster. MUS Albert Luig. 418 m, 15 min. ★ 1940. **Treibjagd in der Südsee.** 327 m, 12 min. ★ 1940. **Es brennt in der Siedlung.** 738 m, 27 min. ★ 1940. **Gesundheit ist kein Zufall.** REG Kurt Stefan. AUT Walter Sichler. KAM Otto Martini, Hans Bastanier. MUS Walter Winnig. SPR Heinz Fabricius. 351 m, 13 min. ★ **Mai.** ★ 1940. **1 + 1 + 1 = 3 Kameraden.** 115 m, 4 min. ★ 1940. **Petroleum.** AUT Werner Buhre. Fachwissenschaftliche Beratung: Bergassessor Dr. Wilhelm de la Sauce. SPR Kurt Mühlhardt. 392 m, 14 min. ★ 1940. **Baumeisterin Chemie.** REG Hans Schipulle. MUS Rudolf Perak. 449 m, 17 min. ★ 1940. **Inseln im Sandmeer.** 332 m, 12 min. ★ 1940. **Kampf gegen England.** 298 m, 11 min. ★ **Juni.** ★ 1940. **Ostraum – Deutscher Raum.** REG Werner Buhre. AUT Emil Enders. KAM Erich Menzel. MUS Hans Ebert. 326 m, 12 min. ★ 1940. **Die Schwarze Kunst des Johannes Gutenberg.** 480 m, 17 min. ★ **Juli.** ★ 1940. **Nürnberg, die Stadt der Reichsparteitage.** REG, AUT Kurt Rupli. KAM Kurt Stanke. MUS Clemens Schmalstich. 506 m, 18 min. ★ 1940. **Zeit im Bild. ›Metallspende des deutschen Volkes‹.** 270 m, 10 min. ★ 1940. **Zeit im Bild. ›Bomben‹.** 263 m, 9 min. ★ 1940. **Fischfang im nördlichen Eismeer.** 331 m, 12 min. ★ 1940. **Zeit im Bild. ›Kompanie auf Rheinfahrt‹.** 306 m, 11 min. ★ **August.** ★ 1940. **Zeit im Bild. ›Arbeit hinter dem Westwall‹.** 338 m, 12 min. ★ 1940. **Herbstlied.** REG, AUT Gero Priemel. KAM Carl Hilbiber. MUS Erich Kuntzen. 398 m, 14 min. ★ 1940. **Zeit im Bild. ›Leichtmetall‹.** 308 m, 11 min. ★ 1940. **Fehlerquellen an der Spinnmaschine.** 318 m, 12 min. ★ 1940. **Der Bach Vo.** 112 m, 4 min. ★ 1940. **Zeit im Bild. ›Schwere Mörser‹.** 208 m, 8 min. ★ 1940. **Zeit im Bild. ›Segelschulschiff‹.** 171 m, 6 min. ★ 1940. **Volk im Krieg.** 360 m, 13 min. ★ 1940. **Tafelglas, seine Herstellung und Verwendung.** 325 m, 12 min. ★ 1940. **Der Neusiedler See.** REG Ulrich K. T. Schulz. KAM Walter Suchner. MUS Franz R. Friedl. 453 m, 17 min. ★ 1940. **Entdeckungsfahrt im Rohr.** 482 m, 18 min. ★ 1940. **Stein auf Stein.** 135 m, 5 min. ★ 1940. **Deutsche Panzer.** REG Walther Ruttmann. Herstellungsgruppe: Nay. 350 m, 13 min. ★ 1940. **Schießen und Treffen.** REG Martin Rikli, Walter Hornung. KAM Georg Muschner. MUS Bernhard Derksen. Tricks: Atelier Neuberger. SPR Georg Heinrich Schnell. 497 m, 18 min. ★ **September.** ★ 1940. **Kaltblütige Sippschaft.** REG Wolfram Junghans. 374 m, 14 min. ★ 1940. **Aberglaube.** REG Walther Ruttmann. Herstellungsgruppe: Nay. 504 m, 18 min. ★ 1940. **Thüringen, das grüne Herz Deutschlands.** REG Carl Hartmann. AUT Ernst Dahle. KAM Gerhard Peissert. MUS Hans Ebert. Herstellungsgruppe: Brosius. 367 m, 13 min. ★ 1940. **Das Wunderkorn.** REG Dirk Gascard. AUT Franz G.M. Wirz. 550 m, 20 min. ★ **November.** ★ 1940. **Zeit im Bild. ›Kamerad Pferd‹.** 252 m, 9 min. ★ 1940. **Zeit im Bild. ›Schnellboote‹.** 215 m, 8 min. ★ 1940. **Zeit im Bild. ›Reißwolle‹.** 226 m, 8 min. ★ 1940. **Quellen der Lebenskraft.** 882 m, 32 min. ★ **Dezember.** ★ 1940. **Bilder vom Aufstieg der deutschen Luftwaffe.** 339 m, 12 min. ★ 1940. **Zeit im Bild. ›Lokomotivbau‹.** 237 m, 9 min. ★ 1940. **Alle Segel klar.** 164 m, 6 min. ★ 1940. **Frauen sind gar nicht so.** 119 m, 4 min. ★ 1940. **Tiergarten Südamerika.** 1822 m, 67 min. ★ 1940. **Zeit im Bild. ›Ein Werkkindergarten‹.** 217 m, 8 min. ★ 1940. **Unsere Infanterie.** REG Georg Muschner. ★ 1940. **Vom Schießen und Treffen.** REG Martin Rikli.

1941

Januar. ★ 1940/41. **Lustig sein – fröhlich sein.** KAM Otto Gnieser. MUS Fritz Steinmann. 382 m, 14 min. ★ 1940/41. **Peter Parler, Dombaumeister in Prag.** REG Werner Buhre. Herstellungsgruppe: Kaufmann. 534 m, 19 min. ★ 1940/41. **Hansestadt am Rhein.** 359 m, 13 min. ★ **Februar.** ★ 1940/41. **Und dräut der Winter noch so sehr.** REG, KAM Heinz-Hermann Schwerdtfeger. MUS Albert Fischer. 396 m, 14 min. ★ 1940/41. **Flamme als Werkzeug.** REG Hermann Boehlen. AUT Arnold Funke, Werner Wolff. KAM Otto Martini. MUS Walter Winnig. 373 m, 14 min. ★ **März.** ★ 1940/41. **Schneller zum Ziel.** 487 m, 18 min. ★ 1940/41. **Glückliche Jugend.** 720 m, 26 min. ★ 1940/41. **Japans heiliger Vulkan.** REG Arnold Fanck (?). KAM Richard Angst, Walter Riml. 297 m, 11 min. ★ 1940/41. **Der Flußkrebs. Eine kleine Lebensgeschichte.** 388 m, 14 min. ★ **April.** ★ 1941. **Frühling in Japan.** REG Arnold Fanck (?). KAM Richard Angst, Walter Riml. 340 m, 12 min. ★ 1941. **Kristalle.** 523 m, 19 min. ★ 1941. **Vom Werden der Kristalle.** REG U. K. T. Schulz. KAM Walter Suchner. MUS Hans Ebert. Fachberatung: Karl Brandmayer. 523 m, 19 min. ★ 1941. **Hangen wie Glocke.** 210 m, 8 min. ★ 1941. **Kampf um den Berg.** 547 m, 20 min. ★ 1941. **Andacht am Abend.** 300 m, 11 min. ★ 1941. **Die englische Krankheit.** REG Kurt Stefan. AUT Bettina Ewerbeck. KAM Gerhard Müller. MUS Rudolf Perak. 349 m, 13 min. ★ 1941. **Männer im Hintergrund.** REG Hans F. Wilhelm. AUT Wilhelm Dahle. KAM Adolf Kahl. 481 m, 18 min. ★ **Mai.** ★ 1941. **Brandbombenbekämpfung.** 400 m, 15 min. ★ 1941. **Klangfarben.** 111 m, 4 min. ★ 1941. **Wisente.** REG Ulrich K. T. Schulz. KAM Walter Suchner. MUS Hans Ebert. SPR Ernst Sattler. 488 m, 18 min. ★ 1941. **Pferde am Berg.** 490 m, 18 min. ★ **Juni.** ★ 1941. **Eine rührende Geschichte.** 100 m, 4 min. ★ 1941. **Fertigung der Junkers Ju 86.** 586 m, 21 min. ★ 1941. **Fertigung Ju 87.** 429 m, 16 min. ★ 1941. **Fertigung eines Junkers Kampfflugzeuges.** 232 m, 8 min. ★ 1941. **Fertigung eines Junkers Sturzkampfflugzeuges.** 169 m, 6 min. ★ 1941. **Rügen.** REG Heinz Paul. 398 m, 14 min. ★ 1941. **Sahara.** 374 m, 15 min. ★ 1941. **Ein Wort von Mann zu Mann.** 907 m, 33 min. ★ **Juli.** ★ 1941. **Mooswunder.** 442 m, 16 min. ★ 1941. **Zeit im Bild. ›Panzer marsch‹.** 231 m, 8 min. ★ 1941. **Sitzung – nicht stören!.** 111 m, 4 min. ★ **August.** ★ 1941. **Die Weichsel.** 443 m, 16 min. ★ 1941. **Ein Film gegen die Volkskrankheit Krebs.** REG Walther Ruttmann. 457 m, 17 min. ★ **September.** ★ 1941. **Heuzug im Allgäu.** 480 m, 17 min. ★ 1941. **Fliegende Früchte. Wie die Natur pflanzt und sät.** REG Wolfram Junghans. AUT U. K. T. Schulz. KAM Erichhans Foerster, Otto Gnieser, Walter Suchner. MUS Friedrich Witeschnik. 435 m, 16 min. ★ 1941. **Das Cembalo.** REG Alfred Stoeger. MUS Eta Harich-Schneider (Cembalo). 508 m, 18 min. ★ **Oktober.** ★ 1941. **Zwischen Schiff und Schiene. Bilder aus den bremischen Häfen.** 252 m, 9 min. ★ 1941. **Brandplättchen.** 244 m, 9 min. ★ 1941. **Es regnet.** 102 m, 4 min. ★ 1941. **Lustgärten aus galanter Zeit.** REG Heinz-Hermann Schwerdtfeger. 367 m, 13 min. ★ 1941. **Zeitgemäße Pflanzenzucht.** REG Ulrich K. T. Schulz. KAM Walter Suchner, Zeitrafferaufnahmen: Wolfram Junghans, Otto Gnieser. 513 m, 19 min. ★ **November.** ★ 1941. **Salzgewinnung in Japan.** 273 m, 10 min. ★ **Dezember.** ★ 1941. **Bauwerke aus Erde und Stein.** 438 m, 16 min. ★ 1941. **Windige Probleme.** REG Martin Rikli. Herstellungsgruppe: Nicholas Kaufmann. 337 m, 12 min.

PRO Ufa. Herstellungsgruppe: Ulrich Mohrbutter.
HEL Ulrich Mohrbutter. AUL Victor Eisenbach. DRZ 19.9.
Ende Dezember 1941. DRO Ufa-Atelier Berlin-Tempelhof;
AA Biarritz, Löwenberg/Mark, Berlin und Umgebung.
LNG 2146 m, 78 min. ZEN 22.2.1943, Jv. URA 4.3.1943,
Danzig (Ufa-Palast); 26.3.1943, Berlin (Tauentzien-Palast,
U.T. Friedrichstraße, Atrium, Lichtburg).
– Von den Alliierten Militärbehörden verboten.
Maja und Peer kennen sich kaum, lieben sich und gehen
wieder auseinander. Ein Jahr später klären sich die Fronten: Peer ist Offizier im Regiment von Majas Mann, Oberst
Knudson, der seine Frau immer wieder vernachlässigt.
Einem Duell der Männer beugt Maja durch Suizid vor.

1941/42. Zwischen Himmel und Erde.
REG Harald Braun. RAS Walter Wischniewsky, Alfred
Vohrer (?). AUT Jacob Geis, Harald Braun; nach Motiven
der Erzählung von Otto Ludwig. KAM Robert Baberske.
BAU Walter Haag. KOS Alfred Bücken. SCH Ursula
Schmidt. TON Werner Maas. MUS, ML Werner
Eisbrenner. LT Kurt Heynicke. MT ›Wenn die Soldaten…‹.
Dialog-Einstudierung: Eugenie Dengler.
DAR Werner Krauß (Justus Rottwinkel), Gisela Uhlen
(Christine Burger), Wolfgang Lukschy (Mathias Rottwinkel),
Martin Urtel (Lonius Rottwinkel), Charlotte Schultz (Tante
Fine Rottwinkel), Paul Henckels (Clemens Burger), Emil Heß
(Buchhalter Valentin), Armin Münch (Geselle Veit), Sigrid
Becker (Dienstmädchen Hanne), Gustav Waldau (Türmer),
Hans Herrmann-Schaufuß (Bürgermeister), Werner Pledath
(Major), Franz Weber (Lehrer), Elisabeth Flickenschildt
(Wirtin im ›Weißen Lamm‹), Gerda Paulick (Emmi), Helga
Marold (Frau des Reservisten), Meta Weber (Frau des Bürgermeisters), Franz Nicklisch (Reservist), Arthur Reinhardt,
Walter Schramm-Duncker, Fritz Gerlach, Fritz Langhammer.
PRO Ufa. Herstellungsgruppe: Erich Holder. HEL Erich
Holder. AUL Hans-Joachim Wieland. DRZ 3.6. - September
(?) 1941. DRO Froelich-Studio Berlin-Tempelhof, Ufa-Atelier Berlin-Tempelhof; AA Xanten, Kaub. LNG 2776 m,
101 min. ZEN 4.3.1942, Jv. URA 26.3.1942, Duisburg
(Mercator-Palast); 11.6.1942, Berlin (Tauentzien-Palast,
Atrium, U.T. Friedrichstraße, Piccadilly).
– Von den Alliierten Militärbehörden verboten.
Die Dachdecker-Söhne Mathias und Lenius sind verschieden
wie Feuer und Wasser. Beide lieben Christine, die sich, während Lenius 1870/71 im Krieg gegen Frankreich steht, zunächst Mathias zuwendet. Nach Lenius' Rückkehr wendet
sich das Blatt. Auch der Vater erkennt den bösen Charakter
seines Sohnes Mathias. Dieser stürzt am Ende vom Dach.

1941/42. Schicksal.
REG Geza von Bolvary. RAS Carl von Barany. AUT Gerhard
Menzel. KAM Hans Schneeberger. KAS Sepp Ketterer.
BAU Werner Schlichting, Kurt Herlth. KOS Manon Hahn.
SCH Arnfried Heyne. TON Bruno Suckau, Hans Janeczka.
MUS Anton Profes. LT Josef Petrak. AUS Wiener
Philharmoniker.
DAR Heinrich George (Stephan Rakitin), Gisela Uhlen
(Dimka), Werner Hinz (Kosta Wasileff), Will Quadflieg
(Dimo), Christian Kayßler (Fürst Melnik), Heinz Wöster
(Mirko), Walter Lieck (Irischkof), Heinz Ohlsen (Fähnrich),
Wilfried Seyferth (junger Kellner), Karl Ehmann (alter
Kellner), Josef Dahmen (Diener), Adalet (Tänzerin und
Sängerin).
PRO Wien-Film GmbH, Wien; für Ufa. Herstellungsgruppe:
Fritz Podehl. HEL Fritz Podehl. AUL J. W. Beyer, Rudolf
Eckbauer. DRZ 21.4. - Ende September 1941. DRO Ufa-Atelier Berlin-Tempelhof, Atelier Rosenhügel Wien, Atelier
Wien-Schönbrunn; AA Kufstein. LNG 2527 m, 92 min.
ZEN 13.3.1942, Jv., f. URA 18.3.1942, Berlin (Tauentzien-Palast, Atrium, U.T. Friedrichstraße, Filmeck Britz).
– AT: Jovan und Jovana. – Von den Alliierten
Militärbehörden verboten.
Die Kinder des 1919 hingerichteten mazedonischen Fürsten
Melnik werden aufgezogen von Stephan, einem Anhänger
des Verurteilten, der die Hinrichtung vollstreckte und
dafür die eigene Freiheit sowie die der Kinder bekam.
Die Tochter Dimka verliebt sich 1936 in den Richter ihres
Vaters. Stephan erschießt den Richter, wird aber vom
Gericht freigesprochen.

Ewige Jugend
Der Jubiläumsfilm: »Münchhausen«

Für den berühmten Ritt auf der Kanonenkugel – aus der Perspektive des Lügenbarons – muß im Atelier ein riesiger Turm mit einer sich unter der Kamera hindurchdrehenden Trommel errichtet werden

Der Aufwand ist exorbitant, üppig das Budget, verschwenderisch die Ausstattung, vom Feinsten die Besetzung und falsch die ganze Pracht. Während Reichsfilmintendant Fritz Hippler im Oktober 1942 die Produktions- und Firmenchefs der verstaatlichten Filmgesellschaften mit der Nachricht konfrontiert, die Aufhebung weiterer UK-Stellungen stehe bevor, bewahren in der Ufastadt die acht Monate dauernden Dreharbeiten von MÜNCHHAUSEN Hunderte vor der Front oder der Fron in Rüstungsbetrieben.

Und während Max Winkler die von ihm unter dem Ufi-Konzerndach vereinigten Produktionsfirmen im August desselben Jahres bittet, aufgrund der »kriegsbedingten Verhältnisse« ihre Farbfilmvorhaben »so weit wie möglich einzuschränken«, leistet die Agfa Sonderschichten für MÜNCHHAUSEN in Agfacolor; Kerzen würden knapp, läßt die Reichsstelle für Chemie die Filmwirtschaft wissen, aber für MÜNCHHAUSEN erstrahlt ein Lichtermeer; Kostümfilme mit ihrem Verbrauch von »vielen tausend Metern kostbarer und für die Bevölkerung lebensnotwendiger Spinnstoffe« seien nicht mehr zu verwirklichen, verlautet aus der Intendanz,

435

1941/42. Hochzeit auf Bärenhof.
REG Carl Froelich. RAS Milo Harbich, Ernst Mölter, Jochen Kuhlmey. AUT Jochen Kuhlmey, Gustav Lohse; nach der Novelle ›Jolanthes Hochzeit‹ von Hermann Sudermann. KAM Günther Anders. BAU Walter Haag. KOS Alfred Bücken. SCH Johanna Schmidt-Zietemann. TON Erich Schmidt. MUS Theo Mackeben. LT Günther Schwenn. MT ›Ich lieb' Dich viel zu sehr‹.
DAR Heinrich George (Freiherr Maximilian von Hanckel), Ilse Werner (Roswitha von Krakow), Paul Wegener (Freiherr Leonhard von Krakow), Ernst von Klipstein (Leutnant Lothar von Pütz), Lina Carstens (Fränze von Hanckel), Carola Toelle (Bettina von Krakow), Charlotte Schultz (Tante Elfriede), Ernst Dernburg (Kommandeur), Eduard Wesener (Adjutant von Klewitz), Alice Treff (Irene von Klewitz), Walter Steinbeck (Landrat), Hildegard Grethe (Frau des Landrates), Rudolf Klein-Rogge (Sanitätsrat), Ernst Waldow (Regierungsrat), Emil Heß (Königliche Hoheit), Antonie Jaeckel (Frau von Schwerdtfeger), Erik Radolf (Adjutant), Hanne Fey (Lothars Tischdame), Arthur Kühn (Ordonnanz), Sigrid Becker (Stubenmädchen Lisbeth), Karl Dannemann (Kutscher und Kammerdiener Karl Zitzow), Hugo Froelich (Kutscher Basedow), Else Reval (Mamsell), Ernst Rotmund (Buchmacher), Gerhard Dammann (Auktionator), Paul Mederow (Rechtsanwalt).
PRO Ufa. Herstellungsgruppe: Froelich-Studio. HEL Carl Froelich. PRL Friedrich Pflughaupt. AUL Kurt-Fritz Quassowski, Paul Kalinowski. DRZ August - Oktober (?) 1941. DRO Froelich-Studio Berlin-Tempelhof; AA Berlin, Karlshorst. LNG 2888 m, 105 min. ZEN 22.4.1942, Jv. URA 8.6.1942, Berlin (Capitol am Zoo).
– Prädikat: Künstlerisch wertvoll. – Von den Alliierten Militärbehörden verboten.
Ein jahrelanger Familienzwist steht scheinbar gegen die Hochzeit Lothar von Pütz' mit Roswitha von Krakow, kann sie am Ende aber nicht verhindern. Frauen sind hier für Männer Verhandlungsobjekt, sie werden ›genommen‹, geheiratet, müssen sich fügen. Roswitha gelingt es, diese Konventionen zu durchbrechen.

1941/42. Violanta.
REG Paul Ostermayr. RAS Walter Kohlshorn. AUT Emanuel von Richter, Paul Ostermayr; nach der Novelle ›Der Schatten‹ von Ernst Zahn. KAM Ekkehard Kyrath. BAU Ernst Helmut Albrecht, Karel Peter Adam. KOS Reingard Voigt. SCH Hans Domnick. TON Werner Pohl, Bruno Suckau. MUS Winfried Zillig.
DAR Annelies Reinhold (Violanta), Richard Häußler (Marianus Renner), Hans Schlenk (Andreas Renner), Lili Schoenborn (Mutter Renner), Hedwig Wangel (Frau Zureiss), Karl Skraup (Vater Zureiss), Betty Sedlmayr (Sophie Zureiss), Hans Kratzer (Christoph), Gisa Wurm (Mühlbacherin), Ludwig Schmid-Wildy (Kreuzwirt), Emil Matousek (Franz), Lizzi von Kalmar (Hertha).
PRO Paul Ostermayr. HEL Peter Ostermayr. AUL Ludwig Kühr. DRZ 15.8.1941 - Ende Januar 1942. DRO Hostivar-Atelier Prag, Ufastadt Babelsberg; AA Elmau bei Kufstein (Tirol). LNG 2746 m, 100 min. ZEN 6.5.1942, Jv. URA 8.5.1942, Berlin (Tauentzien-Palast, Atrium, U.T. Friedrichstraße, Forum Köpenick).
Die Waise Violanta geht – ohne es zunächst zu wissen – dem Betrüger Marianus auf den Leim. Auf der Suche nach ihm lernt sie seinen Bruder Andreas kennen und lieben. Beide heiraten, worauf Marianus sich meldet und Ansprüche erhebt. Sie tötet den Bösen und kann knapp vor dem Selbstmord gerettet werden.

1941/42. Die große Liebe.
REG Rolf Hansen. AUT Peter Groll, Rolf Hansen; nach einer Idee von Alexander Lernet-Holenia. KAM Franz Weihmayr. SPE Gerhard Huttula. BAU Walter Haag. SCH Anna Höllering. TON Werner Pohl. MUS Michael Jary. LT Bruno Balz. MT ›Davon geht die Welt nicht unter‹, ›Mein Leben für die Liebe‹, ›Ich weiß, es wird einmal ein Wunder gescheh'n‹, ›Blaue Husaren (Heut' kommen die blauen Husaren)‹. GES Zarah Leander. CHO Jens Keith.
DAR Zarah Leander (Hanna Holberg), Grethe Weiser (Zofe Käthe), Viktor Staal (Oberleutnant Paul Wendlandt), Paul Hörbiger (Alexander Rudnitzky), Wolfgang Preiss (Oberleutnant von Etzdorf), Hans Schwarz jr. (Alfred Vanloo), Leopold von Ledebur (Herr Westphal), Julia Serda (Frau Westphal), Victor Janson (Mocelli), Wilhelm Althaus, Paul Bildt, Erich Dunskus, Olga Engl, Karl Etlinger, Hugo Froelich, Ilse Fürstenberg, Wilhelm P. Krüger, Walter Lieck, Henry Lorenzen, Hermann Pfeiffer, Gotthardt Portloff, Grete Reinwald, Just Scheu, Erna Sellmer, Arnim Schweizer, Ewald Wenck, Agnes Windeck.

Münchhausen junior und senior: Hans Albers und Eduard von Winterstein

doch für MÜNCHHAUSEN darf Kostüm-Designerin Manon Hahn in Brokat und Spitze schwelgen und 1000 Komparsen mit Rokoko-Kostümen ausstaffieren.

MÜNCHHAUSEN, der Prestigefilm, Ausweis der Leistungsfähigkeit der isolierten deutschen Filmindustrie, soll sich an grossen Hollywood-Produktionen messen lassen können, die Welt das Staunen lehren über die Deutschen, nachdem sie das Fürchten bereits gelernt hat. Zum 25. Jubiläum der Ufa, die als eigenständiges Unternehmen 1943 nicht mehr existiert, hat Goebbels den »Spitzenfilm« zwei Jahre zuvor in Auftrag gegeben.

Das Staunen über die Deutschen und das Staunen der Deutschen über sich selbst – es würde sich am ehesten erreichen lassen durch Prachtentfaltung, die der Kriegswirtschaft und den verschärften Rationalisierungen trotzt, einen leichten, bisweilen melancholischen Ton, der die Nachrede von der Schwerfälligkeit wie der Humorlosigkeit der Deutschen Lügen straft, durch Technik im Dienst der Fantasie statt der Destruktion, durch leuchtende Farben, gegen den bedrohlicher werdenden Alltag gesetzt, und nicht zuletzt durch einen blonden Titelhelden, dessen unverhohlen vorgetragener Führungsanspruch von Charme und Toleranz gemildert scheint. In der Erfüllung aller Wünsche für Ausstattung, Besetzung, Tricks gibt es weder finanzielle noch personelle Einschränkungen, weshalb für den leichten, chevaleresken, bisweilen besinnlichen Ton auch Erich Kästner sorgen darf. Der verfemte, mit Berufsverbot belegte Autor, der Dienststelle des NS-Hauptideologen Alfred Rosenberg »aus der Systemzeit her als führender Kulturbolschewist (...) noch sehr gut bekannt«, darf 1942 mit Sondererlaubnis das Drehbuch unter dem Pseudonym Berthold Bürger schreiben.

Mit der 1787 von Gottfried August Bürger veröffentlichten Schnurrensammlung um den Lügenbaron hat das Kästnersche Buch nur mehr einige wenige Episoden gemein. Aus dem Schwadroneur wird ein tadelloser Offizier und Frauenheld, ein gewitzter Lebemann, der am Ende müde und weise geworden das ihm von einem dubiosen (und eindeutig antisemitisch gezeichneten) Magier gewährte Geschenk der ewigen Jugend »freiwillig in die Hände des Schicksals« zurücklegt und nunmehr »das Ganze« fordert, »den Rest« – Alter und Tod. Diese Selbstopferung – am Ende der um 1940 angesiedelten Rahmenhandlung – beschließt einen Reigen von Abenteuern, die im 18. Jahrhundert den deutschen Baron nebst Dienerschaft vom heimischen Bodenwerder nach Braunschweig, Kurland, Petersburg, auf die Krim, nach Konstantinopel, Venedig und schließlich auf den Mond führen – und überall ist er männlicher, gewiefter, mutiger, kämpferischer und begehrter als alle anderen. Ein Sieger, der sogar seinen eigenen Todeszeitpunkt bestimmen kann. Typgerecht besetzt die Ufa die Starrolle mit Hans Albers, der gerade 50 Jahre alt geworden ist, und stellt ihm – bis zu den kleinsten Nebenrollen – berühmte und bekannte Schauspielerinnen und Schauspieler zur Seite: Wilhelm Bendow, Käte Haack, Brigitte Horney, Ferdinand Marian, Hubert von Meyerinck, Leo Slezak, Gustav Waldau, Ilse Werner...

Geld spielt keine Rolle: weder in der Besetzung noch in der Ausstattung oder Technik. Auf 4,5 Millionen RM ist der vom Propagandaministerium gewünschte Renommierfilm kalkuliert, er liegt damit deutlich höher als die anderen Filme des Ufa-Produktionsjahres 1942/43, von denen neun unter 1 Million Mark, fünf zwischen 1 und 2 Millionen und drei zwischen 2 und 3 Millionen Mark berechnet sind. Am Ende wird MÜNCHHAUSEN mit 6,475 Millionen Mark Herstellungskosten eines der teuersten Produkte des NS-Films und der teuerste vorgeblich ›reine‹ Unterhaltungsfilm überhaupt. Ob der Prestige-Film dieses Geld auch wieder einspielen würde, ist zunächst unerheblich, die Ufa rechnet sogar lange Zeit mit einem Verlust. Ende 1944 steht er mit einem Inland-Einspielergebnis von 8 Millionen Reichsmark an zehnter Stelle der erfolgreichsten Filme der »staatsmittelbaren Firmen«.

Mitten im dritten Kriegsjahr, am 14. April 1942, beginnt Regisseur Josef von Baky mit den Dreharbeiten. Zur selben Zeit gehören Themen wie Benzin und Papierknappheit, Schwerarbeiter-Zulage und mangelnde Stromversorgung bereits zu den »kriegsbedingten« Themen der regelmäßigen Sitzungen der Firmenchefs. Wo aber Fritz Hippler im Oktober die Anwesenden »abermals« um »verstärkte Trickanwendung in der Spielfilmherstellung bittet, da diese »Einsparung von kostspieligen Atelierbauten und Außenaufnahmen« ermögliche, tüfteln die Trickspezialisten an MÜNCHHAUSEN gänzlich unbehelligt von solchen finanziellen Erwägungen: Doppelbelichtung und Zeitraffer, Schüfftan-Effekt und Rückprojektionen, Kombinationen mit Modellbauten, mechanische Tricks und Glasgemälde setzt das Team um Trickspezialist Konstantin Irmen-Tschet ein, und was die Bauten betrifft, so können Emil Hasler und Otto Gülstorff frei disponieren.

Die Materialschlacht mitten im Krieg eignet sich zu Werbezwecken: »Und wo etwa Gefahr bestand, daß sich die Kunst- und Bauhandwerker nicht vollkommen in die Phantasiewelt des Architekten einfühlen könnten, unterstützen Modelle das handwerkliche Schaffen. So sind zum Beispiel für die rund 600 Baukomplexe, die der Münchhausen-Film erforderte, nicht weniger als dreißig Modelle und mehr als 2500 Zeichnungen angefertigt worden«, prahlt der *Film-Kurier* im November 1942. In der wegen ihrer propagandistischen Aufgabe ohnehin privilegierten Branche, fern der Front und abgeschirmt von Alltagssorgen, genießen die MÜNCHHAUSEN-Beteiligten zusätzliche Vorzüge. Und solange frei entworfen, pompös gebaut, langwierig gedreht wird, gelten alle als »unabkömmlich«, läßt sich das Leben auf der »Insel« Babelsberg – so Gerhard Huttula, zuständig für den legendären Ritt auf der Kanonenkugel – künstlich verlängern.

Die Berliner haben gerade die ersten Bombennächte erlebt, die Wehrmacht die entscheidende Niederlage bei Stalingrad erlitten und Goebbels im Berliner Sportpalast die jubelnde Zustimmung vieler Deutscher zum »totalen Krieg« erhalten, als MÜNCHHAUSEN am 5. März 1943 in dem zu einer NS-Weihestätte umfunktionierten Ufa-Palast am Zoo uraufgeführt wird. Zum »Betriebsappell« anläßlich des 25. Ufa-Jubiläums treten rund 2000 Geladene an. Nach Ansprachen von Goebbels und Klitzsch erleben sie die Premiere eines Films, dessen Opulenz, Phantastik und Farbenpracht, dessen Inhalt und Gestaltung ihn zu einem der bis heute meist diskutierten NS-Unterhaltungsfilme werden ließ: während des Krieges umjubelt in Frankreich, Spanien, auch in der neutralen Schweiz, nach dem Ende der NS-Schreckensherrschaft auf Veranlassung der sowjetischen Militärbehörden in ganz Deutschland verboten, selbst noch in verstümmelter Fassung französische Cinephile entzückend und im Wirtschaftswunderland die Zeitgenossen an vergangene ›große‹ Zeiten erinnernd, in den 70er Jahren von der Murnau-Stiftung erstmals restauriert, in den 80ern ein zweites Mal vom Staatlichen Filmarchiv der DDR – solcherart bleibt MÜNCHHAUSEN in der Kontroverse. Und deshalb höchst lebendig.

Claudia Dillmann

PRO Ufa. Herstellungsgruppe: Walter Bolz. **HEL** Walter Bolz. **AUL** Alfred Henseler. **DRZ** 23.9.1941 - 18.3.1942. **DRO** Atelier Rosenhügel Wien, Froelich-Studio Berlin-Tempelhof; **AA** Rom (Hotel Citta). **LNG** 2738 m, 100 min. **ZEN** 6.6.1942, Jf. **URA** 12.6.1942, Berlin (Ufa-Palast am Zoo, Germania-Palast).
– Prädikate: Staatspolitisch wertvoll, Künstlerisch wertvoll, Volkstümlich wertvoll. – Von den Alliierten Militärbehörden verboten.
Die große Liebe zwischen dem Flieger-Offizier Paul Wendlandt und der Varieté-Sängerin Hanna Holberg wird durch seine Kriegseinsätze und ihre Engagements immer wieder unterbrochen, erlebt aber dafür viele europäische Orte als Schauplatz.

1941/42. GPU.
REG Karl Ritter. **AUT** Karl Ritter, Felix Lützkendorf, Andrews Engelmann; nach einer Idee von Andrews Engelmann. **KAM** Igor Oberberg. **BAU** Heinrich Weidemann, Johannes Massias. **SCH** Conrad von Molo. **TON** Ernst-Otto Hoppe. **MUS** Herbert Windt. Limehouse Blues: Freddie Brocksieper und Band. **DAR** Laura Solari (Olga Feodorowna), Andrews Engelmann (Nikolai Bokscha), Marina von Ditmar (Irina), Will Quadflieg (Peter Aßmus), Karl Haubenreißer (Jakob Frunse), Helene von Schmithberg (Tante Ljuba), Albert Lippert (Hoteldirektor), Wladimir Majer (GPU-Chef), Lale Andersen (Sängerin), Hans Stiebner (Untersuchungsrichter), Maria Bard (Frauenliga-Vorsitzende), Karl Klüssner (Aramian), Ernst-Albert Schah, Ivo Veit (zwei Sowjet-Diplomaten in Helsinki), Nico Turoff, Walter Holetzko, Arthur Reinhardt, Carl Hannemann, Ferdinand Classen, Walter Brückner, Hans Bergmann, Ernst Grohnert (sieben Helfer Frunses), Siegfried Niemann, Gerda von der Osten, Hans Meyer-Hanno, Heinz Wemper, Heinrich Troxbömker, Willy Keil, Lili Schoenborn, Theo Shall, Gösta Richter, Viggo Larsen, Julius Eckhoff, Walter Lieck, Karl Wagner, Bill-Bocketts. **PRO** Ufa. Herstellungsgruppe: Karl Ritter. **HEL** Karl Ritter. **PRL** Gustav Rathje. **AUL** Ernst Mattner. **DRZ** 11.12.1941 - Mitte Mai 1942. **DRO** Ufastadt Babelsberg; **AA** Berlin und Umgebung, Paris, Potsdam, Stettin. **LNG** 2717 m, 99 min. **ZEN** 17.7.1942, Jv. **URA** 14.8.1942, Berlin (Capitol am Zoo, Lichtburg am Gesundbrunnen).
– Von den Alliierten Militärbehörden verboten.
Während der Oktoberrevolution wird die junge Baltin Olga Zeugin der Ermordung ihrer Familie durch den sowjetischen Geheimpolizisten Bokscha. 1939 übt sie an ihm, der Doppelagent für die UdSSR und Frankreich ist, Rache.

1941/42. Die goldene Stadt.
REG Veit Harlan. **RAS** Wolfgang Schleif. **AUT** Veit Harlan, Alfred Braun, (Werner Eplinius); nach dem Bühnenstück ›Der Gigant‹ von Richard Billinger. **KAM** Bruno Mondi. **STF** Otto Krahnert. **BAU** Erich Zander, Karl Machus. **SCH** Friedrich Karl von Puttkamer. **TON** Gustav Bellers, (Bruno Suckau). **MUS** Hans-Otto Borgmann; unter Verwendung von Melodien von Bedřich Smetana. **DAR** Kristina Söderbaum (Anna Jobst), Eugen Klöpfer (Melchior Jobst), Annie Rosar (Frau Opferkuch), Liselotte Schreiner (Wirtschafterin Maruschka), Dagny Servaes (Frau Tandler), Paul Klinger (Ingenieur Christian Leidwein), Kurt Meisel (Toni Opferkuch), Rudolf Prack (Großknecht Thomas), Ernst Legal (Pelikan), Hans Herrmann-Schaufuß (Nemerek), Inge Drexel (Julie), Walter Lieck (Ringl), Frida Richard (Frau Amend), Valy Arnheim, Conrad Cappi, Josef Dahmen, Else Ehser, Hugo Flink, Robert Forsch, Karl Harbacher, Emmerich Hanus, Maria Hofen, Josef Holzer, William Huch, Jaromir Krejci, Maria Loja, Josef Reithofer, Max Rosenhauer, Ernst Rotmund, Franz Schöber, Hans Sternberg, Rudolf Vones, Harry Hardt, Walter Schramm-Duncker, Josef Hustolis, Louis Ralph, Fritz Eysenhardt. **PRO** Ufa. Herstellungsgruppe: Veit Harlan. **HEL** Veit Harlan. **PRL** Hans Conradi. **AUL** Conny Carstennsen, Rudolf Liebermann, Friedrich Link. **DRZ** 25.7.1941 - Mitte März 1942, Atelier: 15.9. - November 1941, Prag: 25.7. - 24.11.1941. **DRO** Ufastadt Babelsberg; **AA** Prag und Umgebung, Umgebung von Bautzen. **LNG** 3004 m, 110 min. **ZEN** 7.8.1942, Jv., f. **URA** 3.9.1942, Venedig (IFF) **DEA** 24.11.1942, Berlin (Ufa-Palast am Zoo, Germania-Palast).
– 2. deutscher Farbfilm. – Prädikat: Künstlerisch besonders wertvoll. – IFF Venedig 1942: Preis des Präsidenten der Internationalen Filmkammer (Besondere Qualitäten als Farbfilm); Coppa Volpi (Beste Darstellerin) an Kristina Söderbaum. – Von den Alliierten Militärbehörden verboten.
Ihre Mutter ging ins Moor, als ihr die Stadt Prag zum Verhängnis wurde, und Anna wird es gleichfalls tun – nachdem sie dort vom Vetter Toni geschwängert und ihr Hoferbe vom Vater Jobst entzogen wurde.

Im Auftrag der Partei
Deutsche Kulturfilm-Zentrale und Ufa-Sonderproduktion

Oberregierungsrat Neumann setzt am 23. März 1940 einen Bericht an den Herrn Minister auf, betr. »Neuordnung des deutschen Kulturfilmschaffens«. Im ersten Teil beschreibt er die augenblickliche Lage: »Seit 1933 muß zusammen mit jedem Spielfilm auch ein Kulturfilm gezeigt werden. Das hat zu einer erheblichen Steigerung der Kulturfilm-Produktion geführt. Diese Tatsache veranlaßte die Ufa, die schon bestehende Kulturfilm-Abteilung wesentlich auszubauen. Neben ihren Vereinbarungen mit der Terra und der Tobis gelang es der Ufa, die meisten freien Kulturfilm-Hersteller von sich fast vollkommen abhängig zu machen. Den Herstellern wurden fertige Drehbücher übergeben, nach denen sie den Film fertigstellen mußten.«

Die Kulturfilmer wollten, so der Bericht weiter, »eigenschöpferische Arbeit« leisten, doch durch die übermächtige Ufa würden sie degradiert zu ausführenden Herstellern. Diese gegen das Ufa-Monopol gerichtete Argumentation überrascht, ist doch die Konzentration das erklärte Ziel der NS-Filmpolitik. Will der Oberregierungsrat den kleineren Produzenten zu mehr Selbständigkeit verhelfen, ihnen größere Freiheiten zugestehen? Nein. Carl Neumann, früher Kinobetreiber und schon vor 1933 ein überzeugter Nazi, will lediglich die eine Abhängigkeit durch eine andere ersetzen. Von den betroffenen Firmen werde dies geradezu herbeigewünscht: »Von allen Kulturfilm-Herstellern wurde einmütig die nunmehr beabsichtigte direkte Einflußnahme des Ministeriums auf die Kulturfim-Produktion sehr begrüßt, weil man sie seit langer Zeit sehnsüchtig erwartet hat.«

Seit 1934 sind mehrere Verordnungen zur Förderung des Kulturfilms erlassen worden, nun soll der gesamte Bereich neu organisiert werden. Carl Neumann, der bereits in der Weimarer Republik die ›Nationalsozialistischen Verbandszellen deutscher Lichtspieltheaterbesitzer‹ aufbaute (und die Landesfilmstelle in Köln gründete), ist der richtige Mann für diese Aufgabe. Goebbels hatte ihn 1934 als Organisationsleiter in die Hauptabteilung Film der Reichspropagandaleitung geholt und vier Jahre später ihm zusätzlich das Referat Kulturfilm-Dramaturgie im Propagandaministerium anvertraut. Erst einmal hat er sich informiert, Gespräche mit Winkler und den leitenden Herren in der Reichsfilmkammer, u.a. Tobis-Generaldirektor Paul Lehmann (Fachausschuß Filmatelier und Filmtechnik) und Ufa-Vorstandsmitglied Hermann Grieving (Fachausschuß Kultur- und Werbefilm) geführt, jetzt erstattet er seinem Dienstherrn Bericht und un-

Die Filmschau JUNGES EUROPA wird mit der Wochenschau gekoppelt, es entfällt die Verpflichtung zur Vorführung eines Kulturfilms.

»Hier wird ein klares und eindruckskräftiges Bild gegeben von einer jungen Generation, die lebt und arbeitet für den Sieg ihrer Nationen.«
(Film-Kurier, 1944)

terbreitet seine Vorschläge zur Neuorganisation. Um die ideologischen Vorgaben optimal durchzusetzen, will er keineswegs mit Brachialgewalt vorgehen. »Es ist notwendig«, schreibt er dem Minister, »mit den Kulturfilmschaffenden, um sie wirklich führen und steuern zu können und sie auf die Wünsche des Staates auszurichten, einen ständigen engen Kontakt herzustellen. Dabei darf man bei ihnen nicht die Empfindung aufkommen lassen, daß sie unter Zensur gestellt seien.«

Die am 1. August 1940 per Anordnung des Reichsfilmintendanten ins Leben gerufene Deutsche Kulturfilm-Zentrale besitzt jedoch nicht bloß den Charakter einer Beratungsinstanz und Vorzensur (um »Fehler möglichst von vornherein zu vermeiden«, wie Neumann formuliert). In Wahrheit ist die neue Organisation, wie es in einem Schreiben an den Reichstreuhänder für den öffentlichen Dienst heißt, die »zentrale Produktionsleitung für das gesamte deutsche Kulturfilmschaffen«. Die Zentrale stellt einen jährlichen Gesamtplan auf, überprüft alle Vorhaben. Jeder Produzent wird verpflichtet, sein Projekt zunächst bei der Zentrale einzureichen und dort genehmigen zu lassen. Finanziert wird die Zentrale durch einen Sonderfonds, der aus der Kulturfilmförderungsabgabe gespeist und von der Cautio verwaltet wird. In dem schon zitierten Schreiben wird klargestellt: »Die Deutsche Kulturfilmzentrale ist ein Betrieb ohne eigene Rechtspersönlichkeit und untersteht unmittelbar Herrn Reichsminister Dr. Goebbels.«

In der Kulturfilm-Abteilung der Ufa gibt es keine Veränderungen. Seit zwei Jahrzehnten sind Nicholas Kaufmann und Ulrich K. T. Schulz die beiden Produktionschefs. In der Zeitschrift *Der Deutsche Film* publiziert Kaufmann lauter Erfolgsmeldungen, stellt die Fortschritte in technischer wie thematischer Hinsicht heraus. »Und endlich und selbstverständlich begleitet der Kulturfilm jetzt im Kriege den großen Lebenskampf der Nation durch Darstellungen, insbesondere aus dem Bereich des soldatischen Geschehens« (1941, Heft 2/3). Die Ufa produziert u.a. FLIEGER, FUNKER, KANONIERE, UNSERE ARTILLERIE, HEERES-REIT-UND FAHRSCHULE HANNOVER, SCHNELLE TRUPPEN, KAMPF UM DEN BODEN und PIMPFE LERNEN FLIEGEN. Im Grunde knüpft die Ufa damit an ihre Anfangsjahre an, doch anders als die frühen Militärfilme sind diese Propagandafilme für das Kino-Beiprogramm professionell und publikumswirksam gemacht. Der Krieg wird zum Abenteuer, z.B. in ALPENKORPS IM ANGRIFF, einem Kulturfilm, der »die Reize eines großzügigen Landschaftsfilms und die Gewalt eines spannenden, oft atemversetzenden Kriegsspiels vereinigt« (*Der Deutsche Film*, 1939/40, Heft 5). Staatliche Institutionen und parteinahe Organisationen, die »Arbeitsgebiete der modernen nationalsozialistischen Fürsorge für des Volkes Wohl« (Kaufmann) sind ebenso Filmthema wie die besetzten Länder im Osten, wobei der Kulturfilm die geopolitische oder historische Legitimation der imperialistischen Ansprüche liefert. ALLE WASSER BÖHMENS FLIESSEN NACH DEUTSCHLAND und EGER, EINE ALTE DEUTSCHE STADT werden zum Großteil schon vor der Annexion gedreht und dann ergänzt um Aufnahmen vom bejubelten Einzug der Wehrmacht. Die Siedlungskampagne in den »ehemals polnischen Gebieten« unterstützt die Ufa mit dem Film AUFBAU IM OSTEN.

Die Kulturfilm-Abteilung hat einen renommierten Regisseur aufzuweisen, der seit 1935 kontinuierlich für die Ufa arbeitet: Walter Ruttmann. Seine Städteportraits von Stuttgart, Düsseldorf und Hamburg verraten jedoch nichts mehr vom einstigen Avantgardeanspruch des Schöpfers von BERLIN. DIE SINFONIE DER GROSSTADT. Den Technikkult der Neuen Sachlichkeit überführt Ruttmann nun in Industriefilme: METALL DES HIMMELS (Stahlerzeugung), MANNESMANN, IM ZEICHEN DER MENSCHHEIT (Bayer) und HENKEL. EIN DEUTSCHES WERK IN SEINER ARBEIT. Der ab-

1941/42. Der 5. Juni. Einer unter Millionen.
REG Fritz Kirchhoff. RAS Walter Wischniewsky. AUT Walter Ulbrich. KAM Walter Pindter. STF Viktor von Buchstab. BAU Erich Kettelhut. ASS Wilhelm Vorwerg, Herbert Nitzschke. SCH Walter Wischniewsky. TON Heinz Martin. MUS Georg Haentzschel.
DAR Carl Raddatz (Feldwebel Richard Schulz), Joachim Brennecke (Gefreiter Eickhoff), Karl Ludwig Diehl (Generalmajor Lüchten), Gisela Uhlen (Luise Reiniger), Paul Günther (Hamann), Gerhard Geisler (Stabsfeldwebel Eickhoff), Ernst von Klipstein (Oberleutnant Lebsten), Hans Richter (Norbert Nauke), Werner Kamper (Klawitter), Werner Völger (Retzlaff), Fred (Selva-)Goebel, Bruni Löbel, Helga Marold, Hermann Mayer-Falkow, Erik Radolf.
PRO Ufa. Herstellungsgruppe: Walter Ulbrich. HEL Walter Ulbrich. PRL Herbert Ulrich (abgelöst). AUL Herbert Junghanns, Willi Rother, Paul Johannes Pach, William Neugebauer. DRZ 15.9.1941 - Mitte Juli 1942. DRO Ufastadt Babelsberg; AA Mühlhausen, Volkenberg, Obermüssbach (Elsaß), Remas (Bretagne), Plauen, Döberitz. LNG ca. 2700 m, 99 min. ZEN November 1942, verboten. – Nach mehrmaliger Vorlage im November 1942 von der Zensur verboten. – Nicht aufgeführt. – Von den Alliierten Militärbehörden verboten.
Kriegs- und Abenteuerfilm vor dem Hintergrund des Einsatzes der deutschen Infanterie gegen die Weygand-Linie in Frankreich 1940.

1941/42. Der Ochsenkrieg.
REG Hans Deppe. RAS Alfons von Plessen. AUT Josef Dalman, Peter Ostermayr; nach dem Roman von Ludwig Ganghofer. KAM Ekkehard Kyrath. BAU Carl Ludwig Kirmse. SCH Ilse Felckmann (?). TON Ernst Otto Hoppe. MUS Winfried Zillig.
DAR Friedrich Ulmer (Peter Pienzenauer), Ernst Sattler (Amtmann Someiner), Thea Aichbichler (Marianne Someiner), Paul Richter (Lampert Someiner), Willy Rösner (Runotter), Elfriede Datzig (Julia Someiner), Wastl Lichtmanegger (Jakob Someiner), Hannes Schulz (Knecht Heiner), Rolf Pinegger (Albmeister Ruechsam), Georg Vogelsang (Bauer Schwarzecker), Leopold Kerscher (Bauer Achenauer), Ludwig Ruppert (Bauer Hinterseer), Hans Hanauer (Bauer Lahner), Fritz Kampers (Söldner Malimmes), Ludwig Schmid-Wildy (Spießknecht Marimpfel), Carl Günther (Seipersdorfer), Hans Baumann (Landvogt), Ernst Stahl-Nachbaur (Heinrich von Burghausen), Walter Ladengast (Ludwig von Ingolstadt), Carl Ehrhardt-Hardt (Sigwart), Walter Janssen (Franziskus), Harry Hardt (Wolfli).
PRO Ufa. Herstellungsgruppe: Peter Ostermayr. HEL Peter Ostermayr. AUL Alexander Desnitzky, Wilhelm Albert Marchand. DRZ 10.9. - November 1941 (AA), 8.4. - August 1942 (Atelier und AA-Nachdreh). DRO Hostivar-Atelier Prag; AA Berchtesgaden und Umgebung. LNG 2621 m, 96 min. ZEN 8.12.1942, Jf. URA 16.1.1943, Trier; 19.5.1943, Berlin (Tauentzien-Palast).
Weil die Alm außer Ochsen auch Kühe weiden, kommt es zu kriegerischen Zuständen unter den Bauern im Berchtesgadener Land. – Eine Geschichte aus dem 15. Jahrhundert.

1942. Diesel.
REG Gerhard Lamprecht. RAS Walter Steffens. AUT Frank Thieß, Gerhard Lamprecht, Richard Riedel; nach der Biografie von Eugen Diesel. KAM Georg Krause. STF Otto Schulz. BAU Erich Kettelhut. KOS Alfred Bücken. SCH Wolfgang Wehrum. TON Bruno Suckau. MUS Hans-Otto Borgmann.
DAR Willy Birgel (Rudolf Diesel), Hilde Weissner (Martha Diesel), Paul Wegener (Direktor Buz), Arthur Schröder (Lucian Vogel), Josef Sieber (Martin), Erich Ponto (Theodor Diesel), Walter Janssen (Prof. Barnickel), Heinrich Troxbömker (Krupp), Herbert Gernot (Krumper), Werner Pledath (Prof. Linde), Hubert von Meyerinck (Herr von Lorrenz), Hilde von Stolz (Frau von Lorrenz), Hanns Schulz (großer Arbeiter), Heinz Evelt (kleiner Arbeiter), Karl Heinz Peters (Ing. Scheuermann), Heinrich Marlow (Prof. Julius), Roma Bahn, Josef Dahmen, Gerhard Dammann, Albert Florath, Robert Forsch, Hildegard Grethe (Frau Barnickel), Karl Hannemann, Otto Henning (Direktor Gillhausen), Ellen Krug, Viggo Larssen, Olga Limburg, Hadrian Maria Netto, Leo Peukert, Hermann Pfeiffer, Klaus Pohl, Ilse Stobrawa, Rudolf Vones, Franz Weber, Paul Westermeier, Franz Zimmermann.

strakte Technik-Fetischismus – der stampfende Rhythmus der Maschinen, Bewegungsabläufe im Fertigungsprozeß, dynamisch montierte Produktpalette – mündet in einem Hymnus auf den Arbeitsalltag im Dritten Reich: Große Fabriken werden als nationale Werke im Dienst der Volksgemeinschaft gefeiert. (Der Kommentar zu MANNESMANN schließt: »Deutsches Volk – Deutsche Arbeit – Deutscher Stahl!«) Diese Filme, meist in zwei Versionen realisiert – als Industriefilm und in einer Kurzfassung als Beiprogramm-Kulturfilm – und als »künstlerisch wertvoll« und »volksbildend« prädikatisiert, taugen auch international als Aushängeschild. (Der MANNESMANN-Film z.B. wird 1937 auf der Weltausstellung in Paris mit dem Grand Prix ausgezeichnet und erhält auf der Biennale in Venedig den Pokal der faschistischen Partei Italiens.) Ruttmanns Weg führt konsequent zu den als staatspolitisch wertvoll eingestuften Produktionen DEUTSCHE PANZER und DEUTSCHE WAFFENSCHMIEDEN. Aus dem Ufa-Programmzettel zu dem auch als Lehrfilm deklarierten Propagandafilm über die Rüstungsbetriebe: »Mensch, Maschine und Stahl – das sind die Hauptdarsteller. Der Filmablauf zeigt Bilder von der Stahlerzeugung, von der Herstellung von Bomben und Granaten, von Infanteriegewehren und Patronen, von Geschützen aller Art und gibt einen Überblick über die unüberwindliche Stärke unserer Waffen, die in unerschöpflichen Vorräten einsatzbereit lagern.«

»Der Staat bedient sich des Kulturfilms als Faktor der politischen und kulturellen Volkserziehung«, erklärt Carl Melzer, der Vizepräsident der Reichskulturkammer. Und die Ufa wird zum exklusiven Auftragsproduzenten der Partei. Der Vertragsabschluß datiert den 18. August 1943; unterzeichnet haben Winkler als Beauftragter für die deutsche Filmwirtschaft und Schatzmeister Schwartz für die NSDAP. Beschlossen wird die Herstellung der von der Reichspropagandaleitung »dramatisch vorbereiteten Filmvorhaben« durch die Ufa zu deren Lasten (inkl. Vorkosten und etwaigen Ausfällen, »Leerlaufkosten« genannt). Im Gegenzug verzichtet die NSDAP auf eine Beteiligung an den Auswertungserlösen. Reine Parteifilme, die nicht im Kino ausgewertet werden können, werden von der Ufa gegen Berechnung der Herstellungskosten zzgl. 10 Prozent Handlungsunkosten produziert.

Nun zieht ein anderer Herr Kaufmann – die Akten verschweigen den Vornamen, er wird immer nur Pg. Kaufmann genannt – in das Ufa-Haus Krausenstraße ein, belegt mit seinen Mitarbeitern dort sieben Räume (und weitere neun in der Schellingstr. 1). Die Ufa-Sonderproduktion ist nicht durchführender Produzent, sondern bereitet die Stoffe produktionsreif vor. Kaufmann führt den von Goebbels erteilten Auftrag »in seiner Stellung als Amtsleiter für Filmproduktionen im Hauptamt Film der Reichspropagandaleitung durch«, heißt es in einem internen Vermerk des Ministeriums vom 12. Oktober 1944. (Auch die anderen Gehälter werden von der Partei getragen; den Angestellten ist ausdrücklich untersagt, irgendwelche Zuwendungen seitens der Ufa anzunehmen.) Sein Jahresetat, von der Haushaltsabteilung schon deutlich heruntergedrückt, weist einen Zuschußbedarf von 1.878.000 Reichsmark aus; damit sollen u.a. Wochenschau-Vorspannfilme, die Filmserien DAFÜR KÄMPFEN WIR und JUNGES EUROPA sowie Propagandafilme für das Ausland finanziert werden. Bevor die Produktion jedoch anlaufen kann, wird Kaufmann Ende Januar 1944 aus dem Verkehr gezogen; in den Akten ist von einer Untersuchung »betreffend Anschuldigungen der Parteiverwaltung gegen die Finanzgebahren des Pg. Kaufmann« die Rede.

Ein Vierteljahr später wird die Firma umgegründet: Die Ufa-Sonderproduktion bekommt eine selbständige Unternehmensform und schließt als Tochter der Universum-Film AG mit dieser einen Organvertrag. Die ersten Produktionsvorhaben werden dem Minister zur Genehmigung vorgelegt. Mit dem Film AUSLÄNDER STUDIEREN IN DEUTSCHLAND soll, so Sachbearbeiter Konzelmann am 4. März, gezeigt werden, »daß auch in den Kriegszeiten die Pflege der Wissenschaft an den deutschen Universitäten und Hochschulen in unvermindertem Umfange fortgesetzt wird und daß namhafte Gelehrte sowie hervorragende Einrichtungen nach wie vor Ausländer zum Studium nach Deutschland ziehen«. Der Film ist vornehmlich für den Einsatz im Ausland bestimmt; die Herstellungskosten belaufen sich auf 130.000 Reichsmark (besonders teuer werden die Außenaufnahmen von einem studentischen Ski-Wettbewerb im Hochgebirge). »Da eine wirtschaftliche Auswertung des Films infolge seines politischen Charakters kaum in Betracht kommen dürfte, wird gebeten, die benötigten Mittel aus dem Kulturfilmförderungsfonds zur Verfügung zu stellen.« Der Antrag wird genehmigt, ebenso 187.000 Reichsmark für DIE GOTTLOSEN, der »die religionsfeindliche Haltung des Bolschewismus« zum Gegenstand hat. Nicht so einfach gehen die Anträge für einen Film über das KINDERELEND IN SOWJETRUßLAND (RM 117.000) und den Propagandafilm FINNLAND (RM 80.000) durch, wobei letzterer »unter Verwendung von russischem Beutematerial« demonstrieren sollte, »wie ein kleines, aber tapferes Volk sich gegen den Bolschewismus zur Wehr setzt«. Das Ministerium, gez. Dr. Naumann, reicht die beiden Vorlagen unbearbeitet zurück mit der Begründung: »Der Herr Minister hat grundsätzlich entschieden, daß für propagandistische Zwecke der Kulturförderungsfonds nicht zur Verfügung steht. Wie schon der Name besagt, dient der genannte Fonds ausschließlich der Förderung kultureller Vorhaben. Die von Ihnen beantragten Filme sind ausgesprochene Propagandamaßnahmen und müssen aus einem Propagandafonds finanziert werden.« So manches Projekt wird eingefroren, bis nach zähen, monatelangen Verhandlungen die Frage der Kostenträgerschaft geklärt ist.

WAS JEDER WISSEN MUSS nennt sich eine Kurzfilm-Reihe, die als regelmäßiger Bestandteil der Wochenschau hergestellt wird. Themen 1944: Altpapier, Röntgenstrahlen, Preiskommissar, Zeitung, Elektrizität u.a.. Ab Juli beschäftigen andere Themen die Ufa-Sonderproduktion. ERST LÖSCHEN, DANN RETTEN behandelt den Luftschutz. Ein mit dem Vermerk Geheim! versehenes Schreiben von Reichsfilmintendant Hinkel informiert am 11. Juli den Minister: »Zur Besichtigung liegt der von der Ufa-Sonderproduktion hergestellte Film K I (Arbeitstitel) bereit. Es handelt sich um den ersten Aufklärungsfilm über das Verhalten der Bevölkerung bei Gasalarm. Der Film hat eine Länge von 183 m; er wurde von den Sachverständigen – an der Spitze Prof. Brandt – für gut befunden. Es ist beabsichtigt, sofort rund 550 Kopien ziehen zu lassen und sie in verschiedenen Städten bombensicher zu lagern, damit der Film im Bedarfsfall sofort eingesetzt werden kann.«

Die Ausrufung des totalen Kriegs führt dazu, daß Hinkel im August die Ufa-Sonderproduktion, die Ufa-Wirtschaftsfilm sowie die Sonderproduktion der Wochenschau schließt und die Ufa-Kulturfilmabteilung auf einen kleinen Apparat reduziert. Mit dieser Maßnahme will der Reichsfilmintendant auch die »Drückebergerei« in der Filmindustrie unterbinden: »Es kam für uns darauf an, ganze Aufgabengebiete weitgehenst stillzulegen, um damit auch jenen Männern die Möglichkeit weiteren kriegswichtigen Einsatzes in der Filmproduktion zu nehmen, die sich bisher schon über fünf Jahre die Uk-Stellung gesichert hatten.« Unvermindert fortgesetzt werden die Konflikte und Kompetenzstreitigkeiten zwischen Ministerium und Parteistellen. Kritisiert wird z.B. der von Reichsleiter Ley in Auftrag gegebene Behelfsheim-Film WAS NUN?. Der für die Dienststelle Rosenberg produzierte Schulungsfilm WENN MORGEN KRIEG WÄRE... passiert nur mit Vorbehalten die Zensur. Tendenziös monierte Szenen aus sowjetischen Spielfilmen sollen als Beweis dienen, daß die Russen »Jahre vor Ausbruch des Krieges ihr Volk auf eine militärische Auseinandersetzung mit dem Reich vorbereiteten«. Hinkel kommt am 16. Dezember noch einmal auf den parteiintern umstrittenen Film zurück. Offensichtlich hat man Angst, daß die gewünschte Aussage sich ins Gegenteil verkehren könnte: »Reichsleiter Rosenberg stimmt mit dem Herrn Minister völlig darin überein, daß die starke bildliche Wirkung durch den Sprecher in dem Film nicht neutralisiert werden kann«, sichert aber zu, daß der Film »nur auf der Reichs- und Gauebene bis zum Standartenführer und entsprechend bei der Wehrmacht im Rahmen der NS-Führungsarbeit bis zum Kommandeur« zum Einsatz kommt. Sachbearbeiter Konzelmann hat andere Sorgen: Am 6. November wendet er sich wegen eines finanziellen Ausfalls an den Staatssekretär. Es geht um den auf Anregung des Auswärtigen Amtes entstandenen Propagandafilm ATLANTIK-WALL. »Der beabsich-

»Kriegserziehungsfilm und Kulturfilm stehen ebenfalls unter dem Totalitätsanspruch des deutschen Freiheitskampfes.«
(Hans Traub, 1943)

Bilder aus der Filmschau JUNGES EUROPA. Die Herstellungskosten – 95.000 RM pro Folge – trägt die Wochenschau GmbH und die Reichsjugendführung

PRO Ufa. Herstellungsgruppe: Richard Riedel. **HEL** Richard Riedel. **AUL** Rudolf Eckbauer, Rudolf Liebermann, Anton Höhn, Willy Laschinsky. **DRZ** 9.2. - Mitte September 1942. **DRO** Hostivar-Atelier Prag, Ufastadt Babelsberg, Froelich-Studio Berlin-Tempelhof (?). **LNG** 2995 m, 109 min. **ZEN** 16.10.1942, Jf., f. **URA** 13.11.1942, Augsburg (Filmpalast); 9.2.1943, Berlin (Ufa-Palast am Zoo).
– Prädikate: *Staatspolitisch wertvoll, Künstlerisch wertvoll, Volkstümlich wertvoll.*
Rudolf Diesels Erfindung eines neuen Verbrennungsmotors wurde am 27.2.1892 zum Patent angemeldet. Aus der Sicht seines Sohnes Eugen wird die Lebensgeschichte Diesels erzählt.

1942. Hab' mich lieb!
REG Harald Braun. **RAS** Eugenie Dengler, Alfred Vohrer (?). **AUT** Johann Vaszary, Georg Jacoby, Kurt Bortfeld, Herbert Witt. **KAM** Reimar Kuntze. **BAU** Ernst Helmut Albrecht. **KOS** Vera Mügge. **SCH** Margarete Noell. **TON** Walter Rühland, Hans Löhmer. **MUS** Franz Grothe. **LT** Willy Dehmel. **MT** ›Es ist nur die Liebe...‹, ›Sing' mit mir!‹, ›Komm und gib mir Deine Hand‹, ›Ich möchte so gerne...‹. **CHO** Sabine Ress.
DAR Marika Rökk (Monika Koch), Viktor Staal (Andreas Rüdiger), Mady Rahl (Helene), Hans Brausewetter (Dr. Georg Nöhring), Aribert Wäscher (Theaterdirektor), Ursula Herking (Sekretärin Frl. Müller), Günther Lüders (Diener Paul), Paul Henckels (Papa Schmidtke), Herta Mayen (Sängerin), Hans von Kusserow (Tänzer), Lucie Euler, Sonja Kuska, Karin Lüsebrink, Erich Dunskus, Clemens Hasse, Emil Heß, Franz Weber, Herbert Weißbach, Eduard Wenck, Willy Witte.
PRO Ufa. Herstellungsgruppe: Georg Jacoby. **HEL** Georg Jacoby. **AUL** Victor Eisenbach, Kurt Paetz. **DRZ** 15.6. - Ende Juli 1942. **DRO** Ufa-Atelier Berlin-Tempelhof, Froelich-Studio Berlin-Tempelhof; **AA** Berlin. **LNG** 2707 m, 99 min. **ZEN** 2.12.1942, Jv. **URA** 8.12.1942, Berlin (Gloria-Palast, Stella-Palast).
– Prädikate: *Künstlerisch wertvoll, Volkstümlich wertvoll.*
Der Archäologe Dr. Nöhring und dessen Freund Andreas verbringen einige Zeit mit der unzuverlässigen und deshalb entlassenen Revue-Tänzerin Monika. Der eine verlobt sich mit ihr, der andere verliebt sich in sie. Um diesen Unterschied geht es. Deshalb erhält Andreas den Zuschlag.

1942-44. Opfergang.
REG Veit Harlan. **AUT** Veit Harlan, Alfred Braun; frei nach der Novelle von Rudolf Georg Binding. **KAM** Bruno Mondi. **BAU** Erich Zander, Karl Machus. **SCH** Friedrich Karl von Puttkamer. **ASS** Christa Loose. **TON** Heinz Martin. **MUS** Hans-Otto Borgmann.
DAR Carl Raddatz (Albrecht), Kristina Söderbaum (Aels), Irene von Meyendorff (Octavia Froben), Franz Schafheitlin (Mathias), Ernst Stahl-Nachbaur (Sanitätsrat Terboven), Otto Tressler (Senator Froben), Annemarie Steinsieck (Frau Froben), Edgar Pauly (Diener), Charlotte Schultz (Krankenschwester), Ludwig Schmitz, Franz W. Schröder-Schrom.
PRO Ufa. Herstellungsgruppe: Veit Harlan. **HEL** Veit Harlan. **PRL** Erich Holder. **AUL** Conny Carstenssen, Ernst Liepelt. **DRZ** 21.8.1942 - ca. 5.1.1943. **DRO** Ufastadt Babelsberg; **AA** bei Berlin, bei Eutin, Hiddensee, Hamburg. **LNG** 2682 m, 98 min. **ZEN** 14.2.1944, Jv. **URA** 8.12.1944, Hamburg (Lessing-Theater, Passage-Theater); 30.12.1944, Berlin (Tauentzien-Palast, U.T. Alexanderplatz, U.T. Wojnitzstr.).
– 6. deutscher Farbfilm. – Prädikat: *Künstlerisch besonders wertvoll.* – Von den Alliierten Militärbehörden verboten.
Eine Dreiecksgeschichte: Das Ehepaar Albrecht und Octavia lebt in seiner hamburger Villa neben jener der alleinstehenden Aels. Differenzen zwischen den beiden Frauen treiben Albrecht immer stärker in die Arme von Aels. Als beide erkranken, Albrecht an einer Seuche, Aels an einer Tropenkrankheit, opfert sich Octavia und ahmt Albrechts täglichen Gruß vom Pferde in Richtung Aels solange nach, bis die Krankheit sie dahinrafft.

»Großartige Fliegeraufnahmen enthält ein in Zusammenarbeit mit dem Reichsluftfahrtministerium hergestellter Film FLIEGER, FUNKER, KANONIERE. Das unserer Luftwaffe entgegengebrachte große Interesse wird auch diesem zugute kommen, der die meisten Filmbesucher über bisher Unbekanntes informiert. Regie: Dr. Martin Rikli.«
(Film-Kurier, 1937)

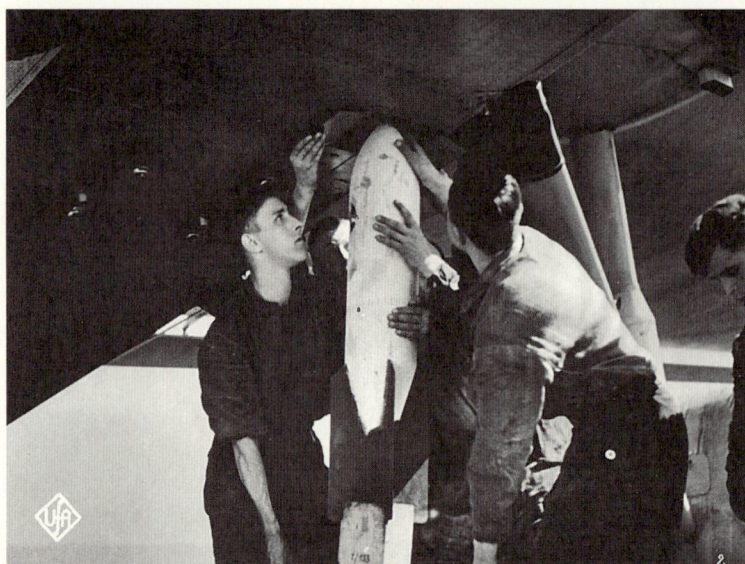

tigte Filmstart, der kurz vor der Invasion fertiggestellt wurde, kann infolge der militärischen Ereignisse nicht mehr in Betracht kommen. Die Ufa-Sonderproduktion G.m.b.H. hat für die Herstellung des Films 37.719,35 Reichsmark aufgewendet.« Die Kosten werden erstattet.

Die Kulturfilm-Produktion wird bis zum Zusammenbruch des Dritten Reiches fortgeführt. Noch im Januar 1945 werden Prädikate verteilt. Die Ufa ist mit MEISTERTURNER, PETER PARLER – DOMBAUMEISTER ZU PRAG sowie BÖCKE UND GEISSEN vertreten; die Ufa-Sonderproduktion DER PANTER AUS STAHL (Erprobung eines neuen Panzertyps) wird ausgezeichnet als »staatspolitisch wertvoll«. Produktionsleiter Ulrich K. T. Schulz bedankt sich am 15. Januar bei Goebbels für dessen Glückwünsche zu seinem 25jährigen Ufa-Jubiläum und versichert, dies sei für ihn und seine Mitarbeiter Ansporn, »unser Letztes zu geben. Der deutsche Kulturfilm war bisher führend in der Welt, er soll und muß es auch weiterhin bleiben«.

Michael Töteberg

Kurzfilme der Ufa 1942-45

1942

Januar. ★ 1941/42. **Spanische Inseln im Mittelmeer.** 283 m, 10 min. ★ 1941/42. **Der schaffende Neckar.** 423 m, 15 min. ★ 1941/42. **TN.** 399 m, 14 min. ★ 1941/42. **Schorfheide.** 421 m, 15 min. ★ 1941/42. **Wir sind und wir bleiben Soldaten.** 1108 m, 40 min. ★ **Februar.** ★ 1941/42. **Zerstörung und Aufbau.** 1071 m, 39 min. ★ 1941/42. **Erdbeben und Vulkane.** REG, AUT Martin Rikli, Walter Hartmann. KAM Erichhans Foerster. MUS Hans Ebert. 365 m, 13 min. ★ **März.** ★ 1941/42. **Spindel und Webstuhl.** 1005 m, 37 min. ★ 1941/42. **Wissenschaft ums Kind.** 117 m, 4 min. ★ 1941/42. **Schaffende Jugend.** 529 m, 19 min. ★ **April.** ★ 1942. **Junkers Sturzkampfflugzeuge.** 323 m, 12 min. ★ 1942. **Pirsch unter Wasser.** REG Rudolf Schaad. KAM Hans Hass, Jörg Böhler, Alfred von Wurzian. 463 m, 17 min. ★ 1942. **Geheimnisvolle Moorwelt.** REG Ulrich K. T. Schulz. AUT Ulrich K. T. Schulz, Anton Fruhstorfer. KAM Walter Suchner, Karl Hilbiber, Laboraufnahmen: Wolfram Junghans, Otto Gnieser, Mikroaufnahmen: Herta Jülich. MUS Franz R. Friedl. SPR Theodor Mühlen. 372 m, 14 min. ★ **Mai.** ★ 1942. **Du und die Drei.** 128 m, 5 min. ★ 1942. **Juno 211 (Junkers Lehrfilm Nr. 4).** 951 m, 35 min. ★ 1942. **Zur Reichsmesse in Leipzig.** 408 m, 15 min. ★ 1942. **Süße Geheimnisse.** 101 m, 4 min. ★ **Juni.** ★ 1942. **Rechtsleben im Film.** 2259 m, 82 min. ★ 1942. **Ein Volk hilft sich selbst.** 427 m, 15 min. ★ **Juli.** ★ 1942. **Boote mit Flügeln.** KAM Franz Barth Seyr, Jacob Linder. MUS Carl Michalski. Fachliche Leitung: Dr. Manfred Curry. Herstellungsgruppe: Nicholas Kaufmann. 371 m, 13 min. ★ 1942. **Der lose Falter.** 241 m, 9 min. ★ **August.** ★ 1942. **Die Reinlichkeit ist nicht zum Scherz.** 149 m, 5 min. ★ 1942. **Lärm um Fräulein Huber.** 114 m, 4 min. ★ 1942. **Wie ein Prix-Werk entsteht.** 842 m, 31 min. ★ 1942. **Märkische Fahrt.** REG Kurt Rupli. 325 m, 12 min. ★ **September.** ★ 1942. **Bunter Reigen.** 316 m, 15 min. ★ 1942. **Bitte, Fräulein, schreiben Sie!** 115 m, 4 min. ★ 1942. **Dokumente zur Geschichte des deutschen Filmschaffens.** 2154 m, 79 min. ★ **Oktober.** ★ 1942. **Aus eigener Kraft.** REG Günther Saljo. 394 m, 14 min. ★ 1942. **Besser als Bargeld.** 110 m, 4 min. ★ 1942. **Schwere Burschen.** REG Wilhelm Prager. 385 m, 14 min. ★ 1942. **Verträumte Winkel am Neckar und Main.** REG Otto Trippel. 398 m, 14 min. ★ 1942. **Die Jäger als Heger.** REG Ulrich K. T. Schulz. 390 m, 14 min. ★ 1942. **Scharfe Sachen. Wie ein Prix-Werk entsteht.** 341 m, 12 min. ★ 1942. **Vorbeugen ist besser.** 412 m, 15 min. ★ **November.** ★ 1942. **Ein Licht geht auf.** 111 m, 4 min. ★ 1942. **Farne.** REG Ulrich K. T. Schulz. KAM Walter Suchner: Mikrokamera: Herta Jülich. 325 m, 12 min. ★ 1942. **Im Tal der Wiese.** REG Heinz-Hermann Schwerdtfeger. 299 m, 11 min. ★ 1942. **Ostpreußens Küste am Meer.** REG Ulrich K. T. Schulz. KAM Walter Suchner. 366 m, 13 min. ★ 1942. **Der Geißbub.** KAM Thorby Hans Wörndle. 364 m, 13 min. ★ **Dezember.** ★ 1942. **Spiegel der Zeit.** REG Eugen York. 467 m, 17 min. ★ 1942. **Ponies.** REG Wilhelm Prager. 395 m, 14 min. ★ 1942. **Heimliche Gäste in Wald und Flur.** REG Ulrich K. T. Schulz. 399 m, 14 min. ★ 1942. **Eisschießen.** 407 m, 15 min. ★ 1942. **Regatta.** 407 m, 15 min. ★ 1942. **Die Sommerwiese.** REG Gero Priemel. 400 m, 15 min. ★ 1942. **Vereint ist mehr.** 100 m, 4 min. ★ 1942. **Sinnvolle Zwecklosigkeiten.** REG Fritz Heydenreich, Friedrich Goethe. 425 m, 15 min. ★ 1942. **Letzte Grüße von Marie.** 540 m, 20 min. ★ 1942. **Üb' Aug und Hand.** 508 m, 18 min. ★ 1942. **Die Herrin des Hofes.** REG Andrew Thorndike. 337 m, 12 min.

1943

Januar. ★ 1942/43. **Die spanische Hofreitschule in Wien.** 417 m, 15 min. ★ 1942/43. **Nachkommen der Mayas. Im westlichen Guatemala.** 407 m, 15 min. ★ 1942/43. **Allzuviel ist ungesund.** 124 m, 4 min. ★ 1942/43. **Zuckerrübenanbau im Elsaß.** 745 m, 27 min. ★ **Februar.** ★ 1942/43. **Hochzeit ist nicht alle Tage.** 129 m, 5 min. ★ 1942/43. **Mädel verlassen die Stadt.** 402 m, 15 min. ★ 1942/43. **Weltumspannende Funkwellen.** 838 m, 31 min. ★ 1942/43. **Pommerland – Ostseestrand. Bilder aus Vergangenheit und Gegenwart (2. Folge).** 213 m, 8 min. ★ **März.** ★ 1942/43. **Der Haltefest.** 1566 m, 57 min. ★ 1942/43. **Brandbomben und Entstehungsbrände.** 165 m, 6 min. ★ 1942/43. **Vom Uhu und anderen Gesichtern der Nacht.** 434 m, 16 min. ★ **April.** ★ 1943. **Wolkenspiel.** REG, AUT Martin Rikli. KAM Kurt Stanke. Herstellungsgruppe: Nicholas Kaufmann. 340 m, 12 min. ★ 1943. **Insel Reichenau.** REG Wolfgang Müller-Sehn. 265 m, 10 min. ★ 1943. **FHD.-Mädel.** 369 m, 13 min. ★ 1943. **Vogelparadies in der Arktis.** REG, KAM Erich Daudert. MUS Hans Ebert. Herstellungsgruppe: Alfred Merwick. 307 m, 11 min. ★ **Mai.** ★ 1943. **Küchenzauber.** REG Martin Rikli, Paul Steindel. KAM Kurt Stanke. 363 m, 13 min. ★ 1943. **Beispiele von Röntgenfilm- und Überzeitlupen-Aufnahmen als Ergänzung zu bereits zensierten Kulturfilmen als Lehrmittel.** 194 m, 7 min. ★ 1943. **Hanomag R 40.** 2518 m, 92 min. ★ 1943. **Ein Berg wird abgebaut.** 122 m, 4 min. ★ **August.** ★ 1943. **Kauritleim.** 643 m, 24 min. ★ **September.** ★ 1943. **Beispiele von mikroskopischen Röntgenfilm-, Trick- und Normal-Aufnahmen naturwissenschaftlicher Art.** 1250 m, 45 min. ★ 1943. **Neuzeitliche Zahnbehandlung beim Pferd.** 866 m, 31 min. ★ **Oktober.** ★ 1943. **Auf geht's! (Ein Film vom Schuhplattln).** AT: Schulstunde im Schuhplattln. REG Wilhelm Prager. KAM Walter Türck. MUS Hans Ebert. Herstellungsgruppe: Nicholas Kaufmann. 402 m, 15 min. ★ 1943. **Ein vorbildlicher Vater (Der Roman eines Stichlings).** REG Ulrich K. T. Schulz, Wolfram Junghans. AUT Ulrich K. T. Schulz. KAM Walter Suchner, Carl Hilbiber, Mikroaufnahmen: Herta Jülich. MUS Friedrich Witesschnik. Herstellungsgruppe: Ulrich K. T. Schulz. 347 m, 13 min. ★ 1943. **Sommertage auf den Lofoten.** REG, KAM Erich Daudert. MUS Erwin Christoph. Herstellungsgruppe: Alfred Merwick. 279 m, 10 min. ★ 1943. **Eingeschneit in Lager IV.** REG Frank Leberecht. KAM Bechtold, Thaenes. 186 m, 7 min. ★ 1943. **Volksleben am Rande der Sahara.** 149 m, 5 min. ★ 1943. **Fleischfressende Pflanzen.** REG Ulrich K. T. Schulz. KAM Walter Suchner, Karl Hilbiber, Mikroaufnahmen: Herta Jülich. MUS Hans Ebert. Herstellungsgruppe: Ulrich K. T. Schulz. 388 m, 14 min. ★ 1943. **Sturz ins Ziel.** REG Hans F. Wilhelm. KAM Otto Martini. Herstellungsgruppe: Otto Nay. 430 m, 16 min. ★ **November.** ★ 1943. **Rüstungsarbeiter.** REG Wolf Hart. KAM Walter Türck. Herstellungsgruppe: Otto Nay. 413 m, 15 min. ★ 1943. **Im Lande der Königin von Saba.** 390 m, 14 min. ★ 1943. **Welt im Kleinsten.** REG Herta Jülich, Mikrokamera: Herta Jülich. MUS Franz R. Friedl. Herstellungsgruppe: Ulrich K. T. Schulz. 396 m, 14 min. ★ 1943. **Pulsschlag des Meeres.** 424 m, 15 min. ★ 1943. **Bunte Lurch- und Kriechtierwelt.** REG Wolfram Junghans. 373 m, 14 min. ★ **Dezember.** ★ 1943. **Kinder reisen ins Ferienland.** 163 m, 6 min. ★ 1943. **Warnfarben und Tarnfarben.** REG Ulrich K. T. Schulz. 407 m, 15 min. ★ 1943. **Dämmerung über dem Teufelsmoor.** REG, KAM Wolf Hart. Herstellungsgruppe: Otto Nay. 450 m, 17 min. ★ 1943. **Buntes Leben in der Tiefe.** REG Ulrich K. T. Schulz. KAM Walter Suchner. MUS Friedrich Witesschnik. Herstellungsgruppe: Ulrich K. T. Schulz. 463 m, 17 min. ★ 1943. **Alltag zwischen Zechentürmen.** REG Leo de Laforgue. KAM Kurt Stanke. MUS Eberhard Glombig. Herstellungsgruppe: Nicholas Kaufmann. 417 m, 15 min. ★ 1943. **Vertrauensfrage.** 123 m, 4 min. ★ 1943. **Zehn Finger leisten mehr als zwei.** 405 m, 15 min.

1944

Januar. ★ 1943/44. **Auch wir helfen siegen.** 116 m, 4 min. ★ 1943/44. **Lichte und dunkle Geschichten.** 102 m, 4 min. ★ **Februar.** ★ 1943/44. **Jugend musiziert.** 469 m, 17 min. ★ 1943/44. **Warum?** 108 m, 4 min. ★ 1943/44. **Der Kumpel.** REG Heinz-Hermann Schwerdtfeger. KAM Erichhans Foerster. Herstellungsgruppe: Otto Nay. 356 m, 13 min. ★ 1943/44. **Unterricht fällt aus – Diphtherie.** 704 m, 26 min. ★ **März.** ★ 1943/44. **Kaninchen.** REG Ulrich K. T. Schulz, Wolfram Junghans. AUT Harry Langewisch. KAM Otto Gnieser. MUS Walter Winnig. Herstellungsgruppe: Ulrich K. T. Schulz. 423 m, 15 min. ★ 1943/44. **Die Rominter Heide.** 360 m, 13 min. ★ 1943/44. **Wege zum Fortschritt.** 527 m, 19 min. ★ **Mai.** ★ 1944. **Die Jugend der Lippizaner.** 301 m, 11 min. ★ 1944. **Der unsichtbare Schlagbaum.** REG Hans F. Wilhelm. 438 m, 16 min. ★ 1944. **In einer chinesischen Stadt.** 444 m, 16 min. ★ 1944. **Wie spät?** REG Martin Rikli, Walter Hartmann. 325 m, 12 min. ★ **Juli.** ★ 1944. **Fernsehen.** 674 m, 25 min. ★ **August.** ★ 1944. **Friedliche Jagd mit der Farbkamera.** 513 m, 19 min. ★ 1944. **Gefahr.** 1545 m, 56 min. ★ 1944. **Kamerad Sanitätshund.** 420 m, 15 min. ★ 1944. **Die Hasenpfote.** Nachwuchsproduktion. 746 m, 27 min. Kurzspielfilm ★ 1944. **Schwester Helga. Aus dem Tagebuch einer Gemeindeschwester.** Herstellungsgruppe: Otto Nay. 416 m, 15 min. ★ 1944. **Land hintern Deich.** 394 m, 14 min. ★ 1944. **Post nach den Halligen.** REG Alfred Merwick. KAM Kurt Stanke. Herstellungsgruppe: Nicholas Kaufmann. 441 m, 16 min. ★ 1944. **Ein Schäfertag.** 373 m, 14 min. ★ **Dezember.** ★ 1944. **Meisterturner unter die Zeitlupe genommen.** AUT Udo Vietz. 395 m, 14 min. ★ 1944. **Sport in der Zeitlupe.** REG Nicholas Kaufmann. KAM Kurt Stanke. MUS Bernhard Derksen. Herstellungsgruppe: Nicholas Kaufmann. ★ 1944/45. **Erst löschen, dann retten.** 168 m, 6 min. ★ 1944/45. **Sicherung der Luftschutzräume.** 195 m, 7 min. ★ 1944/45. **So wird's gemacht.** 256 m, 9 min. ★ 1944/45. **Vom Herzschlag deutscher Arbeit.** 289 m, 10 min. ★ 1944/45. **Der Panther aus Stahl.** 338 m, 12 min. ★ 1944/45. **Böcke und Geißen.** REG, AUT Walter Türck, Harry Langewisch. KAM Walter Türck. Herstellungsgruppe: Ulrich K. T. Schulz. 344 m, 12 min.

1945

1945. **Anmut und Kraft. Frauensport unter der Zeitlupe.** AUT Victoria von Ballasko, Udo Vietz. KAM Kurt Stanke. MUS Clemens Schmalstich. ★ 1944. **Leben auf dem Strom.** REG Th. N. Blomberg. ★ 1945. **Unser täglich Brot.** REG Ulrich K. T. Schulz. Zeitrafferregie: Wolfram Junghans. KAM Walter Suchner, Otto Gnieser. Mikroaufnahmen: Herta Jülich. Wissenschaftliche Beratung: Prof. Rudolf. Herstellungsgruppe: Ulrich K. T. Schulz. ★ 1944. **Der Karpfen.** REG Ulrich K. T. Schulz, Wolfram Junghans. KAM Walter Suchner, Carl Hilbiber. Mikroaufnahmen: Herta Jülich. Herstellungsgruppe: Ulrich K. T. Schulz.

1942-44. Zwischen Nacht und Morgen.
REG Alfred Braun. **RAS** Walter Fredersdorf, Alfred Vohrer (?). **AUT** Veit Harlan, Alfred Braun. **KAM** Reimar Kuntze. **STF** Horst von Harbou. **BAU** Wilhelm Depenau, Alfred Tolle. **KOS** Gertrud Steckler. **SCH** Walter Fredersdorf. **TON** Alfred Zunft. **MUS** Wolfgang Zeller.
DAR Käthe Gold (Schwester Agnes), René Deltgen (Günter Imhoff), Paul Wegener (Prof. Mochmann), Hans Schlenck (Dr. Lamprecht), Maria Koppenhöfer (Oberschwester), Albert Florath (Laboratoriumsdiener Ehlers), Mady Rahl (Gerda Schirmer), Ilse Petri (Lilo Thiele), Rudolf Schündler (Dr. Bertram), Gertrud Spalke, Marina Werner-Papke, Walter Pentzlin.
PRO Ufa. Herstellungsgruppe: Veit Harlan. **HEL** Veit Harlan. **PRL** Erich Holder. **AUL** Hans-Joachim Wieland, William Neugebauer. **DRZ** 21.8.1942 - Oktober 1943 (mit Unterbrechungen). **DRO** Ufastadt Babelsberg. **LNG** ca. 2700 m, 99 min. **ZEN** Dezember 1944, Jv. **URA** 26.10.1951, Hamburg (Harvestehuder Lichtspiele).
– AT+Titel 1951: Augen der Liebe. – Der Film wurde im Dezember 1944 zensiert, aber bis Kriegsende nicht mehr eingesetzt.
Zwei Ärzte erinnern sich an einen zehn Jahre zurückliegenden Fall: Schwester Agnes, einst dem Chefarzt zugetan, entfernt sich plötzlich von ihm und wendet sich dem erblindeten Bildhauer Imhoff zu, dessen Braut Gerda diese Kraft nicht besitzt. Vor einem Gelingen der Augenoperation fürchtet sich Agnes, denn ihr Äußeres ist eher herb als schön. Schließlich bekommt sie ein Kind und den wieder sehenden Künstler obendrein.

1942/43. Liebesgeschichten.
REG Viktor Tourjansky. **RAS** H. G. Schulz. **AUT** Viktor Tourjansky, Gustav Kampendonk; nach einem Stoff von Walter Lieck. **KAM** Igor Oberberg. **STF** Richard Buchholz, E. Baumann, Erwin Klitsch. **BAU** Walter Röhrig, German Herbricht. **KOS** Alfred Bücken. **SCH** Wolfgang Wehrum, Hilde Tegener. **TON** Günther Bloch. **MUS** Peter Kreuder. **LT** Hans Fritz Beckmann. **CHO** Jens Keith, Willy Schulte-Vogelheim.
DAR Willy Fritsch (Werner Lüdtke), Willi Puhlmann (Werner mit 9 Jahren), Norbert Rohringer (Werner mit 16 Jahren), Eduard Wenck (Schumachermeister Lüdtke), Erna Sellmer (Mutter Lüdtke), Hans Joachim Funk (Oskar Lüdtke mit 14 Jahren), Paul Esser (Oskar Lüdtke mit 20 Jahren), Hannelore Schroth (Felicitas von Graefe und ihre Tochter Beate Rechenmacher), Helga Meinel (Felicitas mit 8 Jahren), Walter Franck (Herr von Graefe), Elisabeth Flickenschildt (Felicitas' Gouvernante Frl. Klehps), Franz Schafheitlin (Bankier Rechenmacher), Herta Mayen (Soubrette Fritzi Färber), Joachim Brennecke (Paul Lüdtke), Käthe Dyckhoff (Sekretärin Charlotte Schober), Rolf Prasch (Theaterdirektor Schwanebecker), Käthe Jöken-König (Frau Schwanebecker), Paul Henckels (Leierkastenmann), Helmuth Heisig (Theateragent), Oscar Sabo, Josef Lerch, Meta Weber, Maria Zidek, Hans Waschatko, Ursula Voss, Willi Rose, Hans Meyer-Hanno, Fredy Rolf, Maria Beling, Franz Heigl, Otto Hüsch, Ewald Wenck.
PRO Ufa. Herstellungsgruppe: Max Pfeiffer. **HEL** Max Pfeiffer. **AUL** Heinz Karchow. **DRZ** 5.6. - Mitte Oktober 1942. **DRO** Ufastadt Babelsberg, Ufa-Atelier Berlin-Tempelhof; **AA** Berlin (Tiergarten). **LNG** 2751 m, 100 min. **ZEN** 21.1.1943, Jv., nf. **URA** 3.3.1943, Leipzig (Astoria-Palast); 27.5.1943, Berlin (Capitol am Zoo).
– Von den Alliierten Militärbehörden verboten.
Eine Vielfalt an Liebesgeschichten, gespannt über eine Epoche, die unter Hinweis auf einen Drehorgelspieler mit zusehends abgemagertem Papagei voranschreitet. Der junge Schustersohn und das Mädchen aus gutem Hause sind ›füreinander bestimmt‹, kommen aber nicht zueinander. Ihre Kinder machen es später besser, nehmen ihr Schicksal selbst in die Hand. Auch ein Film über die Kriegssituation 1943, als ›Menschen, die nun gerade anpacken‹, schnell zu ›Helden‹ wurden.

1942/43. Du gehörst zu mir.
REG Gerhard Lamprecht. **RAS** Walter Steffens. **AUT** Walther von Hollander, Richard Riedel; nach Motiven des Bühnenstücks ›Kaland‹ (›Das letzte Abenteuer‹) von Sándor Márai. **KAM** Ekkehard Kyrath. **BAU** ErichKettelhut. **KOS** Carl Heinz Grohnwald, Sophie Sauer. **SCH** Wolfgang Wehrum. **TON** Erich Kroschke. **MUS** Hans-Otto Borgmann.

DAR Willy Birgel (Prof. Dr. Burkhardt), Lotte Koch (Wera Burkhardt), Viktor Staal (Dr. Groone), Margarete Schön (Mutter Groone), Leo Peukert (Verleger Tewes), Erika von Thellmann (Frau Tewes), Eva Tinschmann (Schwester Maria), Willi Rose (Verwalter Friebe), Ilse Fürstenberg (Frau Friebe), Robert Forsch (Dr. Schrader), Werner Pledath (Prof. Hartmann), Albert Hehn (Dr. Wilcke), Paul Bildt (Dr. Graeve), Eduard Wenck (Pedell Hohmann), Elisabeth Botz (Köchin Emma), Friedrich Beug, Katharina Brauren, Gerhard Dammann, Harald Föhr-Waldeck, Karl Hannemann, Otto Henning, Ernst Karchow, Karl Platen, Oscar Sabo, Ernst Stimmel, Else Stobrawa, Franz Weber.
PRO Ufa. Herstellungsgruppe: Richard Riedel. **HEL** Richard Riedel. **AUL** Carl Ludwig Löffert, Wilhelm Albert Marchand. **DRZ** 15.9. - Mitte November 1942. **DRO** Ufa-Atelier Berlin-Tempelhof; **AA** Berlin und Umgebung. **LNG** 2439 m, 89 min. **ZEN** 15.2.1943, Jv., f. **URA** 2.3.1943, Tilsit; 17.8.1943, Berlin (Marmorhaus, Tivoli Tempelhof).
– AT: Das letzte Abenteuer.
Durch eine riskante Notoperation rettet Prof. Dr. Burkhardt seine nach Italien geflohene Frau Wera, die, da sie von ihm über Jahre vernachlässigt wurde, ursprünglich beabsichtigte, mit einem Assistenzarzt nach Breslau zu gehen.

1942/43. Damals.
REG Rolf Hansen. **RAS** Hans-Robert Bortfeld. **AUT** Peter Groll, Rolf Hansen; nach einer Idee von Bert Roth. **KAM** Franz Weihmayr. **BAU** Walter Haag. **SCH** Anna Höllering. **TON** Werner Pohl. **MUS** Lothar Brühne, Ralph Benatzky (1). **LT** Ralph Benatzky (1), Bruno Balz. **MT** ›Liebe Nacht komm laß dir sagen...‹ (1), ›Jede Nacht ein neues Glück‹, ›Einen wie dich könnt' ich lieben!‹. **GES** Zarah Leander.
DAR Zarah Leander (Vera Meiners), Hans Stüwe (Jan Meiners), Rossano Brazzi (Pablo), Jutta von Alpen (Brigitte Meiners), Hilde Körber (Frau Gaspard), Elisabeth Markus (Dr. Gloria O'Connor), Hermann Bräuer (Batejo), Hans Brausewetter (Corbeau), Otto Graf (Dr. Lugeon), Karl Haubenreißer (Mendoza), Emil Heß (Alvarez), Herbert Hübner (Prof. Rigaud), Victor Janson (Kabarettdirektor), Karl Martell (Douglas), Giacomo Moschini (Fernandez), Erich Ziegel (Sanitätsrat Petersen), Alfred Schieske (Bassist), Leo Peukert, Ernst Karchow, Lili Schoenborn, Margarete Schön, Helmut Bergmann, Karin Lüsebrink, Hermann Pfeiffer, Olaf Bach, Eva Tinschmann, Ernst Rotmund, Walter Steinweg, Walter Gross, Karl Etlinger, Erik Radolf, Ernst Sattler, Knut Hartwig, Vera Complojer, Friedrich Honna, Just Scheu, Hanne Fey, Hans Schölermann, Agnes Windeck.
PRO Ufa. Herstellungsgruppe: Walter Bolz. **HEL** Walter Bolz. **AUL** Ludwig Kühr. **DRZ** 17.8. - Ende November 1942. **DRO** Froelich-Studio Berlin-Tempelhof, Ufastadt Babelsberg, Scalera Atelier Rom; **AA** Rom. **LNG** 2578 m, 94 min. **ZEN** 2.3.1943, Jv. **URA** 3.3.1943, Berlin (Capitol am Zoo, U.T. Turmstraße).
– Prädikat: Künstlerisch wertvoll.
Norddeutschland, Südamerika, die Schweiz und Lissabon sind die Schauplätze des Melodrams mit vielen Rückblenden, eingeleitet durch das Wort ›damals‹. Vera Meiners, nacheinander Rechtsanwaltsgattin, Ärztin, Sängerin, Krankenpflegerin und wieder Ärztin, steht unter Verdacht, den Makler Douglas ermordet zu haben. Sie ist auf sich allein gestellt, ohne Unterstützung. Als schließlich ihre Unschuld erwiesen ist, richtet sie ihren Blick auf etwas außerhalb des Rahmens. Sehnsucht nach etwas Verlorenem?

1942/43. Münchhausen.
REG Josef von Baky. **DIA-REG** Fritz Thiery. **AUT** Berthold Bürger (= Erich Kästner). **KAM** Werner Krien. **SPE** Konstantin (Irmen-)Tschet. **STF** Willy Klitzke, Lars Looschen. **BAU** Emil Hasler, Otto Gülstorff. **ASS** Wilhelm Vorwerg, Hans Minzloff, Karl Getschmann, Matthieu Ostermann, Walter Kurz. Kunstmaler: Rudolph Linnekogel. **KOS** Manon Hahn. **AUS** Theaterkunst Kaufmann, Theater des Westens. **SCH** Milo Harbich, Walter Wischniewsky. **TON** Erich Schmidt. **MUS** Georg Haentzschel. **CHO** Maria Sommer.
DAR Hans Albers (Baron Münchhausen), Hans Brausewetter (Freiherr von Hartenfeld), Marina von Ditmar (Sophie von Riedesel), Käte Haack (Baronin Münchhausen), Brigitte Horney (Zarin Katharina II.), Ferdinand Marian (Graf Cagliostro), Leo Slezak (Sultan Abd-ul-Hamid), Hermann Speelmans (Christian Kuchenreutter), Hilde von Stolz (Louise La Tour), Ilse Werner (Prinzessin Isabella d' Este), Eduard von Winterstein (Vater Münchhausen), Wilhelm Bendow (Mann im Mond), Michael Bohnen (Herzog Karl von Braunschweig), Andrews Engelmann (Fürst Potemkin), Waldemar Leitgeb (Fürst Grigorij Orlow), Walter Lieck (Läufer), Hubert von Meyerinck (Prinz Anton Ulrich), Jaspar von Oertzen (Graf Lanskoi), Werner Scharf (Prinz Francesco d'Este), Armin Schweizer (Diener Johann), Marianne Simson (Frau im Mond), Gustav Waldau (Giacomo Casanova), Franz Weber (Fürst von Ligne), Valy Arnheim (Haushofmeister am Petersburger Hof), Erwin Biegel (Cagliostros Leibjäger), Fritz Busch (Theaterdirektor), Fanny Cotta (Rosalba Carriera), Erich Dunskus (kurländischer Wirt), Angelo Ferrari (Francescos Freund), Ilse Fürstenberg (Rieke Kuchenreutter), Irene Fischer (Kammerfrau Marfa), Bernhard Goetzke (Gesandter Gatti), Karl Harbacher (die Uhr), Harry Hardt (Kurier), Trude Heess (Fürstin Stroganow), Maria Hofen (ohnmächtige Theaterbesucherin), Victor Janson (Yussuf Pascha), Hans Junkermann (Kapellmeister Graun), Nicolai Kolin (Großwesir), Leopold von Ledebur (Kanzler Panin), Karl Heinz Peters (François Blanchard), Hermann Pfeiffer (Eunuch Selim), Anton Pointner (Graf Kobenzl), Elena Polewitzkaja (Fürstin Daschkin), Erik Radolf (Husarenoffizier), Paul Rehkopf (Förster), Ernst A. Schaah (Gesandter de Ségur), Franz Schafheitlin (Doge), Franz Stein (Leibjäger Rösemeyer), Henry Stuart (Sir Fitzherbert), Aruth Wartan (Pugatschew), Ewald Wenck (Vorhangzieher Methfessel).
PRO Ufa. Herstellungsgruppe: Eberhard Schmidt. **HEL, PRL** Eberhard Schmidt. **ASS** Horst Kyrath. **AUL** Veit Massary. **DRZ** 13.4. - 16.12.1942. **DRO** Ufastadt Babelsberg, **AA** Freigelände Babelsberg, Venedig. **LNG** 3662 m, 134 min (März 1943), 3325 m, 119 min (Juni 1943). **ZEN** 3.3.1943 / 17.6.1943, Jv., nf. **URA** 5.3.1943, Berlin (Ufa-Palast am Zoo, U.T. Wagnitzstraße).
– 4. deutscher Farbfilm. – Jubiläumsfilm zum 25jährigen Bestehen der Ufa.
Lügenbaron Münchhausen gibt ein Rokokofest in Bodenwerder an der Weser. In Rückblenden fabuliert er für die Zuhörer verschiedene seiner Abenteuer.

1942/43. Germanin.
Die Geschichte einer kolonialen Tat.
REG Max W. Kimmich. **RAS** Erich Kobler. **AUT** Max W. Kimmich. **AD** Hans Wolfgang Hillers; nach den Romanen ›Germanin‹ von Hellmuth Unger, ›Tsetse‹ von Norbert Jacques (ungenannt). **KAM** Jan Stallich, Jaroslav Tuzar. **STF** Otto Krahnert. **BAU** Anton Weber. **SCH** Erich Kobler. **TON** Gustav Bellers. **MUS** Theo Mackeben. **DAR** Peter Petersen (Prof. Dr. Achenbach), Luis Trenker (Dr. Hans Hofer), Lotte Koch (Assistentin Anna Meinhardt), Albert Lippert (Colonel Crosby), Rudolf Blümner (Geheimrat Wißberg), Carl Günther (Dr. Bode), Ernst Stimmel (Direktor Claassen), Henry Stuart (Sir Edward Craigh), Joe Münch-Harris (Captain Evans), Hans Bergmann (englischer Sergeant), Helmuth Helsig (Dr. Gordon), Louis Brody (König Wapunga), Valy Arnheim, Erich Kestin, Gerda von der Osten, Herbert Weißbach.
PRO Ufa. Herstellungsgruppe: Max W. Kimmich. **HEL** Max W. Kimmich. **PRL** Hans Lehmann. **AUL** Gustav Lorenz, Karl Sander, Victor Eisenbach. **DRZ** 11.3.1942 - März 1943. **DRO** Ufastadt Babelsberg, Cinecittà Rom. **AA** Umgebung von Rom. **LNG** 2571 m, 94 min. **ZEN** 11.5.1943, Jf. 14, f. **URA** 15.5.1943, Hamburg (Ufa-Palast); 17.5.1943, Berlin (Ufa-Palast am Zoo, Odeum Spandau).
– Prädikate: Staatspolitisch wertvoll, Künstlerisch wertvoll. – Von den Alliierten Militärbehörden verboten.
Afrika 1914, nach Ausbruch des Ersten Weltkriegs: Professor Achenbach verläßt mit seinem Team den Kontinent, nachdem Engländer seine Buschstation zerstört haben. 1923 kehrt er zurück. Es kommt erneut zu einem deutsch-englischen Konflikt, diesmal um ein Gegenmittel zur Schlafkrankheit. Das englische Medikament führt zur Erblindung, während das deutsche Hilfe bringt. Ein anti-englischer Hetzfilm.

1942/43. Immensee.
REG Veit Harlan. **RAS** Nils Gulden. **AUT** Veit Harlan, Alfred Braun; nach der Erzählung von Theodor Storm. **KAM** Bruno Mondi. **STF** Otto Krahnert, Karin von Boetticher. **BAU** Erich Zander, Karl Machus. **KOS** Gertrud Steckler. **SCH** Friedrich Karl von Puttkamer. **ASS** Christa Loose. **TON** Heinz Martin. **MUS, ML** Wolfgang Zeller.
DAR Kristina Söderbaum (Elisabeth Uhl), Carola Toelle (Mutter Uhl), Carl Raddatz (Reinhart Torsten), Lina Lossen (Mutter Torsten), Max Gülstorff (Vater Torsten), Paul Klinger (Erich Jürgens), Otto Gebühr (Vater Jürgens), Germana Paolieri (Lauretta), Käte Dyckhoff (Jesta), Wilfried Seyferth (Werner), Malte Jäger (Jochen), Walter Beckmann, Albert Florath, Clemens Hasse, Ernst Legal, Claire Reigbert, Marta Salm, Jack Trevor, Louis Ralph, Hans Eysenhardt.
PRO Ufa. Herstellungsgruppe: Veit Harlan. **HEL** Veit Harlan. **PRL** Erich Holder. **AUL** Conny Carstennsen, Ernst Liepelt. **DRZ** 26.6.1942 - April 1943. **DRO** Ufastadt Babelsberg; **AA** Forum Romanum Rom, Eutin und Umgebung, Hamburg. **LNG** 2592 m, 95 min. **ZEN** 28.9.1943, Jf. 14., f. **URA** 17.12.1943, Berlin (Tauentzien-Palast, U.T. Wagnitzstraße).
– Prädikate: Künstlerisch wertvoll, Kulturell wertvoll, Volkstümlich wertvoll. – Von den Alliierten Militärbehörden verboten.
Reinhart, der Jugendfreund der jungen Elisabeth, zieht nach Hamburg, um Musik zu studieren. Elisabeth heiratet indessen Erich, den Erben des Immensee-Hofes und bleibt ihm trotz der heftigen Werbungen des inzwischen berühmten Dirigenten Reinhardt über den Tod hinaus treu.

1942/43. Besatzung Dora.
REG, AUT Karl Ritter. **KAM** Heinz Ritter, Modell- und Luftaufnahmen: Theodor Nischwitz. **KOS** Gertrud Steckler. **SCH** Gottfried Ritter. **TON** Werner Maas. **MUS** Herbert Windt.
DAR Hannes Stelzer (Leutnant Joachim Krane), Hubert Kiurina (Leutnant Franz von Borcke), Josef Dahmen (Feldwebel Otto Roggenkamp), Georg Thomalla (Unteroffizier Fritz Mott), Ernst von Klipstein (Hauptmann Kurt Gillhausen), Clemens Hasse (Oberleutnant Erich Krumbhaar), Helmut Schabrich (Oberleutnant Semmler), Wolfgang Preiß (Stabsarzt der Reserve Dr. Wagner), Suse Graf (Dr. med. Marianne Güldner), Charlott Daudert (Mathilde Kruschke genannt Cora Corona), Carsta Löck (Straßenbahnschaffnerin Betty Schütte), Roma Bahn (Stationsärztin), Otz Tollen (Oberstleutnant).
PRO Ufa. Herstellungsgruppe: Karl Ritter. **HEL** Karl Ritter. **PRL** Gustav Rathje. **AUL** Herbert Junghanns, Willi Rother. **DRZ** 4.8.1942 - Januar 1943. **DRO AA**: Westfront, Ostfront, Ostia, Freigelände Babelsberg, Umgebung von Berlin. **LNG** ca. 2500 m, 91 min. **ZEN** November 1943, Verbot.
– Der Film wurde in November 1943 nach mehrmaligen Vorlagen von der Filmprüfstelle, nach Kriegsende von den Alliierten Militärbehörden verboten.
Die Besatzung Dora bei einer Fernaufklärerstaffel besteht aus zwei Leutnants und zwei Unteroffizieren, deren Freundschaft aus verschiedenen Gründen zu zerbrechen droht. Aber die Gefahren des Krieges festigen letztlich die Kameradschaft.

1943. Der kleine Grenzverkehr.
REG Hans Deppe. **AUT** Berthold Bürger (= Erich Kästner); nach seinem Roman ›Georg und die Zwischenfälle‹. **KAM** Kurt Schulz. **MUS** Ludwig Schmidseder.
DAR Willy Fritsch, Hertha Feiler, Hilde Sessak, Heinz Salfner, Hans Leibelt, Charlott Daudert, Peter Widmann, Hans Richter, Louis Soldan, Charlotte Schultz, Erich Fiedler, Max Gülstorff, Inge Drexel, Karl Hellmer, Auguste Pünkösdy, Julius Brandt, Franz Weber, Elise Aulinger, Sonja Kuska, Maria Loja, Marianne Probstmeier, Rudolf Brix, Lutz Götz, Leopold Kerscher, Ernst Martens, Hanns Schulz, Ewald Wenck.
PRO Ufa. **LNG** 2263 m, 83 min. **ZEN** 1.4.1943, B.58825, Jf. **URA** 22.4.1943, Frankfurt; 16.6.1943, Berlin (Marmorhaus, West-Palast).
– Von den Alliierten Militärbehörden verboten.
Salzburg 1936: Dr. Rentmeister lernt die reizende Konstanze kennen. Sie arbeitet angeblich als Stubenmädchen auf einem Schloß. Als er sie um ihre Hand bittet, erlebt er eine Überraschung.

1943. Die Gattin.
REG Georg Jacoby. **RAS** Hans Robert Bortfeld. **AUT** Thea von Harbou; nach den Bühnenstücken ›Die Gattin‹ und ›Ich liebe vier Frauen‹ von Johan von Bokay. **KAM** Franz Weihmayr. **BAU** Emil Hasler. **SCH** Wolfgang Wehrum. **TON** Ernst Walter. **MUS** Theo Mackeben.
DAR Jenny Jugo (Puck Niklas), Willy Fritsch (Walter Baumann), Viktor Staal (Peter Niklas), Hilde von Stolz (Helene, Peters Freundin), Hans Brausewetter (Bankier Diesterweg, Pucks Bruder), Hans Richter, Hans Meyer-Hanno, Leopold von Ledebur, Eleonore Tappert, Erwin Biegel, Walter Bechmann.
PRO Ufa. **PRT** Eberhard Klagemann. **AUL** Heinz Karchow. **LNG** 2559 m, 94 min. **ZEN** 6.8.1943, Jf. 14. **URA** 31.8.1943, Berlin (Gloria-Palast, U.T. Wagnitzstraße).
Der Erfolg, ermöglicht durch die Vitalität und das Verständnis seiner Gattin Puck, bekommt dem Architekten Peter Niklas nicht. Das andere Geschlecht beginnt ihn verstärkt zu interessieren. Puck schießt mit allen Mitteln dazwischen – erfolgreich.

1943. Liebesbriefe.
REG Hans H. Zerlett. **AUT** Karl Georg Külb; nach dem Bühnenstück von Felix Lützkendorf. **KAM** Josef Strecher. **STF** Karin von Boetticher. **BAU** Wilhelm Vorwerg, Rudolf Linnekogel. **KOS** Vera Mügge. **SCH** Margarete Noell. **TON** Ernst Walter. **MUS** Leo Leux.
DAR Hermann Thimig (Konrad Tiedemann), Käte Haack (Frau Tiedemann), Suse Graf (Hilde Wagner), Paul Hubschmid (Robert Wieland), Bruni Löbel (Inge Tiedemann), Hans Brausewetter (Dr. Helmut Meiningen), Charlotte Witthauer (Barbara Leffert), Lotte Rausch (Lene), Clemens Hasse, Edurad Wenck, Klaus Pohl, Paul Rehkopf, Vera Eckart.
PRO Ufa. Herstellungsgruppe: Karl Ritter. **HEL** Karl Ritter. **PRL** Gustav Rathje. **AUL** Willi Rother. **DRZ** 12.4.1943 - Mitte Juni 1943. **DRO** Ufastadt Babelsberg; **AA** Potsdam. **LNG** 2480 m, 91 min. **ZEN** 8.11.1943, Jv. **URA** 21.1.1944, Berlin (Alhambra Kurfürstendamm, Park-Lichtspiele Steglitz).
Generaldirektor Konrad Tiedemann richtet, ausgelöst durch die kränkenden Bemerkungen seiner Tochter Inge bezüglich seiner Figur, ein Kuddelmuddel der Gefühle an. Der Ehrgeiz, seine Eitelkeit aufrecht zu erhalten, mündet in einen handfesten Krach mit Ehefrau Thea, deren Geduld die Dinge wieder gerade rückt.

1943. Gefährlicher Frühling.
REG Hans Deppe. **RAS** Charlotte Henschke. **AUT** Walter Lieck; nach einer Idee von Kurt Brunöhler. **KAM** Ekkehard Kyrath. **BAU** Walter Röhrig. **SCH** Anna Höllering. **TON** Werner Pohl. **MUS** Lothar Brühne.
DAR Olga Tschechowa (Juliane von Buckwitz), Winnie Markus (Renate Willms), Siegfried Breuer (Prof. Alfred Lorenz), Paul Dahlke (Schuldirektor Albert Ludwig Babian), Fritz Wagner (Klaus Babian), Hildegard Grethe (Grete Babian), Walter Lieck (Otto Tinius), Franz Schafheitlin (Arthur Friedeborn), Hans Stiebner (Bruno Gaudig), Kurt Vespermann (Peter Gornemann), Franz Weber (Franz Müller), Josef Dahmen (Dr. Oskar Neugefeldt), Karl Hannemann (Eberhard Liebholz), Erna Sellmer (Frau Gornemann), Käthe Jöken-König (Frau Liebholz), Ewald Wenck (Labordiener Tampe), Elisabeth Botz (Wirtschafterin Anna), Ernst Legal, Karin Lüsebrink (Laborassistentin), Ernst Karchow, Gerti Godden, Hilde Wolf-Klinger, Grete Reinwald, Maria Zidek, Hans Meyer-Hanno.
PRO Ufa. Herstellungsgruppe: Walter Bolz. **HEL** Walter Bolz. **AUL** Ludwig Kühr. **DRZ** 1.3. - Mitte Juni 1943. **DRO** Ufastadt Babelsberg; **AA** Tübingen. **LNG** 2425 m, 89 min. **ZEN** 9.11.1943, Jf. 14. **URA** 30.11.1943, Berlin (Halensee-Palast oder Alhambra).
– Prädikate: Künstlerisch wertvoll, Kulturell wertvoll.
Die Jubiläumsfeier einer Schule bewirkt, daß zwei ehemalige Schüler, der jetzige Chemieprofessor Lorenz und Juliane, sich endlich finden, nachdem gewisse Primanerverwirrungen gelöst sind.

1943. Nora.
REG Harald Braun. **RAS** Eugenie Dengler, Alfred Vohrer (?). **AUT** Harald Braun, Jacob Geis; nach Motiven des Bühnenstücks ›Et dukkehjem‹ von Henrik Ibsen. **KAM** Franz Weihmayr. **BAU** Emil Hasler, Walter Kutz. **KOS** Manon Hahn. **SCH** Walter Wischniewsky. **TON** Carl Erich Kroschke. **MUS** Mark Lothar.
DAR Luise Ullrich (Nora), Viktor Staal (Dr. Helmer), Franziska Kinz (Frau Helmer), Gustav Diessl (Dr. Rank), Carl Kuhlmann (Brack), Eberhard Leithoff (Fritz Tönnesen), Ursula Herking (Alwine Tönnesen), Albert Florath (Diener), Carl Günther (Landrat von Schwartze), Ernst Waldow (Bürgermeister Krüger), Sonja Kuska (Frau Krüger), Erwin Biegel (Sanitätsrat Roselius), Bruno Hübner (Faktotum Labsal), Maria Litto (Fanny), Karl Hellmer (Bankdiener Kruse), Clemens Hasse (Dr. Helmers Sekretär), Georg Heinrich Schnell (Bankpräsident), Fanny Cotta (Frau von Schwartze), Irene Fischer, Walter Pentzlin, Harald Sawade, Georg Thomalla, Ernst Waldow, Manny Ziener.
PRO Ufa. Herstellungsgruppe: Fritz Thiery. **HEL** Fritz Thiery. **AUL** Veit Massary, William Neugebauer. **DRZ** 5.4. - Mitte Juli 1943. **DRO** Ufa-Atelier Berlin-Tempelhof; **AA** Glienicker Park, Umgebung von Berlin, Husum. **LNG** 2794 m, 102 min. **ZEN** 13.1.1944, Jf. 14. **URA** 14.2.1944, Salzburg (Festspielhaus); 14.3.1944, Berlin.
Nora ist die Frau von Robert, der Bankdirektor werden, zunächst aber im Süden eine Krankheit auskurieren soll, die er sich bei einem Ausflug zugezogen hat. Das dafür fehlende Geld versucht Nora durch Unterschriftenfälschung zu bekommen, was John Brack später als Erpressungsgrund dient. Das Ehepaar zerstreitet sich, am Ende indes steht die Versöhnung.

1943-45. Kolberg.
REG Veit Harlan. **AUT** Veit Harlan, Alfred Braun. **KAM** Bruno Mondi. **BAU** Erich Zander, Karl Machus. **SCH** Wolfgang Schleif. **TON** Hermann Storr. **MUS** Norbert Schultze.
DAR Kristina Söderbaum (Maria), Heinrich George (Nettelbeck), Paul Wegener (Loucadou), Horst Caspar (Gneisenau), Gustav Diessl (Schill), Otto Wernicke (Bauer Werner), Irene von Meyendorff (Königin), Kurt Meisel (Claus), Jaspar von Oertzen (Prinz Louis Ferdinand), Jakob Tiedtke (Reeder), Hans Herrmann-Schaufuß (Zaufke), Paul Bildt (Rektor), Franz Schafheitlin (Fanselow), Charles Schauten (Kaiser Napoléon), Heinz Lausch (Friedrich), Josef Dahmen (Franz), Franz Herterich (Kaiser Franz II.), Greta Schröder-Wegener (Frau von Voß), Fritz Hoopts (Timm), Werner Scharf (General Teulié), Theo Shall (General Loison), Claus Clausen, Herbert Klatt, André Saint-Germain, Margarete Schön, Inge Drexel, Paul Henckels, Herbert A. E. Böhme.
PRO Ufa. Herstellungsgruppe: Veit Harlan. **HEL** Veit Harlan. **PRL** Wilhelm Sperber. **AUL** Conny Carstennsen, Rudolf Fichtner. **DRZ** 22.10.1943 - August 1944. **DRO** Ufastadt Babelsberg; **AA** Kolberg, Königsberg, Berlin und Umgebung. **LNG** 3026 m, 111 min. **ZEN** 26.1.1945, Jf. **URA** 30.1.1945, ›Atlantikfestung‹ La Rochelle (Théatre de la Ville), Berlin (Tauentzien-Palast, U.T. Alexanderplatz).
– 9. deutscher Farbfilm. – Prädikate: Film der Nation, Staatspolitisch besonders wertvoll, Künstlerisch besonders wertvoll, Kulturell wertvoll, Volkstümlich wertvoll, Anerkennenswert, Volksbildend, Jugendwert. – Von den Alliierten Militärbehörden verboten.
Der im wesentlichen als Rückblende angelegte Film handelt von der Besetzung Preußens durch Napoleons Truppen 1806, vom Widerstand der pommerschen Stadt Kolberg bis zum Friedensschluß von Tilsit und – mehr noch – von der Befreiung vom napoleonischen Joch 1813.

1943/44. Familie Buchholz.
REG Carl Froelich. **RAS** Ernst Mölter, Lisa Wey /= Weyprachitzki/. **AUT** Jochen Kuhlmey; nach dem Roman von Julius Stinde. **KAM** Robert Baberske. **STF** Richard Buchholz. **BAU** Walter Haag. **KOS** Josef Meister. **SCH** Wolfgang Schleif. **TON** Erich Schmidt. **MUS** Hans-Otto Borgmann. **LT** Hans Fritz Beckmann.
DAR Henny Porten (Wilhelmine Buchholz), Paul Westermeier (Karl Buchholz), Käthe Dyckhoff (Betti Buchholz), Marianne Simson (Emmi Buchholz), Hans Zesch-Ballot (Onkel Fritz), Grethe Weiser (Köchin Jette), Gustav Fröhlich (Dr. Franz Wrenzchen), Elisabeth Flickenschildt (Kathinka Bergfeldt), Hans Herrmann-Schaufuß (Max Bergfeldt), Erich Fiedler (Emil Bergfeldt), Sigrid Becker (Auguste Bergfeldt), Carl Heinrich Worth (Prof. Hampel), Renée Stobrawa (Adelheid Hampel), Irmingard Scheiter (Erika von Rüdnitz), Albert Hehn (Kunstmaler Friedrich Wilhelm Holle), Kurt Vespermann (Verleger Dr. Julius Stinde), Oscar Sabo (August Butsch), Werner Stock (stud. jur. Franz Weigelt), Jakob Tiedtke (Vater Weigelt), Hellmuth Helsing (Gardefüsilier Gottfried Großkopf), Maria Loja (Frau Posener), Vera Achilles (Cilly Posener), Max Hiller (Diener bei Poseners).
PRO Ufa. Herstellungsgruppe: Froelich-Studio. **HEL** Carl Froelich. **PRL** Friedrich Pflughaupt. **AUL** Kurt-Fritz Quassowski, Paul Kalinowski. **DRZ** 19.1. - 22.5.1943 (71 Tage, Atelier), 3.5. - 9.6 (AA), 16.6. - 1.7.1943 (AA), 9.9.1943 (AA). **DRO** Froelich-Studio Berlin-Tempelhof; **AA** Berlin und Umgebung, Liepnitzsee, Ahrenshoop, Freigelände Berlin-Tempelhof. **LNG** 2625 m, 96 min. **ZEN** 21.1.1944, Jv. **URA** 3.3.1944, Berlin (Tauentzien-Palast, U.T. Alexanderplatz, Kosmos-Filmtheater Tegel).
– Prädikate: Künstlerisch wertvoll, Volkstümlich wertvoll. – Fortsetzung: Neigungsehe.
Berlin 1880. Wilhelmine Buchholz, schriftstellernde Gattin eines Textilfabrikanten, gibt sich die größte Mühe, ihre beiden Töchter Emmi und Betti eher an die richtigen Männer zu bringen als Frau Bergfeldt die ihren. Hausarzt Dr. Wrenzchen wird immerhin dazu gebracht, Emmi zu ehelichen.

1943/44. Neigungsehe.
REG Carl Froelich. **RAS** Ernst Mölter, Lisa Wey /= Weyprachitzki/. **AUT** Jochen Kuhlmey; nach seinem Bühnenstück und Motiven des Romans ›Familie Buchholz‹ von Julius Stinde. **KAM** Robert Baberske. **STF** Richard Buchholz. **BAU** Walter Haag. **KOS** Josef Meister. **SCH** Wolfgang Schleif. **TON** Erich Schmidt. **MUS** Hans-Otto Borgmann.
DAR Henny Porten (Wilhelmine Buchholz), Elisabeth Flickenschildt (Kathinka Bergfeldt), Käthe Dyckhoff (Betti Buchholz), Marianne Simson (Emmi Wrenzchen), Grethe Weiser (Köchin Jette), Sigrid Becker (Auguste Bergfeldt), Renée Stobrawa (Adelheid Hampel), Gustav Fröhlich (Dr. Franz Wrenzchen), Albert Hehn (Kunstmaler Friedrich Wilhelm Holle), Paul Westermeier (Karl Buchholz), Hans Zesch-Ballot (Onkel Fritz), Kurt Vespermann (Verleger Dr. Julius Stinde), Werner Stock (Franz Weigelt), Hellmuth Helsing (Gardefüsilier Gottfried Großkopf), Oscar Sabo (August Butsch), Fritz Kampers (Xaver Alinger), Irmingard Schreiter (Erika von Rüdnitz), Carl Heinrich Worth (Prof. Hampel), Günther Lüders (Heiratskandidat Lothar Manning), Rolf Raatz, Roland Raatz (Zwillingspaar Rolf und Roland), Frauke Stephan (Amanda Ziesel), Margarete Schön (Frau Reiferstein), Elisabeth Botz (Mutter Jaspersen), Hella Tornegg (Pauline), Egon Vogel (Eugen Meyer), Hugo Gau-Hamm (Lotse Nummel Claasen), Marion Lorenzen (Mädchen aus Helgoland), Erich Fiedler (Emil Bergfeldt), Hans Herrmann-Schaufuß (Max Bergfeldt) (?).
PRO Ufa. Herstellungsgruppe: Froelich-Studio. **HEL** Carl Froelich. **PRL** Friedrich Pflughaupt. **AUL** Kurt-Fritz Quassowski, Paul Kalinowski. **DRZ** 19.1. - Anfang August 1943. **DRO** Froelich-Studio Berlin-Tempelhof; **AA** Berlin und Umgebung, Ahrenshoop, Helgoland, Freigelände Berlin-Tempelhof. **LNG** 2564 m, 94 min. **ZEN** 25.1.1944., Jv. **URA** 24.3.1944, Berlin (Tauentzien-Palast, U.T. Alexanderplatz, Kosmos-Filmtheater Tegel).
– Fortsetzung von ›Familie Buchholz‹.
Nachdem es Wilhelmine Buchholz gelungen ist, Tochter Emmi zu verheiraten, versucht sie ein Gleiches auch mit der älteren Betti, ohne freilich zu ahnen, daß diese bereits heimlich den Kunstmaler Holle geehelicht hat. Das muß zu Komplikationen führen, denn das mütterliche Inserat ist bereits aufgegeben: Stichwort ›Neigungsehe‹.

1943/44. Eine Frau für drei Tage.
REG Fritz Kirchhoff. **AUT** Thea von Harbou; nach dem Roman von Elisabeth Gürt. **KAM** Werner Krien, Willy Bloch. **BAU** Erich Kettelhut. **KOS** Herta Broneder. **SCH** Hilde Tegener. **TON** Georg Bommer. **MUS** Edmund Nick.
DAR Hannelore Schroth (Sportlehrerin Lisa Rodenius), Carl Raddatz (Ingenieur Hans Jennerberg), Ursula Herking (Annemarie Helbing), Charlotte Witthauer (Lotte Feldhammer), Werner Scharf (Benno Schmitz), Maria Zidek (Haushälterin Frau Witting), Erich Dunskus, Ewald Wenck (zwei berliner Taxifahrer), Sven Heddy, Inge Stoldt-Praga, Margarete Genske, Jutta Carow, Christa Seifert, Hertha Neupert, Fritz Gerlach, Walter Steinweg, Walter Bechmann, José Held.
PRO Ufa. Herstellungsgruppe: Max Pfeiffer. **HEL** Max Pfeiffer. **AUL** Alexander Desnitzky, Wilhelm Albert Marchand. **DRZ** 1.3. - Anfang Juli 1943. **DRO** Ufastadt Babelsberg; **AA** Berlin, Wannsee, Potsdam, Havellandschaften, Salzburg, Mondsee. **LNG** 2205 m, 81 min.
ZEN 9.3.1944, Jv. **URA** 28.4.1944, Dortmund; 19.5.1944, Berlin (Astor, BTL Potsdamer Platz).
– Prädikat: Anerkennenswert.
Amouren hat Hans genügend, doch das bemerkt die Sportlehrerin Lisa erst recht spät. Während des Urlaubs vom good bye ihres Freundes Benno überrascht, zieht es sie schließlich und ›für immer‹ zu Hans.

1943/44. Der Majoratsherr.
REG Hans Deppe. RAS Ulrich Preuß. AUT Walther von Hollander, Richard Riedel; nach der Novelle von Alfred von Hedenstjerna. KAM Reimar Kuntze. STF Karl Kuderhalt. BAU Carl Ludwig Kirmse, Otto Gülstorff. KOS Carl Heinz Grohnwald, Charlotte Klaus. SCH Wolfgang Wehrum. TON Georg Stellakis. MUS Hans-Otto Borgmann. DAR Willy Birgel (Majoratsherr Bernhard von Halleborg), Viktoria von Ballasko (Amelie von Linden), Anneliese Uhlig (Opernsängerin Julia Dahl), Ernst Sattler (Vater von Linden), Heddo Schulenberg (Kurt von Linden), Dolores Holve (Christa von Linden), Arthur Schröder (Rechtsanwalt Dr. Osterkamp), Harry Liedtke (Landarzt Dr. Stempel), Werner Scharf (Oskar von Halleborg), Maria Locatelli (Cilli von Halleborg), Knut Hartwig (Gutsinspektor Plate), Hedwig Wangel (Wirtschafterin Malena), Erwin Biegel (Diener Karl), Ernst Karchow (Prof. Lindroth), Thea Aichbichler, Friedrich Beug, Elly Burgmer, Wilhelm Egger-Sell, Bernhard Goetzke, Karl Hannemann, Antonie Jaeckel, Gertrud de Lalsky, Maria Meißner, Ernst Therwall, Hella Tornegg. PRO Ufa. Herstellungsgruppe: Richard Riedel. HEL Richard Riedel. AUL Heinz Karchow. DRZ 14.5. - September 1943. DRO Ufastadt Babelsberg; AA Pommern, Mecklenburg, Berchtesgaden. LNG 2390 m, 87 min. ZEN 25.4.1944, Jf. 14. URA 26.5.1944, Schwerin (Capitol); 6.6.1944, Berlin (Tauentzien-Palast, U.T. Alexanderplatz, Lichtburg am Gesundbrunnen).
– Prädikat: Künstlerisch wertvoll.
Lange Zeit trauert der Majoratsherr Bernhard seiner tödlich verunglückten Frau Julia nach, während es auf seinem Gut immer schlechter zugeht. Die Papierehe mit der nachbarlichen Gutstochter Amelie scheint das Ende trotz einiger Höhen nur hinauszuzögern.

1943/44. Träumerei.
REG Harald Braun. RAS Alfred Vohrer, Wilfried Frass. AUT Herbert Witt, Harald Braun. KAM Robert Baberske. BAU Emil Hasler, Walter Kutz. KOS Alfred Bücken, Sophie Sauter. SCH Carl Friedrich von Puttkamer, Wolfgang Wehrum. TON Erich Schmidt. MUS Werner Eisbrenner; unter Verwendung von Kompositionen von Robert Schumann (1), Ludwig van Beethoven (2), Franz Liszt (3) und Johannes Brahms (4). MT ›Träumerei‹ (aus ›Kinderszenen‹) (1), ›Variationen für zwei Klaviere Op. 46‹ (1), ›Klavierkonzert in a-moll‹ (1), ›Toccata Op. 7‹ (1), ›4. Symphonie‹ (letzter Satz) (1), ›Aufschwung‹ (1) ›Widmung‹ (1), ›Glücks genug‹ (1), ›Eroica‹ (2), ›Klavierkonzert in A-Dur‹ (letzter Satz) (3), ›Wiegenlied‹ (4). AUS Düsseldorfer Singakademie (›4. Symphonie‹), Dresdner Hofoper (›Eroica‹), Klaviersoli: Siegfried Schultze.
DAR Hilde Krahl (Clara Schumann), Mathias Wieman (Robert Schumann), Friedrich Kayßler (Friedrich Wieck), Elly Burgmer (Frl. Leser), Ullrich Haupt (Johannes Brahms), Emil Lohkamp (Franz Liszt), Erika Helmke (Dme. Hülsebusch), Rudolf Drexler (Konzertmeister Tausch), Paul Henckels (Baron Fölkersam), Ernst Karchow (Gerichtspräsident), Emil Heß (Dr. Körber), Carl Napp (Bürgermeister), Karl Hellmer (Pistazy), Helmuth Schneider (Musikstudent), Walter Tarrach (Flügeladjutant), Leni Sponholtz (Hausmädchen), Bruno Harprecht (König Karl IV. von Schweden), Eduard Bornträger, Waldo Favre, Knut Hartwig, Clemens Hasse, Isot Kilian, Rudolf Klix, Leopold von Ledebur, Friedrich Petermann, Astrid Seiderer, Toni Tetzlaff, Hella Tornegg, Lisa Wunderlich.
PRO Ufa. Herstellungsgruppe: Fritz Thiery. HEL Fritz Thiery. AUL Heinz Fiebig, William Neugebauer. DRZ 27.7. - November 1943. DRO Froelich-Studio Berlin-Tempelhof, Ufa-Atelier Berlin-Tempelhof, Ufastadt Babelsberg; AA Xanten. LNG 3030 m, 110 min. ZEN 28.04.1944, Jf, f. URA 3.5.1944, Zwickau (Astoria-Lichtspiele); 5.5.1944, Berlin (Marmorhaus).
– Prädikat: Künstlerisch wertvoll.
Schilderung des Lebens der jungen Clara Wieck, die gegen den Willen ihres Vaters dessen besten Schüler, Robert Schumann, heiratet und zunächst auf eine glänzende Laufbahn als Pianistin verzichtet, die ihr nach den Erfolgen als Wunderkind in frühen Jugendjahren und den ersten Triumphen an der Seite von Franz Liszt in Paris sicher war.

Der Kult des Unpolitischen
Produktionschef Wolfgang Liebeneiner

Wolfgang Liebeneiner ist ein Symbol der Kontinuität im deutschen Film. Noch in den letzten Monaten der Weimarer Republik vollbringt er als 27jähriger seine größte Leistung: die eines Darstellers. Mit einer seiner ersten Filmrollen – dem Fritz Lobheimer in Max Ophüls' LIEBELEI – geht er in die Filmgeschichte ein. Während Ophüls unmittelbar nach dieser Schnitzler-Verfilmung aus Nazideutschland emigrieren muß, macht Liebeneiner eben dort Karriere.

Als jugendlicher Liebhaber tritt er bis 1936 zwanzigmal im deutschen Film auf, im selben Jahr holt Gustaf Gründgens den Schauspieler Liebeneiner (er hat schon seit acht Jahren auf der Bühne gestanden) ans Berliner Staatstheater. Liebeneiner reüssiert. Er führt im Theater Regie, daneben – schon seit 1937 – auch für den Film (VERSPRICH MIR NICHTS!). Ebenfalls 1937 öffnet sich ihm die Laufbahn des Filmfunktionärs. Er wirkt im Aufsichtsrat der Terra. Ein Jahr später leitet er die Künstlerische Fakultät der neugegründeten Filmakademie Babelsberg, wieder ein Jahr später die Fachschaft Film der Reichsfilmkammer. Die Ämter häufen sich. 1942 wird er Mitglied des Präsidialrats der Reichstheaterkammer und außerdem Produktionschef der Ufa.

Die Funktionärstätigkeit hält ihn jedoch nicht davon ab, weiter als Filmdarsteller aufzutreten (FRIEDEMANN BACH, 1940/41) und Regie zu führen: bei gehobener Unterhaltung (DER FLORENTINER HUT, 1938/39) sowie bei Filmen, die politisch Goebbels' Propaganda flankieren. BISMARCK (1940) und DIE ENTLASSUNG (1942) stellen mittelbar Hitler als den Vollstrecker des politischen Testaments dar, das der ›Eiserne Kanzler‹ hinterlassen hat.

1941 beteiligt sich Liebeneiner mit dem Euthanasie-Film ICH KLAGE AN, einer Tobis-Produktion, an einer publizistischen Absicherung der Massenmordaktion. Die Vergasung der Insassen deutscher Heil- und Pflegeanstalten erreicht in diesem Jahr ihren Höhepunkt; zur selben Zeit stößt die von der Kanzlei des Führers organisierte »Euthanasie«-Aktion auf Widerstand in der Öffentlichkeit. Liebeneiner scheut sich nicht, sich der von Goebbels dringend gewünschten Propaganda für die Mordaktion zur Verfügung zu stellen. ICH KLAGE AN, für den Liebeneiner nicht nur Regie führt, sondern auch das Buch mitschreibt, suggeriert auf ebenso trickreiche wie infame Weise, daß die Tötung ein Akt der Nächstenliebe und die Erfüllung der Bitte eines Opfers sei. ICH KLAGE AN wäre zu jedem anderen Zeitpunkt als Thesenfilm zu diskutieren gewesen. Gedreht während der laufenden Mordaktion, ist Liebeneiners Film jedoch Versuch, die

Ein hübscher junger Schauspieler: Wolfgang Liebeneiner 1934 in Georg Zods ALLES HÖRT AUF MEIN KOMMANDO und in FREUT EUCH DES LEBENS mit Ida Wüst und Dorit Kreysler

Der Einstieg in eine große Regie-Karriere: ICH KLAGE AN, ein Tobis-Film von 1941, zur propagandistischen Unterstützung der »Euthanasie«

Vorgänge in Hadamar und den anderen Tötungsanstalten zu rechtfertigen und den Widerstand insbesondere der Kirchen zu brechen. Liebeneiner zieht sich später darauf zurück, der Film habe lediglich die Akzeptanz eines Euthanasie-Gesetzes, das in Aussicht genommen worden sei, »testen« sollen (Der Spiegel, 10.2.1965); er verschweigt, daß er eine solche Akzeptanz selbst propagierte – mit unlauteren Mitteln, indem er das Problem auf die Erfüllung einer letzten Bitte verlagerte.

Der Beihilfefilm zur Mordaktion ist dem Fortgang der Liebeneiner-Karriere nach 1945 keineswegs abträglich. DAS LEBEN GEHT WEITER heißt sein Film, den er zwar 1945 nicht mehr vollenden kann. Doch erhält er noch im selben Jahr vom Kulturausschuß in Hamburg eine Arbeitserlaubnis.

Entnazifiziert, inszeniert er dort an Ida Ehres Kammerspielen, was politisch 1947 angesagt ist: die Uraufführung von Wolfgang Borcherts DRAUßEN VOR DER TÜR. Mit der Verfilmung dieses Stücks (LIEBE 1947, 1948/49) nimmt seine Nachkriegs-Filmkarriere ihren ungebrochenen Fortgang. In KÖNIGIN LUISE geht es nun um »unsere Ostgebiete«. Da zur Zeit der preußischen Königin die »Soffjets« noch nicht an der Macht sind, ist es im Film »der Zar, der unsere Ostgebiete erhalten soll«. In Liebeneiner hat jetzt die Adenauer-Zeit ihren Repräsentanten gefunden. An Auszeichnungen gibt es »Sascha-Pokale« (1951, 1952) und einen Bambi für den geschäftlich erfolgreichsten Film 1957: DIE TRAPP-FAMILIE. 1962 beginnt er in Wien, Operetten zu inszenieren. Sein letzter Spielfilm (GÖTZ VON BERLICHINGEN MIT DER EISERNEN HAND, 1978) ist als Abschreibungsfilm weitgehend unbekannt geblieben. Vom ZDF bekommt er 25 Jahre lang Aufträge für Fernsehfilme. Liebeneiner prägt die Fernsehkultur der Bundesrepublik. Solides Handwerk, professioneller Standard und der direkte Zugriff aufs Millionenpublikum, das macht ihn unvergessen für LEUTE WIE DU UND ICH (1981), SPANNAGL & SOHN (1975), NACHBARN UND ANDERE NETTE MENSCHEN (1979), denn SO ODER SO IST DAS LEBEN (1987).

Der »Feingeist« (Blumenberg) Liebeneiner steht für den Kult des Unpolitischen. Anfang 1943 zum Produktionsleiter der Ufa aufgestiegen, vermeidet er es in seinen zahlreichen programmatischen Äußerungen – von den Nationalsozialistischen Monatsheften bis zum Film-Kurier – bis zuletzt, auch nur einmal zum sonst üblichen Partei- und Propagandajargon zu greifen. Wenn er am 18. Januar 1943 in der KddK (Kameradschaft der deutschen Künstler) über die »Maßstäbe der Filmkunst« referiert, ist dies am nächsten Tag unweigerlich Aufmacher des Film-Kurier, damals noch Tageszeitung. »Kunst ist (...) ein Kampf des Künstlers für das Göttliche und Ewige«, dekretiert Liebeneiner, »und so können Werke von ewigem Wert entstehen«. Für diese »Lebensanschauung« beruft sich der Produktionschef auf keinen geringeren als Goethe, der »das Leben« als nützliche Einrichtung begriffen habe, nämlich als »eine Pflanzschule für Geister«. – Zurück über Goethe führt der Weg in die Zukunft. Drum tritt der Nationalsozialismus bei Professor Liebeneiner niemals namentlich in Erscheinung, aber stets und zuverlässig als humanistische Camouflage. »Das Volk der Dichter und Denker (...) ist nun auch ein Volk von Wirklichkeit gestaltenden Menschen geworden.« – »Der höchste Maßstab des Filmschöpfers« ist demnach ein Supergoethe, der den »Maßstab der Wirklichkeit« sowohl fürs »Abbild« wie fürs »Sinnbild« anlegt. Genauer wird Liebeneiner nicht, doch mag die Kameradschaft der deutschen Künstler gerade deswegen dem werbenden Raunen folgen. Der Vortragende deutet die »neue Zeit« – immerhin das 4. Kriegsjahr – als künstlerische Aufgabe und künstlerisches Erlebnis. Das fordert den Applaus aller Künstler heraus. Wer das »Lebensgefühl unserer Zeit« ausdrückt, so Liebeneiner, erlebt »einen großen künstlerischen Aufbruch«.

1943/44. Junge Adler.
REG Alfred Weidenmann. RAS Carl Merznicht, Zlata Mehlers. AUT Herbert Reinecker, Alfred Weidenmann; nach einer Idee von Herbert Reinecker. KAM Klaus von Rautenfeld. BAU Wilhelm Vorwerg, Rudolf Linnekogel. KOS Vera Mügge. SCH Walter Wischniewsky. TON Ernst Walter. MUS Hans-Otto Borgmann.
DAR Willy Fritsch (Ausbildungsleiter Roth), Herbert Hübner (Direktor Brakke), Dietmar Schönherr (Theo Brakke), Gerta Böttcher (Annemie Brakke), Albert Florath (Vater Stahl), Karl Dannemann (Werkmeister Bachus), Aribert Wäscher (Kaffeehausbesitzer Zacharias), Paul Henckels (Dr. Voß), Josef Sieber (Pilot Martin), Fritz Hoopts (Fischer), Alfred Maack (Materialverwalter), Karl Hellmer (Musikalienhändler Kalubbe), Wolfgang Keppler (Sportlehrer), Peter Schäfer (Dicker), Eberhard /= Hardy/ Krüger (Lehrling Bäumchen), Gunnar Möller (Lehrling Spatz), Manfred Schrott (Lehrling Otto), Robert Filippowitz (Lehrling Wolfgang Kalubbe), Klaus Stahl (Lehrling Friedel), Harald Behrend (Lehrling Rolf), Joachim Möbius (Lehrling Borst), Arnfried Gomm (Streber), Heinrich Schmidt (Lehrling), Lehrlinge eines Flugzeugwerkes.
PRO Ufa. Herstellungsgruppe: Hans Schönmetzler. HEL Hans Schönmetzler. AUL Victor Eisenbach, Arndt Liebster, Kurt Paetz. DRZ 8.9.1943 - Anfang April 1944 (?). DRO Ufa-Atelier Berlin-Tempelhof, Froelich-Studio Berlin-Tempelhof, Ufastadt Babelsberg; AA Warnemünde. LNG 2943 m, 107 min. ZEN 16.5.1944, Jf., f. URA 24.5.1944, Berlin (Titania-Palast, Tauentzien-Palast, U.T. Weißensee).
– AT: Schritt ins Leben, Jugend von heute. – Prädikate: Staatspolitisch wertvoll, Künstlerisch wertvoll, Jugendwert. – Von den Alliierten Militärbehörden verboten.
Als Theo, Sohn des Direktors einer Flugzeugfabrik, in der Schule Schwierigkeiten macht, nimmt der Vater ihn als Lehrling in sein Werk. Die Komplikationen mit dem desinteressierten und unkooperativen Theo wiederholen sich dort. Die Eingliederung des Jungen ist ein langer Prozeß.

1943/44. Sommernächte.
REG Karl Ritter. AUT Gustav Kampendonk, Vera Bern; nach einer Idee von Gustav Kampendonk. KAM Ekkehard Kyrath. STF Viktor von Buchstab. BAU Wilhelm Vorwerg, Rudolf Linnekogel. KOS Gertrud Steckler. SCH Margarete Noell. TON Ernst Walter. MUS Winfried Zillig.
DAR René Deltgen (Dr. Thomas), Suse Graf (Gabriele), Ernst von Klipstein (Kuno), Jutta von Alpen (Uschi), Franz Weber (Dunhus), Charlotte Ritter (Ernestine), Leopold von Ledebur (General a.D. Brosseit), Erich Dunskus (Wirt Kalaut), Karl Hannemann (Gemeindevorsteher), Dorothea Thiess (Wirtschafterin Pauline), Irmgard Thielke (Magd).
PRO Ufa. Herstellungsgruppe: Karl Ritter. HEL Karl Ritter. PRL Gustav Rathje. AUL Willi Rother, Emanuel Kacha. DRZ 26.6. - August 1943. DRO Froelich-Studio Berlin-Tempelhof; AA Masurisches Seengebiet, Niedersee, Umgebung von Rudzanny (Ostpreußen). LNG 2595 m, 95 min. ZEN 20.5.1944, Jv. URA 26.6.1944, Berlin (Astor, BTL Potsdamerstr.).
Auf einer Insel der masurischen Seenplatte lernen sich der Arzt Dr. Thomas und Gabriele kennen. Sie lügt ihm aus guten Gründen eine schon bestehende Ehe vor, die zwar inszeniert wird, doch den Sitten nicht standhält. Erst die Peinlichkeit der Situation und ehrliche Verlautbarungen ermöglichen Sommernächte voller Liebe.

1943/44. Warum lügst Du, Elisabeth?
REG Fritz Kirchhoff. RAS Ulrich Preuß. AUT Gerhard T. Buchholz; nach dem Roman ›Sommerrausch‹ von J. Schneider-Foerstl. KAM Willy Bloch. BAU Carl Ludwig Kirmse. KOS Isolde Willkomm. SCH Hans Domnick. TON Jakob Verwys. MUS Ludwig Schmidseder.
DAR Carola Höhn (Lena Rodien/Elisabeth Ponholzer), Paul Richter (Lex Brandner), Hansi Wendler (Gabriele Benzinger), Annie Rosar (Katrin), Heinz Himmel (Alois Kolbe), Walter Janssen (Leopold Dirk), Gertrud Wolle (Walburga), Erika Gläßner (Clementine Soest), Hans Adalbert Schlettow (Ernst Stadinger), Karl Skraup (Bonifatius), Wilma Tatzel (Gretl), Stefanie Gutenthaler (Liesl), Ernst Reitter (Josef), Josef Eichholm.
PRO Ufa. Herstellungsgruppe: Peter Ostermayr. HEL Peter Ostermayr. AUL Wilhelm Albert Marchand, Manfred Schelske. DRZ 9.9. - Dezember (?) 1943. DRO Ufa-Atelier Berlin-Tempelhof, AA Semmering bei Wien, Ruprecht und Weiz bei Graz. LNG 2234 m, 82 min. ZEN 26.5.1944, Jf. 14. URA 4.8.1944, Graz, 22.8.1944; Berlin (Astor, BTL Potsdamer Platz).

Im Juni 1943 wiederholt Produktionschef Liebeneiner in Wien vor der Union internationaler Journalistenverbände, es werde sein Bestreben sein, den Film von der Industrialisierung fernzuhalten, keine Massenproduktionen zu schaffen, sondern Einzelwerke, die vermöge ihres künstlerischen Gehaltes, der nicht auf konstruierten Effekten, sondern in den Problemen menschlichen Gefühlslebens und menschlicher Charakteristik beruhen müsse, geeignet seien, »zu dauernden Kunstwerken zu werden«. – Während draußen in der »Wirklichkeit« Nazideutschland die Völker Europas unterjocht, läßt sich Liebeneiner in Wien für die Filmproduktion feiern, neben der es, so Hausherr Freiherr du Prel, »kein anderes Mittel gebe, das besser geeignet wäre, die Zusammenarbeit der Völker Europas und ihr Verständnis füreinander zu erwecken und zu vertiefen«.

Zusammenarbeit & Verständnis – ein Wunschbild des Jahres 1943, ein Zerrbild der Wirklichkeit und gerade deswegen Entrückung und psychische Regeneration. Filmminister Goebbels erhofft sich von der Produktion welt- und kriegsferner gediegener, auch populär-komödiantischer Filme Entlastung vom Kriegsstreß, aber auch Stählung und neue Kampfbereitschaft. Im September 1943, als der totale Krieg sich auch im Filmwesen bemerkbar macht – der *Film-Kurier* erscheint jetzt wöchentlich, auch wird der Vorstellungsbeginn der letzten Vorstellung der Groß-Berliner Filmtheater mit Genehmigung des Reichsministeriums für Volksaufklärung und Propaganda auf 19 Uhr vorverlegt – im September 1943 also propagiert Liebeneiner, inzwischen auch Leiter Fachschaft Film, als Antwort auf den totalen Krieg so etwas wie die totale Filmkunst. In einem programmatischen Aufruf (»Alle müssen zur Stelle sein!«) für die »Künstler-Einsatzstelle« der Reichskulturkammer schreibt Prof. Liebeneiner: »Wenn der totale Krieg und der Bombenterror alle Kräfte unseres Volkes, die physischen wie die seelischen, immer mehr beansprucht, müssen auch die Gegenwirkungen, die von der Kunst ausgehen, sich steigern«.

Was der Kriegskunst billig ist, ist der Filmkunst recht. Man muß wohl annehmen, und dafür geben die Äußerungen jener Jahre allen Anlaß, daß sich Produktionschef Liebeneiner als einer sieht, der den Kriegführenden ebenbürtig ist und der dem Krieg sogar positive Seiten abzugewinnen weiß, wenn dieser, und das ist seine feste Überzeugung, zur künstlerischen Sensibilisierung, ja zur Produktion von Feingeistern beiträgt. Liebeneiner tritt deshalb dafür ein, um eine Antwort auf die Frage »Wie steht es um den Film der Jugend?« gebeten, »sich in die Seele der Jungen und Mädel filmisch hineinzudenken« – ohne »künstliche Konstruktionen«. »Es ist nicht richtig, wenn man sagt, daß es unter Mädels und Jungens an Konflikten mangelt, zumal die Erlebniswelt der Jugend durch ihren umfassenden Kriegseinsatz ins fast Unermeßliche gesteigert worden ist.«

Andererseits stählt die Kunst und insbesondere die künstlerische Disziplin für den Einsatz in der Produktion, insbesondere in der Rüstungsproduktion. Stolz verweist Liebeneiner im Aufmacher des Mitteilungsblattes für den Gesamtbereich des deutschen Filmschaffens – es heißt jetzt *Film-Nachrichten* – am 24. Februar 1945 auf den produktiven Künstlereinsatz in der Rüstungsindustrie. – Der totale Krieg hat jetzt zu einem Engpaß in der Versorgung der Filmtheater mit Eintrittskarten geführt. Der Präsident der Reichsfilmkammer gibt daher in derselben Ausgabe der *Film-Nachrichten* bekannt: »Infolge der aufgetretenen Versandschwierigkeiten kann nicht mit Sicherheit damit gerechnet werden, daß alle Filmtheater rechtzeitig vor dem 1. April 1945 in den Besitz der neuen Einheitseintrittskarten gelangen. Die Außenstellen der Reichsfilmkammer werden daher ermächtigt, auch über den 1. April 1945 hinaus die vorhandenen Eintrittskartenbestände aufzubrauchen bzw. wenn solche nicht mehr vorhanden sind, Ersatzkarten bis zum Eintreffen der neuen Einheitseintrittskarten zu verwenden.« Nicht vergessen: »Entsprechende Anträge sind seitens der Filmtheaterbesitzer rechtzeitig an die für sie zuständige Außenstelle zu richten. Berlin, den 20. Februar 1945.«

Unmittelbar neben dieser Bekanntmachung hat Liebeneiner im Sperrdruck seinem Glauben Ausdruck verliehen, daß Künstler Künstler bleibe, auch wenn ihm jetzt statt der Bühne »das Leben« – genauer wird er auch jetzt, wenige Wochen vor Kriegsende nicht – untergeschoben werde: »Hier aber zeigt es sich auch, bei wem die Zucht der künstlerischen Arbeit den Charakter so weit geformt hat, daß die Arbeitsdisziplin der Künstler jeder Anforderung des Lebens gewachsen ist. Statt der Bühne gibt uns jetzt das Leben eine Rolle zu spielen.«

Liebeneiner, der sich als Künstler im Zentrum der Dinge sieht, läßt bei Minister Goebbels demgemäß Wünsche offen. Am 31. August 1944 erstattet Reichsfilmintendant Hinkel dem Minister Bericht und schlägt die Installierung eines »ersten nationalsozialistischen« Firmen- und stellvertretenden Produktionschefs vor. Liebeneiner bleibt das Adjektiv »nationalsozialistisch« versagt. – Hinkel: »Professor Liebeneiner wurde auftragsgemäß in Fragen der Regie und Besetzung ›unter die Arme gegriffen‹. (Nach der Neuordnung im Bereich der Reichspropagandaleitung und der daraus sich ergebenden Einfügung des Hauptamtes Film in die Abteilung Film unseres Hauses ist der Parteigenosse Heinz Tackmann sozusagen frei geworden, um die vakante Stelle des Firmen-Chefs und stellvertretenden Produktions-Chefs bei der Ufa zu übernehmen. Wie dem Herrn Minister mehrfach berichtet, würde Tackmann die hervorragendste Ergänzung von Liebeneiner und der erste nationalsozialistische Firmen-Chef im gesamten Filmbereich.)«

Liebeneiner ist kein offener Parteigänger der Nationalsozialisten. Aber er adelt ihre (Film-)Politik im Namen der Kunst – einer Filmkunst, die durch Wegfall hemmender Geschäftsschranken so total wie der Krieg sein würde. »In früheren Zeiten waren die Filmkünstler durch die Rücksicht auf Geschäftsinteressen gehemmt, das ist heute vorbei. Die Produktionsgesellschaften sind verstaatlicht, so wie die Staatsoper oder das Staatstheater. Damit ist der Film, wie diese Kunststätten, ein Kulturinstrument geworden«, erkennt er 1942 im Film-Sonderheft der *Nationalsozialistischen Monatshefte*.

Kurz darauf erhält der Staatsschauspieler Wolfgang Liebeneiner für seine »Spielleitung« des Bismarck-Films DIE ENTLASSUNG vom Reichsminister für Volksaufklärung und Propaganda den Deutschen Filmring. Der ist erst dreimal vergeben worden – zuletzt an Veit Harlan. Mit diesem zusammen wird Liebeneiner ein halbes Jahr später aus Anlaß des 25jährigen Jubiläums der Ufa mit dem Professoren-Titel geehrt, verliehen beim Betriebsappell der Ufa im Ufa-Palast am Zoo durch den Führer in Gestalt des Reichsministers Dr. Goebbels.

In einer Reihe von Reden und Artikeln beklagt Liebeneiner in dieser Zeit, daß noch zehn Jahre zuvor der Film eine »Spottgeburt aus Geschäft und Kunst« gewesen sei. Endlich sei die Einheit von »Filmkunst und Filmindustrie« erreicht. Allerdings habe man gegen »Theoretiker« (womit er Avantgardisten meint), den Expressionismus und die Überbewertung des Stummfilms, nämlich der Propagierung des »Filmischen« und »Optischen«, kämpfen müssen.

Unter der Überschrift »Wolfgang Liebeneiner über hemmende Theorie. In der Anwendung der ewiggültigen dramaturgischen Regeln auf den Film liegt seine Zukunft« veröffentlicht der *Film-Kurier* am 12. Juli 1941 das Vorwort, das Liebeneiner zum Buch »Dramaturgie des Theaters und des Films« von Dr. Gottfried Müller geschrieben hat. Darin wendet er sich gegen »avantgardistische Übersteigerungen«, die »die gesunden Begriffe verwirrt haben«, nämlich, daß der Film nur Optik und optische Symbolik sei: »Das ist eine völlig unzeitgemäße Einstellung, die endlich einmal radikal vernichtet werden müßte.«

Im Jahr, in welchem die radikale Vernichtung des Judentums geplant wird, wünscht sich Liebeneiner die feingeistige Vernichtung der »Theoretiker«, die das Filmische und Optische des Stummfilms loben. »Schädliche Wirkungen in jeder Richtung« habe dieser Blick zur Folge. »Die berühmten historischen Stummfilme bestanden aus pomphaften Aufzügen und verzerrten Grimassen. Der wichtigste Bestandteil des Films, die Handlung, wurde einfach in den ›Titeln‹ erzählt.« Und – eins der seltenen Film-Beispiele – ein Film wie PANZERKREUZER POTEMKIN habe sich gerade dadurch »überlebt«, daß er technische Mittel, die wir heutzutage ganz selbstverständlich anwenden, zu einem Stilprinzip erhoben habe, das zeitbedingt gewesen sei. »Unsere Theoretiker gefährden die gesunde Entwicklung des Films aufs schwerste.« Und weiter: »Man kann eine Kunst nicht aus Theorien entwickeln, das Beispiel des Expressionismus war der jüngste, schlagende Beweis. Was an organisatorischen Neuerungen, an technischen Verbesserungen und an geistigen Richtlinien überhaupt menschenmöglich ist, wird dem deutschen Film von seiner Führung gegeben.« Direkt unter diesen Sätzen, die am 29. Januar 1941 im *Film-Kurier* stehen, ist eine Anzeige geschaltet: »JUD SÜSS. Ein Veit Harlan-Film der Terra. Ungeheurer Erfolg! Tosender Beifall!«

Wer nun meint, das Menschenmögliche der Führung des deutschen Films sei der Nazifilm – weit gefehlt! So wie Liebeneiner dank des Nationalsozialismus einen Supergoethe für möglich hält, erhofft er sich als Filmprodukt einen Super-Hollywood-Film. Die Amerikaner hätten in den Spitzenwerken eine vorbildliche Technik und eine vorbildliche Dramaturgie, die auf den klassischen Regeln beruhe und in der Massenproduktion geradezu eine Rezeptdramaturgie geworden sei. »Da können wir auch nichts mehr übertreffen.« Aber: »Was wir darüber hinaus könnten, wäre, Dichter an die Filme setzen.«

Liebeneiners Gleichung ist demnach: Hollywood + Goethe = Ufafilm.

Er vertritt konsequenterweise die Auffassung, daß der Film nicht filmspezifischen Regeln unterliege, sondern den allgemein gültigen Regeln dramatischer Dichtkunst. Der Tonfilm, so erkennt er, habe gar nicht die Möglichkeit, Stummfilmtitel einzuschieben. Er müsse, auch wenn er mit Worten erklären wolle, diese als Dialog in die dramatische Handlung einbauen. Darum sei der Tonfilm viel mehr als der Stummfilm an die geschlossene dramatische Handlung gebunden. Darum habe auch die Dramaturgie eine viel größere Bedeutung für den Tonfilm als für den Stummfilm. »In der Anwendung der ewiggültigen dramaturgischen Regeln auf den Film liegt seine Zukunft.« – Zwei Jahre später ist Liebeneiner Professor.

Getreu seiner Auffassung, »daß nicht die Verhältnisse, sondern Menschen und Charaktere Geschichte machen«, setzt er 1941 selbst einen Problemfilm wie ICH KLAGE AN, den sogenannten »Euthanasiefilm«, in eine Veranstaltung menschlicher Beziehung um, ohne das problematische Anliegen beim Namen zu nennen. Die hohe Kunst des Unpolitischen, die das aktuelle Anliegen – die Propagierung der in diesem Jahr anlaufenden, aber öffentlich nicht sanktionierten »Euthanasie« in den staatlichen Anstalten – lediglich »aufklingen« läßt und gleichzeitig auf Grund der ewiggültigen Regeln der dichterischen Dramaturgie zur Akzeptanz verhilft, entspricht der hohen Kunst des Politischen, mit der der Reichspropagandaminister die verbrecherischen Ziele des Nationalsozialismus verfolgt. Sie sind ein Paar, Goebbels und Liebeneiner.

Dietrich Kuhlbrodt

In guten und in schlechten Tagen…
Goebbels ernennt 1942 Liebeneiner und Harlan zu Professoren.
Liebeneiner mit Ex-Reichsfilmintendant Hippler 1949 als Entlastungszeuge beim Harlan-Prozeß im Hamburg

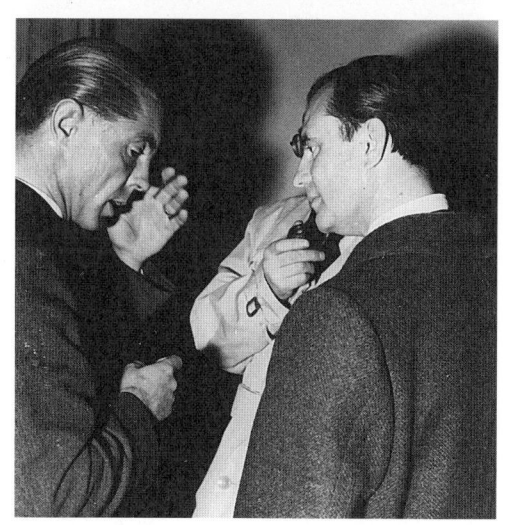

Die Bauernhof-Erbin Lena sieht sich das dahindümpelnde Unternehmen zunächst einmal inkognito an, was nicht ohne Komplikationen bleibt, als vereinbarungsgemäß die falsche Erbin Gaby eintrifft und eine Verhaftung als Hochstapler-Paar droht. Gutsverwalter Lex hat indes alles durchschaut und für Lena ein Herz.

1943/44. Ein fröhliches Haus.
REG Johannes Guter. RAS Carl Merznicht. AUT Jochen Kuhlmey; nach einer Idee von Johannes Guter, Max Pfeiffer. KAM Josef Strecher. STF Lotte Zengemeister. BAU Anton Weber. KOS Vera Mügge. SCH Willy Zeunert. TON Jakob Verwys. MUS, ML Ludwig Schmidseder. DAR Carla Rust (Irene Möller), Rolf Weih (Viktor Werneberg), Hans Leibelt (Onkel Paul Hagedorn), Ursula Herking (Ursula), Carsta Löck (Grete), Olga Limburg (Tante Liesbeth), Lotte Rausch (Tante Mariechen), Erich Fiedler (Clemens Langen), Irmingard Schreiter (Hilde), Roswitha Knopf (Inge), Rosemarie Kemmerich (Rose), Klaus Puhlmann (Klaus), Franz Weber, Heinrich K. Worth, Wilhelm Bendow, Karl Hannemann, Artur Reinhardt, Vera Schulz, Schülerinnen der Medau-Schule.
PRO Ufa. Herstellungsgruppe: Erich Holder. HEL Erich Holder. AUL Victor Eisenbach, Hans Goritzka. DRZ 15.6. - Mitte August 1943. DRO Ufa-Atelier Berlin-Tempelhof. LNG 2094 m, 76 min. ZEN 31.7.1944, Jf. 14, nf. URA 16.11.1944, Berlin (Astor, BTL Potsdamerstraße).
Erst als die Tanten Lisbeth und Mariechen, vom Witwer Viktor eigentlich gerufen zur Linderung der häuslichen Querelen mit seiner neuen Verlobten Irene, einer Briefkastentante, das Heim verlassen haben, wird daraus ein trautes, fröhliches Haus.

1943/44. Die Frau meiner Träume.
REG Georg Jacoby. RAS Erich Kobler. AUT Johann Vaszary, Georg Jacoby, unter Mitarbeit von Herbert Witt; nach einer Idee von Johann Vaszary. KAM Konstantin (Irmen-)Tschet. STF Hubertus Flöter. BAU Erich Kettelhut. KOS Gertrud Steckler. SCH Erich Kobler. TON Heinz Martin, Werner Pohl. MUS Franz Grothe. LT Willy Dehmel. MT ›Ich warte auf Dich!‹ (1), ›In der Nacht ist der Mensch nicht gern alleine...‹ (2), ›Mach' Dir nichts daraus!‹ (2). GES Rudi Schuricke (für: Valentin Froman) (1), Marika Rökk (2). CHO Sabine Ress. Stepptänzer: Terry Krause.
DAR Marika Rökk (Revuestar Julia Köster), Wolfgang Lukschy (Oberingenieur Peter Groll), Walter Müller (Ingenieur Erwin Forster), Georg Alexander (Theaterdirektor), Grethe Weiser (Jungfer Luise), Inge Drexel (Dorfmädchen Resi), Valentin Froman (Solotänzer), Wilhelm Schulte-Vogelheim (Solotänzer), Johanna Ewald, Erna Krüger, Karin Lüsebrink, Lotte Spira, Vera Witt, Walter Bechmann, Julius Brandt, Egon Brosig, Karl Etlinger, Victor Janson, Karl Hannemann, Fritz Lafontaine, Gustav Püttjer, Walter Steinweg, Hans Stiebner (Reisender), Jakob Tiedtke (Theaterbesucher), Herbert Weißbach, Ewald Wenck (Pförtner).
PRO Ufa. Herstellungsgruppe: Georg Jacoby. HEL Georg Jacoby. AUL Herbert Junghanns, Paul Pasch. DRZ 8.3. - 25.9.1943, Ende April 1944 (Nachdreh). DRO Ufa-Atelier Berlin-Tempelhof, Ufastadt Babelsberg. AA Kärnten. LNG 2721 m, 99 min. ZEN 2.8.1944, Jv. URA 25.8.1944, Berlin (Marmorhaus).
– 7. deutscher Farbfilm.
Revuestar Julia Köster ist schaffensmüde und fährt mit dem Zug ins Gebirge, wo sich ein Techtelmechtel mit dem Ingenieur Peter Groll entspinnt. Anfangs gestört von Julias Zofe und dem Theaterdirektor, mündet es in eine handfeste Liebesgeschichte.

1943/44. Das Hochzeitshotel.
REG Carl Boese. RAS Hilde Vissering. AUT Peter Trenck /=Geza von Czifra/. KAM Konstantin (Irmen-)Tschet. BAU Herbert Frohberg. KOS Vera Mügge. SCH Willy Zeunert. TON Werner Pohl. MUS, ML Willy Mattes. DAR Karin Hardt (Verkäuferin Brigitte Elling), René Deltgen (Pressefotograf Viktor Hoffmann), Walter Janssen (Schriftsteller Burgmüller), Ernst Waldow (Sekretär Alexander), Hermann Pfeiffer (Verleger Dr. Wolter), Hans Herrmann-Schaufuß (Pressedienstchef Rupp), Georg Vogelsang (Amtsvorsteher Nepomuk Balg), Helmut Helsing (Kriminalkommissar Hacke), Edwin Jürgensen (Juwelier Berendt), Roma Bahn (Frau Berendt), Hans Fidesser (Geschäftsführer im ›Seehotel‹), Ernst Sattler (Portier im ›Seehotel‹), Franz Weber (Provinzzeitungsherausgeber Knauer), Kate Kühl, Maria Zidek, Margarete Schön, Lili Schoenborn-Anspach), Anneliese Römer, Doris Holve, Erich Dunskus, Walter Steinweg, Lutz Götz, Klaus Pohl, Eduard Bornträger, Kurt Gerhard Hoffmann, Karl-Heinz Reichel, Gerd Garow, Hans-Jürgen Busch, Horst-Dieter Klapp, Udo Fanselau (vier Kinder).

Der Pressechef und die Gestapo
Die Akte Richard Düwell

Der erste Vermerk in den Akten sei bei einem feindlichen Terrorangriff vernichtet worden, beteuert SS-Gruppenführer Müller. Doch Staatssekretär Gutterer läßt nicht locker und mobilisiert das Reichspropagandaministerium. Die Personalabteilung legt eine neue Akte an, markiert als geheime Verschlußsache.

Referent Voss ist der zuständige Sachbearbeiter. Sein Dossier beginnt mit einer Schilderung des Vorfalls: »Am 16.2.44 sprach Kriminalsekretär Altmann vom Reichssicherheitshauptamt bei dem Sachbearbeiter vor und gab folgenden Sachstandsbericht: Pöhlmann habe dort gegen einen in seinem Haus untergebrachten Unteroffizier eine Anzeige wegen Abhörens ausländischer Sender und dergleichen erstattet und dabei erklärt, es sei zweckmäßig, daß sich das Reichssicherheitshauptamt auch mal bei der Ufa umsehe, da ein gewisser Düvell dort sehr staatsfeindliche Äußerungen mache.«

Pöhlmann ist ein notorischer Denunziant, die Behörden kennen ihn schon. Er hat sich als Gruppenführer beim SD eingeführt, ist in Wahrheit aber bei der NS-Kraftfahrer-Korps, Gruppe Niederschlesien (zuletzt als Obersturmbannführer) längst ausgeschieden. Übrigens kein ›alter Kämpfer‹, sondern ›Parteigenosse‹ erst seit 1933. Von Beruf ist er Generalvertreter einer Leuchtplakettenfabrik. Zudem hat er die angeblichen Äußerungen des Ufa-Pressemanns selbst gar nicht gehört. Aber Pöhlmann benennt eine Zeugin: die Fotografin Ursula von Zettritz-Neuhaus, eine Mitarbeiterin Düwells.

Sie wird vorgeladen und gibt zu Protokoll, ihr Chef habe gesagt: »a) Ob die Ufa eine Stalin- oder eine Churchill-Ufa sei, sei gleich, weil sie (die Filmschaffenden) in ihrer Tätigkeit dadurch nicht berührt würden. b) Als ihm ein Filmmanuskript mit nationalsozialistischer Tendenz vorgelegt worden sei, habe er ausgerufen: Man solle ihn mit der braunen Sauce in Ruhe lassen, die stehe ihm zum Halse heraus. c) Als sie längere Zeit vergeblich versucht hätte, bei ihm eine Rücksprache zu bekommen und ihn nach dem Grund dafür gefragt hätte, habe er erklärt, sie hätte ja Verkehr mit einem SS-Führer, und er müsse sie als SD-Spitzel betrachten und schätze aus diesem Grunde Rücksprachen mit ihr nicht mehr. d) Als sie eines Tages zur Rücksprache zu ihm gekommen sei, hätte er gesagt, er müsse sehr eilig fortgehen zu einem Oberst X, der immer sehr genau über bevorstehende Einberufungen unterrichtet sei, und sie könne sich ja wohl denken, daß er keine Lust habe, sich für die Nazis eins in den Kopf knallen zu lassen. e) Als die Angelegenheit Mussolini passiert sei, habe er sich ihr gegenüber geäußert, wenn der Führer sein Volk wirklich lieb habe, dann möge er doch auch schleunigst in die Wüste gehen.«

Was ist von diesen Beschuldigungen zu halten? Der Aktenvermerk schließt: »Kriminalsekretär Altmann bezeichnete die Zeugin als sehr von sich eingenommen und etwas überspannt, ohne ihr aber jede Glaubwürdigkeit absprechen zu wollen. Er hält ihre Aussagen indessen nicht für ausreichend, um damit allein ein gerichtliches Verfahren gegen Düvell durchführen zu können und will deshalb versuchen, weitere Zeugenaussagen zu erhalten.«

Der Referent Voss bittet den Kollegen Dr. Wortig von der Abteilung Film zu sich. Ohne die Hintergründe zu erläutern, wünscht er eine persönliche Beurteilung von Richard Heinrich Düwell, Journalist und Lektor, geb. am 26.4.1902 in Rostock. Er hat Germanistik und Theatergeschichte studiert, war Rundfunkreporter und Filmkritiker, organisierte Wehrmachts-Tourneen und leitete Filmsendungen bei den ersten Fernsehversuchen. Denn vor allem ist Düwell ein versierter Fachmann für Öffentlichkeitsarbeit, war in dieser Funktion erfolgreich bei Tobis und Berlin-Film und ist jetzt bei der Ufa gelandet. Der Pressedienstleiter, so die Auskunft, leiste »teilweise gute Arbeit«, sei aber »unbeständig und flatter-

Rechts der slowakische Propagandachef Gesandter Tido Gaspar im Gespräch mit Herrn Düwell auf dem Presseempfang im Carton Hotel

haft«. Diese Charakterisierung bestärkt den Leiter der Personalabteilung in seinem Mißtrauen. Noch am selben Tag, dem 18. Februar, unterrichtet Voss den Staatssekretär von seinen Nachforschungen und macht den Vorschlag, Düwell »unauffällig, d.h. durch Aufhebung der Uk-Stellung, von seinem Posten zurückzuziehen und gleichzeitig Leiter Film zu beauftragen, im Benehmen mit der Ufa einen Nachfolger namhaft zu machen.«

Der Staatssekretär ist einverstanden. Voss wendet sich an Oberregierungsrat Dr. Bacmeister mit der Bitte, ihm so schnell wie möglich einen Nachfolger für Düwell zu nennen. Über die Gründe der Abberufung soll vorläufig Stillschweigen gewahrt werden: »Der Ufa könnte daher vielleicht gesagt werden, daß Düwell abberufen würde, weil er noch keinen Fronteinsatz gehabt habe.« Am 17. März präsentiert die Presseabteilung der Reichsregierung zwei Kandidaten: Günter Schwark, von April 1935 bis Januar 1943 Hauptschriftleiter beim *Film-Kurier*, dann kurze Zeit - bis zu seiner Einberufung zur Wehrmacht - in der Pressestelle Inland der Ufa, oder Hans Ottmar Fiedler, seit Juni 1942 Kulturschriftleiter beim *Lokal-Anzeiger*, früher Volontär bei der *Film-Welt*.

Voss entscheidet sich für Fiedler, doch überraschend taucht ein Hindernis auf, das einen unauffälligen Austausch der beiden Journalisten unmöglich macht. »Eine Rücksprache des Sachbearbeiters in dieser Angelegenheit mit dem Inlandspressedienstleiter Klär der Deutschen Filmwirtschaftsgesellschaft und mit dem Produktionsleiter Dr. Jonen von der Ufa-Filmkunst ergab, daß Düwell bei der Ufa-Filmkunst nicht mehr als Pressedienstleiter, sondern als Assistent von Liebeneiner tätig ist und zur Zeit die sogenannte Dichteraktion, für die das Büro Winkler eine halbe Million Reichsmark bereitgestellt hatte, durchführt«, hält Voss in einem Aktenvermerk am 22. März fest. »Dem Herrn Staatssekretär muß daher ein Zwischenbericht gemacht und vorgeschlagen werden, zunächst die Angelegenheit mit Liebeneiner persönlich zu besprechen, wobei es nicht zu vermeiden sein wird, den wahren Grund für die Abberufung Düwells vertraulich bekanntzugeben.« Liebeneiner wird erst in der nächsten Woche in Berlin zurückerwartet. Fünf Tage später ein erneuter Vermerk: »Der Herr Staatssekretär rief heute Prof. Liebeneiner an und teilte ihm mit, daß gegen Düwell der Verdacht staatsfeindlicher Äußerungen bestehe. Er sprach in diesem Zusammenhang die Warnung aus, Düwell an hervorragender Stelle zu beschäftigen. Die Untersuchungen seien noch im Gange.«

Das Räderwerk der Verfolgungsmaschinerie arbeitet bereits, die Schlinge wird langsam zugezogen. Voss informiert am 3. April den Staatssekretär: »Das Reichssicherheitshauptamt wird in den nächsten 4 Wochen – wie uns streng vertraulich mitgeteilt wurde – die Post und die Telefongespräche des Düwell überwachen lassen. Nach Ablauf dieser Frist will das Reichssicherheitshauptamt Düwell auf jeden Fall festnehmen lassen, auch wenn die Post- und Telefonüberwachung kein neues Belastungsmaterial erbringen sollte.«

Liebeneiner wird am 4. Mai noch einmal zur Verschwiegenheit verpflichtet, dann erfolgt die Verhaftung Düwells. Er wird verhört, und, konfrontiert mit den Aussagen der Fotografin, leugnet er nicht. »Bei seiner jetzt erfolgten Vernehmung«, teilt Voss am 18. Mai mit, »hat er diese Äußerungen im großen und ganzen zugegeben, aber gleichzeitig darauf hingewiesen, daß man derartige Äußerungen bei ihm als Künstler nicht auf die Goldwaage legen dürfe, sie seien nicht so gemeint gewesen.« Die mit der Sache befaßten Beamten, heißt es weiter in der Akte, hatten »den Eindruck, daß Düwell an sich harmlos sei, zumal die der Festnahme vorangegangene Überwachung keinerlei weiteres belastendes Material gegen ihn ergeben hatte«.

Trotzdem wird der Ufa-Mann dem Volksgerichtshof zur Aburteilung überstellt.

»Nach Mitteilung des Reichssicherheitshauptamtes setzt Professor Liebeneiner sich für Düwell mit allen Mitteln ein«, informiert der Referent voller Besorgnis den Staatssekretär. Doch vergeblich versucht der Produktionschef, der sich sogar einen Termin beim Minister geben läßt, seinen Mitarbeiter zu retten. Ein Vierteljahr passiert nichts; die Mühlen der NS-Justiz mahlen langsam. Zu langsam, befinden einige Scharfmacher. An der bisher mit der Angelegenheit befaßten Personalabteilung vorbei richtet die Reichskulturkammer einen Schnellbrief unmittelbar an den Oberreichsanwalt: »Reichsminister Dr. Goebbels läßt dringendst bitten, den Prozeßtermin mit aller Beschleunigung anzusetzen.« Durch Zufall erfährt Referent May von diesem Schreiben. Staatsanwalt Alter, hält er in einem Vermerk am 18. August fest, habe ihm gesagt: »An sich sei die Sache Düwell noch nicht ganz anklagereif, im Hinblick auf den ausdrücklichen Wunsch des Herrn Ministers sei aber heute Anklage erhoben worden.«

Zehn Tage später kann der Leiter der Personalabteilung dem Minister Vollzug melden: »Über den Fall Düwell berichte ich abschließend, daß heute Vormittag die Hauptverhandlung vor dem 1. Senat des Volksgerichtshofs unter Vorsitz des Präsidenten Dr. Freisler stattgefunden hat. Düwell war im wesentlichen geständig, die ihm zur Last gelegten staatsfeindlichen und defaitistischen Äußerungen getan zu haben. Er wurde entsprechend dem Antrag des Oberreichsanwalts zum Tode verurteilt. Das Urteil ist mit der Verkündung rechtskräftig geworden.«

Michael Töteberg

PRO Ufa. Herstellungsgruppe: Erich Holder. HEL, PRL Erich Holder. AUL Ernst Liepelt, Waldemar Albert, Hans Goritzka. DRZ 9.12.1943 - Anfang März 1944. DRO Ufastadt Babelsberg; AA Kitzbühel. LNG 2313 m, 84 min. ZEN 7.8.1944, Jv. URA 12.12.1944, Berlin (Astor, BTL Potsdamer Platz).
Die Verkäuferin Brigitte Elling wird mit der Schriftstellerin Vera von Eichberg verwechselt, die aber auch nur das Pseudonym des Schriftstellers Burgmüller trägt. Dieser spielt Schicksal und führt Verwirrungen herbei, die sich bis zum Happy End entwirren.

1943/44. Jan und die Schwindlerin.
REG Hans Weißbach. AUT Per Schwenzen; nach seinem Bühnenstück. KAM Franz Weihmayr. BAU Anton Weber. KOS Gertrud Steckler. SCH Hilde Tegener. TON Carl Erich Kroschke, Georg Stellakis. MUS Franz Grothe. LT Willy Dehmel.
DAR Gerty Soltau (Ellinor Straaten), Walter Süssenguth (Jan Remmers), Ursula Zeitz (Tina Kluis), Herbert Tiede (Peter Remmers), Käte Alving (Berta Remmers), Emil Heß (Hinnerk Remmers), Charlotte Schultz (Alwine Specht), Maria Loja (Frau Prof. Warncke), Josef Sieber (Klas Kluis), Kurt Vespermann (Ewald Bastler), Artur Malkowsky (Prof. Warncke), Joe Lerch (Dr. Alphart), Hugo Gau-Hamm (Teitje Broders), Anneliese Würtz, Egon Brosig, Hans Bergmann, Werner Faust, Willi Keil, Adalbert Ludwigshausen, Reginald Pasch, Helmut Schabrich, Ernst Joachim Schlipper, Teddy Wulff.
PRO Ufa. Herstellungsgruppe: Max Pfeiffer. HEL Max Pfeiffer. AUL Ludwig Kühr, Paul Schulz. DRZ 4.9. - 9.12.1943. DRO Ufastadt Babelsberg; AA Kurische Nehrung, Nidden, Memel. LNG ca. 2500 m, 91 min, Alliierte Militärzensur: 2467 m, 90 min. ZEN 10.8.1944, Verbot nach mehrmaliger Vorlage. URA 4.3.1947.
– Im August 1944 bis auf weiteres zurückgestellt.
Ellinor ist eine Schwindlerin, die sich als Millionärin ausgibt, als sie mit ihrem angeblichen Sekretär Jan in ein Seebad fährt. In Wirklichkeit ist das Verhältnis umgekehrt, und Jan möchte seine frühere Liebe Berta wiedersehen. Zudem hat er noch seinem Sohn, dem Ingenieur Peter, Gutes zu tun, bevor er mit Ellinor wieder abreist, um sie zu heiraten.

1943/44. Junge Herzen.
REG Boleslav Barlog. RAS Arndt Liebster. AUT Rolf Meyer, Christian Munk; nach dem Roman ›Ohne Sorge in Sanssouci‹ von E. W. Dröge. KAM Kurt Schulz. STF Erwin Klitsch, Harald von der Hurk. BAU Anton Weber. KOS Gertrud Steckler. SCH Walter Wischniewsky. TON Anton Rambousek, Jacob Verwys. MUS Werner Bochmann.
DAR Harald Holberg (Horst), Ingrid Lutz (Lindy), Liska Malbran (Luise), Max Gülstorff (Rettich), Erika von Thellmann (Fräulein von Wartenberg), Jaspar von Oertzen (Lorenz), Paul Westermeier (Bootsbauer), Walter Janssen (Prof. Thormeyer), Louis Soldan (Wolf), Heinz Lausch (Michel), John Pauls-Harding (Willi) Frauke Stephan (Karin), Franz Weber (Schloßkastellan), Edlef Schauer (Schüler), Hella Tornegg (Dame in der S-Bahn), Albert Florath (Obergärtner).
PRO Ufa. Herstellungsgruppe: Hans Schönmetzler. HEL Hans Schönmetzler. AUL Kurt Paetz. DRZ 15.2. - Juni (?) 1943. DRO Hostivar-Atelier Prag, Ufastadt Babelsberg; AA Berlin, Potsdam und Umgebung. LNG 2477 m, 90 min. ZEN 21.9.1944, Jv. URA 30.11.1944, Berlin.
Keine menage à trois, sondern nur eine herzliche Studentenstory in Potsdam. Die beiden angehenden Akademikerinnen Lindy und Luise, so nett sie auch sein mögen, lenken den Pianisten und Meisterschüler Horst von den Probenpflichten für eine Uraufführung ab. Dafür muß er mit Eifersucht büßen, bekommt zum Schluß jedoch alles: Kraft zum Üben und ein Herz für Luise.

Suggestion der Farben
Die Doppelproduktion: »Immensee« und »Opfergang«

Harlan mit Irene von Meyendorff bei den Dreharbeiten zu OPFERGANG

Die Entwicklung eines deutschen Farbfilm-Systems wird schon vor dem Krieg von der Ufa betrieben. Goebbels unterstützt dies und forciert schließlich die Produktion des ersten Farbfilms, FRAUEN SIND DOCH BESSERE DIPLOMATEN unter der Regie des Unterhaltungs-Routiniers Georg Jacoby. Doch, so stellt sich heraus, die technischen Probleme sind noch nicht zufriedenstellend gelöst.

Die Folge sind unerwartet gestiegene Produktionskosten durch immer erneut erforderliche Nachaufnahmen. Marika Rökk beschreibt das mit der auch ihren Filmen eigenen Burschikosität, in ihren Memoiren: »Wir nannten ihn den ›Film, der nie zu Ende geht‹. (...) Die Techniker bastelten immer noch an der Verbesserung der Farbfilmmethode, während wir schon tapfer drehten. Licht, Licht und nochmals Licht brauchte dieser Schöpfungsakt. Wir wurden ausgeleuchtet wie eine Burgruine zur touristischen Hochsaison. Schön schauten wir aus. Fast sämtliche Darsteller hatten Bindehautentzündung, und ich plierte sinlich wie eine Haremsdame.«

Durch die besonderen Umstände wird dieser Farbfilm zu einem der bis dahin teuersten Filme überhaupt, er kostet über 2 Millionen Reichsmark. Allerdings zahlt sich

»Als ich den Film IMMENSEE abgeliefert hatte, wurde er von Goebbels als ›deutsches Volkslied‹ mit superlativischen Worten gelobt. Es wurde kein einziger Schnitt und keine einzige Veränderung befohlen. Er war unter sämtlichen Filmen, die ich im Kriege zu drehen hatte, der einzige, der sowohl in Besetzung als auch im Drehbuch genau so blieb, wie ich ihn geplant und durchgeführt hatte.«
(Veit Harlan, 1966)

die Investition für die Ufa aus. Mit einem Einspielergebnis von 7.9 Millionen Mark kann sich das Ergebnis durchaus sehen lassen. Auch der erste Farbfilm Veit Harlans, DIE GOLDENE STADT, übertrifft die 2-Millionen-Grenze bei den Produktionskosten und erzielt bei über 31 Millionen Besuchern ein (geschätztes) Einspielergebnis von 12,5 Millionen Reichsmark.

Dieser Erfolg ist bei Realisation des Films noch keineswegs absehbar. Um die bei den Farbaufnahmen unvermeidlichen Mehrkosten zu senken, verfällt man auf die Idee einer Doppelproduktion. Harlans nächste Projekte – IMMENSEE und OPFERGANG – sollen beide als Farbfilme, aber als kombinierte Produktion, realisiert werden. Folglich tauchen beide Filme immer als ein Projekt in den Akten auf. »Die beiden Filme galten als ein Kalkulationsvorhaben mit einem Voranschlag von RM 2.660.000«, heißt es in einem Aktenvermerk vom 6. Mai 1943.

Der gewünschte Einsparungseffekt ergibt sich nicht im erhofften Maß. Zwar schließen die Filme mit jeweils unter 2 Millionen Mark Produktionskosten ab, doch gegenüber dem Plan sind am 6. Mai 1943 schon Mehrkosten zu verzeichnen. »Die bisher bekannten voraussichtlichen Schlußkosten belaufen sich auf: RM 3.125.000, ohne Nachaufnahmen. Es ergibt sich hieraus also, daß der Gesamtkostenstand der beiden Filmvorhaben gegenwärtig RM 3.125.000 + Nachaufnahmen: RM 128.400 RM = RM 3.253.400 beträgt.« Die Überschreitung, die zu diesem Zeitpunkt mit 465.000 Reichsmark veranschlagt wird, wächst jedoch weiter an; schließlich schlagen pro Film jeweils über 400.000 RM als Mehrkosten zu Buche. Begründet wird dies in einem internen Bericht mit den schlechten Wetterverhältnissen, die bei den Aussenaufnahmen zu Verzögerungen führen und deswegen einen verspäteten Beginn der Atelierproduktion nach sich ziehen.

1943/44. Via Mala. Die Straße des Bösen.
REG Josef von Baky. **RAS** Wolfgang Becker. **AUT** Thea von Harbou; nach Motiven des Romans von John Knittel. **KAM** Carl Hoffmann, Werner Krien (Nachaufnahmen). **KF** Hans Hauptmann. **STF** Horst von Harbou. **BAU** Walter Röhrig, German Herbricht. **KOS** Manon Hahn. **SCH** Wolfgang Becker. **TON** Werner Pohl. **MUS** Georg Haentzschel.
DAR Karin Hardt (Silvelie), Carl Wery (Jonas Lauretz), Hildegard Grethe (Frau Lauretz), Hilde Körber (Hanna), Renate Mannhardt (Kuni), Malte Jäger (Nikolaus), Karl Hellmer (Jöry), Viktor Staal (Andreas von Richenau), Karl Kuhlmann (Lukas Bündner), Albert Florath (Amtmann), Ludwig Linkmann (Amtsdiener), Ferdinand Asper, Jutta Carow, Franz Lichtenauer, Klaus Pohl, Heinz Günther Puhlmann, Franz Wilhelm Schröder-Schrom, Vera Schulz, Georg Vogelsang, Walter Werner.
PRO Ufa. Herstellungsgruppe: Eberhard Schmidt. **HEL** Eberhard Schmidt. **ASS** Horst Kyrath. **AUL** Ali Schmidt. **DRZ** 12.7. - 6.11.1943, mehrfach Nachaufnahmen Juni/Juli 1944. **DRO** Ufastadt Babelsberg, Froelich-Studio Berlin-Tempelhof; **AA** Freigelände Babelsberg, Mayrhofen, Berlin. **LNG** 2539 m, 93 min (DDR). **ZEN** Februar 1945, Verboten. **URA** November 1946, Zürich. **DEA** 16.1.1948, Berlin/DDR.
– Der Film war Ende 1944 fertiggestellt, wurde aber im März 1945 von der Zensur zurückgestellt und nur für das Ausland freigegeben.

Sägewerksbesitzer Jonas Lauretz, knorrig, despotisch und engstirnig gegenüber seiner Familie, ist plötzlich verschwunden. Die Untersuchung übernimmt Silvelies Bräutigam Andreas von Richenau, der neue Amtmann des Dorfes. Am Ende ist er der Stellvertreter des Vaters.

1944. Erzieherin gesucht.
REG Ulrich Erfurth. **AUT** Thea von Harbou. **KAM** Franz Weihmayr. **BAU** Anton Weber. **SCH** Walter von Bonhorst. **TON** Ernst Walter. **MUS** Ernst Erich Buder.
DAR Olly Holzmann (Käthe Lohmann), Ernst von Klipstein (Achim Terbrügge), Wolfgang Lukschy (Gerd Terbrügge), Fritz Wagner (Rolf Terbrügge), Peter Kliem (Neffe Till), Ewald Wenck (Diener Steffen), Flockina von Platen (Doris Chrysander), Emil Heß (Revendonk), Karl Etlinger (Dr. Bernhard Pettenkammer), Melanie Horeschowski (Erzieherin Luise Mehlhorn).
PRO Ufa. Herstellungsgruppe: Karl Ritter. **HEL** Karl Ritter. **PRL** Gustav Rathje. **AUL** Willi Rother. **DRZ** 21.2. - Mitte Mai 1944. **DRO** Ufastadt Babelsberg. **LNG** ca. 2400 m, 88 min. **ZEN** Januar 1945. Verbot. **URA** 29.10.1950, Hamburg (sechs Bezirkskinos).
– Im Januar 1945 nach mehrmaliger Vorlage von der Filmprüfstelle verboten.
Käthe vertritt ihre Freundin Luise als Erzieherin auf einem Gut. Statt die Kinder zu erziehen, verdreht sie allerdings drei Jungen die Köpfe und läßt sich von einem gar das Herz erobern.

Außerdem ist das Prestigeprojekt dieser Staffel, der Jubiläumsfilm MÜNCHHAUSEN, ein weiterer Verzögerungsgrund, da auch hier das Atelier länger belegt ist – und zwar um vier Wochen.

Die unvorhergesehenen Probleme bringen also ein Projekt in Bedrängnis, das zum Modell für die Filmproduktion unter Kriegsbedingungen werden soll. Die logistischen Probleme der Doppelproduktion sind enorm, da sich die Drehzeit zum überwiegenden Teil überschneidet. Harlan hat Mitte März 1942 die Dreharbeiten zu DIE GOLDENE STADT abgeschlossen, Drehbeginn für IMMENSEE ist der 26. Juni 1942, für OPFERGANG der 21. August. Die Dreharbeiten sind bei IMMENSEE im April 1943, also 9 Monate später, bei OPFERGANG Anfang Januar 1943, mithin nach knapp 4 1/2 Monaten, abgeschlossen. Vermutlich geht insbesondere die außergewöhnlich lange Drehzeit von IMMENSEE auf die erwähnten Probleme zurück.

Ins Kino kommt zunächst der später abgedrehte Film. IMMENSEE hat seinen Start am 17. Dezember 1943 im Tauentzien-Palast. OPFERGANG folgt erst ein ganzes Jahr später am 8. Dezember 1944 im hamburger Lessing-Theater. Da die Nachproduktion von OPFERGANG nicht wesentlich länger als bei seinem ›Zwilling‹ dauert, werden die Verzögerungen wohl durch Marketing-Überlegungen wie durch Genehmigungs-Schwierigkeiten verursacht. Vielleicht will man – angesichts der zunehmend schwieriger werdenden Versorgung mit neuen Produktionen – vermeiden, zwei prestigeträchtige Farbfilme kurz hintereinander herauszubringen. So aber kann nach der Premiere von OPFERGANG in der Presse mit Genugtuung festgestellt werden: »Die Tatsache der Existenz eines solchen Filmes und seine Uraufführung mitten im 6. Kriegsjahr beweisen, zu welchen Leistungen das deutsche Filmschaffen fähig ist.«

Wie immer man das Verhältnis der offen propagandistischen Filme Harlans zu seinen Melodramen beurteilt: Diese sind von einigen für die Dramaturgie während des Nationalsozialismus typischen Schwächen durchzogen. So muß Kristina Söderbaum – ungeachtet ihres fremden Akzentes – Frauen spielen, die aus allen möglichen Regionen des Reiches stammen. In IMMENSEE stellt Harlan Söderbaums ›Natürlichkeit‹ gegen die ›genialische‹, zum Urbanen drängende Attitüde von Carl Raddatz. Er zeigt diesen Schauspieler als Dirigenten, obwohl er – jedem musikalisch auch nur oberflächlich sensiblen Zuschauer deutlich – ersichtlich unfähig ist, ein Orchester zu leiten: Nicht die Taktfestigkeit des Orchesterlei-

> **OPFERGANG**
> »Die Todeserotik, die Goebbels an dem Film störte, ist unverhüllt. Das gesunde Aussehen nur Schein, krankhafte Rötung, von erhöhter Temperatur und Erregung hervorgerufen. Äls glüht.«
> *(Frieda Grafe, 1988)*

> »Die Kunst der feinen Leute ist farblos und lichtscheu. Lyrik mit Todesahnung, Notturnos von Chopin, und sie verschenken Orchideen aus ihren Treibhäusern statt Blumen aus ihren Gärten. Sie tragen bevorzugt schwarz und weiß, und wenn sie sich Exzesse gestatten, dann silbern oder golden, mehr Glanz als Farbe.«
> *(Frieda Grafe, 1988)*

ters ist gefragt, sondern die expressive ›künstlerische Persönlichkeit‹. Harlan nutzt eine Art ›Kurzschluß‹ zur Verknüpfung von Szenen: Auf einen Dialogsatz folgt im Bild der angesprochene Ort, Analogschnitte verbinden Handlungsstränge – ein suggerierendes Erzählen par excellence. Suggestion ist das verführerische Kunstmittel Harlans, bei den Melodramen wie den angeblich von Goebbels aufgezwungenen »politischen Filmen« wie JUD SÜSS und KOLBERG.

In Deutschland ist er der erste, der auch die Farben auf ihre Nutzbarkeit für solche Effekte auslotet und damit Erfolg hat. IMMENSEE wie OPFERGANG zeigen einen deutlichen Fortschritt gegenüber den bisherigen Agfacolor-Produktionen. Bruno Mondi, der langjährige Kameramann Harlans, der mit ihm zur Ufa gewechselt ist, entwickelt sich zum führenden deutschen Farb-Kameramann. Über seine Erfahrungen berichtet dieser, daß »der Farbfilm eine Betonung der Fläche (verlangt), denn hier bewirkt die Farbe allein schon die Plastik des Gegenständlichen in der Wiedergabe«.

Ein zeitgenössischer Rezensent bemerkt vor allem die Üppigkeit der Farben in OPFERGANG: »Nicht zum wenigsten ist dieser neue große Farbfilm der Ufa ja ein Fest für die Augen. Er läßt sie über grünende Hänge schweifen mit galoppierenden Schimmeln, durch Parks und schattige Alleen, er entzückt mit immer neuen Gewändern, mit Doggenmeuten und Hafengewimmel, mit schneeigen Boudoirs, mit Atlas und Orchideen, mit dem bunten Wirbel der Masken des Karnevals, mit den blauen Wolken der Vision zwischen Wirklichkeit und Traum. Und Hans Otto Borgmanns Musik umschmeichelt die Farbe mit sanfter Musik, in die Gesang sich mischt zum Melodrama der Minne.« Das ist geschrieben zu einer Zeit, als die Kritik schon längst zur Kunstbetrachtung gleichgeschaltet ist, und läßt doch ahnen, daß nur der Überwältigungsgestus weitergegeben werden soll.

Doch ist dies nicht alles, was Harlan und Mondi mit der Farbe in ihren Filmen bewirken. Man denke nur an den Schluß vom IMMENSEE: Plötzlich schneit es und Elisabeth, die ihren Geliebten für immer mit dem Flugzeug hat ziehen lassen, steht überraschenderweise in einer Welt fast ohne Farben, während zuvor der gesamte Film in sommerliches Leuchten getaucht ist. Nur die Farbe, oder genauer ihr Fehlen, reicht hier schon hin, die Suggestion zu erzeugen – auch ohne unterstützende Musik. Oder man denke an die Sterbeszene in OPFERGANG: Hier scheinen die Farben so unwirklich wie sie angesichts dieser höchst komplizierten Verschränkung der Liebenden sein müssen – in einem imaginierten Dialog des fiebernden Albrecht mit der todkranken Aels, vermittelt durch Octavia, die den gemeinsamen Geliebten aufopfernd verkörpert. Zweifellos eine Farbdramaturgie von hoher Raffinesse und von höchster Suggestivität. Das »Melodrama der Minne«, es zielt direkt auf die Sinne.

Rainer Rother

**1944. Vier Treppen rechts.
(Zimmer zu vermieten, 1950).**
REG Kurt Werther. AUT Gerhard Metzner; nach einer
Idee von Joachim Kuhlmay. KAM Eduard Hoesch.
BAU Emil Hasler. MUS Werner Eisbrenner.
DAR Karin Hardt (Marianne Müller), Paul Klinger
(Dr. Jürgen Wenter), Gustav Waldau (Herr von Döring),
Clementia Egies (Dagmar Prinz), Maria Rubach (Hilde),
Carl-Heinz Schroth (Bernd), Rudolf Schündler (Rudi),
Margarethe Kupfer (Frau Proske).
PRO Ufa. Herstellungsgruppe: Eberhard Schmidt.
HEL Eberhard Schmidt. DRZ September - Oktober 1944.
LNG ca. 2300 m, 84 min. ZEN Januar 1945, Jf.
URA 21.7.1950, Hamburg.
– *Im Januar 1945 von der Zensur freigegeben, kam
der Film erst 1950 in die Kinos.*
Anfangs nur zufällig und notwendigerweise in einer
gemeinsamen Wohnung hausend, verlieben sich
Marianne und Jürgen alsbald ineinander.

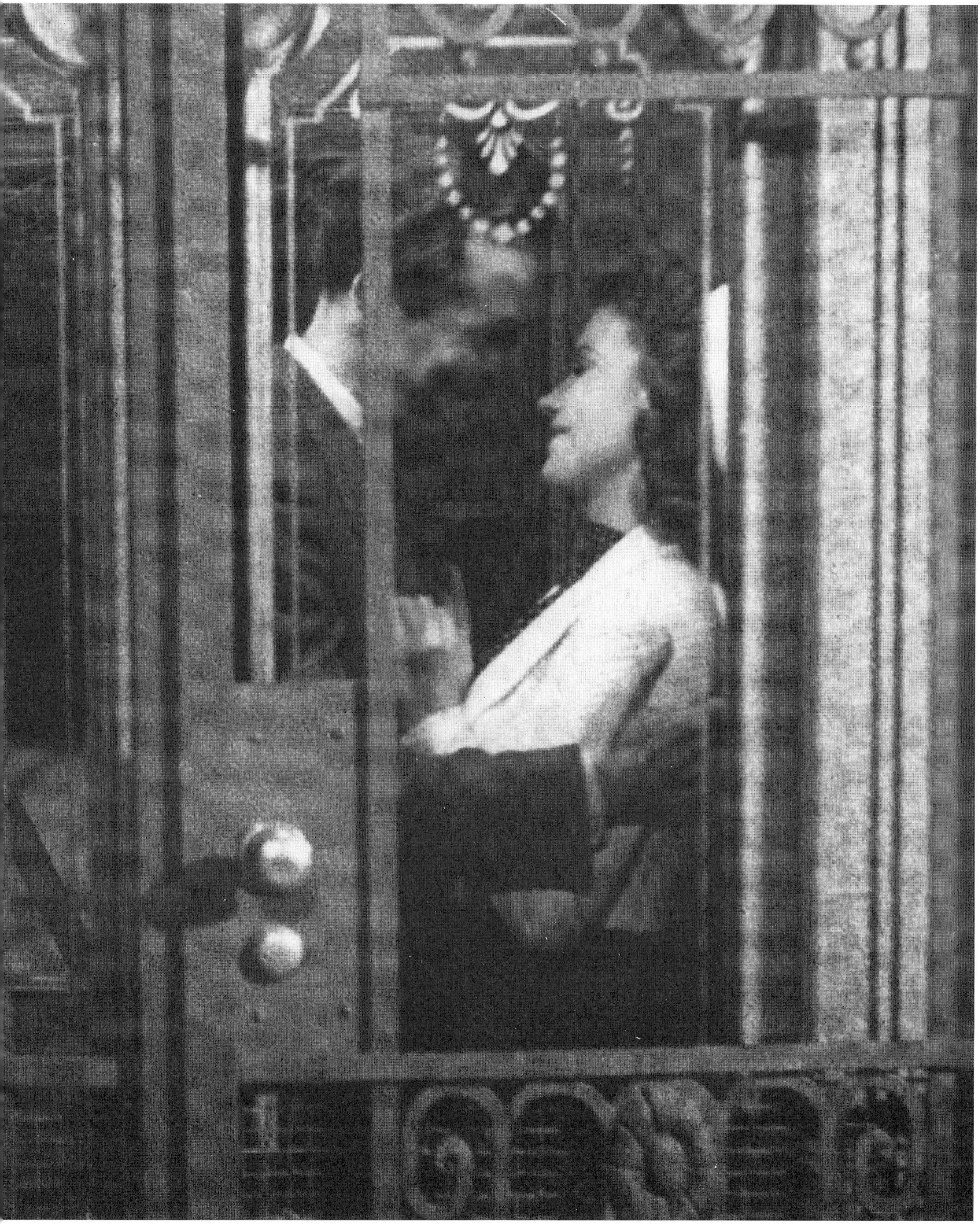

1944/45. Die Brüder Noltenius.
REG Gerhard Lamprecht. AUT Frank Thieß, Richard Riedel; nach einer Idee von Fritz Gray. KAM Reimar Kuntze. BAU Erich Kettelhut. SCH Luise Dreyer. TON Carl Erich Kroschke. MUS Hans-Otto Borgmann.
DAR Willy Birgel (Wolf Noltenius), Karl Mathias (Werner Noltenius), Hilde Weissner (Leonore Noltenius), Gunnar Möller (Jürgen Noltenius), Eugen Klöpfer (Mühlenbesitzer Karst), Adelheid Seeck (Konstanze Karst), Karl Schönböck (Thilo von Contag), Ida Wüst (Baronin von Terlingen), Ernst Karchow (Bürgermeister Greifenberg), Arthur Schröder (Dipl. Ing. Friebe), Adolf Ziegler, Friedrich Beug, Robert Forsch, Hubert Mischler, Hella Tornegg, Leopold von Ledebur, Franz Wilhelm Schröder-Schrom, Gertrud de Lalsky, Hans Meyer-Hanno.
PRO Ufa. Herstellungsgruppe: Richard Riedel. HEL Richard Riedel. AUL Heinz Karchow. DRZ 24.2. - Mitte Juni 1944. DRO Ufastadt Babelsberg. LNG 2380 m, 87 min. ZEN 22.1.1945, Jv. URA 23.2.1945, Hamburg; 7(?).4.1945, Berlin (Tauentzien-Palast).
Die Brüder Wolf und Werner Noltenius sind Konkurrenten im Beruf und eifersüchtig in der Liebe. Wolf ist gerade mit interessanten geschäftlichen Plänen von einem Brasilienaufenthalt zurückgekehrt. Am Ziel seiner Wünsche angelangt, kehrt er an der Seite von Konstanze nach Brasilien zurück.

1944/45. Der stumme Gast.
REG Harald Braun. RAS Alfred Vohrer. AUT Harald Braun, Kurt Heynecke; nach der Novelle ›Unterm Birnbaum‹ von Theodor Fontane. KAM Robert Baberske. BAU Emil Hasler, Carl Ludwig Kirmse, Walter Kutz. KOS Alfred Bücken, Sophie Sauter. SCH Milo Harbich. TON Erich Schmidt. MUS Werner Eisbrenner.
DAR René Deltgen (Matthias Radschek), Gisela Uhlen (Lisa Radscheck), Rudolf Fernau (Oskar Kampmann), Jaspar von Oertzen (Gendarm Geelhaar), Carsta Löck (Marianne Ebeling), Willi Rose (Ladengehilfe Eduard), Ethel Reschke (›kalte Mamsell‹ Trude), Herbert Hübner (Gutsbesitzer Herr von Wedelstedt), Friedhelm von Petersson (Dieter von Wedelstedt), Sigrid Becker (Magd Helene), Walter Janssen (Apotheker Eccelius), Ingolf Kuntze (Staatsanwalt), Josef Sieber (Knecht Jakob), Toni Impekoven (Gerichtsrat Vohwinkel), Karl Hannemann (Herr Buggenhagen), Arnim Süssenguth (Herr Siebenkorn), Hella Tornegg (Witwe Wagenbrett), Gert Geiger (Herr Wonnekamp).
PRO Ufa. Herstellungsgruppe: Fritz Thiery. HEL Fritz Thiery. AUL Heinz Fiebig, William Neugebauer. DRZ Anfang April - Mitte August 1944. DRO Ufa-Atelier Berlin-Tempelhof (?); AA Umgebung von Berlin (?). LNG 2896 m, 106 min. ZEN 15.1.1945, Jv. URA März 1945 (in Süddeutschland).
Lisa, die den Zudringlichkeiten Kampmanns nur knapp entgehen konnte, ist der ‚stumme Gast' im Lokal ›Der Birnbaum‹. Kampmann wird tot aufgefunden, Lisas Mann Matthias der Mordtat verdächtigt. Zeuge Dieter stellt die Dinge richtig.

1944/45. Unter den Brücken.
REG Helmut Käutner. AUT Walter Ulbrich, Helmut Käutner; nach dem Manuskript ›Unter den Brücken von Paris‹ von Leo de Laforgue. KAM Igor Oberberg. STF Lars Looschen. BAU Anton Weber, (Herbert Kirchhoff). SCH Wolfgang Wehrum. TON Gustav Bellers. LT Hans Leip. MT ›Muschemusch‹, ›Auf der Brücke Tuledo‹.
DAR Hannelore Schroth (Anna Altmann), Carl Raddatz (Hendrik Feldkamp), Gustav Knuth (Willy), Ursula Grabley (Kellnerin Vera), Margarete Haagen (Wirtschafterin), Hildegard Knef (Mädchen in Havelberg), Walter Gross, Helmut Helsing, Erich Dunskus, Klaus Pohl, Helene Westphal, Hildegard König.
PRO Ufa. Herstellungsgruppe: Walter Ulbrich. HEL Walter Ulbrich. PRL Kurt Fritz Quassowski. AUL Victor Eisenbach, Kurt Paetz. DRZ 8.5. - Anfang Oktober 1944. AA Glienicker Brücke, Havelwerder, Ketzin, Potsdam, Berlin (Tiergarten). LNG 2721 m, 100 min. ZEN März 1945 Jf. URA September 1946, Locarno (IFF). DEA 18.5.1950, Hamburg (Urania).
– Der Film kam 1945 in Deutschland nicht mehr zur Aufführung.
Die Binnenschiffer Willi und Hendrik nehmen die junge Anna auf ihren Havelkahn. Deren einseitige Liebe zu Hendrik ist nur ein Problem, solange die Verabredung der Männer besteht: entweder Anna oder der Kahn.

Karriere im Dritten Reich
Der Regisseur Veit Harlan

Ein verbotener Film: Harlan, Inkischinoff und Viktor de Kowa 1933 in Robert Wienes TAIFUN, der erst nach Änderungen unter dem Titel POLIZEIAKTE 909 freigegeben wird

»Betrifft: Engagement Veit Harlan« ist die Tischvorlage für die Aufsichtsrat-Sitzung am 30. Januar 1941 überschrieben. Der erste Absatz stellt kurz und knapp fest: »Herr Harlan hat durch die Filme DER HERRSCHER, DAS UNSTERBLICHE HERZ, JUD SÜSS bewiesen, daß er zu den führenden deutschen Regisseuren gehört«.

Dann folgen die Vertragskonditionen. Harlan soll für ein Jahr exklusiv verpflichtet werden und in dieser Zeit für die Ufa drei Filme realisieren. Für jeden sind RM 50.000 (30.000 für die Regie plus 20.000 für die garantierte Drehbuchmitarbeit) vereinbart, macht zusammen RM 150.000, zahlbar in Monatsraten. Harlan werde eine eigene Herstellungsgruppe bilden und seine künstlerischen Mitarbeiter wie z.B. den Kameramann Bruno Mondi mitbringen. Seine wichtigste Mitarbeiterin ist Frau Harlan: Kristina Söderbaum, seit JUGEND (1938) weiblicher Star der Harlan-Filme. Auch mit ihr ist die Ufa schon handelseinig: drei Filme mit einer Gage von je RM 40.000. (Goebbels Unmut über die »Familienfilmerei« ist auch in der Vorstandsetage nicht unbemerkt geblieben, und so hat man die Möglichkeit, die Schaupielerin »unter Umständen für einen dieser Filme an die Jannings-Produktion der Tobis abzugeben«, in den Vertrag eingebaut.) Unterm Strich also mehr als eine Viertelmillion für zwölf Monate Arbeit – das Ehepaar Harlan gehört zu den Spitzenverdienern im Dritten Reich.

Endlich hat er es geschafft, jetzt ist er ganz oben. Nach seiner Ausbildung am berühmten Max-Reinhardt-Seminar muß sich der Sohn des erfolglosen Schriftstellers Walter Harlan erst viele Jahre an verschiedenen Theatern mit kleinen und kleinsten Rollen begnügen. Beim Film ergeht es ihm nicht besser. Sein Debüt vor der Kamera: der jüdische Friseur Mandelstam in Hans Behrendts Sternheim-Verfilmung DIE HOSE (1927). Häufig wirkt er in links angesiedelten Produktionen mit, in Bühnen-Inszenierungen von Erwin Piscator und Erich Engel, in politischen Filmen wie REVOLTE IM ERZIEHUNGSHAUS oder einem Lustspiel der kommunistischen Prometheus-Film. Wählerisch kann der junge Schauspieler nicht sein. Er übernimmt Nebenrollen in Aufklärungsfilmen, Kriminalstücken oder seichten Komödien. Gegen Ende der Weimarer Republik sieht man ihn fast nur noch in nationalen Filmepen. Die Wendung nach rechts dokumentiert erstmals der 1931 gedrehte Ufa-Großfilm YORCK von Gustav Ucicky, der ihn später auch für die propagandistischen Spielfilme FLÜCHTLINGE und DAS MÄDCHEN JOHANNA engagiert. Trotz des – der Karriere förderlichen – Bekenntnisses zum National-

Fröhliches Landleben: Rudolf Prack, Kristina Söderbaum und Paul Klinger in DIE GOLDENE STADT

Der Film, der Harlan berühmt / berüchtigt macht: JUD SÜSS, 1940 von der Terra produziert

sozialismus weist die Filmografie Harlans, auch nach seinem Wechsel ins Regiefach, kaum Kontinuität auf: Volksstücke und Melodramen, ambitionierte Literaturverfilmungen und billige Unterhaltungsstreifen entstehen im Auftrag meist kleinerer Gesellschaften.

Erst mit der Tobis-Produktion DER HERRSCHER (1937) rückt Harlan zu den ersten Regisseuren des NS-Regimes auf: »Modern und nationalsozialistisch. So wie ich mir die Filme wünsche«, lobt Goebbels in seinem Tagebuch. Der Mann empfiehlt sich für größere Aufgaben. Die Ufa schließt mit ihm einen Vertrag über drei Filme, gibt ihm zuerst eine eher belanglose Produktion: Er darf einen alten Bühnenschwank unter dem Titel MEIN SOHN, DER HERR MINISTER verfilmen. Dem Träger des Nationalen Filmpreises 1937 ist derlei Unterhaltungsware offenbar zu läppisch – er will seinen Vertrag lösen. Die Tobis brauche ihn, teilt er Correll mit. Der Produktionsdirektor, keineswegs einverstanden, ist nicht mehr Herr in seinem Haus: »In dieser Frage wird durch das Propaganda-Ministerium eine Entscheidung getroffen werden«, heißt es am 4. Juli und vier Tage später: »Es wird höhernorts gewünscht, daß Harlan jetzt in dem Film ›Stimmen aus dem Äther‹ die Regie führt.« Vielleicht ist dies nur ein Vorwand; jedenfalls dreht er diesen Film nicht, ist aber seine Vertragsverpflichtungen los und kann sich bei der Tobis ein eigenes Team aufbauen.

Der von Goebbels protegierte Regisseur liefert 1940 mit dem Terra-Film JUD SÜSS zwei Jahre später antisemitische Hetze im historischen Kostüm. Der Film appelliert geschickt an Emotionen, vor allem mobilisiert er sexuelle Aggressionen. Dramatischer Höhepunkt: die – durch die eingeschnittenen Bilder von Folterungen des arischen Ehemannes hinausgezögerte – Vergewaltigung der ›reinen deutschen Jungfrau‹ durch den ›geilen Juden‹. Die genüßlich in Szene gesetzte »Rassenschande« befriedigt unterschwellig sadomasochistische Phantasien. Den keuschen Sex-Appeal seiner Frau Kristina Söderbaum beutet Harlan auch in anderen Filmen aus. Ideologisch nicht so stark akzentuiert, funktionieren sie nach dem gleichen Muster: Der Verführung der Unschuld durch das Böse folgt Bestrafung und Sühne durch den Tod.

So auch in DIE GOLDENE STADT, dem ersten Projekt des neuen Ufa-Hausregisseurs. Dem Film liegt ein Theaterstück von Richard Billinger zugrunde, ein mit dem Freitod der verführten Tochter endendes Familiendrama. Das zentrale Motiv der Blut-und-Boden-Literatur – Heimatscholle gegen unmoralische Großstadt – wurde von Harlan mit rassistischen Vorzeichen versehen. Die Geschichte spielt in Böhmen und Prag, im Film steht ein deutscher Bauer für die überkommenen Werte, während die Bösen – Heiratsschwindler und Schmarotzer – allesamt Tschechen sind. Allerdings hat der Regisseur, ebenfalls abweichend von der Vorlage, ein filmtypisches Happy End vorgesehen: Tochter Anna, die dem verführerischen Talmiglanz der Moldau-Metropole erlegen ist, findet zurück zum Vater und zum bodenständigen Leben auf dem Land. Auf Einspruch Goebbels muß der Schluß geändert werden: Der Bauer weist die Tochter ab und sie geht ins Moor. Ihre letzten Worte: »Vater, vergib mir, daß ich meine Heimat nicht so geliebt habe wie dich.« Das tragische Ende entspricht dem Rollenklischee Kristina Söderbaums, die als »Reichswasserleiche« populär geworden ist. Gleichzeitig erledigt man sich so aller Spekulationen, ob die schwangere Anna ein »Tschechenbalg« (zudem noch Hoferbe!) zur Welt bringen wird...

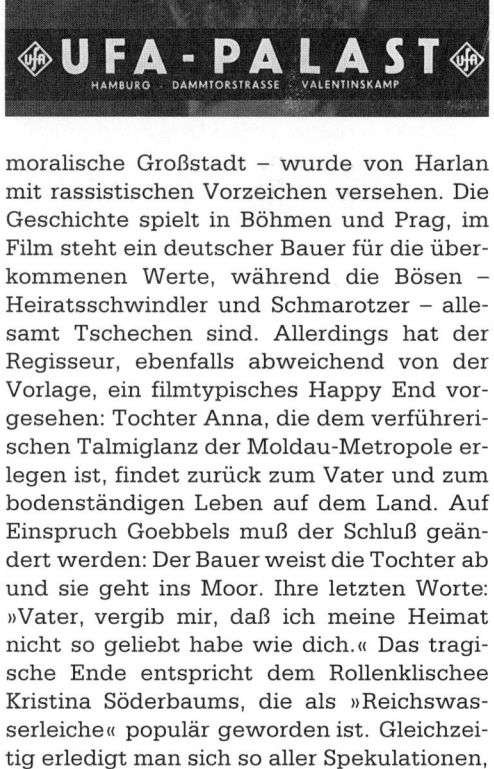

Nach dieser Änderung, die einen teuren Nachdreh erfordert, passiert DIE GOLDENE STADT die Zensur. Lediglich die Vorführung »in einem Slavenland« stößt auf rassenpolitische Bedenken, werde doch gezeigt, »wie es einem tschechischen Lümmel gelingt, ein

1944/45. Der Posaunist.
REG Carl Boese. AUT Gerhard T. Buchholz, Hans Weißbach, Carl Boese; nach der Novelle von Heinz Schwitzke. KAM Konstantin (Irmen-)Tschet. BAU Herbert Froberg. ASS Oskar Puetsch. MUS, ML Kurt Schröder. DAR Paul Dahlke (Posaunist Emil Karge), Sabine Peters (Lotte Karge), Ludwig Körner (Intendant Alfons Müller-Paulig), Herbert Hübner (Musikdirektor Hasselt), Michael Korten (2. Kapellmeister Hans Heinz Hesse), Alexa von Porembsky (Soubrette Susanne Taller), Karl Platen (1. Posaunist Franz Bittrich), Marina Ried (1. Soubrette Lilo Deinhardt), Karl Hannemann (3. Posaunist Kunkel), Walter Janssen (Chorleiter Waldemar Taller), Gerda Scholz-Jürgen (Kammersängerin Frau von Seegerspach), Victor Janson (Konzertagent Dr. Fiebrich), Gerda Scholz. PRO Ufa. Herstellungsgruppe: Max Pfeiffer. HEL Max Pfeiffer. AUL Wilhelm Albert Marchand. DRZ Ende Juli - Anfang Oktober 1944. DRO Hostivar-Atelier Prag. LNG ca. 2200 m, 80 min. ZEN März 1945, Jf. URA 23.12.1949, Frankfurt (Luxor Filmtheater).
– Von der Filmprüfstelle im März 1945 zugelassen, aber vor Kriegsende nicht aufgeführt.
Posaunist Emil Karges Karriere bleibt im Rahmen. Zwar zerplatzt sein Kapellmeistertraum, doch als Dirigent eines Kurorchesters schafft er den Durchbruch.

944/45. Wie sagen wir es unseren Kindern?
(Ehe mit Hindernissen, 1952.)
REG Hans Deppe. AUT Volker von Collande, Luiselotte Enderle; nach einem Manuskript von Toni Huppertz und Wilhelm Ehlers, basierend auf einer Idee von Wilhelm Ehlers und Heinz Riedel. KAM Robert Baberske. BAU Wilhelm Vorwerg, Rudolf Linnekogel. TON Erich Schmidt. MUS Hans-Otto Borgmann. DAR Leny Marenbach (Käthe Westhoff), Mathias Wieman (Dr. Thomas Hofer), Hilde Körber (Adele), Ernst Waldow (Diesing), Babsi Scholz-Reckewell (Sigrid), Edmund van Kann (Klaus), Jürgen Tusch (Wölfchen), Hans-Dieter Gotzmann (Erich), Herbert Stetza (Theo), Hans Neie (Kurt), Jürgen Peter Jacoby (Pepi), Franz Schafheitlin, Alexa von Porembsky. PRO Ufa. Herstellungsgruppe: Erich Holder. HEL, PRL Erich Holder. AUL Ernst Liepelt. DRZ August - November 1944. AA Dresden, Sächsische Schweiz. LNG 2450 m, 89 min. ZEN März 1945, Jf. URA 21.12.1949, Lübars (Filmtheater Lübars).
– Von der Filmprüfstelle im März 1945 zugelassen, aber vor Kriegsende nicht aufgeführt.
Mutter Käthe Westhoff und Vater Thomas Hofer sind Nachbarn. In beiden Häusern tummeln sich insgesamt sieben Kinder, die ständig miteinander im Clinch liegen. Die Vereinigung der Familien scheint vernünftig, wenn auch zunächst riskant.

1944/45. Die Schenke zur ewigen Liebe.
REG Alfred Weidenmann. AUT Alfred Weidenmann, Heinz Kückelhaus. AD Eberhard Frowein; nach dem Roman von Walter Vollmer und einem Filmbuch von Eberhard Frowein. KAM Klaus von Rautenfeld. BAU Walter Röhrig, German Herbricht. MUS Hans-Otto Borgmann. DAR Carl Raddatz (Mathias Bentrup), Monika Burg (Bärbel), Maria Koppenhöfer (Mutter Bentrup), Berta Drews (Frau Stiel), Robert Taube (Senior), Josef Sieber (Wirt Krüger), Albert Florath (Hofkirchner), Franz Nicklisch (Otto Beck), Karl Dannemann (Herr Pötter), John Pauls-Harding (Klaus Bentrup), Edelgard Petri (Inge Pötter), Walter Lieck (Langer Helm), Alfred Schieske (Hauer Fritz), Walter Werner (Betriebsführer), Paul Bildt (Bergrat), Hans Zesch-Ballot (Bergassessor), Paul Westermeier (Jan), Herbert Gernot (Merkling), Hans Stiebner (Viereck), Ethel Reschke (Grete), Gustav Püttjer (1. Kumpel), Helmut Passarge (2. Kumpel), Alfred Maack, Karl Hellmer, Karl Hannemann, Ewald Wenck, Gerhard Bienert, Lotte Rausch, Ernst Rotmund, Knut Hartwig, Heini Goebel, Erwin Loraino, Kurt Mikulski, Paul Rehkopf, Karl Napp, Frank Püttjer. PRO Ufa. Herstellungsgruppe: Hans Schönmetzler. HEL Hans Schönmetzler. PRL Arnd Liebscher, Walter Fabry. DRZ ab Oktober 1944. DRO Ufastadt Babelsberg; AA Waldenburg (Schlesien).
– Der Film befand sich bei Kriegsende noch im Schnitt und wurde nicht fertiggestellt.

durch das Vaterblut immerhin deutsches Bauernmädchen zu vernichten«. Die Beschwerde des SS-Gruppen- und Polizeiführers Serbien an die berliner Zentrale kommt jedoch zu spät: Der Film hat am 26. Oktober 1942 anläßlich der Eröffnung des neuen Ufa-Kinos in Belgrad Premiere.

Die Uraufführung ist am 3. September bei der »Internationalen Filmkunstausstellung« in Venedig und erntet hier mehrere Auszeichnungen: Kristina Söderbaum erhält den Coppa Volpi als beste Darstellerin, Veit Harlan den Preis der Internationalen Filmkammer. Auf den deutschen Kinostart jedoch müssen die Zuschauer lange warten: DIE GOLDENE STADT läuft bereits vier Wochen in Belgrad, als am 24. November endlich auch die Berliner das mit viel Voraus-Propaganda bedachte Filmereignis besichtigen können. Sofia, Riga, Reval sind bereits terminiert, die Erstaufführungen in der Schweiz, Schweden, Frankreich und Norwegen werden vorbereitet. Nicht nur in Deutschland – 60 Kopien sind für den Inlandsmarkt gezogen –, auch im Ausland wird überall in ihren Premierenkinos Platz für den neuen Harlan-Film geschaffen. Am Heiligabend läuft er in den drei holländischen Ufa-Kinos an; nach vier Wochen werden insgesamt 241.614 Zuschauer gezählt. DIE GOLDENE STADT wird überall prolongiert.

Für den konzentrierten Einsatz im Ausland und den hinausgezögerten Kinostart in Deutschland gibt es eine Erklärung: Der Farbfilm bereitet noch erhebliche Schwierigkeiten bei der Herstellung der Kopien, gleichzeitig soll dieses Vorzeigeobjekt deutscher Filmkunst rechtzeitig zum Ufa-Jubiläum in möglichst allen europäischen Hauptstädten zu sehen sein. Das effektsichere Schicksaldrama erweist sich als triumphaler Publikumserfolg. Allerdings dürfte die oft kolportierte Behauptung Harlans, sein Film habe 43 Millionen RM eingespielt, weit übertrieben sein. Zuverlässiger ist die im November 1944 erstellte Bilanz des Film-Inlandsvertriebs, die sich auf 12,5 Mio. RM beläuft. Ohne Einrechnung der Wehrmacht- und Parteivorführungen haben in Deutschland 31 Mio. Besucher DIE GOLDENE STADT gesehen: Platz 1 in der Zuschauerstatistik.

Nach dem technisch noch unbefriedigenden Experiment FRAUEN SIND DOCH BESSERE DIPLOMATEN erfüllt der zweite deutsche Spielfilm in Farbe alle Erwartungen. Mitten im Krieg demonstriert die deutsche Filmindustrie ihre Leistungsfähigkeit – Vergleiche mit Hollywood kann das Publikum nicht anstellen. Die leuchtenden Farben werden allgemein bewundert, speziell jene Sequenz, in der aus einer Postkarte Annas Traumvision der goldenen Stadt entsteht. Als ein Kritiker anmerkt, das Moor könne noch dämonischer leuchten, erwidert Harlan: Er habe bewußt auf eine irrealistische Farbgebung verzichtet; das Leben und die Natur sollten in ihrer Wahrhaftigkeit erfaßt werden (*Deutsche Allgemeine Zeitung*, 1.12.1942). Die Farbe habe den Realismus zu steigern, führt er in der Zeitschrift *Der Deutsche Film* programmatisch aus. Der Artikel trägt die zeitgemäße Überschrift *Der Farbfilm marschiert* – und Harlan marschiert mit. Seine Entscheidung, nur noch Farbfilme zu drehen, ist wohl der Hauptgrund für seinen Wechsel zur Ufa. Tobis und Terra bekommen aufgrund der Rohfilm-Knappheit nur vereinzelt Farbfilm-Produktionen genehmigt, sehr viel weniger jedenfalls als die Ufa. Hier kann sich Harlan unangefochten an die Spitze setzen. Er inszeniert vier der neun bis Kriegsende fertiggestellten deutschen Farbfilme.

Generaldirektor Klitzsch will ihn zum Jahresanfang 1943 zum Produktionschef machen, muß diesen Plan jedoch auf Einspruch von Goebbels fallenlassen. Drei Monate später, beim großen Festakt zum 25jährigen Jubiläum der Ufa am 4. März 1943, verleiht der Minister Harlan und dem Kollegen Liebeneiner den Professorentitel. »Er strebt die große Form, das Monumentale an und erreicht eine eindringliche Bildhaftigkeit, die stärksten Eindruck hinterläßt«, lobt der *Film-Kurier* den Ausgezeichneten.

Der Regie-Star des Dritten Reiches zieht es vor, das Ende nicht in Berlin abzuwarten. Im unveröffentlichten Tagebuch des hamburger Bürgermeisters Carl Vincent Krogmann findet sich unter dem 8. Dezember 1944 folgende Eintragung: »Nachmittags Uraufführung des Filmes OPFERGANG. Anschließend Zusammensein mit Veit Harlan, Kristina Söderbaum und den Direktoren der Ufa im Atlantic-Hotel.« Am nächsten Tag sind der Regisseur und seine Gattin zum Morgenkaffee beim Bürgermeister. Harlan findet in Hamburg eine neue Bleibe, und die Besuche bei Krogmann häufen sich. Aus dem Tagebuch, 8. März 1945: »Prof. Harlan, welcher das Gefühl hatte, er würde durch die Staatspolizei beobachtet.« Eine Woche später sieht man sich gemeinsam im Sitzungssaal des Stellvertretenden Generalkommandanten, General Knochenhauer-Straße 14, KOLBERG an. Was der Bürgermeister von diesem Durchhalte-Appell hält, vertraut er seinem Tagebuch lieber nicht an. Am 3. Mai wird die Stadt Hamburg kampflos den Briten übergeben.

In der ehemaligen Ufa-Filiale in der Rothenbaumchaussee residiert nun die Information Control Unit. Es dauert nicht lange, dann erscheint Harlan bei den englischen Besatzungsoffizieren: Er macht sich Sorgen, ob die Kopien seiner Farbfilme auch sachgemäß gelagert werden. Sein provokatives Auftreten in der Öffentlichkeit, so als ungebetener Premierengast beim antifaschistischen DEFA-Film EHE IM SCHATTEN, und mehr noch sein energischer Versuch, möglichst schnell das Entnazifizierungsverfahren zu durchlaufen, sind mit dafür verantwortlich, daß Harlan als einziger Regisseur des NS-Kinos vor Gericht gestellt wird. Die Verhandlung gerät zur Farce, halten doch die prominenten Entlastungszeugen nebenbei auch Plädoyers in eigener Sache. Wolfgang Liebeneiner, im Zeugenstand befragt nach JUD SÜSS: »Ich hatte das Schlimmste erwartet. Aber der Film hat eine meisterliche Form. Als Kollege muß ich den Hut ziehen.« Der Prozeß endet, ebenso wie das Revisionsverfahren, mit Freispruch.

Harlan fühlt sich zu Unrecht verfolgt. Seinen Kritikern hält er entgegen: »Die Welt ist rund. Eines Tages wird meine Frau wieder auf der Leinwand sein und ich neben der Kamera.« Tatsächlich hat die deutsche Filmindustrie sofort wieder Verwendung für ihn. Sein erster Nachkriegsfilm UNSTERBLICHE GELIEBTE löst 1950 Demonstrationen und Proteste aus. Der hamburger Senatssprecher Erich Lüth ruft die Kino-Besitzer zum Boykott auf und wird prompt von der Produktionsfirma verklagt. Als das Bundesverfassungsgericht in letzter Instanz Lüth Recht gibt, hat sein Kontrahent Harlan längst gesiegt: Er dreht gerade seinen achten Film in der Bundesrepublik, wie immer mit Kristina Söderbaum in der Hauptrolle.

Michael Töteberg

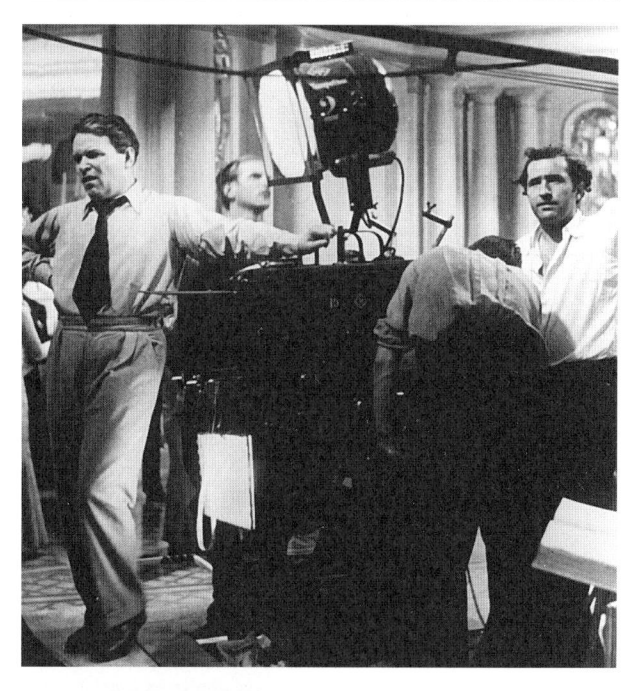

Harlan (l) bei Dreharbeiten mit Kameramann Günter Anders

Uraufführung von DER GROSSE KÖNIG im Ufa-Palast am Zoo, 3. März 1942: Die beiden Hauptdarsteller Otto Gebühr und Kristina Söderbaum, Regisseur Harlan.

»Das hohe Lied auf einen großen Mann, der sein Volk trotz furchtbarster Rückschläge und Enttäuschungen, trotz des größten Unverständnisses seiner Familie und vieler seiner Generäle, durch eigene schmerzliche Zweifel und Kämpfe hindurch unbeirrt zu einem großen Sieg und zu einem großen Ziel geführt hat.«
(Veit Harlan, 1942)

1944/45. Ein toller Tag.
REG Oscar Fritz Schuh. RAS Walter Wischniewsky. AUT Walter Lieck; nach dem Bühnenstück ›La folle journée ou le mariage de Figaro‹ von Pierre Augustin Caron de Beaumarchais. KAM Carl Hoffmann. KAS German Herbricht. BAU Walter Röhrig. KOS Reingard Voigt. SCH Walter Wischniewsky. TON Werner Pohl. MUS Wolfgang Zeller; unter Verwendung altspanischer Kompositionen. DAR Paul Hartmann (Graf Almaviva), Lola Müthel (Gräfin Rosina), Kurt Meisel (Kammerdiener Figaro), Ilse Werner (Kammerzofe Susanne), Elisabeth Flickenschildt (Haushälterin Marzelline), Franz Weber (Gärtner Antonio), Doris Holve (Antonios Tochter Fanchette), Joachim Brennecke (Page Cherubin), Wilfried Seyferth (Musiklehrer Basilio), Aribert Wäscher (Dr. Bartholo), Clemens Hasse (Reitknecht Pedrillo), Ernst Waldow (Friedensrichter Don Alonzo). PRO Ufa. Herstellungsgruppe: Walter Bolz. HEL Walter Bolz. AUL Ludwig Kühr. DRZ 2.6. - Mitte September 1944. DRO Ufastadt Babelsberg (?). LNG 2047 m, 75 min. URA 27.9.1954, Hameln (Capitol).
– 11. deutscher Farbfilm. – Bei Kriegsende befand sich der Film in der Musik-Synchronisation und blieb zunächst unvollendet.
Auf einem Landschloß bei Sevilla zur Rokokozeit sind Tändeleien und amouröse Verwechslungen zwischen gräflicher Herrschaft und Bediensteten an der Tagesordnung.

1944/45. Fahrt ins Glück.
REG Erich Engel. AUT Thea von Harbou. KAM Franz Weihmayr. BAU Erich Kettelhut, Robert Lüpke. SCH Walter von Bonhorst. TON Werner Pohl. MUS Michael Jary. MT ›Wenn ein Mann von Liebe spricht‹, ›In Deinen Händen liegt mein Geschick‹. DAR Käthe Dorsch (Celia), Rudolf Forster (Konsul Hoyermann), Hedwig Wangel (Frau Lövengaart), Hildegard Knef (Susanne), Werner Fuetterer (Richard Jürgens), Lisette (Ruth Nimbach), Max Eckard (Fred), Karl Hannemann, Victor Janson, Maria Loja, Erich Fiedler, Hellmuth Helsig, Gustav Knuth, Ernst Rotmund, Heinrich Troxbömker. PRO Ufa. Herstellungsgruppe: Walter Bolz. HEL Walter Bolz. AUL Ludwig Kühr. DRZ 19.8. - Oktober (?) 1944. DRO Ufastadt Babelsberg. AA Schörting/Attersee. LNG 2402 m, 88 min. Sowjetische Militärzensur: Juli 1948, Jf. URA 6.8.1948, Berlin/DDR.
– Der Film war bei Kriegsende fertiggestellt, wurde aber erst 1948 uraufgeführt.
Frau Celia Löwengart, früher beim Theater, ist in finanziellen Nöten. Ihr guter Charakter sichert ihr jedoch das Geld für eine Reise nach Tirol zu ihrer Tochter Susanne. Die verwirft die Heirat mit dem ungeliebten Richard, schließt sich der Mutter an, die inzwischen wieder einen Bräutigam gefunden hat.

1944/45. Kamerad Hedwig.
REG Gerhard Lamprecht. AUT Toni Huppertz. MIT Luise Ullrich, Ulrich Erfurth. KAM Ekkehard Kyrath. BAU Herbert Kirchhoff. MUS Ernst Erich Buder. DAR Luise Ullrich (Hedwig), Wolfgang Lukschy (Karl Schulz), Emil Heß (Vater Schulz), Otto Wernicke (Lokomotivführer Fritz Beier), Ilse Fürstenberg (Anna Kluge), Ullrich Haupt (Erich König), Franz Weber (Pilz), Doris Holve (Lisbeth), Hans Herrmann-Schaufuß, Gertrud Wolle, Karl Hannemann, Herbert Gernot, Erich Fiedler, Friedrich Petermann, Knut Hartwig, Ewald Wenck, Sigrid Ehlert, Lilo Becker, Hannelore Hofmann. PRO Ufa. Herstellungsgruppe: Karl Ritter. HEL Karl Ritter. DRZ September 1944 - April 1945 (bis auf 10 Drehtage abgedreht). AA Würzburg.
– Unvollendet.

1944/45. Der Puppenspieler.
REG Alfred Braun. RAS Alfred Vohrer. AUT Veit Harlan, Alfred Braun; nach der Novelle ›Pole Poppenspäler‹ von Theodor Storm. KAM Konstantin (Irmen-)Tschet. BAU Erich Zander, Paul Köster. SCH Alice Decarli. TON Heinz Martin. MUS Wolfgang Zeller. DAR Max Eckard (Pole Poppenspäler), Elfie Mayerhofer (Lisei), Eugen Klöpfer (Herr Tendler), Maria Koppenhöfer (Frau Tendler), Paul Bildt (Vater Paulsen), Hidde Eberth (Mutter Paulsen), Albert Florath (Lehrer Steenbock), Alfred Schieske (Jochen Henke), Franz Weber (Jesper), Robert Forsch (Gabriel), Fritz Hoopts (Hinrich), Hedwig Wangel (Meisterin), Hannsgeorg Laubenthal (Ingenieur), Clemens Hasse, Carl Günther, Eduard Bornträger, Hans Sternberg, Knut Hartwig, Else Ehser, Maria Zidek-Meck, Elisabeth Wendt, Hans Schwarz jr., Peter Clausen, Siegfried Hoffmann, Eduard von Winterstein, Peter Widmann, Karl Hannemann, Karl Etlinger, Max Gülstorff.

Film als Durchhalteration
»Kolberg« von Veit Harlan

»Ich habe nur ein Drittel des KOLBERG-Films mitgemacht und war auch nicht in Kolberg selbst. Die Stadt, der Marktplatz und andere Gebäude wurden in Staaken, das zwischen Berlin und Potsdam liegt, auf freiem Feld nachgebaut. 5.000 Wehrmachtsoldaten wurden für die Massenszenen freigestellt. Es gab dort die sogenannten Splittergräben, in die wir bei Bombenangriffen mußten. Ich habe damals alle Kameras betreut. Die alltäglichen technischen Probleme haben mich voll in Beschlag genommen, weil immer wieder etwas kaputt ging oder fehlte, Kabel rissen usw. Nach Drehschluß wurden die Kameras in einer Panzerkaserne eingelagert. Ich war damals aber noch nicht in den Kreisen von Harlan, Mondi und George, ich war nur ein kleiner, aber notwendiger Kameraassistent.« Erinnert sich Heinz Pehlke an die Dreharbeiten des Jahres 1944.

›Stur durchzuhalten‹ ist eine Möglichkeit, die Götterdämmerung des Nationalsozialismus heil zu überstehen. Die Beteiligung beim Film bedeutet Unentbehrlichmachen und Verstecken zugleich. Nur nicht auffallen. Ein Einsatz an den Fronten droht jedem jederzeit. Die Sorgen an der Heimatfront sind groß genug: Wie ernähre ich mich, wird heute abend mein Haus noch stehen, was passiert mit den Angehörigen? Da ist es gut, in einem Veit Harlan-Film beschäftigt zu sein. Zumal, wenn er auf ausdrücklichen Befehl des Propagandaministers Goebbels in Produktion gegangen ist.

Am 1. Juni 1943 ergeht der Auftrag an den Ufa-Starregisseur Harlan, ab dem 5. Oktober des Jahres schreibt er am Drehbuch, und am 28. Oktober beginnen die Dreharbeiten, die sich bis in den August 1944 hinziehen. Hitlers Krieg ist verloren, die Arbeit an der – ein erstaunlicher Gegensatz zu den Nöten der Zeit – 8,5 Millionen RM teuren historischen Monsterschau geht weiter. Sie wird sogar forciert, bindet Menschen und Material in ungeheurem Ausmaß. Soldaten und Zivilisten, Pferde und Eisenbahnzüge, Stoffe und Lebensmittel. Ihre Anzahl, ihre Mengen sind Legende, jeder hat sie verbreitet, Harlan in seinen Memoiren, Zeitzeugen in ihren Erinnerungen, Historiker in Studien, Zeitungen in Berichten.

KOLBERG ist ein Kriegsfilm. Er handelt vom Krieg, der Besetzung Preußens durch Napoleon 1806, vom zähen Widerstand der pommerschen Stadt Kolberg bis zum Friedensschluß von Tilsit und – mehr noch – von der »Befreiung« vom »napoleonischen Joch« im Jahre 1813. Er verbraucht Ressourcen von kriegsähnlichen Ausmaßen. Er entsteht mitten im Krieg, als die Niederlage Deutschlands längst unabwendbar ist, und sein einziger Zweck besteht darin, diesem Krieg, dessen Produkt er zugleich ist, das Leben zu verlängern, damit das Sterben anhalte.

KOLBERG erzählt von einer historischen Situation, die mit einer Niederlage endet: 1806 ergibt sich Preußen den Franzosen. Diese Niederlage verschweigt der Film, und das ist 1944/45 notwendig. Ihren ›Sinn‹ bekommt die Filmstory ohnehin erst durch die Anlage als Rückblende, etabliert im Jahre 1813. Erzählt wird der heroische Untergang Kolbergs als Voraussetzung für den erfolgreichen späteren Aufstand gegen die Franzosen 1813. Daß es eine »Schande« sei, die Verteidigung der Stadt aufzugeben, in der man geboren wurde; daß es eine »Pflicht zur Verteidigung und zum Sterben« gebe; daß eine Furcht vor dem Tode schändlich sei und daß das »Größte immer nur unter Schmerzen geboren« werde, erscheinen als Sätze von 1806, an die man sich im Film 1813 erinnert und die an das Publikum von 1945 gerichtet sind. Wenn die Rahmenhandlung von 1813 wiederaufgenommen wird, entsteht das Gefühl, man sei im Jahr 1945 angekommen. Ein »neues Volk, ein neues Reich« werde sich nun erheben, heißt es im Film. Der ästhetische

PRO GLORIA ET PATRIA
12883
KOLBERG
HEINRICH GEORGE • KRISTINA SÖDERBAUM • Horst Caspar
Drehbuch: Veit Harlan, Alfred Braun · Musik: Norbert Schultze · Bild: Bruno Mondi · Bau: E. Zander, K. Machus
HERSTELLUNGSGRUPPE UND SPIELLEITUNG: PROFESSOR VEIT HARLAN
Ein Ufa-Farbfilm
Ein Abschnitt ruhmreicher deutscher Vergangenheit wird in diesem überragenden dokumentarischen Filmwerk lebendig gestaltet. In beredten Bildern entrollt der großartige Farbfilm die historisch einzig dastehende Verteidigung Kolbergs gegen die Heere Napoleons durch jene namenlosen Helden und ihre Führer Nettelbeck und Gneisenau, deren unzerbrechliche seelische Stärke alle Schwankungen des Schicksals siegreich überwand. Die unversiegbaren Kräfte, die jene aus dem hohen Sinn ihres Opfers um ein Stückchen deutscher Erde schöpften, sind Lehre und Beispiel für unsere Zeit. Berufene Künstler wie Heinrich George und Kristina Söderbaum haben unter der Führung von Veit Harlan diese bedeutende Filmschöpfung vollbracht.

PRO Ufa. Herstellungsgruppe: Veit Harlan. **HEL** Veit Harlan, Fritz Thiery. **AUL** Rudolf Fichtner, Paul Liehr, Kurt Paetz. **DRZ** 5.11.1944 - April 1945. **DRO** Ufastadt Babelsberg (?). **AA** Meldorf, Friedrichstadt, Lübeck (?). – AT: Pole Poppenspäler. – 16. deutscher Farbfilm. – Unvollendet, bei Kriegsende war der Film zur Hälfte abgedreht.

1944/45. Das Leben geht weiter.
REG Wolfgang Liebeneiner. **AUT** Wolfgang Liebeneiner, Karl Ritter. **KAM** Günther Anders. **BAU** Toni Weber, Hans Ender. **SCH** Wolfgang Wehrum. **TON** Gustav Bellers. **MUS** Norbert Schultze.
DAR Gustav Knuth (Dr. Ewald Martens), Hilde Krahl (Gundel Martens), Lina Lossen (Frau Carius), Marianne Hoppe (Lenore Carius), Viktor de Kowa (Hauptmann Hoeßlin), Ursula Grabley (Beate Winkler), Heinrich George (F. W. Wurm), Friedrich Kayßler (Prof. Hübner), Willy Fritsch (Axel Aressen), Gustav Bertram (Butzke), Viktoria von Ballasko (Frau Kolling), Will Dohm, Karl Schönböck, Else Ehser, Hans Neie, Carsta Löck, Franz Schafheitlin, Jaspar von Oertzen, Erich Fiedler, Karl Mathias, Kurt Mikulski, Maria Rubach, Maria von Hoesslin, Waltraud Kogel, Harald Holberg, Wolf Harro, Kurt Lucas, Ernst Karchow, Hilde Körber, Franz Weber, Wilhelm Grosse, Heinrich Troxbömker, Knut Hartwig, Maria Zidek-Meck, Käthe Jöken-König, Lili Schoenborn, Luise Bethke-Zitzmann, Wolfgang Erich Parge, Herbert Hübner, Walter Pech, Ernst Legal, Gisela Breiderhoff, Walter Werner, Paul Henckels, Nina Raven-Zoch, Siegfried Niemann, Karin Korth, Jürgen Peter Jacoby, Gisa Wurm, Otto Stoeckel, Oscar Sabo, Paul Bildt.
PRO Ufa. Herstellungsgruppe: Karl Ritter. **HEL** Karl Ritter. **AUL** Heinz Fiebig, Harry Grünwald. **DRZ** 20.11.1944 - April (?) 1945. **DRO** Ufastadt Babelsberg; **AA** Lüneburger Heide. – Der Film blieb unvollendet, er war bei Kriegsende zu 2/3 abgedreht.

»Den größten Film aller Zeiten« sollte Veit Harlan in Goebbels Auftrag herstellen. Für KOLBERG nahm der Regisseur die Feldherrn-Rolle ein: »Während des Großangriffs der Franzosen auf Kolberg stand ich selbst mit einer Kamera auf einem Schiff in der Ostsee, von wo aus ich auf drahtlosem Wege die Anordnung an die einzelnen Aufnahmestellen gab. (...) Geld spielte ja keine Rolle. Auch ließ ich die Stadt Kolberg zu einem Teil in Groß-Glienicke bei Berlin aufbauen, um sie dort schließlich mit den Kanonen Napoleons zu beschießen und abzubrennen.«
Im ganzen 187.000 Soldaten, die hinteren zur Vortäuschung weißer französischer Uniformen mit Toilettenpapier umwickelt, bekam die Produktion zugestanden – im Jahre 1944, lange nach Stalingrad

Kniff der Rückblende: hier ist er schon das ganze Tragwerk der stürmischen Propaganda. Ohne ihn bliebe das Gegenteil: Resignation.

Den Film hat so gut wie niemand mehr gesehen. Er wird am vorletzten Januartag 1945 im deutschen U-Boothafen an der Biscaya, der eingeschlossenen »Atlantikfeste« La Rochelle, »vor Soldaten aller Einheiten des Verteidigungsbereichs« (Funkspruch des Kommandanten von La Rochelle, Vizeadmiral Schirwitz) »uraufgeführt«. Weiter heißt es zu dem an einem Fallschirm abgeworfenen Film: »Tief beeindruckt von der heldenhaften Haltung der Festung Kolberg und ihrer künstlerisch unübertrefflichen Darstellung verbinden wir mit dem Dank für die Übersendung des Filmes zum 30. Januar erneut das Gelöbnis, es der heldenhaft kämpfenden Heimat gleichzutun und ihr an Ausdauer und Einsatzbereitschaft nicht nachzustehen. Es lebe Deutschland! Es lebe unser Führer!« Einen Tag später, in einer schon fast umzingelten Stadt, in einem berliner Kino, findet die »zivile Premiere« des Historienfilms statt. Die Stimmung bei den Aufführungen schwankt – den Zeugenberichten nach – zwischen zynischem Lachen und dem Gefühl der Verlassenheit, Eiseskälte. Wie soll man auch reagieren auf einen Film, der in bestimmten Momenten eine geradezu diabolische Lust an der Zerstörung entwickelt? Es knallt und zischt in ihm im Wortsinn wie verrückt, Flammen überall, immer wieder bestimmen läutende Glocken in Nahaufnahme das Bild. So etwas hat man im Film noch nicht zu sehen bekommen, weder Spielfilme noch die Wochenschauen weiden sich in diesem Ausmaß an der Destruktion. Und doch sind es den Deutschen vertraute Bilder: durch die Realität, durch den Krieg, in dem sie gerade stehen.

Um die Jahreswende kommt es zu einer Art Wettlauf zwischen denen, die den Film herstellen, und jenen, die im »Endkampf« das Reich in Schutt und Asche legen. Am 6. Dezember 1944, so besagt ein Brief des Goebbels-Sonderbeauftragten und SS-Gruppenführers Hans Hinkel an Goebbels, stehen noch immer Änderungen am Film aus, über die der »Herr Reichsminister« zu entscheiden hat. Zu der Zeit hat Harlan bereits anderen Goebbels-Auflagen zugestimmt:

»1. Kürzung aller monströsen Schlachten- und Stadt-Szenen zu Gunsten der Handlung unter den bekannten Persönlichkeiten.

2. Beseitigung der Gebärszenen von dem Verbringen der schwangeren Frau in

Volkssturm im Kostüm Nettelbeck (Heinrich George) überwacht die Schanzarbeiten

das Haus des Bürgervorstehers bis zu der Szene nach der Geburt des Kindes und dem Wegbringen von Mutter und Kind aus diesem Haus.

3. Kürzung der hysterischen Ausbruchsszenen des Bruders Klaus.

4. Kürzung der Audienz-Szenen bei der Königin Luise durch Wegnahme von je 1 oder 2 Großaufnahmen der Frau v. Meyendorff und von Frau Söderbaum.

5. Kürzung der Unterredungsszene zwischen Gneisenau und Nettelbeck über die Befehlsgewalt in Kolberg. Beseitigung der Sätze, daß er (Gneisenau) die alleinige Verantwortung trüge.«

In seinem Buch »Im Schatten meiner Filme« erinnert sich Harlan: »Die letzte Unterredung über den Schnitt fand am 25. Dezember 1944 statt. Das heißt, jeder von uns wurde von seinem Weihnachtsfest weggerufen. Ich von Guben, wohin ich mit zahllosen Schneidetischen evakuiert worden war, um den Film nicht in dem bombengefährdeten Berlin fertigmachen zu müssen.« Zu dieser Zeit, noch kurz vor Weihnachten, ist Hitlers »Ardennen-Offensive« bereits steckengeblieben.

KOLBERG aber wird fertiggestellt und am 5. Januar erstmals in der endgültigen Form Goebbels vorgeführt. Es wird eine Angelegenheit, die stundengenaue Planung erfordert. Mit Datum vom 4. Januar wird Goebbels von Hinkel schriftlich »um Entscheid« darüber gebeten, ob eine Film-Besichtigung am Abend des folgenden Tages unter Beteiligung der Parteigenossen Frowein, Tackmann und Hinkel sowie der Professoren Harlan und Liebeneiner möglich sei. Diese Bitte um Entscheidung ist besonders dringlich, »da die Kopieranstalt zur entsprechenden Weiterarbeit bis zu dem Termin am 30. Januar 1945 die dann vorliegende Kopie am Samstag-Vormittag benötigt«. Bereits am 1. Februar, einen Tag nach der berliner Aufführung, wird an Goebbels der Vorschlag herangetragen, KOLBERG das Prädikat »Film der Nation« zu erteilen. Alles geht seinen bürokratischen Gang. Heute wirkt nur noch hilflos, wie Goebbels am 25. Februar aus dem Amt des Reichsfilmintendanten über den Einsatz des filmischen Durchhalte-Appells informiert wird:

»Nach seiner Uraufführung (...) ist der Film KOLBERG bisher in Breslau und Danzig zum Einsatz gelangt. Eine weitere Kopie wird in verschiedenen Orten des Gaues Oberschlesien eingesetzt. Drei Kopien sind mit Sonderkurier nach Frankfurt/Oder, Neisse und Königsberg gesandt. Am Montag wird eine Kopie des Films nach Essen gehen. Zug um Zug nach Fertigstellung werden die übrigen Gauhauptstädte mit KOLBERG-Kopien beliefert. Außerdem wurden dem Reichsmarschall, Reichsführer SS, Großadmiral Dönitz und General Guderian je eine Kopie zur Besichtigung zur Verfügung gestellt. Für den Einsatz im Ausland sind zunächst fünf Kopien vorgesehen, und zwar für Schweden, die Schweiz, Spanien, Portugal und Ober-Italien. Weitere Kopien werden sofort nach Fertigstellung bei Einheiten der kämpfenden Truppe zur Vorführung gebracht.«

Doch die haben ganz andere Sorgen.

Rolf Aurich

Unter den Brücken
Kino und Film im »totalen Krieg«

Der dunkle Tag für den Gloria-Palast Hannover kam mit den Luftangriffen am 8./9. Oktober 1943

»Nach nunmehr einwöchiger Aufräumungsarbeit ergibt sich eine Übersicht über Umfang und Auswirkung der Zerstörungen, die der Terror-Angriff am Mittwoch voriger Woche in dem Ufa-Gebäude-Komplex am Dönhoffplatz verursachte.« Der Vorstand der Universum-Film Aktiengesellschaft, gez. Kaelber und Kunert, erstattet am 28. Juni 1944 Bürgermeister Winkler Bericht.

»Bereits in der ersten Hälfte des Angriffs lagen die Ufa-Gebäude im Zentrum eines Bomben-Teppichs; sie erhielten ca. zehn Volltreffer schweren Kalibers. Ferner fielen dicht vor den Gebäuden, auf den Dönhoffplatz, in die Krausen- und Jerusalemerstraße weitere etwa fünfzehn schwere Sprengbomben. Dazu kamen hunderte von Stabbrandbomben, in der Mehrzahl solche mit Explosivwirkung.« Sämtliche Luftschutzräume haben standgehalten, niemand ist verletzt worden. »Der Werkluftschutz hat sich wieder einmal hervorragend bewährt«, lobt der Vorstand.

Das leicht brennbare Filmmaterial befindet sich seit langem außer Haus in Bunkern: Die Aktion Entfilmung der Innenstädte ist gleich nach Kriegsbeginn angelaufen. Jeden Abend holt ein Möbelwagen das in der Krausenstraße bearbeitete Material ab und transportiert es nach Schloß Glienecke.

Trotz aller Vorsichtsmaßnahmen und obwohl die Brände rasch gelöscht werden konnten: Vier Häuser sind total, drei erheblich zerstört. Einzelne Abteilungen müssen Ausweichquartiere beziehen: Die Wochenschau kommt nach Alt-Buchhorst, der Kulturfilm nach Babelsberg, die Wirtschaftsfilm-Abteilung nach Groß-Schönebeck und Ufa-Handel teilweise nach Forst/Lausitz. Aber noch steht das Verwaltungsgebäude, wenn auch arg ramponiert und zur Hälfte unbrauchbar. Der Vorstand übt sich in Zweckoptimismus und meldet dem Reichsfilmbeauftragten Glück im Unglück. »Die wichtigsten Akten sind, weil sie regelmäßig in den Kellerräumen des Stammhauses eingelagert wurden, gerettet.«

»Unser Volk bei guter Laune zu halten, das ist auch kriegswichtig«, weiß Goebbels, der in seinem Tagebuch sinniert: »Auch die Unterhaltung ist heute staatspolitisch wichtig, wenn nicht sogar kriegsentscheidend.« (8.2.1942). Er setzt auf das Massenmedium Film: Die Schauspielhäuser werden geschlossen, die Kinos bleiben bis zum Schluß in Betrieb.

Zu den »Totalisierungsmaßnahmen« gehört die Umwandlung der Sprechbühnen in Filmtheater. Die Aktion schreitet zügig voran: Am 3. September 1944 wird in Köln das Apollo-Theater (bisher KdF-Varieté) eröffnet, am 7. in Berlin das Ufa im Europa-Haus (Nähe Anhalter Bahnhof, ehemals Vortragssaal des Reichsarbeitsministeriums); am 8. wird aus dem Friedrich-Theater in Dessau ein Ufa-Kino. Ende des Monats sind zehn neue Abspielstätten mit 11.082 Sitzplätzen geschaffen worden, und das Ufa in der Plaza (Küstriner Platz in Berlin) ist mit knapp 3.000 Plätzen nun das größte Filmtheater in Deutschland. Der Reichsfilmintendant berichtet dem Minister regelmäßig über den weiteren Ausbau, muß jedoch am 12. Dezember eingestehen: »Die Aktion litt auch im Monat November besonders in den Luftnotstandsgebieten durch Terrorangriffe.«

Am 13. November treffen sich alle leitenden Herren der reichsmittelbaren Filmgesellschaften zu einer vertraulichen Sitzung in der Krausenstraße. Generaldirektor Kaelber gibt eine Übersicht über Zerstörungen im Ufa-Theaterpark: 89 Kinos (mit mehr als 100.000 Plätzen) sind den Bomben zum Opfer gefallen. Er rechnet vor: »Die vernichteten Theater, von denen ungefähr 1/5 uns mit Gebäuden, Grund und Boden gehörten, die übrigen mit langfristigen Pachtverträgen an uns gebunden waren, stellen einen Wert von rund 50 Mio RM dar, den wir als Kriegssachschaden beim Reich anmelden mußten.« Weitere 119 Kinos haben Kriegsschäden davongetragen, einige werden, kaum daß sie wieder notdürftig instandgesetzt waren, erneut von Bomben getroffen. (Das Reichshallen-Theater in Kiel, ein Ausweichtheater, wird fünfmal beschädigt und wieder aufgebaut.) Der Ufa-Palast in Hamburg ist fast ganz zerstört worden; übrig geblieben ist nur das Foyer und der Erfrischungsraum, beides wird jetzt als Kino genutzt.

Der Umsatz ist laut Kaelber »im Verhältnis zu dem Umfang der Zerstörungen« erfreulich zu nennen: 46 Mio RM im ersten Halbjahr 1944. Die positive Bilanz erklärt sich damit, »daß in den Luftnotstandsgebieten jede Art des Ausweich-Theaters freudig begrüßt wird«. Man müsse eben erfinderisch sein – ist das Dach weggebomt, so wird eben unter freiem Himmel Kino gemacht. Unverdrossen kündigt Kaelber am Jahresende 1944 an: »Für den nächsten Sommer ist eine Vermehrung der Freilichttheater vorgesehen.«

Während Deutschlands Städte in Schutt und Asche versinken, durchforstet Reichsfilmintendant Hinkel die Akten auf Angestellte, die »jüdisch versippt oder ehemalige Freimaurer« sind. Mit Schreiben vom 29. Dezember trägt er Goebbels einige Fälle vor. Willy Otto, der Leiter der kieler Ufa-Theater, war vor 20 Jahren Mitglied der Loge »Zur Hansa« – Frage an den Herrn

»Diese Männer halten als verschworene Kampfgemeinschaft wie Pech und Schwefel zusammen« berichtet das *Film-Universum* im September 1943 zu Beginn der Dreharbeiten von BESATZUNG DORA. Regisseur Prof. Ritter dreht ausschließlich auf den Feldflughäfen an der West- und Ostfront. Doch das wird dem Film zum Verhängnis: Als er fertig ist, sind die Fronten längst Deutschland nähergerückt – und der Film wird verboten.

Achtung PR-Aufnahme! »Marika Rökk am Mius. In einem geräumigen Haus an der Mius-Front hat ein Frontkino seine Pforten geöffnet.« berichtet PK-Kriegsberichter Jänisch am 28. April 1943 aus Süd-Rußland

Trümmerfrauen in Babelsberg

Minister: »Kann Otto, der bis 1929 Freimaurer 3. Grades war, seinen Posten beibehalten?« Oder der Theaterleiter der Universum-Film AG in Hamm, Hilmar von der Mühlen, wird, »was seine politische Zuverlässigkeit angeht, von den interessierten Dienststellen abgelehnt, da 1935 seine Ehefrau wegen Vergehens gegen das Heimtückegesetz und wegen Beleidigung des Herrn Ministers und des Reichsjugendführers Baldur von Schirach zu 9 Monaten und sein Sohn Jochen zu einem Jahr Gefängnis verurteilt wurden«. An die Front schicken kann man den alten Mann (er geht auf die 65 zu) nicht mehr. Hinkel bittet um Entscheid: »Ist der Herr Minister damit einverstanden, daß v.d. Mühlen raschestens durch einen Schwerkriegsversehrten oder eine verdiente Parteigenossin ersetzt wird?«

Der Schirmherr des deutschen Films hat noch andere Dinge zu entscheiden: Besetzungsfragen, wobei ihn besonders die weiblichen Darsteller am Herzen liegen. Die Ufa möchte gern Ursula Burg vom Deutschen Theater Berlin die Titelrolle in »Maria« geben; die Schauspielerin ist »für den Rundfunk weiterhin sichergestellt« und steht also für den Film zur Verfügung. Regierungsrat Frowein, ein enger Mitarbeiter des Reichsfilmintendanten, schickt dem Minister Fotos und Lebenslauf von Ursula Burg und kommentiert: »Die Besichtigung der Probeaufnahmen ergibt, daß die Burg m.E. ein zartes, beseeltes Gesicht mit auffallend schönen dunklen Augen hat und daß sie eine ausgezeichnete Schauspielerin mit echten Gefühlstönen ist. Sie entspricht durchaus den Anforderungen der Rolle, sowohl nach der Seite des naturhaften Bauernmädchens, als auch nach der Seite der Anpassung an die Stadt.« Da es sich bei dem Film um »ein problematisches Filmvorhaben von lyrischer Einseitigkeit« handelt, hätte er zwar lieber eine weniger stille Darstellerin (etwa Gisela Uhlen, die aber ein Kind bekommt), zieht die Burg aber doch einer Karin Hardt vor. Der Entscheidung von Goebbels will Frowein aber nicht vorgreifen: »In Anbetracht der Tatsache, daß es sich hier um die tragende Hauptrolle eines Filmes und im übrigen um ein neues Filmgesicht handelt, lege ich die Probeaufnahmen dem Herrn Minister gemäß seiner grundsätzlichen Weisung mit der Bitte um Entscheidung vor.«

Der Brief datiert vom 12. Oktober; »Maria« gehört zu den Filmvorhaben, die nicht mehr fertiggestellt werden können. Im selben Monat werden in den Babelsberger Ateliers die Bauten zu einem Film erstellt, dessen Drehbuch noch nicht abgenommen ist, der aber als »Staatsauftrag« gilt: »Das Leben geht weiter«, Regie Wolfgang Liebeneiner. Begonnen wird zunächst mit den Außenaufnahmen auf der Pfaueninsel, dann zieht das Team um nach Babelsberg. Am 9./10. Dezember sind Aufnahmen mit einer Massenkomparserie geplant: 600 Frauen, 400 Kinder und 100 Männer. Für den Fall eines Fliegeralarms sind mit dem Polizeipräsidenten von Potsdam folgende Maßnahmen vereinbart: Die Kinder kommen in die Luftschutzräume des Roten Kreuz, für die Frauen werden die massiven Luftschutzkeller A und B reserviert. Die Männer sollen »in Splittergräben und sogenannten 1-Mann-Bunkern« Zuflucht finden; »sämtliche Ausländer, auch Frauen«, haben den Betrieb zu verlassen und müssen sehen, wo sie bleiben. Um eine reibungslose Durchführung dieser Anordnung zu garantieren, wird ein Ordnungsdienst (möglichst aus Abteilungsleitern) organisiert, der »das Eindringen der Männer in die Keller A und B« verhindern soll. »Weiter wurde mit dem Werkschutz vereinbart, daß eine Postenkette quer durch den Betrieb, etwa auf der Linie: Lehrschau, Tischlerei, schwarzer Schuppen, weißes Haus, Farbhaus, Baulager, Russentor gestellt wird, die möglichst schon den Hauptstrom der Männer entweder in die Schutzgräben, die südlich dieser Linie liegen, oder zum Russentor, soweit es sich um Ausländer handelt, leitet.« Auch »Das Leben geht weiter«, als Durchhaltestreifen konzipiert, bleibt Fragment.

Dagegen passiert noch im März 1945 ein stiller, unpolitischer Film die Zensur: UNTER DEN BRÜCKEN. Zwei Männer auf ihrem Kahn, zwischen ihnen eine Frau: Carl Raddatz, Gustav Knuth und Hannelore Schroth sind die Hauptdarsteller von Helmut Käutners subtilem Meisterwerk, das mitten in der Stadt Berlin spielt, aber nichts vom Krieg ahnen läßt. Die Dreharbeiten finden mitten im Bomben-Inferno statt. Carl Raddatz erinnert sich: »Unsere Motive, Glienicker Brücke, die ganze Havel, Ketzin, Havelwerder, es war eine idyllische, fast romantische Drehzeit, in der über unseren Köpfen die Bomberströme nach Berlin zogen. Ganz hinten am Horizont stiegen dann ein paar Minuten später die Rauchpilze hoch, der Himmel wurde finster, dort hinten grollte es, und die Erde zitterte leise, und um uns quakten die Frösche, der Wind ging durchs Schilf, die Havel floß gemütlich weiter, als ob nichts wäre. Wir sahen uns besorgt an, die Arbeit ging weiter. Oder wie oft nachts, am E-Werk in Potsdam, wie oft mußten wir abbrechen, Alarm, die Scheinwerfer erloschen, im Tempo zum Bunker der Sternbrauerei, Entwarnung, wir drehen weiter bis zum Morgen.« Fünf Jahre dauert es, bis der Film in die deutschen Kinos kommt. Seine Uraufführung erlebt er im September 1946 bei den Filmfestspielen in Locarno, und die züricher Zeitung *Die Tat* fällt das Urteil: »UNTER DEN BRÜCKEN ist, künstlerisch, stilistisch und geistig betrachtet, die letzte Sensation des deutschen Films.«

Michael Töteberg

Hannelore Schroth in UNTER DEN BRÜCKEN

»Wer ihn heute sieht, wird überhaupt nicht begreifen können, daß damals, als es eigentlich keine Zukunft mehr gab und der völlige Zusammenbruch Deutschlands nur noch eine Frage von Tagen war, Menschen in der Lage waren, eine so stille, einfache, fast idyllische Geschichte zu verfilmen.«
(Helmut Käutner, 1978)

Neuer Zug auf alten Gleisen
Kurt Maetzig über die Gründung der DEFA

Dreharbeiten zu Ehe im Schatten: Kurt Maetzig, Kameramann Friedl Behn-Grund, Ilse Steppat

Wenn wir damals in der ersten Nachkriegszeit über die Ufa sprachen, dann meinten wir die Ufa, wie sie uns besonders in den Kriegsjahren bis 1945 aus den Kinos bekannt war. In der jungen DEFA wollten wir eine deutliche Abgrenzung gegenüber dieser Ufa-Tradition, wie sie uns damals erschien.

Wir wollten geistig und künstlerisch einen Neuanfang. Uns bewegte eine strikt antifaschistische Haltung, wir strebten danach, auch mit der Filmkunst zur Demokratisierung beizutragen. Daß wir aber zugleich durch unsere eigene Vergangenheit verbunden waren mit alter deutscher, also auch mit Ufa-Tradition, ist uns damals viel weniger bewußt gewesen.

Unmittelbar nach dem Krieg war es für mich fast eine Selbstverständlichkeit, dort arbeiten zu wollen, wo die Chance eines radikalen Bruches mit der Entwicklung, die zum Faschismus geführt hatte, in praktischer Filmarbeit verwirklicht werden konnte. Das war hier im Osten. Es gab dafür hier anfangs einen großen Freiraum.

Meine ersten Filmarbeiten waren einige kleine Dokumentarfilme und besonders die Schaffung der Wochenschau Der Augenzeuge. Dieser Anfang war logisch. Die technischen Voraussetzungen konnten in verhältnismäßig kurzer Zeit geschaffen werden, was beim Spielfilm viel schwieriger war und das Bedürfnis nach filmischer Information war sehr groß. Es gab ja noch kein Fernsehen, keine illustrierten Zeitungen, niemand wußte, wie es im Lande aussah. Es herrschte nicht nur körperlicher Hunger, sondern auch »Hunger nach Bildern«. Die Chancen für eine Wochenschau waren also gut. Aber das sollte keine Neuauflage alter Wochenschauen sein, wir strebten eine Wochenschau neuer Art an, denn uns dröhnten noch die Siegesfanfaren, das hohle Pathos und die Lügenmeldungen in den Ohren.

Die Wochenschau, bekam von Marion Keller und mir ihren Namen Der Augenzeuge und den Slogan »Sie sehen selbst – Sie hören selbst – urteilen Sie selbst«. Der Augenzeuge sollte selbst der personifizierte Zuschauer werden. Schon sein Name war etwas anderes als Die Deutsche Wochenschau oder ähnliches. Er wollte sich inhaltlich und formal deutlich unterscheiden von dem, was den Zuschauern insbesondere in den Kriegsjahren vorgeführt worden war. Und dies bedeutete Abkehr vom Pathos, hin zu einer nicht suggestiven, eher etwas distanzierten, leiseren Bild- und Tonsprache und vor allen hin zum Appell an den Zuschauer, sich selbst von der Wahrheit zu überzeugen, nicht auf Parolen von oben zu hören. Das waren Dinge, die uns trennten von dem, was die Wochenschau in der Nazizeit gewesen war, die aber, wenn man es von jetzt aus sieht, auch in ebenso großem Widerspruch standen zu dem, was später, als die stalinistische Kulturpolitik zu greifen begann, aus diesem Augenzeugen gemacht worden ist.

Und doch gab es de facto Anknüpfung an Ufa-Traditionen. Sie zeigte sich zum Beispiel in den künstlerischen Ausdrucksmitteln meines ersten Spielfilms Ehe im Schatten, die diesen Film trotz geistiger Distanzierung und trotz allen inhaltlichen Gegensatzes, in seinem Erscheinungsbild einem Ufa-Film ähnlich machten.

Die Distanzierung verstanden wir damals vor allem in zweierlei Richtung: Zum einen selbstverständlich von den Durchhalte- und militaristischen Filmen, die die Ufa in der Kriegszeit beigesteuert hat, zum anderen aber auch in Distanzierung von den vom realen gesellschaftlichen Leben abgehobenen, sogenannten reinen Unterhaltungsfilmen, deren Zweck in Ablenkung bestand. Uns schien es damals so, als hätten wir damals einen radikalen Bruch vollzogen. Doch in Wirklichkeit war das nicht so. Viele Traditionslinien, negativer und positiver Art sind mit eingeflossen und haben sich lange Zeit fortgesetzt.

Dreharbeiten zu IRGENDWO IN BERLIN: Harry Hindemith als Heimkehrer, Regisseur Gerhard Lamprecht auf dem Kamerawagen sitzend.

»Man kann ein Volk, das durch so viele Jahre der Entbehrungen gehen mußte, das in seiner Mehrheit enttäuscht und verbittert ist und das nach der Entlarvung seiner ›Führer-Verführer‹ oft geneigt scheint, jetzt an nichts mehr zu glauben, nur behutsam zum richtigen Denken erziehen. Unzweifelhaft hat der Film eine erzieherische Aufgabe. Aber der beste Erzieher ist immer der, bei dem man die Absicht nicht merkt. Deshalb versuche ich, vom Menschlichen her den Zuschauer zu packen.«
(Gerhard Lamprecht, 1946)

Ich möchte es an einem Beispiel illustrieren: Mir wurde bald bewußt, daß zum Beispiel die Kameraarbeit in EHE IM SCHATTEN idealisierend war. Die traditionelle Beleuchtung, die ein so erfahrener Kameramann wie Friedl Behn-Grund anwandte, um Personen ins Licht zu setzen (er galt als ein besonders guter Frauen-Fotograf, weil er die Frauen mit dem Licht verschönte), dieser Effekt der Glättung, der Verschönerung, war in der Tat nur eine Überschmierung von Widersprüchen und stand einer realistischen Filmkunst im Wege. Uns wurde allmählich bewußt, daß das, was wir »Ufa-Stil« nannten, immer mit Idealisierung, Überschminkung, Verfälschung der Lebenswirklichkeit zu tun hatte. Das waren Stilmittel der Schönmalerei, die eine illusionäre heile Welt vorspiegeln sollten.

Ich habe diese Art der Fotografie damals teils aus Unsicherheit, teils aus Rücksicht auf die Sehgewohnheiten der Zuschauer, die ich erreichen wollte, zugestimmt, aber schon bei meinem zweiten Film, DIE BUNTKARIERTEN, habe ich versucht, eine eigene Ausdruckssprache zu entwickeln. Sich von solchen Traditionen, auch wenn man sie nicht mag, zu lösen, ist gar nicht so leicht. Jahrzehnte habe ich noch im Studio gegen Schönfärberei durch Kostüm, Schminke, Puder und Perücke gekämpft.

Bekannt ist, daß Wolfgang Staudte beim ersten DEFA-Film, DIE MÖRDER SIND UNTER UNS, sogleich den Ausweg versuchte, durch bewußten Rückgriff auf expressionistische Traditionen der Filmkunst und der Malerei. Andere nahmen diese Arbeit auf dem Gebiet der Schauspielkunst in Angriff, denn auch dort gab es das, was man Ufa-Stil nannte. Das war eine bestimmte Sprachmodulation, ein ›überhöhter‹, skandierender Ton, es mischt sich oft sehr viel wienerische Schauspielschule hinein. Auch die Schüler der Schauspielschule von Hilde Körber hatten etwas kunstvoll Künstliches in ihrer Sprache und Gestik, das ich ebenfalls zu den Stilmitteln der Ufa-Filme zählen möchte. Regisseure wie Erich Engel oder Slatan Dudow mühten sich sehr, diesen Stil zu überwinden.

Die Ufa-Tradition zeigte sich aber noch in einem anderen Gebiet, und zwar von einer ganz anderen Seite, nämlich der wirtschaftlich-organisatorischen Grundstruktur. Die Ufa – ich beschränke mich hier bewußt auf den Produktionssektor – war ein großer Filmproduktionsbetrieb mit eigenem großen Gelände, mit Ateliers und kompletter technischer Basis mit festen Angestellten, die über lange Zeit feste Stäbe bilden und auf diese Weise auch unterschiedliche künstlerische Handschriften entwickeln und pflegen konnten.

All dies haben wir eigentlich auch angestrebt, ohne uns immer der Wurzeln dieser Tradition bewußt zu werden.

Es gab bei der DEFA schließlich auch die Produktionsgruppen, wie sie bei der Ufa existierten. Diese Organisationsform empfanden wir als zweckmäßig, gut und bewahrenswert. Mir sträubten sich deshalb auch sogleich die Haare, als man unter dem Einfluß der stalinistischen Kulturpolitik begann, die DEFA übertrieben zu zentralisieren. In einem Aufsatz im Jahre 1956 trat ich für eine dezentralisierte Struktur mit Produktionsgruppen ein. Es findet sich dort der Satz: »Wir haben im Sozialismus nicht das Recht, uns primitiver zu organisieren, als dies im Kapitalismus bereits der Fall war.« Wenn man diesen Artikel heute neu liest, dann spürt man, daß nicht nur DEFA und Filmbetrieb gemeint waren. In diesem Artikel wird prinzipiell die überzentralisierte Form einer primitiven Planwirtschaft kritisiert und der Versuch unternommen, wenigstens auf dem Gebiet, auf das wir selbst Einfluß hatten, zu Strukturen zu kommen, wie sie die Ufa schon einmal entwickelt hatte.

Insgesamt glaube ich, daß die Organisationsstruktur des deutschen Films, so wie sie Ende der 20er Jahre beschaffen war, sehr zweckmäßig war. Sie hat sich auch über die Nazizeit hinweg konserviert. Die DEFA ist mehr oder weniger bewußt dieser Linie gefolgt. Ich meine damit insbesondere das Prinzip, eine technische Basis aufzubauen, bestehend aus Ateliers, Apparaturen und ganz besonders aus hochspezialisierten Fachleuten, die über Jahrzehnte einen der mehr als 50 Filmberufe ausgeübt und im gleichen Atelier gearbeitet haben. Die Effektivität einer Filmproduktion kann natürlich nicht ausschließlich oder auch nur erstrangig auf ökonomischem Gebiet gesucht werden, denn da es sich um eine Massenproduktion auf künstlerischem Gebiet handelt, muß die geistig-künstlerische Qualität und Produktivität den ersten Platz einnehmen. Und da ist eben die Produktionsstruktur solcher Großbetriebe, wie sie die Ufa entwickelt hat, wie sie aber auch bei der Tobis, Terra oder Bavaria anzutreffen war, sehr zweckmäßig. Allerdings ist nicht zu übersehen, daß diese Organisationsform auch dirigistischem Zugriff, mag er vom Staat oder anderen Machtgruppen ausgeübt werden, leichter zugänglich ist. Wahrscheinlich war dies der Hauptgrund für die Zerstörung der Produktionsstruktur der DEFA nach 1990, obwohl diese unter der Behauptung zu geringer Effektivität geführt wurde.

Jedenfalls kommt jetzt die Filmproduktion auf dem alten Ufa-DEFA-Gelände in Babelsberg viel mühevoller in Gang als nach 1945. Ich entsinne mich an ein Gespräch, das ich kurz nach dem Krieg, im Jahre 1946, mit Erich Pommer, dem ehemaligen Produktionschef der Ufa, führte, der aus Amerika als Filmoffizier herüber gekommen war. Er sagte mir, daß er uns in der sowjetischen Zone dafür beneide, daß wir schon anfangen könnten zu produzieren. Er selbst hatte damals auch Pläne, in Deutschland wieder Filme herzustellen, meinte aber, dazu würde es wohl noch lange Zeit nicht kommen, denn die Amerikaner hätten noch Tausende von unausgewerteten Filmen, die sie erst einmal zeigen wollen, bevor hier an eine eigene Filmproduktion zu denken wäre.

Das hat sich aber ganz anders entwickelt, denn unter dem Einfluß der sehr schnell in Gang kommenden Filmproduktion in der damaligen Sowjetischen Besatzungszone mußten die Westmächte nachziehen und vergaben sehr bald Produktionslizenzen. Aber zu der Zeit, als ich das Gespräch mit Pommer führte, war dies noch nicht zu abzusehen.

Die erklärte Absicht der Alliierten war 1945 die Zerschlagung aller großen, wichtigen Konzerne, darunter auch der Filmindustrie. Pommer sprach auch von den Problemen, die dieses Prinzip für die Filmindustrie mit sich brachte. In den Anfangsjahren wurde es nämlich im Westen ernster genommen als im Osten. Vielleicht ist der Gegensatz so zu erklären, daß man in den westlichen Ländern in erster Linie an die Zerschlagung der Produktionsformen gedacht hat, während im Osten die geistige Zerschlagung des Faschismus, die Überwindung von Militarismus, Rassismus, imperialistischer Denkungsart und Nazidiktatur Priorität hatte. Wahrscheinlich spielte aber hier auch schon bald die Rolle, daß sich ein Großbetrieb besser in den angestrebten zentralistisch-dirigistischen Staatsaufbau einpaßte.

Für mich war das Gespräch mit Pommer sehr aufschluß- und lehrreich. Ich erfaßte deutlicher, was es bedeutete, daß auch der Produktionschef der Ufa 1933 vor den Nazis flüchten und als Emigrant in den USA leben mußte, ja, daß er Ufa-Traditionen verkörperte, die in scharfem Kontrast zu dem standen, was die Ufa nach 1933 produzierte. Es war klar, daß uns mit diesem Antifaschisten vieles verband. Er selbst hatte auch keine Aversionen gegen uns und war ein gern gesehener Gast bei der Premiere des ersten DEFA-Spielfilms DIE MÖRDER SIND UNTER UNS.

Mein Spielfilmdebüt EHE IM SCHATTEN knüpfte nicht nur stilistisch, wenn auch unbewußt, an Ufa-Traditionen an. Ich drehte den Film auch mit Filmkünstlern, Technikern und Handwerkern, die aus den alten Betrieben, darunter der Ufa, kamen. Woher sollten sie auch sonst kommen? Es gab damals einen enormen Run von Schauspielern, Regisseuren, Kameraleuten, Technikern und Filmhandwerkern auf die junge DEFA, denn sie war die erste Produktionsfirma, die nach den Kriegszerstörungen zu arbeiten begann. Man konnte also auswählen. Bei der Ausgrenzung derjenigen, die Handlanger der Nazis gewesen waren, beschränkten wir uns auf wenige Personen, hauptsächlich Autoren und Regisseure.

Das entsprach auch der allgemeinen Stimmung in Deutschland damals. Ich entsinne mich daran, wie Veit Harlan, der Regisseur von JUD SÜSS bei der Premiere von EHE IM SCHATTEN im hamburger Waterloo-Theater auftauchte und von empörten Zuschauern aus dem Saal gewiesen wurde. Mit ihm hätten wir ganz bestimmt nicht zusammengearbeitet.

Es gab auch keinen Kriterienkatalog für politische Belastung. Wir haben im Einzelfall überlegt, ob man mit jemandem zusammenarbeiten kann, und wir haben es fast immer bejaht und weitherzig entschieden. Das ging so weit, daß ich zum Beispiel bei EHE IM SCHATTEN mit dem Komponisten Wolfgang Zeller zusammenarbeitete, der die Musik zu ausgesprochen nazistischen Filmen gemacht hatte. Aber nun suchte auch er einen neuen Anfang, und er wurde ihm ermöglicht.

Wie die meisten Liegenschaften, Gebäude, Akten, Geräte der Ufa lag auch das zentrale Verwaltungsgebäude der Ufa in der berliner Krausenstraße im sowjetischen Sektor. Es stand genau auf der Sektorengrenze, war also von beiden Seiten zugänglich. Neben der Ufa-Verwaltung waren dort

»Nicht vom Dokumentarischen wird der Stil des Films beeinflußt, wie man bei Maetzig hätte annehmen können, da er bei der DEFA mit Wochenschauen und Dokumentarfilmen begann... (Er) hielt sich bei seinem ersten Film an die Stilmittel, wie sie, vor allem in der Führung der Schauspieler, überkommen und dem Massenpublikum vertraut waren. Paul Klinger und Ilse Steppat, die mit der Darstellung der Wielands außerordentliche Erfolge hatten, spielten weniger den konkreten Vorgang als schon das Gefühl, das durch ihr Spiel beim Zuschauer erst ausgelöst werden sollte.«
(Wolfgang Gersch, 1979)

auch technische Abteilungen, Schneideräume usw. untergebracht. In den ersten Monaten nach dem Kriege, als Vieles noch unklar und dies Gebäude auch noch nicht der DEFA als Verwaltungssitz zugewiesen worden war, haben Ufa-Leute aus dem Haus alles entfernt, was zu entfernen war, so daß nur ganz wenige Reste in diesem, zum großen Teil zerstörten Gebäude zurückblieben.

Als die DEFA bereits eingezogen war, kamen dann diese Leute nochmals und sagten, es gäbe im Keller einen Tresor. Das war ein Raum von der Größe mehrerer Zimmer. Dort lagerten Ufa-Akten, die man in die Westsektoren mitnehmen wollte. Sie wiesen sich durch den Besitz der Tresorschlüssel aus. Wir ließen sie herein und sie nahmen die Akten mit. Das war damals möglich, denn Berlin war noch eine Einheit. Die Konfrontation kam später.

Noch immer nach Hugenberg riechend

Hans Abich über die Anfänge im Westen

Hans Abich und Käte Haack 1949 bei den Dreharbeiten zu NACHTWACHE

Dieter Horn und Hilde Krahl in LIEBE 47
»LIEBE 47, maßlos wie Borcherts Stück und dann wieder bemüht, schnell noch alles zu mildern, formlos und uferlos und dann wieder mit so starken Momenten (...) ist nicht so sehr der Beweis für das Ende des Zeitfilms, als vielmehr ein Beweis, daß die Zeit der Forcierungen, der gärenden Experimente, die Zeit der Verwirrung zu Ende geht. Im Film wie in der Literatur. Klarheit, nicht Krampf; Aussage, nicht Aufschrei – allmählich wollen wir hinaus aus jenem Niemandsland, dessen wirre, verzweifelte und spukhafte Atmosphäre dieser verwirrte Film wie in einer letzten großen Zusammenfassung spiegelt.« *(Gunter Groll, 1949)*

Ein Dokument von 1948: »Als der Gründerkreis der Filmaufbau GmbH im Jahre 1946 sich anschickte, eine Filmproduktionsstätte in Göttingen zu errichten, waren dem Überlegungen vorausgegangen, die nicht allein industrieller und lokaler Art waren. Vielmehr lag dem Versuch, in der britischen Besatzungszone eine deutsche Spielfilmproduktion ins Leben zu rufen, die geistige Fragestellung zu Grunde, welche kulturpolitischen Wirkungsmittel dem dringenden Thema der Zeit in der Situation nach 1945 und künftig in Deutschland gerecht werden könnten und in welcher Weise und zu welchem Ziel derartige Wirksamkeiten anzusetzen seien.

Wir waren der Auffassung, daß die deutschen Notstände nicht allein von der politischen, wirtschaftlichen und sozialen Problematik her zu erklären, sondern vor allem geistig-seelischer Art seien: Die Krisis, sollte sie – freilich nach langer und vielgestaltiger Bemühung – zu einem guten Ende führen, wurde allenthalben und unter den verschiedensten Aspekten nach dem totalen Zusammenbruch mit dem Postulat der Rehabilitierung der Menschlichkeit nominiert. In Anerkennung dieser hier nur formelhaft wiedergegebenen Grundaufgabe glaubten wir, ein Wirksamwerden aus jeglicher ideologischer Voreingenommenheit heraus von uns fernhalten und statt dessen dem vorgenannten Ziel mit der praktischen Arbeit auf einem kulturpolitischen Sektor dienen zu sollen. Es hätte dies nicht unbedingt der Film sein müssen; er schien sich jedoch als dasjenige Mittel anzubieten, das in seinem Wesen sowohl die breiteste Wirkung tut, als auch am ehesten für mißbräuchliche Verwendung anfällig ist.

Unter diesem ganz allgemeinen Gesichtswinkel haben wir daraufhin inzwischen unter schwierigster und doch glücklicher Bewältigung aller realen Vorbedingungen in Göttingen eine Filmproduktionsstätte geschaffen, deren geistige Konzeption von unserem Kreise kurz folgendermaßen skizziert werden kann:

1) Sich einer künstlerisch und kulturpolitisch verantwortlichen Filmproduktion zuzuwenden, heißt heute, den Versuch einer souveränen Anwendung zeitgemäßer Mittel zur Bändigung zeitgeborener Gefahren zu unternehmen.

2) Nachdem in der Phraseologie der hinter uns liegenden Zeitperiode das Wort bis zur Entstellung abgenutzt worden ist, scheint gerade das Bildhafte geeignet zu sein, den Menschen in seinen bildsamsten Augenblicken anzusprechen.

3) Wir erhoffen uns vom neuen Film eine Spielraumerweiterung in Richtung auf eine wieder zu gewinnende Weltoffenheit ohne Preisgabe der Eigentümlichkeiten des deutschen Wesens. Wir glauben insofern, bei der Vorbereitung unseres Produktionsvorhabens die in Göttingen angesetzte deutsche Initiative mit den Belangen der von den Besatzungsmächten angekündigten reeducation in Einklang zu sehen.

4) Wir wollen in unseren Filmen keine Bevormundung des Publikums, sondern möchten jedem Menschen die Möglichkeit höchst persönlicher Erlösung aus der Situation auch nach dem Kinobesuch als der üblichen Plattform der Mehrheitskonvention überlassen.

5) Die polyphonen Gestaltungsmittel des Films sprechen gegen jedes künstlerische Dogma, gegen kulturpolitische Doktrinen und gegen den Primat einer Stoffgattung. Auf dem weiten Feld zwischen Problematik und Entspannung vermag unserer Auffassung nach der heutige Film immer dann ethisch zu wirken, wenn er sich unaufdringlicher Töne bedient. Die heute übliche Huldigung an den sogenannten Gegenwartsfilm übersieht meist, daß man sich an und in unserer Zeit nicht beschränken, wohl aber um diese Zeit wissen muß, wenn man zu künstlerischer Aussage berufen sein will.«

Dieser Dokumentenfund aus dem April 1948 war mir insofern eine interessante Überraschung, als ich seinen Inhalt heute rückblickend wohl genauso wiedergeben würde, freilich mit weniger pathetischer Wortwahl.

Mein damaliger Partner Rolf Thiele erinnerte sich 1983 an unsere Anfangsjahre und den Regisseur Wolfgang Liebeneiner:

»Ich hatte einen renommierten deutschen Filmregisseur eingeladen, unseren ersten Film zu drehen. Er mußte aber vorher entnazifiziert werden – weil er renommiert war. Das machte einiges notwendig und hatte noch mehr zur Voraussetzung, zum Beispiel, daß sich der Entnazifizierungsoffizier für die britische Zone, Zuständigkeitsbereich Theater und Film, als Rabulist erwies. (...) Als er mich das erste Mal empfing, begann er das Gespräch mit der Frage, ob ich meine Filmlizenz loswerden möchte, denn wie käme ich sonst auf die Idee, nach einem Autor zu fragen, der so viele Nazi-Drehbücher geschrieben hatte. Das hatte er tatsächlich. Aber mein Interesse an ihm kam ja nicht von ungefähr und schien mir zwar verwegen, aber den Umständen angemessen. Ich war auf einem der ersten Dramaturgischen Kongresse der ostzonalen DEFA – eine Ufa-Nachfolgegesellschaft in einer neuen Gesellschaftsordnung – gewesen und hatte bemerkt, wie sich die ostzonalen Vertreter um diesen Autor bemühten. Deshalb ... hatte ich kurzentschlossen: Was der DEFA recht schien, sollte uns eigentlich billig sein. (...) Ich hatte den Regisseur für unseren Film freibekommen. LIEBE 47 hieß unser Erstling, Heimkehrerliebe, Bratkartoffelliebe, Liebe ›draußen vor der Tür‹.«

Bis zur Arbeit an LIEBE 47 kannte ich Wolfgang Liebeneiner nicht persönlich. Aber bis dahin galt er mir als hochbegabt und als das Gegenteil eines Vereinfachers und Funktionärs. Die späteren Vorwürfe gegen ihn, vor allem mangelnder Zivilcourage im »Dritten Reich«, waren mir noch nicht bekannt.

Die »Freigabe« durch den hamburgischen Entnazifizierungsausschuß, dem meines Wissens der hervorragende Buchhändler Felix Jud angehörte, war für unser Vorhaben wichtig.

Wenige Jahre vor ihrem Tode hat die wunderbare Theaterprinzipalin Ida Ehre mir von ihrer frühen Zusammenarbeit mit Wolfgang Liebeneiner und Hilde Krahl geschwärmt. Liebeneiners Bildung hat sie besonders beeindruckt.

In Göttingen ging mir dann ein Wesenszug dieses Mannes auf, der mir problematisch schien: seine Konzilianz, die ihn auch kompromißlerisch machte. Aber daß er zu Borcherts Stoff »Draußen vor der Tür« ein aufrichtiges Verhältnis (schon in Hamburg) gefunden hatte, stand für mich außer Zweifel.

Seinen Film ICH KLAGE AN von 1941 hatte ich schon als Student in Berlin gesehen. Die Qualität seiner Besetzung und Machart ist Jahrzehnte später in einem kritischen Seminar zur Fortbildung von Programmmitarbeitern des Hörfunks und Fernsehens von dem Redakteur Rupert Neudeck bejaht worden.

Mir selbst war bei der Uraufführung die alternative Betrachtungsweise nähergekommen als die Mißbräuchlichkeit von ICH KLAGE AN für Aktionen wie die gegen »unwertes Leben«. Betriebsblindheit auch bei mir.

Als wir uns 1945 zusammentaten, wollten wir eine Verbesserung der Verhältnisse in Deutschland, wir wollten – da wir Filmliebhaber waren – wieder deutsche Filme machen und sehen. Wir hatten aber ein großes Manko. Wir kannten den guten europäischen Film gar nicht. Unsere Vorstellungen waren also auch sehr vage. Wir kannten nur die gängigen deutschen Filme, also Ufa und verwandte Gebiete.

Meine Einschätzung des Ufa-Stils, damals 1945/46: groß, ambitioniert, kalkuliert, was die Publikumsgefühle anlangte, und durch Darstellerlieblinge erfolgreich; noch immer nach diesem Manne Hugenberg riechend, im Kriege die hauptsächliche Unterhaltungsablenkung.

Das handwerklich-technische, auch ausstattungsmäßige Können war uns in Erinnerung. Wir lernten nun Regisseure und Kameraleute der ersten Güte kennen, die freilich die Firmen neben der Ufa am meisten lobten: Tobis, Terra und Carl Froelich.

Rolf Thiele und ich haben damals in den Anfängen der Göttinger Filmproduktion selbstständig (wir meinten auch eigenwillig) gedacht, aber wir hätten nicht handeln können ohne einige bewährte Ufa-Leute aus Berlin und überhaupt die »alten Filmhasen«: Unser erster Geschäftsführer Hans Domnick (Cutter und Dramaturg, aber auch Jurist bei der Ufa); unser Atelier- und Filmarchitekt Walter Haag, der Berlin lebenslang mit Göttingen tauschte, eine Seele unseres Unternehmens; sein Bühnenmeister Klaucke und sein Bühnenmaler Wiegand; unser langjähriger Aufnahmeleiter, später Produktionsleiter Frank Roell, den uns Liebeneiner empfohlen hatte; die Besetzungsberaterin Else Bongers, früher Ufa-Nachwuchsausbilderin; unser erster technischer Direktor Langguth, unser technischer Berater Dr. Wohlrabe, wahrscheinlich auch unser erster Kopiermeister Hühn; unsere häufige Regieassistentin Ilona Juranyi; unser Rechtsberater Dr. Friedrich Will; unser erster Produktionsleiter Kurt Prickler; unser Tonmeister Hans Martin.

Dies ist nur ein Dutzend, das mir spontan einfällt. Von Film zu Film kamen natürlich andere dazu, bald auch schon Neulinge.

Aus dem »Dunstkreis« der Ufa erinnere ich mich an weitere Personen, die nicht faktisch bei uns mitgearbeitet, aber geistig unser eigenes Wirken inspiriert, begleitet oder auch nur genossen haben – auf ganz unterschiedliche Weise:

Tobis-Produktionschef Karl Julius (»Kajott«) Fritzsche, Regisseur und Produzent Carl Froelich, dessen Produktionschef Pflughaupt, der Trickkameramann Theo Nischwitz, der Synchronexperte Dr. Rohnstein; der Konzert- und Schauspieleragent Taubmann, der Chargenspieler Walter Maria Wulf, unser erster Mitgesellschafter Fritz Böhmecke, einstmals junger Mann im Scherl-Verlag. Nicht zu vergessen: Filmkomponisten wie Norbert Schultze.

Thiele und ich waren damals natürlich Angehörige einer Generation, in der fast all unsere Nebenmänner gefallen waren. Wir hatten schon mit dem zu tun, was hinter uns lag, und wir wollten uns damit beschäftigen: Wie kann man nach vorn denken?

Wenn andere das Gefühl mit uns teilten: »Es muß etwas geschehen«, überzeugten wir uns und andere davon, daß etwas geschehen konnte. Wir konnten handeln, weil wir ansteckend wirkten. Freilich, der reine Spaß stand unseren Projekten weniger nah als das ernste Bewußtsein, daß wir Überlebende, Auflebende seien, Nachlebende auch der Generationsgenossen, deren Phantasien in die Gräber hatten fahren müssen.

Textauswahl und Zusammenstellung: Susanne Fuhrmann

Auferstanden aus Ruinen

Von der Ufa zur DEFA

Wolfgang Staudte und Hildegard Knef im Althoff-Atelier Babelsberg bei den Dreharbeiten zu DIE MÖRDER SIND UNTER UNS

Auf einem Berg von Schutt, inmitten verrosteten Kriegsgeräts und wildwuchernden Unkrauts, ragt ein Holzkreuz in den Himmel. Ein Soldatengrab, symbolisches Mahnmal zwischen den Ruinen der deutschen Hauptstadt. Durch die Trümmer stolpert ein Mann, unrasiert, angetrunken; die Kamera schwenkt mit ihm zum Eingang eines Hauses. Als er dessen Tür öffnet, über der ein Schild »Tanz – Stimmung – Humor« verspricht, dringt laute Jazzmusik auf den gespenstischen Platz: Signale der Sucht nach Leben in einem Totenreich.

Die Eröffnungsszene des ersten deutschen Nachkriegsfilms DIE MÖRDER SIND UNTER UNS (1946). Erstmals nach langer Zeit ist der Regisseur im Vorspann auch als solcher bezeichnet, nicht mehr als »Spielleiter«, wie es sich im Kino unterm Hakenkreuz einbürgern mußte. Wolfgang Staudte, der 1943/44 für die Tobis AKROBAT SCHÖ-Ö-ÖN und ICH HAB' VON DIR GETRÄUMT realisiert hat, verpflichtet als Kameraleute zwei Meister ihres Fachs: Friedl Behn-Grund und Eugen Klagemann. Deren Fotografie ist – wie Wolfdietrich Schnurre schreibt – »stellenweise vollendet. Selten verbiß sich eine Kamera mutiger ins Dunkel. Licht taugte nur zur Kontrastierung. Um was es ging, war der Schatten. Aus gekippten Bildeinstellungen, unbelichteten Gestalten und zäher Symbolik gelangen Behn-Grund und Klagemann so eine Unsumme krauser, im einzelnen künstlerisch durchaus hochwertiger Bilder.« (Deutsche Film-Rundschau, 5.11.1946).

Konfrontation in Trümmern: Arno Paulsen und Ernst Wilhelm Borchert in DIE MÖRDER SIND UNTER UNS

»Es ist hundertmal gesagt worden: 1945 war es normal, daß der deutsche Film beim Expressionismus wieder anknüpfte. Das bewies nur die sterilisierende Wirkung der Hitlerzeit, und irgendwo mußte ja wieder angefangen werden«, schrieb der Franzose Chris Marker im Jahre 1954 als Entschuldigung für den deutschen Nachkriegsfilm. Wolfgang Staudtes DIE MÖRDER SIND UNTER UNS zeigt 1946 allerdings eine Expressionismus-Variation: Mit kleinen, unwichtigen Menschen, die von großen Problemen bedrückt werden, hineingestellt in *wirkliche* Trümmerkulissen, die wie gebaut wirken, zeichnet Staudte den ›Seelenzustand‹ der Deutschen nach. Wirkliche Opfer der Hitlerzeit sind hingegen nirgends zu entdecken.

Der Bildstil von DIE MÖRDER SIND UNTER UNS knüpft an Traditionen an, die im Kino des Dritten Reichs teils verschüttet, teils zum Nonplusultra der Filmfotografie erklärt und entsprechend perfektioniert worden sind. Mit seinen schrägen, expressiven Einstellungen beispielsweise besinnt sich Behn-Grund auf die eigene, seither etwas verdrängte Geschichte: 1932 hat er für Ludwig Bergers Ufa-Komödie ICH BEI TAG UND DU BEI NACHT die Idee der schiefen Kamera entwickelt. In DIE MÖRDER SIND UNTER UNS ist diese ›unnatürliche‹ Perspektive freilich keine Spielerei mehr, sondern trägt dazu bei, die Seelenzustände der Figuren optisch transparent zu machen: die Verlorenheit und innere Zerrissenheit des mit einem Trauma aus dem Krieg heimgekehrten Arztes Dr. Mertens (Ernst Wilhelm Borchert) in einem von ihm als Endzeit-Welt empfundenen Universum. Dagegen schwebt Hildegard Knef gleichsam als Lichtgestalt durch den Film: weiß geschminkt, das glatte, ebenmäßige Antlitz meist hell aus dem Dunkel der Umgebung hervorgehoben, das Prinzip Hoffnung. »Ufa-Stil«, würde man heute, verknappt und etwas ungenau, vielleicht sagen...

Bei FREIES LAND geht Ufa-Cutter Milo Harbich formal und thematisch neue Wege

Mit IRGENDWO IN BERLIN knüpft Gerhard Lamprecht nicht nur mit Hauptdarsteller Fritz Rasp an seinen Ufa-Film EMIL UND DIE DETEKTIVE (1931) an

Die Wiedergeburt des deutschen Kinos in der Sowjetischen Zone entspricht, entgegen den auch filmpolitischen Morgenthau-Plänen im Westen, durchaus den Intentionen der Besatzungsmacht. Schon im Herbst 1945 bildet sich in Berlin ein Filmaktiv, das mit den Vorbereitungen zur Aufnahme einer regelmäßigen Produktion beauftragt ist. Leiter der Gruppe, zu der unter anderem Kurt Maetzig sowie die Szenenbildner Carl Haacker (MUTTER KRAUSENS FAHRT INS GLÜCK, 1929; KUHLE WAMPE, 1932) und Willy Schiller gehören, wird Hans Klering, kommunistischer Schauspieler und Emigrant, ein alerter Vertrauensmann der Russen, später erster DEFA-Direktor.

In knappen Zeitungsnotizen bittet man Filmfachleute, sich zu melden: ein Aufruf, mit dessen Hilfe in Erfahrung gebracht werden soll, wer den totalen Zusammenbruch überlebt hat und für einen Neubeginn zur Verfügung steht. Als erster erscheint in der Wilhelmstraße 68, dem Sitz der Zentralverwaltung für Volksbildung, der Kameramann Werner Krien, der zuletzt ...REITET FÜR DEUTSCHLAND (1941), MÜNCHHAUSEN (1943, zusammen mit Konstantin Irmen-Tschet) und GROSSE FREIHEIT NR. 7 (1944) fotografiert hat. Schon wenige Monate später steht er hinter der Kamera des DEFA-Films IRGENDWO IN BERLIN, für den er – dem optimistischen Aufbau-Credo des Regisseurs Gerhard Lamprecht entsprechend – flächige, sonnendurchflutete Bilder entwirft, die Trümmer mit der Tarnkappe des Lichts überzieht. Auch Staudte gehört zu den ersten, die, mit einem Drehbuch unterm Arm, in der Wilhelmstraße anklopfen: DIE MÖRDER SIND UNTER UNS ist zuvor von Mitarbeitern der britischen Militärmacht abgelehnt worden.

Für den 22. November 1945 lädt das Aktiv zu einer Beratung in die Reste des Hotel Adlon ein. Thema: Neubeginn der

GRUBE MORGENROT

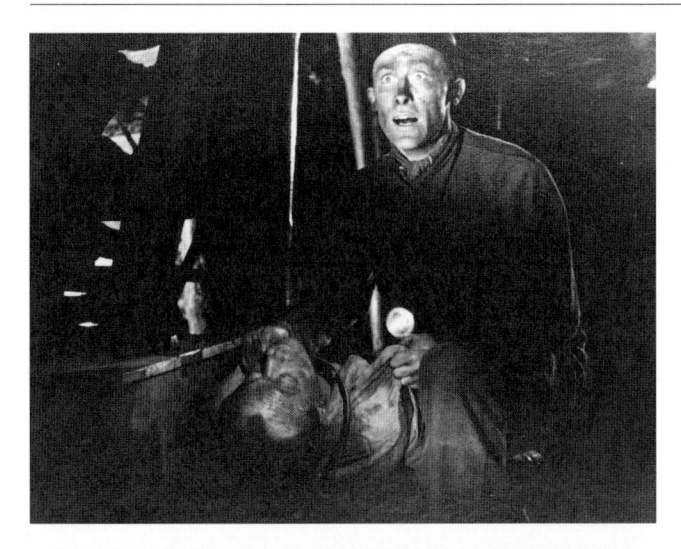

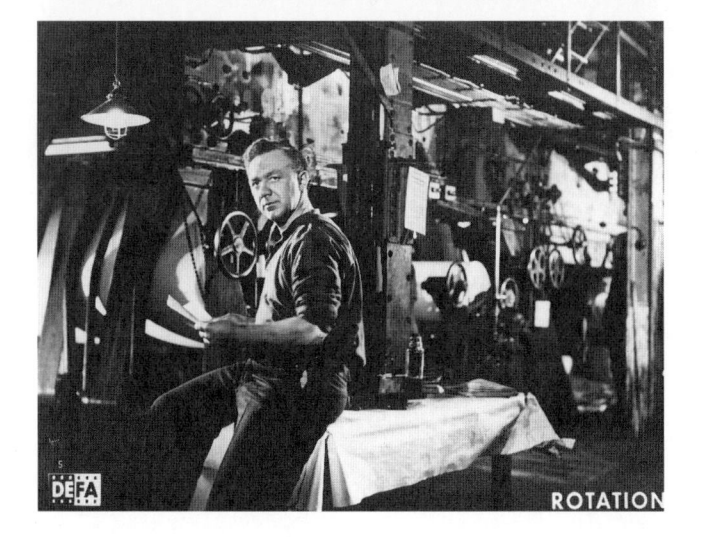

Versuche, eine realistische
Filmsprache zu finden
AFFAIRE BLUM

ROTATION

Regisseur Werner Klingler
bei der Inszenierung der
Nachtclub-Szene zu RAZZIA

Filmkunst in Deutschland. Zu den Teilnehmern des Treffens gehören Künstler, die vorher, bisweilen ziemlich intensiv, mit Ufa, Terra oder Tobis oder den anderen Filmfirmen liiert gewesen sind: Regisseure wie Helmut Weiss, Peter Pewas, Werner Hochbaum, Herbert Maisch, Boleslaw Barlog, Gerhard Lamprecht, Hans Deppe, Wolfgang Staudte; Autoren wie Georg C. Klaren oder Hans Fallada. »Am Anfang«, so erinnert sich später Anton Ackermann, Sekretär für Kultur im ZK der KPD, »stand die loyale Zusammenarbeit mit allen demokratisch und humanistisch gesinnten Menschen.« (Filmspiegel, Nr. 8, 1966.)

Sicher: Ein Professor von Goebbels' Gnaden wie Wolfgang Liebeneiner käme für eine »Reaktivierung« nicht in Betracht, von Veit Harlan oder Leni Riefenstahl ganz zu schweigen. Über weniger prominente Rädchen der faschistischen Filmmaschinerie jedoch lassen die sowjetischen Kulturoffiziere – fast durchweg gebildete, über das erwartete Maß tolerante Männer – und ihre deutschen Vertrauensleute mit sich reden. Wie auch anders soll der Neuanfang glücken als mit denen, die das Grauen überlebt haben und daran mitwirken wollen, »das Ringen um die Erziehung des deutschen Volkes, insbesondere der Jugend, im Sinne der echten Demokratie und Humanität« zu unterstützen, wie es Sergej Tulpanow, Leiter der Kulturabteilung der sowjetischen Militärverwaltung, in seiner Rede zur Übergabe der Lizenz an die DEFA am 17. Mai 1946 fordert.

So geschieht es, daß in den ersten Produktionsskizzen der am 17. Mai 1946 gegründeten DEFA viele dem deutschen Kinogänger geläufige Regisseur- und Autorennamen auftauchen: clevere Routiniers, fleißige Handwerker und ein paar Avantgardisten, die in der Ufa und anderen Zentren des nationalsozialistischen Kinos nicht so recht zum Zuge gekommen sind. Peter Pewas etwa, dessen düster-poetischer Film DER VERZAUBERTE TAG 1943 einem Verbot anheimgefallen ist, diskutiert mit der DEFA über einen Stoff namens »999«, an dessen Entwürfen auch der Autor Günther Weisenborn mitwirkt: eine Arbeit über proletarische und bürgerliche Widerstandskämpfer gegen Hitler. Werner Hochbaums erstes Nachkriegsprojekt »Der Weg im Dunkeln«, eine leidenschaftliche Anklage der in den KZ verübten Verbrechen, soll schon im Oktober 1945 ins Atelier gehen; Hochbaums schwere Krankheit und sein Tod am 15. April 1946 machen diesen Plan zunichte. Erich Engel, der sich mit freundlichen Komödien in eine Art innere Emigration gerettet hat, ist als Inszenator für das Lustspiel »Irdische und himmlische Liebe« vorgesehen. Der Kameramann und Regisseur Günther Rittau (U-BOOTE WESTWÄRTS, 1941) zählt – neben Leopold Lindtberg – zu den Kandidaten für das von Friedrich Wolf entworfene Szenarium »Kolonne Strupp« über Ende und Neuanfang der Berliner Verkehrsbetriebe. Erich Waschneck, der immerhin die antisemitischen DIE ROTHSCHILDS (1940) auf dem Gewissen hat, soll das Bergarbeiterdrama GRUBE MORGENROT auf die Leinwand bringen; der in allen Gassen hansdampfende Géza von Cziffra bereitet die Offenbachsche »Die schöne Helena« vor; Milo Harbich schließlich projektiert einen »Zoofilm« über einen jungen Tierwärter, der nach dem Krieg zum Leiter des Tierparks avanciert.

Während Rittau, Waschneck und Cziffra der DEFA aus unterschiedlichen Gründen dann doch nicht zur Verfügung stehen – Cziffra beispielsweise sucht vergebens nach einer Hauptdarstellerin für seine Operetten-Adaption –, dreht Harbich im Sommer 1946 einen der frühen Avantgarde-Filme des Studios, das damals zu Unrecht kaum beachtete, heute nahezu vergessene semidokumentarische Werk FREIES LAND. Ein exzellentes Beispiel dafür, daß die »Übernahme« von Mitarbeitern vormaliger deutscher Filmfirmen nicht unbedingt auch eine stilistische Bruchlosigkeit zur Folge haben muß.

Harbich ist einer der Chefcutter der Ufa; er montiert 1933 Hans Steinhoffs HITLERJUNGE QUEX, zehn Jahre später Josef von Bakys MÜNCHHAUSEN und inszeniert unter anderm 1940 die Ralph-Arthur-Roberts-Groteske WIE KONNTEST DU, VERONIKA! FREIES LAND erscheint davon sehr weit entfernt: Mit jungen, unbekannten Schauspielern und Laiendarstellern besetzt, verfolgt der Film politische Entwicklungen in der Nachkriegs-Landwirtschaft und damit korrespondierende Einzelschicksale, agitiert mit Hilfe von Sketchen und dialektischen Montagen. Der Filmhistoriker Fred Gehler, der Harbichs Wurzeln bei Ruttmann, Dudow und Granowsky ausmacht, konstatiert Parallelen auch zum italienischen Neorealismus, beschreibt die Intentionen des Regisseurs mit Hilfe eines Theorems von Roberto Rossellini: »Ich glaube an die Inspiration des Augenblicks.« (Film und Fernsehen, Nr. 6, 1981) – In der Tat ist FREIES LAND das einzige Opus aus der Frühzeit der DEFA, das solche Geistesverwandtschaft vermuten läßt.

Andere gehen andere Wege. Boleslaw Barlog oder Hans Deppe sollen Kurt Tucholskys »Rheinsberg« adaptieren – mit Jenny Jugo in der Hauptrolle. Deppe, im Dritten Reich (und später in der Bundesrepublik) einer der unterhaltsamsten Alleskönner, liebäugelt außerdem mit dem Radrennstoff »Rund um Berlin«. Als beide Projekte platzen, inszeniert er 1947 unter dem Titel KEIN PLATZ FÜR LIEBE das erste DEFA-Lustspiel. Seine Helden sind ein im Krieg ferngetrautes Pärchen, das nun, zwischen Ruinen, ein stilles Glück im eigenen Domizil zu finden hofft. Auf eingefahrenen Gleisen des Ufa-Alltagskinos rollend, knüpft der Film auch durch die Besetzung einiger Nebenfiguren an Traditionen aus der Zeit vor 1945 an: mit Ernst Legal, Elsa Wagner und Wilhelm Bendow werden faszinierende Chargen erneut vor die Kamera gebeten. Sein zweites (und letztes) DEFA-Opus, DIE KUCKUCKS (1949), über fünf kriegswaise Geschwister, die eine ausgebombte Grunewald-Villa besetzen, schmückt Deppe dann in gleicher Manier mit Aribert Wäscher und Carsta Löck.

Gerhard Lamprecht hingegen engagiert, als heitere Reminiszenz an seine berühmte Kästner-Adaption EMIL UND DIE DETEKTIVE (1931), den dämonisch-skurrilen Fritz Rasp für eine Diebesrolle in IRGENDWO IN BERLIN (1946). Auch Hans Leibelt und Paul Bildt treten hier erstmals nach Kriegsende vor die Kamera – und bleiben, ähnlich wie Maly Delschaft, Jakob Tiedtke, Eduard von Winterstein, Werner Hinz, Käthe Haack, Fita Benkhoff, Paul Henckels, Hubert von Meyerinck oder Josef Sieber, der DEFA eine Zeitlang verbunden – oder in Freundschaft einem der in Babelsberg arbeitenden Regie-Veteranen. Dem wendigen Arthur Maria Rabenalt etwa, der ...REITET FÜR DEUTSCHLAND (1941) nachträglich zum absolut unpolitischen Film umdefiniert und mit der ebenso antikapitalistischen wie konfusen Zukunftskomödie CHEMIE UND LIEBE (1948) zu neuen Ufern zu paddeln versucht. Oder Georg C. Klaren, der sich sehr viel mehr Mühe gibt und in seiner Büchner-Adaption WOZZECK (1947) an die Fotografie und das Szenenbild des deutschen Filmexpressionismus anknüpft. Oder Werner Klingler, der seine Krimi-Erfahrungen für eine traditionelle Schieber-Story namens RAZZIA (1947) nutzt, einschließlich der von der Ufa so gepflegten Gesangseinlage.

Der stilistisch oft nahtlose Übergang von der Ufa zur DEFA vollzieht sich aber nicht nur dank der meisten der Regisseure. Die Abspänne der ersten DEFA-Arbeiten lesen sich wie ein Kompendium auch anderer, oft begnadeter Fachleute, die mitunter schon zu Zeiten des Stummfilms für Spitzenleistungen verantwortlich gezeichnet haben: Kameramänner wie Bruno Mondi, Robert Baberske, Karl Plintzner, Georg Bruckbauer, Fritz Arno Wagner, Reimar Kuntze oder die bereits genannten Eugen Klagemann und Friedl Behn-Grund; der Trickkameramann Ernst Kunstmann; Architekten wie Otto Hunte, Bruno Monden, Otto Erdmann, Kurt Herlth, Hermann Warm, Emil Hasler; Komponisten wie Werner Eisbrenner, Theo Mackeben, Michael Jary; dazu erfahrene Produktionsleiter wie Kurt Hahne oder Cutter wie Hans Heinrich, der sowohl DIE DREI CODONAS (1940) und OHM KRÜGER (1941) als auch DIE MÖRDER SIND UNTER UNS und ROTATION (Staudte, 1949) montiert! Im gleichen Jahr dreht Heinrich als Regisseur den poetischen KAHN DER FRÖHLICHEN LEUTE aus dem Milieu von Elbefischern, der wiederum an Käutners UNTER DEN BRÜCKEN (1945) erinnert.

Hochinteressant ist in diesem Zusammenhang der Stab, den Kurt Maetzig 1947 für sein Spielfilm-Debüt EHE IM SCHATTEN ins Studio holt. Thema des Films: Das authentische Schicksal des Schauspielerehepaares Joachim und Meta Gottschalk, die beide im November 1941 freiwillig aus dem Leben schieden, weil die jüdische Frau und ihr gemeinsamer Sohn Michael nach Theresienstadt deportiert werden sollten. Bertolt Brecht mißfällt EHE IM SCHATTEN – irgendwie ist ihm die Geschichte zu wenig analytisch, zu sentimental. Mit solchen Einwänden distanziert sich der Dichter, vermutlich mehr instinktiv als mit Detailwissen beschwert, von einer zwar wirkungsvollen, aber dennoch konventionellen, eben der tradierten »Ufa-Sprache«.

Wolfgang Zeller, zuvor Komponist des Harlanschen JUD SÜSS (1940), hat daran wesentlichen Anteil – mit seinen illustrativen Musiken peitscht und streichelt er die Emotionen des Zuschauers bis zum tragischen Finale. Auch Maetzigs Regieassistent Wolfgang Schleif ist durch die politisch äußerst fragwürdige, handwerklich jedoch durchaus eindrucksvolle Schule Veit Harlans gegangen; er hat in derselben Funktion (und als Cutter) an mehreren Harlan-Produktionen von JUGEND (1938) bis DIE GOLDENE STADT (1942) einschließlich JUD SÜSS mitgewirkt.

In der Nachfolge von EHE IM SCHATTEN, dessen männliche Hauptrolle mit dem ebenfalls bei Harlan zu einigem Ruhm gekommenen Paul Klinger besetzt ist, beginnt Schleifs DEFA-Aufstieg, der bald in selbständige Regieleistungen mündet – so in eine Biografie über den Erfinder des Meißner Porzellans, DIE BLAUEN SCHWERTER (1949). August der Starke wird hier von Willy A. Kleinau gespielt, der schwergewichtig und mit breitem, lautmalerischem Wortfluß an den verstorbenen Heinrich George gemahnt: Schleifs Opus entspricht in seinen dramaturgischen Konstellationen bis ins Detail der Dramaturgie ähnlicher Arbeiten des Dritten Reiches, in denen absolutistische Landesfürsten mit schwierigen Charakteren, Friedrich Schiller zum Beispiel, kollidieren.

Und die Stars von früher? Rühmann, Albers, die Rökk, Ilse Werner oder die Leander lassen sich nicht in Babelsberg blicken. Es ist anzunehmen, daß von beiden Seiten auf Distanz geachtet wird. Jenny Jugo indes reist an, um ihren 1945 unvollendet gebliebenen Film »Sag' endlich ja«, nunmehr unter dem Titel Träum' nicht, Anette (Eberhard Klagemann, 1949) abzuschließen, glücklos und mit vernichtenden Kritiken. Das ist es dann auch schon. Erst 1954 ermöglicht die DEFA der alt gewordenen einstigen Babelsberger Kassenmagnetin Henny Porten ein glanzvolles Comeback mit Carola Lamberti – Eine vom Zirkus (Hans Müller, 1954) und Das Fräulein von Scuderi (Eugen York, 1955).

Dramaturgie und Bildgestaltung, wie man sie von der Ufa her kennt, feiern weiterhin fröhliche Triumphe: Ein Agentenkrimi wie Geheimakte Solvay (Martin Hellberg, 1953) schwimmt, natürlich mit umgekehrtem Vorzeichen, ganz auf bewährter Welle à la Achtung! Feind hört mit!. Revue-Traditionen werden einige Zeit später mit Meine Frau macht Musik (Hans Heinrich, 1958) erneut aufgegriffen. Artur Pohl knüpft mit Arbeiten wie Kein Hüsung (1953) oder Pole Poppenspäler (1954) an bewährte Literaturadaptionen an. Und so weiter.

Gravierende Unterschiede zum »Ufa-Stil« machen sich bei der DEFA eigentlich erst bemerkbar, als Mitte der 50er Jahre jüngere Künstler die Regiestühle zu besetzen beginnen: Konrad Wolf, Frank Beyer, Gerhard Klein, Günter Reisch, Frank Vogel. Bald gelten, wenngleich das auch niemand so deutlich formuliert, andere Vorbilder: die sowjetischen, polnischen oder ungarischen Meisterwerke der Tauwetter-Ära, die italienischen Neorealisten, die französische »Tradition der Qualität«. Das Kino der DDR gerät, in einigen Fällen, auch stilistisch offener, mutiger, weniger altbacken. Zwar hinterläßt der Abschied von Ufa-Traditionen und von deren Kreateuren, die entweder gestorben sind oder dem Osten nach und nach den Rücken kehren, so manche Leerstellen. Doch die meisten von ihnen werden mit neuen Ansprüchen, Hoffnungen – und Illusionen gefüllt.

Ralf Schenk

Das Ende einer langen Karriere
Henny Porten in ihren beiden letzten Filmen, die bei der DEFA entstanden: Carola Lamberti – Eine vom Zirkus und als Fräulein von Scuderi

Schurkenstücke

Entflechtung der Lex UFI

Hamburg-Gänsemarkt:
Das älteste Ufa-Kino der Stadt, das Lessing-Theater, hat inmitten von Trümmern den Krieg überstanden

Legislative Finessen und offener Gesetzesbruch, wirtschaftliche Interessen in enger Verbundenheit mit politischen, stille Transaktionen und laut verbreitete Lügen – wie ein Schurkenstück nimmt sich die Geschichte der Nachkriegs-UFI aus, ein Gezerre um Millionen und Macht, betrieben von Intriganten und Interessenten, Falschspielern und Wohlmeinenden, Hasardeuren und sogenannten ehrenwerten Männern.

Die Vollstreckung des von den Alliierten über den NS-Filmkonzern verhängten Todesurteils aufzuschieben, es schließlich aufzuheben, es in sein Gegenteil zu verkehren, ist ihr Ziel. Zehn Jahre brauchen sie, um es zu erreichen. Und als es erreicht ist, scheitert das ehrgeizige Unternehmen auf groteske Weise binnen sieben Jahren, weil das scheinbar Gerettete veraltet ist, sich überlebt hat, zu spät kommt. Das Schurkenstück endet als Tragikomödie: im Ausverkauf, der mit so viel Mühe und Tücke hatte verhindert werden sollen. Die Millionen verschleudert, der Name Ufa verramscht, der Konzern zerstückelt: privatisiert, zu guter Letzt, nur mehr gebrauchsfähig als Anhängsel des Neuen – eine Marginalie im Medienkonzern – und als Emblem an den Kinos.

Mitten in der Trümmerlandschaft des Jahres 1945 hat der Mythos »Ufa« – aufgehoben im NS-Filmkonzern »UFI« und dessen Namen überstrahlend – noch nichts von seiner Magie eingebüßt. Dieses Gebilde Goebbel'scher Prägung zu zerschlagen, ist gemeinsames Ziel der alliierten Sieger, auch wenn sie in der Folge je eigene (film)politische Ziele verfolgen sollen. Zunächst legen sie Produktion, Verleih und (für kurze Zeit in der amerikanischen und britischen Zone) auch den Kinobetrieb lahm, beschlagnahmen das reichseigene Filmvermögen (138 Firmen abzüglich der 53 im vordem besetzten Ausland: Studios, Liegenschaften, Kinos, Kopierwerke, Konten, Rechte und sonstige Vermögenswerte der auf 450 Millionen Reichsmark geschätzten UFI-Kapitalmasse) und bringen es unter ihre zonale Kontrolle.

Die US-Filmpolitik, die bald diejenige der britischen und französischen Besatzungsbehörden dominiert, verfolgt aus unterschiedlichen Interessen am entschiedensten die Zerschlagung des Konzerns, den sie entflochten und reprivatisiert sehen will. Zu diesen Interessen zählen das Bestreben, den UFI-Konzern als Propagandawaffe zu entschärfen und zu demokratisieren, die Übertragung kapitalistischer Wettbewerbsformen auf den deutschen Markt und – nicht zuletzt – die Rücksichtnahme auf die eigene, US-amerikanische Filmindustrie, die mit Macht die Ausschaltung der deutschen Konkurrenz auf dem Weltmarkt und die Öffnung des deutschen Marktes für ihre Produkte anstrebt.

Auch wenn sich in den beiden ersten Nachkriegsjahren nicht alle Strategien klar abzeichnen, so schafft sich doch die US-Filmpolitik ein Instrumentarium, das zumindest die Annäherung an die Ziele erlaubt: Die von der »Information Control Division« betriebene Lizenzierungspolitik, die die politische Überprüfung, Auswahl und Kontrolle von Personen umfaßt, welche die deutsche Filmwirtschaft aufbauen wollen, verzögert zunächst den Neuanfang. Erst Anfang 1947 erhalten Produzenten von den US-Behörden eine Lizenz. Das Verbot monopolartiger Verhältnisse (Decartelization) soll nicht allein den neuerlichen ideologischen Mißbrauch wirtschaftlicher Macht durch Großunternehmen verhindern, sondern auch die Bildung solcher Großunternehmen. Die Entflechtung bestehender »übermäßiger« Konzentration (Deconcentration) dient demselben Ziel und gleichzeitig der Schwächung deutscher Konkurrenz.

Und schließlich entzieht die »Property Control«, die Kontrolle über das reichseigene Filmvermögen, der im Aufbau befindli-

Wirtschaftswunder in der Frontstadt: In der Ruine des zerstörten Ufa-Palastes am Zoo haben sich Geschäfte eingerichtet. Filme laufen gegenüber im Marmorhaus

chen Filmwirtschaft das UFI-Kapital, da alle Gewinne aus Verleih und Abspiel von UFI-Filmen sowie die Erlöse der UFI-Kinos auf Sperrkonten fließen und für die Produktion nicht zur Verfügung stehen dürfen. Freilich: mit der Kontrolle des Vermögens und der Verwaltung dieser Gelder betrauen die Amerikaner deutsche Treuhänder. Und diese werden bald eigene Interessen verfolgen.

Die Sowjetische Militäradministration, in deren Machtbereich die Ufa-Stadt Babelsberg und 70 Prozent des UFI-Vermögens liegen, geht nach einer Phase der Demontage andere Wege: Sie vergibt am 17. Mai 1946 die erste Produktionslizenz an die Ostberliner DEFA und schafft damit in direkter Nachfolge des UFI-Konzerns ein neuerlich zentralistisches Großunternehmen und mit ihm die Voraussetzungen für eine Filmproduktion unter ihrer Kontrolle. Die britischen und die französischen Besatzungsbehörden erteilen im Sommer 1946 ebenfalls Produktionslizenzen, jedoch an kleine, finanzschwache, von ehemaligen Filmschaffenden betriebene Firmen, von denen nur die wenigsten die ersten Nachkriegsjahre überleben werden.

Diese Zersplitterung der neuen deutschen Filmwirtschaft auf Dauer zum status quo zu machen, unternimmt die US-Militärbehörde einige Anstrengungen. Am 8. März 1948 wird für die Bi-Zone die sogenannte Monopolanordnung erlassen, die sowohl für die UFI wie für die neue Filmwirtschaft bestimmt ist. Sie zementiert die Trennung in die drei Sparten Produktion, Verleih und Abspiel, verbietet, von einer strengen Ausnahmeregelung abgesehen, eine Betätigung in mehr als einer Sparte (vertikale Konzentration) und verhindert die Bildung von Kinoketten (horizontale Konzentration), indem sie lediglich den Besitz von maximal vier Kinos in Großstädten erlaubt. Noch immer gibt es kein Gesetz, wie denn der UFI-Konzern abgewickelt werden könne und was mit seinem Vermögen zu geschehen habe. Dafür bekräftigt die »Monopolanordnung« das strikte Produktions-, Verleih- und Finanzierungsverbot für die Ufa und die anderen Glieder der UFI.

1949, im Jahr der Gründung der Bundesrepublik, sehen sich von den 185 Filmproduzenten, die Firmen in den Westzonen und im Westsektor Berlins angemeldet haben, ganze 18 Prozent überhaupt in der Lage, einen oder mehrere Spielfilme pro Jahr herzustellen. Der Anteil der deutschen Neuproduktionen an den ins Kino kommenden Spielfilmen liegt bei sieben Prozent, an 90 von 100 Spieltagen laufen ausländische Filme, das UFI-Vermögen bleibt blockiert. Vier Jahre nach der Kapitulation sieht die Branche so aus, wie sie sich US-Filmlobbyisten erträumt haben dürften. Hinter den Kulissen jedoch arbeiten längst einige daran, dies zu ändern.

Beispielsweise die von den Militärbehörden eingesetzten, regionalen deutschen Treuhänder des UFI-Vermögens; die CDU-geführte Bundesregierung; der CDU-Bundestagsabgeordnete Rudolf Vogel; »Sachkenner« (Roeber/Jacoby) mit bekannten Namen und eigenen Vorstellungen zur Reorganisation des UFI-Vermögens: Max Winkler, Ludwig Klitzsch, Willibald Dorow, Wirtschaftsprüfer und ehemaliger Berater der Ufa-alt.

Und Arno Hauke, Jahrgang 1922, der seit Spätsommer des Jahres 1949 in Schloß Varenholz im Westfälischen als Angestellter der privaten Deutschen Treuhand Gesellschaft, die der Deutschen Bank nahesteht, die UFI-Bücher prüft. Auf den Adelssitz haben Ufa-Mitarbeiter in den letzten Kriegswochen die Akten und Geschäftsunterlagen der ehemals reichseigenen Filmgesellschaften geschafft. Weil Bemühungen um eine zentrale UFI-Vermögensverwaltung gescheitert sind, untersteht die Abwicklung dieses Teils des UFI-Nachlasses nunmehr dem von den Briten eingesetzten zonalen Treuhänder, der freilich kein Fachmann ist, weshalb er die Fachleute von der

In den 50er Jahren sind Film und speziell die Ufa häufig Themen in »einem deutschen Nachrichtenmagazin«

Mit der Wiederbewaffnung wird auch auf der Leinwand wieder die Uniform angezogen: Wolfgang Liebeneiners Remake von URLAUB AUF EHRENWORT Eva-Ingeborg Scholz und Claus Biederstaedt

Willi Endtesser, Reinhardt Kolldehoff, Maria Sebaldt, Werner Lieven

Treuhand ruft. Hauke gelingt es nach eigenem Bekunden, sich einen Überblick über die Guthaben, Konten, Grundstücke, Kinos, Maschinenparks und Film-Kopien (Anlagevermögen von 9,5 Millionen, Umlaufvermögen von 12,7 Millionen, Eigenkapital von 15 Millionen Mark allein in der britischen Zone, wie *Der Spiegel* vom 21.1.1959 errechnet hat) zu verschaffen, einen Überblick, den er wenig später im Sinne Bonns nutzen wird.

Im Sinne Bonns ist keineswegs, daß die US- und die britische Militärregierung just an jenem Tag, an dem der Deutsche Bundestag zu seiner konstituierenden Sitzung zusammentritt, nämlich am 7. September 1949, das als »Lex UFI« bekanntgewordene Entflechtungsgesetz erlassen. Der blockierte NS-Konzern soll einer »gesunden, auf demokratischen Grundsätzen aufgebauten, in Privathänden befindlichen Filmindustrie« weichen, das beschlagnahmte Reichsfilmvermögen auf einen Liquidationsausschuß übertragen und innerhalb von 18 Monaten an den Meistbietenden verkauft werden, wobei kein Interessent mehr als ein Studio oder drei Kinos erwerben dürfe. Als Bieter generell ausgeschlossen seien Vorstände, Aufsichtsräte und Prokuristen der ehemals reichseigenen Firmen. Die Namen Ufa, UFI und alle ähnlich klingenden werden im Filmbereich verboten.

Die bundesdeutsche Film-Politik der folgenden Monate zielt darauf ab, nicht allein die Umsetzung dieses Todesurteils für die ehemals reichseigenen Firmen Ufa, Bavaria, Tobis und Terra zu verhindern, sondern unterderhand die Bedingungen zu schaffen, den Konzern – oder zumindest zwei Konzerne – entgegen der »Lex UFI« wiedererstehen zu lassen. Zum einen wird das Handeln Bonns dabei von der Einschätzung bestimmt, daß nur ein Großunternehmen mit vertikal und horizontal strukturierter Machtfülle wirtschaftlich stark und konkurrenzfähig sei. Rudolf Vogel, der wenig später wegen seiner NS-Vergangenheit seine Ämter verlieren wird, nennt 1970 in der Rückschau dem Filmjournalisten Reinold E. Thiel als Motive: »freizukommen von der Bevormundung der alliierten Seite«, »Anspruch darauf zu haben, daß Deutschland, entsprechend seiner ganzen Filmtradition, den gleichen Platz haben sollte wie die anderen auch«. Dabei soll der Name »Ufa« helfen. Vogel: »Es wäre töricht gewesen, so etwas nicht wieder beleben zu wollen, bzw. für den Bund oder für die deutsche Filmwirtschaft daraus Nutzen zu schöpfen«.

Zum anderen aktivieren auch politische Ansprüche und Vorgaben die heimliche bundesdeutsche Filmpolitik keine fünf Jahre nach dem blutigen Zusammenbruch des NS-Staats. Die Vorstellung von Film als Mittel der Beeinflussung der Massen, als Instrument zu Meinungslenkung, als Medium politischer Sendung spukt in den Köpfen. Arno Hauke erinnert sich 1970 im Gespräch mit Thiel: »Die damalige Bundesregierung, das war also in den Jahren 1950 bis 53, hatte natürlich sehr eindeutig gegenüber den damaligen Generaltreuhändern, zumindest mir gegenüber, zum Ausdruck gebracht, daß sie schon an einem funktionierenden Konzern für die Öffentlichkeitsarbeit sehr interessiert sei«. Zur selben Zeit, nämlich 1950, ist der Journalist Heinz Kuntze-Just der Bundesregierung dabei behilflich, mit Geldern aus dem UFI-Vermögen mittels Strohmännern eine bundeseigene Wochenschau zu gründen.

Mit Verzögerungstaktik beantwortet Bonn zunächst die »Lex UFI« der Alliierten, schlägt im Juli 1950 die Entflechtung nach deutschem Recht vor, gibt Bedenken zu, hält die Siegermächte mit Memoranden hin. Die Alliierte Hohe Kommission lehnt die deutschen Vorschläge ab und unternimmt schließlich selbst einen ersten Schritt zur Liquidation: am 15. November 1950 läßt sie in Wiesbaden neun Spielfilme aus dem UFI-Vermögen versteigern. Die Aktion, »eine unwürdige Tragikomödie« wie der Auktionator dem *Spiegel* (22.11.1950) verrät, gerät zum Fiasko, als nur zwei der Filme zum Mindestgebot von 5000 Mark einen Käufer finden. Potentielle Bieter halten sich zurück: aus Rechtsunsicherheit oder in Hoffnung auf ein späteres günstigeres Bundesgesetz. Das sind auch mitentscheidende Gründe, weshalb ein Jahr später der von den Alliierten betriebene Verkauf der Bavaria (München), der Afifa (Berlin und Wiesbaden) und der Mars-Film (Berlin) nicht zustande kommt. Zudem weigern sich Banken, die sich bewerbenden kleineren, finanzschwachen Firmen mit Krediten zu unterstützen.

Es dauert noch zwei Jahre, bis Bonn mit Zustimmung der Alliierten Hohen Kommission seine eigene »Lex UFI« verabschiedet, ein Gesetz, das vordergründig die Entflechtung gebietet und doch mit seinen Ausnahmeregelungen die Handhabe darstellt, Europas größten Filmkonzern wiederherzustellen. Am 6. Juni 1953 tritt diese deutsche »Lex UFI« in Kraft. Zu Abwicklern werden unter anderem bestellt: Der CDU-Bundestagsabgeordnete Vogel, der intern kein Hehl daraus macht, daß seine Konzeption darin besteht, »eine größtmögliche Konzentration zu erreichen« (im Interview mit Thiel), der seitherige Bavaria-Treuhänder Fritz Thiery, der Generaltreuhänder für das UFI-Vermögen in der britischen Zone Arno Hauke für die Ufa.

Hauke ist schon seit einigen Jahren erfolgreich bestrebt, die Grundlage eines Konzerns zu schaffen: »Dachte mir, mußt mit dem Geld was machen. Wenn der Film eine Rolle spielen soll, geht es nur mit einem Konzern, der Gewinne und Verluste ausgleichen kann. Habe die Konzeption gehabt: Muß Konzernbasis haben, das sind die Theater. So fing ich an zu raffen«, schildert der Ex-Offizier 1959 dem *Spiegel*, der ihm am 21. Januar eine Titelgeschichte widmet.

Anfang 1953 betreibt die offiziell in Liquidation befindliche UFI in der britischen

Zone – die zwar nicht mehr besteht, für die UFI-Abwicklung jedoch nach wie vor gilt – 41 Kinos. Im Einvernehmen mit seinem berliner Treuhänder-Kollegen Alfred Feldes, der die Ufa-Ateliers in Tempelhof gefüllt sehen will, steigt Hauke entgegen des strikten offiziellen Verbots in die Produktion und den Verleih von Filmen ein. Die über die Capitol-Film GmbH hergestellten und vom Prisma-Filmverleih GmbH vertriebenen Streifen erbringen jedoch Verluste von fünf Millionen Mark und verursachen die Pleite der beiden Unternehmen. Von diesen Erfahrungen geht freilich keine abschreckende Wirkung aus.

In schönster Offenheit beschließt der Abwicklungsausschuß Anfang 1954, die Ufa, die Afifa und die Bavaria in ihrer Rechtsform nicht aufzulösen. Die neue deutsche Filmwirtschaft, vertreten durch die SPIO, protestiert bestürzt. In einer Denkschrift vom 10. Februar 1954 verurteilt sie die sich abzeichnende Monopolisierung, verlangt Freiheit von staatlichem Einfluß, verwirft jede Politisierung. Sie kritisiert die nicht-öffentlichen Maßnahmen, die Verstöße gegen das UFI-Gesetz und fordert eine gesunde private Filmwirtschaft, und das heißt auch: Geld. Denn der Reinerlös der UFI-Liquidierung, so schreibt es Paragraf 15 der deutschen »Lex-UFI« vor, soll der deutschen Filmwirtschaft zufließen. Die Bonner Machenschaften nähren aber Zweifel daran, ob auch nur ein Teil des verflüssigten Vermögens (Status von 1953: 85,4 Millionen Mark) der Privatwirtschaft zugute kommen werde. Eine Handvoll Produzenten und Verleiher, die sich wirtschaftlich über Wasser halten können, beschließt, sich gemeinsam am Poker um die Firmen zu beteiligen – und wird kräftig ausgebootet.

Der Käufer steht nämlich längst fest: die Deutsche Bank als Führer von Konsortien bestehend aus anderen Groß- und Privatbanken, Industrieunternehmen und filmwirtschaftlichen Betrieben. Für sie maßgeschneidert werden die bisherigen UFI-Glieder zu neuen Aktiengesellschaften zusammengefaßt: die Ufa-Theater AG in Düsseldorf (mit inzwischen 48 eigenen und gepachteten Theatern), die Universum-Film AG (Ufa-neu) in Berlin mit den Ufa-Ateliers in Tempelhof und den berliner Kopierwerken der Afifa sowie die Bavaria-Filmkunst in München. Im April 1956 werden die Ufa-Theater AG und die Ufa-neu verkauft, und obwohl ein Zusammenschluß der »neuen« Filmwirtschaft bestehend aus Mosaik-Film, CCC-Film (Artur Brauner) und Gloria-Filmverleih (Ilse Kubaschewski) für die Universum-Film AG 14 Millionen Mark bietet, geht der Zuschlag für 12,5 Millionen an das unter Führung der Deutschen Bank stehende Konsortium. Auch der aus Hollywood heimgekehrte Regisseur William Dieterle, der sich für die Bavaria interessiert, hat keine Chancen. So sehr ist dem Bund an der Deutschen Bank als Käuferin gelegen, daß Bonn das Bankenkonsortium unter Führung der Deutschen Bank mit Niedrigpreisen ködert und die Bavaria-Aktien im Februar 1956 sogar 15 Prozent unter Nominalwert verkauft.

Die Interessenlage schildert Hans Janberg, damals Vorstandsmitglied der Deutschen Bank, Reinold E. Thiel 1970 in der Rückschau: »Die Deutsche Bank ist nicht aus eigener Initiative tätig geworden, sondern sie wurde angesprochen, primär aus Kreisen des Aufsichtsrates der Alt-UFI, von den Liquidatoren und, wie anzunehmen war, aus der Richtung der Bundesregierung.« Nicht nur sei das Unternehmen für prädestiniert gehalten worden, die Reprivatisierung in die Wege zu leiten: »Motiviert wurden diese Wünsche damit, daß die Ufa entpolitisiert werden sollte, man sollte möglichst eine kommerzielle Lösung zu erreichen versuchen, man sollte mit ihrer Hilfe – und das stand in einem gewissen Widerspruch zu dem erstgenannten Ziel – doch Kultur, Zivilisation, deutsches Ansehen durch deutschen Film im Ausland – exportieren sozusagen, aber auch im Inland wieder eine neue Geltung zu verschaffen versuchen«. Der Versuch, einen regierungsfreundlichen Filmkonzern zu etablieren, kommt den Steuerzahler teuer zu stehen. Statt den Marktwert zahlt die Bank politische Preise: 6,8 Millionen für die Bavaria (Bilanzwert: 25 Millionen), 9 Millionen für die Ufa-Theater-Kette (geschätzter Wert: 25 bis 30 Millionen), 3,5 Millionen für die berliner Ateliers (geschätzter Wert: 10 Millionen). Auf mehr als 30 Millionen Mark beziffert Thiel den aus politischen Gründen in Kauf genommenen Verlust.

Da die Ufa-Theater AG und die Universum Film AG denselben konsortialen Mehrheitseigner haben, der Aufsichtsratsvorsitzende beider Gesellschaften identisch ist und der Vorstandsvorsitzende beider Gesellschaften Arno Hauke heißt, ist er wiedererstanden: Kontinental-Europas größter Filmkonzern namens »Ufa«, der Filme in eigenen Ateliers drehen, in eigenen Studios entwickeln, schneiden, mischen und kopieren lassen kann, dessen eigener Verleih (vormals Herzog) sie vertreibt und dessen eigene Kinokette sie zeigt. 1959 vereinigt der Ufa-Konzern unter seinem Dach 17 Gesellschaften, und Arno Hauke sieht sich auf dem Gipfel der Film-Macht.

Er steigt in die Filmproduktion ein. Diesmal offiziell.

Claudia Dillmann

Ein schwaches Remake
Arno Hauke und die Ufa der 50er Jahre

Die Ufa-Filme der späten 50er Jahre: Fita Benkhoff und Luise Ullrich in Ist Mama nicht fabelhaft? Die Kinder des Dr. Römer (O.E. Hasse) in Solange das Herz schlägt stammen vom Ufa-Nachwuchsstudio: Grit Böttcher und Götz George

1958 ist ein Schicksalsjahr in der Geschichte der Nachkriegs-Ufa. Der Ufa-Filmverleih stellt seine Staffel für die Verleihsaison 1958/59 vor. »Unser Programm soll in der großen Linie Lebensfreude, Optimismus und Lebensbejahung ausstrahlen«, heißt es im Klappentext. Der Katalog bietet den Theaterbesitzern in der Mehrzahl die damals üblichen Komödien aus Deutschland und Österreich an, doch enthält er auch drei Walt-Disney-Produktionen und einen französischen Film. Und zum erstenmal seit 1945 präsentiert die Ufa vier von ihr selbst produzierte Filme.

Der Filmverleih existiert seit 1957. Bislang bietet er die Filme des Herzog-Verleihs an, den die Ufa für rund drei Millionen Mark erworben hat. Mit der Spielfilmproduktion allerdings hält sich die Ufa seit der Reprivatisierung im Jahr 1956 erst einmal zurück; sie produziert seit den frühen 50er Jahren nur Werbefilme, etwa für Maxwell-Kaffee, Libby-Kondensmilch und Lorenz-Produkte, sowie ›Kulturfilme‹ wie Beglückendes Land – Rheinland-Pfalz (1955) oder Der Rhein – Herzstrom Europas (1956). Der größte Filmkonzern Europas beschränkt sich darauf, seine Studios für Fremdproduktionen und Synchronisationen zu vermieten und seine Kopierwerke mit Auftragsarbeiten auszulasten.

Dabei verdient er nicht schlecht. Für 1957 weist die Bilanz des Gesamtkonzerns einen Umsatz von rund 100 Millionen Mark aus, wobei auf den Verleih 52 Millionen, auf die Ufa-Theater AG 23 Millionen, die filmtechnischen Betriebe 20 Millionen und den Ufa-Handel 5 Millionen entfallen. Der Bericht des damaligen Vorstands der Universum-Film AG, über das Geschäftsjahr 1957 schließt in seiner Gewinn- und Verlustrechnung mit einem Reingewinn von DM 105.398,62 ab. Die Universum-Film AG kann zu diesem Zeitpunkt, zusammen mit der UFA-Handelsgesellschaft, immerhin über 987 Mitarbeiter verfügen, die Ufa-Theater AG hat einen Personalbestand von 1164 Lohn- und Gehaltsempfängern. Der Theaterpark umfaßt 1957 insgesamt 40 Kinos, davon 5 auf eigenen Grundstücken, und 10, an denen sie nur beteiligt ist. Die meisten Kinos sind repräsentative Erstaufführungstheater in günstiger Innenstadtlage. Die Ufa ist wieder ein großer volkswirtschaftlicher Faktor.

Die Herren vom Vorstand in Düsseldorf, allen voran Konzernchef Arno Hauke, träumen von der Wiederbelebung der Ufa-Filmproduktion. Hauke erklärt, der »Name Ufa ist nicht nur ein Werbezeichen, sondern auch eine Hypothek« (Der Spiegel, 21.1.1959), und beginnt 1957, die erste Staffel eigenproduzierter Filme vorzubereiten und ein Nachwuchsstudio einzurichten. Doch es ist nicht allein der Traum vom alten Glanz unter dem traditionsreichen Firmen-Rhombus, der die Ufa-Bosse dazu bewegt, ins unsichere Produktionsgeschäft zu investieren. Auch die Ateliers in Berlin-Tempelhof, die inzwischen auf 7 Aufnahmehallen mit modernstem technischem Standard, einem Filmmusikatelier und Spezialateliers für Synchronaufnahmen angewachsen sind, verlangen nach permanentem Betrieb. Atelierbesitz steht in den 50er Jahren immer unter dem Druck einer schwankenden und unsicheren Kapazitätsauslastung. Die Produktionsfirmen, in ihrer großen Mehrzahl Kleinbetriebe mit nur wenigen Filmen pro Jahr, können sich in ihren knappen Kalkulationen nur wenige Drehtage leisten, zudem gibt es ein Überangebot an zur Verfügung stehenden Ateliers: Die Studios der Bavaria in München-Geiselgasteig, die Ateliers der Jungen Filmunion in Bendestorf bei Hamburg, die Real-Film Studios in Hamburg-Wandsbek, die CCC-Studios in Berlin-Spandau, die Göttinger Ateliers der Filmaufbau und noch viele andere kleinere Atelierbetriebe machen sich untereinander Konkurrenz.

Von Anfang an glaubt die Ufa, sich an dem orientieren zu müssen, was bundesdeutsche Filmproduzenten damals für marktgängig halten. »Ich habe extra nicht mit was Großem angefangen, das Risiko war mir zu groß,« erläutert Hauke. Der erste Film der Ufa, der am 13. August 1958 Premiere hat, geht allerdings auch keinerlei Risiko ein. Ist Mama nicht fabelhaft?, der erste Spielfilm des späteren Fernsehregisseurs Peter Beauvais, entpuppt sich als ein biederes Familienstück mit Luise Ullrich, Gunnar Möller und Paul Klinger. »Ein lebensnahes und herzerfrischendes Lustspiel um eine ebenso charmante wie tüchtige Frau und ihre drei Söhne, denen sie zugleich Vater, Freundin und Vertraute ist«, dichten die Texter der Verleihabteilung. Die Ufa hat zuerst zwar verschämt mit dem Gedanken gespielt, den Film von der aufgekauften Berlin-Film verleihen zu lassen, doch scheint sich nach dem Erfolg bei Publikum und Kritik die eingeschlagene Produktionslinie zu bestätigen. Es gilt unter den Produzenten der Zeit als ausgemacht, daß eine Filmstaffel nach dem Prinzip des

Die Köpfe des »neuen« Films: Peter Beauvais, Alfred Weidemann, Rolf Thiele, Arno Hauke, Helmut Käutner

Risikoausgleichs konstruiert sein müsse, bei dem eine Vielzahl von leichtgewichtigen Unterhaltungsfilmen einen »Großfilm« oder ein sperriges Werk aufzufangen in der Lage sei. Die Ufa schiebt noch die Teenager-Komödie STEFANIE nach, die am 23. Oktober 1958 ihre Uraufführung erlebt, und rührt dann die Werbetrommel für einen »anspruchsvollen, überdurchschnittlichen Problemfilm« (Pressechef Benzing). Doch auch die Geschichte des mit 48 Drehtagen und einem Budget von 1,5 Millionen Mark immerhin produktionstechnisch überdurchschnittlichen Film SOLANGE DAS HERZ SCHLÄGT hält sich im Rahmen des damals Üblichen. Regisseur Alfred Weidenmann, wie viele andere Beschäftigte der Nachkriegs-Ufa schon für die Nazi-Ufa tätig (für die er 1944 den »staatspolitisch wertvollen« JUNGE ADLER inszeniert), und Drehbuchautor Herbert Reinecker (in gleicher Funktion an JUNGE ADLER beteiligt), erzählen von einem erfolgreichen Oberstudienrat, der von seiner Krebserkrankung erfährt und sein bisheriges Leben überprüfen muß. Innerlich gefaßt – und geläutert – unterzieht er sich der Operation; die letzte Sequenz zeigt ihn, wie er nach seinem Krankenhausaufenthalt wieder in den Kreis seiner Familie zurückkehrt.

Mit solchen Filmen haben die Produzenten der 50er Jahre schon des öfteren ihr Publikum gelangweilt. Die Ufa versucht den Start ihrer Produktion in einer Zeit, als das Kino nach einer Phase der Hochkonjunktur schlechten Zeiten entgegensteuert. 1956 ist das Rekordjahr des deutschen Films: 817,5 Millionen Zuschauer besuchen insgesamt 6438 Kinos, schon drei Jahre später, 1959, ist die Zahl auf 670 Millionen gesunken. Auch der Marktanteil deutscher Filme, die im Ausland über wenig Ansehen verfügen und sich fast ausschließlich in der Bundesrepublik amortisieren müssen, geht kontinuierlich zurück. Die Filmindustrie gibt für diesen Besucherschwund ausschließlich dem Fernsehen die Schuld, das seit 1952 sendet. Am 1. November 1954 beginnt die ARD mit der Ausstrahlung eines regelmäßigen Programms. 1959 besitzen schon zwei Millionen Haushalte einen Fernsehapparat, und in Regionen mit hoher Fernsehdichte verzeichnen die Kinos in einem Jahr einen Besucherschwund von bis zu 35 Prozent. Die Filmindustrie bekämpft das neue Medium mit der Parole »Keinen Meter Film dem Fernsehen«, doch locken die Sendeanstalten mit eigenen Formen wie Fernsehspielen, Shows oder Sportübertragungen immer mehr Zuschauer vor die Bildschirme. Hinzu kommt, daß die Bundesbürger sich in ihrer Freizeit neu zu orientieren beginnen. Nach der Not der ersten Nachkriegsjahre bildet sich unter dem ›Wirtschaftswunder‹ der Ära Adenauer ein konsumorientierter Nachholbedarf in der Bevölkerung aus, die mobiler geworden ist und über mehr Kaufkraft verfügt. Ablenkung und Kompensation finden nun nicht mehr allein im Kino statt.

Die Orientierung der Spielfilm-Produktion der Ufa an den stereotypen Konstruktionsmustern des Unterhaltungsfilms beruht auch darauf, daß der Vorstand, der Filmprojekte genehmigen muß, mehr von Buchführung als von der Verwertbarkeit von Stoffvorlagen versteht. Arno Hauke, der ehemalige Betriebsprüfer der Deutschen Treuhand herrscht über sein Imperium mit der Autorität und Hemdsärmeligkeit, aber auch der Cleverness eines Industriekapitäns der Wirtschaftswunder-Jahre. Er diktiert dem Konzern ein ausgetüfteltes Abrechnungsverfahren, und er soll sogar seinen Angestellten das Tragen von Rollkragen-Pullovern verboten haben. Sein Verhältnis zu den kreativen Mitarbeitern der Ufa umschreibt er: »Was meinen Sie, wie schwer das ist, die Künstler an der Leine zu halten. Die sind doch wie wilde Tiere.« Und: »Wenn die Grenzen überschritten werden, müssen gleich die roten Lampen brennen. Ich sage immer: Die Fuge an Bach – Zahlen und Bilanzen an mich.« (Der Spiegel, 21.1.1959). Hinzu kommt, daß Hauke als Produktionschef der Ufa einen Mann ernennt, der schon die Produktionsabteilung des aufgekauften Herzog-Verleihs geleitet hat und in der Branche als konservativ gilt. Hauke über Kurt Hahne: »Der Typ eines großen producers ist er auch nicht. Aber der kann wenigstens mit den Künstlern Zahlen richtig rechnen.« Und *Der Spiegel* resümiert über die Produktionsabteilung der Ufa: »Die gepflegte Stille, die in den Räumen der Produktionsleitung herrscht, gemahnt tatsächlich an die Ruhe einer Bankschalterhalle und läßt erkennen, daß zumindest nicht unter Arno Haukes Direktion mit der genialischen Spontaneität gearbeitet wird, die in den Glanzzeiten der alten Ufa die Regisseure unter Produktionschef Paul Davidson noch in späten Nachtstunden im Schlafanzug zu Beratungen über einen impulsiv gefaßten Film-Plan zusammentrieb.«

Rudolf Worschech

Rauhe Wasser

Georg Tresslers »Das Totenschiff«

Das Modell der gestrandeten Yorikke

Gegen Ende der 50er Jahre besinnen sich auch die bundesdeutschen Produzenten darauf, daß dem Fernsehen am besten mit den Mitteln des Kinos selbst zu begegnen sei – eine Maxime, der die amerikanische Filmindustrie schon längst mit der Einführung von Breitwandverfahren und aufwendigen Farbproduktionen folgt. Auch deutsche Produzenten versuchen sich nun im teuren Ausstattungskino: Fritz Lang inszeniert für Artur Brauners CCC-Film DER TIGER VON ESCHNAPUR und DAS INDISCHE GRABMAL, die Göttinger Filmaufbau produziert ihre Thomas-Mann-Verfilmungen. Und die Ufa bereitet DAS TOTENSCHIFF nach dem Roman von B. Traven vor.

Die Produktion dieses Films gerät zu einem Ränkespiel: Hinter den Kulissen wird intrigiert und in aller Öffentlichkeit prozessiert. Der mexikanische Filmproduzent José Kohn, der in den Nachkriegsjahren durch den Import von Glaswaren, Schmuck und Antiquitäten zu Geld gekommen ist, hat von dem »Generalbevollmächtigten« des auf Anonymität bedachten Autors Traven, Hal Croves, die Stoffrechte am Roman für 35.000 Dollar erworben. Daß Hal Croves und Traven ein und dieselbe Person sind, wird damals schon gemutmaßt. Traven-Verfilmungen sind in den 50er Jahren große internationale Erfolge, John Huston inszeniert 1947 TRESURE OF SIERRA MADRE (DER SCHATZ DER SIERRA MADRE), Kohn selbst produziert Mitte der 50er Jahre LA REBELLION DE LOS COLGADOS (REBELLION DER GEHENKTEN) und CANASTA DE CUENTOS MEXICANOS (CANASTA). Im Dezember 1957 werden Hauke und Kohn handelseinig: Das Abkommen sieht die Verpflichtung von Horst Buchholz, den Kohn vorgeschlagen hat, für die Hauptrolle vor sowie ein Produktionsbudget von 1,5 Millionen Mark, das zu gleichen Teilen Kohn und die Ufa aufbringen sollen. Der Roman soll vom Drehbuchautor Hans Jacoby für die Leinwand adaptiert werden, das Script muß Traven zur Genehmigung vorgelegt werden.

Buchholz schlägt Georg Tressler als Regisseur vor, der zuvor schon zwei Filme mit ihm inszeniert hat. Der Österreicher Tressler gilt als einer der talentiertesten ›jungen‹ Regisseure (der bei seinem Spielfilmdebut schon 39 Jahre alt ist) der Bundesrepublik, der sich zu Beginn der 50er Jahre mit Kulturfilmen wie ERTRAGREICHER KARTOFFELANBAU und RUND UM DIE MILCHWIRTSCHAFT einen Namen gemacht hat. Er ist alles andere als ein Handwerker oder ein ›Routinier‹, mit ihm kommt ein frischer Wind in den deutschen Film. In DIE HALBSTARKEN (1956) und ENDSTATION LIEBE (1957) erzählt er Geschichten von Jugendlichen ganz unvoreingenommen, er hat ein Gespür für Außenschauplätze, für Atmosphäre, für Realismus. Und er beherrscht eine im deutschen Kino völlig unbekannte Art des Erzählens: Gefühle in action umzusetzen.

Die Probleme des TOTENSCHIFF-Projekts beginnen schon bei der Abfassung des Drehbuchs. Jacoby schreibt nach der ersten eine zweite Fassung, die dem mexikanischen Produzenten vorgelegt wird. Kohn versieht sie am 13. Juni 1958 mit Anmerkungen, die allerdings nicht die Konstruktion der Geschichte betreffen, sondern Details (»Seite 117 ›Schlapper Schlepp‹ klingt schlecht.«). Die Ufa übergibt daraufhin das Buch Werner Jörg Lüddecke zur Bearbeitung, an einer weiteren Fassung arbeitet Tressler selbst mit. Diese wird dann an Hal Croves (d.h. Traven) zur Begutachtung übersandt. In einem am 24. April 1959 unterzeichneten und acht Seiten umfassenden »Memorandum on the screen script ›Das Totenschiff‹« schlägt Croves Änderungen vor, die sich allerdings in der Hauptsache auf nautische und seemannstechnische Einzelheiten beziehen: »Seen from the point of film possibilities and of film essentials the script is good. Most of the mistakes in it are due to the fact that the script writers are not familiar with ships less with the life aboard a freighter. On a ship like the ›Yorikke‹ (less than 3.000 register tons) there are no intricated mazes of tunnels, corridors and such as one would find on a liner of 40.000 tons«. Tressler akzeptiert die Änderungen, die von der Sachkenntnis Travens zeugen: »No American sailor with his papers in good shape would ever dream of sailing an Italian ship on which he gets one third the pay (if not less) than he receives on an American ship. Doesn't sound true.«

Die Endfassung des Drehbuchs erzählt eine einfache Seemannsgeschichte mit der Wucht einer Tragödie. In Antwerpen stiehlt eine Prostituierte dem amerikanischen Matrosen Philip Gale Geld und Seemannsbuch. Ohne dieses Buch kann Gale nirgendwo anheuern, er ist ein Mensch ohne Identität. Das amerikanische Konsulat kann ihm nicht schnell genug helfen, er wird von der Polizei aufgegriffen und nach Frankreich abgeschoben. Auf seiner Wanderung nach Marseille, wo er hofft, auch ohne Papiere anheuern zu können, trifft er auf das Mädchen Mylène, eine Bahnwärterstochter, die ihn

Premiere von DAS TOTENSCHIFF: B. Traven alias Hal Croves (Mitte) bei der Pressekonferenz im Hotel Atlantic in Hamburg mit Regisseur Tressler (links) und Produzent Hauke (rechts)

Horst Buchholz als Philip Gale mit Mario Adorf als Kohlentrimmer Lawski

zu sich nach Hause nimmt; Gale verspricht zurückzukommen. Aber auch in Marseille hat er keine Chance. Er lungert am Hafen herum und wird von Lawski angesprochen, der ihm auch ohne Papiere Arbeit auf dem Frachter »Yorikke« anbietet. Das Schiff ist in einem furchtbaren Zustand und beladen mit Schmuggelware, die Matrosen sind Gestrandete wie er. Er freundet sich mit Lawski an, sie versuchen zu entkommen, doch es mißlingt. Gale erkennt, daß er sich auf einem »Totenschiff« befindet, dazu bestimmt, im nächsten Sturm unterzugehen, damit der Kapitän die Versicherungsprämie kassieren kann. Im Sturm bricht die »Yorikke« auseinander; das letzte Bild zeigt Gale auf einem Floß seinem Tod entgegentreibend.

Noch vor Drehbeginn gibt es weitere Probleme. Horst Buchholz, mittlerweile ein internationaler Star, verlangt eine Gage von 250.000 DM (die Ufa schlägt daraufhin am 2. Dezember 1958 Hardy Krüger vor) und versucht, sich auch in die Gestaltung des Drehbuches einzumischen. Kohn besteht aber auf Buchholz, der sich auf 200.000 DM herunterhandeln läßt, und zähneknirschend schreibt Produktionschef Hahne am 27. Februar 1959 an den mexikanischen Produzenten: »Wir sind Herrn Buchholz in jeder Weise entgegengekommen; nicht weil wir von der schauspielerischen Kraft des Herrn Buchholz so überzeugt sind, sondern weil wir Ihrem Rat folgen wollen und Buchholz nehmen in der Hoffnung, daß er uns den Markt in USA leichter öffnet.« Als Buchholz Ressentiments gegenüber dem für die Rolle des Lawski vorgesehenen Mario Adorf, einem wesentlich mehr ›körperlichen‹ Schauspieler, hat, droht Tressler in einem Brieftelegramm an Kohn am 12. März 1959 mit der Niederlegung der Regie. Kohn akzeptierte schließlich auch, daß nicht der berühmte mexikanische Kameramann Gabriel Figueroa (der schon an Kohns vorangegangenen Traven-Verfilmungen mitgearbeitet hat) den Film fotografiert, sondern der von Tressler favorisierte Helmut Ashley, für den später Heinz Pehlke einspringt. Zum Eklat kommt es im Juli während der Dreharbeiten in den Tempelhofer Ateliers. Arno Hauke, der ehemalige Betriebsprüfer, stellt fest, daß an Kohns Anteil noch rund 100.000 Mark fehlen und fordert den Produzenten zur Zahlung auf. Der wirft der Ufa wiederum leichtfertigen Umgang mit den Ausgaben vor. Tatsächlich zeichnet sich die Überschreitung des Budgets ab, und Hauke erteilt ihm Atelierverbot. Kohn macht seine Rechte geltend und will per Einstweiliger Verfügung den Stop der Dreharbeiten erzwingen. Weil aber offensichtlich schon zu viel Geld in dem Projekt steckt, einigen sich Hauke und Kohn im August.

Weitere Unstimmigkeiten entzünden sich an der Mylène-Episode, die nicht in Travens Roman vorkommt und von den Drehbuchautoren und Tressler hinzugefügt worden ist. Kohn, der sie wie Croves bislang akzeptiert hat, verlangt nun die Streichung. In einem Brief an Croves vom 6. August 1959 rechtfertigt Tressler die Episode: »Ich bin jedoch davon überzeugt, daß sie wesentlich dazu beiträgt, weitere menschliche Sympathien für Gale im Publikum zu erwecken und im Verlauf der unerbittlichen Dramatik der Handlung immer tieferes Bedauern aufkommen lassen wird. Immer dann nämlich, wenn Gale von dem Mädchen spricht, die für ihn das gute, normale Leben versinnbildlicht, ein Leben, daß er durch die zwingenden Umstände und die Borniertheit seiner Umwelt, in die er geraten ist, nicht leben kann und vielleicht niemals leben wird.«

Die Sequenz bleibt im Film, aus heutiger Sicht scheint sie entbehrlich. Trotz dieses Zugeständnisses an den Publikumsgeschmack ist DAS TOTENSCHIFF einer der kompromißlosesten Filme der 50er Jahre, ein Meisterwerk des physischen Kinos, brutal und realistisch. Besonders die Szenen an Bord der »Yorikke« sind furios. Heinz Pehlke fotografiert gerade sie mit einem im deutschen Kino kaum zuvor gesehenen Naturalismus, der Film ist bis in die Nebenrollen mit Schauspielern besetzt, die sich auf direktes Spiel verstehen.

Rudolf Worschech

Ausverkauf
Die Ufa schlingert

Das Totenschiff hat am 1. Oktober 1959 im hamburger City-Kino Premiere. Dem Film ist kein großer Erfolg beschieden, weder an der Kasse noch bei der Kritik. Die Filmkritiker erkennen meist nicht die professionelle Machart des Films, seine Hollywood-Qualitäten, sondern stufen ihn als Literaturverfilmung ein und vergleichen ihn mit dem Roman von Traven.

Zu einem Flop wird ein weiterer von der Ufa (in Zusammenarbeit mit der französischen Firma C.A.P.A.C.) aufwendig hergestellter Film, Helmut Käutners Anti-Kriegs-Klamotte DIE GANS VON SEDAN, die am 22. Dezember 1959 in der Filmbühne Wien in Berlin uraufgeführt wird. Der Rest der Staffel, die die Ufa bis Ende 1960 produziert, spielt allerdings auch keine Gewinne ein: LIEBE, LUFT UND LAUTER LÜGEN (Peter Beauvais, Uraufführung: 20.8.1959), LABYRINTH (Rolf Thiele, 3.9.1959), JACQUELINE (Wolfgang Liebeneiner, 17.9.1959), ...UND NOCH FRECH DAZU (Rolf von Sydow, 6.1.1960), DER LIEBE AUGUSTIN (Rolf Thiele, 21.1.1960), HAUT FÜR HAUT (Robert Hossein, 11.8.1960), DIE FASTNACHTSBEICHTE (William Dieterle, 15.9.1960) und STEFANIE IN RIO (Curtis Bernhardt, 20.9.1960).

Zu einem Skandal gerät Käutners SCHWARZER KIES, ein für damalige Verhältnisse äußerst mutiger Film. In einem kleinen Dorf im Hunsrück: Die amerikanischen Streitkräfte bauen eine Air-Base, die Deutschen verdienen daran. Mit Prostitution, Schwarzmarktgeschäften und gestohlenem Kies. Deutschland ist in diesem Film ein Land der Schieber und Geschäftemacher. Käutner situiert eine an französische und amerikanische Thriller erinnernde Kriminalhandlung in dieses Milieu: Ein Lastwagenfahrer, der Spezialkies ›schwarz‹ beiseite schafft, trifft seine ehemalige Geliebte wieder, die mittlerweile die Frau eines amerikanischen Majors ist. Auf der Flucht vor der Polizei überfährt er ein Liebespaar und begräbt die beiden unter dem Kies. Am Schluß des Films liegen vier Leichen unter der Piste. Weil Käutner eine Szene in den Film einfügt, in der ein jüdischer Barbesitzer (dessen KZ-Nummer am Unterarm kurz zu sehen ist) von einem Bauern als »Saujud!« bezeichnet wird, stellt der Generalsekretär des Zentralrats der Juden in Deutschland, Dr. van Dam, Strafantrag wegen »öffentlicher Beleidigung« der Juden und verlangt die Entfernung der betreffenden Passagen. Käutner rechtfertigt sich, daß er die Gefahr neonazistischer und antisemitischer Strömungen habe anprangern wollen, und auch die Staatsanwaltschaft Düsseldorf stellt das Verfahren ein.

Klamauk und Problemfilm: Regisseur Helmut Käutner (rechts) als Preußen-Prinz in seinem Lustspiel DIE GANS VON SEDAN. Paul Hubschmied und Eva-Ingeborg Scholz mit einer »Eingeborenen« in LIEBE, LUFT UND LAUTER LÜGEN

Wechselnde Paarungen in LABYRINTH: Peter van Eyck und Nadja Tiller mit Sex-Sternchen Nicole Badal

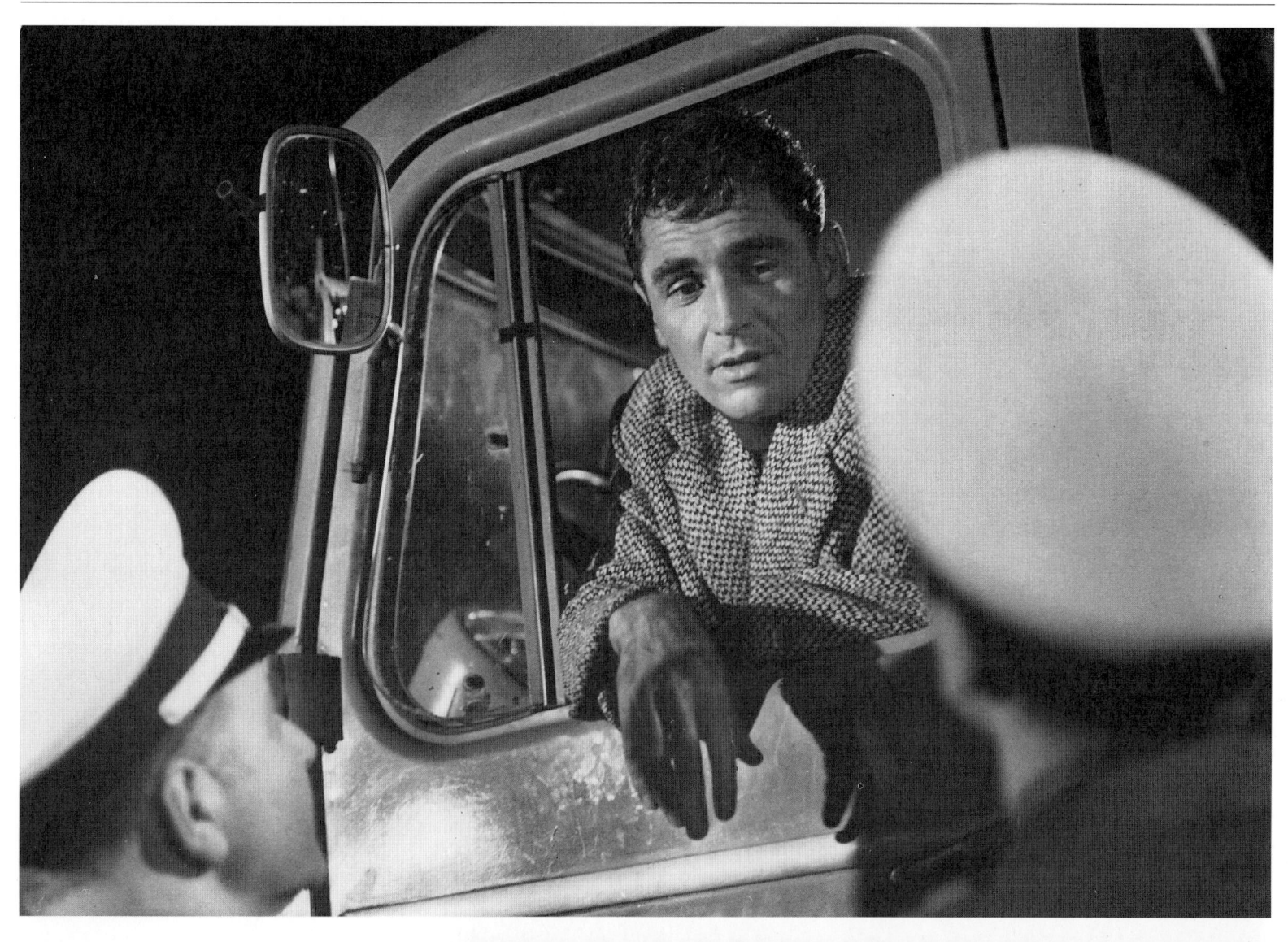

Versuch in Realismus:
Helmut Wildt in der
Hauptrolle von Helmut
Käutners SCHWARZER KIES.
Seine Partnerin ist Igmar
Zeisberg

An der Zeitkritik gescheitert: Regisseut Bernhard Wicki – unten rechts mit Kameramann Klaus von Rautenfeld – dreht für die Ufa Film Hansa die Wirtschaftswundersatire DAS WUNDER DES MALACHIAS mit Richard Münch

Ufa-Chef Hauke fährt mit seiner Filmproduktion gigantische Verluste ein. Der Bericht des Vorstandes der Universum-Film AG für das Jahr 1960 nennt die Summe von 21 Millionen DM. In der Branche wird gemunkelt, daß Hauke mit einer falschen Bilanzierung gearbeitet habe, indem er die Abschreibungszeit für Filme, die normalerweise 18 Monate beträgt, auf 5 oder 10 Jahre heraufgesetzt hätte, um die Verluste möglichst niedrig zu halten. Hauke dagegen macht geltend, daß die Deutsche Bank der Ufa überhöhte Zinsen zu 10,5% diktiert habe. Das Aktionärskonsortium unter der Führung der Deutschen Bank beurlaubt Hauke zuerst und trennt sich im August 1960 dann ganz von ihm. In einem Gespräch mit dem Filmjournalisten Reinold E. Thiel sagt 1970 Hans Janberg, ein Vorstandsmitglied der Deutschen Bank: »Herr Hauke hatte das Vertrauen der Aktionärskonsorten und des Aufsichtsrats enttäuscht, so daß diese Gremien der Meinung waren, er könne als Kapitän das in eine schlechte Dünung gebrachte Schiff aus dieser nicht wieder herausbringen, sondern man müsse dafür einen anderen Kapitän suchen. Es war ein Management-Problem.«

Der Aufsichtsrat glaubt in Theo Osterwind, dem Chef des Verleihs Deutsche Film Hansa, den richtigen Mann gefunden zu haben und beruft ihn Ende September zum Konzernchef. Die Ufa kauft für die stolze Summe von 2,2 Millionen Mark (Nominalwert: DM 750.000) 50% der Anteile der Deutschen Film Hansa, die in Ufa Film Hansa umbenannt wird. Der gewinnbringend arbeitende Ufa Filmverleih stellt seine Tätigkeit ein und die Universum-Film AG die Spielfilmproduktion. Aber Osterwind produziert mit der halben Ufa-Tochter Ufa Film Hansa weiter. Wie sein Vorgänger Hauke registriert auch Osterwind nicht, daß sich die Filme auf einem geschrumpften Markt amortisieren müssen.

Die Deutsche Film Hansa bringt in den Zusammenschluß mit der Ufa ein ambitioniertes Projekt ein: die Verfilmung des Bruce-Marshall-Romans DAS WUNDER DES MALACHIAS unter der Regie von Bernhard Wicki. Der Regisseur von DIE BRÜCKE beläßt es bei der Grundfabel des Romans und dreht hauptsächlich an vielen Originalschauplätzen eine Wirtschaftswunder-Satire – deren Budget sich von den veranschlagten 2,1 Millionen schließlich auf 3,7 Millionen Mark erhöht. Wicki beschreibt die bundesrepublikanische Gesellschaft zu Beginn der 60er Jahre als ein quirliges Inferno. Als der Pater Malachias durch eifriges Beten mitten in einer Industriestadt die anrüchige Eden-Bar auf eine Insel in der Nordsee versetzt, erscheinen die Geschäftemacher, um das Wunder zu vermarkten. Der Besitzer der Bar vermietet den leerstehenden Platz an Schausteller und Händler, die Malachias-Puppen und Malachias-Wasser verhökern. Public-Relations-Fachleute, Banken, die Presse – alle wollen an dem jahrmarktähnlichen Rummel verdienen. Die Eden-Bar auf der Insel wird von potenten Geldgebern in einen feudalen Club der High Society umgewandelt.

Wicki kommt in diesem Film ohne eigentliche Hauptfigur aus, er verzahnt in einer blendenden Montage eine Vielzahl von Lebensläufen, Schicksalen: das ehemalige Barmädchen, das weiß, an wen es sich wenden muß, um Karriere zu machen, einen Zyniker, der sie weitervermittelt, ihre Freundin, die sich von dem Bruder des Bischofs trennt, der sie nicht heiraten will, den rücksichtslosen Werbemanager, einen Filmkritiker, der Würstchenverkäufer wird. Dem WUNDER DES MALACHIAS fehlt jene kabarettistische Leichtigkeit, in der bundesdeutsche Regisseure bislang Zeitkritik verpacken. Der Film ist böse. Er hat »eine höhnische Unbedingtheit, die wir bisher nicht kannten, eine Härte, die bei uns nie gelang. Wicki rast unter den Opfern seines Unmuts. Er bricht, besessen, lauter Stäbe über den Zeitgeist. Es knackt ständig.

Ingrimm und eine Art schwarzen Humors mischen sich wie in einem deutschen Film bisher nie.« (Friedrich Luft)

Die Ufa Film Hansa produziert noch einen Film, der wie DAS WUNDER DES MALACHIAS so gar nichts mit der Betulichkeit und dem falschen Glanz des Kinos der 50er Jahre zu tun hat. ZWEI UNTER MILLIONEN ist eine Alltagsgeschichte, eine Liebesgeschichte um die Mühsamkeit des kleinen Glücks. Victor Vicas, der den Film beginnt (nach seiner Erkrankung vollendet ihn Wieland Liebske), zeigt das Zusammentreffen eines Lastwagenfahrers aus Ost-Berlin und eines jungen Mädchens aus Rostock, die nach West-Berlin kommen, und rührt damit schon an zwei große Tabuthemen des bundesdeutschen Films: die deutsche Teilung und das Leben ›einfacher‹ Menschen. Der Lkw-Fahrer verdient sich in einer kleinen Kneipe in Kreuzberg ein paar Mark dazu und will das Lokal erwerben, als es zum Verkauf ansteht. Der Wohlstand winkt. Aber ein neureicher Hähnchenbrater bietet mehr, und er schnappt ihm das Geschäft weg, obwohl das Mädchen, das er inzwischen geheiratet hat, das fehlende Geld durch einen Diebstahl in der Firmenkasse besorgen will. Der Traum vom Aufstieg im goldenen Westen ist ausgeträumt. ZWEI UNTER MILLIONEN ist ein beiläufig inszenierter Berlin-Film, der die Atmosphäre der Stadt vor dem Bau der Mauer präzise einfängt. Für die Rettung der Ufa Film Hansa taugt er allerdings nicht. Die Zeit ist noch nicht reif für ihn.

Auch Osterwind hat nicht den richtigen Riecher für den Geschmack des Publikums. Von den 16 deutschen Filmen, die er für die Ufa Film Hansa produzieren läßt, spielen nur zwei Gewinne ein: das Willy Millowitsch-Lustspiel DER HOCHTOURIST (Ulrich Erfurth, 8.8.1961) und der in amerikanischer Koproduktion entstandene Film FRAGE SIEBEN (Stuart Rosenberg, 16.10.1961). Ende des Jahres 1961 sollen bei der Ufa Film Hansa Verbindlichkeiten in Höhe von 17 Millionen Mark aufgelaufen sein, die Gesellschaft stellt im Februar 1962 ihre Zahlungen ein, die Ufa zieht ihren Namen und ihre Filme aus dem Unternehmen, der Ufa-Vorstand tritt zurück. Die Film Hansa beantragt das Konkursverfahren, das am 21. Februar vom Gericht aber mangels Masse abgelehnt wird. Am 5. März 1962 beschließen die Gesellschafter die Auflösung der Gesellschaft.

Das ist das Ende der unter dem Markennamen Ufa firmierenden Spielfilmproduktion. Die Firma hat in der kurzen Zeit ihrer Nachkriegsproduktion einige Filme gedreht, die zu den wichtigsten Werken

Die deutsche Teilung – nur selten ein Thema. Loni von Friedl, Walter Giller und Hardy Krüger im West-Berlin-Film ZWEI UNTER MILLIONEN

Die Ufa beherrscht in den 50er Jahren optisch wieder den Gänsemarkt in Hamburg. Nach der Übernahme durch Kino-König Riech wird der Ufa-Palast erst in sieben, schließlich in 16 Schachtel-Kinos zerkleinert

des Kinos der Ära Adenauer gehören, Filme, die schon über ihre Zeit hinausweisen, die man vor dem Vergessen bewahren sollte. Das Publikum liebt sie nicht. Das Scheitern der Ufa aber ist symptomatisch für den Untergang dieses Kinos: Sie stirbt, weil sie zu viele schlechte Filme produziert hat.

Für die Ufa beginnt sich die Bertelsmann-Gruppe zu interessieren, da der hohe Verlustvortrag von 26 Millionen Mark beider Gesellschaften, der Universum Film AG und der Ufa Theater AG, steuerliche Vorteile verspricht. Im Januar 1964 erwirbt Bertelsmann die Aktien der Universum Film AG mit allen Rechten, Beteiligungen und dem Filmstock, im April desselben Jahres gehen die Aktien der Ufa-Theater AG in den Besitz des multimedialen Konzerns über. Die Ateliers in Berlin-Tempelhof sind schon 1963 zusammen mit dem Kopierwerk an die Firma Becker & Kries verkauft worden. Die Bertelsmann-Gruppe erklärt, die Spielfilmproduktion nicht wieder aufnehmen zu wollen, nur die 1981 gegründete Ufa-Filmproduktion GmbH drehte noch einige Filme mit Dieter Hallervorden.

Mitte der 60er Jahre will sich die Bertelsmann-Gruppe vom Ufa-Filmstock trennen, der die Rechte an etwa 3.000 Spiel- und Kulturfilmen umfaßt. Die amerikanische Film- und Fernsehgesellschaft Seven Arts bietet dafür angeblich 6 Millionen Mark. Um die Abwanderung der Rechte ins Ausland zu verhindern, schaltet sich auf Initiative der Spitzenorganisation der deutschen Filmwirtschaft (SPIO) die Bundesregierung ein und veranlaßt die Errichtung der *Friedrich-Wilhelm-Murnau-Stiftung*, die die Rechte an den Ufa und Bavaria-Filmen für den merklich überhöhten Preis von 13,8 Millionen DM im Jahr 1966 erwirbt und seitdem verwaltet.

Innerhalb der Ufa-Theater AG stößt die Bertelsmann-Gruppe zunächst unrentable Filmtheater ab und reduziert bis Ende des Jahres 1964 die Zahl der Kinos von 33 auf 29, kann sie dann aber wieder steigern. Die Ufa-Theater AG ist immer ein wirtschaftlich gesundes Unternehmen gewesen, auch wenn sie innerhalb des Ufa-Konzerns durch einen Gewinn- und Verlust-Ausgleichsvertrag die Verluste der Spielfilmproduktion hat mittragen müssen. Im Geschäftsjahr 1970/71 erzielt die Gesellschaft einen Umsatz von 22,7 Millionen DM und einen Gewinn von rund 3 Millionen DM. Da Bertelsmann eine Beteiligung am Springer-Verlag plant und Kapital benötigt, will die Gruppe die Theater abstoßen. Anfang Juli 1971 verkauft Bertelsmann die Aktien an die Westdeutsche Landesbank Giro-Zentrale. Als ruchbar wird, daß die WLB möglicherweise nur als Treuhänder für einen amerikanischen Kinounternehmer fungiert und nach dem Ufi-Gesetz Institutionen der Öffentlichen Hand keine Vermögenswerte der Ufi erwerben dürfen, regt sich in der Öffentlichkeit Protest. Die Bank gibt daraufhin das Paket an Bertelsmann zurück.

In dieser Situation tritt Heinz Riech auf den Plan, ein Kinounternehmer, der sein Geld auch mit Tankstellen und Supermärkten verdient hat. Die Bertelsmann-Gruppe bietet Riech die Aktien der Ufa-Theater AG für angeblich 42 Millionen DM und Sonderkonditionen: Riech muß nur eine Anzahlung von 6 1/2 Millionen DM leisten, der Rest wird ihm auf drei Jahre gestundet. Am 1. Januar 1972 erwirbt Riech 99% der Aktien und wird Aufsichtsratsvorsitzender; im Vorstand verbleibt der seit 1962 amtierende Friedrich-Karl Pflughaupt.

Die Ära Riech beginnt mit einer verhängnisvollen Neuerung: den Schachtelkinos. Zuerst unterteilt Riech den Hamburger Ufa-Palast in zunächst vier, dann acht, später 12 und schließlich 16 »Säle« und betreibt dann die Umwandlung repräsentativer Filmtheater in beschönigend genannte »Kinocenter« auch in anderen Städten. Bei Riech zählt ausschließlich die Rendite: Die Unterteilung verspricht eine Reduzierung der Personalkosten und eine größere Flexibilität im Abspiel, da ein Erfolgsfilm in immer kleinere »Kinos« wandert und so vollständig ausgequetscht werden kann. Das Kino-Erlebnis weicht dabei aber einer anhaltenden Katerstimmung. Riech erwirbt 1978 die Olympic-Kette, zum Zeitpunkt seines Todes am 11. Januar 1992 gehören 453 Kinos zu seinem Imperium, davon allein 75 in den neuen Bundesländern.

Wenn auch der Name Ufa im Bertelsmann-Konzern heute nur noch durch den Ankauf von Übertragungsrechten an Spielen der Fußball-Bundesliga von sich reden macht, so leuchtet der Rhombus doch in fast jeder größeren Stadt. Wenn auch nicht im alten Glanz.

Rudolf Worschech

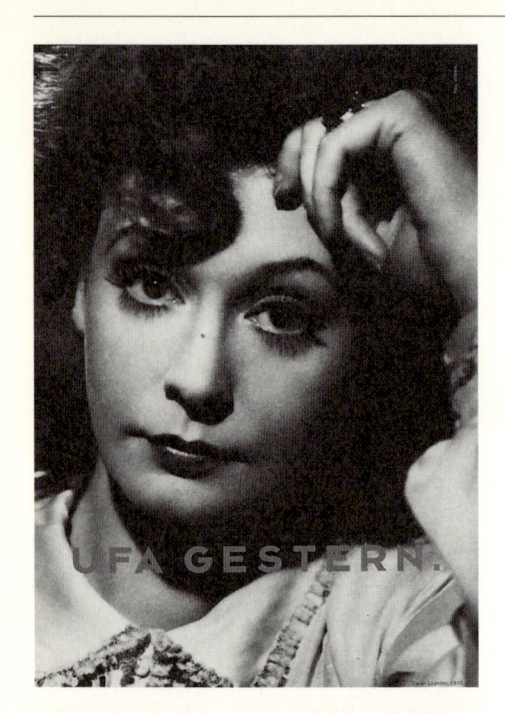

**Ufa-Bertelsmann heute:
ein modernistisches
Markenzeichen und
die Versuche mit
neuen Köpfen an alte
Traditionen anzuknüpfen**

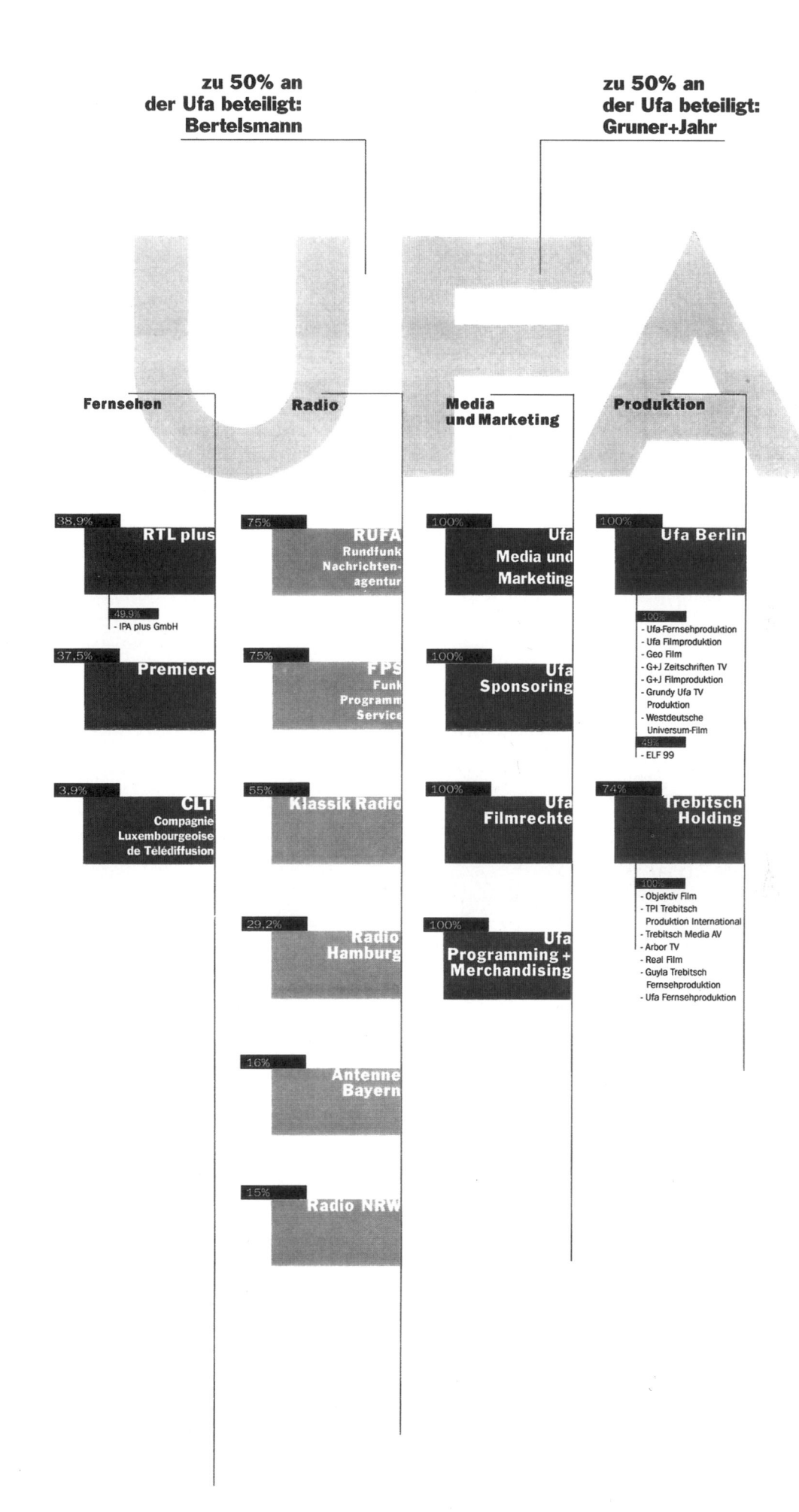

Ein Medien-Konglomerat:
Der offizielle Strukturplan
der Ufa (Stand: 26.6.1992)

zu 50% an der Ufa beteiligt: **Bertelsmann**

zu 50% an der Ufa beteiligt: **Gruner+Jahr**

UFA

Fernsehen

- **38,9%** RTL plus
  - 49,9% - IPA plus GmbH
- **37,5%** Premiere
- **3,9%** CLT Compagnie Luxembourgeoise de Télédiffusion

Radio

- **75%** RUFA Rundfunk Nachrichtenagentur
- **75%** FPS Funk Programm Service
- **55%** Klassik Radio
- **29,2%** Radio Hamburg
- **16%** Antenne Bayern
- **15%** Radio NRW

Media und Marketing

- **100%** Ufa Media und Marketing
- **100%** Ufa Sponsoring
- **100%** Ufa Filmrechte
- **100%** Ufa Programming + Merchandising

Produktion

- **100%** Ufa Berlin
  - 100%
    - Ufa-Fernsehproduktion
    - Ufa Filmproduktion
    - Geo Film
    - G+J Zeitschriften TV
    - G+J Filmproduktion
    - Grundy Ufa TV Produktion
    - Westdeutsche Universum-Film
  - 49% - ELF 99
- **74%** Trebitsch Holding
  - 100%
    - Objektiv Film
    - TPI Trebitsch Produktion International
    - Trebitsch Media AV
    - Arbor TV
    - Real Film
    - Guyla Trebitsch Fernsehproduktion
    - Ufa Fernsehproduktion

Stand 25.06.1992

Freiheit im Tonkreuz

Filmatelier Babelsberg 1992

Das babelsberger Filmgelände unter dem fahlen Winterhimmel der Jahreswende 1991/92; die »Kaliko-Welt«, Kracauers Feuilleton über die Ufa von 1926; und dann ein Haufen Negativstreifen auf dem Tisch. Wie etwas erzählen, etwas mitteilen über die DEFA-Studios: mittels fotografischer Aufnahmen. Die Fotos, sie erzählen nichts. Fotos erzählen niemals.

Die Näherin aus der Putzmacherei erzählt: Früher wären Fotografen gekommen, die wollten immer Menschen bei der Arbeit fotografieren. Man hat die Wahl: Menschen bei der Arbeit, Werkstätten ohne Werktätige, Menschen ohne Arbeit, oder oder. Man muß immer wählen. Wählen heißt aber noch lange nicht: etwas sagen.

Eine Liste der nicht fotografierten Dinge: Zum Beispiel der Heizungskeller unter der großen Halle, schwarz, offen die Mäuler der Öfen, oder die Kantine, halbleer, auch zur Tischzeit, das blecherne Klappern aus der Küche und die beiden Kassiererinnen, die geblieben sind, hinten das alte Pförtnerhäuschen, verwaist und umzingelt von Autos vorwiegend westlicher Bauart, nicht weit die Bücherei, die dichtgemacht hat über das Neue Jahr, für immer vermutlich, oder die Schreinerei, die Schmiede, Betriebsfeuerwehr, Plastewerkstatt, die Gärtnerei, das Kopierwerk, und seien es die Brandschutzflecken in den Ateliers der die Flure im Tonkreuz mit den riesigen Tresortüren. Zehn oder zwanzig Fotos sind nur der geringste Teil der Liste der nicht fotografierten Dinge, die sich nach Belieben verlängern ließe. Und die Liste der nicht fotografierten Dinge ist absolut nichts gegen eine mögliche Liste derjenigen Dinge, die man überhaupt nicht sah. Kann man da noch von Wählen sprechen. Was also sagen.

Der Unwissenheit über das Interesse, das irgendwann einmal den Blick leiten wird auf das, was jetzt ist, läßt sich begegnen bloß mit Gleichgültigkeit. Dann, mitunter, fällt einem etwas zu: das Nebeneinander von Nähmaschine und Regenschirm, oder Kracauers Kaliko-Welt auch. Nicht der inszenierte Surrealismus, sondern die surreale Realität in Babelsberg 1992, sie ist nicht fotografierbar, auch nicht in dieser unglaublichen Scheune, wo der Baufundus untergebracht ist. Also es aufgeben, irgendwann.

Fünfzig Fotos oder zwanzig oder zehn, je weniger, desto mehr. Man hat gewählt, wie auch immer, und man hat einiges dem Apparat überlassen. Zum Beispiel das Ensemble von Kachelöfen aus Sperrholz, hinten die offenen Rücken: das Stativ einrichten und auslösen, und der drängende, der störende Wunsch, die Öfen mit einre Filmkamera zu umkreisen. Der Blick um die Ecke läßt sich nicht fotografieren. Gleichwohl, jedes einzelne Foto zeigt etwas, das war, und zugleich etwas, das neu ist. Diane Arbus: »Etwas an der Welt ist ironisch, und das sieht man daran, daß ein Bild nie so wirkt, wie man es beabsichtigt.«

Reinald Gußmann

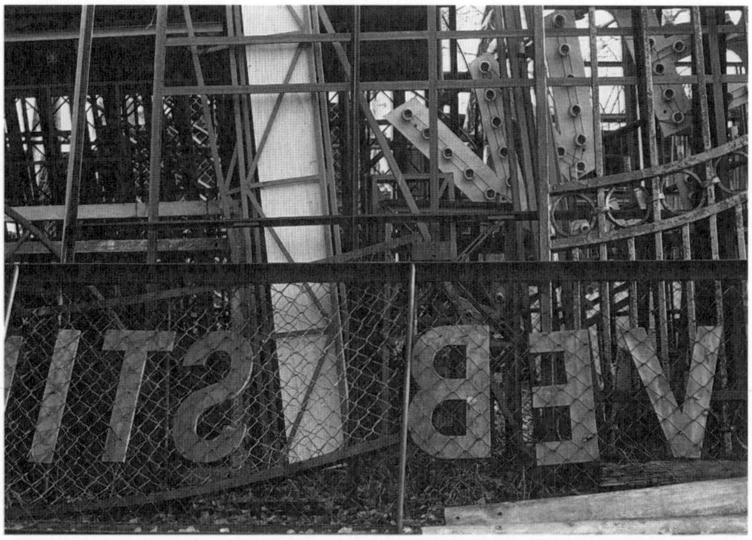

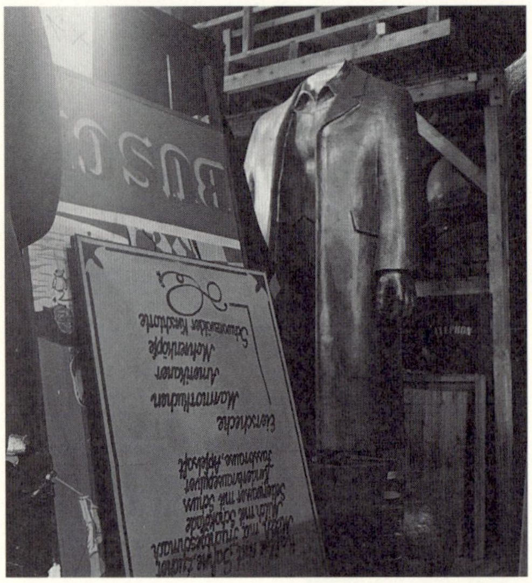

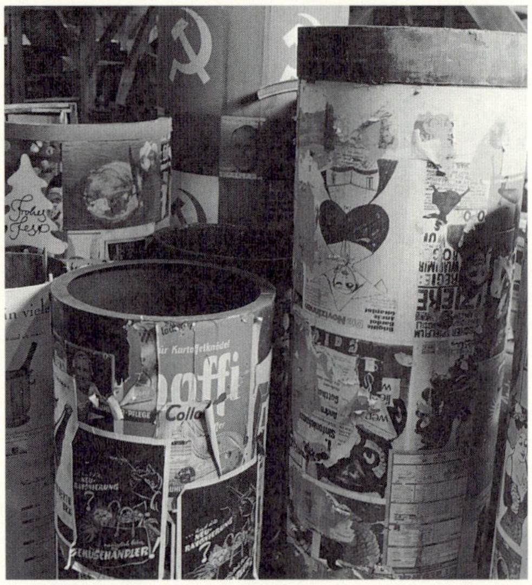

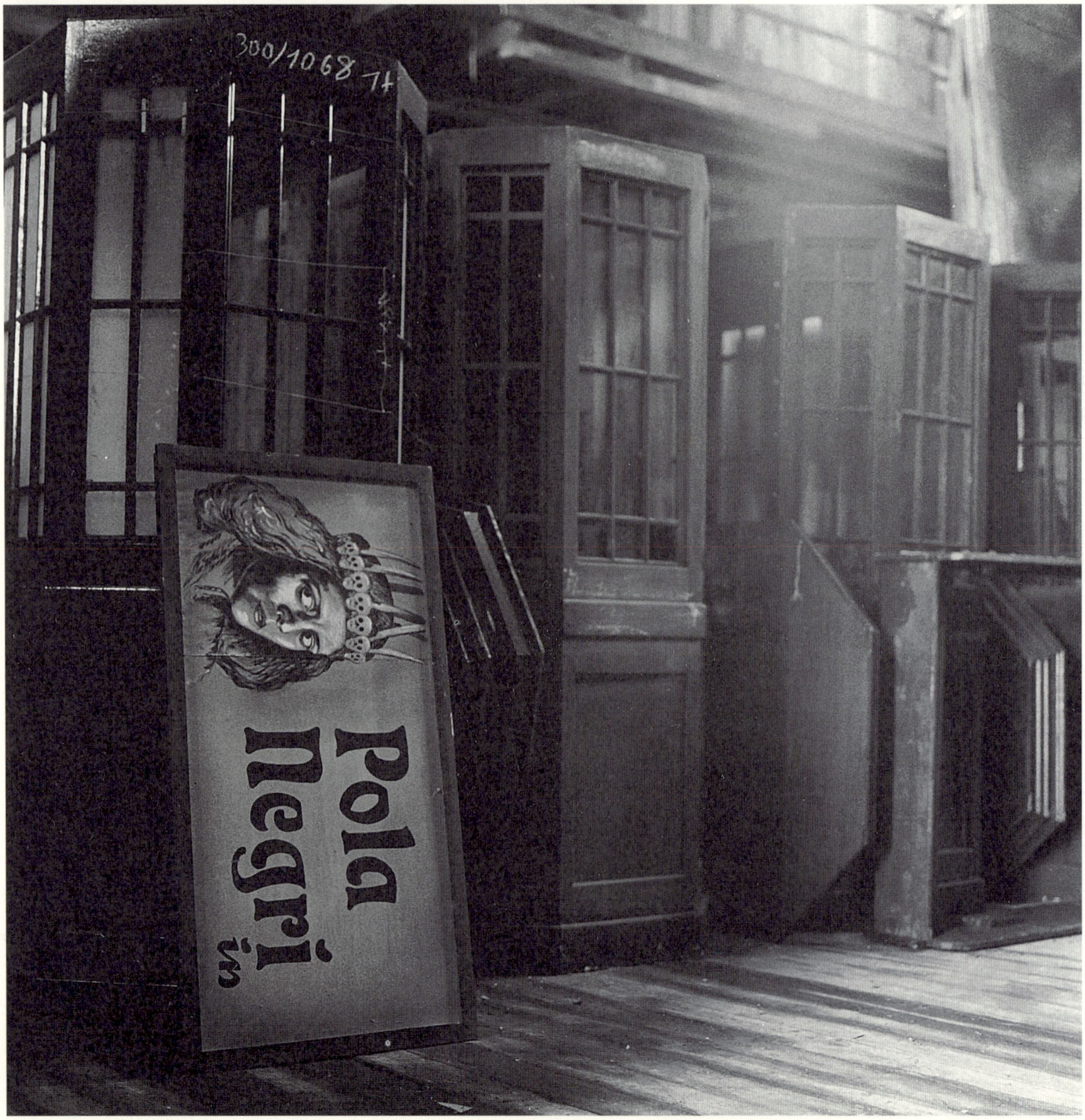
300/1068
Pola
Negri
in

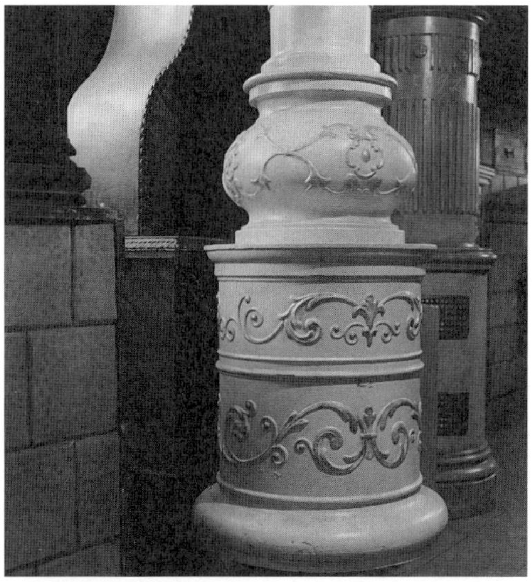

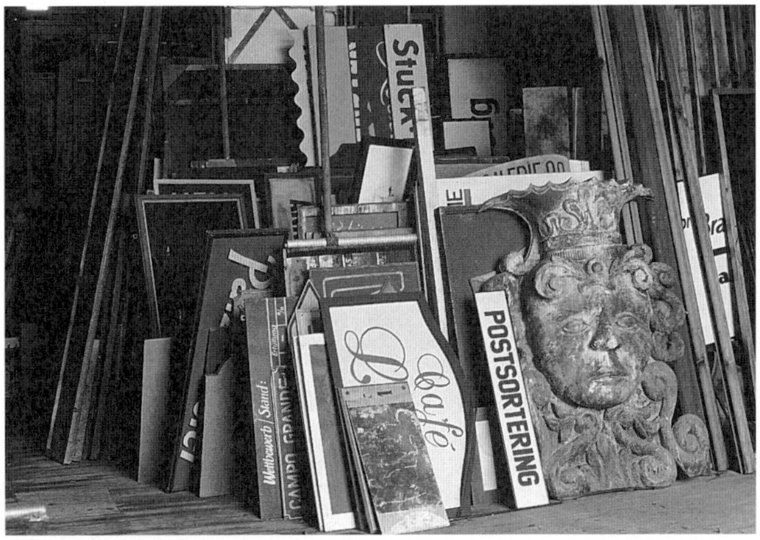

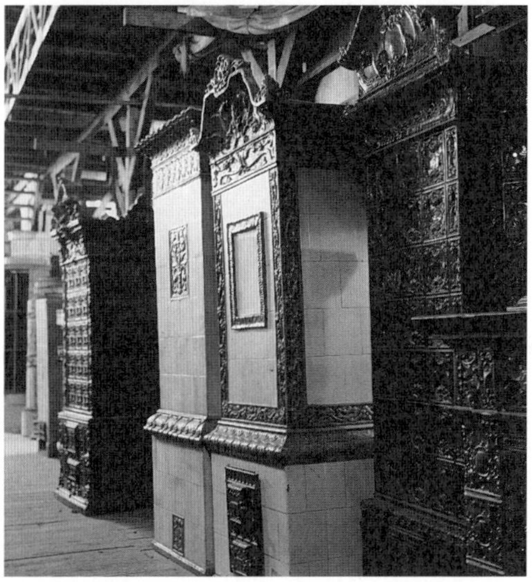

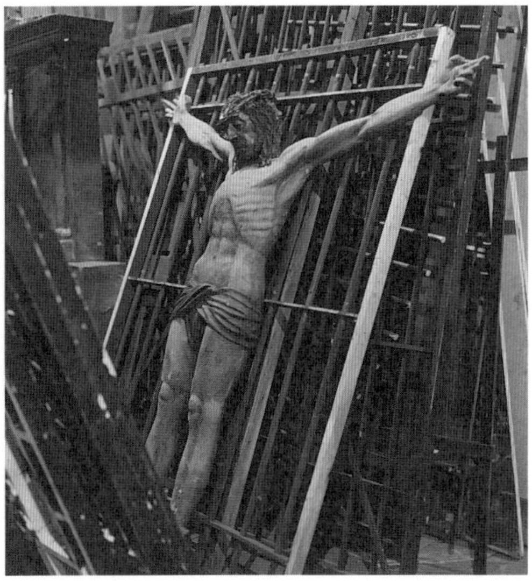

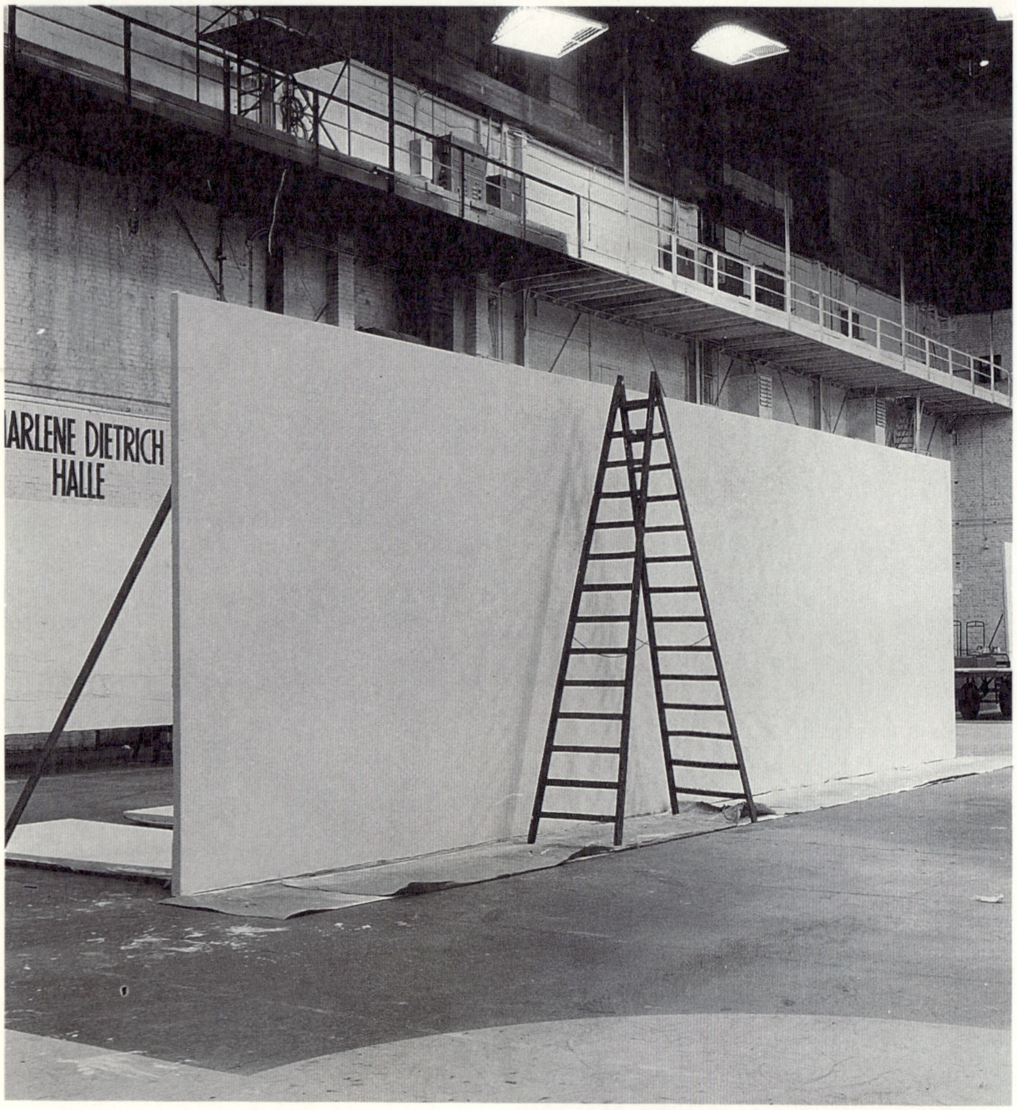
ARLENE DIETRICH
HALLE

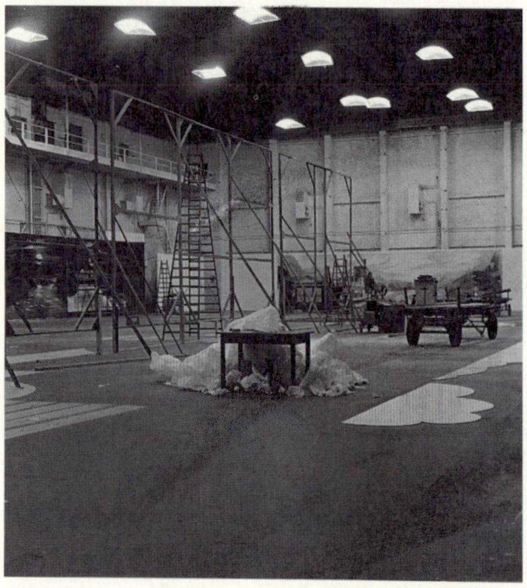

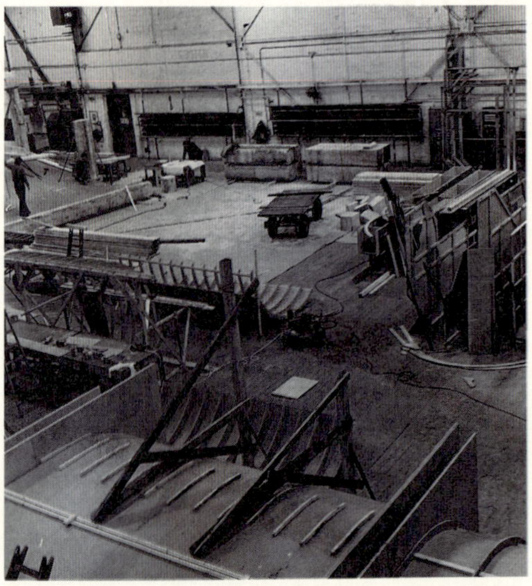

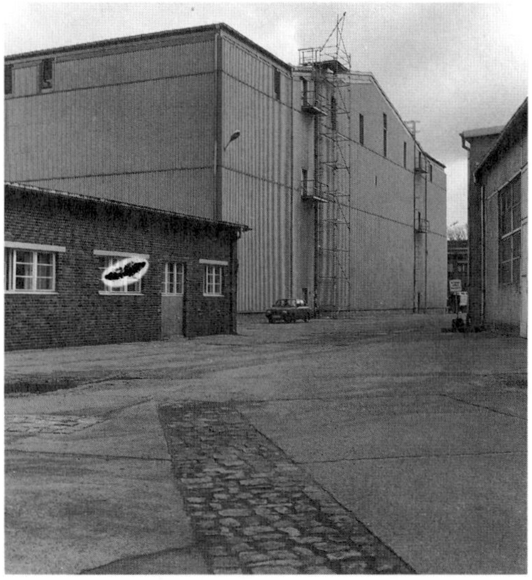
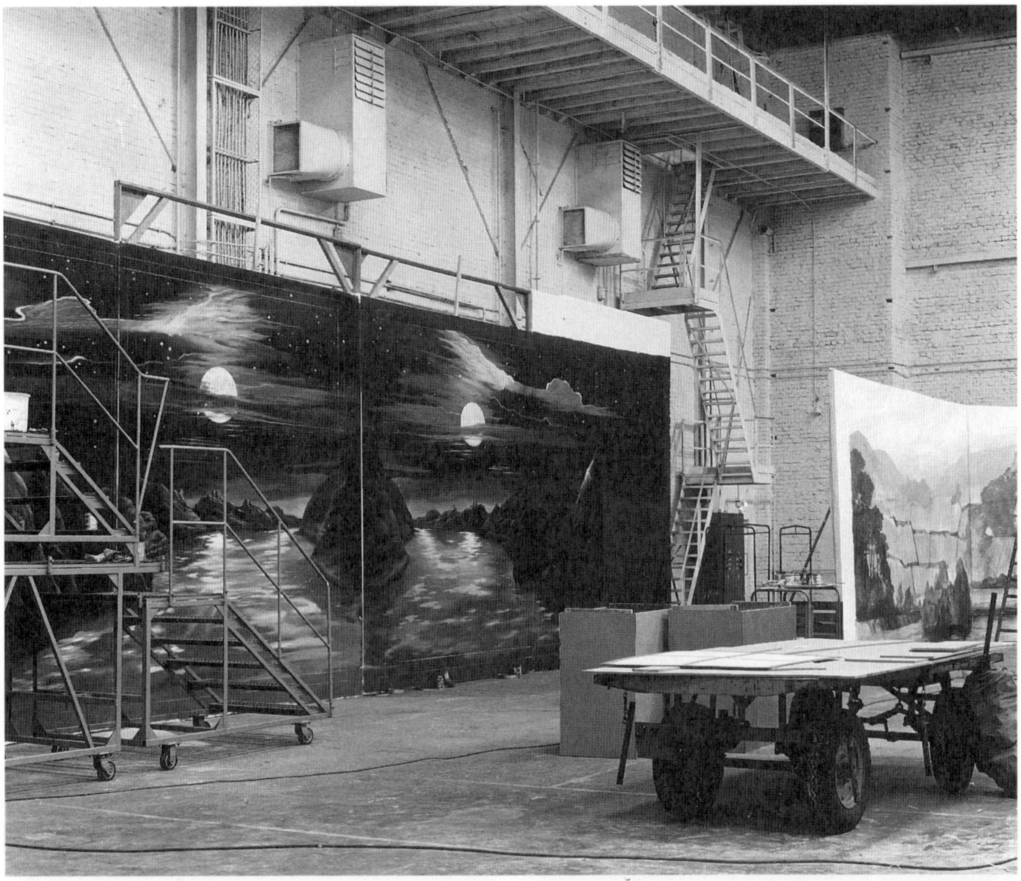
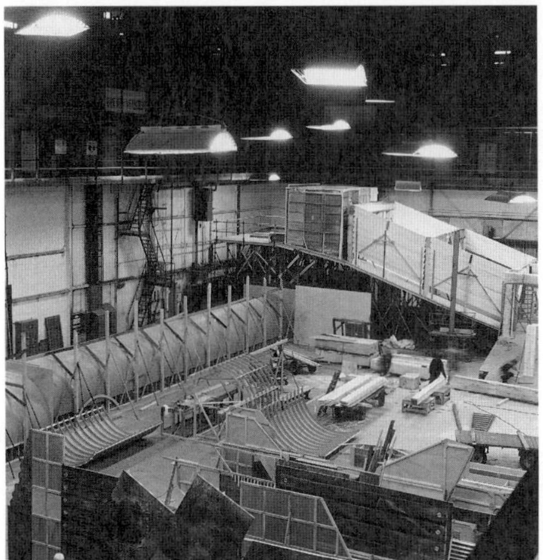
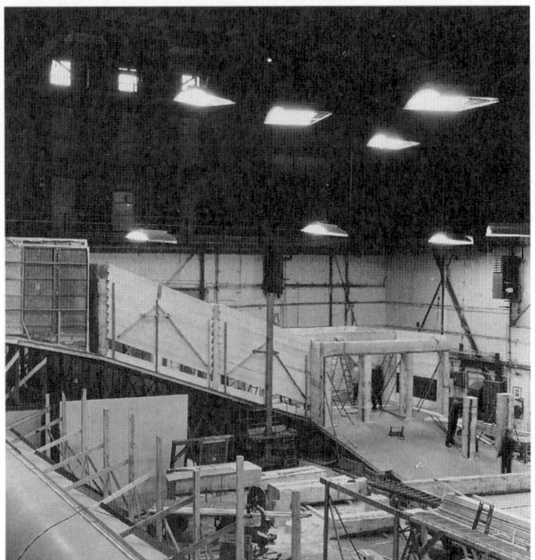
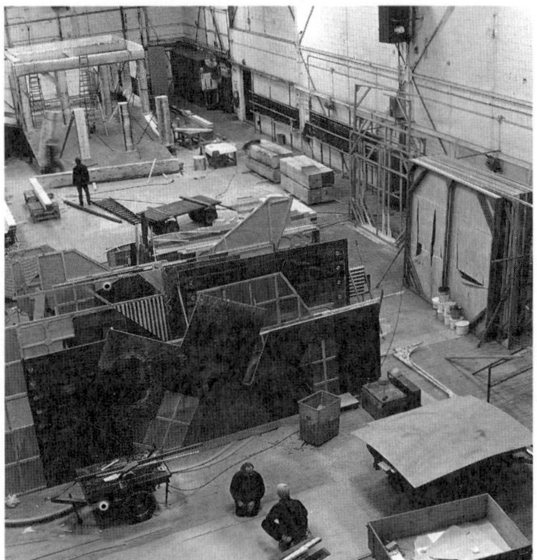

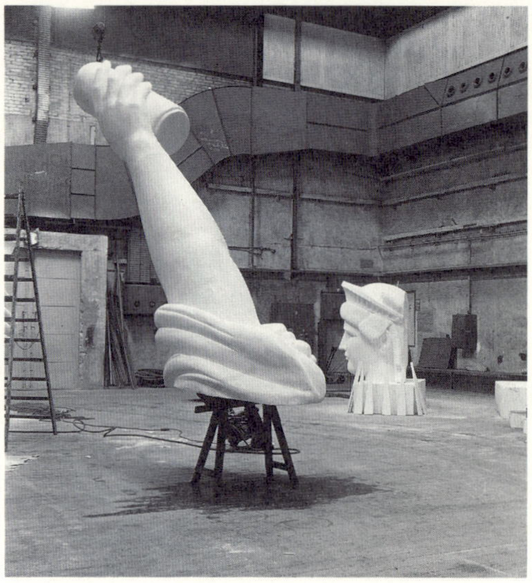

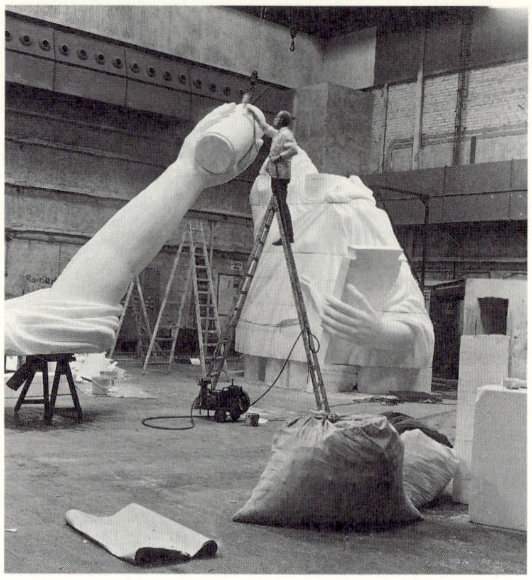

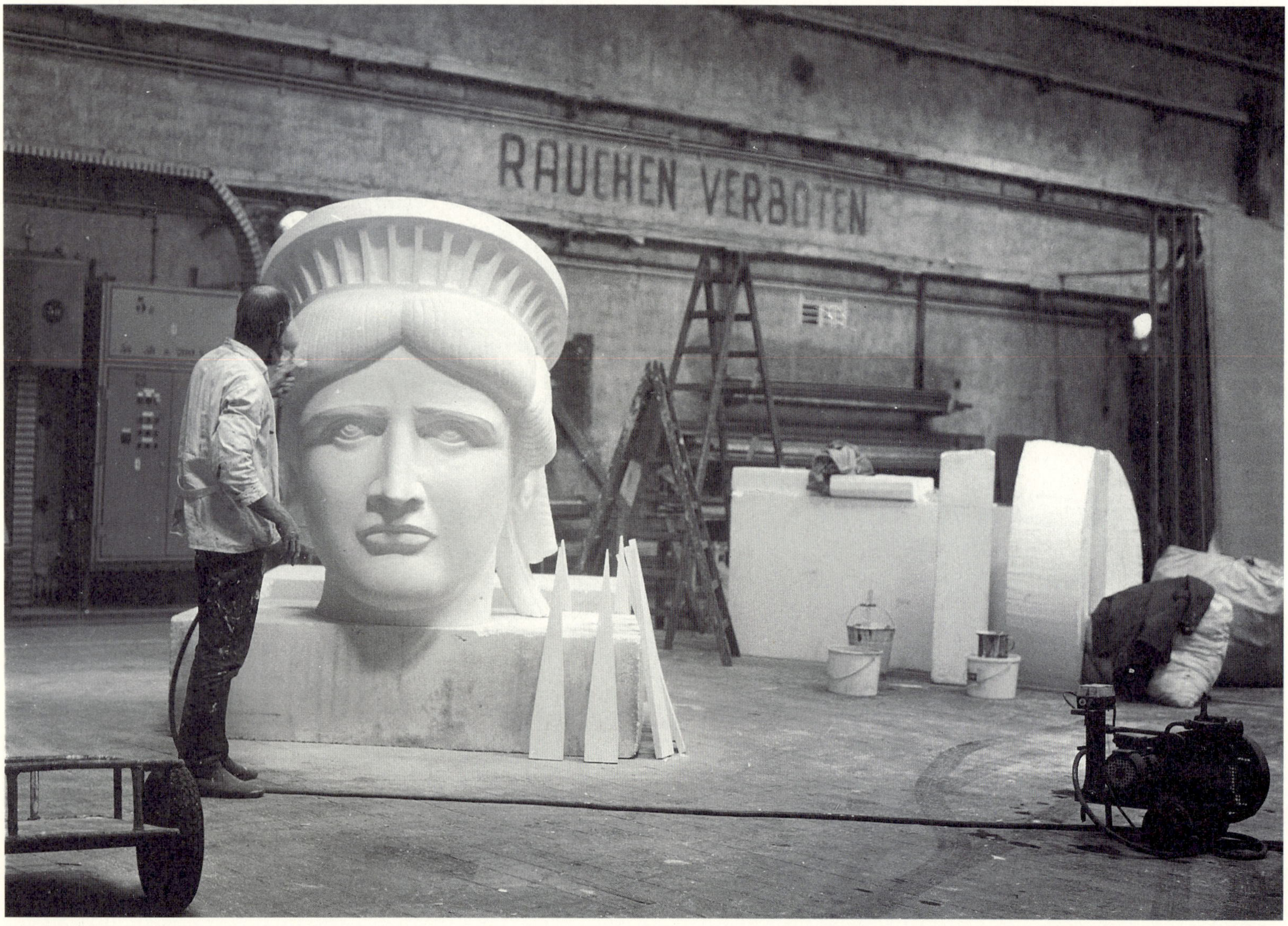
RAUCHEN VERBOTEN

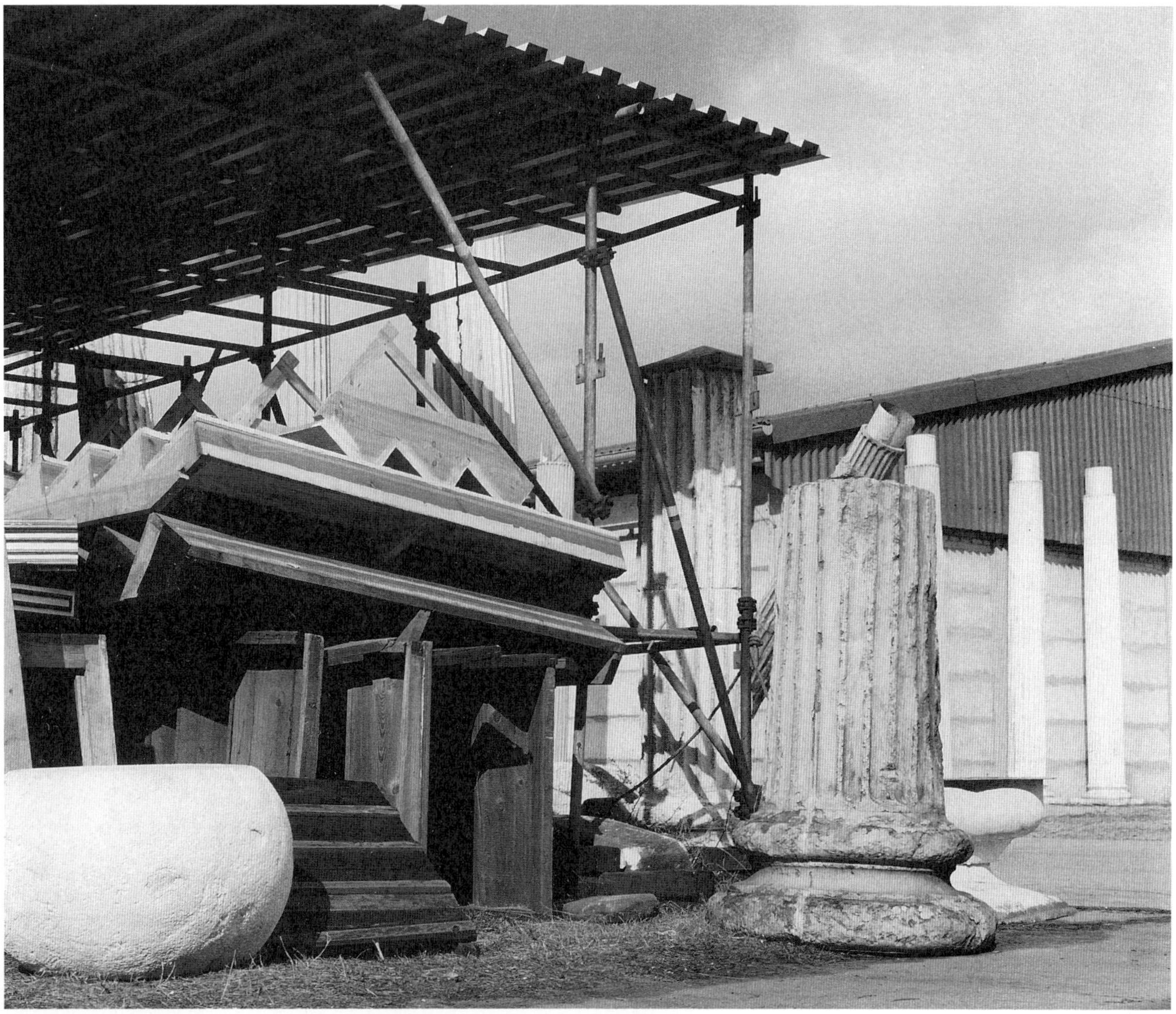

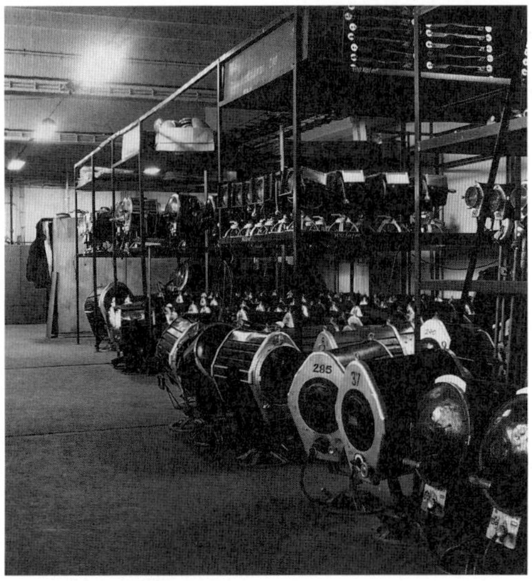
285
37

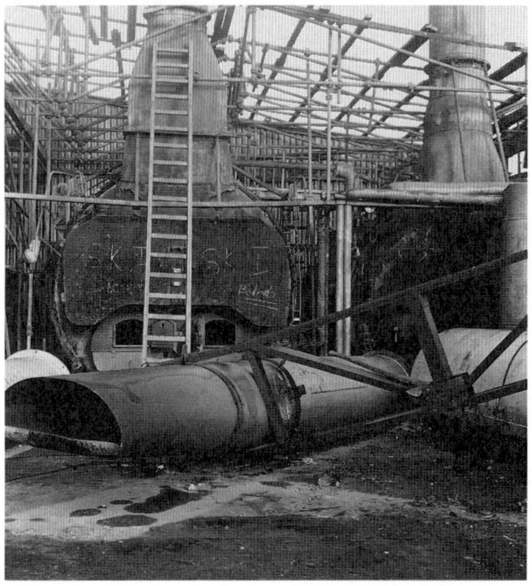

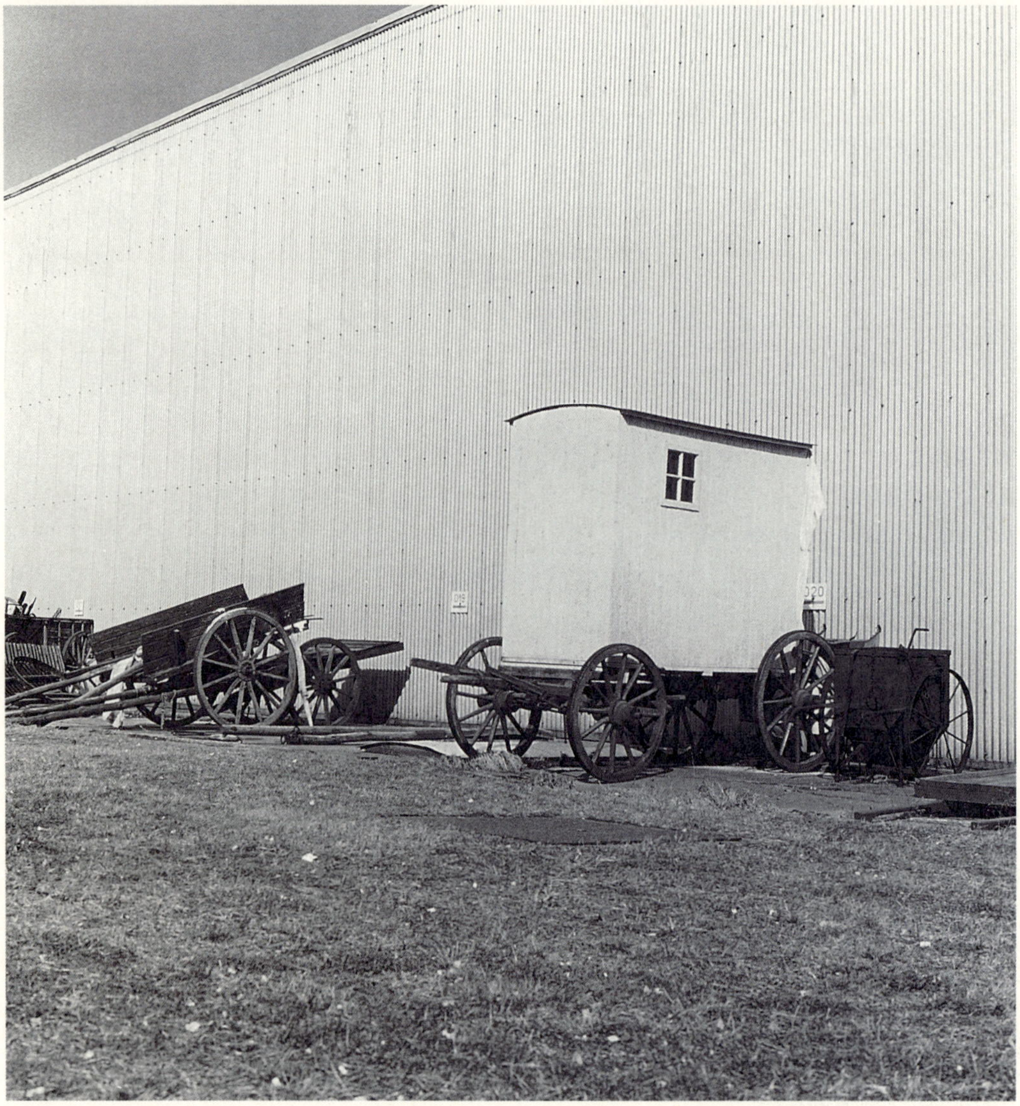

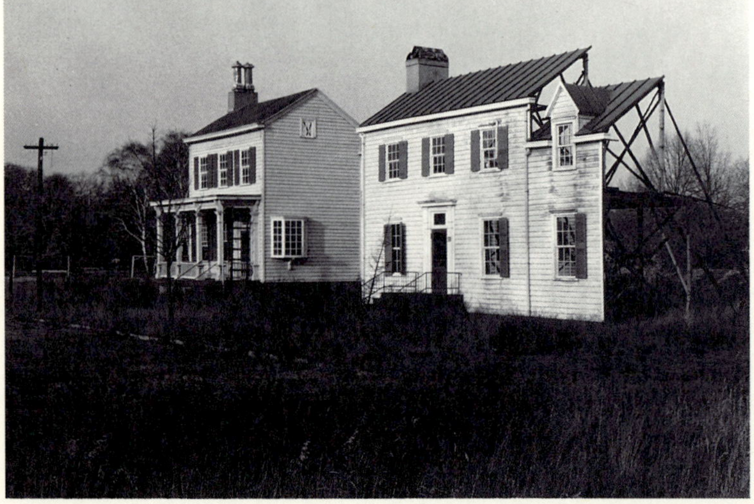

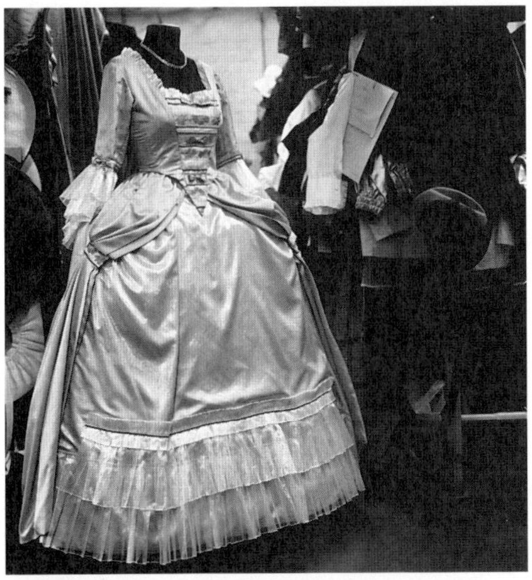

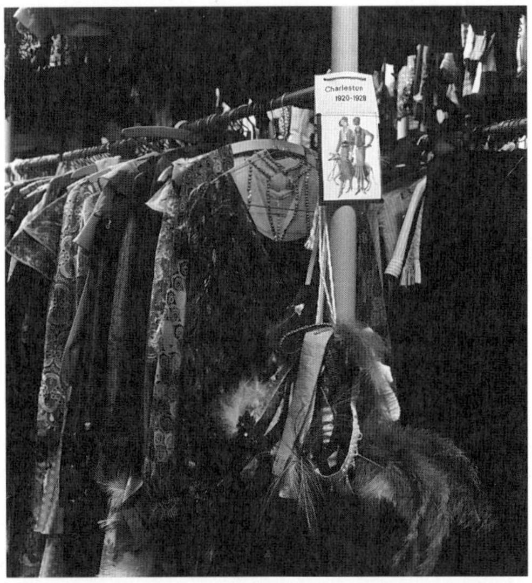
Charleston
1920–1928

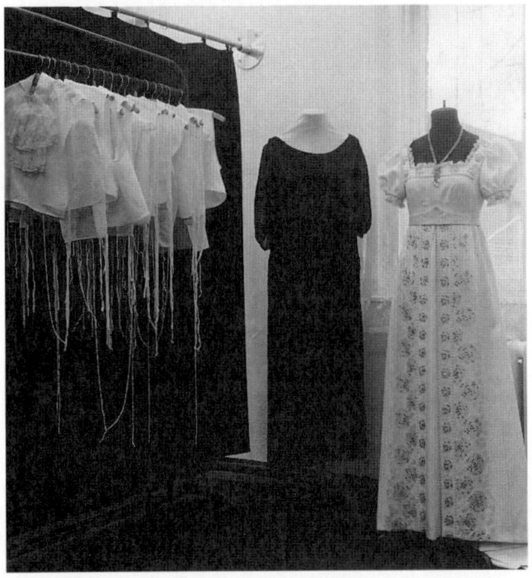

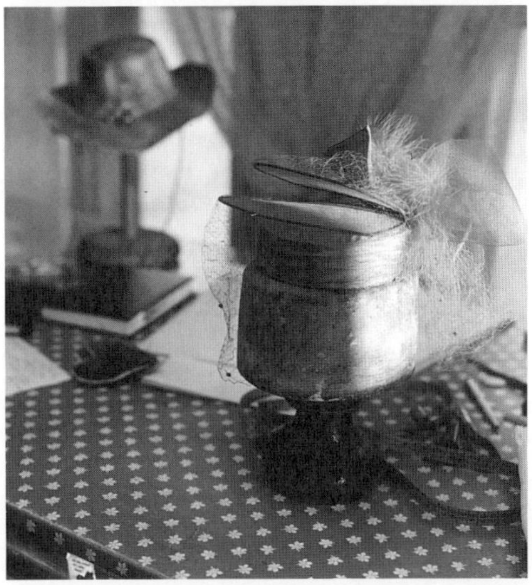

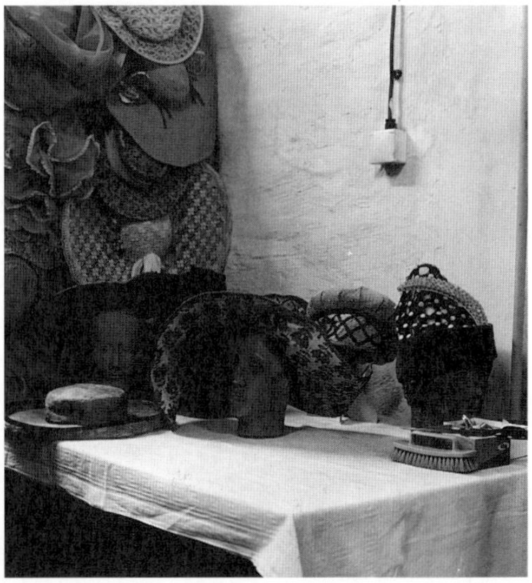

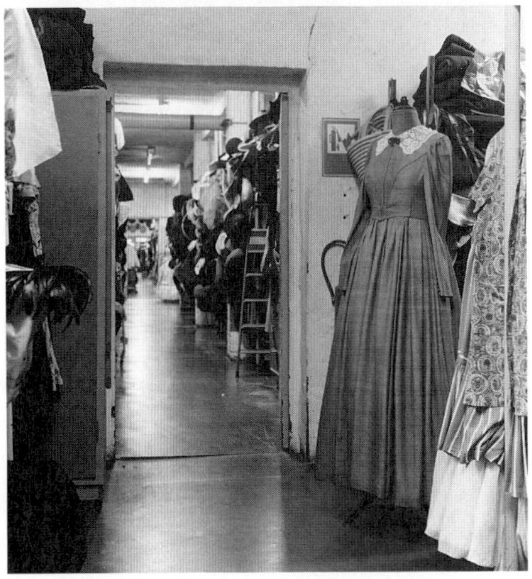

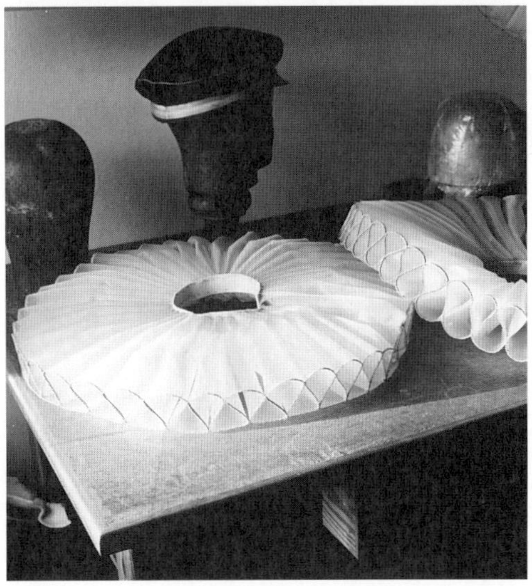

Anhang

Rechte

Für die Erteilung von Abdruckgenehmigungen danken wir: Irina Iljitschnja Ehrenburg, Moskau, für Ilja Ehrenburg; Rechtsanwalt Dr. Ulrich Constantin, München, für Erich Kästner Erben; Grete Willkomm, Hamburg, für Erich Kettelhut; Emmy Wolf, Berlin, für Friedrich Wolf. Detaillierte Quellennachweise finden sich in den Anmerkungen.
Nicht in allen Fällen konnten die Rechteinhaber von Texten und Fotos ermittelt werden; wir bitten Autoren und Rechtsnachfolger, sich beim Verlag zu melden.

Quellen

Die wichtigste Quelle zur Geschichte der Ufa sind die hausinternen Akten des Film-Konzerns: Geschäftsberichte, Gutachten und Denkschriften, Verträge, Aktennotizen, Bilanzen und Korrespondenzen. Allein das Bundesarchiv Koblenz (BAK) verfügt über 80 laufende Meter Ufa-Akten, dazu kommen die Aktenbestände des Propaganda-Ministeriums sowie der Cautio Treuhandgesellschaft und die Nachlässe von Messter und Hugenberg. Die Protokolle der Vorstandssitzungen April 1927 – Januar 1945 (1580 Sitzungen) befinden sich im BAK unter der Signatur R 109 I / Bd. 1026 a – 1716 a; von begründeten Ausnahmen abgesehen, wird in den folgenden Anmerkungen statt der Bandnummer immer das Datum der Sitzung genannt. Weitere Ufa-Akten befinden sich im Bundesarchiv Berlin (BAB) sowie in der Außenstelle Potsdam (BAP); die wichtigsten Materialien aus den Beständen dieser ehemaligen DDR-Archive enthält der Dokumentenband zu der Dissertation von Wolfgang Mühl-Benninghaus. Ausgewertet wurden zudem die Archive der Stiftung Deutsche Kinemathek Berlin (SDK) und des Deutschen Instituts für Filmkunde, Frankfurt (DIF).
Auf die filmhistorischen Standardwerke sowie auf die Ufa-Geschichten von Hans Traub und Klaus Kreimeier wird nicht im einzelnen hingewiesen. Die vollständigen bibliografischen Angaben wiederholt erwähnter Werke finden sich im Literaturverzeichnis.

Bildquellennachweis

ADN – Bildarchiv, Berlin: 48 (42, 62 r., 64 r., 91 u., 104, 143, 145 (3), 157 l., 186, 191 r., 197, 201, 202, 203, 205, 219, 220 u., 231 (4), 249, 257 r., 272 r., 282 l, 305 o., 333 l., 344, 357, 368 l., 393 (2), 401, 404, 411 r., 422, 423, 426 r., 428, 431 r.u., 449 u., 452, 459 l., 465); Archiv für Kunst und Geschichte, Berlin: 2 (261, 338 o.); Bildarchiv Preussischer Kulturbesitz, Berlin: 2 (224 r., 225); Lenny Borger, Paris: 7 (236, 237 (2), 238 (2), 239 (2); Bundesarchiv-Filmarchiv (Fotoarchiv), Berlin: 52 (39, 65 l., 67 u., 95 l., 137 (2), 218 l., 221 (2), 296, 297 o., 298/9, 303, 305 r.u., 333 r., 382 l., 387 (3), 400 (2), 403 (16), 405, 407, 408, 409 (2), 412, 413 (2), 420/1, 426 l., 454 r., 455, 463, 473 (3), 479 (2) l.u., r.o.); CineGraph – Hamburgisches Centrum für Filmforschung, Hamburg: 101; La Cinémathèque Française, Paris: 4 (181 (3), 183 o.); Deutsches Filmmuseum, Frankfurt: 5 (141 (2), 145 l., 151, 231 r.u.); Deutsches Institut für Filmkunde, Frankfurt: 42 (63 r., 65 r., 75, 155 l., 195, 245 l., 281 u., 282 u., 283 r., 309 (2), 310 o., 358 (2), 372, 379, 385, 424, 431 (2, o. und l.u.), 432, 437 u., 438, 439 (2), 441 (2), 442 (3), 447 r. (2), 451, 453, 454 l., 456/7, 458, 461 (2), 464, 467 o., 468, 469); Ralph Eue: 1 (123 o.); Filmmuseum im Stadtmuseum, München: 1 (123); Gemeentearchief Amsterdam: 2 (361 r., 362); Gesellschaft für Filmstudien, Hannover: 2 (466, 474 o.); Reinald Gußmann, Berlin: 31 (499-507); Nederlands Filmmuseum, Amsterdam: 1 (360); Horst Janke, Hamburg: 9 (482, 487, 488, 489 l., 494 (3), 495 o.); Landesbildstelle Berlin: 3 (106, 107 l., 483); Landesbildstelle Hamburg: 4 (291, 292, 293 (2)); The William Moritz Collection, Los Angeles: 2 (125 r., 157 r.u.); Marko Paysan, Hannover: 1 (302 r.); Sammlung HMB, Hamburg: 25 (26, 59 (3, Copyright: VG Bild-Kunst, Bonn (1992), 75 l., 88/9, 111 (3), 132 o., 181 l., 242 (3), 259 l., 290, 311 r.o., 338 u., 396, 459 r., 478 (2 l.), 479 (3); Der Spiegel, Hamburg: 1 (484); Stiftung Deutsche Kinemathek, Berlin: 234; Süddeutscher Verlag (Bilderdienst), München: 18 (19, 27 l., 31, 35, 55 l.u., 79 u., 175 r., 188, 216/7, 226, 228/9, 256, 257, 265 (2), 267 o., 389 r., 394, 467 l.u., Ufa Film- und Fernseh-GmbH, Hamburg: 7 (496, 497); Ullstein Bilderdienst, Berlin: 9 (213 u., 273, 320, 324, 328, 329, 331, 343, 373).
Wir danken dem Spiegel-Verlag, der Ufa Film- und Fernseh-GmbH und der VG Bild-Kunst für die freundliche Abdruckgenehmigung.

Anmerkungen

Siegfrieden oder Steckrüben
Die Darstellung des zeitgeschichtlichen Hintergrundes der Ufa-Gründung stützt sich vor allem auf folgende Werke: Dieter Baudis, Helga Nussbaum: »Wirtschaft und Staat in Deutschland vom Ende des 19. Jahrhunderts bis 1918/19«, Berlin: Akademie-Verlag 1978; Gordon A. Craig: »Die preußisch-deutsche Armee 1640-1945. Staat im Staate«, Königstein, Düsseldorf: Athenäum-Droste 1980; Fritz Fischer: »Griff nach der Weltmacht. Die Kriegszielpolitik des kaiserlichen Deutschland 1914-1918«, Düsseldorf: Droste 1967; G. W. F. Hallgarten, J. Radkau: »Deutsche Industrie und Politik«, Frankfurt, Köln: Deutsche Verlagsanstalt 1974; »Der Hauptausschuß des deutschen Reichstags 1915-1918. Band 3: 118.-119. Sitzung 1917«, Düsseldorf: Droste 1981; Alfred Hugenberg: »Streiflichter aus Vergangenheit und Gegenwart«, Berlin: Scherl 1927; P. Rühlmann, O. Haintz: »Das Deutsche Reich im Weltkriege (1914-1919)«, Leipzig, Berlin: Teubner 1931; Oswald Spengler: »Preußentum und Sozialismus«, München: Beck 1920; Gustav Stresemann: »Industrie und Krieg«, in: Veröffentlichungen des Bundes der Industriellen, Heft 9a, Berlin 1916.

Die Glashäuser
Einen Abriß der Geschichte des Ateliergeländes Tempelhof enthält: Hans-Michael Bock: »Berliner Ateliers. Ein kleines Lexikon«, in: Berg-Ganschow/Jacobsen.

Nationaler deutscher Unternehmer
Oskar Messters Memoiren »Mein Weg mit dem Film« sind 1936 bei Max Hesse, Berlin-Schöneberg erschienen. Mit Albert Narath: »Oskar Messter, der Begründer der deutschen Kino- und Filmindustrie« eröffnet 1966 die Deutsche Kinemathek ihre Publikations-Tätigkeit. Michael Hanisch widmet Messter ein Kapitel in seinem Buch »Auf den Spuren der Filmgeschichte. Berliner Schauplätze«, Berlin: Henschel 1991.

Krieg der Propagandisten
Sehr detailliert referiert Hans Barkhausen in »Filmpropaganda für Deutschland« die Entstehung und Rolle der Deutschen Lichtspiel-Gesellschaft. Wolfgang Mühl-Benninghaus stellt in seiner Dissertation die Filmpropaganda in einen Zusammenhang mit Monopolisierungstendenzen im Pressewesen.

Filmfreunde / Großeinkauf
Die Darstellung der Gründungsszenarien stützt sich vor allem auf Jan-Christopher Horaks Magisterarbeit »Ernst Lubitsch and the Rise of Ufa 1917-1922«, Boston 1973. Weitere Informationen wurden dem Dokumentenband zu Mühl-Benninghaus entnommen, der erstmals Dokumente aus dem Bestand der damaligen DDR-Archive erschließen und veröffentlichen konnte. Frühe Arbeiten, die die Ufa-Gründung einseitig als Ludendorff-Gründungen darstellen sind die Dissertationen von Lipschütz und Kallmann. Auch Traub streift die Rolle der Deutschen Bank nur am Rande, hebt hingegen die Rolle von Klitzsch und Hugenberg hervor. Hermann Herlinghaus hat erstmals wichtige Materialien aus DDR-Archiven zugänglich gemacht: »Die Filmpolitik der Militärgewalten 1914-17. Studie zur Entwicklungsgeschichte des deutschen Films im ersten Weltkrieg. 3 Teile.«, in: Deutsche Filmkunst, Nr. 8, 9 und 11, 1957 sowie »Dokumente zur Vorgeschichte der Ufa«, in: Deutsche Filmkunst, Nr. 5, 1958.

Wahrheit in drei Teilen
Eine Darstellung der Beziehungen zwischen Joe May und der Ufa gibt Klaus Kreimeiers Aufsatz »David und Goliath« in: Hans-Michael Bock, Claudia Lenssen (Red.): »Joe May. Regisseur und Produzent«, München: edition text + kritik 1991.

Der Reichspräsident bei Anna Boleyn
Paul Eippers »Ateliergespräche mit Liebermann und Corinth« sind 1971 bei Piper in München erschienen. Ausführliche Berichte über die Dreharbeiten zu Anna Boleyn enthalten Hans Helmut Prinzler, Enno Patalas (Hg.): »Lubitsch«, München, Luzern: Bucher 1984 und Helga Belach: »Henny Porten«, Berlin: Haude & Spener 1986. Die Originallithografien Lovis Corinths von den Dreharbeiten sind veröffentlicht in der bibliophilen Ausgabe von Herbert Eulenberg: »Anna Boleyn«, Berlin: Gurlitt 1920 (Die Neuen Bilderbücher, Dritte Folge); (c) Copyright 1992 VG Bild-Kunst, Bonn.

Die Veredelung des Kintopp
Über die bislang kaum erforschte Karriere Paul Davidsons bereitet Ursula Hardt eine Publikation vor. Bilddokumente zu den ersten großen Kinos, darunter den UT-Kinos, enthält Hans Schliepmann: »Lichtspieltheater. Eine Sammlung ausgeführter Kinohäuser in Groß-Berlin«, Berlin: Wasmuth 1914. Details zu Davidsons Produzententätigkeit finden sich in den Veröffentlichungen von und über Asta Nielsen.

Wie werde ich stark
Die Ufa-Kulturabteilung wird 1925 umbenannt in Kulturfilm-Abteilung und 1927 in Kulturfilm-Herstellung. Kaum eine andere Abteilung des Konzerns weist eine ähnliche personelle Kontinuität aus. »Das Kulturfilmschaffen der Ufa« stellt Nicholas Kaufmann in der Traub-Jubiläumsschrift (S. 163-183) vor. Aufschlußreicher als seine in den 50er Jahren erschienenen Schriften zum Thema ist Oskar Kalbus: »Der Deutsche Lehrfilm in der Wissenschaft und im Unterricht«. Berlin: Carl Heymanns 1922. Der Artikel »Dunkelkammer prämiiert Filme« von Gerda Weyl steht in der Vossischen Zeitung, 2.11.1930; auf Betreiben der Ufa erschien am 16.11.1930 eine anonyme Gegendarstellung (»Von besonderer Seite wird uns geschrieben«, so die redaktionelle Vorbemerkung). Das Zitat von Krieger über Weib – Weib – Gesang stammt aus seinem Beitrag zu dem von E. Beyfuß und A. Kossowsky herausgegebenen »Kulturfilmbuch«, Berlin: Chryselius 1924. Eine anekdotenreiche, oftmals übertriebene Darstellung seiner Abenteuer bietet Martin Riklis Erinnerungsbuch: »Ich filmte für Millionen«, Berlin: Schützen-Verlag 1942.

Von Dafco zu Damra
Der »Bericht über die Situation der Ufa (Dezember 1919)« befindet sich im BA Koblenz (R 109 I / 1287). »Der Sprung nach dem Dollar« ist erschienen in *Tägliche Rundschau*, 24.4.1921. Das Abkommen vom 23.12.1920 zwischen der Ufa und der Nordisk ist aufbewahrt im BA Berlin (Ufa 379), ebenso die »Aufstellung der Einnahmen und Ausgaben der Damra bis 28. 2. 1923« (BAB, Ufa 256) und die Korrespondenz zwischen Bratz und Engelbrechten vom März und April 1921 (BAB, Ufa 256).

Ohne Rücksicht auf die Qualität
Die ausgewerteten Bilanzen des Universum Filmverleihs per 31.5.1921 und 1922befinden sich im BA Koblenz (R 109 I / 639 bzw. 639a).

Die Anti-Ufa
Vergleiche »Die Verträge der Amerikaner« in *Film-Kurier*, 4.3.1921. Übersetzung der amerikanischen Zitate im Text: »Wenn Deutschland darauf besteht, amerikanische Filme fernzuhalten, wie es zur Zeit die Reichsregierung praktisch tut, dann müssen wir uns eben mit entsprechenden Gesetzen schützen.« – »Wir sind zuversichtlich, daß unser eigener Markt stark genug ist, um den Wettbewerb mit den Besten der Welt aufzunehmen. Und nicht zuletzt wird die Konkurrenz einen positiven Einfluß auf die Qualität unserer Produktionen haben.« – »Es ist schon was Komisches mit vielen deutschen Filmen. Sie haben komische Stories, ohne Liebe, nur mit Männern«.

Kon-Fusion
Diese Darstellung Ursula Hardts stützt sich auf ein Kapitel ihrer Dissertation »Erich Pommer«, University of Iowa, Department of German, 1989, die weitere Materialien enthält. Eine Buch-Edition ist in Vorbereitung.

Die Filmstadt
Einen dokumentarischen Abriß zur Geschichte des Ateliers Babelsberg enthält Hans-Michael Bock: »Berliner Ateliers. Ein kleines Lexikon.« In: Berg-Ganschow/Jacobsen. Guido Seebers Bericht »Als Babelsberg entstand« erschien zunächst in *Filmtechnik-Filmkunst*, Nr. 3, 1930 und ist wiederholt nachgedruckt worden. Alex Kossowsky veröffentlichte seine detaillierte Schilderung »Das Filmgelände der Decla-Bioscop« in einer Serie über die berliner Ateliers in der *Kinotechnischen Rundschau*, Nr. 20, einer Beilage des *Film-Kurier*, 25.9.1924; der Text findet sich vollständig auch in: Jacobsen: »Babelsberg«, der reichbebilderten und umfangreichen Dokumentation zur Berlinale-Retrospektive 1992.

Die Marke ernster Arbeit
Die Geschichte der Gloria-Film GmbH ist erst in Ansätzen erforscht. Details finden sich in Monografien über einige wichtige Mitarbeiter: Helmut Regel stützt sich bei seinem Aufsatz »Zur Produktionsgeschichte der Filme Die Geier-Wally und Hintertreppe« in: Helga Belach: »Henny Porten«, Berlin: Haude & Spener 1986, auf die im Bundesarchiv erhaltenen Akten: R 109 I/536 (Ufa-Revisionsberichte vom 22.6.1922 und 8.1.1924). Bild- und Text-Material zu den Filmen Paul Lenis findet sich in Hans-Michael Bock (Red.): »Paul Leni. Grafik, Theater, Film«, Frankfurt: Deutsches Filmmuseum 1986. Eine erste allgemeinere Annäherung ist Rolf Aurich und Rainer Rother: »Die Marke ernster Arbeit. Hanns Lippmanns Gloria-Film und E. A. Dupont«, in: Jürgen Bretschneider (Red.): »Ewald André Dupont. Autor und Regisseur«, München: edition text + kritik 1992.

Kunst für Waschfrau Minna Schulze
Einige Zitate Erich Pommers entstammen einem Interview, das er 1950 dem Frankfurter Rundfunk gegeben hat. Die ausführlichste Darstellung

von Pommers Karriere ist neben Ursula Hardts Dissertation Wolfgang Jacobsens Buch zur Berlinale-Retrospektive, in dem auch zahlreiche Texte von Pommer nachgedruckt sind. Das Zitat von Robert Herlth entstammt dem Katalog Wolfgang Längsfeld (Hg.): »Filmarchitektur Robert Herlth«, München: Deutsches Institut für Film und Fernsehen 1965.

Kunst und Krise
Wichtige Beiträge zum Verhältnis der europäischen und amerikanischen Filmindustrie sind Jan-Christopher Horaks Aufsatz »Rin-Tin-Tin erobert Berlin oder Amerikanische Filminteressen in Weimar« in Jung/Schatzberg, Janet Staigers Kapitel »The Hollywood mode of production, 1930-60« in Bordwell/Staiger/Thompson und Kristin Thompsons »Exporting Entertainment«. Quellen zu Ludwig Klitzsch und die deutsche Filmpolitik sind Guido Convents »Film and German colonial propaganda for Black African territories to 1918« in Usai/Codelli und Jürgen Spikers »Film und Kapital«.

Warenhaus des Films
Die Entscheidung, in welchem ihrer Kinos die Ufa einen neuen Film herausbrachte, war Vorstandssache. Der unterschiedliche Charaktere der beiden Uraufführungstheater wird in der Preisstruktur deutlich: Der Ufa-Palast am Zoo verfügte über mehr als doppelt so viele billige Plätze (d.h. Karten bis zu 2 Mark) wie der Gloria-Palast. In einem Memorandum der Verleih-Abteilung heißt es: »Während der Ufa-Palast am Zoo ein gleichmäßiges Interesse aller Schichten der Berliner Bevölkerung findet, so muß man beispielsweise den Gloria-Palast immer mehr als das Haus des besser situierten Teils der Bevölkerung und der Fremden betrachten.« Diverse Broschüren zur Eröffnung bzw. Wiedereröffnung der Berliner Ufa-Kinos besitzt das Schriftgut-Archiv der SDK. Das Buch »Vom Romanischen Haus zum Gloria-Palast«, um 1926 erschienen, enthält u.a. Aufsätze vom Hausherrn Hanns Lippmann sowie den Architekten und Bauräten. Aus neuerer Zeit seien zwei Publikationen genannt: Die Festschrift »Vom Filmpalast zum Kinozentrum Zoo-Palast« (1983, Autoren: Lothar Binger, Hans Borgelt, Susann Hellemann) sowie die Memoiren des langjährigen Theaterleiters Hans Frick: »Mein Gloria-Palast. Das Kino vom Kurfürstendamm«, München: Universitas 1986.
Material über die Ufa-Theater außerhalb Berlins findet man in den regionalen Filmgeschichten, z.B. für Köln in dem von Bruno Fischli herausgegebenen Band: »Vom Sehen im Dunkeln. Kinogeschichten einer Stadt«. Köln: Prometh 1990 sowie in Max Kullmann: »Die Entwicklung des deutschen Lichtspieltheaters«, Diss. Nürnberg 1935 und Rolf-Dieter Baacke: »Lichtspielhaus-Architektur in Deutschland. Von der Schaubude bis zum Kinopalast«, Berlin/West: Frölich und Kaufmann 1982.

Die Poeten der Filmarchitektur
Seine Gedanken über »Das Malerische am Film« veröffentlicht Robert Herlth am 2.2.1923 im *Film-Kurier*. Das Manuskript von Erich Kettelhuts Erinnerungen ist im Besitz der Stiftung Deutsche Kinemathek. Herlths Vortrag vor dem Club deutscher Filmjournalisten am 22. Februar 1951 liegt gedruckt vor in Wolfgang Längsfeld (Hg.): »Filmarchitektur Robert Herlth«, München: Deutsches Institut für Film und Fernsehen 1965.

Visuelle Logik
Wenig ist über Carl Mayer bisher geschrieben worden. In der DDR erschien 1968 im Henschelverlag »Carl Mayer. Ein Autor schreibt mit der Kamera« von Rolf Hempel. In *Filmblätter Nr. 11*, herausgegeben vom Kommunalen Kino in Frankfurt, veröffentlichte Eberhard Spiess »Carl Mayer: Ein Filmautor zwischen Expressionismus und Idylle«.

Sendboten deutschen Wesens
Die Zitate von Thea von Harbou und Fritz Lang entstammen dem Programmheft »Die Nibelungen – ein deutsches Heldenlied«, das zur Premiere 1924 erschien. Die Rolle Thea von Harbous behandelt Reinhold Keiner in seiner Disseration »Thea von Harbou und der deutsche Film bis 1933«, Hildesheim: Olms 1984. Die Wirkungsgeschichte des Nibelungen-Stoffs dokumentiert das Buch von J. Heinzle und Anneliese Waldschmidt (Hg.): »Die Nibelungen ein deutscher Wahn, ein deutscher Alptraum. Studien und Dokumente zur Rezeption des Nibelungenstoffs im 19. und 20. Jahrhundert«. Frankfurt: Suhrkamp 1991 (STM 2110). Das historische Umfeld des Films behandeln Günter Hess in »Siegfrieds Wiederkehr. Zur Geschichte einer deutschen Mythologie in der Weimarer Republik« in: IASL Nr. 6, 1981, sowie Hermann Glaser in »Spießer-Ideologie. Von der Zerstörung des deutschen Geistes im 19. und 20. Jahrhundert«, Freiburg: Rombach 1964. Die bildlichen Anleihen des Films belegt Heide Schönemann in ihrem reich illustrierten Katalog zur Ausstellung im Filmmuseum Potsdam, »Fritz Lang Filmbilder – Vorbilder«. Berlin: Edition Hentrich 1992. Der Film selbst existiert in einer 1986 von Enno Patalas für das Filmmuseum München rekonstruierten, der Urfassung nahe kommenden Kopie.

Tonnenweise Drachenblut und ein tändelndes Lindenblatt
Erich Kettelhuts umfangreiche Erinnerungen (eine in ihrer Detailliertheit einmalige Quelle zur Filmproduktion in den 20er und 30er Jahren) sind – bis auf einige Auszüge – unveröffentlicht; das Manuskript ist im Besitz der Stiftung Deutsche Kinemathek. Karl Vollbrecht war wie der Autor Filmarchitekt bei der Ufa. An DIE NIBELUNGEN war er als Verantwortlicher für die mechanischen Tricks beteiligt.

Sinfonik und Tarifvertrag
Eine ausführliche, auf die Ufa-Akten im BA Koblenz gestützte Darstellung der ökonomischen Hintergründe der Musik-Praxis in den 20er Jahren gibt Friedrich P. Kahlenberg in »Der wirtschaftliche Faktor Musik im Theaterbetrieb der Ufa in den Jahren 1927 bis 1930«, in: »Stummfilmmusik gestern und heute«, Berlin/West: Stiftung Deutsche Kinemathek 1979. Die Anmerkung zu den zu hohen Musikausgaben in den Bremer Theatern enthält der Revisionsbericht zur Bilanz der Hagen & Sander KG per 31.5.1926 (BAK R 109 I, Bd. 598). Allgemeine Darstellungen zur Filmmusik der Stummfilmzeit sind vor allem: Kurt London: »Film Music«, London: Faber & Faber 1936; Herbert Birett: »Stummfilmmusik. Materialsammlung«, Berlin/West: Deutsche Kinemathek 1970; Wolfgang Thiel: »Filmmusik in Geschichte und Gegenwart«, Berlin/DDR: Henschel 1981 und Ulrich Eberhard Siebert: »Filmmusik in Theorie und Praxis«, Frankfurt: Lang 1990.

Schöne nackte Körper
Der Nachlaß Wilhelm Pragers liegt im Schriftgutarchiv der SDK. Neben Verträgen und Briefwechseln enthält das Konvolut eine aufschlußreiche Broschüre mit Reklame-Ratschlägen zu WEGE ZU KRAFT UND SCHÖNHEIT vom Ufa-Verleih sowie ein Telegramm von Nicholas Kaufmann an Prager, 19.5.1924: »reichspräsident hindenburg sah gestern film bei reichsministerium und sprach mir lobende anerkennung persönlich aus freitag wichtige vorführung 7 uhr vor hohen ministerialbeamten krieger wünscht ihre anwesenheit dabeitscheid ob möglich.« Pragers Monatsgehalt wurde wegen der Verschlechterung der wirtschaftlichen Lage ab 1.1.1932 gekürzt auf 950 RM und am 1.1.1938 auf 1050 RM erhöht. Die Entscheidung im Prüfverfahren der FSK, gez. Kayser, befindet sich im Archiv der SDK.
Friedrich Wolfs Aufsatz »Das mangelnde Manuskript oder der Herzfehler des Films« erschien erstmals in der Broschüre »Von der Filmidee zum Drehbuch«, Berlin/DDR: Henschel 1949; ein Auszug aus dem Exposé »Gymnasten über euch!« ist abgedruckt in »Friedrich Wolf. Bilder einer deutschen Biografie«, Berlin/DDR: Henschel 1988, das der Dokumentarfilmmacher Lew Hohmann zusammengestellt hat.
Die Erinnerung Hertha von Walthers stammt aus dem Fernsehfilm »Tabus von Vorgestern«, das der NDR 1985 in seinem 3. Programm ausgestrahlt hat.

Der Mann heißt Emil
Emil Jannings Memoiren sind 1951 unter dem Titel »Theater/Film – Das Leben und ich«, bearbeitet von C. C. Bergius, im Verlag Zimmer & Herzog, Berchtesgaden erschienen. Einen Abriß der Filmkarriere gibt Herbert Holba in seiner Broschüre »Emil Jannings«, Ulm: Action 1979. Die Zitate von Luis Buñuel entstammen seinen Aufsätzen »Variationen über den Schnurrbart von Menjou« und »Buster Keaton: Der Musterschüler« (1928), enthalten im Sammelband »Die Flecken der Giraffe. Ein- und Überfälle«, Berlin: Rotbuch 1991. Hanns Zischlers Vortrag über Emil Jannings war Teil einer Ringvorlesung »Deutsche Schauspieler«, gehalten im Wintersemester 1991/92 am Institut für Theaterwissenschaft der FU Berlin.

Der Sprung über den großen Teich
Das einzige Buch über die Karriere E. A. Duponts ist Jürgen Bretschneider (Red.): »Ewald André Dupont. Autor und Regisseur«, München: Edition text + kritik 1992.

Die Summe der Weisheit des Kindermundes
Ludwig Berger veröffentlichte seine Memoiren »Wir sind vom gleichen Stoff aus dem die Träume sind. Summe eines Lebens« 1953 im Wunderlich-Verlag, Tübingen. Eine ausführliche Filmografie enthält Hans-Michael Bock, Wolfgang Jacobsen (Hg.): Film-Materialien 1: Ludwig Berger. Hamburg: CineGraph, Berlin: SDK 1992.

Auf Expansionskurs *und* Hugenberg ante portas
Zeitgenössische Untersuchungen zu den ökonomischen Hintergründen der Finanzkrise der Ufa und der Ufa-Übernahme durch die Hugenberg-Gruppe sind: Franz Hayler: »Die deutsche Filmindustrie und ihre Bedeutung für Deutschlands Handel«, Rechts- und Staatswiss. Diss. Würzburg 1925, Wolfgang Mühl: »Die Konzentration im deutschen Filmgewerbe«, Jur. Diss. Berlin 1927 und Ludwig Bernhard: »Der ›Hugenberg-Konzern‹. Psychologie und Technik einer Großorganisation der Presse«, Berlin: Springer 1928. Die internationale Verknüpfung der europäischen und amerikanischen Filmindustrien stellt Kristin Thompson in »Exporting Entertainment« dar. Zahlreiche Dokumente, speziell aus den Unterlagen der Deutschen Bank enthält der Dokumentenband zu Mühl-Benninghaus.

Jeannes Tränen
Ilja Ehrenburgs Texte zum Film der 20er Jahre sind in den 70er und 80er Jahren in der von Rolf Schröder betreuten Sammelausgabe des Verlags Volk und Welt, Berlin/DDR, neu herausgekommen: »Die Traumfabrik«, zuerst 1931 im Malik-Verlag publiziert, in einem Band mit dem Roman »Die heiligsten Güter«; die Feuilletons über die Dreharbeiten zu DIE LIEBE DER JEANNE NEY sind gesammelt zunächst 1928 in Leningrad unter dem Titel »Weiße Kohle und Werthers Tränen« erschienen und finden sich in voller Länge im Band »Über Literatur«. Auch die Memoiren »Menschen Jahre Leben« enthalten – ergänzt aus der historischen Perspektive veränderte – Erinnerungen an die Ufa.
Wir danken Frau Irina Ehrenburg, Moskau, für die Erteilung der Abdruckerlaubnis.

Turmbau zu Babelsberg
»Fritz Lang gilt als einer der am meisten filmwissenschaftlich bearbeiteten Regisseure. Die Titel und Einzelpublikationen zu seinem Werk sind Bibliotheken füllend.« (Thomas Brandlmeier, epd Film, 10/1992) Den ersten Versuch, METROPOLIS zu rekonstruieren, unternahm Ende der 60er Jahre das Staatliche Filmarchiv der DDR; die von Enno Patalas für das Münchner Filmmuseum erarbeitete Rekonstruktion ist umfangreicher, doch fehlen weiterhin ca. 1000 Meter der Originalfassung – das Material ist verschollen. Anläßlich der Aufführung der Münchner Version 1988 erschien ein Reprint des Parufamet-Heftes mit Propaganda-Ratschlägen sowie eine von Fritz Göttler zusammengestellte Broschüre. Thea von Harbous Drehbuch befindet sich im Nachlaß Gottfried Huppertz (SDK). Drei Alben mit Stand- und Werkfotos, fotografiert von Horst von Harbou, besitzt die Cinémathèque Paris; eine Auswahl bringt der Bildband »Metropolis. Images d'un tournage«. Paris: Collection Photo Copies 1985. Die Amerika-Erlebnisse des Regisseurs sind nachzulesen in dem von Fred Gehler/Ulrich Kasten herausgegebenen Buch »Fritz Lang. Die Stimme von Metropolis«. Berlin: Henschel 1990. Aufsätze zur Verstümmelung von METROPOLIS sind Georges Sturm: »Metropolis: Auf der Suche nach der verlorenen Szene«. In: *CICIM.* Heft 5/6, November 1983; Georges Sturm: »Für Hel ein Denkmal, kein Platz. Un rêve de pierre«. In: *CICIM*. Heft 9, November 1984; Enno Patalas: »Metropolis, Bild 103«. In: *Diskurs Film*. Bd. 2. München 1988.

Mann im Dunkel
Von Geheimrat Alfred Hugenberg erschienen die Schriften: »Streiflichter aus Vergangenheit und Gegenwart« (1927) und »Die soziale Frage in Deutschland« (1932), beides – natürlich – bei Scherl in Berlin. Aus dem Umfeld Hugenbergs stammen die Darstellungen Ludwig Bernhard: »Der ›Hugenberg-Konzern‹. Psychologie und Technik einer Großorganisation der Presse«, Berlin: Springer 1928 und Otto Kriegk: »Hugenberg«. Leipzig: Weber 1932.Der Medien-Zar der Weimarer Republik reizte immer wieder zu kritischen Darstellungen: Dankwart Guratzsch: »Macht durch Organisation. Die Grundlegung des Hugenbergschen Presse-Imperiums«, Düsseldorf: Droste 1984; Heidrun Holzbach: »Das ›System Hugenberg‹. Die Organisation bürgerlicher Sammlungspolitik vor dem Aufstieg der NSDAP«, Stuttgart: DVA 1981 und Klaus Wernecke, Peter Heller: »Der vergessene Führer. Alfred Hugenberg. Pressemacht und Nationalsozialismus«, Hamburg: VSA 1982.

Ein treuer Diener seines Herrn
Reden und Aufsätze von Ludwig Klitzsch aus den Jahren 1916 bis 1939 sind gesammelt in dem Band »Bekenntnis zum Film«, der keinerlei Impressum-Angaben aufweist. Vermutlich handelt es sich um eine firmeninterne Festschrift zum 60. Geburtstag des Generaldirektors, hergestellt in kleiner Auflage (ein Exemplar befindet sich im DIF). Der Artikel aus *Variety* wird zitiert nach der Übersetzung im *Film-Kurier*, 27.8.1927. Gegen die Amerika-Mission des Spio-Vorsitzenden polemisierten vor allem das *Berliner Tageblatt* und die *Lichtbild-Bühne*, im Hintergund agierten vermutlich Kreise um den geschaßten Ufa-Direktor Jacob. Die Zusammenfassung der Kritik wird zitiert nach einem anonymen Bericht im *Film-Kurier*, 20.7.1927; die Vorschußlorbeeren für den neuen Spio-Vorsitzenden sind am 16.5.1927 im gleichen Blatt nachzulesen. Die Bezüge des Ufa-Generaldirektors wurden in einem Schreiben Hugenbergs an Klitzsch, 17.6.1931, festgelegt (BAK, Nachlaß Hugenberg 231, Band 194). Die von Winkler dem Aufsichtsratsvorsitzenden zugebilligten Bezüge sind den Koblenzer Ufa-Akten, (R 109 III/42 Bd. 1) zu entnehmen. Klitzsch' Ausführungen über »Die Entwicklung der deutschen Filmwirtschaft« erschienen im »Jahrbuch der Reichsfilmkammer 1937«, hg. von Oswald Lehnich, Berlin-Schöneberg: Hesse 1937. Die Charakteristik von Klitzsch als Handwerker steht im Goebbels-Tagebuch unter dem Datum 2.2.1940. Der Brief vom 30.1.1933 sowie Otto Kriegks Schreiben vom 25.4.1933 befinden sich im BA Koblenz (Nachlaß Hugenberg 231, Band 37); die Briefe vom 25.7.1942, 22.12.1942 und 4.11.1943 sowie an die Militär-Regierung vom 15.7.1945 in Band 44; die abschließend zitierte Rechtfertigungsschrift vom 17.6.1949 in Band 98.

Vermintes Gelände
Die Besprechung Bernard von Brentanos ist wiederabgedruckt in »Wo in Europa ist Berlin?«, Frankfurt: Insel 1981. Das Schreiben von Ufa-Leih an die Kinobesitzer sowie das Werbeflugblatt des Ufa-Theaters im Schwan befinden sich im DIF. Informationen zu Noldan enthält: Hans-Jürgen Brandt: »NS-Filmtheorie und dokumentarische Praxis: Hippler, Noldan, Junghans«, Tübingen: Niemeyer 1987 (Medien in Forschung + Unterricht A/23). Der Noldan-Nachlaß befindet sich in Privatbesitz.

Nie wieder Fritz Lang!
Die Zitate aus den Vorstandsprotokollen stammen von folgenden Sitzungen: 23.6. und 18.10.1927, 2.10., 23.10. und 29.5.1928, 8.2., 9.9., 19.7. und 11.11.1929 sowie 14.6.1932. Der Verriß von SPIONE stand im *Berliner Tageblatt*, 23.3.1928. Von den Dreharbeiten zu FRAU IM MOND berichtete Fritz Olimsky unter dem Titel »Ausflug nach dem Mond« in der *Berliner Börsen-Zeitung*, 8.2.1929. Die beiden zitierten Kritiken: Hermann Hiber in: *Die Volksbühne*, Heft 8, November 1929; Bar Kochba in: *Der Angriff*, 24.10.1929. Kurz vor der Uraufführung sagte Lang einem Interviewer: »Ich bin sogar der Ansicht, daß dieser phantastische Film vom Publikum gerade deshalb begrüßt werden wird, weil er kein Tonfilm ist.« Dialoge würden den Film nur trivialisieren, außerdem stehe der Tonfilm noch »bestenfalls in einem Versuchsstadium, und es ist fraglich, ob er dieses überwinden wird« (Reinhold Zenz: »Im kosmischen Filmatelier. Ein Gespräch mit Fritz Lang«, in: *Deutsche Allgemeine Zeitung*, 12.10.1929).

Kein Rokokoschloss für Buster Keaton
Zur 5Ojährigen Geschichte des Universum-Kinos 1928-78 erschien 1980 eine zweibändige Dokumentation, für den Berliner Senat erstellt von Helge Pitz und Winfried Brenne. Mendelsohns Stichworte zu dem Bauvorhaben stammen aus dem Buch »Erich Mendelsohn. Das Gesamtschaffen des Architekten«, Berlin: Mosse 1930. Die Signatur der zitierten Vorstandsprotokolle: R 109 I/1O26b, 1027a, 103Oa, 1031b.

Geheimnisse dreier Seelen
Die Briefe von Leonard Frank an den Vorstand befinden sich in den Ufa-Akten im BA Berlin.

Die Ufa und die Dichter
Die Klage des Autors Johannes Brandt (DAS FLÖTENKONZERT VON SANSSOUCI) war erfolgreich: Das Landgericht verurteilte die Ufa zur Zahlung von 6000 RM Schadensersatz; der Vorstand beschloß auf der Sitzung vom 21.8.1931, keine Berufung gegen das Urteil einzulegen. Auch erschien es dem Ufa-Vorstand klüger, auf die Vorwürfe in der *Weltbühne* nicht zu reagieren: »Herr Klitzsch bittet nach nochmaliger Besprechung mit Herrn Correll, von einer Klage Abstand zu nehmen. Eine solche Klage kann sich nur zu einer Reklame für die Linksjournalisten auswirken.« (18.8.1931)

Wir hier oben, ihr da unten
Quelle des Artikels sind die Vorstandsprotokolle im BA Koblenz. Nachweis der Zitate: 24.5.1928 (Rudi Feld); 3.4.1928 (Roland Schacht; seine Kündigung 24.1.1930); 30.10.1928 (Vertragsaufhebung Hoffmann); 15.12.1927 (Entlohung der Theaterleiter); 20.4.1927 (Sommeruniformen);27.6.1920 (Extrahonorar für Zeisler); 8.11.1929 (Kündigung von Hübbenet); 22.2.1928 (Angriffe auf Hugenberg).

»Ton mehr aufdrehen – verstärken!«
Guido Bagiers »Schilderung einiger seltsamer Begebenheiten seit der Erfindung der Kinematographie, unter Verwendung wichtiger und unbekannter Dokumente«, der Roman »Das tönende Licht«, erschien 1943 bei August Gross, Berlin-Wilmersdorf. Im Tonfilm-Sonderheft der Scherl-Zeitschrift *Die Woche* veröffentlichte Bagier 1931 den Aufsatz »Der Tonfilm – eine deutsche Erfindung«. Die übersichtlichste Darstellung der Entwicklung des Tonfilms ist Harald Jossés Buch »Die Entstehung des Tonfilms. Beitrag zu einer faktenorientierten Mediengeschichtsschreibung«, Freiburg/München: Alber 1984, die auch bibliografische Hinweise auf die zahlreichen Publikationen der Triergon-Gruppe enthält.

Schimmerndes Schwarz und leuchtendes Weiß
Das Manuskript der Memoiren des Bühnenbildners Erich Kettelhut befindet sich im Archiv der Stiftung Deutsche Kinemathek Berlin.

Arnold Fanck – Avantgardist
Arnold Fanck hat seine Memoiren »Er führte Regie mit Gletschern, Stürmen und Lawinen« 1973 in der Nymphenburger Verlagsanstalt, München veröffentlicht. Das Drehbuch zu »Die weiße Arena« / Das weisse Stadion ist in den Ufa-Akten des BA Berlin archiviert. Herbert Linder widmete Fanck 1976 die zweite (und letzte) Ausgabe seiner in New York erschienenen *Filmhefte*; »Revisited der Fall Dr. Fanck« ist das Heftthema der ersten Nummer der Zeitschrift *Film und Kritik*, die im Herbst 1992 erschienen ist.

Keine dramatischen Maggiwürfel
Das Drehbuch »Melodie des Herzens« von Hans Székely erschien 1930 im Robinson Verlag, Berlin. Die Briefe zu Joe Mays TV-Versuchen befinden sich in den Ufa-Akten des BA Berlin. Die zeitgenössische Hauptquelle zur Geschichte der Tonfilm-Technik ist: Heinz Umbehr (Red.): »Der Tonfilm. Grundlagen und Praxis seiner Aufnahme und Wiedergabe.« Hg. v. Hans Wollenberg. Berlin: *Lichtbild-Bühne* 1930 (Bücher der Praxis 4); zweite neubearbeitete Auflage 1932. Filmhistorische Rückblicke auf die Umbruch-Epoche sind Harry M. Geduld: »The Birth of the Talkies: From Edison to Jolson«, Bloomington, London: Indiana University Press 1975; Alexander Walker: »The Shattered Silents. How the Talkies Came to Stay«, London: Elm Tree 1978, sowie Harald Jossé: »Die Entstehung des Tonfilms«, Freiburg, München: Alber 1984, (Alber-Broschur Kommunikation 13). Herbert Holbas »Die Geschichte des deutschen Tonfilms« erschien ab Dezember 1979 in der Zeitschrift F – Filmjournal, die mit Nr. 25 im August/September 1980 ihr Erscheinen einstellte – die Serie blieb leider Fragment.

Die Fassade der Moral
Die Produktionsgeschichte von Sternbergs Der blaue Engel dokumentiert Werner Sudendorf: »Marlene Dietrich. Dokumente, Essays, Filme«, die aus Anlaß der Berlinale-Retrospektiven 1977 und 1978 bei Hanser herauskam; überarbeitete Taschenbuchausgabe: Frankfurt, Berlin, Wien: Ullstein 1980. Josef von Sternbergs Memoiren »Fun in a Chinese Laundry« erschienen unter dem Titel »Das Blau des Engels« 1992 bei Schirmer-Mosel in München. Die Bücher über Marlene Dietrich sind – mit steigender Tendenz – mittlerweile Legion.

Angejazzt
Eine genaue Analyse der Filmmusik zu Der blaue Engel bietet Ulrich Rügner in seiner Dissertation »Filmmusik in Deutschland zwischen 1924 und 1934«, Hildesheim usw.: Olms 1988. H.J.P. Bergmeiers »The Weintraub Story (incorpated the Ady Rosner Story)« erschien 1982 in *Der Jazzfreund*, Menden.

Die Ästhetik des Tonfilms
Der Artikel findet sich, gesammelt mit anderen Feuilletons Erich Kästners aus der *Neuen Leipziger Zeitung*, in der zweibändigen Ausgabe »Gemischte Gefühle«, Zürich: Atrium Verlag 1989; (c) Copyright by Erich Kästner Erben, München.

Prügelei im Parkett
Zum politischen Kontext vgl. Helmut Regels Darstellung »Die Fridericus-Filme der Weimarer Republik«, in: Axel Marquardt, Heinz Rathsack (Hg.): »Preußen im Film«. Reinbek: Rowohlt 1981 (Preußen – Versuch einer Bilanz 5). Die Auseinandersetzung um Im Westen nichts Neues ist dokumentiert in: »Der Fall Remarque«, hg.v. Bärbel Schrader, Leipzig: Reclam 1992 (Reclam-Bibliothek 1433).
Auch mit dem alten Fridericus-Film machen die neuen Ufa-Herren noch glänzende Geschäfte: Man kann ihn z.B. an die eigenen Parteifreunde verkaufen. »Wie andere Vereine usw. hat auch die DNV diesen Film zur Veranstaltung von Vorführungen zu Parteizwecken bestellt. Es handelt sich um eine voraussichtliche Leihmiete von etwa 35.000 RM. Außerdem erhalten wir 20 kaum gebrauchte Filmkopien.« (Vorstandssitzung 6.3.1928).

Vorwiegend deutsch
Eine auf die im BA Koblenz vorhandenen Akten gestützte Darstellung zur Geschichte der Wochenschau ist Hans Barkhausens »Filmpropaganda für Deutschland«. 1939 erschien die Broschüre »25 Jahre Wochenschau der Ufa«, herausgegeben von der Ufa-Lehrschau unter Mitarbeit der Pressestelle der Universum-Film AG und der Ufa-Wochenschau.

Schokolade, Waschpulver und Politik
Die Revisionsberichte der Werbefilm-Abteilung befinden sich im BAK (R 109 I, Bd. 550). Die Besprechung »Persil im Tonfilm« veröffentlichte der *Hamburger Anzeiger*, 30.1.1932. Verträge und Korrespondenz zum Bremen-Film (darunter auch ein paar Probeaufnahmen) sowie das Rundschreiben zur Abmachung UFA-YMCA befinden sich im Staatsarchiv Bremen (Sig. P.I.l. Nr. 72)
Zu dem lange Zeit unbeachtetem Feld der angewandten Filmkunst liegt lediglich eine Arbeit vor: Ingrid Westbrock: »Der Werbefilm. Ein Beitrag zur Entwicklungsgeschichte des Genres vom Stummfilm zum frühen Ton- und Farbfilm«. Hildesheim usw.: Olms 1983 (Studien zur Filmgeschichte 1).
Neben dem – ebenfalls von der Ufa beschäftigten – Werbefilmer Hans Fischerkoesen gehört Wolfgang Kaskeline zu den vergessenen Meistern seines Fachs. Sehr früh experimentierte er mit dem Farbfilm; vgl. seinen Aufsatz im *Film-Kurier*, 9.1.1932. Zu seinem Schicksal im Dritten Reich siehe das Vorstandsprotokoll vom 17.9.1935: »Herr Grieving gibt bekannt, daß der Trickzeichner Kaskeline als Nichtarier die Weiterarbeit von seiten der Reichsfilmkammer untersagt ist.« Der beschlossene Überbrückungskredit ist handschriftlich gestrichen; Kasekeline konnte noch einmal seine Zulassung erreichen. Zwei Jahre später, am 26.10.1937, wird mitgeteilt, »daß der Genannte fristlos entlassen werden mußte«: Berufsverbot.

Europas größtes Kino
Presseberichte zur Eröffnung des hamburger Ufa-Palastes: *Hamburger 8-Uhr-Abendblatt*, 20.12.1929 (dort die Beschreibung der Eingangshalle); *Hamburgischer Correspondent*, 21.12.1929; *Hamburger Nachrichten* und *Hamburger Fremdenblatt*, 22.12.1929; *Hamburger Volkszeitung*, 23.12.1929. Der zitierte Artikel »Die Bühne im Ufa-Palast« von W. Unruh steht in den *Hamburger Nachrichten*, 21.12.1929. Die ersten Branchengerüchte über das Ufa-Engagement am Oliver-Projekt bringt die *Lichtbild-Bühne* bereits am 7.12.1927; die Entscheidung des Ufa-Vorstands fällt am 4.4.1929, der abwesende Klitzsch stimmt einen Tag später zu. Mit dem Antrag der Ufa auf Erteilung der Operettenkonzession befaßt sich der Hamburger Senat am 31.1. und 24.3.1930; das Urteil des Oberverwaltungsgerichts Hamburg ergeht am 2.4.1930.
Die umfangreiche Korrespondenz in dieser Sache sowie die Beschwerde der Gau-Propagandaleitung der NSDAP befinden sich im Hamburgischen Staatsarchiv (Bestand Gewerbepolizei, Signatur 376-2 IX Spezialakten F 15 Bd. 2).

Wir machen in Musik
Das offizielle Gründungsdatum der Ufaton Verlagsgesellschaft mbH ist der 11.11.1929. Das zitierte Gutachten zum Kauf des Wiener Bohème Verlags ist erhalten als Anlage zu den Vorstandsprotokollen 1931; die Revisionsberichte befinden sich im BAK (R 109 I, Bd. 557). Die Auswirkungen der Weltwirtschaftskrise sind in den Anfangsjahren des Dritten Reiches noch spürbar und beeinträchtigen den Schallplattenverkauf. 1929 wurden 30 Millionen Platten umgesetzt, 1932 15 Millionen und 1934 gar nur 8 Millionen; vgl. die Dissertation von Dietrich Schulz-Köhn: »Die Schallplatte auf dem Weltmarkt«, Königsberg 1940. Zur Biografie Heymanns siehe Habakuk Traber, Elmar Weingarten (Hg.): »Verdrängte Musik. Berliner Komponisten im Exil«, Berlin: Argon 1987. In der Zeitschrift *Fox auf 87*, Heft 4 (Herbst 1987) hat Marko Paysan den Aufsatz »In allen Variationen: Filmschlager vor 50 Jahren« publiziert. Als Sondernummer der Hauszeitschrift *et cetera.* erschien im Dezember 1979 eine reich illustrierte Jubiläums-Ausgabe »60 Jahre Wiener Bohème Verlag, 50 Jahre Ufaton-Verlag«.

Schulden für Winnetou
Der Briefwechsel Charha-Film/Ufa sowie die Dokumente zum Rechtsstreit befinden sich im BA Berlin, Dokumentenarchiv Mappe 215; die Kopie von Dieterles Brief an Direktor Lehmann und Fotokopien der Korrespondenz zwischen der Deutschen Botschaft in Washington und dem Auswärtigen Amt Berlin im Archiv der SDK, Sammlung Dieterle, Forschungsarchiv Marta Mierendorff.

Zwischen Kabarett und KZ
Seine Rollenwünsche verriet Kurt Gerron in: Herrmann Treuner (Hg.): »Filmkünstler – Wir über uns selbst«, Berlin: Sibyllen 1928. Dokumente zum Ghetto-Film, Briefe Gerrons und Ausschnitte aus dem Drehbuch enthält H. G. Adler: »Die verheimlichte Wahrheit. Theresienstädter Dokumente«, Tübingen: Mohr 1958. Gerrons Karriere steht im Mittelpunkt von Ulrich Liebes Buch »Verehrt, verfolgt, vergessen. Schauspieler als Naziopfer«, Weinheim, Berlin: Belz Quadriga 1992.

Affären, Intrigen, Politik
Die Personalakte Correll liegt im BAK (R 109 I, Bd. 2828). Das vertrauliche Schreiben an Klitzsch vom 18.2.1933 befindet sich im BAB und ist dokumentiert bei Mühl-Benninghaus, Dokumentenband.

Stütze der Gesellschaft
Aus ihrer Sicht als Zeitzeugin und Begleiterin schildert Berta Drews in »Heinrich George. Ein Schauspielerleben«, Hamburg: Rowohlt 1959 Verlauf und Hintergründe der Karriere Georges. Eine akribische Zusammenstellung und Auswertung der künstlerischen Entwicklung in seinen Bühnen- und Filmrollen bietet Horst Mesalla in »Heinrich George. Versuch der Rekonstruktion der schauspielerischen Leistung unter besonderer Berücksichtigung der zeitgenössischen Publizistik«, Diss. phil., Berlin 1969. Die neueste Biografie des Schauspielers ist Peter Laregh: »Heinrich George. Komödiant seiner Zeit«, München: Langen Müller 1992.

Gleichschritt in die »neue Zeit«
Die Darstellung der nationalsozialistischen Filmpolitik stützt sich vorwiegend auf die beiden Bände »Zur politischen Ökonomie des NS-Films« von Wolfgang Becker und Jürgen Spieker. »Die Gesetze und Verordnungen für das deutsche Filmwesen. Vom 13. März bis 24. August 1933«, zusammengestellt vom anpassungsfähigen Ministerialrat Dr. Seeger, ist 1933 im Verlag des Film-Kurier, Berlin erschienen.

Mit einer Dissertation über »Aufbau und Hoheitsbefugnisse der Reichsfilmkammer«, erschienen im Universitätsverlag von Robert Noske, Leipzig, erlangte Harry Rohwer-Kahlmann 1936 die Doktorwürde. Eine von Karl-Friedrich Schrieber und Bruno Pfennig zusammengestellte »Sammlung der für die Reichsfilmkammer geltenden Gesetze und Verordnungen, der amtlichen Anordnungen und Bekanntmachungen der Reichskulturkammer und der Reichsfilmkammer« erschien 1936 unter dem Titel »Filmrecht« bei Junker und Dünnhaupt, Berlin.

Person minderen Rechts
Das Urteil des Reichsgerichts befindet sich im Zentralen Staatsarchiv Potsdam unter der Signatur I.297/35 und ist – ohne Namensnennung – auszugsweise gedruckt bei Walther Hofer: »Der Nationalsozialismus«, Frankfurt: Fischer 1957. Drehbuch- und Regievertrag zu Die Heimkehr des Odysseus sind als Anlage zum Vorstandsprotokoll vom 10.2.1933 erhalten. Der Briefwechsel Pommer/DNVP/Klitzsch befindet sich im Bundesarchiv-Filmarchiv, Berlin. Das zitierte Protokoll der Vorstandsitzung vom 29.3.1933: Niederschrift Nr. 905, BAK (R 109 I, Bd. 1029a).

Lachen mit Sondererlaubnis
Dem Werk Reinhold Schünzels galt, aus Anlaß seines 100. Geburtstages, der 1. Internationale filmhistorische Kongreß, den CineGraph in seiner Heimatstadt veranstaltete. Herausgegeben von Jörg Schöning sind die Ergebnisse in Buchform erschienen: »Reinhold Schünzel. Schauspieler und Regisseur«, München: Edition text + kritik 1989 (Ein CineGraph-Buch).

Vom Fahren beim Stehenbleiben
Der Wiederentdeckung des Außenseiters Werner Hochbaum als einem der wichtigsten Regisseure der 30er Jahre galt 1976 eine Retrospektive bei der Viennale. Aus diesem Anlaß publizierte das Dokumentationszentrum Action die Broschüre: »Werner Hochbaum. Filme 1929-1939«, redigiert von Peter Spiegel.

In ander theater niet!
Der zitierte Bericht über das Rembrandt-Theater, erstellt von der Auslandsabteilung am 18.3.1935, liegt als Anlage bei den Vorstandsprotokollen. Das Aktenmaterial betr. »Neuordnung der deutschen Filminteressen« in Holland (Schreiben von Greven, Winkler sowie detaillierte Berichte an das Finanzministerium) gehört zum Bestand des Propagandaministeriums, BAK R 55, Bd. 773 (Wirtschaftsausschuß) und Bd. 1319 (Cautio). Persönliche Erinnerungen des niederländischen Pressechefs der Ufa, Dick Schiferli, bringt der Zeitungsartikel: Henk van Gelder, »Ademloos van bewondering voor Zarah Leander«, in *NRC Handelsblad*, 22.2.1992.

Glückskekse
Das Wissen über Lilian Harveys Karriere faßt Christiane Habich, unter Mitarbeit von Winfried Günther, zusammen in: Lilian Harvey«, Berlin/West: Haude & Spener 1990.

Aus den Wolken
Das Schreiben mit den für die Tricks nötigen Anschaffungen: Anlage zu den Vorstandsprotokollen, Bd. 1029c. Der Film war mehrfach Thema auf den Vorstandssitzungen; offensichtlich gab es mancherlei Bedenken und Ängstlichkeiten. »Herr Schünzel erklärt noch, daß der Film entsprechend der Stellungsnahme des Reichsfilmdramaturgen keinerlei Persiflagen aufweisen wird«, heißt es am 11.12.1934. Noch nach der Abnahme wurde in den Film eingegriffen: »Der Vorstand beschließt nach der Anregung des Herrn Köhn die Streichung der Textstelle ›Wir wollen den Kriegsminister sehen‹ im ersten Teil dieses Films.« (19.7.1935).« Informationen zur Geschichte der Ufa-Trickabteilung enthält der Artikel »Der Trickser. Ernst Kunstmann – ein Pionier der Special Effects«, Material von Uwe Fleischer, ausgewählt, zusammengestellt und bearbeitet von Rolf Aurich, in *Filmwärts*, Nr. 23, August 1992.

Kino als rituelle Erfahrung
Den von Leni Riefenstahl, bzw. ihrem Ghostwriter Ernst Jäger verfaßten Bericht »Hinter den Kulissen des Reichsparteitag-Films« brachte 1935 der offizielle Parteiverlag Franz Eher Nachf., München, heraus.

Die graue Eminenz
Die Cautio-Unterlagen befinden sich im Aktenbestand des Propagandaministeriums, BAK R 55, Bd. 485 (Winkler-Brief vom 12. 5. 1939) bzw. 772 (Schreiben der Deutschen Bank). Zitiert wird aus Axel Eggebrechts Memoiren »Der halbe Weg«. Reinbek: Rowohlt 1975 sowie Margret Boveri: »Wir lügen alle«, Olten, Freiburg: Walter 1965.

Der Beichtvater des Promi
Die Zitate sind in der Goebbels'schen Schreibweise wiedergegeben. Sie entstammen der Edition »Die Tagebücher von Joseph Goebbels. Sämtliche Fragmente«, hg. von Elke Fröhlich im Auftrag des Instituts für Zeitgeschichte und in Verbindung mit dem Bundesarchiv, München: Saur 1987.

Ein nationalsozialistischer Musterbetrieb
Die Betriebsordnung der Universum-Film Aktiengesellschaft, die hausinterne Information über den Kameradschaftsabend 1936 sowie das Merkblatt 1943 sind archiviert im Schriftgutarchiv der SDK. Die zitierte Selbstdarstellung der Ufa (vermutlich 1941) und zwei Ausgaben der *Ufa Feldpost* besitzt das DIF.

Lebenslauf des Films
Das einzige, was von der Ufa-Lehrschau erhalten geblieben ist, sind die wöchentlichen Berichte (BAB). Die wichtigste Literatur über die Ufa-Lehrschau ist die illustrierte 64-seitige Broschüre »Die Ufa-Lehrschau. Der Weg des Films von der Planung bis zur Vorführung«, die 1941 im Ufa-Buchverlag Berlin erschien und in der Hans Traub und

Franz Freiherr von Steinaecker die einzelnen Abteilungen vorstellen. Traub beschreibt in der intern für die deutsche Presse gedachten Broschüre »Der Deutsche Film 1943/44«, noch einmal »Geschichte – Gestalt – Bedeutung« der Ufa-Lehrschau.

Das Ufa-Baby
Marika Rökks Memoiren sind – mit Unterstützung der Journalistin Elvira Reitze unter dem Titel »Herz mit Paprika« 1988 in München bei Universitas erschienen. In der von Helga Belach herausgegebenen Dokumentation zum deutschen Revuefilm der Nazi-Jahre »Wir tanzen um die Welt«, München, Wien: Hanser 1979, steht Rökk wiederholt im Mittelpunkt der Darstellung, speziell in den Aufsätzen von Helga Belach, Carla Rhode und Karsten Witte. Das zeitgeschichtliche Umfeld beleuchten auch Reinhard Kloos, Thomas Reuter: »Körperbilder. Menschenornamente in Revuetheater und Revuefilm«, Frankfurt: Syndikat 1980, und Hans-Dieter Schäfer: »Das gespaltene Bewußtsein. Deutsche Kultur und Lebenswirklichkeit«, München, Wien: Hanser 1981.

UFrAnce 1940-1944
Die wichtigste Literatur zur französischen Filmindustrie in ihrem Verhältnis zu den deutschen Okupanten ist: Pierre Léglise: »Histoire politique du cinéma français, Bd. 2, Le cinéma entre deux républiques, 1940-1946«, Pierre Lherminier éd., Paris 1977; »Hommage à Jean Grémillon«, in: Cinéma 81, Nr. 275, November 1981; François Truffaut: »Der französische Film, die Okkupation und ich«, in »Die letzte Metro. Filmtext«, hg.v. Robert Fischer, München: Filmlandpresse 1982 (Schriftenreihe Truffaut, Bd. 3); Jacques Siclier: »La France de Pétain et son cinéma«, Paris: Veyrier 1981; Taschenausgabe: Ramsay Poche Cinéma 1990; Francis Courtade: »Die deutsch-französischen Koproduktionen; Die Continental«, in: Heike Hurst, Heiner Gassen (Hg.): »Kameradschaft – Querelle. Kino zwischen Deutschland und Frankreich«, CICIM (Institut Français de Munich), Nr. 30-32, Juni 1991 und Roger Icart: »Quand le cinéma allemand occupait les écrans français«, in: Cahiers de la Cinémathèque, Nr. 55-56, Dezember 1991. Die Aktivitäten Alfred Grevens in Frankreich sind dokumentiert in den Akten des Propagandaministeriums, BAK, R 55, Bd. 665 und Bd. 1319.

»Hier erhielt der Gedanke eine feste Form«
Die zitierten Briefe Ritters an Hagemann befinden sich im Dokumenten-Archiv der SDK.
VERRÄTER kommt über einen Umweg an die Ufa: Die Produktionsfirma Delta will den Spionage-Film in Neubabelsberg drehen, macht den Atelier-Auftrag aber davon abhängig, daß die Ufa ihr Willy Birgel für diesen Film überläßt. Der Vorstand lehnt dieses Ansinnen am 14.2.1936 ab. Kurze Zeit später ist der Stoff bei der Ufa, und Birgel spielt die Rolle. Die Premiere wird von Staats wegen groß aufgezogen: »Der Vorstand erklärt sich, entsprechend dem Wunsche des Herrn Weidemann, mit der Uraufführung des Films VERRÄTER im Rahmen einer Festveranstaltung in Nürnberg während des Reichsparteitages, der am 9.9. beginnt, einverstanden. Die Reichswehr wünscht, daß die Uraufführung nicht nach dem 15.9. stattfindet, da die Herren dann wegen der beginnenden Manöver behindert sind.« (26.8.1936) Es gibt noch ein Nachspiel: Am 22.9. fordert die Delta-Film als Ausgleich für ihre Vorbereitungsarbeiten 5000 RM von der Reichsparteileitung; die Ufa übernimmt die Abgeltung der Ansprüche durch Zahlung von 1500 RM.

Der neue Riese
Neben den Darstellungen von Wolfgang Becker und Jürgen Spieker diente vor allem das Kapitel »Niedergang und Wiederaufbau« im »Handbuch der filmwirtschaftlichen Medienbereiche« von Georg Roeber und Gerhard Jacoby, Pullach: Verlag Dokumentation, als Grundlage der Darstellung.

Im Auftrag der Partei
Ausgewertet wurden die Aktenbestände des Propagandaministeriums, BAK R 55. Korrespondenz und Aktennotizen zur Deutschen Kulturfilmzentrale befinden sich in Bd. 180 (dort auch der eingangs zitierte Bericht von Neumann), zur Ufa-Sonderproduktion in Bd. 760 sowie Bd. 663 (Vorstellung und Kostenaufstellung einzelner Projekte).

Der Kult des Unpolitischen
Das zitierte Schreiben Hinkels an Goebbels befindet sich im BA Koblenz (R 55, Bd. 662).

Der Pressechef und die Gestapo
Die Akte Richard Düwell befindet sich im BAK (R 55, Bd. 174). Eine kurze biografische Notiz über Düwell veröffentlichte der Film-Kurier, 17.2.1942.

Suggestion der Farben
Dokumente zur Produktionsgeschichte der beiden Filme: BAK, R 109 II, Bd. 47.
Die für die Kunstbetrachter der »großdeutschen« Presse gedachten Broschüre »Der Deutsche Film 1945«, eingeleitet von Reichsfilmintendant SS-Gruppenführer Ministerialdirektor Hans Hinkel, enthält mehrere Aufsätze zum Thema Film und Farbe; darunter den Bericht »Drei Jahre hinter der Farbfilmkamera. Enttäuschungen, Erfahrungen, Erfolge – Rückblick und Ausblick« vom Bruno Mondi, dem Kameramann von DIE GOLDENE STADT, IMMENSEE, OPFERGANG und KOLBERG. Aus Anlaß der Retrospektive »Farb Filmfest« bei der Berlinale 1988 setzt sich Frieda Grafe in der Begleitbroschüre, hg.v. Hans Helmut Prinzler, mit Harlans OPFERGANG auseinander.

Karriere im Dritten Reich
Die zitierten Beschlüsse des Ufa-Aufsichtsrates befinden sich im Aktenbestand des Propagandaministeriums, BAK (R 55/773). Zu den Vertragsquerelen 1937 s.: Protokolle der Vorstandssitzungen, (R 109 I/1032b). Der ursprünglich vorgesehene Schluß von DIE GOLDENE STADT ist einem Drehbericht im Film-Kurier vom 29.8.1941 zu entnehmen: Anna »findet zu Thomas zurück (...) Statt ihrer findet der Vater den Tod im Moor«. Das Schreiben des SS-Gruppenführers Serbien an den Reichsführer SS und Chef der Deutschen Polizei im Reichsministerium des Innern, datiert 11.11.1942, ist faksimiliert in: Veit Harlan, »Im Schatten meiner Filme«. Gütersloh: Mohn 1966. Die Tagebücher des Bürgermeisters Carl Vincent Krogmann liegen im Hamburgischen Staatsarchiv; der zitierte Band trägt die Signatur 622-1 C 15 XII/8. Mit Harlan haben sich speziell auseinandergesetzt: Karsten Witte: »Der barocke Faschist: Veit Harlan und seine Filme« in: Intellektuelle im Bann des Nationalsozialismus«, hg.v. Karl Corino, Hamburg Hoffmann und Campe 1980, und Siegfried Zielinski: »Veit Harlan. Analysen und Materialien zur Auseinandersetzung mit einem Film-Regisseur des deutschen Faschismus«, Frankfurt: R. G. Fischer 1981.

Film als Durchhalteration
Dokumente zur Produktionsgeschichte sowie zu den Änderungswünschen des Ministers befinden sich im BAK, R 55, Bd. 664 und R 109 I, Bd. 957.
Auf Wunsch von Goebbels wurde 150 NS-Führungsoffizieren der Film am 6.12.1944 gezeigt. Noch am Morgen der Vorführung teilte der Reichsfilmintendant dem Minister mit: »Aus der Gebärszene des Films KOLBERG werden in zwei Schnitten die gröbsten Peinlichkeiten entfernt.«

Unter den Brücken
Die zitierten Schreiben stammen aus dem BAK (R 109 III, Bd. 13 und 18). Hinkels Schreiben betr. »Ehemalige Freimaurer im Filmbetrieb« befindet sich in den Akten des Propagandaministeriums, BAK (R 55, Bd. 662), der Aktenvermerk zu DAS LEBEN GEHT WEITER im Archiv der Murnau-Gesellschaft. Über »Das Leben geht weiter« ist den Film-Nachrichten, 16.12.1944, zu entnehmen: »Am Beispiel Berlins und seiner tapferen Bevölkerung, für die hier in diesem Film die Schicksale von ein paar besonders herausgehobenen Menschen stehen, schildert der Film den trotz allen Bombenterrors unbeugsamen Lebens- und Kampfeswillen des deutschen Volkes.« Der Drehbuchautor Walter Ulbricht äußert sich über »Die Entstehung des Films UNTER DEN BRÜCKEN« in der Neuen Zürcher Zeitung, 11.5.1947. Die Erinnerung von Carl Raddatz stammt aus den ZDF-Informationen zur Ausstrahlung des Films. Hingewiesen sei auf Wolfgang Jacobsen, Hans Helmut Prinzler (Hg.): »Käutner«. Berlin: Edition Filme im Wissenschaftsverlag Volker Spiess 1992.

Neuer Zug auf alten Gleisen
Der Text ist die von Kurt Maetzig bearbeitete Zusammenfassung eines Interviews, das Rolf Aurich und Hans-Michael Bock mit ihm am 20.5.1992 in Wildkuhl führten. Maetzigs Gespräche, Reden und Schriften, darunter auch Texte aus den 40er und 50er Jahren, erschienen unter dem Titel »Filmarbeit«, hg. von Günter Agde, 1987 im Henschelverlag Berlin.

Noch immer nach Hugenberg riechend
Der Text ist eine von Hans Abich bearbeitete und autorisierte Zusammenstellung von Dokumenten und Interview-Äußerungen. Sie entstammen »Von den Absichten einer Göttinger Filmproduktion«, einem Dokument vom 27.4.1948 im Nachlaß der Filmaufbau GmbH Göttingen; Rolf Thiele: »Trotz Zeit, Tod und Verwesung sind wir noch alle beisammen«, Rom: Privatdruck 1983; dem Gespräch mit Hans Abich: »Zeigen, wie es sein soll«, in »Lichtspielträume. Kino in Hannover 1896-1991«, Hannover: Gesellschaft für Filmstudien 1991; sowie einem Brief von Hans Abich an Susanne Fuhrmann vom 9.7.1992.

Auferstanden aus Ruinen
Zum fünfjährigen Bestehen der DEFA erschien 1951 im Deutschen Filmverlag, Berlin, die offizielle Festschrift »Auf neuen Wegen. 5 Jahre fortschrittlicher deutscher Film«. Zeitgenössische Pressestimmen und andere Materialien versammelt die von Studenten der Hochschule für Film und Fernsehen unter der Leitung von Dr. Christiane Mückenberger erarbeitete zweibändige Dokumentation »Zur Geschichte des DEFA-Spielfilms 1946-1949«, publiziert als Information Nr. 3-6, 1976 und Filmwissenschaftliche Beiträge, Sonderband 1, 1981. Die organisatorischen und ökonomischen Hintergründe der ersten Jahre schildert der langjährige Technische Direktor der DEFA, Prof. Dr. Albert Wilkening, in seiner dreiteiligen »Betriebsgeschichte des VEB DEFA Studio für »Spielfilme«, die 1981-84 von der DEFA-Betriebsorganisation der SED vertrieben wurden.

Schurkenstücke / Ein schwaches Remake / Rauhe Wasser / Ausverkauf
Hauptquellen für die Geschichte des westdeutschen Nachkriegsfilms sind neben Roeber/Jacoby und der Berichterstattung in Der Spiegel vor allem die umfangreiche Darstellungen von Johannes Hauser, Klaus Kreimeier sowie die Kataloge »Artur Brauner und die CCC« und »Zwischen Gestern und Morgen« zu gleichnamigen Ausstellungen im Deutschen Filmmuseum Frankfurt.

Freiheit im Tonkreuz
Reinald Gußmanns Fotoserie entstand für dieses Buch im Winter 1991/92 auf dem DEFA-Gelände in Potsdam-Babelsberg.

Literaturhinweise

Gerd Albrecht: Nationalsozialistische Filmpolitik. Eine soziologische Untersuchung über die Spielfilme im Dritten Reich. Stuttgart: Ferdinand Enke Verlag 1969.

Gerd Albrecht (Hg.): Der Film im Dritten Reich. Karlsruhe: Doku-Verlag 1979.

Curt I. C. Anderson: Über die deutsche Filmindustrie und ihre volkswirtschaftliche Bedeutung unter Berücksichtigung ihrer internationalen Beziehungen. Diss. Universität München 1927. München: Weiss 1929.

Rudolf Arnheim: Kritiken und Aufsätze zum Film. Hg. v. Helmut H. Diederichs. München, Wien: Hanser 1977; erweiterte Taschenbuchausgabe: Frankfurt: Fischer 1979 (FTB 3653).

Rolf Aurich, Susanne Fuhrmann, Pamela Müller (Red.): Lichtspielträume. Kino in Hannover 1896-1991. Hannover: Gesellschaft für Filmstudien 1991.

Béla Balázs: Schriften zum Film. Hg. v. Helmut H. Diederichs, Wolfgang Gersch und Magda Nagy. 2 Bände. München: Hanser / Berlin/DDR: Henschel / Budapest: Akadémiai Kiadó 1982-84.

Christa Bandmann, Joe Hembus: Klassiker des deutschen Tonfilms. 1930-1960. München: Goldmann 1980.

Hans Barkhausen: Filmpropaganda für Deutschland im Ersten und Zweiten Weltkrieg. Hildesheim, Zürich, New York: Olms 1982.

Dieter Bartetzko: Illusionen in Stein. Stimmungsarchitektur im deutschen Faschismus. Ihre Vorgeschichte in Theater- und Film-Bauten. Reinbek: Rowohlt 1985 (rororo 7889).

Manfred Barthel: So war es wirklich. Der deutsche Nachkriegsfilm. München, Berlin: Herbig 1986.

Wolfgang Becker: Film und Herrschaft. Organisationsprinzipien und Organisationsstrukturen der nationalsozialistischen Filmpropaganda. Berlin/West: Spiess 1973 (Zur politischen Ökonomie des NS-Films 1).

Bei der Ufa machte man das so... Kino – Das große Traumgeschäft. 20 Teile. In: Der Spiegel, Nr. 36, 6.9.1950 – Nr. 3, 17.1.1951.

Helga Belach (Hg.): Wir tanzen um die Welt. Deutsche Revuefilme 1933 – 1945. München: Hanser 1979.

Uta Berg-Ganschow, Wolfgang Jacobsen (Hg.): ...Film...Stadt...Kino...Berlin... Berlin/West: Argon 1987.

Jürgen Berger, Hans-Peter Reichmann, Rudolf Worschech (Red.): Zwischen Gestern und Morgen. Westdeutscher Nachkriegsfilm 1946-1962. Frankfurt: Deutsches Filmmuseum 1989.

Friedemann Beyer: Die UFA-Stars im Dritten Reich. Frauen für Deutschland. München: Heyne 1991 (Heyne Filmbibliothek 32/131).

Edgar Beyfuß, Alex Kossowsky (Hg.): Das Kulturfilmbuch. Berlin: Chryselius 1924.

Bezirksamt Tempelhof Abteilung Volksbildung (Hg.): Die Ufa – auf den Spuren einer großen Filmfabrik. Berlin/West: Elefanten Press 1987.

Heinz Boberach (Hg.): Meldungen aus dem Reich. Die geheimen Lageberichte des Sicherheitsdienstes der SS. 17 Bände. Herrsching: Pawlak 1984.

Willi A. Boelcke (Hg.): Kriegspropaganda 1939-1941. Geheime Ministerkonferenzen im Reichspropagandaministerium. Stuttgart: DVA 1966.

Raymond Borde, Freddy Buache, Pierre Cadars: Le cinéma réaliste allemand. Lyon: Serdoc 1965.

Hans-Jürgen Brandt: NS-Filmtheorie und dokumentarische Praxis. Hippler, Noldan, Junghans. Tübingen: Max Niemeyer Verlag 1987. (Medien in Forschung + Unterricht A/23).

Ilona Brennicke, Joe Hembus: Klassiker des deutschen Stummfilms. 1910-1930. München: Goldmann 1983.

Francis Courtade, Pierre Cadars: Histoire du Cinéma Nazi. Paris: Losfeld 1972; gekürzte Übersetzung: Geschichte des Films im Dritten Reich. München, Wien: Hanser 1975.

Günther Dahlke, Günter Karl (Hg.): Deutsche Spielfilme von den Anfängen bis 1933. Berlin/DDR: Henschel 1988.

Boguslaw Drewniak: Der deutsche Film 1938-1945. Ein Gesamtüberblick. Düsseldorf: Droste 1987.

Lotte H. Eisner: Die dämonische Leinwand. Die Blütezeit des deutschen Films. Wiesbaden: Der neue Film 1955; erweiterte Taschenbuchausgabe: Frankfurt: Fischer 1980 (FTB 3660).

Erobert den Film! Proletariat und Film in der Weimarer Republik. Hg.v. der Neuen Gesellschaft für Bildende Kunst (NGBK) und den Freunden der Deutschen Kinemathek e.V. Berlin: NGBK 1977.

William K. Everson: American Silent Film. New York: Oxford University Press 1978 (A History of the American Film 1).

Exil. Sechs Schauspieler aus Deutschland. 6 Bände. Berlin/West: Stiftung Deutsche Kinemathek 1983.

Horst G. Feldt (Hg.): Wissen Sie noch? Ein DnF-Tatsachenbericht vom Zusammenbruch und Neubeginn des deutschen Films. Wiesbaden-Biebrich: Der neue Film 1955.

Fritz Güttinger: Der Stummfilm im Zitat der Zeit. Frankfurt: Deutsches Filmmuseum 1984.

Fritz Güttinger (Hg.): Kein Tag ohne Kino. Schriftsteller über den Stummfilm. Frankfurt: Deutsches Filmmuseum 1984.

Willy Haas: Der Kritiker als Mitproduzent. Texte zum Film 1920-1933. Hg. v. Wolfgang Jacobsen, Karl Prümm und Benno Wenz. Berlin: Edition Hentrich 1991.

Hans Hagge: Das gab's schon zweimal. Auf den Spuren der Ufa. Berlin/DDR: Henschel 1959.

Johannes Hauser: Neuaufbau der westdeutschen Filmwirtschaft 1945-1955 und der Einfluß der US-amerikanischen Filmpolitik. Vom reichseigenen Filmmonopolkonzern (UFI) zur privatwirtschaftlichen Konkurrenzwirtschaft. Pfaffenweiler: Centaurus 1989 (Reihe Medienwissenschaft Band 1).

Michael Hanisch: Auf den Spuren der Filmgeschichte. Berliner Schauplätze. Berlin: Henschel 1991.

Anthony Heilbut: Exiled in Paradise. German Refugee Artists and Intellectuals in America, from the 1930s to the Present. New York: Viking Press 1983.

Hans Hellmich: Die Finanzierung der deutschen Tonfilmproduktion. Diss. Schlesische Friedrich-Wilhelm-Universität. Breslau 1935.

Joe Hembus: Der deutsche Film kann gar nicht besser sein. Bremen: Carl Schünemann 1961; erweiterte Neuausgabe: München: Rogner + Bernhard 1981.

Fritz Hippler: Die Verstrickung. Einstellungen und Rückblenden. Düsseldorf: Verlag Mehr Wissen o.J.

Hilmar Hoffmann: »Und die Fahne führt uns in die Ewigkeit«. Propaganda im NS-Film. Band 1. Frankfurt: Fischer 1988 (FTB 4404).

Jan-Christopher Horak: Ernst Lubitsch and the Rise of Ufa 1917-1922. MS Thesis (Magisterarbeit), Boston University 1973.

Herbert Ihering: Von Reinhardt bis Brecht. Vier Jahrzehnte Theater und Film. 3 Bände. Berlin/DDR: Aufbau 1958-61.

Lewis Jacobs: The Rise of the American Film. A Critical History. New York: Harcourt, Brace 1939.

Wolfgang Jacobsen: Erich Pommer. Ein Produzent macht Filmgeschichte. Mit einer Filmografie von Jörg Schöning. Berlin/West: Argon 1989.

Wolfgang Jacobsen (Hg.): Babelsberg Ein Filmstudio 1912-1992. Berlin: Argon 1992.

Alfred Kallmann: Die Konzernierung in der deutschen Filmindustrie, erläutert an den Filmindustrien Deutschlands und Amerikas. Diss. Universität Jena 1932. Würzburg: Triltsch 1932.

Erika Kayser: Deutsche Unterhaltungsfilme der zwanziger und dreißiger Jahre. Diss. Osnabrück 1983.

Ulrich Kayser: Die deutsche Filmindustrie. Entwicklung, Aufbau und volkswirtschaftliche Bedeutung. Diss. Universität Tübingen 1921.

Ludwig Klitzsch: Bekenntnis zum deutschen Film. (Festschrift). Berlin: Privatdruck 1941.

Richard Koszarski: An Evening's Entertainment. The Age of the Silent Feature Picture, 1915-1928. New York: Scribner's 1990 (History of the American Cinema 3).

Siegfried Kracauer: From Caligari to Hitler. A Psychological History of the German Film. Princeton: Princeton University Press 1947; deutsch: Von Caligari zu Hitler. Frankfurt: Suhrkamp 1979 (Schriften 2).

Erhard Kranz: Filmkunst in der Agonie. Eine Untersuchung zu den staatsmonopolistischen Machtverhältnissen in der westdeutschen Filmwirtschaft. Berlin/DDR: Henschel 1964.

Klaus Kreimeier: Kino und Filmindustrie in der BRD. Ideologieproduktion und Klassenwirklichkeit nach 1945. Kronberg: Scriptor 1973.

Klaus Kreimeier: Die Ufa-Story. Geschichte eines Filmkonzerns. München, Wien: Hanser 1992.

Otto Kriegk: Der deutsche Film im Spiegel der Ufa. 25 Jahre Kampf und Vollendung. Berlin: Ufa-Buchverlag 1943.

Heinz Kuntze-Just: Guten Morgen, Ufa! In: Film-Telegramm, Nr. 47, 1954 – Nr. 25, 1955.

Rudolf Kurtz: Expressionismus und Film. Berlin: Verlag der Lichtbildbühne 1926.

Dominique Lebrun: Trans Europe Hollywood. Les européens du cinéma americain. Paris: Bordas 1992.

Rahel Lipschütz: Der Ufa-Konzern. Geschichte, Aufbau und Bedeutung im Rahmen des deutschen Filmgewerbes. Diss. Universität Berlin 1932. Berlin: Energiadruck 1932.

Martin Loiperdinger (Hg.): Märtyrerlegenden im NS-Film. Opladen: Leske + Budrich 1991.

Stefan Lorant: Sieg Heil! Eine deutsche Bildgeschichte von Bismarck zu Hitler. Frankfurt: Zweitausendeins 1979.

Stephen Lowry: Pathos und Politik. Ideologie in Spielfilmen des Nationalsozialismus. Tübingen: Max Niemeyer Verlag 1991. (Medien in Forschung + Unterricht A/31).

Roger Manvell, Heinrich Fraenkel: The German Cinema. New York: Praeger 1971.

H. P. Manz: Ufa und deutscher Film. Zürich: Sanssouci 1963.

Paul Monaco: Cinema and Society. France and Germany during the Twenties. New York, Oxford, Amsterdam: Elsevier 1976.

Curt Moreck: Sittengeschichte des Kinos. Dresden: Aretz 1926.

Wolfgang Mühl-Benninghaus: Zur Rolle des staatsmonopolistischen Kapitalismus bei der Herausbildung eines Systems von Massenkommunikation zwischen 1900 und 1933. Überlegungen zum Zusammenhang von Ökonomie und Kultur. Phil. Diss. Berlin (DDR) 1987.

Nahaufnahme Neukölln. Kinos, Kameras, Kopiermaschinen. Berlin/West: Argon 1990.

Julian Petley: Capital Culture. German Cinema 1933-45. London: British Film Institute 1979.

Kurt Pinthus: Der Zeitgenosse. Literarische Portraits und Kritiken. Hg. v. Reinhard Tgahrt. Marbach: Deutsches Literaturarchiv 1971 (Marbacher Schriften).

Peter Pleyer: Deutscher Nachkriegsfilm 1946-48. Münster: Fahle 1965.

Thomas G. Plummer, Bruce A. Murray, Linda Schulte-Sasse, Anthony K. Munson, Laurie Loomis Perry (Hg.): Film and Politics in the Weimar Republic. Minneapolis: University of Minnesota 1982.

Hans Helmut Prinzler (Hg.): Europa 1939. Filme aus zehn Ländern. Berlin/West: Stiftung Deutsche Kinemathek 1989.

Hans Helmut Prinzler (Hg.): Das Jahr 1945. Filme aus fünfzehn Ländern. Berlin: Stiftung Deutsche Kinemathek 1990.

Arthur Maria Rabenalt: Film im Zwielicht. Über den unpolitischen Film des Dritten Reichs und die Begrenzung des totalitären Anspruches. München: Copress 1958; erweitert: Hildesheim, New York: Olms 1978.

Arthur Maria Rabenalt: Joseph Goebbels und der »Großdeutsche« Film. Hg. v. Herbert Holba. München, Berlin: Herbig 1985.

Johann Friedrich Rauthe: Der Aufbau der deutschen Film-Industrie unter besonderer Berücksichtigung der Konzentrationsbewegung der letzten Zeit. Diss. Friedrich-Wilhelm-Universität Berlin 1922.

Reichsfilmkammer (Hg.): Almanach der deutschen Filmschaffenden 1938/39. Berlin: Hesse 1938.

Georg Roeber, Gerhard Jacoby: Handbuch der filmwirtschaftlichen Medienbereiche. Pullach: Verlag Dokumentation 1973.

Cinzia Romani: Die Filmdivas des Dritten Reiches. München: Bahia Verlag 1982.

Paul Rotha: The Film Till Now. A Survey of the Cinema. London: Cape 1930.

Jürgen Schebera: Damals in Neubabelsberg... Studios, Stars und Kinopaläste im Berlin der zwanziger Jahre. Leipzig: Edition Leipzig 1990.

Claudius Seidel: Der deutsche Film der fünfziger Jahre. München: Heyne 1987 (Heyne Filmbibliothek 32/100).

Heide Schlüpmann: Unheimlichkeit des Blicks. Das Drama des frühen deutschen Kinos. Basel, Frankfurt: Stroemfeld/Roter Stern 1990.

Jürgen Spiker: Film und Kapital. Der Weg der deutschen Filmwirtschaft zum nationalsozialistischen Einheitskonzern. Berlin/West: Spiess 1975 (Zur politischen Ökonomie des NS-Films 2).

Stiftung Deutsche Kinemathek (Hg.): Das wandernde Bild. Der Filmpionier Guido Seeber. Berlin/West: Elefanten Press 1979 (EP 23).

Walter Strohm: Die Umstellung der deutschen Filmwirtschaft vom Stummfilm auf den Tonfilm unter dem Einfluß des Tonfilmpatentmonopols. Diss. Universität Freiburg/Breisgau 1935. Freiburg: Kehrer 1934.

Kristin Thompson: Exporting Entertainment. America in the World Film Market 1907 34. London: British Film Institute 1985.

Hans Traub (Hg.): Die Ufa. Ein Beitrag zur Entwicklungsgeschichte des deutschen Filmschaffens. Berlin: Ufa-Buchverlag 1943.

Paolo Cherchi Usai, Lorenzo Codelli (Hg.): Prima di Caligari. Cinema tedesco, 1895-1920 / Before Caligari. German Cinema, 1895-1920. Pordenone: Edizioni Biblioteca dell'Imagine 1990.

Helmut Weihsmann: Gebaute Illusionen. Architektur im Film. Wien: Promedia 1988.

Theater in der Weimarer Republik. Hg.v. Kunstamt Kreuzberg und dem Institut für Theaterwissenschaft der Universität Köln. Berlin 1977.

David Welch: Propaganda and the German Cinema 1933-1945. Oxford: Clarendon Press 1983.

Karlheinz Wendtlandt: Geliebter Kintopp. Sämtliche deutsche Spielfilme von 1929-1945 mit zahlreichen Künstlerbiographien. 9 Bände. Berlin/West: Medium Film o.J.

Kraft Wetzel, Peter A. Hagemann: Liebe, Tod und Technik. Kino des Phantastischen 1933-1945. Berlin/West: Spiess 1977.

Kraft Wetzel, Peter A. Hagemann: Zensur – Verbotene deutsche Filme 1933-1945. Berlin/West: Spiess 1978.

Karsten Witte: Die Filmkomödie im Dritten Reich. In: Horst Denkler, Karl Prümm (Hg.): Die deutsche Literatur im Dritten Reich. Stuttgart: Reclam 1976.

Hans H. Wollenberg: Fifty Years of German Film. London: Falcon 1948.

Friedrich von Zglinicki: Der Weg des Films. Berlin/West: Rembrandt 1956.

Register

Das Personenregister erschließt die im Text, den Bildlegenden vorkommenden Personen sowie die in der Filmografie erscheinenden Regisseure.
Das Filmregister enthält alle Filmtitel aus Text, Bildlegenden und Filmografie.
A = Abbildung, **F** = Filmografie

Personen

Abel, Alfred 48A, 312
Abich, Hans 474–475, 474A
Abraham, Paul 404
Achsel, Willy 68F, 69F, 126F, 134F
Ackermann, Anton 479
Adalbert, Max 312
Adickes, Ernst 198
Adler, H. G. 313
Adorf, Mario 489, 489A
Albani, Marcella 238A
Albatros 237
Albers, Hans 93A, 209, 211A, 233A, 248, 261, 264, 275, 304–305, 311–312, 327, 326A–327A, 346, 376–379, 393, 436, 436A, 481
Albert von Schleswig-Holstein 200
Albrecht, Ernst H. 406
Alexander, Georg 280F, 296F, 458
Alexander, Peter 305
Allégret, Marc 364F
Allison, May 71
Alten, Jürgen von 308F, 310F, 312F, 324F, 336F, 401F
Altmann 450
Altmann, John 425
Amann, Betty 101, 209, 248–249, 248A, 324A
Anders, Günter 297A, 461A
Andersen, Hans Christian 169
Andra, Fern 35, 37, 82A, 97
Andrejew, Andrej 16A
Angst, Richard 252
Antalffy, Alexander von 105F
Apfel, Oscar C. 77F
Arnheim, Rudolf 211A, 221A, 297, 311, 335A, 376
Arnim, Achim von 169
Arno, Siegfried 91A, 311–312
Arnold, Viktor 53
Aronson, Alexander 176
Artaud, Antonin 410
Arzner, Dorothy 223F
Asagaroff, Georg 166F, 170F
Ashley, Helmut 489
Aubert, Louis 409
Aufricht, Ernst Josef 312
Austin, Albert 105F, 124F

Baarová, Lida 363, 425
Baberske, Robert 129, 480
Bacall, Lauren 384
Bächlin, Peter 98
Bacmeister 451
Badal, Nicole 490A
Badger, Clarence 124F, 125F, 179F, 223F, 271F
Bagier, Guido 148F, 151, 244–247, 245A
Baker, George D. 77F
Baky, Josef von 410F, 414F, 419F, 430F, 437F, 444F, 454F, 480F
Balázs, Béla 62F
Balin, Miraille 411A
Bamberger, Rudolf 166A
Bang (Staatssekretär) 342
Bang, Herman 136
Barker, Reginald 124F, 125F, 179F
Barkhausen, Hans 281
Barlach, Ernst 335
Barlog, Boleslaw 452F, 479–480
Barner, Elsa 39A
Baroncelli, Jacques de 380F
Barrymore, John 156
Barrymore, Lionel 279F
Barsody, Rosy 312, 345, 404
Bartezko, Dieter 142
Basch, Felix 66F, 77F, 84F, 88F, 124F, 160F, 279F
Bassermann, Albert 53, 157
Bauer, James 124F
Bauer, Leopold 28F
Baumann, Franz 425
Bausback, Ferdinand 172–173, 201, 218
Bauschke, Erhard 305
Beatles 305
Beaudine, William 125F, 179F
Beaumont, Harry 271F, 279F
Beauvais, Peter 486, 487A, 490
Becce, Giuseppe 148–149
Bechet, Sidney 266
Bechstein, Ludwig 169
Beck, Ludwig 226F, 240F
Becker, Wolfgang 98
Beethoven, Ludwig van 169
Behn-Grund, Friedl 470A, 471, 476–480
Behrendt, Hans 179F, 184F, 185F, 458
Beinhorn, Elli 280
Béla, Dajos 304
Bell, Monta 125F, 179F, 223F
Benatzky, Ralph 384A
Bendow, Wilhelm 436, 480
Benedict XV. 21
Benkhoff, Fita 486A
Bennefeld, Albert 304
Bennett, Chester 279F
Benzing 487
Berg, Bengt 105F
Berger, Ludwig 83, 99, 112F, 118F, 148F, 166–169, 166A–169A, 236F, 244, 252F, 271F, 273–274, 279F, 345–346, 410F, 413, 419F, 477
Bergh, van den 35
Bergmann, Ingrid 387A
Berkeley, Bushy 357, 402
Bernard, Armand 368
Bernard, Raymond 124F
Bernard-Derosne, Jean 256F
Bernhard, Ludwig 192
Bernhardt, Kurt/Curtis 15A, 16A, 185F, 258, 490
Berry, Jules 410
Berstl, Julius 234
Bethlen 280
Bethmann Hollweg, Theobald von 19–21, 198
Betz, Anton 230
Beucler, André 262F, 266F, 278F, 284F
Beukenburg, Wilhelm 198
Beyer, Frank 481
Bie, Oscar 213
Biebrach, Rudolf 20F, 22F, 24F, 26F, 32F, 36F, 38F, 43F, 46F, 48F, 50F, 52F, 54F, 58F, 64F, 66F, 74F, 76F, 77F, 150F, 166F, 246F, 287F, 351
Biederstedt, Claus 484A
Bildt, Paul 480
Bilinsky, Boris 236–237
Billinger, Richard 459
Binder, Henry 25
Birgel, Willy 383–384, 384A, 385A, 393, 420
Birinski, Leo 122F, 306
Bismarck, Otto von 321
Blanchard, Pierre 410A
Blanché, Herbert 105F
Blass, Ernst 231
Blau, Monta 156
Bleichröder, Ellie 313
Bleines, Kurt 227F
Bleines, Kurt 69F
Bloch, Ernst 112
Bloch, Noë 236–237, 315A
Blom, August 76F, 77F
Blomberg, Th. N. 443F
Bluen, Georg 76F
Blumenberg, Hans C. 447
Blumenthal, Ben 70, 78–79
Blumenthal, Ike 63, 175A
Boehlen, Hermann 319F, 359F, 399F, 433F
Boehmer, Dr. von 345
Boese, Carl 46F, 47F, 125F, 218F, 326F, 346F, 394F, 399F, 401F, 404F, 412F, 413F, 419F, 450F, 460F
Boese, Carl Heinz 69F
Bogart, Humphrey 420
Böhmelt, Harald 304
Bohne, Werner 371
Bois, Curt 310A
Bolten-Baeckers, Heinrich 24F, 34F, 42F, 56F, 58F, 60F, 62F, 66F, 72F, 80F, 82F, 88F, 92F, 96F, 98F, 102F, 106F, 120F, 128F
Bolvary, Geza von 124F, 258F, 271F, 434F
Bondireff, Alexis 237
Bongers, Else 475
Bonin, von 200
Borchert, Ernst Wilhelm 477, 477A
Borchert, Wolfgang 447, 475
Borde 133
Borgmann, Hans-Otto 150, 304, 333, 455
Borgstädt, Jam 301F
Borsody, Eduard von 306F, 308F, 310F, 320F, 326, 334F, 336F, 352F, 364F, 390F, 402F, 410F, 413, 419F
Bosch, Robert 35, 170
Bothmer, Otto von 359F, 399F, 433F
Böttcher, Grit 486A
Bourgassoff, Fedore 236–237, 237A
Boveri, Margret 391
Boyer, Jean 210F, 214F, 273A, 298F, 304F, 328F, 338F, 367, 372F, 396F
Boyer, Lucienne 396
Brabin, Charles 271F, 279F
Brandt 441
Brandt, Johannes 234, 277
Brasillach, Robert 409
Bratz, Carl 35, 38–40, 39A, 41, 57A, 58, 71, 79, 98
Brauchitsch, Walter von 431A
Brauer, Peter Paul 300F, 301F, 306F, 308F, 360F, 374F, 392F, 400F
Braun, Alfred 444F, 462F
Braun, Harald 434F, 442F, 445F, 446F, 458F
Braun, O. 293
Braunberger, Pierre 414
Braune, Heinrich 181A, 205A, 274
Brauner, Arthur 485, 488
Brecht, Bertolt 234, 335, 404, 480
Brenken, Arthur 28F
Brenon, Herbert 105F, 125F, 223F
Brentano, Bernhard von 204
Brentano, Clemens von 168–169
Bresson, Bernard 411
Briand, Aristide 280
Bröhmecke, Fritz 475
Brooks, Louise 101
Brophy, Edward 279F
Brown, Clarence 99, 179F, 271F, 279F
Brown, Karl 179F
Brown, Melville W. 179F
Browning, Tod 125F, 179F, 223F
Bruckbauer, Georg 480
Bruckman, Clyde 279F
Brückmann, Heinrich 256
Brügmann, Walter 252F
Brunel, Adrian 223F
Brüning, Heinrich 193, 280
Brunsch, Fritz 205
Buñuel, Louis 99, 156, 181A, 182
Buache, Freddy 133
Buch, Fritz Peter 294F, 300F, 302F, 316F, 347F, 378F, 400F, 419F
Buchholz, Horst 488–489, 489A
Büchner, Georg 306
Buchowetzki, Dimitri 77F, 79, 92F, 124F, 125F, 179F, 223F, 279F
Buhre, Werner 433F
Burg, Ursula 468
Bürger, Berthold s. Erich Kästner
Burger, Erich 169A
Bürger, Gottfried August 436
Byrd, Richard E. 279F

Cabanne, Christy 125F, 179F
Calderón, Pedro 166
Cambell, Webster 179F
Cameron, Yukona 394
Canaris, Wilhelm 423
Capra, Frank 279F
Caracciola, Rudolf 280
Caramba (= Luigi Sapelli) 124F
Carewe, Edwin 76F, 77F
Carmoy, Guy de 410
Carné, Marcel 135, 411, 414
Caron, Pierre 414, 415F
Cayatte, André 415F
Cézanne, Paul 129
Chakatouny, Acho 239A
Chamisso, Adalbert 168
Chaplin, Charles 70–71, 105F
Charell, Erik 122, 213, 214F, 274, 291, 294–297, 297A, 344–346
Chomette, Henri 212F, 264F, 282F, 296F, 306F, 311F
Christensen, Benjamin 118F, 124F, 136, 137A, 223F
Christian-Jaque 414
Churchill, Winston 450
Cikán, Miroslav 363F
Clair, René 135, 236
Clairon d'Houssonville Gerd 226F
Claß, Heinrich 198
Cline, Edward 124F
Clouzot, Henri Georges 248F, 258F, 260F, 414, 415F
Collins, John H. 77F, 105F
Constam 245
Constantine, Eddie 305
Conway, Jack 124F, 179F, 223F, 271F
Cooper, Gary 396, 422A
Cooper, Merian C. 179F, 279F
Corinth, Lovis 58, 59A
Correll, Ernst Hugo 201, 210A, 221–222, 225, 229A–331A, 234, 249, 275, 277, 296–297, 318, 324, 328–331, 332, 342, 371, 376–379, 402–406, 411, 422–424, 459
Courant, Curt 126, 237, 238A
Courtade, Francis 133
Courths-Mahler, Hedwig 234
Crips, Donald 125F
Cromwell, John 279F
Crosland, Alan 124F
Croves, Hal s. B. Traven
Cruze, James 279F
Cserépy, Arzen von 105F, 277
Cukor, George 233A
Cuno, Wilhelm 35
Curtius, Dr. 280
Curtiz, Michael s. Kertesz, Michael
Cutts, Graham 136F

Czerny, Ludwig 105F, 258
Czerwonski, Erich 88A
Czeschka, Carl Otto 141
Cziffra, Geza von 480
Czinner, Paul 126A, 135, 152F, 174F

D'Abbadie D'Arrast, Harry 223F
Dall, Karl 305
Dalshein, Friedrich 347F
Dana, Viola 71
Daniels, Bebe 156
Darieux, Danielle 413A
Dary, René 413
Daudert, Erich 443F
David, Constantin J. 125F, 176F
Davidsen, Hjalmar 77F
Davidson, Paul 37, 53–54, 58, 60–63, 63A, 71, 79, 83–84, 97, 487
Davis jr., Sammy 305
Davis, Will S. 76F
Dawes, Charles G. 191
Day, Doris 305
De Mille, Cecil B. 279F
Dean, Basil 223F
Decoin, Henri 301F, 413–414, 415F
Decroix, Charles 88F, 100F
Delschaft, Maly 480
Deltgen, René 425
Demandowsky, Ewald von 202
Denes, Oskar 404
Denizot, Vincenzo 77F
Dentler, Martin 37
Deppe, Hans 284F, 336F, 342F, 347F, 365F, 400F, 422F, 440F, 445F, 446F, 460F, 479–480
Dessau, Paul 149, 252
Deutsch, Ernst s. Richard Pottier
Deutsch, Oskar 246
Diegelmann, Wilhelm 63A, 94, 247
Diehl, Karl Ludwig 357
Dieterle, Wilhelm 94, 95A, 306–309, 307A–309A, 485, 490
Dietrich, Marlene 15A, 86, 260A–261A, 264–267, 265A, 302, 386, 387A
Dietrich, Otto 408
Dillon, Jack 124F
Dillon, John Francis s. Jack Dillon
Dinesen, Robert 76F, 77F, 108F, 114F, 168F
Disny, Walt 486
Doelle, Franz 402
Doermann 234
Domnick, Hans 475
Dönitz, Karl 465
Donner (Rechtsanwalt) 218, 345, 351
Donner, Gerhard 433F
Donnersmarck, Giodotto (von Henkel-) 35, 170
Dorow, Willibald 483
Doumergue, Gaston 280
Dréville, Jean 414, 415F
Drews, Berta 336
Dreyer, Carl Theodor 76F, 77F, 126F, 136–137, 136A, 223F
Dreyfus, Jean-Paul s. Jean Paul Le Chanois
Ducis, Pierre-Jean 306F, 388F
Duday, Bruno 312
Dudow, Slatan 471, 480
Dungern, Freiherr A. von 142F, 271F
Dupont, Ewald André 41, 46, 76F, 77F, 90F, 91, 94–95, 116F, 125F, 131, 144F, 148, 160–165, 164A–165A, 209, 257–258, 310

Duras, Marguerite 411
Duskes, Alfred 23, 27
Duvivier, Julien 412, 271F
Düwell, Richard Heinrich 450–451, 451A
Dwan, Allan 179F

Eason, Reaves 271F
Ebert, Friedrich 20, 56–58, 57A
Ebner, Paul 39A
Eggebrecht, Axel 91, 391
Eggerth, Martha 402
Ehre, Ida 447, 475
Ehrenburg, Ilja 186–189, 188A
Eichberg, Richard 125F, 158F, 179F, 223F, 366–367
Eisbrenner, Werner 480
Eisenstein, Sergej 126, 135, 182
Eisner, Lotte H. 52, 67, 109, 112, 126–130, 281
Ekmann, Gösta 101
Elling, Alwin 310F, 334F, 356F
Elsner, Bruno 404
Elvey, Maurice 124F, 125F, 223F, 271F
Emo, E. W. 279F, 347F, 418F
Endtesser, Willi 484A
Engel, Erich 264F, 345–346, 400F, 462F, 458, 471, 480
Engel, Georg 55
Engelmann, Andrews 327, 399F, 430–432
Engl, Jo 244–246, 245A, 340–343
Eppstein 313
Epstein, Jean 236, 347F
Erdmann, Hans 150
Erdmann, Otto 480
Erdtmann, Paul 394
Erfurth, Ulrich 454F, 493
Ermolieff, Joseph 236
Erskins, John 344
Erzberger, Matthias 19–21
Esway, Alexander 179F
Eyck, Peter van 490A
Eysler, Edmund 234

Fairbanks, Douglas 70–71, 79A, 101
Falk, Norbert 296
Falkenstein, Julius 345–346
Fallada, Hans 479
Fanck, Arnold 154, 160F, 172F, 223F, 250–253, 250A, 291, 347F, 374, 433F
Fangauf, Eberhard 280–283
Fangauf-Bush, E. 69F
Fejos, Paul 279F
Fekete, Alfred 114F
Feld, Hans 9A, 133, 134, 169A, 317A, 345
Feld, Rudi 241
Feldes, Alfred 485
Fellner, Hermann 79, 221–222
Fernandel 410–414, 415F
Fescourt, Henri 179F
Feyder, Jacques 77F, 236, 279F
Fidelle, Franco 149
Fiedler, Hans Ottomar 451
Filchner, Hermann 271F
Fischer-Köppe 293
Fitzgerald, Dallas M. 105F
Fitzmaurice, George 124F, 248, 279F
Flaherty, Robert 115, 125F, 250A, 271F, 347F
Fleck, Jakob 180F
Fleck, Luise 180F
Fleischer, Uwe 371
Fleming, Victor 125F, 156, 179F, 271F, 279F
Flood, James 124F, 125F
Fönss, Olaf 41
Forde, Walter 271F

513

Forgács, Antal 271F
Forst, Willi 347F, 414
Forster, Rudolf 306, 321A–323A, 323
Fosco, Piero (= Giovanni Pastrone) 76F
Fox, William 247
Franco, General Francesco 282
Frank, Leonhard 230–233, 233A, 235
Franklin, Chester 124F, 223F
Franklin, Sidney 124F, 223F, 271F, 279F
Fredall, H. s. Alfred Halm
Fredersdorf, Herbert B. 270F, 302F, 344F, 346F, 350F, 382F
Freisler, Fritz 24F, 26F, 76F, 77F, 95
Freisler, Roland 451
Frenkel, Hermann 35
Frentz, Walter 399F
Freund, Karl 61A, 99, 108, 108A, 110A, 114A, 126–133, 126A, 135, 164
Frič, Martin 363F
Frick, Wilhelm 343
Friedl, Loni von 493A
Friedmann, Walther 38, 41
Friedrich II. 140, 281
Friese-Greene, William 135
Fritsch, Willy 101, 132A, 213, 209A, 213A, 220A, 231A, 266, 272–273A, 273–275, 275A, 296, 297A, 302, 311A, 312, 366–367, 368–371, 410
Fritsching, Hermann 326
Frizsche, Karl Julius 475
Froelich, Carl 26, 49, 76F, 125F, 179F, 223F, 248, 337, 347F, 374F, 389, 393, 401F, 410–414, 418F, 428F, 436F, 445F, 475
Fröhlich, Gustav 231, 232A, 235A, 248, 248A
Frowein 465, 468
Fuller, Samuel 161
Funck, Werner 69F
Funk, Walther 43, 341, 392A, 393
Fürbringer 320
Fürst Dramaturg 423

Gaal, Franziska 404
Gabin, Jean 410–412
Gable, Clark 393
Gabriel, Carl 176
Gad, Urban 61, 87A, 97
Galeen, Henrik 74F, 110F, 130F
Galitzenstein, Maxim 39A
Gallone, Carmine 77F, 196F, 279F, 347F
Gance, Abel 179F
Garat, Henri 273A, 410, 413A
Garbo, Greta 261A, 317A, 386
Garden, Ernst 69F
Gardens, Helmut 404
Gärtner, Adolf 76F, 80F, 92F, 94F
Gascard, Dirk 399F, 433F
Gaspar, Tido 451A
Gaudi, Antonio 129
Gauguin, Paul 114
Gebühr, Otto 276–277, 277A, 461A
Gehler, Fred 480
Genina, Augusto 124F, 400F
Genschow, Fritz 300F
Georg, Manfred 266
George, Götz 486A
George, Heinrich 248, 310A, 315A, 317, 324A, 333, 334–338, 335A–339A, 465A, 481
Gering, Marion 279F
Gerlach, Arthur von 62, 83, 87, 106F, 131, 132F,
Gerlach, Ernst 35
Gerron, Kurt 204F, 208F, 210F, 214F, 215F, 220F, 234F, 248F, 261, 261A, 264, 273, 310–313, 310A–311A, 316–317
Gersch, Wolfgang 473A
Gerschel 150
Gerstein, Evelyn 160
Gertler, Viktor 345
Getz, Stan 305
Giampietro, Josef 26
Gibish, Waldemar 404
Gieske, Heinz Helmuth 369
Giller, Walter 493A
Gilstrom, Arvid 271F
Gish, Lilian 101, 175
Glaser, Hermann 141
Gleize, Maurice 400F, 414, 415F
Gliese, Rochus 40F, 60F, 80F, 128F, 129, 134F, 144F, 256, 306
Goebbels, Joseph 32, 123, 141, 144, 201–202, 203A, 231A, 277, 280–282, 297, 324A, 330–331, 332, 336–337, 338A, 340–342, 344–346, 355, 363, 374, 389–391, 392A, 408, 411–414, 392–393, 397, 406, 422–427, 428–429, 430, 436–437, 438–440, 446–449, 449A, 451, 454, 455A, 458–459, 464, 464A, 466–468, 479
Goethe, Friedrich 433F
Goethe, Johann Wolfgang von 101, 116A–117A, 244, 306, 447–449
Goetz, Curt 366–367
Goetzke, Bernhard 85A
Goldbaum, Gerhard 345
Goldberg, Heinz 105F
Goldfeld, Karl 292
Goldschmidt 201
Goldschmidt, Jacob 35, 58
Goldwyn, Samuel 79, 244
Gomery, Duglas C. 98
Goodrich, William 223F
Göring, Hermann 27, 50, 123
Gottschalk, Joachim 480
Gottschalk, Meta 480
Goulding, Alf 125F
Goulding, Edmund 223F, 279F
Graatkjr, Axel 61A, 126–129
Grabower 313
Grafe, Frieda 112, 455A
Granes, Abel 237
Granowsky, Alexis 480
Grau, Albin 30–35, 87–89, 98, 149, 189, 226, 330
Grau, Alexander 173
Greene, Graham 321
Gregers, Emanuel 76F, 77F, 105F
Gregor, Nora 136
Grémillon, Jean 300F, 316F, 362F, 372F, 409A, 411–414
Greven, Alfred 362–363, 411, 411A
Gréville, Edmond T. 347F
Grieving, Hermann 67, 164, 220, 240, 371, 438
Grieving, Theobald 391
Griffith, D. W. 100–101, 105F, 125F, 126, 179F
Griffith, Edward H. 179F
Grillparzer, Franz 169
Grimm, Brüder 168
Groener, Wilhelm 20–21
Groll, Gunter 474A
Grothe, Franz 304, 304A, 402–406
Grünbaum, Fritz 311
Gründgens, Gustaf 336, 446
Grune, Karl 77F, 94–95, 95A, 98F, 195F, 131, 142F, 152F, 164F, 209, 410
Grunwald, Willy 32F, 38F, 40F, 48F, 50F
Guderian, Heinz 465
Gudmundsson, Loftur 124F
Guerlais, Pierre 414
Guilbert, Yvette 101
Guiol, Fred L. 271F
Gülstorff, Otto 437
Gurtner, Othmar 223F
Guter, Johannes 76F, 83F, 87F, 96F, 100F, 116F, 120F, 132F, 138F, 146F, 156F, 176F, 179F, 182F, 184F, 185F, 190F, 202F, 215F, 234F, 264F, 276F, 287F, 294F, 319F, 359F, 367, 406F, 410F, 450F
Gutmann, Herbert M. 35
Gutscher, Rudolf 399F
Gutterer, Leopold 450
Gvazzoni, Enrico 77F
Gwinner, Dr. 58
Gyssling, Konsul 309

Haack, Käte 436, 474A, 480
Haacker, Carl 478
Haas, Willy 93A, 108, 153, 161A, 166–168, 212, 274, 310
Haeften, Hans von 30–35
Hagemann, Hedwig 155A
Hagemann, Peter 422–427
Hagen, Nina 305
Hahn, Manon 436
Hahne, Kurt 480, 487, 489
Hallervorden, Dieter 494
Halm, Alfred (H. Fredall) 49A, 52F, 54F, 58F, 66F, 70F, 72F, 77F, 78F
Halton 404
Hameister, Willy 127
Hang, Walter 475
Hanke, Karl 393
Hansen, Rolf 399F, 412F, 424F, 432F, 444F
Hanson, Lars 231, 232A
Harbich, Milo 404F, 414F, 418F, 478A, 480
Harbou, Thea von 46, 83, 90, 99–102, 136, 138–141, 142–143, 180, 218, 222
Hardt, Karin 468
Harf, Stella 39A
Häring, Hugo 137
Harlan, Veit 337–338, 342F, 354F, 393, 429, 438F, 442F, 445F, 449, 452–455, 452A–455A, 458–461, 458A–461A, 462–465, 464A, 472, 479–480
Harlan, Walter 458
Hart, William S. 70–71, 70A
Hart, Wolf 443F
Hartau, Ludwig 57A, 59A
Hartl, Karl 192F, 216F, 238F, 240F, 258F, 260F, 274F, 292F, 296F, 324, 338F, 354F, 379, 384F, 420
Hartmann, Carl 339F, 433F
Hartmann, Walter 443F
Hartung, Dr. 308
Hartwig, Martin 64F, 70F, 74F, 90F
Harvey, Lilian 101, 209, 209A, 211A, 213, 258, 266, 273, 273A, 274A, 275, 296–297, 296A–297A, 302, 366–367, 410, 424A, 425
Hasler, Emil 437, 480
Hasse, O. E. 486A
Hasselmann, Karl 94, 129
Hauer, Herbert 307
Hauff, Wilhelm 169
Häufig, Ernst Moritz 153
Hauke, Arno 483–485, 486–487, 487A, 488–489, 489A, 492
Hauptmann, Gerhart 49A, 116A, 152–154
Haydn, Joseph 169
Hays, Will H. 105, 200, 256
Heartfield, John 204
Heck, Lutz 433F
Heesters, Johannes 406, 430
Hege, Walter 282F
Hegel, Friedrich 133
Hegesa, Grit 94, 165A
Heiland, Heinz Karl 76F, 77F, 88F
Hein, Otto 303, 345
Heinemann, Dr. 58
Heinrich, Hans 480–481
Helfferich, Karl 19
Helfritz, Hans 433F
Hellberg, Martin 481
Hellmer, Carl 357, 358A
Helm, Brigitte 186, 209, 212A, 315A, 316–318, 316A–318A, 335
Hembus, Joe 115
Henabery, Joseph 125F
Henckels, Paul 284, 480
Henderson, Neville 280
Henkel-Donnersmarck, Guidotto Fürst von s. Donnersmarck
Henley, Hobart 124F, 271F
Henning, Uno 186–187
Henschel, James 37
Herlth, Robert 85A, 90, 99, 108, 117A, 118–123, 118A, 123A, 277, 296, 315A, 326, 368, 480
Herron, Frederick 103
Hervil, René 124F, 125F
Herzberg, Georg 431A–432A
Herzlieb, Walter 423
Herzog, Rudolf 231
Heß, Rudolf 374
Hesterberg, Trude 101, 264, 311, 335
Heuser, Kurt 359F
Heydenreich, Fritz 399F, 433F
Heymann, Claude 250F
Heymann, Werner Richard 149, 296, 304, 345–346
Hibbelon 413
Hickethier, Knut 48
Hildebrandt, Hilde 354, 386
Hill, George 179F, 223F, 279F
Hille, Heinz 215F, 218F, 226F, 244F, 246F
Hillyer, Lambert 124F
Hilpert, Heinz 290F
Hindemith, Harry 471A
Hindenburg, Paul von 18, 19A, 27, 35A, 42, 126, 193, 196–197, 205, 280–281, 336
Hinkel, Hans 441, 448, 464, 466–468
Hinrich, Hans 218F, 366F, 372F, 399F
Hintze, Friedel 244
Hinz, Werner 480
Hippler, Fritz 205, 429, 434, 437, 449A
Hirsch (Senator) 290
Hitchcock, Alfred 99, 112, 425
Hitler, Adolf 50, 123, 193, 196–199, 201, 201A, 281–283, 304, 320, 321A, 332, 336, 343, 369, 373–374, 429, 446, 462–465, 480
Hochbaum, Werner 301F, 356–358, 388F, 400F, 402, 479–480
Hoffmann, Carl 94, 99, 117A, 126–133, 126A, 131A, 143, 243, 274F, 297, 297A, 315A
Hoffmann, E.T.A. 168–169
Hoffmann, Kurt 120, 413
Hoffmann-Harnisch, Wolfgang 164F
Höflich, Lucie 53
Hofmannsthal, Hugo von 306
Hohenberger, Kurt 305
Holder, Erich 292F
Hölderlin, Friedrich 133
Holger-Madsen 76F, 77F, 116F,
Holl, Gusy 263A
Hollaender, Friedrich 244F, 246F, 264–267, 265A–267A, 311–312
Hollaender, Victor 264
Holland, William 223F, 271F
Holländer, Felix 152, 264
Höllger, Kurt 425
Holliday, Billy 305
Hollstein 241
Holubar, Allen 105F
Holz, Arthur 152
Hoover, Herbert 280
Hopper, E. Mason 124F
Horn, Camilla 101
Horn, Dieter 474A
Hornecker, Rudi 414
Horney, Brigitte 436
Hornez, André 310F
Hornung, Walter 433F
Hossein, Robert 490
Howells, David P. 78
Hoyt, Harry O. 125F
Hubbart, Lucien 279F
Hubert, Ali 79
Hubert, René 317A
Hübler-Kahla, J. A. 319F
Hubschmied, Paul 490A
Hudson, Rock 384
Hugenberg, Alfred 21, 28–29, 30, 91, 102–104, 127, 140, 175, 180, 189, 190, 191A, 196–199, 197A, 200–201, 204, 208, 233, 234–235, 241–243, 256, 277–278, 297, 320, 321A, 325, 328–330, 340–343, 346, 390, 394, 422, 428A, 475, 480
Hühn 475
Hünefeld, von 248
Hunte, Otto 99, 145A, 274, 480
Huppertz, Gottfried 149
Huston, John 488
Huttig 98
Huttula, Gerhard 437
Hyltén-Cavallius, Ragnar 162F

Ibsen, Henrik 152, 383A
Icart, Roger 414
Igelhoff, Peter 304
Ihering, Herbert 91A, 141, 163A, 166–169, 220A, 231–232, 275
Illés, Eugen 28F, 30F, 34F
Ince, John 76F, 105F
Ingrahem, Lloyd 179F, 223F
Ingram, Rex 176A, 179F, 271F
Inkischinoff, W. 458A
Iribe, Paul 125F
Irmen-Tschet, Konstantin s. Konstantin Tschet
Irus, Ernst 234

Jabs, Waldemar 263A
Jacob, Siegmund 98, 171–173, 191, 201
Jacoby, Georg 20F, 30F, 32F, 42F, 48F, 50F, 52F, 54F, 60F, 62F, 70F, 79, 84F, 96F, 98F, 256F, 260F, 262F, 270F, 272F, 278F, 300F, 310F, 320F, 334F, 350F, 354, 360F, 365F, 370F, 386F, 402–406, 413, 413F, 419F, 432F, 445F, 450F, 452
Jacoby, Johannes 488
Jacoby-Boy, Martin 46, 72–73A
Jacques, Norbert 81A, 145A,
Jacquier 35
Jäger, Ernst 211, 231, 272, 281, 373
Jäger, Harry 68F
Jäger, Herbert 404
Jakobson, Gérard 345
James, Arthur 79
Janberg, Hans 485, 492
Jannings, Emil 53, 55–56A, 56, 59A, 79, 87, 92A, 101, 108, 110A, 112A, 114–115A, 130, 156–157, 157A, 161–165, 165A, 177, 203A, 261, 261A–263A, 264, 325, 336, 393, 458
Janowitz, Hans 90, 134
Janson, Victor 34F, 44F, 52F, 72F, 76F, 78F, 84F, 105F, 179F, 223F, 256F, 347F, 415F
Jaque, Christian 415F
Jary, Michael 480
Jayet, René 414, 415F
Jehanne, Edith 186–187, 189A
Jerven, Walter 399F
Jessner, Leopold 92F, 94, 131
Joannon, Léo 414, 415F
Johnson, Martin 271F
Johnson, Osa 271F
Johnson, Oswald 343
Jolson, Al 256
Jonen, Heinrich 451
Joost, Oskar 303
Jourdan, Louis 413
Jud, Felix 475
Jugert, Rudolf 120
Jugo, Jenny 328–329, 480–481
Jülich, Herta 399F, 433F, 443F
Junge, Alfred 94
Jungh, Max 94
Junghans, Wolfram 227F, 287F, 319F, 359F, 399F, 433F, 443F
Juranyi, Ilona 475
Jürgensen, Edwin 396
Jurman, Walter 312
Justitz, Emil 20F
Jutzi, Phil 335, 335A, 401F, 402F

Kaelber, Fritz 203, 466
Kafka, Franz 157
Kahane, Arthur 61
Kahlenberg, Friedrich 189, 345
Kahn, William 77F
Kaiser, Egon 304
Kaiser, Georg 95
Kalbus, Oskar 64–65, 182F, 397
Kallab, Fritz 319F, 359F
Kalmann, Felix 63, 79
Kamenka, Alexandre 236
Kane, Robert T. 175A
Kaper, Bronislaw 312
Kapp, Wolfgang 21
Karlweis, Oskar 272–273A, 273, 275A, 302
Kaskeline, Wolfgang 286
Kästner, Erich 270–271, 436, 480
Kaufmann, Nicholas 64–66, 64A, 68F, 102, 104F, 108F, 154, 227F, 439, 443F
Kaufmann, Wilhelm von 49
Käutner, Helmut 458F, 468, 469A, 480, 487A, 490, 490A–491A
Kayser, Ulrich 68F, 69F, 227F, 319F, 359F, 399F
Keaton, Buster 125F, 156, 175, 179F, 224, 267A
Keeler, Ruby 402
Keith, Jens 367
Kell 319F
Keller, Marion 470
Kellino, Will P. 223F
Kemna 371
Kemp, Paul 366, 368–371, 402
Kenter, Heinz(-Dietrich) 292F
Kenton, Erle 179F
Kernmayr, Hans Gustl 290F, 357
Kerr, Alfred 78A, 186
Kertesz (Curtiz), Michael (Mihaly) 76F, 77F, 105F, 124F, 14F, 324
Kettelhut, Erich 46, 93A, 118–119, 128–129, 141A, 143–144, 146–147, 147A, 212, 218, 249, 405–406
Kiaulehn, Walther 336
Kiehl, Johannes 55, 341
Kimmich, Max W. 444F
King, Henry 124F, 125F
Kirchhoff, Fritz 344F, 354F, 364F, 428F, 440F, 445F, 448F
Kirdorf, Emil 198
Kjerulf, Alfred 76F
Klagemann, Eberhard 481
Klagemann, Eugen 476–480
Klaren, Georg C. 479–480
Klaucke, Bühnenmeister 475
Klein, Cesar 82A
Klein, Charles 358F, 359F, 364F
Klein, Gerhard 481
Klein-Rogge, Rudolf 81A
Kleinau, Willy A. 480
Klering, Hans 478
Klimt, Gustav 324
Klingender 98
Klinger, Paul 396, 459A, 473A, 486
Klingler, Werner 308F, 328F, 479A, 480
Klitzsch, Ludwig 28, 42A, 43, 92A, 104, 104A, 149, 175–176, 191A, 195A, 200–201, 201A, 203A, 221–223, 233, 234–235, 240–243, 259, 297, 328–331, 341–342, 345–346, 362, 377, 389–391, 394–395, 396–397, 428A, 437, 460, 483
Klöpfer, Eugen 94, 327A
Knef, Hildegard 476A, 477
Knuth, Gustav 468
Koch, Robert 24
Köhl, Hermann 248
Kohn, José 488–489
Koline, Nicolas 236–238, 238A
Kolldehoff, Reinhardt 484A
Kollo, Willi 304
Kolpe, Max 413
Komor, Géza 404
Konstantin, Leopoldine 63A
Körber, Hilde 471
Korda, Alexander 76F, 77F, 124F, 125F, 279F
Korff, Heinrich 28F
Kornblum, Hanns Walter 138F
Kortner, Fritz 94
Kosma, Joseph 412
Kossowsky, Alex 69F, 87, 89A
Köster, August 152, 155A
Köstlin, Karl 365F
Kovanko, Nathalie 236
Kowa, Viktor de 458A
Kracauer, Siegfried 54, 109, 115, 134–135, 136, 273–274, 297, 321, 325
Krafft, Uwe Jens 26F, 105F
Krahl, Hilde 393, 474A, 475
Kräly, Hanns 53, 79
Krampf, Günther 16A
Kraszna-Krausz, Andor 133
Krause, Willi 342
Krausneck, Arthur 306
Krauß, Werner 29, 53, 66, 115A, 157, 336
Krawicz, Mierczyslaw 347
Krell, Alfred 227F
Kreuder, Peter 304, 304A, 402–406
Kreysler, Dorit 447A
Krieger, Ernst 64–66, 153, 241
Kriegk, Otto 42A, 201, 326, 347
Krien, Werner 478
Krogmann, Carl Vincent 460
Krüger, Hardy 489, 493A
Krupp, Friedrich 27, 28, 30, 198
Kubaschewski, Ilse 485

Küchler 408
Külb, Karl Georg 408F, 416F
Kunert, Fritz 466
Kunstmann, Ernst 371, 480
Kuntze, Reimar 480
Kuntze-Just, Heinz 484
Kunze, Heinz Rudolf 305
Kurtz, Rudolf 82A
Kyser, Hans 117A, 246

Lacombe, Georges 340F, 412A, 414, 415F
Laemmle, Carl 79, 97
Laemmle, Edward 179F
Laforgue, Leo de 399F, 443F
Lagerlöf, Selma 383A
Lamac, Carl 124F, 279F, 300F, 301F, 346F, 347F
Lamb & Allis 394
Lampe, Felix 65, 319F, 359F
Lampin, Georges 237
Lamprecht, Gerhard 112F, 118F, 126F, 214F, 230F, 242F, 254F, 272F, 288F, 294F, 301F, 302F, 376, 401F, 418F, 420, 440F, 444F, 458F, 462F, 471A, 478–480, 478A
Lang, Fritz 46, 76F, 81A, 83, 85A, 87, 91, 99–101, 102F, 112–115, 114F, 127–132, 138–141, 142–144, 143A, 147, 154F, 160, 176F, 180–182, 184F, 208, 218–223, 218–221A, 271F, 316, 334, 369, 488
Lang, Walter 271F
Langewisch, Harry 443F
Langguth 475
Langlois, Henri 131
Lantz, Adolf 234
Laregh, Peter 336
Larsen, Viggo 20F, 22F, 24F, 26F, 32F, 34F, 36F, 42F, 46F, 48F, 52F, 54F
Lasko, Leo 56F, 58F, 62F, 64F, 164F
Lauritzen, Lau 105F
Laval, Pierre 411
Lavies, Hanns Wilhelm 398
Lawrence, Florence 97
Le Bon, Roger 215F, 224F, 230F, 234F, 254F, 270F, 276F, 286F, 294F, 301F, 410–411
Le Chanois, Jean Paul 412
Le Saint, Edward J. 124F, 125F
Leander, Zarah 195A, 304, 331, 337, 383–384, 384A–385A, 386–387, 387A, 393, 413, 481
Leberecht, Frank 443F
Lederer, Franz 208A,
Lederer, Rudolf 313
Lee, Rowland V. 179F, 223F, 271F
Lefebre, René 273A
Legal, Ernst 480
Léger, Ferdinand 160
Legg 98
Lehmann, Leopold 287F
Lehmann, Paul 302, 309, 325, 371, 377–378, 438
Lehnich, Oswald 392A, 396
Leibelt, Hans 480
Leigh, Vivien 393
Leinert 58
Leiser, Erwin 336–338
Leiter, Karl Hans 301F, 336F, 344F, 350F, 359F, 376F, 378F
Lekain, Tony 279F
Leni, Paul 40F, 46, 56, 76F, 78F, 94–95, 94–95A, 179F
Lenin, Wladimir Iljitsch 19, 189
Leonard, Robert Z. 124F, 223F
Lerski, Helmar 131
Lettow, Hans Albert 396F
Leuwerik, Ruth 354
Leux, Leo 304
Lewinsohn, Richard 80
Ley, Willy 222, 428A, 441
L'Herbier, Marcel 187, 347F, 384F, 410–414
Licho, Adolf Edgar 90F, 100F, 162F
Liebeneiner, Wolfgang 414, 446–449, 447A, 451, 460, 464F, 465, 468, 475, 479, 490
Liebmann, Robert 90, 209A, 304, 312, 345–346
Liebske, Wieland 493
Liedtke, Harry 26, 62A, 71, 79, 101, 157A, 211A
Lieven, Werner 484A
Lincke, Paul 25
Lindberg, Per 124F
Lindbergh, Charles A. 256
Lindström, Carl 35
Lindtberg, Leopold 480
Lion, Roger 223F
Lippl, Alois Johannes 364F, 414
Lippmann, Hanns 56, 94–95, 107
Lipschütz, Rahel 35, 82–84
Lissenko, Nathalie 236
Litvak, Anatole 194F, 210F, 220F, 222F, 237–239, 272F, 274F, 304F
Lloyd, Frank 124F
Lloyd, Harold 175
Lochakoff, Alexandre 236–238
Löck, Carsta 480
Loos, Theodor 141, 147
Lorant, Stefan 182
Lorenz-Lambert, Heinz 356
Lorre, Peter 312
Lörzer, Bruno 27
Löwenbein, Richard 76F
Löwenberg, Erich 297
Lubitsch, Ernst 22F, 23A, 26F, 28F, 32F, 34F, 35, 37, 40F, 48F, 50, 50A, 52–53, 53A, 54F, 55A, 56–58, 56F, 60–62, 62–63A, 62F, 66A, 70F, 71, 72F, 74, 75A, 77F, 78–79, 79A, 80F, 83–84, 86F, 97–101, 106, 112, 124F, 125F, 157, 168, 154, 223F, 228A, 279F
Luczkowski, Waldi 305
Lüddecke, Werner Jörg 488
Lüdemann 58
Ludendorff, Erich 18, 19A, 27, 30–35, 35A, 36
Luft, Friedrich 493
Lumière, Auguste und Luis 105
Lund, Erik 77F
Lüth, Erich 461

MacDonald 280
MacGowan, Robert 271F
Machatý, Gustav 347F
Mack, Max 43F, 76F, 82F, 124F, 140F. 152F
Mackeben, Theo 304, 304A, 480
Madsack, Erich 391
Maetzig, Kurt 470, 470A, 473A, 478–480
Magnus 235
Magnussen, Fritz 76F
Maign, Charles 79
Mainz, Fritz 393
Maisch, Herbert 200A, 300F, 320F, 337, 344F, 365F, 376F, 390F, 479
Majewski, Hans Martin 475
Malikoff, Nikolai 170F, 237
Malone, Dorothy 384
Mamoulian, Rouben 99, 279F
Mamroth, Paul 35
Mandl, Julius Otto s. Joe May
Mann, Erika 309
Mann, Klaus 114, 136
Mann, Thomas 309
Manoussi, Jean 124F
Mara, Lya 39A
Mari, Febo 77F
Marian, Ferdinand 387, 436
Marion, Oscar 306
Marischka, Ernst 20F, 28F, 76F
Marischka, Hubert 20F
Marker, Chris 477A
Markus, Ladislaw 77F
Marshall, Bruce 492
Marson, Maurice de 105F
Martell, Karl 387
Martin, Ernst 342F, 352F, 358F, 399F, 402F
Martin, Hans 475
Martin, Karlheinz 88F, 290F
Martin, Paul 218F, 228F, 246F, 304F, 330F, 356F, 364F, 366–367, 380F, 396F, 400F, 408F,
Marx, Salomon 35, 340
Marx, Wilhelm 190
Massary, Fritzi 26
Massolle, Joseph 244–246, 245A
Matelko, Theo 111A
Matray, Ernst 63A
Matthaei (Senator) 290
Maupassant, Guy de 414
Maurischat, Fritz 46
Maurus, Gerda 312
Maury, Jacques 273A
May, Joe 22F, 24F, 28F, 35, 37, 38F, 39A, 42F, 46, 54, 74, 73–75A, 76F, 77F, 78–79, 97–101, 105F, 133, 136F, 157, 178F, 180, 184F, 211–213, 220A, 230–233, 231A–233A, 246F, 248F, 248–249, 258–259, 312
May, Karl 306
May, Mia 35, 39A, 46, 73–75A, 79, 97
Mayer, Carl 82A, 90–91, 99, 108–107, 129, 134–135, 135A, 256
Mayo, Fred s. Joe May
Mayring, Philipp Lothar 210F, 214F, 252F, 270F, 272F, 280F
McCarey, Leo 271F
Meerson, Lazare 236
Meinert, Rudolf 77F, 120
Meingart, Wladimir 237
Meisel, Eduard 135
Meisel, Will 304
Meisl, Willy 152
Meius, Gus 271F
Melichar, Alois 346, 425
Méliès, Georges 60
Melzer, Carl 440
Memzel, Gerhard 326
Mendelsohn, Erich 224, 224A. 226A
Mendes, Lothar 53, 77F, 142F, 152F, 279F
Menjou, Adolphe 156
Menzel, Adolph von 277
Merwick, Alfred 443F
Mesalla, Horst 337–338
Messter, Oskar 22A, 24–27, 31–35, 36, 38, 43F, 49, 75, 97, 396
Meydam, Wilhelm 67, 154, 201, 275, 277, 347, 361–362
Meyendorff, Irene von 452, 465
Meyer, Johannes 122F, 148F, 172F, 184F, 185F, 196F, 262F, 377, 422F
Meyerinck, Hubert 436, 480
Mic, Constantin 237
Michaelis, Georg 21
Mihaly, Dénes von 259
Millarde, Harry 179F
Millöcker, Carl 402
Millowitsch, Willy 493
Milne, Peter 100
Minine, Paul 237–238, 237A
Mintz, Charles B. 271F
Mittler, Leo 160F, 279F
Moholy-Nagy, Lázló 252
Moissi, Alexander 53–54
Molander, Gustaf 125F, 174F, 179F
Möllendorf, Else von 247
Möller, Gunnar 486
Mondi, Bruno 454, 458, 462, 480
Monti 404
Moore, Tom 156
Morales, Nati 394
Morena, Erna 41
Morgan, Michèle 412
Mosheim, Grete 310A
Mosjoukin, Ivan, (Ivan Mosjoukine) 156, 236–239, 238A–239A, 315A, 317, 317A
Mosse, Rudolf 75
Mozart, Wolfgang Amadeus 168
Mühlen, Hilmar von der 468
Müller, Gottfried 449
Müller, Hans 90, 345–346, 481
Müller, Renate 351–354
Müller-Sehn, Wolfgang 443F
Münch, Richard 492A
Mundorf, Paul 398F
Murnau, Friedrich Wilhelm 53, 83, 87, 91, 99–101, 104F, 107, 108–109, 108A, 110A, 112–115, 113A–117A, 118F, 120F, 121–122, 123A, 130–132, 130F, 134–135, 135A, 138F, 154F, 160–164, 177, 182, 208, 222, 256, 306, 494
Murphy, Dudley 160
Muschner, Georg 399F, 433F
Mussolini, Benito 123, 152, 197, 256, 280–282, 450
Nagy, Käthe von 274, 312, 326A–327A
Natanson, Jacques 330F
Naumann 440
Nebhut, Ernst 404
Negri, Pola 35, 53, 53A, 55A, 62, 62A, 71, 74, 75A, 79, 83, 92A, 101, 177–178, 249
Neilan, Marshall 124F, 125F
Neilen, Micky 78
Nellé, Anthony 405
Nelson, Rudolf 311–312
Nestroy, Johann 169
Neudeck, Rupert 475
Neuerburg, Hans 227F
Neumann, Carl 438
Neumann, Lotte 35, 39A, 74
Neuß, Alwin 144F
Neusser, Erich von 248F, 369
Neveux, Georges 125F, 352F
Niblo, Fred 124F, 125F, 179F, 223F, 271F
Nielsen, Asta 41, 61, 61A, 86, 87A, 97–101, 132
Nielsen, Martinius 76F
Nien Sóng Ling 72–73A
Nigh, William 179F, 223F
Nischwitz, Theo 475
Noa, Manfred 95, 130F, 142F, 148F
Noldan, Svend 204–205
Nordhaus, Gösta 359F, 433F
Noss, Rudolf van der 378F, 412F, 433F

Obal, Max 301F, 312F
Oberth, Hermann 222
O'Connor, Frank 179F
Ohlsen, Jürgen 333
Olcott, Sidnes 124F, 125F
Oliver (Geschäftsmann) 291
Oliver, David 36
Olsen, Ole 71, 76F
Ophüls, Max 214F, 244F, 446
Opitz, Carl 395
Orla, Ressel 39A
Osborn, Max 152
Osten, Franz 180F, 184F
Ostermayr, Paul 398F, 406F, 418F, 436F
Osterwind, Theo 492–493
Oswald, Richard 43F, 77F, 130, 198F, 307A, 310, 338
Oswalda, Ossi 33–35, 37, 39A, 74, 101
Otto, Hans 124F
Otto, Henry 77F, 105F
Otto, Willy 466–468
Oxilia, Nino 77F
Ozep, Fedor 233A

Pabst, Erich 365F, 366F, 382F
Pabst, Georg Wilhelm 66, 105, 112, 131–132, 150F, 168F, 186–189, 209, 212
Pagnol, Marcel 413
Pallenberg, Max 53
Panther, Peter s. Kurt Tucholsky
Papen, Franz von 320
Parker, Gilbert 191
Parlo, Dita 213A, 315A, 317
Parrot, James 271F, 279F
Pascal, Gabriel 135
Passavant, Hans von 300F, 433F
Pastrone, Giovanni 77F
Paul, Heinz 433F
Paulsen, Arno 477A
Paulsen, Harald 310A
Paulvé, André 414
Pawlowa, Anna 26, 405
Pearson, George 124F
Pehlke, Heinz 462, 489
Perret, Léonce 125F, 223F
Perwanolowska, Stanislawa 347F
Pétain, Philippe 408
Petschler, Erik 105F
Peukert, Leo 27, 32F, 69F, 80F, 88F, 92F, 100, 108F
Pewas, Peter 479–480
Pfeiffer, Max 351
Pfennig, Bruno 340
Pfleger, Hermine s. Mia May
Pflughaupt, Friedrich-Karl 475, 494
Phillips, Sid 305
Picasso, Pablo 160
Pick, Lupu 77F, 105, 108, 129, 146F, 156F
Pickford, Mary 51A, 54, 97
Piel, Harry 30F, 40F, 46F, 48F, 76F, 101, 174F, 223F
Pierre Marodon 125F
Pinner, Felix 191
Pinthus, Kurt 49, 81A, 117A, 127, 141, 230
Piscator, Erwin 204, 284, 335, 458
Planck, Max 205
Planer, Franz 126
Plante, Laura la 156
Plessow, Erik 404
Plessy, Armand du 124F
Plintzner, Karl 480
Ploquin, Raoul 252F, 411
Plugge, Walter 340
Plumpe, Friedrich Wilhelm s. Friedrich Wilhelm Murnau
Podehl 234
Poelzig, Hans 129
Pohl, Artur 481
Pöhlmann 450
Pol, Heinz 235
Poligny, Serge de 220F, 226F, 232F, 250F, 274F, 292F, 340F, 410
Pollard, Harry A. 223F
Pommer, Erich 29, 46, 62, 80A, 81–85, 90–91, 92A–93A, 98–105, 108, 114, 127–129, 136–137, 141, 160, 165, 173, 175–179, 180, 194, 208–209, 209–210A, 218, 233, 248–249, 257–258, 274, 263A, 296–297, 312, 343, 345–346, 376, 472
Porten, Henny 26A, 26–27, 35, 36, 48–50, 48–51A, 53, 56–58, 57A, 59A, 95A, 97–101, 307A, 481, 481A
Posener, Julius 224
Pottier, Richard 413–414, 415F
Powell, Dick 402
Powell, Eleonor 405
Prack, Rudolf 459A
Prager, Wilhelm 84F, 124F, 132F, 154, 155A, 287F, 296F, 319F, 399F, 433F, 443F
Prasch 149
Preis, Hasso 252F, 347F
Préjean, Albert 413
Pressburger, Emeric 135
Pretley, Julian 430
Pretzfelder, Otto 150
Prickler, Kurt 475
Priemel, Gero 399F, 433F, 443F
Protazanov, Jakov s. Jacques Protosanoff
Protosanoff, Jacques (= Jakov Protazanov) 110F
Pudovkin, Vsevolod 186
Pujol, Marcel 410
Pujol, René 326F, 342F, 350F
Pulver, Liselotte 267
Putti, Lya de 131, 161–165, 163A

Quadflieg, Will 432A
Quinn, Freddy 305

Raatzke, Walter 305
Rabenalt, Arthur Maria 413, 420, 420F, 480
Rabinowitsch, Gregor 148, 237–239, 315A
Rachmann, Samuel 78–79
Raddatz, Carl 453, 468
Raether, Arnold 341–343
Rahm (Lagerkommandant) 312–313
Raimond, Fred 404
Raimu 410
Raimund, Ferdinand 169
Ralph, Louis 26F, 76F
Rank, Otto 333
Rapée, Ernö 106, 148–149
Rasp, Fritz 165, 186–187, 189A, 220A, 221, 478A, 480
Rathenau, Walther 168
Rauch, Franz 356–357
Rautenfeld, Klaus von 492A
Ravel, Gaston 279F
Raymaker, Herman C. 125F
Reck-Malleczewen, Fritz 234
Reed, Luther 179F, 223F
Reger, Max 244
Reichel, Achim 305
Reicher, Frank 279F
Reichmann, Max 279F
Reimann 244
Reinecker, Herbert 487
Reinhardt, Max 53–54, 61, 63A, 79, 114, 264, 296, 306
Reininger, Lotte 125F
Reisch, Günter 481
Reisch, Karl 277
Reisch, Walter 234, 277, 346
Reisner, Charles F. 279F
Remarque, Erich Maria 20A, 276
Renaud, Madelaine 410
Renoir, Jean 135
Reo, Harry 291
Ress, Sabine 357, 402–406
Reusch, Paul 199
Reutter, Otto 25
Reynolds, Lynn 125F
Richard, Frida 166A
Richebé, Roger 414
Richter, Ellen 75
Richter, Kurt 53, 78A, 79, 252
Richter, Ludwig 168
Richter, Paul 146–147, 147A
Riech, Heinz 494–495
Rieck, Arnold 27A
Riecke, Fritz 149–150
Riedel Dramaturg 423
Riefenstahl, Leni 123, 153A, 201A, 205, 291, 347F, 372–373, 393, 479
Righelli, Gennaro 306, 347F
Rikli, Martin 66–67, 67A, 188F, 319F, 359F, 399F, 433F, 442A, 443F
Rim, Carlo 415F
Rimsky, Nicolas 223F, 236
Rittau, Günther 212, 128–133, 143, 426F, 430, 480
Ritter, Hans 357
Ritter, Helmut 404
Ritter, Karl 316F, 327, 328F, 332, 336, 352F, 360F, 365F, 376F, 389, 392F, 393, 400F, 401F, 406F, 414F, 418F, 422–427, 422A–427A, 422F, 426F, 431A, 438F, 444F, 448F, 467A
Ritter, Rudo 278F
Rivetta, Pietro S. s. Toddi
Röbbeling, Hermann 291
Roberti, Roberto Leone 77F
Roberts, Ralph Arthur 282F, 480
Robertson, John Stuart 179F, 223F, 279F
Robison, Arthur 87, 91A, 131, 134F, 150F, 166F, 177, 224A, 227F, 266F, 279F, 284F, 298F
Roeber, Georg 340
Roell, Frank 475
Rogell, Albert 124F
Rohmer, Eric 112, 128
Rohnstein 475
Röhrig, Walter 85A, 99, 117A, 118–123, 123A, 277, 296, 315A, 326, 368
Rökk, Marika 101, 292, 305, 356–357, 358A, 402–406, 403A, 413, 430, 452, 467A, 481
Roland, Marc 148–150
Romance, Viviane 413
Röntgen, Wilhelm 24
Rosen, Phil 124F
Rosenberg, Alfred 436, 441
Rosenberg, Stuart 493
Rosenthal, Alfred 167A
Ross, Colin 198F, 227F
Rosselini, Roberto 480
Rossi, Tino 396
Rosson, Arthur 271F
Rosson, Richard 179F
Rósz, Emil 404
Rotha, Paul 135
Rotter, Fritz 312
Roudakoff, Nicolas 236
Roussel, Henry 179F, 223F
Rovensky, Josef 347F
Rubinstin, Arthur 26
Rucker, Josef J. 279F
Rühmann, Heinz 212, 272–273A, 275, 275A, 302–305, 312, 413, 393, 481
Rumpf, Max 305
Rupli, Kurt 364F, 401F, 433F, 443F
Ruttmann, Walther 232, 245A, 252, 257, 359F, 399F, 433F, 480

< Romanowsky, Richard 298

Rydland, Amund 105F

Saback el Cher 149
Sachs, Hans 169
Sahl, Hans 261A
Saljo, Günther 443F
Salloker, Angela 324A
Salter, Hans Julius 149
Sandberg, Anders Wilhelm 76F, 77F, 105F
Sandmeier, Philipp 20
Sandrock, Adele 26, 321–323, 323A, 325–326, 371
Santell, Alfred 125F
Sapelli, Luigi s. Caramba 124F
Sauer, Fred 76F, 105F
Sawade, Jürgen 227
Schaad, Rudolf 296F, 296F, 399F, 443F
Schach, Max 94
Schacht, Roland 243, 277
Schamoni, Peter 420
Schatz 98
Scheer, Ludwig 201, 343
Scheidemann, Philipp 20
Schenck, Joseph 78
Scherl, August 199, 203, 329
Schertzinger, Victor 271F
Schetter 396
Scheuenmnn, Fritz 341
Scheurer, Helmut 404
Schiferli, Dick 362
Schildt, Axel 98
Schiller, Friedrich 95, 157, 336, 481
Schiller, Willy 478
Schipulle, Hans 433F
Schirach, Baldur von 332–333, 468
Schirokauer, Alfred 179F
Schirrmann 149
Schirwitz, Vizeadmiral 464
Schleicher, Kurt von 193
Schleif, Wolfgang 480
Schlettow, Hans Adalbert 143
Schliepmann, Hans 60
Schmeling, Max 280
Schmidt, Ernst 198F
Schmidt, Walter 359F
Schmidt-Gentner, Willy 148–149
Schmitz, Sybille 209, 386
Schnedler-Sorensen, Eduard 76F
Schneider-Edenkoben, Richard 258F, 286F, 292F, 326F
Schneidhuber, Franzi 313
Schnitzler, Arthur 446
Schober, Franz von 168
Schoedsack, Ernest B. 179F, 279F
Scholz, Eva-Ingeborg 484A, 490A
Schomburgk, Hans 69F, 347F
Schönemann, Heide 141
Schönfelder, Adolph 292
Schönfelder, Erich 46F, 53F, 70F, 78F, 84F, 86F, 90F, 102F, 125F, 157A, 160F, 179F, 279F
Schönova, Vera 313
Schönwald, Gustav 24
Schoop, Heidi 266
Schroth, Hannelore 468, 469A
Schubert, Franz 169
Schubert, Georg 30F
Schüfftan, Eugen 131–133, 182, 237F, 268F, 437
Schuh, Oscar Fritz 462F
Schüller, Hermann 46F
Schultze, Norbert 475
Schulz, Franz 345
Schulz, Karl 382F
Schulz, Ulrich K. T. 64A, 65, 69F, 170F, 227F, 287F, 319F, 359F, 399F, 433F, 439–443, 443F
Schulz-Kampfhenkel, Otto 368F
Schulze-Mittendorf 369
Schumacher, Fritz 290
Schumacher, Hans 368
Schünemann, Wilhelm 391
Schünzel, Reinhold 49A, 63A, 101, 105F, 122, 125F, 126F, 212F, 215F, 230F, 232F, 248F, 250F, 270F, 274, 276F, 179F, 300F, 306F, 312, 332F, 350–355, 368–371, 410–411, 393
Schwab, Lothar 128
Schwark, Günter 451
Schwarmstädt, Felix 210A

Schwarz, Hanns 140F, 154F, 162F, 182F, 184F, 194F, 195F, 200F, 202F, 204F, 210A, 212–213, 212A, 212F, 214F, 257, 266
Schwarz, Kurt 404
Schwarz, Vera 292
Schwarzschild, Leopold 79
Schwenn, Günther 404
Schwerdtfeger, Heinz-Hermann 433F, 443F
Schwind, Moritz von 168
Scribe, Augustin-Eugène 168
Seastrom, Victor s. Victor Sjöström
Sebaldt, Maria 484A
Sedgwick, Edward 179F, 223F, 271F, 279F
Seeber, Guido 86, 87A, 126–133, 252
Seeger, Ernst 245–247
Seekatz, Johann Conrad 166
Seher, Siegfried 359F
Seiter, William 124F
Seitz, Franz 168F
Selpin, Herbert 301F, 377, 393
Selznick, Myron 179
Serda, Julia 387A
Servaes, Dagny 79, 306
Shakespeare, William 306
Shakleton, Ernest 105F
Shan, Nava s. Vera Schönova
Shiffrin, Simon 237
Siclier, Jacques 411–414
Sidney, Scott 124F
Sieber, Josef 480
Siegel, Ralph Maria 404
Siemsen, Hans 80
Sierck, Detlef 286F, 292F, 294F, 300F, 301F, 302F, 318F, 338F, 340F, 356F, 361, 365F, 382–384, 382A–383A, 386–387, 387A, 420
Silverberg, Paul 193
Sima, Oskar 366, 405
Simenon, Georges 413–414
Simon, Rainer 233A
Simoneit, Oberregierungsrat 396
Siodmak, Curt 243
Siodmak, Robert 93A, 122, 188F, 192F, 202F, 204F, 209A, 215F, 222F, 267
Siritzky 412
Sirk, Douglas s. Detlef Sierck
Sjöström (Seastrom), Victor 77F, 124F, 125F, 179F, 223F, 271F, 279F
Skladanowsky, Eugen und Max 25
Slavinský, Vladimír 363F
Slezak, Leo 33, 436
Slezak, Walter 136
Sloane, Paul 125F, 179F
Sloman, Edward 279F
Söderbaum, Kristina 430, 453, 458–460, 459A–461A, 465
Söhnker, Hans 402
Sokoloff, Wladimir 187
Solari, Laura 430
Soldan, George 204
Somlo, Josef 201
Sommer, Hans 305
Sommerfeldt, Gunnar 77F
Spaak, Charles 413
Sparkuhl, Theodor 53, 79, 126–131
Spee, Reichsgraf Maximilian von 205
Speer, Albert 372–374
Spengler, Oswald 21
Spier, Jo 313
Spiker, Jürgen 98
Spira, Camilla 321
Spitzweg, Carl 168–169
St. Clair, Malcolm 124F, 125F, 179F, 223F, 271F
Staal, Viktor 384A, 425
Stack, Robert 384
Stahl, John M. 124F, 179F
Stahl-Urach, Carl 89
Staiger 98
Stalin, Josef 450
Stanke, Kurt 359F
Stanwyck, Barbara 384
Stapenhorst, Günter 312, 320
Staudte, Wolfgang 471, 476–479, 476A–477A, 480
Stauß, Emil Georg 29, 30–35, 42, 42A, 57, 79, 170–172, 191–192, 330

Stauß, Eugen 43, 173
Stefan, Kurt 392
Stein, Paul Ludwig 74F, 78F, 82F, 86F, 88F, 92F, 106F, 124F, 125F, 140F, 351
Stein, Peter 227
Steinbicker, Reinhart 290F
Steindel, Paul 443F
Steinhoff, Hans 95, 108F, 125F, 126F, 179F, 190F, 250F, 256F, 276F, 280F, 286F, 332–333, 336, 422, 468
Stemmle, Robert A. 345, 348F, 364F, 365F, 368F, 386F, 401F, 424F,
Sten, Anna 163A, 209, 211A
Stenzel, Otto 149
Steppat, Ilse 470A–473A
Stern, Ernst 78A, 79, 296
Sternberg, Josef von 99–101, 125F, 179F, 186F, 223Fm 260–263, 261A–263A, 271F, 279F, 414
Sternheim, Carl 458
Stevenson, Robert 228F
Stille, Curt 259
Stiller, Mauritz 77F, 105F, 168, 223F, 271F
Stimmig, Carl Joachim 35
Stimson, Henry Lewis 280
Stinnes, Hugo 198, 227
Stöger, Alfred 401F
Stoll, Bob 433F
Storch, Ludwig 357
Straub, Jean-Marie 54
Strauss, Max 31–35, 38, 98
Stravinsky, Igor 160
Strayer, Frank 271F
Stresemann, Gustav 18–19, 29, 140, 199, 202
Stroheim, Erich von 99F, 125F, 271F
Stuck, Hans 282
Stülpnagel, Heinrich von 413
Sudermann, Hermann 115, 256
Summers, Walter 223F
Suppé, Franz von 356
Sutherland, Edward 125F, 223F, 279F
Sviták, Jan 363F
Sydow, Rolf von 490
Synd, Lu 39A
Sze, Henry 72–73A
Székely, Hans 233, 257A

Tackmann, Heinz 448, 465
Tandar, Gerhard 286F
Taubmann 475
Taylor, Sam 125F, 179F
Terriss, Tom 124F
Teschner, Richard 172F
Teuber, Arthur 77F
Thalberg, Irving 99
Than, Josef 234
Theobald, Berthold 363
Thiel, Reinhold E. 484–485, 492
Thiele, Rolf 475, 487A, 490
Thiele, Wilhelm 162F, 178F, 184F, 185F, 192F, 215F, 272, 272–274, 273A, 296F, 334, 367
Thiery, Fritz 296, 380F, 484
Thomalla, Curt 154
Thomas, Helga 306
Thorndike, Andrew jr. 443F
Thorndike, Andrew sr. 199
Thorner 396
Thyssen, Fritz 28, 193
Tieck, Ludwig 169
Tiedtke, Jacob 53, 480
Tiger, Theobald s. Kurt Tucholsky
Tiller, Nadja 490A
Tirpitz, Alfred von 21
Toddi (= Pietro S. Rivetta) 77F
Toeplitz, Jerzy 272
Tol, Jacques van 300F
Toller, Ernst 335
Tolstoj, Leo 238
Toporkoff, Nicolas 236–237, 237–238A
Tourjansky, Viktor (= Viacheslav) 184F, 236, 334, 419F, 432F, 444F, 466F
Tourneur, Maurice 79, 124F, 179F, 414, 415F
Trahan, Al 394
Traub, Hans 84, 172, 193–194, 396–398, 441A
Trauner, Alexandre 412

Traven, B. 488, 489A, 490
Trenker, Luis 392
Tressler, Georg 488–489, 489A
Tréville, Georges 200F
Trier, Walter 74
Trimble, Laurence 125F
Trippel, Otto 319F, 347F, 443F
Trotz, Adolf 69F, 138F, 168F, 227F, 286
Truffaut, Francois 112, 414
Tschechow, Michael 310A
Tschechowa, Olga 273, 163A, 386
Tschet, Konstantin 183A, 405–406, 437, 478
Tual, Roland 414
Tucholsky, Kurt 61, 72–73A, 80, 157, 193, 234–235, 277, 480
Tukor, Ulrich 305
Tulpanow, Sergej 479
Türck, Walter 443F
Turjansky, W. 317
Turner, Lana 384
Tuttle, Frank 125F, 179F, 271F, 279F
Twardowsky, Hans Heinrich von 82A

Ucicky, Gustav 122, 184F, 185F, 188F, 200F, 210F, 215F, 224F, 235A, 242F, 248F, 258, 262F, 264F, 274F, 277, 282F, 288F, 300F, 310F, 312, 312F, 320–323, 324–327, 324A, 329, 334, 338F, 377, 384F, 393, 406F, 416F, 430F, 458
Udet, Ernst 27
Ugriß, Julius 94
Uhlen, Gisela 468
Ullrich, Luise 486, 486A
Ullstein, Franz 391
Unruh, Fritz von 310, 335
Unruh, Walther 290
Urson, Frank 125F

Valentin, Albert 300F, 404F, 410–414, 415F
Valentino, Rudolf 178
Valetti, Rosa 264, 311
Van Dyke, Willard S. 279F
Vandal, Marcel 125F
Vaucorbeil, Max de 192F, 204F, 214F, 266F, 273F, 280F
Veber, Serge 272F, 280F, 288F
Veidt, Conrad 15A, 53, 156, 222, 296
Vertov, Dsiga 186
Vicas, Victor 493
Vidor, King 124F, 125F, 179F, 223F, 271F, 279F
Viertel, Berthold 110F
Viertel, Berthold 110F
Villinger, Edouard 170F, 208F
Violet, Edouard-Emile 124F, 293
Vitrac, Roger 301F
Vogel, Frank 481
Vogel, Rudolf 483–484
Vögler, Albert 259
Vogt, Hans 244, 245A
Volkmann, Erich Otto 204
Volkoff, Alexandre 236–239, 237–239A
Vollbrecht, Karl 146–147
Vollbrecht, Otto 119
Vollmoeller, Karl 61, 263A

Wachsmann, Franz 267
Waghalter, Ignaz 149
Wagner, Elsa 480
Wagner, Fritz Arno 23A, 126–133, 131–132A, 186, 480
Wagner, Hans 423
Wagner, Richard 106
Wagner-Saar, Karl 433F
Waldau, Gustav 436
Waldoff, Claire 25
Wallace, Richard 271F, 279F
Wallburg, Otto 345–346
Walsh, Raoul 125F
Walther, Hertha von 155A
Ward, Warwick 161–164, 163A
Warm, Hermann 85A, 120, 129, 480
Warner, Jack 124F
Wäscher, Aribert 480
Waschneck, Erich 132F, 146F, 156F, 172F, 180F, 182F, 262F,

347F, 362F, 364F, 370F, 371, 396F, 401F, 418F, 419F, 432F, 480
Wassermann, Max von 35, 58
Wassermann, Oskar 192
Waters, John 223F
Wauer, William 120
Waxmann, Franz s. Franz Wachsmann
Webb, Millard 124F, 125F
Weber, J. J. 28
Weber, Lois 125F
Weber, Marek 304
Weber, Maskenbildner 370
Wechsler, Lazar 345
Wedekind, Frank 107
Wedel, Hasso von 283
Wegener, Paul 23A, 35, 36F, 43F, 53, 78F, 79, 129, 272F, 278F, 318F, 420
Weidemann, Hans 392A
Weidemann, Alfred 120, 282, 423–424, 430, 448F, 460F, 487, 487A
Weihmayer, Franz 386
Weishamn 132
Weill, Kurt 404
Weintraub, Stephan 265–267
Weisenborn, Günther 480
Weiß, Alfred 271F
Weiss, Helmut 479
Weißbach, Hans 452F
Weisse, Hanni 39A
Welles, Orson 99
Wellin, Arthur 76F
Wellman, William A. 179F, 223F, 271F
Wendhausen, Fritz 83, 94F, 98F, 110F, 122, 124F, 156F, 206F, 215F, 233, 345
Wengeroff, Wladimir 237
Wentscher, Major 283
Wentzel, Bernhard?? 227F
Wenzel, Bernhardt ?? 414F
Wenzler, Franz 208F, 238F
Werckmeister, Hans 76F
Werker, Alfred L. 179F, 223F
Werner, Ilse 436, 481
Werther, Kurt 456F
Westerkamp, Ulrich 284
Wicki, Bernhard 492, 492A
Wiegand, Bühnenmaler 475
Wieman, Mathias 336, 337A, 389, 422A, 425–426
Wiene, Konrad 20F, 22F, 26F, 76F
Wiene, Robert 75F, 77F, 82A, 458A
Wiga-Gabriel (Wilhelm) 404
Wilcke, Nicolas 237–238, 237A
Wilcox, Herbert 128F
Wilde, Ted 223F, 271F
Wilder, Billy 55A, 243, 267
Wildt, Helmut 491A
Wilhelm I. 25
Wilhelm II. 19A, 21, 204
Wilhelm; Carl 104F
Wilhelm; Hans F. 433F, 443F
Will, Friedrich 475
Willat, Irvin 125F
Willkomm, Änne 88A
Windt, Herbert 326
Winkler 404
Winkler, Max 203, 283, 330–331, 388–391, 411, 428–429, 428A, 434, 438–440, 446, 466
Winterstein, Eduard von 26, 436A, 480
Witt, Joachim 305
Wohlbrück, Adolf 354, 379
Wohlrabe 475
Wolf, Friedrich 153–154, 480
Wolf, Konrad 481
Wolff, Alfred 362
Wolff, Carl Heinz 260F 336F, 344F, 350F, 358F, 364F, 376F, 382F
Wolff, Eugen 404
Wolff, Ludwig 76F, 77F, 136
Wolff, Willi 108F, 112F, 124F, 125F, 144F, 162F, 164F
Wolffsohn 84
Wolkoff, Alexander 179F, 180F, 185F
Wollenberg, Hans 230, 231A
Wolzogen, Hans von 357
Wong, Anna May 101
Wood, Sam 223F, 271F
Wortig 450
Wrobel, Ignaz s. Kurt Tucholsky

Wulf, Walter Maria 475
Wüst, Ida 284, 447A
Wyler, William 55A
Wyman, Jane 384
Wysbar, Frank 268F

Yates, Hal 271F
York, Eugen 399F, 433F, 443F, 481

Zamora, Alcalá 280
Zander, Karl 300F
Zechenhofer, Max 399F
Zeckendorf, Friedrich 345–346
Zeisberg, Igmar 491A
Zeisler, Alfred 190F, 206F, 214F, 224F, 232F, 240F, 243, 250F, 270F, 271, 280F, 286F, 310F
Zeller, Wolfgang 472, 480
Zelnik, Friedrich 39A, 186
Zerlett, Hans H. 445F
Zettritz-Neuhaus, Ursula 450
Zeyn, Willy 22F, 74F, 82F, 122F
Ziegler, Sepp 433F
Ziener, Bruno 38F
Zille, Heinrich 232
Zischler, Hanns 157
Zobeltitz, Fedor von 152, 324
Zola, Emile 338
Zschokke, Heinrich 166
Zukor, Adolph 78–79, 175A, 176
Zürn, Walther 68F, 69F, 98F, 114F, 146F, 241

Filme

A moi le jour, à toi la nuit 236F
Aachener Reit-, Spring- und Fahrturnier 1937 399F
Abbazzia, die Perle der Adria 68F
Abel mit der Mundharmonika 262F
Abend – Nacht – Morgen 114
Abenteuer des Prinzen Achmed, Die 125F
Abenteuer einer Ballnacht, Das 22F
Abenteuer im Chinesenviertel 279F
Abenteuer in Paris 179F
Abenteuerin von Monte Carlo, Die 94F
Abenteuerblut 43F
Aberglaube 60F, 433F
Abessinien von heute – Blickpunkt der Welt 301F
abessinische Staatskirche, Die 359F
Abie's Irish Rose 271F
Abnorme Seelenzustände 68F
Abrechnung unter Komplizen 76F
Abrichtung und Arbeit eines Blindenhundes, Die 33
Absatzvermehrung für für Stahlerzeugnisse 227F
Abschied 192F
Ach, hätte ich doch 359F
Acht Maler und ein Modell 227F
Achtung! Achtung! Hier ist Berlin auf Welle 505, 69F
Achtung Asien! Achtung Australien! 198F
Achtung! Asien marschiert! 399F
Achtung! Aufnahme 227F
Achtung! Feind hört mit! 481
Achtung, Kurve! 336F
Achtung!.. Tank! 271F
achtzigjährige Geburtstag des Großadmirals von Tirpitz, Der 287F
Across to Singapore 223F
Actress, The 223F
Actualités mondiales 414
Adam und Eva 176F, 351
Adern der Wirtschaft 399F
Adieu les beaux jours 262F
Adieu Mascotte 184F
Adrien 415F
Adrienne Lecouvreur 384F, 408A–409A, 410
Advokáta Věra 363F
Affäre Blum 134A
Affenstreiche 319F
Afraid to Love 179F
Agnes Arnau und ihre drei Freier 24F, 51A
Ägyptische Springmaus, Die 65
Air Mail, The 125F
Akrobat Schö-ö-ön 476
Alarm 179F, 319F
Albert und der falsche Max 43F
Aleppo 68F
Alessandro Ziliani singt 359F
Alexander den store 77F
Alexander der Große 77F
Alfa-Melken, Das 359F
Alfa-Milchfilm 319F
Algol 76F
Alice Through a Looking Glass 271F
Alice und ihr Chef 271F
Alle machen mit 49, 399F
Alle Segel klar 433F
Alle Wasser Böhmens fließen nach Deutschland 439
Aller Anfang ist schwer 68F
Allerhand brasilianische Tierformen 227F
Allerhand Feinkost aus dem Meer 69F
Allerhand Tierhumor 68F
Allerhand Waldgetier 69F
Allerlei Feinkunst aus dem Meere 359F
Allerlei inselindisches Tierleben 227F
Allerlei Meerestiere 68F
Alles für Anita 252F
Alles für die Firma 92F
Alles für Euch, Ihr Frau'n 399F
Alles für Geld 63A, 105F
Alles hört auf mein Kommando 446A
Alles verkehrt! 287F
Allmacht Schlaf 399F
Alltag eines Rennpferdes, Der 227F
Alltag zwischen Zechentürmen 443F
Allzu liebe Sonne 359F
Allzuviel ist ungesund 443F
Alm im Karwendel 399F
Aloma of the South Seas 179F
Aloma, die Blume der Südsee 179F
Alpen, Die 65, 76F
Alpenkorps im Angriff 439, 433F
Alpine Majestäten 69F
Alraune 198F
Als Dreijähriger durch Afrika 227F
Als ich tot war 54
Als man anfing zu filmen 359F
Alt-Heidelberg 223F
Altars of Desire 179F
Alte Kleider 184F
alte Königsstadt Krakau, Die 359F
Alte und junge Geister 43F
Altgermanische Bauernkultur 293
Am Brandenburger Tor 25
Am Lagerfeuer 359F
Am laufenden Band 319F
Am Ostgestade der Adria 69F
Am Rande der Sahara 67, 67A, 188F
Am Rande der Welt 131, 164F, 166A
Am seidenen Faden 386F
Am Steuer der Wirtschaft 433F
Am Tor des Todes 76F
Am Webstuhl der Zeit 76F
Amata azzura, L' 347F
Ameisenstaat, Der 359F
American Aristocraty 71
American Venus, The 125F
Amerikaflug der Bremen 287F
Amönenhof, Der 76F
Amor am Steuer 76F
Amor im Wolkenkratzer 125F
Amphitryon 122, 122A, 300F, 305, 355, 368–371, 368A–369A, 371A
An den Quellen des Amazonas 227F
An den Ufern des Filipoi (Rumänien) 227F
An der Geburtsstätte eines Ozeanriesen 287F
An sonnigen Gestaden 69F
Anbau, Ernte, Einmieten und Versand der Kartoffeln 68F
Ancient Highway, The 125F
Andacht am Abend 433F
Andalusische Nächte 376F
Andere, Die 126F
Andreas Schlüter 337
Anette et la dame blond 415F
Anfänger 271F
Anfertigung einer großen Beleuchtungsschale 68F
angebrochene Ehe, Eine 77F
Angeln gehn 271F
Ankunft des zukünftigen Präsidenten von Mexiko, General Calles, in Deutschland, Die 69F
Anmut und Kraft. Frauensport unter der Zeitlupe 443F
Anna Boleyn 49, 55A, 56–58, 57A, 62, 78, 80F, 96
Anna Christie 279F
Anna Favetti 370F
Anna Karenina 223F
Annelie 430F
Annemarie 347F
Annette et la dame blonde 414
Annie Laurie. Ein Heldenlied vom Hochland 179F
Anschlag auf Baku 428F, 430
Ansignet i Floden el Nostied Harrison 77F
Antike Stätten auf Sizilien 287F
Anwendung und Wirkung neuzeitlicher Stickstoffdüngemittel, Die 68F
Apachen von Paris, Die 170F, 237
Apokalypse 40F
Apotheke des Teufels, Die 310
Appel de la vie, L' 352F
appetitlich frisches Abenteuer, Ein 433F
April, April! 300F, 361
Arbeit 319F
Arbeit einer Generation, Die 433F
Arbeiten über Kalidüngung 359F
Arbeitsmaiden helfen 399F
Are Parents People? 179F
Argus X. 54F
Arme Thea 76F
Arme Violetta 82F
Armer kleiner Pierrot 80F
Arnold auf Brautschau 74
Arnold auf Brautschau 43F
Artisten 279F
Artisten der Arbeit 399F
Artistenliebe 179F
Aschenbrödel 68F
Asphalt 46, 93, 101, 131, 133A, 184F, 209, 212, 248–249, 248A–249A
Assasinat du Père Noël, L' 415A, 415F
Assassin habite au 21, L' 415F
Atlantic 164, 257
Atlantide 77F
Atlantide, L' 77F
Atlantik-Wall 443
Atmen ist Leben 287F
Au bonheur des dames 415F
Au bout du monde 264F
Auch wir helfen siegen 443F
Auf amerikanischen Jagdpfaden 105F
Auf blinkenden Pfaden 359F
Auf Ceylon und im südlichen Dekan 227F
Auf dem Kriegspfad 179F
Auf den Spuren alter Java-Kulturen 359F
Auf den Spuren der Azteken 227F
Auf den Spuren der Hanse 282F
Auf der Alm; da gibts ka Sünd 26A
Auf eigenem Grund das eigene Heim 359F
Auf Flügeln der Reklame 287F
Auf geht's! (Ein Film vom Schuhplattln) 443F
Auf neuen Wegen 433F
Auf Probe gestellt 22F
Auf Tierfang in Abessinien 69F
Auf Tischlers Rappen 43F
Auf Verbrecherjagd in Wild-West 271F
Aufbau im Osten 433F, 439
Aufforderung zum Tanz 215F
Aufruhr in Damaskus 325
Aufstieg und Fortschritt durch Qualität 287F
Auge des Götzen, Das 46F
Augen der Mumie Mâ, Die 32F, 53
Augenzeuge, Der 470
August der Starke 376
Aus dem Film der Vereinigte Glanzstoff-Fabriken AG, Wuppertal/Elberfeld: Flox, Vertrauen zur Zellwolle 433F
Aus dem Leben der Bienen 43F
Aus dem Paradiese 319F
Aus dem Tagebuch eines Junggesellen 350
Aus dem Volksleben Nordafrikas. Bilder aus Tripolis 287F
Aus den Betrieben des Elektrizitätswerkes Schlesien 359F
Aus den Kabelwerken der »Gute Hoffnungs-Hütte« 359F
Aus den Rohrwäldern des Donaudeltas 359F
Aus der afrikanischen Wildnis. Bilder von Jagd und Fang 68F
Aus der Engelhardt-Brauerei 287F
Aus der Gewinnung von Kokerei-Stickstoff 287F
Aus der Heimat des Elchs. Tierbilder aus den finnischen Wäldern 319F
Aus der Heimat des Freischütz 399F
Aus der Kinderstube der Forelle 43F
Aus der Pflege des erkrankten Säuglings und Kleinkindes 68F
Aus der Schatzkammer der Kirchenmusik 359F
Aus der Welt der Reemtsma-Zigarrette 319F
Aus der Welt des Ski 68F
Aus der Werkstatt moderner Arzneimittel 359F
Aus der Werkstätte des Glaskunstgewerbes 227F
Aus Edam und von der Zuidersee. Bilder aus Holland 68F
Aus eigenem Boden – eigene Kraft 399F
Aus eigener Kraft 122F, 443F
Aus Flur und Forst 359F
Aus Kameruns Frucht-Kammern 227F
Aus Natur und Wissenschaft, Tierkunde: Aus dem Leben der Bienen 69F
Aus Stein und Luft wird Brot 69F
Aus Syrien und dem Heiligen Land 68F
Ausbildung und Arbeit des Polizei- und Blindenhundes 287F
Ausbildung und Dienst auf dem Schulschiff »Niobe« 287F
Ausflug in die Seligkeit, Der 77F
Ausländer studieren in Deutschland 440
Ausländische Haus- und Wildrinder 68F
ausländische Milzbrandgefahr, Die 287F
Ausländischer Besuch im neuen Deutschland 319F
Auslegung eines Seekabels im Wattenmeer 227F
Austernprinzessin, Die 54, 54F, 74
Australien und Neuseeland 319F
Austreibung, Die 118F
Auswanderer, Die. Farmerlos 125F
Autour d'une enquête 204F
Avisdrengen 76F

Ba-Duan-Gin. Eine chinesische Gymnastik 227F
Baby, Das 40F
Baby lernt schwimmen 271F
Baby Mine 223F
Bach Vo, Der 433F
Bad Elster, die Perle in Sachsen 43F
Bad im Waldgebirge, Das 287F
Baden ist Trumpf 287F
Baden-Baden 399F
Bakelitt 359F
Bal paré 418F
Ballettratten 179F
Ballmutter, Die 334F
Bananen 227F
Bandit, Der 125F
Banditenbräutchen 76F
Banditenlied 279F
Barbara, wo bist Du? 404F
Barbed Wire 179F
Barcarole 294F, 420
Bardame 100F
Bardelys the Magnificent 179F
Bärenjagd in den Karpathen 319F
Barmherzige Hände 43F
baron tzigane, Le 296F
Barricade, The 77F
Barrier, The 179F
Bataille, La 124F
Battles of the Coronel and Falkland Islands, The 223F
Battling Butler 179F
Bau der beiden Schachtschleusen Anderten bei Hannover, Der 227F
Bau des neuen Wasserwerkes »Am Staad«, Der 287F
Bau'n wir uns ein Nest 287F
Bauen mit Beton und Eisenbeton 399F
Bauernhochzeit 319F
Bauernsiedlung in Niederschlesien 227F
Baumeisterin Chemie 433F
Baustoff der tausend Möglichkeiten 433F
Bauten Adolf Hitlers, Die 399F
Bauwerke aus Erde und Stein 433F
Bayerische Heimatklänge 319F
bayerischen Königsschlösser, Die 68F
Bayreuth bereitet die Festspiele vor 359F
Bayreuth. Eine Stadt einst und jetzt 433F
Beates Flitterwoche 418F
Beau Sabreur 223F
Bébé, die Sportstudentin 179F
Bedeutung der künstlerischen Begegnung für die Provinz Brandenburg, Die 287F
Befreiung, Die 359F
Beglückendes Land – Rheinland-Pfalz 486
behexte Neptun, Der 134F
Behind the Front 125F
Bei den Bantu im Njassaland 68F
Bei den deutschen Kolonisten in Südwest-Afrika 359F
Bei den Textil-Heimarbeitern 227F
Bei einem Bienenvater 43F
beiden Gatten der Frau Ruth, Die 54F
beiden Meier, Die 26F
Beim Wettermacher 287F
Beisetzung der verstorbenen deutschen Kaiserin Auguste Viktoria, Die 68F
Beispiele von mikroskopischen Röntgenfilm-, Trick- und Normal-Aufnahmen naturwissenschaftlicher Art 443F
Beispiele von Röntgenfilm- und Überzeitlupen-Aufnahmen als Ergänzung zu bereits zensierten Kulturfilmen als Lehrmittel 443F
Bekehrung, Die 359F
Bel ami 414
Bell Boy 13 124F
Bella Donna 124F
belle aventure, La 230F
Ben Hur 125F, 175
Benefiz-Vorstellung der vier Teufel, Die 76F
Bereit sein ist alles 399F
Berg des Schicksals, Der 250
Berg Eyvind och hans hustru 77F
Berg Eyvind und sein Weib 77F
Berg lebt, Der 433F
Berg wird abgebaut, Ein 443F
Bergesschönheit 227F
Bergkatze, Die 54, 74, 75A, 83, 86F
Bergwelt – Wunderwelt 347F
Berlin Alexanderplatz 335, 335A
Berlin auf Welle 505 227F
Berliner Verkehrs-Aktiengesellschaft, Die 287F
Berlinische Bodengesellschaft, Die 287F
Berlins Entwicklung. Bilder vom Werdegang einer Weltstadt 68F
Bernbergfaden, Der 433F
Berufsbildung bei der Vereinigten Stahlwerke AG. 287F
Besatzung Dora 426–427, 444F, 467A
Beschwingte Ehen 287F
Besonntes Handwerk 319F
Besser als Bargeld 443F
Besser und gesünder, aber trotzdem billiger 319F
Besserer Herr sucht Anschluß 310F
Besserwisser, Der 358F
Bestellt und nicht abgeholt 271F
Bestie im Menschen, Die 76F
Besuch bei G. Schmid, Industrie-Ofenbau, Solingen-Remscheid, Ein 399F
Besuch bei Meister Dickhaut, Ein 68F
Besuch bei Roggenzüchter Herrn von Lochow 68F
Besuch beim Bettelstudent 359F
Besuch beim König der Lüfte, Ein 227F
Besuch der Motor-SA in Leuna 319F
Besuch im Karzer 286F
Besuch in Frankfurt am Main 359F
Besuch S. M. des Königs Aman Ullah von Afghanistan in Deutschland 227F
Beton und Eisenbeton 227F
Beton- und Monierbau A.G. Berlin zeigt den Bau der Doppelschleuse Wedtlenstedt des Stichkanals Bleckenstedt-Hallendorf 433F
Betrogene Betrüger 179F
betrogene Frau, Die 125F
Bettelgräfin, Die 38F
Bettelstudent, Der 320F, 402–406
Bewegungsanalyse 69F
Bezirksvertreter gesucht 324F
Bibi und Pock 227F
Bienenstaat, Der 399F
Big City, The 223F
Big Parade, The 125F, 178
Bild der Zeit »Panzer marsch!« 433F
Bilder aus dem Dasein der niedrigsten Lebewesen 68F
Bilder aus dem Indianerleben am Amazonenstrom 68F
Bilder aus dem Lande der Bataker 227F
Bilder aus den Solbädern Dürrenberg und Kösen 68F
Bilder aus den Werken der Linke-Hofmann, Lauchhammer, A.-G. 68F
Bilder aus der brasilianischen Tierwelt 227F
Bilder aus der Ferienfahrt 600 oberschlesischer Kinder 227F
Bilder aus der Haller-Revue »An und Aus« 227F
Bilder aus der israelitischen Taubstummenanstalt Berlin-Weißensee 319F
Bilder aus der Reichsnährstands-Ausstellung 359F
Bilder aus Deutschland 433F
Bilder aus Griechenland 68F
Bilder aus Grönland 287F
Bilder aus Insel-Indien – Land und Leute 227F
Bilder aus Japans Natur und Kunst 227F
Bilder aus Konstanz am Bodensee 68F
Bilder vom Aufstieg der deutschen Luftwaffe 433F
Bilder vom Weltreklamekongreß 287F
Bilder von der 39. Wanderausstellung der deutschen Landwirtschaft 319F
Bilder von der holländischen Wasserkante 287F
Bilder von der Nähmaschine 319F
Bilder von Heer und Flotte 287F
Bildfilm (Er weiß Bescheid) 319F
Bildfilm (Große Wäsche) 319F
Bily ráy 124F
Bin ich Ihr Typ? 223F
Binnenfischerei am Steinhuder Meer 68F
Birth of a Nation 100
Bis früh um fünfe 60F
Bismarck 446
Bitte, Fräulein, schreiben Sie! 443F

Black Bird, The 125F
Black, der König der Hengste 124F
Blackie's Redemption 76F
Blade af Satans Bog 77F
Blandt Byens Born 105F
Blätter aus dem Buche des Satans, 2 Teile 77F
blaue Drachen, Der 76F
blaue Engel, Der 14A, 101–102, 157A, 186F, 211, 235, 260–251, 260A–264A, 266, 311A, 312, 346, 376
Blaue Jungens am Rhein 399F
blaue Laterne, Die 38F
blaue Mauritius, Die 36A, 36F
blaue Maus, Die 43F, 182F
blauen Schwerter, Die 480
Blaufuchs, Der 394F
Bleicherts Drahtseilbahnen 227F
Blind Man's Eyes 105F
blinde Passagier, Der 77F
Blinder Eifer 43F
Blitzzug der Liebe 138F
Blond oder Braun 179F
blonde Geisha, Die 105F
blonde Nachtigall, Die 196F
Blonde or Brunette 179F
blonden Mädels vom Lindenhof, Die 34F
blonder Traum, Ein 93, 228A–229A, 228F, 273A, 367
Blondinen bevorzugt 223F
Blue Angel, The 186F, 305
Bluff 358F
Blumenfrau von Lindenau, Die 354
Blusenkönig, Der 53A
Blüte gebrochen, Eine 105F
Bluthochzeit der Castros, Die 125F
Bobby 365F
Boccaccio 320F
Böcke und Geißen 443, 443F
Bodenbearbeitungsmaschinen, Die 69F
Boheme 125F
Bohème, La 125F
Böhmische Glasbläserkunst (Das Fertigen eines Glaskörbchens) 68F
Bojarenhochzeit 399F
Bomben auf Mont Carlo 209, 210A–211A, 212, 212F, 275, 304, 376
Bombenidee, Die 352F
Boote mit Flügeln 443F
Borgslaegtens Historie 77F
Börsenkönig von Wallstreet, Der 105F
Bosch Elektro-Werkzeuge mit Motor im Handgriff 359F
böse Geist Lumpaci Vagabundus, Der 104F
böse Gewissen, Das 287F
böser Tag mit blauem Auge, Ein 359F
Bosporusfahrt, Eine 68F
Boxerbraut, Die 156F
Boxerkönig, Der 179F
Braendte Vinger 76F
Brand im Osten 179F
Brandbomben und Entstehungsbrände 443F
Brandbombenbekämpfung 433F
Brandplättchen 433F
brasilianische Rhapsodie, Eine 433F
braune Göttin, Die 227F
Braunkohle und Braunkohle-Brikett 319F
Braunkohle, Die 319F
Braunkohlenbrikett »Sonne« in Gaststätten-Herden, Das 359F
Braunkohlentagebau 68F
Braut aus Australien, Die 105F
Braut mit dem Holzbein, Die 271F
Braut Nr. 68 222
Brautfahrt mit Hindernissen 105F
Bräutigam auf Abbruch 125F
Bräutigam auf Aktien 46F
Bremen 359F
Bremen, Bahnhof am Meer 433F
brennende Acker, Der 114, 129
brennende Wald, Der 179F
Bridge of San Luis Rey, The 271F
Bridge of Sighs, The 124F
Briefe der schönen Clothilde, Die 43F
Briefe fliegen über den Ozean 359F
Brigantenliebe 74F
Brillanten 364F
Brillanten der Moranows, Die 365F
Brillantenschiff, Das 130
Broadway-Fieber. Die Tänzerin, der Boxer und der Pressechef, sechs Akte von Tanz, Sport und Liebe 124F
Broadway-Melodie 279F, 405
Broadway Melody, The 279F
Broken Blossoms 101, 105F
Brotbäckerei 43F
Brotbäckerei in einem Großbetrieb 43F
Brotherly Love 279F
Brücke, Die 492
Brücke von San Luis Rey, Die 271F
Brüder 356
Brüder Karamasoff, Die 76F
Brüder Noltenius, Die 458F
Brüder Schellenberg, Die 152A, 152F
Brüderliche Liebe 279F
Bubi verlobt sich 43F
Bucchi 319F
Buch der Tränen, Das 76F
Buddenbrooks 118F, 120
Buddhas im Dschungel 319F
Bummelgenie, Das 350F
Bums, der Scheidungsgrund 284F
Bund der Drei, Der 185F
Bunte Fischwelt 359F
Bunte Kriechtierwelt 67, 67A
Bunte Lichter 279F
Bunte Lurch- und Kriechtierwelt 443F
bunte Tag, Der 359F
Bunte Tierwelt 319F
Bunter Reigen 443F
Buntes Leben in der Tiefe 443F
Buntkarierten, Die 471
Burgen im afrikanischen Busch 319F
Burschenlied aus Heidelberg, Ein 192F
Buster Keaton, der Boxer 179F
Buster Keaton, der Filmreporter 271F
Buster Keaton, der Matrose 125F
Buster rutscht ins Filmland 279F
Buttons 223F

Cabinet des Dr. Caligari, Das 79, 80A, 81, 85A, 90, 96–99, 120, 127, 134–135
Cabiria 75, 76F
Café Elektric 324
Café Kalau 185F
Calais – Douvres 210F
Call of the Flesh 279F
Cameraman, The 271F
Camp Volant 279F
Campus Flirt, The 179F
Canary Murder Case, The 271F
Canasta 488
Canasta de Cuentos Mexicanos 488
capitaine Craddock, Le 214F
Capriccio 376F, 424A, 425
Caprice de princesse 260F
Caprices 415F
Carl Peters 393
Carlos und Elisabeth 307A
Carmen 40F, 54, 62A, 78
Carmen von St. Pauli, Die 180F
Carola Lamberti – eine vom Zirkus 481, 481A
Casanova 179F, 237, 377
Casanova wider Willen 279F
Case of Lena Smith, The 271F
Castles in the Air 77F
Castroper Rennen 433F
Cat and the Canary, The 179F
Cavalerie légère 301F
caves du Majestic, Les 414, 415F
Cécile est morte 414, 415F
Cembalo, Das 433F
Ceram 68F
certain M. Grant, Un 254F
Certain Young Man 271F
Château de rêve 258F
Chamberlins Ozeanflug nach Deutschland 227F
Chang 179F
chanson d'une nuit, La 222F
chanson du souvenir, La 340F
Charley's Aunt 124F
Charleys Tante 106, 124F
Charmer, The 124F
Chasseur de Chez Maxim's, Le 223F
Chatelaine du Liban, La 347F
Cheating Cheaters 179F
Chemie und Liebe 480
Chemie und Wäschewaschen 399F
chemin du paradis, Le 192F
Cherchez la femme 76F
Chinese Parrot, The 179F
Chinesen-Papagei, Der 179F
Chinesische Städte 359F
Chip of the Flying U 125F
ciel est à vous 411
Cinderella's Twin 105F
Circe the Enchantress 124F
Circus Rookies 223F
City of Songs 316
City Streets 279F
Cleopatra 46
Clown, Der 364F
club des soupirants, Le 415F
Cluny Brown 52–53
coeur dispose, Le 340F, 412A
collier de la reine, Le 279F
Condottieri 392
Confessions of a Queen 125F
congrès s'amuse, Le 214F
Congress Dances 214F
Constant Nymph, The 223F
corbeau, Le 414, 415A, 415F
Cossacks, The 223F
Coup de feu à l'aube 226F
Crowd, The 223F
Czardasfürstin, Die 162F, 278F

D-Zug 13 hat Verspätung 206A–207A, 206F
Daddy 124F
Dafür kämpfen wir 440
Damals 444F
Dame aus Moskau, Die 271F
Dame der feinen Gesellschaft, Eine 77F
Dame hinterm Vorhang, Die 271F
Dame in Schwarz, Die 78F
Dame mit dem Herrenschnitt, Die 179F
Dame mit dem Tigerfell, Die 164F
Dame mit der Maske, Die 178F, 334
Dame und der Landstreicher, Die 77F
Dame, der Teufel und die Probiermamsell, Die 46F, 48, 48A
Dames 402
dames du bois Boulogne, Les 411
Dammbruch an der Elbe 68F
Dämmerung über dem Teufelsmoor 443F
Dämon des Hauses Frivelli, Der 76F
Dämon, Der 179F
Dampffähre Warnemünde-Gjedser, Die 68F
Dance of Life, The 279F
Dance, Fools, Dance 279F
Dangerous Adventure, A 124F
Dann schon lieber Lebertran 214F
danseuse orchidée, La 223F
Danton 134
Danzig, Land an Meer und Strom 433F
Daphne und der Diplomat 364F
Dark Swan, The 124F
Das kommt vom Sekt 102F
Das kommt von der Liebe 92F
Dat sün wi Pommern 227F
Dauerversuchsfeld, Das 359F
Daughters of Pleasure 125F
David Copperfield 105F
De l'Etoile è la place Pigalle 414
De mystiske Fodspor 76F
De profundis 62F
Deception 54, 78
Défense d'aimer 415F
Degenhardts, Die 337
Dekameron-Nächte 128F
Dem Licht entgegen 20F
Den Schaden trägt schwer das Jahrhundert 399F
Den schickt er in die weite Welt 359F
Den Teilnehmern des Welt-Reklame-Kongresses 287F
Denkende Maschinen 227F
Der Ehe ewiges Einerlei 124F
Der Liebe Macht, des Rechtes Sieg 43F
Der Liebe Pilgerfahrt 110F
dernier des six, Le 415F
dernier sou, Le 415F
Des Bäckers Traum 227F
Des Glückes lachender Erbe 77F
Des jungen Dessauers große Liebe 266F
Des Rheines wilde Tochter 227F
Detektiv Mikroskop 319F
Deutsche Ansiedler in Südbrasilien 319F
Deutsche Arbeit, deutscher Wein sollen eng verbunden sein 319F
deutsche Braunkohlen Brikett, Das 287F
deutsche Erntedankfest 1934 auf dem Bückeberg Das 359F
Deutsche Jungens wandern durch Griechenland 287F
Deutsche Kolonisatoren am Kamerunberg 227F
Deutsche landwirtschaftliche Pflanzenzucht. 2 Teile 68F
Deutsche Nordseeküste 359F
Deutsche Ostsiedlung 287F
Deutsche Panzer 440, 443F
Deutsche Stahlerzeugung 287F
Deutsche und ausländische Presse als Gast in Babelsberg 287F
Deutsche Vergangenheit wird lebendig 359F
Deutsche Wafffenschmieden 440, 443F
deutsche Weinbau, Der 69F
Deutsche Werkmannsarbeit am Radiogehäuse 359F
Deutsche Woche 319F
Deutsche Wochenschau, Die 414, 470
Deutscher Kraftfahrsport 399F
Deutscher Reichskriegertag 1936 in Kassel 359F
deutsches Kriegsschiff im Dienste der Volkswirtschaft, Ein 69F
Deutsches Öl 399F
Deutsches Turnen in Afrika 65
Deutsches Weinland 433F
Deutschland kreuz und quer 359F
Deutschlands Heer 399F
deux favoris, Les 310F
Devil-May-Care 279F
Devil's Holiday, The 279F
Devisen im Netz 399F
diable en bouteille, Le 290F
Diamanten des Zaren, Die 52F
Dich hab' ich geliebt 257
Dick und Dof in Freiheit dressiert 271F
Dicke Luft 399F
Dickschädel, Der 324F
Did I Betray? 304F
Die im Schatten leben 125F
Die vom Rummelplatz 312
Die vom Theater 125F
Die vom Zirkus 77F
Dieb im Frack, Der 76F
Dieb im Paradies, Ein 124F
Dienst am Gut 319F
Dienstbotennot 105F
Diesel 440F
Dieux s'amusent, Les 300F
Diplomaten 40F
Dirigible 279F
Dirnentragödie 132
Divine Woman, The 223F
Docks of New York, The 271F
Docks von New York, Die 271F
Doktor Klaus 72F
Dokud máš maminku 363F
Dokumente zum Weltkrieg 26
Dokumente zur Geschichte des deutschen Filmschaffens 443F
Dokumente zur Kulturgeschichte des deutschen Filmschaffens 398
Dolch des Malayen, Der 62F
Dollarregen 227F
Dolly macht Karriere 194A, 194F
Dolomitische Majestäten 227F
domino vert, Le 301F
Don Juan 256
Doña Juana 126A, 174F
Donaureise König Ludwigs 43F
Donner, Blitz und Regen 287F
Donogoo 306F
Donogoo Tonka 306F, 308A
Dorela 76F
Dorela, der verräterische Klang 76F
Dornenweg zum Glück, Der 105F
Dorothys Bekenntnis 76F
Dr. Knock 125F
Dr. Mabuse, der Spieler 81A, 83, 102F, 129
Dr. Mabuse-Filme 127
Dr. Monnier und die Frauen 174F
Dragnet, The 271F
Dream of Love 271F
Drei Codonas, Die 480
Drei Frauen 124F
Drei Kreuze 43F
drei Kuckucksuhren, Die 152F
Drei Räuber im Pelz 319F
Drei Tage Liebe 266
Drei Unteroffiziere 356, 400F
Drei Väter um Anna 404F
drei von der Tankstelle, Die 93, 192F, 272–275, 272A–275A, 297, 302–304, 312, 367
Dreiklang 372F
Dreimal Ehe 294F
Dreimal Hochzeit 271F
dreizehnte Weltwunder, Das 260F
Dresden, das deutsche Florenz 69F
Dresden, das Elbetal und die Sächsische Schweiz 69F
Dresdner Bank, Die 227F
Dreyfus 338
Droschke 43F
Du gehörst zu mir 444F
Du sollst nicht begehren 258A, 258F
Du sollst nicht stehlen 223F
Du und Dein Kind 319F
Du und die Drei 443F
Dubarry von heute, Eine 125F
Duell der Geister 76F
Duftendes Land 433F
Duplizität der Ereignisse, Die 76F
Durch dick und dünn 359F
Durch Kerker und Paläste von San Marco 77F
Durch Schaden wird man klug 319F
Durchlaucht macht eine Anleihe 125F
Durchlaucht Radieschen 158A–159A, 158F
Durchsichtiges Holz 399F
Dürfen Eltern heiraten? 179F
Dynamit 279F
Dynamite 279F

Early to Bed 236F
East of Suez 125F
Edelstahl 68F
Edelsteine 20F
Edelsteinsammlung, Die 42F
Edelweißkönig, Der 398F
Edles Blut 124F
Edles Öl aus deutscher Erde 359F
Efha 319F
Eger, eine alte deutsche Stadt 399F, 439
Egmont-Ouvertüre 287F
Ehe im Kreise, Die 124F
Ehe im Schatten 460, 470–472, 470A–473A, 480
Ehe im Tierreich 319F
Eheferien 179F
Ehefreuden 105F
Eheglück 196F
Ehestreik 300F
Ehre gerettet, Die 125F
Ei des Kolumbus, Das 399F
Eifersucht 142F
Eiko-Woche 26
Eile mit Weile 319F
Einbrecher 200F, 209A, 212, 265A, 378A
Einbrecher wider Willen, Der 48F
Eine Million PS 359F
Eine Sturmfahrt ums Kap Horn, Eine 287F
Einen Löffel Ricinus 271F
Einer zuviel an Bord 301F
Eines großen Mannes Liebe 76F
einfachste Lösung, Die 319F
eingebildete Kranke, Der 292F
Eingeschneit in Lager IV 443F
Einige schwere Fälle von Syphilis 69F
Einmal eine große Dame sein 272A, 272F
Einmal gut bleibt gut 319F
Einmal im Jahr 415F
1 + 1 + 1 = 3 Kameraden 433F
Eins, zwei, drei, los! 223F
einsame Wrack, Das 76F
Einzug des Reichspräsidenten v. Hindenburg in die Reichshauptstadt, 11. Mai 1925 69F
eiserne Braut, Die 205
eiserne Netz, Das 279F
Eislauf, der elegante Sport 69F
Eisriesenwelt 433F
Eisschießen 443F
Ekel, Das 208F
Elbefahrt 433F
Elefant und andere Dickhäuter, Der 68F
Elektrodorf in München 287F
Elmo the Mighty / Elmo the Fearless 76F
Emil und die Detektive 214A, 214F, 480
Emmahu, der Schrecken Afrikas 34F
Empfang der Wiener Philharmoniker durch die Kgl. Kommandatur Berlin 43F
Empty Hands 125F
Emty Hearts 125F
Ende von St. Petersburg, Das 100
Endkampf 279F
Endlich ungestört 74
Endspiel der Deutschen Fußballweltmeisterschaft 1930/31, Das 319F
Endstation Liebe 488
Endwell 287F
Enemy, The 223F
Energie 359F
enfants s'amusent, Les 414
englische Heimat, Die 354
englische Krankheit, Die 433F
Entdeckung Deutschlands durch die Marsbewohner, Die 33
Entdeckungsfahrt im Rohr 433F
Entführung aus dem Serail, Die 69F
Entlassung, Die 446–449
Entstehung der Hefe, Die 227F
Entstehung des Britischen Weltreiches, Die 68F
Entstehung eines Steinkohlenflözes, Die 287F
Entstehung und Wachstum von Kristallen 65
Entwicklung auf Abwegen 287F
Entwicklung auf Umwegen (Metamorphose) 359F
Entwicklung der Schmetterlinge, Die 287F
Entwicklung des Käfers, Die 287F
Entwicklung und Vollendung 433F
epervier, L' 347F
époux célibataires, Les 298F
Er, der Herrlichste 76F
Er rächt seine Schwiegermutter 43F
Erbin des Holzkönigs, Die 125F
Erbin von Tordis, Die 76F
Erblühende Pflanzen 68F
Erdbeben und Vulkane 443F
Erde ruft. Die (Jerusalem-Film 1) 125F

Erfinderin Natur 227F
Erkenntnis der Sünde 124F
Erlebnisse einer Tierfamilie 287F
Ernst und Scherz an Bord eines Lloyddampfers 68F
Eroberung der Luft, Die 287F
Erpressertrick, Ein 86F
Ersatz 68F
Erst das Geschäft und dann das Vergnügen 43F
Erst löschen, dann retten 441, 443F
erste H. P. C. Konvention, welche in Berlin abgehalten wurde, Die 287F
erste Verkehrstag in Lauenburg i. Pom., Der 287F
Erstens kommt es anders 270F, 271F
Erster Preis: Ein Kuß 223F
Erstes Autorennen im Grunewald 68F
Ertragreicher Kartoffelanbau 488
erwachende Sphinx, Die 227F
Erzieherin gesucht 454F
Es bleibt in der Familie 98F
Es brennt 319F
Es brennt in der Siedlung 433F
Es ist kein Traum mehr 319F
Es klappert die Mühle 319F
Es leuchtet meine Liebe 106F
Es regnet 433F
Es träumt die Frau seit 1000 Jahren 359F
Es tut sich was in Hollywood 271F
Es war 179F
Es war eine rauschende Ballnacht 401F
Es war einmal 359F
Es war kein Spiel 77F
Es wird schon wieder besser... 215F, 312A
Etoile de Valencia, L' 250F
Etrange M. Victor, L' 372F, 410A
étrange Monsieur Victor, L' 411
Etwas für Feinschmecker 227F
Europäische Kultur in Nord-Afrika 287F
Europas letzte Pelikane 319F
Evangelimann, Der 116A, 116F
Eveline und ihr Rin-Tin-Tin 185F
Evening Clothes 179F
évolution mysterieuse dans l'oeuf, L' 287F
Evtl. spätere Heirat nicht ausgeschlossen 401F
Ewig treu 319F
ewige Fluch, Der 94F
ewige Frieden, Der 76F
ewige Kampf, Der 92F
ewige Maske, Die 356
ewige Maß, Das 227F
ewige Rausch, Der 76F
ewige Traum, Der 347F
Excess Baggage 279F
Excuse Me 125F
Exotische Fischehen 69F

F. P. 1 240F
F. P. 1 antwortet nicht 93A, 209, 238F, 305, 376
F. P. 1 wird Wirklichkeit 359F
Face au bolchévisme 414
Fäden, die die Welt umspinnen 359F
Fahnenweihe des deutschen Reichskriegerbundes am 23.2.36 359F
Fahren – aber mit Verstand 399F
Fahrendes Volk 105F
Fahrerflucht 433F
Fahrt in den indischen Färbedestrikt Madura, Eine 287F
Fahrt ins Abenteuer, Die 152F
Fahrt ins Blaue, Die 64A, 64F
Fahrt ins Glück 462F
Fahrt ins Glück, Die 120F
Fahrt ins Glücksland, Die 77F
Fahrt ins Verderben, Die / Op hoop van zegen 124F
Fahrt zum Iguassu. Deutsche Jungen vom Nerother Bund wandern durch Süfamerika 319F
Fahrten des Luftschiffes »Graf Zeppelin«, Die 227F
Fall Deruga, Der 378F
Fall Gregory, Der. 1.: Wie es geschah 124F
Fall Gregory, Der. 2.: Die Sühne 124F
Fall Rosentopf, Der 28F
Falle am Crowntonpaß, Die 179F
falsche Arzt, Der 124F
falsche Demetrius, Der 32F
falsche Dimitry, Der 108F
falsche Ehemann, Der 202F
falsche Prinz, Der 106F
Falsche Scham 150F
falsche Tenor, Der 226F
False Evidence 77F
Faltboot, Das 69F
Familie Buchholz 445F
Familie Nimmersatt, Naturkunde vom Neste der Goldammern 69F
Familientag im Hause Prellstein 179F
Fange No. 113 76F
Fanny Elßler 362, 364F
Fantasie des Aristide Caré 28F
Farben machen froh 399F
Farbenpracht auf dem Meeresgrund 399F
Farmer aus Texas, Der 46, 136A, 136F
Farne 443F
Fastnachtsbeichte, Die 490
fausse maitresse, La 415F
Faust 91, 100–101, 113A, 116A–117A, 121–122, 128–129, 128A–129A, 154F, 175, 182, 208, 306
Favoritin des Thronfolgers, Die 76F
Fechter der Wüste, Der 223F
Feet First 279F
Fehlerquellen an der Spinnmaschine 433F
Feier des 150jährigen Bestehens des Deutschen Reichskriegerbundes (Kyffhäuser-Bund) in Wangerin (Pommern) am 7. Juni1936, Die 359F
Feierabend in Froschkönigs Reich 69F
Feinwäsche 433F
Feldarzt, Der 127
Felix the Cat 69A
Fenster im 2. Stock, Das 402F
Ferien vom Ich 347F
Ferientage an der Nordsee 287F
ferme aux loups, La 415F
Fernsehen 443F
Fertigung der Junkers Ju 86 433F
Fertigung eines Junkers Kampfflugzeuges 433F
Fertigung eines Junkers Sturzkampfflugzeuges 433F
Fertigung Ju 87 433F
fesche Sassa, Die 43F
Fesseln der Nacht 76F
feuchte Geschichte, Eine 359F
Feuer 227F
Feuer und sein Meister, Das 76F
Feuersnot und Feuerwehr 227F
Feuertaufe 327
Feuerteufel 392
Feuerwehrdruckschlauch, Der 319F
Fez und Schleier 359F
FHD.-Mädel 443F
fichu métier, Un 388F
fidele Bauer, Der 168F
fidele Gefängnis, Das 157, 157A
Fientje Peters – poste restante 361
fille et le garçon, La 215F
Film gegen die Volkskrankheit Krebs, Ein 433F
Film ohne Titel 120
Film; Flirt og Forlovelse 105F
Film; Flirt und Verlobung 105F
Filmkönigin, Die 179F
Filmoper 287F
Filmreise durch den Menschenkörper, Eine 319F
Filmtagebuch vom Krieg in China 319F
Filmurkunden von Deutschlands Eroberung der Luft 319F
Finale der Liebe 124F
Finanzen des Großherzogs, Die 112A, 120F, 129–130
Find Your Man 124F
Finnland 440
Finsternis und ihr Eigentum, Die 77F
Fire Brigade, The 179F
Fires of Fate 124F
Fischer und seine Frau, Der 359F
Fischerei im Steinhuder Meer 43F
Fischfang im nördlichen Eismeer 433F
Fittings und Flanschen 359F
fixer Junge, Ein 43F
Fjeldpigen 76F
Flagrant délit 200F
Flaming Forest, The 179F
Flaming Frontier, The 179F
Flamme als Werkzeug 433F
Flamme, Die 62, 77A, 77F, 79
Flammen lügen, Die 125F
Fledermaus, Die 359F
Fleet's In, The 179F, 271F
Fleischfressende Pflanzen 443F
Flesh and the Devil 179F
fliegende Flotte, Die 279F
Fliegende Früchte. Wie die Natur pflanzt und sät 433F
fliegende Holländer, Der 105F
»Fliegende Teufel« von Texas, Der 271F
Flieger 258, 439
Flieger von Goerz, Der 32F
Flieger zur See 433F
Flieger, Funker, Kanoniere 442A, 399F
Flitterwochen 347F
Floorwalker, The 71
Florentiner Hut, Der 446
Flötenkonzert von Sanssouci 200F, 234, 276–278, 292, 324
Flox 399F
Fluch des Blutes, Der 124F
Fluch des Schweigens, Der 77F
Flucht in den Zirkus, Die 125F
Flucht vor dem Leben, Die 77F
Flucht vor der Liebe, Die 184F
Flüchtlinge 122, 264F, 324–326, 326A–327A, 376, 458
Flug über die Bayerischen Alpen, Ein 68F
Flug um den Erdball, Der 124A, 124F
Flüssige Kristalle und ihr scheinbares Leben 68F
Flüssiger als Wasser 399F
Flüssiges Gold (Petroleum-Gewinnung) 227F
Flußkrebs, Der. Eine kleine Lebensgeschichte 433F
Flying Fleet, The 279F
flyvende Hollaender, Den 105F
Föhn 76F
Folkets Ven 76F
For Heaven's Sake 179F
Forbidden Paradise 125F
Force et beauté 410
Foreign Affair, A 267
Forfaiture 347F
Forgotten Faces 271F
Fortschritt 319F
Fortsetzung folgt 380F
Forty Winks 125F
Four Devils 115, 135
Four Feathers, The 279F
Four Horsemen of the Apocalypse, The 178, 178A
Fox tönende Wochenschau 256
Frack, Ein Claque, Ein Mädel, Ein 179F
Frage Sieben 493
France actualités 414
Frank Boyers Diener 20F
Frankfurt a. Main 1936 399F
Frau am Scheideweg, Die 124F
Frau am Steuer 366–367, 400F
Frau des Inspektors, Die 43F
Frau des Kommandeurs, Die 124F
Frau des Staatsanwalts, Die 43F
Frau, die die Männer bezaubert, Die 124F
Frau Dorothys Bekenntnis 76F
Frau für drei Tage, Eine 445F
Frau im Mond, Die 132, 184F, 219A, 221–222, 221A
Frau im Schrank, Die 166F, 176F
Frau meiner Träume, Die 406, 407A, 450F
Frau mit dem schlechten Ruf, Die 136F
Frau mit den Millionen, Die 112F
Frau Sixta 384F
Frau Sylvelin 365F
Frauen für Golden Hill 396F
Frauen in Flammen 124F
Frauen sind doch bessere Diplomaten 418F, 452, 460
Frauen sind gar nicht so 433F
Frauen und Pferde 125F
Frauen von Gnadenstein, Die 76F
Frauengasse von Algier, Die 164F
Frauengefängnis 279F
Frauenhasser, Der 125F
Frauenopfer 94, 95A, 98F
Fräulein 401F
Fräulein Blaubart 125F
Fräulein Liliput das Reisespielzeug 105F
Fräulein vom Amt, Das 140F
Fräulein von der Kavallerie, Das 43F
Fräulein von Kasse 12, Das 179F
Fräulein von Scuderi, Das 481A
Fräulein Zahnarzt 76F
Frechdachs, Der 218F, 305A
Fred Roll. 2 Teile 20F
Free and Easy 279F
Free Soul, A 279F
Freie Bahn dem Tüchtigen 96F
Freies Land 478A, 480
Freihof, Der 76F
Freiwillige Fesseln 227F
Freiwillige Werkfürsorge im Ruhrbergbau 287F
fremde Faust, Die 287F
fremde Fürst, Der 36F
fremden Teufel, Die 279F
frères Schellenberg, Les 410
freudlose Gasse, Die 186
Freund oder Weib 105F
Freundin eines großen Mannes, Die 272F
Freut Euch des Lebens 276F, 447A
Fridericus Rex 75, 101–102, 105F, 148, 154, 277, 277A
Friedemann Bach 446
Friedensreiter, Der 29
Friedliche Jagd mit der Farbkamera 443F
Friedrich Schiller – Der Triuph eines Genies 337
Frische Fische – gute Fische 68F
Frischer Wind aus Kanada 292F
Frl. Josty und die lieben Verwandten 287F
fröhliches Haus, Ein 450F
Fronleichnamsfeier des berühmten Klosters Sosna Gora zu Czenstochau 68F
Front der Kameradschaft: Das Deutsche Turn- und Sportfest Breslau 1938 433F
Früchtchen in Nachbars Garten, Das 271F
Früh übt sich 310F
Frühling in Japan 433F
Fünf Minuten Angst 179F
Fünf Minuten zu spät 26F
Fünf Personen suchen Anschluß 324F
5. Juni, Der 440F
35. Wanderausstellung der Deutschen Landwirtschaftsgesellschaft München, Die 287F
25 Jahre DBL 399F
50 PS-Raupenschlepper, Bauart Stumpf, Der 287F
Fünfzigmarkschein, Der 376F
Funker 439
Für Deutschlands Zukunft stählt sich deutsche Jugend 69F
Für ein deutsches Danzig 319F
Für Feder und Bleistift 319F
Fürst der Abenteuer, Der 223F
Fürst Potemkin 376
Fürst und Volk von Nias 227F
Fürst von Pappenheim, Der 179F
Fürst Woronzeff 284F, 314A–315A
Fußball mit P. S. 271F
Fußball, Der 344F
Fußball-Match 359F

gais lurons, Les 330F
galante König, Der 78F
Galeerensträfling, Der 60F, 62A
Galgenhochzeit, Die 179F
Galoschen des Glücks, Die 77F
Gang durch die Firma Lorenz Summe Söhne – 1939, Ein 433F
Gans von Sedan, Die 377A, 490, 490A
Gänseknöchlein 364F
Ganz der Großpapa 43F
Ganz wie bei uns 287F
Garçonne, La 124F
Garden of Allah, The 271F
Garten der Sünde, Der 124F
Garten Eden, Ein 319F
Gartenmöbel 287F
Gärtner in Not (Der Apfelwickler), Der 68F
Gas überall 359F
Gasmann, Der 428F
Gasparone 365F, 402–406
Gastspiel im Paradies 384F
Gattin, Die 445F
Gauklerspiel des Glücks, Das 76F
Geächtet. Schmerzensweg einer Mutter 124F
Geborgener Erntesegen 399F
geborgte Frau, Die 271F
Gebrandmarkt 347F
Gebundenes Wissen 287F
Geburtsstadt des Columbus, Die 69F
Geburtstagsgeschenk, Das 287F
Geburtstagsmorgen, Ein 287F
Geburtstagstraum, Der 319F
Gedankenleser, Der 359F
Gefahr 443F
Gefährlicher Frühling 445F
gefährliches Abenteuer, Ein. Von jungen Mädchen, Elefanten u.a. wilden Tieren 124F
Gefangene in Freiheit 227F
Gefiederte Strandgäste an der Ostsee 399F
gefrorene Bluthund, Der 279F
gefundene Braut, Die 134F
Gegen den Bruderkrieg 43F
Geheimakten Solvay 481
geheime Macht, Die 172F
Geheimnis der 6 Masken, Das 279F
Geheimnis der alten Lampe, Das 77F
Geheimnis der Cecilienhütte, Das 46F
Geheimnis der Eischale, Das 287F
Geheimnis der Höllenschlucht, Das 271F
Geheimnis der Mumie, Das 84F
Geheimnis der Pharaonen, Das 287F
Geheimnis des Ingenieurs Branting, Das 43F
Geheimnis seiner Frau, Das 279F
Geheimnis Tibet 396F
Geheimnis um Betty Bonn, Das 365F
Geheimnisse des Orients 180F, 236A–238A, 238–239
Geheimnisse einer Seele 66, 132, 150F
Geheimnisse im Pflanzenleben 319F
geheimnisvolle Insel, Die 279F
Geheimnisvolle Moorwelt 443F
geheimnisvolle Schiff, Das 319F
geheimnisvolle Spiegel, Der 172F
Gehen Sie zu C & A 319F
Geier-Wally, Die 49, 90F, 94, 307A
Geige lockt, Die 301F
Geigenzauber 319F
Geiger von Florenz, Der 152F
Geißbub, Der 443F
Geißel der Menschheit 69F
Geisterschenke 319F
gelbe Schein, Der 34F
Geldteufel, Der 105F
Geliebte des Verbrecherkönigs, Die 43F
Geliebte Roswolskys, Die 88F
Geliebte, Die 401F
Gelübde, Das 76F
Genf, eine Perle in der Schweiz 69F
Gentlemen Prefer Blondes 223F
Gentlemen-Gauner 82F
Genuine 82A
Genuß und Erholung 319F
Georges et Georgette 270F, 410
Gerade Beine – gesunde Glieder 287F
geräuscharme Getriebe, Das 399F
gerettete Junggeselle, Der 271F
Germanin 444F
Germany 1934 359F
Gesangstunde, Die 306F
Geschichte der Maria Petöffy, Die 43F
Geschichte einer Lebensmittelanweisung aus Amerika, Die 68F
Geschichte vom Zündholz, Die 433F
Geschlecht derer von Ringwall, Das 24F
geschlechtliche Vermehrung bei Algen und Tangen, Die 319F
geschlechtliche Vermehrung der höheren Pflanzen, Die 319F
Geschlechtskrankheiten und ihre Folgen 64
geschlossene Kette, Die 78F
Geschwister Barelli 76F
Gesetz der Wüste, Das 76F
Gespeicherte Sonnenenergie 319F
Gestachelte Plagegeister 227F
Gestalte mit Licht 359F
gestohlene Gesicht, Das 198F
Gesucht ein Mann, der ein Mann ist 68F
Gesunde Frau – gesundes Volk 399F
Gesundheit ist kein Zufall 433F
Gesundheit und Kraft aus dem Meer 433F
Get Vour Man 223F
Getrennt marschieren – vereint schlagen! 319F
Gewinnung von Kautschuk, Die 287F
gewisse Etwas, Das 179F
gewisser Herr Gran, Ein 254A–255A, 254F, 376
Gewitter im Mai 365F
Gewitterflug zu Claudia 364F
Gezähmte Tiere 319F
Gib Hab und Gut in treue Hut 399F
Gibts ein schöneres Leben 223F
Gier nach Geld, Die 125F
Gillekop 76F
Girl Shy 125F
Girl von der Revue, Das 223F
Girl Without a Soul, The 77F
Glanz im Alltag 287F
Glas Wasser, Ein 112F, 167A, 168
gläserne Motor, Der 319F
Gläserne Wundertiere 287F
Glaube an das Gute, Der 76F
Gläubige Inder 287F
Gleisdreieck 348F, 448A–449A
gleitende Schatten, Der 76F
Glückauf! 227F
Glückhafte Fahrt 433F
Glückliche Jugend 433F
Glückliche Menschen im Strahlenglanz der ewigen Sonne. Die Allgewalt des Sports 287F
glücklicher Finder, Ein 43F
Glücksfalle, Die 76F
Glücksjunge, Der 26F
Glückskind, Ein 124F
Glückskinder 304, 330F, 366–367
Glücksklee findet eine Heimat 319FF
glühende Draht, Der 399F
God's Law and Man's 77F
Goethe-Gedenkfilm 215F
Gold 274A, 274F, 376
Gold Cure The 77F
Gold des Nordens 319F

goldene Hölle, Die 271F
goldene Krone, Die 72F
goldene Land, Das 124F
goldene Stadt, Die 363, 414, 430, 438F, 452–453, 459–460, 459A, 480
Goldgräber in Rumänien 319F
Golem, Der 79, 127–129
Golem, wie er in die Welt kam, Der 78F
Goliath Armstrong 76F
Good and Naughty 179F
Gorch Fock 359F
Göttergeschenk, Das 227F
Götterspeise 319F
göttliche Weib, Das 223F
Gottlosen, Die 440
Götz von Berlichingen mit der eisernen Hand 447
GPU 426, 430, 431A–432A, 438F
Grabmal einer großen Liebe, Das 180F
Graf Zeppelins Amerikafahrt 227F
Graf Zeppelins Besuch in Berlin 227F
Graf Zeppelins Deutschlandfahrt 227F
Gräfin Küchenfee 51A
Gräfin Plättmamsell 125F
Gräfin von Monte Christo, Die 216A–217A, 216F
Grand Duchess and the Waiter, The 125F
Grand Hotel...! 179F
Grandhotel Nevada 363F
Grands, Les 179F
Graziella 125F
Great Divide, The 125F
Great White Way, The 124F
Greed 99, 125F
Gribouille 364F
Griechische Frauentrachten 68F
griffe du hasard, La 350F
Grippe 227F
Groß-Glockner Hochalpen-Straße, Die 399F
Großalarm 370F
große deutschnationale Wahlversammlung im Sportpalast in Berlin am 14. August 1930, Die 287F
Große Fahrt. Auf dem DKW. im Lande des gelben Drachen 319F
Große Freiheit Nr. 7 478
große Gabbo, Der 258
Große Herbsttruppenschau in Straußberg bei Berlin am 9.9.1924 69F
große König, Der 461A
große Liebe, Die 386, 430, 436F
große Nummer, Die 179F
große Parade, Die 125A, 125F
große Pause, Die 179F
große Preis von Europa, Der 300F
große Sehnsucht, Die 266
große Sprung, Der 172F, 250
Große Stadt im engen Tal 359F
große Unbekannte, Die 124A, 124F
große und die kleine Welt, Die 76F
große Zapfenstreich der Reichswehr, Der 287F
Großeisenindustrie, Die, 2. Abteilung: Das Thomas Bessemer-Verfahren 68F
Großeisenindustrie, Die, 3. Abteilung, Edelstahl 68F
Großfürstin und ihr Kellner, Die 125F
Großschiffahrt, Die 359F
Großstadt lockt, Die 179F
Großstadt-Typen 399F
Großstadtpflanzen 279F
Großstadttiere 287F
Großstation Nauen im Weltverkehr, Die 65, 68F
größte Fahrstuhl der Welt, Der 399F
größte Opfer, Das 271F
Grube Eintracht 287F
Grube Morgenrot 479A
Grundstoffe der Ernährung 399F
grüne Diamant, Der 43F
grüne Domino, Der 301F
grüne Kaiser, Der 398F
grüne Manuela, Die 116F
Grüne Vagabunden 319F
Guatemala 433F
Gudernes Yndling 77F
guerre à l'Est, La 414
guerre des valses, La 252F
Gueule d'amour 362F, 411, 411A
Gunfighter, The 70A
günstige Gelegenheit, Eine 359F
Günstling von Schönbrunn, Der 257
Gustav Mond... Du gehst so stille 179F, 350
Gut Holz 359F
gute Idee, Eine 287F
gute Ruf, Der 125F
gute Ton, Der 399F
Guten Abend – gute Nacht 324F
guter Kerl im Sträflingskittel, Ein oder Das Recht auf Leben 76F
guter Rat, Ein 287F
Gypsy Blood 54

Hab' mich lieb! 406, 442F
Habanera, La 365F, 383, 386, 387A
Haben Sie Fritzchen nicht gesehen? 38F
Hafen von Danzig, Der 287F
Hafer 319F
Hagioen Oros 287F
Halbseide 310
Halbstarken, Die 488
Hallelujah 279F
Hallo Cäsar 125F, 350
Hallo Janine 401F, 406
Halloh, mein Junge 77F
Halsband der Königin, Das 279F
Halt... meine Uhr! 378F
Haltefest, Der 443F
Halt's fest 287F
Halunke, Der 179F
Hamburg, Deutschlands Tor zur Welt 433F
Hamster, Der 227F
Handicap der Liebe, Das 90F
Handspinnen – Handweben. Wiederbelebung eines alten Handwerks in der Großstadt 359F
Hänfling am Nest, Der 68F
Hangen wie Glocke 399F
Hannerl und ihre Liebhaber 84F
Hannerle träumt 287F
Hanomag R 40 443F
Hans Fürchtenichts lernt das gruseln 69F
Hans im Glück 120
Hans in allen Gassen 248
Hans, der Bastler 69F
Hansestadt am Rhein 433F
Happy Ever After 228F
Hapura, die tote Stadt 77F
Har jeg ret til at tage mit eget liv 77F
Harold der Drachentöter 279F
Harold, der Pechvogel 223F
Harold, halt Dich fest! 279F
Harold, unser Jüngster 223F
Hartes Brot 227F
Harzfahrt 359F
Hasemanns Töchter 82F
Hasenpfote, Die 443F
Haus am Abgrund, Das 76F
Haus der Lüge, Das 146F
Haus der tausend Rätsel 105F
Haus des Pelikans, Das 359F
Haus ohne Lachen, Das 112F
Haus zum blauen Löwen, Das 43F
Hausfreund auf Probe 271F
Haut für Haut 490
Havelbrücke, Die 399F
Häxan 124F
He Who Gets Slapped 124F
Heaven Can Wait 52
Hebel und Zähne 359F
Heeres-Reit- und Fahrschule Hannover 433F, 439
Heideschulmeister Uwe Karsten 260F
Heilende Strahlen 227F
heilige Berg, Der 160F, 250–253, 250A–251A
Heilige und ihr Narr 306, 309A, 347F
Heilkräfte der Nordsee 359F
Heimat 227F, 337, 374F
Heimat der Goralen, Die 359F
Heimat des Renntieres, Die 287F
Heimat im Lied, Die 359F
Heimatbilder 227F
Heimatland 402F
Heimkehr 46, 93, 131, 178F, 211, 230–232, 230A–233A, 327, 430F
Heimkehr der Spanienkämpfer 433F
Heimkehr des Odysseus, Die 38F, 297
heimliche Freund, Der 319F
Heimliche Gäste in Wald und Flur 443F
heimtückischer Feind, Ein 227F
Hein Petersen 68F
Heinz hustet 350F
Heiraten ist kein Kinderspiel 125F
Heiratsbüro Fortuna 336F
Heiratstrachten im Weserbergland 287F
Heiß Flagge 359F
Heißes Blut 310F, 402
Held von Kalifornien, Der 279F
Held wider Willen 240F
Helden der Küste 399F
Helden der Liebe 76F
Helden der Luft 279F
Helfende Hände 433F
Hell oder dunkel 319F
helle Kopf, Der 359F
Hellinge und Dock, Bilder aus einer Schiffswerft 69F
Hendes Helt 76F
Henkel. Ein deutsches Werk in seiner Arbeit 399F, 440
Henker, Frauen und Soldaten 377
Henker von Sankt Marien, Der 76F
Henny Porten 182F
Her Big Night 179F
Her Night of Romance 124F
Herbst in Sanssouci 319F
Herbstlied 433F
Héritier des Mondésir, L' 404F, 410
Herkules Maier 179F
Heroen der Lüfte von Dr. Eckener bis zur Besatzung der Bremen 227F
Herr des Todes, Der 125F
Herr Generaldirektor, Der 124F
Herr Impresario, Der 88F
Herr Kobin geht auf Abenteuer 347F
Herr Landrat, Der 106F
Herr ohne Wohnung, Der 142F
Herr Papa, Der 100F
Herren der Lüfte 125F
Herren der Meere 77F
Herren Söhne, Die 68F
Herrin der Liebe 271F
Herrin der Welt, Die 72A–75A, 75, 76F, 78, 180
Herrin des Hofes, Die 443F
Herrin ihres Geschicks 77F
Herrn Filip Collins Abenteuer 146F
Herrscher, Der 458–459
Herstellung der Preßhefe 433F
Herstellung eines Lampenzylinders, Die 68F
Herz der Königin, Das 414, 418F
Herz der Zeit, Das 227F
Herz in der Hose, Das 271F
Herz in Not 179F
Herzen in Flammen 279F
Herzogin Satanella 76F
Herzschlag der Welt, Der 223F
Herztätigkeit und Blutumlauf 68F
Herztrumpf 94
heulende Wolf, Der 64F
Heureka! 69F
Heute große Dampferfahrt 359F
Heuzug im Allgäu 433F
Hexe, Die 124F
Hidden Children The 77F
Hie guet Brandenburg allewege 287F
Hieb- und Stichfest 287F
Hier irrt Schiller 308F
Hilde Petersen postlagernd 347F, 361
Hilfe in Not 319F
Hilfe. Erste Hilfe bei Unglücksfällen 227F
Himmel auf Erden, Der 179F
Himmelsflotte, Die 347F
Himmelskibet 76F
Himmelsschiff, Das 76F
Hindernisehe, Die 77F
Hindle Wakes 223F
Hinein 359F
Hinter den Zahlen 433F
Hinter Schloß und Riegel 279F
Hintertreppe 49, 92F, 94–95, 94A, 101, 131, 134–135, 135A
Hinunter 399F
Hirschkäfer, Der 65, 68F
Historische Stätten im Hessenlande 69F
Hitlerjunge Quex 256F, 304, 331, 332–333, 332A–333A, 336, 338A, 362, 422–424, 480
Hoch das Bein 271F
Hoch- und Untergrundbahn in Berlin, Die 69F
Hochbetrieb im Kleberaum 69F
Hochseefischerei 68F
Hochstraßen der Luft 319F
Hochtourist, Der 214F, 493
Hochverrat 184F
Hochzeit am 13. 272F
Hochzeit auf Bärenhof 436F
Hochzeit ist nicht alle Tage 443F
Hochzeit von Florenz, Die 125F
Hochzeiter im Tierreich 399F
Hochzeitshotel, Das 450F
Hochzeitsmarsch 271F
Hochzeitsnacht 419F
Hochzeitsreise 400F, 425
Hochzeitsreise, Die 43F
Hochzeitsreisende 43F
Hofgunst 43F
Hofkonzert, Das 340F
Höhenatmung 399F
Höhenluft 49A
höhere Befehl, Der 302F
Höhere Gewalt »Feuer« 227F
Höhere Gewalt »Sturm« 227F
Hohlglasfabrikation 68F
Hohlseil-Armaturen 227F
Hokuspokus 188F, 270, 305A, 367
Hold That Lion 179F
Hölle der Jungfrauen, Die 168F
Hölle von Fu-Tschang-Ku, Die 223F
Höllenmaschine, Die 43F
Höllentalklamm bei Partenkirchen, Die 68F
Hollywood-Revue 279F
Holzauktion, Die 358F
Holzgewinnung in Rumänien 319F
Holzschnitzerei in Brienz 65
homme de trop à bord, Un 301F
homme sans nom, Un 224F
Homunculus 127
Hon, den enda 179F
Honeymoon Hate 223F
Honigbiene, Die 68F
Horrido 122F
Hose, Die 458
Hot News 271F
Hotel Imperial 175
Hotel Sacher 400A, 400F
Hotel zum goldenen Engel 102F
Hotelbekanntschaften 279F
Hoteldieb mit der 4. Hand, Der 76F
Houben schlägt die Olympia-Sieger 69F
Hound of the Baskervilles, The 124F
Hühnerfilm 69F
Human Law 125F
Hund von Baskerville, Der 124F
Hund von Karibu, Der 124F
Hundemamachen 66F
Hungrige Vogelkinder 69F
Hurrah! Endlich Alarm! 401F
Hurrah! Ich lebe! 184F
Husaren der See 359F
Husbands and Lovers 124F
Hygiene der Feierstunden: Wie bleibe ich gesund 68F
Hygiene des häuslichen Lebens 68F
Hysterischer Dämmerzustand beim Tanzen 69F
I. F. 1 ne répond plus 240F
Ibach 287F
Iced Bullet, The 124F
Ich bei Tag und Du bei Nacht 236F, 273, 477
Ich bin Du 274F
Ich bin gleich wieder da 400A, 400F
Ich hab' von dir geträumt 476
Ich heirate meinen Mann 279F
Ich klage an 414, 446–449, 447A, 475
Ich küsse Ihre Hand, Madame 257
Ich lebe für Dich 306
Ich liebe alle Frauen 300A, 300F
Ich liebe Dich! 124F
Ich möchte kein Mann sein 28F
Ich und die Kaiserin 244F, 246A, 266
Ich versichere Sie 43F
Ich weiß in Krojanke ein kleines Hotel 68F
Ich werde nie vergessen 433F
ideale Wohnung, Die 319F
ideale Wohnung, Eine 256F
Idylle au Caire 250F
Iego wielka milosc 347F
Ihr dunkler Punkt 184F, 367
Ihr erstes Erlebnis 410F
Ihr erstes Rendezvous 415F, 443F
Ihr Freund, der Schauspieler 271F
Ihr großer Flirt 223F
Ihr großes Geheimnis 28F
Ihr Sport 50F
Ihr Trick 272F
Ihr wißt ja, wie die Matrosen sind 271F
Ihre Durchlaucht, die Verkäuferin 258F
Ihre Hoheit befiehlt 202F
Ihre Majestät die Liebe 46
Ihre romantische Nacht 124F
Il Focolare Spento 124F
ile enchantee, L' 223F
Illusion 432F
Ilona 77F
Ilseder Hütte. Abt. Peiner Walzwerk, Peine 359F
Im afrikanischen Tiergarten 227F
Im Aufmarschgebiet der abessinischen Armee 359F
Im Auto durch den Schwarzwald 69F
Im Bahnwärterhäusl 58F
Im Bannkreis des Geisterbergs 227F
Im Biedenkopfer Trachtenland 227F
Im Dienst der Volksgesundheit 399F
Im Dienste der Menschheit 399F
Im Dunkel der Nacht 271F
Im ewigen Eis 68F
Im Feuerbereich des Ätna 287F
Im Flugzeug über dem Braunkohlengebiet der Niederlausitz 227F
Im Flugzeug über den Wäldern der Urzeit 227F
Im Geheimdienst 210F
Im gleichen Schritt und Tritt 359F
Im Heiligtum von Ling-Yin 319F
Im Hornissenstaat 227F
Im Kampf gegen den Weltfeind 401F, 426, 426A
Im Kampf mit dem unsichtbaren Feind 102F
Im Lande der 1000 Seen 319F
Im Lande der Bergkorsen 227F
Im Lande der Inka, Maya und Azteken 359F
Im Lande der Königin von Saba 443F
Im Lande der Pharaonen 69F
Im Lande der Widukinds 359F
Im Lande Peer Gynts 319F
Im Netz verstrickt 105F
Im Paddelboot durchs Neckartal 69F
Im Rampenlicht 271F
Im Rausche der Macht 77F
Im Reiche der Bienen 69F
Im Reiche der Liliputaner 433F
Im Reiche der Zwerge 43F
Im Reiche des weißen Elefanten 77F
Im sausenden Galopp 124F
Im Schatten der Eiche 69F
Im Schatten des Berges 414
Im Schneeschuhparadies, ein Schwarzwaldidyll 69F
Im Schoße der Erde, oder Die Katastrophe auf der Zeche Osten 124F
Im Sechszylinder über den St. Gotthard 69F
Im siebenten Himmel 105F
Im Strudel des Verkehrs 69F
Im Tal der Wiese 443F
Im Vogelparadies des Ceban-Sees 227F
Im Vogelschutzgebiet auf Langeoog 227F
Im Westen nichts Neues 20A–21A, 193, 276–277, 278A
Im Zauberreich der schwarzen Diamanten 359F
Im Zauberspiegel des Mikroskops 227F
Im Zeichen der Manrune 433F
Im Zeichen der Menschheit 439
Im Zeichen des Vertrauens 399F
Imitation of Life 384
Immensee 452, 444F
Immortal Vagabond, The 258
In den Fischgründen auf Island 69F
In den Händen der Polizei 223F
In den Rohrwäldern des Donau-Deltas 227F
In den Tiergärten des Meeres 69F
In den Wipfeln des Hochwaldes 319F
In der elften Stunde 76F
In der Heimat, da gibt's ein Wiedersehn! 160F
In der Heimat, in der Heimat 359F
In der Obedska Vara 359F
In der Rott 399F
In einer chinesischen Stadt 443F
In einer Nacht 399F
In Heide und Moor 319F
In Jena sind alle Mädels so blond 234F
In Sachen Herder contra Brandt 410F
In vierzig Minuten 334F
inconnus dans la maison, Les 414, 415F
indische Burgenland, Das 287F
indische Grabmal, Das 75, 77A, 77F, 488
Indische Rache 70F
Indonesische Tropenkultur 227F
Inge Larsen 105F
Inge und die Millionen 264F, 266A
Ingmarsarvet 125F
Inkognito 326F
Innerer Ausbau eines modernen Ozeandampfers (Bremen) 287F
Innocents of Paris 279F
Ins blaue Leben 400F
Insekten, die ins Wasser gingen 68F
Insektenfressende Pflanzen 287F
Insel Brioni. Adriatisches Meer 68F
Insel der Seligen 63A
Insel der Träume, Die 125F
Insel der Verdammten, Die 76F
Insel der verlorenen Menschen 125F
Insel Reichenau 443F
Insel, Die 280A, 280F
Inselland aus Feuer und Eis, Das 287F
Inseln im Sandmeer 433F
Inseln unterm Kreuz des Südens 319F
Inspiration 279F, 433F
Instinkt und Verstand 319F
interessante Fall, Der 300F
Internationale Tanzsterne und ihre Technik 227F
intimes Souper, Ein 43F
Intolerance 100
Intriguen der Madame de la Pommeraye, Die 81, 98F, 122

Irene Rysbergues große Liebe 271F
Irgendwo in Berlin 471A, 478–480, 478A
Irrlichter des Glücks 77F
Irrungen 48F
Irrwege 77F
Irrwege des Lebens 279F
Island lifandi myndum 124F
Island of Intrigue The 77F
Iß gut und bleibe schlank 287F
Ist Mama nicht fabelhaft? 486, 486A
It 179F

Jacht der 7 Sünden, Die 317
Jackie, der Außenseiter 179F
Jackie, der kleine Lumpensammler 125F
Jackie, der kleine Robinson 124F
Jackie, der Lausbub 124F
Jackie, der Schiffsjunge 223F
Jackie, der tapfere kleine Held 105F
Jacqueline 490
Jagd auf Eisbären und Robben 68F
Jagd auf Raubfische 399F
Jagd auf Robben und Eisbären, Die 69F
Jagd in Trakenen 359F
Jagd nach dem Glück, Die 76F
Jagd nach der Wahrheit, Die 77F
Jagd nach Pharaos Leuchter, Die 271F
Jagd-Reiten 433F
Jäger als Heger, Der 443F
Jäger von Fall, Der 306, 336A, 336F
Jahrmarkt der Liebe 223F
Jalousie 410
Jan und die Schwindlerin 452F
japanische Maske, Die 77F
Japans heiliger Vulkan 433F
Jazz Singer, The 256
Jazzkönig von New York, Der 179F
Je länger, je lieber 319F
Jeanne 188
Jede Frau hat etwas 279F
Jedermanns Weib 124F
Její lékař 363F
Jenny Lind 279F
Jenseits der Dreimeilenzone 223F
Jesse James 223F
jeune fille d'une nuit, La 276F, 411
Jiný Vzuduch 363F
Jiu-Jitschu 65
Joe geht bummeln 279F
Johanna von Orleans 223F
Johanna, die Schaumgeborene 433F
Jonny, haute-couture 292F
Jornada medica na Alemanha. Ärztereise durch Deutschland. Deutsch-Ibero-Amerika Ärzte-Akademie 433F
jour viendra, Un 272F
Jud Süß 338, 414, 393, 449, 454, 458–460, 459A, 472, 480
Judas 77F
Jugend 458, 480
Jugend am Motor 399F
Jugend der Lippizaner, Die 443F
Jugend fliege 433F
Jugend im Tanz 399F
Jugend musiziert 443F
Jugenderziehung in Abessinien 359F
Jugendrausch 166F
Jugoslawischer Staatsbesuch 433F
Jungborn der Menschheit 227F
Jungbrunnen im Lande der Mitte, Ein 319F
Junge Adler 448F, 486
junge Baron Neuhaus, Der 282F
junge Graf, Der 301A, 301F
Junge Herzen 452F
Junge Mama 76F
Junge, laß das Küssen sein 179F
Jungeldrottningens smyke 76F
Jungens 424F
Jungens, Männer und Motoren 433F
Junges Europa 438A–441A, 440
Jungfrau gegen Mönch 347F
jüngste Gericht, Das 77F
jüngste Leutnant, Der 279F
Jüngsten der Luftwaffe, Die 433F
Junkers Sturzkampfflugzeuge 443F
Junkers-Vortragsfilm 433F
Juno 211 (Junkers Lehrfilm Nr. 4) 443F
Jürgens riecht Lunte 352F
Just Married 271F
Juwelen der Romanoffs, Die 124F
Juxbaron, Der 351F, 125F

Kabarett-Programm Nr. 1 208F
Kabarett-Programm Nr. 2 208F
Kabarett-Programm Nr. 3 210F
Kabarett-Programm Nr. 4 208F
Kabarett-Programm Nr. 5 208F
Kabarett-Programm Nr. 6 208F
Kadetten 414F, 426
Kaerighedens Almagt 76F
Kaerlighedvalsen 77F
Kahn der fröhlichen Leute, Der 480
Kairo 359F
Kakadu und Kiebitz 70F
Kalbsragout mit Champignons 308F
Kaliber fünf Komma zwei 74F
Kalk 433F
Kalk tut not 319F
Kalt..., kälter..., am kältesten... 399F
Kaltblütige Sippschaft 433F
kalte Herz, Das 105F
Kamerad Hedwig 462F
Kamerad Sanitätshund 443F
Kameraden 76F, 377
Kameradschaftshochzeit 271F
Kamerajagd auf Seehunde 399F
Kameruner als Sportsmann, Der 227F
Kammersänger Alfred Piccaver 287F
Kampf 279F
Kampf dem Staub 433F
Kampf des Donald Westhof, Der 206F
Kampf gegen England 433F
Kampf mit dem Drachen, Der 43F, 188F
Kampf mit dem Eis, Der 287F
Kampf mit dem Sand, Der 287F
Kampf mit dem Schatten, Der 125F
Kampf um Anastasia 382F
Kampf um Brot 359F
Kampf um das Erbe der Halbmondfarm, Der 105F
Kampf um den Berg 443F
Kampf um den Boden 433F, 439
Kampf um die Scholle 132F
Kampf um Großdeutschland 433F
Kampf um Kraft 359F
Kampf um Raum und Zeit 399F
Kampf ums Dasein auf dem Meeresgrunde 287F
Kampf ums Dasein im Ozean 287F
Kampf ums rote Gold, Der 125F
Kämpfer ohne Waffen 399F
Kanarienvögel 433F
Kaninchen 443F
Kannst Du pfeifen, Johanna 276F
Kapital und Geist 77F
Kapitän von Singapur, Der 179F
Karibou 279F
Kärntnerland 399F
Karo König 336F
Karpfen, Der 443F
Kartoffel-Allerlei 68F
Kartoffelfabrikate, Die 68F
Kartoffelflocken 319F
Karussell 356F
Karussell des Lebens 48F
Kasimir und Hidigeia 69F
Katakomby 363F
Kater Schnur 69F
Kaufmann, nicht Händler 359F
Kauritleim 443F
Kautschuk 390F
Kavalier – schweigt, Ein 223F
Kean 77F, 239, 376
Kehrseite der Medaille, Die 433F
Keilerei auf Aktien 271F
Keimendes Leben 30F
Keine Hose ohne Dornen 43F
Keller des Majestic, Die 414
Kennwort Machin 347F
Kette, Die 359F
Ketten, Ringe und Geschmeide 399F
keusche Geliebte, Die 419F
keusche Susanne, Die 125F, 366
Kibitzer, The 279F
Kid Boots 179F
Kid Brother, The 223F
Kid, The 105F
Kiebitz, Der 279F
Kikeriki 69F
Killemann hat'n Klaps 62F
Kind, ich freu' mich auf Dein Kommen 248A, 248F, 312
Kinder aus aller Welt 359F
Kinder der Finsternis 77F, 94
Kinder der Freude 125F
Kinder der Sonne 319FF
Kinder der Zeit 100F
Kinder reisen ins Ferienland 443F
Kinder vom Montmartre 124F
Kinderelend in Sowjetrußland 440
Kinderfürsorge in Deutschland 287F
Kindergymnastik nach Neumann-Neurode 227F
Kinderstube des Kinderfreundes, Die 68F
King on Main Street, The 125F
Kiss Me Again 125F
Kiss, The 279F
Klangfarben 433F
Kleine Affären großer Leute 223F
kleine Bettelmusikant, Der 124F
kleine Dagmar, Die 76F
kleine Fräulein träumt, Das 344F
kleine Glückssucher, Der 68F
kleine Grenzverkehr, Der 445F
kleine Kanaille, Die 124F
Kleine Kräfte groß gesehen 433F
Kleine Laus – ganz groß 205
kleine Muck, Der 65, 66A, 84F
kleine Nachtkomödie 350F
kleine Seitensprung, Der 212F, 350, 354, 411
Kleine vom Varieté, Die 154F
kleine Wunder, Das 69F
kleinen Verwandten, Die 284F
kleiner Bruder des großen Graf Zeppelin, Ein 287F
Kleiner Film einer großen Stadt 359F
Kleiner Mann – ganz groß 368F
Kleines Waldvolk 69F
Klein'sche Probe, Die 359F
Kleinstadtpoet, Der 419F
Kleinsten aus dem Golf von Neapel, Die 399F
kleinsten Feinde des Menschen und Tieres, Die 68F
Klettermaxe 287F
Klippen in Sicht 105F
Klosterjäger, Der 301F
klotziger Junge, Ein 382F
Klub der Dreizehn, Der 77F
Klub der Unterirdischen, Der 124F
kluge Rübe, Die 287F
kluge Schwiegermutter, Die 400F
Knabe in Blau, Der 114
Knochen- und Gelenktuberkulose 68F
Knock ou le triomphe de la médecine 125F
Knockout Reilly 179F
Knoppchen ißt Hasenbraten 68F
Knoppchen kauft Porzellan 68F
Knoppchen und seine Schwiegermutter 106F
Knoppchen, der Sieger 68F
Knoppchen, der Verführer 68F
Knoppchens Schreckensnacht 68F
Knüppeldick – Nudelweich 68F
Koblenz, die Perle des Rheinlandes 69F
Kohle 359F
Kohle. T. II 399F
Kohlhiesels Töchter 50, 50A, 70F
Kohlweißling, Der 68F
Koko raucht 271F
Kolberg 334, 429, 445F, 454, 460, 462–465, 463A–465A
Koloniale Frauenarbeit 287F
Komediantská princezna 363F
Komödiantenkind, Das 105F
Komödiantin, Die 223F
Komödie des Herzens 128F
Komtesse Dolly 60F
Kongo-Expreß 410F
Kongreß tanzt, Der 93, 122, 209, 213, 214F, 274, 292, 294–297, 294A–297A, 304, 344–346
König Amazonas 227F
König der Vagabunden, Der 279F
König des Waldes, Der. Der Rothirsch 359F
König Fußball 69F
König im Exil, Ein 125F
König Krause 56F
König von Soho, Der 271F
Königin der Nacht 125F
Königin der Wasserrosen (Victoria regia), Die 69F
Königin einer Nacht, Die 43F
Königin Luise 447
Königin von Kansas, Die 347F
Königin von Whitechapel, Die 68F
Königsberg 399F
Königsloge, Die 257
Königswalzer 300F
Königswalzer und Schlußakkord 399F
Königswalzer, Der 411
Können Tiere denken? 399F
Konstantinopel und der Bosporus 68F
Konzert, Das 279F
Kopf hoch, Charly! 125F
Kopf kalt – Füße warm 227F
Kora Terry 406, 417A, 419F
Korinthen 287F
Körper des Kindes in Sonne und Luft, Der 227F
Korsische Reisebilder. Wanderungen eines Naturforschers an der Westküste von Nonza nach Bonofacio 287F
Kosaken, Die 223F
Kostbare Scherben 287F
Kostbares Naß 287F
Kraftleistungen der Pflanzen 359F
Krebs, Der 68F
Kreis Cammin 287F
Kreml in Moskau, Der 68F
Kreutzersonate, Die 342F
Kreuzer Emden 205
Kreuziget sie! 54F
Kriechtiere und Otterngezücht 69F
Krieg am Weiher 69F
Krieg den schädlichen Bakterien 287F
Krieg im Dunkeln, Der 271F
Kriegsgewinnler, Der 77F
Kriemhild's Revence 144
Kriemhilds Rache 101, 247
Krigsmillionaeren 77F
Kriminalkommissar Eyck 414F
Kristall Champions, Die 287F
Kristalle 433F
Kristalle des Lebens 227F
Kristallprinzeß, Die (Das Glasschloß) 124F
Krondiamant, Der 76F
Krondiamanten 76F
Krone von Palma, Die 46F
Kronzeugin, Die 350F
Krüppelnot und Krüppelhilfe 64, 68F
Küchenzauber 443F
Kuckucks, Die 480
Kugelstoßen 68F
Kuh im Hause, Die 359F
Kuhle Wampe 478
Kult-Stätten und Kult-Handlungen in Jerusalem 227F
Kultur der Frisur 359F
Kultur der Ölfrüchte, Die 68F
Kultur-Zentren in Tunesiens Steppenländern 287F
Kumpel, Der 443F
Kuno von Kleckerwitz 227F
Kunst der deutschen Boxer, Die 227F
Kunst des Eislaufs, Die 68F
Kunst des Schneiderns, Die 287F
Kunst zu heiraten, Die 20F
Kunst, vergnügt zu sein, Die 399F
Kunstfertige Handwerker 227F
Kunstfertige Handwerker und Baumeister im Tierreich 359F
kunstfertige Japan, Das 227F
Kunstflug 359F
Kurhessen 399F
Kurische Nehrung, Die 287F
Kurz ist der Frühling 68F
Kuß oder ich sterbe, Ein 271F
Kuß, Der 279F
Küssen erlaubt 279F
Küste der Krim 69F
Kyffhäuser, Der 359F

Labyrinth 490, 490A
Lach, Clown, lach! 223F
Lache Bajazzo 43F
lächelnde Leutnant, Der 279F
Lachende Erben 244F
lachende Grauen, Das 120
Ladies of the Big House 279F
Ladies of the Mob 271F
Lady Barnacle 105F
Lady Dianas Perlen 279F
Lady to Love, A 279F
Lady's Morals, A 279F
Lagin 433F
Land am Meer, Das. Ein Pommernfilm 287F
Land der armen Leute, Das 227F
Land der Liebe 355, 393
Land hintern Deich 443F
Land in Sonne 227F
Land ohne Frauen, Das 257
Land ohne Schatten 287F
Land unter Pflug und Bagger. Ein Heimatfilm des Kreises Calau 399F
Ländliche Ferientage 227F
Lariat Kid, The The Last Command 271F
Lärm um Fräulein Huber 443F
Laß Deine Frau verjüngen 271F
last Company, The 223F, 258
Last Laugh, The 160
Last of Mrs. Cheyney 279F
Latest from Paris, The 223F
laufende Berg, Der 422F
Laugh, Clown, Laugh 223F
Lautlose Kälte durch Trockenabsorber 359F
Lavinen 77F
Leben auf dem Strom 443F
Leben der Zukunft. 2 Teile 68F
Leben geht weiter, Das 447, 464F
Leben im Unbelebten 68F
Leben im Walde 227F
Leben kann so schön sein, Das 399F
Leben und Wirken der Blinden 287F
lebende Tote, Die 58F
lebende Venus, Die 155A
Lebende Werkzeuge 359F
Lebenserscheinungen an den Pflanzen 319F
Lebensglut 77F
Lebenswunder im Pflanzenreich 227F
Leberegel, Der 227F
Legion Condor 406F, 426
Lehrfilm über den Fußballsport, Ein 68F
Lehrfilm über den Ringkampf, Ein 43F
Lehrmeisterin Natur 319F
Lehrsatz des Pythagoras, Der 68F
Leibeigenen, Die 179F
Leichtathletik 68F
Leichte Kavallerie 301F, 356–358, 357A–358A, 402
leichte Mädchen, Das 419F
Leichtsinnige Jugend 279F
Leinen aus Irland 414
Leistung aus Licht 433F
Leo und seine zwei Bräute 92F
Leo, der Entführer 43F
Leos Eheroman 100F
Leos letzte Bummelfahrt 74
letzte Droschke von Berlin 125F
letzte Erbe von Lassa, Der 76F
letzte Fürstin, Die 105F
Letzte Grüße von Marie 443F
letzte Hohenhaus, Der 43F
letzte Kompagnie, Die 14A–16A, 46, 185F, 186A, 258
letzte Mann, Der 87, 91, 99–101, 108, 108A–111A, 114A, 114–115, 119–120, 123A, 126–130, 130F, 134–135, 160–164, 212, 369
letzte Sensation des Zirkus Farini, Die 105F
letzte Walzer, Der 166F, 177
letzte Zeuge, Der 76F
letzten Grüße von Marie, Die 312F
letzten Kolczaks, Die 70F
letzten Vier von Santa Cruz, Die 308F
letzten Wisente, Die 69F
Leuchtfeuer 68F
Leute aus Wärmland (Die Sünden der Väter) 105F
Leute wie Du und ich 447
Libellen 399F
Liblar, die Geburtsstadt von Carl Schurz 359F
Licht geht auf, Ein 443F
Lichte und dunkle Geschichten 443F
Lidé na kře 363F
Lieb mich und die Welt ist mein 125F
Liebe 347F
liebe Augustin, Der 490
liebe, böse Alkohol, Der 68F
Liebe der Bajadere, Die 124F
Liebe der Jeanne Ney, Die 132, 168F, 186–189, 188A–189A
Liebe der Marion Bach, Die 56F
liebe gute Weihnachtsmann, Der 69F
Liebe im Ring 354
Liebe, ja die Liebe, Die 43F
Liebe, Luft und lauter Lügen 490, 490A
Liebe macht blind 142F
Liebe muß verstanden sein 250F
Liebe nach Noten 125F
Liebe 47 447, 474A, 475
Liebe, Tod und Teufel 290F
Liebe und die erste Eisenbahn, Die 347F
Liebe und Diebe 223F
Liebe und Leichtsinn 124F
Liebe und Naturgeschichte 69F
Liebe und Radio 287F
Liebe und Zahnweh 270F
Liebe zur Harmonika 359F
Liebelei 446
Lieben, Leben, Lachen (Das Tanz-Girl) 124F
Liebes-Panne, Die 223F
Liebesbörse, Die 324
Liebesbriefe 445F
Liebesbriefe der Baronin von S..., Die 130F
Liebesfeuer 140F
Liebesgeschichte einer Schauspielerin, Die 76F
Liebesgeschichten 444F
Liebesinsel, Die 125F
Liebesleben der Pflanzen 319F
Liebesleben im Teich 69F
Liebeslied 302F
Liebeslüge 271F
Liebesparade 279F
Liebesschule 416F
Liebesurlaub einer Königin 124F
Liebeswalzer 93, 185F, 302, 367
Liebling der Götter 194F, 354
Liebling der Götter, Der 77F
Liebling der Matrosen 399F
Lieblinge der Menschen 69F
Lieblingsfrau des Maharadscha, Die. 2. Teil 76F
Lieblingsfrau des Maharadscha, Die. Teil 3 82F
Lieblingstochter des Maharadscha, Die 105F
Liebschaften einer Schauspielerin, Die 223F
Lied der Wüste, Das 408F
Lied einer Nacht, Das 220F
Lied für Dich, Ein 46, 246F

Lied vom Leben, Das 266
Lied von Paris, Das 279F
Liesels Geburtstag 359F
Liftboy Nr. 13 124F
Lighthouse by the Sea, The 124F
Lights of New York, The 256
Lily of the Dust 124F
Links der Isar – rechts der Spree 418F
Lippenstift, Der 287F
Little Church Around the Corner 124F
Little Robinson Crusoe 124F
Ljubas Zobel 345
Lloydschnelldampfer »Bremen« und »Europa«, die größten und schnellsten Schiffe der deutschen Handelsflotte 287F
Lloydschnelldampfer Bremen 287F
Lloydschnelldampfer Bremen, das größte und schnellste Schiff der deutschen Handelsflotte 287F
Lockruf der Berge 279F
Lockvogel 286F
Logierbesuch in der Sommernacht 43F
Lohengrins Heirat 108F
Lohntüte, Die 319F
Lokomotivenbraut, Die 324F
Lola Montez, die Tänzerin des Königs 108F
Lolos Vater 66F
London After Midnight 223F
Looping the Loop 178F, 225A, 226
Lord Satanas 179F
Lore 342F
Lorenzi-Tag 319F
Los, Harold, los! 271F
lose Falter, Der 382F, 443F
Lost World, The 125F
Lotsen der Luft 399F
Lottchens Geburtstag 280F
Lottchens Heirat 72F
Lotte 223F
Love 223F
Love, Life and Laughter 124F
Love Me and the World is Mine 125F
Love of Pharao, The 54
Love Parade, The 279F
Love Waltz, The 185F, 258
Lovers 179F
Lovers in Quarantine 125F
Love's Greatest Mistake 223F
Loves of the Actress 223F
Löw' ist los, Der 179F
Löwe fällt vom Himmel, Ein 271F
Lucrecia Lombard 124F
Lucrezia Borgia 77F, 130
Ludowici-Ziegel, Der 399F
Ludwig Loewe & Co. AG, Die 287F
Luftexpeß Berlin – Rom 359F
Luftfahrt Gotha-Düsseldorf, Eine 68F
Luftfahrt und Kultur 287F
Luftschlösser 77F
Luftsport, Der 227F
Lüge eines Sommers, Die 77F
Lullaby, The 279F
Lumière d'eté 414
Lumpenhänschen 227F
Lumpenprinzessin, Die 76F
Lüneburger Heide, Die 68F
Lustgärten aus galanter Zeit 433F
Lustig sein – fröhlich sein 433F
lustige Ehemann, Der 58A, 58F
lustige Witwe, Die 125F
lustige Witwer, Der 82F
Lustiges Hundevolk 399F
Lustiges Treiben 25
Lykkelandet 77F
Lykkens Blaendvaerk 76F
Lykkens Galoscher 77F
Lykkeper, En 77F

M 215
M.-G.-Film; Der 64
Ma femme... homme d'affaires 214F
Ma soeur de lait 372F
Mach' mich glücklich 298A–299A, 298F
Macht der Versuchung 106F
Maciste atleta 77F
Maciste in falschem Verdacht 77F
Maciste medium 77F
Maciste poliziotto 77F
Maciste und der Hypnoseschwindel 77F
Maciste, der Rekordbrecher 77F
Madam Satan 279F
Madame Dubarry 54, 55A, 56F, 62, 75, 78, 96–101, 106
Madame sans gêne 125F
Madame Satan 279F
Madame Tallien 77F
Mädchen aus dem Wilden Westen, Das 46F
Mädchen aus der Ackerstraße, Das 101
Mädchen aus der Tanzbar, Das 271F
Mädchen aus gutem Hause, Ein 124F
Mädchen aus guter Familie, Ein 68F
Mädchen geht an Land, Ein 388F
Mädchen im Vorzimmer 418F
Mädchen Irene, Das 332F, 355
Mädchen Johanna, Das 300A, 300F, 324A, 458
Mädchen mit dem Goldhelm; Das 52F
Mädchen mit den 50000 Dollar 124F
Mädchen mit den Schwefelhölzern, Das 148F, 247, 256
Mädchen mit der Kamera, Das 271F
Mädchen mit der Orchidee, Das 125F
Mädchen mit der Protektion, Das 140F
Mädchen ohne Gewissen, Das 77F
Mädchen ohne Herz, Das 77F
Mädchen und drei alte Narren, Ein 124F
Mädchen vom Moorhof, Das 77F, 301A, 301F
Mädchen von gestern Nacht, Das 370F
Mädchen von St. Coer, Das 414F
Mädchenlos 105F
Mädchenscheu 125F
Mädchenturnen 68F
Mädel mit der Maske, Das 77F
Mädel mit Tempo, Ein 271F
Mädel verlassen die Stadt 443F
Mädel vom Ballett, Das 26F
Mädel vom Ballett, Ein 347F
Mädel von heute, Ein 223F
Mädis Herzenswunsch (Mädis Weihnachtswunsch) 43F
Madla z cihelny 363F
Madonna von Belau, Die 227F
Madura 227F
Mady will einen Affen haben 43F
Magdalena Ferat 77F
Maggiwerke in Singen am Hohentwiel 287F
Magician, The 179F
Magier, Der 179F
Magnificent Flirt, The 223F
Magnificent Obsession 384
Maharadjaens Yndlingshustra 76F
main du diable, La 415F
Majoratsherr, Der 446F
Malaria 359F
Maler und sein Modell, Der 124F
Mam'zelle Bonaparte 415A, 415F
Maman Colibri 271F
Mamsell Nitouche 279F
Man I Killed, The 54, 279F
Man Must Live, A 179F
Man of Aran 347F
Man Power 223F
Man Wanted 124F
Man Without a Consience, The 124F
Man, Women, and Sin 223F
Mandarin, Der 76F
Manden, der sejrede 76F
Mands Vilje 76F
Manege 311
Manhattan Madness 71
Mania 28F
Manja Valewska 347F
Mann – Weib – Sünde 223F
Mann aus dem Westen, Der 77F
Mann, den sein Gewissen trieb, Der 279F
Mann, der die Ohrfeigen bekam Der 124F
Mann, der grinst, Der 271F
Mann, der seinen Mörder sucht, Der 122, 202F, 266–267
Mann, der Sherlock Holmes war, Der 275, 305, 354F, 379
Mann der Tat, Der 44A–45A, 44F
Mann, die Frau, der Freund, Der 124F
Mann, ein Mädchen und ein Hund, Ein 76F
Mann für Mann 401A, 401F
Mann gegen Mann 223F
Mann im Feuer, Der 156F
Mann im Sattel, Der 148F
Mann mit dem Affen, Der 270F
Mann mit den sieben Masken, Der 34F
Mann mit den zwei Gesichtern, Der 124F
Mann ohne Gewissen, Der 124F
Mann ohne Namen, Der 74, 84F
Mann über Bord 94
Mann will nach Deutschland, Ein 278F, 420
Mann wird gesucht, Ein 124F
Männer im Hintergrund 433F
Männer um Lucie, Die 279F
Männer von Aran, Die 347F
Männer vor der Ehe 326F
Männerfalle, Die 77F
Männerfang 271F
Männerwirtschaft 422F
Mannesmann 399F, 439–440
Manolescu 184A, 184F, 316–317, 317A–318A, 334–335
Manon Lescaut 91A, 131, 150A, 150F
Mantrap 279F
Märchen vom Glück, Ein 287F
Märchen von der schönen Melusine, Das 43F
Märchen von der Wirklichkeit 399F
Marchesa d'Armiani, Die 66F
Marco, der Clown 279F
Marek Weber und sein Orchester 319F
Maria Növer 271F
Maria Stuart 414, 416
Mariage d'amour 415F
Marion 77F
Marion, artista di caffè-concerto 77F
Mariposa, die Tänzerin 124F
Marius 279F
Märkische Fahrt 443F
Märkische Perlen 227F
Marquis Preferred 279F
Marquis zu verkaufen, Ein 279F
Marriage Circle, The 124F
Marriage Clause, The 125F
Marschall Pilsudski 347F
Märtyrer seines Herzens, Der / Beethoven 20F
Martyrium, Das 74F
maschinelle Abrechnungswesen im Wernerwerk F., Das 287F
Maschinen arbeiten für Dich! 319F
Mascotte 66F
Masked Bride, The 125F
Masken 120
Masken des Erwin Reiner, Die 271F
Maskenfest des Lebens, Das 32F
Maskerade 347F
Maskierte Banditen 179F
maskierte Spion, Der 279F
Masks of the Devil, The 271F
Mata Hari 279F
Matrosenliebchen 179F
Maulbeerspinner, Der 65, 68F
Mausi 43F
mauvais garçon, Un 328F, 413A
Max und Moritz 68F
Max und Moritz lernen schwimmen 68F
Medaille, Die 286F
Medizinische Musterrollen 68F
Meerestiere in der Adria 359F
Meerspinne (Maja squinado), Die 69F
Mehlkäfer, Der 68F
Mehr Sonne 319F
Mein Baby – mein Boy 223F
Mein Freund, der Chauffeur 146F
Mein Herz ruft nach Dir 347F
Mein Leopold 60F, 88A–89A, 128F
Mein Leopold 60F
Mein Sohn, der Herr Minister 354F, 459
Mein und Dein im Tierreich 287F
Meine deutschen Volksgenossen. Es spricht zu Ihnen der Präsident der Reichsrundfunkkammer Hans Kriegler 399F
Meine Frau macht Musik 481
Meine Frau, die Filmschauspielerin 48F
Meine Frau, die Hochstaplerin 214F, 312
Meine Freundin Barbara 364F
Meine Tante – Deine Tante 179F, 412F
Meine Tochter – deine Tochter 34F
Meine Tochter lebt in Wien 418F
Meister des weißen Sports bei bedeutenden Spielen 287F
Meister von Nürnberg, Der 169
Meistersinger, Die 287F
Meisterspringer von Kürnberg, Die 114F
Meisterturner Peter Parler – Dombaumeister zu Prag 443
Meisterturner unter die Zeitlupe genommen 443F
Melklehrfilm 68F
Mellem muntre Musikanter 105F
Melodie der Welt 245A, 257
Melodie des Herzens 185F, 195, 211, 257, 257A
Melodie du coeur 257
Melody of the Heart 257
Mensch der Masse, Ein 223F
Mensch gegen Mensch 126F
Mensch ohne Namen 224F
Mensch und Tier im Urwald 69F
Menschen als Masken 69F
Menschen am Sonntag 312
Menschen hinter Gittern 279F
Menschen hinter Maschinen 399F
Menschen ohne Vaterland 202, 202A, 344F
Menschen sehen Dich an 287F
Menschenkräfte und ihre Schonung 287F
mensonges, Les 125F
Merkwürdigkeiten aus Napoleons Heimatland 227F
Merseburg 43F
Messter-Woche 26–27
Metall des Himmels 359F, 439
Metallene Schwingen 399F
Methoden der Salvarsan-Injektion 69F
Metropolis 86, 91–92, 100–102, 115, 119, 126–132, 149, 154F, 173, 175, 180–182, 181A, 183A, 191, 205, 208, 218, 221, 245, 316, 316A, 333A, 334, 360A, 368
Mexiko 433F
Meyer aus Berlin 34F
Michael 126F, 136–137, 137A
Michael Stroganoff 237–239
Midnight Sun, The 125F
Midshipman, The 179F
Mike 125F
Mikrokosmos im Reiche der Natur 69F
Milak, der Grönlandjäger 170F
Milch und Milchverwertung 68F
Milliardensouper, Das 105F
Millionen um ein Weib 271F
Millionenbauer, Der 43F
Millionenmädel, Das 58F
mirabile visione, La 124F
miracle des loups, Le 124F
mirage de Paris, Le 124F
Mirakel der Wölfe, Das 124F
miroir aux alouettes, Le 286F
Miss Bluebeard 125F
Mit Büchse und Spaten 76F
Mit Byrd zum Südpol 279F
Mit Cobham im Flugboot rund um Afrika 271F
Mit dem Auto ins Morgenland 69F
Mit dem Dampfer »Bayern« der Hamburg-Amerika-Linie nach Südamerika 69F
Mit dem Regus durch Süd-Abessinien 359F
Mit den Zugvögeln nach Afrika 105F
Mit der Postkutsche 359F
Mit der Zahnradbahn auf den Hochschneeberg 68F
Mit Dr. Lutz Heck durch Kamerun 433F
Mit Elly Breithorn zu den Deutschen in Südwest-Afrika 319F
Mit Herz und Hand 124F
Mit Kreuzer »Königsberg« in See 319F
Mit Schlägel und Eisen 227F
Mit Vollgas durch die Alpenpässe 69F
Mitternachtsreiter 77F
Moana 125F
Moana, der Sohn der Südsee 125F
Mockery 223F
Mode der Welt, Die 319F
Moderne Ehen 124A, 124F
Moderne Gymnastik 227F
moderne Ikarus, Der 227F
Moderne Jugend 125F
Moderne Kläranlagen 227F
Moderner Straßenbau mit Spramex und Mexphalt 287F
modernes Hüttenwerk, Ein 68F
Moi et l'Impératrice 246F
Moj 76F
Mon amour est près de toi 415F
Monica Vogelsang 25A, 66F
Monsieur Beaucaire 125F
Monte Carlo 279F
Monte Carlo Madness 214F
Mooswunder 433F
Moral und Sinnlichkeit 50F
Mord in der Greenstreet, Der 96F
Mord ohne Täter, Der 76F
Mörder sind unter uns 471–472, 476–480, 476A–477A
Mörder wohnt Nr. 21, Der 415F
Mordprozeß Mary Dugan 279F
Morgen beginnt das Leben 356
Morgenrot 120, 121A, 242F, 320–323, 320A–323A, 324–326, 330
Morgenspuk 287F
Moritz Schnörche 43F
Morocco 279F
Motor des Lebens 227F
Motorrad und wir, Das 287F
Moulin Rouge 165A
Mr. Wu 179F
Mückenbekämpfung 287F
müde Theodor, Der 32F
müde Tod, Der 83, 83A–85A, 99, 120, 131, 138
Muff, Der 48F
Mulmbock, Der 68F
München. Die Entwicklung einer Großstadt 68F
Münchener Bilder 68F
Münchhausen 429, 434–437, 434A–437A, 444F, 453, 478–480,
Mungo, der Schlangentöter 227F
Münster, Westfalens schöne Hauptstadt 399F
Muschi kämpft im wilden Westen 271F
Music in the Air 46
musica, La 411
Musikalische Dichtungen 399F
Musikantenschicksale 69F
Muß Liebe schön sein 271F
Mustergatte 393
Mut zum Glück, Der 279F
Mut zur Feigheit 179F
Mutter Krausens Fahrt ins Glück 333, 335, 478
Mutter, Die 186–189
Mutter, verzeih mir 124F
Mutterliebe 406F
My Boy / Peg's Bad Boy 124F
My Wife and I 125F
mysteriöse Dr. Fu Manschu, Der 279F
Mysterious Island, The 279F
Mysteris Lady, The 271F
Mysterium des Lebens 399F

Na wunderbar 226F
Nach Feierabend 433F
Nach Indien ins Tamilenland 319F
Nach Locarno mit der Lötschbergbahn 69F
Nach zwanzig Jahren 22F
Nachbarn 43F
Nachbarn und andere nette Menschen 447
Nachkommen der Mayas 433F
Nachkrankheiten der Syphilis 69F
Nacht des 24. August, Die 43F
Nacht, Die 26
Nacht im Mai, Eine 386F, 405–406
Nacht im Prater, Eine 271F
Nacht ohne Abschied 432F
Nachtbesuch in der Northernbank 94
Nachtlager von Mischli-Mischloch, Das 24F
Nachtredaktion 279F
Nachtwache, Die 296F, 474A
nackten Tatsachen, Die 223F
Nähmaschine, Die 319F
Nähwunder, Ein 319F
Namenlos 124F
namenlose Geschichte, Eine 125F
Nanon 390F
Napoléon 179F, 237
Napoleons kleiner Bruder 79
Narkose 69F
Narr und die Dirne, Der 125F
Narr und sein Kind, Der 125F
närrische Fabrik, Die 46F
Natur als Lehrmeisterin der Industrie, Die 319F
Natur als Schützerin im Kampf ums Dasein 319F
Natur im Film: Intimes von der großen Weinbergschnecke 69F
Natur und Liebe 66
Natur und Technik 399F
Naturseide in Indien – Kunstseide in Deutschland 227F
Navigator, The 125F
Ne bougez plus 415F
Ned med Vaabnene 76F
Negertänze 43F, 65
Neigungsehe 445F
Nero und die Kannibalen 271F
nette Schweinerei, Eine 399F
neue »Emden«, Die 69F
Neue Begriffe: Vom Schmieröl zum Schmierstoff 359F
neue Blume, Die 359F
neue elektrisch gesteuerte Loewe-Fräsmaschine Größe 4, Die 399F
neue Fabrik der Ideal-Werke A.G. für drahtlose Telefonie in Berlin-Wilmersdorf wird gebaut, Die 359F
neue Leben, Das 20F
neue Reichsgau, Der. Sudetendeutsches Land und Volk 433F
Neue Wege im Wohnungsbau 227F
Neuer Ufa Kabarettfilm Nr. 7, 1932 »Ufa-Bomben« 319F
Neuer Ufa-Kabarettfilm Nr. 8. Auto 319F
Neuer Ufa-Kabarettfilm Nr. 9. Hotel 319FF
Neuer Ufa-Kabarettfilm Nr. 10. Varieté 319FF
Neuigkeiten aus der Frauengymnastik 287F
Neumark 227F
1923-1938. Zum 15. Gedenktag des 9. November 399F
Neunzigjähriger Jubiläumszug vom Mainzer Karneval 1928 227F
Neusiedler See, Der 433F

Neuzeitliche Bauausführungen 69F
Neuzeitliche Zahnbehandlung beim Pferd 443F
Neuzeitlicher Ingenieurbau mit Stahlspundwänden 287F
Neuzeitliches Einkochen 319F
New York 179F
Nibelungen, Die 87, 91, 99–102, 114F, 118–119, 127–129, 127A, 138–141, 141A, 142–144, 142A–147A, 160, 172, 208
Nie wieder Liebe 210F
Niederbayern, Kelheim mit der Befreiungshalle 68F
Night Club, The 125F
Nimrod mit der Kamera, Der 359F
Nina Petrowa 317
Nocturno 347F
Noix de coco 398F
Nomaden der Wüste 69F
Nora 110F, 445F
Nordische Reichtümer 68F
Nordische Vogelberge 319FF
Nordische Volkstänze 227F
Nordische Wunderland, Das 124F
Nordlandfahrt 227F
Nordlandsbilder 359F
Nordlicht 382A, 382F
Norrtullsligan 124F
Norwegische Städte 68F
Nosferatu 100, 114–115
Notehe, Die 179F
Notgemeinschaft Hinterhaus 401F
NS-Reichskriegerbund zeigt seinen Film vom Großdeutschen Reichskriegertag in Kassel. 3. bis 5. Juni 1939, Der 433F
Nuit de mai 282F
nuit est à nous, La 410
Null Uhr 223F
Nur ein Ladenmädchen 124F
Nur keine Aufregung 433F
Nur wer die Arbeit kennt 271F
Nur zur Probe 179F
Nürnberg, die Stadt der Reichsparteitage 433F
Nützliches Unkraut 287F

oberbayerischen Gebirgsseen, Die 69F
Ochsenkrieg, Der 440F
Oesterr.-ungar. Artillerie war an der Westfront 43F
Oh, diese Ehemänner 364F
Oh, diese Frauen 43F
Ohm Krüger 480
Ohr der Zeit, Das 359F
Okénko 363F
Old Ironsides 179F
Oliver Twist 124F
Olympia 201A, 253, 279F
Olympia unserer Kleinsten, Das 359F
Olympiade-Film 123, 393
Olympiavorbereitung in Deutschland 359F
Olympische Spiele 319F
Olympischen Spiele zu Amsterdam 1928, Die 227F
Om mani padme hum 271F
On Thin Ice 124F
One Hour With You 279F
One, Two, Three 267
Onkel aus Hinterindien, Der 43F
Onkel aus Indien 68F
Onkel in Nöten 246F
Onkel Theodor amüsiert sich 359F
Onkel Toms Hütte 223F
Only a Shop Girl 124F
Only Girl, The 246F
Opfer 24F
Opfer der Ellen Larsen, Das 86F
Opfer der Gesellschaft 48F
Opfer des Blutes 125F
Opfergang 442F, 452, 452A–455A, 460
Or, L' 274F
Orchideentänzerin, Die 223F
Orient und Okzident 227F
Orphans of the Strom 105F
Ostdeutsche Kampfspiele der Breslauer Neuesten Nachrichten 69F
Ostpreußens Küste am Meer 443F
Ostraum – Deutscher Raum 433F
Othello 77A, 77F
Othello in Nöten 43F
Otto Tastenschwingers Verlobung 43F
Our Dancing Daughters 271F

P.S. 319F
Pace that Thrills, The 179F
Páchès de jeunesse 415F
Pädagogische Musterrolle 68F
Painted People 124F
Palais de Danse 223F
Palermo und seine Limonenhaine 319F
Palmenzauber 319F
Palmölgewinnungsanlage in Kamerun (Moliwe) 227F
Palos Brautfahrt 347F
Palos Brudefaerd 347F
Pan otec karafiát 363F
Panamakanal, Der 227F
Panik 174A, 174F
Panther aus Stahl, Der 443, 443F
Pantherbraut, Die 56A, 56F
Panzergewölbe, Das 156F
Panzerkreuzer Potemkin 135, 186–189, 205, 449
Panzerschrank Nr. 13 43F
Papa kann's nicht lassen 90F
papaces, Les 414
Papas Fehltritt 344F
Papas Junge 42F
Papas Seitensprung 43F
Parade 433F
Paradies der Damen 415F
Paradies der Pferde, Das 359F
Paradies Europas, Das 146F
Pardon Us 279F
Paris 124F
Paris sur Seine 414
Partie Schach, Eine 43F
Passé à vendre 342F
Passion 54, 78, 96
Passion de Jeanne d'Arc, La 136A, 223F
Patentkunstschloß, Das 336F
Patience 94
Patriot, Der 223F
Patrioten 352F, 425
Pats to Paradise 125F
Patsy, The 271F
pattes de mouche, Les 316F, 411
Paul von Hindenburg gestorben 359F
Paulchen Fingerhut 43F
Paulchen Pechnelke 43F
Pax Aeterna 76F
peau d'un autre, La 326F, 410
Pech muß der Mensch haben 179F
Peiner Walzwerk, Peine 319F
Pelz auf Kredit, Der 68F
Penrod 124F
Pensionäre aus aller Welt 69F
Per il passato 77F
perfekte Sekretärin, Die 360F
péril, juie, Le 414
Perle des Orients, Die 88F
Perlen der Mark 227F
Perlender Sonnenschein 319F
Perlenzucht in Japan 227F
peruysche Seidenspinner, Der 68F
Peter der Große 79
Peter, der Matrose 354
Peter Pan 125F
Peter Pan, der Traumelf 125F
Peter Parler, Dombaumeister in Prag 433F
petit écart, Le 212F, 411
petit reine, La 414
Petri Heil. Fischerleben in deutschen Gauen 433F
Petroleum 433F
Pferd in der Bewegung (Zeitlupenaufnahmen), Das 43F
Pferde am Berg 433F
Pferde und Viehreichtum in Rumänien 33
Pflanzendoktor, Der 69F
Pflege deine Zähne 287F
Pflegen bringt Segen 359F
Pflicht und Liebe 223F
phantastische Symphonie, Eine 415F
Phantom 99, 104F, 129
Philosoph, Der 287F
Phrix 399F
Physikalische Spielereien 287F
Physiologie der Schwangerschaft 69F
piano, Le 414
Picpus 414, 415F
Pierre et Jean 415F
Pietro, der Korsar 87, 134F
Pigen fra Klubben 76F
Pimpfe lernen fliegen 439
Pinselputzi rendevouzelt 43F
Pinselputzi stiftet Unheil und eine Ehe 43F
Piraten der Großstadt 105F
Pirateninsel, Die 359F
Piratentagebuch, Das 271F
Pirsch unter Wasser 443F
plante, vivant mystère, La 319F
platonische Ehe, Die 40F
Pleace Get Married 105F
Pocken, ihre Gefahren und ihre Bekämpfung Die 43F
Pole Poppenspäler 481
Polizei 271F
Polizeifilm 14 (Angel-Polizei) 69F
Polnische Bauernfeste 359F
Pommerland – Ostseestrand. Bilder aus Vergangenheit und Gegenwart (2. Folge) 443F
Pommern! Deutsches Land am Meer 319F
Ponies 443F
Popular Sin 179F
Porcelaine de Sèvres 414
Pori 271F
porteuse de pain, La 124F
Porzellan 319F
Porzellankunst 68F
Posaunist, Der 460F
Post nach den Halligen 443F
Postlagernd XYZ 300F
Postmeister, Der 327, 416F
Potasch und Perlmutter 124F
Potash and Perlmutter 124F
Potsdam 359F
Potsdam, das Schicksal einer Residenz 179F
Pour le mérite 329A, 331, 392F
Praesidenten 76F
Prag, die Hauptstadt der Tschechoslowakei 68F
Präriediva, Die 310
Präsident, Der 76F
preisgekrönte Storch, Der 43F
Premier rendez-vous 415F
Prends la route 338F
Preußische Liebesgeschichte 396F
Preußische Staatsbibliothek 399F
Princesse Csardas 278F
Princesse, à vos ordres 204F
Prinz Kuckuck 94
Prinz und Bettelknabe 76F
Prinzessin Sissy 380F
Prinzessin Suwarin, Die 116F
Prinzessin Turandot 288A–289A, 288F
Prinzessin und der Geiger, Die 136F
Prinzessin von Neutralien, Die 49A
Prisma-Reklamefilm 69F
Pritzelpuppe, Die 69F
Professor Rehbein radelt 74
Professor Rehbein und der Meisterringer 80F
Protektionskind, Das 366F
Provens Dag 76F
Provinz Brandenburg, Die 359F
Prüfstein, Der 352F
Prüfung von Kolloid Graphit-Präparaten 359F
Psst, ich bin Tante Emma 364F
Puits en flammes 332F
Pulsierende Lebenssäfte 227F
Pulsschlag des Meeres 399F
Punks kommt aus Amerika 290F
Puppe, Die 62F
Puppenhochzeit 359F
Puppenspieler, Der 462F
Putschliesel 78F
quakende Narr, Der 287F
Qualen der Ehe 223F
Qualität 287F
Quartett, Das 360F
Quastenstachler, Der 287F
Quax, der Bruchpilot 275
Quelle, Die 359F
Quellen der Lebenskraft 433F
Quick 209, 222F, 224A
Quo vadis 46

Rabe und die Gans, Der 287F
Rache der Tänzerin, Die 105F
Rache des Titanen, Die 76F
Rache einer Frau, Die 76F
Radio-Heirat, Die 124F
Radiostrolch, Der 69F
Radium 433F
Ramon Novarro, der Seeoffizier 179F
Ramper 311
Rango 279F
Rapsglanzkäfer und seine Bekämpfung, Der 68F
Rapsodia satanica 77F
Raritätenladen, Der 287F
Rasch ein Baby 223F
Rationelle Arbeitsmethode in einer Portlandzementfabrik 227F
Rätsel, Das 319F
Rätsel der Sphinx, Das 92F
Rätsel der Urwaldhölle 368F
Ratte, Die 30F
Rattenfänger, Der 36F
Raub der Sabinerinnen, Der 43F
Räuber im Vogelreich 319F
Räuber unter der Lupe 69F
Räuber unter Wasser 433F
Raubritter des Meeres 69F
Rauchloser Tabak 359F
Raupenstudien 68F
Razzia 479A, 480
Razzia im New-Yorker Scheunenviertel 77F
Razzia in Paris, Eine 279F
Rebellion de los Colgados, La 488
Rebellion der Gehenkten 488
Reblausbekämpfung und Pfropfrebenbau 287F
rechte Weg zur Gartenfreude, Der 319F
Rechtlose Frauen 179F
Rechtsanwältin Vera 363
Rechtsleben im Film; Das 398, 421
récif de corail, Le 400F
Red Hair 223F
Red Hill, The 223F
Red Lily, The 124F
Redskin 271F
Reducing 279F
Reesemanns Brautfahrt 43F
Regatta 443F
Regeln des Tennisspiels 287F
Reichsburg Kyffhausen 433F
Reichskriegertag Kassel 1937 399F
Reichspräsident Ebert 69F
Reichswasserschutz als Polizei auf dem Wasser, Der 227F
Reifenkünste 287F
Reifezeugnis, Das 179F
Reineke Fuchs 433F
Reinicke Fuchs 69F
Reinlichkeit im Tierreich 227F
Reinlichkeit ist nicht zum Scherz, Die 443F
Reinlichkeit ists halbe Leben 319F
Reis und Holz im Lande des Mikado 433F
Reise durch das malerische Finnland 68F
Reise S. M. König Ludwigs von Bayern nach Sofia, Die 43F
Reise unter der Mitternachtssonne, Eine 319F
Reisebilder aus Persien 287F
Reisen ohne Geld 319F
Reiterlieder (Don-Kosaken-Chor) 433F
...reitet für Deutschland 420, 420A–421A, 420F, 478–480
Reklamefilm der Ufa 69F
Reklamevorspann für die Operette »Die lustige Witwe« 287F
Remous 347F
Rennen auf der Cresto-Bahn, der gefährlichste Wintersport 69F
Rentier Knüppeldick 68F
Retten sejrer 76F
rettende Schuß, Der 279F
rève blond, Un 228F
Revolte im Erziehungshaus 458
Rhapsodie des Satans 77F
Rhein – Herzstrom Europas, Der 486
Rhein erzählt, Der 359F
Rhein in Vergangenheit und Gegenwart, Der 68F
Rhein von Basel bis zum Bodensee als Großschiffahrtsstraße und Kraftquelle, Der 399F
Rheinland 433F
Rhythmus und Tanz 319F
Richard Wagner – Deutsche Stätten seines Wirkens 319F
Richter von Zalamea, Der 166
Riders of the Night 77F
Riesen deutscher Käferwelt 399F
Riesenrobben und ihre Sippe 227F
Riff und Raff als Revolverhelden 279F
Riff und Raff im Weltkrieg 125F
Riff und Raff, die Frauenhelden 227F
Rin-Tin-Tin rettet seinen Herrn 124F
Rin-Tin-Tin's Heldentat 124F
Ring des Unheils, Der 279F
Ringelnattern und Kreuzottern, die beiden häufigsten Schlangen Deutschlands 287F
Ringende Seelen 30F
risoue-tout, Les 414
Ritt durch Island, Ein 287F
Ritt in die Freiheit 338F, 420
Ritt ums Glück, Der 77F
Ritter Stachelrock 227F
Ritter wider Willen 290F
Rivalen der Luft 268A, 268F
Rivalin, Die 43F
Rivaux de la piste 232F
Road to Romance, The 223F
Rodelkavalier, Der 22F
Rogue Song, The 279F
rollende Haus, Das 125F
rollende Hotel, Das 30F
rollende Kugel, Die 50F
Roman der Christine von Herr, Der 83, 166
Roman eines Dienstmädchens 351
Roman eines Genießers 399F
Romance 279F
Romanze 279F
Rominter Heide, Die 443F
Romola 125F
Ronny 215F, 351, 410
Röntgenstrahlen 399F
Rookies 223F
rosa Diamant, Der 144F, 306
rosa Trikot, Das 64F
rosarote Brille, Die 284F
Rose Bernd 49, 49A, 54F
Rose-Marie 279F
Rosenmontag 190F
Rosenmontag in Köln 287F
Roses noires 304F
Röslein vom Dornbusch, Das 76F
Rostow am Don 68F
Rotation 479A
rote Faden, Der 301F
rote Henker, Der 64F
rote Lilie, Die 124F
Rothaut. Der Todeskampf einer Rasse 271F
Rothenburg ob der Tauber 68F
Rothschilds, Die 418F, 480
Rotterdam – Amsterdam 22F
Rubin-Salamander, Der 26F
Ruf der Sünde, Der 77F
Ruf in die Welt 359F
Rügen 433F
rührende Geschichte, Eine 433F
Ruhrglas 433F
Rumänien 69F
Rund um den Kaiserpalast von Addis-Abeba 359F
Rund um die ewige Stadt 69F
Rund um die Milchwirtschaft 488
Rund um die Welt 287F
Rundfunk einst und jetzt 319F
Rundfunk hören – heißt miterleben! 399F
Russische Residenzen 69F
Russische Symphonie 287F
Rüstungsarbeiter 443F

S.O.S. Sahara 380F
Saaletal-Sperre Hohenwarte 399F
Sache mit dem Hermelin, Die 401F
Sächsische Schweiz, Die 69F
Sag' endlich ja 481
Sahara 433F
Sainted Devil, A 125F
Saison in Kairo 248F, 346, 351, 355A
Salome 68F
Salon der Meerungeheuer 287F
Salto Mortale 165A
Salzburg, die Festspielstadt 433F
Salzgewinnung in Japan 433F
sanfte Heinrich, Der 271F
Sang der Südsee, Der 287F
Sänger von Sevilla, Der 279F
Sappho 92F
Säuglingspflege 43F
Säuglingswege zu Kraft und Schönheit 227F
Savoy-Hotel 217 226, 312F, 325, 377, 377A
Scampolo 495A
Scarlet Letter, The 179F
Schachmatt 280F
Schäfertag, Ein 443F
Schaffende Jugend 443F
schaffende Neckar, Der 443F
Schafft reine Luft und sauberes Haus 287F
Schande der Orlygsons, Die 77F
Schänke im Urwald, Die 279F
Schären und Fjorde an der Adria 359F
Scharfe Sachen. Wie ein Prix-Werk entsteht 443F
scharlachrote Buchstabe, Der 179F
Schatten der Vergangenheit 77F
Schatten der Weltstadt 144F
Schatz bei den Kannibalen 105F
Schatz der Azteken, Der 88F
Schatz der Sierra Madre, Der 488
Schätze der Vorzeit 359F
Schäume Maritza 69F
Schauspieldirektor, Der 324F
Scheidung ausgeschlossen 43F
Scheidung vor der Ehe 223F
Scheine des Todes 77F
Schenke zur ewigen Liebe, Die 460F
Scherben 101, 135
Scherls Mittelmeer-Reise 1928 227F
Schicksal 434F
Schicksal der Renate Langen, Das 266
Schicksale der Gräfin Leonore, Die 77F
Schicksalstag, Der 90F
Schicksalswürfel 184F
Schießen und Treffen 433F
Schiff in Not 359F
Schimmelkrieg in der Holledau, Der 364F
Schimmelreiter, Der 279F
Schlacht von Bademünde, Die 214F
Schlachtschiff »Constitution« 179F
Schlagende Wetter 105F
Schlager, Der 319F
Schlangen im Urwald 287F
Schlauberger, Der 223F
Schleichendes Gift 359F
Schleppzug M 17 248–249
Schloß Hubertus 347F
Schloß im Süden, Das 258F
Schloß Vogelöd 114, 134, 312F
Schloßherrin von Libanon, Die 347F
Schlußakkord 318F, 382–383, 383A, 420
Schlüssel zum Reich – Schlüssel zur Welt 359F

Schmetterling, du kleines Ding 271F
Schmetterlingsplage in der Rheinpfalz, Eine 68F
Schmugglerbraut von Mallorca, Die 184F
schmutzige Dore, Die 319F
Schneeschuhsport im Sommer 287F
Schnell und sicher 287F
Schnelle Truppen 433F
Schneller zum Ziel 433F
Schnelles, sicheres, sauberes Berlin 399F
Schnitzel fliegt 306F
Schnurps 43F
Schockschwerenöter 43F
Schokolade 319F
schöne Abenteuer, Das 130A, 130F, 230F
schöne Fräulein Schragg, Das 342F
schöne Jolan, Die 77F
schöne Kreis Ahrweiler, Der 227F
schöne Landkreis Allenstein, Der 287F
schönen Tage von Aranjuez, Die 262F, 264A
Schönes gastliches Land zwischen Rhein und Main 359F
Schönheit am Meeresgrund 68F
Schönheit der tierischen Bewegung, Die 399F
Schönheit des Haares durch Handwerkskunst und Wissenschaft 319F
Schönheiten des deutschen Ostens. Ostpreußen – Danzig – Memel 287F
Schönheitskonkurrenz, Die 125F
schönste Frau der Staaten, Die 125F
schönsten Beine von Berlin, Die 162F
Schonzeit für Füchse 420
Schöpferin Natur 170F
Schorfheide 443F
Schorfheide. Ein Tierparadies vor den Toren Berlins 359F
Schotterfroh hat Recht 359F
Schrecken der weißen Hölle, Der 76F
Schubert & Salzer Maschinenfabrik A.-G. 227F
Schuberts Lieder 234F
Schuld, Die 52F
Schuld und Sühne 77F
Schuldig 172F
Schuß im Morgengrauen 224F
Schuß im Tonfilmatelier, Der 190F, 243, 270–271, 270A
Schusterjunge und Froschkönig 287F
Schutz den Singvögeln 359F
Schutz der Schwachen 227F
Schutz und Hilfe 69F
Schutzkleider und Schauspielkunst in der Natur 69F
Schwabemädle, Das 42F
schwache Stunde, Eine 76F
schwaches Weib, Ein 43F
Schwarz auf Weiß 359F
Schwarz oder Blond 227F
Schwarze Diamanten 227F
schwarze Husar, Der 230F, 259A
Schwarze Kunst des Johannes Gutenberg, Die 433F
schwarze Locke, Die 50F
schwarze Mann und seine Zeitung, Der 69F
schwarze Pantherin, Die 83
Schwarze Rosen 304F
Schwarze Rosen 304F, 366A–367A, 367
schwarze Saphir, Der 279F
schwarze Zeuge, Der 76F
Schwarzer Kies 490, 491A
schwarzes Handwerk im Walde, Ein 69F
Schwarzwaldkinder 68F
Schwein, Das 68F
Schweine-Zirkus 287F
Schweizer Kadetten 43F
Schwere Burschen 443F
Schwester Helga. Aus dem Tagebuch einer Gemeindeschwester 443F
Schwester Maria 271F
Schwiegermutter kommt 319F
Schwiegersohn mit den dicken Kartoffeln, Der 69F
schwieriger Tiefbau, Ein 319F
Schwimmende Güterzüge 319F
Schwimmkunst im Dienste der Nächstenliebe, Die 65, 68F
Schwindel 187
Schwur des Harry Adams, Der 271F
Sea Hawk, The 124F
Sea Horses 179F
36. Wanderausstellung der Deutschen Landwirtschaft 1930, Köln, Die 287F
Secret Beyond the Door 142–144
secret de Polichinelle, Le 124F
secret des Woronzeff, Le 284F
See der wilden Schwäne, Der 319F
Seebär up de Frieg, De 68F
Seefahrt ist Not 76F
Seekabelverlegung im Wattenmeer 69F
Seele der Pflanze, Die 68F
Seeschlachten bei Coronel und den Falklands-Inseln, Die 205, 223F
Seeteufel, Die 124F
Segel der Zukunft (Der Flettner-Rotor), Das 69F
Segelfahrt 227F
Segeln, Das 68F
Segelsport 69F
Segen der Erde 69F
Segen der Kälte 399F
Sehnsucht jeder Frau, Die 279F
Sehnsuchtsland unserer Jugend 399F
Seide 69F
Seidene Strümpfe 179F
Seidenfabrikation in Indien und Deutschland 227F
Seidenspinner 68F
Seife vor Verlust bewahren 359F
Sein eigenes Begräbnis 43F
Sein einziger Patient 43F
Sein großer Fall 156F
Sein letzter Befehl 223F
Sein letzter Gang 279F
Sein letzter Seitensprung 24F
Sein Scheidungsgrund 214F
Sein schwierigster Fall 414
Sein Verderben 76F
Seine beste Erfindung 278F
Seine Exzellenz von Madagaskar 96F, 98F
Seine Frau, die Unbekannte 118F
Seine Freundin Annette 279F
Seine große Liebe 347F
Seine Hoheit verlobt sich 125F
Seine Privatsekretärin 125F
Seine Seelige 43F
Seine stärkste Waffe 223F
Seine tapfere Frau 28F
Seines Bruders Feind 76F
Selbstverständlichkeiten 399F
selige Exzellenz, Die 162F
seltsamer Gast, Ein 347F
Seltsames Gestein und Getier 227F
Seltsames Meervolk 287F
Semaine Artistique Allemande, La 399F
Semmeringtalfahrt von Station Semmering bis Payerbach, Eine 68F
Senator und die Tänzerin, Der 124F
Senorita 179F
Sensationsprozeß Casilla 402F
Serbiens wichstigste Landesprodukte 227F
Serge Panine 105F
Sergeant McKenna 319F
Sergius Panin 105F
Service for Ladies 223F
Sewastopol 68F
Seyer Toni, Der 43F
Shakletons Todesfahrt zum Südpol. 105F
She's a Sheik 223F
Shell überall 287F
Shock Punch, The 125F
Shopworn Angel, The 271F
Show People 271F
Show, The 179F
Sicherheit ist Leistung 399F
Sicherung der Luftschutzräume 443F
Sicilianerroverens Bryllup 76F
Sie brennt ihm eine 319F
Sie, die einzige 179F
Sie gewinnt sich ihren Mann 43F
Sie und die Drei 77F
Sie werden gleich rasiert 271F
Sieben Ohrfeigen 356F
sieben Töchter der Frau Gyurkovics, Die 162F
7 wandern durch die Welt 433F
700 Jahr-Feier der Stadt Calau N. L. 399F
Siebenschläfer und Haselmaus 287F
siebente Kuß, Der 34F
siebente Nacht, Die 77F
Sieg auf der ganzen Linie 433F
Sieg der Enterbten, Der 76F
Sieg der Kraft, Der 77F
Sieg des Glaubens, Der 372
Siegfried für Deutschland 359F
Sieg im Westen 205, 327
Sieger, Der #N/A!
Sieger, Die 36F
Siegfried 160
Siegfrieds Tod 139A, 141, 359F
Siemens – die Welt der Elektrotechnik 399F
Siemens-Schuckert-Hohlseil 69F
Sign of Four, The 125F
Silberschatz, Der 287F
Silent Accuser, The 124F
Silent Watcher, The 124F
Silk Stockings 179F
Silver Comes Through 179F
Simba, der König der Tiere 271F
Simba, the King of Beasts, a Saga of the Africa Veldt 271F
Simplet 414, 415F
Sinfonie der Wolken 433F
singende Stadt, Die 196F
singenden Babies, Die 190F
Single Standard, The 279F
Sinners in Silk 124F
Sinnesleben der Pflanzen, Das 399F
Sinnvolle Zwecklosigkeiten 433F
Sins of the Fathers 271F
Sitzung – nicht stören! 433F
Skagerrak-Schlacht, Die 319F
Skandal in Baden-Baden 182F, 317
Skelett des Herrn Markutius, Das 72F
Skifahrers Rüstzeug 68F
Sklavenkönigin, Die 124F, 324
Sklavin des Banditen, Die 77F
Skola, základ života 363F
Smashing Through 223F
Smiling Lieutenant, The 279F
So entsteht Dein Wagen 287F
So ist China 319F
So oder so ist das Leben 447
So oder so? 287F
So This Is Marriage 124F
So – wie der Sturmwind braust 223F
So wird's gemacht 443F
Sodom und Gomorrha 105F, 324
Sodoms Ende 77F
Sohn der Taiga, Der 223F
Sohn des Hannibal, Der 32F, 160F
Sohn des Piraten, Der 77F
Söhne des Grafen Dossy, Die 76F
Söhne des Volkes 76F
soir de rafle, Un 279F
Solange das Herz schlägt 486, 486A
Soldat der Marie, Der 125F
Soldatenlieder 296F
Solen der Draebte 77F
Soll man heiraten? 142F
Solskinboruene 77F
Som flyttfågel i Afrika 105F
Sommer, Sol og Studiner 105F
Sommer, Sonne, Erika 412F
Sommer, Sonne und Studenten 105F
Sommernächte 448F
Sommertage an deutschen Seen 433F
Sommertage auf den Lofoten 443F
Sommerwelt 69F
Sommerwiese, Die 443F
Son Altesse Impériale 256F
Sonne auf Mazedonien 227F
Sonne bringt es an den Tag, Die 433F
Sonne Dein Arzt, Die 227F
Sonne durch Sonne 359F
Sonne, Erde und Mond 399F
Sonne über dem Ostseestrand 359F
Sonne über dem Spessart. Aschaffenburg und seine Umgebung 399F
Sonne über der Nordsee 227F
Sonnenkinder, Die 77F
Sonnenspiegel, Der 76F
Sonnige Rheinfahrt 287F
Sonnige Winkel 227F
Sonntag des Lebens 279F
Sorgen bringt Segen 359F
Sorrows of Satan, The 179F
SOS Eisberg 251–252
souris bleue, La 306F
Southward on the »Queste« 105F
Sowas kommt von Sowas 68F
Spangles 179F
spanische Hofreitschule in Wien, Die 443F
Spanische Inseln im Mittelmeer 399F
Spannagl & Sohn 447
Spare in der Zeit, so hast Du in der Not 287F
Spaß muß sein 271F
Späte Bekehrung 124F
Special Delivery 223F
Speed 125F
Speedy 271F
Speerwerfen 68F
Sperber, Der 347F
Spiegel der Zeit 443F
Spiel auf der Tenne 360F
Spiel mit dem Feuer 282F
Spiel mit dem Weibe, Das 100F
Spiel und Sport auf Eis und Schnee 69F
Spielerkönig, Der 125F
Spielzeug der Zarin, Das 77F
Spindel und Webstuhl 443F
Spinne, Die 76F
Spinne und ihre Opfer, Die 76F
Spione 132, 132A, 163–164, 176F, 219–220, 220A
Spite Marriage 279F
Spoilers, The 124F
Sport am Sonntag 287F
Sport in der Zeitlupe 443F
Sport und Liebe 279F
Sportappell der Betriebsgemeinschaft Maggi am 19. August 1939 433F
Sportfest der Zeche Gneisenau 399F
Sportliche Spiele in Delphi 271F
Sportmassage 68F
Sportsmann bei der Arbeit, Der 227F
Spotlight, The 271F
sprechende Fabrik, Die 287F
Spreehafen Berlin 399F
Spreewald, Der 43F
Sprung ins Leben, Der 120F
Sprung ins Nichts, Der 279F
Spuk auf Schloß Kitay, Der 310
Spuk im Schloß 179F
Spuk um Mitternacht 279F
Square Deal Man 71
Staatskerl, Ein 125F
Stacheldraht 179F
Stadien der Syphilis, Die 69F
Stadionweihe 69F
Stadt am Meer, Die 69F
Stadt Anatol 332F
Stadt der Millionen, Die 138A, 138F
Stadt der sieben Türme, Die 359F
Stadt in Sicht 110F
Stadt Stuttgart. 100. Cannstatter Volksfest 359F
Stadtkind auf dem Lande, Das 68F
Stahl 287F
Stahlbau, Der 287F
Stahlbauten für die Landwirtschaft 287F
Stählerne Brücken der Reichsautobahnen 359F
Stählerne Wände 319F
Stahlfenster, Das 287F
Stahlrahmenhaus der Stahlbau GmbH., Düsseldorf, Das 227F
Stahlskelettbau, Der 287F
Stahltüren und -tore 287F
Stahlverbrauch ein deutscher Wirtschaftsfaktor 319F
Stammbaum des Dr. Pistorius, Der 408F
Stammgäste an der Nordsee 399F
Standard-Bildbericht. Bedeutungsvolle Ereignisse für das deutsche Kraftfahrwesen 359F
Standesamt 10.15 Uhr 324F
Standschütze Bruggler 328F, 330A
Stark Love 179F
Starke Herzen 365F
Stärkere, Der 22F
Stätten deutscher Luftfahrtforschung 359F
Steckbrief 606 364F
Steckbrieflich verfolgt 271F
Stefanie 486
Stefanie in Rio 490
Stein auf Stein 433F
Steinach-Film; Der (populäre Fassung) 104F
Steinachs Forschungen (wissenschaftliche Fassung) 108F
Steinernde Wüste und steinernde Wunder an der Adria 359F
steinerne Reiter, Der 110F
Steinkohlenteeröl und seine Bedeutung für die Holzkonservierung, Das 319F
Steinschlangen und Vogelmenschen 433F
Stelldichein, Ein 43F
Stern von Valencia, Der 250F
Steuermann Holk 76F
Stiefelkönig von Kalifornien, Der 271F
Stiefkinder der Musik 359F
Stier von Olivera, Der 84F
Stierkampf 287F
Stimme aus dem Jenseits 271F
Stimme des Blutes, Die 105F
Stimme, Die 76F
Stimmen im Schilf 359F
Stink- und Gichtmorchel, Die 68F
Stodderprinsessen 76F
Stolz der Firma, Der 52
Stöpsch Indianerreise 43F
Stöpsel 43F
Störche 433F
Störenfried, Der 262F
storia dei 13, La 77F
Störtebecker 376
Story Without a Name, The 125F
Stradivaris Schülergeige 320F
Sträfling aus Stambul, Der 184F, 324, 325A, 334–335
Sträflingsschiff, Das 279F
Stranded in Paris 179F
Strandgeheimnisse 69F
Strangers May Kiss 279F
Straße, Die 105F
Straße des Grauens, Die 125F
Straßen der Weltstadt 279F
Straßen des Frühlings 433F
Straßen ohne Hindernisse 359F
Straßensängerin von New York, Die 124F
Street of Sin, The 271F
Streik 186
Streit um den Knaben Jo 362F
streitbare Herr Kickel, Der 260F
Streng vertraulich 223F
Strich durch die Rechnung 232F
Strichweise Regen – strichweise heiter 287F
Strohwitwer, Der 433F
Strom, Der 77F
Strömungen und Wirbel 359F
Stromversorgung der Provinz Brandenburg durch das Märkische Elektrizitätswerk A.-G., Die 227F
Strongheart, der Sieger 125F
Student Prince in Old Heidelberg, The 223F
Student von Prag, Der 127
Stukas 426, 426F, 427A, 431A
stumme Ankläger, Der 124F
stumme Gast, Der 458F
Stumme von Portici, Der 204F
Stunde der Versuchung, Die 318F
Stunde mit Dir, Eine 279F
Stupéfiants 234F
Sturm im Wasserglas 354
Sturm über der Hallig 359F
Stürme 223F
Stürme der Leidenschaft 215F
Stürme über dem Mont Blanc 250–252
Sturmflut des Lebens 88F
Sturz ins Ziel 443F
Stuttgart, die Großstadt zwischen Wald und Reben 359F
Stützen der Gesellschaft 302A, 302F, 382A
Suis-je un criminel 414
Sumpfengel, Der 124F
Sumurun 23A, 53, 53A, 72F, 74, 78
Sünden der Mutter, Die 68F
Sünden der Väter 169A, 271F
Sundown 125F
Sunrise 115, 134–135
Sunset Boulevard 267
Susi und der schwarze Mann 376F
Süße Geheimnisse 443F
süße Sünde, Die 179F
Süßlupine, Die 359F
Svadlenka 363F
Swan, The 125F
Swim, Girl, Swim 223F
Sylvester 105F, 129, 135
Symphonie des Nordens 388F
symphonie fantastique, La 415A, 415F
Syphilitische Veränderungen im Bereich der Genitalsphäre 69F

't was een April 300F, 361
T.R. 399F
Tabea, stehe auf! 108F
Tabu 115
Tafelglas, seine Herstellung und Verwndung 433F
Tag auf der Rettungsstation Duhnen (Nordsee), Ein 227F
Tag aus dem Leben einer Puppe, Ein 68F
Tag aus dem Leben eines Indischen Elefanten, Ein 287F
Tag bei einer Storchenfamilie, Ein 68F
Tag der nationalen Arbeit 399F
Tag des ersten deutschen Parlaments, Der 69F
Tag im Film; Der 26
Tag im Großbetrieb des Feldgemüsebaus (feldmäßiger Kohlanbau auf der Domäne Hartefels bei Nauen), Ein 68F
Tag im Kinder-Solbad Carlshafen, Ein 287F
Tag in der Münchener Lodenfabrik, Ein 319F
Tagebuch einer Verlorenen 312
Taifun 105F, 458A
Taifunhexe, Die 105F
Taler der Tante Sidonie, Der 294F
Tambour battant 266F
Tambourin und Kastagnetten 70F
Tanz mit dem Kaiser 432F
Tänze aus aller Welt 227F
Tänze und Spiele im Tierreich 287F
Tanzendes Holz 319F
Tänzer meiner Frau, Der 124F
Tänzerin des Zaren, Die 125F
Tänzerin Navarro, Die 77F
Tänzerin von Moulin-Rouge, Die 125F
Tanzstudent, Der 176F
Tanztee 287F
tapfere Schneiderlein, Das 68F
tapfere Schneiderlein, Das 68F
Tarantel, Die 74F
Tarnish 124F
Tartüff 91, 100, 107, 115, 115A, 117–122, 131, 132–135, 138F, 208
Tat des Anderen, Die 76F

Tat ohne Zeugen, Die 125F
Tat und ihre Schatten, Die 76F
Tatjana 114F
tätowierte Dame, Die 125F
Taufe und erster Aufstieg des Werbefreiballons Reichsmilchausschuß 287F
Taumreise 284
Tausend kleine Rädchen 227F
Tausend PS 223F
1000:1 = Harold Lloyd 125F
Tausende vertrauen abends dem Bosch-Radlicht 399F
Taxi Dancer, The 179F
Technik des Schneeschuhlaufens (Norwegischer Stil), Die 69F
Technik des Schneeschuhlaufens, Die 68F
Technik und Hygiene im Dienst der Zigarette 287F
technische Auge, Das 319F
technische Herstellung eines Lexikons, Die 68F
Technische Messe Leipzig 287F
Tee zu zweien 404F
Teehaus zu den zehn Lotosblumen, Das 60F
Tell it to the Marines 179F
Tell Me Tonight 222F
Telling the World 271F
Tempelräuber, Der 76F
Temporary Widow, The 188F
Temptress, The 179F
Terje Vigen 77F
Testament des Dr. Mabuse, Das 132, 141
Testamentsheirat, Die 30F
Teufelshand, Die 415F
That Royle Girl 125F
The Way of a Girl 125F
Theaterfimmel 125F
There's Always Tomorrow 384
Thief in Paradise, A 124F
Thirteenth Hour, The 223F
This Woman 124F
Thomas Graals Bedste 105F
Three Sinners 223F
Three Week-ends 271F
Three Weeks 124F
Three Women 124F
Thunderbolt 279F
Thundering Hoofs 124F
Thüringen, das grüne Herz Deutschlands 433F
Tier in seiner Bewegung, Das 68F
Tier-Akrobaten 287F
Tiere als häusliche Freunde 319F
Tiere als Jagdgehilfen des Menschen 399F
Tiere der Nordsee 69F
Tierfreundschaften 287F
Tiergärten des Meeres 359F
Tiergarten Südamerika 433F
Tiergesicht, Das 287F
Tieridylle 69F
Tieridylle in der Großstadt 319F
Tierische Hypnose 68F
Tierjugend 69F
Tierkünste unter der Zeitlupe 227F
Tierwelt der Nordsee 69F
Tierzucht im Wasser. Bilder aus der deutschen Teichwirtschaft 319F
Tiflis, die Hauptstadt Georgiens 68F
Tiger, Der 185F
Tiger im Zirkus Farini, Der 105F
Tiger von Eschnapur, Der 488
Till Österland 125F
Tilleritis 227F
Time To Love And a Time To Die, A 384
Tingel-Tangel 324
Tintenfische 399F
Tischlein deck Dich 359F
Tischlein deck dich, Eselein streck dich, Knüppel aus dem Sack 94F
»Titarist«, das Hochleistungsschneidmaterial 399F
TN 443F
To Be Or Not to Be 52–54
Tochter des Mehemed, Die 52F
Tochter des Scheichs, Die 223F
Tochter ihrer Exzellenz, Die 411
Töchter Ihrer Exzellenz, Die 276F
Tod aus Osten, Der 64F
Todesklippe, Die 279F
Todeskurve von Hillbury Rock, Die 223F
Todesritt von Little Big Horn, Der 179F
Todesritt von Trenton, Der 125F
Todestelephon, Das 43F
Tol'able David 124F
tolle Herzogin, Die 125F
tolle Lola, Die 179F
toller Einfall, Ein 220F, 312
toller Tag, Ein 462F
Tomatenbau im Oderbruch 68F
Ton – Klinker – Keramik 359F
Töne, die nie verklingen, Die 287F
Topper 405
törichte Jungfrau, Die 292F
Torment 124F
Tösen fran Stormyrtorpet 77F
tötende Sonne, Die 77F
Totenfeste in der Natur 227F
Totenschiff, Das 488–489, 488A–489A
Totentanz, Der 86, 87A
Totentanz der Liebe 179F
Tout pour l'amour 248F
Tracked in the Snow Country 125F
Trader Horn 279F
Tragödie der Liebe 105F, 157
Tragödie einer Ehe 125F
Tragödie einer Uraufführung 69F
Tragödie eines Verbannten, Die 124F
Tragödie im Hause Habsburg 124F
Tragödien im Insektenreich 433F
Trail of '98, The 271F
Trail of Mary Dugan, The 279F
Trapp-Familie, Die 447
Trau, schau wem 310F
Träum' nicht, Anette 481
Traum von Liebe, Ein 271F
Traum von Venedig, Der 124F
Träumerei 446F
Treff-Sieben 43F
Treibende Kräfte 319F
Treibjagd in der Südsee 433F
Treppenwitze von Wilhelm Bendow und Paul Morgan 287F
Tresure of Sierra Madre 488
treue Nymphe, Die 223F
Tři vejce skla 363F
Tribut des Künstlers, Der 26F
Trippelpaule 68F
Triumph des Willens 347F, 372–374, 372A–375A
Tropennächte 279F
Tropische Schönheit und deutsche Arbeit 287F
Trouble 105F
True Heart Susie 100
Trumpfluftschiff über Berlin, Das 287F
Tuberkulose-Fürsorge 68F
Tüchtige schafft's, Der 227F
tüchtiger Beamter, Ein 43F
tüchtiger Kerl, Ein 43F
tugendhafte Josefine 74
Tumultes 215F
Tundra 399F
Tunesische Töpferei 287F
Tür geht auf, Eine 240F, 242A
Turandot, princesse de Chine 288F
Turm des Schweigens, Der 87, 132F
Turnen am Reck 68F
Turnen und Sport in Klöstern und Stiften 227F
Twelve Miles Out 223F

U-Boote westwärts! 417A, 426A, 426F, 480
Üb' Aug und Hand 443F
Üb' immer Treu und Redlichkeit 179F, 350
Über alles das Vaterland, oder Die Schlacht 124F
Über alles in der Welt 422F, 426
Über alles siegt die Liebe 77F
Überall spricht man davon 319F
Überfall 168F
Überfall auf die Virginiapost, Der 124F
Überfall im Feindesland, Ein 26
Überflüssige Menschen 186
Übern Sonntag, lieber Schatz 271F
Übungsordnung des Brandenburgischen Provinzial-Feuerwehr-Verbandes e.V. 359F
Ufa-Märchen 296F
Ufa-Tonwoche 195
Uhrenladen, Der 300F
Um das blaue Band 69F
Um die Erde 287F
Um ein Haar 43F
Um ein Weib 20F
Um Himmelswillen, Harold Lloyd 179F
Um Kopf und Kragen 378F
Um Mitternacht 223F
Um Mitternacht im Schlafwagen 76F
Ums Nordkap ins Weiße Meer 319F
Umweg zur Ehe, Der 77F
Umwege zum Glück 400F
Un dia desastroso 359F
Unbekannte, Der 179F
Unbekanntes China 399F
Uncle Tom's Cabin 223F
Und abends – ins Maxim 223F
Und dräut der Winter noch so sehr 433F
Und Du, mein Schatz, fährst mit 334F, 402
...und es leuchtet die Pußta 244F
...und nachmittags in Barcelona 399F
Und nachmittags in Barcelona 359F
...und noch frech dazu 490
Und stets kam was dazwischen 68F
Under Suspicion 76F
Understanding Heart, The 179F
Underworld 179F
Unendlicher Weltenraum 359F
Ungarische Rhapsodie 93, 149, 182F, 213, 213A
Ungeahntes Leben 433F
ungeschlechtliche und künstliche Vermehrung der Pflanzen, Die 319F
Ungleiche Brüder 69F
Unglücksgeschenk, Das 43F
unheilige Feuer, Das 76F
unheimlichen Drei, Die 125F
unheimlicher Nachtbesuch, Ein 43F
Unholy Three, The 125F
Union-Heizung 319F
Universal-Zickzack-Nähmaschine Pfaff Klasse 38 in der Schneiderwerkstätte, Die 359F
Unknown, The 179F
Unser Brot 399F
Unser deutscher Zeppelin 359F
Unser gemeinschaftlicher Freund, 2 Teile 77F
Unser Hausstorch (Ein Familienidyll) 68F
Unser Konsum 287F
Unser täglich Brot 443F
Unsere Ahnen 287F
Unsere Artillerie 399F
Unsere Hunderttausend 319F
Unsere Infanterie 433F
Unsere Jugend im Landjahr 399F
Unsere kleine Nachbarin 43F
Unsere Landjäger 69F
Unsere Schwiegertochter 43F
Unsichtbare Fesseln 279F
unsichtbare Schlagbaum, Der 443F
Unsichtbare Wolken 319F
Unsterbliche Geliebte 461
unsterbliche Herz, Das 337, 458
unsterbliche Lump, Der 46, 185F, 235, 258
Unter Alaskas Urwaldriesen 77F
Unter dem Bayerkreuz 359F
Unter den Brücken 458F, 468, 468A–469A, 480
Unter der Haube 399F
Unter der Tropensonne Indiens 287F
Unter der Tropensonne Javas 359F
Unter fremdem Joch, Bilder aus dem Ruhrgebiet 69F
Unter heißem Himmel 338F, 377–379, 379A–381A
Unter vier Augen 300F
Unternehmen Michael 336, 360F, 423A, 425
Unterricht fällt aus – Diphtherie 443F
Unterschiede der indischen Naturseide und der deutschen Agfa-Seide 287F
Unterwelt 179F
unvollkommene Ehe, Die 279F
unvollkommene Liebe, Die 419F
unwiderstehliche Theodor, Der 43F
Uplifters, The 105F
Upstage 179F
Uralt 399F
Uralte Kräfte wirken 319F
Uralte Neuigkeiten in Wald und Feld 227F
Urkraft des Weltalls, Die 359F
Urkunde ohne Schrift, Die 105F
Urlaub auf Ehrenwort 365F, 423–425, 485A
Ursula lernt 433F
Urwelt im Urwald 142F

Vagabond King, The 279F
vainqueur, Le 218F
val d'enfar, Le 415F
Valencia 179F
Valse d'amour 258
Valse royale 300F
Vanata, das Indianermädchen 77F
Vanina 106F, 134
Varieté 91, 95, 99–102, 131, 144F, 148–149, 161A–163A, 208, 212, 231, 310
Varieté des Lebens 279F
Vasárnap delutan 257
Vase der Semirames, Die 40F
Vater hat recht 287F
Vater Voss 124F
Vater werden ist nicht schwer 160F
Vater wider Willen 43F
Vaterlandslosen, Die 376
Veille d'armes 347F
Vendetta 52F
Vendettes 414
Verband der deutschen Buchdrucker 227F
verbesserte Opel, Der 287F
verbotene Frucht, Die 76F
verbotene Paradies, Das 125F
verbotene Weg, Der 74F
Verbrennung des Königs von Kambodja, Die 287F
Verdens Undergang 77F
Vereint ist mehr 443F
Vererbte Triebe 324
verflixte Ähnlichkeit, Die 43F
vergraulte Bräutigam, Der 271F
Verheiratete Junggesellen 68F
Veritas vincit 42F, 46, 47A, 75
Verkannte Menschen 319F
Verkäuferin von Klasse, Eine 223F
verkaufte Frau, Die 179F
verkaufte Herz, Das 77F
Verkaufte Herzen 43F
Verkehrsregelung in der Nordsee 227F
Verklungene Melodie 306A, 366F, 368A
Verlegenheitskind, Das 392F
Verlegung eines Fernsprech-Pupin-Seekabels zwischen Deutschland und Dänemark 69F
Verleumdung 179F
verliebte Reporter, Der 271F
verliebte Weihnachtsmann, Der 68F
Verlobungsschmerzen 105F
verlorene Melodie, Die 252F
verlorene Paradies, Das 210F
verlorene Schatten, Der 80F, 129
verlorene Schuh, Der 118F, 151, 166A, 168, 244
verlorene Welt, Die 125F
Vermächtnis des Sebastian Kneipp, Das 319F
Vermehrung bei den Pflanzen, Die 319F
Verräter 328F, 422–425, 425A
Verräter am Nil 433F
Verräterin, Die 43F
Vers l'abîme 280F
verschlossene Land Nepal, Das 287F
Verschwörung zu Genua, Die 56, 76F, 94–95, 94A–95A
verschwundene Brillantencollier, Das 125F
verschwundene Speisekarte, Die 319F
Versprich mir nichts! 446
versunkene Welt, Eine 77F
Verteidiger hat das Wort, Der 337
Vertrag mit der Hölle 359F
Vertrauensfrage 443F
Verträumte Winkel am Neckar und Main 443F
Verwandlungskünstler in der Natur 287F
Verwendung der Larssen-Spundwand. Teil 2 319F
Verwertung schafft Werte 433F
Verwöhnte junge Damen 125F
Verzauberte Tag, Der 480
Vetter Bobby, Schimpanse 69F
Via crucis 76F
Via Mala 454A, 454F
vie de plaisir, La 415F
Viehzucht im Gebiete des Miesbach-Simmenthaler Alpenfleckviehs 68F
Viehzucht in Unterfranken 68F
Viel begehrt 359F
Vier Federn 279F
vier Gesellen, Die 347F
Vier Herren suchen Anschluß 223F
Vier Jahre Hitlerjugend 399F
Vier Mädels und ein Mann 306F
Vier Treppen rechts 456A–457A, 456F
Viertelstunde Auto, Eine 319F
Viertelstunde Spanisch, Eine 319F
34. Wanderausstellung der deutschen Landwirtschaftsgesellschaft (D.L.G.) in Leipzig 1928 227F
Vigiljochbahn 68F
Viktor und Viktoria 270F, 275, 351–352, 352A–354A, 402, 410
ville dorée, La 414
Vingt-cinq ans de bonheur 415F
Violantha 179F, 436
visiteur du soir, Les 414
Vögel im Schilf 359F
Vogelparadies in der Arktis 443F
Volga Boatmen, The 187
Volk der schwarzen Zelte, Das 125F
Volk hilft sich selbst, Ein 443F
Volk im Krieg 433F
Völker und Kulturen aus Südostasien 69F
Völkerschicksal zwischen Großem und Indischem Ozean 319F
Völkerwanderungen der Fische 319F
Volksbelustigung in Java 227F
Volksleben am Rande der Sahara 443F
Volldampf – Charlie! 279F
Vom Eisenerz zum Stahldach 319F
Vom Amselfeld zum Ochidasee. Bilder vom Volkstumsfest in Südserbien 319F
Vom Baum zum Papier 227F
Vom deutschen Heldentum 359F
Vom deutschen Wald und seinen Tieren 69F
Vom deutschen Wein 69F
Vom Deutschtum im Ausland 359F
Vom Erdinnern zur Tankstelle 287F
Vom Fels zum Meer 227F
Vom guten und schlechten Kraftstoff 287F
Vom Haferfeld zur Küche 319F
Vom Hamburger Dom 319F
Vom Hausarzt und Mieter auf dem Meeresgrund 399F
Vom Herzschlag deutscher Arbeit 319F
Vom König der Lüfte 287F
Vom Königswalzer zum Schlußakkord 399F
Vom Meeresstrand zum Meeresgrund 227F
Vom Millimeter zum Kilometer 399F
Vom Orient 287F
Vom Otterngezücht und seiner Sippe 69F
Vom Räuber zum Jagdgehilfen (Der Iltis) 319F
Vom Regen in die Traufe 346F
Vom Rohgummi zum Autoreifen 69F
Vom Rohgummi zum Phoenix-Cord 69F
Vom Schießen und Treffen 433F
Vom Täter fehlt jede Spur 176F, 311
Vom Uhu und anderen Gesichtern der Nacht 359F
Vom Urwald auf den Kaffeetisch 227F
Vom Urwald zum Ofen. Braunkohle und Braunkohlenbrikett 399F
Vom Waldkönig und seiner Krone 69F
Vom Waschen und von der Wäsche 287F
Vom Werden der Kristalle 433F
Vom Winde verweht 393
Vom Zeichentisch zum Großflugboot 287F
Von Bienen, Pinien und – Schuhen 319F
Von Blumen, Früchten und Insekten 68F
Von Broten und Brötchen 68F
Von den ältesten Lebewesen der Welt 319F
Von den Herbstübungen unserer Reichswehr 69F
Von den Spuren der Hanse 359F
Von der Ausbildung unserer Polizei 287F
Von der deutschen Scholle zur deutschen Hausfrau 359F
Von der Entwicklung und vom Bau der Pflanzen 319F
Von der Hand für die Hand 359F
Von der Mücke zum Elefanten 287F
Von der Schulbank zum Verkehrsflieger 287F
Von der Seidenraupe bis zum Seidenfaden 227F
Von deutscher Kohle zu deutschem Benzin 359F
Von Fischern und Fängern am Watt 399F
Von Gemsen und Steinböcken 319F
Von Ibissen und Reihern 319F
Von Kunstschützen und Fallenstellern 69F
Von Makkaroni und Spagetti 319F
Von merkwürdigen Tieren und ihren Eiern 399F
Von morgens bis zum Nachmittag bei Dir 359F
Von Nizza nach Korsika 227F
Von Schwarzkitteln und Schauflern 359F
Von Zeppelin 1 bis LZ 130 399F
Vor den Toren 287F
Vor Liebe wird gewarnt 346F
Vorbeugen ist besser 443F
vorbildlicher Vater, Ein (Der Roman eines Stichlings) 443F
Vorderhaus und Hinterhaus 310
Vorhang fällt, Der 401F
Vorsicht 287F
Vorsicht im Straßenverkehr 319F
vorsichtige Kapitalist, Der 26F
Vorsorge schützt vor Sorge 287F
Vorspiel aus »Die lustigen Weiber von Windsor« 287F
Vorstadtvarieté 356
Vorübung zur Ehe 77F
Voruntersuchung 204F
Vous serez ma femme 220F
Vulkanausbruch 287F

Wachsfigurenkabinett, Das 122A, 122F
Waffen nieder, Die 76F
Wahlfilm 319F
Wahlfilm »Heil Deutschland« 319F
Wahrheit und Dichtung 287F
Waise, Die 68F
Wald im Winter 433F
Waldeszauber 287F
Waldrausch 406F
Waldschule in Berlin 287F
Waldwinter 316F
Waldzauber 319F
Walfänger in der Antarktis 433F
Wallfahrt des Herzens. (Jerusalem-Film 2) 125F
Waltz-Dream, The 117A
Walzasphalt im Eisenbahnbau 287F
Walzerkrieg 252F, 275, 345–346
Walzertraum, Ein 148F, 169, 169A
wandelnde Blatt, Das 68F
Wanderfahrt, Die 319F
Wandern, o Wandern 227F
wandernde Bild, Das 76A, 76F
Wanderzirkus 179F
War es der im 3. Stock 394F
Wärme für alle 433F
Warnfarben und Tarnfarben 433F
Warschau 359F
Warum? 443F
Warum lügst Du, Elisabeth? 448F
Warum? – Darum! Fewa 433F
Was das neue sieht 69F
Was die Isar rauscht 154, 359F
Was ein Häkchen werden will 308F
Was Frösche träumen 69F
Was Ihr wollt! 287F
Was lernt der Schlosserlehrling im ersten halben Jahr? 65
Was man von der Pfaff-Nähmaschine wissen muß 319F
Was man vor der Ehe wissen muß 287F
Was sagen Sie dazu? 287F
Was schenke ich »ihr«? 287F
Was tun, Sybille? 374F
Was tut man nicht alles für's Kind 43F
Was uns fehlt und was wir haben 359F
Was wissen denn Männer 242F
Wäsche – Waschen – Wohlergehen 215F, 284
Wasser für Canitoga 377
Wasser hat Balken 319F
Wasser und Abwasser im Rheinisch-Westfälischen Industriegebiet 433F
Wasser und Stahl 359F
Wasserfloh, Der 43F
Wasserfreuden im Tierpark 319F
Wassers Kraft Leben schafft! 287F
Wattenmeer und seine Bewohner, Das 69F
Watzmann und seine Kinder, Der 319F
Way Down East 101, 105F
Way of All Flesh, The 156, 179F
Way of the Strong, The 76F
Weber, Die 186
Wedding Bills 179F
Wedding March, The 271F
Weg allen Fleisches, Der 179F
Weg eines Telegramms von Berlin nach Amerika, Der 65
Weg ins Freie, Der 424F
Weg nach Rio, Der 266
Weg zum Reichtum, Der 24F
Weg zur Großschiffahrt, Der 399F
Wege des Lasters, Die 310
Wege des Schreckens 77F
Wege zu Kraft und Schönheit 66, 132F, 152–155. 152A–155A
Wege zum Fortschritt 443F
Wegweiser, Der 226F
Wehe, wenn sie losgelassen 125F
Weib des Pharao, Das 54, 62, 78A, 79, 83

Weib im Dschungel, Das 279F
Weib und Welt 76F
Weiberfeind, Der 43F
Weiberregiment 316F, 422
Weibliche Junggesellen 124F
Weibliche Polizei 287F
weiche Schanker, Der 69F
Weichsel, Die 433F
Weide-, Alp- und Sennereiwirtschaft 68F
Weihnachtszeit im schönen alten Nürnberg 319F
Weimar. Der Ehrentag der Nationalsozialistischen Regierung in Thüringen 319F
Wein – Weib – Gesang 66, 69F, 126F
weiße Dämon, Der 234F, 312
weiße Freund, Der 319F
weiße Harem, Der 223F
weiße Hölle von Piz Palü, Die 250–251, 291
weiße Pfau, Der 76F, 94, 165
weiße Rausch, Der 250–252
Weiße Schatten 271F
weiße Seuche. Entstehung, Gefahren und Bekämpfung der Tuberkulose, Die 68F
weiße Sport, Der 69F
weiße Stadion, Das 223F, 252–253
weiße Teufel, Der 148, 185F, 238–239A
weiße Tod, Der 76F
weiße Wunder, Das 359F
Weißes Blut 319F
Weitsprungtechnik, Die 68F
Welcome Danger 279F
Wellenkämpfe 68F
Welt im Kleinsten 443F
Welt im Wasser, Die 69F
Welt um den Götterberg, Die 227F
Weltfeind Nummer eins 359F
Weltkrieg, Der 164F, 193, 204–205, 205A
Weltstadt am Wasser 399F
Weltstraße See – Welthafen Hamburg 399F
Weltumspannende Funkwellen 443F
Wem gehört das Kind oder Pierrot und Colombine 48
Wenn der Bräutigam mit der Braut 43F
Wenn der Vater mit dem Sohne 43F
Wenn die Großstadt schläft... 271F
Wenn die Liebe... 43F
Wenn die Liebe Mode macht 238F
Wenn die Sonne sinkt 399F
Wenn du denkst, du hast'n...! 68F
Wenn du die Engel pfeifen hörst 68F
Wenn Du einmal Dein Herz verschenkst 185F
Wenn Du noch eine Tante hast... 279F
Wenn einer eine Reise tut 68F
Wenn Frauen schweigen 354F
Wenn Frauen träumen 124F
Wenn Kinder fragen 433F
Wenn man es eilig hat 287F
Wenn Männer ausgehen 124F
Wenn morgen Krieg wäre... 441
Wenn sich die Kurbel dreht 227F
Wenn wir altern 76F
Wenn's auch schwer fällt 68F
Wer fuhr II A 2992? 433F
Wer hat Angst vor Marmaduke 346F
Wer ist's? Die Kunst der Maske im Film 69F
Wer niemals einen Kuß geküßt 125F
Wer niemals einen Rausch gehabt 24F
Wer rettet uns? 319F
Wer war der Vater 124F
Wer wird denn weinen, wenn man auseinandergeht 257
Wer zahlt heute noch? 226F
Wer zuletzt lacht 26F
Werbefachleute über den Werbetonfilm 287F
Werbetonfilm für Musik und Sprache 287F

Werdegang eines Taubstummen, Der 319F
Werden und Vergehen 287F
Werk seines Lebens, Das 76F
wertvoller Winternachmittag, Ein 359F
Wertvolles Wasser 433F
wertvollste Gut, Das 359F
West Point 223F
Wette, Die 256F
Wetterleuchten um Mitternacht 77F
Wettlauf mit dem Tode, Der 124F
Wettlauf ums Leben 179F
Wettlauf zwischen dem Hasen und dem Swinegel, Der 68F
What a Night! 279F
What Price Glory 256
Where the North Begins 124F
While the City Sleeps 271F
White Shadows in the South Seas 271F
Whitechapel 76F, 94–95
Written on the Wind 384
Why Men Leave Home 124F
Why Worry 125F
wichtige Mission, Eine 287F
wichtiger Grund, Ein 359F
Wie Ali und Wolfi Freunde wurden 64A, 319F
Wie Bienenhonig gewonnen wird 43F
Wie bleibe ich gesund? 68F
Wie Blüten werden 319F
Wie der Hase läuft 346F
Wie die Heckenrose blüht 68F
Wie du mir, so ich dir 68F
Wie ein Sahnebonbon entsteht 69F
Wie ein Ziegel entsteht 399F
Wie eine elektrische Glühbirne entsteht 65, 68F
Wie eine Pfaff-Nähmaschine entsteht 287F
Wie einst im Mai 125F
Wie entsteht ein Stabilbaukasten? 319F
Wie er weint und lacht 43F
Wie Gebirge und ihre Täler entstehen. Berchtesgaden und der Königssee 68F
Wie konntest Du, Veronika! 418F, 480
Wie Madame befehlen 223F
Wie man aus der Kartoffel Stärke gewinnt 68F
Wie man in Indien färbt 227F
Wie man zu einer Braut kommt 43F
Wie Max das Eiserne Kreuz erwarb 26
Wie sag' ich's meinem Mann? 232F
Wie sag ich's meinem Kunden 271F
Wie sagen wir es unseren Kindern? 460F
Wie sich der Tannenbaum in Papier verwandelt 65, 68F
Wie spät? 443F
Wie unser Auge getäuscht wird 68F
Wie verwende ich meine Nähmaschine? Dargestellt an der Pfaff-Universal-Zickzack-Maschine Klasse 130 359F
Wie werde ich energisch? 252F
Wie werde ich meine Frau los 179F
Wie werde ich stark 65
Wiederaufbau in Kamerun 227F
Wiegenlied 279F
Wiener Modell, Das 358F
Wiener Modeschau 43F
Wiesbaden 359F
Wife of the Centaur 124F
Wife Savers 227F
Wild Orchids 271F
Wilddiebe 344F
wilde Gast in der Silbermine, Der 77F
Wilderer, Der 148F
Wildgehege in der Schorfheide 399F
Wildnis stirbt, Die 347F
Wildstörche 227F

Wildwasser der Drina, Die 359F
Wilhelm Tell 287F
Wille zum Licht, Der 399F
Wille zur Leistung 433F
William Pechvogels merkwürdige Abenteuer im Filmland 124F
Willison Kuppelung 319F
Willow Tree, The 105F
Wilna 359F
Wind, The 223F
Windige Probleme 433F
Windsbraut, Die 319F
Windstärke 9 126F
Winged Horseman, The 271F
Wings 223F
Winter im Spreewald 287F
Winterarbeit im Spreewald 287F
Winterbilder aus dem Sauerland 287F
Winterbilder aus dem Spreewald 287F
Winterfreuden 68F
Wintermärchen 399F
Winterreise aus Südmandschurien 433F
Wintersonne – Kinderwonne 399F
Wir amerikanisieren uns! 188F
Wir bieten Schach der Weltmacht Baumwolle 399F
Wir erobern Land 399F
Wir schalten um auf Hollywood 279F
Wir sind und wir bleiben Soldaten 443F
Wirkung der Hungerblokade auf die Volksgesundheit, Die 64
Wirtshaus im Spessart, Das 120
Wisente 433F
Wissen ist Macht, Bildung ist frei 227F
Wissenschaft ums Kind 443F
Wissenschaft weist neue Wege 433F
With Byrd at the South Pole 279F
Wo gehen wir hin? 359F
Wochenende des kleinen Mannes 287F
Wochenschau – Chronik der Nord- und Südpolforschung bis Wilkins 227F
Wochenschau neuester Werkzeugmaschinen, Eine 359F
Wogen des Meeres 68F
Wohin wir treiben 227F
Wohnung zu vermieten 319F
Wolf of Wall Street, The 271F
Wolgaschiffer 187
Wolken, Wind und Wetter 319F
Wolkenkratzer in Südarabien 319F
Wolkenspiel 443F
Woman from Moscow, The 271F
Woman Hater, The 125F
Woman of Affairs, A 271F
Woman on Trial, A 223F
Wort aus Stein, Das 433F
Wort von Mann zu Mann, Ein 433F
Would You Believe It 271F
Wozu den Ärger 359F
Wrecker, The 271F
Wunder der Kugel 359F
Wunder der Schöpfung 138F
Wunder der Tierwelt unter Wasser 319F
Wunder der Zeitlupe 69F
Wunder des Malachias, Das 492–493, 492A
Wunder des Schneeschuhs, Das 154, 252
Wunder des Vogelzuges 359F
Wunder und Rätsel der Natur 399F
wunderbare Lüge der Nina Petrowna 93, 184F, 209, 212A, 213
Wunderbauten aus der chinesischen Kaiserzeit 359F
Wunderkorn, Das 433F
Wunderkraut, Das 227F
Wunderschießbude, Die 294F
Wunderwelt des blauen Golfes, Die 69F
Wunderwelt des Teiches 319F
Wunschkonzert 275, 419F
Würger, Der 271F

Wurst in Cellophan, Die 399F
Würzburg, die Hauptstadt des Frankenlandes 69F
Wüste am Meer, Die 69F
Wüste am Meer, Die. Von Vogelsang und Falknerei 359F

Yacht der sieben Sünden, Die 180F
Yankee Clipper 256
Yorck 215A, 215F, 324, 329, 346, 458
You Know That Sailors Are 271F
You Never Know Women 179F
Yvonne 279F

Z-Strahlen, Die 76F
Zahnmörder, Der 319F
Zarewitsch, Der 347F
Zaubergeige, Die 68F
Zebrajagd in Deutsch-Ostafrika 68F
Zehn Finger leisten mehr als zwei 443F
Zehn Minuten Aufenthalt 271F
Zeichen an der Tür, Das 105F
Zeichen der Vier, Das 125F
Zeit im Bild. »Arbeit hinter dem Westwall« 433F
Zeit im Bild. »Bomben« 433F
Zeit im Bild. »Ein Werkkindergarten« 433F
Zeit im Bild. »Kamerad Pferd« 433F
Zeit im Bild. »Kompanie auf Rheinfahrt« 433F
Zeit im Bild. »Leichtmetall« 433F
Zeit im Bild. »Lokomotivbau« 433F
Zeit im Bild. »Metallspende des deutschen Volkes« 433F
Zeit im Bild. »Panzer march« 433F
Zeit im Bild. »Reißwolle« 433F
Zeit im Bild. »Schnellboote« 433F
Zeit im Bild. »Schwere Mörser« 433F
Zeit im Bild. »Segelschulschiff« 433F
Zeitgemäße Pflanzenzucht 433F
Zeitlupenallerlei 433F
Zeitlupenrevue aus der gefiederten Welt 69F
Zeitmessung und Zeitmesser 287F
Zementfabrikation 68F
zerbrochene Krug, Der 325, 327
zerbrochene Schlüssel, Der 43F
Zerstörung und Aufbau 443F
Zieh Dich wieder an, Josefin! 234F
Zierliche Räuber 69F
Zigeuner im Frack 125F
Zigeunerbaron 296F
Zigeunerliebe 279F
Zille-Typen 234F
Zimmer 13, ein Hotelabenteuer 179F
Zimmer zu vermieten 300F
Zirkus des Lebens 83, 96F
Zirkus-Babys 223F
Zirkusteufel 125F
Zirkuszauber 179F
Zlatá Kateřina 363F
Zoologische Garten im München, Der 68F
Zu Befehl, Herr General 271F
Zu den Kopfjägern durch das Inkareich 319F
Zu neuen Ufern 356F, 383–384, 384A–385A, 420
Zu viel Bräute schaden nur 271F
Züchtung der Eckendorfer Futterrübe, Die 68F
Zuckerbäckerei im Orient 227F
Zuckerrübenanbau im Elsaß 443F
Zuflucht 223F
Zug für Zug 399F
Zum goldenen Anker 279F
Zum guten Tropfen 433F
Zum Paradies der Damen 77F
Zum Schneegipfel Afrikas 69F
Zur Chronik vom Grieshuus 87, 101–102, 118–122, 118A–119A, 131, 132F

Zur Feststellung der Tuberkulose, 1. Antiforminverfahren 68F
Zur Reichsmesse in Leipzig 443F
Zwangsehe, Eine 105F
Zwanzig Minuten Aufenthalt 43F
Zwei deutsche Werke im Dienste der Hausfrau 287F
Zwei Fliegen und ein Schlag 43F
Zwei Genies 286F
Zwei Herzen und ein Schlag 215F
Zwei Personen suchen einen Pastor 125F
Zwei und die Dame, Die 144F
Zwei unter Millionen 493, 493A
Zwei Waisen im Sturm der Zeiten. 4 Teile 105F
Zwei Welten 223F
Zwei Windhunde 359F
Zweimal zwei im Himmelbett 365F
zweite Leben, Das 223F
zweite Mutter, Die 142F
2. Reichsnährstands-Ausstellung Hamburg 28.5. bis 2.6.1935, Die 359F
2. Ungarische Rhapsodie 287F
Zwerge auf dem Ozean 287F
Zwergenland in Not 433F
Zwielicht 412F
Zwischen Abend und Morgen 347F
Zwischen den Dreien 76F
Zwischen den Eltern 366F
Zwischen Hamburg und Haiti 419F
Zwischen hier und dort 319F
Zwischen Himmel und Erde 434F
Zwischen Nacht und Morgen 444F
Zwischen Schiff und Schiene. Bilder aus den bremischen Häfen 433F
Zwischen schwarzen und weißen Czeremosz 359F
Zwischen Wald und Moor 287F

Autoren

Hans Abich, geboren 1918 in Steinoelsa (Oberlausitz). Produzent und Publizist. 1945 Mitgründer der Filmaufbau Göttingen GmbH, Produzent von zwei Dutzend Spielfilmen. 1961 Programmdirektor, 1968 Intendant von Radio Bremen, 1973 Programmdirektor Deutsches Fernsehen/ARD, seit 1978 freier Autor. Lebt in München.

Dr. Günter Agde, geboren 1939 in Bitterfeld. Dramaturg und Publizist. Veröffentlichungen zu Film und Theater. Herausgeber u.a. von: »Kurt Maetzig. Filmarbeit. Gespräche, Reden, Schriften« (1987). Seit 1991 wissenschaftlicher Mitarbeiter der Stiftung Deutsche Kinemathek Berlin. Lebt in Berlin.

Rolf Aurich, geboren 1960. Studium der Geschichte und Germanistik. Mitherausgeber und Redakteur der Zeitschrift *filmwärts*. Wissenschaftlicher Mitarbeiter der Gesellschaft für Filmstudien e.V. (GFS). Lebt in Hannover.

Manfred Behn, geboren 1949 in Soltendieck. Studium der Germanistik, Anglistik, Pädagogik. Tätig in der Erwachsenenbildung und freier Autor. Mitarbeit bei »KLG – Kritisches Lexikon der deutschsprachigen Gegenwartsliteratur« und bei »CineGraph – Lexikon zum deutschsprachigen Film«. Lebt in Hamburg.

Hans-Michael Bock, geboren 1947 in Wilhelmshaven. Herausgeber von »CineGraph« und Übersetzer von Kinky Friedman. Lebt in Hamburg.

Marie-Luise Bolte, geboren 1959 in Hoya. Studierte »mit besonderer Leidenschaft das Reich der Töne«. Lebt, z.Z. Studienreferendarin, in Hamburg.

Lenny Borger, geboren 1951 in New York. Studium der Theaterwissenschaften. Bis 1990 Korrespondent und Filmkritiker für *Variety* in Paris. Veröffentlichungen in internationalen Publikationen, Filmuntertitelungen und Übersetzungen. Lebt in Paris.

Dr. Thomas Brandlmeier, geboren 1950. Filmkritiker, Herausgeber und Autor diverser filmhistorischer Dokumentationen, Bücher und Buchbeiträge. Lehrbeauftragter an verschiedenen Hochschulen. Fachgebiete: Filmkomik, deutsche Filmgeschichte, film noir und Melodram. Lebt in München.

Karel Dibbets, geboren 1947 in Weert (Niederlande). Dozent für Niederländische Filmgeschichte an der Universität Amsterdam, Department Film und Fernsehen. Lebt in Amsterdam.

Claudia Dillmann, geboren 1954 in Geisenheim/Rhein. Journalistin. Kustodin am Deutschen Filmmuseum, Mitarbeit an dessen Publikationen und Ausstellungen. Lebt in Wiesbaden.

Bernard Eisenschitz, geboren 1944 in St. Calais. Übersetzer, Filmhistoriker. Veröffentlichungen: »Humphrey Bogart« (1968), »Roman américain, les vies de Nicholas Ray« (1990), »Man Hunt de Fritz Lang« (1992); Herausgeber der Werke von Georges Sadoul. 1982-90 Mitglied des Aufsichtsrats der Cinémathèque Française. Lebt in Paris.

Dr. Thomas Elsaesser, geboren 1943. Professor an der Universität Amsterdam, Ordinarius für Film- und Fernsehstudien. Veröffentlichungen u.a.: »New German Cinema. A History« (1989), Herausgeber von »Early Cinema. Space, Frame, Narrative« (1990). Lebt in Amsterdam.

Michael Esser, geboren 1953 in Berlin. Publizist. Freier Mitarbeiter der Stiftung Deutsche Kinemathek. Lebt in Berlin.

Fred Gehler, geboren 1973. Filmwissenschaftler und Kritiker. Veröffentlichungen (mit Ullrich Kasten): »Friedrich Wilhelm Murnau« (1990), »Fritz Lang. Die Stimme von Metropolis« (1990). Lebt in Leipzig.

Veronika Sophia Göke, geboren 1965 in Wolfsburg. Studium der Klassischen Philologie und Erziehungswissenschaften. Mitarbeiterin bei CineGraph. Lebt in Hamburg.

Reinald Gußmann, geboren 1958 in Herrenberg (Württemberg). Studium der Theaterwissenschaft, Philosophie, Germanistik. Freier Autor und Fotograf. Lebt in Berlin.

Evelyn Hampicke, geboren 1953 in Berlin. Vorstandsmitglied von CineGraph Babelsberg – Brandenburgisches Centrum für Filmforschung e.V. Mitarbeiterin im Bundesarchiv – Filmarchiv. Lebt in Berlin.

Michael Hanisch, geboren 1940 in Freiberg (Sachsen). Filmhistoriker und Publizist. Veröffentlichungen u.a.: »Filmschauspieler A - Z« (1971 ff, mit Joachim Reichow), »Auf den Spuren der Filmgeschichte. Berliner Schauplätze« (1991). Lebt in Berlin.

Dr. Ursula Hardt, geboren 1936 in Hamburg. Veröffentlichungen zum frühen Film, zum Neuen Deutschen sowie Schweizer Film. In Vorbereitung: »Erich Pommer – Film Producer for Germany«. Visiting Assistant Professor am Department of German am Middlesbury College, Vermont. Lebt in Middlesbury.

Renate Helker, geboren 1954. Studium der Theaterwissenschaft. Regieassistentin. Beiträge über Film für Hörfunk und Fernsehen. Lebt in Berlin.

Dr. Jan-Christopher Horak, geboren 1951 in Bad Münstereifel. Studium der Publizistik und Geschichte. Kurator, Leiter der Filmabteilung im George Eastman House; Professor für Filmwissenschaft an der University of Rochester. Veröffentlichungen u.a.: »Film und Foto der 20er Jahre« (1979), »Anti-Nazifilme der deutschsprachigen Emigration« (1984). Lebt in Rochester, N.Y.

Wolfgang Jacobsen, geboren 1953 in Lübeck. Redakteur von »CineGraph – Lexikon zum deutschsprachigen Film«. Mitarbeiter der Stiftung Deutsche Kinemathek. Veröffentlichungen u.a.: »Erich Pommer. Ein Produzent macht Filmgeschichte« (1989), Herausgeber von »Babelsberg. Ein Filmstudio 1912-1992« (1992). Lebt in Berlin.

Hermann Kappelhoff, geboren 1959. Studium der Theaterwissenschaft und Publizistik. Arbeitet an einer Dissertation über das späte Weimarer Kino. Lebt in Berlin.

Peter Körte, geboren 1958. Veröffentlichung: »Humphrey Bogart« (1992). Lebt und arbeitet als Journalist in Hamburg.

Rüdiger Koschnitzki, geboren 1944 in Königsberg. Diplom-Volkswirt. Filmografien zu Helmut Käutner (1979) und Kurt Hoffmann (1980), Deutsche Filme (1977 / 1978 / 1979). Zuständig für die Textdokumentation im Deutschen Institut für Filmkunde; Mitarbeiter bei CineGraph. Lebt in Frankfurt.

Dr. Dietrich Kuhlbrodt, geboren 1932 in Hamburg. Staatsanwalt, Filmdarsteller und Kritiker. Lebt in Hamburg.

Claudia Lenssen, geboren 1950. Studium der Film- und Theaterwissenschaft und Publizistik. Lebt als Autorin und Journalistin in Berlin.

Manfred Lichtenstein, geboren 1933. Studium an der Filmhochschule Potsdam-Babelsberg. Diplom-Dramaturg. 1969-90 Leiter des Bereichs Spielfilm im Staatlichen Filmarchiv der DDR. Lebt in Berlin.

Dr. Kurt Maetzig, geboren 1911 in Berlin-Charlottenburg. Mitbegründer der DEFA. Regisseur u.a. von EHE IM SCHATTEN (1947), DER RAT DER GÖTTER (1950), A (1965). Lebt in Wildkuhl (Mecklenburg).

Jochen Meyer-Wendt, geboren 1958. Studium der Film- und Theaterwissenschaft, Germanistik und Klassischen Philologie. Lebt als Filmjournalist in Berlin.

Corinna Müller, geboren 1957 in Kork. Studium der Germanistik. Assistentin an der Universität Hamburg. Mitarbeiterin bei CineGraph. Veröffentlichungen zur Frühgeschichte des deutschen Films. Lebt in Hamburg.

Peter Nau, geboren 1942 in Kaiserslautern. Veröffentlichung: »Zur Kritik des politischen Films« (1978), Radiotexte für den SFB. Lehrt Filmgeschichte an der Deutschen Film- und Fernsehakademie und der Freien Universität in Berlin. Lebt in Berlin.

Marko Paysan, geboren 1966 in Hannover. Studium der Germanistik und Geschichte. Veröffentlichungen zur Jazz-, Film- und Tanzmusikhistorie, u.a. in CineGraph und in »›Swing Heil‹. Jazz im Nationalsozialismus« (1989). Lebt in Hannover und Hamburg.

Hans Helmut Prinzler, geboren 1938 in Berlin. Herausgeber u.a. von: »Über das Kinomachen« (1972), »Kinobuch 74/75« (1975), Mitherausgeber von: »Käutner« (1992). Vorstand der Stiftung Deutsche Kinemathek. Lebt in Berlin.

Dr. Leonardo Quaresima, geboren 1947 in Sassoferrato (Ancona). Professor für Filmgeschichte an den Universitäten Udine, Bologna und Bremen. Veröffentlichungen u.a.: »Leni Riefenstahl« (1985), »Cinema e teatro in Germania« (1990), Mitherausgeber der Zeitschrift *Cinema & Cinema*. Lebt in Bologna.

Dr. Rainer Rother, geboren 1956. Mitherausgeber der Zeitschrift *filmwärts*, Hannover; Veröffentlichungen: »Die Gegenwart der Geschichte. Ein Versuch über Film und zeitgenössische Literatur« (1990), Herausgeber von »Bilder schreiben Geschichte. Der Historiker im Kino« (1991). Leiter des Kinos des Deutschen Historischen Museums. Lebt in Hannover und Berlin.

Thomas J. Saunders, geboren 1953. Studium der Geschichte. Assistant Professor am Department of History der University of Victoria (Kanada). Veröffentlichungen zur Geschichte des Films der Weimarer Republik. Lebt in Victoria.

Dr. Axel Schildt, geboren 1951 in Hamburg. Lehrt Neuere Geschichte an den Universitäten Hamburg und Lüneburg. Veröffentlichungen u.a.: »Militärdiktatur mit Massenbasis? Die Querfrontkonzeption der Reichswehrführung um General von Schleicher am Ende der Weimarer Republik« (1981). Lebt in Hamburg.

Jörg Schöning, geboren 1955. Redakteur von »CineGraph – Lexikon zum deutschsprachigen Film«. Lebt in Hamburg.

Nicolaus Schröder, geboren 1958. Arbeitet als freier Journalist und lebt in Hamburg.

Ingrun Elisabeth Spazier, geboren 1944 in Frankfurt/Oder. Studium der Informations- und Dokumentationswissenschaft. 1987-88 Filmografin beim Staatlichen Filmarchiv der DDR. Mitarbeiterin bei CineGraph – Hamburgisches Centrum für Filmforschung e.V. Lebt in Hamburg.

Georges Sturm, geboren 1941 in Haguenau. Studium der Romanistik, Ästhetik und Philosophie. Lehrer und Übersetzer. Veröffentlichung: »Fritz Lang, Films, Textes, Références« (1990). Lebt in Preuschdorf (Elsaß).

Dr. Arnold Sywottek, geboren 1942 in Insterburg (Ostpreußen). Professor für Neuere Geschichte an der Universität Hamburg. Mitherausgeber u.a.: »Massenwohnung und Eigenheim« (1988), »Modernisierung im Wiederaufbau« (1988). Lebt in Hamburg.

Michael Töteberg, geboren 1951 in Hamburg. Veröffentlichungen u.a.: »Fritz Lang« (1985), »Federico Fellini« (1989), »Filmstadt Hamburg« (1990). Lebt in Frankfurt.

Conny E. Voester, geboren 1953. Studium der Empirischen Kulturwissenschaft, Germanistik, Politik, Journalistik. Filmpublizistisch (frei) und -kulturell aktiv seit 1976. Mitarbeiterin bei CineGraph. Redakteurin von »Der Film« (Filmkalender bei Zweitausendeins). Lebt in Hamburg.

Anne Waldschmidt-Heisig, geboren 1952 in Marburg/Lahn. Studium der Germanistik, Medienwissenschaft, Psychologie und Pädagogik; z.Z. Promotion über die frühen Filme Fritz Langs. Mitherausgeberin von: »Die Nibelungen. Ein deutscher Wahn, ein deutscher Alptraum« (1991). Lebt in Hamburg.

Rudolf Worschech, geboren 1958 in Lauterbach (Hessen). Autor und Redakteur der Zeitschrift *epd Film*. Kustos beim Deutschen Filmmuseum Frankfurt, Ausstellungen und Kataloge u.a.: »Abschied vom Gestern – Bundesdeutscher Film der sechziger und siebziger Jahre« (1991). Lebt in Frankfurt.

Dank

Ein international operierender Konzern wie die Ufa kann nur auf ähnlich breiter Basis dargestellt werden: Über 40 Autoren aus acht Ländern haben an diesem Unternehmen mitgewirkt. Sie wurden nicht verpflichtet auf eine bestimmte Darstellungsweise, einen wissenschaftlichen Ansatz: Die Vielzahl der Blickweisen und Methoden erschien den Herausgebern ebenso reizvoll wie angemessen. Die Texte von Zeitgenossen erweitern die Perspektive in die historische Dimension. Der verschachelte Konzern mit seinen Tochtergesellschaften, den internen Interessenkonflikten und Widersprüchen, er bildet selbst die Struktur eines Mosaiks. Schließlich galt es, die – gerade bei diesem Thema bedenkliche – nationale Filmgeschichtsschreibung zu überwinden, mit dem Blick von außen ein scheinbar vertrautes Kapitel neu zu schreiben.

Firmen-Jubiläen sind Zäsuren, die zur Bilanzierung herausfordern. Dies ist nicht die erste Ufa-Geschichte. Die Spannweite der vorliegenden Literatur läßt sich markieren an zwei Gesamtdarstellungen: die apologetische von Hans Traub (1943) zum 25jährigen Jubiläum, die kulturkritische von Klaus Kreimeier (1992) im Vorfeld des 75. Jahrestages. Den Anstoß zu diesem Buch gab ein Workshop, den CineGraph am 70. Gründungstag der Ufa im hamburger Kommunalen Kino »Metropolis« veranstaltete. Die Ergebnisse der filmhistorischen Forschung der letzten Jahre – auch in diesem Sinne zieht das Buch Bilanz – sind hier eingegangen: Genannt seien die von der Stiftung Deutsche Kinemathek organisierten Berlinale-Retrospektiven zu Erich Pommer (1989) und Babelsberg (1992) sowie die Ausstellung »...Film...Stadt...Kino...Berlin...« (1987) und die von CineGraph – Hamburgisches Centrum für Filmforschung e.V. veranstalteten Kongresse u.a. zu Reinhold Schünzel (1988), Joe May (1990) und E. A. Dupont (1991). Auf den zu diesen Veranstaltungen erschienenen Publikationen baut dieses Buch auf. Die Datenbank von CineGraph ermöglichte es, hier erstmals eine vollständige Ufa-Filmografie vorzulegen: etwa 950 Spielfilme mit Besetzungs- und Stabangaben sowie knappen Inhaltsangaben, 1800 Kurzfilme, 900 Verleihfilme.

Alle Autoren haben über den üblichen Rahmen hinaus durch Hinweise, Recherchen und Austausch von Materialien zum Gelingen des Gesamtwerks beigetragen. Besonderer Dank für Hilfe und Unterstützung gilt außerdem Dorothea Hagena, Manuela Heise, Heiner Roß, Eggert Woost, Barbara Wenner (Hamburg), Lew Hohmann, Wolfgang Mühl-Benninghaus, Claudia Lenssen (Berlin), Claudia Hoff (Oberhausen), Ronny Loewy, Veronika Rall, Heide Schlüpmann (Frankfurt), Heidi Draheim (Düsseldorf), Klaus Kreimeier (Pulheim-Dansweiler), Geoffrey N. Donaldson (Rotterdam), William Moritz (Los Angeles), Markku Salmi (London). Zu danken haben die Herausgeber den Mitarbeitern der Stiftung Deutsche Kinemathek, vor allem Regina Hoffmann, Werner Sudendorf und Oskar von Törne, und der Bibliothek der Deutschen Film- und Fernsehakademie Berlin: Ute Jensky, Annemarie Lorenz-Tröstrum und Renate Wilhelmi; Brigitte Capitain (Deutsches Institut für Filmkunde) sowie Hans Peter Reichmann (Deutsches Filmmuseum), beide Frankfurt am Main. Bei den Foto-Recherchen waren behilflich: Bettina Berndt (Bundesarchiv – Filmarchiv, Berlin), André Mieles (Deutsches Institut für Filmkunde), Klaus Volkmer (Filmmuseum München) sowie der Fotograf Horst Janke (Hamburg).